# DICTIONNAIRE PRATIQUE

## DE LA

# LANGUE FRANÇAISE

I. Dictionnaire des noms communs
II. Dictionnaire des synonymes
III. Dictionnaire des conjugaisons

# DICTIONNAIRE PRATIQUE

## DE LA

# LANGUE FRANÇAISE

*Plus de 40 000 sens, emplois,*
*&*
*locutions*

## PRÉSENTATION

L'essentiel de la langue française, mais aussi de nombreux termes appartenant aux différents domaines de la connaissance scientifique et de la culture générale : telle est la richesse de ce dictionnaire. Tous les curieux pourront y chercher le sens des mots qu'ils rencontrent au fil de leurs lectures ou dans la vie courante. L'écolier le consultera pour répondre à ses questions d'orthographe, de grammaire, de phonétique...

Chaque notice récapitule les principaux sens du mot, clairement séparés les uns des autres. Des exemples viennent apporter les précisions nécessaires sur son emploi. Des indications de spécialité permettent de savoir dans quel contexte apparaît tel ou tel sens. En outre, les locutions courantes sont mentionnées et expliquées.

Une notice du dictionnaire se divise toujours en trois parties : l'entrée ; les définitions ; les informations grammaticales et la phonétique, identifiées par le pictogramme ▨.

### L'entrée

C'est dans l'entrée que sont mentionnées les variantes orthographiques proches. Lorsque deux mots s'écrivent de la même façon, un chiffre entre parenthèses permet de les distinguer. Tous les adjectifs sont assortis de leur féminin, dès lors que ce dernier diffère de la forme du masculin. Le pluriel des adjectifs et des noms simples est donné lorsqu'il présente une difficulté.

Viennent ensuite les indications concernant la nature du mot, avec, pour les verbes, un numéro qui renvoie au tableau des conjugaisons donné en annexe. Lorsqu'un mot est adjectif et substantif, le genre est indiqué pour chacun de ces emplois. L'absence d'une précision de genre signifie toujours que le mot est à la fois masculin et féminin. De même, l'absence des mentions « trans. » et « intrans. », pour un verbe, signifie que ce verbe connaît les deux emplois.

### Les définitions

Dans les définitions se trouve alors indiquée la distinction entre les emplois transitifs et intransitifs, masculins et féminins, etc. Les précisions de nature (« adj. », « subst. », « trans. », « intrans. », « pronom. », etc.) sont données en tête des sens sur lesquels elles portent. Une telle précision reste valable pour tous les sens qui la suivent aussi longtemps qu'elle n'est pas contredite par une nouvelle indication.

Chacun des sens principaux est séparé du suivant par un tiret, le point-virgule intervenant pour séparer deux sens appartenant au même champ sémantique lorsque plusieurs champs sont représentés.

Toutes les fois où un exemple est nécessaire à la compréhension d'un mot ou à la connaissance de son emploi (avec quelle préposition, dans quel contexte particulier, avec une majuscule, etc.), il est mentionné avec le sens correspondant, en *italique*. Un exemple peut aussi bien se trouver avant une définition qu'après elle ; il en est toujours séparé par un deux-points.

Quand un mot est couramment employé dans un domaine particulier du savoir (en histoire, en architecture, en littérature, en physique, en chimie, en zoologie, etc.), une abréviation en *italique* situe la définition dans la spécialité concernée.

Certaines définitions sont en outre accompagnées d'une indication de niveau de langue (familier, péjoratif, ironique...). Cette dernière se trouve le plus souvent après la définition, entre parenthèses. Cependant, lorsque plusieurs sens appartiennent au même niveau de langue, la précision est placée en tête de la première des définitions concernées.

## La grammaire et la phonétique (ﷺ)

Les informations grammaticales, quant à elles, apparaissent toutes les fois où un mot présente une difficulté particulière. C'est dans cette partie de la notice que l'on trouvera le pluriel des mots composés, les spécificités orthographiques, les particularités d'emploi (cas d'élision, féminins rares, restrictions d'emploi de certains verbes...), etc.

Enfin, chaque mot est accompagné de sa phonétique et de celle du féminin et du pluriel lorsque ces derniers se prononcent différemment.

## Les annexes

En complément de ce corpus de définitions, l'utilisateur découvrira, à la fin du dictionnaire, un ensemble d'annexes comprenant :
- une présentation complète des conjugaisons du français ;
- les règles de l'accord du participe passé ;
- une liste des habitants des pays, des principales régions et des villes importantes ;
- un récapitulatif des monnaies des différents pays ;
- les principaux sigles français et étrangers ;
- les chiffres romains ;
- les unités de mesure ;
- les symboles chimiques.

# ABRÉVIATIONS

| | | | | | |
|---|---|---|---|---|---|
| abrév. | abréviation | *Électr.* | électricité | *Myth.* | mythologie |
| abs. | absolu | empl. | emploi | n. | nom |
| *Acoust.* | acoustique | env. | environ | *Océanogr.* | océanographie |
| adj. | adjectif, | ex. | exemple | oppos. | opposé, opposition |
| | adjectival(e) | exclam. | exclamatif | p.p. | participe passé |
| adv. | adverbe, | f., fém. | féminin | p.pr. | participe présent |
| | adverbial(e) | fam. | familier | partic. | particulier |
| *Aéron.* | aéronautique | fig. | figuré | péj. | péjoratif |
| *Agric.* | agriculture | *Fin.* | finances | pers. | personne, |
| *Anat.* | anatomie | gén. | général, | | personnel |
| *Antiq.* | Antiquité | | généralement | *Pharm.* | pharmacie |
| *Archit.* | architecture | *Géogr.* | géographie | *Philos.* | philosophie |
| art. | article | *Géol.* | géologie | *Phys.* | physique |
| *Astron.* | astronomie | *Géom.* | géométrie | plur. | pluriel |
| auj. | aujourd'hui | *Hérald.* | héraldique | *Pol.* | politique |
| auxil. | auxiliaire | *Hist.* | histoire | poss. | possessif |
| *B.-A.* | beaux-arts | *Hortic.* | horticulture | prép. | préposition, |
| *Belg.* | belgicisme | impers. | impersonnel | | prépositionnel(le) |
| *Biol.* | biologie | *Impr.* | imprimerie | pron. | pronom |
| *Bot.* | botanique | ind. | indicatif | pronom. | pronominal |
| *Bouch.* | boucherie | indéf. | indéfini | prop. | proposition |
| c.-à-d. | c'est-à-dire | indir. | indirect | *Psych.* | psychiatrie |
| *Can.* | canadianisme | inf. | infinitif | *Psychan.* | psychanalyse |
| *Ch. de fer* | chemin de fer | *Informat.* | informatique | *Psychol.* | psychologie |
| *Chim.* | chimie | interj. | interjection | qqch. | quelque chose |
| *Chir.* | chirurgie | interr. | interrogatif | qqn | quelqu'un |
| *Cin.* | cinéma | intrans. | intransitif | réf. | référence |
| circ. | circonstanciel | inv. | invariable | rel. | relatif |
| *Comm.* | commerce | iron. | ironique | *Relig.* | religion |
| compl. | complément | *Journ.* | journalisme | *Sc.* | sciences |
| cond. | conditionnel | *Ling.* | linguistique, | sing. | singulier |
| conj. | conjonction, | | grammaire | souv. | souvent |
| | conjonctive | *Litt.* | littérature | *Sp.* | sports |
| conjug. | conjugaison | littér. | littéraire | *Stat.* | statistiques |
| contr. | contraire | loc. | locution | subj. | subjonctif |
| *Cout.* | couture | m., masc. | masculin | subst. | substantif |
| *Cuis.* | cuisine | *Mar.* | marine | symb. | symbole |
| déf. | défini | *Math.* | mathématiques | synon. | synonyme |
| dém. | démonstratif | *Mécan.* | mécanique | *Tech.* | technique, |
| dir. | direct | *Méd.* | médecine | | technologie |
| *Dr.* | droit | *Milit.* | militaire | trans. | transitif |
| *Écon.* | économie | *Mus.* | musique | *Zool.* | zoologie |

# ALPHABET PHONÉTIQUE

*Ce tableau des sons du français reprend les conventions*
*de l'Association phonétique internationale (A.P.I.).*

## CONSONNES

| | | |
|---|---|---|
| [b] | bec, snob | [snɔb] |
| [p] | pire, cap | [kap] |
| [d] | dur, rade | [ʀad] |
| [t] | terre, luth | [lyt] |
| [k] | car, écho, tank, exciter | [ɛksite] |
| [g] | dégât, guerre | [gɛʀ] |
| [f] | for, phase | [fɑz] |
| [v] | ville, avoir | [avwaʀ] |
| [l] | loin, aller | [ale] |
| [s] | souci, scène, ration | [ʀasjɔ̃] |
| [z] | raison, ruse, ozone | [ozon] |
| [ʒ] | jour, agir, cageot | [kaʒo] |
| [ʃ] | choc, schisme | [ʃism̩] |
| [ʀ] | rat, carré | [kaʀe] |
| [m] | mal, commun | [kɔmœ̃] |
| [n] | note, anneau | [ano] |
| [ɲ] | rognon, pagne | [paɲ] |
| [ŋ] | meeting, yachting | [*jotiŋ] |

## VOYELLES

| | | |
|---|---|---|
| [a] | sac, natte | [nat] |
| [ɑ] | pâte, cas | [kɑ] |
| [e] | nez, bébé | [bebe] |
| [ɛ] | règne, laid | [lɛ] |
| [ə] | ce, que | [kə] |
| [œ] | jeune, œuf | [œf] |
| [ø] | jeûne, feu | [fø] |

| | | |
|---|---|---|
| [i] | nid, lycée | [lise] |
| [ɔ] | port, noble | [nɔbl̩] |
| [o] | sot, peau | [po] |
| [u] | four, clou | [klu] |
| [y] | lu, mûr | [myr] |

### nasales

| | | |
|---|---|---|
| [ɛ̃] | rein, fin | [fɛ̃] |
| [ɑ̃] | rang, dent | [dɑ̃] |
| [ɔ̃] | long, non | [nɔ̃] |
| [œ̃] | humble, lundi | [lœ̃di] |

### semi-voyelles

| | | |
|---|---|---|
| [j] | entier, quille, lion | [ljɔ̃] |
| [ɥ] | nuit, fuir | [fɥiʀ] |
| [w] | ouest, loi | [lwa] |

### signes particuliers

| | | |
|---|---|---|
| [*] | halte | [*alt] |
| | yoga, onze, oui | [*wi] |

avant le mot, empêche la liaison
avec le mot qui précède

| | | |
|---|---|---|
| [.] | capable, marxisme | [maʀksism̩] |
| | cidre | [sidʀ̩] |

sous la dernière lettre *(l, m, r)*, indique
que le *e* final se prononce légèrement

# A

**A, a,** subst. m. inv.
Première lettre et première voyelle de
l'alphabet français. 🕮 [ɑ].

**À,** prép.
Introduit des compléments de verbe, de
nom et d'adjectif : *Je donne un livre à Pierre*
(attribution) ; *Je vis à Paris, je vais à Londres*
(lieu) ; *À demain* (temps) ; *Songer à sa
destinée* (but). 🕮 [a].

**ABAISSEMENT,** subst. m.
Action d'abaisser. – État de ce qui est
abaissé. 🕮 [abɛsmɑ̃].

**ABAISSER,** verbe trans. [3]
Faire descendre. – Fig. Humilier. 🕮 [abese].

**ABANDON,** subst. m.
Action de renoncer à qqch. ou de laisser
qqn. – Nonchalance ; laisser-aller confiant.
🕮 [abɑ̃dɔ̃].

**ABANDONNER,** verbe trans. [3]
Renoncer à. – Laisser, quitter. – Confier.
– Pronom. Se livrer à. 🕮 [abɑ̃dɔne].

**ABASOURDIR,** verbe trans. [19]
Étourdir. – Fig. Déconcerter. 🕮 [abazuʀdiʀ].

**ABAT-JOUR,** subst. m. inv.
Dispositif qui rabat ou qui tamise la
lumière d'une lampe. 🕮 [abaʒuʀ].

**ABATS,** subst. m. plur.
Viscères d'animaux de boucherie ou de
volailles (cœur, foie, etc.). 🕮 [aba].

**ABATTAGE,** subst. m.
Action d'abattre un arbre, un animal, une
construction. 🕮 [abataʒ].

**ABATTEMENT,** subst. m.
Affaiblissement. – Découragement. – Déduction sur une somme due. 🕮 [abatmɑ̃].

**ABATTIS,** subst. m. plur.
Abats de volaille. 🕮 [abati].

**ABATTOIR,** subst. m.
Lieu où l'on abat les animaux de boucherie.
🕮 [abatwaʀ].

**ABATTRE,** verbe trans. [61]
Jeter à bas. – Tuer. – Fig. Démoraliser.
– Pronom. Tomber brusquement. 🕮 [abatʀ].

**ABBATIAL, ALE, AUX,** adj. et subst. f.
Adj. Relatif à un abbé ou à une abbaye.
– Subst. Église d'une abbaye. 🕮 [abasjal].

**ABBAYE,** subst. f.
Monastère dirigé par un abbé ou une
abbesse. 🕮 [abei].

**ABBÉ, ABBESSE,** subst.
Supérieur d'une abbaye. – Masc. Titre
donné à un prêtre séculier. 🕮 [abe, abɛs].

**ABC,** subst. m. inv.
Les rudiments d'une connaissance, d'une
pratique. 🕮 [abese].

**ABCÈS,** subst. m.
Amas de pus. 🕮 [apsɛ].

**ABDIQUER,** verbe trans. [3]
Renoncer à. – Empl. abs. Renoncer au pouvoir suprême ; se décourager. 🕮 [abdike].

**ABDOMEN,** subst. m.
Partie inférieure du tronc, qui contient les
viscères de l'appareil digestif. 🕮 [abdɔmɛn].

**ABDOMINAL, ALE, AUX,** adj. et
subst. m. plur.
Adj. De l'abdomen. – Subst. Les muscles
de l'abdomen. 🕮 [abdɔminal].

**ABEILLE,** subst. f.
Insecte social vivant dans une ruche et
produisant le miel. 🕮 [abɛj].

**ABERRANT, ANTE,** adj.
Qui dévie du bon sens, de la norme.
– Absurde. 🕮 [abeʀɑ̃, -ɑ̃t].

**ABERRATION,** subst. f.
État de ce qui s'écarte de la norme. – Erreur
de jugement, absurdité. 🕮 [abeʀasjɔ̃].

**ABÊTIR,** verbe trans. [19]
Rendre bête. 🕮 [abetiʀ].

**ABHORRER,** verbe trans. [3]
Détester, avoir en horreur. 🕮 [abɔʀe].

**ABÎME,** subst. m.
Gouffre insondable. – Fig. Très grande
différence. 🕮 [abim].

**ABÎMER,** verbe trans. [3]
Détériorer. 🕮 [abime].

**ABJECT, ECTE,** adj.
Qui suscite la répugnance, méprisable.
🕮 [abʒɛkt].

**ABJECTION,** subst. f.
Le comble de l'ignominie. 🕮 [abʒɛksjɔ̃].

**ABJURER,** verbe trans. [3]
Renoncer à (une foi, une opinion).
🕮 [abʒyʀe].

**ABLATION,** subst. f.
*Chir.* Action d'enlever un organe, une
partie d'organe, un tissu, etc. 🕮 [ablasjɔ̃].

**ABLUTION,** subst. f.
Action de se laver, par hygiène ou pour se
purifier rituellement. 🕮 [ablysjɔ̃].

**ABNÉGATION,** subst. f.
Renoncement. – Sacrifice volontaire de soi.
– Dévouement. 🕮 [abnegasjɔ̃].

**ABOIEMENT,** subst. m.
Cri du chien. – Fig. Cri déplaisant.
🕮 [abwamɑ̃].

**ABOLIR**, verbe trans. [19]
Supprimer. – *Dr.* Abroger ; mettre fin à
(une coutume). 🔊 [abɔliʀ].

**ABOLITION**, subst. f.
Action d'abolir : *L'abolition de l'esclavage.*
🔊 [abɔlisjɔ̃].

**ABOMINABLE**, adj.
Qui inspire l'horreur, le dégoût. – Très
mauvais. 🔊 [abɔminabl].

**ABONDANCE**, subst. f.
Quantité plus que suffisante. – Richesse.
🔊 [abɔ̃dɑ̃s].

**ABONDER**, verbe intrans. [3]
Être en très grande quantité. – *Abonder
dans le sens de qqn* : l'approuver pleinement.
🔊 [abɔ̃de].

**ABONNEMENT**, subst. m.
Contrat portant sur la fourniture d'une
prestation régulière. 🔊 [abɔnmɑ̃].

**ABONNER**, verbe trans. [3]
Souscrire un abonnement pour (qqn).
– *Pronom.* Prendre un abonnement pour
soi. 🔊 [abɔne].

**ABORD**, subst. m.
Action d'arriver en un lieu. – Apparence
extérieure de qqn. – *Plur.* Environs. –
*D'abord* : en premier lieu. 🔊 [abɔʀ].

**ABORDABLE**, adj.
Facile d'accès. – D'un prix raisonnable.
🔊 [abɔʀdabl].

**ABORDER**, verbe trans. [3]
Atteindre (un lieu, un rivage). – *Fig.* Entrer
en contact avec (qqn). – Commencer à
traiter (une question). 🔊 [abɔʀde].

**ABORIGÈNE**, adj. et subst.
Originaire du pays où il vit. 🔊 [abɔʀiʒɛn].

**ABOUTIR**, verbe [19]
*Trans. indir.* *Aboutir à* : se terminer à ;
avoir pour résultat. – *Intrans.* Réussir.
🔊 [abutiʀ].

**ABOYER**, verbe intrans. [17]
Crier, en parlant du chien. 🔊 [abwaje].

**ABRACADABRANT, ANTE**, adj.
Incompréhensible, incohérent, invraisemblable. 🔊 [abʀakadabʀɑ̃, -ɑ̃t].

**ABRASIF, IVE**, adj. et subst. m.
Se dit d'une matière pouvant polir par
frottement. 🔊 [abʀazif, -iv].

**ABRÉGÉ**, subst. m.
Forme condensée d'un texte. – Ouvrage
résumant une science. 🔊 [abʀeʒe].

**ABRÉGER**, verbe trans. [9]
Raccourcir (une durée, un discours, un
écrit). 🔊 [abʀeʒe].

**ABREUVER**, verbe trans. [3]
Faire boire. 🔊 [abʀœve].

**ABREUVOIR**, subst. m.
Lieu où vont boire les animaux. – Auge
destinée à abreuver le bétail. 🔊 [abʀœvwaʀ].

**ABRÉVIATION**, subst. f.
Action d'abréger. – Mot ou groupe de mots
abrégé. 🔊 [abʀevjasjɔ̃].

**ABRI**, subst. m.
Lieu où l'on peut se protéger du soleil, des
intempéries, des dangers. 🔊 [abʀi].

**ABRICOT**, subst. m.
Fruit de l'abricotier, à peau duveteuse et à
chair jaune orangé. 🔊 [abʀiko].

**ABRITER**, verbe trans. [3]
Mettre à l'abri. – Héberger. – Protéger des
agents naturels ou des dangers. 🔊 [abʀite].

**ABROGER**, verbe trans. [5]
Annuler (une loi, un règlement, un décret).
🔊 [abʀɔʒe].

**ABRUPT, UPTE**, adj.
Escarpé, raide. – *Fig.* Qui manque de douceur, rude. 🔊 [abʀypt].

**ABRUTIR**, verbe trans. [19]
Rendre semblable à une brute. – Épuiser
intellectuellement. 🔊 [abʀytiʀ].

**ABSCISSE**, subst. f.
L'une des deux coordonnées d'un point
dans un plan. 🔊 [apsis].

**ABSCONS, ONSE**, adj.
Difficile à comprendre. 🔊 [apskɔ̃, -ɔ̃s].

**ABSENCE**, subst. f.
Fait de ne pas être présent. – Manque.
– Perte passagère de mémoire ou de
connaissance. 🔊 [apsɑ̃s].

**ABSENT, ENTE**, adj. et subst.
*Adj.* Qui n'est pas dans un lieu. – Qui
manque. – *Fig.* Inattentif. – *Subst.* Personne qui n'est pas présente. 🔊 [apsɑ̃, -ɑ̃t].

**ABSENTER (S')**, verbe pronom. [3]
S'éloigner pour un temps. 🔊 [apsɑ̃te].

**ABSINTHE**, subst. f.
Plante amère et aromatique. – Liqueur verte
tirée de cette plante. 🔊 [apsɛ̃t].

**ABSOLU, UE**, adj. et subst. m.
*Adj.* Qui est total, sans réserves. – Qui n'est
soumis à aucune condition. – Qui est sans
concessions, intransigeant. – *Subst.* Ce qui
est parfait, idéal (oppos. *relatif*). 🔊 [apsɔly].

**ABSOLUTION**, subst. f.
Rémission des péchés accordée par un
prêtre. – Pardon d'une faute. 🔊 [apsɔlysjɔ̃].

**ABSOLUTISME**, subst. m.
Régime politique dans lequel une seule personne a les pleins pouvoirs. 🔊 [apsɔlytism].

**ABSORBER**, verbe trans. [3]
Faire pénétrer et retenir en soi. – Avaler,
ingérer. – *Fig.* Occuper le temps de (qqn).
🔊 [apsɔʀbe].

**ABSORPTION**, subst. f.
Action d'absorber, d'ingérer, de s'imprégner de. 🔊 [apsɔʀpsjɔ̃].

**ABSOUDRE**, verbe trans. [76]
Pardonner. 🔊 [apsudʀ].

**ABSTENIR (S'),** verbe pronom. [22]
Renoncer (à un plaisir, une activité, une habitude, etc.). – Ne pas voter. 🕮 [apstəniʀ].

**ABSTENTION,** subst. f.
Fait de ne pas voter. 🕮 [apstɑ̃sjɔ̃].

**ABSTINENCE,** subst. f.
Fait de s'interdire (un plaisir, un aliment). 🕮 [apstinɑ̃s].

**ABSTRACTION,** subst. f.
Action ou faculté d'abstraire ; son résultat. – Idée abstraite. 🕮 [apstʀaksjɔ̃].

**ABSTRAIRE,** verbe trans. [58]
Isoler (une idée, une qualité particulière), pour l'envisager à part. 🕮 [apstʀɛʀ].

**ABSTRAIT, AITE,** adj. et subst. m.
Qui ne se réfère pas à la réalité concrète : *Art* abstrait. 🕮 [apstʀɛ, -ɛt].

**ABSURDE,** adj. et subst. m.
Qui est contraire aux principes de la raison, au sens commun. 🕮 [apsyʀd].

**ABSURDITÉ,** subst. f.
Caractère de ce qui est absurde. – Chose absurde, bêtise. 🕮 [apsyʀdite].

**ABUS,** subst. m.
Action d'abuser. – Son résultat. 🕮 [aby].

**ABUSER,** verbe trans. [3]
Trans. indir. **Abuser** *de qqch.* : en user mal ou avec excès ; **Abuser** *d'une femme* : la violenter. – Trans. dir. Abuser *qqn* : le tromper. – Pronom. Se tromper. 🕮 [abuze].

**ABUSIF, IVE,** adj.
Qui constitue un abus. 🕮 [abyzif, -iv].

**ABYSSE,** subst. m.
Grand fond marin (à partir de 2 000 m de profondeur). 🕮 [abis].

**ACABIT,** subst. m.
Qualité d'une chose. – Sorte, espèce. 🕮 [akabi].

**ACACIA,** subst. m.
Arbre à fleurs jaunes odorantes. 🕮 [akasja].

**ACADÉMICIEN, IENNE,** subst.
Membre d'une académie (en partic. de l'Académie française). 🕮 [akademisjɛ̃, -jɛn].

**ACADÉMIE,** subst. f.
Cercle de lettrés, de savants, d'artistes. – Circonscription administrative de l'enseignement. 🕮 [akademi].

**ACAJOU,** subst. m.
Arbre tropical au bois de couleur rougeâtre. – Bois de cet arbre. 🕮 [akaʒu].

**A CAP(P)ELLA,** loc. adv.
*Mus.* Sans accompagnement instrumental. 🕮 [akapela].

**ACARIÂTRE,** adj.
Grincheux, aigri, querelleur. 🕮 [akaʀjɑtʀ].

**ACARIEN,** subst. m.
Petit arachnide, souv. parasite. 🕮 [akaʀjɛ̃].

**ACCABLANT, ANTE,** adj.
Pénible, qui accable : *Chaleur* accablante ; *Preuves* accablantes. 🕮 [akablɑ̃, -ɑ̃t].

**ACCABLER,** verbe trans. [3]
Écraser de maux, de travaux pénibles. – Confondre (un accusé). 🕮 [akable].

**ACCALMIE,** subst. f.
Apaisement momentané d'une tempête, d'une agitation. 🕮 [akalmi].

**ACCAPARER,** verbe trans. [3]
Retenir (qqch.) pour son usage exclusif. – Occuper totalement (qqn). 🕮 [akapaʀe].

**ACCÉDER,** verbe trans. indir. [8]
Accéder *à un lieu, à la réussite* : y parvenir. – Accéder *à une demande* : y répondre positivement. 🕮 [aksede].

**ACCÉLÉRATEUR,** subst. m.
Ce qui accélère un processus. – Dans un véhicule, pédale ou poignée permettant d'accélérer. 🕮 [akseleʀatœʀ].

**ACCÉLÉRATION,** subst. f.
Augmentation de la vitesse. 🕮 [akseleʀasjɔ̃].

**ACCÉLÉRER,** verbe trans. [8]
Augmenter la vitesse de (un corps, un processus, un rythme). 🕮 [akseleʀe].

**ACCENT,** subst. m.
Signe graphique placé au-dessus de certaines lettres. – Manière de prononcer propre à une région. – *Ling.* Mise en valeur d'une syllabe. – Fig. *Mettre l'*accent *sur* : mettre en valeur ; insister sur. 🕮 [aksɑ̃].

**ACCENTUER,** verbe trans. [3]
Mettre un accent au-dessus de (une lettre). – Prononcer (un son, une syllabe) avec plus de force. – Fig. Intensifier. 🕮 [aksɑ̃tɥe].

**ACCEPTATION,** subst. f.
Fait d'accepter, de donner son consentement. 🕮 [aksɛptasjɔ̃].

**ACCEPTER,** verbe trans. [3]
Consentir à recevoir. – Admettre, se soumettre à. 🕮 [aksɛpte].

**ACCEPTION,** subst. f.
Sens que prend un mot dans un contexte. 🕮 [aksɛpsjɔ̃].

**ACCÈS,** subst. m.
Moyen d'accéder à un lieu, à une personne. – Manifestation soudaine (d'un trouble, d'une affection). 🕮 [aksɛ].

**ACCESSIBLE,** adj.
Dont l'abord est possible. – Que l'on peut obtenir. 🕮 [aksesibl].

**ACCESSION,** subst. f.
Action de parvenir (à un droit, une fonction, un état, etc.). 🕮 [aksesjɔ̃].

**ACCESSOIRE,** adj. et subst. m.
Adj. Secondaire, moins important. – Subst. Objet qui complète un ensemble principal. 🕮 [akseswaʀ].

**ACCIDENT,** subst. m.
Événement imprévu, souv. fâcheux, qui interrompt le cours naturel des choses. 🔊 [aksidɑ̃].

**ACCIDENTÉ, ÉE,** adj.
Qui a subi un accident. – Irrégulier : *Un parcours* accidenté. 🔊 [aksidɑ̃te].

**ACCLAMATION,** subst. f.
Clameur collective de joie, d'approbation, saluant qqn ou un succès. 🔊 [aklamasjɔ̃].

**ACCLAMER,** verbe trans. [3]
Manifester par des acclamations sa joie, son accord à. 🔊 [aklame].

**ACCLIMATATION,** subst. f.
Action d'acclimater. 🔊 [aklimatasjɔ̃].

**ACCLIMATER,** verbe trans. [3]
Adapter (un organisme) à un nouvel environnement. 🔊 [aklimate].

**ACCOLADE,** subst. f.
Action de serrer qqn dans ses bras, en signe d'affection ou dans le cadre d'un rituel. – Signe graphique ({) utilisé pour réunir plusieurs lignes. 🔊 [akɔlad].

**ACCOLER,** verbe trans. [3]
Réunir par une accolade. – Rapprocher (deux éléments). 🔊 [akɔle].

**ACCOMMODANT, ANTE,** adj.
Tolérant, conciliant. 🔊 [akɔmɔdɑ̃, -ɑ̃t].

**ACCOMMODATION,** subst. f.
Adaptation réflexe de l'œil permettant d'obtenir une image nette. 🔊 [akɔmɔdasjɔ̃].

**ACCOMMODEMENT,** subst. m.
Arrangement. 🔊 [akɔmɔdmɑ̃].

**ACCOMMODER,** verbe trans. [3]
Adapter. – Apprêter, assaisonner (des aliments). – Pronom. S'accommoder *de* : se satisfaire de ; S'accommoder *à* : s'adapter à. 🔊 [akɔmɔde].

**ACCOMPAGNEMENT,** subst. m.
Action d'accompagner ; ce qui accompagne. – *Mus.* Partie accessoire jouée en même temps qu'une mélodie, ou qu'un solo. 🔊 [akɔ̃paɲmɑ̃].

**ACCOMPAGNER,** verbe trans. [3]
Aller avec. – Joindre à. – *Mus.* Soutenir par un accompagnement. 🔊 [akɔ̃paɲe].

**ACCOMPLI, IE,** adj.
Réalisé complètement. – Parfait en son genre. 🔊 [akɔ̃pli].

**ACCOMPLIR,** verbe trans. [19]
Exécuter jusqu'à son terme. – Faire, exécuter. – Pronom. Se réaliser, s'épanouir. 🔊 [akɔ̃pliʀ].

**ACCOMPLISSEMENT,** subst. m.
Action d'accomplir. – Son résultat. 🔊 [akɔ̃plismɑ̃].

**ACCORD,** subst. m.
Convention entre deux parties. – Marque d'assentiment : *D'*accord. – Union, harmonie. – *Ling.* Concordance du genre et du nombre des mots dans une phrase. – *Mus.* Combinaison simultanée d'au moins trois notes. 🔊 [akɔʀ].

**ACCORDÉON,** subst. m.
*Mus.* Instrument à soufflet. 🔊 [akɔʀdeɔ̃].

**ACCORDER,** verbe trans. [3]
Mettre en harmonie. – Concéder, donner. – *Ling.* Appliquer les règles de l'accord à. – *Mus.* Régler (un instrument). 🔊 [akɔʀde].

**ACCOSTAGE,** subst. m.
Action d'accoster. 🔊 [akɔstaʒ].

**ACCOSTER,** verbe trans. [3]
Approcher (qqn) en vue de lui parler. – Pour un navire, se placer le long de (un quai ou un autre navire). 🔊 [akɔste].

**ACCOTEMENT,** subst. m.
Bordure d'une route, d'une voie ferrée. 🔊 [acɔtmɑ̃].

**ACCOUCHEMENT,** subst. m.
Action d'accoucher, enfantement. – *Fig.* Élaboration lente et difficile d'une œuvre, d'un projet. 🔊 [akuʃmɑ̃].

**ACCOUCHER,** verbe [3]
Intrans. Donner naissance à un enfant. – Trans. dir. Aider (une femme) à **accoucher.** 🔊 [akuʃe].

**ACCOUDER (S'),** verbe pronom. [3]
Poser son ou ses coudes sur un point d'appui. 🔊 [akude].

**ACCOUDOIR,** subst. m.
Appui auquel on s'accoude. 🔊 [akudwaʀ].

**ACCOUPLEMENT,** subst. m.
Union sexuelle, en parlant des animaux. – Réunion mécanique de deux éléments. 🔊 [akupləmɑ̃].

**ACCOUPLER,** verbe trans. [3]
Réunir par paire. – Unir (un mâle et une femelle) de sorte qu'ils se reproduisent. 🔊 [akuple].

**ACCOURIR,** verbe intrans. [25]
Venir en courant. 🔊 [akuʀiʀ].

**ACCOUTREMENT,** subst. m.
Habillement insolite. 🔊 [akutʀəmɑ̃].

**ACCOUTRER,** verbe trans. [3]
Vêtir d'une manière surprenante ou ridicule. 🔊 [akutʀe].

**ACCOUTUMANCE,** subst. f.
Fait de s'habituer ou d'être habitué (à qqch.). – Adaptation d'un organisme à une drogue, associée à la nécessité d'augmenter les doses. 🔊 [akutymɑ̃s].

**ACCOUTUMER,** verbe trans. [3]
Donner une habitude à. – Pronom. S'habituer (à qqch.). 🔊 [akutyme].

**ACCRÉDITER,** verbe trans. [3]
Rendre croyable (une idée). – **Accréditer** *un ambassadeur* : le faire reconnaître officiellement. 🔊 [akʀedite].

**ACCROC**, subst. m.
Déchirure dans un tissu. – Fig. Incident.
🕮 [akʀo].

**ACCROCHAGE**, subst. m.
Action d'accrocher. – Accident bénin entre deux véhicules. – Querelle, dispute (fam.).
🕮 [akʀoʃaʒ].

**ACCROCHER**, verbe trans. [3]
Suspendre à un crochet ou à un objet analogue. – Heurter. – Fig. Parvenir à saisir, à capter. – Pronom. Se cramponner. – Se disputer (fam.). 🕮 [akʀoʃe].

**ACCROISSEMENT**, subst. m.
Augmentation. 🕮 [akʀwasmã].

**ACCROÎTRE**, verbe trans. [72]
Rendre plus grand ; augmenter, en quantité ou en qualité. 🕮 [akʀwatʀ].

**ACCROUPIR (S')**, verbe pronom. [19]
S'asseoir sur ses talons, en pliant les genoux.
🕮 [akʀupiʀ].

**ACCUEIL**, subst. m.
Fait ou manière d'accueillir qqn ou qqch. – Pièce, comptoir où l'on reçoit les visiteurs, dans une administration ou une entreprise. 🕮 [akœj].

**ACCUEILLIR**, verbe trans. [30]
Recevoir (qqn ou qqch.). 🕮 [akœjiʀ].

**ACCULER**, verbe trans. [3]
Pousser (qqn) dans une impasse. – Fig. Mettre (qqn) dans une situation extrême.
🕮 [akyle].

**ACCULTURATION**, subst. f.
Assimilation, par un groupe humain, d'une culture étrangère. 🕮 [akyltyʀasjõ].

**ACCUMULATEUR**, subst. m.
Appareil qui accumule l'énergie électrique et restitue du courant. 🕮 [akymylatœʀ].

**ACCUMULATION**, subst. f.
Action d'accumuler. – Son résultat.
🕮 [akymylasjõ].

**ACCUMULER**, verbe trans. [3]
Amasser, réunir progressivement en grande quantité ; entasser. 🕮 [akymyle].

**ACCUSATIF**, subst. m.
Cas complément d'objet direct des langues à déclinaison. 🕮 [akyzatif].

**ACCUSATION**, subst. f.
Fait d'accuser. – Dr. Action en justice, plainte ; ministère public, par oppos. à la défense. 🕮 [akyzasjõ].

**ACCUSÉ, ÉE**, adj. et subst.
Se dit d'une personne à qui l'on impute une infraction. – Subst. Accusé de réception : avis de réception d'un envoi. – Adj. Souligné, mis en relief. 🕮 [akyze].

**ACCUSER**, verbe trans. [3]
Imputer une faute à (qqn). – Fig. Souligner, mettre en relief. 🕮 [akyze].

**ACE**, subst. m.
Au tennis, balle de service que l'adversaire n'a pas pu retourner. 🕮 [ɛs].

**ACERBE**, adj.
Dur, agressif : Un rire acerbe. – Âpre, piquant : Un citron acerbe. 🕮 [asɛʀb].

**ACÉRÉ, ÉE**, adj.
Pointu, tranchant. – Fig. Caustique, blessant. 🕮 [aseʀe].

**ACÉTIQUE**, adj.
Acide acétique : acide constituant le vinaigre. 🕮 [asetik].

**ACÉTONE**, subst. f.
Liquide très volatil, d'odeur éthérée, excellent solvant. 🕮 [asetɔn].

**ACHALANDÉ, ÉE**, adj.
Qui a de nombreux chalands (clients), en parlant d'un commerce. 🕮 [aʃalãde].

**ACHARNEMENT**, subst. m.
Action de s'acharner. – Ardeur, opiniâtreté.
🕮 [aʃaʀnəmã].

**ACHARNER (S')**, verbe pronom. [3]
S'acharner contre, sur qqn : s'en prendre à lui avec opiniâtreté. – S'attacher avec ténacité (à un projet, à une œuvre). 🕮 [aʃaʀne].

**ACHAT**, subst. m.
Action d'acheter. – Acquisition. – Ce que l'on a acheté (souv. au plur.). 🕮 [aʃa].

**ACHEMINER**, verbe trans. [3]
Conduire vers une destination, un but : Acheminer du courrier, une affaire.
🕮 [aʃ(ə)mine].

**ACHETER**, verbe trans. [13]
Acquérir contre un paiement. – Fig. Corrompre (qqn) avec de l'argent. 🕮 [aʃte].

**ACHEVER**, verbe trans. [10]
Mettre fin à, terminer. – Donner le coup de grâce à, tuer. – Anéantir. 🕮 [aʃve].

**ACIDE (I)**, adj.
Qui a une saveur aigre et piquante. – Fig. Mordant, désagréable. 🕮 [asid].

**ACIDE (II)**, subst. m.
Composé chimique ou ion qui agit sur certains indicateurs colorés et sur les bases pour donner des sels. 🕮 [asid].

**ACIDITÉ**, subst. f.
Saveur aigre, piquante. – Caractère acide d'une solution. 🕮 [asidite].

**ACIDULÉ, ÉE**, adj.
Légèrement acide. 🕮 [asidyle].

**ACIER**, subst. m.
Alliage de fer et de carbone. 🕮 [asje].

**ACIÉRIE**, subst. f.
Usine où l'on produit de l'acier. 🕮 [asjeʀi].

**ACNÉ**, subst. f.
Dermatose se traduisant par des boutons, surtout sur le visage. 🕮 [akne].

**ACOLYTE**, subst. m.
Compagnon, complice. 🕮 [akɔlit].

**ACOMPTE**, subst. m.
Paiement partiel d'un dû. [akɔ̃t].

**ACOQUINER (S')**, verbe pronom. [3]
Se lier (à des gens douteux). [akɔkine].

**À-CÔTÉ**, subst. m.
Ce . qui est accessoire. Plur. *à-côtés* ;
[akote].

**À-COUP**, subst. m.
Brusque irrégularité dans un mouvement,
dans un processus. Plur. *à-coups* ; [aku].

**ACOUSTIQUE**, adj. et subst. f.
Adj. Relatif au son. – Subst. Science des
sons ; qualité sonore d'un lieu. [akustik].

**ACQUÉREUR**, subst. m.
Personne qui acquiert. [akeʀœʀ].

**ACQUÉRIR**, verbe trans. [33]
Devenir propriétaire de (un bien, un droit).
– En venir à posséder : **Acquérir** *une grande
expérience.* [akeʀiʀ].

**ACQUIESCER**, verbe trans. indir. [4]
Acquiescer *à* : consentir à. – Exprimer,
donner son accord à. [akjese].

**ACQUIS, ISE**, adj. et subst. m.
Adj. Qui a été obtenu ; qui n'est pas héréditaire ou naturel à l'individu (oppos. *inné*).
– Fig. Totalement dévoué. – Subst. Fruit de
l'effort ou de l'apprentissage. – Savoir-faire.
[aki, -iz].

**ACQUISITION**, subst. f.
Action d'acquérir ; son résultat. – Ce qui
est acquis. [akizisjɔ̃].

**ACQUIT**, subst. m.
Reconnaissance d'un paiement. – *Par*
**acquit** *de conscience* : afin de libérer sa
conscience. [aki].

**ACQUITTEMENT**, subst. m.
Action de payer son dû. – Action de
déclarer qqn non coupable. [akitmɑ̃].

**ACQUITTER**, verbe trans. [3]
Payer (un dû). – Déclarer (qqn) non coupable. – Pronom. Se libérer (de ses dettes,
de son devoir). [akite].

**ÂCRE**, adj.
Qui irrite l'odorat ou le goût. – Fig.
Blessant, agressif. [akʀ].

**ÂCRETÉ**, subst. f.
Qualité de ce qui est âcre. [akʀəte].

**ACRIMONIE**, subst. f.
Aigreur du caractère qui se manifeste dans
les propos. [akʀimɔni].

**ACROBATE**, subst.
Artiste qui exécute des exercices d'adresse,
de force. – Fig. Individu habile à manier
les choses et les idées. [akʀɔbat].

**ACROBATIE**, subst. f.
Exercice fait par un acrobate. [akʀɔbasi].

**ACROPOLE**, subst. f.
Citadelle, dans la Grèce antique. [akʀɔpɔl].

**ACRYLIQUE**, adj. et subst. m.
Adj. Qualifie des produits obtenus à partir
du propène. – Subst. Fibre textile artificielle. [akʀilik].

**ACTE**, subst. m.
Écrit officiel : **Acte** *d'état civil.* – Mouvement (ou ensemble de mouvements)
adapté à une fin : **Acte** *de courage.*
– Chacune des parties d'une pièce de
théâtre. [akt].

**ACTEUR, ACTRICE**, subst.
Personne qui joue un rôle dans un événement, un film ou une pièce. [aktœʀ,
aktʀis].

**ACTIF, IVE**, adj. et subst. m.
Adj. Qui agit ; qui aime agir. – Qui est en
exercice. – *Voix* **active** : forme verbale
indiquant que le sujet fait l'action (oppos.
*voix passive*). – Subst. Ce que possède un
particulier ou une entreprise, par oppos. à
son passif (ses dettes). – *Avoir qqch. à son*
**actif** : l'avoir réalisé. [aktif, -iv].

**ACTION**, subst. f.
Fait d'agir. – Acte. – Effet produit par qqch.
– Fin. Titre représentant une fraction du
capital d'une société. [aksjɔ̃].

**ACTIONNAIRE**, subst.
Propriétaire d'une ou de plusieurs actions
d'une société. [aksjɔnɛʀ].

**ACTIONNER**, verbe trans. [3]
Mettre en mouvement. [aksjone].

**ACTIVER**, verbe trans. [3]
Rendre plus actif. – Rendre plus rapide ;
hâter. – Pronom. S'affairer (fam.).
[aktive].

**ACTIVITÉ**, subst. f.
Faculté d'agir. – Ardeur à l'action. – *Être
en* **activité** : avoir une fonction professionnelle (contr. *être retraité*) ; fonctionner.
[aktivite].

**ACTUALISER**, verbe trans. [3]
Rendre actuel ; mettre à jour. [aktɥalize].

**ACTUALITÉ**, subst. f.
Caractère de ce qui est actuel. – Ensemble
des événements présents ou récents :
*L'*actualité *sportive.* – Plur. Informations
télévisées ou radiodiffusées. [aktɥalite].

**ACTUEL, ELLE**, adj.
Qui appartient, qui convient au temps
présent. [aktɥɛl].

**ACUITÉ**, subst. f.
Qualité de ce qui est aigu, intense. – Degré
de finesse d'un sens. [akɥite].

**ACUPUNCTURE**, subst. f.
Médecine chinoise qui utilise de fines
aiguilles piquées en des points précis du
corps. [akypɔ̃ktyʀ].

**ADAGE**, subst. m.
Brève sentence, maxime. [adaʒ].

**ADAGIO**, subst. m. et adv.
*Mus.* Se dit d'un morceau joué lentement.
[ada(d)ʒjo].

**ADAPTATION**, subst. f.
Action d'adapter ou de s'adapter. – Son résultat. [adaptasjɔ̃].

**ADAPTER**, verbe trans. [3]
Ajuster. – Mettre en accord. – Transposer (une œuvre) d'un mode d'expression en un autre. – Pronom. Se modifier en fonction du milieu. [adapte].

**ADDITIF, IVE**, adj. et subst. m.
Qui s'ajoute. [aditif, -iv].

**ADDITION**, subst. f.
Fait d'ajouter qqch. – Opération, symbolisée par le signe +, consistant à ajouter des quantités arithmétiques. – Note de restaurant ou de café. [adisjɔ̃].

**ADDITIONNER**, verbe trans. [3]
Effectuer l'addition de. – Ajouter (une chose à une autre) pour modifier cette dernière : *Additionner* d'eau un breuvage. [adisjɔne].

**ADDUCTION**, subst. f.
Action de rapprocher un membre de l'axe du corps. – Apport de gaz ou d'eau par des canalisations. [adyksjɔ̃].

**ADÉNOME**, subst. m.
Tumeur bénigne qui se développe à partir d'une glande. [adenom].

**ADEPTE**, subst.
Membre d'une secte, d'un groupement. – Personne qui adhère à une doctrine, à une religion. [adɛpt].

**ADÉQUAT, ATE**, adj.
Qui est parfaitement approprié à son objet. [adekwa(t), -at].

**ADHÉRENCE**, subst. f.
État de ce qui adhère, colle. [aderɑ̃s].

**ADHÉRENT, ENTE**, adj. et subst.
Adj. Qui adhère. – Subst. Membre d'une organisation. [aderɑ̃, -ɑ̃t].

**ADHÉRER**, verbe trans. indir. [8]
Adhérer à : coller, s'attacher fortement à. – Fig. Souscrire, se rallier à. [adere].

**ADHÉSIF, IVE**, adj. et subst. m.
Adj. Qui adhère, qui colle. – Subst. Substance, matière collante. [adezif, -iv].

**ADHÉSION**, subst. f.
Inscription à un organisme. – Assentiment, approbation. [adezjɔ̃].

**ADIEU**, subst. m. et interj.
Formule adressée à qqn dont on prend congé pour toujours ou pour longtemps. – Subst. Séparation d'avec qqn ou qqch. Plur. *adieux* ; [adjø].

**ADIPEUX, EUSE**, adj.
Qui contient de la graisse : *Tissu* adipeux. [adipø, -øz].

**ADJACENT, ENTE**, adj.
Attenant. – *Angles* **adjacents** : dont le sommet et un côté sont communs. [adʒasɑ̃, -ɑ̃t].

**ADJECTIF**, subst. m.
Mot qui qualifie ou détermine un substantif, avec lequel il s'accorde. [adʒɛktif].

**ADJOINT, OINTE**, adj. et subst.
Se dit d'une personne associée à une autre pour la seconder. [adʒwɛ̃, -wɛ̃t].

**ADJONCTION**, subst. f.
Action d'adjoindre. [adʒɔ̃ksjɔ̃].

**ADJUDANT**, subst. m.
Sous-officier de grade immédiatement supérieur à celui de sergent-chef. [adʒydɑ̃].

**ADJUDICATION**, subst. f.
Attribution d'un bien mis aux enchères ou d'un marché public au mieux disant. [adʒydikasjɔ̃].

**ADJUGER**, verbe trans. [5]
Attribuer par jugement ou par adjudication. – Pronom. S'attribuer. [adʒyʒe].

**ADJURER**, verbe trans. [3]
Supplier au nom de ce qui est sacré. [adʒyre].

**ADJUVANT**, subst. m.
Ce qui renforce un effet. [adʒyvɑ̃].

**ADMETTRE**, verbe trans. [60]
Agréer, laisser entrer. – Accepter, tolérer. – Recevoir (à un examen). [admɛtʀ].

**ADMINISTRATEUR, TRICE**, subst.
Personne qui administre un bien ; gestionnaire. [administratœʀ, -tʀis].

**ADMINISTRATIF, IVE**, adj.
Qui relève de l'administration ou en fait partie. [administʀatif, -iv].

**ADMINISTRATION**, subst. f.
Gestion d'affaires privées ou publiques. – L'**Administration** : les institutions et les personnes assurant l'**administration** publique d'un État. [administʀasjɔ̃].

**ADMINISTRÉ, ÉE**, subst.
Personne dépendant d'une administration. [administʀe].

**ADMINISTRER**, verbe trans. [3]
Gérer (des affaires, un service public ou privé). – Donner, dispenser : *Administrer* une correction, un médicament. [administʀe].

**ADMIRABLE**, adj.
Digne d'être admiré. [admiʀabl].

**ADMIRATEUR, TRICE**, adj. et subst.
Qui admire. [admiʀatœʀ, -tʀis].

**ADMIRATIF, IVE**, adj.
Qui exprime l'admiration. [admiʀatif, -iv].

**ADMIRATION**, subst. f.
Sentiment d'émerveillement, d'enthousiasme pour qqn ou pour qqch. de beau, de vrai ou de bien. [admiʀasjɔ̃].

17

**ADMIRER**, verbe trans. [3]
Considérer avec émerveillement ou enthousiasme. 🔊 [admiʀe].

**ADMIS, ISE**, adj.
Accepté. – Considéré comme étant vrai ou bien. – Reçu (à un examen, à un concours). 🔊 [admi, -iz].

**ADMISSIBLE**, adj. et subst.
Se dit d'un candidat jugé apte à subir les dernières épreuves d'un examen ou d'un concours. – Adj. Acceptable, en accord avec une norme, avec la raison. 🔊 [admisibl].

**ADMISSION**, subst. f.
Action d'admettre. – Fait d'être admis. 🔊 [admisjɔ̃].

**ADMONESTER**, verbe trans. [3]
Rappeler à l'ordre. 🔊 [admɔnɛste].

**A.D.N.**, subst. m.
Très longue molécule porteuse du patrimoine génétique d'un individu. 🔊 [adeɛn].

**ADOLESCENCE**, subst. f.
Période de la vie humaine comprise entre l'enfance et l'âge adulte. 🔊 [adɔlesɑ̃s].

**ADOLESCENT, ENTE**, adj. et subst.
Qui est dans la période de l'adolescence. 🔊 [adɔlesɑ̃, -ɑ̃t].

**ADONNER (S')**, verbe pronom. [3]
Se livrer à : S'adonner *au jeu*. 🔊 [adɔne].

**ADOPTER**, verbe trans. [3]
Prendre légalement (qqn, un enfant) pour fille ou pour fils. – Faire sien : **Adopter** *une doctrine*. – Approuver, voter (une loi, un texte). 🔊 [adɔpte].

**ADOPTIF, IVE**, adj.
Qui a été adopté ou qui a adopté : *Un enfant, un père* **adoptif**. 🔊 [adɔptif, -iv].

**ADORABLE**, adj.
Gentil, charmant, gracieux. – Qu'on aime. 🔊 [adɔrabl].

**ADORATEUR, TRICE**, adj. et subst.
Qui adore. 🔊 [adɔratœr, -tris].

**ADORATION**, subst. f.
Culte rendu à Dieu ou à un dieu. – Passion, amour intense. 🔊 [adɔrasjɔ̃].

**ADORER**, verbe trans. [3]
Rendre un culte à (Dieu ou un dieu). – Aimer passionnément ; apprécier. 🔊 [adɔre].

**ADOSSER**, verbe trans. [3]
Placer le dos de (qqn), l'arrière de (qqch.) contre un appui. – Pronom. Mettre son dos (contre qqch.) : *S'adosser à un mur*. 🔊 [adose].

**ADOUBEMENT**, subst. m.
Cérémonie féodale par laquelle un seigneur armait qqn chevalier. 🔊 [adubmɑ̃].

**ADOUCIR**, verbe trans. [19]
Rendre plus doux. 🔊 [adusiʀ].

**ADOUCISSANT, ANTE**, adj. et subst. m.
Qui adoucit. – Qui calme l'irritation. 🔊 [adusisɑ̃, -ɑ̃t].

**ADOUCISSEMENT**, subst. m.
Action d'adoucir ; son résultat. – Fig. Atténuation. 🔊 [adusismɑ̃].

**ADRÉNALINE**, subst. f.
Hormone sécrétée par les glandes surrénales. 🔊 [adʀenalin].

**ADRESSE (I)**, subst. f.
Destination : *À votre* **adresse**, à votre intention. – Coordonnées du domicile de qqn. 🔊 [adʀɛs].

**ADRESSE (II)**, subst. f.
Habileté corporelle ou intellectuelle. 🔊 [adʀɛs].

**ADRESSER**, verbe trans. [3]
Faire parvenir (une lettre, une requête). – Dire (qqch.) à qqn. – Envoyer (qqn) auprès de qqn d'autre. 🔊 [adʀese].

**ADRET**, subst. m.
Versant montagnard ensoleillé, gén. exposé au midi (oppos. *ubac*). 🔊 [adʀɛ].

**ADROIT, OITE**, adj.
Habile ; qui a du savoir-faire. – Fig. Subtil. 🔊 [adʀwa, -wat].

**ADULATEUR, TRICE**, adj. et subst.
Qui flatte par intérêt, servilement (littér.). 🔊 [adylatœr, -tris].

**ADULER**, verbe trans. [3]
Louer avec excès. 🔊 [adyle].

**ADULTE**, adj. et subst.
Qui est complètement développé. – Qui est sorti de l'adolescence. 🔊 [adylt].

**ADULTÈRE**, adj. et subst.
Qui viole le devoir conjugal de fidélité. 🔊 [adyltɛʀ].

**ADULTÉRIN, INE**, adj. et subst.
Qui est né d'un adultère. 🔊 [adylteʀɛ̃, -in].

**ADVENIR**, verbe intrans. [22]
Arriver, se produire. 🔊 Employé uniquement aux 3es personnes, au p.p. et à l'inf. ; [advəniʀ].

**ADVERBE**, subst. m.
Mot invariable qui précise le sens d'un verbe, d'un adjectif ou d'un autre adverbe. 🔊 [advɛʀb].

**ADVERSAIRE**, adj. et subst.
Personne, groupe, État à qui l'on s'oppose, dont on est l'ennemi. 🔊 [advɛʀsɛʀ].

**ADVERSE**, adj.
Situé à l'opposé. – Hostile. 🔊 [advɛʀs].

**ADVERSITÉ**, subst. f.
Obstacle, coup du sort, malchance que l'on doit affronter. 🔊 [advɛʀsite].

**AÈDE**, subst. m.
Dans la Grèce antique, poète itinérant. 🔊 [aɛd].

**AÉRATION, subst. f.**
Action de renouveler l'air (d'un local).
– Son résultat. 🔊 [aeʀasjɔ̃].

**AÉRER, verbe trans.** [8]
Renouveler l'air de, ventiler. – Exposer à
l'air. – Fig. Rendre moins serré, moins
compact. 🔊 [aeʀe].

**AÉRIEN, IENNE, adj.**
Constitué d'air. – Situé dans l'air. – Léger.
– Qui concerne les avions. 🔊 [aeʀjɛ̃, -jɛn].

**AÉROBIC, subst. m.**
Gymnastique dynamique, rythmée par une
musique. 🔊 [aeʀɔbik].

**AÉROBIE, adj. et subst. m.**
Se dit d'un être qui a besoin d'oxygène
ou d'air pour vivre (contr. *anaérobie*).
🔊 [aeʀɔbi].

**AÉRODROME, subst. m.**
Terrain aménagé pour le décollage, l'atterrissage et l'entretien des avions. 🔊 [aeʀodʀɔm].

**AÉRODYNAMIQUE, adj. et subst. f.**
Adj. Qui offre une résistance minimale à
l'air. – Subst. Science étudiant le déplacement des corps dans l'air. 🔊 [aeʀodinamik].

**AÉROGARE, subst. f.**
Ensemble des installations d'un aéroport
conçues pour les voyageurs et le fret.
🔊 [aeʀogaʀ].

**AÉROGLISSEUR, subst. m.**
Véhicule qui se déplace au-dessus du sol
ou de l'eau grâce à un mince coussin d'air.
🔊 [aeʀogliscœʀ].

**AÉRONAUTE, subst.**
Personne qui navigue dans un aérostat ou
qui le dirige. 🔊 [aeʀonot].

**AÉRONAUTIQUE, adj. et subst. f.**
Subst. Science de la navigation aérienne.
– Adj. Qui se rapporte à la navigation
aérienne. 🔊 [aeʀonotik].

**AÉRONAVAL, ALE, ALS, adj. et
subst. f.**
Adj. Relatif à l'aviation et à la marine de
guerre. – Subst. Force aérienne de la marine
militaire. 🔊 [aeʀonaval].

**AÉRONEF, subst. m.**
Tout appareil capable de se déplacer et de
se diriger dans les airs. 🔊 [aeʀɔnɛf].

**AÉROPHAGIE, subst. f.**
Déglutition d'air, qui pénètre dans l'estomac. 🔊 [aeʀɔfaʒi].

**AÉROPLANE, subst. m.**
Synon. désuet d'« avion ». 🔊 [aeʀɔplan].

**AÉROPORT, subst. m.**
Lieu aménagé pour le décollage, l'atterrissage, l'entretien des avions et pour la
gestion des voyages aériens. 🔊 [aeʀɔpɔʀ].

**AÉROSOL, subst. m.**
Suspension de fines particules dans un gaz.
– Vaporisateur permettant la projection de
cette suspension. 🔊 [aeʀɔsɔl].

**AÉROSPATIAL, ALE, AUX, adj.**
Qui concerne la navigation aérienne et
spatiale. 🔊 [aeʀospasjal].

**AÉROSTAT, subst. m.**
Aéronef (ballon, dirigeable) qui peut s'élever au moyen d'un gaz plus léger que l'air.
🔊 [aeʀɔsta].

**AFFABLE, adj.**
Accueillant, avenant. 🔊 [afabl].

**AFFABULATION, subst. f.**
Récit imaginaire présenté comme s'il se
rapportait à des faits réels, sans intention
mensongère. 🔊 [afabylasjɔ̃].

**AFFADIR, verbe trans.** [19]
Rendre fade, insipide. – Affaiblir (une idée,
un style, une œuvre). 🔊 [afadiʀ].

**AFFAIBLIR, verbe trans.** [19]
Rendre faible. – Atténuer. 🔊 [afebliʀ].

**AFFAIBLISSEMENT, subst. m.**
Fait d'affaiblir. – Son résultat. 🔊 [afeblismɑ̃].

**AFFAIRE, subst. f.**
Occupation ; question qu'il faut traiter :
*Avoir* **affaire** ; *C'est une* **affaire** *d'argent*.
– Ce qui concerne qqn en propre : *C'est
mon* **affaire**. – Entreprise. – Opération
commerciale : *Conclure une* **affaire**.
– Opération avantageuse : *Ce lot, c'est
une* **affaire** ! – Procès, scandale suscitant
l'intérêt du public. – Conflit. – *Avoir*
**affaire** *à qqn* : être en contact avec qqn ;
l'avoir pour adversaire. – Plur. Objets
usuels d'une personne. – Ensemble des
activités financières et commerciales.
🔊 [afɛʀ].

**AFFAIRÉ, ÉE, adj.**
Très occupé. 🔊 [afeʀe].

**AFFAIRER (S'), verbe pronom.** [3]
S'empresser, s'activer. 🔊 [afeʀe].

**AFFAIRISME, subst. m.**
Activité d'une personne guidée par la
recherche du profit à tout prix. 🔊 [afeʀism].

**AFFAISSEMENT, subst. m.**
Fait de s'affaisser. – État qui en résulte.
– Fig. Abattement moral. 🔊 [afɛsmɑ̃].

**AFFAISSER (S'), verbe pronom.** [3]
Baisser de niveau sous l'effet de son propre
poids : *Le terrain s'est affaissé*. – Tomber
de sa hauteur, en parlant d'un être vivant.
🔊 [afese].

**AFFALER, verbe trans.** [3]
*Mar.* Faire descendre (une voile, par ex.).
– Pronom. Se laisser tomber, s'effondrer
(fam.). 🔊 [afale].

**AFFAMÉ, ÉE, adj. et subst.**
Qui a très faim. – Fig. Qui est très désireux
(de qqch.). 🔊 [afame].

**AFFAMER, verbe trans.** [3]
Faire souffrir de la faim. 🔊 [afame].

**AFFAMEUR, EUSE, subst.**
Qui réduit à la famine. 🔊 [afamœʀ, -øz].

**AFFECTATION (I)**, subst. f.
Simulation, comportement qui manque de naturel. 🔊 [afɛktasjɔ̃].

**AFFECTATION (II)**, subst. f.
Imputation de qqch. à un usage précis.
– Désignation de qqn à une fonction ou à un poste. 🔊 [afɛktasjɔ̃].

**AFFECTER (I)**, verbe trans. [3]
Feindre avec ostentation, faire semblant de.
🔊 [afɛkte].

**AFFECTER (II)**, verbe trans. [3]
Imputer pour un usage. – Désigner à un poste, à une fonction. 🔊 [afɛkte].

**AFFECTER (III)**, verbe trans. [3]
Atteindre, causer une douleur à. – Affliger.
– Faire sentir son action sur. 🔊 [afɛkte].

**AFFECTIF, IVE**, adj.
Qui est du domaine des émotions, des sentiments. 🔊 [afɛktif, -iv].

**AFFECTION**, subst. f.
Amitié, tendresse envers qqn. – Prédilection pour qqch. – Maladie. 🔊 [afɛksjɔ̃].

**AFFECTIONNER**, verbe trans. [3]
Éprouver du goût pour. 🔊 [afɛksjɔne].

**AFFECTIVITÉ**, subst. f.
Faculté d'éprouver des émotions et des sentiments. – Ces phénomènes. 🔊 [afɛktivite].

**AFFECTUEUX, EUSE**, adj.
Qui témoigne de l'affection, de la tendresse. 🔊 [afɛktɥø, -øz].

**AFFÉRENT, ENTE**, adj.
Relatif (à qqch.). – Dr. Qui revient (à qqn). – Anat. Qui arrive à un organe.
🔊 [aferɑ̃, -ɑ̃t].

**AFFERMIR**, verbe trans. [19]
Rendre plus ferme. 🔊 [afɛRmiR].

**AFFICHAGE**, subst. m.
Action d'afficher ; son résultat. – Dispositif mécanique ou électronique de visualisation. 🔊 [afiʃaʒ].

**AFFICHE**, subst. f.
Annonce écrite, apposée dans les lieux publics. 🔊 [afiʃ].

**AFFICHER**, verbe trans. [3]
Annoncer par voie d'affiche ; abs., apposer une affiche. – Fig. Exhiber. – Pronom. Se montrer avec ostentation. 🔊 [afiʃe].

**AFFILÉE (D')**, loc. adv.
À la suite, sans interruption. 🔊 [dafile].

**AFFILIATION**, subst. f.
Action d'affilier, de s'affilier. 🔊 [afiljasjɔ̃].

**AFFILIER**, verbe trans. [6]
Rattacher (qqn) à un groupe, à un organisme. – Pronom. Adhérer (à). 🔊 [afilje].

**AFFINER**, verbe trans. [3]
Épurer. – Rendre plus fin. – **Affiner** un fromage : achever sa maturation. 🔊 [afine].

**AFFINITÉ**, subst. f.
Ressemblance, analogie, rapprochement.
– Harmonie, accord. 🔊 [afinite].

**AFFIRMATIF, IVE**, adj. et subst. f.
Adj. Qui énonce ou constitue une affirmation. – Subst. *Répondre par l'*affirmative : dire oui. 🔊 [afiRmatif, -iv].

**AFFIRMATION**, subst. f.
Action d'affirmer la véracité (d'un jugement). – Proposition affirmative. – Action d'imposer avec netteté et vigueur sa personnalité, ses idées, etc. 🔊 [afiRmasjɔ̃].

**AFFIRMER**, verbe trans. [3]
Donner (une chose) pour vraie. – Rendre plus catégorique, plus solide. – Pronom. S'imposer avec netteté. 🔊 [afiRme].

**AFFLEURER**, verbe trans. [3]
Mettre de niveau. – Parvenir à fleur de.
🔊 [aflœRe].

**AFFLICTION**, subst. f.
Chagrin, douleur accablante. 🔊 [afliksjɔ̃].

**AFFLIGER**, verbe trans. [5]
Accabler, éprouver très durement. – Faire souffrir moralement, attrister. 🔊 [afliʒe].

**AFFLUENCE**, subst. f.
Rassemblement important de personnes.
🔊 [aflyɑ̃s].

**AFFLUENT**, subst. m.
Cours d'eau qui se jette dans un autre, plus important. 🔊 [aflyɑ̃].

**AFFLUER**, verbe intrans. [3]
Couler abondamment. – Arriver en grand nombre, en grande quantité. 🔊 [aflye].

**AFFLUX**, subst. m.
Fait d'affluer. – Arrivée en masse. 🔊 [afly].

**AFFOLANT, ANTE**, adj.
Qui affole, qui trouble. 🔊 [afɔlɑ̃, -ɑ̃t].

**AFFOLEMENT**, subst. m.
Grand trouble, agitation très intense et confuse. 🔊 [afɔlmɑ̃].

**AFFOLER**, verbe trans. [3]
Rendre comme fou (d'amour, d'inquiétude, de colère, etc.). 🔊 [afɔle].

**AFFRANCHI, IE**, adj. et subst.
Adj. Rendu libre. – Libéré de préjugés et d'idées préconçues. – *Lettre* affranchie : timbrée. – Subst. Esclave qui a été affranchi. 🔊 [afRɑ̃ʃi].

**AFFRANCHIR**, verbe trans. [19]
Libérer d'une autorité physique ou morale.
– Payer le port (un envoi postal).
– Pronom. Se dégager d'une emprise.
🔊 [afRɑ̃ʃiR].

**AFFRANCHISSEMENT**, subst. m.
Action d'affranchir. – Paiement du port d'un envoi postal. 🔊 [afRɑ̃ʃismɑ̃].

**AFFRES**, subst. f. plur.
Angoisse extrême. – Torture : *Les* affres *de la soif dans le désert*. 🔊 [afR].

**AFFRÉTER**, verbe trans. [8]
Prendre en location (un navire, un avion ou tout autre moyen de transport).
🔊 [afRete].

**AFFREUX, EUSE, adj.**
Qui engendre l'épouvante ; hideux, repoussant. – Détestable. 🔊 [afʀø, -øz].

**AFFRIOLANT, ANTE, adj.**
Qui provoque le désir. 🔊 [afʀijɔlɑ̃, -ɑ̃t].

**AFFRONT, subst. m.**
Marque d'offense, souv. en public. – Humiliation. 🔊 [afʀɔ̃].

**AFFRONTEMENT, subst. m.**
Rencontre face à face de deux personnes ou de deux forces, souv. hostiles. – Opposition de deux idées, de deux sentiments. 🔊 [afʀɔ̃tmɑ̃].

**AFFRONTER, verbe trans. [3]**
Faire front, livrer bataille contre. – Combattre hardiment (un adversaire, une doctrine, des préjugés, etc.). 🔊 [afʀɔ̃te].

**AFFUBLER, verbe trans. [3]**
Vêtir de façon bizarre. 🔊 [afyble].

**AFFÛT, subst. m.**
Support d'une pièce d'artillerie. – Lieu d'où l'on guette un gibier, un adversaire. – Être à l'affût : aux aguets. 🔊 [afy].

**AFFÛTER, verbe trans. [3]**
Aiguiser, rendre pointu. 🔊 [afyte].

**AFIN DE, AFIN QUE, loc.**
Loc. prép. Afin de + inf. : pour, en vue de. – Loc. conj. Afin que + subj. : pour que. 🔊 [afɛ̃də, afɛ̃kə].

**A FORTIORI, loc. adv.**
À plus forte raison. 🔊 [afɔʀsjɔʀi].

**AFTER-SHAVE, subst. m. inv.**
Lotion après-rasage. 🔊 [aftœʀʃɛv].

**AGAÇANT, ANTE, adj.**
Qui provoque l'agacement. 🔊 [agasɑ̃, -ɑ̃t].

**AGACEMENT, subst. m.**
Légère irritation, impatience. 🔊 [agasmɑ̃].

**AGACER, verbe trans. [4]**
Causer une légère irritation à ; impatienter, énerver. 🔊 [agase].

**AGAPES, subst. f. plur.**
Repas entre amis, copieux et gai. 🔊 [agap].

**AGATE, subst. f.**
Variété de quartz présentant des couches concentriques colorées. 🔊 [agat].

**AGAVE, subst. m.**
Plante grasse, originaire d'Amérique centrale. 🔊 [agav].

**ÂGE, subst. m.**
Temps écoulé depuis la naissance de qqn ou la fabrication de qqch. – Période de la vie. – Période de l'histoire : Le Moyen Âge. – Étage géologique. 🔊 [ɑ3].

**ÂGÉ, ÂGÉE, adj.**
Qui a atteint tel âge : Âgé de quatre ans. – Vieux, vieille : Une femme âgée. 🔊 [ɑ3e].

**AGENCE, subst. f.**
Organisme administratif. – Succursale d'une entreprise. – Établissement commercial servant d'intermédiaire. 🔊 [a3ɑ̃s].

**AGENCER, verbe trans. [4]**
Organiser (les parties d'un ensemble). 🔊 [a3ɑ̃se].

**AGENDA, subst. m.**
Carnet sur lequel on note ce que l'on doit faire jour par jour. 🔊 [a3ɛ̃da].

**AGENOUILLER (S'), verbe pronom. [3]**
Se mettre à genoux. 🔊 [a3nuje].

**AGENT, subst. m.**
Celui qui agit. – Celui qui agit pour le compte d'autrui. – Ce qui produit un effet : Le bacille de Koch est l'agent de la tuberculose. 🔊 [a3ɑ̃].

**AGGLOMÉRATION, subst. f.**
Action d'agglomérer. – Ensemble urbain. 🔊 [aglomeʀasjɔ̃].

**AGGLOMÉRÉ, subst. m.**
Matériau obtenu par l'agglomération d'éléments disparates. 🔊 [aglomeʀe].

**AGGLOMÉRER, verbe trans. [8]**
Agréger en une masse compacte d'aspect unifié. 🔊 [aglomeʀe].

**AGGLUTINER, verbe trans. [3]**
Concentrer en une masse compacte. 🔊 [aglytine].

**AGGRAVER, verbe trans. [3]**
Rendre plus grave, plus lourd de conséquences. – Pronom. Empirer. 🔊 [agʀave].

**AGILE, adj.**
Adroit, prompt dans ses mouvements. – Fig. Vif, délié : Une intelligence agile. 🔊 [a3il].

**AGILITÉ, subst. f.**
Adresse et rapidité corporelles. – Fig. Vivacité intellectuelle. 🔊 [a3ilite].

**AGIO, subst. m.**
Commission de banque. 🔊 [a3jo].

**AGIR, verbe intrans. [19]**
Accomplir des actes, des actions. – Se comporter : Agir en brave. – Produire un effet : Ce sirop agit sur la toux. – Agir auprès de qqn : tenter de l'influencer ; Agir sur qqch. : le modifier. – Intenter une action (en justice). – Pronom. impers. Il s'agit de : il est question de ; il convient de. 🔊 [a3iʀ].

**AGISSEMENTS, subst. m. plur.**
Activité critiquable. 🔊 [a3ismɑ̃].

**AGITATEUR, TRICE, subst.**
Personne qui cherche à susciter des troubles politiques ou sociaux. 🔊 [a3itatœʀ, -tʀis].

**AGITATION, subst. f.**
Mouvement incessant et désordonné : L'agitation de la foule. – Trouble, excitation incontrôlée. 🔊 [a3itasjɔ̃].

**AGITER, verbe trans. [3]**
Remuer fortement, de manière plus ou moins irrégulière. – Troubler, exciter. – Fig. Agiter des idées : débattre. 🔊 [a3ite].

**AGNEAU, ELLE,** subst.
Petit de la brebis. 🔊 [aɲo, -ɛl].

**AGNOSTICISME,** subst. m.
Doctrine qui considère que toute recherche de l'absolu est illusoire. 🔊 [agnɔstisism].

**AGNOSTIQUE,** adj. et subst.
Qui professe l'agnosticisme. 🔊 [agnɔstik].

**AGONIE,** subst. f.
Moment qui précède immédiatement la mort, caractérisé par l'affaiblissement des fonctions vitales. – Fig. Déclin, approche de la fin. 🔊 [agɔni].

**AGONISER,** verbe intrans. [3]
Être à l'agonie. 🔊 [agɔnize].

**AGORA,** subst. f.
Dans la Grèce antique, place publique d'une cité, centre politique et social. 🔊 [agɔʀa].

**AGORAPHOBIE,** subst. f.
Crainte obsessionnelle des grands espaces vides ou de la foule. 🔊 [agɔʀafɔbi].

**AGRAFE,** subst. f.
Petit crochet de métal servant à assembler des choses : Agrafe de bureau. 🔊 [agʀaf].

**AGRAFER,** verbe trans. [3]
Attacher avec une agrafe. 🔊 [agʀafe].

**AGRAFEUSE,** subst. f.
Machine servant à agrafer. 🔊 [agʀaføz].

**AGRAIRE,** adj.
Qui concerne les terres cultivées. 🔊 [agʀɛʀ].

**AGRANDIR,** verbe trans. [19]
Accroître les dimensions de. 🔊 [agʀɑ̃diʀ].

**AGRANDISSEMENT,** subst. m.
Action d'agrandir, de s'agrandir. – Son résultat. 🔊 [agʀɑ̃dismɑ̃].

**AGRANDISSEUR,** subst. m.
Appareil servant à agrandir les photographies lors du tirage. 🔊 [agʀɑ̃disœʀ].

**AGRÉABLE,** adj.
Que l'on trouve à son gré. – Séduisant pour les sens ou pour l'esprit. 🔊 [agʀeabl].

**AGRÉER,** verbe trans. [7]
Trans. dir. Accueillir favorablement. – Reconnaître officiellement. – Trans. indir. Agréer à : convenir, plaire à. 🔊 [agʀee].

**AGRÉGAT,** subst. m.
Agglomération d'éléments différents ; ensemble hétérogène. 🔊 [agʀega].

**AGRÉGATION,** subst. f.
Action d'agréger. – Concours de recrutement de certains professeurs de lycée, de droit, etc. 🔊 [agʀegasjɔ̃].

**AGRÉGÉ, ÉE,** adj. et subst.
Adj. Formé d'éléments hétérogènes. – Subst. Personne reçue à l'agrégation. 🔊 [agʀeʒe].

**AGRÉGER,** verbe trans. [9]
Réunir étroitement. – Incorporer à un ensemble constitué. 🔊 [agʀeʒe].

**AGRÉMENT,** subst. m.
Consentement donné par une autorité ; reconnaissance officielle. – Qualité de ce qui est agréable. 🔊 [agʀemɑ̃].

**AGRÉMENTER,** verbe trans. [3]
Rendre plus agréable, orner. 🔊 [agʀemɑ̃te].

**AGRÈS,** subst. m. plur.
Éléments de la mâture d'un navire (voiles, poulies, cordages, etc.). – Appareils de gymnastique. 🔊 [agʀɛ].

**AGRESSER,** verbe trans. [3]
Attaquer brutalement (qqn). 🔊 [agʀese].

**AGRESSIF, IVE,** adj.
Qui est porté à agresser autrui. – Qui choque : Un parfum agressif. 🔊 [agʀesif, -iv].

**AGRESSION,** subst. f.
Attaque violente. – Fig. Comportement, parole tendant à blesser. 🔊 [agʀesjɔ̃].

**AGRESSIVITÉ,** subst. f.
Tendance à agresser. – Ensemble des pulsions agressives d'un sujet. 🔊 [agʀesivite].

**AGRICOLE,** adj.
Relatif à l'agriculture. 🔊 [agʀikɔl].

**AGRICULTEUR, TRICE,** subst.
Personne qui a l'agriculture pour métier. 🔊 [agʀikyltœʀ, -tʀis].

**AGRICULTURE,** subst. f.
Activité économique dont l'objet est la culture du sol et l'élevage des animaux. 🔊 [agʀikyltyʀ].

**AGRIPPER,** verbe trans. [3]
Saisir fermement. – Pronom. S'accrocher (à). 🔊 [agʀipe].

**AGROALIMENTAIRE,** adj. et subst. m.
Se dit du traitement industriel des produits agricoles. 🔊 [agʀoalimɑ̃tɛʀ].

**AGRONOME,** subst. m.
Spécialiste en agronomie. 🔊 [agʀɔnɔm].

**AGRONOMIE,** subst. f.
Approche scientifique (biologie, chimie, physique) de l'agriculture. 🔊 [agʀɔnɔmi].

**AGRUME,** subst. m.
Nom générique de certains fruits (orange, citron, pamplemousse, etc.). 🔊 [agʀym].

**AGUERRIR,** verbe trans. [19]
Endurcir, accoutumer aux épreuves, aux souffrances. 🔊 [ageʀiʀ].

**AGUETS,** subst. m. plur.
Être aux aguets : être très vigilant. 🔊 [agɛ].

**AGUICHER,** verbe trans. [3]
Chercher à séduire par une attitude coquette ou provocante. 🔊 [agiʃe].

**AH,** interj.
Cri ou soupir renforçant l'expression d'une émotion, d'une idée, etc. 🔊 ['ɑ].

**AHURI, IE,** adj. et subst.
Qui a l'air très étonné, hébété. 🔊 [ayʀi].

**AHURISSANT, ANTE,** adj.
Qu'on a peine à croire. 🔊 [ayʀisɑ̃, -ɑ̃t].

**AHURISSEMENT, subst. m.**
Stupéfaction. 🕮 [ayʀismɑ̃].

**AIDE (I), subst. f.**
Assistance, soutien. – Secours matériel accordé à qqn par une institution. 🕮 [ɛd].

**AIDE (II), subst.**
Personne qui aide, auxiliaire : Aide de camp ; Aide familiale. 🕮 [ɛd].

**AIDE-MÉMOIRE, subst. m. inv.**
Note, résumé, contenant l'essentiel de ce qui doit être su. 🕮 [ɛdmemwaʀ].

**AIDER, verbe trans. [3]**
Trans. dir. Apporter une aide, un soutien à (qqn). – Trans. indir. Aider à : contribuer à. – Pronom. Se servir de : S'aider d'une canne. 🕮 [ede].

**AIDE-SOIGNANT, ANTE, subst.**
Personne qui assiste un infirmier. 🕮 Plur. aides-soignants, antes ; [ɛdswaɲɑ̃, -ɑ̃t].

**AÏE, interj.**
Cri exprimant la douleur ou une désapprobation ironique. 🕮 [aj].

**AÏEUL, AÏEULE, subst.**
Le grand-père ou la grand-mère de qqn. 🕮 Plur. aïeuls, aïeules ; [ajœl].

**AÏEUX, subst. m. plur.**
Ancêtres (littér.). 🕮 [ajø].

**AIGLE, subst.**
Masc. Oiseau rapace diurne. – Fém. Enseigne militaire portant une figure d'aigle : Les aigles romaines. 🕮 [ɛgl].

**AIGLEFIN, voir ÉGLEFIN**

**AIGRE, adj.**
Piquant, acide : Saveur, odeur aigre. – Criard, perçant : Voix aigre. 🕮 [ɛgʀ].

**AIGRE-DOUX, -DOUCE, adj.**
À la fois aigre et sucré ; au fig. : Des paroles aigres-douces. 🕮 [ɛgʀədu, -dus].

**AIGRETTE, subst. f.**
Échassier blanc, voisin du héron. – Faisceau de plumes sur la tête de certains oiseaux. – Plumet servant d'ornement. 🕮 [ɛgʀɛt].

**AIGREUR, subst. f.**
Saveur ou odeur aigre, piquante. – Fig. Amertume, animosité. 🕮 [ɛgʀœʀ].

**AIGRIR, verbe [19]**
Intrans. Devenir aigre, tourner. – Trans. Rendre acariâtre, amer. 🕮 [egʀiʀ].

**AIGU, UË, adj.**
Pointu. – Fig. Fin, pénétrant : Un esprit aigu. – Mus. Qualifie un son de fréquence élevée (contr. grave). 🕮 [egy].

**AIGUIÈRE, subst. f.**
Vase à eau pourvu d'une anse et d'un bec. 🕮 [ɛgjɛʀ].

**AIGUILLAGE, subst. m.**
Dispositif permettant de faire passer un train d'une voie sur une autre. – Manœuvre de ce dispositif. – Fig. Orientation (de personnes, d'idées). 🕮 [egɥijaʒ].

**AIGUILLE, subst. f.**
Petite tige d'acier percée d'un trou, servant à coudre et à broder. – Aiguilles à tricoter : tiges servant à tricoter. – Tech. Élément terminé en pointe, en gén. mobile : Aiguille d'une boussole. 🕮 [egɥij].

**AIGUILLER, verbe trans. [3]**
Diriger un train à l'aide d'un aiguillage. – Orienter (une personne ou un véhicule) dans une direction définie. 🕮 [egɥije].

**AIGUILLEUR, subst. m.**
Agent chargé d'aiguiller les convois ferroviaires. – Aiguilleur du ciel : agent chargé du contrôle de la navigation aérienne. 🕮 [egɥijœʀ].

**AIGUILLON, subst. m.**
Dard de certains animaux. – Pointe de fer fixée au bout d'un bâton, utilisée pour stimuler les bœufs. – Fig. Incitation, stimulation. 🕮 [egɥijɔ̃].

**AIGUISER, verbe trans. [3]**
Affûter (une lame). – Stimuler, donner de l'acuité à. 🕮 [egize].

**AÏKIDO, subst. m.**
Art martial japonais. 🕮 [aikido].

**AIL, AILS ou AULX, subst. m.**
Plante dont le bulbe est utilisé comme condiment. 🕮 [aj], plur. [aj] ou [o].

**AILE, subst. f.**
Chacun des membres mobiles des oiseaux, des chauves-souris et des insectes, qui leur servent en gén. à voler. – Chacune des surfaces planes qui assurent la sustentation d'un avion. – Partie latérale d'un bâtiment, d'une armée, etc. – Élément de la carrosserie recouvrant le haut de la roue d'une automobile. 🕮 [ɛl].

**AILÉ, ÉE, adj.**
Qui possède des ailes. 🕮 [ele].

**AILERON, subst. m.**
Extrémité de l'aile d'un oiseau. – Nageoire des requins, des raies. – Volet mobile à l'arrière d'une aile d'avion. 🕮 [ɛlʀɔ̃].

**AILIER, subst. m.**
Joueur qui se trouve à l'aile d'une équipe de football, de rugby, etc. 🕮 [elje].

**AILLEURS, adv.**
Dans un autre lieu. – Fig. Être ailleurs : être distrait. – D'ailleurs : en outre ; Par ailleurs : d'autre part. 🕮 [ajœʀ].

**AILLOLI, voir AÏOLI**

**AIMABLE, adj.**
Bienveillant, doux. 🕮 [ɛmabl].

**AIMANT, subst. m.**
Pièce d'oxyde de fer (aimant naturel) ou corps traité (aimant artificiel) qui a la propriété d'attirer le fer. 🕮 [ɛmɑ̃].

**AIMANTATION, subst. f.**
Action d'aimanter. – État d'un corps aimanté. 🕮 [ɛmɑ̃tasjɔ̃].

23

**AIMANTER**, verbe trans. [3]
Communiquer des propriétés magnétiques à (un corps). 🕮 [ɛmɑ̃te].

**AIMER**, verbe trans. [3]
Éprouver de l'affection, une passion amoureuse pour (qqn). – Montrer de l'intérêt, une inclination pour (qqch.). 🕮 [eme].

**AINE**, subst. f.
Région du corps située entre la cuisse et le bas du ventre. 🕮 [ɛn].

**AÎNÉ, ÉE**, adj. et subst.
Qui est né le premier. – Qui est plus âgé : *Elle est son* **aînée** *de un an.* 🕮 [ene].

**AÎNESSE**, subst. f.
*Droit d'*aînesse : droit qui privilégiait l'aîné dans la succession. 🕮 [ɛnɛs].

**AINSI**, adv.
De cette manière, de la sorte. – En conséquence. – Par exemple. 🕮 [ɛ̃si].

**AÏOLI**, subst. m.
Mayonnaise à l'huile d'olive et à l'ail. – Le plat (morue bouillie, légumes) servi avec cette sauce. 🕮 [ajɔli].

**AIR (I)**, subst. m.
Mélange gazeux invisible, incolore et sans saveur qui enveloppe la Terre et constitue l'atmosphère. – L'espace au-dessus du sol : *En l'air ; À l'air libre,* dehors. 🕮 [ɛʀ].

**AIR (II)**, subst. m.
Attitude, allure, apparence : *Avoir l'air,* sembler. 🕮 [ɛʀ].

**AIR (III)**, subst. m.
Mélodie. – Chanson. 🕮 [ɛʀ].

**AIRAIN**, subst. m.
Alliage de cuivre et d'étain (synon. *bronze*). 🕮 [ɛʀɛ̃].

**AIR BAG**, subst. m.
Coussin de protection à l'intérieur d'une voiture, qui se gonfle lors d'un choc. 🕮 N. déposé ; [ɛʀbag].

**AIRE**, subst. f.
Nid d'un grand oiseau de proie. – Espace aménagé pour une activité : **Aire** *de jeu*. – Superficie : *L'*aire *d'un cercle*. – **Aires** *cérébrales* : régions du cortex. – Zone où a lieu une activité ou un phénomène : **Aire** *culturelle*. 🕮 [ɛʀ].

**AIRELLE**, subst. f.
Arbrisseau des montagnes, à baies comestibles. – Son fruit. 🕮 [ɛʀɛl].

**AISANCE**, subst. f.
Facilité, élégance naturelle. – Bonne situation de fortune. – *Lieux, cabinets d'*aisances : pour les besoins naturels (vieilli). 🕮 [ɛzɑ̃s].

**AISE (I)**, subst. f.
Confort, absence de gêne (physique ou monétaire) : *Vivre à l'*aise. 🕮 [ɛz].

**AISE (II)**, adj.
Satisfait, comblé : *J'en suis fort* aise. 🕮 [ɛz].

**AISÉ, ÉE**, adj.
Qui se fait sans difficulté. – Qui vit dans l'aisance. 🕮 [eze].

**AISSELLE**, subst. f.
Creux situé sous l'attache du bras au tronc. 🕮 [ɛsɛl].

**AJONC**, subst. m.
Arbuste à fleurs jaunes. 🕮 [aʒɔ̃].

**AJOURER**, verbe trans. [3]
Percer de jours, dans un but d'ornementation. 🕮 [aʒuʀe].

**AJOURNEMENT**, subst. m.
Report à une date ultérieure. 🕮 [aʒuʀnəmɑ̃].

**AJOURNER**, verbe trans. [3]
Remettre à plus tard. – Renvoyer (un candidat) à une autre session d'examen. 🕮 [aʒuʀne].

**AJOUT**, subst. m.
Ce qui est mis en plus. 🕮 [aʒu].

**AJOUTER**, verbe trans. [3]
Mettre en plus. – Dire en plus : *J'ajoute que...* 🕮 [aʒute].

**AJUSTÉ, ÉE**, adj.
Se dit d'un vêtement qui épouse la forme du corps. 🕮 [aʒyste].

**AJUSTER**, verbe trans. [3]
Rendre conforme à une norme. – Adapter parfaitement (une chose à une autre), assembler. 🕮 [aʒyste].

**ALACRITÉ**, subst. f.
Ardeur joyeuse, entrain. 🕮 [alakʀite].

**ALAISE**, subst. f.
Tissu recouvrant un matelas pour le protéger. 🕮 [alɛz].

**ALAMBIC**, subst. m.
Appareil servant à la distillation, en partic. de l'alcool. 🕮 [alɑ̃bik].

**ALAMBIQUÉ, ÉE**, adj.
Trop subtil. – Obscur. 🕮 [alɑ̃bike].

**ALANGUI, IE**, adj.
Affaibli. – Envahi par une tendre mélancolie, langoureux. 🕮 [alɑ̃gi].

**ALARME**, subst. f.
Signal qui avertit d'un danger. – Trouble, inquiétude. 🕮 [alaʀm].

**ALARMER**, verbe trans. [3]
Avertir d'un danger. – Pronom. S'inquiéter vivement, redouter. 🕮 [alaʀme].

**ALBÂTRE**, subst. m.
Roche calcaire blanche et fine, translucide. 🕮 [albɑtʀ].

**ALBATROS**, subst. m.
Grand oiseau marin de l'hémisphère Sud. 🕮 [albatʀos].

**ALBINOS**, adj. et subst.
Se dit de qqn ou d'un animal qui est atteint d'une anomalie congénitale caractérisée par l'absence de pigmentation de la peau, des cheveux. 🕮 [albinos].

**ALBUM**, subst. m.
Cahier où l'on réunit des dessins, des timbres, des photographies, etc. – Livre illustré, de grandes dimensions. – Disque. 🔊 [albɔm].

**ALBUMINE**, subst. f.
Substance organique azotée (protéine), présente notamment dans le blanc d'œuf, le lait et le plasma sanguin. 🔊 [albymin].

**ALCALIN, INE**, adj.
*Chim.* Qui a les propriétés d'une base : *Solution* **alcaline**. – *Méd.* Qui a des propriétés antiacides. 🔊 [alkalɛ̃, -in].

**ALCHIMIE**, subst. f.
Science occulte visant à la transmutation de l'être et de la matière, en partic. du plomb en or. 🔊 [alʃimi].

**ALCHIMISTE**, subst. m.
Celui qui pratiquait l'alchimie. 🔊 [alʃimist].

**ALCOOL**, subst. m.
Liquide obtenu par la distillation de jus sucrés fermentés. – *Chim.* Composé organique dont la molécule contient un ou plusieurs groupements – OH. 🔊 [alkɔl].

**ALCOOLÉMIE**, subst. f.
Taux d'alcool dans le sang. 🔊 [alkɔlemi].

**ALCOOLIQUE**, adj. et subst.
Adj. Qui contient de l'alcool ; relatif à l'alcool. – Subst. Personne qui souffre d'alcoolisme. 🔊 [alkɔlik].

**ALCOOLISÉ, ÉE**, adj.
Additionné d'alcool. 🔊 [alkɔlize].

**ALCOOLISME**, subst. m.
Dépendance à l'égard de l'alcool, intoxication par l'alcool. 🔊 [alkɔlism].

**ALCO(O)TEST**, subst. m.
Appareil permettant de mesurer le degré d'alcoolémie de qqn. 🔊 N. déposé ; [alkɔtɛst].

**ALCÔVE**, subst. f.
Renfoncement, dans une chambre, où l'on peut placer un lit. 🔊 [alkov].

**ALÉA**, subst. m.
Hasard. – Plur. Risques. 🔊 [alea].

**ALÉATOIRE**, adj.
Qui dépend du hasard. 🔊 [aleatwaʀ].

**ALENTOUR**, adv.
Aux environs. 🔊 [alɑ̃tuʀ].

**ALENTOURS**, subst. m. plur.
Voisinage, lieux environnants. 🔊 [alɑ̃tuʀ].

**ALERTE (I)**, adj.
Éveillé, vif. 🔊 [alɛʀt].

**ALERTE (II)**, subst. f.
Signal notifiant un danger imminent. 🔊 [alɛʀt].

**ALERTER**, verbe trans. [3]
Avertir d'un danger ou d'une situation anormale. 🔊 [alɛʀte].

**ALÈSE**, voir ALAISE

**ALEVIN**, subst. m.
Jeune poisson à son éclosion. 🔊 [alvɛ̃].

**ALEXANDRIN**, subst. m.
*Litt.* Vers de douze syllabes. 🔊 [alɛksɑ̃dʀɛ̃].

**ALEZAN, ANE**, adj. et subst.
Se dit d'un cheval dont la robe et les crins sont brun-rouge. 🔊 [alzɑ̃, -an].

**ALÈZE**, voir ALAISE

**ALGÈBRE**, subst. f.
Méthode de calcul symbolique pour poser et résoudre des équations. – Branche des mathématiques qui a pour objet l'étude de la structure d'un ensemble. 🔊 [alʒɛbʀ].

**ALGÉBRIQUE**, adj.
Qui relève de l'algèbre. 🔊 [alʒebʀik].

**ALGORITHME**, subst. m.
*Math.* Méthode de calcul consistant à appliquer une suite finie de règles opératoires. 🔊 [algɔʀitm].

**ALGUE**, subst. f.
Végétal, gén. aquatique, n'ayant ni racines, ni tige, ni feuilles. 🔊 [alg].

**ALIAS**, adv.
Autrement nommé. 🔊 [aljas].

**ALIBI**, subst. m.
Preuve fournie par un suspect, un accusé attestant qu'il ne se trouvait pas sur le lieu du délit ou du crime quand ce dernier a été commis. – *Fig.* Justification, excuse. 🔊 [alibi].

**ALIÉNATION**, subst. f.
*Dr.* Cession d'un bien ou d'un droit. – Asservissement de l'individu résultant des conditions extérieures. – **Aliénation** *mentale* : folie. 🔊 [aljenasjɔ̃].

**ALIÉNÉ, ÉE**, adj. et subst.
Adj. *Dr.* Transmis par aliénation. – Subst. Fou. 🔊 [aljene].

**ALIÉNER**, verbe trans. [8]
Céder (un bien ou un droit). – *Fig.* Renoncer à : **Aliéner** *sa liberté*. 🔊 [aljene].

**ALIGNEMENT**, subst. m.
Action d'aligner ; son résultat. – Fait de s'aligner sur autrui. 🔊 [aliɲmɑ̃].

**ALIGNER**, verbe trans. [3]
Mettre sur une ligne. – Présenter d'une façon méthodique : **Aligner** *des arguments*. – *Pronom.* S'**aligner** *sur qqn, qqch.* : l'imiter, s'y conformer. 🔊 [aliɲe].

**ALIMENT**, subst. m.
Ce qui sert de nourriture. 🔊 [alimɑ̃].

**ALIMENTAIRE**, adj.
Qui sert d'aliment. – Qui concerne l'alimentation. 🔊 [alimɑ̃tɛʀ].

**ALIMENTATION**, subst. f.
Action d'alimenter, de s'alimenter. – Industrie et commerce des produits alimentaires. – Approvisionnement. 🔊 [alimɑ̃tasjɔ̃].

**ALIMENTER**, verbe trans. [3]
Nourrir (qqn). – Approvisionner (qqch.). 🔊 [alimɑ̃te].

**ALINÉA, subst. m.**
Retrait au début de la première ligne d'un paragraphe. – Ce paragraphe. 🕮 [alinea].

**ALITER, verbe trans.** [3]
Faire garder le lit à (qqn). – Pronom. Se mettre au lit à cause d'une maladie. 🕮 [alite].

**ALIZÉ, adj. m. et subst. m.**
Se dit d'un vent marin régulier de la zone tropicale. 🕮 [alize].

**ALLAITEMENT, subst. m.**
Action d'allaiter. 🕮 [alɛtmã].

**ALLAITER, verbe trans.** [3]
Nourrir de son lait, donner le sein à (un bébé). 🕮 [alete].

**ALLANT, subst. m.**
Ardeur, entrain : *Être plein d'allant.* 🕮 [alã].

**ALLÉCHANT, ANTE, adj.**
Qui met en appétit. – Attirant. 🕮 [aleʃã, -ãt].

**ALLÉCHER, verbe trans.** [8]
Attirer par une excitation des sens, par des promesses. 🕮 [aleʃe].

**ALLÉE, subst. f.**
Voie bordée d'arbres, de végétation. – Passage entre des rangées de sièges. 🕮 [ale].

**ALLÉGATION, subst. f.**
Citation d'une autorité. – Affirmation. 🕮 [al(l)egasjõ].

**ALLÉGEANCE, subst. f.**
Obligation de fidélité et d'obéissance d'une personne envers l'autorité dont elle relève (suzerain, État). 🕮 [aleʒãs].

**ALLÉGEMENT, subst. m.**
Diminution (d'une charge). 🕮 On écrit aussi *allègement* ; [alɛʒmã].

**ALLÉGER, verbe trans.** [9]
Rendre plus léger. – Rendre plus supportable : *Alléger les impôts.* 🕮 [aleʒe].

**ALLÉGORIE, subst. f.**
Représentation d'une idée abstraite par une figure symbolique ou une narration. 🕮 [al(l)egɔʀi].

**ALLÈGRE, adj.**
Vif, joyeux. 🕮 [al(l)ɛgʀ].

**ALLÉGRESSE, subst. f.**
Joie vive, qui se manifeste. – État de celui qui est allègre. 🕮 [a(l)legʀɛs].

**ALLÉGRO, adv. et subst. m.**
*Mus.* Adv. Gaiement, vivement. – Subst. Morceau joué allégro. 🕮 On écrit aussi *allegro* ; [a(l)legʀo].

**ALLÉGUER, verbe trans.** [8]
Citer comme autorité ou comme preuve. – Prétexter. 🕮 [al(l)ege].

**ALLÉLUIA, subst. m. et interj.**
Cri d'allégresse, dans la liturgie juive et chrétienne. – Subst. Chant d'allégresse. 🕮 [al(l)eluja].

**ALLEMAND, subst. m.**
Langue germanique parlée surtout en Allemagne et en Autriche. 🕮 [almã].

**ALLER (I), verbe intrans.** [21]
Se déplacer, se rendre (dans un lieu) ; conduire (vers) : *Aller à Londres ; Cette route va jusqu'à Lyon.* – Être dans un état donné : *Mes affaires vont bien ; Ça va !* – S'accorder, convenir : *Ce chapeau ne me va pas.* – Aller + inf. indique le futur proche : *Il va manger.* – À l'impératif, interj. d'encouragement : *Allons ! Au travail !* – Pronom. *S'en aller* : partir ; disparaître. 🕮 [ale].

**ALLER (II), subst. m.**
Trajet effectué pour se rendre quelque part. – Billet permettant d'effectuer ce trajet. 🕮 [ale].

**ALLERGIE, subst. f.**
Réaction de l'organisme à la présence de certaines substances étrangères. 🕮 [alɛʀʒi].

**ALLERGIQUE, adj.**
Qui relève de l'allergie. 🕮 [alɛʀʒik].

**ALLIAGE, subst. m.**
Corps métallique obtenu en mélangeant à un métal d'autres éléments (métalliques ou non). 🕮 [aljaʒ].

**ALLIANCE, subst. f.**
Action d'allier, de s'allier ; résultat de cette action. – Anneau de mariage. – Lien de parenté établi par un mariage. 🕮 [aljãs].

**ALLIÉ, ÉE, adj. et subst.**
Se dit de personnes ou de collectivités qui sont unies par un pacte, ou de personnes liées par le mariage d'un membre de leur famille. 🕮 [alje].

**ALLIER, verbe trans.** [6]
Combiner (des métaux). – Assembler harmonieusement, associer (des choses). – Pronom. S'unir ; s'ajouter. 🕮 [alje].

**ALLIGATOR, subst. m.**
Reptile proche du crocodile, qui vit essentiellement en Amérique. 🕮 [aligatɔʀ].

**ALLITÉRATION, subst. f.**
Reprise de sonorités identiques (le plus souv. des consonnes) dans un énoncé. 🕮 [al(l)iteʀasjõ].

**ALLÔ, interj.**
Terme qui introduit une communication téléphonique. 🕮 [alo].

**ALLOCATION, subst. f.**
Action d'allouer qqch. à qqn. – Somme allouée. 🕮 [alɔkasjõ].

**ALLOCUTION, subst. f.**
Bref discours. 🕮 [alɔkysjõ].

**ALLONGÉ, ÉE, adj.**
Étiré dans le sens de la longueur. – Rendu plus long. – Couché. 🕮 [alõʒe].

**ALLONGER, verbe** [5]
Trans. Rendre plus long, étirer. – Étendre. – Délayer. – Intrans. *Les jours allongent.* – Pronom. Devenir plus long ; s'étendre. 🕮 [alõʒe].

**ALLOPATHIE**, subst. f.
Médecine qui emploie des médicaments dont l'effet est contraire à celui de la maladie. 🔊 [alɔpati].

**ALLOUER**, verbe trans. [3]
Donner, accorder : Allouer une bourse, du temps. 🔊 [alwe].

**ALLUMAGE**, subst. m.
Action d'allumer ; son résultat. – Inflammation du mélange gazeux, dans un moteur à explosion. 🔊 [alymaʒ].

**ALLUMER**, verbe trans. [3]
Mettre le feu à. – Éclairer. – Faire fonctionner (fam.) : Allumer la télévision. – Provoquer ; exciter. – Pronom. S'enflammer ; devenir lumineux. 🔊 [alyme].

**ALLUMETTE**, subst. f.
Brin de bois dont l'extrémité est enduite d'une matière inflammable par frottement. 🔊 [alymɛt].

**ALLURE**, subst. f.
Vitesse de déplacement. – Manière de marcher, de se tenir ; aspect. 🔊 [alyʀ].

**ALLUSIF, IVE**, adj.
Qui contient une allusion. – Qui s'exprime par allusion. 🔊 [al(l)yzif, -iv].

**ALLUSION**, subst. f.
Évocation implicite. 🔊 [al(l)yzjɔ̃].

**ALLUVIAL, ALE, AUX**, adj.
Composé d'alluvions. 🔊 [al(l)yvjal].

**ALLUVION**, subst. f.
Géol. Dépôt sédimentaire laissé sur un terrain par un cours d'eau, par un glacier (gén. au plur.). 🔊 [al(l)yvjɔ̃].

**ALMANACH**, subst. m.
Calendrier populaire comportant des indications astronomiques, météorologiques, etc. 🔊 [almana].

**ALOI**, subst. m.
De bon, de mauvais aloi : de bonne, de mauvaise qualité. 🔊 [alwa].

**ALORS**, adv.
En ce temps-là. – En conséquence, donc. – Empl. conj. Alors que : au moment où ; tandis que. 🔊 [alɔʀ].

**ALOUETTE**, subst. f.
Oiseau passereau des champs. 🔊 [alwɛt].

**ALOURDIR**, verbe trans. [19]
Rendre plus lourd. 🔊 [aluʀdiʀ].

**ALPAGA**, subst. m.
Mammifère ruminant d'Amérique du Sud, élevé pour son poil long et fin. – Tissu en laine d'alpaga. 🔊 [alpaga].

**ALPAGE**, subst. m.
Prairie de haute montagne où paissent les troupeaux pendant l'été. 🔊 [alpaʒ].

**ALPESTRE**, adj.
Propre aux Alpes. 🔊 [alpɛstʀ].

**ALPHABET**, subst. m.
Ensemble des signes figurant les phonèmes d'une langue, disposés selon un ordre déterminé, dit alphabétique. 🔊 [alfabɛ].

**ALPHABÉTIQUE**, adj.
Qui a rapport à l'alphabet. 🔊 [alfabetik].

**ALPHABÉTISATION**, subst. f.
Action d'alphabétiser une population. – Son résultat. 🔊 [alfabetizasjɔ̃].

**ALPHABÉTISER**, verbe trans. [3]
Enseigner la lecture et l'écriture à (des adultes). 🔊 [alfabetize].

**ALPHANUMÉRIQUE**, adj.
Qui combine les lettres de l'alphabet et les chiffres. 🔊 [alfanymeʀik].

**ALPIN, INE**, adj.
Relatif aux Alpes. – Qui a rapport à la haute montagne : Le ski alpin. 🔊 [alpɛ̃, -in].

**ALPINISME**, subst. m.
Sport et technique de l'ascension et de l'escalade en haute montagne. 🔊 [alpinism].

**ALPINISTE**, subst.
Celui qui pratique l'alpinisme. 🔊 [alpinist].

**ALTÉRATION**, subst. f.
Modification en mal de l'état normal d'une chose. – Falsification. – Mus. Signe, placé au début d'une portée, qui modifie la hauteur d'une note. 🔊 [alteʀasjɔ̃].

**ALTERCATION**, subst. f.
Échange violent de propos hostiles, dispute. 🔊 [alteʀkasjɔ̃].

**ALTER EGO**, subst. m. inv.
Personne de toute confiance, qu'on juge digne d'agir à sa place. 🔊 [alteʀego].

**ALTÉRER**, verbe trans. [8]
Modifier en mal la nature de ; détériorer. – Donner soif à. 🔊 [alteʀe].

**ALTERNANCE**, subst. f.
Succession à tour de rôle, dans l'espace ou dans le temps. 🔊 [alteʀnɑ̃s].

**ALTERNATEUR**, subst. m.
Générateur de courant électrique alternatif. 🔊 [alteʀnatœʀ].

**ALTERNATIF, IVE**, adj.
Périodique, successif. – Qualifie un courant électrique dont l'intensité varie (oppos. continu). 🔊 [alteʀnatif, -iv].

**ALTERNATIVE**, subst. f.
Option entre deux propositions ou deux situations possibles. 🔊 [alteʀnativ].

**ALTERNER**, verbe [3]
Intrans. Se succéder à tour de rôle. – Trans. Faire se succéder. 🔊 [alteʀne].

**ALTESSE**, subst. f.
Titre donné aux princes et aux princesses. 🔊 [altɛs].

**ALTIER, IÈRE**, adj.
Fier, hautain. 🔊 [altje, -jɛʀ].

**ALTITUDE, subst. f.**
Hauteur, élévation, par rapport à un niveau donné (gén. celui de la mer). 🔊 [altityd].

**ALTO, subst. m.**
Instrument à cordes, entre le violon et le violoncelle. – Voix de femme la plus grave (synon. *contralto*). 🔊 [alto].

**ALTRUISME, subst. m.**
Disposition à se montrer bienveillant envers les autres. 🔊 [altʀyism̩].

**ALTRUISTE, adj. et subst.**
Adj. Qui relève de l'altruisme. – Subst. Personne soucieuse des autres. 🔊 [altʀyist].

**ALUMINIUM, subst. m.**
Métal léger blanc, brillant quand il est poli. 🔊 [alyminjɔm].

**ALUNIR, verbe intrans. [19]**
Se poser sur la Lune. 🔊 [alyniʀ].

**ALUNISSAGE, subst. m.**
Action de se poser sur la Lune. 🔊 [alynisaʒ].

**ALVÉOLE, subst. m.**
Petite cavité. 🔊 Le fém. est admis ; [alveɔl].

**AMABILITÉ, subst. f.**
Qualité d'une personne aimable ; affabilité. – Plur. Prévenances, civilités. 🔊 [amabilite].

**AMADOU, subst. m.**
Substance facilement inflammable tirée de certains champignons. 🔊 [amadu].

**AMADOUER, verbe trans. [3]**
Cajoler, adoucir en flattant. 🔊 [amadwe].

**AMAIGRI, IE, adj.**
Devenu maigre. 🔊 [amegʀi].

**AMAIGRIR, verbe trans. [19]**
Rendre maigre. – Fig. Affaiblir. – Pronom. Maigrir. 🔊 [amegʀiʀ].

**AMAIGRISSANT, ANTE, adj.**
Qui fait maigrir. 🔊 [amɛgʀisɑ̃, -ɑ̃t].

**AMAIGRISSEMENT, subst. m.**
Fait de maigrir. – État d'une personne amaigrie. 🔊 [amegʀismɑ̃].

**AMALGAME, subst. m.**
Assemblage hétérogène. – Assimilation abusive. 🔊 [amalgam].

**AMANDE, subst. f.**
Fruit de l'amandier. – Graine contenue dans un noyau. 🔊 [amɑ̃d].

**AMANDIER, subst. m.**
Arbre cultivé pour ses graines, les amandes. 🔊 [amɑ̃dje].

**AMANITE, subst. f.**
Champignon dont la plupart des espèces sont vénéneuses et dont certaines sont mortelles : Amanite *phalloïde*. 🔊 [amanit].

**AMANT, AMANTE, subst.**
Personne qui aime et qui est aimée (vieilli). – Masc. Homme qui entretient une liaison avec une femme qui n'est pas son épouse. – Masc. plur. Couple uni par un amour réciproque. 🔊 [amɑ̃, amɑ̃t].

**AMARIL, ILE, adj.**
Qui concerne la fièvre jaune. 🔊 [amaʀil].

**AMARRAGE, subst. m.**
Action d'amarrer. – Résultat de cette action. 🔊 [amaʀaʒ].

**AMARRE, subst. f.**
Cordage, chaîne servant à amarrer un navire. 🔊 [amaʀ].

**AMARRER, verbe trans. [3]**
Maintenir en place, gén. à un quai, un navire, à l'aide de cordages ou de chaînes. 🔊 [amaʀe].

**AMAS, subst. m.**
Accumulation, tas d'objets. 🔊 [amɑ].

**AMASSER, verbe trans. [3]**
Amonceler, réunir en grande quantité, accumuler. 🔊 [amɑse].

**AMATEUR, adj. et subst. m.**
Qui aime ou qui montre un goût vif pour qqch. – Qui exerce une activité sans en faire sa profession. – Dilettante. 🔊 [amatœʀ].

**AMATEURISME, subst. m.**
Caractère d'une activité pratiquée pour le plaisir, sans rémunération. – Dilettantisme ; négligence. 🔊 [amatœʀism̩].

**AMAZONE, subst. f.**
Cavalière. – *Monter en* amazone : avec les deux jambes du même côté de la selle. 🔊 [amazon].

**AMBAGES, subst. f. plur.**
*Sans* ambages : franchement, sans détours. 🔊 [ɑ̃baʒ].

**AMBASSADE, subst. f.**
Mission officielle auprès d'un haut personnage. – Mission diplomatique d'un État auprès d'un autre État. – Bâtiment abritant le personnel d'une ambassade. 🔊 [ɑ̃basad].

**AMBASSADEUR, DRICE, subst.**
Personne qui est à la tête d'une ambassade. – Fig. Porteur d'un message, annonciateur. 🔊 [ɑ̃basadœʀ, -dʀis].

**AMBIANCE, subst. f.**
Qualité d'un environnement. – Atmosphère gaie, allégresse (fam.). 🔊 [ɑ̃bjɑ̃s].

**AMBIANT, ANTE, adj.**
Qui appartient au milieu environnant : *La température* ambiante. 🔊 [ɑ̃bjɑ̃, -ɑ̃t].

**AMBIDEXTRE, adj. et subst.**
Qui se sert également de ses deux mains. 🔊 [ɑ̃bidɛkstʀ̩].

**AMBIGU, UË, adj.**
À double sens, équivoque. 🔊 [ɑ̃bigy].

**AMBIGUÏTÉ, subst. f.**
Caractère de ce qui est ambigu. 🔊 [ɑ̃bigyite].

**AMBITIEUX, IEUSE, adj. et subst.**
Qui a de l'ambition. – Qui marque de l'ambition. 🔊 [ɑ̃bisjø, -jøz].

**AMBITION, subst. f.**
Appétit de pouvoir ou de réussite. – Idéal, aspiration. 🔊 [ɑ̃bisjɔ̃].

**AMBITIONNER**, verbe trans. [3]
Rechercher par ambition. – **Ambitionner**
*de* : aspirer à. 🔊 [ɑ̃bisjɔne].

**AMBIVALENCE**, subst. f.
Caractère de ce qui présente deux aspects,
deux valeurs opposés. 🔊 [ɑ̃bivalɑ̃s].

**AMBLE**, subst. m.
Allure naturelle ou artificielle de certains
quadrupèdes, qui lèvent simultanément les
deux membres du même côté. 🔊 [ɑ̃bl̩].

**AMBRE**, subst. m.
Ambre *gris* : sécrétion intestinale du
cachalot utilisée en parfumerie. – **Ambre**
*jaune* : résine fossile de conifères, dont on
fait des objets précieux et des vernis.
🔊 [ɑ̃bʀ].

**AMBRÉ, ÉE**, adj.
Parfumé d'ambre gris. – De la couleur de
l'ambre jaune. 🔊 [ɑ̃bʀe].

**AMBULANCE**, subst. f.
Véhicule servant au transport des malades
et des blessés. 🔊 [ɑ̃bylɑ̃s].

**AMBULANCIER, IÈRE**, subst.
Personne qui conduit une ambulance.
🔊 [ɑ̃bylɑ̃sje, -jɛʀ].

**AMBULANT, ANTE**, adj. et subst.
Qui se déplace. 🔊 [ɑ̃bylɑ̃, -ɑ̃t].

**ÂME**, subst. f.
Principe de vie et de pensée de l'être
humain. – Personnalité, sensibilité : *L'âme*
*d'un peuple*. – Habitant : *Un village de 1 200*
*âmes*. – Partie essentielle de qqch. – *Rendre*
*l'âme :* mourir. 🔊 [ɑm].

**AMÉLIORATION**, subst. f.
Action d'améliorer. – Résultat de cette
action. 🔊 [ameljɔʀasjɔ̃].

**AMÉLIORER**, verbe trans. [3]
Rendre meilleur. – Pronom. Devenir meilleur, se perfectionner. 🔊 [ameljɔʀe].

**AMEN**, interj.
Mot hébreu signifiant « Ainsi soit-il »,
et qui termine les prières chrétiennes.
– *Dire* amen *à* : approuver. 🔊 [amɛn].

**AMÉNAGEMENT**, subst. m.
Action d'aménager, d'agencer : **Aménage-**
**ment** *du territoire*. 🔊 [amenaʒmɑ̃].

**AMÉNAGER**, verbe trans. [5]
Agencer, organiser ou équiper en vue d'un
résultat précis. 🔊 [amenaʒe].

**AMENDE**, subst. f.
Pénalité pécuniaire infligée à l'auteur d'une
infraction. – *Faire* amende *honorable* :
reconnaître ses torts. 🔊 [amɑ̃d].

**AMENDEMENT**, subst. m.
*Agric.* Substance apportée à un sol pour le
rendre plus fertile. – *Dr.* Modification
apportée à un projet ou à une proposition
de loi. 🔊 [amɑ̃dmɑ̃].

**AMENDER**, verbe trans. [3]
Réformer en vue d'améliorer. – *Agric.*
Augmenter la fertilité de (un sol). – Pro-
nom. S'améliorer, se corriger. 🔊 [amɑ̃de].

**AMÈNE**, adj.
Agréable, avenant, bienveillant. 🔊 [amɛn].

**AMENER**, verbe trans. [10]
Faire venir (qqn) avec soi. – Conduire
(qqn) dans un lieu. – Fig. Pousser, inciter :
**Amener** *qqn à se décider*. – Causer, occasionner : *La guerre* amène *le malheur*.
🔊 [amne].

**AMÉNITÉ**, subst. f.
Douceur. – Plur. Injures, méchan-
cetés (iron.) : *Échanger des* aménités.
🔊 [amenite].

**AMENUISER**, verbe trans. [3]
Rendre plus menu. – Fig. Réduire l'importance de (un propos, une situation, etc.).
– Pronom. Devenir de plus en plus fin ;
diminuer. 🔊 [amənɥize].

**AMER, AMÈRE**, adj.
Qui a une saveur âpre, mauvaise. – Fig. Qui
manifeste de l'amertume. 🔊 [amɛʀ].

**AMERRIR**, verbe intrans. [19]
Se poser sur un plan d'eau. 🔊 [ameʀiʀ].

**AMERTUME**, subst. f.
Saveur amère. – Fig. Tristesse. 🔊 [amɛʀtym].

**AMÉTHYSTE**, subst. f.
Variété violette de quartz. 🔊 [ametist].

**AMEUBLEMENT**, subst. m.
Ensemble des meubles et des objets d'une
habitation, d'une pièce. 🔊 [amœbləmɑ̃].

**AMEUBLIR**, verbe trans. [19]
Rendre (la terre, le sol) plus meuble.
🔊 [amœbliʀ].

**AMEUTER**, verbe trans. [3]
Regrouper (des chiens) en meute. – Provoquer un attroupement de. 🔊 [amøte].

**AMI, AMIE**, adj. et subst.
Subst. Personne à laquelle on est lié par un
sentiment d'amitié, d'amour, ou par un
idéal commun. – Personne qui manifeste
du goût pour qqch. : *Un ami des arts*. – Adj.
Accueillant, favorable, allié : *Pays ami*.
🔊 [ami].

**AMIABLE**, adj.
Qui se règle sans procédure judiciaire, d'un
commun accord. 🔊 [amjabl̩].

**AMIANTE**, subst. m.
Substance minérale blanche et fibreuse,
incombustible et isolante. 🔊 [amjɑ̃t].

**AMIBE**, subst. f.
Animal unicellulaire aquatique dont certaines espèces peuvent parasiter l'homme.
🔊 [amib].

**AMICAL, ALE, AUX**, adj. et subst. f.
Adj. Qui est inspiré par l'amitié ; qui la
manifeste. – Subst. Association. 🔊 [amikal].

**AMIDON, subst. m.**
Substance organique qui constitue la réserve alimentaire de nombreux végétaux et qu'on utilise pour empeser du linge. 🔊 [amidõ].

**AMIDONNER, verbe trans.** [3]
Empeser, imprégner d'amidon. 🔊 [amidɔne].

**AMINCIR, verbe trans.** [19]
Rendre ou faire paraître plus mince. 🔊 [amɛ̃siʀ].

**AMINÉ, ÉE, adj.**
*Acide* aminé : composé organique constituant des protéines. 🔊 [amine].

**AMIRAL, ALE, AUX, adj. et subst.**
Subst. Officier général de la marine de guerre ; au fém., femme d'un amiral. – Adj. Qualifie le navire à bord duquel se trouve un amiral. 🔊 [amiʀal].

**AMIRAUTÉ, subst. f.**
Office d'amiral. – Siège des services du haut commandement de la marine. 🔊 [amiʀote].

**AMITIÉ, subst. f.**
Sentiment d'affection liant deux personnes. – Entente cordiale. – Marques d'affection (gén. au plur.). 🔊 [amitje].

**AMMONIAC, subst. m.**
Gaz incolore et suffocant, dont la solution aqueuse est l'« ammoniaque ». 🔊 [amɔnjak].

**AMNÉSIE, subst. f.**
Perte totale ou partielle de la mémoire. 🔊 [amnezi].

**AMNÉSIQUE, adj. et subst.**
Adj. Relatif à l'amnésie. – Subst. Personne atteinte d'amnésie. 🔊 [amnezik].

**AMNIOTIQUE, adj.**
Relatif à la membrane (amnios) qui enveloppe le fœtus. 🔊 [amnjɔtik].

**AMNISTIE, subst. f.**
Acte législatif prescrivant l'oubli officiel de certaines infractions et qui en annule les conséquences pénales. 🔊 [amnisti].

**AMNISTIER, verbe trans.** [6]
Faire bénéficier (qqn ou qqch.) d'une amnistie. 🔊 [amnistje].

**AMOINDRIR, verbe trans.** [19]
Diminuer. – Pronom. Devenir moindre, perdre de sa vitalité. 🔊 [amwɛ̃dʀiʀ].

**AMOLLIR, verbe trans.** [19]
Rendre mou, moins ferme. 🔊 [amɔliʀ].

**AMONCELER, verbe trans.** [12]
Mettre en monceau, réunir en un grand tas. – Pronom. S'accumuler. 🔊 [amõsle].

**AMONCELLEMENT, subst. m.**
Action d'amonceler. – Accumulation. 🔊 [amõsɛlmã].

**AMONT, subst. m.**
Partie d'un cours d'eau située entre sa source et un point déterminé (oppos. *aval*). 🔊 [amõ].

**AMORAL, ALE, AUX, adj.**
Qui ignore la morale. – Qui agit contre la morale. 🔊 [amɔʀal].

**AMORCE, subst. f.**
Appât servant à capturer des poissons ou à attirer un gibier. – Ce qui déclenche l'explosion d'une charge. – Fig. Ébauche, phase initiale d'un processus. 🔊 [amɔʀs].

**AMORCER, verbe trans.** [4]
Garnir d'une amorce. – Mettre en route (un processus). – Pronom. Débuter. 🔊 [amɔʀse].

**AMORPHE, adj.**
Qui n'a pas de forme déterminée. – Sans énergie. 🔊 [amɔʀf].

**AMORTIR, verbe trans.** [19]
Atténuer l'effet de, diminuer l'intensité de. – Rembourser (un emprunt) par paiements successifs. – **Amortir** *une machine, un véhicule* : en l'utilisant, reconstituer le capital employé pour l'acquérir. – Pronom. Devenir plus faible. 🔊 [amɔʀtiʀ].

**AMORTISSEMENT, subst. m.**
Action d'amortir ou de s'amortir : Amortissement *d'une dette.* 🔊 [amɔʀtismã].

**AMORTISSEUR, subst. m.**
Dispositif destiné à amortir les chocs, les vibrations, les oscillations. 🔊 [amɔʀtisœʀ].

**AMOUR, subst. m.**
Sentiment intense qui attache une personne à une autre. – Sentiment de dévouement ou d'adoration : **Amour** *divin, de la patrie.* – Personne aimée. – Goût prononcé pour une chose : *L'amour de la lecture.* 🔊 Genre fém. au plur., dans un style littér. ; [amuʀ].

**AMOURACHER (S'), verbe pronom.** [3]
S'amouracher *de* : éprouver une passion soudaine et fugace pour (qqn). 🔊 [amuʀaʃe].

**AMOURETTE, subst. f.**
Liaison amoureuse passagère. 🔊 [amuʀɛt].

**AMOUREUX, EUSE, adj. et subst.**
Qui est épris (de qqn, de qqch.). – Qui manifeste de l'amour, qui le dénote ou s'y rapporte. 🔊 [amuʀø, -øz].

**AMOUR-PROPRE, subst. m.**
Sentiment de dignité personnelle. 🔊 Plur. *amours-propres* ; [amuʀpʀɔpʀ].

**AMOVIBLE, adj.**
Que l'on peut déplacer ou ôter. 🔊 [amɔvibl].

**AMPÈRE, subst. m.**
Unité d'intensité électrique. 🔊 [ãpɛʀ].

**AMPHÉTAMINE, subst. f.**
Substance médicamenteuse agissant sur le système nerveux central. 🔊 [ãfetamin].

**AMPHIBIE, adj. et subst. m.**
Qui peut vivre dans l'air ou dans l'eau. – *Une voiture* amphibie : se déplaçant sur le sol et sur l'eau. 🔊 [ãfibi].

**AMPHIBIEN**, subst. m.
Animal vertébré dont la larve a une vie aquatique et l'adulte une vie aérienne (synon. *batracien*). 🔊 [ɑ̃fibjɛ̃].

**AMPHITHÉÂTRE**, subst. m.
Bâtiment en gradins où se tenaient les jeux du cirque. – Grande salle à gradins, dans un théâtre, une université. 🔊 [ɑ̃fiteɑtʀ].

**AMPHORE**, subst. f.
*Antiq.* Vase en terre cuite à deux anses. 🔊 [ɑ̃fɔʀ].

**AMPLE**, adj.
Vaste, large. – Puissant. 🔊 [ɑ̃pl].

**AMPLEUR**, subst. f.
Qualité de ce qui est ample. 🔊 [ɑ̃plœʀ].

**AMPLIFICATEUR, TRICE**, adj. et subst. m.
Adj. Qui amplifie. – Subst. Appareil qui augmente l'intensité d'un signal électrique (abrév. fam. *ampli*). 🔊 [ɑ̃plifikatœʀ, -tʀis].

**AMPLIFIER**, verbe trans. [6]
Rendre plus ample, plus intense. – Pronom. S'agrandir, s'intensifier. 🔊 [ɑ̃plifje].

**AMPLITUDE**, subst. f.
État de ce qui est ample, vaste, prestigieux. – Écart entre les valeurs extrêmes d'une grandeur considérée. 🔊 [ɑ̃plityd].

**AMPOULE**, subst. f.
Petit récipient de verre utilisé pour conserver des liquides (médicaments). – **Ampoule** *électrique* : enveloppe de verre contenant un filament qui devient lumineux au passage du courant électrique. – Cloque pleine de sérosité, sous la peau. 🔊 [ɑ̃pul].

**AMPOULÉ, ÉE**, adj.
Emphatique, pompeux. 🔊 [ɑ̃pule].

**AMPUTATION**, subst. f.
Action d'amputer qqn ou qqch. – Son résultat. 🔊 [ɑ̃pytasjɔ̃].

**AMPUTER**, verbe trans. [3]
*Méd.* Retrancher chirurgicalement (un membre ou une partie de membre). – Retrancher une partie de (un tout). 🔊 [ɑ̃pyte].

**AMULETTE**, subst. f.
Petit objet auquel on attribue, par superstition, des vertus protectrices. 🔊 [amylɛt].

**AMUSANT, ANTE**, adj.
Qui amuse, divertit. 🔊 [amyzɑ̃, -ɑ̃t].

**AMUSE-GUEULE**, subst. m.
Petit hors-d'œuvre servi avant un repas. 🔊 Plur. *amuse-gueule(s)* ; 🔊 [amyzgœl].

**AMUSEMENT**, subst. m.
Ce qui amuse. – Distraction. 🔊 [amyzmɑ̃].

**AMUSER**, verbe trans. [3]
Divertir agréablement, distraire. – Tromper ou retarder par des feintes : **Amuser** *l'ennemi*. – Pronom. Se divertir. 🔊 [amyze].

**AMYGDALE**, subst. f.
Glande en forme d'amande, située au fond de la gorge. 🔊 [amidal].

**AN**, subst. m.
Année civile. – Temps que met la Terre pour accomplir une révolution autour du Soleil ; année. 🔊 [ɑ̃].

**ANABOLISANT, ANTE**, adj. et subst. m.
Se dit d'une substance favorisant le développement artificiel des tissus musculaires. 🔊 [anabɔlizɑ̃, -ɑ̃t].

**ANACHORÈTE**, subst. m.
Moine ermite vivant dans la solitude. – Fig. Personne qui a choisi de vivre retirée du monde. 🔊 [anakɔʀɛt].

**ANACHRONISME**, subst. m.
Faute chronologique qui consiste à situer à une époque ce qui appartient à une autre. – Objet, usage dépassé. 🔊 [anakʀɔnism].

**ANACONDA**, subst. m.
Serpent d'Amérique du Sud. 🔊 [anakɔ̃da].

**ANAÉROBIE**, adj. et subst. m.
Se dit d'un être vivant qui peut se développer normalement en l'absence d'air ou d'oxygène. 🔊 [anaeʀɔbi].

**ANAGRAMME**, subst. f.
Mot formé des lettres d'un autre mot disposées différemment. 🔊 [anagʀam].

**ANAL, ANALE, ANAUX**, adj.
Qui se rapporte à l'anus. 🔊 [anal].

**ANALGÉSIQUE**, adj. et subst. m.
Qui supprime la douleur. 🔊 [analʒezik].

**ANALOGIE**, subst. f.
Ressemblance entre des choses ou des êtres, similitude. 🔊 [analɔʒi].

**ANALOGUE**, adj.
Qui présente une analogie avec. 🔊 [analɔg].

**ANALPHABÈTE**, adj. et subst.
Qui ne sait ni lire ni écrire. – Fig. Qui est peu instruit, ignorant. 🔊 [analfabɛt].

**ANALYSE**, subst. f.
Décomposition d'un tout en ses parties. – Étude détaillée de qqch. – *Ling.* Étude de la nature et de la fonction des mots et des propositions dans une phrase. – *Math.* Branche comprenant le calcul différentiel et intégral, et la théorie des fonctions. – Synon. de « psychanalyse ». 🔊 [analiz].

**ANALYSER**, verbe trans. [3]
Faire l'analyse de. 🔊 [analize].

**ANALYTIQUE**, adj. et subst. f.
Qui se rapporte à l'analyse. 🔊 [analitik].

**ANANAS**, subst. m.
Plante des régions chaudes, cultivée pour son fruit très sucré. – Ce fruit. 🔊 [anana(s)].

**ANARCHIE**, subst. f.
Désordre causé par une carence d'autorité politique, de lois. – Anarchisme. – Fig. Désordre. 🔊 [anaʀʃi].

**ANARCHISME**, subst. m.
Doctrine politique qui prône la disparition de l'État. 🔊 [anaʀʃism].

**ANATHÈME**, subst. m.
Sentence d'excommunication. – Personne frappée d'**anathème**. – Fig. Blâme solennel, condamnation publique. 🔊 [anatɛm].

**ANATOMIE**, subst. f.
Science qui étudie les parties et la constitution des êtres vivants ; son objet. – Aspect extérieur du corps (fam.). 🔊 [anatɔmi].

**ANCESTRAL, ALE, AUX**, adj.
Propre aux ancêtres ; qui vient d'eux. – Très ancien. 🔊 [ɑ̃sɛstʀal].

**ANCÊTRE**, subst.
Personne dont on descend, ascendant éloigné. – Plur. Ceux qui ont vécu dans les temps anciens : *Nos* **ancêtres** *les Gaulois.* 🔊 [ɑ̃sɛtʀ].

**ANCHE**, subst. f.
*Mus.* Languette dont les vibrations produisent un son, dans certains instruments à vent. 🔊 [ɑ̃ʃ].

**ANCHOIS**, subst. m.
Petit poisson osseux, commun en Méditerranée. 🔊 [ɑ̃ʃwa].

**ANCIEN, IENNE**, adj. et subst.
Qui existe depuis longtemps. – Qui n'existe plus, révolu ; qui a perdu sa qualité, ses fonctions. – Qui a de l'ancienneté. – *Les* **Anciens** : personnages et écrivains de l'Antiquité. 🔊 [ɑ̃sjɛ̃, -jɛn].

**ANCIENNETÉ**, subst. f.
Caractère de ce qui est ancien. – Temps écoulé depuis l'entrée en fonction, la nomination. 🔊 [ɑ̃sjɛnte].

**ANCRE**, subst. f.
Lourde pièce de métal, fixée au bout d'une chaîne, qu'on immerge pour immobiliser un navire : *Jeter, lever l'ancre.* 🔊 [ɑ̃kʀ].

**ANCRER**, verbe trans. [3]
Mettre (un navire) à l'ancre. – Fixer fortement. – Fig. Implanter. 🔊 [ɑ̃kʀe].

**ANDANTE**, subst. m. et adv.
Se dit d'une œuvre musicale jouée dans un mouvement modéré. 🔊 [ɑ̃dɑ̃t].

**ANDOUILLE**, subst. f.
Boyau de porc farci de tripes et de viande. – Fig. Imbécile (fam.). 🔊 [ɑ̃duj].

**ANDROGYNE**, adj. et subst. m.
Qui tient des deux sexes ; hermaphrodite. 🔊 [ɑ̃dʀɔʒin].

**ANDROÏDE**, subst. m.
Robot à forme humaine. 🔊 [ɑ̃dʀɔid].

**ÂNE, ÂNESSE**, subst.
Mammifère voisin du cheval, à longues oreilles. – Masc. Fig. Personne stupide et têtue ; personne ignorante. 🔊 [ɑn, ɑnɛs].

**ANÉANTIR**, verbe trans. [19]
Réduire à néant, annihiler. – Fig. Exténuer ; accabler. 🔊 [aneɑ̃tiʀ].

**ANÉANTISSEMENT**, subst. m.
Fait d'être anéanti. – Destruction totale, effondrement. 🔊 [aneɑ̃tismɑ̃].

**ANECDOTE**, subst. f.
Petit récit concernant un fait secondaire, mais amusant ou révélateur. 🔊 [anɛkdɔt].

**ANÉMIE**, subst. f.
Appauvrissement du sang en globules rouges. – Fig. Affaiblissement. 🔊 [anemi].

**ANÉMIQUE**, adj. et subst.
Qui est atteint d'anémie. – Fig. Qui est faible, sans vigueur. 🔊 [anemik].

**ANÉMONE**, subst. f.
Plante herbacée aux fleurs de couleurs vives. 🔊 [anemɔn].

**ÂNERIE**, subst. f.
Ignorance. – Propos d'ignorant. 🔊 [ɑnʀi].

**ANESTHÉSIE**, subst. f.
*Méd.* Suppression, totale ou partielle, de la sensibilité. 🔊 [anɛstezi].

**ANESTHÉSIER**, verbe trans. [6]
Procéder à une anesthésie sur. – Fig. Rendre indifférent, endormir. 🔊 [anɛstezje].

**ANETH**, subst. m.
Plante aromatique au goût d'anis. 🔊 [anɛt].

**ANÉVRISME**, subst. m.
*Méd.* Poche formée par la dilatation des parois d'une artère. 🔊 [anevʀism].

**ANFRACTUOSITÉ**, subst. f.
Cavité irrégulière et profonde (dans une masse rocheuse). 🔊 [ɑ̃fʀaktɥozite].

**ANGE**, subst. m.
Être spirituel, intermédiaire entre Dieu et l'homme. – Fig. Personne parfaite. 🔊 [ɑ̃ʒ].

**ANGÉLIQUE**, adj.
Qui a les qualités d'un ange. 🔊 [ɑ̃ʒelik].

**ANGÉLUS**, subst. m.
L'Angélus : prière chrétienne. – Son de cloche annonçant cette prière. 🔊 [ɑ̃ʒelys].

**ANGINE**, subst. f.
Inflammation de l'isthme du gosier et du pharynx. 🔊 [ɑ̃ʒin].

**ANGIOME**, subst. m.
Tumeur vasculaire bénigne. 🔊 [ɑ̃ʒjɔm].

**ANGIOSPERME**, subst. f.
Plante dont les ovules sont enfermés dans un ovaire clos. 🔊 [ɑ̃ʒjɔspɛʀm].

**ANGLAIS**, subst. m.
Langue germanique parlée en Grande-Bretagne, aux États-Unis, etc. 🔊 [ɑ̃glɛ].

**ANGLE**, subst. m.
Figure formée par deux demi-droites ou demi-plans qui se coupent. – Partie saillante ou rentrante d'un objet, coin. 🔊 [ɑ̃gl].

**ANGLICISME**, subst. m.
Tournure propre à la langue anglaise. – Mot ou expression empruntés à l'anglais. 🔊 [ɑ̃glisism].

**ANGLOPHONE**, adj. et subst.
Qui est de langue anglaise. 🔊 [ɑ̃glɔfɔn].

**ANGOISSE, subst. f.**
Inquiétude profonde, due à un sentiment de menace imminente. 🔲 [ɑ̃gwas].

**ANGOISSER, verbe trans. [3]**
Causer de l'angoisse à. 🔲 [ɑ̃gwase].

**ANGORA, adj. et subst.**
Se dit de certains animaux aux poils longs et soyeux (chat, lapin, chèvre). 🔲 [ɑ̃gɔʀa].

**ANGUILLE, subst. f.**
Poisson d'eau douce au corps allongé et à la peau visqueuse. 🔲 [ɑ̃gij].

**ANGULAIRE, adj.**
Qui forme un angle ou qui est situé à un angle. 🔲 [ɑ̃gylɛʀ].

**ANICROCHE, subst. f.**
Petit incident, petit obstacle. 🔲 [anikʀɔʃ].

**ANIMAL, ALE, AUX, adj. et subst. m.**
Subst. Être vivant non végétal, autre que l'être humain. – Adj. Relatif, propre à l'animal. – Bestial. 🔲 [animal].

**ANIMALIER, IÈRE, adj.**
Se dit d'un art ou d'un artiste qui représente des animaux. 🔲 [animalje, -jɛʀ].

**ANIMATION, subst. f.**
Fait d'animer (un groupe, un lieu, une émission). – Mouvement, vivacité, agitation. 🔲 [animasjɔ̃].

**ANIMÉ, ÉE, adj.**
Plein de vie, d'animation. – Qui manifeste de l'entrain, de la vivacité. 🔲 [anime].

**ANIMER, verbe trans. [3]**
Insuffler la vie à. – Entraîner, communiquer l'enthousiasme à. – Pronom. Se remplir de vie, se mettre en mouvement. 🔲 [anime].

**ANIMISME, subst. m.**
Croyance qui attribue une âme à toute chose. 🔲 [animism̩].

**ANIMOSITÉ, subst. f.**
Hostilité, désir de nuire. 🔲 [animozite].

**ANION, subst. m.**
Ion de charge électrique négative. 🔲 [anjɔ̃].

**ANIS, subst. m.**
Plante aromatique dont on extrait une huile au goût typique. 🔲 [ani(s)].

**ANKYLOSE, subst. f.**
Blocage partiel ou total d'une articulation ; raideur. 🔲 [ɑ̃kiloz].

**ANKYLOSER, verbe trans. [3]**
Produire l'ankylose. – Pronom. Se raidir par ankylose. 🔲 [ɑ̃kiloze].

**ANNALES, subst. f. plur.**
Chronique rapportant les événements année par année. – *Rester dans les* **annales** : marquer son époque. 🔲 [anal].

**ANNEAU, subst. m.**
Objet circulaire et évidé à usages divers. – Bague. – Toute forme circulaire. 🔲 [ano].

**ANNÉE, subst. f.**
Unité servant à mesurer le temps par réf. au mouvement de la Terre autour du Soleil. – Période de douze mois. – **Année** *civile* : du

1ᵉʳ janvier au 31 décembre. – Période d'activité annuelle : *L'*année *scolaire.* 🔲 [ane].

**ANNÉE-LUMIÈRE, subst. f.**
Distance parcourue par la lumière en une année (symb. *al*). 🔲 Plur. *années-lumière* ; [anelymjɛʀ].

**ANNELÉ, ÉE, adj.**
Composé d'anneaux. 🔲 [anle].

**ANNEXE, adj. et subst. f.**
Qui est joint, lié à une chose principale. 🔲 [anɛks].

**ANNEXER, verbe trans. [3]**
Rattacher, joindre à un ensemble plus important. – Faire passer (un territoire) sous sa souveraineté. 🔲 [anɛkse].

**ANNEXION, subst. f.**
Action d'annexer. – Territoire ou pays annexé. 🔲 [anɛksjɔ̃].

**ANNIHILER, verbe trans. [3]**
Anéantir. – Supprimer. 🔲 [aniile].

**ANNIVERSAIRE, adj. et subst. m.**
Adj. Qui rappelle un événement survenu le même jour, une ou plusieurs années auparavant. – Subst. Jour anniversaire, en partic. de la naissance. 🔲 [anivɛʀsɛʀ].

**ANNONCE, subst. f.**
Information portée à la connaissance d'un public. – Signe précurseur. 🔲 [anɔ̃s].

**ANNONCER, verbe trans. [4]**
Faire connaître (un fait). – Laisser présager (un événement à venir). – Pronom. Laisser prévoir sa venue. – Se présenter. 🔲 [anɔ̃se].

**ANNOTATION, subst. f.**
Remarque, note portée en marge d'un texte. 🔲 [anɔtasjɔ̃].

**ANNOTER, verbe trans. [3]**
Marquer d'une ou de plusieurs annotations. 🔲 [anɔte].

**ANNUAIRE, subst. m.**
Publication annuelle contenant divers renseignements dans un domaine déterminé : *L'*annuaire *du téléphone.* 🔲 [anɥɛʀ].

**ANNUEL, ELLE, adj.**
Qui a lieu chaque année. – Qui dure un an. 🔲 [anɥɛl].

**ANNUITÉ, subst. f.**
Paiement annuel. 🔲 [anɥite].

**ANNULAIRE, subst. m.**
Quatrième doigt de la main, en partant du pouce. 🔲 [anylɛʀ].

**ANNULATION, subst. f.**
Action d'annuler. – Résultat de cette action. 🔲 [anylasjɔ̃].

**ANNULER, verbe trans. [3]**
Considérer comme nul, sans effet. – Supprimer. 🔲 [anyle].

**ANOBLIR, verbe trans. [19]**
Conférer la noblesse à (qqn). 🔲 [anɔbliʀ].

33

**ANODE**, subst. f.
Électrode reliée au pôle positif d'un généra-teur électrique (oppos. *cathode*). 🔊 [anɔd].

**ANODIN, INE**, adj.
Sans danger, sans gravité. 🔊 [anɔdɛ̃, -in].

**ANOMALIE**, subst. f.
Caractère anormal, inhabituel de qqch.
– Bizarrerie, étrangeté. 🔊 [anɔmali].

**ÂNONNER**, verbe [3]
Lire, réciter avec peine, en balbutiant.
🔊 [anone].

**ANONYMAT**, subst. m.
Qualité de qqn, de qqch. qui est anonyme.
🔊 [anɔnima].

**ANONYME**, adj. et subst.
Adj. Dont le nom est inconnu. – Dont l'auteur est inconnu ; sans signature. – Fig. Impersonnel, sans originalité : *Un apparte-ment* anonyme. – Subst. Personne ano-nyme. 🔊 [anɔnim].

**ANORAK**, subst. m.
Veste courte, chaude et imperméable, avec ou sans capuche. 🔊 [anɔʀak].

**ANOREXIE**, subst. f.
Disparition pathologique de l'appétit.
🔊 [anɔʀɛksi].

**ANORMAL, ALE, AUX**, adj. et subst.
Adj. Contraire à la norme, aux règles habituelles. – Subst. Personne affectée d'une anomalie physique ou mentale.
🔊 [anɔʀmal].

**ANOURE**, subst. m.
Amphibien sans queue tel que le crapaud.
🔊 [anuʀ].

**ANSE**, subst. f.
Partie courbe, gén. en forme d'arc, par laquelle on saisit un objet. – *Géogr.* Petite baie peu profonde. 🔊 [ɑ̃s].

**ANTAGONISME**, subst. m.
Rivalité, lutte, opposition. 🔊 [ɑ̃tagɔnism].

**ANTALGIQUE**, adj. et subst. m.
Se dit d'une substance qui apaise la douleur. 🔊 [ɑ̃talʒik].

**ANTAN (D')**, loc. adj.
Du temps jadis (littér.). 🔊 [dɑ̃tɑ̃].

**ANTARCTIQUE**, adj.
Du pôle Sud et des régions qui l'environ-nent. 🔊 [ɑ̃taʀktik].

**ANTÉCÉDENT, ENTE**, adj. et subst. m.
Adj. Qui est antérieur. – Subst. *Ling.* Nom ou pronom représenté par un pronom rela-tif. – Plur. Événements passés permettant de comprendre l'état présent. 🔊 [ɑ̃tesedɑ̃, -ɑ̃t].

**ANTÉDILUVIEN, IENNE**, adj.
D'avant le Déluge. – Vieux, démodé, révolu (iron.). 🔊 [ɑ̃tedilyvjɛ̃, -jɛn].

**ANTENNE**, subst. f.
Organe sensoriel de certains invertébrés.
– Dispositif servant à diffuser et à recevoir des ondes électromagnétiques. 🔊 [ɑ̃tɛn].

**ANTÉPÉNULTIÈME**, adj. et subst. f.
Adj. Qui précède immédiatement l'avant-dernier. – Subst. Syllabe qui précède l'avant-dernière syllabe. 🔊 [ɑ̃tepenyltjɛm].

**ANTÉRIEUR, IEURE**, adj.
Qui est devant, qui précède. 🔊 [ɑ̃teʀjœʀ].

**ANTÉRIORITÉ**, subst. f.
Caractère de ce qui est antérieur dans le temps. 🔊 [ɑ̃teʀjɔʀite].

**ANTHOLOGIE**, subst. f.
Recueil de morceaux choisis, littéraires ou musicaux. 🔊 [ɑ̃tɔlɔʒi].

**ANTHRACITE**, subst. m.
Houille riche en carbone, qui brûle sans fumée et presque sans flamme. – Empl. adj. inv. Gris foncé. 🔊 [ɑ̃tʀasit].

**ANTHROPOÏDE**, adj. et subst.
Se dit des grands singes qui ressemblent le plus à l'homme. 🔊 [ɑ̃tʀɔpɔid].

**ANTHROPOLOGIE**, subst. f.
Étude des croyances, mœurs et coutumes des sociétés humaines. 🔊 [ɑ̃tʀɔpɔlɔʒi].

**ANTHROPOMÉTRIE**, subst. f.
Méthode permettant d'identifier une personne d'après ses mensurations.
🔊 [ɑ̃tʀɔpɔmetʀi].

**ANTHROPOPHAGE**, adj. et subst.
Qui mange de la chair humaine. – Canni-bale. 🔊 [ɑ̃tʀɔpɔfaʒ].

**ANTI-**, préfixe
Exprime l'idée de « contre » ou, plus rarement, d'« avant » ou d'« en face de ».
🔊 [ɑ̃ti-].

**ANTIAÉRIEN, IENNE**, adj.
Relatif à la défense contre les attaques aériennes. 🔊 [ɑ̃tiaeʀjɛ̃, -jɛn].

**ANTIATOMIQUE**, adj.
Qui protège des radiations ou des armes atomiques. 🔊 [ɑ̃tiatɔmik].

**ANTIBIOTIQUE**, adj. et subst. m.
Se dit de substances qui empêchent le développement des micro-organismes.
🔊 [ɑ̃tibjɔtik].

**ANTIBROUILLARD**, adj. inv. et subst. m.
Se dit d'un phare qui perce le brouillard.
🔊 [ɑ̃tibʀujaʀ].

**ANTICHAMBRE**, subst. f.
Salle d'attente, vestibule. 🔊 [ɑ̃tiʃɑ̃bʀ].

**ANTICIPER**, verbe trans. [3]
Devancer ; prévoir. – **Anticiper** *sur* : user de qqch. par avance. 🔊 [ɑ̃tisipe].

**ANTICORPS**, subst. m.
Molécule synthétisée par l'organisme en présence d'antigènes et capable de les neutraliser. 🔊 [ɑ̃tikɔʀ].

**ANTICYCLONE**, subst. m.
Centre de hautes pressions atmosphéri-ques. 🔊 [ɑ̃tisiklon].

**ANTIDATER,** verbe trans. [3]
Inscrire sur (un écrit, un acte) une date antérieure à la date réelle. 🔊 [ɑ̃tidate].

**ANTIDÉPRESSEUR,** adj. m. et subst. m.
Se dit d'une substance qui combat les états dépressifs. 🔊 [ɑ̃tidepʀesœʀ].

**ANTIDOTE,** subst. m.
Substance qui combat les effets d'un poison. – Fig. Remède moral. 🔊 [ɑ̃tidɔt].

**ANTIGEL,** subst. m.
Produit qui abaisse le point de congélation de l'eau. 🔊 [ɑ̃tiʒɛl].

**ANTI-INFLAMMATOIRE,** adj. et subst. m.
Se dit d'un médicament qui combat l'inflammation. 🔊 [ɑ̃tiɛ̃flamatwaʀ].

**ANTILOPE,** subst. f.
Mammifère ruminant d'Afrique. 🔊 [ɑ̃tilɔp].

**ANTIMILITARISTE,** adj. et subst.
Adversaire de l'institution et de l'esprit militaires. 🔊 [ɑ̃timilitaʀist].

**ANTIMITE,** adj. inv. et subst. m.
Qui préserve des mites. 🔊 [ɑ̃timit].

**ANTINOMIE,** subst. f.
Opposition, contradiction entre deux idées, deux principes. 🔊 [ɑ̃tinɔmi].

**ANTIPATHIE,** subst. f.
Aversion spontanée, hostilité. 🔊 [ɑ̃tipati].

**ANTIPHRASE,** subst. f.
Manière de s'exprimer consistant à employer un mot ou une phrase pour son contraire. 🔊 [ɑ̃tifʀɑz].

**ANTIPODE,** subst. m.
Lieu du globe terrestre diamétralement opposé à un autre. 🔊 [ɑ̃tipɔd].

**ANTIPOISON,** adj. inv.
*Centre* antipoison : spécialisé dans le traitement des intoxications. 🔊 [ɑ̃tipwazɔ̃].

**ANTIQUAIRE,** subst.
Marchand d'antiquités. 🔊 [ɑ̃tikɛʀ].

**ANTIQUE,** adj.
Qui appartient à l'Antiquité ou qui l'évoque. – Très ancien. – Vieux, passé de mode (iron.). 🔊 [ɑ̃tik].

**ANTIQUITÉ,** subst. f.
Caractère de ce qui est ancien. – *L'Antiquité* : période de l'histoire allant de la fin de l'âge des métaux à la chute de l'Empire romain. – Œuvre d'art de cette période. – Objet d'art, meuble ancien. 🔊 [ɑ̃tikite].

**ANTIRABIQUE,** adj.
Contre la rage. 🔊 [ɑ̃tiʀabik].

**ANTISÉMITE,** adj. et subst.
Hostile aux Juifs. 🔊 [ɑ̃tisemit].

**ANTISÉMITISME,** subst. m.
Forme de racisme dirigée contre les Juifs. 🔊 [ɑ̃tisemitism].

**ANTISEPSIE,** subst. f.
Méthode destinée à prévenir l'infection par la destruction systématique des bactéries qui en sont la cause. 🔊 [ɑ̃tisɛpsi].

**ANTISEPTIQUE,** adj. et subst. m.
Qui prévient l'infection. 🔊 [ɑ̃tisɛptik].

**ANTITHÈSE,** subst. f.
Rapprochement de deux mots ou expressions contraires. – *L'antithèse de* : l'opposé de. 🔊 [ɑ̃titɛz].

**ANTIVOL,** subst. m. et adj. inv.
Dispositif contre le vol. 🔊 [ɑ̃tivol].

**ANTONYME,** subst. m.
Terme dont le sens s'oppose à celui d'un autre terme (contr. *synonyme*). 🔊 [ɑ̃tɔnim].

**ANTRE,** subst. m.
Caverne servant de gîte à un animal. – Fig. Lieu retiré ou sordide. 🔊 [ɑ̃tʀ].

**ANUS,** subst. m.
Orifice du rectum, extrémité terminale du tube digestif. 🔊 [anys].

**ANXIÉTÉ,** subst. f.
Inquiétude, sentiment confus d'un danger imminent (réel ou imaginaire). 🔊 [ɑ̃ksjete].

**ANXIEUX, IEUSE,** adj. et subst.
Sujet à l'anxiété. 🔊 [ɑ̃ksjø, -jøz].

**AORTE,** subst. f.
Artère qui part du ventricule gauche du cœur. 🔊 [aɔʀt].

**AOÛT,** subst. m.
Huitième mois de l'année. 🔊 [u(t)].

**AOÛTAT,** subst. m.
Acarien dont la piqûre provoque de fortes démangeaisons. 🔊 [auta].

**APAISEMENT,** subst. m.
Retour au calme, à la paix. 🔊 [apɛzmɑ̃].

**APAISER,** verbe trans. [3]
Ramener au calme. – Calmer (une souffrance, un besoin). 🔊 [apeze].

**APANAGE,** subst. m.
Ce qui est le propre d'une personne, d'une chose. 🔊 [apanaʒ].

**APARTÉ,** subst. m.
Réplique qu'un acteur dit pour lui-même, et qui est censée n'être entendue que du public. – Entretien particulier, au sein d'une réunion. 🔊 [apaʀte].

**APARTHEID,** subst. m.
Régime sud-africain de ségrégation raciale, aujourd'hui aboli. 🔊 [apaʀtɛd].

**APATHIE,** subst. f.
Absence de volonté, d'énergie. 🔊 [apati].

**APATRIDE,** adj. et subst.
Qui n'est reconnu comme citoyen par aucun État. 🔊 [apatʀid].

**APERCEVOIR,** verbe trans. [38]
Commencer à voir (qqch. ou qqn), soudainement ou après un effort d'attention. – Pronom. Se rendre compte (de qqch.). 🔊 [apɛʀsəvwaʀ].

**APERÇU, subst. m.**
Vue succincte, rapide d'un sujet. 🕮 [apɛʀsy].

**APÉRITIF, IVE, adj. et subst. m.**
Adj. Qui ouvre, stimule l'appétit. – Subst.
Boisson alcoolisée, que l'on sert en gén.
avant les repas. 🕮 [aperitif, -iv].

**APESANTEUR, subst. f.**
Disparition des effets de la pesanteur terrestre. 🕮 [apəzɑ̃tœʀ].

**APEURER, verbe trans. [3]**
Effrayer. 🕮 [apœʀe].

**APHONE, adj.**
Qui a perdu momentanément l'usage de
la voix. 🕮 [afɔn].

**APHORISME, subst. m.**
Vérité générale, en forme de maxime simple
et rapide. 🕮 [afɔʀism].

**APHRODISIAQUE, adj. et subst. m.**
Se dit de ce qui tend à intensifier l'appétit
sexuel. 🕮 [afʀodizjak].

**APHTE, subst. m.**
Petite ulcération de la muqueuse buccale.
🕮 [aft].

**APHTEUX, EUSE, adj.**
Caractérisé par l'apparition d'aphtes.
– *Fièvre* aphteuse : maladie du bétail, très
contagieuse. 🕮 [aftø, -øz].

**À-PIC, subst. m. inv.**
Paroi abrupte surplombant le vide. 🕮 [apik].

**APICULTURE, subst. f.**
Art d'élever des abeilles et de recueillir le
produit de leur activité. 🕮 [apikyltyʀ].

**APITOIEMENT, subst. m.**
Action de s'apitoyer. 🕮 [apitwamɑ̃].

**APITOYER, verbe trans. [17]**
Susciter la pitié de, éveiller la compassion
de. – Pronom. Compatir. 🕮 [apitwaje].

**APLANIR, verbe trans. [19]**
Rendre plan, niveler. – Fig. Atténuer, faire
disparaître (des obstacles). 🕮 [aplaniʀ].

**APLATIR, verbe trans. [19]**
Rendre plat. – Humilier (fam.). 🕮 [aplatiʀ].

**APLATISSEMENT, subst. m.**
Action d'aplatir. – État de ce qui est aplati.
🕮 [aplatismɑ̃].

**APLOMB, subst. m.**
Direction verticale. – Stabilité, équilibre.
– Fig. Audace. – *D'aplomb* : bien équilibré ;
en bonne santé (fam.). 🕮 [aplɔ̃].

**APNÉE, subst. f.**
Suspension de la respiration. 🕮 [apne].

**APOCALYPSE, subst. f.**
Catastrophe. – Fin du monde. 🕮 [apɔkalips].

**APOCOPE, subst. f.**
Coupure de la fin d'un mot. 🕮 [apɔkɔp].

**APOGÉE, subst. m.**
*Astron.* Point où se trouve un corps céleste
lorsque sa distance à la Terre est maximale.
– Fig. Le degré le plus haut. 🕮 [apɔʒe].

**APOLOGIE, subst. f.**
Défense, éloge de qqch., de qqn ; discours
ou écrit rédigé à cet effet. 🕮 [apɔlɔʒi].

**APOPLEXIE, subst. f.**
Arrêt soudain des fonctions cérébrales
(perte de connaissance). 🕮 [apɔplɛksi].

**A POSTERIORI, adj. inv. et loc. adv.**
Loc. À partir de l'expérience. – Adj.
*Raisonnement* a posteriori. 🕮 [apɔsteʀjɔʀi].

**APOSTOLAT, subst. m.**
Ministère d'un apôtre. – Évangélisation.
– Fig. Tâche requérant un grand dévoue-
ment. 🕮 [apɔstɔla].

**APOSTOLIQUE, adj.**
Qui procède des apôtres. – Qui a pour but
de propager la foi catholique. – Qui émane
du Saint-Siège ou qui le représente.
🕮 [apɔstɔlik].

**APOSTROPHE, subst. f.**
Interpellation plus ou moins vive, peu
polie. – Signe graphique (') marquant
l'élision d'une voyelle. 🕮 [apɔstʀɔf].

**APOSTROPHER, verbe trans. [3]**
Interpeller brusquement. 🕮 [apɔstʀɔfe].

**APOTHÉOSE, subst. f.**
*Antiq.* Déification des empereurs romains,
des héros après leur mort. – Honneurs
exceptionnels. – Fig. Moment le plus
intense. 🕮 [apɔteoz].

**APOTHICAIRE, subst. m.**
Pharmacien (vieilli). – *Compte d'*apothicaire : compliqué ou mesquin. 🕮 [apɔtikɛʀ].

**APÔTRE, subst. m.**
Chacun des douze disciples que Jésus
chargea de prêcher l'Évangile. – Fig. Défenseur d'une idée, d'une doctrine. 🕮 [apotʀ].

**APPARAÎTRE, verbe intrans. [73]**
Se manifester ; devenir visible. – Se révéler.
– Se montrer sous une certaine apparence,
sembler. 🕮 [apaʀɛtʀ].

**APPARAT, subst. m.**
Cérémonial pompeux, faste. 🕮 [apaʀa].

**APPAREIL, subst. m.**
Objet, machine destinée à une fonction
définie. – Ensemble d'éléments concourant
à une fonction : **Appareil** *digestif* ; **Appareil**
*d'État.* – Avion. – Prothèse : **Appareil** *dentaire.* – Téléphone. – *Archit.* Agencement des
éléments d'une maçonnerie. 🕮 [apaʀɛj].

**APPAREILLER, verbe [3]**
Trans. Préparer (qqch.) en vue d'un but
précis. – Munir d'une prothèse. – Intrans.
Lever l'ancre, prendre la mer. 🕮 [apaʀeje].

**APPAREMMENT, adv.**
Selon les apparences. 🕮 [apaʀamɑ̃].

**APPARENCE, subst. f.**
Manière d'apparaître, de se présenter au
regard. – Vraisemblance. 🕮 [apaʀɑ̃s].

**APPARENT, ENTE,** adj.
Visible, qui apparaît. – Non conforme à la réalité ; illusoire. 🔊 [aparɑ̃, -ɑ̃t].

**APPARENTER (S'),** verbe pronom. [3]
S'allier par mariage. – S'apparenter à : avoir des traits communs avec. 🔊 [aparɑ̃te].

**APPARITION,** subst. f.
Action d'apparaître. – Manifestation d'un être surnaturel ; cet être. 🔊 [aparisjɔ̃].

**APPARTEMENT,** subst. m.
Logement particulier, dans un immeuble. 🔊 [apartmɑ̃].

**APPARTENANCE,** subst. f.
Le fait d'appartenir (à). 🔊 [apartənɑ̃s].

**APPARTENIR,** verbe trans. indir. [22]
Être la propriété de : *Ce livre m'***appartient.**
– Faire partie de : **Appartenir à la** *bourgeoisie.* – Être le propre de : *La raison* appartient *à l'être humain.* – Impers. *Il m'***appartient** *de choisir :* c'est mon devoir, mon rôle de choisir. 🔊 [apartənir].

**APPAS,** subst. m. plur.
Charmes d'une femme, en partic. sa poitrine. 🔊 [apɑ].

**APPÂT,** subst. m.
Pâture, nourriture utilisée pour attirer des animaux qu'on veut prendre. – Fig. Ce qui attire, incite à agir. 🔊 [apɑ].

**APPÂTER,** verbe trans. [3]
Attirer avec un appât. – Fig. Attirer par des promesses. 🔊 [apɑte].

**APPAUVRIR,** verbe trans. [19]
Rendre pauvre. 🔊 [apovrir].

**APPAUVRISSEMENT,** subst. m.
Action d'appauvrir. – Fait de s'appauvrir. – Leur résultat. 🔊 [apovrismɑ̃].

**APPEL,** subst. m.
Action d'appeler. – Convocation sous les drapeaux. – Incitation, exhortation : **Appel** *à l'insurrection.* – Énumération des noms de ceux dont on veut vérifier la présence. – Dr. Recours à une juridiction supérieure pour rejuger une affaire. 🔊 [apɛl].

**APPELER,** verbe trans. [12]
Attirer l'attention de (qqn) par la voix ou le geste. – Téléphoner à. – Nommer.
– **Appeler à** : destiner à. – Pronom. Avoir pour nom. 🔊 [aple].

**APPELLATION,** subst. f.
Manière de nommer ; nom. 🔊 [apelasjɔ̃].

**APPENDICE,** subst. m.
Partie qui prolonge qqch. – Petite poche au bout du gros intestin. 🔊 [apɛ̃dis].

**APPENDICITE,** subst. f.
Inflammation de l'appendice. 🔊 [apɛ̃disit].

**APPENTIS,** subst. m.
Toit à une seule pente, adossé à un mur. – Petit bâtiment adossé à un plus grand. 🔊 [apɑ̃ti].

**APPESANTIR,** verbe trans. [19]
Rendre plus pesant. – Pronom. *S'***appesan**tir *sur* : insister sur. 🔊 [apəzɑ̃tir].

**APPÉTISSANT, ANTE,** adj.
Qui stimule l'appétit. 🔊 [apetisɑ̃, -ɑ̃t].

**APPÉTIT,** subst. m.
Désir de satisfaire un besoin organique, en partic. la faim. – Désir impérieux de qqch. 🔊 [apeti].

**APPLAUDIR,** verbe trans. [19]
Battre des mains pour acclamer. – **Applaudir** *à* : approuver. 🔊 [aplodir].

**APPLAUDISSEMENT,** subst. m.
Action d'applaudir. 🔊 [aplodismɑ̃].

**APPLICATION,** subst. f.
Action d'appliquer une chose sur une autre. – Mise en pratique. – Soin, attention soutenue. 🔊 [aplikasjɔ̃].

**APPLIQUE,** subst. f.
Appareil d'éclairage fixé au mur. 🔊 [aplik].

**APPLIQUÉ, ÉE,** adj.
Attentif, studieux. – Utilitaire : *Une science* appliquée. 🔊 [aplike].

**APPLIQUER,** verbe trans. [3]
Mettre en pratique. – Plaquer sur, étendre sur. – Donner (un baiser, une gifle, etc.). – Pronom. Apporter toute son attention à. – Être applicable (à). 🔊 [aplike].

**APPOINT,** subst. m.
Complément d'une somme en petite monnaie. – Fig. *Chauffage d'***appoint.** 🔊 [apwɛ̃].

**APPOINTEMENTS,** subst. m. plur.
Rémunération, salaire. 🔊 [apwɛ̃tmɑ̃].

**APPORT,** subst. m.
Action d'apporter ; ce qui est apporté. – Fig. Contribution à qqch. 🔊 [apɔr].

**APPORTER,** verbe trans. [3]
Porter (qqch.) à qqn. – Fournir, procurer : **Apporter** *un soulagement.* 🔊 [apɔrte].

**APPOSER,** verbe trans. [3]
Poser sur ou contre qqch. 🔊 [apoze].

**APPOSITION,** subst. f.
Action d'apposer. – Ling. Terme mis à côté d'un autre, qu'il qualifie ou détermine. 🔊 [apozisjɔ̃].

**APPRÉCIER,** verbe trans. [6]
Évaluer le prix, la valeur de. – Estimer ; aimer. 🔊 [apresje].

**APPRÉHENDER,** verbe trans. [3]
Prendre, procéder à l'arrestation de (qqn). – Saisir (qqch.) par la pensée. – Craindre. 🔊 [apreɑ̃de].

**APPRÉHENSION,** subst. f.
Crainte, inquiétude. 🔊 [apreɑ̃sjɔ̃].

**APPRENDRE,** verbe trans. [52]
Acquérir (une connaissance). – Informer ; enseigner. 🔊 [aprɑ̃dr̩].

**APPRENTI, IE,** subst.
Personne qui s'initie à un métier, qui est en apprentissage. 🔊 [aprɑ̃ti].

**APPRENTISSAGE**, subst. m.
Fait d'apprendre un métier manuel ; situation de l'apprenti. – Acquisition d'un savoir. 🔊 [apRɑ̃tisaʒ].

**APPRÊT**, subst. m.
Action d'apprêter ; produit employé à cet effet. – Enduit préalable mis sur une surface à peindre. 🔊 [apRɛ].

**APPRÊTER**, verbe trans. [3]
Préparer (qqch.) en vue d'un usage prochain. – Pronom. Se préparer à. 🔊 [apRete].

**APPRIVOISER**, verbe trans. [3]
Rendre moins sauvage. 🔊 [apRivwaze].

**APPROBATEUR, TRICE**, adj.
Qui approuve. 🔊 [apRɔbatœR, -tRis].

**APPROBATION**, subst. f.
Action de donner son assentiment, de juger bien, convenable. 🔊 [apRɔbasjɔ̃].

**APPROCHE**, subst. f.
Action de s'approcher. – Proximité (d'un événement, d'un moment) : *L'approche de Noël.* – Plur. Abords. 🔊 [apRɔʃ].

**APPROCHER**, verbe [3]
Trans. Mettre à proximité. – Aborder. – Devenir proche de. – Intrans. Être sur le point de se produire. 🔊 [apRɔʃe].

**APPROFONDIR**, verbe trans. [19]
Creuser, rendre plus profond. – Fig. Étudier, examiner plus à fond. 🔊 [apRɔfɔ̃diR].

**APPROPRIER**, verbe trans. [6]
Rendre propre à un usage. – Pronom. S'attribuer la propriété de. 🔊 [apRɔpRije].

**APPROUVER**, verbe trans. [3]
Donner son accord à. – Juger bon, louable. 🔊 [apRuve].

**APPROVISIONNER**, verbe trans. [3]
Fournir des provisions, des choses nécessaires à. 🔊 [apRɔvizjɔne].

**APPROXIMATIF, IVE**, adj.
Peu précis. 🔊 [apRɔksimatif, -iv].

**APPROXIMATION**, subst. f.
Estimation approchée. 🔊 [apRɔksimasjɔ̃].

**APPUI**, subst. m.
Ce qui sert de soutien ou de support. – Aide, assistance. 🔊 [apɥi].

**APPUI(E)-TÊTE**, subst. m.
Dispositif adapté à un siège et destiné à maintenir la tête. 🔊 Plur. *appuis-tête* ou *appuie-tête* ; [apɥitɛt].

**APPUYER**, verbe [16]
Trans. Placer (une chose) contre une autre qui la soutient ou la supporte. – Fig. Fournir une aide à. – Soutenir, encourager (qqn) ; étayer (un avis) au moyen d'arguments. – Intrans. Presser fortement (sur). – Pronom. Prendre appui (sur). 🔊 [apɥije].

**ÂPRE**, adj.
Rugueux ; rude au goût. – Fig. Acharné, violent. 🔊 [ɑpʀ].

**APRÈS**, prép. et adv.
Prép. Postérieurement, dans le temps ou dans l'espace : *Après les vacances* ; *Après le feu rouge.* – Adv. *Vingt ans* après. – *Être après qqn* : le harceler (fam.). – Loc. conj. *Après que* + ind. : une fois que. 🔊 [apRɛ].

**APRÈS-DEMAIN**, adv.
Au jour qui suit immédiatement demain. 🔊 [apRɛd(ə)mɛ̃].

**APRÈS-MIDI**, subst. m. ou f. inv.
Partie de la journée entre midi et le soir. 🔊 [apRɛmidi].

**APRÈS-RASAGE**, adj. inv. et subst. m.
Se dit d'un produit que l'on met sur la peau pour éteindre le feu du rasoir. 🔊 Plur. du subst. *après-rasages* ; [apRɛRazaʒ].

**APRÈS-SKI**, subst. m.
Bottillon fourré qu'on met, aux sports d'hiver, lorsqu'on ne skie pas. 🔊 Plur. *après-skis* ; [apRɛski].

**ÂPRETÉ**, subst. f.
Caractère de ce qui est âpre. 🔊 [ɑpRəte].

**A PRIORI**, adj. inv., subst. m. inv. et loc. adv.
Loc. Antérieurement à toute expérience ; au premier abord. – Subst. Préjugé. – Adj. *Un jugement* a priori. 🔊 [apRijɔRi].

**À-PROPOS**, subst. m. inv.
Ce qui est pertinent, opportun. 🔊 [apRɔpó].

**APTE**, adj.
Qui a les qualités ou les propriétés nécessaires pour faire qqch. 🔊 [apt].

**APTITUDE**, subst. f.
Disposition, capacité. 🔊 [aptityd].

**AQUARELLE**, subst. f.
Couleur diluée dans l'eau. – Peinture faite avec ce type de couleur. 🔊 [akwaRɛl].

**AQUARIUM**, subst. m.
Bassin vitré à poissons. 🔊 [akwaRjɔm].

**AQUATIQUE**, adj.
Qui vit dans l'eau ou à proximité de l'eau. 🔊 [akwatik].

**AQUEDUC**, subst. m.
Canal souterrain ou aérien servant à conduire l'eau. 🔊 [akdyk].

**AQUEUX, EUSE**, adj.
Qui contient de l'eau. 🔊 [akø, -øz].

**AQUILIN**, adj. m.
*Nez aquilin* : fin et busqué. 🔊 [akilɛ̃].

**ARA**, subst. m.
Perroquet d'Amérique du Sud. 🔊 [aRa].

**ARABE**, subst. m.
Langue sémitique parlée principalement en Arabie, au Moyen-Orient et en Afrique du Nord. 🔊 [aRab].

**ARABESQUE**, subst. f.
Motif ornemental de courbes entrelacées. – Ligne sinueuse. 🔊 [aRabɛsk].

**ARABLE**, adj.
Qui peut être labouré, cultivé. 🔊 [aʀabl].

**ARACHIDE**, subst. f.
Plante tropicale dont la graine (cacahuète) est riche en huile. 🔊 [aʀaʃid].

**ARACHNIDE**, subst. m.
Arthropode sans antennes (araignée, scorpion, etc.). 🔊 [aʀaknid].

**ARAIGNÉE**, subst. f.
Arthropode qui tisse une toile pour piéger ses proies. – **Araignée** *de mer* : sorte de crabe. 🔊 [aʀeɲe].

**ARAIRE**, subst. m.
Sorte de charrue primitive. 🔊 [aʀɛʀ].

**ARASER**, verbe trans. [3]
Rendre plat et uni. 🔊 [aʀɑze].

**ARBALÈTE**, subst. f.
Arme de trait formée d'un arc monté sur un fût. 🔊 [aʀbalɛt].

**ARBITRAIRE**, adj. et subst. m.
Adj. Qui dépend du libre choix, de la volonté, sans autre considération. – Despotique. – Subst. Autorité qui n'a d'autre fondement que le caprice de son détenteur. 🔊 [aʀbitʀɛʀ].

**ARBITRE**, subst. m.
Personne désignée pour régler un litige. – *Sp.* Personne qui veille à la régularité d'un match, d'une épreuve. 🔊 [aʀbitʀ].

**ARBITRER**, verbe trans. [3]
Juger ou contrôler en qualité d'arbitre. 🔊 [aʀbitʀe].

**ARBORER**, verbe trans. [3]
Dresser, hisser, déployer : **Arborer** *un drapeau.* – Porter sur soi avec ostentation : **Arborer** *ses décorations.* 🔊 [aʀbɔʀe].

**ARBORESCENT, ENTE**, adj.
Qui a les caractères ou l'aspect d'un arbre. 🔊 [aʀbɔʀesɑ̃, -ɑ̃t].

**ARBRE**, subst. m.
Plante ligneuse dotée d'un tronc, d'une cime et de branches. – **Arbre** *généalogique* : schéma de filiation d'une famille. – *Tech.* Axe transmettant un mouvement. 🔊 [aʀbʀ].

**ARBRISSEAU**, subst. m.
Petit arbre à tige rameuse dès la base. 🔊 [aʀbʀiso].

**ARBUSTE**, subst. m.
Petit arbre à tige simple. 🔊 [aʀbyst].

**ARC**, subst. m.
Arme de jet lançant des flèches. – Courbure d'une voûte, du sommet d'une ouverture : **Arc** *en ogive.* – Portion d'une courbe géométrique. 🔊 [aʀk].

**ARCADE**, subst. f.
*Archit.* Ouverture dont la partie supérieure forme un arc ; au plur., succession d'arcs et de piliers, galerie couverte. – **Arcade** *sourcilière* : proéminence de l'os frontal, à l'endroit des sourcils. 🔊 [aʀkad].

**ARC-BOUTER (S')**, verbe pronom. [3]
S'appuyer solidement pour résister à une poussée. 🔊 [aʀkbute].

**ARC-EN-CIEL**, subst. m.
Phénomène lumineux céleste divisant la lumière blanche en couleurs allant du rouge au violet. 🔊 Plur. *arcs-en-ciel* ; [aʀkɑ̃sjɛl].

**ARCHAÏQUE**, adj.
Ancien. – Primitif. 🔊 [aʀkaik].

**ARCHANGE**, subst. m.
Ange d'un ordre supérieur. 🔊 [aʀkɑ̃ʒ].

**ARCHE**, subst. f.
Voûte en arc soutenant le tablier d'un pont. 🔊 [aʀʃ].

**ARCHÉOLOGIE**, subst. f.
Étude des traces matérielles laissées par les anciennes civilisations aujourd'hui disparues. 🔊 [aʀkeɔlɔʒi].

**ARCHÉOLOGUE**, subst.
Spécialiste de l'archéologie. 🔊 [aʀkeɔlɔg].

**ARCHER, ÈRE**, subst.
Personne qui tire à l'arc. 🔊 [aʀʃe, -ɛʀ].

**ARCHET**, subst. m.
Baguette tendue de crins utilisée pour jouer du violon, du violoncelle, etc. 🔊 [aʀʃɛ].

**ARCHÉTYPE**, subst. m.
Modèle primitif, idéal. 🔊 [aʀketip].

**ARCHEVÊCHÉ**, subst. m.
Province ecclésiastique comprenant plusieurs diocèses. 🔊 [aʀʃəveʃe].

**ARCHEVÊQUE**, subst. m.
Supérieur hiérarchique des évêques, dans une province ecclésiastique. 🔊 [aʀʃəvɛk].

**ARCH(I)-**, préfixe
Exprime l'idée de prééminence ou de degré extrême. 🔊 [aʀʃ(i)-].

**ARCHIDUC, DUCHESSE**, subst.
Titre des princes et des princesses de la maison d'Autriche. 🔊 [aʀʃidyk, -dyʃɛs].

**ARCHIPEL**, subst. m.
Ensemble d'îles. 🔊 [aʀʃipɛl].

**ARCHITECTE**, subst. m.
Personne qui conçoit des édifices et en contrôle la construction. 🔊 [aʀʃitɛkt].

**ARCHITECTURE**, subst. f.
Art de l'architecte. – Disposition d'ensemble d'un édifice. 🔊 [aʀʃitɛktyʀ].

**ARCHIVER**, verbe trans. [3]
Conserver comme archives. 🔊 [aʀʃive].

**ARCHIVES**, subst. f. plur.
Documents conservés, en gén. pour leur intérêt historique ou sentimental. – Lieu où ils sont conservés. 🔊 [aʀʃiv].

**ARCTIQUE**, adj.
Du pôle Nord. 🔊 [aʀktik].

**ARDENT, ENTE**, adj.
En feu, incandescent ; brûlant, torride. – Fig. Très vif, passionné. 🔊 [aʀdɑ̃, -ɑ̃t].

**ARDEUR, subst. f.**
Chaleur intense. – Fig. Passion. 🔊 [aʀdœʀ].

**ARDOISE, subst. f.**
Roche schisteuse qui se débite en plaques minces et résistantes. – Tablette effaçable sur laquelle on écrit. 🔊 [aʀdwaz].

**ARDU, UE, adj.**
Difficile à résoudre. 🔊 [aʀdy].

**ARE, subst. m.**
Unité de surface valant 100 m². 🔊 [aʀ].

**ARÈNE, subst. f.**
Espace sablé au centre d'un amphithéâtre. – Plur. Amphithéâtre où se déroulaient les jeux du cirque et où ont lieu des corridas. 🔊 [aʀɛn].

**ARÉOPAGE, subst. m.**
Docte assemblée. 🔊 [aʀeɔpaʒ].

**ARÊTE, subst. f.**
Os mince et allongé des poissons. – Droite commune à deux plans. 🔊 [aʀɛt].

**ARGENT, subst. m.**
Métal précieux, blanc et brillant. – Monnaie d'**argent** ; toute sorte de monnaie. 🔊 [aʀʒɑ̃].

**ARGENTERIE, subst. f.**
Vaisselle, couverts et autres objets en argent ou en métal argenté. 🔊 [aʀʒɑ̃tʀi].

**ARGILE, subst. f.**
Roche sédimentaire tendre et imperméable, utilisée pour faire des poteries. 🔊 [aʀʒil].

**ARGILEUX, EUSE, adj.**
Qui contient de l'argile. 🔊 [aʀʒilø, -øz].

**ARGOT, subst. m.**
Vocabulaire propre à certains milieux sociaux ou professionnels. 🔊 [aʀgo].

**ARGOTIQUE, adj.**
Qui appartient à l'argot. 🔊 [aʀgɔtik].

**ARGUMENT, subst. m.**
Preuve. – Moyen utilisé pour convaincre. 🔊 [aʀgymɑ̃].

**ARGUMENTER, verbe intrans. [3]**
Présenter des arguments. 🔊 [aʀgymɑ̃te].

**ARIDE, adj.**
Sec, sans végétation. – Fig. Peu attrayant, difficile. 🔊 [aʀid].

**ARIDITÉ, subst. f.**
Caractère de ce qui est aride. 🔊 [aʀidite].

**ARISTOCRATE, subst.**
Membre de l'aristocratie. – Membre d'une élite. 🔊 [aʀistɔkʀat].

**ARISTOCRATIE, subst. f.**
Noblesse. – Gouvernement d'une élite héréditaire. – Élite. 🔊 [aʀistɔkʀasi].

**ARITHMÉTIQUE, adj. et subst. f.**
Subst. Étude des nombres. – Adj. Qui relève de l'**arithmétique**. 🔊 [aʀitmetik].

**ARLEQUIN, subst. m.**
Personnage de théâtre vêtu d'un habit multicolore. 🔊 [aʀləkɛ̃].

**ARMADA, subst. f.**
Grand nombre. 🔊 [aʀmada].

**ARMATEUR, subst. m.**
Personne qui équipe et exploite un navire. 🔊 [aʀmatœʀ].

**ARMATURE, subst. f.**
Assemblage de pièces maintenant, renforçant ou soutenant les diverses parties d'un ouvrage, d'un objet. 🔊 [aʀmatyʀ].

**ARME, subst. f.**
Objet, instrument servant à attaquer ou à se défendre. – Fig. Tout moyen d'attaque. – *Hérald.* Plur. Signes propres à une famille, à une ville, à un pays. 🔊 [aʀm].

**ARMÉE, subst. f.**
Ensemble des forces militaires d'un pays ; subdivision de cet ensemble : **Armée** *de* terre. – Fig. Grand nombre. 🔊 [aʀme].

**ARMEMENT, subst. m.**
Action de fournir des armes pour le combat. – Ensemble des moyens d'attaque et de défense d'un pays, d'un soldat. – Action d'équiper un navire. 🔊 [aʀməmɑ̃].

**ARMER, verbe trans. [3]**
Équiper en armes. – Équiper (un navire). – Rendre prêt à se déclencher (un mécanisme). – Pronom. Se munir : **S'armer** *de* patience. 🔊 [aʀme].

**ARMISTICE, subst. m.**
Suspension des hostilités décidée par les belligérants. 🔊 [aʀmistis].

**ARMOIRE, subst. f.**
Meuble de rangement haut et clos par une porte. 🔊 [aʀmwaʀ].

**ARMOIRIES, subst. f. plur.**
Ensemble des signes héraldiques constituant l'emblème d'une famille noble, d'une ville, d'un pays. 🔊 [aʀmwaʀi].

**ARMURE, subst. f.**
Au Moyen Âge, protection en métal que revêtait un homme d'armes. 🔊 [aʀmyʀ].

**ARMURIER, subst. m.**
Celui qui fabrique, entretient, répare ou vend des armes. 🔊 [aʀmyʀje].

**AROMATE, subst. m.**
Substance végétale odoriférante, servant de condiment ou de parfum. 🔊 [aʀɔmat].

**AROMATIQUE, adj.**
De la nature des aromates. – Qui dégage un arôme. 🔊 [aʀɔmatik].

**AROMATISER, verbe trans. [3]**
Parfumer aux aromates. 🔊 [aʀɔmatize].

**ARÔME, subst. m.**
Principe odorant qui s'exhale des végétaux. – Parfum d'un mets, d'un vin. 🔊 [aʀom].

**ARPÈGE, subst. m.**
*Mus.* Accord dont les notes sont jouées les unes après les autres. 🔊 [aʀpɛʒ].

**ARPENTER, verbe trans. [3]**
Mesurer la superficie de (un terrain). – Fig. Parcourir à grands pas. 🔊 [aʀpɑ̃te].

**ARQUEBUSE**, subst. f.
Arme à feu ancienne. 🔊 [aʀkəbyz].

**ARQUER**, verbe trans. [3]
Donner la forme d'un arc à. 🔊 [aʀke].

**ARRACHER**, verbe trans. [3]
Déraciner (une plante). – Enlever brutalement ou difficilement (qqch.). – Pronom. Quitter, se détacher de. 🔊 [aʀaʃe].

**ARRAISONNER**, verbe trans. [3]
*Mar.* Interpeller, contrôler (un navire). 🔊 [aʀezɔne].

**ARRANGEMENT**, subst. m.
Agencement d'éléments. – Entente, accord amiable entre deux parties. – Modification d'une œuvre musicale. 🔊 [aʀɑ̃ʒmɑ̃].

**ARRANGER**, verbe trans. [5]
Disposer de façon agréable ou pratique. – Réparer. – Pronom. S'entendre. – *S'arranger pour* : faire en sorte que. 🔊 [aʀɑ̃ʒe].

**ARRESTATION**, subst. f.
Action d'appréhender qqn pour le conduire devant une autorité judiciaire ou policière. 🔊 [aʀɛstasjɔ̃].

**ARRÊT**, subst. m.
Action d'arrêter ou de s'arrêter ; son résultat. – Endroit où l'on s'arrête. – *Dr.* Décision d'une juridiction supérieure. 🔊 [aʀɛ].

**ARRÊTÉ, ÉE**, adj. et subst. m.
Adj. Décidé ; définitif. – Subst. Décision d'une autorité administrative. 🔊 [aʀete].

**ARRÊTER**, verbe [3]
Trans. Immobiliser. – Procéder à l'arrestation de. – Décider, choisir. – Intrans. Cesser d'avancer, interrompre une action. 🔊 [aʀete].

**ARRHES**, subst. f. plur.
Somme versée pour garantir l'exécution d'un contrat. 🔊 [aʀ].

**ARRIÈRE**, adj. inv., subst. m. et adv.
Adv. et adj. Dans la partie postérieure : *Les portes* arrière. – Qui va dans la direction opposée : *Marche* arrière. – Subst. Ce qui est derrière, par oppos. à l'avant, à la façade. – *Milit.* Plur. Partie d'un pays située en retrait d'une zone de combat. 🔊 [aʀjɛʀ].

**ARRIÉRÉ, ÉE**, adj. et subst.
Qui est en retard dans son développement : *Arriéré mental* ; *Pays arriéré*. – Subst. masc. Somme restant due après l'échéance d'une dette. 🔊 [aʀjere].

**ARRIÈRE-BOUTIQUE**, subst. f.
Pièce attenante à une boutique. 🔊 Plur. *arrière-boutiques* ; [aʀjɛʀbutik].

**ARRIÈRE-GARDE**, subst. f.
Partie d'une armée qui ferme la marche. 🔊 Plur. *arrière-gardes* ; [aʀjɛʀgaʀd].

**ARRIÈRE-GOÛT**, subst. m.
Goût qui subsiste dans la bouche. – Fig. Sentiment qui reste à l'esprit. 🔊 Plur. *arrière-goûts* ; [aʀjɛʀgu].

**ARRIÈRE-GRAND-MÈRE**, subst. f.
Mère du grand-père ou de la grand-mère. 🔊 Plur. *arrière-grand-mères* ; [aʀjɛʀgʀɑ̃mɛʀ].

**ARRIÈRE-GRAND-PÈRE**, subst. m.
Père du grand-père ou de la grand-mère. 🔊 Plur. *arrière-grands-pères* ; [aʀjɛʀgʀɑ̃pɛʀ].

**ARRIÈRE-PAYS**, subst. m. inv.
Territoire situé à l'intérieur d'une région côtière. 🔊 [aʀjɛʀpei].

**ARRIÈRE-PENSÉE**, subst. f.
Pensée, intention que l'on garde cachée. 🔊 Plur. *arrière-pensées* ; [aʀjɛʀpɑ̃se].

**ARRIÈRE-PETITE-FILLE**, subst. f.
Fille du petit-fils ou de la petite-fille. 🔊 Plur. *arrière-petites-filles* ; [aʀjɛʀpətitfij].

**ARRIÈRE-PETIT-FILS**, subst. m.
Fils du petit-fils ou de la petite-fille. 🔊 Plur. *arrière-petits-fils* ; [aʀjɛʀpətifis].

**ARRIÈRE-PLAN**, subst. m.
Ce qui, dans un paysage ou un tableau, est situé derrière le sujet principal. – Fig. *À l'arrière-plan* : à un rang secondaire. 🔊 Plur. *arrière-plans* ; [aʀjɛʀplɑ̃].

**ARRIÈRE-SAISON**, subst. f.
Fin de l'automne. 🔊 Plur. *arrière-saisons* ; [aʀjɛʀsezɔ̃].

**ARRIÈRE-TRAIN**, subst. m.
Partie postérieure du corps d'un quadrupède. 🔊 Plur. *arrière-trains* ; [aʀjɛʀtʀɛ̃].

**ARRIMER**, verbe trans. [3]
Fixer (un chargement). 🔊 [aʀime].

**ARRIVAGE**, subst. m.
Arrivée à destination de marchandises. – Ces marchandises. 🔊 [aʀivaʒ].

**ARRIVÉE**, subst. f.
Fait d'atteindre le terme d'un déplacement. – Ce terme. – Approche. 🔊 [aʀive].

**ARRIVER**, verbe intrans. [3]
Parvenir au terme d'un voyage, à un but, ou s'en approcher. – Atteindre (un certain point) : *Ce manteau m'arrive aux pieds.* – Réussir : *Je n'arrive pas à dormir.* – Empl. impers. Se produire : *Il arrive que.* 🔊 [aʀive].

**ARRIVISTE**, subst.
Personne qui recherche la réussite sociale par tous les moyens. 🔊 [aʀivist].

**ARROGANCE**, subst. f.
Orgueil insolent. 🔊 [aʀɔgɑ̃s].

**ARROGER (S')**, verbe pronom. [5]
S'attribuer indûment (un droit, un pouvoir). 🔊 [aʀɔʒe].

**ARRONDIR**, verbe trans. [19]
Donner une forme ronde à. – Accroître (une somme). – Supprimer les décimales de (un nombre), ou les unités trop petites. – Pronom. Devenir plus rond. 🔊 [aʀɔ̃diʀ].

**ARRONDISSEMENT**, subst. m.
Subdivision administrative d'un département, d'une grande ville. 🔊 [aʀɔ̃dismɑ̃].

**ARROSER**, verbe trans. [3]
Asperger avec de l'eau. – Couler à travers, en parlant d'un fleuve. 🔊 [aʀoze].

**ARROSOIR**, subst. m.
Récipient servant à arroser les plantes. 🔊 [aʀozwaʀ].

**ARSENAL, AUX**, subst. m.
Lieu de construction de navires de guerre. – Fabrique d'armes ; quantité importante d'armes. 🔊 [aʀsənal].

**ARSENIC**, subst. m.
Élément chimique dont l'un des composés donne un poison violent. 🔊 [aʀsənik].

**ART**, subst. m.
Activité visant à réaliser un idéal de beauté à travers des œuvres ; l'ensemble de ces œuvres. – Ensemble des règles d'une activité ; cette activité : *L'art culinaire.* – Aptitude, talent. 🔊 [aʀ].

**ARTÈRE**, subst. f.
Vaisseau conduisant le sang du cœur vers les organes. – Fig. Voie de circulation urbaine. 🔊 [aʀtɛʀ].

**ARTHRITE**, subst. f.
Inflammation d'une articulation. 🔊 [aʀtʀit].

**ARTHROPODE**, subst. m.
Animal invertébré au corps annelé (insecte, arachnide, crustacé). 🔊 [aʀtʀopod].

**ARTHROSE**, subst. f.
Lésion des cartilages d'une articulation, surtout au genou et à la hanche. 🔊 [aʀtʀoz].

**ARTICHAUT**, subst. m.
Plante potagère. 🔊 [aʀtiʃo].

**ARTICLE**, subst. m.
Subdivision d'une loi, d'un contrat, etc. – Texte dans une publication : *Un article de journal.* – Marchandise. – *Ling.* Déterminant d'un substantif, qui indique son genre et son nombre. 🔊 [aʀtikl].

**ARTICULAIRE**, adj.
Relatif aux articulations. 🔊 [aʀtikylɛʀ].

**ARTICULATION**, subst. f.
Jonction de deux os. – Jonction, élément de liaison de deux pièces mobiles. – Liaison entre les parties d'un texte, d'un raisonnement. – Action d'articuler, de prononcer distinctement. 🔊 [aʀtikylasjɔ̃].

**ARTICULÉ, ÉE**, adj.
Composé de plusieurs parties mobiles, liées les unes aux autres. 🔊 [aʀtikyle].

**ARTICULER**, verbe trans. [3]
Prononcer distinctement. – Pronom. Former une articulation. 🔊 [aʀtikyle].

**ARTIFICE**, subst. m.
Procédé trompeur, ruse, servant à faire illusion. – *Feu d'artifice* : spectacle pyrotechnique. 🔊 [aʀtifis].

**ARTIFICIEL, IELLE**, adj.
Produit par l'homme. – Affecté, manquant de simplicité. 🔊 [aʀtifisjɛl].

**ARTIFICIER**, subst. m.
Spécialiste de la pyrotechnie. 🔊 [aʀtifisje].

**ARTILLERIE**, subst. f.
Ensemble des canons d'une armée et des troupes qui les servent. 🔊 [aʀtijʀi].

**ARTILLEUR**, subst. m.
Militaire qui fait partie de l'artillerie. 🔊 [aʀtijœʀ].

**ARTISAN, ANE**, subst.
Personne qui exerce, à son compte, un métier manuel. 🔊 [aʀtizɑ̃, -an].

**ARTISANAT**, subst. m.
Activité d'un artisan. – Classe socioprofessionnelle des artisans. 🔊 [aʀtizana].

**ARTISTE**, adj. et subst.
Subst. Créateur d'œuvres d'art. – Interprète d'œuvres (musicales, théâtrales, etc.). – Adj. Qui a le goût des arts. 🔊 [aʀtist].

**ARTISTIQUE**, adj.
Qui appartient à l'univers de l'art et des artistes. 🔊 [aʀtistik].

**AS**, subst. m.
Face de dé, carte à jouer marquée d'un seul point. – Fig. Champion. 🔊 [ɑs].

**ASCENDANCE**, subst. f.
Lignée d'aïeux. – Origine. 🔊 [asɑ̃dɑ̃s].

**ASCENDANT (I), ANTE**, adj.
Qui s'élève, qui va en montant. – Fig. Qui progresse. 🔊 [asɑ̃dɑ̃, -ɑ̃t].

**ASCENDANT (II)**, subst. m.
Parent dont on est issu généalogiquement. – Influence exercée sur qqn. 🔊 [asɑ̃dɑ̃].

**ASCENSEUR**, subst. m.
Appareil servant à monter et à descendre des personnes ou des charges. 🔊 [asɑ̃sœʀ].

**ASCENSION**, subst. f.
Action de s'élever, de monter ; action de gravir une montagne. – Fig. Progression sociale. 🔊 [asɑ̃sjɔ̃].

**ASCÈTE**, subst.
Personne qui s'impose des mortifications afin de s'élever spirituellement. 🔊 [asɛt].

**ASEPSIE**, subst. f.
Ensemble des méthodes visant à détruire les microbes de façon préventive. – Absence de microbes. 🔊 [asɛpsi].

**ASEPTISER**, verbe trans. [3]
Débarrasser de tout germe infectieux, stériliser. 🔊 [asɛptize].

**ASILE**, subst. m.
Lieu de refuge. – Lieu où l'on trouve le repos. – Autrefois, hôpital psychiatrique. 🔊 [azil].

**ASOCIAL, ALE, AUX**, adj. et subst.
Inadapté à la vie en société. 🔊 [asɔsjal].

**ASPECT**, subst. m.
Point de vue, angle, face : *Étudier un problème sous tous ses aspects.* – Manière de se présenter au regard. 🔊 [aspɛ].

**ASPERGE**, subst. f.
Plante potagère dont on mange la pointe et les parties tendres. 🔊 [aspɛʀʒ].

**ASPERGER**, verbe trans. [5]
Projeter un liquide sur. 🔊 [aspɛʀʒe].

**ASPÉRITÉ**, subst. f.
Saillie, irrégularité que présente une surface. 🔊 [aspeʀite].

**ASPHALTE**, subst. m.
Revêtement des chaussées. 🔊 [asfalt].

**ASPHYXIE**, subst. f.
Détresse respiratoire due à un manque d'oxygène. 🔊 [asfiksi].

**ASPHYXIER**, verbe trans. [6]
Causer l'asphyxie de. 🔊 [asfiksje].

**ASPIC**, subst. m.
Serpent venimeux de la famille des Vipéridés. – *Cuis.* Mets en gelée. 🔊 [aspik].

**ASPIRANT**, subst. m.
Grade immédiatement inférieur à celui de sous-lieutenant. 🔊 [aspiʀɑ̃].

**ASPIRATEUR**, subst. m.
Appareil servant à aspirer des poussières, des liquides, des déchets, etc. 🔊 [aspiʀatœʀ].

**ASPIRATION**, subst. f.
Action d'aspirer (du gaz, un liquide, etc.). – Inspiration d'air. – Désir, souhait élevé. 🔊 [aspiʀasjɔ̃].

**ASPIRER**, verbe trans. [3]
Faire entrer (de l'air) dans ses poumons. – Attirer (des poussières, un fluide) par un vide partiel. – **Aspirer** *à* : prétendre à, désirer, ambitionner. 🔊 [aspiʀe].

**ASPIRINE**, subst. f.
Médicament combattant la fièvre et la douleur. 🔊 [aspiʀin].

**ASSAGIR**, verbe trans. [19]
Rendre sage. 🔊 [asaʒiʀ].

**ASSAILLIR**, verbe trans. [31]
Attaquer soudainement, avec violence. – Fig. Harceler ; tourmenter. 🔊 [asajiʀ].

**ASSAINIR**, verbe trans. [19]
Rendre sain. – Fig. Ramener à un équilibre. 🔊 [aseniʀ].

**ASSAISONNEMENT**, subst. m.
Action d'assaisonner. – Ingrédients servant à assaisonner un plat. 🔊 [asɛzɔnmɑ̃].

**ASSAISONNER**, verbe trans. [3]
Ajouter des épices, des condiments à (un plat). – Fig. Ajouter du piquant à (un style, un propos). 🔊 [asɛzone].

**ASSASSIN**, subst. m.
Personne qui commet un assassinat, c.-à-d. un meurtre avec préméditation. 🔊 [asasɛ̃].

**ASSASSINER**, verbe trans. [3]
Tuer (qqn) avec préméditation. 🔊 [asasine].

**ASSAUT**, subst. m.
Action d'assaillir, de se précipiter sur un objectif. – Attaque, offensive. 🔊 [aso].

**ASSÈCHEMENT**, subst. m.
Action d'assécher, de s'assécher. – Son résultat. 🔊 [asɛʃmɑ̃].

**ASSÉCHER**, verbe trans. [8]
Mettre à sec. 🔊 [aseʃe].

**ASSEMBLAGE**, subst. m.
Action d'assembler, montage ; le résultat ainsi obtenu. – Réunion de plusieurs éléments. 🔊 [asɑ̃blaʒ].

**ASSEMBLÉE**, subst. f.
Réunion de personnes. 🔊 [asɑ̃ble].

**ASSEMBLER**, verbe trans. [3]
Mettre ensemble, réunir. – Joindre divers éléments pour en former un tout, monter. 🔊 [asɑ̃ble].

**ASSENER**, verbe trans. [10]
Porter avec violence (un coup). 🔊 On écrit aussi *asséner* [8] ; [asene].

**ASSENTIMENT**, subst. m.
Accord, approbation. 🔊 [asɑ̃timɑ̃].

**ASSEOIR**, verbe trans. [46]
Mettre (qqn) sur son séant. – Édifier sur une base stable. 🔊 [aswaʀ].

**ASSERMENTÉ, ÉE**, adj.
Qui a prêté serment pour exercer certaines fonctions. 🔊 [asɛʀmɑ̃te].

**ASSERTION**, subst. f.
Affirmation que l'on soutient comme vraie. 🔊 [asɛʀsjɔ̃].

**ASSERVIR**, verbe trans. [19]
Rendre esclave, assujettir. 🔊 [asɛʀviʀ].

**ASSESSEUR**, subst. m.
Assistant d'un juge, d'un président d'assemblée, etc. 🔊 [asesœʀ].

**ASSEZ**, adv.
Suffisamment. – Passablement. 🔊 [ase].

**ASSIDU, UE**, adj.
Qui est toujours présent là où il est censé être. – Régulier. 🔊 [asidy].

**ASSIDUITÉ**, subst. f.
Constance, présence régulière. 🔊 [asidɥite].

**ASSIÉGÉ, ÉE**, adj. et subst.
Qui subit un siège. 🔊 [asjeʒe].

**ASSIÉGER**, verbe trans. [9]
*Milit.* Encercler (une place que l'on veut emporter). – Fig. Presser, traquer, importuner. 🔊 [asjeʒe].

**ASSIETTE**, subst. f.
Stabilité, équilibre. – Pièce de vaisselle individuelle à fond plat ; son contenu. 🔊 [asjɛt].

**ASSIGNATION**, subst. f.
Action d'assigner. – Citation à comparaître en justice. 🔊 [asiɲasjɔ̃].

**ASSIGNER**, verbe trans. [3]
Attribuer, affecter (qqch. à qqn). – Citer à comparaître en justice. 🔊 [asiɲe].

**ASSIMILATION**, subst. f.
Action d'assimiler. – Fait d'être assimilé. 🔊 [asimilasjɔ̃].

**ASSIMILER, verbe trans.** [3]
Rendre semblable, comparable à. – Intégrer à (un groupe). – Convertir en substance organique ; au fig. : *Assimiler un savoir.* – Pronom. S'estimer l'égal de. ⏎ [asimile].

**ASSIS, ISE, adj. et subst. f.**
Adj. Qui s'appuie sur son séant. – Solidement établi. – Subst. Base, fondement. – Plur. Séances tenues par un tribunal qui juge les crimes : *La cour d'*assises. – Congrès d'un parti, d'un syndicat. ⏎ [asi, -iz].

**ASSISTANCE, subst. f.**
Action d'assister ; aide. – Institution qui a pour vocation d'assister : *Assistance publique.* – Assemblée, auditoire. ⏎ [asistãs].

**ASSISTANT, ANTE, subst.**
Personne qui seconde qqn. ⏎ [asistã, -ãt].

**ASSISTÉ, ÉE, adj. et subst.**
Se dit d'une personne qui bénéficie d'une aide, d'un secours. ⏎ [asiste].

**ASSISTER, verbe trans.** [3]
Aider, secourir. – Assister *à* : être présent à, témoin de. ⏎ [asiste].

**ASSOCIATION, subst. f.**
Action d'associer ou de s'associer ; son résultat. – Groupement de personnes réunies à des fins communes, non lucratives. ⏎ [asɔsjasjɔ̃].

**ASSOCIÉ, ÉE, adj. et subst.**
Qui a uni ses intérêts ou ses biens à ceux d'autres personnes, à des fins communes. ⏎ [asɔsje].

**ASSOCIER, verbe trans.** [6]
Assembler, relier, réunir. – Faire participer. – Pronom. S'unir ; s'allier. ⏎ [asɔsje].

**ASSOIFFÉ, ÉE, adj.**
Qui a très soif. – Fig. Qui est avide (de qqch.). ⏎ [aswafe].

**ASSOLEMENT, subst. m.**
Alternance des cultures, d'une année à l'autre, sur un même terrain. ⏎ [asɔlmã].

**ASSOMBRIR, verbe trans.** [19]
Rendre sombre. – Fig. Attrister. ⏎ [asɔ̃bʀiʀ].

**ASSOMMER, verbe trans.** [3]
Frapper sur la tête pour étourdir. – Fig. Affliger, ennuyer. ⏎ [asɔme].

**ASSORTI, IE, adj.**
En harmonie, en accord avec. – Pourvu de marchandises. ⏎ [asɔʀti].

**ASSORTIR, verbe trans.** [19]
Réunir (des personnes, des choses qui s'accordent). – Approvisionner. ⏎ [asɔʀtiʀ].

**ASSOUPIR, verbe trans.** [19]
Endormir légèrement. ⏎ [asupiʀ].

**ASSOUPLIR, verbe trans.** [19]
Rendre plus souple. – Fig. Rendre moins strict, moins rigide. ⏎ [asupliʀ].

**ASSOUPLISSEMENT, subst. m.**
Action d'assouplir. – Fait de s'assouplir. ⏎ [asuplismã].

**ASSOURDIR, verbe trans.** [19]
Rendre comme sourd. – Atténuer (un son). ⏎ [asuʀdiʀ].

**ASSOUVIR, verbe trans.** [19]
Satisfaire complètement (un sentiment, un désir). ⏎ [asuviʀ].

**ASSUJETTIR, verbe trans.** [19]
Asservir, soumettre. – Assujettir *à* : astreindre à. – Fixer fermement, immobiliser (qqch.). ⏎ [asyʒetiʀ].

**ASSUMER, verbe trans.** [3]
Prendre sur soi ; prendre en charge (qqch. ou qqn). – Accepter les conséquences de. – Pronom. S'accepter tel que l'on est. ⏎ [asyme].

**ASSURANCE, subst. f.**
Certitude. – Audace, aplomb, confiance. – Garantie contractuelle. ⏎ [asyʀãs].

**ASSURÉ, ÉE, adj. et subst.**
Qui a souscrit une assurance. – Adj. Certain, garanti : *Bonheur* assuré. – Confiant, décidé. ⏎ [asyʀe].

**ASSURER, verbe trans.** [3]
Mettre en sécurité, protéger. – Consolider, rendre plus ferme. – Donner pour vrai, pour fiable. – Garantir ou faire garantir des risques par un contrat d'assurance. – Pronom. Vérifier, contrôler. ⏎ [asyʀe].

**ASTÉRISQUE, subst. m.**
Signe typographique en forme d'étoile (*), qui sert à marquer un mot. ⏎ [asteʀisk].

**ASTÉROÏDE, subst. m.**
Petite planète. ⏎ [asteʀɔid].

**ASTHMATIQUE, adj. et subst.**
Adj. Relatif à l'asthme ; qui en souffre. – Subst. Personne qui est atteinte d'asthme. ⏎ [asmatik].

**ASTHME, subst. m.**
*Méd.* Affection qui se caractérise par des crises de suffocation. ⏎ [asm].

**ASTICOT, subst. m.**
Larve de mouche servant d'appât pour la pêche. ⏎ [astiko].

**ASTIGMATISME, subst. m.**
Défaut de l'œil provoquant une vision trouble. ⏎ [astigmatism].

**ASTIQUER, verbe trans.** [3]
Faire reluire en frottant. ⏎ [astike].

**ASTRAKAN, subst. m.**
Fourrure d'agneau d'Asie, à laine frisée. ⏎ [astʀakã].

**ASTRE, subst. m.**
Corps céleste. ⏎ [astʀ].

**ASTREIGNANT, ANTE, adj.**
Qui astreint, qui ne laisse guère de liberté. ⏎ [astʀeɲã, -ãt].

**ASTREINDRE, verbe trans.** [53]
Obliger (qqn à faire qqch.). – Pronom. S'obliger (à qqch., à faire qqch.). ⏎ [astʀɛ̃dʀ].

**ASTREINTE, subst. f.**
*Dr.* Obligation de payer une certaine somme par jour de retard. – Obligation rigoureuse ; contrainte. ▧ [astʀɛ̃t].

**ASTRINGENT, ENTE, adj. et subst. m.**
Se dit d'une substance qui resserre les tissus biologiques. ▧ [astʀɛ̃ʒɑ̃, -ɑ̃t].

**ASTROLABE, subst. m.**
Instrument qui sert à déterminer la latitude d'un lieu. ▧ [astʀɔlab].

**ASTROLOGIE, subst. f.**
Étude de l'influence supposée des astres sur les hommes et les événements. ▧ [astʀɔlɔʒi].

**ASTROLOGUE, subst.**
Spécialiste de l'astrologie. ▧ [astʀɔlɔg].

**ASTRONAUTE, subst.**
Pilote ou passager d'un astronef américain. ▧ [astʀɔnot].

**ASTRONEF, subst. m.**
Véhicule spatial. ▧ [astʀɔnɛf].

**ASTRONOME, subst.**
Spécialiste d'astronomie. ▧ [astʀɔnɔm].

**ASTRONOMIE, subst. f.**
Science des astres et de la structure de l'Univers. ▧ [astʀɔnɔmi].

**ASTRONOMIQUE, adj.**
Relatif à l'astronomie. – Fig. Très grand, excessif. ▧ [astʀɔnɔmik].

**ASTUCE, subst. f.**
Ingéniosité malicieuse. – Moyen habile, truc. – Plaisanterie (fam.). ▧ [astys].

**ASTUCIEUX, IEUSE, adj.**
Habile, ingénieux. ▧ [astysjø, -jøz].

**ASYMÉTRIQUE, adj.**
Qui manque de symétrie. ▧ [asimetʀik].

**ASYMPTOTE, subst. f.**
Droite vers laquelle une courbe tend indéfiniment, sans jamais la couper. ▧ [asɛ̃ptɔt].

**ATAVISME, subst. m.**
Hérédité. ▧ [atavism].

**ATELIER, subst. m.**
Lieu où travaillent des artisans, des ouvriers ou des artistes. ▧ [atəlje].

**ATERMOIEMENT, subst. m.**
Action de remettre à plus tard, tergiversation (gén. au plur.). ▧ [atɛʀmwamɑ̃].

**ATHÉE, adj. et subst.**
Qui professe l'athéisme. ▧ [ate].

**ATHÉISME, subst. m.**
Doctrine qui nie l'existence de Dieu (ou des dieux). ▧ [ateism].

**ATHLÈTE, subst.**
Sportif qui s'adonne à l'athlétisme. – Personne vigoureuse et musclée. ▧ [atlɛt].

**ATHLÉTISME, subst. m.**
Ensemble de sports comprenant des courses, des lancers et des sauts. ▧ [atletism].

**ATLANTIQUE, adj.**
Relatif à l'océan Atlantique et aux pays qui le bordent. ▧ [atlɑ̃tik].

**ATLAS, subst. m.**
Recueil de cartes géographiques, historiques, etc. ▧ [atlɑs].

**ATMOSPHÈRE, subst. f.**
Couche gazeuse qui entoure la Terre ou d'autres corps célestes. – Air d'un lieu. – Fig. Ambiance. ▧ [atmosfɛʀ].

**ATOLL, subst. m.**
Île formée de récifs de coraux entourant un lagon. ▧ [atɔl].

**ATOME, subst. m.**
Ensemble de particules (protons, neutrons et électrons), élément fondamental de la matière. ▧ [atom].

**ATOMIQUE, adj.**
Relatif à l'atome. ▧ [atɔmik].

**ATOMISEUR, subst. m.**
Appareil servant à projeter en pluie fine un liquide. ▧ [atɔmizœʀ].

**ATONE, adj.**
Qui est sans vigueur. – Vague, inexpressif. ▧ [atɔn].

**ATOUT, subst. m.**
Aux jeux de cartes, couleur qui l'emporte sur toutes les autres. – Fig. Moyen de réussir. ▧ [atu].

**ÂTRE, subst. m.**
Foyer d'une cheminée. – La cheminée elle-même. ▧ [ɑtʀ].

**ATROCE, adj.**
D'une cruauté affreuse. – Très douloureux. – Horriblement laid. ▧ [atʀɔs].

**ATROCITÉ, subst. f.**
Caractère de ce qui est atroce. – Action atroce, acte criminel. ▧ [atʀɔsite].

**ATROPHIE, subst. f.**
*Méd.* Diminution anormale du volume d'un organe, d'un tissu. – Fig. Affaiblissement d'une faculté. ▧ [atʀɔfi].

**ATROPHIER, verbe trans. [6]**
Provoquer l'atrophie de. ▧ [atʀɔfje].

**ATTABLER (S'), verbe pronom. [3]**
Prendre place à table. ▧ [atable].

**ATTACHANT, ANTE, adj.**
Qui plaît, qui suscite la sympathie, l'affection. ▧ [ataʃɑ̃, -ɑ̃t].

**ATTACHE, subst. f.**
Ce qui sert à attacher. – Fig. Lien d'affection ou d'intérêt. – Plur. Les poignets et les chevilles. ▧ [ataʃ].

**ATTACHÉ, ÉE, subst.**
Fonctionnaire dans une ambassade, un ministère. ▧ [ataʃe].

**ATTACHER, verbe [3]**
Trans. Fixer à qqch., maintenir ou joindre par un lien. – Accorder, attribuer : **Attacher**

*de l'importance à qqch.* – Faire dépendre, associer durablement. – Intrans. Coller au fond d'un récipient lors de la cuisson. – Pronom. S'appliquer (à qqch., à faire qqch.). – Commencer à éprouver de l'affection (pour qqn, qqch.). 🔊 [ataʃe].

**ATTAQUE, subst. f.**
Action d'attaquer. – Apparition soudaine d'un mal. – *Mus.* Début d'un morceau. 🔊 [atak].

**ATTAQUER, verbe trans.** [3]
Engager une action violente, un combat contre. – Entamer, détériorer. – Commencer. – Pronom. S'en prendre (à). 🔊 [atake].

**ATTARDER (S'), verbe pronom.** [3]
Se mettre en retard. – Rester quelque part plus longtemps que prévu. 🔊 [ataʀde].

**ATTEINDRE, verbe trans.** [53]
Toucher, blesser en lançant un projectile. – Émouvoir. – Arriver à (un lieu, un but, etc.). – Parvenir à (un niveau). 🔊 [atɛ̃dʀ].

**ATTEINTE, subst. f.**
Fait d'atteindre : *Hors d'atteinte.* – Dommage, blessure. 🔊 [atɛt].

**ATTELAGE, subst. m.**
Action ou manière d'atteler. – Ensemble des animaux attelés. 🔊 [at(ə)laʒ].

**ATTELER, verbe trans.** [12]
Attacher (un animal, des animaux) à un véhicule. – Accrocher (une remorque, des wagons, etc.) à un véhicule moteur. – Pronom. *S'atteler à* : commencer, se mettre à. 🔊 [at(ə)le].

**ATTELLE, subst. f.**
Élément rigide qui maintient immobile un membre fracturé. 🔊 [atɛl].

**ATTENANT, ANTE, adj.**
Contigu, adjacent. 🔊 [at(ə)nã, -ãt].

**ATTENDRE, verbe** [51]
Rester en un lieu, patienter jusqu'à l'arrivée de qqn, de qqch. ou d'un événement. – Espérer. – Pronom. *S'attendre à* : prévoir. 🔊 [atãdʀ].

**ATTENDRIR, verbe trans.** [19]
Rendre tendre : **Attendrir** *une viande.* – Émouvoir, apitoyer. 🔊 [atãdʀiʀ].

**ATTENDRISSEMENT, subst. m.**
Fait de s'attendrir. 🔊 [atãdʀismã].

**ATTENDU, prép.**
En raison de. – Loc. conj. **Attendu** *que :* vu que. 🔊 [atãdy].

**ATTENTAT, subst. m.**
Acte de violence à visée idéologique contre des biens ou des personnes. 🔊 [atãta].

**ATTENTE, subst. f.**
Action d'attendre ; temps que dure cette action. – Espoir. 🔊 [atãt].

**ATTENTER, verbe trans. indir.** [3]
Agir contre (qqn ou qqch.) : **Attenter** *aux mœurs.* 🔊 [atãte].

**ATTENTIF, IVE, adj.**
Qui fait preuve d'attention. 🔊 [atãtif, -iv].

**ATTENTION, subst. f.**
Faculté mentale de se concentrer sur un objet donné. – Prévenance, égard. – *Faire* attention : prendre garde. 🔊 [atãsjõ].

**ATTENTIONNÉ, ÉE, adj.**
Qui manifeste des égards, de la prévenance. 🔊 [atãsjɔne].

**ATTÉNUATION, subst. f.**
Action d'atténuer. – Fait d'être atténué. 🔊 [atenɥasjõ].

**ATTÉNUER, verbe trans.** [3]
Affaiblir, diminuer la gravité, l'intensité de. 🔊 [atenɥe].

**ATTERRER, verbe trans.** [3]
Consterner, accabler. 🔊 [ateʀe].

**ATTERRIR, verbe intrans.** [19]
*Mar.* Accoster. – *Aéron.* Se poser. 🔊 [ateʀiʀ].

**ATTERRISSAGE, subst. m.**
Action d'atterrir, de toucher terre. – Son résultat. 🔊 [ateʀisaʒ].

**ATTESTATION, subst. f.**
Action d'attester. – Certificat, témoignage confirmant que qqch. est vrai. 🔊 [atɛstasjõ].

**ATTESTER, verbe trans.** [3]
Certifier, témoigner de. – Montrer, être la preuve de. 🔊 [atɛste].

**ATTIRAIL, subst. m.**
Ensemble, plus ou moins encombrant, des objets nécessaires à une activité. 🔊 [atiʀaj].

**ATTIRANCE, subst. f.**
Effet d'une force d'attraction. – Attrait, désir, goût. 🔊 [atiʀãs].

**ATTIRANT, ANTE, adj.**
Qui séduit, qui plaît. 🔊 [atiʀã, -ãt].

**ATTIRER, verbe trans.** [3]
Faire venir à soi, éveiller l'intérêt de. – Occasionner. – Séduire. 🔊 [atiʀe].

**ATTISER, verbe trans.** [3]
Ranimer (un feu). – Fig. Exciter (des passions, des sentiments). 🔊 [atize].

**ATTITRÉ, ÉE, adj.**
Chargé en titre d'une fonction. – Habituel, réservé. 🔊 [atitʀe].

**ATTITUDE, subst. f.**
Manière de se tenir. – Manière d'agir, de s'exprimer. 🔊 [atityd].

**ATTRACTION, subst. f.**
Force qui tend à rapprocher deux corps. – Fig. Attirance. – Spectacle de foire ou de variétés. 🔊 [atʀaksjõ].

**ATTRAIT, subst. m.**
Qualité de ce qui est attirant. – Plur. Aspect plaisant, charme de qqn ou de qqch. 🔊 [atʀɛ].

**ATTRAPE-NIGAUD, subst. m.**
Tromperie grossière. 🔊 Plur. *attrape-nigauds ;* [atʀapnigo].

**ATTRAPER**, verbe trans. [3]
Prendre dans un piège. – Saisir, atteindre.
– Contracter (une maladie). – Réprimander (fam.). 🕮 [atʀape].

**ATTRAYANT, ANTE**, adj.
Attirant, séduisant. 🕮 [atʀɛjā, -āt].

**ATTRIBUER**, verbe trans. [3]
Accorder, allouer ; conférer (une fonction, un avantage). – Mettre sur le compte de, attribuer à qqn, à qqch. : **Attribuer** *sa fatigue à une maladie*. – Pronom. S'approprier. 🕮 [atʀibɥe].

**ATTRIBUT**, subst. m.
Caractère propre. – Signe distinctif d'une fonction. – *Ling.* Mot qualifiant le sujet ou le complément d'objet direct par l'intermédiaire d'un verbe. 🕮 [atʀiby].

**ATTRIBUTION**, subst. f.
Action d'attribuer ; son résultat. – Plur. Pouvoirs attribués à qqn. 🕮 [atʀibysjɔ̃].

**ATTRISTER**, verbe trans. [3]
Rendre triste. 🕮 [atʀiste].

**ATTROUPEMENT**, subst. m.
Rassemblement inorganisé de personnes en un lieu précis. 🕮 [atʀupmā].

**ATTROUPER (S')**, verbe pronom. [3]
Constituer un attroupement. 🕮 [atʀupe].

**ATYPIQUE**, adj.
Différent du type habituel. – Dépourvu de type. 🕮 [atipik].

**AU, AUX**, art.
Forme contractée de l'article défini, mise pour « à le », « à les ». 🕮 [o].

**AUBADE**, subst. f.
Petit concert donné à l'aube sous les fenêtres de qqn. 🕮 [obad].

**AUBAINE**, subst. f.
Profit, avantage inespéré. 🕮 [obɛn].

**AUBE (I)**, subst. f.
Première lueur du jour. – Fig. Commencement. 🕮 [ob].

**AUBE (II)**, subst. f.
Tunique blanche d'un prêtre qui dit la messe. – Robe de premier communiant. 🕮 [ob].

**AUBÉPINE**, subst. f.
Arbrisseau épineux, aux fleurs blanches ou roses. 🕮 [obepin].

**AUBERGE**, subst. f.
Hôtel-restaurant de campagne. 🕮 [obɛʀʒ].

**AUBERGINE**, subst. f.
Fruit de forme allongée, de couleur violette, consommé comme légume. 🕮 [obɛʀʒin].

**AUBERGISTE**, subst.
Personne qui tient une auberge. 🕮 [obɛʀʒist].

**AUBIER**, subst. m.
Partie tendre qui se trouve entre le bois dur et l'écorce d'un arbre. 🕮 [obje].

**AUBURN**, adj. inv.
D'un brun rougeâtre, acajou. 🕮 [obœʀn].

**AUCUN, UNE**, adj. et pron. indéf.
Pas un, nul (avec la négation *ne* ou la prép. *sans*). – *D'aucuns* : quelques-uns. 🕮 [okœ̃, -yn].

**AUDACE**, subst. f.
Tendance à oser entreprendre ce qui est difficile, dangereux ou novateur. – Hardiesse excessive, impudence. 🕮 [odas].

**AUDACIEUX, IEUSE**, adj. et subst.
Qui manifeste de l'audace. 🕮 [odasjø, -jøz].

**AU-DELÀ**, subst. m., adv. et loc. prép.
Adv. et loc. Plus loin (que). – Subst. Le monde des morts. 🕮 [od(ə)la].

**AUDIBLE**, adj.
Qui peut être entendu. 🕮 [odibl].

**AUDIENCE**, subst. f.
Entretien accordé par un haut personnage. – Séance d'un tribunal. – Crédit, autorité morale. 🕮 [odjās].

**AUDIOVISUEL, ELLE**, adj. et subst. m.
Adj. Qui utilise simultanément le son et l'image. – Subst. Ensemble des techniques **audiovisuelles**. – Le secteur d'activité correspondant. 🕮 [odjovizɥɛl].

**AUDIT**, subst. m.
Opération par laquelle on contrôle la comptabilité et la gestion d'une entreprise. – Personne chargée de cette opération, auditeur. 🕮 [odit].

**AUDITEUR, TRICE**, subst.
Personne qui écoute une conférence, un concert, etc. – Fonctionnaire au Conseil d'État, à la Cour des comptes. – Audit. 🕮 [oditœʀ, -tʀis].

**AUDITION**, subst. f.
Perception des sons par l'ouïe. – Action d'entendre, d'écouter. – Essai fait par un artiste en vue d'être engagé. 🕮 [odisjɔ̃].

**AUDITOIRE**, subst. m.
Public qui écoute. 🕮 [oditwaʀ].

**AUDITORIUM**, subst. m.
Salle conçue pour l'audition d'œuvres musicales ou théâtrales, ou pour permettre les enregistrements sonores. 🕮 [oditɔʀjɔm].

**AU FUR ET À MESURE**, voir **FUR**

**AUGE**, subst. f.
Récipient servant à nourrir les animaux. – Baquet utilisé par les maçons. 🕮 [oʒ].

**AUGMENTATION**, subst. f.
Action d'augmenter ; son résultat. – Accroissement de salaire. 🕮 [ɔgmātasjɔ̃].

**AUGMENTER**, verbe [3]
Trans. Rendre plus grand, plus intense. – Élever la rémunération de (qqn). – Intrans. Devenir plus important. 🕮 [ɔgmāte].

**AUGURE**, subst. m.
Présage : *Être de bon* augure. 🕮 [ogyʀ].

**AUJOURD'HUI**, adv.
Ce jour-ci. – De nos jours. 🕮 [oʒuʀdɥi].

**AULNE**, subst. m.
Arbre au bois léger, qui pousse le long des cours d'eau. [o(l)n].

**AULX**, voir **AIL**

**AUMÔNE**, subst. f.
Don charitable. – Fig. Faveur accordée par bonté d'âme. [omon].

**AUMÔNIER**, subst. m.
Prêtre qui desservait la chapelle d'un seigneur, d'un monarque. – Prêtre d'une institution, d'une collectivité. [omonje].

**AUMÔNIÈRE**, subst. f.
Bourse portée à la ceinture. [omonjɛʀ].

**AUNE**, voir **AULNE**

**AUPARAVANT**, adv.
Avant, à une époque antérieure. – Au préalable. [opaʀavɑ̃].

**AUPRÈS DE**, loc. prép.
Près de, à côté de. – Dans l'opinion de. – Fig. En comparaison de. [opʀɛdə].

**AUQUEL**, voir **LEQUEL**

**AURA**, subst. f.
Atmosphère qui émane d'un être. [oʀa].

**AURÉOLE**, subst. f.
Cercle lumineux placé par les peintres autour de la tête des saints. – Tache circulaire. – Fig. Prestige. [oʀeɔl].

**AURÉOLER**, verbe trans. [3]
Parer d'une auréole. – Fig. Procurer du prestige à (qqn). [oʀeɔle].

**AURICULAIRE**, adj. et subst. m.
Adj. De l'oreille ; d'une oreillette du cœur. – Subst. Petit doigt de la main. [oʀikylɛʀ].

**AURIFÈRE**, adj.
Qui contient de l'or. [oʀifɛʀ].

**AURORE**, subst. f.
Lueur qui suit l'aube et précède le lever du soleil. – Fig. Commencement. [oʀoʀ].

**AUSCULTATION**, subst. f.
Action d'ausculter. [oskyltasjɔ̃].

**AUSCULTER**, verbe trans. [3]
Écouter le cœur et les poumons. [oskylte].

**AUSPICE**, subst. m.
Présage, signe (gén. au plur.). [ospis].

**AUSSI**, adv. et conj.
Adv. Également, pareillement ; en outre, en sus : *Il sait le latin et aussi le grec.* – Conj. En conséquence ; c'est pourquoi. [osi].

**AUSSITÔT**, adv.
Immédiatement. – Loc. conj. **Aussitôt** que : dès que. [osito].

**AUSTÈRE**, adj.
Sévère, qui exclut toute fantaisie. – Sans ornement. [ostɛʀ].

**AUSTÉRITÉ**, subst. f.
Qualité de ce qui est austère. – Politique économique de rigueur. [osteʀite].

**AUSTRAL, ALE, ALS** ou **AUX**, adj.
Relatif à l'hémisphère Sud. [ostʀal, -o].

**AUTANT**, adv.
D'une manière égale, en quantité et en intensité. – Loc. conj. D'autant que : surtout que. [otɑ̃].

**AUTARCIE**, subst. f.
État d'un groupe, d'un pays qui produit tout ce qu'il consomme. [otaʀsi].

**AUTEL**, subst. m.
*Relig.* Table destinée aux sacrifices et à recevoir les offrandes. – Dans le culte catholique, table où est célébrée la messe. [otɛl].

**AUTEUR**, subst. m.
Celui qui est à l'origine de qqch. : *L'auteur d'un crime, d'un film.* – Écrivain. [otœʀ].

**AUTHENTICITÉ**, subst. f.
Caractère authentique. [otɑ̃tisite].

**AUTHENTIFIER**, verbe trans. [6]
Certifier authentique. – Rendre authentique. [otɑ̃tifje].

**AUTHENTIQUE**, adj.
Dont on peut garantir l'exactitude ou l'origine. – Fig. Profondément sincère. [otɑ̃tik].

**AUTISME**, subst. m.
*Psych.* Absence pathologique de communication avec le monde extérieur. [otism].

**AUTO**, subst. f.
Apocope pour « automobile ». [oto].

**AUTO-**, préfixe
Exprime l'idée de « soi-même ». [oto-].

**AUTOBIOGRAPHIE**, subst. f.
Récit écrit de l'histoire de sa propre vie. [otobjɔgʀafi].

**AUTOBUS**, subst. m.
Grand véhicule automobile de transport en commun urbain. [otobys].

**AUTOCAR**, subst. m.
Grand véhicule automobile de transport collectif routier ou touristique. [otokaʀ].

**AUTOCHTONE**, adj. et subst.
Dont les ancêtres ont toujours habité le pays. [otokton].

**AUTOCOLLANT, ANTE**, adj. et subst. m.
Adj. Qui colle ou se colle sans être humecté. – Subst. Étiquette, vignette **autocollante**. [otokolɑ̃, -ɑ̃t].

**AUTOCRATE**, subst. m.
Souverain absolu. [otokʀat].

**AUTOCRITIQUE**, subst. f.
Critique de soi-même. [otokʀitik].

**AUTODAFÉ**, subst. m.
Destruction par le feu. [otodafe].

**AUTODÉFENSE**, subst. f.
Fait de se défendre soi-même. [otodefɑ̃s].

**AUTODÉTERMINATION**, subst. f.
Choix que fait un peuple de son statut politique. [otodetɛʀminasjɔ̃].

**AUTODIDACTE**, adj. et subst.
Qui s'est instruit tout seul. 🔊 [otodidakt].

**AUTODISCIPLINE**, subst. f.
Discipline qu'une personne s'impose à elle-même. 🔊 [otodisiplin].

**AUTO-ÉCOLE**, subst. f.
École de conduite automobile. 🔊 Plur. *auto-écoles* ; [otoekɔl].

**AUTOGESTION**, subst. f.
Gestion d'une collectivité par ses membres. 🔊 [otoʒɛstjɔ̃].

**AUTOGRAPHE**, adj. et subst. m.
Adj. Écrit de la propre main de l'auteur. – Subst. Écrit ou signature de la main d'une célébrité. 🔊 [otoɡʀaf].

**AUTOMATE**, subst. m.
Jouet, appareil qui se meut de lui-même, robot. 🔊 [otomat].

**AUTOMATIQUE**, adj. et subst. m.
Adj. Qui fonctionne sans intervention humaine. – Qui est accompli par réflexe, inconsciemment. – Subst. Réseau téléphonique sans opérateur. – Pistolet **automatique**. 🔊 [otomatik].

**AUTOMATISER**, verbe trans. [3]
Rendre automatique. 🔊 [otomatize].

**AUTOMATISME**, subst. m.
Caractère de ce qui est entièrement automatique. – Action, geste effectué sans y penser, à force d'être répété. 🔊 [otomatism].

**AUTOMNAL, ALE, AUX**, adj.
De l'automne. 🔊 [otonal].

**AUTOMNE**, subst. m.
Saison qui suit l'été et précède l'hiver. 🔊 [otɔn].

**AUTOMOBILE**, adj. et subst. f.
Adj. Qui se meut à l'aide d'un moteur. – Subst. Véhicule à moteur, gén. doté de quatre roues. 🔊 [otomɔbil].

**AUTOMOBILISTE**, subst.
Conducteur d'automobile. 🔊 [otomɔbilist].

**AUTOMOTEUR, TRICE**, adj. et subst.
Se dit d'un véhicule (au masc.), d'une voiture de chemin de fer (au fém.) qui se déplace grâce à son propre moteur. 🔊 [otomɔtœʀ, -tʀis].

**AUTONETTOYANT, ANTE**, adj.
Qui se nettoie automatiquement : *Four* **autonettoyant**. 🔊 [otonetwajɑ̃, -ɑ̃t].

**AUTONOME**, adj. et subst.
Adj. Qui se gouverne et s'administre librement. – Qui ne dépend de personne. – Subst. Contestataire, gén. d'extrême gauche. 🔊 [otonom].

**AUTONOMIE**, subst. f.
Fait de pouvoir se gouverner, s'administrer soi-même. – Distance que peut parcourir un véhicule sans être ravitaillé. 🔊 [otonomi].

**AUTOPORTRAIT**, subst. m.
Portrait qu'un artiste fait de lui-même. 🔊 [otopɔʀtʀɛ].

**AUTOPSIE**, subst. f.
Dissection d'un cadavre afin de déterminer les causes de la mort. 🔊 [otopsi].

**AUTORADIO**, subst. m.
Poste de radio fonctionnant dans une automobile. 🔊 [otoʀadjo].

**AUTORAIL**, subst. m.
*Ch. de fer.* Véhicule automoteur Diesel, conçu pour le transport des voyageurs sur les lignes secondaires. 🔊 [otoʀaj].

**AUTORISATION**, subst. f.
Fait d'autoriser. – Document attestant une **autorisation**. 🔊 [otɔʀizasjɔ̃].

**AUTORISER**, verbe trans. [3]
Donner à (qqn) le droit, la permission de faire qqch. – Rendre possible. 🔊 [otɔʀize].

**AUTORITAIRE**, adj.
Qui impose son autorité à autrui, sans admettre d'opposition. 🔊 [otɔʀitɛʀ].

**AUTORITÉ**, subst. f.
Pouvoir de soumettre qqn à sa volonté, de le faire obéir. – Personne, ouvrage dont la compétence est reconnue. – Plur. Personnes qui exercent le pouvoir. 🔊 [otɔʀite].

**AUTOROUTE**, subst. f.
Large voie à deux chaussées séparées, à sens unique et sans intersections. 🔊 [otoʀut].

**AUTO-STOP**, subst. m. inv.
Pratique qui consiste à faire signe à des automobilistes pour se faire transporter gratuitement. 🔊 [otostɔp].

**AUTOUR**, adv.
Dans l'espace environnant. – Loc. prép. Autour *de* : à la périphérie de, en faisant le tour de ; vers, environ (fam.). 🔊 [otuʀ].

**AUTRE**, adj. et pron. indéf.
Adj. Mot indiquant une différence, une idée de surplus : *L'*autre *solution.* – Pron. Désigne qqn ou qqch. avec une idée de différence : *Parler à un* autre. 🔊 [otʀ].

**AUTREFOIS**, adv.
Dans un passé lointain. 🔊 [otʀəfwa].

**AUTREMENT**, adv.
D'une autre manière. – Sans quoi, sinon. 🔊 [otʀəmɑ̃].

**AUTRUCHE**, subst. f.
Grand oiseau coureur. 🔊 [otʀyʃ].

**AUTRUI**, pron. indéf.
Les autres personnes. – Notre prochain : *Penser à* autrui. 🔊 [otʀɥi].

**AUVENT**, subst. m.
Petit toit au-dessus d'une porte. 🔊 [ovɑ̃].

**AUXILIAIRE**, adj. et subst.
Qui aide, qui seconde ; qui est employé à titre provisoire. – *Ling.* Se dit de la catégorie grammaticale des verbes « être » et « avoir », dont on se sert pour former les temps composés. 🔊 [ɔksiljɛʀ].

**AVACHI, IE, adj.**
Déformé, froissé. – Fig. Ramolli, sans énergie. 🕮 [avaʃi].

**AVAL (I), AVALS, subst. m.**
Partie d'un cours d'eau située entre le point où l'on se trouve et le confluent ou la mer (oppos. *amont*). 🕮 [aval].

**AVAL (II), AVALS, subst. m.**
Garantie de paiement donnée par un tiers. – Fig. Soutien, caution. 🕮 [aval].

**AVALANCHE, subst. f.**
Descente brutale de masses de neige le long des pentes d'une montagne. 🕮 [avalɑ̃ʃ].

**AVALER, verbe trans. [3]**
Faire descendre dans le gosier. – Fig. Croire naïvement; supporter (fam.). 🕮 [avale].

**À-VALOIR, subst. m. inv.**
Acompte. 🕮 [avalwaʀ].

**AVANCE, subst. f.**
Mouvement en avant. – Temps ou distance gagnée sur qqn, qqch. – Somme versée par anticipation. – Plur. Démarche pour entrer en relation avec qqn. 🕮 [avɑ̃s].

**AVANCÉE, subst. f.**
Marche en avant; au fig., progrès. – Partie en saillie. 🕮 [avɑ̃se].

**AVANCEMENT, subst. m.**
Action d'avancer. – Promotion professionnelle. 🕮 [avɑ̃smɑ̃].

**AVANCER, verbe [4]**
Trans. Porter en avant; faire se produire avant son terme : **Avancer** *un rendez-vous*; faire progresser. – Prétendre, formuler. – Prêter (de l'argent). – Intrans. Aller vers l'avant, vers un but; progresser. – Faire saillie. – *Cette montre* **avance** : elle indique l'heure avec de l'avance. 🕮 [avɑ̃se].

**AVANIE, subst. f.**
Humiliation publique. 🕮 [avani].

**AVANT (I), adv. et prép.**
Exprime l'antériorité dans le temps, dans l'espace, un ordre de préférence : **Avant** *l'heure*; *Deux jours* **avant**. – Loc. conj. et prép. **Avant** *que* + subj., *de* + inf. : marque le moment qui précède. 🕮 [avɑ̃].

**AVANT (II), subst. m.**
Ce qui est devant. – *Sp.* Joueur placé en attaque. 🕮 [avɑ̃].

**AVANTAGE, subst. m.**
Privilège. – Agrément, bénéfice. – Supériorité. 🕮 [avɑ̃taʒ].

**AVANTAGER, verbe trans. [5]**
Accorder un avantage, une faveur à (qqn). – Mettre en valeur le physique de (qqn). 🕮 [avɑ̃taʒe].

**AVANTAGEUX, EUSE, adj.**
Qui est profitable, utile. – Qui favorise qqn, moralement ou physiquement. – Suffisant, fat. 🕮 [avɑ̃taʒø, -øz].

**AVANT-BRAS, subst. m. inv.**
Partie du membre supérieur allant du coude au poignet. 🕮 [avɑ̃bʀa].

**AVANT-CENTRE, subst. m.**
Au football, joueur qui est placé au centre de la ligne d'attaque. 🕮 Plur. *avants-centres* ; [avɑ̃sɑ̃tʀ].

**AVANT-COUREUR, adj. m.**
Qui annonce, qui laisse prévoir. 🕮 Plur. *avant-coureurs* ; [avɑ̃kuʀœʀ].

**AVANT-DERNIER, IÈRE, adj. et subst.**
Qui précède directement le dernier. 🕮 Plur. *avant-derniers, -ières* ; [avɑ̃dɛʀnje, -jɛʀ].

**AVANT-GARDE, subst. f.**
Partie d'une armée qui ouvre la voie. – Groupe de personnes qui sont en avance sur la culture de leur temps. 🕮 Plur. *avant-gardes* ; [avɑ̃gaʀd].

**AVANT-GOÛT, subst. m.**
Sensation éprouvée par avance. 🕮 Plur. *avant-goûts* ; [avɑ̃gu].

**AVANT-GUERRE, subst. m. ou f.**
Période qui a précédé une guerre. 🕮 Plur. *avant-guerres* ; [avɑ̃gɛʀ].

**AVANT-HIER, loc. adv.**
Au jour qui a précédé hier. 🕮 [avɑ̃tjɛʀ].

**AVANT-PREMIÈRE, subst. f.**
Représentation, en gén. sur invitation, avant la première d'un spectacle. 🕮 Plur. *avant-premières* ; [avɑ̃pʀəmjɛʀ].

**AVANT-PROPOS, subst. m. inv.**
Introduction à un livre. 🕮 [avɑ̃pʀɔpo].

**AVANT-VEILLE, subst. f.**
Le jour qui précède la veille. 🕮 Plur. *avant-veilles* ; [avɑ̃vɛj].

**AVARE, adj. et subst.**
Qui fait preuve d'avarice. – Qui accorde avec parcimonie. 🕮 [avaʀ].

**AVARICE, subst. f.**
Besoin quasi obsessionnel d'accumuler les richesses et de les conserver. 🕮 [avaʀis].

**AVARIE, subst. f.**
Détérioration d'un navire, de sa cargaison. – Panne mécanique. 🕮 [avaʀi].

**AVARIER, verbe trans. [6]**
Endommager, dégrader. 🕮 [avaʀje].

**AVATAR, subst. m.**
Incarnation d'un dieu, dans l'hindouisme. – Fig. Métamorphose. 🕮 [avataʀ].

**AVEC, prép.**
Exprime un rapport d'accompagnement, de relation : *Voyager* **avec** *ses enfants*. – Introduit un complément de moyen, de cause ou de manière : *Manger* **avec** *les doigts*. 🕮 [avɛk].

**AVENANT (I), ANTE, adj.**
Qui plaît, qui a un air, un aspect agréable. 🕮 [avnɑ̃, -ɑ̃t].

**AVENANT (II)**, subst. m.
Document modifiant un contrat. – Loc. adv. *À l'*avenant : conformément à ce qui précède ; pareillement. ᗅᙢ [avnɑ̃].

**AVÈNEMENT**, subst. m.
Arrivée, survenue (d'un événement important). – Accession au pouvoir. ᗅᙢ [avɛnmɑ̃].

**AVENIR**, subst. m.
Le temps futur. – Les événements dont le futur sera fait. – Destin ; carrière qui s'ouvre devant qqn. ᗅᙢ [avniʀ].

**AVENT**, subst. m.
Les quatre semaines qui précèdent Noël, dans l'année liturgique. ᗅᙢ [avɑ̃].

**AVENTURE**, subst. f.
Événement inopiné. – Équipée hasardeuse. – Brève liaison amoureuse. ᗅᙢ [avɑ̃tyʀ].

**AVENTURER (S')**, verbe pronom. [3]
Se hasarder, se risquer. ᗅᙢ [avɑ̃tyʀe].

**AVENTURIER, IÈRE**, subst.
Personne qui court, qui cherche l'aventure. ᗅᙢ [avɑ̃tyʀje, -jɛʀ].

**AVENU, UE**, adj.
*Nul et non* avenu : qui n'a jamais existé. ᗅᙢ [av(e)ny].

**AVENUE**, subst. f.
Large rue, gén. bordée d'arbres. ᗅᙢ [av(ə)ny].

**AVÉRER (S')**, verbe pronom. [8]
Se révéler vrai. – Se révéler. ᗅᙢ [aveʀe].

**AVERSE**, subst. f.
Pluie soudaine, abondante et de courte durée. ᗅᙢ [avɛʀs].

**AVERSION**, subst. f.
Vif sentiment de répulsion, de dégoût. ᗅᙢ [avɛʀsjɔ̃].

**AVERTI, IE**, adj.
Dont l'attention a été éveillée. – Compétent, instruit. ᗅᙢ [avɛʀti].

**AVERTIR**, verbe trans. [19]
Informer, mettre en garde. ᗅᙢ [avɛʀtiʀ].

**AVERTISSEMENT**, subst. m.
Mise en garde. – Remontrance avant une sanction. – Courte préface. ᗅᙢ [avɛʀtismɑ̃].

**AVERTISSEUR**, subst. m.
Dispositif qui émet un signal d'avertissement. ᗅᙢ [avɛʀtisœʀ].

**AVEU, AVEUX**, subst. m.
Confession, déclaration par laquelle on reconnaît sa culpabilité, on révèle un sentiment. ᗅᙢ [avø].

**AVEUGLANT, ANTE**, adj.
Qui aveugle, qui éblouit. – Fig. Dont l'évidence saute aux yeux. ᗅᙢ [avœglɑ̃, -ɑ̃t].

**AVEUGLE**, adj. et subst.
Qui est privé de la vue. – Adj. Sans lucidité ni esprit critique. – Qui frappe au hasard. – Sans ouverture sur le jour. ᗅᙢ [avœgl].

**AVEUGLEMENT**, subst. m.
Manque de discernement. ᗅᙢ [avœgləmɑ̃].

**AVEUGLETTE (À L')**, loc. adv.
À tâtons, comme un aveugle. ᗅᙢ [alavœglɛt].

**AVIATEUR, TRICE**, subst.
Pilote d'avion. – Militaire qui sert dans l'armée de l'air. ᗅᙢ [avjatœʀ, -tʀis].

**AVIATION**, subst. f.
Ensemble des activités, des techniques qui concernent la construction, l'entretien et l'utilisation des avions. ᗅᙢ [avjasjɔ̃].

**AVICULTURE**, subst. f.
Élevage des oiseaux et des volailles. ᗅᙢ [avikyltyʀ].

**AVIDE**, adj.
Qui manifeste de l'avidité. – Impatiemment désireux (de qqch.). ᗅᙢ [avid].

**AVIDITÉ**, subst. f.
Cupidité ; désir ardent d'obtenir qqch. en quantité. – Intérêt passionné. ᗅᙢ [avidite].

**AVILIR**, verbe trans. [19]
Rendre vil, méprisable. – Dégrader, déshonorer. ᗅᙢ [aviliʀ].

**AVION**, subst. m.
Aéronef plus lourd que l'air, muni d'ailes et de moteurs, qui lui permettent de voler. ᗅᙢ [avjɔ̃].

**AVIRON**, subst. m.
Rame. – Sport nautique. ᗅᙢ [aviʀɔ̃].

**AVIS**, subst. m.
Point de vue, opinion. – Annonce publique. – Opinion exposée officiellement par un organisme consulté. ᗅᙢ [avi].

**AVISÉ, ÉE**, adj.
Qui est prudent, sage, dont le jugement est réfléchi. ᗅᙢ [avize].

**AVISER**, verbe [3]
Trans. Apercevoir (littér.). – Faire savoir à, prévenir. – Intrans. Prendre une décision, réfléchir (littér.). – Pronom. S'apercevoir (de). – Prendre le risque (de) : *Ne t'*avise *pas de trahir !* ᗅᙢ [avize].

**AVIVER**, verbe trans. [3]
Rendre plus vif (un feu, une couleur, un style). – Exciter, attiser (un sentiment, un désir). ᗅᙢ [avive].

**AVOCAT (I), ATE**, subst.
Personne dont la profession est de défendre les intérêts de ses clients en justice. – Fig. Personne qui défend à titre personnel l'œuvre, la personnalité, les intérêts de qqn. ᗅᙢ [avɔka, -at].

**AVOCAT (II)**, subst. m.
Fruit de l'avocatier, en forme de poire, à gros noyau. ᗅᙢ [avɔka].

**AVOINE**, subst. f.
Céréale utilisée pour nourrir les chevaux. ᗅᙢ [avwan].

**AVOIR (I)**, verbe [2]
Trans. Posséder (un bien, une caractéristique). – Être affecté par, ressentir : **Avoir**

*chaud, faim, peur.* – Disposer de : *Ce dé a six faces.* – Vaincre, tromper (fam.) : *Se faire avoir.* – Auxil. servant à former les temps composés des verbes « avoir » et « être », des verbes transitifs et de certains verbes intransitifs. – Loc. impers. *Il y a* : il existe. 🕮 [avwaʀ].

**AVOIR (II)**, subst. m.
Ensemble des biens, du patrimoine de qqn. – Crédit dont on dispose chez un commerçant. – Partie d'un compte où sont reportées les sommes dues. 🕮 [avwaʀ].

**AVOISINER**, verbe trans. [3]
Se trouver dans le voisinage de. – Fig. Être proche de, ressembler à. 🕮 [avwazine].

**AVORTEMENT**, subst. m.
Action d'avorter. 🕮 [avɔʀtəmã].

**AVORTER**, verbe [3]
Intrans. Subir une interruption de grossesse. – Fig. Ne pas aboutir, échouer. – Trans. Provoquer l'avortement de. 🕮 [avɔʀte].

**AVORTON**, subst. m.
Individu petit et chétif (péj.). 🕮 [avɔʀtɔ̃].

**AVOUÉ**, subst. m.
Officier ministériel représentant les parties devant une cour d'appel. 🕮 [avwe].

**AVOUER**, verbe trans. [3]
Admettre ; révéler. – Reconnaître sa responsabilité, sa culpabilité ; empl. abs. : *L'assassin* a avoué. 🕮 [avwe].

**AVRIL**, subst. m.
Quatrième mois de l'année. 🕮 [avʀil].

**AXE**, subst. m.
Pièce autour de laquelle s'effectue une rotation. – Ligne médiane, réelle ou imaginaire. – Orientation générale : *L'axe d'un discours.* 🕮 [aks].

**AXER**, verbe trans. [3]
Orienter selon un axe. – Fig. Organiser autour d'une idée directrice. 🕮 [akse].

**AXIOME**, subst. m.
Vérité universelle, jamais démontrée mais qui s'impose par son évidence. 🕮 [aksjom].

**AYANT DROIT**, subst. m.
Personne qui a des droits à qqch. – Personne qui obtient ses droits d'une autre. 🕮 Plur. *ayants droit* ; [ɛjɑ̃dʀwa].

**AZALÉE**, subst. f.
Arbuste ornemental aux fleurs très colorées. 🕮 [azale].

**AZIMUTS**, subst. m. plur.
*Tous azimuts* : dans toutes les directions (fam.). 🕮 [azimyt].

**AZOTE**, subst. m.
Gaz incolore et inodore, qui constitue 78 % de l'air atmosphérique. 🕮 [azɔt].

**AZUR**, subst. m.
Couleur bleu clair. – Le ciel, l'air. 🕮 [azyʀ].

**AZYME**, adj.
Qui est cuit sans levain. 🕮 [azim].

# B

**B, b,** subst. m. inv.
Deuxième lettre et première consonne de l'alphabet français. 🔊 [be].

**BABA,** subst. m.
Gâteau, souv. imbibé de rhum. 🔊 [baba].

**BABA COOL,** subst.
Marginal des années 1970, antimilitariste et écologiste. 🔊 Plur. *babas cool* ; [babakul].

**BABILLER,** verbe intrans. [3]
Tenir des propos futiles. – Parler à la manière des enfants. 🔊 [babije].

**BABINE,** subst. f.
Lèvre pendante de certains animaux. – *S'en lécher les* **babines** : se délecter par avance de qqch. 🔊 [babin].

**BABIOLE,** subst. f.
Objet de peu de valeur. – Chose sans importance. 🔊 [babjɔl].

**BÂBORD,** subst. m.
En regardant la proue, partie gauche d'un navire (oppos. *tribord*). 🔊 [babɔʀ].

**BABOUCHE,** subst. f.
Mule orientale sans talon. 🔊 [babuʃ].

**BABOUIN,** subst. m.
Singe africain à long museau, vivant en groupes organisés. 🔊 [babwɛ̃].

**BABY-SITTER,** subst.
Jeune qui garde les enfants à domicile quand les parents s'absentent. 🔊 Plur. *baby-sitters* ; [babisitœʀ].

**BAC (I),** subst. m.
Caisse ou cuve : *Un* **bac** *à sable.* – Embarcation à fond plat servant à passer d'une rive à l'autre d'un cours d'eau. 🔊 [bak].

**BAC (II),** subst. m.
Abréviation de « baccalauréat ». 🔊 [bak].

**BACCALAURÉAT,** subst. m.
Examen qui clôt les études secondaires. 🔊 [bakalɔʀea].

**BACCHANALE,** subst. f.
Plur. Fêtes romaines en l'honneur de Bacchus. – Sing. Débauche. 🔊 [bakanal].

**BÂCHE,** subst. f.
Toile robuste et imperméable servant à protéger des marchandises. 🔊 [baʃ].

**BACHELIER, IÈRE,** subst.
Titulaire du baccalauréat. 🔊 [baʃəlje, -jɛʀ].

**BÂCHER,** verbe trans. [3]
Recouvrir d'une bâche. 🔊 [baʃe].

**BACILLE,** subst. m.
Bactérie en forme de bâtonnet, souv. pathogène. 🔊 [basil].

**BACKGROUND,** subst. m.
Arrière-plan, contexte. 🔊 Anglicisme déconseillé ; [bakgʀaund].

**BÂCLER,** verbe trans. [3]
Exécuter (une tâche) à la hâte, sans rigueur. 🔊 [bakle].

**BACTÉRIE,** subst. f.
Micro-organisme unicellulaire, quelquefois pathogène. 🔊 [bakteʀi].

**BACTÉRIOLOGIE,** subst. f.
Partie de la biologie qui étudie les bactéries. 🔊 [bakteʀjɔlɔʒi].

**BADAUD, AUDE,** subst.
Flâneur, curieux qui contemple le spectacle de la rue. 🔊 [bado, -od].

**BADGE,** subst. m.
Insigne, gén. agrafé, indiquant une appartenance ou une opinion. 🔊 [badʒ].

**BADIGEON,** subst. m.
Couleur en détrempe à base de chaux, qui s'applique sur les murs. 🔊 [badiʒɔ̃].

**BADIGEONNER,** verbe trans. [3]
Enduire de badigeon. – Enduire d'une préparation médicamenteuse. 🔊 [badiʒɔne].

**BADIN, INE,** adj.
Enjoué, espiègle, folâtre. 🔊 [badɛ̃, -in].

**BADINE,** subst. f.
Baguette flexible tenue à la main. 🔊 [badin].

**BADINER,** verbe intrans. [3]
Plaisanter. – Traiter (qqch.) à la légère : *On ne* **badine** *pas avec le règlement.* 🔊 [badine].

**BADMINTON,** subst. m.
Jeu de volant proche du tennis, qui se pratique sur un court. 🔊 [badmintɔn].

**BAFFE,** subst. f.
Gifle (fam.). 🔊 [baf].

**BAFFLE,** subst. m.
Caisson dont la face est un écran qui abrite un haut-parleur et en améliore la sonorité. 🔊 [bafl].

**BAFOUER,** verbe trans. [3]
Outrager, railler. 🔊 [bafwe].

**BAFOUILLER,** verbe [3]
Parler, dire de manière embrouillée ou difficilement (fam.). 🔊 [bafuje].

**BAGAGE,** subst. m.
Ce qu'on emporte avec soi en voyage. – Fig. Ensemble des connaissances que l'on a acquises : **Bagage** *intellectuel.* 🔊 [bagaʒ].

53

**BAGAGISTE**, subst. m.
Employé responsable des bagages, dans une gare, un hôtel, etc. 🕮 [bagaʒist].

**BAGARRE**, subst. f.
Rixe, querelle. 🕮 [bagaʀ].

**BAGARRER (SE)**, verbe pronom. [3]
Se battre, se quereller. 🕮 [bagaʀe].

**BAGATELLE**, subst. f.
Chose de peu de valeur. – Petite somme d'argent : *Pour la* **bagatelle** *de quarante francs.* – Jeu amoureux : *Aimer la* **bagatelle.** 🕮 [bagatɛl].

**BAGNARD**, subst. m.
Forçat. 🕮 [baɲaʀ].

**BAGNE**, subst. m.
Établissement où étaient détenus les condamnés aux travaux forcés. 🕮 [baɲ].

**BAGOU**, subst. m.
Manière de parler volubile. 🕮 On écrit aussi *bagout* ; [bagu].

**BAGUE**, subst. f.
Anneau porté au doigt. – Objet en forme d'anneau : **Bague** *de cigare.* 🕮 [bag].

**BAGUENAUDER**, verbe intrans. [3]
Flâner, se balader. 🕮 [bagnode].

**BAGUER**, verbe trans. [3]
Garnir, orner d'une ou de plusieurs bagues. 🕮 [bage].

**BAGUETTE**, subst. f.
Petit bâton mince et allongé, parfois flexible : **Baguettes** *de tambour.* – Moulure de bois. – Pain long et mince. 🕮 [bagɛt].

**BAHUT**, subst. m.
Coffre de bois ; meuble rustique large et bas. – Fam. Camion. – Collège, lycée. 🕮 [bay].

**BAI, BAIE**, adj. et subst.
Se dit d'un cheval à la robe brune, aux crins et aux extrémités noirs. 🕮 [bɛ].

**BAIE (I)**, subst. f.
Petit golfe. 🕮 [bɛ].

**BAIE (II)**, subst. f.
Fruit charnu à pépins. 🕮 [bɛ].

**BAIE (III)**, subst. f.
Ouverture pratiquée dans une façade : *Une* **baie** *vitrée.* 🕮 [bɛ].

**BAIGNADE**, subst. f.
Action de se baigner. – Endroit aménagé à cet effet. 🕮 [bɛɲad].

**BAIGNER**, verbe [3]
Trans. Mettre dans un bain, en partic. pour laver ; mouiller. – Pour un fleuve, une mer, arroser, border : *La plaine que* **baigne** *le Pô.* – Fig. Envelopper. – Intrans. Être plongé (dans un liquide) ; au fig. : *La chambre* **baigne** *dans l'obscurité.* 🕮 [beɲe].

**BAIGNOIRE**, subst. f.
Cuve où l'on peut se baigner. – Loge de rez-de-chaussée, au théâtre. 🕮 [bɛɲwaʀ].

**BAIL, BAUX**, subst. m.
Contrat de louage. 🕮 [baj], plur. [bo].

**BÂILLER**, verbe intrans. [3]
Action réflexe d'ouvrir la bouche en inspirant, par ennui, fatigue, faim. – Être mal joint, mal fermé : *La porte* **bâille.** 🕮 [baje].

**BAILLEUR, ERESSE**, adj. et subst.
Qui donne à bail. – **Bailleur** *de fonds* : qui fournit des fonds. 🕮 [bajœʀ, -jʀɛs].

**BAILLI**, subst. m.
Représentant judiciaire et administratif officiant au nom du roi. 🕮 [baji].

**BÂILLON**, subst. m.
Étoffe placée contre la bouche de qqn pour le réduire au silence. 🕮 [bajɔ̃].

**BÂILLONNER**, verbe trans. [3]
Mettre un bâillon à (qqn). – Fig. Réduire au silence. 🕮 [bajone].

**BAIN**, subst. m.
Endroit où l'on se baigne ; au plur. : thermes. – Action de se plonger dans l'eau ; au fig. : **Bain** *de soleil.* – Chim. Solution dans laquelle on plonge un corps. 🕮 [bɛ̃].

**BAIN-MARIE**, subst. m.
Eau bouillante dans laquelle on met un récipient dont on veut chauffer le contenu. 🕮 Plur. *bains-marie* ; [bɛ̃maʀi].

**BAÏONNETTE**, subst. f.
Arme blanche qui s'ajuste au canon d'un fusil. – *À* **baïonnette** : qui se fixe comme cette arme. 🕮 [bajɔnɛt].

**BAISEMAIN**, subst. m.
Baiser donné sur la main de qqn en signe d'hommage. 🕮 [bɛzmɛ̃].

**BAISER (I)**, verbe trans. [3]
Poser ses lèvres sur. – Fam. Berner. – Avoir des relations sexuelles avec. 🕮 [beze].

**BAISER (II)**, subst. m.
Action de baiser, d'embrasser. 🕮 [beze].

**BAISSE**, subst. f.
Action de baisser. – Diminution, déclin. – *Spéculer à la* **baisse** : spéculer sur la baisse des cours. 🕮 [bɛs].

**BAISSER**, verbe [3]
Trans. Mettre plus bas, diriger vers le bas. – Diminuer : **Baisser** *les prix.* – Intrans. Diminuer de hauteur, d'intensité, de qualité. – Pronom. Se rapprocher du sol. 🕮 [bese].

**BAJOUE**, subst. f.
Partie de la tête d'un animal comprise entre l'œil et la mâchoire. – Joue pendante d'une personne. 🕮 [baʒu].

**BAKÉLITE**, subst. f.
Résine synthétique isolante, imitant l'ambre. 🕮 N. déposé ; [bakelit].

**BAL, BALS**, subst. m.
Réception, lieu où l'on danse. 🕮 [bal].

**BALADE**, subst. f.
Promenade sans but, sans hâte. 🕮 [balad].

**BALADER (SE),** verbe pronom. [3]
Faire une balade. 🕮 [balade].

**BALADEUR, EUSE,** subst.
Personne qui aime à se balader. – Masc.
Lecteur portatif de cassettes ou de disques compacts. – Fém. Lampe électrique qu'on peut déplacer avec soi. 🕮 [baladœʀ, -øz].

**BALADIN, INE,** subst.
Saltimbanque, membre d'une troupe de théâtre ambulant. 🕮 [baladɛ̃, -in].

**BALAFRE,** subst. f.
Entaille faite par une arme tranchante, cicatrice, souv. au visage. 🕮 [balafʀ].

**BALAI,** subst. m.
Brosse fixée à un manche, servant à nettoyer le sol. – *Manche à* **balai** : levier de commande d'un avion. – **Balai** *d'essuie-glace* : lame en caoutchouc qui nettoie le pare-brise. 🕮 [balɛ].

**BALANCE,** subst. f.
Instrument qui sert à peser. – Fig. *Mettre en* **balance** : comparer. – Comparaison des débits et des crédits. – Septième signe du zodiaque. 🕮 [balɑ̃s].

**BALANCEMENT,** subst. m.
Mouvement de ce qui balance. 🕮 [balɑ̃smɑ̃].

**BALANCER,** verbe [4]
Trans. Mouvoir alternativement dans un sens et dans un autre. – Intrans. Osciller. – Fig. Hésiter. 🕮 [balɑ̃se].

**BALANCIER,** subst. m.
Dans un mécanisme, pièce assurant la régulation d'un mouvement : **Balancier** *d'une horloge.* – Long bâton servant à équilibrer. 🕮 [balɑ̃sje].

**BALANÇOIRE,** subst. f.
Siège suspendu par deux cordes, sur lequel on peut se balancer. 🕮 [balɑ̃swaʀ].

**BALAYER,** verbe trans. [15]
Nettoyer avec un balai. – Emporter : *La crue a* tout balayé. – Parcourir (une surface), l'explorer : *Un radar* **balaie** *le ciel.* – Fig. Repousser, écarter : **Balayer** *les préjugés.* 🕮 [baleje].

**BALBUTIEMENT,** subst. m.
Action de balbutier. – Plur. Débuts hésitants. 🕮 [balbysimɑ̃].

**BALBUTIER,** verbe [6]
Parler difficilement, avec hésitation ou confusément. 🕮 [balbysje].

**BALCON,** subst. m.
Plate-forme à balustrade, saillant de la façade d'un bâtiment. – Galerie d'une salle de spectacle, au-dessus de l'orchestre. 🕮 [balkɔ̃].

**BALDAQUIN,** subst. m.
Ensemble de tentures placées au-dessus d'un lit, d'un trône. 🕮 [baldakɛ̃].

**BALEINE,** subst. f.
Cétacé, le plus grand des animaux (jusqu'à 30 m de long). – Lame ou tige flexible : *Une* **baleine** *de parapluie.* 🕮 [balɛn].

**BALEINIER, IÈRE,** adj. et subst. m.
Adj. Relatif à la pêche à la baleine. – Subst. Navire pour cette pêche. 🕮 [balenje, -jɛʀ].

**BALISE,** subst. f.
Objet indiquant aux pilotes et aux marins la voie à suivre. 🕮 [baliz].

**BALISER,** verbe [3]
Trans. Marquer, jalonner de balises. – Intrans. Avoir peur (fam.). 🕮 [balize].

**BALISTIQUE,** adj. et subst. f.
Adj. Relatif au trajet des projectiles. – Subst. Science étudiant la trajectoire des objets lancés dans l'espace. 🕮 [balistik].

**BALIVERNE,** subst. f.
Propos insignifiant ou erroné. 🕮 [balivɛʀn].

**BALLADE,** subst. f.
Poème à couplets et refrain. – Pièce de musique inspirée par ce type de poème. 🕮 [balad].

**BALLANT, ANTE,** adj.
Qui se balance mollement, en pendant : *Bras* **ballants.** 🕮 [balɑ̃, -ɑ̃t].

**BALLAST,** subst. m.
Matériau, remblai de pierraille soutenant les traverses d'une voie ferrée. – Dans un sous-marin, réservoir de plongée. 🕮 [balast].

**BALLE (I),** subst. f.
Pelote élastique utilisée dans de nombreux jeux. – Petit projectile d'arme à feu. – *Enfant de la* **balle** : qui exerce le métier de ses parents, en partic. dans le spectacle. 🕮 [bal].

**BALLE (II),** subst. f.
Paquet emballé dans une grosse toile : *Une* **balle** *de coton.* – Meule. 🕮 [bal].

**BALLERINE,** subst. f.
Danseuse de ballet. – Chaussure plate évoquant un chausson de danse. 🕮 [balʀin].

**BALLET,** subst. m.
Spectacle de danse. – *Corps de* **ballet** : troupe de danseurs. 🕮 [balɛ].

**BALLON,** subst. m.
Grande balle (I) gonflée d'air utilisée dans de nombreux sports. – Jouet en forme de sphère qui flotte dans l'air. – Aérostat, montgolfière : **Ballon-**sonde, pour les observations météorologiques. – Montagne au sommet arrondi. 🕮 [balɔ̃].

**BALLOT,** subst. m.
Petite balle (II), paquet. 🕮 [balo].

**BALLOTIN,** subst. m.
Petit emballage de confiseries. 🕮 [balotɛ̃].

**BALLOTTAGE,** subst. m.
Lors d'une élection, situation, à l'issue du premier tour, dans laquelle aucun candidat n'a obtenu la majorité requise. 🕮 [balotaʒ].

55

**BALLOTTER, verbe [3]**
Trans. Secouer dans tous les sens. – Fig.
Faire passer par des sentiments contraires.
– Intrans. Être secoué en tous sens.
🕮 [balɔte].

**BAL(L)UCHON, subst. m.**
Petit paquet de vêtements ramassés dans
un tissu noué. 🕮 [balyʃɔ̃].

**BALNÉAIRE, adj.**
Relatif aux bains de mer. 🕮 [balneɛʀ].

**BALOURD, OURDE, adj. et subst.**
Maladroit, stupide. 🕮 [baluʀ, -uʀd].

**BALOURDISE, subst. f.**
Caractère du balourd. – Acte, propos
stupide et maladroit. 🕮 [baluʀdiz].

**BALSA, subst. m.**
Arbre au bois très léger. – Ce bois, souv.
utilisé pour fabriquer des maquettes.
🕮 [balza].

**BALUSTRADE, subst. f.**
Clôture à hauteur d'appui faite de colon-
nettes surmontées d'une tablette. – Garde-
corps ajouré. 🕮 [balystʀad].

**BAMBIN, INE, subst.**
Jeune enfant (fam.). 🕮 [bɑ̃bɛ̃, -in].

**BAMBOU, subst. m.**
Plante arborescente exotique aux longues
tiges flexibles. 🕮 [bɑ̃bu].

**BAN, subst. m.**
Applaudissements rythmés. – Plur. Proclamation d'un futur mariage. 🕮 [bɑ̃].

**BANAL (I), ALE, AUX, adj.**
Que les vassaux étaient obligés d'utiliser,
contre une redevance : *Des fours* **banaux**.
🕮 [banal].

**BANAL (II), ALE, ALS, adj.**
Commun, sans originalité. 🕮 [banal].

**BANALISER, verbe trans. [3]**
Rendre banal. 🕮 [banalize].

**BANALITÉ, subst. f.**
Caractère de ce qui est banal. 🕮 [banalite].

**BANANE, subst. f.**
Fruit du bananier. 🕮 [banan].

**BANANERAIE, subst. f.**
Plantation de bananiers. 🕮 [bananʀɛ].

**BANANIER, subst. m.**
Plante cultivée dans les régions chaudes
pour ses fruits, les bananes. – Cargo équipé
pour le transport des bananes. 🕮 [bananje].

**BANC, subst. m.**
Siège étroit et allongé, à plusieurs places.
– Couche de matières amassées : *Un banc
de sable.* – Groupe important, en parlant
de poissons. – **Banc** *d'essai* : bâti où l'on
monte les moteurs pour les tester ; au fig.,
épreuve. 🕮 [bɑ̃].

**BANCAIRE, adj.**
Qui se rapporte à la banque. 🕮 [bɑ̃kɛʀ].

**BANCAL, ALE, ALS, adj.**
Instable : *Une table* **bancale**. – Fig. *Un
raisonnement* **bancal** : sans base solide.
🕮 [bɑ̃kal].

**BANDAGE, subst. m.**
Action de bander une partie du corps ;
la bande elle-même. – Cercle de fer ou
de caoutchouc entourant une roue.
🕮 [bɑ̃daʒ].

**BANDE (I), subst. f.**
Morceau de tissu ou d'une autre matière,
long et étroit, qui sert à bander. – Partie
étroite et allongée ; large rayure : **Bandes**
*de couleur*. – **Bande-annonce** : montage
d'extraits d'un film à des fins publicitaires.
– **Bande** *magnétique* : support d'enregistrement électromagnétique (images, sons,
etc.). – Rebord élastique d'un billard.
– **Bande** *dessinée* (B.D.) : suite de dessins
souv. assortis de paroles, de commentaires
écrits et constituant une histoire. 🕮 [bɑ̃d].

**BANDE (II), subst. f.**
Groupe de personnes. 🕮 [bɑ̃d].

**BANDEAU, subst. m.**
Bande de tissu servant à ceindre le
front, à retenir les cheveux ou à couvrir
les yeux de qqn pour l'empêcher de voir.
🕮 [bɑ̃do].

**BANDELETTE, subst. f.**
Petite bande étroite. 🕮 [bɑ̃dlɛt].

**BANDER, verbe [3]**
Trans. Entourer, comprimer avec une
bande. – Tendre : **Bander** *la corde d'un arc*.
– Intrans. Avoir une érection (fam.).
🕮 [bɑ̃de].

**BANDERILLE, subst. f.**
Dard qu'on plante sur le garrot du taureau
pendant la corrida. 🕮 [bɑ̃dʀij].

**BANDEROLE, subst. f.**
Longue bande qu'on peut déployer et qui
porte une inscription. 🕮 [bɑ̃dʀɔl].

**BANDIT, subst. m.**
Malfaiteur qui vit de brigandages. – Personne sans scrupules. 🕮 [bɑ̃di].

**BANDITISME, subst. m.**
Ensemble des agissements des bandits.
🕮 [bɑ̃ditism].

**BANDOULIÈRE, subst. f.**
Lanière servant à porter qqch. à l'épaule.
– *En* **bandoulière** : porté de l'épaule à la
hanche opposée. 🕮 [bɑ̃duljɛʀ].

**BANJO, subst. m.**
Sorte de guitare à long manche et à caisse
ronde tendue de peau. 🕮 [bɑ̃(d)ʒo].

**BANLIEUE, subst. f.**
Ensemble des localités aux alentours d'une
grande ville. 🕮 [bɑ̃ljø].

**BANLIEUSARD, ARDE, subst.**
Qui vit en banlieue. – Empl. adj. De la
banlieue. 🕮 [bɑ̃ljøzaʀ, -aʀd].

**BANNIÈRE, subst. f.**
Étendard, emblème. 🕮 [banjɛʀ].

**BANNIR, verbe trans. [19]**
Condamner (qqn) à quitter son pays, sa ville. – Écarter, rejeter. 🕮 [baniʀ].

**BANQUE, subst. f.**
Établissement spécialisé dans le commerce de l'argent. 🕮 [bɑ̃k].

**BANQUEROUTE, subst. f.**
Faillite frauduleuse : *Faire* banqueroute. – Fig. Échec, débâcle. 🕮 [bɑ̃kʀut].

**BANQUET, subst. m.**
Festin, repas festif réunissant de nombreux convives. 🕮 [bɑ̃kɛ].

**BANQUETTE, subst. f.**
Siège en forme de banc, avec ou sans dossier, rembourré ou canné. 🕮 [bɑ̃kɛt].

**BANQUIER, IÈRE, subst.**
Personne faisant commerce de l'argent. – Directeur d'une banque. 🕮 [bɑ̃kje, -jɛʀ].

**BANQUISE, subst. f.**
Dans les régions polaires, ensemble des glaces formées par l'eau de mer congelée. 🕮 [bɑ̃kiz].

**BAOBAB, subst. m.**
Arbre tropical, fameux pour le diamètre de son tronc (jusqu'à 7 m). 🕮 [baɔbab].

**BAPTÊME, subst. m.**
Sacrement qui fait entrer qqn dans la communauté chrétienne. – *Baptême de l'air* : premier vol en avion. 🕮 [batɛm].

**BAPTISER, verbe trans. [3]**
Donner le baptême à (qqn). – Donner un nom à : Baptiser *une rue*. 🕮 [batize].

**BAPTISMAL, ALE, AUX, adj.**
Qui est propre au baptême : *Les fonts* baptismaux. 🕮 [batismal].

**BAPTISTÈRE, subst. m.**
Bâtiment attenant à une église, où est administré le baptême. 🕮 [batistɛʀ].

**BAQUET, subst. m.**
Récipient de bois à usage domestique. – Siège bas d'une voiture de sport. 🕮 [bakɛ].

**BAR (I), subst. m.**
Débit de boissons où l'on consomme debout ou assis sur de hauts tabourets, devant un comptoir. – Comptoir. 🕮 [baʀ].

**BAR (II), subst. m.**
Poisson de mer appelé aussi loup, très recherché pour sa chair. 🕮 [baʀ].

**BARAGOUINER, verbe [3]**
Parler mal une langue. – Tenir des propos inintelligibles. 🕮 [baʀagwine].

**BARAQUE, subst. f.**
Construction rudimentaire en planches. – Logement misérable (fam.). 🕮 [baʀak].

**BARAQUEMENT, subst. m.**
Ensemble de logements improvisés, rudimentaires. 🕮 [baʀakmɑ̃].

**BARATIN, subst. m.**
Discours trompeur ou flatteur (fam.). 🕮 [baʀatɛ̃].

**BARATINER, verbe [3]**
Faire du baratin à (qqn). 🕮 [baʀatine].

**BARATTE, subst. f.**
Récipient servant à battre la crème du lait pour produire le beurre. 🕮 [baʀat].

**BARBARE, adj. et subst.**
Étranger, pour les anciens Grecs et Romains. – Fig. Non civilisé ; non conforme aux usages. – Cruel, sauvage. 🕮 [baʀbaʀ].

**BARBARIE, subst. f.**
État de ce qui est barbare, cruel. 🕮 [baʀbaʀi].

**BARBARISME, subst. m.**
Faute de langue qui se caractérise par l'emploi impropre ou la déformation d'un mot. 🕮 [baʀbaʀismֳ].

**BARBE, subst. f.**
Pilosité qui pousse sur les joues et le menton des hommes. – Pointe des épis de certaines céréales. 🕮 [baʀb].

**BARBECUE, subst. m.**
Installation permettant de griller des aliments en plein air. 🕮 [baʀbəkju].

**BARBELÉ, ÉE, adj. et subst. m.**
Adj. Garni de pointes, comme les barbes d'un épi. – Subst. Fil de fer barbelé, utilisé en gén. pour clôturer. 🕮 [baʀbəle].

**BARBER, verbe trans. [3]**
Ennuyer (fam.). 🕮 [baʀbe].

**BARBICHE, subst. f.**
Petite barbe effilée, au menton. 🕮 [baʀbiʃ].

**BARBIER, subst. m.**
Coiffeur qui taillait ou rasait la barbe. 🕮 [baʀbje].

**BARBITURIQUE, subst. m.**
Médicament, dérivé synthétique de l'urée, utilisé comme sédatif. 🕮 [baʀbityʀik].

**BARBOTER, verbe [3]**
Intrans. S'agiter, patauger dans l'eau, dans la boue. – Trans. Voler (fam.). 🕮 [baʀbɔte].

**BARBOTEUSE, subst. f.**
Vêtement d'enfant sans manches, à culotte courte bouffante. 🕮 [baʀbɔtøz].

**BARBOUILLER, verbe trans. [3]**
Salir, enduire grossièrement (une surface). – Peindre de façon médiocre ; écrire sans soin, à la hâte. 🕮 [baʀbuje].

**BARBUE, subst. f.**
Poisson de mer plat. 🕮 [baʀby].

**BARDA, subst. m.**
Fam. Paquetage d'un soldat. – Chargement que l'on transporte avec soi. 🕮 [baʀda].

**BARDE (I), subst. m.**
Poète celte qui s'accompagnait d'une lyre. – Poète lyrique, aède. 🕮 [baʀd].

**BARDE (II),** subst. f.
Fine tranche de lard enveloppant une pièce de viande qui doit être rôtie. 🔊 [baʀd].

**BARDER,** verbe trans. [3]
Entourer (une viande) de tranches de lard. – Fig. *Être* **bardé** *de diplômes* : avoir beaucoup de diplômes. – Pronom. Se protéger. 🔊 [baʀde].

**BARÈME,** subst. m.
Répertoire de calculs déjà effectués, livre de comptes. – Table de tarifs ou de données chiffrées. 🔊 [baʀɛm].

**BARGE,** subst. f.
Bateau à fond plat ressemblant à une péniche. 🔊 [baʀ3].

**BARIL,** subst. m.
Petit tonneau. 🔊 [baʀi(l)].

**BARILLET,** subst. m.
Petit baril. – *Barillet d'un revolver* : cylindre où se logent les cartouches. 🔊 [baʀijɛ].

**BARIOLER,** verbe trans. [3]
Peindre de couleurs vives mal assemblées. 🔊 [baʀjɔle].

**BARMAN,** subst. m.
Garçon de comptoir. 🔊 Plur. *barmans* ou *barmen* ; [baʀman], plur. [baʀmɛn].

**BAROMÈTRE,** subst. m.
Instrument utilisé pour mesurer la pression atmosphérique. – Fig. Indicateur de tendance. 🔊 [baʀɔmɛtʀ].

**BARON, ONNE,** subst.
Titre nobiliaire, entre vicomte et chevalier. 🔊 [baʀɔ̃, -ɔn].

**BAROQUE,** adj. et subst.
Se dit du style artistique né en Italie après 1580, caractérisé, en architecture, par des décorations riches, des courbes et des enroulements. – Bizarre. 🔊 [baʀɔk].

**BAROUD,** subst. m.
Combat. – *Un* **baroud** *d'honneur* : ultime combat, pour sauver l'honneur. 🔊 [baʀud].

**BARQUE,** subst. f.
Petit bateau sans pont. 🔊 [baʀk].

**BARQUETTE,** subst. f.
Petite barque. – Petit panier utilisé pour conditionner certains aliments. – Petite pâtisserie de forme ovale. 🔊 [baʀkɛt].

**BARRACUDA,** subst. m.
Poisson des mers chaudes réputé pour sa voracité. 🔊 [baʀakuda].

**BARRAGE,** subst. m.
Obstacle qui ferme un passage. – Ouvrage construit sur un cours d'eau pour le dériver ou pour utiliser sa force. 🔊 [baʀa3].

**BARRE,** subst. f.
Pièce longue, étroite, droite et rigide, en métal, en bois, etc. ; objet qui en a la forme. – Trait allongé : *Barre de fraction.* – Barrière qui séparait les juges du public, dans une salle d'audience : *Appeler un témoin à la* **barre.** – Dispositif de commande du gouvernail d'un bateau. – Haut-fond à l'embouchure d'un fleuve. – **Barres** *parallèles, asymétriques* : agrès de gymnastique. – Fig. Niveau, seuil. 🔊 [baʀ].

**BARREAU,** subst. m.
Petite barre servant de clôture ou de support. – Enceinte réservée aux avocats, dans un tribunal ; ensemble des avocats d'une juridiction. 🔊 [baʀo].

**BARRER,** verbe trans. [3]
Bloquer au moyen d'une barre ; obstruer. – Rayer, biffer d'un trait. – Manier la barre de (un bateau). 🔊 [baʀe].

**BARRETTE,** subst. f.
Bijou. – Décoration montée sur une petite barre. – Pince à cheveux. 🔊 [baʀɛt].

**BARREUR, EUSE,** subst.
Personne tenant la barre d'un bateau. 🔊 [baʀœʀ, -øz].

**BARRICADE,** subst. f.
Amas d'objets destiné à barrer une rue lors d'un affrontement. 🔊 [baʀikad].

**BARRICADER,** verbe trans. [3]
Obstruer avec une barricade. – Pronom. S'enfermer avec soin. 🔊 [baʀikade].

**BARRIÈRE,** subst. f.
Assemblage de barres empêchant le passage. – Fig. Obstacle à la libre circulation des biens et des personnes : **Barrières** *douanières.* – Obstacle naturel : *Une* **barrière** *de récifs.* 🔊 [baʀjɛʀ].

**BARRIQUE,** subst. f.
Tonneau d'env. 200 litres. 🔊 [baʀik].

**BARRIR,** verbe intrans. [19]
Pousser son cri (barrissement), en parlant de l'éléphant. 🔊 [baʀiʀ].

**BARYTON,** subst. m.
Voix masculine, entre le ténor et la basse. – Empl. adj. *Un saxophone* **baryton.** 🔊 [baʀitɔ̃].

**BAS (I), BASSE,** adj., subst. m. et adv.
Adj. Qui n'est pas haut, par réf. à ses dimensions, à sa situation dans l'espace ou dans le temps : *Une maison* **basse** ; *La marée est* **basse** ; *Le bas Moyen Âge.* – Fig. *Faire main* **basse** *sur* : prendre, voler. – *Ici-bas* : sur terre. – *Un son à* **basse** *fréquence* : un son grave ; *À voix* **basse** : doucement. – *Un enfant en* **bas** *âge* : jeune. – *À* **bas** *prix* : à faible prix. – *De* **basses** *intentions* : mesquines. – Subst. La partie inférieure de qqch. : *Le* **bas** *d'une échelle.* – Adv. À faible altitude, à un niveau inférieur : *Voler* **bas** ; *Voir plus* **bas** *(dans le texte).* – *Être bien* **bas** : être mal en point. 🔊 [ba, bɑs].

**BAS (II),** subst. m.
Pièce d'habillement qui couvre le pied, la jambe et la cuisse. 🔊 [bɑ].

**BASALTE**, subst. m.
Roche éruptive lourde et noire. 🕮 [bazalt].

**BASANÉ, ÉE**, adj.
Bruni par le soleil, hâlé. 🕮 [bazane].

**BAS-CÔTÉ**, subst. m.
Nef latérale d'une église. – Espace aménagé entre une chaussée et un fossé. 🕮 Plur. *bas-côtés* ; [bokote].

**BASCULE**, subst. f.
Levier mobile, sur un pivot, actionné par contrepoids pour obtenir un balancement. – Appareil de pesage, balance. 🕮 [baskyl].

**BASCULER**, verbe [3]
Intrans. Faire un mouvement de bascule, chavirer ; au fig. : **Basculer** *d'un extrême à l'autre*. – Trans. Renverser en déséquilibrant : **Basculer** *un wagon*. 🕮 [baskyle].

**BASE (I)**, subst. f.
Partie inférieure d'un objet sur laquelle il repose : *La* **base** *d'une colonne*. – Fig. Fondement (d'une idée, d'un principe). – *À* **base** *de* : principalement constitué de. – Point d'attache, stratégique ou tactique : **Base** *aérienne*. – *Géom*. Côté à partir duquel on mesure la hauteur d'un corps ou d'une figure plane. 🕮 [baz].

**BASE (II)**, subst. f.
Substance chimique qui neutralise les acides en se combinant à eux. 🕮 [baz].

**BASE-BALL**, subst. m.
Sport dérivé du cricket, pratiqué surtout aux États-Unis. 🕮 Plur. *base-balls* ; [bɛzbol].

**BASER**, verbe trans. [3]
Prendre, donner pour base (I). – Appuyer, fonder. – Attacher à une base militaire. 🕮 [baze].

**BAS-FOND**, subst. m.
Fond de la mer ou d'un fleuve, au-dessus duquel il y a peu d'eau. – Partie enfoncée d'un terrain. – Fig. Plur. Lieu où règne la déchéance. 🕮 Plur. *bas-fonds* ; [bafɔ̃].

**BASILIC**, subst. m.
Plante aromatique utilisée comme condiment. 🕮 [bazilik].

**BASILIQUE**, subst. f.
Église de plan rectangulaire terminée par un hémicycle. – Église dont on veut honorer l'importance. 🕮 [bazilik].

**BASIQUE**, adj.
Fondamental. – *Chim*. Qui possède les caractères d'une base (II). 🕮 [bazik].

**BASKET**, subst. f.
Chaussure de basket-ball. 🕮 [baskɛt].

**BASKET(-BALL)**, subst. m.
Sport (2 équipes de 5 joueurs) consistant à envoyer le ballon dans le panier adverse. 🕮 Plur. *basket-balls* ; [baskɛt(bol)].

**BASKETTEUR, EUSE**, subst.
Joueur de basket. 🕮 [basketœʀ, -øz].

**BASQUE**, subst. f.
Partie d'un vêtement descendant au-dessous de la taille. 🕮 [bask].

**BAS-RELIEF**, subst. m.
Sculpture en faible saillie sur un fond. 🕮 Plur. *bas-reliefs* ; [baʀəljɛf].

**BASSE**, subst. f.
Partie, voix ou instrument faisant entendre les sons les plus graves. 🕮 [bas].

**BASSE-COUR**, subst. f.
Cour d'une ferme où l'on élève les volailles et les lapins. – L'ensemble de ces animaux. 🕮 Plur. *basses-cours* ; [baskuʀ].

**BASSESSE**, subst. f.
Caractère de ce qui est inférieur, de ce qui est méprisable. – Action vile. 🕮 [basɛs].

**BASSET**, subst. m.
Chien courant, à pattes courtes. 🕮 [basɛ].

**BASSIN**, subst. m.
Récipient portatif, à usage domestique. – Construction destinée à contenir de l'eau. – Région arrosée par un cours d'eau et par ses affluents. – *Anat*. Ceinture osseuse formant la base du tronc. – *Géol*. Vaste dépression comblée par des sédiments ; gisement. 🕮 [basɛ̃].

**BASSINE**, subst. f.
Grand récipient circulaire. 🕮 [basin].

**BASSON**, subst. m.
*Mus*. Instrument de la famille des hautbois, dont il constitue la basse. 🕮 [basɔ̃].

**BASTIDE**, subst. f.
Maison de campagne provençale. – Village fortifié, dans le Sud-Ouest. 🕮 [bastid].

**BASTILLE**, subst. f.
Ouvrage fortifié situé à l'entrée d'une ville. 🕮 [bastij].

**BASTINGAGE**, subst. m.
Garde-corps, sur un bateau. 🕮 [bastɛ̃gaʒ].

**BASTION**, subst. m.
Ouvrage en saillie sur l'enceinte d'une place forte. – Fig. Ce qui défend activement : *La Chine*, **bastion** *du communisme*. 🕮 [bastjɔ̃].

**BASTONNADE**, subst. f.
Volée de coups de bâton. 🕮 [bastɔnad].

**BASTRINGUE**, subst. f.
Fam. Bal populaire. – Vacarme, chahut. – Attirail. 🕮 [bastʀɛ̃g].

**BAS-VENTRE**, subst. m.
Partie du ventre située au-dessous du nombril. 🕮 Plur. *bas-ventres* ; [bavɑ̃tʀ].

**BÂT**, subst. m.
Harnachement des bêtes de somme permettant le port de charges. 🕮 [ba].

**BATAILLE**, subst. f.
Combat qui oppose deux ou plusieurs armées. – Querelle, lutte violente. 🕮 [bataj].

**BATAILLER**, verbe intrans. [3]
Lutter avec ténacité. 🕮 [bataje].

59

**BATAILLON**, subst. m.
Unité d'infanterie composée de plusieurs compagnies. – Groupe important. ▨ [batajõ].

**BÂTARD, ARDE**, adj. et subst.
Né hors du mariage. – Qui tient de deux races, en parlant d'un animal. – De moindre qualité. ▨ [bɑtaʀ, -aʀd].

**BÂTÉ, ÉE**, adj.
Qui porte un bât. – Fig. *Âne* bâté : idiot. ▨ [bɑte].

**BATEAU**, subst. m.
Tout ouvrage flottant destiné à naviguer ; navire. ▨ [bato].

**BATELIER, IÈRE**, adj. et subst.
Professionnel naviguant sur les rivières et les canaux ; marinier. ▨ [batəlje, -jɛʀ].

**BAT-FLANC**, subst. m. inv.
Pièce de bois séparant deux chevaux dans une écurie. – Panneau de bois rabattable servant de lit. ▨ [baflõ].

**BATHYSCAPHE**, subst. m.
Engin de plongée autonome servant à explorer les grands fonds. ▨ [batiskaf].

**BÂTI, IE**, adj. et subst. m.
Adj. Construit, édifié. – Fig. Proportionné. – Subst. Assemblage destiné à supporter ou à consolider. – Couture provisoire à grands points. ▨ [bɑti].

**BATIFOLER**, verbe intrans. [3]
Folâtrer. ▨ [batifɔle].

**BÂTIMENT**, subst. m.
Édifice. – Industrie, métiers de la construction. – Navire de fort tonnage. ▨ [bɑtimã].

**BÂTIR**, verbe trans. [19]
Construire. – Coudre à grands points. ▨ [bɑtiʀ].

**BÂTISSE**, subst. f.
Grande maison sans caractère. ▨ [bɑtis].

**BÂTISSEUR, EUSE**, subst.
Personne qui construit. ▨ [bɑtisœʀ, -øz].

**BÂTON**, subst. m.
Fin morceau de bois plus ou moins long. – Objet en forme de bâton. ▨ [bɑtõ].

**BÂTONNIER**, subst. m.
Avocat élu pour représenter son ordre auprès d'une cour, d'un tribunal. ▨ [bɑtɔnje].

**BATRACIEN**, voir **AMPHIBIEN**

**BATTAGE**, subst. m.
Action de battre des plantes pour séparer le grain de l'épi ou de la tige. ▨ [bataʒ].

**BATTANT (I), ANTE**, subst.
Personne combative. – Masc. Pièce mobile suspendue dans une cloche, dont elle vient taper la paroi. – **Battant** *d'une porte* : sa partie mobile. ▨ [batã, -ãt].

**BATTANT (II), ANTE**, adj.
*Pluie* battante : qui tombe avec force. – *Porte* battante : qui s'ouvre dans les deux sens et se ferme toute seule. ▨ [batã, -ãt].

**BATTE**, subst. f.
Outil servant à battre. – Bâton servant à renvoyer la balle : **Batte** *de cricket*. ▨ [bat].

**BATTEMENT**, subst. m.
Choc qui se répète par intervalles ; le bruit qui en résulte. – Mouvement alterné et rapide. – Pulsation d'un organe. – Intervalle de temps. ▨ [batmã].

**BATTERIE**, subst. f.
Ensemble d'éléments utilisés pour le même but : **Batterie** *de cuisine*. – Ensemble de bouches à feu, de canons. – Appareil fournissant de l'électricité. – *Mus.* Instrument regroupant plusieurs percussions. ▨ [batʀi].

**BATTEUR, EUSE**, subst.
Personne qui bat ou qui fait le battage. – *Mus.* Joueur de batterie. – Masc. Appareil pour battre des aliments. ▨ [batœʀ, -øz].

**BATTOIR**, subst. m.
Instrument servant à battre. ▨ [batwaʀ].

**BATTRE**, verbe [61]
Trans. Frapper de coups répétés. – Agiter : **Battre** *des œufs*. – **Battre** *la mesure* : marquer le rythme. – Vaincre. – Intrans. **Battre** *des mains* : applaudir. – Pronom. Combattre. ▨ [batʀ].

**BATTU, UE**, adj.
*Terre* battue : foulée, durcie. – Fig. *Avoir les yeux* battus : paraître épuisé. ▨ [baty].

**BATTUE**, subst. f.
Action de rabattre le gibier vers des tireurs en frappant les taillis. ▨ [baty].

**BAUDET**, subst. m.
Âne. – Fig. Ignorant, sot. ▨ [bodɛ].

**BAUDRIER**, subst. m.
Bande de cuir ou d'étoffe portée en écharpe et supportant une arme. ▨ [bodʀije].

**BAUDRUCHE**, subst. f.
Membrane de caoutchouc dont on fait des ballons. ▨ [bodʀyʃ].

**BAUGE**, subst. f.
Gîte du sanglier. – Fig. Lieu très sale, taudis. ▨ [boʒ].

**BAUME**, subst. m.
Onguent propre à adoucir ou à guérir les blessures. – Fig. Réconfort. ▨ [bom].

**BAUXITE**, subst. f.
Roche sédimentaire constituant le principal minerai d'aluminium. ▨ [boksit].

**BAVARD, ARDE**, adj. et subst.
Qui parle beaucoup. – Qui est indiscret. ▨ [bavaʀ, -aʀd].

**BAVARDAGE**, subst. m.
Action de bavarder. – Propos futiles ou indiscrets (gén. au plur.). ▨ [bavaʀdaʒ].

**BAVARDER**, verbe intrans. [3]
Parler beaucoup, de choses futiles ou indiscrètes. ▨ [bavaʀde].

**BAVE,** subst. f.
Salive qui s'écoule de la bouche. – Substance visqueuse sécrétée par certains mollusques. 🔊 [bav].

**BAVER,** verbe intrans. [3]
Laisser couler de la bave. – Se répandre, en parlant d'un liquide. 🔊 [bave].

**BAVETTE,** subst. f.
Bavoir. – Morceau du bœuf. 🔊 [bavɛt].

**BAVEUX, EUSE,** adj.
Qui bave. – *Omelette* baveuse : moelleuse à l'intérieur. 🔊 [bavø, -øz].

**BAVOIR,** subst. m.
Pièce de tissu absorbant attachée au cou des bébés. 🔊 [bavwaʀ].

**BAVURE,** subst. f.
Trace d'encre qui déborde. – Erreur plus ou moins grave. 🔊 [bavyʀ].

**BAYER,** verbe intrans. [15]
Bayer *aux corneilles* : regarder bouche bée en l'air, rêvasser. 🔊 [baje].

**BAZAR,** subst. m.
Marché couvert oriental. – Magasin vendant toutes sortes d'articles. – Fig. Lieu en désordre ; amas d'objets disparates. 🔊 [bazaʀ].

**B.C.G.,** subst. m.
Vaccin contre la tuberculose. 🔊 [beseʒe].

**BÉANT, BÉANTE,** adj.
Largement ouvert. 🔊 [beã, beãt].

**BÉAT, BÉATE,** adj.
Bienheureux. – Excessivement satisfait et serein. 🔊 [bea, beat].

**BÉATIFICATION,** subst. f.
Action de béatifier. 🔊 [beatifikasjɔ̃].

**BÉATIFIER,** verbe trans. [6]
*Relig.* Mettre (qqn) au rang des bienheureux, sans le canoniser. 🔊 [beatifje].

**BÉATITUDE,** subst. f.
*Relig.* Bonheur éternel des élus. – Sérénité, bonheur parfait, euphorie. 🔊 [beatityd].

**BEAU (I), BEL, BELLE,** adj. et adv.
Adj. Qui procure un plaisir esthétique : *Un* beau *tableau.* – Moralement admirable : *Un* bel *esprit* ; *Un* beau *geste.* – Grand ; remarquable, notable : *Un* bel *appétit* ; *Une* belle *somme.* – Agréable, plaisant : *Un* beau *temps.* – Loc. *Un* beau *jour* : un certain jour ; *Au* beau *milieu* : en plein milieu ; *L'échapper* belle : éviter de justesse. – Adv. Bel *et bien* : d'une manière certaine ; *De plus* belle : de plus en plus fort. – *Avoir* beau + inf. : *Il a* beau *faire, quoiqu'il fasse de gros efforts.* 🔊 Masc. *bel* devant un nom commençant par une voyelle ou un *h* muet ; [bo, bɛl].

**BEAU (II), BELLE,** subst.
Masc. Concept esthétique : *Le Beau, le Bien et le Vrai* ; beauté. – Fém. Fiancée, amie. – Partie décisive d'un jeu. 🔊 [bo, bɛl].

**BEAUCOUP,** adv.
En grande quantité : Beaucoup *de gens.* – Avec intensité : *Je t'aime* beaucoup. – Fréquemment : *Il est* beaucoup *venu ces derniers temps.* 🔊 [boku].

**BEAU-FILS,** subst. m.
Fils du conjoint né d'une précédente union. – Gendre. 🔊 Plur. *beaux-fils* ; [bofis].

**BEAU-FRÈRE,** subst. m.
Frère du conjoint ou époux de la sœur. 🔊 Plur. *beaux-frères* ; [bofʀɛʀ].

**BEAU-PÈRE,** subst. m.
Père du conjoint ou, pour les enfants, second mari de la mère. 🔊 Plur. *beaux-pères* ; [bopɛʀ].

**BEAUTÉ,** subst. f.
Caractère de ce qui est beau, artistiquement, physiquement ou moralement. 🔊 [bote].

**BEAUX-ARTS,** subst. m. plur.
Ensemble des arts suivants : architecture, sculpture, peinture, gravure ; on y ajoute souv. la musique et la danse. 🔊 [bozaʀ].

**BEAUX-PARENTS,** subst. m. plur.
Père et mère du conjoint. 🔊 [bopaʀã].

**BÉBÉ,** subst. m.
Très jeune enfant, nourrisson. 🔊 [bebe].

**BEC,** subst. m.
Enveloppe cornée des mâchoires d'oiseaux. – Extrémité ou avancée pointue de certains objets : Bec *d'une cruche.* 🔊 [bɛk].

**BÉCANE,** subst. f.
Bicyclette, cyclomoteur (fam.). 🔊 [bekan].

**BÉCASSE,** subst. f.
Oiseau migrateur, au long bec. – Fig. Sotte. 🔊 [bekas].

**BÉCASSINE,** subst. f.
Oiseau des marais proche de la bécasse. 🔊 [bekasin].

**BEC-DE-LIÈVRE,** subst. m.
Déformation congénitale consistant en une fente de la lèvre supérieure. 🔊 Plur. *becs-de-lièvre* ; [bɛkdəljɛvʀ].

**BÉCHAMEL,** subst. f.
Sauce blanche à base de beurre, de farine et de lait. 🔊 [beʃamɛl].

**BÊCHE,** subst. f.
Outil de jardinage fait d'une lame plate et tranchante adaptée à un manche. 🔊 [bɛʃ].

**BÊCHER,** verbe trans. [3]
Retourner (la terre) avec une bêche. 🔊 [beʃe].

**BECQUÉE,** subst. f.
Quantité de nourriture qu'un oiseau peut prendre dans son bec. 🔊 [beke].

**BECQUETER,** verbe trans. [14]
Donner des coups de bec à, picorer. – Manger (fam.). 🔊 [bɛkte].

**BEDAINE,** subst. f.
Panse, ventre rebondi. 🔊 [bədɛn].

61

**BEDEAU**, subst. m.
Employé laïque préposé au service matériel des offices dans une église. 🕮 [bədo].

**BÉDOUIN, OUINE**, adj. et subst.
Arabe nomade du désert. 🕮 [bedwɛ̃, -win].

**BÉE**, adj. f.
*Bouche bée* : grande ouverte. 🕮 [be].

**BEFFROI**, subst. m.
Tour ou clocher de ville où l'on sonnait l'alarme autrefois. 🕮 [befʀwa].

**BÉGAIEMENT**, subst. m.
Trouble de l'élocution qui se traduit par la répétition saccadée de syllabes et l'arrêt au milieu des mots. – Balbutiement. 🕮 [begɛmã].

**BÉGAYER**, verbe intrans. [15]
Être atteint de bégaiement. – Empl. trans. *Bégayer des excuses.* 🕮 [begeje].

**BÉGONIA**, subst. m.
Plante ornementale, aux vives couleurs. 🕮 [begɔnja].

**BÈGUE**, adj. et subst.
Qui est affecté de bégaiement. 🕮 [bɛg].

**BÉGUEULE**, adj. et subst.
D'une pruderie exagérée. 🕮 [begœl].

**BÉGUIN**, subst. m.
Toquade, amour passager. 🕮 [begɛ̃].

**BEIGE**, adj. et subst. m.
Couleur brun clair de la laine ou du coton non traités. 🕮 [bɛʒ].

**BEIGNET**, subst. m.
Mets frit composé de pâte enrobant un aliment. 🕮 [bɛɲɛ].

**BEL**, voir **BEAU (I)**

**BEL CANTO**, subst. m. inv.
Art du chant virtuose selon l'opéra italien. 🕮 [bɛlkãto].

**BÊLER**, verbe intrans. [3]
Émettre son cri (bêlement), en parlant du mouton ou de la chèvre. – Fig. Parler d'une voix chevrotante ; geindre. 🕮 [bele].

**BELETTE**, subst. f.
Petit mammifère carnivore, bas sur pattes, à long museau. 🕮 [bəlɛt].

**BÉLIER**, subst. m.
Mouton mâle non castré. – Poutre servant jadis à défoncer portes et murs. – Premier signe du zodiaque. 🕮 [belje].

**BELLADONE**, subst. f.
Plante dont une espèce contient de l'atropine, stupéfiant très toxique. 🕮 [beladɔn].

**BELLÂTRE**, subst. m.
Homme à la beauté un peu mièvre, satisfait de lui-même. 🕮 [bɛlɑtʀ].

**BELLE**, voir **BEAU**

**BELLE-FAMILLE**, subst. f.
Famille du conjoint. 🕮 Plur. *belles-familles* ; [bɛlfamij].

**BELLE-FILLE**, subst. f.
Épouse du fils, bru. – Fille que le conjoint a eue d'une union antérieure. 🕮 Plur. *belles-filles* ; [bɛlfij].

**BELLE-MÈRE**, subst. f.
Pour un enfant, nouvelle femme du père. – Mère du conjoint. 🕮 Plur. *belles-mères* ; [bɛlmɛʀ].

**BELLES-LETTRES**, subst. f. plur.
Arts littéraires et poétiques. 🕮 [bɛllɛtʀ].

**BELLE-SŒUR**, subst. f.
Sœur du conjoint. – Épouse du frère. 🕮 Plur. *belles-sœurs* ; [bɛlsœʀ].

**BELLICISME**, subst. m.
Penchant pour la guerre. – Doctrine qui préconise la guerre pour régler les problèmes internationaux. 🕮 [belisism].

**BELLIGÉRANCE**, subst. f.
État d'un pays en guerre. 🕮 [beliʒerãs].

**BELLIGÉRANT, ANTE**, adj. et subst.
Qui est en guerre. 🕮 [beliʒerã, -ãt].

**BELLIQUEUX, EUSE**, adj.
Qui aime la guerre. – Fig. Violent, intolérant. 🕮 [belikø, -øz].

**BELOTE**, subst. f.
Jeu de cartes, qui se pratique à 2, 3 ou 4 joueurs avec un jeu de 32 cartes. 🕮 [bəlɔt].

**BELVÉDÈRE**, subst. m.
Construction ou terrasse située en un lieu élevé, d'où la vue est dégagée. 🕮 [bɛlvedɛʀ].

**BÉMOL**, subst. m.
*Mus.* Signe d'altération (*b*), abaissant d'un demi-ton la note qu'il précède. 🕮 [bemɔl].

**BÉNÉDICTIN, INE**, adj. et subst.
Religieux qui suit la règle édictée par saint Benoît. 🕮 [benediktɛ̃, -in].

**BÉNÉDICTION**, subst. f.
Geste rituel par lequel un prêtre implore la grâce divine pour qqch. ou qqn. – Fig. Chance. 🕮 [benediksjõ].

**BÉNÉFICE**, subst. m.
Avantage. – Gain, profit. – Fig. Privilège : *Le bénéfice de l'âge.* 🕮 [benefis].

**BÉNÉFICIAIRE**, adj. et subst.
Qui procure un bénéfice. – Qui jouit d'un bénéfice. 🕮 [benefisjɛʀ].

**BÉNÉFICIER**, verbe trans. indir. [6]
Profiter, jouir (de qqch.) : *Bénéficier d'un avantage.* 🕮 [benefisje].

**BÉNÉFIQUE**, adj.
Favorable, bienfaisant. 🕮 [benefik].

**BENÊT**, adj. m. et subst. m.
Niais. 🕮 [bənɛ].

**BÉNÉVOLAT**, subst. m.
Activité non rémunérée, effectuée par une personne de son plein gré. 🕮 [benevola].

**BÉNÉVOLE**, adj. et subst.
Qui œuvre sans être rémunéré. 🕮 [benevɔl].

**BÉNI(T), I(T)E, adj.**
Béni. Qui est sous la protection de Dieu.
– Qui est source de bonheur ou d'avantages : *Des instants bénis.* – **Bénit.** Consacré rituellement : *De l'eau bénite.* 🔊 [beni, -it].

**BÉNIN, IGNE, adj.**
Sans conséquence grave. 🔊 [benɛ̃, -iɲ].

**BÉNIR, verbe trans.** [19]
Consacrer, donner la bénédiction à (qqch. ou qqn). – Louer, remercier, exalter : **Bénissons** *le ciel de ses bienfaits.* 🔊 [benir].

**BÉNITIER, subst. m.**
Vasque contenant l'eau bénite. 🔊 [benitje].

**BENJAMIN, INE, subst.**
Le plus jeune enfant d'une famille. – Jeune sportif de 11 à 13 ans. 🔊 [bɛ̃ʒamɛ̃, -in].

**BENNE, subst. f.**
Appareil, caisson, servant au transport et à la manutention de matériaux lourds : **Benne** *basculante,* montée sur le châssis d'un camion. 🔊 [bɛn].

**BENZÈNE, subst. m.**
Hydrocarbure liquide, volatil, obtenu par distillation de la houille. 🔊 [bɛ̃zɛn].

**BÉOTIEN, IENNE, adj. et subst.**
Qui est peu réceptif aux arts, qui manque de goût. 🔊 [beɔsjɛ̃, -jɛn].

**BÉQUILLE, subst. f.**
Bâton muni d'une traverse sur lequel s'appuient ceux qui marchent avec peine. – Support, étai : **Béquille** *d'une moto.* 🔊 [bekij].

**BERCAIL, subst. m. sing.**
Communauté religieuse ou familiale ; foyer : *Rentrer au bercail.* 🔊 [bɛrkaj].

**BERCEAU, subst. m.**
Lit d'enfant dans lequel on peut le bercer. – Fig. Lieu d'origine. – *Voûte en berceau* : engendrée par des arcs, souv. en plein cintre. 🔊 [bɛrso].

**BERCER, verbe trans.** [4]
Balancer doucement, avec régularité. – Fig. Calmer, endormir. – Tromper ; empl. pronom. : *Se bercer d'illusions.* 🔊 [bɛrse].

**BERCEUSE, subst. f.**
Chanson lente utilisée pour endormir un enfant. 🔊 [bɛrsøz].

**BÉRET, subst. m.**
Coiffure ronde et plate sans bord. 🔊 [berɛ].

**BERGAMOTE, subst. f.**
Plante dont l'écorce renferme une essence camphrée utilisée en parfumerie et en confiserie. 🔊 [bɛrgamɔt].

**BERGE, subst. f.**
Bord d'un cours d'eau. 🔊 [bɛrʒ].

**BERGER (I), ÈRE, subst.**
Gardien de moutons. 🔊 [bɛrʒe, -ɛr].

**BERGER (II), subst. m.**
Chien de garde ou de défense. 🔊 [bɛrʒe].

**BERGÈRE, subst. f.**
Fauteuil grand et large aux joues rembourrées et aux accoudoirs pleins. 🔊 [bɛrʒɛr].

**BERGERIE, subst. f.**
Bâtiment qui abrite des ovins. 🔊 [bɛrʒəri].

**BERGERONNETTE, subst. f.**
Passereau à longue queue. 🔊 [bɛrʒərɔnɛt].

**BERLINE, subst. f.**
Véhicule hippomobile à quatre roues muni d'une capote. – Automobile à quatre portes et à quatre glaces latérales. 🔊 [bɛrlin].

**BERLINGOT, subst. m.**
Bonbon en forme de tétraèdre. – Emballage tétraédrique pour un liquide. 🔊 [bɛrlɛ̃go].

**BERMUDA, subst. m.**
Short coupé au ras du genou. 🔊 [bɛrmyda].

**BERNARD-L'ERMITE, subst. m. inv.**
Crustacé qui habite la coquille vide d'un mollusque. 🔊 [bɛrnarlɛrmit].

**BERNE, subst. f.**
*Drapeau en* berne : hissé à mi-hauteur et non déployé, en signe de deuil. 🔊 [bɛrn].

**BERNER, verbe trans.** [3]
Leurrer, tromper (qqn). 🔊 [bɛrne].

**BESACE, subst. f.**
Long sac ouvert en son milieu, formant deux poches, qu'on porte à l'épaule. 🔊 [bəzas].

**BÉSICLES, subst. f. plur.**
Lunettes anciennes. 🔊 [bezikl].

**BESOGNE, subst. f.**
Travail que l'on doit effectuer. – *Aller vite en besogne* : brûler les étapes. 🔊 [bəzɔɲ].

**BESOGNEUX, EUSE, adj. et subst.**
Qui travaille durement pour une faible gratification. 🔊 [bəzɔɲø, -øz].

**BESOIN, subst. m.**
Désir, naturel ou non, issu d'un manque ou d'une insatisfaction. – Ce qui est nécessaire : *Un besoin d'aide.* 🔊 [bəzwɛ̃].

**BESTIAIRE, subst. m.**
Iconographie animalière. – Recueil de poèmes sur les animaux. 🔊 [bɛstjɛr].

**BESTIAL, ALE, AUX, adj.**
Qui tient de la bête. 🔊 [bɛstjal].

**BESTIAU, AUX, subst. m.**
Plur. Les gros animaux de la ferme. – Sing. Animal (fam.). 🔊 [bɛstjo].

**BESTIOLE, subst. f.**
Petite bête. 🔊 [bɛstjɔl].

**BEST-SELLER, subst. m.**
Livre qui bat un record de ventes. 🔊 Plur. *best-sellers* ; [bɛstsɛlœr].

**BÉTAIL, subst. m. sing.**
Ensemble des animaux d'élevage d'une ferme, sauf la basse-cour. 🔊 [betaj].

**BÊTE, subst. f. et adj.**
Subst. Tout être faisant partie du monde animal, à l'exception de l'homme. – Adj. Sot, inintelligent. – Étourdi. 🔊 [bɛt].

**BÉTEL**, subst. m.
Poivrier grimpant. – Mélange masticatoire tonique. ⚅ [betɛl].

**BÊTIFIER**, verbe intrans. [6]
Se comporter de façon puérile. ⚅ [betifje].

**BÊTISE**, subst. f.
Manque d'intelligence. – Chose, action idiote ou sans importance. ⚅ [betiz].

**BÊTISIER**, subst. m.
Recueil amusant de sottises. ⚅ [betizje].

**BÉTON**, subst. m.
Matériau de construction résistant, fait de gravier, de sable et de ciment : **Béton** *armé*, coulé sur une armature en acier. ⚅ [betɔ̃].

**BETTE**, voir **BLETTE**

**BETTERAVE**, subst. f.
Plante potagère, cultivée pour son sucre ou comme légume. ⚅ [bɛtʀav].

**BEUGLER**, verbe intrans. [3]
Produire un cri (beuglement), en parlant de bovins. – Hurler, brailler. ⚅ [bøgle].

**BEUR, BEURETTE**, adj. et subst.
Se dit d'un jeune né en France de parents maghrébins (fam.). ⚅ [bœʀ, bœʀɛt].

**BEURRE**, subst. m.
Matière grasse provenant du lait de vache ou de certains végétaux. – Préparation à base de beurre : *Un beurre d'ail*. ⚅ [bœʀ].

**BEURRER**, verbe trans. [3]
Étaler du beurre sur. ⚅ [bœʀe].

**BEURRIER**, subst. m.
Récipient servant à conserver ou à présenter le beurre. ⚅ [bœʀje].

**BEUVERIE**, subst. f.
Réunion où l'on boit beaucoup. ⚅ [bøvʀi].

**BÉVUE**, subst. f.
Maladresse choquante. ⚅ [bevy].

**BEY**, subst. m.
Titre de haut fonctionnaire ou de prince vassal dans l'Empire ottoman. ⚅ [bɛ].

**BIAIS**, subst. m.
Direction oblique : *Le biais d'un pont*. – Fig. Échappatoire. – *Par le biais de* : par le moyen indirect de ; *De biais* : obliquement. ⚅ [bjɛ].

**BIAISER**, verbe intrans. [3]
Être de biais ; s'écarter. – Fig. Agir par des moyens détournés. ⚅ [bjeze].

**BIATHLON**, subst. m.
Épreuve sportive combinant course de ski de fond et tir à la carabine. ⚅ [biatlɔ̃].

**BIBELOT**, subst. m.
Petit objet décoratif. ⚅ [biblo].

**BIBERON**, subst. m.
Récipient muni d'une tétine permettant d'allaiter les nourrissons. ⚅ [bibʀɔ̃].

**BIBLE**, subst. f.
*La Bible* : recueil des textes sacrés qui sont à la base des religions juive et chrétienne.

– *Une* **bible** : livre contenant ces textes. – Fig. Ouvrage fondamental dans un domaine. – *Papier* **bible** : résistant et fin. ⚅ [bibl].

**BIBLIOGRAPHIE**, subst. f.
Répertoire des écrits relatifs à un sujet ou à un auteur donnés. – Liste d'ouvrages parus. ⚅ [biblijɔgʀafi].

**BIBLIOPHILE**, subst.
Personne qui aime les livres rares et précieux. ⚅ [biblijɔfil].

**BIBLIOTHÉCAIRE**, subst.
Responsable ou employé d'une bibliothèque. ⚅ [biblijɔtekɛʀ].

**BIBLIOTHÈQUE**, subst. f.
Salle, lieu public ou privé où sont rangées des collections de livres. – Meuble à rayonnages où l'on range des livres. – Collection de livres. ⚅ [biblijɔtɛk].

**BICARBONATE**, subst. m.
Carbonate acide. ⚅ [bikaʀbɔnat].

**BICENTENAIRE**, adj. et subst. m.
Subst. Anniversaire d'un événement qui s'est produit deux siècles auparavant. – Adj. Deux fois centenaire. ⚅ [bisɑ̃tnɛʀ].

**BICÉPHALE**, adj.
Qui a deux têtes. – Fig. Qui a deux chefs. ⚅ [bisefal].

**BICEPS**, subst. m.
Muscle possédant deux tendons à une de ses extrémités. – Muscle fléchisseur de l'avant-bras. ⚅ [bisɛps].

**BICHE**, subst. f.
Femelle du cerf. ⚅ [biʃ].

**BICHONNER**, verbe trans. [3]
Entourer de soins, pomponner. ⚅ [biʃɔne].

**BICOLORE**, adj.
De deux couleurs. ⚅ [bikɔlɔʀ].

**BICOQUE**, subst. f.
Maison sans allure ni confort. ⚅ [bikɔk].

**BICORNE**, adj. et subst. m.
Adj. Qui a deux cornes. – Subst. Chapeau d'uniforme à deux pointes. ⚅ [bikɔʀn].

**BICYCLETTE**, subst. f.
Véhicule à deux roues propulsé par le biais d'un pédalier entraînant la roue arrière au moyen d'une chaîne. ⚅ [bisiklɛt].

**BIDET**, subst. m.
Petit cheval vigoureux. – Appareil sanitaire bas servant aux ablutions intimes. ⚅ [bidɛ].

**BIDON**, subst. m.
Récipient à fermeture étanche servant à transporter un liquide. ⚅ [bidɔ̃].

**BIDONVILLE**, subst. m.
Ensemble d'habitations précaires et insalubres, près d'une grande ville. ⚅ [bidɔ̃vil].

**BIDULE**, subst. m.
Petit objet quelconque (fam.). ⚅ [bidyl].

**BIEF**, subst. m.
Canal amenant l'eau à un moulin. – Intervalle entre deux écluses d'un canal. 📖 [bjɛf].

**BIELLE**, subst. f.
*Mécan.* Tige articulée à ses deux extrémités sur deux pièces mobiles, et qui transmet le mouvement de l'une à l'autre. 📖 [bjɛl].

**BIEN (I)**, adj. inv., adv. et interj.
Adv. De manière satisfaisante : **Bien** *écrit*. – Conforme à la morale, à la règle. – Interj. Marque l'étonnement ou l'hésitation : *Eh* **bien** ! – Adj. Digne d'être approuvé, conforme aux normes : *Un jeune homme très* **bien**. – Loc. conj. **Bien** *que* : quoique. 📖 [bjɛ̃].

**BIEN (II)**, subst. m.
Ce qui est utile, agréable ou conforme à la morale. – Ce que l'on possède : *Les* **biens** *matériels*. 📖 [bjɛ̃].

**BIEN-ÊTRE**, subst. m. inv.
Impression agréable que procure le contentement du corps et de l'esprit. – Prospérité, confort matériel. 📖 [bjɛ̃nɛtʀ].

**BIENFAISANCE**, subst. f.
Action d'aider les autres. – Charité : *Gala de* **bienfaisance**. 📖 [bjɛ̃fəzɑ̃s].

**BIENFAISANT, ANTE**, adj.
Qui s'attache à pratiquer le bien. – Dont l'action est bénéfique. 📖 [bjɛ̃fəzɑ̃, -ɑ̃t].

**BIENFAIT**, subst. m.
Action généreuse. – Avantage, résultat heureux. 📖 [bjɛ̃fɛ].

**BIENFAITEUR, TRICE**, adj. et subst.
Qui agit avec générosité, qui est l'auteur de bienfaits. 📖 [bjɛ̃fɛtœʀ, -tʀis].

**BIEN-FONDÉ**, subst. m.
Caractère de ce qui est légitime, conforme au droit. 📖 Plur. *bien-fondés* ; [bjɛ̃fɔ̃de].

**BIENHEUREUX, EUSE**, adj. et subst.
Très heureux. – Qui est ou qui rend très heureux. – *Relig.* Promis à la béatitude céleste ; béatifié par l'Église catholique. 📖 [bjɛ̃nœʀø, -øz].

**BIENNAL, ALE, AUX**, adj. et subst. f.
Adj. Qui s'étend sur deux ans. – Qui revient tous les deux ans. – Subst. Manifestation artistique qui a lieu tous les deux ans. 📖 [bjenal].

**BIENSÉANCE**, subst. f.
Qualité de ce qui est conforme aux normes d'une société, à ses usages. 📖 [bjɛ̃seɑ̃s].

**BIENTÔT**, adv.
En un temps très court. – Prochainement. – Presque, environ. 📖 [bjɛ̃to].

**BIENVEILLANCE**, subst. f.
Inclination à désirer le bonheur pour autrui. – Indulgence. 📖 [bjɛ̃vɛjɑ̃s].

**BIENVENUE**, subst. f.
Accueil aimable et favorable. – Formule d'accueil : **Bienvenue** *à bord*. 📖 [bjɛ̃v(ə)ny].

**BIÈRE (I)**, subst. f.
Boisson alcoolique fermentée préparée à partir du malt et aromatisée au houblon. 📖 [bjɛʀ].

**BIÈRE (II)**, subst. f.
Cercueil : *Mettre en* **bière**. 📖 [bjɛʀ].

**BIFFER**, verbe trans. [3]
Barrer d'un trait (un ou plusieurs mots). 📖 [bife].

**BIFTECK**, subst. m.
Tranche de bœuf. 📖 [biftɛk].

**BIFURCATION**, subst. f.
Dédoublement d'une branche, d'une tige, d'une voie de communication. – Le lieu de cette division. 📖 [bifyʀkasjɔ̃].

**BIFURQUER**, verbe intrans. [3]
Se diviser en deux. – Changer de direction. 📖 [bifyʀke].

**BIGAME**, adj. et subst.
Qui a deux épouses ou deux époux en même temps. 📖 [bigam].

**BIGARREAU**, subst. m.
Variété de cerise bigarrée de rouge et de blanc. 📖 [bigaʀo].

**BIGARRER**, verbe trans. [3]
Marquer de couleurs, de motifs variés, qui tranchent. – Fig. Ajouter à (un ensemble) des éléments disparates. 📖 [bigaʀe].

**BIG(-)BANG**, subst. m. inv.
Explosion qui aurait donné naissance à l'Univers. 📖 [bigbɑ̃g].

**BIGLEUX, EUSE**, adj. et subst.
Fam. Qui louche. – Qui a une mauvaise vue. 📖 [biglø, -øz].

**BIGORNEAU**, subst. m.
Gastéropode marin qui ressemble à un limaçon. 📖 [bigɔʀno].

**BIGOT, OTE**, adj. et subst.
Excessivement dévot. 📖 [bigo, -ɔt].

**BIGOUDI**, subst. m.
Petit cylindre autour duquel on enroule les cheveux afin qu'ils bouclent. 📖 [bigudi].

**BIGRE**, interj.
Exclamation marquant la surprise. 📖 [bigʀ].

**BIHEBDOMADAIRE**, adj.
Qui a lieu, qui paraît deux fois par semaine. – Empl. subst. Journal paraissant deux fois par semaine. 📖 [biɛbdɔmadɛʀ].

**BIJOU, OUX**, subst. m.
Petit objet de parure que la matière, le travail rendent précieux ou original. – Fig. Ce qui est remarquable pour ses qualités artistiques, sa facture délicate, son élégance ou sa valeur. 📖 [biʒu].

**BIJOUTERIE**, subst. f.
Fabrication, commerce, industrie des bijoux. – Ensemble de bijoux. – Magasin où ils sont vendus. 📖 [biʒutʀi].

**BIJOUTIER, IÈRE**, subst.
Personne qui fabrique et/ou qui vend des bijoux. 🕮 [biʒutje. -jɛʀ].

**BILAN**, subst. m.
Inventaire des comptes d'une entreprise, à une date donnée, dressant l'état de l'actif et du passif. – Évaluation chiffrée des conséquences d'un événement. – Fig. Appréciation globale d'une situation. 🕮 [bilã].

**BILATÉRAL, ALE, AUX**, adj.
Qui comporte deux côtés ; qui se rapporte à deux côtés. – Dr. Qui engage deux parties contractantes. 🕮 [bilateʀal].

**BILBOQUET**, subst. m.
Jeu consistant à lancer une boule percée et reliée par un fil à un petit bâton au bout duquel elle doit s'enfiler. 🕮 [bilbɔkɛ].

**BILE**, subst. f.
Liquide visqueux et amer sécrété par le foie et stocké dans la vésicule biliaire. 🕮 [bil].

**BILIAIRE**, adj.
Qui concerne la bile. 🕮 [biljɛʀ].

**BILIEUX, IEUSE**, adj.
Qui résulte d'une hypersécrétion de bile. – Fig. Qui est coléreux, irritable, d'une humeur aigrie. – Inquiet. 🕮 [biljø. -jøz].

**BILINGUE**, adj.
En deux langues. – Se dit d'une personne qui maîtrise deux langues. 🕮 [bilɛ̃g].

**BILLARD**, subst. m.
Jeu pratiqué sur une table rectangulaire à rebords où, avec une queue, on envoie une boule d'ivoire sur d'autres. – La table elle-même. – Le lieu public où l'on joue. 🕮 [bijaʀ].

**BILLE (I)**, subst. f.
Petite boule pleine et dure utilisée dans certains jeux. – Petite sphère métallique : Roulement à billes ; Stylo (à) bille. 🕮 [bij].

**BILLE (II)**, subst. f.
Pièce de bois de toute la grosseur d'un tronc d'arbre, destinée à être équarrie. 🕮 [bij].

**BILLET**, subst. m.
Bref message écrit : Billet doux. – Écrit ou imprimé garantissant un droit ou attestant un fait : Billet de théâtre. – Billet de banque : papier-monnaie émis par la banque centrale d'un pays. – Journ. Court article humoristique sur un sujet d'actualité. 🕮 [bijɛ].

**BILLETTERIE**, subst. f.
Ensemble des opérations d'émission et de délivrance des billets. – Distributeur, lieu où l'on délivre les billets. 🕮 [bijɛtʀi].

**BILLOT**, subst. m.
Bloc de bois épais et aplani servant de support de travail. – Pièce de bois sur laquelle on décapitait les condamnés. 🕮 [bijo].

**BIMENSUEL, ELLE**, adj.
Qui a lieu ou paraît deux fois par mois. – Empl. subst. Journal paraissant deux fois par mois. 🕮 [bimãsɥɛl].

**BINAIRE**, adj.
Composé de deux éléments. – Se dit d'un système de numération de base 2. 🕮 [binɛʀ].

**BINER**, verbe trans. [3]
Travailler, sarcler (la terre) avec une binette. 🕮 [bine].

**BINETTE**, subst. f.
Petite pioche à fer large et aplati. 🕮 [binɛt].

**BINIOU**, subst. m.
Cornemuse utilisée en Bretagne. 🕮 [binju].

**BINÔME**, subst. m.
Math. Somme de deux monômes. – Groupe de deux éléments. 🕮 [binom].

**BIOCHIMIE**, subst. f.
Étude de la matière vivante et de ses composants chimiques. 🕮 [bjoʃimi].

**BIODÉGRADABLE**, adj.
Qui peut être dégradé par des bactéries ou des processus biologiques. 🕮 [bjodegʀadabl].

**BIOGRAPHIE**, subst. f.
Histoire, récit de la vie de qqn. 🕮 [bjɔgʀafi].

**BIOLOGIE**, subst. f.
Science des êtres vivants. 🕮 [bjɔlɔʒi].

**BIONIQUE**, subst. f.
Science qui répercute sur la mécanique et l'électronique ce que révèle l'étude des phénomènes biologiques. 🕮 [bjɔnik].

**BIOPSIE**, subst. f.
Prélèvement sur un sujet vivant, pour examen, d'un fragment de tissu. 🕮 [bjɔpsi].

**BIOSPHÈRE**, subst. f.
Ensemble de tous les écosystèmes de la planète. 🕮 [bjɔsfɛʀ].

**BIOTOPE**, subst. m.
Milieu biologique dont l'écologie répond aux besoins vitaux d'un ensemble d'animaux et de végétaux. 🕮 [bjɔtɔp].

**BIPARTITE**, adj.
Partagé en deux parties. – Fait de deux parties. – Relatif à deux parties. 🕮 [bipaʀtit].

**BIPÈDE**, adj. et subst. m.
Qui marche sur deux pieds. 🕮 [bipɛd].

**BIPLAN**, subst. m.
Avion à deux plans de sustentation superposés. 🕮 [biplã].

**BIQUE**, subst. f.
Chèvre (fam.). 🕮 [bik].

**BIS (I)**, subst. m., adv. et interj.
Adv. Une deuxième fois. – Interj. et subst. Cri réclamant la répétition d'un morceau de musique, d'une chanson, etc. 🕮 [bis].

**BIS (II), BISE**, adj.
Qui est d'un gris soutenu ou gris ocre : Pain bis, coloré par le son. 🕮 [bi, biz].

**BISAÏEUL, EULE**, subst.
Père ou mère des aïeuls. 🕮 Plur. bisaïeuls, -eules ; [bizajœl].

**BISANNUEL, ELLE**, adj.
Qui se reproduit ou réapparaît tous les deux ans. 🕮 [bizanɥɛl].

**BISCORNU, UE**, adj.
Qui a une forme irrégulière, curieuse. – Fig. Confus, alambiqué. 🕮 [biskɔʀny].

**BISCOTTE**, subst. f.
Tranche de pain de mie séchée au four. 🕮 [biskɔt].

**BISCUIT (I)**, subst. m.
Pâtisserie à base de farine, d'œufs et de sucre. 🕮 [biskɥi].

**BISCUIT (II)**, subst. m.
Porcelaine à pâte dure, cuite sans émail. – Pièce réalisée en **biscuit**. 🕮 [biskɥi].

**BISE (I)**, subst. f.
Vent du nord ou du nord-est, froid et pénétrant. 🕮 [biz].

**BISE (II)**, subst. f.
Petit baiser donné sur la joue. 🕮 [biz].

**BISEAU**, subst. m.
Bord taillé en oblique. 🕮 [bizo].

**BISEAUTÉ, ÉE**, adj.
Taillé en biseau. 🕮 [bizote].

**BISEXUÉ, ÉE**, adj.
Qui a les deux sexes. 🕮 [bisɛksɥe].

**BISEXUEL, ELLE**, adj. et subst.
Qui est à la fois homosexuel et hétérosexuel. 🕮 [bisɛksɥɛl].

**BISON**, subst. m.
Bovidé sauvage aux épaules massives, au cou bossu et au collier laineux. 🕮 [bizɔ̃].

**BISQUE**, subst. f.
Potage préparé à partir d'un coulis de crustacés. 🕮 [bisk].

**BISSECTEUR, TRICE**, adj. et subst.
Se dit d'une demi-droite qui divise un angle ou d'un demi-plan qui divise un dièdre en deux parties égales. 🕮 [bisɛktœʀ, -tʀis].

**BISSEXTILE**, adj. f.
Qualifie l'année qui contient un jour supplémentaire, intercalé tous les quatre ans en février. 🕮 [bisɛkstil].

**BISTOURI**, subst. m.
Couteau chirurgical qui sert à inciser les chairs. 🕮 [bisturi].

**BISTRE**, adj. inv. et subst. m.
Couleur brun foncé, obtenue autrefois à partir de la suie. 🕮 [bistʀ].

**BISTRO(T)**, subst. m.
Café, restaurant modeste. 🕮 [bistʀo].

**BIT**, subst. m.
*Informat.* Unité d'information ne pouvant prendre que deux valeurs, notées 0 et 1. 🕮 [bit].

**BITTE**, subst. f.
Cylindre en acier sur un navire ou un quai, servant à enrouler les amarres. 🕮 [bit].

**BITUME**, subst. m.
Mélange d'hydrocarbures servant notamment pour le revêtement des chaussées. 🕮 [bitym].

**BIVALENT, ENTE**, adj.
*Chim.* Qui a pour valence 2. – Qui a deux valeurs, deux fonctions. 🕮 [bivalɑ̃, -ɑ̃t].

**BIVOUAC**, subst. m.
Campement provisoire en plein air. – Le lieu du campement. 🕮 [bivwak].

**BIZARRE**, adj.
Qui déroute par son caractère inhabituel. 🕮 [bizaʀ].

**BIZUT(H)**, subst. m.
Élève de première année d'une grande école. – Nouveau venu, débutant. 🕮 [bizy].

**BLACK**, adj. et subst.
Se dit d'une personne de race noire (fam.). 🕮 [blak].

**BLACK-OUT**, subst. m. inv.
Fait de plonger un lieu dans l'obscurité totale pour déjouer les attaques aériennes. – Silence observé volontairement sur un sujet particulier. 🕮 [blakaut].

**BLAFARD, ARDE**, adj.
Blême et sans éclat. 🕮 [blafaʀ, -aʀd].

**BLAGUE**, subst. f.
Petite poche à tabac. – Histoire inventée pour tromper ou amuser qqn. – *Pas de* **blagues !** : pas d'imprudences, pas de bêtises. 🕮 [blag].

**BLAGUER**, verbe [3]
*Fam. Intrans.* Dire des blagues. – *Trans.* Se moquer sans méchanceté de. 🕮 [blage].

**BLAIREAU**, subst. m.
Mammifère carnivore bas sur pattes, au pelage gris-roux. – Pinceau ; brosse pour savonner la barbe. 🕮 [blɛʀo].

**BLÂME**, subst. m.
Réprobation, condamnation morale. – Sanction disciplinaire. 🕮 [blɑm].

**BLÂMER**, verbe trans. [3]
Infliger un blâme à. 🕮 [blɑme].

**BLANC, BLANCHE**, adj. et subst.
*Adj.* De la couleur de la neige, du lait. – Clair, par oppos. à foncé : *Vin* **blanc** ; *Viande* **blanche** ; *Arme* **blanche**, à lame, brillante. – Vierge, sans écriture : *Page* **blanche**. – Fig. Pur, innocent : *Être* **blanc** *comme neige*. – Sans effet : *Mariage* **blanc**, non consommé ; *Nuit* **blanche**, sans sommeil. – *Subst. masc.* Couleur **blanche**. – Matière colorante **blanche**. – Linge de maison. – Partie **blanche** de qqch. : **Blanc** *d'œuf*. – Fig. Espace vide dans un texte, un récit. – Loc. *Tirer à* **blanc** : avec des balles inoffensives. – *Subst.* Personne de race **blanche**. – *Subst. fém. Mus.* Note valant deux noires. 🕮 [blɑ̃, blɑ̃ʃ].

**BLANC-BEC, subst. m.**
Jeune homme aussi prétentieux qu'ignorant. 🔊 Plur. *blancs-becs* ; [blɑ̃bɛk].

**BLANCHÂTRE, adj.**
Proche de la couleur blanche. 🔊 [blɑ̃ʃɑtʀ].

**BLANCHEUR, subst. f.**
Qualité de ce qui est blanc. 🔊 [blɑ̃ʃœʀ].

**BLANCHIMENT, subst. m.**
Action de peindre en blanc. – Action de décolorer chimiquement. – Fig. Action de blanchir de l'argent. 🔊 [blɑ̃ʃimɑ̃].

**BLANCHIR, verbe [19]**
Trans. Rendre blanc ; décolorer. – Nettoyer. – Fig. **Blanchir** *un prévenu* : le disculper ; **Blanchir** *des capitaux* : masquer leur origine frauduleuse. – **Blanchir** *des légumes* : les ébouillanter. – Intrans. Devenir blanc. 🔊 [blɑ̃ʃiʀ].

**BLANCHISSAGE, subst. m.**
Action de nettoyer le linge. – Raffinage, en parlant du sucre. 🔊 [blɑ̃ʃisaʒ].

**BLANCHISSERIE, subst. f.**
Établissement où l'on fait nettoyer son linge. 🔊 [blɑ̃ʃisʀi].

**BLANC-SEING, subst. m.**
Document signé à l'avance et remis à une personne qui le remplira à sa convenance. 🔊 Plur. *blancs-seings* ; [blɑ̃sɛ̃].

**BLANQUETTE, subst. f.**
Ragoût de viande blanche. 🔊 [blɑ̃kɛt].

**BLASÉ, ÉE, adj. et subst.**
Devenu insensible ou indifférent. 🔊 [blɑze].

**BLASON, subst. m.**
Ensemble des armoiries figurant sur un écu. 🔊 [blazɔ̃].

**BLASPHÈME, subst. m.**
Parole attentatoire à la divinité ou au sacré. – Parole insultant qqn ou qqch. qui est respectable. 🔊 [blasfɛm].

**BLASPHÉMER, verbe [8]**
Proférer un blasphème (contre qqn ou qqch.). 🔊 [blasfeme].

**BLATÉRER, verbe intrans. [8]**
Pousser son cri, en parlant du chameau, du bélier, etc. 🔊 [blateʀe].

**BLATTE, subst. f.**
Insecte coureur de forme aplatie. 🔊 [blat].

**BLAZER, subst. m.**
Veste de sport. – En Angleterre, veste aux couleurs d'un collège. 🔊 [blazɛʀ].

**BLÉ, subst. m.**
Plante de la famille des Graminées, dont le grain fournit la farine. 🔊 [ble].

**BLÊME, adj.**
Très pâle, d'une blancheur maladive, en parlant d'un visage. – Blafard, terne. 🔊 [blɛm].

**BLÊMIR, verbe intrans. [19]**
Devenir blême. 🔊 [blemiʀ].

**BLESSER, verbe trans. [3]**
Infliger une blessure physique ou morale à. 🔊 [blese].

**BLESSURE, subst. f.**
Lésion, plaie d'un organisme vivant, accidentelle ou volontaire. – Fig. Atteinte, souffrance morale ; offense. 🔊 [blesyʀ].

**BLET, BLETTE, adj.**
Trop mûr, pour un fruit. 🔊 [blɛ, blɛt].

**BLETTE, subst. f.**
Plante cultivée pour ses feuilles et ses côtes. 🔊 [blɛt].

**BLEU, BLEUE, BLEUS, adj. et subst. m.**
Adj. De la couleur d'un ciel sans nuages. – D'une couleur tirant sur le **bleu**, livide : **Bleu** *de froid*. – Fig. *Une peur* **bleue** : intense. – Qui évoque la pureté, la douceur, le merveilleux : *Des rêves* **bleus**. – *La petite fleur* **bleue** : la sentimentalité. – *Un bifteck* **bleu** : à peine cuit. – Subst. La couleur **bleue**. – Vêtement de travail, gén. **bleu**. – Nouvelle recrue ; novice. – Marque **bleutée** sur la peau due à un coup ; ecchymose. – Matière colorante **bleue**. – Fromage à moisissures **bleues**. 🔊 [blø].

**BLEUÂTRE, adj.**
Proche de la couleur bleue. 🔊 [bløatʀ].

**BLEUET, subst. m.**
Plante à fleurs bleues qui pousse dans les champs de blé. 🔊 [bløɛ].

**BLEUIR, verbe [19]**
Trans. Rendre bleu. – Intrans. Devenir bleu. 🔊 [bløiʀ].

**BLEUTÉ, ÉE, adj.**
Légèrement teinté de bleu. 🔊 [bløte].

**BLINDAGE, subst. m.**
Revêtement de métal servant de protection. 🔊 [blɛ̃daʒ].

**BLINDÉ, ÉE, adj. et subst. m.**
Recouvert d'un blindage. – *Milit.* Un **blindé** : un véhicule **blindé** ; *Une division* **blindée** : constituée de **blindés**. 🔊 [blɛ̃de].

**BLINI, subst. m.**
Petite crêpe de sarrasin. 🔊 [blini].

**BLIZZARD, subst. m.**
Tempête de neige accompagnée d'un vent glacial, dans le Grand Nord. 🔊 [blizaʀ].

**BLOC, subst. m.**
Masse compacte : *Un* **bloc** *de pierre*. – Fig. Ensemble plus ou moins homogène de personnes ou de choses : *Le* **bloc** *familial*. – Union, coalition : *Le* **bloc** *des gauches* ; *Le* **bloc** *de l'Est*. – *D'un* **bloc**, *en* **bloc** : en totalité ; *À* **bloc** : à fond, complètement. – **Bloc** *opératoire* : installation servant aux interventions chirurgicales. 🔊 [blɔk].

**BLOCAGE, subst. m.**
Action de bloquer. – État de ce qui est bloqué. 🔊 [blɔkaʒ].

**BLOCKHAUS, subst. m. inv.**
*Milit.* Ouvrage fortifié en béton. 🐚 [blɔkos].

**BLOC-NOTES, subst. m.**
Paquet de feuilles de papier détachables servant à prendre des notes. 🐚 Plur. *blocs-notes* ; [blɔknɔt].

**BLOCUS, subst. m.**
Encerclement d'une ville, d'un port, d'un pays afin d'empêcher toute communication avec l'extérieur. 🐚 [blɔkys].

**BLOND, BLONDE, adj. et subst.**
Adj. D'une couleur claire, tendant vers le jaune doré : *Bière blonde.* – Subst. Personne aux cheveux de cette couleur. 🐚 [blɔ̃, blɔ̃d].

**BLONDIR, verbe [19]**
Intrans. Devenir blond, s'éclaircir. – Trans. Rendre blond. 🐚 [blɔ̃diʀ].

**BLOQUER, verbe trans. [3]**
Mettre en bloc, grouper : **Bloquer** *ses jours de congé.* – Serrer à fond : **Bloquer** *les freins.* – Barrer, fermer : **Bloquer** *une rue* ; arrêter, empêcher (qqch.) de fonctionner, de se déplacer : **Bloquer** *une porte.* – Faire le blocus de. – *Fin.* **Bloquer** *un crédit* : en suspendre la libre disposition ; **Bloquer** *les prix* : en empêcher la hausse. – *Psychol. Être* **bloqué** : être inhibé par une cause inconsciente. – Pronom. S'immobiliser ; ne plus réagir. 🐚 [blɔke].

**BLOTTIR (SE), verbe pronom. [19]**
Se tasser, se replier sur soi-même. – Se réfugier (dans, auprès de). 🐚 [blɔtiʀ].

**BLOUSE, subst. f.**
Vêtement de travail que l'on met pour protéger ses vêtements. – Chemisier de femme de forme ample. 🐚 [bluz].

**BLOUSON, subst. m.**
Veste courte serrée à la taille. 🐚 [bluzɔ̃].

**BLUE-JEAN(S), subst. m.**
Pantalon surpiqué, en toile bleue très résistante. 🐚 Plur. *blue-jeans* ; [bludʒin(s)].

**BLUES, subst. m.**
Mélancolie, idées noires (fam.) : *Avoir le* **blues**. – Musique populaire noire américaine, annonciatrice du jazz. 🐚 [bluz].

**BLUFF, subst. m.**
Attitude d'exagération visant à intimider, à se vanter, à induire en erreur. 🐚 [blœf].

**BLUFFER, verbe intrans. [3]**
Faire du bluff. – Empl. trans. Tenter de tromper ou d'impressionner. 🐚 [blœfe].

**BLUSH, subst. m.**
Fard à joues qu'on applique au pinceau. 🐚 Plur. *blushs* ou *blushes* ; [blœʃ].

**BOA, subst. m.**
Serpent non venimeux d'Amérique tropicale qui étouffe sa proie avant de la dévorer. – Longue écharpe, gén. de plumes. 🐚 [bɔa].

**BOAT PEOPLE, subst. inv.**
Personne qui fuit son pays au risque de sa vie, en bateau. 🐚 [botpipœl].

**BOBINE, subst. f.**
Cylindre autour duquel est enroulée une matière souple : *Une bobine de fil.* – La matière enroulée. 🐚 [bɔbin].

**BOBINETTE, subst. f.**
Pièce de bois mobile destinée à maintenir une porte fermée. 🐚 [bɔbinɛt].

**BOBSLEIGH, subst. m.**
Traîneau permettant de glisser à vive allure sur des pistes de neige glacée. – Sport pratiqué avec cet engin. 🐚 [bɔbslɛ(g)].

**BOCAGE, subst. m.**
Paysage rural où les champs sont bordés ou entourés de haies vives. 🐚 [bɔkaʒ].

**BOCAL, AUX, subst. m.**
Récipient de verre à large ouverture et à col très court. 🐚 [bɔkal].

**BOCK, subst. m.**
Verre à bière de 0,25 litre. 🐚 [bɔk].

**BODY, subst. m.**
Justaucorps. 🐚 Plur. *bodys* ou *bodies* ; [bɔdi].

**BODY-BUILDING, subst. m.**
Culturisme. 🐚 [bɔdibildiŋ].

**BŒUF, adj. inv. et subst. m.**
Subst. Taureau émasculé. – Bovidé. – Adj. Énorme, surprenant (fam.). 🐚 [bœf], plur. du subst. [bø].

**BOGUE (I), subst. f.**
Enveloppe de la châtaigne, recouverte de piquants. 🐚 [bɔg].

**BOGUE (II), subst. m.**
*Informat.* Anomalie de fonctionnement d'un logiciel due à un défaut de conception ou de réalisation. 🐚 [bɔg].

**BOHÈME, adj. et subst.**
Qui est non conformiste, qui est insouciant. – Subst. fém. Mode de vie non conformiste. 🐚 [bɔɛm].

**BOHÉMIEN, IENNE, subst.**
Nomade que l'on croyait venir de Bohème ; romanichel. 🐚 [bɔemjɛ̃, -jɛn].

**BOIRE, verbe trans. [70]**
Avaler (un liquide, une boisson). – Absorber, se laisser pénétrer par : *La terre* **buvait** *la pluie glacée.* – Fig. **Boire** *les paroles de qqn* : l'écouter avec passion. – Empl. abs. Absorber régulièrement des boissons contenant de l'alcool ; s'enivrer. 🐚 [bwaʀ].

**BOIS, subst. m.**
Petite forêt. – Matière ligneuse des végétaux (tronc, rameaux, racines). – Plur. Cornes des Cervidés. 🐚 [bwa].

**BOISÉ, ÉE, adj.**
Qui est planté d'arbres. 🐚 [bwaze].

**BOISERIE, subst. f.**
Revêtement mural en panneaux de bois, lambris. 🐚 [bwazʀi].

**BOISSEAU, subst. m.**
Ancienne mesure de capacité (env. 10 l). – Élément creux emboîtable servant de conduit. 🐚 [bwaso].

**BOISSON**, subst. f.
Liquide destiné à être bu. – *La* boisson : l'alcool ; l'alcoolisme. 🕮 [bwasɔ̃].

**BOÎTE**, subst. f.
Récipient de dimensions variables, gén. à couvercle. – Cavité, objet creux, plus ou moins clos, contenant qqch. : *La* boîte *crânienne* ; Boîte *de vitesses*. 🕮 [bwat].

**BOITER**, verbe intrans. [3]
Marcher avec un balancement irrégulier ou accentué du corps. – Fig. Manquer de rigueur. 🕮 [bwate].

**BOÎTIER**, subst. m.
Boîte compartimentée. – Boîte renfermant un mécanisme. 🕮 [bwatje].

**BOITILLER**, verbe intrans. [3]
Boiter légèrement. 🕮 [bwatije].

**BOL**, subst. m.
Tasse sans anse. 🕮 [bɔl].

**BOLCHEVISME**, subst. m.
En Russie, doctrine fondée sur le collectivisme marxiste. 🕮 [bɔlʃevism].

**BOLÉRO**, subst. m.
Danse espagnole à trois temps ; musique accompagnant cette danse. – Veste courte sans manches ni boutons. 🕮 [boleʀo].

**BOLET**, subst. m.
Champignon charnu et spongieux : *Les cèpes sont des* bolets. 🕮 [bɔlɛ].

**BOLIDE**, subst. m.
Véhicule extrêmement rapide. 🕮 [bɔlid].

**BOMBANCE**, subst. f.
Festin, bonne chère (fam.). 🕮 [bɔ̃bɑ̃s].

**BOMBARDER**, verbe trans. [3]
Assaillir par un lancer de projectiles, en partic. d'obus, de bombes. – Fig. Presser, harceler (qqn) : Bombarder *l'orateur de questions*. 🕮 [bɔ̃baʀde].

**BOMBARDIER**, subst. m.
Aviateur chargé de lâcher des bombes. – Avion de bombardement. 🕮 [bɔ̃baʀdje].

**BOMBE**, subst. f.
Projectile, engin explosif. – Récipient servant à vaporiser qqch. : *Une* bombe *insecticide*. – Coiffure rigide de cavalier. 🕮 [bɔ̃b].

**BOMBÉ, ÉE**, adj.
Convexe, arrondi. 🕮 [bɔ̃be].

**BÔME**, subst. f.
*Mar.* Espar horizontal sur lequel est fixée la partie basse d'une voile. 🕮 [bom].

**BON (I)**, **BONNE**, adj., subst. m., adv. et interj.
Adj. Qui est adapté à sa fonction, qui remplit bien son rôle, ou dont le comportement peut faire l'objet d'une approbation : *Un* bon *écrivain* ; au sens moral : *Une* bonne *âme* ; *Une* bonne *action*. – Interj. Bon ! ; *Ah* bon ? ; *À quoi* bon ? : c'est inutile ; *C'est* bon ! : c'est entendu. – *Pour de* bon : vraiment. – Adv. *Tenir* bon : résister ; *Sentir* bon : exhaler une odeur agréable. – Subst. Personne qui a de la bonté (gén. au plur.) : *Les* bons *et les méchants*. – Ce qui est bon : *Du* bon, *du beau*. 🕮 [bɔ̃, bɔn].

**BON (II)**, subst. m.
Document écrit donnant droit à qqch. ou attestant un paiement. 🕮 [bɔ̃].

**BONBON**, adj. inv. et subst. m.
Subst. Friandise sucrée et aromatisée. – Adj. *Rose* bonbon : rose vif. 🕮 [bɔ̃bɔ̃].

**BONBONNE**, subst. f.
Bouteille pansue, à col très court, ou dame-jeanne. 🕮 [bɔ̃bɔn].

**BONBONNIÈRE**, subst. f.
Boîte à bonbons. – Petite maison coquette. 🕮 [bɔ̃bɔnjɛʀ].

**BOND**, subst. m.
Saut brusque et vif : *Progresser par* bonds. – Fig. Bond *en avant* : progrès. 🕮 [bɔ̃].

**BONDE**, subst. f.
Ouverture par où se vide un étang, un évier, etc. – Système de fermeture de ce trou. 🕮 [bɔ̃d].

**BONDÉ, ÉE**, adj.
Plein de gens : *Un train* bondé. 🕮 [bɔ̃de].

**BONDIEUSERIE**, subst. f.
Dévotion excessive. – Objet pieux de mauvais goût. 🕮 [bɔ̃djøzʀi].

**BONDIR**, verbe intrans. [19]
Faire des bonds. – S'élancer vivement : Bondir *hors de, sur*. 🕮 [bɔ̃diʀ].

**BONHEUR**, subst. m.
Chance, événement propice. – État de félicité, d'épanouissement affectif : *Aspirer au* bonheur. 🕮 [bɔnœʀ].

**BONHOMIE**, subst. f.
Attitude bienveillante, affable. – Innocence, naïveté. 🕮 [bɔnɔmi].

**BONHOMME**, adj. et subst. m.
Subst. Individu (fam.). – Représentation grossière d'un homme. – Adj. Qui montre de la bonhomie. 🕮 Plur. du subst. *bonshommes* ; plur. de l'adj. *bonhommes* ; [bɔnɔm], plur. du subst. [bɔ̃zɔm].

**BONIFICATION**, subst. f.
Action de bonifier. – Avantage accordé. 🕮 [bɔnifikasjɔ̃].

**BONIFIER**, verbe trans. [6]
Améliorer la qualité de (qqch.). 🕮 [bɔnifje].

**BONIMENT**, subst. m.
Propos habile visant à attirer la clientèle. – Discours fabulateur (fam.). 🕮 [bɔnimɑ̃].

**BONJOUR**, subst. m.
Salutation. 🕮 [bɔ̃ʒuʀ].

**BONNE**, subst. f.
Employée de maison (vieilli). 🕮 [bɔn].

**BONNET**, subst. m.
Coiffure souple, sans bordure ni visière. 🕮 [bɔnɛ].

**BONNETERIE**, subst. f.
Fabrication ou commerce d'articles en tricot ou en tissu à mailles. 🕮 [bɔn(ɛ)tʀi].

**BONSAÏ**, subst. m.
Arbre miniaturisé. 🕮 [bõ(d)zaj].

**BONSOIR**, subst. m.
Salutation employée le soir. 🕮 [bõswaʀ].

**BONTÉ**, subst. f.
Qualité, vertu d'une personne moralement bonne ou bonne envers autrui. 🕮 [bõte].

**BONUS**, subst. m.
Rémunération obtenue en plus d'un dû. – Réduction d'une prime d'assurance automobile en l'absence de sinistre. 🕮 [bɔnys].

**BONZE**, subst. m.
Moine de la religion bouddhique. – Personnage important et solennel (fam.). 🕮 [bõz].

**BOOK**, voir **PRESS-BOOK**

**BOOMERANG**, subst. m.
Pièce de bois recourbée qui, habilement lancée, revient à son point de départ. 🕮 [bumʀõg].

**BOOTS**, subst. f. plur.
Bottes courtes. 🕮 [buts].

**BORBORYGME**, subst. m.
Gargouillement intestinal. 🕮 [bɔʀbɔʀigm].

**BORD**, subst. m.
Côté d'un navire : *Virer de* bord, changer de route. – Le navire lui-même : *Monter à* bord. – *Tableau de* bord : ensemble des appareils de navigation d'un véhicule. – Contour d'une surface : *Le bord d'un champ, d'un bassin* ; limite : *Le bord de la mer*. – Fig. *Être du même bord* : partager les mêmes idées. – *Être au bord de* : être tout proche de. 🕮 [bɔʀ].

**BORDEAUX**, adj. inv. et subst. m.
Adj. De la couleur rouge foncé du vin de Bordeaux. – Subst. Ce vin. 🕮 [bɔʀdo].

**BORDÉE**, subst. f.
Distance parcourue par un voilier sans virer de bord. – Ensemble des canons disposés sur le même bord d'un navire. – Fig. Flot : *Une bordée d'injures*. 🕮 [bɔʀde].

**BORDER**, verbe trans. [3]
Servir de bord à, longer, délimiter, entourer. – Orner d'un bord. – **Border** *un lit* : rentrer les couvertures sous le matelas. 🕮 [bɔʀde].

**BORDEREAU**, subst. m.
Document récapitulant des opérations commerciales, fiscales, etc. 🕮 [bɔʀdəʀo].

**BORDURE**, subst. f.
Ce qui constitue, consolide ou orne un bord. – *En* **bordure** *de* : sur le bord de. 🕮 [bɔʀdyʀ].

**BORÉAL, ALE, ALS ou AUX**, adj.
Du nord, septentrional. 🕮 [bɔʀeal].

**BORGNE**, adj. et subst.
Qui ne voit que d'un œil ou qui n'a qu'un œil. – Fig. *Un hôtel* **borgne** : mal tenu, mal famé. 🕮 [bɔʀɲ].

**BORNE**, subst. f.
Bloc de pierre, poteau ou autre marque délimitant un terrain ou servant de repère : **Borne** *kilométrique*. – Frontière : *Les bornes du département*. – Fig. Ultime limite (gén. au plur.) : *Dépasser les* **bornes**, exagérer. – Élément d'un appareil électrique servant de point de connexion. 🕮 [bɔʀn].

**BORNÉ, ÉE**, adj.
Limité. – Fig. Limité intellectuellement ; obtus. 🕮 [bɔʀne].

**BORNER**, verbe trans. [3]
Délimiter par des bornes ; servir de frontière à. – Fig. Limiter : **Borner** *son ambition*. – Pronom. *Se* **borner** *à* : se contenter de, se limiter à. 🕮 [bɔʀne].

**BOSQUET**, subst. m.
Petit groupe d'arbres, d'arbustes. 🕮 [bɔskɛ].

**BOSS**, subst. m.
Patron (fam.). 🕮 [bɔs].

**BOSSE**, subst. f.
Protubérance anormale du dos. – Partie arrondie des os du crâne. – Enflure consécutive à un choc, à un coup. – Relief sur une surface plane. – Fig. *Avoir la* **bosse** *de* : des aptitudes à. 🕮 [bɔs].

**BOSSELER**, verbe trans. [12]
Décorer en relief (une pièce d'orfèvrerie). – Déformer par des bosses. 🕮 [bɔsle].

**BOSSU, UE**, adj. et subst.
Dont le squelette déformé fait apparaître une bosse sur le dos ou le thorax. 🕮 [bɔsy].

**BOT, BOTE**, adj.
Qualifie une malformation causée par la rétraction de certains muscles. 🕮 [bo, bɔt].

**BOTANIQUE**, adj. et subst. f.
Se dit de la science des végétaux et de ce qui s'y rapporte. 🕮 [bɔtanik].

**BOTANISTE**, subst.
Spécialiste de la botanique. 🕮 [bɔtanist].

**BOTTE (I)**, subst. f.
Chaussure dont la tige couvre la jambe et parfois la cuisse. 🕮 [bɔt].

**BOTTE (II)**, subst. f.
Ensemble de végétaux de même sorte liés ensemble : *Une* **botte** *de radis*. 🕮 [bɔt].

**BOTTE (III)**, subst. f.
Coup infligé avec une épée ou un fleuret. – Fig. Attaque verbale vive. 🕮 [bɔt].

**BOTTILLON**, subst. m.
Chaussure souple et confortable s'arrêtant au-dessus de la cheville. 🕮 [bɔtijõ].

**BOTTIN**, subst. m.
Annuaire. 🕮 N. déposé : [bɔtɛ̃].

**BOTTINE**, subst. f.
Chaussure montante souvent pourvue de boutons et/ou de lacets. 🕮 [bɔtin].

**BOUC**, subst. m.
Mâle de la chèvre. – Petite barbe au menton. – *Bouc émissaire* : personne à qui l'on fait endosser des fautes collectives. 🕮 [buk].

**BOUCANER**, verbe [3]
Trans. Fumer (de la viande ou du poisson). – Intrans. Se comporter en boucanier. 🕮 [bukane].

**BOUCANIER**, subst. m.
Nom donné aux pirates qui écumaient les Caraïbes au XVIII<sup>e</sup> s. 🕮 [bukanje].

**BOUCHE**, subst. f.
Cavité, délimitée par les lèvres, permettant d'ingérer les aliments, de respirer, de parler. – Ouverture : *Bouche d'égout*. – *Bouche(s) d'un fleuve* : son delta. 🕮 [buʃ].

**BOUCHE-À-BOUCHE**, subst. m. inv.
Méthode de respiration artificielle consistant à expirer de l'air dans la bouche d'une personne asphyxiée. 🕮 [buʃabuʃ].

**BOUCHÉE**, subst. f.
Quantité de nourriture introduite dans la bouche en une fois. – *Cuis.* Croûte de pâte feuilletée garnie ; petit-four. 🕮 [buʃe].

**BOUCHER (I)**, verbe trans. [3]
Combler (un orifice, une cavité). – Fermer (une ouverture). – Faire obstacle à, obstruer : *Boucher la rue*. 🕮 [buʃe].

**BOUCHER (II), ÈRE**, subst.
Personne qui vend de la viande. – *Fig. Masc.* Homme sanguinaire. 🕮 [buʃe, -ɛʀ].

**BOUCHERIE**, subst. f.
Magasin du boucher. – Commerce de la viande. – *Fig.* Massacre. 🕮 [buʃʀi].

**BOUCHE-TROU**, subst. m.
Personne ou objet servant à combler un vide. 🕮 Plur. *bouche-trous* ; [buʃtʀu].

**BOUCHON**, subst. m.
Poignée de paille. – Ce qui obture, en partic. une bouteille, un flacon ; ce qui obstrue, en partic. une rue. 🕮 [buʃɔ̃].

**BOUCHONNER**, verbe [3]
Trans. *Bouchonner un cheval* : le frictionner avec un bouchon de paille. – Intrans. Former un embouteillage. 🕮 [buʃɔne].

**BOUCLE**, subst. f.
Anneau ou rectangle de métal permettant de fixer une ceinture. – Objet en forme d'anneau. – Ce qui s'enroule en anneau ou en spirale : *Boucle de cheveux*. – Méandre, pour un cours d'eau. 🕮 [bukl].

**BOUCLER**, verbe [3]
Trans. Attacher avec une boucle ; fermer : *Boucler sa valise*. – Encercler, isoler (un lieu). – Enrouler en forme de boucle. – *Fig.* Achever. – Intrans. Onduler. 🕮 [bukle].

**BOUCLIER**, subst. m.
Arme portée au bras, servant à parer les coups. – *Fig.* Tout dispositif défensif physique ou abstrait. 🕮 [buklije].

**BOUDDHA**, subst. m.
Dans le bouddhisme, homme qui a connu l'Éveil, qui a atteint la sagesse parfaite. – Statue d'un de ces hommes. 🕮 [buda].

**BOUDDHISME**, subst. m.
Religion et philosophie orientale fondée par Bouddha. 🕮 [budism].

**BOUDER**, verbe [3]
Intrans. Faire la moue, être fâché. – Trans. Se montrer maussade ou indifférent à l'égard de (qqn ou qqch.). 🕮 [bude].

**BOUDIN**, subst. m.
Boyau rempli de sang et de viande de porc. – *Boudin blanc* : à base de volaille et de lait. – Objet en forme de **boudin**. 🕮 [budɛ̃].

**BOUDOIR**, subst. m.
Petit salon de dame. – Biscuit allongé recouvert de sucre. 🕮 [budwaʀ].

**BOUE**, subst. f.
Terre, poussière mêlée d'eau, plus ou moins épaisse – Dépôt argileux au fond des mers. – *Fig.* Déchéance ; infamie. 🕮 [bu].

**BOUÉE**, subst. f.
Objet flottant signalant un danger, un obstacle ou un passage. – Anneau gonflable aidant à faire flotter un corps. – *Fig.* Aide providentielle. 🕮 [bwe].

**BOUEUX, EUSE**, adj.
Plein de boue. 🕮 [buø, -øz].

**BOUFFÉE**, subst. f.
Souffle d'air perçu par intermittence. – *Fig.* Accès passager : *Bouffée de rage*. 🕮 [bufe].

**BOUFFER**, verbe [3]
Intrans. Se gonfler. – Trans. Manger (fam.). 🕮 [bufe].

**BOUFFON, ONNE**, adj. et subst.
Adj. Qui amuse, burlesque. – Subst. Personne ridicule. 🕮 [bufɔ̃, -ɔn].

**BOUGAINVILLÉE**, subst. f.
Plante grimpante ornementale aux fleurs roses. 🕮 On dit aussi *bougainvillier* ; [bugɛ̃vile].

**BOUGE**, subst. m.
Taudis. – Bar mal fréquenté. 🕮 [buʒ].

**BOUGEOIR**, subst. m.
Court chandelier à anse. 🕮 [buʒwaʀ].

**BOUGEOTTE**, subst. f.
Manie de remuer, de voyager. 🕮 [buʒɔt].

**BOUGER**, verbe [5]
Intrans. Faire un mouvement. – Changer (fam.). – Se rebeller. – Trans. Déplacer (qqch.). 🕮 [buʒe].

**BOUGIE**, subst. f.
Moyen d'éclairage composé d'une mèche enrobée de cire. – Pièce d'allumage d'un moteur à explosion. 🕮 [buʒi].

**BOUGON, ONNE**, adj. et subst.
Qui bougonne, mécontent. 🔊 [bugɔ̃, -ɔn].

**BOUGONNER**, verbe intrans. [3]
Grommeler, exprimer du mécontentement.
🔊 [bugɔne].

**BOUILLABAISSE**, subst. f.
Soupe provençale à base de poissons, de
crustacés, à l'ail et au safran. 🔊 [bujabɛs].

**BOUILLIE**, subst. f.
Farine bouillie dans de l'eau ou du lait.
– Mélange pâteux. 🔊 [buji].

**BOUILLIR**, verbe intrans. [34]
Être en ébullition. – Cuire dans un liquide
qui bout. – Fig. Bouillir de colère. 🔊 [bujiʀ].

**BOUILLOIRE**, subst. f.
Récipient dans lequel on fait bouillir de
l'eau. 🔊 [bujwaʀ].

**BOUILLON**, subst. m.
Ensemble des bulles qui se forment lors de
l'ébullition. – Aliment liquide obtenu en
faisant bouillir de la viande et/ou des
légumes. 🔊 [bujɔ̃].

**BOUILLONNEMENT**, subst. m.
Effervescence d'un liquide qui bouillonne.
– Fig. Vive agitation. 🔊 [bujɔnmɑ̃].

**BOUILLONNER**, verbe intrans. [3]
Former des bouillons. – Fig. S'agiter : Ses
idées bouillonnent ; Bouillonner de colère.
🔊 [bujɔne].

**BOUILLOTTE**, subst. f.
Récipient que l'on remplit d'eau chaude
pour réchauffer (gén. un lit). 🔊 [bujɔt].

**BOULANGER, ÈRE**, adj. et subst.
Subst. Personne qui fabrique et/ou qui vend
du pain. – Adj. Relatif à la boulangerie.
🔊 [bulɑ̃ʒe, -ɛʀ].

**BOULANGERIE**, subst. f.
Fabrication du pain. – Lieu où l'on fabrique
ou vend du pain. 🔊 [bulɑ̃ʒʀi].

**BOULE**, subst. f.
Objet sphérique ou de forme proche : Boule
de pétanque ; Boule de neige. 🔊 [bul].

**BOULEAU**, subst. m.
Arbre élancé des pays froids et tempérés,
à l'écorce blanche, dont le bois est utilisé
en papeterie. 🔊 [bulo].

**BOULEDOGUE**, subst. m.
Petit dogue à forte mâchoire. 🔊 [buldɔg].

**BOULET**, subst. m.
Projectile dont on chargeait les canons.
– Boule de métal fixée par une chaîne au
pied d'un bagnard. 🔊 [bulɛ].

**BOULETTE**, subst. f.
Petite boule façonnée à la main. – Fig.
Sottise (fam.). 🔊 [bulɛt].

**BOULEVARD**, subst. m.
Large voie urbaine. 🔊 [bulvaʀ].

**BOULEVERSEMENT**, subst. m.
Perturbation importante, désordre. – Fig.
Émotion vive. 🔊 [bulvɛʀsəmɑ̃].

**BOULEVERSER**, verbe trans. [3]
Déranger, saccager, modifier. – Émouvoir
fortement (qqn). 🔊 [bulvɛʀse].

**BOULIER**, subst. m.
Instrument de calcul manuel, constitué de
tringles munies de boules. 🔊 [bulje].

**BOULIMIE**, subst. f.
Appétit insatiable d'origine psychique.
– Fig. Besoin impérieux de qqch. 🔊 [bulimi].

**BOULON**, subst. m.
Ensemble composé d'une vis et d'un écrou,
servant à sceller. 🔊 [bulɔ̃].

**BOULONNER**, verbe [3]
Trans. Fixer à l'aide de boulons. – Intrans.
Travailler (fam.). 🔊 [bulɔne].

**BOULOT (I), OTTE**, adj. et subst.
Se dit d'une personne petite et dodue.
🔊 [bulo, -ɔt].

**BOULOT (II)**, subst. m.
Travail (fam.). 🔊 [bulo].

**BOUQUET**, subst. m.
Fleurs et/ou feuillages groupés en gerbe.
– Parfum d'un vin. 🔊 [bukɛ].

**BOUQUETIN**, subst. m.
Ruminant à longues cornes annelées, vivant en montagne. 🔊 [buktɛ̃].

**BOUQUIN**, subst. m.
Livre (fam.). 🔊 [bukɛ̃].

**BOUQUINISTE**, subst.
Marchand de livres de seconde main.
🔊 [bukinist].

**BOURBEUX, EUSE**, adj.
Plein de boue marécageuse. 🔊 [buʀbø, -øz].

**BOURBIER**, subst. m.
Dépression de terrain remplie de boue.
– Fig. Problème inextricable. 🔊 [buʀbje].

**BOURDE**, subst. f.
Erreur grossière, maladresse. 🔊 [buʀd].

**BOURDON**, subst. m.
Insecte voisin de l'abeille. – Registre grave
de l'orgue. – Grosse cloche. 🔊 [buʀdɔ̃].

**BOURDONNEMENT**, subst. m.
Vrombissement de certains insectes. – Ce
qui rappelle ce bruit. 🔊 [buʀdɔnmɑ̃].

**BOURDONNER**, verbe intrans. [3]
Produire un bourdonnement. – Rendre un
son grave et continu. 🔊 [buʀdɔne].

**BOURG**, subst. m.
Petite ville de caractère rural, où se tiennent
foires et marchés. 🔊 [buʀ].

**BOURGADE**, subst. f.
Petit bourg. 🔊 [buʀgad].

**BOURGEOIS, OISE**, adj. et subst.
Subst. Membre de la bourgeoisie. – Adj.
Relatif à la bourgeoisie. 🔊 [buʀʒwa, -waz].

**BOURGEOISIE**, subst. f.
Classe sociale aisée n'exerçant pas de
métier manuel. 🔊 [buʀʒwazi].

**BOURGEON**, subst. m.
Excroissance sur la tige des plantes, d'où sortent les feuilles ou les fleurs. 🔊 [buʀʒɔ̃].

**BOURGEONNER**, verbe intrans. [3]
Produire des bourgeons. 🔊 [buʀʒɔne].

**BOURLINGUER**, verbe intrans. [3]
Voyager beaucoup, par goût de l'aventure. 🔊 [buʀlε̃ge].

**BOURRADE**, subst. f.
Coup donné à qqn avec brusquerie ou entrain : *Une* **bourrade** *amicale.* 🔊 [buʀad].

**BOURRASQUE**, subst. f.
Coup de vent violent. 🔊 [buʀask].

**BOURRATIF, IVE**, adj.
Qui bourre l'estomac. 🔊 [buʀatif, -iv].

**BOURRE**, subst. f.
Amas de poils servant à rembourrer coussins, matelas, etc. 🔊 [buʀ].

**BOURREAU**, subst. m.
Celui qui exécute les condamnés à mort. – Homme cruel. 🔊 [buʀo].

**BOURRELET**, subst. m.
Rouleau d'étoffe rembourré. – Renflement de chair. 🔊 [buʀlε].

**BOURRER**, verbe trans. [3]
Remplir au maximum. – Garnir de bourre. – Pronom. Se gaver (fam.). 🔊 [buʀe].

**BOURRICHE**, subst. f.
Panier utilisé pour le transport des produits de la chasse et de la pêche. 🔊 [buʀiʃ].

**BOURRIQUE**, subst. f.
Âne. – Individu sot et buté (fam.). 🔊 [buʀik].

**BOURRU, UE**, adj.
Qui se comporte avec brusquerie. 🔊 [buʀy].

**BOURSE (I)**, subst. f.
Petit sac souple servant à transporter de l'argent. – **Bourse** *d'études* : aide financière consentie pour les études. – *Anat.* Les **bourses** : enveloppe des testicules. 🔊 [buʀs].

**BOURSE (II)**, subst. f.
Lieu de réunion où l'on établit le marché des valeurs ou des marchandises. 🔊 [buʀs].

**BOURSICOTER**, verbe intrans. [3]
Se livrer à de petites opérations boursières. 🔊 [buʀsikɔte].

**BOURSIER (I), IÈRE**, adj. et subst.
Se dit d'une personne qui bénéficie d'une bourse d'études. 🔊 [buʀsje, -jεʀ].

**BOURSIER (II), IÈRE**, adj. et subst.
Adj. Qui concerne la Bourse (II). – Subst. Professionnel de la Bourse. 🔊 [buʀsje, -jεʀ].

**BOURSOUFLER**, verbe trans. [3]
Faire enfler en distendant. 🔊 [buʀsufle].

**BOURSOUFLURE**, subst. f.
Enflure, gonflement. 🔊 [buʀsuflyʀ].

**BOUSCULADE**, subst. f.
Action de bousculer. – Désordre, remous dans une foule. 🔊 [buskylad].

**BOUSCULER**, verbe trans. [3]
Pousser, heurter vivement. – Fig. Presser (qqn). – Bouleverser (un certain ordre). 🔊 [buskyle].

**BOUSE**, subst. f.
Excrément des bovins. 🔊 [buz].

**BOUSSOLE**, subst. f.
Cadran muni d'une aiguille aimantée qui indique le nord. 🔊 [busɔl].

**BOUT**, subst. m.
Extrémité d'un objet. – Limite d'un espace. – Fin d'une durée. – Petit morceau. 🔊 [bu].

**BOUTADE**, subst. f.
Trait d'esprit inattendu, fantaisiste et souv. paradoxal. 🔊 [butad].

**BOUTE-EN-TRAIN**, subst. m. inv.
Personne qui entraîne les autres à s'amuser. 🔊 [butɑ̃tʀε̃].

**BOUTEILLE**, subst. f.
Récipient à goulot étroit, destiné à contenir des liquides. – Son contenu. 🔊 [butεj].

**BOUTIQUE**, subst. f.
Lieu où un artisan, un commerçant vend sa marchandise. 🔊 [butik].

**BOUTON**, subst. m.
Bourgeon proche de son éclosion. – Petite excroissance sur la peau. – Petite pièce servant à attacher un vêtement. – Petit élément actionnant un appareil. 🔊 [butɔ̃].

**BOUTON-D'OR**, subst. m.
Renoncule dont les fleurs sont jaune doré. 🔊 Plur. *boutons-d'or* ; [butɔ̃dɔʀ].

**BOUTONNER**, verbe trans. [3]
Fermer avec des boutons. 🔊 [butɔne].

**BOUTONNIÈRE**, subst. f.
Petite fente faite dans un vêtement pour y insérer un bouton. 🔊 [butɔnjεʀ].

**BOUTURE**, subst. f.
Jeune pousse ôtée d'un végétal et plantée en terre pour y prendre racine. 🔊 [butyʀ].

**BOUVIER, IÈRE**, subst.
Personne qui garde les bœufs. – Grand chien de berger. 🔊 [buvje, -jεʀ].

**BOUVREUIL**, subst. m.
Oiseau des bois et des jardins, à ventre rouge, à tête et à queue noires. 🔊 [buvʀœj].

**BOVIDÉ**, subst. m.
Animal de la famille des **Bovidés**. – Plur. Famille de ruminants comprenant les bovins, les ovins, les caprins, les antilopes. 🔊 [bɔvide].

**BOVIN, INE**, adj. et subst. m.
Qui concerne le bœuf. – Subst. Plur. Sous-famille des Bovidés : taureau, bœuf, buffle, bison, etc. – Sing. Animal de cette sous-famille. 🔊 [bɔvε̃, -in].

**BOWLING**, subst. m.
Jeu de quilles sur piste. 🔊 [buliŋ].

**BOX**, subst. m.
Stalle d'écurie. – Compartiment cloisonné. 📖 Plur. *box* ou *boxes* : [bɔks].

**BOXE**, subst. f.
Sport dans lequel deux adversaires s'affrontent à coups de poing. 📖 [bɔks].

**BOXER (I)**, verbe [3]
Intrans. Pratiquer la boxe. – Trans. Frapper à coups de poing. 📖 [bɔkse].

**BOXER (II)**, subst. m.
Chien de garde. 📖 [bɔksɛʀ].

**BOXEUR, EUSE**, subst.
Sportif pratiquant la boxe. 📖 [bɔksœʀ, -øz].

**BOYAU, AUX**, subst. m.
Intestin. – Passage long et étroit ; conduit, tuyau. 📖 [bwajo].

**BOYCOTTER**, verbe trans. [3]
Cesser toutes relations avec (une personne ou un groupe), par rétorsion. 📖 [bɔjkɔte].

**BOY-SCOUT**, subst. m.
Personne appartenant à un mouvement de scoutisme. 📖 Plur. *boy-scouts* ; [bɔjskut].

**BRACELET**, subst. m.
Bijou en anneau qui se porte autour du poignet. 📖 [bʀaslɛ].

**BRACHIAL, ALE, AUX**, adj.
Relatif au bras. 📖 [bʀakjal].

**BRACHYCÉPHALE**, adj. et subst.
Qui a le crâne arrondi et peu allongé. 📖 [bʀakisefal].

**BRACONNAGE**, subst. m.
Délit de chasse ou de pêche. 📖 [bʀakɔnaʒ].

**BRACONNER**, verbe intrans. [3]
Chasser ou pêcher en fraude. 📖 [bʀakɔne].

**BRACONNIER, IÈRE**, subst.
Personne qui se livre au braconnage. 📖 [bʀakɔnje, -jɛʀ].

**BRACTÉE**, subst. f.
Petite feuille recouvrant la fleur avant son éclosion. 📖 [bʀakte].

**BRADER**, verbe trans. [3]
Vendre à bas prix. 📖 [bʀade].

**BRADERIE**, subst. f.
Action de brader. – Manifestation où les commerçants bradent. 📖 [bʀadʀi].

**BRAGUETTE**, subst. f.
Ouverture verticale sur le devant d'un pantalon. 📖 [bʀagɛt].

**BRAHMANE**, subst. m.
Membre de la plus élevée des quatre castes de l'Inde classique. 📖 [bʀaman].

**BRAHMANISME**, subst. m.
L'une des religions de l'Inde. 📖 [bʀamanism].

**BRAIES**, subst. f. plur.
Pantalon ample des Gaulois. 📖 [bʀɛ].

**BRAILLARD, ARDE**, adj. et subst.
Se dit d'une personne qui braille, qui hurle. 📖 [bʀajaʀ, -aʀd].

**BRAILLE**, subst. m.
Écriture à l'usage des aveugles, composée de caractères en relief. 📖 [bʀaj].

**BRAILLER**, verbe intrans. [3]
Crier, vociférer. – Empl. trans. **Brailler** *sa joie*. 📖 [bʀaje].

**BRAIRE**, verbe intrans. [58]
Pousser son cri (braiement), en parlant de l'âne. 📖 [bʀɛʀ].

**BRAISE**, subst. f.
Bois réduit par combustion à l'état de charbon ardent. 📖 [bʀɛz].

**BRAISER**, verbe trans. [3]
Cuire à feu doux et à l'étouffée. 📖 [bʀeze].

**BRAMER**, verbe intrans. [3]
Pousser son cri (brame ou bramement), en parlant d'un cervidé. 📖 [bʀame].

**BRANCARD**, subst. m.
Chacune des barres d'un attelage entre lesquelles se place une bête de trait. – Civière. 📖 [bʀãkaʀ].

**BRANCARDIER**, subst. m.
Porteur de civière. 📖 [bʀãkaʀdje].

**BRANCHAGE**, subst. m.
Ensemble des branches d'un arbre. – Plur. Branches coupées. 📖 [bʀãʃaʒ].

**BRANCHE**, subst. f.
Ramification d'un végétal. – Partie mobile d'un objet : *Une branche de lunettes*. – Fig. Division d'un système, spécialité. 📖 [bʀãʃ].

**BRANCHEMENT**, subst. m.
Action de brancher qqch. – Son résultat. 📖 [bʀãʃmã].

**BRANCHER**, verbe trans. [3]
Relier à une installation principale ; connecter (un appareil) à une prise électrique. – Intéresser (fam.). 📖 [bʀãʃe].

**BRANCHIE**, subst. f.
Organe respiratoire des animaux aquatiques. 📖 [bʀãʃi].

**BRANDADE**, subst. f.
Mets provençal à base de morue émiettée, de pommes de terre et d'ail. 📖 [bʀãdad].

**BRANDIR**, verbe trans. [19]
Agiter (qqch.) en l'air, pour défier, menacer ou attirer l'attention. 📖 [bʀãdiʀ].

**BRANDON**, subst. m.
Torche de paille enflammée. – Fragment incandescent éjecté d'un feu. 📖 [bʀãdõ].

**BRANLE-BAS**, subst. m. inv.
Activité fébrile et confuse préludant à un événement. 📖 [bʀãlba].

**BRANLER**, verbe [3]
Trans. Faire bouger ; secouer. – Intrans. Vaciller, trembler. 📖 [bʀãle].

**BRAQUE**, subst. m.
Chien de chasse à poil ras et aux oreilles pendantes. 📖 [bʀak].

**BRAQUER, verbe** [3]
Intrans. Orienter les roues d'un véhicule pour le faire tourner. – Trans. Diriger (qqch.) vers, pointer. – Fam. **Braquer** *qqn* : susciter sa résistance ; **Braquer** *une banque* : la dévaliser. – Pronom. S'entêter. 🕮 [bʀake].

**BRAQUET, subst. m.**
Rapport de démultiplication entre le pédalier et le pignon arrière d'une bicyclette. 🕮 [bʀake].

**BRAS, subst. m.**
Partie du membre supérieur de l'homme située entre l'épaule et le coude. – Membre supérieur de l'homme. – Membre antérieur de certains vertébrés. – Appendice de certains mollusques. – Élément mobile d'un objet. – Division d'un fleuve. – Fig. *Être le* **bras** *droit de qqn* : son principal collaborateur. 🕮 [bʀɑ].

**BRASERO, subst. m.**
Bassin rempli de braises permettant de se chauffer en plein air. 🕮 [bʀazeʀo].

**BRASIER, subst. m.**
Ensemble de matériaux en train de brûler. – Incendie. 🕮 [bʀazje].

**BRAS-LE-CORPS (À), loc. adv.**
*Saisir, prendre* à bras-le-corps : étreindre des deux bras ; au fig., traiter énergiquement (gén. un problème). 🕮 [abʀalkɔʀ].

**BRASSARD, subst. m.**
Bande d'étoffe que l'on porte au bras comme signe distinctif. 🕮 [bʀasaʀ].

**BRASSE, subst. f.**
Nage sur le ventre. 🕮 [bʀas].

**BRASSÉE, subst. f.**
Ce que les deux bras peuvent entourer, porter : *Une* **brassée** *de foin*. 🕮 [bʀase].

**BRASSER, verbe trans.** [3]
Mélanger l'eau et le malt pour préparer (la bière). – Remuer, mélanger. 🕮 [bʀase].

**BRASSERIE, subst. f.**
Fabrique de bière ; industrie de la bière. – Bar-restaurant. 🕮 [bʀasʀi].

**BRASSEUR, EUSE, subst.**
Fabricant de bière. 🕮 [bʀasœʀ, -øz].

**BRASSIÈRE, subst. f.**
Chemise des nourrissons. 🕮 [bʀasjɛʀ].

**BRAVACHE, adj. et subst. m.**
Qui feint la bravoure. 🕮 [bʀavaʃ].

**BRAVADE, subst. f.**
Action ou attitude de défi. 🕮 [bʀavad].

**BRAVE, adj. et subst.**
Honnête, bon. – Courageux. 🕮 [bʀav].

**BRAVER, verbe trans.** [3]
Affronter sans crainte, défier. 🕮 [bʀave].

**BRAVO, subst. m. et interj.**
Mot marquant l'approbation, l'enthousiasme. – Applaudissement. 🕮 [bʀavo].

**BRAVOURE, subst. f.**
Courage, vaillance. 🕮 [bʀavuʀ].

**BREAK, subst. m.**
Pause. – Automobile à banquette amovible ou rabattable pour permettre le transport de marchandises. 🕮 [bʀɛk].

**BREBIS, subst. f.**
Femelle adulte du mouton. 🕮 [bʀabi].

**BRÈCHE, subst. f.**
Ouverture pratiquée dans une paroi, un ouvrage, une défense. 🕮 [bʀɛʃ].

**BRÉCHET, subst. m.**
Saillie osseuse sur le sternum des oiseaux. 🕮 [bʀeʃɛ].

**BREDOUILLE, adj.**
*Rentrer* **bredouille** : sans avoir rien pris, obtenu. 🕮 [bʀəduj].

**BREDOUILLER, verbe** [3]
Intrans. S'exprimer de façon précipitée et confuse. – Trans. *Il* **bredouilla** *une excuse*. 🕮 [bʀaduje].

**BREF, BRÈVE, adj. et adv.**
Adj. Court, dans l'espace ou dans le temps. – Adv. En résumé. 🕮 [bʀɛf, bʀɛv].

**BRELAN, subst. m.**
*Jeux.* Groupe de 3 cartes de même valeur : **Brelan** *de rois*. 🕮 [bʀəlɑ̃].

**BRELOQUE, subst. f.**
Petit bijou de peu de valeur, souv. attaché à un bracelet, à une chaîne. 🕮 [bʀəlɔk].

**BRÈME, subst. f.**
Poisson plat d'eau douce. 🕮 [bʀɛm].

**BRETELLE, subst. f.**
Bande de tissu ou de cuir passée à l'épaule pour porter qqch., pour tenir un vêtement : *Une* **bretelle** *de fusil* ; **Bretelles** *de pantalon*. – **Bretelle** *d'autoroute* : voie d'accès ou de sortie d'une autoroute. 🕮 [bʀətɛl].

**BREUVAGE, subst. m.**
Boisson. 🕮 [bʀœvaʒ].

**BRÈVE, subst. f.**
Voyelle, syllabe courte. – *Journ.* Très court article sur un fait précis. 🕮 [bʀɛv].

**BREVET, subst. m.**
Titre ou diplôme d'État attestant des aptitudes ou conférant des droits exclusifs sur une invention. 🕮 [bʀəvɛ].

**BRÉVIAIRE, subst. m.**
Livre de prières catholiques. 🕮 [bʀevjɛʀ].

**BRIARD, subst. m.**
Chien de berger à poil long. 🕮 [bʀijaʀ].

**BRIBE, subst. f.**
Petit morceau, miette, fragment. 🕮 [bʀib].

**BRIC-À-BRAC, subst. m. inv.**
Ensemble disparate et confus d'objets sans valeur. 🕮 [bʀikabʀak].

**BRICK, subst. m.**
Deux-mâts à voiles carrées. 🕮 [bʀik].

**BRICOLE, subst. f.**
Chose insignifiante. 🕮 [bʀikɔl].

**BRICOLER**, verbe [3]
Intrans. Se livrer à des petits travaux de réparation. – Trans. Fam. Réparer provisoirement. – Trafiquer. 🔊 [brikɔle].

**BRIDE**, subst. f.
Harnais de tête du cheval. – Lien, attache. – Fig. Frein. 🔊 [brid].

**BRIDER**, verbe trans. [3]
Passer la bride à (un cheval). – Serrer à l'aide d'une bride. – Fig. Limiter, restreindre. 🔊 [bride].

**BRIDGE (I)**, subst. m.
Jeu de cartes qui se pratique à 4 par équipes de 2. 🔊 [bridʒ].

**BRIDGE (II)**, subst. m.
Prothèse dentaire maintenant ou remplaçant une dent. 🔊 [bridʒ].

**BRIÈVETÉ**, subst. f.
Qualité de ce qui est bref. 🔊 [brijɛvte].

**BRIGADE**, subst. f.
Groupe de personnes réunies sous l'autorité d'un chef. – Milit. Unité composée de plusieurs régiments. 🔊 [brigad].

**BRIGADIER**, subst. m.
Militaire du grade le moins élevé dans l'artillerie, la cavalerie et le train. – Chef d'une brigade. 🔊 [brigadje].

**BRIGAND**, subst. m.
Bandit. – Personne malhonnête. 🔊 [brigɑ̃].

**BRIGANDAGE**, subst. m.
Vol à main armée commis par des bandes. – Escroquerie. 🔊 [brigɑ̃daʒ].

**BRIGUER**, verbe trans. [3]
Ambitionner. 🔊 [brige].

**BRILLANT, ANTE**, adj. et subst. m.
Adj. Qui brille. – Fig. Qui s'impose par sa qualité. – Subst. Éclat de ce qui brille. – Pierre précieuse taillée. 🔊 [brijɑ̃, -ɑ̃t].

**BRILLER**, verbe intrans. [3]
Projeter une lumière vive. – Fig. Se distinguer par ses qualités. 🔊 [brije].

**BRIMADE**, subst. f.
Épreuve vexatoire. 🔊 [brimad].

**BRIMER**, verbe trans. [3]
Infliger des épreuves vexatoires à (des nouveaux venus). – Humilier. 🔊 [brime].

**BRIN**, subst. m.
Petit morceau de forme allongée : **Brin** de paille. – Fig. Petite quantité. 🔊 [brɛ̃].

**BRINDILLE**, subst. f.
Petite branche fine. 🔊 [brɛ̃dij].

**BRIO**, subst. m.
Vivacité, talent. 🔊 [brijo].

**BRIOCHE**, subst. f.
Pâtisserie légère et ronde. – Ventre bien arrondi, embonpoint. 🔊 [brijɔʃ].

**BRIQUE**, subst. f.
Matériau de construction rectangulaire en argile. – Produit de même forme : Une brique de savon. – Million de centimes (fam.). 🔊 [brik].

**BRIQUER**, verbe trans. [3]
Frotter pour faire briller. 🔊 [brike].

**BRIQUET**, subst. m.
Instrument permettant d'obtenir une petite flamme. 🔊 [brikɛ].

**BRIS**, subst. m.
Destruction, rupture illégale (d'une clôture, d'un scellé). 🔊 [bri].

**BRISANT**, subst. m.
Rocher sur lequel la mer se brise. 🔊 [brizɑ̃].

**BRISE**, subst. f.
Vent frais et modéré. 🔊 [briz].

**BRISE-GLACE(S)**, subst. m. inv.
Navire conçu pour briser la glace dans les régions arctiques. 🔊 [brizglas].

**BRISER**, verbe trans. [3]
Casser. – Ruiner. 🔊 [brize].

**BRISTOL**, subst. m.
Carton satiné. – Carte de visite. 🔊 [bristɔl].

**BROC**, subst. m.
Récipient à bec verseur et à anse. 🔊 [bro].

**BROCANTE**, subst. f.
Commerce d'objets d'occasion. 🔊 [brɔkɑ̃t].

**BROCANTEUR, EUSE**, subst.
Marchand d'objets d'occasion, de curiosités. 🔊 [brɔkɑ̃tœr, -øz].

**BROCARD (I)**, subst. m.
Chevreuil âgé de un an. 🔊 [brɔkar].

**BROCARD (II)**, subst. m.
Raillerie, injure. 🔊 [brɔkar].

**BROCART**, subst. m.
Soierie brodée d'or et d'argent. 🔊 [brɔkar].

**BROCHE**, subst. f.
Tige de métal pointue sur laquelle on enfile une pièce de viande à rôtir. – Bijou agrafé sur un vêtement. 🔊 [brɔʃ].

**BROCHER**, verbe trans. [3]
Relier (un livre). – Tisser un motif en relief sur (une étoffe). 🔊 [brɔʃe].

**BROCHET**, subst. m.
Poisson d'eau douce, à la mâchoire garnie de dents pointues. 🔊 [brɔʃɛ].

**BROCHETTE**, subst. f.
Petite broche sur laquelle on enfile des mets à rôtir ; mets ainsi rôti. 🔊 [brɔʃɛt].

**BROCHURE**, subst. f.
Mince ouvrage broché. – Motif ornemental d'un tissu. 🔊 [brɔʃyr].

**BROCOLI**, subst. m.
Petit chou-fleur vert d'Italie. 🔊 [brɔkɔli].

**BRODER**, verbe trans. [3]
Orner de broderies. – Fig. Enjoliver un récit en inventant des détails. 🔊 [brode].

**BRODERIE**, subst. f.
Travail d'aiguille consistant à orner une étoffe. – Fig. Embellissement. 🔊 [brodri].

**BROMURE,** subst. m.
Combinaison du brome (élément chimique fluide) et d'un métal. 🕮 [bʀɔmyʀ].

**BRONCHE,** subst. f.
Conduit situé entre la trachée-artère et les poumons. 🕮 [bʀɔ̃ʃ].

**BRONCHER,** verbe intrans. [3]
Trébucher, en parlant d'un cheval. – Fig. Réagir, manifester de l'humeur. 🕮 [bʀɔ̃ʃe].

**BRONCHITE,** subst. f.
Inflammation des bronches. 🕮 [bʀɔ̃ʃit].

**BRONTOSAURE,** subst. m.
Reptile géant du secondaire. 🕮 [bʀɔ̃tozɔʀ].

**BRONZAGE,** subst. m.
Action, fait de bronzer ; teinte de la peau bronzée. 🕮 [bʀɔ̃zaʒ].

**BRONZE,** subst. m.
Alliage de cuivre et d'étain. – Objet d'art en bronze. 🕮 [bʀɔ̃z].

**BRONZER,** verbe intrans. [3]
Brunir, en parlant de la peau. 🕮 [bʀɔ̃ze].

**BROSSE,** subst. f.
Accessoire de nettoyage fait de poils ou de crins fixés sur un support. – Pinceau plat. 🕮 [bʀɔs].

**BROSSER,** verbe trans. [3]
Nettoyer avec une brosse. – Peindre à la brosse. – Fig. Exposer (une situation) dans ses grandes lignes. 🕮 [bʀɔse].

**BROU,** subst. m.
Gaine entourant la coque des fruits à écale (noix, amande). 🕮 [bʀu].

**BROUET,** subst. m.
Sorte de bouillie. – Nourriture inconsistante ou peu appétissante. 🕮 [bʀuɛ].

**BROUETTE,** subst. f.
Petite carriole à une roue et à deux brancards, déplacée à bras d'homme. 🕮 [bʀuɛt].

**BROUHAHA,** subst. m.
Rumeur confuse, bruit indistinct montant d'une foule. 🕮 [bʀuaa].

**BROUILLARD,** subst. m.
Concentration de fines gouttelettes d'eau en suspension dans l'air près du sol, gênant la visibilité. – Fig. Confusion de l'esprit. 🕮 [bʀujaʀ].

**BROUILLE,** subst. f.
Mésentente, fâcherie. 🕮 [bʀuj].

**BROUILLER,** verbe trans. [3]
Rendre trouble. – Fig. Rendre confus. – Désunir, fâcher. 🕮 [bʀuje].

**BROUILLON, ONNE,** adj. et subst. m.
Adj. Confus, désordonné. – Subst. Ébauche d'un écrit. 🕮 [bʀujɔ̃, -ɔn].

**BROUSSAILLE,** subst. f.
Végétation des sols incultes (arbustes, plantes épineuses). 🕮 [bʀusaj].

**BROUSSAILLEUX, EUSE,** adj.
Couvert de broussailles. 🕮 [bʀusajø, -øz].

**BROUSSE,** subst. f.
Végétation pauvre de l'Afrique tropicale et de l'Australie. 🕮 [bʀus].

**BROUTER,** verbe [3]
Manger (de l'herbe, des feuilles arrachées sur place), en parlant du bétail. 🕮 [bʀute].

**BROUTILLE,** subst. f.
Objet, chose sans valeur. 🕮 [bʀutij].

**BROYER,** verbe trans. [17]
Réduire en miettes. – Écraser. – Fig. **Broyer** *du noir* : être déprimé. 🕮 [bʀwaje].

**BROYEUR, EUSE,** adj. et subst.
Adj. Qui broie. – Subst. Machine à broyer. 🕮 [bʀwajœʀ, -øz].

**BRU,** subst. f.
Épouse du fils, belle-fille. 🕮 [bʀy].

**BRUANT,** subst. m.
Passereau des prés et des jardins. 🕮 [bʀyɑ̃].

**BRUGNON,** subst. m.
Hybride de pêche et de prune. 🕮 [bʀyɲɔ̃].

**BRUINE,** subst. f.
Petite pluie très fine. 🕮 [bʀɥin].

**BRUINER,** verbe impers. [3]
Tomber, en parlant de la bruine. 🕮 [bʀɥine].

**BRUIRE,** verbe intrans. [19]
Produire un léger bruit indistinct et prolongé. 🕮 Verbe défectif ; [bʀɥiʀ].

**BRUISSEMENT,** subst. m.
Bruit faible et persistant. 🕮 [bʀɥismɑ̃].

**BRUIT,** subst. m.
Ensemble de sons aux vibrations inégales. – Sensation auditive désagréable. – Rumeur, bavardage. 🕮 [bʀɥi].

**BRUITAGE,** subst. m.
Reconstitution artificielle des bruits au cinéma, à la radio, etc. 🕮 [bʀɥitaʒ].

**BRÛLÉ, ÉE,** adj.
Consumé par le feu. – Fig. Démasqué ; qui n'est plus crédible (fam.). 🕮 [bʀyle].

**BRÛLE-PARFUM(S),** subst. m.
Récipient, réchaud dans lequel on brûle du parfum. 🕮 Plur. *brûle-parfums* ; [bʀylpaʀfœ̃].

**BRÛLE-POURPOINT (À),** loc. adv.
De façon brusque. 🕮 [abʀylpuʀpwɛ̃].

**BRÛLER,** verbe [3]
Trans. Détruire ou altérer par le feu. – Causer une brûlure à. – Utiliser comme source d'énergie. – Franchir (un signal d'arrêt). – Intrans. Se consumer. – Être très chaud. – Fig. **Brûler** *de* : être impatient de. 🕮 [bʀyle].

**BRÛLERIE,** subst. f.
Lieu où l'on torréfie le café. 🕮 [bʀylʀi].

**BRÛLEUR,** subst. m.
Dispositif permettant une combustion. 🕮 [bʀylœʀ].

**BRÛLIS**, subst. m.
Forêt ou champ incendié afin de préparer le sol à la culture. 🔊 [bʀyli].

**BRÛLURE**, subst. f.
Lésion des tissus provoquée par le feu, un produit caustique, l'électricité ou les rayonnements. – Sensation douloureuse de chaleur. 🔊 [bʀylyʀ].

**BRUMAIRE**, subst. m.
Deuxième mois du calendrier républicain (22-24 oct. – 20-22 nov.). 🔊 [bʀymɛʀ].

**BRUME**, subst. f.
Brouillard très léger. 🔊 [bʀym].

**BRUMISATEUR**, subst. m.
Atomiseur qui projette un liquide en très fine pluie. 🔊 [bʀymizatœʀ].

**BRUN, BRUNE**, adj. et subst.
Adj. De couleur marron. – Subst. Personne aux cheveux bruns. 🔊 [bʀœ̃, bʀyn].

**BRUNCH**, subst. m.
Petit déjeuner consistant pris vers midi. 🔊 Plur. brunch(e)s : [bʀœnʃ].

**BRUNIR**, verbe [19]
Trans. Rendre brun. – Intrans. Devenir brun ; bronzer. 🔊 [bʀyniʀ].

**BRUSHING**, subst. m.
Mise en plis où l'on brosse les cheveux tout en les séchant. 🔊 N. déposé ; [bʀœʃiŋ].

**BRUSQUE**, adj.
À l'humeur ou aux mouvements rudes ; brutal. – Soudain. 🔊 [bʀysk].

**BRUSQUER**, verbe trans. [3]
User de manières brusques à l'égard de (qqn). – Hâter, précipiter. 🔊 [bʀyske].

**BRUT, BRUTE**, adj.
Bestial, grossier. – À l'état naturel. 🔊 [bʀyt].

**BRUTAL, ALE, AUX**, adj.
Qui est rude, bestial, violent. – Soudain. 🔊 [bʀytal].

**BRUTALISER**, verbe trans. [3]
Traiter avec brutalité. 🔊 [bʀytalize].

**BRUTALITÉ**, subst. f.
Nature brutale. – Acte violent. 🔊 [bʀytalite].

**BRUTE**, subst. f.
Individu violent, méchant. – Individu grossier et ignorant. 🔊 [bʀyt].

**BRUYANT, ANTE**, adj.
Qui fait du bruit. – Où il y a beaucoup de bruit. 🔊 [bʀɥijɑ̃, -ɑ̃t].

**BRUYÈRE**, subst. f.
Plante ligneuse aux fleurs violettes. – Lieu où elle pousse. 🔊 [bʀɥijɛʀ].

**BUANDERIE**, subst. f.
Local où l'on fait la lessive. 🔊 [bɥɑ̃dʀi].

**BUBON**, subst. m.
Tuméfaction des ganglions lymphatiques dans certaines affections. 🔊 [bybɔ̃].

**BUCCAL, ALE, AUX**, adj.
Relatif à la bouche. 🔊 [bykal].

**BÛCHE**, subst. f.
Tronçon de bois, destiné à être brûlé. – Chute, échec (fam.). 🔊 [byʃ].

**BÛCHER**, subst. m.
Tas de bois prêt à être brûlé. – Lieu où l'on entrepose le bois de chauffage. – Amas de bois servant à incinérer les morts. – Supplice du feu. 🔊 [byʃe].

**BÛCHERON, ONNE**, subst.
Personne dont le métier est d'abattre des arbres. 🔊 [byʃʀɔ̃, -ɔn].

**BUCOLIQUE**, adj. et subst. f.
Adj. Qui se rapporte à la vie pastorale. – Subst. Poème pastoral. 🔊 [bykɔlik].

**BUDGET**, subst. m.
Comptes prévisionnels des recettes et des dépenses. – Somme disponible pour entreprendre qqch. 🔊 [bydʒɛ].

**BUDGÉTAIRE**, adj.
Relatif au budget. 🔊 [bydʒetɛʀ].

**BUÉE**, subst. f.
Vapeur d'eau. 🔊 [bɥe].

**BUFFET**, subst. m.
Table garnie de mets, lors d'une réception. – Meuble de rangement pour la vaisselle. – Brasserie, dans une gare. 🔊 [byfɛ].

**BUFFLE**, subst. m.
Ruminant d'Afrique et d'Asie, proche du bœuf. 🔊 [byfl].

**BUG**, voir **BOGUE (II)**

**BUIS**, subst. m.
Arbrisseau ornemental. 🔊 [bɥi].

**BUISSON**, subst. m.
Ensemble d'arbustes, de petits végétaux, souv. denses et épineux. 🔊 [bɥisɔ̃].

**BUISSONNIER, IÈRE**, adj.
Faire l'école buissonnière : se promener au lieu d'aller en classe. 🔊 [bɥisɔnje, -jɛʀ].

**BULBE**, subst. m.
Organe souterrain de certaines plantes, de forme renflée. – Anat. Bulbe rachidien : partie inférieure de l'encéphale. 🔊 [bylb].

**BULLDOZER**, subst. m.
Engin de terrassement. 🔊 [byldɔzɛʀ].

**BULLE**, subst. f.
Petite sphère d'air, de gaz, qui se forme dans un liquide. – Bulle de savon : fine pellicule d'eau savonneuse formant une sphère et flottant dans l'air. – Acte portant le sceau pontifical. 🔊 [byl].

**BULLETIN**, subst. m.
Document officiel. – Publication périodique officielle ; communiqué. – Papier servant à exprimer un vote. 🔊 [byltɛ̃].

**BULOT**, subst. m.
Mollusque gastéropode que l'on déguste comme fruit de mer. 🔊 [bylo].

**BUNGALOW**, subst. m.
Maison indienne. – Petit pavillon, gén. habité temporairement. 🔊 [bœ̃galo].

**BURALISTE**, subst.
Personne qui tient un bureau de tabac. 🔊 [byralist].

**BURE**, subst. f.
Étoffe rude et grossière, en laine. – Vêtement de cette étoffe. 🔊 [byr].

**BUREAU**, subst. m.
Table sur laquelle on écrit. – Pièce où est installée cette table. – Lieu où travaillent des employés. – Établissement où s'exerce un service d'intérêt collectif : Bureau de vote. – Groupe d'études. 🔊 [byro].

**BUREAUCRATE**, subst.
Employé, fonctionnaire abusant de son rôle auprès du public. 🔊 [byrokrat].

**BUREAUCRATIE**, subst. f.
Pouvoir de l'Administration. – L'ensemble des fonctionnaires (fam.). 🔊 [byrokrasi].

**BUREAUTIQUE**, subst. f.
Ensemble des techniques destinées à automatiser les activités de bureau. 🔊 N. déposé ; [byrotik].

**BURETTE**, subst. f.
Petite fiole à goulot étroit. 🔊 [byrɛt].

**BURIN**, subst. m.
Instrument d'acier servant à graver les métaux ou à sculpter le bois. 🔊 [byrɛ̃].

**BURINÉ, ÉE**, adj.
Très ridé. 🔊 [byrine].

**BURLESQUE**, adj.
Cocasse, comique, bouffon. 🔊 [byrlɛsk].

**BURNOUS**, subst. m.
Manteau arabe, à capuche. 🔊 [byrnu(s)].

**BUSE**, subst. f.
Rapace diurne. – Fig. Sot (fam.). 🔊 [byz].

**BUSINESS**, subst. m.
Les affaires, le commerce (fam.). 🔊 [biznɛs].

**BUSQUÉ, ÉE**, adj.
Arqué : Un nez busqué. 🔊 [byske].

**BUSTE**, subst. m.
Partie du corps allant de la taille au cou. – Poitrine féminine. – Sculpture. 🔊 [byst].

**BUSTIER**, subst. m.
Corsage sans manches qui moule le buste. 🔊 [bystje].

**BUT**, subst. m.
Ce que l'on se propose d'atteindre, au sens physique, moral ou intellectuel. 🔊 [byt].

**BUTANE**, adj. et subst. m.
Gaz combustible. 🔊 [bytan].

**BUTÉ, ÉE**, adj.
Têtu, obstiné. 🔊 [byte].

**BUTER**, verbe [3]
Intrans. Buter sur, contre : heurter du pied. – Trans. Étayer. – Provoquer la résistance de (qqn). – Pronom. S'entêter. 🔊 [byte].

**BUTIN**, subst. m.
Trésor de guerre. – Produit d'un vol, d'une recherche, d'une découverte. 🔊 [bytɛ̃].

**BUTINER**, verbe [3]
Recueillir le pollen de fleur en fleur, en parlant des abeilles. 🔊 [bytine].

**BUTOIR**, subst. m.
Objet, pièce servant à bloquer le mouvement d'un autre. – Date butoir : dernier délai. 🔊 [bytwar].

**BUTOR**, subst. m.
Oiseau échassier. 🔊 [bytɔr].

**BUTTE**, subst. f.
Petit tertre, hauteur. 🔊 [byt].

**BUVARD**, adj. m. et subst. m.
Se dit d'un papier poreux servant à absorber et à sécher l'encre d'un écrit. 🔊 [byvar].

**BUVETTE**, subst. f.
Lieu où l'on sert des boissons. 🔊 [byvɛt].

**BUVEUR, EUSE**, adj. et subst.
Qui boit. – Qui s'adonne à la boisson. 🔊 [byvœr, -øz].

**BYZANTIN, INE**, adj.
De Byzance. – D'une subtilité excessive. 🔊 [bizɑ̃tɛ̃, -in].

# C

**C, c,** subst. m. inv.
Troisième lettre et deuxième consonne de l'alphabet français. 🔊 [se].

**ÇA,** pron. dém.
Forme familière de « cela ». 🔊 [sa].

**ÇÀ,** adv.
Adv. Çà *et là* : de côté et d'autre. – Empl. interj. Marque l'impatience, l'étonnement : *Ah* çà ! 🔊 [sa].

**CABALE,** subst. f.
Science occulte. – Intrigue menée contre qqn. 🔊 [kabal].

**CABAN,** subst. m.
Veste de marin, en drap épais. 🔊 [kabɑ̄].

**CABANE,** subst. f.
Abri, logis rudimentaire. – *En cabane* : en prison (fam.). 🔊 [kaban].

**CABARET,** subst. m.
Établissement de spectacle où le public peut consommer. 🔊 [kabaʀɛ].

**CABAS,** subst. m.
Sac à provisions. 🔊 [kabɑ].

**CABILLAUD,** subst. m.
Morue fraîche. – Églefin. 🔊 [kabijo].

**CABINE,** subst. f.
Chambre, dans un bateau. – Local exigu à usage déterminé : **Cabine** *téléphonique*. – Habitacle. 🔊 [kabin].

**CABINET,** subst. m.
Petite pièce. – Lieu où est exercée une profession libérale. – Ensemble des membres d'un gouvernement ou des collaborateurs d'un ministre, d'un haut fonctionnaire. – Plur. Lieux d'aisances. 🔊 [kabinɛ].

**CÂBLE,** subst. m.
Gros cordage, en gén. de fils métalliques. – Faisceau de fils conducteurs d'électricité. – Dépêche télégraphique. 🔊 [kɑbl].

**CÂBLER,** verbe trans. [3]
Assembler en un câble (des fils). – Connecter les éléments de (un appareil électrique). – Télégraphier par câble. – Équiper (un lieu) d'un réseau de télécommunication par câble. 🔊 [kable].

**CABOSSER,** verbe trans. [3]
Faire des bosses à. – Déformer. 🔊 [kabɔse].

**CABOTAGE,** subst. m.
Navigation près des côtes. 🔊 [kabɔtaʒ].

**CABOTIN, INE,** subst.
Comédien médiocre et vaniteux. – Personne au comportement théâtral. 🔊 [kabɔtɛ̄, -in].

**CABRER (SE),** verbe pronom. [3]
Se dresser sur ses membres postérieurs, en partic. pour un cheval. – Fig. Se rebeller. 🔊 [kabʀe].

**CABRI,** subst. m.
Petit de la chèvre, chevreau. 🔊 [kabʀi].

**CABRIOLE,** subst. f.
Petit bond agile. 🔊 [kabʀijɔl].

**CABRIOLET,** subst. m.
Automobile décapotable. – Sorte de fauteuil à dossier incurvé. 🔊 [kabʀijɔlɛ].

**CACAH(O)UÈTE,** subst. f.
Fruit de l'arachide. 🔊 [kakawɛt].

**CACAO,** subst. m.
Graine du cacaoyer. – Poudre obtenue en broyant ces graines, servant à fabriquer le chocolat. 🔊 [kakao].

**CACATOÈS,** subst. m.
Oiseau grimpeur, voisin du perroquet, à la huppe chamarrée. 🔊 [kakatɔɛs].

**CACHALOT,** subst. m.
Mammifère marin carnassier. 🔊 [kaʃalo].

**CACHE,** subst.
Fém. Lieu où l'on peut se cacher ou cacher qqch. – Masc. Objet destiné à faire écran. 🔊 [kaʃ].

**CACHEMIRE,** subst. m.
Fibre textile mêlant du poil de chèvre et de la laine. 🔊 [kaʃmiʀ].

**CACHE-NEZ,** subst. m. inv.
Écharpe protégeant à la fois le cou et le bas du visage. 🔊 [kaʃne].

**CACHER,** verbe trans. [3]
Soustraire à la vue ou à la recherche. – Taire. 🔊 [kaʃe].

**CACHET,** subst. m.
Marque apposée : **Cachet** *de la poste*. – Comprimé pharmaceutique. – Fig. Originalité, caractère distinctif. – Rétribution d'un artiste pour un travail donné. 🔊 [kaʃɛ].

**CACHETER,** verbe trans. [14]
Sceller avec de la cire. – Fermer en collant (un pli, une lettre). 🔊 [kaʃte].

**CACHETTE,** subst. f.
Lieu propre à cacher ou à se cacher. – Loc. adv. *En cachette* : en secret. 🔊 [kaʃɛt].

**CACHOT,** subst. m.
Cellule dans laquelle on isole un prisonnier. 🔊 [kaʃo].

**CACHOTTERIE,** subst. f.
Mystère que l'on fait pour cacher de petits secrets. 🔊 [kaʃɔtʀi].

**CACOPHONIE, subst. f.**
Mélange de sons discordants. ⚄ [kakɔfɔni].

**CACTUS, subst. m.**
Plante grasse dont les feuilles sont des épines. ⚄ [kaktys].

**CADASTRE, subst. m.**
Ensemble des documents administratifs qui précisent les limites des propriétés foncières et les noms de leurs propriétaires. – Administration ayant en charge ces documents. ⚄ [kadastʀ].

**CADAVÉRIQUE, adj.**
Propre au cadavre. ⚄ [kadaveʀik].

**CADAVRE, subst. m.**
Corps d'un être mort. ⚄ [kadavʀ].

**CADDIE, subst. m.**
Petit chariot utilisé pour transporter des bagages dans une gare, des achats dans un libre-service, etc. ⚄ N. déposé ; [kadi].

**CADEAU, subst. m.**
Chose offerte. ⚄ [kado].

**CADENAS, subst. m.**
Serrure mobile. ⚄ [kadnɑ].

**CADENCE, subst. f.**
Rythme régulier d'une musique, d'une poésie, d'un mouvement. – Rythme de production ou d'exécution. ⚄ [kadɑ̃s].

**CADET, ETTE, adj. et subst.**
Qui est né après un aîné. – Dernier-né. – Subst. Personne plus jeune qu'une autre. – Jeune sportif de 15 à 17 ans. – Élève officier, dans certains pays. ⚄ [kadɛ, -ɛt].

**CADRAN, subst. m.**
Surface graduée d'un instrument de mesure : **Cadran** d'une montre. ⚄ [kadʀɑ̃].

**CADRE, subst. m.**
Bordure entourant un tableau, un miroir, etc. – Châssis, armature : **Cadre** de porte. – Ce qui délimite, borne. – Environnement, milieu, décor. – Membre du personnel d'encadrement. ⚄ [kadʀ].

**CADRER, verbe [3]**
Intrans. Concorder : **Cadrer** avec qqch. – Trans. Placer dans le champ, amener dans les limites du viseur d'un appareil photo, d'une caméra, etc. ⚄ [kadʀe].

**CADUC, UQUE, adj.**
Périmé. – **Feuilles caduques** : qui tombent des arbres tous les ans. ⚄ [kadyk].

**CAFARD, subst. m.**
Blatte. – Fig. Idées noires. ⚄ [kafaʀ].

**CAFARDEUX, EUSE, adj.**
Qui a ou donne le cafard. ⚄ [kafaʀdø, -øz].

**CAFÉ, subst. m.**
Graines du caféier. – Infusion de ces graines, torréfiées et moulues. – Débit de boissons. ⚄ [kafe].

**CAFÉTÉRIA, subst. f.**
Établissement où l'on peut se désaltérer et se restaurer sommairement. ⚄ [kafeteʀja].

**CAFETIÈRE, subst. f.**
Récipient utilisé pour préparer le café ou pour le servir. ⚄ [kaftjɛʀ].

**CAFOUILLER, verbe intrans. [3]**
Fam. Mal fonctionner. – Agir de façon inefficace et brouillonne. ⚄ [kafuje].

**CAGE, subst. f.**
Loge garnie de grillage ou de barreaux, où l'on enferme des animaux. – Espace contenant un escalier, un ascenseur. – **Cage thoracique** : squelette du thorax. ⚄ [kaʒ].

**CAGEOT, subst. m.**
Caissette à claire-voie servant à transporter les légumes ou les fruits. ⚄ [kaʒo].

**CAGIBI, subst. m.**
Réduit destiné au rangement. ⚄ [kaʒibi].

**CAGNEUX, EUSE, adj.**
Qui a les genoux tournés vers l'intérieur. ⚄ [kaɲø, -øz].

**CAGNOTTE, subst. f.**
Somme d'argent économisée par les membres d'un groupe. – Économies. ⚄ [kaɲɔt].

**CAGOULE, subst. f.**
Capuchon, passe-montagne. ⚄ [kagul].

**CAHIER, subst. m.**
Liasse de feuilles de papier assemblée sur l'un de ses côtés. ⚄ [kaje].

**CAHIN-CAHA, adv.**
Tant bien que mal. ⚄ [kaɛ̃kaa].

**CAHOT, subst. m.**
Secousse, sursaut d'un véhicule, provoqué par les irrégularités du chemin. ⚄ [kao].

**CAHUTE, subst. f.**
Abri rudimentaire. ⚄ [kayt].

**CAÏD, subst. m.**
Dignitaire musulman d'Afrique du Nord. – Chef de bande (fam.). ⚄ [kaid].

**CAILLE, subst. f.**
Oiseau migrateur brun tacheté, voisin de la perdrix. ⚄ [kaj].

**CAILLER, verbe [3]**
Trans. Coaguler ; faire prendre en caillots. – Intrans. et pronom. Fam. Avoir froid. – **Ça caille** : il fait froid. ⚄ [kaje].

**CAILLOT, subst. m.**
Masse de liquide organique coagulé, en partic. de sang. ⚄ [kajo].

**CAILLOU, OUX, subst. m.**
Fragment de pierre, de roche. ⚄ [kaju].

**CAÏMAN, subst. m.**
Crocodile d'Amérique, au museau large et court. ⚄ [kaimɑ̃].

**CAISSE, subst. f.**
Grande boîte servant au rangement. – Coffre utilisé pour emballer, transporter ou protéger ; son contenu. – Meuble, appareil enregistreur où un commerçant dépose sa recette ; cette recette. – Guichet, comptoir où se font les paiements. – Éta-

blissement qui gère des fonds en dépôt.
– Carrosserie d'une automobile. – *Mus.*
*Grosse* **caisse** : gros tambour. ⅋⅋ [kɛs].

**CAISSIER, IÈRE,** subst.
Personne qui tient la caisse. ⅋⅋ [kesje, -jɛʀ].

**CAJOLER,** verbe trans. [3]
Combler de caresses et de tendresse.
⅋⅋ [kaʒɔle].

**CAKE,** subst. m.
Gâteau aux raisins secs et aux fruits confits.
⅋⅋ [kɛk].

**CAL,** subst. m.
Durcissement localisé de la peau, dû à
un frottement continu. ⅋⅋ Plur. *cals* : [kal].

**CALAMAR,** voir **CALMAR**

**CALAMITÉ,** subst. f.
Fléau, malheur, catastrophe. ⅋⅋ [kalamite].

**CALANDRE,** subst. f.
Garniture, souv. en métal, placée devant
le radiateur d'une automobile. ⅋⅋ [kalɑ̃dʀ].

**CALANQUE,** subst. f.
Crique étroite de Méditerranée, aux parois
rocheuses escarpées. ⅋⅋ [kalɑ̃k].

**CALCAIRE,** adj. et subst. m.
Adj. Qui renferme du carbonate de calcium.
– Subst. Roche sédimentaire constituée sur-
tout de carbonate de calcium. ⅋⅋ [kalkɛʀ].

**CALCINER,** verbe trans. [3]
Soumettre à une très forte chaleur. – Brûler, carboniser. ⅋⅋ [kalsine].

**CALCIUM,** subst. m.
*Chim.* Corps métallique, élément indispensable à l'organisme. ⅋⅋ [kalsjɔm].

**CALCUL,** subst. m.
Opération ou ensemble d'opérations effectuées sur des nombres, des grandeurs.
– Technique ou pratique des opérations
arithmétiques. – Préméditation des moyens
nécessaires pour parvenir à une fin ; intention. – Concrétion pierreuse qui se forme
dans divers organes. ⅋⅋ [kalkyl].

**CALCULATEUR, TRICE,** adj. et subst.
Qui agit par calcul, sans spontanéité. – Subst.
fém. Machine à calculer. ⅋⅋ [kalkylatœʀ, -tʀis].

**CALCULER,** verbe trans. [3]
Déterminer par le calcul. ⅋⅋ [kalkyle].

**CALCULETTE,** subst. f.
Petite machine à calculer. ⅋⅋ [kalkylɛt].

**CALE,** subst. f.
Partie d'un navire, sous le pont, destinée
à recevoir la cargaison. – Pièce de bois ou
de métal utilisée pour mettre d'aplomb,
stabiliser ou immobiliser un objet. ⅋⅋ [kal].

**CALÉ, ÉE,** adj.
Fam. Instruit, fort. – Difficile. ⅋⅋ [kale].

**CALÈCHE,** subst. f.
Voiture découverte à quatre roues, tirée par
des chevaux. ⅋⅋ [kalɛʃ].

**CALEÇON,** subst. m.
Sous-vêtement masculin. – Pantalon féminin très collant. ⅋⅋ [kalsɔ̃].

**CALEMBOUR,** subst. m.
Jeu de mots portant sur la différence de
sens entre des termes de même prononciation. ⅋⅋ [kalɑ̃buʀ].

**CALENDRIER,** subst. m.
Système de division du temps. – Tableau
des jours d'une année. – Emploi du temps.
⅋⅋ [kalɑ̃dʀije].

**CALEPIN,** subst. m.
Carnet de poche. ⅋⅋ [kalpɛ̃].

**CALER,** verbe [3]
Intrans. S'arrêter brusquement, pour un
moteur. – Fam. Ne plus avoir faim, être
repu. – Reculer, céder. – Trans. Mettre de
niveau, stabiliser, immobiliser avec une
cale. ⅋⅋ [kale].

**CALFEUTRER,** verbe trans. [3]
Obturer les fentes de (une fenêtre, une
porte) pour empêcher l'air de pénétrer.
– Pronom. S'enfermer. ⅋⅋ [kalføtʀe].

**CALIBRE,** subst. m.
Diamètre intérieur d'un tube, ou extérieur
d'un objet cylindrique, d'un projectile.
– Pistolet (fam.). ⅋⅋ [kalibʀ].

**CALICE,** subst. m.
Vase sacré contenant le vin consacré par
le prêtre lors de la messe. ⅋⅋ [kalis].

**CALICOT,** subst. m.
Toile de coton. – Banderole. ⅋⅋ [kaliko].

**CALIFE,** subst. m.
Successeur de Mahomet. ⅋⅋ [kalif]

**CALIFOURCHON (À),** loc. adv.
Avec les jambes de part et d'autre d'une
monture, d'un siège. ⅋⅋ [akalifuʀʃɔ̃].

**CÂLIN, INE,** adj. et subst. m.
Adj. Qui recherche les câlins. – Caressant,
doux. – Subst. Caresse affectueuse, geste
tendre. ⅋⅋ [kalɛ̃, -in].

**CALLEUX, EUSE,** adj.
Qui présente des callosités. ⅋⅋ [kalø, -øz].

**CALLIGRAPHIE,** subst. f.
Art de donner au tracé de l'écrit un
caractère esthétique. – Écriture formée
selon cet art. ⅋⅋ [ka(l)ligʀafi].

**CALLOSITÉ,** subst. f.
Épaississement de la peau. ⅋⅋ [kalozite].

**CALMAR,** subst. m.
Mollusque marin à coquille interne, doté
de bras munis de ventouses. ⅋⅋ [kalmaʀ].

**CALME,** adj. et subst. m.
Adj. Qui est tranquille, sans agitation.
– Subst. Tranquillité, repos. ⅋⅋ [kalm].

**CALMER,** verbe trans. [3]
Rendre plus calme, apaiser. ⅋⅋ [kalme].

**CALOMNIE,** subst. f.
Accusation mensongère visant à discréditer
qqn. ⅋⅋ [kalɔmni].

**CALOMNIER, verbe trans.** [6]
Dire des calomnies au sujet de.
🕮 [kalɔmnje].

**CALORIE, subst. f.**
Unité de valeur énergétique d'un aliment
(symb. *Cal*). 🕮 [kalɔʀi].

**CALOT, subst. m.**
Coiffure militaire. – Grosse bille. 🕮 [kalo].

**CALOTTE, subst. f.**
Petit bonnet rond, en partic. des ecclésiastiques. – Calotte *glaciaire* : étendue de glace
des régions polaires. 🕮 [kalɔt].

**CALQUE, subst. m.**
Copie d'un dessin obtenue par transparence. – Imitation exacte. – *Papier*-calque :
papier translucide. 🕮 [kalk].

**CALQUER, verbe trans.** [3]
Reproduire fidèlement à l'aide d'un papier-
calque. – Imiter exactement. 🕮 [kalke].

**CALUMET, subst. m.**
Grande pipe que fument les Indiens d'Amérique. 🕮 [kalymɛ].

**CALVAIRE, subst. m.**
Monument évoquant la crucifixion du
Christ. – Fig. Succession de souffrances.
🕮 [kalvɛʀ].

**CALVITIE, subst. f.**
Absence de cheveux. 🕮 [kalvisi].

**CAMAÏEU, EUX ou EUS, subst. m.**
Peinture utilisant divers tons d'une seule
couleur. 🕮 [kamajø].

**CAMARADE, subst.**
Compagnon. – Ami. 🕮 [kamaʀad].

**CAMARADERIE, subst. f.**
Lien qui réunit des camarades, amitié.
🕮 [kamaʀadʀi].

**CAMBOUIS, subst. m.**
Graisse de moteur usagée, noircie par le
frottement. 🕮 [kɑ̃bwi].

**CAMBRER, verbe trans.** [3]
Courber légèrement, arquer. – Pronom. Se
redresser en creusant les reins. 🕮 [kɑ̃bʀe].

**CAMBRIOLAGE, subst. m.**
Action de cambrioler. – Son résultat.
🕮 [kɑ̃bʀijɔlaʒ].

**CAMBRIOLER, verbe trans.** [3]
Dévaliser (un local) en y pénétrant par
effraction. 🕮 [kɑ̃bʀijɔle].

**CAMBRURE, subst. f.**
État de ce qui est cambré. 🕮 [kɑ̃bʀyʀ].

**CAMÉE, subst. m.**
Pierre fine sculptée en relief. 🕮 [kame].

**CAMÉLÉON, subst. m.**
Grand lézard capable de changer de couleur. – Fig. Personne qui change d'opinion
selon la situation. 🕮 [kameleɔ̃].

**CAMÉLIA, subst. m.**
Arbuste à belles fleurs. – Fleur de cet
arbuste. 🕮 [kamelja].

**CAMELOT, subst. m.**
Marchand ambulant d'objets de pacotille.
🕮 [kamlo].

**CAMELOTE, subst. f.**
Marchandise médiocre. 🕮 [kamlɔt].

**CAMEMBERT, subst. m.**
Fromage normand à pâte molle et affinée,
fait avec du lait de vache. 🕮 [kamɑ̃bɛʀ].

**CAMÉRA, subst. f.**
Appareil de prise de vues, pour le cinéma
ou la télévision. 🕮 [kameʀa].

**CAMÉSCOPE, subst. m.**
Caméra vidéo intégrant un magnétoscope.
🕮 N. déposé : [kameskɔp].

**CAMION, subst. m.**
Gros véhicule automobile qui sert au
transport des marchandises. 🕮 [kamjɔ̃].

**CAMIONNETTE, subst. f.**
Petit camion, fourgonnette. 🕮 [kamjɔnɛt].

**CAMISOLE, subst. f.**
Camisole *de force* : sorte de blouse utilisée
pour immobiliser les malades mentaux.
🕮 [kamizɔl].

**CAMOMILLE, subst. f.**
Plante herbacée aromatique utilisée en
infusion. 🕮 [kamɔmij].

**CAMOUFLER, verbe trans.** [3]
Dissimuler à la vue. – Maquiller, falsifier.
🕮 [kamufle].

**CAMP, subst. m.**
Lieu où stationne une troupe. – Terrain où
l'on campe. – Lieu de rassemblement ou
de détention dans des conditions précaires.
– Groupe opposé à un autre. 🕮 [kɑ̃].

**CAMPAGNARD, ARDE, adj. et subst.**
De la campagne. 🕮 [kɑ̃paɲaʀ, -aʀd].

**CAMPAGNE, subst. f.**
Vaste étendue de pays plat. – Les régions
rurales. – Expédition militaire. – Ensemble
d'opérations effectuées pendant une période limitée. 🕮 [kɑ̃paɲ].

**CAMPAGNOL, subst. m.**
Petit rongeur des champs. 🕮 [kɑ̃paɲɔl].

**CAMPANILE, subst. m.**
Clocher bâti à côté d'une église. 🕮 [kɑ̃panil].

**CAMPANULE, subst. f.**
Plante à fleurs bleues en forme de clochettes. 🕮 [kɑ̃panyl].

**CAMPEMENT, subst. m.**
Action de camper. – Lieu où l'on campe.
🕮 [kɑ̃pmɑ̃].

**CAMPER, verbe intrans.** [3]
Installer un camp. – S'installer temporairement. – Faire du camping. – Empl. trans.
Représenter avec vigueur. – Pronom. Se
dresser fièrement. 🕮 [kɑ̃pe].

**CAMPEUR, EUSE, subst.**
Personne qui fait du camping. 🕮 [kɑ̃pœʀ, -øz].

**CAMPHRE**, subst. m.
Essence âcre utilisée comme antimite ou dans des onguents. 🔊 [kɑ̃fʀ].

**CAMPING**, subst. m.
Activité touristique consistant à loger sous une tente, dans une caravane, etc. – Terrain aménagé pour le **camping**. 🔊 [kɑ̃piŋ].

**CAMPUS**, subst. m.
Vaste espace regroupant les bâtiments et les logements d'une université. 🔊 [kɑ̃pys].

**CANADIENNE**, subst. f.
Veste doublée de peau de mouton. – Petite tente à deux pans. 🔊 [kanadjɛn].

**CANAILLE**, subst. f.
Personne malhonnête, gredin. 🔊 [kanɑj].

**CANAL, AUX**, subst. m.
Cours d'eau artificiel. – Bras de mer : *Le canal de Mozambique.* – Fig. Voie d'acheminement des informations. – *Anat.* Conduit ou structure tubulaire naturelle. 🔊 [kanal].

**CANALISATION**, subst. f.
Action de canaliser. – Conduit servant au transport d'un fluide. 🔊 [kanalizasjɔ̃].

**CANALISER**, verbe trans. [3]
Rendre (un cours d'eau) navigable. – Fig. Diriger dans un sens défini. 🔊 [kanalize].

**CANAPÉ**, subst. m.
Long siège confortable, à dossier. – Petite tranche de pain avec garniture. 🔊 [kanape].

**CANARD**, subst. m.
Oiseau aquatique, palmipède. – Fam. *Froid de* canard : froid vif. – Journal. 🔊 [kanaʀ].

**CANARI**, subst. m.
Serin de couleur jaune. 🔊 [kanaʀi].

**CANCAN**, subst. m.
Bavardage calomnieux. 🔊 [kɑ̃kɑ̃].

**CANCER**, subst. m.
Tumeur maligne qui résulte de la prolifération désordonnée des cellules. – Quatrième signe du zodiaque. 🔊 [kɑ̃sɛʀ].

**CANCÉREUX, EUSE**, adj. et subst.
Qui est atteint d'un cancer. – Adj. De la nature du cancer. 🔊 [kɑ̃seʀø, -øz].

**CANCÉRIGÈNE**, adj.
Qui favorise le cancer. 🔊 [kɑ̃seʀiʒɛn].

**CANCRE**, subst. m.
Très mauvais élève. 🔊 [kɑ̃kʀ].

**CANDÉLABRE**, subst. m.
Grand chandelier à branches. 🔊 [kɑ̃delabʀ].

**CANDEUR**, subst. f.
Innocence, crédulité, pureté. 🔊 [kɑ̃dœʀ].

**CANDI**, adj. m.
*Sucre* candi : en gros cristaux. 🔊 [kɑ̃di].

**CANDIDAT, ATE**, subst.
Personne qui postule un emploi, qui se présente à un examen, à une élection. 🔊 [kɑ̃dida, -at].

**CANDIDATURE**, subst. f.
Fait d'être candidat. – Action de se porter candidat. 🔊 [kɑ̃didatyʀ].

**CANDIDE**, adj.
Ingénu, innocent, naïf. 🔊 [kɑ̃did].

**CANE**, subst. f.
Femelle du canard. 🔊 [kan].

**CAN(N)ETTE**, subst. f.
Bobine de fil placée dans la navette d'une machine à coudre. – Petite bouteille de bière ; son contenu. 🔊 [kanɛt].

**CANEVAS**, subst. m.
Grosse toile à jour servant à exécuter des tapisseries. – Fig. Schéma, ébauche. 🔊 [kanva].

**CANICHE**, subst. m.
Race de chien à poil frisé. 🔊 [kaniʃ].

**CANICULE**, subst. f.
Période de forte chaleur. – Cette chaleur elle-même. 🔊 [kanikyl].

**CANIDÉ**, subst. m.
Mammifère carnivore aux griffes non rétractiles, tel que le chien, le loup, le renard, le chacal. 🔊 [kanide].

**CANIF**, subst. m.
Petit couteau à lame repliable. 🔊 [kanif].

**CANIN, INE**, adj. et subst.
Adj. Relatif au chien. – Subst. Dent, entre les prémolaires et les incisives. 🔊 [kanɛ̃, -in].

**CANIVEAU**, subst. m.
Rigole longeant les trottoirs. 🔊 [kanivo].

**CANNABIS**, subst. m.
Variété de chanvre dont on tire des préparations hallucinogènes (haschisch). 🔊 [kanabis].

**CANNE**, subst. f.
Bambou, roseau. – **Canne** *à sucre* : graminée tropicale cultivée pour son sucre. – Bâton sur lequel on prend appui pour marcher. – **Canne** *à pêche* : perche flexible portant une ligne de pêche ; gaule. 🔊 [kan].

**CANNELLE**, subst. f.
Écorce aromatique. 🔊 [kanɛl].

**CANNIBALE**, adj. et subst.
Se dit d'un homme ou d'un animal qui mange des êtres appartenant à sa propre espèce. 🔊 [kanibal].

**CANOË**, subst. m.
Canot mû à la pagaie simple. 🔊 [kanɔe].

**CANON (I)**, subst. m.
Règle religieuse. – Mélodie reprise par plusieurs voix, en décalage. – Modèle idéal. 🔊 [kanɔ̃].

**CANON (II)**, subst. m.
Pièce d'artillerie lançant des obus. – Tube d'une arme à feu. 🔊 [kanɔ̃].

**CANONIQUE**, adj.
Conforme aux règles de l'Église. – *Âge* **canonique** : 40 ans ; âge avancé. 🔊 [kanɔnik].

**CANONISER, verbe trans.** [3]
Pour l'Église, proclamer la sainteté de (qqn). [kanɔnize].

**CANONNADE, subst. f.**
Suite de coups de canons. [kanɔnad].

**CANOT, subst. m.**
Légère embarcation, non pontée. [kano].

**CANOTAGE, subst. m.**
Navigation en canot. [kanɔtaʒ].

**CANOTIER, subst. m.**
Personne qui navigue, qui se promène en canot. – Chapeau de paille. [kanɔtje].

**CANTATE, subst. f.**
Pièce musicale à une ou plusieurs voix avec accompagnement. [kɑ̃tat].

**CANTATRICE, subst. f.**
Chanteuse de chant classique ou d'opéra. [kɑ̃tatʀis].

**CANTINE, subst. f.**
Coffre de voyage. – Lieu où l'on sert les repas pour une collectivité. [kɑ̃tin].

**CANTIQUE, subst. m.**
Chant religieux. [kɑ̃tik].

**CANTON, subst. m.**
En France, subdivision territoriale d'un arrondissement. – En Suisse, État membre de la Confédération. [kɑ̃tɔ̃].

**CANTONADE, subst. f.**
*Parler à la* **cantonade** : à tout le monde. [kɑ̃tɔnad].

**CANTONNEMENT, subst. m.**
Installation provisoire de troupes. – Lieu où sont cantonnées des troupes. [kɑ̃tɔnmɑ̃].

**CANTONNER, verbe trans.** [3]
Installer (des troupes) dans une localité. – Maintenir d'autorité dans des limites : **Cantonner** *qqn dans un rôle secondaire.* – Pronom. Se limiter (à), se borner (à). [kɑ̃tɔne].

**CANTONNIER, subst. m.**
Ouvrier chargé de l'entretien des chemins ou des voies ferrées. [kɑ̃tɔnje].

**CANULAR, subst. m.**
Mystification. – Fausse nouvelle, blague. [kanylaʀ].

**CANYON, subst. m.**
Gorge profonde creusée par un cours d'eau. On dit aussi *cañon* ; [kanjɔ̃] ou [kanjɔn].

**CAOUTCHOUC, subst. m.**
Matière élastique et imperméable obtenue à partir du latex, ou de manière artificielle. – Élastique (fam.). [kautʃu].

**CAP, subst. m.**
Pointe de terre qui s'avance dans la mer. – Fig. Étape décisive. – Direction d'un bateau, d'un avion. [kap].

**CAPABLE, adj.**
Compétent. – **Capable** *de* : qui a le pouvoir de ; susceptible de ; apte à. [kapabl].

**CAPACITÉ, subst. f.**
Contenance (d'un récipient). – Compétence, aptitude. [kapasite].

**CAPARAÇON, subst. m.**
Manteau servant à parer ou à protéger un cheval. [kapaʀasɔ̃].

**CAPE, subst. f.**
Manteau ample sans manches. [kap].

**CAPELINE, subst. f.**
Chapeau de femme, à large bord souple. [kaplin].

**CAPHARNAÜM, subst. m.**
Lieu en désordre. [kafaʀnaɔm].

**CAPILLAIRE, adj. et subst. m.**
Adj. Relatif aux cheveux. – Subst. Fin vaisseau sanguin. [kapilɛʀ].

**CAPILLARITÉ, subst. f.**
Se dit des phénomènes physiques qui se produisent lors du contact d'un liquide avec une paroi solide. [kapilaʀite].

**CAPITAINE, subst. m.**
Dans les armées de terre et de l'air, officier au-dessus du lieutenant et au-dessous du commandant. – Commandant d'un navire marchand. – **Capitaine** *de corvette, de frégate, de vaisseau* : grades successifs des officiers supérieurs de la marine de guerre. – Chef d'une équipe sportive. [kapitɛn].

**CAPITAL (I), ALE, AUX, adj.**
*Peine* **capitale** : peine de mort. – Essentiel, primordial. [kapital].

**CAPITAL (II), AUX, subst. m.**
Bien d'une entreprise ou d'un particulier, qui peut produire un intérêt. – Plur. Liquidités, actifs. [kapital].

**CAPITALE, subst. f.**
Ville où siège le gouvernement d'un État. – Lettre majuscule. [kapital].

**CAPITALISME, subst. m.**
Système économique et social fondé sur le capital privé. [kapitalism].

**CAPITEUX, EUSE, adj.**
Qui enivre les sens. [kapitø, -øz].

**CAPITONNER, verbe trans.** [3]
Rembourrer. [kapitone].

**CAPITULER, verbe intrans.** [3]
Se rendre à l'ennemi. – Fig. Renoncer, céder. [kapityle].

**CAPORAL, AUX, subst. m.**
Militaire de l'infanterie et de l'aviation qui a le grade le moins élevé. [kapoʀal].

**CAPOT, subst. m.**
Couverture métallique mobile d'un moteur. [kapo].

**CAPOTE, subst. f.**
Manteau militaire. – Couverture mobile d'un véhicule, d'un landau. – Préservatif masculin (fam.). [kapɔt].

**CAPOTER,** verbe intrans. [3]
Se renverser, se retourner. – Fig. Rater, échouer (fam.). 🕮 [kapɔte].

**CÂPRE,** subst. f.
Bouton à fleur du câprier, servant de condiment. 🕮 [kɑpʁ].

**CAPRICE,** subst. m.
Fantaisie, lubie. – Amourette. – Modification imprévisible. 🕮 [kapʁis].

**CAPRICIEUX, IEUSE,** adj. et subst.
Sujet à des caprices, fantasque. – Adj. Variable, imprévisible. 🕮 [kapʁisjø, -jøz].

**CAPRICORNE,** subst. m.
Insecte coléoptère aux longues antennes. – Dixième signe du zodiaque. 🕮 [kapʁikɔʁn].

**CAPRIN, INE,** adj.
Relatif aux chèvres. 🕮 [kapʁɛ̃, -in].

**CAPSULE,** subst. f.
Enveloppe soluble de certains médicaments. – Couvercle de bouteille. – Habitacle d'un véhicule spatial. 🕮 [kapsyl].

**CAPTER,** verbe trans. [3]
Saisir, intercepter. 🕮 [kapte].

**CAPTIF, IVE,** adj. et subst.
Prisonnier. 🕮 [kaptif, -iv].

**CAPTIVER,** verbe trans. [3]
Séduire. – Passionner. 🕮 [kaptive].

**CAPTIVITÉ,** subst. f.
État d'un prisonnier. 🕮 [kaptivite].

**CAPTURE,** subst. f.
Action de capturer. – Ce qui est capturé. 🕮 [kaptyʁ].

**CAPTURER,** verbe trans. [3]
S'emparer de, prendre vivant. 🕮 [kaptyʁe].

**CAPUCHE,** subst. f.
Petit capuchon. 🕮 [kapyʃ].

**CAPUCHON,** subst. m.
Partie supérieure d'un vêtement, formant un bonnet. – Bouchon d'objet effilé (tube, stylo, etc.). 🕮 [kapyʃɔ̃].

**CAPUCIN, INE,** subst.
Religieux réformé de l'ordre franciscain. – Masc. Singe d'Amérique. 🕮 [kapysɛ̃, -in].

**CAPUCINE,** subst. f.
Plante ornementale aux fleurs orangées. 🕮 [kapysin].

**CAQUET,** subst. m.
Gloussement de la poule. – Fig. *Rabattre le* **caquet** *à qqn* : remettre qqn à sa place. 🕮 [kakɛ].

**CAQUETER,** verbe intrans. [14]
Glousser (pour la poule). – Fig. Bavarder sans retenue. 🕮 [kakte].

**CAR (I),** conj.
Conjonction de coordination introduisant la cause : *Je ne sors pas,* **car** *il pleut.* 🕮 [kaʁ].

**CAR (II),** subst. m.
Autocar. 🕮 [kaʁ].

**CARABINE,** subst. f.
Fusil léger, à canon rayé. 🕮 [kaʁabin].

**CARABINÉ, ÉE,** adj.
Puissant, violent (fam.). 🕮 [kaʁabine].

**CARABINIER,** subst. m.
Gendarme italien. – Douanier espagnol. 🕮 [kaʁabinje].

**CARACOLER,** verbe intrans. [3]
Bouger, évoluer librement, avec vivacité et légèreté. 🕮 [kaʁakɔle].

**CARACTÈRE,** subst. m.
Signe d'écriture. – Signe d'imprimerie. – Marque, trait distinctif : *Le* **caractère** *officiel d'une lettre.* – Manière d'être, tempérament : *Avoir un* **caractère** *affable.* – Personnalité, force d'âme : *Avoir du* **caractère.** 🕮 [kaʁaktɛʁ].

**CARACTÉRIEL, IELLE,** adj. et subst.
Qui présente des troubles du caractère, de la personnalité. 🕮 [kaʁakteʁjɛl].

**CARACTÉRISER,** verbe trans. [3]
Indiquer le caractère distinctif de. – Constituer le trait dominant de. – Pronom. Avoir pour signe distinctif. 🕮 [kaʁakteʁize].

**CARACTÉRISTIQUE,** adj. et subst. f.
Se dit d'un trait particulier. 🕮 [kaʁakteʁistik].

**CARAFE,** subst. f.
Bouteille bombée à col étroit. – Son contenu. 🕮 [kaʁaf].

**CARAMBOLAGE,** subst. m.
Série de collisions. 🕮 [kaʁɑ̃bɔlaʒ].

**CARAMEL,** subst. m.
Substance obtenue en cuisant du sucre. – Bonbon au **caramel.** 🕮 [kaʁamɛl].

**CARAPACE,** subst. f.
Tégument épais protégeant certains animaux. – Fig. Protection. 🕮 [kaʁapas].

**CARAT,** subst. m.
Unité de masse utilisée en joaillerie. – Mesure d'or fin dans un alliage. 🕮 [kaʁa].

**CARAVANE,** subst. f.
Groupe de voyageurs traversant de grandes étendues désertiques. – Groupe de personnes cheminant ensemble. – Roulotte tirée par une voiture. 🕮 [kaʁavan].

**CARAVANSÉRAIL,** subst. m.
En Orient, vaste abri pour les voyageurs et les bêtes de somme. 🕮 [kaʁavɑ̃seʁaj].

**CARAVELLE,** subst. f.
Bateau de faible tonnage, utilisé aux XVe et XVIe s. 🕮 [kaʁavɛl].

**CARBONE,** subst. m.
Corps simple non métallique, qui est l'élément fondamental de la matière vivante. 🕮 [kaʁbɔn].

**CARBONIQUE,** adj.
Qui combine le carbone et l'oxygène : *Gaz* **carbonique.** 🕮 [kaʁbɔnik].

**CARBONISER**, verbe trans. [3]
Réduire en charbon. – Brûler complètement. ⏚ [kaʀbɔnize].

**CARBURANT**, subst. m.
Combustible utilisé dans les moteurs à combustion interne. ⏚ [kaʀbyʀɑ̃].

**CARBURATEUR**, subst. m.
Organe d'un moteur à explosion, qui mélange le carburant et l'air. ⏚ [kaʀbyʀatœʀ].

**CARCAN**, subst. m.
Collier de fer des condamnés attachés au pilori. – Fig. Contrainte. ⏚ [kaʀkɑ̃].

**CARCASSE**, subst. f.
Ossements décharnés d'un animal. – Armature. ⏚ [kaʀkas].

**CARCÉRAL, ALE, AUX**, adj.
Qui concerne la prison. ⏚ [kaʀseʀal].

**CARDER**, verbe trans. [3]
Démêler (des fibres textiles). ⏚ [kaʀde].

**CARDIAQUE**, adj. et subst.
Adj. Relatif au cœur. – Subst. Personne atteinte d'une maladie du cœur. ⏚ [kaʀdjak].

**CARDIGAN**, subst. m.
Veste de tricot. ⏚ [kaʀdigɑ̃].

**CARDINAL (I), ALE, AUX**, adj. et subst. m.
Se dit d'un nombre entier désignant une quantité. – Adj. Essentiel. – *Géogr. Les quatre points* cardinaux : nord, est, sud, ouest. ⏚ [kaʀdinal].

**CARDINAL (II), AUX**, subst. m.
Prélat membre du Sacré Collège, électeur du pape. ⏚ [kaʀdinal].

**CARDIOLOGIE**, subst. f.
Partie de la médecine qui étudie le cœur et ses maladies. ⏚ [kaʀdjɔlɔʒi].

**CARÊME**, subst. m.
Pour les chrétiens, période d'abstinence allant du mercredi des Cendres au jour de Pâques. ⏚ [kaʀɛm].

**CARENCE**, subst. f.
Absence. – Insuffisance. ⏚ [kaʀɑ̃s].

**CARÈNE**, subst. f.
Partie immergée de la coque d'un navire. ⏚ [kaʀɛn].

**CARÉNER**, verbe trans. [8]
Réparer, nettoyer la carène de (un navire). – Donner un profil aérodynamique à. ⏚ [kaʀene].

**CARESSE**, subst. f.
Attouchement tendre ou sensuel. ⏚ [kaʀɛs].

**CARESSER**, verbe trans. [3]
Faire des caresses à. – Fig. Caresser *un projet* : l'entretenir complaisamment. ⏚ [kaʀese].

**CARGAISON**, subst. f.
Chargement de marchandises. ⏚ [kaʀgɛzɔ̃].

**CARGO**, subst. m.
Navire destiné au transport de marchandises. ⏚ [kaʀgo].

**CARIBOU**, subst. m.
Renne du Canada. ⏚ [kaʀibu].

**CARICATURE**, subst. f.
Dessin ou description satirique d'une personne, d'une société. – Fig. Déformation de la réalité. ⏚ [kaʀikatyʀ].

**CARI**, voir **CURRY**

**CARIE**, subst. f.
Lésion de la dent, qui se creuse. ⏚ [kaʀi].

**CARIÉ, ÉE**, adj.
*Dent* cariée : gâtée par une carie. ⏚ [kaʀje].

**CARILLON**, subst. m.
Ensemble de cloches de tons différents ; sonnerie de ces cloches. – Espèce d'horloge ; sa sonnerie. ⏚ [kaʀijɔ̃].

**CARILLONNER**, verbe intrans. [3]
Sonner le carillon. – Sonner bruyamment à une porte. ⏚ [kaʀijone].

**CARITATIF, IVE**, adj.
Qui a pour objet d'assister les plus démunis. ⏚ [kaʀitatif, -iv].

**CARLINGUE**, subst. f.
Partie habitable du fuselage d'un avion. ⏚ [kaʀlɛ̃g].

**CARME, CARMÉLITE**, subst.
Religieux du Carmel. ⏚ [kaʀm, -elit].

**CARMIN**, subst. m.
Substance colorante d'un rouge éclatant. – Empl. adj. inv. Rouge vif. ⏚ [kaʀmɛ̃].

**CARNAGE**, subst. m.
Tuerie, hécatombe. ⏚ [kaʀnaʒ].

**CARNASSIER, IÈRE**, adj. et subst. m.
Qui se nourrit de viande crue, de proies vivantes. ⏚ [kaʀnasje, -jɛʀ].

**CARNATION**, subst. f.
Teinte de la peau. ⏚ [kaʀnasjɔ̃].

**CARNAVAL, ALS**, subst. m.
Période de réjouissances qui précède le mercredi des Cendres. ⏚ [kaʀnaval].

**CARNET**, subst. m.
Cahier de poche. – Assemblage de tickets, de chèques, etc., détachables. ⏚ [kaʀnɛ].

**CARNIVORE**, adj. et subst. m.
Adj. Qui mange de la viande. – Subst. Mammifère carnassier. ⏚ [kaʀnivɔʀ].

**CAROTIDE**, subst. f.
Artère conduisant le sang oxygéné vers la tête. ⏚ [kaʀɔtid].

**CAROTTE**, subst. f.
Plante potagère cultivée pour sa racine. – Empl. adj. inv. D'un rouge tirant vers le roux. ⏚ [kaʀɔt].

**CARPE**, subst. f.
Poisson d'eau douce. ⏚ [kaʀp].

**CARPETTE**, subst. f.
Petit tapis. ⏚ [kaʀpɛt].

**CARQUOIS**, subst. m.
Étui à flèches. ⏚ [kaʀkwa].

**CARRÉ, ÉE**, adj. et subst. m.
Subst. Quadrilatère plan à côtés égaux et à angles droits. – Produit de deux facteurs égaux. – Objet ou espace qui a la forme d'un **carré**. – Salle à manger des officiers d'un bateau. – *Jeux*. Réunion de quatre cartes de même valeur. – Adj. De la forme d'un **carré**. – *Mètre* **carré** (m²) : surface **carrée** dont le côté mesure 1 m. – Fig. Dont les angles sont marqués : *Épaules* **carrées**. – Catégorique. ▧ [kaʀe].

**CARREAU**, subst. m.
Petite plaque, en gén. de céramique, servant à paver des sols, à revêtir des murs ; sol ainsi pavé. – Vitre d'une fenêtre. – Dessin de forme carrée : *Une chemise à* **carreaux**. – Une des deux couleurs rouges du jeu de cartes. – *Sur le* **carreau** : mort ; mal en point (fam.). ▧ [kaʀo].

**CARREFOUR**, subst. m.
Endroit où se croisent plusieurs routes ou rues. ▧ [kaʀfuʀ].

**CARRELAGE**, subst. m.
Action de carreler. – Sol carrelé. ▧ [kaʀlaʒ].

**CARRELER**, verbe trans. [12]
Quadriller. – Paver de carreaux. ▧ [kaʀle].

**CARRÉMENT**, adv.
Sans ambages ni hésitation. ▧ [kaʀemã].

**CARRIÈRE (I)**, subst. f.
Parcours professionnel. – Manège d'équitation en terrain découvert. ▧ [kaʀjɛʀ].

**CARRIÈRE (II)**, subst. f.
Terrain d'où l'on extrait des matériaux (pierre, sable, etc.). ▧ [kaʀjɛʀ].

**CARRIOLE**, subst. f.
Charrette à deux roues. ▧ [kaʀjɔl].

**CARROSSABLE**, adj.
Praticable pour une voiture. ▧ [kaʀɔsabl].

**CARROSSE**, subst. m.
Voiture à quatre roues, tirée par des chevaux. ▧ [kaʀɔs].

**CARROSSERIE**, subst. f.
Caisse d'un véhicule. ▧ [kaʀɔsʀi].

**CARROSSIER**, subst. m.
Artisan tôlier spécialisé dans la carrosserie. ▧ [kaʀɔsje].

**CARROUSEL**, subst. m.
Parade de cavaliers ; lieu où se déroule cette fête. – Fig. Succession rapide d'objets ou de personnes en un lieu. ▧ [kaʀuzɛl].

**CARRURE**, subst. f.
Largeur d'épaules. – Fig. Envergure nécessaire pour assumer une tâche. ▧ [kaʀyʀ].

**CARTABLE**, subst. m.
Sac d'écolier. ▧ [kaʀtabl].

**CARTE**, subst. f.
Petite feuille de carton léger : **Carte** *à jouer*, portant des figures ; **Carte** *de visite*. – Document officiel permettant d'identifier qqn ou d'exercer des droits. – Liste des mets proposés dans un restaurant. – Représentation conventionnelle d'un espace géographique. ▧ [kaʀt].

**CARTEL**, subst. m.
Alliance entre des entreprises ou des forces politiques. ▧ [kaʀtɛl].

**CARTÉSIEN, IENNE**, adj.
De Descartes. – Rationnel. ▧ [kaʀtezjɛ̃, -jɛn].

**CARTILAGE**, subst. m.
*Anat*. Tissu conjonctif élastique et résistant. ▧ [kaʀtilaʒ].

**CARTOGRAPHIE**, subst. f.
Établissement de cartes géographiques. ▧ [kaʀtɔgʀafi].

**CARTOMANCIE**, subst. f.
Divination par les cartes à jouer. ▧ [kaʀtɔmɑ̃si].

**CARTON**, subst. m.
Feuille de pâte à papier épaisse et rigide. – Emballage, boîte de **carton**. ▧ [kaʀtɔ̃].

**CARTONNÉ, ÉE**, adj.
Relié, garni avec du carton. ▧ [kaʀtɔne].

**CARTON-PÂTE**, subst. m.
Carton malléable, utilisé pour des moulages. ▧ Plur. *cartons-pâtes* ; [kaʀtɔ̃pɑt].

**CARTOUCHE**, subst. f.
Munition d'une arme à feu. – Recharge d'un stylo, d'un briquet, etc. – Emballage contenant plusieurs paquets de cigarettes, d'allumettes, etc. ▧ [kaʀtuʃ].

**CARTOUCHIÈRE**, subst. f.
Sac ou ceinture permettant de porter des cartouches. ▧ [kaʀtuʃjɛʀ].

**CAS**, subst. m.
Circonstance, situation, fait. – Manifestation d'une maladie ; le malade. – *Loc. Au* **cas** *où* : en supposant que ; *Faire* **cas** *de* : prendre en considération. ▧ [kɑ].

**CASANIER, IÈRE**, adj.
Qui aime rester chez soi. ▧ [kazanje, -jɛʀ].

**CASAQUE**, subst. f.
Blouson de jockey. ▧ [kazak].

**CASCADE**, subst. f.
Chute d'eau. – Acrobatie. ▧ [kaskad].

**CASCADEUR, EUSE**, subst.
Acrobate, comédien jouant les scènes dangereuses au cinéma. ▧ [kaskadœʀ, -øz].

**CASE**, subst. f.
Habitation rudimentaire des pays chauds. – Division d'un damier, d'un échiquier. – Compartiment d'un meuble. ▧ [kɑz].

**CASER**, verbe trans. [3]
Placer, loger. ▧ [kɑze].

**CASERNE**, subst. f.
Bâtiment où logent des troupes. ▧ [kazɛʀn].

**CASH**, subst. m. sing. et adv.
Fam. Adv. Comptant : *Payer* **cash**. – Subst. Argent liquide, espèces. ▧ [kaʃ].

**CASIER**, subst. m.
Meuble composé de compartiments. – Casier *judiciaire* : fichier des condamnations prononcées contre qqn. – Nasse utilisée pour pêcher des crustacés. ᲆᲆ [kazje].

**CASINO**, subst. m.
Établissement public où se pratiquent des jeux d'argent. ᲆᲆ [kazino].

**CASQUE**, subst. m.
Coiffure rigide destinée à protéger la tête. – Appareil muni de deux écouteurs. ᲆᲆ [kask].

**CASQUETTE**, subst. f.
Coiffure souple à visière. ᲆᲆ [kaskɛt].

**CASSANT, ANTE**, adj.
Qui se casse facilement. – Fig. Qui manifeste de la raideur ; sec. ᲆᲆ [kasɑ̃, -ɑ̃t].

**CASSE**, subst. f.
Action de casser. – Ce qui en résulte : *Payer la casse.* ᲆᲆ [kas].

**CASSE-COU**, adj. inv. et subst. m. inv.
Qui s'expose aux dangers. ᲆᲆ [kasku].

**CASSE-CROÛTE**, subst. m. inv.
Repas frugal. ᲆᲆ [kaskʀut].

**CASSE-NOIX**, subst. m. inv.
Pince servant à casser les noix. ᲆᲆ [kasnwa].

**CASSER**, verbe [3]
Trans. Briser ; endommager. – Annuler (un jugement, un décret, etc.). – Fig. Interrompre. – Intrans. Se rompre. ᲆᲆ [kase].

**CASSEROLE**, subst. f.
Ustensile de cuisine, cylindrique, à fond plat et doté d'un manche. ᲆᲆ [kasʀɔl].

**CASSE-TÊTE**, subst. m. inv.
Problème difficile à résoudre. ᲆᲆ [kastɛt].

**CASSETTE**, subst. f.
Petit coffre pour objets précieux. – Bande magnétique de magnétophone ou de magnétoscope, dans son étui. ᲆᲆ [kasɛt].

**CASSIS (I)**, subst. m.
Arbrisseau qui produit des baies noires comestibles. – Sa baie. ᲆᲆ [kasis].

**CASSIS (II)**, subst. m.
Dénivelé brutal sur une route. ᲆᲆ [kasi].

**CASSOLETTE**, subst. f.
Petit récipient utilisé pour la cuisson et le service de certains mets. ᲆᲆ [kasɔlɛt].

**CASSONADE**, subst. f.
Sucre roux n'ayant été raffiné qu'une fois. ᲆᲆ [kasɔnad].

**CASSOULET**, subst. m.
Ragoût de viande confite et de haricots blancs. ᲆᲆ [kasulɛ].

**CASSURE**, subst. f.
Endroit où qqch. est cassé. – Rupture. ᲆᲆ [kasyʀ].

**CASTAGNETTES**, subst. f. plur.
Instrument fait de petites pièces de bois, jointes par un cordon, que l'on fait claquer l'une contre l'autre. ᲆᲆ [kastaɲɛt].

**CASTE**, subst. f.
Groupe héréditaire de la société hindoue. – Groupe social très fermé. ᲆᲆ [kast].

**CASTING**, subst. m.
Sélection des acteurs d'un film. ᲆᲆ [kastiŋ].

**CASTOR**, subst. m.
Mammifère rongeur à la queue large et plate, qui vit près des rivières. – Fourrure de cet animal. ᲆᲆ [kastɔʀ].

**CASTRAT**, subst. m.
Chanteur que l'on a castré pour qu'il conserve le registre aigu de sa voix. ᲆᲆ [kastʀa].

**CASTRER**, verbe trans. [3]
Enlever les organes de la reproduction à, châtrer. ᲆᲆ [kastʀe].

**CATACLYSME**, subst. m.
Bouleversement dû à une catastrophe naturelle. ᲆᲆ [kataklism].

**CATACOMBE**, subst. f.
Cimetière, ossuaire souterrain (gén. au plur.). ᲆᲆ [katakɔ̃b].

**CATAFALQUE**, subst. m.
Estrade où l'on dépose le cercueil durant une cérémonie funéraire. ᲆᲆ [katafalk].

**CATALEPSIE**, subst. f.
Perte momentanée de la motricité volontaire. ᲆᲆ [katalɛpsi].

**CATALOGUE**, subst. m.
Répertoire d'articles proposés à la vente. – Liste énumérative. ᲆᲆ [katalɔg].

**CATALYSEUR**, subst. m.
Substance qui induit par sa présence une réaction chimique. ᲆᲆ [katalizœʀ].

**CATAMARAN**, subst. m.
Voilier muni de deux coques parallèles. ᲆᲆ [katamaʀɑ̃].

**CATAPLASME**, subst. m.
Onguent mis entre deux linges et appliqué sur une partie enflammée du corps. ᲆᲆ [kataplasm].

**CATAPULTE**, subst. f.
Ancien engin de guerre servant à lancer de gros projectiles. – Dispositif de lancement des avions, sur un porte-avions. ᲆᲆ [katapylt].

**CATARACTE (I)**, subst. f.
Chute sur le cours d'un fleuve. ᲆᲆ [kataʀakt].

**CATARACTE (II)**, subst. f.
Opacification du cristallin de l'œil, pouvant entraîner la cécité. ᲆᲆ [kataʀakt].

**CATASTROPHE**, subst. f.
Événement désastreux ; grand malheur. – En **catastrophe** : en hâte. ᲆᲆ [katastʀɔf].

**CATCH**, subst. m. sing.
Sorte de lutte libre où presque toutes les prises sont admises. ᲆᲆ [katʃ].

**CATÉCHISME**, subst. m.
Enseignement des principes chrétiens ; livre qui contient cet enseignement. – Résumé des principes d'une doctrine. ᲆᲆ [kateʃism].

**CATÉGORIE**, subst. f.
Ensemble d'êtres ou de choses de même nature. 🔊 [kategɔʀi].

**CATÉGORIQUE**, adj.
Définitif, net, sans appel. 🔊 [kategɔʀik].

**CATHARE**, adj. et subst.
Adepte d'une secte religieuse répandue dans le midi de la France, au Moyen Âge. 🔊 [kataʀ].

**CATHÉDRALE**, subst. f.
Grande église épiscopale. 🔊 [katedʀal].

**CATHODE**, subst. f.
Électrode reliée au pôle négatif d'un générateur de courant continu. 🔊 [katɔd].

**CATHOLICISME**, subst. m.
Religion des chrétiens reconnaissant l'autorité suprême du pape, évêque de Rome. 🔊 [katɔlisism].

**CATHOLIQUE**, adj. et subst.
Qui professe le catholicisme. – Adj. Relatif au catholicisme. – *Pas* **catholique** : louche (fam.). 🔊 [katɔlik].

**CATIMINI (EN)**, loc. adv.
En se dissimulant. 🔊 [ɑ̃katimini].

**CATION**, subst. m.
Ion de charge électrique positive (oppos. *anion*). 🔊 [katjɔ̃].

**CATOGAN**, subst. m.
Nœud qui retient les cheveux sur la nuque. – Coiffure ainsi obtenue. 🔊 [katɔgɑ̃].

**CAUCHEMAR**, subst. m.
Rêve effrayant. – Fig. Ce qui tourmente, obsède, est insupportable. 🔊 [koʃmaʀ].

**CAUDAL, ALE, AUX**, adj.
De la queue. 🔊 [kodal].

**CAUSE**, subst. f.
Ce qui occasionne qqch., origine, raison, motif. – Intérêts, parti à soutenir. – Loc. prép. *À* **cause** *de* : par l'action de. 🔊 [koz].

**CAUSER (I)**, verbe trans. [3]
Être la cause de ; déclencher. 🔊 [koze].

**CAUSER (II)**, verbe [3]
Intrans. Deviser familièrement. – Trans. indir. Parler (de qqch.). 🔊 [koze].

**CAUSERIE**, subst. f.
Conférence sans prétention. 🔊 [kozʀi].

**CAUSTIQUE**, adj.
Qui corrode les tissus organiques. – Fig. Qui manie l'ironie et le sarcasme. 🔊 [kostik].

**CAUTÉRISER**, verbe trans. [3]
Brûler (un tissu malade, une plaie), pour l'aseptiser ou pour stopper une hémorragie. 🔊 [koteʀize].

**CAUTION**, subst. f.
Garantie d'un engagement. – Somme d'argent servant de garantie. – Personne garante. 🔊 [kosjɔ̃].

**CAVALCADE**, subst. f.
Défilé de cavaliers. – Course pleine d'entrain et de bruit (fam.). 🔊 [kavalkad].

**CAVALERIE**, subst. f.
Ensemble des formations militaires montées, de nos jours blindées. 🔊 [kavalʀi].

**CAVALIER, IÈRE**, adj. et subst.
Subst. Personne qui monte à cheval. – Personne avec qui on forme un couple, dans un bal. – Adj. Impertinent, désinvolte. 🔊 [kavalje, -jɛʀ].

**CAVE**, subst. f.
Partie souterraine d'une maison. – Réserve de bons vins. 🔊 [kav].

**CAVEAU**, subst. m.
Sépulture, tombeau. 🔊 [kavo].

**CAVERNE**, subst. f.
Cavité rocheuse naturelle. 🔊 [kavɛʀn].

**CAVERNEUX, EUSE**, adj.
Qui a un son grave et profond, comme sorti d'une caverne. 🔊 [kavɛʀnø, -øz].

**CAVIAR**, subst. m.
Œufs d'esturgeon. 🔊 [kavjaʀ].

**CAVITÉ**, subst. f.
Espace creux, vide. 🔊 [kavite].

**C.D.-R.O.M.**, subst. m. inv.
Disque optique compact à grande capacité de mémoire, qui stocke textes, images et sons. 🔊 On écrit aussi *cédérom* : [sedeʀɔm].

**CE (I), C', Ç'**, pron. dém. inv.
Représente qqch. qui vient d'être énoncé, qui va l'être, ou la situation présente : **Ce** *faisant ; Sur* **ce** *; C'est... ; Ce sont...* 🔊 [s(ə)].

**CE (II), CET, CETTE, CES**, adj. dém.
Détermine qqch. ou qqn dont on parle ou que l'on désigne : **Ce** *livre ;* **Cet** *enfant ;* **Cette** *nuit.* 🔊 **Cet** *devant un mot commençant par une voyelle ou un h muet* ; [s(ə), sɛt], plur. [se].

**CECI**, pron. dém. inv.
Désigne un objet proche, ou ce qui va suivre. 🔊 [səsi].

**CÉCITÉ**, subst. f.
État d'une personne aveugle. 🔊 [sesite].

**CÉDER**, verbe [8]
Trans. Abandonner. – Vendre. – Intrans. Ne pas résister, se soumettre. – Se rompre. 🔊 [sede].

**CÉDILLE**, subst. f.
Signe graphique qui, en français, placé sous la lettre *c* (*ç*), lui donne le son *s* [s] devant *a, o, u.* 🔊 [sedij].

**CÈDRE**, subst. m.
Grand conifère d'Afrique et d'Asie, célèbre pour sa longévité. 🔊 [sɛdʀ].

**CEINDRE**, verbe trans. [53]
Entourer (une partie du corps). – Mettre autour d'une partie du corps. 🔊 [sɛ̃dʀ].

**CEINTURE**, subst. f.
Bande qui serre un vêtement autour de la taille ; la taille elle-même. – **Ceinture** *de sécurité* : sangle de protection. – Ce qui entoure un lieu. 🔊 [sɛ̃tyʀ].

**CEINTURER, verbe trans.** [3]
Entourer d'une ceinture. – Saisir, immobiliser par la taille. 🕮 [sɛ̃tyʀe].

**CEINTURON, subst. m.**
Large ceinture très solide. 🕮 [sɛ̃tyʀɔ̃].

**CELA, pron. dém. inv.**
Désigne un objet lointain (ou plus éloigné que l'objet désigné par « ceci »), ou ce qui vient d'être évoqué. 🕮 [s(ə)la].

**CÉLÈBRE, adj.**
Fameux, de grand renom. 🕮 [selɛbʀ].

**CÉLÉBRER, verbe trans.** [8]
Accomplir (un office liturgique) : Célébrer la messe. – Fêter le souvenir de (un événement). – Louer publiquement. 🕮 [selebʀe].

**CÉLÉBRITÉ, subst. f.**
Grande renommée. – Personne illustre. 🕮 [selebʀite].

**CÉLERI, subst. m.**
Plante potagère cultivée pour sa racine ou ses tiges. 🕮 [sɛlʀi].

**CÉLÉRITÉ, subst. f.**
Promptitude, rapidité. 🕮 [seleʀite].

**CÉLESTE, adj.**
Relatif au ciel. 🕮 [selɛst].

**CÉLIBAT, subst. m.**
État d'un célibataire. 🕮 [seliba].

**CÉLIBATAIRE, adj. et subst.**
Qui n'est pas marié. 🕮 [selibatɛʀ].

**CELLE, voir CELUI**

**CELLIER, subst. m.**
Local frais où l'on conserve le vin et les vivres. 🕮 [selje].

**CELLOPHANE, subst. f.**
Pellicule transparente servant à emballer. 🕮 N. déposé ; [selɔfan].

**CELLULE, subst. f.**
Petite chambre où l'on vit isolé, en partic. dans un monastère, une prison. – Alvéole d'une ruche. – Élément constitutif fondamental de la matière vivante. 🕮 [selyl].

**CELLULITE, subst. f.**
Inflammation du tissu cellulaire souscutané. 🕮 [selylit].

**CELLULOÏD, subst. m.**
Matière plastique souple et inflammable : Un film en Celluloïd. 🕮 N. déposé ; [selyloid].

**CELLULOSE, subst. f.**
Principale substance de la membrane des cellules végétales. 🕮 [selyloz].

**CELUI, CELLE, CEUX, pron. dém.**
Renvoie à la personne ou à la chose évoquée : C'est celui (parmi tous) que je préfère. – Celui-ci : le plus proche ; Celui-là : le plus lointain. 🕮 [səlɥi, sɛl], plur. [sø].

**CÉNACLE, subst. m.**
Salle où s'est déroulée la Cène, dernier repas du Christ. – Cercle d'intellectuels ou d'artistes. 🕮 [senakl].

**CENDRE, subst. f.**
Poudre résiduelle d'une matière consumée. – Plur. Restes d'un mort. 🕮 [sɑ̃dʀ].

**CENDRIER, subst. m.**
Récipient destiné à recevoir des cendres de tabac. 🕮 [sɑ̃dʀije].

**CENSÉ, ÉE, adj.**
Qui est présumé, supposé. 🕮 [sɑ̃se].

**CENSEUR, subst. m.**
Personne chargée de la censure. – Dans un lycée, responsable de la discipline générale. – Critique intransigeant. 🕮 [sɑ̃sœʀ].

**CENSURE, subst. f.**
Action de censurer. – Contrôle exercé par un gouvernement sur la production intellectuelle ou artistique. – Sanction contre un gouvernement, votée par une assemblée. 🕮 [sɑ̃syʀ].

**CENSURER, verbe trans.** [3]
Interdire ; appliquer la censure contre. – Voter la censure contre. 🕮 [sɑ̃syʀe].

**CENT, adj. num. et subst. m.**
Adj. Dix fois dix. – Centième : Page 100. – Subst. Le nombre cent, le numéro 100. – Ensemble de cent unités. 🕮 [sɑ̃].

**CENTAINE, subst. f.**
Cent unités, ou environ. 🕮 [sɑ̃tɛn].

**CENTENAIRE, adj. et subst.**
Qui a au moins 100 ans. – Subst. masc. Centième anniversaire. 🕮 [sɑ̃tnɛʀ].

**CENTIÈME, adj. num. ord. et subst.**
Adj. Qui succède au quatre-vingt-dix-neuvième. – Qui se trouve 100 fois dans un tout. – Subst. masc. Partie d'un tout obtenue en le divisant par 100. 🕮 [sɑ̃tjɛm].

**CENTIME, subst. m.**
Centième partie du franc. 🕮 [sɑ̃tim].

**CENTRAL, ALE, AUX, adj. et subst.**
Adj. Qui est situé au centre ; au fig., qui constitue l'essentiel. – Subst. fém. Usine productrice d'électricité : Centrale nucléaire. – Groupement, confédération : Centrale d'achats. – Subst. masc. Central téléphonique. 🕮 [sɑ̃tʀal].

**CENTRALISER, verbe trans.** [3]
Regrouper en un même centre, sous une même autorité. 🕮 [sɑ̃tʀalize].

**CENTRE, subst. m.**
Point équidistant de chaque point d'un cercle ou d'une sphère. – Milieu d'un espace donné. – Pôle où se concentrent des activités : Centre industriel, touristique. – Point principal : Le centre de la question. 🕮 [sɑ̃tʀ].

**CENTRER, verbe trans.** [3]
Placer au centre. – Fig. Orienter : Centrer son discours sur l'économie. 🕮 [sɑ̃tʀe].

**CENTRIFUGE, adj.**
Qui tend à éloigner du centre. 🕮 [sɑ̃tʀifyʒ].

**CENTRIPÈTE**, adj.
Qui tend à rapprocher du centre : *Une force centripète.* 🔊 [sɑ̃tʀipɛt].

**CENTUPLE**, adj. et subst. m.
Qui est multiplié par 100. 🔊 [sɑ̃typl].

**CEP**, subst. m.
Pied de vigne. 🔊 [sɛp].

**CÉPAGE**, subst. m.
Variété de plant de vigne. 🔊 [sepaʒ].

**CÈPE**, subst. m.
Bolet comestible. 🔊 [sɛp].

**CEPENDANT**, adv.
Exprime la simultanéité (pendant ce temps, tandis que). – Exprime l'opposition (néanmoins). 🔊 [s(ə)pɑ̃dɑ̃].

**CÉPHALÉE**, subst. f.
Mal de tête. 🔊 [sefale].

**CÉPHALOPODE**, subst. m.
Mollusque marin dont la tête est entourée de tentacules munis de ventouses (pieuvre, seiche, calmar, nautile). 🔊 [sefalɔpɔd].

**CÉRAMIQUE**, subst. f.
Art de fabriquer des objets en terre cuite. – Produit de cet art. 🔊 [seʀamik].

**CERCEAU**, subst. m.
Armature ronde de bois, de métal ou de plastique. – Jouet d'enfant. 🔊 [sɛʀso].

**CERCLE**, subst. m.
Ligne courbe fermée dont tous les points sont équidistants du centre. – Fig. Assemblée de personnes, association. 🔊 [sɛʀkl].

**CERCLER**, verbe trans. [3]
Entourer, enserrer d'un ou de plusieurs cercles. 🔊 [sɛʀkle].

**CERCUEIL**, subst. m.
Long coffre dans lequel on enferme le corps d'un mort pour l'ensevelir. 🔊 [sɛʀkœj].

**CÉRÉALE**, subst. f.
Plante produisant des graines alimentaires (blé, avoine, orge, etc.). – La graine elle-même. 🔊 [seʀeal].

**CÉRÉBRAL, ALE, AUX**, adj.
Relatif au cerveau, à l'intellect. 🔊 [seʀebʀal].

**CÉRÉMONIAL, ALS**, subst. m.
Ensemble de règles que l'on observe lors de cérémonies. 🔊 [seʀemɔnjal].

**CÉRÉMONIE**, subst. f.
Forme extérieure qui règle une solennité. – Témoignage de déférence ; excès de politesse. 🔊 [seʀemɔni].

**CÉRÉMONIEUX, IEUSE**, adj.
Qui observe fidèlement les règles de bienséance. – Affecté. 🔊 [seʀemɔnjø, -jøz].

**CERF**, subst. m.
Ruminant vivant en troupe dans les forêts, dont le mâle porte des bois ramifiés qui croissent avec l'âge. 🔊 [sɛʀ].

**CERFEUIL**, subst. m.
Plante aromatique utilisée comme condiment. 🔊 [sɛʀfœj].

**CERF-VOLANT**, subst. m.
Armature légère tendue de tissu ou de papier que l'on fait voler dans le vent au bout d'une longue cordelette. – Coléoptère également appelé lucane. 🔊 Plur. *cerfs-volants* ; [sɛʀvɔlɑ̃].

**CERISE**, subst. f.
Petit fruit rouge du cerisier, à noyau. 🔊 [s(ə)ʀiz].

**CERNE**, subst. m.
Marque circulaire sombre entourant qqch. : *Cernes autour des yeux.* 🔊 [sɛʀn].

**CERNER**, verbe trans. [3]
Entourer, encercler. – Fig. Préciser les limites de : *Cerner un problème.* 🔊 [sɛʀne].

**CERTAIN, AINE**, adj. et pron. indéf.
Adj. Sûr, indubitable. – Qui n'a aucun doute ; qui a la certitude (de). – Adj. indéf. Traduit une indétermination : *Une certaine somme* ; *Certain compositeur.* – Pron. indéf. plur. Plusieurs, quelques-uns : *Certains pensent que...* 🔊 [sɛʀtɛ̃, -ɛn].

**CERTAINEMENT**, adv.
De façon certaine. – Absolument, certes. 🔊 [sɛʀtɛnmɑ̃].

**CERTES**, adv.
Assurément. 🔊 [sɛʀt].

**CERTIFICAT**, subst. m.
Document écrit officiel authentifiant un fait, un droit. 🔊 [sɛʀtifika].

**CERTIFIER**, verbe trans. [6]
Confirmer l'existence, l'authenticité de (qqch.). 🔊 [sɛʀtifje].

**CERTITUDE**, subst. f.
Qualité de ce qui est certain. – Conviction. 🔊 [sɛʀtityd].

**CÉRUMEN**, subst. m.
Substance grasse et jaunâtre, sécrétée dans le conduit auditif externe. 🔊 [seʀymɛn].

**CERVEAU**, subst. m.
Partie la plus volumineuse de l'encéphale ; l'encéphale. – Siège des facultés mentales. – Fig. Centre de direction. – Concepteur (d'une entreprise, d'un crime). – Personne très intelligente (fam.). 🔊 [sɛʀvo].

**CERVELAS**, subst. m.
Saucisson cuit. 🔊 [sɛʀvəla].

**CERVELET**, subst. m.
Partie de l'encéphale qui est située en dessous et en arrière des hémisphères cérébraux. 🔊 [sɛʀvəlɛ].

**CERVELLE**, subst. f.
Substance nerveuse du cerveau. – Ensemble des facultés mentales. 🔊 [sɛʀvɛl].

**CERVICAL, ALE, AUX**, adj.
Qui se rapporte au cou. 🔊 [sɛʀvikal].

**CERVIDÉ**, subst. m.
Ruminant porteur de bois ramifiés (cerf, daim, etc.). 🔊 [sɛʀvide].

**CERVOISE**, subst. f.
Bière d'orge ou de blé consommée dans l'Antiquité et au Moyen Âge. 🔊 [sɛʀvwaz].

**CES**, voir **CE (II)**

**CÉSAR**, subst. m.
Titre des empereurs romains. – Récompense cinématographique, en France. 🔊 [sezaʀ].

**CÉSARIENNE**, subst. f.
Opération consistant à inciser l'abdomen et l'utérus pour extraire l'enfant vivant, en cas d'accouchement impossible par les voies ordinaires. 🔊 [sezaʀjɛn].

**CESSATION**, subst. f.
Fait de cesser, interruption, fin. 🔊 [sesasjɔ̃].

**CESSE**, subst. f.
*N'avoir de* **cesse** *que* : ne pas s'arrêter avant que. – *Sans* **cesse** : sans relâche. 🔊 [sɛs].

**CESSER**, verbe [3]
Trans. Arrêter, interrompre : **Cesser** *un travail.* – Intrans. S'interrompre, prendre fin : *La pluie* **a cessé**. 🔊 [sese].

**CESSEZ-LE-FEU**, subst. m. inv.
Suspension des hostilités. 🔊 [seselfø].

**CESSION**, subst. f.
Action de céder un bien, un droit, etc. 🔊 [sesjɔ̃].

**C'EST-À-DIRE**, adv.
À savoir, en d'autres termes : *Le substantif,* **c'est-à-dire** *le nom.* – Loc. conj. **C'est-à-dire** *que* : cela veut dire que. 🔊 [sɛtadiʀ].

**CÉSURE**, subst. f.
Coupe rythmique et tonique à l'intérieur d'un vers, en poésie. 🔊 [sezyʀ].

**CET, CETTE**, voir **CE (II)**

**CÉTACÉ**, subst. m.
Mammifère marin (baleine, dauphin, cachalot, marsouin, narval). 🔊 [setase].

**CEUX**, voir **CELUI**

**CHACAL, ALS**, subst. m.
Mammifère carnivore qui se nourrit surtout de charognes. 🔊 [ʃakal].

**CHACUN, UNE**, pron. indéf.
Désigne les éléments d'un ensemble ou d'un tout pris un par un : **Chacun** *d'eux, d'entre eux.* – Toute personne : **Chacun** *peut le faire.* 🔊 [ʃakœ̃, -yn].

**CHAGRIN, INE**, adj. et subst. m.
Subst. Douleur morale, peine. – Adj. Triste, morose : *Humeur* **chagrine**. 🔊 [ʃagʀɛ̃, -in].

**CHAGRINER**, verbe trans. [3]
Attrister, faire éprouver du chagrin à (qqn). 🔊 [ʃagʀine].

**CHAHUT**, subst. m.
Tumulte, vacarme. 🔊 [ʃay].

**CHAHUTER**, verbe [3]
Intrans. Faire du chahut. – Trans. Taquiner ; bousculer. 🔊 [ʃayte].

**CHAI**, subst. m.
Lieu où l'on entrepose le vin en fûts. 🔊 [ʃɛ].

**CHAÎNE**, subst. f.
Suite d'anneaux, de maillons métalliques entrelacés. – Suite d'éléments semblables : **Chaîne** *de montagnes.* 🔊 [ʃɛn].

**CHAÎNON**, subst. m.
Maillon, élément d'une chaîne. 🔊 [ʃɛnɔ̃].

**CHAIR**, subst. f.
Tissu souple, musculaire et fibreux, situé entre la peau et les os. – La peau. – Viande. – Pulpe des fruits. – Le corps, par oppos. à l'âme. – Instinct sexuel. – Empl. adj. inv. De couleur blanc rosé. 🔊 [ʃɛʀ].

**CHAIRE**, subst. f.
Tribune d'où un orateur s'adresse au public. – Poste de professeur de l'enseignement supérieur. 🔊 [ʃɛʀ].

**CHAISE**, subst. f.
Siège à dossier, sans bras. 🔊 [ʃɛz].

**CHALAND (I)**, subst. m.
Sorte de bateau à fond plat transportant des marchandises. 🔊 [ʃalɑ̃].

**CHALAND (II), ANDE**, subst.
Client. 🔊 [ʃalɑ̃, -ɑ̃d].

**CHÂLE**, subst. m.
Grande pièce de tissu dont on s'enveloppe les épaules. 🔊 [ʃal].

**CHALET**, subst. m.
Maison de montagne, en bois, au toit pentu et saillant. 🔊 [ʃalɛ].

**CHALEUR**, subst. f.
Température élevée. – Qualité de ce qui est chaud. – Sensation produite par un corps chaud. – Fig. Ardeur, véhémence. – Cordialité. – *Être en* **chaleur** : rechercher l'approche du mâle, en parlant d'un Mammifère femelle. 🔊 [ʃalœʀ].

**CHALEUREUX, EUSE**, adj.
Sympathique, enthousiaste. 🔊 [ʃalœʀø, -øz].

**CHALLENGE**, subst. m.
Compétition sportive où un titre est remis en jeu. 🔊 [ʃalɑ̃ʒ].

**CHALOUPE**, subst. f.
Embarcation non pontée, canot de sauvetage. 🔊 [ʃalup].

**CHALUMEAU**, subst. m.
Appareil produisant une flamme, servant à fondre ou à souder des métaux. 🔊 [ʃalymo].

**CHALUT**, subst. m.
Grand filet de pêche de forme conique traîné par un bateau. 🔊 [ʃaly].

**CHALUTIER**, subst. m.
Bateau équipé d'un chalut. 🔊 [ʃalytje].

**CHAMADE**, subst. f.
*Cœur qui bat la* **chamade** : dont le rythme s'accélère, s'affole. 🔊 [ʃamad].

**CHAMAILLER (SE), verbe pronom.** [3]
Se disputer pour des broutilles. 🕮 [ʃamaje].

**CHAMARRÉ, ÉE, adj.**
Enrichi d'ornements luxueux. – Trop décoré. – Bariolé. 🕮 [ʃamaʀe].

**CHAMBARDEMENT, subst. m.**
Bouleversement, grand désordre (fam.).
🕮 [ʃãbaʀdəmã].

**CHAMBELLAN, subst. m.**
Dignitaire attaché au service de la chambre d'un prince, d'un souverain. 🕮 [ʃãbelã].

**CHAMBOULER, verbe trans.** [3]
Semer le désordre dans, bouleverser (fam.).
🕮 [ʃãbule].

**CHAMBRANLE, subst. m.**
Encadrement d'une porte, d'une cheminée, d'une fenêtre. 🕮 [ʃãbʀãl].

**CHAMBRE, subst. f.**
Pièce où l'on dort. – Local aménagé spécialement : Chambre *froide*. – Assemblée professionnelle, politique. – Enceinte, cavité close, dans un appareil, un moteur, etc. : Chambre *de combustion*. 🕮 [ʃãbʀ].

**CHAMBRER, verbe trans.** [3]
Chambrer *un vin* : le mettre à température ambiante, avant de le servir. 🕮 [ʃãbʀe].

**CHAMEAU, ELLE, subst.**
Ruminant d'Asie à deux bosses dorsales. – Dromadaire (abusivement). 🕮 [ʃamo, -ɛl].

**CHAMELIER, subst. m.**
Celui qui conduit et qui soigne chameaux et dromadaires. 🕮 [ʃaməlje].

**CHAMOIS, subst. m.**
Ruminant des montagnes d'Europe. – Empl. adj. inv. Jaune clair. 🕮 [ʃamwa].

**CHAMP, subst. m.**
Terrain propre à la culture. – Domaine d'activité. – Portion d'espace. 🕮 [ʃã].

**CHAMPAGNE, subst. m.**
Vin blanc pétillant produit en Champagne.
🕮 [ʃãpaɲ].

**CHAMPÊTRE, adj.**
Relatif aux champs, à la vie à la campagne.
🕮 [ʃãpɛtʀ].

**CHAMPIGNON, subst. m.**
Végétal sans chlorophylle, dont le pied est en gén. surmonté d'un chapeau.
🕮 [ʃãpiɲɔ̃].

**CHAMPION, IONNE, subst.**
Vainqueur d'un championnat. – Personne qui se distingue dans une activité donnée. – Défenseur d'une cause. 🕮 [ʃãpjɔ̃, -jɔn].

**CHAMPIONNAT, subst. m.**
Compétition sportive. 🕮 [ʃãpjɔna].

**CHANCE, subst. f.**
Possibilité, éventualité, probabilité. – Bonne fortune, sort favorable. 🕮 [ʃãs].

**CHANCELER, verbe intrans.** [12]
Pencher en menaçant de tomber, vaciller.
🕮 [ʃãsle].

**CHANCELIER, subst. m.**
En Allemagne et en Autriche, chef du gouvernement. 🕮 [ʃãsəlje].

**CHANCEUX, EUSE, adj. et subst.**
Qui a de la chance. 🕮 [ʃãsø, -øz].

**CHANDAIL, subst. m.**
Tricot de laine couvrant le torse. 🕮 [ʃãdaj].

**CHANDELIER, subst. m.**
Support de cierges, de bougies, à une ou plusieurs branches. 🕮 [ʃãdəlje].

**CHANDELLE, subst. f.**
Mèche enrobée de suif, qui servait à éclairer. – Bougie. – Montée à la verticale (pour un avion, un ballon, etc.). 🕮 [ʃãdɛl].

**CHANGE, subst. m.**
Action de vendre, d'échanger (des valeurs). – Taux auquel se fait cet échange. 🕮 [ʃãʒ].

**CHANGEMENT, subst. m.**
Action, fait de changer. – Modification, transformation. 🕮 [ʃãʒmã].

**CHANGER, verbe** [5]
Trans. Rendre autre, transformer. – Remplacer (qqch., qqn) par un autre. – Convertir (une monnaie) en une autre monnaie. – Intrans. Devenir différent. – Pronom. Mettre d'autres vêtements. 🕮 [ʃãʒe].

**CHANOINE, subst. m.**
Dignitaire ecclésiastique. 🕮 [ʃanwan].

**CHANSON, subst. f.**
Petite composition chantée formée de couplets et parfois d'un refrain. 🕮 [ʃãsɔ̃].

**CHANT, subst. m.**
Action, art de chanter. – Chanson ou genre de musique vocale. – Ramage des oiseaux. – Chaque partie d'un poème épique.
🕮 [ʃã].

**CHANTAGE, subst. m.**
Manœuvre visant à extorquer de l'argent sous la menace de révélations scandaleuses. – Pression morale. 🕮 [ʃãtaʒ].

**CHANTER, verbe** [3]
Intrans. Émettre une succession de sons musicaux en modulant la voix. – Trans. Interpréter (un chant, une chanson). 🕮 [ʃãte].

**CHANTEUR, EUSE, adj. et subst.**
Qui chante. 🕮 [ʃãtœʀ, -øz].

**CHANTIER, subst. m.**
Lieu où sont entrepris de gros travaux de construction, de démolition, etc. – Lieu en désordre (fam.). 🕮 [ʃãtje].

**CHANTILLY, subst. f.**
Crème fraîche fouettée. 🕮 [ʃãtiji].

**CHANTRE, subst. m.**
Personne dont la fonction est de chanter lors des offices religieux. – Fig. Poète épique ou lyrique. – Personne qui loue, qui glorifie.
🕮 [ʃãtʀ].

**CHANVRE, subst. m.**
Plante cultivée pour la fibre textile que fournit sa tige. – Textile obtenu à partir de cette plante. 🕮 [ʃãvʀ].

**CHAOS**, subst. m.
Profond désordre, grande confusion.
– *Géol.* Entassement de blocs rocheux, dû
à l'érosion. 🖉 [kao].

**CHAOTIQUE**, adj.
Qui évoque un chaos. 🖉 [kaɔtik].

**CHAPARDER**, verbe trans. [3]
Dérober, voler (des objets de peu de valeur).
🖉 [ʃapaʀde].

**CHAPE**, subst. f.
Couche de ciment ou d'asphalte appliquée
sur un sol. – Ce qui couvre qqch. – **Chape**
*de plomb* : contrainte paralysante. 🖉 [ʃap].

**CHAPEAU**, subst. m.
Coiffure, de matière et de forme variables,
portée surtout pour sortir. – Partie supérieure de certains champignons. 🖉 [ʃapo].

**CHAPEAUTER**, verbe trans. [3]
Coiffer d'un chapeau. – Contrôler, diriger
(un groupe, une action). 🖉 [ʃapote].

**CHAPELET**, subst. m.
Objet de dévotion formé de grains enfilés,
servant à compter les prières ; ensemble
des prières récitées. – Série d'éléments
semblables. 🖉 [ʃaplɛ].

**CHAPELIER, IÈRE**, adj. et subst.
Subst. Fabricant ou marchand de chapeaux.
– Adj. Relatif aux chapeaux. 🖉 [ʃapəlje, -jɛʀ].

**CHAPELLE**, subst. f.
Petite église n'ayant pas rang d'église
paroissiale. – Partie d'église pourvue d'un
autel secondaire. 🖉 [ʃapɛl].

**CHAPELURE**, subst. f.
Miettes de pain, réduites en poudre, servant
à paner des aliments. 🖉 [ʃaplyʀ].

**CHAPERON**, subst. m.
Capuchon. – Fig. Personne chargée d'accompagner une jeune fille. 🖉 [ʃapʀɔ̃].

**CHAPITEAU**, subst. m.
Sommet d'une colonne. – Corniche d'un
meuble. – Tente d'un cirque. 🖉 [ʃapito].

**CHAPITRE**, subst. m.
Division d'un écrit. – Sujet dont il est
question : *Le* **chapitre** *de l'argent*. – Assemblée de chanoines ou de religieux ; lieu où
ils se réunissent. 🖉 [ʃapitʀ].

**CHAPON**, subst. m.
Jeune coq châtré que l'on engraisse pour
la table. 🖉 [ʃapɔ̃].

**CHAQUE**, adj. indéf.
Détermine isolément, d'une manière distri-
butive, tous les éléments d'un ensemble :
**Chaque** *membre du groupe*. 🖉 [ʃak].

**CHAR**, subst. m.
Voiture à deux roues, tirée par des chevaux,
autrefois utilisée pour les combats, les
courses, etc. – Véhicule rural tiré par un
animal. – Voiture ornée pour le carnaval.
– Véhicule blindé, armé, monté sur des
chenilles. – *Can.* Wagon, voiture. 🖉 [ʃaʀ].

**CHARABIA**, subst. m.
Langage inintelligible (fam.). 🖉 [ʃaʀabja].

**CHARADE**, subst. f.
Jeu consistant à faire deviner un mot
décomposé en plusieurs syllabes dont chacune forme elle-même un mot. 🖉 [ʃaʀad].

**CHARANÇON**, subst. m.
Insecte nuisible qui ronge les végétaux.
🖉 [ʃaʀɑ̃sɔ̃].

**CHARBON**, subst. m.
Combustible solide, noir, contenant une
forte proportion de carbone. – Résidu
solide de la combustion incomplète du
bois. 🖉 [ʃaʀbɔ̃].

**CHARBONNAGE**, subst. m.
Ensemble de mines de houille (gén. au
plur.). 🖉 [ʃaʀbɔnaʒ].

**CHARCUTERIE**, subst. f.
Boutique de charcutier. – Activité de
charcutier. – Produit à base de viande de
porc (jambon, boudin, etc.). 🖉 [ʃaʀkytʀi].

**CHARCUTIER, IÈRE**, subst.
Personne qui prépare et qui vend de la
charcuterie. 🖉 [ʃaʀkytje, -jɛʀ].

**CHARDON**, subst. m.
Plante aux feuilles et aux tiges épineuses.
🖉 [ʃaʀdɔ̃].

**CHARDONNERET**, subst. m.
Petit oiseau au plumage coloré. 🖉 [ʃaʀdɔnʀɛ].

**CHARGE**, subst. f.
Ce qui pèse matériellement ou moralement.
– Tout ce qui impose une dépense d'argent ;
cette dépense. – Ce que porte ou peut porter
qqn, qqch. – Quantité d'explosif. – Fonction ; responsabilité ; mission. – Assaut ;
attaque impétueuse : *La* **charge** *d'un san-*
*glier* ; *Une* **charge** *de cavalerie*. 🖉 [ʃaʀʒ].

**CHARGEMENT**, subst. m.
Action de charger ; son résultat. – Ensemble
des marchandises chargées. 🖉 [ʃaʀʒəmɑ̃].

**CHARGER**, verbe trans. [5]
Placer une charge sur. – Prendre (qqch.)
pour le transporter. – Couvrir, garnir à
profusion. – Munir (un appareil, une
arme) de ce qui est nécessaire à son
fonctionnement. – Attaquer. – Confier
(qqch. à qqn). – Pronom. Prendre la
responsabilité (de). 🖉 [ʃaʀʒe].

**CHARGEUR**, subst. m.
Dispositif qui alimente en cartouches une
arme à feu. 🖉 [ʃaʀʒœʀ].

**CHARIOT**, subst. m.
Véhicule à quatre roues servant au transport. 🖉 [ʃaʀjo].

**CHARISME**, subst. m.
Prestige, ascendance particulière d'un chef,
d'une personne. 🖉 [kaʀism].

**CHARITABLE**, adj.
Qui manifeste de la charité. – Bienveillant,
indulgent. 🖉 [ʃaʀitabl].

**CHARITÉ**, subst. f.
Amour de Dieu et du prochain. – Bien-veillance. – Acte charitable. 🕮 [ʃaʀite].

**CHARIVARI**, subst. m.
Tapage, huées, chahut. 🕮 [ʃaʀivaʀi].

**CHARLATAN**, subst. m.
Personne qui abuse de la crédulité d'autrui, imposteur. 🕮 [ʃaʀlatɑ̃].

**CHARLOTTE**, subst. f.
Gâteau à base de biscuits trempés dans un sirop, de crème et de fruits. 🕮 [ʃaʀlɔt].

**CHARME (I)**, subst. m.
Arbre au bois blanc et dur. 🕮 [ʃaʀm].

**CHARME (II)**, subst. m.
Envoûtement (vieilli). – Qualité d'une personne gracieuse. – Caractère poétique, plaisant de qqch. – *Faire du* **charme** *à qqn* : essayer de séduire qqn. 🕮 [ʃaʀm].

**CHARMER**, verbe trans. [3]
Ensorceler (vieilli). – Ravir par son charme. – Séduire. 🕮 [ʃaʀme].

**CHARMEUR, EUSE**, adj. et subst.
Qui enjôle, séducteur. 🕮 [ʃaʀmœʀ, -øz].

**CHARNEL, ELLE**, adj.
Qui relève de la chair. 🕮 [ʃaʀnɛl].

**CHARNIER**, subst. m.
Fosse dans laquelle sont entassés des cadavres. 🕮 [ʃaʀnje].

**CHARNIÈRE**, subst. f.
Ferrure composée de deux lames articulées sur un axe de rotation. – Fig. Transition, point de jonction. 🕮 [ʃaʀnjɛʀ].

**CHARNU, UE**, adj.
Formé de chair. – Qui a beaucoup de chair. – Pulpeux. 🕮 [ʃaʀny].

**CHAROGNARD**, subst. m.
Animal qui se nourrit de charognes. – Personne qui profite du malheur d'autrui (fam.). 🕮 [ʃaʀɔɲaʀ].

**CHAROGNE**, subst. f.
Cadavre en putréfaction. 🕮 [ʃaʀɔɲ].

**CHARPENTE**, subst. f.
Armature d'une construction. – Structure, plan d'un écrit. 🕮 [ʃaʀpɑ̃t].

**CHARPENTIER**, subst. m.
Artisan qui exécute des travaux de charpente. 🕮 [ʃaʀpɑ̃tje].

**CHARPIE**, subst. f.
*Mettre en* charpie : déchiqueter. 🕮 [ʃaʀpi].

**CHARRETIER, IÈRE**, subst.
Conducteur de charrette. 🕮 [ʃaʀtje, -jɛʀ].

**CHARRETTE**, subst. f.
Véhicule à deux roues et à brancards servant à transporter des fardeaux. 🕮 [ʃaʀɛt].

**CHARRIER**, verbe trans. [6]
Transporter dans un chariot, une charrette. – Emporter, entraîner, en parlant d'un cours d'eau. 🕮 [ʃaʀje].

**CHARRUE**, subst. f.
Engin agricole servant à labourer. 🕮 [ʃaʀy].

**CHARTE**, subst. f.
Texte des lois, des règles fondamentales d'une institution. 🕮 [ʃaʀt].

**CHARTER**, subst. m.
Avion affrété collectivement en vue d'abaisser le prix des billets. 🕮 [ʃaʀtɛʀ].

**CHAS**, subst. m.
Fente à l'extrémité d'une aiguille, par laquelle on passe le fil. 🕮 [ʃɑ].

**CHASSE**, subst. f.
Action de chasser. – Domaine réservé où l'on chasse. – Poursuite. 🕮 [ʃas].

**CHÂSSE**, subst. f.
Coffre où l'on conserve les reliques d'un saint. – Monture, cadre. 🕮 [ʃɑs].

**CHASSÉ-CROISÉ**, subst. m.
Pas de danse. – Échange simultané et réciproque de situation. 🕮 Plur. *chassés-croisés* : [ʃasekʀwaze].

**CHASSER**, verbe [3]
Trans. Poursuivre (un animal) pour le capturer ou l'abattre. – Congédier, mettre à la porte. – Repousser, écarter : *Le vent* chasse *les nuages* ; au fig. : Chasser *un mauvais souvenir*. – Intrans. Déraper. 🕮 [ʃase].

**CHASSEUR, EUSE**, subst.
Personne qui chasse. – Masc. Groom en livrée, dans les hôtels, les restaurants. 🕮 On dit aussi, au fém., *chasseresse* (littér.) ; [ʃasœʀ, -øz].

**CHÂSSIS**, subst. m.
Cadre servant à fixer ou à supporter un objet, un vitrage. – Assemblage qui supporte le moteur et la carrosserie d'un véhicule. 🕮 [ʃɑsi].

**CHASTE**, adj.
Qui pratique la chasteté. – Conforme à la chasteté. – Pudique. 🕮 [ʃast].

**CHASTETÉ**, subst. f.
Abstention de tout plaisir charnel. – Pureté ; innocence. 🕮 [ʃastəte].

**CHASUBLE**, subst. f.
Vêtement sacerdotal. – Vêtement sans manches. 🕮 [ʃazybl].

**CHAT, CHATTE**, subst.
Petit félin dont l'espèce la plus connue est le chat domestique. 🕮 [ʃa, ʃat].

**CHÂTAIGNE**, subst. f.
Fruit du châtaignier, renfermé dans une bogue. 🕮 [ʃatɛɲ].

**CHÂTAIN, AINE**, adj. et subst. m.
Couleur brun clair de la châtaigne : *Cheveux* **châtains** ; *Le* **châtain** *d'une chevelure*. 🕮 [ʃatɛ̃, -ɛn].

**CHÂTEAU**, subst. m.
Forteresse. – Résidence royale ou seigneuriale. – Grande et belle demeure de

campagne. – Superstructure qui domine le pont d'un navire. 🕮 [ʃato].

**CHÂTELAIN, AINE, subst.**
Habitant d'un château. 🕮 [ʃatlɛ̃, -ɛn].

**CHÂTIER, verbe trans.** [6]
Punir, corriger. – **Châtier** *son langage* : le rendre plus pur. 🕮 [ʃatje].

**CHÂTIMENT, subst. m.**
Action de châtier. – Peine sévère, punition. 🕮 [ʃatimã].

**CHATOIEMENT, subst. m.**
Reflet brillant et mouvant. 🕮 [ʃatwamã].

**CHATON (I), subst. m.**
Jeune chat. 🕮 [ʃatɔ̃].

**CHATON (II), subst. m.**
Tête d'une bague. 🕮 [ʃatɔ̃].

**CHATOUILLEMENT, subst. m.**
Action de chatouiller ; son effet. – Léger picotement. 🕮 [ʃatujmã].

**CHATOUILLER, verbe trans.** [3]
Effleurer la peau de (qqn) par des attouchements qui provoquent un rire convulsif. 🕮 [ʃatuje].

**CHATOUILLEUX, EUSE, adj.**
Qui réagit vivement aux chatouillements. – Fig. Susceptible. 🕮 [ʃatujø, -øz].

**CHATOYER, verbe intrans.** [17]
Briller d'un éclat changeant, miroiter. 🕮 [ʃatwaje].

**CHÂTRER, verbe trans.** [3]
Castrer. – Fig. Affaiblir, mutiler. 🕮 [ʃatʀe].

**CHAUD, CHAUDE, adj., subst. m. et adv.**
Adj. Qui a une température plus élevée que celle du corps humain. – Fig. Récent. – Passionné, enthousiaste ; violent, animé. – Subst. Chaleur. – Adv. *Manger* **chaud**. – *À* **chaud** : sans attendre. 🕮 [ʃo, ʃod].

**CHAUDIÈRE, subst. f.**
Appareil qui chauffe l'eau ou la transforme en vapeur, servant au chauffage ou à la production d'énergie. 🕮 [ʃodjɛʀ].

**CHAUDRON, subst. m.**
Marmite à anse mobile, utilisée pour cuisiner. 🕮 [ʃodʀɔ̃].

**CHAUFFAGE, subst. m.**
Action de chauffer ; son résultat. – Appareil ou installation destinée à procurer de la chaleur. 🕮 [ʃofaʒ].

**CHAUFFARD, subst. m.**
Automobiliste imprudent et dangereux (péj.). 🕮 [ʃofaʀ].

**CHAUFFE-EAU, subst. m. inv.**
Appareil servant à la production domestique d'eau chaude. 🕮 [ʃofo].

**CHAUFFER, verbe** [3]
Devenir ou rendre chaud. 🕮 [ʃofe].

**CHAUFFEUR, subst. m.**
Celui qui entretient le feu d'une chaudière. – Conducteur d'un véhicule automobile. 🕮 [ʃofœʀ].

**CHAUFFEUSE, subst. f.**
Chaise basse, que l'on utilise pour s'installer devant la cheminée. – Chaise confortable. 🕮 [ʃoføz].

**CHAUME, subst. m.**
Tige des Graminées. – Partie de la tige restant sur pied après la moisson. – Paille dont on couvre les toits. 🕮 [ʃom].

**CHAUMIÈRE, subst. f.**
Maison couverte de chaume. 🕮 [ʃomjɛʀ].

**CHAUSSÉE, subst. f.**
Partie de la route ou de la rue utilisée par les véhicules. 🕮 [ʃose].

**CHAUSSE-PIED, subst. m.**
Ustensile servant à se chausser. 🕮 Plur. *chausse-pieds* ; [ʃospje].

**CHAUSSER, verbe trans.** [3]
Mettre des chaussures à. – **Chausser** *du 39* : avoir cette pointure. 🕮 [ʃose].

**CHAUSSE-TRAP(P)E, subst. f.**
Fosse dissimulant un piège pour les animaux. – Fig. Piège tendu à qqn. 🕮 Plur. *chausse-trap(p)es* ; [ʃostʀap].

**CHAUSSETTE, subst. f.**
Bas court qui couvre le pied, la cheville et parfois le mollet. 🕮 [ʃosɛt].

**CHAUSSON, subst. m.**
Chaussure d'intérieur souple. – Chaussure de danse. – Pâtisserie de pâte feuilletée fourrée. 🕮 [ʃosɔ̃].

**CHAUSSURE, subst. f.**
Article d'habillement qui recouvre et protège le pied. 🕮 [ʃosyʀ].

**CHAUVE, adj. et subst.**
Qui n'a plus ou presque plus de cheveux. – Adj. Dépourvu de végétation ou de feuillage. 🕮 [ʃov].

**CHAUVE-SOURIS, subst. f.**
Mammifère insectivore volant, vivant dans l'obscurité. 🕮 Plur. *chauves-souris* ; [ʃovsuʀi].

**CHAUVIN, INE, adj. et subst.**
Qui professe un patriotisme étroit. – Qui admire exagérément sa région, sa ville, etc. 🕮 [ʃovɛ̃, -in].

**CHAUX, subst. f.**
Oxyde de calcium produit par la calcination d'une pierre calcaire. 🕮 [ʃo].

**CHAVIRER, verbe** [3]
Intrans. Se renverser, en parlant d'un bateau ; basculer, être déséquilibré. – Trans. Renverser (qqch.). – Fig. Émouvoir vivement. 🕮 [ʃaviʀe].

**CHECK-UP, subst. m. inv.**
Bilan de santé. 🕮 [(t)ʃɛkœp].

**CHEF**, subst. m.
Tête (vieilli). – Personne qui dirige, qui commande. – Responsable de la cuisine, dans un restaurant. – *Chef d'accusation* : point sur lequel porte une accusation. 🕮 [ʃɛf].

**CHEF-D'ŒUVRE**, subst. m.
Œuvre d'art de premier plan. 🕮 Plur. *chefs-d'œuvre* ; [ʃɛdœvʀ].

**CHEF-LIEU**, subst. m.
Siège de l'administration d'une collectivité locale. 🕮 Plur. *chefs-lieux* ; [ʃɛfljø].

**CHEIK(H)**, subst. m.
Chef de tribu arabe. – Titre honorifique donné à certains musulmans. 🕮 [ʃɛk].

**CHÉLONIEN**, subst. m.
Reptile terrestre ou aquatique à carapace, communément appelé tortue. – Plur. L'ordre correspondant. 🕮 [kelɔnjɛ̃].

**CHEMIN**, subst. m.
Petite voie rurale. – Direction à prendre, itinéraire. – Distance à parcourir, trajet. – Voie menant à un but : *Le* **chemin** *de la gloire.* 🕮 [ʃ(ə)mɛ̃].

**CHEMIN DE FER**, subst. m.
Voie ferrée. – Moyen de transport utilisant la voie ferrée. – Entreprise de transport sur voie ferrée (gén. au plur.). 🕮 Plur. *chemins de fer* ; [ʃ(ə)mɛ̃d(ə)fɛʀ].

**CHEMINÉE**, subst. f.
Ouvrage de maçonnerie composé d'un foyer et d'un conduit d'évacuation de la fumée. – Ce conduit ; sa partie saillante sur le toit. – L'encadrement du foyer : **Chemi**née *de marbre.* 🕮 [ʃ(ə)mine].

**CHEMINER**, verbe intrans. [3]
Faire du chemin, aller à pied. 🕮 [ʃ(ə)mine].

**CHEMINOT**, subst. m.
Employé des chemins de fer. 🕮 [ʃ(ə)mino].

**CHEMISE**, subst. f.
Vêtement de tissu léger, à manches, couvrant le haut du corps. 🕮 [ʃ(ə)miz].

**CHEMISIER**, subst. m.
Blouse féminine à manches longues. 🕮 [ʃ(ə)mizje].

**CHENAL, AUX**, subst. m.
Étroite voie de navigation. 🕮 [ʃənal].

**CHENAPAN**, subst. m.
Garnement, vaurien (fam.). 🕮 [ʃ(ə)napɑ̃].

**CHÊNE**, subst. m.
Arbre forestier à bois dur, dont le fruit est le gland. 🕮 [ʃɛn].

**CHENET**, subst. m.
Chacune des deux pièces en métal placées dans l'âtre d'une cheminée sur lesquelles on pose les bûches. 🕮 [ʃ(ə)nɛ].

**CHENIL**, subst. m.
Établissement où l'on héberge, où l'on élève des chiens. 🕮 [ʃ(ə)ni(l)].

**CHENILLE**, subst. f.
Larve de papillon, au corps allongé. – Bande fermée sur elle-même, métallique et articulée, entourant les roues de certains véhicules tout terrain. 🕮 [ʃ(ə)nij].

**CHEPTEL**, subst. m.
L'ensemble du bétail d'une ferme, d'une contrée, d'un pays. 🕮 [ʃɛptɛl].

**CHÈQUE**, subst. m.
Formulaire à remplir et à signer, utilisé comme moyen de paiement par le titulaire d'un compte bancaire. 🕮 [ʃɛk].

**CHÉQUIER**, subst. m.
Carnet de chèques détachables. 🕮 [ʃekje].

**CHER, CHÈRE**, adj. et adv.
Adj. Pour qui l'on ressent de la tendresse. – Coûteux, onéreux. – Adv. À haut prix. 🕮 [ʃɛʀ].

**CHERCHER**, verbe trans. [3]
Essayer de trouver, de découvrir. – Essayer de se procurer. – **Chercher** *à* : tenter de. – *Aller* **chercher** : aller prendre, quérir. 🕮 [ʃɛʀʃe].

**CHERCHEUR, EUSE**, adj. et subst.
Adj. Qui cherche. – Subst. Personne qui se consacre à la recherche scientifique. 🕮 [ʃɛʀʃœʀ, -øz].

**CHÈRE**, subst. f.
Nourriture : *Amateur de bonne* **chère** ; *Faire bonne* **chère**, *bien manger.* 🕮 [ʃɛʀ].

**CHÉRI, IE**, adj. et subst.
Qu'on aime particulièrement. 🕮 [ʃeʀi].

**CHÉRIR**, verbe trans. [19]
Aimer avec tendresse. – Éprouver un profond attachement pour. 🕮 [ʃeʀiʀ].

**CHERTÉ**, subst. f.
Caractère de ce qui coûte cher, prix élevé. 🕮 [ʃɛʀte].

**CHÉRUBIN**, subst. m.
Ange. – Jeune enfant beau et gracieux. 🕮 [ʃeʀybɛ̃].

**CHÉTIF, IVE**, adj.
Dont l'aspect dénote la faiblesse et la fragilité. 🕮 [ʃetif, -iv].

**CHEVAL, AUX**, subst. m.
Mammifère ongulé domestiqué comme animal de trait et comme monture. 🕮 [ʃ(ə)val].

**CHEVALERESQUE**, adj.
Relatif à la chevalerie. – Généreux, courageux. 🕮 [ʃ(ə)valʀɛsk].

**CHEVALERIE**, subst. f.
Institution militaire du Moyen Âge, dont les membres étaient issus de la noblesse. 🕮 [ʃ(ə)valʀi].

**CHEVALET**, subst. m.
Support en bois sur lequel le peintre pose sa toile. 🕮 [ʃ(ə)valɛ].

**CHEVALIER, subst. m.**
Membre de la chevalerie. – Noble au titre inférieur à celui de baron. – Personne qui a le grade le moins élevé de certains ordres honorifiques. 🕮 [ʃ(ə)valje].

**CHEVALIÈRE, subst. f.**
Bague à grand chaton orné d'armoiries ou d'initiales. 🕮 [ʃ(ə)valjɛʀ].

**CHEVALIN, INE, adj.**
Relatif au cheval. – Fig. Qui évoque le cheval. 🕮 [ʃ(ə)valɛ̃, -in].

**CHEVAUCHÉE, subst. f.**
Course, promenade à cheval. – Cavalcade. 🕮 [ʃ(ə)voʃe].

**CHEVAUCHER, verbe [3]**
Intrans. Se déplacer à cheval. – Trans. Être à cheval, à califourchon sur. – Pronom. Se croiser, déborder l'un sur l'autre (en parlant de choses). 🕮 [ʃ(ə)voʃe].

**CHEVELU, UE, adj. et subst.**
Qui porte une chevelure longue et fournie. – Adj. Qui est pourvu de cheveux. 🕮 [ʃəv(ə)ly].

**CHEVELURE, subst. f.**
Ensemble des cheveux. 🕮 [ʃəv(ə)lyʀ].

**CHEVET, subst. m.**
Partie du lit où repose la tête. – Partie postérieure, externe, d'une église. 🕮 [ʃ(ə)vɛ].

**CHEVEU, EUX, subst. m.**
Poil poussant sur la tête de l'homme. 🕮 [ʃ(ə)vø].

**CHEVILLE, subst. f.**
Élément en bois ou en métal, servant à assembler des pièces. – Articulation du tibia et du péroné avec l'astragale, entre la jambe et le pied. 🕮 [ʃ(ə)vij].

**CHÈVRE, subst. f.**
Mammifère ruminant à cornes, dont le mâle est le bouc et le petit, le chevreau. 🕮 [ʃɛvʀ].

**CHÈVREFEUILLE, subst. m.**
Plante ornementale aux fleurs odorantes. 🕮 [ʃɛvʀəfœj].

**CHEVREUIL, subst. m.**
Mammifère ruminant sauvage, à robe fauve, dont la femelle est la chevrette. 🕮 [ʃəvʀœj].

**CHEVRON, subst. m.**
Longue pièce de bois équarrie soutenant les lattes d'un toit. – Motif décoratif en zigzag : *Tissu à* **chevrons**, dont les côtes forment des zigzags. 🕮 [ʃəvʀɔ̃].

**CHEVRONNÉ, ÉE, adj.**
Ancien et expérimenté dans une activité. 🕮 [ʃəvʀɔne].

**CHEVROTER, verbe intrans. [3]**
En parlant de la chèvre, crier, bêler. – Parler, chanter d'une voix tremblotante. 🕮 [ʃəvʀɔte].

**CHEVROTINE, subst. f.**
Gros plomb utilisé pour chasser le gros gibier. 🕮 [ʃəvʀɔtin].

**CHEWING-GUM, subst. m.**
Gomme à mâcher. 🕮 Plur. *chewing-gums* ; [ʃwiŋɡɔm].

**CHEZ, prép.**
Dans le domicile de : **Chez** *moi.* – Parmi : **Chez** *les animaux.* – Dans l'œuvre de : **Chez** *Descartes.* 🕮 [ʃe].

**CHIC, adj. inv. et subst. m.**
Subst. Habileté. – Distinction, prestance. – Adj. Élégant. – Sympathique. 🕮 [ʃik].

**CHICANE, subst. f.**
*Dr.* Incident provoqué, artifice procédurier, dans un procès. – Querelle mesquine, tracasserie. – Passage en zigzag. 🕮 [ʃikan].

**CHICANER, verbe [3]**
Intrans. Se livrer à des chicanes. – Trans. Chercher querelle à. 🕮 [ʃikane].

**CHICHE (I), adj.**
Avare. – Rare, peu abondant. 🕮 [ʃiʃ].

**CHICHE (II), subst. m.**
Plante à fleurs blanches, également appelée pois chiche. – La graine de cette plante. 🕮 [ʃiʃ].

**CHICHE (III), interj.**
Exclamation exprimant le défi. 🕮 [ʃiʃ].

**CHICORÉE, subst. f.**
Plante herbacée, dont on mange les feuilles en salade. – Sa racine torréfiée, dont on tire une boisson. 🕮 [ʃikɔʀe].

**CHIEN, CHIENNE, subst.**
Canidé domestique ou sauvage, dont il existe de nombreuses races. 🕮 [ʃjɛ̃, ʃjɛn].

**CHIENDENT, subst. m.**
Herbe vivace à longues racines, nuisible aux cultures. 🕮 [ʃjɛ̃dɑ̃].

**CHIENLIT, subst. f.**
Mascarade carnavalesque. – Fig. Désordre, pagaille généralisée. 🕮 [ʃjɑ̃li].

**CHIFFE, subst. f.**
Morceau d'étoffe usagée. – Fig. Personne au caractère faible. 🕮 [ʃif].

**CHIFFON, subst. m.**
Lambeau d'étoffe, de linge. 🕮 [ʃifɔ̃].

**CHIFFONNER, verbe trans. [3]**
Froisser (une étoffe, du papier). – Fig. Inquiéter, contrarier. 🕮 [ʃifɔne].

**CHIFFONNIER, IÈRE, subst.**
Personne qui ramasse des chiffons ou des vieux objets pour les vendre. 🕮 [ʃifɔnje, -jɛʀ].

**CHIFFRE, subst. m.**
Chacun des signes graphiques servant à représenter les nombres. – Montant, somme. – Fig. Écriture secrète. – Entrelacs d'initiales. 🕮 [ʃifʀ].

**CHIFFRER, verbe trans. [3]**
Évaluer à l'aide de chiffres. – Numéroter. – Coder. 🕮 [ʃifʀe].

**CHIGNOLE, subst. f.**
Perceuse à main ou électrique. 🕮 [ʃiɲɔl].

**CHIGNON, subst. m.**
Coiffure féminine rassemblant les cheveux au-dessus de la nuque. 🕮 [ʃiɲõ].

**CHIMÈRE, subst. f.**
Monstre fabuleux. – Fig. Vaine rêverie, projet inconsistant, utopie. 🕮 [ʃimɛʀ].

**CHIMIE, subst. f.**
Science qui étudie la constitution, la nature, les propriétés des corps, ainsi que leurs transformations et réactions. 🕮 [ʃimi].

**CHIMIOTHÉRAPIE, subst. f.**
Traitement de maladies par des substances chimiques. 🕮 [ʃimjɔteʀapi].

**CHIMIQUE, adj.**
Relatif à la chimie. 🕮 [ʃimik].

**CHIMISTE, subst.**
Spécialiste de la chimie. 🕮 [ʃimist].

**CHIMPANZÉ, subst. m.**
Singe anthropoïde d'Afrique. 🕮 [ʃɛ̃pɑ̃ze].

**CHINÉ, ÉE, adj.**
Dont le fil est de couleurs mélangées : Un tapis chiné. 🕮 [ʃine].

**CHINER, verbe trans. [3]**
Chercher (des occasions) chez les antiquaires, les brocanteurs. – Railler (qqn). 🕮 [ʃine].

**CHINOIS, subst. m.**
Langue parlée en Chine, qui s'écrit au moyen d'idéogrammes. 🕮 [ʃinwa].

**CHINOISERIE, subst. f.**
Bibelot ou élément décoratif d'inspiration chinoise. – Chicane, complication inutile (gén. au plur.). 🕮 [ʃinwazʀi].

**CHIOT, subst. m.**
Jeune chien. 🕮 [ʃjo].

**CHIPER, verbe trans. [3]**
Voler un objet sans valeur (fam.). 🕮 [ʃipe].

**CHIPIE, subst. f.**
Femme acariâtre, mégère. – Fillette gâtée, insupportable. 🕮 [ʃipi].

**CHIPOTER, verbe intrans. [3]**
Manger peu et sans plaisir. – Fig. Ergoter, lésiner sur des détails (fam.). 🕮 [ʃipɔte].

**CHIPS, subst. f.**
Rondelle de pomme de terre frite. 🕮 [ʃips].

**CHIQUE, subst. f.**
Morceau de tabac à mâcher. 🕮 [ʃik].

**CHIROMANCIE, subst. f.**
Divination d'après les lignes de la main. 🕮 [kiʀɔmɑ̃si].

**CHIROPRACTEUR, subst. m.**
Praticien qui soigne par des manipulations vertébrales. 🕮 [kiʀɔpʀaktœʀ].

**CHIRURGICAL, ALE, AUX, adj.**
Relatif à la chirurgie. 🕮 [ʃiʀyʀʒikal].

**CHIRURGIE, subst. f.**
Thérapeutique médicale consistant à pratiquer des interventions manuelles ou instrumentales sur l'organisme et ses parties internes. 🕮 [ʃiʀyʀʒi].

**CHIRURGIEN, IENNE, subst.**
Spécialiste de la chirurgie. 🕮 [ʃiʀyʀʒjɛ̃, -jɛn].

**CHLORE, subst. m.**
Gaz toxique de couleur jaune verdâtre. 🕮 [klɔʀ].

**CHLORHYDRIQUE, adj.**
Acide chlorhydrique : combinaison de chlore et d'hydrogène. 🕮 [klɔʀidʀik].

**CHLOROFORME, subst. m.**
Liquide à l'odeur éthérée, utilisé autrefois comme anesthésique. 🕮 [klɔʀɔfɔʀm].

**CHLOROPHYLLE, subst. f.**
Pigment végétal vert indispensable à la photosynthèse. 🕮 [klɔʀɔfil].

**CHOC, subst. m.**
Heurt. – Affrontement. – Fig. Émotion brutale. – Empl. adj. inv. Qui surprend : Des photos choc. 🕮 [ʃɔk].

**CHOCOLAT, subst. m.**
Préparation de cacao sucrée et durcie. – Boisson au chocolat. – Empl. adj. inv. De couleur brun-rouge foncé. 🕮 [ʃɔkɔla].

**CHŒUR, subst. m.**
Groupe de chanteurs. – En chœur : tous ensemble. – Partie d'une église où se tient le clergé, devant le maître-autel. 🕮 [kœʀ].

**CHOIR, verbe intrans. [50]**
Tomber (littér.). 🕮 Verbe défectif ; [ʃwaʀ].

**CHOISI, IE, adj.**
Recherché, raffiné. 🕮 [ʃwazi].

**CHOISIR, verbe trans. [19]**
Opter pour, prendre parmi plusieurs, sélectionner : Choisir un gâteau. 🕮 [ʃwaziʀ].

**CHOIX, subst. m.**
Action de choisir ; résultat de cette action. – Sélection, assortiment. – Pouvoir, possibilité de choisir : Avoir le choix. 🕮 [ʃwa].

**CHOLÉRA, subst. m.**
Infection intestinale épidémique, très contagieuse. 🕮 [kɔleʀa].

**CHOLESTÉROL, subst. m.**
Substance grasse présente dans les cellules, dont l'excès est nocif. 🕮 [kɔlɛsteʀɔl].

**CHÔMAGE, subst. m.**
Inactivité professionnelle forcée. – Situation qui se caractérise par le manque d'emplois. 🕮 [ʃomaʒ].

**CHÔMER, verbe [3]**
Trans. Célébrer (une fête) en arrêtant le travail : Chômer le 8 mai. – Intrans. Ne pas avoir de travail. – Être inactif. 🕮 [ʃome].

**CHÔMEUR, EUSE, subst.**
Travailleur sans emploi. 🕮 [ʃomœʀ, -øz].

**CHOPE, subst. f.**
Récipient, verre muni d'une anse, dans lequel on boit de la bière. 🕮 [ʃɔp].

**CHOQUER, verbe trans. [3]**
Heurter. – Offusquer par ses paroles, sa conduite. – Traumatiser. 🕮 [ʃɔke].

**CHORALE, subst. f.**
Formation de chanteurs. 🕮 [kɔʀal].

**CHORÉGRAPHIE, subst. f.**
Art de composer un ballet. 🕮 [kɔʀegʀafi].

**CHORISTE, subst.**
Personne qui chante dans un chœur, une chorale. 🕮 [kɔʀist].

**CHORIZO, subst. m.**
Saucisson espagnol. 🕮 [ʃɔʀizo].

**CHORUS, subst. m.**
*Faire chorus* : joindre son approbation à celle des autres ; approuver bruyamment. 🕮 [kɔʀys].

**CHOSE, subst. f.**
Ce qui existe, a une réalité. – Objet matériel, inanimé : *Les êtres et les choses.* – Événement, action. – Entité abstraite ; énoncé. – Plur. La réalité : *Regarder les choses en face.* – Ce qui a lieu : *Le cours des choses.* – La situation, la conjoncture : *Les choses tournent mal.* – Ce qui ressortit à un domaine : *Les choses de la politique.* 🕮 [ʃoz].

**CHOU, CHOUX, subst. m.**
Plante potagère. – Pâtisserie soufflée, fourrée de crème. 🕮 [ʃu].

**CHOUCHOU, OUTE, subst.**
Personne préférée (fam.). 🕮 [ʃuʃu, -ut].

**CHOUCROUTE, subst. f.**
Préparation de chou émincé et fermenté dans une saumure. 🕮 [ʃukʀut].

**CHOUETTE (I), subst. f.**
Rapace nocturne. 🕮 [ʃwɛt].

**CHOUETTE (II), adj. et interj.**
Adj. Qui plaît, sympathique. – Interj. Marque la satisfaction. 🕮 [ʃwɛt].

**CHOU-FLEUR, subst. m.**
Variété de chou potager. 🕮 Plur. *choux-fleurs* ; [ʃuflœʀ].

**CHOYER, verbe trans. [17]**
Combler d'attentions, dorloter. 🕮 [ʃwaje].

**CHRÉTIEN, IENNE, adj. et subst.**
Qui appartient aux diverses religions issues de l'enseignement du Christ (catholique, protestante, orthodoxe). 🕮 [kʀetjɛ̃, -jɛn].

**CHRÉTIENTÉ, subst. f.**
Ensemble des chrétiens. 🕮 [kʀetjɛ̃te].

**CHRISTIANISME, subst. m.**
Religion monothéiste fondée sur l'enseignement de Jésus-Christ. 🕮 [kʀistjanism].

**CHROME, subst. m.**
Métal dur, brillant et inoxydable. – Pièce de carrosserie recouverte de ce métal. 🕮 [kʀom].

**CHROMOSOME, subst. m.**
Chacun des éléments du noyau d'une cellule, qui contient les gènes. 🕮 [kʀomozom].

**CHRONIQUE (I), subst. f.**
Récit de faits historiques. – *Journ.* Rubrique spécialisée. 🕮 [kʀonik].

**CHRONIQUE (II), adj.**
Qui dure longtemps, en évoluant lentement. – Qui persiste. 🕮 [kʀonik].

**CHRONIQUEUR, EUSE, subst.**
Journaliste spécialisé. 🕮 [kʀonikœʀ, -øz].

**CHRONOLOGIE, subst. f.**
Science de l'établissement des dates et de la succession des événements historiques. – Succession des événements dans le temps. 🕮 [kʀonoloʒi].

**CHRONOLOGIQUE, adj.**
Qui se déroule dans l'ordre du temps. 🕮 [kʀonoloʒik].

**CHRONOMÈTRE, subst. m.**
Montre de précision. 🕮 [kʀonomɛtʀ].

**CHRONOMÉTRER, verbe trans. [8]**
Mesurer avec précision la durée de (une action). 🕮 [kʀonometʀe].

**CHRYSALIDE, subst. f.**
État de la chenille lors de la métamorphose en papillon. 🕮 [kʀizalid].

**CHRYSANTHÈME, subst. m.**
Plante ornementale fleurissant à la fin de l'automne. 🕮 [kʀizɑ̃tɛm].

**CHUCHOTEMENT, subst. m.**
Action de parler à voix basse. – Bruit qui en résulte. 🕮 [ʃyʃɔtmɑ̃].

**CHUCHOTER, verbe [3]**
Parler, dire (qqch.) à voix basse. 🕮 [ʃyʃɔte].

**CHUINTEMENT, subst. m.**
Cri d'un oiseau nocturne. – Sifflement sourd. 🕮 [ʃɥɛ̃tmɑ̃].

**CHUT, interj.**
Onomatopée servant à réclamer le silence. 🕮 [ʃyt].

**CHUTE, subst. f.**
Action de tomber. – Baisse considérable. – *Fig.* Effondrement. – Masse d'eau tombant d'une grande hauteur. – Reste inutilisé d'un matériau après découpe. 🕮 [ʃyt].

**CI, adv.**
Marque le lieu, la proximité : *Ci-gît* ; *Ci-joint* ; *Ci-après* ; *Ci-dessus* ; *De-ci, de-là,* ici et là. – Marque l'insistance : *Cet homme-ci* ; *Celui-ci* ; *Ce temps-ci.* 🕮 [si].

**CIBLE, subst. f.**
But que l'on vise avec une arme. – *Fig.* Personne visée par une critique. 🕮 [sibl].

**CIBOIRE, subst. m.**
Vase sacré où sont conservées les hosties consacrées. 🕮 [sibwaʀ].

**CIBOULETTE, subst. f.**
Plante dont les feuilles sont employées comme condiment. 🕮 [sibulɛt].

**CICATRICE**, subst. f.
Trace laissée par une blessure ou une lésion après guérison. – Fig. Marque laissée par un événement douloureux. 🔊 [sikatʀis].

**CICATRISER**, verbe [3]
Trans. Guérir, fermer (une plaie). – Calmer, apaiser (une douleur). – Intrans. Se fermer, en parlant d'une plaie. 🔊 [sikatʀize].

**CIDRE**, subst. m.
Boisson alcoolique faite de jus de pomme fermenté. 🔊 [sidʀ].

**CIEL, CIEUX, CIELS**, subst. m.
Espace visible au-dessus de nos têtes, et limité par l'horizon. – L'espace infini dans lequel évoluent les corps célestes. – Séjour de la divinité : *Monter aux* cieux. – Aspect visuel ou représentation du ciel (plur. ciels) : *Des* ciels *bleus.* 🔊 [sjɛl], plur. [sjø].

**CIERGE**, subst. m.
Grande bougie à usage religieux. 🔊 [sjɛʀʒ].

**CIGALE**, subst. f.
Insecte abondant dans le Midi, qui produit un bruit strident. 🔊 [sigal].

**CIGARE**, subst. m.
Rouleau de feuilles de tabac, que l'on fume. 🔊 [sigaʀ].

**CIGARETTE**, subst. f.
Petit cylindre de tabac haché menu et entouré d'une feuille de papier fin, que l'on fume. 🔊 [sigaʀɛt].

**CIGOGNE**, subst. f.
Échassier migrateur au long bec. 🔊 [sigɔɲ].

**CIGUË**, subst. f.
Plante vénéneuse. – Poison extrait de cette plante. 🔊 [sigy].

**CIL**, subst. m.
Poil raide et court qui pousse sur le bord des paupières. 🔊 [sil].

**CILLER**, verbe intrans. [3]
Battre des paupières. 🔊 [sije].

**CIME**, subst. f.
Sommet, extrémité supérieure. 🔊 [sim].

**CIMENT**, subst. m.
Poudre que l'on mélange à l'eau pour obtenir une pâte liante qui durcit en séchant. – Fig. Ce qui unit ou rapproche. 🔊 [simã].

**CIMENTER**, verbe trans. [3]
Recouvrir ou fixer avec du ciment. – Fig. Affermir (des liens). 🔊 [simãte].

**CIMETERRE**, subst. m.
Sabre oriental courbe et large. 🔊 [simtɛʀ].

**CIMETIÈRE**, subst. m.
Terrain dans lequel sont inhumés les morts. 🔊 [simtjɛʀ].

**CINÉMA**, subst. m.
Technique d'enregistrement et de projection de vues photographiques animées. – Art de réaliser des films. – Salle où l'on projette des films. – Industrie cinématographique. – *C'est du* cinéma : c'est de la comédie, du bluff (fam.). 🔊 [sinema].

**CINÉMATOGRAPHIQUE**, adj.
Relatif au cinéma. 🔊 [sinematɔgʀafik].

**CINÉPHILE**, subst.
Amateur de cinéma. 🔊 [sinefil].

**CINÉTIQUE**, adj.
Qui a trait au mouvement. 🔊 [sinetik].

**CINGLANT, ANTE**, adj.
Mordant, blessant. 🔊 [sɛ̃glɑ̃, -ɑ̃t].

**CINGLÉ, ÉE**, adj. et subst.
Fou (fam.). 🔊 [sɛ̃gle].

**CINGLER**, verbe trans. [3]
Fouetter violemment. – Fig. Blesser la sensibilité de (qqn) par un ton mordant. 🔊 [sɛ̃gle].

**CINQ**, adj. num. inv. et subst. m. inv.
Adj. Quatre plus un. – Cinquième : *Le roi Charles* V. – Subst. Le nombre cinq, le chiffre 5. 🔊 [sɛ̃k].

**CINQUANTE**, adj. num. inv. et subst. m. inv.
Adj. Cinq fois dix. – Cinquantième. – Subst. Le nombre cinquante. 🔊 [sɛ̃kɑ̃t].

**CINQUIÈME**, adj. num. ord. et subst.
Adj. Situé après le quatrième. – Subst. Celui ou celle qui est en cinquième position. – Masc. L'une des parties d'un tout divisé en cinq parties égales. 🔊 [sɛ̃kjɛm].

**CINTRE**, subst. m.
Courbure intérieure d'un arc ou d'une voûte. – Support à crochet utilisé pour suspendre un vêtement. – Plur. Espace situé au-dessus de la scène d'un théâtre, où l'on remonte les décors. 🔊 [sɛ̃tʀ].

**CINTRER**, verbe trans. [3]
Donner la forme d'un cintre à. – Serrer (un vêtement) à la taille. 🔊 [sɛ̃tʀe].

**CIRAGE**, subst. m.
Action de cirer. – Produit servant à faire briller les cuirs. 🔊 [siʀaʒ].

**CIRCONCISION**, subst. f.
Excision du prépuce. 🔊 [siʀkɔ̃sizjɔ̃].

**CIRCONFÉRENCE**, subst. f.
Cercle ; ligne courbe fermée qui le limite. – Périmètre d'un cercle. 🔊 [siʀkɔ̃feʀɑ̃s].

**CIRCONFLEXE**, adj.
*Accent* circonflexe : signe graphique (^) placé sur certaines voyelles. 🔊 [siʀkɔ̃flɛks].

**CIRCONSCRIPTION**, subst. f.
Division administrative, religieuse ou militaire d'un territoire. 🔊 [siʀkɔ̃skʀipsjɔ̃].

**CIRCONSCRIRE**, verbe trans. [67]
Entourer d'une ligne. – Empêcher de s'étendre. – Fig. Cerner, délimiter : *Circonscrire son sujet.* 🔊 [siʀkɔ̃skʀiʀ].

**CIRCONSPECT, ECTE**, adj.
Prudent, réservé. 🔊 [siʀkɔ̃spɛ(kt), -ɛkt].

103

**CIRCONSPECTION**, subst. f.
Attitude prudente. 🕮 [siʀkɔ̃spɛksjɔ̃].

**CIRCONSTANCE**, subst. f.
Ce qui accompagne un événement, un fait, une situation. – Conjoncture. – *De cir-constance* : fait pour l'occasion ; adapté à la situation. 🕮 [siʀkɔ̃stɑ̃s].

**CIRCONSTANCIEL, IELLE**, adj.
Relatif aux circonstances. – *Ling.* Qui indique les circonstances d'une action. 🕮 [siʀkɔ̃stɑ̃sjɛl].

**CIRCONVENIR**, verbe trans. [22]
Agir sur (qqn) pour en obtenir ce que l'on souhaite. 🕮 [siʀkɔ̃v(ə)niʀ].

**CIRCONVOLUTION**, subst. f.
Enroulement autour d'un axe, d'un point. 🕮 [siʀkɔ̃vɔlysjɔ̃].

**CIRCUIT**, subst. m.
Tour d'un lieu. – Itinéraire avec retour au point de départ. – Piste automobile fermée. – Suite de conducteurs électriques reliés entre eux. – *Écon.* Cheminement d'un produit, d'un bien. 🕮 [siʀkɥi].

**CIRCULAIRE**, adj. et subst. f.
Adj. Qui a la forme d'un cercle. – Subst. Lettre d'information adressée à plusieurs personnes. 🕮 [siʀkylɛʀ].

**CIRCULATION**, subst. f.
Mouvement de ce qui circule. – Ensemble de véhicules qui circulent. 🕮 [siʀkylɑsjɔ̃].

**CIRCULER**, verbe intrans. [3]
Se mouvoir dans un circuit fermé. – Se déplacer. – Passer de main en main. 🕮 [siʀkyle].

**CIRE**, subst. f.
Matière molle, jaunâtre, produite par les abeilles. – Produit à base de **cire**. 🕮 [siʀ].

**CIRÉ**, subst. m.
Caban imperméabilisé. 🕮 [siʀe].

**CIRER**, verbe trans. [3]
Enduire de cire ou de cirage. 🕮 [siʀe].

**CIREUSE**, subst. f.
Appareil pour cirer les parquets. 🕮 [siʀøz].

**CIRQUE**, subst. m.
Piste, en gén. sous chapiteau, entourée de gradins, où l'on présente des numéros d'adresse, de clowns. – Entreprise qui organise ces numéros. – Espace circulaire entouré de parois abruptes. 🕮 [siʀk].

**CIRRHOSE**, subst. f.
Maladie grave du foie, souvent due à l'abus d'alcool. 🕮 [siʀoz].

**CISAILLE**, subst. f.
Gros ciseaux pour couper la tôle, tailler les branches (gén. au plur.). 🕮 [sizɑj].

**CISAILLER**, verbe trans. [3]
Couper avec des cisailles. 🕮 [sizɑje].

**CISEAU**, subst. m.
Instrument à lame tranchante servant à sculpter. – Plur. Outil à deux branches mobiles et croisées, formant lames, servant à découper. 🕮 [sizo].

**CISELER**, verbe trans. [11]
Sculpter finement au ciseau. 🕮 [sizle].

**CITADELLE**, subst. f.
Forteresse protégeant une ville. 🕮 [sitadɛl].

**CITADIN, INE**, adj. et subst.
Adj. De la ville. – Subst. Habitant de la ville. 🕮 [sitadɛ̃, -in].

**CITATION**, subst. f.
Passage rapporté d'un auteur, d'un texte. – *Milit.* Mise à l'ordre du jour, récompense pour une action d'éclat. 🕮 [sitasjɔ̃].

**CITÉ**, subst. f.
Ville importante. – Partie ancienne d'une ville. – Groupe d'immeubles. 🕮 [site].

**CITER**, verbe trans. [3]
Nommer de façon précise. – Rapporter (des paroles ou un texte). – Assigner en justice. – *Milit.* Décerner une citation à. 🕮 [site].

**CITERNE**, subst. f.
Réservoir d'eaux de pluie. – Cuve où l'on conserve des liquides. 🕮 [sitɛʀn].

**CITHARE**, subst. f.
*Mus.* Instrument à cordes pincées. 🕮 [sitaʀ].

**CITOYEN, ENNE**, subst.
Ressortissant d'un État, considéré sous l'angle de ses droits et de ses devoirs civils et politiques. 🕮 [sitwajɛ̃, -ɛn].

**CITRON**, subst. m.
Fruit du citronnier, agrume à la saveur acide. – Empl. adj. inv. De couleur jaune clair. 🕮 [sitʀɔ̃].

**CITRONNELLE**, subst. f.
Plante à l'odeur de citron. 🕮 [sitʀɔnɛl].

**CITROUILLE**, subst. f.
Grosse courge à la chair orangée. 🕮 [sitʀuj].

**CIVET**, subst. m.
Ragoût de gibier à poil. 🕮 [sivɛ].

**CIVETTE**, subst. f.
Ciboulette. 🕮 [sivɛt].

**CIVIÈRE**, subst. f.
Toile tendue sur des brancards, servant à transporter des blessés. 🕮 [sivjɛʀ].

**CIVIL, ILE**, adj. et subst. m.
Qui n'est ni militaire ni religieux. – Adj. Qui a trait aux citoyens. 🕮 [sivil].

**CIVILISATION**, subst. f.
Ensemble des valeurs culturelles, morales, sociales propres à un peuple. 🕮 [sivilizasjɔ̃].

**CIVILISÉ, ÉE**, adj. et subst.
Qui possède un développement social et culturel complexe. 🕮 [sivilize].

**CIVILITÉ**, subst. f.
Savoir-vivre, politesse. 🕮 [sivilite].

**CIVIQUE**, adj.
Qui a trait au citoyen. 🕮 [sivik].

**CLAFOUTIS**, subst. m.
Flan aux fruits. 🕮 [klafuti].

**CLAIE**, subst. f.
Treillis de bois ou d'osier, à claire-voie, formant plateau. 🕮 [klɛ].

**CLAIR, CLAIRE**, adj., subst. m. et adv.
Adj. Qui répand la lumière : *Une flamme claire.* – Qui favorise la luminosité par sa transparence : *Une eau claire.* – Peu épais : *Une forêt claire.* – Facile à comprendre. – Net, distinct : *Une voix claire.* – Adv. D'une manière nette : *Voir* clair. – Subst. Clarté : *Le* clair *de lune.* 🕮 [klɛʀ].

**CLAIRE-VOIE**, subst. f.
Assemblage (de lattes, de fils, etc.) qui laisse des jours par où passe la lumière. 🕮 Plur. *claires-voies* ; [klɛʀvwa].

**CLAIRIÈRE**, subst. f.
Espace sans arbres, dans un bois, une forêt. 🕮 [klɛʀjɛʀ].

**CLAIR-OBSCUR**, subst. m.
Procédé de peinture fondé sur le contraste entre la lumière et l'ombre, employé pour suggérer le relief. – Éclairage atténué, diffus. 🕮 Plur. *clairs-obscurs* ; [klɛʀɔpskyʀ].

**CLAIRON**, subst. m.
Espèce de trompette militaire. – Celui qui en joue. 🕮 [klɛʀɔ̃].

**CLAIRONNER**, verbe trans. [3]
Annoncer avec éclat. 🕮 [klɛʀɔne].

**CLAIRSEMÉ, ÉE**, adj.
Éparpillé, rare. – Peu dense. 🕮 [klɛʀsəme].

**CLAIRVOYANT, ANTE**, adj.
Qui voit clair. – Lucide. 🕮 [klɛʀvwajɑ̃, -ɑ̃t].

**CLAMER**, verbe trans. [3]
Exprimer par des cris. 🕮 [klame].

**CLAMEUR**, subst. f.
Ensemble de cris tumultueux. 🕮 [klamœʀ].

**CLAN**, subst. m.
Tribu, en Écosse ou en Irlande. – Petit groupe fermé. 🕮 [klɑ̃].

**CLANDESTIN, INE**, adj. et subst.
Adj. Qui se fait en cachette, secrètement. – Subst. Personne qui est en situation irrégulière. 🕮 [klɑ̃dɛstɛ̃, -in].

**CLANDESTINITÉ**, subst. f.
Caractère de ce qui est secret, clandestin. 🕮 [klɑ̃dɛstinite].

**CLAPET**, subst. m.
Couvercle de soupape. 🕮 [klapɛ].

**CLAPIER**, subst. m.
Cabane à lapins. 🕮 [klapje].

**CLAPOTER**, verbe intrans. [3]
Être agité de clapotis. 🕮 [klapɔte].

**CLAPOTIS**, subst. m.
Bruit léger et mouvement de l'eau agitée de petites vagues. 🕮 On dit aussi *clapotement* ; [klapɔti].

**CLAQUAGE**, subst. m.
Élongation d'un ligament ou d'un muscle. 🕮 [klakaʒ].

**CLAQUE**, subst. f.
Coup administré avec le plat de la main. 🕮 [klak].

**CLAQUEMENT**, subst. m.
Action, fait de claquer. – Bruit de ce qui claque. 🕮 [klakmɑ̃].

**CLAQUEMURER**, verbe trans. [3]
Enfermer dans un lieu étroit. – Pronom. S'enfermer chez soi. 🕮 [klakmyʀe].

**CLAQUER**, verbe [3]
Intrans. Produire un bruit sec et retentissant. – Mourir (fam.). – Trans. Donner une claque à. – Fermer violemment. – Fam. Épuiser. – Dépenser (de l'argent). 🕮 [klake].

**CLAQUETTES**, subst. f. plur.
Danse rythmée où l'on fait claquer le talon et la pointe de la chaussure. 🕮 [klakɛt].

**CLARIFIER**, verbe trans. [6]
Rendre clair. 🕮 [klaʀifje].

**CLARINETTE**, subst. f.
*Mus.* Instrument à vent, muni de clefs et d'une anche simple. 🕮 [klaʀinɛt].

**CLARTÉ**, subst. f.
Lumière. – Limpidité. – Fig. Qualité de ce qui est net et précis. 🕮 [klaʀte].

**CLASH**, subst. m.
Conflit brusque et violent (fam.). 🕮 Plur. *clash(e)s* ; [klaʃ].

**CLASSE**, subst. f.
Ensemble d'êtres ou de choses qui ont des caractères communs. – Catégorie hiérarchique. – Valeur, qualité : *Un écrivain de grande* classe. – Chacune des étapes de la scolarité ; groupe d'un certain nombre d'élèves ; salle de cours. – Ensemble de jeunes du même âge appelés au service militaire. 🕮 [klɑs].

**CLASSEMENT**, subst. m.
Action de classer ; ordre qui en résulte. – Rang auquel qqn est classé. 🕮 [klasmɑ̃].

**CLASSER**, verbe trans. [3]
Répartir par classes. – Ranger, mettre en ordre. 🕮 [klɑse].

**CLASSEUR**, subst. m.
Portefeuille ou meuble à compartiments où l'on classe des papiers. 🕮 [klɑsœʀ].

**CLASSICISME**, subst. m.
Caractère de ce qui est classique, en partic. en matière d'œuvres littéraires et artistiques. – Doctrine littéraire et artistique se signalant par sa recherche de la mesure, de l'équilibre et de la clarté. 🕮 [klasisism].

**CLASSIFICATION**, subst. f.
Classement méthodique. 🕮 [klasifikasjɔ̃].

**CLASSIQUE**, adj.
Qui a trait à l'Antiquité gréco-romaine. – Qui appartient culturellement au XVIIᵉ s.

français. – Conforme à la tradition. – Qui fait autorité ; qui est devenu un modèle. 🔊 [klasik].

**CLAUDIQUER, verbe intrans.** [3]
Boiter (littér.). 🔊 [klodike].

**CLAUSE, subst. f.**
Disposition d'un acte juridique, d'un contrat. 🔊 [kloz].

**CLAUSTRATION, subst. f.**
Isolement dans un lieu clos. 🔊 [klostʀasjõ].

**CLAUSTROPHOBIE, subst. f.**
Peur maladive d'être enfermé dans un lieu clos. 🔊 [klostʀɔfɔbi].

**CLAVECIN, subst. m.**
Instrument de musique à cordes pincées et à un ou plusieurs claviers. 🔊 [klavsɛ̃].

**CLAVICULE, subst. f.**
Os long qui forme, avec l'omoplate, le squelette de l'épaule. 🔊 [klavikyl].

**CLAVIER, subst. m.**
Ensemble des touches de certains instruments de musique (piano, orgue, etc.), d'une machine à écrire, d'un ordinateur. 🔊 [klavje].

**CLEF ou CLÉ, subst. f.**
Objet métallique servant à ouvrir ou à fermer une serrure, à établir un contact, etc. – Outil utilisé pour serrer ou desserrer des écrous. – *Mus.* Signe au début d'une portée musicale. – Pièce mobile qui commande l'ouverture des trous d'un instument à vent. – Solution : *La* **clef** *de l'énigme.* 🔊 [kle].

**CLÉMATITE, subst. f.**
Plante grimpante. 🔊 [klematit].

**CLÉMENCE, subst. f.**
Indulgence. – Fig. Douceur agréable du climat. 🔊 [klemãs].

**CLÉMENT, ENTE, adj.**
Qui fait preuve de clémence. – Fig. Empreint de douceur. 🔊 [klemã, -ãt].

**CLÉMENTINE, subst. f.**
Fruit proche de la mandarine. 🔊 [klemãtin].

**CLENCHE, subst. f.**
Tige mobile d'un loquet. 🔊 [klãʃ].

**CLEPSYDRE, subst. f.**
Horloge à eau. 🔊 [klɛpsidʀ].

**CLEPTOMANE, voir KLEPTOMANE**

**CLERC, subst. m.**
Ecclésiastique. – Employé d'une étude de notaire, d'avoué, d'huissier. 🔊 [klɛʀ].

**CLERGÉ, subst. m.**
Ensemble des ecclésiastiques. 🔊 [klɛʀʒe].

**CLÉRICAL, ALE, AUX, adj. et subst.**
Se dit d'une personne favorable à l'intervention du clergé dans les affaires publiques. – Adj. Qui a trait au clergé. 🔊 [kleʀikal].

**CLICHÉ, subst. m.**
Plaque reproduisant une page composée, une gravure. – Photographie. – Fig. Expression toute faite, lieu commun. 🔊 [kliʃe].

**CLIENT, CLIENTE, subst.**
Personne qui achète un produit ou un service. 🔊 [klijã, klijãt].

**CLIENTÈLE, subst. f.**
Ensemble des clients. 🔊 [klijãtɛl].

**CLIGNER, verbe trans.** [3]
**Cligner** *les yeux, des yeux* : plisser les paupières, fermer à demi les yeux pour mieux voir. – **Cligner** *de l'œil* : faire un clin d'œil. – Empl. intrans. *Ses yeux* **clignent**. 🔊 [kliɲe].

**CLIGNOTANT, subst. m.**
Signal lumineux intermittent indiquant la direction que va prendre un véhicule. – Indice dont l'apparition signale une évolution dangereuse ; indicateur économique. 🔊 [kliɲɔtã].

**CLIGNOTER, verbe intrans.** [3]
S'allumer et s'éteindre par intermittence. 🔊 [kliɲɔte].

**CLIMAT, subst. m.**
Ensemble des différents états atmosphériques en une région donnée de la Terre. – Fig. Atmosphère morale. 🔊 [klima].

**CLIMATISER, verbe trans.** [3]
Maintenir (un local) à une température et à un taux d'humidité définis. 🔊 [klimatize].

**CLIN D'ŒIL, subst. m.**
Battement de la paupière, gén. destiné à faire signe à qqn. – *En un* **clin d'œil** : promptement. 🔊 Plur. *clins d'œil* ; [klɛ̃dœj].

**CLINIQUE, adj. et subst. f.**
Adj. Qui se fait au lit du malade, en examen direct. – Subst. Hôpital privé. 🔊 [klinik].

**CLINQUANT, ANTE, adj.**
D'un éclat trompeur. – Très voyant, vulgaire et sans valeur. 🔊 [klɛ̃kã, -ãt].

**CLIP (I), subst. m.**
Petit bijou monté sur pince. 🔊 [klip].

**CLIP (II), subst. m.**
Bande vidéo qui fait la promotion d'une chanson, d'un album. 🔊 [klip]

**CLIQUE, subst. f.**
Groupe d'individus peu honorables (fam.). – Groupe musical militaire. 🔊 [klik].

**CLIQUETIS, subst. m.**
Série de petits bruits métalliques. 🔊 [klikti].

**CLITORIS, subst. m.**
Organe érectile de l'appareil génital féminin. 🔊 [klitɔʀis].

**CLIVAGE, subst. m.**
Séparation, division. 🔊 [klivaʒ].

**CLOAQUE, subst. m.**
Égout ; masse d'eau croupie. – Lieu malpropre, répugnant. 🔊 [klɔak].

**CLOCHARD, ARDE**, subst.
Personne sans domicile fixe et sans travail.
[klɔʃaʀ, -aʀd].

**CLOCHE**, subst. f.
Instrument sonore en forme de coupe renversée, en bronze, qui résonne sous l'effet d'un battant intérieur ou d'un marteau extérieur. – Objet en forme de coupe renversée, de cloche. – Fig. Idiot, incapable. [klɔʃ].

**CLOCHE-PIED (À)**, loc. adv.
En se tenant sur un seul pied. [aklɔʃpje].

**CLOCHER**, subst. m.
Ouvrage, bâtiment d'une église, où sont suspendues les cloches. [klɔʃe].

**CLOISON**, subst. f.
Mur de séparation peu épais, dans une habitation. [klwazõ].

**CLOISONNER**, verbe trans. [3]
Scinder, compartimenter par une ou plusieurs cloisons. [klwazone].

**CLOÎTRE**, subst. m.
Enceinte d'un monastère interdite aux profanes. – Galerie couverte entourant un jardin, dans un monastère, une cathédrale, etc. [klwatʀ].

**CLOÎTRER**, verbe trans. [3]
Enfermer. [klwatʀe].

**CLONE**, subst. m.
Ensemble de cellules identiques provenant d'une cellule initiale. [klon].

**CLOPIN-CLOPANT**, loc. adv.
En boitillant. [klɔpɛ̃klɔpã].

**CLOPINER**, verbe intrans. [3]
Marcher en boitant. [klɔpine].

**CLOQUE**, subst. f.
Dilatation à la surface de la peau, remplie de liquide. [klɔk].

**CLORE**, verbe trans. [80]
Murer, obturer. – Encercler, renfermer. – Fig. Mettre fin à (une cérémonie, un débat, etc.). [klɔʀ].

**CLOS, CLOSE**, adj.
Entouré d'une clôture. – Fermé. – Terminé. – *En vase* clos : sans contact avec l'extérieur. [klo, kloz].

**CLÔTURE**, subst. f.
Ce qui enclôt un espace. – Action de terminer, achèvement. [klotyʀ].

**CLÔTURER**, verbe trans. [3]
Entourer d'une clôture. – Achever, mettre fin à. [klotyʀe].

**CLOU**, subst. m.
Pointe métallique que l'on enfonce pour fixer qqch. – Fig. *Le* clou *du spectacle* : son attraction principale. [klu].

**CLOUER**, verbe trans. [3]
Fixer à l'aide de clous. – Fig. Immobiliser. [klue].

**CLOUTÉ, ÉE**, adj.
Garni de clous. [klute].

**CLOWN**, subst. m.
Artiste comique de cirque, accoutré et grimé. – Fig. Pitre, farceur. [klun].

**CLUB (I)**, subst. m.
Cercle mondain. – Association de gens ayant un intérêt commun. [klœb].

**CLUB (II)**, subst. m.
Canne de golf. [klœb].

**CO-**, préfixe
Exprime l'idée de réunion ou de simultanéité. [kɔ-].

**COAGULER**, verbe [3]
Trans. Faire passer (un liquide organique) à un état plus ou moins solide. – Intrans. Former un caillot, se figer. [kɔagyle].

**COALISER**, verbe trans. [3]
Allier, rassembler. – Pronom. Se liguer. [kɔalize].

**COALITION**, subst. f.
Regroupement, alliance contre un adversaire commun. [kɔalisjõ].

**COASSER**, verbe intrans. [3]
Émettre son cri (coassement), en parlant d'un batracien. [kɔase].

**COBAYE**, subst. m.
Petit rongeur également appelé cochon d'Inde. – Fig. Sujet d'expérience. [kɔbaj].

**COBRA**, subst. m.
Serpent très venimeux. [kɔbʀa].

**COCAGNE**, subst. f.
*Pays de* cocagne : pays d'abondance. – *Mât de* cocagne : mât enduit de savon, auquel on essaie de grimper pour en décrocher des objets. [kɔkaɲ].

**COCAÏNE**, subst. f.
Stupéfiant extrait des feuilles de coca. [kɔkain].

**COCARDE**, subst. f.
Insigne circulaire aux couleurs d'un pays. [kɔkaʀd].

**COCASSE**, adj.
Qui fait rire, saugrenu. [kɔkas].

**COCCINELLE**, subst. f.
Insecte rouge à points noirs. [kɔksinɛl].

**COCCYX**, subst. m.
Petit os à l'extrémité du sacrum. [kɔksis].

**COCHE**, subst. m.
Voiture couverte tirée par des chevaux, servant au transport des voyageurs. [kɔʃ].

**COCHER (I)**, subst. m.
Conducteur d'une voiture menée par des chevaux. [kɔʃe].

**COCHER (II)**, verbe trans. [3]
Faire une marque de repérage sur. [kɔʃe].

**COCHÈRE**, adj. f.
*Porte* cochère : porte livrant passage aux voitures. [kɔʃɛʀ].

**COCHON, ONNE**, adj. et subst.
Subst. masc. Mammifère omnivore, également appelé porc. – Adj. et subst. Fam. Qui est sale, grossier. – Qui est sensuel, indécent. 📣 [koʃɔ̃, -ɔn].

**COCHONNERIE**, subst. f.
Fam. Chose sale, de mauvaise qualité, sans valeur. – Comportement ou propos grossier, obscène. 📣 [koʃɔnʀi].

**COCHONNET**, subst. m.
Jeune cochon. – Petite boule en bois servant de but au jeu de boules. 📣 [koʃɔnɛ].

**COCKPIT**, subst. m.
Dans un avion, poste de pilotage. – À bord de certains bateaux de plaisance, creux situé à l'arrière, où se tient l'homme de barre. 📣 [kokpit].

**COCKTAIL**, subst. m.
Mélange de boissons. – Réception mondaine. – Fig. Combinaison d'éléments, mélange. – **Cocktail** *Molotov* : bouteille remplie d'un mélange explosif. 📣 [koktɛl].

**COCON**, subst. m.
Enveloppe filée par certaines chenilles. – Fig. *S'enfermer dans son* **cocon** : se retirer, se fermer sur soi. 📣 [kokɔ̃].

**COCORICO**, subst. m.
Cri du coq. – Fig. *Chanter* **cocorico** : crier victoire. 📣 [kokɔʀiko].

**COCOTIER**, subst. m.
Palmier tropical dont le fruit est la noix de coco. 📣 [kokɔtje].

**COCOTTE**, subst. f.
Petite marmite en fonte, à anses et à couvercle. – Poule (fam.). 📣 [kokɔt].

**COCU, UE**, adj. et subst.
Victime d'un adultère (fam.). 📣 [koky].

**CODE**, subst. m.
Recueil de lois : **Code** *pénal*. – Ensemble de règles : **Code** *de l'honneur*. – Système de symboles. – Plur. Feux de croisement d'un véhicule. 📣 [kod].

**CODER**, verbe trans. [3]
Transformer (un texte, une information) en symboles. 📣 [kode].

**CODIFIER**, verbe trans. [6]
Recueillir (des lois, des règles). – Soumettre à des règles. 📣 [kodifje].

**COEFFICIENT**, subst. m.
Nombre qui multiplie une grandeur. – Facteur appliqué à une valeur. – Pourcentage. – Lors d'un examen, nombre qui détermine la valeur relative de chaque épreuve. 📣 [koefisjɑ̃].

**COÉQUIPIER, IÈRE**, subst.
Chacune des personnes qui font partie de la même équipe. 📣 [koekipje, -jɛʀ].

**COERCITIF, IVE**, adj.
Qui contraint. 📣 [koɛʀsitif, -iv].

**CŒUR**, subst. m.
Organe moteur de la circulation sanguine. – Poitrine ; estomac. – Centre. – Siège de l'affectivité, des sentiments. – Une des couleurs rouges d'un jeu de cartes. 📣 [kœʀ].

**COEXISTENCE**, subst. f.
Existence simultanée. 📣 [koɛgzistɑ̃s].

**COFFRE**, subst. m.
Meuble de rangement en forme de caisse, dont la face supérieure est un couvercle. – Partie d'une voiture où l'on range les bagages, (en gén. à l'arrière). – Poitrine ; poumons. – Puissance vocale. 📣 [kofʀ].

**COFFRE-FORT**, subst. m.
Coffre métallique blindé, à ouverture protégée. 📣 Plur. *coffres-forts* ; [kofʀəfoʀ].

**COFFRET**, subst. m.
Petit coffre. – Emballage cartonné contenant un ensemble de disques, de livres, etc. 📣 [kofʀɛ].

**COGITER**, verbe [3]
Fam. Intrans. Réfléchir. – Trans. Penser, concevoir. 📣 [koʒite].

**COGNAC**, subst. m.
Eau-de-vie de raisin de la région de Cognac. 📣 [koɲak].

**COGNÉE**, subst. f.
Grande hache à fer étroit. 📣 [koɲe].

**COGNER**, verbe [3]
Heurter. – Frapper avec force. 📣 [koɲe].

**COHABITER**, verbe intrans. [3]
Habiter, vivre ensemble. 📣 [koabite].

**COHÉRENCE**, subst. f.
Rapport logique entre des idées, sans contradiction. 📣 [koeʀɑ̃s].

**COHÉRENT, ENTE**, adj.
Harmonieux. – Logique. 📣 [koeʀɑ̃, -ɑ̃t].

**COHÉSION**, subst. f.
Union étroite. 📣 [koezjɔ̃].

**COHORTE**, subst. f.
Corps militaire romain. – Groupe dense d'individus (fam.). 📣 [koɔʀt].

**COHUE**, subst. f.
Foule nombreuse, bruyante et agitée. – Désordre, bousculade. 📣 [koy].

**COI, COITE**, adj.
Silencieux et tranquille. 📣 [kwa, kwat].

**COIFFE**, subst. f.
Coiffure féminine traditionnelle. 📣 [kwaf].

**COIFFER**, verbe trans. [3]
Couvrir la tête de. – Arranger (une chevelure), la peigner. – Fig. Être à la tête de, contrôler. 📣 [kwafe].

**COIFFEUR, EUSE**, subst.
Personne dont la profession est de couper et de peigner les cheveux. – Fém. Table de toilette munie d'un miroir. 📣 [kwafœʀ, -øz].

**COIFFURE**, subst. f.
Ce qui couvre ou orne la tête. – Disposition des cheveux. 🕮 [kwafyʀ].

**COIN**, subst. m.
Pièce de métal triangulaire servant à fendre des troncs d'arbre ; cale. – Pièce d'acier servant à frapper les monnaies et les médailles. – Espace formé par un angle. – Espace restreint. – Lieu retiré. 🕮 [kwɛ̃].

**COINCER**, verbe trans. [4]
Fixer ; immobiliser ; serrer. – Fig. Mettre dans l'embarras. 🕮 [kwɛ̃se].

**COÏNCIDENCE**, subst. f.
Superposition exacte de deux éléments. – Simultanéité fortuite. 🕮 [kɔɛ̃sidɑ̃s].

**COÏNCIDER**, verbe intrans. [3]
S'ajuster parfaitement. – Avoir lieu en même temps. 🕮 [kɔɛ̃side].

**COING**, subst. m.
Fruit du cognassier, astringent, que l'on consomme cuit. 🕮 [kwɛ̃].

**COL**, subst. m.
Partie resserrée d'un récipient. – Partie rétrécie d'un organe. – Partie du vêtement qui entoure le cou. – Passage entre deux crêtes montagneuses. 🕮 [kɔl].

**COLCHIQUE**, subst. m.
Plante mauve vénéneuse qui fleurit en automne. 🕮 [kɔlʃik].

**COLÉOPTÈRE**, subst. m.
Insecte à élytres, tel que le hanneton, le scarabée, la coccinelle. 🕮 [kɔleɔptɛʀ].

**COLÈRE**, subst. f.
Profond mécontentement qui s'exprime violemment. 🕮 [kɔlɛʀ].

**COLÉREUX, EUSE**, adj.
Qui est enclin à la colère. 🕮 [kɔleʀø, -øz].

**COLIBRI**, subst. m.
Très petit oiseau des régions tropicales, appelé aussi oiseau-mouche. 🕮 [kɔlibʀi].

**COLIFICHET**, subst. m.
Petit objet de parure. 🕮 [kɔlifiʃɛ].

**COLIMAÇON**, subst. m.
Escargot (vieilli). – *Escalier en* **colimaçon** : en spirale. 🕮 [kɔlimasɔ̃].

**COLIN**, subst. m.
Poisson marin, commun dans l'Atlantique et la Manche. 🕮 [kɔlɛ̃].

**COLIN-MAILLARD**, subst. m.
Jeu dans lequel un joueur aux yeux bandés doit attraper et identifier celui qui le remplacera. 🕮 Plur. *colin-maillards* : [kɔlɛ̃majaʀ].

**COLIQUE**, subst. f.
Douleur abdominale, vive et spasmodique. – Diarrhée. 🕮 [kɔlik].

**COLIS**, subst. m.
Paquet que l'on expédie ou que l'on reçoit. 🕮 [kɔli].

**COLLABORATEUR, TRICE**, subst.
Personne associée à une autre dans un travail. 🕮 [kɔ(l)labɔʀatœʀ, -tʀis].

**COLLABORATION**, subst. f.
Travail en commun. – Participation à une tâche. 🕮 [kɔ(l)labɔʀasjɔ̃].

**COLLABORER**, verbe trans. indir. [3]
Concourir (à une réalisation) : **Collaborer** *à un projet.* 🕮 [kɔ(l)labɔʀe].

**COLLAGE**, subst. m.
Action de coller. – Son résultat. 🕮 [kɔlaʒ].

**COLLANT, ANTE**, adj. et subst. m.
Adj. Qui colle. – Qui épouse les lignes du corps. – Fig. Importun. – Subst. Maillot ou pantalon épousant la forme du corps. – Sous-vêtement féminin. 🕮 [kɔlɑ̃, -ɑ̃t].

**COLLATION**, subst. f.
Repas léger. 🕮 [kɔlasjɔ̃].

**COLLE**, subst. f.
Substance adhésive. – Fam. Question difficile. – Punition. 🕮 [kɔl].

**COLLECTE**, subst. f.
Action de réunir des dons au profit d'une œuvre. – Ramassage. 🕮 [kɔlɛkt].

**COLLECTER**, verbe trans. [3]
Réunir par collecte. – Ramasser. 🕮 [kɔlɛkte].

**COLLECTIF, IVE**, adj.
Qui concerne un ensemble de personnes. 🕮 [kɔlɛktif, -iv].

**COLLECTION**, subst. f.
Ensemble d'objets ayant un caractère commun. 🕮 [kɔlɛksjɔ̃].

**COLLECTIONNER**, verbe trans. [3]
Réunir en une collection. – Accumuler (fam.). 🕮 [kɔlɛksjɔne].

**COLLECTIONNEUR, EUSE**, subst.
Personne qui collectionne : **Collectionneur** *de timbres.* 🕮 [kɔlɛksjɔnœʀ, -øz].

**COLLECTIVITÉ**, subst. f.
Ensemble d'individus réunis par des fins ou par une organisation communes. 🕮 [kɔlɛktivite].

**COLLÈGE**, subst. m.
Ensemble de personnes ayant la même fonction. – Établissement d'enseignement secondaire (de la 6ᵉ à la 3ᵉ). 🕮 [kɔlɛʒ].

**COLLÈGUE**, subst.
Personne qui a la même fonction ou qui travaille dans la même entreprise qu'une autre. 🕮 [kɔ(l)lɛg].

**COLLER**, verbe [3]
Trans. Fixer avec de la colle ; appliquer contre. – Fig. Punir ; recaler à un examen (fam.). – Intrans. Adhérer. – Fig. Convenir (fam.). 🕮 [kɔle].

**COLLET**, subst. m.
Nœud coulant servant à piéger le gibier. – Partie de la dent située entre la couronne et la racine. 🕮 [kɔlɛ].

**COLLIER**, subst. m.
Bijou porté autour du cou. – Lien de cuir ou chaîne qui enserre le cou d'un animal. 𒀭 [kɔlje].

**COLLIMATEUR**, subst. m.
Appareil de visée. 𒀭 [kɔlimatœʀ].

**COLLINE**, subst. f.
*Géogr.* Relief de faible hauteur, au sommet arrondi. 𒀭 [kɔlin].

**COLLISION**, subst. f.
Choc violent de deux corps en mouvement. 𒀭 [kɔlizjɔ̃].

**COLLOQUE**, subst. m.
Rencontre, débat de spécialistes. 𒀭 [kɔ(l)lɔk].

**COLLYRE**, subst. m.
Liquide médicamenteux que l'on instille dans l'œil. 𒀭 [kɔliʀ].

**COLMATER**, verbe trans. [3]
Boucher, refermer (un trou, une brèche). – Combler. 𒀭 [kɔlmate].

**COLOMBE**, subst. f.
Nom de certains pigeons et tourterelles. 𒀭 [kɔlɔ̃b].

**COLON**, subst. m.
Habitant d'une colonie. 𒀭 [kɔlɔ̃].

**CÔLON**, subst. m.
Partie du gros intestin. 𒀭 [kolɔ̃].

**COLONEL**, subst. m.
Officier supérieur du grade le plus élevé, dans les armées de terre et de l'air. 𒀭 [kɔlɔnɛl].

**COLONIAL, ALE, AUX**, adj.
Relatif aux colonies. 𒀭 [kɔlɔnjal].

**COLONIALISME**, subst. m.
Politique qui prône l'expansion coloniale. 𒀭 [kɔlɔnjalism].

**COLONIE**, subst. f.
Territoire occupé et administré par une puissance étrangère, qui le tient sous sa dépendance. – Groupe de personnes de même origine établies à l'étranger. – Groupe d'animaux de même espèce. – **Colonie** *de vacances* : lieu où des enfants passent des vacances collectives. 𒀭 [kɔlɔni].

**COLONISATION**, subst. f.
Action de coloniser. 𒀭 [kɔlɔnizasjɔ̃].

**COLONISER**, verbe trans. [3]
Réduire (un pays) à l'état de colonie. – Peupler de colons. 𒀭 [kɔlɔnize].

**COLONNE**, subst. f.
Longue file de personnes ou de véhicules. – Support d'édifice, vertical et gén. cylindrique ; monument de cette forme. – Bloc de texte vertical sur une page. – **Colonne** *vertébrale* : ensemble des vertèbres, qui forme un axe osseux. 𒀭 [kɔlɔn].

**COLORANT, ANTE**, adj. et subst. m.
Se dit d'une substance naturelle ou synthétique utilisée pour colorer. 𒀭 [kɔlɔʀɑ̃, -ɑ̃t].

**COLORATION**, subst. f.
Action de colorer. – État de ce qui est coloré. 𒀭 [kɔlɔʀasjɔ̃].

**COLORER**, verbe trans. [3]
Donner une couleur à. 𒀭 [kɔlɔʀe].

**COLORIAGE**, subst. m.
Action de colorier ; son résultat. – Dessin à colorier. 𒀭 [kɔlɔʀjaʒ].

**COLORIER**, verbe trans. [6]
Appliquer des couleurs sur. 𒀭 [kɔlɔʀje].

**COLORIS**, subst. m.
Effet issu de la combinaison de couleurs. – Éclat et teinte naturels du visage, des fruits, etc. 𒀭 [kɔlɔʀi].

**COLOSSAL, ALE, AUX**, adj.
Exceptionnellement grand, gigantesque. 𒀭 [kɔlɔsal].

**COLOSSE**, subst. m.
Statue colossale. – Homme de forte stature, robuste. 𒀭 [kɔlɔs].

**COLPORTER**, verbe trans. [3]
Vendre (des articles), en se déplaçant. – *Fig.* Diffuser (des nouvelles). 𒀭 [kɔlpɔʀte].

**COLPORTEUR, EUSE**, subst.
Marchand ambulant. – *Fig.* Personne qui propage des nouvelles. 𒀭 [kɔlpɔʀtœʀ, -øz].

**COLT**, subst. m.
Revolver. 𒀭 [kɔlt].

**COLVERT**, subst. m.
Canard sauvage au cou vert. 𒀭 [kɔlvɛʀ].

**COLZA**, subst. m.
Plante oléagineuse à fleurs jaunes. 𒀭 [kɔlza].

**COMA**, subst. m.
État caractérisé par la perte de la conscience, de la mobilité, de la sensibilité. 𒀭 [kɔma].

**COMBAT**, subst. m.
Lutte. – Engagement militaire. – Rencontre de deux adversaires, dans un sport de lutte. – *Fig.* Action par laquelle on soutient une idée. 𒀭 [kɔ̃ba].

**COMBATIF, IVE**, adj.
Agressif, bagarreur. 𒀭 [kɔ̃batif, -iv].

**COMBATTANT, ANTE**, subst.
Personne qui combat. 𒀭 [kɔ̃batɑ̃, -ɑ̃t].

**COMBATTRE**, verbe [61]
*Trans.* Se battre contre, s'opposer à. – *Intrans.* Livrer un combat. 𒀭 [kɔ̃batʀ].

**COMBIEN**, adv.
Sert à interroger sur la quantité, le nombre : **Combien** *pèses-tu ?* **Combien** *de fois ?* – Marque l'intensité : **Combien** *sa joie fut immense.* 𒀭 [kɔ̃bjɛ̃].

**COMBINAISON**, subst. f.
Assemblage de plusieurs éléments dans un ordre défini. – Calculs, mesures prises en vue de réussir. – Suite de chiffres, de lettres constituant un code d'ouverture. – Sous-vêtement féminin. – Vêtement de travail. 𒀭 [kɔ̃binɛzɔ̃].

**COMBINE**, subst. f.
Moyen détourné, procédé habile, tricherie (fam.). 🕮 [kɔbin].

**COMBINÉ**, subst. m.
Partie du téléphone comprenant l'écouteur et le microphone. 🕮 [kɔbine].

**COMBINER**, verbe trans. [3]
Assembler (des éléments) de façon déterminée. – Élaborer, organiser. – Manigancer. 🕮 [kɔbine].

**COMBLE (I)**, subst. m.
Charpente supportant le toit. – Espace situé sous la toiture. – Fig. *Le* comble *de* : l'apogée de, le degré extrême de. 🕮 [kɔbl].

**COMBLE (II)**, adj.
Rempli de monde. – Plein. 🕮 [kɔbl].

**COMBLER**, verbe trans. [3]
Remplir (une cavité). – Fig. Faire disparaître (un manque) ; satisfaire, exaucer (des vœux). 🕮 [kɔble].

**COMBUSTIBLE**, adj. et subst. m.
Adj. Qui peut brûler. – Subst. Substance dont la combustion produit de l'énergie calorifique. 🕮 [kɔbystibl].

**COMBUSTION**, subst. f.
Fait de brûler. 🕮 [kɔbystjɔ].

**COMÉDIE**, subst. f.
Pièce de théâtre ou film divertissant. – Fig. Caprice. – Simulation. 🕮 [komedi].

**COMÉDIEN, IENNE**, subst.
Acteur de théâtre, de cinéma. – Fig. Personne qui simule une attitude, un sentiment, etc. 🕮 [komedjɛ̃, -jɛn].

**COMESTIBLE**, adj. et subst. m. plur.
Adj. Que l'homme peut manger. – Subst. Produits alimentaires. 🕮 [kɔmɛstibl].

**COMÈTE**, subst. f.
Astre suivi d'une traînée lumineuse de gaz et de poussières. 🕮 [kɔmɛt].

**COMIQUE**, adj. et subst.
Adj. Relatif à la comédie. – Drôle. – Subst. Acteur de rôles comiques. – Subst. masc. Ce qui fait rire. 🕮 [kɔmik].

**COMITÉ**, subst. m.
Réunion de personnes choisies pour statuer sur une question précise. 🕮 [kɔmite].

**COMMANDANT**, subst. m.
Officier supérieur dont le grade est compris entre ceux de capitaine et de lieutenant-colonel. – Officier commandant un bâtiment de la marine de guerre. – **Commandant** *de bord* : chef de l'équipage d'un avion. 🕮 [kɔmãdã].

**COMMANDE**, subst. f.
Ordre par lequel on demande une marchandise ou un service ; cette marchandise, ce service. – Mécanisme servant à déclencher et à assurer le fonctionnement d'un appareil. 🕮 [kɔmãd].

**COMMANDEMENT**, subst. m.
Action de donner un ordre ; l'ordre donné. – Précepte divin. – Autorité qui commande. 🕮 [kɔmãdmã].

**COMMANDER**, verbe [3]
Trans. dir. Donner l'ordre de. – Avoir sous son autorité. – Passer commande de. – Faire fonctionner. – Trans. indir. **Commander** *à* : exercer une action sur. – Intrans. Exercer son autorité. 🕮 [kɔmãde].

**COMMANDITER**, verbe trans. [3]
Financer. 🕮 [kɔmãdite].

**COMMANDO**, subst. m.
Petite formation militaire, très entraînée, chargée de missions spéciales. 🕮 [kɔmãdo].

**COMME**, adv. et conj.
Adv. Indique une comparaison (tel que), la manière (ainsi que), la qualité (en tant que). – Conj. Indique le temps (alors que) ou la cause (parce que, puisque). 🕮 [kɔm].

**COMMÉMORATION**, subst. f.
Action de commémorer. – Cérémonie à la mémoire de qqn ou qqch. 🕮 [kɔmemɔrasjɔ̃].

**COMMÉMORER**, verbe trans. [3]
Rappeler le souvenir de (une personne, un événement). 🕮 [kɔmemɔre].

**COMMENCEMENT**, subst. m.
Début, point de départ. 🕮 [kɔmãsmã].

**COMMENCER**, verbe [4]
Trans. Entamer, entreprendre (qqch., une action). – **Commencer** *à, de* : se mettre à. – Intrans. Débuter. 🕮 [kɔmãse].

**COMMENT**, subst. m. inv., adv. et interj.
Adv. Indique la manière, le moyen : **Comment** *allez-vous ? ; Je ne sais comment faire.* – Interj. Exprime la surprise ou l'indignation ou renforce une affirmation : *Et* **comment** ! – Subst. Manière. 🕮 [kɔmã].

**COMMENTAIRE**, subst. m.
Remarque ou ensemble de remarques qui éclairent le sens d'un texte. – Opinion. 🕮 [kɔmãtɛʀ].

**COMMENTER**, verbe trans. [3]
Faire des commentaires sur. 🕮 [kɔmãte].

**COMMÉRAGE**, subst. m.
Bavardage médisant (fam.). 🕮 [kɔmeʀaʒ].

**COMMERÇANT, ANTE**, adj. et subst.
Subst. Personne qui fait du commerce. – Adj. Doué pour le commerce. – Où se trouvent de nombreux commerces. 🕮 [kɔmɛʀsã, -ãt].

**COMMERCE**, subst. m.
Fréquentation : *Il est d'un* commerce *agréable.* – Achat et vente, échange de marchandises. – Magasin. 🕮 [kɔmɛʀs].

**COMMERCIAL, ALE, AUX**, adj.
Relatif au commerce. – Qui vise uniquement le profit (péj.). – Qui travaille dans un service **commercial**. 🕮 [kɔmɛʀsjal].

**COMMERCIALISER, verbe trans.** [3]
Diffuser dans un circuit de distribution commerciale. 🔊 [kɔmɛʀsjalize].

**COMMÈRE, subst. f.**
Femme bavarde, qui colporte des potins. 🔊 [kɔmɛʀ].

**COMMETTRE, verbe trans.** [60]
Désigner (qqn) pour une tâche précise. – Faire (une chose répréhensible). – Pronom. Se compromettre. 🔊 [kɔmɛtʀ].

**COMMINATOIRE, adj.**
Qui renferme une menace. 🔊 [kɔminatwaʀ].

**COMMIS, subst. m.**
Employé subalterne. 🔊 [kɔmi].

**COMMISÉRATION, subst. f.**
Compassion pour les malheurs d'autrui. 🔊 [kɔmizeʀasjɔ̃].

**COMMISSAIRE, subst. m.**
Personne à qui l'on confie une mission temporaire. – Titre de fonctionnaire titulaire d'une charge. 🔊 [kɔmisɛʀ].

**COMMISSAIRE-PRISEUR, subst. m.**
Personne chargée de l'estimation d'objets et de leur vente aux enchères. 🔊 Plur. *commissaires-priseurs* ; [kɔmisɛʀpʀizœʀ].

**COMMISSARIAT, subst. m.**
Ensemble des services, des locaux dépendant du commissaire. 🔊 [kɔmisaʀja].

**COMMISSION, subst. f.**
Message ou objet que l'on confie à qqn pour qu'il le transmette. – Somme d'argent qu'on laisse à un intermédiaire. – Assemblée de personnes chargées d'une mission. – Plur. Emplettes. 🔊 [kɔmisjɔ̃].

**COMMISSIONNAIRE, subst.**
Personne qui agit pour le compte d'un client. 🔊 [kɔmisjɔnɛʀ].

**COMMISSURE, subst. f.**
Point de jonction de parties anatomiques : Commissure *des lèvres*. 🔊 [kɔmisyʀ].

**COMMODE (I), adj.**
Pratique, approprié. – Facile ; d'un caractère agréable. 🔊 [kɔmɔd].

**COMMODE (II), subst. f.**
Meuble plus large que haut, muni de grands tiroirs de rangement. 🔊 [kɔmɔd].

**COMMODITÉ, subst. f.**
Caractère de ce qui est commode. – Plur. Ce qui rend les choses, la vie plus agréable. 🔊 [kɔmɔdite].

**COMMOTION, subst. f.**
Traumatisme nerveux provoqué par un choc. – Choc émotionnel. 🔊 [kɔmosjɔ̃].

**COMMOTIONNER, verbe trans.** [3]
Frapper d'une commotion. – Bouleverser (qqn). 🔊 [kɔmosjone].

**COMMUER, verbe trans.** [3]
*Dr.* Changer (une peine) en une autre moins importante. 🔊 [kɔmɥe].

**COMMUN, UNE, adj.**
Qui appartient à plusieurs, à tous ; relatif au plus grand nombre, à tout le monde. – Qui est fait par plusieurs. – Ordinaire. – Sans élégance, vulgaire. 🔊 [kɔmœ̃, -yn].

**COMMUNAL, ALE, AUX, adj.**
Relatif à une commune. 🔊 [kɔmynal].

**COMMUNAUTAIRE, adj.**
Relatif à une communauté. 🔊 [kɔmynotɛʀ].

**COMMUNAUTÉ, subst. f.**
Caractère de ce qui est partagé. – Ensemble organisé de personnes ayant des caractères ou des intérêts communs. 🔊 [kɔmynote].

**COMMUNE, subst. f.**
Circonscription administrative placée sous l'autorité d'un maire. 🔊 [kɔmyn].

**COMMUNICATIF, IVE, adj.**
Qui se communique aisément. – Loquace, démonstratif. 🔊 [kɔmynikatif, -iv].

**COMMUNICATION, subst. f.**
Action de communiquer. – Message ; conversation. – Ce qui permet de faire communiquer deux choses. 🔊 [kɔmynikasjɔ̃].

**COMMUNIER, verbe intrans.** [6]
*Relig.* Recevoir l'eucharistie. – S'unir en esprit avec autrui. 🔊 [kɔmynje].

**COMMUNION, subst. f.**
*Relig.* Action de communier. – Union dans une même foi ; accord total d'idées. 🔊 [kɔmynjɔ̃].

**COMMUNIQUÉ, subst. m.**
Annonce officielle. 🔊 [kɔmynike].

**COMMUNIQUER, verbe** [3]
Trans. Faire part de ; transmettre. – Intrans. Être, entrer en rapport (avec). 🔊 [kɔmynike].

**COMMUNISME, subst. m.**
Doctrine prônant la propriété collective des moyens de production. 🔊 [kɔmynism].

**COMMUTATEUR, subst. m.**
Appareil servant à établir ou à interrompre le courant électrique. 🔊 [kɔmytatœʀ].

**COMPACT, ACTE, adj.**
Dont les parties sont étroitement liées, formant une masse dense. 🔊 [kɔ̃pakt].

**COMPAGNON, COMPAGNE, subst.**
Celui ou celle qui partage la vie ou une des activités de qqn. 🔊 [kɔ̃paɲɔ̃, kɔ̃paɲ].

**COMPAGNIE, subst. f.**
Présence auprès de qqn. – Association de personnes réunies par un objectif ou des statuts communs. – Unité militaire placée sous les ordres d'un capitaine. 🔊 [kɔ̃paɲi].

**COMPARAISON, subst. f.**
Action de comparer. 🔊 [kɔ̃paʀɛzɔ̃].

**COMPARAÎTRE, verbe intrans.** [73]
Se présenter sur demande officielle (devant un juge, un tribunal). 🔊 [kɔ̃paʀɛtʀ].

**COMPARATIF, IVE, adj. et subst. m.**
Qui établit une comparaison. – Subst. *Ling.*
Degré de comparaison d'un adjectif ou
d'un adverbe. 🕮 [kɔ̃paʀatif, -iv].

**COMPARER, verbe trans.** [3]
Observer (plusieurs choses) sous l'angle de
leurs différences ou de leurs ressemblances.
– Faire ressortir une analogie entre (deux
choses, deux personnes). 🕮 [kɔ̃paʀe].

**COMPARSE, subst.**
Personnage de second plan. 🕮 [kɔ̃paʀs].

**COMPARTIMENT, subst. m.**
Division géométrique d'une surface. – Partie cloisonnée d'un espace, d'un objet.
🕮 [kɔ̃paʀtimɑ̃].

**COMPAS, subst. m.**
Instrument à deux branches servant à tracer
des cercles. – Instrument de navigation servant à se diriger et à se repérer. 🕮 [kɔ̃pa].

**COMPASSÉ, ÉE, adj.**
Raide, affecté et solennel. 🕮 [kɔ̃pase].

**COMPASSION, subst. f.**
Pitié, sympathie que l'on éprouve pour
une personne qui souffre. 🕮 [kɔ̃pasjɔ̃].

**COMPATIBLE, adj.**
Qui peut s'accorder (avec). 🕮 [kɔ̃patibl].

**COMPATIR, verbe trans. indir.** [19]
Compatir *à la souffrance de qqn* : y prendre
part, en avoir pitié. 🕮 [kɔ̃patiʀ].

**COMPATRIOTE, subst.**
Personne originaire du même pays, de la
même région qu'une autre. 🕮 [kɔ̃patʀijɔt].

**COMPENSATION, subst. f.**
Action de compenser. – Dédommagement.
🕮 [kɔ̃pɑ̃sasjɔ̃].

**COMPENSER, verbe trans.** [3]
Contrebalancer, équilibrer (un effet par
un autre). 🕮 [kɔ̃pɑ̃se].

**COMPÈRE, subst. m.**
Complice (dans une supercherie, une
farce). – Compagnon (vieilli). 🕮 [kɔ̃pɛʀ].

**COMPÉTENCE, subst. f.**
Aptitude légale d'une autorité à effectuer
certains actes dans un domaine particulier.
– Expérience acquise dans un domaine,
connaissance reconnue. 🕮 [kɔ̃petɑ̃s].

**COMPÉTENT, ENTE, adj.**
*Dr.* Qualifié pour agir en une matière.
– Qui témoigne d'une maîtrise réelle dans
un domaine. 🕮 [kɔ̃petɑ̃, -ɑ̃t].

**COMPÉTITIF, IVE, adj.**
Qui est apte à affronter la concurrence.
🕮 [kɔ̃petitif, -iv].

**COMPÉTITION, subst. f.**
Rivalité entre des personnes ayant un même
but. – Épreuve sportive. 🕮 [kɔ̃petisjɔ̃].

**COMPILATION, subst. f.**
Action de compiler. – Recueil de morceaux
choisis. 🕮 [kɔ̃pilasjɔ̃].

**COMPILER, verbe trans.** [3]
Réunir (des documents d'origines diverses)
en un seul ouvrage. 🕮 [kɔ̃pile].

**COMPLAINTE, subst. f.**
Chanson plaintive retraçant un événement
triste. 🕮 [kɔ̃plɛ̃t].

**COMPLAIRE, verbe trans. indir.** [59]
Complaire *à qqn* : lui être agréable par son
comportement. – Pronom. Se délecter à.
🕮 [kɔ̃plɛʀ].

**COMPLAISANCE, subst. f.**
Propension à faire plaisir, amabilité. – Trop
grande indulgence. – Satisfaction de soi.
🕮 [kɔ̃plɛzɑ̃s].

**COMPLÉMENT, subst. m.**
Ce qu'on ajoute à un ensemble. – *Ling.* Mot
ou groupe de mots qui complète un autre
mot ou groupe de mots, ou en précise le
sens. 🕮 [kɔ̃plemɑ̃].

**COMPLÉMENTAIRE, adj.**
Qui complète. 🕮 [kɔ̃plemɑ̃tɛʀ].

**COMPLET (I), ÈTE, adj.**
Qui contient tous les éléments utiles.
– Plein ; achevé. – Qui n'a plus de place
disponible. – Qui a toutes les qualités : *Un
athlète* complet. 🕮 [kɔ̃plɛ, -ɛt].

**COMPLET (II), subst. m.**
Costume masculin fait de deux ou trois
pièces assorties. 🕮 [kɔ̃plɛ].

**COMPLÉTER, verbe trans.** [8]
Rendre complet. – Pronom. S'associer de
manière harmonieuse. 🕮 [kɔ̃plete].

**COMPLEXE, adj. et subst. m.**
Qui est composé d'éléments différents.
– Subst. Ensemble d'industries complé-
mentaires groupées dans une même région.
– *Psychan.* Ensemble d'idées et de souvenirs
chargés de valeur affective et influençant
le comportement. – *Psychol.* Sentiment
d'infériorité (gén. au plur.). 🕮 [kɔ̃plɛks].

**COMPLEXÉ, ÉE, adj. et subst.**
Se dit d'une personne qui manque de
confiance en elle. 🕮 [kɔ̃plɛkse].

**COMPLEXION, subst. f.**
Constitution physique d'une personne.
– Tempérament. 🕮 [kɔ̃plɛksjɔ̃].

**COMPLEXITÉ, subst. f.**
État de ce qui est complexe. 🕮 [kɔ̃plɛksite].

**COMPLICATION, subst. f.**
État de ce qui est compliqué. – Aggravation
due à un nouvel élément. 🕮 [kɔ̃plikasjɔ̃].

**COMPLICE, adj. et subst.**
Qui prend part à une action ou à l'accomplissement d'une chose (louable ou
blâmable). – Adj. Qui manifeste la connivence : *Regard* complice. 🕮 [kɔ̃plis].

**COMPLICITÉ, subst. f.**
Contribution effective à un délit. – Entente
spontanée entre des personnes. 🕮 [kɔ̃plisite].

**COMPLIMENT, subst. m.**
Paroles exprimant des félicitations, des louanges. 🔊 [kɔ̃plimɑ̃].

**COMPLIMENTER, verbe trans.** [3]
Faire des compliments à. 🔊 [kɔ̃plimɑ̃te].

**COMPLIQUER, verbe trans.** [3]
Rendre (qqch.) plus difficile à comprendre. – Pronom. Devenir confus. – Empirer. 🔊 [kɔ̃plike].

**COMPLOT, subst. m.**
Plan concerté en vue de nuire. 🔊 [kɔ̃plo].

**COMPLOTER, verbe** [3]
Mettre au point un complot ; manigancer. 🔊 [kɔ̃plɔte].

**COMPONCTION, subst. f.**
Gravité affectée. 🔊 [kɔ̃pɔ̃ksjɔ̃].

**COMPORTEMENT, subst. m.**
Façon de se conduire. 🔊 [kɔ̃pɔʀtəmɑ̃].

**COMPORTER, verbe trans.** [3]
Contenir, porter en soi. – Pronom. Se conduire, agir d'une certaine façon. 🔊 [kɔ̃pɔʀte].

**COMPOSANT, ANTE, adj. et subst.**
Adj. Qui entre dans la composition de qqch. – Subst. Élément constitutif. 🔊 [kɔ̃pozɑ̃, -ɑ̃t].

**COMPOSÉ, ÉE, adj. et subst. m.**
Adj. Formé d'éléments divers. – Ling. Temps composé : formé d'un auxiliaire et d'un participe passé. – Subst. Ensemble de plusieurs éléments : Un composé chimique. 🔊 [kɔ̃poze].

**COMPOSÉE, subst. f.**
Plante herbacée aux petites fleurs serrées (pâquerette, pissenlit, dahlia...). 🔊 [kɔ̃poze].

**COMPOSER, verbe** [3]
Trans. Constituer (un tout) en agençant divers éléments. – Faire partie de (un tout). – Créer (une œuvre). – Intrans. Chercher à s'entendre (avec qqn). 🔊 [kɔ̃poze].

**COMPOSITE, adj.**
Formé d'éléments disparates. 🔊 [kɔ̃pozit].

**COMPOSITEUR, TRICE, subst.**
Auteur d'une œuvre, en partic. d'une œuvre musicale. 🔊 [kɔ̃pozitœʀ, -tʀis].

**COMPOSITION, subst. f.**
Action de constituer un tout en agençant des éléments ; son résultat. – Action de créer une œuvre ; son résultat. 🔊 [kɔ̃pozisjɔ̃].

**COMPOST, subst. m.**
Engrais composé de matières organiques et minérales fermentées. 🔊 [kɔ̃pɔst].

**COMPOSTER, verbe trans.** [3]
Perforer, tamponner (un ticket, une facture) pour valider. 🔊 [kɔ̃pɔste].

**COMPOTE, subst. f.**
Purée de fruits cuits. 🔊 [kɔ̃pɔt].

**COMPOTIER, subst. m.**
Coupe à fruits ou à compote. 🔊 [kɔ̃pɔtje].

**COMPRÉHENSIBLE, adj.**
Qui est clair à l'esprit. – Que l'on peut excuser. 🔊 [kɔ̃pʀeɑ̃sibl].

**COMPRÉHENSIF, IVE, adj.**
Qui comprend, indulgent. 🔊 [kɔ̃pʀeɑ̃sif, -iv].

**COMPRÉHENSION, subst. f.**
Faculté de comprendre. – Tolérance, bienveillance. – Caractère de ce qui peut être compris. 🔊 [kɔ̃pʀeɑ̃sjɔ̃].

**COMPRENDRE, verbe trans.** [52]
Saisir le sens de. – Se montrer tolérant envers. – Contenir. 🔊 [kɔ̃pʀɑ̃dʀ].

**COMPRESSE, subst. f.**
Pièce de gaze servant à panser une plaie. 🔊 [kɔ̃pʀɛs].

**COMPRESSION, subst. f.**
Action de comprimer. – Restriction ; réduction. 🔊 [kɔ̃pʀɛsjɔ̃].

**COMPRIMÉ, subst. m.**
Pastille médicamenteuse. 🔊 [kɔ̃pʀime].

**COMPRIMER, verbe trans.** [3]
Faire subir une pression à (qqch.). – Fig. Réduire, diminuer. – Refréner. 🔊 [kɔ̃pʀime].

**COMPROMETTRE, verbe trans.** [60]
Mettre dans une position dangereuse ou embarrassante. 🔊 [kɔ̃pʀɔmɛtʀ].

**COMPROMIS, subst. m.**
Accord reposant sur des concessions mutuelles. 🔊 [kɔ̃pʀɔmi].

**COMPTABILITÉ, subst. f.**
Technique de l'établissement des comptes. – Liste détaillée des recettes et des dépenses d'une personne, d'une entreprise. – Service qui tient les comptes, dans une entreprise. 🔊 [kɔ̃tabilite].

**COMPTABLE, adj. et subst.**
Adj. Relatif à la comptabilité. – Subst. Professionnel qui tient la comptabilité. 🔊 [kɔ̃tabl].

**COMPTANT, adj. m., subst. m. et adv.**
Adj. et subst. Que l'on donne sur l'heure et en espèces : Payer en argent comptant. – Adv. Payer comptant. 🔊 [kɔ̃tɑ̃].

**COMPTE, subst. m.**
Dénombrement, calcul. – État des recettes et des dépenses. – Ce qui est dû. – Rapport détaillé : Rendre compte de. – Se rendre compte de : s'apercevoir de. 🔊 [kɔ̃t].

**COMPTE-GOUTTES, subst. m. inv.**
Tube servant à verser un liquide goutte à goutte. – Fig. Au compte-gouttes : avec parcimonie. 🔊 [kɔ̃tgut].

**COMPTER, verbe** [3]
Trans. Calculer, déterminer le nombre, la quantité de. – Comporter. – Envisager de : Je compte partir. – Intrans. Entrer dans un calcul. – Faire un calcul. – Avoir de l'importance. 🔊 [kɔ̃te].

**COMPTE(-)RENDU**, subst. m.
Rapport détaillé d'un événement. 🔊 Plur.
*comptes(-)rendus* ; [kɔ̃tʀɑ̃dy].

**COMPTEUR**, subst. m.
Appareil qui sert à compter, à dénombrer,
à mesurer. 🔊 [kɔ̃tœʀ].

**COMPTINE**, subst. f.
Chanson enfantine déterminant les rôles
dans un jeu. 🔊 [kɔ̃tin].

**COMPTOIR**, subst. m.
Table sur laquelle on expose des marchandises. – Établissement commercial installé
à l'étranger. 🔊 [kɔ̃twaʀ].

**COMPULSER**, verbe trans. [3]
Examiner, consulter (des écrits, des ouvrages). 🔊 [kɔ̃pylse].

**COMTE, COMTESSE**, subst.
Titre de noblesse, entre marquis et vicomte.
🔊 [kɔ̃t, kɔ̃tɛs].

**CONCASSER**, verbe trans. [3]
Broyer en menus fragments. 🔊 [kɔ̃kase].

**CONCAVE**, adj.
Dont la surface forme un creux. 🔊 [kɔ̃kav].

**CONCÉDER**, verbe trans. [6]
Accorder à titre de faveur. – Fig. Céder sur,
admettre. 🔊 [kɔ̃sede].

**CONCENTRATION**, subst. f.
Action de concentrer, de se concentrer.
– Son résultat. – *Camp de* **concentration** :
où sont regroupés, dans des conditions
extrêmement pénibles, des prisonniers de
guerre, des déportés, etc. 🔊 [kɔ̃sɑ̃tʀasjɔ̃].

**CONCENTRER**, verbe trans. [3]
Réunir en un seul point (des éléments dis-
persés). – Fixer sur un seul objet. – Pronom.
Réfléchir intensément. 🔊 [kɔ̃sɑ̃tʀe].

**CONCENTRIQUE**, adj.
Qui présente le même centre de courbure.
🔊 [kɔ̃sɑ̃tʀik].

**CONCEPT**, subst. m.
Représentation intellectuelle générale et
abstraite. 🔊 [kɔ̃sɛpt].

**CONCEPTION**, subst. f.
Action de concevoir un enfant. – Élaboration mentale d'une idée. – Idée, opinion.
🔊 [kɔ̃sɛpsjɔ̃].

**CONCERNER**, verbe trans. [3]
Avoir rapport à. – Intéresser. 🔊 [kɔ̃sɛʀne].

**CONCERT**, subst. m.
Exécution d'une œuvre musicale. – Ensemble de bruits. – *De* **concert** : en accord.
🔊 [kɔ̃sɛʀ].

**CONCERTATION**, subst. f.
Action de se concerter. 🔊 [kɔ̃sɛʀtasjɔ̃].

**CONCERTER**, verbe trans. [3]
Préparer (un projet) avec d'autres personnes. – Pronom. S'entendre pour mener
une action commune. 🔊 [kɔ̃sɛʀte].

**CONCERTO**, subst. m.
Morceau dans lequel un ou plusieurs
instruments solistes dialoguent avec l'orchestre. 🔊 [kɔ̃sɛʀto].

**CONCESSION**, subst. f.
Action de concéder un droit, un privilège.
– Terrain concédé. – Avantage accordé à
un adversaire dans une discussion.
🔊 [kɔ̃sesjɔ̃].

**CONCESSIONNAIRE**, adj. et subst.
Représentant commercial exclusif d'un
producteur. 🔊 [kɔ̃sesjɔnɛʀ].

**CONCEVOIR**, verbe trans. [38]
Créer dans son esprit ; former (un
concept). – Comprendre. – Ressentir.
– *Concevoir un enfant* : le créer par un acte
sexuel fécond. 🔊 [kɔ̃s(ə)vwaʀ].

**CONCIERGE**, subst.
Gardien d'un immeuble. 🔊 [kɔ̃sjɛʀʒ].

**CONCILE**, subst. m.
Assemblée d'évêques qui statuent en matière de doctrine, de discipline. 🔊 [kɔ̃sil].

**CONCILIABULE**, subst. m.
Entretien discret ou secret. 🔊 [kɔ̃siljabyl].

**CONCILIANT, ANTE**, adj.
Qui consent à des concessions. – Qui
concilie. 🔊 [kɔ̃siljɑ̃, -ɑ̃t].

**CONCILIATION**, subst. f.
Action de concilier. – Résultat de cette
action. 🔊 [kɔ̃siljasjɔ̃].

**CONCILIER**, verbe trans. [6]
Accorder (des personnes ou des exigences
opposées). – Pronom. Disposer en sa
faveur. 🔊 [kɔ̃silje].

**CONCIS, ISE**, adj.
Bref et précis. 🔊 [kɔsi, -iz].

**CONCITOYEN, ENNE**, subst.
Personne qui est originaire de la même
ville ou du même pays qu'une autre,
compatriote. 🔊 [kɔ̃sitwajɛ̃, -ɛn].

**CONCLUANT, ANTE**, adj.
Qui établit une conclusion définitive,
convaincant. 🔊 [kɔ̃klyɑ̃, -ɑ̃t].

**CONCLURE**, verbe trans. [79]
Achever. – Mener à son terme par un
accord : **Conclure** *un marché*. – **Conclure**
*que, à* : tirer comme conséquence (que).
🔊 [kɔ̃klyʀ].

**CONCLUSION**, subst. f.
Action de conclure. – Arrangement final,
dénouement. – Constatation, conséquence. 🔊 [kɔ̃klyzjɔ̃].

**CONCOMBRE**, subst. m.
Légume oblong, gén. consommé en salade.
🔊 [kɔ̃kɔ̃bʀ].

**CONCOMITANT, ANTE**, adj.
Qui a lieu en même temps. 🔊 [kɔ̃kɔmitɑ̃, -ɑ̃t].

**CONCORDANCE, subst. f.**
Accord, conformité. – *Ling.* Concordance
*des temps* : règles régissant l'accord du temps
du verbe d'une proposition subordonnée
avec celui du verbe principal. 🕮 [kɔ̃kɔʀdɑ̃s].

**CONCORDE, subst. f.**
État d'harmonie, d'entente entre les personnes ou les peuples. 🕮 [kɔ̃kɔʀd].

**CONCORDER, verbe intrans. [3]**
Être en accord, correspondre. 🕮 [kɔ̃kɔʀde].

**CONCOURIR, verbe [25]**
Trans. indir. Concourir *à* : contribuer,
aider à (un résultat commun). – Intrans.
Être en compétition. 🕮 [kɔ̃kuʀiʀ].

**CONCOURS, subst. m.**
Coïncidence d'événements : *Un concours
de circonstances.* – Examen sélectionnant
les meilleurs candidats. – Contribution.
🕮 [kɔ̃kuʀ].

**CONCRET, ÈTE, adj.**
Réel, palpable. 🕮 [kɔ̃kʀɛ, -ɛt].

**CONCRÉTION, subst. f.**
Agglomération d'éléments, qui forment un
corps solide. 🕮 [kɔ̃kʀesjɔ̃].

**CONCRÉTISER, verbe trans. [3]**
Rendre concret, matérialiser. 🕮 [kɔ̃kʀetize].

**CONCUBINAGE, subst. m.**
Situation d'un homme et d'une femme
qui vivent ensemble sans être mariés.
🕮 [kɔ̃kybinaʒ].

**CONCUPISCENCE, subst. f.**
Désir des plaisirs sensuels. 🕮 [kɔ̃kypisɑ̃s].

**CONCURRENCE, subst. f.**
Rivalité d'intérêts, en partic. économiques.
– Ensemble des concurrents. – *À* concurrence *de* : jusqu'à la limite de. 🕮 [kɔ̃kyʀɑ̃s].

**CONCURRENCER, verbe trans. [4]**
Être en concurrence avec. 🕮 [kɔ̃kyʀɑ̃se].

**CONCURRENT, ENTE, adj. et subst.**
Qui est en concurrence avec un ou
plusieurs autres. – Qui participe à une
compétition, à un concours. 🕮 [kɔ̃kyʀɑ̃, -ɑ̃t].

**CONDAMNATION, subst. f.**
Sentence judiciaire infligeant une peine à
l'auteur d'un délit ; la peine. – Action de
désapprouver. 🕮 [kɔ̃danasjɔ̃].

**CONDAMNER, verbe trans. [3]**
Frapper d'une peine par jugement. – Désapprouver. – Interdire l'usage de (une voie
d'accès, un lieu). – Obliger à qqch. de
pénible. 🕮 [kɔ̃dane].

**CONDENSATION, subst. f.**
Action de condenser, de se condenser ;
son résultat. – Passage d'un gaz à l'état
liquide. 🕮 [kɔ̃dɑ̃sasjɔ̃].

**CONDENSER, verbe trans. [3]**
Rendre plus dense en réduisant le volume.
– Faire passer (un corps) de l'état gazeux
à l'état liquide. – Fig. Résumer. – Pronom.

Passer à l'état liquide, en parlant d'un gaz.
🕮 [kɔ̃dɑ̃se].

**CONDESCENDANCE, subst. f.**
Bienveillance dédaigneuse. 🕮 [kɔ̃desɑ̃dɑ̃s].

**CONDIMENT, subst. m.**
Substance dont le parfum prononcé sert à
relever la saveur des aliments. 🕮 [kɔ̃dimɑ̃].

**CONDISCIPLE, subst.**
Compagnon d'études. 🕮 [kɔ̃disipl].

**CONDITION, subst. f. et loc. conj.**
État, situation sociale ; situation physique
ou morale. – Circonstance dont dépend la
réalisation d'un fait : Condition *sine qua
non,* indispensable. – Loc. *À* condition *que*
+ subj. : si, pourvu que. – Plur. Circonstances extérieures dont dépend qqch. :
*Les* conditions *météorologiques.* 🕮 [kɔ̃disjɔ̃].

**CONDITIONNÉ, ÉE, adj.**
Qui dépend de conditions. – *Air* conditionné : qui a une température et un degré
d'hygrométrie définis. 🕮 [kɔ̃disjɔne].

**CONDITIONNEL, ELLE, adj. et
subst. m.**
Adj. Subordonné à certaines conditions.
– Subst. Mode verbal liant l'action à une
condition. 🕮 [kɔ̃disjɔnɛl].

**CONDITIONNEMENT, subst. m.**
Action de conditionner. – Fait d'être
conditionné. – Emballage d'un produit.
🕮 [kɔ̃disjɔnmɑ̃].

**CONDITIONNER, verbe trans. [3]**
Être la condition de. – Déterminer les
comportements de (qqn). – Emballer (un
produit). 🕮 [kɔ̃disjɔne].

**CONDOLÉANCES, subst. f. plur.**
Marque de sympathie devant la douleur
d'autrui. 🕮 [kɔ̃dɔleɑ̃s].

**CONDOR, subst. m.**
Grand vautour des Andes. 🕮 [kɔ̃dɔʀ].

**CONDUCTEUR, TRICE, adj. et
subst.**
Adj. Qui conduit, dirige. – Subst. Personne
qui conduit un véhicule. – Masc. Tout
corps qui transmet de la chaleur ou de
l'électricité. 🕮 [kɔ̃dyktœʀ, -tʀis].

**CONDUIRE, verbe trans. [69]**
Mener vers un lieu précis. – Amener
à qqch., à faire qqch. – Manœuvrer, piloter
(un véhicule). – Commander (une armée,
une entreprise), diriger (une affaire).
– Pronom. Se comporter. 🕮 [kɔ̃dɥiʀ].

**CONDUIT, subst. m.**
Tuyau, canal d'écoulement. 🕮 [kɔ̃dɥi].

**CONDUITE, subst. f.**
Action de conduire, de diriger. – Manière
d'agir. – Action de conduire un véhicule.
– Tuyau, canalisation. 🕮 [kɔ̃dɥit].

**CÔNE, subst. m.**
Solide dont la base est un cercle et le
sommet une pointe. 🕮 [kon].

**CONFECTION, subst. f.**
Action de confectionner qqch., en partic.
des vêtements en série. 🔊 [kɔ̃fɛksjɔ̃].

**CONFECTIONNER, verbe trans.** [3]
Fabriquer intégralement. 🔊 [kɔ̃fɛksjɔne].

**CONFÉDÉRATION, subst. f.**
Association d'États souverains qui délè-
guent certaines compétences à un pouvoir
central. – Groupement d'associations, de
fédérations. 🔊 [kɔ̃federɑsjɔ̃].

**CONFÉDÉRÉ, ÉE, adj. et subst.**
Qui est uni par confédération. 🔊 [kɔ̃federe].

**CONFÉRENCE, subst. f.**
Réunion, entretien. – Exposé public sur un
sujet donné, prononcé par un spécialiste.
🔊 [kɔ̃ferɑ̃s].

**CONFÉRENCIER, IÈRE, subst.**
Personne qui donne une conférence.
🔊 [kɔ̃ferɑ̃sje, -jɛʀ].

**CONFÉRER, verbe** [8]
Intrans. Discuter. – Trans. Accorder (qqch.
à qqn). 🔊 [kɔ̃fere].

**CONFESSER, verbe trans.** [3]
Dire (ses péchés) à un prêtre. – Entendre
(qqn) en confession. – Avouer. 🔊 [kɔ̃fese].

**CONFESSION, subst. f.**
Action de confesser. – Aveu. – Religion.
🔊 [kɔ̃fesjɔ̃].

**CONFESSIONNAL, AUX, subst. m.**
Isoloir où l'on se confesse à un prêtre.
🔊 [kɔ̃fesjɔnal].

**CONFIANCE, subst. f.**
État d'esprit qui porte à se fier aux êtres
ou aux choses. 🔊 [kɔ̃fjɑ̃s].

**CONFIANT, ANTE, adj.**
Animé par la confiance. 🔊 [kɔ̃fjɑ̃, -ɑ̃t].

**CONFIDENCE, subst. f.**
Aveu d'un secret. – Loc. adv. *En* **confidence** : sous le sceau du secret. 🔊 [kɔ̃fidɑ̃s].

**CONFIDENT, ENTE, subst.**
Personne à qui l'on confie ses secrets.
🔊 [kɔ̃fidɑ̃, -ɑ̃t].

**CONFIDENTIEL, IELLE, adj.**
Qui se dit, se fait en confidence. – Qui
vise un nombre réduit de personnes.
🔊 [kɔ̃fidɑ̃sjɛl].

**CONFIER, verbe trans.** [6]
Remettre aux soins de qqn. – Pronom. Faire
des confidences. 🔊 [kɔ̃fje].

**CONFIGURATION, subst. f.**
Aspect général et extérieur d'un ensemble.
🔊 [kɔ̃figyʀasjɔ̃].

**CONFINER, verbe trans.** [3]
Trans. dir. Enfermer dans une limite.
– Trans. indir. **Confiner** *à* : toucher aux
limites de. 🔊 [kɔ̃fine].

**CONFINS, subst. m. plur.**
Frontières, extrémité. 🔊 [kɔ̃fɛ̃].

**CONFIRE, verbe trans.** [64]
Imbiber (un aliment) d'une substance qui
conserve. 🔊 [kɔ̃fiʀ].

**CONFIRMATION, subst. f.**
Action de confirmer ; son résultat. – Sacrement de l'Église catholique, qui confirme
le baptême. 🔊 [kɔ̃fiʀmasjɔ̃].

**CONFIRMER, verbe trans.** [3]
Conforter (qqn). – Affirmer l'exactitude,
l'existence de ; prouver. – Donner le sacrement de la confirmation à. 🔊 [kɔ̃fiʀme].

**CONFISERIE, subst. f.**
Friandise à base de sucre. – Atelier, magasin
du confiseur. 🔊 [kɔ̃fizʀi].

**CONFISEUR, EUSE, subst.**
Personne qui produit ou vend des confiseries. 🔊 [kɔ̃fizœʀ, -øz].

**CONFISQUER, verbe trans.** [3]
Saisir (des biens). 🔊 [kɔ̃fiske].

**CONFIT, ITE, adj. et subst. m.**
Adj. Conservé dans la graisse, le vinaigre,
etc. – Fig. **Confit** *en dévotion* : totalement
adonné à la religion. – Subst. Viande cuite
conservée dans sa graisse. 🔊 [kɔ̃fi, -it].

**CONFITURE, subst. f.**
Préparation de fruits cuits avec du sucre.
🔊 [kɔ̃fityʀ].

**CONFLICTUEL, ELLE, adj.**
Qui est source de conflit. – Qui constitue
un conflit. 🔊 [kɔ̃fliktɥɛl].

**CONFLIT, subst. m.**
Désaccord ou lutte résultant d'une opposition d'intérêts ou de points de vue.
🔊 [kɔ̃fli].

**CONFLUENT, subst. m.**
Lieu où deux cours d'eau se rencontrent.
🔊 [kɔ̃flyɑ̃].

**CONFONDRE, verbe trans.** [51]
Réunir en un tout. – Prendre (une chose,
une personne) pour une autre. – Troubler,
étonner ; démasquer. – Pronom. *Se*
**confondre** *en excuses* : s'excuser longuement. 🔊 [kɔ̃fɔ̃dʀ].

**CONFORME, adj.**
Semblable (à un modèle). – En accord
(avec une règle). 🔊 [kɔ̃fɔʀm].

**CONFORMER, verbe trans.** [3]
Rendre conforme. – Pronom. *Se* **conformer**
*à* : se soumettre à. 🔊 [kɔ̃fɔʀme].

**CONFORMISME, subst. m.**
Attitude consistant à faire et à penser ce
qui est généralement admis. 🔊 [kɔ̃fɔʀmism].

**CONFORMITÉ, subst. f.**
État de ce qui est conforme. 🔊 [kɔ̃fɔʀmite].

**CONFORT, subst. m.**
Ce qui assure le bien-être matériel ou
psychologique. 🔊 [kɔ̃fɔʀ].

**CONFORTABLE, adj.**
Qui offre du confort. 🔊 [kɔ̃fɔʀtabl].

**CONFORTER**, verbe trans. [3]
Rendre plus ferme, plus solide. 🔊 [kɔ̃fɔʀte].

**CONFRÈRE, CONSŒUR**, subst.
Chacun des membres d'une même profession (gén. libérale). 🔊 [kɔ̃fʀɛʀ, kɔ̃sœʀ].

**CONFRÉRIE**, subst. f.
Association pieuse de laïques. 🔊 [kɔ̃fʀeʀi].

**CONFRONTATION**, subst. f.
Action de confronter. 🔊 [kɔ̃fʀɔ̃tasjɔ̃].

**CONFRONTER**, verbe trans. [3]
Mettre (des personnes) face à face pour comparer leurs dires. – Rapprocher (deux choses) pour les comparer. 🔊 [kɔ̃fʀɔ̃te].

**CONFUS, USE**, adj.
Embrouillé, vague. – Gêné. 🔊 [kɔ̃fy, -yz].

**CONFUSION**, subst. f.
Action de prendre une chose ou une personne pour une autre ; méprise, erreur. – Désordre. – Embarras. 🔊 [kɔ̃fyzjɔ̃].

**CONGÉ**, subst. m.
Permission donnée à qqn de se retirer. – Période de repos, vacances. 🔊 [kɔ̃ʒe].

**CONGÉDIER**, verbe trans. [6]
Prier de partir ; renvoyer. 🔊 [kɔ̃ʒedje].

**CONGÉLATEUR**, subst. m.
Appareil frigorifique servant à la congélation des aliments. 🔊 [kɔ̃ʒelatœʀ].

**CONGÉLATION**, subst. f.
Action de congeler. 🔊 [kɔ̃ʒelasjɔ̃].

**CONGELER**, verbe trans. [11]
Solidifier un liquide en abaissant sa température. – Soumettre au froid pour conserver. 🔊 [kɔ̃ʒle].

**CONGÉNÈRE**, adj. et subst.
Qui est de la même espèce. 🔊 [kɔ̃ʒenɛʀ].

**CONGÉNITAL, ALE, AUX**, adj.
Qui existe à la naissance, inné. 🔊 [kɔ̃ʒenital].

**CONGÈRE**, subst. f.
Amas de neige formé par le vent. 🔊 [kɔ̃ʒɛʀ].

**CONGESTION**, subst. f.
Accumulation excessive de sang dans les vaisseaux d'un organe. – Fig. Encombrement. 🔊 [kɔ̃ʒɛstjɔ̃].

**CONGESTIONNÉ, ÉE**, adj.
Dans un état de congestion. 🔊 [kɔ̃ʒɛstjɔne].

**CONGLOMÉRAT**, subst. m.
Agglomération de fragments de roches. – Regroupement d'entreprises aux activités variées. 🔊 [kɔ̃glɔmeʀa].

**CONGRATULER**, verbe trans. [3]
Complimenter vivement. 🔊 [kɔ̃gʀatyle].

**CONGRE**, subst. m.
Anguille de mer. 🔊 [kɔ̃gʀ].

**CONGRÉGATION**, subst. f.
Association de religieux. 🔊 [kɔ̃gʀegasjɔ̃].

**CONGRÈS**, subst. m.
Rencontre de personnes qui échangent leurs idées sur un thème particulier. 🔊 [kɔ̃gʀɛ].

**CONIFÈRE**, subst. m.
Arbre à feuillage gén. persistant, dont le fruit a la forme d'un cône. 🔊 [kɔnifɛʀ].

**CONIQUE**, adj.
Qui a la forme d'un cône. 🔊 [kɔnik].

**CONJECTURE**, subst. f.
Hypothèse qui n'a pas encore été démontréc. 🔊 [kɔ̃ʒɛktyʀ].

**CONJOINT, OINTE**, subst.
L'époux ou l'épouse, considérés l'un par rapport à l'autre. 🔊 [kɔ̃ʒwɛ̃, -wɛ̃t].

**CONJONCTIF, IVE**, adj.
Qui sert à unir. 🔊 [kɔ̃ʒɔ̃ktif, -iv].

**CONJONCTION**, subst. f.
Union, rencontre. – Ling. Mot invariable qui relie deux mots, deux propositions. 🔊 [kɔ̃ʒɔ̃ksjɔ̃].

**CONJONCTIVITE**, subst. f.
Inflammation de la conjonctive (muqueuse interne de la paupière). 🔊 [kɔ̃ʒɔ̃ktivit].

**CONJONCTURE**, subst. f.
Situation née d'un concours de circonstances. – Situation économique, sociale, etc., à un moment donné. 🔊 [kɔ̃ʒɔ̃ktyʀ].

**CONJONCTUREL, ELLE**, adj.
Lié à la conjoncture. 🔊 [kɔ̃ʒɔ̃ktyʀɛl].

**CONJUGAISON**, subst. f.
Combinaison. – Action de conjuguer un verbe. – Ensemble des formes d'un verbe. 🔊 [kɔ̃ʒygɛzɔ̃].

**CONJUGAL, ALE, AUX**, adj.
Relatif à l'union maritale. 🔊 [kɔ̃ʒygal].

**CONJUGUER**, verbe trans. [3]
Combiner (divers éléments), unir. – Décliner les formes de (un verbe). 🔊 [kɔ̃ʒyge].

**CONJURATION**, subst. f.
Complot contre l'État. 🔊 [kɔ̃ʒyʀasjɔ̃].

**CONJURER**, verbe trans. [3]
Chasser (l'esprit du mal). – Éloigner (une menace). – Implorer (qqn). 🔊 [kɔ̃ʒyʀe].

**CONNAISSANCE**, subst. f.
Faculté de connaître. – Savoir, instruction. – Personne que l'on connaît. – Perdre connaissance : s'évanouir. 🔊 [kɔnɛsɑ̃s].

**CONNAISSEUR, EUSE**, adj. et subst.
Expert dans un domaine. 🔊 [kɔnɛsœʀ, -øz].

**CONNAÎTRE**, verbe trans. [73]
Savoir, posséder des informations sur. – Avoir l'expérience de. – Avoir des rapports avec (qqn) ; savoir l'identité de (qqn). 🔊 [kɔnɛtʀ].

**CONNECTER**, verbe trans. [3]
Joindre. – Brancher. 🔊 [kɔnɛkte].

**CONNEXION**, subst. f.
Action de relier. – Liaison, branchement. 🔊 [kɔnɛksjɔ̃].

**CONNIVENCE**, subst. f.
Complicité ; accord tacite ou secret : Agir de connivence. 🔊 [kɔnivɑ̃s].

**CONNOTATION, subst. f.**
Signification particulière d'un terme, qui s'ajoute à sa signification première. 🔊 [kɔ(n)nɔtasjɔ̃].

**CONNU, UE, adj.**
Que l'on connaît. – Célèbre. 🔊 [kɔny].

**CONQUÉRANT, ANTE, adj. et subst.**
Qui soumet ou veut soumettre par les armes. – Fig. Qui séduit. 🔊 [kɔ̃keʀɑ̃, -ɑ̃t].

**CONQUÉRIR, verbe trans.** [33]
Assujettir par les armes, par la force. – Fig. Séduire. 🔊 [kɔ̃keʀiʀ].

**CONQUÊTE, subst. f.**
Action de conquérir. – Ce qui est conquis. – Fig. Personne séduite. 🔊 [kɔ̃kɛt].

**CONQUISTADOR, subst. m.**
Conquérant espagnol de l'Amérique, au XVIᵉ s. 🔊 Plur. conquistador(e)s ; [kɔ̃kistadɔʀ].

**CONSACRER, verbe trans.** [3]
Donner un caractère sacré à, dédier à Dieu. – Employer (son temps) à. 🔊 [kɔ̃sakʀe].

**CONSANGUIN, INE, adj.**
De même filiation paternelle. – Union consanguine : de deux parents proches. 🔊 [kɔ̃sɑ̃gɛ̃, -in].

**CONSCIENCE, subst. f.**
Perception, connaissance que l'homme a de lui-même et du monde. – Système de valeurs morales qui permet de juger. 🔊 [kɔ̃sjɑ̃s].

**CONSCIENCIEUX, IEUSE, adj.**
Qui obéit aux exigences de la conscience morale : Un employé consciencieux. – Fait avec soin : Un travail consciencieux. 🔊 [kɔ̃sjɑ̃sjø, -jøz].

**CONSCIENT, IENTE, adj.**
Qui a conscience. 🔊 [kɔ̃sjɑ̃, -jɑ̃t].

**CONSCRIT, subst. m.**
Jeune homme appelé sous les drapeaux. 🔊 [kɔ̃skʀi].

**CONSÉCRATION, subst. f.**
Action par laquelle le pain et le vin sont consacrés, lors d'une messe. – Fig. Reconnaissance publique. 🔊 [kɔ̃sekʀasjɔ̃].

**CONSÉCUTIF, IVE, adj.**
Consécutif à : qui est la conséquence de. – Plur. Qui se succèdent immédiatement. 🔊 [kɔ̃sekytif, -iv].

**CONSEIL, subst. m.**
Suggestion, avis. – Personne dont on demande l'avis. – Corps chargé de donner son avis, de statuer sur certaines affaires. 🔊 [kɔ̃sɛj].

**CONSEILLER (I), verbe trans.** [3]
Donner un avis à (qqn). – Recommander (qqn ou qqch.). 🔊 [kɔ̃seje].

**CONSEILLER (II), ÈRE, subst.**
Personne qui prodigue des conseils. – Membre d'un conseil. 🔊 [kɔ̃seje, -ɛʀ].

**CONSENSUS, subst. m.**
Accord entre des personnes. 🔊 [kɔ̃sɛ̃sys].

**CONSENTEMENT, subst. m.**
Action de donner son accord ; approbation. 🔊 [kɔ̃sɑ̃tmɑ̃].

**CONSENTIR, verbe trans.** [23]
Accorder, autoriser. – Consentir à : ne pas s'opposer à, accepter. 🔊 [kɔ̃sɑ̃tiʀ].

**CONSÉQUENCE, subst. f.**
Événement entraîné par un autre en vertu d'un lien de causalité. 🔊 [kɔ̃sekɑ̃s].

**CONSÉQUENT, ENTE, adj.**
Qui obéit à la logique. – Considérable (empl. critiqué). – Loc. adv. Par conséquent : ainsi, donc. 🔊 [kɔ̃sekɑ̃, -ɑ̃t].

**CONSERVATEUR, TRICE, adj. et subst.**
Qui est hostile au changement politique et social. – Adj. et subst. masc. Qui, ajouté aux aliments, en permet la conservation. – Subst. Conservateur d'un musée : celui qui en a la responsabilité. 🔊 [kɔ̃sɛʀvatœʀ, -tʀis].

**CONSERVATION, subst. f.**
Action de conserver. – État de ce qui est conservé. 🔊 [kɔ̃sɛʀvasjɔ̃].

**CONSERVATOIRE, adj. et subst. m.**
Adj. Qui préserve les biens, des droits. – Subst. Établissement où l'on enseigne la danse, la musique, l'art dramatique. 🔊 [kɔ̃sɛʀvatwaʀ].

**CONSERVE, subst. f.**
Produit alimentaire conservé dans un récipient fermé hermétiquement. 🔊 [kɔ̃sɛʀv].

**CONSERVER, verbe trans.** [3]
Maintenir en bon état, préserver de l'altération. – Garder. 🔊 [kɔ̃sɛʀve].

**CONSERVERIE, subst. f.**
Usine de conserves. 🔊 [kɔ̃sɛʀvəʀi].

**CONSIDÉRABLE, adj.**
Remarquable, imposant. 🔊 [kɔ̃sideʀabl].

**CONSIDÉRATION, subst. f.**
Action d'étudier en détail, avec attention. – Motif d'une action. – Estime, égards. – Raisonnement. 🔊 [kɔ̃sideʀasjɔ̃].

**CONSIDÉRER, verbe trans.** [8]
Regarder longtemps et avec attention. – Étudier avec un sens critique. – Considérer que : estimer que. 🔊 [kɔ̃sideʀe].

**CONSIGNE, subst. f.**
Ordre donné à qqn sur la conduite à tenir. – Interdiction de sortir sanctionnant un soldat ou un élève. – Service où l'on dépose temporairement ses bagages. – Somme d'argent garantissant la restitution d'un emballage. 🔊 [kɔ̃siɲ].

**CONSIGNER, verbe trans.** [3]
Priver de sortie. – Mettre (un bagage) à la consigne. – Facturer (un emballage). – Rapporter par écrit. 🔊 [kɔ̃siɲe].

**CONSISTANCE, subst. f.**
État d'un corps du point de vue de sa solidité, de sa cohésion. – Fig. Fermeté, sérieux. 🕮 [kɔ̃sistɑ̃s].

**CONSISTANT, ANTE, adj.**
Ferme. – Copieux. – Sérieux. 🕮 [kɔ̃sistɑ̃, -ɑ̃t].

**CONSISTER, verbe trans. indir.** [3]
Consister *en, dans* : se composer de ; résider en. – Consister *à* + inf. : avoir pour caractère essentiel de. 🕮 [kɔ̃siste].

**CONSŒUR, voir CONFRÈRE**

**CONSOLATION, subst. f.**
Réconfort apporté à qqn. – Compensation d'une peine, d'une épreuve. 🕮 [kɔ̃sɔlasjɔ̃].

**CONSOLE, subst. f.**
Table étroite que l'on pose contre un mur. – Périphérique d'ordinateur permettant le dialogue avec l'unité centrale. 🕮 [kɔ̃sɔl].

**CONSOLER, verbe trans.** [3]
Apporter du réconfort à. 🕮 [kɔ̃sɔle].

**CONSOLIDATION, subst. f.**
Action de consolider. 🕮 [kɔ̃sɔlidasjɔ̃].

**CONSOLIDER, verbe trans.** [3]
Rendre plus solide, affermir. 🕮 [kɔ̃sɔlide].

**CONSOMMATEUR, TRICE, subst.**
Personne qui achète pour consommer. – Personne qui prend une consommation dans un café. – Empl. adj. *Pays consommateur de pétrole.* 🕮 [kɔ̃sɔmatœʀ, -tʀis].

**CONSOMMATION, subst. f.**
Accomplissement, achèvement (littér.). – Action de consommer. – Boisson, dans un café. 🕮 [kɔ̃sɔmasjɔ̃].

**CONSOMMER, verbe trans.** [3]
Achever (littér.). – Utiliser (un bien ou un service). – User comme source d'énergie. – Se restaurer de. – Empl. intrans. Prendre une consommation. 🕮 [kɔ̃sɔme].

**CONSONANCE, subst. f.**
Ressemblance entre les sons finaux de mots. – Succession de sons. 🕮 [kɔsɔnɑ̃s].

**CONSONNE, subst. f.**
Phonème qui, avec une ou plusieurs voyelles, forme une syllabe. 🕮 [kɔ̃sɔn].

**CONSORTIUM, subst. m.**
Groupement d'entreprises en vue de réaliser des opérations financières. 🕮 [kɔ̃sɔʀsjɔm].

**CONSPIRATION, subst. f.**
Complot, conjuration. 🕮 [kɔ̃spiʀasjɔ̃].

**CONSPIRER, verbe** [3]
Intrans. Ourdir un complot. – Trans. indir. Conspirer *à* : concourir à. 🕮 [kɔ̃spiʀe].

**CONSPUER, verbe trans.** [3]
Huer, vilipender publiquement. 🕮 [kɔ̃spɥe].

**CONSTAMMENT, adv.**
Sans cesse. 🕮 [kɔ̃stamɑ̃].

**CONSTANCE, subst. f.**
Stabilité, persévérance. – Qualité de ce qui ne varie pas. 🕮 [kɔ̃stɑ̃s].

**CONSTAT, subst. m.**
Procès-verbal d'huissier. – Constat *amiable* : déclaration d'accident. – Bilan. 🕮 [kɔ̃sta].

**CONSTATATION, subst. f.**
Action de constater pour attester. – Fait constaté. 🕮 [kɔ̃statasjɔ̃].

**CONSTATER, verbe trans.** [3]
Établir la réalité de (un fait). – Attester, consigner officiellement (qqch.). 🕮 [kɔ̃state].

**CONSTELLATION, subst. f.**
Groupe apparent d'étoiles. 🕮 [kɔ̃stelasjɔ̃].

**CONSTERNATION, subst. f.**
Abattement provoqué par un événement pénible. 🕮 [kɔ̃stɛʀnasjɔ̃].

**CONSTERNER, verbe trans.** [3]
Plonger dans la consternation. 🕮 [kɔ̃stɛʀne].

**CONSTIPATION, subst. f.**
Difficulté à évacuer les matières fécales. 🕮 [kɔ̃stipasjɔ̃].

**CONSTITUANT, ANTE, adj. et subst.**
Qui entre dans la composition d'un tout. – *L'Assemblée* constituante : qui établit une Constitution. 🕮 [kɔ̃stitɥɑ̃, -ɑ̃t].

**CONSTITUER, verbe trans.** [3]
Composer (un tout) en réunissant divers éléments. – Former (un tout) en association avec d'autres éléments. – Être. – Fonder, organiser. – Pronom. *Se constituer prisonnier* : se livrer. 🕮 [kɔ̃stitɥe].

**CONSTITUTION, subst. f.**
Composition, organisation. – Création, fondation. – État physique d'une personne. – *La* Constitution : ensemble des lois fondamentales d'un État. 🕮 [kɔ̃stitysjɔ̃].

**CONSTITUTIONNEL, ELLE, adj.**
Relatif à la Constitution. – Conforme à la Constitution. 🕮 [kɔ̃stitysjɔnɛl].

**CONSTRUCTEUR, TRICE, adj. et subst.**
Qui construit. 🕮 [kɔ̃stʀyktœʀ, -tʀis].

**CONSTRUCTIF, IVE, adj.**
Qui a le pouvoir de créer, de construire. – Positif, efficace. 🕮 [kɔ̃stʀyktif, -iv].

**CONSTRUCTION, subst. f.**
Action de construire ; son résultat. – Édifice construit. 🕮 [kɔ̃stʀyksjɔ̃].

**CONSTRUIRE, verbe trans.** [69]
Bâtir. – Fig. Élaborer. 🕮 [kɔ̃stʀɥiʀ].

**CONSUL, subst. m.**
Diplomate chargé, à l'étranger, de protéger les ressortissants d'un pays. 🕮 [kɔ̃syl].

**CONSULAT, subst. m.**
Fonction, résidence du consul. 🕮 [kɔ̃syla].

**CONSULTATION, subst. f.**
Action de consulter. – Examen d'un malade par un médecin. 🕮 [kɔ̃syltasjɔ̃].

**CONSULTER,** verbe [3]
Trans. Prendre avis auprès de. – Chercher un renseignement dans (un ouvrage). – Intrans. Donner des consultations, pour un médecin. 🕮 [kɔ̃sylte].

**CONSUMER,** verbe trans. [3]
Détruire par le feu. – Pronom. Brûler. – Fig. Dépérir, s'épuiser. 🕮 [kɔ̃syme].

**CONTACT,** subst. m.
Situation dans laquelle deux corps se touchent. – Relation avec autrui. 🕮 [kɔ̃takt].

**CONTACTER,** verbe trans. [3]
Entrer en contact avec (qqn). 🕮 Anglicisme critiqué ; [kɔ̃takte].

**CONTAGIEUX, IEUSE,** adj.
Transmissible par contagion ; au fig., qui se communique facilement. – Susceptible de transmettre par contagion. 🕮 [kɔ̃taʒjø. -jøz].

**CONTAGION,** subst. f.
Transmission d'une maladie par contact. – Fig. Propagation. 🕮 [kɔ̃taʒjɔ̃].

**CONTAINER,** voir **CONTENEUR**

**CONTAMINATION,** subst. f.
Infection par des germes pathogènes ou par des polluants. 🕮 [kɔ̃taminasjɔ̃].

**CONTAMINER,** verbe trans. [3]
Altérer la santé de (qqn) en transmettant un mal ; infecter. 🕮 [kɔ̃tamine].

**CONTE,** subst. m.
Récit imaginaire. – Propos peu crédible. 🕮 [kɔ̃t].

**CONTEMPLATION,** subst. f.
Action de contempler. – Méditation, vision. 🕮 [kɔ̃tɑ̃plasjɔ̃].

**CONTEMPLER,** verbe trans. [3]
Regarder longuement, avec admiration et attention. 🕮 [kɔ̃tɑ̃ple].

**CONTEMPORAIN, AINE,** adj. et subst.
Qui est de la même époque. – Qui est de notre époque. 🕮 [kɔ̃tɑ̃pɔʀɛ̃. -ɛn]. [3]

**CONTENANCE,** subst. f.
Quantité qu'un récipient peut recevoir. – Manière de se tenir. 🕮 [kɔ̃t(ə)nɑ̃s].

**CONTENANT,** subst. m.
Ce qui contient qqch. 🕮 [kɔ̃t(ə)nɑ̃].

**CONTENEUR,** subst. m.
Caisson servant au transport des marchandises. 🕮 [kɔ̃t(ə)nœʀ].

**CONTENIR,** verbe trans. [22]
Avoir pour contenu. – Renfermer ; être composé de. – Retenir : **Contenir** la foule. – Pronom. Se maîtriser. 🕮 [kɔ̃t(ə)niʀ].

**CONTENT, ENTE,** adj.
Satisfait, heureux. 🕮 [kɔ̃tɑ̃. -ɑ̃t].

**CONTENTEMENT,** subst. m.
Action de contenter. – État qui en résulte. 🕮 [kɔ̃tɑ̃tmɑ̃].

**CONTENTER,** verbe trans. [3]
Donner satisfaction à. – Pronom. Se satisfaire de ; se borner à. 🕮 [kɔ̃tɑ̃te].

**CONTENTIEUX,** subst. m.
Litige, contestation. 🕮 [kɔ̃tɑ̃sjø].

**CONTENU,** subst. m.
Ce que contient qqch. 🕮 [kɔ̃t(ə)ny].

**CONTER,** verbe trans. [3]
Narrer, raconter. 🕮 [kɔ̃te].

**CONTESTATAIRE,** adj. et subst.
Qui conteste, remet en cause. 🕮 [kɔ̃tɛstatɛʀ].

**CONTESTER,** verbe trans. [3]
Refuser d'admettre. – Nier. 🕮 [kɔ̃tɛste].

**CONTEXTE,** subst. m.
Environnement, situation. 🕮 [kɔ̃tɛkst].

**CONTIGU, UË,** adj.
Qui touche (à), attenant (à). 🕮 [kɔ̃tigy].

**CONTINENT,** subst. m.
Vaste étendue de terre émergée. 🕮 [kɔ̃tinɑ̃].

**CONTINENTAL, ALE, AUX,** adj.
Relatif à un continent. 🕮 [kɔ̃tinɑ̃tal].

**CONTINGENT, ENTE,** adj. et subst. m.
Adj. Qui peut se produire ou non. – Subst. Ensemble des appelés au service militaire pour une même période. – Part. – Quantité limitée. 🕮 [kɔ̃tɛ̃ʒɑ̃. -ɑ̃t].

**CONTINU, UE,** adj.
Non interrompu. 🕮 [kɔ̃tiny].

**CONTINUATION,** subst. f.
Action de continuer. – Suite. 🕮 [kɔ̃tinɥasjɔ̃].

**CONTINUEL, ELLE,** adj.
Qui ne s'interrompt pas. – Qui revient constamment. 🕮 [kɔ̃tinɥɛl].

**CONTINUER,** verbe [3]
Trans. Donner une suite à, ne pas interrompre. – **Continuer** de, à : persister à. – Intrans. Durer. 🕮 [kɔ̃tinɥe].

**CONTINUITÉ,** subst. f.
Caractère de ce qui est continu. – *Solution de* **continuité** : discontinuité. 🕮 [kɔ̃tinɥite].

**CONTONDANT, ANTE,** adj.
Qui provoque des contusions, sans couper : *Arme* contondante. 🕮 [kɔ̃tɔ̃dɑ̃. -ɑ̃t].

**CONTORSION,** subst. f.
Distorsion des membres ou du corps, mouvement acrobatique. 🕮 [kɔ̃tɔʀsjɔ̃].

**CONTOUR,** subst. m.
Pourtour, limite d'une chose. – Courbe sinueuse. – Aspect général. 🕮 [kɔ̃tuʀ].

**CONTOURNER,** verbe trans. [3]
Tourner autour de, passer à côté de, pour éviter. – Fig. **Contourner** la loi. 🕮 [kɔ̃tuʀne].

**CONTRACEPTIF, IVE,** adj. et subst. m.
Qui permet, qui concerne la contraception. 🕮 [kɔ̃tʀasɛptif. -iv].

**CONTRACEPTION,** subst. f.
Ensemble des méthodes qui empêchent la fécondation. 🕮 [kɔ̃tʀasɛpsjɔ̃].

**CONTRACTER**, verbe trans. [3]
Diminuer le volume, la longueur de.
– Crisper, serrer. – Souscrire (un contrat,
un engagement). – Fig. Attraper : **Contracter** *une maladie*. 🐚 [kɔ̃tʀakte].

**CONTRACTION**, subst. f.
Diminution de volume, de longueur.
– Crispation. 🐚 [kɔ̃tʀaksjɔ̃].

**CONTRACTUEL, ELLE**, adj. et subst.
Adj. Stipulé par un contrat. – Subst. Agent
public non fonctionnaire ; auxiliaire de
police. 🐚 [kɔ̃tʀaktɥɛl].

**CONTRADICTION**, subst. f.
Action de contredire. – Fait de se contredire. 🐚 [kɔ̃tʀadiksjɔ̃].

**CONTRADICTOIRE**, adj.
Qui contredit. – Où peuvent s'affronter des
opinions contraires. 🐚 [kɔ̃tʀadiktwaʀ].

**CONTRAINDRE**, verbe trans. [54]
Forcer à agir contre son gré. 🐚 [kɔ̃tʀɛ̃dʀ].

**CONTRAINTE**, subst. f.
Pression, menace exercée sur qqn. – Obligation. 🐚 [kɔ̃tʀɛ̃t].

**CONTRAIRE**, adj. et subst. m.
Adj. Opposé, inverse. – Qui est nuisible (à).
– Subst. Ce qui est inverse. 🐚 [kɔ̃tʀɛʀ].

**CONTRARIER**, verbe trans. [6]
Gêner (qqch. ou qqn) en s'y opposant.
– Fâcher, irriter. 🐚 [kɔ̃tʀaʀje].

**CONTRARIÉTÉ**, subst. f.
Déplaisir, dépit. 🐚 [kɔ̃tʀaʀjete].

**CONTRASTE**, subst. m.
Opposition entre deux choses. – Juxtaposition qui met en valeur. 🐚 [kɔ̃tʀast].

**CONTRASTER**, verbe [3]
Intrans. Former un contraste (avec qqch.).
– Trans. Mettre en contraste. 🐚 [kɔ̃tʀaste].

**CONTRAT**, subst. m.
Engagement liant plusieurs personnes. – Le
document qui l'atteste. 🐚 [kɔ̃tʀa].

**CONTRAVENTION**, subst. f.
Infraction à une loi. – Sanction pécuniaire
qui en résulte. – Procès-verbal dressé pour
cette infraction. 🐚 [kɔ̃tʀavɑ̃sjɔ̃].

**CONTRE**, prép. et subst. m.
Prép. Au contact de. – Opposé à. – Dans
le sens contraire de. – En échange de
(qqch.). – Subst. Ce qui est défavorable :
*Peser le pour et le* **contre**. – Sp., Jeux. Action
de contrer ; contre-attaque. 🐚 [kɔ̃tʀ].

**CONTRE-ATTAQUE**, subst. f.
Action offensive en réponse à une attaque.
🐚 Plur. *contre-attaques* ; [kɔ̃tʀatak].

**CONTREBANDE**, subst. f.
Commerce illégal de certaines marchandises. – Ces marchandises. 🐚 [kɔ̃tʀəbɑ̃d].

**CONTREBANDIER, IÈRE**, subst.
Personne qui se livre à la contrebande.
🐚 [kɔ̃tʀəbɑ̃dje, -jɛʀ].

**CONTREBAS (EN)**, loc. adv.
À un niveau inférieur. 🐚 [ɑ̃kɔ̃tʀəba].

**CONTREBASSE**, subst. f.
Instrument de musique à cordes, le plus
grave de la famille des violons. 🐚 [kɔ̃tʀəbas].

**CONTRECARRER**, verbe trans. [3]
Gêner, s'opposer à (qqn) ; enrayer (un
processus). 🐚 [kɔ̃tʀəkaʀe].

**CONTRECŒUR (À)**, loc. adv.
Avec réticence. 🐚 [akɔ̃tʀəkœʀ].

**CONTRECOUP**, subst. m.
Conséquence indirecte d'une action, d'un
événement. 🐚 [kɔ̃tʀəku].

**CONTRE-COURANT**, subst. m.
Courant qui va en sens inverse du courant
principal. – Fig. *Être à* **contre-courant** : à
l'opposé des habitudes, de la mode. 🐚 Plur.
*contre-courants* ; [kɔ̃tʀəkuʀɑ̃].

**CONTREDIRE**, verbe trans. [65]
Affirmer le contraire de ce que dit (qqn).
– Être en contradiction avec. 🐚 [kɔ̃tʀədiʀ].

**CONTRÉE**, subst. f.
Région, unité géographique. 🐚 [kɔ̃tʀe].

**CONTREFAÇON**, subst. f.
Faux, copie. 🐚 [kɔ̃tʀəfasɔ̃].

**CONTREFAIRE**, verbe trans. [57]
Copier, imiter. – Simuler. – Déguiser,
modifier pour tromper. 🐚 [kɔ̃tʀəfɛʀ].

**CONTREFORT**, subst. m.
Pilier en saillie servant à renforcer un mur.
– Chaîne de montagnes de moindre altitude
bordant un massif principal. 🐚 [kɔ̃tʀəfɔʀ].

**CONTRE-INDICATION**, subst. f.
Circonstance qui interdit un traitement médical. 🐚 Plur. *contre-indications* ;
[kɔ̃tʀɛ̃dikasjɔ̃].

**CONTRE-JOUR**, subst. m.
Éclairage d'un objet qui reçoit la lumière
du côté opposé à celui du regard. 🐚 Plur.
*contre-jours* ; [kɔ̃tʀəʒuʀ].

**CONTREMAÎTRE, ESSE**, subst.
Personne responsable d'une équipe d'ouvriers. 🐚 [kɔ̃tʀəmɛtʀ, -ɛs].

**CONTREPARTIE**, subst. f.
Ce qui compense ; dédommagement. – Sentiment, opinion contraire. 🐚 [kɔ̃tʀəparti].

**CONTREPÈTERIE**, subst. f.
Permutation comique de lettres ou de
syllabes dans une phrase. 🐚 [kɔ̃tʀəpɛtʀi].

**CONTRE-PIED**, subst. m.
Position, avis contraire. 🐚 Plur. *contre-
pieds* ; [kɔ̃tʀəpje].

**CONTREPLAQUÉ**, subst. m.
Matériau formé de minces plaques de bois
collées ensemble. 🐚 [kɔ̃tʀəplake].

**CONTREPOIDS**, subst. m.
Poids qui fait équilibre à un autre poids,
à une force. 🐚 [kɔ̃tʀəpwa].

**CONTRER**, verbe trans. [3]
S'opposer à. 🔊 [kɔ̃tʀe].

**CONTRESENS**, subst. m.
Interprétation d'un mot, d'un texte, contraire à son sens véritable. – À contresens : dans le sens contraire au sens normal. 🔊 [kɔ̃tʀəsɑ̃s].

**CONTRETEMPS**, subst. m.
Incident inopiné qui vient contrarier l'exécution d'un projet. 🔊 [kɔ̃tʀətɑ̃].

**CONTREVENIR**, verbe trans.
indir. [22]
Contrevenir à une loi, à une règle : y désobéir, y déroger. 🔊 [kɔ̃tʀəv(ə)niʀ].

**CONTREVÉRITÉ**, subst. f.
Affirmation qui est en contradiction avec la vérité. 🔊 [kɔ̃tʀəveʀite].

**CONTRIBUABLE**, subst.
Personne soumise à l'impôt. 🔊 [kɔ̃tʀibɥabl].

**CONTRIBUER**, verbe trans. indir. [3]
Contribuer à. Collaborer à (une entreprise) ; concourir à (un résultat). – Participer financièrement à. 🔊 [kɔ̃tʀibɥe].

**CONTRIBUTION**, subst. f.
Participation à une dépense, à une œuvre. – Impôt. 🔊 [kɔ̃tʀibysjɔ̃].

**CONTRIT, ITE**, adj.
Qui se repent de ses fautes. 🔊 [kɔ̃tʀi, -it].

**CONTRITION**, subst. f.
Repentir sincère d'avoir péché. 🔊 [kɔ̃tʀisjɔ̃].

**CONTRÔLE**, subst. m.
Vérification, surveillance. – Lieu ou service de surveillance. – Domination, maîtrise. 🔊 [kɔ̃tʀol].

**CONTRÔLER**, verbe trans. [3]
Vérifier, examiner. – Exercer une emprise sur, dominer. 🔊 [kɔ̃tʀole].

**CONTRÔLEUR, EUSE**, subst.
Personne chargée d'effectuer un contrôle. 🔊 [kɔ̃tʀolœʀ, -øz].

**CONTRORDRE**, subst. m.
Ordre annulant celui donné précédemment. 🔊 [kɔ̃tʀɔʀdʀ].

**CONTROVERSE**, subst. f.
Débat de fond nourri d'arguments contradictoires. 🔊 [kɔ̃tʀɔvɛʀs].

**CONTUMACE**, subst. f.
Absence du prévenu lors de son procès. 🔊 [kɔ̃tymas].

**CONTUSION**, subst. f.
Ecchymose, lésion sans déchirure de la peau, produite par un choc. 🔊 [kɔ̃tyzjɔ̃].

**CONVAINCANT, ANTE**, adj.
Apte à convaincre. 🔊 [kɔ̃vɛ̃kɑ̃, -ɑ̃t].

**CONVAINCRE**, verbe trans. [56]
Faire admettre à (qqn) la vérité ou la nécessité de qqch., persuader. – Convaincre qqn d'un crime : donner des preuves de sa culpabilité. 🔊 [kɔ̃vɛ̃kʀ].

**CONVALESCENCE**, subst. f.
Rétablissement progressif à la suite d'une maladie. 🔊 [kɔ̃valesɑ̃s].

**CONVALESCENT, ENTE**, adj. et subst.
Qui est en convalescence. 🔊 [kɔ̃valesɑ̃, -ɑ̃t].

**CONVECTEUR**, subst. m.
Appareil électrique de chauffage dans lequel la chaleur est transportée par un fluide. 🔊 [kɔ̃vɛktœʀ].

**CONVENABLE**, adj.
Approprié. – Conforme aux convenances sociales. 🔊 [kɔ̃vnabl].

**CONVENANCE**, subst. f.
État de ce qui est approprié. – Commodité ; gré. – Plur. Bienséance. 🔊 [kɔ̃vnɑ̃s].

**CONVENIR**, verbe trans. indir. [22]
Convenir à (auxil. « avoir ») : être approprié à ; agréer, plaire à. – Convenir de, que (auxil. « être ») : admettre ; décider ensemble de, que. – Impers. Il convient de, que : il est souhaitable de, que. 🔊 [kɔ̃vniʀ].

**CONVENTION**, subst. f.
Accord, protocole, pacte. – Ce qui résulte d'un accord, d'un consensus. 🔊 [kɔ̃vɑ̃sjɔ̃].

**CONVENTIONNEL, ELLE**, adj.
Qui découle d'une convention. – Conforme, fidèle aux normes. 🔊 [kɔ̃vɑ̃sjɔnɛl].

**CONVENU, UE**, adj.
Qui a fait l'objet d'un accord. 🔊 [kɔ̃vny].

**CONVERGENCE**, subst. f.
Action, fait de converger. 🔊 [kɔ̃vɛʀʒɑ̃s].

**CONVERGENT, ENTE**, adj.
Qui converge. 🔊 [kɔ̃vɛʀʒɑ̃, -ɑ̃t].

**CONVERGER**, verbe intrans. [5]
Aller dans une même direction. – Fig. Tendre vers un même résultat. 🔊 [kɔ̃vɛʀʒe].

**CONVERSATION**, subst. f.
Entretien où l'on échange des propos sur des sujets variés. 🔊 [kɔ̃vɛʀsasjɔ̃].

**CONVERSER**, verbe intrans. [3]
S'entretenir (avec qqn). 🔊 [kɔ̃vɛʀse].

**CONVERSION**, subst. f.
Action de convertir (qqn ou qqch.), de se convertir. – Changement, transformation. 🔊 [kɔ̃vɛʀsjɔ̃].

**CONVERTIBLE**, adj.
Dont on peut modifier l'usage ou la nature. 🔊 [kɔ̃vɛʀtibl].

**CONVERTIR**, verbe trans. [19]
Amener (qqn) à changer de religion, d'opinion. – Transformer (une chose) en une autre ; mettre sous une autre forme ; adapter pour un autre usage. 🔊 [kɔ̃vɛʀtiʀ].

**CONVEXE**, adj.
Bombé vers l'extérieur. 🔊 [kɔ̃vɛks].

**CONVICTION**, subst. f.
Opinion intime, certitude. 🔊 [kɔ̃viksjɔ̃].

**CONVIER**, verbe trans. [6]
Inviter. – Fig. Engager (qqn) à. 🔊 [kɔ̃vje].

**CONVIVE**, subst.
Personne invitée à un repas. 🔊 [kɔ̃viv].

**CONVIVIALITÉ**, subst. f.
Ensemble de rapports chaleureux entre des personnes. 🔊 [kɔ̃vivjalite].

**CONVOCATION**, subst. f.
Action de convoquer. – Avis par lequel on convoque. 🔊 [kɔ̃vɔkasjɔ̃].

**CONVOI**, subst. m.
Suite de véhicules se déplaçant en colonne vers une même destination. 🔊 [kɔ̃vwa].

**CONVOITER**, verbe trans. [3]
Désirer avidement. 🔊 [kɔ̃vwate].

**CONVOITISE**, subst. f.
Désir intense de possession. 🔊 [kɔ̃vwatiz].

**CONVOQUER**, verbe trans. [3]
Appeler à une réunion. – Faire venir de manière impérative. 🔊 [kɔ̃vɔke].

**CONVOYER**, verbe trans. [17]
Accompagner pour protéger. – Transporter. 🔊 [kɔ̃vwaje].

**CONVULSIF, IVE**, adj.
Qui se manifeste par des convulsions. 🔊 [kɔ̃vylsif, -iv].

**CONVULSION**, subst. f.
Contraction spasmodique et involontaire des muscles. 🔊 [kɔ̃vylsjɔ̃].

**COOPÉRANT, ANTE**, subst.
Personne qui vit et travaille à l'étranger dans le cadre de la coopération. – Masc. Jeune homme qui effectue son service militaire en travaillant à l'étranger. 🔊 [kɔɔperɑ̃, -ɑ̃t].

**COOPÉRATIF, IVE**, adj.
Soucieux de s'associer à un effort commun. – Qui est fondé sur la coopération, la solidarité. 🔊 [k(ɔ)ɔperatif, -iv].

**COOPÉRATION**, subst. f.
Action de joindre ses efforts à une cause commune. – Politique d'aide aux pays en voie de développement. 🔊 [kɔɔperasjɔ̃].

**COOPÉRATIVE**, subst. f.
Entreprise dont les membres sont associés à part égale à la gestion et au partage des profits. 🔊 [k(ɔ)ɔperativ].

**COOPÉRER**, verbe trans. indir. [8]
Agir, travailler en coopération (avec d'autres personnes). – Participer (à). 🔊 [kɔɔpere].

**COOPTATION**, subst. f.
Nomination par les membres d'une assemblée d'un nouveau membre. 🔊 [kɔɔptasjɔ̃].

**COORDINATION**, subst. f.
Action de coordonner. – Mise en ordre des parties d'un tout. 🔊 [kɔɔrdinasjɔ̃].

**COORDONNÉE**, subst. f.
*Géom.* Chacun des paramètres déterminant la position d'un point dans l'espace. – Plur. Fam. Renseignements (adresse, téléphone) permettant de joindre qqn. 🔊 [kɔɔrdone].

**COORDONNER**, verbe trans. [3]
Agencer (des éléments) afin d'en assurer la cohérence. 🔊 [kɔɔrdone].

**COPAIN, COPINE**, subst.
Ami, camarade (fam.). 🔊 [kɔpɛ̃, kɔpin].

**COPEAU**, subst. m.
Déchet de bois ou de métal produit par un instrument tranchant. 🔊 [kɔpo].

**COPIE**, subst. f.
Reproduction d'un document; double. – Imitation, plagiat. – Devoir rédigé par un élève; la feuille utilisée. 🔊 [kɔpi].

**COPIER**, verbe trans. [6]
Reproduire, faire une copie de. – Imiter; plagier. – **Copier** *(sur qqn)* : tricher en regardant sa copie, en s'inspirant de ses notes. 🔊 [kɔpje].

**COPIEUX, IEUSE**, adj.
Consistant, abondant. 🔊 [kɔpjø, -jøz].

**COPROPRIÉTÉ**, subst. f.
Propriété dont plusieurs personnes détiennent chacune une partie. 🔊 [kɔprɔprijete].

**COPULER**, verbe intrans. [3]
S'unir sexuellement (fam.). 🔊 [kɔpyle].

**COQ**, subst. m.
Mâle de la poule et de différentes autres espèces d'oiseaux. 🔊 [kɔk].

**COQUE**, subst. f.
Enveloppe externe rigide d'un œuf, de certaines graines. – Coquillage bivalve comestible. – Ensemble de la membrure et du revêtement d'un navire. 🔊 [kɔk].

**COQUELICOT**, subst. m.
Fleur rouge qui pousse dans les champs. 🔊 [kɔkliko].

**COQUELUCHE**, subst. f.
Maladie infectieuse provoquant de violentes quintes de toux. – Fig. *Être la* **coqueluche** *de* : susciter l'engouement de. 🔊 [kɔklyʃ].

**COQUET, ETTE**, adj. et subst.
Qui est soucieux de sa mise, élégant. – Adj. Qui a un aspect soigné, agréable : *Appartement* coquet. 🔊 [kɔkɛ, -ɛt].

**COQUETIER**, subst. m.
Petit récipient creux dans lequel on sert un œuf cuit dans sa coque. 🔊 [kɔk(ə)tje].

**COQUETTERIE**, subst. f.
Désir de plaire. – Caractère de ce qui est coquet. 🔊 [kɔkɛtri].

**COQUILLAGE**, subst. m.
Mollusque pourvu d'une coquille. – La coquille elle-même. 🔊 [kɔkijaʒ].

**COQUILLE**, subst. f.
Enveloppe calcaire d'un œuf, de certains mollusques. – Enveloppe ligneuse de certains fruits (noix, noisette). 🔊 [kɔkij].

**COQUIN, INE**, adj. et subst.
Qui est grivois, espiègle. 🔊 [kɔkɛ̃, -in].

**COR (I),** subst. m.
Instrument de musique à vent. – Plur. Ramifications des bois du cerf. 🔊 [kɔʀ].

**COR (II),** subst. m.
Induration douloureuse sur les orteils, due au frottement de l'épiderme. 🔊 [kɔʀ].

**CORAIL, AUX,** subst. m.
Animal marin dont le squelette calcaire, appelé polypier, peut être blanc ou rouge. 🔊 [kɔʀaj].

**CORALLIEN, IENNE,** adj.
Formé de coraux. 🔊 [kɔʀaljɛ̃, -jɛn].

**CORBEAU,** subst. m.
Oiseau passereau noir ou gris. 🔊 [kɔʀbo].

**CORBEILLE,** subst. f.
Sorte de panier léger et ouvert, gén. sans anse. – Son contenu. 🔊 [kɔʀbɛj].

**CORBILLARD,** subst. m.
Voiture mortuaire. 🔊 [kɔʀbijaʀ].

**CORDE,** subst. f.
Assemblage de fils textiles tordus ou tressés, servant à lier, à tendre, à suspendre, à tirer. – Fil d'acier ou de boyau : *Instruments à* cordes. – *Anat.* Cordes *vocales* : replis membraneux situés de chaque côté du larynx, qui vibrent lors de l'émission d'un son. – Plur. *Mus.* Les instruments à cordes. 🔊 [kɔʀd].

**CORDEAU,** subst. m.
Petite corde que l'on tend pour obtenir un tracé rectiligne. 🔊 [kɔʀdo].

**CORDÉE,** subst. f.
Chaîne formée par des alpinistes pendant une ascension. 🔊 [kɔʀde].

**CORDIAL, ALE, AUX,** adj.
Qui fait preuve de cordialité. 🔊 [kɔʀdjal].

**CORDIALITÉ,** subst. f.
Bienveillance chaleureuse. 🔊 [kɔʀdjalite].

**CORDILLÈRE,** subst. f.
Chaîne de montagnes. 🔊 [kɔʀdijeʀ].

**CORDON,** subst. m.
Petite corde. – Série d'éléments, de personnes alignées : Cordon *de police.* – *Anat.* Cordon *ombilical* : reliant le fœtus au placenta. 🔊 [kɔʀdɔ̃].

**CORDON-BLEU,** subst. m.
Cuisinière très habile. 🔊 Plur. *cordons-bleus* ; [kɔʀdɔ̃blø].

**CORDONNIER, IÈRE,** subst.
Artisan qui répare et entretient les chaussures. 🔊 [kɔʀdɔnje, -jɛʀ].

**CORIACE,** adj.
Dur à mâcher. – Fig. Tenace. 🔊 [kɔʀjas].

**CORIANDRE,** subst. f.
Plante méditerranéenne aromatique utilisée comme condiment. 🔊 [kɔʀjɑ̃dʀ].

**CORINTHIEN, IENNE,** adj. et subst. m.
Se dit d'un ordre architectural grec caractérisé par des chapiteaux ornés de feuilles d'acanthe. 🔊 [kɔʀɛ̃tjɛ̃, -jɛn].

**CORMORAN,** subst. m.
Oiseau palmipède côtier. 🔊 [kɔʀmɔʀɑ̃].

**CORNAC,** subst. m.
Personne chargée de soigner et de conduire un éléphant. 🔊 [kɔʀnak].

**CORNE,** subst. f.
Excroissance dure et pointue située sur la tête de certains ruminants. – Appendice saillant sur la tête des escargots, des limaces, etc. – Substance qui forme les parties dures de l'épiderme (les ongles, par ex.). – Instrument sonore fait d'une corne d'animal. 🔊 [kɔʀn].

**CORNÉE,** subst. f.
Partie antérieure transparente du globe oculaire. 🔊 [kɔʀne].

**CORNEILLE,** subst. f.
Oiseau proche du corbeau, mais plus petit et au plumage terne. 🔊 [kɔʀnɛj].

**CORNÉLIEN, IENNE,** adj.
De Corneille. – Qui oppose devoir et sentiment. 🔊 [kɔʀneljɛ̃, -jɛn].

**CORNEMUSE,** subst. f.
Instrument de musique à vent formé d'une outre d'où sortent plusieurs tuyaux. 🔊 [kɔʀnəmyz].

**CORNER,** verbe [3]
Intrans. Sonner d'une corne. – Trans. Plier le coin de : Corner *une page.* 🔊 [kɔʀne].

**CORNET,** subst. m.
Récipient, emballage en forme de cône : Cornet *de frites, de glace.* 🔊 [kɔʀnɛ].

**CORNICHE,** subst. f.
Partie supérieure saillante d'un édifice, d'une armoire. – Escarpement. 🔊 [kɔʀniʃ].

**CORNICHON,** subst. m.
Petit concombre cueilli avant maturité pour être confit dans le vinaigre. 🔊 [kɔʀniʃɔ̃].

**COROLLAIRE,** subst. m.
Conséquence. 🔊 [kɔʀɔlɛʀ].

**COROLLE,** subst. f.
Ensemble des pétales d'une fleur. 🔊 [kɔʀɔl].

**CORONAIRE,** adj. et subst. f.
Se dit de chacune des deux artères qui irriguent le cœur. 🔊 [kɔʀɔnɛʀ].

**CORPORATION,** subst. f.
Ensemble de personnes exerçant une même profession. 🔊 [kɔʀpɔʀasjɔ̃].

**CORPORATISME,** subst. m.
Attitude fondée sur la défense des intérêts d'une corporation. 🔊 [kɔʀpɔʀatism].

**CORPOREL, ELLE,** adj.
Relatif au corps. 🔊 [kɔʀpɔʀɛl].

**CORPS,** subst. m.
Partie physique d'un homme, d'un animal ; le tronc (par oppos. aux membres). – Partie principale d'une chose : Corps *d'un bâtiment.* – Ensemble de personnes appartenant à une même profession : Le corps

125

*médical.* – Matière, objet matériel : **Corps céleste** ; **Corps solide, liquide.** – *Prendre* **corps** : prendre forme. ✍ [kɔʀ].

**CORPULENCE, subst. f.**
Ampleur du corps humain. ✍ [kɔʀpylɑ̃s].

**CORRECT, ECTE, adj.**
Sans faute, juste. – Convenable. – Honnête. ✍ [kɔʀɛkt].

**CORRECTEUR, TRICE, adj. et subst.**
Subst. Personne qui corrige des épreuves d'imprimerie, des copies d'examen. – Adj. Qui corrige. ✍ [kɔʀɛktœʀ, -tʀis].

**CORRECTIF, IVE, adj. et subst. m.**
Qui corrige, sanctionne ou améliore. – Qui rectifie. ✍ [kɔʀɛktif, -iv].

**CORRECTION, subst. f.**
Action de corriger. – Sanction. – Qualité de ce qui est correct. ✍ [kɔʀɛksjɔ̃].

**CORRECTIONNEL, ELLE, adj. et subst. f.**
Adj. Relatif aux délits (et non aux crimes). – Subst. Tribunal qui juge les délits. ✍ [kɔʀɛksjɔnɛl].

**CORRÉLATION, subst. f.**
Relation d'interdépendance entre deux objets, deux événements. ✍ [kɔʀelasjɔ̃].

**CORRESPONDANCE, subst. f.**
Rapport de conformité, d'analogie. – Relation épistolaire ; les lettres écrites. – Liaison entre deux moyens de transport ; le véhicule assurant cette liaison. ✍ [kɔʀɛspɔ̃dɑ̃s].

**CORRESPONDANT, ANTE, adj. et subst.**
Adj. Qui correspond (à). – Subst. Personne avec qui on est en relation épistolaire ou téléphonique. – Journaliste déplacé qui transmet des informations du lieu où il se trouve. ✍ [kɔʀɛspɔ̃dɑ̃, -ɑ̃t].

**CORRESPONDRE, verbe [51]**
Trans. indir. **Correspondre** *à* : être en rapport de conformité avec. – Intrans. Être en relation épistolaire. ✍ [kɔʀɛspɔ̃dʀ].

**CORRIDA, subst. f.**
Spectacle opposant, dans une arène, un matador à un taureau. ✍ [kɔʀida].

**CORRIDOR, subst. m.**
Couloir. – Passage étroit. ✍ [kɔʀidɔʀ].

**CORRIGER, verbe trans. [5]**
Relever les fautes dans (un travail écrit). – Rectifier pour améliorer. – Sanctionner. ✍ [kɔʀiʒe].

**CORROBORER, verbe trans. [3]**
Étayer, confirmer, prouver. ✍ [kɔʀɔbɔʀe].

**CORROMPRE, verbe trans. [51]**
Altérer, décomposer. – Dépraver, dévergonder. – Soudoyer. ✍ [kɔʀɔ̃pʀ].

**CORROSIF, IVE, adj.**
Qui attaque, qui use. ✍ [kɔʀozif, -iv].

**CORROSION, subst. f.**
Dégradation, usure progressive par effet chimique. ✍ [kɔʀozjɔ̃].

**CORRUPTION, subst. f.**
Action de corrompre. – Fait d'être corrompu. ✍ [kɔʀypsjɔ̃].

**CORSAGE, subst. m.**
Vêtement féminin enserrant le buste. ✍ [kɔʀsaʒ].

**CORSAIRE, subst. m.**
Navire qui capturait les navires marchands ennemis avec l'accord de son gouvernement. – Capitaine, marin d'un tel navire. ✍ [kɔʀsɛʀ].

**CORSÉ, ÉE, adj.**
Relevé, fort. – Fig. Ardu. – Grivois. ✍ [kɔʀse].

**CORSER, verbe trans. [3]**
Donner du corps à, renforcer, relever. – Pronom. Se compliquer (fam.). ✍ [kɔʀse].

**CORSET, subst. m.**
Dessous féminin. – Appareil corrigeant les déviations vertébrales. ✍ [kɔʀsɛ].

**CORTÈGE, subst. m.**
Rassemblement autour d'une personne pour lui faire escorte. ✍ [kɔʀtɛʒ].

**CORTEX, subst. m.**
Partie externe de certains organes ; écorce. – Substance grise du cerveau. ✍ [kɔʀtɛks].

**CORTISONE, subst. f.**
Hormone du cortex surrénal ayant une action anti-inflammatoire. ✍ [kɔʀtizɔn].

**CORVÉE, subst. f.**
Travail ennuyeux ou pénible auquel on ne peut échapper. ✍ [kɔʀve].

**CORYZA, subst. m.**
Rhume de cerveau. ✍ [kɔʀiza].

**COSAQUE, subst. m.**
Cavalier de l'armée russe. ✍ [kozak].

**COSINUS, subst. m.**
Rapport trigonométrique. ✍ [kɔsinys].

**COSMÉTIQUE, adj. et subst. m.**
Se dit de tout produit de soins du corps. ✍ [kɔsmetik].

**COSMIQUE, adj.**
Relatif au cosmos, à l'Univers. ✍ [kɔsmik].

**COSMONAUTE, subst.**
Personne qui voyage à bord d'un véhicule spatial russe. ✍ [kɔsmɔnot].

**COSMOPOLITE, adj.**
Composé de personnes issues de pays différents. ✍ [kɔsmɔpɔlit].

**COSMOS, subst. m.**
L'Univers, considéré comme une totalité. ✍ [kɔsmos].

**COSSE, subst. f.**
Enveloppe de certains légumes (petits pois, haricots, etc.). ✍ [kɔs].

**COSSU, UE,** adj.
Fortuné. – Qui laisse apparaître des signes de richesse. 🕮 [kɔsy].

**COSTAUD, AUDE,** adj. et subst.
Fort (fam.). 🕮 [kɔsto, -od].

**COSTUME,** subst. m.
Vêtement typique d'un pays, d'une région. – Vêtement de ville masculin. – Habillement de théâtre. 🕮 [kɔstym].

**COSTUMÉ, ÉE,** adj.
Vêtu. – Déguisé. 🕮 [kɔstyme].

**COTE,** subst. f.
Valeur numérique servant à déterminer la localisation, les dimensions, le niveau, la valeur d'un élément pris dans un ensemble. – Estimation. 🕮 [kɔt].

**CÔTE,** subst. f.
Chacun des os courbes et allongés situés entre la colonne vertébrale et le sternum. – Partie allongée et saillante. – Pente d'une colline ; route en pente. – Partie de terre bordant la mer. 🕮 [kot].

**CÔTÉ,** subst. m.
Partie latérale. – Limite extérieure. – Aspect, manière dont se présente qqch. – Loc. adv. *À* **côté** : auprès (de), tout près ; *De* **côté** : à l'écart ; en réserve. 🕮 [kote].

**COTEAU,** subst. m.
Petite butte. – Côte plantée de vigne. 🕮 [kɔto].

**CÔTELÉ, ÉE,** adj.
Qui dessine des côtes, des saillies rectilignes : *Velours* **côtelé**. 🕮 [kot(ə)le].

**CÔTELETTE,** subst. f.
Côte d'un animal de taille moyenne (mouton, porc), vendue en boucherie. 🕮 [kotlɛt].

**COTER,** verbe trans. [3]
Évaluer, fixer la cote de. 🕮 [kɔte].

**CÔTIER, IÈRE,** adj.
Relatif aux côtes, au littoral. 🕮 [kotje, -jɛʀ].

**COTISATION,** subst. f.
Part que paie chaque membre d'un groupe à une caisse commune. 🕮 [kɔtizasjɔ̃].

**COTISER,** verbe intrans. [3]
Payer sa part ; verser régulièrement une somme à un organisme. – Pronom. Se mettre à plusieurs pour réunir une somme d'argent. 🕮 [kɔtize].

**COTON,** subst. m.
Duvet entourant les graines du cotonnier, qui fournit une matière textile. 🕮 [kɔtɔ̃].

**COTONNADE,** subst. f.
Étoffe de coton. 🕮 [kɔtɔnad].

**COTONNEUX, EUSE,** adj.
Qui a les caractéristiques du coton. – Qui évoque le coton. 🕮 [kɔtɔnø, -øz].

**CÔTOYER,** verbe trans. [17]
Longer. – Être en contact avec. 🕮 [kotwaje].

**COTTAGE,** subst. m.
Petite demeure typique des campagnes britanniques. 🕮 [kɔtaʒ] ou [kɔtɛdʒ].

**COTTE,** subst. f.
**Cotte** *de maille* : armure souple à mailles métalliques, portée au Moyen Âge. 🕮 [kɔt].

**COU,** subst. m.
Partie du corps de certains vertébrés qui unit la tête au tronc. 🕮 [ku].

**COUAC,** subst. m.
Son discordant. 🕮 [kwak].

**COUARDISE,** subst. f.
Manque de hardiesse, lâcheté. 🕮 [kwaʀdiz].

**COUCHAGE,** subst. m.
Action de coucher, de se coucher. – Matériel utilisé pour se coucher. 🕮 [kuʃaʒ].

**COUCHANT, ANTE,** adj. et subst. m.
Adj. Qui se couche. – Subst. Endroit, moment où le soleil se couche. 🕮 [kuʃɔ̃, -ɑ̃t].

**COUCHE,** subst. f.
Lit. – Linge absorbant dont on enveloppe les fesses d'un bébé. – Matière qui recouvre une surface. – Strate. – Catégorie, classe sociale. 🕮 [kuʃ].

**COUCHER (I),** verbe [3]
Trans. Allonger. – Incliner. – Mettre au lit. – Intrans. Passer la nuit (quelque part). – Pronom. S'étendre, se mettre au lit. – S'incliner ; se renverser. – Disparaître à l'horizon, pour un astre. 🕮 [kuʃe].

**COUCHER (II),** subst. m.
Action de se mettre au lit ; hébergement pour la nuit. – Moment où un astre disparaît à l'horizon. 🕮 [kuʃe].

**COUCHETTE,** subst. f.
Lit, dans un train, sur un bateau. 🕮 [kuʃɛt].

**COUCOU,** subst. m. et interj.
Subst. Oiseau grimpeur. – Horloge dont là sonnerie imite le cri du **coucou**. – Vieil avion (fam.). – Interj. Cri par lequel on signale son arrivée. 🕮 [kuku].

**COUDE,** subst. m.
Articulation entre le bras et l'avant-bras. – Tournant, angle. 🕮 [kud].

**COUDÉ, ÉE,** adj.
Qui a la forme d'un coude. 🕮 [kude].

**COU-DE-PIED,** subst. m.
Partie supérieure du pied. 🕮 Plur. *cous-de-pied* ; [kud(ə)pje].

**COUDRE,** verbe trans. [77]
Relier, fixer par des points au moyen d'un fil et d'une aiguille. 🕮 [kudʀ].

**COUENNE,** subst. f.
Peau du porc utilisée dans certaines préparations culinaires. 🕮 [kwan].

**COUETTE (I),** subst. f.
Grand édredon utilisé comme couverture. 🕮 [kwɛt].

127

**COUETTE (II), subst. f.**
Touffe de cheveux retenue par un lien sur le côté de la tête. 🕮 [kwɛt].

**COUFFIN, subst. m.**
Grand panier servant de berceau. 🕮 [kufɛ̃].

**COUINER, verbe intrans.** [3]
Pousser son cri (couinement), en parlant du lièvre, du lapin. – Pousser de petits cris. – Fig. Grincer. 🕮 [kwine].

**COULÉE, subst. f.**
Action de fondre une matière dans un moule ; son résultat. – Masse de matière liquide ou en fusion qui s'écoule. 🕮 [kule].

**COULER, verbe** [3]
Intrans. Se déplacer, pour un liquide. – S'échapper, s'épancher. – Sombrer ; se noyer. – Trans. Verser (une matière liquide) dans un moule. – Faire sombrer ; au fig., ruiner. – Pronom. Se glisser. 🕮 [kule].

**COULEUR, subst. f.**
Impression produite sur la rétine par la lumière ; ce qui n'est ni noir, ni blanc, ni gris. – Chaque série de cartes (trèfle, carreau, cœur et pique). – Plur. Signe distinctif d'un groupe ; drapeau. 🕮 [kulœʀ].

**COULEUVRE, subst. f.**
Serpent non venimeux très répandu, notamment en France. 🕮 [kulœvʀ].

**COULIS, subst. m.**
Sauce obtenue par concentration d'aliments cuits et passés. 🕮 [kuli].

**COULISSE, subst. f.**
Glissière, rainure dans laquelle circule une pièce mobile. – L'arrière-scène d'un théâtre (gén. au plur.). 🕮 [kulis].

**COULISSER, verbe** [3]
Trans. Garnir de coulisses. – Intrans. Glisser le long d'une coulisse. 🕮 [kulise].

**COULOIR, subst. m.**
Passage long et étroit qui mène d'une pièce à une autre. – Zone étroite de circulation. – Dépression, ravin. 🕮 [kulwaʀ].

**COUP, subst. m.**
Choc brutal subi au contact d'un corps en mouvement ; sa trace ; le bruit qui accompagne ce choc. – Fig. Choc moral. – Détonation d'une arme à feu : **Coup** de pistolet. – Manifestation brutale de la nature : **Coup** de tonnerre, de soleil. – Mouvement vif : **Coup** de coude. – Action rapide et subite : **Coup** de tête. 🕮 [ku].

**COUPABLE, adj. et subst.**
Qui a commis une faute, un délit, un crime. – Adj. Répréhensible. 🕮 [kupabl].

**COUPE (I), subst. f.**
Récipient large et peu profond, avec ou sans pied ; verre. – Trophée d'une compétition sportive. – Compétition sportive. 🕮 [kup].

**COUPE (II), subst. f.**
Action de couper. – Façon dont qqch. est coupé. – Ce qui est coupé ; endroit de la coupure. – Dessin d'un plan coupé. 🕮 [kup].

**COUPÉ, subst. m.**
Voiture à deux portes. 🕮 [kupe].

**COUPE-CIRCUIT, subst. m.**
Dispositif qui coupe le courant électrique. 🕮 Plur. *coupe-circuit(s)* : [kupsiʀkɥi].

**COUPE-FEU, subst. m. inv.**
Espace, obstacle empêchant un incendie de se propager. 🕮 [kupfø].

**COUPE-GORGE, subst. m. inv.**
Lieu mal famé, dangereux. 🕮 [kupgɔʀʒ].

**COUPE-PAPIER, subst. m.**
Instrument effilé servant à couper le papier. 🕮 Plur. *coupe-papier(s)* : [kuppapje].

**COUPER, verbe** [3]
Trans. Séparer avec un instrument tranchant ; tailler. – Blesser, entailler. – Interrompre : **Couper** le gaz. – Censurer. – Traverser, croiser. – Ajouter de l'eau à (un liquide). – *Jeux.* Diviser (les cartes) en deux paquets ; prendre (une carte) en jouant un atout. – Intrans. Être tranchant. – Prendre un raccourci. – Pronom. Se faire une coupure. – Se contredire. – S'isoler. 🕮 [kupe].

**COUPERET, subst. m.**
Couteau à viande. – Lame de la guillotine. 🕮 [kupʀɛ].

**COUPEROSE, subst. f.**
Rougeur sur le visage. 🕮 [kupʀoz].

**COUPE-VENT, subst. m. inv.**
Vêtement protégeant du vent. 🕮 [kupvɑ̃].

**COUPLE, subst. m.**
Union de deux êtres. 🕮 [kupl].

**COUPLET, subst. m.**
Strophe d'une chanson. 🕮 [kuplɛ].

**COUPOLE, subst. f.**
Voûte d'un dôme. 🕮 [kupɔl].

**COUPON, subst. m.**
Reste d'un métrage d'étoffe. – Ticket qui atteste un paiement. 🕮 [kupɔ̃].

**COUPURE, subst. f.**
Incision ; entaille. – Suppression ; interruption. – Billet de banque. 🕮 [kupyʀ].

**COUR, subst. f.**
Espace découvert ceint de bâtiments ou de murs. – Résidence et entourage d'un souverain. – *Faire la* **cour** : chercher à plaire. – Tribunal où l'on rend la justice ; ses magistrats. 🕮 [kuʀ].

**COURAGE, subst. m.**
Force morale face au danger, aux difficultés. 🕮 [kuʀaʒ].

**COURAMMENT, adv.**
Avec aisance. – Fréquemment, habituellement. 🕮 [kuʀamɑ̃].

**COURANT (I), ANTE,** adj.
Dont on a l'habitude. – *Eau* **courante** :
distribuée à l'intérieur d'une habitation.
– En cours : *Le mois* **courant**. 🔊 [kuʀɑ̃, -ɑ̃t].

**COURANT (II),** subst. m.
Mouvement d'un fluide dans une direction.
– Déplacement d'électricité. – Fig. Tendance générale. – *Être au* **courant** : être
informé. 🔊 [kuʀɑ̃].

**COURBATURE,** subst. f.
Douleur musculaire suivant un effort ou
annonçant la fièvre. 🔊 [kuʀbatyʀ].

**COURBE,** adj. et subst. f.
Adj. Arrondi, arqué. – Subst. Ligne, mouvement arrondi. – Graphique représentant les
variations d'un phénomène : **Courbe** *de*
*température*. 🔊 [kuʀb].

**COURBER,** verbe trans. [3]
Rendre courbe. – Pencher. 🔊 [kuʀbe].

**COURBETTE,** subst. f.
Révérence obséquieuse. 🔊 [kuʀbɛt].

**COURBURE,** subst. f.
Forme courbe d'une ligne, d'un objet.
🔊 [kuʀbyʀ].

**COUREUR, EUSE,** subst.
Personne qui pratique la course. – Amateur
d'aventures galantes. 🔊 [kuʀœʀ, -øz].

**COURGE,** subst. f.
Plante potagère aux fruits volumineux
(citrouille, courgette, etc.). 🔊 [kuʀ3].

**COURGETTE,** subst. f.
Courge à fruit allongé. – Ce fruit,
consommé comme légume. 🔊 [kuʀ3ɛt].

**COURIR,** verbe [25]
Intrans. Se mouvoir à une allure beaucoup
plus rapide que le pas. – Se dépêcher. – Se
propager ; s'écouler. – *Sp.* Participer à une
course. – Trans. *Sp.* Disputer (une épreuve
de vitesse). – Fig. Fréquenter habituellement : **Courir** *les magasins*. – Rechercher :
**Courir** *les honneurs*. – **Courir** *un risque* :
s'y exposer. 🔊 [kuʀiʀ].

**COURONNE,** subst. f.
Coiffe ronde, richement ornée, des souverains ; guirlande végétale ceignant la tête
en signe de distinction. – Objet circulaire.
– Prothèse dentaire. 🔊 [kuʀɔn].

**COURONNEMENT,** subst. m.
Action de couronner. – Cérémonie au
cours de laquelle on couronne un souverain. – Fig. Achèvement. 🔊 [kuʀɔnmɑ̃].

**COURONNER,** verbe trans. [3]
Coiffer d'une couronne. – Surmonter.
– Fig. Parfaire, achever. 🔊 [kuʀɔne].

**COURRIER,** subst. m.
Véhicule affecté au service postal. – Ensemble des lettres et des paquets acheminés par
la poste ; correspondance. 🔊 [kuʀje].

**COURROIE,** subst. f.
Bande de matière souple servant à lier ou
à transmettre un mouvement. 🔊 [kuʀwa].

**COURROUCER,** verbe trans. [4]
Fâcher profondément. 🔊 [kuʀuse].

**COURROUX,** subst. m.
Fureur d'une personne offensée. 🔊 [kuʀu].

**COURS,** subst. m.
Mouvement d'une eau à partir de sa
source ; longueur d'un cours d'eau.
– **Cours** *d'eau* : fleuve, rivière, etc. – Écoulement du temps ; durée. – Enseignement
d'une matière ; établissement scolaire.
– Prix de négociation d'une valeur. – Large
avenue. 🔊 [kuʀ].

**COURSE,** subst. f.
Action de courir. – Compétition sportive
de vitesse. – Sortie dans un but précis ; au
plur., emplettes. – Fig. Lutte pour atteindre
un objectif. – Plur. Compétitions hippi-
ques. 🔊 [kuʀs].

**COURSIER, IÈRE,** subst.
Employé transportant du courrier en ville,
gén. pour des entreprises. 🔊 [kuʀsje, -jɛʀ].

**COURSIVE,** subst. f.
Couloir étroit, dans un navire. 🔊 [kuʀsiv].

**COURT (I), COURTE,** adj. et adv.
De petite longueur. – De durée brève. – *Être*
*à* **court** *de* : être dépourvu de. 🔊 [kuʀ, kuʀt].

**COURT (II),** subst. m.
Terrain de tennis. 🔊 [kuʀ].

**COURT-BOUILLON,** subst. m.
Bouillon dans lequel on cuit du poisson
ou de la viande. 🔊 Plur. *courts-bouillons* ;
[kuʀbujɔ̃].

**COURT-CIRCUIT,** subst. m.
Incident sur un circuit électrique entraînant une rupture de courant. 🔊 Plur.
*courts-circuits* : [kuʀsiʀkɥi].

**COURTIER, IÈRE,** subst.
Agent servant d'intermédiaire dans des
transactions commerciales. 🔊 [kuʀtje, -jɛʀ].

**COURTISAN,** subst. m.
Homme attaché à la cour d'un monarque.
– Homme qui cherche à plaire par intérêt.
🔊 [kuʀtizɑ̃].

**COURTISANE,** subst. f.
Mondaine entretenue. 🔊 [kuʀtizan].

**COURTISER,** verbe trans. [3]
Flatter par intérêt. – Faire la cour à (une
femme). 🔊 [kuʀtize].

**COURT(-)MÉTRAGE,** subst. m.
Film qui dure gén. moins d'une demi-
heure. 🔊 Plur. *courts(-)métrages* : [kuʀmetʀa3].

**COURTOIS, OISE,** adj.
D'une politesse raffinée. 🔊 [kuʀtwa, -waz].

**COURTOISIE,** subst. f.
Civilité raffinée. 🔊 [kuʀtwazi].

**COUSCOUS,** subst. m.
Plat complet d'Afrique du Nord, à base de
semoule de blé et de ragoût. 🔊 [kuskus].

**COUSIN (I), INE**, subst.
Descendant, ou son conjoint, d'un oncle, d'une tante. 📖 [kuzɛ̃, -in].

**COUSIN (II)**, subst. m.
Variété de moustique. 📖 [kuzɛ̃].

**COUSSIN**, subst. m.
Enveloppe de tissu garnie de bourre, servant de siège ou d'ornement. 📖 [kusɛ̃].

**COÛT**, subst. m.
Valeur d'une chose. – Prix de revient d'un produit. 📖 [ku].

**COÛTANT**, adj. m.
*Prix coûtant* : prix équivalent au coût de fabrication. 📖 [kutɑ̃].

**COUTEAU**, subst. m.
Instrument tranchant formé d'une lame et d'un manche. – Mollusque bivalve des sables côtiers. 📖 [kuto].

**COUTELLERIE**, subst. f.
Fabrication des couteaux. – Lieu où ils sont fabriqués ou vendus. 📖 [kutɛlʀi].

**COÛTER**, verbe [3]
Intrans. Représenter une certaine dépense. – Fig. Être pénible. – Trans. Occasionner (qqch. de pénible). 📖 [kute].

**COUTUME**, subst. f.
Manière de vivre fixée par l'usage, la tradition. – Habitude. 📖 [kutym].

**COUTUMIER, IÈRE**, adj.
Qui a coutume (de faire qqch.). – Qui relève de l'habitude. 📖 [kutymje, -jɛʀ].

**COUTURE**, subst. f.
Action, art de coudre. – Assemblage de tissus cousus. – *Haute couture* : ensemble des grands couturiers. 📖 [kutyʀ].

**COUTURIER, IÈRE**, subst.
Ouvrier dont le métier est de coudre. – Masc. Créateur dirigeant une maison de couture. 📖 [kutyʀje, -jɛʀ].

**COUVÉE**, subst. f.
Ensemble des œufs couvés par un oiseau. – Nichée. 📖 [kuve].

**COUVENT**, subst. m.
Maison religieuse. 📖 [kuvɑ̃].

**COUVER**, verbe [3]
Trans. Pour un oiseau, maintenir (ses œufs) au chaud jusqu'à éclosion. – Fig. Protéger à l'excès. – Porter en germe : **Couver** *une maladie.* – Intrans. Être latent. 📖 [kuve].

**COUVERCLE**, subst. m.
Pièce fermant un récipient. 📖 [kuvɛʀkl].

**COUVERT, ERTE**, adj. et subst. m.
Adj. Pourvu d'un couvercle, d'un toit. – Vêtu. – *Ciel* **couvert** : nuageux. – Subst. Ce qui couvre : *À* **couvert**, à l'abri. – Ce dont on couvre la table pour le repas ; au plur., cuillères, fourchettes, couteaux. 📖 [kuvɛʀ, -ɛʀt].

**COUVERTURE**, subst. f.
Pièce d'étoffe, gén. de laine, destinée à tenir chaud. – Surface extérieure d'un toit. – Ce qui entoure et protège un livre, un cahier. – Fig. Protection ; garantie : **Couverture** *sociale.* 📖 [kuvɛʀtyʀ].

**COUVEUSE**, subst. f.
Femelle d'oiseau qui couve. – Appareil à couver les œufs. – Appareil où sont placés les nouveau-nés prématurés. 📖 [kuvøz].

**COUVRE-FEU**, subst. m.
Interdiction de sortir en dehors de certaines heures. 📖 Plur. *couvre-feux* ; [kuvʀəfø].

**COUVREUR**, subst. m.
Artisan spécialiste des toitures. 📖 [kuvʀœʀ].

**COUVRIR**, verbe trans. [27]
Mettre sur, pour orner, protéger, fermer, cacher. – Vêtir. – Être répandu sur. – Avoir pour étendue ; parcourir. – Dominer, étouffer (un son). – Garantir, protéger. – Compenser. – Pronom. S'habiller chaudement. – Se remplir (de). 📖 [kuvʀiʀ].

**COW-BOY**, subst. m.
Gardien de troupeaux de bovins, dans les ranchs américains. 📖 Plur. *cow-boys* ; [kobɔj].

**COYOTE**, subst. m.
Mammifère carnivore d'Amérique du Nord, proche du chacal. 📖 [kɔjɔt].

**CRABE**, subst. m.
Crustacé portant gén. une paire de grosses pinces. 📖 [kʀɑb].

**CRACHAT**, subst. m.
Mucosité rejetée par la bouche. 📖 [kʀaʃa].

**CRACHER**, verbe [3]
Intrans. Expectorer des crachats ; éclabousser. – Trans. Rejeter (qqch.) par la bouche. 📖 [kʀaʃe].

**CRACHIN**, subst. m.
Pluie fine et persistante. 📖 [kʀaʃɛ̃].

**CRACK**, subst. m.
Champion (fam.). 📖 [kʀak].

**CRAIE**, subst. f.
Roche calcaire blanche, friable. – Bâton fait de cette roche, servant à écrire au tableau, sur un tissu, etc. 📖 [kʀɛ].

**CRAINDRE**, verbe trans. [54]
Éprouver de la crainte devant (qqch. ou qqn). – Risquer d'être affecté par : **Craindre** *le gel.* 📖 [kʀɛ̃dʀ].

**CRAINTE**, subst. f.
Sentiment d'inquiétude, de peur. 📖 [kʀɛ̃t].

**CRAINTIF, IVE**, adj.
Porté à la crainte. 📖 [kʀɛ̃tif, -iv].

**CRAMOISI, IE**, adj.
De couleur rouge sombre. 📖 [kʀamwazi].

**CRAMPE**, subst. f.
Contraction musculaire subite et douloureuse. 📖 [kʀɑ̃p].

**CRAMPON**, subst. m.
Crochet métallique. – Élément fixé sous la chaussure pour en améliorer l'adhérence. 🕮 [kʀɑ̃pɔ̃].

**CRAMPONNER**, verbe trans. [3]
Fixer par un crampon. – Pronom. S'accrocher avec force. 🕮 [kʀɑ̃pɔne].

**CRAN**, subst. m.
Entaille faite dans un corps dur pour qu'un élément vienne y buter. – Ondulation des cheveux. – Fig. Degré, rang. – Fam. Courage. – *Être à cran* : être exaspéré. 🕮 [kʀɑ̃].

**CRÂNE**, subst. m.
Boîte osseuse contenant le cerveau. – La tête. 🕮 [kʀɑn].

**CRÂNER**, verbe intrans. [3]
Fam. Se donner un air brave. – Manifester de la vanité. 🕮 [kʀɑne].

**CRAPAUD**, subst. m.
Amphibien insectivore, à peau pustuleuse. – Défaut à l'intérieur d'un diamant. 🕮 [kʀapo].

**CRAPULE**, subst. f.
Individu malhonnête. 🕮 [kʀapyl].

**CRAQUELER**, verbe trans. [12]
Faire des craquelures sur. – Pronom. Se fendiller. 🕮 [kʀakle].

**CRAQUELURE**, subst. f.
Fendillement d'une surface. 🕮 [kʀaklyʀ].

**CRAQUEMENT**, subst. m.
Bruit sec de qqch. qui craque. 🕮 [kʀakmɑ̃].

**CRAQUER**, verbe [3]
Intrans. Produire un bruit sec. – Se rompre, se déchirer. – Fig. S'effondrer moralement ; ne pas résister. – Trans. Faire céder (qqch.). 🕮 [kʀake].

**CRASH**, subst. m.
Écrasement au sol d'un avion. 🕮 Plur. *crash(e)s* ; [kʀaʃ].

**CRASSE**, subst. f.
Couche de saleté. – Mauvais tour (fam.). 🕮 [kʀas].

**CRASSEUX, EUSE**, adj. et subst.
Qui est couvert de crasse. 🕮 [kʀasø, -øz].

**CRATÈRE**, subst. m.
Orifice d'un volcan. – Dépression due à l'impact d'une bombe, d'une météorite. 🕮 [kʀatɛʀ].

**CRAVACHE**, subst. f.
Baguette souple des cavaliers. 🕮 [kʀavaʃ].

**CRAVACHER**, verbe [3]
Trans. Frapper avec une cravache. – Intrans. Travailler dur (fam.). 🕮 [kʀavaʃe].

**CRAVATE**, subst. f.
Bande d'étoffe nouée autour du col d'une chemise d'homme. 🕮 [kʀavat].

**CRAWL**, subst. m.
Nage ventrale rapide à mouvements alternés des bras et des jambes. 🕮 [kʀol].

**CRAYEUX, EUSE**, adj.
Qui contient de la craie. – Qui a l'aspect de la craie. 🕮 [kʀɛjø, -øz].

**CRAYON**, subst. m.
Mine gainée de bois servant à écrire ou à dessiner. 🕮 [kʀɛjɔ̃].

**CRAYONNER**, verbe trans. [3]
Dessiner à la hâte au crayon. 🕮 [kʀɛjɔne].

**CRÉANCE**, subst. f.
Confiance accordée. – Droit d'exiger le paiement d'une dette ; document qui prouve ce droit. 🕮 [kʀeɑ̃s].

**CRÉANCIER, IÈRE**, subst.
Personne qui détient une créance ; à qui l'on doit de l'argent. 🕮 [kʀeɑ̃sje, -jɛʀ].

**CRÉATEUR, TRICE**, subst.
Personne qui crée, qui innove, dans le domaine artistique, intellectuel, etc. – Personne qui interprète pour la première fois un rôle, une chanson, etc. – Empl. adj. *Esprit créateur*. 🕮 [kʀeatœʀ, -tʀis].

**CRÉATIF, IVE**, adj.
Qui a des dons pour créer. 🕮 [kʀeatif, -iv].

**CRÉATION**, subst. f.
Action de créer, de tirer du néant. – Ce qui est créé. 🕮 [kʀeasjɔ̃].

**CRÉATIVITÉ**, subst. f.
Faculté de créer, d'innover. 🕮 [kʀeativite].

**CRÉATURE**, subst. f.
Être humain. – *Relig.* Tout être créé par Dieu. – Fig. Personne soumise, dépendante d'une autre (péj.). 🕮 [kʀeatyʀ].

**CRÉCELLE**, subst. f.
Moulinet en bois tournant bruyamment. – Fig. *Voix de crécelle* : criarde. 🕮 [kʀesɛl].

**CRÈCHE**, subst. f.
Décor figurant la Nativité. – Lieu de garderie des tout-petits. 🕮 [kʀɛʃ].

**CRÉDIBILITÉ**, subst. f.
Caractère de ce ou de celui qui peut être cru. 🕮 [kʀedibilite].

**CRÉDIT**, subst. m.
Confiance, estime acquise. – Réputation d'être solvable. – Délai de paiement. – Prêt bancaire. – Organisme de prêt. 🕮 [kʀedi].

**CRÉDITER**, verbe trans. [3]
Affecter une somme au crédit de (qqn, un compte). 🕮 [kʀedite].

**CRÉDITEUR, TRICE**, adj. et subst.
Qui possède un crédit, un solde positif. 🕮 [kʀeditœʀ, -tʀis].

**CREDO**, subst. m.
Prière affirmant la foi chrétienne. – Fondement d'une opinion. 🕮 [kʀedo].

**CRÉDULE**, adj.
Prompt à tout croire. 🕮 [kʀedyl].

**CRÉDULITÉ**, subst. f.
Propension à tout croire. 🕮 [kʀedylite].

**CRÉER**, verbe trans. [7]
Faire exister à partir du néant. – Réaliser, inventer. – Fonder, construire. – Incarner pour la première fois (un rôle). – Occasionner : Créer un besoin. 🐚 [kʀee].

**CRÉMAILLÈRE**, subst. f.
Tige de fer crantée à laquelle on suspend une marmite dans l'âtre. 🐚 [kʀemajeʀ].

**CRÉMATORIUM**, subst. m.
Bâtiment où l'on incinère les défunts. 🐚 [kʀematɔʀjɔm].

**CRÈME**, subst. f.
Matière grasse du lait. – Entremets, potage ou liqueur. – Onguent pour la peau. – Fig. Le meilleur du genre (fam.). 🐚 [kʀɛm].

**CRÉMERIE**, subst. f.
Commerce du crémier. 🐚 [kʀemʀi].

**CRÉMEUX, EUSE**, adj.
Qui contient beaucoup de crème. – Qui a l'aspect de la crème. 🐚 [kʀemø, -øz].

**CRÉMIER, IÈRE**, subst.
Personne qui tient un commerce de produits laitiers et d'œufs. 🐚 [kʀemje, -jeʀ].

**CRÉMONE**, subst. f.
Système de verrouillage vertical d'une fenêtre, d'une porte. 🐚 [kʀemɔn].

**CRÉNEAU**, subst. m.
Découpe dentelée dans le haut d'un mur. – Espace ou temps disponible. – Secteur à exploiter. 🐚 [kʀeno].

**CRÉNELER**, verbe trans. [12]
Munir de créneaux. – Tailler en ménageant des crans. 🐚 [kʀen(ə)le].

**CRÉOLE**, adj. et subst.
Se dit d'une personne de souche européenne née aux Antilles ou à la Réunion. – Subst. masc. Langue parlée dans ces îles. 🐚 [kʀeɔl].

**CRÊPE (I)**, subst. m.
Étoffe légère et gaufrée. – Latex de caoutchouc gaufré : Semelles de crêpe. 🐚 [kʀɛp].

**CRÊPE (II)**, subst. f.
Fine galette à base d'œufs, de lait et de farine de blé ou de sarrasin. 🐚 [kʀɛp].

**CRÊPERIE**, subst. f.
Lieu où l'on vend et où l'on consomme des crêpes (II). 🐚 [kʀepʀi].

**CRÉPI**, subst. m.
Enduit non lissé que l'on projette sur un mur. 🐚 [kʀepi].

**CRÉPITEMENT**, subst. m.
Succession de bruits secs. 🐚 [kʀepitmã].

**CRÉPITER**, verbe intrans. [3]
Émettre un bruit sec et répété. 🐚 [kʀepite].

**CRÉPON**, subst. m.
Tissu de crêpe épais. – Papier crépon : papier gaufré. 🐚 [kʀepɔ̃].

**CRÉPU, UE**, adj.
Frisé en boucles très serrées. 🐚 [kʀepy].

**CRÉPUSCULE**, subst. m.
Aube (vx). – Tombée du jour. – Fig. Déclin. 🐚 [kʀepyskyl].

**CRESCENDO**, subst. m. et adv.
Adv. En s'intensifiant peu à peu. – Subst. Augmentation progressive. 🐚 [kʀeʃendo].

**CRESSON**, subst. m.
Plante dont les feuilles, à saveur piquante, sont comestibles. 🐚 [kʀəsɔ̃] ou [kʀesɔ̃].

**CRÊTE**, subst. f.
Saillie charnue sur la tête de certains oiseaux. – Ligne de faîte, sommet. 🐚 [kʀɛt].

**CRÉTIN, INE**, adj. et subst.
Niais, idiot (fam.). 🐚 [kʀetɛ̃, -in].

**CREUSER**, verbe trans. [3]
Faire un creux dans ; évider. – Donner une forme incurvée à : Creuser les reins. – Fig. Approfondir. 🐚 [kʀøze].

**CREUSET**, subst. m.
Récipient utilisé pour fondre des substances. – Partie d'un haut fourneau où coule le métal en fusion. 🐚 [kʀøze].

**CREUX, CREUSE**, adj. et subst. m.
Adj. Vide ; évidé. – Présentant une cavité. – Fig. Vide de sens, d'intérêt. – Subst. Cavité, partie concave. 🐚 [kʀø, kʀøz].

**CREVAISON**, subst. f.
Fait de crever (pour un pneu). – Son résultat. 🐚 [kʀəvezɔ̃].

**CREVASSE**, subst. f.
Fissure profonde dans une surface. – Fissure de la peau irritée. 🐚 [kʀəvas].

**CRÈVE-CŒUR**, subst. m. inv.
Ce qui fend le cœur. 🐚 [kʀɛvkœʀ].

**CREVER**, verbe [10]
Trans. Faire éclater. – Fig. Cela crève les yeux : c'est évident. – Intrans. Se rompre sous la tension. – Fam. Ressentir intensément : Crever de faim. – Mourir. 🐚 [kʀəve].

**CREVETTE**, subst. f.
Petit crustacé décapode marin, gén. comestible. 🐚 [kʀəvet].

**CRI**, subst. m.
Son inarticulé et perçant traduisant un sentiment, une sensation : Cri de peur, de joie. – Appel, manifestation d'une opinion à voix haute. – Son émis par un animal, caractéristique de son espèce. 🐚 [kʀi].

**CRIANT, ANTE**, adj.
D'un caractère évident. 🐚 [kʀijã, -ãt].

**CRIARD, ARDE**, adj.
Qui crie souvent. – Dont le son blesse l'oreille. – Qui heurte la vue. 🐚 [kʀijaʀ, -aʀd].

**CRIBLE**, subst. m.
Objet à fond plat percé de trous, qui sert à tamiser. 🐚 [kʀibl].

**CRIBLER**, verbe trans. [3]
Passer au crible. – Percer de nombreux trous. – Fig. Assaillir : Cribler de coups. 🐚 [kʀible].

**CRIC**, subst. m.
Instrument à crémaillère servant à soulever des charges pesantes. ⊠ [kʀik].

**CRICKET**, subst. m.
Jeu anglais qui se pratique avec une balle et des battes de bois. ⊠ [kʀikɛt].

**CRIÉE**, subst. f.
Vente publique aux enchères. ⊠ [kʀije].

**CRIER**, verbe [6]
Intrans. Lancer un cri ou des cris. – Hausser le ton, sous l'effet de la colère. – Pousser son cri (pour un animal). – Dénoncer : **Crier** à l'injustice. – Trans. Énoncer à voix forte. – Proclamer. ⊠ [kʀije].

**CRIME**, subst. m.
Violation grave des lois ; meurtre. – Action répréhensible. ⊠ [kʀim].

**CRIMINALITÉ**, subst. f.
Ensemble des actes criminels dans une société donnée, à une époque déterminée. ⊠ [kʀiminalite].

**CRIMINEL, ELLE**, adj. et subst.
Qui enfreint les lois sociales, morales ou religieuses. – Qui a commis un crime. ⊠ [kʀiminɛl].

**CRIN**, subst. m.
Poil long de la queue ou du cou de certains animaux, en partic. du cheval. – **Crin** végétal : fibre végétale. ⊠ [kʀɛ̃].

**CRINIÈRE**, subst. f.
Ensemble des crins poussant à l'encolure d'un lion, d'un cheval. ⊠ [kʀinjɛʀ].

**CRINOLINE**, subst. f.
Ample jupon à armature métallique faisant bouffer la robe. ⊠ [kʀinɔlin].

**CRIQUE**, subst. f.
Géogr. Petite baie. ⊠ [kʀik].

**CRIQUET**, subst. m.
Insecte migrateur, herbivore, volant et sauteur, très vorace. ⊠ [kʀikɛ].

**CRISE**, subst. f.
Altération rapide, brève et intense de la santé : **Crise** cardiaque. – Réaction émotionnelle subite : **Crise** de larmes. – Accès d'ardeur. – Fig. Période difficile de la vie d'un individu ou d'une société. ⊠ [kʀiz].

**CRISPATION**, subst. f.
Contraction involontaire, musculaire ou nerveuse. ⊠ [kʀispasjɔ̃].

**CRISPER**, verbe trans. [3]
Contracter. – Fig. Irriter. ⊠ [kʀispe].

**CRISSER**, verbe intrans. [3]
Émettre un grincement aigu. ⊠ [kʀise].

**CRISTAL, AUX**, subst. m.
Solide dont les atomes sont répartis avec une régularité géométrique : **Cristaux** de glace. – Verre très limpide, rendant un son très pur ; objet de **cristal**. ⊠ [kʀistal].

**CRISTALLIN, INE**, adj. et subst. m.
Adj. Propre au cristal. – Pur. – Subst. Anat. Lentille biconvexe transparente située dans l'œil. ⊠ [kʀistalɛ̃, -in].

**CRISTALLISER**, verbe [3]
Trans. Amener à l'état de cristal. – Fig. Concrétiser. – Intrans. et pronom. Passer à l'état de cristal. – Fig. Se concentrer, prendre corps. ⊠ [kʀistalize].

**CRITÈRE**, subst. m.
Ce qui sert de référence à un jugement. ⊠ [kʀitɛʀ].

**CRITIQUE (I)**, adj.
Propre à une crise ; qui détermine l'issue d'une maladie. – Décisif, grave. ⊠ [kʀitik].

**CRITIQUE (II)**, adj. et subst.
Subst. Écrivain, journaliste qui pratique l'art de la **critique**. – Fém. Jugement de valeur. – Art de juger une œuvre littéraire ou artistique. – Ensemble des journalistes qui pratiquent cet art ; leur verdict. – Jugement sévère. – Adj. Qui fait la **critique** (de). – Esprit **critique** : qui n'admet rien sans examen préalable ou (péj.) qui dénigre. ⊠ [kʀitik].

**CRITIQUER**, verbe trans. [3]
Juger. – Émettre un jugement négatif, malveillant sur (qqn ou qqch.). ⊠ [kʀitike].

**CROASSER**, verbe intrans. [3]
Pousser son cri (croassement), en parlant d'un corbeau, d'une corneille. ⊠ [kʀɔase].

**CROC**, subst. m.
Canine des carnassiers. ⊠ [kʀo].

**CROC-EN-JAMBE**, subst. m.
Action de faire tomber qqn en glissant un pied entre ses jambes. ⊠ Plur. crocs-en-jambe ; [kʀɔkɑ̃ʒɑ̃b].

**CROCHE**, subst. f.
Note de musique dont la durée vaut la moitié de celle d'une noire. ⊠ [kʀɔʃ].

**CROCHET**, subst. m.
Instrument métallique recourbé servant à accrocher qqch à soi. – Aiguille servant à tricoter ou à faire de la dentelle. – Dent de serpent venimeux. – Signe de ponctuation indiquant une incise. – Fig. Détour. – Coup de poing. ⊠ [kʀɔʃɛ].

**CROCHETER**, verbe trans. [13]
Déverrouiller (une serrure) avec un crochet. – Faire (un ouvrage) au crochet (tricot, dentelle). ⊠ [kʀɔʃte].

**CROCHU, UE**, adj.
Recourbé en forme de crochet. ⊠ [kʀɔʃy].

**CROCODILE**, subst. m.
Grand reptile aux mâchoires puissantes, qui vit dans les cours d'eau et les marécages des régions chaudes. ⊠ [kʀɔkɔdil].

**CROIRE**, verbe [71]
Trans. Admettre comme vrai. – Considérer comme probable ; supposer. – **Croire** à, en :

tenir pour certaine l'existence de (qqn ou qqch.). – Se fier à. – Intrans. Avoir la foi. 🔊 [kʀwaʀ].

**CROISADE**, subst. f.
*Hist.* Expédition des chrétiens d'Occident contre les musulmans de Terre sainte. – Fig. Action visant à mobiliser l'opinion publique. 🔊 [kʀwazad].

**CROISÉ**, subst. m.
Celui qui partait en croisade. 🔊 [kʀwaze].

**CROISÉE**, subst. f.
Point d'intersection de plusieurs voies. – Partie vitrée d'une fenêtre ; la fenêtre elle-même. 🔊 [kʀwaze].

**CROISEMENT**, subst. m.
Action d'entrecroiser, de se croiser. – Reproduction par union de deux individus d'espèce, de variété voisines. 🔊 [kʀwazmã].

**CROISER**, verbe [3]
Trans. Former une intersection avec (qqch.). – Disposer en croix. – Rencontrer. – Intrans. Aller et venir dans un même secteur, pour un navire. 🔊 [kʀwaze].

**CROISEUR**, subst. m.
Navire de guerre. 🔊 [kʀwazœʀ].

**CROISIÈRE**, subst. f.
Voyage touristique en bateau. 🔊 [kʀwazjɛʀ].

**CROISILLON**, subst. m.
Traverse d'une croix, d'une croisée. – Pièce en forme de croix. 🔊 [kʀwazijõ].

**CROISSANCE**, subst. f.
Fait de croître, d'augmenter, de grandir : **Croissance** *d'un enfant* ; **Croissance** *économique*, essor. 🔊 [kʀwasãs].

**CROISSANT**, subst. m.
Forme échancrée de la Lune avant son premier ou après son dernier quartier. – Pâtisserie de pâte feuilletée. 🔊 [kʀwasã].

**CROÎTRE**, verbe intrans. [72]
Grandir, pousser. – Augmenter. 🔊 [kʀwatʀ̩].

**CROIX**, subst. f.
Instrument de supplice fait de deux pièces de bois croisées. – Symbole chrétien. – Signe ou objet fait de deux traits, de deux branches qui se croisent. – Décoration. 🔊 [kʀwa].

**CROQUE-MITAINE**, subst. m.
Monstre des contes de fées. 🔊 Plur. *croque-mitaines* ; [kʀɔkmitɛn].

**CROQUE-MORT**, subst. m.
Employé des pompes funèbres. 🔊 Plur. *croque-morts* ; [kʀɔkmɔʀ].

**CROQUER**, verbe [3]
Intrans. Produire un bruit sec sous les dents. – Trans. Mordre dans (un aliment craquant). – Faire une esquisse rapide de. 🔊 [kʀɔke].

**CROQUET**, subst. m.
Jeu consistant à pousser des boules avec un maillet sous des arceaux. 🔊 [kʀɔkɛ].

**CROQUETTE**, subst. f.
Boulette panée et frite. 🔊 [kʀɔkɛt].

**CROQUIS**, subst. m.
Dessin à grands traits constituant une représentation simplifiée. 🔊 [kʀɔki].

**CROSS**, subst. m. inv.
Course à pied en terrain difficile. 🔊 [kʀɔs].

**CROSSE**, subst. f.
Long bâton à l'extrémité incurvée. – Partie d'une arme par laquelle on la tient ou on l'épaule. 🔊 [kʀɔs].

**CROTALE**, subst. m.
Serpent venimeux d'Amérique, également appelé serpent à sonnette. 🔊 [kʀɔtal].

**CROTTE**, subst. f.
Excrément solide. 🔊 [kʀɔt].

**CROTTIN**, subst. m.
Excrément de cheval. – Petit fromage de chèvre rond. 🔊 [kʀɔtɛ̃].

**CROULER**, verbe intrans. [3]
S'affaisser, s'effondrer. 🔊 [kʀule].

**CROUPE**, subst. f.
Partie postérieure de certains animaux, en partic. du cheval. 🔊 [kʀup].

**CROUPIER**, subst. m.
Responsable d'une table de jeu, au casino. 🔊 [kʀupje].

**CROUPION**, subst. m.
Saillie postérieure du corps des oiseaux, qui porte les plumes de la queue. 🔊 [kʀupjõ].

**CROUPIR**, verbe intrans. [19]
Stagner et pourrir, en parlant d'un liquide. – Demeurer dans un état dégradant. 🔊 [kʀupiʀ].

**CROUSTILLER**, verbe intrans. [3]
Craquer sous la dent. 🔊 [kʀustije].

**CROÛTE**, subst. f.
Enveloppe dure de la mie du pain, du fromage. – Couche durcie ; sang séché. – Mauvais tableau (fam.). 🔊 [kʀut].

**CROÛTON**, subst. m.
Chacune des deux extrémités d'un pain. 🔊 [kʀutõ].

**CROYABLE**, adj.
Qui peut être cru. 🔊 [kʀwajabl̩].

**CROYANCE**, subst. f.
Fait de croire. – Ce à quoi l'on croit. 🔊 [kʀwajãs].

**CROYANT, ANTE**, adj. et subst.
Qui a la foi. 🔊 [kʀwajã, -ãt].

**C.R.S.**, subst. m.
Policier membre d'une compagnie républicaine de sécurité. 🔊 [seɛʀɛs].

**CRU (I)**, subst. m.
Vignoble d'une région. – Son vin. 🔊 [kʀy].

**CRU (II), UE, adj.**
Qui n'est pas cuit. – À l'état brut. – Fig.
Violent : *Lumière* **crue**. – Direct ; choquant.
🔊 [kʀy].

**CRUAUTÉ, subst. f.**
Tendance à faire du mal. – Acte cruel.
– Dureté : *La* **cruauté** *du sort*. 🔊 [kʀyote].

**CRUCHE, subst. f.**
Pot renflé doté d'une anse et d'un bec.
– Fig. Personne sotte (fam.). 🔊 [kʀyʃ].

**CRUCIAL, ALE, AUX, adj.**
Décisif, essentiel. 🔊 [kʀysjal].

**CRUCIFIER, verbe trans. [6]**
Infliger le supplice de la croix à. 🔊 [kʀysifje].

**CRUCIFIX, subst. m.**
Objet religieux en forme de croix, qui
représente le Christ crucifié. 🔊 [kʀysifi].

**CRUCIFORME, adj.**
Qui a la forme d'une croix. 🔊 [kʀysifɔʀm̩].

**CRUCIVERBISTE, subst.**
Amateur de mots croisés. 🔊 [kʀysivɛʀbist].

**CRUDITÉ, subst. f.**
Qualité de ce qui est cru. – Plur. Légumes
servis crus en salade. 🔊 [kʀydite].

**CRUE, subst. f.**
Montée des eaux d'une rivière. 🔊 [kʀy].

**CRUEL, ELLE, adj.**
Qui éprouve du plaisir à faire souffrir.
– Qui provoque une souffrance. 🔊 [kʀyɛl].

**CRÛMENT, adv.**
D'une manière directe, sans précaution.
🔊 [kʀymɑ̃].

**CRUSTACÉ, subst. m.**
Animal aquatique à carapace (crevette,
homard, etc.). – Plur. La classe correspondante. 🔊 [kʀystase].

**CRYO-, préfixe**
Préfixe signifiant « froid » : **Cryo**gène, qui
produit du froid. 🔊 [kʀijo-].

**CRYPTE, subst. f.**
Chapelle, caveau souterrains. 🔊 [kʀipt].

**CRYPTO-, préfixe**
Préfixe signifiant « caché » : **Crypto**graphie,
technique de chiffrement des écritures.
🔊 [kʀipto-].

**CUBE, subst. m.**
Solide à six faces carrées égales. – **Cube**
*d'un nombre* : produit d'un nombre multiplié trois fois par lui-même. 🔊 [kyb].

**CUBISME, subst. m.**
Mouvement artistique né en 1907 qui
décompose les objets représentés en éléments géométriques. 🔊 [kybism̩].

**CUBITUS, subst. m.**
L'un des deux os de l'avant-bras (l'autre
étant le radius). 🔊 [kybitys].

**CUCURBITACÉE, subst. f.**
Plante à tige rampante et à fruit volu-

mineux, telle que la citrouille, le melon,
la courgette. – Plur. La famille correspondante. 🔊 [kykyʀbitase].

**CUEILLETTE, subst. f.**
Action de cueillir. – Récolte. 🔊 [kœjɛt].

**CUEILLIR, verbe trans. [30]**
Détacher (une fleur, un fruit) de la tige,
de la branche. – Ramasser, prendre.
🔊 [kœjiʀ].

**CUILLÈRE, subst. f.**
Ustensile de table formé d'un manche et
d'une partie creuse. – Cuillerée. 🔊 On écrit
aussi *cuiller* ; [kɥijɛʀ].

**CUILLERÉE, subst. f.**
Contenu d'une cuillère. 🔊 [kɥij(e)ʀe].

**CUIR, subst. m.**
Peau d'animal. – Peau tannée. – **Cuir**
*chevelu* : peau du crâne, chez l'homme.
🔊 [kɥiʀ].

**CUIRASSE, subst. f.**
Armure recouvrant la poitrine. 🔊 [kɥiʀas].

**CUIRASSÉ, ÉE, adj. et subst. m.**
Adj. Qui a revêtu une cuirasse. – Blindé.
– Fig. Endurci, indifférent. – Subst. Navire
de guerre. 🔊 [kɥiʀase].

**CUIRASSIER, subst. m.**
Soldat de cavalerie lourde. 🔊 [kɥiʀasje].

**CUIRE, verbe [69]**
Exposer ou être exposé au feu, à la
chaleur, en vue d'une transformation.
🔊 [kɥiʀ].

**CUISANT, ANTE, adj.**
Douloureux, vif : *Blessure* **cuisante** ; au fig. :
*Échec* **cuisant**. 🔊 [kɥizɑ̃, -ɑ̃t].

**CUISINE, subst. f.**
Art, action d'accommoder les aliments ;
aliments préparés. – Pièce où l'on prépare
les aliments. 🔊 [kɥizin].

**CUISINER, verbe [3]**
Trans. Apprêter (la nourriture). – Intrans.
Faire la cuisine. 🔊 [kɥizine].

**CUISINIER, IÈRE, subst.**
Personne qui cuisine. – Fém. Appareil de
cuisine, composé d'un four et de plaques
de cuisson. 🔊 [kɥizinje, -jɛʀ].

**CUISSE, subst. f.**
Partie du corps comprise entre la hanche
et le genou. 🔊 [kɥis].

**CUISSON, subst. f.**
Action, façon de faire cuire. 🔊 [kɥisɔ̃].

**CUISTRE, subst. m.**
Personne pédante et prétentieuse.
🔊 [kɥistʀ̩].

**CUIVRE, subst. m.**
Métal ocre rouge malléable et conducteur.
– Objet ou instrument en **cuivre**.
🔊 [kɥivʀ̩].

**CUL, subst. m.**
Postérieur, fesses (fam.) – Fond d'un objet :
**Cul** *de bouteille*. 🔊 [ky].

**CULASSE**, subst. f.
Partie supérieure amovible de la chambre de combustion d'un moteur. – Pièce articulée qui obture l'arrière du canon d'une arme à feu. 🔊 [kylas].

**CULBUTE**, subst. f.
Cabriole. – Chute brutale la tête la première, ou à la renverse. 🔊 [kylbyt].

**CULBUTER**, verbe [3]
Intrans. Faire une chute. – Trans. Renverser, causer la chute de. 🔊 [kylbyte].

**CUL-DE-JATTE**, subst. m.
Infirme privé de jambes. 🔊 Plur. *culs-de-jatte* ; [kydʒat].

**CUL-DE-SAC**, subst. m.
Passage sans issue, impasse. 🔊 Plur. *culs-de-sac* ; [kydsak].

**CULINAIRE**, adj.
Qui concerne la cuisine. 🔊 [kylinɛʀ].

**CULMINER**, verbe intrans. [3]
Atteindre son point le plus haut. – Fig. Être à son comble. 🔊 [kylmine].

**CULOT**, subst. m.
Extrémité inférieure, fond d'un objet creux. – Résidu, reste. – Audace effrontée (fam.). 🔊 [kylo].

**CULOTTE**, subst. f.
Pantalon allant de la taille aux genoux. – Sous-vêtement féminin, slip. 🔊 [kylɔt].

**CULOTTÉ, ÉE**, adj.
Qui a de l'audace (fam.). 🔊 [kylote].

**CULPABILISER**, verbe [3]
Trans. Engendrer un sentiment de culpabilité chez. – Intrans. Ressentir de la culpabilité. 🔊 [kylpabilize].

**CULPABILITÉ**, subst. f.
État d'une personne qui est ou se sent coupable de qqch. 🔊 [kylpabilite].

**CULTE**, subst. m.
Ensemble de pratiques religieuses. – Fig. Vénération extrême. 🔊 [kylt].

**CULTIVATEUR, TRICE**, subst.
Personne qui cultive la terre, qui dirige une exploitation agricole. 🔊 [kyltivatœʀ, -tʀis].

**CULTIVER**, verbe trans. [3]
Faire fructifier (le sol). – Faire pousser, entretenir (des plantes). – Fig. Développer (ses capacités). – Pronom. Approfondir ses connaissances, sa culture. 🔊 [kyltive].

**CULTURE**, subst. f.
Action de cultiver le sol. – Ensemble des connaissances. – Ensemble des modes de vie, des traditions d'une société. 🔊 [kyltyʀ].

**CULTUREL, ELLE**, adj.
Qui a trait à la culture de l'esprit, à l'héritage d'une société. 🔊 [kyltyʀɛl].

**CULTURISME**, subst. m.
Exercice physique développant la musculature. 🔊 [kyltyʀism].

**CUMIN**, subst. m.
Plante originaire du Moyen-Orient, dont la graine sert de condiment. 🔊 [kymɛ̃].

**CUMUL**, subst. m.
Action de cumuler. 🔊 [kymyl].

**CUMULER**, verbe trans. [3]
Avoir en même temps (plusieurs fonctions, plusieurs titres). 🔊 [kymyle].

**CUMULUS**, subst. m.
Nuage blanc arrondi, qui se forme par beau temps. 🔊 [kymylys].

**CUNÉIFORME**, adj.
En forme de coin. – *Écriture* **cunéiforme** : ancienne écriture perse à signes triangulaires. 🔊 [kyneifɔʀm].

**CUPIDITÉ**, subst. f.
Désir excessif d'argent. 🔊 [kypidite].

**CUPRIFÈRE**, adj.
Qui renferme du cuivre. 🔊 [kypʀifɛʀ].

**CUPULE**, subst. f.
Petite pièce ou organe en forme de coupe. 🔊 [kypyl].

**CURABLE**, adj.
Qui peut être guéri. 🔊 [kyʀabl].

**CURARE**, subst. m.
Poison végétal mortel. 🔊 [kyʀaʀ].

**CURATIF, IVE**, adj.
Qui guérit les maladies. 🔊 [kyʀatif, -iv].

**CURE (I)**, subst. f.
Traitement de certaines affections. – *N'avoir* **cure** *de* : ne pas se soucier de. 🔊 [kyʀ].

**CURE (II)**, subst. f.
Fonction du curé. – Presbytère. 🔊 [kyʀ].

**CURÉ**, subst. m.
Prêtre catholique. 🔊 [kyʀe].

**CURE-DENT(S)**, subst. m.
Bâtonnet pointu servant à se curer les dents. 🔊 Plur. *cure-dents* ; [kyʀdã].

**CURÉE**, subst. f.
Partie de l'animal qu'on donne aux chiens après la chasse. – Le moment où on le fait. – Fig. Lutte acharnée. 🔊 [kyʀe].

**CURER**, verbe trans. [3]
Nettoyer en grattant, en raclant. 🔊 [kyʀe].

**CURIEUX, IEUSE**, adj. et subst.
Qui fait preuve de curiosité. – Adj. Bizarre. 🔊 [kyʀjø, -jøz].

**CURIOSITÉ**, subst. f.
Désir d'apprendre des choses nouvelles. – Désir indiscret de savoir. – Objet bizarre. 🔊 [kyʀjozite].

**CURISTE**, subst.
Personne qui fait une cure dans une station thermale. 🔊 [kyʀist].

**CURRICULUM VITAE**, subst. m. inv.
Récapitulatif de l'état civil, de la formation et du parcours professionnel d'un postulant (abrév. *C.V.*). 🔊 [kyʀikylɔmvite].

**CURRY**, subst. m.
Épice indienne. – Mets préparé avec cette épice. 📷 [kyʀi].

**CURSEUR**, subst. m.
Repère coulissant sur un support gradué. 📷 [kyʀsœʀ].

**CURSIF, IVE**, adj.
Se dit d'un tracé délié et rapide. – Fig. Bref, rapide. 📷 [kyʀsif -iv].

**CURSUS**, subst. m.
Cycle universitaire complet. 📷 [kyʀsys].

**CURVILIGNE**, adj.
Qui est formé de lignes courbes. 📷 [kyʀviliɲ].

**CUTANÉ, ÉE**, adj.
Qui a trait à la peau. 📷 [kytane].

**CUTICULE**, subst. f.
Fine membrane : *La cuticule de l'ongle.* 📷 [kytikyl].

**CUTTER**, subst. m.
Instrument à lame coulissante servant à couper le papier, la moquette. 📷 [kœtœʀ] ou [kytɛʀ].

**CUVE**, subst. f.
Réservoir, grand récipient. 📷 [kyv].

**CUVÉE**, subst. f.
Contenu d'une cuve. – Produit de toute une vigne : *Cuvée 1982.* 📷 [kyve].

**CUVETTE**, subst. f.
Récipient à usage domestique. – Partie creuse d'un lavabo, d'un W.-C. – *Géogr.* Dépression. 📷 [kyvɛt].

**CYANOSE**, subst. f.
Coloration bleuâtre de la peau due à une insuffisance d'oxygénation du sang. 📷 [sjanoz].

**CYANURE**, subst. m.
Poison violent. 📷 [sjanyʀ].

**CYBERNÉTIQUE**, subst. f.
Science des procédures de commande et de communication. 📷 [sibɛʀnetik].

**CYCLABLE**, adj.
Réservé aux cyclistes. 📷 [siklabl].

**CYCLAMEN**, subst. m.
Plante ornementale à fleurs roses ou blanches. 📷 [siklamɛn].

**CYCLE (I)**, subst. m.
Suite de phénomènes ou d'événements se répétant toujours dans le même ordre. – Années d'études constituant une division de l'enseignement scolaire et universitaire. 📷 [sikl].

**CYCLE (II)**, subst. m.
Véhicule à deux ou à trois roues. 📷 [sikl].

**CYCLIQUE**, adj.
Qui se répète périodiquement. 📷 [siklik].

**CYCLISME**, subst. m.
Sport de la bicyclette. 📷 [siklism].

**CYCLISTE**, adj. et subst.
*Adj.* Relatif au cyclisme. – *Subst.* Personne qui se déplace à vélo, qui pratique le cyclisme. 📷 [siklist].

**CYCLOMOTEUR**, subst. m.
Vélo à moteur. 📷 [siklomotœʀ].

**CYCLONE**, subst. m.
Violente perturbation atmosphérique, tourbillon de vents. 📷 [siklon].

**CYCLOPE**, subst. m.
*Myth.* Géant n'ayant qu'un œil, au milieu du front. 📷 [siklɔp].

**CYCLOTRON**, subst. m.
Accélérateur de particules chargées électriquement et formant un faisceau de haute énergie, capable de provoquer des désintégrations nucléaires. 📷 [siklɔtrɔ̃].

**CYGNE**, subst. m.
Oiseau palmipède au long cou souple, vivant sur les eaux douces. 📷 [siɲ].

**CYLINDRE**, subst. m.
Solide de la forme d'un tube, d'un rouleau. – *Mécan.* Tube dans lequel se meut le piston d'un moteur à explosion. 📷 [silɛ̃dʀ].

**CYLINDRÉE**, subst. f.
Volume de gaz que peut contenir le ou les cylindres d'un moteur. 📷 [silɛ̃dʀe].

**CYLINDRIQUE**, adj.
En forme de cylindre. 📷 [silɛ̃dʀik].

**CYMBALE**, subst. f.
*Mus.* Instrument à percussion fait de disques de cuivre ou de bronze. 📷 [sɛ̃bal].

**CYNIQUE**, adj. et subst.
Qui brave, par ses propos et par ses comportements, les règles morales. 📷 [sinik].

**CYNISME**, subst. m.
Attitude cynique. 📷 [sinism].

**CYPRÈS**, subst. m.
Conifère élancé des régions méditerranéennes. 📷 [sipʀɛ].

**CYRILLIQUE**, adj. et subst. m.
Se dit de l'alphabet slave. 📷 [siʀilik].

**CYSTITE**, subst. f.
Inflammation de la vessie. 📷 [sistit].

# D

**D, d,** subst. m. inv.
Quatrième lettre et troisième consonne de l'alphabet français. 🕮 [de].

**DACTYLOGRAPHIE,** subst. f.
Technique de l'écriture à la machine. 🕮 [daktilɔgʀafi].

**DADA,** subst. m.
Idée favorite, manie (fam.). 🕮 [dada].

**DADAIS,** subst. m.
Jeune homme niais et gauche. 🕮 [dadɛ].

**DAGUE,** subst. f.
Arme de main, intermédiaire entre le poignard et l'épée. 🕮 [dag].

**DAHLIA,** subst. m.
Plante à fleurs ornementales. 🕮 [dalja].

**DAIGNER,** verbe trans. [3]
Condescendre à, vouloir bien. 🕮 [deɲe].

**DAIM, DAINE,** subst.
Cervidé sauvage à bois palmés. – Masc. Peau du daim, ou son imitation. 🕮 [dɛ̃, dɛn].

**DAIS,** subst. m.
Ouvrage en bois, en tissu, dressé au-dessus d'un trône, d'un lit, d'une statue, etc. ; baldaquin. 🕮 [dɛ].

**DALLAGE,** subst. m.
Revêtement de dalles. 🕮 [dalaʒ].

**DALLE,** subst. f.
Plaque de pierre, de marbre, de béton, etc., servant à revêtir le sol. – Sol de béton. – Pierre tombale. – Gosier, gorge : *Avoir la dalle*, avoir grand faim (fam.). 🕮 [dal].

**DALLER,** verbe trans. [3]
Couvrir de dalles. 🕮 [dale].

**DALTONIEN, IENNE,** adj. et subst.
Se dit d'une personne qui ne perçoit pas toutes les couleurs et en confond certaines (vert et rouge, en partic.). 🕮 [daltɔnjɛ̃, -jɛn].

**DAM,** subst. m.
*Au grand dam de* : au préjudice de ; au grand regret de. 🕮 [dɑ̃] ou [dam].

**DAME,** subst. f.
Femme de haut rang. – Femme mariée. – Femme (par courtoisie). – Carte à jouer ou pièce de jeu d'échecs figurant une reine. – *Jeu de dames* : qui se joue avec des pions sur un damier. – Outil employé pour damer le sol. 🕮 [dam].

**DAMER,** verbe trans. [3]
Tasser (le sol, la neige). – Fig. *Damer le pion à qqn* : l'emporter sur lui. 🕮 [dame].

**DAMIER,** subst. m.
Plateau quadrillé, à cases alternativement noires et blanches, utilisé au jeu de dames. 🕮 [damje].

**DAMNATION,** subst. f.
Condamnation aux peines éternelles de l'enfer. 🕮 [dɑnasjɔ̃].

**DAMNÉ, ÉE,** adj. et subst.
Condamné aux peines de l'enfer. – Adj. Qui cause de la contrariété, détestable : *Ce damné brouillard* (fam.). – *Être l'âme damnée de qqn* : lui être entièrement dévoué pour la réalisation de ses mauvais desseins. 🕮 [dɑne].

**DAN,** subst. m.
Chacun des grades de la ceinture noire dans les arts martiaux japonais. 🕮 [dan].

**DANDINER (SE),** verbe pronom. [3]
Se balancer gauchement d'un pied sur l'autre. 🕮 [dɑ̃dine].

**DANDY,** subst. m.
Homme d'une élégance très recherchée. 🕮 Plur. *dandys* ou *dandies* ; [dɑ̃di].

**DANGER,** subst. m.
Menace pour la sécurité, l'existence de qqn ou qqch. – Situation périlleuse. – Risque : *Il n'y a pas de danger que*, il est improbable que. 🕮 [dɑ̃ʒe].

**DANGEREUX, EUSE,** adj.
Qui constitue un danger. 🕮 [dɑ̃ʒʀø, -øz].

**DANOIS,** subst. m.
Langue germanique parlée au Danemark. 🕮 [danwa].

**DANS,** prép.
Marque le lieu : *Le lit est dans la chambre*, à l'intérieur de ; *Être dans la foule*, parmi. – Marque le temps : *Je reviens dans cinq minutes*, après un intervalle de ; *Dans ma jeunesse, j'ai voyagé*, au cours de, pendant. – Marque la manière : *Agir dans les règles*, selon ; *Dans l'espoir de vous revoir*, avec. – *Dans les...* : à peu près... 🕮 [dɑ̃].

**DANSE,** subst. f.
Action de danser. – Succession de mouvements rythmés du corps, en gén. sur une musique. 🕮 [dɑ̃s].

**DANSER,** verbe [3]
Intrans. Exécuter une danse. – Trans. *Danser le tango*. 🕮 [dɑ̃se].

**DANSEUR, EUSE,** subst.
Personne dont le métier est de danser. – Personne qui danse. 🕮 [dɑ̃sœʀ, -øz].

**DARD,** subst. m.
Organe piquant et venimeux de certains insectes. 🕮 [daʀ].

**DARE-DARE,** loc. adv.
En toute hâte (fam.). 🕮 [daʀdaʀ].

**DARNE**, subst. f.
Tranche de gros poisson. 🔊 [daʀn].

**DARTRE**, subst. f.
Plaque sèche et rougeâtre de la peau, en gén. sur le visage. 🔊 [daʀtʀ].

**DATE**, subst. f.
Mention du jour, du mois, de l'année. – Repère chronologique d'un fait, d'une action. – Événement historique important ; *Faire* date : marquer son époque. 🔊 [dat].

**DATER**, verbe [3]
Trans. Inscrire une date sur. – Déterminer le moment précis de (un événement), l'âge de (un objet). – Intrans. Exister (depuis telle époque) : *Cet objet* date *du* $x^e$ *s.* – Abs. Être démodé : *Ce film* date. 🔊 [date].

**DATTE**, subst. f.
Fruit charnu et sucré du dattier. 🔊 [dat].

**DAUPHIN (I)**, subst. m.
Mammifère cétacé vivant en groupe et réputé intelligent. 🔊 [dofɛ̃].

**DAUPHIN (II)**, subst. m.
Héritier de la couronne de France. – Fig. Successeur présumé ou désigné de qqn. 🔊 [dofɛ̃].

**DAURADE**, subst. f.
Poisson marin à reflets dorés ou argentés. 🔊 [dɔʀad].

**DAVANTAGE**, adv.
Bien plus : *Elle sourit* davantage. – Plus longtemps : *Il devra attendre* davantage. 🔊 [davɑ̃taʒ].

**DE (I)**, prép.
Indique le lieu, la provenance : *Il revient* de *Chine* ; l'origine : *Vin* de *Bourgogne* ; l'appartenance : *La veste* de *Paul* ; la cause : *Rouge* de *honte* ; la manière : *Prendre* de *force* ; le moyen : *Montrer* du *doigt.* – Ling. Introduit un complément : *Se souvenir* de *qqch.* De le *se contracte en* du *et de les en* des ; [də].

**DE (II), DU, DE LA, DES**, art.
Article partitif précédant des noms de choses qu'on ne peut pas compter, concrètes ou abstraites : *Du pain, de l'eau* ; *Avoir* du *courage* ; *Faire* de la *musique.* 🔊 [də, dy, d(ə)la, de].

**DÉ (I)**, subst. m.
*Jeux.* Petit cube aux faces marquées de 1 à 6. – *Cuis.* Aliment qui a la forme d'un petit cube : *Légumes coupés en* dés. 🔊 [de].

**DÉ (II)**, subst. m.
En couture, petit fourreau de métal protégeant le doigt qui pousse l'aiguille. – Fig. Dé *à coudre* : infime quantité (fam.). 🔊 [de].

**DÉAMBULATOIRE**, subst. m.
Galerie qui entoure le chœur d'une église. 🔊 [deɑ̃bylatwaʀ].

**DÉAMBULER**, verbe intrans. [3]
Aller au hasard, flâner. 🔊 [deɑ̃byle].

**DÉBÂCLE**, subst. f.
Rupture des glaces d'un cours d'eau gelé. – Fig. Faillite ; déroute. 🔊 [debɑkl].

**DÉBALLAGE**, subst. m.
Action de déballer. – Amas d'objets hétéroclites disposés en vrac. – Étalage de secrets ; confession sans retenue. 🔊 [debalaʒ].

**DÉBALLER**, verbe trans. [3]
Retirer de son emballage. – Étaler, exposer (des marchandises). – Dévoiler, confesser sans retenue (fam.). 🔊 [debale].

**DÉBANDADE**, subst. f.
Fait de se disperser en désordre, déroute. 🔊 [debɑ̃dad].

**DÉBAPTISER**, verbe trans. [3]
Changer le nom de. 🔊 [debatize].

**DÉBARBOUILLER**, verbe trans. [3]
Laver (en partic. le visage). – Pronom. Faire une toilette sommaire. 🔊 [debaʀbuje].

**DÉBARCADÈRE**, subst. m.
Quai de débarquement des marchandises et des occupants des bateaux. 🔊 [debaʀkadɛʀ].

**DÉBARDEUR**, subst. m.
Homme qui charge ou décharge des marchandises. – Maillot échancré dépourvu de manches. 🔊 [debaʀdœʀ].

**DÉBARQUEMENT**, subst. m.
Action de débarquer. – *Milit.* Opération consistant à débarquer des troupes sur un littoral. 🔊 [debaʀkəmɑ̃].

**DÉBARQUER**, verbe [3]
Trans. Faire descendre (des passagers) à terre. – Enlever (des marchandises) d'un moyen de transport. – Intrans. Quitter un moyen de transport, aller à terre. – Fam. Arriver inopinément (en un lieu). – Ne pas être au courant. 🔊 [debaʀke].

**DÉBARRAS**, subst. m.
Délivrance d'une chose qui gênait (fam.) : *Bon* débarras ! – Lieu où sont rangés des objets inutiles, encombrants. 🔊 [debaʀa].

**DÉBARRASSER**, verbe trans. [3]
Dégager, libérer de ce qui encombre, gêne ou embarrasse. – Pronom. Se défaire (de qqch. ou qqn). 🔊 [debaʀase].

**DÉBAT**, subst. m.
Discussion contradictoire. 🔊 [deba].

**DÉBATTRE**, verbe trans. [61]
Discuter, négocier (qqch.). – Débattre *de* : examiner, mettre en débat (une question). – Pronom. Faire de violents efforts pour résister ou se libérer. 🔊 [debatʀ].

**DÉBAUCHE**, subst. f.
Recherche exagérée des plaisirs sensuels. – Fig. Surabondance. 🔊 [deboʃ].

**DÉBAUCHER**, verbe trans. [3]
Inciter (qqn) à quitter son entreprise pour travailler dans une autre. – Licencier. – Entraîner à la débauche. 🔊 [deboʃe].

**DÉBILE**, adj. et subst.
Adj. Malingre, chétif. – Idiot, stupide (fam.). – Subst. Faible d'esprit. – Imbécile (fam.). 🕮 [debil].

**DÉBIT (I)**, subst. m.
Écoulement d'une marchandise. – Lieu de vente au détail de boissons, de tabac. – Manière de parler : *Un débit rapide.* – Quantité d'un fluide qui s'écoule en un temps donné. 🕮 [debi].

**DÉBIT (II)**, subst. m.
Compte des sommes dues par qqn (contr. *crédit*). – Partie d'un compte où est inscrite cette somme due. 🕮 [debi].

**DÉBITER (I)**, verbe trans. [3]
Couper en tronçons. – Vendre au détail. – Laisser écouler en un temps donné (telle quantité de liquide, de fluide). – Réciter, raconter mécaniquement. 🕮 [debite].

**DÉBITER (II)**, verbe trans. [3]
Inscrire une somme au débit de : **Débiter** *un compte, une personne.* 🕮 [debite].

**DÉBLAYER**, verbe trans. [15]
Dégager de ce qui encombre, faire place nette dans. – Fig. **Déblayer** *le terrain* : éliminer les obstacles avant d'agir. 🕮 [debleje].

**DÉBLOQUER**, verbe [3]
Trans. Remettre en marche, en circulation. – Intrans. Divaguer (fam.). 🕮 [debloke].

**DÉBOIRES**, subst. m. plur.
Ennuis, déconvenues. 🕮 [debwaʀ].

**DÉBOISER**, verbe trans. [3]
Dégarnir (un terrain) de ses arbres, de ses bois. 🕮 [debwaze].

**DÉBOÎTER**, verbe [3]
Trans. Séparer (deux objets qui étaient emboîtés). – Faire sortir (un os) de l'articulation. – Intrans. Sortir d'une file de véhicules. 🕮 [debwate].

**DÉBONNAIRE**, adj.
Plein de bonhomie, pacifique. 🕮 [debonɛʀ].

**DÉBORDEMENT**, subst. m.
Fait de déborder. – Fig. Profusion, excès : **Débordement** *d'affection.* 🕮 [debɔʀdəmã].

**DÉBORDER**, verbe [3]
Intrans. Couler par-dessus le bord. – Ne plus pouvoir contenir. – Dépasser une limite. – Fig. S'épancher, se manifester à profusion. – Trans. S'étendre au-delà de ; sortir des limites de. – Submerger. 🕮 [debɔʀde].

**DÉBOUCHÉ**, subst. m.
Lieu où un passage, une voie débouche. – Possibilité offerte par une qualification. – Perspective de vente ; marché. 🕮 [debuʃe].

**DÉBOUCHER**, verbe [3]
Trans. Débarrasser de ce qui obstrue. – Ôter le bouchon de (une bouteille). – Intrans. Arriver (dans un lieu plus spacieux) ; se jeter (dans). – **Déboucher** *sur* : aboutir à. 🕮 [debuʃe].

**DÉBOULER**, verbe intrans. [3]
S'enfuir soudainement devant le chasseur. – Dégringoler, dévaler ; empl. trans. : **Débouler** *l'escalier.* 🕮 [debule].

**DÉBOURSER**, verbe trans. [3]
Dépenser, payer. 🕮 [debuʀse].

**DÉBOUSSOLÉ, ÉE**, adj.
Désorienté, déconcerté, désemparé (fam.). 🕮 [debusɔle].

**DEBOUT**, adv.
À la verticale ; sur ses pieds : *Un homme* **debout.** – *Être* **debout** : réveillé et hors de son lit. – Fig. *Tenir* **debout** : être cohérent. 🕮 [d(ə)bu].

**DÉBOUTER**, verbe trans. [3]
Dr. **Débouter** *qqn* : rejeter son action en justice. 🕮 [debute].

**DÉBOUTONNER**, verbe trans. [3]
Ouvrir (un vêtement) en défaisant les boutons. 🕮 [debutɔne].

**DÉBRAILLÉ, ÉE**, adj. et subst. m.
Adj. Dont les vêtements sont en désordre ; négligé. – Subst. Tenue négligée ; laisser-aller. 🕮 [debʀaje].

**DÉBRANCHER**, verbe trans. [3]
Supprimer le branchement de : **Débrancher** *une lampe.* 🕮 [debʀãʃe].

**DÉBRAYER**, verbe [15]
Trans. Désaccoupler (une pièce mobile) de l'arbre moteur. – Intrans. Cesser le travail, faire grève. 🕮 [debʀeje].

**DÉBRIDÉ, ÉE**, adj.
Libre de toute contrainte ; sans retenue. 🕮 [debʀide].

**DÉBRIS**, subst. m.
Fragment, reste de ce qui est brisé ou détruit. 🕮 [debʀi].

**DÉBROUILLARD, ARDE**, adj. et subst.
Qui sait se tirer d'embarras, se débrouiller (fam.). 🕮 [debʀujaʀ, -aʀd].

**DÉBROUILLER**, verbe trans. [3]
Démêler, remettre en ordre. – Fig. Élucider, rendre clair. – Pronom. Se tirer d'embarras (fam.). 🕮 [debʀuje].

**DÉBROUSSAILLER**, verbe trans. [3]
Enlever les broussailles de (un lieu). – Fig. Commencer à étudier, éclaircir (un sujet complexe). 🕮 [debʀusaje].

**DÉBUSQUER**, verbe trans. [3]
Faire sortir de sa cachette, de son abri. 🕮 [debyske].

**DÉBUT**, subst. m.
Point de départ, commencement. – Plur. Premiers pas dans une carrière, une activité. 🕮 [deby].

**DÉBUTER**, verbe intrans. [3]
Commencer. – Faire ses premiers pas dans une activité. 🕮 [debyte].

**DEÇÀ**, adv.
Deçà delà : ici et là. – Loc. prép. En deçà de : en dessous de ; de ce côté-ci de. 🕮 [dəsa].

**DÉCACHETER**, verbe trans. [14]
Ouvrir (ce qui est cacheté). 🕮 [dekaʃ(ə)te].

**DÉCADE**, subst. f.
Période de dix jours. 🕮 [dekad].

**DÉCADENCE**, subst. f.
État de ce qui tend vers sa fin en se dégradant ; déclin : La décadence de l'Empire romain. 🕮 [dekadɑ̃s].

**DÉCAFÉINÉ, ÉE**, adj. et subst. m.
Adj. Sans caféine. – Subst. Café décaféiné. 🕮 [dekafeine].

**DÉCALAGE**, subst. m.
Déplacement dans le temps ou dans l'espace ; écart ainsi créé. – Fig. Défaut de concordance. 🕮 [dekalaʒ].

**DÉCALCIFICATION**, subst. f.
Baisse du taux de calcium dans l'organisme. 🕮 [dekalsifikasjɔ̃].

**DÉCALCOMANIE**, subst. f.
Transfert d'une image sur un support à décorer. – L'image obtenue de cette façon. 🕮 [dekalkɔmani].

**DÉCALER**, verbe trans. [3]
Déplacer légèrement, dans le temps ou dans l'espace. – Ôter les cales de. 🕮 [dekale].

**DÉCALQUER**, verbe trans. [3]
Reproduire en utilisant un papier-calque. 🕮 [dekalke].

**DÉCAMPER**, verbe intrans. [3]
S'enfuir à toute allure (fam.). 🕮 [dekɑ̃pe].

**DÉCAN**, subst. m.
Division d'un signe astrologique. 🕮 [dekɑ̃].

**DÉCANTER**, verbe trans. [3]
Purifier (un liquide) en laissant se déposer les impuretés. – Fig. Éclaircir. 🕮 [dekɑ̃te].

**DÉCAPER**, verbe trans. [3]
Débarrasser (une surface) de la couche d'impuretés ou d'enduit qui la recouvre. 🕮 [dekape].

**DÉCAPITER**, verbe trans. [3]
Trancher la tête de (qqn). – Abattre la partie supérieure de (qqch.). – Fig. Supprimer les éléments essentiels de (un groupe). 🕮 [dekapite].

**DÉCAPODE**, subst. m.
Crustacé, en gén. marin, possédant cinq paires de pattes thoraciques, tel que le homard, le crabe, etc. – Plur. L'ordre correspondant. 🕮 [dekapɔd].

**DÉCAPOTABLE**, adj. et subst. f.
Se dit d'une voiture dont on peut replier ou ôter la capote. 🕮 [dekapɔtabl].

**DÉCAPSULER**, verbe trans. [3]
Enlever la capsule de. 🕮 [dekapsyle].

**DÉCAPSULEUR**, subst. m.
Instrument permettant de décapsuler. 🕮 [dekapsylœʀ].

**DÉCARCASSER (SE)**, verbe pronom. [3]
Se donner du mal (fam.). 🕮 [dekaʀkase].

**DÉCATHLON**, subst. m.
Compétition masculine d'athlétisme, qui comprend dix épreuves (courses, sauts et lancers). 🕮 [dekatlɔ̃].

**DÉCATI, IE**, adj.
Usé par l'âge, flétri (fam.). 🕮 [dekati].

**DÉCÉDER**, verbe intrans. [8]
Mourir. 🕮 [desede].

**DÉCELER**, verbe trans. [11]
Découvrir, mettre en évidence (ce qui était caché). – Être le signe de (qqch.) ; révéler. 🕮 [des(ə)le].

**DÉCÉLÉRER**, verbe intrans. [8]
Diminuer de vitesse, ralentir (en parlant d'un corps en mouvement). 🕮 [deseleʀe].

**DÉCEMBRE**, subst. m.
Douzième et dernier mois de l'année. 🕮 [desɑ̃bʀ].

**DÉCENCE**, subst. f.
Respect des convenances ; pudeur. – Discrétion, retenue. 🕮 [desɑ̃s].

**DÉCENNIE**, subst. f.
Période de dix ans. 🕮 [deseni].

**DÉCENT, ENTE**, adj.
Qui fait preuve de décence. – Convenable, suffisant. 🕮 [desɑ̃, -ɑ̃t].

**DÉCENTRALISER**, verbe trans. [3]
Déléguer, en gén. à des collectivités locales (une partie d'un pouvoir central). – Disperser, en tout ou en partie (des organismes, des industries, etc., qui étaient groupés en un même lieu). 🕮 [desɑ̃tʀalize].

**DÉCEPTION**, subst. f.
Sentiment provoqué par la non-satisfaction d'une attente, d'un désir. 🕮 [desɛpsjɔ̃].

**DÉCERNER**, verbe trans. [3]
Attribuer, remettre officiellement (une récompense). 🕮 [desɛʀne].

**DÉCÈS**, subst. m.
Mort d'une personne. 🕮 [desɛ].

**DÉCEVOIR**, verbe trans. [38]
Causer une déception à. 🕮 [des(ə)vwaʀ].

**DÉCHAÎNER**, verbe trans. [3]
Ôter les chaînes de. – Entraîner, provoquer, déclencher violemment. – Pronom. S'emporter avec violence. – Commencer avec violence ; faire rage. 🕮 [deʃene].

**DÉCHANTER**, verbe intrans. [3]
Perdre ses illusions. 🕮 [deʃɑ̃te].

**DÉCHARGE**, subst. f.
Tir d'une ou de plusieurs armes à feu ; salve. – Brusque perte de charge électrique. – Lieu où l'on décharge les détritus. – Dr. Témoignage favorable ; acte de quittance d'une dette, d'une obligation. 🕮 [deʃaʀʒ].

**DÉCHARGER, verbe trans. [5]**
Débarrasser d'une charge, d'un chargement ; ôter ou déposer (une charge). – Soulager (qqn) d'une charge morale. – Libérer (qqn) de sa fonction. – Vider le chargeur de (une arme à feu). – Annuler (une charge électrique). – Pronom. Se libérer de sa charge. – Laisser aux autres le soin de faire qqch. ✡ [deʃaʀʒe].

**DÉCHARNÉ, ÉE, adj.**
Très maigre, squelettique. ✡ [deʃaʀne].

**DÉCHAUSSER, verbe trans. [3]**
Enlever les chaussures de. – Ôter le pied, la base de (qqch.). ✡ [deʃose].

**DÉCHÉANCE, subst. f.**
Fait de déchoir ; dégradation, décadence. – Perte d'un droit, d'une fonction, à titre de sanction. ✡ [deʃeɑ̃s].

**DÉCHET, subst. m.**
Débris, partie inutilisée d'une marchandise, d'une substance, à jeter ou à recycler (gén. au plur.). ✡ [deʃɛ].

**DÉCHIFFRER, verbe trans. [3]**
Lire, comprendre (un texte difficile, une écriture inconnue). – Décoder, décrypter (un message). – Lire (la musique) à première vue : **Déchiffrer** *une partition.* – Fig. Démêler, éclaircir. ✡ [deʃifʀe].

**DÉCHIQUETER, verbe trans. [14]**
Mettre en pièces, en lambeaux ; déchirer. ✡ [deʃik(ə)te].

**DÉCHIREMENT, subst. m.**
Action de déchirer ; son résultat. – Violente douleur morale. – Trouble, division dans une communauté. ✡ [deʃiʀmɑ̃].

**DÉCHIRER, verbe trans. [3]**
Mettre en morceaux ; faire un accroc à. – Faire une déchirure à. – Fig. Diviser par des troubles, désunir. – Causer une douleur à. ✡ [deʃiʀe].

**DÉCHIRURE, subst. f.**
Trace, accroc fait en déchirant. – **Déchirure** *musculaire* : rupture de fibres musculaires. ✡ [deʃiʀyʀ].

**DÉCHOIR, verbe intrans. [50]**
Tomber à un rang inférieur. – *Être déchu de ses droits* : en être dépossédé. ✡ [deʃwaʀ].

**DÉCIBEL, subst. m.**
Unité de mesure d'intensité des sons. ✡ [desibɛl].

**DÉCIDER, verbe trans. [3]**
Trans. dir. Déterminer, décréter : **Décider** *la grève.* – Pousser, inciter (qqn) à. – Trans. indir. **Décider** *de.* Prendre la résolution de ; empl. adj. : *Être décidé,* être fermement résolu. – Être la cause de ; déterminer. ✡ [deside].

**DÉCIMAL, ALE, AUX, adj. et subst. f.**
Adj. Qui a pour base le nombre dix : *Système* **décimal.** – *Nombre* **décimal** : composé d'une partie entière et d'une partie **décimale**, séparées par une virgule. – Subst. Tout chiffre situé à droite de la virgule d'un nombre écrit dans la numération décimale. ✡ [desimal].

**DÉCIMER, verbe trans. [3]**
Faire mourir en grand nombre (des personnes). ✡ [desime].

**DÉCISIF, IVE, adj.**
Qui conduit à une solution. – Déterminant, capital. ✡ [desizif, -iv].

**DÉCISION, subst. f.**
Action de décider, de se décider à ; chose décidée. – Qualité de qqn qui ne tergiverse pas ; fermeté, résolution. ✡ [desizjɔ̃].

**DÉCLAMER, verbe trans. [3]**
Parler, réciter avec emphase : **Déclamer** *une tirade.* ✡ [deklame].

**DÉCLARATION, subst. f.**
Action de déclarer ; discours, écrit par lequel on déclare. – Aveu qu'une personne fait à une autre de son amour. ✡ [deklaʀasjɔ̃].

**DÉCLARER, verbe trans. [3]**
Annoncer, dire ouvertement. – Faire connaître auprès d'une autorité : **Déclarer** *ses revenus.* – Pronom. S'affirmer comme. – Se déclencher. ✡ [deklaʀe].

**DÉCLASSER, verbe trans. [3]**
Faire reculer dans un classement, rétrograder. ✡ [deklɑse].

**DÉCLENCHER, verbe trans. [3]**
Mettre en route (un mécanisme). – Fig. Provoquer soudainement (un événement, un processus). ✡ [deklɑ̃ʃe].

**DÉCLIC, subst. m.**
Pièce qui déclenche un mécanisme. – Bruit sec. – Fig. Inspiration soudaine. ✡ [deklik].

**DÉCLIN, subst. m.**
État de ce qui décline ou décroît. ✡ [deklɛ̃].

**DÉCLINAISON, subst. f.**
*Ling.* Dans certaines langues, ensemble des formes que prennent les noms, pronoms et adjectifs, selon leur fonction, leur genre et leur nombre. ✡ [deklinɛzɔ̃].

**DÉCLINER (I), verbe intrans. [3]**
S'abaisser vers l'horizon. – S'affaiblir, décroître. ✡ [dekline].

**DÉCLINER (II), verbe trans. [3]**
Rejeter ; repousser courtoisement (une proposition, une attribution). – Énumérer, dire. – Présenter les variantes de (un même produit). – *Ling.* Énoncer la déclinaison de. ✡ [dekline].

**DÉCLIVITÉ, subst. f.**
Qualité de ce qui est incliné ; pente. ✡ [deklivite].

**DÉCOCHER, verbe trans. [3]**
Lancer d'une brusque détente. – Fig. Envoyer, adresser avec hostilité : **Décocher** *une insulte.* ✡ [dekɔʃe].

**DÉCOCTION, subst. f.**
Liquide obtenu en faisant bouillir une substance pour en extraire les principes solubles. 🐚 [dekɔksjɔ̃].

**DÉCODER, verbe trans.** [3]
Déchiffrer (un message codé). 🐚 [dekɔde].

**DÉCOIFFER, verbe trans.** [3]
Déranger la coiffure de. 🐚 [dekwafe].

**DÉCOINCER, verbe trans.** [4]
Dégager, débloquer (ce qui est coincé). 🐚 [dekwɛ̃se].

**DÉCOLÉRER, verbe intrans.** [8]
*Ne pas* **décolérer** : ne pas cesser d'être en colère. 🐚 [dekɔlere].

**DÉCOLLAGE, subst. m.**
Action de décoller. – Envol. 🐚 [dekɔlaʒ].

**DÉCOLLER, verbe** [3]
Trans. Séparer (ce qui était collé) ; détacher, écarter. – Intrans. Quitter le sol, s'envoler (pour un avion, une fusée). 🐚 [dekɔle].

**DÉCOLLETÉ, ÉE, adj. et subst. m.**
Adj. Qui laisse le cou, la gorge découverte. – Subst. Partie échancrée de l'encolure d'un vêtement. – Haut du buste dénudé d'une femme. 🐚 [dekɔlte].

**DÉCOLONISER, verbe trans.** [3]
Affranchir (un pays, un peuple) du régime colonial. 🐚 [dekɔlɔnize].

**DÉCOLORER, verbe trans.** [3]
Faire perdre ses couleurs à. 🐚 [dekɔlɔre].

**DÉCOMBRES, subst. m. plur.**
Gravats, ruines. 🐚 [dekɔ̃bʀ].

**DÉCOMMANDER, verbe trans.** [3]
Annuler (une commande, une invitation). – Pronom. Annuler un rendez-vous. 🐚 [dekɔmɑ̃de].

**DÉCOMPOSER, verbe trans.** [3]
Diviser (un tout) en ses divers éléments. – Pronom. Pourrir. 🐚 [dekɔ̃poze].

**DÉCOMPOSITION, subst. f.**
Séparation des divers éléments d'un tout ; analyse. – Altération d'un organisme, putréfaction. 🐚 [dekɔ̃pozisjɔ̃].

**DÉCOMPRESSER, verbe intrans.** [3]
Relâcher sa tension nerveuse, se détendre (fam.). 🐚 [dekɔ̃pʀese].

**DÉCOMPRESSION, subst. f.**
Diminution ou suppression de la pression. 🐚 [dekɔ̃pʀesjɔ̃].

**DÉCOMPTE, subst. m.**
Décomposition d'une somme en ses divers éléments de détail. – Déduction sur une somme. 🐚 [dekɔ̃t].

**DÉCONCENTRER, verbe trans.** [3]
Décentraliser. – Diminuer la concentration de. – Fig. Troubler la concentration de, l'attention de. – Pronom. Relâcher son attention. 🐚 [dekɔ̃sɑ̃tʀe].

**DÉCONCERTER, verbe trans.** [3]
Plonger dans l'embarras ou la perplexité. 🐚 [dekɔ̃sɛʀte].

**DÉCONFITURE, subst. f.**
Ruine complète. – Fig. Déroute, faillite morale. 🐚 [dekɔ̃fityʀ].

**DÉCONGELER, verbe trans.** [11]
Ramener (un produit congelé) à une température supérieure à 0 °C. 🐚 [dekɔ̃ʒ(ə)le].

**DÉCONNECTER, verbe trans.** [3]
Débrancher. – Séparer. – Fig. Faire perdre à (qqn) le sentiment de la réalité (fam.). 🐚 [dekɔnɛkte].

**DÉCONSEILLER, verbe trans.** [3]
Conseiller de ne pas faire. 🐚 [dekɔ̃seje].

**DÉCONSIDÉRER, verbe trans.** [8]
Défaire la réputation de, discréditer. – Pronom. Se comporter d'une façon qui fait perdre l'estime dont on jouissait. 🐚 [dekɔ̃sidere].

**DÉCONTENANCER, verbe trans.** [4]
Jeter le trouble dans l'esprit de (qqn) ; embarrasser. 🐚 [dekɔ̃t(ə)nɑ̃se].

**DÉCONTRACTER, verbe trans.** [3]
Faire cesser la contraction de, détendre, relâcher (des muscles). – Soulager, apaiser psychiquement. 🐚 [dekɔ̃tʀakte].

**DÉCONTRACTION, subst. f.**
Détente. – Naturel, désinvolture, insouciance. 🐚 [dekɔ̃tʀaksjɔ̃].

**DÉCONVENUE, subst. f.**
Déception, dépit. 🐚 [dekɔ̃v(ə)ny].

**DÉCOR, subst. m.**
Ensemble d'éléments donnant, au théâtre ou au cinéma, l'illusion d'un lieu où se situerait l'action. – Paysage ; environnement. 🐚 [dekɔʀ].

**DÉCORATIF, IVE, adj.**
Qui est conçu pour décorer. – Qui décore, qui rehausse. 🐚 [dekɔʀatif, -iv].

**DÉCORATION, subst. f.**
Insigne d'un ordre ou d'une distinction honorifique. – Action, art de décorer ; ensemble des éléments qui décorent un endroit. 🐚 [dekɔʀasjɔ̃].

**DÉCORER, verbe trans.** [3]
Embellir, orner. – Remettre une décoration à. 🐚 [dekɔʀe].

**DÉCORTIQUER, verbe trans.** [3]
Dépouiller de son écorce ou de son enveloppe. – Fig. Examiner dans les moindres détails. 🐚 [dekɔʀtike].

**DÉCORUM, subst. m.**
Protocole, cérémonial. 🐚 [dekɔʀɔm].

**DÉCOUDRE, verbe trans.** [77]
Défaire (ce qui est cousu). – Empl. intrans. *En* **découdre** *avec qqn* : se battre avec lui. 🐚 [dekudʀ].

**DÉCOULER**, verbe intrans. [3]
Découler de : émaner de, provenir de.
🔊 [dekule].

**DÉCOUPER**, verbe trans. [3]
Couper en morceaux ou en tranches.
– Couper avec des ciseaux, selon un tracé.
– Pronom. Apparaître nettement sur un fond. 🔊 [dekupe].

**DÉCOURAGEMENT**, subst. m.
Perte de courage, démoralisation, abattement. 🔊 [dekuraʒmɑ̃].

**DÉCOURAGER**, verbe trans. [5]
Démoraliser, ôter son courage à. – Dissuader, ôter à (qqn) l'envie de faire qqch.
🔊 [dekuraʒe].

**DÉCOUSU, UE**, adj.
Dont la couture est défaite. – Fig. Irrégulier, incohérent : Propos décousus. 🔊 [dekuzy].

**DÉCOUVERT, ERTE**, adj. et subst. m.
Adj. Qui n'est pas couvert. – Terrain découvert : peu ou pas boisé. – Subst. Avance consentie par une banque ; solde débiteur d'un compte. 🔊 [dekuvɛʀ, -ɛʀt].

**DÉCOUVERT (À)**, loc. adv.
En terrain découvert ; dans une position qui n'est pas protégée. – Ouvertement, sans dissimulation. – Fin. Être à découvert : avoir un compte débiteur. 🔊 [adekuvɛʀ].

**DÉCOUVERTE**, subst. f.
Action de découvrir ce qui était inconnu.
– Ce qui est découvert. 🔊 [dekuvɛʀt].

**DÉCOUVRIR**, verbe trans. [27]
Dégarnir (qqch.) de ce qui le couvre, le protège. – Révéler, faire apparaître (ce qui était caché). – Trouver (ce qui était inconnu). – Pronom. Ôter un vêtement, un chapeau. – Devenir moins nuageux, en parlant du temps. 🔊 [dekuvʀiʀ].

**DÉCRASSER**, verbe trans. [3]
Débarrasser de sa crasse. 🔊 [dekrase].

**DÉCRÉPITUDE**, subst. f.
Diminution des facultés physiques due à la vieillesse. – Délabrement. 🔊 [dekrepityd].

**DÉCRET**, subst. m.
Écrit notifiant une décision du pouvoir exécutif. 🔊 [dekrɛ].

**DÉCRÉTER**, verbe trans. [8]
Ordonner par décret. – Déclarer de manière autoritaire. 🔊 [dekrete].

**DÉCRIER**, verbe trans. [6]
Dire du mal de, critiquer. 🔊 [dekʀije].

**DÉCRIRE**, verbe trans. [67]
Représenter, oralement ou par écrit ; dépeindre. – Parcourir, tracer (une ligne courbe). 🔊 [dekʀiʀ].

**DÉCROCHER**, verbe [3]
Trans. Détacher (ce qui était accroché).
– Fig. Obtenir (fam.) : Décrocher un emploi. – Intrans. Cesser une activité. – Ne plus être attentif (fam.). 🔊 [dekʀɔʃe].

**DÉCROÎTRE**, verbe intrans. [72]
Diminuer progressivement. 🔊 [dekʀwɑtʀ].

**DÉCROTTER**, verbe trans. [3]
Enlever la boue de. 🔊 [dekʀɔte].

**DÉCRUE**, subst. f.
Baisse du niveau d'un cours d'eau après une crue. 🔊 [dekʀy].

**DÉCRYPTER**, verbe trans. [3]
Déchiffrer (un message codé). 🔊 [dekʀipte].

**DÉÇU, UE**, adj.
Qui a éprouvé une déception. – Qui ne s'est pas réalisé, en parlant d'un événement. 🔊 [desy].

**DÉCULOTTER**, verbe trans. [3]
Retirer, baisser la culotte, le pantalon de.
🔊 [dekylɔte].

**DÉCUPLER**, verbe [3]
Multiplier ou se multiplier par 10. – Accroître ou s'accroître considérablement.
🔊 [dekyple].

**DÉDAIGNER**, verbe trans. [3]
Ne pas juger digne d'estime. – Traiter par le mépris ; ignorer. 🔊 [dedeɲe].

**DÉDAIGNEUX, EUSE**, adj. et subst.
Qui montre du dédain. 🔊 [dedɛɲø, -øz].

**DÉDAIN**, subst. m.
Ignorance hautaine, mépris. 🔊 [dedɛ̃].

**DÉDALE**, subst. m.
Labyrinthe. 🔊 [dedal].

**DEDANS**, adv. et subst. m.
Adv. À l'intérieur. – Subst. Intérieur (de qqch.) : Le dedans du corps. 🔊 [dədɑ̃].

**DÉDICACE**, subst. f.
Formule écrite par laquelle un auteur dédie une de ses œuvres à qqn. 🔊 [dedikas].

**DÉDIER**, verbe trans. [6]
Offrir, vouer à qqn, à qqch. : Dédier sa vie à la science. 🔊 [dedje].

**DÉDIRE (SE)**, verbe pronom. [65]
Se rétracter. – Se dédire de : ne pas honorer (un engagement). 🔊 [dediʀ].

**DÉDOMMAGEMENT**, subst. m.
Réparation des dommages causés à qqn.
– Somme versée à cet effet. 🔊 [dedɔmaʒmɑ̃].

**DÉDOMMAGER**, verbe trans. [5]
Donner un dédommagement, une compensation matérielle ou morale à (qqn) ; indemniser. 🔊 [dedɔmaʒe].

**DÉDOUANER**, verbe trans. [3]
Faire sortir (qqch.) de la douane en payant les droits requis. – Fig. Lever la suspicion qui pèse sur (qqn). 🔊 [dedwane].

**DÉDOUBLER**, verbe trans. [3]
Diviser en deux. – Pronom. Perdre l'unité de sa personnalité. 🔊 [deduble].

**DÉDRAMATISER**, verbe trans. [3]
Ôter son caractère dramatique à (une situation, un événement). 🔊 [dedʀamatize].

145

**DÉDUCTION, subst. f.**
Soustraction, action de retrancher une quantité d'une autre. – Raisonnement qui, à partir de propositions, aboutit à une conclusion. ⬚ [dedyksjō].

**DÉDUIRE, verbe trans.** [69]
Retrancher d'une somme. – Aboutir à (telle conclusion) par déduction logique ; conclure (que). ⬚ [dedɥiʀ].

**DÉESSE, subst. f.**
Divinité féminine. ⬚ [deɛs].

**DÉFAILLANCE, subst. f.**
Faiblesse, fait de manquer à son rôle : Défaillance de la mémoire. – Défaut de fonctionnement. – Évanouissement, syncope. ⬚ [defajãs].

**DÉFAILLIR, verbe intrans.** [31]
Être l'objet d'une défaillance. ⬚ [defajiʀ].

**DÉFAIRE, verbe trans.** [57]
Réduire à l'état initial (ce que l'on a fait). – Détruire l'ordre, l'arrangement de (qqch.) ; déballer, dénouer. – Fig. Altérer, déformer (les traits du visage). – Défaire l'ennemi : le vaincre. – Pronom. Se défaire de : se débarrasser de. ⬚ [defɛʀ].

**DÉFAITE, subst. f.**
Perte d'un combat, d'une guerre. – Échec. ⬚ [defɛt].

**DÉFAITISME, subst. m.**
Attitude de ceux qui ne croient pas à la victoire. – Pessimisme. ⬚ [defetism].

**DÉFALQUER, verbe trans.** [3]
Soustraire, retrancher. ⬚ [defalke].

**DÉFAUSSER (SE), verbe pronom.** [3]
Jeux. Se débarrasser d'une carte inutile ou dangereuse. – Fig. Se décharger (sur qqn) d'une responsabilité, d'un devoir, d'une corvée. ⬚ [defose].

**DÉFAUT, subst. m.**
Carence, pénurie. – Imperfection. – Faiblesse morale. – Loc. prép. À défaut de : en l'absence de, faute de. ⬚ [defo].

**DÉFAVORABLE, adj.**
Qui n'est pas favorable. – Qui est hostile. ⬚ [defavɔʀabl].

**DÉFAVORISER, verbe trans.** [3]
Priver (qqn) d'un avantage. – Porter préjudice à. ⬚ [defavɔʀize].

**DÉFECTIF, IVE, adj. et subst. m.**
Se dit d'un verbe qui ne se conjugue pas à toutes les formes. ⬚ [defɛktif, -iv].

**DÉFECTION, subst. f.**
Désertion. – Abandon d'une cause, d'un parti, etc. – Fait de ne pas être présent dans le lieu où l'on était attendu. ⬚ [defɛksjō].

**DÉFECTUEUX, EUSE, adj.**
Qui présente des défauts. ⬚ [defɛktɥø, -øz].

**DÉFENDRE, verbe trans.** [51]
Protéger contre une attaque : Défendre ses alliés contre l'envahisseur. – Interdire

l'accès à, garder : La marine défend nos côtes. – Prendre parti pour (une cause, qqn) ; plaider pour. – Interdire : Je te défends de sortir. – Pronom. Résister à une agression. – Faire preuve d'aptitudes (fam.). ⬚ [defãdʀ].

**DÉFENESTRER, verbe trans.** [3]
Jeter (qqn) par la fenêtre. ⬚ [defanɛstʀe].

**DÉFENSE, subst. f.**
Action de se protéger, de se défendre. – Dispositif mis en place pour se défendre. – Action de défendre en justice. – Interdiction. – Grande dent dépassant de la bouche de certains mammifères : Une défense d'éléphant. ⬚ [defãs].

**DÉFENSEUR, subst. m.**
Celui qui protège, qui défend. – Celui qui soutient une cause, des idées. ⬚ [defãsœʀ].

**DÉFENSIF, IVE, adj. et subst. f.**
Adj. Propre à la défense. – Subst. Attitude de défense. ⬚ [defãsif, -iv].

**DÉFÉRENCE, subst. f.**
Attitude respectueuse. ⬚ [defeʀãs].

**DÉFERLER, verbe intrans.** [3]
Rouler et se briser en écume, en parlant d'une vague. – Fig. Submerger, se répandre avec impétuosité. ⬚ [defɛʀle].

**DÉFI, subst. m.**
Action de défier qqn en combat singulier ou à un jeu, à une compétition. – Bravade, provocation. ⬚ [defi].

**DÉFIANCE, subst. f.**
Méfiance envers qqn, qqch. ⬚ [defjãs].

**DÉFICIENT, IENTE, adj.**
Qui présente une carence. ⬚ [defisjã, -jãt].

**DÉFICIT, subst. m.**
Carence, insuffisance. – Somme d'argent qui manque pour équilibrer un compte. ⬚ [defisit].

**DÉFICITAIRE, adj.**
Insuffisant. – Qui est en déficit : Entreprise déficitaire. ⬚ [defisitɛʀ].

**DÉFIER, verbe trans.** [6]
Provoquer au combat. – Tenir tête à, braver. – Mettre (qqn) au défi de faire qqch. – Pronom. Se défier de : nourrir un doute au sujet de, se méfier de. ⬚ [defje].

**DÉFIGURER, verbe trans.** [3]
Rendre méconnaissable (un visage). – Enlaidir, abîmer. – Fig. Dénaturer, altérer (une vérité). ⬚ [defigyʀe].

**DÉFILÉ, subst. m.**
Couloir profond et étroit entre deux montagnes. – Manœuvre d'une troupe qui défile. – Suite, succession de personnes ou de choses qui défilent. ⬚ [defile].

**DÉFILER, verbe intrans.** [3]
Avancer en file, en rang, en colonne. – Se suivre, se dérouler régulièrement. ⬚ [defile].

**DÉFINIR, verbe trans.** [19]
Indiquer clairement la signification de (un mot, un concept). – Préciser, déterminer : Définir *une tâche* ; empl. adj. : *Article* défini, employé avec un nom désignant qqch. de déterminé. 🕮 [definiʀ].

**DÉFINITIF, IVE, adj.**
Qui est établi et ne variera pas ; irrévocable. – Loc. adv. *En* définitive : en fin de compte. 🕮 [definitif, -iv].

**DÉFINITION, subst. f.**
Proposition qui explique les caractéristiques, la signification d'une chose, d'un concept. 🕮 [definisjɔ̃].

**DÉFLAGRATION, subst. f.**
Explosion violente. 🕮 [deflagʀasjɔ̃].

**DÉFLATION, subst. f.**
Diminution ou suppression de l'inflation ; baisse des prix. 🕮 [deflasjɔ̃].

**DÉFLECTEUR, subst. m.**
Volet orientable d'une vitre d'automobile. 🕮 [deflɛktœʀ].

**DÉFLORER, verbe trans.** [3]
Faire perdre sa virginité à. – Faire perdre sa qualité de nouveauté à : Déflorer *un sujet*. 🕮 [deflɔʀe].

**DÉFOLIANT, ANTE, adj. et subst. m.**
Se dit d'un produit qui détruit la végétation, en partic. les feuilles. 🕮 [defɔljɑ̃, -ɑ̃t].

**DÉFONCER, verbe trans.** [4]
Briser par enfoncement. – Pronom. Ne pas ménager sa peine (fam.). 🕮 [defɔ̃se].

**DÉFORMER, verbe trans.** [3]
Altérer la forme, l'aspect de. – Fig. Dénaturer : Déformer *une pensée*. 🕮 [defɔʀme].

**DÉFOULEMENT, subst. m.**
Fait de se défouler. 🕮 [defulmɑ̃].

**DÉFOULER (SE), verbe pronom.** [3]
Laisser s'exprimer ses instincts. – Se libérer, dans son comportement ou ses activités, des tensions, des entraves. 🕮 [defule].

**DÉFRAÎCHI, IE, adj.**
Qui a perdu son éclat primitif ; que le temps a flétri, abîmé. 🕮 [defʀeʃi].

**DÉFRAYER, verbe trans.** [15]
Rembourser les dépenses, les frais de (qqn). – Fig. Défrayer *la chronique* : être l'objet de toutes les conversations. 🕮 [defʀeje].

**DÉFRICHER, verbe trans.** [3]
Détruire la végétation spontanée de (un terrain) pour le rendre cultivable. – Fig. Défricher *un sujet* : aborder ses principaux aspects sans les approfondir. 🕮 [defʀiʃe].

**DÉFRISER, verbe trans.** [3]
Défaire la frisure de. – Fig. Vexer, déplaire à (fam.). 🕮 [defʀize].

**DÉFROQUE, subst. f.**
Vêtement très usé. – Accoutrement bizarre. 🕮 [defʀɔk].

**DÉFROQUÉ, ÉE, adj. et subst. m.**
Adj. Qui a abandonné l'état ecclésiastique. – Subst. Prêtre défroqué. 🕮 [defʀɔke].

**DÉFUNT, UNTE, adj. et subst.**
Trépassé, mort. 🕮 [defœ̃, -œ̃t].

**DÉGAGEMENT, subst. m.**
Action de dégager. – Fait de se dégager, émanation. – Partie d'un appartement qui sert de passage ou de rangement. – Espace libre. 🕮 [degaʒmɑ̃].

**DÉGAGER, verbe trans.** [5]
Délivrer (ce qui était retenu). – Débarrasser de ce qui bloque ou encombre. – Exhaler, répandre (une émanation). – Fig. Mettre en évidence. – Libérer (qqn) d'un engagement. – *Sp.* Lancer (le ballon) au loin. – Pronom. Se libérer. 🕮 [degaʒe].

**DÉGAINER, verbe trans.** [3]
Tirer (une arme) de son fourreau ou de son étui. 🕮 [degene].

**DÉGARNIR, verbe trans.** [19]
Dépouiller de ce qui garnit. – Pronom. Devenir moins touffu. – Perdre ses cheveux. – Se vider, pour un lieu. 🕮 [degaʀniʀ].

**DÉGÂT, subst. m.**
Destruction, dommage. 🕮 [dega].

**DÉGEL, subst. m.**
Fonte des neiges et des glaces. – Fig. Déblocage d'une situation. 🕮 [deʒɛl].

**DÉGELER, verbe** [11]
Trans. Faire fondre ou ramener à une température normale (ce qui était gelé). – Détendre (une ambiance, qqn). – Intrans. Cesser d'être gelé. 🕮 [deʒ(ə)le].

**DÉGÉNÉRER, verbe intrans.** [8]
Perdre ses qualités spécifiques ; s'abâtardir. – S'aggraver, empirer. 🕮 [deʒeneʀe].

**DÉGÉNÉRESCENCE, subst. f.**
Fait de dégénérer. 🕮 [deʒeneʀesɑ̃s].

**DÉGINGANDÉ, ÉE, adj.**
Qui est grand et qui semble disloqué dans sa démarche. 🕮 [deʒɛ̃gɑ̃de].

**DÉGIVRER, verbe trans.** [3]
Faire disparaître le givre de. 🕮 [deʒivʀe].

**DÉGLUTIR, verbe trans.** [19]
Faire passer de la bouche à l'œsophage, avaler. 🕮 [deglytiʀ].

**DÉGONFLER, verbe trans.** [3]
Réduire ou supprimer le gonflement de. – Réduire le volume de. – Fig. Ramener (une situation) à sa juste mesure. – Pronom. Manquer de courage au moment d'agir (fam.). 🕮 [degɔ̃fle].

**DÉGORGER, verbe** [5]
Trans. Expulser (un liquide) ; déverser (un trop-plein). – Débarrasser de ce qui engorge, déboucher (un tuyau, un conduit d'évacuation). – Intrans. Déborder, s'écouler. – *Faire* dégorger : faire rendre des impuretés, de l'eau à. 🕮 [degɔʀʒe].

**DÉGOULINER**, verbe intrans. [3]
S'écouler lentement, en filet ou goutte à goutte. 🔊 [deguline].

**DÉGOURDIR**, verbe trans. [19]
Tirer de l'engourdissement. – Faire perdre à (qqn) sa gaucherie. 🔊 [deguʀdiʀ].

**DÉGOÛT**, subst. m.
Manque de goût pour un aliment ; écœurement. – Vive répugnance. – Aversion, désintérêt. 🔊 [degu].

**DÉGOÛTER**, verbe trans. [3]
Inspirer du dégoût à. 🔊 [degute].

**DÉGRADATION**, subst. f.
Destitution d'un grade, d'une fonction, d'un droit. – Détérioration. – Fig. Avilissement. – Altération progressive. 🔊 [degʀadasjɔ̃].

**DÉGRADÉ**, subst. m.
Affaiblissement progressif d'une couleur. 🔊 [degʀade].

**DÉGRADER (I)**, verbe trans. [3]
Destituer (qqn) de son grade. – Détériorer (qqch.). – Fig. Avilir. 🔊 [degʀade].

**DÉGRADER (II)**, verbe trans. [3]
Affaiblir graduellement (une couleur, une lumière). 🔊 [degʀade].

**DÉGRAFER**, verbe trans. [3]
Détacher (une chose agrafée). 🔊 [degʀafe].

**DÉGRAISSER**, verbe trans. [3]
Enlever la graisse de. – Supprimer les taches de graisse de. 🔊 [degʀese].

**DEGRÉ**, subst. m.
Marche d'escalier. – Niveau, échelon dans un processus, une hiérarchie. – Unité de mesure d'angle, de température. 🔊 [dəgʀe].

**DÉGRESSIF, IVE**, adj.
Qui diminue par degrés. 🔊 [degʀesif, -iv].

**DÉGRINGOLADE**, subst. f.
Fam. Action de dégringoler. – Son résultat. 🔊 [degʀɛ̃gɔlad].

**DÉGRINGOLER**, verbe [3]
Trans. Descendre avec précipitation, dévaler. – Intrans. Tomber. 🔊 [degʀɛ̃gɔle].

**DÉGRISER**, verbe trans. [3]
Tirer (qqn) de l'ivresse. – Fig. Détruire les illusions de. 🔊 [degʀize].

**DÉGROSSIR**, verbe trans. [19]
Rendre moins grossier (une matière brute, une personne). – Commencer à éclaircir, à débrouiller (un problème, un sujet, etc.). 🔊 [degʀosiʀ].

**DÉGUENILLÉ, ÉE**, adj.
Vêtu de guenilles. 🔊 [deg(ə)nije].

**DÉGUERPIR**, verbe intrans. [19]
Partir précipitamment. 🔊 [degɛʀpiʀ].

**DÉGUISEMENT**, subst. m.
Action de déguiser, de se déguiser. – Ce qui sert à déguiser, à se déguiser. 🔊 [degizmɑ̃].

**DÉGUISER**, verbe trans. [3]
Vêtir (qqn) de manière à le rendre méconnaissable. – Fig. Contrefaire : **Déguiser** *sa voix.* 🔊 [degize].

**DÉGUSTATION**, subst. f.
Action de déguster. 🔊 [degystasjɔ̃].

**DÉGUSTER**, verbe trans. [3]
Goûter en s'appliquant à déceler une saveur. – Manger avec plaisir. 🔊 [degyste].

**DÉHANCHER (SE)**, verbe pronom. [3]
Faire porter le poids du corps sur une seule jambe. – Marcher en balançant les hanches. 🔊 [deɑ̃ʃe].

**DEHORS**, subst. m. et adv.
Adv. Hors du lieu. – Subst. Partie extérieure de qqch. – Plur. Apparence. 🔊 [dəɔʀ].

**DÉIFIER**, verbe trans. [6]
Diviniser. – Fig. Idéaliser. 🔊 [deifje].

**DÉJÀ**, adv.
Dès à présent. – Auparavant : *Je vous l'ai* déjà *expliqué.* 🔊 [deʒa].

**DÉJECTION**, subst. f.
Expulsion des matières fécales. – Plur. Excréments. 🔊 [deʒɛksjɔ̃].

**DÉJEUNER (I)**, verbe intrans. [3]
Prendre le petit déjeuner ou le repas de midi. 🔊 [deʒœne].

**DÉJEUNER (II)**, subst. m.
Repas de milieu de journée. – *Petit* déjeuner : collation matinale. 🔊 [deʒœne].

**DÉJOUER**, verbe trans. [3]
Faire échouer (un complot, des manœuvres). – Tromper : **Déjouer** *la surveillance de qqn.* 🔊 [deʒwe].

**DELÀ**, prép. et adv.
Loc. prép. *Par-*delà ; *Au-*delà *de* : de l'autre côté de ; plus loin que. – Loc. adv. *Au-*delà : de l'autre côté ; plus loin ; au fig., davantage. 🔊 [dəla].

**DÉLABRÉ, ÉE**, adj.
En mauvais état. 🔊 [delabʀe].

**DÉLABREMENT**, subst. m.
État de ce qui est en ruine. 🔊 [delabʀəmɑ̃].

**DÉLACER**, verbe trans. [4]
Dénouer les lacets de. 🔊 [delase].

**DÉLAI**, subst. m.
Durée octroyée pour réaliser qqch. – Sursis : *Sans* délai, immédiatement. 🔊 [delɛ].

**DÉLAISSER**, verbe trans. [3]
Abandonner. – Se désintéresser de, négliger. 🔊 [delese].

**DÉLASSEMENT**, subst. m.
Action de se délasser. – Occupation qui délasse ; distraction. 🔊 [delasmɑ̃].

**DÉLASSER**, verbe trans. [3]
Détendre, reposer ; distraire. 🔊 [delase].

**DÉLATION**, subst. f.
Dénonciation inspirée par des motifs méprisables. 🔊 [delasjɔ̃].

**DÉLAVÉ, ÉE, adj.**
Décoloré, pâli. – Imbibé d'eau. 🔊 [delave].

**DÉLAYER, verbe trans.** [15]
Mélanger ou faire fondre (une substance) dans un liquide. – Fig. Exposer, exprimer (une idée, une pensée, etc.) trop longuement. 🔊 [deleje].

**DÉLECTATION, subst. f.**
Plaisir intense que l'on savoure pleinement. 🔊 [delɛktasjɔ̃].

**DÉLECTER (SE), verbe pronom.** [3]
Prendre un plaisir intense (à qqch.). – Savourer, se régaler (de qqch.). 🔊 [delɛkte].

**DÉLÉGATION, subst. f.**
Action de déléguer. – Groupe de personnes mandatées par une autorité. 🔊 [delegasjɔ̃].

**DÉLÉGUER, verbe trans.** [8]
Envoyer (qqn) en qualité de représentant. – Transmettre, confier (un pouvoir, des responsabilités). 🔊 [delege].

**DÉLESTER, verbe trans.** [3]
Décharger de son lest. 🔊 [delɛste].

**DÉLÉTÈRE, adj.**
Qui nuit à la santé ; toxique. – Fig. Qui corrompt ; néfaste, nuisible. 🔊 [deletɛʀ].

**DÉLIBÉRATION, subst. f.**
Action de délibérer. – Résultat de cette action ; décision prise. 🔊 [delibeʀasjɔ̃].

**DÉLIBÉRÉMENT, adv.**
Volontairement. 🔊 [delibeʀemɑ̃].

**DÉLIBÉRER, verbe intrans.** [8]
Discuter tous les aspects d'une question pour aboutir à une décision. 🔊 [delibeʀe].

**DÉLICAT, ATE, adj.**
Fin, subtil, gracieux. – Prévenant. – Fragile. – Difficile, embarrassant. 🔊 [delika, -at].

**DÉLICATESSE, subst. f.**
Caractère de ce qui est délicat. 🔊 [delikatɛs].

**DÉLICE, subst. m.**
Plaisir voluptueux. – Ce qui est délicieux. 🔊 Fém. au plur., dans un style littér. ; [delis].

**DÉLICIEUX, IEUSE, adj.**
Qui ravit les sens ou l'esprit. 🔊 [delisjø, -jøz].

**DÉLICTUEUX, EUSE, adj.**
Qui a le caractère du délit. 🔊 [deliktɥø, -øz].

**DÉLIÉ, ÉE, adj.**
Ténu, souple. – Fin, subtil. 🔊 [delje].

**DÉLIER, verbe trans.** [6]
Défaire (un lien). – Libérer (qqn) d'un lien, au fig., d'une obligation. 🔊 [delje].

**DÉLIMITER, verbe trans.** [3]
Définir les limites de. 🔊 [delimite].

**DÉLINQUANCE, subst. f.**
Ensemble des infractions, considéré sur le plan social. 🔊 [delɛ̃kɑ̃s].

**DÉLINQUANT, ANTE, adj. et subst.**
Qui a commis un délit. 🔊 [delɛ̃kɑ̃, -ɑ̃t].

**DÉLIQUESCENCE, subst. f.**
Propriété de certaines substances solides de se liquéfier en absorbant l'humidité de l'air. – Fig. Décadence totale ; décrépitude. 🔊 [delikesɑ̃s].

**DÉLIRE, subst. m.**
Désordre mental caractérisé par une fausse perception de la réalité et une extrême agitation. – Excitation, exaltation de l'imagination. – Enthousiasme effréné. 🔊 [deliʀ].

**DÉLIRER, verbe intrans.** [3]
Être atteint de délire. – Être exalté, très enthousiaste. 🔊 [deliʀe].

**DÉLIT, subst. m.**
Acte illicite puni par la loi. – En flagrant délit : sur le fait. 🔊 [deli].

**DÉLIVRANCE, subst. f.**
Action de délivrer ; son résultat. – Accouchement. 🔊 [delivʀɑ̃s].

**DÉLIVRER, verbe trans.** [3]
Libérer. – Fig. Soulager, débarrasser (qqn) de ce qui entrave, gêne. – Livrer, remettre (qqch.). 🔊 [delivʀe].

**DÉLOCALISER, verbe trans.** [3]
Décentraliser. 🔊 [delɔkalize].

**DÉLOGER, verbe trans.** [5]
Faire sortir (qqn, qqch.) de son logement. 🔊 [delɔʒe].

**DÉLOYAL, ALE, AUX, adj.**
Qui manque de loyauté. 🔊 [delwajal].

**DELTA, subst. m.**
Zone triangulaire formée par les alluvions accumulées à l'embouchure d'un fleuve. 🔊 [dɛlta].

**DELTAPLANE, subst. m.**
Aile de toile tendue sur une armature tubulaire, avec laquelle on peut voler et planer. 🔊 N. déposé ; [dɛltaplan].

**DÉLUGE, subst. m.**
Le Déluge : selon la Bible, inondation universelle. – Pluie torrentielle. – Fig. Grande quantité, abondance : Un déluge de paroles. 🔊 [delyʒ].

**DÉLURÉ, ÉE, adj.**
Vif, dégourdi. – Effronté. 🔊 [delyʀe].

**DÉMAGOGIE, subst. f.**
Recherche de la faveur, de l'adhésion populaire par des mesures ou des paroles flatteuses. 🔊 [demagɔʒi].

**DEMAIN, adv.**
Le jour venant aussitôt après celui où l'on est. – Dans un futur proche. 🔊 [d(ə)mɛ̃].

**DEMANDE, subst. f.**
Action de demander ; ce que l'on demande. – Question, interrogation. 🔊 [d(ə)mɑ̃d].

**DEMANDER, verbe trans.** [3]
Exprimer à autrui ce que l'on veut, ce que l'on désire obtenir ; réclamer. – Interroger, questionner. – Nécessiter. – Pronom. S'interroger. 🔊 [d(ə)mɑ̃de].

**DÉMANGEAISON, subst. f.**
Picotement de la peau, qui donne envie de se gratter. – Fig. Envie intense (fam.). 🕮 [demɑ̃ʒɛzɔ̃].

**DÉMANGER, verbe trans.** [5]
Causer une démangeaison à. – Fig. Causer une forte envie à (fam.). 🕮 [demɑ̃ʒe].

**DÉMANTELER, verbe trans.** [11]
Détruire, démolir (une muraille, une construction). – Fig. Désorganiser, mettre hors d'état d'agir, de fonctionner ; réduire à néant. 🕮 [demɑ̃t(ə)le].

**DÉMANTIBULER, verbe trans.** [3]
Désarticuler, démolir, mettre en pièces (fam.). 🕮 [demɑ̃tibyle].

**DÉMAQUILLER, verbe trans.** [3]
Ôter le maquillage de. 🕮 [demakije].

**DÉMARCATION, subst. f.**
Action de marquer une frontière ; cette frontière. – Fig. Nette distinction entre deux ou plusieurs choses. 🕮 [demaʀkasjɔ̃].

**DÉMARCHE, subst. f.**
Façon de marcher ; au fig., manière de raisonner. – Tentative faite auprès de qqn pour obtenir qqch. 🕮 [demaʀʃ].

**DÉMARQUER, verbe trans.** [3]
Enlever la marque de. – Solder. – Pronom. Marquer sa différence. – Sp. Se libérer du contrôle de l'adversaire. 🕮 [demaʀke].

**DÉMARRAGE, subst. m.**
Action, fait de démarrer. 🕮 [demaʀaʒ].

**DÉMARRER, verbe** [3]
Trans. Mettre en mouvement ; commencer, mettre en train (empl. critiqué). – Intrans. Se mettre en mouvement. – Fig. Commencer à fonctionner, à réussir : Ce commerce démarre bien. 🕮 [demaʀe].

**DÉMARREUR, subst. m.**
Dispositif servant à mettre en marche un moteur. 🕮 [demaʀœʀ].

**DÉMASQUER, verbe trans.** [3]
Enlever son masque à. – Fig. Montrer sous son vrai jour, dévoiler. 🕮 [demaske].

**DÉMÊLÉ, subst. m.**
Querelle, désaccord. 🕮 [demele].

**DÉMÊLER, verbe trans.** [3]
Séparer (ce qui est emmêlé). – Fig. Clarifier : Démêler une affaire. 🕮 [demele].

**DÉMEMBREMENT, subst. m.**
Action, fait de démembrer. – Résultat de cette action. 🕮 [demɑ̃bʀəmɑ̃].

**DÉMEMBRER, verbe trans.** [3]
Morceler, diviser (un ensemble) en plusieurs parties. 🕮 [demɑ̃bʀe].

**DÉMÉNAGEMENT, subst. m.**
Action, fait de déménager. 🕮 [demenaʒmɑ̃].

**DÉMÉNAGER, verbe** [5]
Trans. Transporter (ses meubles, ses objets personnels) d'un endroit à un autre. –

Intrans. Changer de logement. – Divaguer (fam.). 🕮 [demenaʒe].

**DÉMENCE, subst. f.**
Grave diminution des facultés mentales. – Conduite insensée. 🕮 [demɑ̃s].

**DÉMENER (SE), verbe pronom.** [10]
S'agiter vivement. – Fig. S'affairer pour obtenir un résultat. 🕮 [dem(ə)ne].

**DÉMENT, ENTE, adj. et subst.**
Se dit d'une personne atteinte de démence. – Adj. Extraordinaire (fam.). 🕮 [demɑ̃, -ɑ̃t].

**DÉMENTI, subst. m.**
Annonce par laquelle on dément une information. 🕮 [demɑ̃ti].

**DÉMENTIR, verbe trans.** [23]
Contredire (qqn). – Nier l'existence de (qqch.), la vérité de (un propos). 🕮 [demɑ̃tiʀ].

**DÉMÉRITER, verbe intrans.** [3]
Agir de façon à perdre l'estime d'autrui ; encourir la désapprobation. 🕮 [demeʀite].

**DÉMESURÉ, ÉE, adj.**
Dont les mesures excèdent la normale. – Extrême, excessif. 🕮 [dem(ə)zyʀe].

**DÉMETTRE (I), verbe trans.** [60]
Déplacer (un os, une articulation) de sa position normale. 🕮 [demɛtʀ].

**DÉMETTRE (II), verbe trans.** [60]
Destituer, révoquer. – Pronom. Démissionner. 🕮 [demɛtʀ].

**DEMEURANT (AU), loc. adv.**
Tout bien considéré. 🕮 [od(ə)mœʀɑ̃].

**DEMEURE, subst. f.**
Lieu où l'on vit, domicile. – Grande maison : Une belle demeure entourée d'un parc. – À demeure : de manière stable ; Mettre en demeure de : obliger à, sommer de. 🕮 [d(ə)mœʀ].

**DEMEURÉ, ÉE, adj. et subst.**
Se dit d'une personne arriérée, simple d'esprit. 🕮 [d(ə)mœʀe].

**DEMEURER, verbe intrans.** [3]
Habiter. – Rester à un endroit. – Continuer à être : Demeurer silencieux. 🕮 [d(ə)mœʀe].

**DEMI-, élément inv.**
Placé devant un mot, divise la valeur par 2 ou indique l'approximation. 🕮 [d(ə)mi-].

**DEMI, IE, adj. et subst.**
Adj. Qui équivaut à la moitié d'un tout : Une demi-douzaine ; Une demi-baguette. – Une semaine et demie : et la moitié (d'une autre). – Incomplet : C'est une demi-victoire. – À demi : à moitié. – Subst. Moitié d'unité. – Masc. Verre de bière. – Au rugby et au football, joueur de milieu de terrain. 🕮 [d(ə)mi].

**DEMI-FINALE, subst. f.**
Épreuve sportive destinée à déterminer les participants à la finale. 🕮 [d(ə)mifinal].

**DEMI-FRÈRE**, subst. m.
Frère par un seul des deux parents.
📖 [d(ə)mifʀɛʀ].

**DEMI-HEURE**, subst. f.
Moitié d'une heure. 📖 [d(ə)mijœʀ].

**DÉMILITARISER**, verbe trans. [3]
Supprimer ou limiter l'activité ou la présence d'une force armée dans (une zone).
📖 [demilitaʀize].

**DEMI-MESURE**, subst. f.
Moyen insuffisant. 📖 [d(ə)mim(ə)zyʀ].

**DEMI-MOT (À)**, loc. adv.
Sans qu'il soit nécessaire de tout dire.
📖 [ad(ə)mimo].

**DÉMINER**, verbe trans. [3]
Débarrasser (une zone) des mines qui y ont été déposées. 📖 [demine].

**DEMI-PENSION**, subst. f.
Forfait hôtelier incluant un repas. – Régime scolaire des élèves qui déjeunent le midi à l'école. 📖 [d(ə)mipɑ̃sjɔ̃].

**DEMI-SŒUR**, subst. f.
Sœur par un seul des deux parents.
📖 [d(ə)misœʀ].

**DÉMISSION**, subst. f.
Acte par lequel on renonce à sa fonction, à son emploi. – Refus d'assumer ses responsabilités. 📖 [demisjɔ̃].

**DÉMISSIONNER**, verbe intrans. [3]
Donner sa démission. – Fig. Capituler, renoncer devant des difficultés (fam.).
📖 [demisjɔne].

**DEMI-TEINTE**, subst. f.
Teinte qui n'est ni claire ni foncée. – Fig.
En demi-teinte : atténué, tout en nuances.
📖 [d(ə)mitɛ̃t].

**DEMI-TOUR**, subst. m.
Moitié d'un tour fait en pivotant sur soi-même. – Faire demi-tour : revenir sur ses pas. 📖 [d(ə)mituʀ].

**DÉMOBILISER**, verbe trans. [3]
Rendre (un soldat mobilisé) à la vie civile.
– Affaiblir la motivation combative de.
📖 [demɔbilize].

**DÉMOCRATE**, adj. et subst.
Partisan de la démocratie. 📖 [demɔkʀat].

**DÉMOCRATIE**, subst. f.
Régime politique dans lequel la souveraineté appartient à l'ensemble des citoyens.
– État vivant sous ce régime. 📖 [demɔkʀasi].

**DÉMOCRATISER**, verbe trans. [3]
Rendre conforme aux principes de la démocratie. – Populariser. 📖 [demɔkʀatize].

**DÉMODÉ, ÉE**, adj.
Qui ne correspond plus aux tendances de la mode ; désuet. 📖 [demɔde].

**DÉMOGRAPHIE**, subst. f.
Science statistique des populations humaines. 📖 [demɔgʀafi].

**DEMOISELLE**, subst. f.
Jeune fille ; femme non mariée. – Libellule.
📖 [d(ə)mwazɛl].

**DÉMOLIR**, verbe trans. [19]
Détruire, en abattant ou en cassant. – Fig.
Ruiner la réputation de ; détruire la santé de. 📖 [demɔliʀ].

**DÉMOLITION**, subst. f.
Action de démolir. 📖 [demɔlisjɔ̃].

**DÉMON**, subst. m.
Ange déchu, esprit du mal. – Personne méchante, néfaste. – Enfant très espiègle, turbulent (fam.). 📖 [demɔ̃].

**DÉMONIAQUE**, adj.
Digne du démon ; pervers. 📖 [demɔnjak].

**DÉMONSTRATIF, IVE**, adj.
Qui démontre. – Qui manifeste ses sentiments. – Ling. Qualifie un adjectif ou un pronom qui désigne le nom auquel il se rapporte. 📖 [demɔ̃stʀatif, -iv].

**DÉMONSTRATION**, subst. f.
Action de démontrer. – Action de montrer le fonctionnement de qqch. ou la manière d'utiliser qqch. – Manifestation de sentiments. 📖 [demɔ̃stʀasjɔ̃].

**DÉMONTER**, verbe trans. [3]
Séparer les pièces, les parties de (un objet, un mécanisme, etc.). – Fig. Déconcerter, troubler (qqn). 📖 [demɔ̃te].

**DÉMONTRER**, verbe trans. [3]
Prouver la vérité de (une proposition, une théorie) par un raisonnement, par des faits rigoureux. – Révéler, indiquer : Cela démontre bien sa lâcheté. 📖 [demɔ̃tʀe].

**DÉMORALISER**, verbe trans. [3]
Conduire (qqn) au découragement, abattre. 📖 [demɔʀalize].

**DÉMORDRE**, verbe trans. indir. [51]
Ne pas démordre de : s'entêter, s'obstiner à. 📖 [demɔʀdʀ].

**DÉMOTIVER**, verbe trans. [3]
Ôter à (qqn) toute espèce de motivation.
📖 [demɔtive].

**DÉMOULER**, verbe trans. [3]
Retirer du moule. 📖 [demule].

**DÉMUNIR**, verbe trans. [19]
Priver d'une chose essentielle. – Pronom.
Se dessaisir (de qqch.). 📖 [demyniʀ].

**DÉMYSTIFIER**, verbe trans. [6]
Détromper (qqn). – Dissiper le mystère qui entoure (qqn ou qqch.). 📖 [demistifje].

**DÉMYTHIFIER**, verbe trans. [6]
Ôter à (qqch. ou qqn) son caractère mythique. 📖 [demitifje].

**DÉNATURER**, verbe trans. [3]
Altérer la nature, le goût de. – Fausser le sens de, déformer. 📖 [denatyʀe].

**DÉNÉGATION**, subst. f.
Action de nier, de dénier. 📖 [denegasjɔ̃].

**DÉNICHER,** verbe trans. [3]
Enlever du nid. – Fig. Découvrir, trouver.
🔊 [deniʃe].

**DENIER,** subst. m.
Ancienne monnaie romaine, puis française.
– Somme versée à titre de contribution :
*Le denier du culte.* 🔊 [dənje].

**DÉNIER,** verbe trans. [6]
Nier : **Dénier** *toute responsabilité.* – Refuser
d'accorder : **Dénier** *un droit.* 🔊 [denje].

**DÉNIGRER,** verbe trans. [3]
S'efforcer de nuire à la réputation de (qqn)
ou à la qualité de (qqch.). 🔊 [denigʀe].

**DÉNIVELER,** verbe trans. [12]
Produire une différence de niveau dans ;
donner de la pente à. 🔊 [deniv(ə)le].

**DÉNIVELLATION,** subst. f.
Action de déniveler. – Variation de niveau.
🔊 On dit aussi *dénivellement* ; [denivelasjɔ̃].

**DÉNOMBRER,** verbe trans. [3]
Faire le compte de. – Recenser. 🔊 [denɔ̃bre].

**DÉNOMINATEUR,** subst. m.
Terme d'une fraction qui indique en
combien de parties égales l'unité a été
divisée. – Fig. **Dénominateur** *commun* :
caractère commun. 🔊 [denɔminatœʀ].

**DÉNOMINATION,** subst. f.
Appellation. 🔊 [denɔminasjɔ̃].

**DÉNOMMÉ, ÉE,** adj.
Qui a pour nom. 🔊 [denɔme].

**DÉNONCER,** verbe trans. [4]
Signaler (qqn) comme coupable, (qqch.)
comme condamnable. – Indiquer, trahir
(qqch.). – Signifier la cessation de :
**Dénoncer** *un contrat.* 🔊 [denɔ̃se].

**DÉNONCIATION,** subst. f.
Action de dénoncer. 🔊 [denɔ̃sjasjɔ̃].

**DÉNOTER,** verbe trans. [3]
Révéler, être le signe de. 🔊 [denɔte].

**DÉNOUEMENT,** subst. m.
Résolution d'une situation, d'une affaire.
– Issue d'une intrigue. 🔊 [denumã].

**DÉNOUER,** verbe trans. [3]
Défaire (un nœud) ; détacher (ce qui était
noué). – Fig. Résoudre, démêler. 🔊 [denwe].

**DÉNOYAUTER,** verbe trans. [3]
Ôter le noyau de. 🔊 [denwajote].

**DENRÉE,** subst. f.
Produit alimentaire. – *Une denrée rare* :
une qualité, une chose précieuse. 🔊 [dɑ̃re].

**DENSE,** adj.
Compact, épais ; abondant et serré. – Fig.
Concis, condensé. – *Phys.* Dont la densité
est élevée. 🔊 [dɑ̃s].

**DENSITÉ,** subst. f.
Qualité de ce qui est dense. – *Phys.* Rapport
entre la masse du volume d'un corps et
celle d'un autre corps de référence.
🔊 [dɑ̃site].

**DENT,** subst. f.
Organe dur et blanchâtre implanté sur les
maxillaires, qui sert à déchirer et à broyer
les aliments. – Pointe, saillie. 🔊 [dɑ̃].

**DENTAIRE,** adj.
Qui a trait aux dents. 🔊 [dɑ̃tɛʀ].

**DENTELÉ, ÉE,** adj.
Découpé en forme de dents. 🔊 [dɑ̃t(ə)le].

**DENTELLE,** subst. f.
Étoffe ajourée, sans trame ni chaîne,
formant un motif. 🔊 [dɑ̃tɛl].

**DENTIER,** subst. m.
Prothèse dentaire amovible. 🔊 [dɑ̃tje].

**DENTIFRICE,** subst. m.
Pâte que l'on utilise pour se nettoyer les
dents. 🔊 [dɑ̃tifʀis].

**DENTISTE,** subst.
Praticien diplômé, spécialiste de la chirurgie et des soins dentaires. 🔊 [dɑ̃tist].

**DENTITION,** subst. f.
Apparition et croissance des dents. – Denture (abusivement). 🔊 [dɑ̃tisjɔ̃].

**DENTURE,** subst. f.
Ensemble des dents. 🔊 [dɑ̃tyʀ].

**DÉNUDER,** verbe trans. [3]
Mettre à nu. 🔊 [denyde].

**DÉNUÉ, ÉE,** adj.
Démuni, dépourvu (de). 🔊 [denɥe].

**DÉNUEMENT,** subst. m.
Manque du nécessaire ; indigence, misère.
🔊 [denymã].

**DÉODORANT,** subst. m.
Produit qui combat les odeurs corporelles.
🔊 [deɔdɔʀɑ̃].

**DÉONTOLOGIE,** subst. f.
Ensemble des règles et des devoirs attachés
à l'exercice d'une profession. 🔊 [deɔ̃tɔlɔʒi].

**DÉPANNER,** verbe trans. [3]
Réparer (un véhicule, un appareil tombé
en panne). – Fig. Tirer d'embarras (fam.).
🔊 [depane].

**DÉPANNEUSE,** subst. f.
Voiture permettant de remorquer les véhicules en panne. 🔊 [depanøz].

**DÉPAREILLÉ, ÉE,** adj.
Séparé de l'objet ou des objets avec lesquels
il formait une série, une paire : *Une vaisselle
dépareillée.* – Incomplet, disparate, en
parlant d'un ensemble. 🔊 [depaʀeje].

**DÉPARER,** verbe trans. [3]
Nuire à la beauté, à l'harmonie de (un
ensemble) ; enlaidir. 🔊 [depaʀe].

**DÉPART,** subst. m.
Action de partir. – Moment, endroit où a
lieu cette action. 🔊 [depaʀ].

**DÉPARTAGER,** verbe trans. [5]
Prendre des mesures pour établir le classement de (deux partis, deux concurrents,
etc.), malgré leur égalité. 🔊 [depaʀtaʒe].

**DÉPARTEMENT, subst. m.**
Division territoriale française. – Branche spécialisée d'une administration, d'un organisme : Département *des manuscrits, dans une bibliothèque.* 🔊 [depaʀtəmɑ̃].

**DÉPARTEMENTAL, ALE, AUX, adj.**
Relatif au département. 🔊 [depaʀtəmɑ̃tal].

**DÉPARTIR, verbe trans.** [23]
Distribuer, attribuer en partage. – Pronom. *Se* département *de :* se défaire de ; abandonner (un comportement). 🔊 [depaʀtiʀ].

**DÉPASSÉ, ÉE, adj.**
Démodé, périmé. – Qui ne maîtrise plus une situation. 🔊 [depɑse].

**DÉPASSER, verbe trans.** [3]
Aller au-delà de. – Passer devant, doubler. – Outrepasser en valeur, en dimensions, en durée, etc. ; empl. abs., déborder. – Fig. Outrepasser (une limite). – Pronom. Donner le meilleur de soi. 🔊 [depɑse].

**DÉPAYSEMENT, subst. m.**
Fait d'être dépaysé. 🔊 [depeizmɑ̃].

**DÉPAYSER, verbe trans.** [3]
Changer le cadre de vie, les habitudes de. – Fig. Désorienter, troubler. 🔊 [depeize].

**DÉPECER, verbe trans.** [4] et [10]
Mettre en pièces, découper (un animal). 🔊 [depəse].

**DÉPÊCHE, subst. f.**
Information brève transmise par des moyens techniques rapides. 🔊 [depɛʃ].

**DÉPÊCHER, verbe trans.** [3]
Expédier avec diligence auprès de qqn. – Pronom. Se hâter, faire vite. 🔊 [depeʃe].

**DÉPEIGNER, verbe trans.** [3]
Décoiffer. 🔊 [depeɲe].

**DÉPEINDRE, verbe trans.** [53]
Décrire. 🔊 [depɛ̃dʀ].

**DÉPENAILLÉ, ÉE, adj.**
Vêtu de hardes, sans soin. 🔊 [dep(ə)naje].

**DÉPENDANCE, subst. f.**
Fait de dépendre (de qqn, de qqch.). – Plur. Annexes d'un bâtiment. 🔊 [depɑ̃dɑ̃s].

**DÉPENDRE, verbe trans. indir.** [51]
Être sous l'autorité, l'emprise, la juridiction (de). – Être fonction (de). 🔊 [depɑ̃dʀ].

**DÉPENS DE (AUX), loc. prép.**
Au désavantage de (qqch. ou qqn). – À la charge de (qqn). 🔊 [odepɑ̃də].

**DÉPENSE, subst. f.**
Action de dépenser. – Ce qui est dépensé. 🔊 [depɑ̃s].

**DÉPENSER, verbe trans.** [3]
Utiliser (de l'argent) pour acheter, payer. – Consommer. – Employer (son temps, son énergie) à. 🔊 [depɑ̃se].

**DÉPENSIER, IÈRE, adj. et subst.**
Qui dépense beaucoup. 🔊 [depɑ̃sje, -jɛʀ].

**DÉPERDITION, subst. f.**
Perte progressive, diminution : Déperdition *de chaleur.* 🔊 [depɛʀdisjɔ̃].

**DÉPÉRIR, verbe intrans.** [19]
S'affaiblir, aller vers sa fin. 🔊 [depeʀiʀ].

**DÉPÊTRER, verbe trans.** [3]
Débarrasser (une personne, un animal) de ce qui l'entrave. – Fig. Dégager, tirer d'une situation fâcheuse. – Pronom. Se débarrasser (de qqn, de qqch.), échapper (à). 🔊 [depetʀe].

**DÉPEUPLER, verbe trans.** [3]
Vider (un pays, une région) de sa population. 🔊 [depœple].

**DÉPISTER, verbe trans.** [3]
Trouver la trace, la piste de. – Faire perdre la trace, la piste de ; mettre en défaut. – Fig. Déceler. 🔊 [depiste].

**DÉPIT, subst. m.**
Sentiment de tristesse et de rancœur dû à une déception. – Loc. prép. *En dépit de :* malgré. 🔊 [depi].

**DÉPITÉ, ÉE, adj.**
Qui ressent du dépit. 🔊 [depite].

**DÉPLACÉ, ÉE, adj.**
Qui choque, inconvenant. 🔊 [deplase].

**DÉPLACEMENT, subst. m.**
Action de déplacer, de se déplacer. – Voyage professionnel. 🔊 [deplasmɑ̃].

**DÉPLACER, verbe trans.** [4]
Changer (qqn, qqch.) de place. – Muter. – Changer la date, l'heure de (un rendez-vous). – Pronom. Bouger, se mouvoir ; voyager. 🔊 [deplase].

**DÉPLAIRE, verbe trans. indir.** [59]
Déplaire *à.* Ne pas plaire à. – Contrarier. 🔊 [deplɛʀ].

**DÉPLAISANT, ANTE, adj.**
Qui déplaît, désagréable. 🔊 [deplɛzɑ̃, -ɑ̃t].

**DÉPLIANT, subst. m.**
Imprimé plié, prospectus. 🔊 [deplijɑ̃].

**DÉPLIER, verbe trans.** [6]
Déployer, mettre à plat (ce qui était plié). 🔊 [deplije].

**DÉPLOIEMENT, subst. m.**
Action de déployer. – Fait d'être déployé. 🔊 [deplwamɑ̃].

**DÉPLORER, verbe trans.** [3]
Manifester sa douleur devant (un malheur) ; compatir à. – Regretter vivement, désapprouver. 🔊 [deplɔʀe].

**DÉPLOYER, verbe trans.** [17]
Étendre, ouvrir, développer (ce qui était plié). – Disposer, répartir sur un grand espace. – Fig. Montrer. 🔊 [deplwaje].

**DÉPOLIR, verbe trans.** [19]
Faire perdre son poli à. 🔊 [depɔliʀ].

**DÉPORTATION, subst. f.**
Autrefois, peine d'exil d'un condamné politique. – Internement dans un camp de concentration. ᏚᏚ [depɔʀtasjɔ̃].

**DÉPORTER, verbe trans.** [3]
Condamner à la déportation. – Envoyer en déportation. – Faire dévier. ᏚᏚ [depɔʀte].

**DÉPOSER, verbe** [3]
Trans. Poser (ce que l'on porte). – Laisser (qqch., qqn) en un lieu précis. – Mettre en dépôt. – Fig. Remettre : *Déposer un dossier.* – Faire enregistrer pour protéger (une œuvre, un brevet). – Destituer. – Intrans. *Dr.* Témoigner en justice. – Pronom. Former un dépôt. ᏚᏚ [depoze].

**DÉPOSITAIRE, subst.**
Personne qui a la garde d'un dépôt. – Fig. Personne à qui l'on confie qqch. : *Être le dépositaire d'un secret.* – Concessionnaire. ᏚᏚ [depoziteʀ].

**DÉPOSITION, subst. f.**
Action de déposer devant la justice. – Le témoignage recueilli. ᏚᏚ [depozisjɔ̃].

**DÉPOSSÉDER, verbe trans.** [8]
Priver d'une possession. ᏚᏚ [deposede].

**DÉPÔT, subst. m.**
Action de déposer qqch. en un lieu précis. – Action de confier en garde un objet, en échange d'un reçu. – L'objet que l'on a déposé. – Lieu où l'on entrepose des marchandises. – Couche de substances solides qui se forme au fond d'un récipient contenant un liquide au repos. ᏚᏚ [depo].

**DÉPOTER, verbe trans.** [3]
Retirer (une plante) de son pot. ᏚᏚ [depɔte].

**DÉPOTOIR, subst. m.**
Endroit où l'on entasse les détritus, les ordures. ᏚᏚ [depɔtwaʀ].

**DÉPOUILLE, subst. f.**
Peau d'un animal mort. – *Dépouille mortelle* : corps d'une personne décédée (littér.). ᏚᏚ [depuj].

**DÉPOUILLEMENT, subst. m.**
Action de dépouiller. – État de sobriété ou de dénuement. ᏚᏚ [depujmɑ̃].

**DÉPOUILLER, verbe trans.** [3]
Retirer la peau de (un animal). – Dénuder, dégarnir. – Déposséder (qqn) de ses biens. – Analyser soigneusement (un texte, une œuvre). – *Dépouiller un scrutin* : faire le compte des suffrages. ᏚᏚ [depuje].

**DÉPOURVU, UE, adj.**
Qui manque (de qqch.). – Loc. adv. *Au dépourvu* : à l'improviste. ᏚᏚ [depuʀvy].

**DÉPOUSSIÉRER, verbe trans.** [8]
Enlever la poussière de. – Fig. Moderniser, mettre à jour. ᏚᏚ [depusjeʀe].

**DÉPRAVÉ, ÉE, adj. et subst.**
Perverti, débauché. ᏚᏚ [depʀave].

**DÉPRÉCIER, verbe trans.** [6]
Diminuer la valeur de, dévaloriser. – Fig. Critiquer, dénigrer. ᏚᏚ [depʀesje].

**DÉPRÉDATION, subst. f.**
Vol accompagné de détérioration. – Dégât causé aux biens d'autrui. ᏚᏚ [depʀedasjɔ̃].

**DÉPRESSION, subst. f.**
Affaissement, creux sur une surface. – Crise économique. – Zone de basse pression atmosphérique. – *Psychol.* Abattement, découragement pathologique. ᏚᏚ [depʀesjɔ̃].

**DÉPRIMER, verbe** [3]
Trans. Abaisser, enfoncer. – Abattre moralement. – Intrans. Être démoralisé (fam.). ᏚᏚ [depʀime].

**DEPUIS, prép. et adv.**
Prép. À partir de (dans le temps, l'espace). – Adv. À partir de ce moment. – Loc. conj. *Depuis que* : à partir du moment où. ᏚᏚ [dəpɥi].

**DÉPUTÉ, subst. m.**
Personne chargée d'une mission par une autorité qu'elle représente. – Membre élu d'une assemblée délibérante. ᏚᏚ [depyte].

**DÉRACINER, verbe trans.** [3]
Arracher avec ses racines (un végétal, une dent). – Fig. Arracher (qqn) à son pays, son milieu d'origine. ᏚᏚ [deʀasine].

**DÉRAILLER, verbe intrans.** [3]
Sortir des rails. – Fig. Fonctionner mal. – Divaguer, déraisonner (fam.). ᏚᏚ [deʀaje].

**DÉRAILLEUR, subst. m.**
Dispositif permettant de faire passer la chaîne d'une bicyclette d'un pignon sur un autre. ᏚᏚ [deʀajœʀ].

**DÉRAISONNABLE, adj.**
Qui n'est pas raisonnable. – Qui manque de modération. ᏚᏚ [deʀɛzɔnabl].

**DÉRANGER, verbe trans.** [5]
Troubler l'ordre, la disposition de (ce qui était rangé). – Perturber le fonctionnement, l'activité de. – Obliger (qqn) à se déplacer : *Ne vous dérangez pas pour moi.* – Importuner, gêner. ᏚᏚ [deʀɑ̃ʒe].

**DÉRAPAGE, subst. m.**
Action, fait de déraper. – Résultat de cette action. ᏚᏚ [deʀapaʒ].

**DÉRAPER, verbe intrans.** [3]
Glisser, perdre son adhérence, en parlant d'un véhicule ou de qqn. – Fig. Évoluer de façon incontrôlée. ᏚᏚ [deʀape].

**DÉRATÉ, ÉE, subst.**
*Courir comme un dératé* : aussi vite que possible (fam.). ᏚᏚ [deʀate].

**DÉRATISER, verbe trans.** [3]
Débarrasser (un lieu) des rats. ᏚᏚ [deʀatize].

**DERECHEF, adv.**
De nouveau (littér.). ᏚᏚ [dəʀəʃɛf].

**DÉRÉGLER**, verbe trans. [8]
Déranger le réglage de. 🔊 [deʀegle].

**DÉRIDER**, verbe trans. [3]
Supprimer les rides de. – Rendre (qqn) moins soucieux ; amuser. 🔊 [deʀide].

**DÉRISION**, subst. f.
Plaisanterie méprisante. 🔊 [deʀizjõ].

**DÉRISOIRE**, adj.
Qui suscite la dérision. – Insignifiant, minime. 🔊 [deʀizwaʀ].

**DÉRIVATIF, IVE**, adj. et subst. m.
Se dit de ce qui permet d'oublier ses préoccupations. 🔊 [deʀivatif, -iv].

**DÉRIVATION**, subst. f.
Action de dériver. – Connexion de deux points d'un circuit électrique au moyen d'un second conducteur. – *Ling.* Formation d'un nouveau mot sur la base d'un radical. 🔊 [deʀivasjõ].

**DÉRIVE**, subst. f.
Fait de dériver ; son résultat. – *À la* **dérive** : sans pouvoir se diriger, à vau-l'eau. – Fait de s'écarter de la norme ; dérapage. – *Mar.* Aileron mobile immergé qui empêche un bateau de dériver. 🔊 [deʀiv].

**DÉRIVER**, verbe [3]
Trans. Détourner (l'eau) de son cours. – Dériver *de* : être issu de. – Intrans. S'écarter de sa direction sous l'action du vent, d'un courant, en parlant d'un avion, d'un bateau. – Aller à la dérive. 🔊 [deʀive].

**DERMATOLOGIE**, subst. f.
*Méd.* Spécialité qui traite des maladies de la peau. 🔊 [dɛʀmatɔlɔʒi].

**DERME**, subst. m.
Couche profonde de la peau. 🔊 [dɛʀm].

**DERNIER, IÈRE**, adj. et subst.
Qui vient après tous les autres. – Adj. Ultime, extrême : *Au* **dernier** *moment*. – Le plus récent : *Le mois* **dernier**. 🔊 [dɛʀnje, -jɛʀ].

**DERNIÈREMENT**, adv.
Il y a peu de temps. 🔊 [dɛʀnjɛʀmɑ̃].

**DÉROBADE**, subst. f.
Action de se dérober. 🔊 [deʀɔbad].

**DÉROBÉE (À LA)**, loc. adv.
Furtivement, en cachette. 🔊 [aladeʀɔbe].

**DÉROBER**, verbe trans. [3]
Subtiliser, voler adroitement. – Dissimuler. – Pronom. *Se* **dérober** *à une obligation* : s'y soustraire. – Refuser de franchir l'obstacle, en parlant d'un cheval. 🔊 [deʀɔbe].

**DÉROGATION**, subst. f.
Action de déroger à une règle, à une loi, à un accord. – Son résultat. 🔊 [deʀɔgasjõ].

**DÉROGER**, verbe trans. indir. [5]
Déroger *à*. Manquer à : *Déroger à ses devoirs, à son son rang*. – Contrevenir à (une loi, un usage). 🔊 [deʀɔʒe].

**DÉROULEMENT**, subst. m.
Action de dérouler ; fait d'être déroulé. – Progression dans le temps. 🔊 [deʀulmɑ̃].

**DÉROULER**, verbe trans. [3]
Étaler (ce qui était enroulé). – Pronom. Se passer, avoir lieu. 🔊 [deʀule].

**DÉROUTE**, subst. f.
Repli désordonné d'une armée vaincue. – Fig. Effondrement ; débâcle. 🔊 [deʀut].

**DÉROUTER**, verbe trans. [3]
Faire changer d'itinéraire, de destination. – Déconcerter. 🔊 [deʀute].

**DERRIÈRE (I)**, prép. et adv.
Prép. En arrière de. – Au-delà de ; sous l'apparence de : *Cacher sa peine* **derrière** *un sourire*. – À la suite de. – Adv. Du côté opposé au devant, à l'endroit. 🔊 [dɛʀjɛʀ].

**DERRIÈRE (II)**, subst. m.
Partie postérieure de qqch. – Arrière-train, fesses. 🔊 [dɛʀjɛʀ].

**DES**, voir DE et UN

**DÈS**, prép.
À partir de, aussitôt après (un moment ou un lieu). – Loc. adv. **Dès** *lors* : à partir de ce moment ; en conséquence. – Loc. conj. **Dès** *que* : sitôt que. 🔊 [dɛ].

**DÉSABUSÉ, ÉE**, adj. et subst.
Qui a perdu ses illusions ; qui est déçu, blasé. 🔊 [dezabyze].

**DÉSACCORD**, subst. m.
Absence d'accord, différence d'opinion sur un point donné. 🔊 [dezakɔʀ].

**DÉSAFFECTÉ, ÉE**, adj.
Qui n'a plus d'affectation ou dont l'affectation a été modifiée (en parlant d'un lieu, d'un édifice). 🔊 [dezafɛkte].

**DÉSAGRÉABLE**, adj.
Qui se comporte de façon peu agréable, qui choque, qui irrite. – Qui déplaît : *Une impression* **désagréable**. 🔊 [dezagʀeabl].

**DÉSAGRÉGER**, verbe trans. [9]
Décomposer, effriter. 🔊 [dezagʀeʒe].

**DÉSAGRÉMENT**, subst. m.
Déplaisir d'ordre matériel, souci. – Ce qui est désagréable. 🔊 [dezagʀemɑ̃].

**DÉSALTÉRER**, verbe trans. [8]
Donner à boire à. – Apaiser la soif de. – Pronom. Étancher sa soif. 🔊 [dezalteʀe].

**DÉSAMORCER**, verbe trans. [4]
Retirer l'amorce de. – Interrompre le fonctionnement de : **Désamorcer** *une pompe*. – Fig. Empêcher l'explosion de (une crise). 🔊 [dezamɔʀse].

**DÉSAPPOINTER**, verbe trans. [3]
Décevoir l'attente de (qqn). 🔊 [dezapwɛ̃te].

**DÉSAPPROUVER**, verbe trans. [3]
Porter un jugement négatif sur, refuser sa caution à, contester. 🔊 [dezapʀuve].

**DÉSARÇONNER, verbe trans.** [3]
Jeter (un cavalier) à bas de la selle. – Fig.
Ébranler l'assurance de (qqn) par un effet
de surprise. 🕮 [dezaʀsɔne].

**DÉSARMANT, ANTE, adj.**
Qui interdit toute sévérité par sa naïveté ;
qui est touchant : *Un sourire* désarmant.
🕮 [dezaʀmɑ̃, -ɑ̃t].

**DÉSARMEMENT, subst. m.**
Suppression ou limitation du potentiel
militaire d'une nation. 🕮 [dezaʀməmɑ̃].

**DÉSARMER, verbe trans.** [3]
Priver d'armes, de son arme. – Supprimer
ou réduire l'armement de (un pays). – Ôter
à (un navire) son matériel et son équipage.
– Fig. Faire tomber l'agressivité de (qqn).
🕮 [dezaʀme].

**DÉSARROI, subst. m.**
Trouble moral, détresse. 🕮 [dezaʀwa].

**DÉSARTICULÉ, ÉE, adj.**
Souple à l'excès ; disloqué. – Fig. Privé de
cohérence, d'unité. 🕮 [dezaʀtikyle].

**DÉSASTRE, subst. m.**
Événement catastrophique. – Fig. Très grave
échec. 🕮 [dezastʀ].

**DÉSASTREUX, EUSE, adj.**
Catastrophique. 🕮 [dezastʀø, -øz].

**DÉSAVANTAGE, subst. m.**
Ce qui constitue un inconvénient, ce qui
entraîne une infériorité. – Ce qui porte
préjudice. 🕮 [dezavɑ̃taʒ].

**DÉSAVANTAGER, verbe trans.** [5]
Placer en situation défavorable ou préjudiciable. – Léser. 🕮 [dezavɑ̃taʒe].

**DÉSAVEU, EUX, subst. m.**
Reniement. – Refus d'apporter sa caution.
🕮 [dezavø].

**DÉSAVOUER, verbe trans.** [3]
Ne pas admettre comme sien. – Revenir
sur (qqch. qu'on a dit ou fait). – Refuser
de cautionner. 🕮 [dezavwe].

**DESCELLER, verbe trans.** [3]
Ouvrir (ce qui était scellé). – Détacher (ce
qui était fixé par un scellement). 🕮 [desele].

**DESCENDANCE, subst. f.**
Ensemble de personnes ayant un ancêtre
commun. 🕮 [desɑ̃dɑ̃s].

**DESCENDANT, ANTE, adj. et subst.**
Adj. Qui va vers le bas. – Subst. Personne,
considérée en tant qu'issue d'un ancêtre.
🕮 [desɑ̃dɑ̃, -ɑ̃t].

**DESCENDRE, verbe** [51]
Intrans. Aller du haut vers le bas ; être en
pente ; baisser de niveau. – Séjourner.
– Faire irruption. – Être issu (de). – Trans.
Parcourir de haut en bas. – Mettre, porter
plus bas. – Tuer (fam.). 🕮 [desɑ̃dʀ].

**DESCENTE, subst. f.**
Action d'aller du haut vers le bas. – Pente.
– Irruption de la police dans un lieu.
– Action de déplacer vers le bas. 🕮 [desɑ̃t].

**DESCRIPTIF, IVE, adj. et subst. m.**
Adj. Qui décrit. – Subst. Document technique détaillé. 🕮 [dɛskʀiptif, -iv].

**DESCRIPTION, subst. f.**
Action de décrire, oralement ou par écrit.
– Ce qui est décrit. 🕮 [dɛskʀipsjɔ̃].

**DÉSEMPARÉ, ÉE, adj.**
Privé de ses moyens. – Désorienté, sans
défense. 🕮 [dezɑ̃paʀe].

**DÉSENCHANTÉ, ÉE, adj.**
Qui a perdu ses illusions. 🕮 [dezɑ̃ʃɑ̃te].

**DÉSENCLAVER, verbe trans.** [3]
Rompre la situation d'isolement de (un
site). 🕮 [dezɑ̃klave].

**DÉSENFLER, verbe** [3]
Intrans. Cesser d'être enflé. – Trans. Réduire l'enflure de. 🕮 [dezɑ̃fle].

**DÉSENSIBILISER, verbe trans.** [3]
Rendre moins sensible. – *Méd.* Traiter (un
organisme) en vue de supprimer ses réactions allergiques. 🕮 [desɑ̃sibilize].

**DÉSÉQUILIBRE, subst. m.**
Instabilité physique ou psychique. – Disparité. 🕮 [dezekilibʀ].

**DÉSÉQUILIBRÉ, ÉE, adj. et subst.**
Adj. Qui manque d'équilibre ; qui a perdu
l'équilibre. – Subst. Fou. 🕮 [dezekilibʀe].

**DÉSÉQUILIBRER, verbe trans.** [3]
Rompre l'équilibre physique ou psychique
de (qqn ou qqch.). 🕮 [dezekilibʀe].

**DÉSERT, ERTE, adj. et subst. m.**
Adj. Inhabité. – Peu fréquenté. – Subst.
Lieu inhabité ou très peu habité. – *Géogr.*
Étendue très aride. 🕮 [dezɛʀ, -ɛʀt].

**DÉSERTER, verbe trans.** [3]
Quitter, cesser de fréquenter (un lieu).
– Abandonner, renier (un poste, une
cause). – Empl. abs. Quitter l'armée
illégalement. 🕮 [dezɛʀte].

**DÉSERTEUR, subst. m.**
Soldat qui déserte l'armée. 🕮 [dezɛʀtœʀ].

**DÉSERTIFICATION, subst. f.**
Transformation progressive d'une région en
désert. 🕮 [dezɛʀtifikasjɔ̃].

**DÉSERTION, subst. f.**
Action de déserter. 🕮 [dezɛʀsjɔ̃].

**DÉSERTIQUE, adj.**
Propre au désert. – Aride. 🕮 [dezɛʀtik].

**DÉSESPÉRÉ, ÉE, adj. et subst.**
Qui s'abandonne au désespoir. – Adj. Sans
aucun espoir. – Qui exprime le désespoir.
🕮 [dezɛspeʀe].

**DÉSESPÉRER, verbe** [8]
Trans. dir. Faire perdre tout espoir à (qqn),
décourager. – Trans. indir. Ne plus croire
(que) : Désespérer *que*. – Ne plus croire
(en) : Désespérer *de réussir, de qqn.*
– Intrans. Cesser d'espérer. 🕮 [dezɛspeʀe].

**DÉSESPOIR,** subst. m.
Perte de l'espoir. – Détresse profonde de qui a perdu l'espoir. 🔊 [dezɛspwaʀ].

**DÉSHABILLER,** verbe trans. [3]
Dévêtir (qqn). – Fig. Mettre (qqch.) à nu. – Pronom. Ôter ses habits. 🔊 [dezabije].

**DÉSHABITUER,** verbe trans. [3]
Faire perdre une habitude à. 🔊 [dezabitɥe].

**DÉSHERBANT, ANTE,** adj. et subst. m.
Se dit d'un produit qui détruit les mauvaises herbes. 🔊 [dezɛʀbɑ̃, -ɑ̃t].

**DÉSHERBER,** verbe trans. [3]
Ôter les mauvaises herbes de. 🔊 [dezɛʀbe].

**DÉSHÉRITER,** verbe trans. [3]
Déposséder (un héritier) de ses droits. 🔊 [dezeʀite].

**DÉSHONNEUR,** subst. m.
Perte de l'honneur ; honte. 🔊 [dezɔnœʀ].

**DÉSHONORER,** verbe trans. [3]
Salir l'honneur de (qqn). – Faire du tort à (qqn) ; enlaidir (qqch.). 🔊 [dezɔnɔʀe].

**DÉSHYDRATER,** verbe trans. [3]
Retirer d'un corps tout ou partie de l'eau qui le compose. – Pronom. Perdre l'eau nécessaire à l'organisme. 🔊 [dezidʀate].

**DESIDERATA,** subst. m. plur.
Souhaits, vœux. 🔊 [deziderata].

**DESIGN,** subst. m.
Recherche esthétique et technologique axée sur la production industrielle d'objets et de meubles aux formes nouvelles et fonctionnelles. 🔊 [dizajn].

**DÉSIGNER,** verbe trans. [3]
Signaler, montrer. – Représenter. – Nommer à une fonction. 🔊 [deziɲe].

**DÉSILLUSION,** subst. f.
Perte d'une illusion. 🔊 [dezil(l)yzjɔ̃].

**DÉSINENCE,** subst. f.
Ling. Élément qui se place à la fin d'un mot pour indiquer sa nature, son genre, etc. 🔊 [dezinɑ̃s].

**DÉSINFECTANT, ANTE,** adj. et subst. m.
Se dit d'un produit qui détruit les germes infectieux. 🔊 [dezɛ̃fɛktɑ̃, -ɑ̃t].

**DÉSINFECTER,** verbe trans. [3]
Nettoyer (un local, une plaie) en détruisant les germes infectieux. 🔊 [dezɛ̃fɛkte].

**DÉSINFECTION,** subst. f.
Action de désinfecter. 🔊 [dezɛ̃fɛksjɔ̃].

**DÉSINFORMER,** verbe trans. [3]
Utiliser les médias pour diffuser de fausses informations. 🔊 [dezɛ̃fɔʀme].

**DÉSINTÉGRER,** verbe trans. [8]
Détruire par éclatement. – Pronom. Être détruit ; perdre sa cohésion. 🔊 [dezɛ̃tegʀe].

**DÉSINTÉRESSEMENT,** subst. m.
Détachement de tout profit personnel. – Indemnisation. 🔊 [dezɛ̃teʀɛsmɑ̃].

**DÉSINTÉRESSER,** verbe trans. [3]
Dédommager. – Pronom. Perdre son intérêt, sa curiosité pour. 🔊 [dezɛ̃teʀese].

**DÉSINTOXIQUER,** verbe trans. [3]
Guérir (qqn) d'une intoxication, d'une dépendance à un toxique. 🔊 [dezɛ̃tɔksike].

**DÉSINVOLTE,** adj.
D'une liberté, d'une légèreté qui frise l'insolence, la négligence. 🔊 [dezɛ̃vɔlt].

**DÉSINVOLTURE,** subst. f.
Attitude désinvolte. 🔊 [dezɛ̃vɔltyʀ].

**DÉSIR,** subst. m.
Aspiration profonde à combler un manque. – Attirance sexuelle. – L'objet désiré. 🔊 [deziʀ].

**DÉSIRABLE,** adj.
Qui suscite le désir sexuel. – Souhaitable. 🔊 [dezirabl].

**DÉSIRER,** verbe trans. [3]
Avoir envie de (qqch.). – Éprouver du désir sexuel pour (qqn). 🔊 [deziʀe].

**DÉSISTEMENT,** subst. m.
Action, fait de se désister. 🔊 [dezistəmɑ̃].

**DÉSISTER (SE),** verbe pronom. [3]
Renoncer (à un droit). – Retirer sa candidature (à une élection). 🔊 [deziste].

**DÉSOBÉIR,** verbe trans. indir. [19]
Ne pas obéir à (qqn). – Refuser de se plier à (une autorité). 🔊 [dezɔbeiʀ].

**DÉSOBÉISSANCE,** subst. f.
Tendance à désobéir. – Action de désobéir. 🔊 [dezɔbeisɑ̃s].

**DÉSOBLIGEANT, ANTE,** adj.
Peu aimable, qui froisse. 🔊 [dezɔbliʒɑ̃, -ɑ̃t].

**DÉSOBLIGER,** verbe trans. [5]
Porter atteinte à l'amour-propre de (qqn). 🔊 [dezɔbliʒe].

**DÉSODORISANT, ANTE,** adj. et subst. m.
Se dit d'un produit qui élimine les mauvaises odeurs d'un lieu. 🔊 [dezɔdɔʀizɑ̃, -ɑ̃t].

**DÉSODORISER,** verbe trans. [3]
Supprimer les odeurs désagréables de (un lieu). 🔊 [dezɔdɔʀize].

**DÉSŒUVRÉ, ÉE,** adj. et subst.
Qui n'a pas d'activité ; qui ne sait pas comment s'occuper. 🔊 [dezœvʀe].

**DÉSŒUVREMENT,** subst. m.
État d'une personne désœuvrée, inoccupée. 🔊 [dezœvʀəmɑ̃].

**DÉSOLANT, ANTE,** adj.
Qui attriste profondément. – Qui contrarie. 🔊 [dezɔlɑ̃, -ɑ̃t].

**DÉSOLATION,** subst. f.
Grande peine. – Cause de contrariété. – État d'un lieu dévasté, désert. 🔊 [dezɔlasjɔ̃].

**DÉSOLER,** verbe trans. [3]
Donner du chagrin à (qqn). – Navrer (qqn). 🔊 [dezole].

**DÉSOPILANT, ANTE,** adj.
Qui fait beaucoup rire. 🔊 [dezɔpilɑ̃, -ɑ̃t].

**DÉSORDONNÉ, ÉE,** adj.
Qui est en désordre. – Qui manque d'ordre.
– Déréglé. 🔊 [dezɔʀdɔne].

**DÉSORDRE,** subst. m.
Fouillis. – Manque d'organisation ; confusion. – Agitation collective. 🔊 [dezɔʀdʀ̥].

**DÉSORGANISER,** verbe trans. [3]
Détruire l'organisation de. 🔊 [dezɔʀganize].

**DÉSORIENTER,** verbe trans. [3]
Faire perdre l'orientation à. – Fig. Déconcerter, faire hésiter. 🔊 [dezɔʀjɑ̃te].

**DÉSORMAIS,** adv.
À partir de maintenant. 🔊 [dezɔʀmɛ].

**DÉSOSSER,** verbe trans. [3]
Ôter les os de (une viande), les arêtes de (un poisson). – Démonter pièce par pièce. 🔊 [dezose].

**DESPOTE,** subst. m.
Personne tyrannique. – Souverain qui gouverne en maître absolu. 🔊 [dɛspɔt].

**DESQUAMER,** verbe intrans. [3]
Perdre ses écailles, pour certains animaux. – Se détacher en lamelles, en parlant de la peau. 🔊 [dɛskwame].

**DESQUELS,** voir **DUQUEL**

**DESSAISIR,** verbe trans. [19]
Enlever à (qqn) un bien, une responsabilité. – Retirer à (une juridiction) une affaire dont elle était saisie. – Pronom. Se défaire volontairement (de). 🔊 [deseziʀ].

**DESSALER,** verbe [3]
Trans. Ôter le sel de (un produit). – Intrans. Chavirer, en parlant d'un voilier ou de son équipage (fam.). 🔊 [desale].

**DESSÈCHEMENT,** subst. m.
Action de dessécher. – État de ce qui est desséché. 🔊 [desɛʃmɑ̃].

**DESSÉCHER,** verbe trans. [8]
Rendre sec. – Fig. Rendre dur, insensible. 🔊 [deseʃe].

**DESSEIN,** subst. m.
Projet ; intention. – Loc. adv. *À dessein* : exprès, délibérément. 🔊 [desɛ̃].

**DESSELLER,** verbe trans. [3]
Ôter sa selle à (une monture). 🔊 [desele].

**DESSERRER,** verbe trans. [3]
Relâcher (ce qui était serré). 🔊 [deseʀe].

**DESSERT,** subst. m.
Mets sucré servi à la fin du repas. 🔊 [desɛʀ].

**DESSERTE (I),** subst. f.
Action de desservir (I). – Moyen d'accès. 🔊 [desɛʀt].

**DESSERTE (II),** subst. f.
Meuble où l'on pose les plats à servir, la vaisselle desservie. 🔊 [desɛʀt].

**DESSERVIR (I),** verbe trans. [28]
Assurer un service de transport pour ; permettre l'accès à. – Assurer le service religieux de (une paroisse). 🔊 [desɛʀviʀ].

**DESSERVIR (II),** verbe trans. [28]
Débarrasser (la table) à la fin du repas. – Nuire à (qqn) ; discréditer. 🔊 [desɛʀviʀ].

**DESSIN,** subst. m.
Représentation graphique. – Art et technique de ce mode d'expression. – Motif. – Contour. – Dessin *animé* : film réalisé à partir de **dessins**, dans lequel la succession rapide de ces derniers crée l'illusion du mouvement. 🔊 [desɛ̃].

**DESSINATEUR, TRICE,** subst.
Personne qui dessine. 🔊 [desinatœʀ, -tʀis].

**DESSINER,** verbe trans. [3]
Représenter par un dessin. – Pronom. Apparaître. – Prendre tournure. 🔊 [desine].

**DESSOÛLER,** verbe [3]
Sortir ou faire sortir de l'état d'ivresse. 🔊 On écrit aussi *dessaouler* ; [desule].

**DESSOUS (I),** prép. et adv.
Prép. Marque une position inférieure à une autre : *Au-dessous de*, plus bas que ; *Par-dessous*. – Adv. Dans la partie, sur la face inférieure : *Lire ci-dessous*. – *Agir en* **dessous** : hypocritement. 🔊 [d(ə)su].

**DESSOUS (II),** subst. m.
Partie inférieure ; envers. – Ce qui est plus bas. – *Avoir le dessous* : perdre. – *Dessous-de-table* : somme versée de manière occulte à un vendeur. – Plur. Lingerie féminine. – Ce qui est dissimulé au public. 🔊 [d(ə)su].

**DESSUS (I),** prép. et adv.
Prép. Marque une position supérieure à une autre : *Au-dessus de*, en haut de, plus haut que ; *Par-dessus tout*, principalement. – Adv. Dans la partie, sur la face supérieure. – *Là-dessus* : sur ce ; sur cela. 🔊 [d(ə)sy].

**DESSUS (II),** subst. m.
Partie supérieure ; endroit. – Ce qui est plus haut. – *Avoir le dessus* : gagner. – Fig. *Le* **dessus** *du panier* : l'élite. 🔊 [d(ə)sy].

**DÉSTABILISER,** verbe trans. [3]
Rendre instable. – Faire perdre son assurance à (qqn). 🔊 [destabilize].

**DESTIN,** subst. m.
Loi supérieure qui semble régir l'existence. – Fatalité. – Avenir, sort. 🔊 [dɛstɛ̃].

**DESTINATAIRE,** subst.
Personne à qui l'on fait parvenir une lettre, un colis. 🔊 [dɛstinatɛʀ].

**DESTINATION,** subst. f.
Utilisation, rôle fixé d'avance. – Lieu où l'on se rend, où l'on adresse qqch. ou qqn. 🔊 [dɛstinasjɔ̃].

**DESTINÉE,** subst. f.
Destin. – Existence irrévocablement déterminée par le destin. 🔊 [dɛstine].

**DESTINER,** verbe trans. [3]
Déterminer par avance l'emploi de (qqch.),
l'avenir de (qqn). 📖 [dɛstine].

**DESTITUER,** verbe trans. [3]
Démettre (qqn) de sa charge. 📖 [dɛstitɥe].

**DESTRIER,** subst. m.
*Hist.* Cheval de bataille, au Moyen Âge.
📖 [dɛstʀije].

**DESTRUCTION,** subst. f.
Action de détruire. – Le résultat de cette
action. 📖 [dɛstʀyksjɔ̃].

**DÉSUET, ÈTE,** adj.
Qui n'est plus guère en usage. – Démodé.
📖 [desɥɛ, -ɛt].

**DÉSUÉTUDE,** subst. f.
Caractère de ce qui est désuet. 📖 [desɥetyd].

**DÉSUNIR,** verbe trans. [19]
Séparer (ce qui était uni). 📖 [dezyniʀ].

**DÉTACHANT, ANTE,** adj.
et subst. m.
Se dit d'un produit qui nettoie les taches.
📖 [detaʃɑ̃, -ɑ̃t].

**DÉTACHEMENT,** subst. m.
Désaffection ; indifférence. – Troupe de
soldats envoyée en mission. – Affectation
d'un fonctionnaire à un autre service que
le sien. 📖 [detaʃmɑ̃].

**DÉTACHER (I),** verbe trans. [3]
Dégager de ses liens. – Délier (ce qui
attache). – Séparer d'un ensemble ; ôter
d'un support. – Envoyer en mission.
– Affecter à un autre poste. – Pronom. Se
dégager. – Apparaître nettement. – Fig.
Rompre des attaches affectives. 📖 [detaʃe].

**DÉTACHER (II),** verbe trans. [3]
Enlever les taches de. 📖 [detaʃe].

**DÉTAIL,** subst. m.
Élément secondaire d'un tout. – Énumération précise. – *Vente au* **détail** : en petites
quantités. 📖 [detaj].

**DÉTAILLANT, ANTE,** subst.
Celui qui vend au détail. 📖 [detajɑ̃, -ɑ̃t].

**DÉTAILLER,** verbe trans. [3]
Vendre au détail. – Raconter par le menu.
– Examiner point par point. 📖 [detaje].

**DÉTALER,** verbe intrans. [3]
Partir en courant (fam.). 📖 [detale].

**DÉTARTRER,** verbe trans. [3]
Dissoudre, ôter le tartre de. 📖 [detaʀtʀe].

**DÉTAXER,** verbe trans. [3]
Réduire, supprimer la taxe de. 📖 [detakse].

**DÉTECTER,** verbe trans. [3]
Découvrir (ce qui n'est pas évident),
déceler. 📖 [detɛkte].

**DÉTECTIVE,** subst. m.
Enquêteur privé. 📖 [detɛktiv].

**DÉTEINDRE,** verbe [53]
Trans. Décolorer. – Intrans. Se décolorer.
– Fig. **Déteindre** *sur qqn* : l'influencer.
📖 [detɛ̃dʀ].

**DÉTELER,** verbe [12]
Trans. Détacher (un animal ou une voiture) de son attelage. – Intrans. Renoncer
à une occupation (fam.). 📖 [det(ə)le].

**DÉTENDRE,** verbe trans. [51]
Relâcher la tension de. – Pronom. Se
reposer agréablement. 📖 [detɑ̃dʀ].

**DÉTENIR,** verbe trans. [22]
Avoir, retenir en sa possession. – Garder
dans une prison. 📖 [det(ə)niʀ].

**DÉTENTE,** subst. f.
Relâchement de ce qui est tendu. – Extension musculaire. – Pièce qui actionne une
arme à feu. – Fig. Amélioration des relations entre des États. – Repos, délassement.
📖 [detɑ̃t].

**DÉTENTEUR, TRICE,** subst.
Personne qui détient qqch. : *Le* **détenteur**
*du record.* 📖 [detɑ̃tœʀ, -tʀis].

**DÉTENTION,** subst. f.
Action de détenir. – Fait d'être incarcéré ;
séjour en prison. 📖 [detɑ̃sjɔ̃].

**DÉTENU, UE,** adj. et subst.
Qui est retenu prisonnier. 📖 [det(ə)ny].

**DÉTERGENT, ENTE,** adj. et subst. m.
Se dit d'un produit qui nettoie en dissolvant
la saleté. 📖 [detɛʀʒɑ̃, -ɑ̃t].

**DÉTÉRIORER,** verbe trans. [3]
Faire subir des dégradations à. – Pronom.
Empirer. 📖 [deteʀjɔʀe].

**DÉTERMINANT, ANTE,** adj. et
subst. m.
Adj. Qui détermine. – Dont l'influence est
décisive. – Subst. *Ling.* Élément grammatical qui en détermine un autre ; mot introduisant un substantif. 📖 [detɛʀminɑ̃, -ɑ̃t].

**DÉTERMINATION,** subst. f.
Action de déterminer. – Décision ferme et
pesée. – Caractère d'une personne décidée.
📖 [detɛʀminasjɔ̃].

**DÉTERMINER,** verbe trans. [3]
Définir, caractériser, mesurer. – Être la
cause décisive de. – Amener (qqn) à : *Cela
nous* a **déterminés** *à partir.* 📖 [detɛʀmine].

**DÉTERRER,** verbe trans. [3]
Extraire de la terre. – Fig. Mettre au jour
(ce qui était caché, oublié). 📖 [deteʀe].

**DÉTESTER,** verbe trans. [3]
Éprouver de l'aversion pour. 📖 [detɛste].

**DÉTONATEUR,** subst. m.
Amorce qui déclenche une explosion.
– Fig. Ce qui fait éclater une situation
explosive. 📖 [detɔnatœʀ].

**DÉTONATION,** subst. f.
Bruit sec et violent produit par une
explosion. 📖 [detɔnasjɔ̃].

**DÉTOUR,** subst. m.
Boucle, écart d'un tracé. – Trajet qui
s'écarte du chemin direct. – Fig. Moyen
indirect. 📖 [detuʀ].

**DÉTOURNEMENT**, subst. m.
Action de détourner. – Appropriation frauduleuse. 🐚 [detuʀnəmã].

**DÉTOURNER**, verbe trans. [3]
Changer la direction de : *Détourner un avion*, le contraindre à changer de direction. – Tourner vers un autre côté. – Diriger vers un autre centre d'intérêt ; empl. adj. : *Des moyens détournés*, indirects. – Éloigner, détacher. – S'approprier illégalement (qqch.). 🐚 [detuʀne].

**DÉTRACTEUR, TRICE**, subst.
Personne qui critique violemment, qui dénigre. 🐚 [detʀaktœʀ, -tʀis].

**DÉTRAQUÉ, ÉE**, adj. et subst.
Se dit d'une personne déséquilibrée, folle (fam.). 🐚 [detʀake].

**DÉTRAQUER**, verbe trans. [3]
Perturber le bon fonctionnement de (un mécanisme). 🐚 [detʀake].

**DÉTRESSE**, subst. f.
Sentiment d'angoisse, de désespoir : *Mère en détresse*. – Misère. – Situation périlleuse : *Navire en détresse*. 🐚 [detʀɛs].

**DÉTRIMENT**, subst. m.
Préjudice. – Loc. prép. *Au détriment de* : aux dépens de. 🐚 [detʀimã].

**DÉTRITUS**, subst. m.
Ordures (gén. au plur.). 🐚 [detʀity(s)].

**DÉTROIT**, subst. m.
Passage étroit entre deux côtes par où communiquent deux étendues marines. 🐚 [detʀwa].

**DÉTROMPER**, verbe trans. [3]
Aviser (qqn) de son erreur. 🐚 [detʀɔ̃pe].

**DÉTRÔNER**, verbe trans. [3]
Retirer son trône, sa suprématie à (qqn). – Fig. Supplanter. 🐚 [detʀone].

**DÉTROUSSER**, verbe trans. [3]
Dépouiller (qqn) de ses effets personnels, dévaliser. 🐚 [detʀuse].

**DÉTRUIRE**, verbe trans. [69]
Démolir. – Réduire à néant. – Éliminer, supprimer. 🐚 [detʀɥiʀ].

**DETTE**, subst. f.
Somme d'argent due. – Devoir moral envers qqn. 🐚 [dɛt].

**DEUIL**, subst. m.
Mort d'un proche. – Affliction due à cette mort. 🐚 [dœj].

**DEUX**, adj. num. inv. et subst. m. inv.
Adj. Un plus un. – Deuxième : *Louis II de Bavière*. – Subst. Le nombre deux, le chiffre 2, le numéro 2. 🐚 [dø].

**DEUX-PIÈCES**, subst. m. inv.
Tailleur féminin. – Maillot de bain composé d'un slip et d'un soutien-gorge. – Appartement de deux pièces. 🐚 [døpjɛs].

**DEUX-POINTS**, subst. m. inv.
Signe de ponctuation formé de deux points superposés (:). 🐚 [døpwɛ̃].

**DEUX-ROUES**, subst. m. inv.
Véhicule à deux roues. 🐚 [døʀu].

**DÉVALER**, verbe [3]
Descendre à vive allure. 🐚 [devale].

**DÉVALISER**, verbe trans. [3]
Voler, cambrioler (qqn, une maison). – Fig. Vider de son contenu. 🐚 [devalize].

**DÉVALORISER**, verbe trans. [3]
Abaisser la valeur marchande de. – Déprécier. 🐚 [devalɔʀize].

**DÉVALUATION**, subst. f.
Diminution d'une valeur monétaire par rapport aux autres et à l'or. 🐚 [devalɥasjɔ̃].

**DÉVALUER**, verbe trans. [3]
Réaliser la dévaluation de (une monnaie). – Déprécier. 🐚 [devalɥe].

**DEVANCER**, verbe trans. [4]
Se situer devant. – Passer devant. – Anticiper. 🐚 [d(ə)vɑ̃se].

**DEVANT (I)**, prép. et adv.
Prép. En avant de, en face de : *Regarder devant soi*. – En présence de : *Parler devant témoin*. – Adv. En avant, du côté où porte le regard, de la partie antérieure de qqch. : *Aller devant*. 🐚 [d(ə)vɑ̃].

**DEVANT (II)**, subst. m.
Ce qui est situé en avant, le plus près du regard : *Les pattes de devant*. – Fig. *Prendre les devants* : devancer. – Loc. prép. *Au devant de* : à la rencontre de. 🐚 [d(ə)vɑ̃].

**DEVANTURE**, subst. f.
Façade d'un magasin. – Étalage, dans une vitrine. 🐚 [d(ə)vɑ̃tyʀ].

**DÉVASTER**, verbe trans. [3]
Causer d'énormes dégâts à. 🐚 [devaste].

**DÉVEINE**, subst. f.
Manque de chance (fam.). 🐚 [devɛn].

**DÉVELOPPEMENT**, subst. m.
Essor, croissance. – Énonciation détaillée. – Révélation des images à partir d'une pellicule photographique. 🐚 [dev(ə)lɔpmã].

**DÉVELOPPER**, verbe trans. [3]
Déployer. – Augmenter l'importance de. – Exposer en détail. – Faire apparaître (une photographie) en appliquant un traitement chimique à la pellicule. 🐚 [dev(ə)lɔpe].

**DEVENIR**, verbe intrans. [22]
Se transformer, évoluer vers un nouvel état. – Avoir tel sort, tel résultat. 🐚 [dav(ə)niʀ].

**DÉVERGONDÉ, ÉE**, adj. et subst.
Qui se moque de la morale sexuelle traditionnelle ; débauché. 🐚 [devɛʀgɔ̃de].

**DÉVERSER**, verbe trans. [3]
Faire couler en abondance. – Fig. Décharger, épancher. 🐚 [devɛʀse].

**DÉVÊTIR**, verbe trans. [24]
Ôter les vêtements de. 🐚 [devetiʀ].

**DÉVIATION**, subst. f.
Écart par rapport à une direction donnée ou à une norme. 🔊 [devjasjɔ̃].

**DÉVIDER**, verbe trans. [3]
Mettre (du fil) en écheveau, en pelote. – Dérouler. – Fig. Raconter avec prolixité (fam.). 🔊 [devide].

**DÉVIER**, verbe [6]
Écarter ou s'écarter de la direction normale, du droit chemin. 🔊 [devje].

**DEVIN, DEVINERESSE**, subst.
Personne qui prétend connaître ce qui est caché, en partic. l'avenir. 🔊 [dəvɛ̃, dəvinʀɛs].

**DEVINER**, verbe trans. [3]
Découvrir par l'intuition, la supposition (ce qu'on ne sait pas). 🔊 [d(ə)vine].

**DEVINETTE**, subst. f.
Jeu où l'on doit deviner la réponse à la question posée. 🔊 [d(ə)vinɛt].

**DEVIS**, subst. m.
Estimation précise et détaillée du coût d'un travail. 🔊 [d(ə)vi].

**DÉVISAGER**, verbe trans. [5]
Dévisager qqn : regarder son visage de manière insistante. 🔊 [devizaʒe].

**DEVISE**, subst. f.
Sentence. – Monnaie étrangère. 🔊 [dəviz].

**DEVISER**, verbe intrans. [3]
Parler de choses et d'autres (avec qqn), converser. 🔊 [dəvize].

**DÉVISSER**, verbe [3]
Trans. Desserrer, enlever, ouvrir (ce qui est vissé). – Intrans. Tomber dans le vide au cours d'une escalade. 🔊 [devise].

**DE VISU**, loc. adv.
Après avoir vu ; pour avoir vu. 🔊 [devizy].

**DÉVITALISER**, verbe trans. [3]
Dévitaliser une dent : ôter sa pulpe, son nerf. 🔊 [devitalize].

**DÉVOILER**, verbe trans. [3]
Enlever le voile de. – Mettre au jour (ce qui était tenu secret), révéler. 🔊 [devwale].

**DEVOIR (I)**, verbe trans. [41]
Avoir à payer. – Être moralement, légalement tenu de (qqch.). – Être redevable de. – Devoir + inf. – Être probable, éventuel ou fatal : Cela devait finir mal. 🔊 [d(ə)vwaʀ].

**DEVOIR (II)**, subst. m.
Obligation morale ou légale. – Exercice scolaire écrit. 🔊 [d(ə)vwaʀ].

**DÉVOLU, UE**, adj. et subst. m.
Adj. Acquis, échu par droit ; réservé. – Subst. Jeter son dévolu sur : fixer son choix sur. 🔊 [devɔly].

**DÉVORER**, verbe trans. [3]
Manger (sa proie) en la déchiquetant, pour un animal. – Manger avec avidité, pour une personne. – Fig. Lire avidement. – Dévorer des yeux : regarder avec passion. – Consumer, détruire. 🔊 [devɔʀe].

**DÉVOT, OTE**, adj. et subst.
Qui est très attaché à la religion, et surtout à sa pratique. 🔊 [devo, -ɔt].

**DÉVOTION**, subst. f.
Ferveur, piété. – Vénération. 🔊 [devosjɔ̃].

**DÉVOUEMENT**, subst. m.
Action de se dévouer. – Disposition à aider autrui. 🔊 [devumɑ̃].

**DÉVOUER (SE)**, verbe pronom. [3]
Mettre sa vie au service de qqn, d'une cause. – Se sacrifier. 🔊 [devwe].

**DÉVOYÉ, ÉE**, adj. et subst.
Qui a quitté le droit chemin. 🔊 [devwaje].

**DEXTÉRITÉ**, subst. f.
Habileté manuelle. – Adresse dans la manière d'agir. 🔊 [dɛksteʀite].

**DIABÈTE**, subst. m.
Maladie caractérisée par la présence de sucre dans le sang et les urines. 🔊 [djabɛt].

**DIABLE**, subst. m. et interj.
Subst. Incarnation suprême du mal, Satan. – Enfant espiègle. – Chariot à deux roues. – Au diable : très loin. – En diable : extrêmement. – Interj. Cri exprimant la surprise. 🔊 [djɑbl].

**DIABOLIQUE**, adj.
Inspiré par le diable. – Digne du diable. 🔊 [djabɔlik].

**DIACRE**, subst. m.
Clerc appartenant à l'ordre immédiatement inférieur à celui de prêtre. – Laïque protestant chargé de l'aide aux pauvres. 🔊 [djakʀ].

**DIADÈME**, subst. m.
Bandeau royal. – Parure féminine en demi-couronne, ceignant le haut du front. 🔊 [djadɛm].

**DIAGNOSTIC**, subst. m.
Identification d'une maladie par l'observation de ses symptômes. – Évaluation d'une situation. 🔊 [djagnɔstik].

**DIAGONALE**, subst. f.
Droite joignant deux sommets non consécutifs d'un polygone. – Lire en diagonale : en sautant des passages. 🔊 [djagɔnal].

**DIAGRAMME**, subst. m.
Représentation graphique de données variables. 🔊 [djagʀam].

**DIALECTE**, subst. m.
Forme d'une langue particulière à une région. 🔊 [djalɛkt].

**DIALECTIQUE**, subst. f.
Art de la discussion, du raisonnement. 🔊 [djalɛktik].

**DIALOGUE**, subst. m.
Échange de paroles entre deux personnes. – Concertation. – Ensemble des répliques, dans une pièce de théâtre, un film, un récit. 🔊 [djalɔg].

**DIALYSE**, subst. f.
*Méd.* Procédé permettant d'épurer le sang des déchets toxiques. 🔊 [djaliz].

**DIAMANT**, subst. m.
Carbone pur cristallisé. – Pierre précieuse taillée dans ce minéral. 🔊 [djamɑ̃].

**DIAMÈTRE**, subst. m.
Droite passant par le centre d'un cercle ou d'une sphère. 🔊 [djamɛtʀ].

**DIAPASON**, subst. m.
*Mus.* Petit instrument acoustique dont la vibration donne le *la.* – Fig. *Être au* **diapason** : être dans le ton. 🔊 [djapazɔ̃].

**DIAPHANE**, adj.
Qui laisse filtrer la lumière sans être transparent. – Pâle et délicat. 🔊 [djafan].

**DIAPHRAGME**, subst. m.
Muscle situé entre le thorax et l'abdomen. – Préservatif féminin. – Mécanisme servant à régler la quantité de lumière dans un appareil photographique. 🔊 [djafʀagm̩].

**DIAPOSITIVE**, subst. f.
Photographie sur support transparent, que l'on projette sur un écran. 🔊 [djapozitiv].

**DIARRHÉE**, subst. f.
Évacuation fréquente de selles liquides. 🔊 [djaʀe].

**DIASPORA**, subst. f.
Dispersion d'un peuple, d'une communauté à travers le monde. 🔊 [djaspɔʀa].

**DIATRIBE**, subst. f.
Critique féroce, injurieuse. 🔊 [djatʀib].

**DICHOTOMIE**, subst. f.
Séparation en deux. – Opposition entre deux choses. 🔊 [dikɔtɔmi].

**DICTATEUR**, subst. m.
Détenteur du pouvoir absolu, qui l'exerce de façon arbitraire. 🔊 [diktatœʀ].

**DICTATURE**, subst. f.
Régime politique autoritaire instauré par un dictateur. 🔊 [diktatyʀ].

**DICTÉE**, subst. f.
Action de dicter un texte, une conduite. – Exercice d'orthographe. 🔊 [dikte].

**DICTER**, verbe trans. [3]
Dire (un texte) lentement et distinctement à qqn qui l'écrit. – Inspirer (une conduite, des propos). – Prescrire, imposer. 🔊 [dikte].

**DICTION**, subst. f.
Manière, art de prononcer. 🔊 [diksjɔ̃].

**DICTIONNAIRE**, subst. m.
Ouvrage dans lequel sont classés par ordre alphabétique des mots que l'on définit ou traduit. 🔊 [diksjɔnɛʀ].

**DICTON**, subst. m.
Courte maxime de sagesse populaire, adage. 🔊 [diktɔ̃].

**DIDACTIQUE**, adj. et subst. f.
Adj. Qui a pour objet d'instruire ; qui tend à instruire. – Subst. Science de l'enseignement. 🔊 [didaktik].

**DIÈDRE**, subst. m.
*Géom.* Ensemble formé par deux demi-plans réunis par une arête. 🔊 [djɛdʀ].

**DIÈSE**, subst. m.
*Mus.* Signe d'altération élevant les notes d'un demi-ton chromatique. 🔊 [djɛz].

**DIESEL**, subst. m.
Moteur à combustion interne fonctionnant au gazole. 🔊 [djezɛl].

**DIÈTE**, subst. f.
Suppression, totale ou non, de certains aliments, en vue de recouvrer la santé. 🔊 [djɛt].

**DIÉTÉTIQUE**, adj. et subst. f.
Adj. Propre, relatif à un régime alimentaire. – Subst. Étude de l'hygiène alimentaire. 🔊 [djetetik].

**DIEU, DIEUX**, subst. m.
Divinité : *Un* dieu. – Sing. L'Être suprême : *Prier* **Dieu**. 🔊 [djø].

**DIFFAMATION**, subst. f.
Propos ou écrit calomnieux et préjudiciable. 🔊 [difamasjɔ̃].

**DIFFAMER**, verbe trans. [3]
Tenir ou publier des propos nuisant à la réputation de (qqn). 🔊 [difame].

**DIFFÉRENCE**, subst. f.
Absence de similitude, d'identité entre des êtres, des choses ; caractère distinctif. – Écart entre deux grandeurs. – Résultat d'une soustraction. 🔊 [difeʀɑ̃s].

**DIFFÉRENCIER**, verbe trans. [6]
Rendre différent. – Reconnaître une différence entre (des choses, des êtres). 🔊 [difeʀɑ̃sje].

**DIFFÉREND**, subst. m.
Désaccord dû à une divergence d'opinion. 🔊 [difeʀɑ̃].

**DIFFÉRENT, ENTE**, adj.
Qui présente une différence. – Plur. Divers ; plusieurs. 🔊 [difeʀɑ̃, -ɑ̃t].

**DIFFÉRER (I)**, verbe intrans. [8]
Être distinct, différent. – Diverger, en parlant d'opinions. – Varier. 🔊 [difeʀe].

**DIFFÉRER (II)**, verbe trans. [8]
Reporter à un autre moment. 🔊 [difeʀe].

**DIFFICILE**, adj.
Dont l'exécution ou la compréhension nécessite un effort. – Pénible. – Exigeant. 🔊 [difisil].

**DIFFICULTÉ**, subst. f.
Caractère de ce qui est difficile. – Élément qui pose problème ; obstacle. 🔊 [difikylte].

**DIFFORME**, adj.
Qui n'a pas une forme normale. 🔊 [difɔʀm].

**DIFFUSER**, verbe trans. [3]
Répandre en tous sens. – Propager, transmettre. – Empl. intrans. *Chim.* Se répandre en tous sens. 🔊 [difyze].

**DIFFUSION, subst. f.**
Fait de se diffuser. – Transmission par les médias ; distribution d'une publication ; propagation d'un savoir. 🔊 [difyzjɔ̃].

**DIGÉRER, verbe trans. [8]**
Assimiler par la digestion. – Fig. Assimiler par la pensée. – Admettre, surmonter (fam.). 🔊 [diʒeʀe].

**DIGESTE, adj.**
Que l'on peut digérer facilement, léger. 🔊 [diʒɛst].

**DIGESTIF, IVE, adj. et subst. m.**
Adj. De la digestion. – Qui facilite la digestion. – Subst. Alcool fort que l'on boit après le repas. 🔊 [diʒɛstif, -iv].

**DIGESTION, subst. f.**
Transformation physico-chimique des aliments dans l'appareil digestif. 🔊 [diʒɛstjɔ̃].

**DIGITAL, ALE, AUX, adj.**
Qui appartient aux doigts. – *Informat.* Numérique. 🔊 [diʒital].

**DIGITALE, subst. f.**
Plante dont les fleurs, en forme de doigts de gant, sont extrêmement toxiques. 🔊 [diʒital].

**DIGNE, adj.**
Qui fait preuve de dignité. – **Digne** *de* : qui mérite (qqch.) ; qui est en conformité avec (qqn ou qqch.). 🔊 [diɲ].

**DIGNITAIRE, subst. m.**
Personnage éminent. 🔊 [diɲitɛʀ].

**DIGNITÉ, subst. f.**
Respect que l'on doit à autrui ou à soi-même. – Maintien grave, retenu. – Haute fonction. 🔊 [diɲite].

**DIGRESSION, subst. f.**
Fait de s'écarter momentanément du sujet dont on parle. 🔊 [digʀesjɔ̃].

**DIGUE, subst. f.**
Ouvrage servant à retenir les eaux de la mer ou d'une rivière. 🔊 [dig].

**DILAPIDER, verbe trans. [3]**
Gaspiller, dépenser à tort et à travers. 🔊 [dilapide].

**DILATATION, subst. f.**
Action de dilater ou de se dilater. – Fait d'être dilaté. 🔊 [dilatasjɔ̃].

**DILATER, verbe trans. [3]**
Augmenter le volume de (un corps) en le chauffant. – Augmenter le calibre de (un conduit) ; agrandir (une ouverture). 🔊 [dilate].

**DILATOIRE, adj.**
Qui permet de gagner du temps, de temporiser. 🔊 [dilatwaʀ].

**DILEMME, subst. m.**
Situation dans laquelle on doit choisir entre deux partis présentant tous deux des inconvénients. 🔊 [dilɛm].

**DILETTANTE, subst.**
Personne qui agit en amateur, sans s'investir. 🔊 [diletɑ̃t].

**DILIGENCE (I), subst. f.**
Soin et promptitude dans l'exécution d'une tâche. 🔊 [diliʒɑ̃s].

**DILIGENCE (II), subst. f.**
Grande voiture tirée par des chevaux, qui transportait jadis des voyageurs. 🔊 [diliʒɑ̃s].

**DILUER, verbe trans. [3]**
Mélanger (qqch.) avec un liquide. 🔊 [dilɥe].

**DILUVIEN, IENNE, adj.**
Relatif au Déluge biblique. – Qui évoque le Déluge. 🔊 [dilyvjɛ̃, -jɛn].

**DIMANCHE, subst. m.**
Septième jour de la semaine, institué jour de repos. 🔊 [dimɑ̃ʃ].

**DÎME, subst. f.**
Sous l'Ancien Régime, partie de la récolte prélevée à titre d'impôt par le clergé. 🔊 [dim].

**DIMENSION, subst. f.**
Chacune des mesures qui permettent d'évaluer la grandeur d'un corps, d'une figure. – Fig. Ampleur, importance. 🔊 [dimɑ̃sjɔ̃].

**DIMINUER, verbe [3]**
Trans. Rendre moindre. – Fig. Rabaisser. – Intrans. Décroître peu à peu. 🔊 [diminɥe].

**DIMINUTIF, subst. m.**
Surnom familier qui dérive du nom ou du prénom. 🔊 [diminytif].

**DIMINUTION, subst. f.**
Action, fait de diminuer. – Résultat de cette action. 🔊 [diminysjɔ̃].

**DINDE, subst. f.**
Femelle du dindon. – Fig. Femme prétentieuse, sotte (fam.). 🔊 [dɛ̃d].

**DINDON, subst. m.**
Oiseau de basse-cour. – Fam. Homme stupide. – *Être le* **dindon** *de la farce* : être la dupe. 🔊 [dɛ̃dɔ̃].

**DÎNER (I), verbe intrans. [3]**
Prendre le repas du soir. 🔊 [dine].

**DÎNER (II), subst. m.**
Repas que l'on prend le soir. 🔊 [dine].

**DINGUE, adj. et subst.**
Fou, aliéné (fam.). 🔊 [dɛ̃g].

**DINOSAURE, subst. m.**
Nom donné à certains grands reptiles terrestres qui vivaient à l'ère secondaire. 🔊 [dinozɔʀ].

**DIOCÈSE, subst. m.**
Circonscription ecclésiastique relevant d'un évêque. 🔊 [djɔsɛz].

**DIPHTÉRIE, subst. f.**
Maladie très contagieuse (la vaccination est obligatoire). 🔊 [difteʀi].

**DIPLODOCUS, subst. m.**
Reptile fossile du crétacé. 🔊 [diplɔdɔkys].

**DIPLOMATE,** adj. et subst.
Qui fait preuve de tact. – Subst. Personne qui travaille dans la diplomatie.
🔊 [diplɔmat].

**DIPLOMATIE,** subst. f.
Pratique, science des relations internationales. – Ensemble des diplomates ; carrière de diplomate. – Tact, habileté.
🔊 [diplɔmasi].

**DIPLÔME,** subst. m.
Acte par lequel une université, une école confère un titre, un grade. 🔊 [diplom].

**DIRE,** verbe trans. [65]
Exprimer par le langage parlé ou écrit.
– Prononcer. – Affirmer, assurer, prétendre.
– Inviter à, ordonner. – Indiquer. – Plaire, convenir : *Ce travail ne me* **dit** *rien*. – *On* **dirait** *que* : il semble que. – *Cela veut* **dire** *que* : cela signifie que. 🔊 [diʀ].

**DIRECT, ECTE,** adj. et subst. m.
Adj. Rectiligne. – Sans déviation. – Sans intermédiaire. – Subst. Train qui ne s'arrête qu'aux gares principales. – Coup de poing.
– Émission diffusée dans l'instant même (contr. *différé*). 🔊 [diʀɛkt].

**DIRECTEUR, TRICE,** adj. et subst.
Subst. Personne qui dirige (une société, un service, un organisme). – Adj. Qui dirige : *Bureau* **directeur** ; *Une aile* **directrice**.
🔊 [diʀɛktœʀ, -tʀis].

**DIRECTION,** subst. f.
Action de diriger ; exercice d'une responsabilité ou d'un pouvoir. – Service placé sous l'autorité d'un directeur ; ensemble des membres dirigeants d'une entreprise.
– Orientation vers un point donné.
– Mécanisme servant à diriger un véhicule.
– Fig. Ligne de conduite. 🔊 [diʀɛksjɔ̃].

**DIRECTIVE,** subst. f.
Instruction impérative, ordre. – Conseil sur une marche à suivre. 🔊 [diʀɛktiv].

**DIRIGEABLE,** subst. m.
Ballon, aérostat pourvu d'un moteur et d'un système de direction. 🔊 [diʀiʒabl].

**DIRIGEANT, ANTE,** adj. et subst.
Qui dirige. – Qui détient un pouvoir.
🔊 [diʀiʒɑ̃, -ɑ̃t].

**DIRIGER,** verbe trans. [5]
Donner une certaine direction à.
– Conduire, commander. 🔊 [diʀiʒe].

**DISCERNEMENT,** subst. m.
Capacité de comprendre et de juger sainement. 🔊 [disɛʀnəmɑ̃].

**DISCERNER,** verbe trans. [3]
Distinguer par les sens, percevoir clairement. – Reconnaître, identifier. – Juger, apprécier, deviner. 🔊 [disɛʀne].

**DISCIPLE,** subst.
Personne qui suit l'enseignement d'un maître. 🔊 [disipl].

**DISCIPLINAIRE,** adj.
Qui a trait à la discipline, et en partic. aux sanctions. 🔊 [disiplinɛʀ].

**DISCIPLINE,** subst. f.
Science, domaine d'étude ; matière d'enseignement : **Disciplines** *scientifiques*. – Règle de conduite, obligations communes à un groupe ; soumission à ces règles, à ces obligations. 🔊 [disiplin].

**DISCIPLINÉ, ÉE,** adj.
Soumis à une règle. – Obéissant. – Fig. En ordre. 🔊 [disipline].

**DISC-JOCKEY,** subst. m.
Animateur qui choisit la musique passée à la radio ou dans une discothèque (abrév. *D.J.*). 🔊 Plur. *disc-jockeys* ; [diskʒɔkɛ].

**DISCONTINU, UE,** adj.
Qui présente des interruptions, des ruptures. 🔊 [diskɔ̃tiny].

**DISCONTINUER,** verbe intrans. [3]
*Sans* **discontinuer** : sans s'arrêter, de façon continue. 🔊 [diskɔ̃tinɥe].

**DISCONVENIR,** verbe trans. indir. [22]
*Ne pas* **disconvenir** *de qqch.* : le reconnaître pour vrai, pour valable. 🔊 [diskɔ̃v(ə)niʀ].

**DISCORDANT, ANTE,** adj.
Qui ne s'accorde pas ; qui n'est pas en harmonie. 🔊 [diskɔʀdɑ̃, -ɑ̃t].

**DISCORDE,** subst. f.
Désaccord, dissension grave pouvant déboucher sur un conflit. 🔊 [diskɔʀd].

**DISCOTHÈQUE,** subst. f.
Collection de disques. – Organisme de prêt de disques. – Établissement où l'on danse.
🔊 [diskɔtɛk].

**DISCOUNT,** subst. m.
Ristourne. – Magasin qui pratique des prix bas en réduisant ses charges. 🔊 [disk(a)unt].

**DISCOURIR,** verbe intrans. [25]
Tenir un long discours. 🔊 [diskuʀiʀ].

**DISCOURS,** subst. m.
Propos, paroles. – Exposé oral sur un sujet.
– Écrit didactique. 🔊 [diskuʀ].

**DISCOURTOIS, OISE,** adj.
Qui n'est pas courtois. 🔊 [diskuʀtwa, -waz].

**DISCRÉDIT,** subst. m.
Diminution, perte de son crédit, de son prestige, pour qqn ou qqch. 🔊 [diskʀedi].

**DISCRÉDITER,** verbe trans. [3]
Porter atteinte à la réputation de (qqn ou qqch.). 🔊 [diskʀedite].

**DISCRET, ÈTE,** adj.
Qui fait preuve de retenue, de modération.
– Qui ne se fait pas remarquer. – Qui sait garder un secret. 🔊 [diskʀɛ, -ɛt].

**DISCRÉTION,** subst. f.
Réserve, retenue ; modération ; sobriété.
– Aptitude à garder un secret. 🔊 [diskʀesjɔ̃].

**DISCRIMINATION**, subst. f.
Action de distinguer entre plusieurs choses.
– Action de mettre à part : Discrimination
raciale. 🔊 [diskʀiminasjɔ̃].

**DISCULPER**, verbe trans. [3]
Prouver l'innocence de (qqn). 🔊 [diskylpe].

**DISCUSSION**, subst. f.
Action de discuter, seul ou avec une autre
personne. – Conversation. 🔊 [diskysjɔ̃].

**DISCUTABLE**, adj.
Contestable. – Douteux. 🔊 [diskytabl].

**DISCUTER**, verbe [3]
Trans. Débattre, examiner tous les aspects
de (une question). – Contester. – Intrans.
Échanger des vues sur un sujet. 🔊 [diskyte].

**DISERT, ERTE**, adj.
Qui a la parole facile (littér.). 🔊 [dizɛʀ, -ɛʀt].

**DISETTE**, subst. f.
Pénurie de nourriture. 🔊 [dizɛt].

**DISGRÂCE**, subst. f.
Perte des bonnes grâces dont on jouissait.
🔊 [disgʀɑs].

**DISGRACIEUX, IEUSE**, adj.
D'aspect physique ingrat. – Désagréable.
🔊 [disgʀasjø, -jøz].

**DISJOINDRE**, verbe trans. [55]
Séparer (deux éléments qui étaient joints),
désunir. 🔊 [disʒwɛ̃dʀ].

**DISJONCTEUR**, subst. m.
Interrupteur qui coupe automatiquement
le courant si l'intensité électrique dépasse
une certaine limite. 🔊 [disʒɔ̃ktœʀ].

**DISLOCATION**, subst. f.
Fait de se disloquer ; état de ce qui est
disloqué. – Fig. Dispersion. 🔊 [dislɔkasjɔ̃].

**DISLOQUER**, verbe trans. [3]
Défaire violemment (un ensemble orga-
nisé). – Désarticuler, déboîter. – Pronom.
Se disperser. 🔊 [dislɔke].

**DISPARAÎTRE**, verbe intrans. [73]
Ne plus être visible. – S'en aller, s'absenter
soudainement. – Mourir. 🔊 [dispaʀɛtʀ].

**DISPARATE**, adj.
Dont la combinaison choque par le
contraste qu'elle présente. 🔊 [dispaʀat].

**DISPARITÉ**, subst. f.
Grande différence. – Absence d'harmonie.
🔊 [dispaʀite].

**DISPARITION**, subst. f.
Fait de disparaître. – Décès. 🔊 [dispaʀisjɔ̃].

**DISPENDIEUX, IEUSE**, adj.
Qui occasionne des dépenses importantes.
🔊 [dispɑ̃djø, -jøz].

**DISPENSAIRE**, subst. m.
Antenne médicale dispensant les soins
courants. 🔊 [dispɑ̃sɛʀ].

**DISPENSE**, subst. f.
Autorisation donnée à qqn de ne pas se
soumettre à un devoir. 🔊 [dispɑ̃s].

**DISPENSER**, verbe trans. [3]
Libérer (qqn) d'une obligation. – Prodiguer, distribuer. 🔊 [dispɑ̃se].

**DISPERSER**, verbe trans. [3]
Répandre de tous côtés. – Disséminer,
répartir. 🔊 [dispɛʀse].

**DISPERSION**, subst. f.
Action de disperser, de se disperser. – Son
résultat. 🔊 [dispɛʀsjɔ̃].

**DISPONIBLE**, adj.
Dont on peut disposer. 🔊 [dispɔnibl].

**DISPOS, OSE**, adj.
Reposé : Être frais et dispos. 🔊 [dispo, -oz].

**DISPOSÉ, ÉE**, adj.
Arrangé, placé. – Être disposé à : être prêt
à. 🔊 [dispoze].

**DISPOSER**, verbe trans. [3]
Arranger selon un ordre. – Préparer (qqn)
à. – Disposer de : avoir à sa disposition.
– Pronom. S'apprêter (à). 🔊 [dispoze].

**DISPOSITIF**, subst. m.
Ensemble de pièces formant un mécanisme. – Ensemble de moyens déployés en
vue d'une action précise. 🔊 [dispozitif].

**DISPOSITION**, subst. f.
Arrangement, agencement. – Fait de pouvoir user de qqch. : À sa disposition, à son
service. – État d'esprit. – Propension,
inclination. – Aptitude particulière. – Décision, mesure. 🔊 [dispozisjɔ̃].

**DISPROPORTION**, subst. f.
Déséquilibre des proportions. – Inégalité
importante. 🔊 [dispʀopɔʀsjɔ̃].

**DISPROPORTIONNÉ, ÉE**, adj.
Déséquilibré (par rapport aux normes).
– Démesuré. 🔊 [dispʀopɔʀsjɔne].

**DISPUTE**, subst. f.
Querelle. 🔊 [dispyt].

**DISPUTER**, verbe trans. [3]
Lutter pour obtenir ou conserver. – Participer à (une compétition). – Réprimander
(fam.) – Pronom. Se quereller. 🔊 [dispyte].

**DISQUAIRE**, subst.
Marchand de disques. 🔊 [diskɛʀ].

**DISQUALIFICATION**, subst. f.
Action de disqualifier. – Son résultat.
🔊 [diskalifikasjɔ̃].

**DISQUALIFIER**, verbe trans. [6]
Exclure (qqn) d'une compétition pour
non-respect du règlement. – Fig. Discréditer. 🔊 [diskalifje].

**DISQUE**, subst. m.
Objet plat, de forme circulaire : Disque
d'athlétisme. – Support d'enregistrements
sonores et/ou visuels, ou de données
numériques. 🔊 [disk].

**DISQUETTE**, subst. f.
Disque flexible qui contient des données
informatiques codées. 🔊 [diskɛt].

**DISSECTION,** subst. f.
Action de disséquer. 🔊 [disɛksjɔ̃].

**DISSEMBLABLE,** adj.
Différent ; disparate. 🔊 [disɑ̃blabl].

**DISSÉMINER,** verbe trans. [3]
Répandre çà et là. 🔊 [disemine].

**DISSENSION,** subst. f.
Profond désaccord, grave divergence d'intérêts ou de sentiments. 🔊 [disɑ̃sjɔ̃].

**DISSÉQUER,** verbe trans. [8]
Découper (un corps) pour en faire l'analyse anatomique. – Fig. Étudier minutieusement. 🔊 [diseke].

**DISSERTATION,** subst. f.
Exercice scolaire écrit, sur un sujet littéraire, historique ou philosophique. 🔊 [disɛʀtasjɔ̃].

**DISSIDENCE,** subst. f.
Fait de ne plus reconnaître l'autorité établie ou l'opinion générale. 🔊 [disidɑ̃s].

**DISSIDENT, ENTE,** adj. et subst.
Qui est en dissidence. 🔊 [disidɑ̃, -ɑ̃t].

**DISSIMULATION,** subst. f.
Action de dissimuler (qqch.). – Hypocrisie. 🔊 [disimylasjɔ̃].

**DISSIMULER,** verbe trans. [3]
Cacher aux regards, à l'attention. – Taire, cacher (ce que l'on sait). – Ne pas laisser paraître (un sentiment). 🔊 [disimyle].

**DISSIPATION,** subst. f.
Dispersion : **Dissipation** *du brouillard.* – Inattention ; turbulence. – Débauche. 🔊 [disipasjɔ̃].

**DISSIPER,** verbe trans. [3]
Mettre fin à ; disperser. – Dépenser sans compter. – Distraire, pousser à l'indiscipline. – Pronom. Disparaître. – Se montrer turbulent. 🔊 [disipe].

**DISSOCIER,** verbe trans. [6]
Séparer, disjoindre. 🔊 [disɔsje].

**DISSOLU, UE,** adj.
Se dit d'une personne sans moralité, aux mœurs relâchées. 🔊 [disɔly].

**DISSOLUTION,** subst. f.
Désagrégation, ruine. – Dépravation. – Cessation, rupture légale. – *Chim.* Dispersion des molécules d'un corps, formant une solution liquide. 🔊 [disɔlysjɔ̃].

**DISSOLVANT, ANTE,** adj. et subst. m.
Se dit d'un produit qui a la propriété de dissoudre. 🔊 [disɔlvɑ̃, -ɑ̃t].

**DISSONANT, ANTE,** adj.
Discordant, disharmonieux. 🔊 [disɔnɑ̃, -ɑ̃t].

**DISSOUDRE,** verbe trans. [76]
Provoquer la dissolution de. – Mettre légalement un terme à ; annuler. 🔊 [disudʀ].

**DISSUADER,** verbe trans. [3]
Convaincre (qqn) de renoncer à faire qqch. 🔊 [disɥade].

**DISSUASION,** subst. f.
Action de dissuader. 🔊 [disɥazjɔ̃].

**DISSYMÉTRIQUE,** adj.
Qui n'est pas symétrique. 🔊 [disimetʀik].

**DISTANCE,** subst. f.
Espace, intervalle entre deux choses, deux lieux. – Intervalle de temps. – Fig. Différence, écart. 🔊 [distɑ̃s].

**DISTANCER,** verbe trans. [4]
Dépasser, prendre de l'avance sur (qqn ou qqch. en mouvement). 🔊 [distɑ̃se].

**DISTANT, ANTE,** adj.
Éloigné, lointain. – Réservé, peu chaleureux. 🔊 [distɑ̃, -ɑ̃t].

**DISTENDU, UE,** adj.
Étiré, agrandi d'une manière excessive. – Relâché. 🔊 [distɑ̃dy].

**DISTILLATION,** subst. f.
Action de transformer en vapeur un liquide afin de le séparer d'un corps moins volatil. 🔊 [distilasjɔ̃].

**DISTILLER,** verbe trans. [3]
Procéder à la distillation de. – Répandre goutte à goutte. 🔊 [distile].

**DISTINCT, INCTE,** adj.
Séparé, différent. – Qui se perçoit parfaitement bien. 🔊 [distɛ̃(kt), -ɛ̃kt].

**DISTINCTION,** subst. f.
Action de distinguer ; différence. – Noblesse, élégance. – Marque extérieure du mérite. 🔊 [distɛ̃ksjɔ̃].

**DISTINGUÉ, ÉE,** adj.
Remarquable, éminent. – Élégant et très bien élevé. 🔊 [distɛ̃ge].

**DISTINGUER,** verbe trans. [3]
Permettre de reconnaître (une personne ou une chose d'une autre). – Faire la différence entre. – Percevoir nettement. – Pronom. Se faire remarquer. 🔊 [distɛ̃ge].

**DISTORSION,** subst. f.
Action de déformer par une torsion ; son résultat. – Fig. Déformation. 🔊 [distɔʀsjɔ̃].

**DISTRACTION,** subst. f.
Manque d'attention. – Activité divertissante. 🔊 [distʀaksjɔ̃].

**DISTRAIRE,** verbe trans. [58]
Soustraire de qqch. – Détourner (qqn) de ses occupations. – Divertir. 🔊 [distʀɛʀ].

**DISTRIBUER,** verbe trans. [3]
Attribuer en répartissant. – Fournir, dispenser. 🔊 [distʀibɥe].

**DISTRIBUTEUR, TRICE,** adj.
et subst.
Qui distribue. – Subst. Personne chargée de diffuser des produits commerciaux. – **Distributeur** *automatique* : appareil délivrant de l'argent, des timbres, etc., après introduction de monnaie ou d'une carte de crédit. 🔊 [distʀibytœʀ, -tʀis].

**DISTRIBUTION**, subst. f.
Action de distribuer ; son résultat. – Répartition des rôles dans un film, une pièce de théâtre. [distribysjɔ̃].

**DISTRICT**, subst. m.
Subdivision territoriale. – **District** *urbain* : groupement de communes. [distrikt].

**DITHYRAMBIQUE**, adj.
Qui loue avec un enthousiasme excessif. [ditirãbik].

**DIURÉTIQUE**, adj. et subst. m.
Se dit d'une substance qui augmente la sécrétion d'urine. [djyretik].

**DIURNE**, adj.
Qui se fait, qui est actif pendant le jour (oppos. *nocturne*). [djyrn].

**DIVAGUER**, verbe intrans. [3]
Délirer. [divage].

**DIVAN**, subst. m.
Banquette sans dossier ni bras. [divã].

**DIVERGER**, verbe intrans. [5]
S'écarter de plus en plus. – Fig. Être en désaccord. [diverʒe].

**DIVERS, ERSE**, adj.
Varié. – Plur. Différents, plusieurs : **Divers** *auteurs* ; *À* diverses *époques*. [diver, -ers].

**DIVERSIFIER**, verbe trans. [6]
Varier. [diversifje].

**DIVERSION**, subst. f.
Manœuvre destinée à détourner l'attention. [diversjɔ̃].

**DIVERSITÉ**, subst. f.
État de ce qui présente un caractère varié, hétérogène. [diversite].

**DIVERTIR**, verbe trans. [19]
Procurer une distraction, un amusement à. [divertir].

**DIVERTISSEMENT**, subst. m.
Occupation ou spectacle qui délasse, qui amuse. [divertismã].

**DIVIDENDE**, subst. m.
Part des bénéfices versée aux associés ou aux actionnaires d'une société. – Math. Le nombre qui est divisé. [dividãd].

**DIVIN, INE**, adj. et subst. m.
Adj. De Dieu, d'un dieu. – Fig. Sublime, délicieux. – Subst. Ce qui émane de Dieu, ce qui est d'essence **divine**. [divɛ̃, -in].

**DIVINATION**, subst. f.
Art de deviner l'avenir par des présages. – Intuition. [divinasjɔ̃].

**DIVINITÉ**, subst. f.
Caractère divin. – Dieu, déesse. [divinite].

**DIVISER**, verbe trans. [3]
Partager. – Désunir : **Diviser** *pour régner*. – Math. Faire la division de. [divize].

**DIVISEUR**, subst. m.
*Math*. Le nombre qui divise un dividende. [divizœr].

**DIVISION**, subst. f.
Action de séparer, fait de se séparer en plusieurs parties. – Partie d'un tout divisé. – Grande unité militaire. – Opposition, dissension. – *Math*. Opération visant à partager un nombre en parties égales. [divizjɔ̃].

**DIVORCE**, subst. m.
Annulation légale du mariage civil. – Fig. Divergence. [divors].

**DIVORCER**, verbe intrans. [4]
Mettre légalement fin à son mariage. [divorse].

**DIVULGATION**, subst. f.
Action de divulguer. [divylgasjɔ̃].

**DIVULGUER**, verbe trans. [3]
Rendre publique (une information restée secrète jusque-là). [divylge].

**DIX**, adj. num. inv. et subst. m. inv.
Adj. Neuf plus un. – Dixième : *Louis* X. – Subst. Le nombre **dix**, le numéro **10**. [dis], [diz] devant voyelle et *h* muet, [di] devant consonne et *h* aspiré.

**DIXIÈME**, adj. num. ord. et subst.
Qui occupe le rang n° 10. – Adj. et subst. masc. Qui est contenu dix fois dans un tout. [dizjɛm].

**DIZAINE**, subst. f.
Ensemble de dix ou d'env. dix unités. [dizɛn].

**DO**, subst. m. inv.
*Mus*. Première note de la gamme. [do].

**DOCILE**, adj.
Qui se soumet facilement à la volonté d'autrui, obéissant. [dɔsil].

**DOCKER**, subst. m.
Ouvrier qui charge et décharge les navires à quai. [dɔkɛr].

**DOCTE**, adj.
Érudit, savant (littér.). [dɔkt].

**DOCTEUR, ORESSE**, subst.
Titulaire d'un doctorat. – Médecin. Le fém. est vieilli ; [dɔktœr, -ɔres].

**DOCTORAT**, subst. m.
Le plus haut grade conféré par une université ou une faculté. [dɔktɔra].

**DOCTRINE**, subst. f.
Ensemble des idées, des croyances, des principes que professe un homme, qui fondent un système. [dɔktrin].

**DOCUMENT**, subst. m.
Écrit ou objet qui renseigne, témoigne, prouve. [dɔkymã].

**DOCUMENTAIRE**, adj. et subst. m.
Se dit d'un film didactique. – Adj. Relatif aux documents. [dɔkymãter].

**DOCUMENTATION**, subst. f.
Action de rassembler des documents sur un sujet ; ensemble de documents. – Gestion, organisation et diffusion d'un ensemble de documents. [dɔkymãtasjɔ̃].

**DOCUMENTER, verbe trans.** [3]
Renseigner, informer par des documents.
🕮 [dɔkymɑ̃te].

**DODELINER, verbe intrans.** [3]
Remuer doucement en balançant : Dodeliner de la tête. 🕮 [dɔd(ə)line].

**DODU, UE, adj.**
Potelé, bien en chair. 🕮 [dɔdy].

**DOGE, DOGARESSE, subst.**
Masc. Magistrat suprême des anciennes
républiques de Gênes et de Venise. – Fém.
Femme du doge. 🕮 [dɔʒ, dɔgaʀɛs].

**DOGMATIQUE, adj.**
Relatif aux dogmes. – Entêté dans ses
opinions, ses principes (péj.). 🕮 [dɔgmatik].

**DOGME, subst. m.**
Principe établi et indiscutable. – Ensemble
des articles de foi d'une religion. 🕮 [dɔgm̩].

**DOGUE, subst. m.**
Chien de garde puissant, à grosse tête.
🕮 [dɔg].

**DOIGT, subst. m.**
Chacun des prolongements articulés qui
terminent la main ou le pied ; organe du
toucher. – Fig. Petite quantité : Un doigt
de porto. 🕮 [dwa].

**DOIGTÉ, subst. m.**
Dextérité. – Finesse, tact. – Mus. Manière
de placer les doigts sur un instrument.
🕮 [dwate].

**DOLÉANCE, subst. f.**
Plainte (littér. ; gén. au plur.). 🕮 [dɔleɑ̃s].

**DOLMEN, subst. m.**
Monument mégalithique fait d'une dalle
en pierre reposant sur des pierres dressées.
🕮 [dɔlmɛn].

**DOMAINE, subst. m.**
Propriété foncière. – Champ d'une
connaissance ou d'une activité intellectuelle ; matière. – Secteur de compétence
d'une personne. 🕮 [dɔmɛn].

**DOMANIAL, ALE, AUX, adj.**
Relatif à un domaine, en partic. au domaine de l'État. 🕮 [dɔmanjal].

**DÔME, subst. m.**
Toit hémisphérique d'un édifice. – Ce qui
en a la forme : Dôme de verdure. 🕮 [dom].

**DOMESTIQUE, adj. et subst.**
Adj. De la maison. – Apprivoisé (contr.
sauvage). – Subst. Employé de maison.
🕮 [dɔmɛstik].

**DOMESTIQUER, verbe trans.** [3]
Apprivoiser, dompter. – Maîtriser, dominer. 🕮 [dɔmɛstike].

**DOMICILE, subst. m.**
Lieu d'habitation habituel. 🕮 [dɔmisil].

**DOMINANT, ANTE, adj. et subst. f.**
Se dit de ce qui domine, de ce qui est
prépondérant dans un ensemble : Une couleur dominante ; Une tapisserie à dominante bleue. 🕮 [dɔminɑ̃, -ɑ̃t].

**DOMINATEUR, TRICE, adj. et subst.**
Qui domine ou se complaît à dominer.
🕮 [dɔminatœʀ, -tʀis].

**DOMINATION, subst. f.**
Action de dominer. – Autorité, emprise.
🕮 [dɔminasjɔ̃].

**DOMINER, verbe** [3]
Trans. Régner sur ; surpasser. – Dompter,
maîtriser. – Surplomber. – Intrans. Être
prépondérant. 🕮 [dɔmine].

**DOMINICAL, ALE, AUX, adj.**
Qui a trait au Seigneur. – Relatif au
dimanche, jour du Seigneur. 🕮 [dɔminikal].

**DOMINO, subst. m.**
Déguisement de bal masqué. – Pièce de jeu
blanche et noire, marquée de points ; le jeu
lui-même. 🕮 [dɔmino].

**DOMMAGE, subst. m.**
Tort, préjudice, dégât matériel. – C'est
dommage : c'est regrettable. 🕮 [dɔmaʒ].

**DOMPTER, verbe trans.** [3]
Apprendre l'obéissance à (un animal).
– Soumettre. – Fig. Maîtriser. 🕮 [dɔ̃(p)te].

**D.O.M.-T.O.M., subst. m. plur.**
Départements et territoires français d'outre-mer. 🕮 [dɔmtɔm].

**DON, subst. m.**
Action de donner. – Grâce, bienfait, faveur.
– Faculté innée, talent. 🕮 [dɔ̃].

**DONATION, subst. f.**
Contrat par lequel une personne (le dona-
teur) se dépossède d'un bien en faveur
d'une autre (le donataire), qui y consent.
🕮 [dɔnasjɔ̃].

**DONC, conj.**
Exprime la conséquence : Il pleut, donc je
ne sors pas. – Reprend un récit : Tu sais
donc que... – Renforce l'expression d'un
sentiment : C'est donc ça ! 🕮 [dɔ̃k], [dɔ̃]
devant une consonne.

**DONJON, subst. m.**
Haute tour d'un château fort. 🕮 [dɔ̃ʒɔ̃].

**DONNÉ, ÉE, adj. et subst. f.**
Adj. Fixé. – Étant donné que : puisque.
– Subst. Élément connu sur lequel on bâtit
un raisonnement, une étude. 🕮 [dɔne].

**DONNER, verbe trans.** [3]
Céder gratuitement. – Laisser, confier.
– Accorder. – Attribuer. – Procurer, four-
nir. – Communiquer. – Produire. – Être
cause de. – Donner sur : être orienté vers.
– Pronom. S'abandonner (à un homme).
– S'investir. 🕮 [dɔne].

**DONT, pron. rel.**
Complément du verbe exprimant l'origine,
la cause, la matière : La dynastie dont il
est issu. – Complément de nom, de
pronom, d'adjectif : La fenêtre dont les vitres
sont brisées. 🕮 [dɔ̃].

**DOPAGE**, subst. m.
Action de se doper afin d'améliorer ses capacités. 🔊 [dopaʒ].

**DOPER**, verbe trans. [3]
Faire absorber à (qqn, un animal) une substance chimique pour améliorer ses performances physiques ou intellectuelles. 🔊 [dope].

**DORADE**, voir **DAURADE**

**DORÉ, ÉE**, adj.
Enduit d'une fine couche d'or ou d'une substance imitant l'or. – Qui a la couleur ou l'éclat de l'or. 🔊 [dɔʀe].

**DORÉNAVANT**, adv.
À partir de maintenant. 🔊 [dɔʀenavɑ̃].

**DORER**, verbe trans. [3]
Revêtir d'une fine couche d'or. – Donner une couleur dorée à. 🔊 [dɔʀe].

**DORIQUE**, adj. et subst. m.
*Archit.* Se dit du plus ancien et du plus simple des trois ordres grecs. 🔊 [dɔʀik].

**DORLOTER**, verbe trans. [3]
Être aux petits soins avec (qqn), câliner. 🔊 [dɔʀlɔte].

**DORMIR**, verbe intrans. [29]
Être en état de sommeil. – Fig. Être lent ou inactif. – Stagner. 🔊 [dɔʀmiʀ].

**DORSAL, ALE, AUX**, adj.
Propre au dos. – Qui est sur la face postérieure, au revers de qqch. 🔊 [dɔʀsal].

**DORTOIR**, subst. m.
Grande pièce où plusieurs personnes peuvent dormir en même temps. 🔊 [dɔʀtwaʀ].

**DORURE**, subst. f.
Art, action de dorer. – Fine garniture d'or plaquée sur un objet. 🔊 [dɔʀyʀ].

**DOS**, subst. m.
Partie arrière du corps comprise entre les épaules et les fesses. – Partie postérieure d'un vêtement, d'un objet. 🔊 [do].

**DOSAGE**, subst. m.
Action de doser. – Proportion. 🔊 [dozaʒ].

**DOS(-)D'ÂNE**, subst. m. inv.
Bosse à deux pentes, sur une chaussée. 🔊 [dodɑn].

**DOSE**, subst. f.
Quantité de médicament à absorber en une seule fois. – Quantité quelconque. – *Forcer la* dose : exagérer (fam.). 🔊 [doz].

**DOSER**, verbe trans. [3]
Indiquer la dose de. – Combiner dans des proportions convenables. 🔊 [doze].

**DOSSARD**, subst. m.
Pièce de tissu numérotée que les concurrents d'une compétition portent sur le dos. 🔊 [dosaʀ].

**DOSSIER**, subst. m.
Partie d'un siège contre laquelle on appuie son dos. – Ensemble de documents sur un même sujet. – Sujet de réflexion. 🔊 [dosje].

**DOT**, subst. f.
Ensemble des biens apportés par une femme lorsqu'elle se marie. 🔊 [dɔt].

**DOTER**, verbe trans. [3]
Allouer une somme d'argent à. – Fournir en matériel. – Fig. Gratifier. 🔊 [dote].

**DOUANE**, subst. f.
Administration chargée de percevoir des droits sur les marchandises importées ou exportées. – Le lieu où elle se tient. – Les droits perçus. 🔊 [dwan].

**DOUANIER, IÈRE**, adj. et subst.
Adj. Qui concerne la douane. – Subst. Agent de la douane. 🔊 [dwanje, -jɛʀ].

**DOUBLAGE**, subst. m.
Action de doubler un objet, un vêtement. – La bande sonore d'un film, traduite dans une autre langue. 🔊 [dublaʒ].

**DOUBLE**, adj. et subst. m.
Adj. Qui est multiplié par 2, ou reproduit deux fois : *Faire* **double** *emploi*, être répété inutilement. – Qui a deux aspects, dont un seul est visible : *Jouer un* **double** *jeu*. – Empl. adv. *Voir* **double** : voir deux choses là où il n'y en a qu'une. – Subst. Quantité équivalente à deux fois la quantité initiale. – Copie ; autre exemplaire d'un élément. 🔊 [dubl].

**DOUBLER**, verbe [3]
Trans. Augmenter de la même quantité. – Dépasser, devancer. – Poser une doublure à. – *Cin.* Traduire (la bande sonore d'un film) dans une autre langue ; remplacer (un acteur). – Intrans. Être multiplié par 2. 🔊 [duble].

**DOUBLON**, subst. m.
Deuxième exemplaire ou répétition d'une chose ; ce qui fait double emploi. 🔊 [dublɔ̃].

**DOUBLURE**, subst. f.
Étoffe, matière renforçant l'intérieur d'un vêtement, d'un objet. – Acteur qui en remplace un autre pour certaines scènes. 🔊 [dublyʀ].

**DOUCEREUX, EUSE**, adj.
D'une douceur fade. – Fig. Qui est mielleux, mièvre. 🔊 [dus(ə)ʀø, -øz].

**DOUCEUR**, subst. f.
Qualité de ce qui est doux. – Plur. Friandises. 🔊 [dusœʀ].

**DOUCHE**, subst. f.
Jet d'eau dirigé sur le corps. – Instrument ou lieu permettant de prendre une **douche**. 🔊 [duʃ].

**DOUCHER**, verbe trans. [3]
Asperger d'eau, dans un but hygiénique ou thérapeutique. 🔊 [duʃe].

**DOUÉ, ÉE**, adj.
Pourvu, doté. – Qui a des aptitudes, des dons. 🔊 [dwe].

**DOUILLE, subst. f.**
Tube renfermant la poudre d'une cartouche. – Pièce métallique où l'on insère le culot d'une ampoule électrique. 📖 [duj].

**DOUILLET, ETTE, adj.**
Doux et confortable. – Fig. Très sensible à la douleur. 📖 [dujɛ, -ɛt].

**DOULEUR, subst. f.**
Sensation physique ou morale pénible. 📖 [dulœʀ].

**DOULOUREUX, EUSE, adj.**
Qui provoque ou exprime une douleur. 📖 [duluʀø, -øz].

**DOUTE, subst. m.**
Incertitude. – Défiance, soupçon. – *Sans* **doute** : certainement (vieilli) ; probablement. 📖 [dut].

**DOUTER, verbe trans. indir. [3]**
**Douter** *que, de* : ne pas être assuré que, ne pas avoir confiance en. – Pronom. Pressentir, soupçonner. 📖 [dute].

**DOUTEUX, EUSE, adj.**
Incertain, discutable. – Peu net, malpropre. – Équivoque, suspect. 📖 [dutø, -øz].

**DOUVE, subst. f.**
Fossé empli d'eau entourant un château ou une fortification. 📖 [duv].

**DOUX, DOUCE, adj. et adv.**
Adj. Qui procure aux sensations délicates et agréables. – Peu pénible, modéré, clément : *Temps* **doux**. – Gentil, obéissant. – Fig. Calme, reposant, paisible. – Adv. Doucement : *Filer* **doux** : obéir sans discuter (fam.). 📖 [du, dus].

**DOUZE, adj. num. inv. et subst. m. inv.**
Adj. Onze plus un. – Douzième : *Pie XII*. – Subst. Le nombre **douze**, le numéro **12**. 📖 [duz].

**DOYEN, ENNE, subst.**
Personne la plus âgée d'un groupe, ou la plus ancienne. – Dignitaire ecclésiastique ou universitaire. 📖 [dwajɛ̃, -ɛn].

**DRACONIEN, IENNE, adj.**
Qui est d'une rigueur, d'une sévérité extrême, impitoyable. 📖 [dʀakɔnjɛ̃, -jɛn].

**DRAGÉE, subst. f.**
Bonbon fait d'une amande enrobée de sucre durci. 📖 [dʀaʒe].

**DRAGON, subst. m.**
Monstre légendaire, ailé et griffu, qui crachait du feu. – Femme autoritaire (fam.). 📖 [dʀagɔ̃].

**DRAGUE, subst. f.**
Grosse nasse raclant les fonds, utilisée pour pêcher des coquillages. – Machine servant à curer le fond d'une étendue d'eau. – Action de chercher à séduire (fam.). 📖 [dʀag].

**DRAGUER, verbe trans. [3]**
Nettoyer avec une drague. – Chercher à séduire (fam.). 📖 [dʀage].

**DRAIN, subst. m.**
Conduit servant à évacuer l'eau d'un terrain trop humide. – *Méd.* Tube utilisé pour évacuer du liquide organique. 📖 [dʀɛ̃].

**DRAINER, verbe trans. [3]**
Évacuer à l'aide d'un drain. – Fig. Amener, attirer à soi. 📖 [dʀene].

**DRAKKAR, subst. m.**
Navire qu'utilisaient les Vikings. 📖 [dʀakaʀ].

**DRAMATIQUE, adj. et subst. f.**
Adj. Relatif au théâtre. – Fig. Grave, tragique. – Subst. Pièce de théâtre télévisée. 📖 [dʀamatik].

**DRAMATISER, verbe trans. [3]**
Donner un tour tragique à. – Exagérer la gravité de. 📖 [dʀamatize].

**DRAMATURGE, subst.**
Auteur d'œuvres de théâtre. 📖 [dʀamatyʀʒ].

**DRAME, subst. m.**
Pièce de théâtre romantique. – Pièce, film dont l'action est tragique. – Fig. Événement, situation tragique. 📖 [dʀam].

**DRAP, subst. m.**
Étoffe de laine. – Élément d'une parure de lit. 📖 [dʀa].

**DRAPEAU, subst. m.**
Pièce d'étoffe attachée à une hampe, emblème d'un pays, d'un parti. 📖 [dʀapo].

**DRAPER, verbe trans. [3]**
Couvrir de drap, d'un drap. – Habiller en formant des plis harmonieux. 📖 [dʀape].

**DRAPERIE, subst. f.**
Tissu ornemental à plis amples. 📖 [dʀapʀi].

**DRASTIQUE, adj.**
Rigoureux, draconien. 📖 [dʀastik].

**DRESSAGE, subst. m.**
Action de mettre droit. – Action de dresser un animal. 📖 [dʀesaʒ].

**DRESSER, verbe trans. [3]**
Lever, faire tenir debout. – Élever verticalement, construire. – Installer, établir. – Apprendre l'obéissance à (un animal). – Pronom. Se tenir droit. – Protester : *Se* dresser *contre l'injustice*. 📖 [dʀese].

**DRIBBLER, verbe intrans. [3]**
*Sp.* Avancer en contrôlant le ballon et en évitant l'adversaire. 📖 [dʀible].

**DROGUE, subst. f.**
Substance médicamenteuse. – Stupéfiant. 📖 [dʀɔg].

**DROGUER, verbe trans. [3]**
Faire prendre de la drogue à. – Pronom. Prendre de la drogue. 📖 [dʀɔge].

**DROGUERIE, subst. f.**
Commerce et boutique de produits d'hygiène. 📖 [dʀɔgʀi].

**DROGUISTE, subst.**
Fabricant ou vendeur de produits ménagers. 📖 [dʀɔgist].

**DROIT (I), DROITE,** adj. et subst. f.
Adj. Du côté opposé à celui du cœur : *Côté droit* ; *Main droite.* – Subst. Le côté droit.
– *Géom.* Ligne dr**ò**ite. – *Pol.* Ensemble des partis conservateurs. 🔊 [dʀwa, dʀwat].

**DROIT (II), DROITE,** adj. et adv.
Adj. Qui n'est ni courbe ni anguleux ; rectiligne, vertical. – *Fig.* Moral, honnête.
– Adv. En ligne droite. – Sans détour.
🔊 [dʀwa, dʀwat].

**DROIT (III),** subst. m.
Permission, autorisation. – Ensemble des lois. – Étude, science des lois. – Impôt, taxe.
🔊 [dʀwa].

**DROITIER, IÈRE,** adj. et subst.
Qui se sert habituellement et plus facilement de sa main droite. 🔊 [dʀwatje, -jɛʀ].

**DROITURE,** subst. f.
Qualité morale d'une âme droite, loyale.
🔊 [dʀwatyʀ].

**DRÔLE,** adj.
Qui porte à rire. – Étrange. 🔊 [dʀol].

**DRÔLERIE,** subst. f.
Caractère de ce qui est drôle, amusant.
– Propos ou acte drôle. 🔊 [dʀolʀi].

**DROMADAIRE,** subst. m.
Ruminant domestique à une bosse, adapté à la vie dans le désert. 🔊 [dʀɔmadɛʀ].

**DRU, DRUE,** adj. et adv.
Adj. Touffu, serré. – Abondant. – Adv. *La pluie tombe* dru. – 🔊 [dʀy].

**DRUIDE, ESSE,** subst.
Prêtre celte. 🔊 [dʀyid, -ɛs].

**DRUPE,** subst. f.
Fruit charnu dont le noyau contient une amande (cerise, prune, etc.). 🔊 [dʀyp].

**DU,** voir DE

**DÛ, DUE,** adj. et subst. m.
Adj. Dont on est redevable. – Dû *à* : qui provient de. – Subst. Ce dont on doit s'acquitter. – Ce que l'on est en droit d'exiger. 🔊 [dy].

**DUALITÉ,** subst. f.
Qualité de ce qui est double. – Coexistence ou opposition de deux éléments.
🔊 [dɥalite].

**DUBITATIF, IVE,** adj.
Qui exprime le doute, l'incertitude, l'incrédulité. – Qui est sceptique. 🔊 [dybitatif, -iv].

**DUC, DUCHESSE,** subst.
Titre de noblesse le plus élevé après celui de prince. – Masc. Hibou. 🔊 [dyk, dyʃɛs].

**DUCAL, ALE, AUX,** adj.
Relatif au duc, au duché. 🔊 [dykal].

**DUCHÉ,** subst. m.
Seigneurie appartenant à un duc. 🔊 [dyʃe].

**DUEL,** subst. m.
Combat singulier par lequel une personne demande à une autre réparation d'un tort.

– *Fig.* Rivalité, compétition entre deux personnes. 🔊 [dɥɛl].

**DULCINÉE,** subst. f.
Femme passionnément aimée (littér.).
– Fiancée, maîtresse (fam.). 🔊 [dylsine].

**DÛMENT,** adv.
Comme il convient. 🔊 [dymɑ̃].

**DUNE,** subst. f.
Colline de sable typique de certains littoraux ou de certains déserts. 🔊 [dyn].

**DUO,** subst. m.
*Mus.* Composition écrite pour deux voix ou pour deux instruments. 🔊 [dɥo].

**DUODÉNUM,** subst. m.
Partie de l'intestin qui fait suite à l'estomac.
🔊 [dɥodenɔm].

**DUPE,** adj. et subst. f.
Se dit d'une personne abusée ou escroquée.
🔊 [dyp].

**DUPER,** verbe trans. [3]
Berner, tromper. 🔊 [dype].

**DUPLEX,** subst. m.
Appartement sur deux niveaux. – Système de communication simultanée. 🔊 [dyplɛks].

**DUPLICATA,** subst. m.
Deuxième exemplaire d'un document, conforme à l'original. 🔊 Plur. *duplicata(s)* ;
[dyplikata].

**DUPLICITÉ,** subst. f.
Hypocrisie, fausseté. 🔊 [dyplisite].

**DUQUEL, DESQUELS, DESQUELLES,** pron. rel. et interr.
Pron. rel. De qui, de quoi, dont (littér.).
– Pron. interr. De qui (choix entre plusieurs personnes ou objets) : *Les Dupont ? Duquel s'agit-il ?* 🔊 [dykɛl], plur. [dekɛl].

**DUR, DURE,** adj., subst. et adv.
Adj. Solide, résistant, difficile à entamer.
– Qui manque de douceur. – Difficile, pénible. – *Fig.* Strict, sévère. – Adv. Avec force, intensément. – Subst. masc. Homme viril, qui n'a peur de rien (fam.). – Subst. fém. *À la* dure : sans confort ; sévèrement.
🔊 [dyʀ].

**DURANT,** prép.
Pendant, tout au long de. 🔊 [dyʀɑ̃].

**DURCIR,** verbe [19]
Intrans. Devenir dur. – Trans. Rendre dur, solide ; raidir. – *Fig.* Endurcir ; fortifier.
🔊 [dyʀsiʀ].

**DURCISSEMENT,** subst. m.
Action de durcir, de se durcir. 🔊 [dyʀsismɑ̃].

**DURÉE,** subst. f.
Intervalle de temps déterminé, mesurable.
🔊 [dyʀe].

**DURER,** verbe intrans. [3]
Occuper une certaine durée. – Se prolonger dans le temps. 🔊 [dyʀe].

**DURETÉ,** subst. f.
Qualité de ce qui est dur. 🔊 [dyʀte].

**DURILLON,** subst. m.
Petite callosité produite par frottement, aux mains ou aux pieds. 🕮 [dyʀijɔ̃].

**DURITE,** subst. f.
Tuyau en caoutchouc servant à raccorder les canalisations d'un moteur à explosion. 🕮 [dyʀit].

**DUVET,** subst. m.
Ensemble des petites plumes très légères des oiseaux. – Sac de couchage. 🕮 [dyvɛ].

**DYNAMIQUE,** adj. et subst. f.
Adj. Relatif au mouvement (contr. *statique*). – Plein d'énergie, de vitalité. – Subst. Étude des forces et des mouvements. 🕮 [dinamik].

**DYNAMISME,** subst. m.
Ressort, vigueur, énergie. 🕮 [dinamism].

**DYNAMITE,** subst. f.
Explosif constitué pour l'essentiel de nitroglycérine. 🕮 [dinamit].

**DYNAMITER,** verbe trans. [3]
Faire exploser à la dynamite. 🕮 [dinamite].

**DYNAMO,** subst. f.
Machine transformant l'énergie mécanique en courant électrique. 🕮 [dinamo].

**DYNASTIE,** subst. f.
Succession de souverains issus d'une même famille. – Lignée d'hommes célèbres. 🕮 [dinasti].

**DYSENTERIE,** subst. f.
Maladie infectieuse provoquant de violentes diarrhées. 🕮 [disɑ̃tʀi].

**DYSFONCTIONNEMENT,** subst. m.
Trouble, anomalie du fonctionnement. 🕮 [disfɔ̃ksjɔnmɑ̃].

**DYSLEXIE,** subst. f.
*Méd.* Trouble de l'apprentissage de la lecture et de l'écriture, en gén. chez l'enfant. 🕮 [dislɛksi].

# E

**E, e, subst. m. inv.**
Cinquième lettre et deuxième voyelle de
l'alphabet français. 📖 [ø].

**EAU, subst. f.**
Liquide incolore, transparent, inodore et
sans saveur à l'état pur, dont les molécules
sont composées d'oxygène et d'hydrogène
($H_2O$). – Limpidité ; transparence : *L'eau
d'un diamant.* – Transpiration : *Suer sang
et eau.* – Salive : *Avoir l'eau à la bouche.*
– Plur. Liquide amniotique : *Perdre les eaux.*
📖 [o].

**EAU-DE-VIE, subst. f.**
Liqueur alcoolique extraite par distillation
de substances végétales. 📖 Plur. *eaux-de-vie* ;
[od(ə)vi].

**EAU-FORTE, subst. f.**
Mélange d'acide nitrique et d'eau, utilisé
en gravure. – La gravure elle-même. 📖 Plur.
*eaux-fortes* ; [ofɔrt].

**ÉBAHIR, verbe trans.** [19]
Causer un étonnement extrême à (qqn).
📖 [ebair].

**ÉBATS, subst. m. plur.**
Mouvements d'une personne ou d'un
animal qui s'ébat. 📖 [eba].

**ÉBATTRE (S'), verbe pronom.** [61]
Se détendre, manifester sa joie de vivre par
des mouvements folâtres. 📖 [ebatʀ].

**ÉBAUCHE, subst. f.**
Première forme donnée à une œuvre.
– Esquisse, amorce de qqch. 📖 [eboʃ].

**ÉBAUCHER, verbe trans.** [3]
Donner une première forme à (une œuvre). – Esquisser, amorcer (qqch.).
📖 [eboʃe].

**ÉBÈNE, subst. f.**
Bois précieux dur et noir. – Empl. adj. inv.
D'un noir profond et brillant. 📖 [ebɛn].

**ÉBÉNISTE, subst.**
Artisan qui fabrique ou restaure des meubles de valeur. 📖 [ebenist].

**ÉBÉNISTERIE, subst. f.**
Métier, travail de l'ébéniste. 📖 [ebenist(ə)ʀi].

**ÉBERLUÉ, ÉE, adj.**
Très étonné, médusé. 📖 [ebɛʀlye].

**ÉBLOUIR, verbe trans.** [19]
Troubler la vue de, par un éclat trop vif.
– Fig. Séduire, enthousiasmer. 📖 [ebluir].

**ÉBLOUISSEMENT, subst. m.**
Trouble de la vue causé par une lumière trop
vive. – Fig. Émerveillement. 📖 [ebluismã].

**ÉBORGNER, verbe trans.** [3]
Rendre borgne. 📖 [ebɔʀɲe].

**ÉBOUEUR, subst. m.**
Ouvrier chargé de la collecte des ordures
ménagères. 📖 [ebwœʀ].

**ÉBOUILLANTER, verbe trans.** [3]
Passer à l'eau bouillante. – Pronom. Se brûler avec un liquide bouillant. 📖 [ebujãte].

**ÉBOULEMENT, subst. m.**
Chute de pierres, de terre ; effondrement
d'une construction. – Matériaux éboulés.
📖 [ebulmã].

**ÉBOULER (S'), verbe pronom.** [3]
S'effondrer, s'affaisser en se désagrégeant.
📖 [ebule].

**ÉBOULIS, subst. m.**
Amas de matériaux éboulés. 📖 [ebuli].

**ÉBOURIFFER, verbe trans.** [3]
Décoiffer, relever en désordre (les cheveux).
– Surprendre, stupéfier (fam.). 📖 [eburife].

**ÉBRANLER, verbe trans.** [3]
Faire trembler, osciller ; secouer (qqch.).
– Fig. Rendre incertain, faire douter (qqn).
– Pronom. Se mettre en mouvement.
📖 [ebrãle].

**ÉBRÉCHER, verbe trans.** [8]
Abîmer en faisant une brèche. – Fig.
Diminuer, entamer. 📖 [ebreʃe].

**ÉBRIÉTÉ, subst. f.**
État d'une personne enivrée. 📖 [ebrijete].

**ÉBROUER (S'), verbe pronom.** [3]
Expirer bruyamment en secouant la tête,
en partic. pour un cheval. – Se secouer
fortement, pour se débarrasser de ce qui
gêne, se sécher. 📖 [ebrue].

**ÉBRUITER, verbe trans.** [3]
Divulguer (qqch.). 📖 [ebruite].

**ÉBULLITION, subst. f.**
État d'un liquide qui bout, qui forme des
bulles. – Fig. Effervescence. 📖 [ebylisjõ].

**ÉCAILLE, subst. f.**
Chacune des plaques qui recouvrent le corps
des poissons et des reptiles. – Chacune des
valves d'un coquillage. – Lamelle. 📖 [ekaj].

**ÉCAILLER, verbe trans.** [3]
Débarrasser (un poisson) de ses écailles ;
ouvrir (des huîtres). – Pronom. Se détacher
par petites plaques. 📖 [ekaje].

**ÉCARLATE, adj. et subst. f.**
Subst. Colorant d'un rouge vif. – Adj.
Rouge éclatant. 📖 [ekaʀlat].

**ÉCARQUILLER, verbe trans.** [3]
Ouvrir tout grand (les yeux). 📖 [ekaʀkije].

**ÉCART, subst. m.**
Distance, différence entre des grandeurs,
des choses, des personnes. – Fait de

s'écarter d'une direction ou d'une norme.
– Loc. adv. À l'écart : à distance ; isolé.
📣 [ekaʀ].

**ÉCARTELER, verbe trans.** [11]
Arracher les membres de (un condamné à mort) en les faisant tirer par quatre chevaux. – Fig. Être écartelé : être tiraillé entre plusieurs sentiments ; être sollicité dans des directions opposées. 📣 [ekaʀtəle].

**ÉCARTEMENT, subst. m.**
Action d'écarter, de s'écarter. – Distance comprise entre deux ou plusieurs choses.
📣 [ekaʀtəmɑ̃].

**ÉCARTER, verbe trans.** [3]
Repousser de côté. – Séparer, disjoindre.
– Évincer, éliminer. – Pronom. S'éloigner ; se détourner (de). 📣 [ekaʀte].

**ECCHYMOSE, subst. f.**
Tache cutanée bleuâtre qui apparaît à la suite d'un coup (synon. *bleu*). 📣 [ekimoz].

**ECCLÉSIASTIQUE, adj. et subst. m.**
Adj. Relatif à l'Église ou au clergé. – Subst. Membre du clergé. 📣 [eklezjastik].

**ÉCERVELÉ, ÉE, adj. et subst.**
Se dit d'une personne qui manque de jugement, qui est étourdie. 📣 [esɛʀvəle].

**ÉCHAFAUD, subst. m.**
Plate-forme, estrade sur laquelle on exécutait les condamnés à mort. – Peine de mort. 📣 [eʃafo].

**ÉCHAFAUDAGE, subst. m.**
Construction provisoire permettant d'effectuer des travaux en hauteur. 📣 [eʃafodaʒ].

**ÉCHAFAUDER, verbe** [3]
Intrans. Dresser un échafaudage. – Trans. Construire intellectuellement, élaborer : Échafauder *un plan*. 📣 [eʃafode].

**ÉCHALAS, subst. m.**
Piquet servant de tuteur à la vigne et à certaines plantes. – Fig. Personne grande et maigre. 📣 [eʃala].

**ÉCHALOTE, subst. f.**
Plante potagère proche de l'ail, de l'oignon.
📣 [eʃalɔt].

**ÉCHANCRÉ, ÉE, adj.**
Creusé vers l'intérieur, entaillé sur le bord.
📣 [eʃɑ̃kʀe].

**ÉCHANCRURE, subst. f.**
Partie échancrée. 📣 [eʃɑ̃kʀyʀ].

**ÉCHANGE, subst. m.**
Action d'échanger. – Communication réciproque. – Commerce ; transaction commerciale. – Loc. adv. En échange : en contrepartie. 📣 [eʃɑ̃ʒ].

**ÉCHANGER, verbe trans.** [5]
Donner (une chose) et en recevoir une autre en contrepartie. – Fig. Adresser et recevoir en retour. 📣 [eʃɑ̃ʒe].

**ÉCHANTILLON, subst. m.**
Petite quantité d'une marchandise permettant d'en apprécier les caractéristiques.
– *Stat.* Ensemble d'individus représentatifs d'une population. 📣 [eʃɑ̃tijɔ̃].

**ÉCHAPPATOIRE, subst. f.**
Moyen détourné qui permet d'échapper à une situation difficile. 📣 [eʃapatwaʀ].

**ÉCHAPPÉE, subst. f.**
Espace resserré, mais par lequel la vue peut plonger au loin. – *Sp.* Action de distancer des concurrents. 📣 [eʃape].

**ÉCHAPPEMENT, subst. m.**
Évacuation des gaz brûlés dans un moteur thermique : *Pot d'*échappement.
– Mécanisme régulateur d'horlogerie : *Montre à* échappement. 📣 [eʃapmɑ̃].

**ÉCHAPPER, verbe intrans.** [3]
Échapper *à*. Se soustraire à, se dérober à.
– Éviter de peu. – N'être plus tenu, retenu par. – N'être pas compris, perçu par. – Être dit ou fait par mégarde. – N'être plus sous le contrôle de. – N'être plus présent à l'esprit de. – Pronom. S'enfuir ; s'éclipser.
– S'évacuer : *La fumée s'*échappe. 📣 [eʃape].

**ÉCHARDE, subst. f.**
Petit éclat pointu (en gén. de bois) ayant pénétré sous la peau. 📣 [eʃaʀd].

**ÉCHARPE, subst. f.**
Bande d'étoffe marquant certaines dignités, certaines fonctions : Écharpe *de maire.*
– Bande d'étoffe qui se porte autour du cou. – Bandage servant à soutenir un bras cassé. 📣 [eʃaʀp].

**ÉCHARPER, verbe trans.** [3]
Faire une longue balafre à. – Massacrer ; mettre en pièces. 📣 [eʃaʀpe].

**ÉCHASSE, subst. f.**
Chacun des deux longs bâtons munis d'un étrier utilisés pour marcher au-dessus du sol. 📣 [eʃas].

**ÉCHASSIER, subst. m.**
Oiseau à longues pattes, souv. à long cou, vivant ou chassant dans les marais, tel que flamant, cigogne, etc. 📣 [eʃasje].

**ÉCHAUDER, verbe trans.** [3]
Tremper dans l'eau chaude ou bouillante.
– Brûler avec un liquide chaud. – Fig. Être échaudé : avoir tiré la leçon d'une mésaventure. 📣 [eʃode].

**ÉCHAUFFEMENT, subst. m.**
Action d'échauffer ; fait de s'échauffer.
– Fig. Excitation, énervement. 📣 [eʃofmɑ̃].

**ÉCHAUFFER, verbe trans.** [3]
Chauffer, élever la température de. – Fig. Stimuler, exciter. – Pronom. *Sp.* Se mettre en condition avant un effort. 📣 [eʃofe].

**ÉCHAUFFOURÉE, subst. f.**
Affrontement bref et confus. 📣 [eʃofuʀe].

**ÉCHÉANCE, subst. f.**
Date à laquelle un engagement doit être tenu ; terme d'un délai. – Délai. 🔊 [eʃeɑ̃s].

**ÉCHÉANT, ANTE, adj.**
Parvenu à échéance. – *Le cas* échéant : si le cas se présente, à l'occasion. 🔊 [eʃeɑ̃. -ɑ̃t].

**ÉCHEC, subst. m.**
Défaite, insuccès. – Plur. Jeu où deux adversaires font manœuvrer différentes pièces sur un échiquier. 🔊 [eʃɛk].

**ÉCHELLE, subst. f.**
Dispositif formé de barreaux fixés sur deux montants parallèles, servant à monter et à descendre. – Fig. Hiérarchie. – Système de graduation. – *Géogr.* Rapport entre les distances figurées sur une carte et la réalité. 🔊 [eʃɛl].

**ÉCHELON, subst. m.**
Barreau d'une échelle. – Degré, grade, niveau au sein d'une hiérarchie. 🔊 [eʃ(ə)lɔ̃].

**ÉCHELONNER, verbe trans.** [3]
Disposer à intervalles réguliers, dans l'espace ou dans le temps. 🔊 [eʃ(ə)lɔne].

**ÉCHEVEAU, subst. m.**
Assemblage de fils enroulés qu'un fil de liage empêche de s'emmêler. – Fig. Enchevêtrement. 🔊 [eʃ(ə)vo].

**ÉCHEVELÉ, ÉE, adj.**
Dont les cheveux sont en désordre. – Fig. Frénétique, outrancier. 🔊 [eʃəv(ə)le].

**ÉCHINE, subst. f.**
Colonne vertébrale. – *Bouch.* Partie de la longe du porc (haut du dos). 🔊 [eʃin].

**ÉCHINER (S'), verbe pronom.** [3]
Se donner de la peine. 🔊 [eʃine].

**ÉCHIQUIER, subst. m.**
Plateau quadrillé servant au jeu d'échecs, comprenant 64 cases alternativement blanches et noires. 🔊 [eʃikje].

**ÉCHO, subst. m.**
Répercussion d'une onde sonore ou électromagnétique. – Fait rapporté ; nouvelle. – Accueil, résonance. 🔊 [eko].

**ÉCHOGRAPHIE, subst. f.**
*Méd.* Exploration des organes à l'aide des ultrasons. – L'image produite. 🔊 [ekoɡʀafi].

**ÉCHOIR, verbe** [50]
Trans. indir. Être attribué par le sort, le hasard (à). – Intrans. Arriver à échéance : *Bail qui* échoit. 🔊 Verbe défectif : [eʃwaʀ].

**ÉCHOPPE, subst. f.**
Petite boutique, souv. faite de planches, adossée à un bâtiment ou à un mur. 🔊 [eʃɔp].

**ÉCHOUER, verbe** [3]
Intrans. Toucher un haut-fond ou un rocher et s'immobiliser, en parlant d'un bateau ; être poussé à la côte. – S'arrêter en un lieu par lassitude. – Ne pas réussir. – Trans. Échouer *un navire.* – Pronom.

*Une baleine s'est* échouée *sur la plage.* 🔊 [eʃwe].

**ÉCLABOUSSER, verbe trans.** [3]
Faire rejaillir de la boue, un liquide sur. – Fig. Salir moralement. 🔊 [eklabuse].

**ÉCLABOUSSURE, subst. f.**
Goutte d'un liquide qui éclabousse, salit. – Fig. Contrecoup fâcheux d'un événement. 🔊 [eklabusyʀ].

**ÉCLAIR, subst. m.**
Brève lueur provoquée par une décharge électrique, lors d'un orage. – Lueur vive et brève ; éclat. – Brusque manifestation, bref instant. – Gâteau fourré. – Empl. adj. inv. Très rapide : *Voyage* éclair. 🔊 [eklɛʀ].

**ÉCLAIRAGE, subst. m.**
Action d'éclairer. – Manière d'éclairer ou d'être éclairé. – Dispositif servant à éclairer. – Fig. Approche que l'on a d'une chose ; point de vue. 🔊 [eklɛʀaʒ].

**ÉCLAIRCIE, subst. f.**
Interruption du temps pluvieux ; luminosité passagère. – Fig. Amélioration soudaine d'une situation. – Coupe d'arbres. 🔊 [eklɛʀsi].

**ÉCLAIRCIR, verbe trans.** [19]
Rendre plus clair ; au fig. : Éclaircir *la situation.* – Rendre moins touffu, moins dense. 🔊 [eklɛʀsiʀ].

**ÉCLAIRCISSEMENT, subst. m.**
Action d'éclaircir. – Fig. Explication, clarification (gén. au plur.). 🔊 [eklɛʀsismɑ̃].

**ÉCLAIRÉ, ÉE, adj.**
Cultivé, instruit : *Esprit* éclairé. 🔊 [ekleʀe].

**ÉCLAIRER, verbe trans.** [3]
Diffuser de la lumière, de la clarté sur. – Fournir de la lumière à (qqn). – Fig. Fournir des explications à. – Pronom. Devenir lumineux. – Fig. Devenir compréhensible. – *Son visage s'*éclaire : il s'épanouit, exprime la joie. 🔊 [ekleʀe].

**ÉCLAIREUR, subst. m.**
Soldat que l'on envoie en reconnaissance. 🔊 [eklɛʀœʀ].

**ÉCLAT, subst. m.**
Fragment d'un objet brisé ou éclaté. – Bruit violent et soudain. – Scandale. – Vive lumière. – Qualité d'une couleur vive. – Caractère de ce qui est magnifique ; grandeur. – *Action d'*éclat : action remarquable, exploit. 🔊 [ekla].

**ÉCLATEMENT, subst. m.**
Action, fait d'éclater. 🔊 [eklatmɑ̃].

**ÉCLATER, verbe intrans.** [3]
Se briser violemment ; exploser. – Se diviser. – Manifester brusquement un sentiment ; émettre un bruit soudain : Éclater *de rire.* – Se manifester soudainement : *Sa colère* éclata ; *L'orage* éclate. 🔊 [eklate].

**ÉCLECTISME, subst. m.**
Diversité de goûts et d'intérêts, sans exclusion. 🕮 [eklɛktism].

**ÉCLIPSE, subst. f.**
Disparition temporaire d'un astre, caché par un autre astre ou par l'ombre d'un autre astre. 🕮 [eklips].

**ÉCLIPSER, verbe trans. [3]**
Rendre invisible (un astre). – Fig. Surpasser considérablement (qqn). – Pronom. S'esquiver. 🕮 [eklipse].

**ÉCLISSE, subst. f.**
Pièce de bois formant le pourtour d'une caisse de résonance. – Claie. – *Chir.* Attelle. – *Tech.* Pièce reliant deux rails. 🕮 [eklis].

**ÉCLOPÉ, ÉE, adj. et subst.**
Qui boite à cause d'une blessure, d'un choc accidentel. 🕮 [eklɔpe].

**ÉCLORE, verbe intrans. [80]**
Sortir de l'œuf ; s'ouvrir, en parlant d'un œuf. – S'ouvrir, en parlant d'une fleur. – Fig. Apparaître, naître. 🕮 [eklɔʀ].

**ÉCLOSION, subst. f.**
Fait d'éclore. – Fig. Naissance. 🕮 [eklozjɔ̃].

**ÉCLUSE, subst. f.**
Sas équipé de portes étanches permettant à un bateau de passer d'un bief à un autre. 🕮 [eklyz].

**ÉCŒURANT, ANTE, adj.**
Qui écœure. – Fig. Révoltant, démoralisant. 🕮 [ekœʀɑ̃, -ɑ̃t].

**ÉCŒURER, verbe trans. [3]**
Dégoûter jusqu'à donner la nausée. – Fig. Indigner ; démoraliser. 🕮 [ekœʀe].

**ÉCOLE, subst. f.**
Établissement où est dispensé un enseignement collectif. – Ensemble des adeptes d'une même doctrine ; groupe d'artistes ayant des tendances, une origine communes. 🕮 [ekɔl].

**ÉCOLIER, IÈRE, subst.**
Enfant qui fréquente une école primaire. 🕮 [ekɔlje, -jɛʀ].

**ÉCOLOGIE, subst. f.**
Science des relations entre un organisme et le milieu dans lequel il vit. 🕮 [ekɔlɔʒi].

**ÉCOLOGISTE, subst.**
Partisan de la sauvegarde de l'environnement, des équilibres naturels. 🕮 [ekɔlɔʒist].

**ÉCONDUIRE, verbe trans. [69]**
Repousser avec plus ou moins d'égards. 🕮 [ekɔ̃dɥiʀ].

**ÉCONOME, adj. et subst.**
Subst. Personne qui gère les finances d'un établissement, d'une communauté. – Adj. Qui dépense avec mesure, parcimonieux. 🕮 [ekɔnɔm].

**ÉCONOMIE, subst. f.**
Ensemble des activités concernant la production, la circulation et la consommation des biens et des richesses. – Science qui étudie ces activités. – Action d'économiser ; son résultat. – Distribution des parties d'un tout : *L'économie d'un roman.* 🕮 [ekɔnɔmi].

**ÉCONOMIQUE, adj.**
Relatif à l'économie (activités et science). – Qui est peu coûteux. 🕮 [ekɔnɔmik].

**ÉCONOMISER, verbe trans. [3]**
Faire un usage modéré, voire parcimonieux, de (qqch.). – Épargner. 🕮 [ekɔnɔmize].

**ÉCOPER, verbe trans. [3]**
Évacuer (l'eau d'une embarcation) avec une pelle creuse (écope). – Fam. Subir (une sanction) : *Écoper (d')une amende.* 🕮 [ekɔpe].

**ÉCORCE, subst. f.**
Partie externe du tronc et des branches d'un arbre. – Enveloppe, peau épaisse de certains fruits, comme l'orange. – Partie superficielle de la Terre. 🕮 [ekɔʀs].

**ÉCORCHER, verbe trans. [3]**
Dépouiller (un animal). – Supplicier (qqn) en lui arrachant la peau. – Égratigner. – Prononcer incorrectement. – Fig. Heurter, blesser. 🕮 [ekɔʀʃe].

**ÉCORCHURE, subst. f.**
Légère éraflure de la peau. 🕮 [ekɔʀʃyʀ].

**ÉCORNER, verbe trans. [3]**
Amputer, briser les cornes de (un animal). – Abîmer le bord de (qqch.). – Fig. Entamer. 🕮 [ekɔʀne].

**ÉCOSSER, verbe trans. [3]**
Retirer la cosse de (un légume). 🕮 [ekɔse].

**ÉCOSYSTÈME, subst. m.**
Ensemble constitué par un milieu naturel et les organismes qui y vivent. 🕮 [ekosistɛm].

**ÉCOT, subst. m.**
Quote-part, contribution à une dépense. 🕮 [eko].

**ÉCOULEMENT, subst. m.**
Fait de s'écouler ; mouvement d'un fluide qui s'écoule. – Vente jusqu'à liquidation d'une marchandise. 🕮 [ekulmɑ̃].

**ÉCOULER, verbe trans. [3]**
Débiter, vendre (une marchandise) jusqu'à liquidation. – Mettre en circulation. – Pronom. Couler hors de, s'évacuer en coulant. – Disparaître progressivement, passer : *Le temps s'écoule.* 🕮 [ekule].

**ÉCOURTER, verbe trans. [3]**
Rendre plus court, en partic. dans le temps. 🕮 [ekuʀte].

**ÉCOUTE (I), subst. f.**
Action d'écouter : *Être à l'écoute.* 🕮 [ekut].

**ÉCOUTE (II), subst. f.**
Cordage fixé au bas d'une voile. 🕮 [ekut].

**ÉCOUTER**, verbe trans. [3]
Prêter l'oreille à. – Prêter attention à, tenir compte de (un avis, un conseil). 🕮 [ekute].

**ÉCOUTEUR**, subst. m.
Élément d'un casque radiophonique, d'un récepteur téléphonique, que l'on place contre son oreille pour écouter. 🕮 [ekutœʀ].

**ÉCOUTILLE**, subst. f.
Ouverture rectangulaire pratiquée dans le pont d'un navire, permettant d'accéder à l'intérieur. 🕮 [ekutij].

**ÉCRAN**, subst. m.
Objet destiné à protéger ou à cacher. – Surface sur laquelle on projette des images. – Le cinéma. 🕮 [ekʀɑ̃].

**ÉCRASANT, ANTE**, adj.
Qui écrase, accable. 🕮 [ekʀazɑ̃, -ɑ̃t].

**ÉCRASEMENT**, subst. m.
Action d'écraser. – Fait d'être écrasé. 🕮 [ekʀazmɑ̃].

**ÉCRASER**, verbe trans. [3]
Déformer, aplatir ou broyer par une forte compression. – Passer sur le corps de, renverser, en parlant d'un véhicule. – Fig. Dominer, vaincre totalement. – Accabler, surcharger. 🕮 [ekʀaze].

**ÉCRÉMER**, verbe trans. [8]
Débarrasser (le lait) de sa crème. – Fig. Sélectionner la meilleure part de (un ensemble). 🕮 [ekʀeme].

**ÉCREVISSE**, subst. f.
Crustacé d'eau douce, qui devient très rouge à la cuisson. 🕮 [ekʀəvis].

**ÉCRIER (S')**, verbe pronom. [6]
Dire en criant, s'exclamer. 🕮 [ekʀije].

**ÉCRIN**, subst. m.
Petite boîte élégante, destinée à recevoir des bijoux, de l'argenterie, etc. 🕮 [ekʀɛ̃].

**ÉCRIRE**, verbe trans. [67]
Tracer, imprimer ou graver (des signes). – Orthographier. – Rédiger. 🕮 [ekʀiʀ].

**ÉCRIT, ITE**, adj. et subst. m.
Adj. Rédigé, composé. – Chargé de signes. – Noté, enregistré. – Subst. Document rédigé. – Ouvrage littéraire. – Épreuve d'examen au cours de laquelle on rédige (oppos. *oral*). 🕮 [ekʀi, -it].

**ÉCRITEAU**, subst. m.
Tableau portant une inscription destinée à l'information du public. 🕮 [ekʀito].

**ÉCRITOIRE**, subst. f.
Coffret ou étui contenant ce qui est nécessaire pour écrire. 🕮 [ekʀitwaʀ].

**ÉCRITURE**, subst. f.
Représentation graphique de la pensée, du langage. – Système graphique. – Manière de former les lettres. – Style rédactionnel. – Plur. Ensemble des livres de comptes, des registres. 🕮 [ekʀityʀ].

**ÉCRIVAIN**, subst. m.
Personne qui rédige des ouvrages littéraires, scientifiques, etc. 🕮 [ekʀivɛ̃].

**ÉCROU (I)**, subst. m.
Petite pièce trouée et filetée afin de recevoir un boulon ou une vis. 🕮 [ekʀu].

**ÉCROU (II)**, subst. m.
Acte administratif par lequel on enregistre un nouveau prisonnier. 🕮 [ekʀu].

**ÉCROUER**, verbe trans. [3]
Emprisonner. 🕮 [ekʀue].

**ÉCROULEMENT**, subst. m.
Action de s'écrouler ; son résultat. – Fig. Anéantissement subit. 🕮 [ekʀulmɑ̃].

**ÉCROULER (S')**, verbe pronom. [3]
Tomber en s'affaissant. – Fig. Tomber en ruine, en décadence ; être anéanti. – Avoir une défaillance brutale. 🕮 [ekʀule].

**ÉCRU, UE**, adj.
Qui n'a pas été traité, en parlant du tissu, du fil. – Beige clair. 🕮 [ekʀy].

**ECTOPLASME**, subst. m.
Apparition fantomatique. – *Biol.* Zone transparente entre la membrane et le noyau de certains protozoaires. 🕮 [ɛktɔplasm].

**ÉCU**, subst. m.
Bouclier des hommes d'armes du Moyen Âge. – Corps du blason, en forme de bouclier. – Ancienne monnaie d'or ou d'argent. 🕮 [eky].

**ÉCUEIL**, subst. m.
Récif ou banc de sable à fleur d'eau. – Fig. Difficulté, obstacle. 🕮 [ekœj].

**ÉCUELLE**, subst. f.
Sorte d'assiette creuse, large et sans rebord. – Son contenu. 🕮 [ekɥɛl].

**ÉCULÉ, ÉE**, adj.
Dont le talon est usé : *Des bottes éculées.* – Fig. Usé, qui a trop servi. 🕮 [ekyle].

**ÉCUME**, subst. f.
Mousse blanchâtre que produit un liquide agité ou en ébullition. – Bave mousseuse. – Sueur du cheval. 🕮 [ekym].

**ÉCUMER**, verbe [3]
Intrans. Former de l'écume. – Fig. Être furieux. – Trans. Ôter l'écume de. – Fig. Piller : **Écumer** *les mers*, y pratiquer la piraterie. 🕮 [ekyme].

**ÉCUMOIRE**, subst. f.
*Cuis.* Ustensile en forme de louche percée de trous, servant à écumer. 🕮 [ekymwaʀ].

**ÉCUREUIL**, subst. m.
Petit rongeur arboricole au pelage roux et à la queue en panache. 🕮 [ekyʀœj].

**ÉCURIE**, subst. f.
Local destiné aux chevaux. – Ensemble des chevaux de course d'un propriétaire ; au fig. : **Écurie** *de coureurs cyclistes.* 🕮 [ekyʀi].

**ÉCUSSON, subst. m.**
Petite pièce d'étoffe cousue sur un uniforme, indiquant l'appartenance à une unité, à une arme, etc. 🕮 [ekysɔ̃].

**ÉCUYER, ÈRE, subst.**
Maître d'équitation. – Personne réalisant des exercices équestres dans un cirque. – Masc. *Hist.* Gentilhomme au service d'un chevalier. 🕮 [ekɥije, -ɛʀ].

**ECZÉMA, subst. m.**
Maladie de la peau. 🕮 [ɛgzema].

**EDELWEISS, subst. m.**
Plante de montagne, couverte d'un duvet cotonneux et blanc. 🕮 [edɛlvɛs].

**ÉDEN, subst. m.**
L'Éden : le paradis terrestre, selon la Bible. – Fig. *Un éden* : lieu paradisiaque. 🕮 [edɛn].

**ÉDENTÉ, ÉE, adj.**
Qui n'a pas ou plus de dents. 🕮 [edɑ̃te].

**ÉDICTER, verbe trans.** [3]
Prescrire par une loi, par un règlement, etc. 🕮 [edikte].

**ÉDICULE, subst. m.**
Petite construction sur la voie publique. 🕮 [edikyl].

**ÉDIFIANT, ANTE, adj.**
Qui porte à la vertu, à la piété. – Instructif. 🕮 [edifjɑ̃, -ɑ̃t].

**ÉDIFICATION, subst. f.**
Action d'édifier. 🕮 [edifikasjɔ̃].

**ÉDIFICE, subst. m.**
Bâtiment de grandes dimensions. – Fig. Important ensemble organisé. 🕮 [edifis].

**ÉDIFIER, verbe trans.** [6]
Bâtir (un édifice, une ville). – Créer, constituer : *Édifier une théorie.* – Fig. Inciter à la vertu, à la piété. – Renseigner sur : *Nous voilà édifiés sur son compte !* 🕮 [edifje].

**ÉDILE, subst. m.**
Magistrat municipal. – *Antiq.* Magistrat romain chargé des services publics. 🕮 [edil].

**ÉDIT, subst. m.**
Loi promulguée par le roi, sous l'Ancien Régime. 🕮 [edi].

**ÉDITER, verbe trans.** [3]
Publier et mettre en vente (une œuvre littéraire, musicale ou artistique). 🕮 [edite].

**ÉDITEUR, TRICE, subst.**
Personne ou société qui édite des ouvrages. 🕮 [editœʀ, -tʀis].

**ÉDITION, subst. f.**
Action d'éditer. – Ensemble des exemplaires d'un ouvrage appartenant au même tirage. – Industrie et commerce du livre. 🕮 [edisjɔ̃].

**ÉDITORIAL, ALE, AUX, adj. et subst. m.**
Adj. De l'édition. – Subst. *Journ.* Article de fond reflétant l'opinion de la direction d'un journal. 🕮 [editɔʀjal].

**ÉDREDON, subst. m.**
Couvre-pied garni de duvet ou de fibre synthétique. 🕮 [edʀədɔ̃].

**ÉDUCATEUR, TRICE, adj. et subst.**
Subst. Personne chargée d'éduquer. – Adj. Qui éduque. 🕮 [edykatœʀ, -tʀis].

**ÉDUCATIF, IVE, adj.**
Relatif à l'éducation. 🕮 [edykatif, -iv].

**ÉDUCATION, subst. f.**
Mise en œuvre des moyens assurant le développement des facultés physiques, morales et intellectuelles d'un être humain ; les connaissances ainsi acquises. – Connaissance des usages de la société. 🕮 [edykasjɔ̃].

**ÉDULCORER, verbe trans.** [3]
Adoucir en ajoutant du sucre. – Fig. Atténuer : *Édulcorer ses propos.* 🕮 [edylkɔʀe].

**ÉDUQUER, verbe trans.** [3]
Former par l'éducation. 🕮 [edyke].

**EFFACEMENT, subst. m.**
Action d'effacer ou de s'effacer. 🕮 [efasmɑ̃].

**EFFACER, verbe trans.** [4]
Faire disparaître (ce qui est écrit, enregistré). – Fig. Faire oublier. – Pronom. Se mettre en retrait. 🕮 [efase].

**EFFAREMENT, subst. m.**
Sentiment d'effroi accompagné de stupeur. 🕮 [efaʀmɑ̃].

**EFFARER, verbe trans.** [3]
Provoquer une grande frayeur mêlée de stupeur chez. 🕮 [efaʀe].

**EFFAROUCHER, verbe trans.** [3]
Effrayer. – Choquer, rendre défiant ; intimider. 🕮 [efaʀuʃe].

**EFFECTIF, IVE, adj. et subst. m.**
Adj. Réel. – Qui a pris effet. – Subst. Nombre des individus constituant un ensemble : *Augmenter l'effectif d'une armée.* 🕮 [efɛktif, -iv].

**EFFECTUER, verbe trans.** [3]
Faire, accomplir. 🕮 [efɛktɥe].

**EFFÉMINÉ, ÉE, adj. et subst. m.**
Qui a des manières féminines. 🕮 [efemine].

**EFFERVESCENCE, subst. f.**
Bouillonnement dû à un dégagement de bulles gazeuses dans un liquide. – Fig. Agitation. 🕮 [efɛʀvesɑ̃s].

**EFFERVESCENT, ENTE, adj.**
Qui est en effervescence ou peut entrer en effervescence. 🕮 [efɛʀvesɑ̃, -ɑ̃t].

**EFFET, subst. m.**
Ce qui résulte d'une cause ; conséquence. – *À cet effet* : à cette fin. – *Sous l'effet de* : sous l'influence de. – Impression produite sur qqn : *Une tenue négligée fait mauvais effet.* – Impression résultant d'un procédé : *Effets spéciaux,* truquages. – Mouvement de rotation imprimé à une bille, à un ballon

pour modifier sa trajectoire normale. – *Phys.* et *biol.* Phénomène particulier : **Effet** *Joule.* – Plur. Vêtements. – Loc. adv. et conj. *En* **effet** : effectivement ; car. 🕮 [efε].

**EFFEUILLER**, verbe trans. [3]
Ôter les feuilles de (une plante). – Détacher les pétales de (une fleur). 🕮 [efœje].

**EFFICACE**, adj.
Qui produit le résultat attendu. 🕮 [efikas].

**EFFICACITÉ**, subst. f.
Qualité de ce qui est efficace, d'une personne efficace. 🕮 [efikasite].

**EFFIGIE**, subst. f.
Représentation d'un personnage, en partic. sur une médaille, une pièce. 🕮 [efiʒi].

**EFFILÉ, ÉE**, adj.
Mince et allongé. – Acéré. 🕮 [efile].

**EFFILOCHER**, verbe trans. [3]
Défaire (un tissu) fil à fil pour le réduire en ouate, en bourre. – Pronom. Se défaire par usure, en parlant d'un tissu. 🕮 [efiloʃe].

**EFFLANQUÉ, ÉE**, adj.
Qui est très maigre. 🕮 [eflɑ̃ke].

**EFFLEURER**, verbe trans. [3]
Toucher légèrement, frôler. – Fig. Examiner superficiellement. 🕮 [eflœʀe].

**EFFLUVE**, subst. m.
Ce qui s'exhale d'un corps, parfum, odeur. 🕮 [eflyv].

**EFFONDREMENT**, subst. m.
Fait de s'effondrer ; son résultat. – Fig. Destruction, déchéance. 🕮 [efɔ̃dʀəmɑ̃].

**EFFONDRER (S')**, verbe pronom. [3]
S'écrouler sous un poids excessif. – Fig. Être anéanti. 🕮 [efɔ̃dʀe].

**EFFORCER (S')**, verbe pronom. [4]
S'efforcer *de* (+ inf.). Mobiliser son énergie, sa volonté pour (atteindre un but) : S'efforcer *d'être clair.* 🕮 [efɔʀse].

**EFFORT**, subst. m.
Mise en œuvre énergique de forces intellectuelles ou physiques pour atteindre un but : *Faire un* **effort** *pour réussir.* 🕮 [efɔʀ].

**EFFRACTION**, subst. f.
Bris de clôture ou de serrure. 🕮 [efʀaksjɔ̃].

**EFFRAYANT, ANTE**, adj.
Qui provoque la frayeur, l'effroi. – Énorme, excessif (fam.). 🕮 [efʀɛjɑ̃, -ɑ̃t].

**EFFRAYER**, verbe trans. [15]
Remplir (qqn) de frayeur, saisir d'effroi. – Pronom. Avoir peur, craindre. 🕮 [efʀeje].

**EFFRÉNÉ, ÉE**, adj.
Qui ne connaît pas de mesure. 🕮 [efʀene].

**EFFRITEMENT**, subst. m.
Fait de s'effriter. 🕮 [efʀitmɑ̃].

**EFFRITER**, verbe trans. [3]
Réduire en petits fragments, en miettes ; désagréger. 🕮 [efʀite].

**EFFROI**, subst. m.
Peur extrême, épouvante. 🕮 [efʀwa].

**EFFRONTÉ, ÉE**, adj. et subst.
Impudent, insolent. 🕮 [efʀɔ̃te].

**EFFRONTERIE**, subst. f.
Impudence, insolence. 🕮 [efʀɔ̃tʀi].

**EFFROYABLE**, adj.
Qui fait naître l'effroi. – Considérable : *Une* effroyable *bêtise.* 🕮 [efʀwajabl].

**EFFUSION**, subst. f.
Effusion *de sang* : action de faire couler le sang, de blesser. – Fig. Action d'épancher vivement un sentiment. 🕮 [efyzjɔ̃].

**ÉGAILLER (S')**, verbe pronom. [3]
Se disperser, s'éparpiller. 🕮 [egaje] ou [egeje].

**ÉGAL, ALE, AUX**, adj. et subst.
Adj. Qui est identique, en qualité, en quantité, en valeur ou en droit. – Qui est constant, régulier. – Indifférent : *Ça m'est* **égal.** – Subst. Personne qui est de même rang et qui jouit des mêmes droits qu'une autre. 🕮 [egal].

**ÉGALER**, verbe trans. [3]
Être égal à. – Parvenir au niveau de, atteindre. 🕮 [egale].

**ÉGALISATION**, subst. f.
Action d'égaliser. – Résultat de cette action. 🕮 [egalizasjɔ̃].

**ÉGALISER**, verbe trans. [3]
Rendre égal. – Aplanir. – Empl. intrans. *Sp.* Revenir à la marque. 🕮 [egalize].

**ÉGALITAIRE**, adj.
Qui tend à l'égalité sociale et politique. 🕮 [egalitɛʀ].

**ÉGALITÉ**, subst. f.
Rapport entre des choses égales. – Régularité, constance. – Fait, pour les hommes, d'être égaux en droits. 🕮 [egalite].

**ÉGARD**, subst. m.
Considération. – Loc. prép. *À l'*égard *de* : en ce qui concerne, vis-à-vis de. – *Eu* égard *à* : en tenant compte de. – Plur. Marques d'attention, d'estime, de respect. 🕮 [egaʀ].

**ÉGAREMENT**, subst. m.
Dérèglement moral. – Écart de conduite. 🕮 [egaʀmɑ̃].

**ÉGARER**, verbe trans. [3]
Détourner du bon chemin, fourvoyer. – Fig. Mettre dans l'erreur. – Perdre momentanément (qqch.). – Pronom. Se tromper. – Se perdre. 🕮 [egaʀe].

**ÉGAYER**, verbe trans. [15]
Rendre gai (qqn). – Rendre plus plaisant, plus gai (qqch.). 🕮 [egeje].

**ÉGÉRIE**, subst. f.
Inspiratrice d'un artiste. – Conseillère d'un homme public. 🕮 [eʒeʀi].

**ÉGIDE, subst. f.**
Sauvegarde, protection (littér.). 🕮 [eʒid].

**ÉGLANTINE, subst. f.**
Fleur rose d'un rosier sauvage (églantier).
🕮 [eglɑ̃tin].

**ÉGLEFIN, subst. m.**
Poisson de mer proche de la morue ; fumé,
il fournit le haddock. 🕮 [egləfɛ̃].

**ÉGLISE, subst. f.**
Communauté de chrétiens adhérant aux
mêmes dogmes. – L'Église : L'Église catholique. – Une église : tout bâtiment où se
réunissent les fidèles d'une Église. 🕮 [egliz].

**EGO, subst. m. inv.**
Philos. Le sujet en tant qu'il est pensant
et conscient. – Psychan. Le moi. 🕮 [ego].

**ÉGOCENTRISME, subst. m.**
Propension à tout faire partir de soi et à
tout ramener à soi. 🕮 [egosɑ̃tʀism̩].

**ÉGOÏSME, subst. m.**
État de celui qui ne se préoccupe que de
lui-même. 🕮 [egoism̩].

**ÉGOÏSTE, adj. et subst.**
Qui fait preuve d'égoisme. 🕮 [egoist].

**ÉGORGER, verbe trans. [5]**
Tuer en tranchant la gorge. 🕮 [egoʀʒe].

**ÉGOSILLER (S'), verbe pronom. [3]**
S'épuiser à crier. 🕮 [egozije].

**ÉGOUT, subst. m.**
Canalisation souterraine par où se font la
collecte et l'évacuation des eaux usées.
🕮 [egu].

**ÉGOUTIER, subst. m.**
Ouvrier chargé de l'entretien des égouts.
🕮 [egutje].

**ÉGOUTTER, verbe trans. [3]**
Débarrasser (qqch.) d'un liquide en laissant ce dernier s'écouler peu à peu.
– Pronom. Perdre son eau goutte à goutte.
🕮 [egute].

**ÉGOUTTOIR, subst. m.**
Ustensile servant à égoutter. 🕮 [egutwaʀ].

**ÉGRATIGNER, verbe trans. [3]**
Entailler légèrement (la peau). – Abîmer
(qqch.) en l'éraflant. – Fig. Railler, blesser
par un trait ironique. 🕮 [egʀatiɲe].

**ÉGRATIGNURE, subst. f.**
Légère écorchure de la peau. – Éraflure. – Fig. Blessure d'amour-propre.
🕮 [egʀatiɲyʀ].

**ÉGRENER, verbe trans. [10]**
Séparer les grains de (un épi, une grappe,
etc.). – Égrener un chapelet : en faire passer
tous les grains entre les doigts, pour
compter les prières. – Pronom. Les minutes
s'égrènent : passent une à une. 🕮 On dit
aussi égrainer ; [egʀəne].

**ÉGRILLARD, ARDE, adj. et subst.**
Qui est grivois, licencieux. 🕮 [egʀijaʀ, -aʀd].

**EH, interj.**
Sert à interpeller : Eh, vous ! – Renforce
l'expression de la surprise, de l'admiration :
Eh bien, quel talent ! 🕮 [*e].

**ÉHONTÉ, ÉE, adj.**
Qui n'a aucune honte. – Qui est scandaleux. 🕮 [eɔ̃te].

**ÉJACULATION, subst. f.**
Émission de sperme. 🕮 [eʒakylasjɔ̃].

**ÉJECTER, verbe trans. [3]**
Projeter au-dehors. 🕮 [eʒɛkte].

**ÉLABORATION, subst. f.**
Production d'une substance dans un organisme vivant. – Transformation que subis-
sent les aliments pour être assimilés par
l'organisme. – Fig. Action d'élaborer par un
travail de réflexion. 🕮 [elabɔʀasjɔ̃].

**ÉLABORER, verbe trans. [3]**
Rendre assimilable par l'organisme. – Fig.
Concevoir, réaliser progressivement, avec
réflexion. 🕮 [elabɔʀe].

**ÉLAGUER, verbe trans. [3]**
Couper des branches de (un arbre). – Fig.
Retrancher (ce qui est superflu). 🕮 [elage].

**ÉLAN (I), subst. m.**
Mouvement par lequel on s'élance. – Fig.
Impulsion, essor. 🕮 [elɑ̃].

**ÉLAN (II), subst. m.**
Grand cerf des pays nordiques. 🕮 [elɑ̃].

**ÉLANCÉ, ÉE, adj.**
Grand et svelte. 🕮 [elɑ̃se].

**ÉLANCER, verbe [4]**
Provoquer une vive douleur intermittente
à. – Pronom. Se précipiter. 🕮 [elɑ̃se].

**ÉLARGIR, verbe trans. [19]**
Rendre plus large, plus vaste. – Fig. Élargir
le débat. 🕮 [elaʀʒiʀ].

**ÉLARGISSEMENT, subst. m.**
Action d'élargir. – Résultat de cette action.
🕮 [elaʀʒismɑ̃].

**ÉLASTICITÉ, subst. f.**
Propriété d'un corps qui peut être étiré et
rétracté, de ce qui retrouve sa forme après
avoir été déformé. – Fig. Souplesse d'esprit,
capacité d'adaptation. 🕮 [elastisite].

**ÉLASTIQUE, adj. et subst. m.**
Adj. Qui a de l'élasticité. – Subst. Ruban
de caoutchouc. 🕮 [elastik].

**ÉLECTEUR, TRICE, subst.**
Personne qui a la capacité de voter aux
élections. 🕮 [elɛktœʀ, -tʀis].

**ÉLECTION, subst. f.**
Choix, désignation d'une ou de plusieurs
personnes au moyen du vote. – Fait d'être
élu. 🕮 [elɛksjɔ̃].

**ÉLECTORAL, ALE, AUX, adj.**
Propre ou relatif aux élections, aux électeurs. 🕮 [elɛktɔʀal].

**ÉLECTORAT, subst. m.**
Ensemble des électeurs. – Capacité de voter.
🔊 [elɛktɔʀa].

**ÉLECTRICIEN, IENNE, subst.**
Artisan qui pose ou répare des appareils, des installations électriques. – Personne qui vend du matériel électrique. – Ingénieur spécialiste de l'électricité. 🔊 [elɛktʀisjɛ̃, -jɛn].

**ÉLECTRICITÉ, subst. f.**
Énergie fournie par le mouvement des électrons. – Cette énergie considérée dans son usage domestique ou industriel ; courant électrique. 🔊 [elɛktʀisite].

**ÉLECTRIFIER, verbe trans. [6]**
Munir d'installations électriques. – Faire fonctionner à l'électricité. 🔊 [elɛktʀifje].

**ÉLECTRIQUE, adj.**
Relatif à l'électricité. – Qui fonctionne à l'électricité ou qui en produit. 🔊 [elɛktʀik].

**ÉLECTRISER, verbe trans. [3]**
Charger d'électricité. – Fig. Insuffler la passion à, exciter. 🔊 [elɛktʀize].

**ÉLECTROCARDIOGRAMME, subst. m.**
Traduction graphique de l'activité électrique du cœur. 🔊 [elɛktʀokaʀdjɔgʀam].

**ÉLECTROCHOC, subst. m.**
*Psych.* Traitement consistant à provoquer des convulsions en faisant passer un courant électrique à travers le cerveau. – Fig. Choc psychologique. 🔊 [elɛktʀoʃɔk].

**ÉLECTROCUTER, verbe trans. [3]**
Tuer par le passage d'un courant électrique dans l'organisme. 🔊 [elɛktʀokyte].

**ÉLECTRODE, subst. f.**
Extrémité de conducteur positif ou négatif d'un courant électrique. 🔊 [elɛktʀod].

**ÉLECTROGÈNE, adj.**
Qui produit de l'électricité. 🔊 [elɛktʀoʒɛn].

**ÉLECTROMÉNAGER, ÈRE, adj. et subst. m.**
Se dit des appareils ménagers fonctionnant à l'électricité. – Subst. Industrie, commerce de ces appareils. 🔊 [elɛktʀomenaʒe, -ɛʀ].

**ÉLECTRON, subst. m.**
Particule constitutive de l'atome chargée d'électricité négative. 🔊 [elɛktʀɔ̃].

**ÉLECTRONIQUE, adj. et subst. f.**
Subst. Science qui étudie les phénomènes où sont mis en jeu des électrons à l'état libre. – Ensemble des techniques dérivées de cette science. – Adj. Qui concerne l'électron ou l'électronique. 🔊 [elɛktʀonik].

**ÉLECTROPHONE, subst. m.**
Appareil électrique qui reproduit des sons enregistrés sur des disques. 🔊 [elɛktʀofon].

**ÉLÉGANCE, subst. f.**
Sobriété et bon goût dans la présentation, les manières. – Courtoisie, tact. 🔊 [elegɑ̃s].

**ÉLÉGANT, ANTE, adj. et subst.**
Adj. Qui a de l'élégance. – Subst. Personne vêtue avec élégance. 🔊 [elegɑ̃, -ɑ̃t].

**ÉLÉGIE, subst. f.**
Poème qui exalte la mélancolie. 🔊 [eleʒi].

**ÉLÉMENT, subst. m.**
Partie constitutive d'un ensemble. – Milieu dans lequel vit un être : *L'eau est l'élément des poissons.* – *Chim.* : corps simple, considéré du point de vue de sa configuration atomique. – *Les quatre éléments* : la terre, l'eau, l'air et le feu. – Plur. Les forces de la nature. – Principes fondamentaux. 🔊 [elemɑ̃].

**ÉLÉMENTAIRE, adj.**
Qualifie les principes de base. – Simple, non composé. 🔊 [elemɑ̃tɛʀ].

**ÉLÉPHANT, subst. m.**
Gros mammifère ongulé d'Afrique ou d'Asie, doté d'une trompe et de défenses. 🔊 [elefɑ̃].

**ÉLEVAGE, subst. m.**
Activité consistant à élever des animaux. – Ensemble des animaux de même espèce élevés dans une exploitation ; cette exploitation : *Un élevage de chevaux.* 🔊 [el(ə)vaʒ].

**ÉLÉVATEUR, TRICE, adj. et subst. m.**
Qui sert à élever (I). 🔊 [elevatœʀ, -tʀis].

**ÉLÉVATION, subst. f.**
Action d'élever (I), de s'élever ; fait d'être élevé. – Terrain élevé, hauteur, éminence. – Fig. Relèvement du niveau social, intellectuel ou moral. 🔊 [elevasjɔ̃].

**ÉLÈVE, subst.**
Personne qui reçoit un enseignement ; écolier, étudiant. 🔊 [elɛv].

**ÉLEVER (I), verbe trans. [10]**
Porter vers le haut. – Construire, ériger, dresser. – Fig. Porter à un niveau supérieur ; augmenter. – Pronom. Prendre de l'altitude, monter. – Augmenter : *La température s'élève.* – Se faire entendre : *Un chant s'élève.* – *S'élever à* : se monter à, atteindre. 🔊 [el(ə)ve].

**ÉLEVER (II), verbe trans. [10]**
Entretenir, éduquer (un enfant). – Veiller à l'entretien, au développement, à la reproduction de (un animal). 🔊 [el(ə)ve].

**ÉLEVEUR, EUSE, subst.**
Personne qui pratique l'élevage : *Un éleveur de chiens.* 🔊 [el(ə)vœʀ, -øz].

**ELFE, subst.**
Génie de la mythologie scandinave. 🔊 [ɛlf].

**ÉLIGIBLE, adj.**
Qui a le droit d'être élu. 🔊 [eliʒibl].

**ÉLIMÉ, ÉE, adj.**
Se dit d'un tissu râpé, usé. 🔊 [elime].

**ÉLIMINATOIRE, adj. et subst. f.**
Adj. Qui élimine. – Subst. *Sp.* Épreuve préalable de sélection (gén. au plur.). 🔊 [eliminatwaʀ].

**ÉLIMINER,** verbe trans. [3]
Exclure, écarter, après un choix ou une sélection. – Supprimer. – Tuer. 🔊 [elimine].

**ÉLIRE,** verbe trans. [66]
Donner la préférence à. – Choisir par vote. 🔊 [eliʀ].

**ÉLISION,** subst. f.
Suppression de la voyelle finale d'un mot, lorsque le mot suivant commence par une voyelle ou un *h* muet. 🔊 [elizjɔ̃].

**ÉLITE,** subst. f.
Petit groupe de personnes considérées comme supérieures, comme les meilleures d'une communauté. 🔊 [elit].

**ÉLIXIR,** subst. m.
Sirop médicamenteux à base d'alcool. – Philtre magique. 🔊 [eliksiʀ].

**ELLE, ELLES,** pron. pers. f.
Représente la 3ᵉ personne du singulier ou du pluriel : Elle *vient* ; Elles *vont*. 🔊 [ɛl].

**ELLIPSE,** subst. f.
*Géom.* Courbe plane fermée. – *Ling.* Raccourci qui consiste à omettre un ou plusieurs mots, qui sont sous-entendus. 🔊 [elips].

**ELLIPTIQUE,** adj.
*Géom.* Qui a la forme d'une ellipse. – *Ling.* Qui comporte une ellipse. 🔊 [eliptik].

**ÉLOCUTION,** subst. f.
Manière de parler, d'articuler les mots. 🔊 [elɔkysjɔ̃].

**ÉLOGE,** subst. m.
Propos, écrit qui célèbre les louanges de qqn, de qqch. 🔊 [elɔʒ].

**ÉLOGIEUX, IEUSE,** adj.
Qui comporte des éloges. 🔊 [elɔʒjø, -jøz].

**ÉLOIGNEMENT,** subst. m.
Action d'éloigner, de s'éloigner. – Fait d'être éloigné. – Distance qui sépare deux choses, deux lieux. 🔊 [elwaɲmɑ̃].

**ÉLOIGNER,** verbe trans. [3]
Mettre loin ou plus loin. – Fig. Détacher ; détourner. – Pronom. S'écarter ; devenir lointain. 🔊 [elwaɲe].

**ÉLONGATION,** subst. f.
Étirement accidentel d'un muscle, d'un ligament. 🔊 [elɔ̃gasjɔ̃].

**ÉLOQUENCE,** subst. f.
Talent de persuader, d'émouvoir en parlant. – Caractère de ce qui est éloquent, significatif, expressif. 🔊 [elɔkɑ̃s].

**ÉLU, UE,** adj. et subst.
Vainqueur d'une élection. – Que le cœur a choisi. 🔊 [ely].

**ÉLUCIDER,** verbe trans. [3]
Expliquer, rendre clair. 🔊 [elyside].

**ÉLUCUBRATION,** subst. f.
Œuvre ou théorie laborieuse et incohérente ; divagation. 🔊 [elykybʀasjɔ̃].

**ÉLUDER,** verbe trans. [3]
Éviter avec adresse. 🔊 [elyde].

**ÉLYTRE,** subst. m.
Aile antérieure dure de certains insectes, servant d'étui protecteur. 🔊 [elitʀ].

**ÉMACIÉ, ÉE,** adj.
Extrêmement amaigri. 🔊 [emasje].

**ÉMAIL, AUX,** subst. m.
Sorte de vernis dur et inaltérable. – Substance qui recouvre l'ivoire des dents. – Objet en émail, recouvert d'émail. – *Hérald.* Couleur du blason. 🔊 [emaj].

**ÉMAILLER,** verbe trans. [3]
Recouvrir d'émail. – Fig. Parsemer (un texte, un discours) d'ornements. 🔊 [emaje].

**ÉMANATION,** subst. f.
Action d'émaner. – Ce qui émane de qqch., de qqn : *Des* émanations *de gaz,* l'odeur qui s'en dégage. 🔊 [emanasjɔ̃].

**ÉMANCIPER,** verbe trans. [3]
Rendre majeur avant l'âge. – Fig. Libérer d'une dépendance. 🔊 [emɑ̃sipe].

**ÉMANER,** verbe intrans. [3]
S'exhaler, se dégager (de). – Fig. Découler (de), avoir pour origine. 🔊 [emane].

**ÉMARGER,** verbe trans. [5]
Trans. dir. Rogner la marge de. – Signer pour attestation. – Trans. indir. Émarger *à* : recevoir (le traitement affecté à un emploi). 🔊 [emaʀʒe].

**ÉMASCULER,** verbe trans. [3]
Priver (un mâle) de ses organes génitaux. 🔊 [emaskyle].

**EMBALLAGE,** subst. m.
Action d'emballer. – Ce qui sert à emballer (caisse, carton, sac, flacon...). 🔊 [ɑ̃balaʒ].

**EMBALLEMENT,** subst. m.
Fait de s'emballer, pour un cheval, un moteur. – Fig. Enthousiasme. 🔊 [ɑ̃balmɑ̃].

**EMBALLER,** verbe trans. [3]
Mettre sous emballage, empaqueter. – Pronom. S'emporter, en parlant d'un cheval, d'un moteur. – Fig. Se laisser emporter par l'enthousiasme, la colère, etc. 🔊 [ɑ̃bale].

**EMBARCADÈRE,** subst. m.
Quai, jetée d'embarquement. 🔊 [ɑ̃baʀkadɛʀ].

**EMBARCATION,** subst. f.
Petit bateau, frêle esquif. 🔊 [ɑ̃baʀkasjɔ̃].

**EMBARDÉE,** subst. f.
Brutal et bref écart que fait un véhicule. 🔊 [ɑ̃baʀde].

**EMBARGO,** subst. m.
Mesure visant à interdire l'exportation ou la libre circulation d'un objet. 🔊 [ɑ̃baʀgo].

**EMBARQUEMENT,** subst. m.
Action d'embarquer, de s'embarquer : *L'*embarquement *des passagers.* 🔊 [ɑ̃baʀkəmɑ̃].

**EMBARQUER,** verbe [3]
Trans. Faire monter, charger à bord d'un
bateau, d'un véhicule. – Fig. Entraîner dans
une affaire risquée (fam.). – Intrans. et
pronom. Monter à bord. 🔊 [ɑ̃baʀke].

**EMBARRAS,** subst. m.
Obstacle qui gêne une action, la réalisation
de qqch. – Situation difficile, gênante.
– Trouble, malaise. 🔊 [ɑ̃baʀa].

**EMBARRASSER,** verbe trans. [3]
Encombrer. – Mettre dans l'embarras, dans
une position gênante. – Pronom. Se soucier
(de). 🔊 [ɑ̃baʀase].

**EMBAUCHE,** subst. f.
Action d'embaucher. – Possibilité de travail : Il y a de l'embauche. 🔊 [ɑ̃boʃ].

**EMBAUCHER,** verbe trans. [3]
Engager (qqn) pour un emploi. – Mettre
(qqn) à contribution (fam.). 🔊 [ɑ̃boʃe].

**EMBAUMER,** verbe [3]
Trans. Traiter (un cadavre) pour le conser-
ver. – Parfumer agréablement. – Intrans.
Sentir bon. 🔊 [ɑ̃bome].

**EMBELLIE,** subst. f.
Amélioration du temps. – Fig. Amélioration
momentanée d'une situation. 🔊 [ɑ̃beli].

**EMBELLIR,** verbe [19]
Rendre ou devenir plus beau. 🔊 [ɑ̃beliʀ].

**EMBÊTER,** verbe trans. [3]
Fam. Ennuyer ou agacer. – Causer un
embêtement, une contrariété à. 🔊 [ɑ̃bete].

**EMBLÉE (D'),** loc. adv.
Aussitôt, du premier coup. 🔊 [dɑ̃ble].

**EMBLÈME,** subst. m.
Figure symbolique, gén. associée à une
devise. – Objet symbolisant un concept.
🔊 [ɑ̃blɛm].

**EMBOBINER,** verbe trans. [3]
Enrouler autour d'une bobine. – Fig.
Tromper en séduisant (fam.). 🔊 [ɑ̃bɔbine].

**EMBOÎTER,** verbe trans. [3]
Ajuster, faire entrer (un élément) dans un
autre. – Emboîter le pas à qqn : le suivre
de près. 🔊 [ɑ̃bwate].

**EMBOLIE,** subst. f.
Méd. Obstruction soudaine d'un vaisseau
sanguin par un corps étranger. 🔊 [ɑ̃bɔli].

**EMBONPOINT,** subst. m.
État d'un corps bien en chair. 🔊 [ɑ̃bɔ̃pwɛ̃].

**EMBOUCHURE,** subst. f.
Endroit où un fleuve se jette dans la mer.
– Bout d'un instrument à vent que l'on
porte à la bouche. 🔊 [ɑ̃buʃyʀ].

**EMBOURBER,** verbe trans. [3]
Enfoncer (qqch.) dans la boue. – Pronom. S'enfoncer dans la boue. – Fig.
S'empêtrer dans une situation très pénible.
🔊 [ɑ̃buʀbe].

**EMBOURGEOISER (S'),** verbe
pronom. [3]
Acquérir les caractéristiques de la bourgeoisie. 🔊 [ɑ̃buʀʒwaze].

**EMBOUT,** subst. m.
Garniture placée au bout d'une canne, d'un
parapluie, etc. – Élément situé au bout
d'une pièce, permettant de l'assembler à
une autre. 🔊 [ɑ̃bu].

**EMBOUTEILLAGE,** subst. m.
Mise en bouteilles. – Encombrement d'une
voie de circulation. 🔊 [ɑ̃butɛjaʒ].

**EMBOUTEILLER,** verbe trans. [3]
Mettre en bouteilles. – Créer un embouteillage dans. 🔊 [ɑ̃buteje].

**EMBOUTIR,** verbe trans. [19]
Mettre en forme (une pièce de métal)
en la comprimant ou en la martelant.
– Endommager par un choc ; défoncer.
🔊 [ɑ̃butiʀ].

**EMBRANCHEMENT,** subst. m.
Ramification ; point de jonction de plusieurs voies. – Chacune des divisions
principales des règnes animal et végétal.
🔊 [ɑ̃bʀɑ̃ʃmɑ̃].

**EMBRASER,** verbe trans. [3]
Mettre le feu à. – Illuminer de lueurs
rouges. – Fig. Emplir d'une passion ardente.
🔊 [ɑ̃bʀaze].

**EMBRASSADE,** subst. f.
Action de deux personnes qui s'embrassent.
🔊 [ɑ̃bʀasad].

**EMBRASSER,** verbe trans. [3]
Prendre et serrer dans ses bras. – Donner
des baisers à. – Saisir par la vue, par la
pensée dans toute son étendue. – Fig.
Adopter, choisir (une cause). 🔊 [ɑ̃bʀase].

**EMBRASURE,** subst. f.
Ouverture pratiquée dans l'épaisseur d'un
mur pour recevoir une fenêtre, une porte.
🔊 [ɑ̃bʀazyʀ].

**EMBRAYAGE,** subst. m.
Action d'embrayer. – Mécanisme permettant d'embrayer. 🔊 [ɑ̃bʀɛjaʒ].

**EMBRAYER,** verbe intrans. [15]
Mettre une pièce, un mécanisme en
communication avec le moteur qui doit
l'entraîner. 🔊 [ɑ̃bʀeje].

**EMBRIGADER,** verbe trans. [3]
Enrôler dans une formation politique, une
association. 🔊 [ɑ̃bʀigade].

**EMBROCHER,** verbe trans. [3]
Enfiler sur une broche. – Transpercer (qqn)
avec une arme blanche. 🔊 [ɑ̃bʀɔʃe].

**EMBROUILLER,** verbe trans. [3]
Emmêler. – Fig. Rendre confus. 🔊 [ɑ̃bʀuje].

**EMBRUN,** subst. m.
Fine pluie d'eau de mer arrachée aux vagues
par le vent (gén. au plur.). 🔊 [ɑ̃bʀœ̃].

**EMBRYON**, subst. m.
Œuf fécondé, organisme dans les premiers stades de son développement. – Fig. Germe d'une création, d'une situation. 🔊 [ãbʀijɔ̃].

**EMBÛCHE**, subst. f.
Difficulté, obstacle. 🔊 [ãbyʃ].

**EMBUER**, verbe trans. [3]
Couvrir de buée. – *Des yeux embués de larmes* : voilés par les larmes. 🔊 [ãbɥe].

**EMBUSCADE**, subst. f.
Stratagème consistant à se cacher pour attaquer l'adversaire par surprise. 🔊 [ãbyskad].

**EMBUSQUER (S')**, verbe pronom. [3]
Se mettre en embuscade. – Se faire affecter loin des combats, à l'abri du danger, pour un soldat. 🔊 [ãbyske].

**ÉMÉCHÉ, ÉE**, adj.
Un peu ivre. 🔊 [emeʃe].

**ÉMERAUDE**, subst. f.
Pierre précieuse verte. – Empl. adj. inv. De la couleur de l'**émeraude**. 🔊 [em(ə)ʀod].

**ÉMERGENCE**, subst. f.
Fait d'apparaître à la surface. – Fig. Émergence *d'une idée, d'un fait.* 🔊 [emɛʀʒãs].

**ÉMERGER**, verbe intrans. [5]
Sortir d'un milieu liquide dans lequel on était plongé ; apparaître à la surface. – Fig. Apparaître, se manifester. – Sortir du sommeil ou d'une situation difficile (fam.). 🔊 [emɛʀʒe].

**ÉMÉRITE**, adj.
D'une compétence rare. 🔊 [emeʀit].

**ÉMERVEILLER**, verbe trans. [3]
Éveiller une admiration et un étonnement très vifs chez (qqn). 🔊 [emɛʀveje].

**ÉMETTEUR, TRICE**, adj. et subst. m.
Adj. Qui émet. – Subst. Dispositif, appareil qui émet des signaux électromagnétiques porteurs de messages. 🔊 [emetœʀ, -tʀis].

**ÉMETTRE**, verbe trans. [60]
Produire hors de soi, par rayonnement. – Faire entendre ; formuler : **Émettre** *un souhait.* – Mettre en circulation (de l'argent). – Transmettre (des messages) sur les ondes. 🔊 [emɛtʀ].

**ÉMEUTE**, subst. f.
Soulèvement populaire. 🔊 [emøt].

**ÉMIETTER**, verbe trans. [3]
Transformer en miettes ; morceler. – Fig. Disperser, éparpiller : **Émietter** *ses efforts.* 🔊 [emjete].

**ÉMIGRATION**, subst. f.
Action d'émigrer. – L'ensemble des émigrés. 🔊 [emigʀasjɔ̃].

**ÉMIGRÉ, ÉE**, adj. et subst.
Qui s'est expatrié. 🔊 [emigʀe].

**ÉMIGRER**, verbe intrans. [3]
Partir s'installer à l'étranger. – Zool. Migrer. 🔊 [emigʀe].

**ÉMINCÉ**, adj. et subst. m.
Adj. Finement coupé. – Subst. Mets à base d'aliments ainsi tranchés. 🔊 [emɛ̃se].

**ÉMINENCE**, subst. f.
Élévation de terrain, monticule. – Anat. Protubérance. – Titre d'honneur d'un cardinal. 🔊 [eminãs].

**ÉMINENT, ENTE**, adj.
Qui est au-dessus du niveau commun ; distingué, remarquable. 🔊 [eminã, -ãt].

**ÉMIR**, subst. m.
Prince, gouverneur, dans certains pays musulmans. 🔊 [emiʀ].

**ÉMIRAT**, subst. m.
Dignité d'émir. – État gouverné par un émir. 🔊 [emiʀa].

**ÉMISSAIRE**, subst. m.
Personne envoyée pour accomplir une mission plus ou moins secrète. 🔊 [emisɛʀ].

**ÉMISSION**, subst. f.
Action d'émettre ; son résultat. – Unité d'un programme de radio, de télévision. 🔊 [emisjɔ̃].

**EMMAGASINER**, verbe trans. [3]
Mettre en réserve, stocker. – Faire provision de, accumuler. 🔊 [ãmagazine].

**EMMAILLOTER**, verbe trans. [3]
Enrouler (un bébé) dans un lange (veilli). – Envelopper complètement dans une pièce de tissu. 🔊 [ãmajote].

**EMMANCHER**, verbe trans. [3]
Fixer à un manche. 🔊 [ãmãʃe].

**EMMANCHURE**, subst. f.
Ouverture faite dans un vêtement pour y coudre une manche ou pour laisser passer le bras. 🔊 [ãmãʃyʀ].

**EMMÊLER**, verbe trans. [3]
Mêler ensemble, en enchevêtrant. – Fig. Rendre confus. 🔊 [ãmele].

**EMMÉNAGEMENT**, subst. m.
Action d'emménager. 🔊 [ãmenaʒmã].

**EMMÉNAGER**, verbe intrans. [5]
S'installer dans une nouvelle demeure. 🔊 [ãmenaʒe].

**EMMENER**, verbe trans. [10]
Mener (qqn) avec soi d'un lieu à un autre. 🔊 [ãm(ə)ne].

**EMMITOUFLER**, verbe trans. [3]
Couvrir chaudement, entièrement. – Pronom. S'emmitoufler *dans un gros manteau.* 🔊 [ãmitufle].

**EMMURER**, verbe trans. [3]
Enfermer en murant. – Enfermer en bloquant les issues. 🔊 [ãmyʀe].

**ÉMOI**, subst. m.
Trouble affectif ou sensuel. – Agitation. 🔊 [emwa].

**ÉMOLUMENTS**, subst. m. plur.
Revenus variables d'un officier ministériel. – Salaire, traitement. 🔊 [emɔlymã].

**ÉMONDER, verbe trans.** [3]
Couper les branches inutiles de (un arbre).
– Ôter l'enveloppe de (certaines graines).
📢 [emɔ̃de].

**ÉMOTIF, IVE, adj. et subst.**
Qui éprouve facilement des émotions.
– Adj. Relatif à l'émotion. 📢 [emɔtif, -iv].

**ÉMOTION, subst. f.**
Trouble, agitation passagère causée par un
sentiment intense. 📢 [emosjɔ̃].

**ÉMOTIVITÉ, subst. f.**
Caractère d'une personne émotive, sensibilité. 📢 [emɔtivite].

**ÉMOULU, UE, adj.**
*Frais émoulu* : récemment sorti (d'une
école). 📢 [emuly].

**ÉMOUSSER, verbe trans.** [3]
Rendre moins tranchant, moins pointu.
– Fig. Atténuer. 📢 [emuse].

**ÉMOUSTILLER, verbe trans.** [3]
Porter à la gaieté ; mettre de bonne
humeur. – Exciter le désir de. 📢 [emustije].

**ÉMOUVANT, ANTE, adj.**
Qui émeut. 📢 [emuvɑ̃, -ɑ̃t].

**ÉMOUVOIR, verbe trans.** [49]
Agir sur la sensibilité de ; troubler, atten-
drir. – Pronom. Être touché, troublé.
– S'inquiéter. 📢 [emuvwaʀ].

**EMPAILLÉ, ÉE, adj.**
Garni de paille : *Chaise* empaillée. – Na-
turalisé, en parlant d'un animal mort que
l'on veut conserver. 📢 [ɑ̃paje].

**EMPALER, verbe trans.** [3]
Transpercer d'un pal, d'un pieu. – Pronom.
Tomber sur une pointe qui s'enfonce dans
le corps. 📢 [ɑ̃pale].

**EMPAQUETER, verbe trans.** [14]
Emballer pour faire un paquet.
📢 [ɑ̃pak(ə)te].

**EMPARER (S'), verbe pronom.** [3]
Prendre par la force ou indûment : *L'armée
s'est emparée du pouvoir.* – Saisir vivement. – Fig. *Un fou rire s'est emparé de
moi.* 📢 [ɑ̃paʀe].

**EMPÂTER, verbe trans.** [3]
Enduire de pâte. – Rendre pâteux. – Bouffir,
gonfler, épaissir. – Pronom. S'épaissir ;
grossir. 📢 [ɑ̃pate].

**EMPÊCHEMENT, subst. m.**
Ce qui empêche une action. 📢 [ɑ̃pɛʃmɑ̃].

**EMPÊCHER, verbe trans.** [3]
Entraver, faire obstacle à ; rendre impossible. – Pronom. *S'empêcher de* : s'abstenir,
se retenir de. 📢 [ɑ̃peʃe].

**EMPEREUR, subst. m.**
Chef souverain d'un empire. 📢 [ɑ̃pʀœʀ].

**EMPESÉ, ÉE, adj.**
Amidonné. – Fig. Raide, affecté. 📢 [ɑ̃pəze].

**EMPESTER, verbe** [3]
Trans. Répandre une odeur infecte dans.
– Intrans. Sentir mauvais. 📢 [ɑ̃pɛste].

**EMPÊTRER (S'), verbe pronom.** [3]
S'empêtrer *dans* : se prendre les pieds dans,
s'entraver dans, être gêné dans ses mouvements par. – S'embrouiller. 📢 [ɑ̃petʀe].

**EMPHASE, subst. f.**
Exagération, pédantisme de parole, de
comportement. 📢 [ɑ̃fɑz].

**EMPIÉTER, verbe trans. indir.** [8]
Empiéter *sur*. Déborder sur. – Usurper,
s'arroger partiellement. 📢 [ɑ̃pjete].

**EMPILER, verbe trans.** [3]
Mettre en pile ; entasser. 📢 [ɑ̃pile].

**EMPIRE, subst. m.**
Régime dans lequel l'autorité politique est
détenue par un empereur. – État soumis
à l'autorité d'un empereur. – Ensemble
d'États, de territoires soumis à un gouvernement unique. – Autorité, ascendant
moral. – *Sous l'empire de la colère* : sous
son influence. 📢 [ɑ̃piʀ].

**EMPIRER, verbe intrans.** [3]
Devenir pire, se dégrader. 📢 [ɑ̃piʀe].

**EMPIRIQUE, adj.**
Fondé sur la seule expérience. 📢 [ɑ̃piʀik].

**EMPLACEMENT, subst. m.**
Place destinée à recevoir qqch., ou occupée
par qqch. 📢 [ɑ̃plasmɑ̃].

**EMPLÂTRE, subst. m.**
*Pharm.* Substance gélatineuse qui adhère
sur la partie du corps à soigner. – Personne
sans énergie, incapable (fam.). 📢 [ɑ̃platʀ].

**EMPLETTE, subst. f.**
Achat d'objets courants. – La marchandise
achetée. 📢 [ɑ̃plɛt].

**EMPLOI, subst. m.**
Action et manière d'employer qqch. ; fonction, destination : *Mode* d'emploi, notice
d'utilisation ; Emploi *du temps*, organisation dans le temps des occupations.
– Travail rémunéré, charge. 📢 [ɑ̃plwa].

**EMPLOYÉ, ÉE, subst.**
Personne qui travaille sous les ordres de qqn
d'autre, moyennant salaire. 📢 [ɑ̃plwaje].

**EMPLOYER, verbe trans.** [17]
Se servir de, utiliser. – Fournir une activité
rémunérée à (qqn). – Pronom. S'employer
*à* : s'appliquer à. 📢 [ɑ̃plwaje].

**EMPLOYEUR, EUSE, subst.**
Personne qui emploie un ou plusieurs
salariés. 📢 [ɑ̃plwajœʀ, -øz].

**EMPOCHER, verbe trans.** [3]
Mettre dans sa poche. – Toucher, percevoir
(de l'argent). 📢 [ɑ̃pɔʃe].

**EMPOIGNADE, subst. f.**
Vif affrontement, physique ou verbal.
📢 [ɑ̃pwaɲad].

**EMPOIGNER,** verbe trans. [3]
Saisir fermement avec le poing. – Fig. Émouvoir fortement. – Pronom. Se battre ; se quereller. ▧ [ãpwaɲe].

**EMPOISONNEMENT,** subst. m.
Action d'empoisonner. – Intoxication. ▧ [ãpwazɔnmã].

**EMPOISONNER,** verbe trans. [3]
Provoquer la mort de ou intoxiquer avec du poison. – Mettre du poison dans, sur. – Empuantir. – Ennuyer, agacer (fam.). ▧ [ãpwazɔne].

**EMPORTEMENT,** subst. m.
Violent accès de colère. ▧ [ãpɔʀtəmã].

**EMPORTE-PIÈCE,** subst. m.
Outil servant à découper des pièces par pression sur une surface. – Loc. adj. À l'emporte-pièce : mordant, incisif. ▧ Plur. emporte-pièce(s) ; [ãpɔʀt(ə)pjɛs].

**EMPORTER,** verbe trans. [3]
Porter avec soi d'un lieu dans un autre. – Arracher ; entraîner dans son mouvement. – L'emporter sur : prendre l'avantage sur. – Pronom. Se mettre en colère. ▧ [ãpɔʀte].

**EMPOTÉ, ÉE,** adj. et subst.
Qui est lent et gauche (fam.). ▧ [ãpɔte].

**EMPOURPRER,** verbe trans. [3]
Teinter de pourpre, de rouge. ▧ [ãpuʀpʀe].

**EMPREINT, EINTE,** adj.
Marqué : Un visage empreint de chagrin. ▧ [ãpʀɛ̃, -ɛ̃t].

**EMPREINTE,** subst. f.
Marque en creux ou en relief laissée par pression sur une surface. – Fig. Marque distinctive ou durable. ▧ [ãpʀɛ̃t].

**EMPRESSEMENT,** subst. m.
Ardeur, zèle. – Hâte. ▧ [ãpʀɛsmã].

**EMPRESSER (S'),** verbe pronom. [3]
S'empresser auprès de qqn : déployer du zèle pour lui plaire ou le servir. – S'empresser de : se hâter de. ▧ [ãpʀese].

**EMPRISE,** subst. f.
Influence, domination (morale et intellectuelle). ▧ [ãpʀiz].

**EMPRISONNEMENT,** subst. m.
Action d'emprisonner. – Peine de prison. ▧ [ãpʀizɔnmã].

**EMPRISONNER,** verbe trans. [3]
Mettre en prison. – Tenir enfermé, à l'étroit. ▧ [ãpʀizɔne].

**EMPRUNT,** subst. m.
Action d'emprunter ; ce qui est emprunté. – Loc. adj. D'emprunt : qui n'appartient pas en propre. ▧ [ãpʀœ̃].

**EMPRUNTÉ, ÉE,** adj.
Qui manque d'aisance, de naturel : Avoir un air emprunté. ▧ [ãpʀœ̃te].

**EMPRUNTER,** verbe trans. [3]
Se faire prêter (qqch.). – Prendre (qqch.) à qqn et le faire sien ; imiter. – Emprunter une route : la suivre. ▧ [ãpʀœ̃te].

**ÉMU, UE,** adj.
Qui éprouve ou témoigne de l'émotion. ▧ [emy].

**ÉMULATION,** subst. f.
Sentiment qui porte à être l'émule de qqn. ▧ [emylasjɔ̃].

**ÉMULE,** subst.
Personne qui cherche à en égaler ou à en surpasser une autre. ▧ [emyl].

**ÉMULSION,** subst. f.
Chim. Interpénétration par agitation de deux liquides qui ne peuvent pas se mélanger. ▧ [emylsjɔ̃].

**EN,** prép., pron. et adv.
Prép. Introduit un complément de lieu, de temps, de manière, d'état, etc. : Habiter en France ; Être en colère. – Pron. Représente un antécédent exprimé ou sous-entendu : C'est ma valise, j'en possède la clef. – Adv. De là : J'en sors. ▧ [ã].

**ENCADREMENT,** subst. m.
Action d'encadrer. – Ce qui encadre. ▧ [ãkadʀəmã].

**ENCADRER,** verbe trans. [3]
Garnir d'un cadre. – Entourer à la manière d'un cadre. – Flanquer. – Assurer un rôle de direction, d'organisation, de contrôle auprès de (qqn). – Placer (qqn) sous la responsabilité de cadres. ▧ [ãkadʀe].

**ENCAISSER,** verbe trans. [3]
Percevoir (de l'argent). – Resserrer (un lieu) en bordant de près. – Fig. Recevoir (des coups) ; supporter (fam.). ▧ [ãkese].

**ENCART,** subst. m.
Feuille volante que l'on insère dans une publication. ▧ [ãkaʀ].

**EN-CAS,** subst. m. inv.
Léger repas préparé en cas de besoin. ▧ On écrit aussi encas ; [ãka].

**ENCASTRER,** verbe trans. [3]
Introduire dans une cavité aux dimensions ajustées ; emboîter. ▧ [ãkastʀe].

**ENCAUSTIQUE,** subst. f.
Mélange de cire et d'essence de térébenthine utilisé pour entretenir et faire briller le bois. ▧ [ãkostik].

**ENCEINTE (I),** subst. f.
Ce qui entoure un espace et en défend l'accès ; rempart. – Dans l'enceinte de : à l'intérieur de. – Élément qui, dans une chaîne haute fidélité, contient les haut-parleurs. ▧ [ãsɛ̃t].

**ENCEINTE (II),** adj. f.
Se dit d'une femme qui attend un enfant. ▧ [ãsɛ̃t].

**ENCENS**, subst. m.
Résine qui, en brûlant, répand un arôme pénétrant. 🔊 [ãsã].

**ENCENSER**, verbe trans. [3]
Brûler de l'encens en faveur de. – Fig. Flatter avec excès. 🔊 [ãsãse].

**ENCÉPHALE**, subst. m.
Ensemble des centres nerveux contenus dans la boîte crânienne. 🔊 [ãsefal].

**ENCERCLER**, verbe trans. [3]
Entourer d'un cercle. – Fig. Cerner, investir, entourer de toutes parts. 🔊 [ãsɛRkle].

**ENCHAÎNEMENT**, subst. m.
Action d'enchaîner ; son résultat. – Succession. 🔊 [ãʃɛnmã].

**ENCHAÎNER**, verbe trans. [3]
Attacher avec une chaîne. – Fig. Assujettir. – Lier, poursuivre selon un processus logique : Enchaîner des phrases. 🔊 [ãʃene].

**ENCHANTEMENT**, subst. m.
Action d'enchanter ; son résultat. – Ce qui enchante. 🔊 [ãʃãtmã].

**ENCHANTER**, verbe trans. [3]
Soumettre à un sortilège. – Combler, ravir. 🔊 [ãʃãte].

**ENCHANTEUR, ERESSE**, adj. et subst.
Adj. Qui enchante, qui charme. – Subst. Magicien. 🔊 [ãʃãtœR, -Rɛs].

**ENCHÂSSER**, verbe trans. [3]
Placer dans une châsse. – Fixer dans un support ; sertir. 🔊 [ãʃase].

**ENCHÈRE**, subst. f.
Offre d'un prix d'achat supérieur à ceux des offres précédentes. 🔊 [ãʃɛR].

**ENCHEVÊTRER**, verbe trans. [3]
Entremêler, embrouiller. 🔊 [ãʃ(ə)vetRe].

**ENCLAVE**, subst. f.
Terrain ou territoire entouré de tous côtés par un autre. 🔊 [ãklav].

**ENCLENCHER**, verbe trans. [3]
Mettre en position de marche (un mécanisme). – Fig. Faire démarrer, mettre en action ; commencer. 🔊 [ãklãʃe].

**ENCLIN, INE**, adj.
Enclin à : porté, prédisposé à. 🔊 [ãklɛ̃, -in].

**ENCLOS**, subst. m.
Surface entourée par une clôture. – Cette clôture. 🔊 [ãklo].

**ENCLUME**, subst. f.
Masse métallique sur laquelle on martèle des métaux. 🔊 [ãklym].

**ENCOCHE**, subst. f.
Petite entaille. 🔊 [ãkɔʃ].

**ENCOIGNURE**, subst. f.
Angle intérieur où se rencontrent deux murs. 🔊 [ãkɔɲyR].

**ENCOLURE**, subst. f.
Partie du corps du cheval comprise entre la tête, le garrot et le poitrail. – Mesure du tour de cou. – Partie du vêtement qui entoure le cou. 🔊 [ãkɔlyR].

**ENCOMBRE (SANS)**, loc. adv.
Sans rencontrer d'obstacle. 🔊 [sãzãkɔ̃bR].

**ENCOMBREMENT**, subst. m.
Action d'encombrer ; état de ce qui est encombré. – Volume qu'occupe un objet. – Embouteillage. 🔊 [ãkɔ̃bRəmã].

**ENCOMBRER**, verbe trans. [3]
Embarrasser, obstruer par une quantité ou un volume excessif. 🔊 [ãkɔ̃bRe].

**ENCONTRE DE (À L')**, loc. prép.
Aller à l'encontre de qqch. : s'y opposer. 🔊 [alãkɔ̃tR(ə)də].

**ENCORBELLEMENT**, subst. m.
Construction en saillie sur un mur : Balcon en encorbellement. 🔊 [ãkɔRbɛlmã].

**ENCORDER (S')**, verbe pronom. [3]
S'attacher, se relier à une même corde, en parlant des alpinistes. 🔊 [ãkɔRde].

**ENCORE**, adv.
Toujours : Il est encore là. – De nouveau : Essaie encore une fois. – Renforce un comparatif : Il pleut encore plus fort. – Encore que : quoique, bien que. 🔊 [ãkɔR].

**ENCOURAGEMENT**, subst. m.
Action d'encourager. – Acte ou parole qui encourage. 🔊 [ãkuRaʒmã].

**ENCOURAGER**, verbe trans. [5]
Donner du courage à. – Pousser à agir ; inciter. – Favoriser : Encourager les arts. 🔊 [ãkuRaʒe].

**ENCOURIR**, verbe trans. [25]
S'exposer à (un châtiment). 🔊 [ãkuRiR].

**ENCRASSER**, verbe trans. [3]
Couvrir de crasse. 🔊 [ãkRase].

**ENCRE**, subst. f.
Substance liquide colorée utilisée pour écrire, dessiner ou imprimer. 🔊 [ãkR].

**ENCRIER**, subst. m.
Petit récipient destiné à contenir de l'encre. 🔊 [ãkRije].

**ENCYCLIQUE**, subst. f.
Lettre du pape aux évêques, intéressant l'ensemble de l'Église. 🔊 [ãsiklik].

**ENCYCLOPÉDIE**, subst. f.
Ouvrage qui expose les connaissances humaines dans leur ensemble ou dans un domaine particulier. 🔊 [ãsiklɔpedi].

**ENDÉMIQUE**, adj.
Qui sévit en permanence dans un pays, un milieu : Famine endémique. 🔊 [ãdemik].

**ENDETTER**, verbe trans. [3]
Charger de dettes. 🔊 [ãdete].

**ENDEUILLER**, verbe trans. [3]
Plonger dans le deuil, dans la tristesse, en parlant d'un décès. 🔊 [ãdœje].

**ENDIABLÉ, ÉE, adj.**
D'une vivacité extrême. 🕮 [ãdjable].

**ENDIGUER, verbe trans.** [3]
Contenir (des eaux) par des digues. – Fig.
Endiguer *une révolte*. 🕮 [ãdige].

**ENDIMANCHÉ, ÉE, adj.**
Habillé comme pour un dimanche, de façon plus soignée que d'habitude.
🕮 [ãdimãʃe].

**ENDIVE, subst. f.**
Bourgeon hypertrophié d'une variété de chicorée, consommé comme légume.
🕮 [ãdiv].

**ENDOCTRINER, verbe trans.** [3]
Faire la leçon à (qqn), chercher à lui faire adopter une doctrine. 🕮 [ãdɔktRine].

**ENDOLORI, IE, adj.**
Douloureux, meurtri. 🕮 [ãdɔlɔRi].

**ENDOMMAGER, verbe trans.** [5]
Causer des dommages à ; détériorer, abîmer. 🕮 [ãdɔmaʒe].

**ENDORMIR, verbe trans.** [29]
Faire dormir. – Calmer (une douleur).
– Ennuyer profondément. – Pronom.
Commencer à dormir. – Ralentir son activité ; perdre sa vigilance. 🕮 [ãdɔRmiR].

**ENDOSSER, verbe trans.** [3]
Mettre (un vêtement) sur son dos.
– Assumer la responsabilité de. – Inscrire au dos de (une traite, un chèque) l'ordre de les payer. 🕮 [ãdose].

**ENDROIT, subst. m.**
Lieu, portion définie d'un espace. – Côté sous lequel une chose à deux faces se présente habituellement, ou doit se présenter, à la vue : *À l'endroit*, du bon côté, dans le bon sens. – Loc. prép. *À l'endroit de* : à l'égard de (littér.). 🕮 [ãdRwa].

**ENDUIRE, verbe trans.** [69]
Recouvrir d'enduit. 🕮 [ãdɥiR].

**ENDUIT, subst. m.**
Couche de matière liquide ou pâteuse dont on recouvre certains objets pour les protéger ou les préparer à un usage. 🕮 [ãdɥi].

**ENDURANCE, subst. f.**
Capacité de résister à la fatigue, à la souffrance, aux épreuves physiques ou morales.
🕮 [ãdyRãs].

**ENDURCIR, verbe trans.** [19]
Rendre plus dur, plus résistant aux souffrances physiques ou morales. 🕮 [ãdyRsiR].

**ENDURER, verbe trans.** [3]
Supporter en faisant preuve de résistance (une douleur, une épreuve). 🕮 [ãdyRe].

**EN EFFET, loc. adv. et loc. conj.**
Loc. adv. Souligne une affirmation : **En effet**, *vous avez raison*, assurément. – Loc. conj. Introduit une explication : *Ce chien est très méchant :* **en effet**, *il m'a mordu*.
🕮 [ãnefɛ].

**ÉNERGÉTIQUE, adj.**
Relatif à l'énergie. 🕮 [enɛRʒetik].

**ÉNERGIE, subst. f.**
Principe d'action, force qui permet d'agir ou de réagir, puissance : *Combattre avec énergie*, avec vigueur. – *Phys.* Grandeur exprimant l'aptitude d'un corps, d'un système à accomplir un travail, à élever une température, etc. 🕮 [enɛRʒi].

**ÉNERGUMÈNE, subst.**
Personne agitée, bruyante, au comportement excessif. 🕮 [enɛRgymɛn].

**ÉNERVEMENT, subst. m.**
État d'une personne énervée. 🕮 [enɛRvəmã].

**ÉNERVER, verbe trans.** [3]
Rendre nerveux. – Pronom. S'impatienter, perdre son sang-froid. 🕮 [enɛRve].

**ENFANCE, subst. f.**
Période de la vie qui va de la naissance à l'adolescence. – Les enfants. – Fig. Le commencement, le début. 🕮 [ãfãs].

**ENFANT, subst.**
Garçon ou fille qui se trouve dans l'âge de l'enfance. – Fils ou fille. 🕮 [ãfã].

**ENFANTER, verbe trans.** [3]
Mettre au monde (un enfant). – Fig.
Donner le jour à ; provoquer. 🕮 [ãfãte].

**ENFANTILLAGE, subst. m.**
Manières, comportement enfantin. – Chose futile. 🕮 [ãfãtijaʒ].

**ENFANTIN, INE, adj.**
Qui se rapporte à l'enfance. – Aisé, élémentaire. 🕮 [ãfãtɛ̃, -in].

**ENFER, subst. m.**
*Relig.* Lieu de souffrance éternelle réservé aux pécheurs non repentis. – Fig. Tout ce qui rend la vie insupportable. 🕮 [ãfɛR].

**ENFERMER, verbe trans.** [3]
Placer et maintenir en un lieu clos.
– Mettre en lieu sûr. – Enclore, enserrer.
🕮 [ãfɛRme].

**ENFERRER (S'), verbe pronom.** [3]
Se prendre à ses propres pièges, mensonges ou erreurs. 🕮 [ãfere].

**ENFILADE, subst. f.**
Série d'éléments disposés les uns à la suite des autres. 🕮 [ãfilad].

**ENFILER, verbe trans.** [3]
Faire passer (un fil ou un objet filiforme) à travers qqch. – S'engager dans (une voie d'accès). – Mettre (un vêtement).
🕮 [ãfile].

**ENFIN, adv.**
Finalement, en dernier lieu : *Il rentra* **enfin** *à l'hôtel*. – Renforce l'expression d'un sentiment : **Enfin** *seuls !* 🕮 [ãfɛ̃].

**ENFLAMMER, verbe trans.** [3]
Mettre en flammes. – Affecter d'une inflammation. – Fig. Exalter. 🕮 [ãflame].

**ENFLER**, verbe [3]
Trans. Augmenter le volume de. – Intrans.
Augmenter anormalement de volume.
– Fig. S'amplifier. 🔊 [ɑ̃fle].

**ENFLURE**, subst. f.
État de ce qui est enflé ; gonflement. – Fig.
Emphase, exagération. 🔊 [ɑ̃flyʀ].

**ENFONCER**, verbe trans. [4]
Faire pénétrer profondément. – Faire céder ; briser. – Vaincre. – Pronom. Aller vers
le fond ; s'enliser ; couler. 🔊 [ɑ̃fɔ̃se].

**ENFOUIR**, verbe trans. [19]
Mettre en terre, sous terre. – Faire disparaître sous, dans ; cacher. 🔊 [ɑ̃fwiʀ].

**ENFOURCHER**, verbe trans. [3]
S'asseoir à califourchon sur : Enfourcher
un âne, une bicyclette. 🔊 [ɑ̃fuʀʃe].

**ENFOURNER**, verbe trans. [3]
Introduire dans un four. – Avaler glouton-
nement (fam.). 🔊 [ɑ̃fuʀne].

**ENFREINDRE**, verbe trans. [53]
Ne pas observer, ne pas respecter (une loi,
une règle, une convention). 🔊 [ɑ̃fʀɛ̃dʀ].

**ENFUIR (S')**, verbe pronom. [32]
Fuir ; quitter un lieu avec précipitation.
– Fig. Disparaître, se dissiper. 🔊 [ɑ̃fɥiʀ].

**ENFUMER**, verbe trans. [3]
Remplir (un lieu) de fumée. 🔊 [ɑ̃fyme].

**ENGAGEANT, ANTE**, adj.
Qui invite, attire. 🔊 [ɑ̃ɡaʒɑ̃, -ɑ̃t].

**ENGAGEMENT**, subst. m.
Action d'engager, de s'engager ; son résul-
tat : Tenir ses engagements. – Milit.
Combat bref et localisé. 🔊 [ɑ̃ɡaʒmɑ̃].

**ENGAGER**, verbe trans. [5]
Mettre, donner en gage. – Lier par une
promesse, une convention. – Embaucher ;
enrôler. – Faire pénétrer, introduire :
Engager la clef dans la serrure. – Entamer,
commencer, mettre en train. – Entraîner,
faire entrer (dans une entreprise, une situation) : Engager le pays dans une politique
de rigueur. – Inviter, exhorter. – Pronom.
S'engager à : promettre que. – Contracter
un engagement militaire ou professionnel.
– Commencer, débuter : Le débat s'engage.
– Prendre publiquement position sur des
problèmes politiques ou sociaux : Un artiste
qui s'engage. 🔊 [ɑ̃ɡaʒe].

**ENGEANCE**, subst. f.
Catégorie de gens méprisables. 🔊 [ɑ̃ʒɑ̃s].

**ENGELURE**, subst. f.
Lésion inflammatoire de la peau causée par
le froid. 🔊 [ɑ̃ʒ(ə)lyʀ].

**ENGENDRER**, verbe trans. [3]
Concevoir (un enfant). – Fig. Produire,
occasionner. 🔊 [ɑ̃ʒɑ̃dʀe].

**ENGIN**, subst. m.
Machine, véhicule, instrument destiné à
remplir une fonction. 🔊 [ɑ̃ʒɛ̃].

**ENGLOBER**, verbe trans. [3]
Rassembler en un tout, inclure. 🔊 [ɑ̃ɡlɔbe].

**ENGLOUTIR**, verbe trans. [19]
Avaler d'un trait, goulûment. – Provoquer
la disparition totale de (qqch.) : Engloutir
une fortune au jeu. 🔊 [ɑ̃ɡlutiʀ].

**ENGONCER**, verbe trans. [4]
Donner à (qqn) l'air d'avoir le cou enfoncé
dans les épaules, en parlant d'un vêtement.
🔊 [ɑ̃ɡɔ̃se].

**ENGORGER**, verbe trans. [5]
Obstruer (un conduit), par une accumulation de matière. – Saturer. 🔊 [ɑ̃ɡɔʀʒe].

**ENGOUEMENT**, subst. m.
Enthousiasme vif et soudain. 🔊 [ɑ̃ɡumɑ̃].

**ENGOUFFRER**, verbe trans. [3]
Engloutir (la nourriture). – Pronom. Pénétrer avec force ou en hâte (dans).
🔊 [ɑ̃ɡufʀe].

**ENGOURDIR**, verbe trans. [19]
Rendre raide, insensible (le corps, un
membre) : Le froid engourdit. 🔊 [ɑ̃ɡuʀdiʀ].

**ENGRAIS**, subst. m.
Produit que l'on mêle à la terre pour la
rendre plus fertile. 🔊 [ɑ̃ɡʀɛ].

**ENGRAISSER**, verbe [3]
Trans. Rendre gras (un animal). – Intrans.
et pronom. Devenir gras, gros. 🔊 [ɑ̃ɡʀese].

**ENGRANGER**, verbe trans. [5]
Mettre en réserve dans une grange. – Fig.
Engranger des informations. 🔊 [ɑ̃ɡʀɑ̃ʒe].

**ENGRENAGE**, subst. m.
Dispositif constitué de roues dentées qui,
en s'emboîtant l'une dans l'autre, se
transmettent un mouvement rotatif. – Fig.
Enchaînement de circonstances dont on ne
peut se dégager. 🔊 [ɑ̃ɡʀənaʒ].

**ENHARDIR (S')**, verbe pronom. [19]
Prendre de l'assurance. 🔊 [ɑ̃aʀdiʀ].

**ÉNIGMATIQUE**, adj.
Qui constitue ou contient une énigme ;
obscur. – Étrange, mystérieux : Un individu
énigmatique. 🔊 [enigmatik].

**ÉNIGME**, subst. f.
Jeu consistant à deviner la chose qui se
cache derrière un énoncé obscur. – Tout
ce qui est difficile à comprendre, à résoudre.
🔊 [eniɡm].

**ENIVRER**, verbe trans. [3]
Rendre ivre. – Fig. Exalter. 🔊 [ɑ̃nivʀe].

**ENJAMBÉE**, subst. f.
Action d'enjamber. – Extension maximale
des jambes dans un pas. 🔊 [ɑ̃ʒɑ̃be].

**ENJAMBER**, verbe trans. [3]
Passer la jambe par-dessus (un obstacle)
pour le franchir. – Franchir en prenant
appui de chaque côté de : Le pont enjambe
la vallée. 🔊 [ɑ̃ʒɑ̃be].

**ENJEU, EUX,** subst. m.
Mise que l'on engage dans un jeu et qui revient au gagnant. – Ce que l'on peut perdre ou gagner dans une compétition, une entreprise. 🕮 [ɑ̃ʒø].

**ENJÔLER,** verbe trans. [3]
Amadouer, appâter par des paroles flatteuses, des promesses. 🕮 [ɑ̃ʒole].

**ENJOLIVER,** verbe trans. [3]
Rendre plus joli en parant d'éléments agréables ou d'artifices. 🕮 [ɑ̃ʒɔlive].

**ENJOLIVEUR,** subst. m.
Plaque circulaire qui cache les moyeux des roues d'une automobile. 🕮 [ɑ̃ʒɔlivœʀ].

**ENJOUÉ, ÉE,** adj.
Gai, amène, jovial. 🕮 [ɑ̃ʒwe].

**ENLACER,** verbe trans. [4]
Entrecroiser ; faire passer une chose autour d'une autre. – S'enrouler étroitement autour de : *Une glycine* **enlace** *la grille du jardin.* – Prendre, serrer fortement dans ses bras ; étreindre. 🕮 [ɑ̃lase].

**ENLAIDIR,** verbe [19]
Trans. Rendre laid. – Intrans. Devenir laid. 🕮 [ɑ̃lediʀ].

**ENLÈVEMENT,** subst. m.
Action d'enlever. – Rapt. 🕮 [ɑ̃lɛvmɑ̃].

**ENLEVER,** verbe trans. [10]
Porter en soulevant. – Déplacer. – Ôter, retirer. – Supprimer, faire disparaître : **Enlever** *une tache de graisse.* – Prendre de force ; kidnapper. – **Enlever** *un morceau de musique* : l'exécuter avec brio. 🕮 [ɑ̃l(ə)ve].

**ENLISER,** verbe trans. [3]
Engager dans du sable mouvant, embourber. – Fig. Bloquer tout progrès de. – Pronom. *S'enliser dans des complications.* 🕮 [ɑ̃lize].

**ENLUMINURE,** subst. f.
Art d'illustrer et de décorer des manuscrits, des livres par des lettrines peintes, des miniatures, etc. – Décoration ainsi réalisée. 🕮 [ɑ̃lyminyʀ].

**ENNEIGEMENT,** subst. m.
État d'un lieu couvert de neige. – Épaisseur de la neige. 🕮 [ɑ̃nɛʒmɑ̃].

**ENNEMI, IE,** adj. et subst.
Se dit d'une personne qui hait qqn ou qui cherche à lui nuire. – Adversaire ; personne, nation, armée que l'on combat. – *Être l'*ennemi *de qqch.* : s'y opposer. 🕮 [en(ə)mi].

**ENNUI,** subst. m.
Apathie, impression de vide due à l'absence d'intérêt ou d'occupation. – Contrariété, problème. 🕮 [ɑ̃nɥi].

**ENNUYER,** verbe trans. [16]
Plonger dans l'ennui, lasser. – Causer des ennuis à, contrarier. 🕮 [ɑ̃nɥije].

**ÉNONCÉ,** subst. m.
Action d'énoncer (oralement ou par écrit). – Ce que l'on énonce. 🕮 [enɔ̃se].

**ÉNONCER,** verbe trans. [4]
Exprimer (sa pensée), formuler. 🕮 [enɔ̃se].

**ENORGUEILLIR,** verbe trans. [19]
Rendre orgueilleux. – Pronom. Tirer orgueil (de). 🕮 [ɑ̃nɔʀgœjiʀ].

**ÉNORME,** adj.
Qui excède la norme, très grand, très gros. – Fig. Extraordinaire (fam.). 🕮 [enɔʀm].

**ÉNORMÉMENT,** adv.
Considérablement. 🕮 [enɔʀmemɑ̃].

**ÉNORMITÉ,** subst. f.
Caractère de ce qui est énorme. – Propos extravagant (fam.). 🕮 [enɔʀmite].

**ENQUÉRIR (S'),** verbe pronom. [33]
S'enquérir *de* : demander des nouvelles de, se renseigner sur. 🕮 [ɑ̃keʀiʀ].

**ENQUÊTE,** subst. f.
Ensemble des recherches visant à recueillir des témoignages, des documents, afin d'élucider une question, de faire une étude. 🕮 [ɑ̃kɛt].

**ENQUÊTER,** verbe intrans. [3]
Mener une enquête. 🕮 [ɑ̃kete].

**ENRACINER,** verbe trans. [3]
Faire prendre racine à. – Fig. Fixer profondément dans l'esprit, le cœur. 🕮 [ɑ̃ʀasine].

**ENRAGÉ, ÉE,** adj.
Qui est atteint de la rage : *Bête* **enragée**. – Fig. Plein d'ardeur, passionné. – Furieux, violent, acharné. 🕮 [ɑ̃ʀaʒe].

**ENRAGER,** verbe intrans. [5]
Ressentir un dépit amer ; être furieux. – *Faire* **enrager** *qqn* : le mettre en colère. 🕮 [ɑ̃ʀaʒe].

**ENRAYER,** verbe trans. [15]
Juguler, freiner l'évolution de. – Pronom. *Son fusil s'*est enrayé : son mécanisme s'est bloqué accidentellement. 🕮 [ɑ̃ʀeje].

**ENREGISTRER,** verbe trans. [3]
Inscrire (un acte) sur un registre officiel pour l'authentifier. – Consigner par écrit. – Prendre note de (un dépôt). – Fixer dans sa mémoire. – Fixer, grâce à un instrument (un son, une image qui pourront être reproduits). 🕮 [ɑ̃ʀ(ə)ʒistʀe].

**ENRHUMER,** verbe trans. [3]
Causer un rhume à. – Pronom. Contracter un rhume. 🕮 [ɑ̃ʀyme].

**ENRICHIR,** verbe trans. [19]
Rendre riche, plus riche. – Augmenter l'intérêt, la valeur de (qqch.) en y ajoutant des éléments ; embellir. 🕮 [ɑ̃ʀiʃiʀ].

**ENROBER,** verbe trans. [3]
Entourer, recouvrir d'une couche de matière qui protège ou qui améliore le goût. – Fig. Envelopper pour atténuer, diminuer. 🕮 [ɑ̃ʀɔbe].

**ENRÔLER,** verbe trans. [3]
Recruter (qqn) dans l'armée. – Faire entrer dans un parti, dans un groupe. 🔊 [ɑ̄Role].

**ENROUÉ, ÉE,** adj.
*Voix* enrouée : rauque, éraillée. 🔊 [ɑ̄Rwe].

**ENROULER,** verbe trans. [3]
Rouler (une chose) sur elle-même ou autour d'une autre. 🔊 [ɑ̄Rule].

**ENRUBANNÉ, ÉE,** adj.
Orné de rubans. 🔊 [ɑ̄Rybane].

**ENSABLER,** verbe trans. [3]
Couvrir, remplir de sable. – Engager dans le sable (un bateau, une voiture, etc.). – Pronom. S'enfoncer, s'échouer dans le sable. – Se combler, s'engorger de sable. 🔊 [ɑ̄sable].

**ENSANGLANTER,** verbe trans. [3]
Couvrir, tacher de sang. – Souiller en faisant couler le sang : *De nombreux meurtres* **ont ensanglanté** *le règne de ce prince.* 🔊 [ɑ̄sɑ̄glɑ̄te].

**ENSEIGNANT, ANTE,** subst.
Personne dont la profession consiste à enseigner. 🔊 [ɑ̄sɛɲɑ̄, -ɑ̄t].

**ENSEIGNE,** subst.
Fém. Étendard (littér.). – Emblème d'un établissement commercial, public. – Masc. **Enseigne** *de vaisseau* : officier de marine de grade équivalent à ceux de sous-lieutenant ou de lieutenant. 🔊 [ɑ̄sɛɲ].

**ENSEIGNEMENT,** subst. m.
Action, art de transmettre des connaissances. – Les connaissances transmises. – Précepte, leçon tirée des faits, de l'expérience. – L'ensemble des institutions qui dispensent les connaissances ; le métier d'enseignant. 🔊 [ɑ̄sɛɲ(ə)mɑ̄].

**ENSEIGNER,** verbe trans. [3]
Dispenser (un enseignement). 🔊 [ɑ̄seɲe].

**ENSEMBLE,** adv. et subst. m.
Adv. L'un avec l'autre, les uns avec les autres : *Allons-y* ensemble. – En même temps : *Ne parlez donc pas tous* ensemble. – Subst. Groupement d'éléments possédant une certaine unité. – Unité harmonieuse. – Vêtement composé de plusieurs pièces assorties. – *L'ensemble de* : la totalité de. – *Vue d'ensemble* : vue générale. 🔊 [ɑ̄sɑ̄bl].

**ENSEMENCER,** verbe trans. [4]
Semer des graines dans (la terre). – Introduire des germes microbiens dans (un milieu, un bouillon de culture). 🔊 [ɑ̄s(ə)mɑ̄se].

**ENSERRER,** verbe trans. [3]
Entourer étroitement. 🔊 [ɑ̄seRe].

**ENSEVELIR,** verbe trans. [19]
Enterrer (un cadavre). – Faire disparaître sous un amoncellement. – Fig. Dissimuler, cacher. 🔊 [ɑ̄səv(ə)liR].

**ENSOLEILLÉ, ÉE,** adj.
Exposé à la lumière solaire. 🔊 [ɑ̄sɔleje].

**ENSOMMEILLÉ, ÉE,** adj.
Somnolent, mal réveillé. 🔊 [ɑ̄sɔmeje].

**ENSORCELER,** verbe trans. [12]
Jeter un sort à. – Fig. Séduire. 🔊 [ɑ̄sɔRsəle].

**ENSUITE,** adv.
Puis, après : *Fais ceci et* ensuite *cela.* – Plus loin, derrière. 🔊 [ɑ̄sɥit].

**ENSUIVRE (S'),** verbe pronom. [62]
Résulter, découler. 🔊 Verbe défectif ; [ɑ̄sɥivR].

**ENTACHER,** verbe trans. [3]
Ternir, compromettre. 🔊 [ɑ̄taʃe].

**ENTAILLE,** subst. f.
Coupure qui enlève une partie de la matière. – Blessure, incision profonde causée par un instrument tranchant. 🔊 [ɑ̄taj].

**ENTAILLER,** verbe trans. [3]
Faire une entaille à. 🔊 [ɑ̄taje].

**ENTAMER,** verbe trans. [3]
Enlever le premier morceau de (qqch.). – Entailler, couper, blesser ; éroder, attaquer. – Fig. Porter atteinte à. – Entreprendre, commencer. 🔊 [ɑ̄tame].

**ENTARTRER,** verbe trans. [3]
Recouvrir de tartre. 🔊 [ɑ̄taRtRe].

**ENTASSER,** verbe trans. [3]
Mettre en tas. – Réunir en nombre, tasser dans un espace étroit. – Fig. Accumuler, multiplier. 🔊 [ɑ̄tase].

**ENTENDEMENT,** subst. m.
Faculté de comprendre. – Bon sens, jugement. 🔊 [ɑ̄tɑ̄dmɑ̄].

**ENTENDRE,** verbe trans. [51]
Percevoir par l'ouïe. – Écouter attentivement : **Entendre** *un témoin.* – Connaître : *S'y* **entendre** *en.* – Comprendre, interpréter : *Que faut-il* **entendre** *là ?* – Vouloir, être résolu à : *Il* **entend** *être obéi.* – Pronom. Sympathiser. – Tomber d'accord. – *S'y* **entendre** : s'y connaître, être compétent (en) ; *Cela s'*entend : cela va de soi. 🔊 [ɑ̄tɑ̄dR].

**ENTENDU, UE,** adj.
Qui manifeste une connivence : *Regards* entendus. – Convenu, décidé : *Une affaire* entendue. – Loc. adv. *Bien* entendu : bien sûr. 🔊 [ɑ̄tɑ̄dy].

**ENTENTE,** subst. f.
Situation de personnes, de partis qui s'entendent ; harmonie, accord. 🔊 [ɑ̄tɑ̄t].

**ENTÉRINER,** verbe trans. [3]
Ratifier (un acte) de manière à le valider. – Admettre la valeur, la justesse de. 🔊 [ɑ̄teRine].

**ENTERREMENT,** subst. m.
Action d'enterrer. – Cérémonie funèbre qui accompagne la mise en terre. 🔊 [ɑ̄tɛRmɑ̄].

**ENTERRER,** verbe trans. [3]
Mettre (un cadavre) en terre. – Enfouir (qqch.) sous terre, sous un amoncellement. – Fig. Renoncer définitivement à. 🔊 [ɑ̄teRe].

**EN-TÊTE**, subst. m.
Brève inscription placée en haut d'une feuille, identifiant l'expéditeur. 🔊 Plur. *en-têtes* ; [ɑ̃tɛt].

**ENTÊTEMENT**, subst. m.
Action de s'entêter, opiniâtreté. 🔊 [ɑ̃tɛtmɑ̃].

**ENTÊTER**, verbe trans. [3]
Porter à la tête de, griser, étourdir. – Pronom. S'obstiner. 🔊 [ɑ̃tete].

**ENTHOUSIASME**, subst. m.
Admiration passionnée. – Excitation mêlée d'allégresse ; ardeur joyeuse. 🔊 [ɑ̃tuzjasm̩].

**ENTHOUSIASMER**, verbe trans. [3]
Remplir d'enthousiasme. – Pronom. *S'enthousiasmer de, pour qqch.* 🔊 [ɑ̃tuzjasme].

**ENTICHER (S')**, verbe pronom. [3]
Éprouver une vive passion, souvent irraisonnée et passagère, pour. 🔊 [ɑ̃tiʃe].

**ENTIER, IÈRE**, adj. et subst. m.
*Math.* Se dit d'un nombre sans fraction décimale. – Adj. Auquel il ne manque rien, complet. – Intact : *Cheval* **entier**, non castré. – Qui n'accepte pas la compromission ; catégorique, tranchant. – Loc. adv. *En entier* : dans sa totalité. 🔊 [ɑ̃tje. -jɛʀ].

**ENTITÉ**, subst. f.
Réalité abstraite, qui n'est constituée que par une opération de l'esprit. 🔊 [ɑ̃tite].

**ENTOMOLOGIE**, subst. f.
Science qui étudie les insectes. 🔊 [ɑ̃tɔmɔlɔʒi].

**ENTONNER**, verbe trans. [3]
Commencer à chanter. 🔊 [ɑ̃tɔne].

**ENTONNOIR**, subst. m.
Ustensile en forme de cône prolongé par un tube, servant à transvaser des liquides. – Cavité qui va en se rétrécissant ; cratère. 🔊 [ɑ̃tɔnwaʀ].

**ENTORSE**, subst. f.
Distorsion ou élongation des ligaments d'une articulation. – Fig. *Faire une* **entorse** *au règlement* : le transgresser. 🔊 [ɑ̃tɔʀs].

**ENTORTILLER**, verbe trans. [3]
Enrouler, envelopper en tortillant. – Fig. Tromper, abuser. 🔊 [ɑ̃tɔʀtije].

**ENTOURAGE**, subst. m.
Ce qui entoure ; bordure. – Fig. *L'entourage de qqn* : ses proches. 🔊 [ɑ̃tuʀaʒ].

**ENTOURER**, verbe trans. [3]
Disposer, ou être disposé, autour de ; encercler. – Fig. Se montrer attentif, bienveillant envers (qqn). 🔊 [ɑ̃tuʀe].

**ENTRACTE**, subst. m.
Interruption ménagée entre les parties d'un spectacle. – Fig. Pause, répit. 🔊 [ɑ̃tʀakt].

**ENTRAIDE**, subst. f.
Aide mutuelle. 🔊 [ɑ̃tʀɛd].

**ENTRAIDER (S')**, verbe pronom. [3]
S'aider mutuellement. 🔊 [ɑ̃tʀede].

**ENTRAILLES**, subst. f. plur.
Viscères et boyaux. – Le ventre de la mère. – Fig. La partie la plus profonde de qqch. 🔊 [ɑ̃tʀaj].

**ENTRAIN**, subst. m.
Vivacité, gaieté, ardeur communicative. 🔊 [ɑ̃tʀɛ̃].

**ENTRAÎNEMENT**, subst. m.
Action d'entraîner. – Préparation par des exercices (à une compétition, au combat, etc.). 🔊 [ɑ̃tʀɛnmɑ̃].

**ENTRAÎNER**, verbe trans. [3]
Traîner avec soi, derrière soi ; emmener à sa suite. – Pousser, décider (qqn) à faire qqch. – Actionner, communiquer un mouvement à. – Provoquer, être cause de. – Préparer par des exercices à (un sport, un combat, etc.). 🔊 [ɑ̃tʀene].

**ENTRAVE**, subst. f.
Attache que l'on met aux jambes d'un animal pour gêner sa marche. – Fig. Obstacle. 🔊 [ɑ̃tʀav].

**ENTRAVER**, verbe trans. [3]
Mettre des entraves à. – Fig. Gêner les mouvements de ; mettre des obstacles à. 🔊 [ɑ̃tʀave].

**ENTRE**, prép.
Dans l'espace qui sépare (des choses, des lieux, des personnes). – Dans le temps qui sépare (deux mouvements, deux faits, etc.). – Dans un état intermédiaire. – Parmi. – Exprime un rapport de réciprocité ou de comparaison. 🔊 [ɑ̃tʀ].

**ENTREBÂILLER**, verbe trans. [3]
Ouvrir à peine. 🔊 [ɑ̃tʀəbaje].

**ENTRECHOQUER**, verbe trans. [3]
Heurter l'un contre l'autre. – Pronom. Se heurter réciproquement. 🔊 [ɑ̃tʀəʃɔke].

**ENTRECOUPER**, verbe trans. [3]
Interrompre par intervalles. 🔊 [ɑ̃tʀəkupe].

**ENTRECROISER**, verbe trans. [3]
Croiser (des éléments entre eux) à plusieurs reprises. 🔊 [ɑ̃tʀəkʀwaze].

**ENTRÉE**, subst. f.
Action d'entrer. – Accès à qqch. : *Billet d'*entrée. – Admission : *Concours d'*entrée *à une grande école.* – Commencement : *Entrée en fonction.* – Endroit par lequel on entre. – Vestibule. – Mets servi avant le plat principal. 🔊 [ɑ̃tʀe].

**ENTREFAITES (SUR CES)**, loc. adv.
À ce moment-là. 🔊 [syʀsezɑ̃tʀəfɛt].

**ENTREFILET**, subst. m.
*Journ.* Court article. 🔊 [ɑ̃tʀəfilɛ].

**ENTRELACER**, verbe trans. [4]
Enlacer (plusieurs choses) entre elles. 🔊 [ɑ̃tʀəlase].

**ENTREMÊLER**, verbe trans. [3]
Mêler (plusieurs choses). – Entrecouper. 🔊 [ɑ̃tʀəmele].

**ENTREMETS**, subst. m.
Mets sucré servi aujourd'hui après le fromage. 📖 [ɑ̃tʀəmɛ].

**ENTREMISE**, subst. f.
Par l'entremise de : par l'intermédiaire de. 📖 [ɑ̃tʀəmiz].

**ENTREPOSER**, verbe trans. [3]
Stocker dans un entrepôt. – Mettre en dépôt, confier provisoirement. 📖 [ɑ̃tʀəpoze].

**ENTREPÔT**, subst. m.
Lieu, bâtiment destiné au stockage provisoire de marchandises. 📖 [ɑ̃tʀəpo].

**ENTREPRENANT, ANTE**, adj.
Qui n'hésite pas à s'engager, à agir. – Hardi auprès d'une personne appartenant au sexe opposé. 📖 [ɑ̃tʀəpʀənɑ̃, -ɑ̃t].

**ENTREPRENDRE**, verbe trans. [52]
Se mettre à faire (qqch.). – Entreprendre qqn : chercher à le convaincre. 📖 [ɑ̃tʀəpʀɑ̃dʀ].

**ENTREPRENEUR, EUSE**, subst.
Chef d'entreprise, en gén. dans le bâtiment et les travaux publics. 📖 [ɑ̃tʀəpʀənœʀ, -øz].

**ENTREPRISE**, subst. f.
Ce que l'on entreprend. – Mise en œuvre d'un projet ou d'une action. – Unité économique de production (de biens ou de services). 📖 [ɑ̃tʀəpʀiz].

**ENTRER**, verbe [3]
Intrans. Entrer dans. Aller du dehors au dedans de ; pénétrer dans. – Se mettre dans (un état, une situation, etc.) : Entrer dans la carrière militaire. – Commencer à faire partie de (un ensemble, une communauté, etc.) : Entrer dans un parti politique. – Commencer à participer, à prendre part à : Entrer dans une affaire. – Être au début de : Entrer dans la vieillesse. – Commencer à éprouver. – Commencer à étudier, à traiter (un sujet). – Être compris dans : Cela entre dans vos attributions ; Les ingrédients qui entrent dans cette recette. – Trans. Faire pénétrer, introduire : Entrer des données dans un ordinateur. 📖 [ɑ̃tʀe].

**ENTRESOL**, subst. m.
Étage se trouvant entre le rez-de-chaussée et le premier étage. 📖 [ɑ̃tʀəsɔl].

**ENTRE-TEMPS**, loc. adv.
Dans cet intervalle de temps. 📖 [ɑ̃tʀətɑ̃].

**ENTRETENIR (I)**, verbe trans. [22]
Maintenir dans le même état. – Conserver en bon état. – Entretenir qqn : assurer sa subsistance. 📖 [ɑ̃tʀət(ə)niʀ].

**ENTRETENIR (II)**, verbe trans. [22]
Parler à (qqn) de qqch. – Pronom. S'entretenir avec qqn. 📖 [ɑ̃tʀət(ə)niʀ].

**ENTRETIEN (I)**, subst. m.
Action d'entretenir qqch. : Produits d'entretien, produits ménagers. 📖 [ɑ̃tʀətjɛ̃].

**ENTRETIEN (II)**, subst. m.
Échange de propos. 📖 [ɑ̃tʀətjɛ̃].

**ENTRE-TUER (S')**, verbe pronom. [3]
Se tuer l'un l'autre, les uns les autres. 📖 On écrit aussi entretuer ; [ɑ̃tʀətɥe].

**ENTREVOIR**, verbe trans. [36]
Voir très vite, sans bien distinguer. – Fig. Avoir l'intuition de. 📖 [ɑ̃tʀəvwaʀ].

**ENTREVUE**, subst. f.
Rencontre concertée. 📖 [ɑ̃tʀəvy].

**ENTROUVRIR**, verbe trans. [27]
Ouvrir en disjoignant. – Ouvrir à demi. 📖 [ɑ̃tʀuvʀiʀ].

**ÉNUMÉRATION**, subst. f.
Action d'énumérer. – Liste de ce que l'on énumère. 📖 [enymeʀasjɔ̃].

**ÉNUMÉRER**, verbe trans. [8]
Énoncer l'un après l'autre (les éléments d'un ensemble). 📖 [enymeʀe].

**ENVAHIR**, verbe trans. [19]
Pénétrer par force et en nombre dans (un lieu, un pays), et l'occuper. – Se répandre dans, remplir. – Fig. Accaparer. 📖 [ɑ̃vaiʀ].

**ENVAHISSEMENT**, subst. m.
Action d'envahir. – Résultat de cette action. 📖 [ɑ̃vaismɑ̃].

**ENVELOPPE**, subst. f.
Ce qui enveloppe, protège qqch. – Pochette en papier dans laquelle on glisse un document, une lettre. – Fig. Montant des crédits affectés à un budget. 📖 [ɑ̃v(ə)lɔp].

**ENVELOPPER**, verbe trans. [3]
Entourer, couvrir complètement de papier, de tissu, etc. ; emballer. – Environner de toutes parts ; cerner : Envelopper l'ennemi. – Dissimuler ; déguiser. 📖 [ɑ̃v(ə)lɔpe].

**ENVENIMER**, verbe trans. [3]
Aviver (un mal) ; infecter. – Fig. Attiser ; aggraver. 📖 [ɑ̃v(ə)nime].

**ENVERGURE**, subst. f.
Distance entre les pointes des ailes déployées d'un oiseau. – Distance entre les extrémités des ailes d'un avion. – Fig. Ampleur, extension, importance (d'une action, d'une entreprise, etc.). – Valeur, capacité : Un homme de grande envergure. 📖 [ɑ̃vɛʀgyʀ].

**ENVERS (I)**, prép.
À l'égard de. – Envers et contre tous : malgré l'opposition des autres. 📖 [ɑ̃vɛʀ].

**ENVERS (II)**, subst. m.
Côté opposé à celui qui s'offre à la vue : À l'envers, du mauvais côté, dans le mauvais sens. – Fig. Aspect caché d'une chose. 📖 [ɑ̃vɛʀ].

**ENVIE**, subst. f.
Sentiment de convoitise, de jalousie, à la vue des biens ou des privilèges d'autrui. – Désir de posséder ou de faire qqch. – Besoin plus ou moins intense. 📖 [ɑ̃vi].

**ENVIER**, verbe trans. [6]
Nourrir de l'envie envers (qqn). – Désirer (ce qu'un autre possède). 📖 [ɑ̃vje].

**ENVIRON**, adv.
Approximativement, à peu près. 🔊 [ɑ̃viʀɔ̃].

**ENVIRONNEMENT**, subst. m.
Ensemble de ce qui entoure, de ce qui constitue le voisinage. – Ensemble des éléments naturels et artificiels dans lesquels évolue un être vivant, une espèce. – Cadre de vie, milieu. 🔊 [ɑ̃viʀɔnmɑ̃].

**ENVIRONNER**, verbe trans. [3]
Entourer ; être aux environs de. 🔊 [ɑ̃viʀɔne].

**ENVIRONS**, subst. m. plur.
Les alentours. – Loc. prép. *Aux environs de* : à proximité de, près de ; vers, à peu près à. 🔊 [ɑ̃viʀɔ̃].

**ENVISAGER**, verbe trans. [5]
Considérer, examiner. – Prévoir, projeter (de). 🔊 [ɑ̃vizaʒe].

**ENVOI**, subst. m.
Action d'envoyer ; ce qui est envoyé. – *Donner le coup d'envoi* : engager la partie ; déclencher une action. 🔊 [ɑ̃vwa].

**ENVOL**, subst. m.
Action de s'envoler. 🔊 [ɑ̃vɔl].

**ENVOLER (S')**, verbe pronom. [3]
Prendre son vol. – Décoller. – Fig. Être soulevé, emporté par le vent. – Disparaître, s'enfuir. 🔊 [ɑ̃vɔle].

**ENVOÛTER**, verbe trans. [3]
Exercer une influence maléfique à distance sur. – Fig. Fasciner, captiver. 🔊 [ɑ̃vute].

**ENVOYÉ, ÉE**, subst.
Personne que l'on envoie en un lieu pour accomplir une mission. 🔊 [ɑ̃vwaje].

**ENVOYER**, verbe trans. [18]
Faire partir (qqn) quelque part. – Expédier (une lettre, un paquet). – Lancer, jeter : *Envoyer un ballon.* 🔊 [ɑ̃vwaje].

**ENZYME**, subst. f.
Molécule protéique qui provoque ou accélère une réaction biochimique. 🔊 [ɑ̃zim].

**ÉOLIENNE**, subst. f.
Machine actionnée par le vent. 🔊 [eɔljɛn].

**ÉPAGNEUL, EULE**, subst.
Chien d'arrêt à poil long et aux oreilles pendantes. 🔊 [epaɲœl].

**ÉPAIS, ÉPAISSE**, adj.
Qui a du volume, gros. – Dense, compact, consistant : *Fumée* épaisse. – Serré, touffu : *Forêt* épaisse. – Lourd, massif : *Taille, traits* épais. – Fig. Grossier. 🔊 [epɛ, epɛs].

**ÉPAISSEUR**, subst. f.
Une des trois dimensions d'un solide, les deux autres étant la longueur et la largeur. – Nature, état de ce qui est épais. 🔊 [epɛsœʀ].

**ÉPAISSIR**, verbe [19]
Rendre ou devenir plus épais. 🔊 [epesiʀ].

**ÉPANCHEMENT**, subst. m.
Action d'exprimer sans retenue ses pensées intimes, ses émotions. – *Méd.* Accumulation pathologique de liquide dans une cavité, un tissu. 🔊 [epɑ̃ʃmɑ̃].

**ÉPANCHER**, verbe trans. [3]
Exprimer, donner libre cours à (des sentiments, des émotions). – Pronom. Se confier sans retenue. – Se manifester sans retenue (pour un sentiment). 🔊 [epɑ̃ʃe].

**ÉPANOUIR**, verbe trans. [19]
Ouvrir, faire ouvrir (une fleur). – Fig. Rendre heureux. – Pronom. Déplier ses pétales, éclore. – Fig. S'illuminer de joie. – Atteindre la plénitude. 🔊 [epanwiʀ].

**ÉPANOUISSEMENT**, subst. m.
Fait de s'épanouir. – État de plénitude. 🔊 [epanwismɑ̃].

**ÉPARGNE**, subst. f.
Action d'épargner de l'argent ; somme épargnée. – Part du revenu qui n'est pas affectée à la consommation. – *Caisse d'épargne* : établissement financier public qui recueille l'épargne des particuliers et qui la rémunère. 🔊 [epaʀɲ].

**ÉPARGNER**, verbe trans. [3]
Mettre de côté. – Consommer avec modération, afin de garder une réserve ; au fig. : **Épargner** *ses efforts.* – **Épargner** *qqch. à qqn* : le lui éviter. – Ne pas détruire ; ne pas endommager. – Traiter avec ménagement ; laisser la vie sauve à. 🔊 [epaʀɲe].

**ÉPARPILLER**, verbe trans. [3]
Disperser, répandre çà et là. – Pronom. Se répandre de-ci de-là. – Fig. Se laisser distraire, se disperser. 🔊 [epaʀpije].

**ÉPARS, ÉPARSE**, adj.
Dispersé çà et là. 🔊 [epaʀ, epaʀs].

**ÉPATER**, verbe trans. [3]
Écraser, évaser la base de. – Fig. Renverser d'étonnement, stupéfier (fam.). 🔊 [epate].

**ÉPAULARD**, subst. m.
Cétacé à la peau noire et blanche, très vorace (synon. *orque*). 🔊 [epolaʀ].

**ÉPAULE**, subst. f.
Articulation du membre supérieur et du thorax : *Hausser les* épaules. 🔊 [epol].

**ÉPAULER**, verbe trans. [3]
Mettre, soulever à hauteur d'épaule. – Fig. Aider, renforcer. 🔊 [epole].

**ÉPAULETTE**, subst. f.
Bretelle d'un vêtement féminin. – Rembourrage des épaules d'un vêtement. – Ornement fixé sur les épaules de certains uniformes, indiquant un grade. 🔊 [epolɛt].

**ÉPAVE**, subst. f.
Navire naufragé, abandonné. – Objet rejeté par la mer. – Tout objet mobilier égaré ou abandonné. – Véhicule irréparable. – Personne tombée dans un état de déchéance, de misère extrême. 🔊 [epav].

**ÉPÉE**, subst. f.
Arme composée d'une lame emmanchée dans une poignée et munie d'une garde. 🔊 [epe].

**ÉPELER**, verbe trans. [12]
Nommer une à une les lettres de (un mot). 🔊 [ep(ə)le].

**ÉPERDU, UE**, adj.
Égaré par une émotion, un sentiment : **Éperdu** *de tristesse*. – Désordonné, rapide, affolé : *Fuite* **éperdue**. 🔊 [epɛʀdy].

**ÉPERON**, subst. m.
Pièce de métal attachée au talon du cavalier, servant à piquer le flanc du cheval pour le faire accélérer. 🔊 [ep(ə)ʀɔ̃].

**ÉPERONNER**, verbe trans. [3]
Donner des coups d'éperons à. – Fig. Exciter (littér.). 🔊 [ep(ə)ʀɔne].

**ÉPERVIER**, subst. m.
Oiseau rapace diurne. 🔊 [epɛʀvje].

**ÉPHÉMÈRE**, adj. et subst. m.
Adj. Qui ne dure que peu de temps. – Subst. Insecte ailé qui ne vit qu'une journée. 🔊 [efemɛʀ].

**ÉPHÉMÉRIDE**, subst. f.
Calendrier dont on arrache chaque jour une feuille. – Plur. Tables indiquant la position des astres jour par jour. 🔊 [efemeʀid].

**ÉPI**, subst. m.
Extrémité de la tige de certaines graminées, où sont regroupées les graines. – Mèche de cheveux rebelle. 🔊 [epi].

**ÉPICE**, subst. f.
Substance aromatique végétale qui augmente la saveur d'un mets. 🔊 [epis].

**ÉPICÉ, ÉE**, adj.
Rehaussé par des épices, fort, piquant. – Fig. Corsé, grivois. 🔊 [epise].

**ÉPICÉA**, subst. m.
Conifère commun en Europe, souv. appelé (improprement) sapin. 🔊 [episea].

**ÉPICENTRE**, subst. m.
Point de la surface terrestre où une secousse tellurique atteint son intensité maximale. 🔊 [episɑ̃tʀ].

**ÉPICERIE**, subst. f.
L'ensemble des produits de consommation courante, en partic. alimentaires. – Magasin où l'on vend ces produits. 🔊 [episʀi].

**ÉPICIER, IÈRE**, subst.
Personne qui fait le commerce des produits d'épicerie. 🔊 [episje, -jɛʀ].

**ÉPIDÉMIE**, subst. f.
Développement rapide d'une maladie, qui frappe simultanément de nombreux sujets dans un territoire donné. 🔊 [epidemi].

**ÉPIDERME**, subst. m.
*Anat.* Couche superficielle de la peau. 🔊 [epidɛʀm̩].

**ÉPIER**, verbe trans. [6]
Guetter, observer en secret. 🔊 [epje].

**ÉPIEU, EUX**, subst. m.
Arme faite d'un long bâton et d'un fer large, plat et pointu, qui servait à la guerre et à la chasse. 🔊 [epjø].

**ÉPILEPSIE**, subst. f.
Maladie chronique caractérisée par des crises de convulsions avec perte de connaissance. 🔊 [epilɛpsi].

**ÉPILER**, verbe trans. [3]
Ôter les poils superflus de. 🔊 [epile].

**ÉPILOGUE**, subst. m.
Conclusion d'une œuvre littéraire. – Dénouement d'une affaire. 🔊 [epilɔg].

**ÉPILOGUER**, verbe trans. indir. [3]
Faire de longs commentaires, souv. inutiles. 🔊 [epilɔge].

**ÉPINARD**, subst. m.
Plante potagère aux longues feuilles vert foncé. 🔊 [epinaʀ].

**ÉPINE**, subst. f.
Piquant de certains végétaux. – *L'épine dorsale* : la colonne vertébrale. – Fig. Embarras, difficulté. 🔊 [epin].

**ÉPINEUX, EUSE**, adj.
Qui porte des épines. – Fig. Hérissé de difficultés. 🔊 [epinø, -øz].

**ÉPINGLE**, subst. f.
Fine tige métallique pointue d'un côté, garnie d'une tête de l'autre, servant à fixer qqch. – **Épingle** *à cheveux* : petite tige repliée, servant à fixer les cheveux. – *Virage en* **épingle** : très serré. 🔊 [epɛ̃gl̩].

**ÉPINGLER**, verbe trans. [3]
Fixer à l'aide d'épingles. – Fig. **Épingler** *qqn* : l'arrêter, l'appréhender (fam.). 🔊 [epɛ̃gle].

**ÉPIQUE**, adj.
Qui relève de l'épopée. – Fig. Mémorable, grandiose, mouvementé. 🔊 [epik].

**ÉPISCOPAT**, subst. m.
Dignité d'évêque ; temps pendant lequel un évêque occupe sa charge. – Ensemble des évêques. 🔊 [episkɔpa].

**ÉPISODE**, subst. m.
Circonstance particulière dans un ensemble d'événements. – Action secondaire rattachée au thème principal d'une œuvre. – Division d'une œuvre : *Film à* **épisodes**. 🔊 [epizɔd].

**ÉPISODIQUE**, adj.
Intermittent, secondaire. 🔊 [epizɔdik].

**ÉPISTOLAIRE**, adj.
Relatif à la correspondance, aux lettres. 🔊 [epistɔlɛʀ].

**ÉPITAPHE**, subst. f.
Inscription tombale. 🔊 [epitaf].

**ÉPITHÈTE**, adj. et subst. f.
*Ling.* Se dit de l'adjectif lorsqu'il est directement relié au nom qu'il qualifie (oppos. *attribut*). – Subst. Mot ou expression qui qualifie. 🕮 [epitɛt].

**ÉPÎTRE**, subst. f.
Poème en forme de lettre. – Lettre en prose, écrite par un apôtre. 🕮 [epitʀ].

**ÉPLORÉ, ÉE**, adj.
En larmes, en proie à l'affliction. 🕮 [eplɔʀe].

**ÉPLUCHER**, verbe trans. [3]
Ôter la peau, les parties non comestibles de (un fruit, un légume). – Fig. Examiner avec soin et sens critique. 🕮 [eplyʃe].

**ÉPLUCHURE**, subst. f.
Déchet d'un aliment épluché. 🕮 [eplyʃyʀ].

**ÉPONGE**, subst. f.
Animal marin qui vit fixé au fond de l'eau. – Squelette de cet animal, léger, poreux et souple, utilisé pour son aptitude à absorber les liquides. – Objet spongieux fabriqué pour le même usage. – Fig. *Passer l'éponge* : pardonner, oublier. – *Jeter l'éponge* : abandonner le combat, renoncer. 🕮 [epɔ̃ʒ].

**ÉPONGER**, verbe trans. [5]
Sécher avec une éponge, un tissu absorbant. – Fig. Résorber (une dette). 🕮 [epɔ̃ʒe].

**ÉPOPÉE**, subst. f.
Long poème relatant les exploits légendaires d'un héros. – Suite d'événements réels, mais empreints d'héroïsme ou de sublime. 🕮 [epɔpe].

**ÉPOQUE**, subst. f.
Période de l'histoire marquée par certains caractères propres, certains faits. – Moment déterminé du temps, d'une vie, etc. : *Époque des moissons* ; *Époque des premières dents*. – *Meuble d'époque* : fabriqué à l'époque qui correspond à son style. 🕮 [epɔk].

**ÉPOUMONER (S')**,
verbe pronom. [3]
Parler, crier très fort, au point de perdre le souffle. 🕮 [epumɔne].

**ÉPOUSER**, verbe trans. [3]
Se marier avec. – Fig. Soutenir, rallier (une cause). – S'adapter à, suivre. 🕮 [epuze].

**ÉPOUSSETER**, verbe trans. [14]
Enlever, chasser la poussière de. 🕮 [epuste].

**ÉPOUSTOUFLANT, ANTE**, adj.
Stupéfiant, épatant (fam.) : *Un talent époustouflant*. 🕮 [epustuflɑ̃, -ɑ̃t].

**ÉPOUVANTABLE**, adj.
Qui épouvante ; atroce. – Très désagréable, pénible, inquiétant. 🕮 [epuvɑ̃tabl].

**ÉPOUVANTAIL**, subst. m.
Mannequin sommaire que l'on place dans les champs pour effrayer les oiseaux. 🕮 [epuvɑ̃taj].

**ÉPOUVANTE**, subst. f.
Terreur violente, soudaine. 🕮 [epuvɑ̃t].

**ÉPOUVANTER**, verbe trans. [3]
Emplir d'épouvante. 🕮 [epuvɑ̃te].

**ÉPOUX, ÉPOUSE**, subst.
Personne que les liens du mariage unissent à une autre. 🕮 [epu, epuz].

**ÉPRENDRE (S')**, verbe pronom. [52]
*S'éprendre de* : se mettre à aimer (qqch., qqn). 🕮 [epʀɑ̃dʀ].

**ÉPREUVE**, subst. f.
Expérience, exercices auxquels on soumet qqn ou qqch. pour évaluer ses qualités : *À toute épreuve*, qui résiste à tout ; *Épreuve sportive*, compétition. – Situation, événement provoquant une souffrance ; malheur. – *Impr.* Page imprimée servant aux corrections. – *Photo.* Image positive, tirée en gén. sur papier. 🕮 [eprœv].

**ÉPROUVER**, verbe trans. [3]
Ressentir : *Éprouver de la tristesse*. – Mettre à l'épreuve (qqch. ou qqn) pour s'assurer de sa valeur, de ses qualités : *Éprouver une arme* ; *Éprouver un ami*. – Faire souffrir. – Subir : *Le régiment a éprouvé des pertes*. 🕮 [epʀuve].

**ÉPROUVETTE**, subst. f.
Tube de verre fermé à une extrémité, utilisé pour des expériences chimiques. 🕮 [epʀuvɛt].

**ÉPUISEMENT**, subst. m.
Action d'épuiser. – L'état qui en résulte. – Fig. Très grande fatigue. 🕮 [epɥizmɑ̃].

**ÉPUISER**, verbe trans. [3]
Vider de son contenu, de sa substance ; utiliser complètement. – Fig. Traiter à fond : *Épuiser un sujet*. – Fatiguer, mettre à bout de forces. 🕮 [epɥize].

**ÉPUISETTE**, subst. f.
Filet monté sur un long manche, qui sert à capturer les poissons. 🕮 [epɥizɛt].

**ÉPURATION**, subst. f.
Action d'épurer. – Le résultat de cette action. 🕮 [epyʀasjɔ̃].

**ÉPURER**, verbe trans. [3]
Rendre plus pur en éliminant les éléments étrangers, polluants. – Fig. *Épurer son langage, une administration*. 🕮 [epyʀe].

**ÉQUARRIR**, verbe trans. [19]
Tailler pour rendre carré. – Couper en quartiers (un animal mort). 🕮 [ekaʀiʀ].

**ÉQUATEUR**, subst. m.
Grand cercle imaginaire, situé à égale distance des deux pôles, qui divise la Terre en deux hémisphères. 🕮 [ekwatœʀ].

**ÉQUATION**, subst. f.
*Math.* Égalité contenant des grandeurs inconnues, vérifiable ou non pour une ou plusieurs valeurs de ces inconnues. 🕮 [ekwasjɔ̃].

**ÉQUATORIAL, ALE, AUX, adj.**
Qui se rapporte à l'équateur. 🕮 [ekwatɔʀjal].

**ÉQUERRE, subst. f.**
Instrument (en T ou en triangle) utilisé pour tracer des angles droits. – D'équerre ou À l'équerre : à angle droit. 🕮 [ekɛʀ].

**ÉQUESTRE, adj.**
Qui représente un personnage à cheval : Statue équestre. – Qui concerne l'équitation. 🕮 [ekɛstʀ].

**ÉQUIDÉ, subst. m.**
Mammifère ongulé tel que le cheval, l'âne ou le zèbre. – Plur. La famille correspondante. 🕮 [ekide].

**ÉQUIDISTANT, ANTE, adj.**
Situé à égale distance (d'un point donné). 🕮 [ekɥidistɑ̃, -ɑ̃t].

**ÉQUILATÉRAL, ALE, AUX, adj.**
Dont tous les côtés sont égaux entre eux : Triangle équilatéral. 🕮 [ekɥilateʀal].

**ÉQUILIBRE, subst. m.**
Position stable du corps. – Stabilité résultant de l'action de forces égales et contraires qui s'annulent. – Fig. Rapport harmonieux entre plusieurs éléments. – État mental stable, égal. 🕮 [ekilibʀ].

**ÉQUILIBRER, verbe trans. [3]**
Mettre en équilibre. – Pronom. Se contrebalancer, se compléter. 🕮 [ekilibʀe].

**ÉQUILIBRISTE, subst.**
Artiste qui fait des tours d'équilibre, des acrobaties. 🕮 [ekilibʀist].

**ÉQUINOXE, subst. m.**
Moment qui revient deux fois par an, où la durée du jour et celle de la nuit sont égales. 🕮 [ekinɔks].

**ÉQUIPAGE, subst. m.**
Ensemble du personnel employé à bord d'un navire, d'un avion. 🕮 [ekipaʒ].

**ÉQUIPE, subst. f.**
Groupe de personnes ayant une activité, un travail commun. – Sp. Groupe de joueurs constitué pour disputer un match. 🕮 [ekip].

**ÉQUIPÉE, subst. f.**
Promenade aventureuse, virée. 🕮 [ekipe].

**ÉQUIPEMENT, subst. m.**
Action d'équiper. – Ensemble des fournitures et des accessoires propres à une activité. – Infrastructure, installations nécessaires à une collectivité humaine (gén. au plur.). 🕮 [ekipmɑ̃].

**ÉQUIPER, verbe trans. [3]**
Fournir en matériel nécessaire. 🕮 [ekipe].

**ÉQUIPIER, IÈRE, subst.**
Membre d'une équipe. 🕮 [ekipje, -jɛʀ].

**ÉQUITABLE, adj.**
Qui respecte l'équité, juste. 🕮 [ekitabl].

**ÉQUITATION, subst. f.**
Art, action de monter à cheval. 🕮 [ekitasjɔ̃].

**ÉQUITÉ, subst. f.**
Règle morale commandant de traiter chacun avec justice. 🕮 [ekite].

**ÉQUIVALENT, ENTE, adj. et subst. m.**
Qui a la même valeur. 🕮 [ekivalɑ̃, -ɑ̃t].

**ÉQUIVALOIR, verbe trans. indir. [45]**
Avoir la même valeur (que) : Deux croches équivalent à une noire. 🕮 [ekivalwaʀ].

**ÉQUIVOQUE, adj. et subst. f.**
Adj. Ambigu, à double sens. – Suspect, louche. – Subst. Ambiguïté, malentendu. – Incertitude. 🕮 [ekivɔk].

**ÉRABLE, subst. m.**
Grand arbre au bois recherché ; l'érable du Canada produit une sève sucrée dont on fait du sirop. 🕮 [eʀabl].

**ÉRAFLER, verbe trans. [3]**
Blesser ou endommager superficiellement. 🕮 [eʀafle].

**ÉRAFLURE, subst. f.**
Griffure, écorchure peu profonde. – Rayure. 🕮 [eʀaflyʀ].

**ÉRAILLÉ, ÉE, adj.**
Voix éraillée : rauque, enrouée. 🕮 [eʀaje].

**ÈRE, subst. f.**
Période historique. – Division principale du temps, en géologie. 🕮 [ɛʀ].

**ÉRECTILE, adj.**
Capable de se redresser. 🕮 [eʀɛktil].

**ÉRECTION, subst. f.**
Action d'ériger, de dresser. – Raidissement, gonflement de certains organes, en partic. du pénis. 🕮 [eʀɛksjɔ̃].

**ÉREINTER, verbe trans. [3]**
Épuiser. – Fig. Critiquer avec virulence. 🕮 [eʀɛ̃te].

**ERGOT, subst. m.**
Protubérance cornée située à l'arrière des pattes de certains animaux (coqs, chiens). – Bot. Maladie des céréales (blé, seigle). 🕮 [ɛʀɡo].

**ERGOTER, verbe intrans. [3]**
Discuter sur des riens, chicaner. 🕮 [ɛʀɡɔte].

**ÉRIGER, verbe trans. [5]**
Élever, dresser (un édifice). – Fig. Mettre sur pied, instituer. – Élever à une dignité supérieure. – Pronom. Se donner le rôle (de) : S'ériger en arbitre. 🕮 [eʀiʒe].

**ERMITAGE, subst. m.**
Lieu solitaire. – Maison isolée. 🕮 [ɛʀmitaʒ].

**ERMITE, subst. m.**
Moine retiré dans la solitude. – Personne qui vit en solitaire. 🕮 [ɛʀmit].

**ÉRODER, verbe trans. [3]**
User, ronger lentement. 🕮 [eʀɔde].

**ÉROGÈNE, adj.**
Susceptible de produire une excitation érotique. 🕮 [eʀɔʒɛn].

**ÉROSION, subst. f.**
Action d'éroder ; son résultat. – *Géol.* Usure lente de la surface terrestre sous l'effet des agents naturels. – Fig. Érosion *monétaire.* 🕮 [eʀozjɔ̃].

**ÉROTIQUE, adj.**
Relatif à l'amour sensuel. 🕮 [eʀotik].

**ERRATA, subst. m. plur.**
Erreurs d'impression. 🕮 [eʀata].

**ERRER, verbe intrans. [3]**
Aller au hasard, sans but. 🕮 [eʀe].

**ERREUR, subst. f.**
Action de se tromper. – Opinion fausse, jugement erroné. – Action maladroite. 🕮 [eʀœʀ].

**ERRONÉ, ÉE, adj.**
Qui contient des erreurs ; inexact. 🕮 [eʀone].

**ERSATZ, subst. m.**
Produit de remplacement. 🕮 [eʀzats].

**ÉRUCTER, verbe [3]**
Intrans. Roter. – Trans. Fig. Proférer avec virulence. 🕮 [eʀykte].

**ÉRUDIT, ITE, adj. et subst.**
Qui a une grande érudition. 🕮 [eʀydi, -it].

**ÉRUDITION, subst. f.**
Somme de connaissances approfondies dans un domaine déterminé. 🕮 [eʀydisjɔ̃].

**ÉRUPTION, subst. f.**
Apparition soudaine de boutons ou de marques sur la peau. – Jaillissement de matières volcaniques. 🕮 [eʀypsjɔ̃].

**ÈS, prép.**
Dans les, en matière de : *Docteur* ès *lettres.* 🕮 Toujours suivi du pluriel : [es].

**ESCABEAU, subst. m.**
Petit escalier transportable, utilisé comme échelle. 🕮 [eskabo].

**ESCADRE, subst. f.**
Groupe important de navires de guerre ou d'avions militaires. 🕮 [eskadʀ].

**ESCADRILLE, subst. f.**
Petite escadre d'aviation. 🕮 [eskadʀij].

**ESCADRON, subst. m.**
Subdivision d'un régiment de cavalerie, de gendarmerie. 🕮 [eskadʀɔ̃].

**ESCALADE, subst. f.**
Action d'escalader. – Ascension sportive d'un sommet. – Fig. Augmentation, aggravation. 🕮 [eskalad].

**ESCALADER, verbe trans. [3]**
Franchir (un obstacle). – Grimper à, faire l'ascension de. 🕮 [eskalade].

**ESCALATOR, subst. m.**
Escalier mécanique. 🕮 N. déposé ; [eskalatɔʀ].

**ESCALE, subst. f.**
Arrêt, pause d'un navire ou d'un avion, dans un port ou un aérodrome. 🕮 [eskal].

**ESCALIER, subst. m.**
Succession de marches que l'on monte ou descend. 🕮 [eskalje].

**ESCALOPE, subst. f.**
Mince tranche de viande blanche, de poisson. 🕮 [eskalɔp].

**ESCAMOTER, verbe trans. [3]**
Soustraire à la vue du public. – Dérober. – Fig. Esquiver, éluder. 🕮 [eskamote].

**ESCAMPETTE, subst. f.**
*Prendre la poudre d'*escampette : s'enfuir (fam.). 🕮 [eskɑ̃pet].

**ESCAPADE, subst. f.**
Action de s'évader pour un temps de son cadre habituel de vie. 🕮 [eskapad].

**ESCARBILLE, subst. f.**
Petit fragment de charbon incandescent. 🕮 [eskaʀbij].

**ESCARCELLE, subst. f.**
Grande bourse portée à la ceinture (vieilli). 🕮 [eskaʀsel].

**ESCARGOT, subst. m.**
Mollusque gastéropode à coquille, qui se meut très lentement. 🕮 [eskaʀgo].

**ESCARMOUCHE, subst. f.**
Combat bref et localisé. – Fig. Échange de propos hostiles. 🕮 [eskaʀmuʃ].

**ESCARPÉ, ÉE, adj.**
Pentu, raide : *Sentiers* escarpés. 🕮 [eskaʀpe].

**ESCARPIN, subst. m.**
Chaussure découverte, à fine semelle, avec ou sans talon. 🕮 [eskaʀpɛ̃].

**ESCARRE, subst. f.**
*Méd.* Croûte noirâtre due à la nécrose du tissu cutané. 🕮 [eskaʀ].

**ESCIENT, subst. m.**
À *bon* escient : avec raison. 🕮 [esjɑ̃].

**ESCLAFFER (S'), verbe pronom. [3]**
Éclater, pouffer de rire. 🕮 [esklafe].

**ESCLANDRE, subst. m.**
Éclat, scandale public. 🕮 [esklɑ̃dʀ].

**ESCLAVAGE, subst. m.**
Condition d'une personne ou d'un peuple esclave. – Fig. Dépendance. 🕮 [esklava ʒ].

**ESCLAVE, adj. et subst.**
Se dit d'une personne privée de sa liberté, de ses droits civiques et qui fait l'objet d'un commerce. – Adj. Qui dépend totalement (de qqn ou de qqch.). 🕮 [esklav].

**ESCOMPTE, subst. m.**
*Fin.* Opération consistant à racheter une traite non échue, déduction faite d'un intérêt ; cet intérêt. – *Comm.* Rabais, ristourne. 🕮 [eskɔ̃t].

**ESCOMPTER, verbe trans. [3]**
Espérer, prévoir (qqch.). – *Fin.* Faire l'escompte de. 🕮 [eskɔ̃te].

**ESCORTE, subst. f.**
Groupe de personnes escortant une personnalité. – *Milit.* Avion, navire escortant une force navale ou aérienne. ⚏ [ɛskɔʀt].

**ESCORTER, verbe trans. [3]**
Accompagner pour protéger, surveiller ou faire honneur. ⚏ [ɛskɔʀte].

**ESCOUADE, subst. f.**
Petite troupe. ⚏ [ɛskwad].

**ESCRIME, subst. f.**
Art de manier l'épée, le fleuret ou le sabre. ⚏ [ɛskʀim].

**ESCRIMER (S'), verbe pronom. [3]**
S'évertuer (à). ⚏ [ɛskʀime].

**ESCROC, subst. m.**
Personne qui escroque. ⚏ [ɛskʀo].

**ESCROQUER, verbe trans. [3]**
Tromper (qqn) pour lui extorquer qqch. ⚏ [ɛskʀɔke].

**ÉSOTÉRIQUE, adj.**
Hermétique, réservé aux initiés. ⚏ [ezɔteʀik].

**ESPACE, subst. m.**
Étendue indéfinie englobant tous les objets. – L'Univers hors de l'atmosphère terrestre. – Superficie, surface, volume : *Manquer d'espace.* – Distance entre deux points : *Un espace de 100 mètres.* – Étendue de temps : *Dans l'espace de deux heures.* ⚏ [ɛspas].

**ESPACEMENT, subst. m.**
Action d'espacer. – Intervalle. ⚏ [ɛspasmã].

**ESPACER, verbe trans. [4]**
Séparer par des intervalles. ⚏ [ɛspase].

**ESPADON, subst. m.**
Gros poisson des mers chaudes, à la mâchoire allongée et pointue. ⚏ [ɛspadɔ̃].

**ESPADRILLE, subst. f.**
Chaussure en toile à semelle de corde. ⚏ [ɛspadʀij].

**ESPAGNOL, subst. m.**
Langue parlée principalement en Espagne et en Amérique latine. ⚏ [ɛspaɲɔl].

**ESPAGNOLETTE, subst. f.**
Système de fermeture d'une fenêtre, à poignée pivotante. ⚏ [ɛspaɲɔlɛt].

**ESPALIER, subst. m.**
Alignement d'arbres fruitiers le long d'un mur ou d'une palissade. – Échelle verticale utilisée pour des exercices de gymnastique. ⚏ [ɛspalje].

**ESPAR, subst. m.**
*Mar.* Pièce de bois, ou de métal, utilisée comme gréement. ⚏ [ɛspaʀ].

**ESPÈCE, subst. f.**
Catégorie, groupe d'êtres ayant des caractères fondamentaux communs : *L'espèce humaine.* – Catégorie, sorte : *Une espèce de,* qqn ou qqch. qui ressemble à. – *Plur.* Monnaie, argent liquide. ⚏ [ɛspɛs].

**ESPÉRANCE, subst. f.**
Sentiment qui porte à croire à la réalisation future de ce que l'on désire. – Personne ou chose sur laquelle porte ce sentiment. – *Espérance de vie :* estimation de la durée de vie d'un individu. ⚏ [ɛspeʀãs].

**ESPÉRER, verbe trans. [8]**
*Trans. dir.* Avoir l'espoir de voir se réaliser (qqch.) : *Espérer une promotion.* – *Trans. indir.* Avoir foi (en) : *Espérer en Dieu.* ⚏ [ɛspeʀe].

**ESPIÈGLE, adj. et subst.**
Malicieux sans méchanceté. ⚏ [ɛspjɛgl].

**ESPIÈGLERIE, subst. f.**
Façon malicieuse de se conduire. – Gaminerie, facétie. ⚏ [ɛspjɛgləʀi].

**ESPION, IONNE, subst.**
Personne qui espionne. ⚏ [ɛspjɔ̃, -jɔn].

**ESPIONNER, verbe trans. [3]**
Observer secrètement, pour son profit ou celui d'un tiers. ⚏ [ɛspjɔne].

**ESPLANADE, subst. f.**
Vaste place aménagée devant un monument. ⚏ [ɛsplanad].

**ESPOIR, subst. m.**
Attente confiante, espérance. – Ce qui est espéré. ⚏ [ɛspwaʀ].

**ESPRIT, subst. m.**
Principe immatériel de l'homme : *Le corps et l'esprit.* – Disposition psychique d'un individu ; intelligence : *Un esprit vif.* – Manière de penser, d'agir : *Avoir l'esprit d'entreprise.* – Humour, ironie. – Caractère marquant, sens profond de qqch. : *L'esprit d'un roman.* – Être incorporel, fantôme. – *Le Saint-Esprit :* la Troisième Personne de la Trinité chrétienne. ⚏ [ɛspʀi].

**ESQUIF, subst. m.**
Canot léger (littér.). ⚏ [ɛskif].

**ESQUISSE, subst. f.**
Dessin rapide, à grands traits. – Plan sommaire d'une œuvre. – *Fig.* Ébauche : *L'esquisse d'un sourire.* ⚏ [ɛskis].

**ESQUISSER, verbe trans. [3]**
Faire l'esquisse de. – *Fig.* Ébaucher, amorcer. ⚏ [ɛskise].

**ESQUIVER, verbe trans. [3]**
Éviter avec habileté (un obstacle, un coup). – *Fig. Esquiver une question.* – *Pronom.* Se retirer discrètement. ⚏ [ɛskive].

**ESSAI, subst. m.**
Action d'essayer. – Expérience. – Tentative. – *Litt.* Ouvrage en prose abordant librement une question. – *Sp. Marquer un essai :* au rugby, plaquer le ballon derrière la ligne de but adverse. ⚏ [ese].

**ESSAIM, subst. m.**
Groupe d'abeilles qui migre. – *Fig.* Foule en mouvement (littér.). ⚏ [esɛ̃].

**ESSAIMER, verbe intrans.** [3]
Se déplacer en essaim. – Se disperser, se répandre. 🔊 [eseme].

**ESSAYAGE, subst. m.**
Action d'essayer un vêtement. 🔊 [esɛjaʒ].

**ESSAYER, verbe trans.** [15]
Expérimenter (qqch.) pour en contrôler les qualités. – Enfiler (un vêtement) pour s'assurer qu'il convient. – Essayer de : tenter de. 🔊 [eseje].

**ESSENCE, subst. f.**
Nature intime, caractère propre et permanent d'une chose, d'un être : *L'essence et l'existence.* – Espèce d'arbre. – Concentré de parfum. – Carburant tiré du pétrole : *Pompe à essence.* 🔊 [esãs].

**ESSENTIEL, IELLE, adj. et subst. m.**
Adj. Qui se rapporte à l'essence de qqn ou de qqch. – Nécessaire, indispensable. – Subst. Ce qu'il y a de plus important. – *L'essentiel de* : la plus grande partie de. 🔊 [esãsjɛl].

**ESSIEU, IEUX, subst. m.**
Axe commun à deux roues parallèles. 🔊 [esjø].

**ESSOR, subst. m.**
Envol. – Fig. Développement, progrès régulier et soutenu. 🔊 [esɔʀ].

**ESSORER, verbe trans.** [3]
Évacuer l'eau de (qqch.). 🔊 [esɔʀe].

**ESSOUFFLER, verbe trans.** [3]
Faire perdre haleine à. – Pronom. Perdre haleine. – Se fatiguer. – Fig. Perdre son attrait de nouveauté. 🔊 [esufle].

**ESSUIE-GLACE, subst. m.**
Lame caoutchoutée qui balaie un pare-brise pour en évacuer la pluie. 🔊 Plur. *essuie-glaces* : [esɥiglas].

**ESSUIE-MAINS, subst. m. inv.**
Linge avec lequel on s'essuie les mains. 🔊 [esɥimɛ̃].

**ESSUYER, verbe trans.** [16]
Enlever un liquide en l'absorbant. – Sécher (un objet). – Nettoyer (qqch.). – Fig. Subir : *Essuyer un échec.* 🔊 [esɥije].

**EST, adj. inv. et subst. m. inv.**
Subst. L'un des points cardinaux, correspondant au côté où le soleil se lève. – *Aller vers l'est* : dans la direction de ce point. – Partie orientale d'une région, d'un pays. – Adj. Situé à l'est. 🔊 [ɛst].

**ESTABLISHMENT, subst. m.**
Petit groupe de privilégiés défendant l'ordre établi. 🔊 [establiʃmɛnt].

**ESTAFILADE, subst. f.**
Balafre, longue coupure. 🔊 [estafilad].

**ESTAMPE, subst. f.**
Image imprimée à partir d'une matrice gravée en creux ou en relief. 🔊 [estãp].

**ESTAMPILLE, subst. f.**
Marque d'authenticité. 🔊 [estãpij].

**ESTHÈTE, subst.**
Personne qui considère le Beau comme la valeur suprême. 🔊 [ɛstɛt].

**ESTHÉTICIEN, IENNE, subst.**
Personne dont le métier est de prodiguer des soins de beauté. 🔊 [ɛstetisjɛ̃, -jɛn].

**ESTHÉTIQUE, adj. et subst. f.**
Adj. Qui concerne la beauté : *Jugement esthétique.* – Soigné, agréable à voir. – Subst. Théorie philosophique du Beau. – Forme particulière de beauté : *Esthétique romantique, industrielle.* 🔊 [ɛstetik].

**ESTIMATION, subst. f.**
Action d'estimer qqch. ; évaluation. 🔊 [ɛstimasjɔ̃].

**ESTIMABLE, adj.**
Qui mérite le respect. – Qu'on peut évaluer. 🔊 [ɛstimabl].

**ESTIME, subst. f.**
Jugement favorable, considération envers qqn. 🔊 [ɛstim].

**ESTIMER, verbe trans.** [3]
Apprécier le prix, la valeur de (qqch.). – Évaluer (une quantité). – Fig. Considérer, juger. – Avoir de la considération, du respect pour (qqn). 🔊 [ɛstime].

**ESTIVAL, ALE, AUX, adj.**
Propre à l'été. 🔊 [ɛstival].

**ESTIVANT, ANTE, subst.**
Vacancier de l'été. 🔊 [ɛstivã, -ãt].

**ESTOCADE, subst. f.**
Coup d'épée de mise à mort : *Donner l'estocade au taureau.* 🔊 [ɛstɔkad].

**ESTOMAC, subst. m.**
Anat. Poche du tube digestif où se transforment les aliments. – Fig. *Avoir de l'estomac* : avoir de l'audace ou du culot (fam.). 🔊 [ɛstɔma].

**ESTOMPER, verbe trans.** [3]
Étaler (des traits au crayon) pour obtenir un dégradé de tons. – Voiler. – Fig. Adoucir, atténuer. 🔊 [ɛstɔ̃pe].

**ESTRADE, subst. f.**
Plate-forme surélevée. 🔊 [ɛstrad].

**ESTRAGON, subst. m.**
Plante aromatique, utilisée comme condiment. 🔊 [ɛstragɔ̃].

**ESTROPIER, verbe trans.** [6]
Priver de l'usage d'un membre. – Endommager. – Fig. Altérer le sens de. 🔊 [ɛstrɔpje].

**ESTUAIRE, subst. m.**
Embouchure évasée d'un fleuve. 🔊 [ɛstɥɛʀ].

**ESTURGEON, subst. m.**
Gros poisson dont les œufs, traités, donnent le caviar. 🔊 [ɛstyʀʒɔ̃].

**ET**, conj. de coordination
Exprime le rapprochement entre deux mots, l'addition, l'opposition ou la conséquence : *Deux chevaux* et *un âne* ; *La nuit tombe,* et *la ville s'endort.* 📖 [e].

**ÉTABLE**, subst. f.
Bâtiment où logent les bestiaux. 📖 [etabl].

**ÉTABLI**, subst. m.
Table de travail d'un artisan. 📖 [etabli].

**ÉTABLIR**, verbe trans. [19]
Fixer de manière stable en un lieu. – Instaurer, fixer. – Répertorier : **Établir** *une liste.* – Indiquer, démontrer : **Établir** *une responsabilité.* – Pronom. S'installer. 📖 [etabliʀ].

**ÉTABLISSEMENT**, subst. m.
Action d'établir ; implantation, installation. – Lieu d'enseignement, de production, de commerce ou de soins. 📖 [etablismɑ̃].

**ÉTAGE**, subst. m.
Espace compris entre deux planchers d'un édifice. – Chacun des niveaux superposés d'un ensemble. – *Géol.* Âge. 📖 [etaʒ].

**ÉTAGÈRE**, subst. f.
Planche fixée sur un mur. 📖 [etaʒɛʀ].

**ÉTAI**, subst. m.
Poutre de renfort. 📖 [etɛ].

**ÉTAIN**, subst. m.
Métal malléable servant à réaliser divers objets. – Objet fait avec ce métal. 📖 [etɛ̃].

**ÉTAL, ÉTALS ou ÉTAUX**, subst. m.
Tréteau d'exposition de marchandises. – Table de boucherie. 📖 [etal].

**ÉTALAGE**, subst. f.
Action d'étaler des marchandises ; les marchandises étalées. – *Fig.* Démonstration ostentatoire : *Faire* **étalage** *de son savoir.* – Profusion, débauche de qqch. 📖 [etalaʒ].

**ÉTALER**, verbe trans. [3]
Exposer (des marchandises). – Éparpiller ; déployer. – Étendre (une fine couche de qqch.) sur. – Répartir dans le temps. – Exhiber, faire étalage de. – Pronom. Fam. S'avachir. – Choir. 📖 [etale].

**ÉTALON (I)**, subst. m.
Cheval reproducteur. 📖 [etalɔ̃].

**ÉTALON (II)**, subst. m.
Modèle matériel légal d'une unité de mesure : *Mètre* **étalon.** – *Fig.* Valeur de référence. 📖 [etalɔ̃].

**ÉTAMINE**, subst. f.
Tissu fin et lâche. – Organe mâle des plantes à fleurs, qui contient le pollen. 📖 [etamin].

**ÉTANCHE**, adj.
Imperméable, hermétique. 📖 [etɑ̃ʃ].

**ÉTANCHÉITÉ**, subst. f.
Imperméabilité. 📖 [etɑ̃ʃeite].

**ÉTANCHER**, verbe trans. [3]
Arrêter l'écoulement de (un liquide).

– Apaiser (littér.) : **Étancher** *sa soif.* 📖 [etɑ̃ʃe].

**ÉTANG**, subst. m.
Petite étendue d'eau stagnante. 📖 [etɑ̃].

**ÉTAPE**, subst. f.
Arrêt au cours d'un voyage. – Distance entre deux arrêts. – Phase, période. 📖 [etap].

**ÉTAT**, subst. m.
Manière d'être d'une personne : **État** *de santé, d'esprit ; Être hors d'*état *de,* incapable de. – Condition sociale, profession : *L'*état *militaire.* – Consistance d'une chose : **État** *solide, liquide.* – Liste : **État** *des lieux, des dépenses ;* **État** *civil,* registre des naissances, des mariages et des décès. – Situation d'une collectivité : **État** *de guerre.* – Forme de gouvernement : *L'*état *monarchique.* – Ordre de la société d'Ancien Régime : *Les trois* états ; assemblées de cette époque : *États généraux, provinciaux.* – Entité politique assise sur un territoire déterminé, pourvue des institutions nécessaires à son fonctionnement ; l'ensemble des pouvoirs publics : *Homme d'*État, *haut dirigeant politique ; Coup d'*État, renversement d'un gouvernement légal. 📖 [eta].

**ÉTATISER**, verbe trans. [3]
Faire administrer par l'État. 📖 [etatize].

**ÉTAT-MAJOR**, subst. m.
Groupe d'officiers conseillant un officier supérieur. – Les collaborateurs directs d'un dirigeant. 📖 *Plur.* états-majors ; [etamaʒɔʀ].

**ÉTAU, ÉTAUX**, subst. m.
Instrument à deux mâchoires, servant à serrer un objet que l'on travaille. 📖 [eto].

**ÉTAYER**, verbe trans. [15]
Soutenir au moyen d'étais. – *Fig.* Soutenir par des arguments, des preuves. 📖 [eteje].

**ET CÆTERA**, loc. adv.
Et ainsi de suite, et tout le reste (abrév. *etc.*). 📖 On écrit aussi *et cetera* ; [ɛtseteʀa].

**ÉTÉ**, subst. m.
Saison chaude allant, dans l'hémisphère Nord, du solstice de juin à l'équinoxe de septembre. 📖 [ete].

**ÉTEINDRE**, verbe trans. [53]
Faire cesser de brûler, interrompre la combustion de. – Faire cesser d'éclairer. – Arrêter le fonctionnement de : **Éteindre** *la radio.* – *Fig.* Affaiblir, atténuer ; effacer, abolir. – Pronom. Mourir (littér.). 📖 [etɛ̃dʀ].

**ÉTENDARD**, subst. m.
Drapeau. – Signe de ralliement. 📖 [etɑ̃daʀ].

**ÉTENDRE**, verbe trans. [51]
Déployer complètement. – Étaler. – Allonger, coucher (qqn). – Accroître, développer. – Pronom. Avoir une certaine étendue. – *Fig.* S'accroître. – *S'étendre sur* : parler longuement de. 📖 [etɑ̃dʀ].

**ÉTENDUE, subst. f.**
Espace, surface. – Espace de temps, durée.
– Fig. Importance. 🔊 [etɑ̃dy].

**ÉTERNEL, ELLE, adj.**
Qui est sans origine ni fin ; hors du temps.
– Interminable ; qui se répète sans cesse.
– Empl. subst. L'**Éternel** : Dieu. 🔊 [etɛʀnɛl].

**ÉTERNISER, verbe trans. [3]**
Prolonger indéfiniment. – Pronom. S'attarder à l'excès. 🔊 [etɛʀnize].

**ÉTERNITÉ, subst. f.**
Dimension de ce qui est éternel. – De toute éternité : depuis toujours. 🔊 [etɛʀnite].

**ÉTERNUER, verbe intrans. [3]**
Expirer spasmodiquement et de façon sonore, par le nez et la bouche. 🔊 [etɛʀnɥe].

**ÉTHER, subst. m.**
Liquide volatil, anesthésiant et désinfectant, à l'odeur très forte. 🔊 [etɛʀ].

**ÉTHIQUE, adj. et subst. f.**
Adj. Qui concerne la morale. – Subst.
Philosophie morale. 🔊 [etik].

**ETHNIE, subst. f.**
Communauté humaine soudée par des liens de langue et de culture. 🔊 [ɛtni].

**ETHNOLOGIE, subst. f.**
Science qui étudie les ethnies. 🔊 [ɛtnɔlɔʒi].

**ÉTIAGE, subst. m.**
Le plus bas niveau moyen d'un cours d'eau. 🔊 [etjaʒ].

**ÉTINCELER, verbe intrans. [12]**
Briller vivement. 🔊 [etɛ̃s(ə)le].

**ÉTINCELLE, subst. f.**
Particule enflammée. – Fig. Éclat vif, mais fugitif. – Faire des **étincelles** : réussir brillamment (fam.). 🔊 [etɛ̃sɛl].

**ÉTIOLER (S'), verbe pronom. [3]**
S'affaiblir, devenir pâle et chétif. 🔊 [etjɔle].

**ÉTIQUETER, verbe trans. [14]**
Mettre une étiquette sur (qqch. ou qqn).
🔊 [etik(ə)te].

**ÉTIQUETTE, subst. f.**
Marque de papier ou de carton que l'on fixe à un objet ; au fig., ce qui classe (qqn), en gén. politiquement. – Cérémonial en usage dans une cour ou chez un grand personnage. 🔊 [etikɛt].

**ÉTIRER, verbe trans. [3]**
Allonger par traction. – Pronom. Étendre bras et jambes. 🔊 [etiʀe].

**ÉTOFFE, subst. f.**
Tissu. – Fig. Fond, matière de qqch. : Avoir de l'**étoffe**, de la personnalité. 🔊 [etɔf].

**ÉTOFFER, verbe trans. [3]**
Enrichir, développer. – Pronom. Devenir plus robuste. 🔊 [etɔfe].

**ÉTOILE, subst. f.**
Astre qui brille la nuit. – Ornement de forme étoilée. – Rond-point d'où rayonnent des voies. – Grade militaire. – Indice de classement attribué à des sites, à des hôtels, etc. – Artiste célèbre. – Danseur de grande classe. – Bonne **étoile** : chance. – **Étoile** de mer : animal marin en forme d'étoile à cinq branches. 🔊 [etwal].

**ÉTOILÉ, ÉE, adj.**
Semé d'étoiles. – Disposé en rayons issus d'un même centre. 🔊 [etwale].

**ÉTOLE, subst. f.**
Bande d'étoffe portée par le célébrant d'une messe. – Écharpe de fourrure. 🔊 [etɔl].

**ÉTONNEMENT, subst. m.**
Surprise, stupeur. 🔊 [etɔnmɑ̃].

**ÉTONNER, verbe trans. [3]**
Causer de l'étonnement à (qqn). – Pronom.
Trouver étrange, surprenant. 🔊 [etɔne].

**ÉTOUFFER, verbe [3]**
Trans. Tuer en empêchant de respirer.
– Rendre la respiration difficile. – Atténuer : Étouffer un son. – Fig. Empêcher le développement de. – Intrans. Mourir par asphyxie. – Respirer difficilement. – Fig. Se sentir à l'étroit. 🔊 [etufe].

**ÉTOURDERIE, subst. f.**
Caractère d'une personne irréfléchie, distraite. – Acte ou parole d'étourdi ; faute légère, oubli. 🔊 [etuʀdəʀi].

**ÉTOURDI, IE, adj. et subst.**
Écervelé, distrait. 🔊 [etuʀdi].

**ÉTOURDIR, verbe trans. [19]**
Faire presque perdre connaissance à. – Assommer de bruit, abasourdir. – Enivrer.
– Pronom. Se dissiper, pour oublier la réalité. 🔊 [etuʀdiʀ].

**ÉTOURNEAU, subst. m.**
Petit oiseau brun, également nommé sansonnet. – Fig. Personne irréfléchie, étourdie (vieilli). 🔊 [etuʀno].

**ÉTRANGE, adj.**
Qui sort de l'ordinaire, bizarre. 🔊 [etʀɑ̃ʒ].

**ÉTRANGER, ÈRE, adj. et subst.**
Qui ressortit à un pays, à une région ou à un groupe différent. – Adj. Qui n'est pas connu (de), pas familier (à) : Ce parcours m'est étranger. – Qui est sans rapport : Considération étrangère au débat. – Subst.
masc. Ensemble des pays différents de celui où l'on vit. 🔊 [etʀɑ̃ʒe, -ɛʀ].

**ÉTRANGLER, verbe trans. [3]**
Serrer la gorge de (qqn) au point de l'asphyxier. – Comprimer les voies respiratoires de : L'émotion l'**étrangle**. – Rétrécir en un point. – Fig. Empêcher de se manifester ; opprimer. 🔊 [etʀɑ̃gle].

**ÉTRAVE, subst. f.**
Pièce massive formant la proue d'un navire.
🔊 [etʀav].

**ÊTRE (I)**, verbe intrans. [1]
Exister, avoir une réalité : *Je pense, donc je suis.* – Sert à relier un sujet à son attribut : *Le ciel* est *bleu* ; *C'était très simple.* – Sert à introduire un complément circonstanciel : *La clef* est *sur la porte.* – Empl. impers. *Il* est *minuit.* – **Être à** : se trouver à ; appartenir à. – **Être de** : provenir de ; faire partie de. – **Être sans** : manquer de. – **Être pour, contre** : approuver, désapprouver. – Substitut du verbe « aller » dans les temps composés : *J'ai été, je suis allé.* – Auxil. Sert à former les temps composés des verbes passifs, pronominaux et de certains verbes intransitifs : *Je* suis *vaincu* ; *Nous nous* sommes *promenés.* 🔊 [ɛtʀ].

**ÊTRE (II)**, subst. m.
Le fait d'exister : *L'*être *et le néant.* – Toute réalité vivante et animée. 🔊 [ɛtʀ].

**ÉTREINDRE**, verbe trans. [53]
Presser dans ses bras ; entourer en serrant fortement. – Fig. Oppresser, tenailler. 🔊 [etʀɛ̃dʀ].

**ÉTRENNER**, verbe trans. [3]
Être le premier à employer. – Employer pour la première fois. 🔊 [etʀene].

**ÉTRENNES**, subst. f. plur.
Gratification de nouvel an. 🔊 [etʀɛn].

**ÉTRIER**, subst. m.
Chacun des deux anneaux suspendus de part et d'autre de la selle et servant de points d'appui pour les pieds du cavalier. 🔊 [etʀije].

**ÉTRILLER**, verbe trans. [3]
Brosser (un cheval). – Fig. Critiquer sévèrement. – Escroquer (fam.). 🔊 [etʀije].

**ÉTRIQUÉ, ÉE**, adj.
Qui n'a pas l'ampleur souhaitable. – Fig. Qui manque de largeur d'esprit. 🔊 [etʀike].

**ÉTROIT, OITE**, adj.
De faible largeur, de peu d'ampleur. – Qui est intime : *Des liens* étroits. – Qui est strict : *Respect* étroit. – Qui manque de largeur de vues : *Esprit* étroit. 🔊 [etʀwa, -wat].

**ÉTROITESSE**, subst. f.
Caractère de ce qui est étroit. 🔊 [etʀwatɛs].

**ÉTUDE**, subst. f.
Application à comprendre, à connaître et à apprendre. – Ensemble des opérations de conception et de mise au point d'un projet : *Bureau d'*études. – Ouvrage résultant d'une recherche. – Salle réservée au travail personnel des élèves. – Bureau d'un officier ministériel : Étude *de notaire.* – Plur. Ensemble des cours et des travaux concourant à l'instruction de qqn. 🔊 [etyd].

**ÉTUDIANT, ANTE**, subst.
Personne qui fait des études supérieures, 🔊 [etydjɑ̃, -ɑ̃t].

**ÉTUDIER**, verbe [6]
Trans. S'appliquer à connaître (qqch.) ; apprendre. – Analyser, examiner avec soin. – Intrans. Faire des études. 🔊 [etydje].

**ÉTUI**, subst. m.
Enveloppe parfaitement adaptée à l'objet qu'elle doit protéger. 🔊 [etɥi].

**ÉTUVE**, subst. f.
Espace clos où l'on maintient une humidité et une température élevées, pour favoriser la sudation. – Fig. Lieu où il fait très chaud. 🔊 [etyv].

**ÉTYMOLOGIE**, subst. f.
Origine ou filiation d'un mot. 🔊 [etimɔlɔʒi].

**EUCALYPTUS**, subst. m.
Grand arbre d'Australie, au feuillage très odorant. 🔊 [økaliptys].

**EUCHARISTIE**, subst. f.
Pour les catholiques, sacrement qui transforme le pain et le vin en corps et sang de Jésus-Christ. 🔊 [økaʀisti].

**EUPHÉMISME**, subst. m.
Atténuation d'une expression. 🔊 [øfemism].

**EUPHORIE**, subst. f.
Sensation de joie intense. 🔊 [øfɔʀi].

**EUTHANASIE**, subst. f.
Mort provoquée pour abréger les souffrances d'un malade incurable. 🔊 [øtanazi].

**EUX**, voir **LUI**

**ÉVACUER**, verbe trans. [3]
Expulser, rejeter. – Fig. Quitter (un lieu) ou faire quitter un lieu à (qqn). 🔊 [evakɥe].

**ÉVADER (S')**, verbe pronom. [3]
S'échapper d'un lieu de détention. – Quitter subrepticement un lieu. – Fig. Soustraire son esprit à la réalité. 🔊 [evade].

**ÉVALUER**, verbe trans. [3]
Déterminer la valeur de. – Définir approximativement (une qualité, une quantité). 🔊 [evalɥe].

**ÉVANESCENT, ENTE**, adj.
Qui s'efface peu à peu. 🔊 [evanesɑ̃, -ɑ̃t].

**ÉVANGÉLISER**, verbe trans. [3]
Convertir au christianisme en prêchant l'Évangile. 🔊 [evɑ̃ʒelize].

**ÉVANGILE**, subst. m.
*L'*Évangile : l'enseignement de Jésus-Christ. – *Un* Évangile : l'un des quatre livres saints relatant la vie de Jésus-Christ. – Fig. *Un* évangile : texte servant de fondement à une croyance, à une doctrine. 🔊 [evɑ̃ʒil].

**ÉVANOUIR (S')**, verbe pronom. [19]
Tomber en syncope. – Fig. Disparaître, se dissiper (littér.). 🔊 [evanwiʀ].

**ÉVAPORER (S')**, verbe pronom. [3]
Passer à l'état de vapeur. – Fig. Disparaître. 🔊 [evapɔʀe].

**ÉVASÉ, ÉE**, adj.
Qui s'élargit progressivement. 🔊 [evaze].

**ÉVASIF, IVE,** adj.
Imprécis, vague à dessein. 🕮 [evazif, -iv].

**ÉVASION,** subst. f.
Action de s'évader. 🕮 [evazjɔ̃].

**ÉVÊCHÉ,** subst. m.
Circonscription placée sous la juridiction d'un évêque (synon. *diocèse*). – Lieu de résidence d'un évêque. 🕮 [eveʃe].

**ÉVEIL,** subst. m.
Action d'éveiller ou de s'éveiller. – *En éveil* : aux aguets. 🕮 [evɛj].

**ÉVEILLER,** verbe trans. [3]
Tirer du sommeil (littér.). – Faire se manifester, stimuler. – Faire naître, susciter : *Éveiller les soupçons.* 🕮 [eveje].

**ÉVÉNEMENT,** subst. m.
Tout ce qui survient. – Fait d'importance, ou perçu comme tel. – Plur. Faits de l'actualité présente ou passée. 🕮 On écrit aussi *évènement* ; [evɛnmɑ̃].

**ÉVENTAIL,** subst. m.
Instrument servant à s'éventer. – Fig. Ensemble d'éléments de même nature : *Un éventail de couleurs.* 🕮 [evɑ̃taj].

**ÉVENTAIRE,** subst. m.
Étalage de marchandises en plein air. 🕮 [evɑ̃tɛʀ].

**ÉVENTER,** verbe trans. [3]
Rafraîchir en agitant l'air ; exposer à l'air. – Fig. Dévoiler, divulguer. – Pronom. Se rafraîchir. – Perdre son goût, son parfum. 🕮 [evɑ̃te].

**ÉVENTRER,** verbe trans. [3]
Entailler le ventre de, étriper. – Fig. Ouvrir de force, défoncer. 🕮 [evɑ̃tʀe].

**ÉVENTUALITÉ,** subst. f.
Caractère de ce qui est éventuel. – Fait qui est susceptible de se produire. 🕮 [evɑ̃tɥalite].

**ÉVENTUEL, ELLE,** adj.
Qui peut se produire ou non. 🕮 [evɑ̃tɥɛl].

**ÉVÊQUE,** subst. m.
Dignitaire ecclésiastique de haut rang, qui dirige un diocèse (ou évêché). 🕮 [evɛk].

**ÉVERTUER (S'),** verbe pronom. [3]
Faire de grands efforts. 🕮 [evɛʀtɥe].

**ÉVICTION,** subst. f.
Action d'évincer. 🕮 [eviksjɔ̃].

**ÉVIDENCE,** subst. f.
Ce qui est évident. – Vérité certaine. – *Être en évidence* : être exposé au regard ; attirer l'attention. – *Mettre en évidence* : exhiber ; souligner ; prouver. 🕮 [evidɑ̃s].

**ÉVIDENT, ENTE,** adj.
Que l'on peut constater. – Qui va de soi, incontestable. 🕮 [evidɑ̃, -ɑ̃t].

**ÉVIDER,** verbe trans. [3]
Creuser l'intérieur de. 🕮 [evide].

**ÉVIER,** subst. m.
Grande cuve de cuisine, alimentée en eau et dotée d'un orifice pour l'évacuation des liquides. 🕮 [evje].

**ÉVINCER,** verbe trans. [4]
Éloigner, exclure par intrigue. 🕮 [evɛ̃se].

**ÉVITER,** verbe trans. [3]
S'écarter du chemin de (qqch. ou qqn que l'on ne veut pas rencontrer). – Chercher à échapper à (une situation). – S'abstenir : *Éviter de trop manger.* 🕮 [evite].

**ÉVOLUER,** verbe intrans. [3]
Se déplacer en accomplissant des mouvements variés. – Progresser, se transformer par étapes. 🕮 [evɔlɥe].

**ÉVOQUER,** verbe trans. [3]
Rappeler par des propos. – Faire apparaître à l'esprit. – Aborder, mentionner. – Suggérer : *Un bleu qui évoque la mer.* 🕮 [evɔke].

**EX-,** préfixe
Placé devant un terme désignant une personne ou une chose, exprime ce qu'elle n'est plus : *Un ex-ministre.* 🕮 [ɛks-].

**EXACERBER,** verbe trans. [3]
Rendre plus aigu, plus vif. 🕮 [ɛgzasɛʀbe].

**EXACT, EXACTE,** adj.
Vrai, conforme à la réalité. – Juste, conforme à la règle. – Précis ; ponctuel. 🕮 [ɛgza(kt), ɛgzakt].

**EXACTION,** subst. f.
Action d'exiger une somme qui n'est pas due. – Plur. Actes de violence. 🕮 [ɛgzaksjɔ̃].

**EXACTITUDE,** subst. f.
Qualité de ce qui est exact. 🕮 [ɛgzaktityd].

**EX ÆQUO,** adj. inv., subst. inv. et loc. adv.
Adj. et loc. À égalité. – Subst. Personne ayant le même rang qu'une autre dans un classement. 🕮 [ɛgzeko].

**EXAGÉRER,** verbe [8]
Trans. Attribuer à (qqch.) une trop grande importance. – Rendre excessif. – Intrans. Dépasser la mesure, abuser. 🕮 [ɛgzaʒeʀe].

**EXALTER,** verbe trans. [3]
Provoquer l'enthousiasme de. – Louer avec éclat (littér.). – Pronom. S'enthousiasmer. 🕮 [ɛgzalte].

**EXAMEN,** subst. m.
Action d'inspecter, d'étudier soigneusement. – Épreuve contrôlant les connaissances et/ou les aptitudes de qqn. – Dr. Procédure d'instruction judiciaire. 🕮 [ɛgzamɛ̃].

**EXAMINATEUR, TRICE,** subst.
Personne qui fait passer un examen à des candidats. 🕮 [ɛgzaminatœʀ, -tʀis].

**EXAMINER,** verbe trans. [3]
Procéder à l'examen de. 🕮 [ɛgzamine].

**EXASPÉRER,** verbe trans. [8]
Irriter, agacer fortement. 🕮 [ɛgzaspeʀe].

**EXAUCER**, verbe trans. [4]
Satisfaire, accéder à la demande de (qqn).
🔊 [ɛgzose].

**EXCÉDENT**, subst. m.
Ce qui est en excès, en surplus. – *Fin.* Écart
positif entre les recettes et les dépenses.
🔊 [ɛksedã].

**EXCÉDENTAIRE**, adj.
Qui est en excédent. 🔊 [ɛksedãtɛʀ].

**EXCÉDER**, verbe trans. [8]
Dépasser (une valeur déterminée). – Fig.
Dépasser (une capacité physique ou psy-
chique). – Outrepasser (une limite). –
Fatiguer, exaspérer. 🔊 [ɛksede].

**EXCELLENCE**, subst. f.
Degré éminent de perfection. – Titre
honorifique donné aux évêques, aux ministres et aux ambassadeurs. 🔊 [ɛkselãs].

**EXCELLENT, ENTE**, adj.
Qui est parfait en son domaine. – Très bon.
🔊 [ɛkselã, -ãt].

**EXCELLER**, verbe intrans. [3]
Se montrer excellent. 🔊 [ɛksele].

**EXCENTRÉ, ÉE**, adj.
Loin du centre. 🔊 [ɛksãtʀe].

**EXCENTRIQUE**, adj. et subst.
Adj. Loin du centre. – Fig. Insolite, extrava-
gant, qui sort de l'ordinaire. – Subst.
Personne extravagante. 🔊 [ɛksãtʀik].

**EXCEPTÉ**, prép.
Hormis, à l'exclusion de. 🔊 [ɛksɛpte].

**EXCEPTION**, subst. f.
Ce qui se démarque de la règle, qui est
inhabituel. 🔊 [ɛksɛpsjɔ̃].

**EXCEPTIONNEL, ELLE**, adj.
Qui constitue une exception. – Hors pair,
remarquable. 🔊 [ɛksɛpsjɔnɛl].

**EXCÈS**, subst. m.
Trop grande quantité, excédent. – Abus,
outrance. 🔊 [ɛksɛ].

**EXCESSIF, IVE**, adj.
Qui dépasse la mesure. 🔊 [ɛksesif, -iv].

**EXCIPIENT**, subst. m.
Substance neutre ajoutée à un médicament
pour en faciliter l'absorption. 🔊 [ɛksipjã].

**EXCISION**, subst. f.
Ablation du clitoris, pratiquée de façon
rituelle chez certains peuples. 🔊 [ɛksizjɔ̃].

**EXCITER**, verbe trans. [3]
Stimuler, énerver. – Susciter, provoquer,
éveiller. 🔊 [ɛksite].

**EXCLAMATION**, subst. f.
Cri traduisant une émotion ou une surprise. – *Point* d'exclamation : signe de
ponctuation (!) placé à la fin d'une phrase
exclamative ou après une interjection.
🔊 [ɛksklamasjɔ̃].

**EXCLAMER (S')**, verbe pronom. [3]
Pousser des exclamations. 🔊 [ɛksklame].

**EXCLURE**, verbe trans. [79]
Chasser, écarter. – Tenir à l'écart, ne
pas admettre. – Être incompatible avec.
🔊 [ɛksklyʀ].

**EXCLUSIF, IVE**, adj.
Qui n'appartient qu'à un seul : *Modèle
exclusif.* – Qui n'admet aucun partage :
*Passion* exclusive. 🔊 [ɛksklyzif, -iv].

**EXCLUSION**, subst. f.
Action d'exclure, rejet, renvoi. 🔊 [ɛksklyzjɔ̃].

**EXCLUSIVITÉ**, subst. f.
Qualité de ce qui est exclusif. 🔊 [ɛksklyzivite].

**EXCOMMUNICATION**, subst. f.
Condamnation ecclésiastique excluant de
l'Église un de ses membres. – Exclusion
d'un parti, d'un groupe. 🔊 [ɛkskɔmynikasjɔ̃].

**EXCOMMUNIER**, verbe trans. [6]
Frapper (qqn) d'excommunication, exclure. 🔊 [ɛkskɔmynje].

**EXCRÉMENTS**, subst. m. plur.
Matières fécales évacuées du corps par les
voies naturelles. 🔊 [ɛkskʀemã].

**EXCROISSANCE**, subst. f.
Proéminence parasitaire de la peau, d'une
muqueuse, etc. 🔊 [ɛkskʀwasãs].

**EXCURSION**, subst. f.
Longue promenade touristique à travers
une région. 🔊 [ɛkskyʀsjɔ̃].

**EXCUSE**, subst. f.
Raison invoquée pour se décharger d'une
faute, justification. – Prétexte présenté pour
éviter une obligation. – Plur. Demande de
pardon, d'indulgence pour une faute
commise. 🔊 [ɛkskyz].

**EXCUSER**, verbe trans. [3]
Trouver des arguments pour justifier (une
faute). – Ne pas tenir rigueur à, pardonner.
– Pronom. Présenter des excuses pour une
faute commise. – Présenter une excuse
pour éviter une obligation. 🔊 [ɛkskyze].

**EXÉCRABLE**, adj.
Très mauvais. – Odieux. 🔊 [ɛgzekʀabl].

**EXÉCUTER**, verbe trans. [3]
Accomplir, faire, confectionner. – Faire
périr en vertu d'un jugement. – *Mus.* Jouer,
interpréter. – Pronom. Obéir. 🔊 [ɛgzekyte].

**EXÉCUTIF, IVE**, adj. et subst. m.
Se dit du pouvoir qui a la charge de
gouverner, d'administrer, d'appliquer les
lois. 🔊 [ɛgzekytif, -iv].

**EXÉCUTION**, subst. f.
Action d'exécuter, réalisation. – Mise à
mort d'un condamné. 🔊 [ɛgzekysjɔ̃].

**EXEMPLAIRE (I)**, adj.
Qui constitue un modèle. – Qui fait figure
d'avertissement. 🔊 [ɛgzãplɛʀ].

**EXEMPLAIRE (II)**, subst. m.
Chacun des objets reproduits selon un
modèle (souv. un livre) ; échantillon, spécimen. 🔊 [ɛgzãplɛʀ].

**EXEMPLE**, subst. m.
Modèle à imiter. – Action servant d'avertissement : *Punir pour l'exemple.* – Ce qui illustre une idée. 🕮 [ɛgzɑ̃pl].

**EXEMPT, EXEMPTE**, adj.
Déchargé (d'une obligation). – Dépourvu, préservé. 🕮 [ɛgzɑ̃(pt), ɛgzɑ̃(p)t].

**EXEMPTER**, verbe trans. [3]
Dispenser d'une obligation. – Préserver. 🕮 [ɛgzɑ̃(p)te].

**EXERCER**, verbe trans. [4]
Pratiquer (une discipline, une profession) ; faire usage de (un pouvoir, une aptitude). – Faire fonctionner (qqch.), former (qqn) : Exercer *sa mémoire ;* Exercer *un soldat au maniement des armes.* 🕮 [ɛgzɛRse].

**EXERCICE**, subst. m.
Activité visant à développer, à mettre en pratique une aptitude. – Pratique d'une fonction, d'une profession : **Exercice** *du pouvoir, de la médecine.* – Écon. Période de référence comptable. – Milit. Entraînement. 🕮 [ɛgzɛRsis].

**EXHALER**, verbe trans. [3]
Émettre, dégager, répandre. – Donner libre cours à (littér.). 🕮 [ɛgzale].

**EXHIBER**, verbe trans. [3]
Montrer, présenter. – Étaler, arborer avec ostentation. 🕮 [ɛgzibe].

**EXHORTER**, verbe trans. [3]
Encourager par des paroles. 🕮 [ɛgzɔRte].

**EXHUMER**, verbe trans. [3]
Déterrer. – Tirer de l'oubli. 🕮 [ɛgzyme].

**EXIGENCE**, subst. f.
Action d'exiger. – Caractère d'une personne exigeante, qui demande beaucoup. – Besoin, nécessité. – Revendication (gén. au plur.). – Contrainte, discipline. 🕮 [ɛgziʒɑ̃s].

**EXIGER**, verbe trans. [5]
Réclamer avec autorité. – Requérir, imposer, nécessiter. 🕮 [ɛgziʒe].

**EXIGU, UË**, adj.
Très étroit. – Minuscule. 🕮 [ɛgzigy].

**EXIL**, subst. m.
Condamnation à quitter son pays. – Éloignement de son pays, ou du lieu auquel on est attaché. – Lieu où l'on est exilé. 🕮 [ɛgzil].

**EXILER**, verbe trans. [3]
Frapper (qqn) d'exil, bannir. – Pronom. S'expatrier. 🕮 [ɛgzile].

**EXISTENCE**, subst. f.
Le fait d'être, de vivre. – Vie, en tant que durée ou manière de vivre. 🕮 [ɛgzistɑ̃s].

**EXISTER**, verbe intrans. [3]
Vivre. – Avoir une existence, une réalité objective. – Avoir de l'importance, compter. 🕮 [ɛgziste].

**EXODE**, subst. m.
Départ massif de population. 🕮 [ɛgzɔd].

**EXONÉRER**, verbe trans. [8]
Dispenser d'une charge. 🕮 [ɛgzɔneRe].

**EXORBITANT, ANTE**, adj.
Excessif, démesuré. 🕮 [ɛgzɔRbitɑ̃, -ɑ̃t].

**EXORBITÉ, ÉE**, adj.
Qui paraît sortir de son orbite. 🕮 [ɛgzɔRbite].

**EXORCISER**, verbe trans. [3]
Chasser (le démon) d'un corps, d'un lieu. – Délivrer (un corps, un lieu) d'un démon. 🕮 [ɛgzɔRsize].

**EXOTIQUE**, adj.
Qui vient d'un pays lointain. 🕮 [ɛgzɔtik].

**EXPANSIF, IVE**, adj.
Communicatif, voluble. 🕮 [ɛkspɑ̃sif, -iv].

**EXPANSION**, subst. f.
Augmentation de la surface, du volume d'un corps. – Progression, développement. 🕮 [ɛkspɑ̃sjɔ̃].

**EXPATRIER (S')**, verbe pronom. [6]
Quitter sa patrie, s'exiler. 🕮 [ɛkspatRije].

**EXPECTATIVE**, subst. f.
Attente prudente. 🕮 [ɛkspɛktativ].

**EXPÉDIENT**, subst. m.
Moyen ingénieux de résoudre une difficulté. – Subterfuge permettant de se tirer d'embarras. – Plur. Moyens d'existence, licites ou illicites. 🕮 [ɛkspedjɑ̃].

**EXPÉDIER**, verbe trans. [6]
Envoyer (qqn ou qqch.) : **Expédier** *une lettre.* – Se débarrasser de (qqn). – Exécuter trop vite, bâcler. 🕮 [ɛkspedje].

**EXPÉDITEUR, TRICE**, subst.
Personne qui expédie. 🕮 [ɛkspeditœR, -tRis].

**EXPÉDITION**, subst. f.
Action d'expédier. – Voyage d'exploration, de recherche ; les personnes qui y prennent part. 🕮 [ɛkspedisjɔ̃].

**EXPÉRIENCE**, subst. f.
Connaissance, aptitude acquise par la pratique. – Essai, test : *Faire une* **expérience.** 🕮 [ɛkspeRjɑ̃s].

**EXPÉRIMENTAL, ALE, AUX**, adj.
Qui se fonde sur l'expérience scientifique. – Fait à titre d'essai. 🕮 [ɛkspeRimɑ̃tal].

**EXPÉRIMENTÉ, ÉE**, adj.
Instruit par l'expérience. 🕮 [ɛkspeRimɑ̃te].

**EXPÉRIMENTER**, verbe trans. [3]
Connaître par l'expérience. – Soumettre (qqch.) à des expériences. 🕮 [ɛkspeRimɑ̃te].

**EXPERT, ERTE**, adj. et subst. m.
Qui maîtrise un domaine, grâce à expérience acquise. – Subst. Spécialiste chargé d'évaluer, de vérifier. 🕮 [ɛkspɛR, -ɛRt].

**EXPERTISE**, subst. f.
Examen fait par un expert. – Fig. Examen attentif et minutieux. 🕮 [ɛkspɛRtiz].

**EXPIER,** verbe trans. [6]
Réparer (une faute) en subissant un châtiment. 🔊 [εkspje].

**EXPIRER,** verbe [3]
Trans. Rejeter (l'air) hors des poumons en soufflant. – Intrans. Mourir. – Fig. S'achever, disparaître. 🔊 [εkspiʀe].

**EXPLICATION,** subst. f.
Action d'expliquer. – Ce qui explique qqch. – Discussion conflictuelle. 🔊 [εksplikasjɔ̃].

**EXPLICITE,** adj.
Clair. – Nettement exprimé. 🔊 [εksplisit].

**EXPLICITER,** verbe trans. [3]
Exprimer clairement. 🔊 [εksplisite].

**EXPLIQUER,** verbe trans. [3]
Faire comprendre par une argumentation. – Constituer l'origine, la cause de (qqch.). – Pronom. Formuler clairement sa pensée. – Comprendre les raisons de. – Régler un litige avec qqn. 🔊 [εksplike].

**EXPLOIT,** subst. m.
Acte héroïque ou remarquable. 🔊 [εksplwa].

**EXPLOITATION,** subst. f.
Action d'exploiter, de valoriser, de faire fructifier. – Bien, lieu que l'on exploite. – Utilisation abusive que l'on fait des autres. 🔊 [εksplwatasjɔ̃].

**EXPLOITER,** verbe trans. [3]
Mettre en valeur, faire fructifier. – Tirer parti de (un événement). – Abuser de (qqn). 🔊 [εksplwate].

**EXPLORATEUR, TRICE,** subst.
Personne qui part à la découverte de régions inconnues. 🔊 [εksplɔʀatœʀ, -tʀis].

**EXPLORER,** verbe trans. [3]
Aller à la découverte de (une région peu connue). – Inspecter minutieusement (un lieu). – Fig. Étudier (un domaine peu connu). 🔊 [εksplɔʀe].

**EXPLOSER,** verbe intrans. [3]
Éclater, entrer en déflagration. – Fig. Se produire brusquement, avec force. – Se répandre soudainement. – S'accroître brusquement (fam.). 🔊 [εksploze].

**EXPLOSIF, IVE,** adj. et subst. m.
Adj. Qui peut exploser, dangereux. – Subst. Produit apte à exploser. 🔊 [εksplozif, -iv].

**EXPLOSION,** subst. f.
Déflagration brutale et bruyante, qui produit des dégâts. – Fig. Manifestation brusque. – Accroissement très rapide. 🔊 [εksplozjɔ̃].

**EXPORTATEUR, TRICE,** adj. et subst.
Qui exporte. 🔊 [εkspɔʀtatœʀ, -tʀis].

**EXPORTATION,** subst. f.
Action d'exporter. – Marchandise exportée. 🔊 [εkspɔʀtasjɔ̃].

**EXPORTER,** verbe trans. [3]
Transporter et vendre à l'étranger (des produits nationaux). – Fig. Diffuser à l'étranger (des idées, des modes, etc.). 🔊 [εkspɔʀte].

**EXPOSANT, ANTE,** subst.
Personne qui expose qqch. – Masc. *Math.* Nombre indiquant à quelle puissance un nombre est élevé. 🔊 [εkspozɑ̃, -ɑ̃t].

**EXPOSÉ,** subst. m.
Compte rendu, rapport oral. 🔊 [εkspoze].

**EXPOSER,** verbe trans. [3]
Présenter (des faits, des idées). – Disposer pour les montrer (des objets). – Soumettre à l'action de qqch. : *Exposer une plante à la lumière.* – Mettre en danger. 🔊 [εkspoze].

**EXPOSITION,** subst. f.
Action d'exposer ; son résultat. – Lieu où l'on expose des produits. – Orientation : *Exposition au sud.* 🔊 [εkspozisjɔ̃].

**EXPRÈS (I), ESSE,** adj.
Explicite, formel. – Empl. adj. inv. et subst. m. inv. Livré sans délai au destinataire : *Colis, lettre* exprès ; *Un* exprès. 🔊 [εkspʀεs].

**EXPRÈS (II),** adv.
Délibérément, à dessein. 🔊 [εkspʀε].

**EXPRESS,** adj. inv. et subst. m.
Adj. Qui permet de se déplacer rapidement. – Subst. Train rapide. 🔊 [εkspʀεs].

**EXPRESSIF, IVE,** adj.
Qui manifeste bien ce qu'on veut exprimer. – Qui a de l'expression. 🔊 [εkspʀesif, -iv].

**EXPRESSION,** subst. f.
Action d'exprimer sa pensée, par le langage, le comportement ou l'art. – Signe extérieur d'un sentiment. – *Ling.* Mot ou groupe de mots énonçant une idée. 🔊 [εkspʀesjɔ̃].

**EXPRESSIONNISME,** subst. m.
Forme d'art qui privilégie l'intensité de l'expression. 🔊 [εkspʀesjɔnism].

**EXPRIMER,** verbe trans. [3]
Faire sortir, extraire. – Faire connaître (qqch.) par le langage, un comportement, une mimique, etc. – Pronom. Faire connaître sa pensée, ses sentiments. 🔊 [εkspʀime].

**EXPROPRIER,** verbe trans. [6]
Dépouiller d'un bien, légalement et contre une indemnité. 🔊 [εkspʀɔpʀije].

**EXPULSER,** verbe trans. [3]
Chasser, faire sortir d'un lieu. 🔊 [εkspylse].

**EXPURGER,** verbe trans. [5]
Ôter de (un texte) les passages jugés non conformes à la morale, au dogme ou à la religion. 🔊 [εkspyʀʒe].

**EXQUIS, ISE,** adj.
Recherché, raffiné, délicieux. 🔊 [εkski, -iz].

**EXSANGUE,** adj.
Vidé, ou presque, de son sang. – Très pâle. – Fig. Sans vigueur. 🔊 [εksɑ̃g].

**EXTASE,** subst. f.
État mystique d'une personne qui se sent en présence de Dieu. – Fig. Joie intense, admiration. 🔊 [εkstaz].

**EXTASIER (S'),** verbe pronom. [6]
Manifester, exprimer son émerveillement.
🕮 [εkstazje].

**EXTENSIBLE,** adj.
Qui peut être étiré, allongé. 🕮 [εkstãsibl].

**EXTENSION,** subst. f.
Action d'étendre, de s'étendre. – Augmentation. – Prolongement. 🕮 [εkstãsjõ].

**EXTÉNUER,** verbe trans. [3]
Fatiguer énormément, épuiser. 🕮 [εkstenɥe].

**EXTÉRIEUR, IEURE,** adj. et subst. m.
Adj. Qui se situe ou a lieu en dehors.
– Visible du dehors. – Qui concerne les relations avec les pays étrangers. – Subst. Ce qui est en dehors. – Fig. Apparence, aspect. – Les pays étrangers. – Plur. Cin. Séquences tournées hors des studios.
🕮 [εksteRjœR].

**EXTÉRIORISER,** verbe trans. [3]
Manifester, exprimer : Extérioriser ses sentiments. 🕮 [εksteRjɔRize].

**EXTERMINER,** verbe trans. [3]
Tuer en masse, détruire jusqu'au dernier.
🕮 [εkstεRmine].

**EXTERNE,** adj. et subst.
Adj. Qui est situé au-dehors. – Qui a trait à ce qui est au-dehors. – Subst. Élève d'un établissement qui prend ses repas et dort chez lui. – Étudiant en médecine qui assiste un interne. 🕮 [εkstεRn].

**EXTINCTEUR,** subst. m.
Appareil servant à combattre un incendie.
🕮 [εkstẽktœR].

**EXTINCTION,** subst. f.
Action d'éteindre. – Perte progressive de vigueur. – Fig. Disparition. 🕮 [εkstẽksjõ].

**EXTIRPER,** verbe trans. [3] .
Arracher, extraire complètement. – Tirer (qqn ou qqch.) avec difficulté hors d'un lieu. – Fig. Faire disparaître (qqch.) en s'attaquant à son origine. 🕮 [εkstiRpe].

**EXTORQUER,** verbe trans. [3]
Soutirer par force ou par ruse. 🕮 [εkstɔRke].

**EXTORSION,** subst. f.
Action d'extorquer. 🕮 [εkstɔRsjõ].

**EXTRA-,** préfixe
Exprime l'idée de « en dehors » : Extraterrestre. – Augmentatif : Extrafin. 🕮 [εkstRa-].

**EXTRA,** adj. inv. et subst. m.
Adj. De qualité supérieure. – Exceptionnel. – Subst. Chose extraordinaire. – Service occasionnel ; personne effectuant ce service. 🕮 [εkstRa].

**EXTRACTION,** subst. f.
Action d'extraire. – Origine sociale (littér.).
🕮 [εkstRaksjõ].

**EXTRADITION,** subst. f.
Livraison d'une personne à un État étranger qui doit la juger. 🕮 [εkstRadisjõ].

**EXTRAIRE,** verbe trans. [58]
Tirer hors de, faire sortir. – Séparer (une substance) du corps auquel elle appartient. – Fig. Dégager, faire apparaître. 🕮 [εkstRεR].

**EXTRAIT,** subst. m.
Concentré d'une substance. – Partie choisie d'un texte, d'une œuvre. – **Extrait** de naissance : copie conforme de l'acte d'état civil. 🕮 [εkstRε].

**EXTRAORDINAIRE,** adj.
Qui sort de l'ordinaire. – Qui frappe par sa singularité. – Remarquable, exceptionnel. 🕮 [εkstRaɔRdinεR].

**EXTRAPOLER,** verbe intrans. [3]
Généraliser à partir d'éléments fragmentaires, d'hypothèses. 🕮 [εkstRapole].

**EXTRAVAGANT, ANTE,** adj.
Bizarre, délirant. – Qui dépasse la mesure.
🕮 [εkstRavagã, -ãt].

**EXTRÊME,** adj. et subst. m.
Adj. Qui est à la limite (d'un espace ou d'une durée). – Porté au plus haut point. – Excessif. – Subst. Les **extrêmes** : les contraires. – Loc. adv. À l'**extrême** : au plus haut point. 🕮 [εkstRεm].

**EXTRÊME-ONCTION,** subst. f.
Sacrement catholique administré aux personnes proches de la mort. 🕮 Plur. extrêmes-onctions ; [εkstRεmõksjõ].

**EXTRÉMISTE,** adj. et subst.
Partisan d'une attitude radicale, poussant à l'extrême l'affirmation de ses idées.
🕮 [εkstRemist].

**EXTRÉMITÉ,** subst. f.
Partie extrême d'une chose. – Conduite, situation critique. – Plur. Anat. Les mains et les pieds. – Actes violents.
🕮 [εkstRemite].

**EXUBÉRANT, ANTE,** adj.
Qui croît abondamment, qui est surabondant. – Fig. Qui est plein de vitalité ; expansif. 🕮 [εgzyberã, -ãt].

**EXULTER,** verbe intrans. [3]
Manifester une joie immense. 🕮 [εgzylte].

**EXUTOIRE,** subst. m.
Conduit d'évacuation des eaux. – Fig. Dérivatif. 🕮 [εgzytwaR].

**EX-VOTO,** subst. m. inv.
Objet, plaque de remerciement à un saint, que l'on place dans une église. 🕮 [εksvoto].

# F

**F, f,** subst. m. inv.
Sixième lettre et quatrième consonne de
l'alphabet français. 🕮 [ɛf].

**FA,** subst. m. inv.
*Mus.* Quatrième note de la gamme : *La clef
de fa.* 🕮 [fa].

**FABLE,** subst. f.
Récit allégorique assorti d'une vérité morale. – Propos mensonger (littér.). 🕮 [fabl].

**FABRICANT, ANTE,** subst.
Personne qui fabrique ou fait fabriquer des
produits commerciaux. 🕮 [fabʀikɑ̃, -ɑ̃t].

**FABRICATION,** subst. f.
Action, manière de fabriquer. – Ce qui en
résulte. 🕮 [fabʀikasjɔ̃].

**FABRIQUE,** subst. f.
Établissement où l'on fabrique des produits
de consommation. 🕮 [fabʀik].

**FABRIQUER,** verbe trans. [3]
Produire, élaborer (un objet). – Faire
(fam.) : *Mais qu'est-ce que tu fabriques ?*
🕮 [fabʀike].

**FABULER,** verbe intrans. [3]
Présenter comme vrai un récit imaginaire.
🕮 [fabyle].

**FABULEUX, EUSE,** adj.
Qui appartient à la légende, mythique : *Un
héros fabuleux.* – Étonnant, extraordinaire ; colossal. 🕮 [fabylø, -øz].

**FAÇADE,** subst. f.
Mur dans lequel s'ouvre l'entrée principale
d'un bâtiment. – Fig. Apparence trompeuse. – *Géogr.* Zone littorale. 🕮 [fasad].

**FACE,** subst. f.
Partie antérieure de la tête humaine, visage.
– Côté d'une pièce de monnaie qui présente
une figure. – Fig. Aspect sous lequel se
présente une chose, une idée. – *Perdre la
face* : sa dignité. – Loc. prép. *En face de* :
devant. 🕮 [fas].

**FACE-À-FACE,** subst. m. inv.
Débat contradictoire public entre deux
personnes. 🕮 [fasafas].

**FACÉTIE,** subst. f.
Plaisanterie, farce. 🕮 [fasesi].

**FACÉTIEUX, IEUSE,** adj. et subst.
Qui dit ou fait des facéties. 🕮 [fasesjø, -jøz].

**FACETTE,** subst. f.
Chacune des petites faces d'un objet. – Fig.
*À facettes* : qui présente de nombreux
aspects différents. 🕮 [fasɛt].

**FÂCHER,** verbe trans. [3]
Désobliger, peiner, provoquer la colère de

(qqn). – Pronom. Se mettre en colère. – Se
brouiller : *Se fâcher avec sa femme.* 🕮 [faʃe].

**FÂCHEUX, EUSE,** adj. et subst.
Adj. Pénible, désagréable. – Regrettable.
– Subst. Personne importune. 🕮 [faʃø, -øz].

**FACIÈS,** subst. m.
Aspect du visage. 🕮 [fasjɛs].

**FACILE,** adj.
Qui s'effectue aisément. – Qui se comprend sans effort ; qui s'acquiert sans peine.
– Conciliant : *Facile à vivre.* – *Fille facile* :
aux mœurs légères. 🕮 [fasil].

**FACILITÉ,** subst. f.
Aisance, caractère de ce qui est fait sans
effort. – Aptitude à réussir. – Manque
d'exigence (péj.). 🕮 [fasilite].

**FACILITER,** verbe trans. [3]
Rendre plus aisé. 🕮 [fasilite].

**FAÇON,** subst. f.
Fabrication, mode de réalisation. – Forme
affectée à un objet. – Manière d'agir, de
se comporter. – Loc. prép. et conj. *De façon
à, que* : de manière à, que. 🕮 [fasɔ̃].

**FACONDE,** subst. f.
Volubilité, facilité de parole. 🕮 [fakɔ̃d].

**FAÇONNER,** verbe trans. [3]
Fabriquer, imprimer une forme à. – Fig.
Former, éduquer. 🕮 [fasɔne].

**FAC-SIMILÉ,** subst. m.
Reproduction à l'identique d'un texte, d'un
dessin. 🕮 Plur. *fac-similés* ; [faksimile].

**FACTEUR, TRICE,** subst.
Agent des postes qui distribue le courrier.
– Masc. Fig. Élément qui concourt à un
résultat. – *Math.* Élément constitutif d'un
produit. 🕮 [faktœʀ, -tʀis].

**FACTICE,** adj.
Artificiel, contrefait. – Fig. Simulé, forcé,
faux : *Un sourire factice.* 🕮 [faktis].

**FACTION,** subst. f.
Groupe provoquant une scission à l'intérieur d'une communauté. – Tour de garde ;
longue attente. 🕮 [faksjɔ̃].

**FACTURE (I),** subst. f.
Technique de réalisation d'une œuvre d'art.
– Fabrication des instruments de musique.
🕮 [faktyʀ].

**FACTURE (II),** subst. f.
Bordereau détaillant le prix de marchandises ou de services fournis. – Ce qui doit
être payé. 🕮 [faktyʀ].

**FACTURER,** verbe trans. [3]
Porter sur une facture (II). 🕮 [faktyʀe].

**FACULTATIF, IVE,** adj.
Qu'on peut faire ou non. 🔊 [fakyltatif, -iv].

**FACULTÉ (I),** subst. f.
Possibilité, capacité (de faire qqch.) : *La faculté de parler.* – Plur. Aptitudes, capacités d'une personne. 🔊 [fakylte].

**FACULTÉ (II),** subst. f.
Lieu où est dispensé un enseignement universitaire. – *La* **Faculté** : les médecins. 🔊 [fakylte].

**FADAISE,** subst. f.
Propos insignifiant ou stupide (gén. au plur.). 🔊 [fadɛz].

**FADE,** adj.
Sans saveur. – Fig. Sans vigueur, ennuyeux. 🔊 [fad].

**FADEUR,** subst. f.
Caractère de ce qui est fade. 🔊 [fadœʀ].

**FAGOT,** subst. m.
Assemblage de petites branches de bois. 🔊 [fago].

**FAGOTER,** verbe trans. [3]
Vêtir sans goût (fam.). 🔊 [fagɔte].

**FAIBLE,** adj. et subst.
Qui manque de force de caractère, d'autorité. – Dénué de ressources, de défenses. – Adj. Qui manque de robustesse, de résistance. – Qui manque d'intensité. – De peu d'importance : **Faible** *distance.* – Insuffisant, médiocre : *Élève* **faible.** – Subst. masc. Inclination, penchant. 🔊 [fɛbl].

**FAIBLESSE,** subst. f.
Caractère d'une personne ou d'une chose faible. – Inclination, préférence. – Indulgence excessive. 🔊 [fɛblɛs].

**FAIBLIR,** verbe intrans. [19]
Devenir faible. 🔊 [febliʀ].

**FAÏENCE,** subst. f.
Poterie émaillée ou vernissée. 🔊 [fajɑ̃s].

**FAIGNANT,** voir **FEIGNANT**

**FAILLE,** subst. f.
*Géol.* Fissure dans une couche de l'écorce terrestre. – Fig. Carence, défaut. 🔊 [faj].

**FAILLIBLE,** adj.
Qui peut commettre une faute, qui est sujet à l'erreur. 🔊 [fajibl].

**FAILLIR,** verbe [31]
Trans. indir. Faire défaut, manquer (à) : **Faillir** *à sa parole.* – Intrans. Commettre une faute. – **Faillir** + inf. Être sur le point de, éviter de peu de : *Elle* **faillit** *crier.* 🔊 Verbe défectif ; [fajiʀ].

**FAILLITE,** subst. f.
État d'un débiteur qui ne peut plus payer ses créanciers. – Fig. Échec total. 🔊 [fajit].

**FAIM,** subst. f.
Sensation par laquelle se manifeste le besoin ou l'envie de manger. – Manque aigu de nourriture. – Fig. Vive aspiration. 🔊 [fɛ̃].

**FAINÉANT, ANTE,** adj. et subst.
Paresseux de nature. 🔊 [fɛneɑ̃, -ɑ̃t].

**FAINÉANTISE,** subst. f.
Paresse. 🔊 [fɛneɑ̃tiz].

**FAIRE,** verbe trans. [57]
Être l'auteur de, produire, créer : **Faire** *un tableau.* – Ramasser, gagner : **Faire** *des provisions* ; **Faire** *des bénéfices.* – Constituer, égaler : *Deux et deux* **font** *quatre.* – Préparer, arranger : **Faire** *son lit, ses valises.* – Exécuter (un mouvement, une action). – Jouer (un rôle) ; paraître : **Faire** *l'idiot* ; *Un costume qui* **fait** *sport.* – Être cause de, provoquer : **Faire** *peur.* – Employé comme substitut d'un autre verbe déjà cité : *Je ne pourrais pas courir comme vous le* **faites.** – Pronom. Devenir : *Il se* **fait** *vieux.* – Concevoir : *Se* **faire** *du souci.* – Empl. impers. Indique un état météorologique : *Il* **fait** *chaud* ; *Il* **fait** *jour.* 🔊 [fɛʀ].

**FAIRE-PART,** subst. m. inv.
Lettre annonçant un événement (naissance, décès, etc.). 🔊 [fɛʀpaʀ].

**FAIRE-VALOIR,** subst. m. inv.
Personne qui met en valeur une autre personne. 🔊 [fɛʀvalwaʀ].

**FAISABLE,** adj.
Qui peut être fait, réalisable. 🔊 [fəzabl].

**FAISAN, ANE,** subst.
Oiseau gallinacé, gibier à la chair appréciée. 🔊 [fəzɑ̃, -an].

**FAISANDÉ, ÉE,** adj.
Se dit d'un gibier qui commence à se décomposer et qui prend un fumet de plus en plus prononcé. 🔊 [fəzɑ̃de].

**FAISCEAU,** subst. m.
Assemblage d'objets allongés tenus par un lien. – Ensemble de rayons lumineux. – Fig. Ensemble d'éléments convergents : **Faisceau** *de preuves.* 🔊 [fɛso].

**FAIT,** subst. m.
Action. – Ce qui est arrivé, événement : *Résumé des* **faits.** – Réalité : *C'est un* **fait,** *non une supposition.* – *Au* **fait** : à ce sujet. – *En* **fait** *de* : en matière de. – *Tout à* **fait** : absolument. 🔊 [fɛ(t)], plur. [fɛ].

**FAIT(-)DIVERS,** subst. m.
Événement anecdotique. – Plur. Rubrique de journal qui traite des événements de la vie quotidienne (accidents, délits, crimes). 🔊 Plur. *faits(-)divers* ; [fɛdivɛʀ].

**FAÎTE,** subst. m.
Partie la plus haute de qqch., sommet. – Fig. Paroxysme (littér.). 🔊 [fɛt].

**FALAISE,** subst. f.
Escarpement en bord de mer. 🔊 [falɛz].

**FALBALAS,** subst. m. plur.
Ornements (gén. en surcharge) d'un vêtement. 🔊 [falbala].

**FALLACIEUX, IEUSE, adj.**
Trompeur. 📖 [fal(l)asjø, -jøz].

**FALLOIR, verbe impers.** [43]
Être nécessaire, obligatoire. – Pronom.
Manquer : *Il s'en est fallu d'un rien.*
📖 [falwaʀ].

**FALOT, OTE, adj.**
Insignifiant, effacé. 📖 [falo, -ɔt].

**FALSIFIER, verbe trans.** [6]
Contrefaire, truquer. 📖 [falsifje].

**FAMÉ, ÉE, adj.**
*Mal famé* : mal fréquenté. 📖 [fame].

**FAMÉLIQUE, adj.**
Amaigri par le manque de nourriture.
– Qui semble avoir faim. 📖 [famelik].

**FAMEUX, EUSE, adj.**
Célèbre, réputé. – Remarquable, excellent ;
mémorable. 📖 [famø, -øz].

**FAMILIAL, ALE, AUX, adj.**
Qui concerne la famille. – Intime et chaleureux comme une famille. 📖 [familjal].

**FAMILIARISER, verbe trans.** [3]
Rendre familier à (qqn). – Pronom. *Se
familiariser avec qqch.* : s'y accoutumer par
la pratique. 📖 [familjaʀize].

**FAMILIARITÉ, subst. f.**
Intimité. – Expérience, habitude. – Désinvolture, conduite inconvenante (gén. au
plur.). 📖 [familjaʀite].

**FAMILIER, IÈRE, adj. et subst. m.**
Adj. Que l'on connaît bien. – Désinvolte,
impoli. – *Mot familier* : qui appartient au
langage courant. – Subst. Ami, habitué.
📖 [familje, -jɛʀ].

**FAMILLE, subst. f.**
Ensemble composé par le père, la mère et
les enfants. – Ensemble de personnes ayant
des liens de parenté. – Ensemble d'éléments
ou de personnes ayant des caractéristiques
communes. – Catégorie botanique ou
zoologique. 📖 [famij].

**FAMINE, subst. f.**
Manque de nourriture touchant la population d'une région. 📖 [famin].

**FANAL, AUX, subst. m.**
Lanterne ou feu servant de balise ou de
signal, sur un véhicule, un navire.
📖 [fanal].

**FANATIQUE, adj. et subst.**
Qui est atteint de fanatisme. 📖 [fanatik].

**FANATISME, subst. m.**
Exaltation excessive pour une cause, une
doctrine, etc. – Enthousiasme débordant,
passionné. 📖 [fanatism].

**FANER, verbe trans.** [3]
Remuer (l'herbe coupée) pour en faire du
foin. – Défraîchir (une fleur). – Fig. Ternir
(le teint, une couleur). – Pronom. Se flétrir.
📖 [fane].

**FANFARE, subst. f.**
Air vif et entraînant. – Orchestre de cuivres
et de percussions. – Fig. Vacarme.
📖 [fɑ̃faʀ].

**FANFARON, ONNE, adj. et subst.**
Vantard. 📖 [fɑ̃faʀɔ̃, -ɔn].

**FANFRELUCHE, subst. f.**
Ornement de peu de valeur. 📖 [fɑ̃fʀəlyʃ].

**FANGE, subst. f.**
Boue (littér.). – Fig. Souillure morale,
débauche. 📖 [fɑ̃ʒ].

**FANION, subst. m.**
Petit drapeau. 📖 [fanjɔ̃].

**FANON, subst. m.**
Chacune des lames cornées garnissant la
mâchoire des baleines. 📖 [fanɔ̃].

**FANTAISIE, subst. f.**
Pouvoir créatif de l'imagination. – Lubie,
caprice. – *Bijou fantaisie* : factice, sans
vraie valeur. 📖 [fɑ̃tezi].

**FANTAISISTE, adj. et subst.**
Subst. Individu qui agit selon ses caprices.
– Artiste comique. – Adj. Qui fait preuve
de fantaisie. – Imaginaire, inventé.
📖 [fɑ̃tezist].

**FANTASME, subst. m.**
Rêve, construction due au travail de l'imagination, de l'inconscient. 📖 [fɑ̃tasm].

**FANTASQUE, adj.**
Capricieux, lunatique. – Bizarre, extravagant. 📖 [fɑ̃task].

**FANTASSIN, subst. m.**
Soldat d'infanterie. 📖 [fɑ̃tasɛ̃].

**FANTASTIQUE, adj. et subst. m.**
Se dit d'un genre littéraire qui fait appel
au surnaturel : *Conte fantastique.* – Adj.
Irréel, imaginaire. – Extraordinaire, inouï.
📖 [fɑ̃tastik].

**FANTOMATIQUE, adj.**
Qui tient du fantôme. 📖 [fɑ̃tomatik].

**FANTÔME, subst. m.**
Apparition surnaturelle d'un défunt ; revenant. – Souvenir qui hante la mémoire.
– Fig. Personne, chose peu réelle. – Personne souv. absente. – Empl. adj. Qui
n'existe pas réellement. 📖 [fɑ̃tom].

**FAON, subst. m.**
Petit d'un cervidé. 📖 [fɑ̃].

**FARAMINEUX, EUSE, adj.**
Prodigieux, extraordinaire (fam.) : *Un score
faramineux.* 📖 [faʀaminø, -øz].

**FARANDOLE, subst. f.**
Danse provençale exécutée par une file al-
ternée d'hommes et de femmes. 📖 [faʀɑ̃dɔl].

**FARCE (I), subst. f.**
Pièce de théâtre où domine le burlesque.
– Bon tour joué à qqn. 📖 [faʀs].

**FARCE (II), subst. f.**
Hachis de viande ou d'autres ingrédients,
dont on fourre certains mets. 📖 [faʀs].

**FARCEUR, EUSE, subst.**
Auteur de bons tours. 🔲 [faʀsœʀ, -øz].

**FARCIR, verbe trans. [19]**
Garnir de farce. – Fig. Encombrer, surcharger : Farcir un texte de calembours. 🔲 [faʀsiʀ].

**FARD, subst. m.**
Produit cosmétique qui masque les défauts de la peau ou rehausse le teint. 🔲 [faʀ].

**FARDEAU, subst. m.**
Charge pesante. – Fig. Charge morale difficile à supporter. 🔲 [faʀdo].

**FARDER, verbe trans. [3]**
Enduire de fard. – Fig. Présenter sous un jour trompeur. 🔲 [faʀde].

**FARFADET, subst. m.**
Lutin espiègle des contes. 🔲 [faʀfadɛ].

**FARFELU, UE, adj. et subst.**
Adj. Loufoque. – Subst. Personne excentrique. 🔲 [faʀfəly].

**FARFOUILLER, verbe intrans. [3]**
Fouiller, fureter au hasard en mettant du désordre (fam.). 🔲 [faʀfuje].

**FARIBOLE, subst. f.**
Parole frivole et sans intérêt (gén. au plur.). 🔲 [faʀibɔl].

**FARINE, subst. f.**
Poudre issue de la mouture de grains de céréales. 🔲 [faʀin].

**FARINEUX, EUSE, adj.**
Qui contient de la farine ou de la fécule. – Qui évoque la farine par sa consistance ou son goût. 🔲 [faʀinø, -øz].

**FARNIENTE, subst. m.**
Oisiveté (fam.). 🔲 [faʀnjɛnte].

**FAROUCHE, adj.**
Sauvage, indompté. – Qui répugne aux contacts humains. – Acharné. 🔲 [faʀuʃ].

**FART, subst. m.**
Substance cireuse appliquée sur les semelles des skis afin d'en améliorer la glisse. 🔲 [faʀt].

**FASCICULE, subst. m.**
Chacune des parties d'un ouvrage publié en plusieurs fois. 🔲 [fasikyl].

**FASCINATION, subst. f.**
Action de fasciner. – Attrait irrésistible exercé par qqn ou qqch. 🔲 [fasinasjɔ̃].

**FASCINER, verbe trans. [3]**
Exercer par le seul regard une forte attraction sur. – Fig. Séduire, captiver. 🔲 [fasine].

**FASCISME, subst. m.**
Doctrine politique de Mussolini, fondée sur le nationalisme, le parti unique et le gouvernement par un seul homme. – Idéologie s'inspirant de cette doctrine, totalitarisme. 🔲 [fasism] ou [faʃism].

**FASTE (I), adj.**
Favorable, heureux. 🔲 [fast].

**FASTE (II), subst. m.**
Pompe, exhibition de luxe. 🔲 [fast].

**FAST-FOOD, subst. m.**
Établissement de restauration rapide et bon marché. 🔲 Plur. fast-foods ; [fastfud].

**FASTIDIEUX, IEUSE, adj.**
Ennuyeux, lassant. 🔲 [fastidjø, -jøz].

**FAT, adj. m. et subst. m.**
Poseur, vaniteux (littér.). 🔲 [fa(t)].

**FATAL, ALE, ALS, adj.**
Déterminé par le destin. – Qui engendre le malheur ou la mort, néfaste. – Inévitable. 🔲 [fatal].

**FATALISTE, adj. et subst.**
Qui s'abandonne au destin. 🔲 [fatalist].

**FATALITÉ, subst. f.**
Caractère fatal de qqch. – Malédiction ; sort contraire. 🔲 [fatalite].

**FATIDIQUE, adj.**
Déterminé par le destin. 🔲 [fatidik].

**FATIGUE, subst. f.**
Diminution des forces physiques, sentiment de lassitude. 🔲 [fatig].

**FATIGUER, verbe [3]**
Trans. Causer de la fatigue à. – Lasser, ennuyer. – Intrans. Éprouver de la fatigue. – Peiner : Moteur qui fatigue. 🔲 [fatige].

**FATRAS, subst. m.**
Fouillis, assemblage disparate. – Fig. Un fatras d'idées. 🔲 [fatʀɑ].

**FATUITÉ, subst. f.**
Vanité, suffisance. 🔲 [fatɥite].

**FAUBOURG, subst. m.**
Quartier excentré d'une ville. 🔲 [fobuʀ].

**FAUCHER, verbe trans. [3]**
Couper à la faux (l'herbe, le foin, le blé, etc.). – Abattre en grand nombre. – Dérober (fam.). 🔲 [foʃe].

**FAUCILLE, subst. f.**
Outil formé d'une lame incurvée fixée à une poignée en bois, utilisé pour couper l'herbe ou les céréales. 🔲 [fosij].

**FAUCON, subst. m.**
Oiseau rapace diurne, qui peut être dressé pour la chasse. 🔲 [fokɔ̃].

**FAUFILER, verbe trans. [3]**
Assembler provisoirement à grands points (les pièces d'un vêtement). – Pronom. Se glisser adroitement. 🔲 [fofile].

**FAUNE, subst. f.**
Ensemble des animaux d'une région. – Fig. Population louche d'un lieu. 🔲 [fon].

**FAUSSAIRE, subst.**
Personne coupable d'un délit de contrefaçon. 🔲 [fosɛʀ].

**FAUSSER, verbe trans. [3]**
Rendre faux, altérer. – Déformer, gauchir : Fausser une serrure. 🔲 [fose].

**FAUSSETÉ**, subst. f.
Caractère de ce qui est faux. – Manque de franchise, hypocrisie. ◻◻ [foste]

**FAUTE**, subst. f.
Manquement à un devoir, à une loi. – Manquement à une norme, erreur : **Faute** d'orthographe. – Responsabilité : Rejeter la **faute** sur qqn. – **Faute** de : par manque de. – Sans **faute** : à coup sûr. ◻◻ [fot].

**FAUTEUIL**, subst. m.
Siège muni de bras et d'un dossier. – Fig. Place attribuée à un membre d'une assemblée. ◻◻ [fotœj].

**FAUTIF, IVE**, adj. et subst.
Coupable. – Adj. Qui contient des fautes ; erroné. ◻◻ [fotif, -iv].

**FAUVE**, adj. et subst. m.
Couleur ocre ou jaune-roux. – Se dit d'un grand félin sauvage : Le lion est un **fauve**. – Subst. Adepte du fauvisme. ◻◻ [fov].

**FAUVETTE**, subst. f.
Petit oiseau passereau insectivore. ◻◻ [fovɛt].

**FAUVISME**, subst. m.
Mouvement pictural du début du XXᵉ s. caractérisé par la juxtaposition de couleurs contrastées. ◻◻ [fovism].

**FAUX (I), FAUSSE**, adj., subst. m. et adv.
Adj. Contraire à la vérité, à l'exactitude. – Artificiel. – Trompeur. – Non fondé. – Mus. Qui n'est pas dans le ton. – Adv. De manière fausse : Chanter **faux**. – Subst. Ce qui n'est pas vrai. – Contrefaçon ; imitation frauduleuse. ◻◻ [fo, fos].

**FAUX (II)**, subst. f.
Instrument à long manche muni d'une lame recourbée, utilisé pour faucher. ◻◻ [fo].

**FAUX-FUYANT**, subst. m.
Moyen détourné de se tirer d'une situation embarrassante. ◻◻ Plur. faux-fuyants ; [fofɥijɑ̃].

**FAUX-SEMBLANT**, subst. m.
Hypocrisie, ruse. ◻◻ Plur. faux-semblants ; [fosɑ̃blɑ̃].

**FAVEUR**, subst. f.
Bienveillance, préférence, appui accordé à qqn. – Crédit, estime dont on jouit auprès de qqn. – Loc. prép. En faveur de : au profit de. – À la faveur de : grâce à. ◻◻ [favœʀ].

**FAVORABLE**, adj.
Favorable à : bien disposé à l'égard de. – Opportun, propice. ◻◻ [favoʀabl].

**FAVORI, ITE**, adj. et subst.
Qui a la préférence de qqn. – Qui a les meilleures chances de gagner. ◻◻ [favoʀi, -it].

**FAVORISER**, verbe trans. [3]
Avantager. – Faciliter. ◻◻ [favoʀize].

**FAVORITISME**, subst. m.
Tendance à accorder à qqn des avantages par pure faveur. ◻◻ [favoʀitism].

**FAX**, subst. m.
Système ou appareil de télécopie. – La copie transmise. ◻◻ [faks].

**FÉBRILE**, adj.
Qui manifeste de la fièvre. – Fig. Nerveux, agité. ◻◻ [febʀil].

**FÉBRILITÉ**, subst. f.
Agitation désordonnée. ◻◻ [febʀilite].

**FÉCAL, ALE, AUX**, adj.
Qui a trait aux excréments. ◻◻ [fekal].

**FÉCOND, ONDE**, adj.
Capable de procréer. – Fig. Qui produit beaucoup. ◻◻ [fekɔ̃, -ɔ̃d].

**FÉCONDATION**, subst. f.
Action de féconder. ◻◻ [fekɔ̃dasjɔ̃].

**FÉCONDER**, verbe trans. [3]
Transformer (un ovule ou un œuf) en embryon. – Rendre fécond. ◻◻ [fekɔ̃de].

**FÉCONDITÉ**, subst. f.
Capacité d'une femme à procréer. – Capacité de la terre à produire. – Fig. Faculté de produire beaucoup d'œuvres. ◻◻ [fekɔ̃dite].

**FÉCULE**, subst. f.
Substance farineuse à base d'amidon, extraite de certains végétaux. ◻◻ [fekyl].

**FÉCULENT, ENTE**, adj. et subst. m.
Adj. Qui est riche en fécule. – Subst. Graine, légume riche en fécule ou en amidon. ◻◻ [fekylɑ̃, -ɑ̃t].

**FÉDÉRAL, ALE, AUX**, adj.
Qui a trait à une fédération. ◻◻ [fedeʀal].

**FÉDÉRATION**, subst. f.
Union de plusieurs collectivités territoriales en un État unique. – Union de divers clubs, sociétés, etc., en une structure commune. ◻◻ [fedeʀasjɔ̃].

**FÉDÉRER**, verbe trans. [8]
Réunir en fédération. – Rassembler sous une autorité commune. ◻◻ [fedeʀe].

**FÉE**, subst. f.
Être imaginaire féminin aux pouvoirs magiques, dans les contes pour enfants. – Doigts de fée : très adroits. ◻◻ [fe].

**FÉERIE**, subst. f.
Spectacle enchanteur. ◻◻ [fe(e)ʀi].

**FEIGNANT, ANTE**, adj. et subst.
Très paresseux (fam.). ◻◻ [fɛɲɑ̃, -ɑ̃t].

**FEINDRE**, verbe trans. [53]
Simuler. – Feindre de : faire semblant de. ◻◻ [fɛ̃dʀ].

**FEINTE**, subst. f.
Mouvement par lequel on trompe, on surprend un adversaire. – Ruse (fam.). ◻◻ [fɛ̃t].

**FEINTER**, verbe [3]
Intrans. Faire une feinte. – Trans. Tromper par une feinte. ◻◻ [fɛ̃te].

**FÊLER**, verbe trans. [3]
Faire une fêlure à. ◻◻ [fele].

**FÉLICITATION, subst. f.**
Action de féliciter. – Compliment, approbation (gén. au plur.). 🔊 [felisitasjɔ̃].

**FÉLICITÉ, subst. f.**
Bonheur absolu, béatitude, joie sans mélange (littér.). 🔊 [felisite].

**FÉLICITER, verbe trans. [3]**
Congratuler, assurer (qqn) de la part que l'on prend à sa joie. – Complimenter (qqn). 🔊 [felisite].

**FÉLIDÉ, subst. m.**
Mammifère carnivore aux griffes rétractiles, tel que le chat, le lion, etc. – Plur. La famille correspondante. 🔊 [felide].

**FÉLIN, INE, adj. et subst. m.**
Adj. Qui se rapporte au chat ; au fig., souple et gracieux comme le chat. – Subst. Animal de la famille du chat. 🔊 [felɛ̃, -in].

**FÉLON, ONNE, adj. et subst.**
Traître (littér.). 🔊 [felɔ̃, -ɔn].

**FÉLONIE, subst. f.**
Traîtrise, acte déloyal (littér.). 🔊 [feloni].

**FÊLURE, subst. f.**
Fissure, petite fente. 🔊 [felyʀ].

**FEMELLE, adj. et subst. f.**
Subst. Animal du sexe qui met les enfants au monde. – Adj. Qui appartient au sexe féminin. – Tech. Se dit d'une pièce d'assemblage destinée à recevoir la partie saillante d'une autre pièce (mâle). 🔊 [fəmɛl].

**FÉMININ, INE, adj. et subst. m.**
Adj. Qui concerne la femme, qui lui est propre. – Subst. Ling. Genre grammatical qui s'applique en partic. aux noms de femmes (oppos. masculin). 🔊 [feminɛ̃, -in].

**FÉMINITÉ, subst. f.**
Caractère ou aspect féminin d'une personne. 🔊 [feminite].

**FEMME, subst. f.**
Être humain du sexe qui met les enfants au monde. – Adulte de ce sexe. – Épouse. 🔊 [fam].

**FÉMUR, subst. m.**
Os de la cuisse. 🔊 [femyʀ].

**FENDILLER, verbe trans. [3]**
Faire de petites fentes dans. 🔊 [fɑ̃dije].

**FENDRE, verbe trans. [51]**
Disjoindre en coupant dans le sens de la longueur. – Provoquer des fissures dans. – S'ouvrir un chemin à travers (qqch.) : Fendre les flots, la foule. – Pronom. Se fendre de : accorder (fam.). 🔊 [fɑ̃dʀ].

**FENÊTRE, subst. f.**
Ouverture pratiquée dans un mur pour permettre à l'air et à la lumière de pénétrer. – Le châssis vitré qui permet de fermer cette ouverture. 🔊 [f(ə)nɛtʀ].

**FENIL, subst. m.**
Grenier à foin. 🔊 [fəni(l)].

**FENNEC, subst. m.**
Petit renard du désert. 🔊 [fenɛk].

**FENOUIL, subst. m.**
Plante aromatique au goût d'anis. 🔊 [fənuj].

**FENTE, subst. f.**
Ouverture étroite et allongée. – Longue entaille à la surface de qqch. 🔊 [fɑ̃t].

**FÉODAL, ALE, AUX, adj.**
Qui relève d'un fief. – Qui se rapporte à la féodalité. 🔊 [feɔdal].

**FÉODALITÉ, subst. f.**
Système politique médiéval fondé sur l'émiettement du pouvoir et l'importance du lien direct entre suzerain et vassal. 🔊 [feɔdalite].

**FER, subst. m.**
Métal lourd et grisâtre. – Instrument en fer ou en acier : Fer à souder, à repasser ; Fer à cheval, pour protéger les sabots. – Lame d'une arme blanche ; épée, fleuret. 🔊 [fɛʀ].

**FÉRIÉ, ÉE, adj.**
Jour férié : jour de fête civile ou religieuse, en gén. chômé. 🔊 [feʀje].

**FÉRIR, verbe trans.**
Sans coup férir : sans difficulté. 🔊 Empl. seulement à l'inf. et au p.p. (féru) ; [feʀiʀ].

**FERME (I), adj. et adv.**
Adj. Dont la texture est dense et compacte, sans être dure. – Sur quoi l'on peut s'appuyer, sûr, stable. – Fig. Inflexible, inébranlable. – Définitif, immuable : Prix fermes. – Adv. Avec vigueur : Ça discute ferme. 🔊 [fɛʀm].

**FERME (II), subst. f.**
Exploitation agricole. – Les bâtiments qui s'y rattachent. 🔊 [fɛʀm].

**FERMENT, subst. m.**
Substance qui provoque la fermentation des matières organiques. – Enzyme (vieilli). – Ce qui suscite et entretient un sentiment violent (littér.). 🔊 [fɛʀmɑ̃].

**FERMENTATION, subst. f.**
Transformation moléculaire d'une matière organique, qui se produit spontanément en présence d'enzymes. – Fig. Agitation des esprits (littér.). 🔊 [fɛʀmɑ̃tasjɔ̃].

**FERMENTER, verbe [3]**
Être en fermentation. 🔊 [fɛʀmɑ̃te].

**FERMER, verbe [3]**
Trans. Manœuvrer (un élément mobile) de façon à boucher une ouverture : Fermer la porte. – Empêcher l'accès à (un lieu) : Fermer une pièce. – Joindre les parties ou les bords écartés de (un ensemble) : Fermer un livre. – Interrompre le fonctionnement de : Fermer la radio, le robinet. – Fig. Faire cesser l'activité de : Fermer une école. – Intrans. Être bien clos : La porte ferme bien. – Interrompre son activité : Le magasin ferme. 🔊 [fɛʀme].

**FERMETÉ**, subst. f.
État, qualité de ce qui est ferme, solide.
– Vigueur. – Assurance, autorité ; constance. 🕮 [fɛʀməte].

**FERMETURE**, subst. f.
Action de fermer qqch. – Arrêt d'une activité. – Dispositif servant à fermer.
🕮 [fɛʀmətyʀ].

**FERMIER, IÈRE**, adj. et subst.
Subst. Exploitant agricole. – Adj. Qui est produit à la ferme. 🕮 [fɛʀmje, -jɛʀ].

**FERMOIR**, subst. m.
Attache de fermeture d'un objet : *Le fermoir d'un collier*. 🕮 [fɛʀmwaʀ].

**FÉROCE**, adj.
Cruel. – Brutal. 🕮 [feʀɔs].

**FÉROCITÉ**, subst. f.
Caractère de ce qui est féroce. 🕮 [feʀɔsite].

**FERRAILLE**, subst. f.
Rebut de déchets métalliques. – Menue monnaie (fam.). 🕮 [feʀɑj].

**FERRAILLEUR**, subst. m.
Marchand de ferraille. 🕮 [feʀɑjœʀ].

**FERRÉ, ÉE**, adj.
Qui est revêtu, garni de fer : *Soulier* ferré ; *Cheval* ferré. – *Voie* ferrée : voie de circulation des trains. 🕮 [feʀe].

**FERROVIAIRE**, adj.
Relatif aux chemins de fer. 🕮 [feʀɔvjɛʀ].

**FERRURE**, subst. f.
Élément en fer renforçant ou ornant un ouvrage en bois. 🕮 [feʀyʀ].

**FERTILE**, adj.
Fécond. – Qui produit en abondance. – Fig. Productif, riche. 🕮 [fɛʀtil].

**FERTILISER**, verbe trans. [3]
Rendre fécond, fructueux. 🕮 [fɛʀtilize].

**FERTILITÉ**, subst. f.
Qualité de ce qui est fertile. – Fig. Créativité. 🕮 [fɛʀtilite].

**FÉRU, UE**, adj.
Passionné : *Féru de littérature*. 🕮 [feʀy].

**FÉRULE**, subst. f.
Baguette. – Fig. Autorité : *Sous la férule de qqn*. 🕮 [feʀyl].

**FERVENT, ENTE**, adj. et subst.
Adj. Ardent. – Passionné, zélé. – Subst. Adepte, admirateur. 🕮 [fɛʀvɑ̃, -ɑ̃t].

**FERVEUR**, subst. f.
Piété ardente. – Passion, enthousiasme. 🕮 [fɛʀvœʀ].

**FESSE**, subst. f.
Chacune des deux parties charnues de l'homme ou d'un animal situées à l'arrière du bassin. – Plur. Postérieur. 🕮 [fɛs].

**FESTIN**, subst. m.
Repas de fête, banquet. 🕮 [fɛstɛ̃].

**FESTIVAL, ALS**, subst. m.
Ensemble de représentations artistiques se déroulant en un lieu et à une période donnés. – Enchaînement particulièrement remarquable d'éléments : *Un* festival *de bons mots*. 🕮 [fɛstival].

**FESTIVITÉ**, subst. f.
Fête, cérémonie, réjouissance (gén. au plur.). 🕮 [fɛstivite].

**FESTON**, subst. m.
Guirlande florale décorative. – Broderie en forme d'arcs utilisée pour border un tissu.
🕮 [fɛstɔ̃].

**FESTOYER**, verbe intrans. [17]
Prendre part à un festin. 🕮 [fɛstwaje].

**FÊTE**, subst. f.
Cérémonie solennelle célébrant une personne ou un événement. – Réjouissance organisée par un groupe ou un particulier. – Jour affecté à un saint et à ceux qui en portent le nom. 🕮 [fɛt].

**FÊTER**, verbe trans. [3]
Célébrer par une fête. 🕮 [fete].

**FÉTICHE**, subst. m.
Objet porte-bonheur. 🕮 [fetiʃ].

**FÉTIDE**, adj.
Qui dégage une puanteur. 🕮 [fetid].

**FÉTU**, subst. m.
Brin (de paille). 🕮 [fety].

**FEU (I), FEUX**, subst. m.
Combustion vive de certains corps, qui se manifeste par la chaleur, la lumière et les flammes. – Incendie. – Source de lumière : *Le* feu *des projecteurs*. – Signal lumineux : *Feu rouge, vert*. – Foyer, âtre ; brûleur d'une cuisinière. – Décharge, détonation : *Coup de* feu ; *Faire* feu, *tirer*. 🕮 [fø].

**FEU (II), FEUE, FEUS**, adj.
Mort récemment (littér.) : *Feu mon oncle* ; *Mes* feus *parents*. 🕮 [fø].

**FEUILLAGE**, subst. m.
Ensemble des feuilles d'un arbre. – Branches coupées qui portent des feuilles.
🕮 [fœjaʒ].

**FEUILLE**, subst. f.
Excroissance plate, gén. de couleur verte, qui naît de la tige latérale d'une plante. – Morceau de papier destiné à l'écriture ou à l'impression. – Imprimé. – Mince plaque d'une matière quelconque. 🕮 [fœj].

**FEUILLET**, subst. m.
Feuille de papier pliée sur elle-même. – Page amovible. 🕮 [fœjɛ].

**FEUILLETÉ, ÉE**, adj. et subst. m.
Adj. *Pâte* feuilletée : qui se divise en minces feuilles à la cuisson. – Subst. Mets à base de pâte feuilletée garnie. 🕮 [fœjte].

**FEUILLETER**, verbe trans. [14]
Lire rapidement et au hasard en tournant les pages. 🕮 [fœjte].

**FEUILLETON, subst. m.**
Récit à épisodes, dans un journal, à la radio ou à la télévision. 🕮 [fœjtɔ̃].

**FEUILLU, UE, adj. et subst. m.**
Adj. Plein de feuilles. – Subst. Arbre à feuilles caduques. 🕮 [fœjy].

**FEULER, verbe intrans.** [3]
Pousser son cri (feulement), en parlant du tigre ou du chat en colère. 🕮 [føle].

**FEUTRE, subst. m.**
Étoffe non tissée, faite en agglutinant du poil ou de la laine. – Chapeau de feutre. – Stylo dont la pointe est en matière synthétique. 🕮 [føtʀ].

**FEUTRÉ, ÉE, adj.**
Garni de feutre ou présentant l'aspect du feutre. – Qui est assourdi, discret : *Marcher à pas* feutrés. 🕮 [føtʀe].

**FEUTRINE, subst. f.**
Épais tissu de feutre. 🕮 [føtʀin].

**FÈVE, subst. f.**
Plante légumineuse cultivée pour ses graines comestibles. – Graine de cette plante. – Figurine placée dans la galette des Rois. 🕮 [fɛv].

**FÉVRIER, subst. m.**
Deuxième mois de l'année. 🕮 [fevʀije].

**FI, interj.**
Exprime le dégoût, le mépris. – *Faire* fi *de* : rejeter avec mépris. 🕮 [fi].

**FIABLE, adj.**
À qui, à quoi l'on peut se fier. 🕮 [fjabl].

**FIACRE, subst. m.**
Voiture à cheval que l'on louait. 🕮 [fjakʀ].

**FIANÇAILLES, subst. f. plur.**
Engagement mutuel de mariage. – Période comprise entre cet engagement et le mariage. 🕮 [fjɑ̃sɑj].

**FIANCÉ, ÉE, subst.**
Personne promise en mariage. 🕮 [fjɑ̃se].

**FIASCO, subst. m.**
Échec total et notoire. 🕮 [fjasko].

**FIBRE, subst. f.**
Filament mince et allongé, constitué de plusieurs cellules. – Tout élément filamenteux pouvant constituer du fil : *Fibre de laine, de coton.* – Fig. Sensibilité émotive. 🕮 [fibʀ].

**FIBREUX, EUSE, adj.**
Constitué de fibres. 🕮 [fibʀø, -øz].

**FIBROME, subst. m.**
Tumeur bénigne constituée de tissu fibreux. 🕮 [fibʀom].

**FICELER, verbe trans.** [12]
Lier (qqch.) avec de la ficelle ; ligoter (qqn). – Fig. Échafauder (un projet) de façon ingénieuse. 🕮 [fis(ə)le].

**FICELLE, subst. f.**
Corde mince. – Fig. Ruse, procédé astucieux. 🕮 [fisɛl].

**FICHE, subst. f.**
Petite pièce destinée à être enfoncée et à fixer qqch. – Petite feuille cartonnée aisément classable portant des données. 🕮 [fiʃ].

**FICHER (I), verbe trans.** [3]
Fam. Flanquer : Fiche *ça à la poubelle.* – Faire : *Il ne* fiche *rien.* – Pronom. Se moquer (de). 🕮 On dit aussi *fiche* ; p.p. *fichu* ; [fiʃe].

**FICHER (II), verbe trans.** [3]
Inscrire sur une fiche, dans un fichier. – Enfoncer (qqch.) par la pointe. 🕮 [fiʃe].

**FICHIER, subst. m.**
Collection de fiches. – *Informat.* Ensemble de données organisées en unité. 🕮 [fiʃje].

**FICHTRE, interj.**
Exprime l'étonnement ou l'admiration (fam.). 🕮 [fiʃtʀ].

**FICHU, UE, adj. et subst. m.**
Adj. Fam. Qui est dans un certain état : *Bien* fichu ; *Mal* fichu, patraque. – Vilain, sale : Fichu *caractère.* – Condamné, près de sa fin : *Il est* fichu. – Fichu *de* : capable de. – Subst. Pièce de tissu pliée en triangle, portée sur les épaules ou sur la tête. 🕮 [fiʃy].

**FICTIF, IVE, adj.**
Imaginaire, irréel. – Qui n'existe qu'en vertu d'une convention : *Valeur* fictive *du papier-monnaie.* 🕮 [fiktif, -iv].

**FICTION, subst. f.**
Élaboration de choses imaginaires. – Œuvre résultant de cette élaboration. 🕮 [fiksjɔ̃].

**FIDÈLE, adj. et subst.**
Adj. Qui respecte la foi donnée, ses engagements. – Qui témoigne d'un attachement constant. – Fig. Qui ne s'écarte pas de la réalité. – Subst. Personne liée par sa foi à une religion. – Personne qui ne varie pas dans son attachement à qqn. 🕮 [fidɛl].

**FIDÉLITÉ, subst. f.**
Qualité d'une personne ou d'une chose fidèle. – Exactitude. 🕮 [fidelite].

**FIEF, subst. m.**
Au Moyen Âge, terre concédée par un seigneur à un vassal en échange de diverses obligations. – Fig. Domaine où s'exerce l'influence de qqn. 🕮 [fjɛf].

**FIEFFÉ, ÉE, adj.**
Qui possède un vice ou un défaut au dernier degré : *Un* fieffé *coquin.* 🕮 [fjefe].

**FIEL, subst. m.**
Bile. – Amertume (littér.). 🕮 [fjɛl].

**FIENTE, subst. f.**
Excrément de certains animaux. 🕮 [fjɑ̃t].

**FIER (I) (SE), verbe pronom.** [6]
Accorder sa confiance (à) : *Se* fier *à un inconnu.* 🕮 [fje].

**FIER (II), FIÈRE,** adj. et subst.
Qui est habité par des sentiments nobles.
– Orgueilleux, hautain (péj.). – Qui tire une
vive satisfaction (de qqn, qqch.). 🕮 [fjɛʀ].

**FIERTÉ,** subst. f.
Caractère d'une personne fière. – Le fait
d'être fier de qqch. 🕮 [fjɛʀte].

**FIÈVRE,** subst. f.
Élévation anormale de la température du
corps d'un être humain, d'un animal. – Fig.
État de grande agitation. 🕮 [fjɛvʀ].

**FIÉVREUX, EUSE,** adj.
Qui a de la fièvre. – Fig. Qui manifeste une
grande agitation. 🕮 [fjevʀø, -øz].

**FIGER,** verbe trans. [5]
Coaguler (le sang). – Condenser, solidifier.
– Rendre immobile, pétrifier. 🕮 [fiʒe].

**FIGNOLER,** verbe trans. [3]
Parachever, parfaire (qqch.) avec un soin
méticuleux (fam.). 🕮 [fiɲole].

**FIGUE,** subst. f.
Fruit du figuier, réceptacle charnu contenant des grains rosés comestibles. – *Mi-
figue, mi-raisin* : mitigé. 🕮 [fig].

**FIGURANT, ANTE,** subst.
Acteur de second plan, dans un spectacle.
– Personne sans rôle actif dans une affaire.
🕮 [figyʀɑ̃, -ɑ̃t].

**FIGURATIF, IVE,** adj. et subst. m.
Adj. Qui représente la réalité des choses :
*Art* figuratif. – Subst. Artiste produisant des
œuvres figuratives. 🕮 [figyʀatif, -iv].

**FIGURATION,** subst. f.
Action de représenter qqch. – Rôle du figurant ; ensemble des figurants. 🕮 [figyʀasjɔ̃].

**FIGURE,** subst. f.
Visage. – Aspect extérieur, mine : *Faire triste
figure.* – Personnalité marquante. – Représentation visuelle : **Figure** *géométrique* ;
**Figure** *de danse*, ensemble de pas. 🕮 [figyʀ].

**FIGURÉ, ÉE,** adj.
Ling. Sens figuré : qui exprime par une
image concrète une réalité abstraite (oppos.
*sens propre*). 🕮 [figyʀe].

**FIGURER,** verbe [3]
Trans. Représenter par la peinture, la
sculpture, etc. ; décrire. – Être l'image, le
symbole de : *Le lion* figure *Venise.* – Intrans.
Être, se trouver : **Figurer** *sur une photo.*
– Pronom. Se représenter, s'imaginer.
🕮 [figyʀe].

**FIGURINE,** subst. f.
Statuette. 🕮 [figyʀin].

**FIL,** subst. m.
Brin long et fin d'une matière textile : – **Fil**
*de fer* : métal étiré. – **Fil** *d'une épée* : son
tranchant. – **Fil** *électrique* : conducteur électrique filiforme. – *Passer un coup de* **fil** :
téléphoner. – **Fil** *de l'eau* : sens du courant.
– Fig. Enchaînement, succession dans le
temps : *Au* **fil** *des heures.* 🕮 [fil].

**FILAMENT,** subst. m.
Fil très fin. 🕮 [filamɑ̃].

**FILANDREUX, EUSE,** adj.
Qui contient de longues fibres coriaces.
– Fig. Confus, embrouillé. 🕮 [filɑ̃dʀø, -øz].

**FILASSE,** subst. f.
Ensemble de filaments provenant du chan-
vre ou du lin. – Empl. adj. inv. Blond pâle :
*Des cheveux* filasse. 🕮 [filas].

**FILATURE,** subst. f.
Transformation des matières textiles en fils.
– Usine où l'on file. – Action de filer qqn,
de le suivre. 🕮 [filatyʀ].

**FILE,** subst. f.
Rangée de personnes ou de choses. – Loc.
adv. En, *à la* **file** : à la suite. 🕮 [fil].

**FILER,** verbe [3]
Trans. Transformer en fil. – Sécréter (un
fil) : *Araignée qui* file *une toile.* – Épier,
suivre discrètement (qqn). – Donner,
prêter (fam.). – Intrans. Couler en filet.
– Se défaire : *Collant qui* file. – Aller, partir
très rapidement (fam.). 🕮 [file].

**FILET,** subst. m.
Ce qui évoque un fil par sa finesse : **Filet**
*d'eau, de lumière.* – Ouvrage en mailles :
**Filet** *de pêche, à provisions* ; **Filet** *de tennis.*
– Bouch. Morceau de viande prélevé dans
la région lombaire. – Tech. Saillie en hélice
d'une vis ou d'un écrou. 🕮 [filɛ].

**FILIAL, ALE, AUX,** adj.
Qui a trait à l'attitude d'un enfant vis-à-vis
de ses parents. 🕮 [filjal].

**FILIALE,** subst. f.
Société juridiquement distincte d'une société mère, mais contrôlée par elle.
🕮 [filjal].

**FILIATION,** subst. f.
Lien de parenté unissant un enfant à ses
parents. – Descendance directe ; lignée.
– Fig. Enchaînement d'idées, de faits, etc.,
qui découlent les uns des autres. 🕮 [filjasjɔ̃].

**FILIÈRE,** subst. f.
Succession d'étapes à franchir pour parvenir à un but. – Ensemble d'intermédiaires
unis dans une même activité. 🕮 [filjɛʀ].

**FILIFORME,** adj.
Mince comme un fil. 🕮 [filifɔʀm].

**FILIGRANE,** subst. m.
Empreinte visible par transparence dans le
papier. – Loc. adv. En filigrane : de manière
implicite. 🕮 [filigʀan].

**FILIN,** subst. m.
Câble, corde. 🕮 [filɛ̃].

**FILLE,** subst. f.
Enfant de sexe féminin, considérée par
rapport à ses parents. – Personne de sexe
féminin, de la naissance à l'âge adulte.
🕮 [fij].

**FILLETTE, subst. f.**
Petite fille. 🔊 [fijɛt].

**FILLEUL, EULE, subst.**
Personne baptisée, par rapport à son parrain et à sa marraine. 🔊 [fijœl].

**FILM, subst. m.**
Pellicule photosensible sur laquelle on peut enregistrer des images. – Œuvre cinématographique. – Fine couche couvrant en surface. 🔊 [film].

**FILMER, verbe trans. [3]**
Enregistrer (des images) sur un film cinématographique. 🔊 [filme].

**FILON, subst. m.**
Couche de minerai longue et étroite imbriquée dans d'autres couches : *Un filon d'étain.* – Fig. Ce dont on peut tirer quelque avantage (fam.). 🔊 [filɔ̃].

**FILOU, subst. m.**
Voleur, tricheur adroit (vieilli). – Personne malhonnête et sans scrupule (fam.) : *Cet homme d'affaires est un filou.* 🔊 [filu].

**FILS, subst. m.**
Enfant de sexe masculin, considéré par rapport à ses parents. – Descendant, originaire : Fils *de la Bourgogne.* 🔊 [fis].

**FILTRAGE, subst. m.**
Action de filtrer. – Fig. Contrôle. 🔊 [filtʀaʒ].

**FILTRE, subst. m.**
Appareil ou matière qui permet d'épurer le fluide qui le ou la traverse. – Appareil ou écran qui intercepte certaines radiations. 🔊 [filtʀ].

**FILTRER, verbe [3]**
Trans. Faire passer à travers un filtre. – Fig. Contrôler. – Intrans. Traverser un filtre. – Se répandre, transpirer. 🔊 [filtʀe].

**FIN (I), subst. f.**
Terme, achèvement. – Mort, décès. – Extrémité de certaines choses. – But. 🔊 [fɛ̃].

**FIN (II), FINE, adj.**
Très pur : Or fin. – D'excellente qualité : *Vins fins.* – Mince, ténu. – D'une grande sensibilité : *Ouïe fine.* – Raffiné, habile. – Perspicace : *Un fin limier.* 🔊 [fɛ̃, fin].

**FINAL, ALE, ALS ou AUX, adj. et subst. f.**
Adj. Qui se trouve à la fin ; qui marque la fin. – Qui marque une finalité. – Subst. Dernière lettre ou dernière syllabe d'un mot. – *La finale d'une compétition :* la dernière épreuve. 🔊 [final].

**FINALEMENT, adv.**
Pour en finir, en fin de compte. 🔊 [finalmɑ̃].

**FINALISER, verbe trans. [3]**
Fixer un objectif, donner un but à (qqch.). – Mettre au point (qqch.) dans les détails. 🔊 [finalize].

**FINALISTE, subst.**
Personne ou équipe sélectionnée pour une finale sportive. 🔊 [finalist].

**FINALITÉ, subst. f.**
Caractère de ce qui tend vers un but. – Fait de tendre à un but. 🔊 [finalite].

**FINANCE, subst. f.**
Secteur des activités qui touchent au domaine de l'argent. – Plur. Ressources monétaires de l'État ; l'administration qui les gère. – Ressources d'une société ou d'un particulier. 🔊 [finɑ̃s].

**FINANCER, verbe trans. [4]**
Fournir l'argent nécessaire à. 🔊 [finɑ̃se].

**FINANCIER, IÈRE, adj. et subst. m.**
Adj. Relatif aux finances ou à la finance, à l'argent. – Subst. Professionnel de la finance. 🔊 [finɑ̃sje, -jɛʀ].

**FINASSER, verbe intrans. [3]**
User de subterfuges. 🔊 [finase].

**FINAUD, AUDE, adj. et subst.**
Qui est rusé sans en avoir l'air. 🔊 [fino, -od].

**FINESSE, subst. f.**
Propriété de ce qui est fin. – Acuité des sens ; subtilité. 🔊 [finɛs].

**FINI, IE, adj. et subst. m.**
Adj. Terminé, résolu. – Achevé, accompli. – Borné, pourvu de limites. – Subst. Qualité de ce qui est achevé ; perfection. – Ce qui est limité (contr. *infini*). 🔊 [fini].

**FINIR, verbe [19]**
Trans. Achever, conduire à sa fin, à son achèvement. – Cesser. – Intrans. Arriver à son terme. – Mourir. 🔊 [finiʀ].

**FINITION, subst. f.**
Ultime étape de la fabrication, consistant à soigner les détails. 🔊 [finisjɔ̃].

**FIOLE, subst. f.**
Petite bouteille au col étroit. 🔊 [fjɔl].

**FIORITURE, subst. f.**
Ornement, souv. maniéré. 🔊 [fjɔʀityʀ].

**FIOUL, subst. m.**
Combustible brun et visqueux dérivé du pétrole, mazout. 🔊 [fjul].

**FIRMAMENT, subst. m.**
Voûte céleste (littér.). 🔊 [fiʀmamɑ̃].

**FIRME, subst. f.**
Établissement, groupe commercial ou industriel. 🔊 [fiʀm].

**FISC, subst. m.**
Administration publique responsable du recouvrement des impôts. 🔊 [fisk].

**FISCAL, ALE, AUX, adj.**
Relatif au fisc, à la fiscalité. 🔊 [fiskal].

**FISCALITÉ, subst. f.**
Ensemble de la législation relative aux impôts. 🔊 [fiskalite].

**FISSION**, subst. f.
Division d'un noyau atomique, qui dégage l'énergie appelée nucléaire. 🔊 [fisjɔ̃].

**FISSURE**, subst. f.
Fente peu profonde ; fêlure. 🔊 [fisyʀ].

**FISSURER**, verbe trans. [3]
Diviser par des fissures. 🔊 [fisyʀe].

**FISTULE**, subst. f.
Canal accidentel donnant passage à un liquide physiologique ou pathologique. 🔊 [fistyl].

**FIXATEUR, TRICE**, adj. et subst. m.
Adj. Qui a la faculté de fixer. – Subst. Substance qui permet de fixer une image photographique. 🔊 [fiksatœʀ, -tʀis].

**FIXATION**, subst. f.
Action de fixer. – Dispositif servant à fixer. – Fig. Obsession. 🔊 [fiksasjɔ̃].

**FIXE**, adj. et subst. m.
Adj. Qui ne bouge pas : *Image* fixe. – Qui ne varie pas : *Idée* fixe, obsession. – Déterminé : *À heure* fixe. – Subst. Appointement déterminé et stable. 🔊 [fiks].

**FIXER**, verbe trans. [3]
Rendre fixe. – Rendre stable : **Fixer** *un prix.* – Établir, déterminer. – Regarder fixement, sans ciller. 🔊 [fikse].

**FIXITÉ**, subst. f.
État de ce qui est fixe. 🔊 [fiksite].

**FJORD**, subst. m.
Avancée de la mer très étroite et profonde, sur les côtes nordiques. 🔊 [fjɔʀ(d)].

**FLACON**, subst. m.
Petite bouteille à bouchon. 🔊 [flakɔ̃].

**FLAGELLER**, verbe trans. [3]
Battre à coups de fouet. 🔊 [flaʒele].

**FLAGEOLER**, verbe intrans. [3]
Trembler, en parlant des membres inférieurs. 🔊 [flaʒɔle].

**FLAGEOLET (I)**, subst. m.
Flûte à bec percée de six trous. 🔊 [flaʒɔlɛ].

**FLAGEOLET (II)**, subst. m.
Variété de haricot dont on consomme les graines. 🔊 [flaʒɔlɛ].

**FLAGRANT, ANTE**, adj.
Évident, indubitable. 🔊 [flagʀɑ̃, -ɑ̃t].

**FLAIR**, subst. m.
Odorat de certains animaux. – Fig. Perspicacité. 🔊 [flɛʀ].

**FLAIRER**, verbe trans. [3]
Pour un animal, sentir, suivre à l'odeur. – Fig. Soupçonner. 🔊 [fleʀe].

**FLAMANT**, subst. m.
Grand oiseau échassier palmipède au plumage blanc et rose. 🔊 [flamɑ̃].

**FLAMBEAU**, subst. m.
Torche enduite de résine ou de cire. – Chandelier, candélabre. 🔊 [flɑ̃bo].

**FLAMBÉE**, subst. f.
Feu vif et clair de courte durée. – Fig. Hausse brusque, poussée subite. 🔊 [flɑ̃be].

**FLAMBER**, verbe [3]
Intrans. Se consumer en jetant des flammes. – Augmenter brusquement : *Les prix* flambent. – Trans. Passer à la flamme. – Arroser d'alcool, qu'on enflamme. – Fig. Dépenser (de l'argent) follement. 🔊 [flɑ̃be].

**FLAMBOYER**, verbe intrans. [17]
Brûler en jetant des flammes. – Briller avec l'éclat du feu (littér.). 🔊 [flɑ̃bwaje].

**FLAMENCO**, subst. m.
Musique populaire andalouse, assortie de chant et de danse. 🔊 [flamɛnko].

**FLAMME**, subst. f.
Dégagement de chaleur et de lumière résultant de la combustion de qqch. – Luminosité, éclat, chaleur. – Fig. Exaltation ; passion amoureuse. 🔊 [flam].

**FLAN**, subst. m.
Entremets à base d'œufs et de lait, cuit au four. 🔊 [flɑ̃].

**FLANC**, subst. m.
Partie latérale du corps qui va des côtes aux hanches. – Partie latérale de qqch. 🔊 [flɑ̃].

**FLANCHER**, verbe intrans. [3]
Fam. Céder. – Abandonner. 🔊 [flɑ̃ʃe].

**FLANELLE**, subst. f.
Tissu de laine léger et souple. 🔊 [flanɛl].

**FLÂNER**, verbe intrans. [3]
Marcher sans but précis, pour le plaisir. – Paresser, traîner. 🔊 [flane].

**FLÂNERIE**, subst. f.
Action, fait de flâner. 🔊 [flɑnʀi].

**FLÂNEUR, EUSE**, adj. et subst.
Se dit de qqn qui flâne. 🔊 [flɑnœʀ, -øz].

**FLANQUER (I)**, verbe trans. [3]
Adjoindre une construction au flanc de (un bâtiment). – Être placé à côté de. – Accompagner. 🔊 [flɑ̃ke].

**FLANQUER (II)**, verbe trans. [3]
Fam. Envoyer, appliquer (un coup) avec rudesse. – Donner : *Il lui* flanqua *la frousse.* – **Flanquer** *qqn à la porte* : le congédier brutalement. 🔊 [flɑ̃ke].

**FLAQUE**, subst. f.
Petite mare d'eau stagnante. 🔊 [flak].

**FLASH**, subst. m.
Dispositif d'un appareil photographique émettant un éclair de lumière. – Rapide bulletin diffusant des informations importantes. 🔊 Plur. *flash(e)s* : [flaʃ].

**FLASH-BACK**, subst. m. inv.
Séquence d'un film évoquant un retour dans le passé. 🔊 [flaʃbak].

**FLASQUE (I)**, adj.
Dépourvu de fermeté, mou. 🔊 [flask].

**FLASQUE (II)**, subst. f.
Petit flacon plat. 🔊 [flask].

**FLATTER**, verbe trans. [3]
Louer avec excès et par intérêt. – Caresser de la main ; au fig. : *Cette belle musique* **flatte** *l'ouïe*. – Embellir. – *Être* **flatté** : être touché ; être fier. – Pronom. *Se* **flatter** *de* : se vanter de. 🔊 [flate].

**FLATTERIE**, subst. f.
Action de flatter. – Louange excessive : *Une basse* **flatterie**. 🔊 [flatʀi].

**FLÉAU, AUX**, subst. m.
Instrument utilisé pour battre les céréales. – Fléau *d'une balance* : barre horizontale qui soutient les plateaux. – Fig. Calamité, désastre. 🔊 [fleo].

**FLÈCHE**, subst. f.
Projectile constitué d'une tige pointue, que l'on lance avec un arc, une arbalète. – Symbole en forme de **flèche** indiquant une direction. – Sommet pointu : **Flèche** *d'une cathédrale*. – Raillerie. – *En* **flèche** : rapidement. 🔊 [flɛʃ].

**FLÉCHER**, verbe trans. [8]
Baliser (un parcours) de flèches d'orientation. 🔊 [fleʃe].

**FLÉCHETTE**, subst. f.
*Jeux*. Petite flèche qu'on lance à la main en visant une cible. 🔊 [fleʃɛt].

**FLÉCHIR**, verbe [19]
Trans. Plier, courber : **Fléchir** *les genoux*. – Fig. Faire perdre son intransigeance à (qqn). – Intrans. Ployer sous une charge. – Faiblir, diminuer. 🔊 [fleʃiʀ].

**FLÉCHISSEMENT**, subst. m.
Action de fléchir. 🔊 [fleʃismã].

**FLEGMATIQUE**, adj.
Qui a du flegme. 🔊 [flɛgmatik].

**FLEGME**, subst. m.
Caractère d'une personne sereine, pleine de sang-froid, impassible. 🔊 [flɛgm̩].

**FLÉTRIR**, verbe trans. [19]
Faner. – Ôter l'éclat de. 🔊 [fletʀiʀ].

**FLÉTRISSURE**, subst. f.
Perte de la fraîcheur. – Infamie, déshonneur. 🔊 [fletʀisyʀ].

**FLEUR**, subst. f.
Partie de certains végétaux qui contient les organes sexuels. – Plante cultivée pour ses **fleurs**. – La meilleure partie de qqch. – *À* **fleur** *de* : presque au niveau de. 🔊 [flœʀ].

**FLEURER**, verbe trans. [3]
Littér. Répandre (une odeur). 🔊 [flœʀe].

**FLEURET**, subst. m.
Fine épée d'escrime, dont la pointe est neutralisée par un bouton. 🔊 [flœʀɛ].

**FLEURIR**, verbe [19]
Intrans. Éclore, donner des fleurs. – Se développer, prospérer. – Trans. Orner de fleurs. 🔊 [flœʀiʀ].

**FLEURISTE**, subst.
Marchand de fleurs. 🔊 [flœʀist].

**FLEURON**, subst. m.
Décoration en forme de fleur. – Fig. Élément le plus remarquable. 🔊 [flœʀɔ̃].

**FLEUVE**, subst. m.
Grand cours d'eau qui se jette en gén. dans la mer. – Fig. Ce qui se répand, s'écoule en masse : **Fleuve** *de boue*. 🔊 [flœv].

**FLEXIBLE**, adj.
Que l'on peut fléchir, souple. 🔊 [flɛksibl̩].

**FLEXION**, subst. f.
Action de fléchir ; état de ce qui est fléchi. – *Ling*. Désinence ; ensemble d'une conjugaison, d'une déclinaison. 🔊 [flɛksjɔ̃].

**FLIBUSTIER**, subst. m.
Pirate qui écumait les mers américaines aux XVIIe et XVIIIe s. 🔊 [flibystje].

**FLIPPER (I)**, verbe intrans. [3]
Être angoissé (fam.). 🔊 [flipe].

**FLIPPER (II)**, subst. m.
Billard électrique. 🔊 [flipœʀ].

**FLIRT**, subst. m.
Jeu amoureux fondé sur des sentiments peu profonds. – Amoureux. 🔊 [flœʀt].

**FLIRTER**, verbe intrans. [3]
Avoir un flirt (avec qqn). – Fig. **Flirter** *avec la politique*. 🔊 [flœʀte].

**FLOCON**, subst. m.
Légère touffe de laine, de coton. – Petit amas de neige très léger. – Fine lamelle de céréales. 🔊 [flɔkɔ̃].

**FLONFLONS**, subst. m. plur.
Résonances bruyantes de musique populaire. 🔊 [flɔ̃flɔ̃].

**FLORAISON**, subst. f.
Épanouissement des fleurs ; l'époque où il a lieu. – Fig. Naissance, apparition simultanée d'un grand nombre de personnes ou de choses remarquables. 🔊 [flɔʀezɔ̃].

**FLORAL, ALE, AUX**, adj.
Qui se rapporte aux fleurs. 🔊 [flɔʀal].

**FLORE**, subst. f.
Ensemble des végétaux d'une région déterminée. – **Flore** *intestinale* : les bactéries qui vivent dans l'intestin. 🔊 [flɔʀ].

**FLORÉAL**, subst. m.
Huitième mois du calendrier républicain, s'étalant du 20-21 avril au 19-20 mai. 🔊 [flɔʀeal].

**FLORILÈGE**, subst. m.
Recueil de textes choisis. – Sélection de choses remarquables. 🔊 [flɔʀilɛʒ].

**FLORISSANT, ANTE**, adj.
Prospère, épanoui. 🔊 [flɔʀisɑ̃, -ɑ̃t].

**FLOT**, subst. m.
Marée montante. – Masse d'eau, ou d'un autre liquide, qui s'écoule. – Grande quantité : *À* **flots**, à foison. – Plur. La mer (littér.). 🔊 [flo].

**FLOTTAISON**, subst. f.
Intersection entre les parties émergée et immergée d'un corps flottant : *Ligne de flottaison d'un navire.* 📖 [flotɛzɔ̃].

**FLOTTE (I)**, subst. f.
Ensemble de bateaux naviguant groupés. – Ensemble de navires, ou d'avions, d'un pays, d'une armée, d'une compagnie de transport. 📖 [flɔt].

**FLOTTE (II)**, subst. f.
Fam. Eau. – Pluie. 📖 [flɔt].

**FLOTTEMENT**, subst. m.
Action de flotter ; son résultat. – Fig. Hésitation, indécision. 📖 [flɔtmɑ̃].

**FLOTTER**, verbe intrans. [3]
Être porté sur une masse liquide. – Être en suspension dans les airs. – Onduler au gré du vent : *Drapeau qui* flotte. – Flotter *dans un vêtement* : y être au large. – Hésiter ; fluctuer. 📖 [flote].

**FLOTTEUR**, subst. m.
Objet léger servant à maintenir en surface un corps submersible. 📖 [flɔtœʀ].

**FLOTTILLE**, subst. f.
Flotte de petits bateaux. 📖 [flɔtij].

**FLOU, FLOUE**, adj. et subst. m.
Qui manque de netteté ; dont les contours sont estompés : *Un* flou *artistique.* – Fig. Qui manque de clarté, de précision : *Idées* floues. 📖 [flu].

**FLOUER**, verbe trans. [3]
Escroquer, duper (fam.). 📖 [flue].

**FLUCTUATION**, subst. f.
Mouvement alternatif. – Fig. Variations successives (gén. au plur.). 📖 [flyktɥasjɔ̃].

**FLUCTUER**, verbe intrans. [3]
Être soumis à des fluctuations. 📖 [flyktɥe].

**FLUET, ETTE**, adj.
D'apparence délicate, mince. – Grêle : *Voix* fluette. 📖 [flyɛ, -ɛt].

**FLUIDE**, adj. et subst. m.
Adj. Qui coule facilement ; au fig. : *Style, circulation* fluide. – Subst. Corps liquide ou gazeux. – Magnétisme de certaines personnes ou choses. 📖 [flɥid] ou [flyid].

**FLUIDIFIER**, verbe trans. [6]
Rendre fluide. 📖 [flɥidifje].

**FLUIDITÉ**, subst. f.
État de ce qui est fluide. 📖 [flɥidite].

**FLUORESCENT, ENTE**, adj.
Se dit d'un corps qui émet de la lumière lorsqu'il reçoit un rayonnement. 📖 [flyɔʀesɑ̃, -ɑ̃t].

**FLÛTE**, subst. f.
Instrument de musique à vent formé d'un tube percé de trous. – Pain mince et allongé. – Verre à champagne étroit et effilé. 📖 [flyt].

**FLUVIAL, ALE, AUX**, adj.
Relatif à un cours d'eau. 📖 [flyvjal].

**FLUX**, subst. m.
Écoulement d'un liquide. – Marée montante. – Fig. Grande quantité. 📖 [fly].

**F.M.**, subst. f. inv.
Sigle employé pour « modulation de fréquence ». 📖 [ɛfɛm].

**FOC**, subst. m.
Voile triangulaire située à l'avant d'un navire. 📖 [fɔk].

**FOCAL, ALE, AUX**, adj.
Relatif au foyer d'un instrument d'optique. 📖 [fɔkal].

**FOCALISER**, verbe trans. [3]
Concentrer (un faisceau de particules) en un point. – Fig. Focaliser *son attention sur.* 📖 [fɔkalize].

**FŒTUS**, subst. m.
Embryon humain ou animal, dès qu'il présente les formes de l'espèce. 📖 [fetys].

**FOI**, subst. f.
Confiance. – Croyance en Dieu, en une religion : *Avoir la* foi. – Fidélité à ses engagements. – *Être de bonne, de mauvaise* foi : sincère, hypocrite. 📖 [fwa].

**FOIE**, subst. m.
Viscère volumineux qui joue un rôle essentiel dans la digestion, en sécrétant la bile. 📖 [fwa].

**FOIN**, subst. m.
Herbe fauchée et séchée qui sert à nourrir le bétail. 📖 [fwɛ̃].

**FOIRE**, subst. f.
Grand marché qui se tient toujours au même endroit, à date fixe. – Fête foraine. – Exposition commerciale. – Fig. Grand désordre. – Fête (fam.). 📖 [fwaʀ].

**FOIS**, subst. f.
Terme exprimant la temporalité d'un fait : *Une* fois *pour toutes*, définitivement ; *À la* fois, en même temps. – Joint à un nombre, exprime la répétition, la multiplication : *Trois* fois, à trois reprises ; *Trois* fois *deux*, 3 multiplié par 2. 📖 [fwa].

**FOISON (À)**, loc. adv.
En abondance. 📖 [afwazɔ̃].

**FOISONNER**, verbe intrans. [3]
Être à foison. – Foisonner *de, en* : avoir à foison. 📖 [fwazɔne].

**FOL**, voir **FOU**

**FOLÂTRE**, adj.
Qui est d'une humeur joyeuse, d'une fantaisie un peu folle. 📖 [fɔlɑtʀ].

**FOLÂTRER**, verbe intrans. [3]
Jouer avec une gaieté insouciante, un peu folle. 📖 [fɔlɑtʀe].

**FOLIE**, subst. f.
Altération des facultés mentales d'un sujet.
– Pensée, conduite irrationnelle, extrava-gante. – *À la folie* : éperdument. – Demeure de plaisance, aux XVIIᵉ et XVIIIᵉ s. 🔊 [fɔli].

**FOLKLORE**, subst. m.
Ensemble des éléments traditionnels d'une culture populaire. – *C'est du folklore* : ce n'est pas sérieux (fam.). 🔊 [fɔlklɔʀ].

**FOLKLORIQUE**, adj.
Relatif au folklore. – Pittoresque et amu-sant (fam.). 🔊 [fɔlklɔʀik].

**FOLLE**, voir **FOU**

**FOMENTER**, verbe trans. [3]
Faire naître ou entretenir, souv. en secret : **Fomenter** *des troubles.* 🔊 [fɔmɑ̃te].

**FONCER**, verbe [4]
Trans. Assombrir (une couleur). – Intrans. Devenir plus sombre. – Se jeter violemment (sur qqn, qqch.). – Se déplacer à toute allure (fam.). 🔊 [fɔ̃se].

**FONCIER, IÈRE**, adj.
Qui constitue un fonds lié à la propriété d'un sol : *Domaine* **foncier**. – Qui possède un bien **foncier** : *Propriétaire* **foncier**. – Qui a trait aux propriétés, bâties ou non : *Impôt* **foncier**. – Fig. Qui appartient à la nature profonde de qqn. 🔊 [fɔ̃sje, -jɛʀ].

**FONCIÈREMENT**, adv.
Profondément. 🔊 [fɔ̃sjɛʀmɑ̃].

**FONCTION**, subst. f.
Exercice d'une charge ; cette charge elle-même. – **Fonction** *publique* : ensemble des fonctionnaires. – Rôle d'un élément au sein de l'ensemble auquel il appartient. – *En* **fonction** *de* : selon. 🔊 [fɔ̃ksjɔ̃].

**FONCTIONNAIRE**, subst.
Agent titulaire, dans une administration publique. 🔊 [fɔ̃ksjɔnɛʀ].

**FONCTIONNEL, ELLE**, adj.
En rapport avec une fonction. – Adapté à une fonction déterminée. 🔊 [fɔ̃ksjɔnɛl].

**FONCTIONNEMENT**, subst. m.
Action de fonctionner. – Manière de fonctionner. 🔊 [fɔ̃ksjɔnmɑ̃].

**FONCTIONNER**, verbe intrans. [3]
Remplir une fonction particulière. – Être en état de marche. 🔊 [fɔ̃ksjɔne].

**FOND**, subst. m.
Partie la plus basse d'un objet creux. – Ce qui reste au **fond** d'un récipient. – Partie solide où reposent les eaux de la mer, d'un cours d'eau. – Degré extrême : *Le* **fond** *du désespoir*. – Partie la plus éloignée d'un lieu : *Au* **fond** *du couloir*. – Arrière-plan de qqch. ; base sonore. – Ce qui est essentiel : *Le* **fond** *des choses*. 🔊 [fɔ̃].

**FONDAMENTAL, ALE, AUX**, adj.
Qui sert de base, de fondement. – Essentiel. 🔊 [fɔ̃damɑ̃tal].

**FONDATEUR, TRICE**, subst.
Personne qui a fondé une œuvre lui survivant. 🔊 [fɔ̃datœʀ, -tʀis].

**FONDATION**, subst. f.
Action de fonder ; œuvre fondée. – Créa-tion d'une institution d'intérêt public ; l'institution créée. – Apport de capitaux à une œuvre d'intérêt public. – Plur. Ma-çonnerie qui constitue les soubassements d'une construction. 🔊 [fɔ̃dasjɔ̃].

**FONDÉ, ÉE**, adj. et subst.
Adj. Légitime. – **Fondé** *sur* : qui repose sur. – Subst. **Fondé** *de pouvoir* : mandataire. 🔊 [fɔ̃de].

**FONDEMENT**, subst. m.
Principe formant la base d'un système. – Légitimité : *Sans* **fondement**, sans motif. – Anus ; fesses (fam.). 🔊 [fɔ̃dmɑ̃].

**FONDER**, verbe trans. [3]
Bâtir (une ville). – Mettre en place, créer (une institution). – Financer (une fonda-tion). – Fig. Établir (qqch.) sur un fonde-ment légitime. 🔊 [fɔ̃de].

**FONDERIE**, subst. f.
Fabrication d'objets par moulage de métal fondu. – Usine où l'on fond les métaux. 🔊 [fɔ̃dʀi].

**FONDRE**, verbe [51]
Trans. Rendre liquide. – Mouler (un objet) avec du métal fondu. – Dissoudre. – In-trans. Se liquéfier ; se dissoudre. – Fig. Diminuer. – S'attendrir. – **Fondre** *sur* : se précipiter soudainement sur. – Pronom. Se combiner, se confondre. 🔊 [fɔ̃dʀ].

**FONDRIÈRE**, subst. f.
Partie effondrée d'un sol, en gén. remplie d'eau et de boue. 🔊 [fɔ̃dʀijɛʀ].

**FONDS**, subst. m.
Domaine terrien exploité ou bâti ; bien immeuble. – Capital immobilisé. – **Fonds** *de commerce* : les biens corporels et incor-porels d'un commerçant. – Plur. Argent disponible. 🔊 [fɔ̃].

**FONDUE**, subst. f.
**Fondue** *savoyarde* : fromage fondu où l'on trempe des morceaux de pain. – **Fondue** *bourguignonne* : morceaux de viande de bœuf que l'on trempe dans de l'huile bouillante. 🔊 [fɔ̃dy].

**FONGIQUE**, adj.
Relatif aux champignons. 🔊 [fɔ̃ʒik].

**FONTAINE**, subst. f.
Source d'eau vive. – Édifice public, vasque distribuant de l'eau. 🔊 [fɔ̃tɛn].

**FONTANELLE**, subst. f.
Espace cartilagineux compris entre les os du crâne, chez le nouveau-né. 🔊 [fɔ̃tanɛl].

**FONTE**, subst. f.
Action de fondre. – Fait de fondre. – Alliage de fer et de carbone. 🔊 [fɔ̃t].

**FONTS**, subst. m. plur.
Fonts *baptismaux* : bassin contenant l'eau utilisée pour le baptême. 🕮 [fɔ̃].

**FOOTBALL**, subst. m.
Sport opposant 2 équipes de 11 joueurs qui tentent d'envoyer, au pied, un ballon dans les buts adverses. 🕮 [futbol].

**FOOTING**, subst. m.
Course à pied de mise en train ou d'entretien physique. 🕮 [futiŋ].

**FOR**, subst. m.
En son **for** *intérieur* : au fond de soi-même. 🕮 [fɔʀ].

**FORAGE**, subst. m.
Action de forer. – Son résultat. 🕮 [fɔʀaʒ].

**FORAIN, AINE**, adj. et subst.
Subst. Marchand ou entrepreneur qui parcourt les foires. – Adj. Relatif aux foires, aux **forains** : *Fête* **foraine**. 🕮 [fɔʀɛ̃, -ɛn].

**FORBAN**, subst. m.
Pirate qui écumait les mers pour son compte personnel. – Fig. Individu sans scrupule. 🕮 [fɔʀbɑ̃].

**FORÇAT**, subst. m.
Condamné aux travaux forcés. 🕮 [fɔʀsa].

**FORCE**, subst. f.
Vigueur physique, musculaire. – Ressource morale et intellectuelle. – Moyen d'action d'un groupe : *Les* **forces** *armées*. – Contrainte. – Robustesse, intensité ou solidité de qqch. – *Phys*. Cause susceptible de déformer un corps, de modifier son mouvement. 🕮 [fɔʀs].

**FORCENÉ, ÉE**, adj. et subst.
Rendu violent par une forte émotion, voire par la folie. – Adj. Acharné. 🕮 [fɔʀsəne].

**FORCEPS**, subst. m.
Pinces utilisées pour saisir la tête du fœtus au moment de l'accouchement. 🕮 [fɔʀsɛps].

**FORCER**, verbe [4]
Trans. Enfoncer, pénétrer de force, avec violence, dans. – Fig. Contraindre (qqn). – Porter au-delà des limites, de l'activité normale : *Forcer* une *dose, sa voix*. – Intrans. Fournir un trop grand effort. 🕮 [fɔʀse].

**FORCIR**, verbe intrans. [19]
Grossir. – Devenir plus robuste. 🕮 [fɔʀsiʀ].

**FORER**, verbe trans. [3]
Percer. – Creuser (le sol). 🕮 [fɔʀe].

**FORESTIER, IÈRE**, adj. et subst. m.
Adj. Relatif aux forêts. – Subst. Agent chargé de la surveillance et de l'entretien des forêts : *Un garde* **forestier**. 🕮 [fɔʀɛstje, -jɛʀ].

**FORET**, subst. m.
Outil utilisé pour forer. 🕮 [fɔʀe].

**FORÊT**, subst. f.
Vaste étendue boisée. – Fig. *Une* **forêt** *de* : une profusion de. 🕮 [fɔʀɛ].

**FORFAIT (I)**, subst. m.
Crime monstrueux, faute atroce. 🕮 [fɔʀfɛ].

**FORFAIT (II)**, subst. m.
Prix d'un service, fixé par avance. 🕮 [fɔʀfɛ].

**FORFAIT (III)**, subst. m.
Somme que doit payer qqn qui retire son cheval d'une course. – Fig. *Déclarer* **forfait** : renoncer. 🕮 [fɔʀfɛ].

**FORFAITAIRE**, adj.
Fixé par forfait (II). 🕮 [fɔʀfetɛʀ].

**FORFAITURE**, subst. f.
Infraction criminelle commise par un fonctionnaire. 🕮 [fɔʀfetyʀ].

**FORFANTERIE**, subst. f.
Vantardise, bravade. 🕮 [fɔʀfɑ̃tʀi].

**FORGE**, subst. f.
Atelier où l'on travaille les métaux. – Fourneau de la forge. 🕮 [fɔʀʒ].

**FORGER**, verbe trans. [5]
Marteler (un métal), en gén. à chaud, pour lui donner une forme. – Fig. Inventer : *Forger* une *excuse*. 🕮 [fɔʀʒe].

**FORGERON**, subst. m.
Artisan qui travaille au marteau le métal chauffé. 🕮 [fɔʀʒəʀɔ̃].

**FORMALISER**, verbe trans. [3]
Mettre en forme (un problème, une théorie). – Pronom. S'offusquer : *Elle se* **formalisait** *de leurs plaisanteries*. 🕮 [fɔʀmalize].

**FORMALISTE**, adj. et subst.
Attaché aux formes, aux usages, aux convenances. 🕮 [fɔʀmalist].

**FORMALITÉ**, subst. f.
Démarche exigée pour la réalisation de certains actes. – Règle dictée par l'étiquette. – Acte que l'on accomplit sans difficulté : *Une simple* **formalité**. 🕮 [fɔʀmalite].

**FORMAT**, subst. m.
Dimension particulière d'un ouvrage, d'un objet quelconque. 🕮 [fɔʀma].

**FORMATEUR, TRICE**, adj. et subst.
Qui forme, développe qqch. – Fig. Qui éduque. 🕮 [fɔʀmatœʀ, -tʀis].

**FORMATION**, subst. f.
Action de former, de se former. – Action d'instruire ; son résultat : *Une bonne* **formation** *scientifique*. – Ce qui s'est formé : **Formation** *végétale*. – Groupe formé pour une activité (politique, militaire, musicale). 🕮 [fɔʀmasjɔ̃].

**FORME**, subst. f.
Configuration extérieure d'un être ou d'une chose. – Structure, aspect : **Forme** *d'un mot* ; **Forme** *liquide*. – Condition physique ou morale : *Être en* **forme**. – Plur. Règles, usages : *Agir dans les* **formes**. 🕮 [fɔʀm].

**FORMEL, ELLE,** adj.
Qui respecte les règles de forme. – Clair, qui écarte toute discussion. 🔊 [fɔrmɛl].

**FORMER,** verbe trans. [3]
Faire exister, créer. – Concevoir par la pensée. – Façonner, éduquer. – Avoir l'apparence de ; constituer. – Pronom. Se développer. – S'instruire. 🔊 [fɔrme].

**FORMIDABLE,** adj.
Extraordinaire, impressionnant. 🔊 [fɔrmidabl].

**FORMOL,** subst. m.
Solution aqueuse antiseptique. 🔊 [fɔrmɔl].

**FORMULAIRE,** subst. m.
Recueil de formules. – Imprimé comportant des questions. 🔊 [fɔrmylɛr].

**FORMULATION,** subst. f.
Action de formuler. – Manière de formuler. 🔊 [fɔrmylasjɔ̃].

**FORMULE,** subst. f.
Forme consacrée pour exprimer une idée, un fait. – Méthode, façon de faire : *Trouver la bonne* formule. – Expression symbolique d'une composition, d'un procédé de calcul : *Formule chimique, algébrique.* 🔊 [fɔrmyl].

**FORMULER,** verbe trans. [3]
Énoncer d'après une formule. – Exprimer, émettre. 🔊 [fɔrmyle].

**FORNICATION,** subst. f.
Péché de la chair (vieilli). 🔊 [fɔrnikasjɔ̃].

**FORT, FORTE,** adj., subst. m. et adv.
Adj. Vigoureux, solide. – Intelligent, habile. – Considérable. – Qui a beaucoup de goût ou d'odeur. – Subst. Personne d'une grande force. – Fig. Le moment le plus intense : *Au plus* fort *de*. – Ce en quoi excelle une personne. – Ouvrage fortifié. – Adv. Avec vigueur : *Aimer* fort. – Très : *C'est* fort *bon* (littér.). 🔊 [fɔr, fɔrt].

**FORTERESSE,** subst. f.
Lieu, édifice fortifié. 🔊 [fɔrtərɛs].

**FORTIFIANT, ANTE** adj. et subst. m.
Se dit d'un médicament qui donne des forces. 🔊 [fɔrtifjɑ̃, -ɑ̃t].

**FORTIFICATION,** subst. f.
Action d'élever des constructions défensives. – Une de ces constructions (gén. au plur.). 🔊 [fɔrtifikasjɔ̃].

**FORTIFIER,** verbe trans. [6]
Rendre plus fort. – Pourvoir (un lieu) de fortifications. 🔊 [fɔrtifje].

**FORTIN,** subst. m.
Petit fort défensif. 🔊 [fɔrtɛ̃].

**FORTUIT, UITE,** adj.
Dû au hasard ; imprévu. 🔊 [fɔrtɥi, -ɥit].

**FORTUNE,** subst. f.
Ensemble des biens matériels de qqn, richesse. – Hasard, heureux ou malheureux : *Connaître une bonne* fortune. – *Abri de* fortune : improvisé. 🔊 [fɔrtyn].

**FORTUNÉ, ÉE,** adj.
Qui est riche. 🔊 [fɔrtyne].

**FORUM,** subst. m.
*Antiq.* Place publique, chez les Romains. – Réunion pour un débat public, colloque. 🔊 [fɔrɔm].

**FOSSE,** subst. f.
Grand trou creusé dans le sol. – Puits de mine. 🔊 [fos].

**FOSSÉ,** subst. m.
Petite tranchée creusée de chaque côté d'une route. – Large fosse remplie d'eau bordant un château. – Fig. Ce qui sépare : *Le* fossé *des générations.* 🔊 [fose].

**FOSSETTE,** subst. f.
Petit creux au menton ou sur la joue. 🔊 [fosɛt].

**FOSSILE,** adj. et subst. m.
Se dit d'un organisme dont les sédiments ont conservé l'empreinte ou les restes. – Fig. Vieux réactionnaire (péj.). 🔊 [fosil].

**FOSSOYEUR,** subst. m.
Employé qui creuse les tombes, dans un cimetière. 🔊 [foswajœr].

**FOU, FOL, FOLLE,** adj. et subst.
Qui n'a plus, ou ne semble plus avoir, sa raison. – Adj. Incontrôlable : Fou rire. – Déraisonnable ; extravagant. – Considérable : *Succès* fou. – Passionné. – Subst. masc. Bouffon. – Pièce du jeu d'échecs. 🔊 *Fol* devant un nom commençant par une voyelle ou un *h* muet ; [fu, fɔl].

**FOUDRE,** subst. f.
Décharge électrique aérienne, qui produit éclairs et tonnerre. – Fig. *Coup de* foudre : amour brusque et passionné. 🔊 [fudr].

**FOUDROYER,** verbe trans. [17]
Tuer, en parlant de la foudre. – Tuer brutalement, anéantir. 🔊 [fudrwaje].

**FOUET,** subst. m.
Instrument constitué d'une lanière de cuir au bout d'un manche. – Ustensile de cuisine servant à battre les œufs. – *De plein* fouet : violemment. 🔊 [fwɛ].

**FOUETTER,** verbe trans. [3]
Battre avec un fouet. 🔊 [fwete].

**FOUGÈRE,** subst. f.
Plante des bois à feuilles très découpées, qui n'a ni fleurs ni fruits. 🔊 [fuʒɛr].

**FOUGUE,** subst. f.
Vive ardeur. 🔊 [fug].

**FOUGUEUX, EUSE,** adj.
Très vif et ardent. 🔊 [fugø, -øz].

**FOUILLE,** subst. f.
Recherche de ce qui est enfoui. – Plur. Travaux d'archéologie. 🔊 [fuj].

**FOUILLER,** verbe [3]
Inspecter de fond en comble (pour chercher qqch. ou qqn). – Fig. Approfondir. 🔊 [fuje].

**FOUILLIS**, subst. m.
Amas d'objets hétéroclites. 🐚 [fuji].

**FOUINE**, subst. f.
Petit mammifère carnivore au corps allongé. – Fig. Personne indiscrète. 🐚 [fwin].

**FOUINER**, verbe intrans. [3]
Fouiller avec indiscrétion (fam.). 🐚 [fwine].

**FOULARD**, subst. m.
Carré de tissu que l'on porte sur la tête ou autour du cou. 🐚 [fulaʀ].

**FOULE**, subst. f.
Grand nombre de personnes ou grande quantité d'objets. 🐚 [ful].

**FOULÉE**, subst. f.
Enjambée. – Fig. *Dans la* **foulée** : du même coup. 🐚 [fule].

**FOULER**, verbe trans. [3]
Marcher sur. – Pronom. Se faire une foulure à. 🐚 [fule].

**FOULURE**, subst. f.
Distension légère des ligaments articulaires ; entorse sans gravité. 🐚 [fulyʀ].

**FOUR**, subst. m.
Appareil fournissant de la chaleur pour la cuisson des aliments ou la transformation des matériaux. – Échec d'un spectacle (fam.). 🐚 [fuʀ].

**FOURBE**, adj. et subst.
Qui trompe autrui en feignant la bienveillance. 🐚 [fuʀb].

**FOURBERIE**, subst. f.
Attitude d'un fourbe. 🐚 [fuʀbəʀi].

**FOURBIR**, verbe trans. [19]
Astiquer pour faire briller. – Fig. Préparer minutieusement, mettre au point : **Fourbir** *ses arguments*. 🐚 [fuʀbiʀ].

**FOURBU, UE**, adj.
Harassé, très fatigué. 🐚 [fuʀby].

**FOURCHE**, subst. f.
Instrument constitué d'un long manche pourvu de deux ou plusieurs dents. – Ce qui se divise en deux branches. 🐚 [fuʀʃ].

**FOURCHETTE**, subst. f.
Couvert garni de dents servant à piquer les aliments. – Fig. Écart entre deux valeurs extrêmes. 🐚 [fuʀʃɛt].

**FOURCHU, UE**, adj.
Qui se divise en deux branches. 🐚 [fuʀʃy].

**FOURGON**, subst. m.
Long véhicule ou wagon affecté à des transports particuliers. 🐚 [fuʀgɔ̃].

**FOURMI**, subst. f.
Petit insecte hyménoptère vivant en sociétés denses. 🐚 [fuʀmi].

**FOURMILIER**, subst. m.
Mammifère mangeur de fourmis, à la langue longue et gluante. 🐚 [fuʀmilje].

**FOURMILIÈRE**, subst. f.
Monticule ou nid souterrain abritant une colonie de fourmis. 🐚 [fuʀmiljɛʀ].

**FOURMILLEMENT**, subst. m.
Va-et-vient évoquant l'agitation d'une fourmilière. – Fig. Picotement. 🐚 [fuʀmijmɑ̃].

**FOURMILLER**, verbe [3]
Intrans. Pulluler, grouiller. – Trans. indir. Fourmiller *de* : être plein de. 🐚 [fuʀmije].

**FOURNAISE**, subst. f.
Endroit où règne une chaleur intense. – Cette chaleur. 🐚 [fuʀnɛz].

**FOURNEAU**, subst. m.
Grand four industriel. – *Être aux* **fourneaux** : faire la cuisine. 🐚 [fuʀno].

**FOURNÉE**, subst. f.
Ensemble de choses cuites en même temps dans un four. – Fig. Ensemble de personnes traitées de la même façon. 🐚 [fuʀne].

**FOURNIL**, subst. m.
Local d'une boulangerie où se trouvent le four et le pétrin. 🐚 [fuʀni].

**FOURNIR**, verbe trans. [19]
Ravitailler, approvisionner : **Fournir** *en vins*. – Procurer. – Produire. 🐚 [fuʀniʀ].

**FOURNISSEUR, EUSE**, subst.
Commerçant qui fournit un client en marchandises. 🐚 [fuʀnisœʀ, -øz].

**FOURNITURE**, subst. f.
Action de fournir. – Plur. Les marchandises fournies. 🐚 [fuʀnityʀ].

**FOURRAGE**, subst. m.
Alimentation végétale du bétail, à l'exception des grains. 🐚 [fuʀaʒ].

**FOURRÉ**, subst. m.
Ensemble dense et touffu de végétaux à branches basses. 🐚 [fuʀe].

**FOURREAU**, subst. m.
Enveloppe d'un objet allongé. – Robe étroite et moulante. 🐚 [fuʀo].

**FOURRER**, verbe trans. [3]
Doubler, garnir de fourrure (un vêtement). – Garnir, farcir. – Mettre, entasser à l'intérieur d'un contenant (fam.). 🐚 [fuʀe].

**FOURRE-TOUT**, adj. inv. et subst. m. inv.
Subst. Sac de voyage souple. – Adj. Qui est constitué ou rempli de choses hétéroclites. 🐚 [fuʀtu].

**FOURREUR**, subst. m.
Marchand de fourrures. – Fabricant de vêtements de fourrure. 🐚 [fuʀœʀ].

**FOURRIÈRE**, subst. f.
Lieu de dépôt des animaux abandonnés ou des véhicules en infraction. 🐚 [fuʀjɛʀ].

**FOURRURE**, subst. f.
Peau garnie de poils de certains mammifères. – Vêtement fait de cette peau apprêtée. 🐚 [fuʀyʀ].

**FOURVOYER (SE)**, verbe pronom. [17]
Faire fausse route. 🕮 [fuʀvwaje].

**FOYER**, subst. m.
Endroit où l'on fait du feu ; point où un incendie se déclare. – Point d'origine : **Foyer** de révolte. – Lieu de vie d'une famille ; la famille elle-même. – Local de réunion ou d'habitation. 🕮 [fwaje].

**FRACAS**, subst. m.
Grand bruit, choc violent. 🕮 [fʀaka].

**FRACASSANT, ANTE**, adj.
Qui fait grand bruit, qui est sensationnel. 🕮 [fʀakasɑ̃, -ɑ̃t].

**FRACASSER**, verbe trans. [3]
Casser en morceaux, briser avec violence. 🕮 [fʀakase].

**FRACTION**, subst. m.
Partie d'un tout partageable. – Couple de nombres entiers, numérateur et dominateur, séparés par une barre. 🕮 [fʀaksjɔ̃].

**FRACTIONNER**, verbe trans. [3]
Partager en fractions. 🕮 [fʀaksjɔne].

**FRACTURE**, subst. f. [3]
Cassure, en partic. d'un os. 🕮 [fʀaktyʀ].

**FRACTURER**, verbe trans. [3]
Briser par force. 🕮 [fʀaktyʀe].

**FRAGILE**, adj.
Qui manque de résistance. – Précaire, mal assuré. 🕮 [fʀaʒil].

**FRAGILITÉ**, subst. f.
Caractère de ce qui est fragile. 🕮 [fʀaʒilite].

**FRAGMENT**, subst. m.
Petit morceau d'un tout. – Court extrait d'un texte. 🕮 [fʀagmɑ̃].

**FRAGMENTAIRE**, adj.
Qui est incomplet. 🕮 [fʀagmɑ̃tɛʀ].

**FRAGMENTER**, verbe trans. [3]
Diviser en petits morceaux. 🕮 [fʀagmɑ̃te].

**FRAGRANCE**, subst. f.
Odeur exquise (littér.). 🕮 [fʀagʀɑ̃s].

**FRAÎCHEUR**, subst. f.
Froid léger. – Qualité de ce qui s'est bien conservé : **Fraîcheur** d'un coloris, d'un produit. – Absence de cordialité. 🕮 [fʀɛʃœʀ].

**FRAÎCHIR**, verbe intrans. [19]
Devenir plus frais. 🕮 [fʀeʃiʀ].

**FRAIS (I), FRAÎCHE**, adj., subst. m. et adv.
Adj. Un peu froid. – Récent. – Nouvellement produit, récolté. – Non altéré : **Teint** frais. – Subst. Air frais. – Adv. Récemment : **Des œufs** frais pondus. 🕮 [fʀe, fʀeʃ].

**FRAIS (II)**, subst. m. plur.
Dépense d'argent. – Fig. Effort, énergie. – **Faire les** frais de qqch. : en subir le désagrément. – **Se mettre en** frais : se donner de la peine. 🕮 [fʀe].

**FRAISE (I)**, subst. f.
Petit fruit rouge et charnu du fraisier. – Lésion de la peau (fam.). 🕮 [fʀez].

**FRAISE (II)**, subst. f.
Collerette rigide et plissée portée aux XVIᵉ et XVIIᵉ s. – Excroissance charnue sur le cou du dindon. – Outil utilisé par le dentiste pour creuser une dent cariée. 🕮 [fʀez].

**FRAMBOISE**, subst. f.
Fruit rouge du framboisier, au goût délicat. 🕮 [fʀɑ̃bwaz].

**FRANC, FRANCHE**, adj.
Non taxé : **Zone** franche. – Qui ne dissimule rien de sa pensée, sincère. – Pur, sans mélange. 🕮 [fʀɑ̃, fʀɑ̃ʃ].

**FRANÇAIS**, subst. m.
Langue romane parlée en France, en Belgique, en Suisse, au Canada et dans certains pays d'Afrique. 🕮 [fʀɑ̃sɛ].

**FRANCHEMENT**, adv.
Avec franchise ; sans hésitation ni détour. – Tout à fait. 🕮 [fʀɑ̃ʃmɑ̃].

**FRANCHIR**, verbe trans. [19]
Aller au-delà de (un obstacle, une difficulté) ; traverser. 🕮 [fʀɑ̃ʃiʀ].

**FRANCHISE**, subst. f.
Exemption d'une taxe. – Droiture, sincérité. 🕮 [fʀɑ̃ʃiz].

**FRANCISER**, verbe trans. [3]
Conférer un caractère français à. 🕮 [fʀɑ̃size].

**FRANC-MAÇON, ONNE**, subst.
Membre d'une association secrète (franc-maçonnerie) œuvrant pour la fraternité et le progrès social. 🕮 Plur. francs-maçons, franc-maçonnes ; [fʀɑ̃masɔ̃, -ɔn].

**FRANCO**, adv.
Sans frais d'acheminement : **Franco** de port, port payé par l'expéditeur. 🕮 [fʀɑ̃ko].

**FRANCOPHONE**, adj. et subst.
Qui parle le français ; où l'on parle le français. 🕮 [fʀɑ̃kɔfɔn].

**FRANC-PARLER**, subst. m.
Franchise, liberté de langage. 🕮 Plur. francs-parlers ; [fʀɑ̃paʀle].

**FRANC-TIREUR**, subst. m.
Combattant qui n'appartient pas à une armée régulière. – Fig. Personne qui agit de façon indépendante. 🕮 Plur. francs-tireurs ; [fʀɑ̃tiʀœʀ].

**FRANGE**, subst. f.
Bord d'un tissu effilé. – Bande de cheveux retombant sur le front. – Fig. Minorité marginale : **Frange** extrémiste. 🕮 [fʀɑ̃ʒ].

**FRANGIPANE**, subst. f.
Crème aux amandes servant à fourrer des pâtisseries. 🕮 [fʀɑ̃ʒipan].

**FRANQUETTE (À LA BONNE),** loc. adv.
En toute simplicité (fam.). [alabɔnfʀɑ̃kɛt].

**FRAPPER,** verbe [3]
Trans. Donner un coup violent à. – Fig. Atteindre (qqn), en parlant d'un mal. – Soumettre à une contrainte légale. – Impressionner vivement. – Intrans. Donner des coups sonores : Frapper *à la vitre.* [fʀape].

**FRASQUE,** subst. f.
Acte s'écartant des convenances (gén. au plur.). [fʀask].

**FRATERNEL, ELLE,** adj.
Propre à la relation entre frères et sœurs. – Qui évoque cette relation. [fʀatɛʀnɛl].

**FRATERNISER,** verbe intrans. [3]
Engager des relations de fraternité : *Les soldats ennemis* fraternisent. [fʀatɛʀnize].

**FRATERNITÉ,** subst. f.
Lien qui unit frères et sœurs. – Solidarité animée d'un élan vers autrui. [fʀatɛʀnite].

**FRATRICIDE,** adj. et subst.
Subst. Personne qui tue son frère ou sa sœur. – Masc. Meurtre d'un frère ou d'une sœur. – Adj. Qui oppose des membres d'une même communauté jusqu'à la mort. [fʀatʀisid].

**FRAUDE,** subst. f.
Action d'enfreindre un règlement, une loi. – Tromperie. [fʀod].

**FRAUDER,** verbe [3]
Trans. Tromper par une fausse déclaration. – Intrans. Commettre une fraude, tricher. [fʀode].

**FRAUDEUR, EUSE,** adj. et subst.
Qui se livre à la fraude. [fʀodœʀ, -øz].

**FRAUDULEUX, EUSE,** adj.
Qui résulte d'une fraude. [fʀodylø, -øz].

**FRAYER,** verbe [15]
Trans. dir. Ouvrir, tracer (un chemin). – Trans. indir. Frayer *avec qqn* : le fréquenter (littér.). – Intrans. Pour un poisson, déposer ses œufs ou les féconder : *Les saumons* frayent *en eau douce.* [fʀeje].

**FRAYEUR,** subst. f.
Grande peur soudaine. [fʀejœʀ].

**FREDAINE,** subst. f.
Excès ne portant pas à conséquence (gén. au plur.). [fʀədɛn].

**FREDONNER,** verbe trans. [3]
Chanter doucement, en ouvrant à peine la bouche. [fʀədone].

**FRÉGATE,** subst. f.
Bateau de guerre à trois mâts. – Oiseau palmipède des mers tropicales. [fʀegat].

**FREIN,** subst. m.
Dispositif permettant d'arrêter ou de ralen-
tir un mécanisme en mouvement. – Fig. Entrave, retenue. [fʀɛ̃].

**FREINAGE,** subst. m.
Action de ralentir, de freiner. – Son résultat. [fʀɛnaʒ].

**FREINER,** verbe [3]
Trans. Ralentir, entraver, interrompre (un mouvement, un processus, un élan). – Intrans. Ralentir, souv. jusqu'à l'arrêt. [fʀɛne].

**FRELATÉ, ÉE,** adj.
Altéré frauduleusement. [fʀəlate].

**FRÊLE,** adj.
Fragile et fin. [fʀɛl].

**FRELON,** subst. m.
Grosse guêpe dont la piqûre provoque une vive douleur. [fʀəlɔ̃].

**FRELUQUET,** subst. m.
Homme chétif. – Jeune homme prétentieux. [fʀəlykɛ].

**FRÉMIR,** verbe intrans. [19]
Être agité d'un léger frisson. – Trembler d'émotion : Frémir *d'horreur.* [fʀemiʀ].

**FRÉMISSEMENT,** subst. m.
Légère agitation. – Tremblement d'émotion. [fʀemismɑ̃].

**FRÊNE,** subst. m.
Arbre à bois clair, souple et résistant des forêts tempérées. [fʀɛn].

**FRÉNÉSIE,** subst. f.
Agitation intense et délirante. [fʀenezi].

**FRÉNÉTIQUE,** adj.
Exalté, effréné, intense. [fʀenetik].

**FRÉQUENCE,** subst. f.
Caractère fréquent. – Nombre de fois où qqch. a lieu dans une période déterminée. – *Phys.* Nombre (exprimé en hertz) de vibrations identiques dans un phénomène par unité de temps. [fʀekɑ̃s].

**FRÉQUENT, ENTE,** adj.
Qui se répète, habituel. [fʀekɑ̃, -ɑ̃t].

**FRÉQUENTATION,** subst. f.
Action de fréquenter. – Personne que l'on fréquente. [fʀekɑ̃tasjɔ̃].

**FRÉQUENTER,** verbe trans. [3]
Aller souvent dans (un même lieu). – Avoir des relations suivies avec (qqn). [fʀekɑ̃te].

**FRÈRE,** subst. m.
Personne de sexe masculin née des mêmes parents qu'une autre personne. – Membre d'un ordre religieux. [fʀɛʀ].

**FRESQUE,** subst. f.
Peinture à l'eau sur l'enduit frais d'un mur. – Grande œuvre romanesque. [fʀɛsk].

**FRET,** subst. m.
Somme due pour le transport de marchandises. – Cargaison, chargement. [fʀɛ(t)].

**FRÉTILLER,** verbe intrans. [3]
S'agiter avec de petits mouvements vifs.
🔊 [fʀetije].

**FRETIN,** subst. m.
Poisson trop petit pour être pêché. – Fig.
*Menu* fretin : ce qui présente peu d'intérêt.
🔊 [fʀətɛ̃].

**FRIABLE,** adj.
Qui s'effrite facilement. 🔊 [fʀijabl].

**FRIAND, FRIANDE,** adj. et subst. m.
Gourmand : **Friand** *de confiture, de ragots.*
– Subst. Pâte feuilletée farcie. 🔊 [fʀijɑ̃,
fʀijɑ̃d].

**FRIANDISE,** subst. f.
Petite confiserie ou pâtisserie que l'on
mange avec les doigts. 🔊 [fʀijɑ̃diz].

**FRICASSÉE,** subst. f.
Ragoût de viande sautée à la poêle, puis
cuite en sauce. 🔊 [fʀikase].

**FRICHE,** subst. f.
Sol non cultivé. 🔊 [fʀiʃ].

**FRICTION,** subst. f.
Frottement d'une partie du corps. – Fig.
Léger conflit. 🔊 [fʀiksjɔ̃].

**FRICTIONNER,** verbe trans. [3]
Frotter énergiquement. 🔊 [fʀiksjone].

**FRIGORIFIQUE,** adj.
Qui produit du froid. 🔊 [fʀigɔʀifik].

**FRILEUX, EUSE,** adj. et subst.
Sensible au froid. – Fig. Timoré, prudent
à l'extrême. 🔊 [fʀilø, -øz].

**FRIMAIRE,** subst. m.
Troisième mois du calendrier républicain, allant du 21-23 novembre au 20-22
décembre. 🔊 [fʀimɛʀ].

**FRIMAS,** subst. m.
Brouillard givrant (littér.). 🔊 [fʀimɑ].

**FRIME,** subst. f.
Comportement destiné à duper ou à
impressionner (fam.). 🔊 [fʀim].

**FRIMER,** verbe intrans. [3]
Adopter une attitude fanfaronne pour
éblouir son entourage (fam.). 🔊 [fʀime].

**FRIMOUSSE,** subst. f.
Visage jeune et agréable (fam.). 🔊 [fʀimus].

**FRINGALE,** subst. f.
Appétit foudroyant (fam.). 🔊 [fʀɛ̃gal].

**FRINGANT, ANTE,** adj.
Vif et de belle allure. 🔊 [fʀɛ̃gɑ̃, -ɑ̃t].

**FRIPER,** verbe trans. [3]
Chiffonner, froisser. – Rider. 🔊 [fʀipe].

**FRIPERIE,** subst. f.
Linge usagé. – Commerce de fripes, de
vêtements d'occasion. 🔊 [fʀipʀi].

**FRIPON, ONNE,** adj. et subst.
Qui est espiègle et déluré. 🔊 [fʀipɔ̃, -ɔn].

**FRIPOUILLE,** subst. f.
Individu sans scrupule (fam.). 🔊 [fʀipuj].

**FRIRE,** verbe [64]
Cuire dans l'huile bouillante. 🔊 [fʀiʀ].

**FRISE,** subst. f.
*Archit.* Bandeau décoratif. 🔊 [fʀiz].

**FRISER,** verbe [3]
Former des boucles ; arranger en boucles.
– Trans. Passer au ras de (qqch.). – Fig.
Frôler : Friser *l'apoplexie.* 🔊 [fʀize].

**FRISQUET, ETTE,** adj.
Un peu froid (fam.). 🔊 [fʀiskɛ, -ɛt].

**FRISSON,** subst. m.
Léger tremblement subit provoquant une
sensation pénible ou agréable. 🔊 [fʀisɔ̃].

**FRISSONNER,** verbe intrans. [3]
Être saisi de frissons : Frissonner *de froid,
de plaisir.* 🔊 [fʀisone].

**FRITE,** subst. f.
Bâtonnet de pomme de terre frit. 🔊 [fʀit].

**FRITEUSE,** subst. f.
Ustensile de cuisine dans lequel on fait
frire des aliments. 🔊 [fʀitøz].

**FRITURE,** subst. f.
Action de frire. – Aliment frit, en partic.
menus poissons. – Grésillement, à la radio
ou au téléphone. 🔊 [fʀityʀ].

**FRIVOLE,** adj.
Qui manque de sérieux. – Qui s'attache
à des futilités. 🔊 [fʀivɔl].

**FRIVOLITÉ,** subst. f.
Caractère d'une personne frivole. – Propos,
occupation frivole. 🔊 [fʀivolite].

**FROID, FROIDE,** adj. et subst. m.
Subst. Basse température ; sensation qu'elle
produit. – Fig. Manque de cordialité,
discorde. – Adj. Dont la température est
très peu élevée. – Qui donne une impression de froid : *Couleur* **froide** ; au fig., qui
semble dénué de sensibilité : *Un accueil*
froid. 🔊 [fʀwa, fʀwad].

**FROIDEMENT,** adv.
Avec froideur. 🔊 [fʀwadmɑ̃].

**FROIDEUR,** subst. f.
Manque de sensibilité. 🔊 [fʀwadœʀ].

**FROIDURE,** subst. f.
Atmosphère froide, température hivernale
(littér.). 🔊 [fʀwadyʀ].

**FROISSEMENT,** subst. m.
Action de froisser. – Résultat de cette
action. 🔊 [fʀwasmɑ̃].

**FROISSER,** verbe trans. [3]
Meurtrir : Froisser *un muscle.* – Marquer
de faux plis (une étoffe) ; rouler en boule
(du papier). – Fig. Atteindre légèrement
l'amour-propre de. 🔊 [fʀwase].

**FRÔLEMENT,** subst. m.
Action de toucher légèrement. – Son
résultat. 🔊 [fʀolmɑ̃].

**FRÔLER, verbe trans. [3]**
Toucher à peine en passant. – Passer très près de. 🔊 [fʀole].

**FROMAGE, subst. m.**
Pâte molle ou dure faite de lait caillé, fermenté ou non, et égoutté. 🔊 [fʀɔmaʒ].

**FROMENT, subst. m.**
Blé tendre. 🔊 [fʀɔmɑ̃].

**FRONCE, subst. f.**
Chacun des petits plis obtenus en coulissant un tissu sur un fil. 🔊 [fʀɔ̃s].

**FRONCER, verbe trans. [4]**
Resserrer (une étoffe) en faisant des fronces. – Contracter (la peau du visage). 🔊 [fʀɔ̃se].

**FRONDAISON, subst. f.**
Feuillage des arbres (littér.). 🔊 [fʀɔ̃dɛzɔ̃].

**FRONDE, subst. f.**
Arme servant à lancer un projectile ; lance-pierres. – Révolte. 🔊 [fʀɔ̃d].

**FRONDEUR, EUSE, adj. et subst.**
Se dit d'une personne qui est encline à braver l'autorité. 🔊 [fʀɔ̃dœʀ, -øz].

**FRONT, subst. m.**
Partie supérieure du visage, au-dessus des sourcils. – Zone où le combat fait rage. – Fig. Effronterie. 🔊 [fʀɔ̃].

**FRONTALIER, IÈRE, adj. et subst.**
Adj. Relatif à la frontière ; proche d'une frontière. – Subst. Personne qui habite près d'une frontière. 🔊 [fʀɔ̃talje, -jɛʀ].

**FRONTIÈRE, subst. f.**
Limite séparant deux pays. – Fig. Limite entre choses. 🔊 [fʀɔ̃tjɛʀ].

**FRONTON, subst. m.**
Archit. Ornement triangulaire surmontant une colonnade. 🔊 [fʀɔ̃tɔ̃].

**FROTTEMENT, subst. m.**
Action de frotter. – Contact entre deux surfaces dont l'une au moins est en mouvement. 🔊 [fʀɔtmɑ̃].

**FROTTER, verbe trans. [3]**
Faire glisser (qqch.) sur une surface en appuyant ; empl. intrans., produire un frottement. – Astiquer. – Pronom. Se frotter à : fréquenter ; se confronter à. 🔊 [fʀɔte].

**FROUSSE, subst. f.**
Peur (fam.). 🔊 [fʀus].

**FRUCTIDOR, subst. m.**
Douzième et dernier mois du calendrier républicain, allant du 18-19 août au 16-17 septembre. 🔊 [fʀyktidɔʀ].

**FRUCTIFIER, verbe intrans. [6]**
Produire des fruits, des récoltes. – Fig. Rapporter des intérêts. 🔊 [fʀyktifje].

**FRUCTUEUX, EUSE, adj.**
Qui produit des résultats positifs. – Utile, bénéfique. 🔊 [fʀyktɥø, -øz].

**FRUGAL, ALE, AUX, adj.**
Qui se contente d'aliments sobres. – Repas frugal : léger. 🔊 [fʀygal].

**FRUIT, subst. m.**
Organe issu de la fleur d'un végétal, souv. comestible et de saveur sucrée. – Fruits de mer : coquillages et crustacés comestibles. – Fig. Produit, bénéfice. 🔊 [fʀɥi].

**FRUITÉ, ÉE, adj.**
Qui a un goût de fruit frais. 🔊 [fʀɥite].

**FRUITIER, IÈRE, adj. et subst.**
Subst. Commerçant qui vend des fruits. – Adj. Qui produit des fruits : Des arbres fruitiers. 🔊 [fʀɥitje, -jɛʀ].

**FRUSQUES, subst. f. plur.**
Vieux vêtements (fam.). 🔊 [fʀysk].

**FRUSTE, adj.**
Grossier, sans raffinement. 🔊 [fʀyst].

**FRUSTRATION, subst. f.**
Psychol. Tension résultant d'un manque. 🔊 [fʀystʀasjɔ̃].

**FRUSTRER, verbe trans. [3]**
Placer (qqn) dans une situation de frustration. – Tromper, décevoir. 🔊 [fʀystʀe].

**FUEL, voir FIOUL**

**FUGACE, adj.**
Qui dure peu, éphémère. 🔊 [fygas].

**FUGITIF, IVE, adj. et subst.**
Qui est en fuite. – Adj. Qui dure peu. 🔊 [fyʒitif, -iv].

**FUGUE, subst. f.**
Abandon temporaire de son domicile : Adolescent en fugue. – Mus. Composition dont les motifs mélodiques semblent se poursuivre. 🔊 [fyg].

**FUGUEUR, EUSE, adj. et subst.**
Qui fait des fugues. 🔊 [fygœʀ, -øz].

**FUIR, verbe [32]**
Intrans. S'éloigner vivement pour échapper à qqn ou à qqch. – S'écouler accidentellement. – Trans. Refuser d'affronter. 🔊 [fɥiʀ].

**FUITE, subst. f.**
Action de quitter en grande hâte un lieu pour éviter qqch. ou qqn. – Écoulement accidentel d'un liquide ou d'un gaz. – Fig. Divulgation d'un secret. 🔊 [fɥit].

**FULGURANT, ANTE, adj.**
Rapide comme l'éclair. – Intense et bref : Une douleur fulgurante. 🔊 [fylgyʀɑ̃, -ɑ̃t].

**FULMINER, verbe intrans. [3]**
Éclater en invectives (littér.). 🔊 [fylmine].

**FUMÉ, ÉE, adj.**
Exposé à la fumée pour être conservé : Jambon fumé. – Verres fumés : teintés de sombre. 🔊 [fyme].

**FUMÉE, subst. f.**
Combinaison de gaz, de vapeur d'eau et de microparticules dégagée par un corps en

combustion et qui se répand dans l'air.
🔊 [fyme].

**FUMER**, verbe [3]
Intrans. Produire, dégager de la fumée, de la vapeur. – Trans. Consommer (du tabac). – Exposer (un aliment) à la fumée : Fumer *du jambon*. – Répandre du fumier sur (une terre). 🔊 [fyme].

**FUMET**, subst. m.
Odeur appétissante de certaines viandes cuites. 🔊 [fymɛ].

**FUMEUR, EUSE**, subst.
Personne qui a l'habitude de fumer du tabac. 🔊 [fymœʀ, -øz].

**FUMIER**, subst. m.
Engrais formé d'excréments de bestiaux mélangés avec de la paille. 🔊 [fymje].

**FUMIGÈNE**, adj. et subst. m.
Qui produit de la fumée. 🔊 [fymiʒɛn].

**FUMISTE**, adj. et subst.
Se dit d'une personne qui ne fait rien sérieusement (fam.). 🔊 [fymist].

**FUNAMBULE**, subst.
Équilibriste qui marche sur une corde tendue dans le vide. 🔊 [fynɑ̃byl].

**FUNÈBRE**, adj.
Qui se rapporte à la mort, aux funérailles. – Sombre, lugubre. 🔊 [fynɛbʀ].

**FUNÉRAILLES**, subst. f. plur.
Obsèques, enterrement. 🔊 [fyneʀɑj].

**FUNÉRAIRE**, adj.
Qui concerne les funérailles, les tombes : *Une urne* funéraire. 🔊 [fyneʀɛʀ].

**FUNESTE**, adj.
Qui apporte le malheur. 🔊 [fynɛst].

**FUNICULAIRE**, adj. et subst.
Chemin de fer gravissant de fortes pentes, et actionné par un câble. 🔊 [fynikylɛʀ].

**FURET**, subst. m.
Petit mammifère carnivore au corps allongé, qu'on peut dresser pour la chasse. 🔊 [fyʀɛ].

**FUR ET À MESURE (AU)**, loc. adv.
En même temps, progressivement et pro-portionnellement. 🔊 [ofyʀeam(ə)zyʀ].

**FURETER**, verbe intrans. [13]
Chasser au furet. – Fig. Fouiller partout. 🔊 [fyʀ(ə)te].

**FUREUR**, subst. f.
Colère violente, sans mesure. – Passion. – Violence, déchaînement. 🔊 [fyʀœʀ].

**FURIBOND, ONDE**, adj.
Qui s'emporte exagérément. – Qui exprime une colère excessive. 🔊 [fyʀibɔ̃, -ɔ̃d].

**FURIE**, subst. f.
Rage intense. – Femme qui donne libre cours à sa colère. 🔊 [fyʀi].

**FURIEUX, IEUSE**, adj.
En proie à une colère intense. – D'une extrême violence. 🔊 [fyʀjø, -jøz].

**FURONCLE**, subst. m.
Infection localisée de la peau. 🔊 [fyʀɔ̃kl].

**FURTIF, IVE**, adj.
Discret et rapide. 🔊 [fyʀtif, -iv].

**FUSAIN**, subst. m.
Arbrisseau dont le bois carbonisé sert à dessiner. – Dessin au fusain. 🔊 [fyzɛ̃].

**FUSEAU**, subst. m.
Bobine, pointue à chaque bout, utilisée pour filer à la quenouille. – Pantalon de ski. – Fuseau *horaire* : chacune des vingt-quatre divisions de la surface terrestre où l'heure légale est identique. 🔊 [fyzo].

**FUSÉE**, subst. f.
Engin à réaction ; véhicule spatial. – Pièce de feu d'artifice. 🔊 [fyze].

**FUSELAGE**, subst. m.
Partie principale d'un avion, à laquelle se fixent les ailes. 🔊 [fyz(ə)laʒ].

**FUSER**, verbe intrans. [3]
Jaillir. – Retentir : *Les rires* fusent. 🔊 [fyze].

**FUSIBLE**, adj. et subst. m.
Subst. Fil de plomb qui fond en cas de court-circuit. – Adj. Qui a la propriété de fondre sous l'effet de la chaleur. 🔊 [fyzibl].

**FUSIL**, subst. m.
Arme à feu individuelle et portative, à canon long. – Celui qui tire au fusil. 🔊 [fyzi].

**FUSILIER**, subst. m.
Fusilier *marin* : membre d'un corps de la marine de guerre, combattant en gén. à terre. 🔊 [fyzilje].

**FUSILLADE**, subst. f.
Décharge simultanée de plusieurs armes à feu. 🔊 [fyzijad].

**FUSILLER**, verbe trans. [3]
Tuer à coups de fusil. 🔊 [fyzije].

**FUSION**, subst. f.
Passage de l'état solide à l'état liquide sous l'action de la chaleur. – Fig. Réunion en un seul ensemble. 🔊 [fyzjɔ̃].

**FUSIONNER**, verbe [3]
Trans. Réunir en un seul ensemble. – Intrans. S'unir en un tout. 🔊 [fyzjone].

**FUSTIGER**, verbe trans. [5]
Condamner avec véhémence. 🔊 [fystiʒe].

**FÛT**, subst. m.
Tronc d'arbre. – Tige de colonne. – Tonneau. 🔊 [fy].

**FUTAIE**, subst. f.
Plantation d'arbres au tronc élevé. 🔊 [fytɛ].

**FUTÉ, ÉE**, adj. et subst.
Qui est astucieux, malin. 🔊 [fyte].

**FUTILE, adj.**
Dénué d'importance. – Qui s'attache à des choses insignifiantes. ✂ [fytil].

**FUTILITÉ, subst. f.**
Manque de profondeur, de valeur. – Ce qui est futile. ✂ [fytilite].

**FUTUR, URE, adj. et subst. m.**
Adj. Qui est à venir. – Subst. Temps qui succédera au présent. – *Ling.* Temps verbal qui situe l'action dans l'avenir. ✂ [fytyʀ].

**FUTURISTE, adj.**
Qui évoque le futur. ✂ [fytyʀist].

**FUYARD, ARDE, adj. et subst.**
Qui prend la fuite ; qui s'enfuit devant l'ennemi. ✂ [fɥijaʀ, -aʀd].

# G

**G, g,** subst. m. inv.
Septième lettre et cinquième consonne de l'alphabet français, qui transcrit le son [g] sauf devant les voyelles *e*, *i*, *y*, où elle transcrit le son [ʒ]. 🔊 [ʒe].

**GABARDINE,** subst. f.
Manteau imperméable. 🔊 [gabaʀdin].

**GABARIT,** subst. m.
Modèle servant à vérifier le respect des normes de fabrication. – Dimension réglementée d'un objet. – Stature. 🔊 [gabaʀi].

**GÂCHER,** verbe trans. [3]
Délayer (du plâtre, du ciment). – Fig. Gâter, saboter ; gaspiller. 🔊 [gɑʃe].

**GÂCHETTE,** subst. f.
Cran d'arrêt du pêne d'une serrure. – Pièce d'une arme à feu, actionnée par la détente ; la détente (empl. abusif). 🔊 [gaʃɛt].

**GÂCHIS,** subst. m.
Plâtre, ciment délayé avec de l'eau. – Fig. Gaspillage ; dégât. – Situation désolante, regrettable. 🔊 [gɑʃi].

**GADGET,** subst. m.
Objet, dispositif qui plaît par sa nouveauté, mais qui est souv. inutile. 🔊 [gadʒɛt].

**GAFFE,** subst. f.
Perche munie d'un croc en fer, servant à accrocher, à attraper qqch. – Impair, maladresse (fam.) : *Faire une* gaffe. 🔊 [gaf].

**GAFFEUR, EUSE,** adj. et subst.
Qui commet des impairs. 🔊 [gafœʀ, -øz].

**GAG,** subst. m.
Situation comique. 🔊 [gag].

**GAGE,** subst. m.
Objet servant à garantir un paiement. – Fig. Preuve, promesse. – *Jeux.* Punition infligée au perdant. – Plur. Salaire d'un domestique. – *Tueur à* gages : qui est payé pour tuer. 🔊 [gaʒ].

**GAGER,** verbe trans. [5]
Garantir par un gage : Gager *un emprunt.* – Parier (littér.). 🔊 [gaʒe].

**GAGEURE,** subst. f.
Action ou entreprise si délicate, si singulière qu'elle a l'air d'un défi. 🔊 [gaʒyʀ].

**GAGNER,** verbe [3]
Trans. Acquérir (qqch.) par ses efforts ou par l'effet du hasard. – Être vainqueur dans (une épreuve, une lutte), remporter. – Atteindre (un lieu). – S'étendre ; progresser. – Intrans. Vaincre. – Tirer avantage, mériter : *Il* gagne *à être connu.* 🔊 [gaɲe].

**GAI, GAIE,** adj.
Souriant, enjoué. – Divertissant. 🔊 [ge].

**GAIETÉ,** subst. f.
Humeur joyeuse. – *De* gaieté *de cœur* : sans réticence. 🔊 [gete].

**GAILLARD, ARDE,** adj. et subst.
Se dit d'une personne robuste, pleine d'entrain. 🔊 [gajaʀ, -aʀd].

**GAIN,** subst. m.
Rémunération ; profit. – Succès, victoire : *Obtenir* gain *de cause,* l'emporter. 🔊 [gɛ̃].

**GAINE,** subst. f.
Fourreau. – Sous-vêtement féminin comprimant la taille. – Conduit. 🔊 [gɛn].

**GAINER,** verbe trans. [3]
Revêtir d'une enveloppe protectrice. – Enserrer, mouler. 🔊 [gene].

**GALA,** subst. m.
Somptueuse réception officielle. 🔊 [gala].

**GALANT, ANTE,** adj. et subst.
Adj. Délicat, prévenant à l'égard des femmes. – Propre aux liens amoureux : *Rendez-vous* galant. – Subst. Amoureux, soupirant (vieilli). 🔊 [galɑ̃, -ɑ̃t].

**GALANTERIE,** subst. f.
Comportement social galant. 🔊 [galɑ̃tʀi].

**GALAXIE,** subst. f.
Unité cosmique constituée d'étoiles et de matière interstellaire. – *La* Galaxie : celle à laquelle appartient le Soleil. 🔊 [galaksi].

**GALBE,** subst. m.
Modelé, courbure. 🔊 [galb].

**GALE,** subst. f.
Affection cutanée contagieuse, due à un acarien. 🔊 [gal].

**GALÉJADE,** subst. f.
Mystification mêlant l'humour et l'exagération. 🔊 [galeʒad].

**GALÈRE,** subst. f.
Ancien navire à rames et à voiles. – Fig. Travail pénible ; mésaventure (fam.). 🔊 [galɛʀ].

**GALERIE,** subst. f.
Passage couvert d'un édifice. – Lieu d'exposition et de vente d'œuvres d'art. – Couloir souterrain de mine. – Conduit creusé dans la terre par certains animaux. 🔊 [galʀi].

**GALÉRIEN,** subst. m.
Homme condamné à ramer sur les galères. 🔊 [galeʀjɛ̃].

**GALET,** subst. m.
Pierre polie par les eaux. 🔊 [galɛ].

**GALETTE,** subst. f.
Gâteau rond et plat. 🔊 [galɛt].

**GALEUX, EUSE,** adj.
Atteint de la gale : *Un chien* galeux. – Fig.
*Brebis* galeuse : personne asociale, rejetée
de son groupe. 📿 [galø, -øz].

**GALIMATIAS,** subst. m.
Propos incompréhensible. 📿 [galimatja].

**GALION,** subst. m.
Grand voilier armé qu'utilisaient les Espa-
gnols pour rapporter les richesses de leurs
colonies. 📿 [galjɔ̃].

**GALIPETTE,** subst. f.
Culbute, pirouette. 📿 [galipɛt].

**GALLICISME,** subst. m.
Tournure, expression propre à la langue
française. 📿 [ga(l)lisism].

**GALLINACÉ,** subst. m.
Oiseau terrestre domestique ou sauvage, tel
que la poule, le faisan, la dinde, etc. – Plur.
L'ordre correspondant. 📿 [galinase].

**GALLO-ROMAIN, AINE,** adj.
Qui se rapporte à la civilisation née de
la conquête de la Gaule par les Romains.
📿 [ga(l)lorɔmɛ̃, -ɛn].

**GALON,** subst. m.
Ruban utilisé pour border ou orner une
étoffe. – Signe distinctif d'un grade militaire. 📿 [galɔ̃].

**GALOP,** subst. m.
Allure la plus rapide de certains équidés,
en partic. du cheval. 📿 [galo].

**GALOPER,** verbe intrans. [3]
Aller au galop. – Marcher, courir à vive
allure. 📿 [galope].

**GALOPIN,** subst. m.
Garnement, chenapan (fam.). 📿 [galɔpɛ̃].

**GALVANISER,** verbe trans. [3]
Recouvrir (un métal) de zinc. – Communiquer une vive ardeur à. 📿 [galvanize].

**GALVAUDER,** verbe trans. [3]
Gâcher, déprécier (qqch.) par un mauvais
usage. 📿 [galvode].

**GAMBADER,** verbe intrans. [3]
Sautiller joyeusement. 📿 [gɑ̃bade].

**GAMELLE,** subst. f.
Récipient individuel utilisé pour transpor-
ter un repas ; écuelle. – Son contenu.
– Chute (fam.). 📿 [gamɛl].

**GAMÈTE,** subst. m.
Cellule reproductrice, animale ou végétale,
mâle ou femelle. 📿 [gamɛt].

**GAMIN, INE,** subst.
Jeune garçon ou fille (fam.). 📿 [gamɛ̃, -in].

**GAMME,** subst. f.
*Mus.* Série de notes, de sons ascendants ou
descendants, séparés par des intervalles
conventionnels. – Ensemble des nuances
d'une même couleur. – Fig. Série complète
d'éléments de même nature. 📿 [gam].

**GANG,** subst. m.
Groupe organisé de malfaiteurs. 📿 [gɑ̃g].

**GANGLION,** subst. m.
Renflement sous-cutané situé sur un nerf
ou un vaisseau lymphatique. 📿 [gɑ̃glijɔ̃].

**GANGRÈNE,** subst. f.
Putréfaction d'un tissu organique vivant.
– Fig. Agent de corruption. 📿 [gɑ̃grɛn].

**GANGRENÉ, ÉE,** adj.
Attaqué par la gangrène. – Fig. Rongé par
un mal insidieux. 📿 [gɑ̃grəne].

**GANGSTER,** subst. m.
Membre d'un gang ; bandit. 📿 [gɑ̃gstɛr].

**GANGUE,** subst. f.
Substance qui enveloppe un minerai ou
une pierre précieuse. 📿 [gɑ̃g].

**GANT,** subst. m.
Accessoire vestimentaire qui recouvre la
main en gainant chaque doigt. 📿 [gɑ̃].

**GARAGE,** subst. m.
Endroit couvert où l'on gare un véhicule.
– Établissement d'entretien et de répara-
tion des voitures. 📿 [garaʒ].

**GARANT, ANTE,** adj. et subst.
Qui valide, certifie qqch. – Qui répond de
qqn ; responsable. 📿 [garɑ̃, -ɑ̃t].

**GARANTIE,** subst. f.
Contrat assurant la réparation gratuite
d'un produit, l'indemnisation de dommages, etc., pendant une période donnée.
– Assurance : **Garantie** *de qualité.*
📿 [garɑ̃ti].

**GARANTIR,** verbe trans. [19]
Se porter garant, répondre de. – Affirmer.
– Préserver, mettre à l'abri. 📿 [garɑ̃tir].

**GARCE,** subst. f.
*Fam.* Femme ou fille méchante. – Ce qui
est désagréable, difficile : **Garce** *de vie !*
📿 [gars].

**GARÇON,** subst. m.
Enfant de sexe masculin ; jeune homme.
– Serveur dans un café. 📿 [garsɔ̃].

**GARÇONNIÈRE,** subst. f.
Logis d'homme célibataire, pouvant abriter
des rencontres galantes. 📿 [garsɔnjɛr].

**GARDE (I),** subst. f.
Action de surveiller qqn ou qqch. pour
protéger, défendre ou empêcher de s'enfuir.
– Service de surveillance : *Médecin de*
*garde* ; escorte : *La* garde *nationale.* – Atti-
tude de défense, en boxe, en escrime, etc.
– Fig. Attitude de méfiance, de prudence :
*Être sur ses* gardes. 📿 [gard].

**GARDE (II),** subst. m.
Surveillant, gardien. – Garde *des Sceaux* :
ministre de la Justice, en France. 📿 [gard].

**GARDE-À-VOUS,** subst. m. inv.
Position réglementaire (corps immobile,
talons joints) adoptée par les militaires
dans certaines circonstances. 📿 [gardavu].

**GARDE-BARRIÈRE**, subst.
Personne chargée du fonctionnement d'un passage à niveau. ▨ Plur. *gardes-barrière(s)* ; [gaʀd(ə)baʀjɛʀ].

**GARDE-BOUE**, subst. m. inv.
Pièce placée sur la roue d'un véhicule et protégeant des éclaboussures. ▨ [gaʀdəbu].

**GARDE-CHASSE**, subst. m.
Personne responsable d'un domaine de chasse. ▨ Plur. *gardes-chasse(s)* ; [gaʀdəʃas].

**GARDE-FOU**, subst. m.
Parapet, barrière qui empêche de tomber dans le vide. ▨ Plur. *garde-fous* ; [gaʀdəfu].

**GARDE-MALADE**, subst.
Personne qui prend soin des malades. ▨ Plur. *gardes-malade(s)* ; [gaʀd(ə)malad].

**GARDE-MANGER**, subst. m. inv.
Petite armoire finement grillagée où l'on conserve les aliments. ▨ [gaʀd(ə)mɑ̃ʒe].

**GARDER**, verbe trans. [3]
Prendre soin de. – Surveiller (qqn) pour l'empêcher de fuir. – Conserver ; maintenir. – Pronom. *Se garder de* : se préserver, se méfier de ; s'abstenir de. ▨ [gaʀde].

**GARDE-ROBE**, subst. f.
Penderie. – Ensemble des vêtements que possède qqn. ▨ Plur. *garde-robes* ; [gaʀdəʀɔb].

**GARDIEN, IENNE**, subst.
Personne qui a la garde de qqch. ou de qqn. – Concierge. ▨ [gaʀdjɛ̃, -jɛn].

**GARDON**, subst. m.
Petit poisson d'eau douce. ▨ [gaʀdɔ̃].

**GARE (I)**, subst. f.
Construction longeant une voie ferrée, où s'effectuent les départs et les arrivées de voyageurs ou de marchandises. ▨ [gaʀ].

**GARE (II)**, interj.
Cri d'avertissement : *Gare à toi !* – *Arriver sans crier gare* : à l'improviste. ▨ [gaʀ].

**GARENNE**, subst. f.
Étendue boisée envahie par les lapins sauvages : *Un lapin de garenne.* ▨ [gaʀɛn].

**GARER**, verbe trans. [3]
Ranger (un véhicule) dans un lieu de stationnement. – Pronom. *Se garer de* : faire en sorte d'éviter. ▨ [gaʀe].

**GARGARISER (SE)**, verbe pronom. [3]
Se rincer la gorge avec un liquide. – Fig. Se délecter (fam.). ▨ [gaʀgaʀize].

**GARGOTE**, subst. f.
Petit restaurant médiocre (péj.). ▨ [gaʀgɔt].

**GARGOUILLE**, subst. f.
Gouttière en saillie souv. ornée d'un monstre sculpté. – Cette sculpture. ▨ [gaʀguj].

**GARGOUILLEMENT**, subst. m.
Bruit qui évoque celui de l'eau s'écoulant d'une gargouille. ▨ On dit aussi *gargouillis* ; [gaʀgujmɑ̃].

**GARGOUILLER**, verbe intrans. [3]
Émettre un gargouillement. ▨ [gaʀguje].

**GARNEMENT**, subst. m.
Garçon agité, insupportable. ▨ [gaʀnəmɑ̃].

**GARNI, IE**, adj. et subst. m.
Adj. *Plat garni* : servi avec un accompagnement. – Subst. Logement qui se loue meublé. ▨ [gaʀni].

**GARNIR**, verbe trans. [19]
Équiper, munir d'un accessoire ou d'un ornement. – Remplir. ▨ [gaʀniʀ].

**GARNISON**, subst. f.
Force armée assurant la défense d'une place. – Ensemble des troupes en caserne dans une ville. ▨ [gaʀnizɔ̃].

**GARNITURE**, subst. f.
Ce qui embellit, complète ou protège qqch. – *Cuis.* Accompagnement d'un plat : *Une garniture de crudités.* ▨ [gaʀnityʀ].

**GARRIGUE**, subst. f.
Végétation méditerranéenne, composée d'arbustes et de buissons. ▨ [gaʀig].

**GARROT (I)**, subst. m.
Partie du corps des grands quadrupèdes située au-dessus de l'épaule. ▨ [gaʀo].

**GARROT (II)**, subst. m.
Lien servant à comprimer les vaisseaux pour stopper une hémorragie. – Collier de fer que l'on serrait avec une vis pour étrangler un supplicié. ▨ [gaʀo].

**GARROTTER**, verbe trans. [3]
Immobiliser fortement par un lien. – Fig. *Garrotter l'opposition politique.* ▨ [gaʀote].

**GARS**, subst. m.
Fam. Garçon. – Homme, type. ▨ [gɑ].

**GAS-OIL**, voir **GAZOLE**

**GASPILLAGE**, subst. m.
Action, fait de gaspiller. ▨ [gaspijaʒ].

**GASPILLER**, verbe trans. [3]
Utiliser à mauvais escient, sans bénéfice. – Dilapider. ▨ [gaspije].

**GAST(É)ROPODE**, subst. m.
Mollusque rampant tel que l'escargot, la limace, le bulot, etc. – Plur. La classe correspondante. ▨ [gast(e)ʀopɔd].

**GASTRIQUE**, adj.
Relatif à l'estomac. ▨ [gastʀik].

**GASTRONOME**, subst.
Amateur de bonne cuisine. ▨ [gastʀonom].

**GASTRONOMIE**, subst. f.
Art de la bonne cuisine, de sa préparation et de sa dégustation. ▨ [gastʀonomi].

**GÂTEAU**, subst. m.
Pâtisserie, en gén. à base de farine, de sucre et d'œufs. ▨ [gɑto].

**GÂTER,** verbe trans. [3]
Pourrir, abîmer. – Gâcher ; nuire à : Gâter *le paysage.* – Combler de bienfaits ; traiter (un enfant) avec trop de clémence. – Pronom. Se détériorer. 🕮 [gate].

**GÂTERIE,** subst. f.
Attention affectueuse. – Petit cadeau, friandise. 🕮 [gatʀi].

**GÂTEUX, EUSE,** adj. et subst.
Dont les facultés mentales et physiques sont altérées par l'âge. 🕮 [gatø, -øz].

**GAUCHE (I),** adj. et subst.
Adj. et subst. fém. Qui est du côté du cœur du sujet. – Subst. fém. Côté d'une assemblée politique où siègent les tenants d'opinions avancées ; ensemble des partis progressistes. – Subst. masc. *Sp.* Poing ou pied gauche. 🕮 [goʃ].

**GAUCHE (II),** adj.
Malhabile, emprunté. 🕮 [goʃ].

**GAUCHER, ÈRE,** adj. et subst.
Qui utilise naturellement sa main gauche. 🕮 [goʃe, -ɛR].

**GAUCHERIE,** subst. f.
Manque d'habileté, d'aisance. – Geste maladroit. 🕮 [goʃʀi].

**GAUCHIR,** verbe [19]
Intrans. Se déformer. – Trans. Tordre, fausser (un objet). – Fig. Déformer (un fait). 🕮 [goʃiʀ].

**GAUFRE,** subst. f.
Gâteau de cire fabriqué par les abeilles. – Pâtisserie légère au relief alvéolé. 🕮 [gofʀ].

**GAUFRÉ, ÉE,** adj.
Imprimé de motifs en creux et en relief : *Cuir, tissu* gaufré. 🕮 [gofʀe].

**GAULE,** subst. f.
Longue perche. – Canne à pêche. 🕮 [gol].

**GAULER,** verbe trans. [3]
Frapper (un arbre) avec une gaule pour faire tomber ses fruits. – *Se faire* **gauler** : se faire prendre (fam.). 🕮 [gole].

**GAULOIS, OISE,** adj.
Adj. De la Gaule. – D'une franchise un peu leste : *Une histoire* **gauloise**, égrillarde. 🕮 [golwa, -waz].

**GAUSSER (SE),** verbe pronom. [3]
Se moquer. 🕮 [gose].

**GAVER,** verbe trans. [3]
Nourrir de force ou avec excès. 🕮 [gave].

**GAZ,** subst. m.
État de la matière où cette dernière occupe tout le volume dont elle dispose ; corps compressible, expansible et dilatable. – **Gaz** *naturel* : combustible. – Plur. Mélange d'air et d'essence utilisé dans les moteurs à explosion. – Substance gazeuse qui se forme dans le tube digestif. 🕮 [gaz].

**GAZE,** subst. f.
Étoffe légère. – Tissu de coton aéré utilisé pour faire des pansements. 🕮 [gaz].

**GAZÉIFIER,** verbe trans. [6]
Faire passer à l'état gazeux. – Rendre (un liquide) gazeux, pétillant. 🕮 [gazeifje].

**GAZELLE,** subst. f.
Antilope à longues pattes, rapide, des steppes d'Asie ou d'Afrique. 🕮 [gazɛl].

**GAZER,** verbe [3]
Trans. Soumettre à l'action d'un gaz toxique. – Intrans. Fam. Se dépêcher. – *Ça* **gaze** : tout va bien. 🕮 [gaze].

**GAZETTE,** subst. f.
Journal, revue (vieilli). 🕮 [gazɛt].

**GAZEUX, EUSE,** adj.
De la nature du gaz. – Qui renferme du gaz carbonique en dissolution : *Boisson* **gazeuse.** 🕮 [gazø, -øz].

**GAZOLE,** subst. m.
Carburant ou combustible issu du pétrole. 🕮 [gazɔl].

**GAZON,** subst. m.
Herbe courte, fine et dense. 🕮 [gazɔ̃].

**GAZOUILLER,** verbe intrans. [3]
Émettre des sons légers et plaisants, pour un oiseau ou un bébé. 🕮 [gazuje].

**GAZOUILLIS,** subst. m.
Bruit agréable et léger. 🕮 [gazuji].

**GEAI,** subst. m.
Oiseau forestier au plumage brun clair et aux ailes tachetées de bleu. 🕮 [ʒɛ].

**GÉANT, GÉANTE,** adj. et subst.
De très grande taille. 🕮 [ʒeɑ̃, ʒeɑ̃t].

**GEIGNARD, ARDE,** adj. et subst.
Qui se plaint toujours, pleurnicheur (fam.). 🕮 [ʒɛɲaʀ, -aʀd].

**GEINDRE,** verbe intrans. [53]
Gémir, se plaindre. – Se lamenter sans réel motif (fam.). 🕮 [ʒɛ̃dʀ].

**GEL,** subst. m.
Froid qui provoque la gelée ; congélation de l'eau. – Produit cosmétique à base d'huile ou d'eau. – Fig. Suspension d'un processus : *Le* **gel** *des salaires.* 🕮 [ʒɛl].

**GÉLATINE,** subst. f.
Sorte de gelée obtenue par ébullition du collagène de tissus animaux. 🕮 [ʒelatin].

**GÉLATINEUX, EUSE,** adj.
Qui a l'aspect, la consistance de la gélatine. 🕮 [ʒelatinø, -øz].

**GELÉE,** subst. f.
Diminution de la température en dessous de 0 ºC, transformant l'eau en glace. – Jus de viande solidifié par le froid. – Jus de fruits cuits avec du sucre. 🕮 [ʒ(ə)le].

**GELER,** verbe [11]
Trans. Transformer en glace. – Abîmer, détruire, en parlant du froid. – Fig. Sus-

pendre : Geler *les négociations.* – Intrans. Se changer en glace. – Souffrir du froid. – *Il* gèle : le temps est au gel. 🔊 [ʒ(ə)le].

**GÉLULE,** subst. f.
Capsule oblongue contenant un produit médicamenteux, que l'on ingère. 🔊 [ʒelyl].

**GÉMEAUX,** subst. m. plur.
Constellation zodiacale. – Troisième signe du zodiaque. 🔊 [ʒemo].

**GÉMELLITÉ,** subst. f.
État des jumeaux. – Caractère de deux choses identiques. 🔊 [ʒeme(l)lite].

**GÉMIR,** verbe intrans. [19]
Émettre des gémissements. 🔊 [ʒemiʀ].

**GÉMISSEMENT,** subst. m.
Plainte sourde et inarticulée. 🔊 [ʒemismɑ̃].

**GEMME,** subst. f.
Pierre précieuse ou pierre fine transparente. – Résine de pin. 🔊 [ʒɛm].

**GENCIVE,** subst. f.
Partie de la muqueuse buccale qui recouvre la base des dents. 🔊 [ʒɑ̃siv].

**GENDARME,** subst. m.
Militaire appartenant à un corps de gendarmerie. 🔊 [ʒɑ̃daʀm].

**GENDARMERIE,** subst. f.
Corps militaire chargé de la sûreté publique et du respect des lois. – Caserne et bureaux des gendarmes. 🔊 [ʒɑ̃daʀməʀi].

**GENDRE,** subst. m.
Le mari de la fille, pour les parents de cette dernière (synon. *beau-fils*). 🔊 [ʒɑ̃dʀ].

**GÈNE,** subst. m.
Fragment d'A.D.N., porteur et transmetteur des caractères héréditaires. 🔊 [ʒɛn].

**GÊNE,** subst. f.
Léger trouble physique. – Désagrément, embarras. – *Être dans la* gêne : manquer d'argent. – Trouble, malaise. 🔊 [ʒɛn].

**GÉNÉALOGIE,** subst. f.
Ensemble des ascendants d'un individu. – Science des filiations. 🔊 [ʒenealɔʒi].

**GÊNER,** verbe trans. [3]
Incommoder. – Entraver. 🔊 [ʒene].

**GÉNÉRAL (I), ALE, AUX,** adj.
Qui concerne tous les éléments d'un ensemble ; global. – Indéterminé, vague. – Qui est à un échelon élevé : *La direction* générale. – Loc. adv. En général : d'un point de vue commun, habituellement. 🔊 [ʒeneʀal].

**GÉNÉRAL (II), AUX,** subst. m.
Officier du grade le plus élevé dans les armées de terre et de l'air. 🔊 [ʒeneʀal].

**GÉNÉRALISER,** verbe trans. [3]
Élargir à un ensemble. – Empl. abs. Extrapoler. – Pronom. Se répandre. 🔊 [ʒeneʀalize].

**GÉNÉRALISTE,** adj. et subst.
Se dit d'un médecin qui s'occupe de l'ensemble de l'organisme (oppos. *spécialiste*). 🔊 [ʒeneʀalist].

**GÉNÉRALITÉ,** subst. f.
Qualité de ce qui est général. – Plur. Propos vagues, banals. 🔊 [ʒeneʀalite].

**GÉNÉRATEUR, TRICE,** adj. et subst.
Adj. Qui engendre, au sens biologique. – Fig. Qui déclenche un processus. – Subst. masc. Appareil qui transforme une énergie mécanique en énergie électrique. – Subst. fém. Machine qui produit un courant continu. 🔊 [ʒeneʀatœʀ, -tʀis].

**GÉNÉRATION,** subst. f.
Reproduction ; action d'engendrer. – Ensemble des descendants appartenant à un même degré de filiation. – Ensemble d'individus du même âge. 🔊 [ʒeneʀasjɔ̃].

**GÉNÉRER,** verbe trans. [8]
Engendrer, être cause de. 🔊 [ʒeneʀe].

**GÉNÉREUX, EUSE,** adj.
Doué de sentiments nobles. – Qui donne avec largesse. – Fécond ; abondant ; épanoui : *Des formes* généreuses, plantureuses. 🔊 [ʒeneʀø, -øz].

**GÉNÉRIQUE,** adj. et subst. m.
Adj. Propre à un genre dans son entier : *Terme* générique. – Subst. Liste des auteurs d'un film et de leurs collaborateurs, qui défile à l'écran. 🔊 [ʒeneʀik].

**GÉNÉROSITÉ,** subst. f.
Qualité d'une personne, d'une action généreuse. 🔊 [ʒeneʀozite].

**GENÈSE,** subst. f.
*La* Genèse : premier livre de la Bible, qui conte la création du monde. – Processus d'élaboration d'une œuvre, d'un phénomène : *La* genèse *d'une théorie.* 🔊 [ʒənɛz].

**GENÊT,** subst. m.
Arbrisseau, parfois épineux, à fleurs jaunes très odorantes. 🔊 [ʒ(ə)nɛ].

**GÉNÉTIQUE,** adj. et subst. f.
Adj. Relatif aux gènes, à la transmission héréditaire. – Subst. Science de l'hérédité. 🔊 [ʒenetik].

**GÉNIAL, ALE, AUX,** adj.
Qui porte la marque du génie ; qui a du génie. – Extraordinaire (fam.). 🔊 [ʒenjal].

**GÉNIE,** subst. m.
Être surnaturel doté de pouvoirs magiques. – Aptitude exceptionnelle de l'esprit humain à comprendre, à créer ; personne qui est dotée de cette aptitude. – Ensemble des techniques visant à la réalisation de certains travaux : *Le* génie *civil.* 🔊 [ʒeni].

**GÉNISSE,** subst. f.
Jeune vache n'ayant pas encore eu de veau. 🔊 [ʒenis].

**GÉNITAL, ALE, AUX,** adj.
Relatif à la reproduction sexuée. 🔊 [ʒenital].

**GÉNITEUR, TRICE,** subst.
Personne ayant engendré. 🔊 [ʒenitœʀ, -tʀis].

**GÉNITIF,** subst. m.
Cas du complément de nom, dans les langues à déclinaison. 🔊 [ʒenitif].

**GÉNOCIDE,** subst. m.
Extermination systématique d'un groupe humain, ethnique ou religieux. 🔊 [ʒenɔsid].

**GENOU, OUX,** subst. m.
Articulation de la jambe et de la cuisse. – Loc. adv. *À* genoux : les genoux à terre. 🔊 [ʒ(ə)nu].

**GENRE,** subst. m.
*Le* genre *humain* : l'humanité. – *Biol.* Subdivision d'une famille, regroupant plusieurs espèces. – *Ling.* Catégorie indiquant l'appartenance au masculin, au féminin ou au neutre : *Accorder un mot en* genre *et en* nombre. – Type d'œuvre artistique : Genre *poétique.* – Sorte, espèce. – Allure. 🔊 [ʒɑ̃ʀ].

**GENS,** subst. m. plur. ou f. plur.
Personnes : *Des* gens *méchants.* – Classe déterminée de personnes : *Les* gens *de mer ; Les bonnes* gens. 🔊 L'adj. qui précède se met toujours au fém. : [ʒɑ̃].

**GENTIL, ILLE,** adj.
Plaisant, charmant. – Attentionné. – Assez important (fam.) : *Une* gentille *somme.* 🔊 [ʒɑ̃ti, -ij].

**GENTILHOMME,** subst. m.
*Hist.* Homme de famille noble. 🔊 Plur. *gentilshommes* ; [ʒɑ̃tijɔm], plur. [ʒɑ̃tizɔm].

**GENTILLESSE,** subst. f.
Conduite, disposition d'une personne gentille. – Parole, geste bienveillant. 🔊 [ʒɑ̃tijɛs].

**GENTLEMAN,** subst. m.
Homme distingué, de bonne éducation. 🔊 Plur. *gentlemans* ou *gentlemen* ; [dʒɛntləman].

**GÉOGRAPHIE,** subst. f.
Science qui décrit les aspects physiques naturels de la surface terrestre ainsi que son utilisation par l'homme. 🔊 [ʒeɔgʀafi].

**GEÔLE,** subst. f.
Prison (littér.). 🔊 [ʒol].

**GÉOLOGIE,** subst. f.
Science qui étudie la Terre, sa structure, son histoire et son évolution. 🔊 [ʒeɔlɔʒi].

**GÉOMÈTRE,** subst.
Spécialiste de la géométrie. – Technicien qui établit des plans. 🔊 [ʒeɔmɛtʀ].

**GÉOMÉTRIE,** subst. f.
Branche des mathématiques qui traite des propriétés de l'espace. 🔊 [ʒeɔmetʀi].

**GÉRANIUM,** subst. m.
Plante aux fleurs mauves, rouges ou roses, qui orne souv. les balcons. 🔊 [ʒeʀanjɔm].

**GÉRANT, ANTE,** subst.
Personne qui administre des biens ou qui dirige une entreprise pour le compte d'autrui. 🔊 [ʒeʀɑ̃, -ɑ̃t].

**GERBE,** subst. f.
Botte de céréales ou de grandes fleurs coupées. – Ce qui jaillit en faisceau : **Gerbe** *d'eau.* 🔊 [ʒɛʀb].

**GERCER,** verbe [4]
Trans. Marquer de gerçures. – Intrans. *Ses lèvres* ont gercé. 🔊 [ʒɛʀse].

**GERÇURE,** subst. f.
Petite crevasse de la peau, due au froid ou à la sécheresse. 🔊 [ʒɛʀsyʀ].

**GÉRER,** verbe trans. [8]
Administrer (les intérêts de qqn ou ses propres affaires). 🔊 [ʒeʀe].

**GERMANIQUE,** adj. et subst.
Qui appartient au monde des Germains : *Une langue* germanique. – Allemand. 🔊 [ʒɛʀmanik].

**GERME,** subst. m.
Premier état d'un être vivant. – Première pousse issue d'une graine. – Fig. Source, cause initiale : *Les* germes *du succès.* – *Méd.* Agent microbien. 🔊 [ʒɛʀm].

**GERMER,** verbe intrans. [3]
Développer un germe, en parlant d'une plante. – Fig. Naître, se former. 🔊 [ʒɛʀme].

**GERMINAL,** subst. m.
Septième mois du calendrier républicain, allant du 21-22 mars au 18-19 avril. 🔊 [ʒɛʀminal].

**GÉRONDIF,** subst. m.
Forme invariable du participe présent précédé de « en », équivalant à un complément circonstanciel. 🔊 [ʒeʀɔ̃dif].

**GÉRONTOLOGIE,** subst. f.
Étude des phénomènes du vieillissement. 🔊 [ʒeʀɔ̃tɔlɔʒi].

**GÉSIER,** subst. m.
Poche digestive de l'estomac d'un oiseau. 🔊 [ʒezje].

**GÉSIR,** verbe intrans. [35]
Être étendu. 🔊 Verbe défectif ; [ʒeziʀ].

**GESTATION,** subst. f.
Grossesse. – Fig. Période nécessaire à l'élaboration d'une œuvre. 🔊 [ʒɛstasjɔ̃].

**GESTE (I),** subst. m.
Mouvement d'une partie du corps : *Un* geste *de la main.* – Fig. Acte : *Un* geste *héroïque.* 🔊 [ʒɛst].

**GESTE (II),** subst. f.
Épopée du Moyen Âge. 🔊 [ʒɛst].

**GESTICULER,** verbe intrans. [3]
Faire de grands gestes. 🔊 [ʒɛstikyle].

**GESTION,** subst. f.
Action de gérer. 🔊 [ʒɛstjɔ̃].

**GESTUEL, ELLE, adj. et subst. f.**
Adj. Relatif aux gestes. – Subst. Ensemble des gestes expressifs propres à un individu. ᴂ [ʒɛstyɛl].

**GEYSER, subst. m.**
Source d'eau chaude d'origine volcanique, qui jaillit de façon intermittente. ᴂ [ʒɛzɛʀ].

**GHETTO, subst. m.**
Quartier de certaines villes, où les Juifs étaient relégués. – Lieu où se regroupe une minorité défavorisée. ᴂ [geto].

**GIBECIÈRE, subst. f.**
Sac utilisé pour porter le gibier, les poissons. ᴂ [ʒib(ə)sjɛʀ].

**GIBET, subst. m.**
Potence. ᴂ [ʒibɛ].

**GIBIER, subst. m.**
Tout animal que l'on chasse. ᴂ [ʒibje].

**GIBOULÉE, subst. f.**
Averse de pluie ou de grêle. ᴂ [ʒibule].

**GICLER, verbe intrans. [3]**
Jaillir, être projeté avec force et en éclaboussant. ᴂ [ʒikle].

**GIFLE, subst. f.**
Coup sur la joue administré du plat de la main. – Fig. Humiliation. ᴂ [ʒifl].

**GIFLER, verbe trans. [3]**
Donner une gifle à. ᴂ [ʒifle].

**GIGANTESQUE, adj.**
Qui a des proportions géantes. – Fig. D'une ampleur prodigieuse. ᴂ [ʒigɑ̃tɛsk].

**GIGOGNE, adj.**
Se dit d'éléments similaires, de taille décroissante, qui s'emboîtent les uns dans les autres : Des poupées gigognes. ᴂ [ʒigɔɲ].

**GIGOLO, subst. m.**
Jeune homme qui se fait entretenir par une femme plus âgée que lui (fam.). ᴂ [ʒigolo].

**GIGOT, subst. m.**
Cuisse d'agneau, de mouton ou de chevreuil coupée pour la consommation. ᴂ [ʒigo].

**GIGOTER, verbe intrans. [3]**
Fam. Agiter les jambes. – Se trémousser : Arrête de gigoter ! ᴂ [ʒigote].

**GILET, subst. m.**
Vêtement masculin, court, sans manches et à boutons, porté sous un veston. – Tricot à manches, ouvert sur le devant. – Gilet de sauvetage : permettant de flotter. ᴂ [ʒilɛ].

**GINGEMBRE, subst. m.**
Plante dont le rhizome sert de condiment. ᴂ [ʒɛ̃ʒɑ̃bʀ].

**GINGIVITE, subst. f.**
Inflammation de la gencive. ᴂ [ʒɛ̃ʒivit].

**GIRAFE, subst. f.**
Grand ruminant d'Afrique au très long cou, au pelage roux tacheté de brun. ᴂ [ʒiʀaf].

**GIRATOIRE, adj.**
Qui pivote sur lui-même. – Qui décrit un cercle : Sens giratoire. ᴂ [ʒiʀatwaʀ].

**GIROFLE, subst. m.**
Clou de girofle : bouton d'une fleur exotique, utilisé comme épice. ᴂ [ʒiʀɔfl].

**GIROLLE, subst. f.**
Champignon savoureux, jaune orangé, également appelé chanterelle. ᴂ [ʒiʀɔl].

**GIRON, subst. m.**
Partie du corps comprise entre la taille et les genoux d'une personne assise. – Fig. Sein : Le giron de l'Église. ᴂ [ʒiʀɔ̃].

**GIROND, ONDE, adj.**
Bien bâti, agréable (fam.). – Bien en chair (gén. pour une femme). ᴂ [ʒiʀɔ̃, -ɔ̃d].

**GIROUETTE, subst. f.**
Plaque de métal mobile, située en haut d'un édifice, indiquant la direction du vent. – Fig. Personne inconstante, versatile. ᴂ [ʒiʀwɛt].

**GISANT, ANTE, adj. et subst. m.**
Adj. Qui gît, qui repose immobile. – Subst. Sculpture d'un tombeau représentant un défunt allongé. ᴂ [ʒizɑ̃, -ɑ̃t].

**GISEMENT, subst. m.**
Amas, couche contenant des richesses minérales. ᴂ [ʒizmɑ̃].

**GITAN, ANE, adj. et subst.**
Nomade d'Espagne originaire de l'Inde. – Adj. Relatif aux Gitans. ᴂ [ʒitɑ̃, -an].

**GÎTE, subst. m.**
Lieu où l'on peut loger, dormir. – Gîte d'un animal : son refuge. ᴂ [ʒit].

**GÎTER, verbe intrans. [3]**
S'incliner latéralement, en parlant d'un bateau. ᴂ [ʒite].

**GIVRE, subst. m.**
Poudre de glace blanche. ᴂ [ʒivʀ].

**GIVRÉ, ÉE, adj.**
Revêtu de givre : Une vitre givrée ; Une orange givrée. – Fou (fam.). ᴂ [ʒivʀe]

**GLABRE, adj.**
Qui est dépourvu de poils. ᴂ [glabʀ].

**GLACE, subst. f.**
Eau durcie par le gel. – Fig. Rester de glace : insensible. – Crème aromatisée et congelée. – Miroir ; vitre d'un véhicule. ᴂ [glas].

**GLACER, verbe trans. [4]**
Transformer en glace ; durcir sous l'effet du froid. – Pénétrer de froid. – Fig. Intimider, pétrifier. ᴂ [glase].

**GLACIAIRE, adj.**
Relatif aux glaciers. ᴂ [glasjɛʀ].

**GLACIAL, ALE, ALS ou AUX, adj.**
Froid comme la glace. – Où règne un froid très vif. – Fig. Sévère, hostile. ᴂ [glasjal].

**GLACIATION**, subst. f.
Épisode de l'histoire de la Terre où les glaces polaires se sont étendues sur une large partie des continents. 🕮 [glasjasjɔ̃].

**GLACIER**, subst. m.
Épaisse étendue de neige transformée en glace. – Fabricant ou marchand de glaces, de sorbets. 🕮 [glasje].

**GLACIÈRE**, subst. f.
Récipient rempli de glace dans lequel on conserve des aliments. 🕮 [glasjɛR].

**GLAÇON**, subst. m.
Petit cube de glace. 🕮 [glasɔ̃].

**GLADIATEUR**, subst. m.
Combattant des arènes romaines, dans les jeux du cirque. 🕮 [gladjatœR].

**GLAÏEUL**, subst. m.
Plante ornementale aux fleurs en épi et aux longues feuilles pointues. 🕮 [glajœl].

**GLAIRE**, subst. f.
Substance visqueuse sécrétée par des muqueuses. – Blanc d'œuf cru. 🕮 [glɛR].

**GLAISE**, subst. f.
Marne argileuse, imperméable et compacte, employée en poterie. – Empl. adj. *Terre glaise.* 🕮 [glɛz].

**GLAIVE**, subst. m.
Courte épée à double tranchant. 🕮 [glɛv].

**GLAND**, subst. m.
Fruit du chêne. – Extrémité antérieure du pénis. 🕮 [glɑ̃].

**GLANDE**, subst. f.
*Anat.* Organe de sécrétion. 🕮 [glɑ̃d].

**GLANER**, verbe trans. [3]
Ramasser (les épis qui sont restés après la moisson). – *Fig.* Collecter çà et là. 🕮 [glane].

**GLAPIR**, verbe intrans. [19]
Pousser des cris aigus et brefs, en parlant de certains animaux tels que le lapin, le renard, l'aigle, le petit chien. 🕮 [glapiR].

**GLAS**, subst. m.
Tintement lent d'une cloche, qui annonce une mort ou un enterrement. 🕮 [glɑ].

**GLAUQUE**, adj.
Verdâtre : *Une mer glauque.* – Blafard. – *Fig.* Sordide (fam.). 🕮 [glok].

**GLISSADE**, subst. f.
Action de glisser. – Mouvement effectué en glissant. 🕮 [glisad].

**GLISSEMENT**, subst. m.
Mouvement de ce qui glisse. – *Glissement de terrain* : affaissement. – *Fig.* Évolution : *Glissement de sens d'un mot.* 🕮 [glismɑ̃].

**GLISSER**, verbe [3]
Intrans. Se mouvoir de façon continue sur une surface lisse. – Trébucher, déraper. – Avancer sans bruit. – *Fig.* Ne pas insister, passer outre. – Trans. Introduire ou faire passer subrepticement (qqch.). 🕮 [glise].

**GLISSIÈRE**, subst. f.
Pièce métallique fixe guidant le mouvement d'une autre pièce. – **Glissière** *de sécurité* : barrière métallique de protection placée le long d'une route. 🕮 [glisjɛR].

**GLOBAL, ALE, AUX**, adj.
Pris dans son ensemble. 🕮 [global].

**GLOBE**, subst. m.
Élément sphérique : *Le* **globe** *oculaire.* – *Abs. Le* globe : la Terre. – Verre creux et sphérique, protégeant qqch. 🕮 [glɔb].

**GLOBULE**, subst. m.
Cellule en suspension dans les liquides de l'organisme : *Globules* rouges, blancs, éléments du sang. 🕮 [glɔbyl].

**GLOBULEUX, EUSE**, adj.
Qui a la forme d'un petit globe. – *Œil* globuleux : saillant. 🕮 [glɔbylø, -øz].

**GLOIRE**, subst. f.
Prestige, renom éclatant. – Mérite, honneur : *Cette* **gloire** *vous revient.* – Personne célèbre : *Les* gloires *de notre pays.* 🕮 [glwaR].

**GLORIEUX, IEUSE**, adj.
Qui connaît la gloire, ou qui la procure : *Champion* glorieux. 🕮 [glɔRjø, -jøz].

**GLORIFIER**, verbe trans. [6]
Célébrer, rendre gloire à ; exalter. – Pronom. S'enorgueillir. 🕮 [glɔRifje].

**GLOSE**, subst. f.
Annotation, explication d'un mot semblant obscur. – Commentaire d'un texte. – Critique oiseuse ou malveillante. 🕮 [gloz].

**GLOSSAIRE**, subst. m.
Lexique d'une langue ou d'un domaine spécialisé de connaissances. 🕮 [glɔsɛR].

**GLOTTE**, subst. f.
Orifice du larynx. 🕮 [glɔt].

**GLOUSSER**, verbe intrans. [3]
Pousser son cri (gloussement), en parlant de la poule. – Rire de façon saccadée et étouffée (fam.). 🕮 [gluse].

**GLOUTON, ONNE**, adj. et subst.
Qui mange goulûment. 🕮 [glutɔ̃, -ɔn].

**GLU**, subst. f.
Matière visqueuse très adhésive. 🕮 [gly].

**GLUANT, ANTE**, adj.
Qui est visqueux, poisseux. 🕮 [glyɑ̃, -ɑ̃t].

**GLUCIDE**, subst. m.
Substance organique, également appelée sucre. 🕮 [glysid].

**GLYCINE**, subst. f.
Plante grimpante à grappes de fleurs odorantes mauves, blanches ou roses. 🕮 [glisin].

**GLUCOSE**, subst. m.
Sucre contenu dans certains fruits. 🕮 [glykoz].

**GNOME**, subst. m.
Nain monstrueux. 🕮 [gnom].

**GOAL,** subst. m.
*Sp.* Gardien de but. 🔊 [gol].

**GOBELET,** subst. m.
Récipient sans anse ni pied utilisé pour boire ou pour lancer les dés. 🔊 [gɔblɛ].

**GOBER,** verbe trans. [3]
Avaler rapidement en aspirant. – Fig. Croire naïvement (fam.). 🔊 [gɔbe].

**GODET,** subst. m.
Petit gobelet. 🔊 [gɔdɛ].

**GODILLE,** subst. f.
Aviron unique placé à l'arrière d'une embarcation. – Au ski, succession rapide de virages courts. 🔊 [gɔdij].

**GOÉLAND,** subst. m.
Grand oiseau marin palmipède. 🔊 [gɔelɑ̃].

**GOÉLETTE,** subst. f.
Petit navire à deux mâts. 🔊 [gɔelɛt].

**GOÉMON,** subst. m.
Varech, ensemble des algues de mer récoltées pour servir d'engrais. 🔊 [gɔemɔ̃].

**GOGUENARD, ARDE,** adj.
Narquois, moqueur. 🔊 [gɔg(ə)naʀ, -aʀd].

**GOGUETTE (EN),** loc. adj.
Fam. Un peu ivre, émoustillé. – Désireux de s'amuser (fam.). 🔊 [ɑ̃gɔgɛt].

**GOINFRE,** adj. et subst.
Qui mange avec voracité et salement. 🔊 [gwɛ̃fʀ].

**GOINFRER (SE),** verbe pronom. [3]
Manger comme un goinfre, se gaver (fam.). 🔊 [gwɛ̃fʀe].

**GOITRE,** subst. m.
Grosseur anormale située au cou, due à une hypertrophie de la thyroïde. 🔊 [gwatʀ].

**GOLF,** subst. m.
Sport où le joueur envoie, au moyen de cannes (clubs), une balle dans divers trous répartis sur un terrain étendu. 🔊 [gɔlf].

**GOLFE,** subst. m.
Étendue de mer qui pénètre loin à l'intérieur des terres : *Le* **golfe** *Persique.* 🔊 [gɔlf].

**GOMME,** subst. f.
Liquide visqueux qui s'écoule de certains arbres : **Gomme** *de l'hévéa*, latex. – Colle sèche : **Gomme** *d'un timbre.* – Petit bloc de caoutchouc servant à effacer. 🔊 [gɔm].

**GOMMER,** verbe trans. [3]
Enduire de gomme ou de colle. – Effacer avec une gomme. – Fig. Atténuer, éliminer. 🔊 [gɔme].

**GOND,** subst. m.
Pièce de métal servant de pivot à une porte ou à une fenêtre. 🔊 [gɔ̃].

**GONDOLE,** subst. f.
Longue barque vénitienne. – Présentoir de marchandises. 🔊 [gɔ̃dɔl].

**GONDOLER,** verbe intrans. [3]
Se déformer en ondulant. – Pronom. Fig. Se tordre de rire (fam.). 🔊 [gɔ̃dɔle].

**GONFLER,** verbe [3]
Trans. Insuffler de l'air ou un gaz dans : **Gonfler** *un pneu.* – Dilater ; accroître le volume de : *La pluie* **gonfle** *le ruisseau.* – Fig. Amplifier, majorer : **Gonfler** *l'addition.* – Intrans. Augmenter de volume. 🔊 [gɔ̃fle].

**GONG,** subst. m.
Disque métallique que l'on frappe avec un maillet. 🔊 [gɔ̃(g)].

**GORET,** subst. m.
Jeune cochon. 🔊 [gɔʀɛ].

**GORGE,** subst. f.
Partie du corps située à l'avant du cou. – Gosier : *Mal de* **gorge.** – Poitrine. – *Géogr.* Vallée encaissée. 🔊 [gɔʀʒ].

**GORGÉE,** subst. f.
Quantité de liquide ou d'air absorbée en une seule fois. 🔊 [gɔʀʒe].

**GORGER,** verbe trans. [5]
Faire manger ou boire exagérément ; gaver. – Saturer. – Fig. Combler. 🔊 [gɔʀʒe].

**GORILLE,** subst. m.
Le plus grand des singes (anthropomorphe vivant en Afrique équatoriale). – Fig. Garde du corps (fam.). 🔊 [gɔʀij].

**GOSIER,** subst. m.
Partie interne du cou. 🔊 [gozje].

**GOSSE,** subst.
Enfant, gamin (fam.). 🔊 [gɔs].

**GOTHIQUE,** adj. et subst.
Adj. Relatif aux Goths. – Qualifie un style architectural et décoratif né au XIIᵉ s. en Europe. – Subst. masc. Style, art **gothique.** Subst. fém. Écriture à caractères droits, anguleux. 🔊 [gɔtik].

**GOUACHE,** subst. f.
Peinture à l'eau. 🔊 [gwaʃ].

**GOUAILLE,** subst. f.
Verve populaire et railleuse. 🔊 [gwaj].

**GOUDRON,** subst. m.
Substance visqueuse et noirâtre issue de la distillation de diverses matières (bois, houille, mazout, etc.). 🔊 [gudʀɔ̃].

**GOUDRONNER,** verbe trans. [3]
Revêtir de goudron. 🔊 [gudʀɔne].

**GOUFFRE,** subst. m.
Trou large, profond et abrupt. – Fig. Ce qui est insondable. – Chose ruineuse. 🔊 [gufʀ].

**GOUJAT,** subst. m.
Homme indélicat dans ses propos ou ses manières, malotru. 🔊 [guʒa].

**GOUJON,** subst. m.
Petit poisson d'eau douce. 🔊 [guʒɔ̃].

**GOULET,** subst. m.
Couloir étroit, passage resserré. 🔊 [gulɛ].

**GOULEYANT, ANTE,** adj.
Se dit d'un vin frais et léger. 🕮 [gulɛjã, -ãt].

**GOULOT,** subst. m.
Col étroit d'un récipient. 🕮 [gulo].

**GOULU, UE,** adj.
Qui mange avec avidité. 🕮 [guly].

**GOULÛMENT,** adv.
De manière goulue. 🕮 [gulymã].

**GOUPILLE,** subst. f.
Cheville métallique servant à assembler deux pièces. 🕮 [gupij].

**GOUPILLON,** subst. m.
Brosse cylindrique à long manche, servant à nettoyer des bouteilles. – *Relig.* Petit bâton terminé par une boule percée de trous, utilisé pour l'aspersion d'eau bénite. 🕮 [gupijõ].

**GOURD, GOURDE,** adj.
Engourdi par le froid. 🕮 [guʀ, guʀd].

**GOURDE,** subst. f.
Bouteille ou bidon servant à conserver et à transporter des boissons. – *Fig.* Personne maladroite, empruntée (fam.). 🕮 [guʀd].

**GOURDIN,** subst. m.
Gros bâton court servant à frapper, massue. 🕮 [guʀdɛ̃].

**GOURMAND, ANDE,** adj. et subst.
Qui prend plaisir à manger. – *Fig.* Avide. 🕮 [guʀmã, -ãd].

**GOURMANDER,** verbe trans. [3]
Réprimander vivement. 🕮 [guʀmãde].

**GOURMANDISE,** subst. f.
Faiblesse du gourmand. – Mets qui flatte le palais ; friandise (gén. au plur.). – *Fig.* Envie ; convoitise. 🕮 [guʀmãdiz].

**GOURMET,** subst. m.
Personne qui apprécie le raffinement d'un vin ou d'une bonne cuisine. 🕮 [guʀmɛ].

**GOURMETTE,** subst. f.
Bracelet fait d'anneaux aplatis. 🕮 [guʀmɛt].

**GOUROU,** subst. m.
En Inde, maître spirituel. – Maître à penser. 🕮 On écrit aussi *guru* ; [guʀu].

**GOUSSE,** subst. f.
Fruit des légumineuses ; capsule bivalve contenant les graines. – Tête de l'ail, de l'échalote. 🕮 [gus].

**GOUSSET,** subst. m.
Pochette où se range une montre : *Montre à gousset.* 🕮 [gusɛ].

**GOÛT,** subst. m.
L'un de nos cinq sens, dont l'organe est la langue. – Saveur des aliments. – Aptitude à percevoir ce qui est beau, ce qui convient. – Penchant, attirance. 🕮 [gu].

**GOÛTER (I),** verbe [3]
Trans. dir. Connaître par le sens du goût ; apprécier, savourer. – Trans. indir. **Goûter** *à, de* : consommer pour la première fois, consommer une petite quantité de (un plat) ; au fig., faire l'essai de, expérimenter. – Intrans. Prendre une collation. 🕮 [gute].

**GOÛTER (II),** subst. m.
Collation prise dans l'après-midi. 🕮 [gute].

**GOUTTE,** subst. f.
Petite quantité de liquide de forme arrondie. 🕮 [gut].

**GOUTTER,** verbe intrans. [3]
Laisser échapper des gouttes. – Couler goutte à goutte. 🕮 [gute].

**GOUTTIÈRE,** subst. f.
Conduit qui recueille, canalise et évacue l'eau de pluie. 🕮 [gutjɛʀ].

**GOUVERNAIL,** subst. m.
Appareil servant à diriger un navire ou toute autre embarcation. 🕮 [guvɛʀnaj].

**GOUVERNANT, ANTE,** adj. et subst.
Se dit des personnes ou des classes qui dirigent un pays. – Subst. fém. Femme qui est chargée de l'éducation d'un ou de plusieurs enfants ; femme qui s'occupe d'une personne seule. 🕮 [guvɛʀnã, -ãt].

**GOUVERNE,** subst. f.
Dispositif servant à piloter un avion (gén. au plur.). – *Pour votre* **gouverne** : pour votre information (littér.). 🕮 [guvɛʀn].

**GOUVERNEMENT,** subst. m.
Action de gouverner. – Organe détenteur du pouvoir exécutif, constitué par les ministres. – Structure politique d'un État. 🕮 [guvɛʀnəmã].

**GOUVERNER,** verbe trans. [3]
Diriger (un navire). – Conduire politiquement (un peuple, un pays) ; empl. abs., détenir le pouvoir politique, en partic. exécutif. 🕮 [guvɛʀne].

**GOUVERNEUR,** subst. m.
Aux États-Unis, détenteur du pouvoir exécutif dans un État fédéré. – Directeur d'une institution financière : *Le* **gouverneur** *de la Banque de France.* – *Hist.* Commandant d'une place forte, d'une région militaire ; représentant de l'autorité centrale, dans une colonie, un territoire, etc. 🕮 [guvɛʀnœʀ].

**GRABATAIRE,** adj. et subst.
Se dit d'une personne malade qui ne peut plus quitter son lit. 🕮 [gʀabatɛʀ].

**GRABUGE,** subst. m.
Dispute, querelle bruyante. 🕮 [gʀaby3].

**GRÂCE,** subst. f.
Faveur gratuite ; bienfait ; indulgence. – Charme, douce élégance émanant de qqn ou de qqch. – Loc. prép. **Grâce** *à* : avec l'aide de. – *Rendre* **grâce** *à* : remercier. – *Demander* **grâce** : supplier d'être épargné ; *Coup de* **grâce** : coup fatal. – Remise de peine : *La* **grâce** *présidentielle.* 🕮 [gʀɑs].

**GRACIER**, verbe trans. [6]
Remettre ou diminuer la peine de (un condamné). 🔊 [gʀasje].

**GRACIEUX, IEUSE**, adj.
Empreint de grâce, de finesse. – *À titre gracieux* : gratuitement. 🔊 [gʀasjø, -jøz].

**GRACILE**, adj.
Élancé, frêle, délicat (littér.). 🔊 [gʀasil].

**GRADATION**, subst. f.
Augmentation ou diminution par degrés successifs. 🔊 [gʀadasjɔ̃].

**GRADE**, subst. m.
Degré hiérarchique. 🔊 [gʀad].

**GRADÉ, ÉE**, adj. et subst.
Se dit d'un militaire qui a un grade sans toutefois être officier. 🔊 [gʀade].

**GRADIN**, subst. m.
Chacun des bancs fixes qui s'étagent dans un théâtre, un stade, etc. 🔊 [gʀadɛ̃].

**GRADUATION**, subst. f.
Action de graduer. – Chacune des divisions obtenues. 🔊 [gʀaduasjɔ̃].

**GRADUEL, ELLE**, adj.
Qui progresse par degrés. 🔊 [gʀaduɛl].

**GRADUER**, verbe trans. [3]
Accroître progressivement. – *Graduer une règle, un baromètre* : les diviser en degrés, en intervalles égaux. 🔊 [gʀadue].

**GRAFFITI**, subst. m.
Inscription, dessin tracé sur un mur, un monument, etc. 🔊 Plur. *graffiti(s)* : [gʀafiti].

**GRAIN**, subst. m.
Fruit et semence d'une céréale. – Fruit d'une grappe. – Petit élément sphérique : **Grain** *de sel*. – Aspect d'une surface granuleuse. – *Grain de beauté* : petite tache sur la peau. – Vent fort et soudain ; averse. 🔊 [gʀɛ̃].

**GRAINE**, subst. f.
Semence des plantes à fleurs. – *En prendre de la* **graine** : en tirer la leçon. 🔊 [gʀɛn].

**GRAINETIER, IÈRE**, subst.
Commerçant en grains. 🔊 [gʀɛntje, -jɛʀ].

**GRAISSE**, subst. f.
Substance molle et visqueuse présente dans les tissus cellulaires animaux ou végétaux. – Corps gras. 🔊 [gʀɛs].

**GRAISSER**, verbe trans. [3]
Enduire de graisse. 🔊 [gʀese].

**GRAMINÉE**, subst. f.
Plante à tige creuse, non ramifiée et qui se termine en épi, telle l'avoine. – Plur. La famille correspondante. 🔊 [gʀamine].

**GRAMMAIRE**, subst. f.
Ensemble des règles qui permettent le bon usage d'une langue. 🔊 [gʀam(m)ɛʀ].

**GRAMMATICAL, ALE, AUX**, adj.
Relatif à la grammaire. 🔊 [gʀamatikal].

**GRAMME**, subst. m.
Unité de masse (symb. g), valant un millième de kilogramme. 🔊 [gʀam].

**GRAND, GRANDE**, adj. et subst.
Adj. Qui dépasse la norme par sa taille, sa longueur, sa surface ou son volume. – Mature, adulte. – Doué ; brillant. – Noble, généreux. – Important ; intense. – Subst. Personne de haute taille. – Personne plus âgée ; adulte. – Masc. Personne influente. 🔊 [gʀɑ̃, gʀɑ̃d].

**GRANDEUR**, subst. f.
Qualité de ce qui est grand. – Dimension, taille ; valeur mesurable. – *Grandeur nature* : aux dimensions réelles. – Dignité, noblesse morale. 🔊 [gʀɑ̃dœʀ].

**GRANDILOQUENCE**, subst. f.
Emphase dans l'expression ou dans le style. 🔊 [gʀɑ̃dilɔkɑ̃s].

**GRANDIOSE**, adj.
Dont l'ampleur matérielle ou morale impressionne. 🔊 [gʀɑ̃djoz].

**GRANDIR**, verbe [19]
Intrans. Devenir plus grand, physiquement ou moralement. – Trans. Rendre ou faire paraître plus grand. – Élever moralement. 🔊 [gʀɑ̃diʀ].

**GRAND-MÈRE**, subst. f.
Mère du père ou de la mère. – Femme âgée (fam.). 🔊 Plur. *grand-mères* ; [gʀɑ̃mɛʀ].

**GRAND-MESSE**, subst. f.
Messe chantée. – Rassemblement solennel. 🔊 Plur. *grand-messes* ; [gʀɑ̃mɛs].

**GRAND-PEINE (À)**, loc. adv.
Très difficilement, en faisant des efforts pénibles. 🔊 [agʀɑ̃pɛn].

**GRAND-PÈRE**, subst. m.
Père du père ou de la mère. – Homme âgé (fam.). 🔊 Plur. *grands-pères* ; [gʀɑ̃pɛʀ].

**GRANDS-PARENTS**, subst. m. plur.
Grand-père et grand-mère paternels ou maternels. 🔊 [gʀɑ̃paʀɑ̃].

**GRANGE**, subst. f.
Bâtiment de ferme qui sert à abriter les récoltes. 🔊 [gʀɑ̃ʒ].

**GRANIT(E)**, subst. m.
Roche dure, à forte teneur en quartz, utilisée en architecture et en décoration. 🔊 [gʀanit].

**GRANULÉ**, subst. m.
Petit grain de sucre contenant une substance médicamenteuse. 🔊 [gʀanyle].

**GRANULEUX, EUSE**, adj.
Dont la surface présente des aspérités en forme de petits grains. 🔊 [gʀanylø, -øz].

**GRAPHIQUE**, adj. et subst. m.
Adj. Qui figure qqch. par des traits, des lignes. – Subst. Tracé, ligne représentant un phénomène, une évolution. 🔊 [gʀafik].

**GRAPHISME, subst. m.**
Ensemble des caractéristiques de ce qui est tracé, dessiné. ᗺ [gʁafism].

**GRAPHOLOGIE, subst. f.**
Étude des rapports entre l'écriture d'une personne et son caractère. ᗺ [gʁafɔlɔʒi].

**GRAPPE, subst. f.**
Ensemble de fleurs ou de fruits s'étageant sur une tige. ᗺ [gʁap].

**GRAPPILLER, verbe trans. [3]**
Prendre, glaner de-ci de-là. ᗺ [gʁapije].

**GRAPPIN, subst. m.**
Petite ancre munie de crochets. – Fig. *Mettre le* **grappin** *sur* : s'emparer de. ᗺ [gʁapɛ̃].

**GRAS, GRASSE, adj., subst. m. et adv.**
Adj. Riche en graisses, en lipides. – Épais, charnu. – Enduit ou souillé de graisse. – Fig. Grossier, obscène. – Adv. *Manger* **gras.** – Subst. Partie **grasse** de la viande. ᗺ [gʁɑ, gʁɑs].

**GRASSEMENT, adv.**
Largement, généreusement. ᗺ [gʁɑsmɑ̃].

**GRASSOUILLET, ETTE, adj.**
Dodu, potelé. ᗺ [gʁɑsujɛ, -ɛt].

**GRATIFICATION, subst. f.**
Somme d'argent accordée à qqn à titre de récompense ; pourboire. – Valorisation. ᗺ [gʁatifikasjɔ̃].

**GRATIFIER, verbe trans. [6]**
Doter d'un agrément, d'une faveur. – Fig. *Il* **fut gratifié** *d'un blâme* (iron.). ᗺ [gʁatifje].

**GRATIN, subst. m.**
Mets cuit au four et doté d'une croûte grillée. – Fig. Élite mondaine (fam.). ᗺ [gʁatɛ̃].

**GRATINER, verbe [3]**
Intrans. Se couvrir d'une croûte dorée en cuisant. – Trans. **Gratiner** *un chou-fleur.* ᗺ [gʁatine].

**GRATIS, adj. inv. et adv.**
Gratuit. – Gratuitement. ᗺ [gʁatis].

**GRATITUDE, subst. f.**
Sentiment de reconnaissance envers qqn pour son aide, ses bienfaits. ᗺ [gʁatityd].

**GRATTE-CIEL, subst. m. inv.**
Immeuble très élevé. ᗺ [gʁatsjɛl].

**GRATTEMENT, subst. m.**
Action de gratter. – Le bruit qui en résulte. ᗺ [gʁatmɑ̃].

**GRATTE-PAPIER, subst. m. inv.**
Péj. Petit employé aux écritures. – Piètre écrivain. ᗺ [gʁatpapje].

**GRATTER, verbe [3]**
Trans. Frotter (une surface) avec les ongles ou avec un instrument. – Racler pour faire disparaître. – Irriter, démanger. – Fig. Récupérer, pour un menu profit (fam.) : **Gratter** *les fonds de tiroir.* – Intrans. Faire entendre un grattement. ᗺ [gʁate].

**GRATTOIR, subst. m.**
Outil utilisé pour gratter une surface. ᗺ [gʁatwaʁ].

**GRATUIT, UITE, adj.**
Qu'il n'est pas nécessaire de payer : *Spectacle* **gratuit.** – Qui est dénué de fondement, arbitraire : *Une affirmation* **gratuite.** ᗺ [gʁatɥi, -ɥit].

**GRATUITÉ, subst. f.**
Caractère de ce qui est gratuit. ᗺ [gʁatɥite].

**GRAVATS, subst. m. plur.**
Débris issus d'une démolition. ᗺ [gʁava].

**GRAVE, adj.**
Qui exprime le sérieux, la dignité : *Un ton* **grave.** – Important ; lourd de conséquences : *Maladie* **grave.** – Ling. *Accent* **grave** : signe ( ` ) qui, placé sur le *e*, indique la prononciation ouverte [ɛ], ou qui différencie des homonymes (*à, çà, là, où*). – *Mus.* Qualifie les sons de faible fréquence : *Une voix* **grave.** ᗺ [gʁav].

**GRAVER, verbe trans. [3]**
Tracer, en entaillant une surface dure. – Fig. **Graver** *un souvenir dans sa mémoire* : l'y imprimer durablement. ᗺ [gʁave].

**GRAVEUR, EUSE, subst.**
Artiste qui grave. ᗺ [gʁavœʁ, -øz].

**GRAVIER, subst. m.**
Sable mêlé de petits cailloux. ᗺ [gʁavje].

**GRAVIR, verbe trans. [19]**
Faire l'ascension difficile de (un escalier, une côte), escalader. – Fig. **Gravir** *les échelons de la hiérarchie.* ᗺ [gʁaviʁ].

**GRAVITATION, subst. f.**
Loi de la physique en vertu de laquelle les corps matériels s'attirent réciproquement. ᗺ [gʁavitasjɔ̃].

**GRAVITÉ, subst. f.**
Caractère de ce qui est digne. – Caractère de ce qui est important ou lourd de conséquences : *Une blessure d'une grande* **gravité** ; *La* **gravité** *d'une faute.* – *Phys.* Phénomène d'attraction d'un corps vers le centre de la Terre. ᗺ [gʁavite].

**GRAVITER, verbe intrans. [3]**
Décrire une trajectoire autour d'un centre d'attraction selon les lois de la gravitation. – Fig. Vivre à proximité de qqn, de qqch. : **Graviter** *autour du pouvoir.* ᗺ [gʁavite].

**GRAVURE, subst. f.**
Art, action, manière de graver. – L'œuvre ainsi obtenue. ᗺ [gʁavyʁ].

**GRÉ, subst. m.**
Ce qui agrée : *À mon* **gré,** à mon goût ; *Contre mon* **gré,** contre ma volonté ; *Bon* **gré** *mal* **gré,** que cela plaise ou non. – Gratitude : *Savoir* **gré** *à qqn,* lui être reconnaissant. ᗺ [gʁe].

**GREC, subst. m.**
Langue parlée en Grèce. ᗺ [gʁɛk].

**GREDIN, INE, subst.**
Individu malhonnête. 🔊 [gʀədɛ̃, -in].

**GRÉEMENT, subst. m.**
Ensemble de l'équipement (voiles, mâts, cordages, etc.) nécessaire à la marche, à la manœuvre d'un voilier. 🔊 [gʀemɑ̃].

**GRÉER, verbe trans. [7]**
Pourvoir d'un gréement (un navire, un mât). 🔊 [gʀee].

**GREFFE (I), subst. m.**
Service administratif chargé de conserver les minutes des actes judiciaires. 🔊 [gʀɛf].

**GREFFE (II), subst. f.**
Insertion d'une partie vivante d'une plante dans une autre. – Transfert sur un individu d'un tissu ou d'un organe prélevé sur lui-même ou sur un autre sujet. 🔊 [gʀɛf].

**GREFFER, verbe trans. [3]**
Pratiquer la greffe de. – Fig. Ajouter. – Pronom. Se joindre (à). 🔊 [gʀefe].

**GREFFIER, IÈRE, subst.**
Officier public chargé du greffe et qui assiste les magistrats, à l'audience. 🔊 [gʀefje, -jɛʀ].

**GRÉGAIRE, adj.**
Qui vit en groupe. – Qui incite à adopter le comportement du groupe. 🔊 [gʀegɛʀ].

**GRÈGE, adj. et subst. m.**
Adj. fém. *Soie* grège : soie naturelle, écrue, non traitée. – Subst. et adj. Couleur de cette soie. 🔊 [gʀɛʒ].

**GRÊLE (I), adj.**
Mince et allongé, fluet. – *Son* grêle : faible et aigu. 🔊 [gʀɛl].

**GRÊLE (II), subst. f.**
Pluie de grêlons. 🔊 [gʀɛl].

**GRÊLER, verbe impers. [3]**
*Il* grêle : il tombe de la grêle. 🔊 [gʀele].

**GRÊLON, subst. m.**
Petite bille de glace. 🔊 [gʀɛlɔ̃].

**GRELOT, subst. m.**
Petite sphère métallique creuse contenant un morceau de métal, qui produit un son grêle lorsqu'on l'agite. 🔊 [gʀəlo].

**GRELOTTER, verbe intrans. [3]**
Trembler de froid. 🔊 [gʀəlɔte].

**GRENADE, subst. f.**
Fruit du grenadier, renfermant des graines rouges et charnues. – Projectile muni d'un détonateur, qu'on lance à la main ou au fusil. 🔊 [gʀənad].

**GRENADINE, subst. f.**
Sirop préparé avec du jus de grenade ; sirop de couleur rouge. 🔊 [gʀənadin].

**GRENAT, subst. m.**
Pierre fine rouge foncé. – Empl. adj. inv. Couleur du grenat. 🔊 [gʀəna].

**GRENIER, subst. m.**
Lieu où l'on conserve les grains, le fourrage. – Étage le plus élevé d'une maison, juste sous les combles. 🔊 [gʀənje].

**GRENOUILLE, subst. f.**
Batracien qui saute et qui nage. 🔊 [gʀənuj].

**GRENU, UE, adj.**
Dont la surface est inégale, comme recouverte de petits grains. 🔊 [gʀəny].

**GRÈS, subst. m.**
Roche sédimentaire. – Argile mêlée de silice utilisée en poterie. 🔊 [gʀɛ].

**GRÉSIL, subst. m.**
Fine pluie de neige et de glace. 🔊 [gʀezil].

**GRÉSILLEMENT, subst. m.**
Crépitement. 🔊 [gʀezijmɑ̃].

**GRÉSILLER, verbe intrans. [3]**
Crépiter, en parlant d'une substance soumise au feu. 🔊 [gʀezije].

**GRÈVE (I), subst. f.**
Étendue de sable ou de gravier bordant la mer ou un cours d'eau. 🔊 [gʀɛv].

**GRÈVE (II), subst. f.**
Interruption du travail décidée par des salariés (les grévistes) pour exprimer une revendication, un mécontentement. – *Grève de la faim* : refus de s'alimenter, en signe de protestation. 🔊 [gʀɛv].

**GREVER, verbe trans. [10]**
Soumettre à une charge financière, à une servitude. 🔊 [gʀəve].

**GRIBOUILLAGE, subst. m.**
Dessin tracé maladroit (fam.). 🔊 On dit aussi *gribouillis* ; [gʀibujaʒ].

**GRIBOUILLER, verbe [3]**
Écrire, dessiner de façon maladroite ou précipitée (fam.). 🔊 [gʀibuje].

**GRIEF, subst. m.**
Sujet de plainte. – Reproche. 🔊 [gʀijɛf].

**GRIÈVEMENT, adv.**
De manière grave : *Grièvement* blessé. 🔊 [gʀijɛvmɑ̃].

**GRIFFE, subst. f.**
Ongle pointu et crochu des doigts de certains animaux. – Fig. Moyen d'attaque ou de défense : *Sortir ses* griffes. – Signature, marque : *La* griffe *d'un couturier.* 🔊 [gʀif].

**GRIFFER, verbe trans. [3]**
Donner des coups de griffe ou d'ongle à, égratigner. 🔊 [gʀife].

**GRIFFON, subst. m.**
Monstre mythique ailé. – Chien de chasse au poil broussailleux. 🔊 [gʀifɔ̃].

**GRIFFONNER, verbe trans. [3]**
Rédiger, dessiner sans soin ou rapidement. 🔊 [gʀifɔne].

**GRIGNOTER,** verbe [3]
Trans. Manger du bout des dents. – Intrans.
Manger à peine. 🕮 [gʀiɲɔte].

**GRIL,** subst. m.
Grille métallique servant à cuire un aliment
à feu vif. 🕮 [gʀil].

**GRILLADE,** subst. f.
Tranche de viande grillée. 🕮 [gʀijad].

**GRILLAGE,** subst. m.
Treillage métallique, utilisé pour clôturer
ou protéger. 🕮 [gʀijaʒ].

**GRILLE,** subst. f.
Assemblage de barreaux servant de clôture,
de protection. – Tableau quadrillé : **Grille**
*de mots croisés, d'horaires.* 🕮 [gʀij].

**GRILLE-PAIN,** subst. m. inv.
Appareil électrique servant à faire griller
des tranches de pain. 🕮 [gʀijpɛ̃].

**GRILLER,** verbe [3]
Trans. Faire cuire sur le gril, sur les braises.
– Brûler, torréfier. – Abîmer en desséchant.
– Fam. Dépasser sans s'arrêter : **Griller** *un*
*feu rouge.* – Mettre hors d'usage en
échauffant : **Griller** *une lampe.* – Démasquer (qqn). – Intrans. Cuire sur le gril.
🕮 [gʀije].

**GRILLON,** subst. m.
Insecte sauteur, doté d'un organe stridulant. 🕮 [gʀijɔ̃].

**GRIMACE,** subst. f.
Distorsion passagère du visage, soit réflexe,
due à un sentiment, à une douleur, soit
volontaire, pour faire rire. 🕮 [gʀimas].

**GRIMACER,** verbe intrans. [4]
Faire une ou des grimaces. 🕮 [gʀimase].

**GRIMER,** verbe trans. [3]
Maquiller (un acteur, un clown). 🕮 [gʀime].

**GRIMOIRE,** subst. m.
Livre de magie. – Ouvrage incompréhensible ou obscur (péj.). 🕮 [gʀimwaʀ].

**GRIMPANT, ANTE,** adj.
*Plante* **grimpante** : qui monte en s'agrip-
pant. 🕮 [gʀɛ̃pɑ̃, -ɑ̃t].

**GRIMPER,** verbe [3]
Intrans. Monter à l'aide des mains et des
pieds. – S'élever, se hisser jusqu'à un point
élevé. – Fig. Aller en croissant : *Les prix*
grimpent. – Trans. Gravir. 🕮 [gʀɛ̃pe].

**GRINCEMENT,** subst. m.
Fait de grincer ; bruit aigu, pénible à
l'oreille. – Fig. **Grincements** *de dents* :
mécontentement, frictions. 🕮 [gʀɛ̃smɑ̃].

**GRINCER,** verbe intrans. [4]
Émettre un bruit de frottement aigu et
désagréable. 🕮 [gʀɛ̃se].

**GRINCHEUX, EUSE,** adj. et subst.
D'humeur chagrine, revêche. 🕮 [gʀɛ̃ʃø, -øz].

**GRINGALET,** subst. m.
Individu petit et malingre. 🕮 [gʀɛ̃galɛ].

**GRIOTTE,** subst. f.
Cerise acide à queue courte. 🕮 [gʀijɔt].

**GRIPPE,** subst. f.
Maladie virale, épidémique, qui s'accompagne d'une forte fièvre. – Fig. *Prendre en*
**grippe** : en aversion. 🕮 [gʀip].

**GRIPPÉ, ÉE,** adj.
Qui souffre de la grippe. 🕮 [gʀipe].

**GRIPPER,** verbe intrans. [3]
Se bloquer par suite d'un frottement
anormal, pour un mécanisme. 🕮 [gʀipe].

**GRIPPE-SOU,** subst. m.
Personne avare et mesquine (fam.). 🕮 Plur.
*grippe-sou(s)* ; [gʀipsu].

**GRIS, GRISE,** adj. et subst.
Couleur située entre le blanc et le noir.
– Adj. *Temps* gris : couvert. – Terne, morne.
– À demi ivre (fam.). – *Matière* **grise** :
intelligence (fam.). 🕮 [gʀi, gʀiz].

**GRISAILLE,** subst. f.
Temps de pluie et de brume. – Fig. Ennui,
monotonie. 🕮 [gʀizaj].

**GRISER,** verbe trans. [3]
Rendre légèrement ivre. – Étourdir : *Un air*
*vif qui* grise. – Exciter psychiquement,
exalter. 🕮 [gʀize].

**GRISONNER,** verbe intrans. [3]
Prendre une teinte grise, en parlant des
cheveux. 🕮 [gʀizɔne].

**GRISOU,** subst. m.
Gaz qui se dégage dans les mines de
charbon et qui, mélangé à l'air, est inflammable : *Coup de* grisou. 🕮 [gʀizu].

**GRIVE,** subst. f.
Oiseau passereau au plumage brun tacheté
de gris, friand de raisin. 🕮 [gʀiv].

**GRIVÈLERIE,** subst. f.
Délit constitué par le défaut de paiement
d'une consommation. 🕮 [gʀivɛlʀi].

**GRIVOIS, OISE,** adj.
Qui parle du sexe légèrement, sans toutefois être obscène. 🕮 [gʀivwa, -waz].

**GRIZZLI,** subst. m.
Grand ours gris-brun d'Amérique du Nord.
🕮 On écrit aussi *grizzly* ; [gʀizli].

**GROG,** subst. m.
Boisson réconfortante, chaude et sucrée, à
base de rhum et de citron. 🕮 [gʀɔg].

**GROGGY,** adj. inv.
Ébranlé par un choc physique, par une
émotion. 🕮 [gʀɔgi].

**GROGNE,** subst. f.
Mécontentement, mauvaise humeur collective (fam.). 🕮 [gʀɔɲ].

**GROGNEMENT,** subst. m.
Cri du porc, de l'ours, etc. – Paroles
inintelligibles. 🕮 [gʀɔɲmɑ̃].

**GROGNER,** verbe intrans. [3]
Pousser son cri, en parlant du porc, de l'ours, etc. – Manifester son irritation en articulant à peine. 🔊 [gʀɔɲe].

**GROGNON, ONNE,** adj. et subst.
Qui est de mauvaise humeur, renfrogné (fam.). 🔊 Le fém. est rare ; [gʀɔɲɔ̃, -ɔn].

**GROIN,** subst. m.
Museau du porc et du sanglier. 🔊 [gʀwɛ̃].

**GROMMELER,** verbe [12]
Dire son mécontentement sans articuler, d'une voix sourde. 🔊 [gʀɔm(ə)le].

**GRONDEMENT,** subst. m.
Bruit sourd et prolongé, évoquant souv. une menace. 🔊 [gʀɔ̃dmɑ̃].

**GRONDER,** verbe [3]
Intrans. Émettre un cri sourd et menaçant, en parlant d'un animal ; produire un bruit évoquant ce cri. – Fig. Être près d'exploser. – Trans. Réprimander. 🔊 [gʀɔ̃de].

**GROS, GROSSE,** adj., subst. et adv.
Adj. Dont le volume, le poids excèdent les proportions normales. – Important. – Sans finesse, ordinaire. – Subst. Personne grosse ; au masc., la plus grande partie d'un tout. – *Commerce de gros* : qui fournit les détaillants. – Adv. En grandes dimensions : *Écrire* gros ; beaucoup. – Loc. adv. *En gros* : approximativement. 🔊 [gʀo, gʀos].

**GROSEILLE,** subst. f.
Fruit du groseillier, rouge ou blanc, acide, qui pousse en grappes. 🔊 [gʀozɛj].

**GROSSESSE,** subst. f.
État de la femme enceinte. – Les neuf mois de gestation. 🔊 [gʀosɛs].

**GROSSEUR,** subst. f.
Proportion. – Importance. – Manque de finesse. – Tuméfaction. 🔊 [gʀosœʀ].

**GROSSIER, IÈRE,** adj.
Fabriqué, élaboré de manière rudimentaire, sommaire. – Rude ; sans finesse. – Qui est mal dégrossi, qui manque d'éducation ; vulgaire. 🔊 [gʀosje, -jɛʀ].

**GROSSIÈRETÉ,** subst. f.
Caractère de ce qui est grossier, sans délicatesse. – Propos inconvenant, mot grossier. 🔊 [gʀosjɛʀte].

**GROSSIR,** verbe [19]
Intrans. Augmenter en volume, en importance, en intensité ou en nombre. – Trans. Amplifier ; accroître. 🔊 [gʀosiʀ].

**GROSSISTE,** subst.
Commerçant qui achète au producteur et vend au détaillant. 🔊 [gʀosist].

**GROSSO MODO,** loc. adv.
Globalement, en gros. 🔊 [gʀosomodo].

**GROTESQUE,** adj.
Ridicule par son caractère exagéré ; de mauvais goût. 🔊 [gʀotɛsk].

**GROTTE,** subst. f.
Grande cavité, naturelle ou artificielle, dans un rocher. 🔊 [gʀɔt].

**GROUILLEMENT,** subst. m.
Agitation de ce qui grouille. 🔊 [gʀujmɑ̃].

**GROUILLER,** verbe intrans. [3]
S'agiter en grand nombre, dans toutes les directions : *La place* grouillait *de monde.* – Être le lieu d'une agitation confuse. – Pronom. Se dépêcher (fam.). 🔊 [gʀuje].

**GROUPE,** subst. m.
Ensemble de choses, d'êtres vivants réunis en un même lieu ou présentant des caractéristiques communes. – Ensemble de personnes ayant une même activité. 🔊 [gʀup].

**GROUPEMENT,** subst. m.
Action de grouper ; fait d'être groupé. – Réunion de personnes autour d'un intérêt commun. 🔊 [gʀupmɑ̃].

**GROUPER,** verbe trans. [3]
Réunir en groupe. 🔊 [gʀupe].

**GROUPIE,** subst.
Admirateur inconditionnel d'une vedette, d'un groupe de musique. 🔊 [gʀupi].

**GROUPUSCULE,** subst. m.
Petit groupe politique marginal (fam.). 🔊 [gʀupyskyl].

**GRUE (I),** subst. f.
Grand échassier migrateur au long cou. – Prostituée (fam.). 🔊 [gʀy].

**GRUE (II),** subst. f.
Appareil de levage et de manutention des charges lourdes. 🔊 [gʀy].

**GRUGER,** verbe trans. [5]
Voler en dupant. 🔊 [gʀyʒe].

**GRUMEAU,** subst. m.
Petit morceau d'une substance coagulée ou mal délayée. 🔊 [gʀymo].

**GRUMELER (SE),** verbe pronom. [12]
Former des grumeaux. 🔊 [gʀym(ə)le].

**GRUYÈRE,** subst. m.
Fromage cuit, à pâte ferme, fabriqué avec du lait de vache. 🔊 [gʀyjɛʀ].

**GUANO,** subst. m.
Amas de déjections d'oiseaux marins, utilisé comme engrais. 🔊 [gwano].

**GUÉ,** subst. m.
Partie d'une rivière où le faible niveau de l'eau permet de traverser à pied. 🔊 [ge].

**GUENILLE,** subst. f.
Vêtement usé, troué, sale. 🔊 [gənij].

**GUENON,** subst. f.
Femelle du singe. 🔊 [gənɔ̃].

**GUÉPARD,** subst. m.
Félidé au pelage tacheté, qui peut courir à la vitesse de 100 km/h. 🔊 [gepaʀ].

**GUÊPE**, subst. f.
Insecte social jaune et noir, dont la femelle possède un aiguillon venimeux. ⌗ [gɛp].

**GUÊPIER**, subst. m.
Oiseau passereau qui se nourrit de guêpes et d'abeilles. – Nid de guêpes. – Fig. Situation périlleuse ; piège. ⌗ [gepje].

**GUÈRE**, adv.
*Il ne boit* guère : pas beaucoup ; *Il n'est* guère *content* : pas très. ⌗ [gɛʀ].

**GUÉRIDON**, subst. m.
Petite table décorative, ronde ou ovale, à pied central. ⌗ [geʀidɔ̃].

**GUÉRILLA**, subst. f.
Guerre de harcèlement, d'embuscades, menée par des partisans. ⌗ [geʀija].

**GUÉRILLERO**, subst. m.
Soldat de guérilla. ⌗ [geʀijeʀo].

**GUÉRIR**, verbe [19]
Trans. Faire recouvrer la santé à ; débarrasser d'un mal physique ou moral. – Intrans. et pronom. Recouvrer la santé. ⌗ [geʀiʀ].

**GUÉRISON**, subst. f.
Action de guérir qqn. – Fait de se rétablir. ⌗ [geʀizɔ̃].

**GUÉRISSEUR, EUSE**, subst.
Personne qui se propose de guérir les autres, en vertu de dons ou par des moyens non reconnus par les autorités. ⌗ [geʀisœʀ, -øz].

**GUÉRITE**, subst. f.
Petite cabane abritant un garde. ⌗ [geʀit].

**GUERRE**, subst. f.
Conflit armé entre nations. – Hostilité qui perdure entre individus. – Lutte menée pour détruire qqch. : *Faire la* guerre *aux injustices.* ⌗ [gɛʀ].

**GUERRIER, IÈRE**, adj. et subst.
Adj. Relatif à la guerre. – Porté à la guerre. – Subst. Personne qui fait la guerre ou qui la recherche. ⌗ [gɛʀje, -jɛʀ].

**GUERROYER**, verbe intrans. [17]
Batailler (littér.). ⌗ [gɛʀwaje].

**GUET**, subst. m.
*Faire le* guet : guetter. ⌗ [gɛ].

**GUET-APENS**, subst. m.
Piège tendu en vue de surprendre un adversaire, une victime. ⌗ Plur. *guets-apens* ; [gɛtapɑ̃].

**GUÊTRE**, subst. f.
Cuir ou tissu qui gaine le dessus du pied et le bas de la jambe. ⌗ [gɛtʀ].

**GUETTER**, verbe trans. [3]
Surveiller, attendre attentivement. – Fig. *La ruine le* guette : le menace. ⌗ [gete].

**GUEULE**, subst. f.
Bouche de certains animaux : *La* gueule *d'un chien.* – Bouche, visage humain (fam.). – Ouverture béante. ⌗ [gœl].

**GUEUX, GUEUSE**, subst.
Personne indigente ; mendiant. ⌗ [gø, gøz].

**GUI**, subst. m.
Plante parasite de divers arbres, aux petites baies blanches. ⌗ [gi].

**GUICHET**, subst. m.
Petite ouverture pratiquée dans une porte, un comptoir et permettant de communiquer avec le public. ⌗ [giʃɛ].

**GUIDE**, subst.
Personne qui guide, qui fait visiter. – Masc. Ouvrage de renseignements. – Fém. Lanière attachée au mors d'un cheval (gén. au plur.). ⌗ [gid].

**GUIDER**, verbe trans. [3]
Accompagner (qqn) pour lui montrer le chemin. – Fig. Conseiller, orienter ; pousser à agir. ⌗ [gide].

**GUIDON**, subst. m.
Barre munie de deux poignées, servant à diriger un cycle. ⌗ [gidɔ̃].

**GUIGNER**, verbe trans. [3]
Regarder à la dérobée. – Fig. Convoiter. ⌗ [giɲe].

**GUIGNOL**, subst. m.
Marionnette que l'on anime de l'intérieur, avec la main. – Spectacle de marionnettes. – Pitre (fam.). ⌗ [giɲɔl].

**GUILLEMET**, subst. m.
Signe typographique (« ») servant à isoler un texte ou des paroles citées. ⌗ [gijmɛ].

**GUILLERET, ETTE**, adj.
Vif et joyeux. ⌗ [gijʀɛ, -ɛt].

**GUILLOTINE**, subst. f.
Instrument naguère utilisé pour décapiter les condamnés à mort. – *Fenêtre à* guillotine : dont le châssis coulisse verticalement. ⌗ [gijɔtin].

**GUILLOTINER**, verbe trans. [3]
Décapiter par la guillotine. ⌗ [gijɔtine].

**GUIMAUVE**, subst. f.
Plante herbacée à longue tige, dont la rose trémière est une espèce. – Friandise molle et élastique. ⌗ [gimov].

**GUIMBARDE**, subst. f.
*Mus.* Petit instrument à languette vibrante. – Vieille voiture (fam.). ⌗ [gɛ̃baʀd].

**GUINDÉ, ÉE**, adj.
Raide, compassé. ⌗ [gɛ̃de].

**GUINGOIS (DE)**, loc. adv.
De travers (fam.). ⌗ [d(ə)gɛ̃gwa].

**GUIRLANDE**, subst. f.
Élément décoratif en forme de couronne ou de cordon. ⌗ [giʀlɑ̃d].

**GUISE**, subst. f.
*À ma* guise : à mon gré, quand et comme je le veux. – Loc. prép. *En* guise *de* : à la place de. ⌗ [giz].

**GUITARE, subst. f.**
Instrument de musique à cordes pincées.
🕮 [gitaʀ].

**GUSTATIF, IVE, adj.**
Propre au sens du goût. 🕮 [gystatif, -iv].

**GUTTURAL, ALE, AUX, adj.**
Qui émane du fond de la gorge, en parlant
d'un son. – *Anat.* Qui est propre au gosier.
🕮 [gytyʀal].

**GYMNASE, subst. m.**
Grande salle équipée pour la pratique de
la gymnastique. 🕮 [ʒimnɑz].

**GYMNASTIQUE, subst. f.**
Art d'assouplir et de fortifier le corps par
des exercices appropriés. 🕮 [ʒimnastik].

**GYNÉCÉE, subst. m.**
Appartement des femmes, dans l'Antiquité
grecque et romaine. 🕮 [ʒinese].

**GYNÉCOLOGIE, subst. f.**
Spécialité médicale consacrée à l'appareil
génital féminin. 🕮 [ʒinekɔlɔʒi].

**GYPAÈTE, subst. m.**
Grand rapace diurne. 🕮 [ʒipaɛt].

**GYPSE, subst. m.**
Roche sédimentaire qui, chauffée, donne
le plâtre. 🕮 [ʒips].

**GYROPHARE, subst. m.**
Phare rotatif placé sur le toit de certains
véhicules prioritaires. 🕮 [ʒiʀofaʀ].

# H

**H, h,** subst. m. inv.
Huitième lettre et sixième consonne de l'alphabet français, qui ne se prononce pas ; devant un mot commençant par un h aspiré (noté * dans la phonétique), il n'y a ni élision ni liaison. 🔊 [aʃ] ou [*aʃ].

**HABILE,** adj.
Qui fait preuve d'adresse. 🔊 [abil].

**HABILETÉ,** subst. f.
Adresse, compétence. 🔊 [abilte].

**HABILITER,** verbe trans. [3]
Rendre apte juridiquement. 🔊 [abilite].

**HABILLEMENT,** subst. m.
Action de vêtir. – Les habits portés. – Industrie et commerce du vêtement. 🔊 [abijmã].

**HABILLER,** verbe trans. [3]
Mettre, procurer des vêtements à (qqn). – Garnir. 🔊 [abije].

**HABIT,** subst. m.
Tenue de circonstance : **Habit** de chasse. – Plur. Vêtements. 🔊 [abi].

**HABITACLE,** subst. m.
Poste de pilotage. – Lieu abritant les passagers d'un véhicule. 🔊 [abitakl].

**HABITANT, ANTE,** subst.
Qui est établi ou qui réside en un lieu : Un **habitant** du quartier. 🔊 [abitã, -ãt].

**HABITAT,** subst. m.
Milieu naturel qui réunit les conditions propres à la vie d'une espèce. 🔊 [abita].

**HABITATION,** subst. f.
Demeure, résidence. 🔊 [abitasjõ].

**HABITER,** verbe [3]
Intrans. Vivre, résider (en un lieu). – Trans. Avoir comme domicile. 🔊 [abite].

**HABITUDE,** subst. f.
Manière fréquente, récurrente, d'agir ou de ressentir. – Coutume, usage. 🔊 [abityd].

**HABITUEL, ELLE,** adj.
Usuel, coutumier. – Qui survient souvent, régulièrement. 🔊 [abitɥɛl].

**HABITUER,** verbe trans. [3]
Donner à (qqn) l'habitude de. 🔊 [abitɥe].

**HACHE,** subst. f.
Instrument utilisé pour fendre, formé d'un fer fixé au bout d'un manche. 🔊 [*aʃ].

**HACHER,** verbe trans. [3]
Débiter en menus morceaux. – Fig. Briser la continuité de. 🔊 [*aʃe].

**HACHIS,** subst. m.
Cuis. Mélange d'aliments hachés menu. 🔊 [*aʃi].

**HACHOIR,** subst. m.
Ustensile servant à hacher. – Planche sur laquelle on hache des aliments. 🔊 [*aʃwaʀ].

**HACHURE,** subst. f.
Chacun des traits parallèles qui, dans un dessin, figurent les ombres. 🔊 [*aʃyʀ].

**HAGARD, ARDE,** adj.
Dont l'attitude exprime un état d'affolement ou d'épouvante. 🔊 [*agaʀ, -aʀd].

**HAIE,** subst. f.
Clôture d'arbres ou d'arbustes. – Rangée, alignement de personnes : Haie d'honneur. – Sp. Barrière à franchir, dans certaines épreuves de course. 🔊 [*ɛ].

**HAILLON,** subst. m.
Vêtement usé, déchiré. 🔊 [*ajõ].

**HAINE,** subst. f.
Profond sentiment d'inimitié, de malveillance, d'hostilité. 🔊 [*ɛn].

**HAÏR,** verbe trans. [20]
Éprouver de la haine pour. 🔊 [*aiʀ].

**HÂLE,** subst. m.
Brunissement de la peau dû au soleil et à l'air. 🔊 [*ɑl].

**HALEINE,** subst. f.
Air que l'on rejette en respirant. – Fig. De longue **haleine** : qui requiert du temps et des efforts. 🔊 [alɛn].

**HALER,** verbe trans. [3]
Tirer sur. – Remorquer. 🔊 [*ale].

**HÂLER,** verbe trans. [3]
Brunir (la peau, le teint), en parlant du soleil, du grand air. 🔊 [*ɑle].

**HALETER,** verbe intrans. [13]
Respirer de façon saccadée. 🔊 [*al(ə)te].

**HALLE,** subst. f.
Espace couvert occupé par un marché ou un commerce de gros. 🔊 [*al].

**HALLUCINATION,** subst. f.
Perception imaginaire d'un objet, d'un phénomène. 🔊 [al(l)ysinasjõ].

**HALLUCINÉ, ÉE,** adj. et subst.
Se dit d'une personne qui souffre d'hallucinations. – Fig. Hagard. 🔊 [al(l)ysine].

**HALLUCINOGÈNE,** adj. et subst. m.
Se dit d'une substance qui provoque des hallucinations. 🔊 [al(l)ysinɔʒɛn].

**HALO,** subst. m.
Couronne de lumière autour d'une source lumineuse. 🔊 [*alo].

**HALTE,** subst. f. et interj.
Subst. Arrêt voué au repos : Faire une courte **halte**. – Le lieu où l'on s'arrête. – Interj. Ordre de s'arrêter. 🔊 [*alt].

**HALTÈRE**, subst. m.
Barre lestée de poids à ses deux extrémités, servant à la musculation. 🔊 [altɛʀ].

**HAMAC**, subst. m.
Morceau de toile ou filet suspendu par ses extrémités à deux points fixes, utilisé comme lit. 🔊 [ˈamak].

**HAMEAU**, subst. m.
Groupe de quelques maisons isolé dans la campagne. 🔊 [ˈamo].

**HAMEÇON**, subst. m.
Petit crochet fixé au bout d'une ligne de pêche. – Fig. Piège : *Mordre à l'*hameçon. 🔊 [amsɔ̃].

**HAMSTER**, subst. m.
Petit rongeur d'Europe. 🔊 [ˈamstɛʀ].

**HANCHE**, subst. f.
*Anat.* Chacune des deux régions du corps qui relient les membres inférieurs au tronc : *Une jupe serrée aux* hanches. 🔊 [ˈɑ̃ʃ].

**HANDBALL**, subst. m.
*Sp.* Jeu de ballon se pratiquant à la main, entre 2 équipes de 7 joueurs. 🔊 [ˈɑ̃dbal].

**HANDICAP**, subst. m.
Infirmité, désavantage physique ou mental. – *Sp.* Désavantage imposé à un concurrent, dans le dessein d'égaliser les chances de chacun. 🔊 [ˈɑ̃dikap].

**HANDICAPÉ, ÉE**, adj. et subst.
Se dit d'une personne atteinte d'une infirmité physique ou mentale. 🔊 [ˈɑ̃dikape].

**HANGAR**, subst. m.
Abri, bâtiment sommaire, servant d'entrepôt. 🔊 [ˈɑ̃gaʀ].

**HANNETON**, subst. m.
Gros coléoptère brun ou roux, dont la larve est très nuisible. 🔊 [ˈan(ə)tɔ̃].

**HANTER**, verbe trans. [3]
Fréquenter régulièrement (un lieu). – En parlant d'un fantôme, revenir dans (un lieu). – Fig. Obséder. 🔊 [ˈɑ̃te].

**HANTISE**, subst. f.
Obsession : *La* hantise *de l'échec.* 🔊 [ˈɑ̃tiz].

**HAPPER**, verbe trans. [3]
Saisir rapidement avec la gueule ou le bec. – Saisir brusquement. 🔊 [ˈape].

**HARANGUE**, subst. f.
Discours solennel. – Discours pompeux, lassant. 🔊 [ˈaʀɑ̃g].

**HARASSER**, verbe trans. [3]
Fatiguer. 🔊 [ˈaʀase].

**HARCELER**, verbe trans. [11]
*Milit.* Mener des assauts brefs et répétés. – Fig. Importuner sans répit. 🔊 [ˈaʀsəle].

**HARDE**, subst. f.
Troupe de cerfs ou de daims. 🔊 [ˈaʀd].

**HARDES**, subst. f. plur.
Vêtements misérables. 🔊 [ˈaʀd].

**HARDI, IE**, adj.
Plein d'audace et de courage. – Osé, insolent : *Un livre* hardi. 🔊 [ˈaʀdi].

**HARDIESSE**, subst. f.
Qualité de ce qui est hardi. 🔊 [ˈaʀdjɛs].

**HAREM**, subst. m.
Logement des femmes, chez les musulmans. – Ensemble des femmes qui y vivent. 🔊 [ˈaʀɛm].

**HARENG**, subst. m.
Poisson vivant en vastes bancs, de la mer du Nord à la Baltique. 🔊 [ˈaʀɑ̃].

**HARGNE**, subst. f.
Mauvaise humeur agressive. 🔊 [ˈaʀɲ].

**HARICOT**, subst. m.
Plante potagère cultivée pour ses pousses (haricots verts) ou ses graines (flageolets). 🔊 [ˈaʀiko].

**HARMONICA**, subst. m.
*Mus.* Instrument composé de petits tuyaux à anche juxtaposés, dans lequel on souffle. 🔊 [aʀmɔnika].

**HARMONIE**, subst. f.
Agrément résultant de la combinaison de sons, de couleurs ou de saveurs. – Équilibre entre les parties d'un ensemble. – Bonne entente. 🔊 [aʀmɔni].

**HARMONIEUX, IEUSE**, adj.
Qui flatte l'oreille, ou l'un des autres sens. 🔊 [aʀmɔnjø, -jøz].

**HARMONISER**, verbe trans. [3]
Mettre en harmonie. – Pronom. Être en harmonie. 🔊 [aʀmɔnize].

**HARMONIUM**, subst. m.
*Mus.* Instrument proche de l'orgue, mais dépourvu de tuyaux et à anches libres. 🔊 [aʀmɔnjɔm].

**HARNACHEMENT**, subst. m.
Action de harnacher. – Ensemble des pièces d'un harnais. 🔊 [ˈaʀnaʃmɑ̃].

**HARNACHER**, verbe trans. [3]
Équiper d'un harnais. 🔊 [ˈaʀnaʃe].

**HARNAIS**, subst. m.
Équipement d'un cheval. – Ensemble des sangles entourant le corps d'un parachutiste, d'un alpiniste, etc. 🔊 [ˈaʀnɛ].

**HARPE**, subst. f.
*Mus.* Instrument à cordes tendues verticalement sur un cadre. 🔊 [ˈaʀp].

**HARPIE**, subst. f.
Femme acariâtre et méchante. 🔊 [ˈaʀpi].

**HARPON**, subst. m.
Grande flèche emmanchée, utilisée pour la pêche aux gros poissons. 🔊 [ˈaʀpɔ̃].

**HARPONNER**, verbe trans. [3]
Accrocher avec un harpon. – Fig. Attraper, aborder brutalement (qqn). 🔊 [ˈaʀpɔne].

**HASARD, subst. m.**
Concours de circonstances imprévisible.
– Événement fortuit. 🔊 [ˈazaʀ].

**HASARDER, verbe trans.** [3]
Entreprendre, dire, en courant le risque
d'échouer, de se tromper. 🔊 [ˈazaʀde].

**HASARDEUX, EUSE, adj.**
Risqué, aléatoire. 🔊 [ˈazaʀdø, -øz].

**HASE, subst. f.**
Femelle du lièvre. 🔊 [ˈaz].

**HÂTE, subst. f.**
Célérité, empressement à agir. – Loc. adv.
En hâte, à la hâte : rapidement. 🔊 [ˈɑt].

**HÂTER, verbe trans.** [3]
Avancer, précipiter : Hâter son retour.
– Pronom. Se dépêcher. 🔊 [ˈɑte].

**HÂTIF, IVE, adj.**
Précipité, bâclé : Une démarche hâtive.
– Précoce : Un cerisier hâtif. 🔊 [ˈɑtif, -iv].

**HAUSSE, subst. f.**
Élévation, augmentation : La hausse des
eaux, des prix. – Dispositif de pointage
d'une arme à feu. 🔊 [ˈos].

**HAUSSER, verbe trans.** [3]
Augmenter la hauteur, la valeur, l'intensité
de (qqch.). – Pronom. Se dresser. 🔊 [ˈose].

**HAUT, HAUTE, adj., subst. m. et adv.**
Adj. D'une hauteur déterminée : Haut de
un mètre ; plus élevé que la moyenne : Une
haute montagne. – Qui est situé en hauteur,
en altitude : Les hautes branches ; Les hauts
plateaux. – Supérieur, élevé : Les hauts
salaires ; Une haute intelligence. – Dressé,
qui domine : La tête haute. – Les notes
hautes : aiguës ; Parler à voix haute : fort.
– Subst. Hauteur : Deux mètres de haut.
– Partie supérieure : Le haut de l'armoire.
– Adv. En hauteur : Lever haut les
bras. – Fortement : Parler haut. 🔊 [ˈo, ˈot].

**HAUTAIN, AINE, adj.**
Arrogant, dédaigneux. 🔊 [ˈotɛ̃, -ɛn].

**HAUTBOIS, subst. m.**
Mus. Instrument à vent, à anche double.
🔊 [ˈobwa].

**HAUT-DE-FORME, subst. m.**
Haut chapeau cylindrique. 🔊 Plur. hauts-de-
forme ; [ˈod(ə)fɔʀm].

**HAUTEUR, subst. f.**
Dimension verticale d'une chose. – Position plus ou moins élevée : Placer une
étagère en hauteur ; À la hauteur de : au
niveau de. – Lieu élevé : Les hauteurs de
Montmartre. – Fig. Élévation morale. – Arrogance. – Fréquence d'un son. 🔊 [ˈotœʀ].

**HAUT-FOND, subst. m.**
Élévation du fond de la mer ou d'un
cours d'eau. 🔊 Plur. hauts-fonds ; [ˈofɔ̃].

**HAUT-LE-CŒUR, subst. m. inv.**
Nausée. 🔊 [ˈol(ə)kœʀ].

**HAUT-PARLEUR, subst. m.**
Appareil qui transforme un courant électrique en sons (vocaux, musicaux). 🔊 Plur.
haut-parleurs ; [ˈopaʀlœʀ].

**HAVRE, subst. m.**
Port, en gén. à l'embouchure d'un fleuve.
– Fig. Refuge. 🔊 [ˈavʀ].

**HEAUME, subst. m.**
Grand casque, au Moyen Âge. 🔊 [ˈom].

**HEBDOMADAIRE, adj. et subst. m.**
Adj. De la semaine. – Qui se renouvelle
chaque semaine. – Subst. Publication qui
paraît chaque semaine. 🔊 [ɛbdɔmadɛʀ].

**HÉBERGEMENT, subst. m.**
Action de procurer un logement. – Logement. 🔊 [ebɛʀʒəmɑ̃].

**HÉBERGER, verbe trans.** [5]
Loger chez soi. – Offrir un abri provisoire
à. 🔊 [ebɛʀʒe].

**HÉBÉTUDE, subst. f.**
État d'une personne abasourdie, comme
paralysée psychiquement. 🔊 [ebetyd].

**HÉBREU, EUX, adj. m. et subst. m.**
Adj. Relatif aux Hébreux, peuple sémitique.
– Subst. Langue d'Israël. 🔊 Au fém., ou en
parlant d'une chose, l'adj. fait hébraïque ; [ebʀø].

**HÉCATOMBE, subst. f.**
Tuerie, massacre. – Fig. Échec d'un grand
nombre de concurrents. 🔊 [ekatɔ̃b].

**HECTARE, subst. m.**
Unité de superficie (ha) valant 10 000 m².
🔊 [ɛktaʀ].

**HECTO-, préfixe**
Sert à multiplier par 100. 🔊 [ɛkto-].

**HÉGÉMONIE, subst. f.**
Domination militaire et politique d'un État,
d'un groupe sur un autre. 🔊 [eʒemɔni].

**HÉLAS, interj.**
Exclamation exprimant le regret. 🔊 [elas].

**HÉLER, verbe trans.** [8]
Appeler de loin. 🔊 [ˈele].

**HÉLICE, subst. f.**
Courbe s'enroulant, dans l'espace, autour
d'un axe médian. – Organe propulseur
d'un navire ou de certains avions, formé
de pales perpendiculaires à un axe. 🔊 [elis].

**HÉLICOPTÈRE, subst. m.**
Appareil d'aviation, dont la sustentation et
la propulsion sont assurées par une voilure
tournante. 🔊 [elikɔptɛʀ].

**HÉLIPORT, subst. m.**
Aéroport pour hélicoptères. 🔊 [elipɔʀ].

**HÉLIUM, subst. m.**
Gaz rare, léger et inflammable. 🔊 [eljɔm].

**HELLÉNIQUE, adj.**
Qui a trait à la Grèce. 🔊 [elenik].

**HELVÉTIQUE, adj.**
Qui concerne la Suisse. 🔊 [ɛlvetik].

**HÉMATOLOGIE**, subst. f.
Partie de la biologie et de la médecine qui étudie le sang et ses maladies. 🔊 [ematɔlɔʒi].

**HÉMATOME**, subst. m.
Épanchement de sang sous la peau (synon. *bleu*). 🔊 [ematom].

**HÉMICYCLE**, subst. m.
Espace, construction dont le plan est semi-circulaire. 🔊 [emisikl].

**HÉMIPLÉGIE**, subst. f.
Paralysie plus ou moins complète d'une moitié du corps. 🔊 [emipleʒi].

**HÉMISPHÈRE**, subst. m.
Moitié d'une sphère. – Moitié du globe terrestre, de part et d'autre de l'équateur : **Hémisphère** *boréal*. – Chacune des deux moitiés du cerveau. 🔊 [emisfɛʀ].

**HÉMOGLOBINE**, subst. f.
Protéine des globules rouges (hématies) du sang, transportant l'oxygène et le gaz carbonique. 🔊 [emɔglɔbin].

**HÉMOPHILIE**, subst. f.
Affection caractérisée par un grand retard de la coagulation sanguine. 🔊 [emɔfili].

**HÉMORRAGIE**, subst. f.
Écoulement de sang hors des vaisseaux sanguins. – Fig. Perte massive (de vies humaines, d'argent, etc.). 🔊 [emɔʀaʒi].

**HÉMORROÏDE**, subst. f.
Varice des veines de l'anus. 🔊 [emɔʀɔid].

**HENNIR**, verbe intrans. [19]
Pousser son cri (hennissement), en parlant du cheval. 🔊 [*eniʀ].

**HÉPATIQUE**, adj.
Qui concerne le foie. 🔊 [epatik].

**HÉPATITE**, subst. f.
Inflammation du foie. 🔊 [epatit].

**HÉRALDIQUE**, adj. et subst. f.
Subst. Science du blason et des armoiries. – Adj. Relatif au blason. 🔊 [eʀaldik].

**HERBACÉ, ÉE**, adj.
*Bot.* De la nature de l'herbe. 🔊 [ɛʀbase].

**HERBAGE**, subst. m.
Prairie naturelle où l'on fait paître des troupeaux. 🔊 [ɛʀbaʒ].

**HERBE**, subst. f.
Plante fine, verte, non ligneuse, dont les parties aériennes meurent après avoir produit les graines. 🔊 [ɛʀb].

**HERBIER**, subst. m.
Collection de plantes séchées. 🔊 [ɛʀbje].

**HERBIVORE**, adj. et subst. m.
Se dit d'un animal qui se nourrit de végétaux. 🔊 [ɛʀbivɔʀ].

**HERBORISTE**, subst.
Marchand de plantes médicinales et de préparations à base de plantes. 🔊 [ɛʀbɔʀist].

**HÈRE**, subst. m.
*Un pauvre* hère : un miséreux. 🔊 [*ɛʀ].

**HÉRÉDITAIRE**, adj.
Qui se transmet par hérédité. 🔊 [eʀeditɛʀ].

**HÉRÉDITÉ**, subst. f.
Transmission de qqch. par voie de succession légale ou testamentaire. – Transmission des caractères génétiques d'un être vivant à ses descendants. – Ensemble des dispositions, des caractères transmis par les parents aux enfants. 🔊 [eʀedite].

**HÉRÉSIE**, subst. f.
Dans une religion, doctrine contraire aux dogmes. – Ce qui est contraire aux idées admises et aux traditions. 🔊 [eʀezi].

**HÉRÉTIQUE**, adj. et subst.
Adj. Qui relève de l'hérésie. – Subst. Personne qui professe ou qui soutient une hérésie. 🔊 [eʀetik].

**HÉRISSER**, verbe trans. [3]
Faire se dresser (les poils, les cheveux, etc.). – Garnir de choses pointues, d'obstacles dangereux. – Pronom. S'irriter ; se mettre sur la défensive. 🔊 [*eʀise].

**HÉRISSON**, subst. m.
Petit mammifère insectivore au corps recouvert de piquants. 🔊 [*eʀisɔ̃].

**HÉRITAGE**, subst. m.
Action d'hériter. – Ce qui est transmis par voie de succession ou par les générations précédentes. 🔊 [eʀitaʒ].

**HÉRITER**, verbe trans. [3]
Hériter *un bien de qqn* ; Hériter *d'un bien* : en devenir propriétaire par voie de succession. – Avoir par hérédité : **Hériter** *d'un talent*. 🔊 [eʀite].

**HERMAPHRODITE**, adj. et subst.
Qui possède les organes reproducteurs des deux sexes. 🔊 [ɛʀmafʀɔdit].

**HERMÉTIQUE**, adj.
Qui se ferme parfaitement, étanche. – Fig. Obscur, difficile à interpréter. 🔊 [ɛʀmetik].

**HERMINE**, subst. f.
Mammifère carnivore à fourrure blanche l'hiver. – Cette fourrure. 🔊 [ɛʀmin].

**HERNIE**, subst. f.
Tuméfaction formée par un organe (ou une partie d'organe) sorti de sa cavité. 🔊 [*ɛʀni].

**HÉROÏNE**, subst. f.
Stupéfiant dérivé de la morphine. 🔊 [eʀɔin].

**HÉROÏQUE**, adj.
Relatif aux héros de la mythologie antique. – Extrêmement énergique et courageux ; digne d'un héros. 🔊 [eʀɔik].

**HÉROÏSME**, subst. m.
Courage exceptionnel. – Caractère de ce qui est héroïque. 🔊 [eʀɔism].

**HÉRON**, subst. m.
Oiseau échassier, au long bec et au long cou. 🔊 [*eʀɔ̃].

**HÉROS, HÉROÏNE, subst.**
*Myth.* Demi-dieu. – Personne qui se distingue par son courage et ses qualités. – Personnage central d'un événement, d'une histoire. 🔊 [*eʀo. eʀɔin].

**HERPÈS, subst. m.**
Lésion cutanée due à un virus. 🔊 [ɛʀpɛs].

**HERTZ, subst. m.**
*Phys.* Unité de fréquence (symb. Hz). 🔊 [*ɛʀts].

**HÉSITATION, subst. f.**
Action d'hésiter, embarras. 🔊 [ezitasjɔ̃].

**HÉSITER, verbe intrans.** [3]
Être indécis, ne savoir que faire, que décider : **Hésiter** *à parler, entre deux partis, sur la direction à prendre.* – Manifester un doute en marquant un silence. 🔊 [ezite].

**HÉTÉROCLITE, adj.**
Qui manque d'unité, qui est fait de choses dissemblables, disparates. 🔊 [eteʀɔklit].

**HÉTÉROGÈNE, adj.**
Formé d'éléments d'origine et de nature différentes. 🔊 [eteʀɔʒɛn].

**HÉTÉROSEXUEL, ELLE, adj. et subst.**
Se dit de qqn qui est attiré par les personnes du sexe opposé au sien. 🔊 [eteʀɔsɛksɥɛl].

**HÊTRE, subst. m.**
Grand arbre des forêts tempérées, à l'écorce lisse. – Bois de cet arbre. 🔊 [*ɛtʀ].

**HEURE, subst. f.**
Temps correspondant à la vingt-quatrième partie du jour (1 h = 60 min = 3 600 s). – Moment précis de la journée : *Il est 2 h 10* ; *L'heure du repas.* 🔊 [œʀ].

**HEUREUX, EUSE, adj.**
Qui a de la chance. – Qui réussit ce qu'il entreprend. – Qui connaît le bonheur. – Favorable (pour une chose). 🔊 [øʀø, -øz].

**HEURT, subst. m.**
Choc de corps qui se heurtent. – Fig. Contraste excessif. – Désaccord, mésentente. 🔊 [*œʀ].

**HEURTER, verbe** [3]
Trans. Entrer brusquement en contact avec, cogner. – Contrarier fortement (qqn), froisser, choquer. – Intrans. **Heurter** *contre* : entrer en collision avec. – Pronom. Buter (contre) ; au fig., s'opposer (à). 🔊 [*œʀte].

**HÉVÉA, subst. m.**
Arbre tropical fournissant le latex, dont on tire le caoutchouc. 🔊 [evea].

**HEXAGONE, subst. m.**
Polygone présentant 6 angles et 6 côtés. – **L'Hexagone** : la France. 🔊 [ɛgzagɔn].

**HIATUS, subst. m.**
Rencontre de sons vocaliques consécutifs : *Il alla à Amiens.* – Décalage, manque de continuité, de cohérence. 🔊 [*jatys].

**HIBERNATION, subst. f.**
Sommeil accompagné d'une hypothermie dans lequel plongent certains animaux durant la saison froide. 🔊 [ibɛʀnasjɔ̃].

**HIBERNER, verbe intrans.** [3]
Être en état d'hibernation. 🔊 [ibɛʀne].

**HIBOU, OUX, subst. m.**
Rapace nocturne à aigrette. 🔊 [*ibu].

**HIDEUX, EUSE, adj.**
Très laid, repoussant. 🔊 [*idø, -øz].

**HIER, subst. m. et adv.**
Le jour précédant immédiatement le jour présent. – Le passé récent. 🔊 [jɛʀ].

**HIÉRARCHIE, subst. f.**
Ordre et subordination des fonctions, des pouvoirs. – Ordre de subordination des éléments d'un ensemble. 🔊 [*jeʀaʀʃi].

**HIÉRARCHISER, verbe trans.** [3]
Classer par ordre de valeur ou d'importance. 🔊 [*jeʀaʀʃize].

**HIÉROGLYPHE, subst. m.**
Signe de l'écriture des anciens Égyptiens. – Plur. Écriture illisible. 🔊 [*jeʀɔglif].

**HILARE, adj.**
Qui exprime une gaieté béate, une grande euphorie. 🔊 [ilaʀ].

**HINDOUISME, subst. m.**
Religion répandue en Inde, qui est issue du brahmanisme. 🔊 [ɛ̃duism].

**HIPPIQUE, adj.**
Qui concerne le cheval ou l'équitation : *Un concours hippique.* 🔊 [ipik].

**HIPPOCAMPE, subst. m.**
Petit poisson marin dont la tête évoque celle d'un cheval. 🔊 [ipɔkɑ̃p].

**HIPPODROME, subst. m.**
Champ de courses de chevaux. 🔊 [ipodʀom].

**HIPPOPOTAME, subst. m.**
Gros mammifère amphibie des fleuves et des lacs africains. 🔊 [ipɔpɔtam].

**HIRONDELLE, subst. f.**
Oiseau migrateur au vol rapide, dont le retour sous nos latitudes annonce le printemps. 🔊 [iʀɔ̃dɛl].

**HIRSUTE, adj.**
Échevelé, ébouriffé. 🔊 [iʀsyt].

**HISPANIQUE, adj.**
Relatif à l'Espagne et aux pays de langue espagnole. 🔊 [ispanik].

**HISSER, verbe trans.** [3]
Élever, faire monter : **Hisser** *un mât.* – Tirer vers le haut, souv. avec effort : **Hisser** *un drapeau, une charge.* 🔊 [*ise].

**HISTOIRE, subst. f.**
Science des faits humains et des événements passés. – Récit véridique ou imaginaire ; anecdote. 🔊 [istwaʀ].

**HISTORIEN, IENNE,** subst.
Spécialiste des études historiques. – Auteur d'ouvrages historiques. 📖 [istɔʀjɛ̃, -jɛn].

**HISTORIQUE,** adj. et subst. m.
Adj. Qui relève de l'histoire. – Subst. Exposé chronologique d'une question. 📖 [istɔʀik].

**HIT-PARADE,** subst. m.
Palmarès. 📖 Plur. *hit-parades* ; [*itpaʀad].

**HIVER,** subst. m.
Saison la plus froide de l'année, qui, dans l'hémisphère Nord, s'étend du solstice de décembre à l'équinoxe de mars. 📖 [ivɛʀ].

**HIVERNAL, ALE, AUX,** adj.
Propre à l'hiver. 📖 [ivɛʀnal].

**HIVERNER,** verbe intrans. [3]
Passer l'hiver à l'abri. 📖 [ivɛʀne].

**H.L.M.,** subst. f. ou m. inv.
Sigle de « habitation à loyer modéré », immeuble réservé aux personnes à revenus modestes. 📖 [*aʃɛlɛm].

**HOCHER,** verbe trans. [3]
Hocher *la tête* : la secouer pour exprimer l'approbation, le doute, etc. 📖 [*ɔʃe].

**HOCHET,** subst. m.
Jouet de bébé, léger et sonore. 📖 [*ɔʃɛ].

**HOCKEY,** subst. m.
Sport d'équipe qui se pratique avec une crosse, sur gazon ou sur glace. 📖 [*ɔkɛ].

**HOLÀ,** subst. m. inv. et interj.
Interj. Exclamation qui sert à appeler qqn ou à demander qu'une action soit modérée. – Subst. *Mettre le* holà *à* : mettre fin à. 📖 [*ɔla].

**HOLD-UP,** subst. m. inv.
Vol qualifié, à main armée. 📖 [*ɔldœp].

**HOLOCAUSTE,** subst. m.
*Relig.* Sacrifice animal dans lequel la victime était entièrement brûlée. – L'animal ainsi sacrifié. – *L'*Holocauste : extermination des Juifs par les nazis. 📖 [ɔlokost].

**HOLOGRAPHIE,** subst. f.
Procédé de photographie en relief utilisant les interférences de deux faisceaux de laser. 📖 [ɔlɔgʀafi].

**HOMARD,** subst. m.
Crustacé décapode marin, à grandes pinces, dont la chair est très recherchée. 📖 [*ɔmaʀ].

**HOMÉOPATHIE,** subst. f.
Méthode de traitement des affections par des doses infinitésimales de substances qui provoqueraient une affection analogue chez des individus sains. 📖 [ɔmeɔpati].

**HOMÉRIQUE,** adj.
Qui concerne Homère. – Digne de ses poèmes ; fabuleux, grandiose. 📖 [ɔmerik].

**HOMICIDE,** adj. et subst. m.
Adj. Qui cause la mort de personnes. – Subst. Action de tuer un être humain : Homicide *volontaire.* 📖 [ɔmisid].

**HOMMAGE,** subst. m.
Marque de respect profond ; offrande, dédicace. – Plur. *Mes* hommages, *madame* : mes respects. 📖 [ɔmaʒ].

**HOMME,** subst. m.
L'espèce humaine. – Être humain de sexe masculin, par oppos. à la femme. – Adulte mâle, par oppos. à l'enfant. 📖 [ɔm].

**HOMOGÈNE,** adj.
Dont toutes les parties sont de même nature. 📖 [ɔmɔʒɛn].

**HOMOLOGUE,** adj. et subst.
Adj. Équivalent. – *Chim.* Se dit de composés organiques de même structure, de même fonction. – Subst. Personne qui exerce les mêmes fonctions qu'une autre. 📖 [ɔmɔlɔg].

**HOMOLOGUER,** verbe trans. [3]
Ratifier (une décision, un record). – Reconnaître la conformité de (un objet) aux normes. 📖 [ɔmɔlɔge].

**HOMONYME,** adj. et subst. m.
Se dit de mots de sens différents qui se prononcent ou s'écrivent de la même façon (par ex. *verre, vert, vair*). 📖 [ɔmɔnim].

**HOMOSEXUEL, ELLE,** adj. et subst.
Qui est attiré par les personnes de son sexe. 📖 [ɔmɔsɛksɥɛl].

**HONNÊTE,** adj.
Probe, de bonnes mœurs. – Conforme aux bonnes manières, correct. – *Un prix* honnête : convenable, satisfaisant. 📖 [ɔnɛt].

**HONNEUR,** subst. m.
Dignité morale liée à certaines vertus. – Marque d'estime. 📖 [ɔnœʀ].

**HONNIR,** verbe trans. [19]
Vouer au mépris public. 📖 [*ɔniʀ].

**HONORABILITÉ,** subst. f.
Fait d'être digne d'estime. 📖 [ɔnɔʀabilite].

**HONORABLE,** adj.
Digne d'estime, de respect. – Conforme à la norme sociale. – Qui procède de bonnes intentions. – Satisfaisant, convenable. 📖 [ɔnɔʀabl].

**HONORAIRES,** subst. m. plur.
Rétribution des membres des professions libérales. 📖 [ɔnɔʀɛʀ].

**HONORER,** verbe trans. [3]
Traiter avec respect, rendre hommage à. – Rendre digne d'estime : *Sa générosité l'*honore. – Acquitter, payer. 📖 [ɔnɔʀe].

**HONORIFIQUE,** adj.
Qui confère un honneur, mais aucun avantage matériel. 📖 [ɔnɔʀifik].

**HONTE,** subst. f.
Sentiment d'être déshonoré. – Confusion, pudeur, timidité. – *Faire* honte *à qqn* : lui faire des reproches. 📖 [*ɔ̃t].

**HONTEUX, EUSE,** adj.
Qui a honte. – Déshonorant, scandaleux. 📖 [*ɔ̃tø, -øz].

**HÔPITAL, AUX,** subst. m.
Établissement où l'on reçoit et où l'on soigne des malades. 🔊 [ɔpital].

**HOQUET,** subst. m.
Brusque contraction réflexe du diaphragme, accompagnée d'un son bref. 🔊 [ˈɔkɛ].

**HOQUETER,** verbe intrans. [14]
Avoir le hoquet. – Sangloter par à-coups. 🔊 [ˈɔk(ə)te].

**HORAIRE,** adj. et subst. m.
Adj. Qui a lieu toutes les heures. – Qui correspond à une durée de une heure. – Subst. Tableau des heures de départ et d'arrivée. – Emploi du temps. 🔊 [ɔʀɛʀ].

**HORDE,** subst. f.
Troupe nomade. – Fig. Troupe de personnes indisciplinées, violentes. 🔊 [ˈɔʀd].

**HORIZON,** subst. m.
Limite extrême de la vue, ligne circulaire semblant séparer la mer ou la terre du ciel. – Partie de la terre, de la mer ou du ciel proche de cette ligne. – Fig. Perspective d'action, d'avenir. 🔊 [ɔʀizɔ̃].

**HORIZONTAL, ALE, AUX,** adj.
Qui est dans le plan de l'horizon. – Empl. subst. fém. À l'horizontale. 🔊 [ɔʀizɔ̃tal].

**HORLOGE,** subst. f.
Appareil qui sert à mesurer le temps et qui indique l'heure. 🔊 [ɔʀlɔʒ].

**HORLOGERIE,** subst. f.
Industrie et commerce des horloges, des montres, etc. – Ouvrage de cette industrie. 🔊 [ɔʀlɔʒʀi].

**HORMIS,** prép.
Sauf, excepté, à l'exclusion de. 🔊 [ˈɔʀmi].

**HORMONE,** subst. f.
Substance produite par une glande ou par un tissu, et agissant sur les fonctions de l'organisme. 🔊 [ɔʀmɔn].

**HOROSCOPE,** subst. m.
Disposition des astres lors d'un événement, observée en partic. à la naissance de qqn. 🔊 [ɔʀɔskɔp].

**HORREUR,** subst. f.
Sentiment d'effroi et de répulsion. – Ce qui inspire ce sentiment. 🔊 [ɔʀœʀ].

**HORRIBLE,** adj.
Qui inspire l'horreur. 🔊 [ɔʀibl].

**HORRIFIER,** verbe trans. [6]
Effrayer, frapper d'horreur. 🔊 [ɔʀifje].

**HORRIPILER,** verbe trans. [3]
Exaspérer. 🔊 [ɔʀipile].

**HORS,** prép.
En dehors de, à l'extérieur de : Hors sujet. – Exceptionnel, au-delà de : Hors catégorie. – Loc. prép. Hors de : en dehors de ; à l'extérieur de. 🔊 [ˈɔʀ].

**HORS-BORD,** adj. inv. et subst. m. inv.
Adj. Moteur hors-bord : qui est en dehors de la coque d'une embarcation. – Subst. Bateau muni d'un tel moteur. 🔊 [ˈɔʀbɔʀ].

**HORS-D'ŒUVRE,** subst. m. inv.
Mets servi en début de repas. 🔊 [ˈɔʀdœvʀ].

**HORS-LA-LOI,** subst. m. inv.
Bandit. 🔊 [ˈɔʀlalwa].

**HORTENSIA,** subst. m.
Plante ornementale aux fleurs blanches, bleues ou roses. 🔊 [ɔʀtɑ̃sja].

**HORTICULTURE,** subst. f.
Culture de plantes potagères et de fleurs. 🔊 [ɔʀtikyltyʀ].

**HOSPICE,** subst. m.
Établissement d'assistance et de soins pour les vieillards indigents. 🔊 [ɔspis].

**HOSPITALIER (I), IÈRE,** adj.
Relatif aux hôpitaux. 🔊 [ɔspitalje, -jɛʀ].

**HOSPITALIER (II), IÈRE,** adj.
Qui pratique l'hospitalité. – Se dit d'un lieu où l'on est bien reçu. 🔊 [ɔspitalje, -jɛʀ].

**HOSPITALISER,** verbe trans. [3]
Faire admettre (qqn) dans un hôpital : Hospitaliser un blessé. 🔊 [ɔspitalize].

**HOSPITALITÉ,** subst. f.
Accueil cordial. – Action d'héberger qqn : Offrir l'hospitalité. 🔊 [ɔspitalite].

**HOSTIE,** subst. f.
Rondelle de pain azyme consacrée pour la communion, chez les catholiques. 🔊 [ɔsti].

**HOSTILE,** adj.
Qui se conduit en ennemi. – Opposé (à qqn, à un projet). 🔊 [ɔstil].

**HOSTILITÉ,** subst. f.
Antipathie, animosité. – Les hostilités : les opérations, l'état de guerre. 🔊 [ɔstilite].

**HÔTE, HÔTESSE,** subst.
Personne qui accorde l'hospitalité. – Un, une hôte : personne qui est accueillie. 🔊 [ot, -ɛs].

**HÔTEL,** subst. m.
Établissement où l'on peut loger moyennant paiement. – Grande maison de qualité. – Hôtel de ville : mairie. 🔊 [otɛl].

**HÔTELIER, IÈRE,** adj. et subst.
Subst. Personne qui tient un hôtel, une auberge. – Adj. Qui a trait à l'hôtellerie. 🔊 [otəlje, -jɛʀ].

**HÔTELLERIE,** subst. f.
Hôtel. – Le métier d'hôtelier : Un diplôme d'hôtellerie. 🔊 [otɛlʀi].

**HOTTE,** subst. f.
Grand panier porté sur le dos. – Hotte d'une cheminée : partie recouvrant le conduit de fumée. – Appareil qui aspire la fumée ou les vapeurs grasses. 🔊 [ˈɔt].

**HOUBLON**, subst. m.
Plante grimpante dont les cônes servent à aromatiser la bière. 🔊 [ˈublɔ̃].

**HOUILLE**, subst. f.
Roche sédimentaire combustible (végétaux fossilisés), très riche en carbone. 🔊 [ˈuj].

**HOULE**, subst. f.
Ondulation de la mer. 🔊 [ˈul].

**HOULETTE**, subst. f.
Bâton de berger. – Fig. Protection, tutelle : *Être sous la* houlette *de qqn.* 🔊 [ˈulɛt].

**HOULEUX, EUSE**, adj.
Agité par la houle. – Fig. Mouvementé : *Une réunion* houleuse. 🔊 [ˈulø, -øz].

**HOUPPE**, subst. f.
Touffe de brins de fils de laine, de soie, etc. – Touffe de cheveux. – Huppe. 🔊 [ˈup].

**HOURRA**, subst. m. et interj.
Cri d'acclamation. 🔊 [ˈuʁa].

**HOUSPILLER**, verbe trans. [3]
Réprimander, gronder (qqn). 🔊 [ˈuspije].

**HOUSSE**, subst. f.
Enveloppe souple recouvrant un objet, dont elle épouse la forme. 🔊 [ˈus].

**HOUX**, subst. m.
Arbuste à feuilles persistantes épineuses, à baies rouges. 🔊 [ˈu].

**HUBLOT**, subst. m.
Petite fenêtre ronde de navire ou d'avion. 🔊 [ˈyblo].

**HUCHE**, subst. f.
Coffre servant à conserver le pain. 🔊 [ˈyʃ].

**HUÉE**, subst. f.
Cri hostile, railleur, poussé par un groupe de personnes. 🔊 [ˈɥe].

**HUER**, verbe trans. [3]
Conspuer. 🔊 [ˈɥe].

**HUGUENOT, OTE**, adj. et subst.
Se disait des protestants calvinistes, au temps des guerres de Religion : *Le parti* huguenot. 🔊 [ˈyg(ə)no, -ɔt].

**HUILE**, subst. f.
Nom générique de tous les liquides gras organiques. – Huile *minérale* : hydrocarbure liquide ou visqueux. 🔊 [ɥil].

**HUILER**, verbe trans. [3]
Imprégner d'huile. – Lubrifier avec une huile minérale. 🔊 [ɥile].

**HUILEUX, EUSE**, adj.
Imprégné d'huile. – Qui ressemble à de l'huile. 🔊 [ɥilø, -øz].

**HUIS**, subst. m.
Porte d'une maison, d'une salle. – *À* huis *clos* : secrètement, portes fermées. 🔊 [ɥi].

**HUISSIER**, subst. m.
Employé qui annonce les visiteurs. – Officier ministériel. 🔊 [ɥisje].

**HUIT**, adj. inv. et subst. m. inv.
Adj. num. Sept plus un. – Huitième : *Henri VIII.* – Subst. Le nombre huit, le chiffre 8, le numéro 8 ; la forme d'un 8. 🔊 [ˈɥi(t)].

**HUÎTRE**, subst. f.
Mollusque marin, gén. comestible, à deux valves, qui vit fixé aux rochers. 🔊 [ɥitʁ].

**HULOTTE**, subst. f.
Rapace nocturne, également appelé chat-huant, commun dans les bois. 🔊 [ˈylɔt].

**HULULER**, voir ULULER

**HUMAIN, AINE**, adj. et subst. m.
Adj. Relatif ou propre à l'homme, à sa nature. – Compatissant. – Subst. Homme ; être humain. 🔊 [ymɛ̃, -ɛn].

**HUMANISER**, verbe trans. [3]
Rendre plus doux, moins cruel. 🔊 [ymanize].

**HUMANISME**, subst. m.
Doctrine qui accorde une place centrale à la personne humaine. 🔊 [ymanism].

**HUMANITAIRE**, adj.
Qui cherche à améliorer le sort des humains. 🔊 [ymanitɛʁ].

**HUMANITÉ**, subst. f.
Ensemble des caractères propres à la nature humaine. – Ensemble de tous les êtres humains. – Générosité, indulgence envers autrui. 🔊 [ymanite].

**HUMBLE**, adj.
Modeste, obscur ; qui fait preuve d'humilité. – Empl. subst. *Les* humbles : les pauvres. 🔊 [œ̃bl].

**HUMECTER**, verbe trans. [3]
Rendre légèrement humide. 🔊 [ymɛkte].

**HUMER**, verbe trans. [3]
Sentir, savourer (une odeur). 🔊 [ˈyme].

**HUMÉRUS**, subst. m.
Os du bras qui s'articule avec l'omoplate. 🔊 [ymeʁys].

**HUMEUR**, subst. f.
Tempérament d'une personne, caractère, état d'esprit : *Bonne* humeur. 🔊 [ymœʁ].

**HUMIDE**, adj.
Imprégné de liquide ou de vapeur d'eau. 🔊 [ymid].

**HUMIDIFIER**, verbe trans. [6]
Rendre humide. 🔊 [ymidifje].

**HUMIDITÉ**, subst. f.
Qualité de ce qui est humide. 🔊 [ymidite].

**HUMILIATION**, subst. f.
Action d'humilier. – État d'une personne humiliée. 🔊 [ymiljasjɔ̃].

**HUMILIER**, verbe trans. [6]
Blesser (qqn) moralement en le rabaissant. 🔊 [ymilje].

**HUMILITÉ**, subst. f.
État de ce qui est humble. – Attitude soumise, modeste. 🔊 [ymilite].

**HUMORISTE**, subst. m.
Qui cultive l'humour, la satire. 🔊 [ymɔʀist].

**HUMOUR**, subst. m.
Forme d'esprit qui consiste à souligner avec ironie les aspects drôles ou insolites de la réalité. 🔊 [ymuʀ].

**HUMUS**, subst. m.
Partie superficielle de certains sols, résultant de la décomposition des déchets animaux et végétaux. 🔊 [ymys].

**HUPPE**, subst. f.
Touffe de plumes, sur la tête de certains oiseaux. – Oiseau au plumage roux et noir, porteur d'une huppe colorée. 🔊 [*yp].

**HURRAH**, voir **HOURRA**

**HURLEMENT**, subst. m.
Cri de certains canidés (loup, chien). – Cri humain de terreur, de colère ou de douleur. – Bruit aigu et prolongé. 🔊 [*yʀləmɑ̃].

**HURLER**, verbe intrans. [3]
Faire entendre des hurlements. – Produire un effet discordant. 🔊 [*yʀle].

**HUSSARD**, subst. m.
Militaire d'un corps de cavalerie légère. 🔊 [*ysaʀ].

**HUTTE**, subst. f.
Habitation sommaire. 🔊 [*yt].

**HYBRIDE**, adj. et subst. m.
Qui résulte du croisement de deux espèces différentes. – Fig. Qui est composé d'éléments de nature différente. 🔊 [ibʀid].

**HYDRATATION**, subst. f.
Fixation d'eau par un composé chimique. – Introduction d'eau dans l'organisme. 🔊 [idʀatasjɔ̃].

**HYDRATER**, verbe trans. [3]
Introduire de l'eau dans (un organisme). 🔊 [idʀate].

**HYDRAULIQUE**, adj.
Adj. Mû par l'eau. – *Énergie hydraulique* : fournie par la force de l'eau. – Qui fonctionne grâce à un liquide sous pression : *Vérin hydraulique*. 🔊 [idʀolik].

**HYDRAVION**, subst. m.
Avion conçu pour décoller sur l'eau et pour s'y poser. 🔊 [idʀavjɔ̃].

**HYDROCARBURE**, subst. m.
Corps composé de carbone et d'hydrogène. 🔊 [idʀokaʀbyʀ].

**HYDROCUTION**, subst. f.
Syncope frappant une personne au contact de l'eau froide. 🔊 [idʀokysjɔ̃].

**HYDROGÈNE**, subst. m.
*Chim.* Le plus léger des gaz qui, combiné avec l'oxygène, donne l'eau. 🔊 [idʀoʒɛn].

**HYDROGRAPHIE**, subst. f.
Partie de la géographie qui étudie les eaux marines et douces. 🔊 [idʀogʀafi].

**HYDROLYSE**, subst. f.
Décomposition de composés chimiques sous l'action de l'eau. 🔊 [idʀoliz].

**HYDROPHILE**, adj.
Qui peut absorber l'eau. 🔊 [idʀofil].

**HYÈNE**, subst. f.
Mammifère carnivore qui se nourrit surtout de charognes. 🔊 [(*)jɛn].

**HYGIÈNE**, subst. f.
Ensemble des pratiques visant au maintien de la santé d'un individu. 🔊 [iʒjɛn].

**HYGROMÉTRIE**, subst. f.
Mesure du taux d'humidité de l'air. – Cette humidité. 🔊 [igʀometʀi].

**HYMÉNOPTÈRE**, subst. m.
Insecte à métamorphoses complètes, tel que fourmi, abeille, etc. – Plur. L'ordre correspondant. 🔊 [imenɔptɛʀ].

**HYMEN**, subst. m.
Membrane fermant le vagin, qui se rompt lors du premier rapport sexuel. 🔊 [imɛn].

**HYMNE**, subst.
Fém. Chant ou poème religieux. – Masc. Chant ou poème lyrique. – **Hymne** *national* : chant ou musique officiels d'un État. 🔊 [imn].

**HYPERBOLE**, subst. f.
*Litt.* Figure de style consistant à exagérer une expression (oppos. *litote*). – *Math.* Courbe. 🔊 [ipɛʀbɔl].

**HYPERMÉTROPIE**, subst. f.
Anomalie de la vision, qui empêche de voir distinctement de près. 🔊 [ipɛʀmetʀopi].

**HYPERTENSION**, subst. f.
Augmentation anormale de la pression du sang dans les vaisseaux. 🔊 [ipɛʀtɑ̃sjɔ̃].

**HYPERTEXTE**, subst. m.
*Informat.* Système qui permet de naviguer entre différents documents chaînés par des liens relationnels. 🔊 [ipɛʀtɛkst].

**HYPERTROPHIE**, subst. f.
Augmentation anormale de volume, développement excessif. 🔊 [ipɛʀtʀofi].

**HYPNOSE**, subst. f.
Sommeil artificiel provoqué par suggestion. – La technique permettant de provoquer ce sommeil. 🔊 [ipnoz].

**HYPNOTISER**, verbe trans. [3]
Mettre (qqn) en état d'hypnose. 🔊 [ipnotize].

**HYPOCONDRIAQUE**, adj. et subst.
*Psych.* Qui est obsédé par sont état de santé. 🔊 [ipokɔ̃dʀijak].

**HYPOCRISIE**, subst. f.
Attitude qui consiste à paraître différent de ce qu'on est, en affectant des sentiments que l'on n'éprouve pas. 🔊 [ipokʀizi].

**HYPOCRITE**, adj. et subst.
Qui pratique l'hypocrisie. 🔊 [ipokʀit].

**HYPOGLYCÉMIE, subst. f.**
Insuffisance du taux de glucose dans le sang. 🔊 [ipɔglisemi].

**HYPOPHYSE, subst. f.**
Glande endocrine située sous le cerveau, qui produit des hormones. 🔊 [ipɔfiz].

**HYPOTENSION, subst. f.**
Tension artérielle inférieure à la normale. 🔊 [ipɔtɑ̃sjɔ̃].

**HYPOTÉNUSE, subst. f.**
Côté opposé à l'angle droit, dans un triangle rectangle. 🔊 [ipɔtenyz].

**HYPOTHALAMUS, subst. m.**
Région de la base du cerveau, qui sécrète des hormones et régule le sommeil, la faim... 🔊 [ipɔtalamys].

**HYPOTHÈQUE, subst. f.**
Droit accordé à un créancier sur un bien immobilier en garantie du remboursement d'une dette. – Entrave à l'accomplissement de qqch. 🔊 [ipɔtɛk].

**HYPOTHÉQUER, verbe trans. [8]**
Grever d'une hypothèque. 🔊 [ipɔteke].

**HYPOTHERMIE, subst. f.**
Abaissement anormal de la température d'un organisme. 🔊 [ipɔtɛʀmi].

**HYPOTHÈSE, subst. f.**
Point qui sert de départ à un raisonnement. – Supposition, conjecture. 🔊 [ipɔtɛz].

**HYPOTHÉTIQUE, adj.**
Qui repose sur une ou plusieurs hypothèses. – Incertain. 🔊 [ipɔtetik].

**HYSTÉRIE, subst. f.**
Forme de névrose. – Extrême agitation ; frénésie. 🔊 [isteri].

# I

**I, i,** subst. m. inv.
Neuvième lettre et troisième voyelle de l'alphabet français. 🕮 [i].

**IBIS,** subst. m.
Échassier au bec long et crochu. 🕮 [ibis].

**ICEBERG,** subst. m.
Grand bloc de glace flottant détaché d'un glacier polaire. 🕮 [isbɛʀg] ou [ajsbɛʀg].

**ICI,** adv.
Dans ce lieu ; à cet endroit : *Viens* ici. – Dans le temps présent : *D'ici à demain* ; *Jusqu'*ici, jusqu'à présent. 🕮 [isi].

**ICÔNE,** subst. f.
Peinture religieuse de l'Église d'Orient, exécutée sur un panneau de bois. 🕮 [ikon].

**ICONOCLASTE,** adj. et subst.
Qui est partisan de la destruction des images saintes. – Fig. Qui est hostile aux traditions. 🕮 [ikonɔklast].

**ICONOGRAPHIE,** subst. f.
Ensemble des illustrations incluses dans une publication ou relatives à un sujet. 🕮 [ikonɔgʀafi].

**IDÉAL, ALE, ALS ou AUX,** adj. et subst. m.
Adj. Conçu en esprit, imaginaire. – Parfait en son genre. – Subst. Modèle de perfection. – Ce qui satisfait pleinement. 🕮 [ideal].

**IDÉALISER,** verbe trans. [3]
Prêter un caractère idéal à. 🕮 [idealize].

**IDÉALISME,** subst. m.
Comportement d'une personne qui aspire à un idéal. 🕮 [idealism].

**IDÉALISTE,** adj. et subst.
Adj. Qui relève de l'idéalisme. – Subst. Personne qui tend à un idéal. 🕮 [idealist].

**IDÉE,** subst. f.
Représentation mentale d'une chose, d'un projet. – Opinion, conviction. – Intention, projet. – Pensée, esprit : **Idée** *fixe* ; obsession. – Connaissance sommaire. – Illusion : *Se faire des* **idées.** 🕮 [ide].

**IDEM,** adv.
De même (abrév. *id.*). 🕮 [idɛm].

**IDENTIFIER,** verbe trans. [6]
Reconnaître et nommer. – Pronom. S'imaginer identique (à). 🕮 [idɑ̃tifje].

**IDENTIQUE,** adj.
Parfaitement semblable à un autre : *Deux choses* **identiques** ; *À l'*identique, de la même façon. 🕮 [idɑ̃tik].

**IDENTITÉ,** subst. f.
Caractère de ce qui est identique. – Ensemble des éléments qui confèrent son individualité à qqn. 🕮 [idɑ̃tite].

**IDÉOLOGIE,** subst. f.
Ensemble des idées dominantes propres à une époque, à une classe sociale, à un groupe humain. – Système de pensée nébuleux et souv. utopique (péj.). 🕮 [ideɔlɔʒi].

**IDIOME,** subst. m.
Langue, dialecte ou patois propre à une communauté. 🕮 [idjom].

**IDIOT, IDIOTE,** adj. et subst.
Qui est peu intelligent ; simple d'esprit. – Qui est irréfléchi (fam.). 🕮 [idjo, idjɔt].

**IDIOTIE,** subst. f.
Manque d'intelligence, de bons sens. – Parole, action irréfléchie. 🕮 [idjɔsi].

**IDOLÂTRER,** verbe trans. [3]
Vouer un culte à, admirer. – Aimer avec passion. 🕮 [idɔlɑtʀe].

**IDOLÂTRIE,** subst. f.
Culte rendu à des idoles. – Fig. Passion démesurée. 🕮 [idɔlɑtʀi].

**IDOLE,** subst. f.
Objet de culte figurant une divinité. – Personne admirée avec passion. 🕮 [idɔl].

**IDYLLE,** subst. f.
Aventure amoureuse naïve. 🕮 [idil].

**IDYLLIQUE,** adj.
Qui a le caractère d'une idylle. – Idéal ; merveilleux. 🕮 [idilik].

**IF,** subst. m.
Conifère à baies rouges, souv. choisi pour orner les jardins. 🕮 [if].

**IGLOO,** subst. m.
Habitation des Esquimaux, faite de blocs de glace. 🕮 On écrit aussi *iglou* ; [iglu].

**IGNAME,** subst. f.
Plante tropicale dont les gros tubercules se consomment cuits. 🕮 [iɲam] ou [ignam].

**IGNARE,** adj.
Totalement ignorant. 🕮 [iɲaʀ].

**IGNIFUGE,** adj. et subst. m.
Qui rend incombustible. 🕮 [iɲifyʒ].

**IGNOBLE,** adj.
Infâme, bas. – D'une laideur repoussante ; très sale, très mauvais. 🕮 [iɲɔbl].

**IGNOMINIE,** subst. f.
Déshonneur, infamie. – Acte infamant : *Tomber dans l'ignominie.* 🕮 [iɲɔmini].

**IGNORANCE, subst. f.**
État d'une personne qui n'est pas informée.
– Manque de connaissances. 🕮 [iɲɔʀɑ̃s].

**IGNORER, verbe trans.** [3]
Ne pas savoir. – Faire semblant de ne
pas connaître (qqn) par mépris. – Ne pas
avoir l'expérience de (qqch.). 🕮 [iɲɔʀe].

**IGUANE, subst. m.**
Grand lézard d'Amérique. 🕮 [igwan].

**IL, ILS, pron. pers. m.**
Sujet de la 3ᵉ personne du masculin : Il
*mange* ; Ils *dorment*. – Sujet neutre employé
avec un verbe impersonnel : Il *pleut*. 🕮 [il].

**ILANG-ILANG, voir YLANG-YLANG**

**ÎLE, subst. f.**
Terre complètement entourée d'eau. 🕮 [il].

**ILLÉGAL, ALE, AUX, adj.**
Qui est contraire à la loi : *Perquisition*
*illégale*. 🕮 [i(l)legal].

**ILLÉGALITÉ, subst. f.**
Caractère de ce qui est illégal. – Acte illégal :
*Commettre une illégalité*. 🕮 [i(l)legalite].

**ILLÉGITIME, adj.**
Qui n'est pas selon la loi. – *Une enfant*
*illégitime* : née hors du mariage. – Fig. Qui
n'est pas justifié, motivé. 🕮 [i(l)leʒitim].

**ILLETTRÉ, ÉE, adj. et subst.**
Qui ne sait ni lire ni écrire, analphabète.
🕮 [i(l)letʀe].

**ILLICITE, adj.**
Qui n'est pas permis par la morale, l'usage
ou la loi. 🕮 [i(l)lisit].

**ILLICO, adv.**
Aussitôt, sur-le-champ (fam.). 🕮 [i(l)liko].

**ILLIMITÉ, ÉE, adj.**
Qui n'a pas de limites, infini. 🕮 [i(l)limite].

**ILLISIBLE, adj.**
Qu'on ne peut pas lire, déchiffrer. – Fig.
D'une lecture fastidieuse. 🕮 [i(l)lizibl].

**ILLUMINATION, subst. f.**
Action d'illuminer ; son résultat. – Fig. Idée
brillante et soudaine. 🕮 [i(l)lyminasjɔ̃].

**ILLUMINER, verbe trans.** [3]
Répandre une vive lumière sur. – Fig. Doter
(un visage, des yeux, une âme) d'un rayonnement. 🕮 [i(l)lymine].

**ILLUSION, subst. f.**
Perception erronée. – Interprétation erronée d'une perception. – Croyance fausse,
chimère. 🕮 [i(l)lyzjɔ̃].

**ILLUSIONNISTE, subst.**
Artiste qui crée l'illusion par des tours de
magie, prestidigitateur. 🕮 [i(l)lyzjɔnist].

**ILLUSOIRE, adj.**
Qui procède d'une illusion, qui est vain :
*Un espoir illusoire*. 🕮 [i(l)lyzwaʀ].

**ILLUSTRATION, subst. f.**
Action d'illustrer. – Image accompagnant
un texte. – Exemple qui permet d'expliquer.
🕮 [i(l)lystʀasjɔ̃].

**ILLUSTRE, adj.**
Renommé, célèbre. 🕮 [i(l)lystʀ].

**ILLUSTRÉ, subst. m.**
Journal pour enfants. 🕮 [i(l)lystʀe].

**ILLUSTRER, verbe trans.** [3]
Rendre plus clair, expliquer par un exem-
ple. – Orner (un ouvrage) d'illustrations.
– Pronom. Se distinguer. 🕮 [i(l)lystʀe].

**ÎLOT, subst. m.**
Petite île. – Élément isolé au sein d'un
ensemble : *Îlot de verdure*. 🕮 [ilo].

**IMAGE, subst. f.**
Représentation graphique de qqch. ou de
qqn. – Représentation mentale de la réalité
ou de ce qui est imaginaire. – Ce qui évoque
qqn ou qqch. – Modèle, exemple typique.
– Symbole d'une chose abstraite : *La*
*colombe, image de la paix*. – Figure de style,
métaphore. – Représentation inversée dans
un miroir. 🕮 [imaʒ].

**IMAGINAIRE, adj. et subst. m.**
Adj. Qui n'existe que dans l'imagination,
irréel. – Qui n'est tel que dans son
imagination : *Malade imaginaire*. – Subst.
Univers de l'imagination. 🕮 [imaʒinɛʀ].

**IMAGINATIF, IVE, adj. et subst.**
Qui a de l'imagination. 🕮 [imaʒinatif, -iv].

**IMAGINATION, subst. f.**
Faculté d'imaginer. 🕮 [imaʒinasjɔ̃].

**IMAGINER, verbe trans.** [3]
Se représenter (une chose, une idée) menta-
lement. – Supposer. – Inventer (qqch.).
– Pronom. Penser à tort. 🕮 [imaʒine].

**IMAM, subst. m.**
Chef religieux musulman. 🕮 [imam].

**IMBATTABLE, adj.**
Qui ne peut être vaincu. – Fig. Qui est très
avantageux : *Prix imbattables*. 🕮 [ɛ̃batabl].

**IMBÉCILE, adj. et subst.**
Qui est peu intelligent. – Sot. 🕮 [ɛ̃besil].

**IMBÉCILLITÉ, subst. f.**
Défaut d'intelligence, de bon sens. – Action, parole imbécile. 🕮 [ɛ̃besilite].

**IMBERBE, adj.**
Qui n'a pas de barbe. 🕮 [ɛ̃bɛʀb].

**IMBIBER, verbe trans.** [3]
Imprégner d'un liquide. 🕮 [ɛ̃bibe].

**IMBRIQUER, verbe trans.** [3]
Disposer des éléments de manière qu'ils se
chevauchent. – Pronom. S'emboîter parfaitement. 🕮 [ɛ̃bʀike].

**IMBROGLIO, subst. m.**
Situation embrouillée, confuse. 🕮 [ɛ̃bʀɔljo]
ou [ɛ̃bʀɔglijo].

**IMBU, UE, adj.**
Pénétré, rempli : *Imbu de soi-même*,
convaincu de sa supériorité. 🕮 [ɛ̃by].

**IMBUVABLE, adj.**
Impossible ou difficile à boire, mauvais.
– Fig. Insupportable (fam.). 🕮 [ɛ̃byvabl].

**IMITATEUR, TRICE,** adj. et subst.
Qui imite. – Subst. Artiste de variétés imitant des personnalités. 🔊 [imitatœʀ, -tʀis].

**IMITATION,** subst. f.
Action d'imiter, de prendre pour modèle. – Contrefaçon, plagiat. 🔊 [imitasjɔ̃].

**IMITER,** verbe trans. [3]
Copier (les paroles, le comportement de qqn). – Prendre pour modèle. – Contrefaire, falsifier. 🔊 [imite].

**IMMACULÉ, ÉE,** adj.
Sans aucune tache. – Fig. Pur. 🔊 [imakyle].

**IMMANENT, ENTE,** adj.
Qui réside dans qqch., qui n'en est pas distinct. 🔊 [imanɑ̃, -ɑ̃t].

**IMMANGEABLE,** adj.
Qui n'est pas bon à manger. 🔊 [ɛ̃mɑ̃ʒabl].

**IMMANQUABLE,** adj.
Qui ne peut manquer de se produire. 🔊 [ɛ̃mɑ̃kabl].

**IMMATÉRIEL, IELLE,** adj.
Qui n'a pas de consistance matérielle. 🔊 [i(m)mateʀjɛl].

**IMMATRICULATION,** subst. f.
Action d'immatriculer. – Numéro d'inscription. 🔊 [imatʀikylasjɔ̃].

**IMMATRICULER,** verbe trans. [3]
Inscrire sous un numéro, dans un registre public appelé matricule. 🔊 [imatʀikyle].

**IMMATURE,** adj.
Qui n'est pas encore mûr. – Fig. Qui manque de maturité. 🔊 [imatyʀ].

**IMMÉDIAT, IATE,** adj.
Qui précède ou suit directement : *Successeur* **immédiat**. – Sans intervalle, ni dans le temps ni dans l'espace. – Empl. subst. masc. *Dans l'***immédiat** : pour le moment. 🔊 [imedja, -jat].

**IMMÉMORIAL, ALE, AUX,** adj.
Dont l'origine s'est perdue, du fait de son ancienneté. 🔊 [i(m)memɔʀjal].

**IMMENSE,** adj.
Très grand, très étendu. 🔊 [i(m)mɑ̃s].

**IMMENSITÉ,** subst. f.
Caractère de ce qui est immense. – Étendue très vaste. 🔊 [i(m)mɑ̃site].

**IMMERGER,** verbe trans. [5]
Plonger (qqch. ou qqn) dans un liquide. 🔊 [imɛʀʒe].

**IMMERSION,** subst. f.
Action d'immerger. – Fig. État d'une personne plongée dans un environnement étranger. 🔊 [imɛʀsjɔ̃].

**IMMEUBLE,** adj. et subst. m.
Adj. *Dr.* Qui ne peut être déplacé : *Bien* **immeuble**. – Subst. Bâtiment urbain de plusieurs étages. 🔊 [imœbl].

**IMMIGRATION,** subst. f.
Entrée d'étrangers dans un pays, en vue de s'y installer. 🔊 [imigʀasjɔ̃].

**IMMINENT, ENTE,** adj.
Qui est sur le point de se produire : *Un orage imminent*. 🔊 [iminɑ̃, -ɑ̃t].

**IMMISCER (S'),** verbe pronom. [4]
S'introduire, intervenir indûment : *S'immiscer dans une affaire*. 🔊 [imise].

**IMMOBILE,** adj.
Qui ne bouge pas, fixe. 🔊 [i(m)mɔbil].

**IMMOBILIER, IÈRE,** adj. et subst. m.
Adj. Relatif aux biens immeubles. – Subst. Marché de la construction, de la vente et de la location d'immeubles. 🔊 [imɔbilje, -jɛʀ].

**IMMOBILISATION,** subst. f.
Action d'immobiliser. – Plur. *Écon.* Biens durables d'une entreprise. 🔊 [imɔbilizasjɔ̃].

**IMMOBILISER,** verbe trans. [3]
Empêcher ou arrêter le mouvement de. – *Fin.* Immobiliser *des capitaux* : les investir. 🔊 [imɔbilize].

**IMMOBILITÉ,** subst. f.
État de ce qui est immobile. 🔊 [imɔbilite].

**IMMODÉRÉ, ÉE,** adj.
Sans modération, excessif. 🔊 [imɔdeʀe].

**IMMOLER,** verbe trans. [3]
Sacrifier, tuer en l'honneur d'une divinité. – Faire périr, massacrer. 🔊 [imɔle].

**IMMONDE,** adj.
Extrêmement sale, dégoûtant. – Fig. Bas, ignoble, odieux. 🔊 [i(m)mɔ̃d].

**IMMONDICES,** subst. f. plur.
Choses immondes, ordures. 🔊 [i(m)mɔ̃dis].

**IMMORAL, ALE, AUX,** adj.
Contraire à la morale. 🔊 [i(m)mɔʀal].

**IMMORTALISER,** verbe trans. [3]
Rendre immortel dans la mémoire des hommes. 🔊 [imɔʀtalize].

**IMMORTALITÉ,** subst. f.
État de ce qui est immortel. – Fig. Fait de demeurer longtemps dans la mémoire des hommes. 🔊 [imɔʀtalite].

**IMMORTEL, ELLE,** adj. et subst. f.
Adj. Qui ne mourra jamais. – Dont on gardera toujours le souvenir. – Subst. Plante dont les fleurs coupées et séchées conservent leur aspect. 🔊 [imɔʀtɛl].

**IMMUABLE,** adj.
Qui ne change jamais. 🔊 [imɥabl].

**IMMUNISER,** verbe trans. [3]
Protéger (l'organisme) par un vaccin, un sérum. – Fig. Préserver (qqn) d'un mal. 🔊 [imynize].

**IMMUNITÉ,** subst. f.
*Biol.* Résistance d'un organisme à des agressions pathogènes. – *Dr.* Privilège qui protège certaines personnes de poursuites judiciaires, en raison de leur fonction : **Immunité** *parlementaire*. 🔊 [imynite].

**IMMUNODÉFICIENCE, subst. f.**
Déficience des défenses immunitaires de l'organisme. 🔊 [imynodefisjɑ̃s].

**IMPACT, subst. m.**
Choc, heurt. – L'effet produit. 🔊 [ɛ̃pakt].

**IMPAIR, AIRE, adj. et subst. m.**
Se dit d'un nombre entier qui n'est pas divisible par 2 (contr. *pair*). – Adj. Qui porte un numéro impair : *Jour* impair. – Subst. Maladresse, gaffe. 🔊 [ɛ̃pɛʀ].

**IMPALPABLE, adj.**
Qu'on ne sent pas au toucher. 🔊 [ɛ̃palpabl].

**IMPARABLE, adj.**
Qu'on ne peut éviter. 🔊 [ɛ̃paʀabl].

**IMPARDONNABLE, adj.**
Inexcusable. 🔊 [ɛ̃paʀdɔnabl].

**IMPARFAIT, AITE, adj. et subst. m.**
Adj. Inachevé ; incomplet. – Qui a des défauts. – Subst. *Ling.* Temps du passé qui définit une action habituelle. 🔊 [ɛ̃paʀfɛ, -ɛt].

**IMPARTIAL, ALE, AUX, adj.**
Qui est sans parti pris, neutre ; équitable : *Un juge* impartial. 🔊 [ɛ̃paʀsjal].

**IMPARTIALITÉ, subst. f.**
Qualité d'une personne, d'une chose impartiale. 🔊 [ɛ̃paʀsjalite].

**IMPARTIR, verbe trans.** [19]
Attribuer, accorder. 🔊 Employé uniquement au p.p., à l'inf. ou à l'ind. présent : [ɛ̃paʀtiʀ].

**IMPASSE, subst. f.**
Petite voie sans issue. – Fig. Situation sans issue. 🔊 [ɛ̃pɑs].

**IMPASSIBILITÉ, subst. f.**
État d'une personne qui ne semble pas éprouver d'émotions. 🔊 [ɛ̃pasibilite].

**IMPASSIBLE, adj.**
Qui fait preuve d'impassibilité. 🔊 [ɛ̃pasibl].

**IMPATIENCE, subst. f.**
Manque de patience. 🔊 [ɛ̃pasjɑ̃s].

**IMPATIENTER, verbe trans.** [3]
Rendre impatient ; exaspérer. – Pronom. Perdre patience. 🔊 [ɛ̃pasjɑ̃te].

**IMPAVIDE, adj.**
Qui n'éprouve ou ne manifeste aucune peur (littér.). 🔊 [ɛ̃pavid].

**IMPAYABLE, adj.**
Extrêmement drôle (fam.). 🔊 [ɛ̃pɛjabl].

**IMPECCABLE, adj.**
Sans défaut ; irréprochable. 🔊 [ɛ̃pekabl].

**IMPÉNÉTRABLE, adj.**
Où l'on ne peut pénétrer. – Fig. Dont on ne peut rien deviner. 🔊 [ɛ̃penetʀabl].

**IMPÉNITENT, ENTE, adj.**
Qui ne se repent pas. – Fig. Qui ne renonce pas à une habitude. 🔊 [ɛ̃penitɑ̃, -ɑ̃t].

**IMPENSABLE, adj.**
Qui ne peut être conçu, envisagé. – Excessif, incroyable. 🔊 [ɛ̃pɑ̃sabl].

**IMPÉRATIF, IVE, adj. et subst. m.**
Adj. Qui s'impose comme un ordre auquel il faut obéir. – Indispensable, inévitable. – Subst. Nécessité absolue. – *Ling.* Mode de la conjugaison exprimant un ordre, une défense, un souhait. 🔊 [ɛ̃peʀatif, -iv].

**IMPÉRATRICE, subst. f.**
Femme qui règne sur un empire. – Épouse d'un empereur. 🔊 [ɛ̃peʀatʀis].

**IMPERCEPTIBLE, adj.**
Qui ne peut être perçu. – Insignifiant, infime. 🔊 [ɛ̃pɛʀsɛptibl].

**IMPERFECTION, subst. f.**
État de ce qui n'est pas parfait. – Défaut. 🔊 [ɛ̃pɛʀfɛksjɔ̃].

**IMPÉRIAL, ALE, AUX, adj. et subst. f.**
Adj. Relatif à l'empereur, à l'empire. – Digne d'un empereur, majestueux. – Subst. Étage supérieur de certains véhicules de transport en commun. 🔊 [ɛ̃peʀjal].

**IMPÉRIALISME, subst. m.**
Tendance d'un État à dominer d'autres États par l'économie, la politique et la culture. 🔊 [ɛ̃peʀjalism].

**IMPÉRIEUX, IEUSE, adj.**
Autoritaire, qui n'admet aucune résistance. – Pressant, irrésistible. 🔊 [ɛ̃peʀjø, -jøz].

**IMPÉRISSABLE, adj.**
Qui ne peut disparaître. – Qui dure très longtemps. 🔊 [ɛ̃peʀisabl].

**IMPERMÉABLE, adj. et subst. m.**
Adj. Qui ne laisse pas passer l'eau. – Fig. Insensible. – Subst. Vêtement de pluie. 🔊 [ɛ̃pɛʀmeabl].

**IMPERSONNEL, ELLE, adj.**
Qui n'appartient pas en propre à un individu. – Sans personnalité. – *Verbe* impersonnel : qui ne s'emploie qu'à la 3e personne du singulier et à l'infinitif. 🔊 [ɛ̃pɛʀsɔnɛl].

**IMPERTINENCE, subst. f.**
Insolence, effronterie. – Action, parole effrontée. 🔊 [ɛ̃pɛʀtinɑ̃s].

**IMPERTINENT, ENTE, adj. et subst.**
Qui fait preuve d'irrespect. 🔊 [ɛ̃pɛʀtinɑ̃, -ɑ̃t].

**IMPERTURBABLE, adj.**
Que rien ne peut troubler. 🔊 [ɛ̃pɛʀtyʀbabl].

**IMPÉTUEUX, EUSE, adj.**
Qui se meut avec fougue, rapidement. – Fig. D'un tempérament vif. 🔊 [ɛ̃petɥø, -øz].

**IMPIE, adj. et subst.**
Qui manque de piété. – Athée. 🔊 [ɛ̃pi].

**IMPITOYABLE, adj.**
Sans pitié, sans indulgence. 🔊 [ɛ̃pitwajabl].

**IMPLACABLE, adj.**
D'une grande sévérité. 🔊 [ɛ̃plakabl].

**IMPLANTATION, subst. f.**
Action d'implanter. – Fait d'être implanté. 🔊 [ɛ̃plɑ̃tasjɔ̃].

**IMPLANTER,** verbe trans. [3]
Fixer, insérer (une chose dans une autre).
– Installer. – Pronom. S'établir. ≋ [ɛ̃plɑ̃te].

**IMPLICATION,** subst. f.
Action d'impliquer ; fait d'être impliqué.
– Plur. Conséquences. ≋ [ɛ̃plikasjɔ̃].

**IMPLICITE,** adj.
Qui n'est pas dit expressément, mais qui
va de soi. ≋ [ɛ̃plisit].

**IMPLIQUER,** verbe trans. [3]
Avoir comme conséquence nécessaire, imposer. – Engager la responsabilité de (qqn)
dans une affaire. ≋ [ɛ̃plike].

**IMPLORER,** verbe trans. [3]
Supplier, demander d'une manière pressante. ≋ [ɛ̃plɔʀe].

**IMPLOSION,** subst. f.
Écrasement violent d'un corps soumis à
une pression extérieure supérieure à sa
résistance. ≋ [ɛ̃plozjɔ̃].

**IMPOLI, IE,** adj.
Qui ne suit pas les règles et usages de la
politesse. ≋ [ɛ̃pɔli].

**IMPOLITESSE,** subst. f.
Manquement à la politesse. ≋ [ɛ̃pɔlites].

**IMPONDÉRABLE,** adj. et subst. m.
Adj. Dont l'importance est difficile à
évaluer. – Subst. Imprévu. ≋ [ɛ̃pɔ̃deʀabl].

**IMPOPULAIRE,** adj.
Qui n'est pas populaire, qui déplaît au plus
grand nombre. ≋ [ɛ̃pɔpylɛʀ].

**IMPORTANCE,** subst. f.
Caractère de ce qui est important. – Grandeur, en quantité et en intensité. – Autorité,
influence. ≋ [ɛ̃pɔʀtɑ̃s].

**IMPORTANT, ANTE,** adj. et subst. m.
Adj. Qui suscite beaucoup d'intérêt ; dont
les effets ou les conséquences sont grands.
– Qui est grand, en nombre. – Subst. Ce
qui importe, aspect essentiel : *L'important,
c'est de participer.* ≋ [ɛ̃pɔʀtɑ̃, -ɑ̃t].

**IMPORTATION,** subst. f.
Action, négoce qui consiste à importer.
– Ce qui est importé. ≋ [ɛ̃pɔʀtasjɔ̃].

**IMPORTER (I),** verbe trans. [3]
Introduire dans un pays (des marchandises
ou, au fig., des idées, des coutumes
provenant de l'étranger). ≋ [ɛ̃pɔʀte].

**IMPORTER (II),** verbe trans.
indir. [3]
Importer *à* : avoir de l'importance, de
l'intérêt pour. – Empl. impers. *Il importe
de, que* : il est nécessaire de, que. – *Peu
importe* : c'est sans importance. – Loc.
pronon. indéf. N'**importe** *qui, quoi* : une
personne, une chose quelconque. – Loc.
adj. indéf. N'**importe** *quel* : qqch., qqn, quel
qu'il soit. – Loc. adv. N'**importe** *où, quand,
comment* : en un lieu, en un temps, d'une
façon quelconque. ≋ Employé seulement à
l'inf. et aux 3ᵉ pers. ; [ɛ̃pɔʀte].

**IMPORTUN, UNE,** adj. et subst.
Qui survient mal à propos. – Qui dérange.
≋ [ɛ̃pɔʀtœ̃, -yn].

**IMPORTUNER,** verbe trans. [3]
Gêner par une présence hors de propos.
– Déranger par son insistance. ≋ [ɛ̃pɔʀtyne].

**IMPOSABLE,** adj.
Qui peut être soumis à l'impôt. ≋ [ɛ̃pozabl].

**IMPOSANT, ANTE,** adj.
Qui inspire respect, admiration ou crainte.
– D'une taille peu commune. ≋ [ɛ̃pozɑ̃, -ɑ̃t].

**IMPOSER,** verbe trans. [3]
Soumettre à un impôt. – **Imposer** *qqch. à
qqn* : l'obliger à faire qqch., lui faire subir
qqch. – **Imposer** *les mains* : les poser sur
qqn pour le bénir ou le guérir. – Pronom.
Imposer sa présence. – Fig. Être indispensable. – Se forcer à. ≋ [ɛ̃poze].

**IMPOSSIBILITÉ,** subst. f.
Le fait de n'être pas possible. – Incapacité.
≋ [ɛ̃posibilite].

**IMPOSSIBLE,** adj. et subst. m.
Adj. Qu'on ne peut réaliser. – Insupportable (fam.). – Subst. Ce qui n'est pas
possible. ≋ [ɛ̃posibl].

**IMPOSTEUR,** subst. m.
Personne qui abuse de la confiance, de la
crédulité d'autrui en se faisant passer pour
qqn d'autre. ≋ [ɛ̃postœʀ].

**IMPOSTURE,** subst. f.
Acte d'un imposteur ; plagiat, usurpation.
≋ [ɛ̃postyʀ].

**IMPÔT,** subst. m.
Contribution monétaire versée à l'État ou
à des collectivités publiques. ≋ [ɛ̃po].

**IMPOTENT, ENTE,** adj. et subst.
Qui se meut avec beaucoup de difficultés.
≋ [ɛ̃potɑ̃, -ɑ̃t].

**IMPRATICABLE,** adj.
Qu'on ne peut mettre en pratique. – Où
il est difficile de passer. ≋ [ɛ̃pʀatikabl].

**IMPRÉCATION,** subst. f.
Souhait appelant ruine ou malheur sur
qqn, malédiction (littér.). ≋ [ɛ̃pʀekasjɔ̃].

**IMPRÉCIS, ISE,** adj.
Qui manque de précision. ≋ [ɛ̃pʀesi, -iz].

**IMPRÉGNER,** verbe trans. [8]
Faire pénétrer (un liquide) dans un corps,
dans une substance. – Fig. Influencer
profondément. ≋ [ɛ̃pʀeɲe].

**IMPRÉSARIO,** subst. m.
Personne dont le métier est de gérer la vie
professionnelle d'un artiste. ≋ [ɛ̃pʀesaʀjo].

**IMPRESCRIPTIBLE,** adj.
Qui ne peut disparaître avec le temps,
immuable. ≋ [ɛ̃pʀɛskʀiptibl].

**IMPRESSION,** subst. f.
Empreinte laissée par un corps sur une
surface. – Action, art d'imprimer un livre,
un tissu. – Effet ; sensation. ≋ [ɛ̃pʀesjɔ̃].

**IMPRESSIONNER, verbe trans.** [3]
Provoquer un trouble, une vive émotion chez (qqn). – Agir sur (une plaque, un film photographique). 🔊 [ɛ̃pʀesjɔne].

**IMPRESSIONNISME, subst. m.**
Mouvement pictural français de la fin du XIXᵉ s., qui cherchait à rendre, au moyen de touches de couleur, l'impression fugitive produite par un paysage, un objet, etc. 🔊 [ɛ̃pʀesjɔnism].

**IMPRÉVISIBLE, adj.**
Qu'on ne peut prévoir. 🔊 [ɛ̃pʀevizibl].

**IMPRÉVU, UE, adj. et subst. m.**
Qui n'a pas été prévu. 🔊 [ɛ̃pʀevy].

**IMPRIMANT, ANTE, adj. et subst. f.**
Adj. Qui imprime ; qui sert à imprimer. – Subst. Machine connectée à un ordinateur qui imprime sur papier les résultats d'un travail. 🔊 [ɛ̃pʀimɑ̃, -ɑ̃t].

**IMPRIMÉ, subst. m.**
Brochure, journal. 🔊 [ɛ̃pʀime].

**IMPRIMER, verbe trans.** [3]
Laisser (une empreinte) sur une surface : Imprimer *un tissu*. – Reproduire par un procédé d'imprimerie. – Transmettre (un mouvement). 🔊 [ɛ̃pʀime].

**IMPRIMERIE, subst. f.**
Ensemble des techniques de reproduction de textes, de dessins, de photographies. – Entreprise où l'on imprime. 🔊 [ɛ̃pʀimʀi].

**IMPROBABLE, adj.**
Qui a très peu de chances de se produire. 🔊 [ɛ̃pʀɔbabl].

**IMPRODUCTIF, IVE, adj. et subst.**
Qui ne travaille pas à produire. – Adj. Stérile. 🔊 [ɛ̃pʀɔdyktif, -iv].

**IMPROMPTU, UE, adj. et subst. m.**
Adj. Improvisé. – Subst. Poème improvisé ou pièce musicale de forme libre : *Un* impromptu *de Chopin*. 🔊 [ɛ̃pʀɔ̃pty].

**IMPROPRE, adj.**
Qui n'a pas les qualités nécessaires. – Qui ne convient pas. 🔊 [ɛ̃pʀɔpʀ].

**IMPROVISATION, subst. f.**
Action, art d'improviser. – Ce qui est improvisé. 🔊 [ɛ̃pʀɔvizasjɔ̃].

**IMPROVISER, verbe trans.** [3]
Faire sans préparation, sur-le-champ. – Pronom. Devenir d'emblée. 🔊 [ɛ̃pʀɔvize].

**IMPROVISTE (À L'), loc. adv.**
Sans que l'on s'y attende. 🔊 [alɛ̃pʀɔvist].

**IMPRUDENCE, subst. f.**
Manque de prudence, négligence. – Acte imprudent. 🔊 [ɛ̃pʀydɑ̃s].

**IMPUDENCE, subst. f.**
Comportement d'une personne insolente, effrontée. 🔊 [ɛ̃pydɑ̃s].

**IMPUDEUR, subst. f.**
Manque de pudeur, de réserve. 🔊 [ɛ̃pydœʀ].

**IMPUDIQUE, adj.**
Qui blesse la pudeur, indécent. 🔊 [ɛ̃pydik].

**IMPUISSANCE, subst. f.**
Manque de pouvoir, de force pour réaliser qqch. 🔊 [ɛ̃pɥisɑ̃s].

**IMPUISSANT, ANTE, adj.**
Atteint d'impuissance. 🔊 [ɛ̃pɥisɑ̃, -ɑ̃t].

**IMPULSIF, IVE, adj. et subst.**
Qui cède à ses impulsions. 🔊 [ɛ̃pylsif, -iv].

**IMPULSION, subst. f.**
Action de pousser. – Incitation à agir. – Tendance ou envie irrésistible. 🔊 [ɛ̃pylsjɔ̃].

**IMPUNÉMENT, adv.**
Sans subir ni risquer de punition. 🔊 [ɛ̃pynemɑ̃].

**IMPUNITÉ, subst. f.**
Absence de châtiment. – État d'une personne à l'abri des sanctions. 🔊 [ɛ̃pynite].

**IMPUR, URE, adj.**
Souillé par des impuretés. 🔊 [ɛ̃pyʀ].

**IMPURETÉ, subst. f.**
Élément étranger à une substance. – État de ce qui est impur. 🔊 [ɛ̃pyʀte].

**IMPUTER, verbe trans.** [3]
Attribuer à qqn (une action, une responsabilité). – Porter (une somme) à un compte, à un budget. 🔊 [ɛ̃pyte].

**IMPUTRESCIBLE, adj.**
Qui ne peut se putréfier. 🔊 [ɛ̃pytʀesibl].

**INACCEPTABLE, adj.**
Qu'on ne peut accepter. 🔊 [inaksɛptabl].

**INACCESSIBLE, adj.**
Qui ne peut être atteint. – Qu'on ne peut aborder. – Insensible. 🔊 [inaksesibl].

**INACTIF, IVE, adj. et subst.**
Oisif. – Adj. Inefficace. 🔊 [inaktif, -iv].

**INACTION, subst. f.**
Absence d'action, d'activité. 🔊 [inaksjɔ̃].

**INADAPTÉ, ÉE, adj. et subst.**
Qui n'est pas adapté à son milieu, à sa tâche, à la vie sociale. 🔊 [inadapte].

**INADMISSIBLE, adj.**
Qu'on ne peut pas admettre. 🔊 [inadmisibl].

**INADVERTANCE, subst. f.**
Distraction de l'attention. – Par inadvertance : par mégarde. 🔊 [inadvɛʀtɑ̃s].

**INALTÉRABLE, adj.**
Qui ne peut être altéré. 🔊 [inalteʀabl].

**INAMICAL, ALE, AUX, adj.**
Qui n'est pas amical ; hostile. 🔊 [inamikal].

**INAMOVIBLE, adj.**
Qui ne peut être déplacé, destitué ou suspendu, en parlant d'un magistrat. 🔊 [inamɔvibl].

**INANIMÉ, ÉE, adj.**
Qui est sans vie par nature : *Objet* inanimé. – Qui a perdu la vie, ou qui a perdu connaissance ; inerte. 🔊 [inanime].

**INANITÉ**, subst. f.
Vanité. – Futilité. 🔊 [inanite].

**INANITION**, subst. f.
Faiblesse, épuisement de l'organisme dû au manque de nourriture. 🔊 [inanisjɔ̃].

**INAPPRÉCIABLE**, adj.
Qui ne peut être évalué. – Trop précieux pour pouvoir être estimé. 🔊 [inapʀesjabl].

**INAPTE**, adj.
Qui n'est pas apte. 🔊 [inapt].

**INAPTITUDE**, subst. f.
État d'une personne inapte. 🔊 [inaptityd].

**INATTAQUABLE**, adj.
Qui ne peut être mis en cause, attaqué.
🔊 [inatakabl].

**INATTENDU, UE**, adj.
À quoi on ne s'attend pas. 🔊 [inatɑ̃dy].

**INATTENTIF, IVE**, adj.
Qui ne prête pas attention, qui est distrait.
🔊 [inatɑ̃tif, -iv].

**INAUDIBLE**, adj.
Qui ne peut être perçu par l'oreille. – Se dit d'un son dont l'intensité est trop faible pour qu'on l'entende, ou qui est trop mauvais pour être écouté. 🔊 [inodibl].

**INAUGURATION**, subst. f.
Cérémonie marquant l'ouverture ou la mise en service de qqch. 🔊 [inogyʀasjɔ̃].

**INAUGURER**, verbe trans. [3]
Ouvrir ou mettre en service (qqch.) avec solennité. – Mettre en œuvre pour la première fois. 🔊 [inogyʀe].

**INAVOUABLE**, adj.
Trop honteux pour être avoué. 🔊 [inavwabl].

**INCALCULABLE**, adj.
Impossible à calculer. – Fig. Difficile à estimer. 🔊 [ɛ̃kalkylabl].

**INCANDESCENT, ENTE**, adj.
Qui émet un rayonnement lumineux, sous l'effet de la chaleur. 🔊 [ɛ̃kɑ̃desɑ̃, -ɑ̃t].

**INCANTATION**, subst. f.
Formule magique accompagnée de gestes rituels. 🔊 [ɛ̃kɑ̃tasjɔ̃].

**INCAPABLE**, adj. et subst.
Qui n'est pas capable. – Dr. Qui est frappé d'incapacité. 🔊 [ɛ̃kapabl].

**INCAPACITÉ**, subst. f.
État d'une personne inapte. – Dr. Inaptitude à exercer certains droits. 🔊 [ɛ̃kapasite].

**INCARCÉRER**, verbe trans. [8]
Mettre en prison. 🔊 [ɛ̃kaʀseʀe].

**INCARNAT, ATE**, adj. et subst. m.
Rouge clair, tirant sur le rose. 🔊 [ɛ̃kaʀna, -at].

**INCARNATION**, subst. f.
Image, personnification. 🔊 [ɛ̃kaʀnasjɔ̃].

**INCARNER**, verbe trans. [3]
Être l'incarnation de. – Jouer (un personnage) au théâtre, au cinéma. 🔊 [ɛ̃kaʀne].

**INCARTADE**, subst. f.
Petit écart de conduite. 🔊 [ɛ̃kaʀtad].

**INCASSABLE**, adj.
Qui ne peut pas se casser. 🔊 [ɛ̃kasabl].

**INCENDIAIRE**, adj. et subst.
Adj. Qui provoque ou peut provoquer des incendies. – Qui enflamme les esprits ; qui suscite les troubles, la révolte. – Subst. Auteur d'un incendie. 🔊 [ɛ̃sɑ̃djeʀ].

**INCENDIE**, subst. m.
Feu étendu qui cause d'importants dégâts : Un incendie de forêt. 🔊 [ɛ̃sɑ̃di].

**INCENDIER**, verbe trans. [6]
Détruire par le feu. 🔊 [ɛ̃sɑ̃dje].

**INCERTAIN, AINE**, adj.
Qui n'est pas certain. – Variable : Temps incertain. – Vague. 🔊 [ɛ̃sɛʀtɛ̃, -ɛn].

**INCERTITUDE**, subst. f.
Caractère de ce qui est incertain. – État d'une personne qui hésite. 🔊 [ɛ̃sɛʀtityd].

**INCESSANT, ANTE**, adj.
Qui ne cesse pas ; continuel. 🔊 [ɛ̃sesɑ̃, -ɑ̃t].

**INCESTE**, subst. m.
Rapports sexuels entre parents proches.
🔊 [ɛ̃sɛst].

**INCIDENCE**, subst. f.
Effet, influence directe. 🔊 [ɛ̃sidɑ̃s].

**INCIDENT**, subst. m.
Événement sans gravité. 🔊 [ɛ̃sidɑ̃].

**INCINÉRER**, verbe trans. [8]
Réduire en cendres par le feu. 🔊 [ɛ̃sineʀe].

**INCISE**, subst. f.
Proposition, gén. brève, intercalée dans une phrase. 🔊 [ɛ̃siz].

**INCISER**, verbe trans. [3]
Entailler finement. 🔊 [ɛ̃size].

**INCISIF, IVE**, adj. et subst. f.
Adj. Acéré, mordant, direct. – Subst. Dent plate de devant. 🔊 [ɛ̃sizif, -iv].

**INCITER**, verbe trans. [3]
Encourager, inviter, pousser (qqn) à faire ou à dire qqch. 🔊 [ɛ̃site].

**INCLINAISON**, subst. f.
Position oblique par rapport à un plan.
🔊 [ɛ̃klinɛzɔ̃].

**INCLINATION**, subst. f.
Action d'incliner, de s'incliner. – Penchant pour qqn ou qqch. 🔊 [ɛ̃klinasjɔ̃].

**INCLINER**, verbe trans. [3]
Trans. dir. Mettre dans une position oblique. – Trans. indir. Incliner à : être enclin à ; pencher pour. – Pronom. Se pencher en avant. – Fig. S'avouer vaincu. 🔊 [ɛ̃kline].

**INCLURE**, verbe trans. [79]
Mettre dans un ensemble. – Comprendre, contenir. 🔊 [ɛ̃klyʀ].

**INCOGNITO**, adv.
Sans être reconnu : Voyager incognito. – En taisant son identité. 🔊 [ɛ̃kɔɲito].

**INCOHÉRENCE, subst. f.**
Défaut de cohérence. 🕮 [ɛ̃kɔeʀɑ̃s].

**INCOHÉRENT, ENTE, adj.**
Qui n'a pas de cohérence. – Fig. Illogique, incompréhensible. 🕮 [ɛ̃kɔeʀɑ̃, -ɑ̃t].

**INCOLLABLE, adj.**
Qui ne colle pas. – Qui a réponse à toutes les questions (fam.). 🕮 [ɛ̃kɔlabl].

**INCOLORE, adj.**
Qui n'a pas de couleur. 🕮 [ɛ̃kɔlɔʀ].

**INCOMBER, verbe trans. indir. [3]**
Revenir à, être une obligation pour : *Cette charge* incombe *à un autre.* 🕮 [ɛ̃kɔ̃be].

**INCOMBUSTIBLE, adj.**
Qui ne peut brûler. 🕮 [ɛ̃kɔ̃bystibl].

**INCOMMENSURABLE, adj.**
Immense, illimité. 🕮 [ɛ̃kɔmɑ̃syʀabl].

**INCOMMODER, verbe trans. [3]**
Procurer une gêne physique à. 🕮 [ɛ̃kɔmɔde].

**INCOMPARABLE, adj.**
Qu'on ne peut comparer à autre chose, sans égal. 🕮 [ɛ̃kɔ̃paʀabl].

**INCOMPATIBLE, adj.**
Qui n'est pas compatible avec autre chose. 🕮 [ɛ̃kɔ̃patibl].

**INCOMPÉTENCE, subst. f.**
Manque de compétence. 🕮 [ɛ̃kɔ̃petɑ̃s].

**INCOMPÉTENT, ENTE, adj.**
Qui n'a pas la capacité ou les qualités nécessaires pour faire qqch. 🕮 [ɛ̃kɔ̃petɑ̃, -ɑ̃t].

**INCOMPLET, ÈTE, adj.**
Qui n'est pas complet. 🕮 [ɛ̃kɔ̃plɛ, -ɛt].

**INCOMPRÉHENSIBLE, adj.**
Qui ne peut être compris, inintelligible. – Qu'on ne peut expliquer ni justifier, déconcertant. 🕮 [ɛ̃kɔ̃pʀeɑ̃sibl].

**INCOMPRÉHENSION, subst. f.**
Impuissance à comprendre. – Manque d'indulgence. 🕮 [ɛ̃kɔ̃pʀeɑ̃sjɔ̃].

**INCOMPRIS, ISE, adj. et subst.**
Qui n'est pas compris. – Qui n'est pas apprécié selon ses mérites. 🕮 [ɛ̃kɔ̃pʀi, -iz].

**INCONCEVABLE, adj.**
Contraire à la raison. – Inimaginable. – Inexplicable. 🕮 [ɛ̃kɔ̃s(ə)vabl].

**INCONCILIABLE, adj.**
Qui ne peut se concilier avec autre chose. 🕮 [ɛ̃kɔ̃siljabl].

**INCONDITIONNEL, ELLE, adj. et subst.**
Adj. Qui n'est assorti d'aucune condition. – Subst. Personne qui appuie sans réserve qqn, un parti. 🕮 [ɛ̃kɔ̃disjɔnɛl].

**INCONGRU, UE, adj.**
Contraire aux usages, inconvenant, choquant. 🕮 [ɛ̃kɔ̃gʀy].

**INCONNU, UE, adj. et subst.**
Qu'on ne connaît pas. – Qui n'est pas

célèbre. – Adj. Que l'on n'a jamais ressenti : *Un sentiment* inconnu. 🕮 [ɛ̃kɔny].

**INCONSCIENCE, subst. f.**
État d'une personne ou d'une attitude inconsciente. 🕮 [ɛ̃kɔ̃sjɑ̃s].

**INCONSCIENT, IENTE, adj. et subst.**
Adj. Qui a perdu connaissance, évanoui. – Qui ne se rend pas compte. – Dont on n'a pas conscience. – Subst. Personne qui agit sans réflexion. – Masc. *Psychan.* Domaine de la vie psychique qui échappe à la conscience. 🕮 [ɛ̃kɔ̃sjɑ̃, -jɑ̃t].

**INCONSÉQUENT, ENTE, adj.**
Incohérent dans ses idées ou sa conduite ; irréfléchi. 🕮 [ɛ̃kɔ̃sekɑ̃, -ɑ̃t].

**INCONSOLABLE, adj.**
Qui ne peut être consolé. 🕮 [ɛ̃kɔ̃sɔlabl].

**INCONSTANT, ANTE, adj. et subst.**
Qui change constamment ; instable, infidèle. – Adj. Variable. 🕮 [ɛ̃kɔ̃stɑ̃, -ɑ̃t].

**INCONTESTABLE, adj.**
Qu'on ne peut contester. 🕮 [ɛ̃kɔ̃tɛstabl].

**INCONTINENCE, subst. f.**
Manque de retenue, de modération. – *Méd.* Émission incontrôlée d'urine ou de selles. 🕮 [ɛ̃kɔ̃tinɑ̃s].

**INCONTOURNABLE, adj.**
Dont on ne peut pas faire le tour. – Fig. Qu'on ne peut pas éluder. 🕮 [ɛ̃kɔ̃tuʀnabl].

**INCONVENANT, ANTE, adj.**
Contraire aux usages ; grossier, indécent. 🕮 [ɛ̃kɔ̃v(ə)nɑ̃, -ɑ̃t].

**INCONVÉNIENT, subst. m.**
Désavantage. – Conséquence fâcheuse, désagrément. 🕮 [ɛ̃kɔ̃venjɑ̃].

**INCORPORER, verbe trans. [3]**
Faire pénétrer (qqch.) dans une substance, dans un tout. – Inscrire (une recrue) dans un corps d'armée. 🕮 [ɛ̃kɔʀpɔʀe].

**INCORRECT, ECTE, adj.**
Qui n'est pas correct. – Impoli. 🕮 [ɛ̃kɔʀɛkt].

**INCORRIGIBLE, adj.**
Qu'on ne peut corriger. – Qui persiste dans ses défauts. 🕮 [ɛ̃kɔʀiʒibl].

**INCORRUPTIBLE, adj. et subst.**
Qui ne se laisse pas corrompre ; intègre. – Adj. Inaltérable. 🕮 [ɛ̃kɔʀyptibl].

**INCRÉDULE, adj. et subst.**
Qui ne croit pas d'emblée ce qu'on lui dit. 🕮 [ɛ̃kʀedyl].

**INCREVABLE, adj.**
Qui résiste à la crevaison. – Fig. Qui résiste bien à la fatigue (fam.). 🕮 [ɛ̃kʀəvabl].

**INCRIMINER, verbe trans. [3]**
Tenir pour responsable d'un acte critiquable ; accuser. 🕮 [ɛ̃kʀimine].

**INCROYABLE, adj.**
Difficile, voire impossible, à croire. – Extraordinaire. 🕮 [ɛ̃kʀwajabl].

**INCROYANT, ANTE,** adj. et subst.
Qui ne croit pas en Dieu. 🐌 [ɛ̃kʀwajɑ̃, -ɑ̃t].

**INCRUSTER,** verbe trans. [3]
Orner (un objet) en insérant sur sa surface des éléments d'une autre matière. – Pronom. S'implanter. – S'installer chez qqn et n'en plus partir (fam.). 🐌 [ɛ̃kʀyste].

**INCUBATION,** subst. f.
Action de couver un œuf ; temps que dure cette action. – Période comprise entre la contagion et l'apparition des symptômes d'une maladie. 🐌 [ɛ̃kybasjɔ̃].

**INCULPATION,** subst. f.
Imputation à une personne d'un crime ou d'un délit, entraînant l'ouverture d'une instruction judiciaire. 🐌 [ɛ̃kylpasjɔ̃].

**INCULPER,** verbe trans. [3]
Mettre (qqn) en examen, soumettre (qqn) à une inculpation. 🐌 [ɛ̃kylpe].

**INCULQUER,** verbe trans. [3]
Enseigner (qqch.) à qqn, de sorte que les connaissances soient acquises durablement : Inculquer des préceptes. 🐌 [ɛ̃kylke].

**INCULTE,** adj.
Qui n'est pas cultivé. – Fig. Dépourvu de culture intellectuelle. 🐌 [ɛ̃kylt].

**INCURABLE,** adj. et subst.
Qui ne peut être guéri. 🐌 [ɛ̃kyʀabl].

**INCURSION,** subst. f.
Expédition rapide et brève sur un territoire. – Entrée brusque dans un lieu. 🐌 [ɛ̃kyʀsjɔ̃].

**INCURVÉ, ÉE,** adj.
Dont la forme est courbe. 🐌 [ɛ̃kyʀve].

**INDÉCENT, ENTE,** adj.
Qui est contraire aux bonnes mœurs. – Choquant. 🐌 [ɛ̃desɑ̃, -ɑ̃t].

**INDÉCHIFFRABLE,** adj.
Qui ne peut être déchiffré, incompréhensible. 🐌 [ɛ̃deʃifʀabl].

**INDÉCIS, ISE,** adj. et subst.
Qui ne sait pas se décider ; incertain, irrésolu. – Adj. Imprécis, peu net. – Douteux. 🐌 [ɛ̃desi, -iz].

**INDÉFINI, IE,** adj.
Qu'on ne peut définir avec précision. – Ling. Article indéfini : accompagne un nom qui n'a pas encore été identifié ; Adjectif, pronom indéfinis : qui ne se rapportent pas à des personnes ou à des objets déterminés. 🐌 [ɛ̃defini].

**INDÉLÉBILE,** adj.
Qui ne peut être effacé. 🐌 [ɛ̃delebil].

**INDÉLICAT, ATE,** adj.
Qui manque de délicatesse. – Malhonnête. 🐌 [ɛ̃delika, -at].

**INDÉLICATESSE,** subst. f.
Malhonnêteté. 🐌 [ɛ̃delikatɛs].

**INDEMNE,** adj.
Qui n'a pas subi de dommage, de blessure : Sortir indemne d'un accident. 🐌 [ɛ̃dɛmn].

**INDEMNISER,** verbe trans. [3]
Dédommager (qqn) en versant une indemnité. 🐌 [ɛ̃dɛmnize].

**INDEMNITÉ,** subst. f.
Somme d'argent versée à qqn en réparation d'un dommage subi. – Somme versée à qqn en compensation de certains frais liés à son activité. 🐌 [ɛ̃dɛmnite].

**INDÉNIABLE,** adj.
Certain, incontestable. 🐌 [ɛ̃denjabl].

**INDÉPENDAMMENT,** adv.
Sans tenir compte (de). – En plus (de). 🐌 [ɛ̃depɑ̃damɑ̃].

**INDÉPENDANCE,** subst. f.
État d'une personne indépendante. – Caractère d'une personne indépendante. – Situation d'un groupe non soumis à un autre. – Absence de relation entre plusieurs phénomènes. 🐌 [ɛ̃depɑ̃dɑ̃s].

**INDÉPENDANT, ANTE,** adj.
Libre de toute dépendance. – Qui refuse toute contrainte. – Qui n'a pas de rapport avec une autre chose. 🐌 [ɛ̃depɑ̃dɑ̃, -ɑ̃t].

**INDESCRIPTIBLE,** adj.
Trop beau, trop grand, trop horrible, etc., pour pouvoir être décrit. 🐌 [ɛ̃dɛskʀiptibl].

**INDÉSIRABLE,** adj. et subst.
Dont la présence n'est pas souhaitée, désirée. 🐌 [ɛ̃deziʀabl].

**INDESTRUCTIBLE,** adj.
Qui ne peut être détruit. – Qui résiste à tout. 🐌 [ɛ̃dɛstʀyktibl].

**INDÉTERMINÉ, ÉE,** adj.
Qui n'est pas fixé, défini. – Qui n'est pas connu avec précision. 🐌 [ɛ̃detɛʀmine].

**INDEX,** subst. m.
Deuxième doigt de la main, à côté du pouce. – Liste alphabétique répertoriant les sujets abordés dans un livre. – Mettre à l'index : exclure. 🐌 [ɛ̃dɛks].

**INDICATEUR, TRICE,** adj. et subst.
Adj. Qui indique. – Subst. Personne qui renseigne la police en échange d'avantages. – Masc. Livre qui donne des renseignements. 🐌 [ɛ̃dikatœʀ, -tʀis].

**INDICATIF, IVE,** adj. et subst. m.
Adj. Qui donne une indication. – Subst. Air musical propre à une émission de radio. – Ling. Mode de la conjugaison indiquant que celui qui parle considère l'action ou l'état exprimé par le verbe comme une réalité. 🐌 [ɛ̃dikatif, -iv].

**INDICATION,** subst. f.
Action d'indiquer. – Ce qui révèle, indice. – Information, renseignement. – Cas pour lequel un médicament est recommandé : Indication thérapeutique. 🐌 [ɛ̃dikasjɔ̃].

**INDICE, subst. m.**
Signe révélateur de l'existence probable de qqch. – Grandeur numérique exprimant un rapport. – Chiffre montrant une évolution : Indice des prix. 🔊 [ɛ̃dis].

**INDIFFÉRENCE, subst. f.**
Absence d'intérêt pour qqch. ou pour qqn. – Insensibilité. 🔊 [ɛ̃difeʀɑ̃s].

**INDIFFÉRENT, ENTE, adj. et subst.**
Qui n'éprouve aucun attachement pour qqn ou qqch. ; insensible. – Adj. Qui ne présente aucun intérêt ou aucun motif de préférence. 🔊 [ɛ̃difeʀɑ̃, -ɑ̃t].

**INDIGÈNE, adj. et subst.**
Originaire du pays où il vit. 🔊 [ɛ̃diʒɛn].

**INDIGENT, ENTE, adj. et subst.**
Pauvre, dénué de tout. 🔊 [ɛ̃diʒɑ̃, -ɑ̃t].

**INDIGESTE, adj.**
Difficile à digérer. 🔊 [ɛ̃diʒɛst].

**INDIGESTION, subst. f.**
Trouble de la digestion. – Fig. Dégoût, saturation. 🔊 [ɛ̃diʒɛstjɔ̃].

**INDIGNATION, subst. f.**
Sentiment de colère causé par une injustice, une action honteuse. 🔊 [ɛ̃diɲasjɔ̃].

**INDIGNE, adj.**
Qui n'est pas digne (de). – Déshonorant, honteux. 🔊 [ɛ̃diɲ].

**INDIGNER, verbe trans. [3]**
Provoquer l'indignation de. 🔊 [ɛ̃diɲe].

**INDIGO, subst. m.**
Teinture bleue. – Empl. adj. inv. D'un bleu violacé : Des jupes indigo. 🔊 [ɛ̃digo].

**INDIQUER, verbe trans. [3]**
Montrer, désigner. – Faire savoir. – Être le signe de. 🔊 [ɛ̃dike].

**INDIRECT, ECTE, adj.**
Qui n'agit pas directement. – Qui ne se meut pas en ligne droite. – Ling. Complément d'objet indirect d'un verbe : qui est introduit par une préposition. 🔊 [ɛ̃diʀɛkt].

**INDISCIPLINÉ, ÉE, adj.**
Qui manque de discipline, qui ne respecte pas les règles. 🔊 [ɛ̃disipline].

**INDISCRET, ÈTE, adj. et subst.**
Qui révèle ce qu'il devrait taire. – Adj. Curieux. 🔊 [ɛ̃diskʀɛ, -ɛt].

**INDISCRÉTION, subst. f.**
Manque de discrétion ; curiosité déplacée. – Révélation d'un secret. 🔊 [ɛ̃diskʀesjɔ̃].

**INDISCUTABLE, adj.**
Qui s'impose sans discussion. 🔊 [ɛ̃diskytabl].

**INDISPENSABLE, adj.**
Dont on ne peut se passer. 🔊 [ɛ̃dispɑ̃sabl].

**INDISPONIBLE, adj.**
Qu'on ne peut utiliser librement. – Qui est occupé, réservé. 🔊 [ɛ̃disponibl].

**INDISPOSER, verbe trans. [3]**
Causer un léger malaise à. – Déplaire, choquer, voire irriter. 🔊 [ɛ̃dispoze].

**INDISTINCT, INCTE, adj.**
Que l'on distingue mal, qui n'est pas net. – Confus. 🔊 [ɛ̃distɛ̃(kt), -ɛ̃kt].

**INDIVIDU, subst. m.**
Spécimen vivant, animal ou végétal, d'une espèce. – Être humain, pris isolément. – Personne quelconque. 🔊 [ɛ̃dividy].

**INDIVIDUALISME, subst. m.**
Attitude d'une personne qui s'accorde à elle-même la préférence, plutôt qu'à la collectivité. 🔊 [ɛ̃dividɥalism].

**INDIVIDUEL, ELLE, adj.**
Qui appartient à l'individu. – Destiné à un seul individu. 🔊 [ɛ̃dividɥɛl].

**INDIVISIBLE, adj.**
Qu'on ne peut diviser. 🔊 [ɛ̃divizibl].

**INDO-EUROPÉEN, ENNE, adj. et subst. m.**
Se dit d'un groupe de langues européennes et asiatiques d'origine commune, et des peuples qui les parlent. 🔊 [ɛ̃doøʀɔpeɛ̃, -ɛn].

**INDOLENCE, subst. f.**
Nonchalance, mollesse. 🔊 [ɛ̃dɔlɑ̃s].

**INDOLORE, adj.**
Qui n'est pas douloureux. 🔊 [ɛ̃dɔlɔʀ].

**INDOMPTABLE, adj.**
Qu'on ne peut pas dompter. – Qu'on ne peut dominer ni asservir. 🔊 [ɛ̃dɔ̃(p)tabl].

**INDU, DUE, adj.**
Qui contrevient aux règles, aux usages. – Dr. Injustifié. 🔊 [ɛ̃dy].

**INDUBITABLE, adj.**
Dont on ne peut douter. 🔊 [ɛ̃dybitabl].

**INDUIRE, verbe trans. [69]**
Pousser, inciter : Induire qqn en erreur, le tromper. – Avoir pour conséquence, provoquer. – Conclure. 🔊 [ɛ̃dɥiʀ].

**INDULGENCE, subst. f.**
Inclination, facilité à pardonner, à excuser. 🔊 [ɛ̃dylʒɑ̃s].

**INDÛMENT, adv.**
D'une manière injustifiée. 🔊 [ɛ̃dymɑ̃].

**INDUSTRIALISER, verbe trans. [3]**
Équiper (une région, un pays) d'usines, d'industries. 🔊 [ɛ̃dystʀijalize].

**INDUSTRIE, subst. f.**
Ensemble des activités et des moyens mis en œuvre pour extraire des matières premières et les transformer en produits fabriqués. 🔊 [ɛ̃dystʀi].

**INDUSTRIEL, IELLE, adj. et subst. m.**
Adj. Qui concerne les industries. – Subst. Personne qui possède ou qui dirige une entreprise industrielle. 🔊 [ɛ̃dystʀijɛl].

**INÉBRANLABLE, adj.**
Qu'on ne peut ébranler. 🔊 [inebʀɑ̃labl].

**INÉDIT, ITE, adj. et subst. m.**
Se dit d'une œuvre non encore éditée.
– Adj. Nouveau, original. 🔊 [inedi, -it].

**INEFFABLE, adj.**
Si beau, si agréable qu'on ne peut l'exprimer (littér.). 🔊 [inefabl].

**INEFFICACE, adj.**
Sans efficacité. 🔊 [inefikas].

**INÉGAL, ALE, AUX, adj.**
Qui n'est pas égal à une autre chose ou à une autre personne. – Qualifie une surface qui n'est pas unie. – Variable (en parlant de l'humeur, du temps). – Irrégulier : *Un pouls* inégal ; *Un style* inégal. 🔊 [inegal].

**INÉGALITÉ, subst. f.**
Caractère de ce qui est inégal. 🔊 [inegalite].

**INÉLIGIBLE, adj.**
Qui ne peut être élu, en vertu d'une loi ou d'un règlement. 🔊 [ineliʒibl].

**INÉLUCTABLE, adj.**
Inévitable. 🔊 [inelyktabl].

**INÉNARRABLE, adj.**
Qu'on ne peut raconter. – Extrêmement drôle, extraordinaire. 🔊 [inenarabl].

**INEPTE, adj.**
Dénué de sens. – Idiot. 🔊 [inɛpt].

**INÉPUISABLE, adj.**
Qu'on ne peut épuiser. 🔊 [inepɥizabl].

**INERTE, adj.**
Qui offre de l'inertie. – Immobile ; qui paraît sans vie. 🔊 [inɛrt].

**INERTIE, subst. f.**
Absence d'énergie, physique ou morale. – Phys. Propriété qu'ont les corps de ne pouvoir modifier d'eux-mêmes leur état de mouvement. 🔊 [inɛrsi].

**INESPÉRÉ, ÉE, adj.**
Que l'on n'espérait pas. 🔊 [inɛspere].

**INESTIMABLE, adj.**
Que l'on ne peut évaluer. – Très précieux : *Un bien* inestimable. 🔊 [inɛstimabl].

**INÉVITABLE, adj.**
Impossible à éviter. 🔊 [inevitabl].

**INEXACT, ACTE, adj.**
Qui n'est pas exact, en parlant d'un calcul, d'un raisonnement ; infidèle. – Qui n'arrive pas à l'heure. 🔊 [inɛgza(kt), -akt].

**INEXISTANT, ANTE, adj.**
Qui n'existe pas. – Négligeable, sans importance. 🔊 [inɛgzistã, -ãt].

**INEXORABLE, adj.**
Impitoyable, implacable. 🔊 [inɛgzɔrabl].

**INEXPÉRIENCE, subst. f.**
Manque d'expérience. 🔊 [inɛksperjãs].

**INEXPLICABLE, adj.**
Qui ne peut être expliqué. 🔊 [inɛksplikabl].

**INEXPRESSIF, IVE, adj.**
Qui n'est pas expressif. 🔊 [inɛkspresif, -iv].

**INEXPRIMABLE, adj.**
Qui ne peut être exprimé. 🔊 [inɛksprimabl].

**IN EXTREMIS, loc. adv.**
Au dernier moment. 🔊 [inɛkstremis].

**INEXTRICABLE, adj.**
Qu'on ne peut démêler, enchevêtré. – Fig. Insoluble. 🔊 [inɛkstrikabl].

**INFAILLIBLE, adj.**
Qui ne peut commettre d'erreur. – Assuré, qui réussit toujours. 🔊 [ɛ̃fajibl].

**INFAISABLE, adj.**
Impossible à faire. 🔊 [ɛ̃fəzabl].

**INFAMANT, ANTE, adj.**
Déshonorant. 🔊 [ɛ̃famã, -ãt].

**INFÂME, adj.**
Méprisable, odieux. – Sordide. 🔊 [ɛ̃fam].

**INFAMIE, subst. f.**
Atteinte à la réputation de qqn, honte. – Action, parole infâme. 🔊 [ɛ̃fami].

**INFANT, ANTE, subst.**
Titre officiel des enfants royaux du Portugal et d'Espagne. 🔊 [ɛ̃fã, -ãt].

**INFANTERIE, subst. f.**
Ensemble des unités de fantassins, qui combattent à pied. 🔊 [ɛ̃fãtri].

**INFANTICIDE, adj. et subst.**
Se dit d'une personne qui a tué un enfant. – Subst. masc. Meurtre d'un enfant. – Adj. *Une pulsion* infanticide. 🔊 [ɛ̃fãtisid].

**INFANTILE, adj.**
Relatif à l'enfant en bas âge. – Puéril : *Une attitude* infantile. 🔊 [ɛ̃fãtil].

**INFARCTUS, subst. m.**
Nécrose d'un tissu due à un trouble sanguin : *Infarctus du myocarde*, lésion du muscle cardiaque. 🔊 [ɛ̃farktys].

**INFATIGABLE, adj.**
Résistant, inlassable. 🔊 [ɛ̃fatigabl].

**INFECT, ECTE, adj.**
Souillé, nauséabond. – Très mauvais au goût, à l'odeur. – Fig. Ignoble, répugnant. 🔊 [ɛ̃fɛkt].

**INFECTER, verbe trans. [3]**
Contaminer par des germes infectieux. – Souiller, empester. – Pronom. Être contaminé : *Plaie qui s'*infecte. 🔊 [ɛ̃fɛkte].

**INFECTIEUX, IEUSE, adj.**
Qui transmet une infection. – Qui s'accompagne d'une infection. 🔊 [ɛ̃fɛksjø, -jøz].

**INFECTION, subst. f.**
Pénétration et développement de germes pathogènes dans l'organisme : *Une infection microbienne*. – Puanteur. 🔊 [ɛ̃fɛksjõ].

**INFÉRIEUR, IEURE, adj. et subst.**
Adj. Situé plus bas. – Dont la quantité, la valeur ou le rang est plus bas. – Subst. Subalterne. 🔊 [ɛ̃ferjœr].

271

**INFÉRIORITÉ, subst. f.**
État de ce qui est inférieur en rang, en valeur, en mérite. – *Complexe d'*infériorité : sentiment d'une personne qui se sous-estime. – Handicap. [ɛ̃feʀjɔʀite].

**INFERNAL, ALE, AUX, adj.**
Relatif à l'enfer, aux Enfers. – Inspiré par le démon, par le mal. – Insupportable. [ɛ̃fɛʀnal].

**INFESTER, verbe trans.** [3]
Envahir un lieu et y provoquer une gêne, une nuisance. [ɛ̃fɛste].

**INFIDÈLE, adj. et subst.**
Qui ne respecte pas ses engagements conjugaux ou amoureux. – Qui ne croit pas au Dieu tenu pour vrai (vieilli). – Adj. Inexact : *Une traduction* infidèle. [ɛ̃fidɛl].

**INFILTRER, verbe trans.** [3]
Réussir à entrer clandestinement dans (un groupe) pour obtenir des renseignements : **Infiltrer** *un réseau.* – Pronom. Pénétrer en s'insinuant, comme à travers un filtre. – Fig. S'introduire, se glisser (dans). [ɛ̃filtʀe].

**INFIME, adj.**
Minuscule ; imperceptible. [ɛ̃fim].

**INFINI, IE, adj. et subst. m.**
Sans bornes, sans limites. – Immense, considérable. – Loc. adv. *À l'*infini : sans fin. [ɛ̃fini].

**INFINITÉ, subst. f.**
Caractère de ce qui est infini (littér.). – Très grand nombre, multitude. [ɛ̃finite].

**INFINITÉSIMAL, ALE, AUX, adj.**
Extrêmement petit. [ɛ̃finitezimal].

**INFINITIF, subst. m.**
Forme nominale d'un verbe. [ɛ̃finitif].

**INFIRME, adj. et subst.**
Qui est atteint d'une infirmité, handicapé. [ɛ̃fiʀm].

**INFIRMER, verbe trans.** [3]
Démentir, contredire. [ɛ̃fiʀme].

**INFIRMERIE, subst. f.**
Local où l'on donne les premiers soins à des malades, à des blessés. [ɛ̃fiʀm(ə)ʀi].

**INFIRMIER, IÈRE, subst.**
Personne dont la profession est d'assurer les soins prodigués aux malades et aux blessés sur prescription médicale. – Empl. adj. *Soins* infirmiers. [ɛ̃fiʀmje, -jɛʀ].

**INFIRMITÉ, subst. f.**
État d'une personne qui a un handicap physique. [ɛ̃fiʀmite].

**INFLAMMABLE, adj.**
Qui s'enflamme facilement. [ɛ̃flamabl].

**INFLAMMATION, subst. f.**
*Méd.* Réaction locale (chaleur, douleur, rougeur et tuméfaction) d'un orga-

nisme agressé par un agent pathogène. [ɛ̃flamasjɔ̃].

**INFLATION, subst. f.**
Phénomène monétaire qui se traduit par une hausse constante des prix. [ɛ̃flasjɔ̃].

**INFLÉCHIR, verbe trans.** [19]
Changer le cours, l'orientation de. – Pronom. Se courber. [ɛ̃fleʃiʀ].

**INFLEXIBLE, adj.**
Que rien ne peut fléchir. [ɛ̃flɛksibl].

**INFLEXION, subst. f.**
Action de fléchir. – Changement d'orientation : *L'*inflexion *d'une politique.* – Changement dans l'intonation. [ɛ̃flɛksjɔ̃].

**INFLIGER, verbe trans.** [5]
Appliquer, faire subir (qqch. de déplaisant à qqn). [ɛ̃fliʒe].

**INFLUENCE, subst. f.**
Action exercée sur une personne ou sur une chose. [ɛ̃flyɑ̃s].

**INFLUENCER, verbe trans.** [4]
Exercer une influence sur. [ɛ̃flyɑ̃se].

**INFLUER, verbe intrans.** [3]
Influer *sur* : exercer une action déterminante sur. [ɛ̃flye].

**INFLUX, subst. m.**
Influx *nerveux* : ensemble des phénomènes qui transmettent une excitation aux éléments nerveux. [ɛ̃fly].

**INFORMATICIEN, IENNE, subst.**
Personne dont la profession est l'informatique. [ɛ̃fɔʀmatisjɛ̃, -jɛn].

**INFORMATION, subst. f.**
Renseignement, documentation sur une affaire, une question. – Nouvelle communiquée au public par les médias. [ɛ̃fɔʀmasjɔ̃].

**INFORMATIQUE, adj. et subst. f.**
Subst. Science du traitement automatique de l'information. – Ensemble des outils (ordinateurs, logiciels) autorisant ce traitement. – Adj. Relatif à l'informatique. [ɛ̃fɔʀmatik].

**INFORMATISER, verbe trans.** [3]
Équiper de moyens informatiques (une activité, une entreprise). [ɛ̃fɔʀmatize].

**INFORME, adj.**
Qui n'a pas de forme définie. – Dont les formes sont disgracieuses. [ɛ̃fɔʀm].

**INFORMER, verbe trans.** [3]
Renseigner, mettre au courant. [ɛ̃fɔʀme].

**INFORTUNE, subst. f.**
Adversité, épreuve, malchance. [ɛ̃fɔʀtyn].

**INFRA-, préfixe**
Exprime l'idée d'« en dessous de », d'« au bas de ». [ɛ̃fʀa-].

**INFRACTION, subst. f.**
Violation d'un règlement, d'une loi, d'un contrat. [ɛ̃fʀaksjɔ̃].

**INFRANCHISSABLE, adj.**
Qu'on ne peut franchir. 🕮 [ɛ̃frɑ̃ʃisabl].

**INFRAROUGE, adj. et subst. m.**
Se dit d'un rayonnement invisible dont la longueur d'onde est inférieure à celle de la lumière rouge visible. 🕮 [ɛ̃fraruʒ].

**INFRASON, subst. m.**
Son dont la fréquence est inférieure aux fréquences audibles. 🕮 [ɛ̃frasɔ̃].

**INFRASTRUCTURE, subst. f.**
Partie inférieure des fondations d'une construction. – Ensemble des constructions, des équipements routiers et ferroviaires. – Ensemble des installations au sol, dans l'aviation. 🕮 [ɛ̃frastryktyr].

**INFRUCTUEUX, EUSE, adj.**
Sans résultat. 🕮 [ɛ̃fryktɥø, -øz].

**INFUSER, verbe [3]**
Trans. Laisser tremper (une substance) dans un liquide pour qu'il se charge des principes, des arômes qu'elle contient. – Transmettre : Infuser du courage à qqn. – Intrans. Le thé infuse. 🕮 [ɛ̃fyze].

**INFUSION, subst. f.**
Action d'infuser une plante. – Boisson infusée : Une infusion de tilleul. 🕮 [ɛ̃fyzjɔ̃].

**INGÉNIER (S'), verbe pronom. [6]**
Mettre en œuvre toutes ses ressources pour parvenir à un résultat. 🕮 [ɛ̃ʒenje].

**INGÉNIEUR, subst. m.**
Personne, de formation scientifique et technique, apte à diriger des travaux publics, des productions industrielles. 🕮 [ɛ̃ʒenjœr].

**INGÉNIEUX, IEUSE, adj.**
Qui a l'esprit inventif. – Astucieux, en parlant d'un dispositif. 🕮 [ɛ̃ʒenjø, -jøz].

**INGÉNIOSITÉ, subst. f.**
Qualité d'une personne ingénieuse ou de ce qui est ingénieux. 🕮 [ɛ̃ʒenjozite].

**INGÉNU, UE, adj. et subst.**
Se dit d'une personne simple jusqu'à la naïveté. 🕮 [ɛ̃ʒeny].

**INGÉRENCE, subst. f.**
Fait de s'ingérer, de s'immiscer. 🕮 [ɛ̃ʒerɑ̃s].

**INGÉRER, verbe trans. [8]**
Introduire (des aliments) dans son organisme par la bouche. – Pronom. Intervenir, s'immiscer dans une affaire. 🕮 [ɛ̃ʒere].

**INGRAT, ATE, adj. et subst.**
Qui n'a aucune reconnaissance pour les bienfaits reçus. – Adj. Dépourvu d'agrément ; difficile ; aride, stérile. 🕮 [ɛ̃gra, -at].

**INGRÉDIENT, subst. m.**
Élément d'un mélange. 🕮 [ɛ̃gredjɑ̃].

**INGURGITER, verbe trans. [3]**
Avaler rapidement, presque sans mâcher. 🕮 [ɛ̃gyrʒite].

**INHABITÉ, ÉE, adj.**
Qui n'est pas habité. – Déserté. 🕮 [inabite].

**INHABITUEL, ELLE, adj.**
Qui n'est pas habituel. 🕮 [inabitɥɛl].

**INHALER, verbe trans. [3]**
Inspirer (un gaz, des vapeurs). 🕮 [inale].

**INHÉRENT, ENTE, adj.**
Lié à, inséparable de. 🕮 [inerɑ̃, -ɑ̃t].

**INHIBÉ, ÉE, adj.**
Stoppé par une inhibition. – Bloqué, dont la volonté est comme paralysée ; timide. 🕮 [inibe].

**INHIBITION, subst. f.**
Suspension ou ralentissement d'un processus chimique, physiologique ou psychologique. 🕮 [inibisjɔ̃].

**INHUMAIN, AINE, adj.**
Qui n'a rien d'humain. – Extrêmement pénible. – Cruel. 🕮 [inymɛ̃, -ɛn].

**INHUMER, verbe trans. [3]**
Mettre (un corps humain) en terre ou dans un tombeau, avec un cérémonial approprié. 🕮 [inyme].

**INIMAGINABLE, adj.**
Qu'on ne peut concevoir. 🕮 [inimaʒinabl].

**INIMITABLE, adj.**
Impossible à imiter. 🕮 [inimitabl].

**INIMITIÉ, subst. f.**
Hostilité. 🕮 [inimitje].

**INIQUITÉ, subst. f.**
Manque d'équité, injustice. 🕮 [inikite].

**INITIAL, ALE, AUX, adj. et subst. f.**
Adj. Qui est au commencement, à l'origine. – Subst. Première lettre d'un mot ; au plur., premières lettres du nom et du prénom de qqn : Parapher de ses initiales. 🕮 [inisjal].

**INITIATIVE, subst. f.**
Action de se décider, d'agir le premier. – Qualité de qqn qui ose. 🕮 [inisjativ].

**INITIER, verbe trans. [6]**
Faire accéder (qqn) à un savoir secret ou difficile. – Enseigner les premiers rudiments de qqch. à (qqn). 🕮 [inisje].

**INJECTER, verbe trans. [3]**
Introduire (un fluide, en jet ou sous pression) dans qqch. 🕮 [ɛ̃ʒɛkte].

**INJECTION, subst. f.**
Action d'injecter. – Le produit injecté : Une injection d'antibiotiques. 🕮 [ɛ̃ʒɛksjɔ̃].

**INJONCTION, subst. f.**
Ordre exprès. 🕮 [ɛ̃ʒɔ̃ksjɔ̃].

**INJURE, subst. f.**
Parole outrageante, insulte. 🕮 [ɛ̃ʒyr].

**INJURIER, verbe trans. [6]**
Offenser par des injures. 🕮 [ɛ̃ʒyrje].

**INJUSTE, adj.**
Qui n'est pas conforme à la justice ou à l'équité. – Qui agit contre la justice ou l'équité. 🕮 [ɛ̃ʒyst].

**INJUSTICE, subst. f.**
Manque de justice, iniquité. – Acte injuste.
🔊 [ɛ̃ʒystis].

**INJUSTIFIÉ, ÉE, adj.**
Qui n'est pas justifié, qui est non fondé
ou mal fondé. 🔊 [ɛ̃ʒystifje].

**INLASSABLE, adj.**
Qui ne se lasse pas. 🔊 [ɛ̃lɑsabl].

**INNÉ, ÉE, adj.**
Qui appartient à la nature d'un être vivant
sans être acquis par apprentissage. 🔊 [ine].

**INNERVATION, subst. f.**
Distribution des nerfs dans un tissu, dans
un organe. 🔊 [inɛʀvasjɔ̃].

**INNOCENCE, subst. f.**
Ignorance du mal, pureté. – Naïveté,
candeur. – État d'une personne qui n'est
pas coupable. 🔊 [inɔsɑ̃s].

**INNOCENT, ENTE, adj. et subst.**
Qui n'est pas coupable. – Qui est candide,
pur. – Simple d'esprit. – Adj. Qui n'est pas
nuisible. 🔊 [inɔsɑ̃, -ɑ̃t].

**INNOCENTER, verbe trans. [3]**
Déclarer innocent. – Prouver l'innocence
de. 🔊 [inɔsɑ̃te].

**INNOMBRABLE, adj.**
Dont les éléments sont trop nombreux pour
être dénombrés, comptés. 🔊 [i(n)nɔ̃bʀabl].

**INNOVER, verbe intrans. [3]**
Introduire du nouveau dans un domaine
spécifique. 🔊 [inɔve].

**INOCCUPÉ, ÉE, adj.**
Qui n'est ni occupé ni réservé. – Qui n'a
pas d'occupation, d'activité. 🔊 [inɔkype].

**INOCULER, verbe trans. [3]**
Introduire (un germe) dans l'organisme par
voie sanguine ou lymphatique. 🔊 [inɔkyle].

**INODORE, adj.**
Qui n'a pas d'odeur. 🔊 [inɔdɔʀ].

**INOFFENSIF, IVE, adj.**
Qui est sans danger. 🔊 [inɔfɑ̃sif, -iv].

**INONDATION, subst. f.**
Débordement des eaux, qui inondent l'espace environnant. 🔊 [inɔ̃dasjɔ̃].

**INONDER, verbe trans. [3]**
Recouvrir d'une grande masse d'eau. – Fig.
Envahir. 🔊 [inɔ̃de].

**INOPINÉ, ÉE, adj.**
Imprévu, inattendu. 🔊 [inɔpine].

**INOPPORTUN, UNE, adj.**
Qui n'est pas opportun. – Maladroit,
regrettable. 🔊 [inɔpɔʀtœ̃, -yn].

**INOUBLIABLE, adj.**
Qu'on ne peut oublier. 🔊 [inublijabl].

**INOUÏ, ÏE, adj.**
Extraordinaire, incroyable. 🔊 [inwi].

**INQUALIFIABLE, adj.**
Indigne. 🔊 [ɛ̃kalifjabl].

**INQUIET, IÈTE, adj.**
Tourmenté, soucieux. 🔊 [ɛ̃kjɛ, -jɛt].

**INQUIÉTER, verbe trans. [8]**
Remplir d'inquiétude. – Tracasser. – Pronom. Être en proie à l'inquiétude. – Se
soucier (de). 🔊 [ɛ̃kjete].

**INQUIÉTUDE, subst. f.**
État de crainte, de peur face à un danger
ou à un échec possibles. 🔊 [ɛ̃kjetyd].

**INQUISITION, subst. f.**
Enquête arbitraire, vexatoire. 🔊 [ɛ̃kizisjɔ̃].

**INSAISISSABLE, adj.**
Que l'on ne peut saisir. – Que l'on ne
peut percevoir, comprendre. 🔊 [ɛ̃sezisabl].

**INSALUBRE, adj.**
Qui nuit à la santé, malsain. 🔊 [ɛ̃salybʀ].

**INSANITÉ, subst. f.**
Ce qui est contraire au bon sens. – Acte
ou propos ridicule. 🔊 [ɛ̃sanite].

**INSATIABLE, adj.**
Qui ne peut être rassasié. 🔊 [ɛ̃sasjabl].

**INSATISFAIT, AITE, adj.**
Qui n'est pas satisfait. 🔊 [ɛ̃satisfɛ, -ɛt].

**INSCRIPTION, subst. f.**
Texte écrit ou gravé, commémorant un
événement. – Action d'inscrire ou de
s'inscrire sur une liste. 🔊 [ɛ̃skʀipsjɔ̃].

**INSCRIRE, verbe trans. [67]**
Graver. – Écrire (son nom, une annotation) sur un document. – Pronom. Adhérer
(à un groupe). – S'insérer, se situer.
🔊 [ɛ̃skʀiʀ].

**INSÉCABLE, adj.**
Qu'on ne peut couper. 🔊 [ɛ̃sekabl].

**INSECTE, subst. m.**
Invertébré qui possède trois paires de pattes
et dont le corps est divisé en trois parties :
la tête, le thorax et l'abdomen. 🔊 [ɛ̃sɛkt].

**INSECTICIDE, adj. et subst. m.**
Se dit d'un produit qui tue les insectes.
🔊 [ɛ̃sɛktisid].

**INSECTIVORE, adj. et subst. m.**
Se dit d'un animal qui se nourrit d'insectes.
🔊 [ɛ̃sɛktivɔʀ].

**INSÉCURITÉ, subst. f.**
Manque de sécurité. 🔊 [ɛ̃sekyʀite].

**INSÉMINATION, subst. f.**
Dépôt de sperme dans les voies génitales
d'une femelle. 🔊 [ɛ̃seminasjɔ̃].

**INSENSÉ, ÉE, adj. et subst.**
Qui est contraire au bon sens. – Extravagant. 🔊 [ɛ̃sɑ̃se].

**INSENSIBILISER, verbe trans. [3]**
Rendre insensible à la douleur ; anesthésier.
🔊 [ɛ̃sɑ̃sibilize].

**INSENSIBLE, adj.**
Qui n'éprouve aucune sensation. – Qui
n'éprouve aucun sentiment. – Imperceptible : *Différence* insensible. 🔊 [ɛ̃sɑ̃sibl].

**INSÉPARABLE**, adj. et subst.
Adj. Qu'on ne peut séparer, indissociable.
– Adj. plur. et subst. plur. Qui sont toujours ensemble. [ɛ̃separabl].

**INSÉRER**, verbe trans. [8]
Introduire, intercaler dans qqch. [ɛ̃sere].

**INSERTION**, subst. f.
Action d'insérer ; son résultat. – Fait de s'insérer dans un groupe, un milieu social différent. [ɛ̃sɛʀsjɔ̃].

**INSIDIEUX, IEUSE**, adj.
Qui agit comme un piège. – Qui se répand de manière sournoise. [ɛ̃sidjø, -jøz].

**INSIGNE**, adj. et subst. m.
Adj. Remarquable : *J'ai l'insigne honneur de.* – Subst. Signe extérieur d'un grade, d'une dignité, de l'appartenance à un groupe. [ɛ̃siɲ].

**INSIGNIFIANT, ANTE**, adj.
Sans importance. – Banal. [ɛ̃siɲifjɑ̃, -ɑ̃t].

**INSINUATION**, subst. f.
Façon adroite de dire qqch. sans l'exprimer ouvertement. – Sous-entendu. [ɛ̃sinɥasjɔ̃].

**INSINUER**, verbe trans. [3]
Donner à entendre (qqch.) par insinuation. – Pronom. Se glisser. [ɛ̃sinɥe].

**INSIPIDE**, adj.
Sans saveur. – Fig. Ennuyeux. [ɛ̃sipid].

**INSISTER**, verbe intrans. [3]
Mettre l'accent sur une idée, une action. – Persister dans une démarche, un point de vue. [ɛ̃siste].

**INSOLATION**, subst. f.
Exposition aux rayons solaires. – Trouble provoqué par une trop longue exposition au soleil. [ɛ̃sɔlasjɔ̃].

**INSOLENCE**, subst. f.
Audace excessive, provocatrice. – Attitude ou parole irrespectueuses. [ɛ̃sɔlɑ̃s].

**INSOLITE**, adj.
Qui étonne. – Bizarre. [ɛ̃sɔlit].

**INSOLUBLE**, adj.
Qui ne peut se dissoudre dans un liquide. – Qu'on ne peut résoudre. [ɛ̃sɔlybl].

**INSOLVABLE**, adj.
Qui n'a pas les moyens de payer ses créanciers. [ɛ̃sɔlvabl].

**INSOMNIE**, subst. f.
Impossibilité de trouver le sommeil, de dormir. [ɛ̃sɔmni].

**INSONDABLE**, adj.
Dont on ne peut mesurer la profondeur. – Fig. Incompréhensible. [ɛ̃sɔ̃dabl].

**INSONORISER**, verbe trans. [3]
Isoler du bruit. – Rendre moins sonore. [ɛ̃sɔnɔʀize].

**INSOUCIANCE**, subst. f.
Manière d'être légère et frivole, sans préoccupation de l'avenir. [ɛ̃susjɑ̃s].

**INSOUMIS, ISE**, adj. et subst.
Qui ne se soumet à aucune autorité. – Subst. masc. *Milit.* Qui a refusé de rejoindre son corps d'armée. [ɛ̃sumi, -iz].

**INSOUTENABLE**, adj.
Qu'on ne peut supporter. – Qu'on ne peut défendre, faire admettre. [ɛ̃sut(ə)nabl].

**INSPECTER**, verbe trans. [3]
Regarder avec attention, examiner minutieusement. [ɛ̃spɛkte].

**INSPECTEUR, TRICE**, subst.
Personne chargée officiellement d'effectuer des contrôles. [ɛ̃spɛktœʀ, -tʀis].

**INSPIRATION**, subst. f.
Phase de la respiration où l'on fait pénétrer de l'air dans les poumons. – Idée soudaine, créatrice. [ɛ̃spiʀasjɔ̃].

**INSPIRER**, verbe trans. [3]
Faire entrer (de l'air) dans les poumons. – Suggérer (une pensée, une action, une œuvre) ; faire naître, susciter (un sentiment). – Pronom. *S'inspirer de* : tirer des idées de. [ɛ̃spiʀe].

**INSTABLE**, adj.
Qui n'est pas stable. – Fig. Qui est sujet au changement. [ɛ̃stabl].

**INSTALLER**, verbe trans. [3]
Placer, disposer ; loger (qqn). – Établir (qqn) dans une fonction. – Mettre en service. – Pronom. S'établir (en un lieu). [ɛ̃stale].

**INSTAMMENT**, adv.
D'une manière urgente. [ɛ̃stamɑ̃].

**INSTANCE**, subst. f.
Sollicitation pressante. – Procédure judiciaire. – Autorité décisionnaire. [ɛ̃stɑ̃s].

**INSTANT**, subst. m.
Intervalle de temps très bref. – *À l'instant* : immédiatement ; *Par instants* : de temps en temps. – Loc. conj. *Dès l'instant que, où* : à partir du moment où. [ɛ̃stɑ̃].

**INSTANTANÉ, ÉE**, adj.
Qui se produit immédiatement, en un instant très court. [ɛ̃stɑ̃tane].

**INSTAR DE (À L')**, loc. prép.
À la manière de (littér.). [alɛstaʀdə].

**INSTAURER**, verbe trans. [3]
Fonder, établir pour la première fois : *Instaurer une mode.* [ɛ̃stɔʀe].

**INSTIGATEUR, TRICE**, subst.
Personne qui pousse à faire qqch. – Inspirateur. [ɛ̃stigatœʀ, -tʀis].

**INSTILLER**, verbe trans. [3]
Faire pénétrer goutte à goutte (un liquide) dans qqch. – Fig. Communiquer lentement, subrepticement (une idée, un sentiment) à qqn (littér.). [ɛ̃stile].

**INSTINCT, subst. m.**
Comportement inné, mécanique et héréditaire. – Intuition. – Fig. Disposition particulière pour une activité. 🕮 [ɛ̃stɛ̃].

**INSTITUER, verbe trans.** [3]
Créer, établir (une institution, une coutume). – Dr. Nommer (qqn) par testament. 🕮 [ɛ̃stitɥe].

**INSTITUT, subst. m.**
Nom donné à certains établissements de recherche, d'enseignement ou de commerce. 🕮 [ɛ̃stity].

**INSTITUTEUR, TRICE, subst.**
Personne qui enseigne dans une école maternelle ou primaire. 🕮 [ɛ̃stitytœʀ, -tʀis].

**INSTITUTION, subst. f.**
Action de fonder qqch. – Ensemble de règles établies dans l'intérêt de la collectivité. – Organisme, établissement. – Plur. L'ensemble des formes et des structures politiques d'un pays. 🕮 [ɛ̃stitysjɔ̃].

**INSTRUCTIF, IVE, adj.**
Propre à instruire. 🕮 [ɛ̃stʀyktif, -iv].

**INSTRUCTION, subst. f.**
Action d'instruire. – Ensemble des connaissances acquises par qqn. – Dr. Procédure de mise en état d'être jugée, en parlant d'une affaire pénale. – Plur. Ordres, prescriptions. 🕮 [ɛ̃stʀyksjɔ̃].

**INSTRUIRE, verbe trans.** [69]
Communiquer des connaissances à (qqn). – Informer. – Dr. Procéder à l'instruction de (une cause). 🕮 [ɛ̃stʀɥiʀ].

**INSTRUMENT, subst. m.**
Outil, dispositif servant à créer qqch., à exécuter une opération. – Instrument de musique : qui produit des sons. – Fig. Moyen pour parvenir à ses fins. 🕮 [ɛ̃stʀymɑ̃].

**INSU DE (À L'), loc. prép.**
Sans que cela soit su de. [alɛ̃sydə].

**INSUBMERSIBLE, adj.**
Qui ne peut sombrer. 🕮 [ɛ̃sybmɛʀsibl].

**INSUFFISANT, ANTE, adj.**
Qui ne suffit pas. – Qui manque de compétences. 🕮 [ɛ̃syfizɑ̃, -ɑ̃t].

**INSUFFLER, verbe trans.** [3]
Communiquer par le souffle : Insuffler la vie. – Inspirer, transmettre. – Méd. Introduire (de l'air, un gaz) dans l'organisme. 🕮 [ɛ̃syfle].

**INSULAIRE, adj. et subst.**
Adj. Relatif à une île, à ses habitants. – Subst. Habitant d'une île. 🕮 [ɛ̃sylɛʀ].

**INSULINE, subst. f.**
Hormone du pancréas. 🕮 [ɛ̃sylin].

**INSULTE, subst. f.**
Action ou parole offensante. 🕮 [ɛ̃sylt].

**INSULTER, verbe trans.** [3]
Agresser par des paroles ou des actes outrageants. – Choquer. 🕮 [ɛ̃sylte].

**INSUPPORTABLE, adj.**
Difficile à supporter. – Exaspérant, turbulent : 🕮 [ɛ̃sypɔʀtabl].

**INSURGER (S'), verbe pronom.** [5]
Se révolter. – Fig. Protester énergiquement. 🕮 [ɛ̃syʀʒe].

**INSURMONTABLE, adj.**
Qu'on ne peut surmonter. 🕮 [ɛ̃syʀmɔ̃tabl].

**INSURRECTION, subst. f.**
Action organisée, agressive et violente, contre un pouvoir ; révolte. 🕮 [ɛ̃syʀɛksjɔ̃].

**INTACT, ACTE, adj.**
Qui n'a subi aucun dommage, aucune altération ou modification. 🕮 [ɛ̃takt].

**INTANGIBLE, adj.**
Qu'on n'a pas le droit de toucher, de modifier. 🕮 [ɛ̃tɑ̃ʒibl].

**INTARISSABLE, adj.**
Inépuisable. – Fig. Qui n'en finit pas de parler. 🕮 [ɛ̃taʀisabl].

**INTÉGRAL, ALE, AUX, adj.**
Qui est complet, total. 🕮 [ɛ̃tegʀal].

**INTÉGRALITÉ, subst. f.**
Totalité. 🕮 [ɛ̃tegʀalite].

**INTÉGRATION, subst. f.**
Action d'intégrer, fait de s'intégrer à (un groupe, un milieu). 🕮 [ɛ̃tegʀasjɔ̃].

**INTÈGRE, adj.**
Honnête, incorruptible. 🕮 [ɛ̃tɛgʀ].

**INTÉGRER, verbe trans.** [8]
Incorporer dans un ensemble. 🕮 [ɛ̃tegʀe].

**INTÉGRISME, subst. m.**
Attitude qui prône le strict maintien d'une religion révélée dans sa tradition initiale. 🕮 [ɛ̃tegʀism].

**INTÉGRITÉ, subst. f.**
État de ce qui est entier, complet. – Qualité d'une personne intègre. 🕮 [ɛ̃tegʀite].

**INTELLECT, subst. m.**
Faculté de comprendre, intelligence, entendement. 🕮 [ɛ̃telɛkt].

**INTELLECTUEL, ELLE, adj. et subst.**
Adj. Qui relève de l'intellect. – Subst. Personne qui se consacre aux activités de l'esprit. 🕮 [ɛ̃telɛktɥɛl].

**INTELLIGENCE, subst. f.**
Faculté de saisir par la pensée. – Ensemble des facultés humaines relatives à la conception, à la connaissance, à la compréhension. – Accord, entente avec qqn : Vivre en bonne intelligence avec qqn. 🕮 [ɛ̃teliʒɑ̃s].

**INTELLIGENT, ENTE, adj.**
Qui est pourvu d'intelligence. – Qui dénote l'intelligence. 🕮 [ɛ̃teliʒɑ̃, -ɑ̃t].

**INTELLIGIBLE, adj.**
Qui peut être compris. 🕮 [ɛ̃teliʒibl].

**INTEMPÉRIE, subst. f.**
Mauvais temps (gén. au plur.). 🕮 [ɛ̃tɑ̃peʀi].

**INTEMPESTIF, IVE, adj.**
Mal à propos, déplacé. 🔊 [ɛ̃tɑ̃pɛstif, -iv].

**INTEMPOREL, ELLE, adj.**
Qui est hors du temps, éternel. – Immatériel. 🔊 [ɛ̃tɑ̃pɔʀɛl].

**INTENDANCE, subst. f.**
Fonction d'une personne chargée d'administrer le patrimoine d'une collectivité ou d'un particulier. – Service qui gère les questions financières et matérielles, au sein d'une administration ou d'une entreprise. 🔊 [ɛ̃tɑ̃dɑ̃s].

**INTENSE, adj.**
À un haut degré, fort. 🔊 [ɛ̃tɑ̃s].

**INTENSIF, IVE, adj.**
Qui fait l'objet d'efforts soutenus : Entraînement intensif. 🔊 [ɛ̃tɑ̃sif, -iv].

**INTENSITÉ, subst. f.**
Qualité de ce qui est intense. – Degré d'activité, de puissance, de force. 🔊 [ɛ̃tɑ̃site].

**INTENTION, subst. f.**
Volonté d'accomplir qqch. ; projet. – But que l'on vise. – Loc. prép. À l'intention de : pour. 🔊 [ɛ̃tɑ̃sjɔ̃].

**INTENTIONNEL, ELLE, adj.**
Qui est fait, conçu avec une intention déterminée. 🔊 [ɛ̃tɑ̃sjɔnɛl].

**INTERACTION, subst. f.**
Influence réciproque de deux ou de plusieurs phénomènes. 🔊 [ɛ̃tɛʀaksjɔ̃].

**INTERCALER, verbe trans.** [3]
Insérer dans une série constituée, dans un ensemble. 🔊 [ɛ̃tɛʀkale].

**INTERCÉDER, verbe intrans.** [8]
Intervenir en faveur de qqn, d'un projet. 🔊 [ɛ̃tɛʀsede].

**INTERCEPTER, verbe trans.** [3]
Arrêter au passage. – Se saisir de (qqch. qui était destiné à qqn d'autre). 🔊 [ɛ̃tɛʀsɛpte].

**INTERCONNEXION, subst. f.**
Mise en relation étroite de deux ou de plusieurs choses ou idées. 🔊 [ɛ̃tɛʀkɔnɛksjɔ̃].

**INTERDICTION, subst. f.**
Action d'interdire : Interdiction d'afficher. – Ce qui est interdit. 🔊 [ɛ̃tɛʀdiksjɔ̃].

**INTERDIRE, verbe trans.** [65]
Défendre (qqch.) à qqn ; ne pas permettre l'usage de. – Faire obstacle à. 🔊 [ɛ̃tɛʀdiʀ].

**INTERDIT, ITE, adj. et subst. m.**
Adj. Frappé d'interdiction, défendu. – Décontenancé, stupéfait. – Subst. Interdiction. 🔊 [ɛ̃tɛʀdi, -it].

**INTÉRESSANT, ANTE, adj.**
Qui offre de l'intérêt ; qui mérite l'attention. – Avantageux. 🔊 [ɛ̃teʀesɑ̃, -ɑ̃t].

**INTÉRESSÉ, ÉE, adj. et subst.**
Qui est concerné. – Adj. Qui est guidé par son intérêt personnel. – Qui est inspiré par l'intérêt : Service intéressé. 🔊 [ɛ̃teʀese].

**INTÉRESSER, verbe trans.** [3]
Retenir l'attention de, plaire à. – Associer (qqn) à une affaire, à un profit. – Concerner. – Pronom. Avoir de l'intérêt pour : S'intéresser à l'actualité. 🔊 [ɛ̃teʀese].

**INTÉRÊT, subst. m.**
Attention portée à qqn, à qqch. – Ce qui est utile, avantageux. – Plur. Somme que rapporte un prêt au prêteur. – Parts que l'on possède dans une affaire. 🔊 [ɛ̃teʀɛ].

**INTERFÉRENCE, subst. f.**
Phys. Phénomène observé lorsque deux ondes se superposent. – Fait d'interférer. 🔊 [ɛ̃tɛʀfeʀɑ̃s].

**INTERFÉRER, verbe intrans.** [8] –
Se superposer, en parlant d'ondes. – Fig. Se recouper en se contrariant : Actions qui interfèrent. 🔊 [ɛ̃tɛʀfeʀe].

**INTÉRIEUR, IEURE, adj. et subst. m.**
Adj. Situé au-dedans. – Qui a trait à l'esprit, à la vie psychologique. – Qui concerne une collectivité, un État : Règlement intérieur. – Subst. Le dedans. – Logement. – Vie, politique interne d'un pays : Ministre de l'Intérieur. 🔊 [ɛ̃teʀjœʀ].

**INTÉRIORISER, verbe trans.** [3]
Garder pour soi, en soi. – Rendre plus intérieur, plus intime. 🔊 [ɛ̃teʀjɔʀize].

**INTERJECTION, subst. f.**
Mot invariable exprimant un sentiment, une émotion, un ordre : « Aïe ! bravo ! bah ! » sont des interjections. 🔊 [ɛ̃tɛʀʒɛksjɔ̃].

**INTERLOCUTEUR, TRICE, subst.**
Personne qui s'entretient avec une autre. 🔊 [ɛ̃tɛʀlɔkytœʀ, -tʀis].

**INTERLOQUER, verbe trans.** [3]
Décontenancer, étonner. 🔊 [ɛ̃tɛʀlɔke].

**INTERMÈDE, subst. m.**
Divertissement présenté à l'entracte, au théâtre. – Ce qui interrompt le cours d'un processus. 🔊 [ɛ̃tɛʀmɛd].

**INTERMÉDIAIRE, adj. et subst.**
Adj. Qui est au milieu, entre. – Subst. Personne qui met en relation. 🔊 [ɛ̃tɛʀmedjɛʀ].

**INTERMINABLE, adj.**
Qui semble sans fin. 🔊 [ɛ̃tɛʀminabl].

**INTERMITTENCE, subst. f.**
Discontinuité dans un processus ; intervalle de temps. – Loc. adv. Par intermittence : à intervalles irréguliers. 🔊 [ɛ̃tɛʀmitɑ̃s].

**INTERNAT, subst. m.**
Lieu où logent les internes. – Fonction d'interne des hôpitaux. 🔊 [ɛ̃tɛʀna].

**INTERNATIONAL, ALE, AUX, adj.**
Qui concerne les relations entre plusieurs nations. 🔊 [ɛ̃tɛʀnasjɔnal].

**INTERNE, adj. et subst.**
Adj. Qui est au-dedans. – Subst. Pensionnaire dans un établissement scolaire. – Étudiant en médecine. 🔊 [ɛ̃tɛʀn].

**INTERNER, verbe trans. [3]**
Emprisonner. – Enfermer dans un hôpital psychiatrique. 🔊 [ɛ̃tɛʀne].

**INTERPELLER, verbe trans. [3]**
Adresser brusquement la parole à (qqn) pour le questionner. – Attirer l'attention de, s'imposer à. 🔊 [ɛ̃tɛʀpəle].

**INTERPOSER, verbe trans. [3]**
Placer entre deux choses. – Pronom. Intervenir pour séparer deux adversaires. 🔊 [ɛ̃tɛʀpoze].

**INTERPRÉTATION, subst. f.**
Explication, commentaire. – Manière de dire un texte, de jouer un morceau de musique. 🔊 [ɛ̃tɛʀpʀetasjɔ̃].

**INTERPRÉTER, verbe trans. [8]**
Traduire. – Expliquer (qqch.) par référence à des choses connues ; donner un sens à. – Jouer (un rôle, un morceau de musique). 🔊 [ɛ̃tɛʀpʀete].

**INTERROGATIF, IVE, adj.**
Qui exprime une interrogation : *Phrase interrogative*. 🔊 [ɛ̃teʀɔgatif, -iv].

**INTERROGATION, subst. f.**
Question, demande. – *Point d'interrogation* : signe de ponctuation (?) placé à la fin d'une phrase interrogative directe. 🔊 [ɛ̃teʀɔgasjɔ̃].

**INTERROGATOIRE, subst. m.**
Ensemble des questions posées par un magistrat, dans une affaire civile ou pénale. – Suite de questions. 🔊 [ɛ̃teʀɔgatwaʀ].

**INTERROGER, verbe trans. [5]**
Questionner. 🔊 [ɛ̃teʀɔʒe].

**INTERROMPRE, verbe trans. [51]**
Briser la continuité de (un processus). – Couper la parole à (qqn). – Pronom. S'arrêter de faire qqch. 🔊 [ɛ̃teʀɔ̃pʀ].

**INTERRUPTEUR, subst. m.**
Dispositif permettant d'interrompre ou de rétablir le passage d'un courant électrique. 🔊 [ɛ̃teʀyptœʀ].

**INTERRUPTION, subst. f.**
Action d'interrompre ou de s'interrompre. – Son résultat. 🔊 [ɛ̃teʀypsjɔ̃].

**INTERSECTION, subst. f.**
Point de rencontre de deux lignes ou de deux surfaces qui se coupent. 🔊 [ɛ̃tɛʀsɛksjɔ̃].

**INTERSTICE, subst. m.**
Très petit espace entre les parties d'un tout. 🔊 [ɛ̃tɛʀstis].

**INTERVALLE, subst. m.**
Distance entre deux objets. – Durée qui sépare deux événements. – *Mus.* Écart entre deux sons. – Loc. adv. *Par intervalles* : de temps à autre. 🔊 [ɛ̃tɛʀval].

**INTERVENIR, verbe intrans. [22]**
Prendre part à un événement. – Prendre la parole dans une discussion. – User de son influence (auprès de qqn). – *Méd.* Pratiquer une intervention chirurgicale. 🔊 [ɛ̃tɛʀvəniʀ].

**INTERVENTION, subst. f.**
Action d'intervenir. – Opération chirurgicale. 🔊 [ɛ̃tɛʀvɑ̃sjɔ̃].

**INTERVERTIR, verbe trans. [19]**
Permuter, échanger. 🔊 [ɛ̃tɛʀvɛʀtiʀ].

**INTERVIEW, subst. f.**
Entretien mené par un journaliste dans l'intention de publier les déclarations de la personne interrogée. 🔊 [ɛ̃tɛʀvju].

**INTESTIN, subst. m.**
Partie du tube digestif qui fait suite à l'estomac. 🔊 [ɛ̃tɛstɛ̃].

**INTIME, adj. et subst.**
Qui est très proche de qqn. – Adj. Profond, personnel et caché. 🔊 [ɛ̃tim].

**INTIMER, verbe trans. [3]**
Déclarer impérativement, notifier : **Intimer** *l'ordre de.* 🔊 [ɛ̃time].

**INTIMIDER, verbe trans. [3]**
Troubler, rendre timide. – Inspirer de la crainte à. 🔊 [ɛ̃timide].

**INTIMITÉ, subst. f.**
Caractère intime, profond. – Relation étroite entre deux personnes. 🔊 [ɛ̃timite].

**INTITULER, verbe trans. [3]**
Donner un titre à (un texte, un livre, etc.). – Pronom. Avoir pour titre. – Se donner le titre, le nom de. 🔊 [ɛ̃tityle].

**INTOLÉRANCE, subst. f.**
Disposition hostile envers les personnes professant d'autres opinions. – Inaptitude de l'organisme à tolérer certains aliments ou médicaments. 🔊 [ɛ̃tɔleʀɑ̃s].

**INTONATION, subst. f.**
Ton, inflexion de la voix. 🔊 [ɛ̃tɔnasjɔ̃].

**INTOUCHABLE, adj. et subst.**
Qu'on n'a pas le droit de toucher, de condamner. – En Inde, se dit d'une personne considérée comme impure par sa naissance. 🔊 [ɛ̃tuʃabl].

**INTOXICATION, subst. f.**
Trouble provoqué par la présence d'un produit toxique dans l'organisme ; empoisonnement. – Fig. Influence insidieuse exercée sur les esprits par la propagande. 🔊 [ɛ̃tɔksikasjɔ̃].

**INTOXIQUER, verbe trans. [3]**
Empoisonner. – Fig. Influencer insidieusement. 🔊 [ɛ̃tɔksike].

**INTRA-, préfixe**
Préfixe qui signifie « à l'intérieur de ». 🔊 [ɛ̃tʀa-].

**INTRAITABLE, adj.**
Inflexible, intransigeant. 🔊 [ɛ̃tʀɛtabl].

**INTRANSIGEANT, ANTE,** adj.
Qui n'accepte aucun compromis, aucune concession. 🔊 [ɛ̃tʀɑ̃ziʒɑ̃, -ɑ̃t].

**INTRANSITIF, IVE,** adj. et subst. m.
Se dit d'un verbe qui n'admet pas de complément d'objet. 🔊 [ɛ̃tʀɑ̃zitif, -iv].

**INTRÉPIDE,** adj.
Qui ne craint pas le danger. 🔊 [ɛ̃tʀepid].

**INTRÉPIDITÉ,** subst. f.
Bravoure, témérité. 🔊 [ɛ̃tʀepidite].

**INTRIGANT, ANTE,** adj. et subst.
Se dit d'une personne qui emploie l'intrigue pour parvenir à ses fins. 🔊 [ɛ̃tʀigɑ̃, -ɑ̃t].

**INTRIGUE,** subst. f.
Menée secrète pour atteindre un but. – Trame d'un roman, d'une pièce de théâtre, d'un film. 🔊 [ɛ̃tʀig].

**INTRIGUER,** verbe [3]
Trans. Exciter la curiosité de. – Intrans. Mener une intrigue, comploter. 🔊 [ɛ̃tʀige].

**INTRINSÈQUE,** adj.
Qui appartient à l'essence même de l'objet, inhérent. 🔊 [ɛ̃tʀɛ̃sɛk].

**INTRODUCTION,** subst. f.
Action d'introduire. – Préface, préliminaire. 🔊 [ɛ̃tʀɔdyksjɔ̃].

**INTRODUIRE,** verbe trans. [69]
Faire entrer, insérer (qqch.). – Faire admettre (qqn) dans un groupe. 🔊 [ɛ̃tʀɔdɥiʀ].

**INTRONISER,** verbe trans. [3]
Installer solennellement (qqn) dans ses fonctions. 🔊 [ɛ̃tʀɔnize].

**INTROSPECTION,** subst. f.
Observation de soi par soi. 🔊 [ɛ̃tʀɔspɛksjɔ̃].

**INTROUVABLE,** adj.
Impossible à trouver. – Rare. 🔊 [ɛ̃tʀuvabl].

**INTROVERSION,** subst. f.
Caractère d'une personne repliée sur elle-même. 🔊 [ɛ̃tʀɔvɛʀsjɔ̃].

**INTRUS, USE,** adj. et subst.
Qui n'est pas à sa place dans un ensemble donné. – Qui s'introduit quelque part sans y avoir été convié. 🔊 [ɛ̃tʀy, -yz].

**INTUITION,** subst. f.
Connaissance immédiate, sans raisonnement ; pressentiment. 🔊 [ɛ̃tɥisjɔ̃].

**INUSABLE,** adj.
Qui résiste très bien à l'usure. 🔊 [inyzabl].

**INUTILE,** adj.
Qui ne sert à rien. – Infructueux, sans résultat. 🔊 [inytil].

**INUTILISABLE,** adj.
Qui ne peut pas servir. 🔊 [inytilizabl].

**INVAINCU, UE,** adj.
Qui n'a jamais été vaincu. 🔊 [ɛ̃vɛ̃ky].

**INVALIDE,** adj. et subst.
Qui est atteint d'une invalidité. 🔊 [ɛ̃valid].

**INVALIDER,** verbe trans. [3]
Rendre nul, non valable, juridiquement ou administrativement. 🔊 [ɛ̃valide].

**INVALIDITÉ,** subst. f.
Nullité d'un acte ou d'un contrat. – État d'une personne infirme. 🔊 [ɛ̃validite].

**INVARIABLE,** adj.
Qui reste constant, immuable. 🔊 [ɛ̃vaʀjabl].

**INVASION,** subst. f.
Action d'envahir en masse et en force un territoire, en parlant d'une armée, d'un peuple. – Envahissement soudain et massif : *Une invasion de touristes.* 🔊 [ɛ̃vazjɔ̃].

**INVECTIVE,** subst. f.
Discours violent, injure. 🔊 [ɛ̃vɛktiv].

**INVENTAIRE,** subst. m.
Dénombrement des objets, des biens appartenant à une personne, à une entreprise ou à une collectivité. 🔊 [ɛ̃vɑ̃tɛʀ].

**INVENTER,** verbe trans. [3]
Créer (qqch. de nouveau) : **Inventer** *une machine.* – Imaginer, créer de toutes pièces : **Inventer** *une histoire.* 🔊 [ɛ̃vɑ̃te].

**INVENTEUR, TRICE,** subst.
Personne qui invente. – Personne qui découvre. 🔊 [ɛ̃vɑ̃tœʀ, -tʀis].

**INVENTION,** subst. f.
Création d'un objet ou d'un procédé nouveau ; son résultat. – Mensonge. 🔊 [ɛ̃vɑ̃sjɔ̃].

**INVENTORIER,** verbe trans. [6]
Faire l'inventaire de. 🔊 [ɛ̃vɑ̃tɔʀje].

**INVERSE,** adj. et subst. m.
Contraire à un sens considéré. – Opposé, contraire : *Effet* inverse. 🔊 [ɛ̃vɛʀs].

**INVERSER,** verbe trans. [3]
Diriger dans un sens opposé. – Intervertir (un ordre). 🔊 [ɛ̃vɛʀse].

**INVERTÉBRÉ,** adj. et subst. m.
Se dit des animaux pluricellulaires sans vertèbres, tels que les insectes, les mollusques, les crustacés, etc. 🔊 [ɛ̃vɛʀtebʀe].

**INVESTIGATION,** subst. f.
Enquête approfondie. 🔊 [ɛ̃vɛstigasjɔ̃].

**INVESTIR,** verbe trans. [19]
Conférer officiellement une dignité, un droit, un pouvoir à (qqn). – Assiéger (une ville, une place forte). – Placer (des capitaux). – Pronom. Mettre toute son énergie dans qqch. 🔊 [ɛ̃vɛstiʀ].

**INVESTISSEMENT,** subst. m.
Action d'investir, de s'investir. – Résultat de cette action. 🔊 [ɛ̃vɛstismɑ̃].

**INVESTITURE,** subst. f.
Mise en possession officielle et solennelle d'une dignité. 🔊 [ɛ̃vɛstityʀ].

**INVÉTÉRÉ, ÉE,** adj.
Ancré dans une habitude. 🔊 [ɛ̃veteʀe].

**INVINCIBLE**, adj.
Qui ne peut être vaincu. 🔊 [ɛ̃vɛ̃sibl].

**INVIOLABLE**, adj.
Qu'on ne peut enfreindre. – Qu'on ne peut forcer : *Serrure* **inviolable**. 🔊 [ɛ̃vjɔlabl].

**INVISIBLE**, adj.
Qu'on ne peut pas voir. 🔊 [ɛ̃vizibl].

**INVITATION**, subst. f.
Action d'inviter. – Écrit par lequel on invite. – Action d'inciter, de pousser (à qqch.). 🔊 [ɛ̃vitasjɔ̃].

**INVITER**, verbe trans. [3]
Prier (qqn) de prendre part ou d'assister à un événement. – Inciter, pousser : **Inviter** *à la prudence*. – Pronom. Se rendre en un lieu sans y être convié. 🔊 [ɛ̃vite].

**INVIVABLE**, adj.
Très difficile à vivre. 🔊 [ɛ̃vivabl].

**INVOLONTAIRE**, adj.
Qui s'accomplit sans l'intervention de la volonté. 🔊 [ɛ̃vɔlɔ̃tɛʀ].

**INVOQUER**, verbe trans. [3]
Demander l'aide de (une puissance surnaturelle). – Faire appel à. – Citer à l'appui ; prétexter. 🔊 [ɛ̃vɔke].

**INVRAISEMBLABLE**, adj.
Qui ne semble pas vrai. – Extravagant : *Une tenue* **invraisemblable**. 🔊 [ɛ̃vʀɛsɑ̃blabl].

**INVULNÉRABLE**, adj.
Qui ne peut être blessé. – Qui ne peut être atteint moralement. 🔊 [ɛ̃vylneʀabl].

**IODE**, subst. m.
Élément chimique doté de propriétés antiseptiques, présent dans la mer. 🔊 [jɔd].

**ION**, subst. m.
Atome ou groupe d'atomes porteur d'une charge électrique. 🔊 [jɔ̃].

**IONIQUE**, adj. et subst. m.
Se dit de l'un des trois ordres de l'architecture grecque, caractérisé par des chapiteaux ornés de volutes latérales. 🔊 [jɔnik].

**IRASCIBLE**, adj.
Qui se met facilement en colère. 🔊 [iʀasibl].

**IRIS**, subst. m.
Plante à fleurs jaunes ou violettes ornementales. – Partie colorée de l'œil. 🔊 [iʀis].

**IRISÉ, ÉE**, adj.
Qui présente des reflets aux couleurs de l'arc-en-ciel. 🔊 [iʀize].

**IRONIE**, subst. f.
Attitude de moquerie, de raillerie plus ou moins sceptique. 🔊 [iʀɔni].

**IRRADIER**, verbe [6]
Trans. Exposer à une émission radioactive. – Intrans. Rayonner, se propager. 🔊 [iʀadje].

**IRRATIONNEL, ELLE**, adj.
Qui n'est pas conforme aux normes de la raison. 🔊 [iʀasjɔnɛl].

**IRRÉALISTE**, adj.
Qui manque de réalisme. 🔊 [iʀealist].

**IRRÉCUPÉRABLE**, adj.
Qu'on ne peut récupérer. 🔊 [iʀekypeʀabl].

**IRRÉDUCTIBLE**, adj.
Qu'on ne peut réduire. – Dont on ne peut venir à bout, inflexible. 🔊 [iʀedyktibl].

**IRRÉEL, ELLE**, adj.
Qui ne semble pas réel. 🔊 [iʀeɛl].

**IRRÉFUTABLE**, adj.
Qu'on ne peut réfuter. 🔊 [iʀefytabl].

**IRRÉGULARITÉ**, subst. f.
Caractère, aspect de ce qui est irrégulier. – Anomalie. – Acte contraire aux règles. 🔊 [iʀegylaʀite].

**IRRÉGULIER, IÈRE**, adj.
Qui n'est pas régulier. – Non conforme aux règles et aux lois. 🔊 [iʀegylje, -jɛʀ].

**IRRÉMÉDIABLE**, adj.
À quoi on ne peut remédier ; définitif : *Une perte* **irrémédiable**. 🔊 [iʀemedjabl].

**IRRÉPARABLE**, adj.
Qu'on ne peut réparer. 🔊 [iʀepaʀabl].

**IRRÉPROCHABLE**, adj.
Qui ne se prête à aucun reproche ; parfait. 🔊 [iʀepʀɔʃabl].

**IRRÉSISTIBLE**, adj.
À qui ou à quoi on ne peut résister. – Extrêmement drôle. 🔊 [iʀezistibl].

**IRRÉSOLU, UE**, adj.
Qui a du mal à se décider. 🔊 [iʀezɔly].

**IRRESPECT**, subst. m.
Manque de respect. 🔊 [iʀɛspɛ].

**IRRESPIRABLE**, adj.
Qui est pénible à respirer. 🔊 [iʀɛspiʀabl].

**IRRESPONSABLE**, adj. et subst.
Qui n'est pas responsable de ses actes ou qui agit avec légèreté. 🔊 [iʀɛspɔ̃sabl].

**IRRÉVERSIBLE**, adj.
Qui ne peut se produire que dans un seul sens. – Définitif. 🔊 [iʀevɛʀsibl].

**IRRÉVOCABLE**, adj.
Que l'on ne peut révoquer. – Définitif : *Un verdict* **irrévocable**. 🔊 [iʀevɔkabl].

**IRRIGATION**, subst. f.
Action d'irriguer des terres. – Circulation du sang dans les organes. 🔊 [iʀigasjɔ̃].

**IRRIGUER**, verbe trans. [3]
Faire venir l'eau nécessaire pour exploiter (un sol, une terre). 🔊 [iʀige].

**IRRITATION**, subst. f.
Colère. – Inflammation légère de la peau ou des muqueuses. 🔊 [iʀitasjɔ̃].

**IRRITER**, verbe trans. [3]
Mécontenter, mettre en colère. – Causer une inflammation à. 🔊 [iʀite].

**IRRUPTION, subst. f.**
Invasion soudaine et violente. – Apparition
brusque. ✍ [iʀypsjɔ̃].

**ISLAM, subst. m.**
Religion des musulmans, dont le livre saint
est le Coran. – L'Islam : l'ensemble des
peuples musulmans. ✍ [islam].

**ISOCÈLE, adj.**
Se dit d'un triangle dont deux côtés sont
égaux ou d'un trapèze dont les deux côtés
non parallèles sont égaux. ✍ [izɔsɛl].

**ISOLANT, ANTE, adj. et subst. m.**
Qui isole du son, de la chaleur, du froid
ou de l'électricité. ✍ [izɔlɑ̃, -ɑ̃t].

**ISOLATION, subst. f.**
Protection contre l'électricité, la chaleur,
le froid ou le bruit. ✍ [izɔlasjɔ̃].

**ISOLEMENT, subst. m.**
État d'une personne ou d'une chose isolée :
L'isolement d'un ermite. ✍ [izɔlmɑ̃].

**ISOLER, verbe trans. [3]**
Séparer de son environnement. – Éloigner
des autres personnes : Isoler un malade.
– Protéger en posant un matériau isolant :
Isoler un studio. ✍ [izɔle].

**ISOLOIR, subst. m.**
Lieu où l'on s'isole pour voter. ✍ [izɔlwaʀ].

**ISSU, UE, adj. et subst. f.**
Adj. Issu de : né de. – Subst. Sortie. – Fig.
Résultat ; échappatoire. ✍ [isy].

**ISTHME, subst. m.**
Bande de terre, entre deux mers, reliant
deux terres. ✍ [ism].

**ITALIEN, subst. m.**
Langue romane parlée en Italie. ✍ [italjɛ̃].

**ITALIQUE, adj. et subst. m.**
Se dit de caractères d'imprimerie penchés,
d'origine vénitienne. ✍ [italik].

**ITINÉRAIRE, subst. m.**
Parcours, trajet. ✍ [itineʀɛʀ].

**I.V.G., subst. f. inv.**
Sigle pour « interruption volontaire de
grossesse ». ✍ [iveʒe].

**IVOIRE, subst. m.**
Substance osseuse constituant les
défenses de l'éléphant, les dents, etc.
✍ [ivwaʀ].

**IVRE, adj.**
Qui est sous l'effet de l'alcool ; soûl. – Fig.
Exalté, transporté. ✍ [ivʀ].

**IVRESSE, subst. f.**
État d'une personne ivre. – Euphorie,
exaltation. ✍ [ivʀɛs].

# J

**J, j,** subst. m. inv.
Dixième lettre et septième consonne de l'alphabet français. 🕮 [ʒi].

**JABOT,** subst. m.
Poche de l'œsophage des oiseaux. – Pièce de dentelle ou de tissu fin, ornant un corsage ou une chemise. 🕮 [ʒabo].

**JACASSER,** verbe intrans. [3]
Pousser son cri (jacassement), en parlant de la pie. 🕮 [ʒakase].

**JACHÈRE,** subst. f.
Terre qu'on laisse temporairement sans culture, au repos. 🕮 [ʒaʃɛʀ].

**JACINTHE,** subst. f.
Plante à bulbe, cultivée pour ses fleurs odorantes en grappes. 🕮 [ʒasɛ̃t].

**JACQUARD,** subst. m.
Métier à tisser. – Tricot à dessins géométriques, de plusieurs couleurs. 🕮 [ʒakaʀ].

**JACQUERIE,** subst. f.
Insurrection de paysans. 🕮 [ʒakʀi].

**JACTANCE,** subst. f.
Manière de parler hautaine et arrogante (littér.). 🕮 [ʒaktɑ̃s].

**JADE,** subst. m.
Pierre fine d'un vert plus ou moins sombre. – Objet en jade. 🕮 [ʒad].

**JADIS,** adv.
Dans un passé lointain. 🕮 [ʒadis].

**JAGUAR,** subst. m.
Félin d'Amérique du Sud, voisin de la panthère d'Afrique. 🕮 [ʒaɡwaʀ].

**JAILLIR,** verbe intrans. [19]
Sortir avec force, en parlant d'un fluide ou de la lumière. – Apparaître, surgir brusquement. 🕮 [ʒajiʀ].

**JAILLISSEMENT,** subst. m.
Action de jaillir. – Son résultat. 🕮 [ʒajismɑ̃].

**JAIS,** subst. m.
Variété de lignite, d'un noir brillant. 🕮 [ʒɛ].

**JALON,** subst. m.
Piquet marquant un alignement, une distance. – Fig. Point de repère : *Poser des jalons,* préparer le terrain. 🕮 [ʒalɔ̃].

**JALONNER,** verbe trans. [3]
Marquer de points de repère : **Jalonner** *une allée.* – Border de loin en loin : *Des platanes* **jalonnent** *la route* ; au fig. : *Étapes qui* **jalonnent** *une carrière.* 🕮 [ʒalɔne].

**JALOUSER,** verbe trans. [3]
Envier, être jaloux de. 🕮 [ʒaluze].

**JALOUSIE,** subst. f.
Amour exclusif ; crainte d'être trahi par autrui. – Envie ; dépit de ne pas posséder ce que possède autrui. – Persienne formée de lattes mobiles parallèles. 🕮 [ʒaluzi].

**JALOUX, OUSE,** adj. et subst.
Qui éprouve de la jalousie. – Adj. Très attaché à : *Être* **jaloux** *de ses prérogatives.* 🕮 [ʒalu, -uz].

**JAMAIS,** adv.
En un temps quelconque, un jour : *Sait-on* **jamais** ! – À aucun moment (avec négation) : *Elle ne rit* **jamais**. – Loc. adv. *À (tout)* **jamais** : pour toujours. 🕮 [ʒamɛ].

**JAMBAGE,** subst. m.
Chacun des traits verticaux des lettres *m*, *n* et *u*. 🕮 [ʒɑ̃baʒ].

**JAMBE,** subst. f.
Partie du membre inférieur qui va du genou au pied. – Le membre inférieur tout entier. – Partie d'un pantalon qui recouvre la jambe. 🕮 [ʒɑ̃b].

**JAMBON,** subst. m.
Cuisse ou épaule de porc cuite ou crue (salée ou fumée). 🕮 [ʒɑ̃bɔ̃].

**JAMBONNEAU,** subst. m.
Petit jambon fait avec la partie de la patte du porc située sous le genou. 🕮 [ʒɑ̃bɔno].

**JANTE,** subst. f.
Pourtour d'une roue, en bois ou en métal. 🕮 [ʒɑ̃t].

**JANVIER,** subst. m.
Premier mois de l'année. 🕮 [ʒɑ̃vje].

**JAPONAIS,** subst. m.
Langue parlée au Japon. 🕮 [ʒapɔnɛ].

**JAPPER,** verbe intrans. [3]
Pousser de petits cris (jappements), en parlant du jeune chien. 🕮 [ʒape].

**JAQUETTE,** subst. f.
Veste masculine de cérémonie, à longs pans ouverts. – Couverture amovible d'un livre. 🕮 [ʒakɛt].

**JARDIN,** subst. m.
Terrain clos, réservé à des cultures maraîchères ou ornementales. – **Jardin** *public* : espace vert, dans une ville. – **Jardin** *d'enfants* : classe de très jeunes enfants, dans l'enseignement privé. 🕮 [ʒaʀdɛ̃].

**JARDINAGE,** subst. m.
Action de jardiner. 🕮 [ʒaʀdinaʒ].

**JARDINER,** verbe intrans. [3]
Entretenir un jardin. 🕮 [ʒaʀdine].

**JARDINIER, IÈRE,** subst.
Personne dont le métier est de cultiver, d'entretenir les jardins. – Fém. Bac à fleurs. – Mélange de légumes cuits. 🔊 [ʒaʀdinje, -jɛʀ].

**JARGON,** subst. m.
Langage incompréhensible. – Langage propre à une activité, à une profession. 🔊 [ʒaʀgɔ̃].

**JARRE,** subst. f.
Grand vase de terre cuite ou de grès servant à conserver de l'eau, de l'huile. 🔊 [ʒaʀ].

**JARRET,** subst. m.
Chez l'homme, partie postérieure du genou. – Chez les quadrupèdes, articulation située au milieu de la jambe. 🔊 [ʒaʀɛ].

**JARS,** subst. m.
Mâle de l'oie. 🔊 [ʒaʀ].

**JASER,** verbe intrans. [3]
S'adonner à un bavardage indiscret ou malveillant. – Babiller. – Pousser son cri, en parlant de la pie, du perroquet, etc. 🔊 [ʒɑze].

**JASMIN,** subst. m.
Arbrisseau à fleurs odorantes blanches ou jaunes : *Thé au jasmin.* 🔊 [ʒasmɛ̃].

**JATTE,** subst. f.
Récipient rond et évasé. 🔊 [ʒat].

**JAUGE,** subst. f.
Capacité d'un récipient. – Indicateur du niveau d'un liquide dans un récipient. – Volume intérieur d'un navire. 🔊 [ʒoʒ].

**JAUGER,** verbe [5]
Trans. Mesurer la capacité de (un récipient, un navire). – Fig. Apprécier, juger (qqn ou qqch.). – Intrans. *Mar.* Avoir telle capacité : *Jauger mille tonneaux.* 🔊 [ʒoʒe].

**JAUNE,** adj., subst. et adv.
Adj. De la couleur du citron ou de l'or. – Subst. Personne de la race jaune. – Masc. Couleur **jaune.** – Partie centrale d'un œuf d'oiseau. – Adv. *Rire* **jaune** : en se forçant, pour cacher sa gêne ou son dépit. 🔊 [ʒon].

**JAUNIR,** verbe [19]
Rendre ou devenir jaune. 🔊 [ʒoniʀ].

**JAUNISSE,** subst. f.
*Méd.* Coloration jaune de la peau révélant un trouble hépatique. 🔊 [ʒonis].

**JAVEL (EAU DE),** subst. f.
Solution de sels de chlore, utilisée pour désinfecter et/ou décolorer. 🔊 [od(ə)ʒavɛl].

**JAVELOT,** subst. m.
Lance courte à pointe acérée. – En athlétisme, instrument de lancer. 🔊 [ʒavlo].

**JAZZ,** subst. m.
Musique créée par les Noirs américains, fondée sur l'improvisation. 🔊 [dʒɑz].

**JE, J',** pron. pers.
Sujet de la 1ʳᵉ personne du singulier, des deux genres : Je *vais* ; J'*irai.* 🔊 [ʒə].

**JEAN(S),** voir **BLUE-JEAN(S)**

**JEEP,** subst. f.
Automobile tout terrain à quatre roues motrices. 🔊 N. déposé ; [(d)ʒip].

**JÉRÉMIADE,** subst. f.
Plainte, lamentation (fam.). 🔊 [ʒeʀemjad].

**JERRICAN(E),** subst. m.
Récipient portatif à bec verseur, d'env. 20 l. 🔊 On écrit aussi *jerrycan* ; [ʒeʀikan].

**JERSEY,** subst. m.
Tricot à fines mailles. 🔊 [ʒɛʀzɛ].

**JÉSUITE,** adj. et subst.
Se dit des membres de la Compagnie de Jésus, ordre religieux, et de ce qui les concerne. – Fig. Hypocrite (péj.). 🔊 [ʒezɥit].

**JET (I),** subst. m.
Action de jeter. – Jaillissement d'un liquide ou d'un gaz sous pression. 🔊 [ʒɛ].

**JET (II),** subst. m.
Avion à réaction. 🔊 [dʒɛt].

**JETABLE,** adj.
Qui se jette après usage. 🔊 [ʒətabl̩].

**JETÉE,** subst. f.
Construction en maçonnerie, en bois, etc., qui s'avance dans la mer. 🔊 [ʒəte].

**JETER,** verbe trans. [14]
Lancer. – Établir : *Jeter les bases d'un projet.* – Émettre : *Jeter un cri.* – Se débarrasser de. – Pousser violemment. – Pronom. Se précipiter (sur, contre). 🔊 [ʒəte].

**JETON,** subst. m.
Pièce plate et ronde, symbolisant une valeur. – *Faux* jeton : hypocrite (fam.). 🔊 [ʒətɔ̃].

**JEU, JEUX,** subst. m.
Activité non utilitaire que l'on pratique pour s'amuser. – Activité codifiée par des règles : **Jeu** *de cartes.* – Manière de jouer, d'agir ; façon dont un acteur interprète son rôle. – Ensemble des **jeux** *de hasard, d'argent.* – Série d'objets de même fonction : *Un* **jeu** *de clefs.* – Espace entre deux objets facilitant le mouvement. 🔊 [ʒø].

**JEUDI,** subst. m.
Quatrième jour de la semaine. 🔊 [ʒødi].

**JEUN (À),** loc. adv.
Sans avoir ni mangé ni bu. 🔊 [aʒœ̃].

**JEUNE,** adj. et subst.
Adj. Qui n'est pas d'un âge avancé. – Propre à la jeunesse. – Fig. Récent, nouveau. – Subst. Personne **jeune.** 🔊 [ʒœn].

**JEÛNE,** subst. m.
Action, fait de jeûner. 🔊 [ʒøn].

**JEÛNER,** verbe intrans. [3]
S'abstenir de manger ou de boire, volontairement ou non. 🔊 [ʒøne].

**JEUNESSE,** subst. f.
Période de la vie comprise entre l'enfance et la maturité. – Ensemble des jeunes gens. – Fig. Caractère de ce qui est récent : *La* **jeunesse** *d'un vin.* 🔊 [ʒœnɛs].

**JOAILLERIE**, subst. f.
Art, commerce du joaillier. – La marchandise du joaillier. ᨠ [ʒɔajʀi].

**JOAILLIER, IÈRE**, subst.
Personne qui crée, travaille et vend des joyaux. ᨠ [ʒɔaje, -jɛʀ].

**JOCKEY**, subst. m.
Cavalier professionnel qui monte des chevaux de course. ᨠ [ʒɔkɛ].

**JOGGING**, subst. m.
Course à pied pratiquée pour entretenir sa forme. – Survêtement. ᨠ [dʒɔgiŋ].

**JOIE**, subst. f.
Émotion vive, sentiment de profond contentement. – Gaieté. – Ce qui amène ce sentiment. – Plur. Agréments, plaisirs. ᨠ [ʒwa].

**JOINDRE**, verbe trans. [55]
Rapprocher, relier (des choses). – Ajouter. – Atteindre. ᨠ [ʒwɛ̃dʀ].

**JOINT (I), JOINTE**, adj.
Lié, uni. – Ajouté : Ci-joint. ᨠ [ʒwɛ̃, ʒwɛ̃t].

**JOINT (II)**, subst. m.
Articulation entre deux éléments. – Pièce qui sert à unir deux éléments. ᨠ [ʒwɛ̃].

**JOINTURE**, subst. f.
Point de rencontre de deux choses qui se joignent. – Articulation des os. ᨠ [ʒwɛ̃tyʀ].

**JOKER**, subst. m.
Carte à jouer qui peut remplacer n'importe quelle autre carte. ᨠ [ʒɔkɛʀ].

**JOLI, IE**, adj.
Agréable à regarder, à entendre ; gracieux. – Digne d'intérêt, assez important (fam.). – Empl. subst. C'est du joli ! : c'est très mal (iron.). ᨠ [ʒɔli].

**JOLIMENT**, adv.
De manière plaisante, agréable. – Beaucoup (fam.). ᨠ [ʒɔlimã].

**JONC**, subst. m.
Plante herbacée des lieux humides. – Canne flexible et légère. ᨠ [ʒɔ̃].

**JONCHER**, verbe trans. [3]
Recouvrir (le sol) de feuillages. – Couvrir, être épars sur : Brindilles qui jonchent le sol. ᨠ [ʒɔ̃ʃe].

**JONCTION**, subst. f.
Action de joindre ; fait de se joindre. – Lieu où deux choses se joignent. ᨠ [ʒɔ̃ksjɔ̃].

**JONGLER**, verbe intrans. [3]
Lancer en l'air des balles, des objets et les rattraper pour les relancer aussitôt. – Fig. Jongler avec : manier avec subtilité, avec aisance. ᨠ [ʒɔ̃gle].

**JONGLEUR, EUSE**, subst.
Artiste de cirque ou de music-hall dont la spécialité est de jongler. ᨠ [ʒɔ̃glœʀ, -øz].

**JONQUE**, subst. f.
Voilier traditionnel d'Extrême-Orient, de mer et de rivière, aux voiles tendues par des lattes de bambou. ᨠ [ʒɔ̃k].

**JONQUILLE**, subst. f.
Narcisse à fleurs jaunes. – Empl. adj. inv. Jaune vif : Une robe jonquille. ᨠ [ʒɔ̃kij].

**JOUE**, subst. f.
Partie latérale de la face située entre l'œil et le menton. – Partie latérale de certains objets. – Mettre en joue : viser avec une arme à feu. ᨠ [ʒu].

**JOUER**, verbe [3]
Intrans. S'amuser, se livrer à un jeu. – Se mouvoir, agir : Il fit jouer la clef dans la serrure. – Se déformer : Le bois joue sous l'effet de l'humidité. – Tenir un rôle (au théâtre, au cinéma). – Trans. indir. Pratiquer : Jouer aux cartes, au football. – Feindre : Il joue à l'ignorant. – Se servir (d'un instrument de musique). – Traiter avec désinvolture : Jouer avec les sentiments. – Trans. dir. Risquer : Il joue sa carrière. – Interpréter : Jouer un concerto. – Pronom. Se moquer (de). – Être en jeu. ᨠ [ʒwe].

**JOUET**, subst. m.
Objet destiné à l'amusement. – Être le jouet de : être la victime de. ᨠ [ʒwɛ].

**JOUEUR, EUSE**, adj. et subst.
Adj. Qui aime s'amuser. – Subst. Personne qui pratique régulièrement un jeu, un sport, ou un instrument de musique. – Personne qui a la passion du jeu. ᨠ [ʒwœʀ, -øz].

**JOUFFLU, UE**, adj.
Dont les joues sont rebondies. ᨠ [ʒufly].

**JOUG**, subst. m.
Pièce d'attelage en bois placée sur l'encolure des bœufs. – Fig. Entrave, matérielle ou morale. ᨠ [ʒu].

**JOUIR**, verbe trans. indir. [19]
Tirer un grand plaisir (de). – Posséder (un bien, une faculté, un droit) et en profiter : Jouir d'une vue perçante. – Empl. abs. Atteindre l'orgasme (fam.). ᨠ [ʒwiʀ].

**JOUISSANCE**, subst. f.
Fait de jouir. – Fait d'être en possession d'un droit et de l'exercer. ᨠ [ʒwisãs].

**JOUJOU, OUX**, subst. m.
Fam. Jouet. – Faire joujou : jouer. ᨠ [ʒuʒu].

**JOULE**, subst. m.
Unité de mesure d'énergie (J). ᨠ [ʒul].

**JOUR**, subst. m.
Intervalle de temps (24 h), correspondant à une rotation complète de la Terre autour de son axe. – Intervalle de temps qui s'écoule entre le lever et le coucher du Soleil. – Date, repère dans le temps : Le jour de ma naissance. – Clarté, lumière naturelle du Soleil : Il fait jour ; Le point du jour, l'aube. – Espace qui laisse passer la lumière. – Mettre au jour : découvrir. – Mettre à jour : actualiser. – Donner le jour à un enfant : lui donner naissance. ᨠ [ʒuʀ].

**JOURNAL, AUX,** subst. m.
Mise par écrit, au jour le jour, d'événements : Journal de bord. – Publication périodique relatant et commentant l'actualité. – Bulletin d'information télévisé ou radiophonique. 🕮 [ʒuʀnal].

**JOURNALIER, IÈRE,** adj. et subst.
Adj. Quotidien. – Subst. Ouvrier agricole qui travaille à la journée. 🕮 [ʒuʀnalje, -jɛʀ].

**JOURNALISME,** subst. m.
Profession de journaliste. 🕮 [ʒuʀnalism].

**JOURNALISTE,** subst.
Personne dont la profession est d'informer le public, dans un journal, à la radio ou à la télévision. 🕮 [ʒuʀnalist].

**JOURNÉE,** subst. f.
Partie du jour comprise entre le lever et le coucher du Soleil. – Ce qui se passe pendant la journée. 🕮 [ʒuʀne].

**JOUTE,** subst. f.
Hist. Combat courtois à la lance, entre deux cavaliers. – Fig. Joute oratoire. 🕮 [ʒut].

**JOUXTER,** verbe trans. [3]
Se trouver à côté de. 🕮 [ʒukste].

**JOVIAL, ALE, AUX,** adj.
Qui manifeste de la bonne humeur, de la gaieté : Un visage jovial. 🕮 [ʒɔvjal].

**JOYAU, AUX,** subst. m.
Bijou fait de pierres et de métaux précieux. – Fig. Chose rare, très belle. 🕮 [ʒwajo].

**JOYEUX, EUSE,** adj.
Qui manifeste, éprouve ou inspire de la joie. 🕮 [ʒwajø, -øz].

**JUBILATION,** subst. f.
Joie intense, exubérante. 🕮 [ʒybilasjɔ̃].

**JUBILÉ,** subst. m.
Célébration du cinquantième anniversaire d'un événement important. 🕮 [ʒybile].

**JUBILER,** verbe intrans. [3]
Manifester sa jubilation. 🕮 [ʒybile].

**JUCHER,** verbe [3]
Intrans. Se poser en un lieu élevé, en parlant d'un oiseau : Pigeon juchant sur une corniche. – Trans. Placer en un point élevé : Jucher un enfant sur ses épaules. 🕮 [ʒyʃe].

**JUDAÏQUE,** adj.
Relatif à la religion juive. – Relatif aux Juifs de l'Antiquité. 🕮 [ʒydaik].

**JUDAÏSME,** subst. m.
Ensemble des préceptes religieux des juifs, fondés sur la Bible. 🕮 [ʒydaism].

**JUDAS,** subst. m.
Traître. – Petit trou ménagé dans une porte pour voir sans être vu. 🕮 [ʒyda].

**JUDÉO-CHRÉTIEN, IENNE,** adj.
Relatif aux croyances et aux valeurs communes au judaïsme et au christianisme. 🕮 [ʒydeokʀetjɛ̃, -jɛn].

**JUDICIAIRE,** adj.
Qui relève de la justice. 🕮 [ʒydisjɛʀ].

**JUDICIEUX, IEUSE,** adj.
Qui dénote un jugement sûr, pertinent. 🕮 [ʒydisjø, -jøz].

**JUDO,** subst. m.
Sport de combat d'origine japonaise privilégiant la souplesse. 🕮 [ʒydo].

**JUDOKA,** subst.
Personne qui pratique le judo. 🕮 [ʒydɔka].

**JUGE,** subst. m.
Magistrat chargé de rendre la justice. – Personne chargée d'exprimer son opinion, d'émettre un jugement de valeur. 🕮 [ʒyʒ].

**JUGÉ (AU),** loc. adv.
D'une manière approximative. 🕮 On écrit aussi au juger ; [oʒyʒe].

**JUGEMENT,** subst. m.
Sentence prononcée par un juge ou par un tribunal ; son contenu. – Opinion favorable ou défavorable. – Faculté qui permet à l'homme d'avoir une opinion. – Bon sens : Avoir du jugement. 🕮 [ʒyʒmɑ̃].

**JUGEOTE,** subst. f.
Bon sens (fam.). 🕮 [ʒyʒɔt].

**JUGER,** verbe trans. [5]
Prononcer une sentence de justice sur (qqn, une affaire). – Donner son opinion sur. – Considérer, estimer. 🕮 [ʒyʒe].

**JUGULAIRE,** adj. et subst. f.
Adj. De la gorge : Veine jugulaire. – Subst. Bride passant sous le menton et maintenant un couvre-chef. 🕮 [ʒygylɛʀ].

**JUGULER,** verbe trans. [3]
Maîtriser avec efficacité, enrayer : Juguler une épidémie. 🕮 [ʒygyle].

**JUIF, JUIVE,** adj. et subst.
Subst. Un Juif : un descendant des Hébreux. – Un juif : une personne dont la religion est le judaïsme. – Adj. Relatif aux Juifs ou au judaïsme. 🕮 [ʒɥif, ʒɥiv].

**JUILLET,** subst. m.
Septième mois de l'année. 🕮 [ʒɥijɛ].

**JUIN,** subst. m.
Sixième mois de l'année. 🕮 [ʒɥɛ̃].

**JUMEAU, ELLE,** adj. et subst.
Se dit de deux enfants nés d'un même accouchement. – Adj. Qualifie des choses identiques. 🕮 [ʒymo, -ɛl].

**JUMELAGE,** subst. m.
Lien établi entre deux choses semblables ou ayant des affinités. 🕮 [ʒym(ə)laʒ].

**JUMELER,** verbe trans. [12]
Associer par jumelage. 🕮 [ʒym(ə)le].

**JUMELLES,** subst. f. plur.
Instrument composé de deux lunettes associées, permettant de voir au loin. 🕮 [ʒymɛl].

**JUMENT,** subst. f.
Femelle du cheval. 🕮 [ʒymɑ̃].

**JUNGLE**, subst. f.
Végétation très dense, de hautes herbes et d'arbres, propre à l'Asie des moussons. – Fig. Milieu complexe où l'on se perd : *La jungle de l'administration.* – Milieu d'âpre concurrence : *Loi de la jungle.* [ʒœ̃gl].

**JUNIOR**, adj. et subst.
Adj. Qui concerne les jeunes. – Subst. Sportif âgé de 17 à 21 ans. [ʒynjɔʀ].

**JUNTE**, subst. f.
Gouvernement autoritaire issu d'un coup d'État : *Une junte militaire.* [ʒœ̃t].

**JUPE**, subst. f.
Vêtement féminin de longueur variable, qui part de la taille et recouvre les jambes. – Élément mécanique qui en enveloppe un autre : *La jupe d'un piston.* [ʒyp].

**JUPON**, subst. m.
Pièce de lingerie féminine que l'on enfile sous une jupe, une robe. [ʒypɔ̃].

**JURASSIQUE**, adj. et subst. m.
Se dit de la période géologique de l'ère secondaire précédant le crétacé. [ʒyʀasik].

**JURÉ**, subst. m.
Membre d'un jury. [ʒyʀe].

**JURER**, verbe [3]
Trans. dir. Promettre par serment. – Affirmer, promettre solennellement. – Trans. indir. **Jurer** *avec* : être mal assorti avec. – Intrans. Proférer des jurons. [ʒyʀe].

**JURIDICTION**, subst. f.
Pouvoir de juger ; territoire sur lequel un juge exerce ses fonctions. – Ensemble des tribunaux de même nature. [ʒyʀidiksjɔ̃].

**JURIDIQUE**, adj.
Qui relève du droit. [ʒyʀidik].

**JURISPRUDENCE**, subst. f.
Ensemble des jugements et des arrêts qui ont été rendus sur une question et qui servent de référence à la loi. [ʒyʀispʀydɑ̃s].

**JURISTE**, subst.
Spécialiste du droit. [ʒyʀist].

**JURON**, subst. m.
Exclamation blasphématoire ou grossière : *Un vilain juron.* [ʒyʀɔ̃].

**JURY**, subst. m.
Ensemble de personnes réunies pour juger un accusé en cour d'assises. – Commission d'examinateurs. [ʒyʀi].

**JUS**, subst. m.
Liquide contenu dans la chair d'un fruit. – Suc de cuisson d'une viande. [ʒy].

**JUSQUE**, prép.
Marque le terme, la limite, dans l'espace ou dans le temps : *Aller* **jusqu'***à Londres* ; **Jusqu'***ici*, *jusque-là* ; **Jusqu'***à un certain point.* – Loc. conj. **Jusqu'***à ce que* (+ subj.) : *jusqu'au moment où.* [ʒysk(ə)].

**JUSTAUCORPS**, subst. m.
Vêtement collant d'une seule pièce, utilisé pour la danse, le sport. [ʒystokɔʀ].

**JUSTE**, adj., subst. m. et adv.
Adj. Qui agit conformément à la justice, équitable. – Exact, précis : *Une balance juste.* – À peine suffisant : *Un manteau un peu juste.* – Subst. Homme vertueux. – Adv. Avec une parfaite exactitude : *Il est midi juste.* – Avec pertinence : *Penser juste.* – D'une manière à peine suffisante : **Juste** *assez grand.* [ʒyst].

**JUSTESSE**, subst. f.
Exactitude d'un jugement, d'un instrument. – *De justesse* : de peu. [ʒystɛs].

**JUSTICE**, subst. f.
Reconnaissance et respect des droits d'autrui. – Pouvoir de faire régner le droit ; exercice de ce pouvoir. [ʒystis].

**JUSTICIER, IÈRE**, subst.
Personne qui défend le droit, redresse les torts. [ʒystisje, -jɛʀ].

**JUSTIFICATIF, IVE**, adj. et subst. m.
Se dit de ce qui permet de justifier, de prouver : *Lettre* **justificative.** [ʒystifikatif, -iv].

**JUSTIFICATION**, subst. f.
Action de justifier ou de se justifier. – *Impr.* Longueur d'une ligne pleine. [ʒystifikasjɔ̃].

**JUSTIFIER**, verbe trans. [6]
Trans. dir. Faire admettre comme légitime, comme bien fondé. – Trans. indir. **Justifier** *de* : fournir la preuve formelle de. – Pronom. Défendre son innocence, la légitimité de ses actes. [ʒystifje].

**JUTE**, subst. m.
Fibre végétale dont on fait des cordages, des sacs, etc. [ʒyt].

**JUTEUX, EUSE**, adj.
Qui fournit beaucoup de jus. – Fig. Lucratif (fam.). [ʒytø, -øz].

**JUVÉNILE**, adj.
Qui a les aspects, les qualités de la jeunesse : *Une voix juvénile.* [ʒyvenil].

**JUXTAPOSER**, verbe trans. [3]
Placer (deux ou plusieurs choses) côte à côte, mais sans les unir. [ʒykstapoze].

**JUXTAPOSITION**, subst. f.
Action de juxtaposer. – Résultat de cette action. [ʒykstapozisjɔ̃].

# K

**K, k,** subst. m. inv.
Onzième lettre et huitième consonne de l'alphabet français. ◻ [ka].

**KABBALE,** voir **CABALE**

**KABUKI,** subst. m.
Genre théâtral japonais. ◻ [kabuki].

**KAFKAÏEN, ÏENNE,** adj.
Oppressant, absurde comme dans les romans de Franz Kafka. ◻ [kafkajɛ̃, -jɛn].

**KAKATOÈS,** voir **CACATOÈS**

**KAKI,** adj. inv.
D'une couleur brun-jaune. ◻ [kaki].

**KALÉIDOSCOPE,** subst. m.
Tube tapissé de miroirs, que l'on agite pour y regarder les dessins formés par des morceaux de verre coloré. ◻ [kaleidɔskɔp].

**KAMIKAZE,** subst. m.
Avion japonais bourré d'explosifs que son pilote écrasait sur un objectif ennemi, pendant la Seconde Guerre mondiale. – Volontaire pour cette mission. – Fig. Personne téméraire. ◻ [kamikaz].

**KANGOUROU,** subst. m.
Marsupial australien, qui se déplace par bonds grâce à ses puissantes pattes postérieures et dont la femelle abrite ses petits dans une poche ventrale. ◻ [kãguru].

**KAOLIN,** subst. m.
Argile blanche très pure. ◻ [kaɔlɛ̃].

**KAPOK,** subst. m.
Fibre végétale utilisée pour bourrer des oreillers, des matelas, etc. ◻ [kapɔk].

**KARATÉ,** subst. m.
Art martial japonais. ◻ [kaʀate].

**KARST,** subst. m.
Relief de certaines régions, dû à l'érosion des roches calcaires par l'eau. ◻ [kaʀst].

**KART,** subst. m.
Petite voiture de sport, sans carrosserie ni suspension. ◻ [kaʀt].

**KAYAK,** subst. m.
Canot mû à l'aide d'une pagaie double. ◻ [kajak].

**KÉPI,** subst. m.
Coiffure militaire cylindrique, dotée d'une visière. ◻ [kepi].

**KÉRATINE,** subst. f.
Constituant principal des cheveux, des ongles, des poils, etc. ◻ [keʀatin].

**KERMESSE,** subst. f.
Fête patronale. – Fête populaire en plein air ; vente de charité. ◻ [kɛʀmɛs].

**KÉROSÈNE,** subst. m.
Carburant liquide extrait du pétrole, utilisé dans les moteurs à réaction. ◻ [keʀozɛn].

**KETCH,** subst. m.
Voilier à deux mâts, dont le mât arrière se trouve en avant de la barre. ◻ [kɛtʃ].

**KHALIFE,** voir **CALIFE**

**KHAN,** subst. m.
Titre turco-mongol porté jadis par les souverains ou les chefs tribaux d'Asie centrale, tel Gengis Khan. ◻ [kã].

**KIBBOUTZ,** subst. m.
Exploitation agricole communautaire, en Israël. ◻ [kibuts].

**KIDNAPPER,** verbe trans. [3]
Enlever (qqn) afin d'obtenir une rançon. ◻ Anglicisme déconseillé ; [kidnape].

**KILO,** subst. m.
Abréviation pour « kilogramme ». ◻ [kilo].

**KILOGRAMME,** subst. m.
Unité de masse (kg), égale à mille grammes. ◻ [kilɔgʀam].

**KILOMÉTRAGE,** subst. m.
Action de mesurer une distance en kilomètres. – Distance parcourue ou à parcourir, mesurée en kilomètres. ◻ [kilometʀaʒ].

**KILOMÈTRE,** subst. m.
Unité de longueur (km), égale à mille mètres. ◻ [kilomɛtʀ].

**KILT,** subst. m.
Jupe courte et plissée du costume masculin traditionnel écossais. – Jupe de femme en tissu écossais. ◻ [kilt].

**KIMONO,** subst. m.
Vêtement traditionnel des Japonais. ◻ [kimono].

**KINÉSITHÉRAPIE,** subst. f.
Traitement fondé sur les massages et la gymnastique fonctionnelle, visant à rééduquer des muscles ou des articulations lésés. ◻ [kineziteʀapi].

**KINESTHÉSIE,** subst. f.
Ensemble des impressions sensibles qui renseignent sur les mouvements des différentes parties du corps. ◻ [kinɛstezi].

**KIOSQUE,** subst. m.
Pavillon ouvert sur tous ses côtés, dans un jardin : Kiosque *à musique*. – Petite boutique sur la voie publique. ◻ [kjɔsk].

**KIPPA,** subst. f.
Calotte portée par les juifs pratiquants. ◻ [kipa].

**KIRSCH,** subst. m.
Eau-de-vie de cerise. 🕮 [kiʀʃ].

**KIT,** subst. m.
Objet, meuble vendu en pièces détachées, à assembler par l'acheteur. 🕮 [kit].

**KIT(S)CH,** adj. inv. et subst. m. inv.
Se dit d'œuvres ou d'objets volontairement ou non de mauvais goût. 🕮 [kitʃ].

**KIWI,** subst. m.
Oiseau de Nouvelle-Zélande, au long bec et de mœurs nocturnes. – Fruit exotique à la chair verte. 🕮 [kiwi].

**KLAXON,** subst. m.
Avertisseur sonore de véhicule. 🕮 N. déposé ; [klaksɔn].

**KLAXONNER,** verbe intrans. [3]
Faire fonctionner un Klaxon. 🕮 [klaksɔne].

**KLEPTOMANE,** subst.
Personne qui ne peut s'empêcher de commettre des vols. 🕮 [klɛptɔman].

**KNOCK-OUT,** subst. m. inv.
Mise hors de combat d'un boxeur (abrév. K.O.). 🕮 [(k)nɔkaut].

**KOALA,** subst. m.
Petit mammifère marsupial qui vit dans les arbres, en Australie. 🕮 [kɔala].

**KOLKHOZ(E),** subst. m.
Coopérative agricole communautaire, dans l'ex-U.R.S.S. 🕮 [kɔlkoz].

**KOUGLOF,** subst. m.
Gâteau alsacien. 🕮 [kuglɔf].

**KRACH,** subst. m.
Effondrement brutal des cours de la Bourse. – Faillite d'une entreprise. 🕮 [kʀak].

**KRAFT,** subst. m.
Variété de papier d'emballage très résistant, de couleur beige. 🕮 [kʀaft].

**KREMLIN,** subst. m.
Citadelle centrale des anciennes villes russes. – *Le* Kremlin : ensemble fortifié de palais, d'églises et d'édifices, siège du gouvernement de Russie, à Moscou. 🕮 [kʀɛmlɛ̃].

**KRYPTON,** subst. m.
Gaz rare de l'air, utilisé dans certaines ampoules électriques. 🕮 [kʀiptɔ̃].

**KUNG-FU,** subst. m. inv.
Art martial chinois. 🕮 [kuɲfu].

**KYRIELLE,** subst. f.
Longue suite : *Une* kyrielle *d'injures.* 🕮 [kiʀjɛl].

**KYSTE,** subst. m.
Tumeur bénigne liquide ou semi-liquide (rarement solide). 🕮 [kist].

# L

**L, l,** subst. m. inv.
Douzième lettre et neuvième consonne de l'alphabet français. ⬚ [ɛl].

**LA (I),** voir LE

**LA (II),** subst. m. inv.
*Mus.* Sixième note de la gamme : *Donner le* **la,** *le son de référence.* ⬚ [la].

**LÀ,** adv.
Désigne un endroit autre que celui où l'on se trouve (oppos. *ici*) : *Mettez-vous plutôt* **là.** – Employé pour « ici » : *Venez* **là.** – Désigne un moment du temps : **Là,** *il cessa de parler.* – Renforce un démonstratif : *Celui-*là. – Précédé d'une préposition ou suivi d'un adjectif, forme des locutions adverbiales : *De* là ; *D'ici* là ; *Par* là ; Là-*bas,* au loin ; Là-*haut* ; Là-*dessus.* ⬚ [la].

**LABEL,** subst. m.
Marque, signe garantissant la qualité d'un produit. ⬚ [labɛl].

**LABEUR,** subst. m.
Travail long, soutenu et pénible. ⬚ [labœʀ].

**LABIAL, ALE, AUX,** adj.
Qui concerne les lèvres. ⬚ [labjal].

**LABORATOIRE,** subst. m.
Local aménagé en vue de travaux scientifiques, photographiques, d'analyses biologiques, etc. ⬚ [labɔʀatwaʀ].

**LABORIEUX, IEUSE,** adj.
Qui travaille avec application. – Qui exige des efforts ; long et difficile. – Sans inspiration, poussif. ⬚ [labɔʀjø, -jøz].

**LABOUR,** subst. m.
Travail de labourage : *Bêtes de* **labour.** – Plur. *Terres* labourées. ⬚ [labuʀ].

**LABOURAGE,** subst. m.
Action, art de labourer la terre. ⬚ [labuʀaʒ].

**LABOURER,** verbe trans. [3]
Retourner (la terre) avec une charrue ou une bêche. – Fig. Entailler, déchirer en laissant des sillons profonds. ⬚ [labuʀe].

**LABRADOR,** subst. m.
Grand chien à poil ras. ⬚ [labʀadɔʀ].

**LABYRINTHE,** subst. m.
Réseau de chemins entrelacés, où l'on se perd facilement. ⬚ [labiʀɛ̃t].

**LAC,** subst. m.
Étendue d'eau, gén. douce, naturelle ou artificielle, à l'intérieur des terres. ⬚ [lak].

**LACER,** verbe trans. [4]
Lier, serrer, fermer avec un lacet. ⬚ [lase].

**LACÉRER,** verbe trans. [8]
Déchirer, mettre en lambeaux. ⬚ [laseʀe].

**LACET,** subst. m.
Cordon servant à attacher une chaussure, un vêtement. – Virage ou suite de virages serrés d'une route en zigzag. – Nœud coulant servant à piéger le gibier. ⬚ [lasɛ].

**LÂCHE,** adj. et subst.
Qui manque de courage. – Adj. Méprisable, vil : *Un* **lâche** *attentat.* – Qui n'est pas tendu ; desserré. – Qui manque de densité, de concision : *Style* **lâche.** ⬚ [laʃ].

**LÂCHER,** verbe [3]
Trans. Desserrer, délier. – Cesser de tenir, de retenir : **Lâcher** *les chiens.* – Abandonner. – Intrans. Rompre, se casser. ⬚ [laʃe].

**LÂCHETÉ,** subst. f.
Manque de courage, couardise. – Action méprisable. ⬚ [laʃte].

**LACONIQUE,** adj.
Bref, concis, en parlant d'un discours, d'un style. – Peu bavard. ⬚ [lakɔnik].

**LACRYMAL, ALE, AUX,** adj.
Relatif aux larmes. ⬚ [lakʀimal].

**LACTÉ, ÉE,** adj.
Relatif au lait. – Qui contient du lait. – Qui ressemble au lait. – *La Voie* **lactée** : nébuleuse d'étoiles formant le grand axe de notre galaxie et qui, vue de la Terre, balaie le ciel d'une trace blanchâtre. ⬚ [lakte].

**LACUNE,** subst. f.
Partie manquante d'un ensemble. – Déficience, insuffisance. ⬚ [lakyn].

**LACUSTRE,** adj.
Qui vit dans un lac. – Qui se trouve sur les rives d'un lac : *Cité* **lacustre.** ⬚ [lakystʀ].

**LADY,** subst. f.
Femme anglaise de haut rang. – Femme élégante. ⬚ Plur. *ladys* ou *ladies* ; [ledi].

**LAGON,** subst. m.
Étendue d'eau de mer comprise entre la terre ferme et un récif corallien. – Lagune au centre d'un atoll. ⬚ [lagɔ̃].

**LAGUNE,** subst. f.
Bras d'eau salée séparé de la mer par un étroit cordon littoral. ⬚ [lagyn].

**LAI,** subst. m.
Petit poème du Moyen Âge. ⬚ [lɛ].

**LAÏCITÉ,** subst. f.
Caractère laïque. – Principe de séparation de l'Église et de l'État. ⬚ [laisite].

**LAID, LAIDE,** adj.
Qui n'est pas beau. – Contraire à la morale ou à la bienséance. ⬚ [lɛ, lɛd].

**LAIDEUR,** subst. f.
Caractère de ce qui est laid. 🕮 [lɛdœʀ].

**LAIE,** subst. f.
Femelle du sanglier. 🕮 [lɛ].

**LAINAGE,** subst. m.
Tissu de laine. – Gilet, pull-over de laine.
🕮 [lɛnaʒ].

**LAINE,** subst. f.
Pelage frisé et doux de certains ruminants,
que l'on file pour faire des fibres textiles ;
cette fibre. – Lainage, paletot. 🕮 [lɛn].

**LAÏQUE,** adj. et subst.
Qui n'appartient pas au clergé. – Adj. Qui
n'a pas de caractère religieux. 🕮 On écrit
aussi, au masc. du premier sens, *laic* ; [laik].

**LAISSE,** subst. f.
Lien utilisé pour attacher ou conduire un
animal, en partic. un chien. 🕮 [lɛs].

**LAISSER,** verbe trans. [3]
Maintenir (qqn ou qqch.) tel quel, ne pas
intervenir sur. – Partir sans, abandonner.
– Ne pas prendre : **Laisser** *la croûte.*
– Céder : **Laisser** *la place.* – Ne pas
empêcher : **Laisser** *un chien courir.* – Pronom. Être agréable à : *Ce livre se* **laisse** *lire.*
🕮 [lese].

**LAISSER-ALLER,** subst. m. inv.
Désinvolture. – Manque de soin, de tenue :
*Un* **laisser-aller** *vestimentaire.* 🕮 [leseale].

**LAISSEZ-PASSER,** subst. m. inv.
Document administratif autorisant la libre
circulation de qqn ou de qqch. 🕮 [lesepase].

**LAIT,** subst. m.
Liquide nourricier blanc et opaque sécrété
par les glandes mammaires des mammifères femelles. – Liquide ayant l'aspect du
lait : **Lait** *de palme, de chaux.* 🕮 [lɛ].

**LAITAGE,** subst. m.
Aliment dérivé du lait. 🕮 [lɛtaʒ].

**LAITERIE,** subst. f.
Établissement où l'on conserve et traite le
lait, et où on le transforme en beurre, en
crème, etc. – Industrie, commerce du lait
et des produits laitiers. 🕮 [lɛtʀi].

**LAITEUX, EUSE,** adj.
Qui a l'aspect, la couleur du lait : *Un teint*
**laiteux.** 🕮 [lɛtø, -øz].

**LAITIER, IÈRE,** adj. et subst.
Adj. Relatif au lait : *Une vache* **laitière,** qui
donne du lait. – Subst. Commerçant qui
vend des produits laitiers. 🕮 [letje, -jɛʀ].

**LAITON,** subst. m.
Alliage de cuivre et de zinc. 🕮 [lɛtɔ̃].

**LAITUE,** subst. f.
Plante potagère que l'on mange en salade.
🕮 [lety].

**LAÏUS,** subst. m.
Discours, exposé (fam.). 🕮 [lajys].

**LAIZE,** voir **LÉ**

**LAMA (I),** subst. m.
Ruminant d'Amérique du Sud, dont certaines races sont domestiquées. 🕮 [lama].

**LAMA (II),** subst. m.
Moine bouddhiste du Tibet et de Mongolie.
– *Dalaï*-**lama** : chef spirituel et temporel
des Tibétains. 🕮 [lama].

**LAMBEAU,** subst. m.
Morceau déchiré ou arraché d'une matière
quelconque. – Fig. Fragment, débris d'un
ensemble. 🕮 [lɑ̃bo].

**LAMBINER,** verbe intrans.
Fam. S'attarder ; prendre son temps ou le
perdre. 🕮 [lɑ̃bine].

**LAMBRIS,** subst. m.
Revêtement décoratif d'un mur, en forme
de cadre mouluré. – Revêtement d'un mur
en lames de bois ; ces lames. 🕮 [lɑ̃bʀi].

**LAME,** subst. f.
Pièce allongée, plate et mince, en métal,
en bois, etc. – Pièce de métal servant à piquer, à couper, etc. ; arme blanche. – Vague
qui déferle, rouleau. – Fig. **Lame** *de fond* :
phénomène violent et brutal. 🕮 [lam].

**LAMÉ, ÉE,** adj. et subst. m.
Se dit d'une étoffe tissée ou ornée de fils
d'or ou d'argent. 🕮 [lame].

**LAMELLE,** subst. f.
Petite lame. – Fine tranche. 🕮 [lamɛl].

**LAMELLIBRANCHE,** subst. m.
Mollusque bivalve aux branchies en forme
de lamelles (huître, moule, etc.). – Plur.
La classe correspondante. 🕮 [lamelibʀɑ̃ʃ].

**LAMENTABLE,** adj.
Pitoyable. – Très mauvais. 🕮 [lamɑ̃tabl].

**LAMENTATION,** subst. f.
Plainte bruyante et prolongée. – Récrimination. 🕮 [lamɑ̃tasjɔ̃].

**LAMENTER (SE),** verbe pronom. [3]
Se plaindre, se désoler, gémir. 🕮 [lamɑ̃te].

**LAMINER,** verbe trans. [3]
Amincir (du métal). – Fig. Diminuer,
réduire jusqu'à anéantir. 🕮 [lamine].

**LAMPADAIRE,** subst. m.
Lampe montée sur un pied élevé. – Réverbère. 🕮 [lɑ̃padɛʀ].

**LAMPE,** subst. f.
Appareil d'éclairage : **Lampe** *à huile, élec-*
*trique.* – Appareil à flamme dégageant une
forte chaleur : **Lampe** *à souder.* 🕮 [lɑ̃p].

**LAMPION,** subst. m.
Petite lampe entourée de papier multicolore, utilisée pour illuminer des fêtes
nocturnes (synon. *lanterne vénitienne*).
🕮 [lɑ̃pjɔ̃].

**LAMPROIE,** subst. f.
Vertébré marin dépourvu de mâchoires, qui
ressemble à une anguille. 🕮 [lɑ̃pʀwa].

**LANCE, subst. f.**
Ancienne arme à longue hampe munie d'un fer pointu. – Tuyau dont l'embout permet de projeter l'eau : Lance d'arrosage. 🔊 [lãs].

**LANCÉE, subst. f.**
Sur sa lancée : en profitant de son élan initial. 🔊 [lãse].

**LANCEMENT, subst. m.**
Action de lancer. 🔊 [lãsmã].

**LANCE-PIERRE(S), subst. m.**
Arme en forme de fourche servant à lancer des pierres. 🔊 Plur. lance-pierres ; [lãspjɛʀ].

**LANCER, verbe trans. [4]**
Envoyer au loin, avec énergie. – Mouvoir rapidement (une partie du corps) : Lancer sa jambe en l'air. – Mettre en route. – Inaugurer, promouvoir : Lancer une mode, un produit. – Émettre avec force : Lancer un cri, une accusation. – Pronom. Se jeter, se précipiter. – Fig. S'engager hardiment : Se lancer dans la politique. 🔊 [lãse].

**LANCIER, subst. m.**
Cavalier armé d'une lance. 🔊 [lãsje].

**LANCINANT, ANTE, adj.**
Qui provoque des élancements douloureux. – Fig. Obsédant. 🔊 [lãsinã, -ãt].

**LANDAU, AUS, subst. m.**
Voiture à chevaux découverte, à quatre places. – Voiture d'enfant, dotée d'une capote. 🔊 [lãdo].

**LANDE, subst. f.**
Vaste étendue de terre où poussent des fougères, des bruyères, des ajoncs, etc. – Cette végétation elle-même. 🔊 [lãd].

**LANGAGE, subst. m.**
Faculté de communication propre à l'espèce humaine, qui s'exerce par l'intermédiaire de divers systèmes codés : Langage des gestes, parlé, écrit. – Manière de s'exprimer : Langage familier, incorrect. – Vocabulaire spécialisé : Langage administratif. 🔊 [lãgaʒ].

**LANGE, subst. m.**
Linge dans lequel on emmaillotait autrefois les nourrissons. 🔊 [lãʒ].

**LANGOUREUX, EUSE, adj.**
Qui exprime la langueur. – Sentimental et mélancolique. 🔊 [lãguʀø, -øz].

**LANGOUSTE, subst. f.**
Crustacé marin au corps long et cylindrique, à la chair appréciée. 🔊 [lãgust].

**LANGOUSTINE, subst. f.**
Petit crustacé marin à pinces longues et fines. 🔊 [lãgustin].

**LANGUE, subst. f.**
Organe musculaire situé dans la bouche, siège du goût et instrument de la parole chez l'homme. – Ce qui évoque une langue : Langue de terre, de feu. – Ensemble des signes vocaux ou graphiques permettant la communication dans un groupe humain : La langue française. 🔊 [lãg].

**LANGUETTE, subst. f.**
Petit objet en forme de langue. 🔊 [lãgɛt].

**LANGUEUR, subst. f.**
Dépression ; absence d'énergie, indolence. – Mélancolie rêveuse. 🔊 [lãgœʀ].

**LANGUIR, verbe intrans. [19]**
Manquer d'ardeur, d'énergie ; au fig. : La soirée languit, traîne en longueur. – Attendre avec impatience. – Pronom. Se morfondre dans l'attente (de) ; s'ennuyer. 🔊 [lãgiʀ].

**LANIÈRE, subst. f.**
Longue et étroite bande de matière souple, souv. de cuir. 🔊 [lanjɛʀ].

**LANTERNE, subst. f.**
Boîte translucide abritant une source lumineuse. – Feu de position d'un véhicule (gén. au plur.). – Fig. La lanterne rouge : le dernier d'un classement (fam.). 🔊 [lãtɛʀn].

**LAPALISSADE, subst. f.**
Formule que son caractère d'évidence rend risible. 🔊 [lapalisad].

**LAPER, verbe trans. [3]**
Boire à petits coups de langue, en parlant d'un animal. 🔊 [lape].

**LAPEREAU, subst. m.**
Jeune lapin. 🔊 [lapʀo].

**LAPIDAIRE, adj.**
Relatif aux pierres précieuses. – Bref, très concis. 🔊 [lapidɛʀ].

**LAPIDER, verbe trans. [3]**
Tuer, attaquer ou poursuivre à coups de pierres. 🔊 [lapide].

**LAPIN, INE, subst.**
Petit mammifère rongeur, très prolifique, à longues oreilles, élevé ou chassé pour sa chair et sa fourrure. – Masc. Chair ou fourrure de cet animal. 🔊 [lapɛ̃, -in].

**LAPS, subst. m.**
Laps de temps : espace de temps. 🔊 [laps].

**LAPSUS, subst. m.**
Faute consistant à remplacer un mot par un autre, en parlant ou en écrivant. 🔊 [lapsys].

**LAQUAIS, subst. m.**
Domestique en livrée. – Fig. Personne servile (littér.). 🔊 [lakɛ].

**LAQUE, subst.**
Fém. Gomme résineuse dont on fait des peintures brillantes. – Produit que l'on vaporise sur les cheveux. – Masc. Vernis d'Orient, rouge ou noir. – Objet d'art enduit de ce vernis. 🔊 [lak].

**LAQUER, verbe trans. [3]**
Enduire de laque. 🔊 [lake].

**LARBIN**, subst. m.
Fam. Domestique. – Fig. Homme servile.
📢 [laʀbɛ̃].

**LARCIN**, subst. m.
Petit vol commis sans effraction. 📢 [laʀsɛ̃].

**LARD**, subst. m.
Couche de graisse qui se trouve sous la peau du porc, utilisée en cuisine. 📢 [laʀ].

**LARDER**, verbe trans. [3]
Piquer (une viande) de lardons. – Transpercer (qqn) de coups de couteau. 📢 [laʀde].

**LARDON**, subst. m.
Petit morceau de lard qui accompagne un plat. – Jeune enfant (fam.). 📢 [laʀdɔ̃].

**LARGE**, adj. et subst. m.
Adj. Plus étendu que la moyenne, dans le sens de la largeur. – **Large** de : qui mesure (tant) en largeur. – Ample. – Important, grand. – Fig. Tolérant, ouvert. – Généreux, dépensier. – Subst. Largeur : *Trois mètres de* **large** ; *En long et en* **large**. – Haute mer : *Le grand* **large**. – *Être au* **large** : à distance ; à l'aise. 📢 [laʀʒ].

**LARGEMENT**, adv.
Avec largesse. – Fig. Amplement ; plus qu'il n'est nécessaire. 📢 [laʀʒəmɑ̃].

**LARGESSE**, subst. f.
Générosité. – Plur. Cadeaux. 📢 [laʀʒɛs].

**LARGEUR**, subst. f.
Dimension d'une surface ou d'un volume opposée à la longueur. – Qualité de ce qui est large. 📢 [laʀʒœʀ].

**LARGUER**, verbe trans. [3]
Lâcher, détacher : **Larguer** *les amarres*, partir. – Laisser tomber d'un avion. – Abandonner (fam.). 📢 [laʀge].

**LARME**, subst. f.
Liquide salé sécrété par les glandes lacrymales, qui coule des yeux. – Fig. Petite quantité de liquide. 📢 [laʀm].

**LARMOYER**, verbe intrans. [17]
Se remplir de larmes, en parlant des yeux. – Pleurnicher. 📢 [laʀmwaje].

**LARVE**, subst. f.
Premier stade du développement de certains animaux (insectes, amphibiens). – Fig. Personne apathique ou veule (fam.). 📢 [laʀv].

**LARVÉ, ÉE**, adj.
Latent. 📢 [laʀve].

**LARYNGITE**, subst. f.
Inflammation du larynx. 📢 [laʀɛ̃ʒit].

**LARYNX**, subst. m.
Organe vocal principal, situé entre le pharynx et la trachée. 📢 [laʀɛ̃ks].

**LAS, LASSE**, adj.
Fatigué. – Fig. Ennuyé, dégoûté. 📢 [lɑ, lɑs].

**LASCIF, IVE**, adj.
Voluptueux. – Très sensuel. 📢 [lasif, -iv].

**LASER**, subst. m.
Appareil qui émet un faisceau lumineux très fin et très intense. 📢 [lazɛʀ].

**LASSER**, verbe trans. [3]
Fatiguer. – Ennuyer. 📢 [lɑse].

**LASSITUDE**, subst. f.
Fatigue. – Ennui. 📢 [lɑsityd].

**LASSO**, subst. m.
Longue corde à nœud coulant, servant à attraper les animaux. 📢 [laso].

**LATENT, ENTE**, adj.
Qui reste caché mais peut se manifester à tout instant. 📢 [latɑ̃, -ɑ̃t].

**LATÉRAL, ALE, AUX**, adj.
Qui se trouve sur le côté. 📢 [lateʀal].

**LATEX**, subst. m.
Liquide laiteux sécrété par diverses plantes : *Le* **latex** *de l'hévéa*. 📢 [latɛks].

**LATIN, INE**, adj. et subst. m.
Se dit de la langue des anciens Romains. – Adj. Du Latium, de la Rome antique ou des peuples romanisés. – Se dit de ceux qui parlent une langue romane : *Amérique* **latine**, *où l'on parle l'espagnol, le portugais*. 📢 [latɛ̃, -in].

**LATITUDE**, subst. f.
Distance d'un lieu terrestre par rapport à l'équateur (calculée en degrés, minutes et secondes). – Région, vue sous l'angle du climat : *Vivre sous d'autres* **latitudes**. – Liberté : *Avoir toute* **latitude** *pour agir*. 📢 [latityd].

**LATTE**, subst. f.
Pièce de bois plate, étroite et mince. 📢 [lat].

**LAUDATIF, IVE**, adj.
Qui contient ou qui exprime un éloge. 📢 [lodatif, -iv].

**LAURÉAT, ATE**, adj. et subst.
Qui a été reçu à un examen, à un concours ; qui a remporté un prix. 📢 [lɔʀea, -at].

**LAURIER**, subst. m.
Arbuste à feuilles persistantes : **Laurier**-*sauce*, dont les feuilles servent de condiment. – Plur. Gloire (littér.). 📢 [lɔʀje].

**LAVABO**, subst. m.
Cuvette, équipée de robinets, utilisée pour la toilette. – Plur. Toilettes. 📢 [lavabo].

**LAVAGE**, subst. m.
Action de laver. – **Lavage** *de cerveau* : action psychologique qui vise à priver une personne de sa faculté de réflexion. 📢 [lavaʒ].

**LAVANDE**, subst. f.
Plante à fleurs bleues en épi, utilisée en parfumerie. – Empl. adj. inv. Bleu-mauve assez clair. 📢 [lavɑ̃d].

**LAVANDIÈRE**, subst. f.
Femme qui lavait le linge à la main (littér.). 📢 [lavɑ̃djɛʀ].

**LAVE**, subst. f.
Matière en fusion crachée par un volcan, qui se solidifie en refroidissant. 🕮 [lav].

**LAVEMENT**, subst. m.
*Méd.* Introduction par l'anus d'un liquide dans le gros intestin. 🕮 [lavmã].

**LAVER**, verbe trans. [3]
Nettoyer avec un liquide, en partic. de l'eau. – Fig. Disculper : *Laver qqn d'un soupçon.* – Pronom. Faire sa toilette. – Fig. *Se laver les mains de qqch.* : en décliner la responsabilité. 🕮 [lave].

**LAVERIE**, subst. f.
Blanchisserie où l'on lave soi-même son linge. 🕮 [lavʀi].

**LAVOIR**, subst. m.
Bassin aménagé où l'on lavait le linge autrefois. 🕮 [lavwaʀ].

**LAXATIF, IVE**, adj. et subst. m.
Se dit d'un produit qui aide à évacuer les selles. 🕮 [laksatif, -iv].

**LAXISME**, subst. m.
Indulgence excessive. – Manque de rigueur. 🕮 [laksism].

**LAYETTE**, subst. f.
Ensemble des vêtements d'un nouveau-né. 🕮 [lɛjɛt].

**LE, LA, LES**, art. déf. et pron. pers.
Article défini qui détermine en genre et en nombre un groupe nominal. – Pronom personnel de la 3ᵉ personne, remplissant la fonction d'objet direct. 🕮 [lə, la], plur. [le].

**LÉ**, subst. m.
Largeur d'une étoffe ou d'une bande de papier peint. 🕮 [le].

**LEADER**, subst. m.
Chef de file. – *Sp.* Concurrent qui mène, dans une course, une compétition. – Entreprise, groupe occupant la première place dans son domaine. 🕮 [lidœʀ].

**LÉCHER**, verbe trans. [8]
Passer la langue sur. – Effleurer, en parlant du feu, de l'eau. 🕮 [leʃe].

**LEÇON**, subst. f.
Enseignement d'un maître, d'un professeur. – Ce qu'un élève doit apprendre. – Réprimande, avertissement. – Enseignement tiré d'un échec. 🕮 [l(ə)sõ].

**LECTEUR, TRICE**, subst.
Personne qui lit, qui aime lire. – Masc. Appareil servant à diffuser des sons enregistrés : *Lecteur de cassettes.* – *Informat.* Organe servant à lire des disquettes. 🕮 [lɛktœʀ, -tʀis].

**LECTURE**, subst. f.
Action de lire, de déchiffrer. – Ouvrage qu'on lit. – Interprétation particulière d'un texte, d'une œuvre musicale. 🕮 [lɛktyʀ].

**LÉGAL, ALE, AUX**, adj.
Qui est conforme à la loi. – Qui résulte de la loi, qui est ordonné par elle. 🕮 [legal].

**LÉGALISÉ, ÉE**, adj.
Rendu légal. – Authentifié. 🕮 [legalize].

**LÉGALITÉ**, subst. f.
Caractère de ce qui est légal. 🕮 [legalite].

**LÉGAT**, subst. m.
Représentant du pape. 🕮 [lega].

**LÉGATAIRE**, subst.
Bénéficiaire d'un legs. 🕮 [legatɛʀ].

**LÉGENDAIRE**, adj.
Qui relève de la légende. – Qui est entré dans la légende, illustre. 🕮 [leʒãdɛʀ].

**LÉGENDE**, subst. f.
Récit populaire merveilleux. – Histoire embellie ou amplifiée par l'imagination. – Commentaire écrit d'une illustration, d'un document. 🕮 [leʒãd].

**LÉGER, ÈRE**, adj.
Qui pèse peu ; peu dense. – Peu épais, mince : *Une robe légère.* – Peu intense ; peu important : *Une blessure légère.* – Gracieux : *Danseuse légère.* – Fig. Futile, irréfléchi : *Un esprit léger.* 🕮 [leʒe, -ɛʀ].

**LÉGÈREMENT**, adv.
De façon légère. – Un peu. – Avec désinvolture. 🕮 [leʒɛʀmã].

**LÉGÈRETÉ**, subst. f.
Qualité de ce qui est léger. 🕮 [leʒɛʀte].

**LÉGIFÉRER**, verbe intrans. [8]
Faire des lois. 🕮 [leʒifeʀe].

**LÉGION**, subst. f.
Unité de l'armée romaine. – Appellation de certaines unités militaires. – *La Légion étrangère* : formation militaire essentiellement composée de volontaires étrangers. – *La Légion d'honneur* : ordre honorifique français. – Fig. Grand nombre. 🕮 [leʒjõ].

**LÉGIONNAIRE**, subst. m.
Soldat d'une légion romaine. – Soldat de la Légion étrangère. 🕮 [leʒjɔnɛʀ].

**LÉGISLATEUR, TRICE**, adj. et subst. m.
Qui légifère. 🕮 [leʒislatœʀ, -tʀis].

**LÉGISLATIF, IVE**, adj.
Qui concerne les lois. – Qui fait les lois : *Pouvoir législatif.* – *Élections législatives* : destinées à désigner les députés ; empl. subst. : *Les législatives.* 🕮 [leʒislatif, -iv].

**LÉGISLATION**, subst. f.
Ensemble des lois propres à un pays ou relatives à un domaine donné. 🕮 [leʒislasjõ].

**LÉGISTE**, adj. m. et subst.
Subst. Spécialiste des lois. – Adj. *Médecin légiste* : chargé d'expertises en matière légale. 🕮 [leʒist].

**LÉGITIME**, adj.
Conforme à la loi, reconnu par la loi. – Conforme à l'équité, au bon droit, à la raison. – *Enfant légitime* : né de parents mariés. – *Légitime défense* : droit de répondre par un acte prohibé à une agression. 🕮 [leʒitim].

**LÉGITIMER**, verbe trans. [3]
Faire reconnaître comme légitime. – Reconnaître juridiquement (un enfant naturel). – Justifier, excuser. ▨ [leʒitime].

**LEGS**, subst. m. inv.
Action de léguer un bien. – Bien ainsi légué. ▨ [lɛ(g)].

**LÉGUER**, verbe trans. [8]
Donner à titre d'héritage, par testament. – Fig. Transmettre aux suivants. ▨ [lege].

**LÉGUME**, subst. m.
Plante potagère qui sert à l'alimentation humaine. ▨ [legym].

**LÉGUMINEUSE**, subst. f.
Plante dont le fruit est une gousse (haricot, pois, lentille, luzerne, etc.). – Plur. L'ordre correspondant. ▨ [legyminøz].

**LEITMOTIV**, subst. m.
*Mus.* Motif, thème caractéristique qui se répète. – Fig. Thème, phrase qui revient. ▨ Plur. *leitmotiv(e)* ; [lɛtmotiv].

**LÉMURIEN**, subst. m.
Primate de petite taille, arboricole, aux gros yeux caractéristiques. – Plur. Le sous-ordre correspondant. ▨ [lemyʀjɛ̃].

**LENDEMAIN**, subst. m.
Jour qui suit immédiatement celui dont on parle. – Avenir. ▨ [lɑ̃dmɛ̃].

**LÉNIFIANT, ANTE**, adj.
Qui calme. – Fig. Qui apaise pour endormir la méfiance. ▨ [lenifjɑ̃, -ɑ̃t].

**LENT, LENTE**, adj.
Peu rapide. – Fig. Sans vivacité intellectuelle : *Avoir l'esprit* lent. ▨ [lɑ̃, lɑ̃t].

**LENTE**, subst. f.
Œuf de pou. ▨ [lɑ̃t].

**LENTEUR**, subst. f.
Manque de rapidité. – Fig. Manque de vivacité intellectuelle. ▨ [lɑ̃tœʀ].

**LENTILLE**, subst. f.
Variété de légumineuse ; sa graine, comestible. – Verre taillé circulaire, utilisé dans les instruments d'optique. ▨ [lɑ̃tij].

**LÉONIN, INE**, adj.
Propre au lion. – Fig. *Partage* léonin : abusif, à l'avantage du plus fort. ▨ [leɔnɛ̃, -in].

**LÉOPARD**, subst. m.
Panthère tachetée d'Afrique. – Fourrure de cet animal. ▨ [leɔpaʀ].

**LÉPIDOPTÈRE**, subst. m.
Insecte dont les quatre ailes portent de minuscules écailles. ▨ [lepidɔptɛʀ].

**LÈPRE**, subst. f.
Maladie infectieuse et contagieuse grave, qui se manifeste par des plaies cutanées. – Fig. Fléau moral ou social qui se propage : *La* lèpre *du chômage.* ▨ [lɛpʀ].

**LÉPREUX, EUSE**, adj. et subst.
Se dit d'une personne atteinte de la lèpre. – Adj. Fig. Couvert de taches, dégradé : *Façade* lépreuse. ▨ [lepʀø, -øz].

**LÉPROSERIE**, subst. f.
Hôpital où l'on isole et soigne les lépreux. ▨ [lepʀozʀi].

**LEQUEL, LAQUELLE, LESQUELS, LESQUELLES**, pron. rel. et interr.
Pron. rel. Variante de « qui » : *Je ne sais* lequel *choisir.* – En complément indirect : *La route sur* laquelle *nous marchons.* – Pron. interr. Qui, quel (parmi plusieurs) : Laquelle *prenez-vous ?* ▨ Avec *à* et *de,* se contracte en *auquel, auxquels, auxquelles* et en *duquel, desquels, desquelles* ; [ləkɛl, lakɛl], plur. [lekɛl].

**LÈS** ou **LEZ**, prép.
Près de, dans des noms de lieux : *Villeneuve-lès-Avignon* ; *Plessis-lez-Tours.* ▨ [lɛ].

**LESBIENNE**, subst. f.
Femme homosexuelle. ▨ [lɛsbjɛn].

**LÈSE-MAJESTÉ**, subst. f. inv.
Attentat contre un souverain : *Crime de* lèse-majesté. ▨ [lɛzmaʒɛste].

**LÉSER**, verbe trans. [8]
Faire tort à. – *Méd.* Blesser. ▨ [leze].

**LÉSINER**, verbe intrans. [3]
Économiser avec excès, avarice. ▨ [lezine].

**LÉSION**, subst. f.
Dégradation d'un tissu, d'un organe, due à un accident, à une affection, etc. – *Dr.* Préjudice subi par l'une des parties dans un contrat ou un partage. ▨ [lezjɔ̃].

**LESSIVE**, subst. f.
Produit alcalin servant à laver du linge ou à nettoyer qqch. – Action de laver le linge ; le linge lavé. ▨ [lesiv].

**LESSIVER**, verbe trans. [3]
Laver à l'aide de lessive. – Fam. Ruiner, déposséder. – Épuiser, éreinter. ▨ [lesive].

**LESSIVEUSE**, subst. f.
Grand récipient en tôle dans lequel on faisait bouillir le linge. ▨ [lesivøz].

**LEST**, subst. m.
Masse pesante assurant l'équilibre d'un navire. – Sacs de sable que les aéronautes jettent afin d'alléger leur ballon. – Fig. *Lâcher du* lest : assouplir sa position, faire une concession nécessaire à la sauvegarde de qqch. ▨ [lɛst].

**LESTE**, adj.
Agile, souple. – Inconvenant, grivois : *Une plaisanterie un peu* leste. ▨ [lɛst].

**LESTER**, verbe trans. [3]
Charger de lest. ▨ [lɛste].

**LÉTHARGIE**, subst. f.
Sommeil pathologique profond. – Torpeur profonde, engourdissement. 🕮 [letaʀʒi].

**LETTRE**, subst. f.
Chacun des signes graphiques d'un alphabet. – Texte écrit qu'on envoie à qqn : *Lettre d'amour, d'affaires*. – *À la lettre* : scrupuleusement. – Plur. Littérature : *Un homme de lettres*. 🕮 [lɛtʀ].

**LETTRÉ, ÉE**, adj. et subst.
Qui possède une grande culture littéraire : *Un fin lettré*. 🕮 [letre].

**LETTRINE**, subst. f.
Grande majuscule, ornée ou non, gén. placée au début d'un chapitre. 🕮 [letʀin].

**LEUCÉMIE**, subst. f.
Maladie caractérisée par la prolifération des globules blancs dans le sang. 🕮 [løsemi].

**LEUCOCYTE**, subst. m.
Globule blanc du sang. 🕮 [løkɔsit].

**LEUR (I)**, pron. pers. inv.
Pronom personnel de la 3ᵉ personne du pluriel ; équivaut à « à eux », « à elles » : *Il leur a dit la vérité*. 🕮 [lœʀ].

**LEUR (II), LEURS**, adj. et pron.
Adjectif et pronom (*le leur, la leur, les leurs*) possessifs de la 3ᵉ personne, qui s'emploient lorsqu'il y a plusieurs possesseurs : *Voici leur enfant ; Ils ont revu les leurs, leurs parents*. 🕮 [lœʀ].

**LEURRE**, subst. m.
Appât factice, pour la chasse ou la pêche. – Fig. Artifice visant à tromper. 🕮 [lœʀ].

**LEURRER**, verbe trans. [3]
Tromper (qqn) par de vaines espérances. – Pronom. Se faire des illusions. 🕮 [lœʀe].

**LEVAIN**, subst. m.
Morceau de pâte contenant un ferment (levure) qui, mélangé à la pâte à pain, la fait gonfler à la chaleur. – Fig. Ce qui est susceptible d'attiser les passions. 🕮 [ləvɛ̃].

**LEVANT**, subst. m.
L'est, l'orient (oppos. *couchant, ponant*). 🕮 [ləvɑ̃].

**LEVÉE**, subst. f.
Remblai. – Action de lever, de brandir : *Une levée de boucliers*. – Action de collecter : *Levée d'impôts, du courrier*. 🕮 [l(ə)ve].

**LEVER (I)**, verbe trans. [10]
Déplacer vers le haut : *Lever son ardoise*. – Orienter vers le haut : *Lever les yeux, la tête*. – Faire sortir (un gibier) de son abri. – Récolter, réunir : *Lever les impôts, une armée*. – Mettre fin à : *Lever le siège*. – Pronom. Se réveiller et sortir de son lit. – Se mettre debout. – Apparaître dans le ciel : *Le soleil, le jour se lève*. 🕮 [l(ə)ve].

**LEVER (II)**, subst. m.
Action de se lever, de quitter son iit. – Moment où un astre apparaît au-dessus de l'horizon. – Action d'élever qqch. vers le haut : *Le lever de rideau*. 🕮 [l(ə)ve].

**LEVIER**, subst. m.
Engin rigide, mobile autour d'un point fixe, servant à soulever une masse. – Organe de commande d'un mécanisme. – Fig. Moyen d'action. 🕮 [ləvje].

**LÉVITATION**, subst. f.
Élévation d'un corps, qui reste en suspension dans l'air. 🕮 [levitasjɔ̃].

**LÈVRE**, subst. f.
Chacune des parties charnues qui bordent la bouche. – Repli cutané de la vulve. – Fig. *Du bout des lèvres* : à contrecœur. – Plur. Bords d'une plaie. 🕮 [lɛvʀ].

**LEVRETTE**, subst. f.
Femelle du lévrier. 🕮 [ləvʀɛt].

**LÉVRIER**, subst. m.
Chien très rapide, aux membres longs et fins et à l'abdomen étroit. 🕮 [levʀije].

**LEVURE**, subst. f.
Substance qui fait lever la pâte ou sert à la fermentation. 🕮 [l(ə)vyʀ].

**LEXICAL, ALE, AUX**, adj.
Relatif à un lexique, au vocabulaire. 🕮 [lɛksikal].

**LEXIQUE**, subst. m.
Petit dictionnaire contenant les mots principaux d'une langue, d'une œuvre, d'une science, etc. – Ling. L'ensemble des mots d'une langue, le vocabulaire. 🕮 [lɛksik].

**LEZ**, voir **LÈS**

**LÉZARD**, subst. m.
Petit reptile, qui possède quatre pattes et une longue queue. 🕮 [lezaʀ].

**LÉZARDE**, subst. f.
Crevasse étroite et longue. 🕮 [lezaʀd].

**LÉZARDER (I)**, verbe trans. [3]
Fendre par des lézardes. 🕮 [lezaʀde].

**LÉZARDER (II)**, verbe intrans. [3]
Paresser au soleil (fam.). 🕮 [lezaʀde].

**LIAISON**, subst. f.
Action de lier matériellement des choses entre elles. – Rapport, connexion. – Établissement d'une communication : *Liaison aérienne*. – Relation amoureuse durable. – Ling. Prononciation de la dernière consonne d'un mot, devant un autre mot commençant par une voyelle ou un h muet. 🕮 [ljɛzɔ̃].

**LIANE**, subst. f.
Plante à tige souple et longue, qui croît en utilisant d'autres plantes comme support. 🕮 [ljan].

**LIASSE**, subst. f.
Ensemble de feuilles, de billets de banque ou de journaux liés entre eux. 🕮 [ljas].

**LIBATION, subst. f.**
*Antiq.* Offrande d'un liquide aux dieux.
– Plur. *Faire des* **libations** : boire joyeuse-
ment beaucoup d'alcool. 😀 [libasjɔ̃].

**LIBELLER, verbe trans.** [3]
Rédiger selon une formulation précise :
**Libeller** *un chèque.* 😀 [libele].

**LIBELLULE, subst. f.**
Insecte à grandes ailes fines et transpa-
rentes, au vol rapide. 😀 [libelyl].

**LIBÉRAL, ALE, AUX, adj. et subst.**
Qui est favorable aux libertés individuelles.
– Qui est partisan du libéralisme économique ou s'y réfère. – Qui est tolérant,
compréhensif. – Adj. Se dit d'une profession non salariée. 😀 [libeʀal].

**LIBÉRALISME, subst. m.**
Doctrine politique fondée sur le respect des
libertés individuelles. – Doctrine économique prônant la libre entreprise et la
concurrence. – Tolérance. 😀 [libeʀalism̩].

**LIBÉRALITÉ, subst. f.**
Générosité, penchant à donner (littér.).
– Plur. Dons généreux. 😀 [liberalite].

**LIBÉRATION, subst. f.**
Action de libérer, de se libérer. 😀 [liberasjɔ̃].

**LIBÉRER, verbe trans.** [8]
Mettre en liberté. – Dégager d'une servitude,
d'une entrave. – Délivrer d'un occupant,
d'un ennemi. – Pronom. S'acquitter (d'une
dette). – Se rendre disponible. 😀 [libeʀe].

**LIBERTÉ, subst. f.**
État d'une personne ou d'une chose qui ne
subit aucune contrainte : **Liberté** *de pensée,
de circulation.* – Oisiveté temporaire : *Avoir
quelques jours de* **liberté.** – Plur. *Libertés
publiques* : droits fondamentaux reconnus
au citoyen. 😀 [libeʀte].

**LIBERTIN, INE, adj. et subst.**
Incroyant (vieilli). – Qui rejette toute règle
morale ou religieuse ; qui se complaît dans
une débauche raffinée. 😀 [libeʀtɛ̃, -in].

**LIBIDO, subst. f.**
Énergie de la pulsion sexuelle. 😀 [libido].

**LIBRAIRIE, subst. f.**
Magasin où l'on vend des livres. 😀 [libʀeʀi].

**LIBRE, adj.**
Qui se détermine soi-même ; qui ne dépend
que de soi. – Qui n'est ni prisonnier, ni
captif, ni asservi. – Qui n'est pas assujetti
à des contraintes. – Qui est disponible.
– Qui n'a pas de règles strictes : *Vers* **libres.**
– *Entrée* **libre** : gratuite. 😀 [libʀ].

**LIBRE ARBITRE, subst. m.**
Faculté de décider par sa seule volonté, hors
de toute contrainte ou influence extérieures. 😀 Plur. *libres arbitres* ; [libʀaʀbitʀ].

**LIBRE-ÉCHANGE, subst. m.**
Liberté totale du commerce entre les États,
sans droits de douane ni quotas. 😀 Plur.
*libres-échanges* ; [libʀeʃɑ̃ʒ].

**LIBREMENT, adv.**
En toute liberté ; sans entrave. – En prenant
certaines libertés. 😀 [libʀəmɑ̃].

**LIBRE-SERVICE, subst. m.**
Magasin dans lequel le client se sert lui-
même. 😀 Plur. *libres-services* ; [libʀəsɛʀvis].

**LICE, subst. f.**
Champ clos où avaient lieu les tournois.
– Fig. *Entrer en* **lice** : s'engager dans une
lutte ; intervenir dans un débat. 😀 [lis].

**LICENCE, subst. f.**
Liberté excessive qui tend au désordre des
mœurs. – Permis d'exercer une activité.
– Premier diplôme du deuxième cycle universitaire. 😀 [lisɑ̃s].

**LICENCIÉ (I), ÉE, adj. et subst.**
Titulaire d'une licence (permis ou diplôme). 😀 [lisɑ̃sje].

**LICENCIÉ (II), ÉE, adj. et subst.**
Se dit d'une personne que son employeur
vient de licencier. 😀 [lisɑ̃sje].

**LICENCIER, verbe trans.** [6]
Renvoyer, congédier. 😀 [lisɑ̃sje].

**LICENCIEUX, IEUSE, adj.**
Qui est contraire aux bonnes mœurs, à la
pudeur (littér.). 😀 [lisɑ̃sjø, -jøz].

**LICHEN, subst. m.**
Végétal formé de l'association d'un champignon et d'une algue. 😀 [likɛn].

**LICITE, adj.**
Qui est permis par la loi. 😀 [lisit].

**LICORNE, subst. f.**
Cheval fabuleux portant une longue corne
torsadée. 😀 [likɔʀn].

**LIE, subst. f.**
Dépôt qui se forme au fond des récipients
emplis de boissons fermentées. – Fig.
Rebut ; racaille. 😀 [li].

**LIE-DE-VIN, adj. inv.**
Rouge violacé. 😀 [lidvɛ̃].

**LIÈGE, subst. m.**
Substance légère, aérée et imperméable
provenant de l'écorce de certains arbres et
utilisée pour faire des bouchons. 😀 [ljɛʒ].

**LIEN, subst. m.**
Objet plus ou moins long, souple, qui sert
à attacher. – Liaison entre deux idées, deux
événements. – Ce qui unit moralement
des personnes : **Lien** *conjugal.* 😀 [ljɛ̃].

**LIER, verbe trans.** [6]
Attacher avec un lien. – Rendre homogène :
**Lier** *une sauce.* – Unir moralement ou
juridiquement : *Contrat* **liant** *les parties.*
– Engager : **Lier** *conversation.* – Pronom.
Devenir ami ; s'attacher. 😀 [lje].

**LIERRE, subst. m.**
Plante ligneuse qui grimpe sur les murs,
sur les arbres. 😀 [ljɛʀ].

**LIESSE, subst. f.**
Joie collective et bruyante (littér.). 🕮 [ljɛs].

**LIEU (I), LIEUS, subst. m.**
Poisson de mer proche du merlan et du colin. 🕮 [ljø].

**LIEU (II), LIEUX, subst. m.**
Région déterminée de l'espace ; endroit : Lieu *de rencontre*. – *En premier* lieu : d'abord. – *Au* lieu *de* : à la place de. – *Tenir* lieu *de* : remplacer. – *Avoir* lieu : se produire. – Lieu *commun* : banalité. 🕮 [ljø].

**LIEU-DIT, subst. m.**
Lieu qui porte un nom en rapport avec une particularité locale et dépend d'une commune. 🕮 Plur. *lieux-dits* ; on écrit aussi *lieudit* ; [ljødi].

**LIEUE, subst. f.**
Ancienne mesure de distance. – Fig. *Être à cent lieues de* : être loin de. 🕮 [ljø].

**LIEUTENANT, subst. m.**
Grade d'officier précédant celui de capitaine. – Lieutenant *de vaisseau* : grade de la Marine nationale, qui correspond à celui de capitaine. – Personne qui seconde un chef. 🕮 [ljøt(ə)nã].

**LIEUTENANT-COLONEL, subst. m.**
Officier, entre commandant et colonel. 🕮 Plur. *lieutenants-colonels* ; [ljøt(ə)nãkɔlɔnɛl].

**LIÈVRE, subst. m.**
Mammifère herbivore, plus grand que le lapin, à la course rapide. 🕮 [ljɛvʀ].

**LIFTER, verbe trans. [3]**
Au tennis, donner de l'effet à (une balle). – Chir. Retendre (la peau). 🕮 [lifte].

**LIFTING, subst. m.**
Opération de chirurgie esthétique visant à supprimer les rides. – Fig. Rénovation, rajeunissement (fam.). 🕮 [liftiŋ].

**LIGAMENT, subst. m.**
Faisceau de fibres conjonctives qui relie les os au niveau des articulations. 🕮 [ligamã].

**LIGATURE, subst. f.**
Fait d'attacher, de serrer avec un lien. – Ce lien lui-même. 🕮 [ligatyʀ].

**LIGNE, subst. f.**
Trait continu, droit ou courbe. – Rangée de signes graphiques : *Une* ligne *imprimée, manuscrite*. – Trait qui forme une séparation, contour : *La* ligne *bleue des Vosges*. – Suite discontinue d'éléments : *Une* ligne *d'arbres*. – Moyen de communication : Ligne *ferroviaire*. – Silhouette ; aspect général : *Soigner sa* ligne. – Fil muni d'un hameçon, servant à pêcher. 🕮 [liɲ].

**LIGNÉE, subst. f.**
Descendance. 🕮 [liɲe].

**LIGNEUX, EUSE, adj.**
De la nature du bois. 🕮 [liɲø, -øz].

**LIGNITE, subst. m.**
Roche fossile combustible. 🕮 [liɲit].

**LIGOTER, verbe trans. [3]**
Lier, attacher étroitement (qqn). 🕮 [ligote].

**LIGUE, subst. f.**
Alliance militaire, politique, etc. 🕮 [lig].

**LIGUER, verbe trans. [3]**
Rassembler en une ligue. – Pronom. S'unir (contre qqn, qqch.). 🕮 [lige].

**LILAS, subst. m.**
Arbrisseau à grappes de fleurs blanches ou violettes, très parfumées. – Empl. adj. inv. Mauve rosé. 🕮 [lila].

**LILIACÉE, subst. f.**
Plante arborescente, ou plus souv. herbacée, ornementale (lis, jacinthe) ou alimentaire (ail, poireau). 🕮 [liljase].

**LILLIPUTIEN, IENNE, adj. et subst.**
Tout petit, minuscule. 🕮 [lilipysjɛ̃, -jɛn].

**LIMACE, subst. f.**
Petit mollusque gastropode terrestre sans coquille. 🕮 [limas].

**LIMAILLE, subst. f.**
Poussière de métal limé. 🕮 [limaj].

**LIMANDE, subst. f.**
Poisson plat marin, comestible. 🕮 [limãd].

**LIME, subst. f.**
Outil d'acier garni d'entailles, qui sert à polir par frottement. 🕮 [lim].

**LIMER, verbe trans. [3]**
Travailler à la lime. 🕮 [lime].

**LIMIER, subst. m.**
Chien de chasse. – Fig. Détective. 🕮 [limje].

**LIMINAIRE, adj.**
Placé au début d'un document, d'un ouvrage, d'un discours, etc. 🕮 [liminɛʀ].

**LIMITATION, subst. f.**
Action de limiter. – Résultat de cette action. 🕮 [limitasjõ].

**LIMITE, subst. f.**
Ce qui marque le terme d'une étendue, d'un territoire. – Terme d'une période : Limite *d'âge*. – Degré ultime, seuil infranchissable : *Être à la* limite *de ses forces*. 🕮 [limit].

**LIMITER, verbe trans. [3]**
Marquer, imposer une limite à. – Servir de limite à. 🕮 [limite].

**LIMITROPHE, adj.**
Qui est situé sur la frontière. – Contigu, attenant : *Pays* limitrophe. 🕮 [limitʀɔf].

**LIMOGER, verbe trans. [5]**
Destituer, révoquer. 🕮 [limɔʒe].

**LIMON, subst. m.**
Terre légère et fertile, déposée par un fleuve ou contenue dans son lit. 🕮 [limõ].

**LIMONADE, subst. f.**
Boisson gazeuse sucrée et légèrement acide. 🕮 [limɔnad].

**LIMOUSINE**, subst. f.
Automobile à 4 portes et à 6 glaces latérales.
🔊 [limuzin].

**LIMPIDE**, adj.
Parfaitement transparent. – Fig. Facile à comprendre, évident. 🔊 [lɛ̃pid].

**LIN**, subst. m.
Plante herbacée cultivée pour ses fibres (textiles) et ses graines (huile). – Toile, tissu fait avec ces fibres. 🔊 [lɛ̃].

**LINCEUL**, subst. m.
Drap qui enveloppe un mort. 🔊 [lɛ̃sœl].

**LINÉAIRE**, adj. et subst. m.
Adj. Qui est formé de lignes. – Qui évoque une ligne. – Subst. Rayonnage de marchandises, dans un magasin. 🔊 [lineɛʀ].

**LINGE**, subst. m.
Ensemble de pièces de tissu à usage vestimentaire (sous-vêtements). – **Linge de maison** : draps, torchons, etc. 🔊 [lɛ̃ʒ].

**LINGERIE**, subst. f.
Industrie et commerce du linge. – Ensemble des sous-vêtements féminins. – Local où l'on entretient et range le linge. 🔊 [lɛ̃ʒʀi].

**LINGOT**, subst. m.
Parallélépipède de métal fondu puis moulé : Lingot *d'or, de cuivre*. 🔊 [lɛ̃go].

**LINGUISTIQUE**, adj. et subst. f.
Adj. Relatif au langage ou aux langues. – Subst. Science des langues. 🔊 [lɛ̃gɥistik].

**LINOLÉUM**, subst. m.
Revêtement de sol imperméable (abrév. *lino*). 🔊 [linoleɔm].

**LINOTTE**, subst. f.
Petit oiseau chanteur. – Fig. *Tête de* linotte : personne très étourdie. 🔊 [linɔt].

**LINTEAU**, subst. m.
Pièce horizontale qui soutient la maçonnerie au-dessus d'une ouverture. 🔊 [lɛ̃to].

**LION, LIONNE**, subst.
Grand félidé d'Afrique, au pelage fauve. – Masc. Cinquième signe du zodiaque. 🔊 [ljɔ̃, ljɔn].

**LIONCEAU**, subst. m.
Petit du lion. 🔊 [ljɔ̃so].

**LIPIDE**, subst. m.
Corps gras (synon. *graisse*). 🔊 [lipid].

**LIQUÉFACTION**, subst. f.
Passage d'un corps de l'état solide ou gazeux à l'état liquide. 🔊 [likefaksjɔ̃].

**LIQUÉFIER**, verbe trans. [6]
Rendre liquide. – Pronom. Devenir liquide. – Fig. Perdre son énergie (fam.). 🔊 [likefje].

**LIQUEUR**, subst. f.
Boisson aromatisée, à base d'alcool et de sirop. 🔊 [likœʀ].

**LIQUIDE**, adj. et subst. m.
Adj. Qui coule ou tend à couler. – Qualifie l'un des états de la matière, caractérisé par l'absence de forme propre et un volume invariable : *De l'air* liquide. – Subst. Corps à l'état liquide. – Boisson ou aliment liquide. – Fig. Argent en espèces. 🔊 [likid].

**LIQUIDER**, verbe trans. [3]
Clore (un compte) en percevant les créances et en payant les dettes. – Vendre à bas prix. – Fam. En finir avec : **Liquider** *un dossier*. – Tuer. 🔊 [likide].

**LIQUIDITÉ**, subst. f.
Propriété liquide. – Plur. Somme d'argent immédiatement disponible. 🔊 [likidite].

**LIRE**, verbe trans. [66]
Reconnaître et traduire mentalement ou à haute voix (les signes graphiques d'un texte). – Prendre connaissance (d'un texte) par la lecture. – Empl. abs. S'adonner fréquemment à la lecture d'œuvres littéraires. – Fig. Discerner (ce qui n'est pas formulé) : Lire *entre les lignes*. 🔊 [liʀ].

**LIS**, subst. m.
Plante à bulbe, aux grandes fleurs décoratives blanches ; fleur de cette plante. – *Fleur de* lis : emblème des rois de France. 🔊 [lis].

**LISERÉ**, subst. m.
Ruban étroit, en bordure d'un tissu. – Cette bordure. 🔊 On dit aussi *liséré* ; [liz(ə)ʀe].

**LISERON**, subst. m.
Petite plante grimpante à fleurs. 🔊 [lizʀɔ̃].

**LISIBLE**, adj.
Facile à lire, à déchiffrer : *Une écriture très* lisible. – Agréable à lire. 🔊 [lizibl].

**LISIÈRE**, subst. f.
Chacune des deux bordures limitant une pièce d'étoffe. – Limite d'un territoire, d'une forêt, d'un bois. 🔊 [lizjɛʀ].

**LISSE**, adj.
Sans aspérités, uni, poli. 🔊 [lis].

**LISSER**, verbe trans. [3]
Rendre lisse. 🔊 [lise].

**LISTE**, subst. f.
Suite de noms, de mots, de chiffres, etc., écrits les uns derrière les autres. 🔊 [list].

**LIT**, subst. m.
Meuble sur lequel on s'étend pour dormir ; au fig., union conjugale. – Couche d'une matière : *Un* lit *de terreau*. – Espace dans lequel coule un cours d'eau. 🔊 [li].

**LITANIE**, subst. f.
*Relig.* Prière répétitive (gén. au plur.). – Fig. Énumération longue et fastidieuse. 🔊 [litani].

**LITERIE**, subst. f.
Garniture, équipement d'un lit (sommier, matelas, draps, etc.). 🔊 [litʀi].

**LITHOGRAPHIE**, subst. f.
Impression sur papier d'un dessin, d'un texte tracés à l'encre grasse sur une pierre calcaire. – L'épreuve obtenue. 🔊 [litɔgʀafi].

**LITIÈRE**, subst. f.
Ancien lit couvert, à brancards. – Paille jonchant une étable. – Gravier destiné à recevoir les déjections d'animaux de compagnie. 🕮 [litjɛʀ]

**LITIGE**, subst. m.
Controverse, dispute. – Dr. Contestation donnant lieu à procès. 🕮 [liti3]

**LITOTE**, subst. f.
Expression qui consiste à dire moins pour laisser entendre plus (oppos. hyperbole). 🕮 [litɔt]

**LITRE**, subst. m.
Unité de volume (l ou L), égale à 1 dm³. 🕮 [litʀ]

**LITTÉRAIRE**, adj. et subst.
Qui a plus de goût ou d'aptitude pour les lettres que pour les sciences. – Adj. Relatif à la littérature. – Consacré aux lettres : Une chronique littéraire. 🕮 [liteʀɛʀ]

**LITTÉRAL, ALE, AUX**, adj.
À la lettre, mot pour mot. – Propre (oppos. figuré). 🕮 [liteʀal]

**LITTÉRATURE**, subst. f.
Ensemble des œuvres écrites auxquelles on accorde un intérêt, esthétique ou autre. – Ensemble des œuvres littéraires propres à un pays, à une époque, à un genre particulier. – Le fait d'écrire, l'activité de l'écrivain. 🕮 [liteʀatyʀ]

**LITTORAL, ALE, AUX**, adj. et subst. m.
Adj. Relatif au bord de mer. – Subst. Zone côtière. 🕮 [litɔʀal]

**LITURGIE**, subst. f.
Ensemble des règles présidant à un culte chrétien : La liturgie catholique. 🕮 [lityʀ3i]

**LIVIDE**, adj.
Blafard, excessivement pâle. 🕮 [livid]

**LIVRAISON**, subst. f.
Action de livrer une marchandise à un client. – Marchandise livrée. 🕮 [livʀɛzɔ̃]

**LIVRE (I)**, subst. m.
Ensemble, broché ou relié, de feuilles manuscrites ou imprimées. – Ouvrage écrit, contenu d'un livre. – Registre : Livre de comptes. 🕮 [livʀ]

**LIVRE (II)**, subst. f.
Ancienne unité de masse. – Unité actuelle non officielle (500 g). – Ancienne unité monétaire française. 🕮 [livʀ]

**LIVRÉE**, subst. f.
Uniforme de certains employés. 🕮 [livʀe]

**LIVRER**, verbe trans. [3]
Remettre (une personne ou une chose) à qqn : Livrer un colis, un prisonnier. – Dénoncer, trahir. – Abandonner à une action pénible : Livrer une ville au pillage. – Engager : Livrer bataille. – Dévoiler : Livrer un secret. – Pronom. Se constituer prisonnier. – Se livrer à : se consacrer à. – Se confier à. 🕮 [livʀe]

**LIVRET**, subst. m.
Petit livre, carnet. – Mus. Texte d'une œuvre lyrique. 🕮 [livʀɛ]

**LIVREUR, EUSE**, subst.
Personne qui livre des marchandises aux clients. 🕮 Le fém. est rare ; [livʀœʀ, -øz]

**LOBBY**, subst. m.
Groupe de pression : Le lobby des fabricants d'armes. 🕮 Plur. lobbys ou lobbies ; [lɔbi]

**LOBE**, subst. m.
Partie arrondie de certains organes. 🕮 [lɔb]

**LOCAL, ALE, AUX**, adj. et subst. m.
Adj. Propre à un lieu, à une région. – Subst. Lieu ou pièce d'un bâtiment, à usage déterminé. 🕮 [lɔkal]

**LOCALISER**, verbe trans. [3]
Déterminer avec précision le lieu ou la date de (qqch.). – Limiter, circonscrire : Localiser une épidémie. 🕮 [lɔkalize]

**LOCALITÉ**, subst. f.
Petite ville, village. 🕮 [lɔkalite]

**LOCATAIRE**, subst.
Personne qui prend en location un bien immeuble. 🕮 [lɔkatɛʀ]

**LOCATION**, subst. f.
Action de louer (comme locataire ou comme bailleur) un bien immeuble ou meuble. – Réservation d'une place de théâtre, de train, etc. 🕮 [lɔkasjɔ̃]

**LOCOMOTION**, subst. f.
Action de se mouvoir, de se déplacer ; fonction qui assure ce mouvement. – Transport d'un lieu vers un autre : Moyen de locomotion. 🕮 [lɔkɔmosjɔ̃]

**LOCOMOTIVE**, subst. f.
Machine qui tire ou pousse un train de wagons sur une voie ferrée. – Fam. Élément moteur ; leader. 🕮 [lɔkɔmotiv]

**LOCUTEUR, TRICE**, subst.
Personne qui parle, qui énonce (oppos. auditeur). 🕮 [lɔkytœʀ, -tʀis]

**LOCUTION**, subst. f.
Ensemble de mots constituant une unité quant au sens ou à la fonction grammaticale. 🕮 [lɔkysjɔ̃]

**LOGARITHME**, subst. m.
Math. Exposant qu'il faut appliquer à un nombre (appelé base) pour obtenir un nombre déterminé. 🕮 [lɔgaʀitm]

**LOGE**, subst. f.
Petit local destiné à un usage précis : Loge de concierge, d'acteur de théâtre. 🕮 [lɔ3]

**LOGEMENT**, subst. m.
Action de loger, de se loger. – Lieu d'habitation. 🕮 [lɔ3mɑ̃]

**LOGER**, verbe [5]
Intrans. Habiter (en un lieu). – Trans. Héberger (qqn). – Ranger : Loger les valises dans le coffre. 🕮 [lɔ3e]

**LOGEUR, EUSE,** subst.
Personne qui donne en location des chambres meublées. 🔊 [lɔʒœʀ, -øz].

**LOGICIEL,** subst. m.
Ensemble d'instructions, de programmes permettant à un ordinateur d'effectuer certaines tâches. 🔊 [lɔʒisjɛl].

**LOGIQUE,** adj. et subst. f.
Subst. Étude des règles générales de la pensée rationnelle. – Cohérence d'un raisonnement ; enchaînement naturel de faits. – Manière de raisonner caractéristique : *La* **logique** *masculine.* – Adj. Qui concerne la **logique** et qui respecte ses lois. 🔊 [lɔʒik].

**LOGIS,** subst. m.
Lieu où qqn habite (littér.). 🔊 [lɔʒi].

**LOGISTIQUE,** subst. f.
Ensemble des méthodes et des moyens mis au service de l'organisation. 🔊 [lɔʒistik].

**LOGO,** subst. m.
Signe graphique représentant une marque, une entreprise. 🔊 [lɔgo].

**LOGORRHÉE,** subst. f.
Besoin irrésistible de parler. – Discours trop long, trop abondant. 🔊 [lɔgɔʀe].

**LOI,** subst. f.
Règle sociale imposée à tous les individus d'une communauté. – Règle morale que l'individu s'impose à lui-même. – Rapport de nécessité régissant les phénomènes de la nature : *Les* **lois** *de la physique.* – Volonté : *Imposer sa* **loi.** 🔊 [lwa].

**LOIN,** adv.
À une grande distance, dans l'espace ou dans le temps. 🔊 [lwɛ̃].

**LOINTAIN, AINE,** adj. et subst. m.
Adj. Éloigné dans l'espace ou dans le temps. – Fig. Qui a l'esprit ailleurs. – Subst. Ce qu'on aperçoit au loin. 🔊 [lwɛ̃tɛ̃, -ɛn].

**LOIR,** subst. m.
Petit mammifère rongeur qui hiberne six mois par an. 🔊 [lwaʀ].

**LOISIR,** subst. m.
Temps libre. – Temps disponible pour faire commodément qqch. – Plur. Occupations auxquelles on se livre pendant son temps libre. 🔊 [lwaziʀ].

**LOMBAGO,** voir **LUMBAGO**

**LOMBAIRE,** adj.
Qui appartient à la région des lombes : *Les vertèbres* **lombaires.** 🔊 [lɔ̃bɛʀ].

**LOMBES,** subst. f. plur.
Partie du dos située au niveau des reins. 🔊 [lɔ̃b].

**LOMBRIC,** subst. m.
Ver de terre. 🔊 [lɔ̃bʀik].

**LONG, LONGUE,** adj., subst. m. et adv.
Adj. Qui dure ou semble durer longtemps. – Qui lasse. – Qui est très étendu dans le sens de la longueur. – Qui a telle longueur :

*Un couloir* **long** *de deux mètres.* – Adv. Beaucoup : *En savoir* **long.** – Subst. Longueur. – *Le* **long** *de* : en suivant. 🔊 [lɔ̃, lɔ̃g].

**LONGE,** subst. f.
Corde qui sert à attacher ou à mener un animal domestique. 🔊 [lɔ̃ʒ].

**LONGER,** verbe trans. [5]
Se déplacer le long de. – Border. 🔊 [lɔ̃ʒe].

**LONGERON,** subst. m.
Pièce maîtresse d'un châssis, d'une charpente, d'une aile d'avion. 🔊 [lɔ̃ʒʀɔ̃].

**LONGÉVITÉ,** subst. f.
Longue durée de vie. – Durée de la vie. 🔊 [lɔ̃ʒevite].

**LONGILIGNE,** adj.
Mince et élancé. 🔊 [lɔ̃ʒiliɲ].

**LONGITUDE,** subst. f.
Distance (calculée en degrés, minutes, secondes) d'un lieu terrestre par rapport au méridien de Greenwich. 🔊 [lɔ̃ʒityd].

**LONGITUDINAL, ALE, AUX,** adj.
Relatif à la longueur. – Qui est dans le sens de la longueur. 🔊 [lɔ̃ʒitydinal].

**LONGTEMPS,** adv. et subst. m.
Adv. Pendant un long moment. – Subst. Un long moment : *Il y a* **longtemps** ; *Pour* **longtemps** ; *Depuis* **longtemps.** 🔊 [lɔ̃tɑ̃].

**LONGUEUR,** subst. f.
Dimension maximale d'une chose. – Durée, étendue. – Plur. Passages inutiles ou ennuyeux d'une œuvre, d'un texte. 🔊 [lɔ̃gœʀ].

**LONGUE-VUE,** subst. f.
Lunette d'approche, à oculaire unique. 🔊 Plur. *longues-vues.* [lɔ̃gvy].

**LOPIN,** subst. m.
Petite parcelle de terre. 🔊 [lɔpɛ̃].

**LOQUACE,** adj.
Qui parle beaucoup. 🔊 [lɔkas].

**LOQUE,** subst. f.
Vêtement usé et déchiré (gén. au plur.) : *En* **loques,** en haillons. – Fig. Personne effondrée, incapable de réagir. 🔊 [lɔk].

**LOQUET,** subst. m.
Dispositif formé d'une barre rigide et mobile, qui sert à fermer une porte. 🔊 [lɔkɛ].

**LORD,** subst. m.
Titre de noblesse britannique. – Membre de la Chambre des **lords.** 🔊 [lɔʀ(d)].

**LORGNER,** verbe trans. [3]
Regarder à la dérobée, du coin de l'œil. – Fig. Regarder avec convoitise. 🔊 [lɔʀɲe].

**LORGNETTE,** subst. f.
Lunette d'approche portative. 🔊 [lɔʀɲɛt].

**LORS,** adv.
Alors, à ce moment-là (littér.). – Loc. adv. *Depuis* **lors** ; *Pour* **lors** ; *Dès* **lors.** – Loc. conj. *Dès* **lors** *que* : à partir du moment où, puisque. – Loc. prép. **Lors** *de* : à l'époque de. 🔊 [lɔʀ].

**LORSQUE**, conj.
Quand ; au moment où. 🔊 [lɔʀsk(ə)].

**LOSANGE**, subst. m.
Parallélogramme dont les quatre côtés sont égaux. 🔊 [lozɑ̃ʒ].

**LOT**, subst. m.
Partie d'un tout partagé, divisé entre plusieurs personnes. – Ce que le destin impose à qqn. – Gain dans une loterie. – Ensemble de marchandises. 🔊 [lo].

**LOTERIE**, subst. f.
Jeu de hasard où quelques billets numérotés sont gagnants par tirage au sort. – Fig. Ce qui est régi par le hasard. 🔊 [lɔtʀi].

**LOTI, IE**, adj.
Être bien loti, être mal loti : être favorisé, défavorisé par le sort. 🔊 [lɔti].

**LOTION**, subst. f.
Eau de toilette employée pour les soins de la peau ou des cheveux. 🔊 [losjɔ̃].

**LOTIR**, verbe trans. [19]
Partager en lots. 🔊 [lɔtiʀ].

**LOTISSEMENT**, subst. m.
Action de lotir. – Parcelle d'un terrain loti. – Ensemble des maisons construites sur ce terrain. 🔊 [lɔtismɑ̃].

**LOTO**, subst. m.
Jeu de société qui consiste à remplir des cases correspondant à des numéros tirés au sort. – Loterie dans laquelle on coche des numéros sur des billets. 🔊 [loto].

**LOT(T)E**, subst. f.
Poisson de rivière à la chair ferme et appréciée. – Lotte de mer : baudroie. 🔊 [lɔt].

**LOTUS**, subst. m.
Plante semblable au nénuphar, à fleurs bleues, blanches ou pourpres. 🔊 [lɔtys].

**LOUABLE**, adj.
Digne d'être loué, apprécié. 🔊 [lwabl].

**LOUANGE**, subst. f.
Action de louer (I), de féliciter. – Plur. Paroles prononcées pour féliciter qqn. 🔊 [lwɑ̃ʒ].

**LOUCHE (I)**, adj.
Suspect, bizarre : C'est louche ! 🔊 [luʃ].

**LOUCHE (II)**, subst. f.
Grande cuillère creuse, à long manche. – Son contenu. 🔊 [luʃ].

**LOUCHER**, verbe intrans. [3]
Être atteint de strabisme. – Fig. Loucher sur : convoiter. 🔊 [luʃe].

**LOUER (I)**, verbe trans. [3]
Exprimer publiquement la valeur ou les qualités de. – Féliciter, complimenter. – Pronom. Se louer de : afficher sa vive satisfaction de. 🔊 [lwe].

**LOUER (II)**, verbe trans. [3]
Concéder ou acquérir l'usage ou la jouissance de (un bien, un droit) moyennant un loyer. – Réserver (une place de train, de théâtre, etc.). 🔊 [lwe].

**LOUFOQUE**, adj. et subst.
Qui est un peu fou, cocasse. 🔊 [lufɔk].

**LOUIS**, subst. m.
Ancienne monnaie d'or française. – Pièce d'or française de 20 F. 🔊 [lwi].

**LOUP**, subst. m.
Mammifère canidé, très proche du chien, vivant gén. en meute dans les forêts. – Nom donné à un poisson, le bar, en Méditerranée. – Masque recouvrant le haut du visage. 🔊 [lu].

**LOUPE**, subst. f.
Excroissance qui se développe sur certains arbres. – Lentille grossissante. 🔊 [lup].

**LOUPER**, verbe trans. [3]
Ne pas réussir, rater (fam.). 🔊 [lupe].

**LOUP-GAROU**, subst. m.
Homme fantastique qui, selon la légende, se métamorphose la nuit en loup. 🔊 Plur. loups garous ; [lugaʀu].

**LOURD, LOURDE**, adj. et adv.
Adj. Dont le poids est élevé. – Qui suggère l'idée de pesanteur. – Oppressant : Temps lourd. – Difficile à digérer. – Fig. Maladroit, gauche, sans élégance. – Adv. Beaucoup : Ne pas en savoir lourd. 🔊 [luʀ, luʀd].

**LOURDAUD, AUDE**, adj. et subst.
Maladroit, rustre. 🔊 [luʀdo, -od].

**LOURDEUR**, subst. f.
Caractère de ce qui est lourd. 🔊 [luʀdœʀ].

**LOUTRE**, subst. f.
Mammifère carnivore aquatique, au pelage ras, épais et brillant. – Sa fourrure. 🔊 [lutʀ].

**LOUVE**, subst. f.
Femelle du loup. 🔊 [luv].

**LOUVETEAU**, subst. m.
Petit du loup. – Fig. Jeune scout de moins de 12 ans. 🔊 [luv(ə)to].

**LOUVOYER**, verbe intrans. [17]
Mar. Naviguer en suivant une ligne brisée, contre le vent. – Fig. Agir en prenant des détours ; biaiser, tergiverser. 🔊 [luvwaje].

**LOVER (SE)**, verbe pronom. [3]
S'enrouler sur soi-même. 🔊 [lɔve].

**LOYAL, ALE, AUX**, adj.
Honnête, sincère. 🔊 [lwajal].

**LOYAUTÉ**, subst. f.
Qualité d'une personne loyale. 🔊 [lwajote].

**LOYER**, subst. m.
Redevance régulière que l'on paie pour avoir l'usage d'une chose. – Loyer de l'argent : taux d'intérêt. 🔊 [lwaje].

**LUBIE**, subst. f.
Caprice passager, extravagant. 🔊 [lybi].

**LUBRIFIANT, ANTE,** adj. et subst. m.
Se dit d'une substance qui lubrifie (huile, graisse). 🔊 [lybʀifjɑ̃, -ɑ̃t].

**LUBRIFIER,** verbe trans. [6]
Enduire d'une substance qui rend glissant, qui diminue le frottement. 🔊 [lybʀifje].

**LUBRIQUE,** adj.
Qui manifeste une tendance excessive à la sensualité, à la luxure. 🔊 [lybʀik].

**LUCARNE,** subst. f.
Petite fenêtre pratiquée dans une toiture : *Lucarne à tabatière.* 🔊 [lykaʀn].

**LUCIDE,** adj.
Clairvoyant, perspicace. – Qui est pleinement conscient de la réalité. 🔊 [lysid].

**LUCIDITÉ,** subst. f.
Qualité d'une personne lucide. 🔊 [lysidite].

**LUCIOLE,** subst. f.
Insecte coléoptère lumineux. 🔊 [lysjɔl].

**LUCRATIF, IVE,** adj.
Qui a pour but le profit. – Qui procure un profit. 🔊 [lykʀatif, -iv].

**LUCRE,** subst. m.
Gain, profit (péj.). 🔊 [lykʀ].

**LUDIQUE,** adj.
Relatif au jeu. 🔊 [lydik].

**LUETTE,** subst. f.
*Anat.* Appendice charnu et mobile qui prolonge le bord postérieur du voile du palais. 🔊 [lyɛt].

**LUEUR,** subst. f.
Lumière faible, imprécise. – Éclat passager du regard. – Manifestation fugitive : *Une lueur d'espoir.* 🔊 [lɥœʀ].

**LUGE,** subst. f.
Petit traîneau conçu pour glisser sur une pente neigeuse. 🔊 [lyʒ].

**LUGUBRE,** adj.
Qui traduit ou inspire une profonde tristesse ; sinistre. – Funèbre. 🔊 [lygybʀ].

**LUI,** pron. pers.
Pronom personnel (masculin ou féminin) de la 3e personne du singulier. 🔊 [lɥi].

**LUIRE,** verbe intrans. [69]
Être lumineux, briller. – Fig. Apparaître comme une lueur. 🔊 [lɥiʀ].

**LUMBAGO,** subst. m.
Très vive douleur lombaire. 🔊 [lɔ̃bago].

**LUMIÈRE,** subst. f.
Phénomène physique perçu par l'œil, qui rend les choses visibles. – Éclat du soleil ; clarté du jour. – Ce qui éclaire ; lampe. – Fig. Éclaircissement, explication : *Faire la lumière sur qqch.* – Personne très intelligente (iron.). – Plur. Connaissances. 🔊 [lymjɛʀ].

**LUMINAIRE,** subst. m.
Appareil d'éclairage. 🔊 [lyminɛʀ].

**LUMINEUX, EUSE,** adj.
Qui émet ou réfléchit de la lumière. – Fig. Clair, lucide : *Une pensée* **lumineuse.** 🔊 [lyminø, -øz].

**LUMINOSITÉ,** subst. f.
Qualité de ce qui est lumineux. – *Astron.* Puissance lumineuse. 🔊 [lyminozite].

**LUMP,** subst. m.
Poisson dont les œufs rappellent le caviar. 🔊 [lœp].

**LUNAIRE,** adj.
Relatif à la Lune. 🔊 [lynɛʀ].

**LUNAISON,** subst. f.
Temps compris entre deux nouvelles lunes consécutives (env. 29,5 jours). 🔊 [lynɛzɔ̃].

**LUNATIQUE,** adj. et subst.
Se dit d'une personne au caractère changeant, fantasque. 🔊 [lynatik].

**LUNCH,** subst. m.
Repas froid présenté en buffet, lors d'une réception. 🔊 Plur. *lunch(e)s* ; [lœ̃ʃ].

**LUNDI,** subst. m.
Premier jour de la semaine. 🔊 [lœ̃di].

**LUNE,** subst. f.
*La* Lune : satellite naturel unique de la Terre. – *Une* lune : une lunaison. – Chacune des phases de la Lune vue de la Terre : *Nouvelle, pleine* **lune.** – Fig. *Être dans la* **lune** : rêvasser. 🔊 [lyn].

**LUNETTE,** subst. f.
Instrument d'optique, longue-vue. – Objet de forme plus ou moins circulaire. – Plur. Paire de verres fixés dans une monture et servant à améliorer la vue. 🔊 [lynɛt].

**LUPANAR,** subst. m.
Maison de prostitution (littér.). 🔊 [lypanaʀ].

**LUSTRE (I),** subst. m.
Période de cinq ans (littér.). – Plur. Longue période. 🔊 [lystʀ].

**LUSTRE (II),** subst. m.
Éclat d'une matière brillante ou polie. – Appareil d'éclairage suspendu au plafond. 🔊 [lystʀ].

**LUSTRÉ, ÉE,** adj.
Qui a de l'éclat, du brillant. – Usé au point d'être brillant. 🔊 [lystʀe].

**LUTH,** subst. m.
*Mus.* Instrument à cordes pincées. 🔊 [lyt].

**LUTHIER,** subst. m.
Fabricant d'instruments de musique portables à cordes : luth, violon, etc. 🔊 [lytje].

**LUTIN,** subst. m.
Petit génie, souvent espiègle. – Fig. Enfant malicieux. 🔊 [lytɛ̃].

**LUTRIN,** subst. m.
Pupitre destiné à supporter un livre ouvert, une partition. 🔊 [lytʀɛ̃].

**LUTTE, subst. f.**
Sport de combat à mains nues. − Affrontement, combat. − Action menée contre des difficultés, contre un mal : Lutte *contre le chômage.* 🔊 [lyt].

**LUTTER, verbe intrans. [3]**
Pratiquer la lutte. − Entrer en lutte ; se battre. − Rivaliser. 🔊 [lyte].

**LUTTEUR, EUSE, subst.**
*Sp.* Athlète qui pratique la lutte. − Fig. Personne qui aime lutter. 🔊 [lytœʀ, -øz].

**LUXATION, subst. f.**
Déplacement, déboîtement d'un os par rapport à son articulation. 🔊 [lyksasjɔ̃].

**LUXE, subst. m.**
Caractère de ce qui est coûteux, raffiné, fastueux. − Somptuosité dans la manière de vivre. − Abondance superflue. 🔊 [lyks].

**LUXER, verbe trans. [3]**
Provoquer la luxation de. − Pronom. Se démettre (une articulation). 🔊 [lykse].

**LUXUEUX, EUSE, adj.**
Qui se caractérise par son luxe ; somptueux, fastueux. 🔊 [lyksɥø, -øz].

**LUXURE, subst. f.**
Recherche et pratique excessives des plaisirs sexuels. 🔊 [lyksyʀ].

**LUXURIANT, ANTE, adj.**
Très abondant : *Une végétation* luxuriante. − Fig. Exubérant, riche. 🔊 [lyksyʀjɑ̃, -ɑ̃t].

**LUZERNE, subst. f.**
Plante fourragère aux fleurs violettes, riche en protéines. 🔊 [lyzɛʀn].

**LYCÉE, subst. m.**
Établissement du cycle long de l'enseignement secondaire. 🔊 [lise].

**LYCÉEN, ENNE, adj. et subst.**
Adj. Relatif aux lycées. − Subst. Élève d'un lycée. 🔊 [liseɛ̃, -ɛn].

**LYMPHATIQUE, adj. et subst.**
Se dit d'une personne qui manque d'énergie. − Adj. Relatif à la lymphe. 🔊 [lɛ̃fatik].

**LYMPHE, subst. f.**
*Biol.* Liquide riche en protéines, qui circule dans l'organisme. 🔊 [lɛ̃f].

**LYMPHOCYTE, subst. m.**
Globule blanc qui joue un rôle capital dans les défenses de l'organisme. 🔊 [lɛ̃fɔsit].

**LYNCHER, verbe trans. [3]**
Exécuter (qqn) sur-le-champ, sans procès. − Fig. *Film lynché par la critique.* 🔊 [lɛ̃ʃe].

**LYNX, subst. m.**
Félidé connu pour sa vue perçante. 🔊 [lɛ̃ks].

**LYOPHILISER, verbe trans. [3]**
Déshydrater par congélation et évaporation sous vide, pour conserver. 🔊 [ljɔfilize].

**LYRE, subst. f.**
*Mus.* Instrument antique à cordes. 🔊 [liʀ].

**LYRIQUE, adj. et subst. m.**
Adj. Qui exalte les émotions. − Mis en scène et chanté : *L'art* lyrique, l'opéra. − Subst. Poète lyrique. 🔊 [liʀik].

**LYRISME, subst. m.**
Expression poétique des sentiments personnels. − Fig. Exaltation d'esprit, emphase poétique. 🔊 [liʀism].

**LYS, voir LIS**

# M

**M, m,** subst. m. inv.
Treizième lettre et dixième consonne de l'alphabet français. ✂ [ɛm].

**MA,** voir **MON**

**MACABRE,** adj.
Qui concerne la mort, sinistre. ✂ [makabʁ].

**MACAQUE,** subst. m.
Singe d'Asie et d'Afrique du Nord, souv. utilisé comme sujet d'expérience. ✂ [makak].

**MACARON,** subst. m.
Petit gâteau moelleux aux amandes et au blanc d'œuf. – Insigne rond. ✂ [makaʁɔ̃].

**MACCHABÉE,** subst. m.
Cadavre (fam.). ✂ [makabe].

**MACÉDOINE,** subst. f.
Mélange de légumes ou de fruits coupés en petits morceaux. ✂ [masedwan].

**MACÉRER,** verbe [8]
Trans. Faire tremper pour parfumer ou conserver. – Intrans. Subir ce traitement : *Macérer dans la saumure.* ✂ [maseʁe].

**MÂCHER,** verbe trans. [3]
Broyer avec les dents. – Fig. *Ne pas* **mâcher** *ses mots* : dire tout net ce que l'on pense. ✂ [maʃe].

**MACHETTE,** subst. f.
Très grand couteau en usage dans les pays tropicaux. ✂ [maʃɛt].

**MACHIAVÉLIQUE,** adj.
Perfide et tortueux. ✂ [makjavelik].

**MACHIN,** subst. m.
Nom donné à un objet ou à une personne dont on ignore ou dont on veut ignorer le nom (fam.). ✂ [maʃɛ̃].

**MACHINAL, ALE, AUX,** adj.
Qui s'accomplit sans intervention de la volonté, de la conscience. ✂ [maʃinal].

**MACHINATION,** subst. f.
Intrigue, complot ourdis pour accomplir de noirs desseins. ✂ [maʃinasjɔ̃].

**MACHINE,** subst. f.
Combinaison de pièces et de dispositifs, conçue pour produire une action mécanique à partir d'une énergie. ✂ [maʃin].

**MACHINERIE,** subst. f.
Ensemble de machines. – Salle des machines, dans un navire. ✂ [maʃinʁi].

**MACHINISTE,** subst.
Conducteur d'une machine. – Conducteur d'autobus. – Responsable de la manutention des décors d'un théâtre. ✂ [maʃinist].

**MACHO,** adj. et subst. m.
Se dit d'un homme qui se croit supérieur aux femmes et veut les dominer. ✂ [matʃo].

**MÂCHOIRE,** subst. f.
Arc osseux dans lequel sont implantées les dents. – Chacune des deux parties d'une large pince. ✂ [maʃwaʁ].

**MÂCHONNER,** verbe trans. [3]
Mâcher longuement, avec lenteur. – Mordiller de façon machinale. ✂ [maʃone].

**MAÇON,** subst. m.
Artisan ou ouvrier du bâtiment qui exécute des travaux de maçonnerie. ✂ [masɔ̃].

**MAÇONNERIE,** subst. f.
Travaux du bâtiment qui concernent le gros œuvre et certains enduits. ✂ [masɔnʁi].

**MACULÉ, ÉE,** adj.
Couvert de taches, souillé. ✂ [makyle].

**MADAME,** subst. f.
Titre attribué aux femmes mariées et, aujourd'hui, à toutes les femmes. ✂ Plur. *mesdames* ; [madam]. plur. [medam].

**MADELEINE,** subst. f.
Petit gâteau ovale à pâte molle et au dos strié. ✂ [madlɛn].

**MADEMOISELLE,** subst. f.
Titre attribué aux jeunes filles. ✂ Plur. *mesdemoiselles* : [mad(ə)mwazɛl]. plur. [med(ə)mwazɛl].

**MADONE,** subst. f.
Peinture, image représentant la Vierge. – *La* **Madone** : la Vierge. ✂ [madɔn].

**MADRIER,** subst. m.
Planche très épaisse. ✂ [madʁije].

**MAESTRIA,** subst. f.
Virtuosité ; brio. ✂ [maɛstʁia].

**MAESTRO,** subst. m.
Compositeur de musique ou chef d'orchestre de renom. ✂ [maɛstʁo].

**MAF(F)IA,** subst. f.
*La* **Mafia** : organisation très puissante de malfaiteurs, d'origine sicilienne. – Toute association de malfaiteurs. ✂ [mafja].

**MAGASIN,** subst. m.
Dépôt. – Boutique, local destinés à la vente de marchandises. ✂ [magazɛ̃].

**MAGAZINE,** subst. f.
Publication périodique illustrée. – Type d'émission télévisée ou radiophonique, à caractère périodique. ✂ [magazin].

**MAGE,** adj. m. et subst. m.
Subst. Ancien prêtre perse. – Magicien, devin. – Adj. *Les Rois* **mages** : Gaspard, Melchior et Balthazar. ✂ [maʒ].

**MAGICIEN, IENNE,** subst.
Personne qui pratique la magie. – Prestidigitateur. 🕮 [maʒisjɛ̃, -jɛn].

**MAGIE,** subst. f.
Ensemble des pratiques et des rites par lesquels l'homme croit obtenir un pouvoir surnaturel. 🕮 [maʒi].

**MAGIQUE,** adj.
Qui tient de la magie. 🕮 [maʒik].

**MAGISTRAL, ALE, AUX,** adj.
Digne d'un maître : *Une œuvre* **magistrale**. – *Cours* **magistral** : dans lequel les étudiants n'interviennent pas. 🕮 [maʒistral].

**MAGISTRAT, ATE,** subst.
Personne qui détient une autorité légale, politique ou administrative. 🕮 Le fém. est rare ; [maʒistra, -at].

**MAGISTRATURE,** subst. f.
Charge d'un magistrat ; sa durée. – Corps des magistrats. 🕮 [maʒistratyr].

**MAGMA,** subst. m.
Roche en fusion située dans les profondeurs de l'écorce terrestre. 🕮 [magma].

**MAGNANIME,** adj.
Qui fait preuve de grandeur d'âme, de générosité. 🕮 [maɲanim].

**MAGNAT,** subst. m.
Personnalité puissante dans le domaine économique. 🕮 [magna] ou [maɲa].

**MAGNÉTIQUE,** adj.
Relatif au magnétisme. – Qui attire le fer. 🕮 [maɲetik].

**MAGNÉTISER,** verbe trans. [3]
Rendre magnétique. – Fig. Attirer, fasciner ; hypnotiser. 🕮 [maɲetize].

**MAGNÉTISME,** subst. m.
Ensemble des phénomènes et des propriétés relatifs aux aimants. – Fig. Fascination. 🕮 [maɲetism].

**MAGNÉTOPHONE,** subst. m.
Appareil qui enregistre les sons et les restitue. 🕮 [maɲetɔfɔn].

**MAGNÉTOSCOPE,** subst. m.
Appareil qui enregistre des images et des sons, et qui les restitue sur un écran de télévision. 🕮 [maɲetɔskɔp].

**MAGNIFIER,** verbe trans. [6]
Célébrer, louer, proclamer grand et illustre. – Rendre plus beau, idéaliser. 🕮 [maɲifje].

**MAGNIFIQUE,** adj.
Plein de faste, de grandeur. – Très beau, splendide ; admirable. 🕮 [maɲifik].

**MAGNOLIA,** subst. m.
Arbre ornemental dont les grandes fleurs blanches sont très odorantes. 🕮 [maɲɔlja].

**MAGOT,** subst. m.
Somme d'argent économisée et tenue en réserve (fam.). 🕮 [mago].

**MAHARA(D)JA(H),** subst. m.
Titre d'un prince hindou. 🕮 [ma(a)radʒa].

**MAI,** subst. m.
Cinquième mois de l'année. 🕮 [mɛ].

**MAIGRE,** adj. et subst.
Adj. Sans graisse, décharné. – Pauvre en matières grasses. – Peu abondant ; au fig., médiocre, insuffisant. – Subst. Personne **maigre**. – Subst. masc. Partie **maigre** d'une viande. 🕮 [mɛgʁ].

**MAIGREUR,** subst. f.
État de ce qui est maigre. 🕮 [mɛgʁœʁ].

**MAIGRIR,** verbe [19]
Intrans. Perdre du poids. – Trans. Faire paraître maigre. 🕮 [megʁir].

**MAILLE,** subst. f.
Chacune des boucles d'un fil dont l'entrelacement forme un tricot. – Chacun des trous d'un filet, d'un grillage. 🕮 [mɑj].

**MAILLET,** subst. m.
Marteau en bois à deux têtes. 🕮 [majɛ].

**MAILLON,** subst. m.
Anneau d'une chaîne. 🕮 [mɑjɔ̃].

**MAILLOT,** subst. m.
Vêtement moulant, porté à même la peau : **Maillot** *de bain, de corps*. 🕮 [majo].

**MAIN,** subst. f.
Organe de la préhension, muni de doigts et formant l'extrémité du bras. – Symbole de travail, d'assistance, d'autorité : *Coup de* **main** ; *Haute* **main**. 🕮 [mɛ̃].

**MAINATE,** subst. m.
Oiseau parleur d'Indo-Malaisie. 🕮 [mɛnat].

**MAIN-D'ŒUVRE,** subst. f.
Travail d'un ouvrier. – Ensemble des ouvriers. 🕮 Plur. *mains-d'œuvre* ; [mɛ̃dœvʁ].

**MAIN-FORTE,** subst. f. sing.
Aide, assistance : *Prêter* **main-forte** *à qqn*. 🕮 [mɛ̃fɔʁt].

**MAINMISE,** subst. f.
Action de s'approprier un bien, un droit, une fonction. 🕮 [mɛ̃miz].

**MAINT, MAINTE,** adj. indéf.
Un grand nombre de (littér.) : **Maints** *ouvrages* ; **Maintes** *fois*. 🕮 [mɛ̃, mɛ̃t].

**MAINTENANCE,** subst. f.
Ensemble des opérations d'entretien, de réparation d'un matériel. 🕮 [mɛ̃t(ə)nɑ̃s].

**MAINTENANT,** adv.
Tout de suite. – À présent. 🕮 [mɛ̃t(ə)nɑ̃].

**MAINTENIR,** verbe trans. [22]
Conserver dans un état donné. – Tenir dans une même position. – Soutenir ; confirmer : **Maintenir** *une affirmation*. 🕮 [mɛ̃t(ə)niʁ].

**MAINTIEN,** subst. m.
Manière de se tenir. – Action de maintenir qqch. dans un état donné. 🕮 [mɛ̃tjɛ̃].

**MAIRE,** subst. m.
Administrateur d'une commune, élu par le conseil municipal. ⚇ [mɛʀ].

**MAIRIE,** subst. f.
Fonction de maire. – Administration d'une commune. – Bâtiment abritant les services municipaux. ⚇ [meʀi].

**MAIS,** conj.
Marque une opposition ou une objection : *Il est gentil* mais *têtu.* – Renforce une idée, une exclamation : Mais *non !* ⚇ [mɛ].

**MAÏS,** subst. m.
Céréale à tige unique et à graines jaunes en épi. ⚇ [mais].

**MAISON,** subst. f.
Bâtiment à usage d'habitation. – Domicile ; la famille qui y vit. – Nom de certains édifices publics ou privés : **Maison** *de retraite, d'arrêt, de jeu.* – Famille princière : **Maison** *d'Autriche.* – Empl. adj. inv. *Gâteau* **maison** : fait sur place (fam.). ⚇ [mɛzɔ̃].

**MAISONNÉE,** subst. f.
Ensemble des personnes qui habitent une maison, en partic. famille. ⚇ [mɛzɔne].

**MAISONNETTE,** subst. f.
Petite maison. ⚇ [mɛzɔnɛt].

**MAÎTRE, MAÎTRESSE,** adj. et subst.
Subst. Personne qui exerce un pouvoir, une autorité, une responsabilité. – Instituteur. – Subst. masc. Personne qui a des disciples. – Titre d'un avocat, de certains officiers ministériels. – Personne prise comme modèle. – Subst. fém. Amante. – Adj. Apte à décider. – Essentiel, principal. ⚇ [mɛtʀ̩, mɛtʀɛs].

**MAÎTRE CHANTEUR,** subst. m.
Escroc qui pratique le chantage. ⚇ Plur. *maîtres chanteurs ;* [mɛtʀəʃɑ̃tœʀ].

**MAÎTRISE,** subst. f.
Autorité exercée sur qqn ou qqch. ; domination. – Talent, habileté. – Domination de soi-même. – L'un des grades universitaires. – Ensemble des contremaîtres et des chefs d'équipe, sur un chantier. – *Mus.* Chœur religieux. ⚇ [metʀiz].

**MAÎTRISER,** verbe trans. [3]
Se rendre maître de (qqn, qqch.). – Dominer (une situation). ⚇ [metʀize].

**MAJESTÉ,** subst. f.
Grandeur solennelle, qui impose le respect. – Titre d'un empereur ou d'un roi : *Sa* Majesté *la Reine.* ⚇ [maʒɛste].

**MAJESTUEUX, EUSE,** adj.
Qui a de la majesté. ⚇ [maʒɛstɥø, -øz].

**MAJEUR, EURE,** adj. et subst.
Se dit d'une personne qui a atteint la majorité légale. – Adj. Plus grand, plus important. – Très important. – Subst. masc. Troisième doigt de la main. ⚇ [maʒœʀ].

**MAJOR,** subst. m.
*Milit.* Sous-officier ou officier supérieur par le rang : **Major** *général ;* **Sergent**-**major**. – Candidat reçu premier à un concours : *Le* major *de la promotion.* ⚇ [maʒɔʀ].

**MAJORDOME,** subst. m.
Maître d'hôtel d'un souverain ou d'une grande maison. ⚇ [maʒɔʀdɔm].

**MAJORER,** verbe trans. [3]
Augmenter la valeur du montant de (une facture, un impôt, etc.). ⚇ [maʒɔʀe].

**MAJORETTE,** subst. f.
Jeune fille défilant dans les fêtes locales en uniforme militaire de fantaisie. ⚇ [maʒɔʀɛt].

**MAJORITAIRE,** adj.
Qui rallie ou qui doit rallier la majorité. – Qui appartient à la majorité ; propre à la majorité. ⚇ [maʒɔʀitɛʀ].

**MAJORITÉ,** subst. f.
Supériorité en nombre. – Âge légal, fixé à 18 ans en France, où l'on devient un citoyen adulte responsable. ⚇ [maʒɔʀite].

**MAJUSCULE,** adj. et subst. f.
Se dit d'une variante plus grande d'une lettre minuscule, dont le dessin est différent. ⚇ [maʒyskyl].

**MAL (I),** adv.
De manière fâcheuse : *Ça va* mal. – Avec hostilité : *Être* mal *reçu.* – Imparfaitement : *J'écris* mal. – *Pas* mal : assez bien. ⚇ [mal].

**MAL (II), MAUX,** subst. m.
Ce qui cause une douleur physique ou morale. – Calamité, malheur. – Difficulté, peine. – Ce qui est contraire à la morale, au bien. ⚇ [mal].

**MALADE,** adj. et subst.
Qui n'est pas en bonne santé. – Adj. En mauvais état. ⚇ [malad].

**MALADIE,** subst. f.
Altération de la santé. – Dégradation de qqch. ⚇ [maladi].

**MALADIF, IVE,** adj.
Qui est souvent malade. – Qui révèle une maladie. – Anormal. ⚇ [maladif, -iv].

**MALADRESSE,** subst. f.
Manque d'adresse. – Absence de tact. – Action, parole maladroite. ⚇ [maladʀɛs].

**MALADROIT, OITE,** adj. et subst.
Qui fait preuve de maladresse. – Qui manque de tact. ⚇ [maladʀwa, -wat].

**MALAISE,** subst. m.
Sensation pénible due à un trouble physiologique. – Trouble passager, état de mal-être. ⚇ [malɛz].

**MALAISÉ, ÉE,** adj.
Qui ne se fait pas facilement. ⚇ [maleze].

**MALAPPRIS, ISE,** adj. et subst.
Qui manque d'éducation. ⚇ [malapʀi, -iz].

**MALAXER**, verbe trans. [3]
Rendre plus mou, plus homogène en pétrissant. [malakse].

**MALCHANCE**, subst. f.
Mauvaise fortune, manque de chance. – Hasard malheureux. [malʃɑ̃s].

**MALCHANCEUX, EUSE**, adj. et subst.
Qui n'a pas de chance. [malʃɑ̃sø, -øz].

**MÂLE**, adj. et subst. m.
Qui est de sexe masculin. – Adj. Viril. – *Tech.* Qualifie une pièce qui s'insère dans une autre : *Une prise mâle*. [mɑl].

**MALÉDICTION**, subst. f.
Action de maudire. – Malchance persistante ; fatalité. [malediksjɔ̃].

**MALÉFICE**, subst. m.
Sortilège visant à porter malheur à qqn. [malefis].

**MALENCONTREUX, EUSE**, adj.
Qui survient mal à propos. [malɑ̃kɔ̃trø, -øz].

**MALENTENDU**, subst. m.
Interprétation erronée d'un acte, d'une parole. [malɑ̃tɑ̃dy].

**MAL-ÊTRE**, subst. m. inv.
Sentiment profond de malaise. [malɛtr].

**MALFAÇON**, subst. f.
Défaut de fabrication ou de construction. [malfasɔ̃].

**MALFAISANT, ANTE**, adj.
Nuisible, pernicieux. [malfəzɑ̃, -ɑ̃t].

**MALFAITEUR**, subst. m.
Personne qui se livre à des activités délictueuses ou criminelles. [malfɛtœr].

**MALFAMÉ, ÉE**, adj.
Qui est mal fréquenté. On écrit aussi *mal famé* ; [malfame].

**MALFORMATION**, subst. f.
Anomalie congénitale. [malfɔrmasjɔ̃].

**MALGRÉ**, prép.
Contre la volonté, le gré de. – En dépit de. – Malgré *tout* : pourtant. [malgre].

**MALHABILE**, adj.
Qui manque de savoir-faire. [malabil].

**MALHEUR**, subst. m.
Coup du sort, événement pénible. – État douloureux. – Malchance. [malœr].

**MALHEUREUX, EUSE**, adj. et subst.
Qui est dans le malheur. – Adj. Qui exprime la tristesse, la douleur. – Qui n'a pas de chance. – Mal venu, mal inspiré. – Insignifiant. [malørø, -øz].

**MALHONNÊTE**, adj.
Qui fait preuve de malhonnêteté. – Trompeur, fourbe. [malɔnɛt].

**MALHONNÊTETÉ**, subst. f.
Manque d'intégrité, de droiture. – Acte malhonnête, trompeur. [malɔnɛtte].

**MALICE**, subst. f.
Méchanceté (littér.). – Tendance à s'amuser aux dépens d'autrui. – Ruse. [malis].

**MALICIEUX, IEUSE**, adj.
Qui fait preuve de malice. – Enjoué, espiègle. [malisjø, -jøz].

**MALIN, IGNE**, adj.
Qui aime à faire le mal. – Qui est rusé ; qui a l'esprit vif et délié ; intelligent. – *C'est malin !* : c'est stupide (fam.). – Qui a un effet nuisible, pernicieux : *Une tumeur maligne*, cancéreuse. – Empl. subst. Personne maligne. – *Le Malin* : le diable. [malɛ̃, -iɲ].

**MALINGRE**, adj.
D'aspect chétif, fragile. [malɛ̃gr].

**MALINTENTIONNÉ, ÉE**, adj.
Qui a de mauvaises intentions, malveillant. [malɛ̃tɑ̃sjone].

**MALLE**, subst. f.
Grand coffre de voyage. – Coffre servant au rangement ; son contenu. [mal].

**MALLÉABLE**, adj.
Qui se laisse modeler. – Fig. Influençable. [maleabl].

**MALLETTE**, subst. f.
Petite valise. [malɛt].

**MALMENER**, verbe trans. [10]
Attaquer, traiter durement, par la parole ou par les actes. [malməne].

**MALNUTRITION**, subst. f.
État d'une personne insuffisamment ou mal nourrie. [malnytrisjɔ̃].

**MALOTRU, UE**, subst.
Personne grossière, mal élevée. [malɔtry].

**MALPROPRE**, adj. et subst.
Qui n'est pas propre ; sale. [malprɔpr].

**MALSAIN, AINE**, adj.
Qui nuit à la santé, physique ou morale. [malsɛ̃, -ɛn].

**MALT**, subst. m.
Orge germée et séchée, destinée à la préparation de certains alcools. [malt].

**MALTRAITER**, verbe trans. [3]
Traiter avec brutalité. [maltrete].

**MALUS**, subst. m.
Pénalité ajoutée à une prime d'assurance après un sinistre. [malys].

**MALVEILLANCE**, subst. f.
Tendance à nuire, à dénigrer. [malvɛjɑ̃s].

**MALVENU, UE**, adj.
Inopportun. – Dont l'intervention n'est pas fondée. [malvəny].

**MALVERSATION**, subst. f.
Détournement d'argent dans l'exercice d'une charge. [malvɛrsasjɔ̃].

**MAMAN**, subst. f.
Mère (mot affectueux). [mamɑ̃].

**MAMELLE**, subst. f.
Glande productrice de lait, chez les femelles mammifères. 🔊 [mamɛl].

**MAMELON**, subst. m.
Extrémité de la mamelle ou du sein. – Petite colline de forme arrondie. 🔊 [mam(ə)lɔ̃].

**MAMMIFÈRE**, subst. m.
Animal vertébré qui possède des mamelles. 🔊 [mamifɛʀ].

**MAMMOUTH**, subst. m.
Mammifère fossile du quaternaire, proche des éléphants actuels. 🔊 [mamut].

**MANCHE (I)**, subst. m.
Partie d'un outil ou d'un instrument par laquelle on les tient. – **Manche à balai** : levier de commande d'un avion. 🔊 [mɑ̃ʃ].

**MANCHE (II)**, subst. f.
Partie d'un vêtement qui entoure le bras. – *Jeux* et *Sp.* Chacune des épreuves d'une même partie. 🔊 [mɑ̃ʃ].

**MANCHETTE**, subst. f.
Ornement des poignets d'une chemise. – Coup porté avec l'avant-bras. – Gros titre en première page d'un journal. 🔊 [mɑ̃ʃɛt].

**MANCHON**, subst. m.
Étui fourré où l'on met les mains pour les protéger du froid. 🔊 [mɑ̃ʃɔ̃].

**MANCHOT, OTE**, adj. et subst.
Se dit d'une personne privée d'une main ou d'un bras. – Subst. masc. Oiseau palmipède de l'Antarctique. 🔊 [mɑ̃ʃo. -ɔt].

**MANDARIN**, subst. m.
Dans l'ancienne Chine, fonctionnaire de haut rang. – Dialecte parlé par la majorité des Chinois. 🔊 [mɑ̃daʀɛ̃].

**MANDARINE**, subst. f.
Agrume plus petit et plus doux que l'orange, fruit du mandarinier. 🔊 [mɑ̃daʀin].

**MANDAT**, subst. m.
Acte par lequel une personne (le mandant) donne pouvoir d'agir en son nom à une autre personne (le mandataire). – Ordre de payer à qqn une somme déterminée. 🔊 [mɑ̃da].

**MANDATER**, verbe trans. [3]
Charger d'un mandat. 🔊 [mɑ̃date].

**MANDIBULE**, subst. f.
Mâchoire inférieure des Vertébrés. – Plur. Mâchoires (fam.). 🔊 [mɑ̃dibyl].

**MANDOLINE**, subst. f.
*Mus.* Instrument à quatre cordes pincées et à caisse de résonance bombée. 🔊 [mɑ̃dɔlin].

**MANÈGE**, subst. m.
Lieu où l'on dresse des chevaux. – Attraction foraine où des chevaux de bois tournent autour d'un axe vertical. – Fig. Manœuvre, intrigue. 🔊 [manɛʒ].

**MANETTE**, subst. f.
Petit levier, poignée que l'on manœuvre pour déclencher un mécanisme. 🔊 [manɛt].

**MANGEOIRE**, subst. f.
Récipient où l'on place la nourriture destinée à certains animaux. 🔊 [mɑ̃ʒwaʀ].

**MANGER**, verbe trans. [5]
Mâcher et avaler (des aliments) ; empl. abs., se nourrir. – User, ronger. 🔊 [mɑ̃ʒe].

**MANGOUSTE**, subst. f.
Mammifère carnivore d'Afrique ou d'Asie ressemblant à une belette, ennemi redoutable des serpents. 🔊 [mɑ̃gust].

**MANGUE**, subst. f.
Fruit tropical comestible du manguier, à la pulpe orangée très parfumée. 🔊 [mɑ̃g].

**MANIABLE**, adj.
Que l'on manie aisément. 🔊 [manjabl].

**MANIAQUE**, adj. et subst.
Qui se montre méticuleux jusqu'à la manie ; qui semble obsédé par qqch. – Adj. Relatif à la manie. 🔊 [manjak].

**MANICHÉISME**, subst. m.
Doctrine qui considère le monde comme le lieu d'un combat entre le bien et le mal. 🔊 [manikeism].

**MANIE**, subst. f.
Habitude méticuleuse à l'excès. – Idée fixe ; obsession. 🔊 [mani].

**MANIEMENT**, subst. m.
Action, façon de manier. 🔊 [manimɑ̃].

**MANIER**, verbe trans. [6]
Tenir, utiliser, déplacer (qqch.) avec ses mains. – Manœuvrer (une machine, un véhicule). 🔊 [manje].

**MANIÈRE**, subst. f.
Façon d'être, de se comporter. – Style propre à un créateur. – Plur. *Les bonnes* **manières** : les règles de la bienséance. – *Faire des* **manières** : agir avec affectation. – Loc. prép. *De* **manière à** : afin de. 🔊 [manjɛʀ].

**MANIÉRÉ, ÉE**, adj.
Affecté, précieux. 🔊 [manjeʀe].

**MANIFESTANT, ANTE**, subst.
Personne qui participe à une manifestation. 🔊 [manifɛstɑ̃. -ɑ̃t].

**MANIFESTATION**, subst. f.
Expression d'une opinion, d'un sentiment. – Rassemblement de personnes qui manifestent. – Cérémonie en l'honneur de qqch. ou de qqn. 🔊 [manifɛstasjɔ̃].

**MANIFESTE**, adj. et subst. m.
Adj. Évident, certain. – Subst. Déclaration publique et solennelle exposant un programme politique, intellectuel ou artistique. 🔊 [manifɛst].

**MANIFESTER**, verbe [3]
Trans. Faire connaître clairement et publiquement (une opinion). – Extérioriser (un sentiment). – Intrans. Prendre part à une manifestation. – Pronom. Apparaître. – Se faire connaître. 🔊 [manifɛste].

**MANIGANCE**, subst. f.
Manœuvre habile et secrète. 🔊 [manigãs].

**MANIOC**, subst. m.
Arbrisseau des pays tropicaux dont la racine fournit une fécule, le tapioca. 🔊 [manjɔk].

**MANIPULATION**, subst. f.
Action de manipuler. – Fig. Manœuvre peu honnête. 🔊 [manipylasjɔ̃].

**MANIPULER**, verbe trans. [3]
Manier (des produits, des appareils, des objets). – Fig. Influencer, manœuvrer (qqn). 🔊 [manipyle].

**MANIVELLE**, subst. f.
Pièce coudée que l'on active pour imprimer un mouvement de rotation à un dispositif. 🔊 [manivɛl].

**MANNEQUIN**, subst. m.
Forme articulée représentant le corps humain. – Personne qui présente les modèles d'une maison de couture. 🔊 [mankɛ̃].

**MANŒUVRE (I)**, subst. f.
Action manuelle permettant le fonctionnement d'une machine, d'un véhicule, d'un navire. – Exercice d'instruction militaire. – Ensemble des moyens utilisés pour atteindre un but déterminé. 🔊 [manœvʁ].

**MANŒUVRE (II)**, subst. m.
Ouvrier non spécialisé. 🔊 [manœvʁ].

**MANŒUVRER**, verbe [3]
Intrans. Réaliser, opérer une manœuvre. – Trans. Mettre en action ; guider (un véhicule). – Fig. **Manœuvrer** *qqn* : se servir de lui, l'influencer. 🔊 [manœvʁe].

**MANOIR**, subst. m.
Petit château entouré de terres. 🔊 [manwaʁ].

**MANOMÈTRE**, subst. m.
Appareil qui sert à mesurer la pression d'un gaz ou d'une vapeur. 🔊 [manɔmɛtʁ].

**MANQUE**, subst. m.
Pénurie, absence d'une chose nécessaire. – Chose qui fait défaut. 🔊 [mãk].

**MANQUEMENT**, subst. m.
Fait de manquer à une règle, à un devoir. 🔊 [mãkmã].

**MANQUER**, verbe [3]
Intrans. Être absent. – Faire défaut. – Faillir. – Trans. Ne pas atteindre ; rater. – **Manquer** *de* : être dépourvu de ; être sur le point de (faire qqch.). – **Manquer** *à* : se soustraire à (une obligation). 🔊 [mãke].

**MANSARDE**, subst. f.
Pièce aménagée sous un toit et qui a, de ce fait, un mur en pente. 🔊 [mãsaʁd].

**MANTE**, subst. f.
**Mante** *religieuse* : insecte carnivore aux pattes antérieures puissantes. 🔊 [mãt].

**MANTEAU**, subst. m.
Vêtement qui se porte par-dessus les autres. – Partie d'une cheminée qui fait saillie au-dessus du foyer. 🔊 [mãto].

**MANUCURE**, subst.
Personne qui s'occupe des soins de beauté des mains et des ongles. 🔊 [manykyʁ].

**MANUEL, ELLE**, adj. et subst.
Qui se sert de ses mains. – Adj. Qui se manœuvre à la main. – Subst. masc. Ouvrage contenant les bases d'une science, d'une technique, d'un art. 🔊 [manɥɛl].

**MANUFACTURE**, subst. f.
Appellation de certaines entreprises industrielles appartenant à l'État. 🔊 [manyfaktyʁ].

**MANUSCRIT, ITE**, adj. et subst. m.
Se dit d'un texte écrit à la main. – Subst. Texte original d'un auteur. 🔊 [manyskʁi, -it].

**MANUTENTION**, subst. f.
Manipulation, déplacement de marchandises, à la main ou par des moyens mécaniques. 🔊 [manytãsjɔ̃].

**MAPPEMONDE**, subst. f.
Carte représentant, en projection, les deux hémisphères terrestres. 🔊 [mapmɔ̃d].

**MAQUEREAU**, subst. m.
Poisson de mer osseux, à la chair compacte et à la peau rayée de noir. 🔊 [makʁo].

**MAQUETTE**, subst. f.
Modèle réduit d'un objet, d'un lieu. – Projet précédant la réalisation d'un livre, d'un objet, etc. 🔊 [makɛt].

**MAQUILLAGE**, subst. m.
Action de maquiller, de se maquiller. – Produit servant à maquiller. 🔊 [makijaʒ].

**MAQUILLER**, verbe trans. [3]
Enduire (le visage) de fard ou d'un produit de beauté. – Fig. Fausser (une réalité) pour tromper. 🔊 [makije].

**MAQUIS**, subst. m.
Végétation d'arbustes épineux, des régions méditerranéennes. – Fig. Lieu inextricable. – Région difficile d'accès où s'organisent des activités de résistance. 🔊 [maki].

**MARABOUT**, subst. m.
Ermite musulman. – Sorcier africain. – Grande cigogne d'Afrique. 🔊 [maʁabu].

**MARAÎCHER, ÈRE**, adj. et subst.
Subst. Personne qui cultive et vend des légumes. – Adj. Relatif à cette activité : *Cultures* **maraîchères**. 🔊 [maʁeʃe, -ɛʁ].

**MARAIS**, subst. m.
Terrain inculte, recouvert d'eau stagnante peu profonde. – **Marais** *salant* : ensemble de bassins reliés à la mer, où l'on recueille le sel après évaporation de l'eau. 🔊 [maʁɛ].

**MARASME**, subst. m.
Crise économique, stagnation. 🔊 [maʁasm].

**MARATHON**, subst. m.
Course à pied de grand fond (42,195 km). 🔊 [maʁatɔ̃].

**MARAUDER**, verbe intrans. [3]
Voler des fruits, des légumes, des volailles, dans les fermes et les jardins. 🔊 [maʁode].

**MARBRE**, subst. m.
Roche calcaire très dure et souv. veinée, utilisée en architecture et en décoration. – Statue, objet en **marbre**. 🕮 [maʀbʀ].

**MARBRURE**, subst. f.
Dessin, marque qui imite les veines du marbre. 🕮 [maʀbʀyʀ].

**MARC**, subst. m.
Résidu de fruits ou de grains pressés ou infusés. – Eau-de-vie provenant de la distillation d'un **marc**. 🕮 [maʀ].

**MARCASSIN**, subst. m.
Petit du sanglier et de la laie. 🕮 [maʀkasɛ̃].

**MARCHAND, ANDE**, adj. et subst.
Subst. Personne qui achète et qui revend des produits. – Adj. Relatif au commerce. 🕮 [maʀʃɑ̃, -ɑ̃d].

**MARCHANDAGE**, subst. m.
Action de marchander. – Tractation, négociation laborieuse. 🕮 [maʀʃɑ̃daʒ].

**MARCHANDER**, verbe trans. [3]
Négocier le prix de (une marchandise). – Accorder avec réticence. 🕮 [maʀʃɑ̃de].

**MARCHANDISE**, subst. f.
Ce qui s'achète et se vend. 🕮 [maʀʃɑ̃diz].

**MARCHE**, subst. f.
Chacun des degrés d'un escalier, où l'on pose le pied. – Action de marcher. – Déroulement d'un processus ; fonctionnement. – Musique au rythme accusé. 🕮 [maʀʃ].

**MARCHÉ**, subst. m.
Lieu public où s'opèrent des transactions commerciales. – Toute opération de vente ou d'achat à un prix convenu. – État de l'offre et de la demande. – Arrangement conclu avec qqn. 🕮 [maʀʃe].

**MARCHEPIED**, subst. m.
Ensemble d'une à trois marches, fixe ou amovible, facilitant un accès. 🕮 [maʀʃəpje].

**MARCHER**, verbe intrans. [3]
Se déplacer à pied. – Mettre le pied (sur qqch.). – Fonctionner. – Fig. Réussir. – *Faire* **marcher** *qqn* : le taquiner, le tromper (fam.). 🕮 [maʀʃe].

**MARDI**, subst. m.
Deuxième jour de la semaine. 🕮 [maʀdi].

**MARE**, subst. f.
Petite étendue d'eau stagnante. – Grande flaque : **Mare** *de sang*. 🕮 [maʀ].

**MARÉCAGE**, subst. m.
Zone occupée par des marais. 🕮 [maʀekaʒ].

**MARÉCHAL, AUX**, subst. m.
Officier général détenant la plus haute dignité militaire. 🕮 [maʀeʃal].

**MARÉCHAL-FERRANT**, subst. m.
Artisan forgeron qui ferre les chevaux. 🕮 Plur. *maréchaux-ferrants* ; [maʀeʃalfeʀɑ̃].

**MARÉE**, subst. f.
Mouvement de la mer, qui monte et descend deux fois par jour. – Produits frais de la mer. – Fig. Foule en mouvement. 🕮 [maʀe].

**MARELLE**, subst. f.
Jeu d'enfant consistant à sauter à cloche-pied sur une figure tracée au sol. 🕮 [maʀɛl].

**MAREYEUR, EUSE**, subst.
Marchand qui vend en gros les produits de la pêche. 🕮 [maʀejœʀ, -øz].

**MARGARINE**, subst. f.
Corps gras alimentaire fabriqué à partir d'huiles végétales. 🕮 [maʀgaʀin].

**MARGE**, subst. f.
Bord, bordure de qqch. – Latitude laissée pour agir. – *Écon.* Bénéfice net réalisé sur la vente d'un produit. – Loc. prép. *En* **marge** *de* : en dehors, à l'écart de. 🕮 [maʀʒ].

**MARGELLE**, subst. f.
Rebord en pierre d'un puits, d'une fontaine. 🕮 [maʀʒɛl].

**MARGINAL, ALE, AUX**, adj. et subst.
Se dit de qqn qui vit en marge de la société. – Adj. Accessoire, secondaire. 🕮 [maʀʒinal].

**MARGUERITE**, subst. f.
Plante des champs dont la fleur a des pétales blancs et un cœur jaune. 🕮 [maʀgəʀit].

**MARI**, subst. m.
Homme marié à une femme. 🕮 [maʀi].

**MARIAGE**, subst. m.
Union légale d'un homme et d'une femme. – Célébration de cette union. 🕮 [maʀjaʒ].

**MARIÉ, ÉE**, adj. et subst.
Adj. Qui est uni à qqn par le mariage. – Subst. Personne dont on célèbre le mariage. 🕮 [maʀje].

**MARIER**, verbe trans. [6]
Unir par les liens du mariage. – Fig. Unir, assortir. 🕮 [maʀje].

**MARIN, INE**, adj. et subst. m.
Subst. Personne qui navigue. – Adj. Relatif à la mer, au littoral. – Relatif à la navigation, aux **marins**. 🕮 [maʀɛ̃, -in].

**MARINADE**, subst. f.
Préparation liquide épicée où des aliments macèrent avant la cuisson. 🕮 [maʀinad].

**MARINE**, subst. f.
Art de la navigation. – Ensemble des navires d'un pays et de leurs équipages. – Tableau ayant la mer pour sujet. – Empl. adj. inv. *Bleu* **marine** : bleu foncé. 🕮 [maʀin].

**MARINER**, verbe [3]
Macérer ou faire macérer dans une marinade. 🕮 [maʀine].

**MARINIER, IÈRE**, subst.
Personne qui navigue sur les fleuves, les canaux. – Fém. Polo à manches longues,

à encolure ras du cou. – *Moules* **marinière** : préparées dans leur jus, avec des échalotes et du vin blanc. ⚄ [maʀinjɛ, -jɛʀ].

**MARIONNETTE, subst. f.**
Poupée articulée qu'on actionne à la main ou avec des fils. ⚄ [maʀjɔnɛt].

**MARITAL, ALE, AUX, adj.**
Qui appartient au mari, dans un couple. – *Vie* **maritale** : concubinage. ⚄ [maʀital].

**MARITIME, adj.**
Qui est proche de la mer, qui subit son influence. – Qui se fait sur mer. – Qui concerne la marine. ⚄ [maʀitim].

**MARIVAUDAGE, subst. m.**
Badinage galant. ⚄ [maʀivodaʒ].

**MARJOLAINE, subst. f.**
Plante aromatique, également appelée origan. ⚄ [maʀʒɔlɛn].

**MARKETING, subst. m.**
Ensemble des techniques (étude de marché, publicité, etc.) concourant à une plus large diffusion d'un produit. ⚄ [maʀketiŋ].

**MARMAILLE, subst. f.**
Groupe de jeunes enfants plus ou moins bruyants (fam.). ⚄ [maʀmɑj].

**MARMELADE, subst. f.**
Sorte de confiture, faite de fruits écrasés et de sucre. ⚄ [maʀməlad].

**MARMITE, subst. f.**
Récipient de cuisine, muni d'un couvercle et de deux poignées. ⚄ [maʀmit].

**MARMONNER, verbe trans. [3]**
Murmurer entre ses dents, d'une façon peu distincte. ⚄ [maʀmɔne].

**MARMOT, subst. m.**
Petit enfant (fam.). ⚄ [maʀmo].

**MARMOTTE, subst. f.**
Mammifère rongeur des Alpes, dont l'hibernation est précoce. ⚄ [maʀmɔt].

**MAROQUINERIE, subst. f.**
Fabrication et commerce d'objets en cuir. ⚄ [maʀɔkinʀi].

**MAROTTE, subst. f.**
Idée fantasque ; manie (fam.). ⚄ [maʀɔt].

**MARQUANT, ANTE, adj.**
Qui marque. – Remarquable. ⚄ [maʀkɑ̃, -ɑ̃t].

**MARQUE, subst. f.**
Signe distinctif mis sur qqch. : **Marque** *de fabrication*. – Entreprise commerciale ou industrielle : *Produit de* **marque**, appartenant à une entreprise renommée. – Trace naturelle permettant d'identifier. – Démonstration : **Marque** *d'amitié*. ⚄ [maʀk].

**MARQUER, verbe trans. [3]**
Mettre un signe de reconnaissance sur. – Laisser une trace visible sur. – Noter par écrit. – Souligner. – Empl. intrans. Laisser un souvenir durable. ⚄ [maʀke].

**MARQUETERIE, subst. f.**
Travail consistant à orner le bois par placage ou par incrustation. – Œuvre ainsi réalisée. ⚄ [maʀkɛtʀi].

**MARQUIS, ISE, subst.**
Personne ayant un titre de noblesse entre celui de comte et celui de duc. ⚄ [maʀki, -iz].

**MARRAINE, subst. f.**
Femme qui tient un enfant sur les fonts baptismaux. ⚄ [maʀɛn].

**MARRANT, ANTE, adj.**
Drôle, amusant (fam.). ⚄ [maʀɑ̃, -ɑ̃t].

**MARRE, adv.**
*En avoir* **marre** *de qqch.* : en être dégoûté, lassé (fam.). ⚄ [maʀ].

**MARRER (SE), verbe pronom. [3]**
S'amuser, rire (fam.). ⚄ [maʀe].

**MARRON, subst. m.**
Grosse châtaigne, fruit du marronnier. – Empl. adj. inv. Brun-rouge. ⚄ [maʀɔ̃].

**MARRONNIER, subst. m.**
Châtaignier cultivé. – **Marronnier** *d'Inde* : grand arbre ornemental. ⚄ [maʀɔnje].

**MARS, subst. m.**
Troisième mois de l'année. ⚄ [maʀs].

**MARSOUIN, subst. m.**
Mammifère marin qui ressemble à un petit dauphin. ⚄ [maʀswɛ̃].

**MARSUPIAL, ALE, AUX, adj. et subst. m.**
Subst. Mammifère dont les petits continuent leur développement dans la poche ventrale de leur mère, après la naissance. – Plur. L'ordre correspondant. – Adj. Relatif aux **Marsupiaux**. ⚄ [maʀsypjal].

**MARTEAU, subst. m.**
Outil constitué d'une masse métallique fixée à un manche, servant à frapper. – **Marteau** *piqueur* : outil à air comprimé permettant de défoncer et de creuser des roches, du béton, etc. ⚄ [maʀto].

**MARTELER, verbe trans. [11]**
Façonner à coups de marteau. – Frapper à coups redoublés. ⚄ [maʀtəle].

**MARTIAL, ALE, AUX, adj.**
Relatif à la guerre, aux militaires. – *Arts* **martiaux** : sports de combat d'origine japonaise, tel le judo. ⚄ [maʀsjal].

**MARTIEN, IENNE, adj. et subst.**
Adj. Relatif à la planète Mars. – Subst. Habitant supposé de Mars. ⚄ [maʀsjɛ̃, -jɛn].

**MARTINET (I), subst. m.**
Petit fouet à lanières. ⚄ [maʀtinɛ].

**MARTINET (II), subst. m.**
Oiseau aux pattes très courtes, ressemblant à une hirondelle. ⚄ [maʀtinɛ].

**MARTINGALE, subst. f.**
Bande de tissu horizontale ornant le dos d'un vêtement. – *Jeux*. Combinaison réputée infaillible. ⚄ [maʀtɛ̃gal].

**MARTIN-PÊCHEUR,** subst. m.
Petit oiseau à long bec, amateur de poissons.
🔊 Plur. *martins-pêcheurs* ; [maʀtɛpɛʃœʀ].

**MART(R)E,** subst. f.
Petit mammifère carnivore au corps allongé,
recherché pour sa fourrure. 🔊 [maʀt(ʀ)].

**MARTYR, YRE,** adj. et subst.
Se dit d'une personne qui subit ou a subi
le martyre : *Enfant* **martyr.** 🔊 [maʀtiʀ].

**MARTYRE,** subst. m.
Torture, supplice infligés à qqn en raison de
sa foi ou de ses idées. – Grande souffrance
physique ou morale. 🔊 [maʀtiʀ].

**MARTYRISER,** verbe trans. [3]
Livrer au martyre, supplicier. – Faire
souffrir, persécuter. 🔊 [maʀtiʀize].

**MARXISME,** subst. m.
Doctrine de Karl Marx, qui a inspiré les
régimes communistes. 🔊 [maʀksism].

**MAS,** subst. m.
Ferme, maison campagnarde, en Provence.
🔊 [mɑ(s)].

**MASCARADE,** subst. f.
Divertissement costumé. – Fig. Mise en
scène trompeuse. 🔊 [maskaʀad].

**MASCOTTE,** subst. f.
Animal, personne ou objet fétiche, porte-
bonheur. 🔊 [maskɔt].

**MASCULIN, INE,** adj. et subst. m.
Adj. Qui est propre à l'homme, au mâle.
– Subst. *Ling.* L'un des trois genres gram-
maticaux. 🔊 [maskylɛ̃, -in].

**MASOCHISME,** subst. m.
Comportement d'une personne qui trouve
du plaisir dans sa propre souffrance.
🔊 [mazɔʃism].

**MASQUE,** subst. m.
Faux visage servant à se déguiser, à se dissimuler. – Protection faciale. – Cosmétique
que l'on applique sur le visage. 🔊 [mask].

**MASQUER,** verbe trans. [3]
Couvrir d'un masque. – Cacher à la vue,
occulter. – Fig. Dissimuler. 🔊 [maske].

**MASSACRE,** subst. m.
Action de massacrer ; son résultat. – Gâchis
considérable, très mauvais travail (fam.).
🔊 [masakʀ].

**MASSACRER,** verbe trans. [3]
Tuer en masse, sauvagement (des êtres
sans défense). – Endommager gravement
(fam.). 🔊 [masakʀe].

**MASSAGE,** subst. m.
Action de masser le corps. 🔊 [masaʒ].

**MASSE (I),** subst. f.
Quantité, volume important. – Ensemble
imposant, perçu en tant qu'unité. – Quantité de matière d'un corps, exprimée en
kilogrammes. – Somme d'argent : *La* **masse**
*salariale.* – Plur. Le peuple (péj.). 🔊 [mas].

**MASSE (II),** subst. f.
Gros maillet de bois ou de métal. 🔊 [mas].

**MASSER,** verbe trans. [3]
Frotter, frictionner (le corps) dans un but
thérapeutique ou esthétique. 🔊 [mase].

**MASSIF, IVE,** adj. et subst. m.
Adj. Lourd, imposant. – Qui se produit en
grand nombre. – Subst. Montagne ou ensemble de montagnes. – Parterre de fleurs,
d'arbustes. 🔊 [masif, -iv].

**MASSUE,** subst. f.
Lourd bâton à tête renflée, utilisé comme
arme. 🔊 [masy].

**MASTIC,** subst. m.
Substance beige, malléable et étanche, utilisée comme joint. 🔊 [mastik].

**MASTIQUER (I),** verbe trans. [3]
Boucher avec du mastic. 🔊 [mastike].

**MASTIQUER (II),** verbe trans. [3]
Mâcher avec application. 🔊 [mastike].

**MASTODONTE,** subst. m.
Grand mammifère préhistorique, voisin de
l'éléphant. 🔊 [mastɔdɔ̃t].

**MASTURBATION,** subst. f.
Attouchement des parties génitales, afin de
provoquer le plaisir sexuel. 🔊 [mastyʀbasjɔ̃].

**MASURE,** subst. f.
Maison vétuste, délabrée. 🔊 [mazyʀ].

**MAT (I),** adj. inv. et subst. m.
Aux échecs, se dit du roi qui ne peut plus
se déplacer sans être pris, ce qui met fin
à la partie. 🔊 [mat].

**MAT (II), MATE,** adj.
Qui n'est pas brillant ; terne. – *Teint* **mat** :
foncé. – *Bruit* **mat** : sourd. 🔊 [mat].

**MÂT,** subst. m.
Long poteau vertical sur le pont d'un
navire, qui soutient la voilure. – Montant
de bois maintenant un chapiteau ou
portant un drapeau. 🔊 [mɑ].

**MATADOR,** subst. m.
Torero qui, dans une corrida, met à mort
le taureau. 🔊 [matadɔʀ].

**MATCH,** subst. m.
*Sp.* Épreuve disputée entre deux athlètes,
deux équipes. 🔊 Plur. *match(e)s* ; [matʃ].

**MATELAS,** subst. m.
Pièce de literie rembourrée sur laquelle on
s'étend pour dormir. 🔊 [mat(ə)la].

**MATELASSÉ, ÉE,** adj.
Rembourré, capitonné. 🔊 [mat(ə)lase].

**MATELOT,** subst. m.
Homme d'équipage qui prend part à la
manœuvre, sur un navire. 🔊 [mat(ə)lo].

**MATER,** verbe trans. [3]
Dompter, maîtriser. – Réprimer. 🔊 [mate].

**MATÉRIALISER,** verbe trans. [3]
Représenter d'une façon concrète (qqch.
d'abstrait). – Réaliser (un projet, une idée).
🔊 [mateʀjalize].

**MATÉRIALISME, subst. m.**
Doctrine philosophique qui affirme que seule existe la matière. – Attitude qui prône la recherche des plaisirs et des biens matériels. 🕮 [materjalism].

**MATÉRIAU, AUX, subst. m.**
Élément constitutif d'une œuvre concrète ou abstraite. – Plur. Éléments entrant dans la construction d'un bâtiment. 🕮 [materjo].

**MATÉRIEL, IELLE, adj. et subst. m.**
Adj. Qui est constitué d'éléments tangibles ; concret. – Subst. Ensemble des objets, des instruments nécessaires à une activité, à l'accomplissement de qqch. 🕮 [materjɛl].

**MATERNEL, ELLE, adj.**
Qui concerne la mère. – Qui a trait à l'éducation des enfants : *Une école* **maternelle** ; empl. subst. fém. : *La* **maternelle**. 🕮 [matɛrnɛl].

**MATERNITÉ, subst. f.**
État maternel ; lien qui relie une mère à son enfant. – Clinique, service hospitalier où les femmes accouchent. 🕮 [matɛrnite].

**MATHÉMATICIEN, IENNE, subst.**
Savant spécialisé dans les sciences mathématiques. 🕮 [matematisjɛ̃, -jɛn].

**MATHÉMATIQUE, adj. et subst. f.**
Subst. Science des nombres, des grandeurs, des figures (gén. au plur. ; abrév. fam. *math* ou *maths*). – Adj. Qui relève des **mathématiques** ; qui en a la rigueur, la précision. 🕮 [matematik].

**MATIÈRE, subst. f.**
Réalité matérielle, corps (oppos. *esprit*). – Substance particulière identifiable par ses propriétés : **Matière** *poreuse*. – Fig. Sujet d'un ouvrage, d'un enseignement. – Cause, occasion : **Matière** *à réfléchir*. 🕮 [matjɛr].

**MATIN, subst. m.**
Partie de la journée allant du lever du soleil jusqu'à midi. 🕮 [matɛ̃].

**MATINAL, ALE, AUX, adj.**
Qui se rapporte au matin. – Qui se lève tôt. 🕮 [matinal].

**MATINÉE, subst. f.**
Durée du matin. – Spectacle qui a lieu l'après-midi. 🕮 [matine].

**MATRAQUE, subst. f.**
Petit gourdin lourd, de bois ou de caoutchouc dur, qui sert d'arme. 🕮 [matrak].

**MATRAQUER, verbe trans. [3]**
Frapper à coups de matraque. – Fig. Demander un prix exorbitant à. 🕮 [matrake].

**MATRICE, subst. f.**
Utérus de la femme. – Moule permettant de reproduire un objet. 🕮 [matris].

**MATRICULE, subst.**
Fém. Registre administratif ; extrait de ce registre. – Masc. Numéro d'inscription sur ce registre. 🕮 [matrikyl].

**MATRIMONIAL, ALE, AUX, adj.**
Relatif au mariage. 🕮 [matrimɔnjal].

**MATURATION, subst. f.**
Fait de mûrir. 🕮 [matyrasjɔ̃].

**MATURITÉ, subst. f.**
État d'un fruit mûr. – Fig. Âge mûr, entre la jeunesse et la vieillesse. 🕮 [matyrite].

**MAUDIRE, verbe trans. [19]**
Appeler le malheur sur (qqn). 🕮 [modir].

**MAUGRÉER, verbe [7]**
Grommeler, exprimer sa mauvaise humeur d'une voix indistincte. 🕮 [mogree].

**MAUSOLÉE, subst. m.**
Grand monument funéraire. 🕮 [mozɔle].

**MAUSSADE, adj.**
Qui manifeste de la mauvaise humeur. – Fig. Triste, morose. 🕮 [mosad].

**MAUVAIS, AISE, adj.**
Qui n'est pas bon. – Qui n'est pas vrai, ni juste. – Qui est pernicieux, dangereux : *Un* **mauvais** *génie*. 🕮 [mɔvɛ, -ɛz].

**MAUVE, subst. f.**
Plante à fleurs roses ou violacées. – Empl. adj. inv. et subst. masc. Couleur de la **mauve**, violet clair. 🕮 [mov].

**MAXILLAIRE, subst. m.**
Os de la mâchoire. 🕮 [maksilɛr].

**MAXIMAL, ALE, AUX, adj.**
Qui constitue un maximum. 🕮 [maksimal].

**MAXIME, subst. f.**
Formule concise, sentence. 🕮 [maksim].

**MAXIMUM, subst. m.**
Le plus haut degré possible. 🕮 Plur. *maximums* ou *maxima* ; [maksimɔm].

**MAYONNAISE, subst. f.**
Émulsion de jaune d'œuf et d'huile, aromatisée et assaisonnée. 🕮 [majɔnɛz].

**MAZOUT, subst. m.**
Liquide brun et visqueux tiré du pétrole, utilisé comme combustible. 🕮 [mazut].

**MAZURKA, subst. f.**
Danse polonaise à trois temps. 🕮 [mazyrka].

**ME, M', pron. pers.**
Pronom complément de la 1re personne du singulier : *Cela me plaît*. 🕮 [mə].

**MÉANDRE, subst. m.**
Boucle décrite par le cours d'une rivière. – Fig. Détour tortueux. 🕮 [meɑ̃dr].

**MÉCANICIEN, IENNE, subst.**
Technicien qui monte, entretient ou répare des machines. – Conducteur d'une locomotive. 🕮 [mekanisjɛ̃, -jɛn].

**MÉCANIQUE, adj. et subst. f.**
Adj. Qui est mû par un moteur ; qui comporte un mécanisme : *Poupée* **mécanique**. – Qui se fait au moyen de machines. – Fig. Machinal : *Geste* **mécanique**. – Subst. Science qui étudie les mouvements et les

forces qui les produisent. – Science de la construction, du fonctionnement et de l'entretien des machines. – Assemblage de pièces destinées à produire, à transformer un mouvement. 📖 [mekanik].

**MÉCANISME**, subst. m.
Combinaison de pièces agencées en vue de produire un ensemble de mouvements. – Fig. Mode de fonctionnement d'un système complexe. 📖 [mekanism].

**MÉCÈNE**, subst. m.
Personne ou institution qui soutient financièrement un écrivain, un artiste, un savant, une œuvre. 📖 [mesɛn].

**MÉCHANCETÉ**, subst. f.
Caractère méchant. – Parole ou acte méchant. 📖 [meʃãste].

**MÉCHANT, ANTE**, adj. et subst.
Qui cherche à faire du mal, à nuire. – Qui occasionne des ennuis. 📖 [meʃã, -ãt].

**MÈCHE**, subst. f.
Cordon de fils qui, imprégné de substance combustible, peut entretenir une flamme. – Tige d'acier qui peut s'adapter à une perceuse. – Touffe de cheveux. 📖 [mɛʃ].

**MÉCONNAISSABLE**, adj.
Qu'on ne peut reconnaître. 📖 [mekɔnɛsabl].

**MÉCONNAÎTRE**, verbe trans. [73]
Se tromper sur ; sous-estimer. 📖 [mekɔnɛtʀ].

**MÉCONTENT, ENTE**, adj. et subst.
Qui n'est pas satisfait. 📖 [mekõtã, -ãt].

**MÉCONTENTEMENT**, subst. m.
État d'une personne mécontente. – Expression d'une insatisfaction. 📖 [mekõtãtmã].

**MÉCONTENTER**, verbe trans. [3]
Rendre mécontent. 📖 [mekõtãte].

**MÉCRÉANT, ANTE**, adj. et subst.
Qui est sans foi religieuse. 📖 [mekʀeã, -ãt].

**MÉDAILLE**, subst. f.
Petit disque de métal portant l'effigie d'un personnage, souv. religieux, ou commémorant un événement. – Pièce métallique suspendue à un ruban, servant de récompense, de décoration. 📖 [medaj].

**MÉDAILLON**, subst. m.
Grande médaille. – Bijou dans lequel on peut enfermer un souvenir. 📖 [medajõ].

**MÉDECIN**, subst. m.
Personne qui est habilitée à exercer la médecine. 📖 [med(ə)sɛ̃].

**MÉDECINE**, subst. f.
Science appliquée dont le but est la conservation ou le rétablissement de la santé individuelle ou collective. 📖 [med(ə)sin].

**MÉDIA**, subst. m.
Support et moyen d'information de grande diffusion (presse écrite, radio, télévision). 📖 [medja].

**MÉDIAN, IANE**, adj. et subst. f.
Adj. Situé au milieu. – Subst. Droite qui joint le sommet d'un triangle au milieu du côté opposé à ce sommet. 📖 [medjã, -jan].

**MÉDIATEUR, TRICE**, adj. et subst.
Se dit d'une personne qui intervient entre deux parties pour régler un litige. – Subst. fém. Droite perpendiculaire à un segment en son milieu. 📖 [medjatœʀ, -tʀis].

**MÉDIATIQUE**, adj.
Relatif aux médias. – Qui est devenu populaire grâce aux médias. 📖 [medjatik].

**MÉDICAL, ALE, AUX**, adj.
Qui a trait à la médecine. 📖 [medikal].

**MÉDICAMENT**, subst. m.
Produit dont la fonction est de lutter contre la maladie. 📖 [medikamã].

**MÉDIÉVAL, ALE, AUX**, adj.
Du Moyen Âge. 📖 [medjeval].

**MÉDIOCRE**, adj. et subst.
Se dit d'une personne qui manque d'envergure, qui a peu de capacités. – Adj. Inférieur à la moyenne ; insuffisant. 📖 [medjɔkʀ].

**MÉDIOCRITÉ**, subst. f.
Faible valeur (de qqn, de qqch.). – Petitesse d'esprit et de cœur. 📖 [medjɔkʀite].

**MÉDIRE**, verbe trans. indir. [65]
Dire du mal (de qqn). 📖 [mediʀ].

**MÉDISANCE**, subst. f.
Action de médire. – Propos par lequel on médit. 📖 [medizãs].

**MÉDITATION**, subst. f.
Action de méditer. – Relig. Exercice spirituel des mystiques. 📖 [meditasjõ].

**MÉDITER**, verbe [3]
Intrans. S'absorber dans ses pensées. – Trans. Réfléchir longuement et profondément à propos de : Méditer un conseil. – Élaborer par la pensée : Méditer une vengeance. 📖 [medite].

**MÉDIUM**, subst. m.
Personne qui prétend communiquer avec l'au-delà. – Mus. Registre de la voix, entre l'aigu et le grave. 📖 [medjɔm].

**MÉDIUS**, subst. m.
Doigt du milieu de la main (synon. majeur). 📖 [medjys].

**MÉDUSE**, subst. f.
Animal marin d'aspect gélatineux, dont le contact irrite la peau. 📖 [medyz].

**MÉDUSER**, verbe trans. [3]
Frapper de stupeur. 📖 [medyze].

**MEETING**, subst. m.
Réunion publique. 📖 [mitiŋ].

**MÉFAIT**, subst. m.
Action mauvaise, nuisible. – Effet néfaste : Les méfaits du tabac. 📖 [mefɛ].

**MÉFIANCE**, subst. f.
Fait de se méfier. 📖 [mefjãs].

**MÉFIER (SE),** verbe pronom. [6]
Ne pas avoir confiance : *Je me méfie de lui.*
– Se tenir sur ses gardes. 📷 [mefje].

**MÉGALITHE,** subst. m.
Grand monument préhistorique, fait de
très grosses pierres dressées (menhirs) ou
couchées (dolmens). 📷 [megalit].

**MÉGALOMANIE,** subst. f.
Folie des grandeurs, ambition excessive et
délirante. 📷 [megalɔmani].

**MÉGARDE (PAR),** loc. adv.
Par inadvertance, par erreur. 📷 [megaʀd].

**MÉGÈRE,** subst. f.
Femme méchante et hargneuse. 📷 [meʒɛʀ].

**MÉGOT,** subst. m.
Reste d'une cigarette ou d'un cigare (fam.).
📷 [mego].

**MÉGOTER,** verbe intrans. [3]
Lésiner (fam.). 📷 [megote].

**MEILLEUR, EURE,** adj. et subst.
Adj. Comparatif de « bon » : *Il est meilleur
en lettres qu'en sciences.* – Superlatif de
« bon » : *C'est la meilleure élève de la
classe.* – Subst. *Le meilleur* : ce qu'il y a
de mieux. 📷 [mɛjœʀ].

**MÉLANCOLIE,** subst. f.
Tristesse rêveuse et durable. 📷 [melɑ̃kɔli].

**MÉLANCOLIQUE,** adj.
Qui est en proie à la mélancolie. – Qui
exprime la mélancolie. 📷 [melɑ̃kɔlik].

**MÉLANGE,** subst. m.
Action de mélanger ; son résultat. – Ensemble d'éléments disparates. 📷 [melɑ̃ʒ].

**MÉLANGER,** verbe trans. [5]
Réunir en un tout homogène. – Assembler
sans ordre. – Fig. Confondre. 📷 [melɑ̃ʒe].

**MÊLÉE,** subst. f.
Groupe d'individus qui se battent, se
bousculent. – Fig. Conflit passionné. – *Sp.*
Phase de jeu, au rugby. 📷 [mele].

**MÊLER,** verbe trans. [3]
Mélanger, embrouiller. – Impliquer (qqn).
– Pronom. S'unir. – Participer (à) ; s'oc-
cuper (de). 📷 [mele].

**MÉLÈZE,** subst. m.
Conifère de haute montagne. 📷 [melɛz].

**MÉLI-MÉLO,** subst. m.
Mélange hétéroclite, confus (fam.). 📷 Plur.
*mélis-mélos* ; [melimelo].

**MÉLODIE,** subst. f.
Suite de sons formant une phrase musicale.
– L'air d'une chanson. 📷 [melɔdi].

**MÉLODIEUX, IEUSE,** adj.
Agréable à l'oreille. 📷 [melɔdjø, -jøz].

**MÉLODRAME,** subst. m.
Genre théâtral populaire caractérisé par la
simplification des caractères, l'abondance
des péripéties et le pathétique des situations (abrév. *mélo*). 📷 [melɔdʀam].

**MÉLOMANE,** adj. et subst.
Se dit d'une personne qui a la passion de
la musique classique. 📷 [melɔman].

**MELON,** subst. m.
Plante potagère rampante cultivée pour son
fruit rond, à la chair orangée, juteuse et
sucrée ; ce fruit. – Chapeau d'homme, rond
et bombé, à bords étroits. 📷 [m(ə)lɔ̃].

**MÉLOPÉE,** subst. f.
Chant simple et monotone. 📷 [melɔpe].

**MEMBRANE,** subst. f.
*Anat.* Tissu mince et souple qui enveloppe
ou tapisse un organe. – Cloison ou feuille
mince servant de communication entre
deux milieux ou produisant des vibrations
sonores. 📷 [mɑ̃bʀan].

**MEMBRE,** subst. m.
Partie du corps servant à la locomotion ou
à la préhension. – Partie d'un tout :
*Membre de phrase.* – Fig. Personne appartenant à un groupe social. 📷 [mɑ̃bʀ].

**MÊME,** adj. indéf., pron. indéf. et adv.
Adj. Exprime un rapport d'identité ou de
ressemblance : *La même maison* ; une
insistance : *Eux-mêmes* ; un degré extrême :
*Être l'innocence* **même**. – Pron. *Ce sont les
mêmes qui reviennent.* – Adv. Aussi : *Ils sont
tous partis,* **même** *les enfants* ; exprime le
renchérissement : *Il ne bouge* **même** *pas* ;
précisément : *À cet instant* **même**. – *Quand
même* : malgré cela. – *De même* :
pareillement. 📷 [mɛm].

**MÉMOIRE (I),** subst. f.
Faculté de retenir ce que l'on a appris ou
vécu. – Dispositif de stockage des données,
dans un ordinateur. 📷 [memwaʀ].

**MÉMOIRE (II),** subst. m.
Exposé rédigé en vue d'une conférence,
d'un examen. – Résumé écrit d'une situation, d'une affaire. – Facture récapitulative.
– Plur. Ouvrage dans lequel un auteur
consigne ses souvenirs. 📷 [memwaʀ].

**MÉMORABLE,** adj.
Digne d'être retenu. 📷 [memɔʀabl].

**MÉMORIAL, AUX,** subst. m.
*Un* **Mémorial** : livre de souvenirs. – Monument commémoratif. 📷 [memɔʀjal].

**MÉMORISER,** verbe trans. [3]
Fixer méthodiquement dans sa mémoire.
– *Informat.* Mettre (des informations) en
mémoire. 📷 [memɔʀize].

**MENACE,** subst. f.
Action ou parole menaçante. – Signe
indiquant l'approche d'un danger : *Des
menaces de guerre.* 📷 [mənas].

**MENACER,** verbe trans. [4]
Chercher à intimider par des menaces.
– Empl. abs. Risquer de se produire : *L'orage
menace.* 📷 [mənase].

**MÉNAGE**, subst. m.
Les meubles et objets divers d'une maison : *Monter son* **ménage**. – Entretien d'une maison : *Femme de* **ménage**. – Communauté domestique, conjugale ou non. 🕮 [menaʒ].

**MÉNAGER (I)**, verbe trans. [5]
Utiliser judicieusement. – Arranger, organiser. – Pratiquer : **Ménager** *une ouverture*. – Traiter avec précaution. 🕮 [menaʒe].

**MÉNAGER (II)**, **ÈRE**, adj. et subst. f.
Adj. Relatif à la vie domestique. – Subst. Femme qui entretient sa maison. – Service de couverts de table. 🕮 [menaʒe, -ɛʀ].

**MÉNAGERIE**, subst. f.
Lieu où sont exposés des animaux vivants. 🕮 [menaʒʀi].

**MENDIANT, ANTE**, adj. et subst.
Subst. Personne qui mendie. – Adj. *Ordre* **mendiant** : ordre religieux faisant profession de vivre d'aumônes. 🕮 [mãdjã, -ãt].

**MENDICITÉ**, subst. f.
Action de mendier. – Condition du mendiant. 🕮 [mãdisite].

**MENDIER**, verbe [6]
Intrans. Demander l'aumône, la charité. – Trans. Demander (qqch.) à titre d'aumône. – Solliciter avec humilité. 🕮 [mãdje].

**MENER**, verbe trans. [10]
Conduire (un groupe, un cortège). – Diriger (une action) : **Mener** *les débats*. – Diriger (un animal, un véhicule). – Conduire : *Ce train nous* **mène** *à Nice* ; au fig. : *Cette histoire l'a mené au suicide.* – Empl. abs. Sp. Être placé en tête, dans une compétition. 🕮 [m(ə)ne].

**MÉNESTREL**, subst. m.
Musicien et poète ambulant du Moyen Âge. 🕮 [menɛstʀɛl].

**MENEUR, EUSE**, subst.
Personne qui est à la tête d'un groupe, d'un mouvement revendicatif. 🕮 [mənœʀ, -øz].

**MENHIR**, subst. m.
Mégalithe dressé. 🕮 [meniʀ].

**MÉNINGE**, subst. f.
Chacune des trois membranes enveloppant l'encéphale et la moelle épinière. – Plur. Le cerveau, l'esprit (fam.). 🕮 [menɛ̃ʒ].

**MÉNINGITE**, subst. f.
Inflammation des méninges. 🕮 [menɛ̃ʒit].

**MÉNISQUE**, subst. m.
Cartilage de certaines articulations telles que le genou. – Lentille optique dont une face est concave et l'autre convexe. 🕮 [menisk].

**MÉNOPAUSE**, subst. f.
Chez la femme, cessation de l'ovulation et des règles. 🕮 [menopoz].

**MENOTTE**, subst. f.
Petite main. – Plur. Bracelets métalliques reliés par une chaîne, qui entravent les poignets d'un prisonnier. 🕮 [mənɔt].

**MENSONGE**, subst. m.
Action de mentir. – Propos contraire à la vérité. 🕮 [mãsɔ̃ʒ].

**MENSONGER, ÈRE**, adj.
Qui constitue un mensonge ou contient des mensonges. 🕮 [mãsɔ̃ʒe, -ɛʀ].

**MENSUALISER**, verbe trans. [3]
Rendre mensuel (le paiement d'un salaire, d'un impôt, etc.). 🕮 [mãsɥalize].

**MENSUALITÉ**, subst. f.
Paiement mensuel, que l'on verse ou que l'on perçoit. 🕮 [mãsɥalite].

**MENSUEL, ELLE**, adj. et subst. m.
Adj. Qui a lieu chaque mois. – Subst. Journal paraissant une fois par mois. 🕮 [mãsɥɛl].

**MENSURATION**, subst. f.
Mesure de certaines dimensions spécifiques du corps humain ; au plur., ces dimensions. 🕮 [mãsyʀasjɔ̃].

**MENTAL, ALE, AUX**, adj.
Qui concerne l'intellect, la vie psychique. – Qui se déroule dans l'esprit : *Calcul* **mental**. 🕮 [mãtal].

**MENTALITÉ**, subst. f.
Manière habituelle de penser et de se comporter. 🕮 [mãtalite].

**MENTEUR, EUSE**, adj. et subst.
Qui ment ou qui a tendance à mentir fréquemment. 🕮 [mãtœʀ, -øz].

**MENTHE**, subst. f.
Plante herbacée aromatique. – Sirop, infusion de **menthe**. 🕮 [mãt].

**MENTION**, subst. f.
Action de mentionner. – Brève note portée sur un écrit. – Degré d'appréciation favorable d'un jury d'examen : **Mention** *très bien*. 🕮 [mãsjɔ̃].

**MENTIONNER**, verbe trans. [3]
Indiquer, signaler. 🕮 [mãsjɔne].

**MENTIR**, verbe intrans. [23]
Ne pas dire la vérité, en vue de tromper. 🕮 [mãtiʀ].

**MENTON**, subst. m.
Bas du visage, partie saillante au milieu de la mâchoire inférieure. 🕮 [mãtɔ̃].

**MENU, UE**, adj., subst. m. et adv.
Adj. Petit. – Peu important : **Menue** *monnaie*. – Adv. Finement : *Hacher* **menu**. – Subst. Liste des mets servis à un repas. – Repas à prix fixe, dans un restaurant. 🕮 [məny].

**MENUET**, subst. m.
Ancienne danse de cour. 🕮 [mənɥɛ].

**MENUISERIE**, subst. f.
Artisanat du bois. – Atelier du menuisier. 🕮 [mənɥizʀi].

**MENUISIER**, subst. m.
Artisan qui travaille le bois. 🕮 [mənɥizje].

**MÉPRENDRE (SE), verbe pronom.** [52]
Se tromper en prenant une chose, une personne pour une autre. 🕮 [meprɑ̃dʀ].

**MÉPRIS, subst. m.**
Indifférence, détachement. – Attitude indiquant que l'on trouve qqch. ou qqn indigne d'intérêt ou d'estime. 🕮 [mepʀi].

**MÉPRISE, subst. f.**
Fait de se méprendre. 🕮 [mepʀiz].

**MÉPRISER, verbe trans.** [3]
Ressentir ou manifester du mépris pour. 🕮 [mepʀize].

**MER, subst. f.**
Étendue d'eau salée qui recouvre près des trois quarts de la surface de la Terre. – Zone de cette étendue délimitée géographiquement : *La mer des Caraïbes*. 🕮 [mɛʀ].

**MERCANTILE, adj.**
Qui ne vise que le profit. 🕮 [mɛʀkɑ̃til].

**MERCENAIRE, subst. m.**
Soldat de métier louant ses services à un pays étranger. 🕮 [mɛʀsənɛʀ].

**MERCERIE, subst. f.**
Ensemble des fournitures nécessaires à la couture. – Boutique, commerce de ces fournitures. 🕮 [mɛʀsəʀi].

**MERCI, subst. et interj.**
Subst. fém. Miséricorde, pitié : *Sans merci*. – *Être à la merci de* : dépendre de. – Subst. masc. Reconnaissance, remerciement. – Interj. *Merci beaucoup !* 🕮 [mɛʀsi].

**MERCREDI, subst. m.**
Troisième jour de la semaine. 🕮 [mɛʀkʀədi].

**MERCURE, subst. m.**
Métal blanc argenté, liquide à l'état naturel, qui se dilate à la chaleur (d'où son emploi dans les thermomètres). 🕮 [mɛʀkyʀ].

**MERDE, subst. f. et interj.**
Subst. Excrément (mot grossier). – Interj. Juron de colère, de refus, etc. (fam.). 🕮 [mɛʀd].

**MÈRE, subst. f.**
Femme qui a mis au monde un ou plusieurs enfants. – Animal femelle qui a donné vie à des petits. – Supérieure d'un couvent. – Fig. Source, origine : *Idée mère*. 🕮 [mɛʀ].

**MERGUEZ, subst. f.**
Saucisse pimentée, à base de bœuf, de mouton. 🕮 [mɛʀgɛz].

**MÉRIDIEN, subst. m.**
Grand cercle imaginaire passant par les pôles de la Terre. 🕮 [meʀidjɛ̃, -jɛn].

**MÉRIDIONAL, ALE, AUX, adj.**
Situé au sud. – Empl. subst. Habitant du Midi. 🕮 [meʀidjɔnal].

**MERINGUE, subst. f.**
Pâtisserie faite de blanc d'œuf battu en neige, sucré et passé au four. 🕮 [məʀɛ̃g].

**MERISIER, subst. m.**
Cerisier sauvage dont le bois rougeâtre est très utilisé en ébénisterie. 🕮 [məʀizje].

**MÉRITE, subst. m.**
Vertu, valeur qui appelle l'estime, la louange ou la récompense. – Avantage propre à une chose. 🕮 [meʀit].

**MÉRITER, verbe trans.** [3]
Se rendre digne, par sa conduite, de recevoir (des éloges, une récompense) : *Mériter des vacances*. – Être passible de : *Mériter la prison, un châtiment*. – *Mériter que* : valoir la peine que. 🕮 [meʀite].

**MÉRITOIRE, adj.**
Digne d'être récompensé. 🕮 [meʀitwaʀ].

**MERLAN, subst. m.**
Petit poisson de mer brun jaunâtre, à chair tendre. 🕮 [mɛʀlɑ̃].

**MERLE, subst. m.**
Oiseau noir à bec jaune, remarquable pour son sifflement. 🕮 [mɛʀl].

**MÉROU, subst. m.**
Gros poisson marin carnassier. 🕮 [meʀu].

**MERVEILLE, subst. f.**
Chose ou événement dignes d'admiration. – Chose rare, étrange ; prodige. 🕮 [mɛʀvɛj].

**MERVEILLEUX, EUSE, adj.**
Surprenant, admirable. 🕮 [mɛʀvɛjø, -øz].

**MES, voir MON**

**MÉSANGE, subst. f.**
Petit oiseau aux couleurs vives, insectivore. 🕮 [mezɑ̃ʒ].

**MÉSAVENTURE, subst. f.**
Aventure malheureuse. 🕮 [mezavɑ̃tyʀ].

**MÉSENTENTE, subst. f.**
Mauvaise entente entre deux personnes, deux collectivités. 🕮 [mezɑ̃tɑ̃t].

**MÉSESTIMER, verbe trans.** [3]
Sous-estimer, ne pas estimer à sa juste valeur. 🕮 [mezɛstime].

**MESQUIN, INE, adj.**
Qui s'attache à des détails sans importance. – Avare, sans générosité. 🕮 [mɛskɛ̃, -in].

**MESQUINERIE, subst. f.**
Caractère mesquin. – Action mesquine, petitesse. 🕮 [mɛskinʀi].

**MESS, subst. m.**
Salle de réfectoire réservée aux officiers ou aux sous-officiers. 🕮 [mɛs].

**MESSAGE, subst. m.**
Information que l'on transmet à qqn. – Pensée originale, contenu significatif véhiculé par une œuvre. 🕮 [mesaʒ].

**MESSAGER, ÈRE, subst.**
Personne qui transmet, qui a mission de transmettre un message. 🕮 [mesaʒe, -ɛʀ].

**MESSAGERIE, subst. f.**
Service de transport de colis, de marchandises. – Service de communication sur un

réseau télématique. – **Messageries** *de presse* : chargées de la distribution des journaux, des publications. 🕮 [mesaʒʀi].

**MESSE,** subst. f.
Cérémonie catholique qui commémore le sacrifice du Christ. – Musique écrite pour une grand-messe. 🕮 [mɛs].

**MESSIDOR,** subst. m.
Dixième mois du calendrier républicain, allant du 19-20 juin au 18-19 juillet. 🕮 [mesidɔʀ].

**MESSIE,** subst. m.
*Le* Messie : sauveur envoyé par Dieu. – Fig. Personnage providentiel. 🕮 [mesi].

**MESURE,** subst. f.
Action de déterminer une grandeur par réf. à une unité. – Cette grandeur. – Récipient servant à déterminer les capacités et les volumes. – Division d'une durée musicale, d'un vers. – Norme, règle moyenne : *Passer la* mesure. – Décision prise en vue d'une certaine fin : *Des* **mesures** *contre le chômage.* 🕮 [m(ə)zyʀ].

**MESURÉ, ÉE,** adj.
Modéré, raisonnable. – Qui a fait l'objet d'une mesure. 🕮 [məzyʀe].

**MESURER,** verbe trans. [3]
Déterminer la grandeur de (qqn, qqch.), par réf. à une unité convenue ; empl. intrans. : *Cet arbre* mesure 6 *mètres.* – Modérer : **Mesurer** *ses paroles.* – Pronom. *Se* **mesurer** *à, avec qqn* : se confronter à lui. 🕮 [məzyʀe].

**MÉTABOLISME,** subst. m.
Ensemble des transformations chimiques et énergétiques qui se produisent dans un organisme vivant. 🕮 [metabɔlism].

**MÉTAL, AUX,** subst. m.
Corps simple, gén. d'aspect brillant, bon conducteur de l'électricité et de la chaleur. 🕮 [metal].

**MÉTALLIQUE,** adj.
Qui est fait de métal. – Qui a l'aspect d'un métal. – Qui rappelle la sonorité du métal : *Voix* **métallique.** 🕮 [metalik].

**MÉTALLURGIE,** subst. f.
Industrie des métaux. 🕮 [metalyʀʒi].

**MÉTAMORPHOSE,** subst. f.
Changement de forme que subit un être vivant, une chose. 🕮 [metamɔʀfoz].

**MÉTAMORPHOSER,** verbe trans. [3]
Faire changer (qqn ou qqch.) de forme, de nature, de caractère. 🕮 [metamɔʀfoze].

**MÉTAPHORE,** subst. f.
Figure de rhétorique consistant à utiliser un terme concret dans un contexte abstrait, par réf. à une comparaison sous-entendue. 🕮 [metafɔʀ].

**MÉTAPHYSIQUE,** adj. et subst. f.
Se dit de la partie de la philosophie qui étudie les premiers principes. 🕮 [metafizik].

**MÉTASTASE,** subst. f.
Foyer cancéreux constitué à distance à partir d'une tumeur primitive. 🕮 [metastɑz].

**MÉTAYER, ÈRE,** subst.
Personne qui exploite une terre pour un propriétaire, avec lequel elle partage le produit des récoltes. 🕮 [meteje, -ɛʀ].

**MÉTÉORE,** subst. m.
Phénomène lumineux provoqué par l'entrée dans l'atmosphère d'une météorite. – *Passer comme un* **météore** : très vite. 🕮 [meteɔʀ].

**MÉTÉORITE,** subst. f.
Fragment d'astéroïde ou de comète atteignant le sol de la Terre ou d'un astre quelconque. 🕮 [meteɔʀit].

**MÉTÉOROLOGIE,** subst. f.
Science des phénomènes atmosphériques et de la prévision du temps (abrév. *météo*). 🕮 [meteɔʀɔlɔʒi].

**MÉTHANE,** subst. m.
Hydrocarbure gazeux. 🕮 [metan].

**MÉTHODE,** subst. f.
Ensemble des démarches, des procédés rationnels permettant de démontrer une vérité, d'accomplir un travail. – Ensemble des règles générales d'une technique ou d'un art. 🕮 [metɔd].

**MÉTHODIQUE,** adj.
Qui agit avec méthode. – Ordonné, fait avec méthode. 🕮 [metɔdik].

**MÉTICULEUX, EUSE,** adj.
Scrupuleux, minutieux. – Attentif aux détails. 🕮 [metikylø, -øz].

**MÉTIER,** subst. m.
Activité professionnelle : *Le* **métier** *d'avocat.* – Savoir-faire. – Machine destinée au travail des matières textiles : *Un* **métier** *à tisser.* 🕮 [metje].

**MÉTIS, ISSE,** adj. et subst.
Se dit de personnes issues de parents de races différentes. 🕮 [metis].

**MÈTRE,** subst. m.
Unité internationale de longueur (m). – Règle, ruban avec lequel on mesure des longueurs : *Un* **mètre** *pliant.* 🕮 [mɛtʀ].

**MÉTRER,** verbe trans. [8]
Mesurer en utilisant un mètre. 🕮 [metʀe].

**MÉTRIQUE,** adj.
Relatif au mètre. – *Système* **métrique** : système international de poids et de mesures, qui a pour base le mètre. 🕮 [metʀik].

**MÉTRONOME,** subst. m.
*Mus.* Instrument qui marque la mesure. 🕮 [metʀɔnɔm].

**MÉTROPOLE,** subst. f.
Grande ville, capitale d'un pays, d'une province ou d'une région. – Le territoire national par rapport aux territoires d'outre-mer. 🕮 [metʀɔpɔl].

**MÉTROPOLITAIN, AINE,** adj. et subst. m.
Qui appartient à la métropole. – Subst. Chemin de fer urbain, gén. souterrain (abrév. *métro*). ⚏ [metʀɔpɔlitɛ̃, -ɛn].

**METS,** subst. m.
Plat, préparation culinaire. ⚏ [mɛ].

**METTRE,** verbe trans. [60]
Placer (une chose) quelque part : **Mettre** *un verre sur la table* ; revêtir ou faire revêtir (un vêtement). – Disposer ; amener à un certain état : **Mettre** *le couvert* ; **Mettre** *un moteur en marche.* – Placer dans telle ou telle position ou situation : **Mettre** *un malade au lit.* – Pronom. Commencer : *Se* **mettre** *à chanter.* ⚏ [mɛtʀ].

**MEUBLE,** adj. et subst. m.
Adj. Se dit d'un bien qui peut être transporté (oppos. *immeuble*). – *Terre* **meuble** : facile à labourer. – Subst. Objet mobile destiné à l'aménagement ou à la décoration d'une habitation, d'un local. ⚏ [mœbl].

**MEUBLER,** verbe trans. [3]
Garnir de meubles. – Fig. Occuper, remplir : **Meubler** *ses loisirs.* ⚏ [mœble].

**MEUGLER,** verbe intrans. [3]
Pousser son cri (meuglement), en parlant d'un bovin. ⚏ [møgle].

**MEULE (I),** subst. f.
Roue de pierre dure servant à moudre le grain ou à aiguiser, affûter, etc. ⚏ [møl].

**MEULE (II),** subst. f.
Gros tas de foin, de paille, etc. ⚏ [møl].

**MEULIÈRE,** subst. f.
Roche sédimentaire servant de matériau de construction. ⚏ [mølje, -jɛʀ].

**MEUNIER, IÈRE,** subst.
Personne qui exploite un moulin à céréales. ⚏ [mønje, -jɛʀ].

**MEURTRE,** subst. m.
Homicide volontaire. ⚏ [mœʀtʀ].

**MEURTRIER, IÈRE,** adj. et subst.
Subst. Auteur d'un meurtre. – Adj. Qui donne ou peut donner la mort : *Une arme* **meurtrière.** ⚏ [mœʀtʀije, -ijɛʀ].

**MEURTRIÈRE,** subst. f.
Étroite ouverture verticale dans une muraille fortifiée. ⚏ [mœʀtʀijɛʀ].

**MEURTRIR,** verbe trans. [19]
Frapper, endommager en laissant des traces. – Fig. Blesser moralement. ⚏ [mœʀtʀiʀ].

**MEURTRISSURE,** subst. f.
Blessure laissée sur le corps par des coups, par un choc. ⚏ [mœʀtʀisyʀ].

**MEUTE,** subst. f.
Troupe de chiens dressés à la chasse. – Fig. Groupe de gens acharnés contre qqn. ⚏ [møt].

**MEZZANINE,** subst. f.
Niveau intermédiaire aménagé à l'intérieur d'une pièce haute de plafond. ⚏ [mɛdzanin].

**MI,** subst. m. inv.
*Mus.* Troisième note de la gamme. ⚏ [mi].

**MIAULER,** verbe intrans. [3]
Pousser son cri (miaulement) en parlant du chat. ⚏ [mjole].

**MICA,** subst. m.
Minéral naturel (silicate) présent dans les roches éruptives sous forme de cristaux tendres. ⚏ [mika].

**MICHE,** subst. f.
Gros pain rond. ⚏ [miʃ].

**MI-CLOS, -CLOSE,** adj.
À moitié fermé : *Persienne* **mi-close** ; *Yeux* **mi-clos.** ⚏ [miklo, -kloz].

**MICMAC,** subst. m.
Intrigue embrouillée et suspecte (fam.) : *On ne comprend rien à ce* **micmac.** ⚏ [mikmak].

**MICRO,** subst. m.
Appareil transformant les vibrations sonores en signaux électriques (abrév. de « microphone »). ⚏ [mikʀo].

**MICROBE,** subst. m.
Nom générique d'êtres vivants microscopiques. ⚏ [mikʀɔb].

**MICROCLIMAT,** subst. m.
Climat particulier à une très petite zone géographique. ⚏ [mikʀoklima].

**MICROCOSME,** subst. m.
Société restreinte et fermée. ⚏ [mikʀokɔsm̩].

**MICROFILM,** subst. m.
Pellicule composée de photographies de dimensions réduites. ⚏ [mikʀofilm].

**MICRO-INFORMATIQUE,** subst. f.
Domaine de l'informatique qui concerne l'utilisation des micro-ordinateurs. ⚏ Plur. *micro-informatiques* ; [mikʀoɛ̃fɔʀmatik].

**MICRO-ONDE,** subst. f.
*Four à* **micro-ondes** à cuisson rapide, qui transforme l'énergie des ondes en chaleur. ⚏ Plur. *micro-ondes* ; [mikʀoõd].

**MICRO-ORDINATEUR,** subst. m.
Ordinateur de petit format dont le fonctionnement repose sur un microprocesseur. ⚏ Plur. *micro-ordinateurs* ; [mikʀoɔʀdinatœʀ].

**MICROPROCESSEUR,** subst. m.
Circuit intégré, à haute densité d'intégration (synon. *puce*). ⚏ [mikʀopʀɔsesœʀ].

**MICROSCOPE,** subst. m.
Instrument d'optique composé d'un jeu de lentilles, permettant d'observer des objets invisibles à l'œil nu. ⚏ [mikʀɔskɔp].

**MICROSCOPIQUE,** adj.
Réalisé au moyen d'un microscope. – Qui ne peut être vu qu'au moyen d'un microscope. – Minuscule. ⚏ [mikʀɔskɔpik].

**MIDI, subst. m.**
Milieu de la journée, quand le soleil est au plus haut dans le ciel. – Le sud. 🔊 [midi].

**MIDINETTE, subst. f.**
Jeune fille naïve et romanesque. 🔊 [midinɛt].

**MIE, subst. f.**
Partie molle du pain. 🔊 [mi].

**MIEL, subst. m.**
Substance sucrée que les abeilles produisent à partir du nectar des fleurs. – Fig. Douceur, agrément. 🔊 [mjɛl].

**MIELLEUX, EUSE, adj.**
Qui rappelle le miel. – Fig. D'une douceur hypocrite : *Sourire* mielleux. 🔊 [mjelø, -øz].

**MIEN, MIENNE, adj. poss. et pron. poss.**
Adj. Qui est à moi : *Cette œuvre est* mienne. – Pron. Ce qui est à moi : *Ce livre est le* mien. – *Les* miens : mes parents, mes proches. 🔊 [mjɛ̃, mjɛn].

**MIETTE, subst. f.**
Fragment de pain, de gâteau. – Fig. Petite partie : *Miettes d'un héritage.* 🔊 [mjɛt].

**MIEUX, adj., subst. m. et adv.**
Adv. D'une meilleure manière : *Je danse* mieux *que toi* ; *Aller* mieux, être en meilleure santé. – Superlatif de « bien » : *La femme la* mieux *habillée.* – Adj. Meilleur : *Il est* mieux *que l'autre.* – Subst. Ce qui est meilleur ou le meilleur. – Amélioration : *On constate un* mieux. 🔊 [mjø].

**MIÈVRE, adj.**
D'une grâce assez fade. 🔊 [mjɛvʀ].

**MIGNON, ONNE, adj.**
Joli, gracieux, charmant : *Un* mignon *petit chat.* – Gentil (fam.). 🔊 [miɲɔ̃, -ɔn].

**MIGRAINE, subst. f.**
Douleur affectant souv. un seul côté de la tête et survenant par crises. 🔊 [migʀɛn].

**MIGRATEUR, TRICE, adj.**
Qui migre selon les saisons : *Un oiseau* migrateur. 🔊 [migʀatœʀ, -tʀis].

**MIGRATION, subst. f.**
Action de migrer. 🔊 [migʀasjɔ̃].

**MIGRER, verbe intrans. [3]**
Se déplacer en groupe, à un moment donné et dans un but précis. 🔊 [migʀe].

**MIJOTER, verbe trans. [3]**
Faire cuire longuement à feu doux ; empl. intrans. : *Le ragoût* mijote. – Fig. Préparer en secret : *Mijoter un bon tour.* 🔊 [miʒote].

**MIL, subst. m.**
Céréale répandue en Afrique. 🔊 [mil].

**MILDIOU, subst. m.**
Maladie de certaines plantes, telle la vigne, due à des moisissures. 🔊 [mildju].

**MILE, subst. m.**
Unité anglo-saxonne de distance (env. 1 609 m). 🔊 [majl].

**MILICE, subst. f.**
Organisation militaire ou paramilitaire. – Groupement d'autodéfense. 🔊 [milis].

**MILIEU, IEUX, subst. m.**
Ce qui est au centre, à égale distance des extrémités : *Milieu d'un segment* ; *Au* milieu *de l'année.* – Environnement : *Le* milieu *familial.* – *Au* milieu *de* : parmi. 🔊 [miljø].

**MILITAIRE, adj. et subst.**
Adj. Qui concerne l'armée, les soldats, la guerre. – Subst. Personne qui fait partie d'une armée. 🔊 [militɛʀ].

**MILITANT, ANTE, adj. et subst.**
Se dit d'un membre actif d'une organisation, d'un parti. 🔊 [militɑ̃, -ɑ̃t].

**MILITARISME, subst. m.**
Attitude ou doctrine qui tend à favoriser l'influence de l'armée. 🔊 [militaʀism].

**MILITER, verbe intrans. [3]**
Combattre, agir activement pour la défense d'une conviction, d'un idéal. 🔊 [milite].

**MILLE (I), adj. num. inv. et subst. m. inv.**
Adj. Dix centaines (1 000). – Une grande quantité de : *Mille excuses.* – Subst. Le nombre mille. 🔊 [mil].

**MILLE (II), subst. m.**
Unité de longueur de navigation équivalant à 1 852 m. 🔊 [mil].

**MILLE-FEUILLE, subst. m.**
Gâteau formé de couches alternées de pâte feuilletée et de crème pâtissière. 🔊 Plur. *mille-feuilles* ; on écrit aussi *millefeuille* ; [milfœj].

**MILLÉNAIRE, adj. et subst. m.**
Adj. Qui a au moins mille ans ; très vieux. – Subst. Période de mille ans. 🔊 [milenɛʀ].

**MILLE-PATTES, subst. m. inv.**
Arthropode à nombreux segments porteurs chacun d'une paire de pattes. 🔊 [milpat].

**MILLÉSIME, subst. m.**
Chiffres indiquant une année. – Année de récolte d'un vin ; ce vin. 🔊 [milezim].

**MILLET, subst. m.**
Nom générique de diverses céréales aux grains petits et nombreux. 🔊 [mijɛ].

**MILLIARD, subst. m.**
Mille millions (10⁹). 🔊 [miljaʀ].

**MILLIARDAIRE, adj. et subst.**
Se dit d'une personne extrêmement riche. 🔊 [miljaʀdɛʀ].

**MILLIÈME, adj. num. et subst. m.**
Qui occupe le rang n° 1000. – Qui est contenu mille fois exactement dans un tout. 🔊 [miljɛm].

**MILLIER, subst. m.**
Environ ou exactement mille unités. – *Par* milliers : en très grand nombre. 🔊 [milje].

**MILLION, subst. m.**
Mille fois mille (10⁶). – Grande quantité :
*Riche à millions.* 🕮 [miljɔ̃].

**MILLIONIÈME, adj. num.**
et subst. m.
Qui occupe le rang n° 1000000. – Qui est
contenu un million de fois exactement
dans un tout. 🕮 [miljɔnjɛm].

**MILLIONNAIRE, adj. et subst.**
Se dit d'une personne dont la fortune s'exprime en millions de francs. 🕮 [miljɔnɛʀ].

**MIME, subst.**
Artiste spécialisé dans le mime. – Masc.
Spectacle où les acteurs s'expriment par des
gestes, des jeux de physionomie. 🕮 [mim].

**MIMER, verbe trans. [3]**
Exprimer (une émotion, une action) par
le mime. – Imiter (qqn). 🕮 [mime].

**MIMÉTISME, subst. m.**
Aptitude de certaines espèces animales à se
confondre avec l'environnement. – Imitation machinale des attitudes, des comportements d'autrui. 🕮 [mimetism].

**MIMIQUE, subst. f.**
Traduction d'une émotion, d'un sentiment
par des gestes, des attitudes. 🕮 [mimik].

**MIMOSA, subst. m.**
Arbrisseau à fleurs jaunes odorantes en
forme de petites boules. 🕮 [mimoza].

**MINABLE, adj. et subst.**
Qui est médiocre, piteux (fam.). – Adj. Qui
inspire la pitié. 🕮 [minabl].

**MINARET, subst. m.**
Tour d'une mosquée, du haut de laquelle
est lancé l'appel à la prière. 🕮 [minaʀɛ].

**MINAUDER, verbe intrans. [3]**
Chercher à séduire par une attitude affectée, maniérée. 🕮 [minode].

**MINCE, adj.**
Peu épais. – Qui n'est pas gros : *Silhouette
mince.* – Fig. Insignifiant. 🕮 [mɛ̃s].

**MINCEUR, subst. f.**
État d'une personne, d'une chose mince :
*Minceur d'un argument.* 🕮 [mɛ̃sœʀ].

**MINCIR, verbe intrans. [19]**
Devenir mince, plus mince. – Empl. trans.
Faire paraître plus mince. 🕮 [mɛ̃siʀ].

**MINE (I), subst. f.**
Aspect physique, physionomie de qqn : *Il
a bonne mine,* il semble en bonne santé.
– *Faire mine de* : faire semblant de. – *Mine
de rien* : sans en avoir l'air (fam.). 🕮 [min].

**MINE (II), subst. f.**
Lieu souterrain où l'on trouve des gise-
ments de minéraux ou de métaux. – Charge
d'explosifs dissimulée : *Il a sauté sur une
mine.* – Petit bâton de graphite formant
la partie centrale d'un crayon. 🕮 [min].

**MINER, verbe trans. [3]**
Poser des mines explosives dans. – Fig.
Saper, détruire lentement : *Sa maladie le
mine.* 🕮 [mine].

**MINERAI, subst. m.**
Minéral que l'on traite pour en extraire un
métal : **Minerai** *de plomb.* 🕮 [minʀɛ].

**MINÉRAL, ALE, AUX, adj.**
et subst. m.
Subst. Substance chimique non organique,
gén. cristallisée, qui constitue les roches.
– Adj. Relatif aux **minéraux.** 🕮 [mineʀal].

**MINÉRALOGIE, subst. f.**
Science des minéraux. 🕮 [mineʀalɔʒi].

**MINÉRALOGIQUE, adj.**
Qui concerne la minéralogie. – *Plaque
minéralogique* : les chiffres et les lettres qui
identifient un véhicule. 🕮 [mineʀalɔʒik].

**MINEUR (I), subst. m.**
Ouvrier d'une mine. 🕮 [minœʀ].

**MINEUR (II), EURE, adj. et subst.**
Qui n'a pas atteint l'âge de la majorité
(18 ans). – Adj. Plus petit. – D'intérêt
secondaire : *Problème* **mineur.** – *Mus.*
Qualifie un accord dont certaines notes
sont diminuées d'un demi-ton. 🕮 [minœʀ].

**MINIATURE, subst. f.**
Peinture de petites dimensions. – Empl.
adj. Qui est très réduit : *Un jardin
miniature.* 🕮 [minjatyʀ].

**MINIATURISER, verbe trans. [3]**
Réduire (qqch.) à de très petites dimensions. 🕮 [minjatyʀize].

**MINIMAL, ALE, AUX, adj.**
Qui a atteint le minimum : *Température
minimale,* la plus basse. 🕮 [minimal].

**MINIME, adj. et subst.**
Adj. Peu important, très petit. – Subst.
Religieux d'un ordre mendiant. – Jeune
sportif entre 13 et 15 ans. 🕮 [minim].

**MINIMISER, verbe trans. [3]**
Réduire l'importance de. 🕮 [minimize].

**MINIMUM, subst. m.**
La plus petite valeur possible : *Un mini-
mum de temps ; Au minimum,* au moins.
🕮 Plur. *minimums* ou *minima* ; [minimɔm].

**MINISTÈRE, subst. m.**
Charge, fonction : **Ministère** *d'un prêtre.*
– Ensemble des ministres d'un gouvernement. – Administration d'un domaine
particulier de la vie publique : *Le ministère
de la Défense.* 🕮 [ministɛʀ].

**MINISTÉRIEL, IELLE, adj.**
Qui est propre au ministère ou au ministre.
🕮 [ministeʀjɛl].

**MINISTRE, subst. m.**
Prêtre. – Titulaire d'un ministère : **Ministre**
*des Finances.* 🕮 [ministʀ].

**MINOIS**, subst. m.
Visage d'enfant ou d'une personne jeune, agréable et attrayant. 🕮 [minwa].

**MINORITAIRE**, adj.
Qui appartient à la minorité. 🕮 [minɔʀitɛʀ].

**MINORITÉ**, subst. f.
Groupe inférieur en nombre au sein d'un groupe dominant : *Être en* **minorité** ; *Les* **minorités** *nationales*. 🕮 [minɔʀite].

**MINOTERIE**, subst. f.
Établissement où l'on transforme le grain en farine. 🕮 [minɔtʀi].

**MINUIT**, subst. m.
Milieu de la nuit. – 0 heure ou 24 heures. 🕮 [minɥi].

**MINUSCULE**, adj.
Se dit d'une lettre de petite taille (oppos. *majuscule*). – Très petit. 🕮 [minyskyl].

**MINUTE (I)**, subst. f.
Unité de temps de 60 secondes. – *Dans quelques* **minutes** : bientôt ; *Une* **minute** ! : attendez un peu. 🕮 [minyt].

**MINUTE (II)**, subst. f.
Texte original d'un acte notarié ou d'un jugement. 🕮 [minyt].

**MINUTER**, verbe trans. [3]
Déterminer avec précision la durée, le déroulement de. 🕮 [minyte].

**MINUTIE**, subst. f.
Précision, soin apporté à une tâche délicate. 🕮 [minysi].

**MINUTIEUX, IEUSE**, adj.
Qui exige une grande minutie. – Qui fait preuve de minutie. 🕮 [minysjø, -jøz].

**MIOCÈNE**, subst. m.
Troisième période de l'ère tertiaire (apparition de mammifères évolués). 🕮 [mjɔsɛn].

**MIRABELLE**, subst. f.
Fruit (prune) jaune du mirabellier. – Eau-de-vie de **mirabelle**. 🕮 [miʀabɛl].

**MIRACLE**, subst. m.
*Relig.* Événement inexplicable, attribué à la puissance divine. – Événement heureux totalement inattendu. 🕮 [miʀakl].

**MIRACULEUX, EUSE**, adj.
*Relig.* Qui est dû à un miracle. – Surprenant, extraordinaire. 🕮 [miʀakylø, -øz].

**MIRADOR**, subst. m.
Tour, construction élevée d'où l'on peut surveiller. 🕮 [miʀadɔʀ].

**MIRAGE**, subst. m.
Illusion d'optique due à la réfraction de la lumière sur les couches d'air chaud. – Image agréable, mais illusoire. 🕮 [miʀaʒ].

**MIRE**, subst. f.
Repère installé sur le canon d'un fusil pour viser. – *Fig. Être le point de* **mire** : l'objet de tous les regards. 🕮 [miʀ].

**MIRER (SE)**, verbe pronom. [3]
Se regarder (dans un miroir, dans l'eau). 🕮 [miʀe].

**MIROIR**, subst. m.
Surface polie qui réfléchit les rayons lumineux, qui reflète une image. 🕮 [miʀwaʀ].

**MIROITER**, verbe intrans. [3]
Réfléchir la lumière en scintillant. – *Fig. Faire* **miroiter** *qqch. à qqn* : le lui présenter de manière avantageuse. 🕮 [miʀwate].

**MISAINE**, subst. f.
Voile basse du premier mât, à l'avant d'un navire, dit mât de **misaine**. 🕮 [mizɛn].

**MISANTHROPE**, adj. et subst.
Se dit d'une personne qui n'aime pas le genre humain et s'en détourne. 🕮 [mizɑ̃tʀɔp].

**MISE**, subst. f.
Action de mettre : *Mise en bouteilles* ; *Mise en liberté*. – Manière de paraître, de s'habiller : *Une* **mise** *soignée*. – Somme que l'on risque au jeu. 🕮 [miz].

**MISER**, verbe trans. [3]
Engager comme enjeu. – **Miser** *sur* : mettre ses espérances en (fam.). 🕮 [mize].

**MISÉRABLE**, adj. et subst.
Adj. Digne de pitié : *Une fin* **misérable**. – Très pauvre. – Subst. Individu méprisable. – Indigent. 🕮 [mizeʀabl].

**MISÈRE**, subst. f.
Malheur, adversité. – État de grande pauvreté. – *Faire des* **misères** *à qqn* : le taquiner, lui causer du tracas. 🕮 [mizɛʀ].

**MISÉREUX, EUSE**, adj. et subst.
Se dit d'une personne qui vit dans une profonde misère (littér.). 🕮 [mizeʀø, -øz].

**MISÉRICORDE**, subst. f.
Sentiment de pitié ; pardon. 🕮 [mizeʀikɔʀd].

**MISOGYNE**, adj. et subst.
Qui éprouve un certain mépris pour les femmes. 🕮 [mizɔʒin].

**MISSEL**, subst. m.
Livre liturgique contenant les prières de la messe catholique romaine. 🕮 [misɛl].

**MISSILE**, subst. m.
Fusée téléguidée ou autoguidée transportant une bombe. 🕮 [misil].

**MISSION**, subst. f.
Tâche confiée à qqn. – Délégation chargée d'une **mission**. – Organisation religieuse dont le but est de propager une foi ; établissement abritant les missionnaires. 🕮 [misjɔ̃].

**MISSIONNAIRE**, adj. et subst.
Adj. Relatif aux missions. – Subst. Membre d'une mission religieuse. 🕮 [misjɔnɛʀ].

**MISSIVE**, subst. f.
Lettre (littér.). 🕮 [misiv].

**MISTRAL**, subst. m.
Vent violent du nord, qui souffle dans la vallée du Rhône et en Provence. 🕮 [mistʀal].

**MITAINE,** subst. f.
Gant laissant à découvert le bout des doigts.
📢 [mitɛn].

**MITE,** subst. f.
Larve de papillon, qui attaque les tapis, les fourrures, les vêtements de laine. 📢 [mit].

**MI-TEMPS,** subst. inv.
Fém. Pause entre deux parties d'un match ; chacune de ces parties. – Masc. Emploi occupant la moitié du temps de travail normal. 📢 [mitɑ̃].

**MITEUX, EUSE,** adj. et subst.
Qui a une apparence misérable. 📢 [mitø,-øz].

**MITIGÉ, ÉE,** adj.
Modéré. – Nuancé. 📢 [mitiʒe].

**MITONNER,** verbe [3]
Trans. Faire cuire longtemps et à petit feu. – Fig. Préparer soigneusement. – Intrans. Cuire longtemps et à petit feu. 📢 [mitɔne].

**MITOYEN, ENNE,** adj.
Qui, par sa situation, appartient à deux propriétaires : **Mur** mitoyen. 📢 [mitwajɛ̃, -jɛn].

**MITRAILLE,** subst. f.
Pluie de projectiles. 📢 [mitʀɑj].

**MITRAILLER,** verbe trans. [3]
Tirer à feu nourri sur. – Harceler de prises de vue, de questions (fam.). 📢 [mitʀɑje].

**MITRAILLETTE,** subst. f.
Arme automatique individuelle, qui tire par rafales. 📢 [mitʀɑjɛt].

**MITRAILLEUSE,** subst. f.
Arme automatique à tir continu montée sur un affût ou un trépied. 📢 [mitʀɑjøz].

**MITRE,** subst. f.
Coiffure des évêques et des archevêques de l'Église romaine. 📢 [mitʀ].

**MIXER,** verbe trans. [3]
Passer au mixeur. – Cin. Réunir sur une même bande (différents éléments sonores). 📢 [mikse].

**MIXEUR,** subst. m.
Appareil électroménager servant à broyer et à mélanger les aliments. 📢 [miksœʀ].

**MIXITÉ,** subst. f.
Caractère de ce qui est mixte. 📢 [miksite].

**MIXTE,** adj.
Qui comporte des éléments de différente nature. – *École* mixte : qui accueille des garçons et des filles. 📢 [mikst].

**MIXTURE,** subst. f.
Mélange de substances chimiques ou médicamenteuses. – Mélange d'aliments peu appétissant. 📢 [mikstyʀ].

**MNÉMOTECHNIQUE,** adj.
Qui aide à mémoriser. 📢 [mnemotɛknik].

**MOBILE,** adj. et subst. m.
Adj. Qui peut bouger ; qui est en mouvement. – Variable ; changeant. – Subst. Objet fait de pièces suspendues et **mobiles**.

– Cause, raison d'une action : *Les* **mobiles** *du crime.* 📢 [mɔbil].

**MOBILIER, IÈRE,** adj. et subst. m.
Adj. Qui concerne les biens meubles (oppos. *immobilier*). – Subst. Ensemble des meubles d'un lieu. 📢 [mɔbilje, -jɛʀ].

**MOBILISATION,** subst. f.
Action de mobiliser. 📢 [mɔbilizasjɔ̃].

**MOBILISER,** verbe trans. [3]
Faire appel à : **Mobiliser** *les énergies.* – *Milit.* Mettre (une force armée) sur le pied de guerre ; appeler sous les drapeaux. 📢 [mɔbilize].

**MOBILITÉ,** subst. f.
Caractère de ce qui est mobile. 📢 [mɔbilite].

**MOCHE,** adj.
Qui n'est pas beau (fam.). 📢 [mɔʃ].

**MODALITÉ,** subst. f.
Forme particulière d'une action, d'un événement, d'une pensée : *Des* **modalités** *de paiement.* 📢 [mɔdalite].

**MODE (I),** subst. f.
Manière de vivre, d'agir. – Goût collectif et temporaire, en matière d'habillement : *Suivre la* **mode**. – Industrie et commerce des vêtements. 📢 [mɔd].

**MODE (II),** subst. m.
Manière de procéder : **Mode** *d'emploi, de paiement.* – *Ling.* Forme verbale exprimant l'action ou l'état : **Mode** *indicatif, subjonctif.* 📢 [mɔd].

**MODÈLE,** subst. m.
Ce qu'on imite ou qu'on doit imiter ; empl. adj., parfait : *Élève* **modèle**. – Personne ou chose qu'un artiste reproduit. – Spécimen : *Un nouveau* **modèle** *de voiture.* – **Modèle** *réduit* : reproduction d'un objet à petite échelle. 📢 [mɔdɛl].

**MODELER,** verbe trans. [11]
Créer, façonner (qqch.) en pétrissant une substance molle : **Modeler** *un vase.* – Fig. Régler (un comportement, une conduite) sur un modèle. 📢 [mɔd(ə)le].

**MODÉLISME,** subst. m.
Conception, fabrication de modèles réduits. 📢 [mɔdelism].

**MODÉRATION,** subst. f.
Action de modérer. – Qualité d'une personne modérée. 📢 [mɔdeʀasjɔ̃].

**MODÉRER,** verbe trans. [8]
Ramener à des proportions raisonnables : **Modérer** *sa vitesse, ses envies.* – Pronom. Se calmer, se contenir. 📢 [mɔdeʀe].

**MODERNE,** adj.
Qui appartient à l'époque présente. – Qui tient compte du progrès technique, des mœurs contemporaines. 📢 [mɔdɛʀn].

**MODERNISER,** verbe trans. [3]
Rendre plus moderne. 📢 [mɔdɛʀnize].

**MODERNISME, subst. m.**
Caractère moderne. – Penchant pour ce qui est moderne. 🕮 [mɔdɛʀnism̩].

**MODESTE, adj.**
Sans éclat. – Humble, assez pauvre : *De condition modeste.* – Qui n'étale pas ses mérites, son savoir. 🕮 [mɔdɛst].

**MODESTIE, subst. f.**
Absence d'orgueil, humilité. 🕮 [mɔdɛsti].

**MODIFICATION, subst. f.**
Action de modifier. – Résultat de cette action. 🕮 [mɔdifikasjɔ̃].

**MODIFIER, verbe trans.** [6]
Changer, transformer. 🕮 [mɔdifje].

**MODIQUE, adj.**
De faible valeur : *Prix modique.* 🕮 [mɔdik].

**MODISTE, subst.**
Personne qui confectionne ou vend des chapeaux féminins. 🕮 [mɔdist].

**MODULATION, subst. f.**
Chacune des variations d'intensité, de hauteur et de timbre d'un son. 🕮 [mɔdylasjɔ̃].

**MODULE, subst. m.**
Élément unitaire d'un ensemble. 🕮 [mɔdyl].

**MODULER, verbe trans.** [3]
Faire subir une modulation à (sa voix, un son). – Adapter à une structure, à un cas donné. 🕮 [mɔdyle].

**MOELLE, subst. f.**
*Moelle osseuse* : tissu intérieur d'un os, où se forment les globules rouges. – *Moelle épinière* : cordon nerveux relié au cerveau et distribuant l'influx nerveux dans le reste du corps. 🕮 [mwal].

**MOELLEUX, EUSE, adj.**
Doux et souple au toucher. – Agréable au goût : *Vin moelleux*, doux. 🕮 [mwalø, -øz].

**MŒURS, subst. f. plur.**
Habitudes de vie propres à une personne, à un groupe, à une époque. 🕮 [mœʀ(s)].

**MOHAIR, subst. m.**
Poil de chèvre angora, long et soyeux : *Une écharpe en mohair.* 🕮 [mɔɛʀ].

**MOI, pron. pers.**
Forme de la 1ʳᵉ personne du singulier, sujet ou complément : *Moi, j'y vais ; Venez chez moi.* – Empl. subst. Ce qui constitue la personnalité du sujet. 🕮 [mwa].

**MOIGNON, subst. m.**
Ce qui subsiste d'un membre amputé, ou rongé par la lèpre. 🕮 [mwaɲɔ̃].

**MOINDRE, adj.**
Plus petit : *Une distance moindre ; Le moindre doute.* 🕮 [mwɛ̃dʀ̩].

**MOINE, subst. m.**
Religieux vivant dans une communauté. 🕮 [mwan].

**MOINEAU, subst. m.**
Oiseau passereau au plumage brun et noir, commun et familier. 🕮 [mwano].

**MOINS, adv. et prép.**
Adv. Marque l'infériorité : **Moins** *cher que.* – Loc. prép. ou conj. *À* **moins** *que* ou *de* : sauf si. – *Au* **moins** : au minimum. – Prép. Indique une soustraction : *Trois* **moins** *un égale deux (3 - 1 = 2).* 🕮 [mwɛ̃].

**MOIRE, subst. f.**
Apprêt donnant à un tissu des reflets chatoyants. – L'étoffe ainsi traitée. 🕮 [mwaʀ].

**MOIS, subst. m.**
La douzième partie d'une année. – Salaire d'un mois de travail. 🕮 [mwa].

**MOISIR, verbe intrans.** [19]
Se couvrir de moisissures. – Fig. Attendre, s'attarder (fam.). 🕮 [mwaziʀ].

**MOISISSURE, subst. f.**
Champignon microscopique formant une plaque veloutée. – Altération d'une substance par ce champignon. 🕮 [mwazisyʀ].

**MOISSON, subst. f.**
Récolte de céréales, en partic. du blé. – Les céréales récoltées. – Fig. Ce qu'on recueille en grande quantité. 🕮 [mwasɔ̃].

**MOISSONNER, verbe trans.** [3]
Faire la moisson de. 🕮 [mwasɔne].

**MOISSONNEUR, EUSE, subst.**
Personne qui fait la moisson. – Fém. Machine agricole servant à moissonner. 🕮 [mwasɔnœʀ, -øz].

**MOITE, adj.**
Humide de sueur : *Front moite.* 🕮 [mwat].

**MOITEUR, subst. f.**
État de ce qui est moite. 🕮 [mwatœʀ].

**MOITIÉ, subst. f.**
L'une des deux parties égales ou presque égales d'un tout : *La moitié de la classe.* – *À moitié* : à demi, en partie. 🕮 [mwatje].

**MOL, voir MOU**

**MOLAIRE, subst. f.**
Chacune des grosses dents situées en arrière des canines et des prémolaires, qui permettent d'écraser les aliments. 🕮 [mɔlɛʀ].

**MÔLE, subst. f.**
Digue construite pour protéger l'entrée d'un port. 🕮 [mol].

**MOLÉCULAIRE, adj.**
Relatif aux molécules. 🕮 [mɔlekylɛʀ].

**MOLÉCULE, subst. f.**
La plus petite portion d'un corps simple pouvant exister à l'état libre. 🕮 [mɔlekyl].

**MOLESTER, verbe trans.** [3]
Brutaliser, rudoyer. 🕮 [mɔlɛste].

**MOLETTE, subst. f.**
Roulette striée qui sert à couper, à graver, à frotter. – *Clef à* **molette** : dont l'écartement des mâchoires est réglable. 🕮 [mɔlɛt].

**MOLLASSE, adj.**
Mou, flasque. 📖 [mɔlas].

**MOLLASSON, ONNE, adj. et subst.**
Se dit d'une personne sans énergie ou paresseuse (fam.). 📖 [mɔlasɔ̃, -ɔn].

**MOLLE, voir MOU**

**MOLLEMENT, adv.**
Avec mollesse, nonchalance. – Sans conviction. 📖 [mɔlmɑ̃].

**MOLLESSE, subst. f.**
Caractère de ce qui est mou. 📖 [mɔlɛs].

**MOLLET, subst. m.**
Saillie du muscle de la face postérieure de la jambe, sous le pli du genou. 📖 [mɔlɛ].

**MOLLETON, subst. m.**
Tissu épais et doux. 📖 [mɔltɔ̃].

**MOLLIR, verbe intrans. [19]**
Devenir mou, plus mou. – Fig. Fléchir, faiblir. 📖 [mɔliʀ].

**MOLLUSQUE, subst. m.**
Animal invertébré au corps mou, gén. pourvu d'une coquille (escargot, huître, par ex.). 📖 [mɔlysk].

**MOLOSSE, subst. m.**
Gros chien de garde. 📖 [mɔlɔs].

**MÔME, subst.**
Fam. Enfant. – Fém. Jeune fille. 📖 [mom].

**MOMENT, subst. m.**
Laps de temps, d'une durée plus ou moins brève ou précise : *Le* moment *présent*. – Loc. adv. *En ce* moment : actuellement ; *Par* moments : de temps à autre. – Loc. conj. *Au* moment *où* : lorsque ; *Du* moment *que* : si, puisque. 📖 [mɔmɑ̃].

**MOMENTANÉ, ÉE, adj.**
Qui ne dure qu'un moment. 📖 [mɔmɑ̃tane].

**MOMIE, subst. f.**
Cadavre embaumé, entouré de bandelettes serrées. 📖 [mɔmi].

**MOMIFIER, verbe trans. [6]**
Transformer en momie. 📖 [mɔmifje].

**MON, MA, MES, adj. poss.**
Qualifie ce qui est à moi, ce qui me concerne : *Mon livre*, *ma mère*, *mes ennuis*. 📖 [mɔ̃, ma], plur. [me].

**MONACAL, ALE, AUX, adj.**
Relatif aux moines. 📖 [mɔnakal].

**MONARCHIE, subst. f.**
Régime politique dans lequel le chef de l'État est un souverain, gén. héréditaire. 📖 [mɔnaʀʃi].

**MONARCHISTE, adj. et subst.**
Partisan de la monarchie. 📖 [mɔnaʀʃist].

**MONARQUE, subst. m.**
Chef de l'État, dans une monarchie ; prince souverain, empereur, roi. 📖 [mɔnaʀk].

**MONASTÈRE, subst. m.**
Lieu où vivent des moines. 📖 [mɔnastɛʀ].

**MONCEAU, subst. m.**
Accumulation, tas d'objets, de débris : *Un* monceau *d'ordures*. 📖 [mɔ̃so].

**MONDAIN, AINE, adj. et subst.**
Qui aime les divertissements propres à la haute société. – Adj. Qui concerne cette société : *La vie* mondaine. 📖 [mɔ̃dɛ̃, -ɛn].

**MONDE, subst. m.**
Univers, ensemble de tout ce qui existe ; en partic., la Terre : *Faire le tour du* monde. – Ensemble des êtres humains, société : *Le* monde *est en guerre*. – La haute société : *Sortir dans le* monde. – Ensemble d'êtres organisés : *Le* monde *des abeilles*. – *Tout le* monde : tous les gens. 📖 [mɔ̃d].

**MONDIAL, ALE, AUX, adj.**
Qui concerne le monde entier : *Population* mondiale. 📖 [mɔ̃djal].

**MONDIALISER, verbe trans. [3]**
Rendre mondial. 📖 [mɔ̃djalize].

**MONÉTAIRE, adj.**
Relatif à la monnaie. 📖 [mɔnetɛʀ].

**MONITEUR, TRICE, subst.**
Personne qui enseigne une pratique : Moniteur *de ski*. – Animateur : Moniteur *de colonie de vacances*. 📖 [mɔnitœʀ, -tʀis].

**MONNAIE, subst. f.**
Moyen d'échange (pièces, billets, etc.) ayant cours légal. – Instrument légal de paiement. – Ensemble des pièces de petite valeur. 📖 [mɔnɛ].

**MONNAYER, verbe trans. [15]**
Convertir (un métal) en monnaie. – Tirer un avantage financier, un profit de. 📖 [mɔneje].

**MONO-, préfixe**
Exprime l'idée d'« unique ». 📖 [mɔno-].

**MONOCHROME, adj.**
Qui est d'une seule couleur. 📖 [mɔnokʀom].

**MONOCLE, subst. m.**
Verre optique unique, qui se fixe sous l'arcade sourcilière. 📖 [mɔnɔkl].

**MONOCORDE, adj.**
Émis sur une seule note ; monotone : *Voix* monocorde. 📖 [mɔnokɔʀd].

**MONOGAME, adj. et subst.**
Qui n'est marié légalement qu'à un seul conjoint. 📖 [mɔnogam].

**MONOLITHE, adj. et subst. m.**
Se dit d'un ouvrage constitué d'un seul bloc de pierre. 📖 [mɔnolit].

**MONOLOGUE, subst. m.**
Propos d'une personne qui parle seule, à haute voix. 📖 [mɔnolog].

**MONÔME, subst. m.**
*Math.* Expression algébrique formée d'un seul terme. – Défilé joyeux d'étudiants. 📖 [mɔnom].

**MONOPOLE**, subst. m.
Privilège exclusif de production, d'exploitation ou de commerce de biens ou de services. 📷 [monopol].

**MONOPOLISER**, verbe trans. [3]
Exercer un monopole sur. – Fig. Accaparer à son profit exclusif : **Monopoliser** *la parole*. 📷 [monopolize].

**MONOTONE**, adj.
Qui est toujours du même ton. – Qui lasse par sa répétition, sa durée. 📷 [monoton].

**MONOTONIE**, subst. f.
Caractère de ce qui est monotone ; uniformité. 📷 [monotoni].

**MONSEIGNEUR**, subst. m.
Titre honorifique des princes de famille royale, des évêques, des prélats. 📷 Plur. *messeigneurs* ; [mosɛɲœʀ], plur. [mesɛɲœʀ].

**MONSIEUR**, subst. m.
Titre de politesse utilisé quand on s'adresse à un homme. – Titre précédant le nom ou la fonction d'un homme dont on parle. 📷 Plur. *messieurs* ; [məsjø], plur. [mesjø].

**MONSTRE**, subst. m.
Être vivant présentant une malformation importante. – Être fantastique effrayant. – Individu très laid ou inhumain. – Empl. adj. Énorme (fam.). 📷 [mõstʀ].

**MONSTRUEUX, EUSE**, adj.
Qui fait songer à un monstre. – D'une taille prodigieuse. – Horrible, terrible : *Crime* **monstrueux**. 📷 [mõstʀyø, -øz].

**MONSTRUOSITÉ**, subst. f.
Caractère de ce qui est monstrueux. – Parole ou action monstrueuse. 📷 [mõstʀyozite].

**MONT**, subst. m.
Élévation de terrain d'une altitude et d'une étendue variables. 📷 [mõ].

**MONTAGE**, subst. m.
Assemblage des éléments d'un tout : *Le* **montage** *d'un moteur*. 📷 [mõtaʒ].

**MONTAGNARD, ARDE**, adj. et subst.
Qui vit à la montagne. – Adj. Relatif à la montagne. 📷 [mõtaɲaʀ, -aʀd].

**MONTAGNE**, subst. f.
Élévation naturelle importante du relief. – Fig. Accumulation : *Une* **montagne** *de livres*. 📷 [mõtaɲ].

**MONTAGNEUX, EUSE**, adj.
Couvert de montagnes. 📷 [mõtaɲø, -øz].

**MONTANT**, subst. m.
Élément vertical d'une construction : *Les* **montants** *d'une porte*. – Totalité d'une somme due. 📷 [mõtã].

**MONTÉE**, subst. f.
Action de monter, de gravir : *La* **montée** *d'un col*. – Chemin en forte pente. – Augmentation d'une grandeur variable : *La* **montée** *du chômage*. 📷 [mõte].

**MONTER**, verbe [3]
Intrans. Aller en un lieu plus élevé : **Monter** *dans sa chambre, sur un mur*. – Prendre place : **Monter** *à cheval, à bord*. – Gagner en hauteur, en valeur : *La mer* **monte** ; *Les prix* **montent**. – Fig. Progresser : **Monter** *en grade*. – Trans. Escalader : **Monter** *une côte*. – Porter vers un niveau plus élevé : **Monter** *le courrier*. – Construire, assembler : **Monter** *un moteur*. – Fig. Créer, organiser : **Monter** *une affaire*. – Pronom. S'élever (à une somme). 📷 [mõte].

**MONTGOLFIÈRE**, subst. f.
Aérostat s'élevant grâce à l'air chauffé par un foyer placé sous le ballon. 📷 [mõgolfjɛʀ].

**MONTICULE**, subst. m.
Petite élévation de terre. – Tas. 📷 [mõtikyl].

**MONTRE**, subst. f.
Petit instrument que l'on porte sur soi pour savoir l'heure. 📷 [mõtʀ].

**MONTRER**, verbe trans. [3]
Faire voir ; désigner, indiquer : **Montrer** *ses papiers* ; **Montrer** *le chemin*. – Laisser voir : **Montrer** *ses intentions*. – Faire preuve de. – Enseigner : *L'expérience* **montre** *que*. – Pronom. Se révéler. 📷 [mõtʀe].

**MONTURE**, subst. f.
Animal sur lequel on monte pour se déplacer. – Armature d'un objet : *Des* **montures** *de lunettes*. 📷 [mõtyʀ].

**MONUMENT**, subst. m.
Ouvrage d'architecture, de sculpture élevé en souvenir de qqn ou de qqch. : **Monument** *aux morts*. – Édifice imposant : *Les* **monuments** *de Paris*. – Fig. Œuvre de grande importance. 📷 [monymã].

**MONUMENTAL, ALE, AUX**, adj.
Immense ; très important. – Relatif aux monuments. 📷 [monymãtal].

**MOQUER (SE)**, verbe pronom. [3]
Tourner en ridicule. – Ne pas faire cas : *Je me* **moque** *du qu'en-dira-t-on*. 📷 [moke].

**MOQUERIE**, subst. f.
Action de se moquer. – Action, parole par laquelle on se moque. 📷 [mokʀi].

**MOQUETTE**, subst. f.
Tapis, cloué ou collé, recouvrant tout le sol d'une pièce. 📷 [mokɛt].

**MOQUEUR, EUSE**, adj. et subst.
Qui est enclin à se moquer. – Adj. Qui exprime l'ironie, la raillerie. 📷 [mokœʀ, -øz].

**MORAINE**, subst. f.
Accumulation de débris entraînés par un glacier. 📷 [moʀɛn].

**MORAL, ALE, AUX**, adj. et subst. m.
Adj. Qui concerne la morale, le bien et le mal. – Qui est conforme à la morale. – Qui concerne la vie mentale : *Force* **morale**. – Subst. Condition psychologique d'une personne : *Avoir bon* **moral**. 📷 [moʀal].

**MORALE, subst. f.**
Ensemble des valeurs et des règles de conduite imposées par la société, la religion. – *La morale d'une fable* : sa conclusion, son enseignement. 🔊 [mɔʀal].

**MORALITÉ, subst. f.**
Valeur d'un acte, d'une intention, par réf. aux règles de la morale. – *Valeur morale de qqn.* 🔊 [mɔʀalite].

**MORBIDE, adj.**
Qui indique une maladie : *Un symptôme* morbide. – Qui indique un dérèglement mental : *Cruauté* morbide. 🔊 [mɔʀbid].

**MORCEAU, subst. m.**
Partie arrachée à un aliment : *Morceau de pain.* – Partie d'un objet, d'une substance solide : *Morceau de savon.* – Extrait d'une œuvre littéraire ou musicale. 🔊 [mɔʀso].

**MORCELER, verbe trans.** [12]
Découper (qqch.) en morceaux, en parcelles. 🔊 [mɔʀsəle].

**MORDANT, ANTE, adj. et subst. m.**
Adj. Corrosif, caustique. – Subst. Énergie, vivacité : *Avoir du mordant.* 🔊 [mɔʀdɑ̃, -ɑ̃t].

**MORDILLER, verbe trans.** [3]
Mordre à petits coups de dents répétés. 🔊 [mɔʀdije].

**MORDRE, verbe trans.** [51]
Saisir avec les dents pour manger ou pour blesser. – Ronger, entamer. – **Mordre sur** : empiéter sur. – **Mordre à** : prendre goût à (fam.). 🔊 [mɔʀdʀ].

**MORDU, UE, adj. et subst.**
Qui est passionné (fam.). 🔊 [mɔʀdy].

**MORFONDRE (SE), verbe pronom.** [51]
S'ennuyer à attendre. 🔊 [mɔʀfɔ̃dʀ].

**MORGUE (I), subst. f.**
Attitude orgueilleuse et méprisante (littér.). 🔊 [mɔʀg].

**MORGUE (II), subst. f.**
Lieu où l'on dépose les cadavres après un décès anonyme ou suspect. – Salle d'un hôpital où l'on transporte les malades décédés. 🔊 [mɔʀg].

**MORIBOND, ONDE, adj. et subst.**
Agonisant. 🔊 [mɔʀibɔ̃, -ɔ̃d].

**MORILLE, subst. f.**
Champignon comestible à chapeau alvéolé. 🔊 [mɔʀij].

**MORNE, adj.**
Qui est triste, mélancolique. – Qui incite à la tristesse : *Un paysage* morne. 🔊 [mɔʀn].

**MOROSITÉ, subst. f.**
Tristesse. – Humeur chagrine collective : *Morosité d'une société.* 🔊 [mɔʀozite].

**MORPHINE, subst. f.**
Analgésique puissant que l'on tire de l'opium. 🔊 [mɔʀfin].

**MORPHOLOGIE, subst. f.**
Étude de la forme et de la structure des êtres vivants. – *Ling.* Étude de la forme des mots et de leurs variations. 🔊 [mɔʀfɔlɔʒi].

**MORS, subst. m.**
Barre métallique que l'on passe dans la bouche du cheval pour le guider. 🔊 [mɔʀ].

**MORSE (I), subst. m.**
Mammifère marin des régions arctiques, à longues canines supérieures. 🔊 [mɔʀs].

**MORSE (II), subst. m.**
Code télégraphique utilisant des combinaisons de points et de traits. 🔊 [mɔʀs].

**MORSURE, subst. f.**
Action de mordre. – Marque, plaie qui en résulte. 🔊 [mɔʀsyʀ].

**MORT (I), subst. f.**
Cessation définitive de la vie, décès. – Fig. Destruction, disparition : *La mort des petits métiers.* 🔊 [mɔʀ].

**MORT (II), MORTE, adj. et subst.**
Qui a cessé de vivre. – Adj. Fig. Exténué, harassé : **Mort de fatigue.** – Sans animation : *Bourgade* morte. – *Bois* mort : sec, bon pour faire du feu. – *Langue* morte : qui n'est plus parlée. 🔊 [mɔʀ, mɔʀt].

**MORTADELLE, subst. f.**
Gros saucisson cuit d'origine italienne, fait de porc et de bœuf. 🔊 [mɔʀtadɛl].

**MORTALITÉ, subst. f.**
Grande quantité de décès : *La mortalité due à un fléau.* – *Taux de* mortalité : nombre de décès annuels pour mille habitants. 🔊 [mɔʀtalite].

**MORTEL, ELLE, adj.**
Susceptible de mourir : *Tous les hommes sont* mortels ; empl. subst. : *Un mortel,* un être humain (littér.). – Qui cause la mort : *Maladie* mortelle. – Qui suscite un ennui pesant (fam.). 🔊 [mɔʀtɛl].

**MORTIER, subst. m.**
Mélange de sable, de chaux (ou de ciment) et d'eau, servant de liant aux constructions. – Récipient où l'on broie des substances au pilon. – Canon à tube court. 🔊 [mɔʀtje].

**MORTIFIER, verbe trans.** [6]
Humilier. 🔊 [mɔʀtifje].

**MORTUAIRE, adj.**
Relatif à la mort, aux rites et aux cérémonies qui l'entourent. 🔊 [mɔʀtɥɛʀ].

**MORUE, subst. f.**
Gros poisson des régions froides, que l'on consomme frais, salé ou séché. 🔊 [mɔʀy].

**MORVE, subst. f.**
Sécrétion des muqueuses nasales. 🔊 [mɔʀv].

**MOSAÏQUE, subst. f.**
Assemblage décoratif de fragments de pierre, de marbre, de verre formant un motif. – L'œuvre d'art ainsi réalisée. 🔊 [mozaik].

**MOSQUÉE, subst. f.**
Édifice cultuel islamique. 🕮 [mɔske].

**MOT, subst. m.**
Unité élémentaire d'une langue. – Parole, message : *Dire un* mot *à qqn.* – Parole historique ou remarquable. – *Bon* mot : fine plaisanterie. – Message écrit : *Un* mot *d'excuse.* 🕮 [mo].

**MOTARD, ARDE, subst.**
Fam. Policier, gendarme ou militaire à moto. – Motocycliste. 🕮 [mɔtaʀ, -aʀd].

**MOTEUR, MOTRICE, adj. et subst. m.**
Adj. Relatif au mouvement : *Handicapé* moteur ; *Roue* motrice. – Subst. Dispositif produisant de l'énergie mécanique à partir d'une source d'énergie différente : *Un* moteur *Diesel.* – Fig. Cause d'une action. – Instigateur. 🕮 [mɔtœʀ, mɔtʀis].

**MOTIF, subst. m.**
Raison qui pousse à agir. – B.-A. Thème, sujet d'une œuvre. – Dessin ou mélodie qui se répètent. 🕮 [mɔtif].

**MOTION, subst. f.**
Proposition émise dans une assemblée par un ou plusieurs de ses membres. 🕮 [mosjɔ̃].

**MOTIVATION, subst. f.**
Ensemble des éléments psychologiques, des motifs qui poussent à agir. 🕮 [mɔtivasjɔ̃].

**MOTIVER, verbe trans. [3]**
Être la cause de, expliquer (une action). – Justifier par des arguments rationnels : **Motiver** *une requête.* 🕮 [mɔtive].

**MOTO, subst. f.**
Véhicule à deux roues, muni d'un moteur de 125 cm³ ou plus. 🕮 [mɔtɔ].

**MOTOCYCLISTE, subst.**
Personne qui conduit une moto (synon. *motard*). 🕮 [mɔtɔsiklist].

**MOTORISER, verbe trans. [3]**
Munir (qqch.) d'un moteur. – Équiper de véhicules à moteur. 🕮 [mɔtɔʀize].

**MOTRICE, subst. f.**
Véhicule ferroviaire muni d'un moteur, qui entraîne les wagons. 🕮 [mɔtʀis].

**MOTTE, subst. f.**
Bloc compact : **Motte** *de terre.* 🕮 [mɔt].

**MOU, MOL, MOLLE, adj.**
Qui manque de fermeté, de rigidité : *Pâte* molle. – Fig. Qui manque d'énergie, de dynamisme. – Empl. subst. : *C'est un* mou. – *Donner du* mou : diminuer la tension de qqch. 🕮 *Mol* devant un nom commençant par une voyelle ou un *h* muet ; [mu, mɔl].

**MOUCHARD, ARDE, subst.**
Fam. Indicateur de police ; délateur. – Masc. Dispositif de contrôle de la vitesse des automobiles. 🕮 [muʃaʀ, -aʀd].

**MOUCHE, subst. f.**
Insecte à deux ailes, aux nombreuses espèces. – Grain de beauté artificiel (vieilli). – Leurre fixé à un hameçon. – *Faire* mouche : toucher son but. 🕮 [muʃ].

**MOUCHER, verbe trans. [3]**
Dégager (le nez) de ses mucosités en le pressant et en expirant. – Fig. Remettre (qqn) à sa place vertement (fam.). – Pronom. Se dégager le nez. 🕮 [muʃe].

**MOUCHERON, subst. m.**
Petit insecte volant. 🕮 [muʃʀɔ̃].

**MOUCHOIR, subst. m.**
Petit carré de linge ou de papier servant à se moucher. 🕮 [muʃwaʀ].

**MOUDRE, verbe trans. [78]**
Réduire (une substance, des grains) en poudre. 🕮 [mudʀ].

**MOUE, subst. f.**
Grimace de bouderie ou de dédain. 🕮 [mu].

**MOUETTE, subst. f.**
Oiseau palmipède au plumage gris et blanc, vivant gén. sur les côtes. 🕮 [mwɛt].

**MOUFLE, subst. f.**
Gant enveloppant toute la main, en séparant le pouce des autres doigts. 🕮 [mufl].

**MOUFLON, subst. m.**
Ruminant des montagnes aux cornes recourbées, voisin du mouton. 🕮 [muflɔ̃].

**MOUILLAGE, subst. m.**
Action de mouiller. – Endroit abrité où un navire peut jeter l'ancre. 🕮 [mujaʒ].

**MOUILLER, verbe [3]**
Trans. Imbiber d'eau ou d'un autre liquide. – Fig. **Mouiller** qqn : le compromettre (fam.). – Intrans. Jeter l'ancre. – Pronom. Prendre des risques ; oser (fam.) 🕮 [muje].

**MOULE (I), subst. f.**
Mollusque bivalve comestible. 🕮 [mul].

**MOULE (II), subst. m.**
Objet creux qui imprime sa forme à la substance dont on le remplit. 🕮 [mul].

**MOULER, verbe trans. [3]**
Fabriquer (un objet) en coulant de la matière dans un moule. – Épouser les formes de. 🕮 [mule].

**MOULIN, subst. m.**
Machine ou appareil utilisés pour moudre des grains. – L'édifice qui renferme une telle machine : **Moulin** *à vent.* 🕮 [mulɛ̃].

**MOULINET, subst. m.**
Appareil rotatif et à manivelle d'une canne à pêche, servant à enrouler le fil. – Grand geste circulaire des bras. 🕮 [mulinɛ].

**MOULU, UE, adj.**
Réduit en poudre. – Fig. Exténué. 🕮 [muly].

**MOULURE, subst. f.**
Ornement en creux ou en relief : *Les* moulures *d'une commode.* 🕮 [mulyʀ].

**MOURANT, ANTE, adj. et subst.**
Qui se meurt. – Adj. Très faible : *Une voix* mourante. 🕮 [muʀɑ̃, -ɑ̃t].

**MOURIR,** verbe intrans. [26]
Cesser de vivre ; être tué : **Mourir** *à la guerre.* – Fig. Souffrir de : **Mourir** *d'ennui.* – S'affaiblir, s'éteindre. 🕮 [muʀiʀ].

**MOURON,** subst. m.
Plante dont les graines sont appréciées des oiseaux. – Souci (fam.). 🕮 [muʀɔ̃].

**MOUSQUETAIRE,** subst. m.
Cavalier (armé d'un mousquet) membre de la garde d'élite créée par Louis XIII. 🕮 [muskətɛʀ].

**MOUSQUETON,** subst. m.
Fusil à canon court. – Boucle à ressort utilisée pour accrocher qqch. 🕮 [muskətɔ̃].

**MOUSSE (I),** subst. f.
Plante qui forme sur le sol un tapis dru et court. – Amas de bulles d'air ou de gaz : **Mousse** *de bière.* – Substance mousseuse : **Mousse** *au chocolat.* 🕮 [mus].

**MOUSSE (II),** subst. m.
Jeune apprenti marin. 🕮 [mus].

**MOUSSELINE,** subst. f.
Étoffe très fine et transparente. 🕮 [muslin].

**MOUSSER,** verbe intrans. [3]
Produire de la mousse, des bulles : *Savon qui* **mousse.** 🕮 [muse].

**MOUSSEUX, EUSE,** adj. et subst. m.
Adj. Qui mousse. – Vaporeux. – Subst. Vin pétillant ordinaire. 🕮 [musø, -øz].

**MOUSSON,** subst. f.
Vent saisonnier tropical : **Mousson** *d'été,* humide et chaude. 🕮 [musɔ̃].

**MOUSSU, UE,** adj.
Couvert de mousse végétale. 🕮 [musy].

**MOUSTACHE,** subst. f.
Pilosité qui pousse au-dessus de la lèvre supérieure d'un homme. – Poils tactiles du museau de certains animaux : *Les* **moustaches** *du chat.* 🕮 [mustaʃ].

**MOUSTIQUAIRE,** subst. f.
Rideau de gaze dont on entoure le lit pour se protéger des moustiques. 🕮 [mustikɛʀ].

**MOUSTIQUE,** subst. m.
Insecte à deux ailes, à pattes grêles, dont la femelle pique l'homme et les animaux pour aspirer leur sang. 🕮 [mustik].

**MOÛT,** subst. m.
Jus de raisin non encore fermenté. 🕮 [mu].

**MOUTARDE,** subst. f.
Plante à fleurs jaunes et à feuilles rugueuses. – Condiment fort et piquant préparé avec les graines de cette plante. 🕮 [mutaʀd].

**MOUTON,** subst. m.
Mammifère ruminant à la toison (laine) bouclée. – Viande de cet animal. – Crête blanche des vagues. 🕮 [mutɔ̃].

**MOUTURE,** subst. f.
Action de moudre des grains. – Produit de cette opération. 🕮 [mutyʀ].

**MOUVANCE,** subst. f.
Sphère d'influence. 🕮 [muvãs].

**MOUVANT, ANTE,** adj.
Qui change ; instable. 🕮 [muvã, -ãt].

**MOUVEMENT,** subst. m.
Déplacement d'un corps dans l'espace, mobilité. – Changement de position du corps ou d'un membre ; geste. – Progression, manœuvre. – Agitation ; activité. – Mutation : **Mouvement** *préfectoral.* – Évolution : **Mouvements** *de la Bourse.* – Accès, élan : **Mouvement** *de colère.* – Organisation politique ; école littéraire ou artistique : *Le* **mouvement** *surréaliste.* – Vitesse d'exécution d'un morceau de musique. 🕮 [muvmã].

**MOUVOIR,** verbe trans. [49]
Faire bouger, remuer. – Pronom. Être en mouvement, se déplacer. 🕮 [muvwaʀ].

**MOYEN, ENNE,** adj. et subst. m.
Adj. Intermédiaire, situé entre deux extrémités : *Un élève* **moyen.** – *Vitesse* **moyenne** : rapport entre l'espace parcouru et le temps mis à le parcourir. – Qui appartient au type le plus courant : *L'électeur* **moyen.** – Subst. Ce qui permet d'arriver à une fin : *Un* **moyen** *de transport.* – *Au* **moyen** *de* : avec, grâce à. – Plur. Capacités ; ressources financières. 🕮 [mwajɛ̃, -ɛn].

**MOYEN ÂGE,** subst. m.
Période de l'histoire comprise entre l'Antiquité et les Temps modernes (fin Vᵉ s.-fin XVᵉ s.). 🕮 [mwajɛnaʒ].

**MOYENNANT,** prép.
Grâce à ; en échange de : **Moyennant** *finances,* à condition de payer. 🕮 [mwajɛnã].

**MOYENNE,** subst. f.
Résultat de la division d'une somme de valeurs par leur nombre. – Moitié de la note maximale. – *Être dans la* **moyenne** : être à peu près à égale distance de deux extrêmes. 🕮 [mwajɛn].

**MOYEU, EUX,** subst. m.
Partie centrale d'une roue, qui tourne autour d'un axe, d'un essieu. 🕮 [mwajø].

**M.S.T.,** subst. f. inv.
Sigle pour « maladie sexuellement transmissible ». 🕮 [ɛmɛste].

**MUCOSITÉ,** subst. f.
Liquide produit par une muqueuse : **Mucosités** *nasales.* 🕮 [mykozite].

**MUE,** subst. f.
Changement périodique de peau, de poils ou de plumes que connaissent certains animaux. – Changement du timbre de la voix lors de la puberté. 🕮 [my].

**MUER,** verbe intrans. [3]
Subir une mue. – Pronom. Se transformer. 🕮 [mɥe].

**MUET, MUETTE, adj. et subst.**
Qui est privé de l'usage de la parole. – Adj.
Qui reste volontairement silencieux. – Très
ému : Muet d'admiration. – Cinéma muet :
sans bande sonore. – Lettre muette : qui
ne se prononce pas. 🕮 [mɥɛ, mɥɛt].

**MUFLE, subst. m.**
Extrémité du museau de certains mammifères. – Fig. Individu grossier. 🕮 [myfl].

**MUFTI, subst. m.**
Docteur de la loi musulmane. 🕮 [myfti].

**MUGIR, verbe intrans. [19]**
Pousser des cris sourds et prolongés (mu-
gissements), en parlant de certains bovidés.
– Fig. Le vent mugit. 🕮 [myʒiʀ].

**MUGUET, subst. m.**
Plante aux fleurs en forme de clochettes
blanches très parfumées. 🕮 [mygɛ].

**MULÂTRE, MULÂTRESSE, subst.**
Personne dont l'un des deux parents est
blanc et l'autre noir. 🕮 [mylɑtʀ, mylɑtʀɛs].

**MULE (I), subst. f.**
Pantoufle qui laisse le talon nu. 🕮 [myl].

**MULE (II), subst. f.**
Mulet femelle. 🕮 [myl].

**MULET (I), subst. m.**
Animal mâle issu du croisement d'un
âne et d'une jument, toujours stérile.
🕮 [mylɛ].

**MULET (II), subst. m.**
Poisson de mer à la chair estimée.
🕮 [mylɛ].

**MULOT, subst. m.**
Petit rat des champs. 🕮 [mylo].

**MULTI-, préfixe**
Exprime la quantité, la diversité. 🕮 [mylti-].

**MULTICOLORE, adj.**
De plusieurs couleurs. 🕮 [myltikɔlɔʀ].

**MULTIMÉDIA, adj.**
Qui utilise ou qui concerne plusieurs
médias. – Empl. subst. masc. Informat.
Ensemble des techniques et des produits
utilisant le texte, le son et l'image.
🕮 [myltimedja].

**MULTIPLE, adj. et subst.**
Adj. Nombreux. – Complexe. – Subst.
Nombre entier contenant plusieurs fois
exactement un nombre donné : Seize est un
multiple de quatre. 🕮 [myltipl].

**MULTIPLICATION, subst. f.**
Action de multiplier, de se multiplier.
– Math. Opération dans laquelle on additionne un nombre à lui-même, un nombre
de fois donné. 🕮 [myltiplikasjɔ̃].

**MULTIPLIER, verbe trans. [6]**
Accroître le nombre de. – Répéter, reproduire : Multiplier les échecs. – Math. Faire
la multiplication de. 🕮 [myltiplije].

**MULTITUDE, subst. f.**
Grande quantité. 🕮 [myltityd].

**MUNICIPAL, ALE, AUX, adj.**
Qui concerne la commune : Conseil municipal. 🕮 [mynisipal].

**MUNICIPALITÉ, subst. f.**
Corps municipal, présidé par le maire. – La
commune, considérée comme personne
morale. 🕮 [mynisipalite].

**MUNIFICENCE, subst. f.**
Générosité extrême (littér.). 🕮 [mynifisɑ̃s].

**MUNIR, verbe trans. [19]**
Pourvoir, doter. 🕮 [myniʀ].

**MUNITIONS, subst. f. plur.**
Projectiles, explosifs nécessaires pour charger des armes à feu. 🕮 [mynisjɔ̃].

**MUQUEUSE, subst. f.**
Membrane tapissant la face interne de
certaines cavités du corps. 🕮 [mykøz].

**MUR, subst. m.**
Ouvrage de maçonnerie vertical limitant
un espace : Le mur d'un jardin. – Fig.
Obstacle infranchissable. 🕮 [myʀ].

**MÛR, MÛRE, adj.**
Qui a atteint son plein développement :
Les blés sont mûrs. – Réfléchi, sérieux.
🕮 [myʀ].

**MURAILLE, subst. f.**
Grand mur épais protégeant une ville, une
citadelle. 🕮 [myʀɑj].

**MÛRE, subst. f.**
Fruit du mûrier. – Baie noire de la ronce.
🕮 [myʀ].

**MURÈNE, subst. f.**
Poisson long et mince, très vorace,
commun en Méditerranée. 🕮 [myʀɛn].

**MURER, verbe trans. [3]**
Fermer par un mur. – Pronom. S'enfermer,
s'isoler. 🕮 [myʀe].

**MÛRIR, verbe [19]**
Trans. Rendre mûr. – Fig. Préparer longtemps à l'avance : Mûrir un projet. – Intrans. Venir à maturité. 🕮 [myʀiʀ].

**MURMURE, subst. m.**
Bruit doux et léger. – Plur. Protestations
sourdes, indistinctes. 🕮 [myʀmyʀ].

**MURMURER, verbe [3]**
Intrans. Faire entendre un murmure ; au
fig., protester. – Trans. Dire à voix basse.
🕮 [myʀmyʀe].

**MUSARDER, verbe intrans. [3]**
S'attarder, flâner. 🕮 [myzaʀde].

**MUSC, subst. m.**
Produit odoriférant, sécrété par un petit
ruminant d'Asie, que l'on utilise en parfumerie. 🕮 [mysk].

**MUSCADE, subst. f.**
Graine du fruit du muscadier, condiment
apprécié. 🕮 [myskad].

**MUSCAT**, subst. m.
Raisin très parfumé. – Vin liquoreux produit avec ce raisin. 🕮 [myska].

**MUSCLE**, subst. m.
Organe, fait de tissu contractile, assurant tous les mouvements du corps. 🕮 [myskl].

**MUSCLÉ, ÉE**, adj.
Dont les muscles sont bien développés. – Fig. Énergique, fort. – Brutal, autoritaire. 🕮 [myskle].

**MUSCULAIRE**, adj.
Qui concerne les muscles. 🕮 [myskylɛʀ].

**MUSCULATION**, subst. f.
Entraînement physique visant à développer la musculature. 🕮 [myskylasjɔ̃].

**MUSCULATURE**, subst. f.
Ensemble des muscles. 🕮 [myskylatyʀ].

**MUSE**, subst. f.
*Myth.* Chacune des neuf divinités féminines inspiratrices des arts et des sciences. – Fig. Femme qui inspire un artiste (littér.). 🕮 [myz].

**MUSEAU**, subst. m.
Extrémité antérieure et allongée de la face de certains animaux. 🕮 [myzo].

**MUSÉE**, subst. m.
Établissement où sont conservées méthodiquement et exposées des collections d'objets et de documents relatifs aux beaux-arts, aux techniques, etc. 🕮 [myze].

**MUSELER**, verbe trans. [12]
Mettre une muselière à (un animal). – Fig. Faire taire. 🕮 [myz(ə)le].

**MUSELIÈRE**, subst. f.
Réseau de lanières, gén. en cuir, dont on couvre le museau d'un animal pour l'empêcher de mordre. 🕮 [myzəljɛʀ].

**MUSETTE (I)**, subst. f.
Ancien instrument de musique proche de la cornemuse. 🕮 [myzɛt].

**MUSETTE (II)**, subst. f.
Sac porté en bandoulière. 🕮 [myzɛt].

**MUSÉUM**, subst. m.
Musée consacré aux collections de sciences naturelles. 🕮 [myzeɔm].

**MUSICAL, ALE, AUX**, adj.
Qui concerne la musique : *Soirée* **musicale**. – Mélodieux. 🕮 [myzikal].

**MUSIC-HALL**, subst. m.
Théâtre où l'on présente des spectacles de variétés. – Ce type de spectacle. 🕮 Plur. *music-halls* ; [myzikol].

**MUSICIEN, IENNE**, adj. et subst.
Qui pratique la musique, la compose ou l'interprète. – Qui a des aptitudes pour la musique. 🕮 [myzisjɛ̃, -jɛn].

**MUSIQUE**, subst. f.
Art de combiner, selon les règles établies, les sons que produisent des instruments ou la voix humaine. – Suite de sons agréables à l'oreille. 🕮 [myzik].

**MUSULMAN, ANE**, adj. et subst.
Qui appartient, adhère à la religion prêchée par Mahomet. 🕮 [myzylmɑ̃, -an].

**MUTANT, ANTE**, adj. et subst.
Qui a subi une mutation, en parlant d'un animal ou d'un végétal. – Subst. Monstre de science-fiction. 🕮 [mytɑ̃, -ɑ̃t].

**MUTATION**, subst. f.
Changement, transformation. – Déplacement d'une personne à un nouveau poste. – *Biol.* Modification héréditaire dans une descendance animale ou végétale, qui peut engendrer une espèce nouvelle. 🕮 [mytasjɔ̃].

**MUTER**, verbe trans. [3]
Changer l'affectation de. 🕮 [myte].

**MUTILER**, verbe trans. [3]
Priver (qqn) de son intégrité physique ; retrancher un membre à (qqn). – Détruire, abîmer. 🕮 [mytile].

**MUTIN, INE**, adj. et subst.
Qui prend part à une rébellion. – Adj. D'humeur taquine, espiègle. 🕮 [mytɛ̃, -in].

**MUTINER (SE)**, verbe pronom. [3]
Se révolter. 🕮 [mytine].

**MUTINERIE**, subst. f.
Rébellion, révolte. 🕮 [mytinʀi].

**MUTISME**, subst. m.
Refus de parler. 🕮 [mytism].

**MUTUEL, ELLE**, adj. et subst. f.
Adj. Qui implique un échange ; réciproque. – Subst. Association d'entraide et de prévoyance professionnelle. 🕮 [mytɥɛl].

**MYCOLOGIE**, subst. f.
Science des champignons. 🕮 [mikɔlɔʒi].

**MYGALE**, subst. f.
Grosse araignée velue d'Amérique du Sud, à la morsure très douloureuse. 🕮 [migal].

**MYOCARDE**, subst. m.
*Anat.* Muscle cardiaque. 🕮 [mjɔkaʀd].

**MYOPATHIE**, subst. f.
Maladie des muscles, qui entraîne leur atrophie progressive. 🕮 [mjɔpati].

**MYOPE**, adj. et subst.
Qui est atteint de myopie. 🕮 [mjɔp].

**MYOPIE**, subst. f.
Anomalie de l'œil, créant une vision trouble des objets éloignés. 🕮 [mjɔpi].

**MYOSOTIS**, subst. m.
Plante à petites fleurs bleues. 🕮 [mjɔzɔtis].

**MYRIADE**, subst. f.
Nombre immense, indéterminé. 🕮 [miʀjad].

**MYRTILLE**, subst. f.
Baie bleu-noir comestible d'un arbrisseau des forêts de montagne. 🕮 [miʀtij].

**MYSTÈRE, subst. m.**
Chose cachée, secrète, incompréhensible :
*Les mystères de l'au-delà.* – Secret, obscurité
entourant une action. 🕮 [mistɛʀ].

**MYSTÉRIEUX, IEUSE, adj.**
Réservé aux initiés. – Mal connu, inexplicable. – Tenu secret. 🕮 [mistɛʀjø. -jøz].

**MYSTICISME, subst. m.**
Recherche de l'absolu ou de Dieu dans
l'extase, la contemplation. 🕮 [mistisism̩].

**MYSTIFICATION, subst. f.**
Action de mystifier. – Action, parole
destinée à mystifier. 🕮 [mistifikasjɔ̃].

**MYSTIFIER, verbe trans.** [6]
Tromper, abuser en faisant croire des
choses imaginaires. 🕮 [mistifje].

**MYSTIQUE, adj. et subst.**
Adj. Qui relève du mystère divin, du
mysticisme. – Subst. Personne qui s'adonne
au mysticisme. 🕮 [mistik].

**MYTHE, subst. m.**
Récit imaginaire conçu pour expliquer des
aspects mystérieux de la réalité ou de la
destinée humaine. – Croyance répandue
mais peu fondée. 🕮 [mit].

**MYTHIFIER, verbe trans.** [6]
Transformer en mythe. 🕮 [mitifje].

**MYTHIQUE, adj.**
Qui relève du mythe. 🕮 [mitik].

**MYTHOLOGIE, subst. f.**
Ensemble de mythes, de légendes propres
à une société, à une religion. 🕮 [mitɔlɔʒi].

**MYTHOMANIE, subst. f.**
Tendance pathologique à la fabulation.
🕮 [mitɔmani].

**MYXOMATOSE, subst. f.**
Maladie virale du lapin. 🕮 [miksomatoz].

# N

**N, n,** subst. m. inv.
Quatorzième lettre et onzième consonne de l'alphabet français. ✍ [ɛn].

**NABAB,** subst. m.
Personnage très riche qui mène grand train. ✍ [nabab].

**NACELLE,** subst. f.
Petite barque (littér.). – Panier suspendu à un aérostat. ✍ [nasɛl].

**NACRE,** subst. f.
Substance irisée qui revêt l'intérieur de la coquille de certains mollusques. ✍ [nakʁ].

**NACRÉ, ÉE,** adj.
Qui a l'aspect irisé de la nacre. ✍ [nakʁe].

**NAGE,** subst. f.
Action, façon de nager. – À la nage : en nageant. – Fig. En nage : en sueur. ✍ [naʒ].

**NAGEOIRE,** subst. f.
Appendice de nombreux animaux aquatiques, qui leur sert à se mouvoir. ✍ [naʒwaʁ].

**NAGER,** verbe intrans. [5]
Se mouvoir, avancer dans ou sur l'eau ; empl. trans. : Nager la brasse. – Baigner : Viande nageant dans la sauce. – Fig. Nager dans le bonheur : en être empli. – Nager dans un vêtement : y être au large. – Empl. abs. Ne rien comprendre (fam.). ✍ [naʒe].

**NAGEUR, EUSE,** adj. et subst.
Se dit d'une personne qui nage, qui sait nager. – Adj. Qui nage. ✍ [naʒœʁ, -øz].

**NAGUÈRE,** adv.
Il y a peu de temps (littér.). ✍ [nagɛʁ].

**NAÏADE,** subst. f.
Nymphe des ruisseaux et des fontaines. – Gracieuse baigneuse (littér.). ✍ [najad].

**NAÏF, NAÏVE,** adj. et subst.
Qui est trop confiant, crédule. – Adj. Simple, naturel : Grâce naïve. ✍ [naif, naiv].

**NAIN, NAINE,** adj. et subst.
Qui est atteint de nanisme. – Qui est d'une taille inférieure à la moyenne. ✍ [nɛ̃, nɛn].

**NAISSANCE,** subst. f.
Commencement de la vie indépendante ; venue au monde. – Fig. Endroit, moment où commence qqch. : Naissance du cou ; Naissance d'une œuvre. – De naissance : congénital, inné. ✍ [nɛsɑ̃s].

**NAISSANT, ANTE,** adj.
Qui commence à être, à apparaître : Jour naissant ; Barbe naissante. ✍ [nɛsɑ̃, -ɑ̃t].

**NAÎTRE,** verbe intrans. [74]
Venir au monde. – Apparaître, se manifester : Le jour est sur le point de naître.

– **Naître** de : être issu de, tirer son origine de. – Faire **naître** : susciter. ✍ [nɛtʁ].

**NAÏVETÉ,** subst. f.
Crédulité excessive. – Simplicité, ingénuité. – Parole naïve. ✍ [naivte].

**NAJA,** subst. m.
Serpent venimeux d'Afrique et d'Asie (synon. cobra, serpent à lunettes). ✍ [naʒa].

**NANISME,** subst. m.
Dysfonctionnement de la croissance entraînant une petitesse anormale. ✍ [nanism].

**NANTI, IE,** adj. et subst.
Se dit d'une personne riche. – Adj. Muni, pourvu. ✍ [nɑ̃ti].

**NANTISSEMENT,** subst. m.
Contrat par lequel un débiteur remet ou immobilise un bien en garantie de sa dette. – Ce bien lui-même. ✍ [nɑ̃tismɑ̃].

**NAPALM,** subst. m.
Essence gélifiée servant au chargement de bombes incendiaires. ✍ [napalm].

**NAPHTALINE,** subst. f.
Substance antimite, blanche et dure, issue d'un hydrocarbure. ✍ [naftalin].

**NAPPAGE,** subst. m.
Action de napper. – Son résultat. ✍ [napaʒ].

**NAPPE,** subst. f.
Linge couvrant une table. – Étendue plane d'un fluide : Nappe de pétrole. ✍ [nap].

**NAPPER,** verbe trans. [3]
Couvrir (un mets) d'une couche de sauce, de crème, de chocolat, etc. ✍ [nape].

**NAPPERON,** subst. m.
Petite pièce de tissu ouvragée utilisée pour décorer ou protéger un meuble. ✍ [napʁɔ̃].

**NARCISSE,** subst. m.
Plante bulbeuse aux fleurs blanches ou jaunes très odorantes. – Homme épris de sa propre image (littér.). ✍ [naʁsis].

**NARCISSISME,** subst. m.
Admiration pour soi-même. ✍ [naʁsisism].

**NARCOTIQUE,** adj. et subst. m.
Se dit d'une substance qui provoque un sommeil artificiel. ✍ [naʁkɔtik].

**NARGUER,** verbe trans. [3]
Défier, braver avec insolence. ✍ [naʁge].

**NARGUILÉ,** subst. m.
Pipe orientale à eau, dotée d'un long tuyau flexible. ✍ On écrit aussi narghilé : [naʁgile].

**NARINE,** subst. f.
Chacun des deux orifices du nez. ✍ [naʁin].

**NARQUOIS, OISE, adj.**
Moqueur et malicieux : *Sourire* **narquois**.
📖 [naʀkwa, -waz].

**NARRATEUR, TRICE, subst.**
Personne qui narre. 📖 [naʀatœʀ, -tʀis].

**NARRATION, subst. f.**
Récit détaillé d'un enchaînement de faits.
– Rédaction scolaire. 📖 [naʀasjɔ̃].

**NARRER, verbe trans. [3]**
Raconter (qqch.) en détail. 📖 [naʀe].

**NARVAL, ALS, subst. m.**
Cétacé des mers arctiques, dont le mâle
porte une longue défense. 📖 [naʀval].

**NASAL, ALE, AUX, adj.**
Du nez. – Caractérisé par la vibration de
l'air dans le nez : *Voyelle* nasale. 📖 [nazal].

**NASEAU, subst. m.**
Narine de certains grands mammifères :
**Naseaux** *du cheval, du chameau.* 📖 [nazo].

**NASILLER, verbe intrans. [3]**
Parler du nez. – Pousser son cri (nasille-
ment), en parlant du canard. 📖 [nazije].

**NASSE, subst. f.**
Panier de pêche oblong. – Filet servant à
piéger de petits oiseaux. 📖 [nɑs].

**NATAL, ALE, ALS, adj.**
Où l'on est né : *Maison* natale. 📖 [natal].

**NATALITÉ, subst. f.**
Rapport entre le nombre des naissances et
celui des habitants d'un lieu. 📖 [natalite].

**NATATION, subst. f.**
Action de nager. – Son résultat. 📖 [natasjɔ̃].

**NATIF, IVE, adj. et subst.**
Natif *de* : né à. – Adj. Inné. 📖 [natif, -iv].

**NATION, subst. f.**
Société humaine unie par son histoire et
sa culture, ayant le plus souv. un territoire
et un gouvernement communs. 📖 [nasjɔ̃].

**NATIONAL, ALE, AUX, adj. et subst.**
Adj. De la nation. – Qui intéresse l'ensemble d'un pays. – Qui appartient à l'État.
– *Route* **nationale** : construite et entretenue
par l'État. – Subst. fém. *La* **nationale** *89*.
– Subst. masc. plur. Citoyens d'un État
(oppos. *étrangers*). 📖 [nasjɔnal].

**NATIONALISER, verbe trans. [3]**
Transférer à l'État la propriété de (un moyen
de production privé). 📖 [nasjɔnalize].

**NATIONALISME, subst. m.**
Volonté exprimée par un peuple de former
une nation. – Doctrine politique prônant
le développement de la puissance nationale. 📖 [nasjɔnalism].

**NATIONALITÉ, subst. f.**
Appartenance juridique à une nation : *Avoir
la* **nationalité** *française.* 📖 [nasjɔnalite].

**NATIONAL-SOCIALISME, subst. m.**
Doctrine nationaliste et raciste prônée par
Adolf Hitler et mise en application en

Allemagne entre 1933 et 1945 (synon. *nazisme*). 📖 [nasjɔnalsɔsjalism].

**NATTE, subst. f.**
Tissu de fibres végétales entrelacées à plat.
– Tresse de cheveux. 📖 [nat].

**NATTER, verbe trans. [3]**
Mettre en natte, tresser. 📖 [nate].

**NATURALISATION, subst. f.**
Action de naturaliser. – Résultat de cette
action. 📖 [natyʀalizasjɔ̃].

**NATURALISER, verbe trans. [3]**
Conférer une nationalité à (qqn). – Acclimater. – **Naturaliser** *un animal* : lui
conserver, après sa mort, son aspect vivant
par certains procédés. 📖 [natyʀalize].

**NATURALISME, subst. m.**
École artistique qui s'attache à reproduire
la réalité avec objectivité. 📖 [natyʀalism].

**NATURALISTE, adj. et subst.**
Adepte du naturalisme. – Subst. Spécialiste
des sciences naturelles. – Personne qui
naturalise des animaux. 📖 [natyʀalist].

**NATURE, subst. f.**
L'univers ; le monde physique, la réalité :
*Les lois de la* **nature**. – Le monde physique,
sans intervention humaine : *Vivre dans la*
**nature**. – Ensemble des caractères qui
définissent les êtres ou les choses : *La*
**nature** *humaine*. – *De* **nature** *à* : susceptible
de, propre à. – Modèle réel d'un artiste :
*Peindre d'après* **nature**. – Empl. adj. inv.
*Grandeur* **nature** : réelle. – *Yaourt* **nature** :
sans adjonction. – *Enfant* **nature** : spontané. 📖 [natyʀ].

**NATUREL, ELLE, adj. et subst. m.**
Adj. Relatif, propre à la nature, propre au
monde physique et à ses lois : *Phénomène*
**naturel**. – Qui est produit par la nature,
qui en est issu : *Gaz* **naturel**. – Qui n'est
pas modifié, altéré. – Normal : *C'est tout*
**naturel**. – Sans affectation ni recherche :
*Attitude* **naturelle**. – *Enfant* **naturel** : né
hors mariage. – Subst. Caractère, tempérament. – Manière d'être simple, sans affectation. 📖 [natyʀɛl].

**NATURE MORTE, subst. f.**
Représentation picturale d'objets, de végétaux coupés, de gibier mort. 📖 Plur. *natures
mortes* ; [natyʀmɔʀt].

**NATURISME, subst. m.**
Doctrine prônant le retour à la nature.
– Nudisme. 📖 [natyʀism].

**NAUFRAGE, subst. m.**
Perte d'un navire en mer : *Faire* **naufrage**,
couler. – Fig. Désastre, ruine. 📖 [nofʀaʒ].

**NAUFRAGÉ, ÉE, adj. et subst.**
Qui a fait naufrage. 📖 [nofʀaʒe].

**NAUSÉABOND, ONDE, adj.**
Dont l'odeur cause des nausées, écœurant.
– Fig. *Roman* **nauséabond**. 📖 [nozeabɔ̃, -ɔ̃d].

**NAUSÉE, subst. f.**
Envie de vomir. – Fig. Profond dégoût.
◪ [noze].

**NAUTIQUE, adj.**
Relatif à la navigation, aux sports pratiqués
sur l'eau : *Salon* nautique ; *Ski* nautique.
◪ [notik].

**NAVAL, ALE, ALS, adj.**
Relatif aux navires, à la navigation, à la
marine militaire : *Chantier naval.* ◪ [naval].

**NAVET, subst. m.**
Plante potagère cultivée pour ses racines.
– Œuvre artistique sans valeur, en partic.
très mauvais film (fam.). ◪ [navɛ].

**NAVETTE, subst. f.**
Instrument renfermant une bobine, que
l'on fait courir entre les fils d'un métier
à tisser. – Véhicule qui assure une liaison
régulière entre deux lieux. – *Faire la*
**navette** : aller et venir fréquemment d'un
lieu à un autre. – **Navette** *spatiale* : engin
spatial récupérable. ◪ [navɛt].

**NAVIGANT, ANTE, adj.**
Qui navigue : *Personnel* navigant, embar-
qué. ◪ [navigɑ̃, -ɑ̃t].

**NAVIGATEUR, TRICE, subst.**
Personne qui fait de longs voyages sur mer.
– Personne responsable de l'itinéraire d'un
bateau, d'un avion. ◪ [navigatœʀ, -tʀis].

**NAVIGATION, subst. f.**
Action de naviguer. – Technique de la
conduite des bateaux, des avions, etc.
– Circulation des bateaux et des avions.
◪ [navigasjɔ̃].

**NAVIGUER, verbe intrans. [3]**
Voyager sur l'eau ou dans les airs. – Diriger
un bateau, un avion. – Fig. Se comporter
habilement. ◪ [navige].

**NAVIRE, subst. m.**
Grand bateau conçu pour la navigation en
haute mer. ◪ [naviʀ].

**NAVRANT, ANTE, adj.**
Attristant. – Lamentable. ◪ [navʀɑ̃, -ɑ̃t].

**NAVRER, verbe trans. [3]**
Causer une grande peine à. ◪ [navʀe].

**NAZI, IE, adj. et subst.**
Subst. Membre ou sympathisant du parti
national-socialiste. – Adj. Relatif à ce parti,
à sa doctrine. ◪ [nazi].

**NAZISME, subst. m.**
National-socialisme. ◪ [nazism].

**NE, adv.**
Négation employée seule ou renforcée par
« pas », « jamais », « point », « guère »,
« plus ». – Employé sans nécessité et sans
idée de négation dans les subordonnées
comparatives ou avec un verbe de crainte,
de doute, etc. (empl. explétif) : *Je crains*
*qu'il* ne *se réveille*, qu'il se réveille. ◪ [nə].

**NÉ, NÉE, adj.**
Né *de* : issu de. – Né *pour* : fait pour, doué
pour. – *Artiste*-**né** : artiste de naissance.
◪ [ne].

**NÉANMOINS, adv.**
Pourtant, toutefois. ◪ [neɑ̃mwɛ̃].

**NÉANT, subst. m.**
Non-être : *Tirer du* néant, créer ; *Réduire*
à néant, à rien. ◪ [neɑ̃].

**NÉBULEUSE, subst. f.**
Corps, objet céleste diffus et vaporeux.
– Fig. Amas confus. ◪ [nebyløz].

**NÉBULEUX, EUSE, adj.**
Obscurci par des nuages. – Fig. Imprécis,
confus : *Style* **nébuleux**. ◪ [nebylø, -øz].

**NÉCESSAIRE, adj. et subst. m.**
Adj. Qui constitue un besoin absolu ;
indispensable : *L'oxygène est* **nécessaire** *à*
*la vie.* – Qui se produit sans faute,
inévitable : *Répercussion* **nécessaire** *d'un*
*acte.* – Subst. Ce qui est essentiel : – *Un*
**nécessaire** *de toilette, de couture* : une
trousse pourvue des objets essentiels à cet
usage. ◪ [nesesɛʀ].

**NÉCESSITÉ, subst. f.**
Besoin vital : **Nécessité** *absolue de dormir.*
– Obligation, contrainte : *Travailler par*
**nécessité.** ◪ [nesesite].

**NÉCESSITER, verbe trans. [3]**
Rendre nécessaire, requérir : *Ce travail*
**nécessite** *beaucoup d'efforts.* ◪ [nesesite].

**NÉCESSITEUX, EUSE, adj. et subst.**
Se dit d'une personne qui manque du
nécessaire. ◪ [nesesitø, -øz].

**NEC PLUS ULTRA, subst. m. inv.**
Ce qu'il y a de mieux. ◪ [nɛkplysyltʀa].

**NÉCROLOGIE, subst. f.**
Notice biographique portant sur une personne décédée depuis peu. – Liste de
personnes décédées au cours d'un laps de
temps déterminé. ◪ [nekʀɔlɔʒi].

**NÉCROPOLE, subst. f.**
*Antiq.* Vaste étendue de sépultures. – Grand
cimetière (littér.). ◪ [nekʀɔpɔl].

**NÉCROSE, subst. f.**
*Biol.* Mort des cellules composant un tissu
organique. ◪ [nekʀoz].

**NECTAR, subst. m.**
*Myth.* Breuvage des dieux, source d'immortalité. – Breuvage exquis (littér.).
– Liquide sucré sécrété par certaines fleurs.
◪ [nɛktaʀ].

**NECTARINE, subst. f.**
Hybride de pêche, à peau lisse. ◪ [nɛktaʀin].

**NÉERLANDAIS, subst. m.**
Langue germanique parlée aux Pays-Bas et
en Belgique. ◪ [neɛʀlɑ̃dɛ].

**NEF, subst. f.**
Grand voilier du Moyen Âge. – Partie
d'une église allant du portail au chœur.
◪ [nɛf].

**NÉFASTE, adj.**
Qui apporte le malheur, funeste. – Mauvais, nuisible. 🔊 [nefast].

**NÉGATIF (I), subst. m.**
Cliché photographique où lumière et ombre sont inversées par rapport à la réalité. 🔊 [negatif].

**NÉGATIF (II), IVE, adj.**
Qui exprime le refus : *Réponse négative* ; empl. subst. : *Répondre par la négative.* – Qui n'aboutit à rien, n'est pas constructif : *Expérience, attitude négative.* – *Nombre négatif* : inférieur à zéro. 🔊 [negatif, -iv].

**NÉGATION, subst. f.**
Action de nier. – Action de rejeter qqch., de n'en pas tenir compte. – *Ling.* Mot qui sert à nier (« ne », « non », « pas »). 🔊 [negasjɔ̃].

**NÉGLIGÉ, ÉE, adj. et subst. m.**
Qui dénote un manque de soin, du laisser-aller. – Subst. Vêtement féminin d'intérieur (vieilli). 🔊 [negliʒe].

**NÉGLIGEABLE, adj.**
Peu important, insignifiant. 🔊 [negliʒabl].

**NÉGLIGENCE, subst. f.**
Manque de soin, d'application ; laisser-aller. – Faute d'inattention. 🔊 [negliʒãs].

**NÉGLIGER, verbe trans. [5]**
Ne pas prendre soin de (qqch.). – Délaisser. – Dédaigner, ne pas tenir compte de ; laisser passer : *Négliger une occasion.* 🔊 [negliʒe].

**NÉGOCE, subst. m.**
Activité commerciale (vieilli). 🔊 [negɔs].

**NÉGOCIANT, ANTE, subst.**
Personne qui s'adonne au commerce en gros. 🔊 [negɔsjã, -ãt].

**NÉGOCIATEUR, TRICE, subst.**
Personne mandatée pour négocier une affaire. 🔊 [negɔsjatœʀ, -tʀis].

**NÉGOCIATION, subst. f.**
Action de négocier un accord, un prix. – Tractation, pourparlers. 🔊 [negɔsjasjɔ̃].

**NÉGOCIER, verbe [6]**
Trans. Discuter, traiter en vue d'aboutir à un accord. – Monnayer (une valeur, un titre). – *Négocier un virage* : s'y engager en manœuvrant au mieux. – Intrans. Mener des pourparlers. 🔊 [negɔsje].

**NÈGRE, NÉGRESSE, adj. et subst.**
Se dit d'une personne de race noire (souv. péj.). – Adj. Qui appartient à la race noire : *Tribu nègre.* – Propre à une culture noire : *Art nègre.* – Subst. Esclave noir. – Subst. masc. Inconnu qui rédige un ouvrage pour le compte d'un auteur célèbre. 🔊 Au fém., l'adj. fait *nègre* et le subst. *négresse* ; [neɡʀ, neɡʀɛs].

**NÉGRIER, IÈRE, adj. et subst. m.**
Adj. Qui concerne la traite des Noirs. – Subst. Marchand qui se livrait à la traite

des Noirs. – Navire servant à cette traite. 🔊 [neɡʀije, -jɛʀ].

**NÉGUS, subst. m.**
Titre de l'empereur d'Éthiopie. 🔊 [negys].

**NEIGE, subst. f.**
Eau congelée tombant en flocons blancs. – *Battre des blancs en neige* : rendre mousseux des blancs d'œufs. 🔊 [nɛʒ].

**NEIGER, verbe impers. [5]**
Tomber, en parlant de la neige. 🔊 [neʒe].

**NEIGEUX, EUSE, adj.**
Couvert de neige : *Pentes neigeuses.* – Qui a l'apparence de la neige. 🔊 [nɛʒø, -øz].

**NÉNUPHAR, subst. m.**
Plante aquatique à fleur unique et à larges feuilles flottantes. 🔊 [nenyfaʀ].

**NÉO-, préfixe**
Élément signifiant « nouveau » : *Néocolonialisme* ; *Néo-impressionnisme.* 🔊 [neo-].

**NÉOCLASSICISME, subst. m.**
Mouvement artistique et littéraire de la fin du XVIIIᵉ s., marqué par un retour à l'Antiquité gréco-romaine. 🔊 [neoklasisism].

**NÉOLITHIQUE, adj. et subst. m.**
Se dit d'une période de la préhistoire (7000 à 2500 av. J.-C.), caractérisée par le polissage de la pierre, l'agriculture et l'élevage. 🔊 [neɔlitik].

**NÉOLOGISME, subst. m.**
Mot nouvellement créé. – Sens nouveau d'un mot ancien. 🔊 [neɔlɔʒism].

**NÉON, subst. m.**
Gaz rare utilisé pour l'éclairage. – Tube fluorescent au néon. 🔊 [neɔ̃].

**NÉONATAL, ALE, ALS, adj.**
Qui a trait au nouveau-né. 🔊 [neonatal].

**NÉOPHYTE, subst.**
*Relig.* Personne récemment convertie. – Nouvel adepte d'une doctrine, d'un parti : *Le zèle d'un néophyte.* 🔊 [neɔfit].

**NÉPHRÉTIQUE, adj.**
Relatif aux reins : *Colique néphrétique*, due à un calcul. 🔊 [nefʀetik].

**NÉPOTISME, subst. m.**
Abus de pouvoir consistant à avantager ses parents, ses proches. 🔊 [nepɔtism].

**NERF, subst. m.**
Filament blanchâtre reliant le cerveau et les organes ; conducteur moteur et sensitif. – Tendon, ligament (fam.). – Énergie : *Avoir du nerf.* – *Le nerf de la guerre* : l'argent. – Plur. Ce que l'on considère comme le siège de l'équilibre mental : *Avoir les nerfs fragiles.* 🔊 [nɛʀ].

**NERVEUX, EUSE, adj. et subst.**
Adj. Relatif aux nerfs : *Système nerveux.* – Relatif à l'équilibre mental : *Maladie nerveuse* ; *Être nerveux*, agité, angoissé, irrité. – Vigoureux. – Subst. Personne émotive, excitée ou irritable. 🔊 [nɛʀvø, -øz].

**NERVOSITÉ, subst. f.**
Énervement passager. – Irritabilité, inquiétude durable ou passagère. ▨ [nɛʀvozite].

**NERVURE, subst. f.**
Ligne fine et ramifiée, en relief sur une feuille, sur une aile d'insecte. ▨ [nɛʀvyʀ].

**N'EST-CE PAS, loc. adv. interr.**
Appelle une approbation : *Il fait chaud, n'est-ce pas ?* ▨ [nɛspa].

**NET, NETTE, adj. et adv.**
Adj. Sans souillure, propre. – Fig. Délivré des doutes : *En avoir le cœur* net. – Clair, précis : *Image* nette. – Honnête : *Une affaire pas très* nette. – Sur quoi on a effectué les déductions : *Salaire, poids* net (oppos. *brut*). – Adv. Franchement ; brutalement. ▨ [nɛt].

**NETTEMENT, adv.**
Clairement ; tout à fait. ▨ [nɛtmã].

**NETTETÉ, subst. f.**
Caractère de ce qui est net, propre, sans bavure. – Clarté, précision. ▨ [nɛtte].

**NETTOIEMENT, subst. m.**
Ensemble des opérations de nettoyage d'un lieu : *Nettoiement des plages.* ▨ [netwamã].

**NETTOYAGE, subst. m.**
Action de nettoyer. – Résultat de cette action. ▨ [netwaja3].

**NETTOYER, verbe trans.** [17]
Rendre propre et net. – Vider, débarrasser (un lieu) de personnes ou d'objets indésirables. ▨ [netwaje].

**NEUF (I), adj. num. inv.**
et subst. m. inv.
Adj. Huit plus un. – Neuvième : *Charles IX.* – Subst. Le chiffre 9 : *Le 9 de cœur ; Le 9 mai.* ▨ [nœf].

**NEUF (II), NEUVE, adj. et subst. m.**
Adj. Qui n'a pas encore servi : *Voiture* neuve. – Nouveau, inédit : *Idée* neuve. – Empreint de fraîcheur : *Regard* neuf. – Novice. – Subst. Ce qui est neuf. – *À neuf* : dans l'état du neuf. ▨ [nœf, nœv].

**NEURASTHÉNIE, subst. f.**
État dépressif. – Abattement, fatigue, mélancolie. ▨ [nøʀasteni].

**NEUROCHIRURGIE, subst. f.**
*Méd.* Spécialité chirurgicale qui s'occupe du système nerveux. ▨ [nøʀoʃiʀyʀ3i].

**NEUROLEPTIQUE, adj. et subst. m.**
Se dit d'un médicament exerçant une action sédative globale sur le système nerveux. ▨ [nøʀolɛptik].

**NEUROLOGIE, subst. f.**
*Méd.* Spécialité qui traite du système nerveux et de ses affections. ▨ [nøʀolo3i].

**NEURONE, subst. m.**
Cellule du système nerveux. ▨ [nøʀon].

**NEUTRALISER, verbe trans.** [3]
Rendre neutre. – S'opposer à, maîtriser :

Neutraliser *une attaque.* – Pronom. S'annuler mutuellement. ▨ [nøtʀalize].

**NEUTRALITÉ, subst. f.**
Caractère d'un État, d'une personne, d'une chose neutre. ▨ [nøtʀalite].

**NEUTRE, adj. et subst. m.**
*Ling.* Se dit du genre qui n'est ni féminin ni masculin. – Adj. Qualifie une nation qui n'adhère à aucune alliance militaire, qui ne prend pas part à un conflit. – Sans caractère marqué. – *Chim.* Ni acide ni basique. – *Phys.* Qualifie un corps non chargé d'électricité. ▨ [nøtʀ].

**NEUTRON, subst. m.**
Particule électriquement neutre du noyau atomique. ▨ [nøtʀɔ̃].

**NÉVÉ, subst. m.**
Amas de neige en amont d'un glacier. – Plaque de neige isolée, en montagne. ▨ [neve].

**NEVEU, EUX, subst. m.**
Fils du frère ou de la sœur. ▨ [n(ə)vø].

**NÉVRALGIE, subst. f.**
Vive douleur ressentie sur le trajet d'un nerf. ▨ [nevʀal3i].

**NÉVROSE, subst. f.**
Trouble du comportement dont le sujet est conscient et souffre. ▨ [nevʀoz].

**NÉVROSÉ, ÉE, adj. et subst.**
Qui est atteint de névrose. ▨ [nevʀoze].

**NEZ, subst. m.**
Partie saillante au milieu du visage, organe de l'odorat. – Extrémité avant : *Nez d'un avion.* – *Avoir du nez* : avoir du flair ; au fig., avoir de l'intuition. – *Nez à nez* : face à face. ▨ [ne].

**NI, conj.**
Relie des propositions ou des termes négatifs : *Je ne peux* ni *ne veux* ; *Ni bon* ni *mauvais* ; *Sans foi* ni *loi.* ▨ [ni].

**NIAIS, NIAISE, adj. et subst.**
Qui est inexpérimenté et sot. ▨ [njɛ, njɛz].

**NIAISERIE, subst. f.**
Caractère de ce qui est est niais. – Propos frivole, sottise : *Dire des* niaiseries. ▨ [njɛzʀi].

**NICHE (I), subst. f.**
Enfoncement ménagé dans l'épaisseur d'un mur. – Cabane, abri pour chien. ▨ [niʃ].

**NICHE (II), subst. f.**
Tour de malice, espièglerie (fam.). ▨ [niʃ].

**NICHÉE, subst. f.**
Ensemble des oisillons d'une même couvée, encore au nid. ▨ [niʃe].

**NICHER, verbe intrans.** [3]
Faire son nid, pour un oiseau. – Pronom. Se loger, se cacher. ▨ [niʃe].

**NICKEL, subst. m. et adj. inv.**
Subst. Métal blanc, brillant et lisse, inoxydable, utilisé en alliage. – Adj. Très propre (fam.) : *Une maison* nickel. ▨ [nikɛl].

**NICOTINE, subst. f.**
Substance toxique contenue dans le tabac.
[nikɔtin].

**NID, subst. m.**
Abri construit par les oiseaux pour y pondre. – Abri de certains autres animaux : Nid *de guêpes, de rats.* – Logement : **Nid** *douillet.* – Repaire : **Nid** *de brigands.* [ni].

**NIDIFIER, verbe intrans. [6]**
Faire son nid, pour un oiseau. [nidifje].

**NIÈCE, subst. f.**
Fille du frère ou de la sœur. [njɛs].

**NIER, verbe trans. [6]**
Contester, refuser l'existence ou la vérité de (qqch.) : *Je* **nie** *l'avoir fait.* [nje].

**NIGAUD, AUDE, adj. et subst.**
Ignorant, sot, niais. [nigo, -od].

**NIHILISME, subst. m.**
Scepticisme, rejet de toute valeur morale, de tout idéal social. [niilism].

**NIMBE, subst. m.**
B.-A. Auréole lumineuse qui ceint la tête du Christ, des anges et des saints. [nɛ̃b].

**NIRVANA, subst. m.**
Dans le bouddhisme, sérénité suprême.
On écrit aussi *nirvâna* ; [niʀvana].

**NITRATE, subst. m.**
Sel dérivé de l'azote, utilisé comme engrais.
[nitʀat].

**NIVEAU, subst. m.**
Instrument servant à vérifier l'horizontalité d'un plan. – État d'une surface horizontale : *Mettre de* **niveau,** égaliser. – Hauteur, degré d'élévation : **Niveau** *d'eau* ; **Niveau** *sonore.* – Stade de développement, d'évolution : **Niveau** *scolaire, intellectuel* ; **Niveau** *de vie,* conditions matérielles d'existence. – *Passage* à **niveau** : croisement au même **niveau** d'une route et d'une voie ferrée. [nivo].

**NIVELER, verbe trans. [12]**
Ramener au niveau ; aplanir. – Fig. Rendre égal : **Niveler** *les salaires.* [niv(ə)le].

**NIVELLEMENT, subst. m.**
Action de niveler. – Résultat de cette action.
[nivɛlmɑ̃].

**NIVÔSE, subst. m.**
Quatrième mois du calendrier républicain, allant du 21-23 décembre au 19-21 janvier.
[nivoz].

**NÔ, subst. m.**
Drame lyrique japonais, mimé. [no].

**NOBILIAIRE, adj.**
Qui relève de la noblesse. [nɔbiljɛʀ].

**NOBLE, adj. et subst.**
Adj. Qui fait partie de la noblesse ; propre à la noblesse. – Qui possède une distinction, une âme élevée. – Subst. Membre de la noblesse. [nɔbl].

**NOBLESSE, subst. f.**
Classe sociale qui jouissait jadis de privilèges héréditaires. – Qualité d'un noble. – Distinction, élévation d'âme. [nɔblɛs].

**NOCE, subst. f.**
Fête, réjouissances qui accompagnent un mariage. – Partie de plaisir (fam.) : *Faire la* **noce.** – Plur. Mariage. [nɔs].

**NOCIF, IVE, adj.**
Qui est nuisible, dangereux ou pernicieux : *Le tabac est* **nocif.** [nɔsif, -iv].

**NOCIVITÉ, subst. f.**
Caractère de ce qui est nocif. [nɔsivite].

**NOCTAMBULE, adj. et subst.**
Se dit d'une personne qui passe la nuit à se promener ou à s'amuser. [nɔktɑ̃byl].

**NOCTURNE, adj. et subst.**
Adj. Relatif à la nuit : *Rapace* **nocturne,** qui chasse la nuit. – Subst. fém. Événement qui se déroule la nuit. – Subst. masc. Pièce pour piano, tendre et mélancolique. [nɔktyʀn].

**NODOSITÉ, subst. f.**
Nœud du bois. – Petite boule sous-cutanée indolore. [nɔdozite].

**NODULE, subst. m.**
Petite nodosité. – Concrétion de minerai qui se forme au fond des océans. [nɔdyl].

**NOËL, subst. m.**
Cantique religieux ou chant populaire évoquant la fête de Noël, qui commémore la naissance de Jésus-Christ. [nɔɛl].

**NŒUD, subst. m.**
Enlacement serré obtenu en entrecroisant un ou plusieurs liens. – Relation étroite : **Nœud** *de l'amitié.* – Point crucial : **Nœud** *de l'intrigue.* – Lieu où se croisent plusieurs voies : **Nœud** *ferroviaire.* – Point d'insertion d'une branche sur un tronc d'arbre. – *Mar.* Unité de vitesse valant 1 mille (soit 1 852 m) par heure. [nø].

**NOIR, NOIRE, adj. et subst.**
Se dit des personnes à la peau foncée : *Race* **noire** ; *Les* **Noirs** *d'Amérique.* – Adj. De la couleur la plus foncée. – Obscur : *Nuit* **noire.** – Mauvais, négatif : *Série* **noire,** suite de malheurs ; *Âme* **noire,** méchante ; *Marché* **noir,** illégal. – Triste, pessimiste : *Idées* **noires.** – Subst. masc. La couleur **noire.** – Obscurité : *Être dans le* **noir.** – *Broyer du* **noir** : être triste, pessimiste. – Subst. fém. Note de musique valant le quart de la ronde. [nwaʀ].

**NOIRÂTRE, adj.**
Qui tire sur le noir. [nwaʀɑtʀ].

**NOIRCEUR, subst. f.**
Qualité de ce qui est noir. – Fig. Perfidie, extrême méchanceté (littér.) : *La* **noirceur** *d'une âme.* [nwaʀsœʀ].

**NOIRCIR,** verbe [19]
Trans. Teinter de noir ; enduire de noir.
– Fig. Présenter (qqch.) de manière défavorable. – Noircir *du papier* : écrire beaucoup.
– Intrans. Devenir noir. 🔊 [nwaʀsiʀ].

**NOISE,** subst. f.
Querelle, chicane : *Chercher des* noises *à qqn*. 🔊 [nwaz].

**NOISETTE,** subst. f.
Amande oléagineuse, fruit comestible du noisetier. – Petite quantité : **Noisette** *de beurre*. – Empl. adj. inv. Brun clair tirant sur le roux : *Yeux* **noisette**. 🔊 [nwazɛt].

**NOIX,** subst. f.
Fruit du noyer, graine oléagineuse (cerneau) enfermée dans une coque ligneuse.
– Fruit de divers arbres : **Noix** *de coco, de muscade*. – **Noix** *de veau* : morceau de choix tiré du cuisseau de ce bovin. 🔊 [nwa].

**NOM,** subst. m.
Mot servant à désigner une personne, un animal ou une chose ; appellation : **Nom** *commun, propre*. – Prénom : *Quel est ton* **nom** *?* – **Nom** *de famille* : patronyme. – *Au* **nom** *de* : en vertu de. – *Se faire un* **nom** : devenir célèbre. 🔊 [nɔ̃].

**NOMADE,** adj. et subst.
Se dit d'une population dont l'habitat n'est pas fixe. – Se dit d'une personne qui voyage beaucoup. 🔊 [nɔmad].

**NO MAN'S LAND,** subst. m. inv.
Zone séparant deux armées ennemies.
– Zone comprise entre deux postes de douane des pays voisins. – Fig. Terrain neutre. – Terrain vague. 🔊 [nɔmanslãd].

**NOMBRE,** subst. m.
Ensemble constitué d'une ou de plusieurs unités (ou fractions d'unité). – Grande quantité ; quantité indéterminée. – *Le plus grand* **nombre** : la majorité. – *Au* **nombre** *de* : parmi. – *Ling.* Forme que prend un mot pour exprimer l'unité (singulier) ou la pluralité (pluriel). 🔊 [nɔ̃bʀ̩].

**NOMBREUX, EUSE,** adj.
Qui sont en grand nombre ; qui compte un grand nombre d'éléments. 🔊 [nɔ̃bʀø, -øz].

**NOMBRIL,** subst. m.
Cicatrice du cordon ombilical. 🔊 [nɔ̃bʀil].

**NOMBRILISME,** subst. m.
Travers consistant à se considérer comme le centre du monde. 🔊 [nɔ̃bʀilism].

**NOMENCLATURE,** subst. f.
Liste des termes propres à une science, à une discipline : **Nomenclature** *zoologique*.
– Ensemble des termes répertoriés dans un dictionnaire. 🔊 [nɔmãklatyʀ].

**NOMINAL, ALE, AUX,** adj.
Qui mentionne des noms : *Liste* **nominale**.
– Qui existe de nom, mais pas en réalité :
*Gérant* **nominal**. – *Ling.* Relatif au nom : *Forme* **nominale**. 🔊 [nɔminal].

**NOMINATIF, IVE,** adj. et subst. m.
Adj. Qui porte mention du ou des noms : *Invitation* **nominative**. – Subst. Cas sujet des langues à déclinaison. 🔊 [nɔminatif, -iv].

**NOMINATION,** subst. f.
Action de nommer à un poste, à une dignité. 🔊 [nɔminasjɔ̃].

**NOMMÉMENT,** adv.
En désignant par le nom. 🔊 [nɔmemã].

**NOMMER,** verbe trans. [3]
Donner un nom à. – Désigner (qqn ou qqch.) par son nom. – Désigner (qqn) pour occuper un poste. – Pronom. Avoir pour nom. – Dire son nom. 🔊 [nɔme].

**NON,** subst. m. inv. et adv.
Adv. Exprime la négation, la contestation : *Veux-tu venir ? -* Non ; Non ! *tu ne sortiras pas !* – *Moi* non *plus* : négation de « moi aussi ». – Empl. préf. : **Non**-*violence*.
– Subst. Refus : *Un* non *catégorique*. 🔊 [nɔ̃].

**NONAGÉNAIRE,** adj. et subst.
Qui est âgé de 90 à 99 ans. 🔊 [nɔnaʒenɛʀ].

**NONANTE,** adj. num. inv.
*Belg.* et *helv.* Quatre-vingt-dix. 🔊 [nɔnãt].

**NONCE,** subst. m.
Ambassadeur du Saint-Siège auprès d'un gouvernement étranger. 🔊 [nɔ̃s].

**NONCHALANCE,** subst. f.
Laisser-aller, négligence. – Mollesse, indolence. 🔊 [nɔ̃ʃalãs].

**NON-DIT,** subst. m.
Ce qui reste tu. 🔊 Plur. *non-dits* ; [nɔ̃di].

**NON-LIEU,** subst. m.
Décision de ne pas poursuivre un inculpé en justice. 🔊 Plur. *non-lieux* ; [nɔ̃ljø].

**NONNE,** subst. f.
Religieuse (vieilli). 🔊 [nɔn].

**NONOBSTANT,** prép. et adv.
Prép. En dépit de : **Nonobstant** *la maladie*.
– Adv. Toutefois, malgré tout. 🔊 [nɔnɔpstã].

**NON-RETOUR,** subst. m.
*Point de* **non-retour** : à partir duquel il n'est plus possible de revenir en arrière. 🔊 Plur. *non-retours* ; [nɔ̃ʀətuʀ].

**NON-SENS,** subst. m. inv.
Ce qui est dépourvu de sens ; absurdité. 🔊 [nɔ̃sãs].

**NORD,** adj. inv. et subst. m. inv.
Subst. Point cardinal indiquant la direction de l'étoile polaire, septentrion : *Se diriger plein* **nord**. – Région située dans cette direction : *Les gens du* **Nord**. – Adj. Situé au **nord**. 🔊 [nɔʀ].

**NORDIQUE,** adj. et subst.
Du nord de l'Europe. 🔊 [nɔʀdik].

**NORIA, subst. f.**
Appareil hydraulique à godets servant à remonter l'eau. – Circulation incessante : *Une noria de camions.* 🕮 [nɔʀja].

**NORMAL, ALE, AUX, adj. et subst. f.**
Adj. Conforme à la norme ; ordinaire, régulier : *Tout est normal.* – Qui n'est pas pathologique : *L'état normal d'un individu.* – Subst. État habituel, courant : *Supérieur à la normale.* 🕮 [nɔʀmal].

**NORMALISATION, subst. f.**
Ensemble de règles techniques édictées afin d'unifier la fabrication et l'utilisation d'un produit. 🕮 [nɔʀmalizasjɔ̃].

**NORMALISER, verbe trans. [3]**
Procéder à la normalisation de. – Rendre normal. 🕮 [nɔʀmalize].

**NORMALITÉ, subst. f.**
Qualité de ce qui est normal. 🕮 [nɔʀmalite].

**NORMATIF, IVE, adj.**
Qui établit des normes. 🕮 [nɔʀmatif, -iv].

**NORME, subst. f.**
Principe, règle servant de référence. – État habituel, usage. – Ensemble de prescriptions techniques relatives à un produit, à un service. 🕮 [nɔʀm].

**NORVÉGIEN, subst. m.**
Langue germanique parlée en Norvège. 🕮 [nɔʀveʒjɛ̃].

**NOS, voir NOTRE**

**NOSTALGIE, subst. f.**
Mélancolie due à l'éloignement du pays natal, au regret du passé. 🕮 [nɔstalʒi].

**NOSTALGIQUE, adj.**
Qui est empreint de nostalgie. 🕮 [nɔstalʒik].

**NOTA BENE, subst. m. inv.**
Mention introduisant une note placée en marge ou au bas d'un texte (abrév. *N.B.*). 🕮 [nɔtabene].

**NOTABLE, adj. et subst. m.**
Adj. Digne d'être noté ; important. – Subst. Personne influente. 🕮 [nɔtabl].

**NOTAIRE, subst. m.**
Officier public qui établit ou authentifie des actes, des contrats. 🕮 [nɔtɛʀ].

**NOTAMMENT, adv.**
En particulier, surtout. 🕮 [nɔtamɔ̃].

**NOTARIÉ, ÉE, adj.**
Établi par un notaire, devant notaire : *Un acte notarié.* 🕮 [nɔtaʀje].

**NOTATION, subst. f.**
Action, manière de noter, de représenter par des signes conventionnels : *Notation musicale, algébrique.* – Action d'attribuer une note, appréciation : *Notation d'un devoir.* – Remarque brève. 🕮 [nɔtasjɔ̃].

**NOTE, subst. f.**
Écrit bref permettant de se rappeler qqch., d'informer : *Consulter une note* ; *Note de service.* – Facture : *Payer la note.* – Appré-

ciation d'un travail : *Une bonne note.* – Fig. Touche : *Une note de couleur* ; *Forcer la note,* exagérer. – *Mus.* Caractère représentant un son ; ce son : *Les sept notes de la gamme.* 🕮 [nɔt].

**NOTER, verbe trans. [3]**
Marquer ; prendre note de. – Constater : *Noter un changement.* – Attribuer une note à ; évaluer. 🕮 [nɔte].

**NOTICE, subst. f.**
Écrit bref donnant des indications, des explications : *Notice d'utilisation.* 🕮 [nɔtis].

**NOTIFIER, verbe trans. [6]**
Faire savoir expressément ; aviser de. 🕮 [nɔtifje].

**NOTION, subst. f.**
Connaissance intuitive de qqch. – Concept. – Plur. Connaissances acquises élémentaires : *Notions d'algèbre.* 🕮 [nosjɔ̃].

**NOTOIRE, adj.**
Qui est connu de tous. 🕮 [nɔtwaʀ].

**NOTORIÉTÉ, subst. f.**
Qualité de ce qui est notoire. – Réputation avantageuse, célébrité. 🕮 [nɔtɔʀjete].

**NOTRE, NOS, adj. poss.**
Qui nous appartient. – Qui nous concerne : *Nos intérêts.* 🕮 [nɔtʀ], plur. [no].

**NÔTRE, adj. poss., pron. poss. et subst. m. plur.**
Adj. Qui est à nous : *Cette maison est nôtre.* – Pron. *C'est la nôtre :* c'est celle qui est à nous. – Subst. Nos parents, ceux de notre groupe : *Êtes-vous des nôtres ?* 🕮 [notʀ].

**NOUER, verbe trans. [3]**
Faire un nœud à, attacher : *Nouer sa cravate, ses cheveux.* – Fig. Établir (un lien) : *Nouer une amitié.* 🕮 [nwe].

**NOUEUX, EUSE, adj.**
Qui présente des nœuds, des nodosités : *Bois noueux* ; *Doigts noueux.* 🕮 [nwø, -øz].

**NOUGAT, subst. m.**
Confiserie faite d'une pâte de sucre et de miel garnie d'amandes. 🕮 [nuga].

**NOUGATINE, subst. f.**
Sucre caramélisé mêlé d'éclats d'amandes. 🕮 [nugatin].

**NOUILLE, subst. f.**
Pâte alimentaire découpée en fine lanière. – Personne peu dégourdie (fam.). 🕮 [nuj].

**NOURRICE, subst. f.**
Femme dont le métier est de garder des enfants à son domicile. – Bidon de réserve : *Nourrice d'essence.* 🕮 [nuʀis].

**NOURRICIER, IÈRE, adj.**
Qui nourrit : *Terre nourricière* ; *Père nourricier,* adoptif. 🕮 [nuʀisje, -jɛʀ].

**NOURRIR, verbe trans. [19]**
Fournir les aliments nécessaires à ; donner à manger à : *Nourrir les chats.* – Favoriser, entretenir : *Nourrir un feu* ; au fig. : *Nourrir un espoir.* 🕮 [nuʀiʀ].

**NOURRISSANT, ANTE, adj.**
Qui nourrit beaucoup. 🕮 [nuʀisɑ̃, -ɑ̃t].

**NOURRISSON, subst. m.**
Enfant non encore sevré. 🕮 [nuʀisɔ̃].

**NOURRITURE, subst. f.**
Ce dont on se nourrit ; ensemble des
aliments. – Fig. Nourriture *spirituelle* : ce
qui enrichit l'esprit. 🕮 [nuʀityʀ].

**NOUS, pron. pers.**
Forme de la 1ʳᵉ personne du pluriel, sujet
ou complément : **Nous** *partirons demain* ;
*Il* **nous** *a parlé.* 🕮 [nu].

**NOUVEAU, EL, ELLE, adj.**
Qui apparaît pour la première fois ; qui
existe ou qui est connu depuis peu de
temps : *Un* **nouvel** *objet.* – Qui est autre,
différent : *Une* **nouvelle** *vie.* – Qui s'ajoute,
qui succède à qqn, à qqch. : *Un* **nouvel**
*adhérent* ; *Une* **nouvelle** *édition.* – Empl.
subst. masc. Ce qui est nouveau, récent,
inhabituel : *Il y a du* **nouveau.** – *À* **nouveau,**
*de* **nouveau** : une fois encore, une fois de
plus. 🕮 Masc. *nouvel* devant un nom commençant par une voyelle ou un *h* muet ; [nuvo, -ɛl].

**NOUVEAU-NÉ, -NÉE, adj. et subst.**
Se dit d'un enfant qui vient de naître.
🕮 Plur. *nouveau-nés, -nées* ; [nuvone].

**NOUVEAUTÉ, subst. f.**
Caractère nouveau. – Chose nouvelle : *Les*
**nouveautés** *littéraires.* 🕮 [nuvote].

**NOUVEL, voir NOUVEAU**

**NOUVELLE, subst. f.**
Annonce d'un fait récent : *Bonne* **nouvelle.**
– Bref récit littéraire. – Plur. *Avoir des*
**nouvelles** *de* : des renseignements récents
sur. – *Les* **nouvelles** : les informations.
🕮 [nuvɛl].

**NOVATEUR, TRICE, adj. et subst.**
Qui innove. 🕮 [nɔvatœʀ, -tʀis].

**NOVEMBRE, subst. m.**
Onzième mois de l'année. 🕮 [nɔvɑ̃bʀ̥].

**NOVICE, adj. et subst.**
Qui manque d'expérience ; qui débute.
– Subst. *Relig.* Personne qui subit un temps
d'épreuve, avant de prononcer ses vœux.
🕮 [nɔvis].

**NOYADE, subst. f.**
Action de noyer ; fait de se noyer. – Son
résultat. 🕮 [nwajad].

**NOYAU, AUX, subst. m.**
Partie centrale ligneuse de certains fruits,
contenant la graine. – Partie centrale d'un
tout, d'une densité supérieure à celle de
la masse. – Petit groupe de personnes
unies, au sein d'un groupe plus important :
*Un* **noyau** *d'opposants.* – *Phys.* Partie
centrale d'un atome. 🕮 [nwajo].

**NOYER, verbe trans. [17]**
Faire périr, asphyxier par immersion dans
un liquide. – Recouvrir d'eau, inonder.

– Fig. Rendre confus, délayer : **Noyer** *le
poisson,* embrouiller une affaire. – Pronom.
Mourir par noyade. 🕮 [nwaje].

**NU, NUE, adj. et subst. m.**
Adj. Totalement dévêtu. – Dégarni, sans
ornements : *Un mur* **nu.** – *À mains* **nues** :
sans armes – *À l'œil* **nu** : sans instrument
d'optique. – Loc. adv. *À* **nu** : à découvert.
– Subst. *B.-A.* Représentation de la nudité
du corps : *Un* **nu** *de Maillol.* 🕮 [ny].

**NUAGE, subst. m.**
Amas de fines gouttelettes d'eau en suspen-
sion dans l'air. – Ce qui rappelle un **nuage** :
**Nuage** *de poussière* ; **Nuage** *de lait.* – Fig.
Trouble, inquiétude : *Bonheur sans* **nuages.**
– *Être dans les* **nuages** : distrait. 🕮 [nɥaʒ].

**NUAGEUX, EUSE, adj.**
Couvert de nuages. 🕮 [nɥaʒø, -øz].

**NUANCE, subst. f.**
Degré d'intensité d'une couleur, d'un son :
**Nuance** *de bleu.* – Fig. Différence délicate,
légère, subtilité. 🕮 [nɥɑ̃s].

**NUANCER, verbe trans. [4]**
Introduire des nuances dans. 🕮 [nɥɑ̃se].

**NUBILE, adj.**
En âge d'être marié. – Apte à la reproduction, pubère (gén. au fém.). 🕮 [nybil].

**NUCLÉAIRE, adj. et subst. m.**
Adj. Relatif au noyau de la cellule ou de
l'atome. – Relatif à l'énergie produite à
partir des modifications opérées sur les
atomes de certains corps élémentaires.
– Subst. L'énergie **nucléaire** ; l'industrie qui
la produit. 🕮 [nykleɛʀ].

**NUCLÉON, subst. m.**
Particule constitutive du noyau de l'atome
(protons et neutrons). 🕮 [nykleɔ̃].

**NUDISME, subst. m.**
Fait de vivre nu au grand air, naturisme.
🕮 [nydism].

**NUDITÉ, subst. f.**
État de celui ou de ce qui est nu. 🕮 [nydite].

**NUE, subst. f.**
Nuage (littér. ; gén. au plur.). – *Tomber des*
**nues** : être très étonné. – *Porter aux* **nues** :
louer avec excès. 🕮 [ny].

**NUÉE, subst. f.**
Nuage étendu (littér.). – Fig. Multitude :
*Une* **nuée** *de guêpes.* 🕮 [nɥe].

**NUIRE, verbe trans. indir. [69]**
Nuire *à* : causer du tort à, léser. 🕮 [nɥiʀ].

**NUISANCE, subst. f.**
Tout facteur qui nuit à l'environnement
ou à la santé. 🕮 [nɥizɑ̃s].

**NUISIBLE, adj.**
Qui nuit : *Insecte* **nuisible.** 🕮 [nɥizibl].

**NUIT, subst. f.**
Période d'obscurité entre le coucher et le
lever du soleil : *La* **nuit** *tombe.* – Obscurité,
absence de lumière. – *La* **nuit** *des temps* :
les temps les plus reculés. 🕮 [nɥi].

**NUL, NULLE, adj., subst. et pron.**
Adj. indéf. Aucun, pas un : Nul *doute* ;
Nulle *part*. – Pron. indéf. Personne : Nul
*n'est venu*. – Adj. qualificatif. Inexistant,
sans effet : *Tentative* **nulle** ; *Match* nul, sans
gagnant ni perdant. – Sans valeur, très
mauvais (fam.) : *Candidat* nul. – Subst.
Ignorant, incompétent (fam.). 🔊 [nyl].

**NULLEMENT, adv.**
Pas du tout, en aucune façon. 🔊 [nylmã].

**NULLITÉ, subst. f.**
Caractère de ce qui est nul, sans effet, sans
valeur. – Personne nulle. 🔊 [nylite].

**NUMÉRAIRE, adj. et subst. m.**
Se dit des espèces monnayées, de l'argent
liquide : *Payer en* **numéraire**. 🔊 [nymerɛr].

**NUMÉRAL, ALE, AUX, adj. et
subst. m.**
Se dit d'un mot ou d'un symbole qui
désigne un nombre : « *Trois* », « *deuxième* »
*sont des adjectifs* **numéraux**. 🔊 [nymeral].

**NUMÉRATEUR, subst. m.**
Terme supérieur d'une fraction (oppos.
*dénominateur*). 🔊 [nymeratœr].

**NUMÉRATION, subst. f.**
Façon d'écrire ou d'énoncer les nombres :
**Numération** *décimale*. 🔊 [nymerasjõ].

**NUMÉRIQUE, adj.**
Relatif au nombre. – Qui utilise les
nombres : *Affichage* **numérique**. – Évalué
par le nombre : *Supériorité* **numérique**.
🔊 [nymerik].

**NUMÉRO, subst. m.**
Chiffre, nombre inscrit sur un support et
servant à repérer, à classer. – Exemplaire
numéroté d'une parution. – Partie d'un
spectacle : **Numéro** *d'acrobatie* ; au fig.,
comportement déplacé ou répétitif (fam.) :

*Il fait son* **numéro**. – Fig. Personnage
original (fam.). 🔊 [nymero].

**NUMÉROTER, verbe trans. [3]**
Marquer d'un numéro. 🔊 [nymerɔte].

**NU-PIEDS, subst. m. inv.**
Sandale légère. 🔊 [nypje].

**NUPTIAL, ALE, AUX, adj.**
Relatif au mariage ou, chez l'animal, à
l'accouplement. 🔊 [nypsjal].

**NUQUE, subst. f.**
Partie du corps située derrière le cou,
au-dessous de l'occiput. 🔊 [nyk].

**NURSERY, subst. f.**
Pièce réservée au soin des tout-petits.
🔊 *Plur.* nurserys ou nurseries ; [nœrsəri].

**NUTRITIF, IVE, adj.**
Relatif à la nutrition. – Qui a la propriété
de nourrir. 🔊 [nytritif, -iv].

**NUTRITION, subst. f.**
Ensemble des opérations par lesquelles
l'organisme assimile les aliments nécessaires à son énergie vitale. 🔊 [nytrisjõ].

**NUTRITIONNISTE, subst.**
Spécialiste des problèmes d'alimentation,
de diététique. 🔊 [nytrisjonist].

**NYCTALOPE, adj. et subst.**
Qui voit dans l'obscurité : *Un oiseau*
nyctalope. 🔊 [niktalop].

**NYLON, subst. m.**
Textile synthétique. 🔊 N. déposé ; [nilõ].

**NYMPHE, subst. f.**
*Myth.* Divinité féminine des bois, des eaux,
des montagnes. – Jeune fille gracieuse.
– *Zool.* Deuxième phase de la métamorphose des insectes, au sortir de l'état
larvaire. 🔊 [nẽf].

**NYMPHÉA, subst. m.**
Nénuphar blanc. 🔊 [nẽfea].

# O

**O, o,** subst. m. inv.
Quinzième lettre et quatrième voyelle de l'alphabet français. 🕮 [o].

**Ô,** interj.
Exprime une invocation ou un sentiment vif : *Ô doux Jésus !* ; *Ô joie !* 🕮 [o].

**OASIS,** subst. f.
Zone du désert fertilisée par un point d'eau. – *Fig.* Lieu de repos. 🕮 [ɔazis].

**OBÉDIENCE,** subst. f.
Obéissance à un supérieur ecclésiastique, à une autorité morale, philosophique ou politique. 🕮 [ɔbedjɑ̃s].

**OBÉIR,** verbe trans. indir. [19]
Obéir *à* : se soumettre aux ordres de ; se conformer à. 🕮 [ɔbeiʀ].

**OBÉISSANCE,** subst. f.
Action, fait d'obéir. – Disposition à obéir, docilité, soumission. 🕮 [ɔbeisɑ̃s].

**OBÉLISQUE,** subst. m.
Colonne pointue, de forme quadrangulaire. 🕮 [ɔbelisk].

**OBÈSE,** adj. et subst.
Qui est anormalement gros. 🕮 [ɔbɛz].

**OBÉSITÉ,** subst. f.
Excès de poids pathologique. 🕮 [ɔbezite].

**OBJECTER,** verbe trans. [3]
Opposer comme objection. 🕮 [ɔbʒɛkte].

**OBJECTEUR,** subst. m.
Objecteur *de conscience* : celui qui refuse de porter les armes, par conviction religieuse ou morale. 🕮 [ɔbʒɛktœʀ].

**OBJECTIF (I),** subst. m.
But que l'on cherche à atteindre. – Système optique d'une caméra ou d'un appareil photographique. 🕮 [ɔbʒɛktif].

**OBJECTIF (II), IVE,** adj.
Fondé sur une réalité extérieure à la personne. – Qui reproduit fidèlement la réalité ; impartial. 🕮 [ɔbʒɛktif, -iv].

**OBJECTION,** subst. f.
Argument opposé à une suggestion, à une affirmation. 🕮 [ɔbʒɛksjɔ̃].

**OBJECTIVITÉ,** subst. f.
Qualité de celui ou de ce qui est objectif. – Impartialité. 🕮 [ɔbʒɛktivite].

**OBJET,** subst. m.
Chose concrète, solide, palpable. – Sujet d'une pensée ; but d'une action. – *Ling.* Se dit du complément qui subit l'action exprimée par un verbe transitif. 🕮 [ɔbʒɛ].

**OBLATION,** subst. f.
Offrande à Dieu, aux dieux. 🕮 [ɔblasjɔ̃].

**OBLIGATION,** subst. f.
Contrainte sociale, morale, religieuse ou légale. – *Fin.* Titre boursier représentatif d'un emprunt à long terme. 🕮 [ɔbligasjɔ̃].

**OBLIGATOIRE,** adj.
Exigé par la loi, par un règlement. – Inévitable, nécessaire (fam.). 🕮 [ɔbligatwaʀ].

**OBLIGEANCE,** subst. f.
Penchant à rendre service. 🕮 [ɔbliʒɑ̃s].

**OBLIGEANT, ANTE,** adj.
Qui se plaît à rendre service. – Aimable, prévenant. 🕮 [ɔbliʒɑ̃, -ɑ̃t].

**OBLIGER,** verbe trans. [5]
Forcer, contraindre. – Rendre service à (qqn). 🕮 [ɔbliʒe].

**OBLIQUE,** adj. et subst. f.
Se dit d'une droite qui n'est ni horizontale ni verticale. 🕮 [ɔblik].

**OBLIQUER,** verbe intrans. [3]
Prendre une direction oblique. – Dévier du chemin prévu. 🕮 [ɔblike].

**OBLITÉRER,** verbe trans. [8]
Apposer un cachet sur (un timbre). – *Fig.* Effacer peu à peu (littér.). 🕮 [ɔbliteʀe].

**OBLONG, OBLONGUE,** adj.
De forme allongée. 🕮 [ɔblɔ̃, ɔblɔ̃g].

**OBNUBILER,** verbe trans. [3]
Obscurcir, brouiller l'esprit, le jugement de. – Obséder. 🕮 [ɔbnybile].

**OBOLE,** subst. f.
Offrande modeste. 🕮 [ɔbɔl].

**OBSCÈNE,** adj.
Qui offense la pudeur, indécent. 🕮 [ɔpsɛn].

**OBSCÉNITÉ,** subst. f.
Propos, écrit, image obscène. 🕮 [ɔpsenite].

**OBSCUR, URE,** adj.
Sans lumière, sombre. – *Fig.* Mystérieux, incompréhensible ; confus. – Inconnu, sans éclat : *Artiste obscur.* 🕮 [ɔpskyʀ].

**OBSCURCIR,** verbe trans. [19]
Rendre obscur, assombrir. – *Fig.* Rendre incompréhensible, confus. 🕮 [ɔpskyʀsiʀ].

**OBSCURITÉ,** subst. f.
Absence de lumière ; nuit. – *Fig.* Manque de clarté, de limpidité. 🕮 [ɔpskyʀite].

**OBSÉDER,** verbe trans. [8]
Occuper sans cesse l'esprit de. 🕮 [ɔpsede].

**OBSÈQUES,** subst. f. plur.
Cérémonie funèbre, enterrement. 🕮 [ɔpsɛk].

**OBSÉQUIEUX, IEUSE, adj.**
Exagérément empressé. 📖 [ɔpsekjø, -jøz].

**OBSÉQUIOSITÉ, subst. f.**
Politesse excessive, servilité. 📖 [ɔpsekjozite].

**OBSERVANCE, subst. f.**
Respect d'une règle religieuse. – Cette règle elle-même. 📖 [ɔpsɛʀvɑ̃s].

**OBSERVATEUR, TRICE, adj. et subst.**
Subst. Personne qui observe avec attention. – Personne qui assiste à un événement en spectateur. – Adj. Doué pour observer : *Un esprit* observateur. 📖 [ɔpsɛʀvatœʀ, -tʀis].

**OBSERVATION, subst. f.**
Respect d'une loi, d'une règle. – Étude attentive. – Surveillance : *Malade en* observation. – Commentaire. – Reproche : *Faire des* observations *à qqn*. 📖 [ɔpsɛʀvasjɔ̃].

**OBSERVATOIRE, subst. m.**
Établissement affecté aux études astronomiques ou météorologiques. – Lieu d'où l'on peut observer. 📖 [ɔpsɛʀvatwaʀ].

**OBSERVER, verbe trans. [3]**
Respecter (une loi, un usage). – Examiner avec soin. – Surveiller, épier. – Remarquer, constater. 📖 [ɔpsɛʀve].

**OBSESSION, subst. f.**
Idée fixe, image obsédante. 📖 [ɔpsesjɔ̃].

**OBSOLÈTE, adj.**
Désuet, périmé. 📖 [ɔpsɔlɛt].

**OBSTACLE, subst. m.**
Ce qui gêne le passage. – Fig. Ce qui empêche une action ; difficulté. 📖 [ɔpstakl].

**OBSTÉTRIQUE, subst. f.**
*Méd.* Spécialité traitant de la grossesse et de l'accouchement. 📖 [ɔpstetʀik].

**OBSTINATION, subst. f.**
Ténacité, entêtement. 📖 [ɔpstinasjɔ̃].

**OBSTINER (S'), verbe pronom. [3]**
Persévérer, s'entêter. 📖 [ɔpstine].

**OBSTRUCTION, subst. f.**
Tactique visant à entraver. – *Méd.* Engorgement d'un conduit. 📖 [ɔpstʀyksjɔ̃].

**OBSTRUER, verbe trans. [3]**
Faire obstacle à, boucher. 📖 [ɔpstʀye].

**OBTEMPÉRER, verbe trans. indir. [8]**
Se soumettre (aux ordres). 📖 [ɔptɑ̃peʀe].

**OBTENIR, verbe trans. [22]**
Réussir à avoir (ce que l'on désirait). – Arriver à (un résultat). 📖 [ɔptəniʀ].

**OBTENTION, subst. f.**
Fait d'obtenir qqch. 📖 [ɔptɑ̃sjɔ̃].

**OBTURER, verbe trans. [3]**
Boucher hermétiquement. 📖 [ɔptyʀe].

**OBTUS, USE, adj.**
Sans finesse, borné : *Esprit* obtus. – *Géom.* *Angle* obtus : angle plus grand qu'un angle droit, compris entre 90° et 180°. 📖 [ɔpty, -yz].

**OBUS, subst. m.**
Projectile explosif, tiré au canon. 📖 [ɔby].

**OC, adv.**
*Langue d'*oc : ensemble des dialectes romans du midi de la France, dans lesquels oc signifiait « oui ». 📖 [ɔk].

**OCCASION, subst. f.**
Circonstance favorable. – Achat à prix avantageux. – Produit de seconde main : *D'*occasion, qui n'est pas neuf. 📖 [ɔkazjɔ̃].

**OCCASIONNEL, ELLE, adj.**
Qui résulte d'une occasion ; inhabituel. – Qui a lieu par hasard. 📖 [ɔkazjɔnɛl].

**OCCASIONNER, verbe trans. [3]**
Causer, entraîner, provoquer. 📖 [ɔkazjɔne].

**OCCIDENT, subst. m.**
Ouest, couchant. – *L'*Occident : l'ensemble des pays d'Europe de l'Ouest et d'Amérique du Nord. 📖 [ɔksidɑ̃].

**OCCIDENTAL, ALE, AUX, adj. et subst.**
Adj. Situé à l'occident. – De l'Occident. – Subst. Habitant ou originaire de l'Occident. 📖 [ɔksidɑ̃tal].

**OCCIPUT, subst. m.**
Partie de la tête située au-dessus de la nuque. 📖 [ɔksipyt].

**OCCIRE, verbe trans.**
Tuer (littér.). 📖 Verbe défectif : [ɔksiʀ].

**OCCITAN, ANE, adj. et subst.**
De l'Occitanie, ensemble regroupant les régions de langue d'oc. 📖 [ɔksitɑ̃, -an].

**OCCLUSION, subst. f.**
Fermeture pathologique d'un orifice, d'un conduit : Occlusion *intestinale*. 📖 [ɔklyzjɔ̃].

**OCCULTE, adj.**
Dont la cause demeure cachée, inconnue. – Clandestin. – *Sciences* occultes : doctrines ésotériques se référant à des forces non rationnelles. 📖 [ɔkylt].

**OCCULTER, verbe trans. [3]**
Masquer (la lumière). – Fig. Cacher, dissimuler. 📖 [ɔkylte].

**OCCULTISME, subst. m.**
Pratique des sciences occultes. 📖 [ɔkyltism].

**OCCUPATION, subst. f.**
Action, fait d'occuper un lieu illégalement ou par invasion militaire. – Activité, travail : *Une* occupation *lucrative*. 📖 [ɔkypasjɔ̃].

**OCCUPER, verbe trans. [3]**
Habiter (un lieu). – Envahir par force (une ville, un pays). – Remplir (un espace, une durée). – Fig. Exercer : *Il* occupe *de hautes fonctions*. – Fournir une occupation à (qqn). – Pronom. Avoir une activité. – *S'*occuper *de ses enfants* : leur consacrer son temps. 📖 [ɔkype].

**OCCURRENCE, subst. f.**
Occasion, circonstance fortuite : *En l'*occurrence, dans le cas présent. 📖 [ɔkyʀɑ̃s].

**OCÉAN,** subst. m.
Immense étendue d'eau salée. 🕮 [ɔseɑ̃].

**OCÉANIQUE,** adj.
Qui a trait à un océan. – Qui borde un océan ou subit son influence. 🕮 [ɔseanik].

**OCÉANOGRAPHIE,** subst. f.
Science des océans. 🕮 [ɔseanɔgʀafi].

**OCELOT,** subst. m.
Félin sauvage d'Amérique, dont le pelage tacheté est très recherché. 🕮 [ɔs(ə)lo].

**OCRE,** adj. inv. et subst.
Subst. fém. Argile jaune ou rouge, servant de colorant. – Subst. masc. et adj. Brun-rouge ou brun-jaune. 🕮 [ɔkʀ].

**OCTAVE,** subst. f.
*Mus.* Ensemble des notes comprises dans un intervalle de huit degrés. 🕮 [ɔktav].

**OCTET,** subst. m.
*Informat.* Groupe de huit caractères binaires, ou bits. 🕮 [ɔktɛ].

**OCTOBRE,** subst. m.
Dixième mois de l'année. 🕮 [ɔktɔbʀ].

**OCTOGÉNAIRE,** adj. et subst.
Qui est âgé de 80 à 89 ans. 🕮 [ɔktɔʒenɛʀ].

**OCTROI,** subst. m.
Action d'octroyer. – Ancienne taxe exigée à l'entrée d'une ville ; l'administration chargée de cette taxe. 🕮 [ɔktʀwa].

**OCTROYER,** verbe trans. [17]
Accorder (qqch.) par faveur. 🕮 [ɔktʀwaje].

**OCULAIRE,** adj. et subst. m.
De l'œil. – *Témoin oculaire* : qui a vu les faits dont il témoigne. – Subst. Dispositif placé devant l'œil. 🕮 [ɔkylɛʀ].

**OCULISTE,** subst.
*Méd.* Spécialiste de la vue. 🕮 [ɔkylist].

**ODE,** subst. f.
Poème lyrique. 🕮 [ɔd].

**ODEUR,** subst. f.
Émanation portée par l'air ou par l'eau et perçue par l'odorat. 🕮 [ɔdœʀ].

**ODIEUX, ODIEUSE,** adj.
Qui soulève l'indignation. – Exécrable, haïssable. 🕮 [ɔdjø, ɔdjøz].

**ODORANT, ANTE,** adj.
Qui dégage une odeur, gén. agréable : *Des fleurs odorantes.* 🕮 [ɔdɔʀɑ̃, -ɑ̃t].

**ODORAT,** subst. m.
Sens qui permet à l'homme et aux animaux de sentir les odeurs. 🕮 [ɔdɔʀa].

**ODORIFÉRANT, ANTE,** adj.
Dont l'odeur est puissante et agréable. 🕮 [ɔdɔʀifeʀɑ̃, -ɑ̃t].

**ODYSSÉE,** subst. f.
Voyage plein d'aventures. 🕮 [ɔdise].

**ŒCUMÉNIQUE,** adj.
Universel. – *Concile œcuménique* : qui rassemble tous les évêques catholiques. – Qui tend à rassembler toutes les Églises. 🕮 [ekymenik] ou [økymenik].

**ŒDÈME,** subst. m.
*Méd.* Accumulation de liquide séreux dans certains tissus. 🕮 [edɛm] ou [ødɛm].

**ŒIL, YEUX, ŒILS,** subst. m.
Organe de la vue. – Vue, regard. – Attention, vigilance. – Fig. Trou, ouverture ; ornement rond (plur. *œils*). 🕮 [œj], plur. [jø].

**ŒIL-DE-BŒUF,** subst. m.
Fenêtre ronde ou ovale (appelée *oculus* au Moyen Âge). 🕮 Plur. *œils-de-bœuf* : [œjdəbœf].

**ŒILLADE,** subst. f.
Clin d'œil complice ou tendre. 🕮 [œjad].

**ŒILLÈRE,** subst. f.
Plaque de cuir empêchant un cheval de voir sur le côté. 🕮 [œjɛʀ].

**ŒILLET,** subst. m.
Petit trou cerclé de métal. – Plante à fleurs rouges, roses ou blanches, très odorantes. 🕮 [œjɛ].

**ŒNOLOGIE,** subst. f.
Science de la fabrication du vin. 🕮 [enɔlɔʒi].

**ŒSOPHAGE,** subst. m.
Partie du tube digestif comprise entre le pharynx et l'estomac. 🕮 [ezɔfaʒ].

**ŒSTROGÈNE,** adj. et subst. m.
Se dit de l'hormone qui provoque l'ovulation chez la femme et les femelles des autres mammifères. 🕮 [ɛstʀɔʒɛn].

**ŒUF,** subst. m.
Corps pondu par les femelles ovipares. – Ce corps, comestible, pondu par certains oiseaux et poissons : *Œufs de poule, de lump.* 🕮 [œf], plur. [ø].

**ŒUVRE,** subst.
Fém. Activité, travail : *Se mettre à l'œuvre.* – Produit d'une activité ; ouvrage littéraire ou artistique. – Masc. Ensemble des œuvres d'un artiste. – *Le gros œuvre* : ce qui forme la structure d'un bâtiment. 🕮 [œvʀ].

**ŒUVRER,** verbe intrans. [3]
Agir en vue d'un objectif. 🕮 [œvʀe].

**OFF,** adj. inv.
*Cin.* Hors champ. 🕮 [ɔf].

**OFFENSE,** subst. f.
Action ou propos qui outrage, blesse qqn, ou qui porte atteinte à une vertu morale : *Offense aux bonnes mœurs.* 🕮 [ɔfɑ̃s].

**OFFENSER,** verbe trans. [3]
Faire offense à (qqn, un principe, une vertu) : *Offenser la pudeur.* 🕮 [ɔfɑ̃se].

**OFFENSIF, IVE,** adj. et subst. f.
Adj. Qui attaque ; qui sert à attaquer. – Subst. Attaque, assaut. 🕮 [ɔfɑ̃sif, -iv].

**OFFICE,** subst. m.
Fonction, charge : *Faire office de,* jouer le rôle de. – *D'office* : d'autorité. – Établissement public ou privé : *Office du tourisme.* – Messe, cérémonie religieuse. – Plur. *Bons offices* : assistance, entremise. 🕮 [ɔfis].

**OFFICIALISER, verbe trans.** [3]
Rendre officiel. ஜ் [ɔfisjalize].

**OFFICIEL, IELLE, adj. et subst. m.**
Adj. Qui relève de l'autorité publique.
– Affirmé comme vrai par une autorité :
*La version* officielle *des faits.* – Subst.
Représentant d'une autorité. ஜ் [ɔfisjɛl].

**OFFICIER (I), verbe intrans.** [6]
Célébrer un office religieux. – Fig. Œuvrer
avec solennité (iron.). ஜ் [ɔfisje].

**OFFICIER (II), subst. m.**
Titulaire d'un office, d'une charge publique.
– Militaire de grade élevé, susceptible de
commander. ஜ் [ɔfisje].

**OFFICIEUX, IEUSE, adj.**
Qui est de source sûre, mais qui n'est pas
officiel. ஜ் [ɔfisjø, -jøz].

**OFFICINAL, ALE, AUX, adj.**
Utilisé en pharmacie. ஜ் [ɔfisinal].

**OFFICINE, subst. f.**
Boutique de pharmacien. – Fig. Lieu où
s'élabore qqch. de nuisible. ஜ் [ɔfisin].

**OFFRANDE, subst. f.**
Présent à caractère religieux. ஜ் [ɔfʀɑ̃d].

**OFFRE, subst. f.**
Action d'offrir. – Proposition. ஜ் [ɔfʀ].

**OFFRIR, verbe trans.** [27]
Donner en cadeau. – Proposer, mettre à
disposition. – Procurer : *Offrir des avantages.* ஜ் [ɔfʀiʀ].

**OFFUSQUER, verbe trans.** [3]
Choquer ; déplaire vivement à. ஜ் [ɔfyske].

**OGIVE, subst. f.**
*Archit.* Arc diagonal renforçant une voûte.
– Tête d'un obus, d'un missile. ஜ் [ɔʒiv].

**OGRE, OGRESSE, subst.**
Géant des contes de fées, qui mange les
petits enfants. ஜ் [ɔgʀ, ɔgʀɛs].

**OH, interj.**
Exprime la surprise, l'admiration. ஜ் [o].

**OHÉ, interj.**
Sert à appeler. ஜ் [ɔe].

**OIE, subst. f.**
Palmipède de basse-cour, à long cou. – Fig.
Personne sotte. ஜ் [wa].

**OIGNON, subst. m.**
Plante potagère à saveur forte. – Bulbe
de certaines plantes. – Grosse montre de
gousset. – Cor sur un orteil. ஜ் [ɔɲɔ̃].

**OÏL, adv.**
*Langue d'oïl* : ensemble des dialectes romans du nord de la France, dans lesquels
*oïl* signifiait « oui ». ஜ் [ɔjl].

**OINDRE, verbe trans.** [55]
Enduire d'huile, de matière grasse. – *Relig.*
Faire une onction à (qqn). ஜ் [wɛ̃dʀ].

**OISEAU, subst. m.**
Vertébré ovipare à deux pattes et à deux

ailes, doté d'un bec, recouvert de plumes
et le plus souvent apte au vol. ஜ் [wazo].

**OISELEUR, subst. m.**
Personne dont le métier est de capturer
les oiseaux. ஜ் [waz(ə)lœʀ].

**OISELIER, IÈRE, subst.**
Personne qui fait profession d'élever et de
vendre des oiseaux. ஜ் [wazəlje, -jɛʀ].

**OISEUX, EUSE, adj.**
Inutile, sans intérêt. ஜ் [wazø, -øz].

**OISIF, IVE, adj. et subst.**
Qui est sans activité. ஜ் [wazif, -iv].

**OISILLON, subst. m.**
Jeune oiseau. ஜ் [wazijɔ̃].

**OISIVETÉ, subst. f.**
Absence d'activité. – Farniente, désœuvrement. ஜ் [wazivte].

**O.K., interj. et adj. inv.**
Fam. Interj. D'accord. – Adj. Qui convient :
*Tout est* O.K. ஜ் [ɔkɛ] ou [ɔke].

**OLÉAGINEUX, EUSE, adj. et subst. m.**
Adj. Qui contient de l'huile. – Subst. Plante
dont les fruits, les graines fournissent de
l'huile. ஜ் [ɔleaʒinø, -øz].

**OLÉODUC, subst. m.**
Conduit servant au transport du pétrole
brut. ஜ் [ɔleɔdyk].

**OLFACTIF, IVE, adj.**
Qui se rapporte à l'odorat. ஜ் [ɔlfaktif, -iv].

**OLIBRIUS, subst. m.**
Personne excentrique (fam.). ஜ் [ɔlibʀijys].

**OLIGARCHIE, subst. f.**
Régime dans lequel le pouvoir est aux
mains de quelques personnes. ஜ் [ɔligaʀʃi].

**OLIGOÉLÉMENT, subst. m.**
Élément chimique (fer, magnésium) nécessaire à la vie, présent en infimes quantités
dans l'organisme. ஜ் [ɔligoelemɑ̃].

**OLIVE, subst. f.**
Petit fruit à noyau de l'olivier, comestible,
dont on extrait de l'huile. – Empl. adj. inv.
D'un vert tirant sur le jaune. ஜ் [ɔliv].

**OLIVERAIE, subst. f.**
Plantation d'oliviers. ஜ் [ɔlivʀɛ].

**OLIVIER, subst. m.**
Arbre des pays méditerranéens, dont le fruit
est l'olive. ஜ் [ɔlivje].

**OL(L)É, interj. et adj. inv.**
Interj. Exprime l'encouragement. – Adj.
*Olé olé* : égrillard, osé (fam.). ஜ் [ɔle].

**OLYMPIEN, IENNE, adj.**
Qui concerne l'Olympe et ses dieux. – Fig.
Serein et maître de soi. ஜ் [ɔlɛ̃pjɛ̃, -jɛn].

**OLYMPIQUE, adj.**
*Jeux* Olympiques : manifestation sportive
internationale qui a lieu tous les quatre ans.
– Relatif aux jeux Olympiques ; conforme
à leur règlement. ஜ் [ɔlɛ̃pik].

**OMBILICAL, ALE, AUX,** adj.
Qui concerne le nombril. 🕮 [ɔ̃bilikal].

**OMBRAGE,** subst. m.
Feuillage qui donne de l'ombre ; cette ombre elle-même. – Fig. *Prendre* **ombrage** *de* : s'offenser de. 🕮 [ɔ̃bʀaʒ].

**OMBRAGER,** verbe trans. [5]
Couvrir d'ombre. 🕮 [ɔ̃bʀaʒe].

**OMBRAGEUX, EUSE,** adj.
Qui s'effraie d'une ombre ou d'un objet inhabituel : *Cheval* **ombrageux**. – Prompt à s'offenser. 🕮 [ɔ̃bʀaʒø, -øz].

**OMBRE,** subst. f.
Espace abrité du soleil. – Projection sombre d'un corps qui intercepte la lumière. – Forme imprécise ; spectre. – Fig. Trace : *Pas l'ombre d'un doute.* 🕮 [ɔ̃bʀ].

**OMBRELLE,** subst. f.
Petit parasol portatif. 🕮 [ɔ̃bʀɛl].

**OMELETTE,** subst. f.
Œufs battus cuits à la poêle. 🕮 [ɔmlɛt].

**OMETTRE,** verbe trans. [60]
Oublier. – Laisser de côté ; taire. 🕮 [ɔmɛtʀ].

**OMISSION,** subst. f.
Action d'omettre, d'oublier. 🕮 [ɔmisjɔ̃].

**OMNI-,** préfixe
Exprime l'idée de « tout ». 🕮 [ɔmni-].

**OMNIBUS,** adj. inv. et subst. m.
Se dit d'un train qui s'arrête à toutes les gares. 🕮 [ɔmnibys].

**OMNIPOTENT, ENTE,** adj.
Tout-puissant. 🕮 [ɔmnipɔtɑ̃, -ɑ̃t].

**OMNIPRÉSENT, ENTE,** adj.
Présent partout. – Constamment présent. 🕮 [ɔmnipʀezɑ̃, -ɑ̃t].

**OMNISCIENT, IENTE,** adj.
Qui sait tout. 🕮 [ɔmnisjɑ̃, -jɑ̃t].

**OMNISPORTS,** adj. inv.
Pour de nombreux sports. 🕮 [ɔmnispɔʀ].

**OMNIVORE,** adj. et subst.
Qui se nourrit de tout. 🕮 [ɔmnivɔʀ].

**OMOPLATE,** subst. f.
Os plat de l'épaule. 🕮 [ɔmɔplat].

**ON,** pron. indéf.
Pronom personnel sujet désignant les humains : **On** *vit plus vieux que jadis.* – Une personne indéterminée : **On** *a sonné.* – Nous (fam.) : **On** *dînera tôt.* 🕮 [ɔ̃].

**ONAGRE,** subst. m.
Âne sauvage d'Asie. 🕮 [ɔnagʀ].

**ONCE,** subst. f.
Ancienne unité de poids. – Fig. Très petite quantité : *Une* **once** *de vérité.* 🕮 [ɔ̃s].

**ONCLE,** subst. m.
Frère du père ou de la mère. 🕮 [ɔ̃kl].

**ONCTION,** subst. f.
Application rituelle des saintes huiles. – Fig. Pieuse douceur (littér.). 🕮 [ɔ̃ksjɔ̃].

**ONCTUEUX, EUSE,** adj.
Qui produit l'impression d'un corps gras. – Moelleux, velouté. 🕮 [ɔ̃ktɥø, -øz].

**ONCTUOSITÉ,** subst. f.
Caractère d'une chose onctueuse ou d'une personne pleine d'onction. 🕮 [ɔ̃ktɥozite].

**ONDE,** subst. f.
Ride sur l'eau. – Eau de la mer, d'un lac, d'une rivière (littér.). – Phys. Vibration qui se propage. – Plur. La radio. 🕮 [ɔ̃d].

**ONDÉE,** subst. f.
Pluie subite et brève. 🕮 [ɔ̃de].

**ON-DIT,** subst. m. inv.
Rumeur, bruit répandu. 🕮 [ɔ̃di].

**ONDOYER,** verbe intrans. [17]
Onduler. – Serpenter. 🕮 [ɔ̃dwaje].

**ONDULATION,** subst. f.
Mouvement léger, alternatif et régulier d'un fluide qui s'élève et s'abaisse. – Mouvement rappelant celui des ondes. – Tracé sinueux. – Plur. Légère frisure. 🕮 [ɔ̃dylasjɔ̃].

**ONDULATOIRE,** adj.
Qui a les caractères d'une onde. – Phys. Qui a trait aux ondes. 🕮 [ɔ̃dylatwaʀ].

**ONDULER,** verbe [3]
Intrans. Former des ondulations. – Trans. Marquer par des ondulations. 🕮 [ɔ̃dyle].

**ONÉREUX, EUSE,** adj.
Qui coûte cher. 🕮 [ɔneʀø, -øz].

**O.N.G.,** subst. f.
Sigle pour « organisation non gouvernementale », organisme à vocation humanitaire. 🕮 [ɔɛnʒe].

**ONGLE,** subst. m.
Lame cornée recouvrant l'extrémité d'un doigt ou d'un orteil. 🕮 [ɔ̃gl].

**ONGLET,** subst. m.
Petite entaille où l'on peut introduire l'ongle. – Échancrure sur le bord des pages d'un livre, signalant une section. – *Bouch.* Morceau du bœuf. 🕮 [ɔ̃glɛ].

**ONGUENT,** subst. m.
Pommade grasse. 🕮 [ɔ̃gɑ̃].

**ONGULÉ, ÉE,** adj. et subst. m.
Se dit d'un mammifère aux doigts terminés par un sabot. 🕮 [ɔ̃gyle].

**ONIRIQUE,** adj.
Relatif au rêve. – Qui l'évoque. 🕮 [ɔniʀik].

**ONOMATOPÉE,** subst. f.
Mot formé à partir d'un bruit, et qui le rappelle. 🕮 [ɔnɔmatope].

**ONYX,** subst. m.
Agate présentant des anneaux concentriques de diverses couleurs. 🕮 [ɔniks].

**ONZE,** adj. num. inv. et subst. m. inv.
Adj. Dix plus un. – Onzième : *Louis* **XI** ; *Il est* **11** *heures.* – Subst. Le nombre **onze.** 🕮 [*ɔ̃z].

**O.P.A., subst. f.**
Sigle pour « offre publique d'achat », opération de Bourse. 🕮 [ɔpea].

**OPACIFIER, verbe trans.** [6]
Rendre opaque. 🕮 [ɔpasifje].

**OPACITÉ, subst. f.**
Propriété de ce qui est opaque. 🕮 [ɔpasite].

**OPALE, subst. f.**
Pierre fine à reflets irisés. 🕮 [ɔpal].

**OPALIN, INE, adj.**
Qui a la couleur laiteuse et bleuâtre de l'opale, ses reflets irisés. 🕮 [ɔpalɛ̃, -in].

**OPAQUE, adj.**
Qui intercepte la lumière. – Obscur. – Fig. Incompréhensible, impénétrable. 🕮 [ɔpak].

**OPEN, adj. inv. et subst. m.**
Sp. Se dit d'une compétition ouverte à tous : Un open de tennis. – Adj. Billet d'avion open : à date non fixée. 🕮 [ɔpɛn].

**OPÉRA, subst. m.**
Œuvre théâtrale mise en musique et chantée. – Opéra bouffe : dont le thème est comique. – Théâtre où l'on joue des opéras. 🕮 [ɔpeʀa].

**OPÉRA-COMIQUE, subst. m.**
Opéra où alternent scènes chantées et dialogues parlés. 🕮 Plur. opéras-comiques ; [ɔpeʀakɔmik].

**OPÉRATION, subst. f.**
Action d'opérer. – Action visant un résultat. – Intervention chirurgicale. – Processus de calcul arithmétique. – Mouvement militaire stratégique. 🕮 [ɔpeʀasjɔ̃].

**OPÉRATIONNEL, ELLE, adj.**
Prêt à fonctionner. – Relatif aux opérations militaires. 🕮 [ɔpeʀasjɔnɛl].

**OPERCULE, subst. m.**
Petit couvercle. 🕮 [ɔpeʀkyl].

**OPÉRER, verbe trans.** [8]
Accomplir, effectuer (une action). – Procéder à une intervention chirurgicale sur. – Empl. abs. Produire un effet : Le charme opère. 🕮 [ɔpeʀe].

**OPÉRETTE, subst. f.**
Opéra-comique léger et gai. 🕮 [ɔpeʀɛt].

**OPHIDIEN, IENNE, adj. et subst. m.**
Adj. Qui concerne les serpents. – Subst. plur. Sous-ordre regroupant tous les serpents. 🕮 [ɔfidjɛ̃, -jɛn].

**OPHTALMOLOGIE, subst. f.**
Médecine de l'œil. 🕮 [ɔftalmɔlɔʒi].

**OPIACÉ, ÉE, adj. et subst. m.**
Se dit d'un produit contenant de l'opium. 🕮 [ɔpjase].

**OPINER, verbe trans. indir.** [3]
Opiner à qqch. : y acquiescer. 🕮 [ɔpine].

**OPINIÂTRE, adj.**
Qui ne cède pas. – Tenace. 🕮 [ɔpinjɑtʀ].

**OPINIÂTRETÉ, subst. f.**
Obstination, acharnement. 🕮 [ɔpinjɑtʀəte].

**OPINION, subst. f.**
Manière de penser, avis. – Jugement de valeur. – L'opinion publique : ce que pensent la plupart des gens. – Plur. Convictions. 🕮 [ɔpinjɔ̃].

**OPIUM, subst. m.**
Drogue extraite du pavot. 🕮 [ɔpjɔm].

**OPOSSUM, subst. m.**
Petit marsupial d'Amérique et d'Australie, à belle fourrure. 🕮 [ɔpɔsɔm].

**OPPORTUN, UNE, adj.**
Qui vient à propos. 🕮 [ɔpɔʀtœ̃, -yn].

**OPPORTUNISME, subst. m.**
Conduite guidée par l'intérêt, qui consiste à saisir toute bonne occasion. 🕮 [ɔpɔʀtynism].

**OPPORTUNITÉ, subst. f.**
Qualité de ce qui est opportun. – Occasion favorable (empl. critiqué). 🕮 [ɔpɔʀtynite].

**OPPOSANT, ANTE, subst.**
Personne qui s'oppose à une autorité, à un régime. 🕮 [ɔpozɑ̃, -ɑ̃t].

**OPPOSER, verbe trans.** [3]
Répondre par, objecter. – Placer vis-à-vis ; faire s'affronter ; comparer. – Lutter au moyen de : Opposer une résistance. – Pronom. Résister à ; faire obstacle à. – Contraster. 🕮 [ɔpoze].

**OPPOSITION, subst. f.**
Action de s'opposer. – Résistance, contestation. – Contraste. – Contradiction, différence capitale. – Pol. L'ensemble des partis opposés au gouvernement. 🕮 [ɔpozisjɔ̃].

**OPPRESSER, verbe trans.** [3]
Gêner la respiration de. – Fig. Accabler, écraser. 🕮 [ɔpʀese].

**OPPRESSEUR, subst. m.**
Celui qui opprime. 🕮 [ɔpʀesœʀ].

**OPPRESSION, subst. f.**
Gêne respiratoire. – Fig. Angoisse. – Action d'opprimer ; état d'opprimé. 🕮 [ɔpʀesjɔ̃].

**OPPRIMER, verbe trans.** [3]
Écraser (qqn, une population) sous son autorité. 🕮 [ɔpʀime].

**OPPROBRE, subst. m.**
Déshonneur, honte (littér.). 🕮 [ɔpʀɔbʀ].

**OPTER, verbe intrans.** [3]
Choisir, prendre parti (pour). 🕮 [ɔpte].

**OPTICIEN, IENNE, subst.**
Fabricant ou marchand de lunettes, d'instruments d'optique. 🕮 [ɔptisjɛ̃, -jɛn].

**OPTIMAL, ALE, AUX, adj.**
Le meilleur possible. 🕮 [ɔptimal].

**OPTIM(AL)ISER, verbe trans.** [3]
Rendre optimal. 🕮 [ɔptim(al)ize].

**OPTIMISME, subst. m.**
Tendance à voir le bon côté des choses. – Confiance en l'avenir. 🕮 [ɔptimism].

**OPTIMISTE, adj. et subst.**
Qui fait preuve d'optimisme. 🕮 [ɔptimist].

**OPTIMUM, subst. m.**
État jugé le plus favorable dans des circonstances données. 🕮 Plur. *optimums* ou *optima* ; [ɔptimɔm].

**OPTION, subst. f.**
Fait d'opter, de choisir. – Ce qui s'offre au choix. – Le choix ainsi fait. – Promesse d'achat, de vente. 🕮 [ɔpsjɔ̃].

**OPTIONNEL, ELLE, adj.**
Facultatif, en option. 🕮 [ɔpsjɔnɛl].

**OPTIQUE, adj. et subst. f.**
Adj. Relatif à la vision. – Subst. Science qui traite de la lumière et de la vision. – Fabrication et commerce des instruments d'**optique**. – Perspective : *L'***optique** *d'un théâtre* ; au fig., manière de voir. 🕮 [ɔptik].

**OPULENCE, subst. f.**
Abondance de biens, grande richesse. – Fig. Ampleur, générosité de formes. 🕮 [ɔpylɑ̃s].

**OPULENT, ENTE, adj.**
Qui vit dans l'opulence ; fastueux. – Fig. Très épanoui, plantureux. 🕮 [ɔpylɑ̃, -ɑ̃t].

**OPUS, subst. m.**
Morceau de musique numéroté. 🕮 [ɔpys].

**OPUSCULE, subst. m.**
Petit livre, brochure. 🕮 [ɔpyskyl].

**OR (I), subst. m.**
Métal précieux jaune. – Monnaie en **or**. – Dans des locutions, symbole de richesse, d'excellence, de générosité. – Empl. adj. inv. Couleur de l'**or**. 🕮 [ɔʀ].

**OR (II), conj.**
Cependant : Or, *il advint que*. – Pourtant : *Je le croyais*, or *c'était faux*. 🕮 [ɔʀ].

**ORACLE, subst. m.**
*Antiq.* Réponse d'un dieu à qui le consultait ; ce dieu lui-même. – Opinion émise avec autorité ; personne qui émet cette opinion (littér.). 🕮 [ɔʀakl].

**ORAGE, subst. m.**
Perturbation atmosphérique, accompagnée d'éclairs et de coups de tonnerre. – Fig. Dispute violente. 🕮 [ɔʀaʒ].

**ORAGEUX, EUSE, adj.**
Qui a les caractères de l'orage. – Fig. Agité, tumultueux. 🕮 [ɔʀaʒø, -øz].

**ORAISON, subst. f.**
*Relig.* Prière. – Discours. 🕮 [ɔʀɛzɔ̃].

**ORAL, ALE, AUX, adj. et subst. m.**
Adj. Qui se fait de vive voix. – Qui concerne la bouche. – Ensemble des épreuves **orales** d'un examen (oppos. *écrit*). 🕮 [ɔʀal].

**ORANGE, adj. inv. et subst.**
Subst. fém. Fruit sphérique, comestible et très juteux de l'oranger (agrume). – Subst. masc. et adj. Couleur de ce fruit. 🕮 [ɔʀɑ̃ʒ].

**ORANGERAIE, subst. f.**
Plantation d'orangers. 🕮 [ɔʀɑ̃ʒʀɛ].

**ORANGERIE, subst. f.**
Bâtiment où l'on abrite, l'hiver, les orangers en caisses d'un parc. 🕮 [ɔʀɑ̃ʒʀi].

**ORANG-OUTAN(G), subst. m.**
Grand singe d'Indo-Malaisie, aux longs bras et au poil roux (synon. *pongo*). 🕮 Plur. *orangs outan(g)s* ; [ɔʀɑ̃utɑ̃].

**ORATEUR, TRICE, subst.**
Personne qui fait un discours. – Personne éloquente. 🕮 [ɔʀatœʀ, -tʀis].

**ORATOIRE, subst. m.**
Petite chapelle. 🕮 [ɔʀatwaʀ].

**ORATORIO, subst. m.**
*Mus.* Drame lyrique, au thème gén. religieux, associant solistes, chœurs et orchestre. 🕮 [ɔʀatɔʀjo].

**ORBITE, subst. f.**
Cavité osseuse où se trouve l'œil. – Trajectoire que décrit un corps céleste gravitant autour de son foyer. – Fig. Zone d'influence de qqn. 🕮 [ɔʀbit].

**ORCHESTRATION, subst. f.**
*Mus.* Art d'écrire une œuvre pour orchestre. – Fig. Action concertée. 🕮 [ɔʀkɛstʀasjɔ̃].

**ORCHESTRE, subst. m.**
Groupe de musiciens jouant ensemble. – Rez-de-chaussée d'une salle de spectacle. 🕮 [ɔʀkɛstʀ].

**ORCHESTRER, verbe trans. [3]**
Faire l'orchestration musicale de. – Fig. Organiser (une manifestation d'une certaine ampleur). 🕮 [ɔʀkɛstʀe].

**ORCHIDÉE, subst. f.**
Plante des climats chauds, appréciée pour ses fleurs aux formes originales. 🕮 [ɔʀkide].

**ORDINAIRE, adj. et subst. m.**
Adj. Qui est conforme à l'usage ; habituel. – Commun, médiocre. – Subst. Ce qui est habituel, courant. 🕮 [ɔʀdinɛʀ].

**ORDINAL, ALE, AUX, adj.**
Qui marque le rang, l'ordre. 🕮 [ɔʀdinal].

**ORDINATEUR, subst. m.**
Machine électronique apte à traiter rapidement de l'information. 🕮 [ɔʀdinatœʀ].

**ORDINATION, subst. f.**
*Relig.* Acte conférant le sacrement de l'ordre. 🕮 [ɔʀdinasjɔ̃].

**ORDONNANCE, subst. f.**
Action de disposer qqch. selon un ordre. – Prescription écrite d'un médecin. – Acte pris par un gouvernement, avec l'aval d'un parlement. – Autrefois, soldat attaché au service d'un officier. 🕮 [ɔʀdɔnɑ̃s].

**ORDONNÉE, subst. f.**
L'une des deux coordonnées d'un point dans un plan (oppos. *abscisse*). 🕮 [ɔʀdɔne].

**ORDONNER,** verbe trans. [3]
Mettre dans un certain ordre. – Commander, donner l'ordre de ; prescrire. – *Relig.*
Conférer l'ordination à. 🕮 [ɔʀdɔne].

**ORDRE,** subst. m.
Manière de classer les éléments d'un tout :
**Ordre** *alphabétique.* – Succession d'éléments classés. – Situation dans laquelle les objets sont rangés. – Disposition d'une personne organisée. – Situation d'une société stable. – Catégorie, classe, subdivision. – *Bot.* et *zool.* Division intermédiaire entre la classe et la famille. – *Relig.*
Sacrement conféré à un diacre, à un prêtre ou à un évêque. – Congrégation religieuse ; association de membres d'une profession libérale : **Ordre** *des médecins.* – Compagnie honorifique : **Ordre** *national du Mérite.*
– Commandement, injonction. 🕮 [ɔʀdʀ].

**ORDURE,** subst. f.
Chose malpropre ; au plur., immondices, déchets. – Fig. Propos grossier. – Personne abjecte (fam.). 🕮 [ɔʀdyʀ].

**ORDURIER, IÈRE,** adj.
Grossier, obscène. 🕮 [ɔʀdyʀje, -jɛʀ].

**ORÉE,** subst. f.
Bord, lisière d'un bois (littér.). 🕮 [ɔʀe].

**OREILLE,** subst. f.
Organe de l'ouïe ; partie visible de cet organe. – Aptitude à distinguer les sons.
– Partie saillante d'un objet. 🕮 [ɔʀɛj].

**OREILLER,** subst. m.
Coussin qui sert à soutenir la tête d'une personne allongée. 🕮 [ɔʀeje].

**OREILLONS,** subst. m. plur.
Maladie contagieuse caractérisée par des douleurs dans l'oreille. 🕮 [ɔʀejɔ̃].

**ORES,** adv.
*D'*ores *et déjà* : dès à présent. 🕮 [ɔʀ].

**ORFÈVRE,** subst.
Fabricant d'objets en métaux précieux.
– Fig. Expert, homme habile. 🕮 [ɔʀfɛvʀ].

**ORFÈVRERIE,** subst. f.
Art, commerce de l'orfèvre. – Les pièces qu'il fabrique. 🕮 [ɔʀfɛvʀəʀi].

**ORGANDI,** subst. m.
Mousseline de coton. 🕮 [ɔʀgɑ̃di].

**ORGANE,** subst. m.
Partie du corps remplissant une fonction.
– Voix humaine. – Pièce mécanique assurant une fonction. – Publication émanant d'un groupe. 🕮 [ɔʀgan].

**ORGANIGRAMME,** subst. m.
Représentation graphique de l'organisation d'une entreprise, d'une administration, etc.
🕮 [ɔʀganigʀam].

**ORGANIQUE,** adj.
Qui a trait aux organes. – Qui a trait aux organismes vivants. – Inhérent à la structure de qqch. : *Loi* **organique.** – *Chim.*
Qui a trait aux composés du carbone.
🕮 [ɔʀganik].

**ORGANISATEUR, TRICE,** subst.
Personne qui organise. 🕮 [ɔʀganizatœʀ, -tʀis].

**ORGANISATION,** subst. f.
Action d'organiser. – Structure, agencement d'un ensemble complexe. – Association à but déterminé. 🕮 [ɔʀganizasjɔ̃].

**ORGANISER,** verbe trans. [3]
Agencer d'une manière structurée. – Mettre en place (les éléments nécessaires à la réussite de qqch.). 🕮 [ɔʀganize].

**ORGANISME,** subst. m.
Être vivant. – Ensemble des organes de cet être ; corps humain. – Ensemble des services affectés à une tâche précise.
🕮 [ɔʀganism].

**ORGANISTE,** subst.
Joueur d'orgue. 🕮 [ɔʀganist].

**ORGASME,** subst. m.
Paroxysme du plaisir sexuel. 🕮 [ɔʀgasm].

**ORGE,** subst. f.
Céréale qui sert à l'alimentation animale et à la fabrication de la bière ; sa graine.
– Empl. masc. Orge *perlé* ou *mondé* : graines débarrassées de leur enveloppe.
🕮 [ɔʀʒ].

**ORGEAT,** subst. m.
*Sirop d'*orgeat : sirop préparé avec du lait d'amande. 🕮 [ɔʀʒa].

**ORGELET,** subst. m.
Petit furoncle sur la paupière. 🕮 [ɔʀʒəlɛ].

**ORGIE,** subst. f.
Fête où l'on mange et boit avec excès. – Fig.
*Une* orgie *de* : une profusion de. 🕮 [ɔʀʒi].

**ORGUE,** subst. m.
*Mus.* Instrument à vent composé de tuyaux qui communiquent avec un ou plusieurs claviers et avec une soufflerie. 🕮 *Souv. fém.*
au plur. pour désigner un seul instrument ; [ɔʀg].

**ORGUEIL,** subst. m.
Sentiment, exagéré ou justifié, de sa propre valeur. – Ce qui suscite la fierté. 🕮 [ɔʀgœj].

**ORGUEILLEUX, EUSE,** adj. et subst.
Qui fait preuve d'orgueil. 🕮 [ɔʀgøjø, -øz].

**ORIENT,** subst. m.
Est, levant. – *L'Orient* : l'Asie. 🕮 [ɔʀjɑ̃].

**ORIENTAL, ALE, AUX,** adj. et subst.
Adj. Situé à l'orient. – De l'Orient. – Subst.
Habitant ou originaire d'un pays asiatique.
🕮 [ɔʀjɑ̃tal].

**ORIENTATION,** subst. f.
Détermination du lieu où l'on se trouve :
*Sens de l'*orientation. – Façon d'être orienté, disposé. – Fig. Tendance. 🕮 [ɔʀjɑ̃tasjɔ̃].

**ORIENTER,** verbe trans. [3]
Disposer (qqch.) dans une direction définie. – Diriger, guider (qqn). – Fig. **Orienter** *qqn professionnellement.* 🕮 [ɔʀjɑ̃te].

**ORIFICE**, subst. m.
Trou, ouverture. 🕮 [ɔʀifis].

**ORIFLAMME**, subst. f.
Bannière, étendard. 🕮 [ɔʀiflɑm].

**ORIGINAIRE**, adj.
Originaire *de* : né à ; qui tire son origine
de. 🕮 [ɔʀiʒinɛʀ].

**ORIGINAL, ALE, AUX**, adj. et subst.
Se dit d'une œuvre qui émane directement
de l'auteur. – Se dit de qqch. qui ne
ressemble à rien, d'une personne excentrique. – Subst. masc. Ouvrage, texte, modèle
primitif ou authentique. 🕮 [ɔʀiʒinal].

**ORIGINALITÉ**, subst. f.
Caractère original ; fantaisie. 🕮 [ɔʀiʒinalite].

**ORIGINE**, subst. f.
Point de départ, début. – Naissance, ascendance. – Cause d'un événement. – Provenance. 🕮 [ɔʀiʒin].

**ORIGINEL, ELLE**, adj.
Qui date de l'origine. 🕮 [ɔʀiʒinɛl].

**ORIPEAUX**, subst. m. plur.
Vêtements voyants élimés. 🕮 [ɔʀipo].

**O.R.L.**, subst. inv.
Fém. Sigle pour « oto-rhino-laryngologie »,
spécialité qui traite des oreilles, du nez et
de la gorge. – Masc. et fém. Médecin
exerçant cette spécialité. 🕮 [ɔɛʀɛl].

**ORME**, subst. m.
Grand arbre à feuilles dentelées. 🕮 [ɔʀm].

**ORNEMENT**, subst. m.
Action d'orner. – Objet, élément qui orne
qqch. 🕮 [ɔʀnəmã].

**ORNEMENTAL, ALE, AUX**, adj.
Qui sert à l'ornement. 🕮 [ɔʀnəmãtal].

**ORNER**, verbe trans. [3]
Décorer, embellir, agrémenter. 🕮 [ɔʀne].

**ORNIÈRE**, subst. f.
Trace profonde laissée par une roue dans
un chemin. – Fig. Routine. – Situation
difficile. 🕮 [ɔʀnjɛʀ].

**ORNITHOLOGIE**, subst. f.
Science des oiseaux. 🕮 [ɔʀnitɔlɔʒi].

**ORNITHORYNQUE**, subst. m.
Mammifère ovipare d'Australie à bec corné
et à pattes palmées. 🕮 [ɔʀnitɔʀɛ̃k].

**ORPHELIN, INE**, subst. et adj.
Se dit d'un enfant qui a perdu l'un de ses
parents, ou les deux. 🕮 [ɔʀfəlɛ̃, -in].

**ORPHELINAT**, subst. m.
Établissement pour orphelins. 🕮 [ɔʀfəlina].

**ORQUE**, subst. f.
Grand mammifère marin carnivore (synon.
*épaulard*). 🕮 [ɔʀk].

**ORTEIL**, subst. m.
Doigt de pied. 🕮 [ɔʀtɛj].

**ORTHO-**, préfixe
« Droit » ; au fig., « correct ». 🕮 [ɔʀto-].

**ORTHODOXE**, adj. et subst.
Adj. Fidèle à une doctrine religieuse, philosophique ou politique. – De la religion
orthodoxe, christianisme d'Orient. – Subst.
Adepte de cette religion. 🕮 [ɔʀtɔdɔks].

**ORTHOGONAL, ALE, AUX**, adj.
À angle droit. 🕮 [ɔʀtɔgɔnal].

**ORTHOGRAPHE**, subst. f.
Ensemble des règles fixant la manière
d'écrire les mots. – Façon dont un mot est
écrit. 🕮 [ɔʀtɔgʀaf].

**ORTHOGRAPHIER**, verbe trans. [6]
Écrire (un mot) selon les règles de l'orthographe. 🕮 [ɔʀtɔgʀafje].

**ORTHOPÉDIE**, subst. f.
*Méd.* Traitement des lésions des os, des
muscles, des articulations. 🕮 [ɔʀtɔpedi].

**ORTHOPHONIE**, subst. f.
Rééducation des défauts du langage parlé
ou écrit. 🕮 [ɔʀtɔfoni].

**ORTHOPTÈRE**, subst. m.
Insecte broyeur, à ailes postérieures plis-
sées, tel que sauterelle, criquet, etc. – Plur.
L'ordre correspondant. 🕮 [ɔʀtɔptɛʀ].

**ORTIE**, subst. f.
Plante aux feuilles irritantes. 🕮 [ɔʀti].

**ORTOLAN**, subst. m.
Petit oiseau migrateur à la chair savoureuse.
🕮 [ɔʀtɔlɑ̃].

**ORVET**, subst. m.
Lézard sans pattes qui ressemble à un petit
serpent. 🕮 [ɔʀvɛ].

**OS**, subst. m.
Chacun des éléments du squelette de
l'homme et des autres vertébrés. – Fig.
Difficulté (fam.). 🕮 [ɔs]. plur. [o].

**OSCAR**, subst. m.
Aux États-Unis, récompense cinématographique. 🕮 [ɔskaʀ].

**OSCILLER**, verbe intrans. [3]
Balancer, pencher d'un côté puis de
l'autre, alternativement. – Fig. Hésiter
(entre deux partis, deux attitudes
contraires). 🕮 [ɔsile].

**OSEILLE**, subst. f.
Plante potagère à saveur acide. 🕮 [ozɛj].

**OSER**, verbe trans. [3]
Faire preuve d'audace, de hardiesse pour.
– Avoir l'impertinence de. 🕮 [oze].

**OSIER**, subst. m.
Saule aux branches flexibles. – Ces
branches, servant à tresser des objets.
🕮 [ozje].

**OSMOSE**, subst. f.
Influence réciproque insensible. 🕮 [ɔsmoz].

**OSSATURE**, subst. f.
Ensemble des os, squelette. – Charpente,
structure. – Fig. Plan. 🕮 [ɔsatyʀ].

**OSSELET, subst. m.**
Petit os. – L'un des trois os de l'oreille. – Plur. Jeu d'adresse pratiqué avec de petits os de pieds de mouton. 🔊 [ɔslɛ].

**OSSEMENTS, subst. m. plur.**
Os décharnés des morts. 🔊 [ɔsmã].

**OSSEUX, EUSE, adj.**
Relatif à l'os. – Constitué d'os. – Dont les os sont saillants. 🔊 [ɔsø, -øz].

**OSSUAIRE, subst. m.**
Sépulture d'ossements humains. 🔊 [ɔsɥɛʀ].

**OSTENSIBLE, adj.**
Volontairement très visible. 🔊 [ɔstãsibl].

**OSTENSOIR, subst. m.**
*Relig.* Pièce d'orfèvrerie où l'on expose l'hostie consacrée. 🔊 [ɔstãswaʀ].

**OSTENTATION, subst. f.**
Attitude de qqn qui veut se faire remarquer ; affectation ; parade. 🔊 [ɔstãtasjõ].

**OSTÉOPATHIE, subst. f.**
Toute maladie des os. – *Méd.* Pratique consistant à manipuler les os. 🔊 [ɔsteɔpati].

**OSTRACISME, subst. m.**
Fait d'exclure, d'écarter qqn d'un groupe. 🔊 [ɔstʀasism].

**OSTRÉICULTURE, subst. f.**
Élevage des huîtres. 🔊 [ɔstʀeikyltyʀ].

**OTAGE, subst. m.**
Personne gardée captive en vue d'un échange contre qqn ou qqch. 🔊 [ɔtaʒ].

**OTARIE, subst. f.**
Mammifère marin voisin du phoque qui vit dans l'hémisphère Sud. 🔊 [ɔtaʀi].

**ÔTER, verbe trans. [3]**
Retirer, retrancher, enlever. 🔊 [ote].

**OTITE, subst. f.**
Inflammation de l'oreille. 🔊 [ɔtit].

**OU, conj.**
Exprime le choix ou l'équivalence : *Boire ou conduire* ; *Ici* ou *là.* – Exprime l'approximation : *Dans deux* ou *trois ans.* 🔊 [u].

**OÙ, pron. et adv.**
Pron. rel. et adv. rel. Exprime le lieu, l'état ou le temps : *Il va* où *il veut* ; *Le jour* où *vous viendrez.* – Adv. interr. Marque le lieu, le but : *Où es-tu ?* ; *Où allez-vous ?* – *D'*où *?* : de quel lieu, de quelle origine ? 🔊 [u].

**OUAILLE, subst. f.**
Paroissien (gén. au plur.). 🔊 [waj].

**OUATE, subst. f.**
Textile utilisé pour garnir, rembourrer. – Coton à pansements. 🔊 [(*)wat].

**OUATER, verbe trans. [3]**
Garnir d'ouate. 🔊 [(*)wate].

**OUBLI, subst. m.**
Fait d'oublier. – Négligence, étourderie. 🔊 [ubli].

**OUBLIER, verbe trans. [6]**
Ne plus se souvenir de. – Omettre, négliger. 🔊 [ublije].

**OUBLIETTE, subst. f.**
Cachot médiéval (gén. au plur.). 🔊 [ublijɛt].

**OUED, subst. m.**
Rivière intermittente du Maghreb. 🔊 [wɛd].

**OUEST, adj. inv. et subst. m. inv.**
Subst. L'un des quatre points cardinaux, correspondant au côté où le soleil se couche. – *Aller vers l'*ouest : dans la direction de ce point. – Partie occidentale d'une région, d'un pays. – Adj. Situé à l'ouest. 🔊 [wɛst].

**OUI, subst. m. inv. et adv.**
Adv. Exprime l'affirmation. – Subst. Acte d'affirmer : *J'attends votre* oui. 🔊 [*wi].

**OUÏ-DIRE, subst. m. inv.**
*Par* ouï-dire : par la rumeur publique. 🔊 [*widiʀ].

**OUÏE, subst. f.**
Sens par lequel on perçoit les sons. – Plur. Branchies des poissons. 🔊 [wi].

**OUÏR, verbe trans. [35]**
Entendre (vieilli). 🔊 Verbe défectif ; [wiʀ].

**OUISTITI, subst. m.**
Petit singe à longue queue. 🔊 [*wistiti].

**OURAGAN, subst. m.**
Tempête extrêmement violente. – Fig. Mouvement, trouble violent. 🔊 [uʀagã].

**OURDIR, verbe trans. [19]**
Tisser, tramer (une intrigue). 🔊 [uʀdiʀ].

**OURLER, verbe trans. [3]**
Faire un ourlet à. 🔊 [uʀle].

**OURLET, subst. m.**
Repli cousu d'un bord d'étoffe. 🔊 [uʀlɛ].

**OURS, OURSE, subst.**
Grand mammifère carnivore à fourrure épaisse. – Fig. Individu bourru. 🔊 [uʀs].

**OURSIN, subst. m.**
Animal marin à carapace calcaire formant une boule hérissée de piquants. 🔊 [uʀsɛ̃].

**OUST(E), interj.**
Exprime l'ordre de quitter un lieu. 🔊 [*ust].

**OUTARDE, subst. f.**
Oiseau échassier au corps massif. 🔊 [utaʀd].

**OUTIL, subst. m.**
Objet qui sert à effectuer un travail manuel. – Fig. Moyen de parvenir à ses fins. 🔊 [uti].

**OUTILLAGE, subst. m.**
Ensemble d'outils. 🔊 [utijaʒ].

**OUTILLER, verbe trans. [3]**
Doter d'outils. – Équiper. 🔊 [utije].

**OUTRAGE, subst. m.**
Affront, grave injure. 🔊 [utʀaʒ].

**OUTRAGER, verbe trans. [5]**
Offenser, injurier, bafouer. 🔊 [utʀaʒe].

**OUTRANCE, subst. f.**
Exagération, excès. ㊙ [utʀɑ̃s].

**OUTRANCIER, IÈRE, adj.**
Qui va jusqu'à l'outrance. ㊙ [utʀɑ̃sje, -jɛʀ].

**OUTRE (I), subst. f.**
Sac en peau destiné aux liquides. ㊙ [utʀ].

**OUTRE (II), prép. et adv.**
Prép. En plus de. – Adv. *Passer* **outre** *à qqch.* : ne pas en tenir compte. – *En* **outre** : de plus. ㊙ [utʀ].

**OUTRÉ, ÉE, adj.**
Exagéré. – Très indigné. ㊙ [utʀe].

**OUTRECUIDANCE, subst. f.**
Désinvolture, impudence. ㊙ [utʀəkɥidɑ̃s].

**OUTREMER, subst. m.**
Pierre d'un bleu intense (synon. *lapis-lazuli*). – Empl. adj. inv. D'un bleu intense. ㊙ [utʀəmɛʀ].

**OUTRE-MER, adv.**
Au-delà des mers. ㊙ [utʀəmɛʀ].

**OUTREPASSER, verbe trans. [3]**
Aller au-delà de. ㊙ [utʀəpɑse].

**OUTRER, verbe trans. [3]**
Exagérer. – Choquer, indigner. ㊙ [utʀe].

**OUTSIDER, subst. m.**
*Sp.* Concurrent qui n'est pas favori mais qui a des chances de gagner. ㊙ [autsajdœʀ].

**OUVERT, ERTE, adj.**
Qui laisse un passage. – Fig. Qui communique aisément avec autrui. ㊙ [uvɛʀ, -ɛʀt].

**OUVERTURE, subst. f.**
Action d'ouvrir. – Porte ou fenêtre. – Trou, espace vide. – *Mus.* Prélude d'un opéra. – Fig. **Ouverture** *d'esprit* : curiosité et tolérance. ㊙ [uvɛʀtyʀ].

**OUVRABLE, adj.**
*Jour* **ouvrable** : normalement consacré au travail (oppos. *férié*). ㊙ [uvʀabl].

**OUVRAGE, subst. m.**
Travail. – Produit de ce travail. – Œuvre d'un écrivain, d'un artiste. – **Ouvrage** *d'art* : grande réalisation technique. ㊙ [uvʀaʒ].

**OUVRAGÉ, ÉE, adj.**
Finement travaillé, orné. ㊙ [uvʀaʒe].

**OUVRÉ, ÉE, adj.**
Façonné, travaillé. – *Jour* **ouvré** : où l'on travaille. ㊙ [uvʀe].

**OUVRE-BOÎTE(S), subst. m.**
Instrument servant à ouvrir les boîtes de conserve. ㊙ Plur. *ouvre-boîtes* ; [uvʀabwat].

**OUVREUSE, subst. f.**
Femme qui place les spectateurs, dans un théâtre, un cinéma. ㊙ [uvʀøz].

**OUVRIER, IÈRE, adj. et subst.**
Subst. Personne qui travaille de ses mains pour le compte d'autrui. – Adj. Qui a trait aux ouvriers. ㊙ [uvʀije, -ijɛʀ].

**OUVRIR, verbe [27]**
Trans. Déplacer (ce qui empêche un passage) : **Ouvre** *la grille* ; empl. abs., **ouvrir** *une porte*. – Rendre accessible : **Ouvrir** *la frontière*. – Faire une ouverture dans. – Décacheter ; desserrer les liens qui tiennent fermé. – Faire fonctionner. – Commencer, entamer : **Ouvrir** *la marche*. – Intrans. Donner accès (à un lieu) : *Une porte qui* **ouvre** *sur la rue*. – Pronom. Devenir réceptif. – Se confier (à qqn). ㊙ [uvʀiʀ].

**OVAIRE, subst. m.**
Glande femelle de la reproduction, où se forment les ovules. ㊙ [ɔvɛʀ].

**OVALE, adj. et subst. m.**
Qui a une forme courbe allongée rappelant celle d'un œuf. ㊙ [ɔval].

**OVATION, subst. f.**
Acclamation publique. ㊙ [ɔvasjɔ̃].

**OVIN, OVINE, adj. et subst. m.**
Se dit des moutons et des brebis. ㊙ [ɔvɛ̃, ɔvin].

**OVIPARE, adj. et subst.**
Qui se reproduit en pondant des œufs. ㊙ [ɔvipaʀ].

**OVNI, subst. m.**
Sigle pour « objet volant non identifié », soucoupe volante. ㊙ [ɔvni].

**OVOÏDE, adj.**
Qui a la forme d'un œuf. ㊙ [ɔvɔid].

**OVULATION, subst. f.**
Libération des ovules produits par l'ovaire. ㊙ [ɔvylasjɔ̃].

**OVULE, subst. m.**
Cellule reproductrice femelle. ㊙ [ɔvyl].

**OXYDER, verbe trans. [3]**
Modifier l'état de (un corps) sous l'action de l'oxygène. – *Chim.* Combiner avec l'oxygène. ㊙ [ɔkside].

**OXYGÈNE, subst. m.**
Gaz invisible, inodore, entrant pour 1/5 dans la composition de l'air. ㊙ [ɔksiʒɛn].

**OXYGÉNER, verbe trans. [8]**
Enrichir en oxygène. – Pronom. Respirer de l'air pur. ㊙ [ɔksiʒene].

**OZONE, subst. m.**
Gaz bleu, surtout présent dans les couches élevées de l'atmosphère. ㊙ [ozon].

# P

**P, p,** subst. m. inv.
Seizième lettre et douzième consonne de
l'alphabet français. 📖 [pe].

**PACHA,** subst. m.
Titre honorifique, dans l'Empire ottoman.
– Homme inactif qui aime se faire servir :
*Une vie de* **pacha,** *de plaisirs.* 📖 [paʃa].

**PACHYDERME,** subst. m.
Mammifère à peau épaisse (rhinocéros,
éléphant, etc.). – Fig. Personne très grosse
et lourde. 📖 [paʃidɛʀm].

**PACIFIER,** verbe trans. [6]
Restaurer la paix publique dans (un pays,
une population). – Apaiser (la conscience,
l'esprit). 📖 [pasifje].

**PACIFIQUE,** adj.
Qui s'attache à maintenir ou à trouver la
paix. – Qui se passe dans la paix : *Une
manifestation* **pacifique.** 📖 [pasifik].

**PACIFISTE,** adj. et subst.
Partisan de la paix. 📖 [pasifist].

**PACOTILLE,** subst. f.
Marchandise de piètre qualité. – *De* **pacotille** : sans valeur. 📖 [pakɔtij].

**PACTE,** subst. m.
Accord engageant solennellement les parties qui le concluent. 📖 [pakt].

**PACTISER,** verbe intrans. [3]
Conclure un pacte. – Composer, transiger
(avec qqn ou qqch.). 📖 [paktize].

**PACTOLE,** subst. m.
Source d'enrichissement. 📖 [paktɔl].

**PAGAIE,** subst. f.
Aviron court, non fixé à l'embarcation, que
l'on manie à deux mains. 📖 [pagɛ].

**PAGAILLE,** subst. f.
Fam. Grand désordre ; confusion. – *En*
**pagaille** : à profusion. 📖 On écrit aussi
*pagaye* ou *pagaie* ; [pagaj].

**PAGANISME,** subst. m.
Ensemble des cultes polythéistes, pour les
chrétiens de l'Empire romain. 📖 [paganism].

**PAGAYER,** verbe intrans. [15]
Faire avancer une embarcation à l'aide
d'une pagaie. 📖 [pageje].

**PAGE (I),** subst. m.
Jeune noble qui était attaché au service d'un
seigneur, d'une grande dame. 📖 [paʒ].

**PAGE (II),** subst. f.
Chacune des deux faces d'un feuillet :
**Page** *7.* – Feuillet entier : *Arracher une*
**page** ; son contenu : *Finir de lire sa* **page.**
📖 [paʒ].

**PAGINER,** verbe trans. [3]
Numéroter les pages de. 📖 [paʒine].

**PAGNE,** subst. m.
Morceau d'étoffe couvrant le corps de la
taille aux genoux : **Pagne** *africain.* 📖 [paɲ].

**PAGODE,** subst. f.
Temple d'Extrême-Orient, à la toiture
étagée et recourbée. 📖 [pagɔd].

**PAIE,** voir **PAYE**

**PAIEMENT,** subst. m.
Action de payer. – Somme payée. 📖 On
écrit aussi *payement* ; [pɛmã].

**PAÏEN, PAÏENNE,** adj. et subst.
*Antiq.* Se dit des adeptes d'un culte poly-
théiste ou de ce qui s'y rapporte, pour les
chrétiens de l'Empire romain. – Impie.
📖 [pajɛ̃, pajɛn].

**PAILLASSE,** subst. f.
Matelas de paille. – Surface plane à côté
d'un évier ; plan de travail. 📖 [pajas].

**PAILLASSON,** subst. m.
Tapis-brosse permettant de s'essuyer les
pieds. 📖 [pajasɔ̃].

**PAILLE,** subst. f.
Tige creuse et coupée des céréales égrenées.
– Petit tuyau utilisé pour aspirer une
boisson (synon. *chalumeau*). – Fig. *Être sur
la* **paille** : dans la misère. 📖 [paj].

**PAILLETTE,** subst. f.
Petite lamelle fine et brillante, cousue sur
un vêtement pour l'orner : *Robe à* **paillettes.**
– Parcelle d'or brut. 📖 [pajɛt].

**PAIN,** subst. m.
Aliment fait d'une pâte pétrie, fermentée
et cuite au four. – Produit moulé en forme
de pain : **Pain** *de glace, de savon, de sucre.*
– Subsistance : *Gagner son* **pain.** 📖 [pɛ̃].

**PAIR (I),** subst. m.
Personne semblable quant au rang, à la
dignité ou à la fonction : *Accepter de n'être
jugé que par ses* **pairs.** – Au Moyen Âge,
grand vassal du monarque ; au début du
XIXᵉ s., membre de la Chambre haute. – *Fin.*
Égalité de valeur ou de change. – *Travail
au* **pair** : en échange du gîte et du couvert.
📖 [pɛʀ].

**PAIR (II), PAIRE,** adj.
Exactement divisible par 2. – Au nombre
de deux : *Organes* **pairs.** – *Page* **paire** :
marquée d'un nombre **pair.** 📖 [pɛʀ].

**PAIRE,** subst. f.
Groupe de deux éléments analogues allant
ensemble ou formant un objet unique : *Une*
**paire** *de jumelles.* 📖 [pɛʀ].

**PAISIBLE**, adj.
Tranquille, calme ; serein. – Qui ne trouble pas la paix, pacifique. 🕮 [pezibl].

**PAÎTRE**, verbe [75]
Brouter. – *Envoyer* **paître** *qqn* : l'éconduire avec humeur (fam.). 🕮 Verbe défectif ; [pɛtʀ].

**PAIX**, subst. f.
Situation d'un pays qui n'est pas en guerre. – Accord, entente : *Faire la* **paix** *avec qqn*, se réconcilier avec lui. – Tranquillité : *Avoir la* **paix**. – Sérénité : *Conscience en* **paix**. 🕮 [pɛ].

**PALABRE**, subst. m. ou f.
Discussion longue ou vaine (gén. au plur.). 🕮 [palabʀ].

**PALACE**, subst. m.
Hôtel de grand luxe. 🕮 [palas].

**PALAIS (I)**, subst. m.
Somptueuse demeure. – **Palais** *de justice* : où siègent les tribunaux. – Imposant édifice public : **Palais** *de la Découverte*. 🕮 [palɛ].

**PALAIS (II)**, subst. m.
Partie supérieure voûtée de la cavité buccale. – *Avoir le* **palais** *fin* : être gourmet. 🕮 [palɛ].

**PALANQUIN**, subst. m.
Chaise ou litière orientale portée à bras d'hommes ou à dos d'éléphant, de chameau. 🕮 [palɑ̃kɛ̃].

**PALE**, subst. f.
Petite vanne. – Extrémité plate d'un aviron. – Branche d'une hélice. 🕮 [pal].

**PÂLE**, adj.
Blême ou très peu coloré : *Visage* **pâle** ; *Jaune* **pâle**. – Fig. Fade, médiocre. 🕮 [pɑl].

**PALEFRENIER, IÈRE**, subst.
Personne chargée du soin des chevaux. 🕮 [palfʀənje, -jɛʀ].

**PALEFROI**, subst. m.
Au Moyen Âge, cheval de parade (oppos. *destrier*). 🕮 [palfʀwa].

**PALÉOLITHIQUE**, adj. et subst. m.
Se dit de la première période de la préhistoire, qui a vu apparaître et se perfectionner les outils en pierre taillée. 🕮 [paleɔlitik].

**PALÉONTOLOGIE**, subst. f.
Science qui étudie, à partir des fossiles, les êtres vivants disparus. 🕮 [paleɔ̃tɔlɔʒi].

**PALET**, subst. m.
Petit disque épais ou pierre plate qu'on lance vers un but, dans certains jeux. 🕮 [palɛ].

**PALETOT**, subst. m.
Pardessus court et boutonné devant. – Gilet de laine (fam.). 🕮 [palto].

**PALETTE**, subst. f.
Pelle plate en bois. – Plaque sur laquelle le peintre mélange ses couleurs ; la gamme des couleurs utilisées. – Plateau de manutention. 🕮 [palɛt].

**PALÉTUVIER**, subst. m.
Arbre tropical des côtes marécageuses, aux racines aériennes. 🕮 [paletyvje].

**PÂLEUR**, subst. f.
Teint pâle. 🕮 [pɑlœʀ].

**PALIER**, subst. m.
Plate-forme située à chaque étage d'un escalier. – Fig. Niveau intermédiaire entre deux phases d'une progression. 🕮 [palje].

**PALINDROME**, subst. m.
Mot, phrase qui peut se lire indifféremment de gauche à droite ou de droite à gauche. 🕮 [palɛ̃dʀom].

**PÂLIR**, verbe [19]
Devenir pâle. – Rendre pâle. 🕮 [pɑliʀ].

**PALISSADE**, subst. f.
Clôture de planches ou de pieux. – Mur fait d'arbres taillés. 🕮 [palisad].

**PALLIATIF, IVE**, adj. et subst. m.
Se dit d'un traitement médical qui n'agit que sur le symptôme. – Subst. Solution provisoire, expédient. 🕮 [paljatif, -iv].

**PALLIER**, verbe trans. [6]
Résoudre de manière provisoire et partielle, atténuer : **Pallier** *le chômage*. 🕮 [palje].

**PALMARÈS**, subst. m.
Liste des lauréats d'un prix. – Liste des victoires de qqn. – Classement, selon leur popularité, de chansons, de films. 🕮 [palmaʀɛs].

**PALME**, subst. f.
Feuille de palmier. – Distinction, décoration honorifique. – Nageoire en caoutchouc que l'on chausse pour nager plus vite. 🕮 [palm].

**PALMÉ, ÉE**, adj.
En forme de palme. – Dont les doigts sont réunis par une membrane. 🕮 [palme].

**PALMIER**, subst. m.
Arbre des climats chauds, dont la tige florale se termine en un bouquet de grandes feuilles très découpées. – Petit gâteau plat, en pâte feuilletée. 🕮 [palmje].

**PALMIPÈDE**, adj. et subst. m.
Se dit d'un oiseau aquatique dont les pieds sont palmés. 🕮 [palmipɛd].

**PALOMBE**, subst. f.
Pigeon ramier. 🕮 [palɔ̃b].

**PALOURDE**, subst. f.
Coquillage comestible qui vit enfoui dans le sable (synon. *clovisse*). 🕮 [paluʀd].

**PALPER**, verbe trans. [3]
Exercer de légères pressions avec la main pour apprécier, examiner. 🕮 [palpe].

**PALPITANT, ANTE**, adj.
Qui palpite. – Fig. Qui fait palpiter le cœur d'émotion : *Récit* **palpitant**. 🕮 [palpitɑ̃, -ɑ̃t].

**PALPITER, verbe intrans.** [3]
Battre plus fort et plus vite, en parlant du
cœur. – Être animé de petits soubresauts,
de frémissements. 🔊 [palpite].

**PALUDISME, subst. m.**
Maladie parasitaire des pays chauds et humides, caractérisée par une forte fièvre intermittente (synon. *malaria*). 🔊 [palydism].

**PÂMER (SE), verbe pronom.** [3]
Défaillir. – Fig. S'extasier : *Elle se pâmait
d'admiration.* 🔊 [pame].

**PÂMOISON, subst. f.**
État d'une personne qui se pâme (littér.) :
*Tomber en pâmoison.* 🔊 [pamwazɔ̃].

**PAMPA, subst. f.**
Vaste plaine herbeuse d'Amérique du Sud.
🔊 [pɑ̃pa].

**PAMPHLET, subst. m.**
Bref écrit satirique. 🔊 [pɑ̃flɛ].

**PAMPLEMOUSSE, subst. m.**
Agrume légèrement plus gros qu'une orange
et au goût un peu amer. 🔊 [pɑ̃pləmus].

**PAN, subst. m.**
Partie tombante ou flottante d'un vêtement. – Partie d'un mur. 🔊 [pɑ̃].

**PANACÉE, subst. f.**
Remède universel. 🔊 [panase].

**PANACHE, subst. m.**
Bouquet de plumes ornant une coiffure.
– Ce qui flotte tel un panache : *Panache
de fumée.* – Fig. Brio, éclat. 🔊 [panaʃ].

**PANACHER, verbe trans.** [3]
Orner de diverses couleurs. – Composer
d'éléments différents. 🔊 [panaʃe].

**PANARIS, subst. m.**
Infection aiguë du doigt. 🔊 [panaʀi].

**PANCARTE, subst. f.**
Panneau portant une inscription ; écriteau :
*Les pancartes des manifestants.* 🔊 [pɑ̃kaʀt].

**PANCRÉAS, subst. m.**
Glande située à l'arrière de l'estomac, qui
joue un rôle essentiel dans l'assimilation
des glucides. 🔊 [pɑ̃kʀeas].

**PANDA, subst. m.**
Mammifère d'Asie dont l'espèce la plus
connue, le grand panda, au pelage noir et
blanc, est voisine de l'ours et se nourrit
de pousses de bambou. 🔊 [pɑ̃da].

**PANÉ, ÉE, adj.**
Enrobé de panure. 🔊 [pane].

**PANÉGYRIQUE, subst. m.**
Éloge inconditionnel. 🔊 [paneʒiʀik].

**PANIER, subst. m.**
Corbeille à une ou deux anses, souv. en
osier : *Panier à provisions.* – Sp. Au basket,
filet sans fond dans lequel on doit faire
passer le ballon ; le point ainsi marqué.
🔊 [panje].

**PANIQUE, adj. et subst. f.**
Se dit d'une terreur brusque, souv. collective, conduisant à des comportements
irraisonnés. 🔊 [panik].

**PANIQUER, verbe** [3]
Fam. Intrans. Être pris de panique. – Trans.
Affoler : *La foule la panique.* 🔊 [panike].

**PANNE, subst. f.**
Arrêt accidentel de fonctionnement :
*Panne de moteur, de courant.* – Être en
panne de : manquer de (fam.). 🔊 [pan].

**PANNEAU, subst. m.**
Surface plane et quadrangulaire utilisée en
construction, en menuiserie. – Pancarte.
– Fig. *Tomber dans le panneau* : dans le
piège. 🔊 [pano].

**PANOPLIE, subst. f.**
Collection d'armes disposées sur un panneau. – Déguisement d'enfant. – Fig. Assortiment d'objets semblables. 🔊 [panɔpli].

**PANORAMA, subst. m.**
Vaste paysage contemplé depuis une hauteur. – Fig. Vue d'ensemble d'un sujet.
🔊 [panɔʀama].

**PANORAMIQUE, adj. et subst. m.**
Qui présente les caractères d'un panorama.
– Subst. Mouvement de rotation d'une ca-
méra ; l'effet visuel obtenu. 🔊 [panɔʀamik].

**PANSE, subst. f.**
Première poche gastrique des Ruminants.
– Partie renflée de certains objets. 🔊 [pɑ̃s].

**PANSEMENT, subst. m.**
Application d'une compresse stérile et d'un
cicatrisant sur une plaie. – Ce qui sert à
protéger une plaie. 🔊 [pɑ̃smɑ̃].

**PANSER, verbe trans.** [3]
Appliquer un pansement sur ; soigner au
moyen de pansements. – Panser un cheval :
le toiletter. 🔊 [pɑ̃se].

**PANSU, UE, adj.**
Qui présente un ventre rebondi. – *Carafe
pansue* : renflée. 🔊 [pɑ̃sy].

**PANTALON, subst. m.**
Culotte dont les jambes vont jusqu'aux
pieds. 🔊 [pɑ̃talɔ̃].

**PANTELANT, ANTE, adj.**
Qui halète, respire de façon saccadée :
*Pantelant d'émotion.* 🔊 [pɑ̃t(ə)lɑ̃, -ɑ̃t].

**PANTHÉON, subst. m.**
*Antiq.* Temple dédié à tous les dieux. – Ensemble des divinités. – Monument où
reposent des personnes illustres. 🔊 [pɑ̃teɔ̃].

**PANTHÈRE, subst. f.**
Grand félidé des régions tropicales, à la
robe jaune tachetée de noir. 🔊 [pɑ̃tɛʀ].

**PANTIN, subst. m.**
Figurine articulée dont on fait mouvoir les
membres avec un fil. – Fig. Personne sans
consistance, influençable. 🔊 [pɑ̃tɛ̃].

**PANTOIS, OISE**, adj.
Saisi d'étonnement. 🕮 [pɑ̃twa, -waz].

**PANTOMIME**, subst. f.
Art de l'expression purement gestuelle.
– Pièce de théâtre mimée. 🕮 [pɑ̃tɔmim].

**PANTOUFLE**, subst. f.
Chaussure d'intérieur. 🕮 [pɑ̃tufl].

**PANURE**, subst. f.
Pain sec râpé dont on enrobe des aliments
avant de les faire frire. 🕮 [panyʀ].

**PAON, PAONNE**, subst.
Gallinacé originaire d'Asie, dont le mâle,
bleu-vert, porte une longue queue superbe
qu'il peut déployer en roue. 🕮 [pɑ̃, pan].

**PAPAL, ALE, AUX**, adj.
Du pape : *Bulle* papale. 🕮 [papal].

**PAPAUTÉ**, subst. f.
Dignité, fonction de pape. – Administration
et gouvernement d'un pape. 🕮 [papote].

**PAPAYE**, subst. f.
Fruit tropical comestible du papayer, semblable à un gros melon oblong. 🕮 [papaj].

**PAPE**, subst. m.
Chef de l'Église catholique romaine. – Chef
indiscuté d'un mouvement (fam.). 🕮 [pap].

**PAPERASSE**, subst. f.
Document, écrit inutile. 🕮 [papʀas].

**PAPETERIE**, subst. f.
Industrie, fabrication du papier. – Fabrique
de papier. – Magasin où l'on vend des
fournitures d'école, de bureau ; ces articles.
🕮 [papɛtʀi].

**PAPETIER, IÈRE**, adj. et subst.
Subst. Fabricant de papier ou commerçant
qui tient une papeterie. – Adj. Du papier :
*Industrie* papetière. 🕮 [pap(ə)tje, -jɛʀ].

**PAPIER**, subst. m.
Pâte de fibres végétales qui fournit une
feuille mince destinée à l'écriture, à l'emballage, etc. ; feuille de cette matière. – Feuille
écrite ou imprimée ; article de presse. – *Être
dans les petits papiers de qqn* : jouir de sa
faveur. – Plur. Pièces d'identité. 🕮 [papje].

**PAPILLE**, subst. f.
Petit point plus ou moins saillant sur une
muqueuse : **Papilles** *gustatives*, qui se
trouvent sur la langue. 🕮 [papij].

**PAPILLON**, subst. m.
Lépidoptère aux ailes couvertes d'écailles
microscopiques et plus ou moins colorées.
– *Nœud* papillon : nœud de cravate dont la
forme évoque celle d'un **papillon**. – Petite
affiche ; contravention. – Écrou à ailettes.
🕮 [papijɔ̃].

**PAPILLONNER**, verbe intrans. [3]
S'agiter comme les ailes d'un papillon.
– Passer constamment d'une chose à une
autre. 🕮 [papijɔne].

**PAPILLOTE**, subst. f.
Feuille d'aluminium dont on enveloppe
certains aliments avant leur cuisson. – Papier enveloppant un bonbon ; le bonbon
lui-même. 🕮 [papijɔt].

**PAPILLOTER**, verbe intrans. [3]
Cligner nerveusement, en parlant des yeux,
des paupières. 🕮 [papijɔte].

**PAPOTER**, verbe intrans. [3]
Parler de sujets insignifiants, bavarder
(fam.). 🕮 [papɔte].

**PAPRIKA**, subst. m.
Piment doux hongrois utilisé comme condiment sous forme de poudre. 🕮 [papʀika].

**PAPYRUS**, subst. m.
Plante des bords du Nil. – Feuille destinée
à l'écriture, que les anciens Égyptiens
tiraient de cette plante. – Manuscrit sur
**papyrus**. 🕮 [papiʀys].

**PAQUEBOT**, subst. m.
Navire de taille importante destiné au
transport de passagers. 🕮 [pak(ə)bo].

**PÂQUERETTE**, subst. f.
Petite marguerite blanche, qui parsème
les prés aux environs de Pâques.
🕮 [pɑkʀɛt].

**PAQUET**, subst. m.
Assemblage d'objets liés les uns aux
autres ou emballés. – Colis. – Grande
quantité (fam.) : *J'en ai vu un* **paquet** !
– **Paquet** *de mer* : grosse vague déferlante.
🕮 [pakɛ].

**PAR**, prép.
Indique le lieu par où l'on passe : *Passer*
par *Lyon*, par *la fenêtre* ; le temps : **Par** *ce
bel après-midi* ; *Deux* **par** *deux* ; *Deux fois* **par** *jour* ; le moyen, la
manière : **Par** *bateau* ; **Par** *la douceur* ; la
cause : *Agir* **par** *peur*. 🕮 [paʀ].

**PARABOLE (I)**, subst. f.
Récit allégorique qui délivre un enseignement moral. 🕮 [paʀabɔl].

**PARABOLE (II)**, subst. f.
*Géom.* Courbe dont chaque point est
équidistant d'un point fixe et d'une droite
directrice. 🕮 [paʀabɔl].

**PARACHUTE**, subst. m.
Appareil destiné à ralentir la chute d'un
corps, formé d'une voilure reliée par des
cordons à un harnais. 🕮 [paʀaʃyt].

**PARACHUTER**, verbe trans. [3]
Larguer par parachute. – Nommer inopinément (qqn) à un poste (fam.). 🕮 [paʀaʃyte].

**PARACHUTISME**, subst. m.
Sport ou pratique du saut en parachute.
🕮 [paʀaʃytism].

**PARADE**, subst. f.
Défilé, revue en grande pompe : **Parade**
*militaire*. – *De* **parade** : d'apparat. – *Faire*
**parade** *de* : exhiber. – Action, façon de
parer une menace, un coup. 🕮 [paʀad].

**PARADER,** verbe intrans. [3]
S'afficher avec orgueil, se pavaner. – Participer à une parade militaire. ◻ [paʀade].

**PARADIS,** subst. m.
Paradis *terrestre* : jardin merveilleux où vivaient, selon la Genèse, Adam et Ève. – Séjour des bienheureux après la mort. – Lieu, séjour enchanteur. ◻ [paʀadi].

**PARADISIAQUE,** adj.
Propre au paradis. ◻ [paʀadizjak].

**PARADOXAL, ALE, AUX,** adj.
Qui tient du paradoxe ; absurde, singulier. – Porté au paradoxe. ◻ [paʀadɔksal].

**PARADOXE,** subst. m.
Opinion contraire à l'opinion gén. admise. – Ce qui heurte, défie le sens commun. ◻ [paʀadɔks].

**PARAFFINE,** subst. f.
Corps solide blanc constitué d'hydrocarbures : *Bougie de* **paraffine.** ◻ [paʀafin].

**PARAGES,** subst. m. plur.
*Mar.* Espace marin voisin d'une côte. – Environs. ◻ [paʀaʒ].

**PARAGRAPHE,** subst. m.
Subdivision cohérente d'un texte, annoncée par un alinéa. ◻ [paʀagʀaf].

**PARAÎTRE,** verbe intrans. [73]
Surgir, se rendre visible, se manifester. – Sembler, avoir l'air. – Être publié. – *Il* **paraît** *que* : on dit que. ◻ [paʀɛtʀ].

**PARALLÈLE,** adj. et subst.
Subst. fém. et adj. Se dit de droites situées dans un même plan qui ne se coupent pas. – Subst. masc. Chaque cercle **parallèle** au plan de l'équateur, servant à déterminer la latitude : *Le 51ᵉ* **parallèle.** – *Fig. Faire un* **parallèle** *entre deux choses* : une comparaison. – Adj. Qui va dans la même direction : *Destins* **parallèles.** – *Marché* **parallèle** : non officiel, clandestin. ◻ [paʀalɛl].

**PARALLÉLÉPIPÈDE,** subst. m.
Prisme dont les six faces sont parallèles deux à deux. ◻ [paʀalelepipɛd].

**PARALLÉLISME,** subst. m.
*Géom.* État de droites, de plans parallèles. – Évolution comparable. ◻ [paʀalelism].

**PARALLÉLOGRAMME,** subst. m.
Quadrilatère dont les côtés opposés sont parallèles. ◻ [paʀalelogʀam].

**PARALYSER,** verbe trans. [3]
Frapper de paralysie. ◻ [paʀalize].

**PARALYSIE,** subst. f.
Perte totale ou partielle de la motricité. – Fig. Impossibilité de fonctionner, d'agir : *La* **paralysie** *des transports urbains.* ◻ [paʀalizi].

**PARALYTIQUE,** adj. et subst.
Qui est atteint de paralysie. ◻ [paʀalitik].

**PARAMÈTRE,** subst. m.
Donnée intervenant dans un jugement, une évaluation, etc. – *Math.* Dans une équation, élément autre que la variable ou l'inconnue, et dont on peut fixer librement la valeur numérique. ◻ [paʀamɛtʀ].

**PARANGON,** subst. m.
Modèle : *Parangon de vertu.* ◻ [paʀɑ̃gɔ̃].

**PARANOÏA,** subst. f.
Psychose caractérisée par un orgueil démesuré et une tendance à se croire persécuté. ◻ [paʀanɔja].

**PARANORMAL, ALE, AUX,** adj.
Qualifie des phénomènes que la science ne peut expliquer. ◻ [paʀanɔʀmal].

**PARAPET,** subst. m.
Muret à hauteur d'appui protégeant du vide : *Parapet d'un pont.* ◻ [paʀapɛ].

**PARAPHE,** subst. m.
Signature réduite aux initiales, ou trait tiré sous une signature. ◻ On écrit aussi *parafe* ; [paʀaf].

**PARAPHRASE,** subst. f.
Explication d'un texte. – Commentaire d'un texte, qui se borne à en répéter le contenu de façon verbeuse. ◻ [paʀafʀɑz].

**PARAPLÉGIE,** subst. f.
Paralysie des membres inférieurs ou, plus rarement, supérieurs. ◻ [paʀapleʒi].

**PARAPLUIE,** subst. m.
Accessoire portatif et pliant servant à s'abriter de la pluie. ◻ [paʀaplɥi].

**PARASITE,** adj. et subst. m.
Se dit d'une personne qui vit aux dépens d'autrui, ou d'un organisme tirant sa subsistance d'un autre, qu'il occupe et auquel il nuit. – Plur. Bruits perturbant un message radioélectrique. – Adj. Superflu et gênant. ◻ [paʀazit].

**PARASITER,** verbe trans. [3]
Vivre, croître aux dépens de. – Brouiller (un message sonore). ◻ [paʀazite].

**PARASOL,** subst. m.
Sorte de grand parapluie que l'on installe pour se protéger du soleil. ◻ [paʀasɔl].

**PARATONNERRE,** subst. m.
Dispositif destiné à protéger les bâtiments de la foudre. ◻ [paʀatɔnɛʀ].

**PARAVENT,** subst. m.
Ensemble de panneaux articulés abritant des regards, des courants d'air. ◻ [paʀavɑ̃].

**PARC,** subst. m.
Enclos où l'on enferme du bétail. – Bassin où sont élevés des animaux marins. – Emplacement réservé aux automobiles. – Ensemble des véhicules, du matériel, des installations de même nature dont dispose une entreprise, un pays, etc. : **Parc** *automobile* ; **Parc** *immobilier.* – Région où la faune et la flore sont protégées. – *Grand*

jardin. – **Parc** *zoologique* : zoo. – Terrain aménagé pour les loisirs, l'amusement : **Parc** *d'attractions*. 〖𝔤〗 [paʀk].

**PARCELLE**, subst. f.
Fragment, petit morceau. – Portion de terrain constituant une unité cadastrale. 〖𝔤〗 [paʀsɛl].

**PARCE QUE**, loc. conj.
Exprime la cause, la raison : *Je mange* **parce** *que j'ai faim*. 〖𝔤〗 [paʀs(ə)kə].

**PARCHEMIN**, subst. m.
Peau d'animal préparée pour l'écriture ou la reliure. – Document, texte écrit sur **parchemin**. 〖𝔤〗 [paʀʃəmɛ̃].

**PARCIMONIE**, subst. f.
Épargne minutieuse. – *Avec* **parcimonie** : avec un souci d'économie. 〖𝔤〗 [paʀsimɔni].

**PARCOURIR**, verbe trans. [25]
Visiter dans toute son étendue. – Effectuer (un parcours précis). – Fig. Lire rapidement. 〖𝔤〗 [paʀkuʀiʀ].

**PARCOURS**, subst. m.
Action de parcourir. – Trajet, itinéraire d'un point à un autre. – Fig. Déroulement d'une vie, d'une carrière. – *Incident de* **parcours** : difficulté imprévue. 〖𝔤〗 [paʀkuʀ].

**PARDESSUS**, subst. m.
Épais manteau d'homme. 〖𝔤〗 [paʀdəsy].

**PAR-DEVERS**, prép.
En la possession de : *Garder qqch*. **par-devers** *soi*. – Par-devant. 〖𝔤〗 [paʀdəvɛʀ].

**PARDI**, interj.
Marque et souligne l'évidence, l'approbation : **Pardi** ! *j'en étais sûr* ! 〖𝔤〗 [paʀdi].

**PARDON**, subst. m.
Action de pardonner : *Accorder son* **pardon**. – Formule de politesse servant à s'excuser ou à prier qqn de répéter qqch. 〖𝔤〗 [paʀdɔ̃].

**PARDONNER**, verbe trans. [3]
Trans. dir. Renoncer à punir (une faute). – Excuser (qqch.). – Trans. indir. Ne plus tenir rigueur (à qqn) ; oublier les torts (de qqn). – **Pardonnez**-*moi* : excusez-moi. 〖𝔤〗 [paʀdɔne].

**PARE-BRISE**, subst. m. inv.
Vitre avant d'un véhicule. 〖𝔤〗 [paʀbʀiz].

**PARE-CHOCS**, subst. m. inv.
Barre de protection placée à l'avant et à l'arrière d'un véhicule. 〖𝔤〗 [paʀʃɔk].

**PAREIL, EILLE**, adj. et subst.
Adj. Égal, identique, semblable. – Tel, de ce genre : *En* **pareil** *cas*. – Subst. Chose ou personne similaire à une autre : *Il n'a pas son* **pareil**, *il n'a pas d'égal*. – *Rendre la* **pareille** *à qqn* : soumettre qqn au traitement qu'on en a reçu. 〖𝔤〗 [paʀɛj].

**PARENT, ENTE**, adj. et subst.
Se dit d'une personne qui appartient à la même famille qu'une autre. – Subst. masc. plur. Le père et la mère. – Adj. Ressemblant, analogue. 〖𝔤〗 [paʀɑ̃, -ɑ̃t].

**PARENTÉ**, subst. f.
Rapport d'alliance ou de consanguinité. – Ensemble des parents. – Fig. Analogie. 〖𝔤〗 [paʀɑ̃te].

**PARENTHÈSE**, subst. f.
Digression, précision insérée dans une phrase, un texte, entre deux signes de ponctuation. – Chacun de ces deux signes : ( ). 〖𝔤〗 [paʀɑ̃tɛz].

**PARER (I)**, verbe trans. [3]
Revêtir d'une parure, orner. – Apprêter, préparer pour un usage précis. 〖𝔤〗 [paʀe].

**PARER (II)**, verbe trans. [3]
Esquiver, éviter : **Parer** *un coup*. – **Parer** *à* : se préserver de, remédier à. 〖𝔤〗 [paʀe].

**PARESSE**, subst. f.
Tendance à éviter ou à refuser l'effort ; manque d'énergie. 〖𝔤〗 [paʀɛs].

**PARESSER**, verbe intrans. [3]
S'adonner à la paresse. 〖𝔤〗 [paʀese].

**PARESSEUX, EUSE**, adj. et subst.
Qui fait preuve de paresse. – Subst. masc. Mammifère édenté d'Amérique du Sud, aux mouvements très lents. 〖𝔤〗 [paʀesø, -øz].

**PARFAIRE**, verbe trans. [57]
Mener à son terme avec un souci de perfection. 〖𝔤〗 Verbe défectif ; [paʀfɛʀ].

**PARFAIT, AITE**, adj.
Achevé, complet. – Qui touche à la perfection ; sans défaut. 〖𝔤〗 [paʀfɛ, -ɛt].

**PARFAITEMENT**, adv.
De manière parfaite. – Certainement ; tout à fait. 〖𝔤〗 [paʀfɛtmɑ̃].

**PARFOIS**, adv.
De temps en temps, quelquefois. – Tantôt : **Parfois** *l'une*, **parfois** *l'autre*. 〖𝔤〗 [paʀfwa].

**PARFUM**, subst. m.
Odeur délicieuse. – Substance dégageant une telle odeur : *Un flacon de* **parfum**. – Arôme alimentaire. 〖𝔤〗 [paʀfœ̃].

**PARFUMER**, verbe trans. [3]
Imprégner (qqn, qqch.) de parfum ; embaumer. – Donner un parfum, une saveur à (un mets). 〖𝔤〗 [paʀfyme].

**PARFUMERIE**, subst. f.
Fabrication, usine, commerce et boutique de parfums. – Les produits de beauté et les parfums. 〖𝔤〗 [paʀfymʀi].

**PARFUMEUR, EUSE**, subst.
Fabricant de parfum. – Commerçant spécialisé dans la parfumerie. 〖𝔤〗 [paʀfymœʀ, -øz].

**PARI**, subst. m.
Jeu dans lequel les participants engagent des sommes, des objets qui reviendront à celui dont le pronostic ou les assertions se vérifieront. – Défi. 〖𝔤〗 [paʀi].

**PARIA,** subst. m.
En Inde, individu considéré comme impur.
– Fig. Personne rejetée de tous. 🔊 [paʀja].

**PARIER,** verbe trans. [6]
Engager (un enjeu) dans un pari : **Parier** *de l'argent.* – Être sûr de, affirmer, soutenir : *Je parie qu'il a fini !* 🔊 [paʀje].

**PARIÉTAL, ALE, AUX,** adj.
Relatif à une paroi : *Os* **pariétal,** qui forme un côté de la voûte crânienne ; *Peinture* **pariétale,** réalisée sur les parois d'une grotte (synon. *rupestre*). 🔊 [paʀjetal].

**PARITAIRE,** adj.
Où toutes les parties sont également représentées : *Une commission* **paritaire.** 🔊 [paʀitɛʀ].

**PARITÉ,** subst. f.
Égalité stricte. – Équivalence de la valeur d'échange des monnaies de deux pays. – Caractère pair d'un nombre. 🔊 [paʀite].

**PARJURE,** adj. et subst.
Se dit d'une personne qui viole son serment. – Subst. masc. Violation d'un serment. 🔊 [paʀʒyʀ].

**PARKA,** subst. m. ou f.
Veste imperméable à capuche. 🔊 [paʀka].

**PARKING,** subst. m.
Parc de stationnement. 🔊 [paʀkiŋ].

**PARLANT, ANTE,** adj.
Qui parle. – Qui reproduit la parole, la voix humaines : *Horloge* **parlante.** – Expressif : *Regard* **parlant.** – Qui exclut le doute, évident : *Indice* **parlant.** 🔊 [paʀlɑ̃, -ɑ̃t].

**PARLEMENT,** subst. m.
Sous l'Ancien Régime, cour souveraine de justice. – De nos jours, ensemble des assemblées législatives. 🔊 [paʀləmɑ̃].

**PARLEMENTAIRE,** adj. et subst.
Adj. Relatif au Parlement. – Subst. Membre du Parlement. 🔊 [paʀləmɑ̃tɛʀ].

**PARLEMENTER,** verbe intrans. [3]
Négocier (avec l'ennemi). – Discuter pour trouver un arrangement. 🔊 [paʀləmɑ̃te].

**PARLER (I),** verbe [3]
Intrans. Prononcer des mots. – S'exprimer : **Parler** *par gestes.* – Passer aux aveux. – Trans. dir. Pratiquer (une langue) : **Parler** *le français.* – S'entretenir de, aborder (un sujet) : **Parler** *politique.* – Trans. indir. S'adresser (à) : **Parler** *à qqn.* – **Parler** *de* : tenir des propos sur. 🔊 [paʀle].

**PARLER (II),** subst. m.
Manière de parler. – Dialecte. 🔊 [paʀle].

**PARLOIR,** subst. m.
Pièce où les visiteurs peuvent rencontrer les pensionnaires de certains établissements : **Parloir** *d'une prison.* 🔊 [paʀlwaʀ].

**PARME,** adj. inv. et subst. m.
Couleur violet clair. 🔊 [paʀm].

**PARMI,** prép.
Au milieu de. – Au nombre de. – Chez : *Idée répandue* **parmi** *les jeunes.* 🔊 [paʀmi].

**PARODIE,** subst. f.
Caricature d'une œuvre littéraire ou artistique. – Fig. Grossière imitation, simulacre : **Parodie** *de justice.* 🔊 [paʀɔdi].

**PARODIER,** verbe trans. [6]
Faire la parodie de. – Fig. Caricaturer (qqn). 🔊 [paʀɔdje].

**PAROI,** subst. f.
Versant rocheux abrupt. – Cloison, mur. – Surface interne d'un objet creux ; surface latérale d'une cavité. 🔊 [paʀwa].

**PAROISSE,** subst. f.
Circonscription ecclésiastique desservie par un curé, un pasteur. 🔊 [paʀwas].

**PAROISSIAL, ALE, AUX,** adj.
Propre à la paroisse. 🔊 [paʀwasjal].

**PAROLE,** subst. f.
Faculté de parler propre à l'être humain. – Propos. – Serment : *Donner sa* **parole.** – Plur. Texte d'une chanson. 🔊 [paʀɔl].

**PAROLIER, IÈRE,** subst.
Auteur de textes destinés à être chantés. 🔊 [paʀɔlje, -jɛʀ].

**PAROXYSME,** subst. m.
Intensité maximale. 🔊 [paʀɔksism].

**PARPAING,** subst. m.
Bloc creux de béton ou de ciment utilisé dans les constructions modernes. 🔊 [paʀpɛ̃].

**PARQUER,** verbe trans. [3]
Mettre (des bêtes) dans un enclos. – Enfermer (des gens) à l'étroit, comme du bétail. – Garer (une voiture). 🔊 [paʀke].

**PARQUET,** subst. m.
Assemblage de lames de bois couvrant le sol. – *Dr.* Ensemble des magistrats qui exercent le ministère public. 🔊 [paʀkɛ].

**PARRAIN,** subst. m.
Homme qui, au baptême, s'engage à guider son filleul dans sa foi. – Homme qui introduit qqn dans une société, un cercle, etc. – Chef d'une mafia. 🔊 [paʀɛ̃].

**PARRAINER,** verbe trans. [3]
Servir de garant à. – Apporter son soutien financier, médiatique à. 🔊 [paʀene].

**PARRICIDE,** adj. et subst.
Se dit d'une personne qui a tué l'un de ses ascendants. – Subst. masc. Meurtre d'un ascendant : *Commettre un* **parricide.** – Adj. *Crime* **parricide.** 🔊 [paʀisid].

**PARSEMER,** verbe trans. [10]
Disperser, répandre çà et là. – Être répandu sur : *Les étoiles* **parsèment** *le ciel.* 🔊 [paʀsəme].

**PART, subst. f.**
Morceau, partie d'un tout ; portion. – Ce qui revient à qqn. – *Prendre* **part** *à qqch.* : y participer. – *Faire* **part** *de*, informer de. – Contribution : *Payer sa* **part**. – Partie d'un lieu, côté, direction : *Quelque* **part**, en un lieu non précisé ; *Nulle* **part**, en aucun lieu ; *Autre* **part**, ailleurs. – *De la* **part** *de qqn* : en son nom. – *D'autre* **part** : en outre. – Loc. adj. et adv. *À* **part** : différent du reste ; séparément, excepté. 📖 [paʀ].

**PARTAGE, subst. m.**
Action de partager. – *Sans* **partage** : à soi seul ; entièrement. 📖 [paʀtaʒ].

**PARTAGER, verbe trans.** [5]
Diviser en plusieurs parties. – Diviser en groupes opposés, hostiles. – Donner une part de ; mettre en commun. – Fig. S'associer à. – *Être* **partagé** : être animé de sentiments contradictoires. 📖 [paʀtaʒe].

**PARTANT, ANTE, adj. et subst.**
Subst. Celui qui part. – *Sp.* Concurrent sur la ligne de départ. – Adj. *Être* **partant** *pour* : être volontaire pour (fam.). 📖 [paʀtɑ̃, -ɑ̃t].

**PARTENAIRE, subst.**
Joueur, sportif avec lequel on fait équipe. – Acteur avec lequel on joue. – Pays avec lequel un autre pays entretient des relations. – **Partenaires** *sociaux* : représentants des syndicats et du patronat. 📖 [paʀtənɛʀ].

**PARTERRE, subst. m.**
Massif de fleurs. – Partie d'une salle de théâtre située derrière les fauteuils de l'orchestre. – Auditoire. 📖 [paʀtɛʀ].

**PARTI, subst. m.**
Groupe de personnes ayant des opinions, des intérêts communs. – Organisation politique. – *Prendre* **parti** *pour, contre qqn* : lui donner raison ou tort. – **Parti** *pris* : préjugé. – Décision, résolution : *Prendre le* **parti** *de*. – *Tirer* **parti** *de* : exploiter. 📖 [paʀti].

**PARTIAL, ALE, AUX, adj.**
Qui est de parti pris. – Injuste. 📖 [paʀsjal].

**PARTIALITÉ, subst. f.**
Tendance à suivre ses préférences personnelles, sans souci d'équité. 📖 [paʀsjalite].

**PARTICIPATION, subst. f.**
Action, fait de participer. – Intéressement aux bénéfices. – *Fin.* Détention partielle du capital d'une société. 📖 [paʀtisipasjɔ̃].

**PARTICIPE, subst. m.**
Forme verbale utilisée au passif et dans les temps composés, ou jouant un rôle d'adjectif : **Participe** *passé, présent*. 📖 [paʀtisip].

**PARTICIPER, verbe trans. indir.** [3]
Prendre part (à). – Payer ou recevoir sa part (de). 📖 [paʀtisipe].

**PARTICULARITÉ, subst. f.**
Caractère particulier ; spécificité, singularité. 📖 [paʀtikylaʀite].

**PARTICULE, subst. f.**
Parcelle infime. – Préposition « de » placée devant certains patronymes. 📖 [paʀtikyl].

**PARTICULIER, IÈRE, adj. et subst. m.**
Adj. Propre à qqch., à qqn ; individuel, privé. – Hors du commun, remarquable. – Spécial, spécifique. – Subst. Personne privée. – Loc. adv. *En* **particulier** : spécialement ; en tête à tête. 📖 [paʀtikylje, -jɛʀ].

**PARTIE, subst. f.**
Élément, portion d'un tout. – Divertissement, jeu à plusieurs. – Chacun des plaideurs d'un procès, des signataires d'un contrat. – Profession, spécialité. – *Prendre qqn à* **partie** : s'attaquer à lui. 📖 [paʀti].

**PARTIEL, IELLE, adj.**
Qui ne concerne pas la totalité de qqch. – Qui ne constitue pas un tout. 📖 [paʀsjɛl].

**PARTIR, verbe intrans.** [23]
Quitter un lieu, s'en aller. – Prendre, avoir comme point de départ : **Partir** *de rien*. – Loc. prép. *À* **partir** *de* : depuis. 📖 [paʀtiʀ].

**PARTISAN, ANE, adj. et subst.**
Subst. Personne qui soutient un candidat, un parti ou une cause. – Franc-tireur. – Adj. *Esprit* **partisan** : de parti pris. – *Être* **partisan** *de* : être favorable à. 📖 [paʀtizɑ̃, -an].

**PARTITION, subst. f.**
Partage politique d'un pays. – Notation d'une œuvre musicale ; cahier, feuillet où est transcrite cette œuvre. 📖 [paʀtisjɔ̃].

**PARTOUT, adv.**
En tout lieu, en tout endroit. 📖 [paʀtu].

**PARTURIENTE, subst. f.**
Femme qui accouche. 📖 [paʀtyʀjɑ̃t].

**PARURE, subst. f.**
Ce qui sert à parer, à orner. – Bijoux assortis. – Linge de lit coordonné. 📖 [paʀyʀ].

**PARUTION, subst. f.**
Fait de paraitre en librairie, d'être publié, pour un ouvrage. – Moment de la publication. – Ouvrage publié. 📖 [paʀysjɔ̃].

**PARVENIR, verbe trans. indir.** [22]
Réussir (à faire qqch.). – Arriver (à destination). 📖 [paʀvəniʀ].

**PARVENU, UE, adj. et subst.**
Se dit d'une personne qui s'est élevée socialement sans acquérir les usages de son nouveau milieu. 📖 [paʀvəny].

**PARVIS, subst. m.**
Esplanade située devant une église ou un bâtiment public. 📖 [paʀvi].

**PAS (I), adv.**
Négation, employée avec ou sans « ne » : *Je ne viens* **pas** ; **Pas** *du tout*. 📖 [pɑ].

**PAS (II),** subst. m.
Mouvement que l'on fait lorsqu'on marche, en passant un pied devant l'autre ; enjambée. – Façon de marcher : *À pas lents.* – Seuil ; passage ; détroit. – *Faire le premier* **pas** : prendre l'initiative. 🕮 [pɑ].

**PASCAL, ALE, ALS ou AUX,** adj.
Relatif à la fête chrétienne de Pâques, ou à la Pâque juive : *Agneau* **pascal**. 🕮 [paskal].

**PASSABLE,** adj.
Dont la qualité est juste moyenne ; ni bon ni mauvais : *Mention* **passable**. 🕮 [pɑsabl].

**PASSADE,** subst. f.
Brève aventure amoureuse. – Engouement, caprice. 🕮 [pɑsad].

**PASSAGE,** subst. m.
Action de passer. – Endroit par où l'on passe. – Changement, fait de passer (d'un état à un autre). – Traversée en bateau. – Galerie marchande couverte. – Extrait d'une œuvre. 🕮 [pɑsaʒ].

**PASSAGER, ÈRE,** adj. et subst.
Subst. Usager d'un moyen de transport. – Adj. Bref, éphémère. – Qui ne fait que passer. 🕮 [pɑsaʒe, -ɛʀ].

**PASSANT, ANTE,** adj. et subst.
Adj. Fréquenté : *Rue* **passante**. – Subst. Piéton qui passe. 🕮 [pɑsɑ̃, -ɑ̃t].

**PASSATION,** subst. f.
Action d'écrire dans la forme juridique, légale exigée. – Transmission. 🕮 [pɑsasjɔ̃].

**PASSE,** subst. f.
*Mot de* **passe** : mot ou code secret d'accès. – *Mauvaise* **passe** : situation difficile. – *Hôtel de* **passe** : de prostitution. – *Mar.* Chenal. – *Sp.* Action de passer un ballon. 🕮 [pas].

**PASSÉ (I),** prép.
Après, au-delà de : **Passé** *cette date, votre billet est périmé*. 🕮 [pase].

**PASSÉ (II),** subst. m.
Ce qui a eu lieu, ce qui n'est plus. – *Ling.* Temps de la conjugaison utilisé pour décrire des actions révolues. 🕮 [pase].

**PASSÉ (III), ÉE,** adj.
Du passé, révolu. – *Couleur* **passée** : ternie. – **Passé** *de mode* : démodé. 🕮 [pase].

**PASSE-DROIT,** subst. m.
Faveur illégale, irrégulière. 🕮 Plur. *passe-droits* ; [pɑsdʀwa].

**PASSÉISME,** subst. m.
Nostalgie excessive du passé. 🕮 [paseism].

**PASSEMENTERIE,** subst. f.
Ensemble des articles d'ornement tressés ou tissés, utilisés pour l'ameublement et l'habillement. – Fabrication, commerce de ces articles. 🕮 [pasmɑ̃tʀi].

**PASSE-PARTOUT,** adj. inv. et subst. m. inv.
Subst. Clef ouvrant de nombreuses serrures. – Adj. Qui convient partout. 🕮 [pɑspaʀtu].

**PASSE-PASSE,** subst. m. inv.
*Tour de* **passe-passe** : tour d'adresse ; au fig., manœuvre habile. 🕮 [pɑspɑs].

**PASSEPORT,** subst. m.
Pièce officielle d'identité permettant de voyager à l'étranger. 🕮 [pɑspɔʀ].

**PASSER,** verbe [3]
Intrans. Aller sans s'arrêter : **Passer** *dans la rue* ; *Un nuage* **passa** *devant le soleil* ; *Ce train* **passe** *par Rome, traverse Rome*. – *Le temps* **passe** : il s'écoule. – **Passer** *en sixième* : y être admis. – *Ce film* **passe** *cette semaine* : il est projeté cette semaine. – *Y* **passer** : mourir (fam.). – Trans. Franchir : **Passer** *la frontière*. – **Passer** *un examen* : s'y présenter. – **Passer** *le café* : le filtrer. – **Passer** *une robe* : l'enfiler. – **Passer** *ses vacances à la montagne* : y séjourner. – **Passe**-*moi le pain* : donne-le-moi. – Pronom. Avoir lieu ; se dérouler. – *Se* **passer** *de* : s'abstenir de. 🕮 [pɑse].

**PASSEREAU,** subst. m.
Oiseau de petite taille (moineau, merle, hirondelle, etc.) pourvu de pattes à quatre doigts dont l'un (le pouce) est dirigé vers l'arrière. 🕮 [pɑsʀo].

**PASSERELLE,** subst. f.
Pont étroit réservé aux piétons. – Plan incliné ou escalier mobile qui permet l'accès à un bateau, à un avion. 🕮 [pɑsʀɛl].

**PASSE-TEMPS,** subst. m. inv.
Occupation, loisir agréable. 🕮 [pɑstɑ̃].

**PASSEUR, EUSE,** subst.
Personne qui fait traverser une rivière. – Personne qui fait passer une frontière illégalement. 🕮 [pɑsœʀ, -øz].

**PASSIBLE,** adj.
Qui encourt ou entraîne une peine : *Délit* **passible** *d'une amende*. 🕮 [pɑsibl].

**PASSIF, IVE,** adj. et subst. m.
*Ling.* Se dit d'une forme verbale où le sujet grammatical subit l'action : *Voix* **passive** ; *Au* **passif**. – Adj. Qui n'est pas agissant. – Qui se contente de subir. – Qui manque d'énergie ou de volonté. 🕮 [pasif, -iv].

**PASSIFLORE,** subst. f.
Plante tropicale grimpante, qui donne le fruit de la Passion. 🕮 [pasiflɔʀ].

**PASSION,** subst. f.
*La* **Passion** : les souffrances et le supplice du Christ. – Émotion violente qui domine la raison. – Amour ardent. – Intérêt intense, puissant désir éprouvé pour qqch., qqn. – Objet de cet amour, de ce désir. 🕮 [pasjɔ̃].

**PASSIONNEL, ELLE,** adj.
Inspiré par la passion. 🕮 [pasjɔnɛl].

**PASSIONNER,** verbe trans. [3]
Susciter un vif intérêt chez. – **Passionner** *un débat* : le rendre très animé. 🕮 [pasjɔne].

**PASSIVITÉ, subst. f.**
État de ce qui est passif. – Comportement d'une personne passive. 🔊 [pasivite].

**PASSOIRE, subst. f.**
Ustensile percé de trous, servant à égoutter les aliments. 🔊 [pɑswaʀ].

**PASTEL, adj. inv. et subst. m.**
Subst. Bâtonnet de couleur. – Dessin au pastel. – Adj. De couleur, de teinte douce et claire. 🔊 [pastɛl].

**PASTÈQUE, subst. f.**
Plante méditerranéenne cultivée pour son gros fruit rond et vert, à chair rouge gorgée d'eau. – Ce fruit. 🔊 [pastɛk].

**PASTEUR, subst. m.**
Gardien de troupeau. – Guide spirituel. – Ministre du culte protestant. 🔊 [pastœʀ].

**PASTEURISER, verbe trans. [3]**
Stériliser en portant à très haute température. 🔊 [pastœʀize].

**PASTICHE, subst. m.**
Imitation de la manière d'un artiste, du style d'un auteur, parodie. 🔊 [pastiʃ].

**PASTILLE, subst. f.**
Petit bonbon ou médicament à sucer, de forme aplatie. – Motif rond. 🔊 [pastij].

**PASTIS, subst. m.**
Boisson alcoolisée, à l'anis. 🔊 [pastis].

**PASTORAL, ALE, AUX, adj. et subst. f.**
Adj. Relatif aux bergers. – Qui idéalise la campagne. – Subst. Œuvre qui s'inspire des mœurs champêtres. 🔊 [pastɔʀal].

**PATATE, subst. f.**
Pomme de terre (fam.). – **Patate** *douce* : tubercule tropical à chair rosée. 🔊 [patat].

**PATAUD, AUDE, adj. et subst.**
Qui est gauche et maladroit. – Subst. masc. Chiot à grosses pattes. 🔊 [pato, -od].

**PATAUGER, verbe intrans. [5]**
Marcher sur un sol boueux, dans des flaques. – Fig. S'empêtrer dans une difficulté (fam.). 🔊 [patoʒe].

**PATCHWORK, subst. m.**
Ouvrage fait de pièces de tissu disparates. – Fig. Ensemble hétérogène. 🔊 [patʃwœʀk].

**PÂTE, subst. f.**
Mélange à base de farine et d'eau : **Pâte** *à pain*. – Substance plus ou moins molle : **Pâte** *dentifrice*. – Plur. Aliments à base de semoule de blé dur, aux formes variées, que l'on fait bouillir. 🔊 [pɑt].

**PÂTÉ, subst. m.**
Hachis de viandes cuit en terrine ou en croûte. – Tache d'encre sur une feuille de papier. – Groupe de maisons. 🔊 [pɑte].

**PÂTÉE, subst. f.**
Mélange épais d'aliments dont on nourrit certains animaux. 🔊 [pɑte].

**PATENT, ENTE, adj.**
Qui est évident, manifeste. 🔊 [patɑ̃, -ɑ̃t].

**PATENTE, subst. f.**
Écrit du roi accordant un droit, un privilège. – Ancien impôt professionnel ; le document attestant son paiement. 🔊 [patɑ̃t].

**PATÈRE, subst. f.**
Portemanteau mural. 🔊 [patɛʀ].

**PATERNALISME, subst. m.**
Attitude d'un patron dont l'autorité, supposée protectrice, infantilise. 🔊 [patɛʀnalism].

**PATERNEL, ELLE, adj.**
Propre au père. – Du côté du père. – Qui semble émaner d'un père. 🔊 [patɛʀnɛl].

**PATERNITÉ, subst. f.**
État, qualité, sentiment de père. – Fait d'être l'auteur (de qqch.). 🔊 [patɛʀnite].

**PÂTEUX, EUSE, adj.**
De la consistance d'une pâte. 🔊 [pɑtø, -øz].

**PATHÉTIQUE, adj. et subst. m.**
Qui émeut vivement par son intensité dramatique ou douloureuse. 🔊 [patetik].

**PATHOGÈNE, adj.**
Susceptible d'être la cause d'une maladie : *Bactérie* **pathogène**. 🔊 [patɔʒɛn].

**PATHOLOGIE, subst. f.**
*Méd.* Étude des causes, des symptômes et de l'évolution des maladies. 🔊 [patɔlɔʒi].

**PATIBULAIRE, adj.**
Qui inspire la méfiance et l'inquiétude par son aspect louche, sinistre. 🔊 [patibylɛʀ].

**PATIENCE, subst. f.**
Vertu qui consiste à ne pas s'irriter des désagréments et à savoir attendre. – Persévérance, constance. 🔊 [pasjɑ̃s].

**PATIENT, IENTE, adj. et subst.**
Adj. Qui fait montre de patience. – Subst. Client d'un médecin. 🔊 [pasjɑ̃, -jɑ̃t].

**PATIENTER, verbe intrans. [3]**
Attendre avec patience. 🔊 [pasjɑ̃te].

**PATIN, subst. m.**
Semelle de feutre utilisée pour glisser sur un parquet ciré. – **Patin** *à roulettes* : semelle rigide à quatre roues, attachée sous la chaussure. – **Patin** *à glace* : chaussure sous laquelle est fixée une lame. 🔊 [patɛ̃].

**PATINAGE, subst. m.**
Fait de patiner. – Pratique du patin à glace ou à roulettes. 🔊 [patinaʒ].

**PATINE, subst. f.**
Oxydation naturelle ou chimique du cuivre ou du bronze. – Empreinte du temps sur les objets anciens. 🔊 [patin].

**PATINÉ, ÉE, adj.**
Couvert de patine. 🔊 [patine].

**PATINER, verbe intrans. [3]**
Se déplacer avec des patins à glace ou à roulettes. – Glisser faute d'adhérence : *Les roues* **patinent** *dans le sable*. 🔊 [patine].

**PATINOIRE**, subst. f.
Lieu aménagé pour le patinage sur glace.
– Fig. Sol très glissant. 🔊 [patinwaʀ].

**PATIO**, subst. m.
Cour intérieure d'une maison, sur laquelle s'ouvrent des pièces. 🔊 [pasjo] ou [patjo].

**PÂTIR**, verbe intrans. [19]
Subir un dommage à cause de : Pâtir de l'injustice. 🔊 [patiʀ].

**PÂTISSERIE**, subst. f.
Gâteau, pâte travaillée, diversement garnie et cuite au four. – Boutique, commerce et profession du pâtissier. 🔊 [patisʀi].

**PÂTISSIER, IÈRE**, adj. et subst.
Personne qui confectionne ou qui vend des pâtisseries. 🔊 [patisje, -jɛʀ].

**PATOIS**, subst. m.
Parler d'une localité ou d'une région rurale, d'usage oral. 🔊 [patwa].

**PÂTRE**, subst. m.
Berger (littér.). 🔊 [patʀ].

**PATRIARCAT**, subst. m.
Organisation sociale fondée sur l'autorité du père. 🔊 [patʀijaʀka].

**PATRIARCHE**, subst. m.
Vieillard vénérable entouré d'une descendance nombreuse. 🔊 [patʀijaʀʃ].

**PATRICIEN, IENNE**, adj. et subst.
Se disait d'un citoyen romain de la plus haute classe sociale. 🔊 [patʀisjɛ̃, -jɛn].

**PATRIE**, subst. f.
Pays natal. – Nation à laquelle on appartient ou envers laquelle on éprouve un vif sentiment d'appartenance. 🔊 [patʀi].

**PATRIMOINE**, subst. m.
Ensemble des biens hérités des ascendants. – Héritage d'une collectivité : Patrimoine culturel. 🔊 [patʀimwan].

**PATRIOTE**, adj. et subst.
Qui aime sa patrie et qui est prêt à la défendre. 🔊 [patʀijɔt].

**PATRIOTISME**, subst. m.
Amour de la patrie. 🔊 [patʀijɔtism].

**PATRON (I)**, subst. m.
Modèle d'après lequel sont exécutés certains travaux artisanaux. 🔊 [patʀɔ̃].

**PATRON (II), ONNE**, subst.
Saint protecteur. – Personne qui dirige un établissement et qui a des employés sous ses ordres ; employeur. 🔊 [patʀɔ̃, -ɔn].

**PATRONAGE**, subst. m.
Protection accordée par une entreprise, une personne influente, etc. – Œuvre organisant les loisirs des enfants. 🔊 [patʀɔnaʒ].

**PATRONAL, ALE, AUX**, adj.
Qui honore un saint patron : Fête patronale. – Relatif au patronat. 🔊 [patʀɔnal].

**PATRONAT**, subst. m.
Ensemble des patrons, des chefs d'entreprise. 🔊 [patʀɔna].

**PATRONNER**, verbe trans. [3]
Soutenir, appuyer en accordant son patronage. 🔊 [patʀɔne].

**PATRONYME**, subst. m.
Nom de famille. 🔊 [patʀɔnim].

**PATROUILLE**, subst. f.
Petite formation d'avions, détachement de policiers ou de militaires chargés d'une mission de surveillance, de liaison, etc. – Cette mission. 🔊 [patʀuj].

**PATTE**, subst. f.
Membre d'un animal. – Jambe, pied ou main (fam.). – Manière, habileté propres à un artiste. 🔊 [pat].

**PATTE-D'OIE**, subst. f.
Carrefour d'où partent au moins trois voies. – Faisceau de rides au coin externe de l'œil. 🔊 Plur. pattes-d'oie ; [patdwa].

**PÂTURAGE**, subst. m.
Lieu où paît le bétail. 🔊 [patyʀaʒ].

**PÂTURE**, subst. f.
Nourriture des animaux. – Pâturage. – Fig. Ce qui nourrit la pensée. 🔊 [patyʀ].

**PAUME**, subst. f.
L'intérieur de la main, qui va du poignet à la naissance des doigts. 🔊 [pom].

**PAUPÉRISATION**, subst. f.
Appauvrissement lent, continu d'une classe sociale, d'une population. 🔊 [popeʀizasjɔ̃].

**PAUPIÈRE**, subst. f.
Membrane cutanée, dotée de muscles et mobile, qui protège l'œil. 🔊 [popjɛʀ].

**PAUPIETTE**, subst. f.
Tranche de veau farcie, roulée, bardée et ficelée, que l'on braise. 🔊 [popjɛt].

**PAUSE**, subst. f.
Interruption momentanée d'une activité, d'un travail. – Mus. Bref silence. 🔊 [poz].

**PAUVRE**, adj. et subst.
Qui a des ressources insuffisantes. – Adj. Qui inspire la pitié. – Médiocre, faible : Un style pauvre. 🔊 Subst. fém., dans un style littér., pauvresse ; [povʀ].

**PAUVRETÉ**, subst. f.
État, condition d'une personne pauvre. – Aspect misérable. – Fig. Insuffisance, médiocrité. 🔊 [povʀəte].

**PAVAGE**, subst. m.
Action de paver. – Revêtement de pavés, de dalles, etc. 🔊 [pavaʒ].

**PAVANER (SE)**, verbe pronom. [3]
Se comporter avec suffisance, à la manière d'un paon qui fait la roue. 🔊 [pavane].

**PAVÉ**, subst. m.
Bloc de pierre gén. cubique, utilisé pour le revêtement d'un sol, d'une voie ; ce revête-

ment. – Gros livre ou texte trop long (fam.). – Bifteck épais. 📖 [pave].

**PAVER**, verbe trans. [3]
Recouvrir (un sol) de pavés. 📖 [pave].

**PAVILLON**, subst. m.
Maison individuelle. – Petit bâtiment ou corps de bâtiment. – Partie extérieure de l'oreille. – Extrémité évasée de certains instruments de musique à vent. – *Mar.* Drapeau. 📖 [pavijɔ̃].

**PAVOISER**, verbe [3]
Trans. Orner (un bateau, une rue, un édifice, etc.) de drapeaux. – Intrans. Fig. Afficher sa joie (fam.). 📖 [pavwaze].

**PAVOT**, subst. m.
Plante dont une espèce fournit l'opium. – **Pavot** *des champs* : coquelicot. 📖 [pavo].

**PAYANT, ANTE**, adj.
Qui doit payer. – Que l'on doit payer. – Rentable, profitable (fam.). 📖 [pɛjɑ̃, -ɑ̃t].

**PAYE**, subst. f.
Somme d'argent que l'on reçoit en échange de son travail : *Une fiche de* **paye**. 📖 [pɛj].

**PAYER**, verbe trans. [15]
Verser (une somme due) ; verser à (qqn) ce qui lui est dû ; rémunérer. – Dédommager ; récompenser. – Fig. Expier : **Payer** *son crime*. – *Ça* **paye** : *c'est rentable* (fam.). 📖 [peje].

**PAYS**, subst. m.
Territoire d'un État. – Région. – Lieu d'où l'on est originaire : *Il est rentré au* **pays**. 📖 [pei].

**PAYSAGE**, subst. m.
Étendue de pays que la vue embrasse. – Cette étendue, en tant qu'elle présente certains caractères : **Paysage** *de collines, d'usines*. – Représentation picturale, photographique, etc., d'un **paysage**. – Fig. Aspect général d'une situation. 📖 [peizaʒ].

**PAYSAGISTE**, adj. et subst.
Peintre de paysages. – Architecte ou jardinier de parcs, de jardins. 📖 [peizaʒist].

**PAYSAN, ANNE**, adj. et subst.
Subst. Personne qui vit du travail de la terre. – Adj. De la campagne. 📖 [peizɑ̃, -an].

**PAYSANNERIE**, subst. f.
Ensemble des paysans. 📖 [peizanʀi].

**P.C. (I)**, subst. m. inv.
Sigle pour « poste de commandement ». 📖 [pese].

**P.C. (II)**, subst. m. inv.
Sigle pour « personal computer », ordinateur individuel. 📖 [pese].

**P.-D.G.**, voir **PRÉSIDENT**

**PÉAGE**, subst. m.
Droit à acquitter pour emprunter une voie. – Lieu où l'on paie ce droit. 📖 [peaʒ].

**PEAU**, subst. f.
Tissu organique qui recouvre le corps de l'homme et de certains animaux. – Cuir. – Enveloppe d'un fruit. 📖 [po].

**PEAUFINER**, verbe trans. [3]
Achever avec un soin extrême. 📖 [pofine].

**PECCADILLE**, subst. f.
Faute sans gravité. 📖 [pekadij].

**PÊCHE (I)**, subst. f.
Fruit du pêcher, à la peau veloutée, juteux, d'un goût subtil. 📖 [pɛʃ].

**PÊCHE (II)**, subst. f.
Action de pêcher. – Ensemble des poissons pêchés. 📖 [pɛʃ].

**PÉCHÉ**, subst. m.
Faute commise contre la loi divine. – **Péché** *mignon* : petit travers sans gravité. 📖 [peʃe].

**PÉCHER**, verbe intrans. [8]
Commettre un péché. – Commettre une faute, une erreur. – Comporter un défaut : **Pécher** *par manque de clarté*. 📖 [peʃe].

**PÊCHER**, verbe trans. [3]
Prendre ou tenter de prendre (du poisson). – Fig. Dénicher (fam.). 📖 [peʃe].

**PÉCHEUR, PÉCHERESSE**, subst.
Personne qui commet, qui a commis des péchés. 📖 [peʃœʀ, peʃʀɛs].

**PÊCHEUR, EUSE**, adj. et subst.
Subst. Personne qui pratique la pêche, en professionnel ou en amateur. – Adj. Qui pêche : *Marin* **pêcheur**. 📖 [pɛʃœʀ, -øz].

**PECTORAL, ALE, AUX**, adj. et subst. m.
Subst. Bijou ou protection portés sur la poitrine. – Plur. Muscles du thorax. – Adj. De la poitrine. 📖 [pɛktɔʀal].

**PÉCULE**, subst. m.
Somme d'argent amassée avec le temps : **Pécule** *d'un détenu*. 📖 [pekyl].

**PÉCUNIAIRE**, adj.
Relatif à l'argent. – Qui consiste en argent : *Aide* **pécuniaire**. 📖 [pekynjɛʀ].

**PÉDAGOGIE**, subst. f.
Science de l'éducation. – Méthode d'enseignement. 📖 [pedagɔʒi].

**PÉDAGOGUE**, adj. et subst.
Se dit d'une personne douée pour l'enseignement. – Subst. Spécialiste de la pédagogie. 📖 [pedagɔg].

**PÉDALE**, subst. f.
Levier manœuvré au pied. 📖 [pedal].

**PÉDALER**, verbe intrans. [3]
Actionner les pédales d'une bicyclette ; rouler à bicyclette. 📖 [pedale].

**PÉDALIER**, subst. m.
Ensemble formé par les pédales et le plateau d'une bicyclette. 📖 [pedalje].

**PÉDALO**, subst. m.
Embarcation à flotteurs, que l'on fait avancer en pédalant. 🕮 N. déposé ; [pedalo].

**PÉDANT, ANTE**, adj. et subst.
Qui étale son érudition. – Adj. *Ton* **pédant** : doctoral, prétentieux. 🕮 [pedã, -ãt].

**PÉDÉRASTIE**, subst. f.
Homosexualité masculine, assortie d'une préférence pour les jeunes. 🕮 [pederasti].

**PÉDESTRE**, adj.
Que l'on fait à pied. 🕮 [pedɛstʁ].

**PÉDIATRIE**, subst. f.
Branche de la médecine spécialisée dans les maladies infantiles. 🕮 [pedjatʁi].

**PÉDICURE**, subst.
Spécialiste des soins du pied. 🕮 [pedikyʁ].

**PEDIGREE**, subst. m.
Généalogie d'un animal de race. – Le certificat qui l'atteste. 🕮 [pedigʁe].

**PÉDONCULE**, subst. m.
Queue d'une fleur, d'un fruit. 🕮 [pedõkyl].

**PÉDOPHILIE**, subst. f.
Attirance sexuelle pathologique pour les enfants. 🕮 [pedɔfili].

**PÈGRE**, subst. f.
Milieu des malfaiteurs. 🕮 [pɛgʁ].

**PEIGNE**, subst. m.
Instrument à fines dents servant à démêler, à coiffer ou à retenir les cheveux. – Appareil servant à peigner des fibres. 🕮 [pɛɲ].

**PEIGNER**, verbe trans. [3]
Démêler avec un peigne (les cheveux, la barbe, des fibres textiles). – Pronom. Se coiffer. 🕮 [peɲe].

**PEIGNOIR**, subst. m.
Vêtement en tissu éponge, que l'on porte au sortir du bain, de la douche. – Léger vêtement féminin d'intérieur. 🕮 [pɛɲwaʁ].

**PEINDRE**, verbe trans. [53]
Représenter en peinture. – Recouvrir de peinture (une surface). – Fig. Dépeindre, décrire. 🕮 [pɛ̃dʁ].

**PEINE**, subst. f.
Contrainte, effort. – Chagrin. – Embarras, souci. – Sanction légale. – *Ce n'est pas la* **peine** : c'est inutile. 🕮 [pɛn].

**PEINE (À)**, loc. adv.
Tout juste ; pas tout à fait : *Il est* à **peine** *2 heures*. – Aussitôt, dès que : **À peine** *fut-elle partie qu'il regretta ses paroles*. 🕮 [apɛn].

**PEINER**, verbe [3]
Intrans. Travailler dur, se fatiguer. – Trans. Faire de la peine, du chagrin à. 🕮 [pene].

**PEINTRE**, subst. m.
Artiste qui peint des tableaux, des fresques, etc. – Ouvrier, artisan couvrant de peinture des murs, des plafonds, etc. 🕮 [pɛ̃tʁ].

**PEINTURE**, subst. f.
Art de l'artiste peintre ; son œuvre (tableau, fresque, etc.). – Matière colorée utilisée pour peindre. – Action de peindre un mur. – Description, évocation. 🕮 [pɛ̃tyʁ].

**PÉJORATIF, IVE**, adj.
Qui comporte une connotation défavorable, dépréciative. 🕮 [peʒɔʁatif, -iv].

**PELAGE**, subst. m.
Ensemble des poils d'un animal. 🕮 [pəlaʒ].

**PÊLE-MÊLE**, adv.
En vrac, en désordre. 🕮 [pɛlmɛl].

**PELER**, verbe [11]
Trans. Ôter la peau de (un légume, un fruit). – Intrans. Perdre sa peau par lamelles, en gén. après un coup de soleil. 🕮 [pəle].

**PÈLERIN**, subst. m.
Personne qui fait un pèlerinage. – Requin géant inoffensif pour l'homme. – Espèce de faucon commun. 🕮 [pɛlʁɛ̃].

**PÈLERINAGE**, subst. m.
Voyage vers un lieu saint. – Fig. Voyage accompli en un lieu, en souvenir de qqn, de qqch. 🕮 [pɛlʁinaʒ].

**PÈLERINE**, subst. f.
Manteau sans manches, souv. à capuche ; cape. 🕮 [pɛlʁin].

**PÉLICAN**, subst. m.
Gros oiseau aquatique palmipède, au bec pourvu d'une poche. 🕮 [pelikã].

**PELISSE**, subst. f.
Manteau doublé de fourrure. 🕮 [pəlis].

**PELLE**, subst. f.
Outil composé d'une plaque, souv. métallique, ajustée à un long manche et servant notamment à creuser la terre. 🕮 [pɛl].

**PELLETÉE**, subst. f.
Contenu d'une pelle : *Une* **pelletée** *de terre*. – Fig. Grande quantité (fam.) : *Une* **pelletée** *d'injures*. 🕮 [pɛlte].

**PELLETEUSE**, subst. f.
Engin de chantier qui sert à déplacer la terre, à effectuer des travaux de terrassement. 🕮 [pɛltøz].

**PELLICULE**, subst. f.
Minuscule lamelle de peau détachée du cuir chevelu. – Couche très fine. – Fine feuille de matière souple. – *Photo et cin*. Feuille de plastique recouverte d'une couche sensible à la lumière. 🕮 [pelikyl].

**PELOTE**, subst. f.
Boule de fil enroulé : **Pelote** *de ficelle*. – Jeu de balle traditionnel des Basques ; balle utilisée pour ce jeu. 🕮 [p(ə)lɔt].

**PELOTON**, subst. m.
Petite pelote. – *Sp*. Groupe compact de coureurs. – *Milit*. Petite unité de soldats : **Peloton** *d'exécution*, chargé d'exécuter un condamné. 🕮 [p(ə)lɔtõ].

**PELOTONNER (SE)**, verbe pronom. [3]
Se blottir en boule. 🕮 [p(ə)lɔtɔne].

**PELOUSE**, subst. f.
Terrain couvert de gazon. 🕮 [p(ə)luz].

**PELUCHE**, subst. f.
Espèce de tissu doux à poils longs. – Jouet, animal en **peluche**. – Petite boule de fibres, détachée d'un tissu, d'un tricot. 🕮 [p(ə)lyʃ].

**P(E)LUCHER**, verbe intrans. [3]
Former des peluches. 🕮 [p(ə)lyʃe].

**PELURE**, subst. f.
Peau d'un fruit ou d'un légume que l'on a épluché. 🕮 [p(ə)lyʀ].

**PÉNAL, ALE, AUX**, adj.
Qui concerne les peines encourues en cas d'infraction à la loi. 🕮 [penal].

**PÉNALISER**, verbe trans. [3]
Sanctionner (un sportif qui a commis une faute). – Punir ; frapper d'une pénalité fiscale. – Désavantager. 🕮 [penalize].

**PÉNALITÉ**, subst. f.
Peine ; sanction. 🕮 [penalite].

**PENALTY**, subst. m.
Au football, sanction prise contre un joueur qui a commis une faute grave près de son but. – Coup au but de réparation. 🕮 Plur. *penaltys* ou *penalties* : [penalti].

**PÉNATES**, subst. m. plur.
*Ses* pénates : sa maison (fam.). 🕮 [penat].

**PENAUD, AUDE**, adj.
Honteux, confus, déconfit. 🕮 [pəno, -od].

**PENCHANT**, subst. m.
Inclination naturelle, tendance. 🕮 [pɑ̃ʃɑ̃].

**PENCHER**, verbe intrans. [3]
Être fortement incliné. – **Pencher** *pour, vers* : préférer. – Pronom. *Se* **pencher** *sur* : examiner. 🕮 [pɑ̃ʃe].

**PENDAISON**, subst. f.
Action de se pendre ou de pendre qqn : *Être condamné à la* **pendaison**. 🕮 [pɑ̃dɛzɔ̃].

**PENDANT (I)**, subst. m.
**Pendants** *d'oreilles* : boucles d'oreilles suspendues. – Objet, chose analogue, égale, symétrique à une autre. 🕮 [pɑ̃dɑ̃].

**PENDANT (II)**, prép.
Durant. – Loc. conj. **Pendant** *que* : lorsque, puisque, tandis que. 🕮 [pɑ̃dɑ̃].

**PENDENTIF**, subst. m.
Bijou suspendu à une chaîne, porté autour du cou. 🕮 [pɑ̃dɑ̃tif].

**PENDERIE**, subst. f.
Placard où l'on suspend les vêtements sur des cintres. 🕮 [pɑ̃dʀi].

**PENDRE**, verbe [51]
Trans. Suspendre (qqch.). – Exécuter (qqn) par pendaison. – Intrans. Être suspendu. – Descendre trop bas, traîner : *Ourlet qui* **pend**. 🕮 [pɑ̃dʀ].

**PENDU, UE**, adj. et subst.
Se dit d'une personne morte par pendaison. – Adj. Suspendu, accroché. 🕮 [pɑ̃dy].

**PENDULE**, subst.
Masc. Corps suspendu que l'action de la pesanteur fait osciller. – Balancier d'une horloge. – Fém. Petite horloge à balancier. 🕮 [pɑ̃dyl].

**PÊNE**, subst. m.
Partie mobile d'une serrure qui bloque la porte. 🕮 [pɛn].

**PÉNÉTRATION**, subst. f.
Action de pénétrer ; son résultat. – Fig. Intelligence lucide, acuité. 🕮 [penetʀasjɔ̃].

**PÉNÉTRÉ, ÉE**, adj.
Habité par un vif sentiment, une intense conviction. – Imbu. 🕮 [penetʀe].

**PÉNÉTRER**, verbe [8]
Intrans. S'introduire, entrer. – Trans. Transpercer, imbiber. – Fig. Envahir (les sens). – Deviner. – Pronom. Se convaincre, se persuader. 🕮 [penetʀe].

**PÉNIBLE**, adj.
Qui se fait avec difficulté. – Qui est cause de désagrément, de chagrin. 🕮 [penibl].

**PÉNICHE**, subst. f.
Bateau fluvial à fond plat, transportant des marchandises. 🕮 [peniʃ].

**PÉNICILLINE**, subst. f.
Antibiotique puissant obtenu à partir d'une moisissure. 🕮 [penisilin].

**PÉNINSULE**, subst. f.
Presqu'île très étendue. 🕮 [penɛ̃syl].

**PÉNIS**, subst. m.
Organe mâle de la copulation. 🕮 [penis].

**PÉNITENCE**, subst. f.
Repentir d'avoir offensé Dieu. – Punition. 🕮 [penitɑ̃s].

**PÉNITENCIER**, subst. m.
Établissement carcéral réservé aux longues peines de réclusion. 🕮 [penitɑ̃sje].

**PÉNITENT, ENTE**, adj. et subst.
Se dit d'un pécheur qui se confesse et reçoit l'absolution. 🕮 [penitɑ̃, -ɑ̃t].

**PÉNITENTIAIRE**, adj.
Relatif aux prisons. 🕮 [penitɑ̃sjɛʀ].

**PENNE**, subst. f.
Grande plume de la queue ou des ailes d'un oiseau. 🕮 [pɛn].

**PÉNOMBRE**, subst. f.
Lumière faible, tamisée. 🕮 [penɔ̃bʀ].

**PENSABLE**, adj.
Concevable, imaginable. 🕮 [pɑ̃sabl].

**PENSE-BÊTE**, subst. m.
Note, astuce destinée à faire penser à qqch. au moment voulu (fam.). 🕮 Plur. *pense-bêtes* : [pɑ̃sbɛt].

**PENSÉE (I)**, subst. f.
Faculté de se représenter qqch. mentalement, d'y réfléchir. – Esprit. – Production consciente de l'activité psychique (idée, imagination, évocation, réflexion, etc.). – Opinion, point du vue : *Dévoiler sa pensée.* 🕮 [pɑ̃se].

**PENSÉE (II)**, subst. f.
Petite plante ornementale dont les fleurs veloutées ont des couleurs vives. 🕮 [pɑ̃se].

**PENSER**, verbe [3]
Intrans. Faire fonctionner son esprit, réfléchir. – Trans. Avoir pour opinion, croire. – Projeter de : *Je* **pense** *voyager.* – **Penser** *à* : ne pas oublier de ; envisager de. 🕮 [pɑ̃se].

**PENSIF, IVE**, adj.
Plongé dans ses pensées. 🕮 [pɑ̃sif, -iv].

**PENSION**, subst. f.
Allocation versée régulièrement : *Toucher sa* **pension**. – Établissement où des personnes sont logées et nourries moyennant une rétribution. – Établissement scolaire où l'élève est logé et nourri ; internat. 🕮 [pɑ̃sjɔ̃].

**PENSIONNAIRE**, subst.
Élève interne. – Client qui a pris pension dans un hôtel. 🕮 [pɑ̃sjɔnɛʀ].

**PENSIONNAT**, subst. m.
Internat scolaire. 🕮 [pɑ̃sjɔna].

**PENSIONNÉ, ÉE**, adj. et subst.
Qui touche une pension. 🕮 [pɑ̃sjɔne].

**PENSUM**, subst. m.
Travail imposé à un élève comme punition. – Travail intellectuel pénible. 🕮 [pɛ̃sɔm].

**PENTAGONE**, subst. m.
Polygone à cinq côtés. 🕮 [pɛ̃tagon].

**PENTE**, subst. f.
Inclinaison d'une surface. – Versant d'une montagne ; côte. – Fig. Tendance. 🕮 [pɑ̃t].

**PENTU, UE**, adj.
Qui présente une forte pente : *Un toit* **pentu**. 🕮 [pɑ̃ty].

**PÉNULTIÈME**, adj.
Avant-dernier. 🕮 [penyltjɛm].

**PÉNURIE**, subst. f.
Situation de manque général de ce qui est nécessaire : **Pénurie** *d'essence, de personnel, de devises.* 🕮 [penyʀi].

**PÉPIER**, verbe intrans. [6]
Pousser des cris brefs et aigus (pépiements), en parlant des petits oiseaux et des oisillons. 🕮 [pepje].

**PÉPIN**, subst. m.
Graine de certains fruits ou légumes. – Fig. Incident fâcheux (fam.). 🕮 [pepɛ̃].

**PÉPINIÈRE**, subst. f.
Plantation de jeunes végétaux destinés à être replantés. 🕮 [pepinjɛʀ].

**PÉPITE**, subst. f.
Petit morceau de métal, en partic. d'or, tel qu'on le trouve dans la nature. 🕮 [pepit].

**PÉPLUM**, subst. m.
Tunique romaine. – *Cin.* Film s'inspirant de l'Antiquité (fam.). 🕮 [peplɔm].

**PERÇAGE**, subst. m.
Action de percer une matière. 🕮 [pɛʀsaʒ].

**PERCALE**, subst. f.
Tissu de coton, fin et résistant. 🕮 [pɛʀkal].

**PERÇANT, ANTE**, adj.
Vif, pénétrant. – Aigu, qui perce le tympan, en parlant d'un son. – *Vue* **perçante** : d'une grande acuité. 🕮 [pɛʀsɑ̃, -ɑ̃t].

**PERCÉE**, subst. f.
Dégagement, trouée dans un milieu naturel. – Progrès spectaculaire. – *Milit.* Action de traverser les lignes ennemies. 🕮 [pɛʀse].

**PERCEMENT**, subst. m.
Opération consistant à percer une ouverture : **Percement** *d'un tunnel.* 🕮 [pɛʀsəmɑ̃].

**PERCE-NEIGE**, subst. f. ou m. inv.
Plante bulbeuse dont les fleurs blanches apparaissent en février. 🕮 [pɛʀsənɛʒ].

**PERCEPTEUR**, subst. m.
Fonctionnaire chargé du recouvrement des impôts directs. 🕮 [pɛʀsɛptœʀ].

**PERCEPTIBLE**, adj.
Qui peut être perçu par les sens. – Qui peut être saisi par l'esprit. 🕮 [pɛʀsɛptibl].

**PERCEPTION**, subst. f.
Bureau et fonction du percepteur. – Action et faculté de percevoir par les sens, par l'esprit. 🕮 [pɛʀsɛpsjɔ̃].

**PERCER**, verbe [4]
Trans. Faire une ouverture, un trou, un passage dans. – Fig. **Percer** *un mystère* : l'élucider. – Intrans. Poindre (à travers qqch.). – Devenir célèbre. 🕮 [pɛʀse].

**PERCEUSE**, subst. f.
Outil portatif ou machine-outil servant à percer des trous. 🕮 [pɛʀsøz].

**PERCEVOIR**, verbe trans. [38]
Saisir par les sens ou par l'esprit, sentir, comprendre. – **Percevoir** *une pension* : la toucher. – **Percevoir** *un impôt* : le recouvrer. 🕮 [pɛʀsəvwaʀ].

**PERCHE (I)**, subst. f.
Poisson d'eau douce, carnassier, à la chair prisée. 🕮 [pɛʀʃ].

**PERCHE (II)**, subst. f.
Longue barre de bois, de métal, ronde et mince. 🕮 [pɛʀʃ].

**PERCHER**, verbe [3]
Intrans. Être posé sur une branche ou un perchoir, en parlant d'un oiseau. – Trans. Poser en hauteur. – Pronom. Se poser ; se jucher. 🕮 [pɛʀʃe].

**PERCHERON, ONNE,** adj.
Se dit d'une race de chevaux de trait, originaire du Perche. 🔊 [pɛʀʃəʀɔ̃, -ɔn].

**PERCHOIR,** subst. m.
Barre, lieu où perchent les oiseaux domestiques ou captifs. 🔊 [pɛʀʃwaʀ].

**PERCLUS, USE,** adj.
Qui se meut à grand-peine. 🔊 [pɛʀkly, -yz].

**PERCUSSION,** subst. f.
Choc brusque d'un corps contre un autre. – *Mus. Instruments à* **percussion** : sur lesquels on frappe. 🔊 [pɛʀkysjɔ̃].

**PERCUTANT, ANTE,** adj.
Qui frappe. – Saisissant. 🔊 [pɛʀkytɑ̃, -ɑ̃t].

**PERCUTER,** verbe [3]
Heurter violemment. 🔊 [pɛʀkyte].

**PERDITION,** subst. f.
*En* **perdition** : en danger de faire naufrage ; menacé de ruine, de disparition. – Ruine morale : *Lieu de* **perdition.** 🔊 [pɛʀdisjɔ̃].

**PERDRE,** verbe trans. [51]
Cesser de posséder, d'avoir à soi. – Être privé de. – Égarer. – Être quitté par (qqn) ; être séparé de (qqn) par la mort. – Être vaincu dans. – Gaspiller : **Perdre** *son temps.* – **Perdre** *de vue* : cesser de voir. – Pronom. S'égarer. – Disparaître. 🔊 [pɛʀdʀ].

**PERDREAU,** subst. m.
Jeune perdrix de moins de un an, constituant un gibier de choix. 🔊 [pɛʀdʀo].

**PERDRIX,** subst. f.
Oiseau gallinacé, nichant dans des creux de terrain, prisé des chasseurs. 🔊 [pɛʀdʀi].

**PERDURER,** verbe intrans. [3]
S'éterniser, se perpétuer. 🔊 [pɛʀdyʀe].

**PÈRE,** subst. m.
Homme qui a engendré un ou plusieurs enfants. – Créateur, fondateur, inventeur. – *Nos* **pères** : nos ancêtres. – *Relig. Le* **Père** : Dieu ; première Personne de la sainte Trinité. – Appellation donnée à certains prêtres. – *Le Saint-***Père** : le pape. 🔊 [pɛʀ].

**PÉRÉGRINATIONS,** subst. f. plur.
Déplacements incessants entre divers lieux. 🔊 [peʀegʀinasjɔ̃].

**PÉREMPTION,** subst. f.
*Date de* **péremption** : date avant laquelle il faut consommer un produit. 🔊 [peʀɑ̃psjɔ̃].

**PÉREMPTOIRE,** adj.
Qui ne supporte ni objection ni discussion. 🔊 [peʀɑ̃ptwaʀ].

**PÉRENNITÉ,** subst. f.
État, caractère de ce qui dure toujours ou très longtemps. 🔊 [peʀenite].

**PERFECTIBLE,** adj.
Qui peut être amélioré. 🔊 [pɛʀfɛktibl].

**PERFECTION,** subst. f.
Qualité, état de ce qui est parfait, irréprochable et accompli. – Chose, personne parfaite. 🔊 [pɛʀfɛksjɔ̃].

**PERFECTIONNEMENT,** subst. m.
Action de perfectionner, de se perfectionner. – Son résultat. 🔊 [pɛʀfɛksjɔnmɑ̃].

**PERFECTIONNER,** verbe trans. [3]
Rendre le plus parfait possible. – Améliorer. – Pronom. S'améliorer. – Compléter son savoir ; progresser. 🔊 [pɛʀfɛksjɔne].

**PERFECTIONNISTE,** adj. et subst.
Se dit de qqn qui pousse à l'extrême le goût du travail bien fait. 🔊 [pɛʀfɛksjɔnist].

**PERFIDE,** adj. et subst.
Qui est fourbe et déloyal. 🔊 [pɛʀfid].

**PERFIDIE,** subst. f.
Caractère de ce qui est perfide. – Trahison, déloyauté. – Propos, acte qui cherche à nuire sournoisement. 🔊 [pɛʀfidi].

**PERFORATION,** subst. f.
Action de perforer ; trou qui en est le résultat. – *Méd.* Déchirure pathologique ou accidentelle d'un tissu. 🔊 [pɛʀfɔʀasjɔ̃].

**PERFORER,** verbe trans. [3]
Percer, pratiquer des trous dans. 🔊 [pɛʀfɔʀe].

**PERFORMANCE,** subst. f.
Résultat obtenu par un athlète. – Exploit. – Résultat optimal qu'un matériel peut obtenir. 🔊 [pɛʀfɔʀmɑ̃s].

**PERFORMANT, ANTE,** adj.
Capable de performances. – Apte à soutenir la concurrence. 🔊 [pɛʀfɔʀmɑ̃, -ɑ̃t].

**PERFUSION,** subst. f.
Injection intraveineuse lente, au goutte-à-goutte. 🔊 [pɛʀfyzjɔ̃].

**PERGOLA,** subst. f.
Construction légère de jardin formée de poutres reposant sur des piliers, qui sert de support à des plantes grimpantes. 🔊 [pɛʀgɔla].

**PÉRICLITER,** verbe intrans. [3]
Aller vers le déclin, la faillite. 🔊 [peʀiklite].

**PÉRIDURALE,** subst. f.
Anesthésie de la région du bassin, qui rend l'accouchement indolore. 🔊 [peʀidyʀal].

**PÉRIL,** subst. m.
Danger, risque. – *Au* **péril** *de sa vie* : au risque de perdre la vie, d'être tué. 🔊 [peʀil].

**PÉRILLEUX, EUSE,** adj.
Qui comporte un péril. 🔊 [peʀijø, -øz].

**PÉRIMÉ, ÉE,** adj.
Dont la date de validité ou de péremption est dépassée ; qui n'a plus cours. – Hors d'usage, dépassé. 🔊 [peʀime].

**PÉRIMÈTRE,** subst. m.
Limite d'une surface plane ; longueur de cette limite. – Zone, espace. 🔊 [peʀimɛtʀ].

**PÉRINÉE,** subst. m.
Région du corps comprise entre l'anus et les parties génitales. 🔊 [peʀine].

**PÉRIODE**, subst. f.
Laps de temps, époque. – Durée déterminée ; phase. 🕮 [peʀjɔd].

**PÉRIODICITÉ**, subst. f.
Propriété, caractère de ce qui est périodique.
– Fréquence. 🕮 [peʀjɔdisite].

**PÉRIODIQUE**, adj. et subst. m.
Adj. Qui revient à intervalles réguliers.
– Subst. Journal, magazine qui paraît à intervalles réguliers. 🕮 [peʀjɔdik].

**PÉRIPÉTIE**, subst. f.
Incident imprévu qui change le cours des événements. 🕮 [peʀipesi].

**PÉRIPHÉRIE**, subst. f.
Région située à la limite d'un territoire, d'un espace. – Zone urbaine éloignée du centre de la ville. 🕮 [peʀifeʀi].

**PÉRIPHÉRIQUE**, adj. et subst. m.
Adj. À la périphérie. – Subst. Voie rapide entourant une agglomération. 🕮 [peʀifeʀik].

**PÉRIPHRASE**, subst. f.
Figure qui consiste à remplacer un mot par un groupe de mots. 🕮 [peʀifʀɑz].

**PÉRIPLE**, subst. m.
Grand voyage par voie maritime. 🕮 [peʀipl].

**PÉRIR**, verbe intrans. [19]
Mourir de façon violente. – Disparaître (en mer) : Périr corps et biens. 🕮 [peʀiʀ].

**PÉRISCOPE**, subst. m.
Instrument d'optique permettant de voir par-dessus un obstacle, ou à la surface de l'eau pour un sous-marin. 🕮 [peʀiskɔp].

**PÉRISSABLE**, adj.
Qui se gâte vite : Des denrées périssables.
🕮 [peʀisabl].

**PERLE**, subst. f.
Concrétion de nacre sécrétée par certains coquillages. – Petite boule percée d'un trou, à enfiler. – Gouttelette. – Fig. Personne ou chose dotée des plus éminentes qualités.
– Erreur ridicule (fam.). 🕮 [peʀl].

**PERLER**, verbe intrans. [3]
Former des gouttelettes (littér.). 🕮 [peʀle].

**PERLIER, IÈRE**, adj.
Qui a trait aux perles. 🕮 [peʀlje, -jɛʀ].

**PERMANENCE**, subst. f.
Caractère permanent. – Service chargé d'assurer le fonctionnement continu d'une activité ; local de ce service. – Salle d'un collège, d'un lycée, accueillant des élèves n'ayant pas de cours. – En permanence : sans interruption. 🕮 [peʀmanɑ̃s].

**PERMANENT, ENTE**, adj. et subst.
Adj. Qui dure sans varier ni s'interrompre, continu. – Dont l'activité est constante.
– Domicile permanent : fixe. – Subst. Membre rémunéré d'une organisation, d'un parti. – Subst. fém. Traitement indéfrisable des cheveux. 🕮 [peʀmanɑ̃, -ɑ̃t].

**PERMÉABILITÉ**, subst. f.
Propriété d'un corps qui est perméable.
🕮 [peʀmeabilite].

**PERMÉABLE**, adj.
Qui laisse pénétrer un fluide, en partic. l'eau. – Fig. Influençable. 🕮 [peʀmeabl].

**PERMETTRE**, verbe trans. [60]
Autoriser, tolérer. – Donner le pouvoir, la possibilité de : Permettre à qqn de s'absenter. – Pronom. Prendre la liberté (de) ; oser. 🕮 [peʀmɛtʀ].

**PERMIS**, subst. m.
Autorisation officielle. 🕮 [peʀmi].

**PERMISSIF, IVE**, adj.
Qui laisse faire. 🕮 [peʀmisif, -iv].

**PERMISSION**, subst. f.
Action de permettre ; autorisation. – Bref congé accordé à un militaire : Partir en permission. 🕮 [peʀmisjɔ̃].

**PERMISSIONNAIRE**, subst.
Militaire en permission. 🕮 [peʀmisjɔnɛʀ].

**PERMUTER**, verbe [3]
Trans. Intervertir ; substituer (une chose à une autre). – Intrans. Échanger sa place, son emploi, etc. 🕮 [peʀmyte].

**PERNICIEUX, IEUSE**, adj.
Dangereux, nuisible. 🕮 [peʀnisjø, -jøz].

**PÉRONÉ**, subst. m.
Os long et grêle de la jambe, parallèle au tibia. 🕮 [peʀɔne].

**PÉRORER**, verbe intrans. [3]
Discourir avec emphase. 🕮 [peʀɔʀe].

**PERPENDICULAIRE**, adj. et subst. f.
Adj. Qui forme un angle droit. – Subst. Droite perpendiculaire (à une autre, à un plan). 🕮 [peʀpɑ̃dikylɛʀ].

**PERPÉTRER**, verbe trans. [8]
Accomplir, commettre (un acte criminel) : Perpétrer un forfait. 🕮 [peʀpetʀe].

**PERPÉTUEL, ELLE**, adj.
Qui n'a pas de cesse, de fin. – Qui dure pour la vie. – Qui se renouvelle fréquemment : Disputes perpétuelles. 🕮 [peʀpetɥɛl].

**PERPÉTUER**, verbe trans. [3]
Faire durer très longtemps, ou indéfiniment : Perpétuer une tradition. 🕮 [peʀpetɥe].

**PERPÉTUITÉ**, subst. f.
Caractère de ce qui est perpétuel. – Loc. À perpétuité : pour toujours. 🕮 [peʀpetɥite].

**PERPLEXE**, adj.
Qui ne sait que décider, faute de comprendre. 🕮 [peʀplɛks].

**PERQUISITION**, subst. f.
Fouille d'un lieu par la police, dans le cadre d'une enquête. 🕮 [peʀkizisjɔ̃].

**PERRON**, subst. m.
Escalier extérieur de faible hauteur, menant à l'entrée d'un bâtiment. 🕮 [peʀɔ̃].

**PERROQUET**, subst. m.
Oiseau grimpeur des pays exotiques, capable d'imiter des sons articulés. 🔊 [pɛʀɔkɛ].

**PERRUCHE**, subst. f.
Oiseau semblable à un petit perroquet, mais incapable d'imiter des sons. – Femelle du perroquet. 🔊 [pɛʀyʃ].

**PERRUQUE**, subst. f.
Coiffure postiche. 🔊 [pɛʀyk].

**PERS, PERSE**, adj.
D'une couleur entre le bleu et le vert (littér.) : Des yeux pers. 🔊 [pɛʀ, pɛʀs].

**PERSÉCUTER**, verbe trans. [3]
Faire souffrir par des traitements cruels. – Importuner sans cesse. 🔊 [pɛʀsekyte].

**PERSÉCUTION**, subst. f.
Action de persécuter. 🔊 [pɛʀsekysjɔ̃].

**PERSÉVÉRANCE**, subst. f.
Action de persévérer. – Ténacité, constance. 🔊 [pɛʀseveʀɑ̃s].

**PERSÉVÉRER**, verbe intrans. [8]
Demeurer résolu, constant dans une action, une décision, un sentiment. 🔊 [pɛʀseveʀe].

**PERSIENNE**, subst. f.
Volet, contrevent ajouré. 🔊 [pɛʀsjɛn].

**PERSIFLER**, verbe trans. [3]
Tourner en ridicule, railler. 🔊 [pɛʀsifle].

**PERSIL**, subst. m.
Herbe aromatique utilisée comme condiment : Un bouquet de persil. 🔊 [pɛʀsi].

**PERSILLADE**, subst. f.
Assaisonnement à base de persil et d'ail hachés. 🔊 [pɛʀsijad].

**PERSISTANCE**, subst. f.
Action de persister ; fermeté, obstination. – Fait de persister. 🔊 [pɛʀsistɑ̃s].

**PERSISTER**, verbe intrans. [3]
Demeurer ferme, s'obstiner : Persister dans l'erreur. – Durer, subsister. 🔊 [pɛʀsiste].

**PERSONNAGE**, subst. m.
Personne importante, célèbre ou originale. – Individu imaginaire créé par un auteur. – Emploi d'un acteur. – Personne, considérée relativement à son comportement : Personnage grotesque. 🔊 [pɛʀsɔnaʒ].

**PERSONNALISER**, verbe trans. [3]
Adapter (qqch.) à qqn, à un cas particulier. – Donner une touche personnelle à (qqch.) : Personnaliser un appartement. 🔊 [pɛʀsɔnalize].

**PERSONNALITÉ**, subst. f.
Ensemble des caractères permanents d'une personne, qui déterminent sa singularité, son originalité. – Individu célèbre ou influent. 🔊 [pɛʀsɔnalite].

**PERSONNE (I)**, subst. f.
Être humain, individu. – Personnalité physique ou psychique : Être content de sa personne. – Dr. Personne morale : entité juridique sans existence corporelle, société. – Ling. Forme de la conjugaison du verbe indiquant le rôle que tient celui qui est en cause dans l'énoncé. – Venir en personne : soi-même. 🔊 [pɛʀsɔn].

**PERSONNE (II)**, pron. indéf. m. sing.
Quiconque : Savoir mieux que personne. – Nul, aucun être : N'accepter d'ordres de personne. 🔊 [pɛʀsɔn].

**PERSONNEL, ELLE**, adj. et subst. m.
Adj. Propre à une personne. – Original, singulier. – Qui ne se préoccupe pas des autres, égoïste. – Ling. Qui marque la personne grammaticale : Mode, pronom personnels. – Subst. Ensemble des salariés d'un service, d'une entreprise. 🔊 [pɛʀsɔnɛl].

**PERSONNIFIER**, verbe trans. [6]
Attribuer des traits humains à (une abstraction, une chose) ; incarner, symboliser. – Être représentatif de. 🔊 [pɛʀsɔnifje].

**PERSPECTIVE**, subst. f.
Technique permettant la représentation sur un plan d'un objet en trois dimensions. – Vue d'ensemble, éloignée de l'observateur. – Grande voie rectiligne, que l'on peut embrasser du regard. – Possibilité d'action, horizon : Perspectives de carrière. – Loc. adv. En perspective : en vue ; en projet. 🔊 [pɛʀspɛktiv].

**PERSPICACE**, adj.
Apte à deviner ce qui n'est pas évident ; pénétrant. 🔊 [pɛʀspikas].

**PERSPICACITÉ**, subst. f.
Caractère perspicace. 🔊 [pɛʀspikasite].

**PERSUADER**, verbe trans. [3]
Convaincre ; rendre (qqn) sûr ou déterminé. 🔊 [pɛʀsɥade].

**PERSUASIF, IVE**, adj.
Qui persuade, convainc. 🔊 [pɛʀsɥazif, -iv].

**PERSUASION**, subst. f.
Action de persuader. – Conviction, assurance. 🔊 [pɛʀsɥazjɔ̃].

**PERTE**, subst. f.
Fait d'avoir égaré qqch. – Décès d'un être proche ; au plur., victimes d'une guerre, d'une bataille. – Privation de ce que l'on avait. – Fait de perdre de l'argent ; la somme perdue. – Gaspillage : C'est une perte de temps. – Échec. 🔊 [pɛʀt].

**PERTINENT, ENTE**, adj.
Approprié. – Qui dénote du bon sens, de la réflexion. 🔊 [pɛʀtinɑ̃, -ɑ̃t].

**PERTURBATEUR, TRICE**, adj. et subst.
Qui perturbe, trouble. 🔊 [pɛʀtyʀbatœʀ, -tʀis].

**PERTURBATION**, subst. f.
Trouble, désordre. – Mauvais fonctionnement. – Pluie accompagnée de vents violents, tempête. 🔊 [pɛʀtyʀbasjɔ̃].

**PERTURBER,** verbe trans. [3]
Gêner le fonctionnement, le déroulement normal de. – Troubler. 🕮 [pɛʀtyʀbe].

**PERVENCHE,** subst. f.
Plante des sous-bois à fleurs bleu-mauve. – Contractuelle (fam.). – Empl. adj. inv. Bleu-mauve : *Yeux* **pervenche.** 🕮 [pɛʀvɑ̃ʃ].

**PERVERS, ERSE,** adj. et subst.
Qui aime à faire le mal. – Qui est atteint de perversion, en partic. sexuelle. – Adj. Qui témoigne de perversité. – *Effet* **pervers :** conséquence fâcheuse, non prévue, d'une décision. 🕮 [pɛʀvɛʀ, -ɛʀs].

**PERVERSION,** subst. f.
Action de pervertir ; son résultat. – Altération, corruption. – Comportement déviant, en partic. sexuel. 🕮 [pɛʀvɛʀsjɔ̃].

**PERVERSITÉ,** subst. f.
Attirance pour le mal. – Action perverse. 🕮 [pɛʀvɛʀsite].

**PERVERTIR,** verbe trans. [19]
Pousser au mal, rendre mauvais (qqn). – Dévier (qqch.) de sa finalité ; dénaturer : **Pervertir** *un projet.* 🕮 [pɛʀvɛʀtiʀ].

**PESANT, ANTE,** adj.
Lourd. – Fig. Dénué de vivacité, de finesse ou de grâce. – Pénible. 🕮 [pəzɑ̃, -ɑ̃t].

**PESANTEUR,** subst. f.
Caractère lourd, pesant. – Attraction exercée par la Terre sur un corps, gravitation. – Force d'inertie, immobilisme : **Pesanteur** *administrative.* 🕮 [pəzɑ̃tœʀ].

**PESÉE,** subst. f.
Opération par laquelle on pèse qqch., qqn. – Ce qui est pesé en une fois. – Pression exercée sur qqch. 🕮 [pəze].

**PÈSE-PERSONNE,** subst. m.
Balance sur laquelle on monte pour se peser. 🕮 Plur. *pèse-personne(s) ;* [pɛzpɛʀsɔn].

**PESER,** verbe [10]
Trans. Déterminer le poids de. – Étudier, examiner avec soin. – Intrans. Avoir un poids donné, être lourd. – Fig. Être pénible, dur à supporter pour qqn. – **Peser** *sur :* exercer une pression sur. 🕮 [pəze].

**PESSIMISME,** subst. m.
Disposition à considérer que les choses vont empirer, défaitisme. 🕮 [pesimism].

**PESSIMISTE,** adj. et subst.
Qui est porté au pessimisme. 🕮 [pesimist].

**PESTE,** subst. f.
Grave maladie infectieuse et épidémique. – Fig. Personne ou chose nuisible. – Enfant insupportable. 🕮 [pɛst].

**PESTER,** verbe intrans. [3]
Parler avec colère, maugréer : *Il peste contre son voisin.* 🕮 [pɛste].

**PESTICIDE,** adj. et subst. m.
Se dit d'un produit chimique qui combat animaux ou végétaux nuisibles. 🕮 [pɛstisid].

**PESTIFÉRÉ, ÉE,** adj. et subst.
Qui est atteint de la peste. 🕮 [pɛstifeʀe].

**PESTILENTIEL, IELLE,** adj.
Qui exhale une odeur infecte. 🕮 [pɛstilɑ̃sjɛl].

**PÉTALE,** subst. m.
Chacun des éléments composant la corolle d'une fleur. 🕮 [petal].

**PÉTANQUE,** subst. f.
Jeu de boules provençal. 🕮 [petɑ̃k].

**PÉTARADE,** subst. f.
Série de détonations. 🕮 [petaʀad].

**PÉTARD,** subst. m.
Petite charge d'explosif utilisée comme signal acoustique ou pour s'amuser. – Fam. Pistolet. – Bruit, tapage. 🕮 [petaʀ].

**PÉTER,** verbe intrans. [8]
Fam. Lâcher des gaz intestinaux. – Exploser, détoner. – Se briser, se casser. – Empl. trans. **Péter** *un objet :* le casser (fam.). 🕮 [pete].

**PÉTILLER,** verbe intrans. [3]
Éclater en une suite de petits bruits secs, crépiter. – Bruire en faisant des bulles. – Briller vivement, rayonner : *Ses yeux* **pétillaient** *de joie.* 🕮 [petije].

**PETIT, ITE,** adj., subst. et adv.
Adj. Dont les dimensions sont inférieures à la moyenne. – Faible, de peu d'importance. – Mesquin. – Adj. et subst. Qui n'a pas atteint l'âge adulte. – Qui est de petite taille. – Adv. Peu. – **Petit** *à* **petit :** peu à peu. – *En* **petit :** sur une petite échelle, en réduction. 🕮 [p(ə)ti, -it].

**PETITE-FILLE,** subst. f.
Pour les parents, fille de leur fils ou de leur fille. 🕮 Plur. *petites-filles ;* [p(ə)titfij].

**PETITESSE,** subst. f.
Caractère de ce qui est petit. – Caractère, comportement mesquin. 🕮 [p(ə)titɛs].

**PETIT-FILS,** subst. m.
Pour les parents, fils de leur fils ou de leur fille. 🕮 Plur. *petits-fils ;* [p(ə)tifis].

**PETIT-FOUR,** subst. m.
Petit gâteau fin, sec ou frais, de la taille d'une bouchée. 🕮 Plur. *petits-fours ;* [p(ə)tifuʀ].

**PÉTITION,** subst. f.
Requête, plainte, demande écrite adressée à une autorité par une ou plusieurs personnes. 🕮 [petisjɔ̃].

**PETITS-ENFANTS,** subst. m. plur.
Pour les parents, enfants de leur fils ou de leur fille. 🕮 [p(ə)tizɑ̃fɑ̃].

**PETIT-SUISSE,** subst. m.
Petit fromage blanc cylindrique, non salé. 🕮 Plur. *petits-suisses ;* [p(ə)tisɥis].

**PÉTRIFIER,** verbe trans. [6]
Changer en pierre. – Couvrir d'une couche pierreuse. – Fig. Immobiliser, paralyser (qqn) d'émotion. 🕮 [petʀifje].

**PÉTRIN**, subst. m.
Coffre, appareil dans lequel on pétrit le pain. – Fig. Situation fâcheuse (fam.) : *Être dans le pétrin.* 🕮 [petʀɛ̃].

**PÉTRIR**, verbe trans. [19]
Presser, malaxer à l'aide des mains. – Fig. Imposer une forme à, façonner. 🕮 [petʀiʀ].

**PÉTROCHIMIE**, subst. f.
Chimie des produits dérivés du pétrole. 🕮 [petʀoʃimi].

**PÉTROGRAPHIE**, subst. f.
Science des roches. 🕮 [petʀogʀafi].

**PÉTROLE**, subst. m.
Huile minérale composée d'hydrocarbures, que l'on tire du sous-sol et qui sert de source d'énergie après raffinage. 🕮 [petʀol].

**PÉTROLIER, IÈRE**, adj. et subst. m.
Adj. Relatif au pétrole. – Subst. Navire qui transporte du pétrole. 🕮 [petʀolje, -jɛʀ].

**PÉTROLIFÈRE**, adj.
Qui renferme du pétrole. 🕮 [petʀolifɛʀ].

**PÉTULANCE**, subst. f.
Ardeur exubérante, fougue. 🕮 [petylɑ̃s].

**PÉTUNIA**, subst. m.
Plante ornementale à fleurs blanches, roses ou violettes. 🕮 [petynja].

**PEU**, adv.
En petite quantité : *Manger* peu. – En quantité ou en qualité insuffisante : **Peu** *qualifié.* – Pas souvent : *Voyager* peu. – Pas longtemps : *Durer* peu. – Empl. subst. masc. *Un* **peu** *a* : une petite quantité de. – Loc. adv. *Sous* **peu** : bientôt ; *Depuis* **peu** : récemment ; *Peu à* **peu** : progressivement ; *À* **peu** *près* : presque. 🕮 [pø].

**PEUPLADE**, subst. f.
Petit groupe humain dans une société archaïque, tribu. 🕮 [pœplad].

**PEUPLE**, subst. m.
Ensemble d'êtres humains constituant une communauté sociale, culturelle ou nationale. – Ensemble des gens qui ne bénéficient pas de privilèges : *Sortir du* **peuple**. – Foule de gens (fam.) : *Quel* **peuple** ! 🕮 [pœpl].

**PEUPLEMENT**, subst. m.
Action de peupler. – État d'un territoire peuplé. 🕮 [pœpləmɑ̃].

**PEUPLER**, verbe trans. [3]
Installer à demeure des gens, des animaux ou des végétaux dans (un lieu). – Vivre en nombre dans (un lieu), occuper (un territoire). 🕮 [pœple].

**PEUPLIER**, subst. m.
Arbre élancé à petites feuilles. – Bois de cet arbre, utilisé en menuiserie. 🕮 [pøplije].

**PEUR**, subst. f.
Sentiment de grande inquiétude, d'alarme à l'idée ou en présence d'un danger. – Loc.

prép. et conj. *De* **peur** *de, que* : par crainte de, dans la crainte que. 🕮 [pœʀ].

**PEUREUX, EUSE**, adj. et subst.
Qui est enclin à la peur. 🕮 [pøʀø, -øz].

**PEUT-ÊTRE**, adv.
Exprime le doute, l'éventualité : *Il partira* **peut-être**. 🕮 [pøtɛtʀ].

**PHACOCHÈRE**, subst. m.
Sanglier d'Afrique. 🕮 [fakoʃɛʀ].

**PHALANGE**, subst. f.
*Antiq.* Corps d'infanterie de l'armée grecque. – Organisation paramilitaire d'inspiration fasciste. – Segment d'un doigt ou d'un orteil. 🕮 [falɑ̃ʒ].

**PHALLUS**, subst. m.
Membre viril. 🕮 [falys].

**PHARAON**, subst. m.
Souverain de l'Égypte antique. 🕮 [faʀaɔ̃].

**PHARE**, subst. m.
Tour dont le signal lumineux guide les bateaux. – Projecteur de lumière placé à l'avant d'un véhicule. 🕮 [faʀ].

**PHARMACEUTIQUE**, adj.
Qui a trait à la pharmacie. 🕮 [faʀmasøtik].

**PHARMACIE**, subst. f.
Science de la composition et de la préparation des médicaments. – Laboratoire et boutique où on les prépare, où on les vend. – Petite armoire ou trousse à médicaments. 🕮 [faʀmasi].

**PHARYNX**, subst. m.
Canal reliant l'arrière-bouche à l'œsophage. 🕮 [faʀɛ̃ks].

**PHASE**, subst. f.
Chacun des états d'un processus qui évolue par paliers. – Chacun des changements d'aspect de la Lune. 🕮 [faz].

**PHÉNIX**, subst. m.
Oiseau fabuleux qui renaît de ses cendres. – Personne d'exception (littér.). 🕮 [feniks].

**PHÉNOMÉNAL, ALE, AUX**, adj.
Qui relève du phénomène. – Qui sort de l'ordinaire, prodigieux. 🕮 [fenomenal].

**PHÉNOMÈNE**, subst. m.
Fait que l'on peut observer. – Fait, événement sortant de l'ordinaire. – Personne singulière, excentrique (fam.). 🕮 [fenomɛn].

**PHILANTHROPE**, subst.
Ami du genre humain (vieilli). – Personne qui s'emploie à améliorer le sort d'autrui. – Personne désintéressée. 🕮 [filɑ̃tʀɔp].

**PHILATÉLIE**, subst. f.
Étude des timbres-poste. – Art de les collectionner, de les négocier. 🕮 [filateli].

**PHILODENDRON**, subst. m.
Plante verte ornementale à grandes feuilles découpées. 🕮 [filodɛ̃dʀɔ̃].

**PHILOSOPHE**, adj. et subst.
Qui fait preuve de sagesse, de hauteur d'âme, de détachement. – Subst. Personne qui s'adonne à la réflexion, à la pensée, sur les grandes questions concernant l'homme, l'univers, la vie ; penseur qui échafaude une doctrine. 🔊 [filɔzɔf].

**PHILOSOPHIE**, subst. f.
Champ d'activité d'un philosophe. – Doctrine d'un philosophe : *La philosophie de Platon*. – Sagesse. 🔊 [filɔzɔfi].

**PHILTRE**, subst. m.
Breuvage magique qui inspire l'amour. – Fig. Tout ce qui atteint le même but. 🔊 [filtʀ].

**PHLÉBITE**, subst. f.
Inflammation d'une veine. 🔊 [flebit].

**PHLÉBOLOGIE**, subst. f.
Branche de la médecine qui a trait aux maladies des veines. 🔊 [flebɔlɔʒi].

**PHOBIE**, subst. f.
Peur maladive. – Vive aversion. 🔊 [fɔbi].

**PHONÉTIQUE**, adj. et subst. f.
Adj. Qui a trait aux sons du langage. – Subst. Science des sons des différentes langues. – Leur transcription par des signes conventionnels. 🔊 [fɔnetik].

**PHONOGRAPHE**, subst. m.
Appareil ancien restituant les sons gravés sur un disque (abrév. *phono*). 🔊 [fɔnɔgʀaf].

**PHOQUE**, subst. m.
Mammifère amphibie des mers froides, à pattes courtes et palmées. 🔊 [fɔk].

**PHOSPHATE**, subst. m.
Corps chimique, dont certaines variétés naturelles servent d'engrais. 🔊 [fɔsfat].

**PHOSPHORESCENT, ENTE**, adj.
Qui brille dans l'obscurité. 🔊 [fɔsfɔʀesɑ̃, -ɑ̃t].

**PHOTO**, subst. f.
Abrév. pour « photographie », technique qui reproduit sur une surface sensible l'image de la réalité ; l'image obtenue. – Empl. adj. inv. Abrév. pour « photographique », qui a trait à la photographie : *Appareil photo*. 🔊 [fɔto].

**PHOTOCOPIE**, subst. f.
Reproduction photographique rapide d'un document. 🔊 [fɔtɔkɔpi].

**PHOTOGÉNIQUE**, adj.
Dont l'image en photo ou au cinéma est avantageuse. 🔊 [fɔtɔʒenik].

**PHOTOGRAPHIER**, verbe trans. [6]
Obtenir par la photographie l'image de (qqch. ou qqn). – Fig. Mémoriser visuellement. – Décrire, dépeindre avec exactitude. 🔊 [fɔtɔgʀafje].

**PHOTOGRAVURE**, subst. f.
Procédé de gravure des clichés d'impression. 🔊 [fɔtɔgʀavyʀ].

**PHRASE**, subst. f.
Assemblage raisonné de mots, formant un énoncé complet. 🔊 [fʀɑz].

**PHRÉATIQUE**, adj.
*Nappe* **phréatique** : nappe d'eau souterraine. 🔊 [fʀeatik].

**PHYLLOXÉRA**, subst. m.
Maladie de la vigne causée par un petit insecte. – Cet insecte. 🔊 [filɔkseʀa].

**PHYSICIEN, IENNE**, subst.
Spécialiste de la physique. 🔊 [fizisjɛ̃, -jɛn].

**PHYSIOLOGIE**, subst. f.
Science des organes des êtres vivants, et de leur fonctionnement. 🔊 [fizjɔlɔʒi].

**PHYSIONOMIE**, subst. f.
Ensemble des traits du visage. – Aspect singulier de qqch., de qqn. 🔊 [fizjɔnɔmi].

**PHYSIONOMISTE**, adj. et subst.
Se dit d'une personne qui mémorise les visages. 🔊 [fizjɔnɔmist].

**PHYSIQUE**, adj. et subst.
Adj. Qui a trait à la nature, au monde concret. – Qui a trait au corps humain. – Qui a trait à la physique. – Subst. masc. Aspect extérieur d'une personne ; état de santé. – Subst. fém. Science des propriétés de la matière, qui établit les lois régissant les phénomènes naturels. 🔊 [fizik].

**PHYTOTHÉRAPIE**, subst. f.
Traitement des maladies par les plantes. 🔊 [fitoteʀapi].

**PIAFFER**, verbe intrans. [3]
Frapper le sol avec les sabots de devant, en parlant d'un cheval. – Trépigner d'impatience. 🔊 [pjafe].

**PIAILLER**, verbe intrans. [3]
Pousser des cris aigus, en parlant d'oiseaux. – Crier sans cesse (fam.). 🔊 [pjɑje].

**PIANO (I)**, subst. m.
*Mus.* Instrument à clavier et à cordes, frappées par des marteaux. 🔊 [pjano].

**PIANO (II)**, adv.
*Mus.* Doucement, lentement. 🔊 [pjano].

**PIANOTER**, verbe intrans. [3]
Jouer maladroitement du piano. – Tapoter du bout des doigts sur qqch. 🔊 [pjanɔte].

**PIC (I)**, subst. m.
Oiseau grimpeur qui niche dans les trous d'arbres et les frappe avec son bec. 🔊 [pik].

**PIC (II)**, subst. m.
Outil pointu en fer. 🔊 [pik].

**PIC (III)**, subst. m.
Montagne à la cime pointue. 🔊 [pik].

**PIC (À)**, loc. adv.
Verticalement. – En allant droit au fond de l'eau : *Couler à pic*. – Fig. À point nommé (fam.) : *Tomber à pic*. 🔊 [apik].

**PICHENETTE**, subst. f.
Petit coup de doigt (fam.). 🔊 [piʃnɛt].

**PICHET**, subst. m.
Petite cruche à boissons. 🖾 [piʃɛ].

**PICKPOCKET**, subst. m.
Voleur à la tire. 🖾 [pikpɔkɛt].

**PICORER**, verbe [3]
Intrans. Saisir de la nourriture avec le bec, en parlant d'un oiseau. – Manger peu. – Trans. Prendre, piquer (des miettes) çà et là. 🖾 [pikɔʀe].

**PICOTEMENT**, subst. m.
Légère sensation de piqûre. 🖾 [pikɔtmã].

**PICOTER**, verbe trans. [3]
Picorer. – Causer une légère irritation à : Picoter *la peau*. 🖾 [pikɔte].

**PICTOGRAMME**, subst. m.
Dessin stylisé fournissant une indication simple. 🖾 [piktɔgʀam].

**PICTURAL, ALE, AUX**, adj.
Qui a trait à la peinture. 🖾 [piktyʀal].

**PIC-VERT**, voir **PIVERT**

**PIE**, subst. f.
Passereau noir et blanc à longue queue. – Fig. Personne bavarde (fam.). – Empl. adj. inv. De couleur noir et blanc, ou roux et blanc : *Des vaches, des chevaux* pie. 🖾 [pi].

**PIÈCE**, subst. f.
Partie d'un tout : *Mettre en* pièces, briser. – Élément d'un mécanisme. – Chambre ou salle d'un logement. – Morceau, fragment : **Pièce** *de tissu*. – Objet : **Pièce** *de collection*. – Document : **Pièce** *d'identité*. – Composition littéraire ou musicale. – Monnaie : **Pièce** *de 5 F.* – Loc. adv. *À la* pièce : selon le travail exécuté. 🖾 [pjɛs].

**PIÉCETTE**, subst. f.
Petite pièce de monnaie. 🖾 [pjesɛt].

**PIED**, subst. m.
Extrémité de la jambe qui permet à l'homme de marcher et de se tenir debout : *À* pied, en marchant. – Extrémité de la patte d'un animal. – Partie inférieure : *Le* pied *du mur* ; *Un verre à* pied. – Ancienne unité de longueur valant 12 pouces. – *Ling*. Unité rythmique d'un vers. 🖾 [pje].

**PIED-À-TERRE**, subst. m. inv.
Logement occasionnel. 🖾 [pjetatɛʀ].

**PIED-DE-BICHE**, subst. m.
Levier à tête fendue, servant à arracher les clous. 🖾 Plur. *pieds-de-biche* ; [pjed(ə)biʃ].

**PIÉDESTAL**, subst. m.
Socle d'une statue, d'une colonne. – *Mettre sur un* piédestal : idéaliser. 🖾 [pjedɛstal].

**PIED-NOIR, -NOIRE**, adj. et subst.
Se dit d'un Français né en Algérie avant l'indépendance de ce pays (fam.). – Adj. Relatif, propre aux pieds-noirs. 🖾 L'adj. fém. est rare ; plur. *pieds-noirs, -noires* ; [pjenwaʀ].

**PIÈGE**, subst. m.
Dispositif destiné à capturer les animaux. – Fig. Moyen détourné pour embarrasser qqn. – Difficulté cachée. 🖾 [pjɛ3].

**PIÉGER**, verbe trans. [9]
Prendre (un animal) au moyen d'un piège. – Fig. Prendre (qqn) au piège. – Placer une charge explosive dans. 🖾 [pje3e].

**PIERRAILLE**, subst. f.
Petites pierres en amas. – Terrain pierreux. 🖾 [pjeʀɑj].

**PIERRE**, subst. f.
Matière minérale, inorganique, solide et dure. – Morceau de cette matière. – **Pierre** *précieuse* : minéral de grande valeur utilisé en joaillerie. 🖾 [pjɛʀ].

**PIERRERIES**, subst. f. plur.
Pierres précieuses travaillées. 🖾 [pjeʀʀi].

**PIERREUX, EUSE**, adj.
Plein de pierres. – De la nature de la pierre. 🖾 [pjeʀø, -øz].

**PIERROT**, subst. m.
Personnage de pantomime, à la figure enfarinée et à l'air rêveur. 🖾 [pjeʀo].

**PIÉTÉ**, subst. f.
Dévotion, attachement à Dieu, à la religion. – Sentiment d'amour, de respect. 🖾 [pjete].

**PIÉTINEMENT**, subst. m.
Action de piétiner ; le bruit ainsi provoqué. – Fig. Stagnation. 🖾 [pjetinmã].

**PIÉTINER**, verbe [3]
Intrans. Marteler le sol avec les pieds. – Fig. Stagner, ne pas progresser. – Trans. Écraser avec les pieds. 🖾 [pjetine].

**PIÉTON, ONNE**, adj. et subst.
Subst. Personne qui circule à pied. – Adj. Réservé aux piétons. 🖾 Le fém. du subst. est rare ; on dit aussi *piétonnier, -ière* pour l'adj. ; [pjetõ, -ɔn].

**PIÈTRE**, adj.
Qui a peu de valeur, médiocre. 🖾 [pjɛtʀ].

**PIEU, PIEUX**, subst. m.
Longue pièce de bois pointue. 🖾 [pjø].

**PIEUVRE**, subst. f.
Céphalopode marin muni de huit tentacules à ventouses (synon. *poulpe*). 🖾 [pjœvʀ].

**PIEUX, PIEUSE**, adj.
Qui fait preuve de piété. – Qui dénote un sentiment de piété. 🖾 [pjø, pjøz].

**PIGEON**, subst. m.
Oiseau aux ailes courtes, de mœurs sociales. – **Pigeon** *voyageur* : doué d'un grand sens de l'orientation, et utilisé naguère pour porter des messages. – Fig. Personne facile à duper (fam.). 🖾 [pi3õ].

**PIGER**, verbe trans. [5]
Saisir, comprendre (fam.). 🖾 [pi3e].

**PIGMENT**, subst. m.
Substance, naturelle ou de synthèse, qui donne sa couleur à qqch. – Agent organique de la coloration de la peau. 📖 [pigmɑ̃].

**PIGMENTATION**, subst. f.
Coloration par un pigment. 📖 [pigmɑ̃tasjɔ̃].

**PIGMENTER**, verbe trans. [3]
Colorer avec un pigment. 📖 [pigmɑ̃te].

**PIGNON (I)**, subst. m.
Graine comestible de la pomme du pin parasol. 📖 [piɲɔ̃].

**PIGNON (II)**, subst. m.
Roue dentée d'un engrenage. 📖 [piɲɔ̃].

**PIGNON (III)**, subst. m.
Partie élevée d'un mur, en pointe. 📖 [piɲɔ̃].

**PILASTRE**, subst. m.
Pilier accolé à un mur. 📖 [pilastʀ].

**PILE (I)**, subst. f.
Tas d'objets de même nature posés les uns sur les autres. – Ouvrage de maçonnerie soutenant les arches d'un pont. – Appareil qui transforme en électricité l'énergie fournie par une réaction chimique. 📖 [pil].

**PILE (II)**, subst f.
Côté d'une pièce de monnaie opposé à celui où est frappée une figure : **Pile** ou face. – Empl. adv. Exactement (fam.) : Midi **pile** ; Tomber **pile**, à point nommé. 📖 [pil].

**PILER (I)**, verbe trans. [3]
Broyer à l'aide d'un pilon. 📖 [pile].

**PILER (II)**, verbe intrans. [3]
S'arrêter net (fam.). 📖 [pile].

**PILEUX, EUSE**, adj.
Relatif aux poils. 📖 [pilø, -øz].

**PILIER**, subst. m.
Élément vertical servant de support à une construction. – Fig. Fondement. 📖 [pilje].

**PILLAGE**, subst. m.
Action de piller. – Son résultat. 📖 [pijaʒ].

**PILLARD, ARDE**, adj. et subst.
Qui se livre au pillage. 📖 [pijaʀ, -aʀd].

**PILLER**, verbe trans. [3]
Voler avec violence. – Fig. Plagier, imiter sans retenue. 📖 [pije].

**PILON**, subst. m.
Instrument arrondi qui sert à écraser qqch. dans un mortier. – Jambe de bois (fam.). – Cuisse de poulet. 📖 [pilɔ̃].

**PILONNAGE**, subst. m.
Action de pilonner ; son résultat. – Bombardement intensif. 📖 [pilɔnaʒ].

**PILONNER**, verbe trans. [3]
Écraser, broyer avec un pilon. – Bombarder intensivement. 📖 [pilɔne].

**PILORI**, subst. m.
Poteau où l'on exposait les condamnés à la vindicte publique. 📖 [pilɔʀi].

**PILOSITÉ**, subst. f.
Présence de poils sur certaines parties du corps. – Ensemble des poils : **Pilosité** thoracique. 📖 [pilozite].

**PILOTAGE**, subst. m.
Action de diriger un navire, de conduire un véhicule, de piloter un avion. 📖 [pilɔtaʒ].

**PILOTE**, subst. m.
Personne qui conduit un véhicule, un avion, etc. – Marin qui guide les navires dans les passages difficiles. – Empl. adj. Modèle : Industrie **pilote**. 📖 [pilɔt].

**PILOTER**, verbe trans. [3]
Conduire (un véhicule, un avion). – Guider (un navire). – Servir de guide à. 📖 [pilɔte].

**PILOTIS**, subst. m.
Ensemble de pieux fichés dans l'eau, soutenant une construction. 📖 [pilɔti].

**PILULE**, subst. f.
Petit médicament sphérique à avaler. – La **pilule** : contraceptif oral. 📖 [pilyl].

**PIMBÊCHE**, subst. f.
Femme prétentieuse (fam.). 📖 [pɛ̃bɛʃ].

**PIMENT**, subst. m.
Plante dont le fruit, à la saveur piquante, est utilisé comme épice. – Fig. Ce qui donne du piquant : Le **piment** de la vie. 📖 [pimɑ̃].

**PIMENTER**, verbe trans. [3]
Ajouter du piment à. 📖 [pimɑ̃te].

**PIMPANT, ANTE**, adj.
Dont l'aspect coquet évoque la gaieté, la fraîcheur. 📖 [pɛ̃pɑ̃, -ɑ̃t].

**PIN**, subst. m.
Conifère dont les feuilles persistantes sont des aiguilles et les fruits, des cônes. 📖 [pɛ̃].

**PINACLE**, subst. m.
Faîte d'un édifice. – Fig. Apogée. 📖 [pinaklʲ].

**PINACOTHÈQUE**, subst. f.
Musée, ou département d'un musée consacré à la peinture. 📖 [pinakɔtɛk].

**PINAILLER**, verbe intrans. [3]
Ergoter (fam.). 📖 [pinɑje].

**PINCE**, subst. f.
Instrument à deux branches servant à saisir ou à tenir serré un objet. – Barre de fer aplatie à une extrémité, servant de levier. – Patte antérieure préhensile de certains crustacés. – Pli cousu ajustant un vêtement près du corps. 📖 [pɛ̃s].

**PINCÉ, ÉE**, adj.
Mince, serré : Lèvres **pincées**. – Contraint, dédaigneux. 📖 [pɛ̃se].

**PINCEAU**, subst. m.
Instrument formé d'une touffe de poils fixée à un manche, utilisé pour peindre, pour étendre de la colle, etc. 📖 [pɛ̃so].

**PINCÉE**, subst. f.
Petite quantité d'une substance poudreuse ou granuleuse que l'on peut saisir entre le pouce et l'index. 🔊 [pɛ̃se].

**PINCEMENT**, subst. m.
Action de pincer ; son résultat. – *Pincement au cœur* : sensation intérieure désagréable causée par une émotion. 🔊 [pɛ̃smɑ̃].

**PINCE-MONSEIGNEUR**, subst. f.
Barre métallique aplatie aux extrémités, qui sert de levier pour forcer les portes. 🔊 Plur. *pinces-monseigneur* ; [pɛ̃smɔ̃sɛɲœʀ].

**PINCER**, verbe trans. [4]
Serrer avec une pince ou entre les doigts. – *Pincer les lèvres* : les serrer. – *Se faire pincer* : se faire prendre (fam.). 🔊 [pɛ̃se].

**PINCETTE**, subst. f.
Petite pince. – *À ne pas prendre avec des pincettes* : de mauvaise humeur (fam.). 🔊 [pɛ̃sɛt].

**PINÈDE**, subst. f.
Bois de pins. 🔊 [pinɛd].

**PINGOUIN**, subst. m.
Oiseau palmipède des mers boréales, au plumage noir et blanc. 🔊 [pɛ̃gwɛ̃].

**PING-PONG**, subst. m.
Tennis de table. 🔊 Plur. *ping-pongs* ; [piŋpɔ̃g].

**PINGRE**, adj. et subst.
Qui est chiche, avare (fam.). 🔊 [pɛ̃gʀ].

**PINSON**, subst. m.
Passereau muni d'un bec conique, au chant mélodieux. 🔊 [pɛ̃sɔ̃].

**PINTADE**, subst. f.
Oiseau gallinacé de basse-cour. 🔊 [pɛ̃tad].

**PINTE**, subst. f.
Mesure de capacité anglo-saxonne. – Récipient de cette capacité ; son contenu : *Une pinte de bière*. 🔊 [pɛ̃t].

**PIOCHE**, subst. f.
Outil composé d'un fer fixé à un manche, servant à creuser les sols durs. 🔊 [pjɔʃ].

**PIOCHER**, verbe [3]
Trans. Creuser avec une pioche. – Intrans. Se servir, puiser au hasard. 🔊 [pjɔʃe].

**PIOLET**, subst. m.
Sorte de petite pioche, servant aussi de canne, utilisée par les alpinistes. 🔊 [pjɔlɛ].

**PION (I)**, subst. m.
Pièce d'un jeu, que l'on déplace, en partic. aux échecs et aux dames. 🔊 [pjɔ̃].

**PION (II), PIONNE**, subst.
Surveillant, dans une école, un lycée (fam.). 🔊 [pjɔ̃, pjɔn].

**PIONNIER, IÈRE**, subst.
Personne qui défriche des contrées incultes. – Personne qui, la première, se lance dans un domaine nouveau. 🔊 [pjɔnje, -jɛʀ].

**PIPE**, subst. f.
Objet servant à fumer, formé d'un petit fourneau et d'un tuyau. – *Casser sa pipe* : mourir (fam.). 🔊 [pip].

**PIPEAU**, subst. m.
Flûte à bec rudimentaire. 🔊 [pipo].

**PIPE-LINE**, subst. m.
Canalisation permettant d'acheminer des combustibles liquides ou gazeux sur de très longues distances. 🔊 Plur. *pipe-lines* ; on écrit aussi *pipeline* ; [piplin] ou [pajplajn].

**PIPETTE**, subst. f.
Tube étroit, gén. en verre, qui sert à prélever un liquide. 🔊 [pipɛt].

**PIPI**, subst. m.
Fam. Urine : *Faire pipi*, uriner. 🔊 [pipi].

**PIQUANT, ANTE**, adj. et subst. m.
Se dit de ce qui provoque agréablement l'intérêt. – Adj. Qui pique. – Subst. Épine d'un végétal, d'un animal. 🔊 [pikɑ̃, -ɑ̃t].

**PIQUE**, subst.
Fém. Arme formée d'un long manche que termine un fer pointu et plat. – Propos blessant (fam.). – Masc. L'une des deux couleurs noires d'un jeu de cartes. 🔊 [pik].

**PIQUÉ, ÉE**, adj. et subst. m.
Adj. Cousu à la machine. – Marqué de petits trous ou de petites taches : *Miroir piqué*. – *Vin piqué* : aigri. – Fig. Extravagant, fou (fam.). – Subst. Descente rapide et quasi verticale d'un avion. – Étoffe dont le tissage forme des motifs en relief. 🔊 [pike].

**PIQUE-NIQUE**, subst. m.
Repas froid pris sur l'herbe, en plein air. 🔊 Plur. *pique-niques* ; [piknik].

**PIQUER**, verbe [3]
Trans. Blesser légèrement en perçant avec un objet pointu. – Picoter. – Enfoncer (qqch. de pointu) dans. – Coudre à la machine. – Voler, dérober (fam.). – Fig. *Piquer qqn au vif* : atteindre son amour-propre. – *Piquer la curiosité* : l'éveiller. – *Piquer une colère* : la manifester brusquement. – *Piquer une tête* : plonger. – Intrans. Faire un piqué, en parlant d'un avion. – *Piquer du nez* : pencher en avant (fam.). 🔊 [pike].

**PIQUET**, subst. m.
Petit pieu fiché en terre. – Punition scolaire consistant à envoyer un élève au coin. – *Piquet de grève* : groupe de travailleurs gardant l'entrée d'un établissement en grève. 🔊 [pikɛ].

**PIQÛRE**, subst. f.
Blessure provoquée par une pointe ; sensation qui en résulte. – Introduction dans l'organisme d'une aiguille pour pratiquer une injection ou une ponction. – Couture à la machine. 🔊 [pikyʀ].

**PIRANHA**, subst. m.
Poisson carnivore d'Amazonie. 🕮 [piʀana].

**PIRATE**, adj. et subst. m.
Subst. Brigand qui court les mers pour piller les bateaux. – **Pirate** *de l'air* : personne qui détourne un avion. – Adj. Clandestin, non autorisé : *Une radio* **pirate**. 🕮 [piʀat].

**PIRATER**, verbe [3]
Trans. Reproduire illégalement. – Intrans. Se livrer à la piraterie. 🕮 [piʀate].

**PIRATERIE**, subst. f.
Acte de pirate. – Fig. Escroquerie. 🕮 [piʀatʀi].

**PIRE**, adj. et subst. m.
Adj. Plus mauvais, plus nocif (que) : *C'est* **pire** *que tout* ; *Un remède* **pire** *que le mal*. – Subst. Ce qu'il y a de plus mauvais : *Redouter le* **pire**. 🕮 [piʀ].

**PIROGUE**, subst. f.
Embarcation longue et étroite, à fond plat, creusée gén. dans un tronc. 🕮 [piʀɔg].

**PIROUETTE**, subst. f.
Mouvement effectué en pivotant sur soi-même. – Fig. Revirement. 🕮 [piʀwɛt].

**PIS (I)**, adj. et adv.
Pire (littér.) : *Aller de mal en* **pis**. 🕮 [pi].

**PIS (II)**, subst. m.
Mamelle d'une bête qui donne du lait : **Pis** *de vache, de chèvre*. 🕮 [pi].

**PISCICULTURE**, subst. f.
Ensemble des techniques d'élevage et de reproduction des poissons. 🕮 [pisikyltyʀ].

**PISCINE**, subst. f.
Bassin artificiel où l'on pratique la natation. 🕮 [pisin].

**PISÉ**, subst. m.
Terre argileuse mêlée d'eau et de paille utilisée comme matériau de construction. 🕮 [pize].

**PISSENLIT**, subst. m.
Plante comestible, à fleurs jaunes, très courante dans les champs. 🕮 [pisãli].

**PISSER**, verbe intrans. [3]
Uriner (fam.). 🕮 [pise].

**PISSOTIÈRE**, subst. f.
Urinoir public réservé aux messieurs (fam.). 🕮 [pisɔtjɛʀ].

**PISTACHE**, subst. f.
Graine, de couleur verte, du pistachier. – Empl. adj. inv. Vert pâle. 🕮 [pistaʃ].

**PISTE**, subst. f.
Suite d'empreintes laissées par un homme, un animal ou un véhicule. – Ensemble d'indices permettant d'orienter une recherche, une enquête ; direction ainsi indiquée. – Route sommaire. – Espace aménagé au centre d'un cirque, d'un dancing. – Bande de terrain balisée : **Piste** *d'atterrissage*. 🕮 [pist].

**PISTER**, verbe trans. [3]
Suivre (un animal) à la trace. – Suivre discrètement, filer (qqn). 🕮 [piste].

**PISTIL**, subst. m.
Organe reproducteur femelle de la fleur. 🕮 [pistil].

**PISTOLE**, subst. f.
Monnaie d'or qui avait cours en Espagne et en Italie aux XVIᵉ et XVIIᵉ s. 🕮 [pistɔl].

**PISTOLET**, subst. m.
Arme à feu individuelle, se tenant d'une seule main. – *Peinture au* **pistolet** : par pulvérisation. 🕮 [pistɔlɛ].

**PISTON**, subst. m.
Pièce cylindrique qui, en coulissant, produit une activité motrice. – *Mus.* Dispositif réglant la hauteur du son de certains instruments à vent. – Fig. Recommandation, influence permettant l'obtention privilégiée d'un avantage (fam.). 🕮 [pistɔ̃].

**PISTONNER**, verbe trans. [3]
Aider (qqn) à obtenir qqch. en usant de son influence (fam.). 🕮 [pistɔne].

**PITANCE**, subst. f.
Nourriture quotidienne (fam.). 🕮 [pitãs].

**PITEUX, EUSE**, adj.
Qui inspire une pitié mêlée de mépris. – *Se sentir* **piteux** : honteux. 🕮 [pitø, -øz].

**PITHÉCANTHROPE**, subst. m.
Mammifère primate fossile présentant déjà des traits humains. 🕮 [pitekãtʀɔp].

**PITIÉ**, subst. f.
Sentiment de compassion à l'égard de ceux qui souffrent. 🕮 [pitje].

**PITON**, subst. m.
Vis ou clou dont la tête est en forme de crochet ou d'anneau. – Sommet pointu et élevé d'une montagne. 🕮 [pitɔ̃].

**PITOYABLE**, adj.
Qui suscite la pitié ou un mépris apitoyé. 🕮 [pitwajabl].

**PITRE**, subst. m.
Personne qui cherche à faire rire par ses propos et ses gestes. 🕮 [pitʀ].

**PITRERIE**, subst. f.
Geste ou blague de pitre. 🕮 [pitʀəʀi].

**PITTORESQUE**, adj. et subst. m.
Qui décrit de façon expressive et imagée. – Qui a un charme typique. 🕮 [pitɔʀɛsk].

**PIVERT**, subst. m.
Gros oiseau se nourrissant des insectes qui rongent le bois. 🕮 [pivɛʀ].

**PIVOINE**, subst. f.
Plante vivace à bulbe, aux grosses fleurs décoratives. 🕮 [pivwan].

**PIVOT**, subst. m.
Axe vertical, cylindrique et rotatif. – Fig. Point essentiel, centre, base. 🕮 [pivo].

**PIVOTER**, verbe intrans. [3]
Tourner sur un pivot. – Se retourner, à demi ou complètement. ▨ [pivɔte].

**PIZZA**, subst. f.
Tarte italienne garnie de tomates, de fromage et parfumée à l'origan. ▨ [pidza].

**PIZZERIA**, subst. f.
Restaurant italien où l'on sert des pizzas. ▨ [pidzeʀja].

**PLACAGE**, subst. m.
Application sur un support ordinaire d'une feuille d'un matériau plus résistant ou plus noble. – Cette feuille. ▨ [plakaʒ].

**PLACARD**, subst. m.
Meuble de rangement aménagé dans un renfoncement ou appliqué contre un mur. – Avis affiché publiquement. ▨ [plakaʀ].

**PLACARDER**, verbe trans. [3]
Afficher. ▨ [plakaʀde].

**PLACE**, subst. f.
Espace déterminé qu'une chose ou une personne occupe. – Espace réservé à un usage précis ; siège : *Une* place *de cinéma.* – Situation, position au sein d'un ensemble, d'une hiérarchie : *La première* place ; *Chacun à sa* place. – Emploi. – Espace découvert où convergent les rues : *La* place *du marché.* – Place *forte* : forteresse. ▨ [plas].

**PLACEBO**, subst. m.
Produit inactif que l'on présente au patient comme un médicament. ▨ [plasebo].

**PLACEMENT**, subst. m.
Action de procurer un emploi, une place, à qqn : *Bureau de* placement. – Action de placer de l'argent ; cet argent. ▨ [plasmɑ̃].

**PLACENTA**, subst. m.
Organe qui adhère à l'utérus et qui assure les échanges entre la mère et le fœtus durant la gestation. ▨ [plasɛ̃ta].

**PLACER**, verbe trans. [4]
Mettre à une place déterminée. – Assigner un rang, une valeur, une place à. – Placer *qqn devant ses responsabilités* : les lui faire assumer. – Faire valoir, investir (un capital). – Trouver preneur pour : Placer *une marchandise.* – Donner, accorder : Placer *sa confiance en qqn.* ▨ [plase].

**PLACIDE**, adj.
Calme et paisible. ▨ [plasid].

**PLAFOND**, subst. m.
Surface horizontale qui limite dans sa hauteur l'intérieur d'un lieu couvert, d'un véhicule. – Couche de nuages. – Fig. Valeur maximale à ne pas dépasser. ▨ [plafɔ̃].

**PLAFONNER**, verbe intrans. [3]
Cesser de progresser. ▨ [plafɔne].

**PLAFONNIER**, subst. m.
Dispositif d'éclairage électrique qui est fixé au plafond. ▨ [plafɔnje].

**PLAGE**, subst. f.
Étendue dégagée de sable ou de galets, qui s'incline jusqu'à la mer. – Surface délimitée. – Durée limitée, tranche horaire. ▨ [plaʒ].

**PLAGIAT**, subst. m.
Action de plagier. – Copie. ▨ [plaʒja].

**PLAGIER**, verbe trans. [6]
Copier et s'attribuer la paternité (d'une œuvre originale). ▨ [plaʒje].

**PLAID**, subst. m.
Couverture de voyage écossaise. ▨ [plɛd].

**PLAIDER**, verbe [3]
Intrans. Défendre une partie, une cause devant un tribunal. – Soutenir une action en justice (contre qqn). – Développer des arguments : Plaider *pour, en faveur de.* – Trans. Défendre : Plaider *une affaire.* – Faire valoir : Plaider *la légitime défense* ; Plaider *coupable.* ▨ [plede].

**PLAIDOIRIE**, subst. f.
Action de plaider. – Ensemble des arguments exposés par la défense. ▨ [pledwaʀi].

**PLAIDOYER**, subst. m.
Exposé passionné et argumenté prononcé pour soutenir une cause. ▨ [pledwaje].

**PLAIE**, subst. f.
Coupure, déchirure des tissus de la peau ou des muqueuses ; blessure. – Fig. Chose ou personne très pénible. ▨ [plɛ].

**PLAINDRE**, verbe trans. [54]
Éprouver ou manifester de la compassion pour (autrui). – Pronom. Exprimer sa souffrance. – *Se* plaindre *de* : manifester son mécontentement au sujet de. ▨ [plɛ̃dʀ].

**PLAINE**, subst. f.
Vaste étendue géographique, plate, de niveau plus bas que ce qui l'entoure. ▨ [plɛn].

**PLAIN-PIED (DE)**, loc. adv.
Au même niveau. ▨ [dəplɛ̃pje].

**PLAINTE**, subst. f.
Parole, cri exprimant la souffrance. – Récrimination. – Dénonciation en justice d'une infraction, par la victime. ▨ [plɛ̃t].

**PLAINTIF, IVE**, adj.
Qui a le ton de la plainte. ▨ [plɛ̃tif, -iv].

**PLAIRE**, verbe trans. indir. [59]
Plaire *à* : être agréable à, être du goût de. – Charmer (qqn). – Empl. impers. *S'il te* plaît : formule de politesse exprimant une demande. – Pronom. Se trouver bien dans un lieu, une situation. – Prendre plaisir (à). – Se convenir. ▨ [plɛʀ].

**PLAISANCE (DE)**, loc. adj.
Ce qui satisfait au plaisir, à l'agrément : *Voyage, bateau de* plaisance. ▨ [dəplɛzɑ̃s].

**PLAISANCIER, IÈRE**, subst.
Personne qui navigue pour l'agrément, le plaisir. ▨ [plɛzɑ̃sje, -jɛʀ].

**PLAISANT, ANTE,** adj.
Agréable. – Divertissant. ◻ [plɛzɑ̃, -ɑ̃t].

**PLAISANTER,** verbe [3]
Intrans. S'exprimer ou se comporter de façon drôle pour amuser. – Trans. Railler gentiment (qqn). ◻ [plɛzɑ̃te].

**PLAISANTERIE,** subst. f.
Parole, acte visant à amuser ou à railler qqn. – Ce qui ne mérite pas d'être pris au sérieux. ◻ [plɛzɑ̃tʀi].

**PLAISANTIN,** subst. m.
Personne qui fait des plaisanteries, farceur. – Personne que l'on ne peut pas prendre au sérieux. ◻ [plɛzɑ̃tɛ̃].

**PLAISIR,** subst. m.
État affectif, sensation agréables. – Jouissance sexuelle. – Source de contentement ; divertissement. ◻ [pleziʀ].

**PLAN, PLANE,** adj. et subst. m.
Adj. Uni, sans courbures ni variations de niveau. – Subst. Surface **plane**. – Figure géométrique à deux dimensions. – Chacun des niveaux de vision, défini par son éloignement de l'œil : *Au premier* **plan**. – Importance relative : *Rôle de second* **plan**. – Représentation en projection horizontale de la disposition ou de l'agencement de qqch. – Structure d'un ouvrage littéraire. – Fig. Ensemble des dispositions à prendre en vue de réaliser un projet. ◻ [plɑ̃, plan].

**PLANCHE,** subst. f.
Longue pièce de bois, plate et rectangulaire, plus large qu'épaisse. ◻ [plɑ̃ʃ].

**PLANCHER,** subst. m.
Plate-forme horizontale séparant deux étages. – Sol d'une pièce. – Valeur minimale de base. ◻ [plɑ̃ʃe].

**PLANCTON,** subst. m.
Ensemble des organismes microscopiques qui vivent dans l'eau. ◻ [plɑ̃ktɔ̃].

**PLANER,** verbe intrans. [3]
Évoluer dans l'air sans bouger les ailes, en parlant d'un oiseau, sans l'aide d'un moteur, en parlant d'un avion. – Manquer de réalisme, rêver (fam.). – Fig. Peser comme une menace. ◻ [plane].

**PLANÉTAIRE,** adj.
Relatif aux planètes. – Relatif à la Terre. ◻ [planetɛʀ].

**PLANÉTARIUM,** subst. m.
Coupole sur laquelle sont représentés les astres et les planètes. ◻ [planetaʀjɔm].

**PLANÈTE,** subst. f.
Corps céleste qui gravite autour d'une étoile, en partic. du Soleil. – Empl. abs. La Terre. ◻ [planɛt].

**PLANEUR,** subst. m.
Avion léger sans moteur, qui utilise les courants atmosphériques. ◻ [planœʀ].

**PLANIFICATION,** subst. f.
Action de planifier. ◻ [planifikasjɔ̃].

**PLANIFIER,** verbe trans. [6]
Organiser, préparer (qqch.) selon un plan. ◻ [planifje].

**PLANISPHÈRE,** subst. m.
Carte plane montrant côte à côte les deux hémisphères terrestres. ◻ [planisfɛʀ].

**PLANNING,** subst. m.
Programme détaillé des tâches à accomplir dans un temps donné. ◻ [planiŋ].

**PLANQUER,** verbe trans. [3]
Cacher (fam.). ◻ [plɑ̃ke].

**PLANT,** subst. m.
Jeune végétal récemment mis en pleine terre ou destiné à être repiqué. ◻ [plɑ̃].

**PLANTAIRE,** adj.
De la plante du pied. ◻ [plɑ̃tɛʀ].

**PLANTATION,** subst. f.
Action, manière de planter. – Ensemble de végétaux plantés sur un terrain. – Exploitation agricole tropicale. ◻ [plɑ̃tasjɔ̃].

**PLANTE (I),** subst. f.
Face inférieure du pied. ◻ [plɑ̃t].

**PLANTE (II),** subst. f.
Tout végétal enraciné dans la terre. ◻ [plɑ̃t].

**PLANTER,** verbe trans. [3]
Mettre en terre pour faire prendre racine (un végétal). – Peupler (un espace) de végétaux. – Fixer droit dans le sol ; enfoncer droit dans une surface. ◻ [plɑ̃te].

**PLANTIGRADE,** adj. et subst. m.
Qui marche sur toute la plante des pieds, tel l'ours. ◻ [plɑ̃tiɡʀad].

**PLANTUREUX, EUSE,** adj.
Bien en chair. – Très abondant. – Fertile. ◻ [plɑ̃tyʀø, -øz].

**PLAQUE,** subst. f.
Élément plat, peu épais, rigide, fait de divers matériaux et destiné à de nombreux usages : **Plaque** *de marbre, d'égout, minéralogique*. – Insigne, décoration. – Couche : **Plaque** *de verglas*. – Tache de la peau, à contour précis. ◻ [plak].

**PLAQUÉ, ÉE,** adj. et subst. m.
Qui est recouvert d'une mince couche de métal ou de bois précieux. ◻ [plake].

**PLAQUER,** verbe trans. [3]
Recouvrir d'un revêtement solide ou précieux. – Appliquer fortement sur ou contre. – Fig. Abandonner (fam.). ◻ [plake].

**PLAQUETTE,** subst. f.
Petite plaque. – Petit livre mince. – Cellule sanguine. ◻ [plakɛt].

**PLASMA,** subst. m.
Partie liquide du sang. ◻ [plasma].

**PLASTIC,** subst. m.
Explosif malléable. ◻ [plastik].

**PLASTICITÉ, subst. f.**
Propriété d'une matière qui peut être modelée. 🕮 [plastisite].

**PLASTIFIER, verbe trans.** [6]
Recouvrir d'un revêtement de matière plastique. 🕮 [plastifje].

**PLASTIQUE, adj. et subst.**
Adj. Qui s'attache à la beauté des formes. – Qui peut être modelé. – Subst. fém. Harmonie des formes. – Art de sculpter, de modeler. – Subst. masc. Matière synthétique transformable sous l'action de la chaleur et de la pression. 🕮 [plastik].

**PLASTIQUER, verbe trans.** [3]
Faire exploser au plastic. 🕮 [plastike].

**PLASTRON, subst. m.**
Empiècement sur le devant d'un corsage ou d'une chemise. 🕮 [plastrõ].

**PLASTRONNER, verbe intrans.** [3]
Bomber la poitrine. – Fig. Se faire valoir (fam.). 🕮 [plastrɔne].

**PLAT (I), PLATE, adj. et subst. m.**
Adj. Dont la surface est unie, sans relief. – Peu épais, peu profond. – Banal. – À plat : horizontalement ; dégonflé, pour un pneu. – Subst. Partie plate de qqch. 🕮 [pla, plat].

**PLAT (II), subst. m.**
Pièce de vaisselle à fond plat dans laquelle on sert les mets. – Chacun des mets composant un repas. 🕮 [pla].

**PLATANE, subst. m.**
Arbre à grandes feuilles dentées, qui ombrage les places et les routes. 🕮 [platan].

**PLATEAU, subst. m.**
Support plat et rigide servant à transporter de la vaisselle et des aliments. – Endroit d'un studio où se déroule le tournage d'un film. – Vaste étendue au relief plat, d'altitude élevée. 🕮 [plato].

**PLATE-BANDE, subst. f.**
Bande de terre fleurie ou cultivée. 🕮 Plur. plates-bandes ; [platbãd].

**PLATE-FORME, subst. f.**
Petite étendue de terrain plane et surélevée. – Surface plane, souv. surélevée, servant de support à des installations. 🕮 Plur. plates-formes ; [platfɔrm].

**PLATINE (I), subst. f.**
Élément d'une chaîne haute fidélité permettant de passer des disques. 🕮 [platin].

**PLATINE (II), subst. m.**
Métal précieux utilisé en bijouterie. – Empl. adj. inv. Des cheveux platine : d'un blond presque blanc. 🕮 [platin].

**PLATITUDE, subst. f.**
Caractère banal, quelconque de qqch., d'un propos. – Propos commun, fade, sans intérêt. 🕮 [platityd].

**PLATONIQUE, adj.**
Pur, idéal : Amour platonique, chaste. – Qui reste théorique, sans effet. 🕮 [platɔnik].

**PLÂTRE, subst. m.**
Poudre blanche tirée du gypse, qu'on mêle à l'eau et qui durcit peu à peu. – Objet moulé en plâtre. 🕮 [platʀ].

**PLÂTRER, verbe trans.** [3]
Enduire de plâtre. – Gainer de plâtre (un membre fracturé) pour le maintenir immobile. 🕮 [platʀe].

**PLAUSIBLE, adj.**
Crédible, vraisemblable. 🕮 [plozibl].

**PLAY-BACK, subst. m. inv.**
Chanter en play-back : mimer une chanson préenregistrée. 🕮 [plɛbak].

**PLAY-BOY, subst. m.**
Séducteur fortuné. 🕮 Plur. play-boys ; [plɛbɔj].

**PLÈBE, subst. f.**
Bas peuple (péj.). 🕮 [plɛb].

**PLÉBISCITE, subst. m.**
Vote de confiance demandé au peuple par un chef d'État. 🕮 [plebisit].

**PLÉIADE, subst. f.**
Groupe important de personnes (littér.) : Une pléiade d'acteurs. 🕮 [plejad].

**PLEIN, PLEINE, adj., subst. m., adv. et prép.**
Adj. Rempli. – Qui contient beaucoup (de). – Total, complet ; entier. – Une femelle pleine : qui attend des petits. – Adv. J'en ai plein : j'en ai beaucoup (fam.). – Prép. En abondance (fam.) : Il y a plein de monde. – Subst. Faire le plein : remplir totalement (une salle, un réservoir). – Battre son plein : être à son intensité maximale. 🕮 [plɛ̃, plɛn].

**PLEINEMENT, adv.**
De manière entière, totale. 🕮 [plɛnmã].

**PLÉNIER, IÈRE, adj.**
Assemblée plénière : à laquelle chacun des membres est convoqué. 🕮 [plenje, -jɛʀ].

**PLÉNIPOTENTIAIRE, subst. m.**
Diplomate investi des pleins pouvoirs pour remplir une mission. 🕮 [plenipɔtãsjɛʀ].

**PLÉNITUDE, subst. f.**
Intégralité, totalité (littér.). 🕮 [plenityd].

**PLÉONASME, subst. m.**
Dans une phrase, terme qui répète l'idée émise sans l'enrichir (ex. : Descendre en bas ; Panacée universelle). 🕮 [pleɔnasm].

**PLÉTHORE, subst. f.**
Quantité excessive. 🕮 [pletɔʀ].

**PLEURER, verbe** [3]
Trans. Regretter (qqn, qqch.). – Intrans. Verser des larmes. 🕮 [plœʀe].

**PLEURÉSIE, subst. f.**
Inflammation de la membrane extérieure des poumons (plèvre). 🕮 [plœʀezi].

**PLEURNICHER**, verbe intrans. [3]
Pleurer sans conviction et sans raison vraiment sérieuse. – Geindre (fam.). 🕮 [plœrniʃe].

**PLEUROTE**, subst. m.
Champignon comestible qui se développe sur les troncs d'arbres. 🕮 [plœrɔt].

**PLEURS**, subst. m. plur.
Larmes (littér.). 🕮 [plœr].

**PLEUTRE**, adj. et subst. m.
Qui est sans courage (littér.). 🕮 [pløtr̩].

**PLEUVOIR**, verbe [44]
Impers. Tomber, en parlant de la pluie. – Intrans. Être distribué en quantité : *Les coups pleuvaient.* 🕮 [pløvwar].

**PLEXIGLAS**, subst. m. inv.
Résine synthétique légère, transparente et incassable. 🕮 N. déposé ; [plɛksiglas].

**PLEXUS**, subst. m.
Entrelacement de nerfs et de vaisseaux : **Plexus** *solaire*, situé au creux de l'estomac. 🕮 [plɛksys].

**PLI**, subst. m.
Rabat d'une matière souple sur elle-même. – Trace de pliure. – Enveloppe ; lettre. – Fig. Habitude : *Prendre le* **pli** *de ne rien faire.* 🕮 [pli].

**PLIAGE**, subst. m.
Action, manière de plier qqch. 🕮 [plijaʒ].

**PLIER**, verbe [6]
Trans. Rabattre entièrement ou partiellement sur elle-même (une chose souple ou articulée) : **Plier** *un drap.* – Fléchir : **Plier** *les genoux.* – Intrans. Se courber, ployer. – Pronom. Se conformer : *Se* **plier** *au règlement.* 🕮 [plije].

**PLINTHE**, subst. f.
Bande de bois plate fixée au ras du sol, protégeant une cloison. 🕮 [plɛ̃t].

**PLISSEMENT**, subst. m.
Action de plisser. – Déformation du relief de la Terre : **Plissement** *alpin.* – Ensemble de plis, de rides. 🕮 [plismã].

**PLISSER**, verbe [3]
Intrans. Former des plis. – Trans. Marquer de plis ou de rides. 🕮 [plise].

**PLIURE**, subst. f.
Marque laissée par un pli. – Creux d'une articulation : **Pliure** *du genou.* 🕮 [plijyr].

**PLOMB**, subst. m.
Métal gris-bleu, très lourd et malléable. – Grain, morceau de ce métal, utilisé pour la chasse, la pêche. 🕮 [plɔ̃].

**PLOMBAGE**, subst. m.
Obturation d'un trou dans une dent par un amalgame. – Cet amalgame. 🕮 [plɔ̃baʒ].

**PLOMBER**, verbe trans. [3]
Garnir de plomb. – Donner une couleur évoquant celle du plomb à. – **Plomber** *une dent* : l'obturer avec un amalgame. 🕮 [plɔ̃be].

**PLOMBERIE**, subst. f.
Métier, ouvrage du plombier. – Ensemble des canalisations installées par un plombier. 🕮 [plɔ̃bri].

**PLOMBIER**, subst. m.
Ouvrier ou artisan qui installe et entretient les circuits de distribution d'eau et de gaz et les équipements sanitaires. 🕮 [plɔ̃bje].

**PLONGE**, subst. f.
Lavage de la vaisselle, dans un restaurant, un café, une cantine. 🕮 [plɔ̃ʒ].

**PLONGÉE**, subst. f.
Action de plonger ; séjour en immersion. – Activité sous-marine, à titre sportif ou professionnel, d'une personne munie d'un équipement approprié. – Vue de haut en bas. 🕮 [plɔ̃ʒe].

**PLONGEOIR**, subst. m.
Tremplin surélevé permettant à un nageur de plonger. 🕮 [plɔ̃ʒwar].

**PLONGEON**, subst. m.
Saut dans l'eau la tête la première. – Chute brusque et rapide en avant. 🕮 [plɔ̃ʒɔ̃].

**PLONGER**, verbe [5]
Trans. Enfoncer dans un liquide. – Introduire vivement : **Plonger** *sa main dans sa poche.* – Mettre brusquement dans un certain état : **Plonger** *qqn dans l'embarras.* – Intrans. S'enfoncer dans l'eau. – Exécuter un plongeon. – Pronom. *Se* **plonger** *dans la lecture* : s'y absorber. 🕮 [plɔ̃ʒe].

**PLONGEUR, EUSE**, subst.
Qui plonge dans ou sous l'eau. – Qui fait la plonge. 🕮 [plɔ̃ʒœr, -øz].

**PLOT**, subst. m.
Pièce métallique assurant un contact électrique. 🕮 [plo].

**PLOUTOCRATIE**, subst. f.
Ordre politique ou social où les plus fortunés détiennent le pouvoir. 🕮 [plutokrasi].

**PLOYER**, verbe intrans. [17]
Littér. Se courber : **Ployer** *sous l'effort.* – Empl. trans. **Ployer** *les genoux* : les plier. 🕮 [plwaje].

**PLUIE**, subst. f.
Chute, sous forme de gouttes, de l'eau contenue dans l'atmosphère. – Quantité abondante : *Une* **pluie** *de cadeaux.* 🕮 [plɥi].

**PLUMAGE**, subst. m.
Ensemble des plumes qui couvrent le corps d'un oiseau. 🕮 [plymaʒ].

**PLUME**, subst. f.
Chacun des éléments formés d'un tuyau garni de barbes, qui couvrent le corps d'un oiseau et lui permettent de voler. 🕮 [plym].

**PLUMEAU**, subst. m.
Bouquet de plumes fixé à un petit manche, permettant d'épousseter. 🕮 [plymo].

387

**PLUMER,** verbe trans. [3]
Enlever les plumes de (un oiseau, une volaille). – Dépouiller (qqn) de ses biens en le dupant (fam.). 🔊 [plyme].

**PLUMET,** subst. m.
Bouquet de plumes ornant une coiffure, en partic. une coiffure militaire. 🔊 [plymɛ].

**PLUMETIS,** subst. m.
Semis de petits points régulièrement brodés sur un tissu. 🔊 [plym(ə)ti].

**PLUMIER,** subst. m.
Boîte compartimentée en bois, servant à ranger crayons, gommes, etc. 🔊 [plymje].

**PLUPART (LA),** subst. f.
La plus grande partie, la majorité (de) : **La plupart** *des gens* ; **La plupart** *sont arrivés* ; **La plupart** *du temps*, le plus souvent. 🔊 [laplypaʀ].

**PLURALISME,** subst. m.
Coexistence d'opinions diverses au sein d'un système. 🔊 [plyʀalism].

**PLURALITÉ,** subst. f.
Fait de n'être pas unique. 🔊 [plyʀalite].

**PLURIEL, IELLE,** adj. et subst. m.
Adj. Qui marque la pluralité. – Subst. *Ling.* Catégorie grammaticale indiquant la pluralité. 🔊 [plyʀjɛl].

**PLUS,** adv. et subst. m.
Adv. Comparatif de supériorité : *Il est* **plus** *habile que moi* ; superlatif de supériorité : *Le* **plus** *grand de tous*. – Avec la négation *ne*, exprime la fin d'un état ou d'une action : *Il n'est* **plus** *fatigué*. – Exprime l'addition : *Deux* **plus** *deux font quatre*. – Subst. Signe de l'addition (+). – Élément positif : *Ce diplôme sera un* **plus** *dans sa carrière*. 🔊 [plys]. [ply] ou [plyz].

**PLUSIEURS,** adj. plur. et pron. indéf. plur.
Plus d'un, plus d'une ; un certain nombre : **Plusieurs** *personnes* ; *Elles sont venues à* **plusieurs**. 🔊 [plyzjœʀ].

**PLUS-VALUE,** subst. f.
Accroissement de la valeur d'un bien ou d'un revenu. 🔊 Plur. *plus-values* ; [plyvaly].

**PLUTONIUM,** subst. m.
Élément radioactif tiré de l'uranium, utilisé dans la bombe atomique. 🔊 [plytɔnjɔm].

**PLUTÔT,** adv.
De préférence : *Mets* **plutôt** *ce gilet-ci.* – Au lieu de : **Plutôt** *que de jouer, tu ferais mieux de m'aider*. – Passablement, assez : *Elle est* **plutôt** *belle*. 🔊 [plyto].

**PLUVIAL, ALE, AUX,** adj.
De pluie. – Dû à la pluie. 🔊 [plyvjal].

**PLUVIEUX, IEUSE,** adj.
Caractérisé par la pluie. 🔊 [plyvjø, -jøz].

**PLUVIÔSE,** subst. m.
Cinquième mois du calendrier républicain, allant du 20-22 janvier au 18-20 février. 🔊 [plyvjoz].

**P.M.E.,** subst. f. inv.
Sigle de « petites et moyennes entreprises ». 🔊 [peɛmø].

**P.N.B.,** subst. m. inv.
Sigle de « produit national brut », production annuelle d'un pays. 🔊 [peɛnbe].

**PNEUMATIQUE,** adj. et subst. m.
Adj. Qui fonctionne à l'air comprimé. – Gonflable. – Subst. Enveloppe de caoutchouc gonflée qui s'adapte sur la jante d'une roue (abrév. *pneu*). 🔊 [pnømatik].

**PNEUMONIE,** subst. f.
Inflammation aiguë d'un lobe du poumon. 🔊 [pnømɔni].

**POCHE,** subst. f.
Sac de diverses matières, de toutes dimensions. – Repli d'un vêtement en forme de petit sac, destiné à recevoir de menus objets. – Cavité emplie d'un corps fluide : **Poche** *de pus*. – *De* **poche** : petit, maniable. 🔊 [pɔʃ].

**POCHER,** verbe trans. [3]
**Pocher** *l'œil à qqn* : le tuméfier d'un coup violent. – **Pocher** *un œuf* : le plonger dans l'eau bouillante sans sa coquille. 🔊 [pɔʃe].

**POCHETTE,** subst. f.
Mouchoir dont la pointe orne la poche de poitrine d'un veston. – Sachet. 🔊 [pɔʃɛt].

**POCHOIR,** subst. m.
Feuille rigide, évidée, permettant de reproduire un dessin. 🔊 [pɔʃwaʀ].

**PODIUM,** subst. m.
Estrade où sont récompensés les vainqueurs d'une compétition sportive. 🔊 [pɔdjɔm].

**POÊLE (I),** subst. m.
Appareil de chauffage à foyer clos, muni d'un tuyau d'évacuation. 🔊 [pwal].

**POÊLE (II),** subst. m.
Ustensile de cuisine servant à faire sauter les aliments à feu vif. 🔊 [pwal].

**POÊLER,** verbe trans. [3]
Faire sauter à la poêle. 🔊 [pwale].

**POÈME,** subst. m.
Ouvrage de poésie. 🔊 [pɔɛm].

**POÉSIE,** subst. f.
Genre littéraire rythmé dont le style imagé et harmonieux suscite l'émotion. – Petit poème. 🔊 [pɔezi].

**POÈTE, POÉTESSE,** subst.
Écrivain qui compose des poèmes. – Masc. Idéaliste et rêveur. 🔊 [pɔɛt, pɔetɛs].

**POÉTIQUE,** adj.
Relatif à la poésie. – Qui dégage un charme émouvant. 🔊 [pɔetik].

**POGROM(E),** subst. m.
Émeute antisémite accompagnée de massacres, de pillages. 🔊 [pɔgʀɔm].

**POIDS, subst. m.**
Force exercée sur un corps du fait de la pesanteur. – Mesure de cette force. – Masse pesante. – Masse de métal servant à peser. – Ce qui oppresse. – *De poids* : important, influent. – **Poids** *lourd* : camion. 🕮 [pwɑ].

**POIGNANT, ANTE, adj.**
Bouleversant, déchirant. 🕮 [pwaɲɑ̃, -ɑ̃t].

**POIGNARD, subst. m.**
Arme blanche munie d'une courte lame large et pointue. 🕮 [pwaɲaʀ].

**POIGNARDER, verbe trans.** [3]
Frapper avec un poignard. 🕮 [pwaɲaʀde].

**POIGNE, subst. f.**
Force d'une main qui serre, qui empoigne. – Fig. Autorité : *Gouvernement à* **poigne**. 🕮 [pwaɲ].

**POIGNÉE, subst. f.**
Ce que peut contenir une main fermée. – Petit nombre de gens. – Partie d'un objet conçue pour que la main puisse le saisir. – **Poignée** *de main* : salut qui consiste à serrer la main de qqn. 🕮 [pwaɲe].

**POIGNET, subst. m.**
Articulation qui relie la main à l'avant-bras. 🕮 [pwaɲɛ].

**POIL, subst. m.**
Production épidermique filiforme qui couvre la peau des Mammifères et de certaines parties du corps humain. 🕮 [pwal].

**POILU, UE, adj. et subst. m.**
Adj. Couvert de poils. – Subst. Soldat français pendant la Grande Guerre. 🕮 [pwaly].

**POINÇON, subst. m.**
Outil d'acier fin et pointu servant à percer ou à graver. – Tige de métal utilisée pour marquer un objet. – Estampille. 🕮 [pwɛ̃sɔ̃].

**POINÇONNER, verbe trans.** [3]
Marquer au poinçon. 🕮 [pwɛ̃sɔne].

**POINDRE, verbe intrans.** [55]
Commencer à apparaître (littér.) : *Regarder* **poindre** *les étoiles au crépuscule.* 🕮 [pwɛ̃dʀ].

**POING, subst. m.**
Main fermée. – *Dormir à* **poings** *fermés* : profondément. 🕮 [pwɛ̃].

**POINT (I), subst. m.**
Rond de très petite dimension. – Lieu précis, bien délimité. – Degré d'une évolution. – Partie d'un développement ; sujet traité. – Unité servant à noter un travail, une épreuve. – Manière d'utiliser un fil, qui, répétée, forme une couture, un tricot. – Douleur aiguë : **Point** *de côté.* – Signe de ponctuation marquant l'abréviation d'un mot, la fin d'une phrase (.) ou le non-dit (...) : **Points** *de suspension.* 🕮 [pwɛ̃].

**POINT (II), adv.**
Synon. de « pas » (littér.) : *Ils ne t'oublieront* **point**. 🕮 [pwɛ̃].

**POINTAGE, subst. m.**
Action de contrôler en marquant d'un point. – Action de diriger une arme, une lunette vers un objectif. 🕮 [pwɛ̃taʒ].

**POINT DE VUE, subst. m.**
Lieu élevé d'où la vue embrasse le paysage ; ce paysage. – Manière d'envisager qqch., opinion. 🕮 Plur. *points de vue* ; [pwɛ̃d(ə)vy].

**POINTE, subst. f.**
Extrémité aiguë, piquante : *La* **pointe** *d'un clou* ; *La* **pointe** *du clocher.* – Petite quantité. – Moment d'intense activité : *L'heure de* **pointe**. – Forte accélération : *Pousser une* **pointe**. 🕮 [pwɛ̃t].

**POINTER, verbe** [3]
Trans. Marquer (qqch.) d'un signe, cocher. – Contrôler : **Pointer** *les présents.* – Diriger : **Pointer** *le canon sur l'ennemi.* – Intrans. S'élever, s'avancer en pointe. – Commencer à paraître : *Le soleil* **pointait** *à l'horizon.* – Enregistrer son heure d'arrivée et de départ sur une machine. – Pronom. Arriver, se présenter (fam.). 🕮 [pwɛ̃te].

**POINTILLÉ, subst. m.**
Trait discontinu formé d'une succession de petits points, de petits trous. 🕮 [pwɛ̃tije].

**POINTILLEUX, EUSE, adj.**
Qui s'attache aux points de détail, tatillon : *Un critique* **pointilleux**. 🕮 [pwɛ̃tijø, -øz].

**POINTU, UE, adj.**
Terminé en pointe. – *Des connaissances* **pointues** : très spécialisées. 🕮 [pwɛ̃ty].

**POINTURE, subst. f.**
Taille d'une chaussure. – *Une grosse* **pointure** : un personnage influent, compétent (fam.). 🕮 [pwɛ̃tyʀ].

**POINT-VIRGULE, subst. m.**
Signe de ponctuation (;) marquant une pause. 🕮 Plur. *points-virgules* ; [pwɛ̃viʀgyl].

**POIRE, subst. f.**
Fruit du poirier, oblong, à chair juteuse et fondante. – Fam. Visage. – Personne qu'on trompe aisément. 🕮 [pwaʀ].

**POIREAU, subst. m.**
Plante potagère à pied blanc et à longues feuilles vertes. 🕮 [pwaʀo].

**POIS, subst. m.**
Plante potagère dont on consomme les graines et parfois la cosse : *Petits* **pois** ; **Pois** *chiches.* – Plur. Petits motifs ronds sur une étoffe unie : *Robe à* **pois**. 🕮 [pwa].

**POISON, subst. m.**
Substance qui peut tuer. – Fig. Ce qui a une influence pernicieuse. – Personne acariâtre (fam.). 🕮 [pwazɔ̃].

**POISSEUX, EUSE, adj.**
Qui colle : *Bonbon* **poisseux**. 🕮 [pwasø, -øz].

**POISSON, subst. m.**
Vertébré aquatique muni de nageoires et recouvert d'écailles, qui respire à l'aide de branchies. – Plur. La classe correspondante. – Douzième signe du zodiaque. 🕮 [pwasɔ̃].

**POISSONNERIE, subst. f.**
Magasin où l'on vend les produits de la mer. 🔊 [pwasɔnʀi].

**POISSONNEUX, EUSE, adj.**
Qui abonde en poissons. 🔊 [pwasɔnø, -øz].

**POITRAIL, subst. m.**
Partie du cheval située entre l'encolure et les membres antérieurs. 🔊 [pwatʀaj].

**POITRINE, subst. f.**
Partie du corps humain qui abrite le cœur et les poumons. – Face antérieure du thorax. – Seins de la femme. 🔊 [pwatʀin].

**POIVRE, subst. m.**
Épice à saveur piquante, constituée par les petites baies du poivrier. 🔊 [pwavʀ].

**POIVRER, verbe trans. [3]**
Assaisonner de poivre. 🔊 [pwavʀe].

**POIVRIÈRE, subst. f.**
Ustensile qui contient du poivre moulu. 🔊 On dit aussi un poivrier ; [pwavʀijɛʀ].

**POIVRON, subst. m.**
Fruit vert, jaune ou rouge du piment doux, consommé en légume. 🔊 [pwavʀɔ̃].

**POIX, subst. f.**
Corps visqueux à base de résines et de goudrons végétaux. 🔊 [pwa].

**POKER, subst. m.**
Jeu de cartes. – Fig. Coup de poker : tentative risquée. 🔊 [pɔkɛʀ].

**POLAIRE, adj.**
Qui a trait aux pôles de la Terre, ou aux régions avoisinantes. – Glacial. 🔊 [pɔlɛʀ].

**POLARISER, verbe trans. [3]**
Attirer sur soi : Polariser tous les regards. – Pronom. Fixer son attention (sur qqch.). 🔊 [pɔlaʀize].

**POLAROID, subst. m.**
Appareil photographique à développement instantané. 🔊 N. déposé ; [pɔlaʀɔid].

**PÔLE, subst. m.**
Chacune des extrémités de l'axe de rotation de la Terre. 🔊 [pol].

**POLÉMIQUE, adj. et subst. f.**
Subst. Controverse plus ou moins violente. – Adj. Très agressif. 🔊 [pɔlemik].

**POLÉMIQUER, verbe intrans. [3]**
Engager ou alimenter une polémique, une discussion. 🔊 [pɔlemike].

**POLI (I), IE, adj.**
Qui respecte les règles de la politesse, de la bienséance. 🔊 [pɔli].

**POLI (II), IE, adj. et subst. m.**
Adj. Lisse et brillant. – Subst. Aspect d'une chose polie. 🔊 [pɔli].

**POLICE (I), subst. f.**
Maintien de l'ordre public. – Administration, force publique qui en a la charge. – Les agents de cette administration. 🔊 [pɔlis].

**POLICE (II), subst. f.**
Document attestant la validité, les clauses d'un contrat d'assurance. – Assortiment de caractères typographiques. 🔊 [pɔlis].

**POLICÉ, ÉE, adj.**
Dont les mœurs ont été affinées par la civilisation : Une société policée. 🔊 [pɔlise].

**POLICHINELLE, subst. m.**
Bouffon de comédie, bossu et ventru ; pantin. – Individu faible, versatile. – Secret de polichinelle : connu de tous. 🔊 [pɔliʃinɛl].

**POLICIER, IÈRE, adj. et subst. m.**
Adj. Qui concerne la police. – Où la police exerce un contrôle total : Un État policier. – Roman policier : dont l'intrigue repose sur une enquête. – Subst. Membre de la force publique. 🔊 [pɔlisje, -jɛʀ].

**POLIOMYÉLITE, subst. f.**
Maladie infectieuse qui provoque des paralysies progressives. 🔊 [pɔljɔmjelit].

**POLIR, verbe trans. [19]**
Rendre lisse et brillant. – Parfaire. 🔊 [pɔliʀ].

**POLISSON, ONNE, adj. et subst.**
Enfant espiègle. – Libertin. 🔊 [pɔlisɔ̃, -ɔn].

**POLITESSE, subst. f.**
Ensemble des règles qui maintiennent de bonnes relations dans une société ; respect de ces règles. – Parole, action qui s'y conforme. 🔊 [pɔlitɛs].

**POLITICIEN, IENNE, adj. et subst.**
Subst. Personne qui exerce une action politique. – Adj. Qui relève d'un calcul politique. 🔊 [pɔlitisjɛ̃, -jɛn].

**POLITIQUE, adj. et subst.**
Adj. Relatif au gouvernement d'un État, à l'exercice du pouvoir. – Homme politique : qui s'occupe de politique. – Qui résulte d'un calcul habile. – Subst. Personne qui fait de la politique. – Subst. fém. Art et manière de gouverner ; conduite des affaires publiques : Une politique de droite, de gauche. – Manière de mener une affaire, stratégie. – Subst. masc. Ce qui est politique. 🔊 [pɔlitik].

**POLITISER, verbe trans. [3]**
Donner un caractère ou une conscience politique à. 🔊 [pɔlitize].

**POLKA, subst. f.**
Danse vive, à deux temps, originaire de Pologne, en vogue au XIXᵉ s. 🔊 [pɔlka].

**POLLEN, subst. m.**
Poussière libérée par les fleurs, qui les féconde. 🔊 [pɔlɛn].

**POLLUER, verbe trans. [3]**
Souiller. – Rendre (un environnement) malsain, voire dangereux. 🔊 [pɔlɥe].

**POLLUTION, subst. f.**
Dégradation d'un environnement naturel, d'un milieu vivant, par des agents physiques, chimiques ou biologiques. 🔊 [pɔlysjɔ̃].

**POLO**, subst. m.
Sport équestre d'équipe. – Tricot léger à col rabattu. [polo].

**POLOCHON**, subst. m.
Traversin (fam.). [poloʃɔ̃].

**POLONAIS**, subst. m.
Langue slave parlée en Pologne. [polonɛ].

**POLTRON, ONNE**, adj. et subst.
Qui est peureux. [poltrɔ̃, -ɔn].

**POLY-**, préfixe
Exprime l'idée de nombre, d'abondance. [poli-].

**POLYCHROME**, adj.
De plusieurs couleurs. [polikʀom].

**POLYCULTURE**, subst. f.
Agriculture diversifiée au sein d'une même exploitation, d'une même région (oppos. *monoculture*). [polikyltyʀ].

**POLYESTER**, subst. m.
Matière synthétique utilisée dans l'industrie textile. [poliɛstɛʀ].

**POLYGAME**, adj. et subst.
Qui pratique la polygamie. [poligam].

**POLYGAMIE**, subst. f.
Fait d'être marié à plusieurs conjoints. [poligami].

**POLYGLOTTE**, adj. et subst.
Qui parle plusieurs langues. [poliglɔt].

**POLYGONE**, subst. m.
*Géom.* Figure à plusieurs côtés. [poligon].

**POLYPE**, subst. m.
*Méd.* Tumeur molle, gén. bénigne, qui apparaît sur une muqueuse. [polip].

**POLYPHONIE**, subst. f.
*Mus.* Technique utilisant la superposition des lignes mélodiques. – Chant à plusieurs voix ; morceau pour plusieurs instruments. [polifoni].

**POLYSTYRÈNE**, subst. m.
Matière plastique très légère. [polistiʀɛn].

**POLYTHÉISME**, subst. m.
Religion qui reconnaît l'existence de plusieurs dieux. [politeism].

**POLYVALENT, ENTE**, adj.
Qui a plusieurs fonctions ou capacités. – Adapté à divers usages. [polivalɑ̃, -ɑ̃t].

**POMMADE**, subst. f.
Substance molle et grasse, cosmétique ou médicamenteuse. – Fig. *Passer de la* **pommade** *à qqn* : le flatter (fam.). [pomad].

**POMME**, subst. f.
Fruit du pommier, rond, à pépins et à pulpe ferme et juteuse. – Fruit plus ou moins rond : **Pomme** *de pin.* – Objet rond : **Pomme** *d'arrosoir*, partie percée de trous adaptée au bec. – *Tomber dans les* **pommes** : s'évanouir (fam.). [pɔm].

**POMMEAU**, subst. m.
Bout arrondi de la poignée d'une épée, d'une canne, d'un parapluie. [pomo].

**POMME DE TERRE**, subst. f.
Plante originaire d'Amérique du Sud, cultivée pour ses tubercules. – Tubercule de cette plante, consommé comme légume. Plur. *pommes de terre* ; [pɔmdətɛʀ].

**POMMETTE**, subst. f.
Partie saillante de la joue, sous l'angle extérieur de l'œil. [pomɛt].

**POMPE (I)**, subst. f.
Déploiement de faste, cérémonial fastueux. – **Pompes** *funèbres* : service qui organise des enterrements. [pɔ̃p].

**POMPE (II)**, subst. f.
Appareil servant à aspirer, à refouler ou à comprimer un fluide. – Fam. Chaussure. – *À toute* **pompe** : à toute vitesse. [pɔ̃p].

**POMPER**, verbe trans. [3]
Déplacer (un fluide) à l'aide d'une pompe. – Fam. Lasser, fatiguer. – Copier, tricher. [pɔ̃pe].

**POMPEUX, EUSE**, adj.
D'une solennité excessive. [pɔ̃pø, -øz].

**POMPIER**, subst. m.
Homme chargé de combattre les incendies, les sinistres, et de porter secours. [pɔ̃pje].

**POMPISTE**, subst.
Personne qui sert le carburant dans une station-service. [pɔ̃pist].

**POMPON**, subst. m.
Touffe de laine ou de soie, en forme de boule, servant d'ornement. [pɔ̃pɔ̃].

**POMPONNER**, verbe trans. [3]
Apprêter avec grand soin. [pɔ̃pone].

**PONANT**, subst. m.
Occident (oppos. *levant*). [ponɑ̃].

**PONCE**, adj. et subst. f.
Ponce ou *pierre ponce* : roche volcanique poreuse, très légère, utilisée pour polir, nettoyer. [pɔ̃s].

**PONCER**, verbe trans. [4]
Polir, décaper avec un abrasif. [pɔ̃se].

**PONCHO**, subst. m.
Manteau fait d'un rectangle de laine fendu pour laisser passer la tête. [pɔ̃(t)ʃo].

**PONCIF**, subst. m.
Idée, propos sans originalité. [pɔ̃sif].

**PONCTION**, subst. f.
Prélèvement, gén. à l'aide d'une aiguille, d'un liquide organique. – Fig. *Faire une* **ponction** *dans ses économies*. [pɔ̃ksjɔ̃].

**PONCTUALITÉ**, subst. f.
Qualité de qqn qui est toujours à l'heure ; régularité. [pɔ̃ktɥalite].

**PONCTUATION**, subst. f.
Action de ponctuer ; son résultat. – Ensemble des signes graphiques destinés à rythmer un texte, à marquer des rapports syntaxiques. [pɔ̃ktɥasjɔ̃].

**PONCTUEL, ELLE, adj.**
Qui arrive à l'heure ; régulier. – Fig. Qui concerne un point particulier, un détail : *Une intervention* **ponctuelle**. 🔊 [pɔ̃ktɥɛl].

**PONCTUER, verbe trans. [3]**
Marquer par des signes de ponctuation. – Souligner (ses paroles) par des gestes, des exclamations. 🔊 [pɔ̃ktɥe].

**PONDÉRATION, subst. f.**
Action de pondérer ; son résultat. – Fig. Modération, calme. 🔊 [pɔ̃deʀasjɔ̃].

**PONDÉRER, verbe trans. [8]**
Équilibrer (qqch.) par autre chose. – Fig. Modérer, calmer, mesurer. 🔊 [pɔ̃deʀe].

**PONDRE, verbe trans. [51]**
Produire (un, des œufs), en parlant d'une femelle ovipare. – Fig. Rédiger (fam.) : **Pondre** *un article*. 🔊 [pɔ̃dʀ].

**PONEY, subst. m.**
Cheval de petite taille. 🔊 [pɔnɛ].

**PONT, subst. m.**
Ouvrage d'art servant à franchir un cours d'eau, une voie, un ravin. – Fig. Lien, transition, jonction. – *Couper les* **ponts** : cesser toute relation. – *Faire le* **pont** : ne pas travailler entre deux jours fériés. – *Mar.* Chacun des planchers qui partagent les étages d'un navire. 🔊 [pɔ̃].

**PONTAGE, subst. m.**
Remplacement d'une partie d'artère défectueuse par une prothèse. 🔊 [pɔ̃taʒ].

**PONTE, subst. f.**
Action de pondre. – Les œufs pondus. – Période où les femelles pondent. 🔊 [pɔ̃t].

**PONTIFE, subst. m.**
Titre donné aux évêques et aux prélats. – *Souverain* **pontife** : le pape. 🔊 [pɔ̃tif].

**PONTIFICAL, ALE, AUX, adj.**
Qui a trait au pape. 🔊 [pɔ̃tifikal].

**PONTIFIER, verbe intrans. [6]**
Se donner un air important, discourir avec emphase. 🔊 [pɔ̃tifje].

**PONT-LEVIS, subst. m.**
Pont mobile enjambant le fossé d'un château fort et qu'on peut lever ou abaisser à volonté. 🔊 Plur. *ponts-levis* ; [pɔ̃l(ə)vi].

**PONTON, subst. m.**
Plate-forme flottante, reliée à un quai ou à un rivage. – Navire désarmé servant de dépôt de matériel, de prison, etc. 🔊 [pɔ̃tɔ̃].

**POPE, subst. m.**
Prêtre de l'Église orthodoxe slave. 🔊 [pɔp].

**POPELINE, subst. f.**
Tissu léger de laine et de soie. 🔊 [pɔplin].

**POPULACE, subst. f.**
Bas peuple (péj.). 🔊 [pɔpylas].

**POPULAIRE, adj.**
Qui se rapporte au peuple, qui en est issu. – Pour le peuple, le grand public. – Qui jouit d'une grande popularité. 🔊 [pɔpylɛʀ].

**POPULARISER, verbe trans. [3]**
Faire connaître au plus grand nombre, répandre. 🔊 [pɔpylaʀize].

**POPULARITÉ, subst. f.**
Fait d'être connu et apprécié du plus grand nombre. 🔊 [pɔpylaʀite].

**POPULATION, subst. f.**
Ensemble des personnes habitant un espace déterminé ou répondant à un critère particulier. 🔊 [pɔpylasjɔ̃].

**PORC, subst. m.**
Mammifère omnivore au museau terminé en groin, élevé pour sa chair. – Viande ou peau de cet animal. – Fig. Homme sale ou débauché (fam.) 🔊 [pɔʀ].

**PORCELAINE, subst. f.**
Matière céramique à pâte fine, translucide ; objet de cette matière : **Porcelaine** *de Chine*. – Gros coquillage des mers chaudes, brillant et coloré. 🔊 [pɔʀsəlɛn].

**PORCELET, subst. m.**
Jeune porc. 🔊 [pɔʀsəlɛ].

**PORC-ÉPIC, subst. m.**
Mammifère rongeur couvert de longs piquants. 🔊 Plur. *porcs-épics* ; [pɔʀkepik].

**PORCHE, subst. m.**
Espace couvert abritant la porte d'entrée d'un bâtiment. 🔊 [pɔʀʃ].

**PORCHERIE, subst. f.**
Local où l'on élève des porcs. – Fig. Lieu très sale, en désordre (fam.). 🔊 [pɔʀʃəʀi].

**PORCIN, INE, adj. et subst. m.**
Adj. Qui a trait au porc. – Qui évoque un porc. – Subst. Mammifère ongulé tel que le porc. – Plur. La famille correspondante (synon. *Suidés*). 🔊 [pɔʀsɛ̃, -in].

**PORE, subst. m.**
Minuscule orifice de la peau, par lequel s'écoule la sueur. 🔊 [pɔʀ].

**POREUX, EUSE, adj.**
Qui présente de multiples petits trous : *Roche* **poreuse**. 🔊 [pɔʀø, -øz].

**PORNOGRAPHIE, subst. f.**
Représentation de choses obscènes en littérature, au cinéma, etc. 🔊 [pɔʀnɔgʀafi].

**PORT (I), subst. m.**
Abri naturel ou artificiel aménagé pour l'accueil des navires. – Ville qui possède un **port** : *Anvers*, **port** *de la mer du Nord*. 🔊 [pɔʀ].

**PORT (II), subst. m.**
Fait de porter sur soi : **Port** *obligatoire du casque*. – Manière de se tenir. – Chargement. – Prix d'un transport. 🔊 [pɔʀ].

**PORTABLE, adj. et subst. m.**
Adj. Portatif. – Dont on peut se vêtir : *Une veste* **portable**. – Subst. Micro-ordinateur ou téléphone **portable**. 🔊 [pɔʀtabl].

**PORTAIL**, subst. m.
Entrée principale, souv. monumentale, d'un édifice, d'une propriété. ⚒ [pɔʀtaj].

**PORTANT, ANTE**, adj. et subst. m.
Qui a pour fonction de porter, de soutenir. – Adj. *Bien, mal* **portant** : en bonne, en mauvaise santé. ⚒ [pɔʀtã, -ãt].

**PORTATIF, IVE**, adj.
Aisément transportable. ⚒ [pɔʀtatif, -iv].

**PORTE**, subst. f.
Ouverture donnant accès à un lieu. – Panneau mobile permettant d'obturer une ouverture. – *Mettre qqn à la* **porte** : le congédier, le licencier. ⚒ [pɔʀt].

**PORTE-À-PORTE**, subst. m. inv.
Technique de vente consistant à démarcher les clients à leur domicile. ⚒ [pɔʀtapɔʀt].

**PORTE-AVIONS**, subst. m. inv.
Navire de guerre disposant d'une piste d'envol et d'appontage pour les avions. ⚒ [pɔʀtavjõ].

**PORTE-BAGAGES**, subst. m. inv.
Accessoire d'un véhicule, destiné à recevoir les bagages. ⚒ [pɔʀt(ə)bagaʒ].

**PORTE-BONHEUR**, subst. m. inv.
Objet censé porter chance. ⚒ [pɔʀt(ə)bɔnœʀ].

**PORTE-CARTES**, subst. m. inv.
Petit portefeuille à compartiments transparents. ⚒ [pɔʀt(ə)kaʀt].

**PORTE-CLEFS**, subst. m. inv.
Anneau servant à porter des clefs. ⚒ On écrit aussi *porte-clés* ; [pɔʀtəkle].

**PORTÉE**, subst. f.
Ensemble des petits qu'une femelle met bas en une fois. – Distance à laquelle une arme peut lancer un projectile. – Distance à laquelle la voix, la vue, etc., peuvent porter. – Distance entre deux points d'appui : **Portée** *d'une poutre*. – Importance, effet : *Événement de grande* **portée**. – *À la* **portée** *de* : accessible à. – *Mus.* Ensemble de cinq lignes parallèles horizontales sur lesquelles sont écrites les notes d'une partition. ⚒ [pɔʀte].

**PORTE-FENÊTRE**, subst. f.
Fenêtre s'ouvrant jusqu'au sol et servant de porte. ⚒ Plur. *portes-fenêtres* ; [pɔʀt(ə)fənɛtʀ].

**PORTEFEUILLE**, subst. m.
Étui muni de poches, où l'on range ses billets de banque et ses papiers. – Fig. Ministère. – Ensemble des valeurs mobilières, des titres que possède qqn. ⚒ [pɔʀtəfœj].

**PORTEMANTEAU**, subst. m.
Support auquel on suspend les vêtements. ⚒ [pɔʀt(ə)mãto].

**PORTE-MONNAIE**, subst. m. inv.
Petite bourse dans laquelle on met ses pièces de monnaie. ⚒ [pɔʀt(ə)mɔnɛ].

**PORTE-PAROLE**, subst. m. inv.
Personne chargée de s'exprimer au nom de qqn ou d'un groupe. ⚒ [pɔʀt(ə)paʀɔl].

**PORTER**, verbe [3]
Trans. Soutenir (un poids, une charge). – Engendrer : **Porter** *un enfant, une œuvre* ; **Porter** *ses fruits*, avoir des résultats positifs. – Avoir sur soi : **Porter** *une belle robe* ; au fig. : **Porter** *un nom célèbre*. – Diriger, pousser : **Porter** *ses regards (vers)* ; **Porter** *au pouvoir*. – Donner, apporter : **Porter** *chance, secours*. – Intrans. **Porter** *à* : avoir une portée de. – **Porter** *sur* : concerner. – *Être* **porté** *à* : être enclin à. – Empl. abs. *Ma remarque a* **porté** : elle a eu de l'effet. – Pronom. Aller (en parlant de la santé) : *Se* **porter** *mieux*. – Se présenter comme : *Se* **porter** *candidat, partie civile*. ⚒ [pɔʀte].

**PORTEUR, EUSE**, adj. et subst.
Subst. Personne qui remet des messages. – Personne qui porte les bagages (d'un voyageur, d'une équipe en expédition). – *Chèque, bon au* **porteur** : payables à qui les détient. – Adj. Qui porte, soutient : *Mur* **porteur**. ⚒ [pɔʀtœʀ, øz].

**PORTE-VOIX**, subst. m. inv.
Instrument portatif évasé, destiné à amplifier la voix. ⚒ [pɔʀtəvwa].

**PORTIER, IÈRE**, subst.
Personne qui surveille l'entrée de certains établissements. ⚒ [pɔʀtje, -jɛʀ].

**PORTIÈRE**, subst. f.
Porte de voiture ou de train. ⚒ [pɔʀtjɛʀ].

**PORTILLON**, subst. m.
Petite porte basse à battant. ⚒ [pɔʀtijõ].

**PORTION**, subst. f.
Part, tranche. – Partie d'un tout. ⚒ [pɔʀsjõ].

**PORTIQUE**, subst. m.
*Archit.* Galerie à colonnes. – *Sp.* Poutre horizontale fixée sur deux poteaux, qui reçoit des agrès de gymnastique. ⚒ [pɔʀtik].

**PORTO**, subst. m.
Vin liquoreux du Portugal. ⚒ [pɔʀto].

**PORTRAIT**, subst. m.
Représentation imagée (picturale, photographique, etc.) d'une personne. – Fig. Description. – Réplique : *C'est son* **portrait** *craché*. ⚒ [pɔʀtʀɛ].

**PORTUAIRE**, adj.
D'un port : *Site* **portuaire**. ⚒ [pɔʀtɥɛʀ].

**PORTUGAIS**, subst. m.
Langue romane parlée principalement au Portugal et au Brésil. ⚒ [pɔʀtygɛ].

**POSE**, subst. f.
Action de poser. – Attitude du corps : **Pose** *lascive*. – Attitude affectée. – *Temps de* **pose** : durée nécessaire pour obtenir une photographie correcte. ⚒ [poz].

**POSÉ, ÉE**, adj.
Calme, pondéré. ⚒ [poze].

**POSER, verbe** [3]
Trans. Cesser de porter. – Mettre, placer, installer. – Déclarer, formuler : Poser une question, sa candidature. – Donner de l'importance à (fam.) : Ça vous pose qqn. – Intrans. Rester immobile devant un photographe, un cinéaste. – Prendre une attitude affectée. – Pronom. Se percher, atterrir. – Se manifester : Le problème se posera. – Se poser en victime : en jouer le rôle. ✍ [poze].

**POSITIF, IVE, adj. et subst. m.**
Adj. Affirmatif : Réponse positive. – Utile, favorable. – Pratique, réaliste : Esprit positif. – Math. Supérieur à zéro, en parlant d'un nombre. – Méd. Examen positif : qui révèle la présence dans l'organisme du corps recherché. – Subst. Ce qui est positif. – Épreuve photographique en couleurs réelles. ✍ [pozitif, -iv].

**POSITION, subst. f.**
Manière dont un objet est posé, dont qqn se tient : Position verticale, horizontale. – Place, endroit où se trouve qqn ou qqch. : Position des troupes. – Situation. – Avis, opinion. ✍ [pozisjɔ̃].

**POSITIONNER, verbe trans.** [3]
Mettre dans une position, une pose précise. – Déterminer l'emplacement de. – Déterminer la situation de (un produit sur le marché). ✍ [pozisjɔne].

**POSITIVISME, subst. m.**
Doctrine philosophique qui fait reposer la connaissance sur les seuls faits observés, sur l'expérience scientifique. ✍ [pozitivism].

**POSOLOGIE, subst. f.**
Indication de la dose de médicament à administrer à un malade. ✍ [pozɔlɔʒi].

**POSSÉDÉ, ÉE, adj. et subst.**
Se dit d'un être qui se trouve sous l'emprise d'un pouvoir démoniaque. ✍ [pɔsede].

**POSSÉDER, verbe trans.** [8]
Avoir à soi, détenir. – Bien connaître, maîtriser : Posséder l'allemand. – Tromper (fam.). ✍ [pɔsede].

**POSSESSIF, IVE, adj.**
Qui éprouve un sentiment de possession affective envers qqn. – Ling. Qui marque l'appartenance : Adjectif, pronom possessifs. ✍ [pɔsesif, -iv].

**POSSESSION, subst. f.**
Fait de posséder. – Chose que l'on possède. – Fait d'être possédé. ✍ [pɔsesjɔ̃].

**POSSIBILITÉ, subst. f.**
Qualité de ce qui est possible. – Chose possible. – Plur. Moyens dont on dispose. ✍ [pɔsibilite].

**POSSIBLE, adj. et subst. m.**
Adj. Qui peut se produire, être réalisé. – Qu'on peut croire. – Le plus, le moins possible : le plus, le moins que l'on peut (possible est dans ce cas inv.). – Subst. Faire son possible : tout ce que l'on peut. ✍ [pɔsibl].

**POST-, préfixe**
« Après », dans l'espace ou dans le temps. ✍ [pɔst-].

**POSTAL, ALE, AUX, adj.**
De la poste : Code postal. ✍ [pɔstal].

**POSTE (I), subst. f.**
Service public chargé du traitement, de la distribution du courrier. – Bureau postal : Aller à la poste. ✍ [pɔst].

**POSTE (II), subst. m.**
Lieu où un militaire est affecté. – Emploi civil. – Emplacement, local affecté à une activité, à un service : Poste de secours, de travail ; Poste d'essence. – Appareil récepteur : Poste de télévision. ✍ [pɔst].

**POSTER (I), verbe trans.** [3]
Déposer (du courrier) à la poste. ✍ [pɔste].

**POSTER (II), verbe trans.** [3]
Placer à un endroit, à un poste précis, souv. pour guetter. ✍ [pɔste].

**POSTER (III), subst. m.**
Affiche décorative. ✍ [pɔstɛʀ].

**POSTÉRIEUR, IEURE, adj. et subst. m.**
Adj. Qui vient après (dans le temps). – Qui est situé à l'arrière : Les membres postérieurs du cheval. – Subst. Arrière-train, fesses (fam.). ✍ [pɔsteʀjœʀ].

**POSTÉRITÉ, subst. f.**
Descendance (littér.). – Les générations futures : Écrivain passé à la postérité, dont la renommée se perpétue. ✍ [pɔsteʀite].

**POSTFACE, subst. f.**
Texte de commentaire placé en fin d'ouvrage. ✍ [pɔstfas].

**POSTHUME, adj.**
Né, paru après la mort de son concepteur : Enfant, œuvre posthumes. – Qui survient après la mort : Triomphe, décorations posthumes. ✍ [pɔstym].

**POSTICHE, adj. et subst. m.**
Adj. Faux, artificiel : Cils postiches. – Subst. Perruque. ✍ [pɔstiʃ].

**POSTIER, IÈRE, subst.**
Employé des postes. ✍ [pɔstje, -jɛʀ].

**POSTILLON, subst. m.**
Personne qui conduisait une voiture attelée au service de la poste. – Gouttelette de salive projetée en parlant. ✍ [pɔstijɔ̃].

**POSTILLONNER, verbe intrans.** [3]
Lancer des postillons. ✍ [pɔstijɔne].

**POSTOPÉRATOIRE, adj.**
Qui fait suite à une opération chirurgicale. ✍ [pɔstɔpeʀatwaʀ].

**POSTPOSITION, subst. f.**
Position d'un mot juste après un autre, qui lui est lié. ✍ [pɔstpozisjɔ̃].

**POST-SCRIPTUM, subst. m. inv.**
Ajout placé au bas d'une lettre, après la signature (abrév. *P.-S.*). 🖎 [pɔstskʀiptɔm].

**POSTULER, verbe trans.** [3]
Solliciter, être candidat à : Postuler *(pour)* *un nouvel emploi.* – Réclamer, supposer. 🖎 [pɔstyle].

**POSTURE, subst. f.**
Position du corps. – *Être en bonne, mauvaise* **posture** : dans une situation favorable, difficile. 🖎 [pɔstyʀ].

**POT, subst. m.**
Récipient pouvant revêtir diverses formes et accueillir divers objets : Pot *à eau* ; Pot *de chambre.* – Fam. Boisson : *Prendre un* pot. – Réunion où l'on boit. – Chance. – *Tourner autour du pot* : ne pas aller droit au but. – *Tech.* Pot *d'échappement* : appareil d'où s'évacuent les gaz brûlés par un moteur à explosion. 🖎 [po].

**POTABLE, adj.**
Qu'on peut boire sans danger. – Passable, acceptable (fam.). 🖎 [pɔtabl].

**POTAGE, subst. m.**
*Cuis.* Bouillon de viande ou de légumes. 🖎 [pɔtaʒ].

**POTAGER, ÈRE, adj. et subst. m.**
Adj. Se dit de plantes comestibles et de ce qui s'y rapporte. – Subst. Jardin où l'on cultive des légumes. 🖎 [pɔtaʒe, -ɛʀ].

**POTASSER, verbe trans.** [3]
Étudier assidûment (fam.). 🖎 [pɔtase].

**POT-AU-FEU, subst. m. inv.**
Plat constitué de viande de bœuf bouillie avec des légumes. 🖎 [pɔtofø].

**POT-DE-VIN, subst. m.**
Argent ou cadeau donné illégalement pour s'approprier un marché. 🖎 Plur. *pots-de-vin* ; [pod(ə)vɛ̃].

**POTE, subst. m.**
Camarade (fam.). 🖎 [pɔt].

**POTEAU, subst. m.**
Pièce de bois, de métal, dressée verticalement sur le sol. – *Battre qqn sur le* **poteau** : de justesse. – *Envoyer au* **poteau** : condamner à être fusillé. 🖎 [pɔto].

**POTÉE, subst. f.**
Plat de viande bouillie servie avec des légumes : Potée *auvergnate.* 🖎 [pɔte].

**POTELÉ, ÉE, adj.**
Dodu, grassouillet. 🖎 [pɔt(ə)le].

**POTENCE, subst. f.**
Support en équerre. – Instrument de pendaison. 🖎 [pɔtɑ̃s].

**POTENTAT, subst. m.**
Souverain absolu. – Tyran. 🖎 [pɔtɑ̃ta].

**POTENTIALITÉ, subst. f.**
Possibilité, virtualité. 🖎 [pɔtɑ̃sjalite].

**POTENTIEL, IELLE, adj. et subst. m.**
Adj. Qui existe en puissance, virtuel : *Ressources* **potentielles.** – Subst. Capacité, puissance dont on dispose : Potentiel *militaire, économique.* – *Différence de* **potentiel** : tension électrique. 🖎 [pɔtɑ̃sjɛl].

**POTERIE, subst. f.**
Art de fabriquer des objets en terre cuite. – Objet ainsi façonné. 🖎 [pɔtʀi].

**POTERNE, subst. f.**
Porte dérobée perçant une muraille d'enceinte. 🖎 [pɔtɛʀn].

**POTICHE, subst. f.**
Grand vase en porcelaine. – Fig. Personnage relégué dans un rôle honorifique. 🖎 [pɔtiʃ].

**POTIN, subst. m.**
Fam. Bruit. – Commérage (gén. au plur.). 🖎 [pɔtɛ̃].

**POTION, subst. f.**
Médicament liquide. 🖎 [pɔsjɔ̃].

**POTIRON, subst. m.**
Courge volumineuse. 🖎 [pɔtiʀɔ̃].

**POT-POURRI, subst. m.**
Mélange de chansons ou de morceaux de musique. 🖎 Plur. *pots-pourris* ; [popuʀi].

**POU, POUX, subst. m.**
Insecte parasite qui se fixe dans les cheveux de l'homme. – *Chercher des* **poux** *à qqn* : lui chercher querelle (fam.). 🖎 [pu].

**POUBELLE, subst. f.**
Récipient où l'on jette les ordures ménagères. 🖎 [pubɛl].

**POUCE, subst. m.**
Le plus gros doigt de la main, opposable aux quatre autres. – Ancienne mesure de longueur (27,07 mm). – *Donner un coup de* **pouce** *à qqn* : l'aider. – Fam. **Pouce !** : *arrêtez !* ; *Se tourner les* **pouces** : ne rien faire ; *Sur le* **pouce** : à la hâte. 🖎 [pus].

**POUDRE, subst. f.**
Substance solide broyée en particules infimes. – Produit de maquillage fin et léger. – Substance explosive. – *Mettre le feu aux* **poudres** : faire éclater une affaire, un conflit. 🖎 [pudʀ].

**POUDRER, verbe trans.** [3]
Couvrir d'une légère couche de poudre : Poudrer *son visage.* 🖎 [pudʀe].

**POUDREUX, EUSE, adj.**
Couvert de poudre, de poussière. – Qui a la consistance de la poudre. – Empl. subst. fém. Neige fraîche et fine. 🖎 [pudʀø, -øz].

**POUDRIER, subst. m.**
Petit récipient plat contenant de la poudre de maquillage. 🖎 [pudʀije].

**POUDRIÈRE, subst. f.**
Dépôt d'explosifs. – Fig. Endroit où un conflit menace d'éclater. 🖎 [pudʀijɛʀ].

**POUF**, subst. m.
Siège en forme de gros coussin. ◙◙ [puf].

**POUFFER**, verbe intrans. [3]
Rire en essayant de se retenir. ◙◙ [pufe].

**POULAILLER**, subst. m.
Abri pour les poules. – Galerie populaire, tout en haut d'un théâtre. ◙◙ [pulaje].

**POULAIN**, subst. m.
Petit de la jument. – Débutant soutenu par une personnalité. ◙◙ [pulē].

**POULE (I)**, subst. f.
Femelle du coq, appréciée pour sa chair et ses œufs. – Nom de la femelle de divers oiseaux : Poule faisane. – Femme facile, maîtresse (fam. et péj.). – Chair de poule : frisson dû au froid, à la peur. – Mère poule : femme qui couve trop ses enfants. – Poule mouillée : poltron. ◙◙ [pul].

**POULE (II)**, subst. f.
Sp. Compétition où tous les concurrents s'affrontent successivement. ◙◙ [pul].

**POULET**, subst. m.
Jeune coq ou jeune poule. – Viande de cet animal. – Policier (fam.). ◙◙ [pulɛ].

**POULICHE**, subst. f.
Jument non adulte. ◙◙ [puliʃ].

**POULIE**, subst. f.
Petite roue à jante creusée dans laquelle passe un câble ou une corde servant à soulever une charge. ◙◙ [puli].

**POULINIÈRE**, subst. f.
Jument reproductrice. ◙◙ [pulinjɛʀ].

**POULPE**, voir **PIEUVRE**

**POULS**, subst. m.
Battement du sang dans un vaisseau, une artère. ◙◙ [pu].

**POUMON**, subst. m.
Chacun des deux organes de la respiration, situés dans la cage thoracique. ◙◙ [pumɔ̃].

**POUPE**, subst. f.
Arrière d'un navire. – Avoir le vent en poupe : être porté vers le succès. ◙◙ [pup].

**POUPÉE**, subst. f.
Jouet reproduisant en miniature un être humain : Poupée en porcelaine. – Fam. Pansement entourant le doigt. – Jolie jeune femme (péj.). ◙◙ [pupe].

**POUPIN, INE**, adj.
Qui a le visage rond. ◙◙ [pupɛ̃, -in].

**POUPONNER**, verbe intrans. [3]
S'occuper d'un bébé, le dorloter (fam.). ◙◙ [pupɔne].

**POUR**, prép.
Exprime le but, la direction, l'intention : Départ pour Nice ; Je vote pour lui, en sa faveur. – Exprime la cause : Puni pour indiscipline. – Exprime la conséquence : Trop poli pour être honnête. – Exprime l'échange, l'équivalence : Il paya pour elle, à sa place. – Empl. subst. Le pour (oppos. le contre) : le bon côté, les avantages. ◙◙ [puʀ].

**POURBOIRE**, subst. m.
Somme d'argent versée par un client en plus du prix normal pour marquer sa satisfaction. ◙◙ [puʀbwaʀ].

**POURCENTAGE**, subst. m.
Proportion d'une grandeur pour cent unités. – Commission calculée selon ce principe. ◙◙ [puʀsɑ̃taʒ].

**POURCHASSER**, verbe trans. [3]
Poursuivre, traquer. ◙◙ [puʀʃase].

**POURFENDRE**, verbe trans. [51]
Attaquer violemment (littér.) : Pourfendre ses ennemis. ◙◙ [puʀfɑ̃dʀ].

**POURLÉCHER (SE)**, verbe pronom. [8]
Passer sa langue sur ses lèvres, sur ses babines, avec gourmandise. ◙◙ [puʀleʃe].

**POURPARLERS**, subst. m. plur.
Discussion entre plusieurs parties en vue de parvenir à une entente. ◙◙ [puʀpaʀle].

**POURPOINT**, subst. m.
Sorte de veste très ajustée que portaient les hommes, du XIIe au XVIIe s. ◙◙ [puʀpwɛ̃].

**POURPRE**, adj. inv. et subst.
Subst. fém. Teinture rouge autrefois extraite d'un coquillage. – Tissu précieux teinté à la pourpre, symbole de haute dignité. – Subst. masc. et adj. Rouge très intense. ◙◙ [puʀpʀ].

**POURQUOI**, subst. m. inv. et adv.
Adv. Pour quelle raison : Pourquoi pleures-tu ? ; Je ne sais pourquoi. – C'est pourquoi : c'est la raison pour laquelle. – Subst. Cause : Le pourquoi et le comment. ◙◙ [puʀkwa].

**POURRI, IE**, adj.
En état de décomposition. – Corrompu, vénal. – Hors d'usage, bon à jeter. – Été pourri : très pluvieux (fam.). ◙◙ [puʀi].

**POURRIR**, verbe [19]
Intrans. Se décomposer sous l'action de bactéries. – Fig. Stagner, se dégrader. – Trans. Putréfier, corrompre. – Fig. et fam. Trop gâter (qqn). ◙◙ [puʀiʀ].

**POURRITURE**, subst. f.
Décomposition organique ; ce qui est pourri. – Corruption morale. ◙◙ [puʀityʀ].

**POURSUITE**, subst. f.
Action de poursuivre ce qui fuit ; au fig., quête. – Engager des poursuites : saisir la justice. ◙◙ [puʀsɥit].

**POURSUIVRE**, verbe trans. [62]
Suivre pour atteindre. – Harceler, hanter. – Tenter d'atteindre, de réaliser. – Continuer. – Attaquer en justice. ◙◙ [puʀsɥivʀ].

**POURTANT**, adv.
Cependant, toutefois. 🔊 [puʀtɑ̃].

**POURTOUR**, subst. m.
Ligne qui fait le tour d'un lieu, ou espace qui le borde. 🔊 [puʀtuʀ].

**POURVOI**, subst. m.
Dernier recours en justice pour annuler une décision : **Pourvoi** *en cassation*. 🔊 [puʀvwa].

**POURVOIR**, verbe trans. [37]
Doter de ce qui est nécessaire : **Pourvoir** *un poste* ; **Pourvoir** *qqn d'un emploi*. – **Pourvoir à** : subvenir à. – Pronom. Former un pourvoi. 🔊 [puʀvwaʀ].

**POURVOYEUR, EUSE**, subst.
Personne qui ravitaille, qui fournit qqch. 🔊 [puʀvwajœʀ, -øz].

**POURVU QUE**, loc. conj.
Indique une condition ou bien un souhait, une appréhension : *Vous réussirez* **pourvu que** *vous le vouliez* ; **Pourvu** *qu'il fasse beau !* 🔊 [puʀvykə].

**POUSSE**, subst. f.
Croissance d'un végétal (ou des ongles, des dents, des cheveux). – Plante, branche toute nouvelle. 🔊 [pus].

**POUSSE-CAFÉ**, subst. m. inv.
Alcool servi après le café. 🔊 [puskafe].

**POUSSÉE**, subst. f.
Pression exercée contre qqn, qqch. pour le déplacer. – Flambée, impulsion : **Poussée** *de fièvre*, fièvre forte et soudaine. 🔊 [puse].

**POUSSE-POUSSE**, subst. m. inv.
Voiture légère à deux roues, tirée par un homme, fréquente en Asie. 🔊 [puspus].

**POUSSER**, verbe [3]
Trans. Appuyer, exercer une pression sur (qqch., pour le déplacer) ; bousculer. – Inciter à. – Faire entendre : **Pousser** *un cri*. – Intrans. Croître. 🔊 [puse].

**POUSSETTE**, subst. f.
Siège d'enfant monté sur roulettes, que l'on pousse devant soi. 🔊 [puset].

**POUSSIÈRE**, subst. f.
Infimes particules de terre ou de matière quelconque, pouvant rester en suspension dans l'air. – Chose infime. 🔊 [pusjɛʀ].

**POUSSIÉREUX, EUSE**, adj.
Plein de poussière. – Fig. Vieilli, dépassé. 🔊 [pusjeʀø, -øz].

**POUSSIF, IVE**, adj.
Qui s'essouffle. – *Moteur* **poussif** : qui tourne mal. – Fig. Laborieux. 🔊 [pusif, -iv].

**POUSSIN**, subst. m.
Poulet nouvellement sorti de l'œuf. – Jeune sportif appartenant à la catégorie des moins de 11 ans. 🔊 [pusɛ̃].

**POUTRE**, subst. f.
Gros et long morceau de bois équarri, servant de support dans une construction. – *Sp.* Agrès constitué d'une telle pièce élevée au-dessus du sol. 🔊 [putʀ].

**POUTRELLE**, subst. f.
Petite poutre métallique. 🔊 [putʀɛl].

**POUVOIR (I)**, verbe trans. [39]
Avoir la capacité, la possibilité de. – Avoir la permission, le droit de. – Risquer de : *Je* **peux** *faire erreur*. – *N'en plus* **pouvoir** : être à bout de forces. – *Il se* **peut** *que* : il est possible que. 🔊 [puvwaʀ].

**POUVOIR (II)**, subst. m.
Capacité d'agir. – Écrit donnant procuration. – Influence, ascendant. – Autorité constituée, gouvernement : *Les* **pouvoirs** *publics*. – Propriété physique : **Pouvoir** *décapant de la soude*. 🔊 [puvwaʀ].

**PRAGMATISME**, subst. m.
Conduite qui révèle un sens pratique et privilégie l'efficacité. 🔊 [pʀagmatism].

**PRAIRE**, subst. f.
Coquillage bivalve comestible, qui vit dans le sable. 🔊 [pʀɛʀ].

**PRAIRIAL**, subst. m.
Neuvième mois du calendrier républicain, allant du 20-21 mai au 18-19 juin. 🔊 [pʀeʀjal].

**PRAIRIE**, subst. f.
Terrain herbeux qui sert de pâturage ou fournit le foin. 🔊 [pʀeʀi].

**PRALINE**, subst. f.
Bonbon fait d'une amande enrobée de sucre cuit puis glacé. 🔊 [pʀalin].

**PRALINÉ**, subst. m.
Mélange de pralines pilées et de chocolat. 🔊 [pʀaline].

**PRATICABLE**, adj.
Réalisable. – *Chemin* **praticable** : où l'on peut passer, circuler. 🔊 [pʀatikabl].

**PRATICIEN, IENNE**, subst.
Médecin qui soigne les malades (oppos. *chercheur*). 🔊 [pʀatisjɛ̃, -jɛn].

**PRATIQUANT, ANTE**, adj. et subst.
Qui observe les pratiques de sa religion. 🔊 [pʀatikɑ̃, -ɑ̃t].

**PRATIQUE (I)**, subst. f.
Mise en application d'une théorie. – Exercice d'une activité. – Expérience. – Observance des rites : **Pratique** *religieuse*. – Manière d'agir : *Des* **pratiques** *courantes*. – *En* **pratique** : en fait, en réalité. 🔊 [pʀatik].

**PRATIQUE (II)**, adj.
Qui concerne la réalité concrète (oppos. *théorique*). – Qui s'attache à l'efficacité. – Facile à utiliser ; qui épargne du temps et des efforts. 🔊 [pʀatik].

**PRATIQUER**, verbe trans. [3]
Exercer (un métier, une activité) : **Pratiquer** *le judo* ; **Pratiquer** *une langue*, avoir l'occasion de la parler. – User de, recourir à : **Pratiquer** *la tolérance, le chantage*. – Exécuter, réaliser. – Empl. intrans. Observer des pratiques religieuses. – Pronom. Se faire, être d'usage. 🔊 [pʀatike].

**PRÉ**, subst. m.
Petite prairie, souv. clôturée. 🔊 [pʀe].

**PRÉ-**, préfixe
« Antérieur », dans le temps ou dans l'espace. 🔊 [pʀe-].

**PRÉALABLE**, adj. et subst. m.
Adj. Qui doit d'abord être dit, examiné ou accompli. – Subst. Condition à remplir avant d'ouvrir une négociation, un débat. – *Au* préalable : auparavant. 🔊 [pʀealabl].

**PRÉAMBULE**, subst. m.
Introduction explicative. – Fig. Signe annonciateur de qqch. 🔊 [pʀeãbyl].

**PRÉAU, AUX**, subst. m.
Partie couverte d'une cour d'école. – Cour d'un cloître, d'une prison. 🔊 [pʀeo].

**PRÉAVIS**, subst. m.
Annonce préalable d'une décision qui prendra effet passé un certain délai. – Ce délai : *Période de* préavis. 🔊 [pʀeavi].

**PRÉCAIRE**, adj.
Dont la durée est incertaine : *Un emploi* précaire. 🔊 [pʀekɛʀ].

**PRÉCARITÉ**, subst. f.
Caractère précaire de qqch. 🔊 [pʀekaʀite].

**PRÉCAUTION**, subst. f.
Mesure prise pour éviter ou limiter un mal. – Circonspection, prudence. 🔊 [pʀekosjɔ̃].

**PRÉCAUTIONNEUX, EUSE**, adj.
Qui agit avec précaution. 🔊 [pʀekosjɔnø, -øz].

**PRÉCÉDENT, ENTE**, adj. et subst. m.
Adj. Qui précède. – Subst. Événement antérieur qui a valeur d'exemple, de référence. 🔊 [pʀesedã, -ãt].

**PRÉCÉDER**, verbe trans. [8]
Avoir lieu, exister, venir avant. – Être placé, marcher devant. 🔊 [pʀesede].

**PRÉCEPTE**, subst. m.
Recommandation d'ordre moral ou religieux. 🔊 [pʀesɛpt].

**PRÉCEPTEUR, TRICE**, subst.
Professeur particulier. 🔊 [pʀesɛptœʀ, -tʀis].

**PRÊCHER**, verbe [3]
Trans. Répandre, dire (la Parole divine). – Prôner, conseiller. – Intrans. Faire un sermon : *Prêcher en chaire*. 🔊 [pʀeʃe].

**PRÉCIEUX, IEUSE**, adj. et subst. f.
Adj. Dont le prix est élevé. – Cher au cœur. – Très utile. – Affecté, prétentieux. – Subst. Femme pédante du XVIIᵉ s. 🔊 [pʀesjø, -jøz].

**PRÉCIOSITÉ**, subst. f.
Grande affectation dans les manières et le langage. 🔊 [pʀesjozite].

**PRÉCIPICE**, subst. m.
Ravin aux versants très abrupts ; gouffre. 🔊 [pʀesipis].

**PRÉCIPITATION**, subst. f.
Grande hâte. – *Chim*. Phénomène par lequel un corps insoluble se dépose au fond d'un liquide. – Plur. Pluie, grêle, neige, etc. 🔊 [pʀesipitasjɔ̃].

**PRÉCIPITER**, verbe trans. [3]
Jeter d'un endroit élevé. – Hâter, accélérer. – Entraîner, pousser vers un malheur. – *Chim*. Provoquer la précipitation de ; empl. abs., la subir. – Pronom. Accourir, s'élancer vivement. 🔊 [pʀesipite].

**PRÉCIS, ISE**, adj. et subst. m.
Adj. Déterminé avec rigueur. – Qui atteint son objectif avec exactitude ; sûr. – Exact, juste. – Subst. Manuel de notions essentielles. 🔊 [pʀesi, -iz].

**PRÉCISER**, verbe trans. [3]
Déterminer de façon précise. – Apporter des précisions à ; rendre plus net, plus clair. 🔊 [pʀesize].

**PRÉCISION**, subst. f.
Caractère précis, exact de qqch. – Détail, information supplémentaires. 🔊 [pʀesizjɔ̃].

**PRÉCOCE**, adj.
Mûr avant la saison. – Qui survient très tôt. – *Enfant* précoce : mûr pour son âge. 🔊 [pʀekɔs].

**PRÉCOCITÉ**, subst. f.
Caractère précoce. 🔊 [pʀekɔsite].

**PRÉCONÇU, UE**, adj.
Forgé à l'avance, sans réflexion personnelle : *Idée* préconçue. 🔊 [pʀekɔ̃sy].

**PRÉCONISER**, verbe trans. [3]
Recommander vivement. 🔊 [pʀekɔnize].

**PRÉCURSEUR**, adj. m. et subst. m.
Subst. Personne dont la pensée ou les œuvres sont en avance sur leur époque. – Adj. *Signe* précurseur : annonciateur, avant-coureur. 🔊 [pʀekyʀsœʀ].

**PRÉDATEUR, TRICE**, adj. et subst.
Qui se nourrit de proies. 🔊 [pʀedatœʀ, -tʀis].

**PRÉDÉCESSEUR**, subst. m.
Personne qui a précédé qqn dans une fonction, un domaine. 🔊 [pʀedesesœʀ].

**PRÉDESTINATION**, subst. f.
Détermination préalable du destin du monde, de l'homme. – Caractère fatal de certains événements. 🔊 [pʀedɛstinasjɔ̃].

**PRÉDESTINER**, verbe trans. [3]
Vouer par avance à qqch. 🔊 [pʀedɛstine].

**PRÉDÉTERMINER**, verbe trans. [3]
Déterminer par avance. 🔊 [pʀedetɛʀmine].

**PRÉDICATEUR, subst. m.**
Celui qui prêche. 🔊 [pʀedikatœʀ].

**PRÉDICATION, subst. f.**
Action de prêcher. – Sermon. 🔊 [pʀedikasjɔ̃].

**PRÉDICTION, subst. f.**
Action de prédire. – La chose qui est prédite. 🔊 [pʀediksjɔ̃].

**PRÉDILECTION, subst. f.**
Vive préférence vouée à qqn, à qqch. – *De* prédilection : favori. 🔊 [pʀedilɛksjɔ̃].

**PRÉDIRE, verbe trans.** [65]
Annoncer, dire à l'avance (ce qui devrait arriver) ; prévoir. 🔊 [pʀediʀ].

**PRÉDISPOSER, verbe trans.** [3]
Placer dans une disposition qui favorise l'accomplissement de qqch. 🔊 [pʀedispoze].

**PRÉDISPOSITION, subst. f.**
Aptitude naturelle. 🔊 [pʀedispozisjɔ̃].

**PRÉDOMINANCE, subst. f.**
État, caractère de qqn, de qqch. qui prédomine. 🔊 [pʀedɔminɑ̃s].

**PRÉDOMINER, verbe intrans.** [3]
Dominer nettement ; l'emporter en nombre, en qualité, en importance. 🔊 [pʀedɔmine].

**PRÉÉMINENCE, subst. f.**
Supériorité absolue conférée par le rang, la fonction ; suprématie. 🔊 [pʀeeminɑ̃s].

**PRÉEMPTION, subst. f.**
Acquisition prioritaire. 🔊 [pʀeɑ̃psjɔ̃].

**PRÉFABRIQUÉ, ÉE, adj. et subst. m.**
Se dit d'un élément de construction façonné en usine, et prêt à être monté. 🔊 [pʀefabʀike].

**PRÉFACE, subst. f.**
Texte de présentation placé au début d'un ouvrage. 🔊 [pʀefas].

**PRÉFECTORAL, ALE, AUX, adj.**
Relatif au préfet. 🔊 [pʀefɛktɔʀal].

**PRÉFECTURE, subst. f.**
Charge, fonction de préfet. – Circonscription administrative d'un préfet. – Ensemble des services de cette administration ; l'édifice qui l'abrite. – La ville où elle siège. 🔊 [pʀefɛktyʀ].

**PRÉFÉRABLE, adj.**
Qui mérite d'être préféré. – *Il est* préférable *de* : il vaut mieux. 🔊 [pʀefeʀabl].

**PRÉFÉRENCE, subst. f.**
Fait de préférer ; ce qui est préféré. – *De* préférence (à) : plutôt (que). 🔊 [pʀefeʀɑ̃s].

**PRÉFÉRENTIEL, IELLE, adj.**
Qui accorde une préférence en faveur de qqn : *Prix* préférentiel. 🔊 [pʀefeʀɑ̃sjɛl].

**PRÉFÉRER, verbe trans.** [8]
Aimer mieux : *Elle* préfère *le thé au café.* 🔊 [pʀefeʀe].

**PRÉFET, subst. m.**
Représentant du gouvernement placé à la tête d'un département ou d'une région.

– Haut fonctionnaire civil ou militaire : **Préfet** *de police, maritime.* 🔊 [pʀefɛ].

**PRÉFIGURER, verbe trans.** [3]
Annoncer, être le signe de. 🔊 [pʀefigyʀe].

**PRÉFIXE, subst. m.**
Élément qui se place devant un mot pour en former un autre. 🔊 [pʀefiks].

**PRÉHENSILE, adj.**
Qui permet de saisir. 🔊 [pʀeɑ̃sil].

**PRÉHENSION, subst. f.**
Action de prendre, de saisir. 🔊 [pʀeɑ̃sjɔ̃].

**PRÉHISTOIRE, subst. f.**
Période de l'évolution de l'humanité antérieure à l'invention de l'écriture. – Science qui étudie cette période. 🔊 [pʀeistwaʀ].

**PRÉJUDICE, subst. m.**
Tort, dommage causés. – *Au préjudice de* : au désavantage de. 🔊 [pʀeʒydis].

**PRÉJUDICIABLE, adj.**
Qui porte préjudice. 🔊 [pʀeʒydisjabl].

**PRÉJUGÉ, subst. m.**
Parti pris, idée préconçue. 🔊 [pʀeʒyʒe].

**PRÉJUGER, verbe trans. indir.** [5]
Juger prématurément : *Sans* préjuger *du résultat.* 🔊 [pʀeʒyʒe].

**PRÉLASSER (SE), verbe pronom.** [3]
S'abandonner à la paresse. 🔊 [pʀelase].

**PRÉLAT, subst. m.**
Haut dignitaire de l'Église catholique : cardinal, évêque, etc. 🔊 [pʀela].

**PRÉLÈVEMENT, subst. m.**
Action de prélever : **Prélèvement** *sanguin, bancaire.* – Ce qui est prélevé. 🔊 [pʀelɛvmɑ̃].

**PRÉLEVER, verbe trans.** [10]
Prendre, retrancher (une partie d'un tout) : **Prélever** *un acompte.* 🔊 [pʀel(ə)ve].

**PRÉLIMINAIRE, adj. et subst. m. plur.**
Adj. Qui précède : *Enquête* préliminaire. – Subst. Actes qui préparent un événement : **Préliminaires** *de paix.* 🔊 [pʀeliminɛʀ].

**PRÉLUDE, subst. m.**
Morceau musical servant gén. d'introduction. – Fig. Annonce, point de départ : *Le* prélude *d'une belle aventure.* 🔊 [pʀelyd].

**PRÉMATURÉ, ÉE, adj.**
Adj. Qui a lieu ou est fait trop tôt. – Empl. subst. Bébé né avant terme. 🔊 [pʀematyʀe].

**PRÉMÉDITATION, subst. f.**
Intention réfléchie d'accomplir un acte (gén. mauvais) : *Meurtre, crime avec* préméditation. 🔊 [pʀemeditasjɔ̃].

**PRÉMÉDITER, verbe trans.** [3]
Préparer avec soin et calcul. – **Préméditer** *de* (+ inf.) : projeter de. 🔊 [pʀemedite].

**PRÉMICES, subst. f. plur.**
Signes annonciateurs, débuts : *Les* prémices *du renouveau.* 🔊 [pʀemis].

**PREMIER, IÈRE**, adj. et subst.
Adj. Qui précède tous les autres (dans le temps, l'espace, ou par la valeur) : **Premier** *ministre*, chef du gouvernement. – *Voyager en* **première** *classe* : dans la classe la plus chère. – *Matières* **premières** : richesses naturelles. – *Nombres* **premiers** : qui ne se divisent que par eux-mêmes ou par l'unité. – *En* **premier** *(lieu)* : d'abord. – Subst. masc. *Jeune* **premier** : jeune acteur jouant les rôles d'amoureux. – Subst. fém. **Première** fois qu'on réalise qqch. : *C'est une grande* **première** ! – **Première** représentation d'une pièce. – Classe du lycée précédant la terminale. 🔊 [pʀəmje, -jɛʀ].

**PRÉMISSE**, subst. f.
Chacune des deux premières propositions d'un syllogisme. 🔊 [pʀemis].

**PRÉMOLAIRE**, subst. f.
Dent située entre la canine et les molaires. 🔊 [pʀemɔlɛʀ].

**PRÉMONITION**, subst. f.
Pressentiment mystérieux d'un événement à venir. 🔊 [pʀemɔnisjɔ̃].

**PRÉMUNIR**, verbe trans. [19]
Protéger, préserver de qqch. 🔊 [pʀemyniʀ].

**PRENANT, ANTE**, adj.
Qui intéresse, captive. – Qui occupe l'esprit. – *Être partie* **prenante** : être concerné. 🔊 [pʀənɑ̃, -ɑ̃t].

**PRENDRE**, verbe [52]
Trans. Saisir. – Emporter, acheter. – Accueillir, recueillir. – S'adjoindre : **Prendre** *un associé*. – Consommer. – S'emparer de, arrêter : **Prendre** *un voleur*. – Emprunter ; utiliser : **Prendre** *une voiture*. – *À tout* **prendre** : tout compte fait. – **Prendre** *pour* : confondre avec. – **Prendre** *sur soi* : assumer. – Intrans. Suivre une direction : **Prendre** *à droite*. – Se figer : *La sauce* **a pris**. – Réussir (fam.) : *Ça ne* **prend** *pas avec moi* ! – Pronom. S'accrocher. – *Se* **prendre** *à* : se mettre à. – *Se* **prendre** *pour* : se considérer comme. – *S'en* **prendre** *à* : attaquer. – *Savoir s'y* **prendre** : savoir comment procéder. 🔊 [pʀɑ̃dʀ].

**PRENEUR, EUSE**, subst.
Acquéreur. 🔊 [pʀənœʀ, -øz].

**PRÉNOM**, subst. m.
Nom qui précède le patronyme. 🔊 [pʀenɔ̃].

**PRÉNOMMER**, verbe trans. [3]
Donner (tel prénom) à. – Pronom. Avoir pour prénom. 🔊 [pʀenɔme].

**PRÉNUPTIAL, ALE, AUX**, adj.
Qui précède le mariage. 🔊 [pʀenypsjal].

**PRÉOCCUPATION**, subst. f.
Inquiétude, souci. 🔊 [pʀeɔkypasjɔ̃].

**PRÉOCCUPER**, verbe trans. [3]
Tourmenter, causer du souci à. – Pronom. S'inquiéter. 🔊 [pʀeɔkype].

**PRÉPARATEUR, TRICE**, subst.
Assistant d'un scientifique ou d'un pharmacien. 🔊 [pʀepaʀatœʀ, -tʀis].

**PRÉPARATIF**, subst. m.
Ce qu'on fait pour préparer qqch. (gén. au plur.). 🔊 [pʀepaʀatif].

**PRÉPARATION**, subst. f.
Action de préparer : **Préparation** *d'un plat, d'un examen*. – Son résultat. 🔊 [pʀepaʀasjɔ̃].

**PRÉPARATOIRE**, adj.
Qui prépare. – *Cours* **préparatoire** : première année du primaire. 🔊 [pʀepaʀatwaʀ].

**PRÉPARER**, verbe trans. [3]
Rendre propre à une utilisation. – Cuisiner : **Préparer** *un couscous*. – Organiser à l'avance : **Préparer** *ses vacances, sa retraite*. – Étudier pour mener à bien : **Préparer** *le bac*. – Aider (qqn) à affronter, à accepter qqch. – Annoncer, amener. – Pronom. Être imminent : *Une crise se* **prépare**. – S'habiller, se faire beau. 🔊 [pʀepaʀe].

**PRÉPONDÉRANCE**, subst. f.
Supériorité, primauté. 🔊 [pʀepɔ̃deʀɑ̃s].

**PRÉPONDÉRANT, ANTE**, adj.
Qui l'emporte en poids, en influence, en prestige. 🔊 [pʀepɔ̃deʀɑ̃, -ɑ̃t].

**PRÉPOSÉ, ÉE**, subst.
Personne affectée à une tâche d'exécution. – Empl. abs. Facteur. 🔊 [pʀepoze].

**PRÉPOSITION**, subst. f.
Petit mot invariable qui relie deux éléments d'une phrase. 🔊 [pʀepozisjɔ̃].

**PRÉPUCE**, subst. m.
Repli de peau qui protège le gland du pénis. 🔊 [pʀepys].

**PRÉROGATIVE**, subst. f.
Droit attaché exclusivement à une fonction. – Privilège. 🔊 [pʀeʀɔgativ].

**PRÈS**, adv.
Proche dans le temps ou dans l'espace. – Sur le point : *Être* **près** *d'arriver*. – *À peu* **près** : environ, presque. – *De* **près** : d'une courte distance ; au fig., attentivement. – *À cela* **près** *que* : cela excepté. 🔊 [pʀɛ].

**PRÉSAGE**, subst. m.
Signe censé annoncer l'avenir. 🔊 [pʀezaʒ].

**PRÉSAGER**, verbe trans. [5]
Être le présage de. – Prévoir. 🔊 [pʀezaʒe].

**PRESBYTE**, adj. et subst.
Qui voit mal de près. 🔊 [pʀɛsbit].

**PRESBYTÈRE**, subst. m.
Maison du curé. 🔊 [pʀɛsbitɛʀ].

**PRESCRIPTION**, subst. f.
Action de prescrire. – Règle de conduite imposée. – Ordonnance médicale. – Dr. Délai au terme duquel une action judiciaire est définitivement close. 🔊 [pʀɛskʀipsjɔ̃].

**PRESCRIRE**, verbe trans. [67]
Recommander expressément ; ordonner, exiger. – Indiquer à un malade (le traitement à suivre). 🔊 [pʀɛskʀiʀ].

**PRÉSÉANCE**, subst. f.
Supériorité protocolaire. 🔊 [pʀeseɑ̃s].

**PRÉSENCE**, subst. f.
Fait d'être présent. – Forte personnalité sur scène, à l'écran. – Présence d'esprit : esprit d'à-propos. 🔊 [pʀezɑ̃s].

**PRÉSENT (I)**, subst. m.
Le temps actuel (oppos. passé et futur). – Ling. Temps de conjugaison qui exprime ce qui est actuel ou constant. – À présent : maintenant. 🔊 [pʀezɑ̃].

**PRÉSENT (II)**, subst. m.
Cadeau, don (littér.). 🔊 [pʀezɑ̃].

**PRÉSENT (III), ENTE**, adj.
Qui est là : Les personnes présentes ou, empl. subst., les présents. – Actuel : Difficultés présentes. – Dont il est question maintenant : La présente lettre ou la présente. – Fig. Attentif. 🔊 [pʀezɑ̃, -ɑ̃t].

**PRÉSENTABLE**, adj.
Qui peut se montrer sans crainte ; convenable. 🔊 [pʀezɑ̃tabl].

**PRÉSENTATEUR, TRICE**, subst.
Personne qui présente un spectacle, une émission télévisée. 🔊 [pʀezɑ̃tatœʀ, -tʀis].

**PRÉSENTATION**, subst. f.
Action, manière de présenter, de se présenter. – Aspect extérieur : Une présentation soignée. 🔊 [pʀezɑ̃tasjɔ̃].

**PRÉSENTER**, verbe trans. [3]
Montrer : Présenter ses papiers. – Faire connaître à un public ; animer (un spectacle, une émission). – Formuler, adresser : Présenter des excuses à qqn. – Faire connaître (qqn) en le nommant. – Comporter. – Pronom. Apparaître. – Dire qui on est, donner son nom. – Se porter candidat. 🔊 [pʀezɑ̃te].

**PRÉSENTOIR**, subst. m.
Petit meuble servant à exposer des produits au public. 🔊 [pʀezɑ̃twaʀ].

**PRÉSERVATIF**, subst. m.
Contraceptif masculin, protégeant également des M.S.T. 🔊 [pʀezɛʀvatif].

**PRÉSERVATION**, subst. f.
Action de préserver, de se préserver. – L'état qui en résulte. 🔊 [pʀezɛʀvasjɔ̃].

**PRÉSERVER**, verbe trans. [3]
Protéger d'un dommage. 🔊 [pʀezɛʀve].

**PRÉSIDENCE**, subst. f.
Fonction de président ; sa durée. – Résidence du président. 🔊 [pʀezidɑ̃s].

**PRÉSIDENT, ENTE**, subst.
Personne qui préside une assemblée, une réunion. – Président de la République : chef de l'État. – Président-directeur général

(P.-D.G.) : patron d'une entreprise, d'une société. 🔊 [pʀezidɑ̃, -ɑ̃t].

**PRÉSIDENTIEL, IELLE**, adj.
Relatif au président, à la présidence de la République. 🔊 [pʀezidɑ̃sjɛl].

**PRÉSIDER**, verbe trans. [3]
Exercer la présidence de. – Présider à : veiller à, organiser. 🔊 [pʀezide].

**PRÉSOMPTION**, subst. f.
Opinion fondée sur des indices et non sur des preuves ; supposition. – Prétention, suffisance. 🔊 [pʀezɔ̃psjɔ̃].

**PRÉSOMPTUEUX, EUSE**, adj.
Qui possède ou dénote une très haute opinion de soi-même. 🔊 [pʀezɔ̃ptɥø, -øz].

**PRESQUE**, adv.
À peu près, quasi : J'ai presque fini. 🔊 Ne s'élide que dans presqu'île ; [pʀɛsk].

**PRESQU'ÎLE**, subst. f.
Avancée de terre dans la mer, reliée au continent par un isthme. 🔊 [pʀɛskil].

**PRESSANT, ANTE**, adj.
Qui exerce une vive incitation, une pression insistante. – Urgent. 🔊 [pʀesɑ̃, -ɑ̃t].

**PRESS-BOOK**, subst. m.
Album, constitué à partir de coupures de presse, de photos, présentant une personne, un produit. 🔊 Plur. press-books ; [pʀɛsbuk].

**PRESSE**, subst. f.
Dispositif servant à comprimer. – Machine d'imprimerie. – Les journaux ou les journalistes. – Période de travail intense. 🔊 [pʀɛs].

**PRESSÉ, ÉE**, adj.
Qui a subi une pression : Orange pressée. – Qui doit se dépêcher : Je n'attendrai pas, je suis pressé. – Urgent. 🔊 [pʀese].

**PRESSENTIMENT**, subst. m.
Intuition plus ou moins nette d'un événement à venir. 🔊 [pʀesɑ̃timɑ̃].

**PRESSENTIR**, verbe trans. [23]
Prévoir intuitivement ; se douter de. – Sonder (qqn) sur ses intentions avant de lui confier un poste. 🔊 [pʀesɑ̃tiʀ].

**PRESSE-PAPIERS**, subst. m. inv.
Objet lourd qui empêche les papiers de s'envoler. 🔊 [pʀɛspapje].

**PRESSER**, verbe trans. [3]
Comprimer fortement : Presser une orange. – Appuyer sur : Presser la sonnette. – Harceler : Presser de questions. – Inciter vivement à : On me presse de vendre. – Accélérer, hâter. – Empl. intrans. Être urgent. – Pronom. Se tasser. – Se dépêcher : Presse-toi ! 🔊 [pʀese].

**PRESSING**, subst. m.
Établissement où l'on fait nettoyer et repasser à la vapeur ses vêtements, son linge. 🔊 [pʀesiŋ].

**PRESSION, subst. f.**
Action de presser. – Poussée, force, tension.
– **Pression** *atmosphérique* : exercée par l'air
en un point donné. – Forte insistance ;
influence contraignante. 🔊 [pʀesjɔ̃].

**PRESSOIR, subst. m.**
Presse qui écrase des fruits ou des graines
pour en extraire le jus ou l'huile. – Local
où elle est installée. 🔊 [pʀeswaʀ].

**PRESSURER, verbe trans.** [3]
Écraser au pressoir. – Comprimer. – Exploiter ; accabler d'impôts. 🔊 [pʀesyʀe].

**PRESSURISER, verbe trans.** [3]
Maintenir (une enceinte) à une pression
atmosphérique normale. 🔊 [pʀesyʀize].

**PRESTANCE, subst. f.**
Maintien élégant et fier. 🔊 [pʀɛstɑ̃s].

**PRESTATAIRE, subst.**
Fournisseur de services. – Bénéficiaire
d'une prestation sociale. 🔊 [pʀɛstatɛʀ].

**PRESTATION, subst. f.**
Action de vendre un service ; ce service.
– Allocation (gén. au plur.) : **Prestations**
*sociales*. – Fait de se produire en public,
pour un artiste, un sportif (empl. critiqué).
– **Prestation** *de serment* : action de prêter
serment. 🔊 [pʀɛstasjɔ̃].

**PRESTE, adj.**
Vif et agile. 🔊 [pʀɛst].

**PRESTIDIGITATEUR, TRICE, subst.**
Personne qui pratique l'art de la prestidigitation. 🔊 [pʀɛstidiʒitatœʀ, -tʀis].

**PRESTIDIGITATION, subst. f.**
Art de faire apparaître ou disparaître des
objets grâce à l'agilité de ses doigts ; illu-
sionnisme. 🔊 [pʀɛstidiʒitasjɔ̃].

**PRESTIGE, subst. m.**
Attrait, influence qui suscitent l'admiration : *Le* **prestige** *d'un champion*. 🔊 [pʀɛstiʒ].

**PRESTIGIEUX, IEUSE, adj.**
Qui a du prestige. 🔊 [pʀɛstiʒjø, -jøz].

**PRÉSUMER, verbe trans.** [3]
Supposer d'après certains indices. – **Présumer** *de* : surestimer. 🔊 [pʀezyme].

**PRÊT (I), subst. m.**
Action de prêter. – Ce qui est prêté.
🔊 [pʀɛ].

**PRÊT (II), PRÊTE, adj.**
Dont on peut disposer immédiatement.
– **Prêt** *à* : préparé, disposé à. 🔊 [pʀɛ, pʀɛt].

**PRÊT-À-PORTER, subst. m.**
Ensemble des vêtements confectionnés en
série. 🔊 *Plur.* *prêts-à-porter* : [pʀɛtapɔʀte].

**PRÉTENDANT, ANTE, subst.**
Personne qui brigue un poste, une dignité.
– Masc. Celui qui aspire à épouser une
femme (vieilli). 🔊 [pʀetɑ̃dɑ̃, -ɑ̃t].

**PRÉTENDRE, verbe trans.** [51]
Être persuadé de ; affirmer. – Avoir la ferme
intention de : *Il prétend réussir*. – **Prétendre** *à* : aspirer à. 🔊 [pʀetɑ̃dʀ].

**PRÉTENDU, UE, adj.**
Qui passe pour ce qu'il n'est pas. – Supposé. 🔊 [pʀetɑ̃dy].

**PRÉTENDUMENT, adv.**
Faussement. 🔊 [pʀetɑ̃dymɑ̃].

**PRÉTENTIEUX, IEUSE, adj. et subst.**
Qui s'attribue des mérites excessifs. – Adj.
Qui dénote la prétention. 🔊 [pʀetɑ̃sjø, -jøz].

**PRÉTENTION, subst. f.**
Exigence, revendication ; au plur., salaire
demandé. – Visée ambitieuse. – Défaut du
prétentieux. 🔊 [pʀetɑ̃sjɔ̃].

**PRÊTER, verbe trans.** [3]
Remettre à qqn (qqch. qui devra être resti-
tué). – Imputer, attribuer. – **Prêter** *l'oreille* :
écouter attentivement. – **Prêter** *à* : donner
lieu à. – Pronom. Consentir : *Se prêter au
jeu*. – Être approprié. 🔊 [pʀete].

**PRÉTEXTE, subst. m.**
Raison fallacieuse invoquée pour se justifier
ou échapper à qqch. 🔊 [pʀetɛkst].

**PRÉTEXTER, verbe trans.** [3]
Utiliser comme prétexte. 🔊 [pʀetɛkste].

**PRÉTOIRE, subst. m.**
Salle d'audience d'un tribunal. 🔊 [pʀetwaʀ].

**PRÊTRE, subst. m.**
Ministre d'un culte (fém. *prêtresse*). – Ecclésiastique catholique qui a reçu le sacrement de l'ordre. 🔊 [pʀetʀ].

**PRÊTRISE, subst. f.**
Fonction, dignité de prêtre. 🔊 [pʀetʀiz].

**PREUVE, subst. f.**
Ce qui établit de manière irréfutable qu'une
chose est vraie. – Signe, geste qui attestent
une disposition. 🔊 [pʀœv].

**PREUX, adj. m. et subst. m.**
Qui est vaillant et brave. 🔊 [pʀø].

**PRÉVALOIR, verbe intrans.** [45]
L'emporter sur ; s'imposer. – Pronom. *Se*
*prévaloir de* : tirer vanité de. 🔊 [pʀevalwaʀ].

**PRÉVARICATION, subst. f.**
Détournement de fonds publics commis
par un fonctionnaire. 🔊 [pʀevaʀikasjɔ̃].

**PRÉVENANCE, subst. f.**
Comportement attentionné qui consiste à
prévenir les désirs d'autrui. 🔊 [pʀev(ə)nɑ̃s].

**PRÉVENANT, ANTE, adj.**
Qui fait preuve de prévenance, de sollicitude. 🔊 [pʀev(ə)nɑ̃, -ɑ̃t].

**PRÉVENIR, verbe trans.** [22]
Informer ; avertir. – Éviter (un mal) par
des mesures prudentes. – **Prévenir** *le désir*
*de qqn* : le satisfaire avant qu'il soit exprimé.
– *On m'a prévenu* *contre vous* : on m'a
influencé en votre défaveur. 🔊 [pʀev(ə)niʀ].

**PRÉVENTIF, IVE,** adj.
Qui a pour but de prévenir un danger : *Médecine* **préventive**. – Qui concerne les prévenus. ⚅ [pʀevɑ̃tif, -iv].

**PRÉVENTION,** subst. f.
Ensemble des mesures prises pour prévenir un mal, un risque. – Jugement préconçu. – Détention d'un prévenu. ⚅ [pʀevɑ̃sjɔ̃].

**PRÉVENU, UE,** subst.
Personne qui doit répondre d'un délit devant la justice. ⚅ [pʀev(ə)ny].

**PRÉVISIBLE,** adj.
Que l'on peut raisonnablement prévoir : *Un succès* **prévisible**. ⚅ [pʀevizibl].

**PRÉVISION,** subst. f.
Action de prévoir. – Chose prévue (gén. au plur.). ⚅ [pʀevizjɔ̃].

**PRÉVOIR,** verbe trans. [36]
Estimer probable ; deviner. – Envisager. – Organiser à l'avance. ⚅ [pʀevwaʀ].

**PRÉVOYANCE,** subst. f.
Attitude raisonnable qui consiste à préparer l'avenir ; prudence. ⚅ [pʀevwajɑ̃s].

**PRÉVOYANT, ANTE,** adj.
Plein de prévoyance. ⚅ [pʀevwajɑ̃, -ɑ̃t].

**PRIE-DIEU,** subst. m. inv.
Chaise basse sur laquelle on s'agenouille pour prier. ⚅ [pʀidjø].

**PRIER,** verbe trans. [6]
S'adresser par la prière à (Dieu, un saint). – Demander avec insistance, politesse, ou sévérité : *Je vous* **prie** *de sortir*. ⚅ [pʀije].

**PRIÈRE,** subst. f.
Fait de prier Dieu. – Texte récité à cette occasion. – Demande insistante. ⚅ [pʀijɛʀ].

**PRIEUR, EURE,** subst.
Supérieur d'une communauté religieuse : *La cellule du* **prieur**. ⚅ [pʀijœʀ].

**PRIEURÉ,** subst. m.
Communauté monastique dirigée par un prieur, une prieure. ⚅ [pʀijœʀe].

**PRIMAIRE,** adj. et subst. m.
Se dit de l'enseignement du premier degré (entre maternelle et collège). – Se dit du secteur économique concernant la production de matières premières. – Se dit de l'ère géologique qui précède le secondaire. – Adj. Grossier, simpliste. – Fondamental, original. ⚅ [pʀimɛʀ].

**PRIMAT,** subst. m.
Titre honorifique d'un archevêque, dont le siège était autrefois prééminent. ⚅ [pʀima].

**PRIMATE,** subst. m.
Mammifère supérieur à main préhensile. ⚅ [pʀimat].

**PRIMAUTÉ,** subst. f.
État, caractère de ce qui occupe le premier rang ; supériorité. ⚅ [pʀimote].

**PRIME,** subst. f.
Somme due par l'assuré à son assureur. – Somme d'argent versée à titre de gratification. – Cadeau commercial. ⚅ [pʀim].

**PRIMER (I),** verbe trans. [3]
Passer avant, l'emporter sur : *L'indignation* **prime** *(sur) la peur*. ⚅ [pʀime].

**PRIMER (II),** verbe trans. [3]
Récompenser d'un prix. ⚅ [pʀime].

**PRIMESAUTIER, IÈRE,** adj.
Spontané ; vif et franc. ⚅ [pʀimsotje, -jɛʀ].

**PRIMEUR,** subst. f.
*Avoir la* **primeur** *d'une nouvelle* : en être le premier informé. – Plur. Fruits ou légumes mûrs avant la saison normale. ⚅ [pʀimœʀ].

**PRIMEVÈRE,** subst. f.
Petite plante vivace printanière aux fleurs de couleurs vives et variées. ⚅ [pʀimvɛʀ].

**PRIMITIF, IVE,** adj.
Qui est au premier stade de son évolution. – Qui se présente tel qu'en son état d'origine. – Peu élaboré. ⚅ [pʀimitif, -iv].

**PRIMO,** adv.
D'abord, en premier lieu. ⚅ [pʀimo].

**PRIMORDIAL, ALE, AUX,** adj.
De première importance. ⚅ [pʀimɔʀdjal].

**PRINCE, PRINCESSE,** subst.
Masc. Celui qui règne ou appartient à une famille régnante ; plus haut titre de noblesse. – Fém. Fille ou femme d'un prince ; fille d'un souverain. ⚅ [pʀɛ̃s, pʀɛ̃sɛs].

**PRINCIER, IÈRE,** adj.
Qui appartient au prince. – Digne d'un prince, fastueux. ⚅ [pʀɛ̃sje, -jɛʀ].

**PRINCIPAL, ALE, AUX,** adj. et subst.
Adj. Qui est le plus important. – *Ling. Proposition* **principale** : dont les autres dépendent (oppos. *subordonnée*). – Subst. Directeur d'un collège. – Subst. masc. Chose **principale**, essentielle. ⚅ [pʀɛ̃sipal].

**PRINCIPALEMENT,** adv.
Surtout. ⚅ [pʀɛ̃sipalmɑ̃].

**PRINCIPAUTÉ,** subst. f.
Petit État indépendant gouverné par un prince. ⚅ [pʀɛ̃sipote].

**PRINCIPE,** subst. m.
Cause, fondement. – Loi générale non démontrée mais vérifiée par l'expérience. – Concept fondamental d'une science, d'une discipline. – Règle morale sur laquelle on fonde sa conduite. – *En* **principe** : théoriquement. ⚅ [pʀɛ̃sip].

**PRINTANIER, IÈRE,** adj.
Du printemps. – Qui évoque le printemps : *Une robe* **printanière**. ⚅ [pʀɛ̃tanje, -jɛʀ].

**PRINTEMPS,** subst. m.
La première des quatre saisons, celle où la végétation s'éveille. ⚅ [pʀɛ̃tɑ̃].

**PRIORITAIRE**, adj.
Qui a la priorité. – *Route* **prioritaire** : où l'on a la priorité. 📠 [pʀijɔʀitɛʀ].

**PRIORITÉ**, subst. f.
Caractère de ce qui vient, de ce qui passe en premier. – Chose prioritaire. – Droit de passer devant les autres. 📠 [pʀijɔʀite].

**PRIS, PRISE**, adj. et subst. f.
Adj. Occupé (oppos. *libre*). – Qui a beaucoup à faire. – *Avoir le nez* **pris** : être enrhumé. – Subst. Action de saisir avec la main ; point d'appui : *Lâcher* **prise**, cesser de tenir ; au fig., abandonner. – Action de prendre, de s'emparer de qqn ou qqch. ; ce qui est **pris**. – *Avoir* **prise** *sur* : avoir de l'influence sur. – **Prise** *de vues* : action de filmer. – **Prise** *de courant* : dispositif de branchement électrique. – **Prise** *de sang* : prélèvement sanguin. – **Prise** *de conscience* : compréhension soudaine (d'une réalité, d'un problème). 📠 [pʀi, pʀiz].

**PRISER**, verbe trans. [3]
Apprécier, estimer (littér.). 📠 [pʀize].

**PRISME**, subst. m.
Solide ayant deux bases égales et parallèles, et dont les côtés sont des parallélogrammes. 📠 [pʀism].

**PRISON**, subst. f.
Lieu où l'on enferme les prévenus ou les condamnés. – Peine d'emprisonnement. – Fig. Ce qui évoque une **prison**. 📠 [pʀizɔ̃].

**PRISONNIER, IÈRE**, adj. et subst.
Se dit d'une personne détenue en prison ou privée de liberté. 📠 [pʀizɔnje, -jɛʀ].

**PRIVATIF, IVE**, adj.
Qui prive. – *Préfixe* **privatif** : qui marque la négation. – *Jardin* **privatif** : dont on a la jouissance exclusive. 📠 [pʀivatif, -iv].

**PRIVATION**, subst. f.
Fait d'être privé ou de se priver. – Plur. Manque de ce qui est nécessaire, en partic. de nourriture. 📠 [pʀivasjɔ̃].

**PRIVATISER**, verbe trans. [3]
Transférer au secteur privé (ce qui était géré par l'État). 📠 [pʀivatize].

**PRIVAUTÉ**, subst. f.
Familiarité (gén. au plur.). 📠 [pʀivote].

**PRIVÉ, ÉE**, adj. et subst. m.
Adj. Intime. – Dont le public est sélectionné. – Interdit au public. – *Écon.* Qui ne relève pas de l'État. – Subst. *Écon.* Le secteur privé. – Détective. – *En privé* : sans témoin. 📠 [pʀive].

**PRIVER**, verbe trans. [3]
Empêcher (qqn) de posséder qqch. ou d'en jouir. – Pronom. S'imposer des privations. – S'abstenir (de). 📠 [pʀive].

**PRIVILÈGE**, subst. m.
Droit, avantage exclusif. 📠 [pʀivilɛʒ].

**PRIVILÉGIER**, verbe trans. [6]
Accorder un privilège à. – Favoriser ; donner plus d'importance à. 📠 [pʀivileʒje].

**PRIX**, subst. m.
Valeur fixée en monnaie d'un objet, d'un service. – Effort, sacrifice consenti pour obtenir qqch. – *À tout* **prix** : coûte que coûte. – Récompense honorifique. 📠 [pʀi].

**PROBABILITÉ**, subst. f.
Caractère de ce qui est probable. – Hypothèse vraisemblable. 📠 [pʀɔbabilite].

**PROBABLE**, adj.
Qui n'est pas certain, mais a des chances de se produire. 📠 [pʀɔbabl].

**PROBATOIRE**, adj.
*Examen* **probatoire** : destiné à vérifier qu'un élève a bien le niveau requis. 📠 [pʀɔbatwaʀ].

**PROBITÉ**, subst. f.
Qualité morale d'une personne intègre et juste. 📠 [pʀɔbite].

**PROBLÉMATIQUE**, adj. et subst. f.
Adj. Qui pose des problèmes. – Incertain, douteux. – Subst. Ensemble des questions que soulève un sujet. 📠 [pʀɔblematik].

**PROBLÈME**, subst. m.
Question, difficulté à laquelle il faut apporter une solution. – Exercice scolaire de géométrie, d'algèbre. 📠 [pʀɔblɛm].

**PROCÉDÉ**, subst. m.
Manière d'agir pour obtenir un résultat. – Méthode. 📠 [pʀɔsede].

**PROCÉDER**, verbe [8]
Intrans. Agir selon une méthode. – Trans. indir. **Procéder** *à* : exécuter (une tâche) point par point. – **Procéder** *de* : découler, émaner de. 📠 [pʀɔsede].

**PROCÉDURE**, subst. f.
Marche à suivre pour aboutir à qqch. – Ensemble des règles à observer pour agir en justice. 📠 [pʀɔsedyʀ].

**PROCÈS**, subst. m.
Action en justice. – *Faire le* **procès** *de* : critiquer sévèrement. 📠 [pʀɔsɛ].

**PROCESSION**, subst. f.
Cortège religieux. – Longue file de personnes. 📠 [pʀɔsesjɔ̃].

**PROCESSUS**, subst. m.
Ensemble de faits ou de phénomènes successifs. – Déroulement d'une opération. 📠 [pʀɔsesys].

**PROCÈS-VERBAL, AUX**, subst. m.
Acte de procédure constatant un fait, une infraction (abrév. P.-V.). – Compte rendu officiel. 📠 [pʀɔsɛvɛʀbal].

**PROCHAIN, AINE**, adj. et subst. m.
Adj. Qui vient après, qui suit : *Lundi* **prochain** ; *Prochain arrêt*. – Plus ou moins proche. – Subst. Autrui. 📠 [pʀɔʃɛ̃, -ɛn].

**PROCHE, adj. et subst. m.**
Adj. Qui n'est pas loin, dans l'espace ou dans le temps. – Uni par une relation affective. – Guère différent. – Subst. Ami intime ; membre de l'entourage. 🔊 [pʀɔʃ].

**PROCLAMATION, subst. f.**
Action de proclamer. – Discours, publication qui énoncent ce qui est proclamé. 🔊 [pʀɔklamasjɔ̃].

**PROCLAMER, verbe trans. [3]**
Reconnaître solennellement par un acte officiel. – Annoncer avec force, en public : Proclamer son innocence. 🔊 [pʀɔklame].

**PROCRÉATION, subst. f.**
Action de procréer. 🔊 [pʀɔkʀeasjɔ̃].

**PROCRÉER, verbe trans. [7]**
Engendrer, en parlant de l'homme ou de la femme. 🔊 [pʀɔkʀee].

**PROCURATION, subst. f.**
Écrit par lequel une personne donne pouvoir à une autre d'agir en son nom : Bon pour procuration. 🔊 [pʀɔkyʀasjɔ̃].

**PROCURER, verbe trans. [3]**
Fournir, faire obtenir. – Occasionner, apporter. 🔊 [pʀɔkyʀe].

**PROCUREUR, subst. m.**
Magistrat représentant le ministère public, chargé de l'accusation et du réquisitoire : Procureur de la République. 🔊 [pʀɔkyʀœʀ].

**PRODIGALITÉ, subst. f.**
Caractère d'une personne prodigue. – Largesse. – Dépense excessive (gén. au plur.). 🔊 [pʀɔdigalite].

**PRODIGE, subst. m.**
Événement extraordinaire, dont l'origine semble magique ou surnaturelle. – Individu au talent hors du commun. 🔊 [pʀɔdiʒ].

**PRODIGIEUX, IEUSE, adj.**
Qui relève du prodige. – Étonnant, remarquable. 🔊 [pʀɔdiʒjø, -jøz].

**PRODIGUE, adj. et subst.**
Qui dilapide son argent. – Qui donne sans compter. 🔊 [pʀɔdig].

**PRODIGUER, verbe trans. [3]**
Dépenser avec largesse. – Distribuer à l'excès. 🔊 [pʀɔdige].

**PRODUCTEUR, TRICE, adj. et subst.**
Qui produit : Les pays producteurs de riz. – Producteur de cinéma : qui finance et commercialise un film. 🔊 [pʀɔdyktœʀ, -tʀis].

**PRODUCTIF, IVE, adj.**
Qui produit qqch. ; fertile. – Dont le rendement est élevé. 🔊 [pʀɔdyktif, -iv].

**PRODUCTION, subst. f.**
Action de produire. – L'ensemble de ce qui est produit. – Film, émission. 🔊 [pʀɔdyksjɔ̃].

**PRODUCTIVITÉ, subst. f.**
Aptitude à produire. – Rapport entre la production obtenue et les moyens mis en œuvre pour y parvenir. 🔊 [pʀɔdyktivite].

**PRODUIRE, verbe trans. [69]**
Faire naître ; fabriquer. – Provoquer, entraîner. – Montrer, présenter pour prouver : Produire une attestation. – Financer (un film, une émission). – Pronom. Donner une représentation, pour un artiste. – Survenir, pour un événement. 🔊 [pʀɔdyiʀ].

**PRODUIT, subst. m.**
Ce qui est tiré de la terre ou obtenu par un travail. – Ce qui est fabriqué ; article. – Bénéfice, recette. – Résultat d'une multiplication. 🔊 [pʀɔdyi].

**PROÉMINENT, ENTE, adj.**
Qui forme une saillie, une protubérance. 🔊 [pʀɔeminɑ̃, -ɑ̃t].

**PROFANATEUR, TRICE, adj. et subst.**
Se dit d'une personne qui commet une profanation. 🔊 [pʀɔfanatœʀ, -tʀis].

**PROFANATION, subst. f.**
Action de profaner. – Sacrilège ; violation : Profanation de sépulture. 🔊 [pʀɔfanasjɔ̃].

**PROFANE, adj. et subst.**
Qui n'appartient pas au domaine religieux ou sacré. – Qui n'est pas initié ; ignorant. 🔊 [pʀɔfan].

**PROFANER, verbe trans. [3]**
Violer le caractère sacré de. – Dégrader, avilir (littér.). 🔊 [pʀɔfane].

**PROFÉRER, verbe trans. [8]**
Dire à voix haute. – Prononcer avec force : Proférer des menaces. 🔊 [pʀɔfeʀe].

**PROFESSER, verbe trans. [3]**
Déclarer en public. – Enseigner (souv. empl. intrans.). 🔊 [pʀɔfese].

**PROFESSEUR, subst. m.**
Personne qui enseigne une matière, une discipline. 🔊 [pʀɔfesœʀ].

**PROFESSION, subst. f.**
Déclaration publique : Une profession de foi. – Activité dont on tire ses revenus, métier. 🔊 [pʀɔfesjɔ̃].

**PROFESSIONNEL, ELLE, adj. et subst.**
Adj. Relatif à une profession. – Qui n'est pas amateur. – Subst. Personne dont l'activité est rétribuée. – Personne dont l'expérience fait autorité : Un professionnel de la finance. 🔊 [pʀɔfesjɔnɛl].

**PROFESSORAT, subst. m.**
Fonction de professeur. 🔊 [pʀɔfesɔʀa].

**PROFIL, subst. m.**
Visage vu de côté. – Silhouette latérale de qqch. – Configuration générale de qqch. – Caractère ou parcours professionnel de qqn, le rendant apte à exercer une activité. 🔊 [pʀɔfil].

**PROFILER (SE), verbe pronom. [3]**
Se détacher en silhouette, montrer ses contours. – S'annoncer. 🔊 [pʀɔfile].

**PROFIT, subst. m.**
Avantage financier retiré d'une vente, d'un placement. – Bénéfice moral, intellectuel. 🕮 [pʀɔfi].

**PROFITABLE, adj.**
Dont on tire avantage ; utile. 🕮 [pʀɔfitabl].

**PROFITER, verbe trans. indir.** [3]
Profiter *de* : tirer un bénéfice de ; utiliser avantageusement. – Profiter *à* : être utile, procurer un profit à. 🕮 [pʀɔfite].

**PROFITEROLE, subst. f.**
Chou garni de glace à la vanille et arrosé de chocolat chaud. 🕮 [pʀɔfitʀɔl].

**PROFITEUR, EUSE, subst.**
Personne qui réalise des profits aux dépens d'autrui. 🕮 [pʀɔfitœʀ, -øz].

**PROFOND, ONDE, adj.**
Dont le fond est bas, par rapport au bord, à la surface. – Qui s'enfonce, pénètre loin. – Très intense. – *Un esprit* profond : aigu, pénétrant. 🕮 [pʀɔfɔ̃, -ɔ̃d].

**PROFONDÉMENT, adv.**
À une grande profondeur. – Extrêmement. 🕮 [pʀɔfɔ̃demɑ̃].

**PROFONDEUR, subst. f.**
Caractère de ce qui est profond. – Dimension d'une chose, mesurée de haut en bas ou du bord à son point le plus éloigné. – Intensité. – Acuité, ampleur de l'esprit, des sentiments. 🕮 [pʀɔfɔ̃dœʀ].

**PROFUSION, subst. f.**
Grande quantité. 🕮 [pʀɔfyzjɔ̃].

**PROGÉNITURE, subst. f.**
Les enfants, les êtres engendrés par un humain ou un animal. 🕮 [pʀɔʒenityʀ].

**PROGRAMMATION, subst. f.**
Action de programmer. 🕮 [pʀɔgʀamasjɔ̃].

**PROGRAMME, subst. m.**
Ce qu'il est prévu d'étudier au cours d'un cycle scolaire. – Liste des émissions de télévision, des spectacles à venir ; descriptif d'une représentation. – Déclaration des intentions d'un candidat, d'un parti. – Projet structuré. – Ensemble d'instructions en langage informatique permettant à un ordinateur d'exécuter une tâche. 🕮 [pʀɔgʀam].

**PROGRAMMER, verbe trans.** [3]
Inclure dans un programme de cinéma, de théâtre, etc. – Déterminer les tâches de (un ordinateur). – Prévoir. 🕮 [pʀɔgʀame].

**PROGRÈS, subst. m.**
Fait de gagner du terrain, de se développer. – Amélioration, perfectionnement. – Évolution de l'humanité, considérée dans ses aspects positifs. 🕮 [pʀɔgʀɛ].

**PROGRESSER, verbe intrans.** [3]
Avancer. – Se propager, s'étendre. – Améliorer ses connaissances, ses performances. – Se rapprocher d'un idéal. 🕮 [pʀɔgʀese].

**PROGRESSIF, IVE, adj.**
Qui progresse, se développe. – Qui évolue par degrés, peu à peu. 🕮 [pʀɔgʀesif, -iv].

**PROGRESSION, subst. f.**
Action, fait de progresser. 🕮 [pʀɔgʀesjɔ̃].

**PROGRESSISTE, adj. et subst.**
Qui est partisan de profondes réformes, sociales notamment. 🕮 [pʀɔgʀesist].

**PROHIBÉ, ÉE, adj.**
Qui est interdit par la loi. 🕮 [pʀɔibe].

**PROHIBITIF, IVE, adj.**
Qui interdit. – *Prix* prohibitifs : si élevés qu'ils dissuadent l'acheteur. 🕮 [pʀɔibitif, -iv].

**PROHIBITION, subst. f.**
Défense légale. – Période (entre 1919 et 1933) où les États-Unis interdirent l'alcool. 🕮 [pʀɔibisjɔ̃].

**PROIE, subst. f.**
Être vivant capturé pour être dévoré : *Oiseau de* proie, qui tue tous les animaux dont il se nourrit. – Ce dont on s'empare par la force. – *En* proie *à* : tourmenté par. 🕮 [pʀwa].

**PROJECTEUR, subst. m.**
Appareil orientable qui émet une lumière intense. – Appareil qui sert à projeter des images sur un écran. 🕮 [pʀɔʒɛktœʀ].

**PROJECTILE, subst. m.**
Corps lancé pour atteindre une cible ; balle, obus. 🕮 [pʀɔʒɛktil].

**PROJECTION, subst. f.**
Action de lancer, de jeter ; ce qui est projeté : *Des* projections *de graisse*. – Action de projeter des images sur un écran ; ces images. – Représentation d'un volume sur une surface plane. 🕮 [pʀɔʒɛksjɔ̃].

**PROJET, subst. m.**
Ce qu'on a l'intention de faire. – Ébauche, travail préparatoire. 🕮 [pʀɔʒɛ].

**PROJETER, verbe trans.** [14]
Jeter avec force. – Faire apparaître sur un écran. – Projeter *de* : avoir comme dessein, comme projet de (+ inf.). 🕮 [pʀɔʒ(ə)te].

**PROLÉTAIRE, subst.**
Travailleur manuel qui n'a que son salaire, gén. modeste, pour vivre. 🕮 [pʀɔletɛʀ].

**PROLÉTARIAT, subst. m.**
Classe sociale formée par l'ensemble des prolétaires. 🕮 [pʀɔletaʀja].

**PROLIFÉRATION, subst. f.**
Fait de proliférer. 🕮 [pʀɔlifeʀasjɔ̃].

**PROLIFÉRER, verbe intrans.** [8]
Se reproduire, en parlant de cellules. – Fig. Se multiplier en grand nombre et en un temps bref. 🕮 [pʀɔlifeʀe].

**PROLIFIQUE, adj.**
Très fécond. – *Un écrivain* prolifique : à la production abondante. 🕮 [pʀɔlifik].

**PROLIXE**, adj.
Qui discourt trop longtemps. – *Style prolixe* : abondant ; délayé, verbeux. 📖 [pʀɔliks].

**PROLOGUE**, subst. m.
Introduction d'une œuvre. – Fig. Prélude.
📖 [pʀɔlɔg].

**PROLONGATION**, subst. f.
Accroissement d'une durée. – Temps ajouté au temps normal. 📖 [pʀɔlɔ̃gasjɔ̃].

**PROLONGEMENT**, subst. m.
Augmentation d'une longueur. – Fig. Suite, répercussion. 📖 [pʀɔlɔ̃ʒmɑ̃].

**PROLONGER**, verbe trans. [5]
Augmenter, accroître la durée ou la longueur de. 📖 [pʀɔlɔ̃ʒe].

**PROMENADE**, subst. f.
Action de se promener. – Espace aménagé pour se promener. 📖 [pʀɔm(ə)nad].

**PROMENER**, verbe trans. [10]
Faire sortir pour le plaisir. – *Envoyer promener* : repousser brutalement (fam.). – Fig. Déplacer : **Promener** *son regard sur la foule*. – Pronom. Se déplacer (gén. à pied) par plaisir. 📖 [pʀɔm(ə)ne].

**PROMENEUR, EUSE**, subst.
Celui qui se promène. 📖 [pʀɔm(ə)nœʀ, -øz].

**PROMESSE**, subst. f.
Action de promettre : *Tenir ses* **promesses**, les réaliser. – Ce qui donne des espérances (littér. et gén. au plur.) : *Situation pleine de* **promesses**. 📖 [pʀɔmɛs].

**PROMETTRE**, verbe trans. [60]
S'engager à faire, à donner. – Assurer, prédire. – Laisser espérer : *Ne* **promettre** *rien de bon*. – Pronom. Se jurer. 📖 [pʀɔmɛtʀ̥].

**PROMIS, ISE**, adj.
Qui a fait l'objet d'une promesse. – *Terre* **promise** : destinée par Dieu aux Hébreux. 📖 [pʀɔmi, -iz].

**PROMISCUITÉ**, subst. f.
Voisinage envahissant, qui nuit à l'intimité. 📖 [pʀɔmiskɥite].

**PROMONTOIRE**, subst. m.
Cap élevé s'avançant au-dessus de la mer. 📖 [pʀɔmɔ̃twaʀ].

**PROMOTEUR, TRICE**, subst.
Homme d'affaires qui finance des constructions immobilières. – Personne qui est à l'origine de qqch. : **Promoteur** *d'une cause humanitaire*. 📖 [pʀɔmɔtœʀ, -tʀis].

**PROMOTION**, subst. f.
Nomination de qqn à un emploi supérieur. – Ensemble de gens promus ensemble, ou admis la même année dans une grande école. – Développement des ventes par la publicité ou la baisse des prix : *Article en* **promotion**, proposé à un prix attractif. – Activité du promoteur. 📖 [pʀɔmosjɔ̃].

**PROMOUVOIR**, verbe trans. [49]
Nommer à un grade plus élevé. – Faire la promotion de. – Favoriser l'essor de : *Promouvoir une politique*. 📖 [pʀɔmuvwaʀ].

**PROMPT, PROMPTE**, adj.
Littér. Rapide ; vif : **Prompt** *à comprendre*. 📖 [pʀɔ̃(pt), pʀɔ̃(p)t].

**PROMPTITUDE**, subst. f.
Rapidité ; vivacité (littér.). 📖 [pʀɔ̃(p)tityd].

**PROMULGATION**, subst. f.
Action de promulguer. 📖 [pʀɔmylgasjɔ̃].

**PROMULGUER**, verbe trans. [3]
Publier officiellement. 📖 [pʀɔmylge].

**PRÔNER**, verbe trans. [3]
Prêcher, vanter : **Prôner** *une réconciliation, les vertus d'un produit*. 📖 [pʀone].

**PRONOM**, subst. m.
Ling. Mot qui représente dans une phrase un nom déjà cité. 📖 [pʀɔnɔ̃].

**PRONOMINAL, ALE, AUX**, adj.
Relatif au pronom. – *Verbe* **pronominal** : conjugué avec deux pronoms de la même personne (ex. : *Il se promène* ; *Nous nous enfuyons*). 📖 [pʀɔnɔminal].

**PRONONCER**, verbe trans. [4]
Articuler. – Dire, lire. – Rendre, déclarer : **Prononcer** *un arrêt*. – Pronom. Prendre une décision, donner un avis. 📖 [pʀɔnɔ̃se].

**PRONONCIATION**, subst. f.
Manière d'articuler, de prononcer les mots, les sons. 📖 [pʀɔnɔ̃sjasjɔ̃].

**PRONOSTIC**, subst. m.
Prévision, estimation. 📖 [pʀɔnɔstik].

**PRONOSTIQUER**, verbe trans. [3]
Prévoir, annoncer : **Pronostiquer** *la victoire d'un cheval*. 📖 [pʀɔnɔstike].

**PROPAGANDE**, subst. f.
Action psychologique exercée sur l'opinion pour l'amener à soutenir une politique : *La* **propagande** *nazie*. 📖 [pʀɔpagɑ̃d].

**PROPAGATION**, subst. f.
Extension, développement. – Phys. Déplacement d'énergie : **Propagation** *de la lumière*. 📖 [pʀɔpagasjɔ̃].

**PROPAGER**, verbe trans. [5]
Répandre partout. – Pronom. S'étendre : *L'incendie se* **propage**. 📖 [pʀɔpaʒe].

**PROPANE**, subst. m.
Gaz combustible. 📖 [pʀɔpan].

**PROPENSION**, subst. f.
Tendance, penchant (littér.) : **Propension** *à la médisance*. 📖 [pʀɔpɑ̃sjɔ̃].

**PROPHÈTE, ÉTESSE**, subst.
Personne qui prétend prédire l'avenir par inspiration divine : *Le* **Prophète**, Mahomet. 📖 [pʀɔfɛt, -etɛs].

**PROPHÉTIE**, subst. f.
Prédiction, oracle. 📖 [pʀɔfesi].

**PROPICE, adj.**
Favorable : *Lieu* **propice** *à la méditation* ; *Choisir le moment* **propice**. [propis].

**PROPORTION, subst. f.**
Rapport entre les parties d'un tout, ou entre plusieurs objets. – Plur. Dimensions, importance : *L'affaire a pris d'énormes* **proportions**. – *En* **proportion** *de* : par rapport à. [proporsjɔ̃].

**PROPORTIONNEL, ELLE, adj.**
Qui est en proportion : *Grandeurs* **proportionnelles**. – Empl. subst. fém. *Pol.* Type de scrutin où le nombre d'élus de chaque parti est fixé en proportion des suffrages obtenus. [proporsjɔnɛl].

**PROPORTIONNER, verbe trans.** [3]
Établir des rapports égaux entre (plusieurs choses). – *Bien* **proportionné** : harmonieux. [proporsjɔne].

**PROPOS, subst. m.**
Paroles échangées (gén. au plur.) : *Des* **propos** *aimables*. – But, intention (littér.). – *À* **propos** : opportunément ; au fait (fam.). – *À* **propos** *de* : au sujet de. – *À tout* **propos** : constamment. [propo].

**PROPOSER, verbe trans.** [3]
Offrir, présenter. – Pronom. Avoir l'intention (de). – S'offrir : *Se* **proposer** *pour un travail*. [propoze].

**PROPOSITION, subst. f.**
Action de proposer qqch. – *Ling.* Unité syntaxique comprenant gén. un verbe : *Une* **proposition** *subordonnée*. [propozisjɔ̃].

**PROPRE, adj. et subst. m.**
Adj. Net, exempt de saleté. – Honnête, moral. – Qui appartient spécifiquement (à). – Qui convient, approprié. – *Ling.* Nom **propre** : qui désigne une personne, un lieu unique ; *Sens* **propre** : sens premier (par oppos. à *sens figuré*). – Subst. Qualité particulière : *Le* **propre** *de l'homme*. – *En* **propre** : bien à soi. – *Mettre au* **propre** : recopier un brouillon. [propr].

**PROPRETÉ, subst. f.**
Qualité de ce qui est propre, net, sans souillure. [proprəte].

**PROPRIÉTAIRE, subst.**
Personne qui possède qqch. en propre. – Personne qui loue une maison, un appartement à un locataire. [proprijetɛr].

**PROPRIÉTÉ, subst. f.**
Droit de jouir d'un bien d'une manière exclusive. – Bien possédé ; domaine : *Une splendide* **propriété**. – Qualité propre à une chose. [proprijete].

**PROPULSER, verbe trans.** [3]
Faire avancer à grande vitesse ; projeter au loin : **Propulser** *une fusée*. [propylse].

**PROPULSION, subst. f.**
Action de propulser : *Une* **propulsion** *nucléaire*. [propylsjɔ̃].

**PRORATA, subst. m. inv.**
*Au* **prorata** *de* : proportionnellement à. [prorata].

**PROROGATION, subst. f.**
Action de proroger. [prorogasjɔ̃].

**PROROGER, verbe trans.** [5]
Reporter ; prolonger au-delà de la date fixée : **Proroger** *un délai*. [proroʒe].

**PROSAÏQUE, adj.**
Banal, terre à terre : *Un comportement* **prosaïque**. [prozaik].

**PROSCRIPTION, subst. f.**
Action de proscrire. [proskripsjɔ̃].

**PROSCRIRE, verbe trans.** [67]
Exiler. – Interdire, prohiber. [proskrir].

**PROSE, subst. f.**
Forme la plus courante du discours oral ou écrit, non versifiée. [proz].

**PROSÉLYTISME, subst. m.**
Zèle déployé pour convertir à une foi, à une doctrine. [prozelitism].

**PROSPECTER, verbe trans.** [3]
Étudier méthodiquement (un terrain) pour trouver des richesses naturelles. – Sillonner (une région) à la recherche d'une clientèle. [prospɛkte].

**PROSPECTION, subst. f.**
Action de prospecter. [prospɛksjɔ̃].

**PROSPECTIVE, subst. f.**
Ensemble de recherches ayant pour but de prévoir l'évolution des sociétés humaines. [prospɛktiv].

**PROSPECTUS, subst. m.**
Brochure publicitaire distribuée gratuitement. [prospɛktys].

**PROSPÈRE, adj.**
Qui connaît le succès, la réussite ; florissant : *Un commerce* **prospère**. [prospɛr].

**PROSPÉRER, verbe intrans.** [8]
Se développer favorablement, avoir du succès. – S'enrichir. [prospere].

**PROSPÉRITÉ, subst. f.**
État heureux dû à une bonne santé physique ou matérielle. – État d'abondance, de richesse. [prosperite].

**PROSTATE, subst. f.**
Glande de l'appareil génital masculin, qui se situe sous la vessie. [prostat].

**PROSTERNER (SE), verbe pronom.** [3]
S'incliner, se courber jusqu'à terre en signe de grand respect. [prosterne].

**PROSTITUÉ, ÉE, adj. et subst.**
Qui se livre à la prostitution. [prostitɥe].

**PROSTITUER, verbe trans.** [3]
Livrer à la prostitution. – Utiliser pour une cause indigne, pour de l'argent : **Prostituer**

*sa plume.* – Pronom. Faire commerce de son corps. 🔊 [pʀɔstitɥe].

**PROSTITUTION, subst. f.**
Pratique professionnelle qui consiste à satisfaire les besoins sexuels d'autrui contre de l'argent. 🔊 [pʀɔstitysjɔ̃].

**PROSTRÉ, ÉE, adj.**
Profondément abattu. 🔊 [pʀɔstʀe].

**PROTAGONISTE, subst.**
Personne qui joue un rôle capital dans une affaire, un récit. 🔊 [pʀɔtagɔnist].

**PROTECTEUR, TRICE, adj. et subst.**
Qui protège. – Adj. *Un ton* **protecteur** : supérieur et condescendant. 🔊 [pʀɔtɛktœʀ, -tʀis].

**PROTECTION, subst. f.**
Action de protéger. – Personne ou chose qui protège. – Ensemble de mesures prises pour protéger : **Protection** *sociale*. 🔊 [pʀɔtɛksjɔ̃].

**PROTECTIONNISME, subst. m.**
Politique économique qui vise à protéger un État de la concurrence étrangère (gén. par des mesures douanières). 🔊 [pʀɔtɛksjɔnism].

**PROTECTORAT, subst. m.**
Régime juridique selon lequel un État est placé sous la dépendance d'un autre État censé lui apporter sa protection. – L'État dépendant. 🔊 [pʀɔtɛktɔʀa].

**PROTÉGER, verbe trans. [5]**
Préserver de ce qui peut nuire ; mettre à l'abri, défendre. – Soutenir, appuyer (qqn). – Favoriser (qqch.). 🔊 [pʀɔteʒe].

**PROTÉINE, subst. f.**
Composé d'acides aminés présent dans les végétaux et dans l'organisme animal et humain. 🔊 [pʀɔtein].

**PROTESTANT, ANTE, adj. et subst.**
Qui appartient à l'une des religions réformées. 🔊 [pʀɔtɛstɑ̃, -ɑ̃t].

**PROTESTANTISME, subst. f.**
Ensemble des Églises chrétiennes séparées de Rome, issues de la Réforme (XVIᵉ s.). – Leurs doctrines. 🔊 [pʀɔtɛstɑ̃tism].

**PROTESTATAIRE, adj. et subst.**
Qui proteste. 🔊 [pʀɔtɛstatɛʀ].

**PROTESTATION, subst. f.**
Action de protester. 🔊 [pʀɔtɛstasjɔ̃].

**PROTESTER, verbe intrans. [3]**
Manifester avec force son opposition, son désaccord. – Empl. trans. indir. **Protester** *de* : affirmer, assurer avec force. 🔊 [pʀɔtɛste].

**PROTHÈSE, subst. f.**
Pièce, appareil destiné à remplacer tout ou partie d'un organe, d'un membre : *Une* **prothèse** *dentaire*. 🔊 [pʀɔtɛz].

**PROTOCOLAIRE, adj.**
Conforme au protocole ; qui s'y rapporte. – Cérémonieux. 🔊 [pʀɔtɔkɔlɛʀ].

**PROTOCOLE, subst. m.**
Ensemble des règles d'usage qui président au déroulement d'une cérémonie officielle. – Procès-verbal des résolutions d'une conférence, d'une assemblée. 🔊 [pʀɔtɔkɔl].

**PROTON, subst. m.**
*Phys.* Particule de charge positive composant, avec le neutron, le noyau atomique. 🔊 [pʀɔtɔ̃].

**PROTOTYPE, subst. m.**
Exemplaire, modèle destiné aux essais d'une machine ou d'un appareil qui sera ensuite produit en série. 🔊 [pʀɔtɔtip].

**PROTOZOAIRE, subst. m.**
Être vivant unicellulaire. – Plur. L'embranchement correspondant. 🔊 [pʀɔtɔzɔɛʀ].

**PROTUBÉRANCE, subst. f.**
Bosse qui se forme à la surface d'un corps ; renflement, excroissance. 🔊 [pʀɔtybeʀɑ̃s].

**PROUE, subst. f.**
Avant d'un navire. 🔊 [pʀu].

**PROUESSE, subst. f.**
Action remarquable, exploit. 🔊 [pʀuɛs].

**PROUVER, verbe trans. [3]**
Établir la vérité, la réalité de (qqch.), au moyen d'arguments incontestables, de preuves matérielles. – Démontrer, révéler, être le signe de. 🔊 [pʀuve].

**PROVENANCE, subst. f.**
Endroit d'où provient qqch. – Origine : *La* **provenance** *d'un vin*. 🔊 [pʀɔv(ə)nɑ̃s].

**PROVENIR, verbe intrans. [22]**
Venir, tirer son origine (de). 🔊 [pʀɔv(ə)niʀ].

**PROVERBE, subst. m.**
Brève formule imagée, issue de la sagesse populaire. 🔊 [pʀɔvɛʀb].

**PROVERBIAL, ALE, AUX, adj.**
Qui tient du proverbe. – Connu de tous, notoire. 🔊 [pʀɔvɛʀbjal].

**PROVIDENCE, subst. f.**
Puissance, sagesse divine qui régit le monde. – *La* **Providence** : Dieu, gouvernant le monde. – Secours exceptionnel, inespéré. 🔊 [pʀɔvidɑ̃s].

**PROVIDENTIEL, IELLE, adj.**
Qui tient de la Providence. – Qui arrive de façon opportune, par un heureux hasard. 🔊 [pʀɔvidɑ̃sjɛl].

**PROVINCE, subst. f.**
Division territoriale d'un État. – Contrée d'un pays. – La France, à l'exclusion de Paris et de sa banlieue. 🔊 [pʀɔvɛ̃s].

**PROVINCIAL, ALE, AUX, adj. et subst.**
Qui appartient à la province. 🔊 [pʀɔvɛ̃sjal].

**PROVISEUR, subst. m.**
Directeur d'un lycée. 🔊 [pʀɔvizœʀ].

**PROVISION, subst. f.**
Réserve de choses qu'on utilisera au fur et à mesure des besoins. – Somme déposée pour couvrir des paiements à venir, ou comme acompte. – Plur. Vivres. 🕮 [pʀɔvizjɔ̃].

**PROVISIONNEL, ELLE, adj.**
Qui constitue une provision sur une somme à payer ultérieurement. 🕮 [pʀɔvizjɔnɛl].

**PROVISOIRE, adj.**
En attente d'une solution définitive ; temporaire, passager. 🕮 [pʀɔvizwaʀ].

**PROVOCANT, ANTE, adj.**
Qui provoque ; agressif. – Qui aguiche, qui excite sexuellement. 🕮 [pʀɔvɔkã, -ãt].

**PROVOCATION, subst. f.**
Action de provoquer. – Propos ou acte provocant. 🕮 [pʀɔvɔkasjɔ̃].

**PROVOQUER, verbe trans. [3]**
Exciter, défier qqn pour le pousser à réagir violemment. – Pousser (qqn) à faire qqch. – Aguicher. – Être cause de. 🕮 [pʀɔvɔke].

**PROXÉNÈTE, subst.**
Individu qui tire ses gains de la prostitution d'autrui. 🕮 [pʀɔksenɛt].

**PROXIMITÉ, subst. f.**
Fait d'être proche, dans l'espace ou le temps. – *À proximité de* : près de. 🕮 [pʀɔksimite].

**PRUDE, adj. et subst.**
D'une pudeur excessive. 🕮 [pʀyd].

**PRUDENCE, subst. f.**
Attitude qui consiste à agir avec précaution pour éviter toute erreur, tout désagrément ou danger inutiles. 🕮 [pʀydãs].

**PRUDENT, ENTE, adj.**
Qui fait preuve de prudence. 🕮 [pʀydã, -ãt].

**PRUNE, subst. f.**
Fruit comestible du prunier. – Empl. adj. inv. Violet foncé. 🕮 [pʀyn].

**PRUNEAU, subst. m.**
Prune séchée. 🕮 [pʀyno].

**PRUNELLE, subst. f.**
Petit fruit bleu-noir du prunellier, à saveur âcre. – Pupille de l'œil. 🕮 [pʀynɛl].

**PRURIT, subst. m.**
Démangeaison. 🕮 [pʀyʀit].

**PSALMODIER, verbe [6]**
Intrans. Chanter des psaumes. – Trans. Réciter avec monotonie. 🕮 [psalmɔdje].

**PSAUME, subst. m.**
Poème ou chant bibliques. 🕮 [psom].

**PSEUDONYME, subst. m.**
Nom d'emprunt sous lequel une personne, notamment un écrivain ou un artiste, choisit d'être connue du public. 🕮 [psødɔnim].

**PSORIASIS, subst. m.**
Maladie chronique de la peau, caractérisée par des plaques rouges qui sèchent et pèlent. 🕮 [psɔʀjazis].

**PSYCHANALYSE, subst. f.**
Méthode de connaissance des phénomènes psychiques profonds. – Thérapie fondée sur cette méthode. 🕮 [psikanaliz].

**PSYCHANALYSTE, subst.**
Praticien de la psychanalyse. 🕮 [psikanalist].

**PSYCHÉ, subst. f.**
Grand miroir inclinable. 🕮 [psiʃe].

**PSYCHIATRE, subst.**
Spécialiste de la psychiatrie. 🕮 [psikjatʀ].

**PSYCHIATRIE, subst. f.**
Branche de la médecine consacrée aux maladies mentales. 🕮 [psikjatʀi].

**PSYCHIQUE, adj.**
Qui concerne la vie mentale, l'activité de l'esprit. 🕮 [psiʃik].

**PSYCHISME, subst. m.**
Ensemble des réalités psychiques. 🕮 [psiʃism].

**PSYCHOLOGIE, subst. f.**
Étude scientifique des phénomènes psychiques. – Aptitude à comprendre autrui, à prévoir son comportement. – Mentalité, manière de penser. 🕮 [psikɔlɔʒi].

**PSYCHOLOGUE, adj. et subst.**
Qui est spécialiste en psychologie. – Qui est apte à comprendre autrui. 🕮 [psikɔlɔg].

**PSYCHOPATHE, subst.**
Malade mental. 🕮 [psikɔpat].

**PSYCHOSE, subst. f.**
Affection psychique caractérisée par une déstructuration grave de la personnalité. – État d'angoisse, de panique collective. 🕮 [psikoz].

**PSYCHOSOMATIQUE, adj.**
Se dit d'un trouble organique d'origine psychique. 🕮 [psikosɔmatik].

**PSYCHOTHÉRAPIE, subst. f.**
Thérapie qui fait appel à l'action psychique, souv. sous la forme d'entretiens avec le patient. 🕮 [psikoteʀapi].

**PUANT, PUANTE, adj.**
Qui pue. – Prétentieux, odieux, hautain (fam.). 🕮 [pɥã, pɥãt].

**PUANTEUR, subst. f.**
Odeur nauséabonde, infecte. 🕮 [pɥãtœʀ].

**PUBÈRE, adj.**
Qui a atteint l'âge de la puberté. 🕮 [pybɛʀ].

**PUBERTÉ, subst. f.**
Passage de l'enfance à l'adolescence. – Ensemble des transformations physiologiques et psychologiques qui marquent cette période. 🕮 [pybɛʀte].

**PUBIS, subst. m.**
Région triangulaire du bas-ventre, limitée par les plis de l'aine. 🕮 [pybis].

**PUBLIC, IQUE, adj. et subst. m.**
Adj. Qui concerne la population. – Qui relève de l'État, de son administration (oppos. *privé*) : *Secteur public.* – Pour tous.

– Connu de tous. – Subst. La population en général. – Ensemble de personnes concernées par une œuvre littéraire ou artistique, par un média ; personnes assistant à un spectacle. ✂ [pyblik].

**PUBLICATION, subst. f.**
Action de publier. – Écrit publié, paru. ✂ [pyblikasjɔ̃].

**PUBLICITAIRE, adj. et subst.**
Adj. Qui a trait à la publicité. – Subst. Professionnel de la publicité. ✂ [pyblisitɛʀ].

**PUBLICITÉ, subst. f.**
Caractère de ce qui est public : **Publicité** *des débats*. – Activité commerciale visant à faire connaître au public des produits mis en vente. – Annonce, encart de presse, affiche, film conçus à cet effet. ✂ [pyblisite].

**PUBLIER, verbe trans.** [6]
Rendre public, divulguer, souv. par voie de presse. – Faire paraître en librairie, éditer : **Publier** *un roman, une thèse*. ✂ [pyblije].

**PUCE, subst. f.**
Insecte sauteur parasite de l'homme ou de certains animaux. – Plaquette de matériau semi-conducteur, servant de support à un microprocesseur : *Carte à* **puce**. – *Marché aux* **puces** (ou *les* **puces**) : marché d'objets d'occasion. ✂ [pys].

**PUCEAU, ELLE, subst.**
Jeune homme vierge, jeune fille vierge (fam.). ✂ [pyso, -ɛl].

**PUCELAGE, subst. m.**
Virginité (fam.). ✂ [pys(ə)laʒ].

**PUCERON, subst. m.**
Petit insecte prolifique, parasite des végétaux, par ex. du pommier. ✂ [pys(ə)ʀɔ̃].

**PUDEUR, subst. f.**
Sentiment de gêne, de retenue devant ce qui peut offenser la décence, en partic. dans le domaine sexuel. – Délicatesse, discrétion. ✂ [pydœʀ].

**PUDIBOND, ONDE, adj.**
Qui est pudique à l'excès. ✂ [pydibɔ̃, -ɔ̃d].

**PUDIQUE, adj.**
Qui manifeste de la pudeur. ✂ [pydik].

**PUER, verbe** [3]
Intrans. Sentir très mauvais, empester. – Trans. Répandre la désagréable odeur de : **Puer** *l'alcool*. ✂ [pɥe].

**PUÉRICULTURE, subst. f.**
Ensemble des méthodes et des pratiques destinées à assurer le développement des tout-petits. ✂ [pɥeʀikyltyʀ].

**PUÉRIL, ILE, adj.**
Enfantin, indigne d'un adulte. ✂ [pɥeʀil].

**PUGILAT, subst. m.**
Combat à coups de poing. ✂ [pyʒila].

**PUGNACITÉ, subst. f.**
Combativité (littér.). ✂ [pygnasite].

**PUÎNÉ, ÉE, adj. et subst.**
Cadet (vieilli). ✂ [pɥine].

**PUIS, adv.**
Après cela, ensuite. – Plus loin. – *Et* **puis** : d'ailleurs, en outre, de plus. ✂ [pɥi].

**PUISATIER, subst. m.**
Ouvrier qui fore des puits. ✂ [pɥizatje].

**PUISER, verbe trans.** [3]
Prendre, prélever (un liquide) au moyen d'un récipient. – Fig. Prélever, emprunter ; empl. abs : **Puiser** *dans ses économies, ses réserves*. ✂ [pɥize].

**PUISQUE, conj.**
Comme, attendu que, du moment que : **Puisque** *vous le dites, c'est vrai*. – Parce que : *Je pars,* **puisqu'**il se fait tard. ✂ Élision devant il(s), elle(s), on, en, un(e) ; [pɥisk(ə)].

**PUISSANCE, subst. f.**
Pouvoir, autorité. – État souverain. – Force qui peut agir, énergie. – *Math.* **Puissance** *d'un nombre* : produit de plusieurs facteurs égaux à ce nombre. – *Phys.* Quantité d'énergie fournie ou consommée par unité de temps. ✂ [pɥisɑ̃s].

**PUISSANT, ANTE, adj.**
Qui a beaucoup de pouvoir, d'influence. – Qui est fort, actif, vigoureux ; qui produit de grands effets. – Empl. subst. *Les* **puissants** : ceux qui détiennent le pouvoir, la richesse ou l'influence. ✂ [pɥisɑ̃, -ɑ̃t].

**PUITS, subst. m.**
Trou vertical creusé dans le sol, permettant de puiser l'eau des nappes souterraines. – Excavation creusée dans le sol en vue de l'exploitation d'un gisement de pétrole, de charbon, etc. ✂ [pɥi].

**PULL-OVER, subst. m.**
Tricot que l'on enfile par la tête (abrév. *pull*). ✂ Plur. *pull-overs* ; [pylɔvɛʀ].

**PULLULER, verbe intrans.** [3]
Exister en grand nombre, abonder. – Se multiplier, proliférer. ✂ [pylyle].

**PULMONAIRE, adj.**
Qui a trait au poumon. ✂ [pylmɔnɛʀ].

**PULPE, subst. f.**
Chair d'un fruit. – Extrémité charnue d'un doigt. – Tissu sensible du fond de la cavité dentaire. ✂ [pylp].

**PULSATION, subst. f.**
Battement du cœur, des artères. – *Phys.* Forme d'onde courte. ✂ [pylsasjɔ̃].

**PULSION, subst. f.**
Impulsion. – *Psychan.* Tendance profonde, en gén. inconsciente, qui pousse le sujet à accomplir certains actes. ✂ [pylsjɔ̃].

**PULVÉRISATEUR, subst. m.**
Instrument servant à projeter de fines gouttelettes, une poudre. ✂ [pylveʀizatœʀ].

**PULVÉRISER, verbe trans.** [3]
Réduire en poudre, en très fines particules.
– Projeter en fines gouttelettes. – Fig.
Détruire, réduire à néant. – **Pulvériser** *un*
*record* : le battre largement. 🔊 [pylveʀize].

**PUMA, subst. m.**
Grand félin d'Amérique, à robe fauve, qui
vit dans les arbres. 🔊 [pyma].

**PUNAISE, subst. f.**
Insecte parasite à corps aplati, à l'odeur
repoussante quand on l'écrase. – Petit
clou à tête plate, qu'on enfonce à la main.
🔊 [pynɛz].

**PUNIR, verbe trans.** [19]
Infliger une peine à, châtier. – Sanctionner
(une faute, un délit) par une punition :
**Punir** *un méfait.* 🔊 [pyniʀ].

**PUNITION, subst. f.**
Action de punir. – Châtiment, sanction
que l'on inflige à celui qu'on punit.
🔊 [pynisjɔ̃].

**PUPILLE (I), subst.**
Orphelin mineur placé sous la tutelle d'un
particulier ou de l'État. 🔊 [pypij].

**PUPILLE (II), subst. f.**
Orifice situé au centre de l'iris de l'œil.
🔊 [pypij].

**PUPITRE, subst. m.**
Meuble à plan incliné permettant de lire,
d'écrire aisément. – Tableau de commande
et de contrôle. 🔊 [pypitʀ].

**PUR, PURE, adj.**
Qui est sans mélange. – Qui est
exclusivement tel : *C'est de la* **pure**
*méchanceté.* – Qui n'est pas pollué. – Qui
est sans défaut moral, sans tache ; chaste.
– Simple et harmonieux : *Un style* **pur.**
🔊 [pyʀ].

**PURÉE, subst. f.**
Plat de légumes bouillis et écrasés : **Purée**
*de pommes de terre.* 🔊 [pyʀe].

**PURETÉ, subst. f.**
Qualité de ce qui est pur. 🔊 [pyʀte].

**PURGATOIRE, subst. m.**
*Relig.* Antichambre du paradis. – Fig.
Période, lieu d'épreuve. 🔊 [pyʀgatwaʀ].

**PURGE, subst. f.**
Action de purger. – Médication utilisée
pour purger. – Élimination autoritaire d'opposants politiques ; épuration.
🔊 [pyʀ3].

**PURGER, verbe trans.** [5]
Traiter qqn pour évacuer le contenu de son
intestin. – Vider (un contenant) de son
liquide ou de certains résidus ; vidanger.
– Délivrer, débarrasser d'un mal ou d'individus malfaisants. – **Purger** *une peine de*
*prison* : la subir. 🔊 [pyʀ3e].

**PURIFICATION, subst. f.**
Action de purifier : **Purification** *de l'eau.*
– Cérémonie au cours de laquelle on se
purifie. 🔊 [pyʀifikasjɔ̃].

**PURIFIER, verbe trans.** [6]
Rendre pur ou plus pur. 🔊 [pyʀifje].

**PURIN, subst. m.**
Engrais liquide issu du fumier. 🔊 [pyʀɛ̃].

**PURISME, subst. m.**
Souci, parfois excessif, de pureté dans
le langage, dans les arts, dans une
discipline : *Le purisme du grammairien.*
🔊 [pyʀism].

**PURITAIN, AINE, adj. et subst.**
Membre d'une secte protestante d'origine
anglaise. – Qui affiche une morale très
rigoureuse. 🔊 [pyʀitɛ̃, -ɛn].

**PUR-SANG, subst. m. inv.**
Cheval de course issu d'une race créée au
XVIIIᵉ s. à partir de juments anglaises et
d'étalons arabes. 🔊 [pyʀsɑ̃].

**PURULENT, ENTE, adj.**
Qui renferme ou produit du pus : *Plaie*
**purulente.** 🔊 [pyʀylɑ̃, -ɑ̃t].

**PUS, subst. m.**
Liquide jaunâtre porteur de microbes, qui
se forme lors d'une infection. 🔊 [py].

**PUSILLANIME, adj.**
Qui manque de courage, d'audace ; timoré.
🔊 [pyzil(l)anim].

**PUSTULE, subst. f.**
Petite lésion purulente qui apparaît sur la
peau. 🔊 [pystyl].

**PUTATIF, IVE, adj.**
*Dr.* Qu'on suppose légitime ; présomptif :
*Père, enfant* **putatifs.** 🔊 [pytatif, -iv].

**PUTOIS, subst. m.**
Petit mammifère carnivore à fourrure
brune et à odeur repoussante. 🔊 [pytwa].

**PUTRÉFACTION, subst. f.**
Décomposition de matières organiques ;
pourriture. 🔊 [pytʀefaksjɔ̃].

**PUTRÉFIER, verbe trans.** [6]
Faire tomber en putréfaction. – Pronom.
Pourrir. 🔊 [pytʀefje].

**PUTRESCIBLE, adj.**
Qui peut se putréfier. 🔊 [pytʀesibl].

**PUTSCH, subst. m.**
Coup d'État organisé par un groupe armé.
🔊 [putʃ].

**PUZZLE, subst. m.**
Jeu de patience consistant à réunir des
fragments pour reconstituer une image.
🔊 [pœz(œ)l].

**PYGMÉE, subst.**
Individu de très petite taille, d'une race
d'Afrique ou d'Indonésie. – Personne de
très petite taille. 🔊 [pigme].

**PYJAMA,** subst. m.
Vêtement de nuit, composé d'une veste et d'un pantalon légers. 🕮 [piʒama].

**PYLÔNE,** subst. m.
Tour de métal ou de béton qui soutient des lignes électriques ou des câbles de pont suspendu. 🕮 [pilon].

**PYRAMIDE,** subst. f.
Monument à base quadrangulaire et à quatre faces triangulaires se rejoignant au sommet, servant de tombeau aux pharaons d'Égypte. – Construction de même forme, parfois à degrés. – Représentation graphique évoquant une **pyramide** : **Pyramide** *des âges*. 🕮 [piʀamid].

**PYREX,** subst. m.
Verre résistant au feu. 🕮 N. déposé ; [piʀɛks].

**PYROGRAVURE,** subst. f.
Gravure sur bois, sur cuir, etc., obtenue à l'aide d'une pointe chauffée au rouge. 🕮 [piʀɔɡʀavyʀ].

**PYROMANE,** subst.
Maniaque allumeur d'incendies ; incendiaire. 🕮 [piʀɔman].

**PYROTECHNIE,** subst. f.
Science des explosifs. – Technique des feux d'artifice. 🕮 [piʀɔtɛkni].

**PYTHON,** subst. m.
Grand serpent d'Asie ou d'Afrique, non venimeux, qui étouffe ses proies. 🕮 [pitɔ̃].

# Q

**Q, q,** subst. m. inv.
Dix-septième lettre et treizième consonne de l'alphabet français. 🕮 [ky].

**Q.I.,** subst. m. inv.
Sigle pour « quotient intellectuel », rapport entre l'âge mental, évalué par des tests, et l'âge réel, multiplié par 100. 🕮 [kyi].

**QUADRAGÉNAIRE,** adj. et subst.
Se dit d'une personne âgée de 40 à 49 ans. 🕮 [k(w)adʀaʒenɛʀ].

**QUADRATURE,** subst. f.
*Géom.* Construction d'un carré à partir d'une figure quelconque de même surface. – Fig. **Quadrature** *du cercle* : problème sans solution. 🕮 [k(w)adʀatyʀ].

**QUADRILATÈRE,** subst. m.
Figure géométrique à 4 angles et à 4 côtés. 🕮 [k(w)adʀilatɛʀ].

**QUADRILLAGE,** subst. m.
Division d'une surface en carrés juxtaposés ; ensemble des lignes opérant cette division. – Contrôle serré, méthodique d'un territoire par la police ou l'armée. 🕮 [kadʀijaʒ].

**QUADRILLE,** subst. m.
Danse d'autrefois, exécutée par quatre couples de danseurs. – Ces couples. 🕮 [kadʀij].

**QUADRILLER,** verbe trans. [3]
Diviser en carrés. – Contrôler par un quadrillage policier ou militaire. 🕮 [kadʀije].

**QUADRUPÈDE,** adj. et subst.
Se dit de tout mammifère terrestre qui marche sur quatre pattes. 🕮 [k(w)adʀypɛd].

**QUADRUPLER,** verbe [3]
Trans. Multiplier par 4. – Intrans. Se multiplier par 4. 🕮 [k(w)adʀyple].

**QUADRUPLÉS, ÉES,** subst. plur.
Les quatre enfants nés d'une même grossesse. 🕮 [k(w)adʀyple].

**QUAI,** subst. m.
Ouvrage de maçonnerie permettant l'accostage des bateaux. – Voie carrossable bordant un cours d'eau. – Plate-forme longeant une voie ferrée, dans une gare. 🕮 [ke].

**QUALIFICATIF, IVE,** adj. et subst. m.
Se dit d'un mot qui exprime une qualité, qui qualifie qqn, qqch. : *Adjectif* **qualificatif**. – Adj. *Sp. Épreuve* **qualificative** : qui permet de concourir ou de se maintenir dans une compétition. 🕮 [kalifikatif, -iv].

**QUALIFICATION,** subst. f.
Action de qualifier ; son résultat. – Aptitude requise, professionnelle ou sportive. – Fait de se qualifier. 🕮 [kalifikasjɔ̃].

**QUALIFIÉ, ÉE,** adj.
*Ouvrier* **qualifié** : compétent dans un domaine professionnel. – *Vol* **qualifié** : avec circonstances aggravantes. 🕮 [kalifje].

**QUALIFIER,** verbe trans. [6]
Nommer, désigner comme. – Rendre qualifié, donner qualité à : *Son diplôme le qualifie.* – Sp. Autoriser (un concurrent, une équipe, un cheval) à participer à une épreuve. – Pronom. Remporter une épreuve qualificative. 🕮 [kalifje].

**QUALITATIF, IVE,** adj.
Qui concerne la qualité, la nature de qqch. (oppos. *quantitatif*). 🕮 [kalitatif, -iv].

**QUALITÉ,** subst. f.
Manière d'être ; ensemble des propriétés permettant d'évaluer qqch. – Degré supérieur : *Un article de* **qualité**. – Mérite, vertu (oppos. *défaut*). – Condition sociale, civile, juridique. – Loc. prép. *En* **qualité** *de* : à titre de. 🕮 [kalite].

**QUAND,** adv. et conj.
Adv. interr. À quel moment, à quelle époque : **Quand** *pars-tu ?* – Conj. Au moment où : *Je partirai* **quand** *je serai prêt.* – Exprime une opposition : *Il travaille mal,* **quand** *il est si intelligent !,* alors qu'il est si intelligent. – Loc. adv. **Quand** *même* : pourtant (fam.). 🕮 [kɑ̃] ; conj. [kɑ̃t] devant une voyelle.

**QUANT À,** loc. prép.
En ce qui concerne. 🕮 [kɑ̃ta].

**QUANT-À-SOI,** subst. m. inv.
Réserve, attitude distante. 🕮 [kɑ̃taswa].

**QUANTIFIER,** verbe trans. [6]
Déterminer la quantité de. 🕮 [kɑ̃tifje].

**QUANTITATIF, IVE,** adj.
Qui concerne la quantité de qqch. (oppos. *qualitatif*). 🕮 [kɑ̃titatif, -iv].

**QUANTITÉ,** subst. f.
Mesure en nombre d'unités, en poids ou en volume déterminant une partie d'un tout. – **Quantité** *de* : beaucoup de. – *En* **quantité** : en abondance. 🕮 [kɑ̃tite].

**QUARANTAINE,** subst. f.
Isolement imposé par un éventuel risque de contagion. 🕮 [kaʀɑ̃tɛn].

**QUARANTE,** adj. num. inv. et subst. m. inv.
Adj. Quatre fois dix. – Quarantième : *Page* 40. – Subst. Le nombre **quarante**, le numéro 40. 🕮 [kaʀɑ̃t].

**QUART, subst. m.**
Chacune des parties d'un tout divisé en quatre parts égales. – Service de garde sur un navire : *Être de* **quart**. – Bouteille ou gobelet d'un **quart** de litre. 🔊 [kaʀ].

**QUARTETTE, subst. m.**
Groupe de jazz composé de quatre musiciens. 🔊 [k(w)aʀtɛt].

**QUARTIER, subst. m.**
Quatrième partie d'un tout. – Morceau : **Quartier** *de viande, d'orange.* – Chacune des quatre phases de la Lune. – Division, partie d'une ville ; les gens qui y habitent. – *Milit.* Cantonnement ; **Quartier** *général* (Q.G.) : poste de commandement. 🔊 [kaʀtje].

**QUART-MONDE, subst. m.**
Dans un pays riche, couche la plus défavorisée de la population. – Ensemble des pays les plus pauvres du tiers-monde. 🔊 Plur. *quarts-mondes* : [kaʀmɔ̃d].

**QUARTZ, subst. m.**
Silice cristallisée, gén. incolore, utilisée notamment en optique et en horlogerie. 🔊 [kwaʀts].

**QUASI, adv.**
Presque, à peu près : **Quasi** *terminé* ; *La* **quasi**-*totalité.* 🔊 Se lie au subst. par un trait d'union ; [kazi].

**QUATERNAIRE, adj. et subst. m.**
Se dit de la plus récente des ères géologiques, qui comprend la période actuelle et au cours de laquelle est apparu l'homme. 🔊 [kwatɛʀnɛʀ].

**QUATORZE, adj. num. inv. et subst. m. inv.**
Adj. Dix plus quatre. – Quatorzième : *Louis XIV.* – Subst. Le nombre **quatorze**, le numéro **14**. 🔊 [katɔʀz].

**QUATRAIN, subst. m.**
Strophe de quatre vers. 🔊 [katʀɛ̃].

**QUATRE, adj. num. inv. et subst. m. inv.**
Adj. Deux fois deux. – Quatrième. – Subst. Le nombre **quatre**, le numéro **4**. 🔊 [katʀ].

**QUATRE-QUARTS, subst. m. inv.**
Gâteau composé de beurre, de farine, de sucre et d'œufs, à poids égal. 🔊 [kat(ʀə)kaʀ].

**QUATRE-QUATRE, subst. m. inv.**
Véhicule tout terrain à quatre roues motrices. 🔊 [kat(ʀə)katʀ].

**QUATRE-VINGT-DIX, adj. num. inv. et subst. m. inv.**
Adj. Neuf dizaines. – Quatre-vingt-dixième. – Subst. Le nombre **quatre-vingt-dix**, le numéro **90**. 🔊 [katʀəvɛ̃dis].

**QUATRE-VINGT(S), adj. num. et subst. m.**
Adj. Quatre fois vingt : **Quatre-vingts** *ans.* – Quatre-vingtième : *Les années* **quatre-vingt**. – Subst. Le nombre **quatre-vingts**,

le numéro **80**. 🔊 S'écrit sans s quand il est suivi d'un autre numéral et en tant qu'ordinal ; [katʀəvɛ̃].

**QUATUOR, subst. m.**
Morceau de musique pour quatre voix ou quatre instruments. – Groupe de quatre musiciens ou chanteurs. 🔊 [kwatyɔʀ].

**QUE, pron., adv. et conj.**
Pron. rel. Reprend, comme compl. ou attribut, un antécédent exprimé (qqn ou qqch.) : *L'homme* **que** *j'ai vu.* – Pron. interr. Quelle chose : **Que** *faire ?* – Conj. Relie une principale et une subordonnée, ou introduit une deuxième subordonnée : *Je suppose* **que** *vous viendrez.* – S'emploie en corrélation avec « tel », « même », « plus » : *Un exploit tel* **que** *le sien.* – Sert à former une locution conjonctive avec un adverbe : *Afin* **que** ; *Avant* **que**. – Exprime un souhait, un ordre : **Qu**'*il vienne.* – *Ne ...* **que** : seulement. – Adv. exclam. Combien : **Qu**'*il est grand,* **qu**'*il est fort !* 🔊 [kə].

**QUEL, QUELLE, adj.**
Adj. interr. Se rapporte à la nature de ce dont il est question : **Quel** *temps fait-il ?* – Adj. exclam. **Quelle** *horreur !* – Adj. rel. (+ subj.). De quelque nature que : **Quel** *qu'en soit le prix.* 🔊 [kɛl].

**QUELCONQUE, adj.**
Adj. indéf. Quel qu'il soit, n'importe lequel. – Adj. qualificatif. De qualité médiocre ; banal. 🔊 [kɛlkɔ̃k].

**QUELQUE, adj. indéf. et adv.**
Adj. Devant un nom au singulier : *Je veux* **quelque** *chose,* une chose indéterminée. – Devant un nom au pluriel : *J'ai lu* **quelques** *livres,* un petit nombre de livres. – Adv. **Quelque**... *que* marque la concession (littér.) : **Quelque** *belle qu'elle soit,* si belle soit-elle. – Environ : **Quelque** *vingt personnes.* 🔊 L'e de l'adj. ne s'élide que devant « un » et « une » ; [kɛlk(ə)].

**QUELQUEFOIS, adv.**
Certaines fois, parfois. 🔊 [kɛlkəfwa].

**QUELQU'UN, 'UNE, QUELQUES-UNS, -UNES, pron. indéf.**
Une personne : *C'est* **quelqu'un** *d'intelligent* ; **Quelqu'un** *est venu.* – Un, parmi d'autres : **Quelqu'une** *de vos amies.* – Personne importante : *Se prendre pour* **quelqu'un**. – Plur. Un certain nombre : *J'ai connu* **quelques-uns** *de ces grands musiciens.* 🔊 [kɛlkœ̃, -yn], plur. [kɛlkəzœ̃, -yn].

**QUÉMANDER, verbe [3]**
Demander humblement mais avec insistance. 🔊 [kemɑ̃de].

**QU'EN-DIRA-T-ON, subst. m. inv.**
L'opinion d'autrui. 🔊 [kɑ̃diʀatɔ̃].

**QUENELLE, subst. f.**
Rouleau fait d'un hachis de viande ou de poisson, de farine et d'œuf. 🔊 [kənɛl].

**QUENOTTE**, subst. f.
Dent d'un enfant (fam.). 🔊 [kənɔt].

**QUENOUILLE**, subst. f.
Tige au bout de laquelle on enroulait le textile destiné au filage. 🔊 [kənuj].

**QUERELLE**, subst. f.
Violent désaccord, conflit. 🔊 [kəʀɛl].

**QUERELLER**, verbe trans. [3]
Adresser des reproches à. – Pronom. Se disputer. 🔊 [kəʀele].

**QUÉRIR**, verbe trans. [33]
Chercher (littér.). 🔊 Utilisé gén. à l'inf., après « aller », « venir », « envoyer », « faire » ; [keʀiʀ].

**QUESTION**, subst. f.
Demande, interrogation faite à qqn : *Poser une* question. – Point de discussion, problème : *Examiner à fond une* question. – *Il est* question *de* : il s'agit de. – *La chose en* question : dont il s'agit. 🔊 [kɛstjɔ̃].

**QUESTIONNAIRE**, subst. m.
Liste de questions posées selon des critères précis. 🔊 [kɛstjɔnɛʀ].

**QUESTIONNER**, verbe trans. [3]
Soumettre à des questions. 🔊 [kɛstjɔne].

**QUÊTE**, subst. f.
Recherche : *En* quête *d'idées*. – Action de demander, de recueillir des dons. 🔊 [kɛt].

**QUÊTER**, verbe [3]
Intrans. Faire la quête. – Trans. Demander humblement, solliciter. 🔊 [kete].

**QUETSCHE**, subst. f.
Grosse prune violette, oblongue. 🔊 [kwɛtʃ].

**QUEUE**, subst. f.
Appendice qui prolonge la colonne vertébrale de certains animaux : *La* queue *du chien*. – Extrémité postérieure du corps de certains animaux : Queue *d'un oiseau, d'un serpent*. – Ce qui prolonge qqch. : *La* queue *d'une poêle*. – File de personnes qui attendent leur tour : *Faire la* queue. 🔊 [kø].

**QUI**, pron.
Pron. rel. Reprend, comme sujet ou compl., un antécédent exprimé (qqn ou qqch.) : *C'est le vent* qui *souffle* ; *L'homme à* qui *j'ai parlé*. – Quiconque : Qui *vivra verra*. – Pron. interr. Quelle personne : Qui *va là* ? 🔊 [ki].

**QUICHE**, subst. f.
Tarte salée garnie de lardons, d'œufs battus et de crème. 🔊 [kiʃ].

**QUICONQUE**, pron.
Pron. indéf. N'importe qui : *Il est plus fort que* quiconque. – Pron. rel. Quelle que soit la personne qui : Quiconque *enfreindra la loi sera puni*. 🔊 [kikɔ̃k].

**QUIÉTUDE**, subst. f.
Paix de l'âme. – Calme (littér.). 🔊 [kjetyd].

**QUIGNON**, subst. m.
Extrémité croustillante d'un pain. 🔊 [kiɲɔ̃].

**QUILLE (I)**, subst. f.
*Jeux*. Cylindre de bois que l'on tente de renverser en lançant une boule. 🔊 [kij].

**QUILLE (II)**, subst. f.
Pièce longitudinale sur laquelle repose la charpente de la carène d'un bateau. 🔊 [kij].

**QUINCAILLERIE**, subst. f.
Ensemble de petits ustensiles ménagers, d'outils en métal. – Magasin où l'on vend ces objets. 🔊 [kɛ̃kajʀi].

**QUINCAILLIER, IÈRE**, subst.
Marchand de quincaillerie. 🔊 [kɛ̃kaje, -jɛʀ].

**QUINCONCE**, subst. m.
*Objets en* quinconce : groupés par 5, dont 4 en carré et le 5ᵉ au centre. 🔊 [kɛ̃kɔ̃s].

**QUININE**, subst. f.
Substance extraite du quinquina, qui sert de remède contre le paludisme. 🔊 [kinin].

**QUINQUAGÉNAIRE**, adj. et subst.
Qui est âgé de 50 à 59 ans. 🔊 [kɛ̃kaʒenɛʀ].

**QUINQUENNAL, ALE, AUX**, adj.
Qui dure cinq ans. – Qui a lieu tous les cinq ans. 🔊 [kɛ̃kenal].

**QUINQUINA**, subst. m.
Arbre à l'écorce amère dont on tire la quinine. – Apéritif amer que l'on fait avec cette écorce. 🔊 [kɛ̃kina].

**QUINTE**, subst. f.
Accès de toux. – *Jeux*. Suite de cinq cartes de même couleur. – *Mus*. Intervalle de cinq degrés dans une gamme. 🔊 [kɛ̃t].

**QUINTESSENCE**, subst. f.
L'essentiel, le meilleur de qqch. 🔊 [kɛ̃tesɑ̃s].

**QUINTETTE**, subst. m.
Morceau de musique pour cinq voix ou cinq instruments. – Groupe de cinq musiciens ou chanteurs. 🔊 [k(ɥ)ɛ̃tɛt].

**QUINTUPLER**, verbe [3]
Trans. Multiplier par 5. – Intrans. Se multiplier par 5. 🔊 [kɛ̃typle].

**QUINTUPLÉS, ÉES**, subst. plur.
Les cinq enfants nés d'une même grossesse. 🔊 [kɛ̃typle].

**QUINZAINE**, subst. f.
Deux semaines. 🔊 [kɛ̃zɛn].

**QUINZE**, adj. num. inv. et subst. m. inv.
Adj. Dix plus cinq. – Quinzième : *Louis* XV. – Subst. Le nombre quinze, le numéro **15**. – Équipe de **15** joueurs, au rugby. 🔊 [kɛ̃z].

**QUIPROQUO**, subst. m.
Méprise, malentendu. 🔊 [kiproko].

**QUITTANCE**, subst. f.
Document attestant le paiement d'un dû : Quittance *de loyer*. 🔊 [kitɑ̃s].

**QUITTE**, adj.
Libéré d'une dette, d'un devoir moral. – Loc. prép. Quitte *à* (+ inf.) : au risque de. 🔊 [kit].

**QUITTER,** verbe trans. [3]
Se séparer de (qqn). – Laisser, abandonner (un lieu, une activité, etc.). – Enlever (un vêtement). 🔊 [kite].

**QUI-VIVE,** subst. m. inv.
*Sur le* **qui-vive** : sur ses gardes. 🔊 [kiviv].

**QUOI,** pron.
Pron. interr. Quelle chose : *De quoi ris-tu ?* – Pron. rel. Reprend un antécédent exprimé (chose ou idée) : *Il y a de quoi s'inquiéter.* – **Quoi** *que* : quelle que soit la chose que. – **Quoi** *qu'il en soit* : de toute façon. 🔊 [kwa].

**QUOIQUE,** conj.
Bien que, en dépit du fait que. 🔊 Ne s'élide que devant « il », « elle », « ils », « elles », « un », « une », « on » : [kwak(ə)].

**QUOLIBET,** subst. m.
Raillerie, plaisanterie. 🔊 [kɔlibɛ].

**QUORUM,** subst. m.
Nombre minimal de membres présents nécessaire pour qu'une assemblée puisse délibérer. 🔊 [k(w)ɔrɔm].

**QUOTA,** subst. m.
Pourcentage, contingent fixé. 🔊 [k(w)ɔta].

**QUOTE-PART,** subst. f.
Dans un groupe, partie d'une somme que chacun doit payer ou recevoir. 🔊 Plur. *quotes-parts* ; [kɔtpaʀ].

**QUOTIDIEN, IENNE,** adj. et subst. m.
Adj. De chaque jour. – Subst. Vie de tous les jours. – Publication qui paraît chaque jour. 🔊 [kɔtidjɛ̃, -jɛn].

**QUOTIENT,** subst. m.
*Math.* Résultat d'une division. 🔊 [kɔsjɑ̃].

# R

**R, r**, subst. m. inv.
Dix-huitième lettre de l'alphabet français et la quatorzième des consonnes. 🔊 [ɛʀ].

**RABÂCHER**, verbe [3]
Répéter sans cesse. 🔊 [ʀabaʃe].

**RABAIS**, subst. m.
Réduction de prix, remise. 🔊 [ʀabɛ].

**RABAISSER**, verbe trans. [3]
Replacer plus bas. – Fig. Réduire, minimiser. – Déprécier, avilir. 🔊 [ʀabese].

**RABAT**, subst. m.
Partie d'un objet, d'un vêtement, que l'on peut rabattre : *Poche à* rabat. 🔊 [ʀaba].

**RABAT-JOIE**, adj. inv. et subst. inv.
Qui contrarie la joie des autres par son humeur négative. 🔊 [ʀabaʒwa].

**RABATTRE**, verbe trans. [61]
Faire retomber ; replier. – Décompter, déduire. – **Rabattre** *des mailles* : arrêter un tricot. – Rabattre *du gibier* : faire en sorte qu'il coure vers les chasseurs. – Empl. intrans. *En* rabattre : réduire ses prétentions (fam.). – Pronom. Se ranger sur la bonne file après avoir doublé. – Fig. *Se* rabattre *sur* : adopter faute de mieux. 🔊 [ʀabatʀ].

**RABBIN**, subst. m.
Chef religieux et ministre du culte d'une communauté israélite. 🔊 [ʀabɛ̃].

**RÂBLE**, subst. m.
Bas du dos d'un lièvre, d'un lapin. 🔊 [ʀɑbl].

**RÂBLÉ, ÉE**, adj.
Trapu et vigoureux. 🔊 [ʀɑble].

**RABOT**, subst. m.
Outil de menuisier muni d'un fer tranchant réglable, permettant de raboter. 🔊 [ʀabo].

**RABOTER**, verbe trans. [3]
Amincir, aplanir (du bois ou du métal) avec un rabot. 🔊 [ʀabɔte].

**RABOUGRI, IE**, adj.
Mal développé, chétif. 🔊 [ʀabugʀi].

**RABROUER**, verbe trans. [3]
Rudoyer ; accueillir durement, sèchement (qqn). 🔊 [ʀabʀue].

**RACAILLE**, subst. f.
Rebut de la société, canaille. 🔊 [ʀakɑj].

**RACCOMMODER**, verbe trans. [3]
Réparer (surtout du linge, des vêtements). – Fig. Réconcilier (fam.). 🔊 [ʀakɔmɔde].

**RACCOMPAGNER**, verbe trans. [3]
Reconduire (qqn qui part). 🔊 [ʀakɔ̃paɲe].

**RACCORD**, subst. m.
Assemblage, jonction de deux éléments. – Pièce utilisée à cet effet. 🔊 [ʀakɔʀ].

**RACCORDEMENT**, subst. m.
Action de raccorder ; son résultat. – *Ch. de fer.* Voie de raccordement : courte voie qui relie deux lignes. 🔊 [ʀakɔʀdəmɑ̃].

**RACCORDER**, verbe trans. [3]
Réunir (deux éléments). – Servir de jonction à. 🔊 [ʀakɔʀde].

**RACCOURCI**, subst. m.
Chemin plus court. – Fig. Forme concise ; abrégé, résumé. 🔊 [ʀakuʀsi].

**RACCOURCIR**, verbe [19]
Rendre ou devenir plus court. 🔊 [ʀakuʀsiʀ].

**RACCROCHER**, verbe trans. [3]
Accrocher de nouveau. – Empl. abs. Reposer le combiné du téléphone. – Abandonner une activité (fam.). 🔊 [ʀakʀɔʃe].

**RACE**, subst. f.
Subdivision de l'espèce humaine : *Les* **races** *jaune, noire et blanche.* – Subdivision d'une espèce animale : *Chat persan pure* race. – Lignée, origine. – Catégorie de personnes : *La* race *des vainqueurs.* 🔊 [ʀas].

**RACÉ, ÉE**, adj.
De pure race. – Fin, distingué. 🔊 [ʀase].

**RACHAT**, subst. m.
Action de racheter : **Rachat** *d'une maison de famille.* – Fig. Pardon, rédemption. 🔊 [ʀaʃa].

**RACHETER**, verbe trans. [13]
Acheter de nouveau ; acheter (ce qu'on a vendu). – Fig. Compenser ; sauver du péché. – Pronom. Réparer ses fautes. 🔊 [ʀaʃ(ə)te].

**RACHITIQUE**, adj.
Qui souffre d'une carence en vitamine D, qui affecte la croissance du squelette. – Chétif. 🔊 [ʀaʃitik].

**RACIAL, ALE, AUX**, adj.
Qui concerne la race. 🔊 [ʀasjal].

**RACINE**, subst. f.
Partie souterraine de la plante par laquelle elle se fixe au sol et se nourrit. – Base, origine. – Fig. Lien profond d'appartenance (gén. au plur.). – Portion d'un organe, implantée dans un tissu : **Racine** *d'une dent.* – *Ling.* Élément irréductible commun à tous les dérivés d'un mot. – *Math.* **Racine** *carrée, cubique d'un nombre* : dont le carré, le cube est égal à ce nombre. 🔊 [ʀasin].

**RACISME**, subst. m.
Théorie qui affirme la supériorité d'une race sur les autres. – Comportement hostile à l'égard des autres races. 🔊 [ʀasism].

**RACKET**, subst. m.
Extorsion des biens d'autrui par la violence ou le chantage. 🔊 [ʀakɛt].

**RACLÉE**, subst. f.
Fam. Correction, volée de coups. – Défaite sévère. 🔊 [ʀɑkle].

**RACLER**, verbe trans. [3]
Gratter, frotter. – **Racler** *les fonds de tiroirs* : réunir ses dernières économies. 🔊 [ʀɑkle].

**RACLETTE**, subst. f.
Instrument à lame caoutchoutée utilisé pour nettoyer sols ou vitres. – Plat à base de fromage fondu ; ce fromage. 🔊 [ʀɑklɛt].

**RACOLER**, verbe trans. [3]
Attirer de manière peu honnête. 🔊 [ʀakɔle].

**RACONTAR**, subst. m.
Ragot, commérage, médisance. 🔊 [ʀakɔ̃taʀ].

**RACONTER**, verbe trans. [3]
Faire le récit de, narrer. – Dire. 🔊 [ʀakɔ̃te].

**RACORNIR**, verbe trans. [19]
Rendre sec et ratatiné. 🔊 [ʀakɔʀniʀ].

**RADAR**, subst. m.
Appareil qui détecte les objets par réflexion (écho) d'ondes radioélectriques. 🔊 [ʀadaʀ].

**RADE**, subst. f.
Grand bassin naturel s'ouvrant sur la mer, où les navires viennent mouiller. – *En* rade : en panne (fam.). 🔊 [ʀad].

**RADEAU**, subst. m.
Embarcation de fortune, plate, formée d'un assemblage de bois. 🔊 [ʀado].

**RADIANT, ANTE**, adj.
Qui émet des radiations. 🔊 [ʀadjɑ̃, -ɑ̃t].

**RADIATEUR**, subst. m.
Appareil de chauffage. – Dispositif servant à refroidir un moteur. 🔊 [ʀadjatœʀ].

**RADIATION**, subst. f.
*Phys.* Émission de particules. – Énergie propagée sous forme d'ondes. 🔊 [ʀadjasjɔ̃].

**RADICAL, ALE, AUX**, adj. et subst.
Adj. Qui a trait à l'essence des êtres ou des choses ; fondamental : *Un changement* radical. – Décisif, énergique ; intransigeant. – Adj. et subst. *Pol.* Adepte du radicalisme. – Subst. masc. *Chim.* Groupement d'atomes dans une molécule, qui peut être isolé. – *Ling.* Forme concrète de la racine d'un mot. 🔊 [ʀadikal].

**RADICALISER**, verbe trans. [3]
Rendre radical, intransigeant. 🔊 [ʀadikalize].

**RADICALISME**, subst. m.
Doctrine républicaine, libérale et laïque. – Intransigeance absolue. 🔊 [ʀadikalism].

**RADIER**, verbe trans. [6]
Effacer, rayer d'une liste. 🔊 [ʀadje].

**RADIESTHÉSIE**, subst. f.
Détection de corps fondée sur les radiations qu'ils émettent. 🔊 [ʀadjɛstezi].

**RADIEUX, IEUSE**, adj.
Éblouissant de lumière. – Fig. Rayonnant de joie, épanoui. 🔊 [ʀadjø, -jøz].

**RADIN, INE**, adj. et subst.
Avare (fam.). 🔊 Au fém., l'adj. peut rester inv. en genre ; [ʀadɛ̃, -in].

**RADIO**, subst. f.
Abrév. de « radiodiffusion », de « radiographie » ou de « radioscopie ». – Station émettrice de radiodiffusion. – Poste récepteur. 🔊 [ʀadjo].

**RADIOACTIF, IVE**, adj.
Doué de radioactivité. 🔊 [ʀadjoaktif, -iv].

**RADIOACTIVITÉ**, subst. f.
Propriété qu'ont certains corps de se désintégrer en émettant des radiations par suite de la modification de leur noyau atomique. 🔊 [ʀadjoaktivite].

**RADIODIFFUSION**, subst. f.
Émission et transmission de sons par ondes hertziennes. 🔊 [ʀadjodifyzjɔ̃].

**RADIOGRAPHIE**, subst. f.
Examen de la structure interne du corps par rayons X. – Le cliché obtenu. 🔊 [ʀadjɔgʀafi].

**RADIOLOGIE**, subst. f.
Application médicale des rayons X et d'autres radiations. 🔊 [ʀadjɔlɔʒi].

**RADIOPHONIQUE**, adj.
Relatif à la transmission des sons par ondes radioélectriques. 🔊 [ʀadjɔfɔnik].

**RADIOSCOPIE**, subst. f.
Examen de l'image que forment sur écran fluorescent un organe ou un objet exposés aux rayons X. 🔊 [ʀadjɔskɔpi].

**RADIS**, subst. m.
Petite plante potagère dont on mange crue la racine, à saveur piquante. 🔊 [ʀadi].

**RADIUS**, subst. m.
L'os le plus externe de l'avant-bras, qui tourne autour du cubitus. 🔊 [ʀadjys].

**RADOTER**, verbe intrans. [3]
Tenir des propos séniles. – Répéter sans cesse la même chose, rabâcher. 🔊 [ʀadɔte].

**RADOUB**, subst. m.
Réparation d'une coque de navire. 🔊 [ʀadu].

**RADOUCIR**, verbe trans. [19]
Rendre plus doux, calmer. – Pronom. *Le temps se radoucit.* 🔊 [ʀadusiʀ].

**RAFALE**, subst. f.
Coup de vent brutal. – Série rapprochée de coups tirés par une arme automatique : **Rafale** *de mitraillette.* 🔊 [ʀafal].

**RAFFERMIR**, verbe trans. [19]
Rendre plus dur, plus ferme. – Fig. Stabiliser, consolider, renforcer. 🔊 [ʀafɛʀmiʀ].

**RAFFINAGE**, subst. m.
Action de raffiner un produit. 🕮 [Rafinaʒ].

**RAFFINÉ, ÉE**, adj.
Qui a fait l'objet d'un raffinage. – Qui montre ou qui dénote du raffinement; distingué, délicat. 🕮 [Rafine].

**RAFFINEMENT**, subst. m.
Caractère raffiné, subtil. 🕮 [Rafinmã].

**RAFFINER**, verbe trans. [3]
Rendre plus pur (un produit brut). – Fig. Rendre plus fin, plus élégant. 🕮 [Rafine].

**RAFFINERIE**, subst. f.
Usine de raffinage. 🕮 [Rafinʀi].

**RAFFOLER**, verbe trans. indir. [3]
Aimer vivement, sans retenue : **Raffoler** *de cinéma, de chocolat, de Vivaldi*. 🕮 [Rafole].

**RAFFUT**, subst. m.
Tapage, tintamarre (fam.). 🕮 [Rafy].

**RAFIOT**, subst. m.
Mauvais bateau (fam.). 🕮 [Rafjo].

**RAFISTOLER**, verbe trans. [3]
Réparer de façon grossière ou provisoire, retaper (fam.). 🕮 [Rafistole].

**RAFLE**, subst. f.
Action de rafler. – Descente de police, arrestation massive de gens. 🕮 [Rafl].

**RAFLER**, verbe trans. [3]
Emporter rapidement (tout ce que l'on peut prendre) (fam.). 🕮 [Rafle].

**RAFRAÎCHIR**, verbe [19]
Trans. Rendre frais ou plus frais. – Remettre à neuf : *Rafraîchir sa maison*. – *Rafraîchir la mémoire de qqn* : lui rappeler ce qu'il a oublié, ou préfère oublier (fam.). – Intrans. Devenir plus frais : *Le temps* **rafraîchit**. – Pronom. Se désaltérer. 🕮 [Rafreʃiʀ].

**RAFRAÎCHISSEMENT**, subst. m.
Refroidissement atmosphérique. – Boisson qui rafraîchit. – Fig. Action de rafraîchir ; coup de neuf. 🕮 [Rafreʃismã].

**RAGAILLARDIR**, verbe trans. [19]
Revigorer, réconforter. 🕮 [Ragajaʀdiʀ].

**RAGE**, subst. f.
Fureur intense. – Passion, désir frénétique. – Maladie virale mortelle, transmise à l'homme par la morsure d'animaux contaminés. – **Rage** *de dents* : mal de dents intense. – *Faire* **rage** : se déchaîner. 🕮 [Raʒ].

**RAGER**, verbe intrans. [5]
Être très en colère (fam.). 🕮 [Raʒe].

**RAGEUR, EUSE**, adj.
Qui exprime la rage. 🕮 [Raʒœʀ, -øz].

**RAGOT**, subst. m.
Médisance (fam.). 🕮 [Rago].

**RAGOÛT**, subst. m.
Plat de viande et de légumes cuits en sauce. 🕮 [Ragu].

**RAGOÛTANT, ANTE**, adj.
Appétissant (empl. gén. négatif) : *Une viande peu* **ragoûtante**. 🕮 [Ragutã, -ãt].

**RAI**, subst. m.
Rayon (de lumière, de roue, etc.). 🕮 [Rɛ].

**RAID**, subst. m.
Incursion éclair chez l'ennemi. – Attaque aérienne. – Épreuve d'endurance. 🕮 [Rɛd].

**RAIDE**, adj. et adv.
Adj. Rigide, qui ne plie pas. – Pentu, abrupt : *Gravir une côte* **raide**. – Fam. Sans argent. – Difficilement acceptable. – Adv. Tout d'un coup : *Tomber* **raide**. 🕮 [Rɛd].

**RAIDEUR**, subst. f.
Caractère de ce qui est raide. 🕮 [Rɛdœʀ].

**RAIDILLON**, subst. m.
Petit chemin ou sentier escarpé. 🕮 [Redijõ].

**RAIDIR**, verbe trans. [19]
Rendre raide ou tendu. 🕮 [RediR].

**RAIE (I)**, subst. f.
Sillon d'un champ. – Marque de séparation des cheveux. – Bande décorative, rayure : *Chemisiers à* **raies**. 🕮 [Rɛ].

**RAIE (II)**, subst. f.
Poisson plat cartilagineux. 🕮 [Rɛ].

**RAIL**, subst. m.
Chacune des barres d'acier parallèles formant une voie ferrée. – *Le* **rail** : transport par chemin de fer. – Barre métallique sur laquelle coulisse une pièce mobile. 🕮 [Raj].

**RAILLER**, verbe trans. [3]
Ridiculiser, se moquer de. 🕮 [Raje].

**RAILLERIE**, subst. f.
Moquerie, ironie. 🕮 [Rajʀi].

**RAINETTE**, subst. f.
Petite grenouille arboricole. 🕮 [Rɛnɛt].

**RAINURE**, subst. f.
Entaille en longueur. 🕮 [RenyR].

**RAISIN**, subst. m.
Fruit de la vigne, constitué de petites baies en grappe, dont on fait le vin. 🕮 [Rezɛ̃].

**RAISON**, subst. f.
Faculté humaine de penser, de juger. – État normal de santé mentale, lucidité : *Perdre la* **raison**. – Origine, motif ; argument. – *Avoir* **raison** : être dans le vrai ; *Se faire une* **raison** : se résigner. – *Plus que de* **raison** : excessivement. 🕮 [Rezõ].

**RAISONNABLE**, adj.
Doué de raison. – Sensé, sage. – *Un prix* **raisonnable** : acceptable. 🕮 [Rezɔnabl].

**RAISONNEMENT**, subst. m.
Faculté de raisonner. – Suite d'opérations intellectuelles menant à une conclusion. 🕮 [Rezɔnmã].

**RAISONNER**, verbe [3]
Intrans. User de sa raison pour juger, évaluer, démontrer. – Discuter, argumenter. – Trans. Tenter d'amener (qqn) à la raison : **Raisonner** *un enfant*. 🕮 [Rezone].

**RAJEUNIR,** verbe [19]
Trans. Faire paraître plus jeune ; faire retrouver la jeunesse à. – Donner un âge moindre à. – Moderniser, rénover. – Intrans. Redevenir jeune. 🕮 [ʀaʒœniʀ].

**RAJOUTER,** verbe trans. [3]
Ajouter encore. – *En* rajouter : exagérer (fam.). 🕮 [ʀaʒute].

**RAJUSTER,** verbe trans. [3]
Remettre (qqch.) à la bonne place, en ordre. – Rectifier. 🕮 [ʀaʒyste].

**RÂLE,** subst. m.
Respiration rauque des malades agonisants. – Bruit anormal perçu à l'auscultation des poumons. 🕮 [ʀɑl].

**RALENTIR,** verbe [19]
Rendre ou devenir plus lent ; empl. subst. : *Au* ralenti, à un rythme réduit. 🕮 [ʀalɑ̃tiʀ].

**RALENTISSEMENT,** subst. m.
Diminution de vitesse. – Baisse d'activité : **Ralentissement** *des affaires.* 🕮 [ʀalɑ̃tismɑ̃].

**RÂLER,** verbe intrans. [3]
Respirer en émettant des râles. – Émettre son cri, pour le cerf ou le tigre. – Se plaindre avec mauvaise humeur (fam.). 🕮 [ʀɑle].

**RALLIEMENT,** subst. m.
Regroupement de personnes. – *Signe de* **ralliement** : de reconnaissance. – Adhésion à une cause, à un groupe. 🕮 [ʀalimɑ̃].

**RALLIER,** verbe trans. [6]
Regrouper (des gens dispersés). – Gagner à sa cause. – Rejoindre ; atteindre. 🕮 [ʀalje].

**RALLONGE,** subst. f.
Pièce que l'on ajoute à une autre afin d'en augmenter la longueur. – Supplément financier (fam.). 🕮 [ʀalɔ̃ʒ].

**RALLONGER,** verbe [5]
Allonger ou devenir plus long. 🕮 [ʀalɔ̃ʒe].

**RALLUMER,** verbe trans. [3]
Allumer de nouveau. – Fig. Réveiller, raviver : **Rallumer** *l'espoir.* 🕮 [ʀalyme].

**RALLYE,** subst. m.
Compétition dans laquelle on doit rallier un lieu après différentes épreuves. 🕮 [ʀali].

**R.A.M.,** subst. f. inv.
*Informat.* Mémoire vive (*random access memory*). 🕮 [ʀam].

**RAMADAN,** subst. m.
Mois durant lequel les musulmans jeûnent du lever au coucher du soleil. 🕮 [ʀamadɑ̃].

**RAMAGE,** subst. m.
Chant des oiseaux. – Plur. Motif ornemental de rameaux, de fleurs. 🕮 [ʀamaʒ].

**RAMASSER,** verbe trans. [3]
Rassembler ; tenir serré. – Prendre par terre. – Collecter. – Fig. Condenser. – Pronom. Fam. Tomber. – Échouer. 🕮 [ʀamase].

**RAMASSIS,** subst. m.
Ensemble de gens ou d'objets sans valeur (péj.). 🕮 [ʀamasi].

**RAMBARDE,** subst. f.
Balustrade d'un navire. – Rampe métallique, garde-fou. 🕮 [ʀɑ̃baʀd].

**RAME (I),** subst. f.
Barre de bois à l'extrémité aplatie, servant à propulser une embarcation. 🕮 [ʀam].

**RAME (II),** subst. f.
File de wagons : *Une* rame *de métro.* – Lot de 500 feuilles de papier. 🕮 [ʀam].

**RAMEAU,** subst. m.
Petite branche d'arbre. 🕮 [ʀamo].

**RAMENER,** verbe trans. [10]
Amener de nouveau ; reconduire : *On le* ramena *chez lui.* – Faire revenir (à un état, à un niveau de départ). 🕮 [ʀam(ə)ne].

**RAMEQUIN,** subst. m.
Petit récipient allant au four. 🕮 [ʀamkɛ̃].

**RAMER,** verbe intrans. [3]
Manœuvrer les rames. – Fig. Se donner beaucoup de peine (fam.). 🕮 [ʀame].

**RAMEUTER,** verbe trans. [3]
Rassembler en meute. – Réunir, regrouper en vue d'une action. 🕮 [ʀamøte].

**RAMI,** subst. m.
Jeu de cartes. 🕮 [ʀami].

**RAMIER,** subst. m.
Gros pigeon sauvage. 🕮 [ʀamje].

**RAMIFICATION,** subst. f.
Division en branches, en rameaux : **Ramification** *de l'arbre, du nerf.* 🕮 [ʀamifikasjɔ̃].

**RAMIFIER (SE),** verbe pronom. [6]
Former des ramifications. – Se subdiviser. 🕮 [ʀamifje].

**RAMOLLIR,** verbe trans. [19]
Rendre mou. – Fig. Rendre moins déterminé : **Ramollir** *son ardeur.* 🕮 [ʀamɔliʀ].

**RAMONER,** verbe trans. [3]
Racler (un conduit de cheminée) pour en enlever la suie. 🕮 [ʀamɔne].

**RAMPE,** subst. f.
Plan incliné : **Rampe** *de lancement d'une fusée.* – Balustrade d'escalier. – Rangée de projecteurs. 🕮 [ʀɑ̃p].

**RAMPER,** verbe intrans. [3]
Progresser par mouvements d'ondulation. – Avancer sur le ventre. – Fig. Se conduire avec servilité. 🕮 [ʀɑ̃pe].

**RAMURE,** subst. f.
Ensemble des branchages, des rameaux d'un arbre. – Bois d'un cervidé. 🕮 [ʀamyʀ].

**RANCE,** adj. et subst. m.
Se dit de l'odeur forte et du goût âcre qu'un corps gras prend avec le temps. 🕮 [ʀɑ̃s].

**RANCH,** subst. m.
Grande exploitation d'élevage, aux États-Unis. 🕮 Plur. *ranch(e)s* ; [ʀɑ̃tʃ].

**RANCŒUR**, subst. f.
Amertume, ressentiment dû à une déception, à une injustice. 🕮 [ʀɑ̃kœʀ].

**RANÇON**, subst. f.
Somme exigée pour libérer un captif. – Fig.
Contrepartie d'un avantage. 🕮 [ʀɑ̃sɔ̃].

**RANÇONNER**, verbe trans. [3]
Forcer (qqn) à remettre son argent, ses
objets de valeur. 🕮 [ʀɑ̃sɔne].

**RANCUNE**, subst. f.
Ressentiment vif et tenace. 🕮 [ʀɑ̃kyn].

**RANCUNIER, IÈRE**, adj. et subst.
Qui est enclin à la rancune. 🕮 [ʀɑ̃kynje,
-jɛʀ].

**RANDONNÉE**, subst. f.
Longue promenade. 🕮 [ʀɑ̃dɔne].

**RANG**, subst. m.
Alignement de front ; ensemble de choses,
de personnes juxtaposées. – Position, numéro d'ordre dans une hiérarchie. 🕮 [ʀɑ̃].

**RANGÉE**, subst. f.
Alignement, rang, ligne. 🕮 [ʀɑ̃ʒe].

**RANGEMENT**, subst. m.
Action, manière de ranger. 🕮 [ʀɑ̃ʒmɑ̃].

**RANGER**, verbe trans. [5]
Aligner, mettre en rang. – Classer selon un
ordre. – Situer, mettre au nombre de.
– Mettre en ordre. – Garer. – Pronom.
Devenir plus sage. – *Se* **ranger** *du côté de* :
se rallier à ; *Se* **ranger** *à l'avis de* : adopter
l'avis de. 🕮 [ʀɑ̃ʒe].

**RANIMER**, verbe trans. [3]
Faire reprendre conscience à. – Fig. Réveiller (une ardeur) ; raviver. 🕮 [ʀanime].

**RAPACE**, adj. et subst. m.
Se dit d'un oiseau carnivore et vorace, à
bec crochu et à fortes serres : **Rapaces**
*diurnes, nocturnes*. – Se dit d'une personne
âpre au gain, cupide. 🕮 [ʀapas].

**RAPATRIER**, verbe trans. [6]
Faire revenir dans son pays. 🕮 [ʀapatʀije].

**RÂPE**, subst. f.
Grosse lime. – Ustensile servant à réduire
les aliments en fines lamelles. 🕮 [ʀɑp].

**RÂPER**, verbe trans. [3]
Frotter contre une râpe. – User, détériorer
par frottement. 🕮 [ʀɑpe].

**RAPETISSER**, verbe [3]
Rendre ou devenir plus petit. 🕮 [ʀap(ə)tise].

**RÂPEUX, EUSE**, adj.
Rugueux. – Au goût âpre. 🕮 [ʀɑpø, -øz].

**RAPHIA**, subst. m.
Palmier à longues feuilles. – Fibre de ces
feuilles. 🕮 [ʀafja].

**RAPIDE**, adj. et subst. m.
Adj. Qui va vite : **Rapide** *comme l'éclair*.
– Qui agit vite. – Qui ne dure pas
longtemps. – Subst. Partie d'un cours d'eau
où le débit s'accélère. – Train qui ne dessert
que les gares très importantes. 🕮 [ʀapid].

**RAPIDITÉ**, subst. f.
Caractère de ce qui est rapide. 🕮 [ʀapidite].

**RAPIÉCER**, verbe trans. [4] et [8]
Réparer (un vêtement) en appliquant une
pièce de tissu. 🕮 [ʀapjese].

**RAPINE**, subst. f.
Action de prendre par la violence ; pillage,
vol. – Butin ainsi obtenu. 🕮 [ʀapin].

**RAPPEL**, subst. m.
Action de rappeler, de faire revenir qqn.
– Évocation, remise en mémoire. – Paiement d'une somme restant due : **Rappel**
*d'impôts*. – Nouvelle injection de vaccin.
– Technique de descente au moyen d'une
corde double, en alpinisme. 🕮 [ʀapɛl].

**RAPPELER**, verbe trans. [12]
Appeler de nouveau, faire revenir. – Faire
repenser à, remettre en mémoire. – Évoquer
par une ressemblance. – Pronom. Se
souvenir de : *Se* **rappeler** *les faits*.
🕮 [ʀap(ə)le].

**RAPPORT**, subst. m.
Profit, revenu. – Exposé ou compte rendu.
– Lien ; relation. – Loc. prép. *Par* **rapport**
*à* : relativement à. 🕮 [ʀapɔʀ].

**RAPPORTER**, verbe trans. [3]
Apporter de nouveau, rendre (ce que l'on
a emprunté). – Apporter avec soi en
revenant d'un lieu. – Relater, répéter ;
dénoncer. – Apporter comme profit ; empl.
abs., être rentable. – Pronom. *Se* **rapporter**
*à* : avoir trait à. 🕮 [ʀapɔʀte].

**RAPPORTEUR, EUSE**, subst.
Qui répète, dénonce. – Masc. Personne qui
présente un rapport officiel. – Demi-cercle
gradué servant à mesurer ou à dessiner des
angles. 🕮 [ʀapɔʀtœʀ, -øz].

**RAPPROCHER**, verbe trans. [3]
Mettre plus près, dans l'espace ou le temps.
– Fig. Réconcilier. – Comparer. 🕮 [ʀapʀɔʃe].

**RAPT**, subst. m.
Enlèvement illégal de qqn. 🕮 [ʀapt].

**RAQUETTE**, subst. f.
Instrument à manche et à cadre ovale, qui
sert à envoyer des balles. – Large semelle
ovale que l'on fixe à la chaussure pour ne
pas s'enfoncer dans la neige. 🕮 [ʀakɛt].

**RARE**, adj.
Qui n'existe qu'en peu d'exemplaires.
– Qui ne se produit presque jamais.
🕮 [ʀɑʀ].

**RARÉFIER**, verbe trans. [6]
Rendre rare. 🕮 [ʀaʀefje].

**RARETÉ**, subst. f.
Caractère de ce qui est rare. – Chose rare,
curiosité. 🕮 [ʀɑʀte].

**RARISSIME**, adj.
Extrêmement rare. 🕮 [ʀaʀisim].

423

**RAS, RASE,** adj. et adv.
Adj. Très court. – *À* ras *bord* : jusqu'au bord. – *Faire table* rase *de* : ne rien garder, retenir de. – Adv. *Cheveux coupés* ras. – *En avoir* ras *le bol* : être excédé (fam.). 🔊 [ʀɑ, ʀɑz].

**RASADE,** subst. f.
Contenu d'un verre que l'on a rempli à ras bord : **Rasade** *de vin*. 🔊 [ʀɑzad].

**RASCASSE,** subst. f.
Poisson méditerranéen hérissé de piquants (synon. *scorpène*). 🔊 [ʀaskas].

**RASE-MOTTES,** subst. m. inv.
Vol à très faible altitude. 🔊 [ʀɑzmɔt].

**RASER,** verbe trans. [3]
Couper (poils ou cheveux) au rasoir, au ras de la peau. – Mettre à bas, démolir. – Passer très près de. – Ennuyer (fam.). 🔊 [ʀɑze].

**RASEUR, EUSE,** subst.
Personne ennuyeuse (fam.). 🔊 [ʀɑzœʀ, -øz].

**RASOIR,** adj. inv. et subst. m.
Subst. Instrument à lame effilée servant à raser. – Adj. Ennuyeux (fam.). 🔊 [ʀɑzwaʀ].

**RASSASIER,** verbe trans. [6]
Assouvir la faim de (qqn, un animal). – Fig. Combler. 🔊 [ʀasazje].

**RASSEMBLEMENT,** subst. m.
Action de rassembler, fait de se rassembler. – Réunion en nombre. – Groupement politique. 🔊 [ʀɑsɑ̃bləmɑ̃].

**RASSEMBLER,** verbe trans. [3]
Assembler de nouveau (ce qui était dispersé). – Grouper, réunir en un tout. – Concentrer : **Rassembler** *ses esprits, ses forces*. 🔊 [ʀasɑ̃ble].

**RASSÉRÉNER,** verbe trans. [8]
Rendre la sérénité à. 🔊 [ʀaseʀene].

**RASSIS, ISE,** adj.
*Pain* rassis : desséché mais pas encore dur. – Fig. *Esprit* rassis : réfléchi. 🔊 Au fém., on dit aussi *rassie* ; [ʀasi, -iz].

**RASSURER,** verbe trans. [3]
Redonner confiance à. 🔊 [ʀasyʀe].

**RAT, RATE,** subst.
Rongeur plus gros que la souris, très prolifique et nuisible. – Masc. *Petit* rat : jeune élève de la classe de danse de l'Opéra. 🔊 [ʀa, ʀat].

**RATATINER,** verbe trans. [3]
Rapetisser en flétrissant. – Vaincre, écraser ; casser (fam.). – Pronom. Se rabougrir, se tasser. 🔊 [ʀatatine].

**RATE,** subst. f.
Organe situé près de l'estomàc. 🔊 [ʀat].

**RATÉ, ÉE,** subst.
Personne dont la vie est un échec (fam.). – Masc. Bruit anormal d'un moteur ; au fig., dysfonctionnement. 🔊 [ʀate].

**RÂTEAU,** subst. m.
Outil à long manche et à dents, qui sert à nettoyer un terrain. 🔊 [ʀɑto].

**RÂTELIER,** subst. m.
Mangeoire à claire-voie destinée à recevoir le fourrage. – Support de rangement vertical : *Un râtelier d'armes*. – Dentier (fam.). 🔊 [ʀɑtəlje].

**RATER,** verbe [3]
Intrans. Échouer. – Trans. Ne pas atteindre (une cible, un but). – Manquer : **Rater** *qqn*, ne pas le rencontrer. 🔊 [ʀate].

**RATIFIER,** verbe trans. [6]
Valider, confirmer (un engagement, une loi, un traité international). 🔊 [ʀatifje].

**RATION,** subst. f.
Quantité journalière de nourriture nécessaire à qqn, à un animal. 🔊 [ʀasjɔ̃].

**RATIONALISER,** verbe trans. [3]
Rendre rationnel. – Organiser de manière efficace, moins coûteuse. 🔊 [ʀasjɔnalize].

**RATIONALITÉ,** subst. f.
Caractère rationnel. 🔊 [ʀasjɔnalite].

**RATIONNEL, ELLE,** adj.
Fondé sur la raison ; conforme au bon sens. 🔊 [ʀasjɔnɛl].

**RATIONNER,** verbe trans. [3]
Restreindre la consommation de (qqch.) : **Rationner** *l'eau*. – Soumettre à une ration limitée : **Rationner** *un pays*. 🔊 [ʀasjone].

**RATISSER,** verbe trans. [3]
Nettoyer, égaliser au râteau. – Fouiller systématiquement (un secteur). 🔊 [ʀatise].

**RATON,** subst. m.
**Raton** *laveur* : mammifère carnivore d'Amérique, qui lave sa nourriture. 🔊 [ʀatɔ̃].

**RATTACHER,** verbe trans. [3]
Attacher de nouveau. – Relier (à). – Fig. Faire dépendre (de). 🔊 [ʀataʃe].

**RATTRAPER,** verbe trans. [3]
Attraper de nouveau ; saisir (qqn ou qqch., pour l'empêcher de tomber). – Rejoindre (une personne, un véhicule qui est devant). – Réparer (une erreur). – Regagner (du temps ou de l'argent). 🔊 [ʀatʀape].

**RATURE,** subst. f.
Trait dont on raye un ou plusieurs mots à supprimer. 🔊 [ʀatyʀ].

**RATURER,** verbe trans. [3]
Supprimer d'un trait, biffer. 🔊 [ʀatyʀe].

**RAUQUE,** adj.
Éraillé, guttural : *Une voix* rauque. 🔊 [ʀok].

**RAVAGE,** subst. m.
Dévastation. – Effet destructeur (gén. au plur.). 🔊 [ʀavaʒ].

**RAVAGER,** verbe trans. [5]
Faire subir des ravages à. 🔊 [ʀavaʒe].

**RAVALER**, verbe trans. [3]
Avaler de nouveau. – Nettoyer, refaire la façade de. – Fig. Retenir (fam.) : **Ravaler** *sa colère.* – Rabaisser, déprécier. 🕮 [ʀavale].

**RAVAUDER**, verbe trans. [3]
Repriser à l'aiguille (vieilli). 🕮 [ʀavode].

**RAVI, IE**, adj.
Très satisfait, transporté de joie. 🕮 [ʀavi].

**RAVIER**, subst. m.
Petit plat ovale à hors-d'œuvre. 🕮 [ʀavje].

**RAVIGOTER**, verbe trans. [3]
Redonner de la vigueur à (fam.). 🕮 [ʀavigɔte].

**RAVIN**, subst. m.
Vallée profonde et abrupte. 🕮 [ʀavɛ̃].

**RAVINER**, verbe trans. [3]
Éroder (un sol) en creusant des sillons. – Creuser (un visage) de rides. 🕮 [ʀavine].

**RAVIOLI**, subst. m.
Petit carré de pâte farci. 🕮 [ʀavjɔli].

**RAVIR**, verbe trans. [19]
Enlever de force ; voler (littér.). – Transporter, enthousiasmer. – Loc. adv. *À ravir* : admirablement, à merveille. 🕮 [ʀaviʀ].

**RAVISER (SE)**, verbe pronom. [3]
Changer d'avis, revenir sur une décision. 🕮 [ʀavize].

**RAVISSANT, ANTE**, adj.
Très joli ; charmant. 🕮 [ʀavisɑ̃, -ɑ̃t].

**RAVISSEMENT**, subst. m.
État de l'âme en extase. – Joie intense ; enchantement. 🕮 [ʀavismɑ̃].

**RAVISSEUR, EUSE**, subst.
Auteur d'un rapt. 🕮 [ʀavisœʀ, -øz].

**RAVITAILLER**, verbe trans. [3]
Approvisionner en vivres, en munitions, en carburant. 🕮 [ʀavitaje].

**RAVIVER**, verbe trans. [3]
Rendre plus vif : **Raviver** *une couleur.* – Fig. Réveiller, faire revivre : **Raviver** *une douleur, des souvenirs.* 🕮 [ʀavive].

**RAYER**, verbe trans. [15]
Tracer des lignes, des rayures sur ; érafler. – Barrer d'un trait (du texte). – Fig. Rejeter, supprimer, radier. 🕮 [ʀeje].

**RAYON (I)**, subst. m.
Ligne, trait issus d'une source lumineuse. – *Géom.* Ligne reliant le centre d'un cercle à un point de sa circonférence. – Pièce reliant le moyeu d'une roue à sa jante. – **Rayon** *d'action* : zone d'activité. 🕮 [ʀejɔ̃].

**RAYON (II)**, subst. m.
Gâteau de cire fait par les abeilles. – Étagère, tablette de bibliothèque. – Subdivision d'un magasin : **Rayon** *des jouets.* 🕮 [ʀejɔ̃].

**RAYONNAGE**, subst. m.
Ensemble d'étagères. 🕮 [ʀejɔnaʒ].

**RAYONNEMENT**, subst. m.
Éclat d'une source lumineuse. – Propagation de radiations. – Fig. Influence prestigieuse ou bénéfique. 🕮 [ʀejɔnmɑ̃].

**RAYONNER**, verbe intrans. [3]
Projeter des rayons lumineux, de l'énergie ; au fig., répandre son influence, son éclat ou son bonheur. – Partir d'un centre dans diverses directions. 🕮 [ʀejɔne].

**RAYURE**, subst. f.
Bande étroite, ligne se détachant sur un fond de couleur différente. – Éraflure qui abîme une surface. 🕮 [ʀejyʀ].

**RAZ**, subst. m.
*Mar.* Passage étroit parcouru par un courant violent ; ce courant. – **Raz(-)***de(-)***marée** : vague énorme, d'origine sismique, qui submerge les zones littorales. 🕮 [ʀɑ].

**RAZZIA**, subst. f.
Pillage éclair. 🕮 [ʀa(d)zja].

**RE-**, **R(É)-**, préfixe
Exprime la répétition, l'achèvement ou le retour en arrière ou à un état antérieur. 🕮 [ʀə-] ; [ʀ(e)-] devant une voyelle.

**RÉ**, subst. m. inv.
*Mus.* Deuxième note de la gamme. 🕮 [ʀe].

**RÉACTEUR**, subst. m.
Moteur à réaction. 🕮 [ʀeaktœʀ].

**RÉACTION**, subst. f.
Modification du comportement, en réponse à une action, à un fait extérieur. – Pensée, action contraire à une autre. – Refus de l'évolution des mœurs et du progrès social. – *Chim.* Transformation réciproque de corps mis en présence. – *Mécan.* Force en retour exercée par un corps soumis à l'action d'un autre corps. – *Moteur à* **réaction** : qui propulse l'engin en éjectant des gaz vers l'arrière. 🕮 [ʀeaksjɔ̃].

**RÉACTIONNAIRE**, adj. et subst.
Qui est partisan d'un ordre antérieur, qui s'oppose au progrès social. 🕮 [ʀeaksjɔnɛʀ].

**RÉADAPTER**, verbe trans. [3]
Adapter de nouveau ou à de nouvelles conditions. – Réaccoutumer. 🕮 [ʀeadapte].

**RÉAFFIRMER**, verbe trans. [3]
Affirmer de nouveau. 🕮 [ʀeafiʀme].

**RÉAGIR**, verbe intrans. [19]
Présenter une réaction en réponse à une action extérieure, à une situation donnée. – **Réagir** *sur* : se répercuter sur. – **Réagir** *contre* : s'opposer, résister à. – *Chim.* Entrer en réaction. 🕮 [ʀeaʒiʀ].

**RÉAJUSTER**, verbe trans. [3]
Ajuster de nouveau. – Modifier, en fonction de nouvelles données. 🕮 [ʀeaʒyste].

**RÉALISATEUR, TRICE**, subst.
Responsable de la réalisation d'un film, d'une émission. 🕮 [ʀealizatœʀ, -tʀis].

**RÉALISATION, subst. f.**
Action de réaliser ; ce qui a été réalisé.
– Ensemble des opérations nécessaires à la création d'un film, d'une émission de radio ou de télévision. – Conversion d'un bien en argent, par sa vente. 🔊 [ʀealizasjɔ̃].

**RÉALISER, verbe trans. [3]**
Donner une réalité à, concrétiser ; mener à bien, accomplir. – Créer (un film, une émission). – Vendre (un bien) pour disposer d'argent liquide. 🔊 [ʀealize].

**RÉALISME, subst. m.**
Comportement qui prend en compte et sait utiliser la réalité. – Conception littéraire et artistique prônant la reproduction de la réalité, sans idéalisation. 🔊 [ʀealism].

**RÉALITÉ, subst. f.**
Caractère de ce qui existe vraiment. – Chose, situation réelle. 🔊 [ʀealite].

**RÉANIMER, verbe trans. [3]**
Ramener à la vie. 🔊 [ʀeanime].

**RÉAPPARAÎTRE, verbe intrans. [73]**
Apparaître de nouveau après une absence, une interruption. 🔊 [ʀeapaʀɛtʀ].

**RÉARMER, verbe [3]**
Trans. Armer de nouveau. – Intrans. Renforcer son équipement militaire. 🔊 [ʀeaʀme].

**RÉBARBATIF, IVE, adj.**
Qui rebute ou décourage. 🔊 [ʀebaʀbatif, -iv].

**REBATTRE, verbe trans. [61]**
Battre de nouveau. – Rebattre les oreilles à qqn de qqch. : lui en parler sans cesse, au point de le lasser. 🔊 [ʀəbatʀ].

**REBELLE, adj. et subst.**
Qui s'insurge, qui s'oppose ouvertement à une autorité établie. – Adj. Qui résiste : Être rebelle à la loi. – Enfant rebelle aux études : peu doué pour les études. 🔊 [ʀəbɛl].

**REBELLER (SE), verbe pronom. [3]**
Se révolter, s'insurger. 🔊 [ʀəbele].

**RÉBELLION, subst. f.**
Action de se rebeller, révolte. 🔊 [ʀebeljɔ̃].

**REBIFFER (SE), verbe pronom. [3]**
Refuser d'obéir (fam.). 🔊 [ʀəbife].

**REBIQUER, verbe intrans. [3]**
Se redresser (fam.) : Col, cheveux qui rebiquent. 🔊 [ʀəbike].

**REBOISER, verbe trans. [3]**
Replanter (un lieu) d'arbres. 🔊 [ʀəbwaze].

**REBOND, subst. m.**
Mouvement d'un objet qui rebondit : Frapper la balle avant le rebond. 🔊 [ʀəbɔ̃].

**REBONDI, IE, adj.**
Arrondi : Ventre rebondi. 🔊 [ʀəbɔ̃di].

**REBONDIR, verbe intrans. [19]**
Faire un ou des bonds après avoir heurté qqch. – Fig. Prendre un nouvel élan ; prendre un tour nouveau. 🔊 [ʀəbɔ̃diʀ].

**REBONDISSEMENT, subst. m.**
Mouvement de ce qui rebondit. – Tournure nouvelle et inattendue (d'une situation, d'une affaire). 🔊 [ʀəbɔ̃dismɑ̃].

**REBORD, subst. m.**
Bord en saillie : Rebord de balcon. – Bord replié : Manche à rebords. 🔊 [ʀəbɔʀ].

**REBOUCHER, verbe trans. [3]**
Boucher, fermer de nouveau. 🔊 [ʀəbuʃe].

**REBOURS (À), loc. adv.**
À rebrousse-poil. – Fig. À contre-courant : À rebours des modes. – Compte à rebours : minutage aboutissant à zéro. 🔊 [aʀəbuʀ].

**REBOUTEUX, EUSE, subst.**
Personne qui remet des membres démis ou qui réduit des fractures, des luxations sans être médecin (fam.). 🔊 [ʀəbutø, -øz].

**REBROUSSE-POIL (À), loc. adv.**
En relevant le poil. – Fig. Sans douceur, maladroitement. 🔊 [aʀəbʀuspwal].

**REBROUSSER, verbe trans. [3]**
Relever (cheveux ou poils) dans un sens contraire au sens naturel. – Rebrousser chemin : revenir sur ses pas. 🔊 [ʀəbʀuse].

**REBUFFADE, subst. f.**
Accueil, refus blessant. 🔊 [ʀəbyfad].

**RÉBUS, subst. m.**
Devinette en images dont la solution est une phrase. 🔊 [ʀebys].

**REBUT, subst. m.**
Ce que l'on a rejeté ; déchet. – Ce qui est mauvais, méprisable. 🔊 [ʀəby].

**REBUTER, verbe trans. [3]**
Dissuader par un aspect peu engageant. – Décourager, dégoûter. 🔊 [ʀəbyte].

**RÉCALCITRANT, ANTE, adj. et subst.**
Qui résiste, ne cède pas. 🔊 [ʀekalsitʀɑ̃, -ɑ̃t].

**RECALER, verbe trans. [3]**
Refuser (qqn) à un examen. 🔊 [ʀəkale].

**RÉCAPITULER, verbe trans. [3]**
Résumer (qqch.) en énumérant les principaux points. 🔊 [ʀekapityle].

**RECEL, subst. m.**
Détention de biens volés. – Fait de cacher un malfaiteur. 🔊 [ʀəsɛl].

**RECELER, verbe trans. [11]**
Détenir (un bien volé). – Donner refuge à (un malfaiteur). – Contenir, renfermer : Ce dossier recèle des secrets. 🔊 [ʀəsəle].

**RECENSEMENT, subst. m.**
Liste détaillée, inventaire. – Dénombrement d'une population. 🔊 [ʀəsɑ̃smɑ̃].

**RECENSER, verbe trans. [3]**
Compter chacun des membres de (une population). – Fig. Dresser la liste, l'inventaire de. 🔊 [ʀəsɑ̃se].

**RÉCENT, ENTE, adj.**
Qui vient d'avoir lieu. – Qui n'est pas très ancien. 🔊 [ʀesɑ̃, -ɑ̃t].

**RÉCÉPISSÉ, subst. m.**
Accusé de réception, document attestant qu'une chose a bien été reçue. 🔊 [resepise].

**RÉCEPTACLE, subst. m.**
Ce qui accueille ou réunit des choses, des gens de diverses origines. 🔊 [reseptakl].

**RÉCEPTEUR, TRICE, adj. et subst. m.**
Adj. Qui reçoit ; qui est conçu pour recevoir. – Subst. Appareil qui transforme en images ou en sons les signaux électriques qu'il reçoit. 🔊 [reseptœr, -tris].

**RÉCEPTIF, IVE, adj.**
Qui est sensible. 🔊 [reseptif, -iv].

**RÉCEPTION, subst. f.**
Action, fait de recevoir qqch., qqn. – Réunion mondaine ou officielle. – Comptoir d'accueil d'un hôtel, d'une entreprise. – Fait de se recevoir après un saut : Bonne, mauvaise réception. 🔊 [resɛpsjɔ̃].

**RÉCEPTIONNER, verbe trans. [3]**
Recevoir et contrôler l'état de (une marchandise). 🔊 [resɛpsjone].

**RÉCESSION, subst. f.**
Ralentissement de l'activité économique, crise. 🔊 [resesjɔ̃].

**RECETTE, subst. f.**
Somme d'argent reçue, encaissée. – Bureau où l'impôt est perçu. – Indications détaillées permettant de préparer un mets. – Fig. La recette du bonheur : son secret. 🔊 [rəset].

**RECEVOIR, verbe trans. [38]**
Faire entrer chez soi ; accueillir. – Admettre (dans un groupe, à un examen). – Entrer en possession de (une chose offerte, envoyée). – Accepter : Recevoir une plainte. – Subir : Recevoir une gifle. – Pronom. Retomber sur le sol d'une certaine manière, après un saut. 🔊 [rəsəvwar].

**RECHANGE, subst. m.**
Ce qui peut remplacer une chose semblable : Vêtements de rechange. 🔊 [rəʃɑ̃ʒ].

**RÉCHAPPER, verbe trans. indir. [3]**
Échapper de justesse (à un péril) : Il en a (ou en est) réchappé. 🔊 [reʃape].

**RECHARGE, subst. f.**
Action de recharger. – Ce dont on recharge : Recharge de stylo. 🔊 [rəʃarʒ].

**RECHARGER, verbe trans. [5]**
Charger de nouveau. 🔊 [rəʃarʒe].

**RÉCHAUD, subst. m.**
Petit fourneau portatif. 🔊 [reʃo].

**RÉCHAUFFER, verbe trans. [3]**
Chauffer de nouveau. – Faire retrouver sa chaleur à (qqn) ; ranimer, réconforter. – Pronom. Devenir plus chaud. 🔊 [reʃofe].

**RÊCHE, adj.**
Rapeux et désagréable au toucher. – Fig. Au caractère difficile, bourru. 🔊 [rɛʃ].

**RECHERCHE, subst. f.**
Action de rechercher. – Études scientifiques permettant de découvrir et d'expliquer des phénomènes. – Souci de se démarquer par un raffinement dans sa tenue. 🔊 [rəʃɛrʃ].

**RECHERCHER, verbe trans. [3]**
Prendre (qqn que l'on a laissé en un lieu) : Il va la rechercher chez ses parents. – S'efforcer de retrouver : Rechercher un criminel. – Chercher à connaître, à découvrir : Rechercher les causes d'une maladie. – Viser : Rechercher le succès. 🔊 [rəʃɛrʃe].

**RECHIGNER, verbe intrans. [3]**
Manifester sa mauvaise volonté (à faire qqch.) : Rechigner au travail. 🔊 [rəʃiɲe].

**RECHUTE, subst. f.**
Reprise d'une maladie qui évoluait vers la guérison. – Fait de retomber dans une mauvaise habitude. 🔊 [rəʃyt].

**RÉCIDIVER, verbe intrans. [3]**
Réapparaître, en parlant d'une maladie. – Commettre de nouveau le même crime, le même délit. 🔊 [residive].

**RÉCIF, subst. m.**
Rocher ou groupe de rochers, de coraux qui affleurent à la surface de l'eau. 🔊 [resif].

**RÉCIPIENT, subst. m.**
Tout ustensile creux destiné à contenir une substance. 🔊 [resipjɑ̃].

**RÉCIPROCITÉ, subst. f.**
Caractère réciproque. 🔊 [resiprɔsite].

**RÉCIPROQUE, adj. et subst. f.**
Adj. Qui s'échange de manière équivalente : Admiration réciproque. – Subst. Rendre la réciproque : la pareille. 🔊 [resiprɔk].

**RÉCIT, subst. m.**
Exposé détaillé, oral ou écrit, d'événements réels ou fictifs. 🔊 [resi].

**RÉCITAL, ALS, subst. m.**
Concert donné par un soliste. 🔊 [resital].

**RÉCITATION, subst. f.**
Action de réciter. – Texte que les élèves doivent réciter par cœur. 🔊 [resitasjɔ̃].

**RÉCITER, verbe trans. [3]**
Prononcer à haute voix (un texte appris par cœur) : Réciter un poème. 🔊 [resite].

**RÉCLAMER, verbe [3]**
Trans. Demander instamment. – Exiger, avoir besoin de : Sport qui réclame de l'endurance. – Intrans. Protester. – Pronom. Se réclamer de : se recommander de, se prévaloir de. 🔊 [reklame].

**RECLASSER, verbe trans. [3]**
Classer de nouveau. – Affecter à un poste mieux adapté aux besoins. 🔊 [rəklase].

**RECLUS, USE, adj. et subst.**
Qui vit à l'écart du monde. 🔊 [rəkly, -yz].

**RÉCLUSION, subst. f.**
État d'une personne volontairement isolée, recluse. – Peine d'emprisonnement assortie d'une obligation de travailler. 🔊 [reklyzjɔ̃].

427

**RECOIN, subst. m.**
Coin dissimulé au regard. – Fig. *Les* **recoins** *de la mémoire.* 📖 [ʀəkwɛ̃].

**RÉCOLTE, subst. f.**
Action de recueillir les produits du sol ; ces produits. – Ce que l'on s'emploie à rassembler : *Récolte d'informations.* 📖 [ʀekɔlt].

**RÉCOLTER, verbe trans.** [3]
Faire la récolte de. – Fig. Obtenir ; gagner : **Récolter** *des éloges.* 📖 [ʀekɔlte].

**RECOMMANDER, verbe trans.** [3]
Conseiller avec insistance. – Signaler à une personne les mérites, les avantages de (qqn, qqch.). – **Recommander** *un colis* : payer une taxe pour qu'il soit délivré en main propre au destinataire. 📖 [ʀəkɔmɑ̃de].

**RECOMMENCER, verbe** [4]
Trans. Commencer de nouveau ; refaire (ce qui est mal fait). – **Recommencer** *à* : se remettre à. – Intrans. Reprendre ; se produire de nouveau. 📖 [ʀəkɔmɑ̃se].

**RÉCOMPENSE, subst. f.**
Don fait à qqn en reconnaissance de ses mérites. 📖 [ʀekɔ̃pɑ̃s].

**RÉCOMPENSER, verbe trans.** [3]
Accorder une récompense à. 📖 [ʀekɔ̃pɑ̃se].

**RÉCONCILIER, verbe trans.** [6]
Rétablir l'entente entre (des personnes brouillées). – Fig. **Réconcilier** *qqn avec la musique.* 📖 [ʀekɔ̃silje].

**RECONDUIRE, verbe trans.** [69]
Accompagner (qqn qui s'en va). – Renouveler (un contrat). 📖 [ʀəkɔ̃dɥiʀ].

**RÉCONFORT, subst. m.**
Ce qui réconforte. 📖 [ʀekɔ̃fɔʀ].

**RÉCONFORTER, verbe trans.** [3]
Redonner de la vigueur à (qqn). – Soutenir moralement. 📖 [ʀekɔ̃fɔʀte].

**RECONNAISSANCE, subst. f.**
Action de reconnaître. – Examen d'un lieu inconnu. – Sentiment de gratitude. – Acte écrit par lequel on reconnaît une obligation : **Reconnaissance** *de dette.* – Dr. Action de reconnaître officiellement la légitimité de qqch., la paternité d'un enfant. 📖 [ʀəkɔnɛsɑ̃s].

**RECONNAÎTRE, verbe trans.** [73]
Identifier (qqn, qqch. de connu). – Avouer ; admettre. – Admettre officiellement comme légitime. – Explorer (un lieu). 📖 [ʀəkɔnɛtʀ].

**RECONSIDÉRER, verbe trans.** [8]
Considérer, étudier, examiner de nouveau (une question). 📖 [ʀəkɔ̃sideʀe].

**RECONSTITUER, verbe trans.** [3]
Constituer de nouveau. – Redonner sa forme originelle ou normale à. – **Reconstituer** *un crime* : en faire répéter le déroulement par les protagonistes. 📖 [ʀəkɔ̃stitɥe].

**RECONVERTIR, verbe trans.** [19]
Adapter (qqch., qqn) à des conditions nouvelles. – Pronom. Changer de métier, d'activité. 📖 [ʀəkɔ̃vɛʀtiʀ].

**RECOPIER, verbe trans.** [6]
Copier (ce qui est déjà écrit). – Mettre au propre : **Recopier** *un brouillon.* 📖 [ʀəkɔpje].

**RECORD, adj. inv. et subst. m.**
Subst. Résultat inégalé. – *Sp.* Performance qui surpasse les précédentes. – Adj. Jamais atteint : *Des ventes* **record**. 📖 [ʀəkɔʀ].

**RECOUDRE, verbe trans.** [77]
Coudre (ce qui est décousu). – Faire des points de suture à (qqn). 📖 [ʀəkudʀ].

**RECOUPEMENT, subst. m.**
Vérification d'un fait, d'une information, par confrontation de données issues de sources différentes. 📖 [ʀəkupmɑ̃].

**RECOUPER, verbe trans.** [3]
Couper de nouveau. – Fig. Confirmer par recoupement. 📖 [ʀəkupe].

**RECOURBER, verbe trans.** [3]
Rendre courbe l'extrémité de. 📖 [ʀəkuʀbe].

**RECOURIR, verbe** [25]
Courir une nouvelle fois. – **Recourir** *à qqn* : faire appel à lui. – **Recourir** *à qqch.* : le mettre en œuvre, l'utiliser. 📖 [ʀəkuʀiʀ].

**RECOURS, subst. m.**
Action de recourir à qqch., à qqn. – Personne ou chose à laquelle on recourt. – *Dr.* Demande de révision d'une décision administrative ou juridique. 📖 [ʀəkuʀ].

**RECOUVREMENT (I), subst. m.**
Action, fait de recouvrer ce qu'on avait perdu (littér.). – Action de percevoir une somme due. 📖 [ʀəkuvʀəmɑ̃].

**RECOUVREMENT (II), subst. m.**
Action, fait de recouvrir : **Recouvrement** *d'une terrasse.* – Ce qui recouvre. 📖 [ʀəkuvʀəmɑ̃].

**RECOUVRER, verbe trans.** [3]
Rentrer en possession de : **Recouvrer** *la santé.* – Percevoir (une somme due) : **Recouvrer** *l'impôt.* 📖 [ʀəkuvʀe].

**RECOUVRIR, verbe trans.** [27]
Couvrir de nouveau. – Couvrir complètement. – Fig. S'appliquer à, concerner : **Recouvrir** *une discipline.* 📖 [ʀəkuvʀiʀ].

**RÉCRÉATION, subst. f.**
Délassement. – Moment de détente accordé aux élèves. 📖 [ʀekʀeasjɔ̃].

**RÉCRIER (SE), verbe pronom.** [6]
Protester, s'indigner avec force. 📖 [ʀekʀije].

**RÉCRIMINER, verbe intrans.** [3]
Protester avec aigreur. – **Récriminer** *contre* : critiquer amèrement. 📖 [ʀekʀimine].

**RECROQUEVILLER (SE), verbe pronom.** [3]
Se racornir par dessèchement. – Se ramasser sur soi-même. 📖 [ʀəkʀɔk(ə)vije].

**RECRUDESCENCE, subst. f.**
Réapparition soudaine, avec plus d'intensité. 🔊 [ʀəkʀydesɑ̃s].

**RECRUE, subst. f.**
Soldat que l'on vient de recruter. – Nouveau membre d'un groupe. 🔊 [ʀəkʀy].

**RECRUTER, verbe trans.** [3]
Enrôler (des soldats). – Attirer dans un groupe, dans un parti. – Engager (du personnel). 🔊 [ʀəkʀyte].

**RECTAL, ALE, AUX, adj.**
Qui a trait au rectum. 🔊 [ʀɛktal].

**RECTANGLE, adj. et subst. m.**
Adj. Qui présente au moins un angle droit : *Triangle* **rectangle**. – Subst. Figure à angles droits dont les quatre côtés sont égaux deux à deux. 🔊 [ʀɛktɑ̃gl].

**RECTANGULAIRE, adj.**
Qui a la forme d'un rectangle. 🔊 [ʀɛktɑ̃gylɛʀ].

**RECTEUR, subst. m.**
Directeur d'une académie de l'Éducation nationale. 🔊 [ʀɛktœʀ].

**RECTIFICATIF, IVE, adj. et subst. m.**
Se dit d'un texte qui rectifie une information antérieure. 🔊 [ʀɛktifikatif, -iv].

**RECTIFIER, verbe trans.** [6]
Rendre droit, exact. – Corriger. 🔊 [ʀɛktifje].

**RECTILIGNE, adj.**
Qui est en ligne droite. 🔊 [ʀɛktiliɲ].

**RECTITUDE, subst. f.**
Caractère de ce qui est droit. – Rigueur morale. 🔊 [ʀɛktityd].

**RECTO, subst. m.**
Page de droite d'un livre ouvert. – Première page d'une feuille de papier (oppos. *verso*). 🔊 [ʀɛkto].

**RECTORAT, subst. m.**
Charge de recteur ; sa durée. – L'administration correspondante. 🔊 [ʀɛktoʀa].

**RECTUM, subst. m.**
Dernière section du gros intestin, aboutissant à l'anus. 🔊 [ʀɛktɔm].

**REÇU, subst. m.**
Écrit attestant la bonne réception d'une somme, d'un objet. 🔊 [ʀəsy].

**RECUEIL, subst. m.**
Ouvrage qui réunit des écrits, des illustrations, des documents. 🔊 [ʀəkœj].

**RECUEILLEMENT, subst. m.**
Action de se recueillir. – État d'une personne qui se recueille. 🔊 [ʀəkœjmɑ̃].

**RECUEILLIR, verbe trans.** [30]
Collecter, ramasser : **Recueillir** *des documents*. – Obtenir : **Recueillir** *des voix*. – Accueillir chez soi : **Recueillir** *un orphelin*. – *Dr.* Recevoir en héritage. – Pronom. Méditer ; prier. [ʀəkœjiʀ].

**RECUL, subst. m.**
Action de reculer ; repli. – Distance nécessaire à un jugement serein. – *Fig.* Diminution : **Recul** *du chômage*. 🔊 [ʀəkyl].

**RECULER, verbe** [3]
Intrans. Aller en arrière. – *Fig.* Décroître : *La délinquance* **recule**. – Renoncer. – Trans. Déplacer vers l'arrière. – Retarder, différer : **Reculer** *ses vacances*. 🔊 [ʀəkyle].

**RECULONS (À), loc. adv.**
En reculant. 🔊 [aʀəkylɔ̃].

**RÉCUPÉRER, verbe trans.** [8]
Rentrer en possession de (une chose perdue ou prêtée). – Recueillir pour utiliser (ce qui est mis au rebut). – Effectuer (des heures de travail) pour compenser des heures de repos ou vice versa. – *Pol.* Détourner (un mouvement d'opinion) à son profit. – Empl. intrans. Reprendre des forces. 🔊 [ʀekypeʀe].

**RÉCURER, verbe trans.** [3]
Nettoyer en frottant. 🔊 [ʀekyʀe].

**RÉCURRENT, ENTE, adj.**
Qui se répète. – *Anat.* Qui revient en arrière : *Nerf* **récurrent**. 🔊 [ʀekyʀɑ̃, -ɑ̃t].

**RÉCUSER, verbe trans.** [3]
*Dr.* Refuser qqn que l'on soupçonne de partialité. – Ne pas admettre la valeur de : **Récuser** *un argument*. 🔊 [ʀekyze].

**RECYCLER, verbe trans.** [3]
Changer l'orientation professionnelle de (qqn). – Traiter industriellement des déchets pour les rendre utilisables. 🔊 [ʀəsikle].

**RÉDACTEUR, TRICE, subst.**
Personne qui rédige un texte en vue de sa publication. 🔊 [ʀedaktœʀ, -tʀis].

**RÉDACTION, subst. f.**
Action de rédiger ; son résultat. – Équipe des rédacteurs d'une publication ; leurs bureaux. – Exercice scolaire consistant à rédiger un texte ; ce devoir. 🔊 [ʀedaksjɔ̃].

**REDDITION, subst. f.**
Action de se rendre, capitulation : *La* **reddition** *d'une citadelle*. 🔊 [ʀedisjɔ̃].

**RÉDEMPTION, subst. f.**
Rachat des péchés. – *Relig. La* **Rédemption** : salut apporté aux hommes par la Passion du Christ. 🔊 [ʀedɑ̃psjɔ̃].

**REDEVABLE, adj.**
Qui a une dette envers qqn. 🔊 [ʀədəvabl].

**REDEVANCE, subst. f.**
Taxe, charge qui doit être payée à échéances fixes : *La* **redevance** *télé*. 🔊 [ʀədəvɑ̃s].

**RÉDHIBITOIRE, adj.**
Qui constitue un obstacle radical. – *Dr. Vice* **rédhibitoire** : pouvant faire annuler une vente. 🔊 [ʀedibitwaʀ].

**RÉDIGER, verbe trans.** [5]
Écrire selon une forme donnée. 🔊 [ʀediʒe].

**REDINGOTE, subst. f.**
Ancienne veste d'homme, croisée et à longues basques. 🔊 [ʀədɛ̃gɔt].

**REDIRE, verbe trans. [65]**
Répéter. – *Trouver à* redire *à qqch.* : trouver un point à critiquer dans qqch. 🔊 [ʀədiʀ].

**REDITE, subst. f.**
Répétition dans un texte. 🔊 [ʀədit].

**REDONDANCE, subst. f.**
Répétition de la même chose sous diverses formes ; redite. 🔊 [ʀədɔ̃dɑ̃s].

**REDONNER, verbe trans. [3]**
Donner de nouveau. – Rendre. 🔊 [ʀədɔne].

**REDOUBLEMENT, subst. m.**
Fait de redoubler. 🔊 [ʀədubləmɑ̃].

**REDOUBLER, verbe [3]**
Trans. Répéter : Redoubler *une consonne.* – Recommencer : Redoubler *une classe.* – Trans. indir. Redoubler *de violence* : devenir plus violent. – Intrans. S'intensifier : *La pluie* redouble. 🔊 [ʀəduble].

**REDOUTER, verbe trans. [3]**
Craindre vivement. 🔊 [ʀədute].

**REDOUX, subst. m.**
Radoucissement du temps. 🔊 [ʀədu].

**REDRESSEMENT, subst. m.**
Action de redresser. – Redressement *fiscal* : majoration d'impôt consécutive à une déclaration inexacte. 🔊 [ʀədʀɛsmɑ̃].

**REDRESSER, verbe trans. [3]**
Replacer à la verticale ; rendre droit. – Rectifier. – Pronom. Se relever, se tenir droit. – Retrouver sa prospérité. 🔊 [ʀədʀese].

**RÉDUCTEUR, TRICE, adj.**
Qui réduit. – Simpliste. 🔊 [ʀedyktœʀ, -tʀis].

**RÉDUCTION, subst. f.**
Diminution. – Reproduction à plus petite échelle. – Simplification. – *Méd.* Remise en place d'os fracturés. 🔊 [ʀedyksjɔ̃].

**RÉDUIRE, verbe trans. [69]**
Diminuer : Réduire *les frais.* – Reproduire en plus petit. – Simplifier. – Transformer en éléments plus petits : Réduire *en miettes.* – Contraindre : Réduire *au silence.* – Concentrer par évaporation : Réduire *une sauce.* – Pronom. Se ramener (à). 🔊 [ʀedɥiʀ].

**RÉDUIT, subst. m.**
Petite pièce sombre. 🔊 [ʀedɥi].

**R(É)ÉCRIRE, verbe trans. [67]**
Écrire de nouveau. – Écrire une nouvelle version de (un texte). 🔊 [ʀ(e)ekʀiʀ].

**RÉÉDITER, verbe trans. [3]**
Éditer de nouveau. – Fig. Réitérer (fam.) : Rééditer *un exploit.* 🔊 [ʀeedite].

**RÉÉDUQUER, verbe trans. [3]**
Rétablir les fonctions organiques de (un accidenté, un handicapé). – Réadapter à la société. 🔊 [ʀeedyke].

**RÉEL, RÉELLE, adj. et subst. m.**
Adj. Qui existe effectivement. – Véritable, authentique. – Subst. La réalité. 🔊 [ʀeɛl].

**RÉÉQUILIBRER, verbe trans. [3]**
Redonner un équilibre à. 🔊 [ʀeekilibʀe].

**RÉÉVALUATION, subst. f.**
Action d'évaluer de nouveau. – Revalorisation d'une monnaie. 🔊 [ʀeevalɥasjɔ̃].

**RÉEXPÉDIER, verbe trans. [6]**
Expédier à une nouvelle adresse. – Retourner à l'expéditeur. 🔊 [ʀeɛkspedje].

**REFAIRE, verbe trans. [57]**
Faire de nouveau. – Faire tout différemment. – Réparer, remettre en état. – Duper (fam.). – Pronom. Récupérer (fam.) : *Se* refaire *une santé.* 🔊 [ʀəfɛʀ].

**RÉFECTION, subst. f.**
Remise à neuf ; réparation. 🔊 [ʀefɛksjɔ̃].

**RÉFECTOIRE, subst. m.**
Salle à manger communautaire : Réfectoire *d'un lycée.* 🔊 [ʀefɛktwaʀ].

**RÉFÉRENCE, subst. f.**
Ce à quoi on se réfère. – Mention qui renvoie le lecteur à un texte. – Identification d'un dossier ; en-tête d'un courrier. – *Ouvrage de* référence : conçu pour la consultation. – Plur. Attestation valant recommandation. 🔊 [ʀefeʀɑ̃s].

**RÉFÉRENDUM, subst. m.**
Consultation de l'électorat sur une proposition du pouvoir exécutif. 🔊 On écrit aussi *referendum* ; [ʀefeʀɛ̃dɔm].

**RÉFÉRER, verbe trans. indir. [8]**
*En* référer *à* : faire appel à (une autorité). – Pronom. *Se* référer *à* : se rapporter à ; prendre pour référence. 🔊 [ʀefeʀe].

**RÉFLÉCHI, IE, adj.**
Renvoyé : *Lumière* réfléchie. – Enclin à la réflexion. – Empreint de réflexion. – *C'est tout* réfléchi : c'est décidé. – *Ling. Verbe pronominal* réfléchi : indique que le sujet est lui-même l'objet de l'action. 🔊 [ʀefleʃi].

**RÉFLÉCHIR, verbe [19]**
Trans. Renvoyer dans une autre direction (une lumière, un son). – Refléter ; empl. pronom. : *Le saule se* réfléchit *dans la rivière.* – Réfléchir *à* : étudier avec soin. – Intrans. Penser. 🔊 [ʀefleʃiʀ].

**REFLET, subst. m.**
Lumière, image réfléchie. – Image, reproduction atténuée. 🔊 [ʀəflɛ].

**REFLÉTER, verbe trans. [8]**
Réfléchir de manière floue (la lumière, une image). – Traduire, exprimer. – Pronom. Former un reflet. – Transparaître : *La colère se* reflète *dans son regard.* 🔊 [ʀəflete].

**RÉFLEXE, subst. m.**
Réaction organique, instantanée et involontaire, à une stimulation. – Réaction immédiate à une situation inattendue : *Avoir de bons* réflexes *en voiture.* 🔊 [ʀeflɛks].

**RÉFLEXION,** subst. f.
Changement de direction d'une onde lumineuse ou sonore au contact d'un corps. – Capacité d'avoir une pensée approfondie sur un sujet ; cette pensée. – Remarque désobligeante (fam.). 🕮 [ʀeflɛksjɔ̃].

**REFLUER,** verbe intrans. [3]
Se retirer : Les eaux refluent. – Fig. Reculer, en parlant d'une foule. 🕮 [ʀəflye].

**REFLUX,** subst. m.
Marée descendante. – Recul. 🕮 [ʀəfly].

**RÉFORMATEUR, TRICE,** adj. et subst.
Qui propose ou pratique des réformes. – Adj. Qui tend à réformer. 🕮 [ʀefɔʀmatœʀ, -tʀis].

**RÉFORME,** subst. f.
Changement profond visant à améliorer : Réforme agraire. 🕮 [ʀefɔʀm].

**RÉFORMER,** verbe trans. [3]
Transformer pour améliorer. – Milit. Dispenser du service pour inaptitude (physique ou mentale). – Empl. adj. Religion réformée : protestantisme. 🕮 [ʀefɔʀme].

**REFOULER,** verbe trans. [3]
Repousser ; chasser, faire reculer. – Fig. Empêcher de se manifester : Refouler ses larmes, ses désirs. – Psychan. Censurer inconsciemment. 🕮 [ʀəfule].

**RÉFRACTAIRE,** adj. et subst.
Qui refuse de se soumettre. – Adj. Insensible, inaccessible (à). – Qui résiste à des températures très élevées. 🕮 [ʀefʀaktɛʀ].

**REFRAIN,** subst. m.
Paroles d'une chanson répétées après chaque couplet. – Fig. Rengaine. 🕮 [ʀəfʀɛ̃].

**REFRÉNER,** verbe trans. [8]
Contenir, réprimer : Refréner ses ardeurs. 🕮 On écrit aussi réfréner : [ʀefʀene].

**RÉFRIGÉRATION,** subst. f.
Action de réfrigérer. 🕮 [ʀefʀiʒeʀasjɔ̃].

**RÉFRIGÉRER,** verbe trans. [8]
Refroidir artificiellement. 🕮 [ʀefʀiʒeʀe].

**REFROIDIR,** verbe [19]
Trans. Rendre plus froid. – Fig. Décourager : Refroidir l'enthousiasme. – Tuer, assassiner (fam.). – Intrans. et pronom. Devenir froid. 🕮 [ʀəfʀwadiʀ].

**REFROIDISSEMENT,** subst. m.
Abaissement de la température. – Indisposition due au froid. – Fig. Diminution de l'intensité (d'une relation, d'un sentiment). 🕮 [ʀəfʀwadismɑ̃].

**REFUGE,** subst. m.
Lieu où l'on se trouve en sécurité. – Abri de haute montagne. 🕮 [ʀəfyʒ].

**RÉFUGIÉ, ÉE,** adj. et subst. m.
Se dit d'une personne qui se réfugie dans un autre pays, un autre lieu. 🕮 [ʀefyʒje].

**RÉFUGIER (SE),** verbe pronom. [6]
Trouver refuge (en un lieu). 🕮 [ʀefyʒje].

**REFUS,** subst. m.
Action de refuser. – Ce n'est pas de refus : volontiers (fam.). 🕮 [ʀəfy].

**REFUSER,** verbe [3]
Trans. Ne pas accorder : Refuser une permission. – Ne pas accepter : Refuser une offre. – Ne pas consentir : Refuser de parler. – Ne plus laisser entrer : Refuser du monde. – Ne pas retenir (un candidat). – Ne pas reconnaître : Refuser l'évidence. – Pronom. Se priver de : Se refuser tout répit. – Se refuser à faire qqch. : ne pas y consentir ; résister. 🕮 [ʀəfyze].

**RÉFUTER,** verbe trans. [3]
Démontrer la fausseté de. 🕮 [ʀefyte].

**REGAGNER,** verbe trans. [3]
Gagner de nouveau. – Revenir, retourner à : Regagner son domicile. 🕮 [ʀəgaɲe].

**REGAIN,** subst. m.
Herbe repoussant après une première coupe. – Fig. Nouvel élan, renouveau. 🕮 [ʀəgɛ̃].

**RÉGAL, ALS,** subst. m.
Festin ; mets délicieux. – Fig. Grand plaisir : Un régal pour l'oreille. 🕮 [ʀegal].

**RÉGALER,** verbe trans. [3]
Offrir un bon repas à (qqn). – Pronom. Prendre vivement plaisir à manger qqch. ; au fig. : Se régaler d'un bon livre. 🕮 [ʀegale].

**REGARD,** subst. m.
Action de regarder. – Expression des yeux. – Droit de regard : de contrôle. – Loc. adv. En regard : vis-à-vis. – Loc. prép. Au regard de : par rapport à. – Tech. Ouverture permettant de pénétrer dans un conduit. 🕮 [ʀəgaʀ].

**REGARDANT, ANTE,** adj.
Fam. Qui regarde trop à la dépense. – Vigilant : Être regardant sur la propreté. 🕮 [ʀəgaʀdɑ̃, -ɑ̃t].

**REGARDER,** verbe trans. [3]
Trans. dir. Porter la vue sur. – Considérer : Regarder de travers. – Concerner : Cela ne nous regarde pas. – Être tourné vers. – Trans. indir. Être attentif : Regarder à la dépense. – Pronom. Porter les yeux l'un sur l'autre. 🕮 [ʀəgaʀde].

**RÉGATE,** subst. f.
Course de bateaux à voile. 🕮 [ʀegat].

**RÉGENCE,** subst. f.
Intérim assuré avant la majorité ou pendant l'absence d'un monarque. 🕮 [ʀeʒɑ̃s].

**RÉGÉNÉRER,** verbe trans. [8]
Reconstituer (un tissu organique détruit). – Rendre ses propriétés initiales à (une substance). – Ramener à un état premier jugé meilleur (littér.). 🕮 [ʀeʒeneʀe].

**RÉGENTER,** verbe trans. [3]
Diriger autoritairement. 🕮 [ʀeʒɑ̃te].

**RÉGICIDE**, adj. et subst.
Se dit de l'assassin ou de l'assassinat d'un roi. – Subst. masc. Meurtre d'un roi. 🔊 [ʀeʒisid].

**RÉGIE**, subst. f.
Gestion d'une entreprise d'intérêt public par des fonctionnaires ; entreprise ainsi gérée. – Organisation pratique d'un spectacle. – Local des techniciens, dans un studio, un théâtre. 🔊 [ʀeʒi].

**REGIMBER**, verbe intrans. [3]
Se cabrer, ruer. – Fig. Résister, refuser qqch. en protestant. 🔊 [ʀəʒɛ̃be].

**RÉGIME (I)**, subst. m.
Forme de gouvernement, d'administration : **Régime** parlementaire. – Ensemble de dispositions légales régissant une institution. – Prescription alimentaire particulière destinée à traiter une maladie ou à faire maigrir. – Mode de variation des précipitations, du débit des cours d'eau, etc. – Vitesse de rotation d'un moteur. 🔊 [ʀeʒim].

**RÉGIME (II)**, subst. m.
Grappe de fruits du bananier et du palmier dattier. 🔊 [ʀeʒim].

**RÉGIMENT**, subst. m.
Unité militaire formant corps, dirigée par un colonel. – Fam. Grand nombre. – Service militaire. 🔊 [ʀeʒimɑ̃].

**RÉGION**, subst. f.
Ensemble de territoires ayant des caractères communs. – En France, chacune des collectivités publiques regroupant plusieurs départements. – Partie du corps. 🔊 [ʀeʒjɔ̃].

**RÉGIONAL, ALE, AUX**, adj.
Qui a trait à la région. 🔊 [ʀeʒjɔnal].

**RÉGIONALISME**, subst. m.
Doctrine politique qui affirme et valorise l'identité régionale. – Locution, mot propre à une région. 🔊 [ʀeʒjɔnalism].

**RÉGIR**, verbe trans. [19]
Conduire, gouverner. – Servir de règle à : *Les lois qui* **régissent** *la société*. 🔊 [ʀeʒiʀ].

**RÉGISSEUR**, subst. m.
Gérant d'une propriété. – Responsable de la régie d'un spectacle. 🔊 [ʀeʒisœʀ].

**REGISTRE**, subst. m.
Livre où l'on consigne des renseignements, des actes. – Étendue de l'échelle sonore d'un instrument de musique, de la voix. – Fig. Domaine de compétence. – Tonalité d'une œuvre, d'un discours. 🔊 [ʀeʒistʀ̩].

**RÈGLE**, subst. f.
Instrument, souv. gradué, servant à tracer des lignes. – Principe de conduite. – Ensemble des conventions propres à une activité, à une technique, à un jeu. – *En* **règle** : conforme à la loi, au bon ordre. – Plur. Écoulement sanguin mensuel, chez la femme (synon. *menstrues*). 🔊 [ʀɛgl̩].

**RÈGLEMENT**, subst. m.
Action de résoudre une question. – Action de s'acquitter d'une dette. – Acte législatif non édicté par le Parlement. – Ensemble des prescriptions propres à un groupement, à un établissement. 🔊 [ʀɛgləmɑ̃].

**RÉGLEMENTAIRE**, adj.
Qui a trait au règlement. – Conforme au règlement. 🔊 [ʀɛgləmɑ̃tɛʀ].

**RÉGLEMENTATION**, subst. f.
Action de réglementer. – Ensemble des règlements régissant un domaine : **Réglementation** *du travail*. 🔊 [ʀɛgləmɑ̃tasjɔ̃].

**RÉGLEMENTER**, verbe trans. [3]
Assujettir à un règlement. 🔊 [ʀɛgləmɑ̃te].

**RÉGLER**, verbe trans. [8]
Soumettre à un ordre, à une discipline ; déterminer, fixer. – Résoudre (un problème, une affaire). – Mettre au point (une mécanique) : **Régler** *un moteur*. – Payer, acquitter. – Fig. **Régler** *son compte à qqn* : le punir durement, le tuer (fam.). 🔊 [ʀegle].

**RÉGLISSE**, subst.
Fém. Plante au jus sucré. – Masc. Pastille, bâton à mâcher, à base de ce jus. 🔊 [ʀeglis].

**RÈGNE**, subst. m.
Exercice du pouvoir souverain ; durée d'exercice de ce pouvoir. – Autorité, domination exercée par qqn, par qqch. : *Le* **règne** *de l'argent*. – Chacune des grandes divisions de la nature : **Règne** *animal*. 🔊 [ʀɛɲ].

**RÉGNER**, verbe intrans. [8]
Gouverner (un pays) en tant que souverain. – Dominer, être prépondérant. – S'établir, s'imposer : *La paix* **règne**. 🔊 [ʀeɲe].

**REGORGER**, verbe intrans. [5]
Disposer en surabondance : **Regorger** *de fruits*. 🔊 [ʀəgɔʀʒe].

**RÉGRESSER**, verbe intrans. [3]
Revenir à un état antérieur moins évolué. – Diminuer. 🔊 [ʀegʀese].

**REGRET**, subst. m.
Chagrin dû à une perte, à une absence, à une mort. – Insatisfaction de n'avoir pas réalisé qqch. – Repentir. – Loc. adv. *À* **regret** : malgré soi. 🔊 [ʀəgʀɛ].

**REGRETTER**, verbe trans. [3]
Ressentir vivement l'absence, la perte de : **Regretter** *sa jeunesse*. – Être mécontent de, déplorer. – Se repentir de. – Formule de politesse utilisée pour s'excuser : *Je re-* **grette**, *les bureaux sont fermés*. 🔊 [ʀəgʀete].

**REGROUPER**, verbe trans. [3]
Mettre ensemble, rassembler. 🔊 [ʀəgʀupe].

**RÉGULARISER**, verbe trans. [3]
Rendre conforme au règlement, à la loi. – Rendre régulier. 🔊 [ʀegylaʀize].

**RÉGULARITÉ**, subst. f.
Caractère de ce qui est régulier. – Caractère de ce qui est légal, conforme aux règles. 🕮 [ʀegylaʀite].

**RÉGULIER, IÈRE**, adj.
Conforme à une règle, à une loi, aux usages. – Qui se produit à moments, à intervalles fixes ; périodique. – Habituel, permanent. – Exact, ponctuel. – Qui présente des proportions harmonieuses. – *Clergé* régulier : appartenant à un ordre. 🕮 [ʀegylje, -jɛʀ].

**RÉGURGITER**, verbe trans. [3]
Rejeter (des aliments), vomir. 🕮 [ʀegyʀʒite].

**RÉHABILITER**, verbe trans. [3]
Rétablir (qqn) dans ses droits : **Réhabiliter** *un innocent.* – Rétablir (qqn) dans l'estime d'autrui. – Remettre en état, rénover (un bâtiment, un quartier). 🕮 [ʀeabilite].

**REHAUSSER**, verbe trans. [3]
Rendre plus haut ; placer plus haut. – Embellir, donner de l'éclat ou de la valeur à, mettre en relief. 🕮 [ʀəose].

**RÉHYDRATER**, verbe trans. [3]
Hydrater (ce qui est desséché). 🕮 [ʀeidʀate].

**RÉIMPRESSION**, subst. f.
Nouvelle impression d'un ouvrage, sans changements. 🕮 [ʀeɛ̃pʀesjɔ̃].

**REIN**, subst. m.
Chacun des deux organes qui purifient le sang de ses déchets et élaborent l'urine. – Plur. Région lombaire. – *Casser les* **reins** *à qqn* : briser sa carrière (fam.). 🕮 [ʀɛ̃].

**RÉINCARNATION**, subst. f.
*Relig.* Migration d'une âme dans un autre corps, après la mort. 🕮 [ʀeɛ̃kaʀnasjɔ̃].

**REINE**, subst. f.
Souveraine d'un royaume. – Femme de roi. – Femme qui domine un groupe. – Ce qui règne : *La corruption est* **reine.** – Chez certains insectes, femelle reproductrice : **Reine** *des abeilles.* – Figure d'un jeu de cartes ; pièce d'un jeu d'échecs. 🕮 [ʀɛn].

**REINETTE**, subst. f.
Variété de pomme. 🕮 [ʀɛnɛt].

**RÉINTÉGRER**, verbe trans. [8]
Reprendre possession (d'un lieu) ; revenir dans. – Rétablir (qqn) dans la possession d'un bien, d'un droit. 🕮 [ʀeɛ̃tegʀe].

**RÉITÉRER**, verbe [8]
Renouveler, répéter (littér.). 🕮 [ʀeiteʀe].

**REJAILLIR**, verbe intrans. [19]
Jaillir avec force, gicler. – Fig. **Rejaillir** *sur qqn* : retomber sur lui. 🕮 [ʀəʒajiʀ].

**REJET**, subst. m.
Action de rejeter ; son résultat. – Nouvelle pousse d'une plante. 🕮 [ʀəʒɛ].

**REJETER**, verbe trans. [14]
Renvoyer, jeter vers son lieu d'origine. – Expulser, vomir. – Écarter, refuser :

**Rejeter** *une offre.* – Mettre plus loin : **Rejeter** *un paragraphe à la fin d'un ouvrage.* – **Rejeter** *ses fautes sur qqn* : les faire retomber sur lui. 🕮 [ʀəʒ(ə)te].

**REJETON**, subst. m.
Pousse qui apparaît au pied d'une plante. – Descendant, enfant (fam.). 🕮 [ʀəʒ(ə)tɔ̃].

**REJOINDRE**, verbe trans. [55]
Regagner, aboutir à (un lieu). – Retrouver, rattraper (qqn). – Fig. Présenter des points communs avec. – Pronom. Se réunir : *Se* **rejoindre** *au restaurant.* 🕮 [ʀəʒwɛ̃dʀ].

**RÉJOUIR**, verbe trans. [19]
Donner de la joie à. – Amuser, divertir. – Pronom. Éprouver de la joie. 🕮 [ʀeʒwiʀ].

**RÉJOUISSANCE**, subst. f.
Joie collective : *Des* **réjouissances** *familiales.* – Plur. Festivités publiques. 🕮 [ʀeʒwisɑ̃s].

**RELÂCHE**, subst. m. ou f.
Détente, pause, repos : *Sans* **relâche,** *sans arrêt.* – Fermeture temporaire d'un théâtre, d'une salle de spectacle : *Jour de* **relâche.** – Fém. *Mar.* Escale. 🕮 [ʀəlɑʃ].

**RELÂCHEMENT**, subst. m.
État de ce qui se relâche. – Fig. Laisser-aller, négligence ; diminution d'ardeur, d'activité. 🕮 [ʀəlɑʃmɑ̃].

**RELÂCHER**, verbe [3]
Trans. Desserrer, détendre. – Rendre moins rigoureux. – Libérer de captivité. – Intrans. Faire escale, pour un navire. – Pronom. Se détendre, se desserrer. – Devenir plus négligent. 🕮 [ʀəlɑʃe].

**RELAIS**, subst. m.
Lieu où l'on changeait de chevaux. – Hôtel d'étape. – Intermédiaire. – Émetteur qui retransmet les ondes. – *Prendre le* **relais** *de* : succéder à, prendre la suite de. – *Sp. Course de* **relais** : dans laquelle les membres d'une même équipe se succèdent. 🕮 [ʀəlɛ].

**RELANCER**, verbe trans. [4]
Lancer de nouveau. – Effectuer une nouvelle sollicitation auprès de. 🕮 [ʀəlɑ̃se].

**RELATER**, verbe trans. [3]
Faire le récit, la relation de. 🕮 [ʀəlate].

**RELATIF, IVE**, adj.
Qui se rapporte (à) : *Discours* **relatif** *aux sciences.* – Qui n'est pas absolu, qui dépend d'autre chose. – Incomplet, imparfait : *Succès tout* **relatif.** – *Ling.* *Pronom* **relatif** : terme qui sert de lien entre un nom (ou un pronom), qu'il représente, et une proposition subordonnée. 🕮 [ʀəlatif, -iv].

**RELATION**, subst. f.
Lien, rapport unissant des personnes ou des choses. – Personne avec laquelle on est en rapport : **Relation** *d'affaires.* – *Avoir des* **relations** : connaître des gens influents. – Récit, narration. 🕮 [ʀəlasjɔ̃].

433

**RELATIONNEL, ELLE, adj.**
Qui concerne les relations. 🔊 [ʀəlasjɔnɛl].

**RELATIVISER, verbe trans. [3]**
Donner un caractère relatif à. – Minimiser.
🔊 [ʀəlativize].

**RELATIVITÉ, subst. f.**
Caractère de ce qui est relatif : *En toute*
*relativité*. 🔊 [ʀəlativite].

**RELAXER, verbe trans. [3]**
*Dr.* Relaxer *un prévenu* : le remettre en
liberté après l'avoir reconnu non coupable.
– Décontracter, reposer. – Pronom. Se
détendre. 🔊 [ʀəlakse].

**RELAYER, verbe trans. [15]**
Prendre le relais de (qqn). – Retransmettre
(une émission) par le biais d'un satellite,
d'un relais. 🔊 [ʀəleje].

**RELÉGUER, verbe trans. [8]**
Exiler (qqn) dans un lieu précis. – Mettre
à l'écart. 🔊 [ʀəlege].

**RELENT, subst. m.**
Odeur nauséabonde et tenace. – Fig. Trace,
reste : *Des* relents *d'absolutisme*. 🔊 [ʀəlɑ̃].

**RELEVÉ, subst. m.**
Écrit donnant une liste de renseignements :
Relevé *de compte*. – Plan d'une construc-
tion existante. 🔊 [ʀəl(ə)ve].

**RELÈVE, subst. f.**
Action de relever, de remplacer qqn, un
groupe, à son poste. – Personne, groupe qui
relève. 🔊 [ʀəlɛv].

**RELEVER, verbe trans. [10]**
Remettre debout, redresser. – Collecter :
Relever *les cahiers*. – Remarquer, noter :
Relever *une erreur*. – Relayer : Relever *une*
*équipe*. – Révoquer (qqn). – Épicer. – Augmenter la valeur, le niveau de : Relever *les*
*salaires*. – Relever de : dépendre de. – Se
rétablir : Relever *de maladie*. 🔊 [ʀəl(ə)ve].

**RELIEF, subst. m.**
Ce qui fait saillie sur une surface plane.
– Ensemble des inégalités de la surface ter-
restre : Relief *alpin*. – Fig. Éclat, profon-
deur. – *Mettre en* relief : en évidence.
– Plur. Restes d'un repas (littér.). 🔊 [ʀəljɛf].

**RELIER, verbe trans. [6]**
Assembler (les cahiers d'un livre) sous une
couverture rigide. – Réunir, joindre : *Train*
*qui relie deux villes*. – Fig. Établir un rapport
entre : Relier *deux événements*. 🔊 [ʀəlje].

**RELIGIEUX, IEUSE, adj. et subst.**
Adj. Relatif à une religion, à ses rites.
– Pieux. – Fig. Qui invite au recueillement,
au respect ; qui en est empreint : *Un silence*
religieux. – Subst. Personne qui appartient
à un ordre, à une congrégation. – Subst.
fém. Chou à la crème. 🔊 [ʀəliʒjø, -jøz].

**RELIGION, subst. f.**
Croyances et pratiques régissant la relation
de l'homme à Dieu (ou à un dieu) et

au sacré ; leur organisation dogmatique et
sociale. – Foi, croyance. 🔊 [ʀəliʒjɔ̃].

**RELIQUAT, subst. m.**
Ce qui reste d'un compte arrêté, d'une
somme due. 🔊 [ʀəlika].

**RELIQUE, subst. f.**
Fragment vénéré du corps d'un saint.
– Vieil objet conservé précieusement.
🔊 [ʀəlik].

**RELIURE, subst. f.**
Activité consistant à relier des livres. – Couverture rigide d'un livre. 🔊 [ʀəljyʀ].

**RELUIRE, verbe intrans. [69]**
Luire en produisant des reflets. 🔊 [ʀəlɥiʀ].

**RELUISANT, ANTE, adj.**
Qui reluit. – Fig. *Ce n'est pas* reluisant :
c'est médiocre. 🔊 [ʀəlɥizɑ̃, -ɑ̃t].

**REMANIER, verbe trans. [6]**
Changer la composition de : Remanier *un*
*gouvernement*. – Apporter des modifications
à : Remanier *un article*. 🔊 [ʀəmanje].

**REMARQUABLE, adj.**
Qui attire l'attention, notable. – Digne
d'admiration. 🔊 [ʀəmaʀkabl].

**REMARQUE, subst. f.**
Observation, écrite ou orale, qui attire
l'attention. – Critique. 🔊 [ʀəmaʀk].

**REMARQUER, verbe trans. [3]**
Observer, constater ; avoir l'attention atti-
rée par. – Distinguer : Remarquer *qqn dans*
*la foule*. – *Se faire* remarquer : se singulariser. 🔊 [ʀəmaʀke].

**REMBLAI, subst. m.**
Action de remblayer ; son résultat. – Matériau utilisé à cet effet. 🔊 [ʀɑ̃blɛ].

**REMBLAYER, verbe trans. [15]**
Combler, hausser à l'aide de matériaux
divers (terre, gravats, etc.). 🔊 [ʀɑ̃bleje].

**REMBOÎTER, verbe trans. [3]**
Remettre en place (ce qui est déboîté) :
Remboîter *un os*. 🔊 [ʀɑ̃bwate].

**REMBOURRER, verbe trans. [3]**
Remplir, garnir de bourre. 🔊 [ʀɑ̃buʀe].

**REMBOURSEMENT, subst. m.**
Action de rembourser, de payer une somme
due. 🔊 [ʀɑ̃buʀsəmɑ̃].

**REMBOURSER, verbe trans. [3]**
Rendre à qqn une somme d'argent qu'il a
prêtée ou déboursée. 🔊 [ʀɑ̃buʀse].

**REMÈDE, subst. m.**
Moyen, méthode propre à soigner une
maladie ; médicament. – Fig. Ce qui sert
à résoudre une difficulté, à prévenir ou à
combattre un mal quelconque. 🔊 [ʀəmɛd].

**REMÉDIER, verbe trans. indir. [6]**
Apporter un remède (à). 🔊 [ʀəmedje].

**REMEMBREMENT, subst. m.**
Opération consistant à réunir des parcelles
agricoles. 🔊 [ʀəmɑ̃bʀəmɑ̃].

**REMÉMORER**, verbe trans. [3]
Remettre en mémoire. – Pronom. Repasser dans sa mémoire. 🕮 [ʀəmemɔʀe].

**REMERCIEMENT**, subst. m.
Action de remercier. – Propos ou écrit par lesquels on remercie. 🕮 [ʀəmɛʀsimɑ̃].

**REMERCIER**, verbe trans. [6]
Exprimer sa reconnaissance à, dire merci à. – Licencier, congédier. 🕮 [ʀəmɛʀsje].

**REMETTRE**, verbe trans. [60]
Ranger : Remettre en place. – Rétablir dans un état satisfaisant : Remettre d'aplomb, sur pied. – Mettre de nouveau : Remettre du sel, une robe. – Ajourner : Remettre au lendemain. – Livrer, donner : Remettre un pli, sa démission. – Pardonner ; faire grâce de : Remettre une peine. – Pronom. Recommencer : Se remettre à fumer. – Se rétablir. – S'en remettre à qqn : lui faire confiance. 🕮 [ʀəmɛtʀ].

**RÉMINISCENCE**, subst. f.
Souvenir imprécis. 🕮 [ʀeminisɑ̃s].

**REMISE**, subst. f.
Action de donner, de livrer. – Remise de peine : grâce, gén. partielle, accordée à un condamné. – Action de remettre à sa place ou dans son état antérieur : Remise à neuf, en marche, en ordre. – Rabais. – Ajournement. – Local abritant des véhicules, des outils, etc. 🕮 [ʀəmiz].

**REMISER**, verbe trans. [3]
Ranger dans une remise. 🕮 [ʀəmize].

**RÉMISSION**, subst. f.
Pardon ; grâce. – Régression passagère d'une maladie. 🕮 [ʀemisjɔ̃].

**REMODELER**, verbe trans. [11]
Modifier la forme de (qqch.) pour l'améliorer. – Modifier la structure, l'organisation de. 🕮 [ʀəmɔd(ə)le].

**REMONTÉE**, subst. f.
Action, fait de remonter. – Remontée mécanique : toute installation hissant les skieurs en haut des pistes. 🕮 [ʀəmɔ̃te].

**REMONTER**, verbe [3]
Intrans. Monter, s'élever de nouveau. – Augmenter de nouveau. – Remonter à : dater de. – Trans. Parcourir de nouveau vers le haut ; aller vers la source de : Remonter le fleuve. – Replacer en haut, relever. – Reconstituer (ce qui est démonté). – Réconforter. – Remonter un réveil : en retendre le ressort. 🕮 [ʀəmɔ̃te].

**REMONTOIR**, subst. m.
Clef ou dispositif servant à remonter un mécanisme. 🕮 [ʀəmɔ̃twaʀ].

**REMONTRANCE**, subst. f.
Réprimande, reproche. 🕮 [ʀəmɔ̃tʀɑ̃s].

**REMORDS**, subst. m.
Souffrance morale causée par la conscience d'avoir mal agi. 🕮 [ʀəmɔʀ].

**REMORQUE**, subst. f.
Véhicule sans moteur, destiné à être tracté. – Câble servant à remorquer. 🕮 [ʀəmɔʀk].

**REMORQUER**, verbe trans. [3]
Tirer derrière soi. 🕮 [ʀəmɔʀke].

**RÉMOULADE**, subst. f.
Mayonnaise à la moutarde et aux fines herbes : Céleri rémoulade. 🕮 [ʀemulad].

**RÉMOULEUR**, subst. m.
Artisan ambulant qui aiguise les couteaux, les instruments tranchants. 🕮 [ʀemulœʀ].

**REMOUS**, subst. m.
Tourbillon, agitation dans un fluide. – Fig. Mouvement confus, agitation. 🕮 [ʀəmu].

**REMPAILLER**, verbe trans. [3]
Regarnir (un siège) de paille. 🕮 [ʀɑ̃paje].

**REMPART**, subst. m.
Mur large et haut entourant une place forte, une ville. – Ce qui sert de défense (littér.). 🕮 [ʀɑ̃paʀ].

**REMPILER**, verbe [3]
Trans. Remettre en pile : Rempiler des livres. – Intrans. Reprendre du service, pour un militaire (fam.). 🕮 [ʀɑ̃pile].

**REMPLACER**, verbe trans. [4]
Mettre à la place de, substituer. – Prendre la place de, relever. 🕮 [ʀɑ̃plase].

**REMPLIR**, verbe trans. [19]
Rendre plein (un récipient, un espace, etc.). – Combler : Remplir de joie. – Compléter : Remplir un formulaire. – S'acquitter de, exécuter : Remplir une mission ; Remplir une fonction, l'exercer. – Satisfaire à : Remplir une condition. 🕮 [ʀɑ̃pliʀ].

**REMPOTER**, verbe trans. [3]
Changer (une plante) de pot. 🕮 [ʀɑ̃pɔte].

**REMUE-MÉNAGE**, subst. m. inv.
Agitation bruyante. 🕮 [ʀəmymena3].

**REMUER**, verbe [3]
Trans. Déplacer ; agiter : Remuer des meubles ; Remuer les bras. – Fig. Émouvoir, bouleverser. – Intrans. Bouger. – Pronom. Se déplacer, se mouvoir. – Se donner du mal pour qqch. (fam.). 🕮 [ʀəmчe].

**RÉMUNÉRATION**, subst. f.
Paiement d'un travail, rétribution d'un service. 🕮 [ʀemyneʀasjɔ̃].

**RÉMUNÉRER**, verbe trans. [8]
Payer, rétribuer. 🕮 [ʀemyneʀe].

**RENÂCLER**, verbe intrans. [3]
Renifler bruyamment, pour un animal. – Manifester de la mauvaise volonté, de la répugnance (fam.) : Renâcler au travail. 🕮 [ʀənakle].

**RENAISSANCE**, subst. f.
Fait de renaître. – Nouvel essor, renouveau. – Hist. La Renaissance : période de renouveau artistique, intellectuel et social que connurent l'Italie puis toute l'Europe aux XVᵉ et XVIᵉ s. 🕮 [ʀənɛsɑ̃s].

**RENAÎTRE,** verbe intrans. [74]
Recommencer à vivre, à croître : *Végétation
qui renaît.* – Poindre de nouveau : *L'espoir
renaît.* – Empl. trans. indir. **Renaître** *à
la vie, au bonheur* : se sentir de nouveau
vivant, heureux. 🕮 [RƏnɛtR].

**RÉNAL, ALE, AUX,** adj.
Qui concerne les reins. 🕮 [Renal].

**RENARD,** subst. m.
Mammifère carnivore à poil roux, au fin
museau et à la queue touffue ; sa fourrure.
– Fig. Personne rusée. 🕮 [RƏnaR].

**RENCHÉRIR,** verbe intrans. [19]
Devenir plus cher. – Proposer une enchère
plus élevée. – Fig. Aller plus loin que qqn,
en paroles ou en actes. 🕮 [Rɑ̃ʃeRiR].

**RENCONTRE,** subst. f.
Fait de se rencontrer. – Entrevue. – Compétition sportive. – *Aller à la* **rencontre** *de* :
au-devant de. 🕮 [Rɑ̃kɔ̃tR].

**RENCONTRER,** verbe trans. [3]
Croiser par hasard. – Faire connaissance,
entrer en relation avec. – *Sp.* Se mesurer
à, affronter, en parlant de deux adversaires.
– Pronom. Se croiser, faire connaissance :
*Ils se* **sont rencontrés** *très jeunes.* – Se
trouver, exister : *L'aventure se* **rencontre**
*partout.* 🕮 [Rɑ̃kɔ̃tRe].

**RENDEMENT,** subst. m.
Rapport entre le temps passé à effectuer un
travail et le résultat obtenu. – Productivité
d'un terrain, d'un placement. 🕮 [Rɑ̃dmɑ̃].

**RENDEZ-VOUS,** subst. m.
Rencontre convenue à une heure et dans
un lieu donnés. – Lieu où l'on se réunit
habituellement. 🕮 [Rɑ̃devu].

**RENDORMIR,** verbe trans. [29]
Endormir de nouveau. – Pronom. Replon-
ger dans le sommeil. 🕮 [Rɑ̃dɔRmiR].

**RENDRE,** verbe trans. [51]
Restituer. – Donner à son tour : **Rendre**
*un baiser.* – Vomir (fam.). – Produire,
prononcer, traduire : **Rendre** *un son, un
jugement, une pensée.* – Faire devenir : *Ses
succès le* **rendent** *vaniteux.* – Pronom. Aller.
– Capituler. – Être pour être : *Elle se* **rend**
*utile.* – *Se* **rendre** *compte de* : prendre
conscience de. 🕮 [Rɑ̃dR].

**RÊNE,** subst. f.
Courroie fixée au mors, servant à diriger
un animal de selle. 🕮 [REn].

**RENÉGAT, ATE,** subst.
Individu qui renie ou trahit sa religion, sa
patrie ou ses idées. 🕮 [RƏnega, -at].

**RENFERMÉ, ÉE,** adj. et subst. m.
Adj. Secret, peu démonstratif : *Caractère*
**renfermé.** – Subst. Mauvaise odeur propre
aux lieux mal aérés. 🕮 [Rɑ̃fɛRme].

**RENFERMER,** verbe trans. [3]
Enfermer de nouveau. – Contenir, compor-

ter. – Pronom. Ne pas extérioriser ses sentiments ; se replier sur soi. 🕮 [Rɑ̃fɛRme].

**RENFLOUER,** verbe trans. [3]
Remettre à flot : **Renflouer** *un bateau.* – Fig.
Fournir des fonds pour rétablir la situation
de : **Renflouer** *une société.* 🕮 [Rɑ̃flue].

**RENFONCEMENT,** subst. m.
Partie d'un bâtiment située en retrait :
**Renfoncement** *de porte cochère.* – Retrait
fixe en début de paragraphe. 🕮 [Rɑ̃fɔ̃smɑ̃].

**RENFORCER,** verbe trans. [4]
Rendre plus fort, plus intense, plus solide,
plus nombreux : **Renforcer** *une couleur, un
mur, une équipe.* – Fig. Affermir : **Renforcer**
*des soupçons.* 🕮 [Rɑ̃fɔRse].

**RENFORT,** subst. m.
Effectif ou matériel supplémentaire. – Ce
qui sert à consolider. 🕮 [Rɑ̃fɔR].

**RENFROGNER (SE),** verbe
pronom. [3]
Exprimer son mécontentement par une
mine maussade, fâchée. 🕮 [Rɑ̃fRɔɲe].

**RENGORGER (SE),** verbe pronom. [5]
Faire l'important, prendre un air avantageux. 🕮 [Rɑ̃gɔRʒe].

**RENIEMENT,** subst. m.
Fait de renier. 🕮 [RƏnimɑ̃].

**RENIER,** verbe trans. [6]
Refuser de reconnaître comme sien, abandonner, désavouer : **Renier** *ses enfants, ses
amis.* – Abjurer : **Renier** *sa foi.* 🕮 [RƏnje].

**RENIFLER,** verbe trans. [3]
Intrans. Aspirer bruyamment par le nez.
– Trans. Aspirer par le nez, sentir : **Renifler**
*du tabac.* – Fig. Flairer, pressentir : **Renifler**
*une bonne affaire.* 🕮 [RƏnifle].

**RENNE,** subst. m.
Cervidé aux bois aplatis, domesticable, qui
vit dans le Grand Nord. 🕮 [REn].

**RENOM,** subst. m.
Célébrité, réputation. 🕮 [RƏnɔ̃].

**RENOMMÉ, ÉE,** adj.
Réputé, fameux. 🕮 [RƏnɔme].

**RENOMMÉE,** subst. f.
Réputation favorable, étendue à un large
public ; célébrité. 🕮 [RƏnɔme].

**RENONCEMENT,** subst. m.
Fait de renoncer, détachement volontaire.
– Abnégation. 🕮 [RƏnɔ̃smɑ̃].

**RENONCER,** verbe trans. indir. [4]
Renoncer à. Abandonner : **Renoncer** *au
pouvoir, à un projet.* – Cesser de s'attacher
à : **Renoncer** *à convaincre.* 🕮 [RƏnɔ̃se].

**RENOUER,** verbe trans. [3]
Refaire un nœud à. – Fig. Recommencer,
reprendre : **Renouer** *une liaison, la conversation.* – **Renouer** *avec* : reprendre une
relation interrompue, se réconcilier avec.
🕮 [RƏnwe].

**RENOUVEAU**, subst. m.
Renaissance, regain, retour. – Fig. Printemps (littér.). 🕮 [Rənuvo].

**RENOUVELER**, verbe trans. [12]
Remplacer, rénover. – Refaire ; réitérer : **Renouveler** *une erreur, des excuses.* – Reconduire : **Renouveler** *un abonnement.* – Pronom. Recommencer. – *Artiste qui se* **renouvelle** : qui est toujours créatif. 🕮 [Rənuv(ə)le].

**RENOUVELLEMENT**, subst. m.
Action de renouveler. – Fait de se renouveler. 🕮 [Rənuvɛlmɑ̃].

**RÉNOVATION**, subst. f.
Action de remettre à neuf, de moderniser : **Rénovation** *d'un quartier.* 🕮 [Renɔvasjɔ̃].

**RENSEIGNEMENT**, subst. m.
Information. – **Renseignements** *généraux* : service de la préfecture de police et de la Sûreté nationale. 🕮 [Rɑ̃sɛɲmɑ̃].

**RENSEIGNER**, verbe trans. [3]
Donner des indications utiles à. – Pronom. Prendre des renseignements. 🕮 [Rɑ̃seɲe].

**RENTABILISER**, verbe trans. [3]
Rendre rentable. 🕮 [Rɑ̃tabilize].

**RENTABILITÉ**, subst. f.
Caractère rentable de qqch. 🕮 [Rɑ̃tabilite].

**RENTABLE**, adj.
Qui rapporte de l'argent. 🕮 [Rɑ̃tablʲ].

**RENTE**, subst. f.
Revenu d'un bien, d'un capital placé, d'un emprunt d'État : *Il vit de ses* **rentes**. – **Rente** *de situation* : avantage tiré d'une situation privilégiée. 🕮 [Rɑ̃t].

**RENTIER, IÈRE**, subst.
Personne qui vit de ses rentes. 🕮 [Rɑ̃tje, -jɛR].

**RENTRÉE**, subst. f.
Reprise d'activité ; reprise des cours. – Retour d'un acteur à la scène. – Somme d'argent recouvrée. 🕮 [Rɑ̃tRe].

**RENTRER**, verbe [3]
Intrans. Retourner à l'intérieur, chez soi. – Reprendre ses activités. – Faire partie de : *Cela ne* **rentre** *pas dans mes attributions.* – Tenir : **Rentrer** *dans une valise.* – Pénétrer : *La pluie* **rentre** *par les trous.* – Heurter vivement : **Rentrer** *dans un mur.* – Trans. Mettre à l'intérieur : **Rentrer** *sa voiture.* – Rétracter : **Rentrer** *les griffes.* 🕮 [Rɑ̃tRe].

**RENVERSANT, ANTE**, adj.
Étonnant, stupéfiant. 🕮 [Rɑ̃vɛRsɑ̃, -ɑ̃t].

**RENVERSEMENT**, subst. m.
Retournement complet, bouleversement. – Action de provoquer une chute : **Renversement** *du tyran.* 🕮 [Rɑ̃vɛRsəmɑ̃].

**RENVERSER**, verbe trans. [3]
Retourner en mettant le haut en bas ; inverser. – Répandre. – Faire tomber : **Renverser** *un piéton.* – Chasser du pouvoir : **Renverser**

*un dictateur.* – Sidérer : *Cette nouvelle l'a* **renversé**. – Incliner en arrière : **Renverser** *la tête.* 🕮 [Rɑ̃vɛRse].

**RENVOI**, subst. m.
Action de renvoyer. – Signe invitant le lecteur à se reporter à un autre endroit du texte. – Rot. 🕮 [Rɑ̃vwa].

**RENVOYER**, verbe trans. [18]
Lancer en retour : **Renvoyer** *une balle.* – Réexpédier : **Renvoyer** *un colis.* – Exclure, licencier. – Réfléchir (des ondes) : *Miroir qui* **renvoie** *la lumière.* – Inviter à se reporter : **Renvoyer** *le lecteur au glossaire.* – Ajourner : **Renvoyer** *de huit jours.* 🕮 [Rɑ̃vwaje].

**RÉORGANISER**, verbe trans. [3]
Organiser différemment. 🕮 [ReɔRganize].

**RÉOUVERTURE**, subst. f.
Fait de rouvrir. – Reprise. 🕮 [ReuvɛRtyR].

**REPAIRE**, subst. m.
Refuge d'un animal sauvage ou d'un groupe de malfaiteurs. 🕮 [RəpɛR].

**REPAÎTRE (SE)**, verbe pronom. [75]
Se nourrir, se rassasier. – Fig. **Se repaître** *de crimes.* 🕮 [RəpɛtR].

**RÉPANDRE**, verbe trans. [51]
Verser : **Répandre** *de l'eau.* – Dégager : **Répandre** *une odeur.* – Propager, semer : **Répandre** *la terreur.* – Pronom. *Se* **répandre** *en injures* : injurier copieusement. 🕮 [Repɑ̃dR].

**RÉPANDU, UE**, adj.
Couramment admis. 🕮 [Repɑ̃dy].

**RÉPARATEUR, TRICE**, adj. et subst.
Se dit d'une personne qui répare. – Adj. Qui rétablit, restaure : *Repos* **réparateur** ; *Chirurgie* **réparatrice**. 🕮 [RepaRatœR, -tRis].

**RÉPARATION**, subst. f.
Action de réparer. – Compensation, dédommagement. 🕮 [Reparasjɔ̃].

**RÉPARER**, verbe trans. [3]
Remettre en bon état, en état de marche : **Réparer** *un toit, une voiture* ; au fig : **Réparer** *ses forces.* – Racheter, expier : **Réparer** *sa faute.* 🕮 [Repare].

**REPARTIE**, subst. f.
Réponse vive et spirituelle : *Avoir la* **repartie** *facile.* 🕮 On écrit aussi *répartie* ; [Rəparti].

**REPARTIR**, verbe intrans. [23]
Partir de nouveau. – Retourner : **Repartir** *chez soi.* 🕮 [RəpaRtiR].

**RÉPARTIR**, verbe trans. [19]
Distribuer selon une règle établie. – Échelonner dans le temps. 🕮 [RepaRtiR].

**RÉPARTITION**, subst. f.
Partage, distribution. 🕮 [RepaRtisjɔ̃].

**REPAS**, subst. m.
Nourriture prise à des heures régulières : *Faire trois* **repas** *par jour.* 🕮 [Rəpɑ].

**REPASSAGE, subst. m.**
Action de repasser le linge. 🕮 [ʀəpasaʒ].

**REPASSER, verbe [3]**
Intrans. Passer de nouveau, revenir (en un lieu). – Trans. Franchir de nouveau. – Projeter de nouveau : **Repasser** *un film.* – Lisser (du linge) au fer chaud. – Réviser : **Repasser** *une leçon.* – Affûter. 🕮 [ʀəpase].

**REPÊCHER, verbe trans. [3]**
Tirer hors de l'eau : **Repêcher** *le cadavre d'un noyé.* – Soumettre (un candidat éliminé) à une épreuve de rattrapage, de repêchage (fam.). 🕮 [ʀəpeʃe].

**REPENSER, verbe trans. [3]**
Penser de nouveau. – Reconsidérer : **Repenser** *un problème.* 🕮 [ʀəpɑ̃se].

**REPENTIR, subst. m.**
Regret, remords d'une faute. 🕮 [ʀəpɑ̃tiʀ].

**REPENTIR (SE), verbe pronom. [23]**
Regretter vivement (une faute), en ayant une intention de réparation. 🕮 [ʀəpɑ̃tiʀ].

**REPÉRAGE, subst. m.**
Action de repérer. – Recherche de lieux de tournage pour un film. 🕮 [ʀəpeʀaʒ].

**RÉPERCUSSION, subst. f.**
Contrecoup, retentissement. 🕮 [ʀepɛʀkysjɔ̃].

**RÉPERCUTER, verbe trans. [3]**
Renvoyer, transmettre : **Répercuter** *un son, un ordre.* – Pronom. Avoir des effets, réagir (sur qqch.). 🕮 [ʀepɛʀkyte].

**REPÈRE, subst. m.**
Marque servant à se situer dans le temps ou l'espace : *Point de* **repère.** 🕮 [ʀəpɛʀ].

**REPÉRER, verbe trans. [8]**
Situer avec précision grâce à des repères. – Remarquer, découvrir (fam.) : **Repérer** *une erreur.* – Pronom. S'orienter, se retrouver : *Se* **repérer** *en forêt.* 🕮 [ʀəpeʀe].

**RÉPERTOIRE, subst. m.**
Recueil de renseignements classés avec méthode : **Répertoire** *alphabétique.* – Les œuvres interprétées par un théâtre, un artiste. 🕮 [ʀepɛʀtwaʀ].

**RÉPERTORIER, verbe trans. [6]**
Classer dans un répertoire. 🕮 [ʀepɛʀtɔʀje].

**RÉPÉTER, verbe trans. [8]**
Redire ou refaire (qqch.). – Rapporter, ébruiter : **Répéter** *un secret.* – Mettre au point avant de présenter au public : **Répéter** *un rôle* ; empl. abs. : *Les acteurs* **répètent.** 🕮 [ʀepete].

**RÉPÉTITIF, IVE, adj.**
Qui se répète, monotone. 🕮 [ʀepetitif. -iv].

**RÉPÉTITION, subst. f.**
Redite : *Il y a trop de* **répétitions.** – Action de refaire : *Un fusil à* **répétition,** qui tire plusieurs coups d'affilée. – Séance de préparation d'une représentation. 🕮 [ʀepetisjɔ̃].

**REPEUPLER, verbe trans. [3]**
Réoccuper (une région dépeuplée). – Regarnir en espèces animales ou végétales : **Repeupler** *un étang.* 🕮 [ʀəpœple].

**REPIQUER, verbe trans. [3]**
Piquer de nouveau. – Replanter (un semis). – Enregistrer (un film, une musique, etc.) sur un nouveau support. 🕮 [ʀəpike].

**RÉPIT, subst. m.**
Arrêt, repos momentané : *Nous travaillons sans* **répit,** *continuellement.* 🕮 [ʀepi].

**REPLACER, verbe trans. [4]**
Remettre en place. – Situer. 🕮 [ʀəplase].

**REPLÂTRER, verbe trans. [3]**
Plâtrer une nouvelle fois. – Fig. Arranger de manière superficielle. 🕮 [ʀəplɑtʀe].

**REPLET, ÈTE, adj.**
Dodu, potelé. 🕮 [ʀəplɛ. -ɛt].

**REPLI, subst. m.**
Légère ondulation. – Bord replié. – Fig. Lieu secret : *Les* **replis** *de la mémoire.* – Recul économique ; retraite militaire. 🕮 [ʀəpli].

**REPLIER, verbe trans. [6]**
Plier de nouveau. – Pronom. Reculer en bon ordre : *L'armée se* **replie.** – *Se* **replier** *sur soi-même* : s'isoler. 🕮 [ʀəplije].

**RÉPLIQUE, subst. f.**
Vive repartie. – Texte qu'un acteur doit prononcer en réponse à ses partenaires. – Copie très ressemblante. 🕮 [ʀeplik].

**RÉPLIQUER, verbe [3]**
Répondre avec vivacité ou insolence, rétorquer. 🕮 [ʀeplike].

**RÉPONDANT, ANTE, subst.**
Personne qui sert de caution à qqn, garant. – Masc. *Avoir du* **répondant** : ne pas manquer d'argent ; avoir le sens de la repartie (fam.). 🕮 [ʀepɔ̃dɑ̃. -ɑ̃t].

**RÉPONDRE, verbe trans. [51]**
Trans. dir. Donner pour réponse : **Répondre** *une bêtise.* – Trans. indir. Adresser une réponse (à) : **Répondre** *à une lettre, à une question.* – Correspondre : **Répondre** *à un signalement.* – Marquer une même disposition : *Il* **répond** *à son amour.* – Garantir : *Je ne* **réponds** *pas de sa loyauté.* – Empl. abs. Réagir (à une action) : *Les freins ne* **répondent** *plus.* 🕮 [ʀepɔ̃dʀ].

**RÉPONSE, subst. f.**
Ce que l'on répond à qqn. – *Avoir* **réponse** *à tout* : faire face à toutes les situations. – Solution, explication. – Réaction à une stimulation. 🕮 [ʀepɔ̃s].

**REPORT, subst. m.**
Action de reporter qqch. – Renvoi à une autre date. – Copie sur un autre document. 🕮 [ʀəpɔʀ].

**REPORTAGE, subst. m.**
Compte rendu, écrit, oral ou filmé, d'une enquête sur le terrain effectuée par un journaliste, un reporter. 🕮 [ʀəpɔʀtaʒ].

**REPORTER,** verbe trans. [3]
Porter une nouvelle fois au même endroit.
– Remettre à plus tard. – Porter ailleurs :
**Reporter** *son affection sur qqn.* – Pronom.
Se référer (à). 🔊 [ʀəpɔʀte].

**REPOS,** subst. m.
Pause dans une activité ; détente, congé :
**Repos** *dominical* ; *Être de* **repos.** – Calme,
tranquillité : *Troubler le* **repos** *d'un lieu.*
– *Au* **repos** : immobile. 🔊 [ʀəpo].

**REPOSANT, ANTE,** adj.
Qui repose, délasse. 🔊 [ʀəpozɑ̃, -ɑ̃t].

**REPOSER (I),** verbe [3]
Trans. dir. Délasser. – Trans. indir. Être
établi, fondé (sur). – Intrans. Rester immobile, étendu ; être enterré. – Pronom. Se
détendre ; être inactif. – *Se* **reposer** *sur*
*qqn* : lui faire confiance, compter sur lui.
🔊 [ʀəpoze].

**REPOSER (II),** verbe trans. [3]
Poser de nouveau : **Reposer** *une caisse, une*
*question.* 🔊 [ʀəpoze].

**REPOUSSANT, ANTE,** adj.
Qui inspire le dégoût. 🔊 [ʀəpusɑ̃, -ɑ̃t].

**REPOUSSER (I),** verbe trans. [3]
Pousser en arrière, faire reculer. – Rabrouer,
éconduire. – Refuser, rejeter : **Repousser**
*une offre alléchante.* – Différer, ajourner.
🔊 [ʀəpuse].

**REPOUSSER (II),** verbe intrans. [3]
Pousser, croître de nouveau. 🔊 [ʀəpuse].

**REPOUSSOIR,** subst. m.
Personne ou chose qui, par contraste, met
en valeur une autre. 🔊 [ʀəpuswaʀ].

**RÉPRÉHENSIBLE,** adj.
Blâmable, condamnable. 🔊 [ʀepʀeɑ̃sibl].

**REPRENDRE,** verbe [52]
Trans. Prendre de nouveau : **Reprendre** *un*
*café.* – Corriger, réprimander. – Retrouver :
**Reprendre** *espoir.* – Recommencer après
une interruption : **Reprendre** *le travail, le*
*piano.* – Répéter. – Intrans. Redémarrer :
*L'activité* **reprend.** – Pronom. Réagir, se
ressaisir. 🔊 [ʀəpʀɑ̃dʀ].

**REPRÉSAILLES,** subst. f. plur.
Acte de vengeance. 🔊 [ʀəpʀezɑj].

**REPRÉSENTANT, ANTE,** subst.
Personne qui représente qqn, un groupe, le
peuple. – Commercial prospectant la clientèle pour une entreprise. 🔊 [ʀəpʀezɑ̃tɑ̃, -ɑ̃t].

**REPRÉSENTATIF, IVE,** adj.
Typique, caractéristique. – *Régime* représentatif : parlementaire. 🔊 [ʀəpʀezɑ̃tatif, -iv].

**REPRÉSENTATION,** subst. f.
Action, fait de représenter. – Métier du représentant de commerce. – Spectacle : *Une*
représentation *théâtrale.* 🔊 [ʀəpʀezɑ̃tasjɔ̃].

**REPRÉSENTER,** verbe trans. [3]
Présenter de nouveau. – Rendre sensible ;
exprimer, symboliser : *On* **représente** *la*

*paix par une colombe.* – Figurer : *Ce tableau*
**représente** *un port.* – Agir au nom de (qqn,
un groupe). – Jouer en public. – Pronom.
Se présenter, survenir une nouvelle fois.
– Imaginer. 🔊 [ʀəpʀezɑ̃te].

**RÉPRESSIF, IVE,** adj.
Qui réprime. 🔊 [ʀepʀesif, -iv].

**RÉPRESSION,** subst. f.
Action de réprimer. 🔊 [ʀepʀesjɔ̃].

**RÉPRIMANDE,** subst. f.
Blâme, reproche sévères. 🔊 [ʀepʀimɑ̃d].

**RÉPRIMANDER,** verbe trans. [3]
Blâmer sévèrement. 🔊 [ʀepʀimɑ̃de].

**RÉPRIMER,** verbe trans. [3]
Contenir : **Réprimer** *un sanglot.* – Empêcher, par la loi ou la force, le développement (d'une chose jugée blâmable ou
dangereuse) : **Réprimer** *une émeute.*
🔊 [ʀepʀime].

**REPRISE,** subst. f.
Action, fait de reprendre. – Regain, nouvel
essor. – Rachat d'un droit ou de biens
usagés. – Réparation à l'aiguille d'un tissu.
– Nouvelle série de représentations d'un
spectacle. – Accélération rapide d'un moteur. – Loc. adv. *À* maintes reprises : fréquemment. 🔊 [ʀəpʀiz].

**REPRISER,** verbe trans. [3]
Raccommoder (une étoffe). 🔊 [ʀəpʀize].

**RÉPROBATEUR, TRICE,** adj.
Qui marque la réprobation : *Un silence*
réprobateur. 🔊 [ʀepʀɔbatœʀ, -tʀis].

**RÉPROBATION,** subst. f.
Blâme, jugement sévère. 🔊 [ʀepʀɔbasjɔ̃].

**REPROCHE,** subst. m.
Critique, blâme adressé à qqn sur son
comportement. 🔊 [ʀəpʀɔʃ].

**REPROCHER,** verbe trans. [3]
Faire grief de (qqch.) à qqn. – Trouver à
redire à (qqch.). 🔊 [ʀəpʀɔʃe].

**REPRODUCTION,** subst. f.
Action de reproduire ; chose reproduite,
copie : **Reproduction** *photographique.*
– Propriété qu'ont les êtres vivants d'engendrer de nouveaux individus, de perpétuer leur espèce. 🔊 [ʀəpʀɔdyksjɔ̃].

**REPRODUIRE,** verbe trans. [69]
Produire de nouveau ; répéter. – Faire une
copie fidèle de. – Pronom. Se multiplier par
génération. 🔊 [ʀəpʀɔdɥiʀ].

**RÉPROUVER,** verbe trans. [3]
Condamner, blâmer (littér.). 🔊 [ʀepʀuve].

**REPTATION,** subst. f.
Action de ramper : *La* reptation *du serpent,*
son mode de locomotion. 🔊 [ʀɛptasjɔ̃].

**REPTILE,** subst. m.
Vertébré ovipare à peau écailleuse, à sang
froid et aux membres atrophiés ou absents.
– Plur. La classe correspondante. 🔊 [ʀɛptil].

**RÉPUBLICAIN, AINE, adj. et subst.**
Qui est favorable à la république. – Adj.
Relatif à la république. 🕮 [ʀepyblikɛ̃, -ɛn].

**RÉPUBLIQUE, subst. f.**
Forme de gouvernement où le pouvoir est
confié à des représentants élus par le corps
social. – Régime politique d'un État dont
le chef est élu (oppos. *monarchie*). – État
ainsi gouverné. 🕮 [ʀepyblik].

**RÉPUDIER, verbe trans.** [6]
Renvoyer (une épouse) aux fins de rompre
légalement et autoritairement le mariage.
– Renier : **Répudier** *sa foi.* 🕮 [ʀepydje].

**RÉPUGNANCE, subst. f.**
Répulsion, profond dégoût. 🕮 [ʀepyɲɑ̃s].

**RÉPUGNER, verbe trans. indir.** [3]
Inspirer de la répugnance (à) : *Cette saleté*
*me* **répugne**. – Ressentir de l'aversion
(pour) : *Elle* **répugne** *à mentir.* 🕮 [ʀepyɲe].

**RÉPULSION, subst. f.**
*Phys.* Force par laquelle deux corps se re-
poussent mutuellement (oppos. *attraction*). – Fig. Répugnance, aversion.
🕮 [ʀepylsjɔ̃].

**RÉPUTATION, subst. f.**
Fait d'être honorablement considéré ; renommée. – Manière dont qqn ou qqch. est
apprécié : *Jouir d'une* **réputation** *exécrable.*
🕮 [ʀepytasjɔ̃].

**RÉPUTÉ, ÉE, adj.**
Qui jouit d'une bonne réputation : *Région*
**réputée** *pour son vin.* 🕮 [ʀepyte].

**REQUÉRIR, verbe trans.** [33]
Réclamer en justice ; empl. abs., prononcer
un réquisitoire. – Solliciter : *Je* **requiers**
*votre attention.* – Nécessiter : *Un travail*
*qui* **requiert** *de l'expérience.* 🕮 [ʀəkeʀiʀ].

**REQUÊTE, subst. f.**
Demande pressante, écrite ou orale ;
prière : *Accepter une* **requête**. – Demande
adressée à un magistrat. 🕮 [ʀəkɛt].

**REQUIEM, subst. m. inv.**
Prière pour les défunts. – Musique composée sur ce texte. 🕮 [ʀekɥijɛm].

**REQUIN, subst. m.**
Squale au corps allongé et puissant, réputé
pour sa voracité. – Fig. Homme d'affaires
sans scrupule. 🕮 [ʀəkɛ̃].

**REQUIS, ISE, adj.**
Exigé, indispensable. 🕮 [ʀəki, -iz].

**RÉQUISITION, subst. f.**
Opération par laquelle une autorité exige
la cession d'un bien ou une prestation de
services. 🕮 [ʀekizisjɔ̃].

**RÉQUISITIONNER, verbe trans.** [3]
*Dr.* Se procurer (qqch.) ou obtenir les
services de (qqn) par voie de réquisition :
**Réquisitionner** *la troupe.* 🕮 [ʀekizisjɔne].

**RÉQUISITOIRE, subst. m.**
*Dr.* Dans une audience, rapport du ministère public exposant les griefs de l'accusation. – Fig. Accusation violente contre
qqn, portée en détaillant les reproches.
🕮 [ʀekizitwaʀ].

**RESCAPÉ, ÉE, adj. et subst.**
Qui est sorti vivant d'un accident, d'une
catastrophe. 🕮 [ʀɛskape].

**RESCOUSSE (À LA), loc. adv.**
À l'aide, en renfort. 🕮 [alaʀɛskus].

**RÉSEAU, subst. m.**
Entrelacement de fils. – Ensemble de lignes,
de canalisations, de voies reliées entre elles :
**Réseau** *routier.* – Organisation ramifiée :
**Réseau** *d'espionnage.* 🕮 [ʀezo].

**RÉSERVATION, subst. f.**
Action de réserver une place dans un hôtel,
un avion, un train, une salle de spectacle.
🕮 [ʀezɛʀvasjɔ̃].

**RÉSERVE, subst. f.**
Ce que l'on stocke en vue d'une utilisation
ultérieure : **Réserves** *de nourriture.* – Quantité de ressources disponibles : **Réserves**
*bancaires* ; **Réserves** *de pétrole d'un sous-sol* ;
*Armée de* **réserve** : troupes mobilisables en
cas de guerre. – Local de stockage. – Territoire attribué à des indigènes : **Réserve**
*d'Indiens.* – Territoire affecté à la conservation d'un site, de sa faune et de sa flore.
– Fig. Attitude de discrétion, de prudence :
*Se tenir sur la* **réserve**. – Restriction accompagnant une approbation : *Émettre des*
**réserves**. – *Sous toutes* **réserves** : sans
garantie. 🕮 [ʀezɛʀv].

**RÉSERVÉ, ÉE, adj.**
Discret, circonspect. – Affecté à un usage
particulier ; destiné exclusivement à qqn :
*Pêche* **réservée**. 🕮 [ʀezɛʀve].

**RÉSERVER, verbe trans.** [3]
Garder pour plus tard. – Affecter à un
usage exclusif ou spécial : **Réserver** *une*
*salle aux fumeurs.* – Retenir, faire garder :
**Réserver** *une chambre.* – Destiner : *Que*
*nous* **réserve** *demain ?* – Pronom. Attendre
le moment propice (pour faire qqch.) : *Je*
*me* **réserve** *de soulever cette question.* – Garder de l'appétit : *Se* **réserver** *pour le dessert.*
🕮 [ʀezɛʀve].

**RÉSERVOIR, subst. m.**
Lieu, cavité, récipient où sont stockés des
gaz ou des liquides. 🕮 [ʀezɛʀvwaʀ].

**RÉSIDENCE, subst. f.**
Fait de résider en un lieu ; ce lieu. – Résidence *surveillée* : obligation judiciaire de
demeurer en un lieu. – Immeuble ou
groupe d'immeubles de bon standing.
🕮 [ʀezidɑ̃s].

**RÉSIDENT, ENTE, subst.**
Personne qui réside dans un pays dont elle
n'a pas la nationalité. 🕮 [ʀezidɑ̃, -ɑ̃t].

**RÉSIDER**, verbe intrans. [3]
Avoir sa demeure habituelle (à) : *Résider à Nice.* – Consister (en) : *Son autorité réside dans son expérience.* 🔊 [ʀezide].

**RÉSIDU**, subst. m.
Reste sans valeur. – Déchet qui subsiste après un traitement industriel, une opération physique ou chimique. 🔊 [ʀezidy].

**RÉSIDUEL, ELLE**, adj.
Qui constitue un résidu. – Qu'on ne parvient pas à éliminer. 🔊 [ʀezidɥɛl].

**RÉSIGNATION**, subst. f.
Fait de se résigner. – Fatalisme. 🔊 [ʀeziɲasjɔ̃].

**RÉSIGNER (SE)**, verbe pronom. [3]
Se soumettre à, accepter sans protester : *Se résigner à son sort.* 🔊 [ʀeziɲe].

**RÉSILIATION**, subst. f.
Action de résilier : *Résiliation d'un bail.* 🔊 [ʀeziljasjɔ̃].

**RÉSILIER**, verbe trans. [6]
*Dr.* Mettre fin à (un contrat). 🔊 [ʀezilje].

**RÉSINE**, subst. f.
Substance translucide et collante sécrétée par des végétaux, notamment les Conifères. – Composé naturel ou synthétique de certaines matières plastiques. 🔊 [ʀezin].

**RÉSINEUX, EUSE**, adj. et subst. m.
Se dit d'un arbre qui produit de la résine. 🔊 [ʀezinø, -øz].

**RÉSISTANCE**, subst. f.
Action de résister à une autorité, à l'ennemi. – Capacité à supporter une épreuve morale ou physique. – Force qui s'oppose à une autre. – Solidité d'un corps. – *Résistance électrique* : conducteur qui convertit l'électricité en chaleur. – *Plat de résistance* : plat principal d'un repas. 🔊 [ʀezistɑ̃s].

**RÉSISTANT, ANTE**, adj. et subst.
Qui s'oppose à une occupation ennemie. – *Adj.* Solide ; robuste. 🔊 [ʀezistɑ̃, -ɑ̃t].

**RÉSISTER**, verbe trans. indir. [3]
Ne pas céder : *Résister à la pression.* – Supporter sans faiblir : *Résister au froid.* – Refuser de se soumettre. 🔊 [ʀeziste].

**RÉSOLU, UE**, adj.
Décidé, déterminé. 🔊 [ʀezɔly].

**RÉSOLUTION**, subst. f.
Fait de se résoudre : *Résolution de l'eau en vapeur.* – Fait de disparaître : *Résolution d'une tumeur.* – Fait de résoudre un problème. – Décision volontaire, ferme ; détermination : *Faire preuve de résolution.* – Annulation d'un contrat. – Motion prise par une assemblée. 🔊 [ʀezɔlysjɔ̃].

**RÉSONANCE**, subst. f.
Propriété d'amplifier ou de prolonger un son. – *Fig.* Retentissement. 🔊 [ʀezɔnɑ̃s].

**RÉSONNER**, verbe intrans. [3]
Produire ou réfléchir un son amplifié et prolongé : *La cloche résonne ; Hall qui résonne.* 🔊 [ʀezɔne].

**RÉSORBER**, verbe trans. [3]
Éliminer peu à peu : *Résorber une tumeur.* – *Fig.* Résorber *une dette.* 🔊 [ʀezɔʀbe].

**RÉSORPTION**, subst. f.
Fait de se résorber. 🔊 [ʀezɔʀpsjɔ̃].

**RÉSOUDRE**, verbe trans. [76]
Décomposer (un corps) en ses éléments. – Résorber. – *Fig.* Décider : *J'ai résolu de partir.* – Trouver la solution de, élucider : *Résoudre un problème, une énigme.* – *Pronom. Se résoudre à* : se décider à. 🔊 [ʀezudʀ].

**RESPECT**, subst. m.
Sentiment de considération, de déférence envers qqn : *Respect filial.* – Action d'observer, de ne pas enfreindre : *Respect des règles.* – *Tenir qqn en respect* : sous la menace d'une arme. 🔊 [ʀɛspɛ].

**RESPECTABILITÉ**, subst. f.
Caractère respectable. 🔊 [ʀɛspɛktabilite].

**RESPECTABLE**, adj.
Digne de respect, d'estime. – Assez important : *Somme respectable.* 🔊 [ʀɛspɛktabl].

**RESPECTER**, verbe trans. [3]
Considérer avec respect. – Se conformer à, ne pas porter atteinte à : *Respecter les lois, le silence.* 🔊 [ʀɛspɛkte].

**RESPECTIF, IVE**, adj.
Qui concerne chaque chose, chaque personne dans un ensemble : *Âges respectifs, de chacun.* 🔊 [ʀɛspɛktif, -iv].

**RESPECTIVEMENT**, adv.
Chacun en ce qui le concerne : *Il a deux enfants, nommés respectivement Luc et Antoine.* 🔊 [ʀɛspɛktivmɔ̃].

**RESPECTUEUX, EUSE**, adj.
Qui fait preuve de respect. – Qui dénote le respect. 🔊 [ʀɛspɛktɥø, -øz].

**RESPIRATION**, subst. f.
Action de respirer. – Processus par lequel les êtres vivants absorbent de l'oxygène et rejettent du gaz carbonique. 🔊 [ʀɛspiʀasjɔ̃].

**RESPIRATOIRE**, adj.
Qui permet la respiration. – Qui a trait à la respiration. 🔊 [ʀɛspiʀatwaʀ].

**RESPIRER**, verbe [3]
*Intrans.* Inspirer l'air puis l'expirer : *Respirer par le nez.* – *Fig.* Avoir un moment de répit. – *Trans.* Aspirer, inhaler : *Respirer des gaz toxiques.* – *Fig.* Exprimer : *Respirer la santé.* 🔊 [ʀɛspiʀe].

**RESPLENDIR**, verbe intrans. [19]
Briller d'un vif éclat. 🔊 [ʀɛsplɑ̃diʀ].

**RESPONSABILITÉ**, subst. f.
Fait d'être responsable : *Assumer ses responsabilités.* – *Dr.* Obligation de remplir une charge, de réparer une faute : *Responsabilité civile.* 🔊 [ʀɛspɔ̃sabilite].

**RESPONSABLE, adj. et subst.**
Qui prend des décisions, qui dirige : *Un* **responsable** *de magasin* ; *Les autorités* **responsables**. – Qui est la cause ou l'auteur : *Le* **responsable** *d'un accident*. – Adj. Qui doit répondre de ses actes, ou de ceux de qqn dont il a la charge. – Sérieux, réfléchi : *Enfant* **responsable**. ᵭᵭ [ʀɛspɔ̃sabl].

**RESQUILLER, verbe intrans.** [3]
Obtenir une chose sans y avoir droit ou sans la payer. ᵭᵭ [ʀɛskije].

**RESSAC, subst. m.**
Rejaillissement violent des vagues renvoyées sur elles-mêmes par un obstacle. ᵭᵭ [ʀəsak].

**RESSAISIR, verbe trans.** [19]
Saisir de nouveau. – Pronom. Retrouver son sang-froid. ᵭᵭ [ʀəseziʀ].

**RESSASSER, verbe trans.** [3]
Revenir continuellement sur : **Ressasser** *sa rancœur*. – Répéter sans cesse : **Ressasser** *les mêmes histoires*. ᵭᵭ [ʀəsase].

**RESSEMBLANCE, subst. f.**
Rapport entre des éléments présentant des points communs : **Ressemblance** *d'un père et d'un fils, d'un portrait*. ᵭᵭ [ʀəsɑ̃blɑ̃s].

**RESSEMBLANT, ANTE, adj.**
Qui présente une ressemblance avec qqch., qqn : *Dessin* **ressemblant**. ᵭᵭ [ʀəsɑ̃blɑ̃, -ɑ̃t].

**RESSEMBLER, verbe trans. indir.** [3]
Présenter une ressemblance (avec) : **Ressembler** *à sa mère*. – *Cela ne lui* **ressemble** *pas* : cela n'est pas conforme à son caractère. ᵭᵭ [ʀəsɑ̃ble].

**RESSEMELER, verbe trans.** [12]
Doter d'une semelle neuve. ᵭᵭ [ʀəsəm(ə)le].

**RESSENTIMENT, subst. m.**
Souvenir persistant d'une offense, d'un tort dont on veut se venger. ᵭᵭ [ʀəsɑ̃timɑ̃].

**RESSENTIR, verbe trans.** [23]
Éprouver (un sentiment, une sensation). – Être affecté par : **Ressentir** *les effets de la crise*. ᵭᵭ [ʀəsɑ̃tiʀ].

**RESSERRE, subst. f.**
Endroit où l'on range, où l'on conserve à l'abri des outils, des denrées. ᵭᵭ [ʀəsɛʀ].

**RESSERRER, verbe trans.** [3]
Serrer de nouveau ou plus fortement : **Resserrer** *un étau*. – Fig. Rendre plus étroit : **Resserrer** *des relations*. ᵭᵭ [ʀəseʀe].

**RESSORT (I), subst. m.**
Pièce mécanique qui reprend sa forme après compression ou torsion. – Fig. Force morale, énergie : *Manquer de* **ressort**. – Force qui fait agir : *L'ambition fut le* **ressort** *de sa vie*. ᵭᵭ [ʀəsɔʀ].

**RESSORT (II), subst. m.**
Compétence : *Cette affaire est du* **ressort** *de la justice*. – *En dernier* **ressort** : en dernier lieu. ᵭᵭ [ʀəsɔʀ].

**RESSORTIR (I), verbe** [23]
Trans. Sortir de nouveau (qqch.). – Intrans. Sortir de nouveau. – Se détacher sur un fond : *Le rouge* **ressort** *bien*. – Empl. impers. Résulter : *Qu'en* **ressort-***il* ? ᵭᵭ [ʀəsɔʀtiʀ].

**RESSORTIR (II), verbe trans. indir.** [19]
Être du ressort, relever (de) : *Cela* **ressortit** *aux tribunaux*. ᵭᵭ [ʀəsɔʀtiʀ].

**RESSOURCE, subst. f.**
Possibilité, recours. – Plur. Moyens dont dispose un individu, une société ou un pays : **Ressources** *financières, humaines, naturelles*. ᵭᵭ [ʀəsuʀs].

**RES(S)URGIR, verbe intrans.** [19]
Surgir de nouveau. ᵭᵭ [ʀəsyʀʒiʀ].

**RESSUSCITER, verbe** [3]
Intrans. Revivre après la mort. – Trans. Ramener (qqn) de la mort à la vie. – Fig. Faire revivre (qqch.) par le souvenir. ᵭᵭ [ʀesysite].

**RESTANT, ANTE, adj. et subst. m.**
Qui reste : *Somme* **restante** ; *Le* **restant** *de ma vie*. ᵭᵭ [ʀɛstɑ̃, -ɑ̃t].

**RESTAURANT, subst. m.**
Établissement où l'on peut prendre un repas moyennant paiement. ᵭᵭ [ʀɛstɔʀɑ̃].

**RESTAURATEUR, TRICE, subst.**
Artisan qui restaure des œuvres d'art ou des objets de valeur. – Tenancier de restaurant. ᵭᵭ [ʀɛstɔʀatœʀ, -tʀis].

**RESTAURATION, subst. f.**
Remise en bon état : **Restauration** *d'un tableau*. – Rétablissement d'une valeur détrônée, d'un régime déchu. – Activité du tenancier de restaurant. ᵭᵭ [ʀɛstɔʀasjɔ̃].

**RESTAURER, verbe trans.** [3]
Remettre en état. – Rétablir : **Restaurer** *la morale, la monarchie*. – Servir à manger à. – Pronom. Manger. ᵭᵭ [ʀɛstɔʀe].

**RESTE, subst. m.**
Élément subsistant d'un ensemble. – Faible quantité : *Un* **reste** *de crainte*. – *Au* **reste** ; *Du* **reste** : d'ailleurs. – Plur. Partie non consommée d'un repas. – Cadavre, ossements humains. ᵭᵭ [ʀɛst].

**RESTER, verbe intrans.** [3]
Continuer d'être dans un lieu : **Rester** *chez soi*. – Se maintenir dans le même état : **Rester** *fâché*. – Subsister. – *En* **rester** *là* : ne pas continuer. ᵭᵭ [ʀɛste].

**RESTITUER, verbe trans.** [3]
Rendre à qqn (ce qui n'aurait pas dû être pris). – Fig. Reproduire fidèlement : **Restituer** *un son*. ᵭᵭ [ʀɛstitɥe].

**RESTREINDRE, verbe trans.** [53]
Diminuer, limiter. – Pronom. Réduire ses dépenses, sa consommation. ᵭᵭ [ʀɛstʀɛ̃dʀ].

**RESTRICTION, subst. f.**
Action de restreindre. – Condition qui restreint : *Sans* **restriction**, entièrement.

– Plur. Limitation des dépenses, de la consommation. 🕮 [ʀɛstʀiksjɔ̃].

**RÉSULTANTE, subst. f.**
Conséquence de plusieurs facteurs conjugués. – Somme géométrique de vecteurs. 🕮 [ʀezyltɑ̃t].

**RÉSULTAT, subst. m.**
Ce qui résulte d'une action, d'un fait ; solution (d'un calcul, d'un problème). – Réussite ou échec ; score : *Les résultats du bac, d'un match.* – Réalisation tangible : *Sans résultat,* en vain. 🕮 [ʀezylta].

**RÉSULTER, verbe intrans. [3]**
Découler, être la conséquence (de) : *Il n'en résultera rien de fâcheux.* 🕮 [ʀezylte].

**RÉSUMÉ, subst. m.**
Abrégé. – *En résumé* : en bref. 🕮 [ʀezyme].

**RÉSUMER, verbe trans. [3]**
Exprimer brièvement l'essentiel de. – Pronom. Se réduire (à). 🕮 [ʀezyme].

**RÉSURGENCE, subst. f.**
Rejaillissement à l'air libre, pour des eaux souterraines. – Fig. Réapparition : **Résurgence** *d'idées anciennes.* 🕮 [ʀezyʀʒɑ̃s].

**RÉSURRECTION, subst. f.**
Fait de ressusciter. – *Relig.* Retour à la vie de Jésus-Christ, trois jours après sa mort. – Fig. Nouvel essor. 🕮 [ʀezyʀɛksjɔ̃].

**RETABLE, subst. m.**
*B.-A.* Panneau peint ou sculpté qui surmonte un autel. 🕮 [ʀətabl].

**RÉTABLIR, verbe trans. [19]**
Établir de nouveau ; rectifier : **Rétablir** *la vérité.* – Ramener : **Rétablir** *l'ordre.* – Faire recouvrer la santé à (qqn) ; empl. pronom., guérir. 🕮 [ʀetabliʀ].

**RÉTABLISSEMENT, subst. m.**
Action de rétablir ; son résultat. – Guérison. 🕮 [ʀetablismɑ̃].

**RETARD, subst. m.**
Fait d'arriver plus tard que prévu ; délai entre l'heure prévue et l'heure réelle d'arrivée : *Un long retard.* – Différence négative entre l'heure que donne une horloge et l'heure exacte. – Fait de rester en arrière par rapport à une norme : **Retard** *économique.* 🕮 [ʀətaʀ].

**RETARDATAIRE, adj. et subst.**
Qui a du retard. – Adj. Dépassé ; rétrograde. 🕮 [ʀətaʀdatɛʀ].

**RETARDEMENT, subst. m.**
*À retardement* : se dit d'un engin à explosion différée. – Fig. *Réagir à* **retardement** : avec retard. 🕮 [ʀətaʀdəmɑ̃].

**RETARDER, verbe [3]**
Intrans. Indiquer une heure inférieure à l'heure réelle, pour une montre, une horloge. – Fig. Se montrer rétrograde. – Trans. Mettre (qqn) en retard. – Différer (qqch.). 🕮 [ʀətaʀde].

**RETENIR, verbe trans. [22]**
Garder (qqch.) par-devers soi. – Ne pas oublier : **Retenir** *les noms.* – Retrancher d'une somme : **Retenir** *les cotisations sociales.* – Réserver : **Retenir** *une table.* – Prendre en considération : **Retenir** *une idée.* – Réprimer : **Retenir** *ses larmes.* – Maintenir (qqn ou qqch.) en place : **Retenir** *à dîner* ; **Retenir** *ses cheveux.* – Pronom. S'accrocher (à). – S'empêcher (de). 🕮 [ʀətəniʀ].

**RÉTENTION, subst. f.**
Fait de retenir, de garder pour soi : **Rétention** *d'informations.* – Accumulation anormale : **Rétention** *d'eau.* 🕮 [ʀetɑ̃sjɔ̃].

**RETENTIR, verbe intrans. [19]**
Produire un son éclatant. – Résonner : *L'air retentit de ses cris.* – Avoir des effets, des répercussions (sur). 🕮 [ʀətɑ̃tiʀ].

**RETENTISSANT, ANTE, adj.**
Qui retentit. – Dont on parle beaucoup : *Échec* **retentissant.** 🕮 [ʀətɑ̃tisɑ̃, -ɑ̃t].

**RETENTISSEMENT, subst. m.**
Répercussion, effet atteignant un large public. 🕮 [ʀətɑ̃tismɑ̃].

**RETENUE, subst. f.**
Somme retranchée d'un salaire. – Punition d'écolier. – Réserve, discrétion. – **Retenue** *d'eau* : lac artificiel, réservoir. – *Math.* Chiffre que l'on retient pour la colonne suivante, dans une opération. 🕮 [ʀət(ə)ny].

**RÉTICENCE, subst. f.**
Omission délibérée. – Réserve. 🕮 [ʀetisɑ̃s].

**RÉTICENT, ENTE, adj.**
Qui hésite, émet des réserves. 🕮 [ʀetisɑ̃, -ɑ̃t].

**RÉTIF, IVE, adj.**
Qui refuse d'avancer ; indocile. – Fig. Difficile à convaincre, récalcitrant. 🕮 [ʀetif, -iv].

**RÉTINE, subst. f.**
Membrane du fond de l'œil, qui reçoit les impressions lumineuses. 🕮 [ʀetin].

**RETIRER, verbe trans. [3]**
Enlever, ôter : **Retirer** *sa main, sa candidature.* – Obtenir : **Retirer** *des avantages de qqch.* – Tirer de nouveau. – Pronom. Refluer ; s'en aller. – Abandonner (une activité, une profession). 🕮 [ʀətiʀe].

**RETOMBÉE, subst. f.**
Ce qui retombe. – Plur. Conséquences, effets secondaires ou nuisibles. 🕮 [ʀətɔ̃be].

**RETOMBER, verbe intrans. [3]**
Redescendre au sol. – Tomber de nouveau : **Retomber** *dans l'oubli.* – Diminuer : *La tension retombe.* – Peser, rejaillir : *La honte retomba sur lui.* 🕮 [ʀətɔ̃be].

**RÉTORQUER, verbe trans. [3]**
Répliquer, répondre vivement. 🕮 [ʀetɔʀke].

**RETORS, ORSE, adj.**
Rusé et tortueux. 🕮 [ʀətɔʀ, -ɔʀs].

**RÉTORSION,** subst. f.
*Mesures de* **rétorsion** : prises en représailles. [retɔʀsjɔ̃].

**RETOUCHE,** subst. f.
Légère correction d'un texte, d'une photo. – Adaptation d'un vêtement aux mesures du client. [ʀətuʃ].

**RETOUR,** subst. m.
Fait de revenir à son point de départ, de repartir en sens opposé : *L'aller et le* **retour** ; **Retour** *de manivelle.* – Fait de revenir à un état antérieur : **Retour** *au calme.* – Renvoi : *Par* **retour** *du courrier.* – Réapparition : *Le* **retour** *de l'été.* – *En* **retour** : en échange. [ʀətuʀ].

**RETOURNEMENT,** subst. m.
Changement subit et complet, renversement. [ʀətuʀnəmɑ̃].

**RETOURNER,** verbe [3]
Trans. Tourner dans l'autre sens : **Retourner** *un disque.* – Renvoyer, réexpédier : **Retourner** *un paquet.* – Bouleverser (fam.). – Intrans. Regagner l'endroit d'où l'on vient ; se rendre de nouveau : **Retourner** *à l'école.* – Revenir à un état antérieur : **Retourner** *à la vie sauvage.* – Pronom. Se tourner en arrière. – Se renverser. – *S'en* **retourner** : repartir. [ʀətuʀne].

**RETRACER,** verbe trans. [4]
Tracer de nouveau. – Relater. [ʀətʀase].

**RÉTRACTER (I),** verbe trans. [3]
Faire rentrer dedans : **Rétracter** *ses griffes.* – Pronom. Se contracter. [ʀetʀakte].

**RÉTRACTER (II),** verbe trans. [3]
Désavouer, revenir sur (littér.). – Pronom. Se dédire. [ʀetʀakte].

**RÉTRACTILE,** adj.
Qui peut se rétracter (I) : *Les cornes* **rétractiles** *de l'escargot.* [ʀetʀaktil].

**RETRAIT,** subst. m.
Fait de retirer ou de se retirer. – *En* **retrait** : en arrière. [ʀətʀɛ].

**RETRAITE,** subst. f.
Retrait de la vie active ; pension touchée pendant cette période. – Lieu où l'on se retire. – Gel temporaire de l'activité de qqn, aux fins de méditation. – Recul devant un ennemi : *Battre en* **retraite.** – **Retraite** *aux flambeaux* : défilé nocturne lors d'une fête. [ʀətʀɛt].

**RETRAITÉ, ÉE,** adj. et subst.
Qui est à la retraite, qui ne travaille plus. [ʀətʀete].

**RETRAITEMENT,** subst. m.
Traitement d'un produit après une utilisation. [ʀətʀɛtmɑ̃].

**RETRANCHEMENT,** subst. m.
Fortification, défense. – Fig. *Pousser qqn dans ses derniers* **retranchements** : l'acculer. [ʀətʀɑ̃ʃmɑ̃].

**RETRANCHER,** verbe trans. [3]
Ôter, soustraire. – Pronom. Se protéger, se mettre à l'abri. [ʀətʀɑ̃ʃe].

**RETRANSMISSION,** subst. f.
Diffusion d'une émission de radio, de télévision. – Cette émission. [ʀətʀɑ̃smisjɔ̃].

**RÉTRÉCIR,** verbe [19]
Trans. Rendre plus étroit. – Intrans. Devenir plus étroit. [ʀetʀesiʀ].

**RÉTRÉCISSEMENT,** subst. m.
Fait de rétrécir. – Resserrement d'un orifice, d'un conduit. [ʀetʀesismɑ̃].

**RÉTRIBUER,** verbe trans. [3]
Payer (qqn) pour un travail. – Payer pour (un service, une tâche). [ʀetʀibɥe].

**RÉTRIBUTION,** subst. f.
Salaire, rémunération. [ʀetʀibysjɔ̃].

**RÉTRO,** adj. inv.
Qui s'inspire d'un proche passé : *Mode* **rétro.** [ʀetʀo].

**RÉTROACTIF, IVE,** adj.
Qui exerce son action sur ce qui est passé, sur des faits antérieurs. [ʀetʀoaktif, -iv].

**RÉTROGRADE,** adj.
Qui va en arrière. – Fig. Qui s'oppose au progrès. [ʀetʀoɡʀad].

**RÉTROGRADER,** verbe [3]
Trans. Ramener à un grade, à un classement inférieur. – Intrans. Revenir en arrière. – Régresser. – Passer une vitesse inférieure, en conduisant. [ʀetʀoɡʀade].

**RÉTROSPECTIF, IVE,** adj. et subst. f.
Adj. Relatif au passé. – Éprouvé après coup : *Peur* **rétrospective.** – Subst. Présentation de l'ensemble d'une production artistique. – Évocation des principaux événements d'une période. [ʀetʀɔspɛktif, -iv].

**RETROUSSER,** verbe trans. [3]
Relever. – Fig. **Retrousser** *ses manches* : se mettre au travail. [ʀətʀuse].

**RETROUVAILLES,** subst. f. plur.
Fait de retrouver qqn (fam.). [ʀətʀuvɑj].

**RETROUVER,** verbe trans. [3]
Trouver (ce qu'on avait perdu, ce qu'on cherchait). – Rejoindre (qqn). – Revoir (qqn qu'on avait perdu de vue) : **Retrouver** *un ami d'enfance.* – Pronom. Être soudainement dans une situation : *Se* **retrouver** *ruiné.* [ʀətʀuve].

**RÉTROVISEUR,** subst. m.
Petit miroir permettant à un conducteur de voir derrière son véhicule. [ʀetʀovizœʀ].

**RÉUNIFIER,** verbe trans. [6]
Rétablir l'unité de. [ʀeynifje].

**RÉUNION,** subst. f.
Action, fait de réunir ou de se réunir. – Assemblée de personnes ; durée de leur rencontre. [ʀeynjɔ̃].

**RÉUNIR**, verbe trans. [19]
Rassembler, rapprocher. – Relier : *Autoroute qui* **réunit** *deux villes.* – Avoir en soi : **Réunir** *plusieurs qualités.* – Pronom. Se rassembler. 🕮 [ʀeyniʀ].

**RÉUSSIR**, verbe [19]
Intrans. Connaître le succès. – Parvenir à un résultat. – Trans. dir. Faire bien : **Réussir** *un plat.* – Trans. indir. Parvenir : **Réussir** *à se lever.* – Être bénéfique : *Le mariage lui* **réussit.** 🕮 [ʀeysiʀ].

**RÉUSSITE**, subst. f.
Succès, bon résultat. – Jeu de cartes en solitaire. 🕮 [ʀeysit].

**REVALORISER**, verbe trans. [3]
Rendre sa valeur à. – Relever la valeur de : **Revaloriser** *un loyer.* 🕮 [ʀəvalɔʀize].

**REVANCHE**, subst. f.
Avantage repris sur qqn. – Fait de rendre la pareille à qqn. – *Jeux et sp.* Seconde partie donnant une nouvelle chance au perdant de la première. – Loc. adv. *En* **revanche** : au contraire, inversement. 🕮 [ʀəvɑ̃ʃ].

**RÊVASSER**, verbe intrans. [3]
S'abandonner à la rêverie. 🕮 [ʀɛvase].

**RÊVE**, subst. m.
Production de l'activité psychique pendant le sommeil. – Production idéale ou chimérique de l'imagination. – Loc. adv. *De rêve* : idéal. 🕮 [ʀɛv].

**REVÊCHE**, adj.
D'un abord difficile, rébarbatif. 🕮 [ʀəvɛʃ].

**RÉVEIL**, subst. m.
Fait de se réveiller : **Réveil** *de la nature.* – Fig. Retour à la réalité. 🕮 [ʀevɛj].

**RÉVEILLE-MATIN**, subst. m. inv.
Petite pendule que l'on peut faire sonner à une heure précise (abrév. *réveil*). 🕮 [ʀevɛjmatɛ̃].

**RÉVEILLER**, verbe trans. [3]
Tirer du sommeil. – Faire renaître : **Réveiller** *des souvenirs.* – Pronom. Cesser de dormir. – Se raviver, se ranimer. 🕮 [ʀeveje].

**RÉVEILLON**, subst. m.
Repas et fête de la nuit de Noël ou de celle de la Saint-Sylvestre. 🕮 [ʀevɛjɔ̃].

**RÉVÉLATEUR, TRICE**, adj. et subst. m.
Qui révèle : *Un geste* **révélateur**, significatif. – Subst. Produit servant à développer des photos. 🕮 [ʀevelatœʀ, -tʀis].

**RÉVÉLATION**, subst. f.
Action, fait de révéler ; l'information révélée. – Connaissance délivrée aux hommes par des moyens surnaturels. 🕮 [ʀevelasjɔ̃].

**RÉVÉLER**, verbe trans. [8]
Divulguer (une découverte ou un secret) ; faire connaître (un mystère divin). – Laisser voir, manifester : **Révéler** *des disposi-*tions pour.* – Pronom. Apparaître, se manifester : *Il ne se* **révéla** *pas très courageux.* 🕮 [ʀevele].

**REVENANT**, subst. m.
Apparition, fantôme. – Personne qu'on ne pensait plus revoir (fam.). 🕮 [ʀəv(ə)nɑ̃].

**REVENDICATION**, subst. f.
Action, fait de revendiquer : **Revendica**tions *salariales.* 🕮 [ʀəvɑ̃dikasjɔ̃].

**REVENDIQUER**, verbe trans. [3]
Réclamer (son dû, un avantage). – Vouloir assumer, se proclamer l'auteur de : **Revendiquer** *un attentat.* 🕮 [ʀəvɑ̃dike].

**REVENIR**, verbe intrans. [22]
Venir de nouveau, rentrer : **Revenir** *chez soi, de l'école.* – **Revenir** *sur un sujet* : le reprendre. – Retourner : **Revenir** *à de bons sentiments.* – Réapparaître. – Équivaloir. – Coûter au total : **Revenir** *cher.* – Échoir : *Cette part lui* **revient.** – **Revenir** *à soi* : reprendre conscience. 🕮 [ʀəvəniʀ].

**REVENU**, subst. m.
Gain perçu. – **Revenu** *national* : valeur de la production des biens et des services d'un pays. 🕮 [ʀəvəny].

**RÊVER**, verbe [3]
Intrans. Faire des rêves. – Oublier la réalité. – Trans. Voir en rêve ; imaginer ; désirer vivement. 🕮 [ʀeve].

**RÉVERBÉRATION**, subst. f.
Réflexion de la lumière, de la chaleur ou d'un son par une surface. 🕮 [ʀevɛʀbeʀasjɔ̃].

**RÉVERBÈRE**, subst. m.
Appareil d'éclairage public. 🕮 [ʀevɛʀbɛʀ].

**RÉVÉRENCE**, subst. f.
Respect. – Salut cérémonieux : *Tirer sa* révérence, s'en aller (fam.). 🕮 [ʀeveʀɑ̃s].

**RÉVÉREND, ENDE**, adj. et subst.
Titre de certains religieux, et des pasteurs anglicans. 🕮 [ʀeveʀɑ̃, -ɑ̃d].

**RÉVÉRER**, verbe trans. [8]
Honorer, vénérer. 🕮 [ʀeveʀe].

**RÊVERIE**, subst. f.
Rêve éveillé, pensée vague. 🕮 [ʀɛvʀi].

**REVERS**, subst. m.
Côté opposé, dos ; au fig., le mauvais côté : *Le revers de la médaille.* – Repli extérieur d'un vêtement. – Échec, défaite. – *Prendre l'ennemi à* **revers** : par-derrière. 🕮 [ʀəvɛʀ].

**RÉVERSIBLE**, adj.
Qui peut se produire en sens inverse. – Qui peut se porter à l'envers comme à l'endroit : *Tissu* **réversible.** 🕮 [ʀevɛʀsibl].

**REVÊTEMENT**, subst. m.
Matériau qui recouvre qqch. 🕮 [ʀəvɛtmɑ̃].

**REVÊTIR**, verbe trans. [24]
Mettre (un vêtement). – Couvrir d'un revêtement. – Fig. Prendre (un aspect) : **Revêtir** *de l'importance.* 🕮 [ʀəvetiʀ].

**RÊVEUR, EUSE, adj. et subst.**
Qui est enclin à rêver. 🕮 [ʀɛvœʀ, -øz].

**REVIENT, subst. m.**
Prix de revient : coût total de production et de distribution d'un article. 🕮 [ʀəvjɛ̃].

**REVIGORER, verbe trans.** [3]
Redonner de la vigueur à. 🕮 [ʀəvigɔʀe].

**REVIREMENT, subst. m.**
Changement soudain et total d'opinion ou d'attitude. 🕮 [ʀəviʀmɑ̃].

**RÉVISER, verbe trans.** [3]
Examiner de nouveau ; corriger. – Vérifier le bon état de. – Revoir (un cours), en vue d'un examen. 🕮 [ʀevize].

**REVIVRE, verbe** [63]
Trans. Vivre de nouveau (qqch.). – Éprouver une nouvelle fois. – Intrans. Renaître, retrouver son énergie. 🕮 [ʀəvivʀ].

**RÉVOCATION, subst. f.**
Action de révoquer. 🕮 [ʀevɔkasjɔ̃].

**REVOIR (I), verbe trans.** [36]
Voir de nouveau. – Retrouver : **Revoir** sa famille. – Revenir dans (un lieu) : **Revoir** Venise. – Corriger, vérifier : **Revoir** un projet. – Réviser : **Revoir** sa leçon. 🕮 [ʀəvwaʀ].

**REVOIR (II), subst. m.**
Au revoir : formule de politesse utilisée pour prendre congé. 🕮 [ʀəvwaʀ].

**RÉVOLTE, subst. f.**
Soulèvement contre une autorité. – Vive indignation. 🕮 [ʀevɔlt].

**RÉVOLTER, verbe trans.** [3]
Susciter une violente indignation chez. – Pronom. S'insurger, se soulever (contre) : Se révolter contre l'injustice. 🕮 [ʀevɔlte].

**RÉVOLU, UE, adj.**
Passé, achevé : Époque révolue. 🕮 [ʀevɔly].

**RÉVOLUTION, subst. f.**
Rotation complète autour d'un axe ou d'un point central. – Bouleversement d'une situation politique, d'un ordre social : La Révolution française. – Changement profond : Révolution industrielle. 🕮 [ʀevɔlysjɔ̃].

**RÉVOLUTIONNAIRE, adj. et subst.**
Adj. Relatif à une révolution. – Qui apporte des bouleversements : Procédé révolutionnaire. – Subst. Partisan de la révolution ; qui y prend part. 🕮 [ʀevɔlysjɔnɛʀ].

**RÉVOLUTIONNER, verbe trans.** [3]
Transformer profondément. – Mettre en émoi (fam.). 🕮 [ʀevɔlysjɔne].

**REVOLVER, subst. m.**
Arme à feu à répétition, dotée d'un barillet : Le colt est un revolver. 🕮 [ʀevɔlvɛʀ].

**RÉVOQUER, verbe trans.** [3]
Destituer, priver de ses fonctions. – Annuler (un acte juridique). 🕮 [ʀevɔke].

**REVUE, subst. f.**
Examen attentif : Passer en **revue**. – Défilé : **Revue** militaire. – Spectacle de music-hall, de variétés. – Magazine. 🕮 [ʀəvy].

**RÉVULSER, verbe trans.** [3]
Remplir d'un profond dégoût. – Bouleverser le visage de. – Pronom. Ses yeux se révulsent : ils chavirent. 🕮 [ʀevylse].

**REZ-DE-CHAUSSÉE, subst. m. inv.**
Appartement situé au niveau de la rue, du sol. 🕮 [ʀed(ə)ʃose].

**R(H)APSODIE, subst. f.**
Poésie antique. – Pièce musicale d'inspiration populaire. 🕮 [ʀapsɔdi].

**RHÉSUS, subst. m.**
Singe du nord de l'Inde, du genre macaque. – Facteur **rhésus** : dont la présence ou l'absence détermine la compatibilité entre deux sortes de sang. 🕮 [ʀezys].

**RHÉTORIQUE, subst. f.**
Art de bien parler. – Éloquence emphatique et creuse (péj.). 🕮 [ʀetɔʀik].

**RHINOCÉROS, subst. m.**
Grand mammifère herbivore à peau épaisse, portant une ou deux cornes selon qu'il est originaire d'Asie ou d'Afrique. 🕮 [ʀinɔseʀɔs].

**RHIZOME, subst. m.**
Tige souterraine d'où partent des racines et des tiges aériennes. 🕮 [ʀizom].

**RHODODENDRON, subst. m.**
Arbuste de montagne prisé pour ses grandes fleurs ornementales. 🕮 [ʀɔdɔdɛ̃dʀɔ̃].

**RHUBARBE, subst. f.**
Plante à larges feuilles dont les grosses tiges ont une saveur acide. 🕮 [ʀybaʀb].

**RHUM, subst. m.**
Alcool de canne à sucre. 🕮 [ʀɔm].

**RHUMATISME, subst. m.**
Inflammation articulaire douloureuse : Une crise de rhumatismes. 🕮 [ʀymatism].

**RHUME, subst. m.**
Inflammation aiguë de la muqueuse nasale : **Rhume** de cerveau, des foins. 🕮 [ʀym].

**RIANT, RIANTE, adj.**
Gai, agréable : Paysage riant. 🕮 [ʀijɑ̃, ʀijɑ̃t].

**RIBAMBELLE, subst. f.**
Suite nombreuse de personnes ou de choses (fam.). 🕮 [ʀibɑ̃bɛl].

**RICANER, verbe intrans.** [3]
Rire bêtement ou ironiquement. 🕮 [ʀikane].

**RICHE, adj. et subst.**
Qui possède de nombreux biens ; fortuné. – Adj. Qui jouit d'une situation prospère : Pays riche. – Qui contient de nombreux éléments : Langue riche. 🕮 [ʀiʃ].

**RICHESSE, subst. f.**
Situation d'une personne riche ; fortune. – Abondance. – Éclat, magnificence. – Plur. Ressources. – Objets de valeur. 🕮 [ʀiʃɛs].

**RICIN**, subst. m.
Plante à grandes feuilles dont les graines produisent une huile purgative. 🔊 [ʀisɛ̃].

**RICOCHER**, verbe intrans. [3]
Faire des ricochets. 🔊 [ʀikɔʃe].

**RICOCHET**, subst. m.
Rebond d'un objet plat lancé obliquement sur la surface de l'eau. – *Par* ricochet : par contrecoup. 🔊 [ʀikɔʃɛ].

**RICTUS**, subst. m.
Sourire grimaçant. 🔊 [ʀiktys].

**RIDE**, subst. f.
Petit pli de la peau sur le visage, gén. dû au vieillissement. – Ondulation légère de l'eau. 🔊 [ʀid].

**RIDEAU**, subst. m.
Pièce de tissu mobile que l'on tend devant les fenêtres ou les portes. – Au théâtre, draperie séparant la scène de la salle. – Fig. Masse formant écran : **Rideau** *d'arbres*. – **Rideau** *de fer* : fermeture métallique d'une devanture de magasin. 🔊 [ʀido].

**RIDER**, verbe trans. [3]
Marquer de rides. 🔊 [ʀide].

**RIDICULE**, adj. et subst. m.
Adj. Risible, dérisoire : *Une somme* ridicule. – Absurde, déraisonnable. – Subst. Ce qui est ridicule. – *Tourner en* ridicule : se moquer de. 🔊 [ʀidikyl].

**RIDICULISER**, verbe trans. [3]
Rendre ridicule. 🔊 [ʀidikylize].

**RIEN**, pron. indéf. et subst. m.
Pron. Aucune chose (négation) : *Ne rien faire*. – Quelque chose (affirmation) : *Y a-t-il* rien *de plus grand ?* – *Cela ne fait* rien : peu importe ; **Rien** *que* : seulement ; *Pour* rien : gratuitement ; inutilement. – Subst. Chose sans importance. – *Un* rien *de* : très peu de. 🔊 [ʀjɛ̃].

**RIEUR, RIEUSE**, adj. et subst.
Se dit d'une personne qui aime rire. – Adj. Qui exprime la gaieté. 🔊 [ʀijœʀ, ʀijøz].

**RIGIDE**, adj.
Qui résiste à la déformation ; dur, raide. – Fig. Inflexible, sévère. 🔊 [ʀiʒid].

**RIGIDITÉ**, subst. f.
Caractère de ce qui est rigide. 🔊 [ʀiʒidite].

**RIGOLADE**, subst. f.
Fam. Amusement. – Chose sans importance ou peu sérieuse. 🔊 [ʀigɔlad].

**RIGOLE**, subst. f.
Petit conduit creusé pour l'évacuation des eaux. – Filet d'eau qui ruisselle. 🔊 [ʀigɔl].

**RIGOUREUX, EUSE**, adj.
Très sévère, inflexible. – Très rude, pénible. – Exact, précis. 🔊 [ʀiguʀø, -øz].

**RIGUEUR**, subst. f.
Grande sévérité. – Rudesse (du climat). – Netteté, précision. – Loc. adv. *À la* rigueur : si c'est absolument nécessaire. – Loc. adj. *De* rigueur : obligatoire. – *Tenir* rigueur *à* *qqn* : lui garder rancune. 🔊 [ʀigœʀ].

**RILLETTES**, subst. f. plur.
Viande de porc ou d'oie, hachée et cuite dans sa graisse. 🔊 [ʀijɛt].

**RIME**, subst. f.
Retour de sons identiques à la fin de deux ou de plusieurs vers. 🔊 [ʀim].

**RIMER**, verbe [3]
Intrans. Former des rimes : *Page* rime *avec sage*. – *Cela ne* rime *à rien* : cela n'a aucun sens. – Trans. Mettre en vers. 🔊 [ʀime].

**RINCER**, verbe trans. [4]
Nettoyer à l'eau pure. 🔊 [ʀɛ̃se].

**RING**, subst. m.
Estrade entourée de cordes où se disputent les combats de boxe ou de catch. 🔊 [ʀiŋ].

**RIPER**, verbe [3]
Trans. Déplacer (un fardeau) en faisant glisser. – Intrans. Glisser, déraper. 🔊 [ʀipe].

**RIPOSTE**, subst. f.
Réponse vive et immédiate (en paroles ou en actes) à une agression. 🔊 [ʀipɔst].

**RIPOSTER**, verbe trans. [3]
Répliquer. – Contre-attaquer. 🔊 [ʀipɔste].

**RIRE (I)**, verbe intrans. [68]
Manifester sa gaieté par des sons saccadés et par des mouvements du visage. – S'amuser, se réjouir. – Plaisanter : *J'ai dit ça pour* rire. – **Rire** *de* : se moquer de, railler. – Pronom. Se moquer (de). 🔊 [ʀiʀ].

**RIRE (II)**, subst. m.
Action de rire. 🔊 [ʀiʀ].

**RIS**, subst. m.
*Cuis.* Thymus de veau ou d'agneau, apprécié des gastronomes. 🔊 [ʀi].

**RISÉE**, subst. f.
Objet de moquerie. 🔊 [ʀize].

**RISIBLE**, adj.
Qui prête à rire, grotesque. 🔊 [ʀizibl].

**RISQUE**, subst. m.
Danger plus ou moins prévisible : *Courir un risque*. – *À* risque : qui comporte des dangers. 🔊 [ʀisk].

**RISQUER**, verbe trans. [3]
Trans. dir. Exposer ou s'exposer à (un risque). – Oser. – Trans. indir. *Tu* risques *de le choquer* : c'est une éventualité. – Pronom. Se hasarder (à, dans). 🔊 [ʀiske].

**RISQUE-TOUT**, subst. inv.
Individu téméraire. 🔊 [ʀiskətu].

**RISSOLER**, verbe [3]
Dorer ou faire dorer à feu vif. 🔊 [ʀisɔle].

**RITE**, subst. m.
Ensemble de règles présidant à la pratique d'un culte. – Coutume, habitude. 🔊 [ʀit].

**RITOURNELLE**, subst. f.
Air qui se répète à la fin de chaque couplet d'une chanson. – Fig. Rengaine (fam.). 📖 [ʀiturnɛl].

**RITUEL, ELLE**, adj. et subst. m.
Adj. Qui constitue un rite. – Habituel. – Subst. Ensemble de rites. 📖 [ʀitɥɛl].

**RIVAGE**, subst. m.
Bord de mer, littoral. 📖 [ʀivaʒ].

**RIVAL, ALE, AUX**, adj. et subst.
Qui est en compétition avec autrui pour l'obtention d'un bien, d'une faveur. – *Sans rival* : inégalable. 📖 [ʀival].

**RIVALISER**, verbe intrans. [3]
Vouloir surpasser : **Rivaliser** *de zèle avec son collègue.* 📖 [ʀivalize].

**RIVALITÉ**, subst. f.
Antagonisme, concurrence. 📖 [ʀivalite].

**RIVE**, subst. f.
Bord d'un cours d'eau, d'un lac. 📖 [ʀiv].

**RIVER**, verbe trans. [3]
Attacher, fixer solidement. 📖 [ʀive].

**RIVERAIN, AINE**, subst.
Personne qui habite le long d'une rivière, d'un lac, d'une rue. 📖 [ʀiv(ə)ʀɛ̃, -ɛn].

**RIVET**, subst. m.
Élément d'assemblage métallique, non démontable, à tige cylindrique. 📖 [ʀivɛ].

**RIVIÈRE**, subst. f.
Cours d'eau qui se jette dans un cours d'eau plus important. – Fig. **Rivière** *de diamants* : collier de diamants. 📖 [ʀivjɛʀ].

**RIXE**, subst. f.
Querelle violente et publique. 📖 [ʀiks].

**RIZ**, subst. m.
Céréale nourricière cultivée dans les zones chaudes et humides. – Son grain. 📖 [ʀi].

**RIZIÈRE**, subst. f.
Plantation de riz. 📖 [ʀizjɛʀ].

**R.M.I.**, subst. m. inv.
Sigle pour « revenu minimum d'insertion », allocation versée aux démunis. 📖 [ɛʀɛmi].

**ROBE**, subst. f.
Vêtement féminin d'une seule pièce formé d'un corsage et d'une jupe. – Vêtement long et ample propre à certaines professions : **Robe** *de magistrat.* – Pelage de certains animaux. – Couleur d'un vin. 📖 [ʀɔb].

**ROBINET**, subst. m.
Dispositif relié à une canalisation, que l'on peut ouvrir ou fermer pour régler le débit d'un liquide ou d'un gaz. 📖 [ʀɔbinɛ].

**ROBORATIF, IVE**, adj.
Qui donne des forces. 📖 [ʀɔbɔʀatif, -iv].

**ROBOT**, subst. m.
Machine susceptible de remplacer l'homme dans certaines activités. – Fig. Individu totalement conditionné (péj.). – *Portrait-robot* : portrait établi par recoupement de témoignages. 📖 [ʀɔbo].

**ROBOTISER**, verbe trans. [3]
Équiper (une usine) de robots. – Transformer (qqn) en robot. 📖 [ʀɔbɔtize].

**ROBUSTE**, adj.
Vigoureux, résistant. 📖 [ʀɔbyst].

**ROBUSTESSE**, subst. f.
Caractère de ce qui est robuste. 📖 [ʀɔbystɛs].

**ROC**, subst. m.
Bloc de pierre dure. 📖 [ʀɔk].

**ROCADE**, subst. f.
Voie routière contournant une agglomération. 📖 [ʀɔkad].

**ROCAILLE**, subst. f.
Amas de pierres, de cailloux. – Terrain rocailleux. – Ouvrage de pierres cimentées décorant un jardin. 📖 [ʀɔkaj].

**ROCAILLEUX, EUSE**, adj.
Couvert de rocaille. – Fig. Rauque, sans harmonie : *Voix* **rocailleuse**. 📖 [ʀɔkajø, -øz].

**ROCAMBOLESQUE**, adj.
Extraordinaire, extravagant. 📖 [ʀɔkãbɔlɛsk].

**ROCHE**, subst. f.
Matière minérale de la surface terrestre ; bloc de cette matière. – *Clair comme de l'eau de roche* : limpide, évident. 📖 [ʀɔʃ].

**ROCHER**, subst. m.
Importante masse de pierre, gén. abrupte. – Gâteau, friandise en forme de petit rocher. – Partie de l'os temporal. 📖 [ʀɔʃe].

**ROCHEUX, EUSE**, adj.
Formé ou rempli de rochers. 📖 [ʀɔʃø, -øz].

**ROCK (AND ROLL)**, subst. m. inv.
Musique et danse populaires très rythmées, originaires des États-Unis. – Empl. adj. inv. *Groupe, concert* **rock**. 📖 [ʀɔkɛnʀɔl].

**ROCKING-CHAIR**, subst. m.
Fauteuil à bascule. 📖 Plur. *rocking-chairs* ; [ʀɔkin(t)ʃɛʀ].

**ROCOCO**, subst. m.
Style artistique en vogue au XVIIIᵉ s., caractérisé par une extraordinaire profusion ornementale. – Empl. adj. inv. Tarabiscoté ; désuet (péj.). 📖 [ʀɔkoko].

**RODAGE**, subst. m.
Action de roder. – Période où l'on rode, où l'on met au point qqch. 📖 [ʀɔdaʒ].

**RODÉO**, subst. m.
Jeu sportif américain, où l'on tente de monter et de maîtriser des animaux rétifs (chevaux, vaches). – Course improvisée de motos ou de voitures (fam.). 📖 [ʀɔdeo].

**RODER**, verbe trans. [3]
Faire fonctionner pendant un certain temps (un moteur neuf) en deçà de ses possibilités, pour éviter d'en abîmer les pièces. – Mettre au point (une organisation, une méthode). 📖 [ʀɔde].

**RÔDER**, verbe intrans. [3]
Errer avec de mauvais desseins. 🕮 [ʀode].

**RÔDEUR, EUSE**, subst.
Personne louche, qui rôde. 🕮 [ʀodœʀ, -øz].

**RODOMONTADE**, subst. f.
Fanfaronnade, vantardise. 🕮 [ʀɔdɔmɔ̃tad].

**ROGNER**, verbe trans. [3]
Couper les bords de. – Diminuer, entamer :
Rogner *ses économies*. 🕮 [ʀɔɲe].

**ROGNON**, subst. m.
*Cuis*. Rein comestible d'un animal : Ro-
gnons *à la sauce madère*. 🕮 [ʀɔɲɔ̃].

**ROGUE**, adj.
Rude et méprisant : *Un ton rogue*. 🕮 [ʀɔg].

**ROI**, subst. m.
Chef d'État, monarque, gén. héréditaire,
d'un royaume. – *Fig*. Personne qui domine
dans un domaine : **Roi** *du pétrole*. – Figure
de jeu de cartes ; pièce de jeu d'échecs.
– *Morceau de roi* : mets exquis. 🕮 [ʀwa].

**ROITELET**, subst. m.
Petit passereau. – Roi d'un petit pays (péj.).
🕮 [ʀwat(ə)lɛ].

**RÔLE**, subst. m.
Ce qu'un acteur doit dire et faire dans une
pièce ou un film ; le personnage que joue
l'acteur. – Fonction, tâche. – Liste, registre.
– *À tour de rôle* : chacun à son tour.
🕮 [ʀol].

**R.O.M.**, subst. f.
*Informat*. Mémoire morte (*read only memory*). 🕮 [ʀɔm].

**ROMAN (I)**, subst. m.
Œuvre littéraire en prose, racontant gén.
les aventures de personnages imaginaires.
– *Fig*. Histoire invraisemblable. 🕮 [ʀɔmɑ̃].

**ROMAN (II), ANE**, adj. et subst m.
*Ling*. Se dit des langues issues du latin.
– *B.-A*. Se dit de l'art qui a fleuri en Europe
aux Xᵉ-XIIᵉ s., produisant des chefs-d'œuvre
d'architecture et de sculpture religieuses.
🕮 [ʀɔmɑ̃, -an].

**ROMANCE**, subst. f.
Mélodie sentimentale. 🕮 [ʀɔmɑ̃s].

**ROMANCER**, verbe trans. [4]
Donner le caractère, l'apparence d'un
roman à : **Romancer** *les faits*. 🕮 [ʀɔmɑ̃se].

**ROMANCIER, IÈRE**, subst.
Auteur de romans. 🕮 [ʀɔmɑ̃sje, -jɛʀ].

**ROMANESQUE**, adj.
Qui semble davantage appartenir à un
roman qu'à la réalité. – Qui voit la vie
comme un roman. 🕮 [ʀɔmanɛsk].

**ROMANICHEL, ELLE**, subst.
*Péj*. Tzigane. – Vagabond. 🕮 [ʀɔmaniʃɛl].

**ROMANISER**, verbe trans. [3]
Imposer la civilisation et la langue des
Romains à : *La Gaule vaincue fut* **romani-
sée**. 🕮 [ʀɔmanize].

**ROMANTIQUE**, adj. et subst.
Se dit des écrivains et des artistes européens
qui, au début du XIXᵉ s., rompirent avec
l'esthétique classique en privilégiant l'exaltation des sentiments individuels. – Adj.
Qui rappelle la sensibilité, les thèmes d'inspiration des **romantiques**. 🕮 [ʀɔmɑ̃tik].

**ROMARIN**, subst. m.
Arbrisseau aromatique méditerranéen, à
fleurs bleues. 🕮 [ʀɔmaʀɛ̃].

**ROMPRE**, verbe [51]
Trans. Briser. – Intrans. Se séparer. – Pronom. Se casser. 🕮 [ʀɔ̃pʀ].

**ROMPU, UE**, adj.
Épuisé, fourbu. – Expert : *Il est* **rompu** *à
l'escalade*. 🕮 [ʀɔ̃py].

**RONCE**, subst. f.
Arbuste épineux à baies noires. 🕮 [ʀɔ̃s].

**RONCHONNER**, verbe intrans. [3]
Maugréer, manifester sa mauvaise humeur
en grommelant. 🕮 [ʀɔ̃ʃɔne].

**ROND (I)**, subst. m.
Cercle. – Objet **rond** : *Rond de serviette*.
– Sou (fam.). – *Faire des* **ronds** *de jambe* :
des politesses exagérées. – *Tourner en* **rond** :
ne pas progresser. 🕮 [ʀɔ̃].

**ROND (II), RONDE**, adj.
Qui a la forme d'un cercle, d'une sphère.
– Plein, rebondi : *Des joues* **rondes**.
– Entier, complet : *Chiffres* **ronds**. – Ivre
(fam.). – Empl. adv. *Il ne tourne pas* **rond** :
il ne va pas bien (fam.). 🕮 [ʀɔ̃, ʀɔ̃d].

**RONDE**, subst. f.
Danse où l'on tourne en rond en chantant.
– Visite d'inspection, de surveillance : *Che-
min de* **ronde** ; **Ronde** *de nuit*. – Loc. adv.
*À la* **ronde** : alentour. – *Mus*. Note valant
deux blanches. 🕮 [ʀɔ̃d].

**RONDEAU**, subst. m.
Poème médiéval à forme fixe. 🕮 [ʀɔ̃do].

**RONDELET, ETTE**, adj.
Dodu. – *Fig*. Assez important : *Somme*
**rondelette**. 🕮 [ʀɔ̃dlɛ, -ɛt].

**RONDELLE**, subst. f.
Petite pièce métallique, gén. trouée. – Petite
tranche ronde. 🕮 [ʀɔ̃dɛl].

**RONDEMENT**, adv.
Rapidement. – Franchement. 🕮 [ʀɔ̃dmɑ̃].

**RONDEUR**, subst. f.
Forme ronde : *Elle a d'agréables* **rondeurs**.
– *Fig*. Bonhomie. 🕮 [ʀɔ̃dœʀ].

**RONDIN**, subst. m.
Morceau de bois cylindrique. 🕮 [ʀɔ̃dɛ̃].

**ROND-POINT**, subst. m.
Place circulaire. 🕮 *Plur. ronds-points* ; [ʀɔ̃pwɛ̃].

**RONFLANT, ANTE**, adj.
Emphatique, pompeux (péj.). 🕮 [ʀɔ̃flɑ̃, -ɑ̃t].

**RONFLEMENT, subst. m.**
Bruit du dormeur qui ronfle. – Bruit sourd
et continu. 🔊 [ʀɔ̃fləmɑ̃].

**RONFLER, verbe intrans.** [3]
Respirer bruyamment par le nez ou la gorge
en dormant. – Produire un bruit continu :
*Le poêle* **ronfle** *doucement.* 🔊 [ʀɔ̃fle].

**RONGER, verbe trans.** [5]
Entamer à petits coups de dents. – Corro-
der, attaquer : *La mer* **ronge** *la falaise.* – Fig.
*Les soucis le* **rongent**, le minent. 🔊 [ʀɔ̃ʒe].

**RONGEUR, EUSE, adj. et subst. m.**
Adj. Qui ronge. – Subst. Mammifère aux
incisives tranchantes (rat, castor...) ; au
plur., l'ordre correspondant. 🔊 [ʀɔ̃ʒœʀ, -øz].

**RONRONNER, verbe intrans.** [3]
Émettre un ronflement sourd, pour un
chat. – Ronfler régulièrement : *Le moteur*
**ronronne**. 🔊 [ʀɔ̃ʀɔne].

**ROQUEFORT, subst. m.**
Fromage fabriqué avec du lait de brebis et
ensemencé d'une moisissure. 🔊 [ʀɔkfɔʀ].

**ROQUET, subst. m.**
Petit chien agressif qui aboie pour un rien.
🔊 [ʀɔkɛ].

**RORQUAL, ALS, subst. m.**
Grand cétacé des mers froides. 🔊 [ʀɔʀk(w)al].

**ROSACE, subst. f.**
*Archit.* Ornement représentant une rose
stylisée inscrite dans un cercle. 🔊 [ʀozas].

**ROSAIRE, subst. m.**
Grand chapelet. – Les prières récitées en
égrenant un **rosaire**. 🔊 [ʀozɛʀ].

**ROSE, adj. et subst.**
Subst. fém. Fleur ornementale et odorante
du rosier. – *À l'eau de* **rose** : mièvre. – Adj.
et subst. masc. Couleur rouge pâle de
certaines **roses**. – *Voir la vie en* **rose** : voir
les choses du bon côté. 🔊 [ʀoz].

**ROSEAU, subst. m.**
Plante des lieux humides, à longue tige
souple et lisse, souv. creuse. 🔊 [ʀozo].

**ROSÉE, subst. f.**
Vapeur d'eau qui se dépose en gouttelettes
fines sur les végétaux, le matin ou le soir.
🔊 [ʀoze].

**ROSERAIE, subst. f.**
Plantation de rosiers. 🔊 [ʀozʀɛ].

**ROSIER, subst. m.**
Arbuste épineux cultivé pour ses fleurs, les
roses. 🔊 [ʀozje].

**ROSIR, verbe** [19]
Trans. Teinter de rose. – Intrans. Devenir
rose. 🔊 [ʀoziʀ].

**ROSSE, subst. f.**
Fam. Mauvais cheval. – Empl. adj. Caustique, méchant, sévère. 🔊 [ʀɔs].

**ROSSER, verbe trans.** [3]
Battre avec violence (fam.). 🔊 [ʀɔse].

**ROSSIGNOL, subst. m.**
Petit passereau, renommé pour son chant
mélodieux. – Ustensile servant à crocheter
les serrures (fam.). 🔊 [ʀɔsiɲɔl].

**ROSTRE, subst. m.**
*Antiq.* Éperon ornant la proue d'un navire
antique. – *Zool.* Appendice buccal de certains insectes ; prolongement antérieur de
la carapace de certains crustacés. 🔊 [ʀɔstʀ].

**ROT, subst. m.**
Renvoi buccal de gaz. 🔊 [ʀo].

**ROTATIF, IVE, adj. et subst. f.**
Adj. Tournant : *Mouvement* **rotatif**. – Subst.
Presse à imprimer constituée de cylindres
tournant très rapidement. 🔊 [ʀɔtatif, -iv].

**ROTATION, subst. f.**
Mouvement tournant autour d'un axe fixe.
– Alternance cyclique : **Rotation** *des équipes.*
🔊 [ʀɔtasjɔ̃].

**ROTER, verbe intrans.** [3]
Faire des rots (fam.). 🔊 [ʀɔte].

**RÔTI, IE, adj. et subst. m.**
Adj. Cuit à la broche ou au four. – Subst.
Pièce de viande cuite à feu vif. 🔊 [ʀoti].

**ROTIN, subst. m.**
Tige d'une variété de palmier : *Meubles en*
**rotin**. 🔊 [ʀɔtɛ̃].

**RÔTIR, verbe** [19]
Trans. Faire cuire (une viande) à la broche
ou au four à feu vif. – Intrans. *Le poulet*
*est en train de* **rôtir**. – Fig. Être soumis à
une forte chaleur. 🔊 [ʀotiʀ].

**ROTONDE, subst. f.**
Construction de forme circulaire, gén. sur-
montée d'une coupole. 🔊 [ʀɔtɔ̃d].

**ROTOR, subst. m.**
Élément mobile actionnant un mécanisme
rotatif. – **Rotor** *d'un hélicoptère* : sa voilure
tournante. 🔊 [ʀɔtɔʀ].

**ROTULE, subst. f.**
Petit os mobile, légèrement convexe, de
la face antérieure du genou. – *Tech.* Articulation, dans un mécanisme. 🔊 [ʀɔtyl].

**ROTURIER, IÈRE, adj. et subst.**
Se dit d'une personne qui n'appartient pas
à la noblesse. 🔊 [ʀɔtyʀje, -jɛʀ].

**ROUAGE, subst. m.**
Chacune des pièces mobiles d'un mécanisme. – Fig. *Les* **rouages** *de l'adminis-*
*tration.* 🔊 [ʀuaʒ].

**ROUBLARD, ARDE, adj. et subst.**
Qui parvient à ses fins grâce à son habileté,
à ses ruses (fam.). 🔊 [ʀublaʀ, -aʀd].

**ROUCOULER, verbe intrans.** [3]
Émettre un chant doux et monotone (le
roucoulement), en parlant du pigeon.
– Fig. **Roucouler** *de plaisir.* 🔊 [ʀukule].

**ROUE, subst. f.**
Pièce circulaire, pleine ou évidée, qui tourne autour d'un axe : **Roue** *d'une voiture, d'un moulin* ; **Roue** *de gouvernail.* – *Faire la* **roue** : se pavaner tel un paon ; faire tourner son corps latéralement en prenant appui sur les mains. 😊 [Ru].

**ROUÉ, ÉE, adj.**
Rusé, sans scrupule. 😊 [Rue].

**ROUER, verbe trans. [3]**
**Rouer** *de coups* : Battre avec acharnement. 😊 [Rue].

**ROUET, subst. m.**
Roue à rayons, actionnée par une pédale, servant à filer la laine, le lin, etc. 😊 [Rue].

**ROUGE, adj. et subst. m.**
Couleur du sang : *Vin* **rouge** ; *Fruits* **rouges** ; **Rouge** *de colère.* – Relatif aux révolutionnaires, aux communistes, dont cette couleur est l'emblème : *Armée* **rouge**. – Subst. La couleur **rouge**. – **Rouge** *à lèvres* : produit cosmétique coloré dont on s'enduit les lèvres. 😊 [Ru3].

**ROUGEÂTRE, adj.**
D'une couleur proche du rouge. 😊 [Ru3ɑtʀ].

**ROUGEAUD, AUDE, adj. et subst.**
Qui a le teint trop rouge. 😊 [Ru3o, -od].

**ROUGE-GORGE, subst. m.**
Passereau insectivore dont la poitrine est rouge. 😊 Plur. *rouges-gorges* ; [Ru3gɔʀ3].

**ROUGEOLE, subst. f.**
Maladie virale, infectieuse et contagieuse, caractérisée par l'apparition de taches rouges sur la peau. 😊 [Ru3ɔl].

**ROUGEOYER, verbe intrans. [17]**
Devenir rougeâtre, produire une lueur rougeâtre : *Le crépuscule* **rougeoie**. 😊 [Ru3waje].

**ROUGET, subst. m.**
Poisson de mer à grosses écailles rouges, à la chair appréciée. 😊 [Ru3ɛ].

**ROUGEUR, subst. f.**
Teinte rouge. – Coloration rouge du visage, due à une émotion. – Plaque rouge sur la peau. 😊 [Ru3œʀ].

**ROUGIR, verbe [19]**
Intrans. Devenir rouge : *Les tomates* **rougissent** *en mûrissant* ; **Rougir** *de confusion.* – Trans. Rendre rouge. 😊 [Ru3iʀ].

**ROUILLE, adj. inv. et subst.**
Subst. fém. Matière brun-rouge recouvrant par plaques les métaux ferreux exposés à l'humidité. – Maladie de certaines plantes (qui les marque de taches orange). – Adj. et subst. masc. De la couleur de la **rouille**. 😊 [Ruj].

**ROUILLER, verbe [3]**
Intrans. Se couvrir de rouille. – Trans. Couvrir de rouille. – Fig. Rendre moins alerte, moins efficace : *L'inactivité* **rouille** *les muscles.* 😊 [Ruje].

**ROULANT, ANTE, adj.**
Qui roule, qui est équipé de roues : *Fauteuil* **roulant** ; *Escalier* **roulant**. – Fig. *Feu* **roulant** : tir nourri, continu. 😊 [Rulɑ̃, -ɑ̃t].

**ROULEAU, subst. m.**
Objet enroulé sur lui-même : **Rouleau** *de papier.* – Longue vague déferlante. – Objet cylindrique : **Rouleau** *à pâtisserie* ; **Rouleau** *compresseur.* – Fig. *Être au bout du* **rouleau** : épuisé. 😊 [Rulo].

**ROULEMENT, subst. m.**
Action de rouler. – Bruit sourd et prolongé : **Roulement** *de tambour, de tonnerre.* – Mécan. Dispositif qui réduit le frottement entre des pièces. – Fig. Alternance de personnes à un poste de travail. 😊 [Rulmɑ̃].

**ROULER, verbe [3]**
Trans. Déplacer (qqch.) en le faisant tourner sur lui-même. – Mettre en rouleau : **Rouler** *un tapis.* – Aplanir au rouleau. – Fig. Berner (fam.). – Intrans. Se déplacer en tournant sur soi. – Circuler à bord d'un véhicule muni de roues : *On* **a roulé** *toute la nuit.* – Avoir pour sujet : *La conversation* **roulait** *sur son mariage.* 😊 [Rule].

**ROULETTE, subst. f.**
Petite roue : *Patins à* **roulettes**. – Fraise de dentiste. – Jeu de hasard. 😊 [Rulɛt].

**ROULIS, subst. m.**
Balancement latéral (d'un flanc sur l'autre) d'un navire (oppos. *tangage*). 😊 [Ruli].

**ROULOTTE, subst. f.**
Grande voiture habitable, gén. remorquée : *Les* **roulottes** *des forains.* 😊 [Rulɔt].

**ROUMAIN, subst. m.**
Langue romane parlée principalement en Roumanie. 😊 [Rumɛ̃].

**ROUND, subst. m.**
Chacune des reprises d'un combat de boxe. 😊 [Rund] ou [raund].

**ROUPILLER, verbe intrans. [3]**
Dormir (fam.). 😊 [Rupije].

**ROUQUIN, INE, adj. et subst.**
Qui a les cheveux roux. 😊 [Rukɛ̃, -in].

**ROUSPÉTER, verbe intrans. [8]**
Protester en maugréant (fam.). 😊 [Ruspete].

**ROUSSEUR, subst. f.**
Couleur rousse : *Taches de* **rousseur**, taches rousses constellant la peau. 😊 [Rusœʀ].

**ROUSSI, subst. m.**
Odeur de ce qui a légèrement brûlé. – Loc. *Ça sent le* **roussi** : les choses se gâtent (fam.) 😊 [Rusi].

**ROUSSIR, verbe [19]**
Trans. Donner une couleur rousse à : *La flamme* **a roussi** *les poils du chat.* – Intrans. Devenir roux. 😊 [Rusiʀ].

**ROUTE, subst. f.**
Voie carrossable reliant des villes ou des villages. – Réseau de communication formé

par ces voies. – Direction : *Se tromper de* **route.** 🕮 [ʀut].

**ROUTIER, IÈRE,** adj. et subst. m.
Adj. De la route. – Subst. Chauffeur de camion sur de longs trajets. 🕮 [ʀutje, -jɛʀ].

**ROUTINE,** subst. f.
Façon d'agir, de penser immuable, mécanique. – *De* **routine** : habituel. 🕮 [ʀutin].

**ROUVRIR,** verbe [27]
Trans. Ouvrir de nouveau : **Rouvrir** *un procès.* – Intrans. Être de nouveau ouvert : *Le musée* **rouvrira** *demain.* 🕮 [ʀuvʀiʀ].

**ROUX, ROUSSE,** adj. et subst.
Couleur orangée tirant sur le rouge. – Subst. Personne aux cheveux **roux.** 🕮 [ʀu, ʀus].

**ROYAL, ALE, AUX,** adj.
Relatif au roi, au royaume. – Digne d'un roi ; généreux, excellent, grandiose : *Un accueil* **royal.** 🕮 [ʀwajal].

**ROYALISTE,** adj. et subst.
Qui soutient le roi. – Qui est partisan d'un régime monarchique. 🕮 [ʀwajalist].

**ROYALTIES,** subst. f. plur.
Redevance versée au propriétaire d'un brevet, d'une œuvre, d'un gisement pétrolier en échange de leur exploitation commerciale. 🕮 [ʀwajaltiz].

**ROYAUME,** subst. m.
État dont le souverain est un roi ou une reine. – Fig. Lieu, domaine qui est propre à qqn ou à qqch. 🕮 [ʀwajom].

**ROYAUTÉ,** subst. f.
Pouvoir, dignité du roi. – Régime qui caractérise un royaume. 🕮 [ʀwajote].

**RUADE,** subst. f.
Action de ruer. – Mouvement d'un animal qui rue. 🕮 [ʀɥad].

**RUBAN,** subst. m.
Bande étroite de tissu ou de toute autre matière souple. 🕮 [ʀybã].

**RUBÉOLE,** subst. f.
Maladie virale contagieuse, proche de la rougeole. 🕮 [ʀybeɔl].

**RUBIS,** subst. m.
Pierre précieuse d'un rouge vif transparent : **Rubis** *du Brésil,* topaze. 🕮 [ʀybi].

**RUBRIQUE,** subst. f.
Section d'un ouvrage, d'un journal consacrée à un thème spécifique : *La* **rubrique** *sportive.* 🕮 [ʀybʀik].

**RUCHE,** subst. f.
Habitation des abeilles, naturelle ou fabriquée par l'homme. – Fig. Lieu qui évoque l'activité fébrile d'une **ruche.** 🕮 [ʀyʃ].

**RUDE,** adj.
Difficile à endurer : *Climat* **rude.** – Rugueux, rêche : **Barbe** *rude.* – Fruste, brutal : *Homme* **rude.** 🕮 [ʀyd].

**RUDESSE,** subst. f.
Caractère de ce qui est rude. 🕮 [ʀydɛs].

**RUDIMENTAIRE,** adj.
Sommaire, peu élaboré : *Explication* **rudimentaire.** 🕮 [ʀydimãtɛʀ].

**RUDIMENTS,** subst. m. plur.
Notions de base dans un domaine : **Rudiments** *de droit.* 🕮 [ʀydimã].

**RUDOYER,** verbe trans. [17]
Traiter avec brutalité. 🕮 [ʀydwaje].

**RUE,** subst. f.
Voie de passage bordée d'habitations, à l'intérieur d'une agglomération. – *L'homme de la* **rue** : le citoyen ordinaire. 🕮 [ʀy].

**RUÉE,** subst. f.
Action de se ruer. – Déferlement subit : *La* **ruée** *des eaux.* 🕮 [ʀye].

**RUELLE,** subst. f.
Rue étroite. 🕮 [ʀyɛl].

**RUER,** verbe intrans. [3]
Lancer vivement les membres postérieurs en arrière, en parlant d'un quadrupède. – Pronom. Se jeter, se précipiter. 🕮 [ʀye].

**RUGBY,** subst. m.
Sport d'équipe qui se joue avec un ballon ovale qu'on lance à la main ou au pied. 🕮 [ʀygbi].

**RUGIR,** verbe intrans. [19]
Pousser un cri rauque (rugissement), en parlant d'un fauve, en partic. du lion. – Hurler, crier. 🕮 [ʀyʒiʀ].

**RUGOSITÉ,** subst. f.
État d'une surface rugueuse. – Petite aspérité sur une surface inégale. 🕮 [ʀygɔzite].

**RUGUEUX, EUSE,** adj.
Dont la surface présente de petites aspérités. – Râpeux, rêche au toucher : *Une étoffe* **rugueuse.** 🕮 [ʀygø, -øz].

**RUINE,** subst. f.
Destruction, effondrement total ou partiel d'une construction : *Tomber en* **ruine(s)** ; au plur., ce qui reste d'un édifice détruit. – Délabrement physique, moral ou intellectuel. – Effondrement financier. 🕮 [ʀɥin].

**RUINER,** verbe trans. [3]
Dévaster. – Faire perdre ses biens à (qqn) : **Ruiner** *un concurrent.* – Anéantir : **Ruiner** *une réputation, un argument.* – Pronom. *Se* **ruiner** *au jeu.* 🕮 [ʀɥine].

**RUINEUX, EUSE,** adj.
Propre à ruiner, très coûteux. 🕮 [ʀɥinø, -øz].

**RUISSEAU,** subst. m.
Petit cours d'eau peu profond. – Liquide qui s'écoule : **Ruisseau** *de pleurs.* 🕮 [ʀɥiso].

**RUISSELER,** verbe intrans. [12]
Couler de façon continue. – Être couvert d'un liquide qui coule : *Le mur* **ruisselle** *d'humidité.* – Fig. *Les rues* **ruissellent** *de lumière.* 🕮 [ʀɥis(ə)le].

**RUISSELLEMENT, subst. m.**
Fait de ruisseler : **Ruissellement** *des eaux de pluie.* – Ce qui ruisselle. 🞸 [ʀɥisɛlmã].

**RUMEUR, subst. f.**
Bruit confus ou lointain de voix. – Nouvelle incertaine qui court, qui se propage dans le public. 🞸 [ʀymœʀ].

**RUMINANT, ANTE, adj. et subst. m.**
Adj. Qui rumine. – Subst. Mammifère possédant un estomac à plusieurs poches, qui lui permet de ruminer ; au plur., le sous-ordre correspondant. 🞸 [ʀyminã, -ãt].

**RUMINER, verbe trans. [3]**
Mâcher une seconde fois (un aliment ingéré puis régurgité), en parlant d'un ruminant. – Fig. Tourner et retourner dans son esprit : **Ruminer** *sa vengeance.* 🞸 [ʀymine].

**RUPESTRE, adj.**
Exécuté sur une paroi rocheuse (synon. *pariétal*) : *Peintures* **rupestres.** – Qui croît sur les rochers : *Plante* **rupestre.** 🞸 [ʀypɛstʀ].

**RUPTURE, subst. f.**
Fracture, déchirure brusque : **Rupture** *d'une branche.* – Séparation brutale de personnes unies. – Changement soudain, contraste : **Rupture** *de ton.* 🞸 [ʀyptyʀ].

**RURAL, ALE, AUX, adj.**
Relatif à la campagne et aux paysans : *Monde* **rural** ; *Mœurs* **rurales.** 🞸 [ʀyʀal].

**RUSE, subst. f.**
Artifice trompeur dont on use pour parvenir à ses fins. – Habileté. 🞸 [ʀyz].

**RUSÉ, ÉE, adj.**
Qui fait preuve de ruse ; qui la dénote : *Des yeux* **rusés.** – Empl. subst. *Ah ! le petit* **rusé !** 🞸 [ʀyze].

**RUSER, verbe intrans. [3]**
Agir habilement. – User de ruses. 🞸 [ʀyze].

**RUSSE, subst. m.**
Langue slave parlée surtout en Russie, qui s'écrit en alphabet cyrillique. 🞸 [ʀys].

**RUSTICITÉ, subst. f.**
Caractère de ce qui est rustique. – Absence de raffinement (souv. péj.). 🞸 [ʀystisite].

**RUSTINE, subst. f.**
Rondelle de caoutchouc servant à réparer une chambre à air. 🞸 N. déposé ; [ʀystin].

**RUSTIQUE, adj.**
Propre à la campagne ; simple, sans façon. – Fabriqué dans le style propre d'une province : *Meubles* **rustiques.** – Robuste : *Un cheval* **rustique.** 🞸 [ʀystik].

**RUSTRE, adj. et subst.**
Se dit d'une personne grossière et brutale. 🞸 [ʀystʀ].

**RUT, subst. m.**
Période, chez les Mammifères, où ils recherchent l'accouplement. 🞸 [ʀyt].

**RUTABAGA, subst. m.**
Plante voisine du navet, dont la tige, renflée, est comestible. 🞸 [ʀytabaga].

**RUTILANT, ANTE, adj.**
Qui est d'un rouge éclatant. – Qui brille, étincelle. 🞸 [ʀytilã, -ãt].

**RYTHME, subst. m.**
Succession régulière dans le temps de sons, de mouvements ; allure, cadence : **Rythme** *cardiaque* ; **Rythme** *lent, rapide.* – **Rythme** *des saisons* : leur retour régulier. 🞸 [ʀitm].

**RYTHMER, verbe trans. [3]**
Donner du rythme à : **Rythmer** *une phrase.* – Régler selon une cadence : **Rythmer** *une production.* 🞸 [ʀitme].

# S

**S, s,** subst. m. inv.
Dix-neuvième lettre et quinzième consonne de l'alphabet français, qui se prononce [s] ou [z]. 🔊 [ɛs].

**SA,** voir **SON**

**SABBAT,** subst. m.
Fête nocturne réunissant sorciers et sorcières. 🔊 [saba].

**SABLE,** subst. m.
Sédiment rocheux meuble, composé de très petits grains, gén. de quartz. – Empl. adj. inv. Beige clair. 🔊 [sabl].

**SABLÉ, ÉE,** adj. et subst. m.
Adj. Qui est recouvert de sable. – *Cuis. Pâte sablée :* pâte à tarte friable, riche en beurre. – Subst. Petit gâteau sec. 🔊 [sable].

**SABLEUX, EUSE,** adj.
Qui contient du sable. 🔊 [sablø, -øz].

**SABLIER,** subst. m.
Instrument de mesure du temps, constitué d'un récipient dans lequel du sable s'écoule d'une partie vers une autre. 🔊 [sablije].

**SABLONNEUX, EUSE,** adj.
Qui est naturellement recouvert de sable. – Qui est constitué de sable. 🔊 [sablɔnø, -øz].

**SABORDER,** verbe trans. [3]
Faire couler volontairement (un navire) ; au fig. : *Saborder une entreprise,* la ruiner délibérément. 🔊 [sabɔrde].

**SABOT,** subst. m.
Chaussure en bois. – Chez les Ongulés, formation cornée entourant le bout des doigts. 🔊 [sabo].

**SABOTER,** verbe trans. [3]
Bâcler (un travail). – Détériorer, détruire ; désorganiser. 🔊 [sabɔte].

**SABRE,** subst. m.
Arme blanche à longue lame tranchante d'un côté, munie d'une garde. 🔊 [sabʀ].

**SABRER,** verbe trans. [3]
Frapper avec un sabre. – Procéder à de larges coupes dans (un écrit). 🔊 [sabʀe].

**SAC (I),** subst. m.
Poche souple (en cuir, en toile, etc.) servant à transporter diverses choses. 🔊 [sak].

**SAC (II),** subst. m.
Pillage, saccage. 🔊 [sak].

**SACCADE,** subst. f.
Mouvement brusque et irrégulier, à-coup. 🔊 [sakad].

**SACCADÉ, ÉE,** adj.
Qui se fait par saccades. 🔊 [sakade].

**SACCAGE,** subst. m.
Action de saccager. – Pillage. 🔊 [sakaʒ].

**SACCAGER,** verbe trans. [5]
Piller en ravageant. 🔊 [sakaʒe].

**SACERDOCE,** subst. m.
État, fonction du prêtre. – Fig. Activité exigeant le don de soi. 🔊 [sasɛrdɔs].

**SACOCHE,** subst. f.
Sac qu'on porte en bandoulière. 🔊 [sakɔʃ].

**SACRALISER,** verbe trans. [3]
Conférer un caractère sacré à. 🔊 [sakʀalize].

**SACRE,** subst. m.
Cérémonie par laquelle l'Église sacre un souverain. – Consécration. 🔊 [sakʀ].

**SACRÉ, ÉE,** adj. et subst. m.
Adj. Qui appartient au domaine religieux. – Qui mérite un respect absolu. – Renforce un terme péjoratif ou marque l'admiration (fam.) : *Un sacré musicien !* – Subst. Ce qui est sacré (oppos. *profane*). 🔊 [sakʀe].

**SACREMENT,** subst. m.
*Relig.* Acte rituel qui sanctifie une personne, un événement : *Le sacrement du mariage.* 🔊 [sakʀəmã].

**SACRER,** verbe trans. [3]
Conférer un caractère sacré à. 🔊 [sakʀe].

**SACRIFICE,** subst. m.
Offrande rituelle à une divinité, en partic. d'un être vivant qu'on immole. – Fig. Renoncement ; privation. 🔊 [sakʀifis].

**SACRIFIER,** verbe trans. [6]
Offrir en sacrifice. – Renoncer à. – *Sacrifier à la mode :* s'y conformer. 🔊 [sakʀifje].

**SACRILÈGE,** adj. et subst.
Subst. Personne coupable d'une profanation, d'un outrage. – Subst. masc. Profanation de ce qui est sacré. – Adj. Qui tient du sacrilège. 🔊 [sakʀilɛʒ].

**SACRIPANT,** subst. m.
Chenapan, garnement (fam.). 🔊 [sakʀipã].

**SACRISTIE,** subst. f.
Lieu attenant à une église, où l'on range les vêtements sacerdotaux et les objets du culte. 🔊 [sakʀisti].

**SACRO-SAINT, -SAINTE,** adj.
Qui a un caractère quasi sacré (souv. iron.) : *Une sacro-sainte habitude.* 🔊 [sakʀosɛ̃, -sɛ̃t].

**SACRUM,** subst. m.
Os réunissant les cinq vertèbres du bas de la colonne vertébrale. 🔊 [sakʀɔm].

**SADIQUE,** adj. et subst.
Qui prend plaisir à faire souffrir. 🔊 [sadik].

**SAFARI**, subst. m.
Expédition de chasse au gros gibier, en Afrique noire. 🕮 [safaʀi].

**SAFRAN**, subst. m.
Plante dont une partie de la fleur fournit une épice et un colorant. – Empl. adj. inv. Jaune orangé. 🕮 [safʀɑ̃].

**SAGA**, subst. f.
Récit légendaire scandinave. – Épopée relatant l'histoire d'une famille. 🕮 [saga].

**SAGACE**, adj.
À l'esprit vif et pénétrant. 🕮 [sagas].

**SAGAIE**, subst. f.
Arme proche du javelot. 🕮 [sagɛ].

**SAGE**, adj. et subst.
Se dit d'une personne savante, avisée. – Adj. Prudent, raisonnable ; chaste, réservé. – *Un enfant* **sage** : calme et obéissant. 🕮 [saʒ].

**SAGE-FEMME**, subst. f.
Auxiliaire médicale aidant les femmes à accoucher. 🕮 Plur. *sages-femmes* ; [saʒfam].

**SAGESSE**, subst. f.
Discernement : *Un vieillard plein de* **sagesse**. – Modération. – Docilité, calme. 🕮 [saʒɛs].

**SAGITTAIRE**, subst. m.
Neuvième signe du zodiaque. 🕮 [saʒitɛʀ].

**SAIGNÉE**, subst. f.
Autrefois, évacuation importante de sang par incision d'une veine. – Entaille pour provoquer un écoulement : *Faire une* **saignée** *dans un arbre*. 🕮 [seɲe].

**SAIGNEMENT**, subst. m.
Écoulement de sang. 🕮 [sɛɲmɑ̃].

**SAIGNER**, verbe [3]
Intrans. Perdre du sang. – Trans. Pratiquer une saignée sur. 🕮 [seɲe].

**SAILLANT, ANTE**, adj.
Proéminent. – Fig. Remarquable, frappant. 🕮 [sajɑ̃, -ɑ̃t].

**SAILLIE**, subst. f.
Avancée, protubérance. – Mot, trait d'esprit (littér.). 🕮 [saji].

**SAILLIR**, verbe trans. [19] et intrans. [31]
Trans. S'accoupler à (une femelle). – Intrans. Dépasser, avancer. 🕮 Verbe défectif ; [sajiʀ].

**SAIN, SAINE**, adj.
Qui n'est pas malade. – Qui n'est pas gâté, avarié. – **Sain** *d'esprit* : équilibré. – Sensé. – Bon pour la santé. 🕮 [sɛ̃, sɛn].

**SAINT, SAINTE**, adj. et subst.
Adj. Vénéré pour sa vie exemplaire ; canonisé : *Prier* **saint** *Antoine*. – Admirable, sur un plan moral ou religieux : *Quelle* **sainte** *femme !* – Qui revêt un caractère sacré : *La Semaine* **sainte**. – Avec une majuscule et un trait d'union, par ellipse du mot « fête » : *La* **Saint**-*Jean* ; pour une désignation : *L'église* **Saint**-*Paul*. – Subst. Personne canonisée par l'Église. – Personne vertueuse. 🕮 [sɛ̃, sɛ̃t].

**SAINT-BERNARD**, subst. m. inv.
Grand chien que l'on peut dresser pour le sauvetage en montagne. 🕮 [sɛ̃bɛʀnaʀ].

**SAINTETÉ**, subst. f.
Qualité d'une chose ou d'une personne saintes : *Sa* **Sainteté** *le pape*. 🕮 [sɛ̃tte].

**SAISIE**, subst. f.
Procédure par laquelle la justice confisque un bien. – Informat. **Saisie** *de données* : leur enregistrement. 🕮 [sezi].

**SAISIR**, verbe trans. [19]
Prendre vivement, attraper. – Prendre en main (un objet). – S'emparer de : *La peur le* **saisit**. – Comprendre, discerner. – Mettre à profit : **Saisir** *une opportunité*. – Dr. Faire la saisie de. – Informat. Taper (un texte), enregistrer (des données). – Pronom. S'approprier ; prendre. 🕮 [seziʀ].

**SAISISSEMENT**, subst. m.
Vive impression causée par le froid ou par une émotion subite. 🕮 [sezismɑ̃].

**SAISON**, subst. f.
Chacune des quatre périodes de l'année (printemps, été, automne, hiver). – Période pendant laquelle se déroule une activité annuelle : *La* **saison** *des soldes*. 🕮 [sɛzɔ̃].

**SAISONNIER, IÈRE**, adj. et subst.
Adj. Relatif à la saison. – Qui dure une saison. – Subst. Personne employée pour une saison. 🕮 [sɛzɔnje, -jɛʀ].

**SALADE**, subst. f.
Mélange, gén. froid, d'aliments assaisonnés. – Plante potagère ainsi préparée. – **Salade** *de fruits* : macédoine de fruits agrémentée de sucre. 🕮 [salad].

**SALADIER**, subst. m.
Récipient arrondi dans lequel on sert la salade. – Son contenu. 🕮 [saladje].

**SALAIRE**, subst. m.
Rémunération d'un travail ou d'un service. – Fig. Récompense ; contrepartie. 🕮 [salɛʀ].

**SALAISON**, subst. f.
Action de saler un produit alimentaire pour le conserver. – Ce produit salé. 🕮 [salɛzɔ̃].

**SALAMANDRE**, subst. f.
Batracien ressemblant à un lézard, à la peau noire et jaune. 🕮 [salamɑ̃dʀ].

**SALARIÉ, ÉE**, adj. et subst.
Se dit d'une personne qui perçoit régulièrement un salaire. 🕮 [salaʀje].

**SALE**, adj.
Souillé, maculé ; mal lavé, négligé. – Malhonnête ; obscène ; mauvais (fam.) : *Un* **sale** *individu*. 🕮 [sal].

**SALÉ, ÉE, adj.**
Qui contient du sel ; qui en a le goût.
– Conservé dans le sel. – Fam. Grivois.
– Exagéré. 🕮 [sale].

**SALER, verbe trans. [3]**
Assaisonner avec du sel. – Mettre (une
denrée) dans le sel afin de la conserver.
– Répandre du sel sur. 🕮 [sale].

**SALETÉ, subst. f.**
État de ce qui est sale. – Chose sale, ordure.
– Fig. Action vile, obscénité. 🕮 [salte].

**SALIÈRE, subst. f.**
Petit récipient contenant du sel, que l'on
place sur la table. 🕮 [saljɛʀ].

**SALIN, INE, adj. et subst.**
Adj. Propre au sel ; qui contient du sel.
– Subst. masc. Marais salant. – Subst. fém.
Établissement où l'on produit du sel par
extraction, ou par évaporation de l'eau de
mer. 🕮 [salɛ̃, -in].

**SALIR, verbe trans. [19]**
Rendre sale, souiller. – Fig. Diffamer, avilir.
🕮 [saliʀ].

**SALISSANT, ANTE, adj.**
Qui salit. – Qui se salit aisément : *Un
vêtement* **salissant**. 🕮 [salisɑ̃, -ɑ̃t].

**SALIVE, subst. f.**
Liquide incolore sécrété par des glandes
situées dans la bouche. 🕮 [saliv].

**SALIVER, verbe intrans. [3]**
Produire de la salive. 🕮 [salive].

**SALLE, subst. f.**
Pièce d'une demeure privée. – Local réservé
à un usage collectif ; ensemble des personnes présentes dans ce local. 🕮 [sal].

**SALON, subst. m.**
Pièce de réception d'une demeure. – **Salon**
*de coiffure* : boutique du coiffeur. – Exposition, manifestation périodique. 🕮 [salɔ̃].

**SALOPETTE, subst. f.**
Combinaison de travail portée par-dessus
les vêtements pour les protéger. – Pantalon
à bavette et à bretelles. 🕮 [salɔpɛt].

**SALPÊTRE, subst. m.**
Couche poudreuse de nitrates, sur les vieux
murs humides. 🕮 [salpɛtʀ].

**SALSIFIS, subst. m.**
Plante potagère cultivée pour ses racines,
qui sont comestibles. – Ces racines.
🕮 [salsifi].

**SALTIMBANQUE, subst. m.**
Baladin, bateleur qui fait des tours ou des
acrobaties dans les foires, sur les places
publiques. 🕮 [saltɛ̃bɑ̃k].

**SALUBRE, adj.**
Favorable à la santé. – Sain. 🕮 [salybʀ].

**SALUER, verbe trans. [3]**
Adresser une marque, un geste de respect
ou de civilité à. – Honorer ; rendre hom-

mage à. – Fig. Accueillir : **Saluer** *l'orateur
par des huées*. 🕮 [salɥe].

**SALUT, subst. m.**
Fait d'échapper à la mort, au malheur, à
un danger. – Fait d'être sauvé du péché ;
rédemption. – Marque de civilité envers
une personne rencontrée. – Geste, formule
de respect, d'hommage. – Empl. interj.
Bonjour ; au revoir (fam.). 🕮 [saly].

**SALUTAIRE, adj.**
Profitable, bénéfique. 🕮 [salytɛʀ].

**SALUTATION, subst. f.**
Action d'adresser un salut. – Formule écrite
de politesse (gén. au plur.). 🕮 [salytasjɔ̃].

**SALVATEUR, TRICE, adj.**
Qui sauve (littér.). 🕮 [salvatœʀ, -tʀis].

**SALVE, subst. f.**
Décharge simultanée d'armes à feu. – Fig.
*Une* **salve** *d'applaudissements*. 🕮 [salv].

**SAMEDI, subst. m.**
Sixième jour de la semaine. 🕮 [samdi].

**SAMOURAÏ, subst. m.**
Membre de la classe des guerriers, dans la
société féodale japonaise. 🕮 [samuʀaj].

**SAMOVAR, subst. m.**
Bouilloire traditionnelle russe utilisée pour
la préparation du thé. 🕮 [samɔvaʀ].

**SAMPAN(G), subst. m.**
Légère embarcation chinoise. 🕮 [sɑ̃pɑ̃].

**SANATORIUM, subst. m.**
Établissement de soins où l'on traite
certaines affections chroniques, en partic.
la tuberculose. 🕮 [sanatɔʀjɔm].

**SANCTIFIER, verbe trans. [6]**
Rendre saint ; révérer comme saint. – Fig.
Conférer un caractère sacré à. 🕮 [sɑ̃ktifje].

**SANCTION, subst. f.**
Peine prévue par la loi pour réprimer une
infraction. – Punition. – Conséquence.
🕮 [sɑ̃ksjɔ̃].

**SANCTIONNER, verbe trans. [3]**
Approuver officiellement. – Punir d'une
sanction. 🕮 [sɑ̃ksjɔne].

**SANCTUAIRE, subst. m.**
Partie la plus sainte d'un édifice religieux.
– Lieu de culte. – Fig. Lieu protégé (littér.).
🕮 [sɑ̃ktɥɛʀ].

**SANDALE, subst. f.**
Chaussure constituée d'une semelle tenant
au pied grâce à des lanières. 🕮 [sɑ̃dal].

**SANG, subst. m.**
Liquide vital rouge, qui circule dans les
veines et les artères, et qui irrigue les tissus
de l'organisme. – Fig. Vie. – Race. 🕮 [sɑ̃].

**SANG-FROID, subst. m. inv.**
Contrôle de soi. 🕮 [sɑ̃fʀwa].

**SANGLANT, ANTE, adj.**
Couvert de sang. – Qui s'accompagne
d'effusion de sang : *Lutte* **sanglante**. – Fig.
Offensant et cruel. 🕮 [sɑ̃glɑ̃, -ɑ̃t].

**SANGLE,** subst. f.
Bande de cuir ou de tissu destinée à maintenir, à serrer qqch. 🔊 [sɑ̃gl].

**SANGLIER,** subst. m.
Porc sauvage. 🔊 [sɑ̃glije].

**SANGLOT,** subst. m.
Spasme de la poitrine, dû à une émotion vive ou à une peine, qui s'accompagne en gén. de larmes. 🔊 [sɑ̃glo].

**SANGLOTER,** verbe intrans. [3]
Pleurer avec des sanglots. 🔊 [sɑ̃glɔte].

**SANGSUE,** subst. f.
Ver annelé des eaux stagnantes, qui suce le sang en se fixant à la peau de sa victime par des ventouses. 🔊 [sɑ̃sy].

**SANGUIN, INE,** adj.
Relatif au sang. – *Un tempérament* sanguin : impulsif. 🔊 [sɑ̃gɛ̃, -in].

**SANGUINAIRE,** adj.
Qui aime à répandre le sang, à tuer. – Fig. Cruel. 🔊 [sɑ̃ginɛʀ].

**SANITAIRE,** adj. et subst. m. plur.
Adj. Relatif à la santé publique, à l'hygiène. – Subst. Ensemble des appareils de la salle de bains, des toilettes. 🔊 [sanitɛʀ].

**SANS,** prép.
Exprime l'absence, la privation, l'exclusion ou une condition restrictive : *Un hiver* sans *neige* ; Sans *cesse* ; Sans *tarder* ; Sans *vous, j'étais perdu !* ; Sans *quoi* : sinon. – Loc. conj. Sans *que* (+ subj.) : *Je pars* sans *qu'il me voie.* 🔊 [sɑ̃].

**SANS-ABRI,** subst. inv.
Personne qui n'a pas de logis. 🔊 [sɑ̃zabri].

**SANS-CŒUR,** adj. inv. et subst. inv.
Qui est insensible, méchant. 🔊 [sɑ̃kœʀ].

**SANS-CULOTTE,** subst. m.
*Hist.* Révolutionnaire ardent qui portait le pantalon du peuple, et non la culotte aristocratique. 🔊 Plur. *sans-culottes* ; [sɑ̃kylɔt].

**SANS-GÊNE,** adj. inv. et subst. m. inv.
Adj. Qui se conduit avec une audace, une familiarité déplacées. – Subst. Attitude désinvolte, impolitesse. 🔊 [sɑ̃ʒɛn].

**SANSKRIT,** subst. m.
Langue de l'Inde ancienne. 🔊 [sɑ̃skri].

**SANSONNET,** subst. m.
Étourneau. 🔊 [sɑ̃sɔnɛ].

**SANTAL, ALS,** subst. m.
Arbre exotique dont le bois est utilisé en ébénisterie et en parfumerie. 🔊 [sɑ̃tal].

**SANTÉ,** subst. f.
Bon fonctionnement physiologique d'un être vivant. – État de l'organisme. – Santé *mentale* : équilibre psychique. 🔊 [sɑ̃te].

**SANTON,** subst. m.
Statuette provençale de plâtre peint, destinée à orner la crèche de Noël. 🔊 [sɑ̃tɔ̃].

**SAOUL,** voir **SOÛL**

**SAOULER,** voir **SOÛLER**

**SAPER,** verbe trans. [3]
Détruire les fondements de (un édifice). – Fig. Ébranler, miner. – Pronom. S'habiller (fam.). 🔊 [sape].

**SAPEUR-POMPIER,** subst. m.
Pompier appartenant à un corps militairement organisé, dépendant de l'État ou d'une collectivité locale. 🔊 Plur. *sapeurs-pompiers* ; [sapœʀpɔ̃pje].

**SAPHIR,** subst. m.
Pierre précieuse transparente, d'un bleu lumineux. – Empl. adj. inv. De la couleur du saphir. 🔊 [safiʀ].

**SAPIN,** subst. m.
Conifère résineux à aiguilles persistantes, dont le fruit est un cône. 🔊 [sapɛ̃].

**SAPRISTI,** interj.
Juron exprimant l'irritation ou l'étonnement. 🔊 [sapʀisti].

**SARABANDE,** subst. f.
Danse ancienne. – Fig. Agitation bruyante (fam.). 🔊 [saʀabɑ̃d].

**SARBACANE,** subst. f.
Tuyau fin et long dans lequel on souffle pour lancer de petits projectiles. 🔊 [saʀbakan].

**SARCASME,** subst. m.
Moquerie, raillerie blessante. 🔊 [saʀkasm].

**SARCASTIQUE,** adj.
Qui exprime le sarcasme. 🔊 [saʀkastik].

**SARCLER,** verbe trans. [3]
Arracher (des mauvaises herbes) en extirpant les racines. – Désherber. 🔊 [saʀkle].

**SARCOPHAGE,** subst. m.
Cercueil de pierre. 🔊 [saʀkɔfaʒ].

**SARDINE,** subst. f.
Petit poisson de mer, qui se déplace en bancs. 🔊 [saʀdin].

**SARDONIQUE,** adj.
Qui exprime une moquerie amère, cruelle : *Rire* sardonique. 🔊 [saʀdɔnik].

**S.A.R.L.,** subst. f.
Sigle pour « société à responsabilité limitée ». 🔊 [ɛsaɛʀɛl].

**SARMENT,** subst. m.
Jeune pousse de la vigne. 🔊 [saʀmɑ̃].

**SARRASIN,** subst. m.
Céréale à graines farineuses, très rustique (synon. *blé noir*). 🔊 [saʀazɛ̃].

**SARRIETTE,** subst. f.
Plante aromatique. 🔊 [saʀjɛt].

**SAS,** subst. m.
Sorte de tamis en tissu. – Bassin entre deux portes d'écluse. – Espace étanche assurant le passage d'un milieu à un autre : *Le* sas *d'un sous-marin.* 🔊 [sɑs].

**SATANÉ, ÉE,** adj.
Détestable, sacré (fam.) : *C'est un* satané *menteur.* 🔊 [satane].

**SATANIQUE**, adj.
Qui relève du diable, de Satan. – Démoniaque, infernal : *Un sourire, un regard sa-taniques*. 🕮 [satanik].

**SATELLITE**, subst. m.
Corps qui gravite autour d'un astre. – Engin lancé dans l'orbite d'une planète. – Fig. Empl. adj. *Un pays satellite* : qui est sous la dépendance politique et économique d'un autre. 🕮 [satelit].

**SATIÉTÉ**, subst. f.
État d'une personne repue, pleinement satisfaite. – *À satiété* : à profusion ; jusqu'à saturation. 🕮 [sasjete].

**SATIN**, subst. m.
Étoffe, en partic. de soie, lisse et brillante. 🕮 [satɛ̃].

**SATINÉ, ÉE**, adj.
Qui a l'aspect du satin. 🕮 [satine].

**SATIRE**, subst. f.
Discours critique, écrit acerbe et moqueur. 🕮 [satiʀ].

**SATIRIQUE**, adj.
Qui tient de la satire. – Qui s'adonne à la satire. 🕮 [satiʀik].

**SATISFACTION**, subst. f.
Action de satisfaire. – Contentement, bien-être, plaisir. 🕮 [satisfaksjɔ̃].

**SATISFAIRE**, verbe trans. [57]
Répondre à l'attente de. – Assouvir (un besoin), exaucer (un désir). – *Satisfaire à* : s'acquitter de ; remplir (des conditions). – Pronom. Se contenter (de). 🕮 [satisfɛʀ].

**SATISFAISANT, ANTE**, adj.
Qui satisfait, acceptable. 🕮 [satisfəzɑ̃, -ɑ̃t].

**SATISFAIT, AITE**, adj.
Dont les désirs sont comblés : *Satisfait de*, content de. – Assouvi. 🕮 [satisfɛ, -ɛt].

**SATISFECIT**, subst. m. inv.
Témoignage d'approbation. 🕮 [satisfesit].

**SATURATION**, subst. f.
Action de saturer. – État de ce qui est saturé. 🕮 [satyʀasjɔ̃].

**SATURER**, verbe trans. [3]
Combiner (un corps) à un autre jusqu'à un degré maximal de concentration. – Fig. Emplir à l'excès ; accabler. 🕮 [satyʀe].

**SATYRE**, subst. m.
*Myth. grecque.* Demi-dieu champêtre à corps humain poilu, à cornes et à jambes de bouc. – Fig. Individu lubrique. 🕮 [satiʀ].

**SAUCE**, subst. f.
Préparation plus ou moins liquide servie pour accommoder un plat. 🕮 [sos].

**SAUCIÈRE**, subst. f.
Récipient utilisé pour servir les sauces et les jus de viande. 🕮 [sosjɛʀ].

**SAUCISSE**, subst. m.
Boyau farci d'un hachis de viande, de gras et d'épices. 🕮 [sosis].

**SAUCISSON**, subst. f.
Grosse saucisse cuite ou séchée. 🕮 [sosisɔ̃].

**SAUF (I)**, prép.
Excepté, hormis : *Tous étaient là sauf toi* ; *Sauf erreur de ma part*. 🕮 [sof].

**SAUF (II), SAUVE**, adj.
Tiré d'un danger de mort : *Sain et sauf*, sans aucun dommage. – Fig. *Les apparences sont sauves* : préservées. 🕮 [sof, sov].

**SAUF-CONDUIT**, subst. m.
Document officiel autorisant l'accès et le séjour dans un lieu. 🕮 Plur. *sauf-conduits* ; [sofkɔ̃dɥi].

**SAUGRENU, UE**, adj.
Déroutant par son caractère insolite et légèrement ridicule. 🕮 [sogʀəny].

**SAULE**, subst. m.
Arbre qui croît près de l'eau : *Saule pleureur*, aux branches tombantes. 🕮 [sol].

**SAUMÂTRE**, adj.
Qui contient du sel : *Eaux saumâtres*. – Fig. Désagréable, au goût amer. 🕮 [somɑtʀ].

**SAUMON**, subst. m.
Poisson de mer à la chair rose et délicate, qui fraie en eau douce. – Empl. adj. inv. Rose orangé. 🕮 [somɔ̃].

**SAUMURE**, subst. f.
Liquide salé et épicé dans lequel on conserve certains aliments. 🕮 [somyʀ].

**SAUNA**, subst. m.
Bain de vapeur sèche. 🕮 [sona].

**SAUPOUDRER**, verbe trans. [3]
Répandre une substance en poudre sur (un mets). – Fig. Parsemer. 🕮 [sopudʀe].

**SAURIEN**, subst. m.
Reptile (serpent, lézard, etc.). – Plur. Le sous-ordre correspondant. 🕮 [soʀjɛ̃].

**SAUT**, subst. m.
Action de sauter : *Saut périlleux* ; *Saut à la perche*. – Fig. Passage brutal d'un état à un autre. – *Faire un saut quelque part* : y passer rapidement. 🕮 [so].

**SAUTE**, subst. f.
Changement subit : *Saute de température* ; *Saute d'humeur*. 🕮 [sot].

**SAUTE-MOUTON**, subst. m. inv.
Jeu consistant à sauter par-dessus une personne qui se tient penchée. 🕮 [sotmutɔ̃].

**SAUTER**, verbe [3]
Intrans. S'élancer, avec une impulsion, en l'air ou en avant ; se jeter d'un lieu élevé. – *Sauter sur qqn* : bondir sur lui. – Être projeté ; exploser. – *Faire sauter un aliment* : le cuire à feu vif. – Trans. Franchir d'un saut : *Sauter le ruisseau*. – Omettre, passer : *Sauter une page, un repas*. 🕮 [sote].

**SAUTERELLE**, subst. f.
Insecte sauteur aux longues pattes postérieures. 🕮 [sotʀɛl].

**SAUTILLER**, verbe intrans. [3]
Faire des petits sauts. 🔊 [sotije].

**SAUTOIR**, subst. m.
Collier tombant sur la poitrine. – *Sp.*
Emplacement où l'athlète prend son élan
avant de sauter. 🔊 [sotwaʀ].

**SAUVAGE**, adj. et subst.
Qui n'est pas civilisé ; au fig., qui est peu
sociable. – Qui est brutal, féroce. – Qui
vit en liberté dans la nature. – *Animal*
**sauvage** : non apprivoisé. – *Fleur* **sauvage** :
non cultivée. – *Contrée* **sauvage** : non
habitée. 🔊 [sovaʒ].

**SAUVAGERIE**, subst. f.
Caractère de celui ou de ce qui est sauvage.
– Brutalité, férocité. 🔊 [sovaʒʀi].

**SAUVEGARDE**, subst. f.
Protection, garantie accordées par une
autorité. – Préservation, défense : **Sauve-**
**garde** *d'un site*. – *Informat.* Copie de
données effectuée pour limiter les conséquences d'un effacement accidentel.
🔊 [sovgaʀd].

**SAUVEGARDER**, verbe trans. [3]
Assurer la sauvegarde de. 🔊 [sovgaʀde].

**SAUVER**, verbe trans. [3]
Arracher au danger, à la mort. – Préserver
de la destruction, de la ruine ; au fig. :
**Sauver** *les apparences*. – *Relig.* Apporter le
salut à. – Pronom. S'enfuir. 🔊 [sove].

**SAUVETAGE**, subst. m.
Action de sauver qqch., de secourir qqn :
**Sauvetage** *en mer*. 🔊 [sov(ə)taʒ].

**SAUVETEUR**, subst. m.
Personne qui prend part à un sauvetage.
🔊 [sov(ə)tœʀ].

**SAUVETTE (À LA)**, loc. adv.
Précipitamment, de façon à rester discret :
*Vente à la* **sauvette**. 🔊 [alasovɛt].

**SAUVEUR**, subst. m.
Celui qui apporte le salut : *Le* **Sauveur**,
Jésus-Christ. – Personne qui sauve ; bien-
faiteur. 🔊 [sovœʀ].

**SAVANE**, subst. f.
Formation végétale pauvre, à hautes herbes,
des régions tropicales. 🔊 [savan].

**SAVANT, ANTE**, adj. et subst. m.
Adj. Qui sait beaucoup de choses. – Relatif
à une culture érudite ou spécialisée : *Mot*
**savant**. – Élaboré, habile : *Une manœuvre*
**savante**. – Dressé, en parlant d'un animal.
– Subst. Scientifique expert dans un do-
maine : *C'est un* **savant** *réputé*. 🔊 [savɑ̃, -ɑ̃t].

**SAVATE**, subst. f.
Vieille pantoufle usée. 🔊 [savat].

**SAVEUR**, subst. f.
Qualité d'un aliment perçue par le goût :
**Saveur** *sucrée*. – Fig. *Une histoire pleine de*
**saveur** : plaisante, piquante. 🔊 [savœʀ].

**SAVOIR (I)**, verbe trans. [42]
Connaître par l'étude, par l'expérience :
**Savoir** *le latin* ; **Savoir** *nager*. – Avoir dans
la mémoire : **Savoir** *sa leçon*. – Être informé
de : **Savoir** *le nom de qqn*. – Être capable
de : **Savoir** *être patient*. 🔊 [savwaʀ].

**SAVOIR (II)**, subst. m.
Ensemble des connaissances. 🔊 [savwaʀ].

**SAVOIR-FAIRE**, subst. m. inv.
Maîtrise acquise par la pratique, par l'expérience. – Habileté. 🔊 [savwaʀfɛʀ].

**SAVOIR-VIVRE**, subst. m. inv.
Connaissance et respect des convenances,
des bonnes manières. 🔊 [savwaʀvivʀ].

**SAVON**, subst. m.
Produit à base de graisse végétale, servant
à nettoyer. – Fig. *Passer un* **savon** *à qqn* :
le réprimander (fam.). 🔊 [savɔ̃].

**SAVONNER**, verbe trans. [3]
Frotter avec du savon. 🔊 [savɔne].

**SAVONNEUX, EUSE**, adj.
Qui contient du savon. – Dont la consistance évoque le savon. 🔊 [savɔnø, -øz].

**SAVOURER**, verbe trans. [3]
Manger, boire lentement (qqch.) pour en
apprécier la saveur. – Fig. Se délecter de,
jouir de : **Savourer** *sa victoire*. 🔊 [savuʀe].

**SAVOUREUX, EUSE**, adj.
Plein de saveur, délicieux. – Fig. Plaisant :
*Une anecdote* **savoureuse**. 🔊 [savuʀø, -øz].

**SAXOPHONE**, subst. m.
*Mus.* Instrument à vent en cuivre, à anche
simple. 🔊 [saksɔfɔn].

**SAYNÈTE**, subst. f.
Petite pièce de théâtre légère comprenant
une seule scène. 🔊 [sɛnɛt].

**SBIRE**, subst. m.
Homme à qui sont confiées des basses
tâches, en partic. criminelles (littér.).
🔊 [sbiʀ].

**SCABREUX, EUSE**, adj.
Risqué, dangereux (littér.). – Choquant, de
mauvais goût, osé. 🔊 [skabʀø, -øz].

**SCALP**, subst. m.
Peau du crâne avec sa chevelure, trophée
de certains Indiens d'Amérique. 🔊 [skalp].

**SCALPEL**, subst. m.
Instrument en forme de petit couteau
servant à inciser, à disséquer. 🔊 [skalpɛl].

**SCALPER**, verbe trans. [3]
Dépouiller (qqn) de son scalp, par incision.
🔊 [skalpe].

**SCANDALE**, subst. m.
Événement, agissements ou paroles qui
choquent les consciences, offensent les
bonnes mœurs ; l'émotion qu'ils produisent dans le public. – Esclandre. 🔊 [skɑ̃dal].

**SCANDALEUX, EUSE**, adj.
Qui cause du scandale. – Qui offusque ou
révolte. 🔊 [skɑ̃dalø, -øz].

**SCANDALISER**, verbe trans. [3]
Choquer profondément. 🕮 [skɑ̃dalize].

**SCANDER**, verbe trans. [3]
Déclamer (un vers) en marquant le rythme.
– Scander un slogan : le prononcer en
détachant les syllabes. 🕮 [skɑ̃de].

**SCANNER**, subst. m.
Appareil qui balaie électroniquement une
surface et restitue l'image observée sur un
écran. 🕮 [skanɛʀ].

**SCAPHANDRE**, subst. m.
Équipement hermétiquement clos des plon-
geurs et des astronautes. 🕮 [skafɑ̃dʀ].

**SCARABÉE**, subst. m.
Coléoptère brun et brillant. 🕮 [skaʀabe].

**SCARIFICATION**, subst. f.
Petite incision superficielle faite sur la peau.
🕮 [skaʀifikasjɔ̃].

**SCARLATINE**, subst. f.
Maladie infectieuse très contagieuse, caractérisée par une éruption de rougeurs cutanées. 🕮 [skaʀlatin].

**SCATOLOGIQUE**, adj.
Qui a trait aux excréments : Plaisanterie
scatologique. 🕮 [skatɔlɔʒik].

**SCEAU**, subst. m.
Cachet servant à fermer et à authentifier
un document ; empreinte de ce cachet.
– Fig. Marque (littér.) : Le sceau du génie.
🕮 [so].

**SCÉLÉRAT, ATE**, adj. et subst.
Criminel. – Coquin (littér.) : Petit scélérat ! 🕮 [seleʀa, -at].

**SCELLER**, verbe trans. [3]
Marquer d'un sceau. – Mettre des scellés
sur. – Fermer hermétiquement. – Fixer avec
du ciment. – Fig. Confirmer : Sceller un
pacte. 🕮 [sele].

**SCELLÉS**, subst. m. plur.
Cachet de cire au sceau de l'État, apposé
sur une bande de papier ou d'étoffe pour
interdire l'ouverture d'une porte. 🕮 [sele].

**SCÉNARIO**, subst. m.
Découpage d'un film, scène par scène.
– Déroulement d'une action selon un plan
prévu. 🕮 On écrit aussi scenario, plur. scenarii :
[senaʀjo].

**SCÉNARISTE**, subst.
Auteur de scénarios. 🕮 [senaʀist].

**SCÈNE**, subst. f.
Plate-forme sur laquelle se joue une pièce
de théâtre. – Mettre en scène : diriger la
réalisation d'une pièce, d'un film. – Lieu,
décor de l'action : La scène représente un
bar. – Division d'un acte ; action qui s'y
déroule : La scène du baiser. – Toute action
représentée ou décrite dans une œuvre
littéraire, artistique, cinématographique.
– Fig. Événement : Le seul témoin de la
scène. – Faire une scène : s'emporter, se
quereller. 🕮 [sɛn].

**SCEPTICISME**, subst. m.
Attitude de défiance, d'incrédulité. – Philos.
Refus de toute certitude. 🕮 [sɛptisism].

**SCEPTIQUE**, adj. et subst.
Qui fait preuve de scepticisme. 🕮 [sɛptik].

**SCEPTRE**, subst. m.
Bâton de commandement, marque d'une
autorité suprême. 🕮 [sɛptʀ].

**SCHÉMA**, subst. m.
Dessin décrivant de façon simplifiée un
objet, un processus. – Exposé sommaire,
se limitant à l'essentiel. 🕮 [ʃema].

**SCHÉMATIQUE**, adj.
À l'état de schéma. – Sommaire, sans
nuances. 🕮 [ʃematik].

**SCHISME**, subst. m.
Séparation d'avec une autorité religieuse.
– Scission, dissidence. 🕮 [ʃism].

**SCHISTE**, subst. m.
Roche à structure feuilletée. 🕮 [ʃist].

**SCHIZOPHRÉNIE**, subst. f.
Psychose caractérisée par l'altération du
rapport à la réalité et la tendance au repli
sur soi. 🕮 [skizɔfʀeni].

**SCIATIQUE**, adj. et subst. f.
Adj. Relatif à la hanche : Nerf sciatique.
– Subst. Douleur vive sur le trajet de ce
nerf, de la fesse au creux du genou.
🕮 [sjatik].

**SCIE**, subst. f.
Outil à lame dentée servant à couper les
matériaux durs. – Rengaine (fam.). 🕮 [si].

**SCIEMMENT**, adv.
De façon consciente, délibérée. 🕮 [sjamɑ̃].

**SCIENCE**, subst. f.
Activité visant à l'acquisition méthodique
de connaissances dans un domaine donné.
– Le corps de connaissances ainsi constitué. – Culture, savoir étendu sur un sujet
d'étude déterminé. – Savoir-faire néces-
sitant des connaissances. 🕮 [sjɑ̃s].

**SCIENCE-FICTION**, subst. f.
Genre littéraire et cinématographique qui
fonde ses intrigues sur les progrès ou les
dérives imaginables de la science. 🕮 Plur.
sciences-fictions ; [sjɑ̃sfiksjɔ̃].

**SCIENTIFIQUE**, adj. et subst.
Adj. Qui concerne la science. – Rigoureux,
méthodique, précis. – Subst. Spécialiste
d'une science. 🕮 [sjɑ̃tifik].

**SCIER**, verbe trans. [6]
Couper avec une scie. 🕮 [sje].

**SCIERIE**, subst. f.
Entreprise ou atelier outillé pour scier
mécaniquement (gén. le bois). 🕮 [siʀi].

**SCINDER**, verbe trans. [3]
Fractionner, diviser. 🕮 [sɛ̃de].

**SCINTILLEMENT**, subst. m.
Éclat de ce qui scintille. 🕮 [sɛ̃tijmɑ̃].

**SCINTILLER, verbe intrans.** [3]
Émettre ou refléter de petits éclats de lumière vive et intermittente. 🕮 [sɛ̃tije].

**SCISSION, subst. f.**
Action de scinder, de se scinder. – Son résultat. 🕮 [sisjɔ̃].

**SCIURE, subst. f.**
Poudre d'une matière sciée. 🕮 [sjyʀ].

**SCLÉROSE, subst. f.**
*Méd.* Durcissement d'un tissu ou d'un organe. – Fig. Incapacité à s'adapter, à progresser. 🕮 [skleʀoz].

**SCLÉROSER (SE), verbe pronom.** [3]
Se durcir : *La lésion se sclérose.* – Fig. Se figer dans l'immobilisme. 🕮 [skleʀoze].

**SCOLAIRE, adj.**
Relatif à l'école : *Des fournitures* **scolaires**. – Banal, conventionnel. 🕮 [skɔlɛʀ].

**SCOLARISER, verbe trans.** [3]
Assurer l'instruction scolaire de. 🕮 [skɔlaʀize].

**SCOLARITÉ, subst. f.**
Fait de suivre un enseignement régulier. – Durée des études. 🕮 [skɔlaʀite].

**SCOLIOSE, subst. f.**
Déviation latérale de la colonne vertébrale. 🕮 [skɔljoz].

**SCOOP, subst. m.**
*Journ.* Information exclusive. 🕮 [skup].

**SCORBUT, subst. m.**
Maladie due à une carence en vitamine C. 🕮 [skɔʀbyt].

**SCORE, subst. m.**
Nombre de points marqués par chaque compétiteur lors d'un match. – Résultat chiffré : **Score** *électoral.* 🕮 [skɔʀ].

**SCORIE, subst. f.**
Fragment résiduel d'un métal ou d'un minerai en fusion. 🕮 [skɔʀi].

**SCORPION, subst. m.**
Arthropode des régions chaudes, qui porte un aiguillon à venin. – Huitième signe du zodiaque. 🕮 [skɔʀpjɔ̃].

**SCOTCH (I), subst. m.**
Whisky d'Écosse. 🕮 Plur. *scotch(e)s* ; [skɔtʃ].

**SCOTCH (II), subst. m.**
Ruban adhésif. 🕮 N. déposé : [skɔtʃ].

**SCOUT, SCOUTE, adj. et subst.**
Subst. Membre d'une organisation de scoutisme. – Adj. Propre au scoutisme. 🕮 [skut].

**SCOUTISME, subst. m.**
Mouvement qui vise à développer les qualités morales et physiques des jeunes à travers des activités communes. 🕮 [skutism].

**SCRIBE, subst. m.**
*Antiq.* Homme qui rédigeait les actes administratifs, religieux ou juridiques. 🕮 [skʀib].

**SCRIPT, subst. m.**
Écriture proche des caractères d'imprimerie. – *Cin.* Scénario. 🕮 [skʀipt].

**SCRIPTE, subst.**
*Cin.* Personne chargée de consigner les détails techniques d'un tournage. 🕮 [skʀipt].

**SCRUPULE, subst. m.**
Inquiétude morale sur le bien-fondé de sa propre conduite. 🕮 [skʀypyl].

**SCRUPULEUX, EUSE, adj.**
Qui témoigne d'une conscience exigeante. – Méticuleux, rigoureux. 🕮 [skʀypylø, -øz].

**SCRUTATEUR, TRICE, adj. et subst.**
Adj. Qui scrute. – Subst. Personne qui surveille le dépouillement d'un scrutin. 🕮 [skʀytatœʀ, -tʀis].

**SCRUTER, verbe trans.** [3]
Considérer avec soin pour déceler ce qui est caché. – Fouiller du regard. 🕮 [skʀyte].

**SCRUTIN, subst. m.**
Vote par dépôt d'un bulletin dans une urne. 🕮 [skʀytɛ̃].

**SCULPTER, verbe trans.** [3]
Tailler, façonner (une matière dure) pour obtenir un objet d'art. – Créer (une œuvre d'art en trois dimensions). 🕮 [skylte].

**SCULPTEUR, subst. m.**
Personne qui pratique l'art de la sculpture. 🕮 Le fém., *sculptrice,* est rare ; [skyltœʀ].

**SCULPTURE, subst. m.**
Action et manière de sculpter. – Œuvre sculptée. 🕮 [skyltyʀ].

**S.D.F., subst. m. inv.**
Sigle de « sans domicile fixe ». 🕮 [ɛsdeɛf].

**SE, S', pron. pers.**
Représente la 3ᵉ personne (masc. ou fém., sing. ou plur.) : *Il s'admire* (lui-même) ; *Ils* **se** *saluent* (l'un l'autre) ; *Que* **se** *passera-t-il ?* (impers.). 🕮 [sə].

**SÉANCE, subst. f.**
Réunion des membres d'un groupe organisé ; durée de cette réunion. – Portion de temps réservée à une activité : **Séance** *de travail.* – Durée d'un spectacle ; la représentation. 🕮 [seɑ̃s].

**SÉANT (I), subst. m.**
*Sur son* **séant** : en posture assise. 🕮 [seɑ̃].

**SÉANT (II), SÉANTE, adj.**
Qui sied, convenable (littér.). 🕮 [seɑ̃, seɑ̃t].

**SEAU, subst. m.**
Récipient cylindrique à anse : **Seau** *à charbon.* – Son contenu. 🕮 [so].

**SÉBILE, subst. f.**
Petite coupe servant à quêter ou à mendier. 🕮 [sebil].

**SÉBUM, subst. m.**
Matière grasse sécrétée par les glandes de la peau. 🕮 [sebɔm].

**SEC, SÈCHE,** adj. et subst. m.
Adj. Dépourvu d'humidité ; débarrassé de son humidité naturelle : *Temps sec* ; *Figues sèches.* – Auquel rien n'a été ajouté : *Pain sec* ; *Whisky sec,* sans glaçons. – Que rien ne vient adoucir : *Style sec* ; *Bruit sec, net et bref* ; *Cœur sec,* insensible ; *Ton sec,* sévère. – Subst. *À sec* : sans eau ; *Au sec* : hors de l'eau. 🐚 [sɛk, sɛʃ].

**SÉCABLE,** adj.
Qui peut être coupé. 🐚 [sekabl̩].

**SÉCATEUR,** subst. m.
Gros ciseaux de jardinage. 🐚 [sekatœʀ].

**SÉCESSION,** subst. f.
Action par laquelle une partie de la population d'un État se détache volontairement de ce dernier. 🐚 [sesesjɔ̃].

**SÈCHEMENT,** adv.
De manière brève, brutale. – Avec froideur, dureté. 🐚 [sɛʃmɑ̃].

**SÉCHER,** verbe [8]
Rendre sec ou devenir sec. 🐚 [seʃe].

**SÉCHERESSE,** subst. f.
État de ce qui est sec. – Absence de pluie. – Fig. Froideur, indifférence. 🐚 [seʃʀɛs].

**SÉCHOIR,** subst. m.
Local où l'on fait sécher des produits. – Support sur lequel on fait sécher le linge. – Sèche-cheveux. 🐚 [seʃwaʀ].

**SECOND, ONDE,** adj. et subst.
Adj. Qui vient après le premier : *Second rang.* – Qui vient s'ajouter à qqch. de même nature : *Une seconde clef.* – État second : anormal, inconscient. – Subst. Être *le second* : le deuxième ; au masc., personne qui en assiste une autre. 🐚 [s(ə)gɔ̃, -ɔ̃d].

**SECONDAIRE,** adj. et subst. m.
Qui représente une seconde phase : *Enseignement secondaire* (après le primaire). – *Ère secondaire* (ou *le secondaire*) : ère géologique caractérisée par l'apparition des Oiseaux et des Mammifères. – Adj. *Effet secondaire* : qui dérive d'un phénomène premier. – De second plan, accessoire : *Rôle secondaire.* 🐚 [s(ə)gɔ̃dɛʀ].

**SECONDE,** subst. f.
Unité de temps, contenue 60 fois dans une minute. – Bref instant : *Une seconde, j'arrive !* 🐚 [s(ə)gɔ̃d].

**SECONDER,** verbe trans. [3]
Assister, aider (qqn) dans une tâche, une mission. 🐚 [s(ə)gɔ̃de].

**SECOUER,** verbe trans. [3]
Remuer en tous sens : *Secouer un arbre* ; faire tomber en agitant : *Secouer la neige de ses bottes.* – Fig. Ébranler ; toucher vivement. – Pronom. Faire un effort, réagir (fam.). 🐚 [s(ə)kwe].

**SECOURABLE,** adj.
Qui aide volontiers. 🐚 [s(ə)kuʀabl̩].

**SECOURIR,** verbe trans. [25]
Procurer son aide, porter assistance à. – Réconforter. 🐚 [s(ə)kuʀiʀ].

**SECOURISME,** subst. m.
Ensemble des méthodes destinées à secourir des personnes en danger et à leur donner les premiers soins. 🐚 [s(ə)kuʀism̩].

**SECOURS,** subst. m.
Aide, assistance : *Porter secours.* – *Appeler les secours* : les équipes d'assistance. – *De secours* : que l'on utilise en cas de défaillance, de nécessité. 🐚 [səkuʀ].

**SECOUSSE,** subst. f.
Mouvement heurté, qui secoue. – *Secousse tellurique* : tremblement de terre. – Fig. Choc émotionnel. 🐚 [səkus].

**SECRET, ÈTE,** adj. et subst. m.
Adj. Caché à la vue : *Porte secrète.* – Connu d'un petit nombre ; confidentiel : *Code secret.* – Fig. Qui ne livre pas ses pensées. – Subst. Ce qui est tenu caché. – Discrétion : *Exiger le secret.* – Intimité : *Le secret des cœurs.* – Explication, clef : *Avoir le secret du bonheur.* 🐚 [səkʀɛ, -ɛt].

**SECRÉTAIRE,** subst.
Personne chargée du courrier, des dossiers, du téléphone, pour le compte d'un employeur, d'un supérieur hiérarchique. – Titre attaché à certaines fonctions : *Secrétaire d'État* ; *Secrétaire général de l'O.N.U.* – Masc. Meuble à tiroirs muni d'un panneau rabattable servant de table à écrire. 🐚 [s(ə)kʀetɛʀ].

**SECRÉTARIAT,** subst. m.
Charge, fonction de secrétaire. – Ensemble des secrétaires ; bureaux où ils travaillent. 🐚 [s(ə)kʀetaʀja].

**SÉCRÉTER,** verbe trans. [8]
Produire par sécrétion. – Fig. Dégager : *Ce travail sécrète l'ennui.* 🐚 [sekʀete].

**SÉCRÉTION,** subst. f.
Élaboration et émission d'une substance par des cellules organiques. – Cette substance. 🐚 [sekʀesjɔ̃].

**SECTAIRE,** adj. et subst.
Qui est intolérant envers les opinions d'autrui, qui a un esprit étroit. 🐚 [sɛktɛʀ].

**SECTE,** subst. f.
Communauté fermée, à vocation gén. spirituelle, dont les membres vivent sous l'emprise d'un maître à penser. 🐚 [sɛkt].

**SECTEUR,** subst. m.
Espace délimité, zone, territoire. – Champ d'activité économique : *Secteur tertiaire.* – Endroit quelconque (fam.). 🐚 [sɛktœʀ].

**SECTION,** subst. f.
Action de couper ; endroit de la coupure. – Surface d'une coupe transversale : *Section carrée d'une poutre.* – Subdivision d'un groupe, d'une organisation. – Partie d'une route. 🐚 [sɛksjɔ̃].

**SECTIONNER,** verbe trans. [3]
Scinder en plusieurs sections. – Trancher
net : Sectionner *un câble.* 🔊 [sɛksjɔne].

**SÉCULAIRE,** adj.
Qui a lieu tous les cent ans. – Qui existe
depuis au moins un siècle. 🔊 [sekylɛʀ].

**SÉCULIER, IÈRE,** adj. et subst. m.
Se dit d'un prêtre qui n'est lié à aucune
congrégation. 🔊 [sekylje, -jɛʀ].

**SECUNDO,** adv.
En second lieu, deuxièmement. 🔊 [səgɔ̃do].

**SÉCURISER,** verbe trans. [3]
Rassurer ; dissiper les craintes de. – Rendre
(qqch.) plus sûr. 🔊 [sekyʀize].

**SÉCURITÉ,** subst. f.
Situation exempte de danger. – État serein
qui en résulte. – Ensemble de mesures ou
organisme assurant la protection de l'individu : Sécurité *routière* ; Sécurité *sociale.*
🔊 [sekyʀite].

**SÉDATIF, IVE,** adj. et subst. m.
*Méd.* Se dit d'une substance qui calme la
douleur, l'anxiété, l'insomnie. 🔊 [sedatif,
-iv].

**SÉDENTAIRE,** adj. et subst.
Qui vit dans un lieu fixe (oppos. *nomade*) :
*Peuple* sédentaire. – Qui sort peu, casanier.
– Adj. Qui n'entraîne pas de déplacements :
*Emploi* sédentaire. 🔊 [sedɑ̃tɛʀ].

**SÉDIMENT,** subst. m.
Dépôt de matière laissé par le vent, les eaux
ou les glaces. 🔊 [sedimɑ̃].

**SÉDITION,** subst. f.
Révolte organisée contre l'autorité en place
(littér.). 🔊 [sedisjɔ̃].

**SÉDUCTEUR, TRICE,** adj. et subst.
Qui séduit, charme. 🔊 [sedyktœʀ, -tʀis].

**SÉDUCTION,** subst. f.
Action ou pouvoir de séduire. 🔊 [sedyksjɔ̃].

**SÉDUIRE,** verbe trans. [69]
Attirer irrésistiblement, charmer. – Obtenir
les faveurs de (qqn). 🔊 [sedɥiʀ].

**SEGMENT,** subst. m.
Portion définie, détachée d'un ensemble :
**Segment** *de droite.* 🔊 [sɛgmɑ̃].

**SÉGRÉGATION,** subst. f.
Discrimination, organisée ou de fait, à
l'égard de groupes humains : **Ségrégation**
*raciale, sociale.* 🔊 [segʀegasjɔ̃].

**SEICHE,** subst. f.
Mollusque marin comestible qui projette
de l'encre contre ses agresseurs. 🔊 [sɛʃ].

**SEIGLE,** subst. m.
Céréale des terres pauvres, dont le grain
donne une farine brune. 🔊 [sɛgl].

**SEIGNEUR,** subst. m.
Maître d'un fief, au Moyen Âge. – Titre
donné à une personne de haut rang, dans
l'Ancien Régime. – *Relig.* Dieu. 🔊 [sɛɲœʀ].

**SEIN,** subst. m.
Poitrine : *Tenir sur son* sein. – Chacune des
deux mamelles de la femme ; le même
organe, atrophié, chez l'homme. – Fig. La
partie intérieure, centrale de qqch. : *Au sein
de,* au milieu de, dans. 🔊 [sɛ̃].

**SÉISME,** subst. m.
Ébranlement de la croûte terrestre, d'origine interne. 🔊 [seism].

**SEIZE,** adj. num. inv. et subst. m. inv.
Adj. Quinze plus un. – Seizième : *Chapitre*
XVI. – Subst. Le nombre **seize,** le numéro
**16.** 🔊 [sɛz].

**SÉJOUR,** subst. m.
Fait de séjourner en un lieu ; temps
pendant lequel on séjourne. – *Salle de*
séjour : dans une habitation, pièce consacrée aux loisirs familiaux. 🔊 [seʒuʀ].

**SÉJOURNER,** verbe intrans. [3]
Résider quelque temps en un lieu, sans s'y
fixer. 🔊 [seʒuʀne].

**SEL,** subst. m.
Substance blanche, friable, soluble dans
l'eau, qui sert à conserver ou à assaisonner
des aliments. – Fig. Ce qui donne de
l'intérêt à qqch. ; esprit. – *Chim.* Corps
résultant de l'action d'un acide sur une
base. – Plur. Mélange acide utilisé autrefois
pour ranimer les gens évanouis. 🔊 [sɛl].

**SÉLECTIF, IVE,** adj.
Qui opère une sélection. 🔊 [selɛktif, -iv].

**SÉLECTION,** subst. f.
Action de choisir les choses, les individus
les mieux appropriés à une activité, à une
fonction particulière. – Ensemble des éléments ainsi triés. 🔊 [selɛksjɔ̃].

**SÉLECTIONNER,** verbe trans. [3]
Choisir par une sélection. 🔊 [selɛksjɔne].

**SELLE,** subst. f.
Pièce de cuir, placée sur le dos d'un cheval,
où s'assoit le cavalier. – Petit siège triangulaire d'un cycle. – Quartier postérieur de
certaines viandes : *Une selle d'agneau grillée.*
– Plur. Excréments humains. 🔊 [sɛl].

**SELLER,** verbe trans. [3]
Munir (une monture) d'une selle. 🔊 [sele].

**SELLETTE,** subst. f.
Support décoratif pour une statue, une
plante. – *Être sur la* sellette : être accusé
ou pressé de questions. 🔊 [sɛlɛt].

**SELON,** prép.
D'après le point de vue de : **Selon** *moi,
il faut partir.* – Conformément à : **Selon**
*votre désir.* – En fonction de, suivant : **Selon**
*les besoins.* – Loc. conj. **Selon** *que* (+ ind.) :
suivant que. 🔊 [s(ə)lɔ̃].

**SEMAILLES,** subst. f. plur.
Action de semer. – Époque où l'on sème.
– Grain semé. 🔊 [s(ə)maj].

**SEMAINE**, subst. f.
Période de sept jours allant du lundi au dimanche. – Toute période de sept jours consécutifs. 🔊 [s(ə)mɛn].

**SÉMANTIQUE**, adj. et subst. f.
Adj. Qui a trait à la signification du langage. – Subst. Étude, science de la signification du langage. 🔊 [semãtik].

**SÉMAPHORE**, subst. m.
Poste de communication (par signaux optiques) avec les navires. – Signal d'arrêt sur une voie ferrée. 🔊 [semafɔʀ].

**SEMBLABLE**, adj. et subst.
Adj. Qui ressemble (à), pareil (à). – De ce genre, ainsi : *Un semblable individu.* – Subst. Être vivant de même nature qu'un autre. – Être humain : *Vivre parmi ses semblables.* 🔊 [sãblabl].

**SEMBLANT**, subst. m.
Apparence : *Avec un semblant de sourire.* – *Faire semblant (de)* : feindre. 🔊 [sãblã].

**SEMBLER**, verbe intrans. [3]
Intrans. Avoir l'air, l'apparence ; donner l'impression. – Impers. *Il semble que* : il est très probable que. 🔊 [sãble].

**SEMELLE**, subst. f.
Pièce de cuir, de caoutchouc, etc., constituant le dessous d'une chaussure. – Pièce découpée que l'on glisse à l'intérieur d'une chaussure. 🔊 [s(ə)mɛl].

**SEMENCE**, subst. f.
Graine que l'on sème. – Sperme. – Petit clou de tapissier. 🔊 [s(ə)mãs].

**SEMER**, verbe trans. [10]
Mettre (des semences) en terre. – Jeter çà et là. – Fig. Répandre ; propager : *Semer la panique.* – Distancer (fam.). 🔊 [s(ə)me].

**SEMESTRE**, subst. m.
Chaque moitié de l'année civile. – Période de six mois consécutifs. 🔊 [s(ə)mɛstʀ].

**SEMESTRIEL, IELLE**, adj. et subst. m.
Adj. Qui a lieu, qui paraît tous les six mois. – Subst. Journal semestriel. 🔊 [s(ə)mɛstʀijɛl].

**SEMI-**, élément inv.
Placé devant un mot, exprime l'idée de moitié ou de caractère partiel. 🔊 [səmi-].

**SÉMINAIRE**, subst. m.
Établissement religieux qui forme les futurs prêtres. – Groupe de travail universitaire. – Réunion de spécialistes. 🔊 [seminɛʀ].

**SÉMINARISTE**, subst. m.
Élève d'un séminaire. 🔊 [seminaʀist].

**SEMI-REMORQUE**, subst.
Fém. Remorque routière, dépourvue de train avant, que l'on attelle à la cabine de traction. – Masc. L'ensemble formé par le tracteur et la remorque. 🔊 Plur. *semi-remorques* : [səmiʀ(ə)mɔʀk].

**SEMIS**, subst. m.
Action de semer. – Terre ensemencée. – Ensemble des graines semées. 🔊 [s(ə)mi].

**SEMONCE**, subst. f.
Avertissement, remontrance. 🔊 [səmɔ̃s].

**SEMOULE**, subst. f.
Farine granuleuse de céréales. 🔊 [s(ə)mul].

**SEMPITERNEL, ELLE**, adj.
Qui n'en finit pas, perpétuel. 🔊 [sãpitɛʀnɛl].

**SÉNAT**, subst. m.
Assemblée politique, dans diverses démocraties. – L'édifice où elle siège. 🔊 [sena].

**SÉNATEUR**, subst. m.
Membre d'un sénat. 🔊 [senatœʀ].

**SÉNESCENCE**, subst. f.
Vieillissement physique. 🔊 [senesãs].

**SÉNILE**, adj.
Qui est propre à la vieillesse. – Dont les facultés sont diminuées par l'âge. 🔊 [senil].

**SÉNILITÉ**, subst. f.
État d'une personne sénile. 🔊 [senilite].

**SENIOR**, adj. et subst.
*Sp.* Qui appartient à la catégorie située entre celles des juniors et des vétérans. 🔊 [senjɔʀ].

**SENS (I)**, subst. m.
Signification : *Le sens d'un mot.* – Ce qui explique, justifie : *Donner un sens à sa vie.* – Faculté de bien connaître, comprendre ou juger : *Le sens des affaires, de l'orientation.* – *Bon sens* : sagesse, raison. – *Les cinq sens* : les fonctions organiques de perception (vue, odorat, goût, ouïe, toucher). 🔊 [sãs].

**SENS (II)**, subst. m.
Direction, orientation. 🔊 [sãs].

**SENSATION**, subst. f.
Phénomène ressenti par un être vivant, qui traduit la stimulation d'un de ses organes récepteurs : *Sensation de piqûre.* – État psychologique, affectif : *Sensation de lassitude.* – Forte impression : *Film à sensation* ; *Faire sensation.* 🔊 [sãsasjɔ̃].

**SENSATIONNEL, ELLE**, adj.
Qui frappe vivement l'attention. – Extraordinaire (fam.). 🔊 [sãsasjɔnɛl].

**SENSÉ, ÉE**, adj.
Qui fait preuve de bon sens. 🔊 [sãse].

**SENSIBILISER**, verbe trans. [3]
Rendre sensible. – Rendre (qqn) réceptif, attentif à un problème. 🔊 [sãsibilize].

**SENSIBILITÉ**, subst. f.
Faculté de réagir à des excitations externes ou internes. – Aptitude de qqn à s'émouvoir affectivement, esthétiquement, etc. – Qualité d'une chose sensible : *Sensibilité d'un détonateur, d'une balance.* 🔊 [sãsibilite].

**SENSIBLE**, adj.
Qui est apte à percevoir qqch. et à en éprouver la sensation. – Qui est capable de sentiment, d'émotion. – Qui peut être perçu par les sens : *Le monde* **sensible**. – Fragile, douloureux : *Gorge, plaie* **sensibles**. – Qui réagit au contact ou à de faibles variations : *Pellicule* **sensible**. – Dossier **sensible** : délicat, épineux. – *Progrès* **sensibles** : appréciables. 📷 [sãsibl].

**SENSORIEL, IELLE**, adj.
Relatif aux organes des sens. 📷 [sãsɔRjɛl].

**SENSUALITÉ**, subst. f.
Caractère sensuel d'une personne, d'un comportement. 📷 [sãsɥalite].

**SENSUEL, ELLE**, adj.
Propre aux sens, à ce qui les flatte. – Voluptueux. – Empl. subst. Personne qui recherche les plaisirs des sens, en partic. charnels. 📷 [sãsɥɛl].

**SENTENCE**, subst. f.
Jugement de tribunal. – Opinion à caractère définitif ou solennel ; précepte. 📷 [sãtãs].

**SENTENCIEUX, IEUSE**, adj.
D'une solennité excessive. 📷 [sãtãsjø, -jøz].

**SENTEUR**, subst. f.
Odeur agréable (littér.). 📷 [sãtœR].

**SENTIER**, subst. m.
Chemin étroit. 📷 [sãtje].

**SENTIMENT**, subst. m.
Connaissance immédiate et floue de qqch. ; impression. – État affectif lié à des représentations, à des convictions ou à des émotions : **Sentiment** *religieux*. – Affection, amour ; capacité de s'émouvoir. – Opinion, manière de penser : *Donner son* **sentiment** *sur un sujet*. 📷 [sãtimã].

**SENTIMENTAL, ALE, AUX**, adj. et subst.
Se dit d'une personne qui s'attendrit volontiers. – Adj. Qui a trait aux sentiments, notamment à l'amour. 📷 [sãtimãtal].

**SENTINELLE**, subst. f.
Soldat qui monte la garde. 📷 [sãtinɛl].

**SENTIR**, verbe [23]
Trans. Éprouver (une sensation physique). – Percevoir par l'odorat. – Pressentir ; discerner. – Intrans. Exhaler une odeur : **Sentir** *le romarin* ; *Ça* **sent** *bon !* – Pronom. Éprouver un état : *Se* **sentir** *mal*. – Se manifester, être perceptible. 📷 [sãtiR].

**SEOIR**, verbe trans. indir. [48]
Aller, convenir. 📷 Verbe défectif ; [swaR].

**SÉPALE**, subst. m.
Division du calice d'une fleur. 📷 [sepal].

**SÉPARATION**, subst. f.
Action de séparer ou de se séparer. – Ce qui sépare. 📷 [separasjõ].

**SÉPARATISME**, subst. m.
Tendance, mouvement des habitants d'une région visant à la séparer politiquement de l'État dont elle dépend. 📷 [separatism].

**SÉPARER**, verbe trans. [3]
Éloigner l'un de l'autre. – Trier, classer. – Diviser, partager. – Constituer la limite, la frontière entre. – Pronom. Ne plus conserver : *Se* **séparer** *de son vieux vélo*. – Se quitter. 📷 [separe].

**SÉPIA**, subst. f.
Sécrétion de la seiche. – Matière brune extraite de cette sécrétion, utilisée pour dessiner ; le dessin lui-même. – Empl. adj. inv. Brun foncé. 📷 [sepja].

**SEPT**, adj. num. inv. et subst. m. inv.
Adj. Six plus un. – Septième : *Chapitre* VII. – Subst. Le nombre **sept**, le chiffre 7. 📷 [sɛt].

**SEPTANTE**, adj. num. inv.
*Belg.* et *helv.* Soixante-dix. 📷 [sɛptãt].

**SEPTEMBRE**, subst. m.
Neuvième mois de l'année. 📷 [sɛptãbR̥].

**SEPTENNAT**, subst. m.
Durée de sept ans d'une fonction, d'un mandat. – Ce mandat. 📷 [sɛptena].

**SEPTENTRIONAL, ALE, AUX**, adj.
Du nord. 📷 [sɛptãtRijɔnal].

**SEPTICÉMIE**, subst. f.
Infection généralisée causée par le développement massif de germes pathogènes dans le sang. 📷 [sɛptisemi].

**SEPTIQUE**, adj.
Relatif à l'infection microbienne. – *Fosse* **septique** : fosse d'aisances où les matières fécales se décomposent. 📷 [sɛptik].

**SEPTUAGÉNAIRE**, adj. et subst.
Qui est âgé de 70 à 79 ans. 📷 [sɛptɥaʒenɛR].

**SÉPULCRAL, ALE, AUX**, adj.
Qui a trait à la tombe. – Lugubre. – *Voix* **sépulcrale** : caverneuse. 📷 [sepylkRal].

**SÉPULCRE**, subst. m.
Tombeau (littér.). 📷 [sepylkR̥].

**SÉPULTURE**, subst. f.
Lieu où l'on enterre un mort. 📷 [sepyltyR].

**SÉQUELLE**, subst. f.
Trouble qui persiste après une maladie, une blessure. – Fig. Conséquence, contrecoup d'un événement. 📷 [sekɛl].

**SÉQUENCE**, subst. f.
Suite ordonnée d'éléments. – Suite de plans cinématographiques. 📷 [sekãs].

**SÉQUENTIEL, IELLE**, adj.
Relatif à une séquence. 📷 [sekãsjɛl].

**SÉQUESTRE**, subst. m.
Mise d'un bien litigieux sous la garde d'un tiers en attendant le règlement d'un conflit. 📷 [sekɛstR̥].

**SÉQUESTRER**, verbe trans. [3]
Mettre sous séquestre. – Enfermer, retenir (qqn) contre son gré. 🔊 [sekɛstʀe].

**SÉQUOIA**, subst. m.
Conifère de Californie caractérisé par sa hauteur élevée et sa longévité. 🔊 [sekɔja].

**SÉRAIL**, subst. m.
Palais des sultans ottomans ; son harem – Fig. Milieu influent et fermé. 🔊 [seʀaj].

**SÉRAPHIN**, subst. m.
Ange de la première hiérarchie. 🔊 [seʀafɛ̃].

**SERBO-CROATE**, subst. m.
Langue slave parlée en Serbie, en Bosnie-Herzégovine, au Monténégro et en Croatie. 🔊 [sɛʀbokʀɔat].

**SEREIN, EINE**, adj.
Calme, pur : *Ciel serein*. – Tranquille, sans inquiétude : *Dans cette attente, elle restait sereine*. 🔊 [səʀɛ̃, -ɛn].

**SÉRÉNADE**, subst. f.
Petit concert nocturne donné en hommage à qqn. 🔊 [seʀenad].

**SÉRÉNITÉ**, subst. f.
État serein, tranquillité. 🔊 [seʀenite].

**SÉREUX, EUSE**, adj.
Qui se rapporte au sérum, ou qui en a l'aspect. 🔊 [seʀø, -øz].

**SERF, SERVE**, adj. et subst.
Subst. Au Moyen Âge, personne privée de liberté, attachée à une terre. – Adj. Relatif au servage. 🔊 [sɛʀ(f), sɛʀv].

**SERGENT**, subst. m.
Premier grade de sous-officier. 🔊 [sɛʀʒɑ̃].

**SÉRIE**, subst. f.
Ensemble d'éléments de même nature ; suite, succession. – *Fabrication en* **série** : en grande quantité. – Catégorie : *Film de série B*. 🔊 [seʀi].

**SÉRIER**, verbe trans. [6]
Classer par séries, ordonner. 🔊 [seʀje].

**SÉRIEUX, IEUSE**, adj. et subst. m.
Adj. Qui fait preuve de gravité, de sagesse. – Subst. Qualité d'une personne ou d'une chose sérieuse. 🔊 [seʀjø, -jøz].

**SERIN, INE**, adj. et subst.
Subst. Petit oiseau chanteur, souv. jaune. – Adj. Niais, nigaud (fam.). 🔊 [s(ə)ʀɛ̃, -in].

**SERINER**, verbe trans. [3]
Répéter sans cesse (fam.). 🔊 [s(ə)ʀine].

**SERINGUE**, subst. f.
*Méd.* Instrument à piston, servant à prélever ou à injecter un liquide dans le corps. 🔊 [s(ə)ʀɛ̃g].

**SERMENT**, subst. m.
Promesse solennelle, gén. faite en public : *Le* **serment** *du Jeu de paume*. 🔊 [sɛʀmɑ̃].

**SERMON**, subst. m.
Discours religieux prononcé par un prêtre. – Propos moralisateur. 🔊 [sɛʀmɔ̃].

**SERMONNER**, verbe trans. [3]
Faire des remontrances à. 🔊 [sɛʀmɔne].

**SÉROPOSITIF, IVE**, adj.
Dont le sérum contient certains anticorps ; en partic. dont l'analyse sanguine révèle la présence du virus du sida. 🔊 [seʀopozitif, -iv].

**SERPE**, subst. f.
Instrument à lame recourbée, servant à tailler, à élaguer, etc. 🔊 [sɛʀp].

**SERPENT**, subst. m.
Reptile sans membres qui se déplace en rampant, à la morsure parfois venimeuse. 🔊 [sɛʀpɑ̃].

**SERPENTER**, verbe intrans. [3]
Former une ligne sinueuse. 🔊 [sɛʀpɑ̃te].

**SERPILLIÈRE**, subst. f.
Carré de toile grossière utilisé pour laver les sols. 🔊 [sɛʀpijɛʀ].

**SERRE**, subst. f.
Lieu clos, vitré et parfois chauffé, qui abrite des plantes, des cultures délicates. – Griffe d'un rapace. 🔊 [sɛʀ].

**SERRER**, verbe trans. [3]
Maintenir par une pression vigoureuse ; presser contre soi, étreindre. – Comprimer, tasser ; rapprocher étroitement. – Longer de très près, frôler ; empl. intrans. : *Pour telle direction,* **serrer** *à droite*. 🔊 [seʀe].

**SERRURE**, subst. f.
Mécanisme de fermeture ou de verrouillage : *Le trou de la* **serrure**. 🔊 [seʀyʀ].

**SERRURIER**, subst. m.
Artisan qui fabrique, vend, répare des serrures, des clefs, des blindages. 🔊 [seʀyʀje].

**SERTIR**, verbe trans. [19]
Fixer (une pierre) dans la monture d'un bijou, enchâsser. 🔊 [sɛʀtiʀ].

**SÉRUM**, subst. m.
Liquide jaunâtre qui subsiste après la coagulation du sang. – Préparation liquide injectée pour combattre des germes infectieux ou pour s'en prémunir. 🔊 [seʀɔm].

**SERVAGE**, subst. m.
Condition du serf. – Fig. Asservissement, état de dépendance. 🔊 [sɛʀvaʒ].

**SERVANTE**, subst. f.
Femme, ou jeune fille, employée comme domestique. 🔊 [sɛʀvɑ̃t].

**SERVEUR, EUSE**, subst.
Personne qui sert, dans un restaurant ou un café. – Masc. Service donnant accès à des banques de données. 🔊 [sɛʀvœʀ, -øz].

**SERVIABLE**, adj.
Qui aime à rendre service. 🔊 [sɛʀvjabl].

**SERVICE**, subst. m.
Action de servir qqn, une cause, l'État, etc. : **Service** *militaire*. – Frais d'hôtel, de restaurant, etc., affectés au personnel. – Ensemble des repas servis à une heure donnée.

467

– Assortiment de vaisselle ou de linge pour la table. – Fonctionnement d'une machine. – Action obligeante : *Rendre* **service** *à qqn,* l'aider. – Activité professionnelle : *Être de* **service**. – Subdivision d'une direction, d'une entreprise : *Le* **service** *du personnel.* – Prestation, produit immatériel fourni par une entreprise ou un artisan : *Société de* **services**. – Office religieux. – *Sp.* Action de servir, par ex. au tennis. 🔊 [sɛʀvis].

**SERVIETTE**, subst. f.
Linge qui sert à s'essuyer. – Cartable, porte-documents. 🔊 [sɛʀvjɛt].

**SERVILE**, adj.
Relatif au servage. – Fig. Qui se soumet bassement : *Un courtisan* **servile**. 🔊 [sɛʀvil].

**SERVIR**, verbe [28]
Trans. dir. S'acquitter de certains devoirs envers : **Servir** *Dieu, la patrie.* – Être au service de (qqn). – Présenter à table : **Servir** *un plat.* – Fournir ; vendre à. – Trans. indir. **Servir** *à* : être utilisé par ; être profitable à (qqn). – Tenir lieu : *Ce bâton me* **sert** *de canne.* – Intrans. Être militaire. – *Sp.* Remettre la balle ou le ballon en jeu. – Pronom. **Servez-vous** : prenez (de ce plat, de cette boisson). – *Se* **servir** *de* : utiliser. 🔊 [sɛʀviʀ].

**SERVITEUR**, subst. m.
Personne qui est au service de qqn, d'une collectivité ou d'une cause. 🔊 [sɛʀvitœʀ].

**SERVITUDE**, subst. f.
État de dépendance d'une personne, d'un peuple ; esclavage. – Contrainte, obligation légale ou morale. 🔊 [sɛʀvityd].

**SES**, voir **SON**

**SÉSAME**, subst. m.
Plante dont les graines fournissent une huile comestible. 🔊 [sezam].

**SESSION**, subst. f.
Période pendant laquelle siège une assemblée, un tribunal. – Période de déroulement d'un examen. 🔊 [sesjɔ̃].

**SET**, subst. m.
Manche d'un match de tennis, de volley-ball. – Ensemble de napperons de table ; l'un d'entre eux. 🔊 [sɛt].

**SEUIL**, subst. m.
Entrée d'une maison, d'un lieu. – Fig. Début d'une époque nouvelle. – Limite dont le franchissement modifie une situation : **Seuil** *de tolérance.* 🔊 [sœj].

**SEUL, SEULE**, adj.
Qui est isolé, sans compagnie. – Sans pareil ; unique. – Seulement : **Seul** *le résultat compte.* 🔊 [sœl].

**SEULEMENT**, adv.
Sans rien ou sans personne d'autre : *Ils sont* **seulement** *deux.* – À l'instant : *Il vient* **seulement** *d'arriver.* – Pas avant : *Ça commence*

**seulement** *vers midi.* – Mais, cependant : *Il a entendu,* **seulement** *il n'a pas répondu.* – *Si* **seulement** : si au moins. 🔊 [sœlmɑ̃].

**SÈVE**, subst. f.
Liquide nourricier des végétaux. – Fig. Vigueur, énergie (littér.). 🔊 [sɛv].

**SÉVÈRE**, adj.
Enclin à punir, à condamner rapidement ; intransigeant. – Rigoureux, contraignant. – Austère, dépouillé : *Style* **sévère**. – Grave : *Une rechute* **sévère**. 🔊 [sevɛʀ].

**SÉVÉRITÉ**, subst. f.
Manque d'indulgence ; rigidité. – Sérieux, gravité. – Austérité. 🔊 [severite].

**SÉVICES**, subst. m. plur.
Brutalités physiques. 🔊 [sevis].

**SÉVIR**, verbe intrans. [19]
Recourir à des mesures répressives. – Agir rudement, exercer des ravages : *Le mauvais temps* **sévit** *encore.* 🔊 [seviʀ].

**SEVRER**, verbe trans. [10]
Priver (un enfant ou un petit d'animal) de lait maternel. – Priver (qqn) d'une chose coutumière. 🔊 [səvʀe].

**SEXAGÉNAIRE**, adj. et subst.
Qui est âgé de 60 à 69 ans. 🔊 [sɛksaʒenɛʀ].

**SEXE**, subst. m.
Organe génital mâle ou femelle. – Ensemble des caractères qui différencient le masculin du féminin. – Ensemble des personnes du même **sexe**. – Sexualité. 🔊 [sɛks].

**SEXISME**, subst. m.
Comportement, opinion discriminatoire à l'égard du sexe opposé. 🔊 [sɛksism].

**SEXTANT**, subst. m.
Instrument de navigation permettant de définir la hauteur des astres par rapport à l'horizon. 🔊 [sɛkstɑ̃].

**SEXUALITÉ**, subst. f.
Ensemble des caractères propres à chaque sexe. – Modalités selon lesquelles se manifeste l'instinct sexuel. 🔊 [sɛksɥalite].

**SEXUEL, ELLE**, adj.
Qui a trait au sexe. 🔊 [sɛksɥɛl].

**SEYANT, ANTE**, adj.
Qui sied, met en valeur : *Un costume* **seyant**. 🔊 [sɛjɑ̃, -ɑ̃t].

**SHAMPO(O)ING**, subst. m.
Lavage de cheveux. – Produit savonneux destiné à ce lavage. 🔊 [ʃɑ̃pwɛ̃].

**SHÉRIF**, subst. m.
Chef de police, aux États-Unis. 🔊 [ʃeʀif].

**SHERPA**, subst. m.
Porteur, guide, dans l'Himalaya. 🔊 [ʃɛʀpa].

**SHETLAND**, subst. m.
Laine, ou tissu de laine, d'Écosse. 🔊 [ʃɛtlɑ̃d].

**SHINTO(ÏSME), subst. m.**
Religion historique du Japon. 🔊 [ʃintɔ(ism)].

**SHORT, subst. m.**
Culotte courte. 🔊 [ʃɔʀt].

**SHOW-BUSINESS, subst. m. inv.**
Industrie, monde du spectacle. 🔊 [ʃobiznɛs].

**SI (I), adv.**
Contredit une négation : *On ne vous a rien dit ? Mais si !* – Exprime l'intensité : *Il est si grand*, tellement. – Exprime la comparaison : *Il n'est pas si grand qu'on le dit*, aussi, au même degré que. – Loc. conj. *Si bien que* : de sorte que. 🔊 [si].

**SI (II), conj.**
Introduit une condition, une supposition ou un souhait : *Il ira au cinéma s'il est sage ; Je t'aiderai si je suis là ; Et si nous sortions ?* 🔊 S'élide devant *il* et *ils* : [si].

**SI (III), subst. m. inv.**
*Mus.* Septième note de la gamme. 🔊 [si].

**SIAMOIS, OISE, adj. et subst.**
Se dit de jumeaux rattachés l'un à l'autre par une partie du corps. – Se dit d'un chat de la race **siamoise**, au pelage brun clair et foncé, et aux yeux bleus. 🔊 [sjamwa, -waz].

**SIBYLLIN, INE, adj.**
Obscur, énigmatique. 🔊 [sibilɛ̃, -in].

**SIC, adv.**
Ainsi (indique, entre parenthèses, que l'on cite textuellement un auteur). 🔊 [sik].

**SIDA, subst. m.**
Sigle pour « syndrome immunodéficitaire acquis », très grave maladie virale, transmissible par voie sexuelle ou sanguine. 🔊 [sida].

**SIDÉRAL, ALE, AUX, adj.**
Qui a trait aux astres. 🔊 [sideʀal].

**SIDÉRER, verbe trans. [8]**
Stupéfier, abasourdir (fam.). 🔊 [sideʀe].

**SIDÉRURGIE, subst. f.**
Industrie de production du fer, de la fonte, et de l'acier. 🔊 [sideʀyʀʒi].

**SIÈCLE, subst. m.**
Période de cent ans à partir d'un moment déterminé (tel que la naissance du Christ) : *Le XXᵉ siècle a débuté en 1901.* – Toute période de cent ans. – Période qui paraît très longue (fam.). 🔊 [sjɛkl].

**SIÈGE, subst. m.**
Meuble sur lequel on s'assied. – Fesses. – Place, mandat : *Briguer un siège de député.* – Lieu où réside une autorité, un pouvoir : **Siège** *social.* – Endroit d'où provient un phénomène : *Le siège d'une douleur.* – *Milit.* Action d'encercler une place forte en vue de s'en rendre maître. 🔊 [sjɛʒ].

**SIÉGER, verbe intrans. [9]**
Tenir séance. – Avoir son siège en un lieu : *L'O.N.U. siège à New York.* – Occuper une place attitrée. – Être situé. 🔊 [sjeʒe].

**SIEN, SIENNE, adj. poss., pron. poss. et subst.**
Adj. Qui est à lui, à elle : *Un sien parent.* – Pron. *Le sien, la sienne, les siens, les siennes* : ce qui est à lui, à elle, à eux, à elles. – Subst. *Les siens* : sa famille. – *Faire des siennes* : des bêtises (fam.). – *Y mettre du sien* : faire des efforts. 🔊 [sjɛ̃, sjɛn].

**SIESTE, subst. f.**
Repos d'après-midi. 🔊 [sjɛst].

**SIFFLEMENT, subst. m.**
Action de siffler. – Le son ainsi produit. 🔊 [sifləmɑ̃].

**SIFFLER, verbe [3]**
Intrans. Émettre un son aigu en soufflant de l'air à travers une ouverture étroite ou, pour un projectile, en traversant l'air. – Trans. Interpréter (un air) en sifflant. – Huer, conspuer par des sifflets. – Appeler (qqn, un animal) par un sifflement. – Boire d'un trait (fam.). 🔊 [sifle].

**SIFFLET, subst. m.**
Petit instrument servant à siffler. – Plur. Sifflements de désapprobation : *L'artiste sortit sous les sifflets.* 🔊 [siflɛ].

**SIFFLOTER, verbe [3]**
Siffler doucement. 🔊 [siflɔte].

**SIGLE, subst. m.**
Suite de lettres initiales formant un mot : *O.N.U. et U.L.M. sont des sigles.* 🔊 [sigl].

**SIGNAL, AUX, subst. m.**
Signe convenu permettant de transmettre un ordre, un avertissement, de déclencher une action. – Objet, signe matériel qui donne une indication. 🔊 [siɲal].

**SIGNALEMENT, subst. m.**
Description physique détaillée. 🔊 [siɲalmɑ̃].

**SIGNALER, verbe trans. [3]**
Faire remarquer ; révéler, trahir. – Indiquer par un signal, annoncer. – Pronom. Se faire remarquer, s'illustrer. 🔊 [siɲale].

**SIGNALISATION, subst. f.**
Utilisation de signaux. – Ensemble de signaux. 🔊 [siɲalizasjɔ̃].

**SIGNATAIRE, adj. et subst.**
Qui a signé une lettre, un acte. 🔊 [siɲatɛʀ].

**SIGNATURE, subst. f.**
Action de signer. – Marque distinctive de qqn apposée sur une lettre, un acte, une œuvre d'art pour l'authentifier. 🔊 [siɲatyʀ].

**SIGNE, subst. m.**
Chose vue ou ressentie qui permet de deviner, de savoir, de prévoir ; marque, indice. – Geste ou parole permettant de communiquer. – Dessin employé dans un sens convenu : **Signes** *de ponctuation.* – **Signe** *de croix* : geste de piété figurant la Croix de Jésus. – *Math.* Symbole indiquant une opération ou une relation : **Signe** *plus, égal.* 🔊 [siɲ].

**SIGNER, verbe trans.** [3]
Apposer sa signature sur. – Pronom. Faire le signe de croix. 🕮 [sineɛ].

**SIGNET, subst. m.**
Ruban ou bande de carton servant de repère entre deux pages d'un livre. 🕮 [siɲɛ].

**SIGNIFICATIF, IVE, adj.**
Révélateur, représentatif. 🕮 [siɲifikatif, -iv].

**SIGNIFICATION, subst. f.**
Ce que signifie qqch. 🕮 [siɲifikasjɔ̃].

**SIGNIFIER, verbe trans.** [6]
Avoir pour sens. – Faire connaître ; notifier. 🕮 [siɲifje].

**SILENCE, subst. m.**
Fait de se taire. – Absence de bruit, calme. – *Mus.* Interruption plus ou moins longue du son. 🕮 [silɑ̃s].

**SILENCIEUX, IEUSE, adj. et subst. m.**
Adj. Qui ne fait pas de bruit ; qui ne parle pas. – Où règne le silence. – Subst. Dispositif atténuant le bruit de divers engins (arme à feu, pot d'échappement). 🕮 [silɑ̃sjø, -jøz].

**SILEX, subst. m.**
Roche dure à éclats coupants. 🕮 [silɛks].

**SILHOUETTE, subst. f.**
Contour d'un corps. – Ombre projetée ; forme vague. – Allure de qqn. 🕮 [silwɛt].

**SILICE, subst. f.**
Corps solide très abondant dans la nature, dans les minéraux. 🕮 [silis].

**SILLAGE, subst. m.**
Trace laissée par un bateau en marche. – Fig. *Dans le* **sillage** *de qqn* : derrière lui ; à son exemple. 🕮 [sijaʒ].

**SILLON, subst. m.**
Longue tranchée ouverte en terre par une charrue. – Fente profonde. – Rainure d'un disque gravé. 🕮 [sijɔ̃].

**SILLONNER, verbe trans.** [3]
Parcourir en tous sens. 🕮 [sijɔne].

**SILO, subst. m.**
Réservoir de stockage agricole. 🕮 [silo].

**SIMAGRÉE, subst. f.**
Comportement affecté, manières (gén. au plur.). 🕮 [simagʀe].

**SIMIESQUE, adj.**
Qui rappelle le singe. 🕮 [simjɛsk].

**SIMILAIRE, adj.**
De même nature, analogue. 🕮 [similɛʀ].

**SIMILI, subst. m.**
Imitation (d'une matière). 🕮 [simili].

**SIMILITUDE, subst. f.**
Ressemblance, analogie. 🕮 [similityd].

**SIMPLE, adj.**
Qui ne renferme qu'un seul élément ; indivisible : *Corps* **simple** ; *Aller* **simple**. – Aisé à comprendre, à suivre : *Schéma*

simple. – Qui suffit à soi seul : *Un* **simple** *mot*. – Qui est seulement ce que son nom indique : *Un* **simple** *exécutant*. – Sans prétention : *Des goûts* **simples** ; *Il est resté* **simple**. – Empl. subst. *Un* **simple** *d'esprit* : un débile léger. 🕮 [sɛ̃pl].

**SIMPLEMENT, adv.**
De façon simple. – Seulement. 🕮 [sɛ̃pləmɑ̃].

**SIMPLICITÉ, subst. f.**
Qualité d'une personne ou d'une chose simple. 🕮 [sɛ̃plisite].

**SIMPLIFIER, verbe trans.** [6]
Rendre moins complexe, moins difficile. – Ne retenir que l'essentiel de, schématiser. 🕮 [sɛ̃plifje].

**SIMPLISTE, adj.**
Qui simplifie à l'excès. 🕮 [sɛ̃plist].

**SIMULACRE, subst. m.**
Apparence se présentant comme une réalité : *Un* **simulacre** *de pardon*. 🕮 [simylakʀ].

**SIMULATEUR, TRICE, subst.**
Individu qui simule, en partic. une maladie. – Masc. *Tech.* Appareil qui simule le fonctionnement d'une machine : **Simulateur** *de vol*. 🕮 [simylatœʀ, -tʀis].

**SIMULER, verbe trans.** [3]
Feindre, faire semblant de ; imiter afin de tromper autrui. – *Tech.* Reproduire artificiellement (un mouvement réel) à l'aide d'une maquette, d'un ordinateur. 🕮 [simyle].

**SIMULTANÉ, ÉE, adj.**
Qui a lieu en même temps. 🕮 [simyltane].

**SIMULTANÉITÉ, subst. f.**
Caractère de ce qui est simultané, coïncidence. 🕮 [simyltaneite].

**SINCÈRE, adj.**
Qui exprime franchement sa pensée, ses sentiments ; de bonne foi. – Authentique : *Joie* **sincère**. 🕮 [sɛ̃sɛʀ].

**SINCÉRITÉ, subst. f.**
Caractère de ce qui est franc, loyal, sincère. – Authenticité, vérité. 🕮 [sɛ̃seʀite].

**SINÉCURE, subst. f.**
Fonction bien rétribuée et exigeant peu de travail. 🕮 [sinekyʀ].

**SINE QUA NON, loc. adj. inv.**
*Condition* **sine qua non** : sans laquelle une chose est impossible. 🕮 [sinekwanɔn].

**SINGE, subst. m.**
Mammifère au cerveau développé, pourvu de mains et de pieds préhensiles. 🕮 [sɛ̃ʒ].

**SINGER, verbe trans.** [5]
Imiter, contrefaire par moquerie. 🕮 [sɛ̃ʒe].

**SINGERIE, subst. f.**
Grimace, pitrerie (gén. au plur.). 🕮 [sɛ̃ʒʀi].

**SINGULARISER, verbe trans.** [3]
Rendre singulier, distinguer. – Pronom. Se faire remarquer sur un point particulier. 🕮 [sɛ̃gylaʀize].

**SINGULARITÉ, subst. f.**
Caractère singulier, originalité. – Bizarrerie, excentricité. 🔊 [sɛ̃gylaʀite].

**SINGULIER, IÈRE, adj. et subst. m.**
Adj. Seul, unique. – Bizarre, excentrique. – *Combat* singulier : opposant deux personnes. – Subst. Catégorie grammaticale exprimant l'unicité : *Au* singulier *et au* pluriel. 🔊 [sɛ̃gylje, -jɛʀ].

**SINISTRE (I), adj.**
Qui annonce le malheur, fatal. – Effrayant. – Triste, ennuyeux. 🔊 [sinistʀ].

**SINISTRE (II), subst. m.**
Catastrophe, désastre qui occasionne de lourdes pertes. – Dr. Tout dommage couvert par une assurance. 🔊 [sinistʀ].

**SINON, conj.**
Et peut-être bien : *Sa fin est probable,* sinon *certaine.* – Autrement, sans quoi : *Pas de bruit,* sinon *gare à vous.* – Si ce n'est : *Que fait-il,* sinon *dormir ?* 🔊 [sinɔ̃].

**SINUEUX, EUSE, adj.**
Qui présente de multiples courbures. – Fig. Tortueux, détourné. 🔊 [sinɥø, -øz].

**SINUOSITÉ, subst. f.**
Boucle, courbe, méandre. 🔊 [sinɥozite].

**SINUS, subst. m.**
*Anat.* Nom de certaines cavités de l'organisme : **Sinus** *crânien, cardiaque.* – *Math.* Valeur d'un angle de triangle rectangle égale au rapport entre son côté opposé et l'hypoténuse. 🔊 [sinys].

**SIONISME, subst. m.**
Mouvement religieux et politique visant à instaurer, puis à soutenir, un État juif indépendant en Palestine. 🔊 [sjɔnism].

**SIPHON, subst. m.**
Tuyau coudé servant à transvaser un liquide. – Canalisation en S servant à évacuer les eaux usées. – Bouteille maintenant sous pression l'eau gazeuse. 🔊 [sifɔ̃].

**SIRE, subst. m.**
Titre de courtoisie donné à un souverain que l'on salue. 🔊 [siʀ].

**SIRÈNE, subst. f.**
Animal fabuleux à tête et à torse de femme, et à queue de poisson. – Puissant appareil produisant un signal sonore. 🔊 [siʀɛn].

**SIROCCO, subst. m.**
Vent chaud et sec qui souffle du Sahara vers la côte méditerranéenne. 🔊 [siʀɔko].

**SIROP, subst. m.**
Liquide concentré sucré, souv. mêlé à du jus de fruit ou à des substances pharmaceutiques. 🔊 [siʀo].

**SIROTER, verbe [3]**
Savourer en buvant à petites gorgées (fam.) : **Siroter** *un café.* 🔊 [siʀote].

**SIRUPEUX, EUSE, adj.**
Qui a la viscosité ou le goût d'un sirop. – Fig. Mièvre. 🔊 [siʀypø, -øz].

**SIS, SISE, adj.**
*Dr.* Situé, localisé. 🔊 [si, siz].

**SISMIQUE, adj.**
Relatif aux séismes. 🔊 [sismik].

**SITE, subst. m.**
Paysage pittoresque. – Lieu affecté à une activité : *Un* site *industriel.* 🔊 [sit].

**SITÔT, adv.**
Aussitôt, aussi vite (littér.). – *Pas de* sitôt : pas avant longtemps. – Loc. conj. **Sitôt** *que* : dès que. 🔊 [sito].

**SITUATION, subst. f.**
Position géographique de qqch. – Ensemble des conditions de vie d'une personne, d'un groupe. – État, conjoncture : *Une* situation *délicate.* – Emploi rémunéré. 🔊 [sitɥasjɔ̃].

**SITUER, verbe trans. [3]**
Définir, dans l'espace ou dans le temps, la situation de (qqn ou qqch.). – Pronom. Se trouver, être placé. 🔊 [sitɥe].

**SIX, adj. num. inv. et subst. m. inv.**
Adj. Cinq plus un. – Sixième : *Paul* **VI**. – Subst. Le nombre six, le chiffre 6. 🔊 [sis], [si] devant une consonne, [siz] devant une voyelle.

**SKATE-BOARD, subst. m.**
Planche à roulettes. 🔊 Plur. *skate-boards* ; on écrit aussi *skateboard* ; [skɛtbɔʀd].

**SKETCH, subst. m.**
Courte scène, en gén. comique. 🔊 Plur. *sketch(e)s* ; [skɛtʃ].

**SKI, subst. m.**
Lame longue et étroite servant à glisser sur la neige. – Sport pratiqué avec un ou deux skis : **Ski** *de fond, alpin* ; **Ski** *nautique,* sur l'eau. 🔊 [ski].

**SKIER, verbe intrans. [6]**
Pratiquer le ski. 🔊 [ski(j)e].

**SLALOM, subst. m.**
Descente à skis sur une piste aux virages jalonnés de portes à franchir. – Parcours sinueux. 🔊 [slalɔm].

**SLAVE, adj. et subst. m.**
Se dit d'un groupe de langues parlées en Europe centrale et orientale. 🔊 [slav].

**SLIP, subst. m.**
Culotte très ajustée servant de caleçon de bain ou de sous-vêtement. 🔊 [slip].

**SLOGAN, subst. m.**
Formule concise et frappante, utilisée en publicité ou en politique. 🔊 [slɔgɑ̃].

**SMALA(H), subst. f.**
Famille ou suite nombreuse et encombrante (fam.). 🔊 [smala].

**S.M.I.C., subst. m. inv.**
Sigle pour « salaire minimum interprofessionnel de croissance ». 🔊 [smik].

**SMOKING, subst. m.**
Costume de cérémonie masculin, à revers de soie, en drap noir ou blanc. 🔊 [smɔkiŋ].

**SNACK-BAR, subst. m.**
Café-restaurant à service rapide. 🔊 Plur. *snack-bars* ; on dit aussi *snack* ; [snak(baʀ)].

**SNOB, adj. et subst.**
Qui suit la mode, qui imite les usages d'une société dite distinguée. 🔊 [snɔb].

**SNOBER, verbe trans. [3]**
Mépriser, traiter de haut. 🔊 [snɔbe].

**SOBRE, adj.**
Qui consomme avec modération. – Frugal. – Simple ; concis (littér.). 🔊 [sɔbʀ].

**SOBRIÉTÉ, subst. f.**
Qualité d'une personne ou d'une chose sobre. 🔊 [sɔbʀijete].

**SOBRIQUET, subst. m.**
Surnom familier ou ironique. 🔊 [sɔbʀikɛ].

**SOC, subst. m.**
Lame pointue de la charrue, qui tranche la terre et creuse le sillon. 🔊 [sɔk].

**SOCIABLE, adj.**
Qui aime à fréquenter autrui. – D'un tempérament agréable, facile. 🔊 [sɔsjabl].

**SOCIAL, ALE, AUX, adj.**
Relatif à une société, à un groupe humain. – Relatif aux rapports entre membres d'une société, ou entre divers groupes humains : *Luttes* **sociales.** – Qui vit en société : *Un insecte* **social.** – Relatif aux conditions de vie : *Droit* **social.** – Qui vise à améliorer les conditions de vie : *Réforme* **sociale.** – Relatif à une société civile ou commerciale : *Siège* **social.** 🔊 [sɔsjal].

**SOCIALISME, subst. m.**
Doctrine préconisant une organisation sociale, politique, économique qui mènerait à une société plus égalitaire. 🔊 [sɔsjalism].

**SOCIÉTAIRE, adj. et subst.**
Se dit d'un membre d'une association ou d'une société. 🔊 [sɔsjetɛʀ].

**SOCIÉTÉ, subst. f.**
Manière de vivre, en groupes organisés, propre à l'homme ou à certains animaux. – Ensemble organisé d'individus dont les relations sont régies par des règles, des coutumes. – Milieu humain dans lequel on vit. – Groupe restreint de personnes : *La haute* **société.** – Fréquentation d'autrui ; compagnie. – Association de gens réunis dans un but commun. – Organisme à capitaux, fondé en vue d'une activité déterminée. 🔊 [sɔsjete].

**SOCIOLOGIE, subst. f.**
Étude des sociétés humaines et des phénomènes sociaux. 🔊 [sɔsjɔlɔʒi].

**SOCLE, subst. m.**
Base, assise d'une sculpture. 🔊 [sɔkl].

**SOCQUETTE, subst. f.**
Chaussette courte. 🔊 [sɔkɛt].

**SODA, subst. m.**
Boisson gazeuse aromatisée. 🔊 [sɔda].

**SŒUR, subst. f.**
Fille issue des mêmes parents que qqn. – Titre donné à une religieuse. 🔊 [sœʀ].

**SOFA, subst. m.**
Lit de repos, canapé, divan. 🔊 [sɔfa].

**SOI, pron. pers.**
Forme accentuée de « se », qui se réfère en gén. à un sujet indéterminé : *Vivre pour* **soi** ; *Chez* **soi.** 🔊 [swa].

**SOI-DISANT, adj. inv. et adv.**
Adj. Qui se dit tel : *Un* **soi-disant** *policier.* – Adv. Prétendument : *Il vient* **soi-disant** *pour s'instruire.* 🔊 [swadizɑ̃].

**SOIE, subst. f.**
Long poil raide du porc ou du sanglier. – Sécrétion filamenteuse du ver à **soie** ; fibre textile tirée de ce filament. 🔊 [swa].

**SOIF, subst. f.**
Sensation de manque d'eau ; envie de boire. – Désir intense de qqch. 🔊 [swaf].

**SOIGNER, verbe trans. [3]**
Porter une attention particulière à (qqn, qqch.) : **Soigner** *ses invités* ; **Soigner** *son travail.* – Donner des soins médicaux à ; traiter : **Soigner** *les lépreux, une blessure.* 🔊 [swaɲe].

**SOIGNEUR, subst. m.**
Personne qui veille à l'état physique d'un sportif. 🔊 [swaɲœʀ].

**SOIGNEUX, EUSE, adj.**
Qui prend soin de ce qu'il fait, de ce qu'il utilise. – Accompli avec minutie ; propre : *Travail* **soigneux.** 🔊 [swaɲø, -øz].

**SOIN, subst. m.**
Application, attention particulière portée à qqch., à qqn : *Prendre* **soin** *de*, veiller sur (ou à). – Mission, charge : *Il me confia le* **soin** *de conclure.* – Plur. Ensemble d'actions mises en œuvre pour entretenir ou rétablir la santé, l'hygiène : **Soins** *de beauté* ; **Soins** *dentaires* ; *Les premiers* **soins.** 🔊 [swɛ̃].

**SOIR, subst. m.**
Fin de la journée, début de la nuit. – Fig. **Soir** *de la vie* : vieillesse (littér.). 🔊 [swaʀ].

**SOIRÉE, subst. f.**
Période allant de la fin du jour au moment où l'on se couche. – Fête ou réception donnée le soir. – Séance du soir (d'un spectacle). 🔊 [swaʀe].

**SOIT, conj. et adv.**
Conj. Ou bien : **Soit** *lui*, **soit** *moi.* – C'est-à-dire : *Ses proches*, **soit** *deux personnes.* – Supposons : **Soit** *un triangle isocèle...* – Adv. D'accord, bon (avec réticence) : **Soit**, *allons-y !* 🔊 Conj. [swa] ; adv. [swat].

**SOIXANTE**, adj. num. inv. et subst. m. inv.
Adj. Six fois dix. – Soixantième : *Le kilomètre* **soixante**. – Subst. Le nombre **soixante**, le numéro 60. 🕮 [swasɑ̃t].

**SOIXANTE-DIX**, adj. num. inv. et subst. m. inv.
Adj. Sept fois dix. – Soixante-dixième : *La page* 70. – Subst. Le nombre **soixante-dix**, le numéro 70. 🕮 [swasɑ̃tdis].

**SOJA**, subst. m.
Plante oléagineuse alimentaire d'origine asiatique. 🕮 [sɔʒa].

**SOL (I)**, subst. m.
Couche superficielle de l'écorce terrestre ; terre, terrain. – Surface sur laquelle on marche : **Sol** *carrelé*. 🕮 [sɔl].

**SOL (II)**, subst. m. inv.
*Mus.* Cinquième note de la gamme. 🕮 [sɔl].

**SOLAIRE**, adj.
Relatif au Soleil, à la lumière ou à l'énergie qui en émane. – Qui protège du soleil : *Huile* **solaire**. 🕮 [sɔlɛʀ].

**SOLDAT**, subst. m.
Homme qui sert dans une armée ; militaire. – *Simple* **soldat** : sans grade. 🕮 [sɔlda].

**SOLDE (I)**, subst. f.
Salaire d'un soldat, d'un militaire. 🕮 [sɔld].

**SOLDE (II)**, subst. m.
Différence entre le débit et le crédit d'un compte. – *Pour* **solde** *de tout compte* : en règlement de la somme restant à payer. – Marchandise vendue au rabais (gén. au plur.). 🕮 [sɔld].

**SOLDER**, verbe trans. [3]
Arrêter (un compte). – Payer (ce qui reste dû). – Vendre au rabais. – Pronom. *Se* **solder** *par* : aboutir finalement à (une situation gén. défavorable). 🕮 [sɔlde].

**SOLE**, subst. f.
Poisson plat et ovale, à chair fine. 🕮 [sɔl].

**SOLEIL**, subst. m.
Astre situé au centre du système planétaire, autour duquel gravite la Terre. – Chaleur et lumière reçues de cet astre. 🕮 [sɔlɛj].

**SOLENNEL, ELLE**, adj.
Que l'on accomplit avec faste. – Qui revêt un caractère officiel. – Empreint de dignité, de gravité. – Pompeux (péj.). 🕮 [sɔlanɛl].

**SOLENNITÉ**, subst. f.
Célébration grave et majestueuse. – Caractère de ce qui est solennel. 🕮 [sɔlanite].

**SOLFÈGE**, subst. m.
Étude de l'écriture musicale et de ses règles. – Manuel qui les enseigne. 🕮 [sɔlfɛʒ].

**SOLIDAIRE**, adj.
Qui assume une responsabilité commune ; qui se sent lié à d'autres par des intérêts mutuels. – Se dit de choses qui sont dépendantes l'une de l'autre. 🕮 [sɔlidɛʀ].

**SOLIDARITÉ**, subst. f.
État de celui qui est ou se sent solidaire. – Entraide, fraternité. 🕮 [sɔlidaʀite].

**SOLIDE**, adj. et subst. m.
Se dit d'un corps qui n'est ni à l'état liquide ni à l'état gazeux. – Adj. Qui ne se brise ni ne s'use facilement. – Fig. À quoi, à qui l'on peut faire confiance. – Robuste, vigoureux. 🕮 [sɔlid].

**SOLIDIFIER**, verbe trans. [6]
Amener (une substance) à l'état solide. – Pronom. Devenir solide. 🕮 [sɔlidifje].

**SOLIDITÉ**, subst. f.
Qualité de ce qui est solide. 🕮 [sɔlidite].

**SOLILOQUER**, verbe intrans. [3]
Se parler à soi-même. 🕮 [sɔlilɔke].

**SOLISTE**, subst.
Instrumentiste ou chanteur qui interprète seul un morceau. 🕮 [sɔlist].

**SOLITAIRE**, adj. et subst.
Adj. Qui vit seul, à l'écart d'autrui. – Retiré, inhabité : *Lieu* **solitaire**. – Subst. Personne qui vit seule. – Subst. masc. Animal qui vit seul (gén. un vieux mâle). – Pierre précieuse sertie seule sur un bijou. – Jeu de combinaisons auquel on joue seul. 🕮 [sɔlitɛʀ].

**SOLITUDE**, subst. f.
Condition d'une personne qui vit seule. – Isolement moral. 🕮 [sɔlityd].

**SOLLICITER**, verbe trans. [3]
Demander avec respect : **Solliciter** *une entrevue*. – Faire appel à (qqn). – Attirer, exciter (l'intérêt, l'attention). 🕮 [sɔlisite].

**SOLLICITUDE**, subst. f.
Prévenance affectueuse et zélée, bienveillance. 🕮 [sɔlisityd].

**SOLO**, subst. m.
*Mus.* Morceau joué par un seul interprète. – *En* **solo** : en solitaire. – Empl. adj. *Une flûte* **solo**. 🕮 Plur. *solos* ou *soli* : [sɔlo].

**SOLSTICE**, subst. m.
Époque de l'année où le jour atteint sa durée maximale ou minimale : **Solstice** *d'hiver, d'été*. 🕮 [sɔlstis].

**SOLUBLE**, adj.
Qui peut être dissous dans un liquide, un solvant. – Qui peut être résolu. 🕮 [sɔlybl].

**SOLUTION**, subst. f.
Réponse à une difficulté, à un problème ; dénouement. – Mélange liquide contenant un corps dissous. – **Solution** *de continuité* : interruption. 🕮 [sɔlysjɔ̃].

**SOLVABLE**, adj.
Qui peut payer ses dettes. 🕮 [sɔlvabl].

**SOLVANT**, subst. m.
Produit pouvant dissoudre une substance (peinture, vernis, etc.). 🕮 [sɔlvɑ̃].

**SOMBRE, adj.**
Qui n'est guère éclairé ; foncé. – Fig. Triste, maussade ; dénué d'espoir : *De sombres perspectives.* 😔 [sɔ̃bʀ].

**SOMBRER, verbe intrans.** [3]
S'abîmer, couler : *Le navire sombra.* – Fig. S'enfoncer, disparaître : *Sombrer dans la misère, dans l'oubli.* 😔 [sɔ̃bʀe].

**SOMMAIRE, adj. et subst. m.**
Adj. Réduit à l'essentiel. – Détaillé ou élaboré succinctement. – Expéditif : *Une exécution sommaire.* – Subst. Résumé d'un texte. – Table des matières. 😔 [sɔmɛʀ].

**SOMMATION, subst. f.**
*Dr.* Mise en demeure, par huissier, de faire qqch. – Injonction lancée par un soldat ou un policier, prescrivant à qqn de s'arrêter. 😔 [sɔmasjɔ̃].

**SOMME (I), subst. f.**
Résultat d'une addition ; au fig., ensemble de choses qui s'ajoutent. – Quantité d'argent. – Œuvre encyclopédique. – Loc. adv. *En somme* : finalement. 😔 [sɔm].

**SOMME (II), subst. f.**
*Bête de* **somme** : animal qui porte des charges. 😔 [sɔm].

**SOMME (III), subst. m.**
Sieste, brève période de sommeil. 😔 [sɔm].

**SOMMEIL, subst. m.**
État de qqn qui dort. – *Avoir* **sommeil** : avoir envie de dormir. – Fig. *En sommeil* : temporairement inactif ou mis de côté. 😔 [sɔmɛj].

**SOMMEILLER, verbe intrans.** [3]
Dormir d'un sommeil peu profond. – Fig. Être à l'état latent. 😔 [sɔmeje].

**SOMMELIER, IÈRE, subst.**
Responsable des vins et des alcools dans un restaurant. 😔 [sɔməlje. -jɛʀ].

**SOMMER, verbe trans.** [3]
Mettre officiellement en demeure, par sommation. – Ordonner à. 😔 [sɔme].

**SOMMET, subst. m.**
Partie élevée, point culminant : *Sommet d'une montagne.* – Fig. Degré suprême : *Au* **sommet** *de son art.* – Point d'intersection de deux côtés d'un angle, d'un triangle, etc. 😔 [sɔmɛ].

**SOMMIER, subst. m.**
Partie du lit sur laquelle repose le matelas. 😔 [sɔmje].

**SOMMITÉ, subst. f.**
Personne reconnue, distinguée dans un domaine. 😔 [sɔm(m)ite].

**SOMNAMBULE, adj. et subst.**
Se dit d'une personne qui parle ou agit durant son sommeil sans en garder le souvenir au réveil. 😔 [sɔmnãbyl].

**SOMNIFÈRE, adj. et subst. m.**
Se dit d'un médicament qui favorise le sommeil. 😔 [sɔmnifɛʀ].

**SOMNOLENCE, subst. f.**
Demi-sommeil, torpeur. 😔 [sɔmnɔlãs].

**SOMPTUAIRE, adj.**
Qualifie des dépenses excessives, superflues. 😔 [sɔ̃ptɥɛʀ].

**SOMPTUEUX, EUSE, adj.**
Splendide, fastueux, luxueux. 😔 [sɔ̃ptɥø. -øz].

**SON (I), subst. m.**
Sensation auditive engendrée par une vibration de l'air ; bruit, sonorité. 😔 [sɔ̃].

**SON (II), subst. m.**
Résidu de la mouture des céréales. 😔 [sɔ̃].

**SON (III), SA, SES, adj. poss.**
Qui lui appartient ; qui le ou la concerne : **Son** *nez* ; **Sa** *vie* ; *La mer et* **ses** *périls.* 😔 *Son* également devant un mot fém. commençant par une voyelle ou un *h* muet ; [sɔ̃, sa], plur. [se].

**SONAR, subst. m.**
Appareil de repérage sous-marin utilisant les ondes sonores. 😔 [sɔnaʀ].

**SONATE, subst. f.**
Forme de composition musicale à 3 ou 4 mouvements. 😔 [sɔnat].

**SONDAGE, subst. m.**
Action d'explorer au moyen d'une sonde. – Enquête d'opinion. 😔 [sɔ̃daʒ].

**SONDE, subst. f.**
Ligne plombée servant à mesurer la profondeur de l'eau. – Instrument servant à explorer, à prospecter : **Sonde** *spatiale,* engin envoyé dans l'espace. – *Méd.* Tube introduit dans un conduit à des fins thérapeutiques ou d'analyse. 😔 [sɔ̃d].

**SONDER, verbe trans.** [3]
Explorer, mesurer avec une sonde. – Soumettre à une enquête d'opinion. – Fig. Chercher à percer le secret de. 😔 [sɔ̃de].

**SONGE, subst. m.**
Rêve, rêverie. 😔 [sɔ̃ʒ].

**SONGER, verbe trans. indir.** [5]
Penser, envisager : *Il songe à partir.* – Empl. intrans. Rêver (littér.). 😔 [sɔ̃ʒe].

**SONGERIE, subst. f.**
Rêverie, vagabondage de l'esprit. 😔 [sɔ̃ʒʀi].

**SONGEUR, EUSE, adj.**
Perdu dans une rêverie. – Préoccupé, perplexe. 😔 [sɔ̃ʒœʀ. -øz].

**SONNER, verbe** [3]
Intrans. Produire un son, vibrer. – Se manifester par une sonnerie : *Midi* **a sonné.** – Émettre un son net : *Faire* **sonner** *un mot.* – Actionner une sonnette : *On* **a sonné** *à la porte.* – Trans. indir. Jouer (d'un instrument à vent) : **Sonner** *du cor.* – Trans. dir. Faire résonner – Annoncer (qqch.), appeler (qqn) en déclenchant un signal sonore : **Sonner** *le glas, son valet.* – Assommer, abasourdir (fam.). 😔 [sɔne].

**SONNERIE, subst. f.**
Son produit par une ou plusieurs cloches.
– Avertissement sonore : **Sonnerie** *du téléphone*. – Air militaire joué par un clairon ou un autre cuivre. 🔊 [sɔnʀi].

**SONNET, subst. m.**
Poème composé de 2 quatrains (4 vers) suivis de 2 tercets (3 vers). 🔊 [sɔnɛ].

**SONNETTE, subst. f.**
Clochette ou sonnerie électrique servant à appeler ou à avertir. 🔊 [sɔnɛt].

**SONORE, adj.**
Qui rend un son. – Qui a un son fort : *Rire* **sonore**. – Qui résonne : *Pièce* **sonore**. – Relatif au son. 🔊 [sɔnɔʀ].

**SONORISER, verbe trans. [3]**
Doter d'un équipement qui diffuse ou amplifie le son. – Joindre une bande sonore à : **Sonoriser** *un film*. 🔊 [sɔnɔʀize].

**SONORITÉ, subst. f.**
Caractère de ce qui est sonore. – Tonalité d'un son, d'un instrument. 🔊 [sɔnɔʀite].

**SOPHISTIQUÉ, ÉE, adj.**
Dont l'apparence est très recherchée, raffinée. – Subtil ; complexe. 🔊 [sofistike].

**SOPORIFIQUE, adj. et subst. m.**
Se dit d'une substance qui endort. – Adj. Fig. *Un discours* **soporifique** : très ennuyeux (fam.). 🔊 [sɔpɔʀifik].

**SOPRANO, subst.**
Femme ou jeune garçon dont la voix appartient au registre le plus élevé. – Masc. Ce registre. 🔊 [sɔpʀano].

**SORBET, subst. m.**
Glace aux fruits, sans crème. 🔊 [sɔʀbɛ].

**SORBIER, subst. m.**
Arbre produisant de petites baies rouges dont les oiseaux sont friands. 🔊 [sɔʀbje].

**SORCELLERIE, subst. f.**
Actes du sorcier. – Phénomène incompréhensible, mystérieux (fam.). 🔊 [sɔʀsɛlʀi].

**SORCIER, IÈRE, subst.**
Personne se targuant d'avoir des pouvoirs maléfiques, ou accusée de commercer avec le diable. – Empl. adj. *Ce n'est pas* **sorcier** : c'est facile. 🔊 [sɔʀsje, -jɛʀ].

**SORDIDE, adj.**
Misérable et sale. – Fig. D'une bassesse ignoble. 🔊 [sɔʀdid].

**SORGHO, subst. m.**
Haute céréale d'Asie et d'Afrique, également appelée gros mil. 🔊 [sɔʀgo].

**SORNETTE, subst. f.**
Propos futile, fadaise (gén. au plur.) : *Dire des* **sornettes**. 🔊 [sɔʀnɛt].

**SORT, subst. m.**
Destinée. – Condition, situation de qqn. – Maléfice. – *Tirer au* **sort** : désigner par le hasard. 🔊 [sɔʀ].

**SORTE, subst. f.**
Genre, espèce. – Loc. adv. *De la* **sorte** : ainsi. – Loc. conj. *De (telle)* **sorte** *que* ; *En* **sorte** *que* (+ subj.) : de manière que. 🔊 [sɔʀt].

**SORTIE, subst. f.**
Action de sortir. – Moment où l'on sort ; lieu par où l'on sort. – Promenade. – **Sortie** *d'un livre, d'un film* : leur présentation au public. 🔊 [sɔʀti].

**SORTILÈGE, subst. m.**
Pratique d'un sorcier qui jette un sort. – Effet magique. 🔊 [sɔʀtilɛʒ].

**SORTIR, verbe [23]**
Intrans. (Auxil. « être ».) Quitter un lieu, aller au-dehors : **Sortir** *de la maison* ; **Sortir** *avec qqn* ; **Sortir** *dîner*. – Pousser : *Une plante qui* **sort** *de terre*. – S'échapper, provenir (de). – Paraître : *Son livre* **sort** *le mois prochain*. – Être issu (de). – Trans. (Auxil. « avoir ») – Mener, mettre dehors : **Sortir** *le chien, les poubelles* ; extraire : **Sortez** *vos mouchoirs !* – Faire paraître : **Sortir** *un roman*. – Tirer (qqn) d'une situation difficile. – Pronom. Se tirer d'un mauvais pas : *Il s'en est bien* **sorti** ! 🔊 [sɔʀtiʀ].

**S.O.S., subst. m.**
Signal de détresse émis en morse, par radio. – Appel au secours. 🔊 [ɛsoɛs].

**SOSIE, subst. m.**
Personne qui ressemble trait pour trait à une autre. 🔊 [sɔzi].

**SOT, SOTTE, adj. et subst.**
Qui manque d'intelligence ou de jugement. – Adj. Marqué par la bêtise. 🔊 [so, sɔt].

**SOTTISE, subst. f.**
Défaut de réflexion, de finesse, de jugement. – Acte, propos d'un sot. 🔊 [sɔtiz].

**SOU, subst. m.**
Ancienne petite pièce de monnaie. – *Être sans le* **sou** : sans argent. 🔊 [su].

**SOUBASSEMENT, subst. m.**
Base des murs d'une construction, reposant sur les fondations. 🔊 [subasmã].

**SOUBRESAUT, subst. m.**
Brusque secousse, cahot. – Tressaillement du corps. 🔊 [subʀəso].

**SOUCHE, subst. f.**
Partie d'un arbre abattu, qui reste en terre. – Origine, lignée. – Partie restante des feuilles d'un carnet, talon. 🔊 [suʃ].

**SOUCI (I), subst. m.**
État d'un esprit inquiet, contrarié ; cause de cet état. – Préoccupation. 🔊 [susi].

**SOUCI (II), subst. m.**
Plante à fleurs orange ou jaune vif. 🔊 [susi].

**SOUCIER (SE), verbe pronom. [6]**
Se soucier *de* : se préoccuper de. 🔊 [susje].

**SOUCIEUX, IEUSE, adj.**
Marqué par l'inquiétude. – Attentif (à) :
Soucieux *de plaire*. 🕮 [susjø, -jøz].

**SOUCOUPE, subst. f.**
Petite assiette qui se place sous une tasse.
🕮 [sukup].

**SOUDAIN, AINE, adj. et adv.**
Adj. Brusque et imprévu. – Adv. Tout à
coup : *Soudain, il disparut*. 🕮 [sudɛ̃, -ɛn].

**SOUDAINETÉ, subst. f.**
Caractère de ce qui survient subitement, de
manière imprévisible. 🕮 [sudɛnte].

**SOUDER, verbe trans. [3]**
Assembler par une soudure. – Fig. Unir
fortement. 🕮 [sude].

**SOUDOYER, verbe trans. [17]**
Acheter, corrompre (qqn). 🕮 [sudwaje].

**SOUDURE, subst. f.**
Réunion de deux éléments à l'aide d'un
alliage qui fond à la chaleur ; partie soudée.
– *Méd.* Adhérence : *Soudure des os du crâne*.
🕮 [sudyʀ].

**SOUFFLE, subst. m.**
Mouvement produit par l'air expiré, ou par
le vent. – Respiration. – Fig. Élan créateur.
🕮 [sufl].

**SOUFFLÉ, subst. m.**
Mets à base de blancs d'œufs montés en
neige, qui gonfle à la cuisson. 🕮 [sufle].

**SOUFFLER, verbe [3]**
Intrans. Expulser de l'air ; haleter. – Déplacer l'air : *Le vent* **souffle**. – Se reposer.
– Trans. Envoyer de l'air sur : **Souffler** *la
bougie*, l'éteindre. – **Souffler** *le verre* : le
façonner en y insufflant de l'air. – Dire tout
bas ; suggérer : **Souffler** *une réponse*. – Fam.
Ahurir. – Voler. 🕮 [sufle].

**SOUFFLERIE, subst. f.**
Installation servant à souffler de l'air avec
force, à produire du vent. 🕮 [sufləʀi].

**SOUFFLET, subst. m.**
Appareil servant à souffler de l'air sur un
foyer. – Partie pliante de cuir, de tissu :
**Soufflet** *d'un accordéon*. – Gifle. 🕮 [suflɛ].

**SOUFFLEUR, EUSE, subst.**
Personne qui souffle à l'acteur son texte en
cas d'oubli. – **Souffleur** *de verre* : artisan qui
façonne le verre en fusion. 🕮 [suflœʀ, -øz].

**SOUFFRANCE, subst. f.**
Sensation de douleur causée par un mal
physique ou moral. – *En* **souffrance** : en
attente. 🕮 [sufʀɑ̃s].

**SOUFFRANT, ANTE, adj.**
Qui est un peu malade. 🕮 [sufʀɑ̃, -ɑ̃t].

**SOUFFRE-DOULEUR, subst. m. inv.**
Victime désignée de mauvais traitements,
de moqueries. 🕮 [sufʀədulœʀ].

**SOUFFRETEUX, EUSE, adj.**
De constitution maladive. 🕮 [sufʀətø, -øz].

**SOUFFRIR, verbe [27]**
Intrans. Éprouver de la souffrance : **Souffrir**
*d'un mal de dents*. – Subir des dommages :
*Les plantes* **ont souffert** *du froid*. – Trans.
Endurer. – Tolérer, admettre : *Il ne* **souffre**
*pas la critique*. – *Ne pas pouvoir* **souffrir**
*qqn* : le détester (fam.). 🕮 [sufʀiʀ].

**SOUFRE, subst. m.**
Élément chimique jaune citron, à l'odeur
désagréable quand il brûle. 🕮 [sufʀ].

**SOUHAIT, subst. m.**
Aspiration à qqch. ; vœu. – *À* **souhait** :
autant qu'on peut le souhaiter. 🕮 [swɛ].

**SOUHAITABLE, adj.**
Qu'il faut souhaiter. 🕮 [swɛtabl].

**SOUHAITER, verbe trans. [3]**
Espérer ; vouloir : *Je* **souhaite** *qu'il réussisse*.
– Former des vœux pour. 🕮 [swete].

**SOUILLER, verbe trans. [3]**
Salir, maculer de boue, d'ordures ; contaminer. – Fig. Déshonorer. 🕮 [suje].

**SOUILLON, subst.**
Personne sale, négligée (fam.). 🕮 [sujɔ̃].

**SOUILLURE, subst. f.**
Tache. – Flétrissure, déshonneur. 🕮 [sujyʀ].

**SOUK, subst. m.**
Marché arabe. – Fig. Lieu en désordre
(fam.). 🕮 [suk].

**SOÛL, SOÛLE, adj. et subst. m.**
Adj. Ivre ; repu et hébété. – Subst. *Boire,
dormir tout son* **soûl** : à satiété. 🕮 [su, sul].

**SOULAGEMENT, subst. m.**
Allégement ou disparition d'une souffrance
physique ou morale. 🕮 [sulaʒmɑ̃].

**SOULAGER, verbe trans. [5]**
Décharger d'un fardeau, d'une fatigue.
– Alléger, apaiser (une souffrance). – Pro-
nom. Uriner (fam.). 🕮 [sulaʒe].

**SOÛLER, verbe trans. [3]**
Faire boire (qqn) à l'excès, enivrer. – Fig.
Lasser. 🕮 [sule].

**SOULÈVEMENT, subst. m.**
Fait de soulever, d'être soulevé. – Révolte
populaire. 🕮 [sulɛvmɑ̃].

**SOULEVER, verbe trans. [10]**
Lever légèrement. – Provoquer : *Mon projet
souleva l'enthousiasme*. – Inciter à la
révolte. – Susciter, poser, provoquer :
**Soulever** *une question*. – *Cette odeur me*
**soulève** *le cœur* : elle m'écœure. – Pronom.
S'insurger. 🕮 [sul(ə)ve].

**SOULIER, subst. m.**
Chaussure basse. 🕮 [sulje].

**SOULIGNER, verbe trans. [3]**
Tirer un trait sous (un mot, une phrase).
– Fig. Mettre l'accent sur. 🕮 [suliɲe].

**SOUMETTRE, verbe trans. [60]**
Placer sous sa domination. – Astreindre à
une obligation. – Faire subir à : **Soumettre**

*un rat à un test.* – **Soumettre** *une idée* : la proposer. – Pronom. Se rendre, obéir. 📷 [sumɛtʀ].

**SOUMISSION, subst. f.**
Fait de se soumettre, d'être soumis. – Propension à obéir, docilité. 📷 [sumisjɔ̃].

**SOUPAPE, subst. f.**
Obturateur qui se soulève sous la pression d'un fluide. – Fig. Exutoire. 📷 [supap].

**SOUPÇON, subst. m.**
Sentiment de défiance envers qqn à qui l'on impute, sans certitude, un acte ou des intentions blâmables. – *Un soupçon de* : une quantité infime de. 📷 [supsɔ̃].

**SOUPÇONNER, verbe trans. [3]**
Faire peser des soupçons sur. – Pressentir, flairer. 📷 [supsɔne].

**SOUPÇONNEUX, EUSE, adj.**
Qui exprime la méfiance. 📷 [supsɔnø, -øz].

**SOUPE, subst. f.**
Aliment liquide à base de légumes pressés, de pâtes, etc. 📷 [sup].

**SOUPENTE, subst. f.**
Réduit aménagé dans un grenier ou sous un escalier. 📷 [supɑ̃t].

**SOUPER (I), verbe intrans. [3]**
Dîner ou faire un souper. – *En avoir soupé de* : en avoir assez de (fam.). 📷 [supe].

**SOUPER (II), subst. m.**
Dîner. – Repas pris dans la nuit, au sortir d'un spectacle. 📷 [supe].

**SOUPESER, verbe trans. [10]**
Soulever avec la main pour évaluer le poids. – Fig. Examiner avec attention. 📷 [supəze].

**SOUPIÈRE, subst. f.**
Grand récipient à couvercle, dans lequel on sert la soupe. 📷 [supjɛʀ].

**SOUPIR, subst. m.**
Forte expiration exprimant une émotion. – *Le dernier soupir* : la mort. – *Mus.* Silence d'une durée égale à la noire. 📷 [supiʀ].

**SOUPIRAIL, AUX, subst. m.**
Ouverture dans le haut d'un mur de cave, de sous-sol. 📷 [supiʀaj].

**SOUPIRANT, subst. m.**
Amoureux qui fait sa cour. 📷 [supiʀɑ̃].

**SOUPIRER, verbe intrans. [3]**
Pousser des soupirs. – *Soupirer après* : désirer ardemment. 📷 [supiʀe].

**SOUPLE, adj.**
Qui plie sans se rompre. – Agile. – Qui s'adapte avec facilité, accommodant : *Un caractère souple.* 📷 [supl].

**SOUPLESSE, subst. f.**
Qualité de celui ou de ce qui est souple. 📷 [suplɛs].

**SOURCE, subst. f.**
Eau souterraine qui jaillit du sol. – Origine, provenance de qqch. 📷 [suʀs].

**SOURCIER, IÈRE, subst.**
Personne censée détecter des sources à l'aide d'une baguette. 📷 [suʀsje, -jɛʀ].

**SOURCIL, subst. m.**
Ligne saillante, garnie de poils, bordant l'arcade sourcilière. 📷 [suʀsi].

**SOURCILIER, IÈRE, adj.**
*Arcade sourcilière* : saillie osseuse située au-dessus de l'œil. 📷 [suʀsilje, -jɛʀ].

**SOURCILLER, verbe intrans. [3]**
*Sans sourciller* : sans montrer son sentiment, son émotion. 📷 [suʀsije].

**SOURD, SOURDE, adj. et subst.**
Qui n'entend pas ou qui entend très mal. – Adj. *Sourd à* : indifférent à. – *Un bruit sourd* : amorti. – Qui ne se manifeste pas clairement : *Douleur sourde.* 📷 [suʀ, suʀd].

**SOURDINE, subst. f.**
*Mettre une sourdine à* : baisser d'un ton, atténuer. 📷 [suʀdin].

**SOURD-MUET, SOURDE-MUETTE, adj. et subst.**
Se dit d'une personne qui ne sait pas parler, en raison d'une surdité congénitale ou précoce. 📷 [suʀmɥɛ, suʀd(ə)mɥɛt].

**SOURIANT, ANTE, adj.**
Qui sourit ; aimable. – *Un avenir souriant* : prometteur. 📷 [suʀjɑ̃, -ɑ̃t].

**SOURICIÈRE, subst. f.**
Piège à souris. – Fig. Embuscade tendue par la police. 📷 [suʀisjɛʀ].

**SOURIRE (I), verbe [68]**
Intrans. Faire un sourire. – Trans. indir. *Sourire à* : plaire à ; favoriser. 📷 [suʀiʀ].

**SOURIRE (II), subst. m.**
Expression gaie ou cordiale, marquée par un mouvement des lèvres. 📷 [suʀiʀ].

**SOURIS, subst. f.**
Petit rongeur à longue queue. 📷 [suʀi].

**SOURNOIS, OISE, adj. et subst.**
Qui dissimule des sentiments malveillants, fourbe. 📷 [suʀnwa, -waz].

**SOUS, prép.**
Marque la position inférieure ou intérieure, par rapport à qqch. : *Se cacher sous le lit* ; *Un chèque sous enveloppe.* – Marque la dépendance, la cause ou la situation dans le temps : *Sous les ordres du chef* ; *Vaciller sous le choc* ; *Sous la Révolution.* 📷 [su].

**SOUS-ALIMENTATION, subst. f.**
Apport alimentaire insuffisant en quantité et en qualité. 📷 [suzalimɑ̃tasjɔ̃].

**SOUS-BOIS, subst. m.**
Espace ou végétation à l'ombre des arbres d'un bois, d'une forêt. 📷 [subwa].

**SOUSCRIPTION, subst. f.**
Action de souscrire à une publication, à un emprunt. 📷 [suskʀipsjɔ̃].

**SOUSCRIRE, verbe trans.** [67]
Trans. dir. S'engager à payer une certaine somme en échange de (qqch.) : Souscrire *un abonnement.* – Trans. indir. **Souscrire à.** Approuver. **Souscrire** *à une idée.* – S'engager à contribuer financièrement à la réalisation de : Souscrire *à un emprunt, à une publication.* 🕮 [suskʀiʀ].

**SOUS-CUTANÉ, ÉE, adj.**
Situé sous la peau. 🕮 [sukytane].

**SOUS-DÉVELOPPEMENT, subst. m.**
État d'un pays dont le retard économique engendre misère, analphabétisme et malnutrition. 🕮 [sudev(ə)lɔpmã].

**SOUS-ENTENDRE, verbe trans.** [51]
Faire comprendre (une chose) sans la dire expressément, suggérer. 🕮 [suzãtãdʀ].

**SOUS-ENTENDU, subst. m.**
Insinuation, allusion. 🕮 [suzãtãdy].

**SOUS-ESTIMER, verbe trans.** [3]
Estimer (qqch., qqn) au-dessous de sa valeur réelle. 🕮 [suzɛstime].

**SOUS-ÉVALUER, verbe trans.** [3]
Évaluer (qqch., qqn) au-dessous de sa valeur réelle. 🕮 [suzevalɥe].

**SOUS-JACENT, ENTE, adj.**
Situé en dessous. – Fig. Caché : *Une idée* sous-jacente. 🕮 [suʒasã, -ãt].

**SOUS-MARIN, INE, adj. et subst. m.**
Adj. Qui se situe ou qui vit sous la mer. – Subst. Navire capable de naviguer en immersion. 🕮 [sumaʀɛ̃, -in].

**SOUS-OFFICIER, subst. m.**
Militaire de l'un des premiers grades. 🕮 [suzɔfisje].

**SOUS-PRÉFECTURE, subst. f.**
Subdivision d'un département. – Ville de résidence du sous-préfet et de ses services administratifs. 🕮 [supʀefɛktyʀ].

**SOUSSIGNÉ, ÉE, adj. et subst.**
Qui a signé au bas d'un acte. 🕮 [susiɲe].

**SOUS-SOL, subst. m.**
Couche de l'écorce terrestre, située juste sous la surface du sol. – Étage inférieur au rez-de-chaussée. 🕮 [susɔl].

**SOUS-TITRE, subst. m.**
Titre secondaire d'un article, d'un livre. – Traduction au bas de l'écran des paroles d'un film, d'une émission. 🕮 [sutitʀ].

**SOUSTRACTION, subst. f.**
Opération qui consiste à soustraire une unité à une autre. 🕮 [sustraksjɔ̃].

**SOUSTRAIRE, verbe trans.** [58]
Retrancher (un nombre d'un autre). – Ôter, retirer. – Pronom. Échapper à : *Se* soustraire *à ses obligations.* 🕮 [sustʀɛʀ].

**SOUS-TRAITER, verbe** [3]
Intrans. Effectuer un travail pour le compte d'une entreprise principale. – Trans. Faire exécuter par un tiers (un travail dont on reste responsable). 🕮 [sutʀete].

**SOUS-VÊTEMENT, subst. m.**
Linge de corps que l'on porte à même la peau. 🕮 [suvɛtmã].

**SOUTANE, subst. f.**
Longue robe, boutonnée sur le devant, portée par les ecclésiastiques. 🕮 [sutan].

**SOUTE, subst. f.**
Partie de la cale d'un bateau ou d'un avion réservée au matériel, aux bagages. 🕮 [sut].

**SOUTENANCE, subst. f.**
Action de soutenir, de défendre une thèse, un mémoire devant un jury. 🕮 [sut(ə)nãs].

**SOUTÈNEMENT, subst. m.**
*Mur de* soutènement : destiné à contenir la poussée de la terre. 🕮 [sutɛnmã].

**SOUTENIR, verbe trans.** [22]
Maintenir, servir de support ou d'appui à. – Fig. Donner des forces à, encourager, prendre le parti de. – Affirmer. – **Soutenir** *un effort* : le faire durer. 🕮 [sut(ə)niʀ].

**SOUTERRAIN, AINE, adj. et subst. m.**
Adj. Qui est sous terre. – Caché. – Subst. Passage souterrain. 🕮 [sutɛʀɛ̃, -ɛn].

**SOUTIEN, subst. m.**
Action de soutenir qqch. ; ce qui soutient, support. – Action de soutenir qqn moralement ; personne qui soutient. 🕮 [sutjɛ̃].

**SOUTIEN-GORGE, subst. m.**
Sous-vêtement féminin servant à soutenir la poitrine. 🕮 Plur. *soutiens-gorge* : [sutjɛ̃gɔʀʒ].

**SOUTIRER, verbe trans.** [3]
Transvaser (le vin, le cidre) d'un récipient dans un autre. – Fig. Obtenir (qqch.) par tromperie ou par insistance. 🕮 [sutiʀe].

**SOUVENIR, subst. m.**
Ce que la mémoire conserve du passé. – Ce qui rappelle qqn ou qqch. 🕮 [suv(ə)niʀ].

**SOUVENIR (SE), verbe pronom.** [22]
Se rappeler : **Souviens-toi** *que tu as promis !* – Garder le souvenir (de) : *Je me souviens de lui.* 🕮 [suv(ə)niʀ].

**SOUVENT, adv.**
Fréquemment, à maintes reprises. 🕮 [suvã].

**SOUVERAIN, AINE, adj. et subst.**
Adj. Qui a atteint le plus haut degré ; suprême. – Dont l'efficacité est absolue : *Remède* souverain. – Qui détient la puissance. – Subst. Monarque. 🕮 [suv(ə)ʀɛ̃, -ɛn].

**SOUVERAINETÉ, subst. f.**
Autorité suprême. – Caractère d'un État indépendant. 🕮 [suv(ə)ʀɛnte].

**SOYEUX, EUSE, adj.**
Qui est en soie. – Qui évoque la soie par sa douceur et sa brillance. 🕮 [swajø, -øz].

**SPACIEUX, IEUSE, adj.**
Qui offre un vaste espace. 🕮 [spasjø, -jøz].

**SPAGHETTI**, subst. m.
Pâte alimentaire en forme de longs et fins cylindres pleins. 🔊 [spageti].

**SPARADRAP**, subst. m.
Bande de matière adhésive servant à fixer un pansement. 🔊 [spaʀadʀa].

**SPARTIATE**, adj. et subst. f.
Adj. *Une vie spartiate* : austère et frugale. – Subst. Sandale à lanières. 🔊 [spaʀsjat].

**SPASME**, subst. m.
Contraction involontaire d'un muscle. 🔊 [spasm].

**SPASMOPHILIE**, subst. f.
Affection qui se manifeste par des spasmes, des crampes. 🔊 [spasmɔfili].

**SPATIAL, ALE, AUX**, adj.
Relatif à l'espace cosmique. 🔊 [spasjal].

**SPATIONAUTE**, subst.
Synon. d'« astronaute ». 🔊 [spasjonot].

**SPATULE**, subst. f.
Grande cuillère aplatie. – Extrémité recourbée d'un ski. 🔊 [spatyl].

**SPÉCIAL, ALE, AUX**, adj.
Propre à un domaine déterminé (oppos. *général*). – Réservé à un usage particulier. – Exceptionnel. – Singulier. 🔊 [spesjal].

**SPÉCIALISER**, verbe trans. [3]
Donner un emploi spécial à. – Pronom. Acquérir une compétence dans un domaine particulier. 🔊 [spesjalize].

**SPÉCIALISTE**, adj. et subst.
Qui a des compétences particulières dans un domaine déterminé. 🔊 [spesjalist].

**SPÉCIALITÉ**, subst. f.
Activité professionnelle, compétence déterminée. – Mets ou produit régional : *Une spécialité du Sud-Ouest.* 🔊 [spesjalite].

**SPÉCIEUX, IEUSE**, adj.
Qui semble vrai, mais est mensonger ou erroné. 🔊 [spesjø, -jøz].

**SPÉCIFICITÉ**, subst. f.
Caractère spécifique. 🔊 [spesifisite].

**SPÉCIFIER**, verbe trans. [6]
Indiquer de manière précise. 🔊 [spesifje].

**SPÉCIFIQUE**, adj.
Qui est propre à une espèce. – Qui offre un caractère original et exclusif. 🔊 [spesifik].

**SPÉCIMEN**, subst. m.
Élément typique d'une espèce. – Exemplaire gratuit d'une publication. 🔊 [spesimɛn].

**SPECTACLE**, subst. m.
Ce qui est offert à la vue, à l'attention. – Représentation scénique. 🔊 [spɛktakl].

**SPECTACULAIRE**, adj.
Qui provoque une vive impression, saisissant. – Considérable. 🔊 [spɛktakylɛʀ].

**SPECTATEUR, TRICE**, subst.
Témoin oculaire. – Personne qui assiste à un spectacle. 🔊 [spɛktatœʀ, -tʀis].

**SPECTRE**, subst. m.
Fantôme. – Perspective effrayante qui hante l'esprit : *Le spectre de la guerre.* 🔊 [spɛktʀ].

**SPÉCULATION**, subst. f.
Opération financière visant à tirer profit des variations du marché. 🔊 [spekylasjɔ̃].

**SPÉCULER**, verbe intrans. [3]
Faire de la spéculation financière. – Fig. Miser (sur qqch.) pour réussir. 🔊 [spekyle].

**SPÉLÉOLOGIE**, subst. f.
Étude et exploration des gouffres et des grottes. 🔊 [speleolɔʒi].

**SPERMATOZOÏDE**, subst. m.
Cellule reproductrice mâle : *Le spermatozoïde féconde l'ovule.* 🔊 [spɛʀmatozoid].

**SPERME**, subst. m.
Liquide émis par les glandes génitales mâles, contenant les spermatozoïdes. 🔊 [spɛʀm].

**SPHÈRE**, subst. f.
Globe. – Fig. Domaine dans lequel s'exerce une compétence, une influence. 🔊 [sfɛʀ].

**SPHÉRIQUE**, adj.
De forme ronde. 🔊 [sferik].

**SPHINCTER**, subst. m.
Muscle qui resserre ou ferme un orifice naturel : *Sphincter de l'anus.* 🔊 [sfɛktɛʀ].

**SPHINX**, subst. m.
Être mythologique à corps de lion et à tête humaine. – Papillon de nuit. 🔊 [sfɛ̃ks].

**SPINAL, ALE, AUX**, adj.
Relatif à la moelle épinière. 🔊 [spinal].

**SPIRALE**, subst. f.
Courbe qui s'enroule en plusieurs boucles autour d'un axe. 🔊 [spiʀal].

**SPIRITISME**, subst. m.
Doctrine et pratique de ceux qui croient à l'existence des esprits et tentent de communiquer avec eux. 🔊 [spiʀitism].

**SPIRITUALITÉ**, subst. f.
Ensemble des principes qui régissent la vie spirituelle. 🔊 [spiʀitɥalite].

**SPIRITUEL, ELLE**, adj.
Qui relève du domaine de l'esprit ou de la religion. – Qui a une intelligence vive et fine. 🔊 [spiʀitɥɛl].

**SPIRITUEUX, EUSE**, adj. et subst. m.
Se dit d'une boisson fortement alcoolisée. 🔊 [spiʀitɥø, -øz].

**SPLENDEUR**, subst. f.
Beauté somptueuse. 🔊 [splɑ̃dœʀ].

**SPLENDIDE**, adj.
Éclatant de beauté. – Magnifique : *Un temps splendide.* 🔊 [splɑ̃did].

**SPOLIER**, verbe trans. [6]
Déposséder (qqn) par la force ou la fraude (littér.). 🔊 [spɔlje].

**SPONGIEUX, IEUSE, adj.**
Qui a la structure ou la consistance de l'éponge. – Imbibé d'eau. 🔊 [spɔ̃ʒjø. -jøz].

**SPONTANÉ, ÉE, adj.**
Qui se produit de soi-même ; qui est naturel. – Sans préparation ni calcul ; instinctif : *Un geste* **spontané**. 🔊 [spɔ̃tane].

**SPONTANÉITÉ, subst. f.**
Qualité d'une personne qui exprime librement ses sentiments. 🔊 [spɔ̃taneite].

**SPORADIQUE, adj.**
Qui se produit çà et là, ou par moments : *Des tirs* **sporadiques**. 🔊 [spɔradik].

**SPORT, subst. m.**
Activité physique, individuelle ou collective, pratiquée à des fins d'hygiène, de jeu ou de compétition et qui est susceptible d'obéir à des règles. 🔊 [spɔr].

**SPORTIF, IVE, adj. et subst.**
Qui fait du sport ou entretient sa bonne forme physique. – Adj. *Journal* **sportif** : consacré aux sports. 🔊 [spɔrtif, -iv].

**SPOT, subst. m.**
Petit projecteur orientable. – Bref message publicitaire. 🔊 [spɔt].

**SPRINT, subst. m.**
Accélération d'un coureur avant la ligne d'arrivée. 🔊 [sprint].

**SQUALE, subst. m.**
Poisson de grande taille, à denture puissante, tel que le requin. 🔊 [skwal].

**SQUARE, subst. m.**
Jardin public entouré d'une grille, situé sur une place. 🔊 [skwar].

**SQUATTER, verbe trans. [3]**
Occuper illégalement (un logement vide). 🔊 On dit aussi *squattériser* : [skwate].

**SQUELETTE, subst. m.**
Ensemble des os du corps. – Armature, ossature. – Schéma d'une œuvre. 🔊 [skəlɛt].

**SQUELETTIQUE, adj.**
Relatif au squelette. – D'une maigreur extrême. 🔊 [skəletik].

**STABILISER, verbe trans. [3]**
Rendre stable. – Pronom. Trouver ou retrouver une stabilité. 🔊 [stabilize].

**STABILITÉ, subst. f.**
Qualité d'une chose ou d'une personne stable. 🔊 [stabilite].

**STABLE, adj.**
Qui reste solidement en place. – Qui ne varie pas ; durable, constant. – *Une personne* **stable** : équilibrée. 🔊 [stabl].

**STADE, subst. m.**
Terrain de sport souv. entouré de gradins. – Période, phase, degré. 🔊 [stad].

**STAGE, subst. m.**
Période d'initiation à un métier. – Brève formation professionnelle. 🔊 [staʒ].

**STAGIAIRE, adj. et subst.**
Qui suit un stage. 🔊 [staʒjɛr].

**STAGNANT, ANTE, adj.**
Qui ne s'écoule pas. – Fig. Qui n'évolue pas, ne fait aucun progrès. 🔊 [stagnɑ̃. -ɑ̃t].

**STAGNATION, subst. f.**
État d'un fluide stagnant. – Fig. Manque d'activité ; inertie. 🔊 [stagnasjɔ̃].

**STAGNER, verbe intrans. [3]**
Être stagnant ; croupir. – Fig. Ne marquer aucun progrès. 🔊 [stagne].

**STALACTITE, subst. f.**
Colonne de calcaire qui descend de la voûte d'une grotte. 🔊 [stalaktit].

**STALAGMITE, subst. f.**
Colonne de calcaire qui s'élève du sol d'une grotte. 🔊 [stalagmit].

**STALLE, subst. f.**
Compartiment d'une écurie, d'une étable affecté à un animal. – Siège de bois situé dans le chœur d'une église. 🔊 [stal].

**STAND, subst. m.**
Emplacement réservé à un exposant, dans un salon. 🔊 [stɑ̃d].

**STANDARD, adj. et subst. m.**
Subst. Modèle, norme de fabrication. – Dispositif permettant de faire communiquer entre eux et avec l'extérieur des postes téléphoniques. – Adj. Conforme à un prototype, à une norme. – De type courant. 🔊 [stɑ̃dar].

**STANDARDISER, verbe trans. [3]**
Soumettre à une norme. – Uniformiser. 🔊 [stɑ̃dardize].

**STANDARDISTE, subst.**
Personne préposée à un standard téléphonique. 🔊 [stɑ̃dardist].

**STANDING, subst. m.**
Position sociale. – Niveau de confort. 🔊 [stɑ̃diŋ].

**STAR, subst. f.**
Vedette du cinéma. – Personnage célébré par les médias. 🔊 [star].

**STATION, subst. f.**
Position : **Station** *debout*. – Halte. – Endroit où s'arrête le bus, le métro. – Lieu où l'on séjourne. – Installation scientifique d'observation. – Émetteur de radio, de télévision ; canal, chaîne. 🔊 [stasjɔ̃].

**STATIONNAIRE, adj.**
Qui a cessé d'évoluer. 🔊 [stasjɔnɛr].

**STATIONNEMENT, subst. m.**
Fait de stationner. 🔊 [stasjɔnmɑ̃].

**STATIONNER, verbe intrans. [3]**
Demeurer un certain temps au même endroit. 🔊 [stasjɔne].

**STATION-SERVICE, subst. f.**
Poste où l'on vend du carburant et où l'on effectue l'entretien courant d'un véhicule. 🔊 Plur. *stations-service* : [stasjɔ̃sɛrvis].

**STATISTIQUE**, adj. et subst. f.
Subst. Analyse systématique et chiffrée de faits socio-économiques. – Adj. Qui relève de la **statistique**. 🔊 [statistik].

**STATUE**, subst. f.
Sculpture représentant dans sa totalité un être animé ou allégorique. 🔊 [staty].

**STATUER**, verbe trans. indir. [3]
Se prononcer, prendre une décision (sur) : Statuer *sur un cas*. 🔊 [statɥe].

**STATU QUO**, subst. m. inv.
État actuel d'une situation. 🔊 [statykwo].

**STATURE**, subst. f.
Taille d'une personne. – Fig. Envergure : *Il a la* stature *d'un chef*. 🔊 [statyʀ].

**STATUT**, subst. m.
Ensemble des textes qui définissent et régissent la situation d'un groupe. – Situation dans la société : *Le* statut *social*. – Plur. Acte écrit qui fixe légalement les objectifs, les règles d'une société, d'une association. 🔊 [staty].

**STEAK**, subst. m.
Grillade de bœuf. 🔊 [stɛk].

**STÈLE**, subst. f.
Monument taillé dans un seul bloc de pierre. 🔊 [stɛl].

**STELLAIRE**, adj.
Relatif aux étoiles. 🔊 [stɛlɛʀ].

**STÉNO**, subst. f.
Méthode de transcription rapide de la parole, selon un code (abrév. de « sténographie »). 🔊 [steno].

**STENTOR**, subst. m.
*Une voix de* stentor : puissante et sonore. 🔊 [stɑ̃tɔʀ].

**STEPPE**, subst. f.
Vaste plaine à la végétation herbeuse et pauvre. 🔊 [stɛp].

**STÈRE**, subst. m.
Mesure de bois égale à 1 m³. 🔊 [stɛʀ].

**STÉRÉO**, adj. inv. et subst. f.
Se dit d'un procédé d'enregistrement et de reproduction des sons qui restitue le relief acoustique (abrév. de « stéréophonie »). 🔊 [steʀeo].

**STÉRÉOTYPE**, subst. m.
Idée toute faite, lieu commun. 🔊 [steʀeotip].

**STÉRÉOTYPÉ, ÉE**, adj.
Impersonnel. – Figé. 🔊 [steʀeotipe].

**STÉRILE**, adj.
Inapte à la procréation. – *Terre* stérile : inféconde. – Dépourvu de germes pathogènes. – Fig. Improductif, vain. 🔊 [steʀil].

**STÉRILET**, subst. m.
Objet contraceptif féminin, placé à l'intérieur de l'utérus. 🔊 [steʀilɛ].

**STÉRILISATION**, subst. f.
Suppression de la capacité reproductrice. – Désinfection. 🔊 [steʀilizasjɔ̃].

**STÉRILISER**, verbe trans. [3]
Rendre inapte à la procréation. – Aseptiser. 🔊 [steʀilize].

**STÉRILITÉ**, subst. f.
Inaptitude à la procréation. – Aridité, pauvreté. – Fig. Inutilité. 🔊 [steʀilite].

**STERNUM**, subst. m.
Os plat et long de la face antérieure de la cage thoracique. 🔊 [stɛʀnɔm].

**STÉTHOSCOPE**, subst. m.
Instrument servant à ausculter le cœur et les poumons. 🔊 [stetɔskɔp].

**STEWARD**, subst. m.
Membre masculin du personnel navigant d'un avion. 🔊 [stiwaʀt].

**STIGMATE**, subst. m.
Trace laissée par une blessure. 🔊 [stigmat].

**STIGMATISER**, verbe trans. [3]
Dénoncer avec virulence. 🔊 [stigmatize].

**STIMULATION**, subst. f.
Action de stimuler. 🔊 [stimylasjɔ̃].

**STIMULER**, verbe trans. [3]
Accroître l'activité, l'énergie ou l'enthousiasme de. 🔊 [stimyle].

**STIPULER**, verbe trans. [3]
Notifier expressément. – Formuler comme clause, comme condition. 🔊 [stipyle].

**STOCK**, subst. m.
Quantité de marchandises en réserve, non vendues. 🔊 [stɔk].

**STOCKER**, verbe trans. [3]
Mettre en réserve. 🔊 [stɔke].

**STOÏQUE**, adj.
Qui endure la souffrance, le malheur sans se plaindre ; imperturbable. 🔊 [stɔik].

**STOMACAL, ALE, AUX**, adj.
Relatif à l'estomac. 🔊 [stɔmakal].

**STOMATOLOGIE**, subst. f.
Spécialité qui traite les maladies de la bouche et des dents. 🔊 [stɔmatɔlɔʒi].

**STOP**, interj. et subst. m.
Interj. Enjoint de s'arrêter. – Subst. Panneau routier ordonnant à un véhicule de s'arrêter et de céder le passage. 🔊 [stɔp].

**STOPPER**, verbe [3]
Intrans. S'arrêter. – Trans. Faire cesser. 🔊 [stɔpe].

**STORE**, subst. m.
Rideau de tissu ou de lamelles de bois, de plastique, qui se déroule devant une fenêtre, une devanture. 🔊 [stɔʀ].

**STRABISME**, subst. m.
Défaut de parallélisme des yeux entraînant des troubles de la vision. 🔊 [stʀabism].

**STRANGULATION**, subst. f.
Action d'étrangler. 🔊 [strɑ̃gylasjɔ̃].

**STRAPONTIN**, subst. m.
Petit siège rabattable, dans une salle de spectacle, dans un train, etc. 🔊 [strapɔ̃tɛ̃].

**STRASS**, subst. m.
Verre coloré au plomb, imitant les pierres précieuses. 🔊 [stras].

**STRATAGÈME**, subst. m.
Ruse subtile, manœuvre. 🔊 [strataʒɛm].

**STRATE**, subst. f.
Chacune des couches superposées constituant un terrain. – Niveau. 🔊 [strat].

**STRATÈGE**, subst. m.
Chef militaire d'envergure. 🔊 [stratɛʒ].

**STRATÉGIE**, subst. f.
Art d'élaborer les plans d'attaque d'une armée ; organisation de la défense d'un pays. – Ensemble d'actions menées habilement pour atteindre un but. 🔊 [strateʒi].

**STRATÉGIQUE**, adj.
Qui concerne la stratégie. – Déterminant. 🔊 [strateʒik].

**STRATIFIÉ, ÉE**, adj.
Disposé en strates. 🔊 [stratifje].

**STRESS**, subst. m. inv.
Tension nerveuse, anxiété. 🔊 [strɛs].

**STRICT, STRICTE**, adj.
Astreignant ; sévère, rigide. – Rigoureusement conforme à une norme. – Réduit à la valeur minimale. 🔊 [strikt].

**STRIDENT, ENTE**, adj.
Très aigu, désagréable. 🔊 [stridɑ̃, -ɑ̃t].

**STRIDULANT, ANTE**, adj.
Qui émet un son aigu. 🔊 [stridylɑ̃, -ɑ̃t].

**STRIE**, subst. f.
Chacune des lignes parallèles marquant une surface, rainure. 🔊 [stri].

**STRIÉ, ÉE**, adj.
Qui porte des stries. 🔊 [strije].

**STROPHE**, subst. f.
Ensemble de plusieurs vers d'un poème. – Couplet. 🔊 [strɔf].

**STRUCTURE**, subst. f.
Manière dont les éléments d'un ensemble sont organisés ou agencés. – Système organisé, considéré dans ses éléments fondamentaux. – Armature. 🔊 [stryktyr].

**STRUCTUREL, ELLE**, adj.
Propre aux structures. 🔊 [stryktyrɛl].

**STRUCTURER**, verbe trans. [3]
Donner une structure à. 🔊 [stryktyre].

**STUC**, subst. m.
Mélange de plâtre fin et de colle, qui imite le marbre. 🔊 [styk].

**STUDIEUX, IEUSE**, adj.
Qui étudie avec application. 🔊 [stydjø, -jøz].

**STUDIO**, subst. m.
Logement d'une pièce. – Local aménagé pour le tournage de films ou l'enregistrement de disques, d'émissions. 🔊 [stydjo].

**STUPÉFACTION**, subst. f.
État d'une personne stupéfaite, ébahie. 🔊 [stypefaksjɔ̃].

**STUPÉFAIT, AITE**, adj.
Qui est saisi, figé par un profond étonnement. 🔊 [stypefɛ, -ɛt].

**STUPÉFIANT, ANTE**, adj. et subst. m.
Adj. Qui stupéfie, ébahit : Une nouvelle **stupéfiante**. – Subst. Drogue : *Brigade des* **stupéfiants**. 🔊 [stypefjɑ̃, -ɑ̃t].

**STUPÉFIER**, verbe trans. [6]
Rendre stupéfait, abasourdir. 🔊 [stypefje].

**STUPEUR**, subst. f.
*Psych.* État pathologique mêlant hébétude et mutisme. – Extrême étonnement. 🔊 [stypœr].

**STUPIDE**, adj.
Sans intelligence. – Absurde. 🔊 [stypid].

**STUPIDITÉ**, subst. f.
Caractère d'une personne stupide. – Acte, propos stupide. 🔊 [stypidite].

**STYLE**, subst. m.
Forme particulière d'une écriture, d'un langage : *Un style* **concis**. – Type esthétique propre à un artiste, à un genre, à une époque : **Style** *roman* ; **Style** *Louis XV.* – Façon d'être, d'agir : **Style** *de vie.* 🔊 [stil].

**STYLET**, subst. m.
Petit poignard. 🔊 [stilɛ].

**STYLISER**, verbe trans. [3]
Représenter en simplifiant, en épurant les formes. 🔊 [stilize].

**STYLISTE**, subst.
Professionnel de l'esthétique industrielle. – *Cout.* Créateur de modèles. 🔊 [stilist].

**STYLO**, subst. m.
Instrument contenant une réserve d'encre et servant à écrire. 🔊 [stilo].

**SUAIRE**, subst. m.
Linceul. 🔊 [sɥɛr].

**SUAVE**, adj.
D'une douceur exquise. 🔊 [sɥav].

**SUBALTERNE**, adj. et subst.
Qui occupe une position subordonnée, inférieure. – Adj. Secondaire. 🔊 [sybaltɛrn].

**SUBCONSCIENT, IENTE** adj.
et subst. m.
Se dit d'un état psychique dont on est inconscient. 🔊 [sypkɔ̃sjɑ̃, -jɑ̃t].

**SUBDIVISER**, verbe trans. [3]
Diviser (un ensemble déjà divisé, une partie d'un ensemble). 🔊 [sybdivize].

**SUBIR**, verbe trans. [19]
Supporter ; endurer. – Être l'objet de ; être soumis à. 🔊 [sybir].

**SUBIT, ITE,** adj.
Soudain et inopiné. 🔊 [sybi, -it].

**SUBJECTIF, IVE,** adj.
Propre au sujet, en tant qu'être pensant.
– Fondé sur les sentiments personnels : *Un avis* subjectif. 🔊 [sybʒɛktif, -iv].

**SUBJECTIVITÉ,** subst. f.
Caractère de ce qui relève de la seule perception du sujet. 🔊 [sybʒɛktivite].

**SUBJONCTIF,** subst. m.
*Ling.* Mode verbal qui exprime le souhait, la crainte, l'intention, etc. 🔊 [sybʒɔ̃ktif].

**SUBJUGUER,** verbe trans. [3]
Soumettre à sa loi. – Fasciner, envoûter.
🔊 [sybʒyge].

**SUBLIME,** adj. et subst. m.
Qui élève l'âme par sa perfection morale ou esthétique. 🔊 [syblim].

**SUBMERGER,** verbe trans. [5]
Recouvrir d'eau, inonder. – Fig. Envahir : Être submergé *par les soucis.* 🔊 [sybmɛrʒe].

**SUBMERSIBLE,** adj. et subst. m.
Adj. Qui peut être recouvert d'eau. – Subst. Sous-marin. 🔊 [sybmɛrsibl].

**SUBORDONNÉ, ÉE,** adj. et subst.
Qui est dans une position de dépendance.
– *Ling.* Proposition subordonnée (ou *une* subordonnée) : dont le sens et la forme grammaticale dépendent d'une proposition principale. 🔊 [sybɔrdɔne].

**SUBORDONNER,** verbe trans. [3]
Soumettre à une autorité supérieure.
– Faire dépendre de (qqch.). 🔊 [sybɔrdɔne].

**SUBORNER,** verbe trans. [3]
Pousser (qqn) à agir contre son devoir, sa conscience en le corrompant. 🔊 [sybɔrne].

**SUBSIDE,** subst. m.
Aide financière allouée à qqn. 🔊 [sybzid].

**SUBSIDIAIRE,** adj.
Qui est accessoire, annexe. – *Question* subsidiaire : complémentaire, destinée à départager les candidats. 🔊 [sybzidjɛr].

**SUBSISTANCE,** subst. f.
Fait de subsister. – Nourriture et entretien d'une personne. 🔊 [sybzistãs].

**SUBSISTER,** verbe intrans. [3]
Continuer d'exister, demeurer : *Rien ne* subsistait *de la ville bombardée.* – Assurer sa subsistance. 🔊 [sybziste].

**SUBSTANCE,** subst. f.
Matière d'un corps. – Ce qui constitue le fond, l'essentiel : *La* substance *d'un discours.* 🔊 [sypstãs].

**SUBSTANTIEL, IELLE,** adj.
Nourrissant. – Essentiel, capital. – Important, considérable. 🔊 [sypstãsjɛl].

**SUBSTANTIF,** subst. m.
*Ling.* Nom. 🔊 [sypstãtif].

**SUBSTITUER,** verbe trans. [3]
Mettre (une personne, une chose) à la place de qqn, de qqch. 🔊 [sypstitɥe].

**SUBSTITUTION,** subst. f.
Action, fait de substituer. – Remplacement.
🔊 [sypstitysjɔ̃].

**SUBTERFUGE,** subst. m.
Moyen ingénieux, artifice. 🔊 [syptɛrfyʒ].

**SUBTIL, ILE,** adj.
Impalpable, délicat : *Parfum* subtil ; au fig. : *Différence* subtile. – Fin, ingénieux : *Esprit, propos* subtils. 🔊 [syptil].

**SUBTILISER,** verbe trans. [3]
Dérober (qqch.) avec habileté. 🔊 [syptilize].

**SUBTILITÉ,** subst. f.
Caractère de ce qui est subtil. – Plur. Pensée, propos exagérément fins. 🔊 [syptilite].

**SUBVENIR,** verbe trans. indir. [22]
Pourvoir, satisfaire : Subvenir *aux besoins, aux frais de qqn.* 🔊 [sybvənir].

**SUBVENTION,** subst. f.
Aide financière consentie par l'État ou par une institution. 🔊 [sybvãsjɔ̃].

**SUBVENTIONNER,** verbe trans. [3]
Accorder une subvention à : **Subventionner** *un projet, un théâtre.* 🔊 [sybvãsjɔne].

**SUBVERSIF, IVE,** adj.
Propre à déstabiliser les institutions, l'ordre établi : *Œuvre* subversive. 🔊 [sybvɛrsif, -iv].

**SUC,** subst. m.
Liquide végétal : *Le* suc *d'une fleur.* – Sécrétion organique : *Sucs digestifs.* – Fig. Le meilleur de qqch. (littér.). 🔊 [syk].

**SUCCÉDANÉ,** subst. m.
Produit de remplacement : **Succédané** *de sucre.* – Fig. Ce qui remplace, en moins bien, une chose qui fait défaut. 🔊 [syksedane].

**SUCCÉDER,** verbe trans. indir. [8]
Prendre la suite (de qqn ou qqch.), remplacer définitivement : **Succéder** *à un ministre.* – Venir après : *L'effet* succède *à la cause.* – Pronom. *Ils se sont* succédé.
🔊 [syksede].

**SUCCÈS,** subst. m.
Issue heureuse, victoire : *Succès militaire.* – Faveur du public. 🔊 [syksɛ].

**SUCCESSEUR,** subst. m.
Personne qui succède à une autre dans une fonction. – Personne qui poursuit l'œuvre d'une autre. 🔊 [syksesœr].

**SUCCESSIFS, IVES,** adj. plur.
Qui se succèdent : *Stades successifs d'une évolution.* 🔊 [syksesif, -iv].

**SUCCESSION,** subst. f.
Le fait de succéder à qqn. – Suite, série ininterrompue : *Succession de gens, d'idées.* – Dr. Transmission des biens d'une personne après sa mort, héritage. 🔊 [syksesjɔ̃].

**SUCCINCT, INCTE, adj.**
Bref, concis. – Fig. Simple, sommaire : *Ameublement* succinct. 🔊 [syksɛ̃, -ɛ̃t].

**SUCCION, subst. f.**
Action de sucer, d'aspirer. 🔊 [sy(k)sjɔ̃].

**SUCCOMBER, verbe [3]**
Intrans. Être vaincu dans un combat. – Mourir. – S'affaisser : Succomber *sous la charge.* – Trans. indir. Céder (à) : *Succomber à la tentation.* 🔊 [sykɔ̃be].

**SUCCULENT, ENTE, adj.**
Savoureux, exquis. 🔊 [sykylã, -ãt].

**SUCCURSALE, subst. f.**
Établissement qui dépend d'un autre, tout en gardant quelque autonomie. 🔊 [sykyʀsal].

**SUCER, verbe trans. [4]**
Aspirer avec les lèvres : *Les vampires* sucent *le sang.* – Presser entre la langue et le palais : Sucer *son pouce, une pastille.* 🔊 [syse].

**SUCETTE, subst. f.**
Petite tétine que sucent les nourrissons. – Bonbon fixé à un bâtonnet. 🔊 [sysɛt].

**SUCRE, subst. m.**
Aliment soluble de saveur douce, obtenu par traitement du suc d'une betterave ou de la canne à sucre : Sucre *en poudre.* – *Un* sucre : un morceau de sucre. 🔊 [sykʀ].

**SUCRER, verbe trans. [3]**
Adoucir avec du sucre ou avec un succédané : Sucrer *son thé.* – Fig. Enlever, supprimer (fam.). 🔊 [sykʀe].

**SUCRERIE, subst. f.**
Usine où l'on fabrique du sucre. – Friandise à base de sucre (gén. au plur.). 🔊 [sykʀəʀi].

**SUCRIER, IÈRE, adj. et subst. m.**
Adj. Qui produit du sucre : *Betterave, industrie* sucrière. – Subst. Récipient dans lequel on met du sucre. 🔊 [sykʀije, -ijɛʀ].

**SUD, adj. inv. et subst. m. inv.**
Subst. L'un des quatre points cardinaux, opposé au nord : *Naviguer plein* sud, *vers ce point.* – Partie méridionale d'une région, d'un pays. – Adj. Situé au sud. 🔊 [syd].

**SUDATION, subst. f.**
Production de sueur. 🔊 [sydasjɔ̃].

**SUDORIPARE, adj.**
Qui produit de la sueur. 🔊 [sydɔʀipaʀ].

**SUÉDOIS, subst. m.**
Langue germanique parlée en Suède et dans une partie de la Finlande. 🔊 [sɥedwa].

**SUER, verbe [3]**
Intrans. Évacuer de la sueur, transpirer. – Suinter : *Le mur* sue. – Peiner, travailler dur. – Trans. Rendre par les pores. – Exhaler : Suer *la bêtise.* – Suer *sang et eau* : faire de grands efforts (fam.). 🔊 [sɥe].

**SUEUR, subst. f.**
Sécrétion aqueuse évacuée par les pores

sous l'effet de la chaleur, de la maladie, de l'émotion. 🔊 [sɥœʀ].

**SUFFIRE, verbe trans. indir. [64]**
Suffire *à, pour* : être apte à satisfaire, à contenter. – Empl. impers. Il suffit *de, que* : il faut seulement. – *Cela* suffit ! : assez ! 🔊 [syfiʀ].

**SUFFISANT, ANTE, adj.**
Qui suffit : *Quantité* suffisante. – Fig. Qui est imbu de lui-même. 🔊 [syfizã, -ãt].

**SUFFIXE, subst. m.**
Élément placé après le radical d'un mot pour constituer un dérivé. 🔊 [syfiks].

**SUFFOCANT, ANTE, adj.**
Qui fait suffoquer : *Chaleur* suffocante. – Fig. *Nouvelle* suffocante. 🔊 [syfɔkã, -ãt].

**SUFFOQUER, verbe [3]**
Trans. Couper le souffle à (qqn) ; étouffer. – Fig. Stupéfier. – Intrans. Respirer à grand-peine. 🔊 [syfɔke].

**SUFFRAGE, subst. m.**
Volonté exprimée lors d'une élection ; vote, voix. – Approbation. 🔊 [syfʀaʒ].

**SUGGÉRER, verbe trans. [8]**
Inspirer, conseiller (qqch.) à qqn. – Faire penser à, évoquer. 🔊 [sygʒeʀe].

**SUGGESTION, subst. f.**
Action de suggérer : *Pouvoir de* suggestion. – Ce que l'on suggère. 🔊 [sygʒɛstjɔ̃].

**SUICIDAIRE, adj. et subst.**
Qui est disposé au suicide. – Adj. Qui mène au suicide ou, au fig., à la destruction, à l'échec : *Un tabagisme, une démission* suicidaires. 🔊 [sɥisidɛʀ].

**SUICIDE, subst. m.**
Action de se tuer volontairement. – Fait de se détruire, de s'exposer à un danger mortel ou, au fig., à un échec grave. 🔊 [sɥisid].

**SUICIDER (SE), verbe pronom. [3]**
Se tuer par suicide. – Fig. Provoquer sa propre ruine. 🔊 [sɥiside].

**SUIE, subst. f.**
Dépôt noirâtre laissé par la fumée lorsque la combustion est incomplète. 🔊 [sɥi].

**SUIF, subst. m.**
Graisse animale : Suif *de mouton.* 🔊 [sɥif].

**SUINTER, verbe intrans. [3]**
Couler lentement, en fines gouttelettes : *L'humidité* suinte. – Laisser s'écouler un liquide lentement : *Une plaie qui* suinte. 🔊 [sɥɛ̃te].

**SUITE, subst. f.**
Ce qui suit, ce qui vient après : *Le roi et sa* suite ; *La* suite *au prochain numéro.* – Succession, série : *Une* suite *de nombres.* – *Tout de* suite : immédiatement. – *Propos sans* suite : incohérents. 🔊 [sɥit].

**SUIVANT (I), prép.**
Conformément à ; en fonction de : Suivant *les usages, le temps, les cas.* 🔊 [sɥivã].

**SUIVANT (II), ANTE,** adj. et subst.
Qui vient juste après : *Le jour* suivant ; *Au*
suivant ! – Subst. Personne qui suit qqn,
qui l'accompagne. 🐦 [sɥivɑ̃, -ɑ̃t].

**SUIVI, IE,** adj. et subst. m.
Adj. Continu : *Entretiens suivis.* – Cohérent. – Subst. Surveillance régulière et
prolongée : **Suivi** *médical.* 🐦 [sɥivi].

**SUIVRE,** verbe trans. [62]
Aller derrière ; accompagner : **Suis**-*moi* ;
**Suivre** *qqn du regard.* – Venir après,
succéder à ; empl. pronom. : *Les jours se*
**suivent.** – Longer : **Suivre** *le fleuve.* – Se
soumettre à : **Suivre** *un traitement.* – Être
attentif à : **Suivre** *un film* ; comprendre :
*Je ne* **suis** *pas ton exposé.* 🐦 [sɥivʀ].

**SUJET (I),** subst. m.
Argument, thème : *Le* **sujet** *d'un devoir* ; *Au*
**sujet** *de,* à propos de. – Cause, raison : *Un*
**sujet** *de satisfaction.* – Individu : *Quel*
*mauvais* **sujet** ! – *Philos.* Être pensant
(oppos. *objet*). – *Ling.* La personne ou la
chose qui fait ou qui subit l'action exprimée
par le verbe. 🐦 [syʒɛ].

**SUJET (II), ETTE,** adj. et subst.
Adj. Exposé (à) ; enclin (à) : *Être* **sujet** *au*
*vertige.* – Subst. Personne soumise à une
autorité : *Les* **sujets** *du roi.* 🐦 [syʒɛ, -ɛt].

**SULFATE,** subst. m.
Sel d'un acide dérivé du soufre. 🐦 [sylfat].

**SULFATER,** verbe trans. [3]
Traiter (une vigne) en pulvérisant du
sulfate de cuivre. 🐦 [sylfate].

**SULFUREUX, EUSE,** adj.
De la nature du soufre. – Fig. Hérétique :
*Écrits* **sulfureux.** 🐦 [sylfyʀø, -øz].

**SULTAN, ANE,** subst.
Masc. Ancien titre des souverains de divers
États islamiques. – Fém. Épouse du **sultan.**
🐦 [syltɑ̃, -an].

**SUMMUM,** subst. m.
Degré le plus haut, apogée : *Le* **summum**
*du raffinement.* 🐦 [sɔ(m)mɔm].

**SUPER- (I),** préfixe
Marque le renforcement, la supériorité.
🐦 Gén. soudé au mot qu'il précède ; [sypɛʀ-].

**SUPER (II),** subst. m.
Abrév. de « supercarburant », essence de
qualité supérieure. 🐦 [sypɛʀ].

**SUPER (III),** adj. inv.
Épatant, formidable (fam.). 🐦 [sypɛʀ].

**SUPERBE,** adj. et subst. f.
Adj. Très beau, magnifique. – Subst. Orgueil
ostentatoire (littér.) 🐦 [sypɛʀb].

**SUPERCHERIE,** subst. f.
Tromperie, fraude. 🐦 [sypɛʀʃəʀi].

**SUPERFICIE,** subst. f.
Dimension, étendue d'une terre, d'une
surface. 🐦 [sypɛʀfisi].

**SUPERFICIEL, IELLE,** adj.
Limité à la surface : *Plaie* **superficielle.** – Fig.
Sans profondeur, frivole. 🐦 [sypɛʀfisjɛl].

**SUPERFLU, UE,** adj.
Qui excède le nécessaire ; inutile. – Empl.
subst. *Se passer du* **superflu.** 🐦 [sypɛʀfly].

**SUPÉRIEUR, IEURE,** adj. et subst.
Adj. Situé au-dessus, plus haut : *Lèvre*
**supérieure.** – Plus grand : *Note* **supérieure**
*à 10.* – Qui dépasse en qualité, en valeur :
*Intelligence* **supérieure.** – Fig. Arrogant : *Air*
**supérieur.** – Subst. Personne qui domine
hiérarchiquement : *Obéir à ses* **supérieurs** ;
*La* **supérieure** *du couvent.* 🐦 [sypeʀjœʀ].

**SUPÉRIORITÉ,** subst. f.
Caractère supérieur. 🐦 [sypeʀjɔʀite].

**SUPERLATIF, IVE,** adj. et subst. m.
Se dit d'un élément grammatical exprimant
le degré extrême de supériorité ou d'infériorité d'une qualité. 🐦 [sypɛʀlatif, -iv].

**SUPERPOSER,** verbe trans. [3]
Poser l'un au-dessus de l'autre : **Superposer**
*des briques.* 🐦 [sypɛʀpoze].

**SUPERSONIQUE,** adj.
Dont la vitesse est supérieure à celle du
son : *Avion* **supersonique.** 🐦 [sypɛʀsɔnik].

**SUPERSTITIEUX, IEUSE,** adj. et
subst.
Qui fait preuve de superstition : *Un homme,*
*un geste* **superstitieux.** 🐦 [sypɛʀstisjø, -jøz].

**SUPERSTITION,** subst. f.
Fait de prêter irrationnellement une influence (bonne ou mauvaise) à certains
actes, à certains signes. 🐦 [sypɛʀstisjɔ̃].

**SUPERSTRUCTURE,** subst. f.
Construction superposée à une autre qui
lui sert de base. 🐦 [sypɛʀstʀyktyʀ].

**SUPERVISER,** verbe trans. [3]
Contrôler dans ses grandes lignes (un
travail fait par d'autres). 🐦 [sypɛʀvize].

**SUPPLANTER,** verbe trans. [3]
Prendre de façon déloyale la place de,
évincer. – Remplacer. 🐦 [syplɑ̃te].

**SUPPLÉANT, ANTE,** adj. et subst.
Se dit d'une personne qui supplée qqn.
🐦 [sypleɑ̃, -ɑ̃t].

**SUPPLÉER,** verbe trans. [7]
Suppléer *qqn* : le remplacer, remplir ses
fonctions. – **Suppléer** *à un manque* : y
remédier, le compenser. 🐦 [syplee].

**SUPPLÉMENT,** subst. m.
Ce qui s'ajoute à qqch. : *Un* **supplément**
*d'informations.* – *En* **supplément** : en plus.
🐦 [syplemɑ̃].

**SUPPLÉMENTAIRE,** adj.
Qui vient s'ajouter : *Heures* **supplémen-**
**taires.** 🐦 [syplemɑ̃tɛʀ].

**SUPPLICATION,** subst. f.
Prière instante et humble. 🐦 [syplikasjɔ̃].

**SUPPLICE, subst. m.**
Lourde peine corporelle infligée à un condamné. – Souffrance intense, tourment : *Être au supplice, souffrir vivement.* 🔊 [syplis].

**SUPPLICIER, verbe trans.** [6]
Soumettre au supplice. 🔊 [syplisje].

**SUPPLIER, verbe trans.** [6]
Implorer humblement, en insistant, en adjurant : *Je vous en supplie.* 🔊 [syplije].

**SUPPLIQUE, subst. f.**
Requête écrite pour implorer une faveur, une grâce. 🔊 [syplik].

**SUPPORT, subst. m.**
Ce qui sert d'appui, de socle : *Support d'une étagère.* – *Supports publicitaires* : affiches, magazines, télévision, etc. 🔊 [sypɔr].

**SUPPORTER (I), verbe trans.** [3]
Servir de support à, soutenir. – Endurer : *Supporter le froid.* – Subir : *Supporter la grossièreté.* – Avoir la charge de : *Supporter les frais.* 🔊 [sypɔrte].

**SUPPORTER (II), subst.**
Partisan qui soutient une équipe, un sportif. 🔊 On dit aussi *supporteur, -trice* : [sypɔrtɛr].

**SUPPOSER, verbe trans.** [3]
Admettre par hypothèse : *Supposons que...* – Impliquer, rendre nécessaire : *Cela suppose du travail.* – Juger probable, présumer : *Je suppose que vous serez là.* 🔊 [sypoze].

**SUPPOSITION, subst. f.**
Hypothèse. 🔊 [sypozisjɔ̃].

**SUPPOSITOIRE, subst. m.**
Médicament de forme conique, administré par voie rectale. 🔊 [sypozitwar].

**SUPPÔT, subst. m.**
Serviteur d'une personne ou d'une cause nuisible : *Suppôt de Satan.* 🔊 [sypo].

**SUPPRESSION, subst. f.**
Action, fait de supprimer : *Suppression d'emplois.* 🔊 [sypresjɔ̃].

**SUPPRIMER, verbe trans.** [3]
Faire cesser, faire disparaître : *Supprimer un mot, une loi.* – Assassiner. 🔊 [syprime].

**SUPPURER, verbe intrans.** [3]
Produire un écoulement de pus : *Plaie qui suppure.* 🔊 [sypyre].

**SUPPUTER, verbe trans.** [3]
Calculer par estimation indirecte, évaluer : *Supputer un gain, ses chances.* 🔊 [sypyte].

**SUPRÉMATIE, subst. f.**
Domination, autorité absolue : *La suprématie économique d'un pays.* 🔊 [sypremasi].

**SUPRÊME, adj. et subst. m.**
Qui est au-dessus de tout : *Une autorité suprême.* – Ultime : *Instants, volontés suprêmes.* 🔊 [syprɛm].

**SUR, prép.**
Indique une position haute : *La mouette plane sur l'océan,* au-dessus. – Marque une mise en contact : *Dessiner sur le mur ; Un béret sur la tête.* – En direction de : *Aller sur la gauche.* – Parmi : *Un sur quatre.* – Au sujet de : *Un film sur la guerre.* – D'après : *Croire sur parole.* 🔊 [syr].

**SÛR, SÛRE, adj.**
Sans danger, sans risques : *Rue sûre ; Mettre en lieu sûr.* – Digne de confiance : *Ami sûr.* – Assuré, certain : *Notre succès est sûr ; J'en suis sûr.* – *Bien sûr* : évidemment. 🔊 [syr].

**SURABONDANCE, subst. f.**
Abondance extrême. 🔊 [syrabɔ̃dɑ̃s].

**SURANNÉ, ÉE, adj.**
Hors d'usage. – Désuet. 🔊 [syrane].

**SURCHARGER, verbe trans.** [5]
Charger à l'excès ; au fig. : *Surcharger d'impôts.* – Encombrer inutilement. – Réécrire par-dessus (un texte). 🔊 [syrʃarʒe].

**SURCHAUFFER, verbe trans.** [3]
Chauffer à l'excès. 🔊 [syrʃofe].

**SURCLASSER, verbe trans.** [3]
Montrer une indéniable supériorité sur : *Surclasser ses rivaux.* 🔊 [syrklase].

**SURCROÎT, subst. m.**
Ce qui vient s'ajouter à ce qui existe déjà : *Un surcroît de dépenses.* – *De, par surcroît* : en plus. 🔊 [syrkrwa].

**SURDITÉ, subst. f.**
Déficience totale ou partielle du sens de l'ouïe. 🔊 [syrdite].

**SURDOUÉ, ÉE, adj. et subst.**
Se dit d'une personne douée d'une capacité intellectuelle exceptionnelle. 🔊 [syrdwe].

**SUREAU, subst. m.**
Arbuste au bois très léger, donnant des baies acides rouges ou noires. 🔊 [syro].

**SURÉLEVER, verbe trans.** [10]
Augmenter la hauteur, le niveau de : *Surélever un mur.* 🔊 [syrel(ə)ve].

**SÛREMENT, adv.**
Certainement. 🔊 [syrmɑ̃].

**SURENCHÈRE, subst. f.**
Enchère supérieure à la précédente. – Action d'aller plus loin en actes, en paroles : *Une surenchère de violence.* 🔊 [syrɑ̃ʃɛr].

**SURESTIMER, verbe trans.** [3]
Estimer au-delà de sa valeur, de son mérite, de son importance réelle. 🔊 [syrɛstime].

**SÛRETÉ, subst. f.**
Qualité de ce qui est sûr : *La sûreté d'un jugement.* – *En sûreté* : à l'abri du danger, en lieu sûr. 🔊 [syrte].

**SUREXCITÉ, ÉE, adj.**
Excité à l'extrême. 🔊 [syrɛksite].

**SUREXPOSER**, verbe trans. [3]
Exposer trop longuement (une pellicule photographique) à la lumière. 🔊 [syʀɛkspoze].

**SURF**, subst. m.
Sport consistant à glisser sur les vagues, debout sur une planche. 🔊 [sœʀf].

**SURFACE**, subst. f.
Face apparente, partie extérieure d'un corps : *La* **surface** *de la Terre* ; *Faire* **surface**, émerger. – Étendue, aire : *La* **surface** *d'un triangle* ; *Une grande* **surface**, *un supermarché*. 🔊 [syʀfas].

**SURFAIT, AITE**, adj.
Inférieur à sa réputation. 🔊 [syʀfɛ, -ɛt].

**SURGELÉ, ÉE**, adj. et subst. m.
Se dit d'une denrée congelée. 🔊 [syʀʒəle].

**SURGIR**, verbe intrans. [19]
Apparaître, s'élever, sortir soudainement. – Fig. *Les problèmes* **surgissent**. 🔊 [syʀʒiʀ].

**SURHUMAIN, AINE**, adj.
Qui dépasse les capacités humaines : *Force, effort* **surhumains**. 🔊 [syʀymɛ̃, -ɛn].

**SUR-LE-CHAMP**, adv.
Immédiatement, sans délai. 🔊 [syʀləʃã].

**SURLENDEMAIN**, subst. m.
Jour suivant le lendemain. 🔊 [syʀlɑ̃d(ə)mɛ̃].

**SURMENAGE**, subst. m.
Fait de surmener ou de se surmener. – État d'épuisement qui en résulte. 🔊 [syʀmənaʒ].

**SURMENER**, verbe trans. [10]
Imposer un effort physique ou intellectuel exagéré à. 🔊 [syʀməne].

**SURMONTER**, verbe trans. [3]
Être situé au-dessus de. – Fig. Maîtriser, vaincre : *Surmonter sa peur*. 🔊 [syʀmõte].

**SURNAGER**, verbe intrans. [5]
Se maintenir à la surface d'un liquide. – Fig. Subsister, ne pas disparaître. 🔊 [syʀnaʒe].

**SURNATUREL, ELLE**, adj. et subst. m.
Adj. Qui se situe au-delà de la nature : *Lois* **surnaturelles**, *divines*. – *Que la raison ne peut expliquer*. – Subst. *Croire au* **surnaturel**. 🔊 [syʀnatyʀɛl].

**SURNOM**, subst. m.
Nom distinctif qui s'ajoute ou se substitue au patronyme d'un individu. 🔊 [syʀnõ].

**SURNOMBRE**, subst. m.
Quantité qui excède le nombre fixé : *Être en* **surnombre**. 🔊 [syʀnõbʀ].

**SURNOMMER**, verbe trans. [3]
Attribuer un surnom à. 🔊 [syʀnɔme].

**SURNUMÉRAIRE**, adj.
Qui est en surnombre. 🔊 [syʀnymeʀɛʀ].

**SURPASSER**, verbe trans. [3]
Faire mieux que, surclasser. – Pronom. Aller au-delà de ses limites. 🔊 [syʀpase].

**SURPEUPLÉ, ÉE**, adj.
Excessivement peuplé. 🔊 [syʀpœple].

**SURPLOMB**, subst. m.
Partie saillante au-dessus de la base : *En* **surplomb**, *en saillie*. 🔊 [syʀplõ].

**SURPLOMBER**, verbe [3]
S'avancer au-dessus de, dominer : *La falaise* **surplombe** *la mer*. 🔊 [syʀplõbe].

**SURPLUS**, subst. m.
Ce qui est en plus, en excédent : *Un* **surplus** *de personnel*. 🔊 [syʀply].

**SURPRENANT, ANTE**, adj.
Qui surprend, étonne. 🔊 [syʀpʀənã, -ãt].

**SURPRENDRE**, verbe trans. [52]
Prendre sur le fait : **Surprendre** *un voleur*. – Prendre au dépourvu : *La pluie nous a* **surpris**. – Étonner. 🔊 [syʀpʀãdʀ].

**SURPRISE**, subst. f.
Émotion causée par qqch. d'inattendu. – Ce qui étonne, par son caractère imprévu ; cadeau, plaisir inattendus. 🔊 [syʀpʀiz].

**SURPRODUCTION**, subst. f.
*Écon.* Production excessive par rapport aux besoins. 🔊 [syʀpʀodyksjõ].

**SURRÉALISME**, subst. m.
Mouvement littéraire et artistique du début du XXᵉ s., prônant les valeurs du rêve, du désir, de l'instinct contre toutes les idées établies. 🔊 [syʀʀealism].

**SURSAUT**, subst. m.
Réaction brusque du corps causée par une émotion vive : *Se réveiller en* **sursaut**. – Fig. Nouvel élan : **Sursaut** *de volonté*. 🔊 [syʀso].

**SURSAUTER**, verbe intrans. [3]
Avoir un sursaut. 🔊 [syʀsote].

**SURSEOIR**, verbe trans. indir. [47]
Différer (littér.) : *Il dut* **surseoir** *à son départ*. 🔊 [syʀswaʀ].

**SURSIS**, subst. m.
Ajournement. – Suspension de l'exécution d'une peine : *Un an de prison avec* **sursis**. – Délai supplémentaire ; répit. 🔊 [syʀsi].

**SURTOUT**, adv.
Principalement, avant tout : *J'aime* **surtout** *le théâtre*. 🔊 [syʀtu].

**SURVEILLANCE**, subst. f.
Action de surveiller. 🔊 [syʀvɛjãs].

**SURVEILLER**, verbe trans. [3]
Observer attentivement pour contrôler ou pour protéger. 🔊 [syʀveje].

**SURVENIR**, verbe intrans. [22]
Arriver inopinément, en parlant de qqn ou de qqch. 🔊 [syʀvəniʀ].

**SURVÊTEMENT**, subst. m.
Vêtement chaud que les sportifs enfilent sur leur tenue. 🔊 [syʀvɛtmã].

**SURVIE**, subst. f.
Le fait de rester en vie. – Fig. Existence après la mort : **Survie** *de l'âme*. 🔊 [syʀvi].

**SURVIVANCE, subst. f.**
Ce qui survit, subsiste d'une chose disparue : *Ce rite est une survivance.* 🖉 [syʀvivɑ̃s].

**SURVIVANT, ANTE, adj. et subst.**
Qui survit à qqn, à un accident : *Rapatrier les survivants.* 🖉 [syʀvivɑ̃, -ɑ̃t].

**SURVIVRE, verbe** [63]
Trans. indir. **Survivre à** : continuer à vivre après la mort de (qqn) ; échapper à (un danger mortel). – Intrans. Se maintenir en vie. 🖉 [syʀvivʀ].

**SURVOL, subst. m.**
Action de survoler. 🖉 [syʀvɔl].

**SURVOLER, verbe trans.** [3]
Voler au-dessus de. – Examiner rapidement. 🖉 [syʀvɔle].

**SURVOLTÉ, ÉE, adj.**
*Électr.* Dont on a augmenté le voltage. – Fig. Extrêmement excité. 🖉 [syʀvɔlte].

**SUS (EN), loc. adv.**
En plus. 🖉 [ɑ̃sys].

**SUSCEPTIBILITÉ, subst. f.**
Disposition d'une personne susceptible, ombrageuse. 🖉 [sysɛptibilite].

**SUSCEPTIBLE, adj.**
Apte, propre à faire ou à subir qqch. : **Susceptible** *d'être modifié.* – Qui se vexe facilement : *Ne soyez pas si* **susceptible.** 🖉 [sysɛptibl].

**SUSCITER, verbe trans.** [3]
Provoquer l'apparition de, faire naître : *Susciter des vocations.* 🖉 [sysite].

**SUSPECT, ECTE, adj. et subst.**
Adj. Qui éveille des soupçons ; de qualité douteuse. – Subst. Individu soupçonné par la police. 🖉 [syspɛ(kt), -ɛkt].

**SUSPECTER, verbe trans.** [3]
Soupçonner, juger suspect. 🖉 [syspɛkte].

**SUSPENDRE, verbe trans.** [51]
Accrocher, fixer (une chose) de manière qu'elle pende ; empl. adj. : *Pont* **suspendu,** dont le tablier est maintenu par des câbles. – Interrompre, ajourner. – Démettre temporairement (qqn) de ses fonctions. 🖉 [syspɑ̃dʀ].

**SUSPENS (EN), loc. adv.**
En attente : *Laisser un travail* **en suspens.** – Fig. Dans l'incertitude. 🖉 [ɑ̃syspɑ̃].

**SUSPENSE, subst. m.**
Sentiment d'attente anxieuse, causé par l'incertitude de ce qui va arriver dans un récit, dans un film. 🖉 [syspɛns].

**SUSPENSION, subst. f.**
Action de suspendre : **Suspension** *d'audience.* – Lustre. – Dispositif servant à amortir les chocs transmis à un véhicule par ses roues. – *Ling.* **Points de suspension** : signe de ponctuation (...) interrompant un énoncé, une énumération. 🖉 [syspɑ̃sjɔ̃].

**SUSPICIEUX, IEUSE, adj.**
Empli de suspicion. 🖉 [syspisjø, -jøz].

**SUSPICION, subst. f.**
Sentiment de défiance, de doute à l'égard de qqch. ou de qqn. 🖉 [syspisjɔ̃].

**SUSTENTER, verbe trans.** [3]
Alimenter. 🖉 [systɑ̃te].

**SUSURRER, verbe** [3]
Intrans. Parler à voix basse, murmurer. – Trans. **Susurrer** *un secret.* 🖉 [sysyʀe].

**SUTURE, subst. f.**
*Chir.* Opération consistant à réunir des tissus en les cousant. 🖉 [sytyʀ].

**SUZERAIN, AINE, subst.**
*Hist.* Seigneur qui concédait des fiefs à des vassaux. 🖉 [syz(ə)ʀɛ̃, -ɛn].

**SVELTE, adj.**
Fin et élancé : *Corps svelte.* 🖉 [svɛlt].

**SWEAT-SHIRT, subst. m.**
Chandail en coton molletonné. 🖉 Plur. *sweat-shirts* : [swɛtʃœʀt].

**SYLLABE, subst. f.**
Unité phonétique constituée par un groupe de lettres, qui se prononce d'une seule émission de voix. 🖉 [si(l)lab].

**SYLLOGISME, subst. m.**
Raisonnement déductif qui part de deux propositions données (prémisses) pour aboutir nécessairement à une troisième (conclusion). 🖉 [si(l)lɔʒism].

**SYLVESTRE, adj.**
Des bois, des forêts (littér.). 🖉 [silvɛstʀ].

**SYMBIOSE, subst. f.**
*Biol.* Association d'organismes vivant en intime relation, avec un profit réciproque. – Fig. Rapprochement étroit. 🖉 [sɛ̃bjoz].

**SYMBOLE, subst. m.**
Figure, être ou objet qui évoque de manière imagée et instantanée une idée, un concept : *Le lion,* **symbole** *de la force.* – Personne incarnant idéalement qqch. : *Gandhi,* **symbole** *de la non-violence.* – Signe conventionnel : $H_2O$, **symbole** *de l'eau.* 🖉 [sɛ̃bɔl].

**SYMBOLIQUE, adj. et subst. f.**
Adj. Qui relève du symbole. – Significatif, mais sans valeur réelle : *Un geste* **symbolique.** – Subst. Ensemble de symboles : *La* **symbolique** *chrétienne.* 🖉 [sɛ̃bɔlik].

**SYMBOLISER, verbe trans.** [3]
Représenter (qqch.) au moyen d'un symbole. – Être le symbole de. 🖉 [sɛ̃bɔlize].

**SYMÉTRIE, subst. f.**
Correspondance dans l'espace de deux ou de plusieurs éléments par rapport à un plan, à un point, à un axe. – Équilibre d'un ensemble ; harmonie qui en résulte. 🖉 [simetʀi].

**SYMÉTRIQUE, adj.**
Qui a de la symétrie, régulier. 🖉 [simetʀik].

**SYMPATHIE, subst. f.**
Attirance, inclination naturelle pour qqn ; amitié. 🖉 [sɛ̃pati].

**SYMPATHIQUE, adj.**
Qui attire la sympathie. – *Une soirée* **sympathique** : agréable. ☒ [sɛ̃patik].

**SYMPATHISANT, ANTE, adj. et subst.**
Qui a des affinités d'opinion, d'idées avec un mouvement, un parti, sans toutefois y adhérer formellement. ☒ [sɛ̃patizɑ̃, -ɑ̃t].

**SYMPHONIE, subst. f.**
Œuvre musicale en plusieurs mouvements composée pour un grand orchestre. – Fig. Ensemble harmonieux (littér.) : **Symphonie** *de couleurs.* ☒ [sɛ̃fɔni].

**SYMPTOMATIQUE, adj.**
Qui concerne les symptômes d'une maladie. – Fig. Significatif. ☒ [sɛ̃ptɔmatik].

**SYMPTÔME, subst. m.**
Phénomène caractéristique qui permet de déceler une maladie. – Fig. *Les* **symptômes** *de l'amour.* ☒ [sɛ̃ptom].

**SYNAGOGUE, subst. f.**
Lieu du culte israélite. ☒ [sinagɔg].

**SYNCHRONISER, verbe trans. [3]**
**Synchroniser** *un film* : faire concorder le son et l'image. ☒ [sɛ̃kʀɔnize].

**SYNCOPE, subst. f.**
Perte complète de connaissance, subite et momentanée, provoquée par une pause cardiaque. ☒ [sɛ̃kɔp].

**SYNCRÉTISME, subst. m.**
Fusion de différentes doctrines philosophiques ou religieuses. ☒ [sɛ̃kʀetism].

**SYNDIC, subst. m.**
Personne chargée de gérer les affaires, les intérêts d'une collectivité : **Syndic** *de copropriété.* ☒ [sɛ̃dik].

**SYNDICAL, ALE, AUX, adj.**
Relatif à un syndicat. ☒ [sɛ̃dikal].

**SYNDICAT, subst. m.**
Groupement constitué pour la défense d'intérêts professionnels communs. – **Syndicat** *d'initiative* : organisme local chargé de favoriser le tourisme. ☒ [sɛ̃dika].

**SYNDROME, subst. m.**
Ensemble des symptômes d'une maladie. – Fig. Traumatisme collectif agissant sur le comportement. ☒ [sɛ̃dʀom].

**SYNERGIE, subst. f.**
Action coordonnée de plusieurs organes dans l'accomplissement d'une fonction. ☒ [sinɛʀʒi].

**SYNONYME, adj. et subst. m.**
Se dit d'un mot (ou d'une expression) ayant la même signification qu'un autre. ☒ [sinɔnim].

**SYNOPSIS, subst. m.**
Résumé schématique du scénario d'un film. ☒ [sinɔpsis].

**SYNOPTIQUE, adj.**
Qui, par sa disposition logique et ordonnée, donne une vue d'ensemble. ☒ [sinɔptik].

**SYNTAXE, subst. f.**
Partie de la grammaire qui étudie les règles d'agencement des mots, entre eux et au sein de la phrase. – Ces règles. ☒ [sɛ̃taks].

**SYNTHÈSE, subst. f.**
Opération intellectuelle consistant à réunir de manière ordonnée des éléments isolés d'un tout (oppos. *analyse*). – Exposé global. – Production d'une substance à partir de plusieurs éléments chimiques. – *Tech.* Reconstitution : **Synthèse** *vocale.* ☒ [sɛ̃tɛz].

**SYNTHÉTIQUE, adj.**
Relatif à la synthèse ; qui en résulte : *Exposé* **synthétique**. – Obtenu par synthèse chimique : *Tissu* **synthétique**. ☒ [sɛ̃tetik].

**SYNTHÉTISER, verbe trans. [3]**
Regrouper selon un ordre logique ; présenter de manière synthétique. – Produire par synthèse chimique. ☒ [sɛ̃tetize].

**SYNTHÉTISEUR, subst. m.**
Clavier électronique capable de synthétiser les sons de divers instruments (abrév. fam. *synthé*). ☒ [sɛ̃tetizœʀ].

**SYPHILIS, subst. f.**
Maladie vénérienne infectieuse et contagieuse. ☒ [sifilis].

**SYSTÉMATIQUE, adj.**
Fondé sur un système. – Structuré, méthodique. – Qui agit de manière invariable ; dogmatique (péj.). ☒ [sistematik].

**SYSTÉMATISER, verbe trans. [3]**
Organiser en système : **Systématiser** *un savoir.* – Rendre habituel, systématique. ☒ [sistematize].

**SYSTÈME, subst. m.**
Ensemble d'éléments structurés en un tout cohérent : **Système** *philosophique* ; **Système** *solaire, nerveux, métrique.* – Ensemble de méthodes, de principes contribuant à l'organisation de la vie collective : **Système** *politique* ; **Système** *monétaire.* ☒ [sistɛm].

# T

**T, t,** subst. m. inv.
Vingtième lettre et seizième consonne de
l'alphabet français. ▨ [te].

**TA,** voir **TON**

**TABAC,** subst. m.
Plante cultivée pour ses feuilles riches en
nicotine. – Ses feuilles, traitées pour être
fumées, prisées. – Commerce où l'on vend
des produits dérivés du **tabac.** ▨ [taba].

**TABAGISME,** subst. m.
Intoxication par le tabac. ▨ [tabaʒism].

**TABASSER,** verbe trans. [3]
Rouer de coups (fam.). ▨ [tabase].

**TABATIÈRE,** subst. f.
Petite boîte dans laquelle on mettait le tabac à priser. – Fenêtre de toit. ▨ [tabatjɛʀ].

**TABERNACLE,** subst. m.
*Relig.* Petite armoire, sur l'autel de l'église
ou dans le mur du chœur, où sont rangées
les hosties. ▨ [tabɛʀnakl].

**TABLE,** subst. f.
Meuble composé d'un plateau horizontal
reposant sur des pieds, destiné notamment
aux repas. – Liste d'informations, de
données, claire et facile à consulter : **Table**
*des matières d'un livre.* ▨ [tabl].

**TABLEAU,** subst. m.
Panneau mural sur lequel on écrit. – Œuvre
picturale exécutée sur un support autonome : *Un* **tableau** *de maître.* – Description.
– Schéma alignant des données dans des
colonnes. – **Tableau** *de bord* : ensemble des
cadrans de contrôle, dans un véhicule, un
avion. ▨ [tablo].

**TABLER,** verbe trans. indir. [3]
Compter, se fonder (sur) : **Tabler** *sur une
rentrée d'argent.* ▨ [table].

**TABLETTE,** subst. f.
Petite planche ou surface étroite servant de
support. ▨ [tablɛt].

**TABLIER,** subst. m.
Vêtement destiné à protéger des taches ;
blouse. – Plate-forme supérieure d'un pont.
– Rideau de fer d'une cheminée. ▨ [tablije].

**TABOU, OUE,** adj. et subst. m.
Subst. Interdit culturel ou religieux. – Adj.
Qui fait l'objet d'un **tabou.** ▨ [tabu].

**TABOULÉ,** subst. m.
Semoule de blé avec menthe, citron et huile
d'olive, préparée en salade. ▨ [tabule].

**TABOURET,** subst. m.
Siège sans dossier ni bras. ▨ [tabuʀɛ].

**TABULATION,** subst. f.
Blocage des marges, repérage des colonnes
d'un tableau, sur une machine à écrire, un
ordinateur. ▨ [tabylasjɔ̃].

**TACHE,** subst. f.
Marque naturelle et colorée d'un pelage,
de la peau. – Salissure. ▨ [taʃ].

**TÂCHE,** subst. f.
Travail déterminé que l'on doit accomplir.
– Mission : *Une* **tâche** *délicate.* ▨ [taʃ].

**TACHER,** verbe trans. [3]
Faire une tache sur, salir par des taches.
– Fig. Souiller moralement. ▨ [taʃe].

**TÂCHER,** verbe trans. [3]
**Tâcher** *de* : s'efforcer de. – **Tâcher** *que* :
faire en sorte que. ▨ [taʃe].

**TACHETÉ, ÉE,** adj.
Parsemé de petites taches. ▨ [taʃ(ə)te].

**TACHYCARDIE,** subst. f.
Accélération du rythme des battements du
cœur. ▨ [takikaʀdi].

**TACITE,** adj.
Qui n'est pas exprimé de façon formelle,
sous-entendu. ▨ [tasit].

**TACITURNE,** adj.
Peu loquace, renfermé, d'humeur sombre :
*Un caractère* **taciturne.** ▨ [tasityʀn].

**TACT,** subst. m.
Sens du toucher. – Respect délicat de la
sensibilité d'autrui. ▨ [takt].

**TACTILE,** adj.
Relatif au toucher. – Perçu, commandé par
le toucher : *Écran* **tactile.** ▨ [taktil].

**TACTIQUE,** subst. f.
Art ou manière de conduire une bataille.
– Méthode habile visant à atteindre un
objectif. ▨ [taktik].

**TAFFETAS,** subst. m.
Tissu de soie, sans envers. ▨ [tafta].

**TAIE,** subst. f.
Enveloppe de tissu amovible pour oreiller
ou traversin. – Tache de la cornée. ▨ [tɛ].

**TAÏGA,** subst. f.
Forêt de conifères du nord de l'Eurasie et
de l'Amérique. ▨ [tajga].

**TAILLADER,** verbe trans. [3]
Faire des entailles, des coupures dans
(qqch.) avec un instrument tranchant :
**Taillader** *un arbre.* ▨ [tajade].

**TAILLE,** subst. f.
Impôt féodal. – Action, manière de tailler.
– Dimension ; mesure. – Partie resserrée
du corps, au-dessus des hanches. ▨ [taj].

**TAILLER**, verbe trans. [3]
Couper (qqch.) de façon à obtenir une forme précise. – Élaguer. 🔊 [taje].

**TAILLEUR**, subst. m.
Artisan qui taille des vêtements ; couturier. – Tenue féminine composée d'une jupe et d'une veste assorties. 🔊 [tajœʀ].

**TAILLIS**, subst. m.
Végétation touffue formée par les repousses et rejets d'arbres coupés. 🔊 [taji].

**TAIN**, subst. m.
Couche de mercure et d'étain appliquée sur l'envers d'un miroir. 🔊 [tɛ̃].

**TAIRE**, verbe trans. [59]
Ne pas dire, ne pas révéler. – Pronom. Garder le silence ou cesser de parler, de faire du bruit. 🔊 [tɛʀ].

**TALC**, subst. m.
Poudre blanche et douce de silicate naturel de magnésium. 🔊 [talk].

**TALENT**, subst. m.
Aptitude particulière à exercer une activité. – Disposition naturelle, intellectuelle ou artistique : *Avoir du* **talent**. 🔊 [talɑ̃].

**TALION**, subst. m.
*Loi du* **talion** : qui exige un châtiment identique à la faute. 🔊 [taljɔ̃].

**TALISMAN**, subst. m.
Objet auquel on a conféré, par un rite, un pouvoir magique ou protecteur. 🔊 [talismɑ̃].

**TALON**, subst. m.
Partie postérieure du pied de l'homme. – Support placé sous la partie postérieure de la semelle d'une chaussure. – Partie non détachable d'une feuille de carnet ou de registre à souche. 🔊 [talɔ̃].

**TALONNER**, verbe trans. [3]
Frapper ou presser du talon ; éperonner. – Suivre, poursuivre de très près ; harceler. 🔊 [talɔne].

**TALUS**, subst. m.
Terrain en pente : **Talus** *d'un fossé.* – Pente d'un remblai. 🔊 [taly].

**TAMANOIR**, subst. m.
Mammifère d'Amérique du Sud au museau très allongé, qui capture des fourmis avec sa longue langue visqueuse. 🔊 [tamanwaʀ].

**TAMARIS**, subst. m.
Arbuste du littoral à feuillage très fin et à petites fleurs roses. 🔊 [tamaʀis].

**TAMBOUR**, subst. m.
Instrument à percussion, que l'on fait résonner avec des baguettes. – Joueur de **tambour**. – Pièce cylindrique : **Tambour** *de frein, de lave-linge.* 🔊 [tɑ̃buʀ].

**TAMBOURIN**, subst. m.
Tambour provençal allongé, que l'on bat avec une seule baguette. 🔊 [tɑ̃buʀɛ̃].

**TAMBOURINER**, verbe [3]
Intrans. Frapper des coups rapides et répétés (sur, contre qqch.). – Trans. Annoncer, répandre partout. 🔊 [tɑ̃buʀine].

**TAMIS**, subst. m.
Instrument utilisé pour séparer des particules solides de tailles différentes ou pour filtrer des liquides ; crible. 🔊 [tami].

**TAMISER**, verbe trans. [3]
Passer au tamis. – **Tamiser** *la lumière* : en diminuer l'intensité. 🔊 [tamize].

**TAMPON**, subst. m.
Matière souple, comprimée en boule, servant à absorber, à récurer, etc. – Bouchon. – Dispositif amortissant les chocs. – Plaque de caoutchouc gravée servant à oblitérer ; oblitération. 🔊 [tɑ̃pɔ̃].

**TAMPONNER**, verbe trans. [3]
Donner des petits coups légers de tampon sur. – Oblitérer. – Heurter. 🔊 [tɑ̃pɔne].

**TAM-TAM**, subst. m.
Tambour africain utilisé pour rythmer des chants et des danses ou pour transmettre des messages codés. 🔊 Plur. *tam-tams* ; [tamtam].

**TANCER**, verbe trans. [4]
Réprimander, admonester. 🔊 [tɑ̃se].

**TANCHE**, subst. f.
Poisson d'eau douce, court et massif, qui recherche les fonds vaseux. 🔊 [tɑ̃ʃ].

**TANDEM**, subst. m.
Longue bicyclette à deux places. – Association étroite de deux personnes. 🔊 [tɑ̃dɛm].

**TANDIS QUE**, loc. conj.
Pendant que. – Alors que. 🔊 [tɑ̃dik(ə)].

**TANGAGE**, subst. m.
Mouvement d'un navire dont l'avant et l'arrière plongent alternativement (oppos. *roulis*). – Oscillation d'une auto, d'un avion. 🔊 [tɑ̃gaʒ].

**TANGENT, ENTE**, adj. et subst. f.
Adj. *Géom.* Qui touche en un seul point, sans couper : *Plan* **tangent** *à une surface.* – Fig. Acquis de justesse (fam.). – Subst. *Géom.* Droite **tangente**. 🔊 [tɑ̃ʒɑ̃, -ɑ̃t].

**TANGIBLE**, adj.
Perceptible par le toucher. – Fig. Indéniable, incontestable. 🔊 [tɑ̃ʒibl].

**TANGUER**, verbe intrans. [3]
Être soumis au tangage. 🔊 [tɑ̃ge].

**TANIÈRE**, subst. f.
Retraite, abri d'une bête sauvage. – Logis, lieu où l'on se cache, s'isole. 🔊 [tanjɛʀ].

**TANK**, subst. m.
Char d'assaut. – Citerne d'un pétrolier. 🔊 [tɑ̃k].

**TANKER**, subst. m.
Navire-citerne, pétrolier. 🔊 [tɑ̃kœʀ].

**TANNER**, verbe trans. [3]
Traiter (une peau) pour en faire du cuir.
– Fig. Harceler de demandes (fam.).
🔊 [tane].

**TANNERIE**, subst. f.
Usine où l'on tanne les peaux. 🔊 [tanʀi].

**TAN(N)IN**, subst. m.
Substance végétale utilisée pour traiter les cuirs, fabriquer des encres. – **Tanin** du vin : présent dans le vin rouge. 🔊 [tanɛ̃].

**TANT**, adv.
Tellement. – Un tant soit peu : si peu que ce soit. – Tant s'en faut : il s'en faut de beaucoup. – Autant. – Si tant est que : pour autant que. – En tant que : en qualité de. – Aussi bien : Tant opprimé qu'oppresseur. – Tant mieux : c'est bien ; Tant pis : c'est dommage. – Tant que : aussi longtemps que. – Gagner tant par mois : une quantité donnée. 🔊 [tɑ̃].

**TANTE**, subst. f.
Sœur du père ou de la mère. – Épouse de l'oncle. 🔊 [tɑ̃t].

**TANTINET**, subst. m.
Un tantinet : un peu (fam.). 🔊 [tɑ̃tinɛ].

**TANTÔT**, adv.
Cet après-midi. – Tantôt gai, tantôt triste : alternativement gai et triste. 🔊 [tɑ̃to].

**TAOÏSME**, subst. m.
Doctrine religieuse de Chine. 🔊 [taoism].

**TAON**, subst. m.
Grosse mouche dont la femelle pique les mammifères et leur suce le sang. 🔊 [tɑ̃].

**TAPAGE**, subst. m.
Bruit fort et confus, accompagné de désordre, de cris. – Publicité exagérée. 🔊 [tapaʒ].

**TAPAGEUR, EUSE**, adj.
Qui fait du tapage. – Scandaleux. – Voyant et de mauvais goût. 🔊 [tapaʒœʀ, -øz].

**TAPE**, subst. f.
Coup donné avec la main. 🔊 [tap].

**TAPE-À-L'ŒIL**, adj. inv. et subst. m. inv.
Fam. Adj. Très voyant, tapageur : Un vêtement **tape-à-l'œil**. – Subst. Apparence clinquante, trompeuse. 🔊 [tapalœj].

**TAPER**, verbe trans. [3]
Donner des coups à ; frapper sur. – Dactylographier. – Taper qqn : lui emprunter de l'argent (fam.). 🔊 [tape].

**TAPINOIS (EN)**, loc. adv.
En cachette. 🔊 [ɑ̃tapinwa].

**TAPIOCA**, subst. m.
Fécule de manioc. 🔊 [tapjɔka].

**TAPIR**, subst. m.
Mammifère herbivore tropical, qui possède une courte trompe. 🔊 [tapiʀ].

**TAPIR (SE)**, verbe pronom. [19]
Se cacher en se blottissant. – S'enfermer pour échapper aux regards. 🔊 [tapiʀ].

**TAPIS**, subst. m.
Ouvrage textile qu'on étend sur le sol. – Ce qui recouvre une surface : **Tapis** de feuilles. – Fig. Table de négociations. 🔊 [tapi].

**TAPISSER**, verbe trans. [3]
Couvrir totalement (une surface). – Tendre d'un papier peint. 🔊 [tapise].

**TAPISSERIE**, subst. f.
Pièce textile décorative, tendue sur un mur ou couvrant un meuble. – Ouvrage d'aiguille exécuté sur un canevas. – Revêtement mural de tissu ou de papier. 🔊 [tapisʀi].

**TAPOTER**, verbe trans. [3]
Donner de petites tapes sur. 🔊 [tapɔte].

**TAQUET**, subst. m.
Petite pièce de bois ou de métal servant de butée, de cale ou de verrou. 🔊 [takɛ].

**TAQUIN, INE**, adj. et subst.
Qui aime à taquiner. 🔊 [takɛ̃, -in].

**TAQUINER**, verbe trans. [3]
Se moquer gentiment de (qqn), s'amuser à faire enrager. 🔊 [takine].

**TARABISCOTÉ, ÉE**, adj.
Surchargé de moulures, d'ornements. – Fig. Compliqué à l'excès. 🔊 [taʀabiskɔte].

**TARABUSTER**, verbe trans. [3]
Fam. Houspiller, importuner sans cesse. – Préoccuper. 🔊 [taʀabyste].

**TARD**, adv.
Longtemps après le temps attendu, normal, habituel. – Empl. subst. masc. Sur le tard : à une heure avancée de la journée ; à un âge avancé. 🔊 [taʀ].

**TARDER**, verbe intrans. [3]
Mettre du temps à faire qqch. – Être en retard ; se faire attendre. – Il me tarde de : je suis très impatient de. 🔊 [taʀde].

**TARDIF, IVE**, adj.
Qui a lieu à une heure avancée. – Qui vient tard, trop tard. 🔊 [taʀdif, -iv].

**TARE**, subst. f.
Poids d'un emballage, d'un contenant. – Déficience, défectuosité organique ou psychique, souv. héréditaire. – Défaut. 🔊 [taʀ].

**TARÉ, ÉE**, adj. et subst.
Qui est affligé d'une tare physique ou psychique. – Fig. Imbécile (fam.). 🔊 [taʀe].

**TARENTULE**, subst. f.
Grosse araignée d'Europe méridionale, dont la piqûre est douloureuse. 🔊 [taʀɑ̃tyl].

**TARGETTE**, subst. f.
Petit verrou plat. 🔊 [taʀʒɛt].

**TARGUER (SE)**, verbe pronom. [3]
Se prévaloir, se vanter (de). 🔊 [taʀge].

**TARIF**, subst. m.
Liste des prix pratiqués. – Prix fixé pour un droit, un service, une prestation. 🔊 [taʀif].

**TARIR**, verbe [19]
Intrans. Cesser de couler ou être mis à sec.
– *Ne pas* tarir *de* : être prodigue de. – *Ne pas* **tarir** *sur* : parler abondamment de. – Trans. Mettre à sec. 🕮 [taʀiʀ].

**TAROT**, subst. m.
Jeu de 78 cartes, au dessin particulier, qui servent aussi à la divination. 🕮 [taʀo].

**TARSE**, subst. m.
Partie postérieure du squelette du pied, formée de sept os. 🕮 [taʀs].

**TARTE**, subst. f.
Préparation de pâte amincie et garnie de fruits, de crème, de légumes, etc. 🕮 [taʀt].

**TARTINE**, subst. f.
Tranche de pain sur laquelle on étale du beurre, de la confiture, etc. – Texte très long (fam.). 🕮 [taʀtin].

**TARTINER**, verbe trans. [3]
Étaler du beurre, de la confiture, etc., sur (une tranche de pain). 🕮 [taʀtine].

**TARTRE**, subst. m.
Dépôt calcaire. – Matière organique qui jaunit les dents. 🕮 [taʀtʀ].

**TARTU(F)FE**, adj. et subst. m.
Hypocrite. 🕮 [taʀtyf].

**TAS**, subst. m.
Accumulation, amoncellement en hauteur d'objets, de matériaux. – *Un* **tas** *de* : une grande quantité, beaucoup de. 🕮 [ta].

**TASSE**, subst. f.
Petit récipient à anse utilisé pour boire. – Son contenu. 🕮 [tas].

**TASSEAU**, subst. m.
Petit morceau de bois allongé, servant à fixer, à caler ou à soutenir. 🕮 [taso].

**TASSEMENT**, subst. m.
Action de tasser, de se tasser ; son résultat. – Fig. Baisse, ralentissement. 🕮 [tasmã].

**TASSER**, verbe trans. [3]
Réduire de volume en comprimant. – Serrer, resserrer dans un espace restreint. – Pronom. Se voûter. – *Ça se* **tasse** : ça se calme (fam.). 🕮 [tase].

**TÂTER**, verbe trans. [3]
Explorer par le toucher. – Fig. Sonder (qqn) pour connaître ses capacités ou ses intentions. – **Tâter** *le terrain* : s'informer discrètement avant toute action. – **Tâter** *de* : faire l'expérience de. – Pronom. Hésiter. 🕮 [tate].

**TATILLON, ONNE**, adj. et subst.
Qui est méticuleux à l'excès. 🕮 [tatijɔ̃, -ɔn].

**TÂTONNEMENT**, subst. m.
Action, fait de tâtonner. 🕮 [tatɔnmã].

**TÂTONNER**, verbe intrans. [3]
Se diriger au toucher, sans voir. – Fig. Faire différents essais avant d'agir, de se décider ; hésiter. 🕮 [tatɔne].

**TÂTONS (À)**, loc. adv.
À l'aveuglette, en tâtonnant. – Fig. En essayant au hasard. 🕮 [atatɔ̃].

**TATOU**, subst. m.
Mammifère édenté d'Amérique tropicale, pourvu d'une carapace cornée. 🕮 [tatu].

**TATOUAGE**, subst. m.
Action de tatouer, de se faire tatouer. – Dessin ainsi obtenu. 🕮 [tatwaʒ].

**TATOUER**, verbe trans. [3]
Dessiner à l'aiguille des motifs indélébiles sur (la peau). 🕮 [tatwe].

**TAUDIS**, subst. m.
Logement très misérable. 🕮 [todi].

**TAUPE**, subst. f.
Petit mammifère quasi aveugle, insectivore, qui creuse des galeries dans la terre. – Espion (fam.). 🕮 [top].

**TAUPINIÈRE**, subst. f.
Petit monticule de terre rejetée par la taupe. 🕮 [topinjɛʀ].

**TAUREAU**, subst. m.
Mâle non castré de la vache. – Deuxième signe du zodiaque. 🕮 [tɔʀo].

**TAUROMACHIE**, subst. f.
Art de combattre les taureaux dans l'arène. 🕮 [tɔʀɔmaʃi].

**TAUX**, subst. m.
Prix officiel de certains biens ou services. – Pourcentage, proportion, degré. – **Taux** *d'intérêt* : pourcentage auquel les intérêts d'un capital emprunté sont réglés. 🕮 [to].

**TAVELÉ, ÉE**, adj.
Marqué de petites taches. 🕮 [tav(ə)le].

**TAVERNE**, subst. f.
Café-restaurant rustique. 🕮 [tavɛʀn].

**TAXATION**, subst. f.
Action de taxer. – Fixation de certains prix par l'État. – Imposition. 🕮 [taksasjɔ̃].

**TAXE**, subst. f.
Redevance perçue par un organisme public pour prix de son service. – Impôt. 🕮 [taks].

**TAXER**, verbe trans. [3]
Assujettir à une taxe ; frapper d'une taxe. – Fig. Accuser, qualifier : **Taxer** *qqn de malveillance*. 🕮 [takse].

**TAXI**, subst. m.
Voiture avec chauffeur, louée pour une course. 🕮 [taksi].

**TAXIDERMIE**, subst. f.
Art d'empailler des animaux en leur gardant l'apparence de la vie. 🕮 [taksidɛʀmi].

**TCHADOR**, subst. m.
Voile dont les femmes musulmanes se couvrent la tête et le corps, en partic. en Iran. 🕮 [tʃadɔʀ].

**TE, T'**, pron. pers.
Forme complément du pronom personnel de la 2e personne du singulier : *Je* **te** *remercie* ; *Je* **t'***ai parlé*. 🕮 [tə,t].

**TECHNICIEN, IENNE**, adj. et subst.
Adj. Relatif à la technique. – Subst.
Spécialiste, professionnel d'une technique
donnée. 🔊 [tɛknisjɛ̃, -jɛn].

**TECHNICITÉ**, subst. f.
Caractère de ce qui est technique : *La
technicité d'un travail.* 🔊 [tɛknisite].

**TECHNIQUE**, adj. et subst. f.
Adj. Relatif à un savoir-faire, à une
pratique. – Relatif aux applications de
la connaissance scientifique : *Le progrès
technique.* – Subst. Ensemble des savoir-
faire d'une industrie, d'un métier, etc.
🔊 [tɛknik].

**TECHNOCRATE**, subst.
Responsable ou haut fonctionnaire qui privilégie l'aspect technique au détriment du
facteur humain. 🔊 [tɛknɔkʀat].

**TECHNOLOGIE**, subst. f.
Science des techniques. – Techniques propres à un domaine. 🔊 [tɛknɔlɔʒi].

**TE(C)K**, subst. m.
Arbre d'Asie tropicale dont le bois, imputrescible, est recherché. 🔊 [tɛk].

**TEE-SHIRT**, subst. m.
Maillot de coton à manches courtes, sans
col, en forme de T. 🔊 On écrit aussi *T-shirt* ;
plur. *tee-shirts* ; [tiʃœʀt].

**TEIGNE**, subst. f.
Mite. – Maladie du cuir chevelu due à un
champignon. – Personne méchante (fam.).
🔊 [tɛɲ].

**TEIGNEUX, EUSE**, adj. et subst.
Malade de la teigne. – Méchant, hargneux
(fam.). 🔊 [tɛɲø, -øz].

**TEINDRE**, verbe trans. [53]
Imprégner d'une substance colorante :
*Teindre un tissu.* – Pronom. Donner à ses
cheveux une couleur factice. 🔊 [tɛ̃dʀ].

**TEINT**, subst. m.
Couleur du visage, mine. – Couleur que
la teinture donne à une étoffe. 🔊 [tɛ̃].

**TEINTE**, subst. f.
Couleur nuancée, résultant d'un mélange.
– *Une teinte d'humour, de tristesse* : une
touche, une petite dose. 🔊 [tɛ̃t].

**TEINTER**, verbe trans. [3]
Colorer légèrement. – Nuancer. 🔊 [tɛ̃te].

**TEINTURE**, subst. f.
Action de teindre ; son résultat. – Substance colorante. – *Pharm.* Principe actif
en solution dans l'alcool. – Fig. Connaissance superficielle (littér.). 🔊 [tɛ̃tyʀ].

**TEINTURERIE**, subst. f.
Industrie de la teinture. – Atelier, magasin
où l'on teint et nettoie les vêtements ;
blanchisserie. 🔊 [tɛ̃tyʀʀi].

**TEL, TELLE**, adj. et pron. indéf.
Adj. Pareil, comparable : *Jamais on n'a dit
de telles bêtises.* – Comme : *Il se bat tel un*

*lion* ; *Je l'aime tel qu'il est.* – Si grand, si
fort, etc. : *Une telle joie !* – Un certain :
*J'arriverai à tel moment.* – Pron. Quelqu'un,
cette personne (que l'on ne nomme pas) :
*Tel est pris qui croyait prendre* ; *Monsieur
Un tel, madame Une telle.* – **Tel quel** : sans
modification. 🔊 [tɛl].

**TÉLÉ**, subst. f.
Abrév. fam. pour « télévision ». 🔊 [tele].

**TÉLÉCARTE**, subst. f.
Carte à mémoire permettant d'utiliser un
téléphone public. 🔊 N. déposé ; [telekaʀt].

**TÉLÉCOMMANDE**, subst. f.
Équipement assurant la commande à distance d'un appareil. 🔊 [telekɔmɑ̃d].

**TÉLÉCOMMUNICATION**, subst. f.
Ensemble des techniques de communication à distance. 🔊 [telekɔmynikasjɔ̃].

**TÉLÉCOPIE**, subst. f.
Procédé de reproduction d'un document à
distance. – Le document ainsi reproduit.
🔊 [telekɔpi].

**TÉLÉCOPIEUR**, subst. m.
Appareil de télécopie, fax. 🔊 [telekɔpjœʀ].

**TÉLÉGRAMME**, subst. m.
Message télégraphique. 🔊 [telegʀam].

**TÉLÉGRAPHE**, subst. m.
Système de transmission de messages à
distance. 🔊 [telegʀaf].

**TÉLÉGRAPHIQUE**, adj.
Relatif au télégraphe. – *Style télégraphique* : bref, concis, abrégé. 🔊 [telegʀafik].

**TÉLÉGUIDER**, verbe trans. [3]
Diriger, piloter à distance. – Fig. Manipuler
à distance et en secret. 🔊 [telegide].

**TÉLÉMATIQUE**, adj. et subst. f.
Se dit de l'ensemble des techniques alliant
les possibilités des télécommunications et
celles de l'informatique. 🔊 [telematik].

**TÉLÉOBJECTIF**, subst. m.
Objectif utilisé pour photographier de loin.
🔊 [teleɔbʒɛktif].

**TÉLÉPATHIE**, subst. f.
Transmission de pensée. 🔊 [telepati].

**TÉLÉPHÉRIQUE**, subst. m.
Cabine de transport suspendue à un câble.
🔊 [teleferik].

**TÉLÉPHONE**, subst. m.
Dispositif de transmission de la parole à
longue distance. – Appareil qui permet
cette transmission. 🔊 [telefɔn].

**TÉLÉPHONER**, verbe [3]
Communiquer par téléphone. 🔊 [telefɔne].

**TÉLESCOPE**, subst. m.
Instrument d'optique utilisé pour observer
les objets éloignés, les astres. 🔊 [telɛskɔp].

**TÉLESCOPER**, verbe trans. [3]
Percuter violemment (qqch.), entrer en
collision avec. 🔊 [telɛskɔpe].

**TÉLESCOPIQUE, adj.**
Fait au moyen du télescope. – Dont les éléments coulissent les uns dans les autres : *Antenne* **télescopique**. 🕮 [telɛskɔpik].

**TÉLÉSCRIPTEUR, subst. m.**
Appareil permettant la transmission à distance de dépêches. 🕮 [teleskʀiptœʀ].

**TÉLÉSPECTATEUR, TRICE, subst.**
Personne qui regarde les programmes de la télévision. 🕮 [telespɛktatœʀ, -tʀis].

**TÉLÉVISEUR, subst. m.**
Récepteur de télévision. 🕮 [televizœʀ].

**TÉLÉVISION, subst. f.**
Transmission, par câble ou sur le réseau hertzien, d'images et de sons. – Organisme qui diffuse des émissions par cette voie. – Téléviseur (fam.). 🕮 [televizjɔ̃].

**TÉLEX, subst. m.**
Service télégraphique dont les abonnés peuvent se transmettre des documents dactylographiés. 🕮 [telɛks].

**TELLEMENT, adv.**
Beaucoup, très : *Elle est* **tellement** *intelligente*. – A un tel point, si : *Il va* **tellement** *vite qu'on ne le suit pas*. 🕮 [tɛlmɑ̃].

**TELLURIQUE, adj.**
Qui concerne la Terre. 🕮 [telyʀik].

**TÉMÉRAIRE, adj. et subst.**
Qui fait preuve de témérité. 🕮 [temeʀɛʀ].

**TÉMÉRITÉ, subst. f.**
Manière d'agir qui néglige le danger, hardiesse imprudente. 🕮 [temeʀite].

**TÉMOIGNAGE, subst. m.**
Action de témoigner ; le résultat de cette action. – Preuve, marque. 🕮 [temwaɲaʒ].

**TÉMOIGNER, verbe [3]**
Trans. Certifier, donner comme réel : *Il* **témoigne** *l'avoir vu*. – Marquer, manifester : **Témoigner** *sa peine*. – **Témoigner** *de* : être le signe de ; donner une preuve de. – Intrans. Révéler ce que l'on sait, le dire. – Déposer en justice, sous serment. 🕮 [temwaɲe].

**TÉMOIN, subst. m.**
Personne qui témoigne. – Œuvre ou artiste représentatif de son époque. – Empl. adj. Qui sert de référence, de repère : *Lampe* **témoin** ; *Buttes* **témoins**. 🕮 [temwɛ̃].

**TEMPE, subst. f.**
Région latérale de la tête. 🕮 [tɑ̃p].

**TEMPÉRAMENT, subst. m.**
Constitution physique ou morale d'une personne. 🕮 [tɑ̃peʀamɑ̃].

**TEMPÉRANCE, subst. f.**
Modération, retenue. – Sobriété, en partic. en ce qui concerne la boisson. 🕮 [tɑ̃peʀɑ̃s].

**TEMPÉRATURE, subst. f.**
Degré de chaleur d'un lieu, d'un corps ou de l'air ambiant. – Fièvre. 🕮 [tɑ̃peʀatyʀ].

**TEMPÉRÉ, ÉE, adj.**
Ni très froid ni très chaud. – Fig. Modéré. 🕮 [tɑ̃peʀe].

**TEMPÉRER, verbe trans. [8]**
Adoucir, atténuer (littér.). 🕮 [tɑ̃peʀe].

**TEMPÊTE, subst. f.**
Violente perturbation atmosphérique. – Fig. Violente manifestation. 🕮 [tɑ̃pɛt].

**TEMPÊTER, verbe intrans. [3]**
Manifester bruyamment sa colère, tonner. 🕮 [tɑ̃pete].

**TEMPLE, subst. m.**
Édifice consacré au culte d'un dieu. – Édifice consacré au culte protestant. 🕮 [tɑ̃pl].

**TEMPO, subst. m.**
*Mus.* Mouvement dans lequel une œuvre doit être jouée. – Rythme d'une action. 🕮 [tɛmpo].

**TEMPORAIRE, adj.**
Qui ne dure qu'un temps. 🕮 [tɑ̃pɔʀɛʀ].

**TEMPORAL, ALE, AUX, adj.**
Relatif à la tempe. 🕮 [tɑ̃pɔʀal].

**TEMPOREL, ELLE, adj.**
Relatif au temps. – Matériel, par oppos. à spirituel. 🕮 [tɑ̃pɔʀɛl].

**TEMPORISER, verbe intrans. [3]**
Différer une action, dans l'attente d'une occasion propice. 🕮 [tɑ̃pɔʀize].

**TEMPS, subst. m.**
Durée marquée par la succession des événements : *La fuite du* **temps**. – Durée considérée comme mesurable : *Ce travail me prend trop de* **temps**. – Délai suffisant, loisir : *Je n'ai pas le* **temps** *de finir*. – Époque : *Le* **temps** *des cathédrales*. – *La plupart du* **temps** : presque toujours. – Ensemble des conditions météorologiques : *Un* **temps** *beau et sec*. – Loc. adv. *À* **temps** : assez tôt. – *De tout* **temps** : toujours. – *Ling.* Série de formes verbales marquant le **temps** (présent, passé, futur). – *Hist. Les* **Temps** *modernes* : période comprise entre le Moyen Âge et la Révolution française. – *Mus.* Division de la mesure. 🕮 [tɑ̃].

**TENABLE, adj.**
Défendable : *Position* **tenable**. – Supportable : *Cet enfant n'est pas* **tenable**. 🕮 [tənabl].

**TENACE, adj.**
Qui adhère fortement. – Dont on ne peut se débarrasser. – Opiniâtre. 🕮 [tənas].

**TÉNACITÉ, subst. f.**
Caractère tenace. 🕮 [tenasite].

**TENAILLE, subst. f.**
Pince en croix servant à serrer. 🕮 Employé indifféremment au sing. et au plur. ; [tənaj].

**TENAILLER, verbe trans. [3]**
Faire souffrir, tourmenter. 🕮 [tənaje].

**TENANCIER, IÈRE, subst.**
Personne qui dirige un hôtel, un café, une maison de jeu, etc. 🕮 [tənɑ̃sje, -jɛʀ].

**TENANT, ANTE,** adj. et subst. m.
Adj. *Séance* **tenante** : immédiatement.
– Subst. Partisan. – *D'un seul* **tenant** :
d'une seule pièce. – *Les* **tenants** *et les
aboutissants d'une affaire* : tous les détails
qui s'y rapportent. 📖 [tənã, -ãt].

**TENDANCE,** subst. f.
Prédisposition, penchant. – Orientation,
évolution : *Tendance politique.* 📖 [tãdãs].

**TENDANCIEUX, IEUSE,** adj.
Qui manque d'objectivité. 📖 [tãdãsjø, -jøz].

**TENDEUR,** subst. m.
Courroie élastique munie de crochets servant à fixer qqch. à un support. 📖 [tãdœʀ].

**TENDINITE,** subst. f.
Inflammation d'un tendon. 📖 [tãdinit].

**TENDON,** subst. m.
Tissu conjonctif fibreux fixant les muscles
sur les os. 📖 [tãdõ].

**TENDRE (I),** verbe trans. [51]
Étirer, bander, rendre raide. – Présenter en
avançant : **Tendre** *la main.* – **Tendre** *à* :
avoir pour objectif ; évoluer vers. 📖 [tãdʀ].

**TENDRE (II),** adj.
Qui n'est pas dur ; peu résistant. – Doux,
délicat. – Affectueux. – Empl. subst. Personne douce et affectueuse. 📖 [tãdʀ].

**TENDRESSE,** subst. f.
Qualité de ce qui est tendre. – Sentiment
tendre d'affection ou d'amour. 📖 [tãdʀɛs].

**TENDRON,** subst. m.
Morceau de viande situé sous le thorax,
chez le bœuf et le veau. 📖 [tãdʀõ].

**TENDU, UE,** adj.
Étiré, bandé. – Appliqué, concentré : *Avoir
l'esprit* **tendu.** – Crispé, angoissé. – Empreint de tension, pesant. 📖 [tãdy].

**TÉNÈBRES,** subst. f. plur.
Obscurité profonde. – Fig. L'enfer, le mal.
📖 [tenɛbʀ].

**TÉNÉBREUX, EUSE,** adj.
Adj. Sombre, obscur. – Que l'on comprend
difficilement ; mystérieux. 📖 [tenebʀø, -øz].

**TENEUR,** subst. f.
Contenu précis d'un document. – Propor-
tion d'un corps entrant dans un mélange :
**Teneur** *en alcool.* 📖 [tənœʀ].

**TÉNIA,** subst. m.
Ver parasite de l'homme et de certains animaux, aussi appelé ver solitaire. 📖 [tenja].

**TENIR,** verbe [22]
Trans. dir. Avoir à la main. – Avoir en son
pouvoir : *On* **tient** *les coupables.* – Maintenir dans un état : **Tenir** *les genoux serrés.*
– Considérer : *Je vous* **tiens** *pour responsable.*
– Exécuter, respecter : **Tenir** *parole.* – Recevoir ou obtenir : *Je* **tiens** *ce talent de mon
père.* – Contenir. – Trans. indir. Adhérer
(à) : *Ce papier* **tient** *bien au mur.* – Être

attaché : *Je* **tiens** *à mes amis.* – Désirer,
vouloir : *Elle* **tient** *à vous revoir.* – Résulter :
*Son erreur* **tient** *à son ignorance.* – Avoir des
points communs avec : *Cela* **tient** *du
vaudeville !* – Intrans. Se maintenir (dans
une position) : **Tiens-toi** *droit !* – Pouvoir
être contenu : *Le sac* **tient** *dans la malle.*
– Être fixé, résister, durer. – Pronom. Avoir
lieu, se trouver. – Garder une position, une
attitude. – *S'en* **tenir** *à* : ne pas aller au-delà
de. 📖 [t(ə)niʀ].

**TENNIS,** subst.
Masc. Sport dans lequel 2 ou 4 joueurs
munis de raquettes s'échangent une balle
par-dessus un filet. – Fém. Chaussure
utilisée pour ce sport. 📖 [tenis].

**TÉNOR,** subst. m.
Voix d'homme élevée. – Chanteur qui a
cette voix. 📖 [tenɔʀ].

**TENSION,** subst. f.
Action de tendre ; résultat de cette action.
– Fig. Nervosité, crispation. – Désaccord.
– Concentration intellectuelle. – *Méd.*
Pression artérielle. 📖 [tãsjõ].

**TENTACULAIRE,** adj.
Relatif aux tentacules. – Fig. Qui s'étend
dans toutes les directions. 📖 [tãtakylɛʀ].

**TENTACULE,** subst. m.
Appendice mobile propre à certains animaux, servant à toucher, à prendre ou à
se déplacer. 📖 [tãtakyl].

**TENTATION,** subst. f.
Attrait pour qqch. de défendu. – Désir, envie de qqch. ; la chose désirée. 📖 [tãtasjõ].

**TENTATIVE,** subst. f.
Action d'essayer de faire qqch. – Résultat
de cette action. 📖 [tãtativ].

**TENTE,** subst. f.
Abri de toile, démontable et transportable.
📖 [tãt].

**TENTER,** verbe trans. [3]
Éveiller le désir, l'envie de (qqn). – Entreprendre (qqch.). – Essayer, oser. 📖 [tãte].

**TENTURE,** subst. f.
Tissu d'ameublement utilisé comme rideau
ou tendu sur les murs. 📖 [tãtyʀ].

**TÉNU, UE,** adj.
Très mince, très fin. – Léger, subtil : *Des
différences* **ténues.** 📖 [teny].

**TENUE,** subst. f.
Manière ou action de tenir, de se tenir ;
son résultat. – Habillement. – **Tenue** *de
route* : stabilité, pour une automobile.
📖 [təny].

**TER,** adv.
Pour la troisième fois. 📖 [tɛʀ].

**TERGIVERSER,** verbe intrans. [3]
Retarder le moment d'agir par des prétextes,
des échappatoires. 📖 [tɛʀʒivɛʀse].

**TERME (I)**, subst. m.
Fin d'un délai. – Achèvement d'une action, d'un état : *Le* **terme** *de la vie, la mort.* – *À court* **terme** : à brève échéance. – *À* **terme** : de façon certaine, après un délai plus ou moins long. 🖉 [tɛʀm].

**TERME (II)**, subst. m.
Mot : *Le* **terme** *exact* ; *En ces* **termes**, avec ces mots. – *Être en bons* **termes** *avec qqn* : avoir de bonnes relations avec lui. 🖉 [tɛʀm].

**TERMINAISON**, subst. f.
Partie finale d'un mot, accolée au radical. – Extrémité, fin. 🖉 [tɛʀminɛzɔ̃].

**TERMINAL (I), ALE, AUX**, adj.
Qui se termine ; qui marque la fin. – *Méd.* Qui précède la mort de peu. 🖉 [tɛʀminal].

**TERMINAL (II), AUX**, subst. m.
Point où aboutit une ligne de transport ou de communication. – *Informat.* Poste de travail périphérique, relié à un ordinateur central. 🖉 [tɛʀminal].

**TERMINER**, verbe trans. [3]
Mettre fin à, achever. – Constituer l'extrémité de (qqch.). 🖉 [tɛʀmine].

**TERMINOLOGIE**, subst. f.
Ensemble des termes propres à un domaine précis. 🖉 [tɛʀminɔlɔʒi].

**TERMINUS**, subst. m.
Dernière station d'une ligne de transports, arrivée. 🖉 [tɛʀminys].

**TERMITE**, subst. m.
Insecte social qui cause des dégâts en creusant des galeries dans le bois. 🖉 [tɛʀmit].

**TERMITIÈRE**, subst. f.
Nid de termites. 🖉 [tɛʀmitjɛʀ].

**TERNE**, adj.
Sans éclat, peu lumineux. – Inexpressif, sans caractère ; morne. 🖉 [tɛʀn].

**TERNIR**, verbe trans. [19]
Rendre terne, sans éclat. – Affaiblir, porter atteinte à : **Ternir** *une renommée.* 🖉 [tɛʀniʀ].

**TERRAIN**, subst. m.
Espace de terre déterminé et pouvant avoir un usage particulier : **Terrain** *de jeux.* – Sol, considéré dans sa nature, ses qualités : **Terrain** *argileux.* – Fig. Domaine, matière : *Le* **terrain** *politique* ; *Un* **terrain** *d'entente.* – *Méd.* Ensemble des facteurs qui favorisent l'apparition d'une maladie. 🖉 [tɛʀɛ̃].

**TERRASSE**, subst. f.
Esplanade en plein air devant un édifice. – Grand balcon. – Dans une pente, partie de terre mise à l'horizontale : *Culture en* **terrasses**. 🖉 [tɛʀas].

**TERRASSEMENT**, subst. m.
Action de creuser la terre, de la transporter et de remblayer. 🖉 [tɛʀasmɑ̃].

**TERRASSER**, verbe trans. [3]
Renverser, jeter de force à terre, en luttant. – Vaincre complètement. – Consterner, abattre. 🖉 [tɛʀase].

**TERRE**, subst. f.
Planète du système solaire, habitée par l'espèce humaine. – Partie émergée de la surface terrestre. – Sol. – Matière formant la couche superficielle du globe, où croissent les végétaux : *Motte de* **terre** ; **Terre** *à poterie.* – Étendue cultivable ; champ ; domaine rural (souv. au plur.). 🖉 [tɛʀ].

**TERREAU**, subst. m.
Mélange de terre et d'humus, favorable au développement des végétaux. 🖉 [tɛʀo].

**TERRE-PLEIN**, subst. m.
Légère levée de terre soutenue par un muret. – **Terre-plein** *central* : bande séparant deux voies d'une route. 🖉 Plur. *terre-pleins* ; [tɛʀplɛ̃].

**TERRER (SE)**, verbe pronom. [3]
Se cacher sous terre, en parlant d'un animal. – Se mettre à l'abri, pour fuir un danger. 🖉 [tɛʀe].

**TERRESTRE**, adj.
Relatif à la planète Terre. – Qui se fait sur le sol : *Liaison* **terrestre**. 🖉 [tɛʀɛstʀ].

**TERREUR**, subst. f.
Sensation de peur, d'épouvante. – Recours méthodique à la violence pour diriger : *Gouverner par la* **terreur**. 🖉 [tɛʀœʀ].

**TERREUX, EUSE**, adj.
Propre à la terre. – Maculé de terre. – *Teint* **terreux** : grisâtre, terne. 🖉 [tɛʀø, -øz].

**TERRIBLE**, adj.
Qui inspire la terreur. – Fig. Violent et excessif. 🖉 [tɛʀibl].

**TERRIEN, IENNE**, adj. et subst.
Adj. Qui possède des terres. – Subst. Habitant de la planète Terre. 🖉 [tɛʀjɛ̃, -jɛn].

**TERRIER**, subst. m.
Cavité creusée par certains animaux pour leur servir de gîte, de refuge. – Sorte de chien de chasse. 🖉 [tɛʀje].

**TERRIFIER**, verbe trans. [6]
Plonger (qqn) dans la terreur. 🖉 [tɛʀifje].

**TERRI(L)**, subst. m.
Amas de déchets miniers. 🖉 [tɛʀi(l)].

**TERRINE**, subst. f.
Plat de terre cuite, muni d'un couvercle. – Pâté réalisé dans ce plat. 🖉 [tɛʀin].

**TERRITOIRE**, subst. m.
Étendue de terre soumise à un État, à une juridiction particulière. – Zone où vit un animal. 🖉 [tɛʀitwaʀ].

**TERRITORIAL, ALE, AUX**, adj.
Relatif au territoire. 🖉 [tɛʀitɔʀjal].

**TERROIR**, subst. m.
Terre, considérée du point de vue de sa production agricole. – Fig. Région rurale, provinciale. 🖉 [tɛʀwaʀ].

**TERRORISER**, verbe trans. [3]
Frapper de terreur. – Soumettre à un régime de terreur. 🖉 [tɛʀɔʀize].

**TERRORISME, subst. m.**
Emploi systématique de la violence (attentats, prises d'otages, destructions), souv. à des fins politiques. 🐚 [terɔrism].

**TERRORISTE, adj. et subst.**
Subst. Personne qui pratique le terrorisme. – Adj. Relatif au terrorisme. 🐚 [terɔrist].

**TERTIAIRE, adj. et subst. m.**
Qui représente la troisième phase d'un processus, d'une évolution : *L'ère* **tertiaire** (ou *le* **tertiaire**), la troisième grande ère géologique ; *Le secteur* **tertiaire** (ou *le* **tertiaire**), qui concerne les activités de services. 🐚 [tersjer].

**TERTIO, adv.**
En troisième lieu. 🐚 [tersjo].

**TERTRE, subst. m.**
Monticule, éminence de terre. 🐚 [tertr].

**TES, voir TON**

**TESSITURE, subst. f.**
Registre des sons qu'une voix peut produire. 🐚 [tesityr].

**TESSON, subst. m.**
Débris de verre ou de poterie. 🐚 [tesõ].

**TEST, subst. m.**
Épreuve servant à déterminer les aptitudes de qqn ou de qqch. – *Méd.* Essai, expérience servant à juger un procédé, à établir un diagnostic. 🐚 [test].

**TESTAMENT, subst. m.**
Acte rédigé par lequel qqn dicte ses dernières volontés. 🐚 [testamã].

**TESTAMENTAIRE, adj.**
Relatif au testament. 🐚 [testamãter].

**TESTER, verbe trans. [3]**
Soumettre à des essais, à un test. 🐚 [teste].

**TESTICULE, subst. m.**
Glande génitale mâle, produisant les spermatozoïdes. 🐚 [testikyl].

**TÉTANISÉ, ÉE, adj.**
Raidi par le tétanos. – Fig. Figé, paralysé par une émotion. 🐚 [tetanize].

**TÉTANOS, subst. m.**
Maladie infectieuse souv. mortelle, caractérisée par des contractures musculaires douloureuses. 🐚 [tetanos].

**TÊTARD, subst. m.**
Larve aquatique des Batraciens. 🐚 [tetar].

**TÊTE, subst. f.**
Partie supérieure du corps de l'homme et extrémité du corps de nombreux animaux, comprenant le cerveau, la face, etc. – Fig. Esprit, intelligence. – Individu, personne. – Partie supérieure ou antérieure de qqch. : *La* **tête** *du train* ; *Une* **tête** *d'épingle*. – *En* **tête** : à la première place. 🐚 [tet].

**TÊTE-À-QUEUE, subst. m. inv.**
Mouvement de volte-face d'un véhicule, gén. dû à un dérapage. 🐚 [tetakø].

**TÊTE-À-TÊTE, subst. m. inv.**
Situation de deux personnes qui sont ensemble et isolées des autres. 🐚 [tetatet].

**TÊTE-BÊCHE, adv.**
Dans la position de deux personnes ou de deux objets placés côte à côte, mais en sens inverse. 🐚 [tetbeʃ].

**TÉTÉE, subst. f.**
Action de téter. – Quantité de lait absorbée en une fois par un nourrisson. 🐚 [tete].

**TÉTER, verbe trans. [8]**
Sucer (le sein de sa mère) pour se nourrir de lait. – Fig. Aspirer par succions. 🐚 [tete].

**TÉTINE, subst. f.**
Bout de la mamelle. – Embout de caoutchouc, percé, d'un biberon. 🐚 [tetin].

**TÉTRAÈDRE, subst. m.**
Volume à quatre faces. – Pyramide à base triangulaire. 🐚 [tetraedr].

**TÉTRALOGIE, subst. f.**
Ensemble de quatre œuvres (tableaux, livres, pièces...) formant une unité. 🐚 [tetralɔʒi].

**TÉTRAPLÉGIE, subst. f.**
Paralysie des quatre membres. 🐚 [tetrapleʒi].

**TÉTRAPODE, adj. et subst. m.**
Se dit d'un animal doté de deux paires de membres, apparents ou atrophiés. – Subst. plur. Le groupe correspondant. 🐚 [tetrapɔd].

**TÊTU, UE, adj. et subst.**
Obstiné, buté. 🐚 [tety].

**TEXTE, subst. m.**
Ensemble de mots et de phrases constituant un écrit, une œuvre ; cet écrit, cette œuvre. – Œuvre ou extrait d'œuvre littéraire. – Teneur exacte d'une loi, d'un acte, etc., par oppos. aux commentaires. – *Dans le texte* : dans la langue d'origine. 🐚 [tekst].

**TEXTILE, adj. et subst. m.**
Adj. Relatif à la fabrication des tissus ; qui peut être tissé. – Subst. Matière que l'on peut tisser ; tissu. 🐚 [tekstil].

**TEXTUEL, ELLE, adj.**
Exactement conforme au texte. 🐚 [tekstɥel].

**TEXTURE, subst. f.**
Mode d'entrecroisement des fils d'un tissu. – *Anat.* **Texture** *d'un muscle*. – Constitution, agencement des parties d'un matériau solide. – Fig. Structure, agencement des parties d'un ouvrage : *La* **texture** *d'une symphonie, d'un drame*. 🐚 [tekstyr].

**T.G.V., subst. m.**
Sigle signifiant « train à grande vitesse ». 🐚 [teʒeve].

**THALASSOTHÉRAPIE, subst. f.**
Thérapie par l'eau de mer et le climat marin. 🐚 [talasoterapi].

**THÉ, subst. m.**
Arbrisseau d'Extrême-Orient dont on utilise les feuilles en infusion. – Ces feuilles ;
cette infusion. – Réception d'après-midi.
🕮 [te].

**THÉÂTRAL, ALE, AUX, adj.**
Relatif au théâtre. – Fig. Exagéré, artificiel.
🕮 [teatʀal].

**THÉÂTRE, subst. m.**
Édifice où l'on donne des spectacles. – Le
spectacle lui-même. – Genre littéraire
recouvrant les œuvres destinées à être
jouées en public. – Ensemble des œuvres
théâtrales d'un pays, d'un auteur : Le
théâtre italien. – Fig. Lieu où se déroule
un événement : Le théâtre des opérations.
🕮 [teatʀ].

**THÉIÈRE, subst. f.**
Récipient à anse et à bec verseur où le thé
infuse avant d'être servi. 🕮 [tejɛʀ].

**THÉMATIQUE, adj. et subst. f.**
Adj. Relatif à un thème. – Subst. Ensemble
structuré de thèmes. 🕮 [tematik].

**THÈME, subst. m.**
Sujet, matière, concept d'une œuvre, d'un
exposé. – Traduction d'un texte de sa
langue dans une autre langue. 🕮 [tɛm].

**THÉOLOGIE, subst. f.**
Étude qui porte sur Dieu et sur les choses
divines. 🕮 [teɔlɔʒi].

**THÉORÈME, subst. m.**
Proposition scientifique qu'une démonstration rend évidente. 🕮 [teɔʀɛm].

**THÉORIE, subst. f.**
Ensemble d'idées, de concepts sur un sujet
particulier. – Connaissance abstraite, spé-
culative (contr. pratique). – Construction
intellectuelle expliquant un ordre de phénomènes : Théorie de la gravitation.
🕮 [teɔʀi].

**THÉORIQUE, adj.**
Relatif à une théorie. – Envisagé abstraite-
ment ; hypothétique. 🕮 [teɔʀik].

**THÉRAPEUTIQUE, adj. et subst. f.**
Subst. Partie de la médecine qui s'occupe
de traiter les maladies. – Manière de traiter
une maladie ; traitement. – Adj. Relatif au
traitement des maladies. 🕮 [teʀapøtik].

**THÉRAPIE, subst. f.**
Méd. Traitement, cure, soin. 🕮 [teʀapi].

**THERMAL, ALE, AUX, adj.**
Relatif aux eaux minérales chaudes ou aux
eaux possédant des vertus médicinales :
Cure thermale. 🕮 [tɛʀmal].

**THERMIDOR, subst. m.**
Onzième mois du calendrier républicain,
allant du 19-20 juillet au 17-18 août.
🕮 [tɛʀmidɔʀ].

**THERMIQUE, adj.**
Relatif à la chaleur. – Centrale thermique :
qui produit de l'électricité à partir de gaz,
de charbon ou de pétrole. 🕮 [tɛʀmik].

**THERMOMÈTRE, subst. m.**
Instrument qui permet de mesurer la
température. 🕮 [tɛʀmɔmɛtʀ].

**THERMOS, subst. m. ou f.**
Bouteille isolante qui permet de conserver
un liquide à la même température pendant
plusieurs heures. 🕮 N. déposé ; [tɛʀmos].

**THERMOSTAT, subst. m.**
Dispositif de régulation automatique de la
température. 🕮 [tɛʀmɔsta].

**THÉSAURISER, verbe [3]**
Littér. Intrans. Économiser, mettre de l'ar-
gent de côté sans le faire fructifier. – Trans.
Amasser sans utiliser. 🕮 [tezɔʀize].

**THÈSE, subst. f.**
Proposition que l'on énonce et que l'on
peut défendre. – Mémoire universitaire,
soutenu devant un jury pour l'obtention
du grade de docteur. 🕮 [tez].

**THON, subst. m.**
Grand poisson marin migrateur. – La chair
savoureuse de ce poisson. 🕮 [tɔ̃].

**THORACIQUE, adj.**
Relatif au thorax. 🕮 [tɔʀasik].

**THORAX, subst. m.**
Anat. Partie supérieure du tronc, limitée par
les côtes et le diaphragme. 🕮 [tɔʀaks].

**THURIFÉRAIRE, subst. m.**
Flatteur, adulateur (littér.). 🕮 [tyʀifeʀɛʀ].

**THUYA, subst. m.**
Grand conifère ornemental, qui ressemble
au cyprès. 🕮 [tyja].

**THYM, subst. m.**
Petite plante des régions méditerranéennes,
employée comme aromate. 🕮 [tɛ̃].

**THYMUS, subst. m.**
Glande, située à la base du cou, qui n'existe
que chez l'enfant et les jeunes animaux.
🕮 [timys].

**THYROÏDE, adj. et subst. f.**
Se dit d'une glande située au niveau du
larynx, qui agit sur la croissance et sur le
métabolisme général. 🕮 [tiʀɔid].

**TIARE, subst. f.**
Coiffure des rois, dans l'Orient ancien.
– Haute coiffure à trois couronnes que
portaient les papes ; dignité papale. 🕮 [tjaʀ].

**TIBIA, subst. m.**
Os de la jambe, parallèle au péroné, qui
va du genou à la cheville. 🕮 [tibja].

**TIC, subst. m.**
Contraction convulsive involontaire de
certains muscles, surtout de ceux de la face.
– Manie, habitude. 🕮 [tik].

**TICKET**, subst. m.
Billet attestant l'acquittement d'un droit d'entrée, de transport, etc. 📢 [tikɛ].

**TIÈDE**, adj.
Dont la température est modérée, entre le chaud et le froid. – Fig. Sans conviction, timoré. 📢 [tjɛd].

**TIÉDEUR**, subst. f.
État d'une chose tiède. – Fig. Manque de ferveur, d'ardeur. 📢 [tjedœʀ].

**TIÉDIR**, verbe [19]
Rendre ou devenir tiède. 📢 [tjediʀ].

**TIEN, TIENNE**, pron. poss. et adj. poss.
Adj. À toi : *Ce livre est* tien. – Pron. Ce qui est à toi : *Mon livre et le* tien. – Empl. subst. *Les* tiens : tes proches. – *Mets-y du* tien : fais des efforts. 📢 [tjɛ̃, tjɛn].

**TIERCE**, subst. f.
*Jeux.* Suite de trois cartes de même couleur. – *Mus.* Intervalle de trois degrés. 📢 [tjɛʀs].

**TIERCÉ**, subst. m.
Pari où l'on doit désigner les trois premiers chevaux d'une course. 📢 [tjɛʀse].

**TIERS, TIERCE**, adj. et subst. m.
Adj. Qui vient en troisième. – Subst. Troisième personne. – Personne étrangère à un groupe, à une affaire. – Chaque partie d'un tout divisé en trois parts égales. 📢 [tjɛʀ, tjɛʀs].

**TIERS-MONDE**, subst. m.
Ensemble des pays en voie de développement. 📢 Plur. *tiers-mondes* ; [tjɛʀmɔ̃d].

**TIGE**, subst. f.
Partie allongée d'une plante supportant les feuilles, les fleurs et les bourgeons. – Partie allongée de certains objets. 📢 [tiʒ].

**TIGNASSE**, subst. f.
Chevelure touffue et mal peignée (fam.). 📢 [tiɲas].

**TIGRE, TIGRESSE**, subst.
Félin carnassier d'Asie, très puissant, au pelage orangé rayé de noir. 📢 [tigʀ, tigʀɛs].

**TIGRÉ, ÉE**, adj.
Rayé comme le pelage du tigre. 📢 [tigʀe].

**TILDE**, subst. m.
En espagnol, signe (~) qui, placé sur un *n*, le fait prononcer [ɲ]. – En phonétique, signale une prononciation nasale. 📢 [tild(e)].

**TILLEUL**, subst. m.
Arbre dont les fleurs jaunes odorantes sont utilisées pour préparer une tisane sédative. – Cette tisane. 📢 [tijœl].

**TIMBALE**, subst. f.
Gobelet de métal ; son contenu. – *Cuis.* Moule en métal ; le mets cuit dans ce moule. – *Mus.* Instrument à percussion. 📢 [tɛ̃bal].

**TIMBRE**, subst. m.
Qualité d'un son. – Vignette constatant le paiement d'une taxe : Timbre-*poste*, pour affranchir une lettre. 📢 [tɛ̃bʀ].

**TIMBRÉ, ÉE**, adj.
Qui porte un timbre. – Qui a tel timbre (en parlant d'un son). – Un peu fou (fam.). 📢 [tɛ̃bʀe].

**TIMIDE**, adj. et subst.
Qui fait preuve de timidité. 📢 [timid].

**TIMIDITÉ**, subst. f.
Manque d'aisance, d'assurance avec autrui, d'audace. 📢 [timidite].

**TIMON**, subst. m.
Pièce de bois d'une voiture, d'une charrue, à laquelle on attelle les animaux de trait. – *Mar.* Barre du gouvernail. 📢 [timɔ̃].

**TIMONIER**, subst. m.
*Mar.* Homme chargé des signaux et de la veille à la passerelle. – Homme qui tient la barre. 📢 [timɔnje].

**TIMORÉ, ÉE**, adj. et subst.
Qui redoute les responsabilités, craintif, timide. 📢 [timɔʀe].

**TINTAMARRE**, subst. m.
Grand bruit accompagné de confusion et de désordre. 📢 [tɛ̃tamaʀ].

**TINTEMENT**, subst. m.
Son clair que produit une cloche. – Son léger et clair. 📢 [tɛ̃tmɑ̃].

**TINTER**, verbe intrans. [3]
Sonner lentement, en parlant d'une cloche. – Produire des sons clairs, aigus. 📢 [tɛ̃te].

**TINTOUIN**, subst. m.
*Fam.* Tintamarre. – Tracas. 📢 [tɛ̃twɛ̃].

**TIQUE**, subst. f.
Acarien, parasite des Mammifères (chiens, bœufs, etc.), dont il suce le sang. 📢 [tik].

**TIR**, subst. m.
Action, manière de lancer un projectile à l'aide d'une arme ; résultat de cette action. – *Sp.* Action de lancer un ballon, une boule vers son but. 📢 [tiʀ].

**TIRADE**, subst. f.
Long développement ininterrompu sur un sujet. – *Théâtre.* Long passage qu'un acteur dit d'une traite. 📢 [tiʀad].

**TIRAGE**, subst. m.
Prélèvement au hasard : Tirage *du loto*. – Mouvement ascendant de la fumée dans un conduit. – Action de reproduire, d'imprimer ; ensemble des exemplaires tirés en une seule fois. – Réalisation d'une épreuve photographique ; cette épreuve. 📢 [tiʀaʒ].

**TIRAILLEMENT**, subst. m.
Action de tirailler. – Sensation interne de contractions pénibles : **Tiraillements** *d'estomac*. – Conflit, opposition : **Tiraillements** *entre deux voisins*. 📢 [tiʀajmɑ̃].

**TIRAILLER**, verbe [3]
Trans. Tirer par petits coups, dans tous les sens, avec insistance. – Fig. Solliciter dans des directions diverses, contradictoires. – Intrans. Tirer souvent un petit nombre de coups, avec une arme à feu. 🕮 [tiʀaje].

**TIRE-BOUCHON**, subst. m.
Ustensile servant à déboucher les bouteilles. – *En* tire-bouchon : en spirale. 🕮 Plur. *tire-bouchons* ; [tiʀbuʃɔ̃].

**TIRE-D'AILE (À)**, loc. adv.
En battant des ailes avec vigueur, pour un oiseau qui fuit. – Fig. Le plus vite possible. 🕮 [atiʀdɛl].

**TIRELIRE**, subst. f.
Boîte, objet creux qui comporte une fente par laquelle on glisse l'argent que l'on veut économiser. 🕮 [tiʀliʀ].

**TIRER**, verbe [3]
Intrans. Exercer une traction. – Tendre (vers). – *Une cheminée qui* tire *mal* : qui a peu de tirage. – Faire usage d'une arme : **Tirer** *au canon.* – Trans. Exercer une force sur (qqch.) pour l'allonger, l'agrandir. – Attirer vers soi, tracter. – Prendre au hasard : **Tirer** *une carte.* – Extraire : **Tirer** *de l'eau.* – Déduire : **Tirer** *des conclusions.* – Tracer. – Imprimer ; faire le tirage de : **Tirer** *une photo.* – Lancer (un projectile) avec une arme. S'enfuir (fam.). – *S'en* tirer : se sortir d'une situation difficile. 🕮 [tiʀe].

**TIRET**, subst. m.
Petit trait horizontal de séparation, dans un texte. 🕮 [tiʀɛ].

**TIREUR, EUSE**, subst.
Personne qui tire, qui manie une arme à feu. – Personne qui lance une boule, un ballon. 🕮 [tiʀœʀ, -øz].

**TIROIR**, subst. m.
Compartiment coulissant d'un meuble, ouvert sur le dessus, servant de rangement. 🕮 [tiʀwaʀ].

**TISANE**, subst. f.
Boisson de plantes infusées. 🕮 [tizan].

**TISON**, subst. m.
Reste d'un morceau de bois déjà brûlé mais encore incandescent. 🕮 [tizɔ̃].

**TISONNIER**, subst. m.
Tige de fer servant à attiser le feu, en remuant les tisons. 🕮 [tizɔnje].

**TISSAGE**, subst. m.
Action de tisser. – Son résultat. 🕮 [tisaʒ].

**TISSER**, verbe trans. [3]
Nouer et entrelacer (des fils, des fibres textiles) pour obtenir un tissu, un tapis. – Fig. Élaborer, tramer. 🕮 [tise].

**TISSERAND, ANDE**, subst.
Artisan ou ouvrier qui tisse. 🕮 [tisʀɑ̃, -ɑ̃d].

**TISSU**, subst. m.
Matière composée de fils textiles entrelacés. – Ensemble d'éléments divers constituant un tout : **Tissu** *social.* – Enchevêtrement : *Un* **tissu** *de mensonges.* – Biol. Ensemble de cellules de même structure et de mêmes fonctions : **Tissu** *musculaire.* 🕮 [tisy].

**TITANE**, subst. m.
Métal blanc utilisé comme alliage dans des matériaux très résistants. 🕮 [titan].

**TITANESQUE**, adj.
Extraordinaire, gigantesque. 🕮 [titanɛsk].

**TITILLER**, verbe trans. [3]
Chatouiller délicatement. – Fig. Agacer pour provoquer ; tracasser (fam.). 🕮 [titije].

**TITRE**, subst. m.
Nom donné à une œuvre. – Dignité, qualification honorifiques. – Acte authentique établissant un droit, une qualité. – *Chim.* **Titre** *en alcool d'une solution* : proportion d'alcool. – Loc. prép. *À* **titre** *de* : en tant que. – Loc. adj. *En* **titre** : en qualité de titulaire. – *À juste* **titre** : avec raison. 🕮 [titʀ].

**TITRER**, verbe trans. [3]
Donner un titre à, intituler. – *Chim.* Déterminer la proportion de. 🕮 [titʀe].

**TITUBER**, verbe intrans. [3]
Vaciller, chanceler. 🕮 [titybe].

**TITULAIRE**, adj. et subst.
Se dit du détenteur officiel d'un titre, d'une fonction, d'un grade ou d'un droit particuliers. 🕮 [titylɛʀ].

**TITULARISER**, verbe trans. [3]
Rendre titulaire d'un poste, d'une fonction : **Titulariser** *un instituteur.* 🕮 [titylaʀize].

**T.N.T.**, subst. m. inv.
Sigle pour « trinitrotoluène », explosif très puissant. 🕮 [teɛnte].

**TOAST**, subst. m.
Tranche de pain grillée. – *Porter un* **toast** : boire à la santé de qqn, à un succès. 🕮 [tost].

**TOBOGGAN**, subst. m.
Piste glissante en pente, utilisée comme jeu. – Viaduc routier provisoire. 🕮 [tɔbɔgɑ̃].

**TOC**, subst. m.
Imitation sans valeur de qqch. de précieux (fam.) : *Un bijou en* **toc**. 🕮 [tɔk].

**TOCADE**, voir **TOQUADE**

**TOCSIN**, subst. m.
Signal d'alarme donné en sonnant une cloche. – La cloche elle-même. 🕮 [tɔksɛ̃].

**TOGE**, subst. f.
*Antiq.* Vêtement des Romains. – Robe ample ou costume d'apparat de certaines professions : **Toge** *d'avocat.* 🕮 [tɔʒ].

**TOHU-BOHU**, subst. m. inv.
Confusion, tintamarre (fam.). 🕮 [tɔybɔy].

**TOI**, pron. pers.
Forme de la 2ᵉ personne du singulier, qui permet à celui qui parle de s'adresser à qqn : *C'est à* **toi** ; *À* **toi** *de jouer.* 📖 [twa].

**TOILE**, subst. f.
Tissu de la texture la plus simple, souv. très solide. – Pièce de **toile** servant de support à une peinture ; cette peinture. – **Toile** *d'araignée* : réseau de fils tissés par une araignée. – Fig. **Toile** *de fond* : arrière-plan ; contexte. 📖 [twal].

**TOILETTE**, subst. f.
Action de se laver, de se coiffer, de se raser : *Faire sa* **toilette.** – Vêtement d'une femme. – Plur. Les cabinets, les W.-C. 📖 [twalɛt].

**TOILETTER**, verbe trans. [3]
Faire la toilette de (un animal) : **Toiletter** *un caniche.* – Fig. Retoucher légèrement : **Toiletter** *un texte.* 📖 [twalete].

**TOISE**, subst. f.
Tige graduée servant à mesurer la taille des personnes. 📖 [twaz].

**TOISER**, verbe trans. [3]
Regarder avec mépris, avec dédain, ou avec défi. 📖 [twaze].

**TOISON**, subst. f.
Pelage frisé des ovins. – Chevelure très abondante. 📖 [twazɔ̃].

**TOIT**, subst. m.
Couverture d'un bâtiment ou d'un véhicule. – Maison : *Être sans* **toit.** 📖 [twa].

**TOITURE**, subst. f.
Ensemble des toits d'un édifice. 📖 [twatyʀ].

**TÔLE**, subst. f.
Mince plaque métallique. 📖 [tol].

**TOLÉRANCE**, subst. f.
Respect des croyances et opinions d'autrui. – Indulgence, modération. – *Méd.* Propriété, capacité d'un organisme, à bien supporter une substance donnée. 📖 [toleʀɑ̃s].

**TOLÉRER**, verbe trans. [8]
Ne pas empêcher, accepter sans autoriser formellement). – *Méd.* Supporter (un traitement). 📖 [toleʀe].

**TOLLÉ**, subst. m.
Clameur collective d'indignation, de protestation. 📖 [tɔ(l)le].

**TOMATE**, subst. f.
Plante potagère que l'on cultive pour ses fruits rouges et charnus. – Fruit de cette plante. 📖 [tɔmat].

**TOMBE**, subst. f.
Lieu, fosse où l'on ensevelit un mort. – Dalle qui recouvre cette fosse. 📖 [tɔ̃b].

**TOMBEAU**, subst. m.
Monument élevé sur une tombe. – *À* **tombeau** *ouvert* : à toute vitesse. 📖 [tɔ̃bo].

**TOMBÉE**, subst. f.
*La* **tombée** *du jour, de la nuit* : le crépuscule. – Chute : **Tombée** *de neige.* 📖 [tɔ̃be].

**TOMBER**, verbe intrans. [3]
Être entraîné de haut en bas, faire une chute. – Se détacher de son support : *Le fruit mûr* **est tombé** *de l'arbre.* – Descendre vers le sol, pour la pluie, la neige, etc. – Pendre : *Sa chevelure* **tombe** *sur ses épaules.* – Cesser, perdre sa force : *Le vent* **tombe.** – Perdre le pouvoir : *Le gouvernement* **est tombé.** – **Tomber** *malade* : le devenir. – Mourir au combat. – Avoir lieu, survenir : *Sa fête* **tombe** *un lundi.* – Fig. **Tomber** *sur qqn* : se jeter sur lui ou le rencontrer à l'improviste. – *Laisser* **tomber** : délaisser (fam.). 📖 [tɔ̃be].

**TOMBEREAU**, subst. m.
Voiture dont l'arrière bascule pour décharger son contenu. – Ce contenu. 📖 [tɔ̃bʀo].

**TOMBOLA**, subst. f.
Loterie où les gagnants reçoivent des lots en nature. 📖 [tɔ̃bɔla].

**TOME**, subst. m.
Division d'un ouvrage, qui correspond le plus souv. à un volume. 📖 [tɔm].

**TOMME**, subst. f.
Fromage de Savoie. 📖 [tɔm].

**TOM(M)ETTE**, subst. f.
Petite brique plate, hexagonale et rouge, destinée à carreler des sols. 📖 [tɔmɛt].

**TON (I)**, subst. m.
Hauteur d'un son : **Ton** *grave.* – Inflexion de la voix ; timbre : **Ton** *agressif.* – Manière, style. – Couleur : **Tons** *chauds.* – *De bon* **ton** : selon les convenances. – Fig. *Donner le* **ton** : lancer une mode. 📖 [tɔ̃].

**TON (II), TA, TES**, adj. poss.
De toi. 📖 [tɔ̃, ta], plur. [te].

**TONALITÉ**, subst. f.
Son continu que l'on entend en décrochant le téléphone. – *Mus.* Propriété caractéristique d'un ton : **Tonalité** *mineure.* – Couleur dominante d'un tableau. 📖 [tɔnalite].

**TONDEUSE**, subst. f.
Appareil servant à tondre. 📖 [tɔ̃døz].

**TONDRE**, verbe trans. [51]
Couper à ras (des cheveux, une toison, de l'herbe) : **Tondre** *sa pelouse.* 📖 [tɔ̃dʀ].

**TONIFIER**, verbe trans. [6]
Revigorer, vivifier. 📖 [tɔnifje].

**TONIQUE**, adj. et subst. m.
Adj. Qui a de l'énergie. – Qui accroît les forces vitales, revigore, stimule. – Subst. Remède ou lotion qui tonifie. 📖 [tɔnik].

**TONITRUANT, ANTE**, adj.
Qui fait un bruit énorme. 📖 [tɔnitʀyɑ̃, -ɑ̃t].

**TONNAGE**, subst. m.
Capacité d'un navire exprimée en tonneaux : *Bâtiment d'un fort* **tonnage.** 📖 [tɔnaʒ].

**TONNE**, subst. f.
Unité de masse (t) valant 1 000 kg. – Vaste tonneau. 📖 [tɔn].

**TONNEAU, subst. m.**
Grand récipient ventru fait de pièces de bois : *Un* **tonneau** *de cidre.* – Accident d'une voiture qui se retourne. – *Mar.* Unité de jauge d'un navire (2,83 m³). 🔊 [tono].

**TONNELIER, subst. m.**
Artisan qui fabrique ou répare les tonneaux. 🔊 [tɔn(ə)lje].

**TONNELLE, subst. f.**
Voûte de treillage recouverte de verdure : *Déjeuner sous une* **tonnelle.** 🔊 [tɔnɛl].

**TONNER, verbe** [3]
Impers. Gronder, en parlant du tonnerre. – Intrans. Produire un bruit semblable au tonnerre. – Fig. Fulminer. 🔊 [tɔne].

**TONNERRE, subst. m.**
Bruit de la foudre. – La foudre elle-même (littér.). – Grondement. – *Du* **tonnerre** : formidable (fam.). 🔊 [tɔnɛʀ].

**TONSURE, subst. f.**
Petit cercle rasé au sommet du crâne des ecclésiastiques. – Calvitie. 🔊 [tɔ̃syʀ].

**TONTE, subst. f.**
Action de tondre. – Laine récupérée de la **tonte** des moutons. 🔊 [tɔ̃t].

**TONUS, subst. m.**
Vitalité, dynamisme. 🔊 [tɔnys].

**TOPAZE, subst. f.**
Pierre semi-précieuse, gén. jaune. 🔊 [tɔpaz].

**TOPINAMBOUR, subst. m.**
Plante cultivée pour ses tubercules comestibles. – Ce tubercule. 🔊 [tɔpinãbuʀ].

**TOPO, subst. m.**
Fam. Résumé sommaire d'une situation. – Discours, exposé. 🔊 [tɔpo].

**TOPOGRAPHIE, subst. f.**
Technique permettant d'établir la cartographie d'un lieu, de son relief. – Configuration d'un lieu. 🔊 [tɔpɔgʀafi].

**TOPONYME, subst. m.**
Nom de lieu. 🔊 [tɔpɔnim].

**TOQUADE, subst. f.**
Engouement subit et éphémère. 🔊 [tɔkad].

**TOQUE, subst. f.**
Coiffure cylindrique sans bords. 🔊 [tɔk].

**TOQUÉ, ÉE, adj. et subst.**
Qui a l'esprit dérangé (fam.). 🔊 [tɔke].

**TOQUER, verbe intrans.** [3]
Frapper à petits coups. 🔊 [tɔke].

**TOQUER (SE), verbe pronom.** (3)
S'enticher (de). 🔊 [tɔke].

**TORCHE, subst. f.**
Flambeau de bois résineux. – Lampe de poche cylindrique. 🔊 [tɔʀʃ].

**TORCHÈRE, subst. f.**
Grand candélabre. – Haute cheminée de brûlage, dans une raffinerie. 🔊 [tɔʀʃɛʀ].

**TORCHIS, subst. m.**
Mélange de terre et de paille hachée, utilisé comme mortier. 🔊 [tɔʀʃi].

**TORCHON, subst. m.**
Pièce de tissu servant à essuyer la vaisselle. – Fam. Texte peu soigné et mal présenté ; journal peu estimable. 🔊 [tɔʀʃɔ̃].

**TORDANT, ANTE, adj.**
Comique, désopilant (fam.). 🔊 [tɔʀdã, -ãt].

**TORDRE, verbe trans.** [51]
Enrouler (une chose) sur elle-même en serrant : **Tordre** *du linge.* – Faire tourner avec violence : **Tordre** *un bras.* – Pronom. *Se* **tordre** *de douleur.* 🔊 [tɔʀdʀ].

**TORDU, UE, adj.**
Qui a subi une torsion, une déformation ; qui n'est pas droit. – *Avoir l'esprit* **tordu** : tortueux, compliqué. 🔊 [tɔʀdy].

**TORERO, subst. m.**
Homme qui combat les taureaux. 🔊 [tɔʀeʀo].

**TORNADE, subst. f.**
Tourbillon de vent très violent. 🔊 [tɔʀnad].

**TORPEUR, subst. f.**
Léthargie, état d'engourdissement physique et psychique. 🔊 [tɔʀpœʀ].

**TORPILLE, subst. f.**
Poisson voisin de la raie produisant des décharges électriques. – Engin autopropulsé sous-marin, chargé d'explosif. 🔊 [tɔʀpij].

**TORPILLER, verbe trans.** [3]
Détruire à l'aide de torpilles. – Fig. Faire échouer (un projet). 🔊 [tɔʀpije].

**TORRÉFIER, verbe trans.** [6]
Griller (des grains, des feuilles) pour révéler un arôme : **Torréfier** *du café.* 🔊 [tɔʀefje].

**TORRENT, subst. m.**
Cours d'eau rapide et impétueux. – Fig. Écoulement abondant, flot : *Des* **torrents** *de larmes.* 🔊 [tɔʀã].

**TORRENTIEL, IELLE, adj.**
Relatif au torrent. – Qui a l'impétuosité du torrent. 🔊 [tɔʀãsjɛl].

**TORRIDE, adj.**
Extrêmement chaud : *Été* **torride.** 🔊 [tɔʀid].

**TORSADE, subst. f.**
Assemblage d'éléments tordus en spirale. 🔊 [tɔʀsad].

**TORSADER, verbe trans.** [3]
Tordre, rouler en torsade. 🔊 [tɔʀsade].

**TORSE, subst. m.**
Buste, poitrine d'un être humain. 🔊 [tɔʀs].

**TORSION, subst. f.**
Action de tordre. – La déformation ainsi obtenue. 🔊 [tɔʀsjɔ̃].

**TORT, subst. m.**
Ce qui est contraire à la justice, au droit, à la raison ; faute. – Dommage, préjudice. – *Avoir* **tort** : se tromper. – *Donner* **tort**

*à qqn* : le désapprouver. – Loc. adv. *À tort* : injustement. – *À tort et à travers* : sans discernement. 📻 [tɔʀ].

**TORTICOLIS, subst. m.**
Contraction douloureuse de la région du cou. 📻 [tɔʀtikɔli].

**TORTILLER, verbe [3]**
Trans. Tordre à plusieurs tours. – Intrans. Marcher en ondulant (fam.). – Pronom. Se trémousser. 📻 [tɔʀtije].

**TORTIONNAIRE, subst.**
Bourreau, personne qui inflige une torture. 📻 [tɔʀsjɔnɛʀ].

**TORTUE, subst. f.**
Reptile à carapace dorsale, dont certaines espèces vivent sur terre et d'autres dans l'eau (douce ou salée). 📻 [tɔʀty].

**TORTUEUX, EUSE, adj.**
Qui fait des détours, sinueux. – Fig. Qui manque de franchise. 📻 [tɔʀtɥø, -øz].

**TORTURE, subst. f.**
Violence physique que l'on inflige à qqn. – Souffrance morale extrême. 📻 [tɔʀtyʀ].

**TORTURER, verbe trans. [3]**
Faire subir une torture à. – Tourmenter, faire souffrir. 📻 [tɔʀtyʀe].

**TORVE, adj.**
Œil torve : au regard oblique et menaçant. 📻 [tɔʀv].

**TÔT, adv.**
Rapidement. – En avance, de façon précoce : *La neige arrive tôt cette année.* – De bonne heure. – *Au plus tôt* : le plus rapidement possible ; pas avant. – *Tôt ou tard* : un jour ou l'autre. 📻 [to].

**TOTAL, ALE, AUX, adj. et subst. m.**
Adj. Qui est complet, entier. – Subst. Résultat d'une addition. – *Au total* : en tout. 📻 [tɔtal].

**TOTALISER, verbe trans. [3]**
Additionner, faire la somme de. – Compter en tout. 📻 [tɔtalize].

**TOTALITAIRE, adj.**
Se dit d'un régime politique qui ne tolère aucune opposition, qui pratique le totalitarisme. 📻 [tɔtalitɛʀ].

**TOTALITÉ, subst. f.**
L'ensemble, considéré comme l'addition de toutes ses parties. – Le total. 📻 [tɔtalite].

**TOTEM, subst. m.**
Animal ou végétal considéré comme ancêtre mythique d'un clan, chez certains peuples. – Effigie, représentation de ce végétal ou de cet animal. 📻 [tɔtɛm].

**TOUCAN, subst. m.**
Oiseau d'Amérique tropicale très coloré, à gros bec. 📻 [tukɑ̃].

**TOUCHANT, ANTE, adj.**
Qui attendrit, qui émeut. 📻 [tuʃɑ̃, -ɑ̃t].

**TOUCHE, subst. f.**
*Escrime.* Coup qui atteint, qui touche l'adversaire. – Fait, pour le poisson, de mordre à l'hameçon. – Manière d'appliquer les couleurs sur une toile ; résultat d'un coup de pinceau. – Détail caractéristique dans un ensemble : *Une touche d'exotisme.* – Petit levier constituant, avec d'autres, le clavier d'un instrument, d'une machine. 📻 [tuʃ].

**TOUCHE-À-TOUT, subst. inv.**
Personne qui a de multiples activités, sans s'y intéresser sérieusement. 📻 [tuʃatu].

**TOUCHER (I), verbe trans. [3]**
Trans. dir. Palper avec les doigts. – Être ou entrer en contact avec. – Atteindre par un projectile. – Gagner, encaisser (de l'argent). – Concerner. – Émouvoir. – Trans. indir. Porter la main (sur) : *Toucher à tout.* – Consommer : *Toucher à sa nourriture.* – Aborder : *Toucher au port, à un sujet délicat.* 📻 [tuʃe].

**TOUCHER (II), subst. m.**
Celui des cinq sens qui permet de percevoir par la palpation ou le contact. – Action ou manière de toucher. 📻 [tuʃe].

**TOUFFE, subst. f.**
Ensemble d'éléments filiformes et naturellement serrés : *Touffe de poils.* 📻 [tuf].

**TOUFFU, UE, adj.**
Fourni, épais, dense. 📻 [tufy].

**TOUJOURS, adv.**
En permanence, sans cesse. – Encore à présent : *L'aimes-tu toujours ?* – De toute façon, quoi qu'il arrive : *Garder toujours le sourire.* 📻 [tuʒuʀ].

**TOUNDRA, subst. f.**
Végétation de lichens, de mousses, caractéristique des régions froides. 📻 [tundʀa].

**TOUPET, subst. m.**
Petite touffe de cheveux, de poils. – Aplomb, culot (fam.) : *Un sacré toupet !* 📻 [tupɛ].

**TOUPIE, subst. f.**
Jouet en forme de cône que l'on fait tourner sur sa pointe. 📻 [tupi].

**TOUR (I), subst. f.**
Bâtiment étroit et construit en hauteur ; immeuble très élevé. – *Dans sa tour d'ivoire* : dans une retraite hautaine. 📻 [tuʀ].

**TOUR (II), subst. m.**
Dispositif, machine-outil animés par un mouvement de rotation, servant à façonner, à usiner des pièces. 📻 [tuʀ].

**TOUR (III), subst. m.**
Bordure, pourtour : *Le tour du lac.* – Parcours autour d'un lieu : *Tour de piste.* – Promenade : *Faire un tour.* – Mouvement de rotation. – Exercice d'habileté : *Tour de cartes.* – Évolution, tournure. – Rang, ordre

successif : *Parler à son tour.* – *Jouer un* **tour** : faire une farce. – **Tour** *de reins* : lumbago. 🔊 [tuʀ].

**TOURBE, subst. f.**
Matière d'origine végétale utilisée comme combustible. 🔊 [tuʀb].

**TOURBILLON, subst. m.**
Mouvement tournoyant, tourbillonnant (d'air, d'eau, etc.). 🔊 [tuʀbijɔ̃].

**TOURELLE, subst. f.**
Petite tour. – Coupole pivotante abritant une pièce d'artillerie. 🔊 [tuʀɛl].

**TOURISME, subst. m.**
Action de voyager pour son agrément. – Secteur d'activité lié à ce type de voyage. 🔊 [tuʀism].

**TOURISTE, subst.**
Personne qui fait du tourisme. 🔊 [tuʀist].

**TOURMENT, subst. m.**
Vive souffrance morale (littér.). 🔊 [tuʀmɑ̃].

**TOURMENTE, subst. f.**
Tempête violente et brutale. – Fig. Agitation politique ou sociale violente. 🔊 [tuʀmɑ̃t].

**TOURMENTÉ, ÉE, adj.**
Qui éprouve un tourment. – Fig. Mouvementé, tumultueux, troublé. 🔊 [tuʀmɑ̃te].

**TOURMENTER, verbe trans. [3]**
Faire souffrir ; persécuter. – Pronom. Être en proie à une vive inquiétude. 🔊 [tuʀmɑ̃te].

**TOURNAGE, subst. m.**
Action de tourner un film. 🔊 [tuʀnaʒ].

**TOURNANT, subst. m.**
Virage, courbe. – Fig. Nouvelle orientation (dans une vie, une carrière, etc.). 🔊 [tuʀnɑ̃].

**TOURNÉE, subst. f.**
Voyage officiel ou professionnel, dont le déroulement est fixé. – *Payer une* **tournée** : offrir à boire aux gens présents. 🔊 [tuʀne].

**TOURNEMAIN (EN UN), loc. adv.**
En un instant (littér.). 🔊 [ɑ̃nœ̃tuʀnəmɛ̃].

**TOURNER, verbe [3]**
Intrans. Effectuer une rotation ; décrire une courbe. – Changer de direction, virer. – Se transformer (en), évoluer (vers) : *Le temps* **tourne** *à l'orage.* – Devenir aigre : *Le lait* **a tourné.** – *Avoir la tête qui* **tourne** : avoir le vertige. – Trans. Imprimer un mouvement de rotation à. – Présenter dans un sens différent. – Éviter : **Tourner** *une difficulté.* – Formuler : **Tourner** *un compliment.* – **Tourner** *un film* : procéder aux prises de vue. – Pronom. Changer de position. – Se diriger (vers). 🔊 [tuʀne].

**TOURNESOL, subst. m.**
Plante dont la fleur jaune se tourne vers le soleil, et qui est cultivée pour l'huile que fournissent ses graines. 🔊 [tuʀnəsɔl].

**TOURNEVIS, subst. m.**
Outil servant à serrer ou à desserrer les vis. 🔊 [tuʀnəvis].

**TOURNIQUET, subst. m.**
Barrière pivotante qui ne laisse passer qu'une personne à la fois. – Présentoir rotatif, dans un magasin. 🔊 [tuʀnikɛ].

**TOURNIS, subst. m.**
*Avoir, donner le* **tournis** : avoir la tête qui tourne, donner le vertige (fam.). 🔊 [tuʀni].

**TOURNOI, subst. m.**
Au Moyen Âge, fête qui voyait les chevaliers s'affronter en champ clos. – Compétition comprenant plusieurs épreuves. 🔊 [tuʀnwa].

**TOURNOYER, verbe intrans. [17]**
Tourner en rond, en spirale, autour d'un objet ou sur soi-même. 🔊 [tuʀnwaje].

**TOURNURE, subst. f.**
Expression. – Aspect, allure que prend une situation. – **Tournure** *d'esprit* : manière personnelle de penser. 🔊 [tuʀnyʀ].

**TOURTE, subst. f.**
Tarte garnie, recouverte de pâte. 🔊 [tuʀt].

**TOURTEAU, subst. m.**
Gros crabe à la chair appréciée. 🔊 [tuʀto].

**TOURTEREAU, subst. m.**
Petit de la tourterelle. – Plur. Fig. Jeunes amoureux. 🔊 [tuʀtəʀo].

**TOURTERELLE, subst. f.**
Oiseau voisin du pigeon, au plumage gris clair. 🔊 [tuʀtəʀɛl].

**TOUSSER, verbe intrans. [3]**
Chasser brusquement et par à-coups l'air contenu dans les poumons. 🔊 [tuse].

**TOUSSOTER, verbe intrans. [3]**
Tousser faiblement. 🔊 [tusɔte].

**TOUT (I), adv.**
Entièrement, complètement : **Tout** *content.* – **Tout** *à coup* : soudain. 🔊 Varie au fém. devant une consonne ou un *h* aspiré ; [tu].

**TOUT (II), subst. m.**
Ensemble considéré dans sa totalité par rapport aux parties qui le constituent : *Diviser le* **tout.** – L'essentiel, le plus important : *Le* **tout** *est de vouloir.* – *Pas du* **tout** : en aucune façon. 🔊 [tu].

**TOUT (III), TOUTE, TOUS,**
**TOUTES, adj. indéf. et pron. indéf.**
Adj. Qui est considéré dans sa totalité. – Entier ; plein : **Tout** *l'hiver* ; *En* **toute** *confiance.* – Chaque, n'importe quel : *À* **tout** *instant.* – Pron. Chose prise dans sa totalité : **Tout** *est prêt.* – N'importe quoi : *Capable de* **tout.** – Plur. L'ensemble des éléments d'un groupe : **Toutes** *sont là.* 🔊 [tu, tut], plur. [tu(s)].

**TOUT-À-L'ÉGOUT, subst. m. inv.**
Installation permettant l'évacuation directe vers l'égout des eaux usées. 🔊 [tutalegu].

**TOUTEFOIS, adv.**
Cependant, néanmoins, mais. 🔊 [tutfwa].

**TOUT-VENANT**, subst. m. inv.
Ce qui se présente sans avoir été sélectionné, trié. 🔊 [tuv(ə)nɑ̃].

**TOUX**, subst. f.
Expiration réflexe causée par une inflammation des voies respiratoires. 🔊 [tu].

**TOXICOMANIE**, subst. f.
Usage habituel et excessif de substances toxiques, en partic. de drogues, qui engendre un état de dépendance. 🔊 [tɔksikɔmani].

**TOXINE**, subst. f.
Substance toxique élaborée par un organisme vivant. 🔊 [tɔksin].

**TOXIQUE**, adj. et subst. m.
Se dit d'une substance nocive pour un organisme vivant. 🔊 [tɔksik].

**TRAC**, subst. m.
Angoisse ressentie au moment d'agir, de paraître en public. 🔊 [tʀak].

**TRACAS**, subst. m.
Souci, embarras causé en gén. par des difficultés matérielles. 🔊 [tʀaka].

**TRACASSER**, verbe trans. [3]
Donner du tracas à, inquiéter. 🔊 [tʀakase].

**TRACASSERIE**, subst. f.
Désagrément provoqué par des choses futiles, par de mauvais procédés. 🔊 [tʀakasʀi].

**TRACE**, subst. f.
Empreinte. – Marque persistante. – Indice, témoignage. – Quantité infime. 🔊 [tʀas].

**TRACÉ**, subst. m.
Représentation par des lignes ; ces lignes. – Ligne continue dessinant un contour : Le tracé des côtes. – Parcours d'une voie, d'un cours d'eau : Le tracé d'un fleuve. 🔊 [tʀase].

**TRACER**, verbe trans. [4]
Représenter par des lignes. – Dessiner schématiquement. – Dépeindre, décrire : Tracer un tableau de la situation. 🔊 [tʀase].

**TRACHÉE**, subst. f.
Voie respiratoire qui va du larynx aux bronches (synon. trachée-artère). 🔊 [tʀaʃe].

**TRACHÉITE**, subst. f.
Inflammation de la trachée. 🔊 [tʀakeit].

**TRACT**, subst. m.
Feuille de propagande. 🔊 [tʀakt].

**TRACTATION**, subst. f.
Marchandage, négociation gén. longue et officieuse. 🔊 [tʀaktasjɔ̃].

**TRACTER**, verbe trans. [3]
Tirer, remorquer au moyen d'un véhicule ou d'un mécanisme. 🔊 [tʀakte].

**TRACTEUR**, subst. m.
Véhicule automobile destiné à tracter des remorques, des engins ou des machines agricoles. 🔊 [tʀaktœʀ].

**TRACTION**, subst. f.
Action de tirer, de tracter ; son résultat. – Sp. Exercice consistant à soulever son corps en tirant sur les bras. 🔊 [tʀaksjɔ̃].

**TRADITION**, subst. f.
Manière d'agir et de penser transmise de génération en génération. – Habitude, coutume. 🔊 [tʀadisjɔ̃].

**TRADITIONNEL, ELLE**, adj.
Fondé sur la tradition. – Passé dans l'usage, coutumier. 🔊 [tʀadisjɔnɛl].

**TRADUCTION**, subst. f.
Action de traduire un texte ; texte traduit. – Version d'un ouvrage dans une langue autre que celle dans laquelle il a été écrit. 🔊 [tʀadyksjɔ̃].

**TRADUIRE**, verbe trans. [69]
Faire passer (un énoncé) d'une langue à une autre. – Fig. Manifester, exprimer (un effet, un sentiment). 🔊 [tʀadɥiʀ].

**TRAFIC (I)**, subst. m.
Commerce illicite, clandestin. – Agissements douteux (fam.). 🔊 [tʀafik].

**TRAFIC (II)**, subst. m.
Circulation de véhicules sur l'ensemble d'un réseau. 🔊 [tʀafik].

**TRAFIQUANT, ANTE**, subst.
Celui qui fait du trafic (I). 🔊 [tʀafikɑ̃, -ɑ̃t].

**TRAFIQUER**, verbe [3]
Intrans. Faire du trafic. – Trans. Falsifier. – Manigancer (fam.). 🔊 [tʀafike].

**TRAGÉDIE**, subst. f.
Litt. et théâtre. Œuvre dramatique au sujet historique ou légendaire. – Fig. Événement fatal ; catastrophe. 🔊 [tʀaʒedi].

**TRAGIQUE**, adj.
Relatif à la tragédie. – Fig. Funeste, désastreux : Un accident tragique. 🔊 [tʀaʒik].

**TRAHIR**, verbe trans. [19]
Abandonner, livrer ; ne pas être fidèle à. – Empl. abs. Passer à l'ennemi. – Dénaturer : Cette traduction trahit la pensée de l'auteur. – Abandonner : Ses forces l'ont trahi. – Révéler : Trahir un secret. 🔊 [tʀaiʀ].

**TRAHISON**, subst. f.
Action de trahir. – Son résultat. 🔊 [tʀaizɔ̃].

**TRAIN**, subst. m.
Convoi ferroviaire, rame de wagons tractés par une locomotive ; chemin de fer. – File de véhicules attachés entre eux : Un train de péniches. – Train avant, arrière : partie portante d'un véhicule. – Partie du corps d'un quadrupède comprenant les membres antérieurs ou postérieurs. – Fessier (fam.) : Se faire botter le train. – Vitesse, allure. – Manière de vivre. – Loc. prép. En train de : occupé à, en voie de. 🔊 [tʀɛ̃].

**TRAÎNE**, subst. f.
Partie très longue d'un vêtement, qui traîne sur le sol. – Être à la traîne : s'attarder, être le dernier. 🔊 [tʀɛn].

**TRAÎNEAU**, subst. m.
Véhicule équipé de patins pour se déplacer sur la glace ou sur la neige. 📖 [tʀeno].

**TRAÎNÉE**, subst. f.
Empreinte, trace allongée laissée sur une surface par une substance répandue, par un corps en mouvement. 📖 [tʀene].

**TRAÎNER**, verbe [3]
Trans. Déplacer, faire avancer en tirant derrière soi. – Emmener (qqn) de force. – Intrans. Pendre jusqu'à terre. – Être laissé en désordre. – Errer. – Accomplir qqch. avec lenteur. – Durer trop longtemps. 📖 [tʀene].

**TRAIN-TRAIN**, subst. m. inv.
Cours routinier de la vie (fam). 📖 [tʀɛ̃tʀɛ̃].

**TRAIRE**, verbe trans. [58]
Tirer le lait des mamelles de (la vache, la brebis, etc.). 📖 Verbe défectif ; [tʀɛʀ].

**TRAIT**, subst. m.
Ligne tracée. – Manière d'exprimer, de décrire : À grands traits, sommairement. – Signe distinctif : Un trait de caractère ; au plur., lignes caractéristiques du visage. – Flèche ; au fig., propos blessant (littér.). – Bête de trait : propre à l'attelage. – D'un trait : d'un coup. 📖 [tʀɛ].

**TRAIT D'UNION**, subst. m.
Petit tiret (-) placé entre les éléments d'un mot composé ou entre un verbe et un pronom postposé. 📖 Plur. traits d'union ; [tʀɛdynjɔ̃].

**TRAITE**, subst. f.
Action de traire. – Commerce de personnes, trafic : La traite des Noirs. – Fin. Lettre de change. – D'une (seule) traite : en une seule fois, sans interruption. 📖 [tʀɛt].

**TRAITÉ**, subst. m.
Ouvrage didactique dans lequel on expose un sujet, une thèse, de façon systématique. – Accord, convention entre États. 📖 [tʀete].

**TRAITEMENT**, subst. m.
Manière de traiter qqn : Jouir d'un traitement de faveur. – Ensemble des soins ou médicaments prescrits. – Rémunération d'un fonctionnaire. 📖 [tʀɛtmɑ̃].

**TRAITER**, verbe [3]
Intrans. Traiter avec qqn : négocier avec lui. – Trans. dir. Traiter qqn avec rudesse : agir avec lui de cette manière. – Traiter qqn de : le qualifier de. – Soumettre à un traitement médical. – Traiter des déchets : les transformer par une série d'opérations. – Examiner, développer (une question). – Trans. indir. Traiter de : avoir pour sujet. 📖 [tʀete].

**TRAITEUR**, subst. m.
Commerçant qui prépare des mets à emporter ou qui les sert à domicile. 📖 [tʀɛtœʀ].

**TRAÎTRE, TRAÎTRESSE**, adj. et subst.
Se dit d'une personne qui trahit ; perfide. – En traître : par surprise. 📖 [tʀɛtʀ, tʀɛtʀɛs].

**TRAÎTRISE**, subst. f.
Acte déloyal. – Comportement de traître : Prendre qqn par traîtrise. 📖 [tʀetʀiz].

**TRAJECTOIRE**, subst. f.
Parcours, courbe que décrit un corps en mouvement. 📖 [tʀaʒɛktwaʀ].

**TRAJET**, subst. m.
Fait d'aller d'un lieu à un autre. – Espace à parcourir, itinéraire. 📖 [tʀaʒɛ].

**TRAME**, subst. f.
Ensemble des fils qui passent au travers des fils de chaîne pour former un tissu. – Ce qui constitue l'organisation, le fond, la structure : La trame d'un récit. 📖 [tʀam].

**TRAMER**, verbe trans. [3]
Préparer secrètement (une action) ; ourdir : Tramer un complot. – Tisser, en croisant les fils de trame et de chaîne. 📖 [tʀame].

**TRAMONTANE**, subst. f.
Vent froid des régions méditerranéennes, soufflant du nord-ouest. 📖 [tʀamɔ̃tan].

**TRAMPOLINE**, subst. m.
Sp. Tremplin souple de toile, sur lequel on effectue des sauts. 📖 [tʀɑ̃pɔlin].

**TRAMWAY**, subst. m.
Chemin de fer urbain à traction électrique (abrév. tram). 📖 [tʀamwɛ].

**TRANCHANT, ANTE**, adj. et subst. m.
Adj. Qui coupe bien ; aigu, vif. – Fig. Catégorique, sans nuances : Répondre d'un ton tranchant. – Subst. Le côté tranchant d'un instrument. 📖 [tʀɑ̃ʃɑ̃, -ɑ̃t].

**TRANCHE**, subst. f.
Morceau coupé dans la largeur ou l'épaisseur de qqch. – Section perpendiculaire de certaines choses : Tranche dorée d'un livre. – Chaque partie d'un ensemble divisé : Tranche d'âge ; Tranche de travaux. 📖 [tʀɑ̃ʃ].

**TRANCHÉE**, subst. f.
Fossé creusé dans le sol. 📖 [tʀɑ̃ʃe].

**TRANCHER**, verbe trans. [3]
Couper nettement. – Régler (une question) énergiquement et définitivement. 📖 [tʀɑ̃ʃe].

**TRANQUILLE**, adj.
Calme, paisible. – Serein. 📖 [tʀɑ̃kil].

**TRANQUILLISER**, verbe trans. [3]
Rendre tranquille, apaiser. 📖 [tʀɑ̃kilize].

**TRANQUILLITÉ**, subst. f.
État de ce qui est tranquille. – État d'une personne sans inquiétude. 📖 [tʀɑ̃kilite].

**TRANSACTION**, subst. f.
Arrangement entre les parties ; compromis. – Marché commercial. 📖 [tʀɑ̃zaksjɔ̃].

**TRANSATLANTIQUE, adj. et subst. m.**
Qui traverse l'Atlantique : *Un (paquebot)* **transatlantique**. – Subst. Chaise longue pliante (abrév. *transat*). 🕮 [tʀɑ̃zatlɑ̃tik].

**TRANSBORDER, verbe trans.** [3]
Faire passer d'un navire, d'un engin de transport à un autre. 🕮 [tʀɑ̃sbɔʀde].

**TRANSCENDANT, ANTE, adj.**
Élevé ; sublime. – Qui dépasse un certain ordre de réalités ; hors de portée de la connaissance. 🕮 [tʀɑ̃sɑ̃dɑ̃, -ɑ̃t].

**TRANSCODER, verbe trans.** [3]
Traduire (une information) dans un code différent. 🕮 [tʀɑ̃skɔde].

**TRANSCRIPTION, subst. f.**
Action de transcrire ; son résultat. – Reproduction officielle d'un acte. 🕮 [tʀɑ̃skʀipsjɔ̃].

**TRANSCRIRE, verbe trans.** [67]
Recopier fidèlement. – Reproduire avec un autre code, d'autres signes. 🕮 [tʀɑ̃skʀiʀ].

**TRANSE, subst. f.**
État d'exaltation, perte du contrôle de soi. – Plur. Grande appréhension, frayeur extrême. 🕮 [tʀɑ̃s].

**TRANSEPT, subst. m.**
Nef transversale d'une église, séparant la nef principale du chœur. 🕮 [tʀɑ̃sɛpt].

**TRANSFÉRER, verbe trans.** [8]
Faire passer d'un lieu dans un autre. – *Dr.* Céder formellement (un bien, un droit). 🕮 [tʀɑ̃sfeʀe].

**TRANSFERT, subst. m.**
Action de transférer. – *Dr.* Acte par lequel une personne transmet un droit, un bien à une autre. 🕮 [tʀɑ̃sfɛʀ].

**TRANSFIGURER, verbe trans.** [3]
Transformer (qqn ou qqch.) en lui donnant un aspect, un éclat, un rayonnement inhabituels. 🕮 [tʀɑ̃sfigyʀe].

**TRANSFORMER, verbe trans.** [3]
Donner une forme nouvelle à, rendre différent. – Transformer *en* : faire prendre l'aspect de, la nature de. 🕮 [tʀɑ̃sfɔʀme].

**TRANSFUGE, subst.**
Personne qui abandonne son parti pour passer dans le parti adverse. 🕮 [tʀɑ̃sfyʒ].

**TRANSFUSER, verbe trans.** [3]
Procéder à la transfusion (du sang). – Soumettre (qqn) à une transfusion. 🕮 [tʀɑ̃sfyze].

**TRANSFUSION, subst. f.**
*Méd.* Injection intraveineuse lente de sang prélevé sur un donneur. 🕮 [tʀɑ̃sfyzjɔ̃].

**TRANSGRESSER, verbe trans.** [3]
Enfreindre, violer, ne pas se conformer à : Transgresser *une loi*. 🕮 [tʀɑ̃sgʀese].

**TRANSHUMANCE, subst. f.**
Mouvement d'un troupeau vers ses pâturages saisonniers. 🕮 [tʀɑ̃zymɑ̃s].

**TRANSI, IE, adj.**
Pénétré, engourdi par le froid. – Fig. Saisi d'une forte émotion (littér.). 🕮 [tʀɑ̃zi].

**TRANSIGER, verbe intrans.** [5]
Régler un différend par des concessions réciproques. – Fig. Ne pas se montrer ferme sur des questions morales. 🕮 [tʀɑ̃ziʒe].

**TRANSISTOR, subst. m.**
Composant électronique utilisé comme amplificateur. – Poste de radio portable muni de transistors. 🕮 [tʀɑ̃zistɔʀ].

**TRANSIT, subst. m.**
Passage de marchandises, de voyageurs à travers un lieu, un pays situé sur leur itinéraire. 🕮 [tʀɑ̃zit].

**TRANSITIF, IVE, adj.**
Se dit d'un verbe qui admet un complément d'objet direct (**transitif** direct) ou indirect (**transitif** indirect). 🕮 [tʀɑ̃zitif, -iv].

**TRANSITION, subst. f.**
Action de passer plus ou moins graduellement d'un état à un autre. – Passage d'une idée à une autre, d'un raisonnement à un autre. 🕮 [tʀɑ̃zisjɔ̃].

**TRANSITOIRE, adj.**
Passager. – Qui forme une transition ; provisoire. 🕮 [tʀɑ̃zitwaʀ].

**TRANSLUCIDE, adj.**
Qui laisse passer la lumière, sans être entièrement transparent. 🕮 [tʀɑ̃slysid].

**TRANSMETTRE, verbe trans.** [60]
Faire passer (qqch.) à autrui, directement ou par un intermédiaire. – Faire parvenir, communiquer. 🕮 [tʀɑ̃smɛtʀ].

**TRANSMISSION, subst. f.**
Action de transmettre ; résultat de cette action. – *Mécan.* Ensemble des éléments qui transmettent un mouvement. 🕮 [tʀɑ̃smisjɔ̃].

**TRANSPARAÎTRE, verbe intrans.** [73]
Paraître à travers qqch. – Devenir visible ; se laisser deviner. 🕮 [tʀɑ̃spaʀɛtʀ].

**TRANSPARENCE, subst. f.**
Caractère transparent. 🕮 [tʀɑ̃spaʀɑ̃s].

**TRANSPARENT, ENTE, adj.**
Qui laisse passer les rayons lumineux ; au travers de quoi on voit parfaitement, nettement. – Fig. Facile à comprendre. – Qui ne dissimule rien. 🕮 [tʀɑ̃spaʀɑ̃, -ɑ̃t].

**TRANSPERCER, verbe trans.** [4]
Percer de part en part. – Pénétrer à travers (qqch.). 🕮 [tʀɑ̃spɛʀse].

**TRANSPIRATION, subst. f.**
Formation, à la surface de la peau, de la sueur produite par les glandes sudoripares. 🕮 [tʀɑ̃spiʀasjɔ̃].

**TRANSPIRER, verbe intrans.** [3]
Suer. – Fig. S'ébruiter, commencer à être connu. 🕮 [tʀɑ̃spiʀe].

**TRANSPLANTATION, subst. f.**
Action de déplacer un végétal, un animal, une personne de son lieu d'origine pour l'installer ailleurs. – Méd. Greffe d'organe. 🔊 [tʀᾶsplᾶtasjɔ̃].

**TRANSPLANTER, verbe trans.** [3]
Faire la transplantation de. 🔊 [tʀᾶsplᾶte].

**TRANSPORT, subst. m.**
Action de transporter. – Plur. Les moyens permettant de transporter des personnes, des marchandises. – **Transports** de joie : manifestations de joie. 🔊 [tʀᾶspɔʀ].

**TRANSPORTER, verbe trans.** [3]
Porter d'un lieu dans un autre. – Exalter, soulever : La colère le **transporte**. – Pronom. Se déplacer. 🔊 [tʀᾶspɔʀte].

**TRANSPOSER, verbe trans.** [3]
Présenter sous une forme différente ou dans un autre contexte. – Intervertir. – Mus. Transcrire ou exécuter (un morceau) dans une tonalité différente. 🔊 [tʀᾶspoze].

**TRANSSEXUEL, ELLE, adj. et subst.**
Qui pense appartenir à l'autre sexe et se conforme à cette idée. 🔊 [tʀᾶ(s)sɛksɥɛl].

**TRANSVASER, verbe trans.** [3]
Verser (un liquide) d'un récipient dans un autre. 🔊 [tʀᾶsvaze].

**TRANSVERSAL, ALE, AUX, adj. et subst. f.**
Adj. En travers ; qui coupe perpendiculairement un axe principal. – Subst. Route, droite ou ligne **transversale**. 🔊 [tʀᾶsvɛʀsal].

**TRAPÈZE, subst. m.**
Quadrilatère dont deux des côtés sont parallèles et inégaux. – Appareil de gymnastique formé d'une barre horizontale suspendue par deux cordes. 🔊 [tʀapɛz].

**TRAPÉZISTE, subst.**
Gymnaste ou acrobate spécialiste du trapèze. 🔊 [tʀapezist].

**TRAPPE, subst. f.**
Fosse dissimulée constituant un piège. – Ouverture munie d'un panneau à abattant, donnant accès à une cave, à un grenier, etc. 🔊 [tʀap].

**TRAPPEUR, subst. m.**
Chasseur de bêtes à fourrure, en Amérique du Nord. 🔊 [tʀapœʀ].

**TRAPU, UE, adj.**
Petit et large, massif. 🔊 [tʀapy].

**TRAQUENARD, subst. m.**
Piège. 🔊 [tʀaknaʀ].

**TRAQUER, verbe trans.** [3]
Pousser, rabattre (le gibier) vers les chasseurs. – Poursuivre avec acharnement, harceler, serrer de près. 🔊 [tʀake].

**TRAUMATISER, verbe trans.** [3]
Causer un traumatisme à. 🔊 [tʀomatize].

**TRAUMATISME, subst. m.**
Perturbation de l'état organique ou psychique due à un choc : **Traumatisme** crânien. – Violent choc émotionnel. 🔊 [tʀomatism].

**TRAVAIL, AUX, subst. m.**
Activité humaine exigeant un effort soutenu. – Profession, occupation rétribuée. – Ouvrage à faire ; tâche ; manière dont cet ouvrage est fait. – Modification que subit une matière, un élément naturel : Le **travail** d'une poutre. – Méd. Ensemble des phénomènes conduisant à l'expulsion du fœtus. – Plur. Ensemble de tâches propres à une activité : **Travaux** de terrassement. 🔊 [tʀavaj].

**TRAVAILLER, verbe** [3]
Intrans. Exercer un effort, une activité intellectuelle, un métier. – Trans. Soumettre (qqch.) à une action : **Travailler** la terre. – Étudier. – Chercher à perfectionner : **Travailler** son style. – Tourmenter (fam.). 🔊 [tʀavaje].

**TRAVÉE, subst. f.**
Espace vide entre deux rangées de tables, de sièges. – Chacune des rangées. 🔊 [tʀave].

**TRAVERS, subst. m.**
Biais. – Fig. Défaut, imperfection de qqn. – Loc. prép. À **travers** : en traversant. – Loc. adv. De **travers** : oblique, dévié ; En **travers** : transversalement. 🔊 [tʀavɛʀ].

**TRAVERSE, subst. f.**
Pièce de bois disposée en travers, sous une voie ferrée, pour maintenir les rails. – Chemin de **traverse** : raccourci. 🔊 [tʀavɛʀs].

**TRAVERSÉE, subst. f.**
Action de traverser (la mer, un désert, etc.). – Trajet ainsi parcouru. 🔊 [tʀavɛʀse].

**TRAVERSER, verbe trans.** [3]
Parcourir (un espace) d'un bout à l'autre ; passer d'un côté à l'autre : **Traverser** l'océan Atlantique. – Transpercer : La pluie **traverse** mon manteau. – Vivre, passer par : **Traverser** des moments difficiles. 🔊 [tʀavɛʀse].

**TRAVERSIN, subst. m.**
Oreiller cylindrique occupant la tête du lit sur toute sa largeur. 🔊 [tʀavɛʀsɛ̃].

**TRAVESTI, IE, adj. et subst. m.**
Adj. Qui est déguisé. Où l'on se déguise. – Modifié pour tromper. – Subst. Homosexuel qui s'habille en femme. 🔊 [tʀavɛsti].

**TRÉBUCHER, verbe intrans.** [3]
Perdre l'équilibre sans tomber, à la suite d'un faux pas. – Fig. Buter sur une difficulté. 🔊 [tʀebyʃe].

**TRÈFLE, subst. m.**
Plante portant des feuilles à trois lobes. – Une des deux couleurs noires (avec le pique) d'un jeu de cartes. 🔊 [tʀefl].

**TRÉFONDS**, subst. m.
Ce qui constitue la partie la plus profonde, le fondement de qqch. (littér.). 🔊 [tʀefɔ̃].

**TREILLAGE**, subst. m.
Réseau, assemblage de lattes qui supporte gén. des plantes grimpantes. 🔊 [tʀejaʒ].

**TREILLE**, subst. f.
Ceps de vigne s'élevant sur un treillage ou une tonnelle. 🔊 [tʀɛj].

**TREILLIS (I)**, subst. m.
Assemblage de lattes ou de fils métalliques entrecroisés, servant de clôture. 🔊 [tʀeji].

**TREILLIS (II)**, subst. m.
Tenue de combat des militaires. 🔊 [tʀeji].

**TREIZE**, adj. num. inv. et subst. m. inv.
Adj. Dix plus trois. – Treizième : *Louis XIII.* – Subst. Le nombre **treize**, le numéro **13**. 🔊 [tʀɛz].

**TRÉMA**, subst. m.
Signe orthographique (¨) placé sur les voyelles *e, i, u* pour indiquer que celle qui précède doit se prononcer séparément ; ainsi, *ambiguë* se prononce [ɑ̃bigy], et non pas [ɑ̃big]. 🔊 [tʀema].

**TREMBLEMENT**, subst. m.
Agitation de ce qui tremble. – **Tremblement** *de terre* : séisme. 🔊 [tʀɑ̃bləmɑ̃].

**TREMBLER**, verbe intrans. [3]
Être agité de petits mouvements musculaires rapides et involontaires. – Subir des variations d'intensité, en parlant de la voix, de la lumière, etc. – Fig. Avoir peur : *Cette perspective me fait* **trembler**. 🔊 [tʀɑ̃ble].

**TREMBLOTER**, verbe intrans. [3]
Trembler légèrement. 🔊 [tʀɑ̃blote].

**TRÉMOLO**, subst. m.
*Mus.* Effet de vibration obtenu par la répétition rapide d'une note (gén. avec un instrument à cordes). – Tremblement de la voix, dû à une vive émotion. 🔊 [tʀemɔlo].

**TRÉMOUSSER (SE)**, verbe pronom. [3]
S'agiter avec de petits mouvements vifs et irréguliers. – Se dandiner. 🔊 [tʀemuse].

**TREMPE**, subst. f.
Fermeté d'âme, force de caractère. – *Recevoir une* **trempe** : une correction (fam.). – *Tech.* Immersion dans un bain froid d'une pièce métallique portée à haute température, pour en augmenter la dureté. 🔊 [tʀɑ̃p].

**TREMPER**, verbe [3]
Trans. Mouiller abondamment ; plonger dans un liquide. – *Tech.* Soumettre (un métal) à la trempe. – Intrans. Baigner dans un liquide. – **Tremper** *dans un crime* : en être complice. 🔊 [tʀɑ̃pe].

**TREMPLIN**, subst. m.
*Sp.* Planche élastique à plan incliné permettant de s'élancer. – Fig. Ce qui aide à la réussite d'un projet. 🔊 [tʀɑ̃plɛ̃].

**TRENTAINE**, subst. f.
Ensemble de trente unités ; nombre d'environ trente. – L'âge de trente ans. 🔊 [tʀɑ̃tɛn].

**TRENTE**, adj. num. inv. et subst. m. inv.
Adj. Trois fois dix. – Trentième. – Subst. Le nombre **trente**, le numéro **30**. 🔊 [tʀɑ̃t].

**TRÉPANER**, verbe trans. [3]
*Chir.* Pratiquer une ouverture dans un os, en partic. dans le crâne de. 🔊 [tʀepane].

**TRÉPAS**, subst. m.
Décès, mort : *Passer de vie à* **trépas**. 🔊 [tʀepɑ].

**TRÉPASSER**, verbe intrans. [3]
Mourir (littér.). 🔊 [tʀepase].

**TRÉPIDATION**, subst. f.
Mouvement vibratoire d'intensité plus ou moins forte. – Agitation. 🔊 [tʀepidasjɔ̃].

**TRÉPIDANT, ANTE**, adj.
Qui trépide. – Animé, actif : *Vie* **trépidante**. 🔊 [tʀepidɑ̃, -ɑ̃t].

**TRÉPIDER**, verbe intrans. [3]
Être animé de trépidations. 🔊 [tʀepide].

**TRÉPIED**, subst. m.
Meuble ou support à trois pieds. 🔊 [tʀepje].

**TRÉPIGNER**, verbe intrans. [3]
Frapper des pieds sur place, d'un mouvement saccadé. 🔊 [tʀepiɲe].

**TRÈS**, adv.
Indique un degré élevé devant un adjectif, un adverbe : **Très** *grand* ; **Très** *vite*. 🔊 [tʀɛ].

**TRÉSOR**, subst. m.
Ensemble d'objets précieux, souv. tenus cachés. – Toute chose de grande valeur. – *Le* **Trésor** *public* : administration gérant les finances publiques. 🔊 [tʀezɔʀ].

**TRÉSORERIE**, subst. f.
Bureau régional du Trésor public. – Ensemble des capitaux immédiatement disponibles ou réalisables d'une personne ou d'une société. 🔊 [tʀezɔʀʀi].

**TRESSAILLEMENT**, subst. m.
Brusque secousse du corps due à une sensation ou à une émotion vives. 🔊 [tʀesajmɑ̃].

**TRESSAILLIR**, verbe intrans. [31]
Être animé de tressaillements. 🔊 [tʀesajiʀ].

**TRESSAUTER**, verbe intrans. [3]
Tressaillir fortement. – Être agité de secousses. 🔊 [tʀesote].

**TRESSE**, subst. f.
Entrelacement de trois longues mèches de cheveux ; natte. – Galon ou cordon de brins entrelacés. 🔊 [tʀɛs].

**TRESSER**, verbe trans. [3]
Mettre en tresse. 🔊 [tʀese].

**TRÉTEAU**, subst. m.
Pièce de bois ou de métal servant à soutenir une table, une estrade, etc. 🔊 [tʀeto].

**TREUIL**, subst. m.
Appareil fait d'un cylindre horizontal sur lequel s'enroule un câble, et qui sert à tirer ou à élever des charges. 📖 [tʀœj].

**TRÊVE**, subst. f.
Arrêt momentané des combats. – Fig. Temps de répit : *Travailler sans* **trêve**. 📖 [tʀɛv].

**TRI**, subst. m.
Action de trier ; son résultat. – *Faire un* **tri** : opérer une sélection. 📖 [tʀi].

**TRIAGE**, subst. m.
Opération de tri, de répartition. 📖 [tʀijaʒ].

**TRIANGLE**, subst. m.
Figure géométrique à trois côtés. – Instrument de musique à percussion. 📖 [tʀijɑ̃gl].

**TRIANGULAIRE**, adj.
Qui a la forme d'un triangle. – Qui met en cause trois personnes, trois groupes, etc. : *Un accord* **triangulaire**. 📖 [tʀijɑ̃gylɛʀ].

**TRIBAL, ALE, ALS** ou **AUX**, adj.
Relatif à la tribu. 📖 [tʀibal].

**TRIBORD**, subst. m.
En regardant la proue, partie droite d'un navire (oppos. *bâbord*). 📖 [tʀibɔʀ].

**TRIBU**, subst. f.
Groupe social culturellement homogène, organisé autour d'un chef. 📖 [tʀiby].

**TRIBULATIONS**, subst. f. plur.
Suite d'aventures plus ou moins pénibles. 📖 [tʀibylasjɔ̃].

**TRIBUN**, subst. m.
Magistrat romain. – Orateur populaire à l'éloquence efficace. 📖 [tʀibœ̃].

**TRIBUNAL, AUX**, subst. m.
Le ou les magistrats formant une juridiction. – Le lieu où ils siègent. 📖 [tʀibynal].

**TRIBUNE**, subst. f.
Emplacement surélevé : **Tribune** *d'église*. – Estrade d'où parle un orateur. – Ensemble de gradins. 📖 [tʀibyn].

**TRIBUT**, subst. m.
Impôt dû au vainqueur par le vaincu. – *Payer un lourd* **tribut** *à* : subir de graves dommages du fait de. 📖 [tʀiby].

**TRIBUTAIRE**, adj.
Qui dépend de qqn, de qqch. 📖 [tʀibytɛʀ].

**TRICEPS**, adj. et subst. m.
Se dit d'un muscle dont l'une des extrémités a trois faisceaux d'insertion. 📖 [tʀisɛps].

**TRICHER**, verbe intrans. [3]
Enfreindre les règles tout en feignant de les respecter. – Empl. trans. indir. **Tricher** *sur* : mentir sur. 📖 [tʀiʃe].

**TRICHERIE**, subst. f.
Fait de tricher. 📖 [tʀiʃʀi].

**TRICOLORE**, adj.
Qui a trois couleurs. – Qui porte les trois couleurs de la France. 📖 [tʀikɔlɔʀ].

**TRICOT**, subst. m.
Tissu de mailles tricotées. – Action de tricoter. – Vêtement tricoté. 📖 [tʀiko].

**TRICOTER**, verbe trans. [3]
Exécuter (un ouvrage) en tissant un réseau de mailles à l'aide d'aiguilles. 📖 [tʀikɔte].

**TRIDENT**, subst. m.
Fourche ou harpon à trois dents. 📖 [tʀidɑ̃].

**TRIENNAL, ALE, AUX**, adj.
Qui a lieu tous les trois ans. – Qui dure trois ans. 📖 [tʀijenal].

**TRIER**, verbe trans. [6]
Séparer (ce que l'on garde de ce que l'on rejette) ; sélectionner. – Classer. 📖 [tʀije].

**TRIGONOMÉTRIE**, subst. f.
*Math.* Étude des fonctions circulaires des angles et des arcs (sinus, cosinus, tangente). 📖 [tʀigɔnɔmetʀi].

**TRILINGUE**, adj. et subst.
Qui parle trois langues. – Adj. Écrit en trois langues. 📖 [tʀilɛ̃g].

**TRILLE**, subst. m.
Modulation musicale sur deux notes proches, en alternance rapide. 📖 [tʀij].

**TRILOGIE**, subst. f.
Ensemble de trois œuvres dont les sujets sont liés : *La* **trilogie** *d'Eschyle*. 📖 [tʀilɔʒi].

**TRIMARAN**, subst. m.
Voilier à trois coques. 📖 [tʀimaʀɑ̃].

**TRIMBA(L)LER**, verbe trans. [3]
*Fam.* Traîner partout avec soi. – Pronom. Aller et venir. 📖 [tʀɛ̃bale].

**TRIMER**, verbe intrans. [3]
Travailler dur à des tâches pénibles (fam.) : *Il a* **trimé** *toute sa vie*. 📖 [tʀime].

**TRIMESTRE**, subst. m.
Période de trois mois. 📖 [tʀimɛstʀ].

**TRIMESTRIEL, IELLE**, adj.
Qui dure trois mois. – Qui revient tous les trois mois. 📖 [tʀimɛstʀijɛl].

**TRINGLE**, subst. f.
Tige, souv. métallique, utilisée en partic. pour suspendre des rideaux. 📖 [tʀɛ̃gl].

**TRINITÉ**, subst. f.
Dans le dogme chrétien, réunion en un seul Dieu de trois personnes distinctes : le Père, le Fils et le Saint-Esprit. 📖 [tʀinite].

**TRINQUER**, verbe intrans. [3]
Choquer les verres avant de boire. – Subir un dommage (fam.). 📖 [tʀɛ̃ke].

**TRIO**, subst. m.
Composition pour trois voix ou trois instruments. – Formation de trois musiciens. – Groupe de trois personnes. 📖 [tʀijo].

**TRIOMPHAL, ALE, AUX**, adj.
Qui constitue un triomphe. – *Accueil* **triomphal** : très enthousiaste. 📖 [tʀijɔ̃fal].

**TRIOMPHALISME**, subst. m.
Attitude triomphante anticipée et exagérée :
**Triomphalisme** *électoral*. 🔊 [tʀijɔ̃falism̩].

**TRIOMPHANT, ANTE**, adj.
Qui triomphe. – Qui exprime la joie du
triomphe. 🔊 [tʀijɔ̃fɑ̃, -ɑ̃t].

**TRIOMPHATEUR, TRICE**, subst.
Personne qui triomphe. 🔊 [tʀijɔ̃fatœʀ, -tʀis].

**TRIOMPHE**, subst. m.
Grand succès, réussite éclatante déchaînant
l'enthousiasme. 🔊 [tʀijɔ̃f].

**TRIOMPHER**, verbe [3]
Intrans. Remporter une victoire décisive.
– Trans. indir. Venir à bout (de). 🔊 [tʀijɔ̃fe].

**TRIPE**, subst. f.
Boyau. – Plur. Mets constitué par l'estomac
et les boyaux de ruminants, préparés de
diverses façons. – Ce qu'il y a de plus
profond chez qqn (fam.) : *Une musique qui
prend aux* **tripes**. 🔊 [tʀip].

**TRIPLE**, adj., subst. m. et adv.
Adj. Formé de trois éléments semblables.
– Multiplié par 3. – Adv. Trois fois plus.
– Subst. Nombre, quantité **triples** : *Payer
le* **triple** *du prix*. 🔊 [tʀipl].

**TRIPLER**, verbe [3]
Trans. Multiplier par 3, rendre triple.
– Intrans. Devenir triple. 🔊 [tʀiple].

**TRIPLÉS, ÉES**, subst. plur.
Les trois enfants nés d'une même grossesse.
🔊 [tʀiple].

**TRIPOT**, subst. m.
Maison de jeu clandestine. 🔊 [tʀipo].

**TRIPOTER**, verbe [3]
Fam. Trans. Toucher sans cesse. – Caresser
indiscrètement. – Intrans. Se livrer à des
opérations douteuses. 🔊 [tʀipote].

**TRIPTYQUE**, subst. m.
Tableau à trois volets. – Œuvre en trois
parties. 🔊 [tʀiptik].

**TRIQUE**, subst. f.
Bâton grossier, gourdin. 🔊 [tʀik].

**TRISOMIE**, subst. f.
**Trisomie** *21* : anomalie chromosomique se
traduisant par un faciès particulier et une
arriération mentale (synon. *mongolisme*).
🔊 [tʀizɔmi].

**TRISTE**, adj.
Qui a de la peine, du chagrin. – Qui dénote
la morosité : *Un sourire* **triste**. – Qui afflige,
chagrine. – Vil, méprisable. 🔊 [tʀist].

**TRISTESSE**, subst. f.
État d'abattement, chagrin, mélancolie.
– Caractère de ce qui est triste. 🔊 [tʀistɛs].

**TRITURER**, verbe trans. [3]
Réduire en poudre, broyer. – Tordre en tous
sens. – Pronom. *Se* **triturer** *la cervelle* : se
creuser la tête (fam.). 🔊 [tʀityʀe].

**TRIVIAL, ALE, AUX**, adj.
Banal, commun. – Grossier, vulgaire.
🔊 [tʀivjal].

**TROC**, subst. m.
Échange de marchandises diverses sans
recours à la monnaie. 🔊 [tʀɔk].

**TROÈNE**, subst. m.
Arbuste à fleurs blanches odorantes, utilisé
pour former des haies. 🔊 [tʀɔɛn].

**TROGLODYTE**, subst. m.
Habitant d'une grotte ou d'une demeure
creusée dans la roche. – Passereau insectivore, à queue courte et relevée. 🔊 [tʀɔɡlɔdit].

**TROGNON**, subst. m.
La partie non comestible, dure et centrale,
d'un fruit, d'un légume. 🔊 [tʀɔɲɔ̃].

**TROIS**, adj. num. inv. et subst. m. inv.
Adj. Deux plus un. – Troisième : *Henri III*.
– Subst. Le nombre **trois**, le chiffre *3*, le
numéro *3*. 🔊 [tʀwɑ].

**TROLLEYBUS**, subst. m.
Autobus électrique à deux perches glissant
sur une caténaire. 🔊 [tʀɔlɛbys].

**TROMBE**, subst. f.
Colonne d'eau ou de nuages tourbillonnant sous l'action de vents violents ;
cyclone. – *En* **trombe** : vite, brusquement.
🔊 [tʀɔ̃b].

**TROMBONE**, subst. m.
*Mus.* Instrument à vent de la famille des
cuivres, à coulisse ou à pistons. – Petite
attache métallique. 🔊 [tʀɔ̃bɔn].

**TROMPE**, subst. f.
Organe buccal ou nasal allongé, propre à
certains animaux tels que l'éléphant. – Cor
de chasse. 🔊 [tʀɔ̃p].

**TROMPE-L'ŒIL**, subst. m. inv.
Peinture donnant l'illusion du réel. – Fig.
Faux-semblant. 🔊 [tʀɔ̃plœj].

**TROMPER**, verbe trans. [3]
Induire sciemment en erreur. – Trahir,
commettre une infidélité envers. – Décevoir. – Pronom. Faire une erreur. 🔊 [tʀɔ̃pe].

**TROMPERIE**, subst. f.
Fait de tromper. – Parole, acte visant à
tromper ; infidélité. 🔊 [tʀɔ̃pʀi].

**TROMPEUR, EUSE**, adj.
Qui trompe ou vise à tromper : *Calme*
**trompeur**. 🔊 [tʀɔ̃pœʀ, -øz].

**TROMPETTE**, subst. f.
*Mus.* Instrument à vent de la famille des
cuivres, au son éclatant. 🔊 [tʀɔ̃pɛt].

**TRONC**, subst. m.
Partie de l'arbre comprise entre les racines
et les branches. – Le corps sans la tête ni
les membres. – Boîte à offrandes. 🔊 [tʀɔ̃].

**TRONÇON**, subst. m.
Portion coupée d'un objet long. – Segment
de route, de voie ferrée. 🔊 [tʀɔ̃sɔ̃].

**TRONÇONNER**, verbe trans. [3]
Couper, scier en tronçons. 🔊 [tʀɔ̃sɔne].

**TRÔNE**, subst. m.
Siège d'apparat des souverains. 🔊 [tʀon].

**TRÔNER**, verbe intrans. [3]
Occuper une place d'honneur. – Être placé en évidence. 🔊 [tʀone].

**TRONQUER**, verbe trans. [3]
Couper, réduire. – Altérer en retranchant : *Tronquer* une citation. 🔊 [tʀɔ̃ke].

**TROP**, adv.
Excessivement : **Trop** *cher*. – En quantité excessive : **Trop** *d'argent*. – **Trop** *peu* : pas assez. – *En* **trop** : en excès (fam.). 🔊 [tʀo].

**TROPHÉE**, subst. m.
Objet attestant un succès militaire, sportif. – Partie empaillée d'un animal tué à la chasse. 🔊 [tʀɔfe].

**TROPICAL, ALE, AUX**, adj.
Qui concerne les tropiques ou la zone située entre les tropiques. 🔊 [tʀɔpikal].

**TROPIQUE**, subst. m.
Chacun des deux parallèles du globe terrestre de latitude 23° 26′ N. et S. – Plur. La zone située entre les **tropiques**. 🔊 [tʀɔpik].

**TROP-PLEIN**, subst. m.
Excédent de liquide. – Dispositif d'évacuation évitant l'inondation. – Fig. Excès, débordement. 🔊 Plur. *trop-pleins* ; [tʀɔplɛ̃].

**TROQUER**, verbe trans. [3]
Donner en troc, échanger. 🔊 [tʀɔke].

**TROT**, subst. m.
Allure naturelle du cheval, entre le pas et le galop. 🔊 [tʀo].

**TROTTER**, verbe intrans. [3]
Aller au trot. – Marcher à petits pas vifs. – Fig. *Cela me* **trotte** *dans la tête* : cela m'obsède. 🔊 [tʀɔte].

**TROTTOIR**, subst. m.
Passage surélevé ménagé pour les piétons des deux côtés d'une rue. 🔊 [tʀɔtwaʀ].

**TROU**, subst. m.
Orifice anatomique. – Cavité, creux naturels ou artificiels. – Accroc. – Fig. Endroit perdu. – **Trou** *de mémoire* : oubli. 🔊 [tʀu].

**TROUBADOUR**, subst. m.
Poète courtois de langue d'oc, au Moyen Âge. 🔊 [tʀubaduʀ].

**TROUBLE**, adj. et subst. m.
Adj. Qui manque de clarté, de limpidité : *Eau* **trouble**. – Peu net, flou. – Fig. Louche, équivoque. – Subst. Perturbation, désordre. – Émotion. – Dérèglement physique ou mental. – Défaut de limpidité, de transparence. – Plur. Agitation politique ou sociale ; émeute. 🔊 [tʀubl].

**TROUBLER**, verbe trans. [3]
Rendre moins limpide. – Agiter, déranger. – Émouvoir, séduire. – Pronom. Devenir trouble. – Être décontenancé, perdre son assurance. 🔊 [tʀuble].

**TROUÉE**, subst. f.
Percée naturelle ou artificielle ; ouverture : *Faire une* **trouée** *dans une haie*. 🔊 [tʀue].

**TROUER**, verbe trans. [3]
Faire un ou des trous dans. 🔊 [tʀue].

**TROUPE**, subst. f.
Groupe de soldats. – Réunion de gens en marche. – Groupe de comédiens, d'artistes se produisant ensemble. 🔊 [tʀup].

**TROUPEAU**, subst. m.
Groupe d'animaux qui vivent, se déplacent ensemble. – Foule (péj.). 🔊 [tʀupo].

**TROUSSE**, subst. f.
Pochette compartimentée dans laquelle on peut ranger divers accessoires. 🔊 [tʀus].

**TROUSSEAU**, subst. m.
Linge et vêtements d'un pensionnaire, d'une jeune mariée. – **Trousseau** *de clefs* : clefs attachées ensemble. 🔊 [tʀuso].

**TROUVAILLE**, subst. f.
Découverte heureuse, due au hasard. – Idée originale. 🔊 [tʀuvaj].

**TROUVER**, verbe trans. [3]
Découvrir par hasard ou à la suite d'une recherche. – **Trouver** *que* : penser que, estimer que. – Pronom. Être situé. – Être dans un état donné ; se sentir. – *Se* **trouver** *mal* : s'évanouir. – *Il se* **trouve** *que* : il apparaît que. 🔊 [tʀuve].

**TROUVÈRE**, subst. m.
Poète et jongleur de langue d'oïl, au Moyen Âge : *Les* **trouvères** *picards*. 🔊 [tʀuvɛʀ].

**TRUAND, ANDE**, subst.
Bandit. – Individu malhonnête. 🔊 [tʀyɑ̃, -ɑ̃d].

**TRUC**, subst. m.
Fam. Astuce secrète, tour habile. – Ce qu'on ne peut ou ne veut nommer. 🔊 [tʀyk].

**TRUCHEMENT**, subst. m.
*Par le* **truchement** *de qqn, de qqch.* : par son intermédiaire. 🔊 [tʀyʃmɑ̃].

**TRUCULENCE**, subst. f.
Caractère haut en couleur d'un personnage, d'un langage, d'un style. 🔊 [tʀykylɑ̃s].

**TRUELLE**, subst. f.
Outil de maçon à lame plate en forme de triangle ou de trapèze. 🔊 [tʀyɛl].

**TRUFFE**, subst. f.
Champignon enfoui au pied des chênes, très prisé. – Bouchée au chocolat. – Nez du chien. 🔊 [tʀyf].

**TRUFFÉ, ÉE**, adj.
Garni de truffes. – Bourré, empli. 🔊 [tʀyfe].

**TRUIE**, subst. f.
Femelle du porc, du verrat. 🔊 [tʀɥi].

**TRUITE**, subst. f.
Poisson voisin du saumon, carnassier, à la chair délicate. ▱ [tʀɥit].

**TRUQUAGE**, subst. m.
Ensemble de procédés destinés à créer une illusion. – Action de truquer ; fraude. ▱ On écrit aussi *trucage* ; [tʀykaʒ].

**TRUQUER**, verbe trans. [3]
Modifier (qqch.) de manière frauduleuse : Truquer *des dés à jouer*. ▱ [tʀyke].

**TSAR, TSARINE**, subst.
Titre des anciens souverains de Russie et de Bulgarie. ▱ [tsaʀ, tsaʀin].

**TSIGANE**, voir TZIGANE

**TU**, pron. pers.
Sujet de la 2ᵉ personne du singulier. ▱ [ty].

**TUBE**, subst. m.
Cylindre creux, gén. rigide. – Conduit anatomique. – Conditionnement pour des pâtes, des pommades. – Chanson ou musique à succès (fam.). ▱ [tyb].

**TUBERCULE**, subst. m.
Renflement d'une racine, réserve alimentaire de la plante. ▱ [tybɛʀkyl].

**TUBERCULEUX, EUSE**, adj. et subst.
Qui souffre de tuberculose. – Adj. Relatif à la tuberculose. ▱ [tybɛʀkylø, -øz].

**TUBERCULOSE**, subst. f.
Maladie infectieuse et contagieuse qui provoque des lésions nodulaires, en partic. dans les poumons. ▱ [tybɛʀkyloz].

**TUBULAIRE**, adj.
Qui est fabriqué avec des tubes métalliques. – Qui a la forme d'un tube. ▱ [tybylɛʀ].

**TUER**, verbe trans. [3]
Faire mourir violemment. – Causer la mort de. – Exténuer (fam.). – Faire disparaître : *La routine* tue *les passions*. – Pronom. Se suicider ; mourir dans un accident. – Fig. *Se* tuer *à* : s'évertuer à. ▱ [tɥe].

**TUERIE**, subst. f.
Action de tuer de manière massive et sauvage. – Massacre, carnage. ▱ [tyʀi].

**TUE-TÊTE (À)**, loc. adv.
*Crier* à tue-tête : très fort. ▱ [atytɛt].

**TUILE**, subst. f.
Pièce de terre cuite moulée, utilisée pour couvrir les toits. – Événement fâcheux (fam.). ▱ [tɥil].

**TULIPE**, subst. f.
Plante bulbeuse cultivée en partic. en Hollande, pour sa belle fleur. ▱ [tylip].

**TULLE**, subst. m.
Tissu léger et vaporeux. ▱ [tyl].

**TUMÉFIÉ, ÉE**, adj.
Se dit d'une partie du corps qui est boursouflée, enflée, souv. à la suite d'un coup violent. ▱ [tymefje].

**TUMEUR**, subst. f.
Grosseur pathologique, due à une prolifération cellulaire. ▱ [tymœʀ].

**TUMULTE**, subst. m.
Agitation, désordre bruyant et confus d'un groupe de personnes. ▱ [tymylt].

**TUMULTUEUX, EUSE**, adj.
Agité et bruyant. – *Une vie* tumultueuse : pleine d'aventures. ▱ [tymyltɥø, -øz].

**TUMULUS**, subst. m.
*Hist.* Amas artificiel de terre ou de pierres recouvrant une sépulture. ▱ [tymylys].

**TUNIQUE**, subst. f.
Vêtement féminin couvrant le buste et les hanches. – Longue veste militaire à col droit : Tunique *d'apparat*. ▱ [tynik].

**TUNNEL**, subst. m.
Galerie souterraine donnant passage à une voie de communication. ▱ [tynɛl].

**TURBAN**, subst. m.
Coiffure orientale masculine faite d'une bande d'étoffe ceignant la tête. ▱ [tyʀbɑ̃].

**TURBINE**, subst. f.
Moteur dans lequel un fluide (eau, vapeur, gaz, etc.) entraîne la rotation d'une roue. ▱ [tyʀbin].

**TURBOT**, subst. m.
Grand poisson marin plat, à la chair très fine. ▱ [tyʀbo].

**TURBULENCE**, subst. f.
Caractère turbulent. – Agitation bruyante. – Remous : Turbulence *atmosphérique*. ▱ [tyʀbylɑ̃s].

**TURBULENT, ENTE**, adj.
Qui est porté à faire du bruit, à s'agiter, à semer le désordre. ▱ [tyʀbylɑ̃, -ɑ̃t].

**TURC**, subst. m
Langue parlée en Turquie et en Asie centrale. ▱ [tyʀk].

**TURF**, subst. m.
Ensemble des activités concernant les courses de chevaux. ▱ [tyʀf] ou [tœʀf].

**TURPITUDE**, subst. f.
Conduite abjecte d'une personne. – Acte, parole infâme. ▱ [tyʀpityd].

**TURQUOISE**, subst. f.
Pierre fine d'un beau bleu-vert. – Empl. adj. inv. Couleur de cette pierre. ▱ [tyʀkwaz].

**TUTÉLAIRE**, adj.
Qui protège (littér.) : *Génie* tutélaire. – Qui se rapporte à la tutelle. ▱ [tytelɛʀ].

**TUTELLE**, subst. f.
Protection légale accordée à un mineur ou à un incapable majeur, et s'exerçant sur ses biens. – Dépendance, surveillance, protection : *Placer qqn sous* tutelle. ▱ [tytɛl].

**TUTEUR, TUTRICE**, subst.
*Dr.* Personne chargée de veiller sur un mineur ou un incapable majeur, et de gérer ses biens. – Masc. Piquet qui soutient une plante. ▱ [tytœʀ, tytʀis].

**TUTOIEMENT**, subst. m.
Action, fait de tutoyer. 🕮 [tytwamã].

**TUTOYER**, verbe trans. [17]
S'adresser à (qqn) en employant le pronom personnel « tu ». 🕮 [tytwaje].

**TUYAU, AUX**, subst. m.
Conduit cylindrique, rigide ou souple. – Information confidentielle (fam.). 🕮 [tɥijo].

**TUYAUTERIE**, subst. f.
Ensemble des tuyaux et des conduites d'une installation. – Ensemble des tuyaux d'un orgue. 🕮 [tɥijɔtʀi].

**T.V.A.**, subst. f. inv.
Sigle de « taxe à la valeur ajoutée », impôt indirect. 🕮 [tevea].

**TYMPAN**, subst. m.
*Anat.* Membrane séparant l'oreille moyenne du conduit auditif externe et qui transmet les vibrations de l'air. – *Archit.* Paroi, souv. sculptée, qui clôt l'arc des portails romans ou gothiques. 🕮 [tɛ̃pã].

**TYPE**, subst. m.
Ensemble de caractéristiques d'une catégorie. – Modèle. – Homme (fam.). 🕮 [tip].

**TYPHOÏDE**, adj. et subst. f.
Subst. Maladie infectieuse et contagieuse caractérisée par une forte fièvre et des troubles intestinaux. – Adj. Relatif à la **typhoïde** ou au typhus. 🕮 [tifɔid].

**TYPHON**, subst. m.
Cyclone dévastateur des mers de Chine et de l'océan Indien. 🕮 [tifɔ̃].

**TYPHUS**, subst. m.
Maladie infectieuse et contagieuse transmise par les poux. 🕮 [tifys].

**TYPIQUE**, adj.
Qui présente les caractéristiques, qui est un exemple parfait d'un type. 🕮 [tipik].

**TYPOGRAPHIE**, subst. f.
Art de composer un texte destiné à l'impression. – Présentation graphique d'un texte imprimé. 🕮 [tipɔgʀafi].

**TYRAN**, subst. m.
Chef politique abusant d'un pouvoir absolu, gouvernant par la peur. 🕮 [tiʀã].

**TYRANNIE**, subst. f.
Pouvoir absolu, oppressif, violent et injuste. – Fig. *La* **tyrannie** *des préjugés.* 🕮 [tiʀani].

**TYRANNISER**, verbe trans. [3]
Exercer une domination cruelle et méchante sur ; persécuter. 🕮 [tiʀanize].

**TZIGANE**, adj. et subst.
Se dit d'un peuple musicien et nomade, originaire de l'Inde. 🕮 [tzigan].

# U

**U, u,** subst. m. inv.
Vingt et unième lettre et cinquième voyelle de l'alphabet français. 🔊 [y].

**UBAC,** subst. m.
Versant d'une montagne exposé à l'ombre, gén. au nord (oppos. *adret*). 🔊 [ybak].

**UBIQUITÉ,** subst. f.
Capacité à être présent en plusieurs lieux au même instant. 🔊 [ybikчite].

**ULCÈRE,** subst. m.
*Méd.* Perte de substance du tissu cutané ou d'une muqueuse, se traduisant par une lésion qui cicatrise difficilement : *Un* ulcère *à l'estomac.* 🔊 [ylsɛʀ].

**ULCÉRER,** verbe trans. [8]
Affecter d'un ulcère. – Fig. Blesser profondément qqn. 🔊 [ylseʀe].

**U.L.M.,** subst. m. inv.
Sigle pour « ultraléger motorisé », engin volant au moteur de faible cylindrée. 🔊 [yɛlɛm].

**ULTÉRIEUR, IEURE,** adj.
*Géogr.* Situé au-delà. – Qui vient après, postérieur : *Repousser à une date* ultérieure. 🔊 [ylteʀjœʀ].

**ULTIMATUM,** subst. m.
Ensemble de conditions imposées par un État à un autre, assorties d'une menace de guerre. – Sommation. 🔊 [yltimatɔm].

**ULTIME,** adj.
Dernier, final. 🔊 [yltim].

**ULTRASON,** subst. m.
Son de fréquence trop élevée pour que l'oreille humaine le perçoive. 🔊 [yltʀasɔ̃].

**ULTRAVIOLET, ETTE,** adj. et subst. m.
*Phys.* Se dit de radiations invisibles pour l'œil humain, utilisées comme moyen thérapeutique (abrév. *U.V.*). 🔊 [yltʀavjɔlɛ, -ɛt].

**ULULER,** verbe intrans. [3]
Pousser son cri (ululement), en parlant d'un rapace nocturne. 🔊 [ylyle].

**UN (I), UNE,** adj. num. et subst. sing.
Adj. Le premier des nombres entiers, exprimant une quantité unique : *Deux poires et* une *pomme.* – Premier : *Acte* I. – Subst. masc. Le nombre un, le chiffre 1, le numéro 1. – Subst. fém. *La* une : la première page d'un journal. 🔊 [œ̃, yn].

**UN (II), UNE,** art. indéf.
Qualifie une personne ou une chose indéterminée, dont l'unicité est occasionnelle : **Une** *pomme.* 🔊 Plur. *des* : [œ̃, yn].

**UN (III), UNE,** pron. indéf.
Remplace une personne ou une chose nommée avant ou après, ou sous-entendue : *Venez* un *de ces jours.* – Opposé à « autre » : *L'*un *aime jouer, l'autre pas* ; *L'*un *l'autre,* réciproquement. 🔊 Plur. *uns, unes* ; [œ̃, yn].

**UNANIME,** adj.
Qui exprime un avis commun à tous : *Accord* unanime. – Plur. Qui sont du même avis. 🔊 [ynanim].

**UNANIMITÉ,** subst. f.
Unité de vue, accord complet de tous les membres d'un groupe. 🔊 [ynanimite].

**UNI, UNIE,** adj. et subst. m.
Adj. Lisse, sans aspérités. – D'une seule couleur. – Lié par l'affection ou l'amour. – Subst. Étoffe d'une seule couleur. 🔊 [yni].

**UNICELLULAIRE,** adj. et subst. m.
Se dit d'un être vivant formé d'une seule cellule, comme les bactéries, les protozoaires, etc. 🔊 [yniselylɛʀ].

**UNIFIER,** verbe trans. [6]
Réaliser l'unité de (qqch.), à partir d'éléments dispersés : **Unifier** *l'Europe.* – Rendre homogène, cohérent : **Unifier** *les mentalités.* 🔊 [ynifje].

**UNIFORME,** adj. et subst. m.
Adj. De forme, d'aspect identiques : *Des emballages* uniformes. – Régulier, sans variation ; monotone. – Subst. Vêtement réglementaire propre à certaines professions. 🔊 [ynifɔʀm].

**UNIFORMITÉ,** subst. f.
État de ce qui est uniforme. 🔊 [ynifɔʀmite].

**UNIJAMBISTE,** adj. et subst.
Qui n'a plus qu'une jambe. 🔊 [yniʒãbist].

**UNILATÉRAL, ALE, AUX,** adj.
Qui ne concerne qu'un seul côté. – Qui n'engage qu'une seule partie. – Qui n'est le fait que d'une personne. 🔊 [ynilateʀal].

**UNION,** subst. f.
Fusion, association entre des personnes ou des entités. – Rapport d'affinité intime, d'attrait réciproque. – Mariage. 🔊 [ynjɔ̃].

**UNIQUE,** adj.
Seul en son genre. – Incomparable, exceptionnel. – Incroyable (fam.). 🔊 [ynik].

**UNIR,** verbe trans. [19]
Créer des liens d'affinité entre, associer ; marier. – Joindre ensemble (des éléments divers). 🔊 [yniʀ].

**UNISSON, subst. m.**
*Mus.* Accord de voix ou d'instruments jouant des sons de même hauteur. – À l'**unisson** : avec un accord parfait. 🔊 [ynisɔ̃].

**UNITAIRE, adj.**
Qui forme une unité, ou qui tend vers l'unité. 🔊 [ynitɛʀ].

**UNITÉ, subst. f.**
Caractère de ce qui est un, unique, indivisible. – Harmonie, homogénéité. – Chose qui est une. – Grandeur déterminée servant de base à la mesure d'autres grandeurs : **Unité** de longueur. – Formation militaire. – Partie d'un ensemble plus vaste. 🔊 [ynite].

**UNIVERS, subst. m.**
Le monde terrestre, l'humanité. – L'**Univers** : le monde entier, tout ce qui existe. – Fig. Domaine, milieu : L'**univers** du rêve ; Sa maison est son seul **univers**. 🔊 [ynivɛʀ].

**UNIVERSALITÉ, subst. f.**
Caractère de ce qui est universel. – Qualité d'un esprit universel. 🔊 [ynivɛʀsalite].

**UNIVERSEL, ELLE, adj.**
Qui concerne tous les individus d'une catégorie. – Qui concerne tous les hommes. – Dont les connaissances, les aptitudes couvrent tous les domaines. – Qui concerne l'Univers. 🔊 [ynivɛʀsɛl].

**UNIVERSITAIRE, adj. et subst.**
Subst. Enseignant d'université. – Adj. Qui a trait à l'université. 🔊 [ynivɛʀsitɛʀ].

**UNIVERSITÉ, subst. f.**
Établissement d'enseignement supérieur. 🔊 [ynivɛʀsite].

**URBAIN, AINE, adj.**
Qui a trait à la ville. – Qui fait preuve d'urbanité (littér.). 🔊 [yʀbɛ̃, -ɛn].

**URBANISER, verbe trans.** [3]
Doter (un site, une région) de structures urbaines. 🔊 [yʀbanize].

**URBANISME, subst. m.**
Science et technique de l'aménagement des villes. 🔊 [yʀbanism].

**URBANITÉ, subst. f.**
Civilité, politesse (littér.). 🔊 [yʀbanite].

**URÈTRE, subst. m.**
Canal servant à l'évacuation de l'urine hors de la vessie. 🔊 [yʀetʀ].

**URGENCE, subst. f.**
Caractère de ce qui est urgent. 🔊 [yʀʒɑ̃s].

**URGENT, ENTE, adj.**
Qui ne tolère aucun délai. 🔊 [yʀʒɑ̃, -ɑ̃t].

**URINAIRE, adj.**
Qui concerne l'urine. 🔊 [yʀinɛʀ].

**URINE, subst. f.**
Liquide formé dans les reins lors de la purification du sang. 🔊 [yʀin].

**URINER, verbe** [3]
Intrans. Évacuer son urine. – Trans. Évacuer (qqch.) dans l'urine. 🔊 [yʀine].

**URNE, subst. f.**
Vase funéraire contenant les cendres d'un défunt. – Boîte recueillant les bulletins de vote. 🔊 [yʀn].

**URTICAIRE, subst. f.**
Éruption cutanée accompagnée de démangeaisons. 🔊 [yʀtikɛʀ].

**US, subst. m. plur.**
Les **us** et coutumes : les traditions d'un pays, d'un peuple. 🔊 [ys].

**USAGE, subst. m.**
Utilisation, emploi : Faire **usage** d'une pelle ; L'**usage** du latin. – Coutume, tradition. – Plur. Règles du savoir-vivre. 🔊 [yzaʒ].

**USAGÉ, ÉE, adj.**
Qui a beaucoup servi : Un vêtement **usagé**. – Qui est hors d'usage. 🔊 [yzaʒe].

**USAGER, subst. m.**
Personne qui utilise un service public : **Usager** du métro, du téléphone. 🔊 [yzaʒe].

**USER, verbe trans.** [3]
Détériorer peu à peu par un usage prolongé. – Fig. Diminuer, affaiblir peu à peu. – User de : se servir de (littér.). 🔊 [yze].

**USINE, subst. f.**
Établissement industriel producteur d'énergie ou de marchandises en série. 🔊 [yzin].

**USINER, verbe trans.** [3]
Façonner (une pièce) avec une machine-outil. 🔊 [yzine].

**USITÉ, ÉE, adj.**
Couramment employé. 🔊 [yzite].

**USTENSILE, subst. m.**
Objet d'usage domestique. 🔊 [ystɑ̃sil].

**USUEL, ELLE, adj.**
D'usage courant. 🔊 [yzɥɛl].

**USUFRUIT, subst. m.**
Droit de jouissance d'un bien dont on n'est pas propriétaire. 🔊 [yzyfʀɥi].

**USURE (I), subst. f.**
Intérêt monétaire d'un taux excessif au regard des normes réglementaires. 🔊 [yzyʀ].

**USURE (II), subst. f.**
Dégradation d'une chose matérielle au fil du temps. – Fig. Affaiblissement. 🔊 [yzyʀ].

**USURPATEUR, TRICE, subst.**
Personne qui usurpe. 🔊 [yzyʀpatœʀ, -tʀis].

**USURPER, verbe trans.** [3]
S'approprier (qqch.) de manière illégale : **Usurper** un bien, le pouvoir. 🔊 [yzyʀpe].

**UT, subst. m. inv.**
*Mus.* Synon. de *do*. 🔊 [yt].

**UTÉRUS, subst. m.**
Organe femelle qui reçoit l'œuf fécondé jusqu'à l'accouchement. 🔊 [yteʀys].

**UTILE, adj.**
Qui sert. – Qui rend service. &a [ytil].

**UTILISATION, subst. f.**
Action, manière d'utiliser. &a [ytilizasjɔ̃].

**UTILISER, verbe trans.** [3]
Se servir de, employer avantageusement
(qqch. ou qqn). &a [ytilize].

**UTILITAIRE, adj. et subst. m.**
Adj. Qui a pour seul but l'utilité. – Subst.
Camion ou autocar. &a [ytilitɛʀ].

**UTILITÉ, subst. f.**
Qualité de ce qui est utile. &a [ytilite].

**UTOPIE, subst. f.**
Projet irréalisable. – Illusion. &a [ytɔpi].

# V

**V, v, subst. m. inv.**
Vingt-deuxième lettre de l'alphabet français et dix-septième consonne. 🕮 [ve].

**VACANCE, subst. f.**
État d'une charge, d'un poste vacants. – Plur. Période de congé accordée aux salariés, aux élèves, aux étudiants. 🕮 [vakɑ̃s].

**VACANCIER, IÈRE, subst.**
Personne qui est en vacances en dehors de son domicile habituel. 🕮 [vakɑ̃sje, -jɛʀ].

**VACANT, ANTE, adj.**
Qui est disponible, inoccupé : *Un appartement* **vacant**. – Qui n'a pas de titulaire : *Poste* **vacant**. 🕮 [vakɑ̃, -ɑ̃t].

**VACARME, subst. m.**
Grand bruit, tumulte, tapage. 🕮 [vakaʀm].

**VACCIN, subst. m.**
Substance inoculée à une personne, à un animal pour les immuniser contre une maladie. 🕮 [vaksɛ̃].

**VACCINER, verbe trans.** [3]
Administrer un vaccin à. – *La télé, je suis* **vacciné** : je ne veux plus en entendre parler (fam.). 🕮 [vaksine].

**VACHE, subst. f.**
Subst. Bovidé domestique, femelle du taureau. – Empl. adj. Sévère, méchant (fam.) : *Un professeur* **vache**. 🕮 [vaʃ].

**VACILLER, verbe intrans.** [3]
Trembler de faiblesse, chanceler, tituber. – Scintiller faiblement. – Fig. Manquer d'assurance ; s'affaiblir : *Mémoire qui* **vacille**. 🕮 [vasije].

**VACUITÉ, subst. f.**
État de ce qui est vide. – Vide moral ou intellectuel. 🕮 [vakɥite].

**VADROUILLE, subst. f.**
Promenade, balade (fam.) : *En* **vadrouille**, hors de chez soi, en voyage. 🕮 [vadʀuj].

**VA-ET-VIENT, subst. m. inv.**
Mouvement d'aller et retour d'un mécanisme. – Allées et venues de personnes, de véhicules. 🕮 [vaevjɛ̃].

**VAGABOND, ONDE, adj. et subst.**
Adj. Qui erre, qui est itinérant. – Inconstant ; changeant : *Humeur* **vagabonde**. – Subst. Nomade. – Clochard, personne sans domicile fixe. 🕮 [vagabɔ̃, -ɔ̃d].

**VAGABONDER, verbe intrans.** [3]
Mener la vie d'un vagabond. – Fig. Errer, passer d'une chose à l'autre : *Esprit qui* **vagabonde**. 🕮 [vagabɔ̃de].

**VAGIN, subst. m.**
Organe génital féminin constitué d'un canal allant de la vulve à l'utérus. 🕮 [vaʒɛ̃].

**VAGIR, verbe intrans.** [19]
Émettre un cri (vagissement), en parlant d'un nouveau-né, d'un crocodile ou d'un lièvre. 🕮 [vaʒiʀ].

**VAGUE (I), adj. et subst. m.**
Adj. Qui ne se laisse pas définir clairement, imprécis : *Des propos* **vagues**. – Subst. *Rester dans le* **vague** : se montrer évasif. 🕮 [vag].

**VAGUE (II), adj.**
*Terrain* **vague** : à l'abandon, sans cultures ni constructions. 🕮 [vag].

**VAGUE (III), subst. f.**
Mouvement ondulatoire à la surface des eaux. – Fig. Masse de personnes. – Phénomène de masse qui se propage : *Une* **vague** *d'enthousiasme souleva le public*. 🕮 [vag].

**VAILLANCE, subst. f.**
Bravoure, courage (littér.). 🕮 [vajɑ̃s].

**VAILLANT, ANTE, adj.**
Qui ne craint pas le danger, courageux. – Vigoureux. 🕮 [vajɑ̃, -ɑ̃t].

**VAIN, VAINE, adj.**
Illusoire, sans fondement : **Vains** *espoirs*. – Infructueux, inutile. – Loc. adv. *En* **vain** : inutilement. 🕮 [vɛ̃, vɛn].

**VAINCRE, verbe trans.** [56]
Battre, venir à bout de, l'emporter sur (un adversaire). – Triompher de : **Vaincre** *la maladie*. 🕮 [vɛ̃kʀ].

**VAINQUEUR, adj. m. et subst. m.**
Qui a remporté une victoire. 🕮 [vɛ̃kœʀ].

**VAISSEAU, subst. masc.**
Grand navire. – **Vaisseau** *spatial* : véhicule de l'espace. – Anat. Conduit dans lequel circulent le sang ou la lymphe. 🕮 [vɛso].

**VAISSELLE, subst. f.**
Ensemble des récipients qui contiennent la nourriture. – Lavage de ces récipients et des couverts utilisés pour le repas. 🕮 [vɛsɛl].

**VAL, VAUX ou VALS, subst. m.**
Petite vallée, espace enserré entre deux collines : *Par monts et par* **vaux**. 🕮 [val].

**VALABLE, adj.**
Qui présente les conditions requises pour être accepté : *Passeport* **valable**. – Fondé : *Une raison* **valable**. 🕮 [valabl].

**VALÉRIANE, subst. f.**
Plante médicinale. 🕮 [valeʀjan].

**VALET, subst. m.**
Serviteur, domestique. – Homme servile.
– Figure d'un jeu de cartes, située immédiatement avant la dame. 📷 [valɛ].

**VALEUR, subst. f.**
Prix : Valeur d'un bijou. – Titre négociable :
Bourse des valeurs. – Importance donnée
à qqch. – Qualité morale ou intellectuelle.
– Critère du vrai, du beau, du bien dans
un jugement moral ou esthétique. – Quantité équivalente approximative : Ajouter la
valeur d'un verre. 📷 [valœʀ].

**VALEUREUX, EUSE, adj.**
Vaillant, courageux (littér.). 📷 [valœʀø, -øz].

**VALIDE, adj.**
En bonne santé. – Valable, en règle : Ticket
valide. 📷 [valid].

**VALIDER, verbe trans. [3]**
Rendre (qqch.) valide, entériner. 📷 [valide].

**VALIDITÉ, subst. f.**
Qualité de ce qui est valide. 📷 [validite].

**VALISE, subst. f.**
Bagage de forme rectangulaire, muni d'une
poignée. 📷 [valiz].

**VALLÉE, subst. f.**
Dépression du relief terrestre résultant de
l'action d'un cours d'eau. 📷 [vale].

**VALLON, subst. m.**
Petite vallée. 📷 [valõ].

**VALOIR, verbe [45]**
Intrans. Être estimé à un certain prix,
coûter. – Avoir une certaine qualité.
– Trans. Être égal à ; mériter : Cela vaut
un détour. – Causer, provoquer. – Impers.
Il vaut mieux (+ inf.) : il est préférable de.
– Pronom. Être équivalent, avoir la même
valeur. 📷 [valwaʀ].

**VALORISER, verbe trans. [3]**
Accroître la valeur de (qqch.). – Augmenter
le mérite de (qqn). 📷 [valɔʀize].

**VALSE, subst. f.**
Danse à trois temps. – Fig. Changement
fréquent (fam.) : Valse des prix. 📷 [vals].

**VALSER, verbe intrans. [3]**
Danser la valse. – Fig. Être manié avec
désinvolture ou brutalité (fam.). 📷 [valse].

**VALVE, subst. f.**
Système qui ne laisse passer un flux (d'air,
d'électricité) que dans un sens. 📷 [valv].

**VAMPIRE, subst. m.**
Mort-vivant qui sucerait le sang des vivants. – Grande chauve-souris d'Amérique
du Sud. 📷 [vãpiʀ].

**VAN, subst. m.**
Fourgon à chevaux. 📷 [vã].

**VANDALE, subst.**
Qui se livre au vandalisme. 📷 [vãdal].

**VANDALISME, subst. m.**
Agissements malveillants de celui qui détruit
des biens, des œuvres d'art. 📷 [vãdalism].

**VANILLE, subst. f.**
Fruit du vanillier, qui fournit une substance
aromatique. – Cette substance. 📷 [vanij].

**VANITÉ, subst. f.**
Caractère de ce qui est vain, inutile (littér.).
– Prétention, orgueil injustifié. 📷 [vanite].

**VANITEUX, EUSE, adj. et subst.**
Qui est plein de vanité. 📷 [vanitø, -øz].

**VANNE, subst. f.**
Dispositif mobile servant à régler le débit
d'une canalisation. 📷 [van].

**VANNER, verbe trans. [3]**
Fatiguer, harasser (fam.). 📷 [vane].

**VANNERIE, subst. f.**
Confection d'objets tressés en rotin, en
osier, en raphia, etc. – Ces objets. 📷 [vanʀi].

**VANNIER, subst. m.**
Artisan, ouvrier en vannerie. 📷 [vanje].

**VANTAIL, AUX, subst. m.**
Panneau mobile d'une fenêtre, d'une
porte ; battant. 📷 [vãtaj].

**VANTARD, ARDE, adj. et subst.**
Qui se vante, fanfaron. 📷 [vãtaʀ, -aʀd].

**VANTARDISE, subst. f.**
Attitude, caractère, propos d'une personne
qui se vante. 📷 [vãtaʀdiz].

**VANTER, verbe trans. [3]**
Louer, célébrer, faire l'éloge de (qqn ou
qqch.). – Pronom. Exagérer ses mérites ;
mentir par vanité. – Se vanter de : tirer
vanité de ; se faire fort de. 📷 [vãte].

**VA-NU-PIEDS, subst. inv.**
Misérable, vagabond (péj.). 📷 [vanypje].

**VAPEUR, subst.**
Fém. Eau à l'état gazeux ou sous forme de
fines gouttelettes d'eau en suspension.
– Tout corps à l'état gazeux : Vapeur
d'essence. – Locomotive à vapeur : mue par
la force de la vapeur d'eau. – Masc. Bateau
à vapeur (vieilli). 📷 [vapœʀ].

**VAPOREUX, EUSE, adj.**
Voilé de brume légère. – Fig. Dont la
légèreté évoque la vapeur : Étoffe vaporeuse.
📷 [vapɔʀø, -øz].

**VAPORISATEUR, subst. m.**
Appareil servant à vaporiser un produit, tel
un parfum. 📷 [vapɔʀizatœʀ].

**VAPORISER, verbe trans. [3]**
Transformer (un corps) en vapeur ou en
gaz. – Diffuser (un liquide) en fines
gouttelettes. 📷 [vapɔʀize].

**VAQUER, verbe [3]**
Intrans. Suspendre son activité (vieilli) : Les
tribunaux vaquent. – Trans. indir. Vaquer
à : s'occuper de, s'adonner à. 📷 [vake].

**VARAN,** subst. m.
Grand lézard tropical. 🖾 [varɑ̃].

**VARAPPE,** subst. f.
Escalade d'une paroi rocheuse. 🖾 [varap].

**VARECH,** subst. m.
Algues rejetées par la mer, souv. utilisées comme engrais. 🖾 [varɛk].

**VAREUSE,** subst. f.
Blouse de toile des marins. – Veste de certains uniformes. – Veste ample. 🖾 [varøz].

**VARIABLE,** adj. et subst. f.
Adj. Qui varie ou est susceptible de varier. – Subst. *Math.* Symbole qui peut prendre différentes valeurs. 🖾 [varjabl].

**VARIANTE,** subst. f.
Forme d'une chose, solution d'une question, version d'un texte légèrement différente de l'original. 🖾 [varjɑ̃t].

**VARICE,** subst. f.
Dilatation permanente d'une veine, gén. sur la jambe. 🖾 [varis].

**VARICELLE,** subst. f.
Maladie contagieuse, accompagnée de boutons et de démangeaisons. 🖾 [varisɛl].

**VARIÉ, ÉE,** adj.
Qui est divers dans ses éléments : *Programme* **varié.** – Plur. Différents, distincts les uns des autres. 🖾 [varje].

**VARIER,** verbe [6]
Trans. Apporter de la variété à (qqch.), diversifier : **Varier** *les plaisirs.* – Intrans. Changer de valeur, d'avis : *Le prix* **varie** ; *Les opinions* **varient.** 🖾 [varje].

**VARIÉTÉ,** subst. f.
Caractère d'un ensemble présentant des éléments variés, diversité. – Catégorie d'éléments au sein d'un ensemble : *Une* **variété** *de tulipes.* – Plur. Spectacle ou émission présentant des chansons et des attractions variées. 🖾 [varjete].

**VARIOLE,** subst. f.
Grave maladie contagieuse. 🖾 [varjɔl].

**VASCULAIRE,** adj.
Qui a trait aux vaisseaux du corps, en partic. aux vaisseaux sanguins. 🖾 [vaskylɛʀ].

**VASE (I),** subst. m.
Récipient utilitaire ou décoratif destiné à recevoir des fleurs. 🖾 [vɑz].

**VASE (II),** subst. f.
Dépôt boueux qui se forme au fond des plans d'eau. 🖾 [vɑz].

**VASELINE,** subst. f.
Substance grasse, issue du pétrole, utilisée comme lubrifiant. 🖾 [vaz(ə)lin].

**VASEUX, EUSE,** adj.
Qui contient de la vase. – Fam. Mal réveillé, en état de torpeur ; légèrement malade. – Confus : *Explication* **vaseuse.** 🖾 [vazø, -øz].

**VASISTAS,** subst. m.
Petit panneau mobile et vitré s'ouvrant dans une porte ou une fenêtre. 🖾 [vazistɑs].

**VASQUE,** subst. f.
Bassin ornemental peu profond. – Large coupe décorant une table. 🖾 [vask].

**VASSAL, ALE, AUX,** adj. et subst.
Au Moyen Âge, se disait d'une personne liée à un suzerain par les obligations féodales. – Se dit d'un homme ou d'un groupe qui dépend d'un autre. 🖾 [vasal].

**VASTE,** adj.
De grande étendue. – De grande ampleur : *Un* **vaste** *projet.* 🖾 [vast].

**VA-TOUT,** subst. m. inv.
Coup sur lequel un joueur risque tout son argent. – *Jouer son* **va-tout** : le tout pour le tout. 🖾 [vatu].

**VAUDEVILLE,** subst. m.
*Litt.* et *théâtre.* Comédie légère. 🖾 [vod(ə)vil].

**VAUDOU,** subst. m.
Culte pratiqué en Haïti. 🖾 [vodu].

**VAU-L'EAU (À),** loc. adv.
Au fil de l'eau. – *Aller à* **vau-l'eau** : péricliter, se désorganiser. 🖾 [avolo].

**VAURIEN, IENNE,** subst.
Garnement, galopin. 🖾 [voʀjɛ̃, -jɛn].

**VAUTOUR,** subst. m.
Grand oiseau de proie qui se nourrit de charognes : *Le* **vautour** *moine des Pyrénées.* – Fig. Homme dur et rapace. 🖾 [votuʀ].

**VAUTRER (SE),** verbe pronom. [3]
Se coucher, s'affaler. 🖾 [votʀe].

**VA-VITE (À LA),** loc. adv.
De manière hâtive. 🖾 [alavavit].

**VEAU,** subst. m.
Petit de la vache. – Viande ou cuir de cet animal. 🖾 [vo].

**VECTEUR,** subst. m.
Ce qui joint, véhicule, transporte ou transmet qqch. – *Math.* Segment de droite orienté. 🖾 [vɛktœʀ].

**VÉCU, UE,** adj. et subst. m.
Adj. Réel, qui s'est effectivement passé. – Subst. Expérience de la vie. 🖾 [veky].

**VEDETTE,** subst. f.
Acteur ou artiste de variétés en renom. – Personnalité, célébrité dans un domaine particulier. – *En* **vedette** : en évidence, en valeur. – Bateau léger à moteur. 🖾 [vədɛt].

**VÉGÉTAL, ALE, AUX,** adj. et subst. m.
Subst. Être vivant fixé au sol, plante. – Adj. Qui a trait aux plantes : *Le règne* **végétal.** 🖾 [veʒetal].

**VÉGÉTARIEN, IENNE,** adj. et subst.
Dont la nourriture ne comprend pas de viande. 🖾 [veʒetaʀjɛ̃, -jɛn].

**VÉGÉTATIF, IVE, adj.**
Relatif aux fonctions vitales des plantes et des animaux. – Fig. Qui se limite aux fonctions vitales de l'homme, en excluant toute activité intellectuelle : *Vie* **végétative**. [vezetatif. -iv].

**VÉGÉTATION, subst. f.**
Ensemble des végétaux d'un lieu. – Plur. *Méd.* Excroissances charnues qui obstruent les fosses nasales. [vezetasjɔ̃].

**VÉGÉTER, verbe intrans.** [8]
Croître avec difficulté. – Fig. Vivre dans la médiocrité ou l'inaction. [vezete].

**VÉHÉMENCE, subst. f.**
Fougue, impétuosité. [veemãs].

**VÉHÉMENT, ENTE, adj.**
Fougueux, impétueux. [veemã. -ãt].

**VÉHICULE, subst. m.**
Ce qui sert à communiquer. – Engin de déplacement, de transport. [veikyl].

**VÉHICULER, verbe trans.** [3]
Transporter. – Faire circuler. – Propager, répandre : **Véhiculer** *un microbe*. [veikyle].

**VEILLE, subst. f.**
Action de veiller. – Garde de nuit. – Jour précédant celui dont on parle. [vɛj].

**VEILLÉE, subst. f.**
Soirée conviviale qui s'étend entre le dîner et le coucher. – Action de veiller un malade, un mort. – **Veillée** *d'armes* : soirée qui précède un jour important. [veje].

**VEILLER, verbe** [3]
Intrans. Rester délibérément en éveil la nuit. – Trans. indir. **Veiller** *à qqch.* : y faire attention. – **Veiller** *sur* : prendre soin de. – Trans. dir. **Veiller** *un malade* : l'assister pendant la nuit. [veje].

**VEILLEUR, subst. m.**
**Veilleur** *de nuit* : garde chargé de surveiller un établissement la nuit. [vɛjœʀ].

**VEILLEUSE, subst. f.**
Petite lampe à faible lumière. – Petite flamme permanente servant à l'allumage automatique d'un appareil à gaz ou à mazout. – **En veilleuse** : au ralenti. – Plur. Feux de position d'un véhicule. [vɛjøz].

**VEINE, subst. f.**
Vaisseau véhiculant le sang vers le cœur. – Filon de minerai. – Dessin sinueux dans la pierre ou le bois. – Fig. Inspiration. – Chance (fam.). [vɛn].

**VEINÉ, ÉE, adj.**
Aux veines apparentes. – Dont le motif évoque les veines. [vene].

**VEINEUX, EUSE, adj.**
Qui concerne les veines. [vɛnø. -øz].

**VÊLER, verbe intrans.** [3]
Mettre bas, pour la vache. [vele].

**VÉLIN, subst. m.**
Peau de veau mort-né, utilisée autrefois comme parchemin. – Papier luxueux, très blanc et fin. [velɛ̃].

**VELLÉITAIRE, adj. et subst.**
Qui fait preuve de velléité. [veleitɛʀ].

**VELLÉITÉ, subst. f.**
Volonté faible et fugitive, rarement suivie d'actes. [veleite].

**VÉLO, subst. m.**
Bicyclette. [velo].

**VÉLOCE, adj.**
Rapide et vif (littér.). [velɔs].

**VÉLOCIPÈDE, subst. m.**
Ancêtre du vélo. [velɔsipɛd].

**VÉLOCITÉ, subst. f.**
Rapidité (littér.). [velɔsite].

**VÉLODROME, subst. m.**
Piste entourée de gradins, réservée aux courses cyclistes. [velodʀom].

**VÉLOMOTEUR, subst. m.**
Petite motocyclette, dont la cylindrée va de 50 à 125 cm³. [velomɔtœʀ].

**VELOURS, subst. m.**
Étoffe d'aspect lourd, rase sur l'envers et couverte de poils courts et drus sur l'endroit. – Ce qui est doux au toucher (littér.) : *Une peau de* **velours**. [v(ə)luʀ].

**VELOUTÉ, ÉE, adj. et subst. m.**
Qui évoque la douceur du velours. – Subst. Potage onctueux. [vəlute].

**VELU, UE, adj.**
Qui a des poils en abondance. [vəly].

**VENAISON, subst. f.**
Chair du gros gibier. [vənɛzɔ̃].

**VÉNAL, ALE, AUX, adj.**
Qui se fait payer au mépris de l'intégrité, de la dignité. – Qui a trait à la valeur en argent d'un bien. [venal].

**VENDANGE, subst. f.**
Cueillette du raisin. – Plur. Époque où cette cueillette a lieu. [vãdãʒ].

**VENDANGER, verbe** [5]
Trans. Cueillir le raisin de (la vigne). – Intrans. Faire la vendange. [vãdãʒe].

**VENDÉMIAIRE, subst. m.**
Premier mois du calendrier républicain, qui s'étendait du 22-24 septembre au 21-23 octobre. [vãdemjɛʀ].

**VENDETTA, subst. f.**
Coutume corse qui fait obligation à tous les membres d'une famille de venger une offense. [vãdeta].

**VENDEUR, EUSE, adj. et subst.**
Adj. Qui favorise la vente. – Subst. Particulier qui vend un bien. – Professionnel de la vente. [vãdœʀ. -øz].

**VENDRE, verbe trans. [51]**
Céder (qqch.) contre un paiement. – Faire le commerce de : **Vendre** *des fruits et légumes.* – Fig. Trahir. 🔊 [vɑ̃dʀ].

**VENDREDI, subst. m.**
Cinquième jour de la semaine, veille du samedi. 🔊 [vɑ̃dʀədi].

**VENDU, UE, adj. et subst.**
Qui est vénal ou traître (péj.). 🔊 [vɑ̃dy].

**VENELLE, subst. f.**
Petite rue étroite (littér.). 🔊 [vənɛl].

**VÉNÉNEUX, EUSE, adj.**
Se dit d'une plante qui contient un poison dangereux. 🔊 [venenø, -øz].

**VÉNÉRABLE, adj.**
Qui suscite une attitude de vénération. – Respectable. 🔊 [veneʀabl].

**VÉNÉRATION, subst. f.**
Respect des choses sacrées. – Grand respect teinté d'admiration. 🔊 [veneʀasjɔ̃].

**VÉNÉRER, verbe trans. [8]**
Avoir de la vénération pour. 🔊 [veneʀe].

**VÉNERIE, subst. f.**
Art de la chasse à courre. 🔊 [venʀi].

**VÉNÉRIEN, IENNE, adj.**
Relatif aux maladies sexuellement transmissibles. 🔊 [veneʀjɛ̃, -jɛn].

**VENGEANCE, subst. f.**
Action ou désir de se venger. – Châtiment, revanche. 🔊 [vɑ̃ʒɑ̃s].

**VENGER, verbe trans. [5]**
Réparer le tort fait à (qqn, qqch.) en punissant l'auteur de l'offense : **Venger** *son honneur, un ami.* – Pronom. Réparer une offense, se faire justice : *Se* **venger** *de qqch., de qqn.* 🔊 [vɑ̃ʒe].

**VENGEUR, ERESSE, adj. et subst.**
Qui venge. 🔊 [vɑ̃ʒœʀ, -(ə)ʀɛs].

**VÉNIEL, IELLE, adj.**
Qui peut être absous. – Insignifiant, anodin (littér.). 🔊 [venjɛl].

**VENIMEUX, EUSE, adj.**
Qui sécrète du venin. – Fig. Haineux ; malveillant (littér.). 🔊 [vənimø, -øz].

**VENIN, subst. m.**
Substance toxique que sécrètent certains animaux pour se défendre. – Fig. Haine ; malveillance (littér.). 🔊 [vənɛ̃].

**VENIR, verbe intrans. [22]**
Rejoindre l'endroit où l'on est attendu. – Arriver, survenir. – **Venir** *de* : provenir, émaner de ; être issu de. – Apparaître. – **Venir** *de* (+ inf.) : avoir tout juste fini de. 🔊 [v(ə)niʀ].

**VENT, subst. m.**
Mouvement de l'air qui se déplace dans l'atmosphère. – Tendance, mouvement : *Un* **vent** *de fronde.* – *Instrument à* **vent** : instrument de musique dans lequel on souffle pour produire un son. 🔊 [vɑ̃].

**VENTE, subst. f.**
Action de céder un bien contre paiement : *La* **vente** *d'un immeuble.* 🔊 [vɑ̃t].

**VENTER, verbe impers. [3]**
Faire du vent. 🔊 [vɑ̃te].

**VENTEUX, EUSE, adj.**
Où souffle le vent. 🔊 [vɑ̃tø, -øz].

**VENTILATEUR, subst. m.**
Appareil qui déplace de l'air pour rafraîchir, ou pour refroidir un moteur. 🔊 [vɑ̃tilatœʀ].

**VENTILATION, subst. f.**
Action de faire circuler de l'air. – Fig. Répartition d'argent, d'objets, de personnes : **Ventilation** *des frais.* 🔊 [vɑ̃tilasjɔ̃].

**VENTILER, verbe trans. [3]**
Faire circuler l'air de (un lieu) pour aérer ou rafraîchir. – Fig. Répartir. 🔊 [vɑ̃tile].

**VENTÔSE, subst. m.**
Sixième mois du calendrier républicain (19-21 février au 20-21 mars). 🔊 [vɑ̃toz].

**VENTOUSE, subst. f.**
Organe adhésif de certains animaux. – Rondelle de caoutchouc qui adhère à une surface plane par pression. 🔊 [vɑ̃tuz].

**VENTRAL, ALE, AUX, adj.**
Qui concerne le ventre. – Qui est placé contre le ventre. 🔊 [vɑ̃tʀal].

**VENTRE, subst. m.**
Région du corps, opposée au dos, qui abrite les intestins. – Renflement de qqch. : *Le* **ventre** *d'un flacon.* 🔊 [vɑ̃tʀ].

**VENTRICULE, subst. m.**
Chacune des deux cavités inférieures du cœur. 🔊 [vɑ̃tʀikyl].

**VENTRILOQUE, adj. et subst.**
Se dit d'un artiste qui réussit à parler sans remuer les lèvres. 🔊 [vɑ̃tʀilɔk].

**VENTRIPOTENT, ENTE, adj.**
Qui a un gros ventre. 🔊 [vɑ̃tʀipɔtɑ̃, -ɑ̃t].

**VENTRU, UE, adj.**
Qui a un gros ventre. – Qui présente un renflement. 🔊 [vɑ̃tʀy].

**VENU, UE, adj. et subst.**
Adj. *Bien, mal* **venu** : qui vient à propos, mal à propos. – Subst. *Nouveau* **venu** : celui qui vient d'arriver. – *Le premier* **venu** : n'importe qui. – Subst. fém. Fait de venir, d'arriver, de se produire. – **Venue** *au monde* : naissance. 🔊 [v(ə)ny].

**VER, subst. m.**
Petit animal mou et allongé, sans pattes. – Larve de certains insectes : **Ver** *à soie.* 🔊 [vɛʀ].

**VÉRACITÉ, subst. f.**
Qualité de ce qui est vrai. 🔊 [veʀasite].

**VÉRANDA, subst. f.**
Pièce entièrement vitrée ajoutée au bâtiment principal. 🔊 [veʀɑ̃da].

**VERBAL, ALE, AUX,** adj.
Qui se fait de vive voix, oral. – Qui concerne la parole. – *Ling.* Relatif au verbe. 🕮 [vɛʀbal].

**VERBALISER,** verbe intrans. [3]
Dresser un procès-verbal. 🕮 [vɛʀbalize].

**VERBE,** subst. m.
Parole (littér.). – *Ling.* Mot autour duquel s'articule une phrase, et qui exprime une action, un état, un devenir. 🕮 [vɛʀb].

**VERBEUX, EUSE,** adj.
Qui utilise beaucoup trop de mots et, de ce fait, manque de clarté. 🕮 [vɛʀbø, -øz].

**VERBIAGE,** subst. m.
Profusion de paroles creuses. 🕮 [vɛʀbjaʒ].

**VERDÂTRE,** adj.
Qui tire sur le vert. 🕮 [vɛʀdɑtʀ].

**VERDEUR,** subst. f.
Vigueur de la jeunesse. – Âpreté, acidité d'un vin, d'un fruit. – Crudité d'un langage. 🕮 [vɛʀdœʀ].

**VERDICT,** subst. m.
Décision d'un tribunal rendue après délibération. – Jugement quelconque, décision rendue. 🕮 [vɛʀdik(t)].

**VERDIR,** verbe [19]
Devenir ou rendre vert. 🕮 [vɛʀdiʀ].

**VERDOYANT, ANTE,** adj.
Qui devient vert. – Couvert d'une végétation bien verte. 🕮 [vɛʀdwajɑ̃, -ɑ̃t].

**VERDURE,** subst. f.
Couleur verte de la végétation. – L'herbe et les feuillages. – Plante potagère mangée en salade. 🕮 [vɛʀdyʀ].

**VÉREUX, EUSE,** adj.
Qui renferme des vers. – *Fig.* Corrompu, malhonnête. 🕮 [veʀø, -øz].

**VERGE,** subst. f.
Baguette de bois souple utilisée pour châtier. – Membre viril. 🕮 [vɛʀʒ].

**VERGER,** subst. m.
Champ planté d'arbres fruitiers. 🕮 [vɛʀʒe].

**VERGETURE,** subst. f.
Trace nacrée qui strie une peau distendue. 🕮 [vɛʀʒətyʀ].

**VERGLACÉ, ÉE,** adj.
Couvert de verglas. 🕮 [vɛʀglase].

**VERGLAS,** subst. m.
Mince couche de glace qui se forme sur le sol, en partic. sur la route. 🕮 [vɛʀglɑ].

**VERGOGNE,** subst. f.
*Sans* **vergogne** : sans pudeur ni honte ; sans scrupule. 🕮 [vɛʀgɔɲ].

**VERGUE,** subst. f.
*Mar.* Barre placée en travers du mât, qui porte la voile. 🕮 [vɛʀg].

**VÉRIDIQUE,** adj.
Qui dit la vérité (littér.). – Conforme à la vérité. 🕮 [veʀidik].

**VÉRIFICATION,** subst. f.
Action de vérifier. – Opération de contrôle : **Vérification** *des comptes.* 🕮 [veʀifikasjɔ̃].

**VÉRIFIER,** verbe trans. [6]
Contrôler l'exactitude, la conformité ou le bon état de. – Confirmer : *Résultat qui* **vérifie** *l'hypothèse.* 🕮 [veʀifje].

**VÉRITABLE,** adj.
Conforme à la vérité. – Vrai, réel, naturel : *Cuir* **véritable.** – Digne de son nom : *Une* **véritable** *épopée.* 🕮 [veʀitabl̩].

**VÉRITÉ,** subst. f.
Caractère de ce qui est vrai, conforme à la réalité, ou démontré. – Sincérité. 🕮 [veʀite].

**VERMEIL, EILLE,** adj. et subst. m.
Adj. D'un rouge vif et léger. – Subst. Argent recouvert d'une dorure. 🕮 [vɛʀmɛj].

**VERMIFUGE,** adj. et subst. m.
Se dit d'un médicament qui provoque l'évacuation des vers intestinaux. 🕮 [vɛʀmify ʒ].

**VERMILLON,** adj. inv. et subst. m.
Rouge vif tirant sur l'orangé. 🕮 [vɛʀmijɔ̃].

**VERMINE,** subst. f.
Parasites externes de l'homme, des animaux. – *Fig.* Individus vils ; canaille. 🕮 [vɛʀmin].

**VERMISSEAU,** subst. m.
Petit ver. – Petite larve. 🕮 [vɛʀmiso].

**VERMOULU, UE,** adj.
Se dit du bois rongé par les vers. – *Fig.* Vieux et près de s'effondrer. 🕮 [vɛʀmuly].

**VERNIR,** verbe trans. [19]
Enduire de vernis. 🕮 [vɛʀniʀ].

**VERNIS,** subst. m.
Solution résineuse brillante dont on protège ou décore un support. – *Fig.* Apparence brillante, mais superficielle. 🕮 [vɛʀni].

**VERNISSAGE,** subst. m.
Opération qui consiste à vernir. – Inauguration, sur invitation, d'une exposition de peinture. 🕮 [vɛʀnisaʒ].

**VERNISSÉ, ÉE,** adj.
Se dit d'une poterie vernie. 🕮 [vɛʀnise].

**VÉROLE,** subst. f.
Syphilis (fam.). 🕮 [veʀɔl].

**VERRAT,** subst. m.
Porc mâle reproducteur. 🕮 [veʀa].

**VERRE,** subst. m.
Substance minérale, dure, cassante et transparente. – Plaque, lame de **verre.** – Lentille conçue pour corriger la vue. – Récipient utilisé pour boire ; son contenu. 🕮 [vɛʀ].

**VERRERIE,** subst. f.
Fabrication et commerce du verre. – Objets en verre. 🕮 [vɛʀi].

**VERRIER, IÈRE,** adj. et subst. m.
Adj. Du verre. – Subst. Ouvrier, artisan en verrerie ou en vitraux. 🕮 [vɛʀje, -jɛʀ].

**VERRIÈRE, subst. f.**
Partie vitrée d'un toit. – Grande surface vitrée. 🔊 [vɛʀjɛʀ].

**VERROTERIE, subst. f.**
Bijoux de verre coloré et travaillé, de faible valeur ; pacotille. 🔊 [vɛʀɔtʀi].

**VERROU, subst. m.**
Pièce de métal coulissante servant à fermer une porte. – Barrage, obstacle. 🔊 [vɛʀu].

**VERROUILLAGE, subst. m.**
Action de fermer au verrou ; son résultat. – Blocage. 🔊 [vɛʀujaʒ].

**VERROUILLER, verbe trans.** [3]
Fermer au verrou. – Bloquer. – Empêcher l'évolution de. 🔊 [vɛʀuje].

**VERRUE, subst. f.**
Petite excroissance cutanée. 🔊 [vɛʀy].

**VERS (I), subst. m.**
Ligne rythmée d'une œuvre poétique. 🔊 [vɛʀ].

**VERS (II), prép.**
En direction de. – Environ. 🔊 [vɛʀ].

**VERSANT, subst. m.**
Chacune des pentes d'une vallée ou d'une montagne. – Chacun des deux aspects opposés d'une même chose. 🔊 [vɛʀsɑ̃].

**VERSATILE, adj.**
Qui change souv. d'opinion. 🔊 [vɛʀsatil].

**VERSE (À), loc. adv.**
*Il pleut à verse* : en abondance. 🔊 [avɛʀs].

**VERSÉ, ÉE, adj.**
Qui connaît à fond un domaine : *Versé dans les arts.* 🔊 [vɛʀse].

**VERSEAU, subst. m.**
Onzième signe du zodiaque. 🔊 [vɛʀso].

**VERSEMENT, subst. m.**
Action de verser de l'argent ; paiement, règlement. – Somme versée. 🔊 [vɛʀsəmɑ̃].

**VERSER, verbe** [3]
Trans. Faire basculer sur le côté. – Transvaser ; répandre. – Remettre (de l'argent à qqn). – Intrans. Se renverser. – Se laisser aller : *Verser dans l'orgueil.* 🔊 [vɛʀse].

**VERSET, subst. m.**
Subdivision numérotée d'un chapitre d'un livre sacré : *Un verset du Coran.* 🔊 [vɛʀsɛ].

**VERSEUR, EUSE, adj. et subst. f.**
Adj. Qui sert à verser. – Subst. Cafetière à poignée horizontale. 🔊 [vɛʀsœʀ, -øz].

**VERSIFIER, verbe** [6]
Intrans. Composer des vers. – Trans. Mettre (un texte) en vers. 🔊 [vɛʀsifje].

**VERSION, subst. f.**
Traduction d'un texte écrit dans une langue étrangère. – Interprétation d'un fait ; narration que l'on en fait. – Variante d'une œuvre littéraire ou artistique. 🔊 [vɛʀsjɔ̃].

**VERSO, subst. m.**
Envers d'une page (oppos. *recto*). 🔊 [vɛʀso].

**VERT, VERTE, adj. et subst. m.**
Couleur combinant le jaune et le bleu. – Adj. Relatif à la campagne. – Pas mûr ; acide. – Resté vigoureux, jeune. – Sévère : **Verte** *réprimande.* – Blême : **Vert** *de peur.* – Subst. Écologiste. 🔊 [vɛʀ, vɛʀt].

**VERT-DE-GRIS, subst. m. inv.**
Dépôt verdâtre dû à l'humidité, patinant le bronze ou certains alliages. – Empl. adj. inv. Gris verdâtre. 🔊 [vɛʀdəgʀi].

**VERTÉBRAL, ALE, AUX, adj.**
Qui se rapporte aux vertèbres : *Colonne* **vertébrale**, tige de vertèbres qui supporte le squelette. 🔊 [vɛʀtebʀal].

**VERTÉBRÉ, ÉE, adj. et subst. m.**
Se dit d'un animal possédant une colonne vertébrale. – Subst. plur. L'embranchement correspondant. 🔊 [vɛʀtebʀe].

**VERTÈBRE, subst. f.**
Chacun des os courts formant la colonne vertébrale. 🔊 [vɛʀtebʀ].

**VERTEMENT, adv.**
Avec sévérité et vivacité. 🔊 [vɛʀtəmɑ̃].

**VERTICAL, ALE, AUX, adj. et subst. f.**
Adj. Parallèle au fil à plomb ; perpendiculaire à un plan horizontal. – Subst. Position, droite verticale. 🔊 [vɛʀtikal].

**VERTIGE, subst. m.**
Perte du sens de l'équilibre face au vide. – Trouble, égarement. 🔊 [vɛʀtiʒ].

**VERTIGINEUX, EUSE, adj.**
Propre à donner le vertige. – Fig. Impressionnant. 🔊 [vɛʀtiʒinø, -øz].

**VERTU, subst. f.**
Bonne moralité. – Qualité morale estimée. – Chasteté féminine (littér.). – Propriété, effet, pouvoir. – Loc. prép. *En* **vertu** *de* : au nom de, en conséquence de. 🔊 [vɛʀty].

**VERTUEUX, EUSE, adj.**
Qui fait preuve de vertu. 🔊 [vɛʀtɥø, -øz].

**VERVE, subst. f.**
Inspiration créatrice. – Éloquence brillante. – Brio, fantaisie. 🔊 [vɛʀv].

**VERVEINE, subst. f.**
Plante herbacée ornementale ou médicinale. – Tisane calmante. 🔊 [vɛʀvɛn].

**VÉSICULE, subst. f.**
Organe en forme de sac. – Petite cloque sur la peau. 🔊 [vezikyl].

**VESSIE, subst. f.**
Organe où s'accumule l'urine. – Membrane gonflée d'air. 🔊 [vesi].

**VESTE, subst. f.**
Vêtement couvrant le buste, court et à manches, ouvert devant. – Fig. Défaite, échec (fam.). 🔊 [vɛst].

**VESTIAIRE, subst. m.**
Lieu où l'on dépose manteaux et parapluies.
– Local où l'on se change. ▨ [vεstjεʀ].

**VESTIBULE, subst. m.**
Pièce ou couloir d'entrée d'une maison,
d'un bâtiment. ▨ [vεstibyl].

**VESTIGE, subst. m.**
Reste du passé, ruine. ▨ [vεsti3].

**VESTIMENTAIRE, adj.**
Qui a trait aux vêtements. ▨ [vεstimãtεʀ].

**VESTON, subst. m.**
Veste d'un complet d'homme. ▨ [vεstõ].

**VÊTEMENT, subst. m.**
Toute pièce de tissu qui sert à couvrir ou
à protéger le corps humain. ▨ [vεtmã].

**VÉTÉRAN, subst. m.**
Ancien combattant. – Sportif âgé de plus
de 35 ans. ▨ [veteʀã].

**VÉTÉRINAIRE, adj. et subst.**
Adj. Relatif à la médecine des animaux :
*Médicament* **vétérinaire**. – Subst. Spécia-
liste de la médecine animale. ▨ [veteʀinεʀ].

**VÉTILLE, subst. f.**
Petit fait insignifiant. ▨ [vetij].

**VÊTIR, verbe trans.** [24]
Mettre un, des vêtements à. ▨ [vetiʀ].

**VETO, subst. m. inv.**
Droit qu'a une institution de s'opposer à
l'entrée en vigueur d'une loi. – Interdiction ; refus. ▨ [veto].

**VÉTUSTE, adj.**
Vieux et en mauvais état. ▨ [vetyst].

**VÉTUSTÉ, subst. f.**
État de ce qui est vétuste. ▨ [vetyste].

**VEUF, VEUVE, adj. et subst.**
Dont le conjoint est mort. ▨ [vœf, vœv].

**VEULE, adj.**
Sans énergie, lâche, faible. ▨ [vøl].

**VEUVAGE, subst. m.**
État d'une personne veuve et non remariée.
▨ [vœva3].

**VEXATION, subst. f.**
Acte ou propos qui vexe. ▨ [vεksasjõ].

**VEXATOIRE, adj.**
Qui vise à humilier. ▨ [vεksatwaʀ].

**VEXER, verbe trans.** [3]
Blesser dans son amour-propre. ▨ [vεkse].

**VIA, prép.**
En passant par. ▨ [vja].

**VIABILITÉ, subst. f.**
Aptitude à vivre d'un organisme naissant.
– Caractère de ce qui peut se développer.
▨ [vjabilite].

**VIABLE, adj.**
Apte à vivre. – Capable de se développer,
susceptible d'aboutir : *Ce projet est* **viable**.
▨ [vjabl].

**VIADUC, subst. m.**
Pont élevé, gén. à plusieurs arches, fran-
chissant une vallée, un fleuve. ▨ [vjadyk].

**VIAGER, ÈRE, adj. et subst. m.**
Se dit d'une rente versée jusqu'à la mort
de celui qui la reçoit. – *En* **viager** : en
échange d'une telle rente. ▨ [vja3e, -εʀ].

**VIANDE, subst. f.**
Chair comestible des animaux. ▨ [vjãd].

**VIATIQUE, subst. m.**
Aide, secours, soutien. – *Relig.* Communion administrée à un mourant. ▨ [vjatik].

**VIBRANT, ANTE, adj.**
Qui vibre. – Passionné, émouvant : *Hommage* **vibrant**. ▨ [vibʀã, -ãt].

**VIBRATION, subst. f.**
Mouvement de ce qui vibre. – Modulation
d'un son. ▨ [vibʀasjõ].

**VIBRATOIRE, adj.**
Constitué d'une suite de vibrations :
*Mouvement* **vibratoire**. ▨ [vibʀatwaʀ].

**VIBRER, verbe intrans.** [3]
Être agité d'un tremblement léger et rapide.
– Ressentir une vive émotion. ▨ [vibʀe].

**VICAIRE, subst. m.**
Prêtre desservant une paroisse sous l'autorité d'un curé. ▨ [vikεʀ].

**VICE, subst. m.**
Mauvais penchant irrépressible ; perversion
sexuelle. – Défaut, malfaçon. ▨ [vis].

**VICE-ROI, subst. m.**
Dans un État monarchique, gouverneur
d'une province ayant rang de royaume :
*Vice-roi des Indes*. ▨ Plur. *vice-rois* ; [visʀwa].

**VICE VERSA, loc. adv.**
Inversement. ▨ [vis(e)vεʀsa].

**VICIÉ, IÉE, adj.**
Corrompu, pollué. ▨ [visje].

**VICIEUX, IEUSE, adj. et subst.**
Qui est dépravé, corrompu, pervers. – Adj.
Fautif, incorrect : *Un tour* **vicieux**. – Exé-
cuté avec ruse. ▨ [visjø, -jøz].

**VICINAL, ALE, AUX, adj.**
Se dit d'un chemin qui relie entre eux des
villages, des hameaux. ▨ [visinal].

**VICISSITUDES, subst. f. plur.**
Événements malheureux qui jalonnent une
vie. ▨ [visisityd].

**VICOMTE, ESSE, subst.**
Titre de noblesse immédiatement inférieur
à celui de comte. ▨ [vikõt, -εs].

**VICTIME, subst. f.**
Personne tuée ou blessée dans une guerre,
un accident. – Personne qui subit les
conséquences de la malveillance d'autrui
ou de ses propres agissements. ▨ [viktim].

**VICTOIRE, subst. f.**
Succès dans une guerre, un combat. – Succès
dans une compétition. ▨ [viktwaʀ].

**VICTORIEUX, IEUSE,** adj.
Qui a remporté la victoire. – Propre au vainqueur : *Air* **victorieux.** 🕮 [viktɔʀjø, -jøz].

**VICTUAILLES,** subst. f. plur.
Vivres, nourriture. 🕮 [viktɥaj].

**VIDANGE,** subst. f.
Opération qui consiste à vider pour nettoyer : **Vidange** *d'un réservoir.* – Dispositif d'évacuation d'un liquide. 🕮 [vidɑ̃ʒ].

**VIDANGER,** verbe trans. [5]
Procéder à la vidange de. 🕮 [vidɑ̃ʒe].

**VIDE,** adj. et subst. m.
Adj. Qui ne renferme rien. – Inoccupé ; désert. – Fig. Qui manque d'intérêt ; morne. – Subst. Espace **vide.** – Néant. 🕮 [vid].

**VIDÉO,** adj. inv. et subst. f.
Se dit des techniques d'enregistrement, de traitement et de restitution sur écran d'images et de sons. 🕮 [video].

**VIDER,** verbe trans. [3]
Rendre vide. – Évacuer. – Expulser d'un établissement (fam.). – Ôter les boyaux (d'un animal). – Fig. Mettre un terme à, régler. – Épuiser (fam.). 🕮 [vide].

**VIE,** subst. f.
Ensemble des phénomènes qui caractérisent l'activité des organismes animaux et végétaux, de leur naissance à leur mort. – Fait de vivre. – Ensemble des événements qui jalonnent l'existence de qqn. – Vitalité, entrain ; animation, inspiration. – Manière de vivre. – Ensemble des moyens matériels nécessaires pour vivre. 🕮 [vi].

**VIEIL, VIEILLE,** voir **VIEUX**

**VIEILLARD,** subst. m.
Homme très âgé. 🕮 Le fém., *vieillarde,* est rare et littér. (ou péj.) ; [vjɛjaʀ].

**VIEILLERIE,** subst. f.
Vieille chose, usée et démodée. 🕮 [vjɛjʀi].

**VIEILLESSE,** subst. f.
Période ultime de la vie ; fait d'être vieux. – Ensemble des personnes âgées. 🕮 [vjɛjɛs].

**VIEILLIR,** verbe [19]
Intrans. Avancer en âge ; devenir vieux. – Subir les effets du temps. – Se démoder. – Trans. Rendre plus vieux. 🕮 [vjejiʀ].

**VIEILLISSEMENT,** subst. m.
Fait de vieillir. – Processus physiologique de la vieillesse. – Évolution que le temps fait subir à une chose. 🕮 [vjejismɑ̃].

**VIERGE,** adj. et subst. f.
Adj. Qui n'a pas eu de relations sexuelles. – Pur, intact, inexploré. – Subst. Fille qui n'a jamais eu de rapports sexuels. – Sixième signe du zodiaque. – Relig. *La Sainte* **Vierge** : Marie, mère du Christ. 🕮 [vjɛʀʒ].

**VIEUX, VIEIL, VIEILLE,** adj. et subst.
Qui est d'un grand âge. – Adj. Qui dure depuis longtemps. – Qui appartient au passé ; révolu. – Subst. Fam. Père ou mère ; ami. – Subst. masc. Ce qui est ancien. 🕮 Adj. masc. *vieil* (plur. *vieux*) devant un n. commençant par une voyelle ou un *h* muet ; [vjø, vjɛj].

**VIF, VIVE,** adj. et subst. m.
Adj. Vivant. – Plein de vitalité, éveillé : *Un enfant* **vif.** – Intense ; violent. – Subst. *Dr.* Personne vivante. – Chair : *À* **vif,** avec la chair à nu. – Fig. Point le plus sensible ou le plus intéressant : *Entrer dans le* **vif** *du sujet.* 🕮 [vif, viv].

**VIGIE,** subst. f.
Matelot qui veille à bord d'un navire. – Surveillance ainsi exercée. 🕮 [viʒi].

**VIGILANCE,** subst. f.
Surveillance très soutenue et scrupuleuse. 🕮 [viʒilɑ̃s].

**VIGILANT, ANTE,** adj.
Qui fait preuve de vigilance. 🕮 [viʒilɑ̃, -ɑ̃t].

**VIGILE,** subst. m.
Agent de surveillance. 🕮 [viʒil].

**VIGNE,** subst. f.
Arbrisseau qui donne le raisin, aussi cultivé pour la production du vin. – Vignoble. 🕮 [viɲ].

**VIGNERON, ONNE,** adj. et subst.
Se dit de celui qui cultive la vigne, qui produit du vin. 🕮 [viɲ(ə)ʀɔ̃, -ɔn].

**VIGNETTE,** subst. f.
Petit ornement de première page ou de fin de chapitre d'un livre. – Timbre attestant le paiement d'une taxe, ou servant au remboursement d'un médicament par la Sécurité sociale. 🕮 [viɲɛt].

**VIGNOBLE,** subst. m.
Terrain planté de vignes. – Ensemble des vignes d'une région, d'un pays. 🕮 [viɲɔbl].

**VIGOUREUX, EUSE,** adj.
Qui est plein de vigueur. 🕮 [viguʀø, -øz].

**VIGUEUR,** subst. f.
Force physique. – Énergie. – Fermeté et puissance de l'expression. – *En* **vigueur** : en pratique, en application. 🕮 [vigœʀ].

**VIL, VILE,** adj.
Méprisable (littér.) : *Une* **vile** *manœuvre.* – De piètre valeur. 🕮 [vil].

**VILAIN, AINE,** adj. et subst.
Adj. Méchant, bas, malhonnête. – Qui rebute par sa laideur. – Fig. Déplaisant, fâcheux. – Subst. Personne, gén. enfant, qui se conduit mal. – Subst. masc. Au Moyen Âge, paysan libre. 🕮 [vilɛ̃, -ɛn].

**VILENIE,** subst. f.
Action vile (littér.). 🕮 [vil(e)ni].

**VILIPENDER**, verbe trans. [3]
Dénoncer (qqn, qqch.) comme méprisable.
🐱 [vilipɑ̃de].

**VILLA**, subst. f.
*Antiq.* Domaine agricole ou riche résidence d'été. – Maison individuelle, de plaisance ou d'habitation, avec jardin. 🐱 [villa].

**VILLAGE**, subst. m.
Agglomération en milieu rural. 🐱 [vilaʒ].

**VILLAGEOIS, OISE**, adj. et subst.
Adj. Propre au village. – Subst. Habitant d'un village. 🐱 [vilaʒwa, -waz].

**VILLE**, subst. f.
Réunion importante d'habitations disposant des structures nécessaires à la vie sociale. – La population qui y vit. 🐱 [vil].

**VILLÉGIATURE**, subst. f.
Séjour passé dans un lieu propice au repos, à la détente. – Le lieu de ce séjour.
🐱 [vil(l)eʒjatyʀ].

**VIN**, subst. m.
Boisson alcoolique obtenue à partir de la fermentation de raisin. 🐱 [vɛ̃].

**VINAIGRE**, subst. m.
Liquide produit par la fermentation acétique du vin. 🐱 [vinɛgʀ].

**VINDICATIF, IVE**, adj.
Dont la rancune est tenace. 🐱 [vɛ̃dikatif, -iv].

**VINGT**, adj. num. inv. et subst. m. inv.
Adj. Deux fois dix. – Vingtième : *Les années vingt.* – Subst. Le nombre **vingt**, le numéro **20**. 🐱 Par exception, *vingt* est variable dans *quatre-vingts* ; [vɛ̃] ou [vɛ̃t].

**VINGTAINE**, subst. f.
Ensemble constitué de vingt, ou d'environ vingt unités. 🐱 [vɛ̃tɛn].

**VINICOLE**, adj.
Relatif à la production du vin. 🐱 [vinikɔl].

**VINIFICATION**, subst. f.
Ensemble des opérations de transformation du raisin en vin. 🐱 [vinifikasjɔ̃].

**VINYLE**, subst. m.
Matière plastique : *Disque en* **vinyle**.
🐱 [vinil].

**VIOL**, subst. m.
Agression sexuelle. – Profanation d'un lieu sacré ou interdit. – Transgression (d'une opinion, d'une loi). 🐱 [vjɔl].

**VIOLATION**, subst. f.
Fait de violer (un lieu, une loi). 🐱 [vjɔlasjɔ̃].

**VIOLE**, subst. f.
Instrument de musique à cordes et à archet : **Viole** *de gambe.* 🐱 [vjɔl].

**VIOLENCE**, subst. f.
Caractère de ce ou de celui qui est violent. – Force brutale. – Plur. Actes agressifs.
🐱 [vjɔlɑ̃s].

**VIOLENT, ENTE**, adj. et subst.
Qui est brutal, coléreux, sans retenue. – Adj. Très intense, puissant. – Qui requiert une grande énergie physique. 🐱 [vjɔlɑ̃, -ɑ̃t].

**VIOLER**, verbe trans. [3]
Se rendre coupable de viol sur (qqn). – Profaner (un lieu) ; pénétrer de force dans (un lieu). – Enfreindre (une loi) ; trahir (un secret). 🐱 [vjɔle].

**VIOLET, ETTE**, adj. et subst. m.
Adj. D'un bleu mêlé de rouge. – Subst. La couleur **violette**. 🐱 [vjɔlɛ, -ɛt].

**VIOLETTE**, subst. f.
Plante des bois à petites fleurs violettes parfumées. 🐱 [vjɔlɛt].

**VIOLON**, subst. m.
Instrument de musique à quatre cordes et à archet, tenu entre l'épaule et le menton. 🐱 [vjɔlɔ̃].

**VIOLONCELLE**, subst. m.
Grand instrument de musique de la famille du violon, dont on joue assis. 🐱 [vjɔlɔ̃sɛl].

**VIPÈRE**, subst. f.
Serpent venimeux, à tête triangulaire. – Fig. Personne médisante, malfaisante.
🐱 [vipɛʀ].

**VIRAGE**, subst. m.
Mouvement d'un véhicule qui change de direction. – Partie courbe d'une route : **Virage** *dangereux.* – Fig. Modification brusque d'orientation. 🐱 [viʀaʒ].

**VIRAL, ALE, AUX**, adj.
Qui relève d'un virus. 🐱 [viʀal].

**VIREMENT**, subst. m.
*Fin.* Transfert d'argent de compte à compte. – *Mar.* Action de virer de bord. 🐱 [viʀmɑ̃].

**VIRER**, verbe [3]
Trans. indir. Changer d'aspect, de couleur, de caractère : **Virer** *à l'aigre.* – Trans. dir. Transférer (une somme) d'un compte à un autre. – Congédier ; expulser d'un lieu (fam.). – Intrans. Tourner sur soi. – Opérer un virage. – **Virer** *de bord* : changer de direction. 🐱 [viʀe].

**VIREVOLTER**, verbe intrans. [3]
Tourner rapidement sur soi. – Fig. Aller en tous sens. 🐱 [viʀvɔlte].

**VIRGINAL, ALE, AUX**, adj.
Qui a la pureté, l'innocence d'une vierge.
🐱 [viʀʒinal].

**VIRGINITÉ**, subst. f.
État d'une personne vierge. – Caractère de ce qui est vierge. 🐱 [viʀʒinite].

**VIRGULE**, subst. f.
Signe de ponctuation (,) servant à séparer les membres d'une phrase. – *Math.* Signe séparant, dans un nombre décimal, la partie entière de la partie décimale.
🐱 [viʀgyl].

**VIRIL, ILE,** adj.
Propre à l'homme en tant que mâle. – Fort, résolu, énergique. 🔊 [viʀil].

**VIRILITÉ,** subst. f.
Caractères physiques de l'homme. – Puissance sexuelle de l'homme. 🔊 [viʀilite].

**VIRTUEL, ELLE,** adj.
Qui est susceptible d'être, mais n'est pas ; possible, potentiel. 🔊 [viʀtɥɛl].

**VIRTUOSE,** subst.
Musicien talentueux. – Personne très habile dans un domaine particulier. 🔊 [viʀtɥoz].

**VIRULENCE,** subst. f.
Caractère de ce ou de celui qui est virulent : Virulence *d'une réplique.* 🔊 [viʀylɑ̃s].

**VIRULENT, ENTE,** adj.
Violent, corrosif. 🔊 [viʀylɑ̃, -ɑ̃t].

**VIRUS,** subst. m.
Micro-organisme parasite des cellules vivantes, agent infectieux. – Fig. *Le virus de* : la passion de. – *Informat.* Instruction qui, introduite dans un système informatique, en perturbe le fonctionnement. 🔊 [viʀys].

**VIS,** subst. f.
Tige filetée, gén. à tête ronde, qui s'enfonce en tournant dans la pièce à fixer. 🔊 [vis].

**VISA,** subst. m.
Mention portée sur un document, le validant ou certifiant le paiement d'un droit. – Cachet apposé sur un passeport, autorisant qqn à entrer dans un pays. 🔊 [viza].

**VISAGE,** subst. m.
Face de l'homme, partie antérieure de la tête. – Mine, air. – Apparence, aspect des choses. 🔊 [vizaʒ].

**VIS-À-VIS,** loc. prép. et subst. m.
Loc. prép. **Vis-à-vis** *de* : en face de ; au fig., en regard de, envers. – Subst. Personne ou chose placée en face d'une autre. 🔊 [vizavi].

**VISCÉRAL, ALE, AUX,** adj.
Qui se rapporte aux viscères. – Profond, instinctif : *Peur* **viscérale.** 🔊 [viseʀal].

**VISCÈRE,** subst. m.
Chaque organe interne du corps. 🔊 [viseʀ].

**VISÉE,** subst. f.
Direction de la vue, d'une arme, d'un objectif photographique vers un point donné. – Fig. Dessein, prétention (gén. au plur.). 🔊 [vize].

**VISER,** verbe trans. [3]
Trans. dir. Braquer son regard, son arme vers (le but à atteindre). – Fig. Rechercher, briguer. – Concerner. – Trans. indir. **Viser** *à* : chercher à. 🔊 [vize].

**VISIBILITÉ,** subst. f.
Caractère de ce qui est visible. – Possibilité de voir plus ou moins loin. 🔊 [vizibilite].

**VISIBLE,** adj.
Qui peut être vu. – Concret, tangible. – Manifeste, ostensible. 🔊 [vizibl].

**VISIÈRE,** subst. f.
Dans une coiffure, bord faisant saillie et abritant les yeux. 🔊 [vizjɛʀ].

**VISION,** subst. f.
Perception par la vue. – Façon de voir, de se représenter les choses. – Hallucination ; apparition. 🔊 [vizjɔ̃].

**VISIONNAIRE,** adj. et subst.
Qui a des visions surnaturelles. – Qui a une vision juste de l'avenir. 🔊 [vizjɔnɛʀ].

**VISITE,** subst. f.
Inspection, examen : **Visite** *des lieux* ; **Visite** *médicale.* – Fait de visiter un lieu. – *Rendre* visite *à qqn* : aller le voir chez lui. 🔊 [vizit].

**VISITER,** verbe trans. [3]
Procéder à la visite, à l'inspection de. – Aller à la découverte (d'un lieu, d'un pays). – Rendre visite à (qqn). 🔊 [vizite].

**VISON,** subst. m.
Petit mammifère carnivore, proche du putois, à la fourrure recherchée. 🔊 [vizɔ̃].

**VISQUEUX, EUSE,** adj.
Qui s'écoule avec difficulté, sirupeux. – Dont la surface est gluante. 🔊 [viskø, -øz].

**VISSER,** verbe trans. [3]
Fixer avec des vis. – **Visser** *un couvercle* : le fermer, en effectuant un mouvement de rotation. 🔊 [vise].

**VISUALISER,** verbe trans. [3]
Rendre visible de manière concrète. – *Informat.* Faire apparaître sur l'écran (du texte, des images). 🔊 [vizɥalize].

**VISUEL, ELLE,** adj. et subst. m.
Adj. Qui concerne la vue : *Mémoire* **visuelle,** mémoire de ce qui a été vu. – Subst. Aspect graphique d'une publicité. 🔊 [vizɥɛl].

**VITAL, ALE, AUX,** adj.
Qui concerne la vie. – Nécessaire à la vie. – Fig. Crucial, très important. 🔊 [vital].

**VITALITÉ,** subst. f.
Caractère de ce qui est plein de vie, de vigueur, de dynamisme. 🔊 [vitalite].

**VITAMINE,** subst. f.
Substance indispensable au bon fonctionnement de l'organisme, gén. apportée par l'alimentation. 🔊 [vitamin].

**VITE,** adv.
À vive allure. – En hâte. – Bientôt, sous peu : *Je reviendrai* **vite.** 🔊 [vit].

**VITESSE,** subst. f.
Capacité de se déplacer ou à agir vite. – Rapport entre la distance parcourue et le temps mis à la parcourir. – *Mécan.* Chacune des combinaisons d'engrenage du système de traction d'un véhicule. 🔊 [vitɛs].

**VITICOLE**, adj.
Relatif à la viticulture. 😷 [vitikɔl].

**VITICULTURE**, subst. f.
Culture de la vigne. 😷 [vitikyltyʀ].

**VITRAGE**, subst. m.
Action de poser des vitres. – Ensemble des vitres d'un édifice. 😷 [vitʀaʒ].

**VITRAIL, AUX**, subst. m.
Panneau constitué de morceaux de verre colorés formant motif, que l'on fixe au châssis d'une fenêtre. 😷 [vitʀaj].

**VITRE**, subst. f.
Panneau de verre isolant que l'on fixe à une baie, à une portière. 😷 [vitʀ].

**VITREUX, EUSE**, adj.
Qui a l'aspect du verre. – Œil vitreux : qui a perdu son éclat. 😷 [vitʀø, -øz].

**VITRIFIER**, verbe trans. [6]
Transformer (une matière) en verre par fusion. – Revêtir (un sol) d'une couche protectrice transparente. 😷 [vitʀifje].

**VITRINE**, subst. f.
Devanture vitrée d'un magasin. – Meuble vitré où sont exposés des objets. 😷 [vitʀin].

**VITRIOL**, subst. m.
Acide sulfurique concentré. – Fig. *Au vitriol* : incisif, corrosif. 😷 [vitʀijɔl].

**VITUPÉRER**, verbe trans. [8]
Vitupérer *qqn* (ou *contre qqn*) : le blâmer vivement. 😷 [vitypeʀe].

**VIVACE**, adj.
Qui peut vivre longtemps : *Plante vivace*. – Fig. Tenace, persistant. 😷 [vivas].

**VIVACITÉ**, subst. f.
Promptitude à agir, à comprendre ou à s'emporter. – Intensité ; éclat ; ardeur, entrain. 😷 [vivasite].

**VIVANT, ANTE**, adj. et subst.
Adj. Animé par la vie, en vie : *Être vivant*. – Vif, dynamique ; plein d'animation : *Enfant vivant* ; *Quartier vivant*. – *Langue vivante* : qui est en usage. – Subst. Être doué de vie. – *Du vivant de qqn* : du temps où il vivait. 😷 [vivɑ̃, -ɑ̃t].

**VIVARIUM**, subst. m.
Établissement où l'on conserve des insectes, des reptiles dans leur milieu naturel reconstitué. 😷 [vivaʀjɔm].

**VIVE, VIVENT**, interj.
Acclamation d'enthousiasme, souhait de prospérité : *Vive(nt) les vacances !* 😷 [viv].

**VIVEMENT**, adv. et interj.
Adv. Rapidement : *Se saisir vivement de qqch.* – Intensément. – Interj. Marque un désir intense : *Vivement l'été !* 😷 [vivmɑ̃].

**VIVIER**, subst. m.
Bassin réservé à l'élevage et à la conservation des poissons vivants. – Fig. Milieu propice à un développement (d'idées, de personnalités). 😷 [vivje].

**VIVIFIER**, verbe trans. [6]
Donner de la vigueur, de la vitalité (physique ou psychique) à. 😷 [vivifje].

**VIVIPARE**, adj.
Se dit d'un animal qui donne naissance à un petit dont le développement est achevé (contr. *ovipare*). 😷 [vivipaʀ].

**VIVISECTION**, subst. f.
Opération pratiquée à des fins expérimentales sur un animal vivant. 😷 [vivisɛksjɔ̃].

**VIVRE**, verbe [63]
Intrans. Être, demeurer en vie. – Durer, exister. – Habiter. – Connaître un mode de vie ; se conduire : *Vivre seul, sagement*. – Assurer sa subsistance : *Vivre du produit de sa pêche*. – Trans. Faire l'expérience de ; mettre en pratique : *Vivre des revers de fortune* ; *Vivre son engagement*. 😷 [vivʀ].

**VIVRES**, subst. m. plur.
Provisions, aliments. 😷 [vivʀ].

**VIZIR**, subst. m.
Ministre d'un sultan. – *Grand vizir* : Premier ministre de l'Empire ottoman. 😷 [viziʀ].

**VOCABLE**, subts. m.
Mot, terme. 😷 [vɔkabl].

**VOCABULAIRE**, subst. m.
Ensemble des mots d'une langue. – Ensemble des mots utilisés par une personne. – Termes propres à un domaine. 😷 [vɔkabylɛʀ].

**VOCAL, ALE, AUX**, adj.
Qui concerne la voix. – Destiné au chant : *Ensemble vocal*. 😷 [vɔkal].

**VOCALISE**, subst. f.
Exercice de chant consistant à moduler sa voix sur une seule syllabe. 😷 [vɔkaliz].

**VOCATION**, subst. f.
Appel à la vie religieuse. – Vive inclination pour une activité, un état. 😷 [vɔkasjɔ̃].

**VOCIFÉRER**, verbe [8]
Intrans. S'exprimer avec colère, en criant. – Trans. *Vociférer des injures*. 😷 [vɔsifeʀe].

**VODKA**, subst. f.
Eau-de-vie de grain (blé, seigle). 😷 [vɔdka].

**VŒU, VŒUX**, subst. m.
Promesse faite à Dieu ; engagement religieux. – Souhait. – Intention. 😷 [vø].

**VOGUE**, subst. f.
Renom, succès plus ou moins passager : *Être en vogue*, à la mode. 😷 [vɔg].

**VOGUER**, verbe intrans. [3]
Naviguer (littér.). 😷 [vɔge].

**VOICI**, prép.
Présente celui ou ce qui est le plus proche. – Annonce ce qui va suivre. 😷 [vwasi].

**VOIE**, subst. f.
Route, chemin. – Subdivision d'une route large : *Autoroute à trois voies.* – **Voie** *ferrée* : chemin de fer. – Mode de transport : *Par* **voie** *aérienne.* – Moyen, intermédiaire : *Par* **voie** *diplomatique.* – Conduit naturel : **Voies** *respiratoires.* – Fig. Vocation : *Chercher sa voie.* – *En* **voie** *de* : en cours de. – *En bonne* **voie** : près de réussir. ☒ [vwa].

**VOILÀ**, prép.
Présente celui ou ce qui est plus éloigné ; rappelle ce qui vient d'être dit. ☒ [vwala].

**VOILE (I)**, subst. m.
Pièce d'étoffe qui couvre la tête et parfois le visage. – Tissu léger et fin. – Fig. Ce qui altère la vision ou masque une réalité : *Un* **voile** *de brume, de mystère.* ☒ [vwal].

**VOILE (II)**, subst. f.
Toile qui capte la force du vent, servant à la propulsion d'un navire. – Navigation sportive sur bateau à **voile(s).** ☒ [vwal].

**VOILER (I)**, verbe trans. [3]
Recouvrir d'un voile. – Fig. Dissimuler ; atténuer. – Pronom. *Le ciel se* **voile** : il se couvre de nuages. ☒ [vwale].

**VOILER (II)**, verbe trans. [3]
Déformer, fausser (un objet). ☒ [vwale].

**VOILIER**, subst. m.
Bateau à **voile(s).** ☒ [vwalje].

**VOILURE**, subst. f.
Ensemble des voiles d'un bateau. – Surface portante d'un avion. – Toile d'un parachute. ☒ [vwalyʀ].

**VOIR**, verbe trans. [36]
Percevoir par le sens de la vue. – Assister à, être témoin de. – Regarder avec attention ; juger ; constater. – Rencontrer ; rendre visite à (qqn). – *Je ne* **vois** *pas* : je ne comprends pas ; *Je* **vois** *bien* : je me rends compte. – Pronom. S'imaginer, se considérer. – Se produire. ☒ [vwaʀ].

**VOIRE**, adv.
Et même : *Il est doué,* **voire** *génial.* ☒ [vwaʀ].

**VOIRIE**, subst. f.
Ensemble des voies de communication aménagées et entretenues par les pouvoirs publics. – Administration chargée de cet entretien. ☒ [vwaʀi].

**VOISIN, INE**, adj. et subst.
Qui habite, qui se trouve près de qqn. – Adj. Proche. – Fig. Qui présente des similitudes : *Un sens* **voisin.** ☒ [vwazɛ̃, -in].

**VOITURE**, subst. f.
Véhicule de transport à roues. – Automobile. – *Ch. de fer.* Véhicule remorqué servant au transport des voyageurs. ☒ [vwatyʀ].

**VOIX**, subst. f.
Ensemble des sons émis par le larynx ; manière d'émettre ces sons. – Sentiment intime servant de guide : *La* **voix** *de la sagesse.* – Suffrage, vote. – *Ling.* Forme que prend le verbe selon que le sujet exécute ou subit l'action : **Voix** *active, passive.* ☒ [vwa].

**VOL (I)**, subst. m.
Action de voler (I) ; espace parcouru en volant. – Oiseaux volant ensemble : *Un* **vol** *de grues.* – *Saisir au* **vol** : au passage. ☒ [vɔl].

**VOL (II)**, subst. m.
Action de voler (II) ; acte frauduleux. – Produit d'un **vol.** ☒ [vɔl].

**VOLAGE**, adj.
Inconstant, en partic. en amour. ☒ [vɔlaʒ].

**VOLAILLE**, subst. f.
Ensemble des volatiles d'une basse-cour. – Un de ces volatiles ; sa chair. ☒ [vɔlaj].

**VOLANT**, subst. m.
*Jeux.* Petit cône léger que l'on lance avec une raquette. – Bande d'étoffe froncée qui orne le pourtour d'un vêtement, d'un rideau. – Instrument circulaire, organe de direction d'une automobile. ☒ [vɔlã].

**VOLATIL, ILE**, adj.
Qui s'évapore facilement. ☒ [vɔlatil].

**VOLATILE**, subst. m.
Oiseau, gén. de basse-cour. ☒ [vɔlatil].

**VOLATILISER (SE)**, verbe pronom. [3]
Se transformer en vapeur. – Fig. Disparaître subitement. ☒ [vɔlatilize].

**VOLCAN**, subst. m.
Relief formé par l'émission de matière en fusion issue des profondeurs de l'écorce terrestre. ☒ [vɔlkã].

**VOLCANOLOGIE**, subst. f.
Étude des volcans. ☒ [vɔlkanɔlɔʒi].

**VOLÉE**, subst. f.
Action de voler (I). – Bande d'oiseaux qui volent ensemble. – Tir simultané. – **Volée** *de coups* : série de coups. ☒ [vɔle].

**VOLER (I)**, verbe intrans. [3]
Se mouvoir en l'air au moyen d'ailes. – Se déplacer en avion. – Être projeté en l'air, flotter. – Se précipiter, fuser. ☒ [vɔle].

**VOLER (II)**, verbe trans. [3]
S'emparer illicitement de (qqch.). – S'approprier le bien de (qqn). ☒ [vɔle].

**VOLET**, subst. m.
Panneau utilisé pour clore une baie. – Feuillet rabattable d'un document : *Les* **volets** *d'un dépliant.* – Fig. Partie : *Le premier* **volet** *d'une émission.* ☒ [vɔle].

**VOLEUR, EUSE**, adj. et subst.
Se dit d'une personne qui a volé ou qui a l'habitude de voler (II). ☒ [vɔlœʀ, -øz].

**VOLIÈRE**, subst. f.
Grande cage à oiseaux. ☒ [vɔljɛʀ].

**VOLLEY-BALL**, subst. m.
Sport opposant 2 équipes de 6 joueurs qui se renvoient un ballon par-dessus un filet. ☒ Plur. *volley-balls* ; [vɔlɛbol].

**VOLONTAIRE, adj. et subst.**
Adj. Fait délibérément, sans contrainte.
– Qui a de la volonté. – Subst. Personne
qui accomplit une mission, une tâche de
son plein gré. 🕮 [vɔlɔ̃tɛʀ].

**VOLONTÉ, subst. f.**
Faculté de se déterminer à agir ou à ne pas
agir. – Qualité d'une personne qui exerce
avec énergie et constance cette faculté.
– Décision, souhait. – Disposition à agir
d'une certaine manière : *Bonne, mauvaise*
volonté. – Plur. Caprices. – *À* volonté : tant
que l'on veut. 🕮 [vɔlɔ̃te].

**VOLONTIERS, adv.**
Spontanément et de bon gré. 🕮 [vɔlɔ̃tje].

**VOLT, subst. m.**
Unité de tension électrique (V). 🕮 [vɔlt].

**VOLTE-FACE, subst. f. inv.**
Demi-tour effectué pour faire face. – Fig.
Changement subit d'opinion. 🕮 [vɔltəfas].

**VOLTIGE, subst. f.**
Exercice acrobatique effectué sur un cheval,
sur une corde ou au trapèze volant.
– Voltige *aérienne* : exécutée par le pilote
d'un avion. – Fig. Entreprise risquée.
🕮 [vɔltiʒ].

**VOLTIGER, verbe intrans. [5]**
Voler çà et là. – Flotter dans l'air au gré
du vent. 🕮 [vɔltiʒe].

**VOLUBILE, adj.**
Qui parle beaucoup et avec rapidité. – Se
dit d'une plante qui s'élève en s'enroulant
autour d'un support. 🕮 [vɔlybil].

**VOLUME, subst. m.**
Livre broché ou relié. – Espace occupé par
un corps ; la mesure de cet espace. – Masse,
quantité. – Intensité sonore. 🕮 [vɔlym].

**VOLUMINEUX, EUSE, adj.**
D'un grand volume. 🕮 [vɔlyminø, -øz].

**VOLUPTÉ, subst. f.**
Plaisir sensuel ou intellectuel fortement
ressenti. – Plaisir sexuel. 🕮 [vɔlypte].

**VOLUPTUEUX, EUSE, adj.**
Qui recherche, procure ou exprime une
certaine volupté. 🕮 [vɔlyptɥø, -øz].

**VOLUTE, subst. f.**
Motif ornemental en spirale. – Ce qui est
en spirale : Volutes *de fumée.* 🕮 [vɔlyt].

**VOMIR, verbe trans. [19]**
Rejeter par la bouche (les aliments qu'on
avait ingérés). – Projeter avec force au
dehors. 🕮 [vɔmiʀ].

**VOMISSEMENT, subst. m.**
Fait de vomir. – Matière vomie.
🕮 [vɔmismɑ̃].

**VORACE, adj.**
Qui mange avec avidité. – Fig. Insatiable :
*Appétit* vorace. 🕮 [vɔʀas].

**VOTE, subst. m.**
Action de voter. – Suffrage ainsi exprimé :
*Un* vote *majoritaire.* 🕮 [vɔt].

**VOTER, verbe [3]**
Intrans. Exprimer son opinion, son choix
par un suffrage, lors d'une élection.
– Trans. Adopter au moyen d'un vote.
🕮 [vɔte].

**VOTRE, VOS, adj. poss.**
Qui est à vous, qui vous appartient, qui
vous concerne. 🕮 [vɔtʀ], plur. [vo].

**VÔTRE, adj. poss. et pron. poss.**
Adj. Qui est à vous : *Ce succès est* vôtre.
– Pron. Ce qui est à vous : *Mes préoccupations sont les mêmes que les* vôtres. – Empl.
subst. *Les* vôtres : vos proches. 🕮 [votʀ].

**VOUER, verbe trans. [3]**
Engager de manière irrévocable : Vouer *son
amitié à qqn.* – Consacrer : Vouer *sa vie
à la science.* – *Être* voué *à* : être condamné,
destiné à. 🕮 [vwe].

**VOULOIR (I), verbe trans. [40]**
Avoir la volonté de. – Exiger, commander.
– Désirer : *Je* voudrais *vous parler.* – Pouvoir : *La voiture ne* veut *pas démarrer.*
– Vouloir *bien* : accepter. – Vouloir *dire* :
signifier. – *En* vouloir *à qqn* : lui garder
rancune. – Pronom. Vouloir paraître. – *S'en*
vouloir *de* : se reprocher de. 🕮 [vulwaʀ].

**VOULOIR (II), subst. m.**
Volonté, intention : *Selon votre bon* vouloir.
🕮 [vulwaʀ].

**VOUS, pron. pers.**
Sert à s'adresser à plusieurs personnes ou
à une personne que l'on vouvoie. 🕮 [vu].

**VOÛTE, subst. f.**
Ouvrage de maçonnerie en arc formé de
pierres taillées. – Partie supérieure courbe
(d'une cavité, d'un objet). 🕮 [vut].

**VOUVOYER, verbe trans. [17]**
Employer le « vous », et non le « tu », en
s'adressant à (qqn). 🕮 [vuvwaje].

**VOYAGE, subst. m.**
Déplacement vers un lieu assez éloigné :
*Un* voyage *à l'étranger.* – Trajet effectué
pour transporter qqch. 🕮 [vwajaʒ].

**VOYAGER, verbe intrans. [5]**
Faire un voyage. – Être déplacé, transporté :
Voyager *en avion.* 🕮 [vwajaʒe].

**VOYAGEUR, EUSE, subst.**
Personne qui voyage, qui se trouve dans un
moyen de transport. – Empl. adj. *Pigeon*
voyageur. 🕮 [vwajaʒœʀ, øz].

**VOYANT, ANTE, adj. et subst.**
Adj. Qui attire l'œil. – Subst. *Un non*
voyant : un aveugle. – Personne qui
prétend voir le passé et le futur. – Subst.
masc. Signal optique. 🕮 [vwajɑ̃, -ɑ̃t].

**VOYELLE**, subst. f.
Son émis par la voix résonnant dans la cavité buccale plus ou moins ouverte. – Lettre représentant ce son. 🔊 [vwajɛl].

**VOYOU**, subst. m.
Jeune délinquant. – Individu sans moralité. – Garnement. 🔊 [vwaju].

**VRAC (EN)**, loc. adv.
Sans emballage. – Pêle-mêle, en désordre : *Prendre des notes en vrac.* 🔊 [ɑ̃vʀak].

**VRAI, VRAIE**, adj., subst. m. et adv.
Adj. Conforme à la réalité, à la vérité. – Sincère, franc. – Dont l'apparence ne trahit pas la nature : **Vrais** *cheveux.* – Unique, principal : *Le* **vrai** *problème.* – Subst. La vérité. – Adv. *Parler* **vrai**. – Loc. adv. *À* **vrai** *dire* : pour être sincère. 🔊 [vʀɛ].

**VRAIMENT**, adv.
Véritablement. – Tout à fait. 🔊 [vʀɛmɑ̃].

**VRAISEMBLABLE**, adj.
Qui semble vrai, probable. 🔊 [vʀɛsɑ̃blabl].

**VRAISEMBLANCE**, subst. f.
Caractère vraisemblable. 🔊 [vʀɛsɑ̃blɑ̃s].

**VROMBIR**, verbe intrans. [19]
Faire entendre un ronflement vibrant, un vrombissement, en parlant d'un insecte volant ou d'un moteur. 🔊 [vʀɔ̃biʀ].

**V.T.T.**, subst. m. inv.
Sigle pour « vélo tout terrain ». 🔊 [vetete].

**VU, VUE**, adj., subst. m. et prép.
Adj. *Être bien* **vu** : bien considéré. – Loc. conj. **Vu** *que* : attendu que. – Prép. **Vu** *la quantité* : étant donné, eu égard à. – Subst. *Au* **vu** *et au su de qqn* : ouvertement. 🔊 [vy].

**VUE**, subst. f.
Faculté de l'œil à percevoir l'environnement ; cette perception elle-même. – Action de regarder ; ce que l'on voit : *À la* **vue** *de*, en voyant ; *Avoir* **vue** *sur la mer.* – Représentation figurée d'un lieu ; photographie : *Une* **vue** *aérienne.* – Fig. Façon de voir, d'envisager les choses ; idées, intentions. – *En* **vue** *de* : afin de. 🔊 [vy].

**VULGAIRE**, adj.
Banal, sans originalité. – *Nom* **vulgaire** : qui appartient à la langue usuelle. – Grossier, qui manque d'élévation morale. 🔊 [vylgɛʀ].

**VULGARISER**, verbe trans. [3]
Mettre (des connaissances) à la portée de tous. 🔊 [vylgaʀize].

**VULGARITÉ**, subst. f.
Caractère de ce ou de celui qui est vulgaire, trivial. 🔊 [vylgaʀite].

**VULNÉRABILITÉ**, subst. f.
Caractère vulnérable. 🔊 [vylneʀabilite].

**VULNÉRABLE**, adj.
Qui peut être facilement blessé, atteint. – Sensible, faible : *Le grand âge l'a rendu* **vulnérable**. 🔊 [vylneʀabl].

**VULVE**, subst. f.
Ensemble des organes génitaux externes chez la femme et les Mammifères femelles. 🔊 [vylv].

# W X Y Z

**W, w,** subst. m. inv.
Vingt-troisième lettre de l'alphabet français et dix-huitième consonne. 🔊 [dublǝve].

**WAGON,** subst. m.
*Ch. de fer.* Véhicule remorqué, servant au transport des marchandises, des animaux et (abusivement) des personnes. 🔊 [vagɔ̃].

**WAGONNET,** subst. m.
Petit wagon utilisé sur les chantiers ou dans les mines. 🔊 [vagɔnɛ].

**WALKMAN,** subst. m.
Baladeur. 🔊 N. déposé ; [wɔ(l)kman].

**WALLABY,** subst. m.
Nom de diverses espèces de petits marsupiaux australiens. 🔊 Plur. *wallabys* ou *wallabies* ; [walabi].

**WAPITI,** subst. m.
Grand cerf du Canada, d'Alaska et de Sibérie. 🔊 [wapiti].

**WATER-CLOSET,** subst. m.
Lieux d'aisances, toilettes (abrév. W.-C.). 🔊 Plur. *water-closets* ; on dit aussi *les waters* ; [watɛrklɔzɛt].

**WATER-POLO,** subst. m.
Sport de ballon qui se pratique dans l'eau. 🔊 Plur. *water-polos* ; [watɛrpɔlo].

**WATT,** subst. m.
Unité de puissance (W). 🔊 [wat].

**WEEK-END,** subst. m.
Temps de repos en fin de semaine, le samedi et le dimanche. 🔊 Plur. *week-ends* ; [wikɛnd].

**WESTERN,** subst. m.
Film d'aventure exaltant l'Ouest américain au temps des pionniers. 🔊 [wɛstɛrn].

**WHISKY,** subst. m.
Eau-de-vie de grain. 🔊 Plur. *whiskys* ou *whiskies* ; [wiski].

**WHIST,** subst. m.
Jeu de cartes, ancêtre du bridge. 🔊 [wist].

**WHITE-SPIRIT,** subst. m.
Solvant pétrolier utilisé comme diluant de peinture. 🔊 Plur. *white-spirits* ; [wajtspirit].


**X, x,** subst. m. inv.
Vingt-quatrième lettre et dix-neuvième consonne de l'alphabet français. 🔊 [iks].

**XÉNOPHOBE,** adj. et subst.
Qui n'aime pas les étrangers, qui leur manifeste de l'hostilité. 🔊 [gzenɔfɔb].

**XÉNOPHOBIE,** subst. f.
Hostilité de principe à l'égard des étrangers. 🔊 [gzenɔfɔbi].

**XÉRÈS,** subst. m.
Vin d'Espagne. 🔊 On écrit aussi *jerez* ; [kserɛs].

**XYLOPHONE,** subst. m.
*Mus.* Instrument formé de lamelles de bois que l'on frappe avec de petits marteaux. 🔊 [gzilɔfɔn].


**Y (I), y,** subst. m. inv.
Vingt-cinquième lettre et sixième voyelle de l'alphabet français. 🔊 [igrɛk].

**Y (II),** pron. pers. et adv.
*Adv.* Ici, à cet endroit-là : *Allez-y.* — *Il y a* : il existe, il se trouve, il est. — *Pron.* À cela, à lui, à elle : *J'y pense.* 🔊 [i].

**YACHT,** subst. m.
Bateau de plaisance, à voiles ou à moteur. 🔊 [*jɔt].

**YACHTING,** subst. m.
Navigation de plaisance. 🔊 [*jɔtiŋ].

**YA(C)K,** subst. m.
Ruminant du Tibet, massif et à longs poils. 🔊 [*jak].

**YAOURT,** subst. m.
Lait caillé à l'aide de ferments lactiques. 🔊 [*jaurt].

**YARD,** subst. m.
Unité de longueur anglo-saxonne, équivalant à 0,914 m. 🔊 [*jard].

**YÉTI,** subst. m.
Hominien qui, selon la légende, vivrait dans l'Himalaya. 🔊 [*jeti].

**YEUX,** voir ŒIL

**YIDDISH,** subst. m. inv.
Langue germanique parlée par les Juifs d'Europe centrale et orientale. 🔊 [*jidiʃ].

**YLANG-YLANG,** subst. m.
Arbre d'Asie dont les fleurs sont utilisées en parfumerie. 🔊 Plur. *ylangs-ylangs* ; [ilãilã].

**YOGA,** subst. m.
Discipline corporelle et spirituelle originaire d'Inde. 🔊 [*jɔga].

**YOGI,** subst. m.
Celui qui pratique le yoga. 🔊 [*jɔgi].

**YOG(H)OURT,** voir **YAOURT**

**YOURTE,** subst. f.
Tente des populations nomades d'Asie centrale. 🔊 [*jurt].

**YOUYOU**, subst. m.
Petit canot de transbordement. 🕮 [*juju].

**YUCCA**, subst. m.
Plante ornementale originaire d'Amérique tropicale et ressemblant à l'aloès. 🕮 [*juka].

**Z, z**, subst. m. inv.
Vingt-sixième (et dernière) lettre et vingtième consonne de l'alphabet français. 🕮 [zɛd].

**ZAKOUSKI(S)**, subst. m. plur.
Hors-d'œuvre russes variés. 🕮 [zakuski].

**ZAPPER**, verbe intrans. [3]
Changer de chaîne de télévision au moyen de la télécommande. 🕮 [zape].

**ZÈBRE**, subst. m.
Équidé sauvage d'Afrique, au pelage rayé noir et blanc. – Fig. Individu, personne étrange. 🕮 [zɛbʀ].

**ZÉBRÉ, ÉE**, adj.
Qui est marqué de raies rappelant la robe du zèbre. 🕮 [zebʀe].

**ZÉBU**, subst. m.
Bœuf domestique d'Afrique ou d'Asie ayant une bosse sur le garrot. 🕮 [zeby].

**ZÉLATEUR, TRICE**, subst.
Partisan zélé, ardent. 🕮 [zelatœʀ, -tʀis].

**ZÈLE**, subst. m.
Vive ardeur, empressement à accomplir une tâche, à servir qqn ou une cause. 🕮 [zɛl].

**ZÉLÉ, ÉE**, adj.
Qui fait preuve de zèle. 🕮 [zele].

**ZEN**, adj. inv. et subst. m.
Se dit de l'une des formes du bouddhisme pratiqué au Japon. 🕮 [zɛn].

**ZÉNITH**, subst. m.
Point de la sphère céleste situé sur la verticale d'un lieu donné. – Fig. Degré le plus élevé, apogée : *Être au zénith de sa gloire.* 🕮 [zenit].

**ZÉPHYR**, subst. m.
Brise légère et agréable. 🕮 [zefiʀ].

**ZÉRO**, adj. num. inv. et subst. m.
Adj. Aucun. – Subst. Symbole numérique (0) de valeur nulle, mais qui, placé à la droite d'un nombre, le décuple. – Point de départ de diverses graduations. – Quantité nulle ; rien : *Profits réduits à zéro.* – Fig. Personne nulle. 🕮 [zeʀo].

**ZESTE**, subst. m.
Partie externe de l'écorce des agrumes. – Fig. Petite dose : *Un zeste d'ironie.* 🕮 [zɛst].

**ZÉZAYER**, verbe intrans. [15]
Prononcer le son [z] pour [ʒ], et le son [s] pour [ʃ]. 🕮 [zezeje].

**ZIBELINE**, subst. f.
Martre très recherchée pour sa fourrure. – Cette fourrure. 🕮 [ziblin].

**ZIGZAG**, subst. m.
Ligne brisée. – Tracé sinueux. 🕮 [zigzag].

**ZIGZAGUER**, verbe intrans. [3]
Avancer en zigzag. – Former des zigzags. 🕮 [zigzage].

**ZINC**, subst. m.
Métal blanc bleuté, utilisé pour les toitures, les gouttières. – Fam. Comptoir de bar. – Avion. 🕮 [zɛ̃g].

**ZIRCON**, subst. m.
Silicate de zirconium, utilisé en joaillerie pour imiter le diamant. 🕮 [ziʀkɔ̃].

**ZIZANIE**, subst. f.
Discorde, mésentente. 🕮 [zizani].

**ZODIAQUE**, subst. m.
Zone céleste où s'effectuent les mouvements apparents du Soleil, de la Lune et des principales planètes du système solaire. – Cette zone, divisée en douze parties. 🕮 [zɔdjak].

**ZOMBI(E)**, subst. m.
Dans le vaudou, mort-vivant. – Fig. Personne amorphe, à l'air absent. 🕮 [zɔ̃bi].

**ZONA**, subst. m.
Maladie virale caractérisée par une éruption de vésicules. 🕮 [zona].

**ZONE**, subst. f.
Étendue de territoire, aire. – Domaine : *Zone d'activité, d'influence.* – Secteur soumis à un statut, à des lois. – Banlieue défavorisée. 🕮 [zon].

**ZOO**, subst. m.
Parc ouvert au public, regroupant de nombreuses espèces animales. 🕮 [z(o)o].

**ZOOLOGIE**, subst. f.
Science naturelle dont l'objet est d'étudier les animaux. 🕮 [zɔɔlɔʒi].

**ZOOM**, subst. m.
Objectif à distance focale variable. – Effet obtenu avec cet objectif. 🕮 [zum].

**ZOUAVE**, subst. m.
Soldat d'un corps d'infanterie française d'Afrique. – Fig. Imbécile, pitre. 🕮 [zwav].

**ZUT**, interj.
Exclamation de dépit, d'irritation. 🕮 [zyt].

**ZYGOMATIQUE**, adj.
Relatif à la pommette. – Empl. subst. masc. *Les zygomatiques* : les trois muscles de la pommette. 🕮 [zigɔmatik].

# L'ACCORD DU PARTICIPE PASSÉ

## SANS AUXILIAIRE

Le p.p. (= participe passé) s'accorde, tel un adjectif, avec le nom ou le pronom auquel il se rapporte :
*Des hommes corrompus ; Trahie, la nation se rebella.*

⇒ S'il a valeur de préposition, le p.p. est invariable quand il est placé avant le nom auquel il se rapporte :
*Excepté les enfants ; Vu la situation ; Ci-joint la clef.*
Placé après le nom, il s'accorde :
*La notice ci-incluse ; Les femmes y comprises.*

## AVEC L'AUXILIAIRE ÊTRE

Le p.p. (valeur attributive ou passive) s'accorde avec le sujet (ou l'objet) :
*La page est déchirée ; Jetez les fleurs qui sont fanées ; Nous avions été étonnés.*
L'accord se fait aussi aux temps composés des verbes intrans. exigeant le verbe être à la voix active :
*Nous sommes venus à pied.*
Attention au pluriel de majesté ou à l'emploi de *on* :
*Nous, roi de France, sommes décidé à abdiquer ; Alors, on est toujours fâchées, mesdemoiselles ?*

⇒ Cette règle ne s'applique pas aux verbes impersonnels *(Quelle étrange histoire il nous est arrivé !)* ou pronominaux (voir plus loin).

## AVEC L'AUXILIAIRE AVOIR

Le p.p. s'accorde avec le C.O.D. (complément d'objet direct) quand celui-ci, nom ou pronom, précède le participe :
*Quelle belle soirée tu as organisée !* (organisé quoi ? la soirée) ; *La soirée nous a épuisés* (épuisé qui ? nous). Mais : *Cette soirée nous a plu* (plu à qui ? à nous, complément d'objet indirect) ; *Cette soirée a épuisé les enfants* (complément d'objet direct placé après).

⇒ L'accord du p.p. ne peut donc se faire qu'avec des verbes transitifs directs – les verbes transitifs indirects, intransitifs ou impersonnels n'ayant pas de C.O.D. :
*Les problèmes dont on a parlé* (mais *que l'on a réglés*) ; *Nous cherchons les personnes qui ont disparu ; Que de précautions il nous a fallu prendre !*

⇒ Une bonne compréhension du sens de la phrase et la recherche du véritable C.O.D. permettront d'éviter les erreurs d'accord du p.p., même en présence de cas particuliers, tels que ceux détaillés ci-après.

## VERBES TANTÔT PERSONNELS, TANTÔT IMPERSONNELS

Forme impersonnelle, le p.p. est toujours invariable : *La grande chaleur qu'il a fait.*
Forme personnelle, le p.p. s'accorde avec le sujet : *La bêtise qu'il a faite.*

## VERBES TANTÔT TRANSITIFS, TANTÔT INTRANSITIFS

Ne pas confondre un complément circonstanciel (répondant à la question **combien ? comment ?...**) et un C.O.D. (répondant à la question **qui ? ou quoi ?**) ; dans le premier cas, le p.p. est invariable et dans le second, il peut s'accorder : *Les trois kilomètres que j'ai couru* (couru **combien ?**) ; *Les périls que j'ai courus* (couru **quoi ?**) ; *Les vingt kilos que cet enfant avait pesé* (pesé **combien ?**) ; *Les enfants que le médecin a pesés* (pesé **qui ?**) ; *Des paroles que j'ai bien pesées* (pesé **quoi ?**).

⇒ Attention donc au sens de verbes tels que *coûter, valoir, peser, courir, vivre, dormir,* etc.

⇒ Attention aussi à certains verbes transitifs, tantôt directs, tantôt indirects : *La patrie qu'il a si bien servie ; Les omelettes que l'on nous a servies ; Les documents qui vous ont servi.*

## PARTICIPE PASSÉ + INFINITIF

Il y a accord du p.p. avec le C.O.D. (placé avant) si celui-ci fait l'action exprimée par l'infinitif ; si le C.O.D. subit l'action, le p.p. est invariable : *L'actrice que j'ai vue jouer* (l'actrice joue) ; *La pièce que j'ai vu jouer* (la pièce ne joue pas, elle est jouée) ; *Les prisonnières qu'on a laissées partir* (les prisonnières partent) ; *Les prisonnières qu'on a laissé condamner* (les prisonnières sont condamnées).

⇒ **Fait** suivi d'un infinitif est toujours invariable :
*Les maisons qu'il s'est fait construire.*

⇒ Suivi d'un infinitif, le p.p. des verbes d'opinion ou de déclaration est toujours invariable :
*La solution que j'ai voulu adopter ; Les langoustes que je vous ai dit venir de Bretagne.*

⇒ Attention aux p.p. tels que cru, dû, voulu, pensé... ; ils sont invariables quand leur C.O.D. est un infinitif sous-entendu :
*Je n'ai pas fait les efforts que j'aurais dû* (faire).

...∕...

## PARTICIPE PASSÉ + À ou DE + INFINITIF

Quand le C.O.D. (placé avant) se rapporte au p.p., celui-ci s'accorde :
*La voiture que j'ai **donnée** à réparer* (j'ai donné **quoi** ? la voiture à réparer).

Si le C.O.D. se rapporte à l'infinitif, le p.p. reste invariable :
*La solution que j'ai **eu** à trouver* (j'ai eu **quoi** ? pas la solution mais à la trouver).

Parfois, les deux règles peuvent s'appliquer :
*La dictée qu'il a **eu(e)** à refaire* (il a eu **quoi** ? la dictée à refaire ou à refaire la dictée...).

## PARTICIPE PASSÉ + QUE

Si la proposition introduite par *que* constitue le C.O.D. du p.p., celui-ci reste invariable :
*Quelle punition avais-tu **cru** que tu recevrais ?*

### LE ou L' (pronom neutre) + PARTICIPE PASSÉ

Le p.p. suivant un C.O.D. neutre reste invariable :
*Cette affaire est très délicate, comme je l'avais **prévu*** (pour vérifier que le pronom est bien neutre, mettre la phrase au pluriel : *Ces affaires sont... je l'avais **prévu***).

Mais on dira : *Cette affaire est réglée, je l'aurais **crue** plus délicate* (car au pluriel : *Ces affaires... je les aurais **crues** plus délicates*).

## EN + PARTICIPE PASSÉ

Quand *en* joue le rôle de pronom à valeur partitive (et non d'adverbe), il constitue un C.O.D. neutre du p.p., qui reste donc invariable :
*J'ai cueilli des cerises et j'en ai **offert**.*

⇒ On reconnaît que *en* est un C.O.D. neutre quand on ne peut pas le supprimer de la phrase :
*Il a reçu des cadeaux mais il n'en a pas **fait*** (sans *en*, la phrase perd tout sens) ;
*Le site correspond à la description que vous en aviez **faite*** (*en* n'est pas indispensable).

⇒ Attention à *en* complété par un adverbe de quantité ! Si l'adverbe précède *en*, le p.p. s'accorde :
*De ces tulipes, **combien** en avez-vous **cueillies** ?*
Si l'adverbe suit *en*, le p.p. reste invariable :
*De ces tulipes, j'en ai beaucoup **cueilli**.*

## VERBES PRONOMINAUX

Aux temps composés, les verbes pronominaux se conjuguent avec l'auxiliaire

*être* ; ici encore, le bon sens et la logique aideront à trouver l'accord du p.p.

## VERBES ESSENTIELLEMENT PRONOMINAUX

Le p.p. de ces verbes, qui n'existent qu'à la forme pronominale (*s'écrier, s'évanouir, se méfier, s'obstiner, se repentir, se souvenir*, etc.), s'accorde avec le sujet :
*Elles se sont **abstenues** ; Ils s'étaient **méfiés**.*

⇒ Une exception, *s'arroger*, qui est transitif direct ; son p.p. s'accorde donc avec le C.O.D. (quand celui-ci est placé avant) :
*La prérogative qu'il s'est **arrogée** ;*
(mais : *Il s'est **arrogé** une prérogative*).

## VERBES PRONOMINAUX PAR GALLICISME

Le p.p. de ces verbes, auxquels l'usage a retiré tout sens réfléchi ou réciproque (*s'apercevoir, s'attendre, se douter, se jouer*, etc.), s'accorde aussi avec le sujet :
*Les erreurs dont ils se sont **aperçus** ;*
*Elle s'est **jouée** de lui.*

## VERBES PRONOMINAUX DE SENS PASSIF

Leur p.p. s'accorde également avec le sujet :
*Cette année, les pommes se sont bien **vendues**.*

## VERBES ACCIDENTELLEMENT PRONOMINAUX

Quand ils ne sont pas employés à la forme pronominale, ces verbes se conjuguent avec l'auxiliaire *avoir* ; il suffit donc d'imaginer leurs p.p. construits avec *avoir* pour savoir s'il y a accord ou non.

On verra ainsi qu'à la forme pronominale, le p.p. des verbes impersonnels, intransitifs ou transitifs indirects est invariable, de même que le p.p. des verbes transitifs directs qui ont leur C.O.D. placé après :
*Elle s'est **vue** dans la glace* (elle a vu **qui** ? elle - le pronom réfléchi « s' » est le C.O.D. placé avant) ;
*La voiture qu'il s'est **achetée*** (il a acheté **quoi** ? la voiture, C.O.D. placé avant) ;
*Il s'est **acheté** une voiture* (le C.O.D. est placé après) ;
*Ils se sont **salués*** (ils ont salué **qui** ? eux - le pronom réciproque « se » est le C.O.D. placé avant) ;
*Ils se sont **parlé*** (ils ont parlé à **qui** ? à eux - le pronom réciproque « se » est un complément indirect).

# LES LIEUX ET LEURS GENTILÉS*

## ÉTATS

| ÉTATS | GENTILÉS | ÉTATS | GENTILÉS |
|---|---|---|---|
| Afghanistan | Afghan, -ane | Finlande | Finlandais, -aise |
| Afrique du Sud | Sud-Africain, -aine | France | Français, -aise |
| Albanie | Albanais, -aise | Gabon | Gabonais, -aise |
| Algérie | Algérien, -ienne | Gambie | Gambien, -ienne |
| Allemagne | Allemand, -ande | Géorgie | Géorgien, -ienne |
| Andorre | Andorran, -ane | Ghana | Ghanéen, -enne |
| Angola | Angolais, -aise | Grande-Bretagne | Britannique |
| Arabie Saoudite | Saoudien, -ienne | Grèce | Grec, Grecque |
| Argentine | Argentin, -ine | Guatemala | Guatémaltèque |
| Arménie | Arménien, -ienne | Guinée | Guinéen, -enne |
| Australie | Australien, -ienne | Guinée-Bissau | Bissauguinéen, -enne |
| Autriche | Autrichien, -ienne | Guinée équatoriale | Équatoguinéen, -enne |
| Azerbaïdjan | Azéri, -ie | Guyana | Guyanien, -ienne |
| Bangladesh | Bangladais, -aise | Haïti | Haïtien, -ienne |
| Belgique | Belge | Honduras | Hondurien, -ienne |
| Bélize | Bélizais, -aise | Hongrie | Hongrois, -oise |
| Bénin | Béninois, -oise | Inde | Indien, -ienne |
| Biélorussie | Biélorusse | Indonésie | Indonésien, -ienne |
| Birmanie | Birman, -ane | Irak | Irakien, -ienne |
| Bolivie | Bolivien, -ienne | Iran | Iranien, -ienne |
| Bosnie-Herzégovine | Bosniaque | Irlande | Irlandais, -aise |
| Botswana | Botswanais, -aise | Islande | Islandais, -aise |
| Brésil | Brésilien, -ienne | Israël | Israélien, -ienne |
| Brunei | Brunéien, -ienne | Italie | Italien, -ienne |
| Bulgarie | Bulgare | Jamaïque | Jamaïcain, -aine |
| Burkina | Burkinabais, -aise | Japon | Japonais, -aise |
| Burundi | Burundais, -aise | Jordanie | Jordanien, -ienne |
| Cambodge | Cambodgien, -ienne | Kazakhstan | Kazakh |
| Cameroun | Camerounais, -aise | Kenya | Kenyan, -ane |
| Canada | Canadien, -ienne | Kirghizistan | Kirghiz |
| Cap-Vert | Capverdien, -ienne | Koweït | Koweïti(en), -i(enn)e |
| Centrafrique [1] | Centrafricain, -aine | Laos | Laotien, -ienne |
| Chili | Chilien, -ienne | Lettonie | Letton, -on(n)e |
| Chine | Chinois, -oise | Liban | Libanais, -aise |
| Chypre | C(h)ypriote | Liberia | Libérien, -ienne |
| Colombie | Colombien, -ienne | Libye | Libyen, -enne |
| Comores | Comorien, -ienne | Liechtenstein | Liechtensteinois, -oise |
| Congo | Congolais, -aise | Lituanie | Lituanien, -ienne |
| Corée | Coréen, -enne | Luxembourg | Luxembourgeois, -oise |
| Costa Rica | Costaricain, -aine | Macédoine | Macédonien, -ienne |
| Côte d'Ivoire | Ivoirien, -ienne | Madagascar | Malgache |
| Croatie | Croate | Malaisie | Malais, -aise |
| Cuba | Cubain, -aine | Mali | Malien, -ienne |
| Danemark | Danois, -oise | Malte | Maltais, -aise |
| Djibouti | Djiboutien, -ienne | Maurice | Mauricien, -ienne |
| El Salvador | Salvadorien, -ienne | Mauritanie | Mauritanien, -ienne |
| Équateur | Équatorien, -ienne | Mexique | Mexicain, -aine |
| Érythrée | Érythréen, -enne | Moldavie | Moldave |
| Espagne | Espagnol, -ole | Monaco | Monégasque |
| Estonie | Estonien, -ienne | Mongolie | Mongol, -ole |
| États-Unis | Américain, -aine | Monténégro | Monténégrin, -ine |
| Éthiopie | Éthiopien, -ienne | | |

---

* **Gentilé** : appellation de l'habitant ou de la personne originaire d'un lieu (synon. *ethnonyme*). Sans majuscule, le gentilé devient l'adjectif correspondant au nom du lieu concerné. Ex. : un Afghan (habitant), la musique afghane.

| ÉTATS | GENTILÉS | ÉTATS | GENTILÉS |
|-------|----------|-------|----------|
| Mozambique | Mozambicain, -aine | Slovaquie | Slovaque |
| Namibie | Namibien, -ienne | Slovénie | Slovène |
| Népal | Népalais, -aise | Somalie | Somalien, -ienne |
| Nicaragua | Nicaraguayen, -enne | Soudan | Soudanais, -aise |
| Niger | Nigérien, -ienne | Sri Lanka | Sri Lankais, -aise |
| Nigeria | Nigérian, -iane | Suède | Suédois, -oise |
| Norvège | Norvégien, -ienne | Suisse | Suisse (une Suissesse) |
| Nouvelle-Zélande | Néo-Zélandais, -aise | Surinam | Surinamien, -ienne |
| Oman | Omanais, -aise | Swaziland | Swazi |
| Ouganda | Ougandais, -aise | Syrie | Syrien, -ienne |
| Ouzbékistan | Ouzbek, -èke | Taïwan | Taïwanais, -aise |
| Pakistan | Pakistanais, -aise | Tanzanie | Tanzanien, -ienne |
| Panama | Panaméen, -enne | Tchad | Tchadien, -ienne |
| Paraguay | Paraguayen, -enne | Tchéquie [2] | Tchèque |
| Pays-Bas | Néerlandais, -aise | Thaïlande | Thaïlandais, -aise |
| Pérou | Péruvien, -ienne | Togo | Togolais, -aise |
| Philippines | Philippin, -ine | Tunisie | Tunisien, -ienne |
| Pologne | Polonais, -aise | Turkménistan | Turkmène |
| Portugal | Portugais, -aise | Turquie | Turc, Turque |
| Qatar | Qatari | Ukraine | Ukrainien, -ienne |
| Roumanie | Roumain, -aine | Uruguay | Uruguayen, -enne |
| Russie | Russe | Vatican | Vatican, -ane |
| Rwanda | Rwandais, -aise | Venezuela | Vénézuélien, -ienne |
| Saint-Marin | Saint-Marinais, -aise | Viêt-nam | Vietnamien, -ienne |
| Sénégal | Sénégalais, -aise | Yémen | Yéménite |
| Serbie | Serbe | Yougoslavie | Yougoslave |
| Seychelles | Seychellois, -oise | Zaïre | Zaïrois, -oise |
| Sierra Leone | Sierra-Léonais, -aise | Zambie | Zambien, -ienne |
| Singapour | Singapourien, -ienne | Zimbabwe | Zimbabwéen, -enne |

(1) Aussi appelée *République centrafricaine.*
(2) Aussi appelée *République tchèque.*

# RÉGIONS, PROVINCES, ETC.

**Afr.** Afrique ; **All.** Allemagne ; **Amér.** Amérique ; **Austr.** Australie ; **Autr.** Autriche ; **Belg.**
Belgique ; **Bulg.** Bulgarie ; **Can.** Canada ; **Dan.** Danemark ; **Esp.** Espagne ; **É.-U.** États-Unis ;
**Eur.** Europe ; **Fr.** France ; **G.-B.** Grande-Bretagne ; **It.** Italie ; **Lux.** Luxembourg ; **P.-B.** Pays-Bas ;
**Pol.** Pologne ; **Port.** Portugal.

| ENTITÉS | GENTILÉS | ENTITÉS | GENTILÉS |
|---------|----------|---------|----------|
| Abyssinie (ou Éthiopie) | Abyssin, -ine | Cerdagne (Fr., Esp.) | Cerdan, -ane |
| | | Cévennes (Fr.) | Cévenol, -ole |
| Acadie (Can.) | Acadien, -ienne | Ceylan (Sri Lanka) | Ceylanais, -aise |
| Afrique | Africain, -aine | Champagne (Fr.) | Champenois, -oise |
| Alpes (Eur.) | Alpin, -ine | Cochinchine | Cochinchinois, -oise |
| Alsace (Fr.) | Alsacien, -ienne | (Viêt-nam) | |
| Amazonie (Brésil) | Amazonien, -ienne | Corfou (Grèce) | Corfiote |
| Amérique | Américain, -aine | Corse (Fr.) | Corse |
| Andalousie (Esp.) | Andalou, -ouse | Crète (Grèce) | Crétois, -oise |
| Andes (Amér.) | Andin, -ine | Dalmatie | Dalmate |
| Angleterre (G.-B.) | Anglais, -aise | (Croatie) | |
| Anjou (Fr.) | Angevin, -ine | Danube (Eur.) | Danubien, -ienne |
| Annam (Viêt-nam) | Annamite | Dauphiné (Fr.) | Dauphinois, -oise |
| Antilles | Antillais, -aise | Écosse (G.-B.) | Écossais, -aise |
| Aoste (val d') (It.) | Valdôtain, -aine | Elbe (île d') (It.) | Elbois, -oise |
| Aquitaine (Fr.) | Aquitain, -aine | Émilie (It.) | Émilien, -ienne |
| Arabie (Asie) | Arabe | Escaut (Fr., Belg.) | Scaldien, -ienne |
| Aragon (Esp.) | Aragonais, -aise | Étolie (Grèce) | Étolien, -ienne |
| Arcadie (Grèce) | Arcadien, -ienne | Étrurie (It.) | Étrusque |
| Ardennes (Fr., Belg.) | Ardennais, -aise | Europe | Européen, -enne |
| | | Flandre (Belg.) | Flamand, -ande |
| Armorique (Fr.) | Armoricain | Formose (ou Taïwan) | Formosan, -ane |
| Artois (Fr.) | Artésien, -ienne | | |
| Asie | Asiatique | Franche-Comté (Fr.) | Franc-Comtois, -oise |
| Asturies (Esp.) | Asturien, -ienne | | |
| Auvergne (Fr.) | Auvergnat, -ate | Frise (P.-B., All.) | Frison, -onne |
| Bade (All.) | Badois, -oise | Galice (Esp.) | Galicien, -ienne |
| Bali (Indonésie) | Balinais, -aise | Galicie (Pol.) | Galicien, -ienne |
| Balkans (Eur.) | Balkanique | Galilée (Israël) | Galiléen, -enne |
| Baltique (Eur.) | Balte | Galles (pays de) (G.-B.) | Gallois, -oise |
| Basque (pays) | Basque | | |
| Bavière (All.) | Bavarois, -oise | Gascogne (Fr.) | Gascon, -onne |
| Béarn (Fr.) | Béarnais, -aise | Grisons (Suisse) | Grison, -onne |
| Beauce (Fr.) | Beauceron, -onne | Groenland (Dan.) | Groenlandais, -aise |
| Bengale (Asie) | Bengalais, -aise | Guadeloupe (Fr.) | Guadeloupéen, -enne |
| Béotie (Grèce) | Béotien, -ienne | Guernesey (G.-B.) | Guernesiais, -iaise |
| Berry (Fr.) | Berrichon, -onne | Guyane (Fr.) | Guyanais, -aise |
| Biscaye (Esp.) | Biscaïen, -ïenne | Hainaut (Belg.) | Hennuyer, -ère |
| Bohême (Tchéquie) | Bohémien, -ienne | Hesse (All.) | Hessois, -oise |
| Borinage (Belg.) | Borain, -aine | Hollande (P.-B.) | Hollandais, -aise |
| Bourbonnais (Fr.) | Bourbonnais, -aise | Île-de-France (Fr.) | Francilien, -ienne |
| Bourgogne (Fr.) | Bourguignon, -onne | Indochine (Asie) | Indochinois, -oise |
| Brabant (Belg.) | Brabançon, -onne | Ionie (Asie) | Ionien, -ienne |
| Brandebourg (All.) | Brandebourgeois, -oise | Java (Indonésie) | Javanais, -aise |
| Bresse (Fr.) | Bressan, -ane | Jersey (G.-B.) | Jersiais, -iaise |
| Bretagne (Fr.) | Breton, -onne | Judée (Israël) | Judéen, -enne |
| Brie (Fr.) | Briard, -arde | Jura (Fr.) | Jurassien, -ienne |
| Calabre (It.) | Calabrais, -aise | Kabylie (Algérie) | Kabyle |
| Californie (É.-U.) | Californien, -ienne | Labrador (Can.) | Labradorien, -ienne |
| Camargue (Fr.) | Camarguais, -aise | Languedoc (Fr.) | Languedocien, -ienne |
| Canaries (Esp.) | Canarien, -ienne | Laponie (Eur.) | Lapon, -one |
| Castille (Esp.) | Castillan, -ane | Léon (Fr.) | Léonard, -arde |
| Catalogne (Esp.) | Catalan, -ane | Levant (Asie) | Levantin, -ine |
| Caucase (Asie) | Caucasien, -ienne | Ligurie (It.) | Ligurien, -ienne |

| ENTITÉS | GENTILÉS | ENTITÉS | GENTILÉS |
|---------|----------|---------|----------|
| Limousin (Fr.) | Limousin, -ine | Quercy (Fr.) | Quercinois, -oise |
| Loire (Fr.) | Ligérien, -ienne | Réunion (Fr.) | Réunionnais, -aise |
| Lombardie (It.) | Lombard, -arde | Rhénanie (All.) | Rhénan, -ane |
| Lorraine (Fr.) | Lorrain, -aine | Rhin (Eur.) | Rhénan, -ane |
| Louisiane (É.-U.) | Louisianais, -aise | Rhodes (Grèce) | Rhodien, -ienne |
| Madère (Port.) | Madérien, -ienne | Rhône (Suisse, Fr.) | Rhodanien, -ienne |
| Maghreb (Afr.) | Maghrébin, -ine | Rif (Maroc) | Rifain, -aine |
| Maine (Fr.) | Manceau, -elle | Romagne (It.) | Romagnol, -ole |
| Majorque (Esp.) | Majorquin, -ine | Rouergue (Fr.) | Rouergat, -ate |
| Mandchourie | Mandchou, -oue | Roumélie (Bulg.) | Rouméliote |
| (Chine) | | Roussillon (Fr.) | Roussillonnais, -aise |
| Manitoba (Can.) | Manitobain, -aine | Ruthénie (Ukraine) | Ruthène |
| Martinique (Fr.) | Martiniquais, -aise | Saint-Pierre- | Saint-Pierrais, -aise ou |
| Mayotte (Fr.) | Mahorais, -aise | et-Miquelon | Miquelonnais, -aise |
| Mélanésie (Fr.) | Mélanésien, -ienne | Samarie (Israël) | Samaritain, -aine |
| Mésopotamie | Mésopotamien, -ienne | Samos (Grèce) | Samien, -ienne |
| (Asie) | | Sardaigne (It.) | Sarde |
| Meuse (Fr., Belg.) | Mosan, -ane | Sarre (All.) | Sarrois, -oise |
| Minorque (Esp.) | Minorquin, -ine | Savoie (Fr.) | Savoyard, -arde |
| Moravie | Morave | Saxe (All.) | Saxon, -onne |
| (Tchéquie) | | Scandinavie (Eur.) | Scandinave |
| Morvan (Fr.) | Morvandeau, -elle | Seine (Fr.) | Séquanais, -aise |
| Moselle (Fr., All.) | Mosellan, -ane | Siam (Thaïlande) | Siamois, -oise |
| Navarre (Fr., Esp.) | Navarrais, -aise | Sibérie (Russie) | Sibérien, -ienne |
| Normandie (Fr.) | Normand, -ande | Sicile (It.) | Sicilien, -ienne |
| Nouvelle- | Néo-Calédonien, | Silésie (Pol.) | Silésien, -ienne |
| Calédonie (Fr.) | -ienne | Sologne (Fr.) | Solognot, -ote |
| Nouvelle-Écosse | Néo-Écossais, -aise | Tahiti (Fr.) | Tahitien, -ienne |
| (Can.) | | Tasmanie (Austr.) | Tasmanien, -ienne |
| Nubie (Afrique) | Nubien, -ienne | Terre-de-Feu | Fuégien, -ienne |
| Océanie | Océanien, -ienne | (Amér. du Sud) | |
| Ombrie (It.) | Ombrien, -ienne | Terre-Neuve | Terre-Neuvien, -ienne |
| Ontario (Can.) | Ontarien, -ienne | (Can.) | |
| Oural (Russie) | Ouralien, -ienne | Texas (É.-U.) | Texan, -ane |
| Palatinat (All.) | Palatin, -ine | Thessalie (Grèce) | Thessalien, -ienne |
| Palestine (Asie) | Palestinien, -ienne | Tibet (Chine) | Tibétain, -aine |
| Péloponnèse | Péloponnésien, -ienne | Tonkin | Tonkinoise, -oise |
| (Grèce) | | (Viêt-nam) | |
| Pennsylvanie | Pennsylvanien, -ienne | Toscane (It.) | Toscan, -ane |
| (É.-U.) | | Touraine (Fr.) | Tourangeau, -elle |
| Perche (Fr.) | Percheron, -onne | Transylvanie | Transylvain, -aine |
| Périgord (Fr.) | Périgourdin, -ine | (Roumanie) | |
| Perse (Iran) | Persan, -ane | Tyrol (Autr.) | Tyrolien, -ienne |
| Phocide (Grèce) | Phocidien, -ienne | Valachie | Valaque |
| Picardie (Fr.) | Picard, -arde | (Roumanie) | |
| Piémont (It.) | Piémontais, -aise | Valais (Suisse) | Valaisan, -ane |
| Pô (It.) | Padan, -ane | Vaud (Suisse) | Vaudois, -oise |
| Poitou (Fr.) | Poitevin, -ine | Vosges (Fr.) | Vosgien, -ienne |
| Polynésie (Fr.) | Polynésien, -ienne | Wallonie (Belg.) | Wallon, -onne |
| Provence (Fr.) | Provençal, -ale | Westphalie (All.) | Westphalien, -ienne |
| Prusse (All.) | Prussien, -ienne | Wurtemberg (All.) | Wurtembergeois, -oise |
| Pyrénées (Fr., Esp.) | Pyrénéen, -enne | Zélande (P.-B.) | Zélandais, -aise |
| Québec (Can.) | Québécois, -oise | | |

# VILLES

| VILLES | GENTILÉS | VILLES | GENTILÉS |
|--------|----------|--------|----------|
| Abbeville (Fr.) | Abbevillois, -oise | Bruges (Belg.) | Brugeois, -oise |
| Agen (Fr.) | Agenais, -aise | Bruxelles (Belg.) | Bruxellois, -oise |
| Aire-sur-l'Adour (Fr.) | Aturin, -ine | Cadix (Esp.) | Gaditan, -ane |
| | | Caen (Fr.) | Caennais, -aise |
| Aire-sur-la-Lys (Fr.) | Airois, -oise | Cahors (Fr.) | Cadurcien, -ienne |
| Aix (Fr.) | Aixois, -oise | Caire (Le) (Égypte) | Cairote |
| Ajaccio (Fr.) | Ajaccien, -ienne | Calais (Fr.) | Calaisien, -ienne |
| Albi (Fr.) | Albigeois, -oise | Cambrai (Fr.) | Cambrésien, -ienne |
| Alençon (Fr.) | Alençonnais, -aise | Cannes (Fr.) | Cannois, -oise |
| Alep (Syrie) | Aleppin, -ine | Canton (Chine) | Cantonais, -aise |
| Alès (Fr.) | Alésien, -ienne | Carcassonne (Fr.) | Carcassonnais, -aise |
| Alexandrie (Égypte, It.) | Alexandrin, -ine | Carpentras (Fr.) | Carpentrassien, -ienne |
| | | Carthage (Tunisie) | Carthaginois, -oise |
| Alger (Algérie) | Algérois, -oise | Casablanca (Maroc) | Casablancais, -aise |
| Ambert (Fr.) | Ambertois, -oise | | |
| Amboise (Fr.) | Amboisien, -ienne | Castres (Fr.) | Castrais, -aise |
| Amiens (Fr.) | Amiénois, -oise | Cayenne (Fr.) | Cayennais, -aise |
| Amsterdam (P.-B.) | Amstellodamois, -oise | Châlons-sur-Marne (Fr.) | Châlonnais, -aise |
| Ancône (It.) | Anconitain, -aine | | |
| Angers (Fr.) | Angevin, -ine | Chalon-sur-Saône (Fr.) | Chalonnais, -aise |
| Angoulême (Fr.) | Angoumoisin, -ine | | |
| Annecy (Fr.) | Annécien, -ienne | Chambéry (Fr.) | Chambérien, -ienne |
| Annonay (Fr.) | Annonéen, -enne | Chamonix (Fr.) | Chamoniard, -iarde |
| Anvers (Belg.) | Anversois, -oise | Chantilly (Fr.) | Cantilien, -ienne |
| Apt (Fr.) | Aptésien, -ienne | Charleroi (Belg.) | Carolorégien, -ienne |
| Arezzo (It.) | Arétin, -ine | Charleville-Mézières (Fr.) | Carolomacérien, -ienne |
| Arles (Fr.) | Arlésien, -ienne | | |
| Arras (Fr.) | Arrageois, -oise | Chartres (Fr.) | Chartrain, -aine |
| Athènes (Grèce) | Athénien, -ienne | Châteaubriant (Fr.) | Castelbriantais, -aise |
| Auch (Fr.) | Auscitain, -aine | Châteaudun (Fr.) | Dunois, -oise |
| Aurillac (Fr.) | Aurillacois, -oise | Château-Gontier (Fr.) | Castrogontérien, -ienne |
| Autun (Fr.) | Autunois, -oise | | |
| Auxerre (Fr.) | Auxerrois, -oise | Châteauroux (Fr.) | Castelroussin, -ine |
| Avignon (Fr.) | Avignonnais, -aise | Château-Salins (Fr.) | Castelsalinois, -oise |
| Bâle (Suisse) | Bâlois, -oise | | |
| Barcelone (Esp.) | Barcelonais, -aise | Château-Thierry (Fr.) | Castrothéodoricien, -ienne |
| Bar-le-Duc (Fr.) | Barisien, -ienne | | |
| Bastia (Fr.) | Bastiais, -iaise | Chaumont (Fr.) | Chaumontais, -aise |
| Bayonne (Fr.) | Bayonnais, -aise | Cherbourg (Fr.) | Cherbourgeois, -oise |
| Beauvais (Fr.) | Beauvaisin, -ine | Cholet (Fr.) | Choletais, -aise |
| Belfort (Fr.) | Belfortin, -ine | Clermont-Ferrand (Fr.) | Clermontois, -oise |
| Belgrade (Serbie) | Belgradois, -oise | | |
| Belley (Fr.) | Belleysan, -ane | Cognac (Fr.) | Cognaçais, -aise |
| Berlin (All.) | Berlinois, -oise | Colmar (Fr.) | Colmarien, -ienne |
| Berne (Suisse) | Bernois, -oise | Cologne (All.) | Colonais, -aise |
| Besançon (Fr.) | Bisontin, -ine | Cordoue (Esp.) | Cordouan, -ane |
| Béziers (Fr.) | Biterrois, -oise | Corte (Fr.) | Cortenais, -aise |
| Biarritz (Fr.) | Biarrot, -ote | Courtrai (Belg.) | Courtraisien, -ienne |
| Blois (Fr.) | Blésois, -oise | Cracovie (Pol.) | Cracovien, -ienne |
| Bologne (It.) | Bolonais, -aise | Créteil (Fr.) | Cristolien, -ienne |
| Bordeaux (Fr.) | Bordelais, -aise | Damas (Syrie) | Damascène |
| Boston (É.-U.) | Bostonien, -ienne | Dax (Fr.) | Dacquois, -oise |
| Boulogne (Fr.) | Boulonnais, -aise | Die (Fr.) | Diois, dioise |
| Bourg-en-Bresse (Fr.) | Burgien, -ienne | Digne (Fr.) | Dignois, -oise |
| | | Dijon (Fr.) | Dijonnais, -aise |
| Bourges (Fr.) | Berruyer, -ère | Dole (Fr.) | Dolois, -oise |
| Brest (Fr.) | Brestois, -oise | Douai (Fr.) | Douaisien, -ienne |
| Brive-la-Gaillarde (Fr.) | Briviste | Draguignan (Fr.) | Dracenois, -oise |
| | | Dreux (Fr.) | Drouais, -aise |

| VILLES | GENTILÉS | VILLES | GENTILÉS |
|---|---|---|---|
| Dunkerque (Fr.) | Dunkerquois, -oise | Mantoue (It.) | Mantouan, -ane |
| Édimbourg (G.-B.) | Édimbourgeois, -oise | Marseille (Fr.) | Marseillais, -aise |
| Épernay (Fr.) | Sparnacien, -ienne | Mayence (All.) | Mayençais, -aise |
| Épinal (Fr.) | Spinalien, -ienne | Meaux (Fr.) | Meldois, -oise |
| Évreux (Fr.) | Ébroïcien, -ienne | Melun (Fr.) | Melunais, -aise |
| Ferrare (It.) | Ferrarais, -aise | Metz (Fr.) | Messin, -ine |
| Fez (Maroc) | Fassi, -ie | Milan (It.) | Milanais, -aise |
| Florence (It.) | Florentin, -ine | Millau (Fr.) | Millavois, -oise |
| Foix (Fr.) | Fuxéen, -enne | Modène (It.) | Modenais, -aise |
| Fontainebleau (Fr.) | Bellifontain, -aine | Montauban (Fr.) | Montalbanais, -aise |
| Fort-de-France (Fr.) | Foyalais, -aise | Montélimar (Fr.) | Montilien, -ienne |
| Francfort (All.) | Francfortois, -oise | Montluçon (Fr.) | Montluçonnais, -aise |
| Fribourg (Suisse, All.) | Fribourgeois, -oise | Montpellier (Fr.) | Montpelliérain, -aine |
| Gand (Belg.) | Gantois, -oise | Montréal (Can.) | Montréalais, -aise |
| Gap (Fr.) | Gapençais, -aise | Moscou (Russie) | Moscovite |
| Gênes (It.) | Génois, -oise | Moulins (Fr.) | Moulinois, -oise |
| Genève (Suisse) | Genevois, -oise | Mulhouse (Fr.) | Mulhousien, -ienne |
| Gex (Fr.) | Gessien, -ienne | Munich (All.) | Munichois, -oise |
| Grenade (Esp.) | Grenadin, -ine | Namur (Belg.) | Namurois, -oise |
| Grenoble (Fr.) | Grenoblois, -oise | Nancy (Fr.) | Nancéien, -ienne |
| Guéret (Fr.) | Guérétois, -oise | Nantes (Fr.) | Nantais, -aise |
| Halifax (Can.) | Haligonien, -ienne | Naples (It.) | Napolitain, -aine |
| Hambourg (All.) | Hambourgeois, -oise | Narbonne (Fr.) | Narbonnais, -aise |
| Hanovre (All.) | Hanovrien, -ienne | Nazareth (Israël) | Nazaréen, -enne |
| Havane (La) (Cuba) | Havanais, -aise | Neuchâtel (Suisse) | Neuchâtelois, -oise |
| Havre (Le) (Fr.) | Havrais, -aise | Neufchâteau (Fr.) | Néocastrien, -ienne |
| Haye (La) (P.-B.) | Haguenois, -oise | Nevers (Fr.) | Neversois, -oise |
| Issoire (Fr.) | Issoirien, -ienne | New York (É.-U.) | New-Yorkais, -aise |
| Issoudun (Fr.) | Issoldunois, -oise | Nice (Fr.) | Niçois, -oise |
| Istanbul (Turquie) | Istanbuliote | Nîmes (Fr.) | Nîmois, -oise |
| Jérusalem (Israël) | Hiérosolymite | Niort (Fr.) | Niortais, -aise |
| Langres (Fr.) | Langrois, -oise | Nyons (Fr.) | Nyonsais, -aise |
| Laon (Fr.) | Laonnois, -oise | Oran (Algérie) | Oranais, -aise |
| Lausanne (Suisse) | Lausannois, -oise | Orléans (Fr.) | Orléanais, -aise |
| Laval (Fr.) | Lavallois, -oise | Ostende (Belg.) | Ostendais, -aise |
| Leipzig (All.) | Leipzigois, -oise | Padoue (It.) | Padouan, -ane |
| Lens (Fr.) | Lensois, -oise | Palerme (It.) | Palermitain, -aine |
| Liège (Belg.) | Liégeois, -oise | Pamiers (Fr.) | Appaméen, -enne |
| Lille (Fr.) | Lillois, -oise | Paray-le-Monial (Fr.) | Parodien, -ienne |
| Lima (Pérou) | Liménien, -ienne | Paris (Fr.) | Parisien, -ienne |
| Limoges (Fr.) | Limougeaud, -aude | Parme (It.) | Parmesan, -ane |
| Lisbonne (Port.) | Lisbonnin, -ine | Pau (Fr.) | Palois, -oise |
| Lisieux (Fr.) | Lexovien, -ienne | Pavie (It.) | Pavesan, -ane |
| Lodève (Fr.) | Lodévois, -oise | Pékin (Chine) | Pékinois, -oise |
| Londres (G.-B.) | Londonien, -ienne | Périgueux (Fr.) | Périgourdin, -ine |
| Longwy (Fr.) | Longovicien, -ienne | Pérouse (It.) | Pérugin, -ine |
| Lons-le-Saunier (Fr.) | Lédonien, -ienne | Perpignan (Fr.) | Perpignanais, -aise |
| | | Pézenas (Fr.) | Piscénois, -oise |
| Lourdes (Fr.) | Lourdais, -aise | Philadelphie (É.-U.) | Philadelphien, -ienne |
| Louvain (Belg.) | Louvaniste | | |
| Louviers (Fr.) | Lovérien, -ienne | Pise (It.) | Pisan, -ane |
| Lure (Fr.) | Luron, -onne | Pithiviers (Fr.) | Pithivérien, -ienne |
| Luxembourg (Lux.) | Luxembourgeois, -oise | Plaisance (It.) | Placentin, -ine |
| Lyon (Fr.) | Lyonnais, -aise | Pointe-à-Pitre (Fr.) | Pointois, -oise |
| Mâcon (Fr.) | Mâconnais, -aise | Poitiers (Fr.) | Pictavien, -ienne |
| Madrid (Esp.) | Madrilène | Pont-à-Mousson (Fr.) | Mussipontain, -aine |
| Malines (Belg.) | Malinois, -oise | | |
| Mans (Le) (Fr.) | Manceau, -elle | Pontarlier (Fr.) | Pontissalien, -ienne |

# VILLES *(suite)*

| VILLES | GENTILÉS | VILLES | GENTILÉS |
|--------|----------|--------|----------|
| Pont-l'Évêque (Fr.) | Pontépiscopien, -ienne | Saumur (Fr.) | Saumurois, -oise |
| Pont-Saint-Esprit (Fr.) | Spiripontain, -aine | Sens (Fr.) | Sénonais, -aise |
| | | Séville (Esp.) | Sévillan, -ane |
| Prague (Tchéquie) | Pragois, -oise | Sienne (It.) | Siennois, -oise |
| Privas (Fr.) | Privadois, -oise | Smyrne (Turquie) | Smyrniote |
| Puy-en-Velay (Le) (Fr.) | Ponot, -ote | Soissons (Fr.) | Soissonnais, -aise |
| | | Soleure (Suisse) | Soleurois, -oise |
| Québec (Can.) | Québécois, -oise | Spa (Belg.) | Spadois, -oise |
| Quimper (Fr.) | Quimpérois, -oise | Strasbourg (Fr.) | Strasbourgeois, -oise |
| Rambouillet (Fr.) | Rambolitain, -aine | Tarbes (Fr.) | Tarbais, -aise |
| Ravenne (It.) | Ravennate | Thèbes (Grèce) | Thébain, -aine |
| Reims (Fr.) | Rémois, -oise | Thiers (Fr.) | Thiernois, -oise |
| Remiremont (Fr.) | Romarimontain, -aine | Tolède (Esp.) | Tolédan, -ane |
| Rennes (Fr.) | Rennais, -aise | Toronto (Can.) | Torontois, -oise |
| Rio de Janeiro (Brésil) | Carioca | Toulon (Fr.) | Toulonnais, -aise |
| | | Toulouse (Fr.) | Toulousain, -aine |
| Rochelle (La) (Fr.) | Rochelais, -aise | Tourcoing (Fr.) | Tourquennois, -oise |
| Roche-sur-Yon (La) (Fr.) | Yonnais, -aise | Tournai (Belg.) | Tournaisien, -ienne |
| | | Tours (Fr.) | Tourangeau, -elle |
| Rodez (Fr.) | Ruthénois, -oise | Trèves (All.) | Trévire |
| Rome (It.) | Romain, -aine | Trévise (It.) | Trévisan, -ane |
| Rouen (Fr.) | Rouennais, -aise | Trieste (It.) | Triestin, -ine |
| Sables-d'Olonne (Les) (Fr.) | Sablais, -aise | Troyes (Fr.) | Troyen, -enne |
| | | Tulle (Fr.) | Tulliste |
| Sablé-sur-Sarthe (Fr.) | Sabolien, -ienne | Tunis (Tunisie) | Tunisois, -oise |
| | | Turin (It.) | Turinois, -oise |
| Saint-Brieuc (Fr.) | Briochin, -ine | Uzès (Fr.) | Uzétien, -ienne |
| Saint-Claude (Fr.) | Sanclaudien, -ienne | Valence (Fr.) | Valentinois, -oise |
| Saint-Denis (Fr.) | Dionysien, -ienne | Valenciennes (Fr.) | Valenciennois, -oise |
| Saint-Dié (Fr.) | Déodatien, -ienne | Vannes (Fr.) | Vannetais, -aise |
| Saint-Dizier | Bragard, -arde | Varsovie (Pol.) | Varsovien, -ienne |
| Saint-Étienne (Fr.) | Stéphanois, -oise | Venise (It.) | Vénitien, -ienne |
| Saint-Flour (Fr.) | Sanflorain, -aine | Verdun (Fr.) | Verdunois, -oise |
| Saint-Gall (Suisse) | Saint-Gallois, -oise | Vérone (It.) | Véronais, -aise |
| Saint-Lô (Fr.) | Saint-Lois, -Loise | Versailles (Fr.) | Versaillais, -aise |
| Saint-Malo (Fr.) | Malouin, -ine | Vesoul (Fr.) | Vésulien, -ienne |
| Saint-Nazaire (Fr.) | Nazairien, -ienne | Vevey (Suisse) | Veveysan, -ane |
| Saint-Pétersbourg (Russie) | Pétersbourgeois, -oise | Vicence (It.) | Vicentin, -ine |
| | | Vichy (Fr.) | Vichyssois, -oise |
| Saint-Quentin (Fr.) | Saint-Quentinois, -oise | Vienne (Autr., Fr.) | Viennois, -oise |
| Saintes (Fr.) | Saintais, -aise | Villers-Cotterêts (Fr.) | Cotterézien, -ienne |
| Salonique (Grèce) | Salonicien, -ienne | | |
| Salzbourg (Autr.) | Salzbourgeois, -oise | Vitry-le-François (Fr.) | Vitryat, -ate |
| Sâo Paulo (Brésil) | Pauliste | | |
| Sarlat (Fr.) | Sarladais, -aise | Viviers (Fr.) | Vivarois, -oise |
| Sarrebruck (All.) | Sarrebruckois, -oise | Winnipeg (Can.) | Winnipegois, -oise |
| Saulieu (Fr.) | Sédélocien, -ienne | Zurich (Suisse) | Zurichois, -oise |

# LES MONNAIES

| Pays | Code | Monnaie |
|---|---|---|
| Afrique du Sud | R | rand |
| Algérie | DA | dinar algérien |
| Allemagne | DM | deutsche Mark |
| Argentine | $ | peso |
| Australie | $A | dollar australien |
| Autriche | SCH | Schilling |
| Belgique | FB | franc belge |
| Bénin | FCFA | franc C.F.A. |
| Bolivie | BOLV | boliviano |
| Brésil | CZ | cruzeiro |
| Bulgarie | LVA | lev (plur. leva) |
| Burkina | FCFA | franc C.F.A. |
| Cambodge | δ | riel |
| Cameroun | FCFA | franc C.F.A. |
| Canada | $CAN | dollar canadien |
| Centrafrique | FCFA | franc C.F.A. |
| Chili | $ | peso chilien |
| Chine | - | yuan |
| Colombie | $COL | peso colombien |
| Congo | FCFA | franc C.F.A. |
| Corée du Nord | KPW | won |
| Corée du Sud | KRW | won |
| Côte d'Ivoire | FCFA | franc C.F.A. |
| Croatie | HD | dinar croate |
| Cuba | $CU | peso cubain |
| Danemark | KRD | couronne danoise |
| Égypte | £EG | livre égyptienne |
| Équateur | SUC | sucre |
| Espagne | PTA | peseta |
| États-Unis | $US | dollar US |
| Éthiopie | - | birr |
| Finlande | MF | mark finlandais |
| France | F | franc |
| Gabon | FCFA | franc C.F.A. |
| Grande-Bretagne | £ | livre sterling |
| Grèce | DR | drachme |
| Haïti | G | gourde |
| Hongrie | FOR | forint |
| Inde | RS | roupie indienne |
| Irak | DIK | dinar irakien |
| Iran | RL | rial |
| Irlande (Rép. d') | £IR | livre irlandaise |
| Islande | KIS | couronne islandaise |
| Israël | ILS | shekel |
| Italie | LIT | lire |
| Japon | Y | yen |
| Koweït | KD | dinar koweïtien |
| Liban | £LIB | livre libanaise |
| Libye | DLY | dinar libyen |
| Luxembourg | FLUX | franc luxembourgeois |
| Madagascar | FMG | franc malgache |
| Mali | FCFA | franc C.F.A. |
| Maroc | DH | dirham |
| Mexique | $MEX | peso mexicain |
| Népal | - | roupie népalaise |
| Niger | FCFA | franc C.F.A. |
| Norvège | KRN | couronne norvégienne |
| Nouvelle-Zélande | $NZ | dollar néo-zélandais |
| Panama | BAL | balboa |
| Pays-Bas | FL | florin |
| Pérou | S | inti |
| Pologne | ZL | zloty |
| Portugal | ESC | escudo |
| Roumanie | LEI | leu (plur. lei) |
| Russie ; C.E.I. | RBL | rouble |
| Sénégal | FCFA | franc C.F.A. |
| Slovaquie | Sk | couronne slovaque |
| Suède | KRS | couronne suédoise |
| Suisse | FS | franc suisse |
| Tchad | FCFA | franc C.F.A. |
| Tchéquie | Kč | couronne tchèque |
| Thaïlande | - | baht |
| Togo | FCFA | franc C.F.A. |
| Tunisie | DTU | dinar tunisien |
| Turquie | £TQ | livre turque |
| Union europ. | - | écu |
| Venezuela | BOLV | bolivar |
| Viêt-nam | DON | dông |
| Yougoslavie | DIN | dinar |
| Zaïre | ZA | zaïre |

# SIGLES FRANÇAIS ET ÉTRANGERS

| | |
|---|---|
| A.E.L.E. | Association européenne de libre-échange |
| AFNOR | Association française de normalisation |
| A.F.-P. | Agence France-Presse |
| A.J. | Auberges de la jeunesse |
| A.N.P.E. | Agence nationale pour l'emploi |
| A.S.E. | Agence spatiale européenne |
| ASSEDIC | Association pour l'emploi dans l'industrie et le commerce |
| BIRD | Banque internationale pour la reconstruction et le développement |
| B.I.T. | Bureau international du travail |
| B.N. | Bibliothèque nationale |
| B.V.P. | Bureau de vérification de la publicité |
| C.A.F. | Caisse d'allocations familiales |
| C.E.A. | Commissariat à l'énergie atomique |
| C.E.E. | Communauté économique européenne |
| C.E.I. | Communauté des États indépendants |
| C.F.A. | Communauté financière africaine |
| C.F.D.T. | Confédération française démocratique du travail |
| C.F.T.C. | Confédération française des travailleurs chrétiens |
| C.G.T. | Confédération générale du travail |
| C.H.S.C.T. | Comité d'hygiène, de sécurité et des conditions de travail |
| C.I.A. | Central Intelligence Agency (Agence centrale de renseignements ; États-Unis) |
| C.I.D.J. | Centre d'information et de documentation pour la jeunesse |
| C.I.O. | Comité international olympique |
| C.N.A.C. | Centre national d'art et de culture (centre Georges-Pompidou) |
| CNAM | Conservatoire national des arts et métiers |
| C.N.C. | Centre national de la cinématographie |
| CNES | Centre national d'études spatiales |
| CNIT | Centre national des industries et techniques |
| C.N.P.F. | Conseil national du patronat français |
| C.N.R.S. | Centre national de la recherche scientifique |
| C.O.B. | Commission des opérations de bourse |
| C.-R.F. | Croix-Rouge française |
| C.R.S. | Compagnies républicaines de sécurité |
| C.S.A. | Conseil supérieur de l'audiovisuel |
| D.D.E. | Direction départementale de l'équipement |
| D.S.T. | Direction de la surveillance du territoire |
| E.D.F. | Électricité de France |
| E.N.A. | École nationale d'administration |
| E.T.A. | Euskadi ta askatasuna (sigle du mouvement nationaliste basque Euskadi) |
| F.A.O. | Food and Agriculture Organization (Organisation pour l'alimentation et l'agriculture) |
| F.B.I. | Federal Bureau of Investigation (Bureau fédéral d'investigation ; États-Unis) |
| FIDES | Fonds d'investissement pour le développement économique et social |
| F.I.S. | Front islamique du salut (Algérie) |
| F.L.N. | Front de libération national (Algérie) |
| F.M.I. | Fonds monétaire international |
| F.N. | Front national |
| F.O. | Force ouvrière |
| F.S.M. | Fédération syndicale mondiale |
| GATT | General Agreement on Tariffs and Trade (Accord général sur les tarifs et le commerce) |
| G.D.F. | Gaz de France |
| H.E.C. | Haute école de commerce |
| I.G.F. | Impôt sur les grandes fortunes |
| I.G.N. | Institut géographique national |
| I.N.A. | Institut national de l'audiovisuel |
| I.N.C. | Institut national de la consommation |
| INRA | Institut national de la recherche agronomique |
| INSEE | Institut national de la statistique et des études économiques |
| INSERM | Institut national de la santé et de la recherche médicale |
| I.R.A. | Irish Republican Army (Armée républicaine irlandaise) |
| IRCAM | Institut de recherche et de coordination acoustique-musique |

| | |
|---|---|
| J.O. | *Journal officiel* |
| K.G.B. | Komitet Gossoudarstvennoï Bezopasnosti (Comité de sécurité d'État ; ex-Union soviétique) |
| LICRA | Ligue internationale contre le racisme et l'antisémitisme |
| NASA | National Aeronautics and Space Administration (Administration nationale de l'aéronautique et de l'espace ; États-Unis) |
| O.A.S. | Organisation armée secrète |
| O.C.D.E. | Organisation de coopération et de développement économique |
| O.I.T. | Organisation internationale du travail |
| O.L.P. | Organisation de libération de la Palestine |
| O.M.S. | Organisation mondiale de la santé |
| O.N.U. | Organisation des Nations unies |
| OPEP | Organisation des pays exportateurs de pétrole |
| OTAN | Organisation du traité de l'Atlantique Nord |
| P.C. | Parti communiste |
| P.S. | Parti socialiste |
| P.S.U. | Parti socialiste unifié |
| P.T.T. | Postes, télécommunications et télédiffusion |
| R.A.T.P. | Régie autonome des transports parisiens |
| R.F. | République française |
| R.P.R. | Rassemblement pour la République |
| SACEM | Société des auteurs, compositeurs et éditeurs de musique |
| S.D.N. | Société des Nations |
| SEITA | Société nationale d'exploitation industrielle des tabacs et des allumettes |
| SICOB | Salon international de l'informatique et de l'organisation du bureau |
| S.M.E. | Système monétaire européen |
| S.M.I. | Système monétaire international |
| S.N.C.F. | Société nationale des chemins de fer français |
| S.P.A. | Société protectrice des animaux |
| U.D.F. | Union pour la démocratie française |
| UNESCO | United Nations Educational Scientific and Cultural Organization (Organisation des Nations unies pour l'éducation, la science et la culture) |
| UNICEF | United Nations International Children's Emergency Fund (Fonds international des Nations unies pour l'enfance) |
| URSSAF | Unions de recouvrement des cotisations de sécurité sociale et d'allocations familiales |

# LES CHIFFRES ROMAINS

| I | V | X | L | C | D | M |
|---|---|---|---|---|---|---|
| = | = | = | = | = | = | = |
| 1 | 5 | 10 | 50 | 100 | 500 | 1000 |

Une barre horizontale au-dessus d'une lettre en multiplie la valeur par 1 000 :

$$\overline{L} = 50\ 000\ ;\ \overline{C} = 100\ 000$$

*Principe*

Une lettre est égale ou supérieure en valeur à celle qui suit, on additionne les deux valeurs :

CC = 200 ; LI = 51 ; XXX = 30 ; VII = 7

Une lettre est inférieure en valeur à celle qui suit, on soustrait sa valeur de la suivante :

IV = 4 ; XL = 40 ; CDXCIX = 499

I ne se soustrait que de V et de X
X ne se soustrait que de L et de C
C ne se soustrait que de D et de M

*Exemples*

*Le XIXᵉ siècle (19ᵉ s.) s'achève en MCM (1900) ; Napoléon III (trois) ; Louis XVI (seize) ; Henri IV (quatre) ; Ouvrage édité en MDCXLII (1642) ; Acte II (deux), scène IV (quatre)*

*Écriture*

1758 = MDCCLVIII
(1 000 + 700 + 50 + 8 = M + DCC + L + VIII)

444 = CDXLIV (400 + 40 + 4 = CD + XL + IV)

995 = CMXCV (900 + 90 + 5 = CM + XC + V)

# PRINCIPALES UNITÉS DE MESURE
## (système international)*

## GÉOMÉTRIE

⇒ *Longueur*

| | |
|---|---|
| km | kilomètre |
| hm | hectomètre |
| dam | décamètre |
| m | mètre |
| dm | décimètre |
| cm | centimètre |
| mm | millimètre |
| μm | micromètre |
| (a.l. | année de lumière) |

⇒ *Longueur d'onde*

| | |
|---|---|
| Å | angström |

⇒ *Superficie*

| | |
|---|---|
| km² | kilomètre carré |
| m² | mètre carré |

⇒ *Surface agraire*

| | |
|---|---|
| ha | hectare |
| a | are |

⇒ *Volume*

| | |
|---|---|
| m³ | mètre cube |
| dm³ | décimètre cube |
| cm³ | centimètre cube |
| hl | hectolitre |
| dal | décalitre |
| l (ou L) | litre |
| dl | décilitre |
| cl | centilitre |

⇒ *Angle*

| | |
|---|---|
| rad | radian |
| (tr | tour) |
| ° | degré |
| ' | minute (d'angle) |
| " | seconde (d'angle) |

## MASSE

| | |
|---|---|
| t | tonne |
| q | quintal |
| kg | kilogramme |
| hg | hectogramme |
| dag | décagramme |
| g | gramme |

## TEMPS

⇒ *Durée*

| | |
|---|---|
| h | heure |
| min | minute |
| s | seconde |
| μs | microseconde |

⇒ *Fréquence*

| | |
|---|---|
| MHz | mégahertz |
| kHz | kilohertz |
| Hz | hertz |

## MÉCANIQUE

⇒ *Vitesse*

| | |
|---|---|
| m/s | mètre par seconde |
| (km/h | kilomètre par heure) |

⇒ *Force*

| | |
|---|---|
| kN | kilonewton |
| N | newton |

⇒ *Énergie*

| | |
|---|---|
| GJ | gigajoule |
| MJ | mégajoule |
| kJ | kilojoule |
| J | joule |
| eV | électronvolt |
| (kWh | kilowattheure) |
| (Wh | wattheure) |
| (kcal | kilocalorie) |
| (cal | calorie) |

⇒ *Puissance*

| | |
|---|---|
| MW | mégawatt |
| kW | kilowatt |
| W | watt |
| (ch | cheval-vapeur) |
| (CV | cheval fiscal) |

⇒ *Pression*

| | |
|---|---|
| Pa | pascal |
| bar | bar |
| mbar | millibar |

## ÉLECTRICITÉ

⇒ *Intensité*

| | |
|---|---|
| kA | kiloampère |
| A | ampère |

⇒ *Tension*

| | |
|---|---|
| V | volt |
| mV | millivolt |

⇒ *Résistance*

| | |
|---|---|
| MΩ | mégohm |
| Ω | ohm |

⇒ *Charge*

| | |
|---|---|
| C | coulomb |

⇒ *Capacité*

| | |
|---|---|
| F | farad |
| nF | nanofarad |

⇒ *Flux magnétique*

| | |
|---|---|
| Wb | weber |

## TEMPÉRATURE

| | |
|---|---|
| K | kelvin |
| °C | degré Celsius |

## OPTIQUE

⇒ *Intensité*

| | |
|---|---|
| cd | candela |

⇒ *Flux*

| | |
|---|---|
| lm | lumen |

⇒ *Éclairement*

| | |
|---|---|
| lx | lux |

⇒ *Vergence*

| | |
|---|---|
| δ | dioptrie |

## RAYONNEMENT IONISANT

⇒ *Activité*

| | |
|---|---|
| Bq | becquerel |

⇒ *Exposition*

| | |
|---|---|
| C/kg | coulomb par kg |

⇒ *Dose*

| | |
|---|---|
| Gy | gray |

## SON

⇒ *Intensité*

| | |
|---|---|
| B | bel |
| dB | décibel |

* Les unités entre parenthèses sont légales en France mais n'entrent pas dans le système officiel international.

# SYMBOLES CHIMIQUES

| Symboles | Éléments | Symboles | Éléments | Symboles | Éléments |
|---|---|---|---|---|---|
| Ac | Actinium | Ha | Hahnium | Pu | Plutonium |
| Ag | Argent | He | Hélium | Ra | Radium |
| Al | Aluminium | Hf | Hafnium | Rb | Rubidium |
| Am | Américium | Hg | Mercure | Re | Rhénium |
| Ar | Argon | Ho | Holmium | Rf | Rutherfordium |
| As | Arsenic | I | Iode | Rh | Rhodium |
| At | Astate | In | Indium | Rn | Radon |
| Au | Or | Ir | Iridium | Ru | Ruthénium |
| B | Bore | K | Potassium | S | Soufre |
| Ba | Baryum | Kr | Krypton | Sb | Antimoine |
| Be | Béryllium | La | Lanthane | Sc | Scandium |
| Bi | Bismuth | Li | Lithium | Se | Sélénium |
| Bk | Berkélium | Lu | Lutécium | Si | Silicium |
| Br | Brome | Lw | Lawrencium | Sm | Samarium |
| Cd | Cadmium | Md | Mendélévium | Sn | Étain |
| C | Carbone | Mg | Magnésium | Sr | Strontium |
| Ca | Calcium | Mn | Manganèse | Ta | Tantale |
| Ce | Cérium | Mo | Molybdène | Tb | Terbium |
| Cf | Californium | N | Azote | Tc | Technétium |
| Cl | Chlore | Na | Sodium | Te | Tellure |
| Cm | Curium | Nb | Niobium | Th | Thorium |
| Co | Cobalt | Nd | Néodyme | Ti | Titane |
| Cr | Chrome | Ne | Néon | Tl | Tallium |
| Cs | Césium | Ni | Nickel | Tm | Thulium |
| Cu | Cuivre | No | Nobélium | U | Uranium |
| Dy | Dysprosium | Np | Neptunium | Une | Meitnerium |
| Er | Erbium | O | Oxygène | Unh | Unnilhexium |
| Es | Einsteinium | Os | Osmium | Uno | Hassium |
| Eu | Europium | P | Phosphore | Uns | Nielsbohrium |
| F | Fluor | Pa | Protactinium | V | Vanadium |
| Fe | Fer | Pb | Plomb | W | Tungstène |
| Fm | Fermium | Pd | Palladium | Xe | Xénon |
| Fr | Francium | Pm | Prométhéum | Y | Yttrium |
| Ga | Gallium | Po | Polonium | Yb | Ytterbium |
| Gd | Gadolinium | Pr | Praséodyme | Zn | Zinc |
| Ge | Germanium | Pt | Platine | Zr | Zirconium |
| H | Hydrogène | | | | |

# MULTIPLES et SOUS-MULTIPLES : préfixes et symboles

| | | | | | | | | |
|---|---|---|---|---|---|---|---|---|
| $10^{18}$ = | 1 000 000 000 000 000 000 | exa- | E | $10^{-1}$ = | 0,1 | | déci- | d |
| $10^{15}$ = | 1 000 000 000 000 000 | peta- | P | $10^{-2}$ = | 0,01 | | centi- | c |
| $10^{12}$ = | 1 000 000 000 000 | téra- | T | $10^{-3}$ = | 0,001 | | milli- | m |
| $10^{9}$ = | 1 000 000 000 | giga- | G | $10^{-6}$ = | 0,000 001 | | micro- | $\mu$ |
| $10^{6}$ = | 1 000 000 | méga- | M | $10^{-9}$ = | 0,000 000 001 | | nano- | n |
| $10^{3}$ = | 1 000 | kilo- | k | $10^{-12}$ = | 0,000 000 000 001 | | pico- | p |
| $10^{2}$ = | 100 | hecto- | h | $10^{-15}$ = | 0,000 000 000 000 001 | | femto- | f |
| $10^{1}$ = | 10 | déca- | da | $10^{-18}$ = | 0,000 000 000 000 000 001 | | atto- | a |

# DICTIONNAIRE

# DES

# SYNONYMES

Pour éviter une répétition,
pour trouver rapidement
le mot juste,
pour enrichir son vocabulaire...

# INTRODUCTION

Éviter une répétition,
être plus précis dans sa formulation,
enrichir son vocabulaire...

Moderne, facile d'usage, rapide, Le DIC-TIONNAIRE DES SYNONYMES répond à ces critères. Il a été conçu pour donner une réponse immédiate aux problèmes de vocabulaire qui se posent dans la vie étudiante, professionnelle ou familiale.

Réalisé à l'aide d'un ordinateur, il regroupe, par ordre alphabétique, les mots les plus fréquemment utilisés dans la langue française.

Avec lui, c'est son originalité, l'on trouve le mot exact sans perte de temps, sans renvoi vers d'autres pages, d'autres rubriques. Tous les mots cités sont immédiatement suivis de leurs synonymes les plus courants sans qu'il soit nécessaire d'aller chercher plus loin les équivalences.

*A l'attention de l'utilisateur :*

Lorsqu'un mot a plusieurs significations, une « puce », en début de ligne, indique le changement de sens. C'est souvent le cas des adjectifs auxquels il faut prêter une interprétation différente selon qu'ils qualifient des personnes ou des objets. Pour les noms, lorsque le pluriel donne un sens différent du singulier, ce pluriel est alors précisé.

On ne trouvera pas, comme dans d'autres ouvrages, plus anciens et de conception différente, la définition du mot, ou sa référence étymologique ; on ne trouvera pas non plus tous les mots « équivalents », les synonymes rares, ou tombés en désuétude. Il ne s'agit pas de donner la somme, le catalogue de tous les synonymes possibles, mais de proposer ceux dont l'usage est le plus fréquent ; pas d'être le plus complet possible, mais le plus directement efficace.

Les mots techniques n'ont pas été retenus, à cause, justement, de leur technicité : ils admettent rarement des synonymes ; leur trouver un équivalent serait en trahir le sens. Le langage technique n'obéit pas aux règles classiques du discours ou de la rédaction, refuse la litote, et ne fait pas de la répétition une faute.

Dans un souci d'efficacité, ont aussi été écartés les mots tombés en désuétude, ainsi que les mots d'argot, même si un usage répété, voire abusif, dans le langage parlé les rend familiers : l'histoire de la langue est une lente mutation, et il faut respecter le rythme de son évolution.

Aider à mieux parler, et à bien écrire, en trouvant rapidement le mot juste : c'est l'unique ambition de ce DICTIONNAIRE DES SYNONYMES, accessible à tous, moderne et fonctionnel.

*a*

**ABAISSEMENT** ☐ affaissement, affaiblissement, baisse, chute, descente, dévaluation, diminution.
• abjection, avilissement, bassesse, déchéance, déclin, dégénérescence, humiliation.

**ABAISSER** ☐ affaisser, affaiblir, baisser, dévaluer, diminuer, réduire.
• avilir, corrompre, dépraver, humilier, rabaisser, ravaler à, salir.

**ABANDON** ☐ abdication, capitulation, cessation, désertion, don, donation, démission, désistement, négligence, renonciation.

**ABANDONNER** ☐ céder, cesser, démissionner, donner, évacuer, laisser, quitter, renoncer à, se replier, se retirer, se séparer de.

**ABASOURDIR** ☐ abêtir, abrutir, choquer, ébahir, étonner, étourdir, hébéter, méduser, sidérer.

**ABATARDIR** ☐ abaisser, altérer, dégénérer, dénaturer, corrompre, dépraver.

**ABATTEMENT** ☐ déduction, escompte, ristourne.
• accablement, anéantissement, découragement, épuisement, fatigue, langueur, lassitude, prostration.

**ABATTRE** ☐ briser, démolir, détruire, massacrer, raser, renverser, ruiner, tuer.

**ABATTRE (S')** ☐ fondre sur, se précipiter, se ruer, submerger.

**ABATTU** ☐ accablé, mélancolique, morose, prostré, terrassé, triste.

**ABBAYE** ☐ cloître, couvent, monastère, prieuré.

**ABCÈS** ☐ anthrax, bubon, chancre, dépôt, enflure, furoncle, gonflement, panaris, pustule, tumeur.

**ABDICATION** ☐ abandon, capitulation, démission, renonciation, résignation.

**ABDIQUER** ☐ se démettre, démissionner, quitter, renoncer.

**ABDOMEN** ☐ bas-ventre, panse, ventre.

**ABERRANT** ☐ absurde, déraisonnable, grotesque, imbécile, insensé, ridicule, saugrenu, stupide.

**ABERRATION** ☐ absurdité, erreur, extravagance, imbécillité, stupidité.

**ABÊTIR** ☐ abrutir, crétiniser, rendre bête.

**ABHORRER** ☐ abominer, détester, exécrer, haïr, maudire.

**ABÎME** ☐ abysse, gouffre, précipice.

**ABÎMER** ☐ casser, dégrader, endommager, gâter, saccager.

**ABÎMER (S')** □ s'abandonner à, s'adonner à, s'enfoncer dans, sombrer.
• chavirer, couler, sombrer *(marine)*.

**ABJECT** □ bas, dégoûtant, grossier, ignoble, indigne, infâme, méprisable, obscène, répugnant, sordide, vil.

**ABJECTION** □ avilissement, bassesse, grossièreté, ignominie, indignité, infamie, obscénité, saleté.

**ABJURATION** □ abandon, apostasie, reniement, renonciation.

**ABJURER** □ faire son autocritique, renier, renoncer à.

**ABLUTION** □ lavage, nettoyage, toilette.

**ABNÉGATION** □ désintéressement, dévouement, sacrifice.

**ABOIEMENT** □ grondement, hurlement, jappement.

**ABOLIR** □ abroger, anéantir, détruire, effacer, faire disparaître, supprimer.

**ABOLITION** □ abrogation, anéantissement, disparition.
• absolution, amnistie, grâce, pardon, rémission.

**ABOMINABLE** □ affreux, atroce, cruel, détestable, effroyable, exécrable, horrible, informe, laid, monstrueux, repoussant.

**ABOMINER** □ abhorrer, détester, exécrer, haïr, maudire.

**ABONDAMMENT** □ beaucoup, copieusement, énormément, largement, à volonté.

**ABONDANCE** □ aisance, fécondité, fertilité, flot, opulence, richesse.

**ABONDANT** □ ample, copieux, fécond, fertile, fructueux, luxuriant, opulent, plantureux, riche.

**ABONDER** □ foisonner, grouiller, proliférer, pulluler.

**ABONDER DANS** □ approuver, entériner, ratifier.

**ABORD** □ approche, aspect, comportement, maintien.

**ABORDS** □ accès, alentours, environs, voisinage.

**ABORDABLE** □ accessible, accueillant, aimable, courtois.
• bon marché, facile, réalisable.

**ABORDER** □ accoster, approcher, joindre, toucher.

**ABOUTIR** □ arriver à, finir à, tomber dans, réussir.

**ABOUTISSEMENT** □ but, fin, issue, résultat.

**ABOYER** □ crier, hurler, japper.

**ABRÉGÉ** □ (adj) bref, concis, court, raccourci, ramassé, réduit, resserré, résumé, simplifié, sommaire.

**ABRÉGÉ** □ (nom) abréviation, aperçu, condensé, extrait, résumé, sommaire.

**ABRÉGER** □ condenser, diminuer, écourter, raccourcir, réduire, résumer.

**ABREUVER** □ arroser, désaltérer, remplir.
• accabler, agonir, inonder, submerger.

**ABREUVOIR** □ auge, bassin, fontaine, réservoir.

**ABRI** □ asile, couverture, protection, refuge, repaire, sécurité, sûreté, toit.

**ABRITER** □ cacher, couvrir, dissimuler, protéger.

**ABROGATION** □ abolition, annulation, résiliation, retrait, suppression.

**ABROGER** □ abolir, anéantir, détruire, effacer, faire disparaître, supprimer.

**ABRUPT** □ à-pic, escarpé, pentu, raide, rude.
• acariâtre, autoritaire, cassant, hargneux, revêche, sauvage, sec.

**ABRUTI** □ idiot, balourd, crétin, demeuré, fruste, lourdaud, niais, sot, stupide.

**ABRUTIR** ☐ abêtir, choquer, engourdir, hébéter, rendre idiot.

**ABRUTISSEMENT** ☐ avilissement, abêtissement, stupidité.

**ABSENCE** ☐ carence, défaut, manque.
• amnésie, bévue, disparition, distraction, éloignement, inattention, oubli, séparation.

**ABSENT** ☐ amnésique, distrait, étourdi, inattentif, rêveur.

**ABSENTER (S')** ☐ disparaître, s'éloigner, manquer, quitter.

**ABSOLU** ☐ (adj) arbitraire, autoritaire, catégorique, despotique, dictatorial, entier, impérieux, omnipotent, total.

**ABSOLU** ☐ (nom) beau, idéal, perfection, summum.

**ABSOLUTION** ☐ abolition, acquittement, amnistie, grâce, pardon, pénitence, rémission.

**ABSORBER** ☐ avaler, boire, consommer, engloutir, éponger, pomper, résorber.
• accaparer, occuper, préoccuper, retenir.

**ABSOUDRE** ☐ acquitter, amnistier, gracier, pardonner.

**ABSTENIR (S')** ☐ se dispenser, éviter, se priver, se refuser à.

**ABSTENTION** ☐ neutralité, refus, renonciation.

**ABSTINENCE** ☐ jeûne, modération, privation.

**ABSTRACTION** ☐ absence, irréalité, fiction.

**ABSTRACTION (FAIRE... DE)** ☐ écarter, mettre de côté, retrancher.

**ABSTRAIT** ☐ abscons, imaginaire, hypothétique, théorique.

**ABSURDE** ☐ déraisonnable, extravagant, incohérent, irrationnel, saugrenu.

**ABSURDITÉ** ☐ bêtise, déraison, énormité, incohérence, non-sens, stupidité.

**ABUS** ☐ exagération, excès, injustice, outrance.

**ABUSER** ☐ exagérer, exploiter, outrepasser.
• berner, décevoir, duper, leurrer, trahir, tromper.

**ABUSER (D'UNE FEMME)** ☐ déshonorer, posséder, violer.

**ABUSER (S')** ☐ s'égarer, se méprendre, se tromper.

**ACADÉMIE** ☐ modèle, nu.
• conservatoire, institut, rectorat, société littéraire, université.

**ACADÉMIE FRANÇAISE** ☐ Institut, Quai Conti, les Quarante.

**ACADÉMIQUE** ☐ ampoulé, conventionnel, emphatique, guindé, pompeux.

**ACARIATRE** ☐ acrimonieux, bougon, coléreux, colérique, hargneux, maussade, morose, revêche.

**ACCABLANT** ☐ assommant, écrasant, oppressant, orageux, pénible, pesant.
• désespérant, fatidique, irréfutable.

**ACCABLÉ** ☐ abattu, brisé, découragé, prostré, terrassé.
• chargé, écrasé, submergé, surchargé.

**ACCABLEMENT** ☐ abattement, anéantissement, découragement, épuisement, lassitude, prostration.

**ACCÉDER** ☐ arriver à, avoir accès, parvenir.
• acquiescer, consentir, souscrire.

**ACCÉLÉRER** ☐ dépêcher, hâter, précipiter, presser, stimuler.

**ACCENTUER** ☐ appuyer sur, augmenter, intensifier, ponctuer, souligner.

**ACCEPTABLE** ☐ convenable, correct, présentable, suffisant, valable.

**ACCEPTER** ☐ accueillir, agréer, recevoir.

• admettre, être d'accord, se résigner à, se soumettre à, tolérer.

**ACCÈS** ☐ abord, accueil, entrée.

• attaque, atteinte, malaise, crise, poussée.

**ACCESSIBLE** ☐ abordable, affable, amène, compréhensible, facile, ouvert, sensible à.

**ACCESSOIRE** ☐ (adj) annexe, complémentaire, inutile, secondaire, superflu, supplémentaire.

**ACCESSOIRE** ☐ (nom) instrument, outil, ustensile.

**ACCESSOIREMENT** ☐ éventuellement.

**ACCIDENT** ☐ aléa, avatar, catastrophe, événement, incident, malheur, mésaventure, revers.

• aspérité, montagne, pli, relief.

**ACCIDENTÉ** ☐ blessé, choqué, touché.

• accroché, cabossé, cassé, détruit, endommagé, tordu.

• montagneux, vallonné, varié.

**ACCIDENTEL** ☐ fortuit, imprévu, inhabituel, occasionnel.

**ACCIDENTELLEMENT** ☐ fortuitement, par hasard.

**ACCLAMATION** ☐ applaudissements, clameur, cris, ovation, vivats.

**ACCLIMATER** ☐ adapter, habituer, transplanter.

**ACCLIMATER (S')** ☐ s'accoutumer, s'habituer, s'implanter.

**ACCOMMODANT** ☐ aimable, accueillant, charmant, conciliant, débonnaire, facile, sociable.

**ACCOMMODEMENT** ☐ accord, arrangement, conciliation, composition, entente, rapprochement.

**ACCOMMODER** ☐ accorder, adapter, agencer, ajuster.

• accorder, réconcilier, réunir.

• assaisonner, cuisiner, préparer.

**ACCOMMODER (S')** ☐ admettre, se contenter de, s'habituer à.

**ACCOMPAGNEMENT** ☐ cortège, équipage, escorte, suite.

• accessoire, fourniture, ornement.

• garniture, sauce.

**ACCOMPAGNER** ☐ assister, conduire, escorter, suivre, surveiller.

**ACCOMPLI** ☐ distingué, émérite, éminent, parfait.

• achevé, fini, réalisé, terminé.

**ACCOMPLIR** ☐ achever, commettre, exécuter, réaliser, terminer.

**ACCOMPLIR (S')** ☐ arriver, se faire, se produire.

**ACCOMPLISSEMENT** ☐ achèvement, exécution, réalisation.

**ACCORD** ☐ complicité, conciliation, harmonie, sympathie.

• contrat, convention, traité, transaction.

• acceptation, approbation, consentement, engagement.

**ACCORD (TOMBER D'...)** ☐ accepter, acquiescer, consentir.

**ACCORDER** ☐ attribuer, céder, donner, offrir.

• accommoder, adapter, agencer, ajuster, arranger, associer, assortir, combiner, harmoniser.

• concilier, raccommoder, réconcilier, réunir.

**ACCOSTER** ☐ aborder, aller à la rencontre de, s'approcher, rencontrer.

• aborder, jeter l'ancre, toucher terre.

**ACCOUCHEMENT** ☐ enfantement, mise au monde, naissance.

**ACCOUCHER** ☐ enfanter, mettre au monde.

• créer, engendrer, produire.

**ACCOUPLEMENT** ☐ assemblage, réunion, transmission.

• appareillage, croisement, monte, reproduction, saillie *(animaux)*.

• coït, copulation, rapports *(humains)*.

**ACCOUPLER** ☐ accoler, apparier, assembler, joindre, réunir, unir.

**ACCOURIR** ☐ arriver en courant, courir, se précipiter.

**ACCOUTREMENT** ☐ défroque, déguisement, habillement, vêtement.

**ACCOUTRER** ☐ déguiser, habiller, vêtir.

**ACCOUTUMANCE** ☐ acclimatement, adaptation, habitude, immunisation, insensibilisation, vaccination.

**ACCOUTUMER** ☐ acclimater, adapter, habituer.

**ACCROC** ☐ coupure, déchirure, entaille.
• anicroche, contretemps, faute, infraction, obstacle.

**ACCROCHAGE** ☐ accident, bataille, combat, dispute, engagement, heurt, querelle.

**ACCROCHER** ☐ attacher, fixer, suspendre.
• bousculer, heurter, importuner, renverser, retenir.

**ACCROCHER (S')** ☐ s'agripper à, se cramponner à, se suspendre à.

**ACCROISSEMENT** ☐ accélération, aggravation, augmentation, hausse.

**ACCROÎTRE** ☐ agrandir, aggraver, augmenter.

**ACCROUPIR (S')** ☐ se baisser, se ramasser.

**ACCUEIL** ☐ entrée, hall, réception.
• asile, bienvenue, hospitalité, réception, refuge.

**ACCUEILLANT** ☐ aimable, avenant, charmant, gracieux, ouvert, serviable, sympathique.

**ACCUEILLIR** ☐ accepter, admettre, agréer, écouter, recevoir.

**ACCULER** ☐ cerner, contraindre, dominer, enfermer, immobiliser.

**ACCUMULATION** ☐ amas, attroupement, entassement, fatras, quantité, rassemblement, tas.

**ACCUMULER** ☐ amasser, collectionner, empiler, entasser.

**ACCUSATEUR** ☐ délateur, dénonciateur, indicateur, mouchard.
• procureur, substitut.

**ACCUSATION** ☐ délation, dénonciation, diffamation, rumeur.
• incrimination, inculpation, poursuites, réquisitoire.

**ACCUSÉ** ☐ (nom) inculpé, prévenu.

**ACCUSER** ☐ dénoncer, inculper, poursuivre, requérir contre.

**ACERBE** ☐ acide, acrimonieux, agressif, aigre, piquant, virulent.

**ACÉRÉ** ☐ affûté, aigu, coupant, piquant, pointu, vif.

**ACHARNÉ** ☐ courageux, obstiné, opiniâtre, têtu, travailleur.

**ACHARNEMENT** ☐ ardeur, entêtement, fureur, opiniâtreté, persévérance, rage, ténacité.

**ACHAT** ☐ acquisition, emplette.
• corruption, dépravation, subornation.

**ACHEMINER** ☐ conduire, convoyer, envoyer, transporter.

**ACHEMINER (S')** ☐ marcher vers.

**ACHETER** ☐ acquérir, obtenir, se procurer.
• corrompre, dépraver, soudoyer.

**ACHETEUR** ☐ acquéreur, client, usager.

**ACHEVÉ** ☐ complet, fini, terminé.

**ACHÈVEMENT** ☐ aboutissement, apothéose, conclusion, dénouement, fin, terme.

**ACHEVER** ☐ aboutir, accomplir, conclure, finir, terminer.
• abattre, raser, ruiner, tuer.

**ACIDE** ☐ acerbe, désagréable, agressif, aigre, virulent.
• acidulé, acre, aigre, piquant.

**ACOLYTE** ☐ ami, associé, camarade, complice, confrère, partenaire.

**ACOMPTE** ☐ arrhes, avance, provision.

**ACQUÉREUR** ☐ acheteur, client, consommateur.

**ACQUÉRIR** ☐ acheter, devenir propriétaire, gagner, obtenir, se procurer, recevoir.

**ACQUIESCEMENT** ☐ accord, autorisation, consentement, permission.

**ACQUIESCER** ☐ accepter, consentir, opiner, tomber d'accord.

**ACQUIS** ☐ inné, gagné, obtenu.

**ACQUISITION** ☐ achat, emplette, gain.

**ACQUIT** ☐ décharge, quittance, récépissé.

**ACQUITTEMENT** ☐ paiement, règlement, remboursement.
• absolution, amnistie, remise en liberté.

**ACQUITTER** ☐ absoudre, amnistier, disculper, gracier, libérer, relaxer.
• apurer, liquider, payer, régler.

**ACRE** ☐ acerbe, acide, aigre, cuisant.

**ACRETÉ** ☐ acrimonie, aigreur, amertume.

**ACROBATIE** ☐ équilibre, saut, voltige.

**ACTE** ☐ action, décision, exploit, geste.
• certificat, contrat, décret, document, loi, testament.

**ACTEUR** ☐ comédien, mime, tragédien.

**ACTIF** ☐ Agissant, efficace, diligent, dynamique, énergique, rapide, vif, vivant.

**ACTION** ☐ acte, décision, effet, efficacité, entreprise, initiative, mouvement, œuvre.
• bataille, combat, exploit.
• intrigue, rebondissement, scénario.
• obligation, part, valeur *(bourse)*.

**ACTIONNAIRE** ☐ agioteur, capitaliste, propriétaire.

**ACTUELLEMENT** ☐ à présent, en ce moment, maintenant, présentement.

**ADAGE** ☐ devise, maxime, proverbe, sentence.

**ADAPTATION** ☐ acclimatation, accoutumance, ajustement, dressage, transformation.
• traduction, transposition.

**ADAPTER** ☐ ajuster, harmoniser, installer, régler sur, transformer.

**ADAPTER (S')** ☐ s'acclimater, s'accoutumer, s'habituer.

**ADDITION** ☐ ajout, appendice, augmentation, complément, supplément.
• compte, décompte, facture, note.

**ADDITIONNER** ☐ ajouter, augmenter, compléter, rajouter.

**ADEPTE** ☐ disciple, initié, militant, partisan.

**ADHÉRENCE** ☐ collage, soudure, union.

**ADHÉRENT** ☐ (adj) adhésif, assemblé, collé, soudé à, uni à.

**ADHÉRENT** ☐ (nom) abonné, adepte, membre, partisan.

**ADHÉSION** ☐ accord, acceptation, approbation, assentiment, consentement, ratification.

**ADIEU** ☐ au revoir, bonsoir, bonne nuit.

**ADJACENT** ☐ attenant, contigu, côte à côte, prochain, voisin.

**ADJECTIF** ☐ épithète, attribut.

**ADJOINT** ☐ aide, assesseur, assistant, auxiliaire, collaborateur.

**ADMETTRE** ☐ accepter, accueillir, autoriser, recevoir.
• accepter, adopter, concéder, reconnaître, souscrire à.

**ADMINISTRATEUR** ☐ agent, dirigeant, gestionnaire, régisseur.

**ADMINISTRATION** ☐ conduite, direction, gestion, gouvernement, ministère, organisme, régie, régime, service.

**ADMINISTRER** ☐ diriger, gérer, organiser, planifier, régir, réglementer.
• faire prendre, ordonner, prescrire.

**ADMIRABLE** ☐ beau, étonnant, curieux, extraordinaire, formidable, inouï, magnifique, merveilleux, rare, surprenant.

**ADMIRATION** ☐ adoration, adulation, émerveillement, enthousiasme, étonnement, surprise, ravissement.

**ADOLESCENT** ☐ éphèbe, jeune, jouvenceau.

**ADONNER (S')** ☐ s'abandonner à, se livrer à, succomber à.

**ADOPTER** ☐ approuver, choisir, élire, faire sien, opter, prendre.

**ADORABLE** ☐ admirable, gentil, mignon, ravissant, séduisant.

**ADORATION** ☐ admiration, adulation, amour, dévotion, engouement, ferveur, passion, vénération.

**ADORER** ☐ aimer, honorer, idolâtrer, révérer, vénérer.

**ADOUCIR** ☐ apaiser, amollir, atténuer, corriger, édulcorer, mitiger, modérer, soulager, tempérer.

**ADOUCISSEMENT** ☐ amélioration, assouplissement, atténuation, attiédissement, modération, réchauffement, soulagement.

**ADRESSE** ☐ dextérité, finesse, habileté, ruse, savoir-faire, souplesse, subtilité, vivacité.
• domicile, habitation, résidence.

**ADRESSER** ☐ envoyer, expédier, poster.

**ADRESSER (S')** ☐ appeler, demander à, interpeller.

**ADROIT** ☐ agile, fin, habile, industrieux, ingénieux, rusé, souple.

**ADULATEUR** ☐ courtisan, flagorneur, flatteur, louangeur.

**ADULATION** ☐ amour, cour, encensement, flatterie.

**ADULER** ☐ adorer, courtiser, encenser, flatter.

**ADULTE** ☐ (nom) grande personne.

**ADULTE** ☐ (adj) grand, mûr, sérieux, sûr.

**ADULTÈRE** ☐ infidélité, trahison.

**ADVERSAIRE** ☐ antagoniste, concurrent, ennemi, rival.

**ADVERSITÉ** ☐ difficulté, fatalité, infortune, malheur, malchance.

**AÉRER** ☐ changer d'air, ventiler.

**AÉRIEN** ☐ céleste, léger, pur.

**AFFABILITÉ** ☐ civilité, courtoisie, gracieuseté, honnêteté, politesse.

**AFFABLE** ☐ aimable, civil, courtois, gracieux, poli.

**AFFAIBLIR** ☐ altérer, affaisser, amoindrir, anémier, dévaluer, diminuer, épuiser, exténuer, fatiguer, miner, réduire, saper, user.

**AFFAIBLISSEMENT** ☐ abaissement, affaissement, baisse, chute, dégénérescence, descente, dévaluation, diminution, faiblesse, fatigue, réduction, usure.

**AFFAIRE** ☐ boutique, cabinet, commerce, entreprise, occupation, société, tâche, tractation, travail, usine.
• complot, intrigue, scandale.

**AFFAIRES** ☐ activités commerciales, industrielles, activités, négoce, transactions, ventes.

**AFFAIRÉ** ☐ actif, occupé, surmené.

**AFFAIRISME** ☐ combine, concussion, prévarication, spéculation.

**AFFAISSEMENT** ☐ abaissement, affaiblissement, baisse, chute, descente, dévaluation, diminution.

**AFFAISSER** ☐ abaisser, affaiblir, baisser, décliner, diminuer, plier, réduire.

**AFFECTATION** ☐ afféterie, coquetterie, préciosité, raffinement, singularité, snobisme.
• assignation, destination, imputation, mise en place, nomination, poste.

**AFFECTER** ☐ avoir l'air de, feindre, se piquer de.
• assigner, attribuer, muter.
• bouleverser, émouvoir, toucher.

**AFFECTÉ** ☐ apprêté, composé, précieux.

**AFFECTION** ☐ affinité, amitié, amour, attachement, dévouement, inclinaison, sollicitude, sympathie, tendresse.
• indisposition, fièvre, maladie.

**AFFECTIONNER** ☐ aimer, s'attacher à, chérir, vénérer.

**AFFECTUEUSEMENT** ☐ aimablement, amicalement, amoureusement, tendrement.

**AFFECTUEUX** ☐ amical, chaleureux, sensible, sentimental, tendre.

**AFFERMIR** ☐ asseoir, assurer, cimenter, consolider, durcir, réconforter, sceller, tremper.

**AFFICHE** ☐ annonce, pancarte, panneau, placard, publicité.

**AFFICHER** ☐ annoncer, manifester, montrer, placarder, proclamer, publier, révéler.

**AFFICHER (S')** ☐ affecter, parader, se piquer de.

**AFFILER** ☐ affûter, aiguiser, tailler.

**AFFILIÉ** ☐ adhérent, associé, initié.

**AFFINITÉ** ☐ affection, attirance, attraction, sympathie.

**AFFIRMATION** ☐ assurance, attestation, confirmation, manifestation, témoignage.

**AFFIRMER** ☐ assurer, attester, confirmer, manifester, montrer, prouver, témoigner.

**AFFIRMER (S')** ☐ se manifester, se montrer, se raffermir, se renforcer.

**AFFLICTION** ☐ amertume, chagrin, désolation, douleur, malheur, peine, souffrance, supplice, tourment, tristesse.

**AFFLIGÉ** ☐ attristé, contrit, infortuné, miséreux, mortifié.

**AFFLIGEANT** ☐ accablant, décourageant, déplorable, fâcheux, lamentable, navrant, triste.

**AFFLUENCE** ☐ abondance, afflux, circulation, déferlement, encombrement, flot, foule, monde, multitude, quantité, pullulement.

**AFFLUER** ☐ abonder, circuler, se déverser, se presser vers, pulluler.

**AFFOLER** ☐ alarmer, angoisser, apeurer, effrayer, inquiéter.
• aguicher, bouleverser, exciter, troubler.

**AFFRANCHIR** ☐ composter, timbrer.
• délivrer, émanciper, libérer, rendre libre.

**AFFRES** ☐ angoisse, épouvante, inquiétude, transe.

**AFFREUX** ☐ abominable, difforme, effroyable, épouvantable, hideux, horrible, laid, mauvais, repoussant, répugnant, terrible.

**AFFRIOLER** ☐ affoler, aguicher, bouleverser, exciter, séduire, troubler.

**AFFRONT** ☐ attaque, avanie, camouflet, honte, insulte, offense, outrage, vexation.

**AFFRONTEMENT** ☐ attaque, combat, défi, heurt, lutte, rencontre.

**AFFRONTER** ☐ attaquer, braver, combattre, lutter contre, se mesurer à.

**AFFUBLÉ** ☐ accoutré, costumé, bizarrement vêtu.

**AFFÛTER** ☐ affiler, aiguiser, épointer.

**AFIN QUE** ☐ pour que.

**AGAÇANT** ☐ crispant, énervant, exaspérant, taquin.

**AGACEMENT** ☐ énervement, exaspération, impatience, irritation.

**AGACER** ☐ chercher noise, énerver, ennuyer, exaspérer, harceler, provoquer, taquiner.

**AGAPES** ☐ banquet, festin, réjouissances, repas.

**ÂGE** ☐ ancienneté, époque, période, temps, vieillesse.

**ÂGÉ** ☐ ancien, décati, démodé, usé, vieux.

**AGENCE** ☐ bureau, comptoir, légation, office, succursale.

**AGENCEMENT** ☐ aménagement, disposition, organisation.

**AGENCER** ☐ arranger, aménager, assembler, organiser, parer.

**AGENDA** ☐ almanach, calendrier, mémento, répertoire.

**AGENOUILLER (S')** ☐ s'abaisser, s'humilier, se mettre à genoux, se prosterner, se soumettre.

**AGENT** ☐ ambassadeur, commis, délégué, député, envoyé, gérant, inspecteur, préposé.
• gardien de la paix, policier.
• cause, instrument, source.

**AGGLOMÉRATION** ☐ banlieue, bourg, centre, cité, faubourg, localité, village, ville, zone urbaine.

**AGGLUTINER** ☐ rassembler, presser.

**AGGRAVATION** ☐ accroissement, complication, exacerbation, intensification, progrès, recrudescence.

**AGGRAVER** ☐ accroître, augmenter, envenimer, exacerber, exciter, surcharger.

**AGGRAVER (S')** ☐ se détériorer, empirer.

**AGILE** ☐ adroit, alerte, félin, habile, léger, souple, véloce, vif.

**AGILITÉ** ☐ adresse, légèreté, souplesse, vivacité.

**AGIR** ☐ se conduire, employer, exécuter, faire, intercéder, intervenir, œuvrer, opérer, travailler.

**AGISSANT** ☐ actif, efficace, influent.

**AGITATEUR** ☐ perturbateur, révolutionnaire, trublion.

**AGITATION** ☐ activité, animation, désordre, hâte, précipitation, surexcitation, trouble, tumulte.
• angoisse, colère, effervescence, frénésie, mouvement, nervosité, trouble.
• animation, émeute, pagaille, révolte, trouble.

**AGITER** ☐ animer, débattre, enfiévrer, inquiéter, mettre en effervescence, tracasser, troubler.
• gesticuler, remuer, secouer.

**AGONIE** ☐ derniers instants, dernière extrémité, fin, mort.

**AGONISANT** ☐ moribond, mourant.

**AGRAFER** ☐ accrocher, assembler, attacher, épingler, fixer.

**AGRANDIR** ☐ ajouter, allonger, augmenter, développer, élargir, étendre, grossir, hausser.

**AGRANDISSEMENT** ☐ amplification, développement, élargissement, extension, regroupement.

**AGRÉABLE** ☐ accueillant, amusant, beau, charmant, délectable, gentil, gracieux, plaisant, ravissant, suave, sociable.

**AGRÉER** ☐ accepter, admettre, recevoir.

**AGRÉGER** ☐ accueillir, agglomérer, agglutiner, associer, incorporer.

**AGRÉMENT** ☐ accord, approbation, consentement, permission.

**AGRÉMENTS** ☐ amusement, charmes, joie, plaisir.
• enjolivement, garniture, ornement.

**AGRÉMENTER** ☐ embellir, enjoliver, orner, parer.

**AGRESSIF** ☐ belliqueux, hargneux, méchant, querelleur.

**AGRESSION** ☐ attaque, cambriolage, intervention, intrusion, vol, viol, violence.

**AGRESSIVITÉ** ☐ brutalité, hargne, méchanceté, violence.

**AGRICULTEUR** ☐ agronome, cultivateur, éleveur, fermier, laboureur, planteur.

**AGUERRIR** ☐ endurcir, entraîner, fortifier, tremper.

**AIDE** ☐ (féminin) assistance, contribution, main-forte, renfort, rescousse, secours, soutien, subvention.

**AIDE** ☐ (masculin) adjoint, assesseur, assistant, auxiliaire, collaborateur.

**AIDER** ☐ appuyer, assister, épauler, donner un coup de main, favoriser, réconforter, seconder, secourir, soutenir.

**AÏEUL** ☐ aîné, ancêtre, père, prédécesseur.

**AIGRE** ☐ acerbe, acide, aigrelet, mordant, piquant, rance.
● acariâtre, amer, cassant, hargneux, revêche.

**AIGRI** ☐ amer, dégoûté, désabusé, irritable, morose.

**AIGU** ☐ acéré, anguleux, coupant, pointu, saillant.
● doué, incisif, intelligent, mordant, pénétrant, subtil, vif.
● clair, élevé, perçant, strident.

**AIGUILLONNER** ☐ animer, exciter, inciter, encourager, porter à, stimuler.
● piquer, toucher.

**AIGUISER** ☐ affiler, affûter.

**AILE** ☐ aileron, empennage.
● appui, protection, soutien.

**AILLEURS** ☐ autre part

**AIMABLE** ☐ agréable, accueillant, amène, charmant, délicieux, gentil, gracieux, plaisant, poli, sociable.

**AIMANT** ☐ affectueux, amoureux, sensible, tendre.

**AIMER** ☐ adorer, affectionner, s'attacher à, avoir de l'affection pour, chérir, s'éprendre, tomber amoureux, vénérer.

**AÎNÉ** ☐ ancien, premier-né, vieux.

**AINSI** ☐ aussi, c'est pourquoi

**AINSI QUE** ☐ comme, de même que.

**AIR** ☐ apparence, attitude, expression, manières, mine, physionomie.
● atmosphère, brise, temps, vent.
● antienne, ariette, chanson, chansonnette, mélodie.

**AIRE** ☐ champ, superficie, surface, terrain, zone.
● nid, refuge.

**AISANCE** ☐ assurance, désinvolture, facilité, grâce, naturel.
● aise, confort, opulence, richesse.

**AISANCES (LIEUX D')** ☐ commodités, latrines, toilettes.

**AISE** ☐ contentement, plénitude, satisfaction.

**AISÉ** ☐ content, désinvolte, fortuné, riche, satisfait.
● clair, facile, simple.

**AISÉMENT** ☐ facilement, naturellement, simplement.

**AJOURNEMENT** ☐ atermoiement, remise, renvoi, retard.

**AJOUTER** ☐ additionner, allonger, amplifier, augmenter, compléter, enrichir, étendre, grossir.

**AJUSTER** ☐ accorder, adapter, agencer, arranger, combiner, parer, régler, vêtir.
● mettre en joue, pointer, viser.

**ALAMBIQUÉ** ☐ compliqué, confus, recherché, subtil, tortueux.

**ALARMANT** ☐ angoissant, dramatique, inquiétant, préoccupant, terrible.

**ALARME** ☐ appréhension, crainte, effroi, épouvante, frayeur, peur, terreur.
• alerte, avertisseur, klaxon, sirène, tocsin.

**ALARMER** ☐ avertir, mettre en garde, prévenir.
• angoisser, effrayer, épouvanter, inquiéter.

**ALBUM** ☐ cahier, classeur, recueil.

**ALCHIMIE** ☐ chimie, occultisme, sciences occultes.

**ALCOOL** ☐ apéritif, calvados, digestif eau-de-vie, marc, rhum, vodka, whisky.

**ALCOOLIQUE** ☐ buveur, éthylique, ivrogne.

**ALENTOURS** ☐ abords, environs, voisinage.

**ALERTE** ☐ (nom) alarme, danger, péril.

**ALERTE** ☐ (adj) adroit, agile, leste, rapide, vif.

**ALERTER** ☐ avertir, attirer l'attention, prévenir, signaler.

**ALGARADE** ☐ altercation, dispute, rixe.

**ALIÉNATION** ☐ abandon, échange, donation, legs, vente.
• démence, folie, névrose.

**ALIÉNÉ** ☐ dément, fou, malade.

**ALIÉNER** ☐ abandonner, céder, donner, léguer, vendre.

**ALIGNER** ☐ disposer, mettre en ligne, ranger.

**ALIMENT** ☐ comestible, denrée, nourriture, provision.

**ALIMENTAIRE** ☐ comestible, nourrissant, nutritif.

**ALIMENTER** ☐ approvisionner, nourrir, sustenter.

**ALITER (S')** ☐ s'allonger, se coucher, se mettre au lit.

**ALLAITER** ☐ donner le sein, nourrir.

**ALLÉCHER** ☐ aguicher, appâter, attirer, séduire.

**ALLÉE** ☐ avenue, couloir, corridor, passage, voie.

**ALLÉGATION** ☐ affirmation, citation, insinuation.

**ALLÉGEMENT** ☐ adoucissement, amélioration, assouplissement, atténuation, soulagement.

**ALLÉGER** ☐ aider, délester, diminuer, rendre plus léger, soulager.

**ALLÉGORIE** ☐ fable, image, métaphore, représentation, tableau.

**ALLÉGRESSE** ☐ allant, enthousiasme, entrain, gaieté, joie, vivacité.

**ALLER** ☐ cheminer, marcher, se promener, rouler, se rendre.

**ALLER (S'EN...)** ☐ disparaître, partir, rompre, mourir.

**ALLIANCE** ☐ anneau, bague.
• association, coalition, confédération, entente, ligue, union.

**ALLIÉ** ☐ ami, apparenté, associé, confédéré, parent, partenaire.

**ALLIER** ☐ associer, combiner, harmoniser, unir.

**ALLONGER** ☐ ajouter, étirer, prolonger, temporiser, tirer.

**ALLUMER** ☐ brancher, éclairer, embraser, enflammer, mettre le feu.

**ALLURE** ☐ pas, train, vitesse.
• air, apparence, comportement, maintien, prestance.

**ALLUSION** ☐ comparaison, sous-entendu.

**ALLUVION** ☐ boues, dépôts, gravier, sable, sédiment.

**ALMANACH** ☐ agenda, annuaire, calendrier.

**ALORS** ☐ à ce moment-là, dans ce cas.

**ALOURDIR** ☐ accabler, charger, faire peser, lester, surcharger.

• bouffir, épaissir, garnir, surcharger.

**ALTÉRATION** ☐ affaiblissement, avilissement, changement, corruption, dégénérescence, falsification, modification, tare, truquage.

**ALTÉRER** ☐ abâtardir, corrompre, dégénérer, dénaturer, dépraver, pourrir, truquer.

• assoiffer, dessécher.

**ALTERNANCE** ☐ alternative, oscillation, récurrence, rotation, succession, va-et-vient.

**ALTIER** ☐ arrogant, élevé, fier, hautain, noble, vaniteux.

**ALTITUDE** ☐ élévation, hauteur, niveau.

**ALTRUISME** ☐ bonté, charité, générosité.

**AMABILITÉ** ☐ affabilité, civilité, courtoisie, gentillesse, politesse.

**AMADOUER** ☐ apaiser, calmer, persuader.

**AMANT** ☐ amateur, amoureux, compagnon, concubin, soupirant.

**AMAS** ☐ entassement, fatras, foule, quantité, rassemblement, tas.

**AMATEUR** ☐ amant, collectionneur, dilettante.

**AMBASSADEUR** ☐ envoyé, chargé de mission, député, légat, ministre, négociateur, représentant.

**AMBIANCE** ☐ atmosphère.

**AMBIGU** ☐ étrange, équivoque, incertain, louche.

**AMBITION** ☐ appétit, ardeur, but, désir, rêve, soif, volonté.

**ÂME** ☐ cœur, conscience, courage, esprit, pensée, vie, volonté.

**AMÉLIORER** ☐ amender, bonifier, embellir, fertiliser, perfectionner, restaurer.

**AMENER** ☐ apporter, acheminer, conduire, emmener, rapporter.

**AMENUISER** ☐ alléger, diminuer.

**AMER** ☐ aigre, cuisant, irritant, saumâtre.

• acariâtre, agressif, désagréable, désabusé, hargneux, maussade, sarcastique, triste.

**AMERTUME** ☐ âcreté, acrimonie, aigreur, dégoût, morosité.

**AMEUTER** ☐ alarmer, appeler à la révolte, exciter, rassembler.

**AMI** ☐ allié, camarade, copain, compagnon, intime.

• amant, amoureux, concubin, galant, soupirant.

**AMICAL** ☐ bienveillant, complice, favorable, propice.

**AMITIÉ** ☐ affection, bienveillance, connivence, entente, sympathie.

**AMNÉSIE** ☐ absence, oubli, perte de mémoire.

**AMNISTIE** ☐ absolution, grâce, pardon, remise de peine.

**AMONCELLEMENT** ☐ amas, entassement, fatras, quantité, tas.

**AMOUR** ☐ adoration, affection, attachement, ardeur, ferveur, folie, inclinaison, passion, penchant, tendresse, volupté.

**AMOUREUX** ☐ adorateur, ardent, câlin, fervent, galant, sensuel, tendre.

**AMOUR-PROPRE** ☐ fierté, orgueil, susceptibilité.

**AMPLE** ☐ considérable, copieux, épanoui, large.

**AMPLEUR** ☐ épanouissement, largesse, opulence, plénitude, richesse.

**AMUSANT** ☐ agréable, comique, distrayant, drôle, gai, hilarant, réjouissant, risible.

**AMUSEMENT** ☐ délassement, distraction, diversion, leurre, passe-temps, récréation, réjouissance.

**AMUSER** ☐ abuser, donner le change, duper, enrôler, leurrer, tromper.
• divertir, égayer, faire rire, réjouir.

**ANALOGUE** ☐ équivalent, identique, pareil, semblable.

**ANALYSE** ☐ critique, dissection, étude, examen, observation, prélèvement, résumé.

**ANCIEN** ☐ (adj) antique, archaïque, passé, périmé, séculaire, vétuste, vieux.

**ANCIEN** ☐ (nom) aïeul, aîné, ancêtre, doyen.

**ANÉANTISSEMENT** ☐ abattement, accablement, épuisement, prostration.
• abolition, disparition, extermination.

**ANÉMIE** ☐ affaiblissement, dépérissement, faiblesse.

**ANFRACTUOSITÉ** ☐ cavité, creux, fissure, trou.

**ANGÉLIQUE** ☐ bon, doux, parfait, pur, séraphique.

**ANGLE** ☐ arête, coin, coude, encoignure.

**ANGOISSANT** ☐ effrayant, hallucinant, horrible, inquiétant, oppressant, préoccupant, sinistre.

**ANGOISSE** ☐ affolement, anxiété, appréhension, crainte, désarroi, effarement, effroi, émotion, hallucination, inquiétude, panique, peur, souci, terreur.

**ANGOISSER** ☐ affoler, faire peur, inquiéter, oppresser, troubler.

**ANIMAL** ☐ (nom) bestiole, bête, créature.

**ANIMAL** ☐ (adj) bestial, brutal, charnel, sauvage, sensuel.

**ANIMATION** ☐ activité, affairement, effervescence, mouvement.
• chaleur, entrain, enthousiasme, excitation, feu.

**ANIMER** ☐ diriger, égayer, entraîner, organiser, promouvoir.

**ANNIHILER** ☐ désintégrer, détruire, faire disparaître, neutraliser, supprimer.

**ANNIVERSAIRE** ☐ célébration, commémoration, souvenir.

**ANNONCE** ☐ affiche, communiqué, déclaration, notification, proclamation, publicité.
• prédiction, présage, signe.

**ANNUAIRE** ☐ almanach, agenda.

**ANNULATION** ☐ abolition, abrogation, dissolution, extinction, suppression.

**ANNULER** ☐ abroger, casser, dissoudre, infirmer, révoquer, supprimer.

**ANORMAL** ☐ étrange, exceptionnel, inhabituel, insolite, non conforme, singulier.

**ANTHOLOGIE** ☐ choix, florilège, recueil, sélection.

**ANTHRAX** ☐ abcès, chancre, furoncle, panaris, pustule.

**ANTICIPATION** ☐ présage, prévision, science-fiction.

**ANTIPATHIE** ☐ aversion, dégoût, haine, inimitié, répugnance, ressentiment.

**ANTIPATHIQUE** ☐ désagréable, détestable, odieux, répugnant.

**ANTRE** ☐ caverne, refuge, tanière.

**ANXIÉTÉ** ☐ angoisse, appréhension, crainte, effroi, inquiétude, peur, souci.

**APAISER** ☐ assoupir, calmer, consoler, éteindre, pacifier, rasséréner, rassurer, soulager.

**APATHIE** ☐ absence, engourdissement, impassibilité, indifférence, indolence, mollesse, paresse, résignation, torpeur.

**APERCEVOIR** ☐ découvrir, deviner, percevoir, remarquer, repérer, voir.

**APERÇU** ☐ coup d'œil, estimation, résumé, tour d'horizon.

**APEURÉ** ☐ anxieux, craintif, effarouché, inquiet, peureux, timide, timoré.

**APHORISME** ☐ adage, maxime, proverbe, sentence.

**APITOYER** ☐ attendrir, bouleverser, ébranler, émouvoir, troubler.

**APLANIR** ☐ égaliser, araser, niveler, unifier.
• aider, apaiser, arranger, faciliter, préparer.

**APLATIR** ☐ écraser, étaler, laminer, plaquer, rabattre.

**APLOMB** ☐ équilibre, verticalité.
• assurance, audace, confiance, impudence, culot, sang-froid.

**APOCRYPHE** ☐ douteux, faux, supposé.

**APOGÉE** ☐ apothéose, faîte, point culminant, sommet, zénith.

**APOLOGIE** ☐ défense, éloge, glorification, justification.

**APOSTAT** ☐ hérétique, infidèle, renégat.

**APOTHÉOSE** ☐ apogée, bouquet, déification, épanouissement, triomphe.

**APPARAÎTRE** ☐ arriver, se dégager, éclore, se manifester, naître, paraître, se révéler, sortir, survenir.
• découler de, ressortir de, sembler.

**APPARAT** ☐ cérémonie, éclat, faste, gloire, luxe, ostentation, pompe, splendeur.

**APPAREIL** ☐ attirail, engin, instrument, machine, outil.
• apparat, cérémonie, faste, pompe.

**APPAREILLER** ☐ accorder, agencer, assembler, assortir, joindre, disposer, monter, réunir.
• lever l'ancre.

**APPARENCE** ☐ air, aspect, forme, mine, tournure.

**APPARENCE (EN...)** ☐ extérieurement, superficiellement.

**APPARITION** ☐ arrivée, avènement, manifestation, naissance, venue.
• esprit, fantôme, mirage, revenant, spectre, vision.

**APPARTEMENT** ☐ habitation, logement, logis, résidence.

**APPARTENIR** ☐ être à, être la propriété de, être propre à, faire partie de, relever de.

**APPAS** ☐ attraits, charmes, grâce.

**APPÂT** ☐ amorce, asticot, leurre.

**APPAUVRIR** ☐ affaiblir, altérer, amoindrir, anémier, dévaluer, diminuer, épuiser, fatiguer, miner, user.

**APPEL** ☐ cri, interjection, signe.
• convocation, enrôlement, incorporation.
• incitation, invitation, provocation.
• pourvoi, recours.

**APPELER** ☐ apostropher, crier, héler, interpeller.
• choisir, désigner, élire, nommer, souhaiter.
• convoquer, incorporer, enrégimenter, mobiliser.
• baptiser, nommer, qualifier.
• téléphoner.

**APPELER (S')** ☐ avoir pour nom, se nommer.

**APPELLATION** ☐ dénomination, désignation, label, marque, qualification, vocable.

**APPÉTIT** ☐ avidité, boulimie, faim, gourmandise, voracité.
• aspiration, concupiscence, curiosité, désir, envie, inclinaison, passion.

**APPLAUDIR** ☐ acclamer, approuver, apprécier, claquer des mains, saluer, se réjouir de.

**APPLAUDISSEMENT** ☐ acclamation, enthousiasme, clameur, cris, ovation.

• approbation, compliment, éloge, félicitations, louange.

**APPLICATION** ☐ attention, concentration, soin, soi, zèle.

**APPLIQUER** ☐ apposer, étaler, étendre, placer, poser.

• administrer, infliger, mettre.

• employer, mettre en pratique, user, utiliser.

**APPLIQUER (S')** ☐ se consacrer à, s'évertuer, prendre soin.

**APPOINT** ☐ accessoire, complément, supplément.

• aide, appui, collaboration, concours.

**APPOINTEMENTS** ☐ émoluments, gages, honoraires, paye, rétribution, salaire, solde, traitement.

**APPORT** ☐ attribution, contribution, dotation, écot, financement, participation.

**APPORTER** ☐ emporter, porter, transporter.

• donner, fournir, offrir.

• appeler, causer, créer, engendrer, entraîner, occasionner, provoquer, susciter.

**APPOSER** ☐ appliquer, étaler, mettre, placer, poser.

**APPRÉCIATION** ☐ estimation, devis, évaluation, annotation, commentaire, critique, note, observation.

**APPRÉCIER** ☐ aimer, estimer, évaluer, juger, priser.

• déterminer, discerner, estimer.

**APPRÉHENDER** ☐ craindre, avoir peur, redouter.

• arrêter, capturer, s'emparer de, emprisonner.

**APPRÉHENSION** ☐ alarme, angoisse, crainte, effroi, épouvante, frayeur, peur, terreur.

**APPRENDRE** ☐ étudier, mémoriser, s'initier, s'instruire.

• aviser, enseigner, faire savoir, inculquer, informer, instruire, transmettre.

**APPRENTISSAGE** ☐ éducation, formation, initiation, instruction.

**APPRÊTÉ** ☐ affecté, compassé, étudié, guindé, maniéré, recherché.

• accommodé, assaisonné, cuisiné, préparé.

**APPRÊTER** ☐ assaisonner, disposer, garnir, préparer.

**APPRIVOISÉ** ☐ domestique, domestiqué, dressé.

• amadoué, conquis, poli, séduit.

**APPRIVOISER** ☐ domestiquer, dompter, dresser.

• adoucir, charmer, familiariser, séduire.

**APPROBATION** ☐ accord, acquiescement, adhésion, adoption, agrément, consentement, homologation, ratification.

**APPROCHANT** ☐ approximatif, comparable, équivalent, proche, ressemblant.

**APPROCHER** ☐ aborder, avoir accès, côtoyer, joindre, toucher, venir.

**APPROCHER (S')** ☐ venir auprès de.

**APPROFONDIR** ☐ creuser, forer, fouiller, pénétrer.

• analyser, étudier, examiner, explorer.

**APPROPRIÉ** ☐ apte, bon, capable, conforme, convenable, idoine, pertinent.

**APPROPRIER (S')** ☐ s'arroger, s'attribuer, s'emparer, prendre le bien d'autrui, spolier.

**APPROUVER** ☐ acquiescer, applaudir à, donner son accord, féliciter, ratifier.

**APPROVISIONNER** ☐ alimenter, équiper, fournir, garnir, pourvoir.

**APPROXIMATIF** ☐ approchant, comparable, équivalent, proche, ressemblant.

**APPROXIMATIVEMENT** ☐ à peu près, environ, presque.

**APPUI** ☐ aide, appoint, assistance, concours, protection, rescousse, secours, soutien.
• base, colonne, contrefort, étai, pilier, soutènement, soutien, support.

**APPUYER** ☐ aider, assister, épauler, parrainer, recommander, soutenir.
• accoter, adosser, étayer, placer contre, poser.

**APRE** ☐ abrupt, acerbe, acrimonieux, austère, inculte, raboteux, revêche, rude, rustique, sauvage.

**APRÈS** ☐ ensuite, puis.

**À-PROPOS** ☐ à bon escient, convenable, pertinent.
• au sujet de, sur.

**APTE** ☐ approprié, capable, convenable, fait pour, idoine, prévu pour.

**APTITUDE** ☐ capacité, disposition, génie, goût, habileté, prédisposition, talent.

**AQUATIQUE** ☐ amphibie, marin.

**AQUEUX** ☐ fluide, humide, spongieux.

**ARABLE** ☐ cultivable, labourable.

**ARBITRAIRE** ☐ absolu, autoritaire, gratuit, injuste, injustifié, despotique, dictatorial, impérieux, omnipotent, tyrannique.

**ARBITRE** ☐ conciliateur, expert, juge, médiateur.

**ARBRE** ☐ arbrisseau, arbuste, essence, épineux, feuillu, végétal.
• essieu, pivot, vilebrequin.

**ARCHAÏQUE** ☐ ancien, antique, démodé, primitif, vieux.

**ARCHÉTYPE** ☐ modèle, original.

**ARCHITECTURE** ☐ charpente, plan, proportion, style, urbanisme.

**ARCHIVES** ☐ annales, bibliothèque, dépôt, dossiers, mémoires.

**ARDENT** ☐ bouillant, brûlant, chaud, cuisant, incandescent, torride.
• alerte, animé, brillant, chaleureux, excessif, fougueux, fringuant, pétulant, vif, violent.

**ARDEUR** ☐ chaleur, énergie.
• allégresse, bouillonnement, cœur, courage, enthousiasme, entrain, exaltation, ferveur, vivacité.

**ARDU** ☐ difficile, dur, ingrat, laborieux, malaisé, pénible.
• abrupt, escarpé, pentu, raide.

**ARGENT** ☐ métal blanc.
• capital, espèces, finance, fonds, fortune, liquidités, monnaie, richesse, somme, trésor.

**ARGOT** ☐ jargon, langue verte, patois, verlan.

**ARGUMENT** ☐ démonstration, développement, raisonnement, thèse.

**ARIDE** ☐ désertique, desséché, ingrat, nu, pauvre, sec, stérile.

**ARISTOCRATIQUE** ☐ distingué, éminent, grand, noble.
• élégant, délicat, distingué, raffiné.

**ARMATURE** ☐ carcasse, charpente, échafaudage, ossature, support.

**ARME** ☐ armement, matériel.
• argument, ressource.

**ARMÉ** ☐ fourni, garni, muni, nanti.

**ARMÉE** ☐ multitude, troupe.

**ARMER** ☐ équiper, fortifier, fréter.
• approvisionner, garnir, munir, pourvoir.

**AROMATES** ☐ essence, parfum, assaisonnement.

**AROME** ☐ odeur, parfum, relent, senteur.

**ARRACHER** ☐ déraciner, enlever, extirper, extraire, prélever, prendre, ravir, tirer.

**ARRANGEMENT** ☐ agencement, classement, disposition, ordonnancement, ordre.

• accord, compromis, conciliation, règlement.

**ARRANGER** ☐ agencer, aménager, combiner, disposer, modifier, orner, ranger, remanier, réparer.

**ARRANGER (S')** ☐ accepter, se contenter, se débrouiller, se mettre d'accord, se satisfaire.

**ARRESTATION** ☐ capture, emprisonnement, prise.

**ARRÊT** ☐ escale, halte, interruption, panne, pause, relâche, répit, repos, station.

• abri, gare, station.

• décision, jugement, sentence.

**ARRÊTER** ☐ bloquer, enrayer, fixer, immobiliser, retenir, stopper, suspendre.

• appréhender, capturer, s'emparer de, emprisonner.

**ARRHES** ☐ acompte, avance, gage, provision.

**ARRIVÉE** ☐ apparition, arrivage, naissance, venue.

**ARRIVER** ☐ approcher, parvenir, surgir, venir.

• gagner, parvenir, réussir.

**ARROGANT** ☐ dédaigneux, fier, hautain, insolent, orgueilleux, pédant, suffisant.

**ARROGER (S')** ☐ s'approprier, s'attribuer, prendre.

**ART** ☐ adresse, dextérité, entregent, habileté, industrie, ingéniosité, maîtrise, savoir-faire, talent.

**ARTICLE** ☐ chronique, écrit, éditorial, reportage, rubrique.

**ARTICULATION** ☐ attache, charnière, emboîtement, ligament, nœud.

• diction, élocution, prononciation.

**ARTICULER** ☐ dire, énoncer, proférer, prononcer.

**ARTIFICE** ☐ astuce, combinaison, mensonge, perfidie, ruse, stratagème, subterfuge.

**ARTIFICIEL** ☐ affecté, factice, faux, feint.

**ASCENDANCE** ☐ aïeul, ancêtre, lignée, naissance, origine, race.

**ASCENDANT** ☐ (nom) autorité, domination, empire, influence, pouvoir, séduction.

• aïeul, ancêtre, mère, parent (s), père.

**ASCENSION** ☐ élévation, escalade, montée, progression.

**ASCÉTISME** ☐ ascèse, austérité, jeûne, pénitence, privation.

**ASILE** ☐ hospice, refuge.

**ASPECT** ☐ apparence, tournure.

**ASPERGER** ☐ arroser, humidifier, mouiller, tremper.

**ASPHYXIE** ☐ étouffement, suffocation.

**ASPIRANT** ☐ candidat, élève, postulant.

**ASPIRER** ☐ absorber, humer, inhaler, inspirer, pomper, renifler, respirer.

**ASPIRER (À)** ☐ appeler à, désirer, prétendre à, souhaiter, soupirer après, vouloir.

**ASSAILLIR** ☐ agresser, attaquer, surprendre.

**ASSAINIR** ☐ assécher, clarifier, désinfecter, drainer, épurer, nettoyer, purifier, stériliser.

**ASSAISONNER** ☐ accommoder, aromatiser, épicer, pimenter, relever.

**ASSASSIN** ☐ criminel, meurtrier, homicide, tueur.

**ASSAUT** ☐ accrochage, agression, attaque, charge, combat, engagement, offensive.

**ASSÉCHER** ☐ assainir, drainer, épuiser, tarir, vider.

**ASSEMBLAGE** ☐ ajustement, combinaison, montage.

**ASSEMBLÉE** ☐ assistance, public, rassemblement, réunion.

**ASSEMBLER** ☐ ajuster, coller, lier, monter, souder.
• associer, collectionner, convoquer, grouper, rassembler, réunir.

**ASSENTIMENT** ☐ accord, agrément, consentement, permission.

**ASSEZ** ☐ plutôt, suffisamment.

**ASSIÉGER** ☐ bloquer, cerner, encercler, investir.
• importuner, tourmenter.

**ASSIETTE** ☐ aplomb, assise, base, équilibre, posture.
• assiettée, écuelle, vaisselle.

**ASSIMILER** ☐ absorber, acquérir, comprendre, digérer, intégrer.

**ASSIMILER (S')** ☐ s'incorporer, s'intégrer, se fondre dans.

**ASSISE** ☐ base, fondement, soutènement.

**ASSISTANCE** ☐ assemblée, auditoire, foule, public, spectateurs.
• aide, appui, concours, secours, soutien.

**ASSISTER** ☐ aider, accompagner, secourir, soigner, soutenir.

**ASSOCIATION** ☐ club, comité, groupement, ligue, parti, réunion, société.
• collaboration, coopération, participation.

**ASSOMMER** ☐ abattre, accabler, étourdir, sonner, tuer.
• ennuyer, excéder, lasser.

**ASSORTIMENT** ☐ arrangement, association, disposition, ensemble, garniture, jeu, mariage, parure.

**ASSOUPIR** ☐ bercer, calmer, endormir, engourdir.

**ASSOUPIR (S')** ☐ s'apaiser, s'endormir, somnoler.

**ASSOUVIR** ☐ apaiser, contenter, étancher, satisfaire.

**ASSUJETTIR** ☐ asservir, conquérir, dominer, opprimer, soumettre, subjuguer.

**ASSUMER** ☐ endosser, porter la responsabilité de.

**ASSURÉ** ☐ authentique, certain, certifié, constant, évident, formel, garanti, incontestable, indubitable, sûr.

**ASSURER** ☐ affirmer, attester, certifier, confirmer, garantir, prétendre, promettre, répondre, soutenir.
• défendre, garantir, protéger.

**ASTIQUER** ☐ briquer, cirer, encaustiquer, faire briller, frotter, nettoyer.

**ASTUCE** ☐ artifice, échappatoire, finesse, ingéniosité, malice, perfidie, ruse, stratagème.

**ATAVISME** ☐ hérédité.

**ATELIER** ☐ boutique, chantier, fabrique, laboratoire, usine.

**ATROCE** ☐ abominable, affreux, cruel, effroyable, épouvantable, ignoble, terrible.

**ATROPHIE** ☐ amaigrissement, diminution, maigreur, régression.

**ATTACHE** ☐ agrafe, corde, fermeture, ficelle, lacet, lien, nœud, sangle.
• attachement, affection, amitié, amour, dévouement, passion, tendresse.

**ATTACHÉ** ☐ ficelé, fixé, lié.
• dévoué, fidèle, passionné.

**ATTACHEMENT** ☐ affection, amitié, amour, dévouement, passion, tendresse.

**ATTACHER** ☐ agrafer, ficeler, fixer, lacer, lier, noter.

**ATTACHER (S')** ☐ s'adonner, se consacrer à, s'efforcer.

**ATTAQUE** ☐ agression, assaut, agression, charge, combat, engagement, offensive.
• accusation, critique, diatribe, injure, insulte, provocation, sortie.

- congestion cérébrale, crise, paralysie.

**ATTAQUER** ☐ assaillir, charger, harceler, surprendre.

- accuser, critiquer, insulter, poursuivre en justice.

- commencer, entreprendre, ouvrir.

**ATTARDÉ** ☐ à la traîne, arriéré, en retard.

**ATTEINDRE** ☐ arriver à, élever (s'), monter à, parvenir à.

- attraper, rallier, rejoindre.

- blesser, frapper, toucher.

**ATTENANT** ☐ adjacent, contigu, proche, voisin.

**ATTENDRE** ☐ espérer, guetter, languir, patienter.

- différer, retarder, temporiser.

**ATTENTE** ☐ espérance, espoir, expectative.

**ATTENTIF** ☐ appliqué, prévenant, respectueux, soigneux, vigilant.

**ATTENTION** ☐ application, concentration, exactitude, soin, tension, vigilance.

- amabilité, empressement, ménagement, prévenance, respect.

**ATTENTION (FAIRE)** ☐ se défier, noter, prendre garde.

**ATTÉNUER** ☐ adoucir, affaiblir, apaiser, diminuer, réduire, soulager.

**ATTESTER** ☐ affirmer, certifier, confirmer, garantir, prétendre, soutenir.

**ATTIRAIL** ☐ appareil, équipement, ustensiles.

**ATTIRER** ☐ allécher, appâter, charmer, entraîner, inviter, plaire, séduire, tenter.

- causer, provoquer, susciter.

**ATTISER** ☐ aviver, embraser, envenimer, exciter.

**ATTITUDE** ☐ allure, aspect, comportement, contenance, maintien, pose, posture.

**ATTOUCHEMENT** ☐ caresse, contact, toucher.

**ATTRACTIF** ☐ alléchant, attirant, attrayant, charmant, désirable, séduisant.

**ATTRAIT** ☐ attirance, fascination, goût, inclinaison, tentation.

**ATTRAITS** ☐ appas, beauté, charmes, grâces.

**ATTRAPER** ☐ abuser, décevoir, duper, leurrer, surprendre, tromper.

- s'emparer de, empoigner, happer, prendre, saisir.

- corriger, gronder, réprimander.

**ATTRAYANT** ☐ alléchant, attirant, attractif, charmant, désirable, séduisant.

**ATTRIBUER** ☐ allouer, décerner, donner, imputer, offrir.

**ATTRIBUER (S')** ☐ accaparer, s'approprier, s'arroger, prendre, usurper.

**ATTRIBUT** ☐ (nom) emblème, marque, qualité, signe, symbole.

**ATTRIBUTION** ☐ distribution, dotation, remise.

- emploi, fonction, situation.

**ATTRISTÉ** ☐ affligé, ennuyé, chagriné, fâché, mécontenté, mortifié.

**ATTRISTER** ☐ affliger, bouleverser, chagriner, consterner, désoler, peiner.

**ATTROUPEMENT** ☐ foule, groupe, manifestation, rassemblement.

**AUBE** ☐ aurore, commencement, lever de soleil, origine.

**AUBERGE** ☐ cabaret, hôtellerie, restaurant, taverne.

**AUCUN** ☐ nul.

**AUDACE** ☐ courage, hardiesse, intrépidité.

**AUDACIEUX** ☐ courageux, effronté, hardi, insolent, intrépide, téméraire.

**AUDIENCE** ☐ entretien, interview, réception, rendez-vous.

- influence, popularité, retentissement.

**AUDITOIRE** ☐ assemblée, public, salle, spectateurs.

**AUGMENTER** ☐ accentuer, accroître, agrandir, aggraver, amplifier, développer, grossir, hausser, intensifier, majorer.

**AUGURER** ☐ deviner, prédire, présager, présumer, prévoir.

**AUJOURD'HUI** ☐ actuellement, maintenant, à présent.

**AUPRÈS** ☐ à côté de, près, proche, voisin.

**AURORE** ☐ aube, commencement, lever de soleil, commencement.

**AUSPICE** ☐ augure, présage, signe.

**AUSPICES** ☐ égide, protection, sauvegarde.

**AUSSI** ☐ également, encore, itou.

**AUSSITÔT** ☐ immédiatement, instantanément, vite.

**AUSTÈRE** ☐ âpre, ascète, dur, rigoureux, rude, sec, sévère, sobre.

**AUSTÉRITÉ** ☐ ascétisme, dureté, rigueur, sobriété.

**AUTANT** ☐ comme, pareil, tant.

**AUTEUR** ☐ artisan, créateur, écrivain, inventeur, responsable, romancier.

**AUTHENTIQUE** ☐ certain, certifié, véritable, évident, juste, incontestable, réel, sûr, vrai.

**AUTOCHTONE** ☐ aborigène, indigène, naturel.

**AUTOMATIQUE** ☐ involontaire, irréfléchi, machinal, spontané.

**AUTOMOBILE** ☐ véhicule, voiture.

**AUTONOME** ☐ émancipé, indépendant, libre.

**AUTORISER** ☐ accepter, admettre, consentir, permettre, tolérer.

**AUTORITÉ** ☐ ascendant, crédit, domination, influence, pouvoir, puissance, tutelle.

**AUTOUR** ☐ alentour, environ.

**AUTRE** ☐ (adj) différent, distinct, nouveau.

**AUTRE** ☐ (nom) autrui, individu, semblable.

**AUTREFOIS** ☐ antan, hier, jadis.

**AUTREMENT** ☐ différemment.

**AUXILIAIRE** ☐ adjoint, aide, assistant, second, collaborateur.

**AVALER** ☐ absorber, boire, dévorer, ingurgiter, manger, prendre.

**AVANCE** ☐ approche, mouvement, progression.
• arrhes, acompte, provision.

**AVANCER** ☐ affirmer, attester, certifier, garantir, promettre, soutenir.
• évoluer, marcher, progresser.
• engager, prêter, proposer.

**AVANIE** ☐ affront, camouflet, honte, humiliation, insulte, offense, outrage, vexation.

**AVANT** ☐ auparavant, autrefois, devant.

**AVANTAGE** ☐ dessus, privilège, supériorité.
• bénéfice, gain, intérêt, profit, utilité.

**AVANTAGER** ☐ favoriser, gratifier, privilégier.

**AVANTAGEUX** ☐ fat, cuistre, glorieux, important, orgueilleux, présomptueux, suffisant, vaniteux.
• favorable, flatteur, profitable.

**AVARE** ☐ avaricieux, âpre, avide, cupide, économe, grippe-sous, intéressé, mesquin.

**AVARICE** ☐ avidité, âpreté, ladrerie, parcimonie, rapacité.

**AVENIR** ☐ bientôt, demain, futur.

**AVENIR (À L'...)** ☐ bientôt, désormais, prochainement, plus tard.

**AVENTURE** ☐ accident, imprévu, mésaventure.
• amourette, intrigue, liaison.

**AVENTURE (À L'...)** ☐ au hasard.

**AVENTURE (BONNE)** ☐ avenir, destin, destinée.

**AVENTUREUX** ☐ hasardeux, risqué, téméraire.

**AVENUE** ☐ allée, boulevard, rue.

**AVÉRÉ** ☐ certain, sûr, véritable, vrai.

**AVERSION** ☐ antipathie, dégoût, haine, répugnance.

**AVERTIR** ☐ annoncer, alerter, informer, prévenir.

**AVERTISSEMENT** ☐ avis, conseil, mise en garde, recommandation, remontrance, réprimande.

**AVEU** ☐ confession, déclaration, révélation.

**AVEUGLANT** ☐ brillant, éblouissant, étincelant, évident.

**AVEUGLER** ☐ affoler, égarer, rendre fou, troubler.
• boucher, colmater, obscurcir.

**AVEUGLEMENT** ☐ égarement, manque de discernement, trouble.
• cécité.

**AVIDITÉ** ☐ appétit, concupiscence, convoitise, cupidité, désir, envie, gloutonnerie, rapacité.

**AVILIR** ☐ abaisser, corrompre, déshonorer, humilier, prostituer, rabaisser, ravaler à, salir.

**AVILISSEMENT** ☐ abaissement, abjection, bassesse, déchéance, déclin, dégénérescence, humiliation, opprobre, souillure.

**AVIS** ☐ jugement, opinion, point de vue, sentiment.
• annonce, avertissement, communiqué, conseil, information, message, notification, proclamation.

**AVISÉ** ☐ averti, circonspect, habile, prudent.

**AVOCAT** ☐ défenseur, homme de loi, intercesseur.

**AVOIR** ☐ bénéficier de, détenir, disposer de, être propriétaire de, posséder.
• connaître, éprouver, ressentir.

**AVOIR** ☐ (nom) actif, bénéfice, biens, crédit, fortune, richesse.

**AVORTER** ☐ échouer, manquer.

**AVOUER** ☐ admettre, confesser, concéder, confier, reconnaître.

**AXE** ☐ arbre, essieu, pivot.

*b*

**BABIOLE** ☐ bagatelle, bibelot, breloque, broutille, colifichet, fantaisie, futilité, jouet, rien.

**BACILLE** ☐ bactérie, germe, microbe, virus.

**BÂCLER** ☐ expédier, finir, gâcher, saboter.

**BACTÉRIE** ☐ bacille, germe, microbe, virus.

**BADAUD** ☐ curieux, flâneur, passant.

**BADIGEONNER** ☐ barbouiller, enduire, peindre, recouvrir.

**BADINAGE** ☐ amusement, bluette, fleurette, gaieté, jeu, marivaudage, plaisanterie.

**BAFOUER** ☐ abaisser, humilier, se moquer de, railler, ridiculiser.

**BAFOUILLER** ☐ balbutier, bégayer, bredouiller, s'embrouiller, marmonner.

**BAGAGE** ☐ colis, équipement, malle, paquetage, sac, valise.
• acquis, savoir, science.

**BAGARRE** ☐ bataille, combat, dispute, querelle, rixe.

**BAGATELLE** ☐ babiole, bibelot, breloque, broutille, colifichet, fantaisie, futilité.

**BAGUE** ☐ alliance, anneau, chevalière, jonc, solitaire.

**BAGUETTE** ☐ badine, bâton, canne, cravache, tige, verge.

**BAHUT** ☐ armoire, buffet, coffre, commode, dressoir, vaisselier.

**BAIE** ☐ croisée, fenêtre, ouverture.
• anse, crique, golfe.

**BAIGNADE** ☐ bain, plage, trempette.

**BAIGNER** ☐ immerger, inonder, laver, mouiller, plonger, remplir, submerger, tremper.

**BAIGNER (SE)** ☐ se laver, rager, prendre un bain.

**BAIN** ☐ baignade, douche, toilette.

**BAISER** ☐ accolade, embrassade, bécot, bise.

**BAISSE** ☐ abaissement, affaissement, affaiblissement, chute, décrue, descente, dévaluation, diminution, effondrement.

**BAISSER** ☐ abaisser, affaisser, affaiblir, chuter, décliner, descendre, dévaluer, diminuer, réduire.

**BAL** ☐ dancing danse, fête, guinguette, musette, réception, soirée.

**BALADE** ☐ promenade, randonnée, sortie.

**BALAFRE** ☐ blessure, cicatrice, entaille, estafilade.

**BALAI** □ balayette, brosse, écouvillon, faubert.

**BALANCE** □ bascule, pèse-personne, peson, trébuchet.

**BALANCER** □ ballotter, bercer, branler, dodeliner, osciller.
• chasser, remercier, renvoyer.
• attendre, hésiter, peser.

**BALBUTIER** □ bafouiller, bégayer, bredouiller, marmonner.

**BALLADE** □ chanson, complainte, poème.

**BALLANT** □ oscillant, pendant.

**BALOURD** □ grossier, fruste, lourd, lourdaud, niais, obtus, sot, stupide.

**BAN** □ applaudissements, bravos, ovation.
• annonce, déclaration, publication.
• bannissement, exil, rejet.

**BANAL** □ commun, courant, habituel, insignifiant, plat, usé.

**BANDE** □ bandage, sangle.
• cordon, faveur, galon, ruban.
• ligne, rebord.
• armée, compagnie, groupe, meute, troupe.

**BANDER** □ envelopper, panser, soigner.
• contracter, durcir, raidir, tendre.

**BANDIT** □ brigand, chenapan, filou, malfaiteur, vaurien, voleur.

**BANLIEUE** □ environs, faubourg, périphérie.

**BANNIR** □ chasser, exiler, déporter, limoger, proscrire, repousser.

**BANQUE** □ caisse, comptoir, établissement de crédit.

**BANQUET** □ agapes, bombance, festin, noce, repas.

**BAPTISER** □ appeler, bénir, nommer, ondoyer, prénommer, surnommer.

**BARAQUE** □ abri, baraquement, bicoque, cabane, hutte, masure, taudis.

**BARBARE** □ brute, cruel, dur, féroce, ignorant, inhumain, primitif, sanguinaire, sauvage.

**BARBARIE** □ atrocité, cruauté, dureté, férocité, vandalisme.

**BARBOTER** □ s'empêtrer, patauger, piétiner.

**BARBOUILLER** □ enduire, gribouiller, maculer, peindre, peinturlurer, salir, souiller, tacher.

**BARIOLER** □ bigarrer, chamarrer, colorer, marbrer, panacher, peinturlurer, rendre multicolore, teinter.

**BAROQUE** □ alambiqué, biscornu, bizarre, étrange, excentrique, extravagant, fantasque, fantastique, irrégulier, rococo, singulier.

**BARRER** □ arrêter, boucher, clore, couper, fermer, obstruer.
• diriger.

**BARRIÈRE** □ barrage, clôture, fermeture, obstacle, palissade, séparation.

**BAS** □ abject, dégoûtant, grossier, ignoble, indigne, infâme, méprisable, obscène, répugnant, sordide, vil, vulgaire.
• inférieur, infime, modéré, modique, petit, subalterne, ténu.
• assourdi, caverneux, grave, profond.

**BASCULER** □ chavirer, chuter, culbuter, renverser, tomber.

**BASE** □ appui, assiette, assise, dessous, fondement, pied, racine, support.

**BASSESSE** □ abaissement, abjection, avilissement, compromission, déchéance, déclin, dégénérescence, flatterie, humiliation, lâcheté, mesquinerie, servilité, vulgarité.

**BASSIN** □ auge, abreuvoir, chaudron, cuvette, réservoir, vasque.
• abdomen, bas-ventre, hanches.

**BATAILLE** □ affrontement, bagarre, combat, guerre, lutte, rixe.

**BÂTARD** □ adultérin, illégitime, naturel.

• hybride, mélangé, mixte.

**BATEAU** ☐ bâtiment, cargo, embarcation, navire, paquebot, vaisseau, voilier.

**BÂTI** ☐ (nom) assemblage, cadre, canevas.

**BÂTI (BIEN...)** ☐ fort, musclé, bien proportionné, séduisant.

**BÂTIMENT** ☐ bateau, cargo, navire, paquebot, vaisseau, voilier.
• bâtisse, construction, édifice, immeuble, monument.

**BÂTIR** ☐ construire, édifier, ériger.

**BÂTON** ☐ canne, gourdin, houlette, matraque, piolet, trique, tuteur.

**BATTEMENT** ☐ choc, coup, heurt, martèlement, palpitation, pulsation.

**BATTRE** ☐ assommer, cingler, cogner, corriger, donner des coups, flageller, fouetter, frapper, maltraiter, rosser.
• écraser, gagner, maîtriser, surclasser, terrasser, triompher de, vaincre.

**BAVARD** ☐ grandiloquent, loquace, prolixe, verbeux, volubile.

**BAVARDER** ☐ babiller, discuter, palabrer, papoter, parler.

**BAVURE** ☐ éclaboussure, pâté, tache.
• bévue, erreur, faute, méprise.

**BÉANT** ☐ large, ouvert.

**BEAU** ☐ (adj) admirable, artistique, brillant, délicieux, distingué, glorieux, gracieux, grand, harmonieux, magnifique, noble, parfait, remarquable, superbe.
• clair, limpide, pur, radieux.

**BEAU** ☐ (nom) art, idéal, perfection.

**BEAUCOUP** ☐ abondamment, à foison, amplement, copieusement, en abondance, énormément, largement.

**BEAUTÉ** ☐ art, charme, esthétisme, grâce, harmonie, magnificence, majesté, perfection, splendeur.

**BÉBÉ** ☐ petit enfant, nourrisson, nouveau-né, petit.

**BELLIQUEUX** ☐ agressif, batailleur, chicaneur, guerrier, martial, querelleur.

**BÉNÉFICE** ☐ avantage, boni, crédit, gain, profit, reste, résultat, revenu.

**BÉNÉFIQUE** ☐ bienfaisant, favorable, propice.

**BÉNÉVOLEMENT** ☐ gracieusement, complaisamment, gratuitement, volontairement.

**BÉNIN** ☐ accueillant, aimable, calme, doux, indulgent, inoffensif, insignifiant.

**BERCER** ☐ balancer, onduler, rythmer.

**BERGE** ☐ bord, rive, talus.

**BERGER** ☐ pasteur, pâtre.
• chef, guide.

**BERNER** ☐ abuser, duper, enjôler, mystifier, tromper.

**BESOGNE** ☐ corvée, occupation, ouvrage, tâche, travail.

**BESOGNEUX** ☐ chétif, malheureux, misérable, nécessiteux.

**BESOIN** ☐ appétit, envie, désir, faim, manque, nécessité.

**BESOIN (ÊTRE DANS LE...)** ☐ gêne, indigence, misère, nécessité, pauvreté.

**BESTIAL** ☐ animal, brutal, grossier, lubrique, sauvage.

**BÊTE** ☐ (nom) animal, insecte, mammifère, oiseau, poisson, reptile.

**BÊTE** ☐ (adj) absurde, balourd, borné, crétin, gauche, imbécile, innocent, maladroit, naïf, niais, obtus.

**BÊTISE** ☐ ânerie, bourde, enfantillage, fadaise, imbécillité, maladresse, niaiserie, sornette, sottise, stupidité.

**BEUGLER** ☐ crier, hurler, meugler, mugir.

**BIAISER** ☐ atermoyer, louvoyer, obliquer, temporiser, tergiverser.

**BIBLE** ☐ Écritures, livre saint, Testament (ancien et nouveau).

- base, doctrine, dogme.

**BIEN** ☐ (nom) avoir, domaine, héritage, patrimoine propriété.

- beauté, bonheur, devoir, idéal, perfection, vérité, vertu.

**BIEN** ☐ (adj) admirable, compétent, convenable, droit, excellent, honnête, impeccable, irréprochable, parfait, remarquable.

**BIENS** ☐ capital, fortune, richesses.

**BIEN-ÊTRE** ☐ aise, béatitude, bonheur, euphorie, plaisir, satisfaction, soulagement.

- aisance, confort, luxe.

**BIENFAISANCE** ☐ aide, assistance, bonté, charité, philanthropie.

**BIENFAIT** ☐ cadeau, charité, don, générosité, obole, présent, service.

**BIEN-FONDÉ** ☐ bon droit, exactitude, légitimité, validité.

**BIENHEUREUX** ☐ (adj) comblé, ravi, repus, satisfait.

**BIENHEUREUX** ☐ (nom) béatifié, élu, saint.

**BIENSÉANCE** ☐ convenance, décence, honnêteté, politesse, pudeur, savoir-vivre.

**BIENVEILLANCE** ☐ amabilité, bonté, complaisance, cordialité, gentillesse, indulgence, sympathie.

**BIENVENU** ☐ approprié, opportun, propice.

**BIÈRE** ☐ boisson fermentée.

- cercueil, sarcophage.

**BIFURCATION** ☐ carrefour, croisement, embranchement, fourche.

**BIJOU** ☐ bague, collier, diadème, joyau, médaillon, orfèvrerie, parure, pendentif, pierre.

- chef-d'œuvre, merveille, prodige.

**BILAN** ☐ conclusion, état, inventaire, résultats, situation, tableau.

**BILAN (DÉPOSER SON...)** ☐ faillite, liquidation.

**BILE** ☐ glaire, humeur, sécrétion, sels biliaires.

- aigreur, amertume, colère, fiel, hypocondrie, méchanceté, mélancolie, souci, venin.

**BILLET** ☐ attestation, carte, certificat, coupon, récépissé, ticket.

- devise, lettre de change, papier-monnaie, traite.

- lettre, message, mot, pli.

**BISCUIT** ☐ biscotte, galette, macaron, pâtisserie, sablé, toast.

- bibelot en porcelaine.

**BITUME** ☐ asphalte, goudron, macadam.

**BIVOUAC** ☐ camp, campement, cantonnement.

**BIZARRE** ☐ amusant, baroque, capricieux, étrange, extraordinaire, extravagant, fantasque, fantastique, grotesque, inquiétant, insolite, original, singulier.

**BLAFARD** ☐ blême, décoloré, délavé, exsangue, livide, pâle, terreux, vitreux.

**BLAGUE** ☐ bévue, bourde, canular, erreur, farce, mensonge, plaisanterie, sottise.

- tabatière.

**BLÂME** ☐ avertissement, condamnation, critique, désapprobation, remontrance, réprimande, reproche.

**BLÂMER** ☐ désapprouver, désavouer, flétrir, incriminer, réprimander, réprouver, stigmatiser.

**BLANC** ☐ blême, clair, immaculé, incolore, limpide, propre.

- candide, innocent, pur, virginal.

**BLANCHIR** ☐ décolorer, éclaircir, laver, lessiver, nettoyer.

- disculper, excuser, innocenter.

**BLASÉ** ☐ déçu, dégoûté, fatigué, indifférent, las, repu, sceptique.

**BLASPHÈME** ☐ grossièreté, imprécation, injure, juron, malédiction, outrage, sacrilège.

**BLÊME** ☐ blafard, décoloré, délavé, exsangue, livide, pâle, terreux, vitreux.

**BLESSANT** ☐ arrogant, désobligeant, déplaisant, injurieux, offensant.

**BLESSER** ☐ contusionner, couper, écorcher, entailler, estropier, frapper, meurtrir, mutiler, percer.

• choquer, contrarier, froisser, offenser, mortifier, peiner, ulcérer.

**BLESSURE** ☐ balafre, commotion, contusion, coupure, coup, entaille, fêlure, foulure, fracture, lésion, meurtrissure, mutilation, plaie, traumatisme, tuméfaction.

• atteinte, douleur, offense.

**BLEU** ☐ céleste, indigo, myosotis, outre-mer, pastel, pervenche.

**BLEU** ☐ (nom) bizuth, conscrit, débutant, nouveau.

• ecchymose, meurtrissure, tuméfaction.

• fromage.

**BLOCAGE** ☐ arrêt, frein, paralysie.

**BLOQUER** ☐ entasser, grouper, masser, mettre en bloc, rassembler, réunir.

• arrêter, assiéger, cerner, coincer, entourer, immobiliser, obstruer, paralyser, suspendre.

**BLOTTIR (SE)** ☐ s'accroupir, se cacher, se lover, se pelotonner, se tapir.

**BLUFFER** ☐ duper, leurrer, mentir, tromper.

**BOIRE** ☐ s'abreuver, absorber, avaler, se désaltérer, s'enivrer, s'imprégner de, ingurgiter, lamper, laper.

**BOIS** ☐ bocage, boqueteau, bosquet, forêt, frondaison, futaie, sous-bois, sylve, taillis.

**BOISSON** ☐ alcool, apéritif, bière, bouillon, breuvage, digestif, eau, lait, liquide, mélange, potage, rafraîchissement, remontant, tisane, vin.

**BOÎTE** ☐ caisse, coffre, coffret, écrin, emballage, étui.

**BOITER** ☐ Boitiller, claudiquer, clopiner, traîner la jambe.

**BOITEUX** ☐ bancal, branlant, éclopé.

• décevant, faux, incertain.

**BON** ☐ (adj) agréable, approprié, avantageux, beau, bien, convenable, efficace, excellent, exemplaire, heureux, meilleur, parfait, propice, savoureux, utile, valable.

• charitable, clément, compatissant, généreux, humain, indulgent, magnanime, juste, vertueux.

**BON** ☐ (nom) attestation, billet, certificat, titre.

**BOND** ☐ cabriole, saut, secousse, sursaut.

**BONDÉ** ☐ complet, plein, rempli.

**BONHEUR** ☐ béatitude, enchantement, euphorie, extase, félicité, joie, plaisir, prospérité, ravissement, réussite, satisfaction.

**BONIFIER** ☐ améliorer, fertiliser, gratifier, perfectionner.

**BONTÉ** ☐ altruisme, bienveillance, charité, clémence, cordialité, dévouement, douceur, générosité, gentillesse, humanité, indulgence, mansuétude, tendresse.

**BORD** ☐ arête, banquette, berge, bordure, contour, côte, frange, grève, lisière, littoral, orée, plage, rivage, rive, tranche.

**BORNE** ☐ démarcation, limite, terme.

**BORNÉ** ☐ délimité, marqué, tracé.

• bête, buté, étroit, intolérant, obtus, sot, stupide.

**BOSSE** ☐ enflure, excroissance, grosseur, protubérance, tumeur.

**BOTTE** ☐ bouquet, fagot, faisceau, gerbe, touffe.

• bottine, chaussure, cuissard.

• attaque, coup *(escrime)*.

**BOUCHE** □ bec, gosier, gueule, orifice, palais.
● entrée, orifice, ouverture.

**BOUCHER** □ aveugler, barrer, calfeutrer, colmater, condamner, obstruer, obturer.

**BOUCLER** □ attacher, emprisonner, fermer, serrer.
● crêper, friser, onduler.

**BOUCLIER** □ écu, écusson, protection.

**BOUE** □ alluvion, crotte, dépôt, fange, limon, sédiment.

**BOUFFANT** □ ample, blousant, gonflé.

**BOUFFI** □ gras, joufflu, mafflu, obèse, soufflé.

**BOUFFON** □ amuseur, farceur, fou, histrion, pitre, plaisantin, saltimbanque.

**BOUFFON** □ (adj) burlesque, cocasse, drôle, ridicule.

**BOUGER** □ s'agiter, (se) déplacer, remuer.

**BOUILLANT** □ ardent, brûlant, bouillonnant, chaud, effervescent, incandescent.
● excité, fébrile, fougueux, impatient, impétueux, passionné, tumultueux, violent.

**BOUILLON** □ brouet, consommé, potage, soupe.

**BOUILLONNANT** □ ardent, brûlant, bouillant, chaud.

**BOULE** □ balle, ballon, bille, globe, sphère.

**BOULEVARD** □ allée, avenue, promenade, voie.

**BOULEVERSEMENT** □ agitation, chamboulement, changement, dérangement, perturbation, révolution.
● désarroi, émotion, trouble.

**BOULEVERSER** □ chambouler, changer, perturber, ravager, renverser.

● décontenancer, émouvoir, toucher, troubler.

**BOULIMIE** □ appétit, désir, faim, gloutonnerie.

**BOUQUET** □ botte, gerbe, touffe.
● apothéose, épanouissement, summum.
● arôme, odeur, parfum.

**BOURDONNER** □ bruire, murmurer, ronfler, vrombir.

**BOURG** □ bourgade, hameau, village, ville.

**BOURRASQUE** □ grain, orage, ouragan, rafale, tempête, tourbillon, tourmente, trombe, vent.

**BOURREAU** □ exécuteur, tortionnaire, tourmenteur.

**BOURRU** □ acariâtre, bougon, brusque, grincheux, maussade, renfrogné, rude, sec.

**BOUSCULADE** □ accrochage, désordre, échauffourée.

**BOUSCULER** □ bouleverser, déranger, mettre le désordre.
● battre, culbuter, évincer, heurter, presser, pousser, vaincre.

**BOUT** □ extrémité, fin, pointe, terme.
● éclat, fragment, lambeau, morceau, partie, pièce.

**BOUTADE** □ fantaisie, plaisanterie, saillie.

**BOUTEILLE** □ bonbonne, canette, carafe, fiasque, flacon, litre, récipient.

**BOUTIQUE** □ bazar, échoppe, magasin.

**BOYAU** □ conduit, galerie, passage, tranchée, tube, tuyau.

**BRANCHE** □ branchage, brindille, ramée, ramure, tige.
● ascendance, famille, lignée.
● département, discipline, spécialité.

**BRANDIR** □ agiter, exposer, montrer.

**BRANLER** □ chanceler, vaciller.

**BRAS** □ membre.

• homme, main-d'œuvre, ouvrier, travailleur.

**BRAS DROIT** ☐ adjoint, assistant, collaborateur.

**BRASIER** ☐ feu, fournaise, incendie.
• fureur, passion, violence.

**BRASSER** ☐ agiter, mélanger, pétrir, remuer.
• comploter, machiner, ourdir, tramer.

**BRAVE** ☐ audacieux, courageux, héroïque, intrépide, téméraire, vaillant.
• bon, débonnaire, gentil, simple.

**BRAVER** ☐ affronter, dédaigner, défier, menacer, mépriser, narguer, provoquer.

**BRAVO** ☐ acclamation, applaudissements, ovation, vivats.

**BRAVOURE** ☐ audace, courage, hardiesse, vaillance.

**BRÈCHE** ☐ entaille, entame, ouverture, trou, trouée.

**BREDOUILLER** ☐ bafouiller, balbutier, bégayer, marmonner.

**BREF** ☐ concis, court, impératif, incisif, raccourci, réduit, résumé, sec, sommaire, tranchant.

**BREUVAGE** ☐ alcool, bouillon, eau, lait, liquide, mélange, rafraîchissement, remontant, tisane, vin.

**BRIGAND** ☐ bandit, chenapan, filou, malfaiteur, vaurien, voleur.

**BRILLANT** ☐ (nom) diamant, éclat, lustre, splendeur.

**BRILLANT** ☐ (adj) chatoyant, éblouissant, éclatant, étincelant, flamboyant, lumineux, radieux, rayonnant, resplendissant.
• beau, fastueux, magnifique, somptueux, splendide.
• distingué, dosé, intelligent, spirituel.

**BRILLER** ☐ chatoyer, éblouir, éclairer, étinceler, flamboyer, luire, miroiter, rayonner, resplendir.

• charmer, éblouir, paraître, réussir.

**BRIMADE** ☐ épreuve, humiliation, offense, persécution, vexation.

**BRIO** ☐ aisance, éclat, facilité, talent, virtuosité.

**BRISER** ☐ abattre, broyer, casser, démolir, disloquer, détruire, fracasser, raser.
• anéantir, bouleverser, accabler, fatiguer, harasser.

**BROCANTEUR** ☐ antiquaire, camelot, chineur, ferrailleur.

**BROCHURE** ☐ catalogue, livre, opuscule, prospectus.

**BRONZE** ☐ airain.
• objet d'art, sculpture, statue.

**BROSSER** ☐ balayer, dépoussiérer, épousseter, frotter.
• décrire, dépeindre, peindre.

**BROUHAHA** ☐ chahut, tapage, tintamarre, vacarme.

**BROUILLARD** ☐ brume, bruine, crachin, frimas, vapeur.

**BROUILLER** ☐ agiter, embrouiller, enchevêtrer, mélanger, mêler, troubler.

**BROUILLER (SE)** ☐ se fâcher.

**BROYER** ☐ anéantir, briser, concasser, croquer, déchiqueter, écraser, pulvériser, triturer.

**BRUIT** ☐ son, tapage, tintamarre, tohu-bohu, vacarme.
• commérage, nouvelle, ragot, rumeur.

**BRÛLANT** ☐ bouillant, chaud, embrasé, torride.
• d'actualité, dangereux, épineux.
• ardent, enthousiaste, passionné.

**BRÛLER** ☐ calciner, consumer, flamber, griller, incinérer, incendier, rôtir.

**BRÛLER (DE)** ☐ ambitionner, convoiter, rêver de.

**BRUSQUER** ☐ accélérer, forcer, hâter, presser.
• rabrouer, rudoyer.

**BRUTAL** ☐ bestial, grossier, malveillant, rude, sauvage, stupide, violent.

**BRUTALITÉ** ☐ atrocité, animalité, barbarie, bestialité, cruauté, férocité, grossièreté, rudesse, sadisme, sauvagerie.

**BRUYANT** ☐ éclatant, retentissant, sonore, tapageur, tonitruant.

**BUCOLIQUE** ☐ agreste, champêtre, pastoral, rustique.

**BUISSON** ☐ broussaille, fourré, hallier, taillis.

**BULLETIN** ☐ annonce, avis, billet, communiqué, magazine, revue.

**BUREAUCRATE** ☐ employé, fonctionnaire, gratte-papier, plumitif, rond-de-cuir, scribe, scribouillard.

**BURLESQUE** ☐ bouffon, comique, grotesque, ridicule.

**BUT** ☐ aboutissement, dessein, destination, fin, finalité, intention, issue, objectif, résultat, visées, vues.

**BUTÉ** ☐ acharné, entêté, obstiné, opiniâtre, tenace, têtu.

**BUTIN** ☐ capture, dépouille, prise, rapine, récolte.

**BUTTE** ☐ colline, dune, hauteur, mamelon, mont, monticule, talus, tertre.

**BUVETTE** ☐ bar, bistrot, cabaret, café, estaminet.

*C*

**CABALE** □ complot, conjuration, conspiration, intrigue, ligue, machination.
• ésotérisme, magie, occultisme.

**CABANE** □ abri, baraque, cagibi, case, chaumière, hutte, maisonnette.

**CABARET** □ auberge, bar, bistrot, bouge, comptoir, estaminet, taverne.
• boîte de nuit, café-concert, discothèque, restaurant.

**CABINET** □ cabine, cagibi, réduit.
• agence, bureau, étude.
• bibliothèque, collection, musée.
• commodités, lieux d'aisances, toilettes, Water-Closet.

**CÂBLE** □ corde, cordage, orin.
• dépêche, message, télégramme.

**CABOSSER** □ bosseler, déformer, meurtrir.

**CABOT** □ acteur, bouffon, cabotin, comédien.

**CABRIOLE** □ bond, culbute, gambade, pirouette, saut.
• échappatoire, fuite, revirement.

**CACHÉ** □ clandestin, discret, ésotérique, indéchiffrable, intime, mystérieux, obscur, occulte, secret, tu.

**CACHER** □ abriter, camoufler, couvrir, déguiser, dissimuler, éclipser, escamoter, masquer, receler, recouvrir, voiler.

**CACHET** □ empreinte, estampille, griffe, marque, oblitération, poinçon, sceau.
• honoraires, rétribution, salaire.
• comprimé, gélule, pastille.

**CACHOT** □ basse-fosse, cellule, geôle, prison.

**CACOPHONIE** □ brouhaha, chahut, dissonance, charivari, tapage, tintamarre, tumulte.

**CADAVRE** □ corps, dépouille, mort.

**CADEAU** □ bienfait, don, dot, étrennes, gratification, offrande, pourboire, présent.

**CADENCE** □ harmonie, mesure, rythme.

**CADET** □ benjamin, jeune, puîné.

**CADRE** □ bâti, chambranle, châssis, coffrage, huisserie.
• décor, entourage, milieu.
• responsable, salarié.

**CADRER** □ s'accorder, concorder, correspondre à, convenir.

**CAFARD** □ blatte, cancrelat, insecte.
• bigot, dénonciateur, espion, imposteur, hypocrite, mouchard.
• dépression, mélancolie, morosité, nostalgie, spleen, tristesse.

**CAFÉ** ☐ bar, bistrot, cabaret, comptoir, estaminet, taverne.

**CAHIER** ☐ album, calepin, carnet, livret, registre.

**CAHOT** ☐ bond, heurt, saut, secousse.

**CAILLOU** ☐ galet, gravier, pierre, silex.

**CAISSE** ☐ boîte, caissette, coffre, emballage.
• bourse, coffre-fort, économie, tirelire.
• banque, comptoir, guichet.

**CALAMITÉ** ☐ cataclysme, catastrophe, désastre, drame, fléau, sinistre.

**CALCINER** ☐ brûler, consumer, flamber, griller, incinérer, incendier, rôtir.

**CALCUL** ☐ addition, algèbre, arithmétique, compte, décompte, division, estimation, mathématique, multiplication, soustraction.
• combinaison, dessein, plan, projet.
• arrière-pensée, complot, préméditation.
• concrétion, gravelle, pierre *(médical)*.

**CALCULER** ☐ apprécier, chiffrer, compter, dénombrer, déterminer, estimer, établir, évaluer, inventorier, mesurer, peser, préméditer, prévoir, réfléchir.

**CALENDRIER** ☐ agenda, almanach, annuaire, éphéméride.

**CÂLIN** ☐ affectueux, aimant, cajoleur, caressant, doux, tendre, voluptueux.

**CALMANT** ☐ analgésique, apaisant, lénifiant, reposant, sédatif, tranquillisant.

**CALME** ☐ (nom) apaisement, flegme, harmonie, patience, placidité, sang-froid, sérénité, silence, tranquillité.
• accalmie, beau temps, embellie.

**CALME** ☐ (adj) doux, flegmatique, impassible, pacifique, paisible, placide, serein, tranquille.

**CALMER** ☐ apaiser, assagir, consoler, détendre, maîtriser, pacifier, rassurer, soulager, tranquilliser.

**CALOMNIER** ☐ accuser, attaquer, diffamer, insinuer, médire.

**CAMARADE** ☐ ami, associé, collègue, compagnon, partenaire.

**CAMBRIOLER** ☐ dérober, dévaliser, piller, voler.

**CAMOUFLER** ☐ cacher, couvrir, déguiser, dissimuler, maquiller, voiler.

**CAMOUFLET** ☐ affront, gifle, honte, insulte, offense, outrage, vexation.

**CAMP** ☐ bivouac, camp, cantonnement, quartier.
• clan, équipe, groupe, parti.

**CAMPAGNE** ☐ champ, nature, pays, terre.
• cabale, propagande, publicité.
• combat, expédition, guerre, offensive.

**CAMPEMENT** ☐ bivouac, camp.

**CAMUS** ☐ aplati, court, écrasé, épaté.

**CANAILLE** ☐ crapule, pègre, populace, salaud, vaurien.

**CANAL** ☐ bief, bras, chenal, conduite, cours d'eau, détroit, égout, passage, rigole.
• entremise, filière, intermédiaire.

**CANALISER** ☐ concentrer, diriger, réunir.

**CANCRE** ☐ fainéant, oisif, paresseux, vaurien.

**CANDEUR** ☐ crédulité, franchise, ingénuité, innocence, naïveté, simplicité.

**CANDIDAT** ☐ aspirant, demandeur, postulant, prétendant.

**CANEVAS** ☐ ébauche, esquisse, essai, modèle, schéma, synopsis.

**CANICULE** ☐ aridité, chaleur, été, sécheresse.

**CANNIBALE** ☐ anthropophage, ogre, sauvage.

**CANON** ☐ arme, artillerie, mortier, obusier.
• étalon, modèle, norme.

**CANOT** ☐ barque, canoë, chaloupe, esquif, périssoire, vedette, youyou.

**CANTIQUE** ☐ antienne, hymne, motet, psaume.

**CAPABLE** ☐ adroit, compétent, doué, expert, habile, intelligent, qualifié.

**CAPACITÉ** ☐ aptitude, compétence, faculté, force, génie, intelligence, pouvoir, puissance, qualité, talent.
• contenance, quantité, volume.

**CAPITAL** ☐ (adj) décisif, essentiel, fondamental, important, primordial, principal.

**CAPITAL** ☐ (nom) argent, bien, fonds, fortune, investissement, patrimoine, placement, richesse, valeur.

**CAPITALISTE** ☐ bourgeois, fortuné, libéral, nanti, propriétaire, riche.

**CAPITEUX** ☐ alcoolisé, enivrant, excitant, généreux, grisant.

**CAPITULATION** ☐ abandon, abdication, démission, désertion, reddition, renonciation, résignation.

**CAPRICE** ☐ coup de tête, désir, emportement, envie, fantaisie, inconstance, légèreté.
• amourette, passade, toquade.

**CAPRICIEUX** ☐ bizarre, changeant, fantasque, inconséquent, instable, lunatique.

**CAPTIF** ☐ détenu, écroué, emprisonné, enfermé, esclave, interné, prisonnier, séquestré.

**CAPTIVANT** ☐ attachant, charmant, intéressant, passionnant, prenant, séduisant.

**CAPTURE** ☐ butin, enlèvement, prise, proie.

**CARACTÈRE** ☐ comportement, humeur, manière, nature, naturel, personnalité, tempérament.
• courage, énergie, entêtement, fermeté, force, loyauté, orgueil, ténacité, volonté.
• chiffre, empreinte, inscription, lettre, signe, sceau, symbole.
• attribut, caractéristique, particularité, qualité, signification.

**CARACTÉRISTIQUE** ☐ distinctif, essentiel, particulier, propre, spécifique, typique.

**CARCASSE** ☐ armature, charpente, ossature, squelette.
• canevas, esquisse, plan.

**CARENCE** ☐ absence, défaut, imperfection, insuffisance, manque, oubli.

**CARESSANT** ☐ affectueux, aimant, attentionné, cajoleur, câlin, tendre, voluptueux.

**CARESSE** ☐ attouchement, baiser, câlinerie, chatterie, contact, ébats, étreinte, frôlement, privautés, tendresse, volupté.

**CARESSER** ☐ baiser, cajoler, câliner, enlacer, frôler, presser, serrer.
• bercer, entretenir, nourrir, projeter.

**CARGAISON** ☐ chargement, fret, marchandises.

**CARNAGE** ☐ abattoir, boucherie, extermination, hécatombe, massacre, tuerie.

**CARNET** ☐ agenda, cahier, calepin, journal, mémento, répertoire.

**CARRÉ** ☐ (nom) carreau, casé, quadrilatère.
• lopin, morceau, pièce.
• massif, parterre, plate-forme.

**CARRÉ** ☐ (adj) droit, franc, honnête, loyal, sincère.

**CARREFOUR** ☐ bifurcation, croisement, embranchement, rond-point.

**CARRIÈRE** ☐ emploi, métier, profession, situation.
• ardoisière, marbrière, mine, sablière.

**CARRURE** ☐ largeur, mesure, taille.
• envergure, force, stature, valeur.

**CARTE** ☐ atlas, croquis, mappemonde, plan, planisphère.
• bristol, carte postale, carton, lettre, pli.
• autorisation, billet, laissez-passer, ticket.
• choix, menu, prix.

**CARTE (À JOUER)** ☐ cartomancie, chance, tarots.
• carreau, cœur, pic, trèfle ;
• as, roi, dame, valet, dix, neuf, huit, sept ;
• bataille, belote, bridge, canasta, chemin de fer, manille, poker, réussite.

**CARTÉSIEN** ☐ clair, logique, méthodique, rationnel.

**CARTOUCHE** ☐ boîte, enveloppe, munition, recharge.

**CAS** ☐ circonstance, conjoncture, événement, éventualité, hasard, hypothèse, occasion, occurrence, situation.
• action, affaire, crime, délit, procès.

**CASANIER** ☐ bourru, pantouflard, sédentaire, solitaire.

**CASCADE** ☐ cataracte, chute, saut.

**CASERNE** ☐ baraquement, base, garnison, quartier.

**CASSANT** ☐ cassable, délicat, fragile, friable.
• autoritaire, brusque, dur, impérieux, sévère, tranchant.

**CASSER** ☐ abîmer, briser, broyer, dégrader, disloquer, endommager, fracasser, fracturer, rompre, saccager.
• abroger, annuler, dégrader, démettre, destituer, révoquer, rompre.

**CASSETTE** ☐ boîte, coffret, écrin.

**CASTE** ☐ catégorie, clan, condition, rang.

**CASSURE** ☐ arête, crevasse, faille, fissure, fracture.
• coupure, dislocation, rupture.

**CASTRATION** ☐ émasculation, stérilisation.

**CATACLYSME** ☐ anéantissement, bouleversement, catastrophe, cyclone, déluge, désastre, fléau, inondation, ravage, séisme, sinistre.

**CATALOGUE** ☐ fichier, index, table.
• énumération, inventaire, liste, répertoire.

**CATALOGUER** ☐ classer, inscrire, juger.

**CATASTROPHE** ☐ accident, calamité, cataclysme, désastre, drame, fléau, sinistre.

**CATÉGORIE** ☐ classe, espèce, famille, genre, groupe, ordre, rang.

**CATÉGORIQUE** ☐ affirmatif, clair, explicite, formel, indiscutable, net, précis.

**CATHÉDRALE** ☐ basilique, église, monument.

**CAUCHEMAR** ☐ délire, hallucination, peur, rêve, tourment.

**CAUSE** ☐ départ, fondement, germe, mobile, motif, origine, prétexte, raison.
• affaire, polémique, procès.

**CAUSER** ☐ amener, attirer, entraîner, faire naître, inspirer, occasionner, produire, susciter.
• bavarder, discuter, palabrer, papoter, parler.

**CAUSERIE** ☐ conférence, conversation, discours.

**CAUSTIQUE** ☐ acide, incisif, ironique, méchant, moqueur, mordant, satirique.

**CAUTION** ☐ arrhes, assurance, dépôt, garantie, hypothèque.
• aval, garant, otage, soutien, témoin.

**CAVE** ☐ (nom) caveau, cellier, chai, sous-sol.

**CAVE** ☐ (adj) creux, évidé, vide.

**CAVEAU** ☐ crypte, mausolée, sépulture, tombe, tombeau.

**CAVERNE** ☐ antre, grotte, refuge.

**CAVITÉ** ☐ abîme, anfractuosité, cratère, excavation, fosse, fossé, gouffre, puits, ravin, tranchée, trou.

**CÉDER** ☐ abandonner, capituler, cesser, concéder, démissionner, donner, fléchir, livrer, obéir, se plier, se rendre, renoncer à, se soumettre, vendre.

**CEINTURE** ☐ ceinturon, cordelière, cordon.
• bandage, corset, gaine.
• taille.
• clôture, encadrement.
• banlieue, faubourg.

**CEINTURER** ☐ attacher, capturer, ceindre, entourer, sangler, serrer, se saisir de.

**CÉLÈBRE** ☐ connu, fameux, glorieux, illustre, légendaire, notoire, renommé, réputé.

**CÉLÉBRER** ☐ admirer, commémorer, fêter, glorifier, louer, vanter.

**CELER** ☐ cacher, dissimuler, taire, voiler.

**CÉLESTE** ☐ cosmique, divin, étrange, surnaturel.

**CELLULE** ☐ case, loge, compartiment, réduit.
• cachot, geôle, prison.
• équipe, groupe, section.

**CENDRE** ☐ escarbille, lave, poussière, résidu, scorie.

**CENDRES** ☐ relique, restes, souvenir.

**CENSÉ** ☐ présumé, supposé.

**CENSEUR** ☐ critique, juge, surveillant.

**CENSURE** ☐ contrôle, examen, jugement, veto.
• avertissement, blâme, excommunication, interdit.

**CENSURER** ☐ blâmer, critiquer, interdire, punir, réprouver.
• barrer, contrôler, couper, effacer, interdire, supprimer.

**CENTRALISER** ☐ concentrer, rassembler, regrouper, réunir.

**CENTRE** ☐ axe, cœur, milieu, nombril, noyau, pivot, sein.
• base, fondement, siège.
• agglomération, capitale, métropole.

**CEPENDANT** ☐ alors que, néanmoins, pourtant, toutefois.

**CERCLE** ☐ anneau, circonférence, courbe, équateur, méridien, orbite, parallèle, rond.
• assemblée, association, cénacle, entourage, groupe, réunion.

**CERCUEIL** ☐ bière, sarcophage, tombeau.

**CÉRÉBRAL** ☐ intellectuel, mental, psychologique, spirituel.

**CÉRÉMONIAL** ☐ apparat, code, étiquette, pompe, protocole.

**CÉRÉMONIE** ☐ célébration, cérémonial, liturgie, office, messe, rite.
• anniversaire, apparat, célébration, commémoration, cortège, fête, gala, réception.

**CÉRÉMONIEUX** ☐ affecté, formaliste, guindé, mondain, obséquieux, solennel.

**CERNER** ☐ assiéger, bloquer, entourer, envelopper, investir.

**CERTAIN** ☐ effectif, évident, indiscutable, reconnu, réel, solide, tangible, vrai.
• assuré, convaincu, sûr.

**CERTAINS** ☐ plusieurs, quelques-uns.

**CERTAINEMENT** ☐ assurément, certes, sûrement, vraiment.

**CERTIFICAT** ☐ acte, attestation, brevet, constat, diplôme, parchemin, preuve, référence.

**CERTIFIER** ☐ affirmer, authentifier, confirmer, constater, garantir, témoigner.

**CERTITUDE** ☐ assurance, conviction, croyance, évidence, vérité.

**CERVEAU** ☐ cervelle, encéphale, matière grise.
• esprit, intelligence, raison.
• auteur, centre, génie, inspirateur, organisateur.

**CESSATION** ☐ abandon, arrêt, fin, grève, interruption, répit, suppression, suspension, trêve.

**CESSE (SANS)** ☐ éternellement, sans relâche, toujours.

**CESSER** ☐ abandonner, arrêter, démissionner, finir, interrompre, renoncer à, suspendre.

**CESSION** ☐ abandon, concession, transfert, vente.

**CHAGRIN** ☐ affliction, douleur, mélancolie, spleen, peine, souffrance, tristesse.
• cuir.

**CHAGRINER** ☐ attrister, contrarier, désoler, fâcher, peiner.

**CHAÎNE** ☐ bijou, chaînette, collier, gourmette, sautoir.
• fers, menottes.
• continuité, cortège, série, suite.

**CHAIR** ☐ pulpe, carnation, corps, viande.
• luxure, sensualité, sexe, sexualité, volupté.

**CHALAND** ☐ coche d'eau, marie-salope, péniche.
• acheteur, badaud, client, pratique.

**CHALEUR** ☐ ardeur, brûlure, canicule, fournaise.
• ardeur, enthousiasme, générosité, feu, fièvre, flamme, passion, véhémence, violence.

**CHALEUREUX** ☐ affectueux, amical, enthousiaste, empressé, sensible, tendre, vif.

**CHAMBARDEMENT** ☐ bouleversement, chaos, dérangement, remue-ménage, saccage.

**CHAMBARDER** ☐ bouleverser, chambouler, renverser, saccager, transformer.

**CHAMBRE** ☐ alcôve, dortoir, pièce, salle.
• assemblée, parlement, tribunal.

**CHAMP** ☐ campagne, culture, lopin, plantation, prairie, pré, terrain.
• cercle, domaine, profession, sujet.

**CHAMPÊTRE** ☐ agreste, bucolique, campagnard, pastoral, rural, rustique.

**CHAMPION** ☐ as, combattant, concurrent, gagnant, partisan, tenant, vainqueur.

**CHANCE** ☐ aléa, aubaine, bonheur, éventualité, hasard, probabilité, veine.

**CHANCELER** ☐ fléchir, flotter, osciller, tituber, trébucher, vaciller.

**CHANCRE** ☐ abcès, cancer, gonflement, tumeur.

**CHANGE** ☐ échange, permutation, troc.
• agio, bourse, spéculation.

**CHANGEANT** ☐ capricieux, chatoyant, flottant, incertain, inconstant, léger, ondoyant, variable, versatile, volage.

**CHANGEMENT** ☐ déformation, fluctuation, innovation, métamorphose, modification, mutation, réforme, remue-ménage, revirement, révolution, transformation, variation.

**CHANGER** ☐ convertir, échanger, transférer, troquer, virer.
• déformer, déplacer, fluctuer, innover, métamorphoser, modifier, réformer, remanier, transformer, transmuer, varier.

**CHANSON** ☐ air, chant, complainte,

couplet, mélodie, poème, refrain, rengaine, scie, sérénade.
• bruit, murmure, souffle.

**CHANT** □ air, cantique, chanson, complainte, mélodie, mélopée, poème, sérénade.

**CHANTAGE** □ extorsion, racket, vol.

**CHANTER** □ crier, moduler, s'égosiller, faire des vocalises, roucouler.
• louer, proclamer, vanter.

**CHANTEUR** □ aède, barde, chansonnier, chantre, interprète, poète, troubadour.

**CHAPEAU** □ bonnet, bibi, bicorne, canotier, coiffure, couvre-chef, feutre, haut-de-forme, melon, toque.

**CHAPELLE** □ baptistère, église, oratoire.
• camarilla, clan, clique, coterie, groupe, mafia.

**CHAPITRE** □ partie, section, titre.
• assemblée, communauté, conseil.

**CHAPITRER** □ corriger, gronder, réprimander.

**CHAQUE** □ chacun, tout.

**CHARADE** □ devinette, énigme.

**CHARGE** □ cargaison, chargement, fardeau, somme.
• dette, frais, impôt, prestation, redevance.
• devoir, emploi, mission, obligation, poste, responsabilité.
• caricature, imitation, pastiche.
• accusation, inculpation, preuve.
• assaut, attaque, choc, ruée.

**CHARITÉ** □ altruisme, aumône, bienfaisance, bonté, générosité, humanité, mansuétude, philanthropie, pitié.

**CHARLATAN** □ camelot, escroc, guérisseur, imposteur, médecin, rebouteux.

**CHARMANT** □ attrayant, captivant, délicieux, enchanteur, ensorcelant, fascinant, ravissant, séduisant.

**CHARME** □ enchantement, ensorcellement, envoûtement, illusion, incantation, maléfice, pouvoir, prestige, sort, sortilège.
• agrément, beauté, élégance, grâce, intérêt.

**CHARMES** □ appas, attraits, grâces.

**CHARMER** □ apprivoiser, conquérir, enchanter, enthousiasmer, plaire, ravir, séduire.

**CHARNEL** □ corporel, libidineux, sensuel, sexuel.

**CHARPENTE** □ armature, bâti, canevas, carcasse, ossature, squelette.

**CHARRIER** □ emporter, traîner, transporter.

**CHASSER** □ congédier, débusquer, déloger, expulser, pousser hors de, refouler.
• bannir, déporter, exiler.
• braconner, poursuivre, tuer.

**CHASTE** □ ascétique, continent, décent, innocent, pur, sage, tempérant, vertueux, vierge.

**CHATEAU** □ bastille, castel, citadelle, fort, gentilhommière, hôtel, manoir, palais.

**CHÂTIER** □ battre, corriger, punir, réprimer.
• corriger, parfaire, perfectionner.

**CHÂTIMENT** □ correction, coup, expiation, punition, supplice.

**CHATOIEMENT** □ miroitement, reflet, scintillement.

**CHATOUILLER** □ agacer, caresser, exciter, piquer, titiller.

**CHATOUILLEUX** □ douillet, irritable, ombrageux, sensible, susceptible.

**CHAUD** □ ardent, bouillant, brûlant, fiévreux, incandescent, torride, tropical.
• animé, chaleureux, décidé, emporté, fervent, enthousiaste, vif.

**CHAUFFER** □ brûler, calciner, cuire, faire bouillir, griller, rôtir.

**CHAUSSURE** □ botte, bottine, brodequin, espadrille, galoche, mocassin, sabot, sandale, soulier.

**CHAVIRER** □ s'abîmer, basculer, chanceler, couler, sombrer, vaciller.

**CHEF** □ capitaine, commandant, directeur, dirigeant, général, maître, monarque, patron, responsable.
● crâne, tête.
● cuisinier, maître queux.

**CHEF-D'ŒUVRE** □ réussite, succès.

**CHEMIN** □ allée, charmille, laie, route, rue, sente, sentier, voie.
● itinéraire, parcours, route, trajet.

**CHEMINER** □ aller, errer, marcher, vagabonder.

**CHENAL** □ bief, canal, détroit, passage, passe.

**CHÈQUE** □ endossement, virement.

**CHER** □ coûteux, inabordable, onéreux, ruineux.
● inestimable, précieux, rare.
● adulé, aimé, chéri.

**CHERCHER** □ enquêter, examiner, fouiller, inventer, quérir, quêter, rechercher.

**CHERCHER (À)** □ s'efforcer, essayer, tenter.

**CHÉRI** □ adulé, aimé, préféré.

**CHÉTIF** □ dérisoire, faible, malingre, misérable, piteux, rachitique.

**CHEVAL** □ coursier, destrier, étalon, haridelle, jument, monture, palefroi, poulain, pouliche, poney, pur-sang, rosse, roussin.

**CHEVALIER** □ noble, paladin, preux, suzerain, vassal.

**CHEVALIER (D'INDUSTRIE)** □ aigrefin, escroc, voleur.

**CHEVALIER (SERVANT)** □ amoureux, cavalier, soupirant.

**CHEVAUCHÉE** □ cavalcade, course, défilé.

**CHEVELURE** □ cheveux, coiffure, crinière, perruque, tignasse, toison.

**CHIC** □ aisance, charme, élégance, prestance, savoir-faire, tournure.

**CHICANE** □ altercation, contestation, critique, discussion, dispute, marchandage, tracasserie.

**CHICHE** □ avare, ladre, mesquin, parcimonieux, pingre, rat, sordide.

**CHIEN** □ bâtard, chiot, corniaud, dingo, mâtin, molosse, roquet.

**CHIFFONNIER** □ brocanteur, chineur, vagabond.
● bonheur-du-jour, commode.

**CHIFFRE** □ montant, nombre, numéro, somme, total.
● estampille, marque, monogramme, poinçon, sceau, signe.

**CHIMÈRE** □ fantasme, folie, idée, illusion, mirage, rêve, songe.

**CHIRURGIE** □ ablation, amputation, greffe, ligature, opération.

**CHOC** □ accident, bataille, collision, conflit, ébranlement, échauffourée, heurt, lutte, rencontre.

**CHOISIR** □ adopter, élire, jeter son dévolu sur, faire son choix, opter pour, préférer, trier.

**CHOIX** □ anthologie, assortiment, collection, éventail, florilège, préférence, recueil, sélection.
● alternative, décision, élection, dilemme, tri.

**CHOQUANT** □ cru, grossier.

**CHOQUER** □ ébahir, déplaire, étonner, étourdir, frapper, hébéter, heurter, méduser, scandaliser, sidérer.

**CHOSE** □ objet, propriété, substance.

**CHRONIQUE** □ (nom) annales, article, éditorial, histoire, mémoires, récit.

**CHRONIQUE** □ (adj) durable, invétéré, permanent.

**CHUCHOTER** ☐ bruire, murmurer, susurrer.

**CHUTE** ☐ abaissement, affaissement, affaiblissement, baisse, culbute, déchéance, descente, dévaluation, diminution, glissade, renversement, ruine.
• cascade, cataracte, saut.
• extrémité, déchet, résidus, reste.

**CHUTER** ☐ s'abattre, s'affaisser, choir, dégringoler, descendre, s'écrouler, s'effondre, tomber.

**CICATRICE** ☐ balafre, blessure, entaille, estafilade, stigmate, trace.

**CICATRISER** ☐ apaiser, calmer, consoler, guérir.

**CIEL** ☐ azur, cosmos, firmament, nues, zodiaque, univers.
• éden, nirvâna, olympe, paradis, Walhalla.

**CIEL DE LIT** ☐ baldaquin, dais.

**CIME** ☐ crête, faîte, sommet.

**CIMENTER** ☐ affermir, consolider, sceller, unir.

**CIMETIÈRE** ☐ catacombes, champ des morts, charnier, columbarium, crypte, nécropole, ossuaire.

**CINGLANT** ☐ blessant, dur, féroce, sévère, vexant.

**CIRCONFÉRENCE** ☐ arc, cercle, rond, tour.

**CIRCONSCRIRE** ☐ borner, entourer, limiter, localiser.

**CIRCONSPECT** ☐ attentif, discret, habile, mesuré, prudent, réfléchi, réservé, sage.

**CIRCONSPECTION** ☐ discrétion, prudence, quant-à-soi, retenue, réserve, réticence.

**CIRCONSTANCE** ☐ cas, coïncidence, condition, conjoncture, événement, occasion, opportunité, occurrence.

**CIRCONSTANCIÉ** ☐ correct, détaillé, minutieux, précis, scrupuleux.

**CIRCONVENIR** ☐ abuser, corrompre, séduire.

**CIRCUIT** ☐ contour, enceinte, tour.
• randonnée, tour, voyage.

**CIRCULATION** ☐ cours, déplacement, mouvement, rotation.
• débit, trafic.
• diffusion, propagation, transmission.

**CISELER** ☐ graver, parfaire, polir, sculpter, tailler.

**CITADELLE** ☐ bastille, bastion, château fort, enceinte, forteresse.

**CITÉ** ☐ agglomération, bourg, centre, localité, village, ville.

**CITER** ☐ alléguer, consigner, indiquer, mentionner, nommer, produire, rapporter.
• appeler, assigner, traduire.

**CIVIL** ☐ civique, laïque, républicain.
• affable, aimable, courtois, gracieux, poli, urbain.

**CIVILISATION** ☐ culture, évolution, progrès.

**CIVISME** ☐ nationalisme, patriotisme.

**CLAIR** ☐ apparent, catégorique, compréhensible, évident, lucide, lumineux, manifeste, serein, transparent.

**CLAIRVOYANCE** ☐ acuité, finesse, flair, lucidité, pénétration, perspicacité, sagacité.

**CLAIRVOYANT** ☐ fin, intelligent, lucide, pénétrant, perspicace, sagace.

**CLAMER** ☐ annoncer, crier, hurler, proclamer, tonitruer.

**CLAN** ☐ caste, coterie, groupe, parti, tribu.

**CLANDESTIN** ☐ caché, incognito, illicite, secret, tu.

**CLARIFIER** ☐ décanter, éclaircir, élucider, expliquer, filtrer, purifier.

**CLARTÉ** ☐ éclat, demi-jour, lueur, lumière, rayon.

• évidence, lucidité, netteté, précision, pureté, transparence.

**CLASSE** ☐ catégorie, distinction, division, groupe, ordre, rang, sorte, valeur.

**CLASSEMENT** ☐ classification, nomenclature, ordre, place, rang, rangement.

**CLASSER** ☐ archiver, ranger.

**CLASSIQUE** ☐ courant, dépouillé, habituel, sobre, traditionnel.

**CLAUSE** ☐ condition, convention, modalité.

**CLÉMENT** ☐ bon, doux, généreux, indulgent, magnanime, miséricordieux.

**CLIENT** ☐ acheteur, acquéreur, consommateur, habitué, fidèle, usager.

**CLIMAT** ☐ atmosphère, conditions atmosphériques, conditions météorologiques, humidité, température, vent.
• ambiance, atmosphère, milieu, pays.

**CLINQUANT** ☐ (nom) camelote, faux, imitation, pacotille, simili.

**CLOCHER** ☐ beffroi, campanile, tour.

**CLOÎTRE** ☐ abbaye, couvent, monastère, prieuré.

**CLORE** ☐ achever, encercler, enfermer, fermer, finir, terminer.

**CLOWN** ☐ amuseur, auguste, bouffon, guignol, paillasse, pitre.

**COAGULER** ☐ cailler, congeler, figer, grumeler, solidifier.

**COALISER** ☐ allier, fédérer, grouper, liguer, unir.

**COALITION** ☐ bloc, fédération, front, ligue, phalange, société.

**COCASSE** ☐ amusant, bouffon, burlesque, comique, désopilant, drôle, gai, hilarant, plaisant, risible.

**COCHON** ☐ (nom) débauché, dégoûtant, dépravé.
• goret, porc, pourceau.

**COCHON** ☐ (adj) ignoble, insane, licencieux, malpropre, obscène, pervers, repoussant, sale.

**CODE** ☐ loi, règle, règlement, statut.
• combinaison, chiffre, mot de passe, symbole.

**COEFFICIENT** ☐ pourcentage.

**CŒUR** ☐ affection, âme, amour, attachement, bienveillance, charité, conscience, dévouement, énergie, enthousiasme, passion, pitié, sensibilité, tendresse, zèle.
• myocarde, oreillette, ventricule.

**COFFRE** ☐ bahut, boîtier, caisse, coffre-fort, commode, huche, maie, malle.
• culot, hardiesse, souffle, toupet.
• carrure, poitrine, torse.

**COFFRET** ☐ boîte, cassette, écrin.

**COGNER** ☐ battre, frapper.

**COHUE** ☐ bousculade, désordre, foule, multitude, presse.

**COIFFURE** ☐ béret, bonnet, bibi, chapeau, chignon, coiffe, couvre-chef, fichu, foulard, natte, toque, torsade, tresse.

**COIN** ☐ angle, commissure, encoignure, recoin, renfoncement.
• cale.
• cachet, empreinte, sceau.

**COÏNCIDENCE** ☐ correspondance, rencontre, simultanéité.

**COLÈRE** ☐ courroux, emportement, fureur, ire, irritation, mécontentement, rage, violence.

**COLLABORATEUR** ☐ adjoint, associé, second.

**COLLABORER** ☐ contribuer à, coopérer, participer, seconder.

**COLLATION** ☐ encas, goûter, lunch.
• comparaison, confrontation, correction, vérification.

**COLLECTE** ☐ cueillette, quête, ramassage.

**COLLECTION** ☐ amas, anthologie, compilation, exposition, galerie, recueil, tas, vitrine.

**COLLECTIF** ☐ groupé, unanime.

**COLLECTIVISME** ☐ bolchevisme, marxisme, socialisme.

**COLLÈGE** ☐ corporation, école, université.

**COLLER** ☐ appliquer, appuyer, encoller, faire adhérer, fixer, maroufler, tapisser.

**COLLINE** ☐ butte, coteau, éminence, hauteur, mamelon, mont, monticule.

**COLLISION** ☐ accident, choc, échauffourée, heurt, télescopage.

**COLLOQUE** ☐ conférence, congrès, conversation, débat.

**COLLUSION** ☐ accord, complicité, connivence, entente, intelligence.

**COLORER** ☐ colorier, farder, orner, peindre, teindre, teinter.

**COLOSSAL** ☐ démesuré, énorme, gigantesque, immense, monumental, titanesque.

**COLPORTER** ☐ divulguer, propager, répandre.

**COMA** ☐ évanouissement, léthargie, perte de connaissance, sommeil profond.

**COMBAT** ☐ action, assaut, bataille, conflit, duel, échauffourée, lutte, mêlée, rixe.

**COMBATIF** ☐ accrocheur, agressif, belliqueux, guerrier, querelleur.

**COMBATTANT** ☐ adversaire, guerrier, homme, rival, soldat, troupier, vétéran.

**COMBINAISON** ☐ calcul, machination, manœuvre, plan.
● alliage, composition, mélange.

**COMBINER** ☐ agencer, calculer, comploter, ourdir, tramer.

● allier, assembler, associer, composer, mélanger.

**COMBLE** ☐ trop-plein.
● apogée, faîte, limite, maximum, sommet, summum, zénith.

**COMBLES** ☐ galetas, grenier, mansarde.

**COMBLER** ☐ accabler, emplir, satisfaire, saturer.
● égaliser, niveler, remblayer.

**COMBUSTIBLE** ☐ inflammable.

**COMIQUE** ☐ amusant, bouffon, burlesque, cocasse, désopilant, drôle, gai, hilarant, inénarrable, plaisant, risible.

**COMMANDEMENT** ☐ injonction, notification, ordre, précepte, prescription, sommation, ultimatum.
● autorité, direction, état-major.

**COMMANDER** ☐ contraindre, diriger, dominer, donner l'ordre, gouverner, obliger, régenter.
● acheter, passer commande.

**COMME** ☐ ainsi que, de même, également, quand.

**COMMENCEMENT** ☐ aube, création, début, départ, entrée, naissance, origine, ouverture, prémices.

**COMMENCER** ☐ amorcer, attaquer, débuter, entamer, entreprendre, étrenner, fonder, ouvrir.

**COMMENTER** ☐ expliquer, gloser, interpréter.

**COMMERÇANT** ☐ débitant, détaillant, grossiste, marchand, négociant, vendeur.

**COMMERCE** ☐ échange, négoce, trafic, traite.
● boutique, comptoir, magasin.

**COMMETTRE** ☐ entreprendre, exécuter, fauter, perpétrer.
● choisir, désigner, nommer.

**COMMISÉRATION** ☐ attendrissement, bonté, charité, compassion, mansuétude, miséricorde, pitié.

**COMMISSION** ☐ attribution, délégation, mission.
- courtage, pot-de-vin, pourcentage, prime, remise, rétribution, salaire.
- comité, groupe de travail, réunion.
- achat, course, emplette.

**COMMODE** ☐ agréable, facile, fonctionnel, maniable, pratique, simple.

**COMMUN** ☐ banal, habituel, ordinaire, rebattu, vulgaire, universel.

**COMMUNAUTÉ** ☐ association, collectivité, confrérie, congrégation, ordre, société.

**COMMUNICATIF** ☐ contagieux, démonstratif, expansif, exubérant, ouvert.

**COMMUNICATION** ☐ annonce, avis, correspondance, information, liaison, message, transmission.

**COMMUNIQUÉ** ☐ annonce, affiche, avis, déclaration, notification, proclamation.

**COMMUNIQUER** ☐ apprendre, dire, divulguer, échanger, faire savoir, publier, transmettre.

**COMMUNISME** ☐ bolchevisme, collectivisme, marxisme.

**COMPACT** ☐ épais, dense, serré.

**COMPAGNIE** ☐ assemblée, conseil, entourage, société, troupe.

**COMPAGNON** ☐ acolyte, ami, camarade, compère, complice, condisciple, copain.

**COMPARABLE** ☐ analogue, identique, semblable.

**COMPARAISON** ☐ analyse, confrontation, jugement, mesure, parité.
- allusion, contraste, métaphore, parabole, similitude.

**COMPARAÎTRE** ☐ passer, se présenter.

**COMPARER** ☐ analyser, balancer, collationner, comparer, confronter.

**COMPARTIMENT** ☐ case, casier, cellule, classeur, division.

**COMPASSION** ☐ attendrissement, commisération, humanité, pitié, sensibilité.

**COMPENSATION** ☐ dédommagement, indemnité, récompense.
- balance, consolation, contrepoids, revanche.

**COMPÈRE** ☐ acolyte, ami, associé, camarade, compagnon, complice, condisciple, copain.

**COMPÉTENCE** ☐ aptitude, capacité, expérience, faculté, habilité, intelligence, valeur.
- attribution, autorité, pouvoir.

**COMPÉTITION** ☐ affrontement, challenge, championnat, critérium, épreuve, match.

**COMPLAINTE** ☐ cantilène, chant, mélodie, romance.
- gémissement, lamentation, soupirs.

**COMPLAISANCE** ☐ amitié, attention, bonté, condescendance, flagornerie, flatterie, indulgence, obséquiosité, politesse, servilité, zèle.

**COMPLET** ☐ accompli, achevé, bondé, débordant, entier, exhaustif, global, intégral, plein, rempli, total.

**COMPLÉTER** ☐ achever, ajouter, améliorer, augmenter, conclure, suppléer.

**COMPLICATION** ☐ aggravation, complexité, difficulté, embarras, subtilité.

**COMPLICITÉ** ☐ accord, collusion, connivence, entente, intelligence.

**COMPLIQUÉ** ☐ complexe, confus, difficile, embrouillé, obscur, subtil, tourmenté.

**COMPLIQUER** ☐ embarrasser, embrouiller, obscurcir.

**COMPLOT** ☐ cabale, conspiration, conjuration, intrigue.

**COMPORTEMENT** ☐ air, allure, attitude, conduite, manière.

**COMPORTER** ☐ admettre, contenir, impliquer, inclure, permettre, supporter.

**COMPORTER (SE)** ☐ agir, se conduire, vivre.

**COMPOSER** ☐ arranger, assembler, combiner, concevoir, créer, écrire, former, imaginer, produire.

• s'accommoder, céder, s'entendre avec, traiter, transiger.

**COMPOSITION** ☐ alliage, association, constitution, construction, mélange, organisation, structure, teneur.

• devoir, dissertation, examen, rédaction.

**COMPRÉHENSIBLE** ☐ accessible, clair, facile, intelligible, simple.

**COMPRÉHENSIF** ☐ bienveillant, indulgent, judicieux, tolérant.

**COMPRENDRE** ☐ apprendre, concevoir, déchiffrer, entendre, réaliser, saisir, trouver, voir.

• comporter, contenir, englober, inclure, renfermer.

**COMPRENDRE (SE)** ☐ s'accorder, s'entendre, fraterniser, sympathiser.

**COMPRIMER** ☐ broyer, écraser, presser, serrer, tasser.

**COMPRIS** ☐ contenu, inclus, joint.

**COMPROMIS** ☐ amiable, arbitrage, arrangement, concession, conciliation, transaction.

**COMPROMISSION** ☐ achat, corruption, malversation, subordination.

**COMPTE** ☐ addition, bilan, facture, note, relevé, somme, total.

**COMPTER** ☐ calculer, dénombrer, englober, estimer, évaluer, inventorier, mesurer, payer.

• avoir l'intention de, espérer, être sûr, projeter.

**CONCÉDER** ☐ accorder, céder, donner, octroyer.

• admettre, convenir, reconnaître.

**CONCENTRÉ** ☐ condensé, dense, dru, épais.

• discret, réfléchi, renfermé, secret.

**CONCENTRER** ☐ accumuler, canaliser, grouper, rassembler.

**CONCENTRER (SE)** ☐ méditer, penser, réfléchir.

**CONCEPT** ☐ connaissance, idée, notion.

**CONCEPTION** ☐ aperçu, entendement, esprit, idée, imagination, intelligence, pensée, savoir, sens.

**CONCERNER** ☐ se rapporter à, regarder, toucher.

**CONCERT** ☐ audition, aubade, récital.

• accord, ensemble, harmonie, union.

**CONCESSION** ☐ abandon, autorisation, cession, désistement, don, octroi, renoncement, transfert, vente.

**CONCILIABULE** ☐ complot, conversation, réunion.

**CONCILIANT** ☐ accommodant, arrangeant, diplomate, complaisant, facile, souple.

**CONCILIER** ☐ accorder, arbitrer, mettre d'accord, réunir.

• concorder, harmoniser, unifier.

**CONCIS** ☐ bref, court, dense, lapidaire, précis, raccourci, réduit, resserré, résumé, simplifié, sommaire, succinct.

**CONCLURE** ☐ achever, clore, convenir de, déduire, finir, signer, résoudre, terminer.

• argumenter, déduire, démontrer.

**CONCLUSION** ☐ conséquence, dénouement, épilogue, fin, morale, péroraison, résultat, solution.

**CONCORDER** ☐ s'accorder, cadrer, convenir, correspondre, répondre.

**CONCOURS** ☐ compétition, épreuve, examen.

• aide, appui, collaboration, soutien.

• démonstration, exposition, présentation.

**CONCRET** ☐ matériel, palpable, positif, pratique, réaliste, réel.

**CONCUPISCENCE** ☐ appétit, avidité, convoitise, désir.

**CONCURRENCE** ☐ compétition, lutte, opposition.

**CONCURRENT** ☐ adversaire, candidat, émule, participant, rival.

**CONCUSSION** ☐ déprédation, exaction, extorsion, forfaiture, malversation, prévarication, trahison.

**CONDAMNATION** ☐ accusation, critique, interdiction, jugement, procès, prohibition, punition, sanction, sentence.

**CONDAMNER** ☐ blâmer, critiquer, désapprouver, maudire, proscrire, réprimander, réprouver, stigmatiser.
• fermer, murer, obstruer.

**CONDENSER** ☐ abréger, écourter, raccourcir, réduire, résumer.

**CONDESCENDANCE** ☐ arrogance, dédain, hauteur, mépris.

**CONDESCENDRE** ☐ s'abaisser, accepter, admettre, céder, daigner, se prêter à.

**CONDISCIPLE** ☐ acolyte, ami, camarade, compagnon, copain.

**CONDITION** ☐ classe, destinée, état, noblesse, rang.
• clause, disposition, exigence, formalité, modalité, prétention, stipulation.

**CONDUIRE** ☐ administrer, amener, commander, diriger, emmener, guider, mener.

**CONDUIRE (SE)** ☐ agir, se comporter, vivre.

**CONDUITE** ☐ canalisation, collecteur, tube, tuyauterie.
• direction, orientation, pilotage.
• administration, commandement, direction.
• attitude, comportement, maintien.

**CONFÉDÉRER** ☐ associer, allier, fédérer, rassembler, unir.

**CONFÉRENCE** ☐ assemblée, causerie, congrès, conversation, discours, entretien, réunion.

**CONFESSER** ☐ avouer, concéder, convenir de, reconnaître.

**CONFIANCE** ☐ assurance, crédulité, espérance, foi, hardiesse, présomption, sécurité.

**CONFIDENCE** ☐ aveu, confession, révélation.

**CONFIER** ☐ abandonner, livrer, laisser, prêter.

**CONFIER (SE)** ☐ avouer, s'épancher, se fier à, se livrer à, s'ouvrir à.

**CONFIRMATION** ☐ affirmation, assurance, attestation, certitude, garantie, validation.

**CONFIRMER** ☐ assurer, corroborer, entériner, fortifier, garantir, prouver, ratifier, vérifier.

**CONFISQUER** ☐ enlever, ôter, prendre, retirer, saisir.

**CONFLIT** ☐ affrontement, antagonisme, contestation, discorde, guerre, opposition.

**CONFONDRE** ☐ déconcerter, démasquer, désarçonner, étonner, humilier, stupéfier, troubler.
• associer, fusionner, mélanger.
• se tromper.

**CONFRÈRE** ☐ collègue, compagnon, pair.

**CONFRONTER** ☐ analyser, balancer, collationner, comparer, rassembler.

**CONFUS** ☐ compliqué, désordonné, indistinct, obscur, vague.
• déconcerté, désolé, embarrassé, gêné, honteux, troublé.

**CONFUSION** ☐ bouleversement, chaos, dérangement, désordre, imbroglio, trouble.
• embarras, gêne, honte, malentendu, trouble.

• erreur, méprise, quiproquo.

**CONGÉ** ☐ autorisation, laisser-passer, permission, repos, vacances.

**CONGÉDIER** ☐ chasser, destituer, éconduire, licencier, mettre à la porte, remercier, renvoyer.

**CONGÉNÈRE** ☐ égal, prochain, semblable.

**CONGÉNITAL** ☐ atavique, héréditaire, inné, naturel.

**CONGESTION** ☐ apoplexie, hémorragie cérébrale, tension.

**CONGRATULER** ☐ applaudir, complimenter, féliciter.

**CONGRÈS** ☐ assemblée, conférence, meeting, réunion, séance.

**CONJECTURE** ☐ hypothèse, présomption, supposition.

**CONJOINT** ☐ époux, mari.

**CONJONCTURE** ☐ cas, éventualité, occasion, occurrence, situation.

**CONJUGAL** ☐ matrimonial, nuptial.

**CONJUGUER** ☐ combiner, joindre, unir.
• décliner des formes verbales, réciter.

**CONJURATION** ☐ complot, conspiration, intrigue.
• évocation, exorcisme, incantation, magie, rite, sorcellerie.
• adjuration, imploration, prière, supplication.

**CONJURER** ☐ charmer, écarter les esprits, chasser.
• adjurer, implorer, prier, supplier.

**CONNAISSANCE** ☐ acquis, conscience, culture, érudition, expérience, instruction, intuition, notion, idée, savoir, science, sensation.
• ami, fréquentation, relation.

**CONNAÎTRE** ☐ apprendre, entendre, éprouver, posséder, rencontrer, ressentir, savoir.

**CONNIVENCE** ☐ accord, collusion, complicité, entente, intelligence.

**CONQUÉRANT** ☐ (nom) aventurier, conquistador, guerrier, triomphateur, vainqueur.

**CONQUÉRANT** ☐ (adj) arrogant, avantageux, dédaigneux, dominateur, fier, prétentieux, suffisant.

**CONQUÉRIR** ☐ s'attacher, captiver, charmer, envoûter, plaire, soumettre, séduire, subjuguer, vaincre.

**CONQUÊTE** ☐ annexion, capture, domination, guerre, soumission, victoire.
• amour, séduction, soumission.

**CONSACRER** ☐ bénir, oindre, ordonner *(religion)*.
• accorder, affecter, donner, vouer.
• confirmer, entériner, ratifier, reconnaître.

**CONSCIENCE** ☐ connaissance, intuition, lucidité, notion, pressentiment, sentiment.
• application, méticulosité, minutie, soin.
• courage, honnêteté, probité.

**CONSCIENCIEUX** ☐ honnête, méticuleux, minutieux, soigneux, scrupuleux, tatillon.

**CONSEIL** ☐ avertissement, avis, proposition, recommandation, suggestion.
• avocat, conseiller, défenseur.
• assemblée, bureau, juridiction, réunion.

**CONSEILLER** ☐ conseilleur, directeur, égérie, guide, inspirateur, mentor.

**CONSEILLER** ☐ diriger, inciter à, inspirer, orienter, proposer, recommander, suggérer.

**CONSENTEMENT** ☐ accord, acquiescement, adhésion, agrément, approbation, permission.

**CONSENTIR** ☐ accéder, accepter, acquiescer, adhérer, approuver, octroyer, permettre, se prêter à, souscrire.

**CONSÉQUENCE** □ conclusion, corollaire, effet, importance, résultat, suite.

**CONSÉQUENT (PAR)** □ ainsi, donc.

**CONSERVER** □ détenir, entretenir, garder, maintenir, réserver, sauvegarder.

**CONSIDÉRABLE** □ ample, élevé, éminent, énorme, grand, immense, important, notable, remarquable.

**CONSIDÉRATION** □ étude, examen, observation, remarque.
• déférence, égard, estime, renommée, réputation, vénération.

**CONSIDÉRER** □ apprécier, étudier, examiner, juger, peser, regarder comme.
• admirer, estimer, révérer, vénérer.
• baisser les yeux sur, contempler, regarder, toiser.

**CONSIGNATION** □ dépôt, enregistrement, relevé.

**CONSIGNE** □ directive, instruction, mandat, ordre, règlement.
• dépôt, punition, retenue.

**CONSIGNER** □ constater, citer, enregistrer, noter, rapporter.
• déposer, enfermer, punir.

**CONSISTANT** □ cohérent, concret, dense, épais, ferme, solide.

**CONSOLATION** □ apaisement, compensation, joie, réconfort, satisfaction, soulagement.

**CONSOLER** □ adoucir, apaiser, calmer, guérir, rasséréner, réconforter, rassurer.

**CONSOLIDATION** □ affermissement, renfort, réparation.

**CONSOMMER** □ accomplir, achever, finir, commettre, parfaire, terminer.
• brûler, consumer, employer, user.
• absorber, boire, manger, se nourrir.

**CONSPIRATION** □ cabale, complot, conjuration, intrigue, ligue.

**CONSPUER** □ huer, insulter, siffler.

**CONSTAMMENT** □ fréquemment, sans cesse, toujours.

**CONSTANCE** □ continuité, courage, énergie, fermeté, fidélité, persévérance.

**CONSTANT** □ assidu, durable, évident, ferme, inébranlable, inflexible, invariable, obstiné, permanent.

**CONSTATER** □ confirmer, contrôler, enregistrer, examiner, noter, remarquer, vérifier.

**CONSTERNATION** □ abattement, accablement, chagrin, douleur, mélancolie, tristesse, stupeur.

**CONSTERNER** □ accabler, attrister, chagriner, désoler, peiner.

**CONSTITUER** □ élaborer, faire, former, instituer, monter, organiser.

**CONSTITUTION** □ agencement, disposition, organisation, structure.
• établissement, fondation, instauration, rédaction.
• caractère, composition, nature, personnalité, tempérament.
• code, législation, loi, régime, règlement.

**CONSTRUCTION** □ bâtiment, édifice, immeuble, maison, monument, ouvrage.
• assemblage, composition, édification, érection, structure, système.
• expression, locution, parler, syntaxe.

**CONSTRUIRE** □ bâtir, édifier, élaborer, ériger, fabriquer, imaginer, maçonner.

**CONSULTATION** □ enquête, référendum, réunion, sondage, vote.
• analyse, étude, examen, expertise, lecture, visite.

**CONTACT** □ attouchement, caresse, effleurement.
• communication, rapport, relation.

**CONTAGION** ☐ contamination, infection, propagation, transmission.

**CONTE** ☐ fable, fiction, histoire, nouvelle, roman.
• contre-vérité, mensonge, racontar.

**CONTEMPLATION** ☐ extase, méditation, pensée, réflexion.

**CONTEMPLER** ☐ admirer, fixer, regarder.

**CONTEMPORAIN** ☐ actuel, moderne, présent.

**CONTENANCE** ☐ capacité, contenu, mesure, superficie, surface, tonnage, volume.
• attitude, aspect, comportement, maintien, pose, prestance.

**CONTENIR** ☐ comprendre, comporter, englober, limiter, maîtriser, recéler, renfermer, retenir, tenir.

**CONTENT** ☐ aisé, béat, enchanté, gai, heureux, joyeux, ravi, satisfait.

**CONTENTER** ☐ s'accommoder, calmer, combler, satisfaire, suffire à.

**CONTER** ☐ dire, narrer, peindre, raconter, retracer.

**CONTESTATION** ☐ chicane, conflit, controverse, débat, démêlé, différend, discussion, dispute, litige, querelle.

**CONTESTER** ☐ ne pas admettre, chicaner, contredire, discuter, nier, refuser.

**CONTIGU** ☐ accolé, adjacent, mitoyen, proche, voisin.

**CONTINENT** ☐ (adj) chaste, pur.

**CONTINU** ☐ constant, continuel, durable, incessant, perpétuel, persistant, soutenu.

**CONTINUATION** ☐ continuité, prolongation, prolongement, poursuite, suite.

**CONTINUER** ☐ durer, étendre, persévérer, persister, poursuivre.

**CONTORSION** ☐ acrobatie, contraction, convulsion, grimace.

**CONTOUR** ☐ bord, détour, galbe, forme, limite, périmètre, tour.

**CONTRACTER** ☐ acquérir, s'endetter, gagner, obtenir, prendre.
• diminuer, raidir, resserrer, tasser, tendre, tétaniser.

**CONTRACTION** ☐ crampe, contracture, convulsion, crispation, rictus, spasme.

**CONTRADICTION** ☐ contestation, conflit, désaccord, objection, opposition, réfutation.

**CONTRADICTOIRE** ☐ adverse, antagoniste, contraire, incompatible, opposé.

**CONTRAINDRE** ☐ assujettir, comprimer, condamner, entraver, exiger, gêner, obliger, pousser.

**CONTRAINTE** ☐ asservissement, coercition, discipline, exigence, force, pression, sujétion, violence.

**CONTRAIRE** ☐ antagoniste, antonyme, contradictoire, incompatible, inverse, opposé.

**CONTRARIER** ☐ barrer, contrecarrer, contredire, déranger, fâcher, mécontenter, nuire.

**CONTRARIÉTÉ** ☐ agacement, ennui, gêne, irritation, mécontentement, souci, tracas.

**CONTRASTE** ☐ antithèse, différence, dissemblance, opposition.

**CONTRASTER** ☐ détonner, jurer, s'opposer, trancher.

**CONTRAT** ☐ accord, convention, engagement, police, protocole, traité, vente.

**CONTRAVENTION** ☐ amende, procès-verbal, poursuites.

**CONTRE** ☐ auprès de, sur.
• en dépit, malgré.
• contrairement, à l'opposé de.

**CONTREDIRE** ☐ contrarier, dédire, démentir, réfuter.

**CONTRÉE** □ pays, province, région.

**CONTREFAÇON** □ copie, falsification, faux, imitation, plagiat.

**CONTREFAIRE** □ caricaturer, copier, déformer, feindre, imiter, mimer, reproduire.

**CONTREFAIT** □ difforme, disgracieux, rabougri, tordu.

**CONTREPARTIE** □ compensation, échange, troc.

**CONTRETEMPS** □ accident, complication, empêchement, obstacle.

**CONTREVENIR** □ désobéir, ne pas respecter, transgresser.

**CONTRIBUER (À)** □ aider, collaborer, concourir à, participer à, seconder.

**CONTRIBUTION** □ cotisation, droit, impôt, quote-part.
• aide, assistance, collaboration, concours.

**CONTRITION** □ douleur, pénitence, repentir, remords.

**CONTRÔLER** □ critiquer, examiner, inspecter, pointer, surveiller, vérifier.

**CONTROVERSE** □ débat, discussion, polémique.

**CONTUSION** □ blessure, bleu, ecchymose, meurtrissure, plaie.

**CONVAINCRE** □ démontrer, expliquer, persuader, prouver.

**CONVALESCENCE** □ guérison, repos, rétablissement.

**CONVENABLE** □ approprié, conforme, favorable, idoine, opportun, pertinent, propice.
• correct, décent, honnête, poli, séant.

**CONVENANCE** □ accord, bienséance, honnêteté, savoir-vivre.

**CONVENIR** □ aller, cadrer, concorder, correspondre, satisfaire.
• admettre, concéder, décider, dire, s'entendre, se mettre d'accord, reconnaître, régler.

**CONVENTION** □ alliance, arrangement, contrat, marché, pacte, protocole, traité, transaction.

**CONVENTIONNEL** □ académique, emphatique, guindé, habituel, routinier.

**CONVENU** □ admis, décidé, fixé.
• banal, commun, plat.

**CONVERSATION** □ colloque, conférence, causerie, dialogue, entretien, pourparlers, tête-à-tête.

**CONVERTIR** □ changer, transformer, troquer.
• amener, évangéliser, rallier.

**CONVICTION** □ assurance, certitude, croyance, persuasion.

**CONVIER** □ inciter, inviter, prier, solliciter.

**CONVIVE** □ ami, écornifleur, hôte, invité, pique-assiette.

**CONVOI** □ caravane, file, train.
• enterrement, funérailles, obsèques.

**CONVOITER** □ ambitionner, briguer, brûler de, désirer, envier, souhaiter, vouloir.

**CONVOITISE** □ avidité, concupiscence, cupidité, désir, envie, rapacité.

**CONVOQUER** □ appeler, assembler, assigner, inviter, donner un rendez-vous.

**CONVULSION** □ secousse, soubresaut, spasme.

**COPIE** □ double, contrefaçon, duplicata, imitation, plagiat, réplique, reproduction.
• devoir, exercice, feuille.

**COPIER** □ contrefaire, imiter, noter, reproduire, transcrire.

**COPIEUX** □ abondant, ample, fertile, fructueux, luxuriant, opulent, généreux, plantureux, riche.

**COPIEUSEMENT** □ abondamment, beaucoup, bien, énormément, largement, en abondance, en quantité, à foison, à profusion, à volonté.

**COQUET** ☐ accorte, charmant, élégant, galant, joli.

● appréciable, conséquent, important, rondelet, substantiel.

**COQUIN** ☐ (nom) bandit, canaille, fripon, vaurien, voleur.

**COQUIN** ☐ (adj) espiègle, libertin, malicieux, polisson.

**CORDIAL** ☐ affectueux, amical, chaleureux, franc, ouvert, sincère.

● réconfortant, tonique.

**CORDIALITÉ** ☐ bonté, chaleur, gentillesse, sympathie.

**CORPORATION** ☐ communauté, corps, ligue, métier, ordre.

**CORPS** ☐ anatomie, chair, cadavre, morphologie, mort, organisme, substance, taille.

● assemblée, communauté, compagnie, corporation, ensemble, société, troupe.

**CORPULENT** ☐ gras, gros, fort, imposant, large, massif, pansu.

**CORRECT** ☐ convenable, correct, exact, fidèle, juste.

● bienséant, décent, droit, honnête, poli, raisonnable.

**CORRECTION** ☐ amélioration, perfectionnement, modification, rectification, retouche.

● bastonnade, coup, fessée, punition, volée.

● civilité, convenance, éducation, politesse, savoir-vivre, tact.

**CORRESPONDANCE** ☐ courrier, lettre, message.

● accord, analogie, concordance, corrélation, rapport, ressemblance, union.

**CORRIGER** ☐ améliorer, amender, modifier, redresser, réformer, revoir.

● châtier, frapper, punir, sévir.

**CORROMPRE** ☐ abâtardir, abaisser,

altérer, dégénérer, empoisonner, gâter, dénaturer, dépraver, vicier.

● acheter, circonvenir, séduire, soudoyer, suborner.

**CORROMPU** ☐ dépravé, dissolu, luxurieux, obscène, pervers, vicieux.

**CORRUPTION** ☐ achat, compromission, dépravation, malversation, subornation.

● altération, décomposition, pourriture, putréfaction.

**CORTÈGE** ☐ cour, défilé, escorte, suite.

**COSMIQUE** ☐ astral, céleste, interplanétaire, spatial.

**COSSU** ☐ aisé, fortuné, huppé, opulent, riche.

**COSTUME** ☐ accoutrement, effets, habillement, habit, uniforme, tenue, vêtement.

**COTE** ☐ cotation, cours, impôt, taxe.

**CÔTE** ☐ berge, bord, frange, grève, plage, rivage, rive.

● butte, coteau, colline, éminence, monticule.

● montée, raidillon, rampe.

● flanc, sternum, thorax.

**CÔTÉ** ☐ bord, flanc.

**COTER** ☐ apprécier, estimer, évaluer, noter, numéroter, paginer.

**COTERIE** ☐ bande, camarilla, caste, chapelle, clan, mafia.

**COTISATION** ☐ contribution, écot, quote-part.

**COUCHE** ☐ croûte, enduit, pellicule, strate.

**COUCHANT** ☐ crépuscule, occident, ouest, ponant.

**COUCHER (SE)** ☐ s'allonger, s'aliter, s'étendre, se mettre au lit.

**COUDE** ☐ angle, coin, encoignure, saillie, tournant.

● articulation.

**COULER** □ s'abîmer, chavirer, sombrer.
• circuler, dégouliner, s'écouler, filer, fuir, glisser, ruisseler, sourdre, suer, se vider.

**COULEUR** □ carnation, coloris, nuance, teinte, ton, tonalité.
• aspect, brillant, éclat, force.
• carreau, cœur, pique, trèfle *(cartes)*.

**COULEURS** □ drapeau.

**COUP** □ calotte, fessée, gifle, horion, tape, volée.
• atteinte, blessure, choc, ébranlement, heurt, secousse.

**COUP D'ÉTAT** □ coup de force, émeute, pronunciamiento, putsch, révolte.

**COUPABLE** □ (nom) délinquant, fautif, inculpé, meurtrier.

**COUPABLE** □ (adj) blâmable, fautif, honteux, illicite, illégitime, indigne, mauvais, répréhensible.

**COUPE** □ profil, tranche.

**COUPER** □ découper, débiter, hacher, sectionner, tailler, trancher, tronçonner.

**COUPLE** □ duo, ménage, paire.

**COUPOLE** □ dôme, voûte.
• Académie française.

**COUR** □ atrium, avant-cour, patio.
• cercle, escorte, suite.
• conseil, parlement, parquet, tribunal.

**COURAGE** □ assurance, audace, bravoure, cœur, cran, crânerie, énergie, fermeté, force, hardiesse, héroïsme, résolution, stoïcisme, témérité, vaillance, valeur, volonté.

**COURAMMENT** □ aisément, facilement, naturellement, simplement.

**COURANT** □ actuel, commun, contemporain, habituel, ordinaire.

**COURBER** □ asservir, assujettir, oppresser, opprimer, soumettre.
• bomber, couder, plier, tordre, voûter.

**COURIR** □ accélérer, bondir, détaler, s'élancer, filer, galoper, se hâter, se précipiter, se presser.
• circuler, se propager, se répandre.
• essayer, rechercher, tenter, voyager.

**COURONNEMENT** □ apothéose, couronnement, perfection, triomphe.
• chapiteau, entablement, pignon.

**COURRIER** □ chronique, correspondance, lettre, missive.
• coursier, estafette, messager.

**COURROUX** □ colère, ire, rage.

**COURS** □ canal, courant, fleuve, rivière, ruisseau.
• course, déroulement, développement, évolution, durée, enchaînement, processus, progression.
• cote, prix, taux.
• conférence, école, institution, leçon.
• avenue, boulevard, promenade.

**COURSE** □ cours, déroulement, évolution, marche, mouvement, rythme.
• compétition, corrida, critérium, sprint.
• parcours, promenade, randonnée.
• achat, commission, marché.

**COURT** □ abrégé, bref, concis, éphémère, fugace, juste, laconique, lapidaire, raccourci, ras, réduit, résumé, sommaire, succinct, temporaire, transitoire.

**COURTISER** □ flatter, chercher à séduire.

**COURTOIS** □ affable, civil, courtois, galant, gracieux, poli.

**COURTOISIE** □ amabilité, civilité, galanterie, politesse, urbanité.

**COUSIN** □ germain, proche.

**COÛT** □ prix, montant, somme, valeur.

**COUTEAU** □ canif, coutelas, dague, lame, poignard.

**COÛTER** □ se monter à, revenir à, valoir.

**COÛTEUX** ☐ cher, inabordable, onéreux, ruineux.

**COUTUME** ☐ habitude, mœurs, pratique, rite, routine, tradition, usage.

**COUTUMIER** ☐ habituel.

**COUTURE** ☐ bâti, piqûre, point, raccord.

**COUTURÉ** ☐ balafré, coupé, cousu.

**COUVENT** ☐ abbaye, cloître, monastère, prieuré, trappe.

**COUVERTURE** ☐ abri, asile, bâche, brochage, protection, refuge, repaire, sécurité, sûreté, toit.
• camouflage, déguisement, fausse identité, prétexte.
• caution, garantie, provision.
• brochure, jaquette, reliure.

**COUVRIR** ☐ bâcher, cacher, camoufler, dissimuler, recouvrir.
• accabler, dominer, étouffer, inonder, joncher, répandre, submerger.
• défendre, garantir, protéger, racheter, rembourser, soutenir.

**CRAINDRE** ☐ appréhender, avoir peur, redouter, trembler.

**CRAINTE** ☐ alarme, angoisse, appréhension, effarement, effroi, frayeur, inquiétude, peur, souci, terreur.

**CRAINTIF** ☐ angoissé, anxieux, apeuré, effarouché, embarrassé, inquiet, lâche, peureux, poltron, pusillanime, timide, timoré.

**CRAN** ☐ assurance, audace, bravoure, courage, crânerie, hardiesse, héroïsme, suffisance, vaillance.
• coche, encoche, entaille, marque.

**CRÂNER** ☐ fanfaronner, faire le brave, plastronner, se rengorger.

**CRAPULE** ☐ canaille, dévoyé, escroc, malfaiteur, vaurien.

**CRAQUER** ☐ se déchirer, s'écrouler, se fissurer, se rompre.

**CRASSEUX** ☐ dégoûtant, malpropre, puant, repoussant, répugnant, sale.

**CRÉATEUR** ☐ fondateur, inventeur, promoteur.

**CRÉATION** ☐ commencement, conception, début, élaboration, fondation, formation, genèse, naissance, œuvre.

**CRÉATURE** ☐ être, humain, individu, personne.
• élève, disciple, favori, préféré, protégé.

**CRÉDIT** ☐ avance, avoir, solde, à tempérament.
• ascendant, autorité, faveur, importance, influence, pouvoir.

**CRÉER** ☐ accoucher, bâtir, causer, édifier, élaborer, enfanter, engendrer, imaginer, inventer, occasionner, produire, provoquer, susciter.

**CRÉPUSCULE** ☐ aube, brune, déclin du jour.
• chute, décadence, déclin, dégénérescence, vieillesse.

**CRÊTE** ☐ cime, croupe, ligne de faîte, sommet.

**CREUSER** ☐ défoncer, évider, fouiller, ouvrir, piocher, terrasser.
• approfondir, étudier, examiner.

**CREUX** ☐ cave, encaissé, enfoncé, évidé, profond, vide.
• bête, inutile, stupide, vain.

**CRI** ☐ acclamation, appel, bravo, clameur, exclamation, gémissement, hurlement, ovation, plainte, rugissement, vagissement, vocifération.

**CRIARD** ☐ aigre, aigu, braillard, discordant, perçant, strident.

**CRIBLER** ☐ accabler, percer, piquer, trouer.
• calibrer, passer, sasser, tamiser, trier.

**CRIER** ☐ affirmer, beugler, brailler, clamer, criailler, clamer, s'époumoner, gémir, hurler, pleurer, rugir, tonitruer, tonner, vociférer.

**CRIME** ☐ assassinat, attentat, délit, forfait, meurtre.

**CRIMINEL** ☐ assassin, coupable, homicide, meurtrier, tueur.

**CRISE** ☐ accès, attaque, atteinte, conflit, difficulté, malaise, perturbation, poussée, tension, trouble.

**CRISPATION** ☐ contraction, convulsion, spasme.

**CRISTALLIN** ☐ léger, limpide, pur, transparent.

**CRITIQUE** ☐ censeur, commentateur, juge.
• jugement, observation, reproche.

**CRITIQUER** ☐ blâmer, censurer, chicaner, condamner, désapprouver, éreinter.

**CROIRE** ☐ admettre, considérer, estimer, imaginer, juger, penser, supposer que.
• compter sur, se fier à, être persuadé, s'en remettre à.

**CROISEMENT** ☐ bifurcation, carrefour, embranchement, rond-point.

**CROÎTRE** ☐ augmenter, grandir, s'amplifier, se développer, grandir, grossir, hausser, pousser, s'intensifier, venir.

**CROULER** ☐ s'affaisser, s'ébouler, s'ébouler, s'effondrer, tomber.

**CROUPIR** ☐ moisir, stagner.

**CROYANCE** ☐ conviction, crédit, foi, idées, opinion, superstition.

**CROYANT** ☐ dévot, mystique, pieux, religieux.

**CRU** ☐ licencieux, osé.
• naturel.

**CRUAUTÉ** ☐ barbarie, brutalité, dureté, férocité, injustice, méchanceté, rigueur, sadisme, sauvagerie.

**CUEILLIR** ☐ moissonner, ramasser, récolter.

**CUIR** ☐ basane, chagrin, crocodile, daim, maroquin, peau, vachette, vélin.

**CUIRE** ☐ bouillir, brûler, chauffer, faire revenir, frire, griller, mijoter, mitonner, rissoler, rôtir.

**CUISANT** ☐ cinglant, douloureux.

**CULBUTER** ☐ basculer, capoter, chavirer, crouler, dégringoler, tomber, verser.

**CULMINANT** ☐ au sommet.

**CULTURE** ☐ civilisation, connaissance, éducation, instruction, savoir.

**CUPIDITÉ** ☐ âpreté, avidité, convoitise, désir.

**CURIEUX** ☐ (nom) amateur, badaud, collectionneur.

**CURIEUX** ☐ (adj) amusant, bizarre, étonnant, incongru, rare, singulier, surprenant.
• indiscret, fureteur, gênant, importun, intrus.

**CURIOSITÉ** ☐ attention, intérêt, recherche.
• innovation, nouveauté, rareté.

**CYCLE** ☐ cercle, époque, période, révolution, saison.
• bicyclette, vélo, vélomoteur.

**CYCLONE** ☐ bourrasque, ouragan, tempête, tornade.

**CYNIQUE** ☐ cruel, dur, effronté, éhonté, immoral, impudent, insolent, machiavélique.

*d*

**DADA** ☐ lubie, manie, marotte, passe-temps, violon d'Ingres.

**DADAIS** ☐ benêt, innocent, naïf, niais, nigaud, simplet, sot, stupide.

**DAGUE** ☐ couteau, épée, poignard, stylet.

**DAIGNER** ☐ accepter, s'abaisser, autoriser, condescendre, consentir, tolérer.

**DAIS** ☐ baldaquin, chapiteau, ciel de lit, poêle.

**DAME** ☐ compagne, concubine, égérie, épouse, femme, mégère.
● reine *(carte)*.

**DAMIER** ☐ case, échiquier, tablier.

**DAMNATION** ☐ châtiment, punition, supplice.

**DANCING** ☐ night-club, salle de bal.

**DANDINER (SE)** ☐ se balancer, osciller, remuer, se trémousser.

**DANDY** ☐ affecté, élégant, gandin, gommeux, précieux.

**DANGER** ☐ alarme, alerte, détresse, hasard, imprudence, inquiétude, menace, péril, risque, urgence.

**DANGEREUX** ☐ difficile, glissant, hasardeux, inquiétant, mauvais, menaçant, nuisible, périlleux, redoutable, risqué, traître.

**DANS** ☐ en, parmi, pendant, selon.

**DANSE** ☐ bal, ballet, chorégraphie, dancing.
● bourrée, gavotte, marche, menuet, polka, rock, ronde, slow, tango, valse.

**DANSEUSE** ☐ acrobate, ballerine, cavalière, chorégraphe, étoile, partenaire.

**DANTESQUE** ☐ abominable, angoissant, cauchemardesque, effrayant, effroyable, épouvantable, formidable, hallucinant, horrible, menaçant, monstrueux, pétrifiant, terrible, terrifiant.

**DARDER** ☐ dresser, jeter, lancer, projeter.

**DATE** ☐ an, échéance, jour, millésime, moment, mois, période, terme.

**DATER** ☐ compter, marquer, paraître démodé, remonter à.

**DAUPHIN** ☐ cétacé, épaulard, mammifère.
● collaborateur, second, successeur.

**DAVANTAGE** ☐ encore, plus.

**DÉAMBULER** ☐ cheminer, errer, flâner, marcher, se promener.

**DÉBÂCLE** ☐ débandade, défaite, déroute, désastre, fuite, ruine.
● dégel, fonte, réchauffement.

**DÉBANDADE** □ défaite, déroute, dispersion, fuite, pagaille, panique.

**DÉBARRASSER** □ déblayer, décharger, dégager, enlever, nettoyer, ôter.

**DÉBARRASSER (SE)** □ abandonner, se défaire, jeter, liquider, vendre.

**DÉBAT** □ contestation, discussion, polémique, procès.

**DÉBATTRE** □ contester, délibérer, discuter, marchander, parlementer, traiter.

**DÉBATTRE (SE)** □ s'agiter, se démener, discuter, remuer.

**DÉBAUCHE** □ dévergondage, excès, festin, intempérance, libertinage, luxure, orgie, stupre.
• abondance, abus, excès, luxe, prodigalité, profusion.

**DÉBAUCHER** □ chasser, congédier, licencier, mettre à la porte, remercier, renvoyer.
• acheter, appâter, avilir, corrompre, déshonorer, séduire, soudoyer.

**DÉBILE** □ bête, faible, fragile, maladif, rachitique, sot, stupide.

**DÉBIT** □ bar, boutique, café, commerce, comptoir, magasin, taverne.
• articulation, diction, élocution, prononciation.

**DÉBITER** □ découper, dépecer, scier, trancher.
• ânonner, bredouiller, dire, prononcer, réciter.
• écouler, négocier, solder, vendre.

**DÉBLAI** □ débarras, débris, décharge, gravats.

**DÉBLAYER** □ balayer, débarrasser, dégager, enlever, évacuer, nettoyer.

**DÉBOIRES** □ chagrin, déception, déconvenue, désillusion, infortune, revers.

**DÉBONNAIRE** □ bon, brave, franc, gentil, serviable, simple.

**DÉBORDANT** □ actif, enthousiaste, expansif, plein, rempli.

**DÉBORDEMENT** □ crue, écoulement, flot, inondation, marée, submersion.
• abus, débauche, dérèglement, excès, licence.

**DÉBORDER** □ couler, être plein, déferler, dépasser, éclater, inonder, submerger.
• contourner, dépasser, doubler.

**DÉBOUCHÉ** □ but, issue, sortie.

**DÉBOUCHER** □ dégager, ouvrir, percer.
• aboutir, se déverser, s'enfuir, se jeter, sortir.

**DÉBOURSER** □ acquitter, dépenser, financer, payer, régler, verser.

**DEBOUT** □ dressé, droit, érigé, levé.

**DÉBRIS** □ bris, cendre, copeau, détritus, épave, fragment, miette, morceau, plâtras, rebut, résidu, restes, ruines, sciure, tesson.

**DÉBROUILLARD** □ adroit, habile, malin, rusé, vif.

**DÉBROUILLER** □ démêler, distinguer, éclaircir, remarquer, trier.

**DÉBROUILLER (SE)** □ s'arranger, combiner, se tirer d'affaire.

**DÉBUT** □ aube, commencement, démarrage, départ, création, entrée, naissance, origine, ouverture, prémices.

**DÉBUTANT** □ apprenti, jeune, nouveau, novice.

**DÉBUTER** □ amorcer, attaquer, entamer, entreprendre, ouvrir.

**DÉCADENCE** □ abaissement, chute, déchéance, déclin, dégénérescence, déliquescence, détérioration, effondrement, ruine.

**DÉCALER** □ ajourner, faire traîner, reculer, remettre, repousser, retarder.

**DÉCAPITER** □ écimer, étêter.
• abattre, anéantir, briser, détruire, ruiner, tuer, vaincre.
• couper la tête, guillotiner, trancher, tuer.

**DÉCÉDÉ** ☐ défunt, disparu, feu, mort, trépassé.

**DÉCELER** ☐ découvrir, démontrer, détecter, indiquer, prouver, révéler, trouver.

**DÉCENCE** ☐ chasteté, convenance, dignité, modestie, politesse, pudeur, réserve, retenue, sagesse, vertu.

**DÉCENT** ☐ bienséant, convenable, correct, discret, modeste, prude, pudique.

**DÉCEPTION** ☐ chagrin, déboires, dépit, désappointement, désenchantement, désillusion, échec, insuccès, tristesse.

**DÉCERNER** ☐ allouer, attribuer, donner, offrir.

**DÉCÈS** ☐ disparition, fin, mort, perte, trépas.

**DÉCEVANT** ☐ fallacieux, illusoire, mensonger, trompeur.

**DÉCEVOIR** ☐ abuser, berner, duper, leurrer, tromper.

**DÉCHAÎNEMENT** ☐ colère, emportement, explosion, frénésie, fureur, violence.

**DÉCHAÎNER** ☐ ameuter, déclencher, embraser, exciter, occasionner, provoquer, soulever, susciter.

**DÉCHAÎNER (SE)** ☐ éclater, s'emporter, s'irriter, se mettre en colère.

**DÉCHÉANCE** ☐ abaissement, abjection, avilissement, bassesse, déclin, décrépitude, dégénérescence, déposition, disgrâce, humiliation, renversement, ruine, vieillesse.

**DÉCHET** ☐ chute, dépôt, détritus, épluchure, excrément, lie, ordure, perte, rebut, résidu, reste, scorie.

**DÉCHIFFRER** ☐ analyser, comprendre, décoder, démêler, épeler, expliquer, lire, résoudre.

**DÉCHIQUETER** ☐ couper, déchirer, hacher, lacérer, taillader, tailler.

**DÉCHIRANT** ☐ couper, déchirer, hacher, lacérer, taillader, tailler.

**DÉCHIRANT** ☐ aigu, douloureux, émouvant, pathétique, perçant, poignant, triste.

**DÉCHIRER** ☐ arracher, déchiqueter, égratigner, fendre, griffer, lacérer, taillader, tailler.
• émouvoir.

**DÉCHIRURE** ☐ accroc, coupure, entaille, éraflure, fente, fissure, trouée.
• Blessure, écorchure, plaie.

**DÉCHU** ☐ avili, déclassé, diminué, exclu, misérable, pauvre, réprouvé.

**DÉCIDÉ** ☐ audacieux, brave, courageux, franc, résolu, tranchant.
• arrêté, conclu, fixé, jugé, prononcé, tranché.

**DÉCIDER** ☐ arrêter, conclure, décréter, déterminer, juger, régler, résoudre, trancher.

**DÉCISIF** ☐ capital, crucial, déterminant, définitif, dernier, essentiel, important, principal.

**DÉCISION** ☐ arrêt, choix, conclusion, décret, jugement, ordonnance, sentence, verdict.
• caractère, courage, énergie, fermeté, volonté.

**DÉCLAMATOIRE** ☐ ampoulé, cérémonieux, emphatique, grandiloquent, ronflant, solennel.

**DÉCLARATION** ☐ annonce, attestation, aveu, déposition, discours, information, parole, proclamation, témoignage.

**DÉCLARER** ☐ affirmer, annoncer, certifier, confier, dire, exposer, informer, proclamer, publier, reconnaître, signaler, témoigner.

**DÉCLENCHEMENT** ☐ commencement, début, démarrage, départ, ouverture.

**DÉCLENCHER** ☐ commencer, créer,

entraîner, lancer, ouvrir, provoquer, susciter.

**DÉCLIN** □ abaissement, agonie, baisse, couchant, crépuscule, déchéance, dégénérescence, diminution, soir, vieillesse.

**DÉCLINER** □ baisser, décroître, diminuer, finir, péricliter, vieillir.
• refuser, rejeter, renvoyer, repousser.

**DÉCLIVITÉ** □ descente, inclinaison, pente.

**DÉCOCHER** □ darder, jeter, lancer, projeter.

**DÉCOCTION** □ infusion, macération, tisane.

**DÉCOLLAGE** □ appareillage, début, départ, embarquement, envol.

**DÉCOLORER** □ altérer, défraîchir, déteindre, effacer, ternir.

**DÉCOMBRES** □ gravats, ruines, vestiges.

**DÉCOMPOSER** □ analyser, dépecer, désagréger, disséquer, dissocier, gâter, pourrir, putréfier, séparer.

**DÉCOMPOSER (SE)** □ s'altérer, pâlir, se troubler.

**DÉCOMPOSITION** □ analyse, corruption, dégradation, division, gangrène, moisissure, pourriture, putréfaction, séparation.

**DÉCOMPTE** □ déduction, détail, réduction.

**DÉCONCERTANT** □ étrange, étonnant, imprévu, inattendu, surprenant, troublant.

**DÉCONCERTÉ** □ confus, consterné, déconfit, décontenancé, démonté, désemparé, ébahi, embarrassé, interdit, pantois, penaud, surpris.

**DÉCONFITURE** □ banqueroute, défaite, échec, faillite, ruine.

**DÉCONGESTIONNER** □ débloquer, dégager, désencombrer.

**DÉCONSEILLER** □ décourager, détourner, dissuader, écarter.

**DÉCONSIDÉRER** □ calomnier, décrier, dénigrer, déshonorer, diffamer, discréditer, médire.

**DÉCONTENANCÉ** □ confus, déconcerté, démonté, désemparé, ébahi, embarrassé, interdit, intimidé, pantois, penaud, surpris.

**DÉCONVENUE** □ déception, dépit, humiliation, malchance, mésaventure.

**DÉCOR** □ ambiance, atmosphère, cadre, décoration, scène, spectacle.

**DÉCORER** □ agrémenter, égayer, embellir, enjoliver, fleurir, garnir, orner, parer, peindre.
• citer, couronner, distinguer, honorer, médailler, récompenser.

**DÉCORTIQUER** □ analyser, dépouiller, écaler, éplucher, peler.

**DÉCOULER** □ dériver, émaner, s'ensuivre, provenir, résulter, tenir de, venir de.

**DÉCOUPER** □ débiter, couper, dépecer, détailler, équarrir, partager, trancher.

**DÉCOURAGEMENT** □ abattement, accablement, anéantissement, démoralisation, désespoir, épuisement, langueur, lassitude, mélancolie, prostration, tristesse.

**DÉCOURAGER** □ abattre, accabler, consterner, démoraliser, rebuter.

**DÉCOURAGER (SE)** □ abandonner, se lasser, renoncer.

**DÉCOUVERTE** □ exploration, invention, recherche, trouvaille.

**DÉCOUVRIR** □ apprendre, comprendre, déceler, déchiffrer, détecter, deviner, divulguer, éventer, inventer, percer, révéler, trouver, voir.
• décoiffer, dénuder, dévoiler, ôter.

**DÉCRÉPITUDE** □ affaiblissement, décadence, sénilité, vieillesse.

**DÉCRET** ☐ arrêt, décision, loi, ordonnance, règlement.

**DÉCRÉTER** ☐ arrêter, décider, donner l'ordre, juger, légiférer, ordonner.

**DÉCRIER** ☐ calomnier, déconsidérer, dénigrer, déshonorer, diffamer, discréditer, médire.

**DÉCRIRE** ☐ détailler, exposer, peindre, raconter, tracer.

**DÉCROÎTRE** ☐ s'affaiblir, s'amenuiser, baisser, diminuer, raccourcir, rapetisser, user.

**DÉÇU** ☐ amer, consterné, désabusé, trompé.

**DÉDAIGNER** ☐ mépriser, négliger, refuser, repousser.

**DÉDAIGNEUX** ☐ arrogant, condescendant, distant, fier, hautain, insolent, méprisant, superbe.

**DÉDALE** ☐ complication, détours, enchevêtrement, labyrinthe, lacis.

**DEDANS** ☐ dans, intérieurement.

**DÉDICACE** ☐ envoi, hommage.

**DÉDIER** ☐ consacrer, dédicacer, offrir, vouer.

**DÉDIRE (SE)** ☐ se contredire, se raviser, se rétracter.

**DÉDOMMAGEMENT** ☐ compensation, consolation, dommages et intérêts, indemnité, réparation.

**DÉDUCTION** ☐ abattement, escompte, ristourne.
• conclusion, développement, extrapolation, raisonnement.

**DÉDUIRE** ☐ conclure, développer, démontrer, énoncer.
• retrancher, soustraire, ôter.

**DÉFAILLANCE** ☐ carence, évanouissement, faiblesse, manquement.

**DÉFAIRE** ☐ déballer, découdre, délivrer, démonter, dénouer, déplier, détacher, détruire, enlever, libérer, ouvrir, vaincre.

**DÉFAITE** ☐ débâcle, débandade, déconfiture, déroute, échec, fuite, retraite.

**DÉFAITISTE** ☐ alarmiste, inquiet, pessimiste, sombre.

**DÉFALQUER** ☐ déduire, ôter, retrancher, soustraire.

**DÉFAUT** ☐ anomalie, défectuosité, imperfection, tare, travers, vice.
• absence, carence, insuffisance, manque, pénurie.

**DÉFAVORABLE** ☐ adverse, désavantageux, hostile, néfaste, nuisible, opposé.

**DÉFENDRE** ☐ abriter, aider, couvrir, protéger, secourir.
• condamner, fermer, garder, interdire, prohiber.

**DÉFENDRE (SE)** ☐ se battre, se justifier, lutter, résister.

**DÉFENDU** ☐ abrité, garanti, préservé, protégé.
• illicite, interdit, prohibé.

**DÉFENSE** ☐ aide, apologie, justification, protection, rescousse, sauvegarde, secours.
• embargo, interdiction, prohibition.
• couverture, fortification, rempart, retranchement.

**DÉFENSEUR** ☐ avocat, conseil, partisan, protecteur, soutien.

**DÉFÉRENCE** ☐ civilité, considération, égards, politesse, prévenance, respect, vénération.

**DÉFI** ☐ affront, bravade, gageure, provocation, ultimatum.

**DÉFIANT** ☐ circonspect, incrédule, méfiant, prudent, sceptique, soupçonneux, suspicieux.

**DÉFICIENCE** ☐ carence, défaillance, faiblesse, insuffisance, manque.

**DÉFIER** ☐ affronter, braver, menacer, narguer, provoquer.

**DÉFIER (SE)** ☐ craindre, se méfier, soupçonner.

**DÉFILÉ** ☐ colonne, cortège, file, manifestation, procession, théorie.
• couloir, cluse, col, détroit, gorge, passage.

**DÉFINIR** ☐ arrêter, choisir, décider, déterminer, élaborer, réglementer.

**DÉFINITIF** ☐ arrêté, déterminé, irrévocable, final, formel, péremptoire, sans appel.

**DÉFORMATION** ☐ difformité, gauchissement, infirmité, transformation.

**DÉFORMÉ** ☐ avachi, défraîchi, fané, fatigué, tordu, usé.

**DÉFORMER** ☐ avachir, changer, défigurer, gauchir, tordre, transformer.

**DÉFRICHER** ☐ essarter, déblayer, nettoyer, préparer.

**DÉFUNT** ☐ décédé, disparu, mort, passé, révolu.

**DÉGAGER** ☐ débarrasser, déblayer, découvrir, dépouiller, enlever, évacuer, ôter, retirer.
• distinguer, isoler, mettre en évidence.
• émettre une odeur, exhaler, sentir.

**DÉGAGER (SE)** ☐ apparaître, se découvrir, échapper, se libérer, sortir, se soustraire.

**DÉGARNIR** ☐ découvrir, dépouiller, élaguer, tailler, vider.

**DÉGÂT** ☐ avarie, casse, dégradation, déprédation, dommage, ravage, ruine.

**DÉGEL** ☐ débâcle, fonte, réchauffement.

**DÉGÉNÉRER** ☐ abâtardir, abaisser, altérer, dénaturer, corrompre, dépraver.

**DÉGÉNÉRESCENCE** ☐ abaissement, abjection, avilissement, bassesse, déchéance, déclin, humiliation.

**DÉGLUTIR** ☐ absorber, avaler, ingurgiter.

**DÉGOULINER** ☐ couler, fondre, ruisseler.

**DÉGOURDI** ☐ déluré, désinvolte, éveillé, gai, malicieux, vif.

**DÉGOÛT** ☐ allergie, aversion, écœurement, haine, lassitude, nausée, répugnance, répulsion.

**DÉGOÛTANT** ☐ abject, bas, grossier, ignoble, indigne, infâme, laid, malpropre, méprisable, obscène, répugnant, sale, sordide, vil.

**DÉGRADATION** ☐ abaissement, bris, déchéance, dégât, délabrement, destruction, dommage, érosion, profanation.
• dégât, déprédation, dommage.

**DÉGRADER** ☐ abîmer, casser, endommager, gâter, mutiler, ronger, saboter, saccager.
• déshonorer, humilier, ridiculiser.

**DEGRÉ** ☐ échelon, escalier, grade, gradin, marche.
• classe, échelon, niveau, rang.

**DÉGRINGOLER** ☐ descendre, dévaler, rouler, tomber.

**DÉGROSSIR** ☐ affiner, déniaiser, initier, instruire.

**DÉGUENILLÉ** ☐ dépenaillé, en haillons, loqueteux.

**DÉGUERPIR** ☐ abandonner, s'enfuir, fuir, partir, se sauver.

**DÉGUISER** ☐ cacher, camoufler, dissimuler, farder, maquiller, masquer, taire, travestir.

**DÉGUSTER** ☐ apprécier, se délecter, se régaler, savourer.

**DEHORS** ☐ apparence, aspect, mine, tournure.
• extérieur.

**DÉJEUNER** ☐ collation, pique-nique, repas.

**DÉLAI** ☐ prolongation, remise, répit, sursis, trêve.

**DÉLAISSER** ☐ abandonner, démissionner, se désister, négliger, quitter, renoncer.

**DÉLATION** ☐ accusation, calomnie, diffamation, médisance.

**DÉLAYER** ☐ détremper, diluer, dissoudre, étendre, fondre, noyer.

**DÉLECTABLE** ☐ agréable, appétissant, délicieux, exquis, savoureux, succulent.

**DÉLÉGATION** ☐ mandat, pouvoir, procuration.
• ambassade, assemblée, émissaires.

**DÉLÉGUER** ☐ concéder, confier, députer, envoyer, mandater.

**DÉLIBÉRÉ** ☐ audacieux, conscient, crâne, décidé, hardi, intentionnel, résolu, volontaire, voulu.

**DÉLIBÉRER** ☐ débattre, consulter, décider, penser, réfléchir, tergiverser.

**DÉLICAT** ☐ agréable, charmant, délié, fin, fragile, gentil, gracieux, léger, raffiné, sensible, spirituel, subtil.
• compliqué, difficile, douillet, exigeant, fragile, recherché, tatillon.

**DÉLICATESSE** ☐ adresse, courtoisie, doigté, douceur, finesse, gentillesse, prévenance, raffinement, subtilité.

**DÉLICE** ☐ bonheur, charme, félicité, joie, jouissance, plaisir, satisfaction.

**DÉLICIEUX** ☐ agréable, charmant, délectable, gentil, gracieux, plaisant, ravissant, savoureux, suave.

**DÉLIÉ** ☐ agile, délicat, éveillé, fin, gracieux, habile, rieur, spirituel.

**DÉLINQUANT** ☐ coupable, inculpé, meurtrier.

**DÉLIRE** ☐ divagation, égarement, enthousiasme, folie, frénésie, hallucination, inspiration, surexcitation, transport.

**DÉLIT** ☐ crime, délictueux, faute, infraction, méfait.

**DÉLIVRANCE** ☐ enfantement, gésine, libération, soulagement.
• attribution, distribution, remise.

**DÉLIVRER** ☐ affranchir, débarrasser, détacher, libérer, soulager.
• attribuer, distribuer, donner, livrer, remettre.

**DÉLOGER** ☐ chasser, congédier, exclure, expulser, pousser hors de.

**DÉLOYAL** ☐ apostat, félon, infidèle, judas, malhonnête, perfide, renégat, traître, trompeur.

**DÉLUGE** ☐ déferlement, flot, inondation, pluie.

**DEMAIN** ☐ bientôt, futur, lendemain.

**DEMANDE** ☐ appel, candidature, démarche, désir, imploration, prière, ordre, réclamation, requête, sollicitation, sommation, souhait, supplique.

**DEMANDER** ☐ chercher, interroger, questionner.
• briguer, désirer, implorer, prier, réclamer, solliciter, sommer, souhaiter, supplier.

**DÉMANTELER** ☐ démolir, raser.

**DÉMARCHE** ☐ allure, marche, pas.
• approche, demande, formalité, requête.

**DÉMARRER** ☐ attaquer, commencer, débuter, entreprendre, partir.

**DÉMÊLER** ☐ clarifier, débrouiller, dégrossir, distinguer, éclaircir, élucider.
• coiffer, lisser, peigner.

**DÉMÉNAGER** ☐ délirer, déraisonner, divaguer, rêver.
• s'en aller, déplacer, expédier, partir, quitter les lieux, transiter, transporter.

**DÉMENT** ☐ aliéné, déséquilibré, fou.

**DÉMENTIR** ☐ contredire, désavouer, nier, réfuter.

**DÉMESURÉ** ☐ colossal, disproportionné, énorme, excessif, gigantesque, illimité, immense, immodéré, monumental.

**DÉMETTRE** ☐ casser, déplacer, destituer, envoyer.

**DÉMETTRE (SE)** ☐ abdiquer, abandonner, démissionner, quitter, renoncer.

**DEMEURE** ☐ adresse, domicile, foyer, habitation, logement, logis, maison, résidence, séjour, toit.

**DEMEURER** ☐ s'arrêter, s'attarder, durer, se fixer, habiter, persister, résider, rester, subsister.

**DEMI (À)** ☐ à moitié, partiellement, presque.

**DÉMISSION** ☐ abandon, abdication, capitulation, désistement, renonciation.

**DÉMISSIONNER** ☐ abdiquer, se démettre, quitter, renoncer.

**DÉMODÉ** ☐ ancien, antique, archaïque, antédiluvien, désuet, obsolète, passé, périmé, suranné, vétuste.

**DÉMOLIR** ☐ abattre, briser, démanteler, détruire, endommager, raser, renverser, ruiner, tuer.

**DÉMON** ☐ diable, mauvais génie, Satan.

**DÉMONTER** ☐ défaire, désarçonner, interloquer, renverser, surprendre.

**DÉMONSTRATION** ☐ déduction, expérience, marque, preuve, témoignage.

**DÉMONTRER** ☐ confirmer, établir, expliquer, indiquer, prouver, révéler.

**DÉMORALISER** ☐ consterner, décevoir, décourager, déprimer, désespérer.

**DÉMUNIR** ☐ dégarnir, dépouiller, spolier, voler.

**DÉNATURER** ☐ abâtardir, abaisser, altérer, déformer, dégénérer, corrompre, dépraver, fausser.

**DÉNICHER** ☐ débusquer, découvrir, dépister, détecter, trouver.

**DÉNIGRER** ☐ attaquer, calomnier, déconsidérer, décrier, déshonorer, diffamer, discréditer, médire.

**DÉNOMBREMENT** ☐ énumération, inventaire, litanie, recensement, statistique.

**DÉNOMBRER** ☐ compter, énumérer, recenser.

**DÉNOMINATION** ☐ appellation, label, marque, nom, sobriquet.

**DÉNOMMER** ☐ appeler, désigner, nommer.

**DÉNONCER** ☐ accuser, signaler, livrer, nommer, révéler, trahir.
• annuler, casser, rompre.

**DÉNOUEMENT** ☐ achèvement, conclusion, fin, résultat.

**DENRÉE** ☐ aliment, comestibles, marchandise, vivres.

**DENSE** ☐ abondant, concentré, dru, épais, massif, serré, touffu.

**DENT** ☐ canine, incisive, molaire.

**DÉNUEMENT** ☐ besoin, embarras, misère, nécessité, pauvreté.

**DÉPART** ☐ appareillage, commencement, début, décollage, démission, embarquement, envol, exil, origine.

**DÉPASSER** ☐ déborder, devancer, distancer, doubler, excéder, franchir, passer, saillir, surpasser, surplomber.

**DÉPECER** ☐ débiter, déchiqueter, découper.

**DÉPÊCHE** ☐ billet, lettre, message, télégramme.

**DÉPÊCHER (SE)** ☐ accélérer, se hâter, se précipiter.

**DÉPEINDRE** ☐ décrire, peindre, raconter, représenter.

**DÉPENDANCE** ☐ annexe, succursale.
• asservissement, contrainte, domination, emprise, esclavage, subordination, tutelle.

**DÉPENDRE DE** ☐ appartenir, relever de, reposer sur, résulter.

**DÉPENSE** ☐ dissipation, frais, gaspillage, paiement.

**DÉPENSER** ☐ dilapider, dissiper, engloutir, gaspiller, prodiguer.

**DÉPENSER (SE)** ☐ se dévouer, se fatiguer, s'ingénier à.

**DÉPIT** ☐ amertume, colère, rage, rancœur.

**DÉPIT (EN...DE)** ☐ malgré.

**DÉPLACEMENT** ☐ périple, promenade, tournée, voyage.

**DÉPLACER** ☐ bouger, changer, déranger, transporter.

**DÉPLAIRE** ☐ blesser, ennuyer, froisser, importuner, indisposer, offusquer, rebuter, vexer.

**DÉPLAISANT** ☐ antipathique, désagréable, ennuyeux, irritant, répugnant.

**DÉPLOIEMENT** ☐ démonstration, étalage, manifestation.

**DÉPLORABLE** ☐ affligeant, désastreux, grotesque, lamentable, navrant, pitoyable.

**DÉPLORER** ☐ compatir à, se plaindre, regretter.

**DÉPOSER** ☐ installer, mettre, placer, poser.
• enlever, ôter, supprimer.
• démissionner, destituer, révoquer.

**DÉPOSSÉDER** ☐ dépouiller, déshériter, évincer, priver, spolier, voler.

**DÉPÔT** ☐ caution, consignation, garantie, remise, séquestre, versement.
• boue, lie, résidu, sédiment, vase.
• annexe, magasin, succursale.

**DÉPOUILLE** ☐ butin, prise, trophée.
• cadavre, corps, mort.

**DÉPOUILLER** ☐ dénuder, déposséder, écorcher, priver, spolier, voler.

**DÉPRAVÉ** ☐ corrompu, érotique, luxurieux, obscène, pervers, perverti, vicieux.

**DÉPRAVER** ☐ abâtardir, abaisser, altérer, corrompre, dégénérer, dénaturer, pervertir, pourrir, tarer.

**DÉPRESSION** ☐ abattement, crise, langueur, mélancolie, prostration, torpeur.

• affaissement, bassin, creux, cuvette, vallée.

**DÉRACINER** ☐ abattre, arracher, essoucher, extirper.
• déporter, exiler, transplanter.

**DÉRAISONNABLE** ☐ aberrant, absurde, fou, grotesque, imbécile, insensé, irrationnel, ridicule, saugrenu.

**DÉRAISONNER** ☐ délirer, déménager, divaguer, rêver.

**DÉRANGEMENT** ☐ bouleversement, confusion, dérèglement, désorganisation, désordre, perturbation, tracas.

**DÉRANGER** ☐ bouger, bouleverser, déplacer, transporter.
• ennuyer, gêner, importuner, incommoder, troubler.

**DÉRÉGLER** ☐ bouleverser, déranger, troubler.

**DÉRISION** ☐ dédain, humour, mépris, persiflage, raillerie, sarcasme.

**DÉRISOIRE** ☐ infime, insignifiant, minime, ridicule, vain.

**DERNIER** ☐ décisif, extrême, final, nouveau, suprême, ultime.

**DÉROBÉE (À LA)** ☐ discrètement, furtivement, secrètement, subrepticement.

**DÉROBER** ☐ chaparder, détourner, escamoter, soustraire, subtiliser, voler.

**DÉROULEMENT** ☐ cours, développement, devenir, enchaînement, évolution.

**DÉROUTE** ☐ débâcle, débandade, défaite, échec, fuite, retraite.

**DERRIÈRE** ☐ arrière, dos, verso.

**DÉSABUSÉ** ☐ amer, consterné, déçu.

**DÉSACCORD** ☐ brouille, discorde, divergence, mésentente, querelle.

**DÉSAGRÉABLE** ☐ blessant, gênant, insupportable, déplaisant, désobligeant, ennuyeux, fâcheux, regrettable.

**DÉSALTÉRER** ☐ abreuver, arroser, assouvir, remplir.

**DÉSALTÉRER (SE)** ☐ s'abreuver, boire, consommer.

**DÉSAPPOINTEMENT** ☐ déception, déconvenue, désenchantement, désillusion.

**DÉSAPPROUVER** ☐ blâmer, condamner, critiquer, désavouer, huer, protester, réprimander, réprouver.

**DÉSARROI** ☐ bouleversement, confusion, ébranlement, émotion, trouble.

**DÉSARTICULER** ☐ disloquer, écarteler, fausser.

**DÉSASTRE** ☐ calamité, catastrophe, drame, faillite, fléau, malheur, sinistre.

**DÉSAVANTAGE** ☐ dommage, handicap, inconvénient, infériorité, injustice.

**DÉSAVEU** ☐ abandon, dénégation, reniement, retournement.

**DESCENDRE** ☐ s'abaisser, s'affaisser, baisser, chuter, dégringoler, dévaler, diminuer, tomber.

**DESCENTE** ☐ abaissement, affaissement, affaiblissement, baisse, chute, dévaluation, diminution.

**DESCRIPTION** ☐ exposé, image, portrait.

**DÉSEMPARÉ** ☐ consterné, déconcerté, démonté, embarrassé, pantois, penaud.

**DÉSENCHANTEMENT** ☐ amertume, déception, dégoût, désappointement, désillusion.

**DÉSÉQUILIBRE** ☐ disproportion, inégalité, injustice.

**DÉSERT** ☐ abandonné, inhabité, isolé, sauvage, vide.

**DÉSERTEUR** ☐ insoumis, renégat, transfuge.

**DÉSERTION** ☐ abandon, abdication, capitulation, défection, insoumission.

**DÉSESPOIR** ☐ chagrin, découragement, désolation, détresse, douleur.

**DÉSHABILLER** ☐ découvrir, dénuder, dévêtir.

**DÉSHÉRITER** ☐ désavantager, priver, spolier.

**DÉSHONNEUR** ☐ honte, indignité, infamie, opprobre.

**DÉSHONORER** ☐ avilir, calomnier, déconsidérer, dénigrer, diffamer, discréditer, médire, séduire.

**DÉSIGNER** ☐ choisir, dire, élire, indiquer, montrer, révéler, signaler, titulariser.

**DÉSILLUSION** ☐ amertume, chagrin, déception, déconvenue, désappointement, désenchantement, peine.

**DÉSINVOLTE** ☐ cavalier, déluré, facile, habile, leste, sans-gêne.

**DÉSIR** ☐ ambition, appétit, aspiration, besoin, but, concupiscence, convoitise, envie, faim, goût, intérêt, soif, souhait, tentation, vœu.

**DÉSIRER** ☐ aspirer à, brûler de, convoiter, désirer, envier, prétendre à, souhaiter, vouloir.

**DÉSISTEMENT** ☐ abandon, délaissement, cessation, don, donation, démission, renonciation.

**DÉSOBÉIR** ☐ contrevenir, enfreindre, transgresser, passer outre, refuser, résister, violer.

**DÉSOBÉISSANCE** ☐ indiscipline, insoumission, opposition, rébellion, refus, révolte.

**DÉSOBLIGEANT** ☐ blessant, déplaisant, désagréable, fâcheux, malveillant, vexant.

**DÉSŒUVREMENT** ☐ fainéantise, inaction, oisiveté, paresse.

**DÉSOLER** ☐ attrister, chagriner, désespérer, peiner.
● anéantir, détruire, dévaster, piller, ravager, ruiner.

**DÉSORDRE** ☐ anarchie, confusion, dégât, dérangement, déroute, fouillis, incohérence, pagaille, panique, perturbation, révolte, tapage, trouble, tumulte.

**DÉSORMAIS** ☐ à l'avenir, dorénavant.

**DESPOTIQUE** ☐ arbitraire, autoritaire, capricieux, dictatorial, intransigeant, tyrannique.

**DESSEIN** ☐ but, conception, détermination, entreprise, envie, machination, objectif, plan, programme, projet, volonté.

**DESSERVIR** ☐ calomnier, compromettre, défavoriser, discréditer, léser, nuire.
• débarrasser, enlever, nettoyer, ôter.

**DESSIN** ☐ caricature, coupe, croquis, ébauche, épure, esquisse, gravure, illustration, image, paysage, plan, portrait, tracé.

**DESSINER** ☐ caricaturer, crayonner, croquer, ébaucher, esquisser, illustrer, tracer.

**DESSINER (SE)** ☐ se former, se préciser, ressortir.

**DESSOUS** ☐ moins, sous.

**DESSOUS** ☐ (nom) désavantage, handicap, infériorité.
• lingerie, sous-vêtement.
• arcanes, coulisses, secret, tréfonds.

**DESSOUS-DE-TABLE** ☐ bakchich, cadeau, gratification, pot-de-vin.

**DESSUS** ☐ sur.

**DESSUS** ☐ (nom) avantage, privilège, supériorité, victoire.

**DESTIN** ☐ avenir, destinée, fatalité, providence, sort, vie.

**DESTINATION** ☐ but, mission.

**DESTINER** ☐ assigner, promettre, réserver, vouer.

**DESTITUER** ☐ congédier, démettre, déposer, détrôner, limoger, révoquer, suspendre.

**DESTRUCTION** ☐ anéantissement, dégât, dégradation, dévastation, dommage, massacre, ravage, sabotage.

**DÉSUET** ☐ ancien, antique, archaïque, antédiluvien, démodé, obsolète, passé, périmé, suranné, vétuste, vieillot.

**DÉSUNIR** ☐ brouiller, détacher, disloquer, séparer.

**DÉTACHER** ☐ arracher, articuler, délacer, défaire, dégager, détourner, éloigner, libérer, séparer, dégraisser, laver, nettoyer.

**DÉTAIL** ☐ accessoire, bagatelle, broutille, rien, vétille.
• compte, dénombrement, énumération, liste, recensement.

**DÉTAILLÉ** ☐ circonstancié, complet, précis.

**DÉTAILLER** ☐ compter, énumérer, recenser.

**DÉTECTER** ☐ déceler, découvrir, dépister, deviner, repérer, trouver.

**DÉTENIR** ☐ avoir, conserver, emprisonner, garder, posséder.

**DÉTENTE** ☐ congé, délassement, récréation, relâche, repos, sieste, somme, vacances.
• déclenchement, déclic, ressort.

**DÉTENTION** ☐ captivité, emprisonnement, internement.
• avoir, possession, recel.

**DÉTENU** ☐ captif, interné, prisonnier.

**DÉTÉRIORATION** ☐ avarie, dégâts, dégradation, dommage, préjudice, ruine, sinistre.

**DÉTÉRIORER** ☐ abîmer, casser, dégrader, endommager, saboter.

**DÉTERMINATION** ☐ définition, délimitation, estimation.
• assurance, décision, intention, résolution, volonté.

**DÉTERMINER** ☐ caractériser, définir, évaluer, fixer, marquer, préciser, régler, spécifier.
• amener, causer, décider, engager, entraîner, inciter, occasionner, persuader, pousser, provoquer.

**DÉTERMINER (SE... À)** ☐ se décider à, se résoudre à, vouloir.

**DÉTERRER** ☐ arracher, exhumer, ressortir.

**DÉTESTABLE** ☐ abominable, antipathique, exécrable, haïssable, odieux.

**DÉTESTER** ☐ abhorrer, abominer, exécrer, haïr, maudire.

**DÉTOUR** ☐ angle, courbe, déviation, méandre, tournant.
• biais, circonvolution, fuite, hypocrisie, ruse, subtilité.

**DÉTOURNER** ☐ s'approprier, dérober, distraire, soustraire, voler.
• dérouter, dévier, égarer.

**DÉTRACTEUR** ☐ adversaire, ennemi, opposant.

**DÉTRESSE** ☐ affliction, chagrin, dénuement, désarroi, drame, indigence, perdition, malheur, misère, peine.

**DÉTRIMENT** ☐ dommage, préjudice, tort.

**DÉTRITUS** ☐ déchet, ordure, rebut.

**DÉTRUIRE** ☐ abattre, abolir, abroger, anéantir, annihiler, briser, démolir, dévaster, effacer, faire disparaître, pulvériser, massacrer, raser, ravager, renverser, ruiner, supprimer, tuer.

**DETTE** ☐ charge, créance, débit, passif, solde.
• devoir, engagement, obligation.

**DÉVALER** ☐ dégringoler, descendre, rouler, tomber.

**DÉVALUATION** ☐ abaissement, affaiblissement, baisse, chute, descente, diminution.

**DÉVALUER** ☐ abaisser, affaiblir, baisser, déprécier, diminuer, réduire.

**DEVANCER** ☐ anticiper, dépasser, distancer, éviter, précéder, prévenir, surpasser.

**DEVANT** ☐ avant, en face, en présence de, vis-à-vis.

**DEVANTURE** ☐ devanture, extérieur, façade, front.

**DÉVASTER** ☐ anéantir, détruire, faire disparaître, massacrer, raser, ravager, renverser, ruiner.

**DÉVEINE** ☐ guigne, infortune, malchance.

**DÉVELOPPEMENT** ☐ avancement, déploiement, croissance, essor, expansion, extension, progrès.
• explication, exposé, récit.

**DEVENIR** ☐ changer, évoluer.

**DEVIN** ☐ astrologue, augure, cartomancien, magicien, prophète, visionnaire, voyant.

**DEVINER** ☐ découvrir, entrevoir, imaginer, pressentir, soupçonner.

**DÉVISAGER** ☐ examiner, fixer, regarder, scruter.

**DEVISE** ☐ billet, change, monnaie.
• maxime, pensée, slogan, symbole.

**DEVOIR** ☐ avoir à, être obligé de, falloir.

**DEVOIR** ☐ charge, corvée, fonction, obligation, office, tâche, travail.
• bien, idéal, vertu.
• composition, exercice, interrogation.

**DEVOIRS** ☐ civilités, hommages, respects.

**DÉVORER** ☐ anéantir, brûler, consumer, détruire, engloutir.
• bouquiner, lire, parcourir.
• avaler, engloutir, manger.

**DÉVOTION** ☐ adulation, attachement, culte, dévouement, prière, vénération.

**DÉVOUEMENT** ☐ abnégation, bonté, don, héroïsme, renoncement, passion, sacrifice.

**DEXTÉRITÉ** ☐ adresse, art, habileté, rapidité, savoir-faire, subtilité.

**DIABOLIQUE** ☐ démoniaque, infernal, pervers, satanique.

**DIALECTIQUE** ☐ argumentation, dialogue, logique, raisonnement.

**DIALOGUE** ☐ causerie, conciliabule, conversation, entretien, interview, pourparlers, tête-à-tête.

**DIAPHANE** ☐ clair, translucide, transparent.

**DIATRIBE** ☐ accusation, attaque, critique, pamphlet, réquisitoire, satire.

**DICTATURE** ☐ absolutisme, despotisme, fascisme, tyrannie.

**DICTION** ☐ débit, élocution, prononciation.

**DICTIONNAIRE** ☐ encyclopédie, glossaire, lexique, nomenclature.

**DIÈTE** ☐ abstinence, Carême, jeûne, régime.

**DIEU** ☐ Créateur, divinité, Être suprême, idole, Père, providence, Seigneur, Tout-Puissant.

**DIFFAMER** ☐ attaquer, calomnier, déconsidérer, dénigrer, déshonorer, discréditer, médire.

**DIFFÉREMMENT** ☐ autrement.

**DIFFÉRENCE** ☐ caractéristique, changement, dissemblance, distinction, diversité, inégalité, nuance, reste, séparation, variété.

**DIFFÉREND** ☐ conflit, contestation, désaccord, dispute, litige, querelle.

**DIFFÉRENT** ☐ autre, contraire, distinct, hétérogène, transformé, varié.

**DIFFÉRER** ☐ renvoyer, repousser, retarder, surseoir, temporiser.

**DIFFICILE** ☐ ardu, compliqué, confus, délicat, dur, épineux, laborieux, malaisé, obscur, pénible, rude.
• acariâtre, exigeant, irascible, ombrageux, pointilleux, tatillon.

**DIFFICULTÉ** ☐ complication, contrariété, embarras, empêchement, gêne, peine, résistance, subtilité, tracas.

**DIFFORME** ☐ boiteux, bossu, contrefait, déformé, disgracié, estropié, informe, monstrueux, nain, rabougri, repoussant, tordu.

**DIFFUS** ☐ abondant, bavard, désordonné, lâche, prolixe, verbeux.

**DIFFUSER** ☐ disperser, distribuer, émettre, propager, répandre, transmettre, vulgariser.

**DIGÉRER** ☐ assimiler, avaler, mûrir, supporter, transformer.

**DIGNE** ☐ conforme, convenable, grave, honnête, honorable, imposant, parfait, respectable, solennel.

**DIGNITÉ** ☐ grandeur, gravité, majesté, noblesse, rang, respect, retenue.

**DIGRESSION** ☐ à-côté, développement, divagation, parenthèse.

**DIGUE** ☐ brise-lames, estacade, jetée, môle.

**DILAPIDER** ☐ dépenser, dissiper, gaspiller, se ruiner.

**DILATER** ☐ augmenter, élargir, distendre, évaser, gonfler, grossir.

**DILIGENT** ☐ actif, empressé, expéditif, prompt, rapide, zélé.

**DILUER** ☐ délayer, dissoudre, étendre, fondre.

**DIMENSION** ☐ calibre, capacité, épaisseur, format, grandeur, grosseur, hauteur, largeur, longueur, mesure, pointure, profondeur, proportion, volume.

**DIMINUER** ☐ abréger, amenuiser, amoindrir, se calmer, comprimer, condenser, décliner, décroître, écourter, faiblir, raccourcir, ralentir, rapetisser, réduire, résumer.
• abaisser, dévaluer, humilier, mortifier, vexer.

**DIMINUTION** ☐ abaissement, affaissement, affaiblissement, baisse, chute, descente, dévaluation, dévalorisation, rabais, réduction, remise, ristourne.

**DIPLOMATE** ☐ (nom) ambassadeur, envoyé, légat, négociateur, représentant.

**DIPLOMATE** ☐ (adj) habile, politique, rusé, subtil.

**DIPLÔME** ☐ brevet, certificat, médaille, parchemin, peau d'âne, récompense, titre.

**DIRE** ☐ affirmer, articuler, assurer, communiquer, confier, déclarer, ébruiter, énoncer, expliquer, exposer, exprimer, montrer, parler, raconter, réciter.

**DIRECT** ☐ droit, immédiat, spontané.

**DIRECTION** ☐ administration, autorité, gestion, présidence, régie, tête.
• but, chemin, destination, orientation.
• gouvernail, timon, volant.

**DIRIGER** ☐ administrer, commander, conduire, gérer, gouverner, guider, régenter, régir.

**DIRIGER (SE)** ☐ aller, marcher, rejoindre.

**DISCERNER** ☐ deviner, distinguer, entendre, entrevoir, identifier, percevoir, saisir, sentir.

**DISCIPLE** ☐ adepte, émule, élève.

**DISCIPLINE** ☐ enseignement, matière, science.
• loi, obéissance, ordre, règlement.

**DISCONTINU** ☐ divisé, épisodique, intermittent, irrégulier, temporaire, variable.

**DISCORDE** ☐ désaccord, chicane, dissension, incompatibilité, mésentente, opposition, querelle.

**DISCOURIR** ☐ disserter, parler, pérorer, pontifier.

**DISCOURS** ☐ adresse, allocution, conférence, harangue, message, oraison, proclamation, sermon, tirade.

**DISCRÉDIT** ☐ baisse, défaveur, disgrâce, éclipse.

**DISCRÉDITER** ☐ calomnier, déconsidérer, décrier, dénigrer, déshonorer, diffamer, médire.

**DISCRET** ☐ circonspect, délicat, distingué, modéré, réservé, secret, sobre, taciturne.

**DISCRIMINATION** ☐ distinction, différence, division, séparation.

**DISCULPER** ☐ absoudre, blanchir, excuser, innocenter, prouver.

**DISCUSSION** ☐ chicane, contestation, controverse, débat, délibération, différent, dispute, échange, examen, polémique, querelle, scène.

**DISCUTER** ☐ contester, débattre, délibérer, négocier, parlementer, polémiquer, traiter de.

**DISETTE** ☐ défaut, famine, indigence, manque, pénurie.

**DISGRACE** ☐ chute, déchéance, défaveur, détresse, infortune, laideur, malheur, renvoi.

**DISLOQUER** ☐ briser, déboîter, casser, démettre, démonter, désarticuler, détraquer, disjoindre, luxer, rompre, séparer.

**DISPARAÎTRE** ☐ s'éclipser, s'éteindre, s'évader, s'évanouir, se fondre, fuir, mourir, partir, se retirer, se volatiliser.

**DISPARAÎTRE (FAIRE...)** ☐ abolir, abroger, anéantir, détruire, effacer, enlever, raser, supprimer.

**DISPARATE** ☐ différent, dissemblable, divers, hétéroclite.

**DISPARITION** ☐ abolition, abrogation, absence, anéantissement, départ, mort, suppression.

**DISPENSE** ☐ autorisation, exemption, franchise, immunité, laisser-passer, licence, permission, privilège.

**DISPERSER** ☐ disséminer, diviser, éparpiller, répandre, semer, séparer.

**DISPOS** ☐ agile, éveillé, frais, gaillard, leste, souple, vif.

**DISPOSER** ☐ apprêter, arranger, placer, préparer.

**DISPOSER À** ☐ décider à, inciter à, préparer.

**DISPOSER DE** ☐ bénéficier de, se servir de, utiliser.

**DISPOSITION** ☐ agencement, distribution, ordonnance, ordre, organisation, position, rangement.
• aptitude, attirance, don, penchant, possibilités, qualité, vocation.

**DISPOSITION** ☐ condition, décision, précaution, testament.

**DISPROPORTION** ☐ différence, disparité, dissemblance, inégalité.

**DISPROPORTIONNÉ** ☐ démesuré, disproportionné, énorme, excessif.

**DISPUTE** ☐ altercation, chicane, conflit, controverse, différent, discussion, querelle.

**DISPUTER** ☐ batailler, contester, débattre, discuter, lutter, rivaliser.
• corriger, gronder, réprimander.

**DISSENSION** ☐ désaccord, différent, discorde, divorce, friction, mésentente, opposition.

**DISSERTATION** ☐ composition, essai, mémoire, rédaction, traité.

**DISSIDENCE** ☐ division, révolte, schisme, scission, sécession.

**DISSIMULATION** ☐ comédie, duplicité, feinte, hypocrisie, mensonge, simulation, sournoiserie.

**DISSIMULER** ☐ cacher, déguiser, masquer, mentir, taire, voiler.

**DISSIPATION** ☐ distraction, étourderie, indiscipline.
• dépenses, dilapidation, évaporation, prodigalité.

**DISSOUDRE** ☐ anéantir, délayer, détruire, faire disparaître, faire fondre, rompre, ruiner.

**DISSUADER** ☐ déconseiller, décourager, détourner, écarter, éloigner.

**DISTANCE** ☐ chemin, différence, disparité, éloignement, espace, froideur, intervalle, mépris, recul, trajet.

**DISTANCER** ☐ devancer, dépasser, écarter, espacer, précéder, semer.

**DISTANT** ☐ éloigné, espacé, lointain.
• condescendant, dédaigneux, fier, froid, hautain, méprisant, moqueur, réservé.

**DISTENDRE** ☐ allonger, étirer.

**DISTILLER** ☐ épancher, raffiner, sécréter.

**DISTINCT** ☐ clair, contraire, différent, évident, hétérogène, net, opposé, tranché.

**DISTINCTION** ☐ différence, discrimination, diversification, séparation.
• décoration, dignité, honneur, médaille, respect.
• éducation, élégance, mérite, noblesse.

**DISTINGUÉ** ☐ beau, brillant, célèbre, élégant, éminent, raffiné, remarquable, transcendant.

**DISTINGUER** ☐ apercevoir, choisir, démêler, discerner, discriminer, différencier, éclaircir, honorer, préférer, percevoir, reconnaître, remarquer.

**DISTINGUER (SE)** ☐ s'affirmer, se faire remarquer, s'illustrer.

**DISTRACTION** ☐ absence, bévue, dissipation, erreur, étourderie, inadvertance, inattention, mégarde, oubli.
• amusement, détente, divertissement, jeu, récréation.

**DISTRAIRE** ☐ amuser, délasser, divertir, égayer, sortir.
• dérober, détourner, escamoter, prendre, voler.

**DISTRAIT** ☐ absent, dissipé, étourdi, inattentif, lointain, rêveur.

**DISTRAYANT** ☐ agréable, amusant, divertissant.

**DISTRIBUER** ☐ attribuer, dispenser, donner, octroyer, partager, répartir.
• agencer, aménager, classer, classifier, ranger.

**DISTRIBUTION** ☐ attribution, don, partage, répartition.
• agencement, aménagement, classement, disposition, rangement.

**DIVAGATION** ☐ délire, élucubration, folie, rêverie.

**DIVAGUER** ☐ délirer, déménager, déraisonner, errer, rêver.

**DIVAN** ☐ canapé, sofa.

**DIVERGENCE** ☐ désaccord, différence, discorde, frottement, incompatibilité, mésentente, querelle.

**DIVERS** ☐ changeant, différent, disparate, hétéroclite, mélangé, multiple, varié.
• beaucoup, certains, quelque, plusieurs.

**DIVERSITÉ** ☐ caractéristique, différence, distinction, nuance, variété.

**DIVERTIR** ☐ amuser, délasser, divertir, distraire, égayer, sortir.

**DIVERTISSANT** ☐ amusant, distrayant, gai, joyeux, plaisant, spirituel.

**DIVERTISSEMENT** ☐ amusement, distraction, jeu, passe-temps, récréation, spectacle.

**DIVIN** ☐ céleste, étrange, occulte, secret, surnaturel.
• admirable, beau, délicieux, excellent, parfait, sublime, suprême.

**DIVISER** ☐ cloisonner, couper, décomposer, découper, fractionner, morceler, partager, sectionner, séparer, trancher.

**DIVISION** ☐ classement, fission, frac-

tionnement, scission, section, séparation.
• désaccord, dispute, divorce, rupture, schisme.
• arrondissement, département, parcelle, zone.

**DIVORCE** ☐ désaccord, dispute, répudiation, rupture, séparation.

**DIVULGUER** ☐ dévoiler, ébruiter, proclamer, publier, révéler, trahir.

**DOCILE** ☐ aimable, bon, doux, facile, obéissant, patient, soumis, souple.

**DOCTE** ☐ cultivé, érudit, instruit, lettré, savant.

**DOCTEUR** ☐ médecin, spécialiste.
• diplômé, savant, scientifique, théologien.

**DOCTORAL** ☐ doctrinaire, dogmatique, pédant, pontifiant, solennel.

**DOCTRINAIRE** ☐ dogmatique, fanatique, intolérant, rigide, sectaire, systématique.

**DOCTRINE** ☐ base, dogme, humanisme, loi, morale, opinion, philosophie, principes, religion, savoir, science, théorie, thèse.

**DOCUMENT** ☐ acte, annales, archives, certificat, diplôme, dossier, fiche, papier, pièce.

**DOGME** ☐ croyance, doctrine, foi, loi, précepte, principe, religion, théorie.

**DOLÉANCES** ☐ gémissement, lamentation, plainte, réclamation.

**DOMAINE** ☐ avoir, bien, enclos, exploitation, héritage, maison, patrimoine, possession, propriété.

**DOMESTIQUE** ☐ (nom) bonne, camériste, chambrière, cuisinière, employée, gouvernante, lingère, laquais, maître d'hôtel, servante, serviteur.

**DOMESTIQUE** ☐ (adj) apprivoisé, familial, familier, intime.

**DOMICILE** ☐ adresse, demeure, foyer, habitation, logement, logis, maison, résidence, toit.

**DOMINANT** □ central, culminant, déterminant, élevé, essentiel, fondamental, important, primordial, principal, supérieur.

**DOMINATION** □ ascendant, autorité, influence, maîtrise, oppression, pouvoir, suprématie, tutelle, tyrannie.

**DOMINER** □ asservir, commander, écraser, prédominer, régner, subjuguer, triompher, vaincre.
• dépasser, surmonter, surplomber, saillir.

**DOMMAGE** □ (nom) avarie, dégâts, détérioration, détriment, perte, préjudice, ravage, sinistre.

**DOMMAGE** □ (adj) ennuyeux, fâcheux, regrettable.

**DOMPTER** □ apprivoiser, domestiquer, dresser, surmonter, terrasser, vaincre.

**DON** □ abandon, aumône, bienfait, cadeau, donation, étrennes, générosité, gratification, largesse, offrande, présent, secours, subside.
• aptitude, facilité, génie, qualité, talent.

**DONC** □ ainsi, par conséquent.

**DONNER** □ abandonner, apporter, causer, céder, dire, exprimer, fournir, laisser, léguer, montrer, occasionner, offrir, permettre, procurer, produire, remettre, rétrocéder, verser.
• dénoncer, trahir.

**DORÉNAVANT** □ désormais.

**DORMIR** □ s'assoupir, reposer, sommeiller, somnoler.

**DOS** □ colonne vertébrale, derrière, échine, reins.
• derrière, revers, verso.

**DOSE** □ capacité, mesure, portion, quantité.

**DOSSIER** □ carton, chemise, classeur, liasse.
• appui.

**DOTATION** □ allocation, attribution, don, gratification, indemnité, pension, subside.

**DOUBLE** □ copie, duplicata, reproduction.
• alter ego, ami, frère, jumeau, ombre.

**DOUBLER** □ accélérer, augmenter, dépasser, devancer, franchir.

**DOUCEMENT** □ délicatement, légèrement, lentement, paisiblement, posément.

**DOUCEREUX** □ douceâtre, hypocrite, mielleux, patelin, sournois, sucré.

**DOUCEUR** □ bonté, charité, délicatesse, gentillesse, indulgence, mansuétude, onction, patience, pitié.

**DOUCEURS** □ confiseries, friandises, sucreries.

**DOUCHER** □ inonder, mouiller, tremper.

**DOUÉ** □ adroit, bon, capable, excellent, fort, génial, habile, intelligent.

**DOUILLET** □ confortable, moelleux, doux, rembourré.
• chatouilleux, délicat, fragile, sensible, susceptible.

**DOULEUR** □ blessure, crampe, élancement, mal, souffrance.
• affliction, chagrin, désolation, peine, souffrance, tristesse.

**DOULOUREUX** □ endolori, sensible, souffrant.
• affligeant, cruel, déchirant, lancinant, pénible, triste.

**DOUTE** □ anxiété, flottement, hésitation, incertitude, indécision, perplexité, scepticisme.

**DOUTE (SANS)** □ assurément.

**DOUTER** □ balancer, flotter, hésiter, se méfier, tergiverser.

**DOUTER (SE)** □ appréhender, s'attendre à, pressentir, subodorer.

**DOUTEUX** □ aléatoire, ambigu, discutable, équivoque, hypothétique, incertain, mauvais, problématique, sale, suspect.

**DOUX** ☐ affable, affectueux, agréable, câlin, calme, conciliant, mièvre, paisible, patient, tendre, tolérant, tranquille.
● bon, délicieux, douceâtre, doucereux, douillet, écœurant, fade, moelleux, onctueux, satiné, savoureux, soyeux, sucré, velouté.

**DRACONIEN** ☐ autoritaire, dur, implacable, rigoureux, sévère, strict.

**DRAMATIQUE** ☐ dangereux, émouvant, grave, haletant, passionnant, poignant, sérieux, terrible, théâtral, tragique.

**DRAME** ☐ mélodrame, opéra, pièce, tragédie, tragi-comédie.
● accident, calamité, catastrophe, désastre, épreuve, malheur, tragédie.

**DRAPEAU** ☐ bannière, couleurs, enseigne, étendard, flamme, pavillon.

**DRESSER** ☐ apprivoiser, domestiquer, dompter, éduquer, élever, instruire.
● bâtir, construire, élever, ériger, lever, monter, planter.
● calculer, étudier, préparer, organiser.

**DROGUE** ☐ médicament, mixture, onguent, remède.
● cocaïne, haschich, héroïne, morphine, opium, stupéfiant.

**DROIT** ☐ (nom) autorisation, faculté, permission, possibilité, pouvoir, privilège, qualité.
● contribution, impôt, pourcentage, redevance, rétribution, salaire, taxe, code, justice, légalité, loi, liberté.

**DROIT** ☐ (adj) direct, équitable, honnête, judicieux, juste, loyal, sincère.
● debout, direct, raide, rectiligne, vertical.

**DROITURE** ☐ équité, franchise, justice, loyauté, rectitude, sincérité.

**DRÔLE** ☐ amusant, comique, étonnant, gai, plaisant, réjouissant.

**DRU** ☐ épais, dense, fort, serré, touffu.

**DUBITATIF** ☐ incrédule, perplexe, sceptique.

**DUEL** ☐ affrontement, joute, rencontre.

**DUPER** ☐ abuser, berner, flouer, leurrer, mystifier, rouler, tromper.

**DUPLICITÉ** ☐ fausseté, hypocrisie, tromperie.

**DUR** ☐ âpre, austère, brutal, coriace, difficile, exigeant, féroce, impitoyable, inhumain, raide, sévère, solide, strict.

**DURABLE** ☐ constant, continu, éternel, immortel, indélébile, permanent, perpétuel, persistant, sempiternel, stable, tenace.

**DURANT** ☐ au cours de, pendant, tandis que.

**DURCIR** ☐ endurcir, fortifier, raidir, sécher.

**DURÉE** ☐ délai, instant, longueur, moment, période, temps.

**DURER** ☐ continuer, demeurer, s'éterniser, persévérer, persister, rester, subsister, tenir, traîner en longueur.

**DURETÉ** ☐ brutalité, fermeté, insensibilité, méchanceté, résistance, rigidité, rigueur, rudesse, sévérité.

*e*

**EAU** □ flot, liquide, onde, pluie.

**ÉBAHIR** □ abasourdir, choquer, déconcerter, éberluer, estomaquer, étonner, hébéter, interloquer, méduser, pétrifier, sidérer, surprendre.

**ÉBATTRE (S')** □ batifoler, folâtrer, jouer, marivauder.

**ÉBAUCHE** □ canevas, croquis, esquisse, projet, schéma, synopsis.

**ÉBAUCHER** □ amorcer, commencer, dégrossir, esquisser, projeter.

**ÉBERLUER** □ abasourdir, déconcerter, ébahir, estomaquer, étonner, hébéter, interloquer, méduser, sidérer, surprendre.

**ÉBLOUIR** □ aveugler, briller, étinceler, flamboyer, luire, rayonner, resplendir.
• émerveiller, étonner, fasciner, séduire.

**ÉBLOUISSANT** □ aveuglant, brillant, fascinant, flamboyant, rayonnant, séduisant.

**ÉBOUILLANTER** □ blanchir, échauder, faire bouillir.

**ÉBOULEMENT** □ affaissement, chute, écroulement, effondrement, glissement.

**ÉBRANLER** □ affaiblir, agiter, inquiéter, remuer, saper, secouer.

• affecter, apitoyer, émouvoir, toucher, troubler.

**ÉBRÉCHER** □ casser, détériorer, dégrader, endommager, fendre.

**ÉBRIÉTÉ** □ intempérance, ivresse, ivrognerie.

**ÉBRUITER** □ dévoiler, divulguer, proclamer, révéler, trahir, transpirer.

**ÉBULLITION** □ bouillonnement, effervescence, fermentation.

**ÉCARLATE** □ cramoisi, pourpre, rouge, rubicond, vermeil, vermillon.

**ÉCART** □ décalage, déviation, éloignement, embardée.
• débordement, extravagance, fredaine, incartade, relâchement.

**ÉCARTÉ** □ inhabité, isolé, lointain, retiré, seul, solitaire.

**ÉCARTER** □ détourner, dévier, disjoindre, éliminer, éloigner, isoler, mettre à l'écart, ouvrir, repousser, séparer.

**ECCLÉSIASTIQUE** □ abbé, aumônier, curé, pasteur, prêtre, religieux, vicaire.

**ÉCERVELÉ** □ étourdi, évaporé, fou, imprudent, irréfléchi, inconséquent, insouciant, rêveur.

**ÉCHAFAUD** □ échafaudage, estrade.
• gibet, guillotine.

**ÉCHANGE** ☐ contrepartie, permutation, troc.

**ÉCHANGER** ☐ convertir, changer, transférer, troquer.

**ÉCHANTILLON** ☐ collection, exemple, modèle, représentant, spécimen.

**ÉCHAPPÉE** ☐ dégagement, escapade, fuite.

**ÉCHAPPER (S')** ☐ éviter, fuir, se sauver, se soustraire, sortir.

**ÉCHARPE** ☐ châle, fichu, foulard, mantille, voile.

**ÉCHAUFFER** ☐ brûler, chauffer, cuire, faire bouillir.
• enflammer, empourprer, enthousiasmer, exalter, galvaniser, irriter, survolter.

**ÉCHAUFFOURÉE** ☐ choc, collision, combat, engagement, rencontre, rixe.

**ÉCHÉANCE** ☐ date, expiration, fin, terme.

**ÉCHEC** ☐ défaite, faillite, fiasco, four, insuccès, revers.

**ÉCHELLE** ☐ escabeau.
• classification, degré, échelonnement, hiérarchie, gradation, série, succession.
• comparaison, graduation, mesure, rapport.

**ÉCHELON** ☐ barreau, degré, marchepied.
• degré, grade, niveau.

**ÉCHEVELÉ** ☐ dépeigné, ébouriffé, hérissé, hirsute.

**ÉCHINE** ☐ colonne vertébrale, dos.

**ÉCHO** ☐ bruit, imitation, répétition, résonance.
• article, histoire, potin.

**ÉCHOPPE** ☐ bazar, boutique, commerce, édicule, étal, magasin.

**ÉCHOUER** ☐ avorter, chuter, manquer, rater.

**ÉCLAIR** ☐ flamme, foudre, lueur, orage, tonnerre.

**ÉCLAIRCIR** ☐ clarifier, débrouiller, défricher, dégager, démêler, distinguer, élucider, expliquer.

**ÉCLAIRCISSEMENT** ☐ commentaire, explication, remarque, renseignement.

**ÉCLAIRÉ** ☐ averti, initié, instruit, sage, savant.

**ÉCLAIRER** ☐ briller, étinceler, flamboyer, illuminer, luire.
• avertir, expliquer, initier, instruire, renseigner.

**ÉCLAT** ☐ brillant, éclair, illumination, lumière, lustre, scintillement.
• brisure, débris, miette, morceau, particule, tesson.
• bruit, colère, fureur, scandale, tapage, vacarme.

**ÉCLATANT** ☐ brillant, flamboyant, lumineux, radieux, rayonnant, resplendissant, triomphant.

**ÉCLATER** ☐ se briser, se casser, exploser, s'ouvrir, retentir, se rompre, sauter.

**ÉCLOPÉ** ☐ bancal, boiteux, estropié.

**ÉCLORE** ☐ apparaître, se former, se lever, naître, paraître, sortir, surgir.

**ÉCŒURANT** ☐ abject, bas, dégoûtant, fade, grossier, laid, malpropre, nauséabond, puant, répugnant, sale.

**ÉCOLE** ☐ classe, collège, conservatoire, cours, établissement, groupe, institut, lycée, pension, université.

**ÉCOLIER** ☐ collégien, élève, lycéen, potache.

**ÉCONDUIRE** ☐ congédier, refuser, remercier, renvoyer, repousser.

**ÉCONOME** ☐ avare, épargnant, parcimonieux.

**ÉCONOMIE** ☐ avarice, épargne, frugalité, lésine, parcimonie, pécule.

**ÉCONOMISER** ☐ amasser, épargner, ménager.

**ÉCORCHURE** ☐ balafre, blessure,

coupure, déchirure, égratignure, entaille, éraflure, griffure.

**ÉCOULEMENT** ☐ débit, évacuation, flux, ruissellement, sortie.

**ÉCOULER** ☐ débiter, négocier, solder, vendre.

**ÉCOULER (S')** ☐ couler, dégouliner, filer, passer, ruisseler, sourdre, se vider.

**ÉCOURTER** ☐ abréger, condenser, diminuer, raccourcir, réduire, résumer.

**ÉCOUTER** ☐ entendre, prêter l'oreille, ouïr.
● obéir, obtempérer, suivre.

**ÉCRAN** ☐ cloison, panneau, paravent, protection, rideau, tenture.

**ÉCRASER** ☐ aplatir, broyer, concasser, piler, presser, pulvériser.
● accabler, mépriser, surcharger.
● anéantir, battre, défaire, rosser, vaincre.

**ÉCRIN** ☐ boîte, coffre, coffret, étui.

**ÉCRIRE** ☐ correspondre, gribouiller, inscrire, libeller, marquer, noter, orthographier, publier, rédiger.

**ÉCRIT** ☐ brochure, document, écrit, imprimé, livre, manuscrit, tome, volume.

**ÉCRITEAU** ☐ affiche, étiquette, pancarte, plaque.

**ÉCRITURE** ☐ calligraphie, graphisme, style.

**ÉCRIVAIN** ☐ auteur, homme de lettres, littérateur, narrateur, poète, prosateur, romancier.

**ÉCROUER** ☐ emprisonner, enfermer, incarcérer, interner.

**ÉCROULEMENT** ☐ affaissement, défaite, désagrégation, éboulement, effondrement, ruine.

**ÉCROULER (S')** ☐ s'abattre, s'affaisser, s'ébouler, s'effondrer, sombrer, tomber.

**ÉCU** ☐ bouclier, écusson, protection.

● monnaie.

**ÉCUEIL** ☐ brisant, récif, rocher.
● danger, empêchement, ennui, difficulté, obstacle.

**ÉCUME** ☐ crasse, lie, mousse.

**ÉCURIE** ☐ bergerie, box, étable, soue, stalle.

**ÉDEN** ☐ ciel, paradis.

**ÉDIFIANT** ☐ exemplaire, modèle, vertueux.

**ÉDIFICE** ☐ bâtiment, bâtisse, construction, immeuble, monument.

**ÉDIFIER** ☐ bâtir, construire, élever, ériger.
● apprendre, enseigner, instruire.

**ÉDIT** ☐ arrêt, décret, décision, loi, ordonnance, règlement.

**ÉDITION** ☐ impression, publication, tirage.

**ÉDITORIAL** ☐ article, chronique.

**ÉDUCATION** ☐ formation, enseignement, initiation, instruction, savoir.
● amabilité, civilité, courtoisie, politesse, savoir-vivre, urbanité.

**ÉDUCATIF** ☐ pédagogique.

**ÉDULCORER** ☐ adoucir, amoindrir, atténuer, modérer.

**ÉDUQUER** ☐ apprendre, élever, instruire.

**EFFACÉ** ☐ discret, estompé, ignoré, modeste, passé, réservé, terne, timide.

**EFFACER** ☐ abolir, abroger, anéantir, détruire, enlever, faire disparaître, gommer, radier, supprimer.

**EFFARER** ☐ affoler, alarmer, angoisser, effrayer, épouvanter, horrifier, terroriser.

**EFFECTIF** ☐ concret, efficace, positif, réel.

**EFFECTIVEMENT** ☐ concrètement, en effet, réellement.

**EFFECTUER** ☐ accomplir, commettre, exécuter, opérer, réaliser.

**EFFERVESCENCE** ☐ bouillonnement, fermentation, fièvre.

• agitation, émeute, mouvement, nervosité, trouble, tumulte.

**EFFET** ☐ action, amélioration, conclusion, conséquence, fin, impression, résultat, sensation, surprise.

**EFFETS** ☐ vêtements.

**EFFET (EN)** ☐ effectivement, parce que.

**EFFICACE** ☐ actif, agissant, diligent, dynamique, efficient, effectif, énergique, rapide.

**EFFICACITÉ** ☐ action, décision, effet, initiative, productivité, rendement.

**EFFIGIE** ☐ image, portrait, représentation.

**EFFLEURER** ☐ caresser, égratigner, érafler, frôler, lisser.

**EFFLUVE** ☐ émanation, exhalaison, miasmes, odeur, parfum, vapeur.

**EFFONDREMENT** ☐ affaissement, chute, décadence, déchéance, éboulement, écroulement, ruine.

**EFFONDRER (S')** ☐ s'abattre, s'affaisser, craquer, s'ébouler, s'écrouler, tomber.

**EFFORCER (S')** ☐ essayer, se forcer, tâcher, tenter.

**EFFORT** ☐ application, concentration, énergie, intensité, labeur, peine, sueur, tâche, travail.

**EFFRAYANT** ☐ abominable, angoissant, cauchemardesque, dantesque, effroyable, épouvantable, formidable, hallucinant, horrible, menaçant, monstrueux, pétrifiant, terrible, terrifiant.

**EFFRAYER** ☐ affoler, alarmer, angoisser, effarer, épouvanter, horrifier, menacer, pétrifier, terrifier, terroriser.

**EFFRÉNÉ** ☐ déchaîné, démesuré, excessif.

**EFFROI** ☐ affres, angoisse, crainte, épouvante, horreur, inquiétude, peur, terreur.

**EFFRONTÉ** ☐ arrogant, cynique, impudent, inconvenant, insolent.

**EFFRONTERIE** ☐ arrogance, cynisme, hardiesse.

**EFFROYABLE** ☐ abominable, affreux, angoissant, atroce, cauchemardesque, dantesque, effrayant, épouvantable, hallucinant, horrible, inquiétant, laid, mauvais, monstrueux, pétrifiant, répugnant, terrible.

**EFFUSION** ☐ ardeur, élan, ferveur.

**ÉGAL** ☐ comparable, équivalent, identique, pareil, plan, plat, ras, semblable, uni.

**ÉGALER** ☐ atteindre, rivaliser, valoir.

**ÉGALISER** ☐ aplanir, équilibrer, niveler, unir.

**ÉGALITÉ** ☐ équilibre, parité, ressemblance, similitude.

**ÉGARDS** ☐ attention, considération, courtoisie, déférence, ménagement, respect.

**ÉGAREMENT** ☐ délire, divagation, folie, hallucination.

**ÉGARER (S')** ☐ s'abuser, s'écarter, se fourvoyer, se perdre, se tromper.

**ÉGAYER** ☐ amuser, distraire, divertir, faire rire, réjouir.

**ÉGÉRIE** ☐ conseillère, directeur, guide, inspiratrice, mentor.

**ÉGIDE** ☐ auspices, patronage, protection, tutelle.

**ÉGLISE** ☐ basilique, cathédrale, chapelle, paroisse, prieuré, temple.

• catholicité, chrétienté.

**ÉGOÏSTE** ☐ avare, égocentrique, indifférent, individualiste, narcissique, personnel.

**ÉGORGER** ☐ assassiner, poignarder, massacrer, saigner, tuer.

**ÉGOUT** ☐ canalisation, cloaque, gouttière.

**ÉGRATIGNURE** ☐ balafre, blessure, coupure, écorchure, entaille, éraflure, griffure.

**ÉGRILLARD** ☐ cavalier, cru, gaillard, gaulois, licencieux, rabelaisien, osé.

**ÉHONTÉ** ☐ arrogant, cynique, effronté, impudent, insolent.

**ÉJECTER** ☐ expulser, jeter, lancer, rejeter.

**ÉLABORER** ☐ assimiler, concevoir, construire, exécuter, fabriquer, former, perfectionner, préparer, réaliser.

**ÉLAGUER** ☐ couper, ébrancher, émonder, étêter, tailler.

**ÉLAN** ☐ animation, ardeur, empressement, émulation, entrain, fougue, zèle.
• bond, envolée, essor, impulsion, saut.

**ÉLANCÉ** ☐ délicat, délié, élégant, fin, gracieux, mince.

**ÉLANCEMENT** ☐ crampe, douleur, élan, mal, souffrance.

**ÉLANCER (S')** ☐ bondir, foncer, fondre, se jeter, se précipiter, se ruer, sauter.

**ÉLARGIR** ☐ accroître, augmenter, déployer, dilater, distendre, étendre, évaser.
• affranchir, libérer, relâcher.

**ÉLARGISSEMENT** ☐ agrandissement, développement, extension.
• affranchissement, délivrance, émancipation, libération.

**ÉLASTIQUE** ☐ extensible, flexible, mou, souple.

**ÉLECTION** ☐ choix, cooptation, option, préférence, sélection, vote.

**ÉLECTRISER** ☐ échauffer, enfiévrer, enflammer, enthousiasmer, exalter, exciter, galvaniser, stimuler, survolter, transporter.

**ÉLÉGANCE** ☐ agrément, beauté, charme, classe, délicatesse, distinction, esthétique, grâce, harmonie.

**ÉLÉGANT** ☐ (adj) beau, chic, coquet, délicat, distingué, fringant, gracieux, harmonieux, joli, pimpant.

**ÉLÉGANT** ☐ (nom) dandy, gandin, gommeux, précieux.

**ÉLÉMENT** ☐ atome, composant, morceau, partie, principe, substance, sujet.

**ÉLÉMENTAIRE** ☐ essentiel, facile, modeste, nécessaire, rudimentaire, simple, sommaire.

**ÉLÉVATION** ☐ ascension, augmentation, hausse, grandeur, hauteur, noblesse.

**ÉLÈVE** ☐ apprenti, collégien, disciple, écolier, étudiant, lycéen, potache.

**ÉLEVÉ** ☐ éminent, grand, haut, noble, sublime, transcendant.

**ÉLEVER** ☐ dresser, ériger, hausser, planter, soulever, surélever.
• cultiver, éduquer, former, instruire, nourrir, promouvoir.

**ÉLEVER (S')** ☐ décoller, gravir, monter.
• augmenter, se hisser, monter, réussir.

**ÉLIMÉ** ☐ râpé, usagé, usé.

**ÉLIMINER** ☐ chasser, évincer, exclure, rejeter, repousser, retrancher, supprimer, tuer.

**ÉLIRE** ☐ adopter, choisir, nommer.

**ÉLITE** ☐ choix, fleur, sélection, tri.

**ÉLOCUTION** ☐ articulation, débit, diction, éloquence, parole, prononciation, style.

**ÉLOGE** ☐ apologie, compliment, dithyrambe, félicitations, glorification, louange, panégyrique.

**ÉLOIGNÉ** ☐ ancien, distant, espacé, lointain, reculé.

**ÉLOIGNEMENT** ☐ absence, distance, intervalle.

**ÉLOIGNER** ☐ bannir, écarter, repousser.

**ÉLOIGNER (S')** □ partir, rompre, sortir.

**ÉLOQUENCE** □ faconde, loquacité, rhétorique, verve, volubilité.

**ÉLOQUENT** □ bavard, convainquant, disert, entraînant.

**ÉLU** □ bienheureux, saint.
• député, parlementaire, représentant.

**ÉLUCIDER** □ clarifier, débrouiller, défricher, démêler, distinguer, éclaircir, expliquer.

**ÉLUDER** □ escamoter, éviter, se soustraire, tourner.

**ÉMANATION** □ arôme, bouffée, effluve, miasmes, odeur, remugle, vapeur.
• créature, disciple, expression, produit, reflet.

**ÉMANCIPER** □ affranchir, élargir, libérer.

**ÉMANER** □ découler, provenir, résulter, venir de.

**EMBALLAGE** □ bidon, boîte, coffre, conditionnement, étui, flacon, malle, panier, pot, récipient, sac, sachet, tonneau, tube, valise.

**EMBALLEMENT** □ admiration, engouement, enthousiasme, exaltation, excitation, ferveur, lyrisme, transport.

**EMBALLER** □ conditionner, empaqueter, envelopper.
• enthousiasmer, plaire, séduire, transporter.

**EMBARCATION** □ barque, bateau, canot, chaloupe, esquif, nef, péniche, vedette, voilier.

**EMBARDÉE** □ écart.

**EMBARQUER** □ charger, emporter, soustraire.

**EMBARQUER (S')** □ entreprendre, se lancer, monter, naviguer, partir.

**EMBARRAS** □ confusion, crainte, gêne, honte, malaise, timidité.

• complication, contrariété, difficulté, ennui, gêne, obstacle, souci, tracas.

**EMBARRASSÉ** □ confus, craintif, déconcerté, enfariné, gauche, gêné, honteux, interdit, intimidé, penaud.

**EMBARRASSER** □ déconcerter, dérouter, désemparer, désorienter, gêner, surprendre, troubler.

**EMBAUCHER** □ engager, enrôler, recruter.

**EMBAUMER** □ aromatiser, parfumer, sentir.
• conserver, momifier.

**EMBELLIR** □ décorer, flatter, idéaliser, orner, sublimer.

**EMBÊTEMENT** □ complication, contrariété, difficulté, souci, ennui, tracas.

**EMBLÈME** □ bannière, drapeau, symbole.

**EMBOÎTER** □ ajuster, assembler, monter.

**EMBONPOINT** □ corpulence, grosseur, épaississement, rondeur.

**EMBOUCHURE** □ delta, estuaire.

**EMBOUTIR** □ accrocher, caramboler, heurter, percuter, télescoper.

**EMBRASER** □ brûler, enflammer, incendier.

**EMBRASSER** □ baiser, contenir, étreindre, serrer.

**EMBROUILLÉ** □ complexe, compliqué, confus, obscur, tourmenté.

**EMBROUILLER** □ compliquer, enchevêtrer, entortiller, mêler.

**EMBRYON** □ avorton, fœtus, germe.

**EMBUSCADE** □ embûche, guet-apens, manœuvre, piège, souricière, traquenard.

**ÉMÉCHÉ** □ aviné, gai, gris, ivre, soûl.

**ÉMERGER** □ apparaître, jaillir, naître, sortir.

**ÉMÉRITE** □ chevronné, confirmé, éminent, expérimenté, habile.

**ÉMERVEILLER** □ briller, charmer, éblouir, étonner, fasciner, séduire.

**ÉMETTRE** □ énoncer, diffuser, dire, prononcer.

**ÉMEUTE** □ agitation, coup d'État, mutinerie, pogrom, révolte, sédition, troubles.

**ÉMIGRATION** □ dispersion, exode, transplantation.

**ÉMIGRÉ** □ exilé, proscrit, réfugié.

**ÉMINENCE** □ butte, colline, hauteur, monticule.

**ÉMINENT** □ distingué, élevé, remarquable, transcendant.

**ÉMISSAIRE** □ agent, ambassadeur, envoyé, espion, messager, représentant.

**ÉMISSION** □ écoulement, émanation, rejet.
• diffusion, production, transmission.

**EMMAGASINER** □ accumuler, amasser, empiler, entasser, rassembler.

**EMMÊLER** □ compliquer, embrouiller, enchevêtrer, entortiller, mêler.

**EMMENER** □ accompagner, amener, conduire, mener.

**EMMITOUFLER** □ couvrir, envelopper, vêtir.

**ÉMOI** □ émotion.

**ÉMOTION** □ agitation, bouleversement, choc, désarroi, émoi, fièvre, frisson, sensibilité, sentiment, trouble, vertige.

**ÉMOTIVITÉ** □ cœur, sensibilité, sensiblerie, sentimentalité.

**ÉMOUSTILLER** □ aiguillonner, allécher, exacerber, exciter, séduire, stimuler.

**ÉMOUVANT** □ attendrissant, attristant, bouleversant, déchirant, dramatique, impressionnant, pathétique, touchant.

**ÉMOUVOIR** □ bouleverser, saisir, toucher, troubler.

**EMPARER (S')** □ s'approprier, s'arroger, s'attribuer, conquérir, s'emparer, occuper, prendre, spolier.

**EMPÊCHEMENT** □ barrière, complication, contrariété, difficulté, ennui, entrave, obstacle, tracas.

**EMPÊCHER** □ bloquer, contraindre, défendre, écarter, gêner, interdire, s'opposer à, paralyser.

**EMPEREUR** □ césar, kaiser, mikado, monarque, roi, souverain, tsar.

**EMPESÉ** □ amidonné, apprêté, dur.

**EMPESTER** □ empuantir, puer, sentir mauvais.

**EMPÊTRER (S')** □ barboter, s'emmêler, patauger.

**EMPHASE** □ déclamation, démesure, grandiloquence, pédantisme.

**EMPIÉTER** □ annexer, s'approprier, envahir, usurper.

**EMPILER** □ amasser, entasser, rassembler.

**EMPIRE** □ autorité, influence, maîtrise, pouvoir, souveraineté.
• colonie, nation, protectorat.

**EMPIRIQUE** □ expérimental, inné.

**EMPLACEMENT** □ endroit, lieu, place, position, situation.

**EMPLETTE** □ achat, acquisition.

**EMPLIR** □ bourrer, charger, combler, garnir, insérer, remplir, saturer.

**EMPLOI** □ attribution, état, fonction, office, place, poste, profession, sinécure.
• fonction, usage, utilisation.

**EMPLOYÉ** □ (nom) agent, bureaucrate, commis, fonctionnaire, gratte-papier, préposé, salarié, vendeur.

**EMPLOYER** □ consacrer, occuper, se servir, user, utiliser.

**EMPOIGNER** □ attraper, enlever, prendre, saisir, tenir.

**EMPOISONNER** ☐ envenimer, infecter, intoxiquer, puer, tuer.
● ennuyer, irriter, peser, raser.

**EMPORTÉ** ☐ coléreux, fougueux, furieux, irritable, violent.

**EMPORTER** ☐ arracher, charrier, conquérir, embarquer, enlever, entraîner, traîner.

**EMPORTER (S')** ☐ éclater, s'indigner, se mettre en colère.

**EMPORTER SUR (L')** ☐ gagner, prévaloir, triompher.

**EMPREINTE** ☐ cachet, marque, moulage, sceau, souvenir, trace.

**EMPRESSÉ** ☐ aimable, attentionné, complaisant, galant, prévenant, respectueux.

**EMPRESSER (S')** ☐ s'activer, s'affairer, se dépêcher, se hâter, se précipiter.

**EMPRISE** ☐ ascendant, autorité, influence.

**EMPRISONNEMENT** ☐ captivité, détention, incarcération, internement, prison, réclusion.

**EMPRISONNER** ☐ arrêter, cloîtrer, écrouer, enfermer, incarcérer, séquestrer.

**EMPRUNT** ☐ créance, dette, passif.

**EMPRUNTÉ** ☐ affecté, artificiel, factice, faux, feint.
● contraint, embarrassé, gauche, gêné, malhabile, nigaud, timide.

**ÉMU** ☐ agité, angoissé, apitoyé, attendri, ébranlé, impressionné, remué, secoué, touché, troublé.

**ÉMULATION** ☐ compétition, concurrence, élan, enthousiasme, incitation, jalousie, rivalité, zèle.

**ÉMULE** ☐ concurrent, disciple, imitateur, rival.

**ENCADREMENT** ☐ cadre, châssis, entourage, huisserie.
● cadres, hiérarchie, supérieurs.

**ENCAISSÉ** ☐ creux, enfoncé, profond, resserré.

**ENCAISSER** ☐ percevoir, recevoir, recueillir, toucher.

**ENCEINTE** ☐ ceinture, clos, clôture, enclos, fortification, mur, rempart.

**ENCENSER** ☐ célébrer, complimenter, flatter, glorifier, louer, rendre hommage, vanter.

**ENCERCLER** ☐ assiéger, cerner, enfermer, entourer.

**ENCHAÎNEMENT** ☐ déroulement, liaison, prolongement, succession, suite.

**ENCHAÎNER** ☐ attacher, entrelacer, fixer, joindre, lier, marier, rassembler, rattacher, relier, souder.
● assujettir, conquérir, dominer, opprimer, soumettre, subjuguer.

**ENCHANTEMENT** ☐ charme, ensorcellement, envoûtement, illusion, magie, maléfice, pouvoir, sortilège.
● agrément, beauté, élégance, grâce, ravissement.

**ENCHANTER** ☐ charmer, conquérir, enthousiasmer, plaire, ravir, séduire.

**ENCHANTEUR** ☐ attrayant, charmant, délicieux, ensorcelant, fascinant, ravissant, séduisant.

**ENCHÈRE** ☐ adjudication, criée, encan, offre.

**ENCHEVÊTRER** ☐ compliquer, embrouiller, entortiller, mêler.

**ENCLIN** ☐ attiré, disposé, entraîné, porté.

**ENCOCHE** ☐ cran, découpure, entaille, fente, rainure, sillon.
● balafre, cicatrice, estafilade.

**ENCOIGNURE** ☐ angle, coin, creux.

**ENCOMBRANT** ☐ embarrassant, gênant, lourd, pénible.

**ENCOMBREMENT** ☐ affluence, embarras, embouteillage, entassement.

**ENCORE** ☐ aussi, également, de plus, toujours.

**ENCOURAGEMENT** ☐ aide, approbation, appui, compliment, éloge, incitation, récompense, soutien.

**ENCOURAGER** ☐ aiguillonner, animer, enhardir, exciter, exhorter, inciter, piquer, soutenir, stimuler.

**ENCYCLOPÉDIE** ☐ dictionnaire.

**ENDETTER (S')** ☐ contracter, devoir, emprunter.

**ENDEUILLER** ☐ affliger, attrister, chagriner, désespérer, désoler, peiner.

**ENDIGUER** ☐ bloquer, barrer, enrayer, fermer, obstruer, retenir.

**ENDOCTRINER** ☐ catéchiser, édifier, influencer, prêcher, sermonner.

**ENDOLORI** ☐ douloureux, sensible, souffrant.

**ENDOMMAGER** ☐ abîmer, casser, dégrader, détériorer, gâter, saboter, saccager.

**ENDORMI** ☐ apathique, engourdi, flegmatique, lent, mou, nonchalant, somnolent.

**ENDORMIR** ☐ anesthésier, bercer, hypnotiser.
• assommer, ennuyer, raser.

**ENDORMIR (S')** ☐ s'apaiser, s'assoupir, somnoler.

**ENDOSSER** ☐ assumer, avaliser, reconnaître, signer.

**ENDROIT** ☐ lieu, place, site.

**ENDUIRE** ☐ appliquer, couvrir, étaler, peindre, recouvrir.

**ENDURANCE** ☐ force, résistance, solidité.

**ENDURCI** ☐ dur, froid, impassible, insensible.

**ENDURER** ☐ éprouver, souffrir, subir, supporter.

**ÉNERGIE** ☐ ardeur, cœur, courage, dynamisme, fermeté, force, résolution, volonté.

**ÉNERGIQUE** ☐ courageux, décidé, ferme, fort, résolu, tenace, vigoureux.

**ÉNERGUMÈNE** ☐ agité, emporté, excité, forcené, furieux, violent.

**ÉNERVER** ☐ agacer, crisper, horripiler, irriter, tourmenter.

**ÉNERVER (S')** ☐ s'exaspérer, s'impatienter, s'irriter.

**ENFANCE** ☐ balbutiement, commencement, naissance, origine, préliminaire, prémices.

**ENFANT** ☐ bambin, bébé, chérubin, fils, galopin, gamin, garnement, petit.

**ENFANTEMENT** ☐ accouchement, couche, délivrance, naissance.

**ENFANTER** ☐ accoucher, engendrer, mettre au monde.
• créer, engendrer, imaginer, inventer.

**ENFANTILLAGE** ☐ bagatelle, légèreté, puérilité.

**ENFERMER** ☐ boucler, cloîtrer, confiner, emprisonner, entourer, murer, parquer, resserrer, verrouiller.

**ENFIN** ☐ bref, finalement.

**ENFLAMMER** ☐ électriser, embraser, échauffer, enfiévrer, électriser, enthousiasmer, exalter, exciter, galvaniser, stimuler, survolter, transporter.

**ENFLÉ** ☐ ampoulé, emphatique, démesuré, grandiloquent, pédant.
• ballonné, bouffi, boursouflé, distendu, gonflé, tuméfié.

**ENFONCÉ** ☐ creux, encaissé, profond, rentré.

**ENFONCER** ☐ introduire, mettre, planter, plonger, piquer.
• battre, briser, défoncer, forcer, vaincre.

**ENFONCER (S')** ☐ s'abîmer, s'abandonner à, s'adonner à, disparaître, sombrer.

**ENFOUIR** ☐ ensevelir, enterrer, inhumer, plonger.

**ENFREINDRE** ☐ contrevenir, désobéir, transgresser, passer outre, résister, violer.

**ENFUIR (S')** ☐ abandonner, déguerpir, s'échapper, s'évader, fuir, partir.

**ENGAGEANT** ☐ affable, alléchant, attirant, attractif, attrayant, charmant, désirable, séduisant.

**ENGAGEMENT** ☐ embauche, enrôlement, recrutement.
• assaut, combat, escarmouche.
• parole, promesse, vœu.

**ENGAGER** ☐ embaucher enrôler, recruter.
• appeler, inciter, pousser.

**ENGAGER (S')** ☐ affirmer, jurer, promettre.

**ENGENDRER** ☐ causer, concevoir, créer, déterminer, enfanter, imaginer, inventer, mettre au monde, procréer, produire, provoquer.

**ENGIN** ☐ appareil, machine, outil.

**ENGLOBER** ☐ comprendre, comporter, contenir, renfermer, réunir.

**ENGLOUTIR** ☐ absorber, avaler, engouffrer, ingurgiter, manger.

**ENGOUEMENT** ☐ admiration, enthousiasme, frénésie, zèle.

**ENGOURDI** ☐ assoupi, froid, gourd, léthargique, paralysé, transi.

**ENGOURDIR** ☐ ankyloser, assoupir, paralyser.

**ENGRAISSER** ☐ améliorer, amender, fumer.
• alimenter, emboucher, gaver.
• s'épaissir, gonfler, grossir.

**ENHARDIR** ☐ encourager, exhorter, soutenir, stimuler.

**ÉNIGMATIQUE** ☐ étrange, indéchiffrable, insondable, mystérieux, obscur, secret.

**ÉNIGME** ☐ charade, mystère, rébus, secret.

**ENIVRER** ☐ enthousiasmer, enfiévrer, enflammer, électriser, exalter, exciter, griser, soûler, transporter.

**ENJAMBER** ☐ franchir, passer pardessus, sauter.

**ENJOINDRE** ☐ commander, demander, ordonner, prescrire.

**ENJÔLER** ☐ duper, séduire, tromper.

**ENJOLIVER** ☐ agrémenter, broder, décorer, embellir, orner.

**ENJOUÉ** ☐ aimable, agréable, amène, charmant, gai, gracieux, plaisant, souriant.

**ENLACER** ☐ embrasser, entrecroiser, étreindre, serrer.

**ENLAIDIR** ☐ défigurer, déformer, dénaturer, déparer, mutiler.

**ENLÈVEMENT** ☐ détournement, rapt, violence.

**ENLEVER** ☐ s'approprier, arracher, s'emparer, kidnapper, ravir, voler.
• lever, prendre, soulever, transporter.
• effacer, éliminer, ôter, retrancher, supprimer.

**ENNEMI** ☐ adversaire, antagoniste, concurrent, rival.

**ENNUI** ☐ complication, contrariété, difficulté, gêne, souci, tracas.
• abattement, langueur, lassitude, mélancolie, spleen.

**ENNUYER** ☐ agacer, contrarier, endormir, fatiguer, importuner, irriter, lasser.

**ENNUYEUX** ☐ contrariant, fâcheux, fastidieux, gênant, lassant, monotone, pesant.

**ÉNONCER** ☐ dire, émettre, exposer, expliquer, exprimer, formuler, prononcer, stipuler.

**ÉNORME** ☐ anormal, colossal, disproportionné, démesuré, étonnant, gigantesque, gros, immense, massif, monumental, obèse.

**ÉNORMÉMENT** ☐ abondamment, beaucoup, bien, copieusement, largement, en abondance, en quantité, à foison, à profusion, très, à volonté.

**ENQUÉRIR (S')** ☐ demander, s'informer, se renseigner, rechercher.

**ENQUÊTE** ☐ examen, information, instruction, recherche.

**ENQUÊTER** ☐ chercher, demander, s'enquérir, rechercher, fouiller, se renseigner.

**ENRACINER** ☐ ancrer, enfoncer, fixer, implanter.

**ENRAGÉ** ☐ colérique, déchaîné, dément, fou, fougueux, furieux, violent.

**ENRAGER** ☐ écumer, être en colère, rager.

**ENRAYER** ☐ arrêter, bloquer, briser, étouffer, endiguer, freiner, juguler, neutraliser, réprimer.

**ENREGISTRER** ☐ écrire, filmer, inscrire, mentionner, noter, recueillir, relever.

**ENRICHIR** ☐ broder, charger, décorer, garnir, meubler, orner.

**ENRICHIR (S')** ☐ augmenter, faire fortune, gagner.

**ENRÔLER** ☐ embaucher, engager, recruter.

**ENROUÉ** ☐ cassé, éraillé, rauque, voilé.

**ENSANGLANTÉ** ☐ saignant, sanglant, sanguinolent, souillé.

**ENSEIGNANT** ☐ instituteur, maître, professeur.

**ENSEIGNEMENT** ☐ discipline, doctrine, éducation, instruction, leçon, pédagogie, système.

**ENSEIGNER** ☐ apprendre, initier, instruire, montrer, professer.

**ENSEMBLE** ☐ en commun, à l'unisson, simultanément, totalement.

**ENSEMENCER** ☐ planter, repiquer, semer.

**ENSERRER** ☐ enfermer, étreindre.

**ENSEVELIR** ☐ enfouir, enterrer, inhumer, mettre en terre.

**ENSORCELANT** ☐ charmant, enchanteur, envoûtant, fascinant, maléfique, séduisant.

**ENSUITE** ☐ puis.

**ENSUIVRE (S')** ☐ découler, résulter, venir de.

**ENTAILLE** ☐ cran, encoche, fente, rainure, sillon.
● balafre, cicatrice, coupure, écorchure, estafilade.

**ENTAMER** ☐ amorcer, attaquer, commencer, débuter, ébranler, entreprendre, ouvrir, ronger.

**ENTASSER** ☐ accumuler, amasser, amonceler, économiser, empiler, presser, tasser.

**ENTENDRE** ☐ écouter, ouïr, percevoir.
● acquiescer, approuver, comprendre, saisir.

**ENTENDRE (S')** ☐ s'accorder, se comprendre, se concerter, fraterniser, sympathiser.

**ENTENTE** ☐ accord, alliance, amitié, complicité, compréhension, union.

**ENTER** ☐ greffer.

**ENTÉRINER** ☐ accepter, confirmer, ratifier, sanctionner, valider.

**ENTERREMENT** ☐ funérailles, inhumation, obsèques.

**ENTERRER** ☐ enfouir, ensevelir, inhumer.
● abandonner, écarter, renoncer.

**ENTÊTÉ** ☐ buté, entier, obstiné, opiniâtre, tenace, têtu.

**ENTHOUSIASME** ☐ admiration, emballement, engouement, exaltation, excitation, ferveur, lyrisme, passion, transport, zèle.

**ENTHOUSIASMER** ☐ échauffer, enfiévrer, enflammer, électriser, exalter, exciter, galvaniser, stimuler, survolter, transporter.

**ENTIER** ☐ complet, intact, intégral, plein, total.
• absolu, buté, entêté, obstiné, tenace, têtu.

**ENTIÈREMENT** ☐ absolument, complètement, intégralement.

**ENTOURAGE** ☐ cercle, compagnie, milieu, proches, voisinage.

**ENTOURER** ☐ ceindre, ceinturer, clore, clôturer, enfermer, envelopper, environner, étreindre, resserrer.

**ENTRACTE** ☐ intermède, interruption, pause, saynète.

**ENTRAIDE** ☐ assistance, réconfort, secours.

**ENTRAIN** ☐ allant, ardeur, brio, élan, enthousiasme, fougue, gaieté, vivacité.

**ENTRAÎNER** ☐ drosser, charrier, emporter, traîner.
• emmener, engager, exciter, occasionner, pousser, tirer.
• dresser, exercer, former.

**ENTRAVER** ☐ bloquer, empêcher, enrayer, gêner, obstruer.

**ENTRE** ☐ au milieu de.

**ENTRECHOQUER** ☐ frapper, heurter, taper.

**ENTRECOUPÉ** ☐ haché, intermittent, saccadé.

**ENTRÉE** ☐ accès, couloir, hall, seuil, vestibule.
• apparition, arrivée, commencement, introduction, irruption, venue.

**ENTRELACER** ☐ entrecroiser, entremêler, tisser, tresser.

**ENTREMÊLER** ☐ entrelacer, incorporer, mélanger, panacher.

**ENTREMETTEUR** ☐ intercesseur, intermédiaire, médiateur, représentant.

**ENTREMETTRE (S')** ☐ s'ingérer, s'interposer, intervenir, se mêler.

**ENTREMISE** ☐ arbitrage, intermédiaire, médiation, moyen, truchement.

**ENTREPÔT** ☐ bâtiment, dépôt, dock, hangar.

**ENTREPRENANT** ☐ audacieux, courageux, galant, hardi, osé, vaillant.

**ENTREPRENDRE** ☐ commencer, débuter, démarrer, entamer, fonder, ouvrir, tenter.

**ENTREPRENEUR** ☐ architecte, constructeur, industriel.

**ENTREPRISE** ☐ action, dessein, projet, tentative.
• affaire, commerce, établissement, exploitation, négoce, usine.

**ENTRER** ☐ accéder, aller, envahir, s'insinuer, s'introduire, passer, pénétrer, surgir, venir.

**ENTRETENIR** ☐ conserver, faire vivre, maintenir, nourrir, prolonger.

**ENTRETENIR (S')** ☐ conférer, converser, discuter, parler.

**ENTRETIEN** ☐ colloque, conférence, conversation, dialogue, discussion, pourparlers.
• réparation, soins, surveillance.

**ENTREVOIR** ☐ apercevoir, comprendre, deviner, distinguer, pressentir, saisir, voir.

**ENTREVUE** ☐ entretien, face à face, rencontre, rendez-vous.

**ENTROUVRIR** ☐ écarter, entrebâiller, ouvrir.

**ÉNUMÉRATION** ☐ compte, dénombrement, inventaire, liste, litanie, recensement, statistique.

**ENVAHIR** ☐ conquérir, entrer, infester, occuper, proliférer, remplir.

**ENVAHISSANT** ☐ déplaisant, encombrant, gênant, indésirable, indiscret, intempestif, intrus.

**ENVELOPPE** ☐ écrin, emballage, étui, fourreau, gaine, housse, sac, trousse, vêtement.
• coquille, membrane, peau.

**ENVELOPPER** ☐ cacher, couvrir, emmailloter, emmitoufler, entortiller, entourer, habiller.

**ENVENIMER** ☐ aggraver, aviver, empoisonner, exacerber, infecter, irriter.

**ENVERGURE** ☐ ampleur, carrure, étendue, largeur.

**ENVERS** ☐ à l'égard de, pour.

**ENVIE** ☐ besoin, convoitise, désir, goût, jalousie, souhait, tentation, volonté.

**ENVIER** ☐ convoiter, désirer, jalouser, souhaiter, vouloir.

**ENVIRON** ☐ à peu près, approximativement.

**ENVIRONNANT** ☐ attenant, proche, voisin.

**ENVIRONNER** ☐ ceindre, cerner, enfermer, entourer, envelopper.

**ENVIRONS** ☐ abords, alentours, proximité, voisinage.

**ENVISAGER** ☐ imaginer, penser, prévoir, regarder.

**ENVOI** ☐ dédicace, hommage.
• expédition, transport.

**ENVOL** ☐ envolée, essor, vol.

**ENVOLER (S')** ☐ décoller, disparaître, s'enfuir, s'évanouir, partir.

**ENVOÛTEMENT** ☐ charme, ensorcellement, enchantement, illusion, maléfice, pouvoir, séduction, sortilège.

**ENVOYÉ** ☐ ambassadeur, courrier, délégué, député, mandataire, messager, parlementaire, représentant.

**ENVOYER** ☐ adresser, apporter, déléguer, expédier, porter.

**ÉPAIS** ☐ compact, concentré, concret, dense, dru, fourni, serré, touffu.
• bête, brute, niais, sot, stupide.

**ÉPAISSEUR** ☐ consistance, densité, profondeur, richesse, toufféur.

**ÉPAISSIR (S')** ☐ engraisser, s'étoffer, grossir.

**ÉPANCHEMENT** ☐ abandon, aveu, confidence, effusion.
• écoulement, hémorragie, saignement.

**ÉPANOUI** ☐ content, éclatant, heureux, joyeux, radieux, réjoui, rieur, satisfait.

**ÉPANOUISSEMENT** ☐ éclat, éclosion, maturité, plénitude.

**ÉPARGNE** ☐ économie, magot, pécule, réserve.

**ÉPARGNER** ☐ compter, économiser, ménager.
• gracier, laisser, sauver.

**ÉPARPILLER** ☐ disperser, répandre, semer.

**ÉPATÉ** ☐ aplati, camus, plat.
• ébahi, étonné, interloqué, stupéfait.

**ÉPAULER** ☐ aider, assister, soutenir.
• ajuster, mettre en joue, viser.

**ÉPAVE** ☐ clochard, décombres, débris, ruine.

**ÉPÉE** ☐ fleuret, glaive, poignard, rapière, sabre.

**ÉPERDU** ☐ affolé, angoissé, apeuré, effrayé, égaré, inquiet, troublé.

**ÉPHÉMÈRE** ☐ court, fugace, furtif, momentané, passager, précaire, provisoire, rapide, temporaire.

**ÉPICE** ☐ aromate, assaisonnement, piment, poivre.

**ÉPICURIEN** ☐ bon vivant, charnel, libertin, sensuel, voluptueux.

**ÉPIER** ☐ espionner, guetter, pister, regarder, surveiller.

**ÉPILOGUE** ☐ conclusion, dénouement, fin, morale.

**ÉPILOGUER** ☐ blâmer, chicaner, critiquer.

**ÉPINEUX** ☐ ardu, compliqué, contrariant, difficile, embarrassant, ennuyeux, malaisé, pénible.

**ÉPIQUE** ☐ élevé, extraordinaire, formidable, grandiose, héroïque, rare.

**ÉPISODE** ☐ aventure, événement, incident, péripétie.
• acte, action, chapitre.

**ÉPITAPHE** ☐ inscription (funéraire), plaque, tablette.

**ÉPITHÈTE** ☐ adjectif, qualificatif.

**ÉPÎTRE** ☐ dédicace, lettre, missive.

**ÉPLORÉ** ☐ attristé, chagriné, désolé, larmoyant, mélancolique, triste.

**ÉPLUCHER** ☐ décortiquer, écosser, peler.
• analyser, disséquer, étudier, examiner, rechercher.

**ÉPOQUE** ☐ âge, date, ère, moment, saison, temps.

**ÉPOUSAILLES** ☐ mariage, noce, union.

**ÉPOUSE** ☐ compagne, dame, femme.

**ÉPOUSER** ☐ s'allier, convoler, se marier.
• choisir, embrasser, opter pour, soutenir, suivre.

**ÉPOUSTOUFLANT** ☐ délirant, étonnant, extraordinaire, extravagant, formidable, hallucinant, phénoménal, surprenant.

**ÉPOUVANTABLE** ☐ abominable, affreux, angoissant, atroce, cauchemardesque, dantesque, effrayant, effroyable, hallucinant, horrible, infernal, menaçant, monstrueux, pétrifiant, repoussant, répugnant, terrible, terrifiant.

**ÉPOUVANTE** ☐ affres, angoisse, crainte, effroi, frayeur, hallucination, horreur, inquiétude, peur, terreur.

**ÉPOUX** ☐ compagnon, conjoint, mari.

**ÉPRENDRE (S')** ☐ aimer, chérir, s'enflammer, s'enticher, tomber amoureux.

**ÉPREUVE** ☐ essai, examen, expérience, expérimentation, test.
• compétition, course, match.
• calamité, catastrophe, désastre, fléau, malheur, mésaventure.

**ÉPRIS** ☐ amoureux, passionné, séduit.

**ÉPROUVER** ☐ connaître, percevoir, ressentir, sentir.
• essayer, expérimenter, mettre à l'épreuve, tenter, tester.

**ÉPUISÉ** ☐ abattu, fatigué, las, prostré, usé.

**ÉPUISEMENT** ☐ abattement, accablement, anéantissement, découragement, langueur, lassitude, prostration.

**ÉPUISER** ☐ assécher, pomper, tarir, vider.
• accabler, anéantir, décourager, fatiguer, lasser, user.

**ÉPURATION** ☐ assainissement, exclusion, purge.

**ÉQUILIBRE** ☐ aplomb, harmonie, maturité, plénitude, stabilité.

**ÉQUILIBRER** ☐ compenser, contrebalancer, égaler, pondérer, répartir.

**ÉQUIPÉE** ☐ escapade, frasque, fredaine, fugue.

**ÉQUIPEMENT** ☐ armement, attirail, bagage, matériel, outil.

**ÉQUIPER** ☐ armer, développer, fréter, munir, installer, pourvoir.

**ÉQUITABLE** ☐ juste, légitime, raisonnable.

**ÉQUIVALENT** ☐ égal, identique, semblable, synonyme.

**ÉRAFLURE** ☐ balafre, cicatrice, coupure, déchirure, écorchure.

**ÈRE** ☐ cycle époque, période, temps.

**ÉRECTION** ☐ construction, édification, élévation, fondation.
• raideur, turgescence *(médecine)*.

**ÉREINTÉ** ☐ brisé, courbatu, épuisé, fatigué, las, usé.

**ÉREINTER** ☐ briser, épuiser, fatiguer, user.
• critiquer, démolir, médire.

**ÉREINTER (S')** ☐ s'échiner, s'épuiser, se fatiguer.

**ERGOTER** ☐ argumenter, chicaner, discourir, épiloguer, tergiverser, trouver à redire.

**ÉRIGER** ☐ bâtir, construire, édifier, élever, fonder.

**ERMITE** ☐ anachorète, ascète, misanthrope, solitaire.

**ÉROSION** ☐ corrosion, destruction, ravinement, usure.

**ÉROTIQUE** ☐ excitant, libidineux, luxurieux, obscène, pornographique, sensuel, vicieux.

**ÉROTISME** ☐ caresse, débauche, orgasme, plaisir, sensualité, volupté.

**ERRANT** ☐ aventurier, nomade, promeneur, rêveur, vagabond.

**ERRER** ☐ déambuler, divaguer, flâner, rôder, marcher, traîner, vagabonder.
• se tromper.

**ERREUR** ☐ aberration, bévue, confusion, défaillance, étourderie, faute, malentendu, méprise, sophisme.

**ERRONÉ** ☐ faux, inexact, truqué.

**ÉRUDIT** ☐ cultivé, docte, instruit, lettré, savant.

**ÉRUDITION** ☐ culture, instruction, sagesse, savoir, science.

**ÉRUPTION** ☐ débordement, explosion, jaillissement.
• inflammation, poussée *(médecine)*.

**ESCALADER** ☐ gravir, grimper, monter.

**ESCALIER** ☐ degré, marche, montée, rampe.

**ESCAMOTER** ☐ cacher, dérober, effacer, faire disparaître, subtiliser, voler.

**ESCAPADE** ☐ équipée, évasion, fugue.

**ESCARPÉ** ☐ abrupt, difficile, pentu, raide, vertical.

**ESCLAFFER (S')** ☐ se réjouir, pouffer, rire.

**ESCLANDRE** ☐ éclat, querelle, scandale, scène.

**ESCLAVAGE** ☐ asservissement, contrainte, domination, joug, oppression, servitude, subordination, tyrannie.

**ESCLAVE** ☐ captif, domestique, ilote, prisonnier, serf.

**ESCOMPTE** ☐ abattement, déduction, réduction, ristourne.

**ESCOMPTER** ☐ attendre, compter sur, espérer, prévoir.

**ESCORTE** ☐ cortège, détachement, suite.

**ESCORTER** ☐ accompagner, conduire, garder, suivre.

**ESCROC** ☐ aigrefin, bandit, malfaiteur, voleur.

**ÉSOTÉRIQUE** ☐ caché, mystérieux, obscur, occulte.

**ÉSOTÉRISME** ☐ hermétisme, magie, mystère, occultisme.

**ESPACE** ☐ distance, écartement, immensité, interstice, intervalle, surface.
• ciel, éther, firmament, univers.

**ESPACER** ☐ échelonner, ranger, séparer.

**ESPÈCE** ☐ genre, nature, qualité, sorte.
• essence, race, variété.

**ESPÈCES** ☐ argent, monnaie, pièce.

**ESPÉRANCE** ☐ assurance, attente, certitude, confiance, espoir, foi, promesse.

**ESPÉRER** ☐ attendre, compter sur, escompter, souhaiter.

**ESPIÈGLE** ☐ éveillé, gai, malicieux, malin, mutin, turbulent.

**ESPION** ☐ agent, délateur, indicateur, mouchard.

**ESPIONNER** ☐ épier, observer, surveiller.

**ESPRIT** ☐ conception, conscience, génie, imagination, intelligence, pensée, raison, sens.
- causticité, critique, finesse, humour, intelligence, ironie, raillerie, satire, vivacité.
- âme, démon, Dieu, fantôme, revenant, spectre.

**ESQUISSE** ☐ bâti, canevas, croquis, ébauche, dessin, projet, schéma, synopsis.

**ESSAI** ☐ contrôle, démarche, épreuve, étude, expérimentation, tentative, test, vérification.
- étude, mémoire, traité, thèse.

**ESSAIM** ☐ foule, multitude, nuée.

**ESSAYER** ☐ contrôler, étudier, expérimenter, tester, vérifier.
- chercher à, s'efforcer de, tâcher, tenter de.

**ESSENCE** ☐ caractère, définition, nature, qualité, substance.
- espèce *(arbre)*.
- extrait, quintessence.

**ESSENTIEL** ☐ capital, décisif, fondamental, indispensable, primordial, principal, vital.

**ESSIEU** ☐ arbre, axe, pivot.

**ESSOR** ☐ élan, envol, envolée, impulsion, vol.

**ESSOUFFLER (S')** ☐ haleter, panteler, suffoquer.

**ESSUYER** ☐ dépoussiérer, éponger, épousseter, frotter, nettoyer.
- éprouver, endurer, recevoir, subir.

**EST** ☐ levant, orient.

**ESTAFETTE** ☐ courrier, messager, porteur.

**ESTAFILADE** ☐ balafre, cicatrice, coupure, égratignure, entaille.

**ESTAMPE** ☐ gravure, image, vignette.

**ESTAMPILLE** ☐ cachet, empreinte, marque, oblitération.

**ESTHÉTIQUE** ☐ beauté, grâce, harmonie, perfection, sens artistique.

**ESTIMABLE** ☐ appréciable, honnête, louable, recommandable, respectable.

**ESTIMATION** ☐ appréciation, calcul, évaluation, expertise, mesure.

**ESTIME** ☐ considération, déférence, respect, sympathie, vénération.

**ESTIMER** ☐ apprécier, calculer, compter, considérer, estimer, évaluer, jauger, supputer.
- aimer, apprécier, honorer, penser, priser, vénérer.

**ESTOMPER** ☐ atténuer, diminuer, gommer, voiler.

**ESTRADE** ☐ chaire, échafaud, podium, scène, tribune.

**ESTROPIER** ☐ amputer, défigurer, mutiler, dénaturer.

**ESTUAIRE** ☐ aber, embouchure.

**ÉTABLE** ☐ bergerie, crèche, écurie, soue.

**ÉTABLIR** ☐ bâtir, édifier, ériger, fonder, implanter, instaurer, instituer, poser.
- démontrer, dresser, expliquer, prouver.

**ÉTABLISSEMENT** ☐ comptoir, entreprise, maison, société, usine.
- constitution, fondation, institution.

**ÉTAGE** ☐ niveau, palier, plate-forme.

**ÉTAI** ☐ appui, béquille, soutien.

**ÉTALAGE** ☐ éventaire, devanture, vitrine.
- démonstration, déploiement.

**ÉTALER** ☐ déballer, déplier, dérouler, étendre, exposer, montrer.
- échelonner, espacer.

**ÉTALER (S')** ☐ chuter, choir, glisser, tomber.

**ÉTALON** ☐ mâle, reproducteur.
- archétype, calibre, exemple, modèle.

**ÉTANCHE** ☐ hermétique, impénétrable, imperméable.

**ÉTANG** ☐ bassin, lac, lagune, marais, mare.

**ÉTAPE** ☐ degré, escale, halte, période, phase.

**ÉTAT** ☐ condition, destin, existence, mentalité, position, profession, situation, sort.
● énumération, description, liste.
● administration, gouvernement, nation, pouvoir.

**ÉTAYER** ☐ appuyer, renforcer, soutenir.

**ÉTÉ** ☐ canicule, chaleur, sécheresse.

**ÉTEINDRE** ☐ affaiblir, détruire, étouffer.

**ÉTEINDRE (S')** ☐ agoniser, mourir, succomber.

**ÉTEINDRE** ☐ agrandir, ajouter, allonger, augmenter, délayer, déplier, déployer, étaler, étirer.

**ÉTENDRE (S')** ☐ s'allonger, se coucher, croître, se développer.

**ÉTENDU** ☐ ample, déployé, spacieux, vaste.

**ÉTENDUE** ☐ dimension, espace, horizon, superficie, surface, volume.

**ÉTERNEL** ☐ continuel, durable, immortel, impérissable, infini, interminable, sempiternel.

**ÉTERNITÉ** ☐ avenir, immortalité, infini, perpétuité.

**ÉTHIQUE** ☐ déontologie, morale, vertu.

**ÉTHYLIQUE** ☐ alcoolique, ivrogne.

**ÉTINCELER** ☐ briller, flamboyer, pétiller, scintiller.

**ÉTINCELLE** ☐ escarbille, flammèche.

**ÉTIQUETTE** ☐ écriteau, label, marque, signe.
● cérémonial, protocole, usages.

**ÉTIRER** ☐ allonger, augmenter, délayer, déployer, étaler, étendre.

**ÉTOFFE** ☐ textile, tissage, tissu, toile.

**ÉTOILE** ☐ astre, comète, constellation, planète.
● destin, destinée, horoscope.

**ÉTONNANT** ☐ admirable, anormal, beau, bizarre, curieux, déconcertant, étrange, extraordinaire, formidable, inattendu, incroyable, inouï, insolite, invraisemblable, magique, magnifique, merveilleux, original, prodigieux, rare, remarquable, stupéfiant, surprenant, troublant.

**ÉTONNER** ☐ abasourdir, abrutir, choquer, ébahir, étourdir, hébéter, méduser, sidérer, surprendre, troubler.

**ÉTOUFFER** ☐ asphyxier, suffoquer.
● cacher, enrayer, maîtriser, réprimer.

**ÉTOURDERIE** ☐ bévue, dissipation, distraction, erreur, inattention.

**ÉTOURDI** ☐ distrait, écervelé, évaporé, frivole, imprudent, inconséquent, irréfléchi, léger.

**ÉTOURDIR** ☐ abasourdir, choquer, distraire, ébahir, étonner, hébéter, méduser, sidérer, soûler.

**ÉTRANGE** ☐ baroque, bizarre, capricieux, étonnant, extravagant, fantasque, inquiétant, insolite, original, singulier.

**ÉTRANGER** ☐ (adj) autre, cosmopolite, distinct, exotique, inconnu.

**ÉTRANGER** ☐ (nom) immigrant, réfugié, touriste.

**ÉTRANGETÉ** ☐ bizarrerie, excentricité, originalité.

**ÉTRANGLER** ☐ assassiner, asphyxier, étouffer, garrotter, tuer.

**ÊTRE** ☐ exister, subsister, vivre.

**ÊTRE** ☐ créature, homme, individu, personne.

**ÉTREINDRE** ☐ embrasser, enlacer, étouffer, prendre, saisir, serrer.

**ÉTREINTE** ☐ embrassade, enlacement, pression.

**ÉTRIQUÉ** ☐ étroit.

**ÉTROIT** ☐ austère, borné, étriqué, intransigeant, petit, mesquin, rétréci, rigoureux, strict.

**ÉTUDE** ☐ article, essai, mémoire, recherche, traité, travail.
• apprentissage, école, enseignement, instruction, savoir, science.

**ÉTUDIANT** ☐ disciple, élève, universitaire.

**ÉTUDIÉ** ☐ affecté, arrangé, guindé, maniéré, précieux, recherché.

**ÉTUDIER** ☐ apprendre, s'instruire, travailler.
• analyser, considérer, examiner, expertiser, rechercher, scruter.

**ÉTUI** ☐ écrin, enveloppe, fourreau, housse.

**EUPHÉMISME** ☐ antiphrase, atténuation, contrevérité, litote.

**EUPHORIE** ☐ aise, bien-être, bonheur, confort, détente, gaieté, joie, optimisme, quiétude.

**ÉVACUATION** ☐ abandon, départ, exode, fuite, repli.
• écoulement, élimination, expulsion, rejet.

**ÉVACUER** ☐ abandonner, laisser, quitter, se replier, se retirer, se séparer de, vider.
• éliminer, expulser, rejeter.

**ÉVADER (S')** ☐ disparaître, s'échapper, s'éclipser, s'enfuir, fuir, partir.

**ÉVALUER** ☐ apprécier, estimer, expertiser, inventorier, mesurer.

**ÉVANOUIR (S')** ☐ se dissiper, disparaître, s'éclipser, s'éteindre, se fondre, partir, se volatiliser.
• s'abandonner, défaillir, perdre connaissance.

**ÉVANOUISSEMENT** ☐ absence, coma, défaillance, faiblesse, pâmoison, syncope.

• anéantissement, disparition, dissipation, envol, fuite.

**ÉVAPORÉ** ☐ envolé, éventé, disparu, vaporisé.
• dissipé, distrait, étourdi, folâtre, frivole, léger, primesautier.

**ÉVASION** ☐ disparition, échappée, escapade, fuite.
• amusement, détente, distraction, divertissement, jeu.

**ÉVEIL** ☐ alarme, avertissement, méfiance, réveil.

**ÉVEILLÉ** ☐ agile, débrouillard, dégourdi, déluré, espiègle, malicieux, vif.

**ÉVEILLER** ☐ réveiller.
• avertir, développer, exciter, provoquer, stimuler.

**ÉVÉNEMENT** ☐ action, accident, affaire, aventure, calamité, circonstance, dénouement, désastre, drame, épisode, fin, incident, issue, nouvelle, résultat, situation.

**ÉVENTAIRE** ☐ devanture, étal, vitrine.

**ÉVENTER** ☐ découvrir, divulguer, exposer, percer, révéler, trouver.

**ÉVENTUALITÉ** ☐ cas, conjoncture, hasard, hypothèse, occasion, possibilité.

**ÉVENTUEL** ☐ hasardeux, hypothétique, incertain, occasionnel, possible, probable, vraisemblable.

**ÉVERTUER (S')** ☐ essayer, s'obstiner, tenter.

**ÉVIDEMMENT** ☐ assurément, certainement, incontestablement, sûrement.

**ÉVIDENCE** ☐ certitude, réalité, truisme, vérité.

**ÉVIDENT** ☐ authentique, clair, convainquant, flagrant, formel, incontestable, limpide, manifeste, patent, visible, vrai.

**ÉVINCER** ☐ chasser, déposséder, écarter, éliminer, exclure, repousser, spolier.

**ÉVITER** ☐ contourner, éluder, esquiver, détourner, fuir, parer, prévenir, se soustraire.

**ÉVOCATION** ☐ rappel.

**ÉVOLUER** ☐ changer, progresser.

**ÉVOLUTION** ☐ avancement, changement, métamorphose, mouvement, mutation, progression, transformation.

**ÉVOQUER** ☐ décrire, imaginer, interpeller, invoquer, rappeler, suggérer, susciter.

**EXACERBER** ☐ accentuer, exaspérer, irriter, porter au paroxysme, redoubler.

**EXACT** ☐ authentique, certain, correct, fidèle, juste, minutieux, ponctuel, précis, réel, scrupuleux, sincère, vrai.

**EXACTION** ☐ concussion, déprédation, extorsion, malversation, prévarication, vol.

**EXACTITUDE** ☐ authenticité, justesse, ponctualité, précision, régularité, soin, vérité.

**EXAGÉRÉ** ☐ abusif, démesuré, excessif, exorbitant, extrême, outrancier.

**EXAGÉRER** ☐ abuser, dramatiser, forcer, grossir, mentir, rajouter.

**EXALTATION** ☐ emballement, engouement, enthousiasme, excitation, ferveur, ivresse, lyrisme, passion, ravissement, transport, zèle.

**EXALTÉ** ☐ ardent, enthousiaste, lyrique, passionné, surexcité, transporté.

**EXALTER** ☐ glorifier, grandir, louer, magnifier, vanter.

**EXAMEN** ☐ concours, épreuve, interrogation, test.
• analyse, essai, étude, expérimentation, expertise, recherche.

**EXAMINER** ☐ analyser, étudier, explorer, inspecter, regarder, scruter, sonder, vérifier.

**EXASPÉRER** ☐ agacer, aggraver, aviver, énerver, ennuyer, envenimer, exacerber, excéder, fâcher, irriter.

**EXAUCER** ☐ accorder, combler, contenter, satisfaire.

**EXCAVATION** ☐ creux, tranchée.

**EXCÉDENT** ☐ excès, supplément, surplus.

**EXCÉDER** ☐ agacer, énerver, ennuyer, exacerber, exaspérer, fâcher, irriter, lasser.

**EXCELLENT** ☐ admirable, bon, convenable, délicieux, exemplaire, meilleur, parfait, remarquable, savoureux, succulent, supérieur.

**EXCENTRIQUE** ☐ bizarre, étrange, extravagant, fantasque, insolite, original, singulier.
• externe, périphérique.

**EXCEPTÉ** ☐ hors, hormis, sauf.

**EXCEPTION** ☐ anomalie, particularité, rareté, singularité.

**EXCEPTIONNEL** ☐ extraordinaire, inaccoutumé, inhabituel, remarquable, rare, supérieur.

**EXCÈS** ☐ excédent, profusion, supplément, surabondance, surplus.
• abus, débauche, exagération, injustice, outrance.

**EXCESSIF** ☐ abusif, exagéré, exorbitant, extrême, immodéré, outrancier.

**EXCITANT** ☐ affriolant, émouvant, enivrant, piquant, provoquant, séduisant, troublant.

**EXCITER** ☐ agacer, aguicher, attiser, déclencher, émoustiller, encourager, enflammer, enthousiasmer, exacerber, irriter, piquer, provoquer, stimuler, troubler.

**EXCLAMATION** ☐ cri, gémissement, hurlement, interjection, plainte, rugissement, vocifération.

**EXCLURE** ☐ bannir, chasser, évincer, éliminer, exiler, refuser, rejeter, repousser.

**EXCLUSION** ☐ élimination, expulsion, interdiction, ostracisme, rejet, révocation, renvoi.

**EXCLUSIVEMENT** ☐ seulement, uniquement.

**EXCLUSIVITÉ** ☐ monopole, préférence, privilège.

**EXCOMMUNICATION** ☐ anathème, exclusion, révocation.

**EXCRÉMENT** ☐ crotte, déjections, ordure.

**EXCURSION** ☐ balade, course, promenade, randonnée.

**EXCUSER** ☐ absoudre, acquitter, blanchir, défendre, disculper, innocenter, justifier, pardonner, tolérer.

**EXÉCRABLE** ☐ abominable, affreux, détestable, horrible, monstrueux, odieux, repoussant.

**EXÉCUTER** ☐ accomplir, confectionner, effectuer, faire, obéir, procéder à, réaliser.
• assassiner, mettre à mort, tuer.

**EXÉCUTION** ☐ accomplissement, confection, interprétation, réalisation.
• assassinat, éreintement, mise à mort, supplice.

**EXÉGÈSE** ☐ commentaire, critique, explication.

**EXEMPLAIRE** ☐ (adj) édifiant, parfait, représentatif.

**EXEMPLAIRE** ☐ (nom) copie, modèle, prototype, spécimen.

**EXEMPLE** ☐ aperçu, échantillon, image, modèle, spécimen.

**EXEMPTER** ☐ dégager, dispenser, exonérer, libérer.

**EXERCER** ☐ cultiver, employer, faire, pratiquer, travailler.
• dresser, entraîner, former.

**EXHIBER** ☐ déployer, étaler, exposer, montrer, présenter.

**EXHORTER** ☐ appeler, encourager, enflammer, exciter, inciter, inviter à, stimuler.

**EXHUMER** ☐ arracher, déterrer, ressortir.

**EXIGEANT** ☐ difficile, envahissant, maniaque, pointilleux, sévère, tatillon, tyrannique.

**EXIGER** ☐ demander, prétendre, réclamer, revendiquer, vouloir.

**EXIGU** ☐ dérisoire, étriqué, étroit, menu, minuscule, petit, resserré, restreint.

**EXILER** ☐ bannir, chasser, déporter, éloigner, expulser, proscrire, rejeter.

**EXISTANT** ☐ actuel, contemporain, présent, réel.

**EXISTENCE** ☐ destinée, jours, présence, réalité, vie.

**EXISTER** ☐ être, durer, naître, subsister, vivre.

**EXODE** ☐ abandon, désertion, émigration, fuite.

**EXORCISME** ☐ adjuration, conjuration.

**EXOTIQUE** ☐ étranger, lointain.

**EXPANSIF** ☐ communicatif, démonstratif, exubérant, gai, ouvert.

**EXPANSION** ☐ développement, dissémination, épanouissement, extension, impérialisme, multiplication, propagation, rayonnement.

**EXPECTATIVE** ☐ attente, espérance, espoir.

**EXPÉDIER** ☐ accélérer, bâcler, finir.
• adresser, envoyer, porter.

**EXPÉDITIF** ☐ actif, diligent, prompt, rapide.

**EXPÉDITION** ☐ envoi, exportation, transport.
• campagne militaire, exploration, opération, voyage.

**EXPÉRIENCE** ☐ analyse, épreuve, essai, expérimentation, observation, pratique, tentative, test, usage.

• acquis, connaissance, habitude, routine, sagesse, usage.

**EXPÉRIMENTATION** ☐ démarche, épreuve, essai, étude, tentative, test.

**EXPÉRIMENTÉ** ☐ adroit, capable, chevronné, compétent, habile, qualifié, sage.

**EXPIATION** ☐ châtiment, punition, repentir.

**EXPIRER** ☐ exhaler, respirer, souffler.
• agoniser, s'éteindre, mourir.

**EXPLICATION** ☐ commentaire, exégèse, interprétation, précision, renseignement.

**EXPLICITE** ☐ affirmatif, catégorique, clair, formel, indiscutable, net.

**EXPLIQUER** ☐ apprendre, commenter, développer, éclairer, énoncer, enseigner, interpréter, justifier, motiver, traduire.

**EXPLOIT** ☐ haut fait, performance, prouesse, record.

**EXPLOITER** ☐ cultiver, mettre en valeur, rentabiliser, utiliser.
• abuser, duper, profiter de, rouler, tromper, voler.

**EXPLORATION** ☐ découverte, expédition, prospection, voyage.

**EXPLOSER** ☐ se désintégrer, éclater, sauter.

**EXPORTER** ☐ envoyer, expédier, vendre.

**EXPOSÉ** ☐ conférence, description, énoncé, historique, leçon, récit, relation.

**EXPOSER** ☐ annoncer, décrire, démontrer, montrer, tracer.
• déballer, déplier, dérouler, étaler, étendre, exposer, montrer.

**EXPOSER (S')** ☐ affronter, oser, se risquer.

**EXPOSITION** ☐ démonstration, étalage, exhibition, festival, présentation, salon, vernissage.
• argument, description, exposé, récit.

**EXPRESSION** ☐ construction, formule, locution, maxime, mot, sentence, style, terme, tournure.
• attitude, caractère, comportement, physionomie.

**EXPRIMER** ☐ énoncer, expliquer, manifester, monter, peindre, traduire.
• broyer, extraire, fouler, presser.

**EXPRIMER (S')** ☐ parler.

**EXPULSER** ☐ bannir, chasser, exiler, renvoyer.

**EXQUIS** ☐ agréable, charmant, délectable, délicieux, gracieux, plaisant, raffiné, ravissant, suave, succulent.

**EXTASE** ☐ béatitude, contemplation, émerveillement, félicité, ivresse, ravissement.

**EXTENSION** ☐ agrandissement, augmentation, élargissement, déploiement, essor, expansion.

**EXTÉNUER** ☐ accabler, affaiblir, anéantir, briser, épuiser, éreinter, fatiguer.

**EXTÉRIEUR** ☐ dehors, externe, visible.

**EXTÉRIORISER** ☐ dire, exprimer, manifester, montrer.

**EXTERMINER** ☐ anéantir, détruire, massacrer, ravager, supprimer, tuer.

**EXTRACTION** ☐ arrachage, arrachement, déracinement, extirpation.
•. descendance, lignée, naissance, origine.

**EXTRAIRE** ☐ arracher, dégager, déraciner, enlever, exprimer, ôter, prélever, recueillir, sortir, tirer.

**EXTRAIT** ☐ abrégé, abréviation, aperçu, citation, condensé, passage, résumé, sommaire.

**EXTRAORDINAIRE** ☐ admirable, bizarre, colossal, curieux, étonnant, exceptionnel, fantastique, formidable, inouï, insolite, irrationnel, magnifique, merveilleux, phénoménal, rare, stupéfiant, surprenant.

**EXTRAVAGANT** ☐ absurde, bizarre, déraisonnable, excentrique, incohérent, invraisemblable, saugrenu.

**EXTRAVAGANCE** ☐ aberration, absurdité, erreur, imbécillité, stupidité.

**EXTRÊME** ☐ dernier, excessif, immense, intense, passionné, ultime, violent.

**EXTRÊMEMENT** ☐ très.

**EXTRÉMISTE** ☐ anarchiste, enragé, révolutionnaire, subversif.

**EXTRÉMITÉ** ☐ aboutissement, bout, confins, fin, limite, terme, terminaison.
• abois, agonie, derniers instants.

**EXUBÉRANCE** ☐ abondance, luxuriance, plénitude, profusion, richesse.

**EXUBÉRANT** ☐ communicatif, démonstratif, enjoué, jovial.

**EXULTER** ☐ jubiler, être ravi, se réjouir.

**EXUTOIRE** ☐ changement, dérivatif, diversion.

*f*

**FABLE** ☐ allégorie, conte, fiction, histoire, invention, légende, mensonge, parabole.

**FABRICANT** ☐ artisan, industriel, manufacturier.

**FABRICATION** ☐ confection, création, exécution, façon, réalisation.

**FABRIQUE** ☐ atelier, chantier, laboratoire, manufacture, usine.

**FABRIQUER** ☐ confectionner, faire, forger, inventer, produire, usiner.

**FABULEUX** ☐ admirable, chimérique, curieux, épique, étonnant, extraordinaire, fantastique, imaginaire, inouï, légendaire, magnifique, merveilleux, romanesque, surprenant, utopique.

**FAÇADE** ☐ devant, devanture, extérieur, face, front, frontispice, mur.

**FACE** ☐ façade, figure, front, physionomie, tête, visage.

**FACE-A-FACE** ☐ vis-à-vis.

**FACÉTIE** ☐ bouffonnerie, canular, farce, mystification, plaisanterie.

**FÂCHÉ** ☐ agacé, contrarié, désolé, ennuyé, irrité, marri, mécontent.

**FÂCHER** ☐ agacer, attrister, chagriner, contrarier, exaspérer, irriter, mécontenter.

**FÂCHER (SE)** ☐ bouder, se brouiller, s'emporter, se mettre en colère.

**FÂCHEUX** ☐ déplaisant, déplorable, désagréable, désobligeant, ennuyeux, gênant, importun, indiscret, insupportable, malencontreux, regrettable.

**FACIÈS** ☐ apparence, figure, tête, visage.

**FACILE** ☐ abordable, agréable, aisé, clair, commode, élémentaire, enfantin, faisable, possible, réalisable, simple.
● accommodant, arrangeant, complaisant, conciliant, doux, souple, tolérant.

**FACILEMENT** ☐ aisément, commodément, simplement.

**FACILITÉ** ☐ adresse, aisance, brio, complaisance, intelligence, laisser-aller, laxisme, mollesse.
● clarté, commodité, simplicité.

**FACILITER** ☐ aider, aplanir, arranger, assister, favoriser, préparer, soutenir.

**FAÇON** ☐ confection, coupe, création, fabrication, façonnage, forme, réalisation, style, technique, travail.

**FAÇONS** ☐ comportement, manières, minauderie, prétention.

**FAÇON (SANS)** ☐ franchement.

**FACONDE** ☐ éloquence, facilité, volubilité.

**FAÇONNER** ☐ confectionner, élaborer, fabriquer, former, préparer, travailler.
• apprivoiser, éduquer, former, instruire, transformer.

**FAC-SIMILÉ** ☐ copie, imitation, reproduction.

**FACTEUR** ☐ agent, intermédiaire, mandataire, messager, porteur, préposé.
• agent, cause, coefficient, élément.

**FACTICE** ☐ affecté, artificiel, emprunté, fabriqué, faux, feint, postiche, simili.

**FACTIEUX** ☐ enragé, extrémiste, rebelle, révolutionnaire, séditieux.

**FACTION** ☐ clan, complot, groupe, ligue, parti.

**FACTIONNAIRE** ☐ garde, sentinelle, surveillant, vigile.

**FACTURE** ☐ addition, bilan, compte, note, relevé, somme, total.
• griffe, manière, style, technique.

**FACULTATIF** ☐ éventuel, occasionnel, optionnel.

**FACULTÉ** ☐ aptitude, capacité, moyen, possibilité, pouvoir, propriété, puissance, qualité.
• école, campus, institut, université.

**FACULTÉS** ☐ connaissance, esprit, intelligence, mémoire, pensée, raisonnement, sens.

**FADAISE** ☐ ânerie, bêtise, imbécillité, niaiserie, sottise, stupidité.

**FADE** ☐ délavé, douceâtre, ennuyeux, insignifiant, insipide, pâle, plat, terne.

**FAIBLE** ☐ affaibli, anémié, anémique, chancelant, chétif, débile, déficient, désarmé, fragile, gringalet, impuissant, indécis, insuffisant, malingre, médiocre, menu, mou, pusillanime, rabougri, veule.

**FAIBLESSE** ☐ anémie, déficience, évanouissement, fragilité, impuissance, indécision, médiocrité, mollesse, pâmoison, syncope.

**FAILLE** ☐ brisure, défaut, faiblesse, fente, fissure.

**FAILLIR** ☐ se dérober, fauter, manquer, pécher.

**FAILLITE** ☐ banqueroute, chute, déconfiture, krach, liquidation, ruine.

**FAIM** ☐ appétit, besoin, boulimie, convoitise, désir, fringale.

**FAINÉANT** ☐ désœuvré, inactif, indolent, nonchalant, oisif, paresseux, vaurien.

**FAIRE** ☐ accomplir, composer, confectionner, construire, créer, décider, devenir, écrire, effectuer, engendrer, entreprendre, exécuter, fabriquer, imiter, occasionner, produire, provoquer, réaliser.

**FAISABLE** ☐ aisé, facile, possible, réalisable.

**FAISCEAU** ☐ botte, bouquet, gerbe, fagot.
• accumulation, coalition, ensemble.

**FAIT** ☐ (nom) acte, action, anecdote, aventure, événement, réalité.

**FAIT** ☐ (adj) à point, épanoui, mûr, ouvert.

**FAÎTE** ☐ apogée, cime, comble, crête, sommet.

**FALAISE** ☐ escarpement, muraille, paroi.

**FALLACIEUX** ☐ faux, fourbe, hypocrite, mensonger, menteur, perfide, trompeur.

**FALLOIR** ☐ avoir à, devoir, être tenu de.

**FALSIFICATION** ☐ corruption, fraude, maquillage, truquage.

**FALSIFIER** ☐ altérer, fausser, frauder, frelater, truquer.

**FAMÉLIQUE** ☐ affamé, amaigri, efflanqué, étique, hâve, miséreux.

**FAMEUX** ☐ célèbre, connu, glorieux, illustre, renommé, réputé, supérieur.

**FAMILIARITÉ** ☐ désinvolture, intimité, liberté, privautés, sans-gêne.

**FAMILIER** ☐ accessible, commun, courant, domestique, habituel, ordinaire, usuel.
• amical, coutumier, habitué, intime, rassurant.

**FAMILLE** ☐ ascendance, clan, consanguinité, dynastie, foyer, groupe, ménage, maison, maisonnée, nichée, race, tribu.

**FAMINE** ☐ disette, indigence, manque, pénurie.

**FANATIQUE** ☐ aveugle, dévoué, enthousiaste, fervent, furieux, inconditionnel, intolérant, sectaire, surexcité.

**FANATISME** ☐ exaltation, frénésie, fureur, intolérance.

**FANÉ** ☐ altéré, décati, déformé, défraîchi, fatigué, flétri, passé, usé.

**FANFARON** ☐ bravache, hâbleur, vaniteux, vantard.

**FANFARONNADE** ☐ forfanterie, rodomontade, vantardise.

**FANGE** ☐ abjection, boue, ignominie, ordure.

**FANTAISIE** ☐ caprice, désir, extravagance, folie, gré, humeur, imagination, lubie, originalité, toquade.

**FANTASME** ☐ divagation, imagination, rêverie.

**FANTASQUE** ☐ bizarre, capricieux, changeant, extravagant, fantaisiste, inconséquent, insolite, lunatique, original, singulier.

**FANTASTIQUE** ☐ bizarre, étonnant, extraordinaire, fabuleux, formidable, imaginaire, invraisemblable, sensationnel, surprenant.

**FANTOCHE** ☐ marionnette, pantin, polichinelle.

**FANTÔME** ☐ apparition, esprit, illusion, revenant, spectre.

**FARAMINEUX** ☐ étonnant, extraordinaire, fantastique, prodigieux, sensationnel.

**FARAUD** ☐ fat, fier, immodeste, vantard.

**FARCE** ☐ attrape, bouffonnerie, canular, facétie, mystification, plaisanterie.
• hachis.

**FARCEUR** ☐ blagueur, bouffon, coquin, comique, enjoué, malicieux, plaisantin.

**FARDEAU** ☐ bagage, charge, joug, poids.

**FARDER** ☐ déguiser, maquiller, masquer, voiler.

**FARFELU** ☐ bizarre, écervelé, étourdi, irréfléchi, insouciant, rêveur.

**FARNIENTE** ☐ inaction, oisiveté, paresse, sieste.

**FAROUCHE** ☐ barbare, indompté, intimidé, méfiant, misanthrope, sauvage.

**FASCICULE** ☐ brochure, livret, plaquette.

**FASCINANT** ☐ attachant, captivant, charmant, ensorcelant, ravissant, séduisant, troublant.

**FASCINER** ☐ captiver, émerveiller, hypnotiser, séduire, stupéfier.

**FASTE** ☐ (nom) abondance, apparat, éclat, largesse, luxe, richesse, splendeur.

**FASTE** ☐ (adj) favorable, opportun, propice.

**FASTIDIEUX** ☐ accablant, ennuyeux, fatigant, insipide, lassant, monotone, pesant.

**FAT** ☐ altier, arrogant, avantageux, hautain, prétentieux, suffisant, vaniteux.

**FATAL** ☐ funeste, inévitable, malheureux, mortel, néfaste, nuisible, obligatoire.

**FATALISME** □ abandon, déterminisme, passivité, renoncement.

**FATALITÉ** □ destin, fortune, malédiction, malheur, sort.

**FATIGUE** □ accablement, dépression, déprime, épuisement, lassitude, peine, usure.

**FATIGUÉ** □ avachi, déformé, usagé, usé.
• accablé, brisé, épuisé, éreinté, las, surmené, usé.

**FATIGUER** □ accabler, ennuyer, épuiser, exténuer, forcer, lasser, peiner.

**FATRAS** □ amas, confusion, désordre, entassement, tas.

**FATUITÉ** □ dédain, orgueil, prétention, suffisance, vanité.

**FAUBOURG** □ banlieue, environs, périphérie.

**FAUCHER** □ couper, moissonner, récolter.
• abattre, anéantir, détruire, renverser.

**FAUFILER (SE)** □ se glisser, s'insinuer, s'introduire.

**FAUSSER** □ courber, déformer, falsifier, plier, tordre.

**FAUSSETÉ** □ dissimulation, duplicité, fourberie, hypocrisie, imposture, mensonge, tromperie.

**FAUTE** □ bêtise, délit, erreur, forfait, inexactitude, infraction, lapsus, maladresse, peccadille, péché.
• défaut, manque, pénurie.

**FAUTEUIL** □ siège, trône.

**FAUTIF** □ blâmable, coupable, illicite, répréhensible.

**FAUX** □ factice, dissimulé, feint, fourbe, hypocrite, menteur, perfide, sournois, traître, trompeur.
• contrefait, erroné, falsifié, fallacieux, inexact, mensonger, truqué.

**FAVEUR** □ amitié, appui, bienveillance, crédit, favoritisme, grâce, influence, préférence, protection, service, sympathie.

**FAVORABLE** □ ami, bienveillant, indulgent, propice.

**FAVORI** □ élu, préféré, protégé.

**FAVORISER** □ aider, avantager, faciliter, préférer, privilégier, servir.

**FAVORITISME** □ népotisme, partialité, préférence.

**FÉBRILE** □ excité, fiévreux, malade, nerveux.

**FÉBRILITÉ** □ agitation, angoisse, anxiété, appréhension, émotion, fièvre, inquiétude, nervosité.

**FÉCOND** □ abondant, copieux, fertile, fructueux, luxuriant, généreux, plantureux, prolifique, riche.

**FÉCONDITÉ** □ abondance, fertilité, flot, opulence, productivité, richesse.

**FÉDÉRATION** □ association, coalition, rassemblement, société, union.

**FÉDÉRER** □ allier, liguer, rassembler, unir.

**FEINDRE** □ affecter, contrefaire, imiter, se piquer de, simuler.

**FEINTE** □ artifice, comédie, dissimulation, hypocrisie, mensonge, ruse.

**FÊLER** □ disjoindre, diviser, fendre, fissurer, rompre.

**FÉLICITATIONS** □ applaudissements, compliment, éloge, louanges.

**FÉLICITÉ** □ béatitude, bonheur, enchantement, euphorie, extase, joie, plaisir, ravissement, satisfaction.

**FÉLICITER** □ applaudir, approuver, complimenter, congratuler, louer, vanter.

**FÉLON** □ déloyal, infidèle, hypocrite, traître.

**FÊLURE** □ cassure, fente, fracture.

**FEMME** □ amante, beauté, compagne, concubine, courtisane, dame, demoiselle, égérie, épouse, Ève, favorite, femelle, fille, mégère, ménagère, odalisque, Vénus.

**FENDILLER (SE)** ☐ se craqueler, se crevasser, se fêler.

**FENDRE** ☐ crevasser, disjoindre, fêler, écarter, ouvrir, rompre.

**FENÊTRE** ☐ baie, croisée, lucarne.

**FENTE** ☐ crevasse, déchirure, fissure, lézarde.

**FER** ☐ acier, métal, minerai.
• épée, lame, pointe.

**FERME** ☐ consistant, constant, dense, dur, homogène, palpable, solide.
• assuré, autoritaire, décidé, inflexible, intransigeant, obstiné, résolu, strict, têtu.

**FERME** ☐ (nom) domaine, exploitation, mas, métairie.

**FERMEMENT** ☐ énergiquement, vigoureusement.

**FERMENT** ☐ germe, levain, levure.

**FERMENTATION** ☐ agitation, ébullition, effervescence.

**FERMER** ☐ barrer, boucler, cadenasser, clore, condamner, interdire, verrouiller.

**FERMETÉ** ☐ assurance, énergie, entêtement, intransigeance, résolution.

**FERMETURE** ☐ serrure, verrou.
• arrêt, barrage, condamnation, coupure, interdiction, verrouillage.

**FERMIER** ☐ agriculteur, colon, cultivateur, métayer, paysan.

**FÉROCE** ☐ barbare, brutal, cruel, dur, impitoyable, inhumain, sanguinaire, sauvage, violent.

**FÉROCITÉ** ☐ barbarie, brutalité, cruauté, dureté, méchanceté, sadisme, sauvagerie.

**FERTILE** ☐ abondant, copieux, fécond, fructueux, luxuriant, généreux, plantureux, riche.

**FERTILITÉ** ☐ abondance, fécondité, flot, opulence, richesse.

**FÉRU** ☐ fanatique, fervent, passionné.

**FÉRULE** ☐ ascendant, autorité, domination, influence, maîtrise, pouvoir, tutelle.

**FERVENT** ☐ ardent, enthousiaste, fanatique, intense.

**FERVEUR** ☐ ardeur, effusion, élan, enthousiasme, flamme, passion.

**FESSÉE** ☐ correction, claque, coup, tape.

**FESTIN** ☐ agapes, banquet, bombance, noce, repas, ripaille.

**FÊTE** ☐ assemblée, célébration, festival, gala, kermesse, récréation.

**FÊTER** ☐ célébrer, commémorer, festoyer.

**FÉTICHE** ☐ amulette, mascotte, portebonheur, talisman.

**FÉTICHISME** ☐ idolâtrie, religion, superstition.

**FÉTIDE** ☐ délétère, écœurant, fécal, infect, insalubre, malodorant, méphitique, nauséabond, pestilentiel, puant, putride, répugnant.

**FEU** ☐ brasier, bûcher, flamme, foyer, four, incendie, soleil.
• ardeur, chaleur, enthousiasme, excitation, vivacité.
• famille, foyer, maison.

**FEU** ☐ (adj) décédé, défunt, disparu.

**FEUILLAGE** ☐ branchage, feuillée, frondaison, ramée, verdure.

**FEUILLE** ☐ feuillet, fiche, folio, journal, page, pli.

**FEUILLETER** ☐ compulser, lire, parcourir, tourner.

**FEUILLETON** ☐ article, conte, roman.

**FIABLE** ☐ certain, établi, incontestable, solide, sûr, valable.

**FIANÇAILLES** ☐ accordailles, engagement, promesse.

**FIANCÉ** ☐ futur, prétendant, promis, soupirant.

**FIASCO** ☐ défaite, échec, faillite, insuccès.

**FICELER** ☐ attacher, fixer, lacer, lier, nouer.

**FICHE** ☐ carte, carton, feuillet.

**FICHER** ☐ cataloguer, classer, enregistrer, inscrire, recenser.
• clouer, enfoncer, fixer, planter.

**FICHIER** ☐ casier, classeur, documentation, registre.

**FICHU** ☐ châle, écharpe, foulard.

**FICTION** ☐ création, imagination, invention.

**FIDÈLE** ☐ attaché, bon, dévoué, loyal, sûr, vrai.

**FIDÉLITÉ** ☐ attachement, constance, dévouement, loyauté.

**FIER** ☐ altier, arrogant, dédaigneux, hautain, insolent, orgueilleux, satisfait, suffisant, superbe, vaniteux.

**FIER (SE)** ☐ s'appuyer sur, avoir confiance en, se confier.

**FIÈREMENT** ☐ dignement.

**FIERTÉ** ☐ amour-propre, arrogance, hauteur, morgue, orgueil, satisfaction.

**FIÈVRE** ☐ maladie, malaise, température.
• agitation, angoisse, anxiété, émotion, inquiétude, nervosité.

**FIÉVREUX** ☐ agité, anxieux, chaud, fébrile, malade, nerveux.

**FIGÉ** ☐ coagulé, engourdi, gelé, immobile, paralysé, transi.

**FIGNOLER** ☐ achever, parfaire, polir.

**FIGURANT** ☐ acteur, comparse, doublure.

**FIGURE** ☐ face, faciès, frimousse, portrait, tête, visage.
• allégorie, effigie, forme, image, portrait, représentation, statue.

**FIGURER** ☐ dessiner, modeler, peindre, représenter, sculpter.

• incarner, paraître, participer.

**FIGURER (SE)** ☐ croire, s'imaginer, s'inventer.

**FIL** ☐ tranchant.
• brin, fibre.
• cours, déroulement, évolution, processus, suite.

**FILANDREUX** ☐ confus, fumeux, incompréhensible, obscur.

**FILE** ☐ défilé, enfilade, procession, queue, rang.

**FILER** ☐ couler, s'enfuir, partir.
• épier, suivre.

**FILIALE** ☐ succursale.

**FILIATION** ☐ consanguinité, descendance, enchaînement, famille, lignée, succession.

**FILLE** ☐ demoiselle, descendante, enfant, fillette, héritière, mademoiselle.
• courtisane, femme légère, prostituée.

**FILON** ☐ gisement, mine, veine.

**FILOU** ☐ aigrefin, escroc, malfaiteur, tricheur, voleur.

**FILS** ☐ descendant, enfant, garçon, héritier, rejeton.

**FILTRER** ☐ assainir, clarifier, épurer, tamiser.
• couler, s'infiltrer, passer, pénétrer, se répandre.

**FIN** ☐ aboutissement, achèvement, accomplissement, bout, but, chute, dénouement, issue, limite, résultat, terme.
• agonie, décès, mort.

**FIN** ☐ (adj) affiné, agréable, délicat, délité, fragile, léger, mince, perspicace, raffiné, sensible, suave, subtil, ténu.

**FINAL** ☐ décisif, définitif, dernier, suprême, ultime.

**FINALEMENT** ☐ définitivement.

**FINANCER** ☐ entretenir, payer, régler, subventionner, verser.

**FINAUD** ☐ astucieux, fin, futé, ingénieux, malin, rusé.

**FINESSE** ☐ clairvoyance, délicatesse, ingéniosité, légèreté, malice, minceur, raffinement, ruse, sensibilité, subtilité.

**FINI** ☐ accompli, achevé, fignolé, parfait.
• disparu, enfui, perdu, révolu.

**FINIR** ☐ accomplir, achever, cesser, conclure, liquider, parfaire, terminer.

**FIRME** ☐ établissement, maison, société.

**FISSURE** ☐ brèche, cassure, fêlure, lézarde, sillon.

**FIXE** ☐ immobile, immuable, invariable, persistant, stable.

**FIXER** ☐ assujettir, attacher, clouer, coller, immobiliser, paralyser, retenir, stabiliser, visser.
• assigner, décider, formuler, préciser.

**FLAGELLER** ☐ battre, cingler, cravacher, fouetter.

**FLAGEOLER** ☐ chanceler, tituber, trébucher, trembler.

**FLAGORNERIE** ☐ courbette, flatterie, hypocrisie, tromperie.

**FLAGRANT** ☐ certain, évident, incontestable, indiscutable, tangible, vrai.

**FLAIR** ☐ nez, odorat.
• acuité, clairvoyance, finesse, intuition, lucidité, pénétration, perspicacité, sagacité.

**FLAIRER** ☐ deviner, pressentir, renifler, sentir, soupçonner.

**FLAMBER** ☐ brûler, calciner, flamboyer.

**FLAMBOYER** ☐ briller, éclairer, éclater, étinceler, resplendir, rutiler.

**FLAMME** ☐ brasier, feu, incendie.
• animation, ardeur, enthousiasme, foi.

**FLAMMÈCHE** ☐ escarbille, étincelle.

**FLANC** ☐ aile, bord, côté, entrailles, travers, ventre.

**FLANCHER** ☐ abandonner, reculer, renoncer.

**FLANER** ☐ errer, marcher, musarder, se promener, traîner, vagabonder.

**FLÂNEUR** ☐ badaud, passant, promeneur.

**FLAPI** ☐ épuisé, éreinté, fané, fatigué, flétri, las, usé.

**FLASQUE** ☐ avachi, cotonneux, mou, spongieux.

**FLATTER** ☐ amadouer, bercer, cajoler, caresser, choyer, courtiser, encenser, flagorner.

**FLATTER (SE)** ☐ se glorifier, se prévaloir, se targuer, se vanter.

**FLÉAU** ☐ calamité, cataclysme, catastrophe, désastre, drame, sinistre.

**FLÈCHE** ☐ dard, fléchette, sagaie, trait.

**FLÉCHIR** ☐ attendrir, céder, courber, ébranler, obéir, plier, succomber, toucher.

**FLEGMATIQUE** ☐ blasé, froid, impassible, lymphatique, serein, tranquille.

**FLÉTRI** ☐ décati, déformé, défraîchi, fané, passé, ridé, usé.

**FLEUR** ☐ plante, végétal.
• choix, élite, sélection.

**FLEURI** ☐ coloré, rubicond, vif.

**FLEURIR** ☐ bourgeonner, éclore, s'épanouir.
• se développer, prospérer, réussir.

**FLEUVE** ☐ cours d'eau, estuaire, rivière.

**FLEXIBLE** ☐ élastique, maniable, mou, pliable, souple.
• docile, influençable, malléable, obéissant, soumis, souple.

**FLIRT** ☐ amourette, badinage, béguin, passade.

**FLORE** ☐ végétation.

**FLORILÈGE** ☐ anthologie, morceaux choisis, recueil.

**FLORISSANT** ☐ abondant, copieux, fécond, fructueux, heureux, opulent, prospère, riche.

**FLOT** ☐ courant, flux, déluge, houle, lame, marée, onde, vague.
• abondance, afflux, débordement, foule, multitude, opulence, richesse.

**FLOTTER** ☐ ondoyer, onduler, surnager, voleter, voltiger.
• atermoyer, hésiter, temporiser, tergiverser.

**FLOU** ☐ fondu, inconsistant, indistinct, vague, vaporeux.

**FLUCTUATION** ☐ balancement, changement, oscillation, variation, vicissitude.

**FLUET** ☐ délicat, fragile, grêle, menu, mince.

**FLUIDE** ☐ flux, gaz, liquide, onde, radiation.

**FLUIDE** ☐ (adj) clair, coulant, dilué, instable, liquide, mouvant.

**FLÛTE** ☐ chalumeau, fifre, flageolet, pipeau, traversière.
• baguette, pain.
• vase, verre.

**FLUX** ☐ afflux, débit, débordement, écoulement, émission, flot, marée, ressac.

**FOI** ☐ conviction, croyance, religion.
• confiance, droiture, fidélité, honneur, promesse, sincérité.

**FOIRE** ☐ exposition, fête, marché.

**FOIS** ☐ coup, moment, occasion, opportunité.

**FOISON (À)** ☐ en abondance, beaucoup, à profusion.

**FOISONNER** ☐ abonder, fourmiller, pulluler.

**FOLÂTRE** ☐ allègre, badin, enjoué, espiègle, gai, heureux, joyeux, plaisant, rieur.

**FOLÂTRER** ☐ badiner, batifoler, s'ébattre, flirter, jouer, marivauder, papillonner.

**FOLIE** ☐ aliénation, délire, démence, déraison, égarement, extravagance, fureur, idiotie, névrose.

**FOLIO** ☐ feuille, numérotation, page.

**FOLLEMENT** ☐ extrêmement.

**FOMENTER** ☐ comploter, exciter, provoquer, soulever.

**FONCÉ** ☐ basané, brun, obscur, opaque, sombre.

**FONCER** ☐ charger, s'élancer, se précipiter.

**FONCTION** ☐ activité, emploi, état, office, place, poste, profession, tâche.

**FONCTIONNAIRE** ☐ administrateur, agent, bureaucrate, commis, employé, préposé, salarié.

**FONCTIONNER** ☐ actionner, agir, faire, manœuvrer, marcher, opérer, travailler.

**FOND** ☐ base, canevas, champ, creux, cul, décor, profondeur.
• idée, matière, réalité, sujet.

**FONDAMENTAL** ☐ capital, essentiel, primordial, principal, vital.

**FONDEMENT** ☐ assise, base, fondation, motif, principe, raison, soubassement.

**FONDER** ☐ asseoir, bâtir, créer, établir, instituer.

**FONDRE** ☐ délayer, étendre, liquéfier, mouler.

**FONDRE SUR** ☐ s'abattre, assaillir, se précipiter.

**FONDS** ☐ argent, biens, capital, propriété.

**FONDU** ☐ dégradé, flou, indistinct.

**FONTAINE** ☐ bassin, réservoir, source.

**FONTE** ☐ dégel, fusion, liquéfaction.

**FORAIN** ☐ marchand ambulant, nomade, saltimbanque.

**FORCE** ☐ ardeur, capacité, courage, détermination, dynamisme, énergie, puissance, résistance, ressort, robustesse, vigueur.

• asservissement, contrainte, pression, violence.

**FORCE (À... DE)** □ beaucoup de.

**FORCÉ** □ inévitable, logique, nécessaire, obligatoire.

• artificiel, contraint, embarrassé, emprunté, hypocrite, faux.

**FORCENÉ** □ dément, enragé, furieux.

**FORCER** □ astreindre, contraindre, exiger, obliger.

• briser, casser, défoncer, démolir, détruire, fracasser, fracturer, ouvrir.

**FORÊT** □ bois, futaie, sylve.

**FORFAIT** □ crime, délit, faute, infraction, malversation, vol.

**FORFAITURE** □ déloyauté, félonie, trahison.

**FORGER** □ élaborer, fabriquer, imaginer, inventer.

• battre, fondre.

**FORMALITÉ** □ cérémonial, démarches, procédure.

**FORMAT** □ calibre, dimension, mesure.

**FORMATION** □ composition, conception, création, élaboration, fondation, institution, organisation.

• apprentissage, éducation, instruction.

**FORME** □ aspect, configuration, contour, figure, ligne, manière, style, tracé.

**FORMELLEMENT** □ absolument.

**FORMER** □ aménager, assembler, bâtir, façonner, constituer, façonner, modeler, sculpter.

• éduquer, initier, instruire.

**FORMIDABLE** □ bizarre, cauchemardesque, colossal, considérable, dantesque, effrayant, effroyable, épouvantable, étonnant, exceptionnel, fantastique, hallucinant, inouï, magnifique, menaçant, monstrueux, pétrifiant, phénoménal, surprenant, terrible, terrifiant.

**FORMULE** □ expression, intitulé, méthode, mode, phrase, procédé, slogan.

**FORMULER** □ dire, énoncer, exposer, exprimer, formuler, prononcer.

**FORT** □ athlétique, dru, gros, musclé, puissant, résistant, robuste, solide, vigoureux.

**FORTERESSE** □ bastille, citadelle, fort, fortin.

**FORTIFIANT** □ réconfortant, reconstituant, stimulant, tonique.

**FORTIFIER** □ affermir, armer, consolider, équiper, renforcer.

• encourager, durcir, raffermir, réconforter, tonifier.

**FORTUITEMENT** □ accidentellement, par hasard.

**FORTUNE** □ chance, destinée, hasard, sort.

• argent, biens, capital, prospérité, richesse, trésor.

**FORTUNÉ** □ aisé, chanceux, florissant, heureux, riche.

**FOSSE** □ cavité, douve, fossé, gouffre, oubliette, trou.

**FOSSÉ** □ canal, douve, rigole, tranchée.

**FOU** □ absurde, aliéné, délirant, dément, déraisonnable, déséquilibré, furieux, halluciné, interné, malade, maniaque, névrosé.

**FOUCADE** □ caprice, fantaisie, gré, humeur, lubie, toquade.

**FOUDRE** □ éclair, tonnerre.

• tonneau.

**FOUDROYANT** □ aveuglant, fulgurant, fulminant.

• brutal, immédiat, instantané, prompt, rapide, soudain, subit.

**FOUETTER** □ battre, cingler, flageller, fustiger.

**FOUGUE** □ ardeur, élan, emportement, enthousiasme, entrain, impétuosité, véhémence, violence, virulence.

**FOUGUEUX** ☐ ardent, bouillant, emporté, impétueux, violent.

**FOUILLER** ☐ approfondir, chercher, creuser, enquêter, farfouiller, fouiner, fureter, rechercher, retourner.

**FOUILLIS** ☐ confusion, désordre, fatras, incohérence, pagaille.

**FOUINER** ☐ fouiller, fureter, rechercher.

**FOULE** ☐ affluence, masse, monde, multitude, presse, nuée, rassemblement, troupe, troupeau.

**FOULER** ☐ bafouer, humilier, mépriser, opprimer.
• exprimer, extraire, piétiner, presser.

**FOUR** ☐ convertisseur, étuve, fournaise, fourneau, gril.
• échec, fiasco, insuccès.

**FOURBE** ☐ dissimulé, faux, hypocrite, menteur, sournois, traître, trompeur.

**FOURBERIE** ☐ duplicité, fausseté, hypocrisie, traîtrise, tromperie.

**FOURBIR** ☐ astiquer, frotter, polir.

**FOURBU** ☐ épuisé, éreinté, fatigué, las, moulu, rompu, usé.

**FOURCHE** ☐ bifurcation, carrefour, embranchement.
• fourchette, harpon, trident.

**FOURMILLER** ☐ abonder, grouiller, proliférer, pulluler.

**FOURNIR** ☐ approvisionner, donner, équiper, livrer, munir, nantir, procurer, ravitailler, vendre.

**FOURRER** ☐ doubler, enfoncer, introduire, mettre.

**FOURRURE** ☐ peau, pelage, poil, toison.

**FOURVOYER (SE)** ☐ s'égarer, se perdre, se tromper.

**FOYER** ☐ âtre, cheminée, feu.
• demeure, domicile, famille, maison.

**FRACAS** ☐ bruit, tapage, tintamarre, vacarme.

**FRACASSER** ☐ briser, broyer, casser, disloquer, fracturer, rompre, saccager.

**FRACTION** ☐ brisure, cassure, fracture, fragment, morceau, part, partie, scission, tronçon.

**FRACTIONNER** ☐ morceler, partager, sectionner.

**FRACTURER** ☐ briser, casser, fendre, fracasser, ouvrir.

**FRAGILE** ☐ cassant, chétif, délicat, frêle, friable, menu, mièvre, périssable.

**FRAGILITÉ** ☐ délicatesse, faiblesse, précarité.

**FRAGMENT** ☐ débris, éclat, morceau, partie.

**FRAGMENTER** ☐ diviser, morceler, partager, répartir.

**FRAGRANCE** ☐ arôme, bouquet, odeur, parfum.

**FRAÎCHEUR** ☐ froid, humidité, refroidissement.
• éclat, grâce, innocence, jeunesse, naïveté, naturel, spontanéité.

**FRAIS** ☐ froid, gelé, glacé, réfrigéré.
• jeune, neuf, nouveau, récent, sain, vert.
• détendu, dispos, reposé.

**FRANC** ☐ carré, cordial, droit, honnête, libre, loyal, ouvert, simple, sincère, vrai.

**FRANCHEMENT** ☐ sincèrement.

**FRANCHIR** ☐ dépasser, parcourir, passer, traverser.

**FRANCHISE** ☐ cordialité, droiture, franc-parler, honnêteté, simplicité, sincérité, véracité.

**FRANCO** ☐ direct, gratuit, sans frais.

**FRAPPER** ☐ battre, cogner, heurter, marteler, punir, taper, toquer.
• attendrir, attrister, émouvoir, impressionner, toucher.

• glacer, rafraîchir, refroidir.

**FRASQUE** ☐ fredaine, équipée, escapade, folie, incartade.

**FRATERNEL** ☐ amical, bienveillant, bon, complaisant, cordial, indulgent, solidaire, sympathique.

**FRATERNISER** ☐ s'entendre, sympathiser, s'unir.

**FRAUDER** ☐ abuser, falsifier, tricher, tromper.

**FREDAINE** ☐ frasque, escapade, folie, incartade.

**FREDONNER** ☐ chantonner, chanter, psalmodier.

**FREINER** ☐ atténuer, contrarier, gêner, modérer, ralentir, retenir.

**FRELATÉ** ☐ altéré, dégradé, falsifié, gâté, malsain, truqué, vicié.

**FRÊLE** ☐ chancelant, délicat, faible, fragile, grêle, menu, mièvre.

**FRÉMIR** ☐ bruire, frissonner, trembler, vibrer.

**FRÉNÉSIE** ☐ agitation, délire, égarement, exaltation, fièvre, fureur.

**FRÉQUEMMENT** ☐ souvent.

**FRÉQUENCE** ☐ cycle, répétition.

**FRÉQUENTATION** ☐ connaissance, liaison, relation.

**FRÉQUENTER** ☐ aller fréquemment, hanter, pratiquer, visiter.

**FRÈRE** ☐ ami, compagnon, double, semblable.

**FRÉTILLER** ☐ s'agiter, remuer, se trémousser.

**FRIAND** ☐ avide, glouton, gourmand.

**FRIANDISE** ☐ confiserie, douceurs, gourmandises, sucreries.

**FRICTIONNER** ☐ frotter, masser, oindre, parfumer.

**FRIGORIFIER** ☐ congeler, geler, glacer, réfrigérer.

**FRIMAS** ☐ brouillard, bruine, brume, crachin, froidure.

**FRINGANT** ☐ agile, alerte, brillant, déluré, fougueux, pétillant, primesautier, sémillant.

**FRIPER** ☐ chiffonner, froisser.

**FRIPOUILLE** ☐ aventurier, canaille, malfaiteur, truand, voleur, vaurien.

**FRISER** ☐ boucler, crêper, onduler.

**FRISSON** ☐ convulsion, frissonnement, spasme, tremblement, tressaillement.

**FRISSONNANT** ☐ gelé, transi, tremblant.

**FRIVOLE** ☐ désinvolte, étourdi, folâtre, futile, inconséquent, infidèle, léger, volage.

**FROID** ☐ frais, gelé, glacé, glacial, polaire, rafraîchi.
• dédaigneux, distant, dur, impassible, indifférent.

**FROISSER** ☐ blesser, choquer, désobliger, fâcher, offenser, mortifier, vexer.
• bouchonner, chiffonner, friper, froncer, plisser.

**FRÔLER** ☐ effleurer, friser, raser, toucher.

**FRONCER** ☐ froisser, plisser, rider.

**FRONDER** ☐ attaquer, critiquer, railler.

**FRONDEUR** ☐ contestataire, hâbleur, indiscipliné, moqueur, rebelle.

**FRONT** ☐ coalition, ligue, union.
• face, figure, tête, visage.
• devanture, façade, fronton.

**FRONTIÈRE** ☐ confins, démarcation, limite, marche.

**FROTTER** ☐ astiquer, briquer, essuyer, fourbir, frictionner, lustrer, nettoyer.

**FROUSSARD** ☐ lâche, peureux, pleutre, poltron, pusillanime.

**FRUCTUEUX** ☐ abondant, avantageux,

copieux, fécond, fertile, luxuriant, opulent, riche.

**FRUGALITÉ** ☐ abstinence, modération, sobriété.

**FRUIT** ☐ agrume, baie, graine, grappe.
• profit, revenu, usufruit.
• conséquence, effet, résultat.

**FRUSTE** ☐ grossier, inculte, lourdaud, rustique, rustre, simple.

**FRUSTRER** ☐ démunir, dépouiller, désavantager, priver, spolier.

**FUGACE** ☐ changeant, fugitif, passager, rapide, transitoire.

**FUGITIF** ☐ (nom) banni, évadé, fuyard, proscrit.

**FUGITIF** ☐ fugace, passager, rapide, transitoire.

**FUGUE** ☐ équipée, escapade, frasque, fredaine, fuite.

**FUIR** ☐ abandonner, décamper, disparaître, s'échapper, s'esquiver, s'évader, éviter, partir, se sauver.

**FUITE** ☐ abandon, débâcle, débandade, défaite, exode, panique, sauve-qui-peut.

**FULMINER** ☐ crier, déclamer, invectiver, rugir, tempêter.

**FUMÉE** ☐ buée, exhalaison, gaz, nuage, vapeur.
• chimère, illusion, néant, vanité, vide.

**FUMEUX** ☐ abscons, confus, incompréhensible, obscur.

**FUNÈBRE** ☐ affligeant, funéraire, macabre, mortuaire, triste.

**FUNÉRAILLES** ☐ convoi, deuil, enterrement, incinération.

**FUNESTE** ☐ affligeant, catastrophique, désastreux, fatal, néfaste.

**FURETER** ☐ chercher, fouiller, fouiner.

**FUREUR** ☐ acharnement, colère, emportement, frénésie, furie, irritation, passion, rage, violence.

**FURIEUX** ☐ agité, énergumène, excité, fanatique, forcené, fou, furibond, possédé.

**FURONCLE** ☐ abcès, clou, enflure, orgelet, pustule, tumeur.

**FURTIVEMENT** ☐ clandestinement, secrètement, subrepticement.

**FUSIL** ☐ arquebuse, carabine, escopette, mousqueton.

**FUSILLER** ☐ exécuter, passer par les armes, supplicier, tuer.

**FUSION** ☐ fonte, liquéfaction.
• association, liaison, union.

**FUSTIGER** ☐ battre, blâmer, fouetter, réprimander.

**FUTÉ** ☐ adroit, astucieux, débrouillard, habile, malin, malicieux, rusé.

**FUTILE** ☐ creux, désinvolte, étourdi, évaporé, frivole, inconséquent, insouciant, léger, superficiel, vain.

**FUTUR** ☐ au-delà, avenir, devenir, éternité, lendemain, postérité.

**FUYANT** ☐ éphémère, fugace, fugitif, passager, transitoire.

**FUYARD** ☐ déserteur, évadé, fugitif, proscrit.

*g*

**GABARIT** ☐ bâti, canevas, dimension, forme, modèle, patron, tonnage.

**GABEGIE** ☐ désordre, gâchis, gaspillage, incohérence.

**GÂCHER** ☐ abîmer, bâcler, expédier, galvauder, gaspiller, gâter, saboter.

**GÂCHIS** ☐ désordre, dilapidation, gabegie, gaspillage.

**GAFFE** ☐ bêtise, bévue, bourde, erreur, impair, maladresse, sottise.
● perche.

**GAG** ☐ effet comique.

**GAGE** ☐ arrhes, assurance, aval, caution, dépôt, garantie.

**GAGES** ☐ appointements, émoluments, paye, rétribution, salaire.

**GAGER** ☐ miser, parier, risquer.
● attester, cautionner, garantir.

**GAGEURE** ☐ défi, pari, risque.

**GAGNANT** ☐ champion, lauréat, triomphateur, vainqueur, victorieux.

**GAGNER** ☐ empocher, encaisser, toucher.
● acquérir, bénéficier, mériter, obtenir, récolter, séduire.
● battre, dompter, enlever, surclasser, surmonter, triompher de, vaincre.

**GAI** ☐ allègre, comique, content, divertissant, éméché, enjoué, espiègle, gaillard, guilleret, joyeux, jovial, réjoui, réjouissant.

**GAIETÉ/GAÎTÉ** ☐ alacrité, allégresse, entrain, hilarité, joie, jovialité, jubilation, plaisir.

**GAILLARD** ☐ alerte, égrillard, enjoué, gai, gaulois, grivois, leste, osé, paillard, rabelaisien.

**GAIN** ☐ bénéfice, boni, butin, commission, dividende, lucre, profit, rendement, rétribution, salaire, solde, succès, traitement.

**GAINE** ☐ ceinture, corset, guêpière, prothèse.
● enveloppe, étui, fourreau, housse.

**GALA** ☐ célébration, cérémonie, festival, fête, réception.

**GALANT** ☐ aimable, attentionné, empressé, libertin, poli, voluptueux.

**GALANT** ☐ (nom) amoureux, godelureau, soupirant.

**GALANTERIE** ☐ civilité, courtoisie, politesse.
● aventure, flirt, fredaine, intrigue, liaison, marivaudage, séduction.

**GALERIE** ☐ auditoire, public, spectateurs.
● exposition, musée, salle.

- boyau, passage, rue, souterrain, tunnel.
- couloir, portique, véranda, vestibule.

**GALOPER** ☐ courir, détaler, se hâter, se presser.

**GALVANISER** ☐ électriser, embraser, enfiévrer, enflammer, électriser, enthousiasmer, exalter, stimuler, survolter, transporter.

**GALVAUDER** ☐ errer, divaguer, vagabonder.
- avilir, bâcler, déshonorer, expédier, gaspiller, gâter, saboter.

**GAMIN** ☐ adolescent, enfant, galopin, garnement, polisson.

**GANDIN** ☐ chic, coquet, dandy, distingué, élégant, fringant, gommeux, pimpant.

**GANGRÈNE** ☐ corruption, décomposition, pourriture.

**GANGRENER** ☐ abîmer, avarier, corrompre, décomposer, dépraver, détériorer, gâter, pourrir.

**GARANTIE** ☐ assurance, caution, gage, signature.

**GARANTIR** ☐ affirmer, assurer, attester, cautionner, certifier, confirmer, préserver, protéger.

**GARDER** ☐ conserver, économiser, épargner, entreposer, receler, réserver.
- enfermer, observer, protéger, retenir, sauvegarder, séquestrer, surveiller.

**GARDIEN** ☐ concierge, garde, geôlier, magasinier, sentinelle, surveillant, vigile.

**GARNEMENT** ☐ adolescent, enfant, galopin, gamin, polisson, vaurien.

**GARNIR** ☐ doubler, décorer, équiper, emplir, entasser, fourrer, outiller, orner, remplir.

**GARNITURE** ☐ assortiment, enveloppe, ornement, parure, protection.

**GARROTTER** ☐ attacher, bâillonner, étrangler.

**GARS** ☐ fils, garçon, gaillard.

**GASPILLER** ☐ bâcler, dépenser, dilapider, dissiper, galvauder, gâter, perdre, saboter.

**GASTRONOME** ☐ amateur, fine gueule, gourmand, gourmet.

**GÂTER** ☐ abîmer, altérer, avarier, corrompre, dépraver, détériorer, galvauder, gangrener, gaspiller, pervertir, pourrir.

**GÂTEUX** ☐ âgé, déliquescent, idiot, malade, radoteur, sénile, vieux.

**GAUCHE** ☐ bâbord, senestre.

**GAUCHE** ☐ (adj) contraint, embarrassé, emprunté, gêné, maladroit, malhabile, nigaud, raide, timide.

**GAUCHIR** ☐ biaiser, dévier, tordre.

**GAUDRIOLE** ☐ boutade, gauloiserie, gouaillerie, grivoiserie, plaisanterie.

**GAULOIS** ☐ égrillard, gaillard, grivois, leste, osé, paillard.

**GAUSSER (SE)** ☐ se moquer, plaisanter, railler; rire de.

**GAVÉ** ☐ bourré, engraissé, gorgé.

**GAZ** ☐ fluide, vapeur.
- flatulence.

**GAZETTE** ☐ bulletin, journal, revue.

**GAZOUILLER** ☐ babiller, bruire, chanter, murmurer.

**GÉANT** ☐ (nom) cyclope, demi-dieu, génie, ogre, surhomme, titan.

**GÉANT** ☐ (adj) colossal, démesuré, énorme, gigantesque, grandiose, immense, imposant, monumental.

**GEINDRE** ☐ gémir, se lamenter, se plaindre, regretter.

**GEL** ☐ frimas, givre, glace.

**GELÉ** ☐ congelé, frappé, frigorifié, glacé, réfrigéré, transi.

**GÉMIR** ☐ crier, geindre, se lamenter, pleurer, récriminer, reprocher, souffrir.

**GÉMISSEMENT** ☐ doléances, geignement, jérémiade, lamentation, murmure, plainte, sanglot, soupir.

**GÊNANT** ☐ déplaisant, désagréable, embarrassant, encombrant, ennuyeux, fâcheux.

**GENDRE** ☐ beau-fils.

**GÊNE** ☐ contrainte, dérangement, difficulté, embarras.
• besoin, nécessité, pauvreté.

**GÊNÉ** ☐ emprunté, entravé, gauche, maladroit, malhabile.
• miséreux, nécessiteux, pauvre.

**GÊNER** ☐ contraindre, déranger, désavantager, embarrasser, entraver, handicaper, importuner, intimider, nuire, porter préjudice.

**GÉNÉRAL** ☐ collectif, commun, global, large, ordinaire, universel.

**GÉNÉRAL (EN)** ☐ ordinairement.

**GÉNÉRALEMENT** ☐ habituellement.

**GÉNÉRALISER** ☐ développer, étendre, propager, répandre.

**GÉNÉRATION** ☐ fécondation, genèse, reproduction.
• âge, postérité, progéniture.

**GÉNÉREUX** ☐ bienveillant, bon, brave, charitable, courageux, intrépide, magnanime.

**GÉNÉROSITÉ** ☐ altruisme, bienfaisance, bonté, charité, grandeur d'âme, magnanimité, mansuétude.

**GENÈSE** ☐ création, élaboration, formation, origine.

**GÊNEUR** ☐ importun, indésirable, insupportable, intempestif, raseur, parasite.

**GÉNIAL** ☐ habile, ingénieux, inventif, sagace.

**GÉNIE** ☐ capacité, disposition, don, penchant, talent.
• ange, démon, divinité, esprit.
• maître, surdoué, virtuose.

**GÉNITAL** ☐ sexuel.

**GÉNITEUR** ☐ parent, reproducteur.

**GENOU** ☐ articulation, jarret, rotule.

**GENRE** ☐ catégorie, classe, espèce, famille, ordre, race, varié.
• attitude, façon, sorte, tournure.

**GENS** ☐ êtres, foule, habitants, personnes, public.

**GENTIL** ☐ aimable, accueillant, amène, beau, bon, charmant, délicieux, gracieux, mièvre, plaisant, poli, sensible, tendre.

**GENTILHOMME** ☐ aristocrate, grand, noble.

**GENTILLESSE** ☐ amabilité, bienveillance, civilité, courtoisie, douceur, obligeance, politesse, prévenance.

**GEÔLE** ☐ cachot, cellule, prison.

**GÉRANCE** ☐ administration, direction, gestion.

**GERBE** ☐ botte, bouquet, fagot, javelle.

**GÉRER** ☐ administrer, diriger, gouverner, régir.

**GERME** ☐ grain, graine, embryon, semence.
• naissance, cause, origine, principe, source.

**GESTATION** ☐ conception, création, genèse, grossesse.

**GESTE** ☐ acte, attitude, conduite, exploit, mimique, mime, mouvement, posture.

**GIBET** ☐ corde, échafaud, estrapade, pilori, potence.

**GICLER** ☐ apparaître, couler, s'élever, fuser, jaillir, surgir.

**GIFLE** ☐ claque, coup, soufflet, tape.

**GIGANTESQUE** ☐ colossal, démesuré, énorme, grandiose, immense, imposant, monumental, titanesque.

**GIGOTER** ☐ s'agiter, danser, remuer, se trémousser.

**GISEMENT** ☐ bassin, mine, veine.

**GÎTE** ☐ abri, foyer, habitation, maison, nid, refuge, repaire, tanière, terrier.

**GIVRE** ☐ frimas, gelée, glace.

**GLABRE** ☐ imberbe, lisse, nu.

**GLACE** ☐ miroir, pare-brise, vitre.
• banquise, gel, givre, iceberg, neige, verglas.
• cassate, crème, sorbet.

**GLACER** ☐ congeler, engourdir, frapper, geler, pétrifier, refroidir, transir.
• effrayer, impressionner, intimider, pétrifier, terroriser.

**GLACIAL** ☐ antipathique, froid, glacé, hautain, imperturbable, impressionnant, insensible, intimidant, lointain, sec, sinistre.

**GLADIATEUR** ☐ belluaire, bestiaire, mirmillon, rétiaire.

**GLAISE** ☐ argile, kaolin, marne.

**GLAIVE** ☐ épée, fer.

**GLANER** ☐ butiner, grappiller, moissonner, récolter, recueillir.

**GLAPIR** ☐ aboyer, criailler, crier, injurier.

**GLAUQUE** ☐ inquiétant, trouble, verdâtre.

**GLISSANT** ☐ dangereux, fuyant, hasardeux, incertain, mouvant.

**GLISSEMENT** ☐ affaissement, chute, dérapage, glissade.
• changement, évolution, mouvement.

**GLISSER** ☐ déraper, patiner, riper, skier.

**GLISSER (SE)** ☐ s'échapper, se faufiler, s'infiltrer, s'insinuer, s'introduire.

**GLOIRE** ☐ célébrité, éclat, grandeur, honneur, louange, majesté, réputation, splendeur.

**GLORIEUX** ☐ avantageux, célèbre, éclatant, illustre, magnifique, mémorable, orgueilleux, présomptueux, suffisant, vaniteux.

**GLORIFIER** ☐ célébrer, chanter, exalter, louer, magnifier.

**GLORIOLE** ☐ orgueil, ostentation, suffisance, vanité.

**GLOSSAIRE** ☐ dictionnaire, lexique.

**GLOUTON** ☐ avide, goinfre, gourmand, goulu, vorace.

**GLUANT** ☐ collant, épais, poisseux, visqueux.

**GOBER** ☐ aspirer, attraper, avaler, manger.
• accepter, admettre, croire.

**GOGUENARD** ☐ ironique, moqueur, narquois, railleur.

**GOLFE** ☐ anse, baie, calanque, crique, fjord.

**GOMMEUX** ☐ affecté, coquet, distingué, élégant, fringant, gandin, pimpant, ridicule.

**GONFLÉ** ☐ ballonné, bouffant, bouffi, boursouflé, dilaté, enflé, soufflé, tuméfié, turgescent.

**GONFLEMENT** ☐ abcès, dilatation, grosseur, œdème, tuméfaction, turgescence.
• augmentation, exagération, inflation.

**GONFLER** ☐ augmenter, dilater, enfler, grossir, remplir.

**GORGE** ☐ col, cluse, défilé, passage.
• buste, poitrine, sein.
• amygdale, gosier, larynx, œsophage, pharynx.

**GORGÉ** ☐ bourré, comblé, gavé, rassasié, rempli.

**GOSSE** ☐ enfant, gamin, garnement.

**GOUAILLE** ☐ faconde, moquerie, raillerie.

**GOUAPE** ☐ frappe, vaurien, voyou.

**GOUFFRE** ☐ abîme, abysse, précipice, trou.

**GOUJAT** ☐ grossier, impoli, impudent, insolent, mufle, rustre, vulgaire.

**GOULU** ☐ avide, glouton, goinfre, gourmand, vorace.

**GOURD** ☐ engourdi, paralysé, perclus, transi.

**GOURDIN** ☐ bâton, canne, matraque, trique.

**GOURMAND** ☐ avide, friand, gastronome, glouton, gourmet.

**GOURMANDER** ☐ blâmer, gronder, réprimander, tancer.

**GOÛT** ☐ attirance, attrait, envie, faible, inclinaison, penchant, préférence.
• bouquet, fumet, saveur.

**GOÛTER** ☐ aimer, apprécier, déguster, essayer, se plaire à, raffoler de, savourer.

**GOUVERNAIL** ☐ barre, timon.

**GOUVERNANT** ☐ dirigeant, monarque, ministre, président, responsable.

**GOUVERNANTE** ☐ chaperon, duègne, nurse.

**GOUVERNEMENT** ☐ administration, conduite, direction, pouvoir, régime, système.

**GOUVERNER** ☐ administrer, conduire, diriger, gérer, régner.

**GOUVERNEUR** ☐ administrateur, directeur, maître, légat, proconsul, régent.

**GRABAT** ☐ couche, lit, litière.

**GRABUGE** ☐ bagarre, dégât, discussion, dispute, dommage, vacarme.

**GRÂCE** ☐ agrément, amabilité, attrait, beauté, charme, classe, délicatesse, distinction, douceur, esthétique, élégance, gentillesse, harmonie.
• absolution, amnistie, faveur, pardon, rémission, sursis.

**GRACIEUSEMENT** ☐ gratuitement.

**GRACIEUX** ☐ agréable, aimable, amène, charmant, délicieux, gentil, plaisant, poli.

**GRACILE** ☐ délicat, fluet, fragile, grêle, menu, mince.

**GRADE** ☐ avancement, échelon, promotion.

**GRADIN** ☐ degré, étage, marche.

**GRADUELLEMENT** ☐ par degrés, progressivement.

**GRAIN** ☐ averse, bourrasque, pluie, tempête, tornade.
• germe, graine, noyau, pépin.

**GRAISSER** ☐ huiler, lubrifier, oindre.

**GRAISSEUX** ☐ adipeux, gras, huileux, onctueux.

**GRAND** ☐ (adj) ample, considérable, élevé, éminent, énorme, fameux, gigantesque, glorieux, haut, illustre, immense, important, imposant, impressionnant, magistral, remarquable.

**GRAND** ☐ (nom) héros, noble, personnalité.

**GRANDEUR** ☐ ampleur, dimension, élévation, étendue, force, fortune, gloire, immensité, importance, intensité, largeur, noblesse, puissance, stature, taille, valeur.

**GRANDEUR D'ÂME** ☐ bonté, charité, générosité, magnanimité, mansuétude.

**GRANDILOQUENT** ☐ ampoulé, déclamatoire, emphatique, pédant, pompeux, ridicule.

**GRANDIOSE** ☐ ample, colossal, considérable, démesuré, énorme, gigantesque, grandiose, immense, imposant, impressionnant, majestueux, monumental, remarquable.

**GRANDIR** ☐ s'aggraver, augmenter, croître, se développer, s'étendre, grossir.

**GRAPHIQUE** ☐ courbe, dessin, diagramme, tableau.

**GRAS** ☐ adipeux, bouffi, charnu, dodu, graisseux, grassouillet, gros, plantureux, potelé, rebondi, replet, rondouillard.
• glissant, graisseux, huileux, lubrifié, onctueux, visqueux.

**GRATIFICATION** ☐ aumône, bonification, don, faveur, libéralité, pot-de-vin, pourboire, prime, rétribution.

**GRATIFIER** ☐ allouer, attribuer, donner, doter, pourvoir, procurer.

**GRATIS** ☐ gratuitement.

**GRATITUDE** ☐ reconnaissance.

**GRATTER** ☐ racler, ratisser, sarcler.
• économiser, grappiller, grignoter, lésiner.

**GRATUIT** ☐ désintéressé, gracieux, injustifié.

**GRATUITEMENT** ☐ gracieusement.

**GRAVE** ☐ compassé, crucial, décisif, éminent, essentiel, fondamental, important, lourd, majestueux, raide, rigide, sérieux.
• bas, caverneux, profond.

**GRAVELEUX** ☐ cru, licencieux, obscène, osé.

**GRAVEMENT** ☐ dignement.

**GRAVER** ☐ buriner, fixer, imprimer, inscrire, sculpter, tracer.

**GRAVIR** ☐ escalader, franchir, grimper, monter.

**GRAVITÉ** ☐ componction, dignité, importance, majesté, pompe, raideur, sérieux, sévérité, solennité.
• attraction, gravitation, pesanteur.

**GRAVURE** ☐ eau-forte, estampe, image, lithographie, reproduction.

**GRÉ (DE BON)** ☐ volontairement.

**GREFFE** ☐ bouture, ente, scion.
• opération chirurgicale.

**GREFFER** ☐ ajouter, enter, insérer.

**GRÊLE** ☐ glace, grêlon, grésil.

**GRÊLE** ☐ (adj) délicat, filiforme, fluet, fragile, gracile, menu, mince.

**GRELOTTER** ☐ frissonner, trembler, tressaillir.

**GRENIER** ☐ comble, fenil, galetas, grange, mansarde.

**GRÈVE** ☐ arrêt de travail, débrayage, lock-out.
• bord, côte, plage, rivage.

**GREVER** ☐ accabler, alourdir, charger, imposer, surcharger.

**GRIBOUILLAGE** ☐ barbouillage, brouillon, graffiti.

**GRIEF** ☐ accusation, critique, récrimination, reproche, remontrance.

**GRIFFE** ☐ empreinte, marque, sigle, symbole.
• ongle, serre.

**GRIFFURE** ☐ balafre, écorchure, égratignure, éraflure.

**GRIGNOTER** ☐ chipoter, manger, ronger.

**GRILLE** ☐ clôture, grillage, herse.
• mots croisés.

**GRILLER** ☐ brûler, chauffer, rôtir, torréfier.
• désirer, être impatient de, vouloir.

**GRIMACE** ☐ mimique, moue, rictus, simagrées, singerie.

**GRIMER** ☐ farder, maquiller.

**GRIMPER** ☐ augmenter, escalader, gravir, monter.

**GRINCER** ☐ crier, crisser, couiner, ricaner.

**GRINCHEUX** ☐ acariâtre, acrimonieux, bougon, coléreux, hargneux, maussade, morose, revêche.

**GRINGALET** ☐ chétif, fragile, malingre, menu, rabougri.

**GRIS** ☐ brumeux, morne, maussade.
• gai, ivre.

**GRISER (SE)** ☐ s'enivrer, s'étourdir, s'exciter.

**GRIVOIS** ☐ égrillard, enjoué, gai, gaulois, gaillard, leste, osé, paillard, rabelaisien.

**GROGNER** ☐ bougonner, grommeler, gronder, pester, protester.

**GROGNON** ☐ acariâtre, bougon, hargneux, morose, revêche, rouspéteur.

**GROMMELER** ☐ grogner, gronder, murmurer, protester.

**GRONDER** ☐ grogner, grommeler, murmurer, protester, ronchonner, tonner.
• blâmer, corriger, disputer, rabrouer, réprimander, tancer.

**GROS** ☐ corpulent, courtaud, empâté, fort, gras, imposant, obèse, pansu, trapu, ventripotent, ventru.
• charnu, considérable, énorme, épais, grossier, immense, important, opulent, volumineux.

**GROSSEUR** ☐ corpulence, embonpoint, obésité, volume.
• abcès, dilatation, gonflement, hypertrophie, œdème, tuméfaction, tumeur, turgescence.

**GROSSIER** ☐ bas, dégoûtant, méprisable, obscène, répugnant, scatologique, vil.
• goujat, grossier, impoli, impudent, insolent, mufle, rustre, vulgaire.

**GROSSIÈRETÉ** ☐ brutalité, impolitesse, maladresse, muflerie, obscénité, rusticité, vulgarité.

**GROSSIR** ☐ amplifier, augmenter, dramatiser, enfler, exagérer, gonfler, tuméfier.

**GROTESQUE** ☐ aberrant, absurde, burlesque, déraisonnable, imbécile, insensé, laid, ridicule, saugrenu.

**GROTTE** ☐ antre, caverne, refuge.

**GROUILLER** ☐ abonder, foisonner, infester, proliférer, pulluler, remuer.

**GROUPE** ☐ association, clan, collectif, espèce, essaim, famille, grappe, peloton, troupe.

**GROUPEMENT** ☐ association, coalition, disposition, fédération, groupe, rassemblement, réunion.

**GROUPER** ☐ assembler, classer, coaliser, réunir.

**GRUGER** ☐ abuser, spolier, tromper, voler.

**GUÉ** ☐ passage.

**GUENILLE** ☐ haillon, hardes, loque, oripeaux.

**GUÈRE** ☐ peu.

**GUÉRIR** ☐ cicatriser, désintoxiquer, se remettre, sauver, se rétablir.

**GUÉRISON** ☐ cicatrisation, convalescence, cure, rétablissement.

**GUÉRISSEUR** ☐ charlatan, rebouteux, sorcier.

**GUERRE** ☐ attaque, bataille, campagne, combat, conflagration, conflit, croisade, expédition, guérilla, hostilité, invasion, offensive, stratégie, tactique.

**GUERRIER** ☐ (nom) combattant, conquérant, militaire, soldat.

**GUERRIER** ☐ (adj) belliqueux, combatif, martial.

**GUET** ☐ affût, faction, garde, veille.

**GUETTER** ☐ attendre, épier, surveiller.

**GUETTEUR** ☐ sentinelle, surveillant, veilleur.

**GUEUX** ☐ clochard, fripon, mendiant, misérable, vagabond.

**GUIDE** ☐ cicérone, conseiller, directeur, égérie, pilote.
• rêne.

**GUIDER** ☐ conduire, conseiller, diriger, mener, orienter, piloter.

**GUIGNE** ☐ déveine, malchance.

**GUIGNER** ☐ convoiter, désirer, épier, lorgner, vouloir.

**GUILLERET** ☐ enjoué, frétillant, fringant, gai, gaillard, heureux, satisfait.

**GUILLOTINER** ☐ décapiter, exécuter.

**GUINDÉ** ☐ affecté, ampoulé, apprêté, emphatique, pompeux, précieux.

**GUINGOIS (DE)** ☐ en biais, en oblique, de travers.

**GUINGUETTE** □ bal, bastringue, bistrot.

**GUISE** □ façon, fantaisie, goût, gré, humeur, manière.

**GUTTURAL** □ éraillé, grave, rauque.

**GYMNASTIQUE** □ acrobatie, athlétisme, culturisme, sport.

**GYNÉCÉE** □ harem, sérail.

*h*

**HABILE** ☐ adroit, agile, compétent, diplomate, émérite, expérimenté, ingénieux, leste, preste, prompt, prudent, roué, rusé, subtil.

**HABILETÉ** ☐ adresse, capacité, dextérité, doigté, expérience, intelligence, ruse, savoir-faire, souplesse, subtilité.

**HABILITER** ☐ autoriser, donner pouvoir à, permettre.

**HABILLEMENT** ☐ accoutrement, costume, mise, tenue, vêtement.

**HABILLER** ☐ accoutrer, costumer, équiper, parer, travestir, vêtir.

**HABIT** ☐ affaires, défroque, effets, guenille, hardes, livrée, oripeaux, robe, tenue, vêtement.

**HABITANT** ☐ âme, autochtone, citoyen, hôte, indigène, occupant, résident.

**HABITATION** ☐ abri, demeure, domicile, foyer, gîte, immeuble, logement, logis, maison, nid, propriété.

**HABITUDE** ☐ accoutumance, coutume, expérience, manie, manière, mœurs, pli, pratique, règle, routine, tradition, us, usage.

**HABITUEL** ☐ classique, courant, coutumier, familier, normal, ordinaire, quotidien, routinier, traditionnel.

**HABITUER** ☐ accoutumer, adapter, endurcir, entraîner.

**HÂBLEUR** ☐ beau parleur, fanfaron, menteur, suffisant, vantard.

**HACHÉ** ☐ entrecoupé, intermittent, saccadé.

**HACHER** ☐ couper, déchiqueter, diviser, fendre.
• entrecouper.

**HAGARD** ☐ délirant, dément, égaré, horrifié, fiévreux, fou, halluciné, terrorisé.

**HAINE** ☐ antipathie, exécration, férocité, malveillance, rancœur, rancune, répulsion, ressentiment.

**HAÏR** ☐ abhorrer, abominer, exécrer, détester, honnir, maudire.

**HAÏSSABLE** ☐ abominable, antipathique, détestable, exécrable, méprisable, odieux, répugnant.

**HÂLÉ** ☐ basané, bronzé, bruni, cuivré, doré.

**HALEINE** ☐ expiration, respiration, souffle.
• brise, effluve, fumée, odeur, parfum, souffle, vent.

**HALER** ☐ remorquer, tirer, tracter, traîner.

**HALETANT** ☐ essoufflé, à bout de souffle, pantelant, suffoqué.
• angoissant, époustouflant, inquiétant, oppressant.

**HALL** ☐ couloir, galerie, salle, vestibule.

**HALLUCINANT** ☐ angoissant, cauchemardesque, dantesque, effrayant, effroyable, épouvantable, formidable, horrible, menaçant, monstrueux, pétrifiant, terrible, terrifiant.

**HALLUCINATION** ☐ angoisse, apparition, cauchemar, délire, effroi, épouvante, folie, horreur, illusion, peur, rêve, terreur, vision.

**HALLUCINÉ** ☐ angoissé, délirant, dément, effrayé, épouvanté, hagard, horrifié, terrorisé, visionnaire.

**HALTE** ☐ arrêt, escale, étape, interruption, pause, repos.

**HANDICAPER** ☐ contraindre, désavantager, embarrasser, entraver, gêner, nuire, porter préjudice.

**HANTER** ☐ fréquenter, pratiquer, visiter.
• habiter, obséder, tourmenter.

**HANTISE** ☐ crainte, obsession.

**HAPPER** ☐ attraper, s'emparer de, saisir.

**HARANGUE** ☐ allocution, discours, plaidoyer, sermon, tirade.

**HARASSÉ** ☐ anéanti, épuisé, éreinté, exténué, fatigué, las.

**HARCELER** ☐ agacer, ennuyer, exciter, gêner, presser, provoquer, tourmenter.

**HARDES** ☐ guenille, haillon, vêtement.

**HARDI** ☐ audacieux, brave, courageux, décidé, déterminé, effronté, entreprenant, impudique, intrépide, osé, provocant, résolu, téméraire.

**HARDIESSE** ☐ aplomb, arrogance, assurance, audace, courage, détermination, effronterie, insolence, intrépidité, résolution, témérité, vaillance.

**HAREM** ☐ gynécée, sérail.

**HARGNEUX** ☐ acariâtre, acrimonieux, bougon, coléreux, maussade, méchant, morose, revêche.

**HARMONIE** ☐ accord, affinité, cadence, cohérence, concorde, ensemble, entente, harmonisation, homogénéité, paix, rythme, unité.
• chœur, concert, fanfare, musique, orphéon.

**HARMONISER** ☐ accorder, agencer, assortir, combiner, composer, concilier, coordonner, équilibrer, lier, organiser, unifier.

**HARNACHER** ☐ déguiser, ficeler, habiller, vêtir.

**HARPONNER** ☐ crocheter, prendre, saisir.

**HASARD** ☐ aléa, aventure, chance, circonstance, danger, destin, fortune, impondérable, sort.

**HASARD (PAR)** ☐ accidentellement, fortuitement.

**HASARDER** ☐ aventurer, commettre, essayer, exposer, jouer, risquer, tenter.

**HÂTE** ☐ promptitude, rapidité, vitesse.

**HÂTER** ☐ accélérer, brusquer, précipiter.

**HÂTER (SE)** ☐ s'activer, courir, se dépêcher.

**HÂTIF** ☐ avancé, bâclé, immédiat, précipité, précoce, prématuré.

**HAUSSE** ☐ accroissement, augmentation, croissance, élévation, flambée, majoration, montée, poussée, revalorisation.

**HAUSSER** ☐ accroître, augmenter, élever, exhausser, majorer, relever.

**HAUT** ☐ culminant, dominant, élevé,

grand, important, proéminent, supérieur.

**HAUTAIN** ☐ arrogant, condescendant, dédaigneux, fier, insolent, méprisant, orgueilleux, suffisant.

**HAUTEUR** ☐ altitude, élévation, étage, niveau, taille.

• butte, colline, crête, mont, montagne, monticule, tertre.

• arrogance, dédain, insolence, mépris, suffisance.

**HÂVE** ☐ blafard, blême, émacié, maigre, pâle.

**HAVRE** ☐ abri, port, refuge.

**HÉBERGER** ☐ accueillir, loger, recevoir.

**HÉBÉTER** ☐ abasourdir, abêtir, abrutir, choquer, ébahir, étonner, étourdir, méduser, sidérer.

**HÉCATOMBE** ☐ boucherie, carnage, extermination, massacre, tuerie.

• immolation, mise à mort, sacrifice.

**HÉGÉMONIE** ☐ empire, maîtrise, prééminence, supériorité.

**HÉLER** ☐ apostropher, appeler, interpeller.

**HÉMIPLÉGIE** ☐ apoplexie, hémorragie cérébrale, paralysie.

**HÉMORRAGIE** ☐ écoulement, épanchement, saignement.

**HÉMORRAGIE CÉRÉBRALE** ☐ congestion.

**HÉRÉDITÉ** ☐ antécédents, ascendance, atavisme, parenté, ressemblance, succession, transmission.

**HÉRÉSIE** ☐ dissidence, impiété, reniement, schisme.

**HÉRÉTIQUE** ☐ apostat, infidèle, renégat, sacrilège.

**HÉRISSÉ** ☐ décoiffé, dépeigné, dressé, ébouriffé, hirsute, horripilé, raide.

**HÉRITAGE** ☐ bien, douaire, legs, patrimoine, succession.

**HÉRITER** ☐ recevoir.

**HERMÉTIQUE** ☐ alchimique, ésotérique, occulte, secret.

• clos, étanche, fermé, obscur.

**HÉROÏQUE** ☐ chevaleresque, courageux, élevé, épique, généreux, grand, noble.

**HÉROÏSME** ☐ audace, bravoure, courage, générosité, grandeur, hardiesse, vaillance.

**HÉSITATION** ☐ atermoiement, désarroi, doute, embarras, flottement, incertitude, indécision, irrésolution, perplexité, réticence, tergiversation.

**HÉSITER** ☐ attendre, balancer, osciller, tâtonner.

**HEURE** ☐ instant, moment, temps.

**HEURE (DERNIÈRE)** ☐ agonie, dernière extrémité, mort.

**HEUREUSEMENT** ☐ bien, avec bonheur, favorablement.

**HEUREUX** ☐ béat, calme, comblé, content, enchanté, gai, joyeux, nanti, optimiste, radieux, ravi, réjoui, satisfait.

**HEURT** ☐ accrochage, carambolage, choc, collision, contact, impact, percussion, secousse.

**HEURTÉ** ☐ abrupt, décousu, discordant, haché, inégal, saccadé.

**HEURTER** ☐ accrocher, buter, choquer, cogner, emboutir, frapper, heurter, percuter, tamponner, télescoper.

**HEURTER (SE)** ☐ affronter, combattre, défier.

**HIDEUX** ☐ abominable, affreux, horrible, informe, laid, monstrueux, repoussant, vilain.

**HIER** ☐ antan, autrefois, jadis.

**HILARANT** ☐ amusant, burlesque, cocasse, comique, désopilant, drôle, gai, plaisant, risible.

**HILARITÉ** ☐ allégresse, entrain, gaieté, joie, jubilation.

**HISSER** □ dresser, élever, hausser, lever, monter.

**HISTOIRE** □ chronologie, date, passé.
● annales, archives, chroniques, études, mémoires, souvenir, vie.
● anecdote, biographie, conte, fable, récit, roman.
● affaire, chicane, incident.

**HISTORIEN** □ annaliste, biographie, chercheur, chroniqueur, mémorialiste.

**HISTRION** □ acteur, bouffon, comique, clown.

**HOBEREAU** □ aristocrate, noblaillon, noble.

**HOLDING** □ cartel, consortium, entente, groupe, société, trust.

**HOMÉLIE** □ allocution, discours, prêche, sermon.

**HOMÉRIQUE** □ épique, héroïque, inoubliable, mémorable, valeureux.

**HOMICIDE** □ assassin, criminel, meurtrier, tueur.
● assassinat, crime, exécution, liquidation, meurtre.

**HOMMAGES** □ civilités, devoirs, respects.

**HOMME** □ amant, époux, mari.
● créature, espèce humaine, être, humanité, individu, personne, mortel.

**HOMME (DE LETTRES)** □ auteur, écrivain, romancier.

**HOMME LIGE** □ partisan, supporter, vassal.

**HOMOGÈNE** □ analogue, harmonieux, identique, pareil, semblable, similaire.

**HOMOLOGUER** □ accepter, agréer, authentifier, autoriser, enregistrer, officialiser, ratifier, valider.

**HONNÊTE** □ brave, consciencieux, décent, digne, intègre, loyal, probe, scrupuleux, sérieux, vertueux.

**HONNÊTETÉ** □ conscience, droiture, fidélité, franchise, intégrité, loyauté.

**HONNEUR** □ dignité, estime, fierté.
● considération, gloire, réputation.

**HONNIR** □ conspuer, détester, huer, mépriser, vilipender.

**HONORABLE** □ digne, distingué, estimable, respectable.

**HONORAIRES** □ appointements, émoluments, rétribution.

**HONORER** □ adorer, encenser, glorifier, respecter, révérer, vénérer.

**HONTE** □ confusion, déshonneur, embarras, gêne, ignominie, infamie, opprobre, pudeur, scandale, turpitude.

**HONTEUX** □ confus, embarrassé, gauche, gêné, interdit, timide.
● abject, bas, dégradant, déshonorant, humiliant, ignoble, indigne, infâme, méprisable, sale, scandaleux.

**HÔPITAL** □ asile, clinique, hospice, infirmerie, léproserie, maternité, sanatorium.

**HORDE** □ peuplade, tribu, troupe.

**HORION** □ coup, gifle, tape, volée.

**HORIZON** □ champ, distance, lointain, panorama, perspective.
● avenir, perspectives futures.

**HORMIS** □ excepté.

**HOROSCOPE** □ avenir, divination, prédiction, prophétie.

**HORREUR** □ affres, angoisse, cauchemar, crainte, effroi, épouvante, hallucination, inquiétude, peur, terreur.

**HORRIBLE** □ abominable, affreux, angoissant, cauchemardesque, dantesque, effrayant, épouvantable, hallucinant, inquiétant, insupportable, laid, monstrueux, pétrifiant.

**HORRIFIER** □ effrayer, scandaliser, terroriser.

**HORRIPILER** □ agacer, énerver, exaspérer, hérisser, irriter.

**HORS** ☐ excepté.
• dehors.

**HORS-LA-LOI** ☐ bandit, banni, exilé, réprouvé.

**HOSPICE** ☐ asile, clinique, hôpital.

**HOSPITALITÉ** ☐ accueil, asile, réception, refuge.

**HOSTILE** ☐ adverse, défavorable, inamical, néfaste, nuisible, opposé.

**HOSTILITÉ** ☐ affrontement, combat, conflit, guerre.
• antipathie, exécration, haine, malveillance, rancœur, répulsion, ressentiment.

**HÔTE** ☐ amphitryon, hôtelier, maître de maison.
• convive, invité, pique-assiette.

**HÔTEL** ☐ auberge, meublé, motel, palace, pension.

**HOULE** ☐ flot, ressac, vague.

**HOUSPILLER** ☐ gronder, malmener, maltraiter, réprimander, secouer.

**HOUSSE** ☐ enveloppe, étui, fourreau, gaine.

**HUER** ☐ conspuer, insulter, malmener, railler, siffler, vilipender.

**HUILEUX** ☐ adipeux, graisseux, gras, visqueux.

**HUISSIER** ☐ appariteur, garçon de bureau, gardien, portier, surveillant.

**HUMAIN** ☐ altruiste, bon, bienveillant, charitable, compatissant, généreux, magnanime, sensible.

**HUMANISME** ☐ classicisme, civilisation, culture, savoir.

**HUMANISTE** ☐ penseur, philosophe, sage.

**HUMANITÉ** ☐ bienveillance, bonté, charité, clémence, mansuétude.
• espèce humaine.

**HUMBLE** ☐ discret, effacé, étriqué, modeste, petit, pudique, réservé.

**HUMECTER** ☐ arroser, humidifier, imbiber, imprégner, mouiller.

**HUMER** ☐ flairer, renifler, respirer, sentir.

**HUMEUR** ☐ bouderie, caprice, contrariété, dépit, envie, fantaisie, goût, irritation, lubie, manie, naturel, passade, volonté.
• écoulement, flux, sécrétion.

**HUMILIATION** ☐ abaissement, abjection, avilissement, bassesse, déchéance, déclin, dégénérescence, honte.
• affront, camouflet, outrage, vexation.

**HUMILIER** ☐ abaisser, avilir, mortifier, opprimer, rabaisser, ravaler, vexer.

**HUMILITÉ** ☐ bassesse, modestie, obséquiosité, servitude, soumission, timidité.

**HUMOUR** ☐ esprit, fantaisie, ironie, plaisanterie.

**HUPPÉ** ☐ fortuné, nanti, opulent, prospère, riche, richissime.

**HURLER** ☐ aboyer, brailler, crier, japper, protester, vociférer.

**HURLUBERLU** ☐ étourdi, évaporé, fantasque, frivole, inconséquent, léger.

**HYBRIDE** ☐ mâtiné, mélangé, métis.

**HYGIÈNE** ☐ diététique, propreté, salubrité, santé, soin.

**HYMEN/HYMÉNÉE** ☐ alliance, mariage, union.

**HYMNE** ☐ cantique, chant, psaume.

**HYPERBOLIQUE** ☐ ampoulé, emphatique, excessif, grandiloquent, pédant, pompeux.

**HYPNOTISER** ☐ endormir, fasciner, magnétiser, obnubiler.

**HYPOCONDRIAQUE** ☐ acariâtre, aigri, capricieux, hargneux, maussade, mélancolique, morose, triste.

**HYPOCRISIE** ☐ dissimulation, duplicité, fausseté, fourberie, mensonge, pudibonderie, tromperie.

**HYPOCRITE** ☐ bigot, dissimulé, faux, félon, fourbe, imposteur, insidieux, menteur, papelard, sournois, tartuffe, tortueux, trompeur.

**HYPOTHÈQUE** ☐ gage, garantie.

**HYPOTHÈSE** ☐ axiome, convention, postulat, supposition.

**HYPOTHÉTIQUE** ☐ conditionnel, incertain, problématique.

**HYSTÉRIQUE** ☐ agité, excité, fébrile, furieux, nerveux, névrosé.

*i*

**ICI** □ à cet endroit, là, maintenant.

**IDÉAL** □ (nom) absolu, modèle, perfection, type.

**IDÉAL** □ (adj) accompli, exemplaire, parfait, rêvé, théorique, utopique.

**IDÉE** □ concept, conception, notion, pensée, théorie.
• aperçu, plan, projet.

**IDENTIFIER** □ confondre, démasquer, reconnaître.

**IDENTIQUE** □ analogue, commun, équivalent, même, pareil, semblable, symétrique, tel.

**IDIOT** □ arriéré, crétin, inepte, niais, sot, stupide.

**IDIOTIE** □ bêtise, débilité, crétinisme, imbécillité, sottise, stupidité.

**IDOINE** □ approprié, apte, convenable, pertinent.

**IDOLÂTRER** □ adorer, affectionner, aimer, chérir, vénérer.

**IDOLÂTRIE** □ adoration, affection, attachement, ferveur, passion.
• fétichisme, religion, superstition.

**IDYLLE** □ amour, amourette, flirt.

**IGNARE** □ analphabète, arriéré, cancre, ignorant, illettré, incapable, inculte, inexpérimenté, profane, stupide.

**IGNOBLE** □ abject, bas, dégoûtant, grossier, immonde, indigne, infâme, méprisable, obscène, odieux, répugnant, sordide, vil.

**IGNOMINIE** □ déshonneur, honte, infamie, opprobre, turpitude.

**IGNORANCE** □ bêtise, imbécillité, incapacité, incompétence, incompréhension, inconséquence, inexpérience, innocence, insuffisance, naïveté, simplicité, sottise.

**IGNORANT** □ analphabète, arriéré, cancre, ignare, illettré, incapable, inculte, inexpérimenté, profane, stupide.

**IGNORÉ** □ caché, inconnu, inexploré, inouï, méconnu, mystérieux, obscur, secret.

**ILLÉGAL** □ défendu, hors la loi, illégal, interdit, irrégulier.

**ILLETTRÉ** □ analphabète, arriéré, ignorant, inculte, inexpérimenté, profane, stupide.

**ILLICITE** □ défendu, hors la loi, illégitime, interdit, irrégulier.

**ILLIMITÉ** □ démesuré, immense, indéfini, indéterminé, infini.

**ILLISIBLE** □ gribouillé, incompréhensible, indéchiffrable, inintelligible, raturé.

**ILLUMINATION** ☐ idée, inspiration, invention, révélation.
● éclairage, éclat, lueur, lumière.

**ILLUMINÉ** ☐ exalté, mystique, visionnaire.

**ILLUMINER** ☐ briller, éclairer, étinceler, flamboyer, luire.

**ILLUSION** ☐ chimère, idée, imagination, mirage, rêve, songe, utopie, vision.

**ILLUSIONNISTE** ☐ escamoteur, magicien, manipulateur, prestidigitateur, truqueur.

**ILLUSTRATION** ☐ gravure, image, miniature, peinture, portrait, représentation, tableau, vignette.

**ILLUSTRE** ☐ auguste, brillant, célèbre, consacré, fameux, glorieux, grand, légendaire, renommé.

**IMAGE** ☐ allégorie, caricature, description, gravure, peinture, photographie, portrait, reflet, représentation, ressemblance, tableau.

**IMAGINAIRE** ☐ chimérique, fantastique, fictif, illusoire, inventé, irréel, mythique, rêvé, utopique.

**IMAGINATION** ☐ conception, divagation, esprit, illusion, invention, pensée, rêverie.

**IMAGINER** ☐ chercher, créer, évoquer, se figurer, improviser, inventer, rêver, supposer.

**IMBÉCILE** ☐ (nom) abruti, arriéré, crétin, idiot, sot.

**IMBÉCILE** ☐ (adj) aberrant, absurde, déraisonnable, grotesque, idiot, insensé, ridicule, saugrenu, sot.

**IMBÉCILLITÉ** ☐ aberration, absurdité, erreur, extravagance, idiotie, sottise, stupidité.

**IMBERBE** ☐ glabre, lisse, nu.

**IMBIBER** ☐ arroser, humecter, humidifier, imprégner, mouiller, tremper.

**IMBIBER (S')** ☐ absorber, boire, s'humecter.

**IMBROGLIO** ☐ confusion, intrigue, désordre, mélange.

**IMBU** ☐ infatué, pénétré, plein.

**IMITER** ☐ contrefaire, copier, démarquer, parodier, pasticher, piller, pirater, plagier, simuler, singer.

**IMMANQUABLEMENT** ☐ assurément, inévitablement.

**IMMATRICULER** ☐ enregistrer, inscrire, numéroter.

**IMMÉDIATEMENT** ☐ aussitôt, instantanément, promptement, sur-le-champ.

**IMMENSE** ☐ ample, colossal, considérable, démesuré, énorme, gigantesque, grandiose, haut, illimité, important, imposant, impressionnant, infini, monumental, remarquable, titanesque.

**IMMENSITÉ** ☐ espace, étendue, infini, multitude.

**IMMERGER** ☐ noyer, inonder, plonger, tremper.

**IMMEUBLE** ☐ bâtiment, building, construction, édifice, habitation.

**IMMIGRATION** ☐ déplacement, émigration, exode, peuplement.

**IMMINENT** ☐ immédiat, prochain, proche.

**IMMISCER (S')** ☐ se couler, s'insinuer, intervenir, se mêler.

**IMMOBILE** ☐ arrêté, figé, inerte, interdit, paralysé, pétrifié, stable, statique.

**IMMOBILISER** ☐ arrêter, bloquer, enchaîner, figer, fixer, paralyser, retenir, stopper.

**IMMODÉRÉ** ☐ abusif, démesuré, exagéré, excessif, extrême, outrancier.

**IMMOLER** ☐ massacrer, sacrifier, tuer.

**IMMONDE** ☐ abject, bas, dégoûtant, grossier, ignoble, immonde, indigne, infâme, malpropre, méprisable, obscène, répugnant, sordide, vil.

**IMMONDICES** ☐ déchets, ordures, rejets.

**IMMORAL** ☐ amoral, débauché, dévergondé, intempérant, libertin, licencieux, noceur, paillard, pervers, viveur.

**IMMORTEL** ☐ éternel, impérissable, infini, interminable.

**IMMUNISER** ☐ inoculer, mithridatiser, protéger, vacciner.

**IMMUNITÉ** ☐ dispense, exemption, privilège.

**IMPACT** ☐ choc, collision, heurt, percussion, secousse.

**IMPARDONNABLE** ☐ inadmissible, inexcusable.

**IMPARFAIT** ☐ défectueux, difforme, grossier, imprécis, incomplet, insuffisant, lâche, médiocre, raté, rudimentaire.

**IMPARTIAL** ☐ équitable, juste, neutre, raisonnable.

**IMPASSE** ☐ cul-de-sac.

**IMPASSIBLE** ☐ calme, flegmatique, froid, impavide, imperturbable, indifférent, inflexible, placide, stoïque.

**IMPATIENCE** ☐ empressement, exaspération, fougue, hâte, précipitation.

**IMPATIENT** ☐ ardent, avide, nerveux, pressé.

**IMPATIENTER (S')** ☐ s'énerver, s'exaspérer, s'irriter, se mettre en colère, rager.

**IMPAVIDE** ☐ audacieux, calme, courageux, déterminé, flegmatique, froid, impassible, imperturbable, intrépide, vaillant, valeureux.

**IMPECCABLE** ☐ accompli, excellent, infaillible, irréprochable, magistral, parfait.

**IMPÉNÉTRABLE** ☐ caché, hermétique, imperméable, inexplicable, insondable, mystérieux, secret, ténébreux.

**IMPÉRATIF** ☐ absolu, catégorique, essentiel, impérieux.

**IMPERCEPTIBLE** ☐ impalpable, inaudible, infime, insignifiant, invisible, minuscule, ténu.

**IMPERFECTION** ☐ défaut, difformité, insuffisance, malfaçon, tare, vice.

**IMPÉRIEUX** ☐ absolu, autoritaire, catégorique, impératif, irrésistible, obligatoire, pressant, urgent.

**IMPÉRISSABLE** ☐ éternel, immortel, interminable.

**IMPERMÉABLE** ☐ étanche, hermétique, impénétrable, inaccessible, insondable, mystérieux, secret, ténébreux.

**IMPERTINENT** ☐ arrogant, cavalier, effronté, grossier, impoli, impudent, insolent, suffisant, vaniteux.

**IMPERTURBABLE** ☐ calme, flegmatique, froid, impassible, impavide, indifférent, inflexible, placide, stoïque.

**IMPÉTUOSITÉ** ☐ ardeur, élan, emportement, exaltation, fougue, frénésie, hâte, impatience, précipitation, véhémence, vivacité.

**IMPIE** ☐ agnostique, apostat, athée, impie, incrédule, incroyant, libertin, libre penseur.

**IMPITOYABLE** ☐ cruel, dur, ferme, implacable, inébranlable, inexorable, inflexible, inhumain, insensible, intraitable, sévère.

**IMPLANTER** ☐ bâtir, édifier, établir, fixer, fonder, instituer.

**IMPLICATION** ☐ conséquence, déroulement, développement, suite.

**IMPLORER** ☐ adjurer, prier, réclamer, solliciter, supplier.

**IMPOLI** ☐ désinvolte, discourtois, effronté, grossier, impertinent, impudent, injurieux, insolent, irrespectueux, malappris, malhonnête.

**IMPORTANCE** ☐ conséquence, étendue, gravité, nécessité, portée, puissance, valeur.

**IMPORTANT** □ ample, considérable, décisif, élevé, éminent, énorme, essentiel, grave, imposant, intéressant, nécessaire, principal, remarquable, sérieux.
• avantageux, fat, présomptueux, vaniteux.

**IMPORTER** □ acheter, apporter, commercer, introduire.

**IMPORTUN** □ désagréable, ennuyeux, fâcheux, gênant, indiscret, intempestif, malséant, pesant.

**IMPORTUN** □ (nom) gêneur, intrus.

**IMPORTUNER** □ contrarier, ennuyer, gêner, irriter, tracasser.

**IMPOSANT** □ auguste, considérable, grandiose, grave, important, impressionnant, majestueux, monumental, solennel.

**IMPOSER** □ commander, dicter, prescrire, taxer.

**IMPOSITION** □ contribution, impôt, taxe.

**IMPOSSIBLE** □ difficile, inapplicable, infaisable, irréalisable, vain.

**IMPOSTEUR** □ charlatan, hypocrite, mystificateur, usurpateur.

**IMPÔT** □ charge, contribution, cote, fiscalité, imposition, subvention, taxe, tribut.

**IMPOTENT** □ handicapé, immobilisé, infirme, invalide, paralysé, paralytique.

**IMPRATICABLE** □ difficile, impossible, insupportable, inutilisable.

**IMPRÉCATION** □ anathème, condamnation, exécration, malédiction.

**IMPRÉCIS** □ approximatif, confus, flou, indéterminé, indistinct, obscur, vague.

**IMPRESSION** □ édition, empreinte, publication, tirage.

• effet, émotion, illusion, opinion, sensation, sentiment.

**IMPRESSIONNABLE** □ délicat, émotif, sensible.

**IMPRESSIONNANT** □ bouleversant, effrayant, émouvant, étonnant, extraordinaire, formidable, incroyable, grandiose, prodigieux, renversant, saisissant, solennel, troublant.

**IMPRESSIONNER** □ bouleverser, émouvoir, étonner, saisir, toucher, troubler.

**IMPRÉVOYANT** □ désinvolte, étourdi, évaporé, frivole, futile, imprudent, insouciant, léger, vain.

**IMPRÉVU** □ inattendu, inespéré, inopiné, soudain.

**IMPRIMER** □ empreindre, estamper, graver, marquer, publier, tirer.

**IMPROBABLE** □ aléatoire, discutable, douteux, étonnant, hypothétique, incertain, inimaginable, invraisemblable, surprenant.

**IMPROMPTU** □ improvisé, immédiat, instantané, non préparé, prompt, au pied levé.

**IMPROVISER** □ concevoir, créer, ébaucher, imaginer, inventer.

**IMPROVISTE (A L')** □ subitement.

**IMPRUDENT** □ audacieux, aventureux, écervelé, étourdi, évaporé, frivole, hasardeux, inconséquent, insensé, léger, téméraire.

**IMPUDENT** □ arrogant, audacieux, cynique, effronté, éhonté, grossier, impoli, indécent, indiscret, insolent.

**IMPUDIQUE** □ érotique, graveleux, grossier, impur, indécent, lascif, licencieux, lubrique, luxurieux, obscène, ordurier, pimenté, poivré, pornographique, sale, vicieux.

**IMPUISSANCE** □ frigidité, infécondité, stérilité.
• faiblesse, inaptitude, incapacité, incompétence, insuffisance.

**IMPULSIF** ☐ coléreux, emporté, fougueux, irritable, spontané, violent.

**IMPULSION** ☐ élan, entraînement, excitation, influence, mouvement, poussée.

**IMPUR** ☐ érotique, graveleux, grossier, immonde, immoral, impudique, indécent, licencieux, luxurieux, obscène, ordurier, pornographique, sale, vicieux.

**IMPURETÉ** ☐ boue, déchet, immondices, ordure, rejet, souillure.
• abjection, avilissement, bassesse, corruption, ignominie, infamie, obscénité, saleté.

**IMPUTATION** ☐ accusation, délation, dénonciation, inculpation, reproche.
• affectation, assignation, paiement.

**IMPUTER** ☐ affecter, appliquer, attribuer, prêter.
• accuser, incriminer, reprocher.

**INABORDABLE** ☐ cher, exorbitant, onéreux.
• dangereux, distant, inaccessible, lointain.

**INACCEPTABLE** ☐ inadmissible, irrecevable, intolérable, révoltant.

**INACCESSIBLE** ☐ distant, impénétrable, inabordable, lointain, secret.

**INACHEVÉ** ☐ défectueux, difforme, imparfait, imprécis, incomplet, insuffisant, raté, rudimentaire.

**INACTIF** ☐ immobile, inemployé, inerte, oisif, paresseux.

**INACTION** ☐ apathie, désœuvrement, inactivité, inertie, loisir, oisiveté, passivité, sieste, torpeur.

**INADMISSIBLE** ☐ inacceptable, irrecevable, intolérable, révoltant.

**INADVERTANCE** ☐ bévue, dissipation, distraction, erreur, étourderie, inattention, mégarde, méprise.

**INALTÉRABLE** ☐ imputrescible, inusable, invariable.

**INAMOVIBLE** ☐ constant, éternel, fixe, immuable, permanent, perpétuel.

**INANIMÉ** ☐ évanoui, immobile, inerte, mort.

**INAPTE** ☐ impropre, incapable, incompétent.

**INAPTITUDE** ☐ incapacité, insuffisance.

**INASSOUVI** ☐ exaspéré, insatisfait, mécontent.

**INATTENDU** ☐ déroutant, fortuit, imprévu, inespéré, inopiné, insoupçonné, soudain.

**INATTENTION** ☐ étourderie, distraction, frivolité, imprudence, inconséquence, légèreté, négligence.

**INAUGURATION** ☐ baptême, début, ouverture, vernissage.

**INAVOUABLE** ☐ coupable, embarrassant, honteux, indigne, scandaleux.

**INAVOUÉ** ☐ caché, inconnu, mystérieux, secret, tu.

**INCALCULABLE** ☐ considérable, élevé, énorme, illimité, immense.

**INCANTATION** ☐ charme, évocation, maléfice, sort, sortilège.

**INCAPABLE** ☐ impuissant, inapte, incompétent, ignorant, insuffisant, maladroit, médiocre, nul, vain.

**INCAPACITÉ** ☐ inaptitude, incompétence, insuffisance, nullité.
• invalidité (médical).

**INCARCÉRATION** ☐ captivité, détention, emprisonnement, internement, prison, réclusion.

**INCARCÉRER** ☐ enfermer, emprisonner, interner.

**INCARNER** ☐ figurer, jouer, représenter, symboliser.

**INCARTADE** ☐ algarade, écart, extravagance, insulte, offense.

**INCASSABLE** ☐ inaltérable, indestructible, résistant, solide.

**INCENDIE** ☐ brasier, combustion, embrasement, feu, sinistre.

**INCERTAIN** ☐ aléatoire, ambigu, confus, douteux, équivoque, éventuel, hasardeux, hypothétique, imprécis, indéfinissable, problématique, vague.

**INCERTITUDE** ☐ angoisse, doute, indécision, indétermination, inquiétude, irrésolution, hésitation, perplexité, précarité.

**INCESSAMMENT** ☐ sans arrêt, toujours.

**INCIDENT** ☐ accroc, aventure, imprévu, obstacle, mésaventure, péripétie.

**INCINÉRER** ☐ brûler, calciner, consumer.

**INCISIF** ☐ cruel, mordant, péremptoire, tranchant.

**INCITER** ☐ aiguillonner, animer, conseiller, encourager, exciter, exhorter, piquer, stimuler, soutenir.

**INCLINAISON** ☐ gîte, déclivité, penchant, pente.

**INCLINATION** ☐ affection, affinité, attachement, attirance, goût, penchant, préférence, sympathie, tendresse.

**INCLINER** ☐ courber fléchir, pencher, plier.

**INCLURE** ☐ enfermer, glisser, insérer, introduire.

**INCLUS** ☐ compris, contenu, inséré, joint.

**INCOHÉRENT** ☐ absurde, décousu, déraisonnable, désordonné, extravagant, incompréhensible, irrationnel, sans queue ni tête.

**INCOLORE** ☐ blanc, clair, limpide, transparent, vitreux.

**INCOMMENSURABLE** ☐ démesuré, énorme, illimité, incalculable, infini.

**INCOMMODÉ** ☐ fatigué, gêné, indisposé, malade, souffrant.

**INCOMMODER** ☐ ennuyer, gêner, importuner, indisposer, troubler.

**INCOMPARABLE** ☐ admirable, inégalable, parfait, remarquable, unique.

**INCOMPATIBLE** ☐ antinomique, contradictoire, exclusif, inconciliable, opposé.

**INCOMPÉTENCE** ☐ inaptitude, incapacité, insuffisance, nullité.

**INCOMPÉTENT** ☐ inapte, incapable, ignorant, insuffisant, maladroit, médiocre, nul, vain.

**INCOMPLET** ☐ approximatif, fragmentaire, imparfait, inachevé, imprécis, vague.

**INCOMPRÉHENSIBLE** ☐ abscons, déconcertant, illisible, inconcevable, inexplicable, inintelligible, mystérieux, obscur, vague.

**INCOMPRÉHENSION** ☐ bêtise, imbécillité, ignorance, inconséquence, insuffisance, inexpérience, innocence, insuffisance, méconnaissance, sottise.

**INCOMPRIS** ☐ étranger, ignoré, impénétrable, inconnu, méconnu, secret.

**INCONCEVABLE** ☐ déconcertant, incompréhensible, incroyable, inexplicable, invraisemblable, opposé, surprenant.

**INCONDUITE** ☐ débauche, dévergondage, excès, faute, frasque, libertinage, luxure.

**INCONGRU** ☐ cynique, grossier, impertinent, incorrect, insolent, scabreux.

**INCONNU** ☐ (nom) étranger, intrus, tiers.

**INCONNU** ☐ (adj) caché, dissimulé, énigmatique, étranger, ignoré, inexploré, inouï, méconnu, mystérieux, nouveau, obscur, oublié, secret.

**INCONSCIENCE** ☐ absence, indifférence, irresponsabilité, légèreté.
● anesthésie, coma, évanouissement, syncope.

**INCONSCIENT** ☐ déraisonnable, farfelu, fou, irréfléchi, téméraire.

• instinctif, intuitif, irréfléchi, machinal.

**INCONSÉQUENCE** □ étourderie, frivolité, inconscience, imprudence, inattention, légèreté.

**INCONSIDÉRÉ** □ fou, inconscient, imprudent, léger, téméraire.

**INCONSTANT** □ capricieux, changeant, désinvolte, étourdi, folâtre, frivole, futile, inconséquent, instable, léger, volage.

**INCONTESTABLEMENT** □ assurément, indiscutablement.

**INCONTINENT** □ immédiatement.

**INCONTRÔLABLE** □ indépendant, invérifiable.

**INCONVENANT** □ choquant, déplacé, grossier, impoli, indécent, licencieux, osé.

**INCONVÉNIENT** □ aléa, difficulté, ennui, gêne, handicap, incorrection, obstacle, risque.

**INCORRECT** □ défectueux, erroné, fautif, faux, impropre, inexact, mauvais.
• choquant, déplacé, grossier, impoli, inconvenant, indécent, licencieux, osé.

**INCORRECTION** □ impolitesse, inconvenance, incongruité.
• barbarisme, faute, impropriété.

**INCORRUPTIBLE** □ droit, honnête, intègre, probe, vertueux.
• inaltérable, indestructible, résistant, solide.

**INCRÉDULE** □ dubitatif, incroyant, perplexe, sceptique, soupçonneux.

**INCRIMINER** □ accuser, attaquer, dénoncer, suspecter.

**INCROYABLE** □ effarant, étonnant, fabuleux, inimaginable, inouï, invraisemblable, paradoxal, prodigieux, rocambolesque.

**INCROYANT** □ agnostique, athée, incrédule, irréligieux, mécréant, païen, profane.

**INCULPÉ** □ accusé, coupable, prévenu, suspect.

**INCULPER** □ accuser, déférer, dénoncer, incriminer, poursuivre.

**INCULTE** □ aride, désertique, sec, stérile.
• arriéré, barbare, fruste, grossier, primitif, rustique, sauvage.

**INCURABLE** □ condamné, inguérissable, irrémédiable, perdu.

**INCURIE** □ dissipation, distraction, étourderie, faute, inattention, insouciance, légèreté, négligence, omission.

**INCURSION** □ débarquement, envahissement, irruption, invasion, raid, voyage.

**INDÉCENT** □ érotique, graveleux, grossier, impudique, impur, indécent, licencieux, luxurieux, obscène, ordurier, pornographique, sale, vicieux.

**INDÉCHIFFRABLE** □ illisible, incompréhensible, indéchiffrable, obscur.

**INDÉCIS** □ approximatif, confus, douteux, flou, hasardeux, hypothétique, obscur, vague.

**INDÉCISION** □ doute, incertitude, indétermination, irrésolution, hésitation, perplexité, scrupule.

**INDÉFINI** □ approximatif, confus, douteux, flou, hasardeux, hypothétique, illimité, imprécis, indéfini, indéfinissable, indéterminé, indistinct, infini, vague.

**INDÉLÉBILE** □ inaltérable, indestructible, ineffaçable.

**INDÉLICATESSE** □ cambriolage, escroquerie, malversation, vol.
• grossièreté, impolitesse, impudence, malhonnêteté.

**INDEMNE** □ intact, rescapé, sain, sauf, sauvé.

**INDEMNITÉ** □ compensation, dédommagement, dommages et intérêts, récompense, réparation.

• émolument, rémunération, salaire, traitement.

**INDÉNIABLE** ☐ incontestable.

**INDÉPENDAMMENT** ☐ outre.

**INDÉPENDANCE** ☐ autonomie, émancipation, liberté.

**INDÉSIRABLE** ☐ ennuyeux, fâcheux, gênant, importun, indiscret, intempestif, intrus, malséant, pesant.

**INDÉTERMINÉ** ☐ flou, hésitant, indécis, perplexe, vague.

**INDEX** ☐ classement, classification, table.

**INDICATEUR** ☐ délateur, espion, informateur, mouchard.

**INDICATION** ☐ directive, indice, piste, précision, renseignement, signe.

**INDICIBLE** ☐ indéfinissable, inexprimable, non dit.

**INDIFFÉRENCE** ☐ absence, apathie, flegme, froideur, impassibilité, indolence, insensibilité, mollesse, paresse, résignation, torpeur.

**INDIFFÉRENT** ☐ absent, blasé, détaché, égoïste, froid, insensible, résigné.

**INDIGENCE** ☐ besoin, misère, pauvreté.

**INDIGÈNE** ☐ aborigène, autochtone, natif, naturel.

**INDIGNATION** ☐ colère, fureur, irritation, rage, révolte.

**INDIGNE** ☐ abject, bas, dégoûtant, grossier, ignoble, immonde, infâme, méprisable, obscène, répugnant, scandaleux, sordide, vil.

**INDIGNÉ** ☐ furieux, irrité, outré, révolté.

**INDIGNER** ☐ écœurer, irriter, révolter, scandaliser.

**INDIGNER (S')** ☐ éclater, s'emporter, maudire.

**INDIGNITÉ** ☐ abjection, avilissement, bassesse, grossièreté, ignominie, infamie, obscénité, offense, outrage, saleté.

**INDIQUER** ☐ désigner, fournir, marquer, montrer, nommer, préciser, signaler, témoigner.

**INDIRECT** ☐ allusif, courbe, détourné, oblique.

**INDISCIPLINÉ** ☐ désobéissant, indocile, rebelle, récalcitrant, rétif.

**INDISCRET** ☐ curieux, fureteur, importun, intrus.

**INDISPENSABLE** ☐ essentiel, important, nécessaire, obligatoire, primordial.

**INDISPOSÉ** ☐ fatigué, gêné, incommodé, malade, souffrant.

**INDISPOSER** ☐ agacer, déplaire, gêner, importuner, incommoder, irriter.

**INDISTINCT** ☐ approximatif, confus, équivoque, flou, imprécis, indéterminé, obscur, vague.

**INDIVIDU** ☐ homme, personne, spécimen.

**INDIVIDUEL** ☐ distinct, isolé, particulier, personnel, propre, unique.

**INDOCILE** ☐ désobéissant, indiscipliné, indomptable, rebelle, récalcitrant, réfractaire, rétif.

**INDOLENCE** ☐ indifférence, mollesse, nonchalance, paresse, torpeur.

**INDOLORE** ☐ anesthésié, imperceptible, insensible.

**INDOMPTABLE** ☐ courageux, fier, indocile, orgueilleux, rebelle, récalcitrant, réfractaire, rétif, superbe.

**INDUBITABLEMENT** ☐ assurément.

**INDUIRE EN ERREUR** ☐ berner, duper, leurrer, tromper.

**INDULGENT** ☐ charitable, clément, conciliant, faible, favorable, généreux, miséricordieux, tolérant.

**INDUSTRIE** ☐ ingéniosité, intelligence, invention, savoir-faire, travail.

• entreprise, fabrique, usine.

**INDUSTRIEUX** ☐ adroit, compétent, expérimenté, habile, ingénieux.

**INÉBRANLABLE** ☐ constant, ferme, fixe, inflexible, invariable, obstiné, permanent, robuste.

**INÉDIT** ☐ neuf, nouveau, original.

**INÉGALITÉ** ☐ différence, disparité, disproportion, dissemblance, diversité, irrégularité, séparation.

**INÉLUCTABLE** ☐ implacable, incontournable, inévitable.

**INEPTIE** ☐ absurdité, bêtise, idiotie, sottise.

**INÉPUISABLE** ☐ abondant, bavard, copieux, intarissable, opulent.

**INERTE** ☐ abattu, absent, atone, évanoui, faible, immobile, inactif, passif.

**INERTIE** ☐ apathie, immobilisme, paralysie, résistance.

**INESPÉRÉ** ☐ fortuit, imprévu, inattendu, subit.

**INÉVITABLE** ☐ fatal, forcé, immanquable, inéluctable, inexorable, obligatoire, obligé.

**INEXACT** ☐ erroné, faux, fallacieux, mensonger, trompeur.

**INEXCUSABLE** ☐ impardonnable.

**INEXPLICABLE** ☐ énigmatique, indéchiffrable, insondable, mystérieux, obscur, secret.

**INEXPLORÉ** ☐ inconnu, inculte, vierge.

**INEXPRESSIF** ☐ atone, éteint, vide.

**INEXPRIMABLE** ☐ indescriptible, indicible, ineffable, inénarrable.

**INEXTRICABLE** ☐ confus, imprécis, indéfinissable, obscur, problématique, touffu.

**INFAILLIBLE** ☐ assuré, certain, évident, formel, indubitable, sûr.

**INFÂME** ☐ abject, bas, dégoûtant, grossier, ignoble, immonde, indigne, méprisable, obscène, répugnant, sordide, vil.

**INFAMIE** ☐ abjection, avilissement, bassesse, grossièreté, honte, ignominie, indignité, saleté.

**INFECT** ☐ délétère, écœurant, fétide, infect, insalubre, malodorant, méphitique, nauséabond, pestilentiel, puant, putride, répugnant.

**INFECTER** ☐ contaminer, corrompre, empester, empoisonner, envenimer, souiller.

**INFECTION** ☐ contagion, empoisonnement, épidémie, puanteur.

**INFÉRIEUR** ☐ bas, mineur, subalterne, subordonné.

**INFÉRIORITÉ** ☐ désavantage, dessous, faiblesse, handicap, servitude.

**INFERNAL** ☐ démoniaque, diabolique, insupportable, intolérable, satanique, terrible.

**INFESTER** ☐ abonder, envahir, foisonner, grouiller, proliférer, pulluler, ravager, remuer.

**INFIDÈLE** ☐ (nom) hérétique, impie, mécréant, païen.

**INFIDÈLE** ☐ (adj) déloyal, parjure, scélérat, volage.

**INFIDÉLITÉ** ☐ adultère, trahison, traîtrise.

**INFILTRER (S')** ☐ se glisser, s'immiscer, s'introduire, traverser.

**INFIME** ☐ bas, minime, minuscule, modéré, modique, petit, ténu.

**INFINI** ☐ absolu, éternel, extrême, illimité, immense.

**INFIRME** ☐ impotent, invalide, maladif, mutilé, paralysé.

**INFIRMER** ☐ abolir, annuler, démentir, réfuter, rejeter.

**INFIRMERIE** ☐ clinique, hôpital, poste de secours.

**INFLAMMABLE** ☐ combustible.

**INFLEXIBLE** ☐ cruel, dur, ferme, impitoyable, implacable, inébranlable, inexorable, inhumain, insensible, invariable, obstiné, sévère.

**INFLUENCE** ☐ ascendant, autorité, crédit, emprise, mainmise, persuasion, prestige, tyrannie.

**INFLUENCER** ☐ agir sur, influer, peser sur.

**INFLUENT** ☐ actif, agissant, efficace.

**INFORMATION** ☐ enquête, message, recherche, renseignement.
• communication, investigation, journal, nouvelle.

**INFORMER** ☐ annoncer, apprendre, avertir, enseigner, instruire, publier, rapporter, renseigner.

**INFORMER (S')** ☐ se documenter, s'enquérir, se renseigner.

**INFORTUNE** ☐ adversité, calamité, fatalité, malchance, malheur.

**INFRACTION** ☐ faute, transgression, violation.

**INFRASTRUCTURE** ☐ fondation.
• organisation économique.

**INFRUCTUEUX** ☐ inefficace, inutile, stérile, vain.

**INGÉNIEUX** ☐ adroit, astucieux, habile, intelligent, inventif, malin.

**INGÉNU** ☐ candide, confiant, crédule, innocent, naïf.

**INGRAT** ☐ désagréable, égoïste, méchant, oublieux.
• aride, hostile, sec, stérile.

**INGRATITUDE** ☐ indifférence, oubli, rejet.

**INGUÉRISSABLE** ☐ condamné, incurable, irrémédiable, perdu.

**INGURGITER** ☐ absorber, avaler, manger.

**INHABITÉ** ☐ abandonné, désert, isolé, sauvage, solitaire.

**INHUMAIN** ☐ barbare, cruel, dur, impitoyable, implacable, inflexible, inexorable.

**INHUMER** ☐ enfouir, ensevelir, enterrer.

**INIMAGINABLE** ☐ étonnant, extraordinaire, incroyable, inouï, invraisemblable, paradoxal, rocambolesque.

**INIMITIÉ** ☐ antipathie, aversion, exécration, haine, hostilité, rancœur, répulsion, ressentiment.

**INIQUE** ☐ abusif, immérité, injuste, partial.

**INITIATION** ☐ admission, affiliation, éducation, enseignement, formation, instruction, leçon, pédagogie, savoir.

**INITIER** ☐ apprendre, enseigner, instruire, introduire, révéler.

**INJURE** ☐ insulte, invective, offense.

**INJURIER** ☐ abreuver, accabler, agonir, crier, fulminer, inonder, insulter, offenser, tempêter.

**INJUSTE** ☐ abusif, immérité, inique, partial.

**INNÉ** ☐ atavique, congénital, héréditaire, naturel, spontané, viscéral.

**INNOCENCE** ☐ candeur, crédulité, ingénuité, naïveté, simplicité.

**INNOCENT** ☐ angélique, candide, crédule, inoffensif, ingénu, irresponsable, naïf, niais, sot.

**INNOCENTER** ☐ disculper, justifier, pardonner.

**INNOMBRABLE** ☐ abondant, considérable, multiple, nombreux.

**INNOVATION** ☐ changement, mutation, nouveauté, réforme, transformation.

**INOCCUPÉ** ☐ désert, inhabité, libre, vacant.
• désœuvré, inactif, oisif.

**INOFFENSIF** ☐ anodin, bénin, désarmé, impuissant, innocent, paisible.

**INONDATION** ☐ cataclysme, débordement, déluge.

**INONDER** ☐ couvrir, déborder, envahir, noyer, submerger, tremper.

**INOPINÉ** ☐ fortuit, imprévu, par hasard, subit.

**INOPINÉMENT** ☐ à l'improviste, tout à coup.

**INOUBLIABLE** ☐ célèbre, illustre, immortel, ineffaçable, mémorable.

**INOUÏ** ☐ étonnant, inconnu, incroyable, inimaginable, invraisemblable, nouveau, paradoxal, prodigieux, rocambolesque.

**INQUIET** ☐ agité, apeuré, craintif, effarouché, lâche, peureux, pusillanime, timide, timoré, troublé.

**INQUIÉTANT** ☐ angoissant, effrayant, hallucinant, horrible, oppressant, préoccupant, sinistre.

**INQUIÉTER** ☐ affoler, angoisser, faire peur, oppresser, tourmenter, troubler.

**INQUIÉTUDE** ☐ affolement, affres, angoisse, anxiété, appréhension, crainte, désarroi, effarement, effroi, émotion, hallucination, panique, peur, souci, terreur.

**INSALUBRE** ☐ délétère, écœurant, fétide, infect, malodorant, malsain, méphitique, nauséabond, pestilentiel, puant, putride.

**INSATISFAIT** ☐ exaspéré, furieux, inassouvi, mécontent.

**INSCRIPTION** ☐ citation, écriteau, épigraphe, épitaphe, graffiti.

**INSCRIRE** ☐ calligraphier, copier, écrire, enregistrer, indiquer, marquer, mentionner, noter.

**INSCRIRE EN FAUX (S')** ☐ contredire, démentir, réfuter.

**INSENSÉ** ☐ aberrant, absurde, déraisonnable, farfelu, fou, grotesque, imbécile, ridicule, saugrenu.

**INSENSIBILITÉ** ☐ apathie, dureté, fermeté, froideur, inconscience, indifférence, sévérité.

**INSENSIBLE** ☐ cruel, dur, ferme, impitoyable, indifférent, inébranlable, inhumain, sévère, sourd.
• anesthésié, imperceptible, indolore, ténu.

**INSENSIBLEMENT** ☐ doucement, lentement, peu à peu.

**INSÉPARABLE** ☐ attaché, indissociable, indivisible, soudé, uni.

**INSÉRER** ☐ ajouter, enchâsser, imbriquer, incruster, introduire, sertir.

**INSIDIEUX** ☐ dissimulé, fourbe, mensonger, sournois, trompeur.

**INSIGNIFIANT** ☐ anodin, banal, ennuyeux, fade, falot, infime, insipide, léger, négligeable, pâle, plat, quelconque, terne, véniel.

**INSINUER** ☐ accuser, médire, prétendre, sous-entendre, suggérer.

**INSINUER (S')** ☐ se glisser, s'ingérer, s'immiscer, s'introduire, se mêler.

**INSIPIDE** ☐ douceâtre, fade, ennuyeux, plat, terne.

**INSISTANT** ☐ appuyé, gênant, importun, indiscret, obstiné.

**INSISTER** ☐ accentuer, appuyer, s'obstiner, ponctuer, répéter, souligner.

**INSOLENT** ☐ arrogant, cassant, cavalier, cynique, dédaigneux, fier, grossier, hautain, impertinent, impoli, impudent, suffisant, vaniteux.

**INSOLITE** ☐ anormal, baroque, bizarre, étrange, extraordinaire, extravagant, inhabituel, inusité, original, rare, singulier.

**INSOUCIANT** ☐ désinvolte, étourdi, futile, frivole, inconséquent, indifférent, indolent, léger, nonchalant.

**INSOUMISSION** ☐ désertion, désobéissance, rébellion, refus, révolte.

**INSOUTENABLE** ☐ inadmissible, indéfendable, insupportable.

**INSPECTER** ☐ analyser, étudier, examiner, regarder, sonder, vérifier.

**INSPECTION** ☐ enquête, examen, expertise, revue.

**INSPIRATION** ☐ esprit, illumination, instigation, invention, suggestion, verve.
• aspiration, inhalation, respiration.

**INSPIRER** ☐ absorber, aspirer, avaler, humer, inhaler, respirer.
• conseiller, dicter, insinuer, persuader, souffler, suggérer.

**INSTABLE** ☐ changeant, déséquilibré, fluctuant, fragile, inconstant, précaire, variable.

**INSTALLER** ☐ disposer, établir, mettre, placer, poser.

**INSTANT** ☐ moment.

**INSTANT (À L')** ☐ immédiatement.

**INSTAURER** ☐ bâtir, édifier, établir, fonder, instituer.

**INSTINCT** ☐ inclinaison, intuition, libido, penchant, sens, tendance.

**INSTINCTIF** ☐ inconscient, intuitif, irréfléchi, machinal.

**INSTITUER** ☐ bâtir, édifier, établir, fonder, instaurer.

**INSTITUT** ☐ collège, cours, école, établissement, pension, université.

**INSTITUTEUR** ☐ enseignant, maître, pédagogue, précepteur.

**INSTRUCTION** ☐ consigne, directive, ordre.
• culture, éducation, enseignement, formation, initiation, leçon, pédagogie, savoir.
• enquête, interrogatoire, recherche.

**INSTRUIRE** ☐ édifier, éduquer, enseigner, former, initier.
• enquêter, examiner, rechercher.

**INSTRUIRE (S')** ☐ apprendre, se cultiver, étudier.

**INSTRUIT** ☐ docte, cultivé, érudit, savant.

**INSTRUMENT** ☐ accessoire, engin, machine, matériel, outil, ustensile.

**INSUCCÈS** ☐ défaite, échec, faillite, fiasco, revers.

**INSUFFISANCE** ☐ carence, défaut, déficience, inaptitude, ignorance, manque.

**INSULTE** ☐ grossièreté, injure, offense.

**INSULTER** ☐ abreuver, accabler, agonir, crier, fulminer, inonder, injurier, offenser, tempêter.

**INSUPPORTABLE** ☐ désagréable, haïssable, intolérable, insoutenable, odieux, pénible.

**INSURGÉ** ☐ rebelle, révolté, révolutionnaire.

**INSURRECTION** ☐ émeute, fronde, mutinerie, révolte, révolution, soulèvement.

**INTACT** ☐ complet, entier, intégral, pur, sauf, total.

**INTARISSABLE** ☐ abondant, bavard, copieux, fécond, inépuisable.

**INTÉGRAL** ☐ complet, entier, intact, pur, sauf, total.

**INTÈGRE** ☐ consciencieux, honnête, loyal, probe, scrupuleux, sérieux, vertueux.

**INTÉGRER** ☐ accueillir, assimiler, naturaliser, recevoir.

**INTÉGRITÉ** ☐ honnêteté, probité, pureté.
• ensemble, intégralité, totalité.

**INTELLIGENCE** ☐ conception, entendement, esprit, imagination, pensée, raison, savoir, sens.
• accord, complicité, connivence, harmonie, sympathie, union.

**INTELLIGENT** ☐ adroit, éveillé, fin, perspicace, sagace, subtil.

**INTEMPESTIF** ☐ géant, importun, indiscret, inopportun, mal venu.

**INTENSE** ☐ absolu, excessif, extrême, grand, immense, passionné, ultime, violent.

**INTENSIFIER** ☐ accélérer, accroître, amplifier, augmenter, développer.

**INTENTION** ☐ arrière-pensée, but, calcul, dessein, fin, finalité, objectif, préméditation, projet, visées, volonté.

**INTERCALER** ☐ insérer, interposer, introduire.

**INTERDICTION** ☐ annulation, défense, fermeture, prohibition, radiation, suspension.

**INTERDIRE** ☐ défendre, empêcher, fermer, prohiber, proscrire, refuser, suspendre.

**INTERDIT** ☐ (nom) anathème, excommunication, interdiction.

**INTERDIT** ☐ (adj) banni, défendu, illicite, prohibé.
● confus, consterné, déconcerté, déconfit, décontenancé, désemparé, embarrassé, pantois, penaud, surpris.

**INTÉRESSANT** ☐ alléchant, attractif, attrayant, avantageux, captivant, passionnant, séduisant.

**INTÉRESSÉ** ☐ âpre, avare, avide, cupide, vénal.

**INTÉRESSER** ☐ captiver, concerner, importer, passionner, séduire.

**INTÉRÊT** ☐ dividende, escompte, rente, revenu, usure.
● attention, bienveillance, curiosité, sollicitude, sympathie.

**INTÉRIEUR** ☐ (adj) interne, intime, personnel, privé, secret.

**INTÉRIEUR** ☐ (nom) appartement, foyer, maison.

**INTÉRIMAIRE** ☐ momentané, passager, provisoire, temporaire, transitoire.

**INTERLOQUÉ** ☐ abasourdi, choqué, déconcerté, décontenancé, ébahi, éberlué, estomaqué, étonné, médusé, sidéré, surpris.

**INTERMÉDIAIRE** ☐ commissionnaire, courtier, entremetteur, mandataire, représentant.
● biais, moyen, truchement.

**INTERMITTENT** ☐ discontinu, épisodique, saccadé, variable.

**INTERNATIONAL** ☐ cosmopolite, mondial, universel.

**INTERNÉ** ☐ aliéné, dément, fou.
● captif, détenu, prisonnier.

**INTERNER** ☐ cloîtrer, emprisonner, enfermer.

**INTERPELLER** ☐ apostropher, appeler, héler.

**INTERPRÉTATION** ☐ commentaire, exégèse, explication.
● accomplissement, exécution, réalisation.

**INTERPRÈTE** ☐ acteur, commentateur, porte-parole, traducteur.

**INTERPRÉTER** ☐ exécuter, jouer, représenter.
● commenter, expliquer, traduire.

**INTERROGER** ☐ chercher, consulter, demander, questionner.

**INTERROMPRE** ☐ arrêter, cesser, couper, déranger, interdire, suspendre.

**INTERRUPTION** ☐ arrêt, coupure, intermittence, pause, répit, suspension.

**INTERVALLE** ☐ blanc, écart, espace, interstice, périodicité.

**INTERVENIR** ☐ s'entremettre, intercéder, secourir.

**INTERVERTIR** ☐ déplacer, permuter, transposer.

**INTERVIEW** ☐ conversation, dialogue, entretien.

**INTESTIN** ☐ boyau, entrailles, tripes viscère.

**INTIME** ☐ (adj) intérieur, personnel, privé, secret.

**INTIME** ☐ (nom) ami, confident, familier.

**INTIMIDER** ☐ affoler, effrayer, menacer, pétrifier, troubler.

**INTOLÉRABLE** ☐ désagréable, haïssable, inexcusable, insupportable, insoutenable, odieux, pénible.

**INTOLÉRANT** ☐ autoritaire, exclusif, fanatique, intraitable, intransigeant, sectaire, systématique.

**INTOXIQUER** ☐ contaminer, empoisonner, infecter.

**INTRAITABLE** ☐ intransigeant, ferme, impitoyable, implacable, inébranlable, inexorable, inflexible, inhumain, insensible, sévère.

**INTRÉPIDE** ☐ audacieux, brave, courageux, décidé, déterminé, entreprenant, hardi, résolu, téméraire.

**INTRIGANT** ☐ arriviste, aventurier, escroc, parvenu.

**INTRIGUE** ☐ cabale, complot, conspiration, manœuvre.
• histoire, scénario, synopsis, trame.

**INTRODUCTION** ☐ avant-propos, préface, prélude.
• apparition, insertion, installation, recommandation.

**INTRODUIRE** ☐ fourrer, glisser, inclure, insérer, intercaler.

**INTRODUIRE (S')** ☐ entrer, se glisser, s'immiscer, s'installer.

**INTRUS** ☐ gêneur, importun, indésirable.

**INTUITION** ☐ flair, instinct, pressentiment, sens.

**INUSITÉ** ☐ inhabituel, rare.

**INUTILE** ☐ inefficace, infructueux, oiseux, stérile, superflu, vain.

**INUTILEMENT** ☐ en vain.

**INVALIDER** ☐ abolir, abroger, annuler, casser, dissoudre, révoquer, supprimer.

**INVARIABLE** ☐ constant, égal.

**INVASION** ☐ attaque, agression, incursion, offensive.

**INVECTIVE** ☐ injure, insulte, offense.

**INVENTAIRE** ☐ dénombrement, énumération, état, liste, récapitulation.

**INVENTER** ☐ créer, découvrir, fabriquer, imaginer, trouver.

**INVENTION** ☐ création, découverte, fiction, imagination, trouvaille.
• affabulation, conte, fable, mensonge.

**INVERSE** ☐ contraire, opposé, renversé.

**INVERSEMENT** ☐ vice versa.

**INVESTIR** ☐ assiéger, bloquer, cerner, cercler, entourer, envelopper.
• miser, placer, pourvoir.

**INVINCIBLE** ☐ fort, imbattable, indomptable, irrésistible, surdoué.

**INVISIBLE** ☐ imperceptible, infime, minuscule, ténu.

**INVITÉ** ☐ convive, hôte, pique-assiette.

**INVOLONTAIRE** ☐ accidentel, inconscient, instinctif, machinal.

**INVRAISEMBLABLE** ☐ anormal, bizarre, étonnant, étrange, extraordinaire, incroyable, inimaginable, inouï, magique, merveilleux, paradoxal, prodigieux, rocambolesque, troublant.

**IRASCIBLE** ☐ coléreux, emporté, furieux, irritable, rageur, violent.

**IRE** ☐ colère, courroux, emportement, fureur, irritation, mécontentement, rage fureur.

**IRONIE** ☐ dérision, moquerie, persiflage, raillerie, sarcasme.

**IRRADIER** ☐ diffuser, émettre, propager, rayonner, resplendir.

**IRRATIONNEL** ☐ aberrant, absurde, déraisonnable, fou, insensé, saugrenu.

**IRRÉDUCTIBLE** ☐ fanatique, ferme, intraitable, inébranlable, inexorable, intraitable, obstiné, rebelle.

**IRRÉGULIER** ☐ anormal, bizarre, décousu, désordonné, discontinu, hétéroclite, inégal, saccadé.

**IRRÉLIGIEUX** ☐ athée, impie, incrédule, incroyant, libertin, libre, penseur.

**IRRÉMÉDIABLE** ☐ condamné, incurable, inguérissable, perdu.

**IRRÉPROCHABLE** ☐ droit, honnête, impeccable, parfait.

**IRRÉSISTIBLE** ☐ fort, imbattable, indomptable, invincible, persuasif, séduisant.

**IRRITABLE** ☐ coléreux, emporté, furieux, irascible, ombrageux, rageur, susceptible, violent.

**IRRITER** ☐ agacer, crisper, enflammer, énerver, ennuyer, exacerber, exaspérer, excéder, exciter, horripiler, tourmenter.

**IRRUPTION** ☐ attaque, incursion, invasion.

**ISOLÉ** ☐ désert, écarté, inhabité, lointain, perdu, retiré, seul, solitaire.

**ISSUE** ☐ passage, porte, sortie.
● aboutissement, but, fin, solution.

**ITINÉRAIRE** ☐ circuit, parcours, trajet.

**IVRE** ☐ aviné, éméché, gris, soûl.

**IVRESSE** ☐ ébriété, enivrement, griserie, vertige.

**IVROGNE** ☐ alcoolique, buveur, éthylique, poivrot.

*j*

**JADIS** ☐ antan, autrefois.

**JAILLIR** ☐ bondir, se dresser, fuser, gicler, sortir, surgir.

**JAILLISSEMENT** ☐ débordement, éruption, jet, projection.

**JALONNER** ☐ borner, délimiter, marquer, ponctuer, tracer.

**JALOUSIE** ☐ concurrence, convoitise, dépit, désir, émulation, envie, haine, rivalité.
● persienne, store, volet.

**JALOUX** ☐ avide, cupide, envieux, haineux, ombrageux.

**JAMAIS (À)** ☐ définitivement, pour toujours.

**JAPPEMENT** ☐ aboiement, glapissement, hurlement.

**JARDIN** ☐ clos, enclos, garderie, parc, square, verger, zoo.

**JARGON** ☐ argot, charabia, galimatias, langage, langue, sabir.

**JAUGER** ☐ apprécier, estimer, évaluer, inventorier, mesurer.

**JAUNE** ☐ blond, citron, doré, safran.
● briseur de grève, non-gréviste, traître.

**JÉRÉMIADE** ☐ gémissement, lamentation, plainte.

**JET** ☐ dessin, ébauche, esquisse.
● éruption, jaillissement, projection, propulsion.

**JETÉE** ☐ digue, estacade, levée.

**JETER** ☐ abandonner, éjecter, lancer, projeter, rejeter, repousser.

**JETER À BAS** ☐ abattre, briser, détruire, renverser.

**JETER SON DÉVOLU SUR** ☐ adopter, choisir, opter, préférer.

**JEU** ☐ amusement, divertissement, jouet, récréation.
● assortiment, ensemble, garniture, parure.
● espace, fonctionnement, marge.

**JEUNE** ☐ adolescent, benjamin, cadet, juvénile, novice, petit, puîné.

**JEÛNE** ☐ abstinence, carême, diète, famine.

**JEUNESSE** ☐ adolescence, fraîcheur, vigueur.

**JOBARD** ☐ benêt, crédule, innocent, naïf, niais, sot, stupide.

**JOIE** ☐ allégresse, bonheur, contentement, émotion, enthousiasme, entrain, euphorie, gaieté, jubilation, plaisir, satisfaction.

**JOINDRE** ☐ aborder, approcher, contacter, toucher.

• accoupler, ajuster, assembler, grouper, jumeler, lier, raccorder, souder, unir.

**JOINTURE** □ articulation, attache, charnière, emboîtement, ligament, nœud.

**JOLI** □ beau, chic, charmant, coquet, délicat, délicieux, élégant, gracieux, harmonieux, mignon, pimpant, ravissant.

**JONCHER** □ ensevelir, napper, recouvrir.

**JONCTION** □ ajustement, assemblage, montage, union.

**JONGLEUR** □ bateleur, ménestrel, saltimbanque, troubadour.

**JOUER** □ s'amuser, se distraire, se divertir, s'égayer, rire.
• exécuter, interpréter, représenter.
• hasarder, miser, parier, risquer, spéculer, tenter.

**JOUG** □ asservissement, contrainte, domination, esclavage, oppression, servitude, subordination, tyrannie.

**JOUIR** □ aimer, apprécier, déguster, goûter, savourer.

**JOUISSANCE** □ délice, extase, joie, orgasme, plaisir, volupté.
• possession, propriété, usage, usufruit.

**JOUR** □ aube, crépuscule, diurne, journée.
• éclairage, lumière, ouverture.

**JOURS** □ existence, vie.

**JOURNAL** □ bulletin, gazette, feuille, hebdomadaire, mensuel, périodique, quotidien, revue.

**JOURNALISTE** □ chroniqueur, commentateur, correspondant, localier, rédacteur, reporter.

**JOURNÉE** □ après-midi, jour, matinée.

**JOUVENCEAU** □ adolescent, éphèbe, jeune.

**JOVIAL** □ allègre, comique, content, divertissant, enjoué, espiègle, gai, gaillard, heureux, joyeux, réjoui, réjouissant.

**JOYAU** □ bague, bijou, collier, diadème, médaillon, orfèvrerie, parure, pendentif, pierre.

**JOYEUX** □ allègre, amusant, comique, content, divertissant, enjoué, espiègle, gai, gaillard, jovial, réjoui, réjouissant.

**JUBILATION** □ allégresse, bonheur, contentement, enthousiasme, entrain, euphorie, gaieté, joie, plaisir, satisfaction.

**JUCHER (SE)** □ escalader, monter, se percher.

**JUDICIEUX** □ pertinent, sage.

**JUGE** □ arbitre, justicier, magistrat.

**JUGEMENT** □ arrêt, décision, ordonnance, sentence, verdict.
• discernement, finesse, intelligence, perspicacité, raison.
• avis, opinion, point de vue.

**JUGER** □ arbitrer, apprécier, arrêter, conclure, décider, décréter, estimer, évaluer, mesurer, prononcer, régler, résoudre, statuer, trancher.

**JUGULER** □ arrêter, bloquer, briser, dompter, étouffer, endiguer, enrayer, freiner, neutraliser, réduire, réprimer.

**JUMELER** □ accoupler, ajuster, assembler, grouper, joindre, lier, raccorder, souder, unir.

**JUMENT** □ cavale, cheval, haquenée, pouliche.

**JURER** □ affirmer, assurer, confirmer, promettre, témoigner.
• contraster, détonner, trancher.
• blasphémer, injurier, maudire, sacrer.

**JURISTE** □ avocat, légiste.

**JURON** □ blasphème, grossièreté, imprécation, injure, malédiction, outrage, sacrilège.

**JUSTE** □ certain, correct, équitable, exact, fidèle, impartial, légitime, précis, raisonnable, réel, sincère, vrai.
● adapté, approprié, conforme, idoine.

**JUSTESSE** □ authenticité, exactitude, ponctualité, précision, vérité.

**JUSTICE** □ droit, équité, impartialité, légalité, probité.

**JUSTIFICATION** □ apologie, défense, démonstration, éloge, explication, preuve.

**JUSTIFIER** □ absoudre, blanchir, excuser, décharger, dédouaner, disculper, innocenter, prouver.

**JUVÉNILE** □ adolescent, enjoué, jeune, pimpant, sémillant, vif.

*k*

**KERMESSE** ☐ fête, récréation, réjouissances.

**KIBBOUTZ** ☐ ferme collective

**KIDNAPPER** ☐ arracher, s'emparer, enlever, ravir, voler.

**KIOSQUE** ☐ abri, pavillon, point de vente.

**KRACH** ☐ banqueroute, effondrement, faillite.

**KYRIELLE** ☐ série, succession, suite.

*l*

**LÀ** ☐ à cet endroit, céans, ici.

**LABEL** ☐ griffe, marque, sigle, symbole.

**LABEUR** ☐ activité, besogne, ouvrage, tâche, travail.

**LABORATOIRE** ☐ atelier, officine, usine.

**LABORIEUX** ☐ ardu, compliqué, confus, difficile, dur, épineux, malaisé, obscur, pénible, rude.

**LABYRINTHE** ☐ dédale, enchevêtrement.

**LACER** ☐ attacher, ficeler, lier, nouer.

**LACÉRER** ☐ arracher, déchiqueter, déchirer, égratigner, griffer, taillader, tailler.

**LÂCHE** ☐ couard, peureux, pleutre, poltron.
• flasque, flottant, mou, vague.

**LÂCHER** ☐ abandonner, céder, donner, laisser, libérer, livrer, relâcher, renoncer à.

**LÂCHETÉ** ☐ couardise, faiblesse, mollesse, veulerie.

**LACONIQUE** ☐ bref, concis, court, résumé, sommaire, succinct, taciturne.

**LACUNE** ☐ ignorance, manque, omission, oubli, trou.

**LAÏC** ☐ civil, civique, républicain.

**LAID** ☐ abominable, affreux, difforme, effroyable, épouvantable, horrible, informe, repoussant, répugnant, vilain.

**LAISSER** ☐ abandonner, confier, donner, évacuer, lâcher, quitter, se replier, se retirer, se séparer de.

**LAISSER-ALLER** ☐ désinvolture, négligence, paresse.

**LAISSEZ-PASSER** ☐ coupe-fil, passeport, permis, sauf-conduit.

**LAÏUS** ☐ adresse, allocution, déclaration, discours, harangue, oraison, sermon, tirade.

**LAMBEAU** ☐ bout, loque, morceau.

**LAME** ☐ baïonnette, couteau, dague, épée, poignard, stylet.
• flot, onde, vague.

**LAMENTABLE** ☐ affligeant, déplorable, désastreux, navrant, pitoyable.

**LAMENTATION** ☐ gémissement, jérémiade, plainte, sanglot.

**LANCEMENT** ☐ parution, publication, sortie.

**LANCER** ☐ darder, décocher, éjecter, émettre, envoyer, jeter, projeter.

**LANDE** ☐ brousse, étendue, garrigue, maquis.

**LANGUE** ☐ dialecte, jargon, idiome, langage, parler, style.

**LANGUEUR** ☐ abattement, accablement, anéantissement, apathie, découragement, épuisement, lassitude, prostration.

**LANGUIR** ☐ décliner, dépérir, s'étioler, soupirer, végéter.

**LANTERNE** ☐ falot, fanal, phare, veilleuse.

**LANTERNER** ☐ remettre, repousser, traîner.

**LAPALISSADE** ☐ certitude, évidence, truisme, vérité.

**LAPER** ☐ s'abreuver, avaler, boire, se désaltérer, ingurgiter.

**LAPIDAIRE** ☐ bref, concis, court, laconique, réduit, résumé, sommaire, succinct.

**LAPIDER** ☐ jeter des pierres sur, malmener, maltraiter, supplicier, tuer.

**LAPSUS** ☐ bévue, confusion, erreur, faute.

**LARGE** ☐ ample, considérable, copieux, énorme, épanoui, évasé, grand, immense, important, imposant, impressionnant, remarquable.

**LARGEMENT** ☐ abondamment, beaucoup, bien, copieusement, énormément, en abondance, en quantité, à foison, à profusion, à volonté.

**LARGESSE** ☐ aumône, bienfait, don, gratification, libéralité, munificence, présent, prodigalité, profusion.

**LARGEUR** ☐ ampleur, carrure, diamètre, dimension, envergure.

**LARME** ☐ chagrin, pleur, sanglot.

**LARMOYER** ☐ se lamenter, pleurer, pleurnicher, sangloter.

**LARRON** ☐ aigrefin, escroc, malfaiteur, voleur.

**LARVÉ** ☐ caché, discontinu, épisodique, intermittent, latent, manqué, souterrain.

**LAS** ☐ brisé, découragé, épuisé, éreinté, faible, fatigué, fourbu, harassé, rompu, usé.

**LASCIF** ☐ caressant, charnel, érotique, graveleux, impudique, indécent, licencieux, luxurieux, obscène, polisson, pornographique, vicieux.

**LASSER** ☐ agacer, contrarier, ennuyer, fatiguer, importuner.

**LASSER (SE)** ☐ abandonner, se décourager, renoncer.

**LASSITUDE** ☐ abattement, accablement, anéantissement, découragement, épuisement, langueur, prostration.

**LATENT** ☐ caché, discret, larvé, souterrain, secret.

**LATRINES** ☐ lieux d'aisances.

**LAVAGE** ☐ ablution, bain, lessive, nettoyage, toilette.

**LAVER** ☐ baigner, lessiver, nettoyer, purifier, rincer.
• absoudre, blanchir, disculper, innocenter, justifier.

**LAZZI** ☐ moquerie, plaisanterie, ricanement, rire.

**LEÇON** ☐ classe, conférence, cours, éducation, enseignement, formation, initiation, instruction, pédagogie, précepte, savoir.

**LECTURE** ☐ analyse, déchiffrage, décodage, décryptage.
• connaissance, culture, savoir.

**LÉGAL** ☐ accepté, admis, autorisé, permis, réglementaire, toléré.

**LÉGENDAIRE** ☐ chimérique, épique, extraordinaire, fabuleux, fantastique, imaginaire, magnifique, merveilleux, romanesque.

**LÉGENDE** ☐ conte, fable, folklore, histoire, imaginaire, mythe, tradition.

**LÉGER** ☐ audacieux, aventureux, écer-

velé, étourdi, évaporé, frivole, hasardeux, imprudent, inconséquent, insensé, leste, superficiel, téméraire.
- aérien, agile, fin, leste, souple.
- infime, minime, petit, ténu, véniel.

**LÉGION** ☐ armée, cohorte, multitude, nuée, troupe.

**LÉGISLATION** ☐ droit, loi, règlement.

**LÉGISTE** ☐ avocat, conseiller, homme de loi, juriste.

**LÉGITIME** ☐ équitable, juste, raisonnable.
- accepté, admissible, autorisé, légal, permis, toléré.

**LEGS** ☐ don, donation, héritage, patrimoine, succession.

**LEITMOTIV** ☐ refrain, rengaine, répétition.

**LENDEMAIN** ☐ avenir, demain, futur, suite.

**LÉNIFIANT** ☐ apaisant, calmant, rassurant, reposant.

**LÉNIFIER** ☐ adoucir, apaiser, atténuer, calmer, modérer, tempérer.

**LENT** ☐ calme, endormi, long, mou, indolent, nonchalant, paisible, paresseux, traînant, traînard, tranquille.

**LENTEMENT** ☐ calmement, doucement, progressivement.

**LENTEUR** ☐ longueur, prudence, prolongation, remise, retard.
- bêtise, calme, indolence, paresse, sottise, stupidité.

**LÉSER** ☐ blesser, écorcher, meurtrir.
- défavoriser, frustrer, nuire.

**LÉSION** ☐ blessure, commotion, contusion, coupure, coup, meurtrissure, plaie, traumatisme, tuméfaction.
- dommage, préjudice, tort.

**LESSIVER** ☐ blanchir, laver, nettoyer, rincer.

**LESTE** ☐ désinvolte, égrillard, gai,

gaulois, grivois, léger, osé, paillard, rabelaisien.

**LÉTHARGIE** ☐ assoupissement, sommeil, somnolence.

**LETTRE** ☐ billet, dépêche, écrit, épître, message, missive, pli.
- caractère, chiffres, consonne, initiale, voyelle.
- capitale, majuscule, minuscule.

**LETTRÉ** ☐ cultivé, docte, érudit, savant.

**LETTRES** ☐ correspondance, culture, littérature.

**LEURRE** ☐ amorce, appât, attrape, illusion, piège.

**LEURRER** ☐ abuser, berner, duper, mystifier, tromper.

**LEVAIN** ☐ ferment, germe, levure.

**LEVANT** ☐ est, orient.

**LEVER** ☐ dresser, enlever, hausser, hisser, redresser, soulever.
- percevoir, prendre, recruter.

**LEXIQUE** ☐ dictionnaire, index, nomenclature.

**LÉZARDE** ☐ crevasse, déchirure, fente, fissure.

**LIAISON** ☐ affinité, attache, intrigue, lien, passade, rapport, relation, union.

**LIANT** ☐ affable, aimable, civil, courtois, gracieux, poli, sociable.

**LIBELLER** ☐ correspondre, écrire, exposer, rédiger.

**LIBÉRALITÉ** ☐ aumône, bienfait, don, gratification, largesse, munificence, présent, prodigalité, profusion.

**LIBÉRATEUR** ☐ défenseur, émancipateur, sauveur.

**LIBÉRATION** ☐ affranchissement, délivrance, émancipation.

**LIBÉRER** ☐ affranchir, décharger, dégager, délivrer, émanciper, relâcher, relaxer.

**LIBERTAIRE** ☐ anarchiste, nihiliste, rebelle.

**LIBERTÉ** ☐ autonomie, délivrance, indépendance.
• autorisation, droit, licence, permission.

**LIBERTIN** ☐ athée, impie, incrédule, incroyant, irréligieux, libre penseur.

**LIBERTINAGE** ☐ débauche, dévergondage, érotisme, luxure.

**LIBIDINEUX** ☐ érotique, excitant, graveleux, impudique, luxurieux, obscène, pornographique, sensuel, vicieux.

**LIBRE** ☐ affranchi, autonome, franc, indépendant.
• exempt, libéré, vacant, vide.
• désinvolte, égrillard, gaillard, enjoué, gaulois, grivois, léger, leste, osé, paillard, rabelaisien.

**LICENCE** ☐ autorisation, liberté, permis, permission.
• débauche, dévergondage, érotisme, libertinage, luxure.

**LICENCIER** ☐ chasser, congédier, destituer, éconduire, remercier, renvoyer.

**LICENCIEUX** ☐ égrillard, érotique, gaillard, gaulois, graveleux, grivois, impudique, impur, indécent, lascif, léger, leste, luxurieux, osé, paillard, pornographique, rabelaisien, sensuel, vicieux.

**LICITE** ☐ admis, autorisé, légal, permis, toléré.

**LIEN** ☐ affinité, analogie, attache, liaison, rapport, relation, union.

**LIENS** ☐ chaînes, esclavage, fers.

**LIER** ☐ attacher, ficeler, fixer, lacer, ligoter, nouer, rassembler, unir.

**LIESSE** ☐ allégresse, bonheur, enthousiasme, entrain, euphorie, fête, gaieté, joie, jubilation.

**LIEU** ☐ endroit, place, position.

**LIEU COMMUN** ☐ banalité, cliché, poncif.

**LIGNE** ☐ contour, droite, tracé, trait.
• axe, route, voie.
• doctrine, dogme, principe, règle.

**LIGNÉE** ☐ dynastie, famille, filiation, race.

**LIGOTER** ☐ attacher, ficeler, fixer, lacer, lier, nouer.

**LIGUE** ☐ alliance, bloc, coalition, fédération, front, phalange, société.

**LIGUER** ☐ allier, coaliser, rassembler, réunir.

**LIMITE** ☐ borne, démarcation, frontière, terme.

**LIMITER** ☐ borner, circonscrire, réduire, restreindre.

**LIMITROPHE** ☐ frontalier, proche, voisin.

**LIMPIDE** ☐ clair, compréhensible, pur, serein, transparent, évident.

**LINCEUL** ☐ drap, suaire.

**LIQUIDATION** ☐ partage, rabais, règlement, vente.

**LIQUIDATION JUDICIAIRE** ☐ banqueroute, chute, déconfiture, faillite.

**LIQUIDE** ☐ fluide, flux, humeur, liqueur, solution.

**LIQUIDER** ☐ brader, solder, vendre.
• se débarrasser, faire disparaître, tuer.

**LIRE** ☐ bouquiner, compulser, déchiffrer, feuilleter, parcourir.

**LISIÈRE** ☐ bordure, limite, orée, rive.

**LISSE** ☐ calme, égal, glabre, poli, uni.

**LISTE** ☐ catalogue, énumération, état, inventaire, nomenclature, palmarès, rôle, tableau.

**LIT** ☐ berceau, couche, couchette, divan, grabat, literie, paillasse.
• canal, cours, passage.

**LITANIES** ☐ oraisons, psalmodies, prières.

**LITIGE** ☐ chicane, conflit, contestation, controverse, débat, démêlé, différend, discussion, dispute, procès, querelle.

**LITIGIEUX** ☐ ambigu, contesté, douteux, équivoque, incertain, problématique.

**LITTÉRAL** ☐ exact, fidèle, précis, textuel.

**LITTÉRALEMENT** ☐ à la lettre.

**LITTORAL** ☐ berge, bord, bordure, côte, frange, grève, plage, rivage, rive.

**LITURGIE** ☐ cérémonial, rite.

**LIVIDE** ☐ blafard, blême, décoloré, délavé, exsangue, pâle, terreux.

**LIVRE** ☐ bouquin, brochure, catalogue, écrit, ouvrage, registre, tome, volume.

**LIVRER** ☐ abandonner, céder, confier, délivrer, lâcher, laisser.

**LIVRER (SE)** ☐ s'abandonner, s'adonner, se confier.

**LIVRET** ☐ brochure, cahier, carnet.
• opéra.

**LOCAL** ☐ (nom) atelier, bâtiment, hangar, logement, pièce, salle.

**LOCAL** ☐ (adj) communal, municipal, voisin.

**LOCALISER** ☐ borner, circonscrire, déterminer, limiter.

**LOCALITÉ** ☐ agglomération, bourgade, cité, commune, village, ville.

**LOCATION** ☐ bail, loyer, réservation.

**LOCK-OUT** ☐ arrêt, débrayage, fermeture, grève.

**LOCUTION** ☐ expression, formule, maxime, sentence, tournure.

**LOGEMENT** ☐ appartement, demeure, domicile, foyer, habitation, hébergement, toit.

**LOGER** ☐ demeurer, habiter, occuper, vivre.
• abriter, héberger, installer, placer.

**LOGIQUE** ☐ (nom) argumentation, dialectique, dialogue, raisonnement.

**LOGIQUE** ☐ (adj) cohérent, exact, judicieux, raisonnable, sensé.

**LOGIS** ☐ appartement, demeure, foyer, habitation, logement, toit.

**LOI** ☐ amendement, décret, ordonnance, législation, règlement.
• autorité, domination, pouvoir, précepte, puissance, tutelle.

**LOINTAIN** ☐ distant, éloigné, espacé, loin, reculé, vague.

**LOISIBLE** ☐ autorisé, permis, toléré.

**LOISIR** ☐ liberté, permission, possibilité.

**LOISIRS** ☐ amusements, distractions, farniente, repos, vacances.

**LONG** ☐ allongé, ennuyeux, élancé, étendu, étiré, grand, interminable, lent, oblong.

**LONGER** ☐ border, côtoyer, raser.

**LONGÉVITÉ** ☐ durée, longueur, résistance.

**LONGTEMPS** ☐ beaucoup de temps, longuement.

**LONGUEUR** ☐ distance, durée, étendue, lenteur, mesure.

**LOQUACE** ☐ bavard, éloquent.

**LOQUE** ☐ chiffon, guenille, haillon, hardes, oripeaux.

**LORGNER** ☐ convoiter, désirer, épier, regarder.

**LORSQUE** ☐ quand.

**LOT** ☐ assortiment, garniture, ensemble, stock.
• lotissement, part, partage.
• gain, prime, récompense.

**LOUABLE** ☐ bon, méritoire.

**LOUANGE** ☐ apologie, compliment, dithyrambe, éloge, félicitations, glorification, panégyrique.

**LOUANGER** ☐ encenser, flatter, glorifier.

**LOUCHE** ☐ ambigu, étrange, équivoque, incertain, suspect, torve, trouble.

**LOUER** ☐ affermer, fréter, prêter.
● complimenter, encenser, féliciter, glorifier, vanter.

**LOURD** ☐ accablant, encombrant, écrasant, épais, grossier, indigeste, massif, pénible, pesant.
● bête, fruste, grossier, importun, insistant, lent, maladroit, lourdaud, sot, stupide.

**LOURDEMENT** ☐ grossièrement, maladroitement.

**LOUVOYER** ☐ atermoyer, biaiser, temporiser, tergiverser.

**LOYAL** ☐ bon, dévoué, droit, fidèle, franc, régulier, sûr, vrai.

**LOYAUTÉ** ☐ droiture, fidélité.

**LUBIE** ☐ caprice, désir, envie, coup de tête, fantaisie, inconstance, légèreté.

**LUBRIQUE** ☐ érotique, graveleux, impudique, indécent, lascif, licencieux, luxurieux, obscène, pornographique, vicieux.

**LUCIDITÉ** ☐ acuité, clairvoyance, finesse, pénétration, perspicacité, sagacité.

**LUCRATIF** ☐ avantageux, fructueux.

**LUEUR** ☐ éclair, étincelle, lumière, rayon.

**LUGUBRE** ☐ affligeant, funèbre, macabre, mortuaire, sinistre, triste.

**LUIRE** ☐ briller, chatoyer, éblouir, éclairer, étinceler, flamboyer, miroiter, rayonner, resplendir.

**LUMIÈRE** ☐ clarté, éclairage, éclat, jour, lueur, rayon, reflet, splendeur.

**LUMINEUX** ☐ brillant, éblouissant, éclatant, étincelant, flamboyant, radieux, rayonnant, resplendissant.

**LUNATIQUE** ☐ bizarre, capricieux, changeant, fantasque, frivole, inconséquent, instable, léger.

**LUSTRE** ☐ brillant, éclat, gloire, panache, prestige, rayonnement, réputation.
● lampe, plafonnier, suspension.

**LUSTRÉ** ☐ brillant, ciré, poli, satiné.

**LUTINER** ☐ agacer, chatouiller, exciter, taquiner.

**LUTTE** ☐ affrontement, bagarre, combat, conflit, duel, pugilat, rixe, tournoi.

**LUTTER** ☐ batailler, se battre, se mesurer, rivaliser.

**LUXE** ☐ abondance, apparat, éclat, excès, faste, magnificence, ostentation, profusion, somptuosité, splendeur.

**LUXUEUX** ☐ éclatant, magnifique, riche, splendide, somptueux.

**LUXURE** ☐ débauche, lubricité, péché de chair, vice.

**LUXURIANT** ☐ abondant, copieux, fécond, fertile, fructueux, opulent, généreux, plantureux, riche.

**LYCÉE** ☐ collège, école, institut, pension.

**LYCÉEN** ☐ élève, étudiant, potache.

**LYMPHATIQUE** ☐ faible, flegmatique, lent, mou.

**LYRISME** ☐ enthousiasme, entrain, exaltation, ferveur, fougue, passion, transport.

*m*

**MACABRE** ☐ funèbre, lugubre, malsain, sinistre.

**MACHIAVÉLIQUE** ☐ cynique, habile, immoral, retors, rusé, subtil.

**MACHINAL** ☐ automatique, inconscient, instinctif, involontaire, mécanique, réflexe.

**MACHINATION** ☐ agissements, cabale, complot, conspiration, intrigue.

**MACHINE** ☐ appareil, engin, mécanique, mécanisme, moteur, outil.

**MACULER** ☐ barbouiller, salir, souiller, tacher.

**MADRÉ** ☐ adroit, futé, habile, malin, narquois, retors, roublard, roué, rusé, subtil.

**MAESTRIA** ☐ adresse, aisance, art, brio, dextérité, habileté, savoir-faire.

**MAFFLU** ☐ bouffi, gras, joufflu, rebondi, soufflé.

**MAFIA** ☐ bande, clan, coterie, gang.

**MAGASIN** ☐ boutique, dépôt, dock, échoppe, entrepôt, réserve, stock, succursale.

**MAGAZINE** ☐ hebdomadaire, journal, périodique, quotidien, revue.

**MAGE** ☐ astrologue, devin, sorcier.

**MAGICIEN** ☐ charlatan, devin, mage, prestidigitateur, sorcier.

**MAGIE** ☐ alchimie, astrologie, divination, envoûtement, maléfice, occultisme, sorcellerie, sortilège.

**MAGIQUE** ☐ étonnant, étrange, extraordinaire, incroyable, inimaginable, inouï, invraisemblable, prodigieux merveilleux, surnaturel.

**MAGISTRAL** ☐ doctoral, péremptoire, souverain.
• accompli, excellent, irréprochable, impeccable, parfait.

**MAGISTRAT** ☐ fonctionnaire, juge, maire, procureur.

**MAGNANIME** ☐ bienveillant, bon, charitable, clément, généreux, miséricordieux.

**MAGNÉTISME** ☐ envoûtement, hypnotisme.
• ascendant, autorité, emprise, fascination, influence.

**MAGNIFICENCE** ☐ abondance, apparat, éclat, excès, faste, générosité, luxe, ostentation, profusion, somptuosité, splendeur.

**MAGNIFIER** ☐ célébrer, chanter, encenser, exalter, glorifier, idéaliser, louer, vanter.

**MAGNIFIQUE** ☐ admirable, ample, colossal, considérable, formidable, gigantesque, grand, grandiose, haut, immense, important, imposant, impressionnant, monumental, prodigieux, remarquable.

**MAGOT** ☐ économies, pécule, trésor.
● macaque, singe.

**MAIGRE** ☐ décharné, efflanqué, émacié, filiforme, hâve, mince, sec, squelettique, ténu.

**MAIN-FORTE** ☐ aide, assistance, secours, soutien.

**MAINMISE** ☐ ascendant, autorité, emprise, influence, tyrannie.
● confiscation, prise, saisie.

**MAINT** ☐ amplement, beaucoup, plusieurs.

**MAINTENANT** ☐ actuellement, aujourd'hui, en ce moment.

**MAINTENIR** ☐ conserver, entretenir, garder, fixer, immobiliser, retenir, soutenir.
● confirmer, prétendre, soutenir.

**MAINTIEN** ☐ allure, aspect, attitude, comportement, contenance, port, prestance, posture, tenue.
● confirmation, continuité, durée.

**MAISON** ☐ abri, demeure, domicile, foyer, gîte, habitation, intérieur, ménage, pavillon, toit.
● famille, lignée, race.
● commerce, entreprise, établissement.

**MAISONNÉE** ☐ clan, famille, nichée, tribu.

**MAÎTRE** ☐ enseignant, instituteur, pédagogue, précepteur, professeur, surveillant.
● dirigeant, patron, possesseur, propriétaire, seigneur, souverain, tyran.
● génie, maestro, virtuose.

**MAÎTRESSE** ☐ amante, amie, concubine.

**MAÎTRISE** ☐ adresse, aisance, art, dextérité, habileté, maestria, savoir-faire.

**MAÎTRISER** ☐ asservir, contrôler, domestiquer, dompter, soumettre, surmonter, terrasser, vaincre.

**MAJESTÉ** ☐ dignité, gloire, grandeur, gravité, noblesse.

**MAJESTUEUX** ☐ digne, grave, imposant, noble, solennel.

**MAJORER** ☐ accroître, aggraver, amplifier, augmenter, hausser, revaloriser.

**MAL** ☐ crime, faute, péché.
● affliction, amertume, blessure, chagrin, désolation, difficulté, douleur, ennui, maladie, peine, souffrance, tourment, tristesse.

**MALADE** ☐ faible, fiévreux, incommodé, indisposé, maladif, souffrant, souffreteux.
● aliéné, dément, fou.

**MALADIE** ☐ affection, faiblesse, mal, malaise.

**MALADRESSE** ☐ bêtise, bourde, erreur, étourderie, gaffe, impair.

**MALADROIT** ☐ contraint, embarrassé, emprunté, gauche, gêné, inapte, lourd, malhabile, nigaud, pataud, raide, timide.

**MALAISE** ☐ embarras, gêne, indisposition, souffrance.

**MALAISÉ** ☐ ardu, compliqué, confus, délicat, difficile, dur, épineux, laborieux, obscur, pénible, rude.

**MALAXER** ☐ mélanger, pétrir, triturer.

**MALCHANCE** ☐ déveine, guigne, infortune, malheur, mésaventure.

**MÂLE** ☐ (nom) étalon, géniteur, homme.

**MÂLE** ☐ (adj) énergique, masculin, vigoureux, viril.

**MALÉDICTION** ☐ anathème, condamnation, exécration, haine, imprécation.
● fatalité, infortune, malchance.

**MALÉFICE** ☐ charme, ensorcellement, envoûtement, pouvoir, sort, sortilège.

**MALENTENDU** ☐ confusion, équivoque, erreur, méprise.

**MALFAISANT** ☐ détestable, dissimulé, malin, malveillant, mauvais, méchant, nuisible, pervers, teigneux, terrible.

**MALFAITEUR** ☐ bandit, cambrioleur, criminel, escroc, rôdeur, voleur.

**MALGRÉ** ☐ en dépit de.

**MALHABILE** ☐ embarrassé, emprunté, gauche, gêné, inapte, maladroit, pataud, raide.

**MALHEUR** ☐ adversité, calamité, catastrophe, détresse, disgrâce, épreuve, fléau, infortune, malchance, malédiction, mésaventure, misère, peine, tourment.

**MALHEUREUX** ☐ (nom) déshérité, gueux, mendiant, minable, misérable, miséreux, paria, pauvre, vagabond.

**MALHEUREUX** ☐ (adj) attristant, désespérant, désolant, lamentable, pitoyable, triste.

**MALHONNÊTE** ☐ (adj) discourtois, effronté, grossier, impertinent, impoli, impudent, indélicat, injurieux, insolent, irrespectueux, sournois.

**MALHONNÊTE** ☐ (nom) canaille, escroc, tricheur.

**MALICE** ☐ malveillance, méchanceté, plaisanterie, raillerie.
• finesse, habilité, ruse, subtilité.

**MALIN** ☐ adroit, futé, habile, madré, malicieux, narquois, retors, roublard, roué, rusé, subtil, taquin.

**MALINGRE** ☐ affaibli, chétif, déficient, faible, fragile, frêle, gringalet, maigre, menu, rabougri.

**MALLE** ☐ bagage, cantine, coffre, mallette, valise.

**MALLÉABLE** ☐ flexible, souple.

**MALMENER** ☐ battre, brutaliser, houspiller, huer, maltraiter, molester, rudoyer, secouer.

**MALODORANT** ☐ écœurant, fétide, infect, insalubre, méphitique, nauséabond, pestilentiel, puant, putride, répugnant.

**MALPROPRE** ☐ crasseux, dégoûtant, immonde, inconvenant, repoussant, répugnant, sale, sordide.

**MALSAIN** ☐ contagieux, insalubre, maladif, morbide, nuisible.

**MALTRAITER** ☐ battre, brimer, brutaliser, houspiller, huer, malmener, molester, rudoyer, secouer.

**MALVEILLANCE** ☐ hostilité, malignité, méchanceté, médisance, ressentiment.

**MALVEILLANT** ☐ agressif, détestable, dissimulé, hostile, malfaisant, mauvais, méchant, nuisible, pervers, teigneux.

**MALVERSATION** ☐ concussion, détournement, exaction, extorsion, prévarication.

**MANDATAIRE** ☐ agent, commissionnaire, courtier, déléguer, envoyé, intermédiaire, représentant.

**MANDATER** ☐ concéder, confier, déléguer, envoyer.

**MANDER** ☐ appeler, convoquer, inviter.

**MANÈGE** ☐ agissements, intrigue, machination.

**MANGER** ☐ avaler, consommer, croquer, dévorer, s'empiffrer, ingurgiter, se nourrir.

**MANIABLE** ☐ facile, flexible, ductile, malléable, mou, souple.

**MANIAQUE** ☐ névropathe, déséquilibré, obsédé, psychopathe, tourmenté.

**MANIE** ☐ caprice, fantaisie, lubie, obsession, tic, toquade.

**MANIER** ☐ manipuler, palper, toucher, utiliser.

**MANIÈRE** □ espèce, façon, méthode, mode, moyen, sorte, style.

**MANIÉRÉ** □ affecté, apprêté, composé, précieux, snob.

**MANIFESTATION** □ déclaration, expression, symptôme, témoignage.
• cortège, défilé, rassemblement.

**MANIFESTE** □ clair, évident, flagrant, incontestable, notoire, patent, public, visible.

**MANIFESTER** □ afficher, annoncer, déclarer, exprimer, montrer, proclamer, protester.

**MANIGANCER** □ comploter, conspirer, intriguer, ourdir, tramer.

**MANIPULATION** □ maniement, manœuvre, utilisation.
• agissements, cabale, complot, intrigue, manœuvre.

**MANIPULER** □ manier, manœuvrer, utiliser.

**MANŒUVRE** □ agissements, cabale, complot, intrigue, manipulation.
• action, déplacement, mouvement, progression, travail, utilisation.
• homme de peine, ouvrier, travailleur.

**MANŒUVRER** □ déplacer, diriger, gouverner, utiliser.
• comploter, conspirer, intriguer, ourdir, tramer.

**MANOIR** □ château, folie, gentilhommière.

**MANQUE** □ absence, carence, défaut, insuffisance, oubli, pénurie, privation, rareté.

**MANQUER** □ échouer, faillir, gâcher, rater.
• s'absenter.

**MANSUÉTUDE** □ attention, bonté, charité, délicatesse, douceur, générosité, indulgence, patience, pitié.

**MANTEAU** □ burnous, caban, cape, capote, loden, pardessus, pelisse, redingote.

**MANUFACTURE** □ atelier, fabrique, usine.

**MANUSCRIT** □ écrit, parchemin, texte.

**MAPPEMONDE** □ carte, planisphère.

**MAQUETTE** □ canevas, ébauche, esquisse, modèle.

**MAQUILLER** □ déguiser, falsifier, tronquer, truquer.
• farder, grimer.

**MARAIS** □ étang, mare, marécage, marigot, saline, tourbière.

**MARASME** □ crise, stagnation *(économie)*.

**MARBRER** □ barioler, strier, veiner.

**MARCHAND** □ camelot, commerçant, débitant, fournisseur, négociant, trafiquant, vendeur.

**MARCHANDISE** □ article, cargaison, comestibles, denrée, produit, vivres.

**MARCHE** □ degré, escalier, marchepied.
• avance, mouvement, progression.
• allure, balade, démarche, pas, promenade.
• confins, frontière, limite.

**MARCHÉ** □ bazar, braderie, halle, foire, souk.
• affaire, échange, transaction, troc, vente.

**MARCHER** □ aller, arpenter, cheminer, déambuler, errer, flâner, se promener.

**MARGE** □ bord, bordure, lisière.
• délai, disponibilité.

**MARI** □ compagnon, conjoint, époux.

**MARIAGE** □ alliance, association, hymen, noce, union.

**MARIER** □ associer, assortir, mêler, unir.

**MARIN** □ côtier, maritime, nautique, naval.

**MARIVAUDER** □ badiner, batifoler, flirter, folâtrer.

**MARMONNER** ☐ bredouiller, chuchoter, gronder, maugréer, murmurer, protester, rechigner, rouspéter.

**MARQUANT** ☐ fameux, inoubliable, mémorable, remarquable.

**MARQUE** ☐ cachet, empreinte, estampille, griffe, label, sceau, sigle, symbole, timbre.
● balafre, cicatrice, repère, témoignage, trace.

**MARQUER** ☐ baliser, cocher, délimiter, écrire, indiquer, pointer.
● dire, exprimer, manifester, montrer, témoigner.

**MARTIAL** ☐ belliqueux, combatif, guerrier.

**MARTYR** ☐ mort, souffre-douleur, supplicié, victime.

**MARTYRE** ☐ calvaire, mise à mort, sacrifice, supplice, torture.

**MASCARADE** ☐ carnaval, déguisement, travestissement.
● duperie, hypocrisie, tromperie.

**MASQUER** ☐ cacher, camoufler, déguiser, dissimuler, farder, travestir, voiler.

**MASSACRE** ☐ assassinat, boucherie, carnage, extermination, génocide, hécatombe, tuerie.

**MASSACRER** ☐ assassiner, exterminer, tuer.

**MASSE** ☐ amas, bloc, ensemble, morceau, monceau, totalité.
● abondance, amas, entassement, multitude, nuée, prolifération, pullulement, tas.

**MASSER** ☐ amasser, rassembler, regrouper.

**MASSIF** ☐ dense, encombrant, écrasant, épais, lourd, pénible, pesant.

**MASTODONTE** ☐ colosse, géant.

**MASURE** ☐ baraque, bidonville, cabane, ruine, taudis.

**MATCH** ☐ affrontement, challenge, compétition, épreuve, partie, rencontre, rivalité.

**MATER** ☐ dompter, réprimer.

**MATÉRIEL** ☐ (adj) concret, existant, palpable, physique, réel, tangible.

**MATÉRIEL** ☐ (nom) armement, équipement, outillage.

**MATHÉMATIQUE** ☐ (adj) exact, logique, précis, rigoureux, théorique.

**MATIÈRE** ☐ fond, propos, sujet, thème.
● atome, corps, élément, matériau, substance.

**MATIN** ☐ aube, aurore, matinée.

**MATINAL** ☐ avancé, précoce, tôt.

**MATRICULE** ☐ immatriculation, numéro.

**MATRIMONIAL** ☐ conjugal, nuptial.

**MATURITÉ** ☐ épanouissement, plénitude, sagesse.

**MAUDIRE** ☐ abhorrer, abominer, condamner, détester, haïr, rejeter, repousser.

**MAUDIT** ☐ abominable, détestable, effrayant, effroyable, épouvantable, menaçant, monstrueux, réprouvé, terrible.

**MAUGRÉER** ☐ chuchoter, gronder, murmurer, protester, rechigner, rouspéter.

**MAUSOLÉE** ☐ caveau, sépulture, tombeau.

**MAUSSADE** ☐ acariâtre, acrimonieux, bougon, bourru, chagrin, désabusé, hargneux, mélancolique, morose, pessimiste, renfrogné, revêche, sombre, triste.

**MAUVAIS** ☐ abominable, affreux, cruel, détestable, exécrable, féroce, laid, malfaisant, malveillant, méchant, nuisible, pervers, teigneux, terrible.

**MAXIME** ☐ devise, citation, pensée, précepte, règle, sentence.

**MAXIMUM** ☐ sommet, totalité.

**MEA-CULPA** ☐ aveu, confession, regret, repentir.

**MÉCANIQUE** ☐ automatique, inconscient, instinctif, involontaire, machinal, réflexe.

**MÉCHANCETÉ** ☐ dureté, malice, malveillance, perversité, vilenie.

**MÉCHANT** ☐ cruel, dissimulé, dur, haineux, malin, malveillant, mauvais, médiocre, médisant, pervers, teigneux.

**MÉCOMPTE** ☐ déception, désillusion, échec, erreur, malentendu.

**MÉCONNAISSANCE** ☐ inaptitude, ingratitude, légèreté, oubli.

**MÉCONNAÎTRE** ☐ dédaigner, ignorer, oublier.

**MÉCONNU** ☐ énigmatique, étranger, incompris, inconnu, mystérieux, obscur, secret.

**MÉCONTENTEMENT** ☐ amertume, colère, déception, dépit, désagrément, exaspération, fureur, irritation, rage, rancœur.

**MÉCRÉANT** ☐ athée, impie, incrédule, incroyant, irréligieux, libertin, libre penseur.

**MÉDECIN** ☐ chirurgien, docteur, externe, interne, praticien, thérapeute.

**MÉDIAS** ☐ journaux, presse.

**MÉDIATION** ☐ arbitrage, conciliation, entremise, intermédiaire, truchement.

**MÉDICAMENT** ☐ drogue, médication, potion, remède.

**MÉDIOCRE** ☐ modeste, moyen, négligeable, ordinaire, petit, piètre, pitoyable, routinier.

**MÉDIRE** ☐ calomnier, cancaner, déconsidérer, décrier, dénigrer, déshonorer, diffamer, discréditer.

**MÉDITATIF** ☐ absorbé, distrait, pensif, réfléchi, rêveur, songeur.

**MÉDITATION** ☐ attention, concentration, étude, introspection, pensée, recueillement, rêverie.

**MÉDUSÉ** ☐ abasourdi, déconcerté, ébahi, éberlué, estomaqué, étonné, hébété, interloqué, paralysé, pétrifié, sidéré, surpris.

**MÉDUSER** ☐ abasourdir, abrutir, choquer, ébahir, étonner, étourdir, hébéter, paralyser, pétrifier, sidérer, surprendre.

**MEETING** ☐ manifestation, rassemblement, réunion.

**MÉFIANCE** ☐ circonspection, défiance, doute, incrédulité, prudence, scepticisme, soupçon, suspicion.

**MÉFIANT** ☐ buté, cauteleux, circonspect, craintif, farouche, ombrageux, renfermé, soupçonneux, sournois, timoré.

**MÉGARDE** ☐ distraction, erreur, étourderie, inadvertance, inattention, oubli.

**MÉGÈRE** ☐ furie, harpie, poissarde, sorcière.

**MEILLEUR** ☐ (nom) choix, élite, excellence.

**MEILLEUR** ☐ (adj) éminent, excellent, supérieur.

**MÉLANCOLIE** ☐ cafard, chagrin, dépression, morosité, nostalgie, spleen, tristesse.

**MÉLANCOLIQUE** ☐ amer, désabusé, douloureux, maussade, morose, neurasthénique, pessimiste, sombre, ténébreux, triste.

**MÉLANGE** ☐ alliage, amalgame, brassage, cocktail, combinaison, composition, fusion, métissage, mixture.

**MÉLANGER** ☐ brasser, brouiller, combiner, confondre, mêler.

**MÊLÉE** ☐ cohue, combat, enchevêtrement.

**MÊLER** ☐ brasser, brouiller, confondre, fondre, fusionner, mélanger.

**MÊLER (SE)** □ s'ingérer, intervenir, participer.

**MÉLODIE** □ air, chant, complainte, harmonie, lied, mélopée.

**MEMBRE** □ adhérent, associé, partisan, sociétaire, supporter.

**MÊME** □ analogue, identique, pareil, semblable.

**MÉMOIRE** □ réminiscence, souvenance, souvenir.

• essai, récit, traité.

**MÉMOIRES** □ annale, autobiographie, souvenirs.

**MÉMORABLE** □ célèbre, illustre, immortel, ineffaçable, inoubliable.

**MENAÇANT** □ inquiétant, dangereux, effrayant, obsédant, oppressant, préoccupant, sinistre.

**MENACER** □ braver, défier, narguer, provoquer.

**MÉNAGE** □ couple, famille, maison.

**MÉNAGEMENT** □ attention, considération, courtoisie, déférence, égards, respect, sollicitude.

**MÉNAGER** □ économiser, épargner, thésauriser.

• arranger, élaborer, préparer.

**MENDIER** □ quémander, solliciter.

**MENÉES** □ agissements, cabale, complot, intrigue, machination, manœuvre.

**MENER** □ conduire, diriger, emmener, entraîner, gouverner, ramener.

**MÉNESTREL** □ baladin, musicien, saltimbanque, troubadour.

**MENEUR** □ agitateur, animateur, chef, dirigeant, révolutionnaire.

**MENSONGE** □ conte, contrevérité, euphémisme, fable, illusion, invention, tromperie.

**MENTAL** □ intellectuel, psychique, spirituel.

**MENTEUR** □ (nom) hâbleur, imposteur, mythomane.

**MENTEUR** □ (adj) faux, feint, traître, trompeur.

**MENTIONNER** □ citer, indiquer, mentionner, nommer, rapporter.

**MENTOR** □ conseiller, guide, inspirateur, protecteur.

**MENU** □ délié, faible, fin, fragile, grêle, mince, rabougri, ténu.

**MÉPHITIQUE** □ écœurant, fétide, infect, malodorant, nauséabond, pestilentiel, puant, répugnant.

**MÉPRIS** □ arrogance, dédain, hauteur, insolence, morgue, orgueil, suffisance.

**MÉPRISABLE** □ abject, bas, dégoûtant, grossier, ignoble, indigne, infâme, obscène, répugnant, sordide, vil.

**MÉPRISANT** □ arrogant, condescendant, dédaigneux, distant, fier, hautain, insolent, orgueilleux, suffisant.

**MÉPRISE** □ confusion, erreur, illusion, imbroglio, quiproquo.

**MÉPRISER** □ dédaigner, honnir, humilier, négliger, repousser.

**MERCI** □ grâce, miséricorde, pitié.

• remerciement.

**MÉRITANT** □ bon, estimable, honnête, méritoire, vertueux.

**MÉRITE** □ qualité, valeur, vertu.

**MÉRITER** □ être digne, valoir.

**MERVEILLE** □ chef-d'œuvre, miracle, prodige.

**MERVEILLEUX** □ admirable, étonnant, étrange, extraordinaire, incroyable, inimaginable, inouï, invraisemblable, magique, prodigieux.

**MÉSAVENTURE** □ accident, déconvenue, épreuve, infortune, malchance, malheur.

**MESQUIN** □ âpre, avare, intéressé, médiocre, petit, rapace, sordide.

**MESQUINERIE** □ avarice, bassesse, lâcheté, parcimonie, petitesse.

**MESSAGE** ☐ correspondance, courrier, discours, lettre, missive.

**MESSAGER** ☐ ambassadeur, courrier, émissaire, envoyé, estafette, facteur.

**MESURE** ☐ dimension, évaluation, mensuration.

• cadence, harmonie, rythme, tempo.

• délicatesse, discrétion, modération, retenue, sobriété.

**MESURER** ☐ apprécier, arpenter, calculer, évaluer, jauger, sonder, toiser.

• compter, distribuer, répartir.

**MÉTAMORPHOSE** ☐ changement, modification, transformation.

**MÉTAPHORE** ☐ allégorie, comparaison, fable, image, tableau.

**MÉTAPHYSIQUE** ☐ morale, philosophie.

**MÉTHODE** ☐ procédé, raisonnement, système, technique, théorie.

**MÉTHODIQUE** ☐ cohérent, logique, réfléchi, réglé.

**MÉTICULEUX** ☐ consciencieux, maniaque, minutieux, soigneux, scrupuleux, tatillon.

**MÉTIER** ☐ carrière, fonction, profession, rôle, tâche.

**MÉTIS** ☐ bâtard, hybride, mulâtre, quarteron, sang-mêlé.

**MÉTROPOLE** ☐ capitale.

**METS** ☐ aliment, cuisine, plat, ragoût.

**METTRE** ☐ déposer, enfoncer, établir, insérer, installer, placer, poser, ranger.

**MEURTRIER** ☐ assassin, coupable, criminel, homicide, tueur.

**MEURTRIR** ☐ blesser, contusionner, léser, tuméfier.

• avarier, détériorer, pourrir, taler.

**MEURTRISSURE** ☐ blessure, bleu, commotion, contusion, lésion, plaie, traumatisme, tuméfaction.

**MIASMES** ☐ bouffée, effluve, émanation, miasmes, odeur, remugle.

**MICROBE** ☐ bacille, bactérie, virus.

**MIDI** ☐ sud, zénith.

**MIELLEUX** ☐ collant, douceâtre, doucereux, hypocrite, obséquieux, patelin, sournois, sucré.

**MIETTE** ☐ bribe, débris, éclat, fragment, morceau, parcelle.

**MIEUX** ☐ plus.

**MIÈVRE** ☐ affecté, chétif, délicat, doux, fragile, gentil, gracieux, précieux, sensible.

**MIGNON** ☐ charmant, coquet, délicat, espiègle, fragile, gentil, gracieux, joli, mièvre.

**MIGRATION** ☐ dispersion, émigration, exode, fuite.

**MIJOTER** ☐ cuire, cuisiner, mitonner, préparer.

**MILIEU** ☐ ambiance, atmosphère, climat, entourage, monde.

• axe, centre, mitan.

**MILITAIRE** ☐ combattant, officier, soldat.

**MILITANT** ☐ actif, combattant, partisan.

**MIMER** ☐ copier, imiter, parodier, pasticher, simuler, singer.

**MIMIQUE** ☐ expression, geste, mouvement, posture.

**MINABLE** ☐ étriqué, insignifiant, lamentable, médiocre, mesquin, misérable, petit, piteux, pitoyable, rétréci.

**MINCE** ☐ élancé, étroit, fragile, grêle, maigre, menu, svelte, ténu.

**MINE** ☐ air, allure, apparence, attitude, expression, manières, physionomie, pose.

• carrière, charbonnage, filon, gisement, houillère, veine.

**MINER** ☐ creuser, ronger, saper.

**MINIATURE** ☐ enluminure, maquette, modèle, réduit.

**MINIME** ☐ dérisoire, infime, modique, négligeable, petit, peu important.

**MINIMISER** ☐ affaiblir, atténuer, réduire.

**MINISTÈRE** ☐ charge, emploi, fonction.
• administration, gouvernement.

**MINUSCULE** ☐ dérisoire, étriqué, exigu, infime, nain, négligeable, petit.

**MINUTIE** ☐ attention, concentration, exactitude, soin, vigilance.

**MINUTIEUX** ☐ consciencieux, méticuleux, soigneux, scrupuleux, tatillon.

**MIRACLE** ☐ merveille, mystère, prodige, signe.

**MIRIFIQUE** ☐ admirable, beau, étonnant, extraordinaire, formidable, inouï, magnifique, merveilleux, surprenant.

**MIROBOLANT** ☐ admirable, bizarre, étonnant, extraordinaire, formidable, inouï, magnifique, merveilleux.

**MIROIR** ☐ glace, psyché, reflet.

**MIROITER** ☐ briller, chatoyer, étinceler, flamboyer, luire, rayonner, resplendir, scintiller.

**MISANTHROPE** ☐ acariâtre, bougon, bourru, farouche, renfrogné, sauvage, solitaire, taciturne.

**MISER** ☐ gager, jouer, parier.

**MISÉRABLE** ☐ (nom) déshérité, gueux, mendiant, minable, miséreux, paria, pauvre, vagabond.

**MISÉRABLE** ☐ (adj) attristant, désespérant, désolant, lamentable, minable, miteux, pitoyable, triste.

**MISÈRE** ☐ besoin, détresse, disgrâce, infortune, malheur, pauvreté.

**MISÉREUX** ☐ besogneux, déshérité, gueux, mendiant, misérable, paria, pauvre.

**MISÉRICORDE** ☐ bonté, commisération, pitié.
• absolution, clémence, merci, pardon.

**MISSION** ☐ ambassade, délégation, légation.
• destination, fonction, objectif, rôle, tâche.

**MISSIVE** ☐ billet, dépêche, courrier, envoi, lettre, message, pli.

**MITEUX** ☐ lamentable, misérable, minable, pitoyable.

**MITONNER** ☐ cuire, cuisiner, mijoter, préparer, soigner.

**MIXTE** ☐ brassé, mélangé, mêlé.

**MIXTURE** ☐ amalgame, cocktail, composition, mélange.

**MOBILE** ☐ (nom) cause, motif, origine, prétexte, raison.

**MOBILE** ☐ (adj) ambulant, amovible, capricieux, changeant, fluctuant, fugitif, instable, mouvant, nomade, variable.

**MODALITÉ** ☐ clause, condition, disposition, formalité.

**MODE** ☐ façon, forme, genre, habitude, manière.
• engouement, succès, vogue.

**MODÈLE** ☐ échantillon, étalon, exemple, gabarit, maquette, patron, prototype, spécimen.

**MODÉRATION** ☐ circonspection, mesure, réserve, retenue, sagesse, sobriété, tempérance.

**MODÉRER** ☐ adoucir, amortir, apaiser, atténuer, diminuer, freiner, retenir, tempérer.

**MODERNE** ☐ contemporain, nouveau, récent.

**MODESTE** ☐ discret, effacé, humble, médiocre, réservé, simple, timide.

**MODESTIE** ☐ décence, discrétion, humilité, mesure, réserve, retenue, sagesse.

**MODIFICATION** ☐ changement, correction, déformation, fluctuation, innovation, métamorphose, réforme, transformation, variation.

**MODIFIER** ☐ changer, corriger, rectifier, réviser.

**MODIQUE** ☐ dérisoire, minime, modeste, négligeable, petit, sans importance.

**MŒURS** ☐ conduite, habitudes, moralité, us.

**MOISI** ☐ gâté, humide, ranci.

**MOISIR** ☐ attendre, croupir, espérer, languir.
• croupir, se décomposer, se détériorer, pourrir.

**MOISSONNER** ☐ cueillir, faucher, mettre en gerbe, récolter.

**MOITIÉ** ☐ demi, 50 %.

**MOLESTER** ☐ battre, brutaliser, houspiller, importuner, malmener, maltraiter, rudoyer, secouer.

**MOLLESSE** ☐ abattement, accablement, apathie, découragement, épuisement, indolence, langueur, lassitude, prostration, veulerie.

**MOMENT** ☐ date, époque, instant.

**MOMENTANÉ** ☐ bref, court, passager, rapide, temporaire.

**MONARQUE** ☐ autocrate, empereur, potentat, roi.

**MONASTÈRE** ☐ abbaye, cloître, couvent, prieuré.

**MONCEAU** ☐ amas, amoncellement, entassement, fatras, quantité, tas.

**MONDE** ☐ entourage, environnement, milieu, société.
• globe, nature, terre, univers.
• affluence, foule, multitude.

**MONDIAL** ☐ cosmopolite, international, universel.

**MONITEUR** ☐ éducateur, entraîneur, instructeur.

**MONNAIE** ☐ argent, espèces, liquidités, numéraires.

**MONOCORDE** ☐ égal, monotone, uniforme.

**MONOPOLE** ☐ exclusivité, préférence, privilège.

**MONOPOLISER** ☐ accaparer, concentrer, garder.

**MONOTONE** ☐ égal, plat, terne, uniforme.

**MONSTRE** ☐ créature, dragon, ogre, phénomène.

**MONSTRUEUX** ☐ abominable, angoissant, cauchemardesque, dangereux, dantesque, effrayant, effroyable, épouvantable, hallucinant, horrible, pétrifiant, terrible, terrifiant.

**MONT** ☐ butte, colline, montagne, pic, sommet.

**MONTER** ☐ escalader, gravir, grimper.
• amplifier, augmenter, hausser, intensifier, majorer.

**MONTRE** ☐ chronomètre.
• étalage, parade, présentation.

**MONTRER** ☐ étaler, exhiber, exposer, présenter.
• désigner, enseigner, indiquer, manifester, préciser, prouver, signaler, souligner.

**MONTRER (SE)** ☐ s'exhiber, parader, paraître.

**MONUMENT** ☐ bâtiment, construction, édifice, mausolée, palais.

**MONUMENTAL** ☐ colossal, démesuré, énorme, gigantesque, grandiose, immense, imposant, monumental, titanesque.

**MOQUER (SE)** ☐ narguer, persifler, plaisanter, railler, ridiculiser.
• braver, dédaigner, mépriser, se rire.

**MOQUERIE** ☐ impertinence, ironie, persiflage, quolibet, raillerie, sarcasme.

**MOQUEUR** ☐ goguenard, impertinent, ironique, narquois, railleur.

**MORALE** ☐ déontologie, devoir, éthique, honnêteté, vertu.

**MORALITÉ** ☐ conscience, mentalité, mérite.
• conclusion, dénouement, enseignement, épilogue.

**MORBIDE** ☐ dépravé, funeste, immoral, malsain.

**MORCEAU** ☐ bout, débris, éclat, fragment, lambeau, miette, partie, portion, tranche.

**MORCELER** ☐ démembrer, lotir, partager.

**MORDANT** ☐ acéré, acide, blessant, caustique, incisif, ironique, piquant, satirique, vif.

**MORDRE** ☐ croquer, déchiqueter, ronger.

**MORFONDRE (SE)** ☐ attendre, espérer, languir.

**MORGUE** ☐ arrogance, dédain, hauteur, insolence, mépris, orgueil, suffisance.

**MORIBOND** ☐ agonisant, mourant.

**MORIGÉNER** ☐ blâmer, chapitrer, gourmander, réprimander.

**MORNE** ☐ abattu, ennuyeux, fastidieux, lassant, monotone, maussade, morose, pesant, plat, sinistre, sombre, triste.

**MOROSE** ☐ acariâtre, acrimonieux, bougon, bourru, chagrin, hargneux, maussade, morne, pessimiste, renfrogné, revêche, triste.

**MORT** ☐ agonie, décès, fin, trépas.

**MORPHOLOGIE** ☐ structure.

**MORT** ☐ cadavre, corps, décédé, défunt, dépouille.

**MORTEL** ☐ (adj) fatal, funeste, inévitable.

**MORTIFIER** ☐ abaisser, avilir, blesser, humilier, rabaisser, vexer.

**MORTUAIRE** ☐ funèbre, funéraire, macabre, triste.

**MOT** ☐ expression, locution, terme, vocable.

**MOT D'ESPRIT** ☐ plaisanterie, raillerie, saillie.

**MOTEUR** ☐ âme, instigateur, moteur.
• appareil, mécanisme.

**MOTIF** ☐ cause, explication, fondement, intention, origine, prétexte, raison.
• dessin, ornementation.

**MOTION** ☐ proposition.

**MOU** ☐ abattu, amorphe, apathique, avachi, cotonneux, endormi, épuisé, faible, flasque, lâche, languide, las, prostré, veule.

**MOUCHARD** ☐ espion, indicateur, rapporteur.

**MOUDRE** ☐ écraser, piler, pulvériser.

**MOUILLER** ☐ arroser, éclabousser, humecter, imbiber, inonder, tremper.

**MOULE** ☐ empreinte, forme, matrice.

**MOURANT** ☐ agonisant, moribond.

**MOURIR** ☐ décéder, disparaître, s'éteindre, expirer, finir, périr, rendre l'âme, succomber, trépasser.

**MOUVEMENT** ☐ action, agitation, animation, course, déplacement, geste, marche, progression, trajet, travail.

**MOUVEMENTÉ** ☐ animé, exubérant, houleux, orageux, remuant, vivant.

**MOUVOIR** ☐ actionner, animer, ébranler, remuer, porter, pousser.

**MOYEN** ☐ (adj) médiocre, modéré, modeste, ordinaire.

**MOYEN** ☐ (nom) biais, façon, manière, procédé, voie.
• capacité, pouvoir, ressource, truchement.

**MOYENS** ☐ capital, fortune, prospérité, ressources, richesse.

**MUET** ☐ discret, silencieux, taciturne.

**MUFLE** ☐ arrogant, dédaigneux, grossier, impertinent, impoli, insolent.

**MULTIPLIER** ☐ amplifier, augmenter, propager.

**MULTIPLIER (SE)** ☐ engendrer, peupler, procréer, pulluler, se reproduire.

**MULTITUDE** ☐ abondance, affluence, foisonnement, foule, grouillement, masse, nuée, prolifération, quantité.

**MUNIFICENCE** ☐ bienfait, don, générosité, gratification, largesse, libéralité, prodigalité, profusion.

**MUNIR (SE)** ☐ prendre, se procurer, se saisir.

**MUR** ☐ cloison, muraille, paroi.

**MÛR** ☐ adulte, posé, raisonnable, réfléchi, sage, sensé.
● à point, épanoui, fait, ouvert.

**MURAILLE** ☐ mur, paroi, rempart.

**MÛRIR** ☐ étudier, méditer, préméditer, préparer, réfléchir.
● éclater, s'épanouir, grandir.

**MURMURER** ☐ bredouiller, bruire, chuchoter, gronder, insinuer, maugréer, prétendre, protester, rechigner, rouspéter, susurrer.

**MUSARDER** ☐ errer, flâner, marcher, muser, se promener, traîner, vagabonder.

**MUSEAU** ☐ groin, mufle, nez.

**MUSÉE** ☐ cabinet, conservatoire, galerie, muséum.

**MUSICIEN** ☐ compositeur, instrumentiste, maestro, soliste, virtuose.

**MUTATION** ☐ changement, conversion, métamorphose, transformation.
● changement, déplacement, promotion.

**MUTILATION** ☐ amputation, blessure, castration.
● dégradation, saccage, vandalisme.

**MUTILER** ☐ amputer, couper, estropier.

**MUTIN** ☐ (nom) émeutier, insurgé, rebelle, révolté.

**MUTIN** ☐ (adj) espiègle, éveillé, gai, malicieux, turbulent.

**MUTINERIE** ☐ émeute, insurrection, révolte, sédition.

**MUTUEL** ☐ commun, partagé, réciproque.

**MYSTÈRE** ☐ énigme, magie, secret.

**MYSTÉRIEUX** ☐ caché, discret, ésotérique, indéchiffrable, inexplicable, obscur, occulte, secret, sibyllin.

**MYSTICISME** ☐ contemplation, dévotion, extase, spiritualité.

**MYSTIFICATION** ☐ attrape, canular, duperie, farce, tromperie.

**MYSTIFIER** ☐ abuser, duper, leurrer, tromper.

**MYSTIQUE** ☐ exalté, croyant, dévot, illuminé, pieux, religieux.

**MYTHE** ☐ conte, fable, légende, mythologie, tradition, utopie.

**MYTHOMANE** ☐ menteur.

*n*

**NABAB** ☐ fortuné, opulent, riche.

**NAGER** ☐ baigner, naviguer, voguer.

**NAGUÈRE** ☐ autrefois, hier, récemment.

**NAÏF** ☐ candide, confiant, crédule, ingénu, innocent, simple.

**NAIN** ☐ avorton, gnome, lilliputien, nabot.

**NAISSANCE** ☐ aube, commencement, création, début, départ, ouverture, source, venue.
• extraction, lignée, origine, race.

**NAÎTRE** ☐ apparaître, arriver, éclore, se former, se manifester, paraître, percer, surgir, venir.

**NAÏVETÉ** ☐ bêtise, candeur, confiance, fraîcheur, ignorance, incompétence, inexpérience, innocence, simplicité, sottise.

**NAPPER** ☐ couvrir, enrober.

**NARGUER** ☐ affronter, braver, dédaigner, défier, menacer, provoquer.

**NARQUOIS** ☐ goguenard, ironique, malin, moqueur, persifleur, railleur, sarcastique.

**NARRATION** ☐ exposé, récit, rédaction, relation.

**NARRER** ☐ conter, décrire, exposer, raconter, relater.

**NASSE** ☐ casier, filet, piège.

**NATION** ☐ état, patrie, pays, peuple, puissance, territoire.

**NATTER** ☐ entrelacer, tisser, tresser.

**NATURALISATION** ☐ acclimatation, adoption, assimilation.

**NATURALISER** ☐ accueillir, assimiler, intégrer, recevoir.
• conserver, empailler, momifier.

**NATURE** ☐ constitution, essence, tempérament.
• biosphère, monde, univers.

**NATUREL** ☐ (nom) caractère, humeur, tempérament.
• aborigène, autochtone, indigène, natif.

**NATUREL** ☐ (adj) atavique, brut, congénital, héréditaire, inné, normal, pur, simple, spontané, viscéral.

**NATURELLEMENT** ☐ évidemment, facilement.

**NAUFRAGE** ☐ engloutissement, submersion.
• chute, déconfiture, faillite, fiasco, ruine.

**NAUSÉABOND** ☐ écœurant, fétide, infect, insalubre, maladorant, méphitique, pestilentiel, puant, répugnant.

**NAUSÉE** ☐ dégoût, haut-le-cœur, répugnance.

**NAVIGUER** ☐ bourlinguer, caboter, voguer, voyager.

**NAVIRE** ☐ bateau, bâtiment, cargo, paquebot, vaisseau.

**NAVRANT** ☐ affligeant, consternant, déplorable, désastreux, lamentable, pitoyable.

**NAVRÉ** ☐ affligé, attristé, bouleversé, chagriné, consterné, désolé, peiné.

**NÉANMOINS** ☐ cependant, pourtant, toutefois.

**NÉANT** ☐ absence, rien, vide.

**NÉBULEUX** ☐ abscons, compliqué, confus, filandreux, hermétique, obscur, incompréhensible, indistinct, sombre, ténébreux, vague.
• brumeux, nuageux, voilé.

**NÉCESSAIRE** ☐ (nom) boîte, étui, trousse.

**NÉCESSAIRE** ☐ (adj) capital, essentiel, important, indispensable, obligatoire, primordial, utile.

**NÉCESSAIREMENT** ☐ inévitablement, obligatoirement.

**NÉCESSITÉ** ☐ besoin, dénuement, gêne, indigence, misère, pauvreté.
• besoin, contrainte, obligation.

**NÉCESSITER** ☐ demander, impliquer, occasionner, obliger.

**NÉCESSITEUX** ☐ besogneux, déshérité, gueux, indigent, mendiant, misérable, miséreux, paria, pauvre.

**NÉCROLOGIE** ☐ avis de décès, biographie.

**NÉFASTE** ☐ désastreux, dommageable, fatal, funeste, malheureux, mauvais, nuisible.

**NÉGATION** ☐ contraire, inexistence, nullité, refus.

**NÉGLIGEABLE** ☐ dérisoire, infime, insignifiant, minime, minuscule, petit, ténu.

**NÉGLIGENCE** ☐ abandon, étourderie, faute, inattention, incurie, insouciance, laisser-aller, légèreté, omission, oubli.

**NÉGLIGENT** ☐ étourdi, distrait, frivole, imprudent, inconséquent, léger.

**NÉGLIGER** ☐ délaisser, omettre, oublier.

**NÉGOCE** ☐ commerce, échange, trafic, traite.

**NÉGOCIANT** ☐ commerçant, exportateur, grossiste, importateur, marchand, revendeur, vendeur.

**NÉGOCIATEUR** ☐ agent, ambassadeur, diplomate, émissaire, intermédiaire, messager, représentant.

**NÉGOCIER** ☐ commercer, traiter, vendre.
• débattre, discuter, parlementer.

**NÈGRE** ☐ Africain, homme de couleur, Noir.
• assistant, associé, collaborateur, correcteur.

**NÉOPHYTE** ☐ apprenti, débutant, nouveau, novice.

**NÉPOTISME** ☐ clientélisme, favoritisme, partialité, préférence.

**NERF** ☐ tendon.
• énergie, force, puissance, ressort, vigueur.

**NERVOSITÉ** ☐ agitation, angoisse, anxiété, appréhension, émotion, fébrilité, fièvre, inquiétude.

**NET** ☐ blanc, excellent, immaculé, impeccable, limpide, parfait, propre.
• affirmatif, catégorique, clair, explicite, formel, indiscutable, précis.

**NETTEMENT** ☐ distinctement.

**NETTOYAGE** ☐ ablution, blanchissage, lavage, lessivage, toilette.

**NETTOYER** ☐ balayer, curer, débarbouiller, décrasser, laver, lessiver, récurer.

**NEUF** ☐ moderne, nouveau, original, récent.

**NEURASTHÉNIQUE** ☐ amer, désabusé, douloureux, hypocondriaque, maussade, mélancolique, morose, pessimiste, sombre, ténébreux, triste.

**NEUTRALISER** ☐ arrêter, bloquer, briser, enrayer, étouffer, endiguer, freiner, juguler, réprimer.

**NEUTRE** ☐ équitable, impartial, juste, objectif, raisonnable.

**NEZ** ☐ narine, appendice nasal.
• clairvoyance, finesse, flair, lucidité, pénétration, perspicacité, sagacité.

**NIAIS** ☐ benêt, dadais, maladroit, naïf, nigaud, simple, sot, stupide.

**NIAISERIE** ☐ bêtise, fadaise, imbécillité, ignorance, naïveté, sottise, stupidité.

**NICHER** ☐ demeurer, enfouir, habiter, rester.

**NICHER (SE)** ☐ se blottir, se cacher, se pelotonner.

**NID** ☐ aire.
• foyer, logis, maison, refuge.

**NIER** ☐ contester, contredire, démentir, dénier, discuter, refuser.

**NIGAUD** ☐ benêt, dadais, maladroit, naïf, niais, sot.

**NIVEAU** ☐ échelle, étage, hauteur, plan.

**NIVEAU DE VIE** ☐ classe, rang, standing.

**NIVELER** ☐ aplanir, égaliser, araser, unifier.

**NOBLE** ☐ (nom) aristocrate, hobereau, seigneur.

**NOBLE** ☐ (adj) aristocratique, distingué, élevé, éminent, généreux, grand, haut, magnanime, raffinée, sublime, transcendant.

**NOBLESSE** ☐ dignité, distinction, gloire, grandeur, gravité, majesté.

**NOCE** ☐ épousailles, mariage, union.
• débauche, excès, festin, fête, intempérance, libertinage, orgie.

**NOCIF** ☐ dangereux, malfaisant, malsain, mauvais, nuisible, pernicieux, préjudiciable, toxique.

**NŒUD** ☐ attache, boucle, laçage.

**NOIR** ☐ foncé, funèbre, obscur, opaque, sombre, ténébreux.

**NOIRCEUR** ☐ cruauté, dureté, malignité, malveillance, méchanceté, perfidie, perversité, vilenie.

**NOIRCIR** ☐ assombrir, charbonner, maculer, obscurcir.
• calomnier, dénigrer, discréditer, diffamer, médire, salir.

**NOM** ☐ appellation, dénomination, prénom, patronyme, pseudonyme, sobriquet, surnom.
• célébrité, gloire, réputation.

**NOMADE** ☐ ambulant, errant, forain, vagabond.

**NOMBRE** ☐ chiffre, matricule, numéro.
• affluence, foisonnement, foule, grouillement, masse, monde, multitude, nuée, prolifération, quantité.

**NOMENCLATURE** ☐ catalogue, énumération, inventaire, liste, répertoire.

**NOMINATION** ☐ désignation, mutation, promotion, titularisation.

**NOMMER** ☐ appeler, choisir, désigner, élire, mentionner, montrer, titulariser.

**NONCHALANCE** ☐ apathie, impassibilité, indifférence, indolence, mollesse, paresse, torpeur.

**NONOBSTANT** ☐ cependant, néanmoins, toutefois.

**NON-SENS** ☐ absurdité, contresens, hérésie, stupidité.

**NORD** ☐ arctique, boréal, septentrional.

**NORMAL** ☐ exact, inné, méthodique,

naturel, organisé, rationnel, régulier, simple, spontané, systématique.

• perpendiculaire *(géométrie)*.

**NORMALEMENT** □ généralement, habituellement.

**NORMALISATION** □ rationalisation, régularisation, spécialisation, standardisation.

**NORME** □ convention, modèle, principe, règle.

**NOSTALGIQUE** □ amer, désabusé, douloureux, maussade, mélancolique, morose, neurasthénique, pessimiste, sombre, ténébreux, triste.

**NOTABLE** □ (nom) notabilité, personnalité, puissant, sommité, vedette.

**NOTABLE** □ (adj) appréciable, considérable, éminent, estimable, important, imposant, impressionnant, remarquable.

**NOTAMMENT** □ spécialement.

**NOTE** □ annotation, aperçu, appréciation, commentaire, compte rendu, exposé, introduction, message, observation, rapport.

• addition, facture, relevé.

**NOTER** □ constater, écrire, inscrire, marquer, rédiger, relever, remarquer, souligner.

**NOTICE** □ abrégé, aperçu, condensé, introduction, mode d'emploi, note, préface, résumé, sommaire.

**NOTIFIER** □ annoncer, informer, intimer, signifier.

**NOTION** □ aperçu, connaissance, conscience, intuition, idée, rudiment.

**NOTOIRE** □ clair, évident, flagrant, incontestable, manifeste, patent, public, visible.

**NOTORIÉTÉ** □ renom, réputation.

**NOURRIR** □ alimenter, approvisionner, entretenir, restaurer, sustenter.

**NOURRISSANT** □ copieux, nourricier, nutritif, substantiel.

**NOURRITURE** □ aliment, comestible, denrée, provision.

**NOUVEAU** □ jeune, moderne, neuf, novateur, original, récent.

**NOUVEAUTÉ** □ création, innovation, mode.

**NOUVELLE** □ (nom) bruit, information, message, renseignement, rumeur.

• conte, récit, roman.

**NOUVELLEMENT** □ dernièrement, récemment.

**NOVATEUR** □ (nom) créateur.

**NOVATEUR** □ (adj) audacieux, innovant, nouveau.

**NOVICE** □ apprenti, débutant, nouveau, néophyte.

**NOYAU** □ embryon, germe, graine, pépin.

• axe, centre, point de départ.

**NOYER** □ couvrir, engloutir, envahir, inonder, recouvrir, submerger, tremper.

**NUAGE** □ cumulus, nuée, stratus.

**NUANCE** □ couleur, gamme, teinte, ton, tonalité.

• changement, différence, dissemblance, diversité, variété.

**NUANCER** □ assortir, atténuer, colorer, dégrader, modérer, moduler.

**NUBILE** □ adolescent, formé, pubère.

**NUÉE** □ nuage, nue.

• foisonnement, fourmillement, grouillement, masse, multitude.

**NUIRE** □ compromettre, défavoriser, desservir, discréditer, frustrer, léser.

**NUISIBLE** □ dangereux, détestable, dissimulé, malfaisant, malsain, malveillant, mauvais, nocif, pernicieux, pervers, préjudiciable, toxique.

**NUIT** □ crépuscule, nuitée, obscurité.

**NUL** □ aucun, caduc, inexistant,. négatif, rien.

• ignorant, incapable, lamentable, minable, pitoyable.

**NULLEMENT** ☐ aucunement.

**NULLITÉ** ☐ annulation, caducité, inexistence, invalidation.

**NUMÉRAIRE** ☐ argent, espèces, liquidités, monnaie.

**NUMÉRATION** ☐ calcul, compte, estimation.

**NUMÉRO** ☐ chiffre, matricule, nombre.
• représentation, spectacle.

**NUMÉROTER** ☐ chiffre, folioter, paginer.

**NUPTIAL** ☐ conjugal, matrimonial.

**NUTRITIF** ☐ copieux, nourricier, nourrissant, substantiel.

**NUTRITION** ☐ alimentation, digestion.

*O*

**OBÉIR** □ accepter, céder, se courber, écouter, fléchir, obtempérer, se plier, se soumettre, suivre.

**OBÉISSANCE** □ allégeance, dépendance, discipline, servilité, soumission, subordination.

**OBÉISSANT** □ discipliné, docile, doux, malléable, soumis, souple.

**OBÈSE** □ adipeux, corpulent, empâté, fort, gras, gros, imposant, pansu, ventripotent, ventru, volumineux.

**OBJECTER** □ désapprouver, prétexter, répliquer, répondre, rétorquer.

**OBJECTIF** □ (nom) aboutissement, but, dessein, destination, fin, finalité, intention, issue, résultat, visées, vues.

**OBJECTIF** □ (adj) équitable, impartial, juste, neutre, raisonnable.

**OBJECTION** □ contestation, contradiction, critique, protestation, réfutation, réplique, reproche.

**OBJECTIVITÉ** □ équité, impartialité, justice, probité, raison.

**OBJET** □ article, bibelot, chose, instrument, outil, ustensile.
● but, cause, raison, sujet, thème.

**OBLIGATION** □ astreinte, charge, contrainte, corvée, devoir, fonction, office, nécessité, responsabilité, servitude, tâche, travail.

**OBLIGATOIRE** □ essentiel, forcé, immanquable, important, indispensable, inéluctable, inévitable, inexorable, nécessaire, obligé, primordial.

**OBLIGEANCE** □ amabilité, civilité, courtoisie, politesse, prévenance, urbanité.

**OBLIGEANT** □ aimable, charmant, complaisant, courtois, poli, prévenant, serviable.

**OBLIGER** □ astreindre, contraindre, engager, exiger, forcer, imposer, lier, réduire à.

**OBLIQUE** □ courbe, détourné, incliné, indirect.

**OBOLE** □ aumône, don, offrande.

**OBSCÈNE** □ abject, bas, dégoûtant, érotique, graveleux, grossier, ignoble, impudique, impur, indécent, lascif, licencieux, luxurieux, ordurier, pornographique, sale, sordide, vicieux, vil.

**OBSCÉNITÉ** □ abjection, avilissement, bassesse, grossièreté, ignominie, indignité, infamie, saleté.

**OBSCUR** □ approximatif, confus, douteux, flou, imprécis, incertain, inconnu, indéterminé, indistinct, inextricable, nébuleux, sombre, ténébreux, touffu, vague.

**OBSCURCIR** ☐ assombrir, cacher, éclipser, noircir.

**OBSCURITÉ** ☐ contre-jour, nuit, ombre, opacité, ténèbres.
● confusion, doute, ignorance, inconnu, mystère, secret.

**OBSÉDANT** ☐ énervant, insupportable, irritant, lancinant.

**OBSÉDÉ** ☐ déséquilibré, maniaque, névrosé, psychopathe, tourmenté.

**OBSÉDER** ☐ hanter, harceler, poursuivre, tourmenter.

**OBSÈQUES** ☐ enterrement, funérailles, inhumation.

**OBSÉQUIEUX** ☐ complaisant, flagorneur, flatteur, rampant, servile.

**OBSERVATION** ☐ analyse, expérience, expérimentation.
● obéissance, respect, soumission.
● blâme, remarque, réprimande, reproche.

**OBSERVER** ☐ accomplir, se conformer à, obéir, pratiquer, respecter.
● contempler, étudier, examiner, fixer, regarder, surveiller.

**OBSESSION** ☐ hantise, manie, psychose, souci, tracas.

**OBSOLÈTE** ☐ archaïque, démodé, désuet, passé, périmé, suranné, vétuste, vieillot.

**OBSTACLE** ☐ barrage, barrière, complication, contrariété, difficulté, empêchement, ennui, entrave, obstruction, tracas.

**OBSTINATION** ☐ acharnement, entêtement, fermeté, insistance, persévérance, ténacité.

**OBSTINÉ** ☐ acharné, entêté, persévérant, opiniâtre, résolu, tenace, têtu.

**OBSTRUER** ☐ aveugler, barrer, boucher, calfeutrer, colmater, condamner, obturer.

**OBTEMPÉRER** ☐ admettre, céder, se courber, fléchir, obéir, se plier, se soumettre.

**OBTENIR** ☐ acquérir, arracher, avoir, conquérir, enlever, prendre, se procurer, recueillir, soutirer.

**OBTUS** ☐ balourd, borné, bouché, frustre, grossier, lourd, lourdaud, niais, sot, stupide.

**OCCASION** ☐ cas, circonstance, conjoncture, événement, éventualité, hasard, hypothèse, occurrence, situation.

**OCCASIONNEL** ☐ accidentel, éphémère, fortuit, momentané, passager, provisoire, temporaire.

**OCCASIONNER** ☐ amener, causer, déterminer, entraîner, nécessiter, procurer, produire, provoquer, susciter.

**OCCIDENT** ☐ couchant, ouest, ponant.

**OCCULTE** ☐ caché, clandestin, discret, ésotérique, mystérieux, obscur, secret, sibyllin.

**OCCULTER** ☐ cacher, camoufler, couvrir, dissimuler, éclipser, masquer, recouvrir, voiler.

**OCCULTISME** ☐ alchimie, ésotérisme, hermétisme, magie, mystère, sorcellerie, spiritisme, télépathie.

**OCCUPATION** ☐ activité, besogne, carrière, charge, emploi, fonction, profession, tâche, travail.

**OCCUPÉ** ☐ actif, affairé, employé, indisponible.

**OCCUPER** ☐ absorber, accaparer, employer, faire travailler.
● annexer, demeurer, habiter, remplir, résider.
● conquérir, envahir.

**OCCUPER (S')** ☐ s'employer, se mêler, travailler, vaquer.

**OCCURRENCE (EN L')** ☐ dans le cas présent.

**OCTROYER** ☐ accorder, céder, concéder, donner.

**ODALISQUE** ☐ beauté, courtisane, esclave, Ève, femme, Vénus.

**ODEUR** ☐ arôme, bouffée, bouquet, effluve, émanation, miasmes, relent.

**ODIEUX** ☐ abominable, antipathique, arrogant, désagréable, détestable, exécrable, grossier, haïssable, impoli, impudent, insolent, méchant, suffisant.

**ODORANT** ☐ aromatique, capiteux, embaumé, parfumé, suave.

**ODORAT** ☐ flair, nez, olfaction.

**ŒIL** ☐ globe, regard, vision, yeux.
• bourgeon, pousse.

**ŒILLADE** ☐ clin d'œil, coup d'œil, regard.

**ŒUF** ☐ cellule, germe, embryon, ovule.
• commencement, création, naissance, origine, source.

**ŒUVRE** ☐ activité, création, ouvrage, travail.

**ŒUVRER** ☐ agir, effectuer, exécuter, faire, opérer, préparer, travailler.

**OFFENSANT** ☐ grossier, injurieux, insultant, outrageant, vexant.

**OFFENSE** ☐ affront, avanie, camouflet, honte, humiliation, insulte, outrage, vexation.

**OFFENSER** ☐ blesser, froisser, humilier, meurtrir, scandaliser.

**OFFENSIF** ☐ agressif, brutal, malveillant, rude, sauvage, violent.

**OFFENSIVE** ☐ assaut, attaque, charge, engagement.

**OFFICE** ☐ charge, devoir, emploi, mission, responsabilité.
• culte, messe, prières.
• administration, agence, bureau, établissement, organisation, organisme, service.

**OFFICIEL** ☐ administratif, authentique, autorisé, notoire, public.

**OFFICIEUX** ☐ incognito, intime, particulier, privé.

**OFFRANDE** ☐ aumône, cadeau, don, donation, présent.

**OFFRE** ☐ démarche, enchère, proposition, soumission.

**OFFRIR** ☐ apporter, donner, fournir, léguer, procurer, proposer, soumettre, soumissionner.

**OFFRIR (S')** ☐ acheter, acquérir, obtenir.

**OFFUSQUER** ☐ blesser, froisser, déplaire, offenser, scandaliser.

**OISEAU** ☐ volaille, volatile.

**OISEUX** ☐ inefficace, inutile, stérile, superflu, vain.

**OISIF** ☐ désœuvré, fainéant, inactif, indolent, nonchalant, paresseux.

**OISIVETÉ** ☐ apathie, désœuvrement, inaction, paresse, passivité, torpeur.

**OMBRAGEUX** ☐ chatouilleux, envieux, farouche, hypersensible, irritable, inquiet, jaloux, méfiant, nerveux, susceptible.

**OMBRE** ☐ couvert, ombrage, opacité, pénombre.
• esprit, fantôme, revenant.

**OMETTRE** ☐ abandonner, laisser, négliger, oublier.

**OMISSION** ☐ abandon, faute, inattention, lacune, manque, négligence, oubli.

**OMNIPOTENT** ☐ absolu, arbitraire, autoritaire, despotique, puissant, tyrannique.

**OMNISCIENCE** ☐ érudition, savoir, science.

**ONCTION** ☐ bonté, douceur, délicatesse, gentillesse, indulgence, mansuétude, patience.

**ONCTUEUX** ☐ coulant, graisseux, gras, huileux, moelleux.

**ONDE** ☐ eau, flot, fluide, radio, son, vague, vibration.

**ONDOYANT** ☐ capricieux, changeant, flottant, mouvant, sinueux, souple.

**ONDOYER** ☐ flotter, onduler, nager.
• baptiser, bénir, consacrer.

**ONDULÉ** ☐ courbe, flottant, mouvant, ondoyant, onduleux, sinueux.

**ONDULER** ☐ boucler, crêper, friser.
• flotter, nager, ondoyer.

**ONÉREUX** ☐ cher, coûteux, inabordable, ruineux.

**ONIRIQUE** ☐ chimérique, fantastique, fictif, illusoire, imaginaire, irréel, rêvé, utopique.

**OPACITÉ** ☐ nuit, obscurité, ombre, pénombre, ténèbres.

**OPAQUE** ☐ confus, dense, épais, impénétrable, indistinct, nébuleux, obscur, sombre, ténébreux.

**OPÉRATION** ☐ action, entreprise, exécution, mouvement, œuvre, projet, tentative.
• addition, division, multiplication, soustraction.
• amputation, greffe, intervention.
• bataille, campagne, combat, invasion.
• achat, spéculation, vente (Bourse).

**OPÉRER** ☐ agir, exécuter, faire, intervenir, procéder, réaliser, travailler.

**OPINIÂTRE** ☐ acharné, entêté, obstiné, persévérant, résolu, tenace, têtu.

**OPINION** ☐ avis, conviction, croyance, foi, idée, jugement, point de vue, sentiment, thèse.

**OPPORTUN** ☐ approprié, favorable, pertinent, propice, utile.

**OPPORTUNITÉ** ☐ à propos.

**OPPOSÉ** ☐ (adj) adverse, antagoniste, contradictoire, contraire, incompatible, inverse.

**OPPOSÉ (À L')** ☐ au contraire.

**OPPOSER** ☐ dresser l'un contre l'autre, objecter, prétexter.

**OPPOSER (S')** ☐ braver, empêcher, refuser, résister.

**OPPOSITION** ☐ antagonisme, antithèse, conflit, contradiction, contraste, désaccord, différence, difficulté, dissemblance, incompatibilité, refus, résistance, réticence, rivalité, veto.

**OPPRESSER** ☐ accabler, angoisser, écraser, étouffer.

**OPPRESSION** ☐ contrainte, dictature, domination, esclavage, tutelle, tyrannie.

**OPPRIMER** ☐ accabler, asservir, assujettir, dominer, écraser, oppresser, soumettre, tyranniser.

**OPPROBRE** ☐ confusion, déshonneur, honte, ignominie, infamie, scandale.

**OPTER** ☐ adopter, choisir, élire, jeter son dévolu sur, préférer, retenir.

**OPTIMISME** ☐ désinvolture, gaieté, insouciance, irresponsabilité, nonchalance.

**OPTION** ☐ choix, décision, dilemme, élection, retenue.

**OPULENCE** ☐ abondance, aisance, fertilité, flot, fortune, richesse.

**OPULENT** ☐ abondant, ample, copieux, fécond, fertile, fructueux, généreux, luxuriant, plantureux, riche.

**OPUSCULE** ☐ brochure, cahier, carnet, livret.

**OR** ☐ désormais.

**OR** ☐ éclat, fortune, magot, monnaie, richesse.

**ORAGE** ☐ grain, ouragan, rafale, tempête, tourbillon, tourmente, trombe.

**ORAGEUX** ☐ agité, effervescent, tempétueux, troublé, violent.

**ORAISON** ☐ allocution, discours, harangue, prière, sermon, tirade.

**ORAL** ☐ buccal, parlé, verbal.

**ORATEUR** ☐ conférencier, prédicateur, rhéteur, tribun.

**ORDINAIRE** ☐ classique, commun, courant, familier, habituel, moyen, normal, routinier, traditionnel.

**ORDINAIREMENT** ☐ à l'accoutumée, communément.

**ORDONNANCE** ☐ agencement, arrangement, disposition, organisation, ordre, rangement.
• arrêt, décision, jugement, règlement.

**ORDONNÉ** ☐ agencé, arrangé, classé, rangé.

**ORDONNER** ☐ agencer, arranger, classer, ranger.
• commander, diriger, donner l'ordre, exiger, obliger, prescrire.

**ORDRE** ☐ commandement, consigne, directive, instruction, ordonnance, prescription.
• discipline, hiérarchie, police, tranquillité.
• alignement, classement, disposition, plan, rang, rangement.
• catégorie, classe, corporation, groupe, secte.

**ORDURE** ☐ déchet, détritus, fange, immondices, saleté.
• abjection, avilissement, bassesse, débauche, grossièreté, ignominie, indignité, infamie, obscénité.

**ORDURIER** ☐ dégoûtant, graveleux, grossier, ignoble, indécent, licencieux, luxurieux, obscène, pornographique, sale, sordide, vicieux, vil.

**ORÉE** ☐ bord, bordure, lisière.

**ORFÈVRERIE** ☐ bague, bijou, collier, diadème, joyau, médaillon, parure, pendentif, pierre.

**ORGANE** ☐ bulletin, journal, revue.
• instrument, mécanisme, moyen.

**ORGANISATION** ☐ aménagement, arrangement, disposition, ordre, planning, structure.
• assemblée, bureau, organisme, société.

**ORGANISER** ☐ agencer, aménager, arranger, préparer, réglementer.

**ORGANISME** ☐ administration, bureau, établissement, office, organisation, service.

**ORGASME** ☐ érotisme, excitation, plaisir, sensualité, volupté.

**ORGIE** ☐ beuverie, débauche, débordement, intempérance, libertinage, luxure, stupre.

**ORGUEIL** ☐ amour-propre, fatuité, fierté, gloire, morgue, ostentation, outrecuidance, prétention, suffisance, superbe, vanité.

**ORGUEILLEUX** ☐ arrogant, dédaigneux, fat, fier, hautain, outrecuidant, présomptueux, prétentieux, suffisant, susceptible, superbe, vaniteux.

**ORIENT** ☐ est, levant.

**ORIENTATION** ☐ direction, exposition, emplacement, position, situation.

**ORIENTER** ☐ conduire, conseiller, diriger, guider, mener, piloter.

**ORIFICE** ☐ ouverture, néant, trou.

**ORIGINAIRE** ☐ indigène, issu de, naturel, natif, né.

**ORIGINAL** ☐ inédit, moderne, nouveau, originel, premier, récent.
• amusant, baroque, bizarre, curieux, étrange, excentrique, extravagant, fantasque, singulier.

**ORIGINALITÉ** ☐ drôlerie, fraîcheur, nouveauté, personnalité, pittoresque.

**ORIGINE** ☐ commencement, création, début, départ, embryon, naissance, racine, source.

**ORNEMENT** ☐ accessoire, bijou, broderie, décoration, garniture, motif, parement, parure.

**ORNER** ☐ agrémenter, décorer, égayer, embellir, enjoliver, fleurir, garnir, parer, peindre.

**OS** ☐ ossements, restes, squelette.

**OSCILLATION** ☐ balancement, battement, fluctuation, tangage, vibration.

**OSCILLER** ☐ attendre, balancer, dodeliner, hésiter, tâtonner.

**OSÉ** ☐ égrillard, gaillard, gaulois, grivois, impudique, leste, libertin, paillard, provocant, rabelaisien.
• audacieux, brave, courageux, décidé, déterminé, effronté, entreprenant, hardi, intrépide, résolu, téméraire.

**OSER** ☐ entreprendre, se lancer, risquer.

**OSSATURE** ☐ carcasse, charpente, squelette.

**OSSEMENTS** ☐ cendres, os, reliques, restes.

**OSTENSIBLE** ☐ évident, flagrant, formel, manifeste, patent, visible, voyant.

**OSTENTATION** ☐ fatuité, gloire, gloriole, morgue, orgueil, outrecuidance, prétention, suffisance, superbe, vanité.

**OSTRACISME** ☐ exclusion, refus, rejet, renvoi.

**OTAGE** ☐ caution, gage, prisonnier.

**OTER** ☐ déduire, déplacer, enlever, faire disparaître, prendre, retirer, retrancher, soustraire, supprimer.

**OUBLI** ☐ anonymat, indifférence, ingratitude.
• absence, amnésie, distraction, étourderie, lacune, omission.

**OUBLIÉ** ☐ abandonné, délaissé, ignoré, inconnu, passé, rejeté.

**OUBLIER** ☐ abandonner, laisser, manquer, négliger, omettre, rejeter.

**OUBLIETTES** ☐ basse-fosse, cachot, cellule.

**OUBLIEUX** ☐ désagréable, égoïste, inconséquent, ingrat, léger, négligent.

**OUEST** ☐ couchant, occident, ponant.

**OUÏR** ☐ écouter, entendre, percevoir.

**OURAGAN** ☐ bourrasque, cyclone, tempête, tourmente.

**OURDIR** ☐ comploter, conspirer, intriguer, manigancer, nouer, tisser, tramer.

**OUTIL** ☐ appareil, engin, instrument, ustensile.

**OUTILLER** ☐ armer, équiper, fréter, installer, munir, pourvoir.

**OUTRAGE** ☐ affront, avanie, camouflet, honte, injure, insulte, offense, vexation.

**OUTRAGEANT** ☐ grossier, injurieux, insultant, offensant, vexant.

**OUTRANCE** ☐ abus, démesure, dramatisation, exagération, excès.

**OUTRE (EN)** ☐ d'ailleurs.

**OUTRÉ** ☐ écœuré, furieux, indigné, révolté, scandalisé.
• exagéré, excessif, exorbitant, outrancier.

**OUTREPASSER** ☐ déborder, dépasser, excéder, surpasser.

**OUVERT** ☐ béant, évasé, large.
• cordial, démonstratif, droit, enjoué, expansif, franc, honnête, libre, loyal, simple, sincère, vrai.

**OUVERTURE** ☐ méat, orifice, pore, trou.
• baie, embrasure, entrée, fente, issue, orifice, passage, percée, porte, sortie, trouée.
• début, inauguration, prélude.

**OUVRAGE** ☐ création, entreprise, essai, labeur, livre, œuvre, production, tâche, travail.

**OUVRAGER** ☐ agrémenter, décorer, égayer, embellir, orner, parer, travailler.

**OUVRIER** ☐ artisan, manœuvre, prolétaire, travailleur.

**OUVRIR** ☐ déboucher, dégager, écarter, évaser, forcer, percer, trouer.

• amorcer, attaquer, commencer, débuter, entamer, entreprendre, fonder.

**OUVRIR (S')** □ se confier, s'épanouir, révéler.

**OVALE** □ courbe, oblong, ové, oviforme, ovoïde.

**OVATION** □ acclamation, applaudissements, clameur, cris.

*p*

**PACIFIER** ☐ apaiser, calmer, éteindre, étouffer.

**PACIFIQUE** ☐ calme, doux, débonnaire, flegmatique, pacifiste, paisible, placide, serein, tranquille.

**PACOTILLE** ☐ camelote, riens, verroterie.

**PACTE** ☐ alliance, arrangement, contrat, convention, entente, marché, protocole, traité, transaction.

**PAGAILLE** ☐ anarchie, confusion, dérangement, désordre, fouillis, incohérence, perturbation, tumulte.

**PAGE** ☐ feuille, folio, recto, verso.
• écuyer.

**PAGE (À LA)** ☐ à la mode.

**PAGINER** ☐ classer, folioter, numéroter.

**PAIEMENT** ☐ acquittement, liquidation, remboursement.

**PAÏEN** ☐ athée, idolâtre, impie, incrédule, incroyant, irréligieux, libertin, libre penseur, mécréant.

**PAILLARD** ☐ égrillard, enjoué, gai, gaillard, gaulois, grivois, leste, luxurieux, osé, polisson, rabelaisien.

**PAIN** ☐ baguette, miche.
• aliment, nourriture, provision.

**PAIR** ☐ égal, équivalent, identique, semblable.

**PAIRE** ☐ couple, duo, ménage.

**PAISIBLE** ☐ calme, doux, débonnaire, flegmatique, pacifique, placide, serein, tranquille.

**PAISIBLEMENT** ☐ calmement.

**PAIX** ☐ accord, entente, neutralité, trêve.
• calme, quiétude, repos, silence, tranquillité.

**PALABRE** ☐ chicane, contestation, controverse, débat, discussion, délibération, dispute, échange, polémique, querelle.

**PALABRER** ☐ débattre, discourir, disserter, parler, pérorer, polémiquer.

**PALAIS** ☐ château, demeure, monument, palace.
• bouche.

**PÂLE** ☐ blafard, blême, cadavérique, décoloré, exsangue, hâve, livide, terreux.

**PALIER** ☐ étage, niveau, plate-forme.
• degré, échelon, étape, phase, période, stade.

**PÂLIR** ☐ blêmir, se décolorer, se décomposer, passer.

**PALLIER** ☐ cacher, camoufler, dégui-

ser, dissimuler, farder, maquiller, masquer, taire, travestir.
• pourvoir à.

**PALPABLE** ☐ concret, manifeste, réel, sensible, tangible.

**PALPER** ☐ caresser, examiner, tâter, toucher.

**PALPITER** ☐ battre, frémir, frissonner, trembler, vibrer.

**PÂMOISON** ☐ absence, défaillance, évanouissement, faiblesse, syncope.

**PAMPHLET** ☐ brochure, diatribe, libelle, satire.

**PAMPHLÉTAIRE** ☐ journaliste, polémiste.

**PANACÉE** ☐ drogue, médicament, médication, potion, remède.

**PANACHE** ☐ aigrette, plumet.
• allure, éclat, gloire, prestige.

**PANACHER** ☐ barioler, brasser, brouiller, combiner, confondre, mélanger, mêler.

**PANARIS** ☐ enflure, furoncle, gonflement, inflammation, pustule.

**PANCARTE** ☐ affiche, écriteau, enseigne, plaque.

**PANÉGYRIQUE** ☐ apologie, compliment, dithyrambe, éloge, glorification, louange.

**PANIER** ☐ cabas, corbeille, hotte.

**PANIQUE** ☐ angoisse, crainte, effroi, épouvante, frayeur, horreur, inquiétude, peur, terreur.

**PANORAMA** ☐ paysage, site, vue.

**PANSE** ☐ bedaine, estomac, ventre.

**PANSU** ☐ bedonnant, corpulent, empâté, fort, gras, gros, imposant, obèse, ventripotent, ventru.

**PANTELANT** ☐ ému, essoufflé, haletant, suffoqué.

**PANTIN** ☐ guignol, marionnette, polichinelle, poupée.

**PANTOIS** ☐ confus, consterné, dé-

confit, déconcerté, décontenancé, ébahi, embarrassé, interdit, intimidé, penaud, surpris.

**PANTOUFLARD** ☐ bourru, calme, casanier, doux, flegmatique, pacifique, paisible, placide, sédentaire, serein, tranquille.

**PAPE** ☐ souverain pontife.

**PAPELARD** ☐ doucereux, faux, hypocrite, mielleux, obséquieux, patelin, sournois, sucré.

**PAPERASSE** ☐ feuille, liasse, papier.

**PAPIER** ☐ article, chronique, éditorial, reportage.
• feuille, feuillet, note.

**PAPIER-MONNAIE** ☐ argent, billet, espèces.

**PAPILLONNER** ☐ badiner, batifoler, s'ébattre, flirter, folâtrer, marivauder.

**PAPOTER** ☐ babiller, bavarder, discuter, palabrer, parler.

**PAQUEBOT** ☐ bateau, bâtiment, navire.

**PAQUET** ☐ ballot, colis, liasse.

**PARABOLE** ☐ allégorie, conte, fable, histoire, légende.
• courbe, trajectoire.

**PARACHEVER** ☐ achever, ciseler, fignoler, finir, parfaire, polir, réviser, revoir.

**PARADE** ☐ affectation, étalage, gloire, gloriole, orgueil, ostentation.

**PARADER** ☐ s'afficher, s'étaler, s'exhiber, s'exposer, se montrer, se pavaner, plastronner.

**PARADIS** ☐ ciel, éden, Walhalla.

**PARADOXAL** ☐ bizarre, étonnant, étrange, extraordinaire, incroyable, inimaginable, inouï, invraisemblable, merveilleux, prodigieux, rocambolesque, troublant.

**PARADOXE** ☐ bizarrerie, contradiction, contresens, singularité.

**PARAGES** ☐ environs, pays, voisinage.

**PARAGRAPHE** ☐ alinéa, division, fractionnement, section.

**PARAÎTRE** ☐ apparaître, arriver, éclore, se manifester, se montrer, naître, pointer, sortir, survenir.
• s'avérer, avoir l'air, sembler.

**PARALLÈLEMENT** ☐ simultanément.

**PARALYSER** ☐ asphyxier, figer, glacer, immobiliser, méduser, neutraliser, stupéfier.

**PARASITE** ☐ convive, écornifleur, gêneur, importun, pique-assiette, profiteur.

**PARC** ☐ champ, clos, enclos, garage, jardin, pâturage, square.

**PARCELLE** ☐ bout, fragment, miette, morceau, part, partie, portion.

**PARCE QUE** ☐ car, en effet.

**PARCHEMIN** ☐ papyrus, peau, vélin.
• brevet, certificat, diplôme, peau d'âne, titre.

**PARCIMONIE** ☐ avarice, économie, épargne, frugalité, lésine.

**PARCIMONIEUX** ☐ avare, chiche, économe, ladre, mesquin, pingre, prudent, sordide.

**PARCOURIR** ☐ bouquiner, compulser, feuilleter, lire.
• errer, sillonner, traverser, visiter, voyager.

**PARCOURS** ☐ circuit, itinéraire, trajet.

**PARDON** ☐ absolution, amnistie, grâce, indulgence, miséricorde, rémission.
• fête, pèlerinage, procession.

**PARDONNER** ☐ absoudre, acquitter, amnistier, blanchir, excuser, gracier, innocenter, oublier.

**PAREIL** ☐ analogue, équivalent, identique, même, semblable, similaire, symétrique, tel.

**PARENT** ☐ aïeul, apparenté, ascendant, collatéral, cousin, descendant, famille, frère, mère, père, postérité, proche, sœur.

**PARENTÉ** ☐ ascendance, consanguinité, cousinage, descendance, lignage, parentèle.
• analogie, équivalence, identité, ressemblance, similitude.

**PARER** ☐ agrémenter, arranger, égayer, embellir, enjoliver, fleurir, garnir, orner, peindre.
• éluder, esquiver, éviter, détourner, prévenir, se soustraire.

**PARESSE** ☐ fainéantise, indolence, mollesse, nonchalance, oisiveté.

**PARESSEUX** ☐ désœuvré, fainéant, inactif, indolent, mou, nonchalant, oisif, vaurien.

**PARFAIRE** ☐ achever, ciseler, fignoler, finir, parachever, polir, réviser, revoir.

**PARFAIT** ☐ accompli, achevé, exceptionnel, exemplaire, idéal, impeccable, remarquable, rêvé.

**PARFAITEMENT** ☐ absolument.

**PARFOIS** ☐ quelquefois.

**PARFUM** ☐ arôme, bouffée, bouquet, effluve, émanation, fumet, miasmes, odeur, relent, remugle.

**PARFUMER** ☐ aromatiser, embaumer, imprégner, sentir.

**PARIA** ☐ esclave, déshérité, gueux, intouchable, mendiant, misérable, miséreux, pauvre, serf.

**PARIER** ☐ gager, jouer, miser.

**PARITÉ** ☐ comparaison, égalité, ressemblance, similitude.

**PARJURE** ☐ infidélité, traîtrise.

**PARLEMENTAIRE** ☐ délégué, député, élu, émissaire, envoyé, messager, représentant.

**PARLEMENTER** ☐ contester, débattre, délibérer, discuter, négocier, traiter.

**PARLER** ☐ articuler, émettre, prononcer.

• bavarder, causer, conférer, consulter, converser, discuter, s'entretenir, monologuer, palabrer, papoter, polémiquer.

**PARLER** ☐ (nom) dialecte, jargon, idiome, langage, langue, patois.

**PARMI** ☐ au milieu de.

**PARODIE** ☐ caricature, copie, imitation, pastiche.

**PARODIER** ☐ caricaturer, contrefaire, copier, démarquer, imiter, pasticher, simuler, singer.

**PAROI** ☐ cloison, mur, muraille.

**PAROISSE** ☐ commune, cure, église, village.

**PAROLE** ☐ articulation, débit, diction, élocution, éloquence, expression, langage, mot, prononciation.

• engagement, promesse, serment.

**PAROLE (DONNER SA)** ☐ affirmer, assurer, certifier, garantir, promettre.

**PAROXYSME** ☐ crise, exacerbation, exaspération, maximum, summum.

**PARQUER** ☐ boucler, cerner, enfermer, entasser, entourer.

**PARQUET** ☐ plancher.

• Ministère public, tribunal.

**PARSEMER** ☐ disperser, recouvrir, répandre, saupoudrer, semer.

**PART** ☐ bout, contingent, division, fragment, lot, morceau, parcelle, partage, partie, pièce, portion.

• aide, contribution, quote-part.

**PART (D'AUTRE)** ☐ d'ailleurs.

**PARTAGE** ☐ attribution, distribution, morcellement, répartition.

**PARTAGER** ☐ attribuer, distribuer, diviser, fragmenter, morceler, répartir, séparer.

**PARTENAIRE** ☐ allié, associé, cavalier, compère.

**PARTI** ☐ camp, clan, faction, groupe, rassemblement, secte.

**PARTI (TIRER)** ☐ bénéficier, profiter, utiliser.

**PARTIAL** ☐ abusif, immérité, inique, injuste.

**PARTICIPATION** ☐ aide, collaboration, complicité, concours, connivence, contribution, don.

**PARTICIPER** ☐ aider, collaborer, coopérer, contribuer, se joindre, mêler, partager, prendre part.

**PARTICULARITÉ** ☐ caractéristique, modalité, propriété, singularité, spécificité.

**PARTICULIER** ☐ (adj) caractéristique, distinctif, extraordinaire, original, remarquable, singulier, spécial.

• individuel, intime, personnel, privé.

**PARTICULIER** ☐ (nom) individu, personne, quidam.

**PARTIE** ☐ bout, division, éclat, élément, fragment, lambeau, lot, morceau, parcelle, partage, part, particule, pièce, portion.

• branche, métier, profession, rôle, spécialité.

**PARTI PRIS** ☐ à priori, défiance, préjugé, prévention.

**PARTIR** ☐ abandonner, s'en aller, déguerpir, disparaître, filer, fuir, quitter, se retirer.

• commencer, débuter, entreprendre.

**PARTISAN** ☐ adepte, adhérent, disciple, fidèle, membre, militant, supporter, suppôt.

**PARVENIR** ☐ accéder, arriver, atteindre, réussir.

**PARVENU** ☐ (nom) ambitieux, arriviste, nouveau riche.

**PAS** ☐ (nom) allure, démarche, enjambée, foulée, train.

• col, défilé, détroit, isthme, passage.

**PAS (FAUX)** □ écart, erreur, faiblesse, faute.

**PASSABLE** □ acceptable, médiocre, modeste, moyen, ordinaire, piètre, potable, suffisant.

**PASSADE** □ aventure, caprice, coup de tête, désir, fantaisie, flirt.

**PASSAGE** □ canal, couloir, corridor, galerie, passe, rue.
• changement, migration, mutation, transition, traversée, voyage.

**PASSAGER** □ (adj) bref, court, éphémère, fugace, fugitif, intérimaire, momentané, précaire, provisoire, temporaire, transitoire.

**PASSAGER** □ (nom) passant, promeneur, voyageur.

**PASSANT** □ (nom) passager, promeneur, voyageur.

**PASSE** □ chenal.

**PASSÉ** □ (adj) altéré, avachi, décati, déformé, défraîchi, délavé, fané, fatigué, flétri, usagé, usé.

**PASSÉ** □ antan, autrefois, hier, jadis, naguère.

**PASSÉ** □ (nom) antiquité, histoire, tradition.

**PASSER** □ déborder, devancer, dépasser, devenir, distancer, donner, doubler, franchir, longer, remettre, surpasser, transmettre, traverser.
• agoniser, s'éteindre, mourir.
• filtrer, sasser, tamiser.

**PASSER PAR LES ARMES** □ exécuter, fusiller, tuer.

**PASSEUR** □ batelier, contrebandier.

**PASSIF** □ abattu, absent, atone, faible, inactif, indifférent, inerte.

**PASSION** □ adoration, affection, amour, émotion, exaltation, feu, flamme, frénésie, fureur, sentiment, violence.

**PASSIONNANT** □ captivant, émouvant, intéressant, prenant, séduisant.

**PASSIONNÉ** □ ardent, enthousiaste, fanatique, fervent, inconditionnel, intense, surexcité.

**PASSIONNÉMENT** □ follement.

**PASSIVITÉ** □ apathie, immobilisme, inaction, inertie, oisiveté, paralysie, torpeur.

**PASTEUR** □ berger, gardien, pâtre.
• prêtre.

**PASTICHE** □ copie, imitation, parodie, plagiat.

**PASTICHER** □ contrefaire, copier, imiter, plagier, parodier, singer.

**PASTORAL** □ agreste, bucolique, champêtre, rural, rustique.

**PATAUD** □ embarrassé, emprunté, gauche, gêné, lourd, maladroit, malhabile, raide, timide.

**PATAUGER** □ barboter, s'empêtrer.

**PATELIN** □ doucereux, faux, hypocrite, mielleux, obséquieux, papelard, sournois, sucré.

**PATENT** □ clair, évident, flagrant, formel, incontestable, limpide, manifeste, visible, vrai.

**PÂTEUX** □ dense, épais, flasque, visqueux.

**PATHÉTIQUE** □ attendrissant, attristant, bouleversant, déchirant, dramatique, émouvant, touchant.

**PATIBULAIRE** □ angoissant, effrayant, impressionnant, inquiétant, menaçant, puissant, sinistre.

**PATIENCE** □ attente, constance, continuité, persévérance, résignation, ténacité.

**PATIENT** □ conciliant, endurant, indulgent, inlassable, passif, persévérant.

**PATIENT** □ (nom) client, consultant, malade.

**PÂTIR** □ endurer, souffrir, subir.

**PATRIARCHE** □ aïeul, ancêtre, vieillard.

**PATRICIEN** ☐ aristocrate, noble, seigneur.

**PATRIE** ☐ nation, pays, peuple, terre natale, territoire.

**PATRIMOINE** ☐ avoir, bien, domaine, héritage, possession, propriété, succession.

**PATRIOTE** ☐ chauvin, cocardier, nationaliste.

**PATRIOTISME** ☐ civisme, nationalisme.

**PATRON** ☐ chef, directeur, employeur, maître, organisateur, professeur de médecine, protecteur, tenancier.
• dessin, forme, modèle.

**PATRONAGE** ☐ auspices, parrainage, protection.

**PAUSE** ☐ arrêt, halte, récréation, répit, repos, stagnation, station, suspension.

**PAUVRE** ☐ aride, désertique, ingrat, maigre, misérable, stérile.
• impécunieux, indigent, misérable, nécessiteux, ruiné.

**PAUVRETÉ** ☐ besoin, dénuement, gêne, indigence, misère, nécessité, paupérisme, pénurie.

**PAYE** ☐ appointements, émoluments, gages, honoraires, rétribution, salaire, solde, traitement.

**PAYER** ☐ acquitter, appointer, défrayer, financer, indemniser, liquider, récompenser, régler, rétribuer, satisfaire, solder, verser.

**PAYER (SE)** ☐ acheter, acquérir, s'offrir.

**PAYS** ☐ État, lieu, nation, peuple, province, région.

**PAYSAGE** ☐ décor, panorama, site, vue.

**PAYSAN** ☐ (nom) agriculteur, campagnard, cultivateur, éleveur, fermier, métayer.

• manant, serf, vilain *(histoire)*.

**PAYSAN** ☐ (adj) agricole, campagnard, rural, rustique.

**PEAU** ☐ cuir, écorce, épiderme.

**PECCADILLE** ☐ bêtise, erreur, faute, maladresse, péché véniel.

**PÉCHÉ** ☐ crime, erreur, faute, forfait, manquement, offense, sacrilège, scandale, vice. *(Péchés capitaux* : avarice, colère, envie, gourmandise, luxure, orgueil, paresse.)

**PÉCULE** ☐ bas de laine, économie, épargne, tirelire.

**PÉDAGOGIE** ☐ apprentissage, éducation, enseignement, formation, initiation, instruction, leçon, savoir.

**PÉDAGOGUE** ☐ enseignant, instituteur, maître, professeur, précepteur, répétiteur.

**PÉDANT** ☐ avantageux, cuistre, docte, fat, ridicule, savant, suffisant, vaniteux.

**PÈGRE** ☐ canaille, lie, milieu, populace, racaille.

**PEIGNER** ☐ brosser, coiffer, lisser, natter, ordonner, tresser.

**PEINDRE** ☐ badigeonner, barbouiller, brosser, colorer, dessiner, exposer, laquer, portraiturer, représenter, tracer, vernir.
• conter, décrire, détailler, narrer, raconter.

**PEINE** ☐ affliction, amertume, blessure, chagrin, désolation, difficulté, douleur, ennui, mal, malheur, souffrance, tourment, tristesse.
• condamnation, châtiment, punition, sanction, sentence, supplice.

**PEINER** ☐ attrister, chagriner, contrarier, désoler, ennuyer, fâcher, meurtrir.
• avoir du mal, besogner, s'essouffler, se fatiguer, souffrir, suer.

**PEINTRE** ☐ aquarelliste, artiste, enlumineur, paysagiste, rapin.

**PEINTURE** ☐ aquarelle, description, enluminure, huile, image, portrait, tableau, toile.

**PÉJORATIF** ☐ défavorable, désavantageux, hostile, méprisant.

**PELAGE** ☐ fourrure, laine, livrée, poil, robe, toison.

**PELÉ** ☐ chauve, dégarni, épilé, nu, râpé, tondu, usé.

**PÊLE-MÊLE** ☐ brassé, confondu, désordonné, emmêlé, enchevêtré, mélangé, mêlé.

**PELER** ☐ décortiquer, dépouiller, éplucher, raser, tondre.

**PÈLERINAGE** ☐ défilé, pardon, procession, voyage.

**PELLICULE** ☐ bande, couche, enveloppe, film.

**PELOTONNER (SE)** ☐ se blottir, se cacher, se lover, se tapir.

**PÉNALITÉ** ☐ peine, punition, sanction.

**PENAUD** ☐ confus, embarrassé.

**PENCHANT** ☐ affinité, aptitude, attachement, attirance, disposition, faible, goût, inclination, prédisposition, préférence, propension, sympathie, vocation.

**PENCHER** ☐ courber, fléchir, incliner, plier.

**PENDANT** ☐ durant.

**PENDANT QUE** ☐ tandis que.

**PENDENTIF** ☐ bijou, collier, joyau, médaillon, orfèvrerie, pierre, sautoir.

**PENDRE** ☐ accrocher, attacher, suspendre.
● retomber, tomber, traîner.
● étrangler, stranguler, tuer.

**PÉNÉTRANT** ☐ acéré, aigu, clairvoyant, fin, intelligent, lucide, perspicace, pointu, sagace.

**PÉNÉTRATION** ☐ envahissement, infiltration, invasion.

● acuité, clairvoyance, finesse, flair, lucidité, perspicacité, sagacité.

**PÉNÉTRER** ☐ s'enfoncer, entrer, envahir, s'introduire, surgir, transpercer, traverser, venir.

**PÉNIBLE** ☐ accablant, ardu, compliqué, contrariant, embarrassant, délicat, déplaisant, difficile, dur, laborieux, obscur, rude, triste.

**PÉNITENCE** ☐ confession, contrition, expiation, regret, repentir.
● châtiment, gage, mortification, peine, punition, sanction.

**PÉNITENCIER** ☐ bagne, centrale, prison.

**PÉNOMBRE** ☐ clair-obscur, couvert, demi-jour, ombrage, ombre, opacité.

**PENSÉE** ☐ esprit, intelligence, philosophie, raison.
● idée, illusion, imagination, rêverie, spéculation.
● adage, aphorisme, avis, devise, maxime, opinion, proverbe, sentence.

**PENSÉES** ☐ considérations, observations, propos, réflexions, remarques, souvenirs.

**PENSER** ☐ comprendre, croire, imaginer, juger, méditer, raisonner, réfléchir, rêver, songer.

**PENSIF** ☐ absent, absorbé, méditatif, réfléchir, rêveur, soucieux.

**PENSION** ☐ institution, internat, pensionnat.
● allocation, retraite, revenu.

**PENTE** ☐ côte, déclivité, descente, inclinaison, raidillon.

**PÉNURIE** ☐ besoin, disette, épuisement, famine, manque, misère, pauvreté.

**PERÇANT** ☐ aigu, criard, déchirant, strident.
● acéré, clairvoyant, fin, intelligent, lucide, perspicace, pointu, sagace.

**PERCÉE** ☐ brèche, chemin, orifice, ouverture, passage, trou, trouée.

**PERCEPTIBLE** ☐ audible, sensible, visible.

**PERCEPTION** ☐ idée, image, impression, sens, sensation, sentiment.
• collecte, recouvrement, rentrée.

**PERCER** ☐ creuser, crever, cribler, forer, perforer, piquer, transpercer, traverser, trouer.
• déceler, découvrir, deviner, éventer, pénétrer, réussir, trouver.

**PERCEVOIR** ☐ discerner, distinguer, entendre, entrevoir, saisir, voir.
• empocher, recevoir, toucher.

**PERCUSSION** ☐ choc, collision, contact, heurt, secousse.

**PERCUTER** ☐ accrocher, cogner, frapper, heurter, tamponner.

**PERDANT** ☐ battu, dominé, surclassé, vaincu.

**PERDRE** ☐ détruire, égarer, gaspiller, oublier.
• corrompre, déconsidérer, déshonorer, dévoyer, égarer.

**PERDU** ☐ désert, disparu, égaré, éloigné, isolé, lointain.
• condamné, fini, irrécupérable.

**PÈRE** ☐ auteur, créateur, fondateur, géniteur, papa.

**PÉRÉGRINATION** ☐ errance, pèlerinage, voyage.

**PÉREMPTOIRE** ☐ décisif, définitif, énergique, sec, tranchant.

**PÉRENNITÉ** ☐ éternité, immortalité, perpétuité.

**PERFECTION** ☐ absolu, beau, idéal, summum.
• achèvement, couronnement, épanouissement, maturité.

**PERFECTIONNER** ☐ améliorer, aménager, amender, arranger, bonifier, embellir, restaurer.

**PERFIDE** ☐ déloyal, fourbe, infidèle, malhonnête, menteur, rusé, sournois, traître, trompeur.

**PERFIDIE** ☐ calcul, fourberie, ruse, trahison, traîtrise.

**PERFORER** ☐ cribler, percer, piquer, transpercer, trouer.

**PERFORMANCE** ☐ exploit, prouesse, record.

**PÉRICLITER** ☐ baisser, décliner, décroître, dépérir, diminuer, vieillir.

**PÉRIL** ☐ alarme, danger, menace, risque.

**PÉRILLEUX** ☐ dangereux, difficile, hasardeux, inquiétant, menaçant, redoutable, risqué.

**PÉRIODE** ☐ cycle, durée, époque, ère, phase.

**PÉRIODIQUE** ☐ (nom) journal, magazine, revue.

**PÉRIODIQUE** ☐ (adj) alternatif, épisodique, réglé, systématique.

**PÉRIPÉTIE** ☐ accident, aventure, événement, imprévu, incident.

**PÉRIPHÉRIE** ☐ banlieue, bord, ceinture, environs, faubourg, périmètre, tour.

**PÉRIPLE** ☐ tour, tournée, voyage.

**PÉRIR** ☐ décéder, disparaître, s'éteindre, expirer, finir, mourir, rendre l'âme, succomber, trépasser.

**PERMANENT** ☐ constant, continu, durable, éternel, immortel, incessant, indélébile, perpétuel, persistant, sempiternel, stable, tenace.

**PERMETTRE** ☐ accepter, admettre, approuver, autoriser, consentir, tolérer.

**PERMIS** ☐ admis, autorisé, légal, légitime, licite, réglementaire, toléré.

**PERMISSION** ☐ accord, approbation, autorisation, congé, consentement, licence, permis, tolérance.

**PERMUTATION** ☐ change, échange, inversion.

**PERNICIEUX** ☐ dangereux, détestable, diabolique, dissimulé, malfaisant, malsain, malveillant, mauvais, nocif, nuisible, pervers.

**PÉRORAISON** ☐ conclusion, dénouement, épilogue, fin, morale.

**PÉRORER** ☐ discourir, disserter, parler, pontifier.

**PERPENDICULAIRE** ☐ droit, normal, orthogonal, vertical.

**PERPÉTRER** ☐ commettre, consommer, entreprendre, exécuter.

**PERPÉTUEL** ☐ constant, continu, durable, éternel, immortel, incessant, infini, permanent, persistant, sempiternel.

**PERPÉTUER (SE)** ☐ continuer, demeurer, durer, s'éterniser, se maintenir, persévérer, rester, subsister, tenir.

**PERPÉTUITÉ** ☐ continuité, éternité, pérennité.

**PERPLEXE** ☐ embarrassé, hésitant, incertain, indécis, inquiet, irrésolu.

**PERPLEXITÉ** ☐ doute, embarras, incertitude, indécision, irrésolution, hésitation, scrupule.

**PERQUISITIONNER** ☐ chercher, enquêter, fouiller, fureter, rechercher.

**PERSÉCUTER** ☐ martyriser, opprimer, supplicier, torturer, tourmenter.

**PERSÉVÉRANCE** ☐ attente, constance, continuité, courage, entêtement, fermeté, obstination, opiniâtreté, patience, ténacité.

**PERSÉVÉRANT** ☐ constant, courageux, entêté, obstiné, opiniâtre, patient, tenace, têtu.

**PERSÉVÉRER** ☐ s'acharner, continuer, durer, persister, poursuivre, tenir.

**PERSIENNE** ☐ jalousie, volet.

**PERSIFLAGE** ☐ impertinence, ironie, moquerie, raillerie, sarcasme.

**PERSIFLER** ☐ ironiser, se moquer, railler.

**PERSISTANCE** ☐ constance, entêtement, fermeté, obstination, opiniâtreté, patience, ténacité.

● continuation, continuité, durée, survivance.

**PERSISTER** ☐ continuer, demeurer, durer, s'éterniser, s'obstiner, persévérer, rester, subsister, tenir.

**PERSONNAGE** ☐ dignitaire, notable, personnalité, personne.

● héros, rôle.

**PERSONNALITÉ** ☐ caractère, originalité, tempérament.

● être, individualité, nature.

**PERSONNE** ☐ (nom) créature, être, individu, mortel, particulier, personnage, quidam.

**PERSONNE** ☐ aucun, nul, quiconque.

**PERSONNEL** ☐ (adj) égocentrique, égoïste, individualiste, individuel, intime, particulier, privé.

**PERSONNEL** ☐ (nom) domesticité, main-d'œuvre, service.

**PERSPECTIVE** ☐ panorama, vision, vue.

● apparence, chances, éventualité, probabilité, vraisemblance.

**PERSPICACE** ☐ acéré, clairvoyant, fin, intelligent, lucide, perçant, pointu, sagace.

**PERSPICACITÉ** ☐ acuité, clairvoyance, finesse, flair, lucidité, pénétration, sagacité.

**PERSUADER** ☐ convaincre, démontrer, entraîner, expliquer, inspirer, prouver.

**PERSUASION** ☐ assurance, certitude, conviction, croyance.

**PERTE** ☐ décès, déficit, dégât, dommage, gaspillage, malheur, préjudice, sinistre.

**PERTINENT** ☐ approprié, apte, conforme, idoine, judicieux.

**PERTURBATION** ☐ bouleversement, confusion, dérangement, dérèglement, désorganisation, désordre, tracas, trouble.

**PERTURBER** □ bouleverser, ennuyer, gêner, troubler.

**PERVERS** □ avili, corrompu, cruel, dépravé, dissimulé, dur, haineux, licencieux, malveillant, mauvais, méchant, vicieux.

**PERVERSION** □ anomalie, corruption, dépravation.

**PERVERSITÉ** □ cruauté, malveillance, méchanceté, perfidie.

**PERVERTIR** □ avilir, corrompre, dépraver, gangrener, gâter, pourrir, souiller.

**PESANT** □ dense, encombrant, écrasant, épais, lourd, massif, pénible.

**PESANTEUR** □ attraction, gravité, inertie, lenteur, lourdeur, poids.

**PESER** □ comparer, considérer, estimer, jauger, juger, soupeser.
• accabler, ennuyer, gêner, importuner.

**PESSIMISME** □ abattement, hypocondrie, morosité, tristesse.

**PESSIMISTE** □ alarmiste, amer, consterné, déçu, défaitiste, désabusé, maussade, mélancolique.

**PESTER** □ fulminer, grogner, injurier, insulter, invectiver.

**PESTILENCE** □ fétidité, infection, puanteur.

**PESTILENTIEL** □ écœurant, fétide, infect, insalubre, malodorant, méphitique, nauséabond, puant, putride.

**PÉTILLER** □ briller, crépiter, étinceler, scintiller.

**PETIT** □ (adj) dérisoire, étroit, étriqué, exigu, faible, infime, maigre, médiocre, mesquin, mince, minuscule, rabougri, ténu.

**PETIT** □ (nom) bambin, bébé, enfant.

**PETIT À PETIT** □ progressivement.

**PETITESSE** □ avarice, bassesse, étroitesse, ladrerie, mesquinerie, modicité, parcimonie.

**PÉTITION** □ réclamation, revendication, requête.

**PÉTRIFIANT** □ abominable, angoissant, cauchemardesque, dantesque, effrayant, effroyable, épouvantable, hallucinant, horrible, menaçant, monstrueux, paralysant, terrifiant.

**PÉTRIFIÉ** □ abasourdi, choqué, déconcerté, ébahi, éberlué, estomaqué, étonné, hébété, interdit, interloqué, médusé, paralysé, sidéré, surpris.

**PÉTRIR** □ brasser, malaxer, mélanger, modeler, triturer.

**PÉTULANT** □ ardent, enthousiaste, fougueux, impétueux, turbulent, vif.

**PEU À PEU** □ progressivement.

**PEUPLADE** □ horde, peuple, tribu.

**PEUPLE** □ citoyens, habitants, nation, population.

**PEUPLÉ** □ habité, populaire, populeux, surpeuplé.

**PEUR** □ alarme, angoisse, appréhension, crainte, effarement, effroi, épouvante, frayeur, inquiétude, phobie, terreur.

**PEUREUX** □ angoissé, anxieux, craintif, effarouché, inquiet, lâche, pleutre, poltron, pusillanime, timide, timoré, trouillard.

**PHARAMINEUX** □ admirable, fabuleux, énorme, étonnant, extraordinaire, formidable, incroyable, inouï, invraisemblable, magnifique, merveilleux, phénoménal, prodigieux, surprenant, troublant.

**PHASE** □ degré, échelon, étape, palier, période, stade.

**PHÉNOMÉNAL** □ admirable, anormal, bizarre, énorme, étonnant, étrange, extraordinaire, formidable, incroyable, inimaginable, inouï, invraisemblable, magnifique, merveilleux, monstrueux, pharamineux, prodigieux, surprenant, troublant.

**PHÉNOMÈNE** ☐ merveille, monstre, prodige.
• apparence, fait, manifestation.

**PHILANTHROPIE** ☐ altruisme, bienfaisance, bonté, charité, générosité, humanité, mansuétude, pitié.

**PHILOSOPHE** ☐ penseur, raisonneur, sage.

**PHILOSOPHIE** ☐ doctrine, humanisme, système, théorie.
• calme, pondération, raison, résignation, sagesse.

**PHOBIE** ☐ angoisse, appréhension, crainte, effarement, effroi, épouvante, frayeur, haine, horreur, inquiétude, névrose, peur, terreur.

**PHRASEUR** ☐ bavard, beau parleur, raseur.

**PHYSIONOMIE** ☐ air, allure, apparence, aspect, attitude, expression, figure, mine.

**PIAFFER** ☐ s'énerver, s'impatienter, piétiner, rager, trépigner.

**PIÈCE** ☐ chambre, cuisine, salle, salon.
• comédie, drame, saynète, scénario, tragédie.
• bout, éclat, fragment, lambeau, lot, morceau, parcelle, part, partie, portion.
• espèce, monnaie.
• acte, certificat, document.

**PIED** ☐ bas, bas, cep, socle.

**PIÈGE** ☐ appât, collet, embûche, embuscade, guêpier, nasse, ruse, trappe, traquenard.

**PIERRE** ☐ caillou, galet, roche, rocher.

**PIÉTÉ** ☐ adulation, culte, dévotion, religion, vénération.

**PIÉTINER** ☐ s'énerver, s'impatienter, piaffer, rager, trépigner.

**PIÈTRE** ☐ attristant, désolant, lamentable, minable, misérable, miteux, piteux, pitoyable, triste.

**PIEU** ☐ échalas, pal, piquet, poteau.

**PIEUX** ☐ croyant, dévot, édifiant, mystique, religieux.

**PILE** ☐ batterie.
• amas, entassement, fatras, tas.

**PILER** ☐ broyer, concasser, écraser, moudre, pulvériser.

**PILLAGE** ☐ exaction, rapine, ravage, sac, saccage.

**PILLER** ☐ contrefaire, copier, démarquer, imiter, reproduire.
• détruire, ravager, ruiner, saccager, voler.

**PILOTE** ☐ chef, guide, meneur, timonier.

**PILOTER** ☐ conduire, conseiller, diriger, guider, mener, orienter.

**PINACLE** ☐ cime, sommet, summum.

**PINGRE** ☐ avare, chiche, économe, ladre, mesquin, parcimonieux, sordide.

**PINGRERIE** ☐ avarice, économie, épargne, frugalité, lésine, parcimonie.

**PIPE** ☐ bouffarde, brûle-gueule, calumet, narguilé.

**PIQUANT** ☐ acéré, acide, aigre, caustique, incisif, ironique, mordant, pointu, stimulant, vif.

**PIQUER** ☐ enfoncer, éperonner, percer, picoter.
• aiguillonner, encourager, exciter, fâcher, froisser, offenser, stimuler, vexer.

**PIRATE** ☐ corsaire, escroc, flibustier, voleur.

**PIRATER** ☐ contrefaire, copier, imiter, reproduire, spolier.

**PIRE** ☐ plus mal.

**PISTE** ☐ chemin, sente, sentier, trace.

**PISTER** ☐ filer, suivre, surveiller.

**PITANCE** ☐ aliment, nourriture, pâtée.

**PITEUX** ☐ attristant, désolant, lamentable, minable, misérable, miteux, piètre, pitoyable.

**PITIÉ** ☐ bonté, charité, commisération, compassion, mansuétude, miséricorde.

**PITON** ☐ clou, crochet, pointe.

• cime, pic, sommet.

**PITOYABLE** ☐ attristant, désolant, lamentable, minable, misérable, miteux, piètre, piteux.

**PITRE** ☐ amuseur, clown, comique, histrion.

**PITTORESQUE** ☐ amusant, cocasse, fantasque, original, singulier, truculent.

**PIVOT** ☐ axe, base, centre.

**PIVOTER** ☐ pirouetter, tourner, virer.

**PLACE** ☐ emplacement, endroit, lieu, position, site.

• attribution, classement, emploi, fonction, poste, profession.

**PLACER** ☐ caser, déposer, disposer, installer, mettre, nicher, poser, situer.

**PLACIDE** ☐ calme, doux, flegmatique, imperturbable, pacifique, paisible, serein, tranquille.

**PLACIDITÉ** ☐ calme, flegme, sérénité, tranquillité.

**PLAGE** ☐ berge, bord, côte, grève, rivage, rive.

**PLAGIER** ☐ contrefaire, copier, démarquer, imiter, piller.

**PLAIDER** ☐ défendre, expliquer, justifier, soutenir.

**PLAIDOIRIE** ☐ apologie, défense, plaidoyer.

**PLAIDOYER** ☐ apologie, défense, justification, plaidoirie.

**PLAIE** ☐ balafre, blessure, brûlure, contusion, coupure, coup, déchirure, écorchure, entaille, lésion, meurtrissure, traumatisme, tuméfaction.

**PLAIGNANT** ☐ accusateur, délateur, demandeur, dénonciateur, indicateur.

**PLAINDRE (SE)** ☐ s'apitoyer, s'attendrir, s'émouvoir, geindre, gémir, se lamenter, pleurer, récriminer, reprocher, regretter.

**PLAINTE** ☐ complainte, gémissement, jérémiade, lamentation, pleurs, reproche, sanglot, soupir.

**PLAINTE (PORTER...)** ☐ accuser, attaquer en justice, poursuivre.

**PLAIRE** ☐ aller, agréer, captiver, charmer, convenir, enchanter, fasciner, satisfaire, séduire.

**PLAISANT** ☐ agréable, aimable, attrayant, charmant, délicieux, enchanteur, fascinant, gai, impertinent, mutin, ravissant, séduisant.

**PLAISANTER** ☐ badiner, blaguer, se moquer, railler.

**PLAISANTERIE** ☐ boutade, calembour, humour, ironie, jeu de mots, lazzi, moquerie, raillerie, rire.

**PLAISIR** ☐ agrément, caresse, débauche, délectation, délice, érotisme, joie, jouissance, orgasme, régal, sensualité, volupté.

**PLAN** ☐ coupe, croquis, dessin, ébauche, esquisse.

• combinaison, conception, dessein, machination, objectif, programme, projet.

**PLAN (SUR LE MÊME...)** ☐ à égalité.

**PLANÈTE** ☐ astre, comète, étoile, zodiaque.

**PLANIFICATION** ☐ organisation.

**PLANIFIER** ☐ préparer, organiser, réglementer.

**PLANISPHÈRE** ☐ globe, mappemonde.

**PLANTER** ☐ boiser, élever, enfoncer, enfouir, ensemencer, ficher, peupler, repiquer, semer.

**PLANTER LÀ** ☐ abandonner, laisser, renoncer à.

**PLANTUREUX** ☐ abondant, copieux, fécond, fertile, généreux, luxuriant, opulent, riche.

**PLAQUER** □ aplatir, appliquer, apposer, coller, placer, poser.

**PLASTRONNER** □ parader, se pavaner, poser.

**PLAT** □ anodin, banal, éculé, égal, fade, falot, ennuyeux, insignifiant, insipide, médiocre, négligeable, neutre, quelconque, terne.
• étale, lisse, uni.
• mets, spécialité.

**PLATEAU** □ causse *(plateau calcaire)*, haut-fond *(mer)*.
• estrade, plancher, plate-forme.
• planches, scène, tréteaux.

**PLATE-FORME** □ estrade, planches, plateau, terrasse.
• base, programme, plan, projet.

**PLATITUDE** □ banalité, fadaise, fadeur, médiocrité, stupidité.

**PLAUSIBLE** □ admissible, crédible, possible, probable, vraisemblable.

**PLÈBE** □ foule, peuple, populace, prolétariat.

**PLÉBISCITE** □ consultation, référendum, vote.

**PLEIN** □ (adj) bondé, comble, complet, débordant, gros, massif, rebondi, rempli.
• imbu, pénétré, satisfait.

**PLEINEMENT** □ entièrement.

**PLÉNITUDE** □ abondance, ampleur, épanouissement, fertilité, largesse, opulence, richesse.

**PLÉTHORE** □ abondance, flot, opulence, richesse, surabondance.

**PLEURER** □ s'apitoyer, s'attendrir, s'émouvoir, gémir, se lamenter, larmoyer, récriminer, regretter, sangloter.

**PLEURS** □ chagrin, gémissements, lamentations, larmes, plainte, sanglots.

**PLEUTRE** □ angoissé, anxieux, craintif, effarouché, inquiet, lâche, peureux, poltron, pusillanime, timide, timoré.

**PLI** □ courrier, envoi, lettre, message.
• fronce, plissement, pliure, ride.

**PLIER** □ arquer, corner, couder, courber, fléchir, ployer, tordre.

**PLIER (SE)** □ accepter, céder, obéir, se soumettre.

**PLISSER** □ chiffonner, froisser, froncer, rider.

**PLONGER** □ enfoncer, immerger, introduire, noyer, précipiter, tremper.

**PLOYER** □ couder, courber, fléchir, plier, tordre, voûter.

**PLUIE** □ averse, brouillard, bruine, crachin, déluge, giboulée, grain, ondée.

**PLUME** □ auteur, écrivain, nègre, styliste.
• écriture, style, talent.

**PLUMER** □ déposséder, dépouiller, évincer, priver, spolier, voler.

**PLUPART (LA)** □ le plus grand nombre, la plus grande partie.

**PLUS** □ davantage, mieux.

**PLUS (DE...)** □ d'ailleurs, en outre, de surcroît.

**PLUSIEURS** □ beaucoup, certains, maint, quelques.

**POCHADE** □ aquarelle, huile, peinture, tableau, toile.

**POÈME** □ ballade, chanson, épopée, fable, ode, lai, madrigal, poésie, rondel, sonnet, stance.

**POÉSIE** □ beauté, charme, lyrismemuse.

**POÈTE** □ aède, barde, chantre, ménestrel, troubadour, trouvère, versificateur.

**POIDS** □ charge, fardeau, gravité, lenteur, lourdeur, masse, pesanteur, pression.

**POIGNARD** □ baïonnette, couteau, dague, lame, stylet.

**POIGNE** □ autorité, dynamisme, énergie, fermeté, force, résolution, volonté.

**POIL** ☐ barbe, cheveux, fourrure, laine, pelage, robe, toison.

**POILU** ☐ barbu, chevelu, moustache velu.

**POINDRE** ☐ apparaître, arriver, éclore, se manifester, se montrer, naître, pointer, sortir, survenir.

**POINTE** ☐ châle, foulard, fichu.
• humour, ironie, pique.
• cap, cime, pic, sommet.
• clou, poinçon, piton.

**POINTILLEUX** ☐ difficile, exigeant, maniaque, sévère, tatillon.

**POINTU** ☐ acéré, acide, caustique, incisif, ironique, mordant, piquant, vif.

**POISON** ☐ intoxication, toxine, toxique, venin.

**POISSEUX** ☐ collant, épais, gluant, pâteux, visqueux.

**POITRINE** ☐ buste, poitrail, seins, thorax.

**POLÉMIQUE** ☐ chicane, contestation, controverse, débat, différend, discussion, dispute, querelle.

**POLÉMISTE** ☐ pamphlétaire.

**POLI** ☐ affable, aimable, civil, complaisant, courtois, galant, gracieux, urbain.

**POLICÉ** ☐ agréable, civilisé, courtois, délicat, fin, raffiné.

**POLICIER** ☐ agent, détective, enquêteur, sbire.

**POLIR** ☐ adoucir, araser, éroder, limer, lisser, parfaire, poncer, unir.

**POLISSON** ☐ égrillard, enjoué, gai, gaillard, gaulois, grivois, leste, osé, paillard, rabelaisien.

**POLITESSE** ☐ affabilité, bienséance, courtoisie, éducation, savoir-vivre.

**POLITICIEN** ☐ homme politique.

**POLITIQUE** ☐ façon de gouverner.

**POLLUER** ☐ infecter, salir, souiller.

**POLTRON** ☐ angoissé, anxieux, craintif, effarouché, inquiet, lâche, peureux, pleutre, pusillanime, timoré.

**POMPE** ☐ apparat, éclat, gloire, majesté, splendeur.

**POMPER** ☐ absorber, aspirer, boire, éponger, puiser, résorber, sucer.

**POMPEUX** ☐ ampoulé, imposant, majestueux, pédant, pontifiant, solennel.

**PONCIF** ☐ banalité, cliché, lieu commun, stéréotype.

**PONCTUALITÉ** ☐ assiduité, exactitude, justesse, précision, régularité, soin.

**PONDÉRER** ☐ compenser, contrebalancer, équilibrer, répartir.

**PONT** ☐ intermédiaire, passerelle.

**PONTIFIANT** ☐ doctoral, érudit, pédant, pompeux.

**POPULACE** ☐ masse, pègre, peuple, plèbe, vulgaire.

**POPULAIRE** ☐ peuple, plébéien, populeux, prolétarien, vulgaire.

**POPULATION** ☐ citoyens, habitants, peuple.

**PORCHE** ☐ péristyle, porte, portique.

**PORNOGRAPHIQUE** ☐ érotique, graveleux, grossier, impudique, indécent, lascif, licencieux, luxurieux, obscène, ordurier, sale, salé, vicieux.

**PORT** ☐ havre, rade, refuge.
• allure, aspect, attitude, comportement, maintien, prestance, posture, tenue.

**PORTAIL** ☐ portail, porte, poterne, portique.

**PORTE-BONHEUR** ☐ amulette, fétiche, mascotte, talisman.

**PORTER** ☐ apporter, charrier, convoyer, emporter, envoyer, soutenir, supporter, transférer, transporter.

**PORTION** ☐ bout, division, éclat,

fragment, lambeau, lot, morceau, parcelle, partage, part, particule, partie, pièce, ration.

**PORTRAIT** ☐ caricature, effigie, image, peinture, photographie, tableau.

**POSE** ☐ allure, attitude, comportement, contenance, maintien, posture.
• affectation, prétention, recherche.

**POSÉ** ☐ calme, doux, flegmatique, impassible, paisible, placide, raisonnable, réfléchi, serein.

**POSER** ☐ affecter, se pavaner, plastronner.
• appliquer, apposer, disposer, étaler, étendre, installer, mettre, placer, reposer.

**POSITIF** ☐ certain, convaincant, évident, réel, sûr.

**POSITION** ☐ assiette, attitude, disposition, emplacement, état, place, posture, situation.

**POSSÉDÉ** ☐ agité, démoniaque, déraisonnable, énergumène, excité, forcené, fou, furibond, furieux, halluciné, névrosé.

**POSSÉDER** ☐ avoir, connaître, détenir, disposer de, être propriétaire de.

**POSSESSEUR** ☐ dépositaire, détenteur, propriétaire.

**POSSESSION** ☐ avoir, bien, détention, usufruit.
• débauche, délice, délectation, joie, jouissance, orgasme, plaisir, régal, sensualité, volupté.

**POSSIBLE** ☐ accessible, concevable, éventuel, facile, faisable, permis, réalisable, vraisemblable.

**POSTE** ☐ attribution, emploi, état, fonction, observatoire, office, place, profession, sinécure.

**POSTÉRIEUR** ☐ futur, suivant, ultérieur.

**POSTÉRITÉ** ☐ descendance, enfant, futur, lignée, progéniture.

**POSTICHE** ☐ (adj) artificiel, fabriqué, factice, faux, rapporté.

**POSTICHE** ☐ (nom) déguisement, perruque.

**POSTULANT** ☐ aspirant, candidat, demandeur, prétendant, solliciteur.

**POSTULER** ☐ demander, être candidat, s'inscrire, solliciter.

**POSTURE** ☐ allure, aspect, attitude, comportement, maintien, prestance, pose, situation, tenue.

**POTABLE** ☐ acceptable, consommable, moyen, ordinaire, passable, sain, suffisant.

**POT-DE-VIN** ☐ don, faveur, gratification, prime, rétribution.

**POTELÉ** ☐ charnu, dodu, enveloppé, gras, grassouillet, moelleux.

**POTENTAT** ☐ dictateur, dirigeant, monarque, roi, souverain, tyran.

**POTION** ☐ drogue, médicament, médication, purge, remède.

**POUFFER** ☐ s'esclaffer, se réjouir, rire.

**POUILLEUX** ☐ dégoûtant, désolant, lamentable, minable, misérable, miteux, pitoyable, repoussant, sale.

**POUR** ☐ afin de.

**POURBOIRE** ☐ don, gratification, prime, rétribution.

**POURCHASSER** ☐ cerner, poursuivre, traquer.

**POURPARLERS** ☐ conversation, débat, discussion, entretien, négociation.

**POURPRE** ☐ cramoisi, écarlate, rouge, rubicond, vermeil.

**POURRI** ☐ corrompu, décomposé, faisandé, fétide, gâté, infect, insalubre, malodorant, moisi, nauséabond, pestilentiel, puant, putréfié, putride, répugnant.

**POURRIR** ☐ se corrompre, croupier, se décomposer, se faisander, se gâter, moisir, se putréfier, tourner.

**POURRISSEMENT** ☐ décrépitude, putréfaction, vieillissement.

**POURSUIVRE** ☐ continuer, durer, s'éterniser, persévérer, persister, rechercher, tenir.
● cerner, pourchasser, tourmenter, traquer.

**POURTANT** ☐ cependant, néanmoins, toutefois.

**POURTOUR** ☐ circonférence, circuit, périphérie, tour.

**POURVOIR À** ☐ assurer, remédier à, subvenir.

**POUSSÉE** ☐ attaque, bourrade, impulsion, ruée.

**POUSSER** ☐ chasser, presser, refouler, repousser.
● apparaître, pointer, sortir.
● aiguillonner, encourager, exciter, exhorter, inciter, soutenir, stimuler.

**POUSSIÈRE** ☐ cendre, débris, poudre.

**POUVOIR** ☐ être apte à, être capable de, savoir.

**POUVOIR** ☐ (nom) ascendant, autorité, crédit, domination, emprise, faculté, influence, possibilité, prestige, puissance, tyrannie.

**PRATIQUE** ☐ (nom) acheteurs, chalands, clientèle.
● coutume, expérience, habitude, routine, tradition.

**PRATIQUE** ☐ (adj) abordable, aisé, commode, facile, ingénieux, pragmatique, réaliste, simple, utile.

**PRATIQUER** ☐ appliquer, exercer, faire, observer, opérer, travailler.

**PRATIQUES** ☐ agissements, méthodes, procédés.

**PRÉALABLEMENT** ☐ auparavant.

**PRÉAMBULE** ☐ avant-propos, avertissement, commencement, début, introduction, notice, préface, préliminaire, prélude, prologue.

**PRÉCAIRE** ☐ bref, court, éphémère, fugace, fugitif, incertain, instable, intérimaire, momentané, passager, provisoire, temporaire, transitoire.

**PRÉCAUTION** ☐ garantie, mesure, prévoyance.

**PRÉCAUTIONNEUX** ☐ avisé, circonspect, discret, méfiant, mesuré, prévoyant, prudent, réfléchi, sage.

**PRÉCÉDEMMENT** ☐ avant.

**PRÉCÉDENT** ☐ (adj) antécédent, antérieur, précurseur.

**PRÉCÉDENT** ☐ (nom) analogie, exemple, référence.

**PRÉCÉDER** ☐ anticiper, dépasser, devancer, distancer, prévenir, surpasser.

**PRÉCEPTE** ☐ commandement, leçon, principe.

**PRÉCEPTEUR** ☐ enseignant, maître, pédagogue, professeur, répétiteur.

**PRÊCHE** ☐ discours, homélie, sermon.

**PRÊCHER** ☐ enseigner, instruire, recommander, vanter.

**PRÉCIEUX** ☐ adulé, aimé, apprécié, cher, inestimable, irremplaçable, parfait, rare.
● affecté, apprêté, composé, recherché.

**PRÉCIPICE** ☐ abîme, abysse, cavité, crevasse, gouffre.

**PRÉCIPITATION** ☐ affolement, brusquerie, frénésie, impatience, vitesse.
● brouillard, grêle, neige, pluie.

**PRÉCIPITÉ** ☐ avancé, hâtif, précoce, prématuré.

**PRÉCIPITER** ☐ accélérer, activer, brusquer, hâter.

**PRÉCIPITER (SE)** ☐ s'abattre, fondre sur, se ruer.

**PRÉCIS** ☐ (adj) bref, catégorique, concis, correct, dense, exact, lapidaire, mathématique, minutieux, ramassé, rigoureux, scrupuleux, succinct.

**PRÉCISER** ☐ déterminer, établir, fixer, spécifier.

**PRÉCISION** ☐ exactitude, justesse, ponctualité, régularité, soin, vérité.
● communication, information, renseignement.

**PRÉCOCE** ☐ avancé, hâtif, précipité, prématuré.

**PRÉCONISER** ☐ prôner, recommander, vanter.

**PRÉCURSEUR** ☐ avant-coureur.

**PRÉDESTINER** ☐ destiner, élire, réserver, vouer.

**PRÉDICATEUR** ☐ orateur, prêcheur.

**PRÉDICTION** ☐ annonce, horoscope, présage, prophétie, signe.

**PRÉDILECTION** ☐ attirance, faible, goût, inclinaison, penchant, préférence, sympathie.

**PRÉDIRE** ☐ annoncer, entrevoir, pronostiquer, prophétiser.

**PRÉDISPOSITION** ☐ aptitude, capacité, goût, propension, penchant, qualité, talent, vocation.

**PRÉÉMINENCE** ☐ primauté, supériorité, suprématie.

**PRÉFACE** ☐ avant-propos, avertissement, commencement, début, introduction, notice, préambule, préliminaire, prélude, prologue.

**PRÉFÉRÉ** ☐ choisi, élu, favori.

**PRÉFÉRENCE** ☐ affinité, attachement, attirance, goût, faible, inclinaison, penchant, prédisposition, propension, sympathie, tendresse, vocation.

**PRÉFÉRER** ☐ adopter, avantager, choisir, faciliter, favoriser, privilégier, servir.

**PRÉJUDICE** ☐ désavantage, détriment, dommage, perte, tort.

**PRÉJUDICIABLE** ☐ fâcheux, gênant, nocif, nuisible.

**PRÉJUGÉ** ☐ croyance, défiance, parti pris, prévention.

**PRÉLASSER (SE)** ☐ s'abandonner, paresser, se reposer.

**PRÉLIMINAIRE** ☐ avant-propos, avertissement, commencement, début, introduction, préambule, préface, prélude, prologue.

**PRÉLUDE** ☐ commencement, début, introduction, préambule, préliminaire, prologue.

**PRÉMATURÉ** ☐ avancé, hâtif, précipité, précoce.

**PRÉMÉDITER** ☐ envisager, imaginer, prévoir, projeter.

**PRÉMICES** ☐ commencement, départ, début, origine, ouverture.

**PREMIER** ☐ dominant, initial, meilleur, primitif, primordial, principal.

**PRÉMONITION** ☐ flair, instinct, intuition, pressentiment, sens.

**PRÉMONITOIRE** ☐ annonciateur, précurseur, prophétique.

**PRÉMUNIR** ☐ couvrir, défendre, immuniser, préserver, protéger, soutenir, vacciner.

**PRENDRE** ☐ s'approprier, attraper, s'attribuer, avaler, capturer, s'emparer, employer, empoigner, happer, saisir, se saisir, utiliser, voler.

**PRÉOCCUPATION** ☐ contrariété, ennui, gêne, irritation, mécontentement, obsession, souci, tourment, tracas.

**PRÉOCCUPÉ** ☐ absorbé, agressif, anxieux, contrarié, ennuyé, irritable, irrité, insatisfait, mécontent, soucieux, tourmenté, tracassé.

**PRÉOCCUPER** ☐ absorber, contrarier, ennuyer, hanter, harceler, obséder, poursuivre, tourmenter, tracasser.

**PRÉPARER** ☐ apprêter, arranger, combiner, concevoir, disposer, doser, élaborer, organiser, placer.

**PRÉPONDÉRANCE** ☐ domination, hégémonie, supériorité.

**PRÉROGATIVE** ☐ attribut, avantage, honneur, passe-droit, pouvoir, privilège, supériorité.

**PRÈS** ☐ imminent, proche, voisin.

**PRÉSAGE** ☐ annonce, augure, prédiction, prophétie, signe.

**PRÉSAGER** ☐ annoncer, augurer, prédire, prévoir, prophétiser.

**PRESCIENCE** ☐ pressentiment.

**PRESCRIPTION** ☐ commandement, instruction, ordonnance.

**PRESCRIRE** ☐ recommander.

**PRÉSENCE** ☐ assiduité, régularité.
• existence, réalité.

**PRÉSENT** ☐ (nom) actualité, aujourd'hui, réalité.
• aumône, bienfait, don, gratification, largesse, libéralité.

**PRÉSENT (À)** ☐ actuellement.

**PRÉSENTER** ☐ apporter, donner, étaler, exhiber, exposer, fournir, montrer, offrir, procurer, remettre.

**PRÉSENTER (SE)** ☐ apparaître, comparaître, passer.

**PRÉSERVER** ☐ abriter, aider, couvrir, défendre, immuniser, préserver, protéger, secourir, soutenir, vacciner.

**PRÉSIDENCE** ☐ autorité, direction, gestion, tutelle.

**PRÉSOMPTION** ☐ arrogance, fierté, orgueil, morgue, ostentation, prétention, suffisance, vanité.

**PRÉSOMPTUEUX** ☐ arrogant, avantageux, fat, fier, orgueilleux, prétentieux, suffisant, vaniteux.

**PRESQUE** ☐ à peu près, approximativement.

**PRESSANT** ☐ contraignant, impérieux, pressé, urgent.

**PRESSE** ☐ affluence, foule, masse, multitude, nuée, rassemblement.
• journaux.

**PRESSÉ** ☐ diligent, impatient, prompt, rapide, vif.

**PRESSENTIMENT** ☐ appréhension, espérance, flair, instinct, intuition, prémonition, sens.

**PRESSENTIR** ☐ flairer, deviner, se douter, redouter, sentir, soupçonner, subodorer.

**PRESSER** ☐ appuyer, broyer, comprimer, écraser, fouler, pressurer, serrer, tasser.
• accélérer, hâter, précipiter, stimuler.

**PRESSION** ☐ compression, contrainte, exigence, force, poussée, violence, volonté.

**PRESSURER** ☐ broyer, comprimer, écraser, fouler, presser, serrer, tasser.

**PRESTANCE** ☐ allure, apparence, aspect, maintien, mine, port.

**PRESTE** ☐ adroit, agile, alerte, habile, rapide, souple, véloce, vif.

**PRESTIDIGITATEUR** ☐ illusionniste, jongleur, manipulateur.

**PRESTIGE** ☐ ascendant, autorité, charme, illusion, influence, séduction.

**PRESTIGIEUX** ☐ admirable, étonnant, extraordinaire, fascinant, prodigieux.

**PRÉSUMER** ☐ s'attendre à, augurer, présager, pressentir, supposer.

**PRÊT** ☐ avance, crédit, emprunt, subvention.

**PRÉTENDANT** ☐ amoureux, fiancé, soupirant.
• aspirant, candidat, demandeur, postulant.

**PRÉTENDRE** ☐ affirmer, ambitionner, assurer, avancer, réclamer, revendiquer, soutenir.

**PRÉTENDU** ☐ présumé, soi-disant, supposé.

**PRÉTENTIEUX** ☐ affecté, arrogant, avantageux, fat, fier, hautain, orgueilleux, suffisant, vaniteux.

**PRÉTENTION** ☐ ambition, arrogance, désir, fierté, orgueil, morgue, ostentation, outrecuidance, présomption, suffisance, vanité, visée.

**PRÊTER** ☐ affecter, allouer, attribuer, confier, imputer.

**PRÉTEXTE** ☐ argument, cause, mobile, motif, origine, raison.

**PRÉTEXTER** ☐ alléguer, avancer, invoquer, opposer, supposer.

**PRÊTRE** ☐ abbé, aumônier, curé, ecclésiastique, pasteur, vicaire.

**PREUVE** ☐ argument, critère, conviction, démonstration, évidence, illustration, témoignage.

**PRÉVALOIR** ☐ dominer, prédominer, supplanter, triompher.

**PRÉVARICATION** ☐ détournement, exaction, extorsion, malversation, trahison.

**PRÉVENANT** ☐ agréable, attentif, complaisant, courtois, empressé, galant, serviable.

**PRÉVENIR** ☐ alerter, anticiper, avertir, devancer, éviter, informer, précéder.

**PRÉVENTION** ☐ à priori, défiance, préjugé.
• mesure, précaution, protection.

**PRÉVENU** ☐ accusé, inculpé.

**PRÉVISION** ☐ anticipation, calcul, hypothèse, prescience, pressentiment, prévoyance, probabilité.

**PRÉVOIR** ☐ s'attendre à, calculer, envisager, imaginer, organiser, préméditer, pressentir, prophétiser.

**PRÉVOYANT** ☐ avisé, circonspect, précautionneux, prudent, réfléchi, sage.

**PRIER** ☐ adjurer, demander, implorer, invoquer, réclamer, solliciter, supplier.

**PRIÈRE** ☐ appel, demande, litanies, méditation, oraison, requête, supplication, supplique.

**PRIEURÉ** ☐ abbaye, cloître, couvent, monastère.

**PRIMAUTÉ** ☐ dessus, prééminence, prépondérance, privilège, supériorité, suprématie.

**PRIME** ☐ bonification, faveur, gratification, pot-de-vin, récompense, rétribution.

**PRIMITIF** ☐ archaïque, élémentaire, grossier, originaire, originel, premier, primaire, rustique.

**PRIMORDIAL** ☐ capital, essentiel, fondamental, important, indispensable, nécessaire, obligatoire, principal.

**PRINCE** ☐ altesse, chef, monarque, roi, seigneur.

**PRINCIPAL** ☐ capital, décisif, dominant, essentiel, fondamental, important, indispensable, nécessaire, obligatoire, primordial, vital.

**PRINCIPALEMENT** ☐ essentiellement, particulièrement.

**PRINCE** ☐ doctrine, dogme, élément, essence, facteur, loi, origine, règle, rudiment, théorie.

**PRISE** ☐ butin, capture, enlèvement, proie.

**PRISER** ☐ apprécier, avoir de la considération pour, estimer.

**PRISON** ☐ cachot, cellule, centrale, emprisonnement, maison d'arrêt, pénitencier.

**PRISONNIER** ☐ captif, détenu, interné.

**PRIVATION** ☐ défaut, dépouillement, manque, pauvreté, pénurie, restriction, suppression.

**PRIVAUTÉS** ☐ désinvolture, familiarité, intimité, liberté, sans-gêne.

**PRIVÉ** ☐ individuel, intime, particulier, personnel.

**PRIVER** ☐ appauvrir, démunir, déposséder, dépouiller, déshériter, frustrer, sevrer, spolier, voler.

**PRIVILÈGE** ☐ avantage, bénéfice, monopole, passe-droit, prérogative, supériorité.

**PRIVILÉGIER** ☐ aider, avantager, faciliter, favoriser, préférer.

**PRIX** ☐ coût, estimation, montant, taux, valeur.
• addition, facture, somme, tarif.
• mise, récompense, rétribution.

**PROBABILITÉ** ☐ apparences, chances, éventualité, perspectives, vraissemblance.

**PROBABLE** ☐ apparent, plausible, vraisemblable.

**PROBANT** ☐ capital, crucial, décisif, essentiel, important, principal.

**PROBE** ☐ consciencieux, digne, droit, honnête, intègre, loyal, scrupuleux, vertueux.

**PROBLÉMATIQUE** ☐ aléatoire, ambigu, confus, douteux, équivoque, éventuel, hasardeux, hypothétique, imprécis, incertain, indéfinissable, obscur, vague.

**PROCÉDÉ** ☐ méthode, moyen, pratique, recette, style.

**PROCÉDER** ☐ accomplir, agir, conduire, effectuer, exécuter.

**PROCÈS** ☐ affaire, cause, débats, litige.

**PROCESSION** ☐ cortège, défilé, file, marche, queue, théorie.

**PROCESSUS** ☐ avancement, évolution, métamorphose, mutation, progression, transformation.

**PROCHAIN** ☐ (adj) avoisinant, environnant, immédiat, imminent, proche, voisin.

**PROCHAIN** ☐ (nom) autrui.

**PROCHE** ☐ adjacent, attenant, avoisinant, contigu, immédiat, imminent, proche, voisin.

**PROCHE** ☐ auprès, près.

**PROCHES** ☐ (nom) entourage, famille, parents.

**PROCLAMATION** ☐ annonce, avis, communication, déclaration, manifeste, placard, programme.

**PROCLAMER** ☐ annoncer, communiquer, crier, déclarer, dénoncer, divulguer, prédire, publier, révéler.

**PROCRÉER** ☐ créer, engendrer, mettre au monde.

**PROCURER** ☐ approvisionner, donner, fournir, munir, nantir, pourvoir, prêter.

**PRODIGALITÉ** ☐ abondance, aumône, bienfait, don, excès, gaspillage, gratification, largesse, libéralité, luxe, munificence, présent, profusion.

**PRODIGE** ☐ chef-d'œuvre, merveille, miracle, phénomène, signe.
• artiste, génie, virtuose.

**PRODIGIEUX** ☐ admirable, anormal, bizarre, énorme, étonnant, étrange, extraordinaire, formidable, génial, incroyable, inimaginable, inouï, invraisemblable, magique, magnifique, merveilleux, phénoménal, rocambolesque, surprenant, troublant.

**PRODIGUE** ☐ dépensier, gaspilleur, généreux, large.

**PRODIGUER** ☐ dépenser, dilapider, distribuer, donner, verser.

**PRODUCTION** ☐ fabrication, œuvre, ouvrage, productivité, produit, rendement, travail.

**PRODUIRE** ☐ composer, confectionner, créer, élaborer, engendrer, écrire, fabriquer, faire, rapporter, travailler.

**PRODUIRE (SE)** ☐ s'accomplir, arriver, se passer, survenir.
• s'exhiber, s'exposer, se montrer.

**PRODUIT** ☐ bénéfice, gain, production, rapport, recette, résultat.
• denrée, marchandise, récolte.

**PROÉMINENT** ☐ apparent, gros, protubérant, saillant.

**PROFANER** ☐ avilir, dégrader, déshonorer, salir, souiller, violer.

**PROFÉRER** ☐ articuler, blasphémer, déclarer, dire, prononcer.

**PROFESSER** ☐ apprendre, déclarer, enseigner, initier, instruire, montrer, soutenir.

**PROFESSEUR** ☐ enseignant, maître, pédagogue.

**PROFESSION** ☐ carrière, emploi, état, fonction, métier, rôle, situation, tâche.

**PROFIT** ☐ avantage, bénéfice, enrichissement, gain, intérêt.

**PROFITABLE** ☐ avantageux, économique, enrichissant, instructif, fructueux, intéressant, lucratif, payant, productif, rémunérateur, rentable.

**PROFITER** ☐ bénéficier, exploiter, jouir de, se servir de, utiliser.
• s'accroître, engraisser, grandir, grossir, progresser.

**PROFOND** ☐ creux, encaissé, enfoncé, enfoui.
• abstrait, difficile, pénétrant, obscur, réfléchi.

**PROFONDEUR** ☐ épaisseur, fond, longueur, mesure, perspective.
• intelligence, intensité, pénétration, perspicacité, puissance, secret.

**PROFUSION** ☐ abondance, démesure, don, fécondité, flot, munificence, opulence, prodigalité, richesse.

**PROGÉNITURE** ☐ descendance, enfants, famille, postérité, race.

**PROGRAMME** ☐ dessein, emploi du temps, objectif, plan, projet.

**PROGRÈS** ☐ amélioration, avance, avancement, développement, essor, évolution, progression, transformation.
• civilisation, modernisme, nouveauté.

**PROGRESSER** ☐ s'améliorer, avancer, se développer, marcher.

**PROGRESSION** ☐ avance, avancement, croissance, évolution, métamorphose, mouvement, mutation, progression, transformation.

**PROGRESSIVEMENT** ☐ graduellement, peu à peu.

**PROHIBÉ** ☐ défendu, illicite, interdit.

**PROIE** ☐ butin, prise, victime.

**PROJET** ☐ calcul, étude, plan, préméditation, programme, recherche.

**PROJETER** ☐ envisager, imaginer, préméditer, prévoir.
• éjecter, expulser, lancer, pousser.

**PROLÉTAIRE** ☐ pauvre, salarié, travailleur.

**PROLIFÉRER** ☐ abonder, envahir, foisonner, grouiller, infester, multiplier, pulluler.

**PROLIFIQUE** ☐ abondant, copieux, envahissant, fécond, fertile, fructueux, généreux, riche.

**PROLOGUE** ☐ avant-propos, avertissement, commencement, début, introduction, notice, préambule, préface, préliminaire, prélude.

**PROLONGATION** ☐ allongement, continuation, prolongement, poursuite, suite.

**PROLONGER** ☐ ajouter, allonger, augmenter, poursuivre.

**PROMENADE** ☐ balade, course, excursion, randonnée, tournée, voyage.
• avenue, cours, promenoir.

**PROMENER (SE)** ☐ aller, cheminer, circuler, déambuler, flâner, marcher.

**PROMENEUR** ☐ badaud, flâneur, marcheur, passant.

**PROMESSE** ☐ engagement, serment, vœu.

**PROMETTRE** ☐ affirmer, assurer, certifier, donner sa parole, garantir, prétendre, soutenir.

**PROMOTEUR** ☐ créateur, instigateur, organisateur.

**PROMOTION** ☐ avancement, mutation, nomination.
● publicité.

**PROMOUVOIR** ☐ soutenir.

**PROMPT** ☐ actif, agile, diligent, empressé, leste, rapide, zélé.

**PROMPTEMENT** ☐ rapidement, vite.

**PROMPTITUDE** ☐ diligence, empressement, rapidité, vivacité, vitesse.

**PROMULGUER** ☐ décréter, édicter, publier.

**PRÔNER** ☐ célébrer, louer, proclamer, vanter.

**PRONONCÉ** ☐ accentué, accusé, marqué, souligné.

**PRONONCER** ☐ articuler, débiter, dire, énoncer, formuler, proférer, réciter.

**PRONONCIATION** ☐ accent, débit, élocution.

**PRONOSTIQUER** ☐ annoncer, présager, prédire, prévoir, prophétiser.

**PROPAGANDE** ☐ campagne, endoctrinement, publicité.

**PROPAGATION** ☐ avancement, expansion, diffusion, rayonnement, vulgarisation.

**PROPAGER** ☐ diffuser, divulguer, émettre, répandre, vulgariser.

**PROPENSION** ☐ disposition, faiblesse, inclinaison, penchant, préférence, tendance.

**PROPHÉTIE** ☐ annonce, prédiction, présage, prévision, signe.

**PROPHÉTISER** ☐ annoncer, augurer, prédire, présager, prévoir.

**PROPICE** ☐ à propos, favorable, opportun, utile.

**PROPORTION** ☐ comparaison, dimension, harmonie, rapport, symétrie.

**PROPORTIONNER** ☐ assortir, doser, équilibrer, mesurer, répartir.

**PROPOS** ☐ commentaire, conversation, discours, sujet, thème.

**PROPOSER** ☐ avancer, offrir, projeter, soumettre.

**PROPOSITION** ☐ initiative, motion, offre, projet.

**PROPRE** ☐ exclusif, individuel, personnel, privé.
● frais, impeccable, lessivé, limpide, net, soigné, parfait.
● adéquat, approprié, apte, capable, convenable.

**PROPRIÉTAIRE** ☐ capitaliste, logeur, possesseur, titulaire.

**PROPRIÉTÉ** ☐ bien, jouissance, possession, usage.
● caractère, faculté, particularité, possibilité, pouvoir, qualité.

**PRORATA** ☐ proportion, quote-part.

**PROSAÏQUE** ☐ banal, commun, ordinaire, vulgaire.

**PROSCRIRE** ☐ bannir, condamner, éliminer, exiler, interdire, repousser.

**PROSPECTUS** ☐ affiche, brochure, feuille, programme, publicité, tract.

**PROSPÈRE** ☐ abondant, copieux, favorable, florissant, fructueux, opulent, riche.

**PROSPÉRER** ☐ avancer, se développer, grandir, grossir, réussir.

**PROSPÉRITÉ** ☐ abondance, bonheur, réussite, richesse, satisfaction.

**PROSTERNER (SE)** ☐ s'agenouiller, se courber, s'incliner.

**PROSTITUÉE** ☐ catin, courtisane, fille de joie, hétaïre, putain.

**PROSTRATION** ☐ abattement, accablement, anéantissement, découragement, dépression, épuisement, langueur, lassitude, torpeur.

**PROSTRÉ** ☐ abattu, accablé, effondré, terrassé.

**PROTAGONISTE** ☐ acteur, animateur, instigateur, meneur.

**PROTECTEUR** ☐ (nom) défenseur, gardien, mécène, mentor, patron, père, soutien, tuteur.
• proxénète, souteneur.

**PROTECTEUR** ☐ (adj) arrogant, condescendant, dédaigneux, hautain, méprisant.
• bienfaisant, providentiel, serviable, tutélaire.

**PROTECTION** ☐ abri, asile, bouclier, couverture, garde, refuge, repaire, sécurité, sûreté, toit.
• appui, patronage, sauvegarde, soutien, tutelle.

**PROTÉGÉ** ☐ client, créature, favori, préféré.

**PROTÉGER** ☐ abriter, appuyer, blinder, aider, couvrir, défendre, fortifier, immuniser, préserver, secourir, soutenir.

**PROTESTANT** ☐ calviniste, huguenot, luthérien, parpaillot, réformé.

**PROTESTATION** ☐ appel, objection, réclamation, refus.

**PROTESTER** ☐ s'élever contre, nier, se rebeller, réclamer, se récrier, refuser, résister.

**PROTOCOLE** ☐ accord, résolution, traité.
• cérémonial, étiquette, rite.

**PROTOTYPE** ☐ étalon, modèle, original.

**PROTUBÉRANCE** ☐ bosse, enflure, grosseur, renflement, saillie.

**PROU** ☐ beaucoup.

**PROUESSE** ☐ exploit, haut fait, performance, record.

**PROUVER** ☐ démontrer, établir, justifier, montrer, révéler, témoigner.

**PROVENANCE** ☐ fondement, origine, racine, source.

**PROVENIR** ☐ découler, émaner, résulter, venir de.

**PROVERBE** ☐ adage, dicton, maxime, pensée.

**PROVIDENCE** ☐ destin, dieu, protecteur.

**PROVISION** ☐ aliment, approvisionnement, fournitures, munitions, nourriture, réserve, stock, victuailles.
• arrhes, acompte, avance.

**PROVISOIRE** ☐ bref, court, éphémère, fugace, fugitif, intérimaire, momentané, passager, précaire, temporaire, transitoire.

**PROVOQUER** ☐ agacer, amener, attaquer, braver, causer, exciter, harceler, occasionner, produire, susciter.

**PROXIMITÉ** ☐ alentours, environs, imminence, voisinage.

**PRUDE** ☐ chaste, pudibond, pudique, pur, puritain, vertueux.

**PRUDENCE** ☐ circonspection, précaution, réflexion, sagesse.

**PRUDENT** ☐ avisé, circonspect, discret, méfiant, mesuré, précautionneux, prévoyant, réfléchi, réservé, sage.

**PSALMODIER** ☐ chanter, murmurer, prier, prononcer, réciter.

**PSEUDONYME** ☐ surnom.

**PSYCHIQUE** ☐ intellectuel, mental, moral, psychologique.

**PSYCHOLOGIE** ☐ compréhension, intuition, mentalité, pénétration.

**PSYCHOSE** ☐ délire, hantise, manie, obsession, paranoïa, schizophrénie.

**PUANT** ☐ délétère, écœurant, fétide, infect, insalubre, malodorant, méphitique, nauséabond, pestilentiel, putride, répugnant.

**PUANTEUR** ☐ infection, fétidité, pestilence.

**PUBÈRE** ☐ adolescent, nubile.

**PUBLIC** ☐ (nom) assemblée, assistance, audience, auditoire, galerie, salle, spectateurs.

**PUBLIC** ☐ (adj) célébré, évident, manifeste, notoire, patent, reconnu.
• accessible, collectif, communautaire, ouvert, populaire.

**PUBLICATION** ☐ annonce, divulgation, édition, lancement, parution, sortie.

**PUBLICITÉ** ☐ battage, bruit, propagande, réclame.

**PUBLIER** ☐ éditer, lancer, faire paraître.

**PUDEUR** ☐ chasteté, décence, délicatesse, pruderie, réserve, retenue, vertu.

**PUDIBOND** ☐ bigot, chaste, hypocrite, papelard, prude, pudique, puritain, tartuffe, vertueux.

**PUDIQUE** ☐ chaste, prude, pudibond, pur, puritain, vertueux.

**PUER** ☐ empester, empuantir, infecter, sentir mauvais.

**PUÉRIL** ☐ enfantin, futile, mièvre, sot.

**PUGILAT** ☐ affrontement, bagarre, combat, lutte, rixe.

**PUGNACE** ☐ accrocheur, agressif, combatif, querelleur.

**PUIS** ☐ alors, après, ensuite.

**PUISER** ☐ pomper, prendre, soutirer, tirer.

**PUISQUE** ☐ parce que.

**PUISSANCE** ☐ autorité, capacité, domination, emprise, faculté, force, influence, intensité, prestige, pouvoir, tyrannie, vigueur.
• État, nation, pays.

**PUISSANT** ☐ athlétique, capable, dominateur, fort, gros, intense, musclé, résistant, robuste, solide, vigoureux, viril.

**PULLULER** ☐ abonder, foisonner, grouiller, infester, multiplier, proliférer, remuer.

**PULPE** ☐ chair, tissu.

**PULPEUX** ☐ charnu, moelleux, savoureux.

**PULVÉRISER** ☐ broyer, concasser, détruire, écraser, moudre, piler, vaporiser.

**PUNIR** ☐ battre, châtier, condamner, corriger, sanctionner, sévir.

**PUNITION** ☐ châtiment, correction, peine, pénalité, pénitence, pensum, sanction.

**PUPILLE** ☐ œil, prunelle.
• orphelin.

**PUR** ☐ authentique, chaste, honnête, immaculé, inaltéré, intact, intègre, limpide, pudique, transparent, vertueux, vierge.

**PUREMENT** ☐ uniquement.

**PURETÉ** ☐ authenticité, blancheur, candeur, clarté, intégrité, netteté, virginité.

**PURIFICATION** ☐ assainissement, désinfection, épuration, lessive, nettoyage, purge.
• baptême.

**PURIFIER** ☐ assainir, clarifier, épurer, laver, nettoyer, purger, raffiner.

**PURITAIN** ☐ austère, chaste, intransigeant, prude, pudique, pur, puritain, sectaire, vertueux.

**PUS** ☐ humeur, sanie, sécrétion.

**PUSILLANIME** ☐ angoissé, anxieux, apeuré, craintif, effarouché, faible, inquiet, lâche, peureux, poltron, timide, timoré.

**PUSTULE** ☐ bouton, bubon, chancre, furoncle, phlegmon, tumeur.

**PUTRÉFIER (SE)** ☐ se corrompre, croupir, se décomposer, se faisander, se gâter, moisir, pourrir, tourner.

**PUTRIDE** ☐ décomposé, délétère, écœurant, fétide, infect, insalubre, malodorant, méphitique, nauséabond, pestilentiel, pourri, puant, répugnant.

*q*

**QUAI** ☐ appontement, débarcadère, embarcadère, trottoir.

**QUALIFIÉ** ☐ apte, capable, compétent, expérimenté.

**QUALIFIER** ☐ appeler, définir, dénommer, intituler.

**QUALITÉ** ☐ attribut, caractère, essence, faculté, mode, nature, propriété, pouvoir, spécificité, vertu.
● aptitude, classe, don, mérite, valeur.

**QUAND** ☐ comme, lorsque.

**QUANT-À-SOI** ☐ circonspection, discrétion, méfiance, prudence, réserve, retenue.

**QUANTITÉ** ☐ abondance, affluence, foisonnement, foule, grouillement, masse, multitude, nombre, nuée, prolifération.

**QUARANTAINE (METTRE EN)** ☐ dédaigner, écarter, isoler, repousser.

**QUARTIER** ☐ morceau, partie, portion, tranche.
● camp, campement, caserne.
● arrondissement, faubourg, îlot.

**QUASI/QUASIMENT** ☐ presque.

**QUELCONQUE** ☐ banal, commun, insignifiant, médiocre, ordinaire, plat.

**QUELQUEFOIS** ☐ parfois.

**QUELQUES** ☐ plusieurs.

**QUÉMANDER** ☐ demander, importuner, mendier, réclamer, solliciter.

**QUÉMANDEUR** ☐ mendiant, quêteur, solliciteur.

**QUERELLE** ☐ altercation, chicane, conflit, différent, discussion, dispute, esclandre.

**QUERELLEUR** ☐ acariâtre, agressif, batailleur, coléreux, hargneux, méchant, pugnace, revêche, teigneux.

**QUESTION** ☐ demande, examen, interrogation, problème.
● interrogatoire, supplice, torture.

**QUESTIONNER** ☐ consulter, demander, enquêter, interroger, sonder.

**QUÊTE** ☐ collecte, cueillette, ramassage.

**QUÊTER** ☐ chercher, mendier, quémander, réclamer, solliciter.

**QUEUE** ☐ attente, défilé, file.
● pédoncule, tige.

**QUIDAM** ☐ homme, individu, personne.

**QUIÉTUDE** ☐ bien-être, calme, paix, repos, silence, tranquillité.

**QUIPROQUO** ☐ chassé-croisé, confusion, erreur, malentendu, méprise.

**QUITTANCE** ☐ acquit, quitus, récépissé, reçu.

**QUITTER** ☐ abandonner, abdiquer, se débarrasser, se défaire, démissionner, déserter, évacuer, enlever, ôter, renoncer, se retirer, rompre avec, se séparer.

**QUOIQUE** ☐ bien que, encore que.

**QUOLIBET** ☐ impertinence, ironie, moquerie, persiflage, plaisanterie, raillerie, sarcasme.

**QUORUM** ☐ nombre, minimum.

**QUOTA** ☐ contingent.

**QUOTE-PART** ☐ apport, contribution, cotisation, écot, répartition.

**QUOTIDIEN** ☐ (adj) banal, habituel, journalier, ordinaire, routinier.

**QUOTIDIEN** ☐ (nom) journal.

*r*

**RABAIS** ☐ abaissement, baisse, dévalorisation, diminution, réduction, remise, ristourne.

**RABAISSER** ☐ abaisser, avilir, humilier, rabattre, ravaler à.
• chuter, décliner, descendre, dévaluer, diminuer, réduire.

**RABELAISIEN** ☐ égrillard, enjoué, gai, gaillard, gaulois, grivois, leste, osé, paillard.

**RÂBLÉ** ☐ court, courtaud, massif, ramassé, trapu.

**RABOUGRI** ☐ décalcifié, difforme, faible, fragile, menu, rachitique.

**RACCOMMODER** ☐ rapiécer, ravauder, repriser, stopper.
• accorder, réconcilier, réunir.

**RACCORD** ☐ assemblage, liaison, transition.

**RACCORDER** ☐ ajuster, assembler, joindre, jumeler, lier, souder, unir.

**RACCOURCI** ☐ (adj) abrégé, bref, concis, court, diminué, étêté, réduit, resserré, résumé, simplifié, sommaire, succinct.

**RACCOURCIR** ☐ abréger, condenser, diminuer, écourter, réduire, résumer.

**RACE** ☐ dynastie, famille, filiation, lignée, maison, naissance, racines, sang, souche.

**RACHAT** ☐ pardon, rédemption, salut.
• perception, recouvrement, remboursement.

**RACHITIQUE** ☐ décalcifié, faible, fragile, malingre, menu, rabougri.

**RACIAL** ☐ ethnique.

**RACINE** ☐ bulbe, oignon, radicelle, rhizome, souche, tubercule.
• ascendance, origine, race, souche.
• commencement, début, embryon, naissance, origine, source.

**RACLER** ☐ curer, gratter, ratisser.

**RACONTER** ☐ conter, décrire, expliquer, narrer, peindre, rapporter, relater, rendre compte, retracer.

**RACORNI** ☐ desséché, ratatiné, sec.

**RADICAL** ☐ absolu, complet, entier, fondamental.

**RADIER** ☐ abolir, effacer, exclure, rayer, renvoyer, supprimer.

**RADIEUX** ☐ éclatant, épanoui, heureux, illuminé, joyeux, rayonnant.

**RADOTAGE** ☐ rabâchage, répétition, sermon.

**RADOTER** ☐ déraisonner, rabâcher, répéter.

**RAFALE** ☐ bourrasque, risée, tourbillon, trombe.
• décharge, fusillade, tir.

**RAFFINÉ** ☐ affecté, délicat, élégant, précieux, sophistiqué, snob, subtil.

**RAFFINEMENT** ☐ affectation, délicatesse, élégance, finesse, sensibilité, subtilité.

**RAFFOLER** ☐ adorer, aimer, apprécier, goûter.

**RAFISTOLER** ☐ arranger, recoudre, réparer.

**RAFLER** ☐ accaparer, s'approprier, dérober, s'emparer de, enlever, voler.

**RAFRAÎCHIR** ☐ ranimer, raviver, réveiller.
• fraîchir, frapper, glacer, refroidir.

**RAGAILLARDIR** ☐ ranimer, réconforter, remonter, revigorer.

**RAGE** ☐ colère, emportement, folie, frénésie, fureur, ire, irritation, violence.

**RAGER** ☐ écumer, enrager, fulminer, tempêter.

**RAGEUR** ☐ coléreux, emporté, furieux, irritable, violent.

**RAIDE** ☐ austère, dur, rigide, rigoureux, rude, sévère, sobre, tendu.
• abrupt, escarpé, pentu.

**RAIDIR** ☐ bander, contracter, durcir, tendre.

**RAIE** ☐ bande, barre, ligne, trait, rayure, zébrure.

**RAILLER** ☐ brocarder, ironiser, se moquer, persifler, plaisanter, rire de.

**RAILLERIE** ☐ impertinence, ironie, lazzi, moquerie, persiflage, plaisanterie, quolibet, rire, sarcasme, satire.

**RAISON** ☐ bon sens, discernement, entendement, esprit, logique, raisonnement.
• cause, fondement, mobile, motif, origine, prétexte.

**RAISONNABLE** ☐ calme, doux, équitable, judicieux, juste, légitime, logique, posé, réfléchi, sensé.

**RAISONNEMENT** ☐ analyse, argument, conclusion, dialectique, raison, système.

**RAISONNER** ☐ argumenter, calculer, échafauder, penser, philosopher.

**RÂLE** ☐ cri, gémissement, plainte.

**RALENTIR** ☐ apaiser, freiner, modérer, retenir.

**RALLIEMENT** ☐ rassemblement, regroupement, réunion.

**RALLIER** ☐ assembler, convoquer, regrouper, réunir.
• atteindre, parvenir à, rejoindre.

**RALLONGER** ☐ accroître, allonger, augmenter, développer, étendre, étirer, prolonger.

**RAMASSÉ** ☐ court, courtaud, massif, ramassé, trapu.
• recroquevillé, replié, resserré, tapi.

**RAMASSER** ☐ amasser, prendre, recueillir, récolter, récupérer.

**RAME** ☐ aviron, godille, pagaie.
• convoi, train.

**RAMENER** ☐ amener, apporter, rapporter, rétablir, réduire, remettre, replacer, restaurer, restreindre.

**RAMIFICATION** ☐ branche, division, élément, partie, pièce, rameau, secteur.

**RAMOLLI** ☐ amorphe, avachi, endormi, flasque, mou, prostré, sot, veule.

**RAMPANT** ☐ complaisant, flagorneur, obséquieux, servile.

**RANCUNE** ☐ amertume, haine, hostilité, rancœur, ressentiment, vindicte.

**RANCUNIER** ☐ haineux, hostile, malveillant, vindicatif.

**RANDONNÉE** ☐ promenade, tour, voyage.

**RANG** ☐ file, ligne, rangée.
• caste, catégorie, classe, condition, ordre.

**RANGER** ☐ aligner, arranger, classer, cloisonner, ordonner, organiser, serrer.

**RANIMER** ☐ raviver, réchauffer, réconforter, réveiller, revigorer, vivifier.

**RAPACITÉ** ☐ ambition, appétit, avarice, avidité, convoitise, cupidité, désir, envie, gloutonnerie.

**RAPATRIER** ☐ faire revenir.

**RÂPÉ** ☐ élimé, usagé, usé.

**RAPETISSER** ☐ amenuiser, diminuer, raccourcir, réduire.

**RÂPEUX** ☐ âpre, dur, raboteux, rêche, rude, rugueux, sec.

**RAPIDE** ☐ actif, diligent, empressé, expéditif, hâtif, pressé, prompt, vif, zélé.

**RAPIDEMENT** ☐ vite.

**RAPIDITÉ** ☐ agilité, célérité, hâte, précipitation, promptitude, vitesse.

**RAPINE** ☐ capture, déprédation, pillage, sac, saccage, vol.

**RAPPEL** ☐ anniversaire, commémoration, évocation, mention, souvenir.
• acclamation, applaudissements, ovation.

**RAPPELER** ☐ commémorer, évoquer, mentionner, raconter, retracer.

**RAPPELER (SE)** ☐ garder, se remémorer, retenir, revivre, revoir, se souvenir.

**RAPPORT** ☐ accord, analogie, corrélation, correspondance, liaison, lien, relation, similitude.
• bénéfice, produit, profit, rendement.
• analyse, compte rendu, résumé.

**RAPPORTER** ☐ citer, dénoncer, raconter, répéter, retranscrire.
• fructifier, profiter, valoir.

**RAPPORTS** ☐ accouplement, fréquentations, relations.

**RAPPROCHEMENT** ☐ accord, alliance, entente, réconciliation.
• comparaison, confrontation, similitude.

**RAPPROCHER** ☐ comparer, confronter, raccommoder, réconcilier.

**RARE** ☐ bizarre, curieux, étrange, exceptionnel, extraordinaire, incroyable, inhabituel, inouï, prodigieux, remarquable, unique.

**RARÉFIER (SE)** ☐ s'appauvrir, diminuer, s'épuiser, se réduire, se tarir.

**RARETÉ** ☐ absence, manque.

**RAS** ☐ égal, plat, rasé.

**RASER** ☐ peler, tondre, tonsurer.
• abattre, anéantir, briser, démolir, détruire, renverser, ruiner, tuer.

**RASSASIÉ** ☐ assouvi, comblé, gavé, plein, repu, satisfait, saturé.

**RASSEMBLEMENT** ☐ attroupement, manifestation, masse, multitude, regroupement, rencontre, réunion.

**RASSEMBLER** ☐ assembler, regrouper, réunir.

**RASSÉRÉNER** ☐ apaiser, calmer, rassurer, tranquilliser.

**RASSURER** ☐ apaiser, calmer, détendre, rasséréner, soulager, tranquilliser.

**RATATINÉ** ☐ desséché, écrasé, rabougri, racorni, tassé.

**RATER** ☐ chuter, échouer, manquer.

**RATIFIER** ☐ approuver, confirmer, entériner, garantir, sanctionner.

**RATION** ☐ dose, morceau, part, portion, tranche.

**RATIONNEL** ☐ cartésien, cohérent, judicieux, logique, raisonnable, sensé.

**RATTACHER** ☐ annexer, joindre, relier, réunir.

**RATTRAPER** ☐ atteindre, joindre, rallier, rejoindre, retrouver.

**RAUQUE** ☐ enroué, éraillé, guttural.

**RAVAGE** ☐ dégâts, dégradation, pillage, razzia, saccage, sinistre.

**RAVAGÉ** ☐ creusé, raviné, ridé, tourmenté.

**RAVAGER** ☐ anéantir, démolir, dévaster, détruire, piller, ruiner, saccager.

**RAVALER** ☐ curer, lessiver, nettoyer, récurer, repeindre.

**RAVALER À** ☐ abaisser, avilir, humilier, rabaisser.

**RAVI** ☐ béat, content, enchanté, gai, heureux, joyeux, satisfait.

**RAVIR** ☐ s'approprier, enlever, prendre, subtiliser, voler.
● charmer, conquérir, envoûter, plaire, séduire.

**RAVISSANT** ☐ attrayant, charmant, délicieux, enchanteur, fascinant, gracieux, séduisant.

**RAVITAILLER** ☐ alimenter, approvisionner, pourvoir, subvenir.

**RAVIVER** ☐ rafraîchir, ranimer, réchauffer, réconforter, réveiller, revigorer.

**RAYER** ☐ détruire, effacer, radier.
● abîmer, érafler, griffer, raturer.

**RAYON** ☐ clarté, éclair, éclat, lueur, lumière, rai, reflet.

**RAYONNANT** ☐ éblouissant, éclatant, épanoui, heureux, illuminé, joyeux, radieux.

**RAYONNEMENT** ☐ diffusion, propagation, transmission, vulgarisation.
● éclat, gloire, lustre, prestige, réputation.

**RAYONNER** ☐ briller, éclater, étinceler, flamboyer, irradier, luire, resplendir, rutiler.

**RÉACTION** ☐ automatisme, premier mouvement, réflexe.

**RÉACTIONNAIRE** ☐ conservateur, fasciste, rétrograde.

**RÉAGIR** ☐ s'opposer, répondre, résister.

**RÉALISABLE** ☐ concevable, facile, faisable, possible.

**RÉALISATION** ☐ accomplissement, effet, exécution, production.

**RÉALISER** ☐ accomplir, achever, concevoir, effectuer, exécuter, pratiquer, terminer.
● comprendre, prendre conscience, saisir, trouver.

**RÉALISME** ☐ naturalisme, positivisme, vérisme.
● opportunisme, pertinence, pragmatisme, sens pratique.

**RÉALISTE** ☐ concret, matérialiste, opportuniste, positif, pragmatique, pratique, sensé.

**RÉALITÉ** ☐ authenticité, certitude, exactitude, réalisme, vérité.

**RÉALITÉ (EN)** ☐ réellement.

**RÉAPPARITION** ☐ recommencement, retour, réveil.

**RÉBARBATIF** ☐ acariâtre, acrimonieux, aigre, désagréable, hargneux, maussade, repoussant, revêche.

**REBATTU** ☐ banal, commun, habituel, plat, routinier, usé, vulgaire.

**REBELLE** ☐ désobéissant, indocile, indomptable, insoumis, récalcitrant, réfractaire, rétif, révolté.

**REBELLER (SE)** ☐ se rebiffer, résister, se révolter.

**RÉBELLION** ☐ émeute, jacquerie, mutinerie, révolte, soulèvement, sédition.

**REBONDI** ☐ adipeux, charnu, dodu, gras, grassouillet, pansu, plantureux, potelé, replet, rondouillard, ventru.

**REBUFFADE** ☐ refus, rejet, renvoi.

**REBUT** ☐ déchet, lie, ordure, résidu.

**RÉCALCITRANT** ☐ désobéissant, indiscipliné, indocile, rebelle, réfractaire, rétif.

**RÉCAPITULER** ☐ analyser, condenser, écourter, faire la synthèse, préciser, ramasser, réduire, reprendre, résumer.

**RECELER** ☐ cacher, camoufler, comporter, contenir, dissimuler, renfermer.

**RÉCEMMENT** ☐ depuis peu.

**RECENSEMENT** ☐ dénombrement, état, inventaire, statistique.

**RÉCENT** ☐ jeune, moderne, neuf, nouveau, original.

**RÉCEPTION** ☐ accueil, entrée, hall.
• admission, affiliation, initiation, intronisation.
• cérémonie, cocktail, soirée.

**RECETTE** ☐ fruit, gain, produit, profit, revenu.
• façon, méthode, procédé, système, technique.

**RECEVOIR** ☐ accepter, accueillir, percevoir, agréer, empocher, héberger, loger, traiter.

**RÉCHAUFFER** ☐ ragaillardir, ranimer, raviver, réconforter, remonter, réveiller, revigorer.

**RÊCHE** ☐ âpre, dur, raboteux, râpeux, rude, rugueux, sec.

**RECHERCHE** ☐ enquête, étude, fouille, instruction, investigation, perquisition, poursuite, quête.
• affectation, raffinement, singularité, snobisme.

**RECHERCHÉ** ☐ affecté, ampoulé, apprêté, compliqué, raffiné, singulier, tortueux.

**RECHERCHER** ☐ chercher, s'enquérir, enquêter, fouiller, perquisitionner.

**RECHIGNER À** ☐ détester, refuser, renâcler, repousser, répugner à.

**RECHUTE** ☐ recommencement, récidive, reprise.

**RÉCIDIVER** ☐ recommencer, refaire, réitérer, renouveler, reprendre.

**RÉCIPIENT** ☐ boîte, bouteille, emballage, pot, réceptacle, vase.

**RÉCIPROQUE** ☐ bilatéral, mutuel, partagé.

**RÉCIT** ☐ compte rendu, exposé, exposition, histoire, narration, roman.

**RÉCITAL** ☐ aubade, audition, concert.

**RÉCITER** ☐ déclamer, dire, exprimer, prononcer, raconter.

**RÉCLAMATION** ☐ contestation, exigence, plainte, protestation, requête, revendication.

**RÉCLAMER** ☐ demander, exiger, invoquer, prier, protester, revendiquer, solliciter, vouloir.

**RÉCLUSION** ☐ détention, emprisonnement, incarcération, internement.

**RÉCOLTER** ☐ amasser, cueillir, moissonner, ramasser, recueillir.

**RECOMMANDATION** ☐ appui, patronage, protection, soutien, tutelle.
• avis, conseil, proposition, suggestion.

**RECOMMANDER** ☐ appuyer, conseiller, louer, parrainer, préconiser, suggérer.

**RECOMMENCER** ☐ récidiver, redoubler, refaire, réitérer, renaître, renouveler, repartir, reprendre, revenir.

**RÉCOMPENSE** ☐ paiement, prime, prix, rémunération, rétribution.

**RÉCOMPENSER** ☐ couronner, féliciter, payer, primer.

**RÉCONCILIATION** ☐ accord, rapprochement, retrouvailles.

**RÉCONCILIER** ☐ accorder, concilier, raccommoder, rapprocher, réunir.

**RÉCONCILIER (SE)** ☐ se pardonner, renouer, revenir.

**RÉCONFORTANT** ☐ fortifiant, reconstituant, stimulant, tonique.

**RÉCONFORTER** ☐ ragaillardir, ranimer, raviver, réchauffer, remonter, réveiller, revigorer.

**RECONNAISSANCE** ☐ gratitude.
• examen, exploration, recherche.

**RECONNAÎTRE** ☐ distinguer, étudier, examiner, identifier, retrouver.

• accepter, convenir, se soumettre.

**RECONSIDÉRER** ☐ corriger, étudier, rectifier, réviser, revoir.

**RECONSTITUANT** ☐ fortifiant, réconfortant, stimulant, tonique.

**RECONSTITUER** ☐ reconstruire, refaire, réparer, restaurer, rétablir.

**RECONSTRUIRE** ☐ rebâtir, reconstituer, refaire, relever, réparer, restaurer, rétablir.

**RECORD** ☐ exploit, haut fait, performance, prouesse.

**RECOUPER (SE)** ☐ s'accorder, concorder, convenir, correspondre, se ressembler.

**RECOURS** ☐ appel, pourvoi, requête.

**RECOURS (AVOIR... À)** ☐ disposer de, user, utiliser.

**RECOUVRER** ☐ reconquérir, reprendre, retrouver.

• encaisser, percevoir, recevoir, toucher.

**RECOUVRIR** ☐ ensevelir, joncher, parsemer, submerger, tapisser.

**RÉCRÉATION** ☐ halte, pause, répit, repos.

• amusement, distraction, divertissement, jeu, passe-temps.

**RÉCRIER (SE)** ☐ crier, s'élever contre, nier, protester, refuser.

**RÉCRIMINATION** ☐ grief, observation, remontrance, réprimande, reproche.

**RECROQUEVILLÉ** ☐ ramassé, replié, resserré, tapi.

**RECRU** ☐ brisé, fatigué, harassé, las, moulu, rompu, usé.

**RECRUDESCENCE** ☐ augmentation, exacerbation, regain, renouveau, reprise.

**RECRUE** ☐ adhérent, engagé, membre, partisan, soldat.

**RECRUTER** ☐ embaucher, engager, enrôler.

**RECTIFIER** ☐ améliorer, corriger, redresser.

**RECTITUDE** ☐ droiture, franchise, honnêteté, loyauté, sincérité.

**REÇU** ☐ acquit, décharge, quittance, récépissé, reconnaissance.

**RECUEIL** ☐ anthologie, catalogue, collection, florilège, sélection.

**RECUEILLIR** ☐ cueillir, moissonner, prendre, ramasser, récolter, récupérer.

• collecter, rassembler, réunir.

**RECUEILLIR (SE)** ☐ méditer, penser, prier, réfléchir.

**RECUL** ☐ marche arrière, récession, régression, repli, retrait.

**RECULÉ** ☐ ancien, immémorial.

• à l'écart, éloigné, isolé.

**RECULER** ☐ abandonner, céder, faire marche arrière, plier, refluer, se replier, renoncer, repousser.

**RÉCUPÉRER** ☐ se remettre, se ressaisir, se rétablir.

• reconquérir, recouvrer, reprendre, retrouver.

**RÉCUSER** ☐ écarter, exclure, nier, rejeter, refuser, repousser.

**RÉDACTEUR** ☐ employé, journaliste, secrétaire.

**RÉDACTION** ☐ composition, dissertation, écriture, narration, récit.

**REDDITION** ☐ abdication, capitulation, renonciation.

**RÉDEMPTION** ☐ expiation, rachat, salut.

**REDEVABLE** ☐ débiteur, obligé, tributaire.

**REDEVANCE** ☐ charge, dette, impôt.

**RÉDIGER** ☐ disserter, écrire, formuler, libeller.

**REDIRE** ☐ rabâcher, répéter, ressasser.

**REDOUBLER** ☐ augmenter, croître, s'exacerber, recommencer, reprendre.

**REDOUTABLE** ☐ angoissant, dangereux, difficile, hasardeux, impressionnant, inquiétant, menaçant, périlleux, risqué, terrible.

**REDOUTER** ☐ appréhender, avoir peur de, craindre.

**REDRESSER** ☐ améliorer, corriger, lever, rectifier, relever.

**RÉDUCTION** ☐ abaissement, baisse, dévaluation, dévalorisation, diminution, rabais, rationnement, remise, resserrement, ristourne.

**RÉDUIRE** ☐ abaisser, affaisser, affaiblir, amenuiser, baisser, comprimer, dévaluer, diminuer, modérer, rationner, restreindre.
• abréger, condenser, diminuer, écourter, faire la synthèse, préciser, raccourcir, rapetisser, résumer.

**RÉDUIT** ☐ (adj) bref, concis, court, diminué, laconique, lapidaire, raccourci, resserré, résumé, simplifié, sommaire, succinct.

**RÉDUIT** ☐ (nom) cabine, cellule, mansarde, niche, placard, souillarde.

**RÉELLEMENT** ☐ effectivement, en fait, vraiment.

**REFAIRE** ☐ récidiver, recommencer, reconstituer, reconstruire, redoubler, refondre, réitérer, renouveler, repartir, reprendre, rétablir, revenir.

**RÉFÉRENCE** ☐ attestation, certificat, garantie.

**RÉFÉRENDUM** ☐ consultation, plébiscite, vote.

**RÉFLÉCHI** ☐ attentif, calme, flegmatique, posé, prudent, raisonnable, soigneux.

**RÉFLÉCHIR** ☐ méditer, penser, raisonner, songer.

• refléter, renvoyer, répercuter.

**REFLET** ☐ chatoiement, étincellement, lueur, moire, réflexion, scintillement.
• caricature, image, imitation, portrait, représentation.

**REFLÉTER** ☐ réfléchir, renvoyer, répercuter.
• montrer, représenter, reproduire, symboliser.

**RÉFLEXE** ☐ automatisme, mouvement, réaction, sang-froid.

**RÉFLEXION** ☐ diffusion, étincellement, reflet, réverbération.
• méditation, pensée, raisonnement.

**REFLUER** ☐ céder, faire marche arrière, plier, reculer, se replier.

**REFLUX** ☐ flot, jusant, marée basse.

**RÉFORME** ☐ changement, innovation, métamorphose, modification, mutation, révolution, transformation.

**RÉFORMER** ☐ changer, corriger, innover, modifier, transformer.

**REFOULER** ☐ chasser, congédier, expulser, pousser hors de, repousser.

**RÉFRACTAIRE** ☐ désobéissant, indiscipliné, indocile, rebelle, récalcitrant, rétif.

**REFRAIN** ☐ chanson, leitmotiv, rengaine, ritournelle, scie.

**REFRÉNER** ☐ contenir, étouffer, maîtriser, réprimer.

**REFROIDIR** ☐ congeler, frapper, frigorifier, glacer, rafraîchir.
• calmer, décourager, démoraliser, rebuter, tranquilliser.

**REFUGE** ☐ abri, asile, couverture, protection, repaire, sécurité, sûreté, toit.

**REFUS** ☐ négation, rebuffade, rejet, renvoi, veto.

**REFUSER** ☐ décliner, rejeter, renvoyer, repousser.

**RÉFUTER** ☐ contester, contredire, démentir, nier.

**REGAIN** ☐ recrudescence, renouveau, reprise.

**RÉGAL** ☐ agrément, délice, délectation, joie, jouissance, plaisir, régal, sensualité, volupté.

**REGARD** ☐ clin d'œil, œillade, vue, yeux.

**REGARDER** ☐ admirer, considérer, contempler, dévisager, épier, examiner, fixer, observer, surveiller, viser, voir.
• concerner, se rapporter à, toucher.

**RÉGENTER** ☐ administrer, conduire, diriger, gouverner.

**RÉGIE** ☐ administration, direction, gérance.

**REGIMBER** ☐ s'indigner, protester, résister, ruer.

**RÉGIME** ☐ administration, conduite, direction, gouvernement, système.
• abstinence, cure, diète, jeûne.

**RÉGIMENT** ☐ bataillon, corps, légion, troupe.
• foule, multitude, nuée.

**RÉGION** ☐ contrée, pays, province, terre, terroir, zone.

**RÉGIR** ☐ diriger, gérer, gouverner, régenter.

**REGISTRE** ☐ carnet, écritures, livre répertoire.

**RÈGLE** ☐ code, dogme, loi, norme, principe, règlement, système.

**RÉGLÉ** ☐ casanier, exact, méthodique, normal, ordonné, organisé, périodique, ponctuel, précis, régulier, systématique.
• acquitté, payé, remboursé.

**RÈGLEMENT** ☐ arrêté, code, décret, loi, règle, statuts.
• acquittement, liquidation, paiement, remboursement, solde.

**RÉGLER** ☐ arrêter, conclure, décider, déterminer, résoudre, trancher.
• acquitter, payer, rembourser.

**RÈGNE** ☐ dynastie, époque, monarchie, souveraineté.

**RÉGRESSION** ☐ marche arrière, recul, repli, retrait.

**REGRET** ☐ amertume, mélancolie, nostalgie, plainte, remords, repentir, tristesse.

**REGRETTABLE** ☐ déplaisant, déplorable, désagréable, ennuyeux, fâcheux, gênant, importun, malencontreux, pitoyable.

**REGRETTER** ☐ déplorer, se plaindre, se repentir.

**RÉGULARITÉ** ☐ exactitude, justesse, légalité, ponctualité, précision.

**RÉGULIER** ☐ exact, habituel, juste, méthodique, ordonné, ponctuel, précis, réglé, systématique.

**RÉITÉRER** ☐ récidiver, recommencer, redoubler, refaire, renouveler, repartir, reprendre, revenir.

**REJAILLIR** ☐ rebondir, retomber, ricocher.

**REJETER** ☐ décliner, refuser, renvoyer, repousser.

**REJETON** ☐ descendance, fils, postérité.
• bouture, germe, pousse, rejet, surgeon.

**REJOINDRE** ☐ rallier, rattraper, retrouver.

**RÉJOUI** ☐ content, épanoui, heureux, joyeux, plaisant, radieux, rieur, satisfait.

**RÉJOUIR (SE)** ☐ exulter, se féliciter, jubiler.

**RÉJOUISSANCE** ☐ agapes, amusement, distraction, divertissement, fête, kermesse, liesse, spectacle.

**RÉJOUISSANT** ☐ agréable, allègre,

content, divertissant, gai, heureux, joyeux, jovial, plaisant, satisfaisant.

**RELÂCHE (SANS)** ☐ continuellement, toujours.

**RELÂCHEMENT** ☐ décontraction, laisser-aller, laxisme, égèreté, négligence, repos.

**RELÂCHER** ☐ affranchir, élargir, libérer, relaxer.

**RELÂCHER (SE)** ☐ s'abandonner, faiblir, se laisser aller, se négliger.

**RELATER** ☐ exposer, narrer, raconter, transcrire.

**RELATION** ☐ compte rendu, exposé, rapport, récit, version.
• liaison, lien, rapport.
• ami, connaissance, flirt, fréquentation.

**RELAXER** ☐ élargir, libérer, relâcher.

**RELÉGUER** ☐ assigner à résidence, confiner, déporter, interner.

**RELENT** ☐ arôme, bouffée, bouquet, effluve, émanation, miasmes, odeur, remugle.

**RELÈVEMENT** ☐ augmentation, hausse, majoration, revalorisation.

**RELEVER** ☐ augmenter, hausser, majorer, rehausser, remonter, soulever.
• relayer, remplacer, suppléer.
• distinguer, noter, percevoir, remarquer, souligner.

**RELEVER (SE)** ☐ guérir, se remettre, se rétablir.

**RELIER** ☐ assembler, grouper, joindre, raccorder, réunir, unir.

**RELIGIEUSE** ☐ abbesse, bonne sœur, mère, nonne, novice, supérieure.

**RELIGIEUX** ☐ (nom) abbé, aumônier, chanoine, frère, moine, père, prieur, révérend.

**RELIGIEUX** ☐ (adj) croyant, dévot, mystique, pieux, pratiquant.

**RELIGION** ☐ croyance, culte, dévotion, mysticisme, spiritualité.

**RELUISANT** ☐ brillant, éblouissant, éclatant, étincelant, rayonnant, resplendissant, rutilant, scintillant.

**REMANIER** ☐ changer, corriger, modifier, revoir.

**REMARQUABLE** ☐ ample, considérable, élevé, éminent, énorme, gigantesque, grandiose, haut, immense, important, imposant, impressionnant, monumental, titanesque.

**REMARQUE** ☐ appréciation, commentaire, note, observation, réflexion.

**REMARQUER** ☐ apercevoir, distinguer, noter, percevoir, souligner.

**REMBOURRER** ☐ capitonner, garnir, matelasser.

**REMBOURSER** ☐ indemniser, payer, rendre, reverser.

**REMBRUNI** ☐ chagrin, désabusé, maussade, morose, renfrogné, revêche, triste.

**REMÈDE** ☐ antidote, drogue, médicament, onguent, panacée, pommade, potion.

**REMÉMORER (SE)** ☐ se rappeler, revoir, se souvenir.

**REMERCIER** ☐ congédier, renvoyer, exclure.
• dédommager, louer, rendre grâce.

**REMETTRE** ☐ apporter, délivrer, donner, fournir, laisser, livrer, offrir, rendre, rétablir, verser.
• reporter, repousser, retarder.

**REMETTRE (SE)** ☐ guérir, se relever, se rétablir.

**RÉMINISCENCE** ☐ souvenir.

**REMISE** ☐ délivrance, livraison, versement.
• commission, rabais, ristourne.
• délai, report, sursis.
• entrepôt, garage, hangar.

**RÉMISSION** ☐ absolution, amnistie, grâce, pardon.

• accalmie, apaisement, délai, repos, répit, sursis.

**REMONTANT** ☐ fortifiant, stimulant, tonique.

**REMONTER** ☐ ragaillardir, ranimer, raviver, réchauffer, réconforter, réveiller, revigorer.

**REMONTER À** ☐ découler, être issu de, venir de.

**REMONTRANCE** ☐ admonestation, critique, observation, récrimination, réprimande, reproche.

**REMORDS** ☐ contrition, regret, repentir, reproche.

**REMOUS** ☐ frisson, houle, mouvement, tourbillon, vibration.

• agitation, crise, désordre, trouble.

**REMPLAÇANT** ☐ aide, auxiliaire, intérimaire, substitut, suppléant.

**REMPLACEMENT** ☐ intérim, relais, relève, substitution, suppléance.

**REMPLACER** ☐ changer, relaver, relever, renouveler, succéder à, suppléer.

**REMPLIR** ☐ charger, compléter, emplir, garnir, peupler, saturer.

**REMPORTER** ☐ arracher, décrocher, enlever, gagner, obtenir.

**REMUANT** ☐ agité, fébrile, instable, nerveux, rapide, turbulent, vif.

**REMUER** ☐ agiter, bouger, brandir, déplacer, frétiller, gesticuler, secouer.

**RÉMUNÉRATION** ☐ paye, récompense, rétribution, salaire.

**RENAISSANCE** ☐ réapparition, résurrection, réveil.

**RENAÎTRE** ☐ réapparaître, ressusciter, revivre.

**RENCHÉRIR** ☐ hausser, poursuivre, relancer.

**RENCONTRE** ☐ coïncidence, combat, duel, entretien, entrevue, partie.

**RENCONTRER** ☐ contacter, croiser, trouver.

**RENDEMENT** ☐ production, productivité, récolte.

**RENDRE** ☐ redistribuer, redonner, rembourser, restituer.

• évacuer, rejeter, vomir.

**RENDRE (SE)** ☐ aller, se diriger vers, partir à.

• abandonner, abdiquer, céder, démissionner.

**RENDRE COMPTE** ☐ commenter, raconter, rapporter.

**RENDRE L'ÂME** ☐ agoniser, mourir, s'éteindre.

**RENFERMÉ** ☐ discret, énigmatique, obscur, secret, taciturne, ténébreux.

**RENFERMER** ☐ calfeutrer, cloîtrer, contenir, englober, receler, retenir, séquestrer, verrouiller.

**RENFORCER** ☐ affermir, consolider, étayer, fortifier, solidifier.

**RENFROGNÉ** ☐ acariâtre, boudeur, bougon, bourru, grincheux, hargneux, maussade, sec.

**RENGAINE** ☐ chanson, refrain, ritournelle, scie.

**RENIEMENT** ☐ abandon, abjuration, apostasie, démission, désistement, renonciation.

**RENIER** ☐ abjurer, faire son autocritique, renoncer à, se rétracter.

**RENOM** ☐ considération, célébrité, gloire, popularité, renommée, réputation.

**RENOMMÉ** ☐ auguste, brillant, célèbre, consacré, fameux, glorieux, illustre, légendaire.

**RENONCER** ☐ abandonner, abdiquer, cesser, se démettre, démissionner, quitter, se résigner.

**RENONCIATION** ☐ abandon, abjuration, apostasie, démission, désistement, reniement.

**RENOUVEAU** ☐ recrudescence, regain, renaissance, reprise.

**RENOUVELER** ☐ changer, modifier, rajeunir, ranimer, recommencer, refaire, réitérer, rénover, reprendre.

**RÉNOVATION** ☐ restauration.

**RENSEIGNEMENT** ☐ communication, indication, information, précision, révélation.

**RENSEIGNER** ☐ apprendre, expliquer, informer, révéler.

**RENVERSER** ☐ inverser, invertir, retourner.
• abattre, bouleverser, briser, démolir, détruire, raser, ruiner, saccager, tuer.

**RENVOI** ☐ ajournement, annulation, remise, report, sursis.
• congé, destitution, expulsion, licenciement, révocation.
• avertissement, note, précision.

**RENVOYER** ☐ réfléchir, refléter, répercuter, reproduire.
• décliner, exclure, licencier, refuser, rejeter, remercier, repousser.

**REPAIRE** ☐ abri, asile, couverture, protection, refuge, sécurité, sûreté, toit.

**RÉPANDRE** ☐ diffuser, distribuer, joncher, populariser, propager, semer.

**RÉPARATION** ☐ dédommagement, expiation, rachat.
• réfection, remise en état, restauration.

**RÉPARER** ☐ arranger, refaire, restaurer.
• expier, payer, racheter.

**REPARTIR** ☐ récidiver, recommencer, redoubler, refaire, réitérer, renouveler, reprendre.
• rentrer, retourner, revenir.

**RÉPARTIR** ☐ attribuer, contingenter, distribuer, donner, lotir, octroyer, partager.

**REPAS** ☐ collation, déjeuner, dîner, en-cas, festin, pique-nique, souper.

**REPENTIR** ☐ confession, contrition, regret, remords.

**RÉPERCUSSION** ☐ conséquence, incidence, résultat, suite.

**RÉPERCUTER** ☐ réfléchir, refléter, renvoyer, transmettre.

**REPÉRER** ☐ apercevoir, discerner, distinguer, remarquer, voir.

**RÉPÉTER** ☐ rabâcher, rapporter, redire, ressasser.

**RÉPÉTER (SE)** ☐ récidiver, recommencer, redoubler, refaire, réitérer, renouveler, reprendre, revenir.

**RÉPIT** ☐ délai, pause, rémission, repos, sursis.

**REPLET** ☐ adipeux, charnu, dodu, gras, grassouillet, pansu, plantureux, potelé, rebondi, rondouillard, ventru.

**REPLIÉ** ☐ ramassé, recroquevillé, resserré, tapi.

**REPLIER (SE)** ☐ s'accroupir, se blottir, se ramasser, se recroqueviller, se tasser.
• abandonner, évacuer, céder, faire retraite, laisser, quitter, reculer, se retirer.

**RÉPLIQUE** ☐ objection, protestation, repartie, réponse, riposte.
• déclamation, développement, tirade.
• copie, imitation, reproduction.

**RÉPLIQUER** ☐ objecter, raisonner, répartir, répondre, rétorquer, riposter.

**RÉPONDRE** ☐ affirmer, objecter, répartir, répliquer, rétorquer, riposter.

**RÉPONDRE (SE)** ☐ s'accorder, concorder, correspondre.

**RÉPONDRE DE** ☐ couvrir, garantir, assumer.

**RÉPONSE** ☐ objection, réplique, repartie, riposte.

**REPORTER** ☐ déplacer, remettre, transférer.

**REPOS** □ détente, farniente, halte, pause, récréation, rémission, silence, trêve.

**REPOSER (SE)** □ se calmer, se délasser, se détendre.

**REPOUSSANT** □ effrayant, effroyable, hideux, horrible, ignoble, laid, rebutant, répugnant.

**REPOUSSER** □ décliner, écarter, éconduire, refuser, rejeter, renvoyer.

**RÉPRÉHENSIBLE** □ blâmable, condamnable, critiquable.

**REPRENDRE** □ continuer, persévérer, recommencer, recouvrer, récupérer, redoubler, refaire, renouveler, retirer.
• analyser, condenser, corriger, écourter, faire la synthèse, préciser, ramasser, récapituler, réduire, résumer.

**REPRÉSENTATION** □ image, portrait, reflet, reproduction.
• attraction, séance, spectacle.

**REPRÉSENTER** □ dessiner, montrer, refléter, reproduire.

**RÉPRIMANDE** □ critique, observation, récrimination, remontrance, reproche.

**RÉPRIMANDER** □ blâmer, chapitrer, disputer, gronder, fustiger, houspiller.

**RÉPRIMER** □ contenir, étouffer, maîtriser, punir, refréner.

**REPRISE** □ augmentation, recommencement, recrudescence, regain, renouveau.
• échange, rachat, remboursement.

**REPROCHE** □ admonestation, avertissement, blâme, critique, observation, récrimination, remontrance, réprimande.

**REPROCHER** □ accuser de, blâmer, condamner, critiquer, désapprouver, taxer.

**REPRODUCTION** □ copie, double, image, réplique.
• fécondation, multiplication, prolifération.

**REPRODUIRE** □ copier, dupliquer, imiter, représenter.

**REPRODUIRE (SE)** □ engendrer, se multiplier, se perpétuer.

**REPU** □ comblé, plein, rassasié, saturé.

**RÉPUGNANT** □ abject, affreux, dégoûtant, écœurant, grossier, ignoble, indigne, infâme, infect, informe, laid, malpropre, méprisable, monstrueux, nauséabond, obscène, puant, repoussant, sordide, vil.

**RÉPUGNER À** □ détester, s'opposer à, rechigner à, refuser, renâcler, repousser.

**RÉPUTATION** □ considération, célébrité, gloire, popularité, renommée.

**REQUÊTE** □ demande, pétition, prière, supplique.

**RESCOUSSE** □ aide, appui, assistance, main-forte, secours, soutien.

**RÉSERVE** □ magasin, provision, réservoir, stock.
• décence, discrétion, modestie, retenue.

**RÉSERVER** □ conserver, destiner, retenir, vouer.

**RÉSIDENCE** □ demeure, habitation, séjour, villégiature.

**RÉSIDU** □ détritus, ordure, reste, scorie, sédiment.

**RÉSIGNATION** □ abandon, abdication, capitulation, démission, renonciation, soumission.

**RÉSILIER** □ abolir, abroger, annuler, casser, invalider, supprimer.

**RÉSISTANCE** □ dureté, force, solidité, ténacité, vigueur.
• entêtement, inertie, opposition, refus, réticence.

**RÉSISTANT** □ athlétique, fort, gros, musclé, puissant, robuste, solide, vigoureux.

**RÉSISTER** ☐ se défendre, s'opposer, refuser, supporter, tenir.

**RÉSOLU** ☐ assuré, décidé, déterminé, hardi, opiniâtre, osé, volontaire.

**RÉSOLUMENT** ☐ fermement.

**RÉSOLUTION** ☐ choix, décision, détermination, fermeté, volonté.

**RÉSONNER** ☐ éclater, exploser, retentir.

**RÉSOUDRE** ☐ achever, arrêter, clore, conclure, décider, déduire, terminer, trancher, trouver.

**RESPECT** ☐ culte, estime, hommage, piété, révérence, vénération.

**RESPECTER** ☐ adorer, encenser, honorer, vénérer.

**RESPIRER** ☐ aspirer, s'ébrouer, exhaler, haleter, souffler.

**RESPLENDIR** ☐ briller, éclater, étinceler, flamboyer, irradier, luire, rayonner, rutiler.

**RESPONSABLE** ☐ (adj) blâmable, coupable, fautif.

**RESPONSABLE** ☐ (nom) délégué, garant, parrain, tuteur.

**RESSEMBLANCE** ☐ analogie, copie, identité, similitude.

**RESSEMBLANT** ☐ analogue, identique, semblable, similaire.

**RESSENTIMENT** ☐ amertume, haine, hostilité, rancœur, rancune, vindicte.

**RESSENTIR** ☐ connaître, éprouver, percevoir, sentir.

**RESSERRER** ☐ contracter, crisper, ramasser, réduire, résumer, rétrécir.

**RESSORT** ☐ autorité, compétence, domaine, pouvoir.
• ardeur, courage, énergie, force, vaillance, volonté.

**RESSORTIR** ☐ dépasser, pointer, saillir.
• apparaître, s'avérer, résulter, se révéler.

**RESSOURCE** ☐ moyen, possibilité, recours.

**RESSOURCES** ☐ argent, économies, fonds, fortune, pension, salaire.

**RESSUSCITER** ☐ réapparaître, renaître, revivre.

**RESTE** ☐ différence, reliquat, restant, résidu, solde.

**RESTER** ☐ demeurer, habiter, résider, vivre.
• s'attarder, durer, se fixer, persister, subsister.

**RESTES** ☐ cendres, débris, ossements.

**RESTITUER** ☐ redonner, rembourser, rendre, rétablir.

**RÉSULTAT** ☐ aboutissement, but, fin, issue, solution.

**RÉSUMÉ** ☐ (nom) abrégé, abréviation, aperçu, extrait, récapitulation, sommaire.

**RÉSUMÉ** ☐ (adj) bref, concis, court, laconique, lapidaire, raccourci, réduit, resserré, simplifié, sommaire, succinct.

**RÉSUMER** ☐ abréger, analyser, conclure, condenser, diminuer, écourter, faire la synthèse, préciser, raccourcir, ramasser, récapituler, réduire.

**RÉTABLIR** ☐ reconstituer, reconstruire, refaire, réintégrer, relever, restaurer, restituer.

**RÉTABLIR (SE)** ☐ guérir, se relever, se remettre.

**RÉTABLISSEMENT** ☐ cicatrisation, convalescence, guérison.

**RETARD** ☐ ajournement, délai, lenteur, ralentissement, temporisation.

**RETARDÉ** ☐ arriéré, attardé, débile, handicapé, idiot, immature, taré.
• freiné, ralenti, retenu.

**RETARDER** ☐ ajourner, différer, reculer, remettre, surseoir, temporiser.

**RETENIR** ☐ apprendre, mémoriser, savoir.
• brider, conserver, emprisonner, freiner, garder, modérer, ralentir.

**RETENTIR** ☐ éclater, exploser, résonner, vibrer.

**RETENTISSANT** ☐ bruyant, éclatant, sonore, tonitruant.

**RETENUE** ☐ décence, discrétion, mesure, modestie, réserve, sobriété.

**RÉTICENCE** ☐ désaccord, incompatibilité, opposition, refus, résistance, restriction.

**RÉTIF** ☐ désobéissant, indiscipliné, indocile, rebelle, récalcitrant, réfractaire, réticent.

**RETIRÉ** ☐ à l'écart, inhabité, isolé, lointain.

**RETIRER** ☐ enlever, extraire, ôter, prendre, reprendre, retrancher, soustraire, supprimer.

**RETIRER (SE)** ☐ abandonner, évacuer, laisser, quitter, se replier, se séparer de.

**RÉTORQUER** ☐ objecter, répartir, répliquer, répondre, riposter.

**RETORS** ☐ adroit, fourbe, habile, madré, roublard, roué, rusé, subtil.

**RETOUR** ☐ réapparition, réciprocité, renaissance, renouvellement, rentrée, réveil.

**RETOURNER** ☐ réexpédier, rendre, renvoyer.
• regagner, rentrer, repartir, revenir.

**RETRACER** ☐ conter, décrire, évoquer, narrer, raconter, rappeler.

**RÉTRACTER (SE)** ☐ se dédire, se désavouer, nier, se raviser, revenir sur.
• se blottir, se ramasser, se recroqueviller, se resserrer.

**RETRAITE** ☐ abandon, recul, retrait.
• abri, asile, refuge, repaire.
• désert, ermitage, solitude.

• pension, rente, revenu.

**RETRANCHER** ☐ couper, enlever, ôter, prélever, prendre, retirer, soustraire, supprimer.

**RÉTRÉCIR** ☐ contracter, étrangler, ramasser, réduire, resserrer, résumer.

**RÉTRIBUTION** ☐ appointements, cachet, émoluments, gain, gages, indemnité, paye, rémunération, revenu, salaire, solde, traitement.

**RETROUVER** ☐ rallier, rattraper, recouvrer, reconquérir, récupérer, rejoindre, reprendre.

**RÉUNION** ☐ assemblée, congrès, meeting, rassemblement, séance.
• amas, assemblage, ensemble, masse, mélange, synthèse.

**RÉUNIR** ☐ accumuler, ajuster, assembler, coller, lier, mêler, souder.
• associer, collectionner, convoquer, grouper, rassembler.

**RÉUSSIR** ☐ aboutir, arriver à, gagner, parvenir, percer, prospérer.

**RÉUSSITE** ☐ apothéose, bonheur, gloire, succès, triomphe, victoire.

**REVALORISATION** ☐ augmentation, hausse, majoration, réévaluation.

**REVANCHE** ☐ représailles, rétorsion, riposte, vengeance.

**RÊVE** ☐ cauchemar, désir, onirisme, rêverie, songe, souhait, vœu.

**REVÊCHE** ☐ acariâtre, austère, bougon, bourru, grincheux, maussade, rebutant, renfrogné, rigide, rogue, rude, sec, sévère.

**RÉVEIL** ☐ regain, renaissance, résurrection.
• horloge, montre, réveille-matin.

**RÉVEILLER** ☐ ragaillardir, ranimer, raviver, réchauffer, réconforter, revigorer.

**REVENANT** ☐ apparition, esprit, fantôme, spectre.

**REVENDIQUER** ☐ demander, exiger, insister, protester, réclamer, solliciter, sommer, vouloir.

**REVENIR** ☐ refluer, réintégrer, rentrer, repasser.

**REVENU** ☐ pension, rente, retraite, rétribution, rémunération, salaire, traitement.

**RÊVER** ☐ désirer, divaguer, imaginer, penser, songer, souhaiter.

**RÉVÉRENCE** ☐ considération, culte, hommage, piété, respect, vénération.

**REVERS** ☐ défaite, échec, faillite, fiasco, insuccès, malheur.
• dos, doublure, pile, verso.

**RÊVEUR** ☐ absorbé, distrait, lointain, méditatif, pensif, songeur.

**REVIGORER** ☐ ragaillardir, ranimer, raviver, réchauffer, réconforter, remonter, réveiller.

**REVIVRE** ☐ réapparaître, renaître, ressusciter.
• évoquer, se rappeler, se remémorer, revoir, se souvenir.

**REVOIR** ☐ corriger, relire, rectifier, réviser.
• évoquer, se rappeler, se remémorer, revivre, se souvenir.

**RÉVOLTANT** ☐ inacceptable, inadmissible, indigne, intolérable.

**RÉVOLTE** ☐ émeute, jacquerie, mutinerie, rébellion, soulèvement, sédition.

**RÉVOLU** ☐ accompli, achevé, passé, terminé.

**RÉVOLUTION** ☐ bouleversement, changement, tourmente.
• circuit, cycle, rotation, tour.
• insurrection, renversement, révolte, soulèvement.

**RÉVOQUER** ☐ démettre, déposer, destituer, limoger.

**REVUE** ☐ défilé, parade, spectacle.
• contrôle, examen, inspection.

• brochure, journal, magazine.

**RIANT** ☐ aimable, gai, gracieux, heureux, joyeux, plaisant.

**RICHE** ☐ abondant, ample, copieux, fécond, fertile, fructueux, généreux, luxuriant, opulent, plantureux, substantiel.
• aisé, fortuné, huppé, nanti.

**RICHESSE** ☐ abondance, aisance, fertilité, flot, générosité, opulence.

**RIDÉ** ☐ fripé, froissé, froncé, plissé.

**RIDICULE** ☐ aberrant, absurde, déraisonnable, farfelu, grotesque, imbécile, insensé, risible, saugrenu.

**RIEN** ☐ néant, nul, zéro.
• babiole, bagatelle, broutille, colifichet, fantaisie, futilité.

**RIEUR** ☐ content, épanoui, heureux, joyeux, plaisant, radieux, réjoui, satisfait.

**RIGIDE** ☐ dur, raide, solide.
• austère, dur, exigeant, inflexible, obtus, rigoureux, sévère, strict.

**RIGOUREUX** ☐ âpre, défavorable, froid, glacial, insupportable, rude, violent.
• concis, exact, implacable, méticuleux, minutieux, précis.
• austère, dur, exigeant, inflexible, obtus, rigide, sévère, strict.

**RIGUEUR** ☐ âpreté, austérité, dureté, rigidité, rudesse, sévérité, sobriété.
• application, concision, conscience, exactitude, précision.

**RINCER** ☐ laver, mouiller, tremper.

**RIPOSTE** ☐ réponse, représailles, rétorsion, revanche, vengeance.

**RIPOSTER** ☐ objecter, répartir, répliquer, répondre, rétorquer.

**RIRE** ☐ s'esclaffer, exulter, se féliciter, jubiler, pouffer, se réjouir, ricaner.

**RIRE** ☐ (nom) éclat, hilarité, ricanement, sourire.

**RISIBLE** ☐ amusant, burlesque, cocasse, comique, déraisonnable, drôle, grotesque, hilarant, imbécile, plaisant, ridicule, saugrenu, stupide.

**RISQUÉ** ☐ audacieux, dangereux, hasardeux, inquiétant, périlleux, redoutable, traître.

**RISQUER** ☐ entreprendre, hasarder, se lancer, oser, tenter.

**RISTOURNE** ☐ abattement, déduction, escompte, prime, réduction.

**RITE** ☐ cérémonial, habitude, liturgie, office, protocole, usage.

**RITOURNELLE** ☐ chanson, refrain, rengaine, scie.

**RITUEL** ☐ coutumier, habituel, ordinaire, routinier, traditionnel.

**RIVAGE** ☐ bord, côte, grève, littoral, plage, rive.

**RIVAL** ☐ adversaire, antagoniste, concurrent, émule, ennemi, opposant.

**RIVALITÉ** ☐ antagonisme, concurrence, émulation, jalousie, lutte, opposition.

**RIVE** ☐ berge, bord, bordure.

**ROBUSTE** ☐ athlétique, fort, gros, musclé, puissant, résistant, robuste, solide, vigoureux.

**ROCAMBOLESQUE** ☐ bizarre, étonnant, étrange, extraordinaire, incroyable, inimaginable, inouï, invraisemblable, merveilleux, paradoxal, prodigieux.

**ROCHE** ☐ galet, minéral, pierre, roc.

**RODER** ☐ égaliser, limer, lisser, parachever, parfaite, perfectionner, polir, raboter.

**RÔDER** ☐ divaguer, errer, traîner, vagabonder.

**RODOMONTADE** ☐ fanfaronnade, forfanterie, vantardise.

**ROGUE** ☐ acariâtre, arrogant, bougon, bourru, dédaigneux, grincheux,

maussade, rebutant, renfrogné, revêche, rude, sec.

**ROI** ☐ empereur, gouvernement, monarque, prince, seigneur, souverain.

**RÔLE** ☐ état, inventaire, liste.
● distribution, emploi, figuration, personnage.
● charge, devoir, mission, vocation.

**ROMAN** ☐ création, feuilleton, histoire, invention, nouvelle, récit.

**ROMANESQUE** ☐ affectueux, chaleureux, passionné, romantique, sensible, sentimental, tendre.
● chimérique, fantastique, fictif, imaginaire, inventé, irréel, mythique, utopique.

**ROMANTIQUE** ☐ ardent, fervent, intense, passionné, romanesque, sensible, sentimental, tendre.

**ROMPRE** ☐ briser, broyer, casser, disloquer, fracasser, fracturer.
● abandonner, divorcer, laisser, se libérer, quitter.

**ROMPRE (SE)** ☐ craquer, crever, se déchirer, éclater, se fêler, se fendre.

**ROMPU** ☐ anéanti, épuisé, exténué, fatigué, las, usé.
● brisé, broyé, cassé, déchiré, disloqué, fendu, fracturé.

**ROND** ☐ (nom) cercle, circonférence, orbite.

**ROND** ☐ (adj) circulaire, cylindrique, sphérique.

**RONDE (À LA)** ☐ alentour, autour, dans le voisinage.

**RONDEMENT** ☐ prestement, rapidement, vite.

**RONDEUR** ☐ embonpoint, grosseur, rotondité.
● bonhomie, doigté, franchise, gentillesse, habileté, simplicité.

**RONFLANT** ☐ bruyant, sonore, retentissant, tonitruant.

• ampoulé, boursouflé, emphatique, grandiloquent, pompeux.

**RONGER** ☐ attaquer, corroder, grignoter, racler, user.

• angoisser, inquiéter, oppresser, tourmenter.

**RÔTIR** ☐ brûler, griller, rissoler, torréfier.

**ROTURIER** ☐ ordinaire, populaire, simple, vulgaire.

**ROUBLARD** ☐ adroit, fourbe, habile, madré, malin, retors, roué, rusé, subtil.

**ROUCOULER** ☐ chanter, moduler, susurrer.

• badiner, flirter, folâtrer, marivauder.

**ROUGE** ☐ cramoisi, écarlate, garance, grenat, pourpre, rubicond, vermeil, vermillon.

**ROULER** ☐ déplacer, enrouler, glisser, pivoter sur, tourner.

• abuser, leurrer, tromper, vaincre.

**ROUTE** ☐ chaussée, chemin, itinéraire, parcours, trajet, voie.

**ROUTINE** ☐ expérience, habitude, ordinaire, tradition.

**ROUTINIER** ☐ casanier, coutumier, habituel, ordinaire, rituel, traditionnel.

**ROUX** ☐ auburn, blond vénitien, rouge, rouquin.

**ROYALISTE** ☐ légitimiste, monarchiste, orléaniste, ultra.

**RUBICOND** ☐ cramoisi, écarlate, pourpre, rouge, vermeil.

**RUDE** ☐ âpre, austère, bougon, bourru, brutal, dur, fruste, grincheux, maussade, raboteux, râpeux, rebutant, renfrogné, rogue, rugueux, rustique, sec, sévère.

**RUDIMENT** ☐ base, essentiel, notion, principe.

**RUDIMENTAIRE** ☐ austère, dépouillé, élémentaire, naïf, primaire, rustique, simple, sobre.

**RUDOYER** ☐ battre, brimer, brutaliser, houspiller, malmener, maltraiter, molester, secouer.

**RUE** ☐ allée, avenue, boulevard, cours.

**RUGIR** ☐ crier, hurler, tonner, vociférer.

**RUGUEUX** ☐ âpre, bourru, dur, raboteux, râpeux, revêche, rude.

**RUINE** ☐ anéantissement, débâcle, déroute, destruction, fiasco, naufrage, perte.

• épave, loque, misérable.

**RUINER** ☐ abattre, briser, démolir, dépouiller, détruire, raser, tuer.

**RUINES** ☐ cendres, décombres, restes, vestiges.

**RUMEUR** ☐ bourdonnement, bruit, calomnie, médisance, murmure, potin, ragot.

**RUSE** ☐ artifice, astuce, fourberie, habileté, malice, perfidie, stratagème.

**RUSÉ** ☐ adroit, fourbe, habile, madré, malicieux, perfide, retors, roublard, roué, subtil.

**RUSTIQUE** ☐ dépouillé, élémentaire, naïf, primaire, résistant, rudimentaire, simple, sobre.

• agreste, campagnard, champêtre, rural.

**RYTHME** ☐ cadence, mesure, mouvement.

*S*

**SABOTER** ☐ abîmer, casser, dégrader, endommager, gâcher, saccager.

**SAC** ☐ bagage, bourse, sacoche, gibecière, musette, poche, sachet.
• pillage, rapine, ravage, saccage.

**SACCADE** ☐ à-coup, convulsion, choc, secousse, soubresaut, spasme, trépidation.

**SACCADÉ** ☐ convulsif, haché, heurté, intermittent, sautillant, spasmodique, trépidant.

**SACCAGER** ☐ abîmer, casser, dégrader, endommager, gâcher, ravager, ruiner, saboter.

**SACERDOCE** ☐ apostolat, charge, ministère, mission, prêtrise.

**SACRÉ** ☐ béni, divin, inviolable, saint, tabou, vénérable.

**SACRER** ☐ bénir, couronner, oindre.
• blasphémer, injurier, jurer, maudire.

**SACRIFICE** ☐ désintéressement, dévouement, offrande, résignation.

**SACRIFIER** ☐ immoler, mettre à mort, offrir.

**SACRIFIER (SE)** ☐ abandonner, se dévouer, renoncer.

**SADISME** ☐ barbarie, cruauté, lubricité, perversité, vice.

**SAGACE** ☐ clairvoyant, éveillé, fin, intelligent, pénétrant, perspicace, subtil.

**SAGE** ☐ (nom) penseur, philosophe, savant.

**SAGE** ☐ (adj) avisé, convenable, correct, décent, modeste, posé, prévoyant, prudent, pudique, raisonnable, réfléchi, réservé, serein, tranquille.

**SAGESSE** ☐ bon sens, modération, philosophie, prudence, raison, sérénité, tranquillité.

**SAIGNANT** ☐ ensanglanté, sanglant, sanguinolent, souillé.

**SAIGNER** ☐ avoir une hémorragie.
• égorger, tuer, vider de son sang.

**SAILLIE** ☐ bosse, bourrelet, corniche, pointe, proéminence, protubérance, surplomb.
• boutade, mot, plaisanterie.

**SAIN** ☐ hygiénique, pur, salubre, tonique, valide.

**SAINT** ☐ bienheureux, élu, vénérable, vertueux.

**SAISI** ☐ ébranlé, ému, étonné, impressionné, remué, secoué, stupéfait, surpris, touché, troublé.
• grillé, rissolé, rôti.

**SAISIE** ☐ confiscation, embargo, mainmise, prise, saisine.

**SAISIR** ☐ attraper, s'attribuer, capter,

capturer, s'emparer, empoigner, happer, prendre.

• deviner, entendre, percevoir.

**SAISON** ☐ époque, période, temps.

• printemps, été, automne, hiver.

**SALACE** ☐ graveleux, grossier, impudique, impur, indécent, licencieux, luxurieux, obscène, ordurier, pimenté, pornographique, vicieux.

**SALAIRE** ☐ appointements, cachet, émoluments, gain, gages, honoraires, indemnité, paye, rémunération, rétribution, revenu, solde, traitement.

**SALE** ☐ crasseux, dégoûtant, immonde, repoussant, répugnant, sordide, souillé.

• graveleux, grossier, impudique, impur, indécent, licencieux, luxurieux, obscène, ordurier, pornographique, vicieux.

**SALETÉ** ☐ crasse, impureté, ordure, rebut, souillure.

• abjection, avilissement, bassesse, grossièreté, ignominie, indignité, infamie, obscénité.

**SALIR** ☐ barbouiller, crotter, encrasser, graisser, maculer, polluer, souiller, tacher.

• calomnier, diffamer, flétrir, ternir.

**SALLE** ☐ antichambre, enceinte, galerie, hall, pièce.

• auditoire, public, spectateurs.

**SALON** ☐ boudoir, fumoir, pièce.

• exposition, festival, présentation.

**SALUBRE** ☐ hygiénique, pur, sain, tonique.

**SALUT** ☐ adieu, au revoir, bonjour, bonsoir, révérence, salutation.

• félicité, rachat, rédemption.

**SALUTAIRE** ☐ enrichissant, fructueux, instructif, profitable, sain, utile.

**SANCTION** ☐ châtiment, peine, pénalité, pénitence, punition.

• confirmation, consécration, entérinement, validation.

**SANCTIONNER** ☐ confirmer, entériner, valider.

**SANG** ☐ hémoglobine, plasma, sérum.

• famille, lignée, maison, race.

**SANG-FROID** ☐ assurance, calme, courage, fermeté, flegme, impassibilité, maîtrise.

**SANGLANT** ☐ ensanglanté, saignant, sanguinolent, souillé.

**SANGLOT** ☐ hoquet, larme, pleur, spasme.

**SANGUINAIRE** ☐ barbare, bestial, cruel, dur, féroce, inhumain, méchant, sauvage, tyrannique, violent.

**SANGUINOLENT** ☐ ensanglanté, saignant, sanglant.

**SANTÉ** ☐ naturel, tempérament, vitalité.

**SARCASME** ☐ impertinence, ironie, moquerie, persiflage, plaisanterie, quolibet, raillerie.

**SARCASTIQUE** ☐ caustique, démoniaque, ironique, moqueur, railleur, sardonique, satanique.

**SARCOPHAGE** ☐ bière, cercueil, tombeau.

**SARDONIQUE** ☐ caustique, démoniaque, ironique, moqueur, railleur, sarcastique, satanique.

**SATANIQUE** ☐ démoniaque, diabolique, infernal, pervers, sardonique.

**SATINÉ** ☐ doux, lisse, lustré, moelleux, soyeux, velouté.

**SATIRE** ☐ critique, diatribe, épigramme, moquerie, pamphlet, raillerie.

**SATIRIQUE** ☐ acéré, acide, caustique, incisif, ironique, mordant, piquant.

**SATISFACTION** ☐ bonheur, contentement, euphorie, joie, plénitude, plaisir.

**SATISFAIRE** ☐ apaiser, assouvir, calmer, combler, contenter, convenir, exaucer, rassasier.

**SATISFAIRE À** ☐ accomplir, exécuter, faire face à, répondre à.

**SATISFAISANT** ☐ convenable, correct, honorable, passable, suffisant.

**SATISFAIT** ☐ allègre, béat, content, épanoui, gai, heureux, joyeux, jovial, plaisant, réjoui.

**SATURÉ** ☐ comblé, gavé, plein, rassasié.

**SAUF** ☐ épargné, indemne, intact, sauvé.

**SAUF** ☐ excepté.

**SAUGRENU** ☐ aberrant, absurde, déraisonnable, étrange, grotesque, imbécile, insensé, ridicule.

**SAUT** ☐ bond, cabriole, culbute, sautillement, soubresaut, sursaut.

**SAUTER** ☐ bondir, s'élancer, franchir, sautiller.
• se désintégrer, éclater, exploser.
• laisser, omettre, oublier.

**SAUTILLANT** ☐ convulsif, haché, heurté, intermittent, saccadé, spasmodique, tressautant, trépidant.

**SAUVAGE** ☐ (nom) barbare, fauve, misanthrope, primitif.

**SAUVAGE** ☐ (adj) barbare, bestial, cruel, dur, féroce, fruste, grossier, indomptable, inhumain, méchant, sanguinaire, violent.
• farouche, fier, timide.

**SAUVETAGE** ☐ aide, secours.

**SAVANT** ☐ (adj) cultivé, docte, érudit, instruit, lettré.

**SAVANT** ☐ (nom) chercheur, érudit, expert, philosophe, sage, scientifique.

**SAVEUR** ☐ bouquet, charme, goût, parfum.

**SAVOIR** ☐ acquis, bagage, compétence, connaissance, culture, érudition, instruction, science.

**SAVOIR** ☐ apprendre, connaître, être capable, pouvoir.

**SAVOIR (FAIRE)** ☐ annoncer, avertir, informer.

**SAVOIR-FAIRE** ☐ art, habileté, maîtrise.

**SAVOIR-VIVRE** ☐ courtoisie, éducation, politesse, tact.

**SAVOURER** ☐ apprécier, déguster, goûter, jouir de, se régaler.

**SAVOUREUX** ☐ bon, délectable, délicat, excellent, exquis, plaisant, délicieux, suave, succulent.

**SCABREUX** ☐ ardu, compliqué, difficile, grossier, licencieux, osé, risqué.

**SCANDALE** ☐ désordre, éclat, esclandre, tapage.
• colère, honte, indignation.

**SCANDALISER** ☐ choquer, offenser, provoquer.

**SCELLER** ☐ affermir, cimenter, consolider, fixer, souder, unir.

**SCÈNE** ☐ music-hall, spectacle, tréteaux, théâtre.
• acte, séquence, tableau.
• discussion, dispute, empoignade, querelle.

**SCEPTIQUE** ☐ dubitatif, incrédule, incroyant, perplexe, soupçonneux.

**SCHÉMA** ☐ canevas, ébauche, esquisse, projet.

**SCIEMMENT** ☐ délibérément, intentionnellement, volontairement.

**SCIENCE** ☐ acquis, bagage, compétence, culture, érudition, instruction, savoir.
• art, habileté, maîtrise, savoir-faire.

**SCINTILLER** ☐ briller, clignoter, étinceler, luire.

**SCISSION** ☐ dissidence, division, partage, schisme, sécession, séparation.

**SCLÉROSÉ** ☐ figé, paralysé.

**SCRUPULE** ☐ désarroi, embarras, hésitation, réticence.
• délicatesse, exactitude, soin.

**SCRUPULEUX** ☐ consciencieux, délicat, soigneux.

**SÉANCE** ☐ assises, débat, délibération, réunion, session.
• projection, représentation, spectacle.

**SÉANT** ☐ (nom) derrière, fesses, postérieur.

**SÉANT** ☐ (adj) convenable, correct, décent, honnête, poli.

**SEC** ☐ aride, austère, décharné, désert, desséché, dur, maigre, osseux, pauvre, rude, sobre.

**SÉCHER** ☐ assécher, drainer, éponger, essorer, essuyer, tarir, vider.

**SÉCHERESSE** ☐ aridité, chaleur, canicule.
• austérité, dureté, rigueur, rudesse.

**SECONDAIRE** ☐ accessoire, épisodique, marginal, mineur, subalterne.

**SECONDER** ☐ aider, assister, épauler, favoriser.

**SECOUER** ☐ ballotter, battre, brimer, brutaliser, houspiller, malmener, maltraiter, molester, rudoyer.

**SECOURS** ☐ aide, allocation, assistance, aumône, charité, concours, protection, providence, rescousse, subside, subvention.

**SECOURIR** ☐ aider.

**SECOUSSE** ☐ à-coup, cahot, convulsion, choc, ébranlement, saccade, soubresaut, spasme, trépidation.

**SECRET** ☐ (nom) dessous, énigme, mystère, ténèbres.

**SECRET** ☐ (adj) caché, clandestin, confidentiel, dissimulé, ésotérique, hermétique, ignoré, inconnu, intime, invisible, mystérieux.
• discret, énigmatique, impénétrable, mystérieux, renfermé, réservé, sournois.

**SECRÉTAIRE** ☐ dactylo, employé, rédacteur.
• bahut, bureau, écritoire.

**SECRÉTARIAT** ☐ administration, bureau, services.

**SECRÈTEMENT** ☐ furtivement.

**SECTAIRE** ☐ fanatique, inconditionnel, intolérant.

**SECTE** ☐ cabale, clan, école, faction, groupe, parti, société secrète.

**SECTEUR** ☐ emplacement, section, partie, zone.

**SECTIONNER** ☐ couper, diviser, fractionner, morceler, segmenter, subdiviser.

**SÉCURITÉ** ☐ assurance, confiance, couverture, protection, refuge, sûreté, tranquillité.

**SÉDENTAIRE** ☐ casanier, fixe, permanent, stable.

**SÉDITIEUX** ☐ activiste, agitateur, contestataire, insurgé, provocateur, terroriste.

**SÉDUIRE** ☐ appâter, attirer, circonvenir, convaincre, corrompre, débaucher, déshonorer, éblouir, égarer, ensorceler, persuader, plaire, soudoyer, suborner.

**SÉDUISANT** ☐ attachant, attirant, attrayant, captivant, charmant, désirable, envoûtant, tentateur.

**SEIGNEUR** ☐ châtelain, noble, roi, sire, suzerain.

**SEIGNEUR (LE)** ☐ Dieu.

**SEIN** ☐ buste, giron, gorge, poitrine.
• centre, cœur, foyer, noyau.

**SÉISME** ☐ bouleversement, catastrophe, cataclysme, ébranlement, secousse, tremblement de terre.

**SÉJOURNER** ☐ habiter, loger, résider, rester.

**SÉLECTION** ☐ assortiment, choix, collection, tri.

**SÉLECTIONNER** ☐ adopter, choisir, opter pour, trier.

**SELON** ☐ d'après, conformément, suivant.

**SEMBLABLE** ☐ analogue, conforme, équivalent, identique, pareil, ressemblant, similaire, tel.

**SEMBLANT (FAIRE)** ☐ feindre, prétendre, simuler.

**SEMBLER** ☐ apparaître, paraître, passer pour.

**SEMER** ☐ ensemencer, éparpiller, jeter, joncher, parsemer, répandre, revêtir.

**SEMI** ☐ demi.

**SÉMILLANT** ☐ alerte, animé, chaleureux, décontracté, éveillé, fringant, léger, leste, pétillant, rapide, vif.

**SÉMINAIRE** ☐ communauté, école, pépinière.
• colloque, réunion, table ronde.

**SEMPITERNEL** ☐ continuel, éternel, immuable, incessant, perpétuel.

**SÉNILE** ☐ âgé, décrépit, gâteux, impotent, usé, vieux.

**SENS** ☐ goût, odorat, ouïe, toucher, vue.
• amour, chair, concupiscence, instinct, jouissance, plaisir, sensualité, volupté.
• acception, esprit, signification, valeur.
• avis, intuition, jugement, opinion, raison, sagesse.
• destination, direction, orientation.

**SENSATION** ☐ impression, perception, sentiment.

**SENSATIONNEL** ☐ curieux, énorme, époustouflant, étonnant, fantastique, formidable, gigantesque, impressionnant, incroyable, inouï, magnifique, phénoménal, prodigieux, saisissant, stupéfiant, surprenant, troublant.

**SENSIBILITÉ** ☐ affectivité, émotivité, sensiblerie, sentimentalité.

**SENSIBLE** ☐ compatissant, délicat, émotif, fragile, généreux, intuitif, romanesque, romantique, sensitif, sentimental, tendre, vulnérable.
• apparent, clair, distinct, évident, matériel, notable, palpable, perceptible, tangible, visible.

**SENSUALITÉ** ☐ chair, désir, érotisme, jouissance, libertinage, luxure, plaisir, satisfaction, sens, volupté.

**SENSUEL** ☐ charnel, érotique, lascif, paillard, voluptueux.

**SENTENCE** ☐ adage, aphorisme, maxime, proverbe.
• arrêt, condamnation, jugement, verdict.

**SENTENCIEUX** ☐ affecté, cérémonieux, grave, pompeux, solennel.

**SENTEUR** ☐ arôme, bouquet, odeur, parfum, relent.

**SENTIMENT** ☐ affection, attachement, émoi, émotion, impression, passion, perception, sensation, sensibilité.
• avis, jugement, opinion.

**SENTIMENTAL** ☐ compatissant, délicat, émotif, fragile, généreux, intuitif, romanesque, romantique, sensible, sensitif, tendre, vulnérable.

**SENTIR** ☐ comprendre, deviner, discerner, éprouver, flairer, humer, percevoir, pressentir, prévoir, respirer, ressentir.
• embaumer, empester, empuantir, exhaler.

**SÉPARATION** ☐ détachement, dissidence, division, divorce, indépendance, partage, schisme, scission, sécession.
• barrière, cloison, fossé, frontière, mur.

**SÉPARER** ☐ couper, détacher, dissocier, diviser, partager, rompre.

**SÉPARER DE (SE)** ☐ abandonner, laisser, quitter, se replier, se retirer.

**SEPTENTRIONAL** ☐ arctique, boréal, nordique, polaire.

**SÉPULCRAL** ☐ funèbre, grave, lugubre, maussade, morne, sinistre, sombre.

**SÉPULTURE** ☐ caveau, enterrement, tombe.

**SÉQUELLE** ☐ conséquence, retombée, reste, suite.

**SÉQUESTRER** ☐ cloîtrer, emprisonner, enfermer, retenir.

**SEREIN** ☐ calme, doux, modéré, paisible, pondéré, quiet, raisonnable, sage, tranquille.

**SÉRÉNITÉ** ☐ bon sens, calme, douceur, modération, philosophie, prudence, quiétude, raison, sagesse, tranquillité.

**SÉRIE** ☐ continuité, cortège, énumération, liste, ordre, suite.

**SÉRIEUSEMENT** ☐ gravement, grièvement.

**SÉRIEUX** ☐ austère, consciencieux, grave, posé, raisonnable, réfléchi, respectable, sévère, solennel, solide, sûr.
● critique, dramatique, grave, inquiétant, réel, vrai.

**SERMENT** ☐ engagement, promesse, vœu.

**SERMON** ☐ discours, homélie, morale, prêche, remontrance, réprimande.

**SERRER** ☐ contracter, crisper, embrasser, empoigner, enlacer, étrangler, étreindre, oppresser, pincer, presser, tenir.
● cacher, économiser, enfermer, épargner, mettre de côté.

**SERRER (SE)** ☐ s'agglutiner, se blottir, se masser, se pelotonner.

**SERTIR** ☐ assembler, emboîter, insérer, monter.

**SERVIABLE** ☐ attentionné, courtois, déférent, empressé, galant, obligeant, poli, prévenant.

**SERVICE** ☐ aide, amitié, appui, assistance, charité, complaisance, concours, faveur, grâce, renfort, secours, soutien.

● cérémonie, culte, office.
● administration, organisation, organisme, secrétariat.

**SERVILE** ☐ complaisant, flagorneur, flatteur, obséquieux, rampant.

**SERVIR** ☐ aider, assister, contribuer à, exécuter, favoriser, offrir, seconder, secourir.

**SERVIR DE** ☐ équivaloir, remplacer, représenter, substituer.

**SERVIR (SE)** ☐ employer, prendre, utiliser.

**SERVITUDE** ☐ asservissement, contrainte, dépendance, esclavage, obéissance, subordination, sujétion.

**SESSION** ☐ assises, débat, délibération, réunion, séance, séminaire.

**SEUL** ☐ délaissé, dernier, esseulé, indépendant, isolé, singulier, solitaire, unique.

**SEULEMENT** ☐ exclusivement, uniquement.

**SÉVÈRE** ☐ dur, ferme, impitoyable, implacable, inébranlable, inexorable, inflexible, insensible, intraitable, strict, rigide, rigoureux.

**SÉVÉRITÉ** ☐ austérité, dureté, rigidité, rigueur, sobriété.

**SEXE** ☐ membre, pénis, verge *(homme)*.
● mont-de-Vénus, pubis, vagin *(femme)*.

**SEXUEL** ☐ charnel, érotique, génital.

**SIDÉRÉ** ☐ abasourdi, abêti, abruti, choqué, ébahi, étonné, étourdi, hébété, médusé, stupéfié.

**SIÈGE** ☐ banquette, canapé, chaise, fauteuil, tabouret.
● centre, direction, secrétariat général.
● blocus, encerclement, isolement.

**SIFFLER** ☐ chanter, pépier, siffloter.
● conspuer, huer, vilipender.

**SIGNALER** ☐ alerter, désigner, dire, indiquer, mentionner, montrer, souligner.

**SIGNALER (SE)** ☐ se distinguer, s'illustrer, se montrer, paraître.

**SIGNE** ☐ annonce, indice, message, prédiction, présage, signal.
• chiffre, emblème, image, insigne, symbole.

**SIGNIFICATIF** ☐ caractéristique, éloquent, incontestable, notoire.

**SILENCE** ☐ interruption, pause, repos.
• mutisme, mystère, secret.

**SILENCIEUX** ☐ aphone, calme, discret, placide, secret, taciturne, tranquille.

**SILHOUETTE** ☐ aspect, contour, forme, ombre, profil.

**SIMILAIRE** ☐ analogue, conforme, équivalent, identique, pareil, ressemblant, semblable, tel.

**SIMILITUDE** ☐ analogie, équivalence, identité, parenté, ressemblance.

**SIMPLE** ☐ candide, crédule, faible, familier, humble, inculte, ingénu, innocent, modeste, naïf, naturel, niais, primaire, simple, stupide.
• classique, court, dépouillé, élémentaire, facile, ordinaire, rudimentaire, sommaire, uni.

**SIMPLICITÉ** ☐ candeur, crédulité, élégance, harmonie, ingénuité, innocence, insuffisance, naïveté, pureté, sobriété.

**SIMPLIFIÉ** ☐ bref, concis, court, raccourci, réduit, resserré, résumé, sommaire.

**SIMULER** ☐ copier, feindre, imiter, mimer, parodier, reproduire.

**SIMULTANÉMENT** ☐ à l'unisson, en même temps.

**SINCÈRE** ☐ droit, fidèle, franc, honnête, loyal, ouvert, vrai.

**SINCÉRITÉ** ☐ bonne foi, droiture, fidélité, loyauté, sérieux, véracité, vérité.

**SINGULARISER (SE)** ☐ se distinguer, se faire remarquer, s'illustrer.

**SINGULIER** ☐ amusant, baroque, bizarre, curieux, drôle, étonnant, étrange, extraordinaire, nouveau, original, particulier, pittoresque, rare.

**SINISTRE** ☐ (nom) dégâts, dommage, feu, incendie, perte, préjudice, ravage.

**SINISTRE** ☐ (adj) angoissant, détestable, effrayant, inquiétant, oppressant, malfaisant, malveillant, mauvais.

**SINUEUX** ☐ courbe, ondoyant, tortueux, tourmenté.

**SIRUPEUX** ☐ collant, doucereux, gluant, pâteux, poisseux, visqueux.

**SITE** ☐ emplacement, endroit, lieu, panorama, paysage, vue.

**SITUATION** ☐ emploi, fonction, métier, poste.
• emplacement, endroit, lieu, place, position, site.

**SITUÉ** ☐ localisé, placé, sis.

**SITUER** ☐ disposer, fixer, localiser, mettre, placer.

**SLOGAN** ☐ devise, formule, mot d'ordre.

**SNOB** ☐ affecté, délicat, emprunté, hautain, mondain, précieux, raffiné, sophistiqué.

**SOBRE** ☐ austère, dépouillé, frugal, modéré, pondéré, simple, sommaire, tempérant.

**SOBRIÉTÉ** ☐ abstinence, ascétisme, austérité, frugalité, rigueur.

**SOCIABLE** ☐ accommodant, aimable, civil, courtois, poli.

**SOCIALISME** ☐ collectivisme, communisme, dirigisme, marxisme.

**SOCIÉTAIRE** ☐ associé, confrère, membre.

**SOCIÉTÉ** ☐ civilisation, collectivité, communauté, monde, peuplade, tribu.
• culture, État, nation.

● assemblée, association, club, corps, parti, syndicat.

● affaire compagnie, entreprise, raison sociale, S.A., S.A.R.L., trust.

**SOIF** ☐ altération, pépie.

● ambition, aspiration, convoitise, désir, envie, espérance, impatience, recherche, tentation, vœu, volonté.

**SOIGNÉ** ☐ entretenu, étudié, lisse, net, propre.

**SOIGNER** ☐ choyer, cultiver, entretenir, nourrir, panser, traiter.

**SOIGNEUX** ☐ appliqué, consciencieux, méticuleux, minutieux, ordonné, propre, scrupuleux.

**SOIN** ☐ attention, conscience, minutie, précaution, prudence, scrupule, sollicitude, souci.

**SOINS** ☐ égards, douceur, hygiène, ménagement, prévenance, traitement.

**SOIR** ☐ crépuscule, soirée, veillée.

**SOIRÉE** ☐ fête, réception, spectacle.

**SOLDAT** ☐ combattant, guerrier, légionnaire, mercenaire, militaire, reître.

**SOLDE** ☐ indemnité, paye, rétribution, salaire.

**SOLDER** ☐ acquitter, liquider, payer, régler.

● brader, écouler, sacrifier, vendre.

**SOLENNEL** ☐ grandiose, grave, important, imposant, impressionnant, majestueux, pompeux, sérieux.

**SOLENNITÉ** ☐ componction, dignité, gravité, importance, majesté, pompe, raideur, sérieux, sévérité.

● apparat, célébration, cérémonial, cérémonie, commémoration.

**SOLIDARITÉ** ☐ association, coopération, entraide, fraternité.

**SOLIDE** ☐ (adj) athlétique, dur, fort, gros, incassable, musclé, puissant, résistant, robuste, sérieux, tenace, vaillant, vigoureux.

**SOLIDE** ☐ (nom) corps, matière, objet.

**SOLIDITÉ** ☐ assurance, caractère, consistance, courage, dureté, fermeté, résistance, robustesse, stabilité, vigueur.

**SOLITAIRE** ☐ (adj) délaissé, esseulé, indépendant, isolé, seul, singulier, unique.

● abandonné, désert, désolé, lointain, sauvage, vide.

**SOLITAIRE** ☐ (nom) anachorète, ascète, ermite, misanthrope.

**SOLITUDE** ☐ claustration, éloignement, isolation, méditation, quarantaine, retraite.

**SOLLICITER** ☐ convier, demander, inviter, mendier, postuler, provoquer, revendiquer, supplier, tenter.

**SOLLICITUDE** ☐ attention, égards, ménagement, précaution, prévenance, scrupule, souci.

**SOLUTION** ☐ aboutissement, clef, dénouement, épilogue, fin, issue, résultat.

**SOLVABLE (ÊTRE)** ☐ pouvoir payer.

**SOMBRE** ☐ couvert, foncé, funèbre, maussade, noir, obscur, opaque, sinistre, ténébreux, voilé.

● amer, chagrin, maussade, mélancolique, morose, pessimiste, renfrogné, sinistre, triste.

**SOMBRER** ☐ couler, chavirer, s'engloutir.

● s'abandonner à, s'adonner à, s'enfoncer dans, succomber.

**SOMMAIRE** ☐ (nom) abrégé, abréviation, aperçu, extrait, résumé.

**SOMMAIRE** ☐ (adj) bref, concis, court, laconique, lapidaire, raccourci, réduit, résumé, simplifié, succinct, taciturne.

**SOMMAIREMENT** ☐ brièvement.

**SOMMATION** □ assignation, injonction, mise en demeure, ultimatum.

**SOMME** □ addition, ensemble, montant, quantité, total.

• repos, sieste, sommeil, somnolence.

**SOMMEIL** □ assoupissement, léthargie, repos, sieste, somme, somnolence, torpeur.

**SOMMEILLER** □ s'assoupir, dormir, se reposer, somnoler.

**SOMMER** □ assigner, enjoindre, exiger, interpeller, menacer, ordonner, signifier.

**SOMMET** □ apogée, cime, crête, faîte, summum, zénith.

**SOMNIFÈRE** □ calmant, hypnotique, narcotique, soporifique.

**SOMNOLENCE** □ assoupissement, léthargie, sieste, sommeil, torpeur.

**SOMPTUEUX** □ éclatant, fastueux, magnifique, luxueux, majestueux, opulent, riche, solennel, splendide.

**SON** □ accord, bruit, intonation, modulation, musique, timbre, tonalité.

**SONDER** □ ausculter, demander, interroger, pressentir, prospecter, questionner.

**SONGE** □ chimère, illusion, mirage, rêve, utopie, vision.

**SONGER** □ imaginer, penser, rêver.

**SONGEUR** □ absorbé, distrait, lointain, méditatif, pensif, rêveur.

**SONNER** □ bourdonner, carillonner, tinter, tintinnabuler.

**SONORE** □ bruyant, retentissant, ronflant, sonnant, tonitruant, tonnant, vibrant.

**SONORITÉ** □ ampleur, harmonie, résonance.

**SOPHISTIQUÉ** □ affecté, délicat, élégant, précieux, raffiné, snob, subtil.

**SORCELLERIE** □ alchimie, ésotérisme, hermétisme, magie, mystère, occultisme.

**SORCIER** □ alchimiste, astrologue, devin, mage.

**SORDIDE** □ abject, bas, dégoûtant, grossier, ignoble, indigne, infâme, méprisable, répugnant, vil.

**SORT** □ avenir, destin, fatalité, hasard, providence.

• enchantement, magie, maléfice, sortilège.

**SORTE** □ catégorie, classe, division, espèce, forme, nature.

**SORTIE** □ évacuation, issue, porte.

• escapade, promenade, tour.

• édition, lancement, publication.

• algarade, querelle, reproche, scène.

**SORTILÈGE** □ enchantement, magie, maléfice, sort.

**SORTIR** □ apparaître, s'en aller, émerger, jaillir, partir, percer, quitter, saillir, sourdre.

• éditer, lancer, publier.

**SOT** □ bête, borné, imbécile, incohérent, ignorant, impertinent, incapable, niais, prétentieux, satisfait, stupide, suffisant.

**SOTTISE** □ bêtise, fatuité, imbécillité, ignorance, incapacité, incompétence, incompréhension, inconséquence, niaiserie, suffisance.

**SOUBRESAUT** □ à-coup, convulsion, choc, saccade, secousse, spasme, trépidation.

**SOUCI** □ alarme, angoisse, contrariété, crainte, ennui, inquiétude, peine, préoccupation, tracas.

**SOUCIEUX** □ angoissé, attentif, contrarié, inquiet, préoccupé, tracassé.

**SOUDAIN** □ brusquement.

**SOUDAIN** □ brusque, fulgurant, immédiat, imprévu, prompt, rapide, subit.

**SOUDER** □ affermir, cimenter, consolider, fixer, sceller, unir.

**SOUDOYER** □ acheter, corrompre, payer, stipendier.

**SOUFFLER** □ exhaler, haleter, respirer.
● insinuer, inspirer, murmurer, suggérer.
● dérober, enlever, voler.

**SOUFFRANCE** □ affliction, amertume, blessure, chagrin, désolation, difficulté, douleur, ennui, mal, malheur, peine, tourment, tristesse.

**SOUFFRANT** □ fatigué, fiévreux, indisposé, malade.

**SOUFFRIR** □ endurer, éprouver, ressentir, subir, supporter.

**SOUHAIT** □ ambition, caprice, désir, envie, vœu.

**SOUHAITER** □ convoiter, désirer, espérer, vouloir.

**SOULAGEMENT** □ allégement, amélioration, apaisement, consolation, rémission, secours, soutien.

**SOULAGER** □ adoucir, aider, alléger, apaiser, calmer, consoler, décharger, délester, secourir.

**SOULÈVEMENT** □ insurrection, émeute, mutinerie, rébellion, révolte.

**SOULEVER** □ dresser, hausser, hisser, lever, monter, redresser.
● ameuter, déclencher, entraîner, exciter, provoquer.

**SOULIGNER** □ accentuer, appuyer, marquer, préciser, signaler.

**SOUMETTRE** □ accabler, asservir, assujettir, conquérir, dompter, enchaîner, faire plier, subjuguer, vaincre.
● avancer, offrir, proposer.

**SOUMETTRE (SE)** □ accepter, s'accommoder, reconnaître, se résigner.

**SOUMIS** □ discipliné, docile, fidèle, humble, obéissant, résigné, souple.

**SOUMISSION** □ allégeance, dépendance, docilité, obéissance, résignation.

**SOUPÇON** □ crainte, doute, méfiance, suspicion.

**SOUPÇONNER** □ se défier, entrevoir, se méfier de, pressentir, redouter, suspecter.

**SOUPÇONNEUX** □ dubitatif, incrédule, jaloux, méfiant, perplexe, sceptique.

**SOUPIR** □ gémissement, lamentation, plainte.

**SOUPLE** □ agile, adroit, diplomate, docile, habile, leste, obéissant, subtil.
● ductile, élastique, maniable, mou.

**SOURCE** □ fontaine, puits, ruisselet.
● cause, départ, naissance, origine, racine.

**SOURCILLEUX** □ chatouilleux, irritable, ombrageux, pointilleux, susceptible.

**SOURD** □ (adj) assourdi, amorti, caverneux, étouffé, indistinct, voilé.

**SOURDEMENT** □ secrètement.

**SOURNOIS** □ dissimulé, faux, fourbe, hypocrite, menteur, perfide, rusé, trompeur.

**SOUSCRIRE** □ accepter, acquiescer, consentir, se ranger à.
● acheter, payer, régler, verser.

**SOUS-ENTENDU** □ (nom) allusion, insinuation, réticence.

**SOUS-ESTIMER** □ critiquer, déprécier, diminuer, méconnaître, mépriser.

**SOUSTRACTION** □ diminution, réduction, retrait.

**SOUSTRAIRE** □ enlever, ôter, prélever, retirer, retrancher.
● dérober, subtiliser, voler.

**SOUTENIR** □ étayer, maintenir, porter, supporter, tenir.
● aider, défendre, financer, parrainer, protéger, secourir.
● affirmer, assurer, prétendre.

**SOUTENU** □ aidé, défendu, protégé, secondé.
● constant, continu, incessant, opiniâtre, persévérant.

**SOUTIEN** ☐ adossement, base, charpente, pilier, support.

• aide, assistance, concours, patronage, secours, support.

• défenseur, garant, partisan, supporter, tuteur.

**SOUVENIR** ☐ commémoration, mémoire, pensée, témoignage.

• relique, reste, tombeau.

**SOUVENIRS** ☐ annales, autobiographie, Mémoires.

**SOUVENIR (SE)** ☐ évoquer, se rappeler, se remémorer, revivre.

**SOUVENT** ☐ fréquemment.

**SOUVERAIN** ☐ (nom) empereur, potentat, roi, seigneur.

**SOUVERAIN** ☐ (adj) final, grand, parfait, ultime.

**SOUVERAINETÉ** ☐ autorité, domination, puissance, suprématie.

**SOYEUX** ☐ doux, lisse, lustré, moelleux, satiné, velouté.

**SPACIEUX** ☐ étendu, grand, immense, large, vaste.

**SPARTIATE** ☐ (adj) ascète, austère, dur, rigoureux, rude, sévère, sobre.

**SPASME** ☐ convulsion, frisson, saccade, sanglot, secousse, soubresaut.

**SPASMODIQUE** ☐ convulsif, haché, heurté, intermittent, saccadé, sautillant, trépidant.

**SPÉCIAL** ☐ extraordinaire, original, particulier, remarquable.

**SPÉCIALISTE** ☐ médecin, professeur, savant, technicien.

**SPÉCIALITÉ** ☐ branche, domaine, partie.

**SPÉCIFIER** ☐ caractériser, indiquer, préciser.

**SPÉCIFIQUE** ☐ caractéristique, distinct, particulier, propre, typique.

**SPÉCIMEN** ☐ échantillon, exemple, modèle, prototype.

**SPECTACLE** ☐ attraction, divertissement, numéro, représentation, revue, scène, tableau, vue.

**SPECTACULAIRE** ☐ admirable, curieux, étonnant, exceptionnel, extraordinaire, fantastique, formidable, insolite, magnifique, rare, stupéfiant.

**SPECTATEUR** ☐ auditeur, observateur, public, témoin.

**SPECTRE** ☐ apparition, esprit, fantôme, hallucination, revenant, vision.

**SPÉCULATION** ☐ calcul, étude, idée, recherche, théorie.

• agiotage, calculs, combinaisons, opération financière, transaction.

**SPÉCULER** ☐ agioter, boursicoter, jouer, miser, trafiquer.

**SPHÈRE** ☐ boule, globe, mappemonde, terre.

• cercle, compétence, domaine, orbite, univers.

**SPIRITISME** ☐ ésotérisme, hermétisme, magie, mystère, occultisme, télépathie.

**SPIRITUEL** ☐ intellectuel, intérieur, mental, mystique.

• amusant, brillant, enlevé, fin, humoristique, ingénieux, intelligent, léger, plaisant, vif.

**SPLEEN** ☐ cafard, ennui, hypocondrie, mélancolie, tristesse.

**SPLENDEUR** ☐ apparat, éclat, faste, gloire, lumière, luxe, magnificence, somptuosité, panache.

**SPLENDIDE** ☐ brillant, éblouissant, éclatant, fastueux, glorieux, magnifique, somptueux, superbe.

**SPOLIATION** ☐ éviction, extorsion, fraude, vol.

**SPONGIEUX** ☐ imbibé, mou.

**SPONTANÉ** ☐ étourdi, immédiat, impulsif, irréfléchi, naïf, naturel, primesautier, sincère.

**SPORADIQUE** ☐ clairsemé, discontinu, dispersé, épars, intermittent, saccadé.

**SQUELETTE** ☐ carcasse, charpente, ossature.

**SQUELETTIQUE** ☐ décharné, émacié, étique, maigre, sec.

**STABILISER** ☐ attacher, immobiliser, fixer, retenir.

**STABILITÉ** ☐ assise, constance, équilibre, fermeté, solidité.

**STABLE** ☐ durable, ferme, fixe, immuable, inamovible, permanent, persistant, sûr.

**STADE** ☐ degré, échelon, niveau, phase.
• enceinte, gradins, piste, terrain.

**STAGNATION** ☐ arrêt, immobilisme, inertie, langueur, paralysie.

**STAGNER** ☐ croupir, languir, séjourner, végéter.

**STANDARD** ☐ courant, normaliser, ordinaire.

**STANDING** ☐ classe, position, prestige, rang.

**STATIONNAIRE** ☐ fixe, immobile, stable.

**STATIONNER** ☐ s'arrêter, s'installer, rester.

**STATUE** ☐ bronze, marbre, monument, sculpture.

**STATUER** ☐ arrêter, décider, établir, juger, ordonner.

**STATUT** ☐ arrêté, code, loi, ordonnance, prescription, règlement.

**STÉRILE** ☐ aride, désert, improductif, ingrat, maigre, pauvre.
• aseptique, pasteurisé, stérilisé.

**STÉRILISER** ☐ aseptiser, pasteuriser, stériliser.
• castrer, châtrer, émasculer.

**STIMULER** ☐ encourager, exciter, piquer.

**STIPULER** ☐ énoncer, exposer, formuler, notifier, préciser.

**STOCK** ☐ entrepôt, magasin, provision, réserve.

**STOÏQUE** ☐ ascète, austère, courageux, dur, énergique, ferme, héroïque, résolu, rigoureux, rude, sobre, sévère, strict.

**STOPPER** ☐ arrêter, immobiliser, paralyser.

**STRATAGÈME** ☐ artifice, malice, perfidie, ruse.

**STRATÉGIE** ☐ manière, méthode, plan, ruse, tactique.

**STRESS** ☐ angoisse, anxiété, appréhension, inquiétude, souci, tension.

**STRICT** ☐ dur, ferme, impitoyable, implacable, inébranlable, inexorable, inflexible, intraitable, rigide, rigoureux, sévère.

**STRIDENT** ☐ aigu, criard, perçant.

**STRUCTURE** ☐ composition, construction, disposition, organisation.

**STUDIEUX** ☐ appliqué, soigneux, travailleur.

**STUPÉFACTION** ☐ étonnement, saisissement, stupeur, surprise.

**STUPÉFIANT** ☐ étonnant, extraordinaire, incroyable, inouï, invraisemblable, sidérant, troublant.

**STUPIDE** ☐ abruti, bête, crétin, hébété, imbécile, niais, simple, sot.

**STUPIDITÉ** ☐ aberration, absurdité, erreur, extravagance, imbécillité, ineptie, niaiserie, sottise.

**STYLE** ☐ écriture, forme, genre, manière, ton.

**STYLET** ☐ couteau, dague, lame, poignard.

**SUAVE** ☐ bon, délectable, délicat, délicieux, excellent, exquis, plaisant, savoureux, succulent.

**SUBALTERNE** ☐ employé, inférieur, subordonné.

**SUBIR** ☐ endurer, éprouver, essuyer, ressentir, souffrir, supporter, tolérer.

**SUBORDINATION** ☐ assujettissement, dépendance, servitude, soumission.

**SUBORDONNÉ** ☐ employé, inférieur, subalterne.

**SUBORNATION** ☐ corruption, intimidation, malversation, séduction.

**SUBREPTICEMENT** ☐ discrètement, secrètement.

**SUBSISTER** ☐ durer, exister, se maintenir, persister, survivre, tenir, vivre.

**SUBSTANCE** ☐ élément, essence, fond, matière.

**SUBSTANTIEL** ☐ copieux, nourrissant, riche, succulent.

**SUBSTITUER** ☐ changer, commuer, remplacer.

**SUBTERFUGE** ☐ artifice, échappatoire, fuite, ruse.

**SUBTIL** ☐ adroit, astucieux, délicat, fin, habile, intelligent, pénétrant, perspicace, raffiné.

**SUBTILISER** ☐ dérober, soustraire, voler.

**SUBTILITÉ** ☐ délicatesse, finesse, raffinement.

**SUBVERSION** ☐ contestation, mutinerie, révolution.

**SUCCÉDER** ☐ continuer, relayer, remplacer.

**SUCCÈS** ☐ apothéose, gloire, réussite, succès, triompher, victoire.

**SUCCESSION** ☐ héritage, legs, testament.
• enchaînement, déroulement, énumération, série, suite.

**SUCCESSIVEMENT** ☐ alternativement.

**SUCCINCT** ☐ bref, concis, court, laconique, lapidaire, réduit, résumé, sommaire, taciturne.

**SUCCOMBER** ☐ capituler, céder, mourir.

**SUCCULENT** ☐ bon, délectable, délicat, excellent, exquis, plaisant, délicieux, savoureux, suave.

**SUCCURSALE** ☐ agence, bureau, comptoir, filiale.

**SUCRÉ** ☐ doux, mielleux, sirupeux.

**SUD** ☐ antarctique, austral, méridional, midi.

**SUFFISAMMENT** ☐ assez.

**SUFFISANCE** ☐ arrogance, dédain, insolence, orgueil, vanité.

**SUFFISANT** ☐ arrogant, cassant, dédaigneux, fier, hautain, impertinent, impudent, insolent, vaniteux.
• convenable, correct, honorable, passable, satisfaisant.

**SUFFOCANT** ☐ asphyxiant, chaud, étouffant.

**SUFFRAGE** ☐ accord, vote.

**SUGGÉRER** ☐ conseiller, dicter, inspirer, persuader, souffler.

**SUICIDER (SE)** ☐ se détruire, mettre fin à ses jours, se tuer.

**SUITE** ☐ continuité, cortège, cours, énumération, liste, ordre, série.
• conséquence, implication, résultat, retombée, séquelle.

**SUIVANT** ☐ (nom) futur, prochain, successeur.

**SUIVANT** ☐ d'après, conformément, selon.

**SUIVRE** ☐ accompagner, escorter, filer, pister, poursuivre.
• écouter, obéir, obtempérer, respecter, se soumettre à.
• longer, parcourir, prendre.

**SUJET** ☐ cause, idée, motif, objet, question, raison, thème.
• homme, malade, patient, personne.

**SUMMUM** ☐ apogée, sommet, zénith.

**SUPERBE** ☐ (adj) brillant, éblouissant, éclatant, fastueux, glorieux, magnifique, somptueux, splendide.

• arrogant, dédaigneux, fier, hautain, impertinent, impoli, impudent, insolent, suffisant, vaniteux.

**SUPERBE** ☐ (nom) fierté, gloire, magnificence, orgueil, ostentation, prétention, vanité.

**SUPERFICIEL** ☐ écervelé, étourdi, évaporé, frivole, hasardeux, inconséquent, insensé, léger.

**SUPERFLU** ☐ excessif, inutile, oiseux, redondant, vain.

**SUPÉRIEUR** ☐ arrogant, dominateur, éminent, excellent, fier, génial, transcendant.

• dominant, élevé, haut, prééminent.

**SUPÉRIORITÉ** ☐ dessus, prépondérance, primauté, privilège, suprématie.

**SUPERPOSER** ☐ accumuler, empiler, entasser, rajouter.

**SUPPLÉMENT** ☐ appoint, complément, surcroît, surplus.

**SUPPLÉMENTAIRE** ☐ accessoire, additionnel, auxiliaire, complémentaire, subsidiaire.

**SUPPLICATION** ☐ appel, prière, requête, supplique.

**SUPPLICE** ☐ calvaire, exécution, souffrance, torture, tourment.

**SUPPLIER** ☐ appeler, implorer, prier, réclamer, solliciter.

**SUPPORTER** ☐ étayer, maintenir, porter, supporter, soutenir, tenir.

• endurer, éprouver, ressentir, souffrir, subir.

**SUPPOSÉ** ☐ apocryphe, incertain, présumé, prétendu.

**SUPPOSER** ☐ admettre, imaginer, penser, présumer.

**SUPPOSITION** ☐ condition, hypothèse, présomption.

**SUPPRESSION** ☐ abolition, abroga-

tion, annulation, destruction, élimination, liquidation.

**SUPPRIMER** ☐ abolir, abroger, anéantir, détruire, effacer, enlever, faire disparaître, ôter.

**SUPRÉMATIE** ☐ avantage, dessus, prépondérance, primauté, privilège, supériorité.

**SÛR** ☐ assuré, certain, effectif, évident, indiscutable, reconnu, réel, solide, tangible, vrai.

**SURANNÉ** ☐ ancien, archaïque, démodé, désuet, périmé, vieux.

**SÛREMENT** ☐ absolument, certainement, évidemment.

**SÛRETÉ** ☐ assurance, confiance, exactitude, fermeté, justesse, précision, sécurité, tranquillité.

**SURFACE** ☐ aire, étendue, plan, superficie.

**SURMENÉ** ☐ déprimé, épuisé, éreinté, fatigué, las, stressé, usé.

**SURMONTER** ☐ dominer, surpasser, triompher, vaincre.

**SURNATUREL** ☐ extraordinaire, fantastique, féerique, magique, métaphysique, miraculeux, prodigieux.

**SURPASSER** ☐ dépasser, devancer, doubler, surclasser, triompher.

**SURPRENANT** ☐ curieux, énorme, époustouflant, étonnant, fantastique, formidable, gigantesque, impressionnant, incroyable, inouï, magnifique, phénoménal, prodigieux, saisissant, sensationnel, stupéfiant, troublant.

**SURPRENDRE** ☐ apercevoir, confondre, ébahir, étonner, saisir, stupéfier.

**SURPRIS** ☐ consterné, ébahi, embarrassé, honteux, saisi, stupide.

**SURPRISE** ☐ coup de théâtre, étonnement, embarras, stupéfaction.

**SURSAUTER** ☐ bondir, frissonner, jaillir, tressaillir.

**SURSEOIR** ☐ différer, reculer, remettre, repousser, retarder.

**SURSIS** ☐ délai, remise, répit.

**SURTOUT** ☐ particulièrement.

**SURVEILLANCE** ☐ attention, contrôle, guet, veille.

**SUSCEPTIBLE** ☐ chatouilleux, irritable, jaloux, ombrageux, pointilleux, sourcilleux.

**SUSCITER** ☐ attirer, causer, occasionner, provoquer, produire.

**SUSPECT** ☐ ambigu, discutable, douteux, équivoque, hypothétique, incertain, louche, problématique.

**SUSPECTER** ☐ se défier, entrevoir, flairer, se méfier de, pressentir, redouter, soupçonner.

**SUSPENDRE** ☐ accrocher, attacher, pendre.
• arrêter, cesser, couper, interdire, interrompre.
• démettre, destituer, déposer, limoger, révoquer.

**SUSPENS (EN)** ☐ en attente.

**SUSPENSION** ☐ arrêt, délai, fermeture, interruption, sursis, trêve.

**SUSPICION** ☐ crainte, doute, méfiance, soupçon.

**SVELTE** ☐ allongé, délié, élancé, élégant, fragile, mince, souple.

**SYMBOLE** ☐ allégorie, chiffre, emblème, griffe, image, insigne, signe.

**SYMBOLISER** ☐ figurer, incarner, matérialiser, représenter.

**SYMÉTRIE** ☐ harmonie, équilibre, identité.

**SYMPATHIE** ☐ affinité, amitié, attirance, cordialité, estime, fraternité.

**SYMPATHIQUE** ☐ agréable, aimable, amène, charmant, gentil, gracieux, plaisant, sociable.

**SYMPTÔME** ☐ indice, manifestation, signe.

**SYNDICAT** ☐ association, fédération, groupement, mutuelle, union.

**SYSTÉMATIQUE** ☐ exact, habituel, méthodique, ordonné, ponctuel, précis, réglé, régulier.

**SYSTÈME** ☐ doctrine, dogme, idéologie, méthode, théorie.

*t*

**TABLE** ☐ bureau, établi, étal, guéridon, pupitre.

• index, nomenclature, répertoire.

**TABLEAU** ☐ aquarelle, huile, pastel, paysage, peinture, portrait.

**TACHE** ☐ bavure, éclaboussure, pâté, saleté.

• déshonneur, honte, tare.

**TÂCHE** ☐ besogne, labeur, peine, travail.

**TACHER** ☐ barbouiller, crotter, encrasser, graisser, maculer, salir, souiller.

**TÂCHER** ☐ chercher à, s'efforcer de, essayer, tenter de.

**TACITE** ☐ convenu, entendu, sous-entendu.

**TACITURNE** ☐ concis, laconique, lapidaire, maussade, morose, silencieux, sombre.

**TACT** ☐ délicatesse, finesse, politesse, savoir-vivre.

**TACTIQUE** ☐ manière, méthode, plan, ruse, stratégie.

**TAILLE** ☐ ceinture, dimension, hauteur, longueur, mesure, stature.

• coupe, élagage, émondage.

**TAILLER** ☐ couper, découper, élaguer, sectionner, taillader, trancher.

**TAIRE** ☐ cacher, couvrir, dissimuler, mentir, omettre.

**TALENT** ☐ aptitude, brio, esprit, génie, goût, prédisposition, virtuosité.

**TALISMAN** ☐ amulette, fétiche, porte-bonheur.

**TALONNER** ☐ filer, pister, pourchasser, poursuivre, suivre, traquer.

**TALUS** ☐ glacis, levée, remblai.

**TAMIS** ☐ crible, passoire, sas.

**TAMISER** ☐ cribler, filtrer, passer, sasser, trier.

**TANDIS QUE** ☐ alors que, comme, pendant que.

**TANGIBLE** ☐ authentique, certain, clair, distinct, évident, incontestable, palpable, perceptible, réel, sensible, visible.

**TANIÈRE** ☐ antre, cachette, gîte, refuge, repaire, terrier.

**TANTINET (UN)** ☐ un peu.

**TANTÔT** ☐ bientôt, après-midi.

**TAPAGE** ☐ bruit, charivari, désordre, fracas, tintamarre, vacarme.

**TAPAGEUR** ☐ criard, éclatant, violent, voyant.

**TAPE** ☐ claque, coup, gifle, soufflet.

**TAPER** □ asséner, battre, cogner, corriger, frapper, heurter, marteler.

**TAPINOIS (EN)** □ furtivement, secrètement.

**TAPIR (SE)** □ s'accroupir, se blottir, se cacher, se lover, se pelotonner, se terrer.

**TAPIS** □ carpette, moquette, natte, tenture.

**TAPISSER** □ couvrir, enduire, joncher, recouvrir, tendre.

**TAQUIN** □ agaçant, espiègle, facétieux, malicieux, moqueur, narquois, railleur.

**TAQUINERIE** □ agacerie, facétie, moquerie, plaisanterie, raillerie.

**TARAUDER** □ creuser, forer, percer, trouer.
● ennuyer, hanter, harceler, importuner, inquiéter, obséder, poursuivre, ronger, torturer, tourmenter.

**TARDER** □ durer, s'éterniser, se prolonger, traîner.

**TARDIF** □ lent, nonchalant, retardataire, retardé.

**TARE** □ défaut, honte, imperfection, malfaçon, vice.
● charge, contrepoids, masse, poids.

**TARER** □ abîmer, altérer, avarier, corrompre, gangrener, gâter, pervertir, pourrir.

**TARGUER (SE)** □ s'enorgueillir, se flatter, se prévaloir.

**TARIF** □ barème, montant, prix.

**TARIR** □ assécher, épuiser, sécher, vider.

**TAS** □ abondance, affluence, amas, amoncellement, entassement, foisonnement, foule, grouillement, masse, monceau, multitude, nuée, prolifération, quantité.

**TASSEMENT** □ affaiblissement, affaissement, diminution, réduction.

**TÂTER** □ manier, palper, peser, toucher.
● essayer, interroger, pressentir, sonder.

**TÂTER (SE)** □ balancer, douter, hésiter, tâtonner, tergiverser.

**TATILLON** □ appliqué, consciencieux, exigeant, maniaque, minutieux, scrupuleux, vétilleux.

**TÂTONNEMENT** □ doute, hésitation, indécision, perplexité, tergiversation.

**TÂTONS (À)** □ à l'aveugle.

**TAUX** □ cours, intérêt, montant, pourcentage.

**TAXE** □ charge, contribution, impôt, tarif, taxation.

**TECHNICIEN** □ ingénieur, professionnel, spécialiste.

**TECHNIQUE** □ adresse, art, dextérité, habileté, maîtrise, méthode, métier, procédé, savoir-faire, système.

**TEINDRE** □ colorer, colorier, farder, peindre, teinter.

**TEINTE** □ coloris, couleur, nuance, ton.

**TEINTER** □ colorer, colorier, farder, peindre, teindre.

**TEL** □ identique, semblable, pareil.

**TÉLÉPATHIE** □ ésotérisme, mystère, occultisme, spiritisme.

**TÉMÉRAIRE** □ audacieux, aventureux, écervelé, étourdi, évaporé, frivole, hasardeux, imprudent, inconséquent, insensé, léger.

**TÉMOIGNAGE** □ attestation, certificat, déposition, manifestation, marque, signe.

**TÉMOIGNER** □ affirmer, assurer, certifier, confirmer, déposer, jurer, proclamer, prouver, rapporter, transmettre.

**TÉMOIN** □ auditeur, garant, observateur, spectateur.

**TEMPÉRAMENT** ☐ disposition, caractère, nature, personnalité, santé.

**TEMPÉRANCE** ☐ abstinence, chasteté, frugalité, sobriété.

**TEMPÉRATURE** ☐ atmosphère, ambiance, chaleur, climat, temps.

**TEMPÉRÉ** ☐ calme, équilibré, modéré, moyen, ordinaire, posé, simple.

**TEMPÉRER** ☐ adoucir, amortir, apaiser, atténuer, diminuer, freiner, modérer, ralentir, retenir.

**TEMPÊTE** ☐ bourrasque, cyclone, orage, ouragan, tourmente.

**TEMPORAIRE** ☐ bref, court, éphémère, fugace, fugitif, intérimaire, momentané, passager, provisoire, transitoire.

**TEMPORISER** ☐ ajourner, différer, freiner, remettre, reporter, retarder.

**TEMPS** ☐ âge, année, époque, ère, heure, millénaire, minute, période, saison, seconde, siècle.
* délai, durée, instant, moment.
* avenir, futur, jadis, passé, présent.
* chaleur, climat, météo, pluie, soleil, température, vent.

**TEMPS EN TEMPS (DE)** ☐ quelquefois.

**TEMPS (EN MÊME)** ☐ ensemble, simultanément.

**TEMPS (LA PLUPART DU)** ☐ souvent.

**TENACE** ☐ acharné, entêté, obstiné, opiniâtre, têtu.

**TÉNACITÉ** ☐ acharnement, obstination, opiniâtreté, entêtement, volonté.

**TENAILLER** ☐ ennuyer, hanter, harceler, importuner, inquiéter, obséder, poursuivre, ronger, torturer, tourmenter, tracasser.

**TENDANCE** ☐ aptitude, disposition, instinct, propension, pulsion.
* direction, opinion, orientation, parti, philosophie.

**TENDRE** ☐ bander, contracter, durcir, raidir.
* allonger, étirer, offrir, tirer.
* contribuer à, s'efforcer de, essayer, tenter, viser à.

**TENDRE** ☐ affectueux, amical, caressant, chaleureux, délicat, doux, émotif, fragile, romantique, sensible, sentimental, touchant.

**TENDREMENT** ☐ affectueusement.

**TENDRESSE** ☐ affection, amitié, amour, bonté, émotivité, sensibilité, sentiment.

**TENDU** ☐ dur, raide, rigide.
* ardu, compliqué, délicat, difficile, dur, embarrassant, pénible.

**TÉNÈBRES** ☐ nuit, obscurité, ombre.

**TÉNÉBREUX** ☐ inquiétant, impénétrable, mystérieux, obscur, opaque, secret, triste, trouble.

**TENIR** ☐ avoir, détenir, éteindre, garder, maintenir, posséder, retenir, serrer.
* durer, occuper, résister, subsister, supporter.

**TENIR À** ☐ aimer, insister, vouloir.
* découler de, provenir, résulter.

**TENIR DE** ☐ se rapporter à, se réclamer de, ressembler à.

**TENIR LIEU** ☐ remplacer, représenter, servir de.

**TENIR POUR** ☐ considérer, croire, regarder comme.

**TENSION** ☐ désaccord, désunion, discorde, divergence, irritation, mésentente.
* attention, concentration, crainte, inquiétude, peur, réflexion.

**TENTANT** ☐ aguichant, attirant, provocant, séduisant.

**TENTATION** ☐ appel, attrait, désir, envie.

**TENTATIVE** ☐ démarche, essai, expérience, recherche.

**TENTER** ☐ chercher à, s'efforcer de,

entreprendre, essayer, hasarder, se lancer, oser, risquer, tâcher.

• aguicher, allécher, attirer, provoquer, séduire.

**TÉNU** ☐ délicat, discret, fragile, frêle, léger, maigre, menu, mince, petit, subtil.

**TENUE** ☐ allure, comportement, maintien, présentation.

• convenance, décence, honnêteté, modestie, pudeur, réserve, tact, vertu.

• costume, effets, habillement, toilette, vêtement.

**TERGIVERSATION** ☐ doute, hésitation, indécision, perplexité.

**TERGIVERSER** ☐ balancer, hésiter, se tâter, tâtonner.

**TERME** ☐ achèvement, borne, but, fin, limite.

• expression, mot, tournure.

**TERMINAISON** ☐ bout, chute, extrémité, fin, queue.

• désinence, finale, rime, suffixe.

**TERMINER** ☐ accomplir, achever, cesser, conclure, finir, liquider, parfaire.

**TERNE** ☐ anodin, effacé, fade, insignifiant, maussade, morne, morose, terni.

• décoloré, fade, gris, mat, maussade, passé, terni.

**TERNIR** ☐ altérer, défraîchir, faner, flétrir, passer.

• abaisser, diffamer, humilier, salir.

**TERRAIN** ☐ champ, clos, terre.

**TERRASSÉ** ☐ abattu, accablé, prostré, renversé.

**TERRASSER** ☐ abattre, briser, détruire, dominer, écraser, maîtriser, renverser, triompher de, tuer, vaincre.

**TERRE** ☐ champ, sol, terrain, terroir, pays.

• globe, monde, planète.

**TERRER (SE)** ☐ se blottir, se cacher, se camoufler, se pelotonner, se tapir.

**TERREUR** ☐ affres, angoisse, effroi, épouvante, hallucination, horreur, peur.

**TERRIBLE** ☐ abominable, affreux, angoissant, atroce, cruel, dangereux, difficile, épouvantable, féroce, furieux, hasardeux, horrible, impressionnant, inquiétant, insupportable, mauvais, menaçant, périlleux, redoutable, risqué, tragique, violent.

**TERRIBLEMENT** ☐ excessivement, très.

**TERRIFIANT** ☐ abominable, angoissant, cauchemardesque, dantesque, effrayant, effroyable, épouvantable, formidable, hallucinant, horrible, menaçant, monstrueux, pétrifiant, terrible.

**TERRORISER** ☐ affoler, angoisser, apeurer, effarer, effrayer, épouvanter, horrifier, terrifier.

**TEST** ☐ essai, étude, expérience, recherche, tentative.

**TÊTE** ☐ crâne, figure, front, visage.

• cerveau, chef, commandement, meneur, organisateur.

• esprit, intelligence, mémoire, raison, réflexion, sang-froid.

**TÊTE-À-TÊTE** ☐ face à face, nez à nez, vis-à-vis.

**TÊTU** ☐ acharné, entêté, obstiné, opiniâtre, tenace.

**TEXTE** ☐ citation, contexte, copie, document, énoncé, leçon, manuscrit, rédaction.

**TEXTILE** ☐ étoffe, tissage, tissu, toile.

**TEXTUEL** ☐ authentique, écrit, exact, littéral.

**TEXTURE** ☐ agencement, composition, construction, organisation, structure.

**THÉÂTRAL** ☐ affecté, dramatique, forcé, pompeux, spectaculaire, tragique.

**THÉÂTRE** ☐ planches, plateau, scène, tréteaux.

- comédie, drame, œuvre, tragédie, tragi-comédie.

**THÈME** ☐ idée, motif, sujet, trame.

**THÉORICIEN** ☐ chercheur, doctrinaire, penseur, philosophe.

**THÉORÈME** ☐ démonstration, déduction, proposition, théorie.

**THÉORIE** ☐ base, définition, hypothèse, morale, philosophie, principe, règle, système, thèse, cortège, défilé, file, procession.

**THÉORIQUE** ☐ abstrait, doctrinal, hypothétique, idéal, imaginaire.

**THÉSAURISER** ☐ amasser, économiser, épargner, entasser, placer.

**THÈSE** ☐ démonstration, doctrine, opinion, principe, témoignage.

**THURIFÉRAIRE** ☐ flagorneur, flatteur, louangeur.

**TIC** ☐ crispation, grimace, habitude, manie, spasme.

**TIÈDE** ☐ blasé, calme, détaché, doux, indifférent, mélancolique, modéré, mou, nonchalant, réservé.

**TIÉDEUR** ☐ attiédissement, calme, douceur, indolence, lenteur, moiteur, mollesse.

**TIERS** ☐ (nom) étranger, inconnu, intrus.

**TIMBRE** ☐ son, sonorité, sonnette.
- marque, tampon, vignette.

**TIMIDE** ☐ angoissé, anxieux, apeuré, craintif, effarouché, inquiet, lâche, peureux, poltron, pusillanime, timoré.

**TIMIDITÉ** ☐ appréhension, confusion, crainte, gaucherie, gêne, modestie, peur, réserve.

**TIMORÉ** ☐ angoissé, anxieux, apeuré, craintif, effarouché, inquiet, lâche, peureux, poltron, pusillanime, timide.

**TINTAMARRE** ☐ bruit, charivari, cacophonie, désordre, fracas, tapage, vacarme.

**TINTER** ☐ carillonner, sonner.

**TIR** ☐ coup, salve, rafale, trajectoire.

**TORADE** ☐ développement, discours, réplique.

**TIRAGE** ☐ édition, émission, gravure, impression, publication.

**TIRAILLEMENT** ☐ conflit, désaccord, difficulté, ennui.

**TIRÉ** ☐ allongé, · amaigri, fatigué, hâve.

**TIRE-D'AILE (À)** ☐ rapidement, vite.

**TIRER** ☐ attirer, conduire, emmener, haler, remorquer, traîner.
- allonger, étendre, étirer, tendre.
- arracher, dégager, enlever, extraire, ôter, pomper, puiser, retirer, sortir.
- faire feu, mitrailler, tirailler.
- éditer, graver, imprimer.

**TIRER DE (SE)** ☐ échapper à, se sauver de, se sortir de.

**TISSER** ☐ brocher, broder, entrelacer, tramer, tresser.
- combiner, comploter, conspirer, intriguer, nouer, ourdir, tramer.

**TISSU** ☐ cotonnade, étoffe, lainage, soierie, textile, tissage, toile.

**TITANESQUE** ☐ colossal, démesuré, énorme, géant, gigantesque, grandiose, herculéen, immense, imposant, monumental.

**TITRE** ☐ appellation, désignation, fonction, intitulé, nom, qualification, qualité.
- en-tête, manchette, rubrique *(presse)*.
- brevet, certificat, diplôme.

**TITRES** ☐ action, obligation, reconnaissance, valeur *(Bourse)*.

**TITUBER** ☐ balancer, chanceler, osciller, vaciller.

**TITULARISER** ☐ affecter, intégrer, nommer, promouvoir.

**TOCSIN** ☐ alarme, alerte, signal.

**TOHU-BOHU** ☐ animation, désordre, mouvement, turbulence.

**TOILE** ☐ étoffe, textile, tissage, tissu.
• huile, peinture, tableau.

**TOILETTE** ☐ ablution, lavage, nettoyage.
• costume, habillement, tenue, vêtement.

**TOISON** ☐ chevelure, fourrure, lainage, poil.

**TOIT** ☐ abri, asile, couverture, protection, refuge, repaire.

**TOLÉRABLE** ☐ excusable, passable, supportable.

**TOLÉRANCE** ☐ charité, clémence, compréhension, générosité, indulgence, patience, respect.

**TOLÉRANT** ☐ compréhensif, indulgent, patient, respectueux.

**TOLÉRER** ☐ accepter, admettre, autoriser, consentir, endurer, permettre, souffrir, subir, supporter.

**TOMBE** ☐ caveau, fosse, mausolée, tombeau.

**TOMBER** ☐ s'abattre, s'affaisser, chuter, dégringoler, descendre, s'écrouler, s'effondrer, se renverser.

**TOMBER SUR** ☐ accabler, attaquer, fondre sur, se précipiter, se ruer sur.

**TON** ☐ accent, intonation, son, timbre, tonalité.
• forme, genre, manière, style.
• coloris, couleur, nuance, teinte.

**TONDRE** ☐ couper, raser, tonsurer.
• escroquer, déposséder, dépouiller, voler.

**TONIFIER** ☐ affermir, armer, raffermir, reconstituer, renforcer, stimuler.

**TONIQUE** ☐ corroborant, fortifiant, réconfortant, reconstituant, stimulant.

**TONITRUANT** ☐ bruyant, éclatant, haut, retentissant, sonore, tonnant.

**TONNERRE** ☐ éclair, foudre, orage, tempête.

**TOPOGRAPHIE** ☐ cartographie, configuration, relief.

**TOQUADE** ☐ caprice, envie, extravagance, lubie, manie.

**TORDRE** ☐ courber, déformer, entortiller, gauchir, plier, serrer, torsader, tortiller, tourner.

**TORNADE** ☐ bourrasque, ouragan, tempête, tourbillon, tourmente.

**TORPEUR** ☐ apathie, assoupissement, engourdissement, indolence, léthargie, sommeil, somnolence.

**TORRENTIEL** ☐ déchaîné, diluvien, violent.

**TORRIDE** ☐ brûlant, caniculaire, chaud, suffocant.

**TORSE** ☐ buste, poitrine, thorax, tronc.

**TORT** ☐ atteinte, culpabilité, désavantage, détriment, faute, injustice, offense, préjudice.

**TORTILLER** ☐ balancer, onduler, remuer, tordre.

**TORTIONNAIRE** ☐ bourreau, meurtrier, sadique.

**TORTUEUX** ☐ courbe, ondoyant, sinueux, tourmenté.
• dissimulé, fourbe, hypocrite, menteur, sournois, roublard, trompeur.

**TORTURE** ☐ calvaire, douleur, martyre, persécution, question, souffrance, supplice, tourment.

**TORTURER** ☐ crucifier, hanter, martyriser, persécuter, ronger, tenailler, tourmenter.

**TORVE** ☐ hypocrite, malveillant, méchant, menaçant, oblique, tordu.

**TÔT** ☐ de bonne heure, vite.

**TOTAL** ☐ (nom) addition, ensemble, montant, somme, totalité.

**TOTAL** ☐ (adj) complet, entier, intégral, parfait, plein.

**TOTALEMENT** ☐ absolument, complètement, entièrement.

**TOTALISER** ☐ additionner, grouper, rassembler.

**TOTALITAIRE** ☐ absolu, arbitraire, autoritaire, dictatorial, despotique.

**TOTALITÉ** ☐ ensemble, intégrité, masse, total.

**TOUCHANT** ☐ attendrissant, attristant, bouleversant, déchirant, dramatique, émouvant, pathétique, tendre.

**TOUCHER** ☐ effleurer, heurter, palper, tâter.
• aborder, accoster, atteindre, atterrir.
• atteindre, blesser, émouvoir, frapper, pénétrer, toucher.
• émarger, encaisser, percevoir, recueillir.

**TOUFFU** ☐ dense, dru, épais, exubérant, fourni, luxuriant, serré.

**TOUJOURS** ☐ constamment, indéfiniment, perpétuellement.

**TOUR** ☐ beffroi, campanile, clocher, donjon.
• bordure, circonférence, contour, révolution, rotation.
• circuit, excursion, promenade, voyage.
• artifice, malice, ruse, stratagème, truc.

**TOUR DE MAIN** ☐ adresse, dextérité, habileté, métier, savoir-faire.

**TOURBILLON** ☐ bourrasque, cyclone, maelström, ouragan, remous, tempête, tornade, tourmente.

**TOURBILLONNER** ☐ pivoter, tourner, tournoyer, virer.

**TOURMENT** ☐ affliction, amertume, blessure, chagrin, désolation, difficulté, douleur, ennui, mal, malheur, souffrance, peine, tristesse.

**TOURMENTE** ☐ bourrasque, cyclone, orage, ouragan, tempête, tornade, tourbillon.

**TOURMENTÉ** ☐ angoissé, anxieux, douloureux, inquiet, soucieux, torturé.
• accidenté, bouleversé, dantesque, escarpé, montagneux, ravagé.

**TOURMENTER** ☐ crucifier, ennuyer, hanter, harceler, importuner, inquiéter, martyriser, obséder, persécuter, poursuivre, ronger, tenailler, torturer.

**TOURNANT** ☐ angle, coude, courbe, virage.

**TOURNER** ☐ graviter, pivoter, rouler, tordre, tourbillonner, tournoyer, virevolter, virer.
• façonner, modifier, transformer.

**TOURNOI** ☐ carrousel, compétition, concours, lutte.

**TOUTEFOIS** ☐ cependant, néanmoins, pourtant.

**TOUT-PUISSANT** ☐ absolu, arbitraire, despotique, omnipotent, tyrannique.

**TRAC** ☐ angoisse, appréhension, crainte, peur.

**TRACAS** ☐ contrariété, inquiétude, persécution, préoccupation, souci, tracasserie.

**TRACASSER** ☐ ennuyer, hanter, harceler, importuner, inquiéter, obséder, persécuter, poursuivre, ronger, tenailler, torturer, tourmenter.

**TRACE** ☐ empreinte, marque, piste, reste, sillage, traînée, vestige.

**TRACER** ☐ décrire, dessiner, écrire, jalonner, ouvrir.

**TRACTATIONS** ☐ discussion, entretien, manœuvres, marchandage, négociation, pourparlers.

**TRACTER** ☐ remorquer, tirer.

**TRADITION** ☐ coutume, expérience, habitude, mœurs, routine, us, usage.

**TRADITIONNEL** ☐ classique, conventionnel, habituel, institutionnel, orthodoxe, usuel.

**TRADUCTION** ☐ adaptation, interprétation, thème, version.

**TRADUIRE** ☐ adapter, interpréter, rendre, transposer.
• exprimer, manifester, montrer.

**TRAFIQUER** ☐ frauder, négocier, profiter, spéculer sur, vendre.

**TRAGIQUE** ☐ abominable, affreux, atroce, bouleversant, cruel, dramatique, émouvant, effroyable, épouvantable, touchant, terrible, violent.

**TRAHIR** ☐ abuser, duper, leurrer, tromper.
• dénoncer, dévoiler, livrer, révéler, vendre.

**TRAHISON** ☐ délation, dénonciation, forfaiture, perfidie, révélation, traîtrise.

**TRAIN** ☐ chemin de fer, convoi, file, rame.
• allure, marche, vitesse.

**TRAÎNANT** ☐ endormi, indolent, lent, long, monotone, nonchalant.

**TRAÎNÉE** ☐ empreinte, reste, sillage, trace, vestige.

**TRAÎNER** ☐ durer, errer, s'éterniser, se prolonger, tarder, vagabonder.
• conduire, emmener, haler, remorquer, tirer.

**TRAIT** ☐ contour, dessin, graphisme, ligne.
• ironie, moquerie, mot, persiflage, plaisanterie, quolibet, raillerie, saillie, sarcasme.

**TRAITS** ☐ apparence, expression, physionomie, visage.

**TRAITE** ☐ chemin, parcours, route, trajet, traversée.
• commerce, négoce, transport.

**TRAITÉ** ☐ cours, dissertation, essai, étude, exposé, manuel, mémoire.
• accord, concordat, convention, pacte, protocole.

**TRAITEMENT** ☐ appointements, émo-

luments, gages, honoraires, paye, rémunération, salaire, solde.
• cure, régime, remède, soins.

**TRAÎTER** ☐ agir, se comporter, considérer, maltraiter, mener, user de.
• accueillir, fêter, inviter, recevoir, régaler, soigner.
• appeler, désigner, nommer, qualifier.
• aborder, développer, disserter, étudier, exposer.
• conclure, négocier, parlementer, résoudre.

**TRAÎTRE** ☐ (nom) délateur, dénonciateur, parjure, renégat, transfuge.

**TRAÎTRE** ☐ (adj) déloyal, fourbe, infidèle, perfide, rusé, sournois, trompeur.

**TRAÎTRISE** ☐ délation, dénonciation, forfaiture, perfidie, révélation, trahison, tricherie, tromperie.

**TRAJECTOIRE** ☐ courbe, ligne.

**TRAJET** ☐ chemin, distance, itinéraire, parcours, route, traversée.

**TRAME** ☐ corde, fil, réseau, structure, texture.
• complot, conspiration, intrigue, machination, menées.

**TRAMER** ☐ comploter, conspirer, intriguer, nouer, ourdir, tisser.

**TRANCHANT** ☐ acéré, affûté, aigu, coupant.
• affirmatif, catégorique, impérieux, net, péremptoire, sans réplique, sec, sévère.

**TRANCHE** ☐ coupe, morceau, part, quartier.
• bord, chant, côté.

**TRANCHÉ** ☐ clair, détaché, différent, franc, net, séparé.

**TRANCHER** ☐ couper, découper, sectionner, taillader, tailler.
• arrêter, conclure, décider, résoudre.
• contraster, détonner, jurer, s'opposer.

**TRANQUILLE** ☐ calme, convenable,

modeste, posé, prudent, raisonnable, réfléchi, réservé, sage, serein.

**TRANQUILLITÉ** ☐ calme, modération, prudence, raison, sagesse, sérénité.

**TRANSACTION** ☐ accord, arrangement, entente.

**TRANSACTIONS** ☐ affaires, commerce, échanges, négoce.

**TRANSCENDANT** ☐ émérite, éminent, génial, sublime, supérieur.

**TRANSCRIPTION** ☐ copie, duplicata, relevé, report.

**TRANSCRIRE** ☐ copier, noter, reporter, reproduire.

**TRANSE** ☐ anxiété, angoisse, crainte, crise, délire, excitation, hypnose.

**TRANSFÉRER** ☐ convoyer, déplacer, mener, transporter.

**TRANSFERT** ☐ déménagement, déplacement, mouvement, mutation, transmission, transport.

**TRANSFIGURER** ☐ embellir, illuminer, métamorphoser, transformer.

**TRANSFORMATION** ☐ changement, conversion, évolution, métamorphose, modification, réforme, rénovation, transfiguration.

**TRANSFORMER** ☐ changer, convertir, déformer, évoluer, métamorphoser, modifier, muer, réformer, transfigurer, truquer.

**TRANSFUGE** ☐ déserteur, renégat, traître.

**TRANSGRESSER** ☐ désobéir, enfreindre, passer outre, violer.

**TRANSI** ☐ gelé, glacé, grelottant, paralysé, pétrifié.

**TRANSIGER** ☐ s'accorder, s'entendre, négocier, traiter.

**TRANSITION** ☐ changement, degré, évolution, intermédiaire, liaison, passage.

**TRANSITOIRE** ☐ bref, court, éphé-

mère, fugace, fugitif, intérimaire, momentané, passager, provisoire, temporaire.

**TRANSLUCIDE** ☐ clair, limpide, opalescent, transparent.

**TRANSMETTRE** ☐ communiquer, déléguer, fournir, laisser, propager, transférer.

**TRANSMISSION** ☐ circulation, communication, contagion, épidémie, hérédité, multiplication, succession.

**TRANSMUER** ☐ changer, convertir, métamorphoser, muer, transformer.

**TRANSPARENCE** ☐ clarté, évidence, limpidité, netteté, pureté.

**TRANSPARENT** ☐ clair, limpide, net, opalescent, translucide.

**TRANSPERCER** ☐ crever, cribler, enfoncer, éventrer, ouvrir, pénétrer, percer, piquer, trouer, vriller.

**TRANSPIRER** ☐ goutter, perler, ruisseler, suer.

**TRANSPORT** ☐ convoyage, déménagement, déplacement, livraison, mouvement.
● agitation, enthousiasme, exaltation, fièvre, fougue, ivresse.

**TRANSPORTER** ☐ charrier, convoyer, déplacer, livrer, mener, transférer, transmettre, véhiculer.
● bouleverser, enthousiasmer, passionner, ravir.

**TRANSPOSER** ☐ adapter, convertir, modifier, permuter, transporter, traduire.

**TRAPU** ☐ court, courtaud, large, massif, puissant, râblé, ramassé.

**TRAQUENARD** ☐ embuscade, nasse, piège, ruse.

**TRAQUER** ☐ cerner, pourchasser, poursuivre, tourmenter.

**TRAUMATISER** ☐ choquer, frapper, hébéter.

**TRAUMATISME** ☐ blessure, bouleversement, choc, commotion, émotion, trouble.

**TRAVAIL** ☐ besogne, emploi, fonction, labeur, métier, peine, profession, tâche.

**TRAVAILLÉ** ☐ ciselé, orné, ouvragé, soigné.

**TRAVAILLER** ☐ apprendre, besogner, ciseler, élaborer, étudier, façonner, s'instruire, œuvrer, produire.

**TRAVAILLEUR** ☐ (nom) employé, manœuvre, ouvrier, prolétaire.

**TRAVAILLEUR** ☐ (adj) appliqué, assidu, consciencieux, courageux, laborieux, studieux.

**TRAVERS** ☐ biais, bord, côté, flanc.
• défaut, faiblesse, tare, vice.

**TRAVERS (DE)** ☐ dévié, oblique, tordu.

**TRAVERS (EN)** ☐ transversalement.

**TRAVERSÉE** ☐ franchissement, passage, trajet, voyage.

**TRAVESTIR** ☐ déguiser, falsifier, maquiller, masquer, modifier, transformer.

**TRÉBUCHER** ☐ buter, chanceler, tituber, vaciller.

**TREMBLANT** ☐ apeuré, chevrotant, effrayé, ému, tremblotant, vacillant.

**TREMBLEMENT** ☐ frémissement, frisson, saccade, secousse, soubresaut, spasme, trépidation.

**TREMBLER** ☐ frémir, frissonner, tressaillir, vaciller, vibrer.
• appréhender, avoir peur, craindre, redouter.

**TRÉMOUSSER (SE)** ☐ se balancer, onduler, remuer, se tortiller.

**TREMPER** ☐ humecter, imprégner, mouiller.
• affermir, endurcir, fortifier.

**TRÉPIDANT** ☐ convulsif, haché, heurté, intermittent, saccadé, sautillant, spasmodique.

**TRÉPIDATION** ☐ à-coup, choc, saccade, secousse, soubresaut, spasme, tremblement, tressautement.

**TRÈS** ☐ assez, beaucoup, énormément, excessivement.

**TRÉSOR** ☐ biens, fortune, magot, richesse.

**TRÉSORIER** ☐ caissier, comptable.

**TRESSAILLIR** ☐ tressauter.

**TRESSAUTER** ☐ frémir, frissonner, sursauter.

**TRESSER** ☐ broder, entrelacer, natter, tramer.

**TRÊVE** ☐ armistice, arrêt, cessez-le-feu, pause, suspension.

**TRI** ☐ choix, élection, préférence, sélection, triage.

**TRIBU** ☐ clan, famille, groupe, peuplade.

**TRIBUNAL** ☐ chambre, cour, juridiction, prétoire, parquet.

**TRIBUNE** ☐ chaire, estrade, podium, scène.

**TRIBUT** ☐ contribution, hommage, impôt, prime, récompense.

**TRIBUTAIRE** ☐ contraint, dépendant, dominé, obligé, redevable, soumis, subordonné.

**TRICHER** ☐ duper, enfreindre, frauder, leurrer, mentir, posséder, trahir, tromper.

**TRICHEUR** ☐ déloyal, fourbe, illusoire, mensonger, menteur, perfide, rusé, sournois, trompeur, truqueur, voleur.

**TRIER** ☐ choisir, classer, démêler, nettoyer, sélectionner.

**TRIMER** ☐ s'échiner à, peine, travailler.

**TRIOMPHAL** ☐ radieux, triomphant.

**TRIOMPHANT** ☐ brillant, éclatant, flamboyant, magnifique, radieux, rayonnant, resplendissant, victorieux.

**TRIOMPHE** ☐ apothéose, consécration, gloire, réussite, succès, victoire.

**TRIOMPHER** ☐ abattre, briser, conquérir, dominer, écraser, gagner, maîtriser, renverser, rosser, surclasser, terrasser, vaincre.

**TRISTE** ☐ chagrin, funèbre, lamentable, lugubre, maussade, mélancolique, misérable, morose, morne, nostalgique, pitoyable, sinistre.

**TRISTESSE** ☐ affliction, amertume, chagrin, désolation, difficulté, douleur, ennui, malheur, mélancolie, morosité, nostalgie, souffrance, spleen, peine, tourment.

**TRITURER** ☐ broyer, malaxer, pétrir, piler, pulvériser, travailler.

**TRIVIAL** ☐ bas, commun, dégoûtant, éculé, grossier, méprisable, rebattu, sale, vil, vulgaire.

**TROC** ☐ contrepartie, échange, permutation.

**TROMBE** ☐ bourrasque, cyclone, rafale, tempête, tornade.

**TROMPER** ☐ abuser, duper, égarer, escroquer, leurrer, mentir, mystifier, posséder, séduire, trahir.

**TROMPER (SE)** ☐ s'abuser, se fourvoyer, se méprendre.

**TROMPEUR** ☐ déloyal, équivoque, fallacieux, faux, fourbe, illusoire, insidieux, mensonger, menteur, perfide, rusé, sournois, traître.

**TRONC** ☐ buste, thorax, torse.

**TRONÇON** ☐ fragment, morceau, parcelle, partie, pièce, portion.

**TRONÇONNER** ☐ couper, débiter, sectionner, trancher.

**TRONQUER** ☐ amputer, couper, dénaturer, mutiler, raccourcir.

**TROP** ☐ à l'excès, beaucoup, très.

**TROQUER** ☐ changer, convertir, échanger, permuter.

**TROU** ☐ fosse, orifice, puits, trouée, vide.

**TROUBADOUR** ☐ jongleur, ménestrel, poète, trouvère.

**TROUBLANT** ☐ anormal, attendrissant, bizarre, bouleversant, curieux, désarmant, émouvant, époustouflant, étonnant, étrange, extraordinaire, fantastique, impressionnant, incroyable, inouï, inquiétant, intimidant, mystérieux, paradoxal, phénoménal, prodigieux, saisissant, stupéfiant, surprenant.

**TROUBLE** ☐ (nom) agitation, bouleversement, confusion, désordre, insurrection, perturbation, révolte, tumulte.
● bouleversement, désarroi, émoi, émotion, fièvre, inquiétude, vertige.

**TROUBLE** ☐ (adj) complexe, inquiétant, impénétrable, mystérieux, obscur, opaque, secret, suspect, ténébreux.

**TROUBLÉ** ☐ agité, affolé, attendri, confus, ému, impressionné, inquiet, intimidé, perturbé, touché.
● brouillé, houleux, mouvementé, orageux, tourmenté, tumultueux.

**TROUBLER** ☐ agiter, bouleverser, égarer, déranger, désorganiser, embarrasser, émouvoir, gêner, impressionner, inquiéter, perturber.

**TROUER** ☐ forer, percer, perforer, transpercer.

**TROUPE** ☐ bande, bataillon, compagnie, détachement, équipe, formation, gang, groupe, meute, milice, multitude, nuée, parti.

**TROUPEAU** ☐ cheptel, harde, manade, meute.
● affluence, foule, masse, rassemblement.

**TROUVAILLE** ☐ création, découverte, idée, invention.

**TROUVER** ☐ concevoir, déceler, découvrir, détecter, deviner, imaginer, inventer, percer, surprendre.

**TROUVER (SE)** ☐ être, figurer, se juger, se rencontrer.

**TRUAND** ☐ aventurier, canaille, clochard, dévoyé, fripouille, gouape, mendiant, voleur, voyou.

**TRUC** ☐ astuce, combine, procédé, ruse.
• bricole, chose, gadget, objet.

**TRUCHEMENT (PAR LE)** ☐ par l'intermédiaire.

**TRUCULENT** ☐ amusant, cocasse, fantasque, original, pittoresque, singulier.

**TRUISME** ☐ banalité, évidence, lapalissade, vérité.

**TRUQUER** ☐ altérer, duper, falsifier, maquiller, tromper.

**TRUQUEUR** ☐ menteur, tricheur, trompeur, voleur.

**TRUST** ☐ cartel, consortium, holding, syndicat.

**TUER** ☐ abattre, achever, anéantir, assassiner, briser, détruire, égorger, exterminer, liquider, massacrer, occire, supplicier, supprimer.

**TUERIE** ☐ abattoir, boucherie, carnage, hécatombe, massacre.

**TUEUR** ☐ assassin, criminel, homicide, meurtrier.

**TUMÉFIÉ** ☐ boursouflé, distendu, enflé, gonflé.

**TUMEUR** ☐ abcès, bubon, cancer, chancre, furoncle, gonflement, kyste.

**TUMULTE** ☐ agitation, brouhaha, bruit, confusion, désordre, fièvre, fracas, perturbation, trouble, vacarme.

**TUMULTUEUX** ☐ brouillé, houleux, mouvementé, orageux, tourmenté, troublé.

**TURBULENT** ☐ agité, excité, fébrile, instable, nerveux, remuant, vif.

**TUTELLE** ☐ aide, assistance, contrainte, dépendance, patronage, protection, support, surveillance.

**TUTEUR** ☐ garant, parrain, représentant, responsable.

**TUYAU** ☐ buse, canalisation, conduite, tube.
• information, révélation, renseignement.

**TYPE** ☐ étalon, genre, idéal, modèle, prototype, silhouette, sorte, style, symbole.
• bonhomme, individu, personne.

**TYPIQUE** ☐ caractéristique, distinctif, original, propre, significatif, symbolique.

**TYRANNIE** ☐ absolutisme, cruauté, dépendance, dictature, emprise, intolérance, oppression, servitude.

**TYRANNIQUE** ☐ absolu, arbitraire, autoritaire, despotique, impérieux, oppressif.

**TYRANNISER** ☐ accabler, asservir, écraser, opprimer.

*u*

**ULCÉRER** ☐ blesser, choquer, exaspérer, excéder, irriter.

**ULTÉRIEUR** ☐ futur, postérieur, suivant.

**ULTIMATUM** ☐ assignation, injonction, mise en demeure, sommation.

**ULTIME** ☐ décisif, dernier, extrême, final, suprême.

**ULTRA** ☐ enragé, extrémiste, fanatique, intolérant, subversif.

**UN** ☐ distinct, exclusif, isolé, simple, unique.

**UN À UN** ☐ alternativement.

**UNANIME** ☐ complet, entier, total, universel.

**UNANIMEMENT** ☐ ensemble.

**UNI** ☐ calme, égal, homogène, lisse, simple, uniforme.

**UNIFORME** ☐ (adj) égal, identique, monotone, pareil, plat, semblable, terne.

**UNIFORME** ☐ (nom) costume, tenue, vêtement.

**UNIFORMITÉ** ☐ égalité, monotonie, platitude, régularité.

**UNION** ☐ alliance, association, coalition, entente, fédération, fusion, harmonie, jonction, liaison, mariage.

**UNIQUE** ☐ distinct, exceptionnel, exclusif, extraordinaire, incomparable, irremplaçable, original, rare, spécial.

**UNIQUEMENT** ☐ exclusivement, seulement, strictement.

**UNIR** ☐ assembler, coaliser, fédérer, fondre, fusionner, liguer, lier, marier, rassembler, relier, réunir, souder.

**UNITÉ** ☐ cohésion, ensemble, identité, harmonie.
- élément, monnaie, nombre.
- bâtiment, formation, troupe *(armée)*.

**UNIVERS** ☐ ciel, cosmos, création, monde, nature, planète, terre.

**UNIVERSEL** ☐ complet, entier, international, mondial, œcuménique, planétaire, total, unanime.

**UNIVERSITÉ** ☐ académie, campus, faculté.

**URBAIN** ☐ citadin, communal, municipal.
- affable, aimable, civil, courtois, gracieux, poli.

**URBI ET ORBI** ☐ partout.

**URGENCE (D')** ☐ immédiatement.

**URGENT** ☐ impérieux, important, pressant, pressé.

**USAGE** ☐ emploi, fonction, service, utilisation.

- coutume, habitude, pratique, tradition.

**USAGER** ☐ client, consommateur, utilisateur.

**USÉ** ☐ détérioré, éculé, élimé, émoussé, épuisé, fatigué, las, râpé, usagé, vieux.
- banal, commun, rabâché, rabattu, ressassé.

**USER** ☐ amoindrir, diminuer, effriter, épuiser, laminer, miner, ronger, ruiner.

**USER DE** ☐ consommer, employer, faire usage de, manier, avoir recours à, se servir de, utiliser.

**USER (S')** ☐ s'échiner, s'épuiser, s'éreinter, se fatiguer.

**USINE** ☐ centrale, fabrique, industrie, manufacture.

**USITÉ** ☐ commun, consacré, courant, employé, familier, ordinaire, traditionnel, usuel, utilisé.

**USTENSILE** ☐ accessoire, instrument, machine, matériel, outil.

**USUEL** ☐ commun, consacré, courant, employé, familier, ordinaire, traditionnel, usité, utilisé.

**USUFRUIT** ☐ jouissance, possession, produit, revenu.

**USURE** ☐ corrosion, dégradation, érosion.
- agio, gain, intérêt, profit.

**USURPER** ☐ s'approprier, s'emparer de, prendre, se saisir, voler.

**UTILE** ☐ efficace, indispensable, nécessaire, précieux, profitable.

**UTILISER** ☐ employer, faire usage de, profiter de, avoir recours à, se servir de, user.

**UTILITÉ** ☐ avantage, fonction, intérêt, profit.

**UTOPIE** ☐ chimère, idéal, illusion, mirage, rêve.

**UTOPIQUE** ☐ chimérique, fictif, illusoire, imaginaire, inventé, irréaliste, rêvé.

*v*

**VACANCE** □ disponibilité, interruption, suspension.

**VACANCES** □ congé, détente, repos.

**VACANT** □ disponible, inoccupé, libre, vide.

**VACARME** □ brouhaha, bruit, chahut, charivari, désordre, fracas, tapage, tintamarre, tumulte.

**VACCINER** □ immuniser, inoculer, mithridatiser.

**VACILLER** □ balancer, chanceler, clignoter, hésiter, osciller, tituber, trembloter.

**VA-ET-VIENT** □ allée et venue, navette, passage.

**VAGABOND** □ clochard, errant, nomade, rôdeur, trimardeur.

**VAGABONDER** □ déambuler, divaguer, errer, flâner, rôder, traîner.

**VAGUE** □ (adj) aléatoire, ambigu, approximatif, confus, douteux, équivoque, éventuel, flou, hasardeux, hypothétique, imprécis, incertain, indéfinissable, indéterminé, indistinct, obscur, problématique.

**VAGUE** □ flot, houle, lame, onde.
• doute, équivoque, imprécision, obscur, vide.

**VAGUEMENT** □ confusément.

**VAILLANCE** □ assurance, audace, bravoure, courage, cran, hardiesse.

**VAIN** □ creux, dérisoire, faux, frivole, inutile, stérile.

**VAIN (EN)** □ inutilement.

**VAINCRE** □ abattre, battre, briser, conquérir, détruire, dominer, écraser, gagner, maîtriser, renverser, rosser, surclasser, surmonter, terrasser, triompher de.

**VAINCU** □ battu, défait.

**VAINEMENT** □ en vain.

**VAINQUEUR** □ (nom) champion, gagnant, lauréat.

**VAINQUEUR** □ (adj) conquérant, gagnant, triomphant, victorieux.

**VALABLE** □ acceptable, convenable, légal, passable, en règle, valide.

**VALEUR** □ coût, estimation, montant, prix.
• efficacité, qualité, sens, utilité, validité.
• bravoure, cœur, courage, énergie, force, héroïsme, mérite, vaillance.

**VALEUREUX** □ audacieux, brave, courageux, énergique, hardi, héroïque, vaillant, volontaire.

**VALIDE** □ robuste, sain, vigoureux.
• légal, en règle, valable.

**VALIDER** ☐ accepter, homologuer, ratifier.

**VALLÉE** ☐ bassin, cluse, combe, ravin, vallon.

**VALOIR** ☐ coûter, se monter à, revenir à.
● atteindre, égaler, rivaliser.

**VALOIR (FAIRE)** ☐ exploiter, mettre en valeur, rentabiliser.

**VALORISER** ☐ hausser, mettre en valeur, rentabiliser.

**VANDALISME** ☐ barbarie, destruction, mise à sac, pillage, saccage.

**VANITÉ** ☐ arrogance, dédain, fierté, insolence, orgueil, prétention, suffisance.
● insignifiance, inutilité, néant, vent, vide.

**VANITEUX** ☐ arrogant, dédaigneux, fat, insolent, orgueilleux, prétentieux, suffisant.

**VANTARD** ☐ bravache, bluffeur, fanfaron, vaniteux.

**VANTARDISE** ☐ fanfaronnade, forfanterie, mensonge, rodomontade.

**VANTER** ☐ célébrer, glorifier, louer.

**VANTER (SE)** ☐ fanfaronner, se flatter, prétendre.

**VAPEUR** ☐ brouillard, buée, émanation, exhalaison, fumée, gaz, miasmes, nuage.

**VAPEURS** ☐ bouffées, étourdissement, évanouissement, ivresse, trouble, vertige.

**VAPOREUX** ☐ aérien, confus, flou, fondu, imprécis, incertain, indéfinissable, indéterminé, indistinct, léger, obscur, vague.

**VARIABLE** ☐ capricieux, changeant, flottant, incertain, inconstant, instable.

**VARIATION** ☐ changement, écart, fluctuation, modification, mouvement, vicissitude.

**VARIÉ** ☐ changeant, différent, disparate, divers, hétéroclite, mélangé, multiple, nuancé.

**VARIER** ☐ changer, diversifier, modifier, transformer.

**VARIÉTÉ** ☐ changement, diversité, genre, type.

**VARIÉTÉS** ☐ chansons, music-hall, numéros.

**VASE** ☐ amphore, calice, coupe.
● dépôt, limon, sédiment.

**VASTE** ☐ ample, considérable, énorme, gigantesque, immense, important, imposant, impressionnant.

**VATICINER** ☐ annoncer, délirer, prédire, prophétiser.

**VAURIEN** ☐ brigand, canaille, crapule, dévoyé, fripouille, gredin, scélérat, voyou.
● chenapan, drôle, galopin, garnement.

**VEDETTE** ☐ artiste, chanteur, comédien, star.
● embarcation.

**VÉGÉTATION** ☐ flore, verdure.

**VÉGÉTER** ☐ se contenter, languir, subsister, vivoter.

**VÉHÉMENCE** ☐ ardeur, emportement, exaltation, fougue, frénésie, impatience, impétuosité, intensité, vivacité.

**VÉHÉMENT** ☐ brutal, fougueux, frénétique, furieux, impétueux, passionné, violent, virulent.

**VÉHICULER** ☐ convoyer, transférer, transporter.

**VEILLE** ☐ garde, insomnie, surveillance.

**VEILLER** ☐ assister, garder, soigner, surveiller.

**VEILLEUR** ☐ gardien, guetteur, surveillant, vigie.

**VEINE** ☐ filon, gisement, mine.
● aubaine, chance, hasard.

- esprit, illumination, imagination, inspiration, verve.

**VELLÉITAIRE** ☐ apathique, hésitant, indolent, lymphatique, mou, nonchalant, veule.

**VÉLOCITÉ** ☐ célérité, promptitude, rapidité, vitesse.

**VELOUTÉ** ☐ doux, duveteux, moelleux, onctueux, pelucheux, soyeux.

**VÉNAL** ☐ âpre, avide, corrompu, cupide.

**VENDRE** ☐ débiter, échanger, écouler, exporter, liquider, solder.
- dénoncer, livrer, trahir.

**VÉNÉNEUX** ☐ empoisonné, nocif, toxique, venimeux.

**VÉNÉRATION** ☐ culte, hommage, piété, respect, révérence.

**VÉNÉRER** ☐ adorer, estimer, honorer, respecter.

**VENGEANCE** ☐ châtiment, punition, représailles, rétorsion, revanche, riposte, vindicte.

**VENGER** ☐ châtier, laver, punir.

**VÉNIEL** ☐ anodin, excusable, insignifiant, négligeable, quelconque.

**VENIMEUX** ☐ empoisonné, nocif, toxique, vénéneux.
- cruel, malfaisant, mauvais, méchant, perfide, sournois.

**VENIR** ☐ approcher, arriver, avancer, se présenter, provenir, sortir de.

**VENT** ☐ alizé, aquilon, blizzard, brise, mistral, mousson, souffle, tempête, tramontane, zéphyr.

**VENTE** ☐ adjudication, braderie, criée, débit, écoulement, exportation, liquidation, solde.

**VENTRE** ☐ abdomen, bedaine, flanc, panse, sein.

**VENTRIPOTENT** ☐ ventru.

**VENTRU** ☐ bedonnant, corpulent, gras, gros, obèse, pansu.

**VENUE** ☐ arrivée, avènement, irruption, naissance.

**VÉRACITÉ** ☐ authenticité, évidence, exactitude, réalité, vérité.

**VERBAL** ☐ oral, parlé.

**VERBE** ☐ expression, langage, langue, parole.

**VERBEUX** ☐ bavard, confus, diffus, loquace, prolixe, volubile.

**VERDEUR** ☐ ardeur, jeunesse, vigueur.

**VERDICT** ☐ arrêt, décision, jugement, sentence.

**VÉREUX** ☐ corrompu, douteux, malhonnête, suspect.

**VÉRIDIQUE** ☐ authentique, exact, incontestable, réel, sincère, véritable, vrai.

**VÉRIFIER** ☐ avérer, confirmer, constater, contrôler, examiner, prouver.

**VÉRITABLE** ☐ authentique, incontestable, naturel, réel, véridique, vrai.

**VÉRITÉ** ☐ authenticité, banalité, dogme, évidence, exactitude, franchise, loyauté, netteté, objectivité, principe, réalité, sincérité, truisme, véracité.

**VERMILLON** ☐ cramoisi, écarlate, rouge, rubicond, vermeil.

**VERS** ☐ à la rencontre, sur.

**VERSATILE** ☐ capricieux, changeant, flottant, incertain, inconstant, lunatique, variable, volage.

**VERSER** ☐ couler, déverser, épancher, répandre.
- acquitter, payer, régler.

**VERSION** ☐ analyse, interprétation, récit, relation, traduction.

**VERSO** ☐ dos, pile, revers.

**VERT** ☐ émeraude, glauque, pers, verdoyant.
- alerte, gaillard, grivois, jeune, vigoureux.

**VERTICAL** ☐ debout, droit, normal, orthogonal, perpendiculaire.

**VERTIGE** ☐ éblouissement, étourdissement, évanouissement, griserie, ivresse, trouble, vapeurs.

**VERTIGINEUX** ☐ colossal, démesuré, énorme, gigantesque, immense, monumental.

**VERTU** ☐ courage, décence, probité, sainteté, valeur.
• efficacité, faculté, pouvoir, propriété.

**VERTU (EN... DE)** ☐ en conséquence.

**VERTUEUX** ☐ chaste, exemplaire, méritoire, pudibond, prude, pudique, pur, puritain, sage.

**VERVE** ☐ brio, éloquence, esprit, imagination, inspiration, truculence.

**VESTIGE** ☐ débris, marque, reste, ruine, trace, traînée.

**VÊTEMENT** ☐ accoutrement, costume, effets, habillement, mise, toilette, tenue.

**VÊTIR (SE)** ☐ endosser, s'habiller, prendre, revêtir.

**VÊTU** ☐ accoutré, costumé, couvert, habillé, mis.

**VÉTUSTE** ☐ ancien, archaïque, décrépi, désuet, suranné, usé, vieux.

**VEULE** ☐ apathique, faible, indolent, lâche, lymphatique, mou, nonchalant, velléitaire.

**VEXANT** ☐ désobligeant, humiliant, irritant, rageant.

**VEXATION** ☐ affront, brimade, camouflet, honte, insulte, offense, outragé, persécution.

**VEXER** ☐ désobliger, humilier, irriter, mortifier, offenser.

**VIBRANT** ☐ retentissant, ronflant, sonnant, sonore, tonitruant, tonnant.

**VIBRATION** ☐ battement, frémisse-ment, oscillation, tremblement, trépidation, tressautement.

**VIBRER** ☐ frémir, trembler, trépider, tressaillir, tressauter.

**VICE** ☐ défaut, faiblesse, imperfection, tare.
• débauche, dépravation, immoralité, luxure, mal, manie, perversion.

**VICIER** ☐ altérer, corrompre, dénaturer, gâter.

**VICIEUX** ☐ corrompu, dépravé, dissolu, lascif, licencieux, luxurieux, obscène, ordurier, pervers, pornographique, sale.

**VICTIME** ☐ martyr, mort, proie, souffre-douleur.

**VICTOIRE** ☐ apothéose, gloire, réussite, succès, triomphe.

**VICTORIEUX** ☐ conquérant, gagnant, triomphant, vainqueur.

**VICTUAILLES** ☐ nourriture, provisions, subsistances, vivres.

**VIDE** ☐ (adj) creux, dégarni, dénudé, désert, inhabité, net, nu.

**VIDE** ☐ (nom) cavité, creux, ouverture, lacune, trou.
• insignifiance, inutilité, néant, vent, vanité.

**VIDER** ☐ assécher, enlever, évacuer, nettoyer, retirer, vidanger.

**VIE** ☐ ardeur, courage, dynamisme, énergie, force, puissance, ressort, vigueur, vitalité, vivacité.
• destinée, existence, jours, réalité, temps.

**VIEILLARD** ☐ ancien, barbon, patriarche, vieux.

**VIEILLESSE** ☐ âge, ancienneté, déclin, décrépitude, sénilité, vieillissement.

**VIEILLIR** ☐ baisser, dater, décliner, péricliter, s'user.

**VIERGE** ☐ (nom) pucelle, rosière, vestale.

**VIERGE** ☐ (adj) chaste, immaculé, inaltéré, intact, intégré, net, puceau, pur, vertueux.

**VIEUX** ☐ âgé, ancien, archaïque, caduc, décrépi, démodé, désuet, fatigué, révolu, sénile, suranné, usagé, usé, vétuste.

**VIF** ☐ agile, alerte, ardent, éveillé, fringant, gai, léger, nerveux, piquant, rapide, sémillant.

**VIGIE** ☐ gardien, guetteur, surveillant, veilleur.

**VIGILANCE** ☐ application, attention, concentration, soin, tension.

**VIGILANT** ☐ appliqué, attentif, concentré, consciencieux, soigneux.

**VIGOUREUX** ☐ athlétique, énergique, fort, gros, musclé, puissant, résistant, robuste, solide.

**VIGUEUR** ☐ ardeur, courage, dynamisme, énergie, force, puissance, ressort, robustesse, vivacité.

**VIL** ☐ abject, bas, dégoûtant, grossier, ignoble, indigne, infâme, méprisable, obscène, répugnant, sordide.

**VILAIN** ☐ (adj) avare, déplaisant, laid, méchant, médiocre, repoussant, sale.

**VILIPENDER** ☐ abaisser, bafouer, conspuer, dénigrer, huer, maltraiter.

**VILLAGE** ☐ bourg, bourgade, hameau, localité.

**VILLE** ☐ agglomération, capitale, cité, localité, métropole, zone urbaine.

**VILLÉGIATURE** ☐ résidence, séjour, vacances.

**VINDICATIF** ☐ haineux, hostile, malveillant, rancunier.

**VINDICTE** ☐ haine, hostilité, rancœur, rancune, ressentiment.

**VIOL** ☐ brutalité, contrainte, profanation, sévices, violence.

**VIOLATION** ☐ contravention, infraction, entorse, profanation, transgression.

**VIOLEMMENT** ☐ brutalement.

**VIOLENCE** ☐ ardeur, colère, fougue, frénésie, fureur, impétuosité, véhémence, virulence.
• agression, brutalité, contrainte, coups et blessures, sévices.

**VIOLENT** ☐ agressif, brusque, brutal, coléreux, frénétique, furieux, impétueux, irascible, terrible, véhément, virulent.

**VIOLENTER** ☐ brutaliser, contraindre, exiger, forcer, imposer, obliger, torturer.

**VIOLER** ☐ contrevenir, enfreindre, désobéir, transgresser.
• avilir, déshonorer, profaner, salir, souiller.

**VIRAGE** ☐ coude, lacet, tournant.

**VIRIL** ☐ mâle, masculin.

**VIRTUEL** ☐ concevable, possible, probable.

**VIRTUOSE** ☐ artiste, maître, musicien.

**VIRTUOSITÉ** ☐ art, brio, habileté, maestria.

**VIRULENCE** ☐ ardeur, colère, fougue, frénésie, fureur, impétuosité, véhémence, violence.

**VIRULENT** ☐ brutal, frénétique, furieux, impétueux, véhément, venimeux, violent.

**VISA** ☐ attestation, autorisation, passeport.

**VISAGE** ☐ aspect, face, faciès, figure, frimousse, front, physionomie, traits.

**VIS-À-VIS** ☐ en face de, face à face, nez à nez.

**VISCÉRAL** ☐ atavique, inné, instinctif, irréfléchi, naturel.

**VISÉES** ☐ ambition, but, dessein, finalité, objectif, vues.

**VISER** ☐ ajuster, mettre en joue, pointer.
- désirer, rechercher, tendre à.
- examiner, parapher, vérifier.

**VISIBLE** ☐ clair, distinct, évident, flagrant, formel, incontestable, limpide, manifeste, net, ostensible, patent, perceptible, vrai.

**VISION** ☐ apparition, hallucination, rêve, songe.
- œil, optique, vue.

**VISIONNAIRE** ☐ halluciné, illuminé, prophète, rêveur, utopiste, voyant.

**VISITE** ☐ consultation, entrevue, inspection, perquisition, rencontre, ronde.

**VISITER** ☐ découvrir, explorer, voir, voyager.

**VISQUEUX** ☐ collant, épais, gluant, pâteux, poisseux, sirupeux.

**VITAL** ☐ capital, essentiel, fondamental, primordial, principal.

**VITALITÉ** ☐ alacrité, ardeur, brio, dynamisme, entrain, fougue, pétulance, rapidité, vivacité.

**VITE** ☐ prestement, rapidement.

**VITESSE** ☐ célérité, diligence, hâte, précipitation, rapidité, vivacité, vélocité.

**VITREUX** ☐ éteint, livide, translucide, voilé.

**VITRINE** ☐ étalage, éventaire, devanture.

**VITUPÉRER** ☐ blâmer, désapprouver, flétrir, protester, réprouver, stigmatiser.

**VIVACE** ☐ durable, opiniâtre, présent, robuste, rustique, solide, tenace, vivant.

**VIVACITÉ** ☐ alacrité, ardeur, entrain, fougue, rapidité, animation, brio, entrain, pétulance, promptitude, rapidité, vitalité, vitesse.

**VIVANT** ☐ animé, ardent, énergique, fringant, nerveux, remuant, valide, vif.

**VIVATS** ☐ acclamations, applaudissements, clameurs, cris, ovations.

**VIVEMENT** ☐ ardemment, promptement.

**VIVEUR** ☐ boute-en-train, débauché, dévergondé, libertin, noceur.

**VIVIFIANT** ☐ excitant, piquant, stimulant.

**VIVOTER** ☐ se contenter, subsister, végéter.

**VIVRE** ☐ demeurer, durer, être, exister, habiter, respirer, subsister.

**VIVRE (SAVOIR...)** ☐ civilité, courtoisie, politesse.

**VIVRE** ☐ (nom) aliment, nourriture, provision, subsistance, victuailles.

**VOCATION** ☐ aptitudes, attirance, disposition, don, penchant, possibilités.

**VOCIFÉRER** ☐ clamer, crier, hurler, rugir, tonitruer, tonner.

**VŒU** ☐ engagement, promesse, résolution, serment.
- désir, envie, souhait.

**VOGUE** ☐ engouement, mode, renom, succès.

**VOGUE (EN)** ☐ à la mode, populaire.

**VOIE** ☐ avenue, chemin, piste, route, sentier, sillage, trace.
- biais, façon, manière, moyen, truchement.

**VOILÉ** ☐ assourdi, atténué, caché, dissimulé, enroué, estompé, masqué, sourd, tamisé.

**VOILER** ☐ cacher, camoufler, couvrir, dissimuler, masquer, recouvrir.

**VOIR** ☐ apercevoir, contempler, découvrir, discerner, distinguer, entrevoir, observer, percevoir, regarder, remarquer, surprendre.

**VOISIN** ☐ (adj) adjacent, approchant,

attenant, avoisinant, contigu, mitoyen, proche, rapproché, ressemblant.

**VOISINAGE** ☐ alentours, entourage, environs, proximité.

**VOIX** ☐ articulation, parole, son.
• avis, jugement, suffrage, vote.

**VOL** ☐ décollage, envol, essor, survol, voyage.
• cambriolage, détournement, effraction, escroquerie, fraude, hold-up, larcin, malversation, maraudage.

**VOLAGE** ☐ capricieux, changeant, flottant, frivole, incertain, inconstant, infidèle, variable, versatile.

**VOLATILISER (SE)** ☐ s'évaporer, disparaître, s'échapper, s'éclipser, s'enfuir.
• se gazéifier, se sublimer, se vaporiser.

**VOLCANIQUE** ☐ ardent, emporté, exalté, fougueux, impétueux.

**VOLER** ☐ cambrioler, dépouiller, dérober, détourner, dévaliser, extorquer, piller, rançonner, soutirer.
• flotter, planer, survoler, voltiger.

**VOLEUR** ☐ bandit, brigand, cambrioleur, filou, gangster, malfaiteur.

**VOLONTAIRE** ☐ bénévole, complaisant, délibéré, intentionnel, spontané, voulu.
• acharné, buté, décidé, indocile, obstiné, opiniâtre, tenace, têtu.

**VOLONTAIREMENT** ☐ exprès, intentionnellement, volontiers.

**VOLONTÉ** ☐ caractère, cœur, cran, énergie, fermeté, force, ténacité, vaillance.
• désir, dessein, détermination, gré, résolution, velléité, vœu, vouloir.

**VOLONTÉ (À)** ☐ beaucoup, copieusement, en quantité.

**VOLONTIERS** ☐ de bon gré, volontairement.

**VOLTE-FACE** ☐ changement, pirouette, revirement.

**VOLUBILE** ☐ bavard, grandiloquent, loquace, prolixe, verbeux, volubile.

**VOLUME** ☐ calibre, capacité, cubage, contenance, densité, grosseur.
• livre, ouvrage, tome.

**VOLUPTÉ** ☐ caresse, débauche, délectation, délice, érotisme, joie, jouissance, orgasme, plaisir, régal, sensualité.

**VOLUPTUEUX** ☐ agréable, charnel, excitant, lascif, libertin, sensuel.

**VOMIR** ☐ évacuer, rejeter, rendre.

**VOTE** ☐ plébiscite, consultation, élection, référendum, scrutin, suffrage, voix.

**VOUER** ☐ consacrer, dédier, destiner, promettre.
• blâmer, condamner, flétrir.

**VOULOIR** ☐ demander, désirer, exiger, prétendre à, réclamer, rêver, souhaiter.

**VOÛTÉ** ☐ arqué, bossu, courbe.

**VOÛTER (SE)** ☐ se courber, s'incliner, se plier.

**VOYAGE** ☐ croisière, déplacement, expédition, odyssée, pérégrination, périple, traversée.

**VOYAGER** ☐ bourlinguer, se déplacer, naviguer.

**VOYAGEUR** ☐ bourlingueur, explorateur, globe-trotter, nomade, passager, touriste.

**VOYANT** ☐ (nom) halluciné, illuminé, prophète, rêveur, visionnaire.

**VOYANT** ☐ (adj) coloré, criard, éclatant, tapageur.

**VOYOU** ☐ brigand, canaille, crapule, dévoyé, fripouille, gredin, scélérat, vaurien.
• chenapan, drôle, galopin, garnement.

**VRAI** ☐ apparent, authentique, évident, exact, existant, flagrant, formel, incontestable, manifeste, net, ostensible, patent, perceptible, réel, véridique, véritable, visible.

• fidèle, franc, loyal, sincère, sûr.

**VRAIMENT** ☐ effectivement, franchement.

**VRAISEMBLABLE** ☐ apparent, crédible, croyable, manifeste, patent, plausible, probable, vrai.

**VRAISEMBLANCE** ☐ apparence, crédibilité, probabilité.

**VUE** ☐ apparition, aspect, panorama, paysage, perspective, point de vue, site, spectacle, tableau.

• œil, optique, regard, vision.

• avis, idée, opinion, sentiment.

**VUES** ☐ ambition, but, dessein, finalité, objectif, visées.

**VULGAIRE** ☐ banal, bas, commun, grossier, peuple, populaire, roturier, trivial, vil.

**VULGARISER** ☐ diffuser, populariser, propager, répandre.

**VULNÉRABLE** ☐ désarmé, faible, fragile, impuissant.

# wx
# yz

**WEEK-END** □ congé, fin de semaine, vacances.

**XÉNOPHOBE** □ chauvin, nationaliste, raciste.

**YEUX** □ optique, regard, vision, vue.

**ZÉBRÉ** □ rayé, taché, veiné.

**ZÈLE** □ chaleur, dévouement, empressement, enthousiasme, prosélytisme, vigilance.

**ZÉLÉ** □ appliqué, attentif, dévoué, empressé, enthousiaste, soigneux.

**ZÉNITH** □ apogée, sommet, summum.

**ZÉRO** □ aucun, nullité, rien.

**ZONE** □ espace, région, secteur, surface, territoire.

# Dictionnaire
# des
# conjugaisons

**C**onjugaison : en grammaire, arrangement, suivi de toutes les terminaisons d'un verbe selon le mode, le temps, la personne et le nombre. / Chacune des classes dans lesquelles sont rangés les verbes d'après les différentes manières de les conjuguer. / Art de conjuguer.

# Dictionnaire des conjugaisons

## *mode d'emploi*

*INDEX* : Cet ouvrage présente, dans son **Index**, les quelque 3 060 verbes les plus fréquents de la langue française. Cherchez dans cette liste le verbe à conjuguer, et reportez-vous, dans la seconde partie de l'ouvrage, à la double page indiquée, pour y trouver le modèle de conjugaison auquel ce verbe appartient.

Après les auxiliaires **avoir** et **être**, les verbes sont classés par groupes :
— *Premier groupe*, verbes se terminant en **er** à l'infinitif et par un **e** à la 1re personne du présent de l'indicatif : pages 10 à 25, du verbe *citer* au verbe *maugréer*, en détaillant les terminaisons des verbes en *ger, ier, ayer, oyer, uyer* et *éer* afin d'en déjouer les éventuels pièges orthographiques.

— *Deuxième groupe*, verbes se terminant en **ir** à l'infinitif et en **issant** au participe présent : pages 26 à 29, avec le verbe *choisir* pour modèle et une planche spéciale pour le verbe *haïr*, seul verbe de ce groupe à avoir un **ï** dans sa terminaison.

— *Troisième groupe*, les autres verbes, ceux qui sont qualifiés "d'irréguliers", et qui selon leur terminaison, en **ir, oir, re, uire**…, présentent des variantes dans leur conjugaison. Chaque "famille" de verbes a son modèle.

*CONJUGAISON* : Chaque double page, donc, présente la conjugaison d'un verbe type, avec,

— pour l'**indicatif**, le *présent*, l'*imparfait*, le *passé simple*, le *futur* simple, et les *passé composé, plus-que-parfait, passé antérieur, futur antérieur* ;

— pour le **subjonctif**, le *présent*, l'*imparfait*, le *passé*, et le *plus-que-parfait* ;

— pour le **conditionnel**, le *présent*, le *passé* ; (il existe une *seconde forme du conditionnel passé*, peu usitée : elle est identique à la conjugaison du *plus-que-parfait du subjonctif* : ainsi, pour le verbe **aller**, *que je fusse allé* [plus-que parfait du subjonctif], *je fusse allé* [2ᵉ forme du passé du subjonctif]).

— **Impératif** : sont proposées, pour chaque planche, les *2ᵉ personne du singulier, 1ʳᵉ et 2ᵉ personnes du pluriel* de l'*impératif présent* du verbe. Pour l'impératif passé, rarement usité, il faut utiliser les *1ʳᵉ* **personne du singulier** *(la forme impérative ne prend pas de s à la 2ᵉ personne du singulier)*, *1ʳᵉ et 2ᵉ personnes du pluriel* du **subjonctif passé** [Impératif d'**ouvrir** ; présent : *ouvre*, passé : *aie ouvert*].

— **Infinitif** : *l'infinitif passé* indique quel auxiliaire est utilisé pour la conjugaison des temps composés du verbe sélectionné : *être* allé, *avoir* couru…

— **Participe passé** : lorsque son féminin n'est pas mentionné, c'est qu'il est invariable (ainsi le verbe **pouvoir**…).

— Un ou plusieurs encadrés, au bas des pages, soulignent les particularités de la famille du verbe conjugué, quand il y en a.

Bonne conjugaison.

# Notions de grammaire française

Nous parlons pour faire connaître aux autres ce que nous éprouvons et pensons. Cette énonciation se nomme *pro-position*. Toute proposition se compose de trois termes : le *sujet,* le *verbe,* et l'*attribut.* Le *sujet* est l'objet du jugement ; c'est la chose à juger. L'*attribut* peint la chose jugée ; il exprime la manière d'être du sujet. Le *verbe* marque la convenance de l'attribut avec le sujet ; il sert à lier l'un à l'autre. Ainsi dans la proposition *le ciel est magnifique ; le ciel* est le sujet ; *est,* le verbe ; et *magnifique,* l'attribut.

Les mots qui entrent dans une proposition pour exprimer le sujet, le verbe, l'attribut, et les diverses circonstances qui peuvent se rapporter à chacune de ces parties, sont de dix espèces différentes : le *substantif,* le *pronom,* l'*article,* l'*adjectif,* le *verbe,* le *participe,* l'*adverbe,* la *préposition,* la *conjonction* et l'*interjection.* Les mots se divisent en mots *variables* et en mots *invariables.*

## <u>MOTS VARIABLES</u>

On appelle *mots variables* ceux qui varient dans leurs terminaisons selon le genre et le nombre, soit parce qu'ils
possèdent par eux-mêmes ces propriétés, soit parce
qu'ils les reçoivent des mots auxquels ils se rapportent.
Les mots variables sont le *substantif*, le *pronom*, l'*article*,
l'*adjectif*, le *verbe* et le *participe*.

### SUBSTANTIF

Le *substantif* ou *nom* est un mot qui, sans avoir besoin
d'un autre mot, subsiste par lui-même dans le discours, et
signifie un être ou un objet, réel ou imaginaire. Les substantifs ont deux propriétés : le *genre* et le *nombre*.
Le *genre* permet la distinction des sexes; de là deux
genres : le *masculin* et le *féminin*. Pour marquer cette différence, on a souvent donné aux substantifs des terminaisons différentes.
Le *nombre* permet de représenter l'unité ou la pluralité;
de là le *singulier*, et le *pluriel*. La marque du pluriel n'est
pas toujours la même. La règle la plus générale est de terminer les substantifs par un *s*.

### PRONOM

Le pronom est le représentant du substantif ou nom ; il se
met à la place du nom. Sa principale fonction est d'éviter
la répétition du substantif, et d'indiquer le rôle que
chaque *personne* joue dans l'action de la parole. Il y a trois
personnes au singulier, et trois au pluriel.

Il y a cinq sortes de pronoms :

— *les pronoms personnels* (je, me, moi, nous ; tu, te, toi, vous ; il, ils, elle, elles, lui, eux, se, soi, le, la, les, leur, en, y),

— *les pronoms possessifs* (le mien, la mienne, le tien, la tienne, le sien, la sienne, le nôtre, la nôtre, l e vôtre, la vôtre, le leur, la leur, les miens, les miennes, les tiens, les tiennes, les siens, les siennes, les nôtres, les nôtres, les vôtres, les vôtres, les leurs, les leurs),

— *les pronoms démonstratifs* (ce, celui, celle, ceux, celles ; celui-ci, celle-ci, ceux-ci, celles-ci ; celui-là, celle-là ; ceux-là, celles-là),

— *les pronoms relatifs* (qui, que, quoi, dont, lequel, laquelle, lesquels, lesquelles),

— *les pronoms indéfinis* (on, quiconque, quelqu'un, chacun, autrui, l'un l'autre, l'un et l'autre, personne).

## SUBSTANTIFS ET PRONOMS

Le substantif et le pronom remplissent quatre fonctions dans le discours : ils y figurent ou comme sujets, ou comme compléments, ou comme attributs, ou en apostrophe. Le substantif et le pronom figurent comme *sujets*, quand ils sont l'objet de l'affirmation marquée par le verbe, quand ils représentent la personne ou la chose qui fait l'action exprimée par le verbe.

Le substantif et le pronom figurent comme *compléments*, quand ils complètent, quand ils achèvent d'exprimer l'idée commencée par un autre mot.

Il y a deux sortes de compléments : le complément *direct*, qui est celui qui complète sans le secours d'une préposition, et le complément *indirect* qui ne complète qu'à l'aide d'une préposition.

Le substantif et le pronom figurent comme *attributs* quand ils expriment la manière d'être du sujet.

Le substantif et le pronom figurent en *apostrophe* quand ils représentent la personne ou la chose à laquelle on adresse la parole (les pronoms personnels sont les seuls qui puissent être employés en apostrophe).

## ARTICLE

La fonction de l'article est de précéder les substantifs communs pour annoncer qu'ils sont employés dans un sens déterminé, c'est-à-dire pour désigner un genre, une espèce ou un individu particulier. Pour les articles définis, *le* pour le masculin singulier, *la* pour le féminin singulier, *les* pour le pluriel des deux genres, pour les articles indéfinis, un pour le masculin singulier, *une* pour le féminin singulier, *des* pour le pluriel des deux genres.

## ADJECTIF

L'adjectif exprime la manière d'être du substantif. Il le modifie, ou en marque une qualité.

## VERBE

Le verbe est un mot qui exprime l'affirmation ; il marque la convenance, la liaison de l'attribut avec le sujet. Le verbe *être* pourrait suffire pour exprimer tous les jugements de notre esprit. Cependant, un grand nombre d'autres verbes ont été créés pour rendre les propos plus précis.

Si le verbe exprime une action faite par le sujet, il se nomme verbe *actif* ; il a toujours un complément direct. Si le verbe exprime une action reçue par le sujet, il se nomme verbe *passif*. Si le verbe n'exprime qu'une qualité, une manière d'être du sujet, s'il n'est ni actif, ni passif, il se nomme verbe *neutre* ; il n'a jamais de complément direct.

Si l'action exprimée retombe sur celui ou sur ceux qui la font, le verbe se nomme *pronominal*.

Si le verbe ne s'emploie qu'à la troisième personne du singulier, et qu'il a pour sujet un mot vague (*il*), il est dit *impersonnel*.

Le verbe a des *inflexions* ou *désinences* différentes selon le *nombre*, la *personne*, le *mode* et le *temps*.

Le *nombre* désigne, dans les verbes comme dans les substantifs, l'unité ou la pluralité.

Le *mode* est la manière d'employer les verbes, par rapport à leur signification. Il y a cinq modes : *l'indicatif*, le *conditionnel*, l'*impératif*, le *subjonctif* et l'*infinitif*.

Le *temps* indique à quelle partie de la durée répond l'action exprimée par le verbe. La durée renferme trois parties ou époques, l'instant où l'on parle, celui qui précède, et celui qui suit : le *présent*, le *passé* et le *futur*.

Le passé et le futur se composent d'une multitude d'instants, d'où résultent plusieurs sortes de passés et de futurs. Le présent n'admet qu'un temps, parce que l'instant où l'on parle est un point indivisible. Soit, en tout, huit temps pour les trois époques.

— **Présent** (*un temps*)
Le *présent* exprime l'affirmation comme ayant lieu à l'instant de la parole : *je lis.*
— **Passé** (*cinq temps*)
L'*imparfait* exprime l'affirmation comme présente relativement à une époque passée : *je lisais quand tu entras.*
Le *passé simple* exprime l'affirmation comme ayant eu lieu dans un temps complètement écoulé : *je lus l'an dernier.*
Le *passé composé* exprime l'affirmation comme ayant eu lieu dans un temps passé non complètement écoulé : *j'ai lu aujourd'hui.*
Le *passé antérieur* exprime l'affirmation comme ayant eu lieu avant un autre dans un temps passé : *quand j'eus lu, je partis.*
Le *plus-que-parfait* exprime l'affirmation comme étant passée avant une autre action, également passée : *j'avais fini, quand tu arrivas.*
— **Futur** (*deux temps*)
Le *futur* exprime l'affirmation comme devant avoir lieu dans un temps où l'on n'est pas encore : *je lirai demain.*
Le *futur antérieur* exprime l'affirmation comme antérieure à une époque à venir : *j'aurai terminé demain.*

Les *temps* des verbes se divisent en temps simples et en temps composés. Les *temps simples* sont ceux qui n'empruntent pas un des temps du verbe *avoir* ou du verbe *être*. Les *temps composés* sont ceux dans la composition desquels il entre un des temps du verbe *avoir* ou du verbe *être*, utilisés comme *auxiliaires*.

Les temps se divisent encore en *temps primitifs* et en *temps dérivés*. Les *temps primitifs* servent à former tous les autres ; il y en a cinq : le *présent de l'infinitif, le participe présent, le participe passé, le présent de l'indicatif, et le passé simple*. Les *temps dérivés* sont ceux qui proviennent des temps primitifs.

Énoncer un verbe avec toutes ses désinences ou terminaisons de nombres, de personnes, de modes et de temps, c'est le *conjuguer*.

Il y a quatre *conjugaisons*, ou classes de verbes, que l'on distingue entre elles par la terminaison du présent de l'infinitif. La première conjugaison a le présent de l'infinitif terminé en **er**. La deuxième conjugaison a le présent de l'infinitif terminé en **ir**. La troisième conjugaison a le présent de l'infinitif terminé en **oir**. La quatrième conjugaison a le présent de l'infinitif terminé en **re**.

## VERBES IRRÉGULIERS

On appelle verbes *irréguliers* ceux dont les terminaisons des temps primitifs et des temps dérivés ne sont pas en tout conformes à celles des verbes qui, dans cet ouvrage, leur servent de modèles : *citer*, pour la première conjugaison ; *choisir*, pour la seconde ; *percevoir*, pour la troisième, et *pendre*, pour la quatrième.

Ainsi un verbe peut être irrégulier de deux manières : dans ses temps primitifs et dans ses temps dérivés.

Par exemple, *bouillir* est irrégulier dans deux temps primitifs, parce qu'au participe présent, il fait *bouillant*, au présent de l'indicatif, *je bous*, et non pas *bouillissant, je bouillis*, en prenant les terminaisons *issant, is*, qui sont celles de ces deux temps pour le verbe *choisir*, modèle de la seconde conjugaison. *Envoyer*, au contraire, est irrégulier dans deux de ses temps dérivés, car au lieu de faire, au futur et au conditionnel présent, *j'envoierai, j'envoierais*, en changeant, comme le verbe *citer*, qui sert de modèle, *r* en *rai* et en *rais*, il fait *j'enverrai, j'enverrais*.

Quelque irrégulier que soit un verbe, les irrégularités n'existent que dans les temps simples.

On trouvera la conjugaison des verbes irréguliers dans le corps du *Dictionnaire*.

## PARTICIPE

Le participe tient de la nature du verbe et de celle de l'adjectif : du verbe, en ce qu'il en a la signification et le régime ; et de l'adjectif, en ce qu'il qualifie le nom auquel il se rapporte. Il y a deux sortes de participes : le participe *présent* et le participe *passé*.

Le participe *présent* ajoute au mot qu'il qualifie l'idée d'une action faite par ce mot ; il est toujours terminé en *ant : étudiant, lisant, prenant*.

Le participe *passé* ajoute au mot qu'il qualifie l'idée d'une action reçue par ce mot : il a diverses terminaisons.

Le participe présent est toujours invariable : *une mère chérissant ses enfants ; des enfants respectant leurs parents*.

Le participe passé est susceptible de prendre l'accord, et est soumis pour sa variabilité et son invariabilité aux trois règles suivantes :

*Première règle*. Le participe passé employé *sans auxiliaire* s'accorde comme l'adjectif avec le mot qu'il qualifie : *une expérience reconnue, des victoires remportées*.

*Deuxième règle*. Le participe passé employé avec le verbe *être* s'accorde avec le sujet de verbe : *la correction est justifiée, les paris sont ouverts*.

*Troisième règle*. Le participe passé employé avec le verbe *avoir*, ou avec le verbe *être* mis pour le verbe *avoir*, ce qui a lieu dans les verbes pronominaux, s'accorde avec le complément direct quand il en est précédé, et reste invariable lorsqu'il en est suivi ou qu'il n'y en a pas. Ainsi l'on écrira avec accord : La lettre *que* j'ai *reçue* ; Ces livres, je *les* ai *lus* ; Ils *m'*ont *félicité* ; Il *nous* a *félicités* ; *Que de peines* j'ai *éprouvées* ; Nous *nous* étions *flattés* ; Ils *se* sont *blâmés* ; La dame *que* j'ai *entendue* chanter ; Il *nous* a *priés* de lui écrire ; à cause des compléments directs *que, les, me, nous, que de peines, nous, se, que, nous,* qui précèdent le participe.

Mais on écrira sans accord : Nous avons *reçu une lettre* ; Ils ont *perdu leurs livres* ; Nous nous sommes *adressé des reproches* ; La romance que j'ai *entendu chanter* ; Il nous a *recommandé* de lui *écrire* ; Les embarras que j'ai *su que vous aviez* ; Ils *se sont écrit* ; Ils *se sont succédé* ; parce que dans les six premières phrases le complément direct est après le participe, et que dans les deux dernières, le participe n'a pas de complément direct.

# MOTS INVARIABLES

Les mots *invariables* sont ceux qui ne varient point dans leurs terminaisons, parce que, ne modifiant jamais le substantif ni le pronom, ils ne sauraient emprunter les propriétés du genre et du nombre, ni conséquemment prendre la forme masculine ou féminine, singulière ou plurielle. Les mots invariables sont l'*adverbe*, la *préposition*, la *conjonction* et l'*interjection*.

## ADVERBE

L'*adverbe* est un mot qui modifie un verbe ou un adjectif, ou un autre adverbe. Le nom d'*adverbe* lui vient de ce que le plus souvent il modifie le verbe, et conséquemment se place près de ce mot.

Un assemblage de mots servant à modifier ou un verbe, ou un adjectif, ou un autre adverbe, se nomme *locution adverbiale*; tels sont : *longtemps, en général, sans cesse*, etc.

## PRÉPOSITION

La *préposition* est un mot qui sert à exprimer le rapport que les mots ont entre eux. La préposition n'a d'elle-même qu'un sens incomplet; elle exige toujours après elle un mot qui en complète la signification : ce mot se nomme le complément de la préposition, et celle-ci avec son complément forme un *complément indirect*.

Un assemblage de mots faisant office d'une préposition, se nomme *locution prépositive*; tels sont *à l'égard de, en faveur de, quant à*, etc.

## CONJONCTION

La *conjonction* est un mot qui sert à lier entre eux les différents membres d'une phrase. C'est par son moyen que l'on compose un tout de plusieurs portions qui, sans conjonctions, ne paraîtraient que comme des énumérations ou des phrases décousues. Un assemblage de mots faisant office d'une conjonction, se nomme *locution conjonctive*; tels sont *ainsi que, tandis que, afin que, à moins que,* etc. Conjonctions de coordination : *mais, où, et, donc, or, ni, car.* Conjonctions de subordination : *que, comme, quand.*

## INTERJECTION

L'*interjection* est un mot qui sert à peindre des expressions vives et subites : *Ah ! – Ha ! – Oh ! – Ho ! – Paix ! – Chut ! – Holà ! – Hé bien ! – Hélas !*

# Dictionnaire des conjugaisons

# INDEX ALPHABÉTIQUE DES VERBES

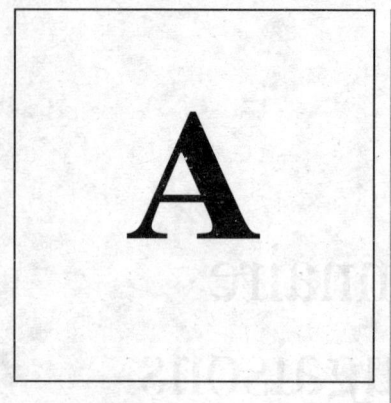

| | |
|---|---|
| Abaisser | 1<sup>er</sup> G. p 88-89 |

Abaisser 1<sup>er</sup> G. p 88-89
Abandonner 1<sup>er</sup> G. p 88-89
Abasourdir 2<sup>e</sup> G. p 104-105
Abâtardir 2<sup>e</sup> G. p 104-105
Abattre 3<sup>e</sup> G. p 210-211
Abdiquer 1<sup>er</sup> G. p 88-89
Abêtir 2<sup>e</sup> G. p 104-105
Abhorrer 1<sup>er</sup> G. p 88-89
Abîmer 1<sup>er</sup> G. p 88-89
Abjurer 1<sup>er</sup> G. p 88-89
Abolir 2<sup>e</sup> G. p 104-105
Abominer 1<sup>er</sup> G. p 88-89
Abonder 1<sup>er</sup> G. p 88-89
Abonner 1<sup>er</sup> G. p 88-89
Aborder 1<sup>er</sup> G. p 88-89
Aboutir 2<sup>e</sup> G. p 104-105
Aboyer 1<sup>er</sup> G. p 96-97
Abréger 1<sup>er</sup> G. p 90-91

Abreuver 1<sup>er</sup> G. p 88-89
Abriter 1<sup>er</sup> G. p 88-89
Abroger 1<sup>er</sup> G. p 90-91
Abrutir 2<sup>e</sup> G. p 104-105
Absenter (s') 1<sup>er</sup> G. p 88-89
Absorber 1<sup>er</sup> G. p 88-89
Absoudre 3<sup>e</sup> G. p 202-203
Abstenir (s') 3<sup>e</sup> G. p 118-119
Abstraire 3<sup>e</sup> G. p 154-155
Abuser 1<sup>er</sup> G. p 88-89
Accabler 1<sup>er</sup> G. p 88-89
Accaparer 1<sup>er</sup> G. p 88-89
Accéder 1<sup>er</sup> G. p 88-89
Accélérer 1<sup>er</sup> G. p 88-89
Accentuer 1<sup>er</sup> G. p 88-89
Accepter 1<sup>er</sup> G. p 88-89
Acclamer 1<sup>er</sup> G. p 88-89
Acclimater 1<sup>er</sup> G. p 88-89
Accoler 1<sup>er</sup> G. p 88-89
Accommoder 1<sup>er</sup> G. p 88-89
Accompagner 1<sup>er</sup> G. p 88-89
Accomplir 2<sup>e</sup> G. p 104-105
Accorder 1<sup>er</sup> G. p 88-89
Accoster 1<sup>er</sup> G. p 88-89
Accoucher 1<sup>er</sup> G. p 88-89
Accoupler 1<sup>er</sup> G. p 88-89
Accourir 3<sup>e</sup> G. p 120-121
Accoutrer 1<sup>er</sup> G. p 88-89
Accoutumer 1<sup>er</sup> G. p 88-89

| | | | |
|---|---|---|---|
| Accréditer | 1er G. p 88-89 | Adonner (s') | 1er G. p 88-89 |
| Accrocher | 1er G. p 88-89 | Adopter | 1er G. p 88-89 |
| Accroître | 3e G. p 164-165 | Adorer | 1er G. p 88-89 |
| Accroupir (s') | 2e G. p 104-105 | Adosser | 1er G. p 88-89 |
| Accueillir | 3e G. p 126-127 | Adoucir | 2e G. p 104-105 |
| Acculer | 1er G. p 88-89 | Adresser | 1er G. p 88-89 |
| Accumuler | 1er G. p 88-89 | Aduler | 1er G. p 88-89 |
| Accuser | 1er G. p 88-89 | Adultérer | 1er G. p 88-89 |
| Achalander | 1er G. p 88-89 | Advenir | 3e G. p 118-119 |
| Acharner (s') | 1er G. p 88-89 | Aérer | 1er G. p 88-89 |
| Acheminer | 1er G. p 88-89 | Affabuler | 1er G. p 88-89 |
| Acheter | 1er G. p 88-89 | Affadir | 2e G. p 104-105 |
| Achever | 1er G. p 88-89 | Affaiblir | 2e G. p 104-105 |
| Acoquiner (s') | 1er G. p 88-89 | Affairer (s') | 1er G. p 88-89 |
| Acquérir | 3e G. p 132-133 | Affaisser (s') | 1er G. p 88-89 |
| Acquiescer | 1er G. p 88-89 | Affaler | 1er G. p 88-89 |
| Acquitter | 1er G. p 88-89 | Affamer | 1er G. p 88-89 |
| Actionner | 1er G. p 88-89 | Affecter | 1er G. p 88-89 |
| Activer | 1er G. p 88-89 | Affectionner | 1er G. p 88-89 |
| Actualiser | 1er G. p 88-89 | Affermir | 2e G. p 104-105 |
| Adapter | 1er G. p 88-89 | Afficher | 1er G. p 88-89 |
| Additionner | 1er G. p 88-89 | Affiler | 1er G. p 88-89 |
| Adhérer | 1er G. p 88-89 | Affilier | 1er G. p 92-93 |
| Adjoindre | 3e G. p 190-191 | Affiner | 1er G. p 88-89 |
| Adjuger | 1er G. p 90-91 | Affirmer | 1er G. p 88-89 |
| Admettre | 3e G. p 208-209 | Affleurer | 1er G. p 88-89 |
| Administrer | 1er G. p 88-89 | Affliger | 1er G. p 90-91 |
| Admirer | 1er G. p 88-89 | Affluer | 1er G. p 88-89 |
| Admonester | 1er G. p 88-89 | Affoler | 1er G. p 88-89 |

| | | | |
|---|---|---|---|
| **Affranchir** | 2ᵉ G. p 104-105 | **Aimer** | 1ᵉʳ G. p 88-89 |
| **Affréter** | 1ᵉʳ G. p 88-89 | **Ajourer** | 1ᵉʳ G. p 88-89 |
| **Affrioler** | 1ᵉʳ G. p 88-89 | **Ajourner** | 1ᵉʳ G. p 88-89 |
| **Affronter** | 1ᵉʳ G. p 88-89 | **Ajouter** | 1ᵉʳ G. p 88-89 |
| **Affubler** | 1ᵉʳ G. p 88-89 | **Ajuster** | 1ᵉʳ G. p 88-89 |
| **Affûter** | 1ᵉʳ G. p 88-89 | **Alanguir (s')** | 2ᵉ G. p 104-105 |
| **Agacer** | 1ᵉʳ G. p 88-89 | **Alarmer** | 1ᵉʳ G. p 88-89 |
| **Agencer** | 1ᵉʳ G. p 88-89 | **Alcooliser** | 1ᵉʳ G. p 88-89 |
| **Agenouiller (s')** | 1ᵉʳ G. p 88-89 | **Alerter** | 1ᵉʳ G. p 88-89 |
| **Agglomérer** | 1ᵉʳ G. p 88-89 | **Aliéner** | 1ᵉʳ G. p 88-89 |
| **Agglutiner** | 1ᵉʳ G. p 88-89 | **Aligner** | 1ᵉʳ G. p 88-89 |
| **Aggraver** | 1ᵉʳ G. p 88-89 | **Alimenter** | 1ᵉʳ G. p 88-89 |
| **Agir** | 2ᵉ G. p 104-105 | **Aliter (s')** | 1ᵉʳ G. p 88-89 |
| **Agiter** | 1ᵉʳ G. p 88-89 | **Allaiter** | 1ᵉʳ G. p 88-89 |
| **Agonir** | 2ᵉ G. p 104-105 | **Allécher** | 1ᵉʳ G. p 88-89 |
| **Agoniser** | 1ᵉʳ G. p 88-89 | **Alléger** | 1ᵉʳ G. p 90-91 |
| **Agrafer** | 1ᵉʳ G. p 88-89 | **Aller** | 3ᵉ G. p 108-109 |
| **Agrandir** | 2ᵉ G. p 104-105 | **Allier** | 1ᵉʳ G. p 92-93 |
| **Agréer** | 1ᵉʳ G. p 102-103 | **Allonger** | 1ᵉʳ G. p 90-91 |
| **Agréger** | 1ᵉʳ G. p 90-91 | **Allouer** | 1ᵉʳ G. p 88-89 |
| **Agresser** | 1ᵉʳ G. p 88-89 | **Allumer** | 1ᵉʳ G. p 88-89 |
| **Agripper** | 1ᵉʳ G. p 88-89 | **Alourdir** | 2ᵉ G. p 104-105 |
| **Aguerrir** | 2ᵉ G. p 104-105 | **Altérer** | 1ᵉʳ G. p 88-89 |
| **Aguicher** | 1ᵉʳ G. p 88-89 | **Alunir** | 2ᵉ G. p 104-105 |
| **Aider** | 1ᵉʳ G. p 88-89 | **Amadouer** | 1ᵉʳ G. p 88-89 |
| **Aigrir** | 2ᵉ G. p 104-105 | **Amaigrir** | 2ᵉ G. p 104-105 |
| **Aiguillonner** | 1ᵉʳ G. p 88-89 | **Amalgamer** | 1ᵉʳ G. p 88-89 |
| **Aiguiser** | 1ᵉʳ G. p 88-89 | **Amarrer** | 1ᵉʳ G. p 88-89 |
| **Aimanter** | 1ᵉʳ G. p 88-89 | **Amasser** | 1ᵉʳ G. p 88-89 |

| | | | |
|---|---|---|---|
| Ambitionner | 1er G. p 88-89 | Annuler | 1er G. p 88-89 |
| Améliorer | 1er G. p 88-89 | Anoblir | 2e G. p 104-105 |
| Aménager | 1er G. p 90-91 | Ânonner | 1er G. p 88-89 |
| Amender | 1er G. p 88-89 | Anticiper | 1er G. p 88-89 |
| Amener | 1er G. p 88-89 | Apaiser | 1er G. p 88-89 |
| Amenuiser | 1er G. p 88-89 | Apercevoir | 3e G. p 138-139 |
| Amerrir | 2e G. p 104-105 | Apeurer | 1er G. p 88-89 |
| Ameuter | 1er G. p 88-89 | Apitoyer | 1er G. p 96-97 |
| Amincir | 2e G. p 104-105 | Aplanir | 2e G. p 104-105 |
| Amnistier | 1er G. p 88-89 | Aplatir | 2e G. p 104-105 |
| Amoindrir | 2e G. p 104-105 | Apostropher | 1er G. p 88-89 |
| Amollir | 2e G. p 104-105 | Apparaître | 3e G. p 160-161 |
| Amonceler | 1er G. p 88-89 | Appareiller | 1er G. p 88-89 |
| Amorcer | 1er G. p 88-89 | Apparenter | 1er G. p 88-89 |
| Amortir | 2e G. p 104-105 | Apparier | 1er G. p 92-93 |
| Amouracher (s') | 1er G. p 88-89 | Appartenir | 3e G. p 118-119 |
| Amplifier | 1er G. p 92-93 | Appâter | 1er G. p 88-89 |
| Amputer | 1er G. p 88-89 | Appauvrir | 2e G. p 104-105 |
| Amuser | 1er G. p 88-89 | Appeler | 1er G. p 88-89 |
| Analyser | 1er G. p 88-89 | Appesantir | 2er G. p 88-89 |
| Ancrer | 1er G. p 88-89 | Applaudir | 2e G. p 104-105 |
| Anéantir | 2e G. p 104-105 | Appliquer | 1er G. p 88-89 |
| Anesthésier | 1er G. p 92-93 | Appointer | 1er G. p 88-89 |
| Animer | 1er G. p 88-89 | Apporter | 1er G. p 88-89 |
| Ankyloser | 1er G. p 88-89 | Apposer | 1er G. p 88-89 |
| Annexer | 1er G. p 88-89 | Apprécier | 1er G. p 92-93 |
| Annihiler | 1er G. p 88-89 | Appréhender | 1er G. p 88-89 |
| Annoncer | 1er G. p 88-89 | Apprendre | 3e G. p 194-195 |
| Annoter | 1er G. p 88-89 | Apprêter | 1er G. p 88-89 |

| | | | | |
|---|---|---|---|---|
| **Apprivoiser** | 1<sup>er</sup> G. p 88-89 | | **Aseptiser** | 1<sup>er</sup> G. p 88-89 |

Apprivoiser 1er G. p 88-89  Aseptiser 1er G. p 88-89
Approcher 1er G. p 88-89  Asperger 1er G. p 90-91
Approfondir 2e G. p 104-105  Asphyxier 1er G. p 92-93
Approprier (s') 1er G. p 92-93  Aspirer 1er G. p 88-89
Approuver 1er G. p 88-89  Assagir (s') 2e G. p 104-105
Approvisionner 1er G. p 88-89  Assaillir 3e G. p 124-125
Appuyer 1er G. p 100-101  Assainir 2e G. p 104-105
Apurer 1er G. p 88-89  Assaisonner 1er G. p 88-89
Araser 1er G. p 88-89  Assassiner 1er G. p 88-89
Arbitrer 1er G. p 88-89  Assécher 1er G. p 88-89
Arborer 1er G. p 88-89  Assembler 1er G. p 88-89
Arc-bouter 1er G. p 88-89  Asséner 1er G. p 88-89
Argenter 1er G. p 88-89  Asseoir 3e G. p 150-151
Arguer 1er G. p 88-89  Asservir 2e G. p 104-105
Argumenter 1er G. p 88-89  Assiéger 1er G. p 90-91
Armer 1er G. p 88-89  Assigner 1er G. p 88-89
Arnaquer 1er G. p 88-89  Assimiler 1er G. p 88-89
Aromatiser 1er G. p 88-89  Assister 1er G. p 88-89
Arquer 1er G. p 88-89  Associer 1er G. p 88-89
Arracher 1er G. p 88-89  Assombrir 2e G. p 104-105
Arraisonner 1er G. p 88-89  Assommer 1er G. p 88-89
Arranger 1er G. p 90-91  Assortir 2e G. p 104-105
Arrêter 1er G. p 88-89  Assoupir 2e G. p 104-105
Arrimer 1er G. p 88-89  Assouplir 2e G. p 104-105
Arriver 1er G. p 88-89  Assourdir 2e G. p 104-105
Arroger (s') 1er G. p 90-91  Assouvir 2e G. p 104-105
Arrondir 2e G. p 104-105  Assujettir 2e G. p 104-105
Arroser 1er G. p 88-89  Assumer 1er G. p 88-89
Articuler 1er G. p 88-89  Assurer 1er G. p 88-89

| | | | | |
|---|---|---|---|---|
| Astiquer | 1er G. p 88-89 | | Autoriser | 1er G. p 88-89 |
| Astreindre | 3e G. p 188-189 | | Avaler | 1er G. p 88-89 |
| Atermoyer | 1er G. p 96-97 | | Avaliser | 1er G. p 88-89 |
| Atomiser | 1er G. p 88-89 | | Avancer | 1er G. p 88-89 |
| Atrophier | 1er G. p 92-93 | | Avantager | 1er G. p 90-91 |
| Attabler | 1er G. p 88-89 | | Aventurer (s') | 1er G. p 88-89 |
| Attacher | 1er G. p 88-89 | | Avérer (s') | 1er G. p 88-89 |
| Attaquer | 1er G. p 88-89 | | Avertir | 2e G. p 104-105 |
| Attarder (s') | 1er G. p 88-89 | | Aveugler | 1er G. p 88-89 |
| Atteindre | 3e G. p 188-189 | | Avilir | 2e G. p 104-105 |
| Atteler | 1er G. p 88-89 | | Aviser | 1er G. p 88-89 |
| Attendre | 3e G. p 192-193 | | Avoir | p 84-85 |
| Attendrir | 2e G. p 104-105 | | Avoisiner | 1er G. p 88-89 |
| Atténuer | 1er G. p 88-89 | | Avorter | 1er G. p 88-89 |
| Atterrir | 2e G. p 104-105 | | Avouer | 1er G. p 88-89 |
| Attester | 1er G. p 88-89 | | Axer | 1er G. p 88-89 |
| Attirer | 1er G. p 88-89 | | | |
| Attiser | 1er G. p 88-89 | | | |
| Attraper | 1er G. p 88-89 | | | |
| Attribuer à | 1er G. p 88-89 | | | |
| Attrister | 1er G. p 88-89 | | | |
| Attrouper (s') | 1er G. p 88-89 | | | |
| Augmenter | 1er G. p 88-89 | | | |
| Augurer | 1er G. p 88-89 | | | |
| Auréoler | 1er G. p 88-89 | | | |
| Ausculter | 1er G. p 88-89 | | | |
| Authentifier | 1er G. p 92-93 | | | |
| Automatiser | 1er G. p 88-89 | | | |
| Autopsier | 1er G. p 92-93 | | | |

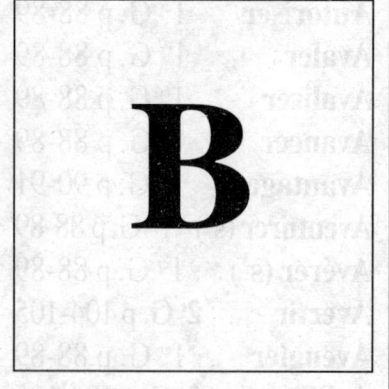

| | |
|---|---|
| Babiller | 1<sup>er</sup> G. p 88-89 |

Balancer 1<sup>er</sup> G. p 88-89

Balayer 1<sup>er</sup> G. p 94-95

Balbutier 1<sup>er</sup> G. p 92-93

Baliser 1<sup>er</sup> G. p 88-89

Banaliser 1<sup>er</sup> G. p 88-89

Bander 1<sup>er</sup> G. p 88-89

Bannir 2<sup>e</sup> G. p 104-105

Banqueter 1<sup>er</sup> G. p 88-89

Baptiser 1<sup>er</sup> G. p 88-89

Baragouiner 1<sup>er</sup> G. p 88-89

Baratiner 1<sup>er</sup> G. p 88-89

Babiller 1<sup>er</sup> G. p 88-89

Bâcher 1<sup>er</sup> G. p 88-89

Bachoter 1<sup>er</sup> G. p 88-89

Bâcler 1<sup>er</sup> G. p 88-89

Badigeonner 1<sup>er</sup> G. p 88-89

Badiner 1<sup>er</sup> G. p 88-89

Bafouer 1<sup>er</sup> G. p 88-89

Bafouiller 1<sup>er</sup> G. p 88-89

Bâfrer 1<sup>er</sup> G. p 88-89

Bagarrer (se) 1<sup>er</sup> G. p 88-89

Baguer 1<sup>er</sup> G. p 88-89

Baigner 1<sup>er</sup> G. p 88-89

Bâiller 1<sup>er</sup> G. p 88-89

Bâillonner 1<sup>er</sup> G. p 88-89

Baiser 1<sup>er</sup> G. p 88-89

Baisser 1<sup>er</sup> G. p 88-89

Balader 1<sup>er</sup> G. p 88-89

Balafrer 1<sup>er</sup> G. p 88-89

Barboter 1<sup>er</sup> G. p 88-89

Barbouiller 1<sup>er</sup> G. p 88-89

Barder 1<sup>er</sup> G. p 88-89

Barioler 1<sup>er</sup> G. p 88-89

Barrer 1<sup>er</sup> G. p 88-89

Barricader 1<sup>er</sup> G. p 88-89

Barrir 2<sup>e</sup> G. p 104-105

Basculer 1<sup>er</sup> G. p 88-89

Baser 1<sup>er</sup> G. p 88-89

Batailler 1<sup>er</sup> G. p 88-89

Batifoler 1<sup>er</sup> G. p 88-89

Bâtir 2<sup>e</sup> G. p 104-105

Battre 3<sup>e</sup> G. p 210-211

Bavarder 1<sup>er</sup> G. p 88-89

Baver 1<sup>er</sup> G. p 88-89

Béatifier 1<sup>er</sup> G. p 92-93

Bêcher 1<sup>er</sup> G. p 88-89

Becqueter 1<sup>er</sup> G. p 88-89

| | | | |
|---|---|---|---|
| **Bégayer** | 1er G. p 94-95 | **Bombarder** | 1er G. p 88-89 |
| **Bêler** | 1er G. p 88-89 | **Bomber** | 1er G. p 88-89 |
| **Bénéficier** | 1er G. p 92-93 | **Bondir** | 2e G. p 104-105 |
| **Bénir** | 2e G. p 104-105 | **Bonifier** | 1er G. p 92-93 |
| **Bercer** | 1er G. p 88-89 | **Border** | 1er G. p 88-89 |
| **Berner** | 1er G. p 88-89 | **Bosseler** | 1er G. p 88-89 |
| **Beugler** | 1er G. p 88-89 | **Bosser** | 1er G. p 88-89 |
| **Biaiser** | 1er G. p 88-89 | **Botter** | 1er G. p 88-89 |
| **Biffer** | 1er G. p 88-89 | **Boucher** | 1er G. p 88-89 |
| **Bifurquer** | 1er G. p 88-89 | **Boucler** | 1er G. p 88-89 |
| **Bigarrer** | 1er G. p 88-89 | **Bouder** | 1er G. p 88-89 |
| **Biner** | 1er G. p 88-89 | **Bouffer** | 1er G. p 88-89 |
| **Bisser** | 1er G. p 88-89 | **Bouger** | 1er G. p 90-91 |
| **Bivouaquer** | 1er G. p 88-89 | **Bougonner** | 1er G. p 88-89 |
| **Blaguer** | 1er G. p 88-89 | **Bouillir** | 3e G. p 128-129 |
| **Blâmer** | 1er G. p 88-89 | **Bouillonner** | 1er G. p 88-89 |
| **Blanchir** | 2e G. p 104-105 | **Bouleverser** | 1er G. p 88-89 |
| **Blasphémer** | 1er G. p 88-89 | **Bouquiner** | 1er G. p 88-89 |
| **Blêmir** | 2e G. p 104-105 | **Bourdonner** | 1er G. p 88-89 |
| **Blesser** | 1er G. p 88-89 | **Bourgeonner** | 1er G. p 88-89 |
| **Bleuir** | 2e G. p 104-105 | **Bourlinguer** | 1er G. p 88-89 |
| **Blinder** | 1er G. p 88-89 | **Bourrer** | 1er G. p 88-89 |
| **Blondir** | 2e G. p 104-105 | **Boursoufler** | 1er G. p 88-89 |
| **Bloquer** | 1er G. p 88-89 | **Bousculer** | 1er G. p 88-89 |
| **Blottir (se)** | 2e G. p 104-105 | **Bousiller** | 1er G. p 88-89 |
| **Bluffer** | 1er G. p 88-89 | **Boutonner** | 1er G. p 88-89 |
| **Boire** | 3e G. p 166-167 | **Boxer** | 1er G. p 88-89 |
| **Boiter** | 1er G. p 88-89 | **Boycotter** | 1er G. p 88-89 |
| **Boitiller** | 1er G. p 88-89 | **Braconner** | 1er G. p 88-89 |

| | |
|---|---|
| **Brader** | 1er G. p 88-89 |
| **Brailler** | 1er G. p 88-89 |
| **Braire** | 3e G. p 154-155 |
| **Braiser** | 1er G. p 88-89 |
| **Bramer** | 1er G. p 88-89 |
| **Brancher** | 1er G. p 88-89 |
| **Brandir** | 2e G. p 104-105 |
| **Branler** | 1er G. p 88-89 |
| **Braquer** | 1er G. p 88-89 |
| **Brasser** | 1er G. p 88-89 |
| **Braver** | 1er G. p 88-89 |
| **Bredouiller** | 1er G. p 88-89 |
| **Breveter** | 1er G. p 88-89 |
| **Bricoler** | 1er G. p 88-89 |
| **Brider** | 1er G. p 88-89 |
| **Briguer** | 1er G. p 88-89 |
| **Briller** | 1er G. p 88-89 |
| **Brimer** | 1er G. p 88-89 |
| **Briser** | 1er G. p 88-89 |
| **Broder** | 1er G. p 88-89 |
| **Brosser** | 1er G. p 88-89 |
| **Brouiller** | 1er G. p 88-89 |
| **Broyer** | 1er G. p 96-97 |
| **Bruiner** | 1er G. p 88-89 |
| **Brûler** | 1er G. p 88-89 |
| **Brunir** | 2e G. p 104-105 |
| **Brusquer** | 1er G. p 88-89 |
| **Brutaliser** | 1er G. p 88-89 |
| **Butiner** | 1er G. p 88-89 |

# C

| | |
|---|---|
| **Câbler** | 1er G. p 88-89 |
| **Cabosser** | 1er G. p 88-89 |
| **Caboter** | 1er G. p 88-89 |
| **Cabotiner** | 1er G. p 88-89 |
| **Cabrioler** | 1er G. p 88-89 |
| **Cacher** | 1er G. p 88-89 |
| **Cacheter** | 1er G. p 88-89 |
| **Cadenasser** | 1er G. p 88-89 |
| **Cadrer** | 1er G. p 88-89 |
| **Cafouiller** | 1er G. p 88-89 |
| **Cahoter** | 1er G. p 88-89 |
| **Cajoler** | 1er G. p 88-89 |
| **Calciner** | 1er G. p 88-89 |
| **Calculer** | 1er G. p 88-89 |
| **Caler** | 1er G. p 88-89 |
| **Calfeutrer** | 1er G. p 88-89 |
| **Calibrer** | 1er G. p 88-89 |
| **Câliner** | 1er G. p 88-89 |

| | | | | |
|---|---|---|---|---|
| **Calligraphier** | 1er G. p 92-93 | | **Castrer** | 1er G. p 88-89 |
| **Calmer** | 1er G. p 88-89 | | **Cataloguer** | 1er G. p 88-89 |
| **Calomnier** | 1er G. p 92-93 | | **Causer** | 1er G. p 88-89 |
| **Calquer** | 1er G. p 88-89 | | **Cautériser** | 1er G. p 88-89 |
| **Cambrer** | 1er G. p 88-89 | | **Cautionner** | 1er G. p 88-89 |
| **Camoufler** | 1er G. p 88-89 | | **Céder** | 1er G. p 88-89 |
| **Camper** | 1er G. p 88-89 | | **Ceindre** | 3e G. p 188-189 |
| **Canaliser** | 1er G. p 88-89 | | **Ceinturer** | 1er G. p 88-89 |
| **Canarder** | 1er G. p 88-89 | | **Célébrer** | 1er G. p 88-89 |
| **Cancaner** | 1er G. p 88-89 | | **Celer** | 1er G. p 88-89 |
| **Canneler** | 1er G. p 88-89 | | **Censurer** | 1er G. p 88-89 |
| **Canoniser** | 1er G. p 88-89 | | **Centraliser** | 1er G. p 88-89 |
| **Canoter** | 1er G. p 88-89 | | **Centrer** | 1er G. p 88-89 |
| **Capitaliser** | 1er G. p 88-89 | | **Cercler** | 1er G. p 88-89 |
| **Capituler** | 1er G. p 88-89 | | **Cerner** | 1er G. p 88-89 |
| **Capoter** | 1er G. p 88-89 | | **Certifier** | 1er G. p 92-93 |
| **Capter** | 1er G. p 88-89 | | **Cesser** | 1er G. p 88-89 |
| **Captiver** | 1er G. p 88-89 | | **Chagriner** | 1er G. p 88-89 |
| **Capturer** | 1er G. p 88-89 | | **Chahuter** | 1er G. p 88-89 |
| **Caqueter** | 1er G. p 88-89 | | **Chamailler** (se) | 1er G. p 88-89 |
| **Caracoler** | 1er G. p 88-89 | | **Chamarrer** | 1er G. p 88-89 |
| **Caractériser** | 1er G. p 88-89 | | **Chanceler** | 1er G. p 88-89 |
| **Carboniser** | 1er G. p 88-89 | | **Changer** | 1er G. p 90-91 |
| **Caréner** | 1er G. p 88-89 | | **Chanter** | 1er G. p 88-89 |
| **Caresser** | 1er G. p 88-89 | | **Chantonner** | 1er G. p 88-89 |
| **Caricaturer** | 1er G. p 88-89 | | **Chaparder** | 1er G. p 88-89 |
| **Cartonner** | 1er G. p 88-89 | | **Chapeauter** | 1er G. p 88-89 |
| **Caser** | 1er G. p 88-89 | | **Charger** | 1er G. p 90-91 |
| **Casser** | 1er G. p 88-89 | | **Charmer** | 1er G. p 88-89 |

| | | | |
|---|---|---|---|
| **Charrier** | 1er G. p 92-93 | **Cisailler** | 1er G. p 88-89 |
| **Chasser** | 1er G. p 88-89 | **Ciseler** | 1er G. p 88-89 |
| **Châtier** | 1er G. p 92-93 | **Citer** | 1er G. p 88-89 |
| **Chatouiller** | 1er G. p 88-89 | **Civiliser** | 1er G. p 88-89 |
| **Chatoyer** | 1er G. p 96-97 | **Claironner** | 1er G. p 88-89 |
| **Châtrer** | 1er G. p 88-89 | **Clamer** | 1er G. p 88-89 |
| **Chauffer** | 1er G. p 88-89 | **Claquer** | 1er G. p 88-89 |
| **Chausser** | 1er G. p 88-89 | **Clarifier** | 1er G. p 92-93 |
| **Chavirer** | 1er G. p 88-89 | **Classer** | 1er G. p 88-89 |
| **Cheminer** | 1er G. p 88-89 | **Classifier** | 1er G. p 92-93 |
| **Chercher** | 1er G. p 88-89 | **Cligner** | 1er G. p 88-89 |
| **Chérir** | 2e G. p 104-105 | **Clignoter** | 1er G. p 88-89 |
| **Chevaucher** | 1er G. p 88-89 | **Clocher** | 1er G. p 88-89 |
| **Chicaner** | 1er G. p 88-89 | **Clore** | 3e G. p 182-183 |
| **Chiffonner** | 1er G. p 88-89 | **Clôturer** | 1er G. p 88-89 |
| **Chiffrer** | 1er G. p 88-89 | **Clouer** | 1er G. p 88-89 |
| **Choir** | 3e G. p 153 | **Coaguler** | 1er G. p 88-89 |
| **Choisir** | 2e G. p 104-105 | **Coaliser** | 1er G. p 88-89 |
| **Choquer** | 1er G. p 88-89 | **Coasser** | 1er G. p 88-89 |
| **Chronométrer** | 1er G. p 88-89 | **Cocher** | 1er G. p 88-89 |
| **Chuchoter** | 1er G. p 88-89 | **Coder** | 1er G. p 88-89 |
| **Chuter** | 1er G. p 88-89 | **Codifier** | 1er G. p 92-93 |
| **Cicatriser** | 1er G. p 88-89 | **Cogner** | 1er G. p 88-89 |
| **Cimenter** | 1er G. p 88-89 | **Coiffer** | 1er G. p 88-89 |
| **Circoncire** | 3e G. p 180-181 | **Coincer** | 1er G. p 88-89 |
| **Circonscrire** | 3e G. p 172-173 | **Coïncider** | 1er G. p 88-89 |
| **Circonvenir** | 3e G. p 118-119 | **Collaborer** | 1er G. p 88-89 |
| **Circuler** | 1er G. p 88-89 | **Coller** | 1er G. p 88-89 |
| **Cirer** | 1er G. p 88-89 | **Colmater** | 1er G. p 88-89 |

| | | | |
|---|---|---|---|
| Coloniser | 1er G. p 88-89 | Comprimer | 1er G. p 88-89 |
| Colorer | 1er G. p 88-89 | Compromettre | 3e G. p 208-209 |
| Colorier | 1er G. p 92-93 | Compter | 1er G. p 88-89 |
| Colporter | 1er G. p 88-89 | Concéder | 1er G. p 88-89 |
| Combattre | 3e G. p 210-211 | Concentrer | 1er G. p 88-89 |
| Combiner | 1er G. p 88-89 | Concerner | 1er G. p 88-89 |
| Combler | 1er G. p 88-89 | Concevoir | 3e G. p 138-139 |
| Commander | 1er G. p 88-89 | Concilier | 1er G. p 92-93 |
| Commémorer | 1er G. p 88-89 | Conclure | 3e G. p 184-185 |
| Commencer | 1er G. p 88-89 | Concourir | 3e G. p 120-121 |
| Commenter | 1er G. p 88-89 | Concrétiser | 1er G. p 88-89 |
| Commercer | 1er G. p 88-89 | Concurrencer | 1er G. p 88-89 |
| Commercialiser | 1er G. p 88-89 | Condamner | 1er G. p 88-89 |
| Commettre | G. p 130-131 | Condenser | 1er G. p 88-89 |
| Communier | 1er G. p 92-93 | Condescendre | 3e G. p 192-193 |
| Communiquer | 1er G. p 88-89 | Conditionner | 1er G. p 88-89 |
| Comparaître | 3e G. p 160-161 | Conduire | 3e G. p 174-175 |
| Comparer | 1er G. p 88-89 | Conférer | 1er G. p 88-89 |
| Compatir à | 2e G. p 104-105 | Confesser | 1er G. p 88-89 |
| Compenser | 1er G. p 88-89 | Confier | 1er G. p 92-93 |
| Compiler | 1er G. p 88-89 | Confiner | 1er G. p 88-89 |
| Complaire | 3e G. p 158-159 | Confire | 3e G. p 180-181 |
| Compléter | 1er G. p 88-89 | Confirmer | 1er G. p 88-89 |
| Complimenter | 1er G. p 88-89 | Confisquer | 1er G. p 88-89 |
| Compliquer | 1er G. p 88-89 | Confondre | 3e G. p 198-199 |
| Comploter | 1er G. p 88-89 | Conformer (se) | 1er G. p 88-89 |
| Comporter | 1er G. p 88-89 | Conforter | 1er G. p 88-89 |
| Composer | 1er G. p 88-89 | Confronter | 1er G. p 88-89 |
| Comprendre | 3e G. p 194-195 | Congédier | 1er G. p 92-93 |

| | | | |
|---|---|---|---|
| Congeler | 1er G. p 88-89 | Contester | 1er G. p 88-89 |
| Congratuler | 1er G. p 88-89 | Continuer | 1er G. p 88-89 |
| Conjuguer | 1er G. p 88-89 | Contracter | 1er G. p 88-89 |
| Conjurer | 1er G. p 88-89 | Contraindre | 3e G. p 186-187 |
| Connaître | 3e G. p 160-161 | Contrarier | 1er G. p 92-93 |
| Conquérir | 3e G. p 132-133 | Contraster | 1er G. p 88-89 |
| Consacrer | 1er G. p 88-89 | Contredire | 3e G. p 170-171 |
| Conseiller | 1er G. p 88-89 | Contrefaire | 3e G. p 156-157 |
| Consentir à | 3e G. p 114-115 | Contrer | 1er G. p 88-89 |
| Conserver | 1er G. p 88-89 | Contrevenir | 3e G. p 118-119 |
| Considérer | 1er G. p 88-89 | Contribuer | 1er G. p 88-89 |
| Consigner | 1er G. p 88-89 | Contrôler | 1er G. p 88-89 |
| Consister à | 1er G. p 88-89 | Convaincre | 3e G. p 212-213 |
| Consoler | 1er G. p 88-89 | Convenir | 3e G. p 118-119 |
| Consolider | 1er G. p 88-89 | Converger | 1er G. p 90-91 |
| Consommer | 1er G. p 88-89 | Converser | 1er G. p 88-89 |
| Conspirer | 1er G. p 88-89 | Convertir | 2e G. p 104-105 |
| Conspuer | 1er G. p 88-89 | Convier | 1er G. p 92-93 |
| Constater | 1er G. p 88-89 | Convoiter | 1er G. p 88-89 |
| Consterner | 1er G. p 88-89 | Convoquer | 1er G. p 88-89 |
| Constituer | 1er G. p 88-89 | Convoyer | 1er G. p 96-97 |
| Construire | 3e G. p 174-175 | Coopérer | 1er G. p 88-89 |
| Consulter | 1er G. p 88-89 | Coordonner | 1er G. p 88-89 |
| Consumer | 1er G. p 88-89 | Copier | 1er G. p 92-93 |
| Contacter | 1er G. p 88-89 | Copuler | 1er G. p 88-89 |
| Contempler | 1er G. p 88-89 | Corner | 1er G. p 88-89 |
| Contenir | 3e G. p 118-119 | Correspondre | 3e G. p 198-199 |
| Contenter | 1er G. p 88-89 | Corriger | 1er G. p 90-91 |
| Conter | 1er G. p 88-89 | Corroborer | 1er G. p 88-89 |

| | | | |
|---|---|---|---|
| Corrompre | 3$^e$ G. p 218-219 | Crier | 1$^{er}$ G. p 92-93 |
| Coter | 1$^{er}$ G. p 88-89 | Crisper | 1$^{er}$ G. p 88-89 |
| Cotiser | 1$^{er}$ G. p 88-89 | Critiquer | 1$^{er}$ G. p 88-89 |
| Côtoyer | 1$^{er}$ G. p 96-97 | Crocheter | 1$^{er}$ G. p 88-89 |
| Coucher | 1$^{er}$ G. p 88-89 | Croire | 3$^e$ G. p 168-169 |
| Couder | 1$^{er}$ G. p 88-89 | Croiser | 1$^{er}$ G. p 88-89 |
| Coudre | 3$^e$ G. p 204-205 | Croître | 3$^e$ G. p 164-165 |
| Couler | 1$^{er}$ G. p 88-89 | Croquer | 1$^{er}$ G. p 88-89 |
| Coulisser | 1$^{er}$ G. p 88-89 | Crouler | 1$^{er}$ G. p 88-89 |
| Couper | 1$^{er}$ G. p 88-89 | Croupir | 2$^e$ G. p 104-105 |
| Courber | 1$^{er}$ G. p 88-89 | Cueillir | 3$^e$ G. p 126-127 |
| Courir | 3$^e$ G. p 120-121 | Cuire | 3$^e$ G. p 174-175 |
| Couronner | 1$^{er}$ G. p 88-89 | Cuisiner | 1$^{er}$ G. p 88-89 |
| Courroucer | 1$^{er}$ G. p 88-89 | Culbuter | 1$^{er}$ G. p 88-89 |
| Courtiser | 1$^{er}$ G. p 88-89 | Culminer | 1$^{er}$ G. p 88-89 |
| Coûter | 1$^{er}$ G. p 88-89 | Culpabiliser | 1$^{er}$ G. p 88-89 |
| Couver | 1$^{er}$ G. p 88-89 | Cultiver | 1$^{er}$ G. p 88-89 |
| Couvrir | 3$^e$ G. p 110-111 | Cumuler | 1$^{er}$ G. p 88-89 |
| Cracher | 1$^{er}$ G. p 88-89 | Curer | 1$^{er}$ G. p 88-89 |
| Craindre | 3$^e$ G. p 186-187 | Cuver | 1$^{er}$ G. p 88-89 |
| Crâner | 1$^{er}$ G. p 88-89 | | |
| Craquer | 1$^{er}$ G. p 88-89 | | |
| Créditer | 1$^{er}$ G. p 88-89 | | |
| Créer | 1$^{er}$ G. p 102-103 | | |
| Crêper | 1$^{er}$ G. p 88-89 | | |
| Crépir | 2$^e$ G. p 104-105 | | |
| Creuser | 1$^{er}$ G. p 88-89 | | |
| Crevasser | 1$^{er}$ G. p 88-89 | | |
| Cribler | 1$^{er}$ G. p 88-89 | | |

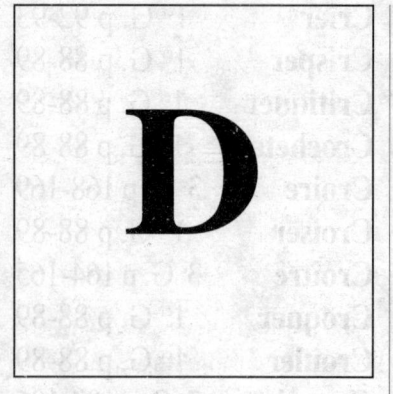

**D**

| | |
|---|---|
| **Daigner** | 1<sup>er</sup> G. p 88-89 |

| | |
|---|---|
| **Daigner** | 1<sup>er</sup> G. p 88-89 |
| **Damer** | 1<sup>er</sup> G. p 88-89 |
| **Damner** | 1<sup>er</sup> G. p 88-89 |
| **Dandiner** (se) | 1<sup>er</sup> G. p 88-89 |
| **Danser** | 1<sup>er</sup> G. p 88-89 |
| **Darder** | 1<sup>er</sup> G. p 88-89 |
| **Dater** | 1<sup>er</sup> G. p 88-89 |
| **Déambuler** | 1<sup>er</sup> G. p 88-89 |
| **Débarbouiller** | 1<sup>er</sup> G. p 88-89 |
| **Débarquer** | 1<sup>er</sup> G. p 88-89 |
| **Débarrasser** | 1<sup>er</sup> G. p 88-89 |
| **Débattre** | 3<sup>e</sup> G. p 210-211 |
| **Débaucher** | 1<sup>er</sup> G. p 88-89 |
| **Débiter** | 1<sup>er</sup> G. p 88-89 |
| **Déblayer** | 1<sup>er</sup> G. p 94-95 |
| **Débloquer** | 1<sup>er</sup> G. p 88-89 |
| **Déborder** | 1<sup>er</sup> G. p 88-89 |
| **Déboucher** | 1<sup>er</sup> G. p 88-89 |
| **Débourser** | 1<sup>er</sup> G. p 88-89 |
| **Déboutonner** | 1<sup>er</sup> G. p 88-89 |
| **Débrouiller** | 1<sup>er</sup> G. p 88-89 |
| **Débusquer** | 1<sup>er</sup> G. p 88-89 |
| **Débuter** | 1<sup>er</sup> G. p 88-89 |
| **Décaler** | 1<sup>er</sup> G. p 88-89 |
| **Décamper** | 1<sup>er</sup> G. p 88-89 |
| **Décanter** | 1<sup>er</sup> G. p 88-89 |
| **Décaper** | 1<sup>er</sup> G. p 88-89 |
| **Décapiter** | 1<sup>er</sup> G. p 88-89 |
| **Décéder** | 1<sup>er</sup> G. p 88-89 |
| **Déceler** | 1<sup>er</sup> G. p 88-89 |
| **Décerner** | 1<sup>er</sup> G. p 88-89 |
| **Décevoir** | 3<sup>e</sup> G. p 138-139 |
| **Déchaîner** | 1<sup>er</sup> G. p 88-89 |
| **Déchanter** | 1<sup>er</sup> G. p 88-89 |
| **Décharger** | 1<sup>er</sup> G. p 90-91 |
| **Déchiffrer** | 1<sup>er</sup> G. p 88-89 |
| **Déchiqueter** | 1<sup>er</sup> G. p 88-89 |
| **Déchirer** | 1<sup>er</sup> G. p 88-89 |
| **Déchoir** | 3<sup>e</sup> G. p 153 |
| **Décider** | 1<sup>er</sup> G. p 88-89 |
| **Déclamer** | 1<sup>er</sup> G. p 88-89 |
| **Déclarer** | 1<sup>er</sup> G. p 88-89 |
| **Déclencher** | 1<sup>er</sup> G. p 88-89 |
| **Décliner** | 1<sup>er</sup> G. p 88-89 |
| **Décocher** | 1<sup>er</sup> G. p 88-89 |
| **Décoder** | 1<sup>er</sup> G. p 88-89 |
| **Décoller** | 1<sup>er</sup> G. p 88-89 |

| | | | |
|---|---|---|---|
| Décolorer | 1er G. p 88-89 | Déduire | 3e G. p 174-175 |
| Décomposer | 1er G. p 88-89 | Défaillir | 3e G. p 124-125 |
| Décompter | 1er G. p 88-89 | Défaire | 3e G. p 156-157 |
| Déconcerter | 1er G. p 88-89 | Défalquer | 1er G. p 88-89 |
| Déconfire | 3e G. p 180-181 | Défavoriser | 1er G. p 88-89 |
| Décongeler | 1er G. p 88-89 | Défendre | 3e G. p 192-193 |
| Décongestionner | 1er G. p 88-89 | Déférer | 1er G. p 88-89 |
| Déconseiller | 1er G. p 88-89 | Déferler | 1er G. p 88-89 |
| Déconsidérer | 1er G. p 88-89 | Défier | 1er G. p 92-93 |
| Décontenancer | 1er G. p 88-89 | Défiler | 1er G. p 88-89 |
| Décontracter | 1er G. p 88-89 | Définir | 2e G. p 104-105 |
| Décorer | 1er G. p 88-89 | Déformer | 1er G. p 88-89 |
| Décortiquer | 1er G. p 88-89 | Défricher | 1er G. p 88-89 |
| Découler | 1er G. p 88-89 | Dégager | 1er G. p 90-91 |
| Découdre | 3e G. p 204-205 | Dégarnir | 2e G. p 104-105 |
| Découper | 1er G. p 88-89 | Dégeler | 1er G. p 88-89 |
| Décourager | 1er G. p 90-91 | Dégénérer | 1er G. p 88-89 |
| Découvrir | 3e G. p 110-111 | Déglutir | 2e G. p 104-105 |
| Décréter | 1er G. p 88-89 | Dégouliner | 1er G. p 88-89 |
| Décrier | 1er G. p 92-93 | Dégourdir | 2e G. p 104-105 |
| Décrire | 3e G. p 172-173 | Dégoûter | 1er G. p 88-89 |
| Décrocher | 1er G. p 88-89 | Dégrader | 1er G. p 88-89 |
| Décroître | 3e G. p 164-165 | Dégringoler | 1er G. p 88-89 |
| Décupler | 1er G. p 88-89 | Dégrossir | 2e G. p 104-105 |
| Dédaigner | 1er G. p 88-89 | Déguerpir | 2e G. p 104-105 |
| Dédicacer | 1er G. p 88-89 | Déguiser | 1er G. p 88-89 |
| Dédier | 1er G. p 92-93 | Déguster | 1er G. p 88-89 |
| Dédire | 3e G. p 170-171 | Déjeuner | 1er G. p 88-89 |
| Dédommager | 1er G. p 90-91 | Déjuger (se) | 1er G. p 90-91 |

| | | | |
|---|---|---|---|
| Délaisser | 1er G. p 88-89 | Démystifier | 1er G. p 92-93 |
| Délasser | 1er G. p 88-89 | Démythifier | 1er G. p 92-93 |
| Délayer | 1er G. p 94-95 | Dénaturer | 1er G. p 88-89 |
| Déléguer | 1er G. p 88-89 | Dénicher | 1er G. p 88-89 |
| Délibérer | 1er G. p 88-89 | Dénigrer | 1er G. p 88-89 |
| Délirer | 1er G. p 88-89 | Déniveler | 1er G. p 88-89 |
| Délivrer | 1er G. p 88-89 | Dénombrer | 1er G. p 88-89 |
| Déloger | 1er G. p 90-91 | Dénommer | 1er G. p 88-89 |
| Demander | 1er G. p 88-89 | Dénoncer | 1er G. p 88-89 |
| Démanger | 1er G. p 90-91 | Dénouer | 1er G. p 88-89 |
| Démanteler | 1er G. p 88-89 | Dénuder | 1er G. p 88-89 |
| Démarcher | 1er G. p 88-89 | Dépanner | 1er G. p 88-89 |
| Démarrer | 1er G. p 88-89 | Dépasser | 1er G. p 88-89 |
| Démêler | 1er G. p 88-89 | Dépecer | 1er G. p 88-89 |
| Démembrer | 1er G. p 88-89 | Dépêcher | 1er G. p 88-89 |
| Déménager | 1er G. p 90-91 | Dépeindre | 3e G. p 188-189 |
| Démener (se) | 1er G. p 88-89 | Dépendre | 3e G. p 192-193 |
| Démentir | 3e G. p 114-115 | Dépenser | 1er G. p 88-89 |
| Démettre | 3e G. p 208-209 | Déplacer | 1er G. p 88-89 |
| Demeurer | 1er G. p 88-89 | Déplaire | 3e G. p 158-159 |
| Démissionner | 1er G. p 88-89 | Déplier | 1er G. p 92-93 |
| Démobiliser | 1er G. p 88-89 | Déployer | 1er G. p 96-97 |
| Démolir | 2e G. p 104-105 | Déplorer | 1er G. p 88-89 |
| Démonter | 1er G. p 88-89 | Déposer | 1er G. p 88-89 |
| Démontrer | 1er G. p 88-89 | Déposséder | 1er G. p 88-89 |
| Démoraliser | 1er G. p 88-89 | Dépouiller | 1er G. p 88-89 |
| Démordre | 3e G. p 200-201 | Dépoussiérer | 1er G. p 88-89 |
| Démouler | 1er G. p 88-89 | Dépraver | 1er G. p 88-89 |
| Démunir | 2e G. p 104-105 | Déprimer | 1er G. p 88-89 |

| | | | | |
|---|---|---|---|---|
| Déraciner | 1er G. p 88-89 | | Désoler | 1er G. p 88-89 |
| Dérailler | 1er G. p 88-89 | | Désorienter | 1er G. p 88-89 |
| Déraisonner | 1er G. p 88-89 | | Dessaisir | 2e G. p 104-105 |
| Déranger | 1er G. p 90-91 | | Desserrer | 1er G. p 88-89 |
| Déraper | 1er G. p 88-89 | | Desservir | 3e G. p 134-135 |
| Dérégler | 1er G. p 88-89 | | Dessiner | 1er G. p 88-89 |
| Dérider | 1er G. p 88-89 | | Destiner | 1er G. p 88-89 |
| Dériver | 1er G. p 88-89 | | Destituer | 1er G. p 88-89 |
| Dérober | 1er G. p 88-89 | | Désunir | 2e G. p 104-105 |
| Dérouler | 1er G. p 88-89 | | Détacher | 1er G. p 88-89 |
| Désaltérer | 1er G. p 88-89 | | Détailler | 1er G. p 88-89 |
| Désappointer | 1er G. p 88-89 | | Détaler | 1er G. p 88-89 |
| Désapprouver | 1er G. p 88-89 | | Détecter | 1er G. p 88-89 |
| Désarçonner | 1er G. p 88-89 | | Déteindre | 3e G. p 188-189 |
| Désarticuler | 1er G. p 88-89 | | Détendre | 3e G. p 192-193 |
| Désavantager | 1er G. p 90-91 | | Détenir | 3e G. p 118-119 |
| Désavouer | 1er G. p 88-89 | | Détériorer | 1er G. p 88-89 |
| Descendre | 3e G. p 192-193 | | Déterminer | 1er G. p 88-89 |
| Déséquilibrer | 1er G. p 88-89 | | Déterrer | 1er G. p 88-89 |
| Déserter | 1er G. p 88-89 | | Détester | 1er G. p 88-89 |
| Désespérer | 1er G. p 88-89 | | Détourner | 1er G. p 88-89 |
| Déshabiller | 1er G. p 88-89 | | Détraquer | 1er G. p 88-89 |
| Déshériter | 1er G. p 88-89 | | Détrôner | 1er G. p 88-89 |
| Déshonorer | 1er G. p 88-89 | | Détrousser | 1er G. p 88-89 |
| Désigner | 1er G. p 88-89 | | Détruire | 3e G. p 174-175 |
| Désintégrer | 1er G. p 88-89 | | Dévaler | 1er G. p 88-89 |
| Désirer | 1er G. p 88-89 | | Dévaliser | 1er G. p 88-89 |
| Désister (se) | 1er G. p 88-89 | | Dévaloriser | 1er G. p 88-89 |
| Désobéir | 2e G. p 104-105 | | Dévaluer | 1er G. p 88-89 |

| | | | |
|---|---|---|---|
| Devancer | 1er G. p 88-89 | Discipliner | 1er G. p 88-89 |
| Dévaster | 1er G. p 88-89 | Discourir | 3e G. p 120-121 |
| Développer | 1er G. p 88-89 | Discréditer | 1er G. p 88-89 |
| Devenir | 3e G. p 118-119 | Disculper | 1er G. p 88-89 |
| Dévêtir | 3e G. p 116-117 | Discuter | 1er G. p 88-89 |
| Dévider | 1er G. p 88-89 | Disgracier | 1er G. p 92-93 |
| Deviner | 1er G. p 88-89 | Disjoindre | 3e G. p 190-191 |
| Dévisager | 1er G. p 90-91 | Disloquer | 1er G. p 88-89 |
| Deviser | 1er G. p 88-89 | Disparaître | 3e G. p 160-161 |
| Dévoiler | 1er G. p 88-89 | Dispenser | 1er G. p 88-89 |
| Devoir | 3e G. p 136-137 | Disperser | 1er G. p 88-89 |
| Dévorer | 1er G. p 88-89 | Disposer | 1er G. p 88-89 |
| Dévouer | 1er G. p 88-89 | Disputer | 1er G. p 88-89 |
| Diaboliser | 1er G. p 88-89 | Disserter | 1er G. p 88-89 |
| Diagnostiquer | 1er G. p 88-89 | Dissimuler | 1er G. p 88-89 |
| Dialoguer | 1er G. p 88-89 | Dissiper | 1er G. p 88-89 |
| Dicter | 1er G. p 88-89 | Dissoudre | 3e G. p 202-203 |
| Diffamer | 1er G. p 88-89 | Dissuader | 1er G. p 88-89 |
| Différencier | 1er G. p 92-93 | Distancer | 1er G. p 88-89 |
| Différer | 1er G. p 88-89 | Distiller | 1er G. p 88-89 |
| Diffuser | 1er G. p 88-89 | Distinguer | 1er G. p 88-89 |
| Digérer | 1er G. p 88-89 | Distraire | 3e G. p 154-155 |
| Dilapider | 1er G. p 88-89 | Distribuer | 1er G. p 88-89 |
| Dilater | 1er G. p 88-89 | Divaguer | 1er G. p 88-89 |
| Diluer | 1er G. p 88-89 | Diverger | 1er G. p 90-91 |
| Diminuer | 1er G. p 88-89 | Diversifier | 1er G. p 92-93 |
| Dire | 3e G. p 170-171 | Divertir | 2e G. p 104-105 |
| Diriger | 1er G. p 90-91 | Diviser | 1er G. p 88-89 |
| Discerner | 1er G. p 88-89 | Divorcer | 1er G. p 88-89 |

| | |
|---|---|
| Divulguer | 1er G. p 88-89 |
| Documenter | 1er G. p 88-89 |
| Domestiquer | 1er G. p 88-89 |
| Domicilier | 1er G. p 92-93 |
| Dominer | 1er G. p 88-89 |
| Dompter | 1er G. p 88-89 |
| Donner | 1er G. p 88-89 |
| Dorer | 1er G. p 88-89 |
| Dorloter | 1er G. p 88-89 |
| Dormir | 3e G. p 112-113 |
| Doser | 1er G. p 88-89 |
| Doter | 1er G. p 88-89 |
| Doubler | 1er G. p 88-89 |
| Doucher | 1er G. p 88-89 |
| Douter | 1er G. p 88-89 |
| Draguer | 1er G. p 88-89 |
| Dramatiser | 1er G. p 88-89 |
| Draper | 1er G. p 88-89 |
| Dresser | 1er G. p 88-89 |
| Droguer | 1er G. p 88-89 |
| Duper | 1er G. p 88-89 |
| Dupliquer | 1er G. p 88-89 |
| Durcir | 2e G. p 104-105 |
| Durer | 1er G. p 88-89 |
| Dynamiter | 1er G. p 88-89 |

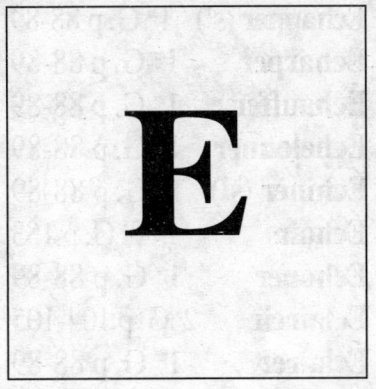

| | |
|---|---|
| Ébahir | 2e G. p 104-105 |
| Ébattre (s') | 3e G. p 210-211 |
| Ébaucher | 1er G. p 88-89 |
| Éberluer | 1er G. p 88-89 |
| Éblouir | 2e G. p 104-105 |
| Ébouillanter | 1er G. p 88-89 |
| Ébouler | 1er G. p 88-89 |
| Ébouriffer | 1er G. p 88-89 |
| Ébranler | 1er G. p 88-89 |
| Ébrécher | 1er G. p 88-89 |
| Ébrouer (s') | 1er G. p 88-89 |
| Ébruiter | 1er G. p 88-89 |
| Écarquiller | 1er G. p 88-89 |
| Écarter | 1er G. p 88-89 |
| Écarteler | 1er G. p 88-89 |
| Échafauder | 1er G. p 88-89 |
| Échanger | 1er G. p 90-91 |
| Échantillonner | 1er G. p 88-89 |

| | | | | |
|---|---|---|---|---|
| Échapper (s') | 1er G. p 88-89 | Effacer | 1er G. p 88-89 |
| Écharper | 1er G. p 88-89 | Effarer | 1er G. p 88-89 |
| Échauffer | 1er G. p 88-89 | Effectuer | 1er G. p 88-89 |
| Échelonner | 1er G. p 88-89 | Effleurer | 1er G. p 88-89 |
| Échiner (s') | 1er G. p 88-89 | Effondrer (s') | 1er G. p 88-89 |
| Échoir | 3e G. p 153 | Efforcer (s') | 1er G. p 88-89 |
| Échouer | 1er G. p 88-89 | Effrayer | 1er G. p 94-95 |
| Éclaircir | 2e G. p 104-105 | Égaler | 1er G. p 88-89 |
| Éclairer | 1er G. p 88-89 | Égaliser | 1er G. p 88-89 |
| Éclater | 1er G. p 88-89 | Égarer | 1er G. p 88-89 |
| Éclore | 3e G. p 182-183 | Égayer | 1er G. p 94-95 |
| Écœurer | 1er G. p 88-89 | Égorger | 1er G. p 90-91 |
| Éconduire | 3e G. p 174-175 | Égoutter | 1er G. p 88-89 |
| Économiser | 1er G. p 88-89 | Égratigner | 1er G. p 88-89 |
| Écorcher | 1er G. p 88-89 | Éjaculer | 1er G. p 88-89 |
| Écosser | 1er G. p 88-89 | Éjecter | 1er G. p 88-89 |
| Écouler | 1er G. p 88-89 | Élaborer | 1er G. p 88-89 |
| Écourter | 1er G. p 88-89 | Élaguer | 1er G. p 88-89 |
| Écouter | 1er G. p 88-89 | Élancer (s') | 1er G. p 88-89 |
| Écraser | 1er G. p 88-89 | Élargir | 2e G. p 104-105 |
| Écrier (s') | 1er G. p 92-93 | Électrifier | 1er G. p 92-93 |
| Écrire | 3e G. p 172-173 | Électriser | 1er G. p 88-89 |
| Écrouer | 1er G. p 88-89 | Électrocuter | 1er G. p 88-89 |
| Écrouler (s') | 1er G. p 88-89 | Élever | 1er G. p 88-89 |
| Écumer | 1er G. p 88-89 | Élimer | 1er G. p 88-89 |
| Édifier | 1er G. p 92-93 | Éliminer | 1er G. p 88-89 |
| Éditer | 1er G. p 88-89 | Élire | 3e G. p 176-177 |
| Édulcorer | 1er G. p 88-89 | Éloigner | 1er G. p 88-89 |
| Éduquer | 1er G. p 88-89 | Élucider | 1er G. p 88-89 |

| | | | |
|---|---|---|---|
| Éluder | 1er G. p 88-89 | Empaqueter | 1er G. p 88-89 |
| Émaner | 1er G. p 88-89 | Emparer (s') | 1er G. p 88-89 |
| Émanciper | 1er G. p 88-89 | Empêcher | 1er G. p 88-89 |
| Émaner | 1er G. p 88-89 | Empester | 1er G. p 88-89 |
| Émasculer | 1er G. p 88-89 | Empêtrer (s') | 1er G. p 88-89 |
| Emballer | 1er G. p 88-89 | Empiéter | 1er G. p 88-89 |
| Embarquer | 1er G. p 88-89 | Empiffrer (s') | 1er G. p 88-89 |
| Embarrasser | 1er G. p 88-89 | Empiler | 1er G. p 88-89 |
| Embaucher | 1er G. p 88-89 | Empirer | 1er G. p 88-89 |
| Embaumer | 1er G. p 88-89 | Emplir | 2e G. p 104-105 |
| Embellir | 2e G. p 104-105 | Employer | 1er G. p 96-97 |
| Embêter | 1er G. p 88-89 | Empocher | 1er G. p 88-89 |
| Emboîter | 1er G. p 88-89 | Empoigner | 1er G. p 88-89 |
| Emboutir | 2e G. p 104-105 | Empoisonner | 1er G. p 88-89 |
| Embraser | 1er G. p 88-89 | Emporter | 1er G. p 88-89 |
| Embrasser | 1er G. p 88-89 | Empresser (s') | 1er G. p 88-89 |
| Embrouiller | 1er G. p 88-89 | Emprisonner | 1er G. p 88-89 |
| Embusquer (s') | 1er G. p 88-89 | Emprunter | 1er G. p 88-89 |
| Émerger | 1er G. p 90-91 | Encadrer | 1er G. p 88-89 |
| Émerveiller | 1er G. p 88-89 | Encaisser | 1er G. p 88-89 |
| Émettre | 3e G. p 208-209 | Encanailler (s') | 1er G. p 88-89 |
| Émigrer | 1er G. p 88-89 | Encastrer | 1er G. p 88-89 |
| Emmagasiner | 1er G. p 88-89 | Encenser | 1er G. p 88-89 |
| Emmêler | 1er G. p 88-89 | Encercler | 1er G. p 88-89 |
| Emmener | 1er G. p 88-89 | Enchaîner | 1er G. p 88-89 |
| Emmitoufler | 1er G. p 88-89 | Enchanter | 1er G. p 88-89 |
| Émoustiller | 1er G. p 88-89 | Enchâsser | 1er G. p 88-89 |
| Émouvoir | 3e G. p 142-143 | Enchevêtrer | 1er G. p 88-89 |
| Empaler | 1er G. p 88-89 | Encombrer | 1er G. p 88-89 |

| | | | |
|---|---|---|---|
| Encourager | 1er G. p 90-91 | Enjoindre | 3e G. p 190-191 |
| Endetter (s') | 1er G. p 88-89 | Enjôler | 1er G. p 88-89 |
| Endeuiller | 1er G. p 88-89 | Enjoliver | 1er G. p 88-89 |
| Endiguer | 1er G. p 88-89 | Enlacer | 1er G. p 88-89 |
| Endoctriner | 1er G. p 88-89 | Enlaidir | 2e G. p 104-105 |
| Endommager | 1er G. p 90-91 | Enlever | 1er G. p 88-89 |
| Endormir | 3e G. p 112-113 | Enliser | 1er G. p 88-89 |
| Endosser | 1er G. p 88-89 | Ennuyer | 1er G. p 100-101 |
| Enduire | 3e G. p 174-175 | Énoncer | 1er G. p 88-89 |
| Endurcir | 2e G. p 104-105 | Enorgueillir (s') | 2e G. p 104-105 |
| Endurer | 1er G. p 88-89 | Enquérir (s') | 3e G. p 132-133 |
| Énerver | 1er G. p 88-89 | Enquêter | 1er G. p 88-89 |
| Enfanter | 1er G. p 88-89 | Enraciner | 1er G. p 88-89 |
| Enfermer | 1er G. p 88-89 | Enrager | 1er G. p 90-91 |
| Enfiler | 1er G. p 88-89 | Enrayer | 1er G. p 94-95 |
| Enflammer | 1er G. p 88-89 | Enregistrer | 1er G. p 88-89 |
| Enfoncer | 1er G. p 88-89 | Enrichir | 2e G. p 104-105 |
| Enfouir | 2e G. p 104-105 | Enrober | 1er G. p 88-89 |
| Enfreindre | 3e G. p 188-189 | Enrôler | 1er G. p 88-89 |
| Enfuir (s') | 3e G. p 130-131 | Enrouler | 1er G. p 88-89 |
| Engager | 1er G. p 90-91 | Ensanglanter | 1er G. p 88-89 |
| Engendrer | 1er G. p 88-89 | Enseigner | 1er G. p 88-89 |
| Englober | 1er G. p 88-89 | Ensemencer | 1er G. p 88-89 |
| Engloutir | 2e G. p 104-105 | Ensevelir | 2e G. p 104-105 |
| Engourdir | 2e G. p 104-105 | Ensorceler | 1er G. p 88-89 |
| Engraisser | 1er G. p 88-89 | Ensuivre (s') | 3e G. p 214-215 |
| Enhardir | 2e G. p 104-105 | Entailler | 1er G. p 88-89 |
| Enivrer | 1er G. p 88-89 | Entamer | 1er G. p 88-89 |
| Enjamber | 1er G. p 88-89 | Entasser | 1er G. p 88-89 |

| | | | | |
|---|---|---|---|---|
| Entendre | 3ᵉ G. p 192-193 | | Épaissir | 2ᵉ G. p 104-105 |
| Enter | 1ᵉʳ G. p 88-89 | | Épancher (s') | 1ᵉʳ G. p 88-89 |
| Entériner | 1ᵉʳ G. p 88-89 | | Épandre | 3ᵉ G. p 196-197 |
| Enterrer | 1ᵉʳ G. p 88-89 | | Épanouir (s') | 2ᵉ G. p 104-105 |
| Entêter (s') | 1ᵉʳ G. p 88-89 | | Épargner | 1ᵉʳ G. p 88-89 |
| Enthousiasmer | 1ᵉʳ G. p 88-89 | | Éparpiller | 1ᵉʳ G. p 88-89 |
| Entourer | 1ᵉʳ G. p 88-89 | | Épater | 1ᵉʳ G. p 88-89 |
| Entraîner | 1ᵉʳ G. p 88-89 | | Épauler | 1ᵉʳ G. p 88-89 |
| Entraver | 1ᵉʳ G. p 88-89 | | Éperonner | 1ᵉʳ G. p 88-89 |
| Entrechoquer | 1ᵉʳ G. p 88-89 | | Épicer | 1ᵉʳ G. p 88-89 |
| Entrelacer | 1ᵉʳ G. p 88-89 | | Épier | 1ᵉʳ G. p 92-93 |
| Entremêler | 1ᵉʳ G. p 88-89 | | Épiler | 1ᵉʳ G. p 88-89 |
| Entremettre (s') | 3ᵉ G. p 208-209 | | Épiloguer | 1ᵉʳ G. p 88-89 |
| Entreposer | 1ᵉʳ G. p 88-89 | | Épingler | 1ᵉʳ G. p 88-89 |
| Entreprendre | 3ᵉ G. p 194-195 | | Éplucher | 1ᵉʳ G. p 88-89 |
| Entrer | 1ᵉʳ G. p 88-89 | | Épouser | 1ᵉʳ G. p 88-89 |
| Entretenir | 3ᵉ G. p 118-119 | | Épousseter | 1ᵉʳ G. p 88-89 |
| Entrevoir | 3ᵉ G. p 140-141 | | Épouvanter | 1ᵉʳ G. p 88-89 |
| Entrouvrir | 3ᵉ G. p 110-111 | | Éprendre (s') | 3ᵉ G. p 194-195 |
| Énumérer | 1ᵉʳ G. p 88-89 | | Éprouver | 1ᵉʳ G. p 88-89 |
| Envahir | 2ᵉ G. p 104-105 | | Épuiser | 1ᵉʳ G. p 88-89 |
| Envelopper | 1ᵉʳ G. p 88-89 | | Épurer | 1ᵉʳ G. p 88-89 |
| Envenimer | 1ᵉʳ G. p 88-89 | | Équilibrer | 1ᵉʳ G. p 88-89 |
| Envier | 1ᵉʳ G. p 92-93 | | Équiper | 1ᵉʳ G. p 88-89 |
| Environner | 1ᵉʳ G. p 88-89 | | Équivaloir | 3ᵉ G. p 148-149 |
| Envisager | 1ᵉʳ G. p 90-91 | | Érafler | 1ᵉʳ G. p 88-89 |
| Envoler (s') | 1ᵉʳ G. p 88-89 | | Éreinter | 1ᵉʳ G. p 88-89 |
| Envoûter | 1ᵉʳ G. p 88-89 | | Ergoter | 1ᵉʳ G. p 88-89 |
| Envoyer | 1ᵉʳ G. p 98-99 | | Ériger | 1ᵉʳ G. p 90-91 |

| | | | |
|---|---|---|---|
| Éroder | 1er G. p 88-89 | Étendre | 3e G. p 192-193 |
| Errer | 1er G. p 88-89 | Éterniser (s') | 1er G. p 88-89 |
| Escalader | 1er G. p 88-89 | Éternuer | 1er G. p 88-89 |
| Escamoter | 1er G. p 88-89 | Étêter | 1er G. p 88-89 |
| Esclaffer (s') | 1er G. p 88-89 | Étinceler | 1er G. p 88-89 |
| Escompter | 1er G. p 88-89 | Étiqueter | 1er G. p 88-89 |
| Escorter | 1er G. p 88-89 | Étirer | 1er G. p 88-89 |
| Escrimer (s') | 1er G. p 88-89 | Étoffer | 1er G. p 88-89 |
| Escroquer | 1er G. p 88-89 | Étoiler | 1er G. p 88-89 |
| Espacer | 1er G. p 88-89 | Étonner | 1er G. p 88-89 |
| Espérer | 1er G. p 88-89 | Étouffer | 1er G. p 88-89 |
| Espionner | 1er G. p 88-89 | Étourdir | 2e G. p 104-105 |
| Esquisser | 1er G. p 88-89 | Étrangler | 1er G. p 88-89 |
| Esquiver | 1er G. p 88-89 | Être | p 86-87 |
| Essayer | 1er G. p 94-95 | Étreindre | 3e G. p 188-189 |
| Essorer | 1er G. p 88-89 | Étrenner | 1er G. p 88-89 |
| Essouffler | 1er G. p 88-89 | Étudier | 1er G. p 92-93 |
| Essuyer | 1er G. p 100-101 | Évacuer | 1er G. p 88-89 |
| Estimer | 1er G. p 88-89 | Évader (s') | 1er G. p 88-89 |
| Estomper | 1er G. p 88-89 | Évaluer | 1er G. p 88-89 |
| Estropier | 1er G. p 92-93 | Évanouir (s') | 2e G. p 104-105 |
| Établir | 2e G. p 104-105 | Évaporer (s') | 1er G. p 88-89 |
| Étager | 1er G. p 90-91 | Éveiller | 1er G. p 88-89 |
| Étaler | 1er G. p 88-89 | Éventer | 1er G. p 88-89 |
| Étalonner | 1er G. p 88-89 | Évertuer (s') | 1er G. p 88-89 |
| Étancher | 1er G. p 88-89 | Évincer | 1er G. p 88-89 |
| Étatiser | 1er G. p 88-89 | Éviter | 1er G. p 88-89 |
| Étayer | 1er G. p 94-95 | Évoluer | 1er G. p 88-89 |
| Éteindre | 3e G. p 188-189 | Évoquer | 1er G. p 88-89 |

| | |
|---|---|
| Exacerber | 1er G. p 88-89 |
| Exagérer | 1er G. p 88-89 |
| Exalter | 1er G. p 88-89 |
| Examiner | 1er G. p 88-89 |
| Exaspérer | 1er G. p 88-89 |
| Exaucer | 1er G. p 88-89 |
| Excéder | 1er G. p 88-89 |
| Excepter | 1er G. p 88-89 |
| Exciter | 1er G. p 88-89 |
| Exclamer (s') | 1er G. p 88-89 |
| Exclure | 3e G. p 184-185 |
| Excuser | 1er G. p 88-89 |
| Exécrer | 1er G. p 88-89 |
| Exécuter | 1er G. p 88-89 |
| Exempter | 1er G. p 88-89 |
| Exercer | 1er G. p 88-89 |
| Exhausser | 1er G. p 88-89 |
| Exhiber | 1er G. p 88-89 |
| Exhorter | 1er G. p 88-89 |
| Exhumer | 1er G. p 88-89 |
| Exiger | 1er G. p 90-91 |
| Exiler | 1er G. p 88-89 |
| Exister | 1er G. p 88-89 |
| Exonérer | 1er G. p 88-89 |
| Exorciser | 1er G. p 88-89 |
| Expédier | 1er G. p 92-93 |
| Expérimenter | 1er G. p 88-89 |
| Expier | 1er G. p 92-93 |
| Expirer | 1er G. p 88-89 |

| | |
|---|---|
| Expliquer | 1er G. p 88-89 |
| Exploiter | 1er G. p 88-89 |
| Explorer | 1er G. p 88-89 |
| Exploser | 1er G. p 88-89 |
| Exporter | 1er G. p 88-89 |
| Exposer | 1er G. p 88-89 |
| Exprimer | 1er G. p 88-89 |
| Expulser | 1er G. p 88-89 |
| Exténuer | 1er G. p 88-89 |
| Extérioriser | 1er G. p 88-89 |
| Exterminer | 1er G. p 88-89 |
| Extorquer | 1er G. p 88-89 |
| Extraire | 3e G. p 154-155 |
| Exulter | 1er G. p 88-89 |

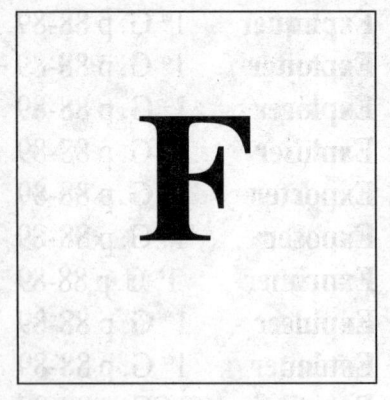

| | |
|---|---|
| **Fabriquer** | 1<sup>er</sup> G. p 88-89 |
| **Fâcher** | 1<sup>er</sup> G. p 88-89 |
| **Faciliter** | 1<sup>er</sup> G. p 88-89 |
| **Façonner** | 1<sup>er</sup> G. p 88-89 |
| **Facturer** | 1<sup>er</sup> G. p 88-89 |
| **Faiblir** | 2<sup>e</sup> G. p 104-105 |
| **Faillir** | 3<sup>e</sup> G. p 124-125 |
| **Faire** | 3<sup>e</sup> G. p 156-157 |
| **Falloir** | 3<sup>e</sup> G. p 152 |
| **Falsifier** | 1<sup>er</sup> G. p 92-93 |
| **Familiariser** (se) | 1<sup>er</sup> G. p 88-89 |
| **Fanatiser** | 1<sup>er</sup> G. p 88-89 |
| **Farcir** | 2<sup>e</sup> G. p 104-105 |
| **Farder** | 1<sup>er</sup> G. p 88-89 |
| **Fanfaronner** | 1<sup>er</sup> G. p 88-89 |
| **Fasciner** | 1<sup>er</sup> G. p 88-89 |
| **Fatiguer** | 1<sup>er</sup> G. p 88-89 |
| **Faucher** | 1<sup>er</sup> G. p 88-89 |

| | |
|---|---|
| **Faufiler** (se) | 1<sup>er</sup> G. p 88-89 |
| **Fausser** | 1<sup>er</sup> G. p 88-89 |
| **Fauter** | 1<sup>er</sup> G. p 88-89 |
| **Favoriser** | 1<sup>er</sup> G. p 88-89 |
| **Féconder** | 1<sup>er</sup> G. p 88-89 |
| **Fédérer** | 1<sup>er</sup> G. p 88-89 |
| **Feindre** | 3<sup>e</sup> G. p 188-189 |
| **Fêler** | 1<sup>er</sup> G. p 88-89 |
| **Féliciter** | 1<sup>er</sup> G. p 88-89 |
| **Fendiller** | 1<sup>er</sup> G. p 88-89 |
| **Fendre** | 3<sup>e</sup> G. p 192-193 |
| **Fermenter** | 1<sup>er</sup> G. p 88-89 |
| **Fermer** | 1<sup>er</sup> G. p 88-89 |
| **Fertiliser** | 1<sup>er</sup> G. p 88-89 |
| **Fesser** | 1<sup>er</sup> G. p 88-89 |
| **Fêter** | 1<sup>er</sup> G. p 88-89 |
| **Feuilleter** | 1<sup>er</sup> G. p 88-89 |
| **Ficeler** | 1<sup>er</sup> G. p 88-89 |
| **Ficher** | 1<sup>er</sup> G. p 88-89 |
| **Fidéliser** | 1<sup>er</sup> G. p 88-89 |
| **Fier** (se) | 1<sup>er</sup> G. p 92-93 |
| **Figer** | 1<sup>er</sup> G. p 90-91 |
| **Fignoler** | 1<sup>er</sup> G. p 88-89 |
| **Figurer** | 1<sup>er</sup> G. p 88-89 |
| **Filer** | 1<sup>er</sup> G. p 88-89 |
| **Filmer** | 1<sup>er</sup> G. p 88-89 |
| **Filtrer** | 1<sup>er</sup> G. p 88-89 |
| **Financer** | 1<sup>er</sup> G. p 88-89 |
| **Finasser** | 1<sup>er</sup> G. p 88-89 |

| | | | |
|---|---|---|---|
| Finir | 2ᵉ G. p 104-105 | Former | 1ᵉʳ G. p 88-89 |
| Fissurer | 1ᵉʳ G. p 88-89 | Formuler | 1ᵉʳ G. p 88-89 |
| Fixer | 1ᵉʳ G. p 88-89 | Forniquer | 1ᵉʳ G. p 88-89 |
| Flageller | 1ᵉʳ G. p 88-89 | Fortifier | 1ᵉʳ G. p 92-93 |
| Flageoler | 1ᵉʳ G. p 88-89 | Foudroyer | 1ᵉʳ G. p 96-97 |
| Flairer | 1ᵉʳ G. p 88-89 | Fouetter | 1ᵉʳ G. p 88-89 |
| Flamber | 1ᵉʳ G. p 88-89 | Fouiller | 1ᵉʳ G. p 88-89 |
| Flamboyer | 1ᵉʳ G. p 96-97 | Fouiner | 1ᵉʳ G. p 88-89 |
| Flancher | 1ᵉʳ G. p 88-89 | Fouler | 1ᵉʳ G. p 88-89 |
| Flâner | 1ᵉʳ G. p 88-89 | Fourbir | 2ᵉ G. p 104-105 |
| Flatter | 1ᵉʳ G. p 88-89 | Fourguer | 1ᵉʳ G. p 88-89 |
| Fléchir | 2ᵉ G. p 104-105 | Fourmiller | 1ᵉʳ G. p 88-89 |
| Flétrir | 2ᵉ G. p 104-105 | Fournir | 2ᵉ G. p 104-105 |
| Fleurir | 2ᵉ G. p 104-105 | Fourrer | 1ᵉʳ G. p 88-89 |
| Flirter | 1ᵉʳ G. p 88-89 | Fourvoyer (se) | 1ᵉʳ G. p 96-97 |
| Flotter | 1ᵉʳ G. p 88-89 | Fracasser | 1ᵉʳ G. p 88-89 |
| Fluctuer | 1ᵉʳ G. p 88-89 | Fractionner | 1ᵉʳ G. p 88-89 |
| Fluidifier | 1ᵉʳ G. p 92-93 | Fracturer | 1ᵉʳ G. p 88-89 |
| Foisonner | 1ᵉʳ G. p 88-89 | Fragiliser | 1ᵉʳ G. p 88-89 |
| Folâtrer | 1ᵉʳ G. p 88-89 | Fragmenter | 1ᵉʳ G. p 88-89 |
| Fomenter | 1ᵉʳ G. p 88-89 | Franchir | 2ᵉ G. p 104-105 |
| Foncer | 1ᵉʳ G. p 88-89 | Frapper | 1ᵉʳ G. p 88-89 |
| Fonctionner | 1ᵉʳ G. p 88-89 | Fraterniser | 1ᵉʳ G. p 88-89 |
| Fonder | 1ᵉʳ G. p 88-89 | Frauder | 1ᵉʳ G. p 88-89 |
| Fondre | 3ᵉ G. p p 198-199 | Fredonner | 1ᵉʳ G. p 88-89 |
| Forcer | 1ᵉʳ G. p 88-89 | Freiner | 1ᵉʳ G. p 88-89 |
| Forcir | 2ᵉ G. p 104-105 | Frémir | 2ᵉ G. p 104-105 |
| Forer | 1ᵉʳ G. p 88-89 | Fréquenter | 1ᵉʳ G. p 88-89 |
| Forger | 1ᵉʳ G. p 90-91 | Frétiller | 1ᵉʳ G. p 88-89 |

| | |
|---|---|
| **Frictionner** | 1<sup>er</sup> G. p 88-89 |
| **Friper** | 1<sup>er</sup> G. p 88-89 |
| **Frire** | 3<sup>e</sup> G. p 180-181 |
| **Friser** | 1<sup>er</sup> G. p 88-89 |
| **Frissonner** | 1<sup>er</sup> G. p 88-89 |
| **Froisser** | 1<sup>er</sup> G. p 88-89 |
| **Frôler** | 1<sup>er</sup> G. p 88-89 |
| **Froncer** | 1<sup>er</sup> G. p 88-89 |
| **Fronder** | 1<sup>er</sup> G. p 88-89 |
| **Frotter** | 1<sup>er</sup> G. p 88-89 |
| **Fructifier** | 1<sup>er</sup> G. p 92-93 |
| **Frustrer** | 1<sup>er</sup> G. p 88-89 |
| **Fuguer** | 1<sup>er</sup> G. p 88-89 |
| **Fuir** | 3<sup>e</sup> G. p 130-131 |
| **Fulminer** | 1<sup>er</sup> G. p 88-89 |
| **Fumer** | 1<sup>er</sup> G. p 88-89 |
| **Fureter** | 1<sup>er</sup> G. p 88-89 |
| **Fusiller** | 1<sup>er</sup> G. p 88-89 |
| **Fusionner** | 1<sup>er</sup> G. p 88-89 |
| **Fustiger** | 1<sup>er</sup> G. p 90-91 |

| | |
|---|---|
| **Gâcher** | 1<sup>er</sup> G. p 88-89 |
| **Gaffer** | 1<sup>er</sup> G. p 88-89 |
| **Gager** | 1<sup>er</sup> G. p 90-91 |
| **Gagner** | 1<sup>er</sup> G. p 88-89 |
| **Gainer** | 1<sup>er</sup> G. p 88-89 |
| **Galoper** | 1<sup>er</sup> G. p 88-89 |
| **Galvaniser** | 1<sup>er</sup> G. p 88-89 |
| **Galvauder** | 1<sup>er</sup> G. p 88-89 |
| **Gambader** | 1<sup>er</sup> G. p 88-89 |
| **Gamberger** | 1<sup>er</sup> G. p 90-91 |
| **Gangrener** | 1<sup>er</sup> G. p 88-89 |
| **Garantir** | 2<sup>e</sup> G. p 104-105 |
| **Garder** | 1<sup>er</sup> G. p 88-89 |
| **Gargariser (se)** | 1<sup>er</sup> G. p 88-89 |
| **Garnir** | 2<sup>e</sup> G. p 104-105 |
| **Garrotter** | 1<sup>er</sup> G. p 88-89 |
| **Gaspiller** | 1<sup>er</sup> G. p 88-89 |
| **Gâter** | 1<sup>er</sup> G. p 88-89 |

| | | | | |
|---|---|---|---|---|
| Gauchir | 2ᵉ G. p 104-105 | Gouverner | 1ᵉʳ G. p 88-89 |
| Gausser (se) | 1ᵉʳ G. p 88-89 | Gracier | 1ᵉʳ G. p 92-93 |
| Gaver | 1ᵉʳ G. p 88-89 | Graduer | 1ᵉʳ G. p 88-89 |
| Gazouiller | 1ᵉʳ G. p 88-89 | Graisser | 1ᵉʳ G. p 88-89 |
| Geindre | 3ᵉ G. p 188-189 | Grandir | 2ᵉ G. p 104-105 |
| Geler | 1ᵉʳ G. p 88-89 | Gratifier | 1ᵉʳ G. p 92-93 |
| Gémir | 2ᵉ G. p 104-105 | Gratter | 1ᵉʳ G. p 88-89 |
| Gêner | 1ᵉʳ G. p 88-89 | Graver | 1ᵉʳ G. p 88-89 |
| Généraliser | 1ᵉʳ G. p 88-89 | Gravir | 2ᵉ G. p 104-105 |
| Générer | 1ᵉʳ G. p 88-89 | Gréer | 1ᵉʳ G. p 102-103 |
| Gérer | 1ᵉʳ G. p 88-89 | Greffer | 1ᵉʳ G. p 88-89 |
| Germer | 1ᵉʳ G. p 88-89 | Grelotter | 1ᵉʳ G. p 88-89 |
| Gesticuler | 1ᵉʳ G. p 88-89 | Grésiller | 1ᵉʳ G. p 88-89 |
| Gicler | 1ᵉʳ G. p 88-89 | Gribouiller | 1ᵉʳ G. p 88-89 |
| Gifler | 1ᵉʳ G. p 88-89 | Griffer | 1ᵉʳ G. p 88-89 |
| Gigoter | 1ᵉʳ G. p 88-89 | Griffonner | 1ᵉʳ G. p 88-89 |
| Gîter | 1ᵉʳ G. p 88-89 | Grignoter | 1ᵉʳ G. p 88-89 |
| Glacer | 1ᵉʳ G. p 88-89 | Griller | 1ᵉʳ G. p 88-89 |
| Glaner | 1ᵉʳ G. p 88-89 | Grimacer | 1ᵉʳ G. p 88-89 |
| Glapir | 2ᵉ G. p 104-105 | Grimer | 1ᵉʳ G. p 88-89 |
| Glisser | 1ᵉʳ G. p 88-89 | Grimper | 1ᵉʳ G. p 88-89 |
| Glorifier | 1ᵉʳ G. p 92-93 | Grincer | 1ᵉʳ G. p 88-89 |
| Gober | 1ᵉʳ G. p 88-89 | Griser (se) | 1ᵉʳ G. p 88-89 |
| Goinfrer (se) | 1ᵉʳ G. p 88-89 | Grogner | 1ᵉʳ G. p 88-89 |
| Gommer | 1ᵉʳ G. p 88-89 | Grommeler | 1ᵉʳ G. p 88-89 |
| Gonfler | 1ᵉʳ G. p 88-89 | Gronder | 1ᵉʳ G. p 88-89 |
| Gourmander | 1ᵉʳ G. p 88-89 | Grossir | 2ᵉ G. p 104-105 |
| Goûter | 1ᵉʳ G. p 88-89 | Grouiller | 1ᵉʳ G. p 88-89 |
| Goutter | 1ᵉʳ G. p 88-89 | Grouper | 1ᵉʳ G. p 88-89 |

| | |
|---|---|
| **Gruger** | 1<sup>er</sup> G. p 90-91 |
| **Guérir** | 2<sup>e</sup> G. p 104-105 |
| **Guetter** | 1<sup>er</sup> G. p 88-89 |
| **Gueuler** | 1<sup>er</sup> G. p 88-89 |
| **Guider** | 1<sup>er</sup> G. p 88-89 |
| **Guigner** | 1<sup>er</sup> G. p 88-89 |
| **Guillotiner** | 1<sup>er</sup> G. p 88-89 |

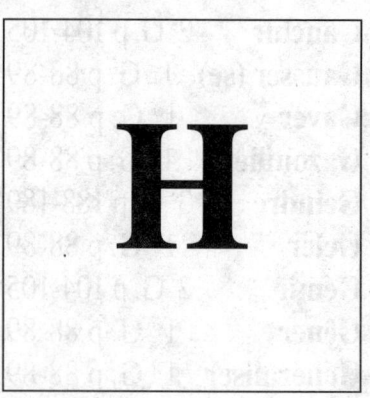

| | |
|---|---|
| **Habiliter** | 1<sup>er</sup> G. p 88-89 |
| **Habiller** | 1<sup>er</sup> G. p 88-89 |
| **Habiter** | 1<sup>er</sup> G. p 88-89 |
| **Habituer** | 1<sup>er</sup> G. p 88-89 |
| **Hacher** | 1<sup>er</sup> G. p 88-89 |
| **Haïr** | 2<sup>e</sup> G. p 106-107 |
| **Hâler** | 1<sup>er</sup> G. p 88-89 |
| **Haler** | 1<sup>er</sup> G. p 88-89 |
| **Haleter** | 1<sup>er</sup> G. p 88-89 |
| **Handicaper** | 1<sup>er</sup> G. p 88-89 |
| **Hanter** | 1<sup>er</sup> G. p 88-89 |
| **Happer** | 1<sup>er</sup> G. p 88-89 |
| **Haranguer** | 1<sup>er</sup> G. p 88-89 |
| **Harasser** | 1<sup>er</sup> G. p 88-89 |
| **Harceler** | 1<sup>er</sup> G. p 88-89 |
| **Harmoniser** | 1<sup>er</sup> G. p 88-89 |
| **Harnacher** | 1<sup>er</sup> G. p 88-89 |
| **Harponner** | 1<sup>er</sup> G. p 88-89 |

| | |
|---|---|
| Hasarder | 1<sup>er</sup> G. p 88-89 |
| Hâter | 1<sup>er</sup> G. p 88-89 |
| Hausser | 1<sup>er</sup> G. p 88-89 |
| Héberger | 1<sup>er</sup> G. p 90-91 |
| Hébéter | 1<sup>er</sup> G. p 88-89 |
| Héler | 1<sup>er</sup> G. p 88-89 |
| Hennir | 2<sup>e</sup> G. p 104-105 |
| Hérisser | 1<sup>er</sup> G. p 88-89 |
| Hésiter | 1<sup>er</sup> G. p 88-89 |
| Heurter | 1<sup>er</sup> G. p 88-89 |
| Hisser | 1<sup>er</sup> G. p 88-89 |
| Homologuer | 1<sup>er</sup> G. p 88-89 |
| Honnir | 2<sup>e</sup> G. p 104-105 |
| Honorer | 1<sup>er</sup> G. p 88-89 |
| Horrifier | 1<sup>er</sup> G. p 92-93 |
| Horripiler | 1<sup>er</sup> G. p 88-89 |
| Houspiller | 1<sup>er</sup> G. p 88-89 |
| Huer | 1<sup>er</sup> G. p 88-89 |
| Huiler | 1<sup>er</sup> G. p 88-89 |
| Humaniser | 1<sup>er</sup> G. p 88-89 |
| Humecter | 1<sup>er</sup> G. p 88-89 |
| Humer | 1<sup>er</sup> G. p 88-89 |
| Humidifier | 1<sup>er</sup> G. p 92-93 |
| Humilier | 1<sup>er</sup> G. p 92-93 |
| Hurler | 1<sup>er</sup> G. p 88-89 |
| Hypnotiser | 1<sup>er</sup> G. p 88-89 |
| Hypothéquer | 1<sup>er</sup> G. p 88-89 |

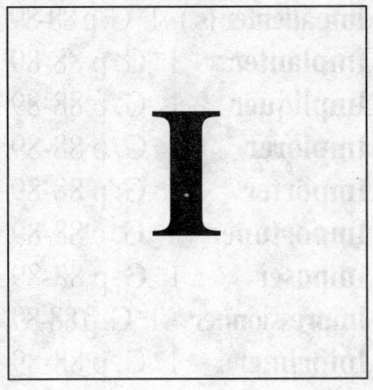

| | |
|---|---|
| Idéaliser | 1<sup>er</sup> G. p 88-89 |
| Identifier | 1<sup>er</sup> G. p 92-93 |
| Idolâtrer | 1<sup>er</sup> G. p 88-89 |
| Ignorer | 1<sup>er</sup> G. p 88-89 |
| Illuminer | 1<sup>er</sup> G. p 88-89 |
| Illustrer | 1<sup>er</sup> G. p 88-89 |
| Imager | 1<sup>er</sup> G. p 90-91 |
| Imaginer | 1<sup>er</sup> G. p 88-89 |
| Imbiber | 1<sup>er</sup> G. p 88-89 |
| Imiter | 1<sup>er</sup> G. p 88-89 |
| Immatriculer | 1<sup>er</sup> G. p 88-89 |
| Immerger | 1<sup>er</sup> G. p 90-91 |
| Immigrer | 1<sup>er</sup> G. p 88-89 |
| Immiscer (s') | 1<sup>er</sup> G. p 88-89 |
| Immobiliser | 1<sup>er</sup> G. p 88-89 |
| Immoler | 1<sup>er</sup> G. p 88-89 |
| Immortaliser | 1<sup>er</sup> G. p 88-89 |
| Immuniser | 1<sup>er</sup> G. p 88-89 |

| | | | |
|---|---|---|---|
| Impatienter (s') | 1<sup>er</sup> G. p 88-89 | Infecter | 1<sup>er</sup> G. p 88-89 |

|  |  |  |  |
|---|---|---|---|
| Impatienter (s') | 1er G. p 88-89 | Infecter | 1er G. p 88-89 |
| Implanter | 1er G. p 88-89 | Infester | 1er G. p 88-89 |
| Impliquer | 1er G. p 88-89 | Infiltrer (s') | 1er G. p 88-89 |
| Implorer | 1er G. p 88-89 | Infirmer | 1er G. p 88-89 |
| Importer | 1er G. p 88-89 | Influencer | 1er G. p 88-89 |
| Importuner | 1er G. p 88-89 | Informer | 1er G. p 88-89 |
| Imposer | 1er G. p 88-89 | Infuser | 1er G. p 88-89 |
| Impressionner | 1er G. p 88-89 | Ingénier (s') | 1er G. p 92-93 |
| Imprimer | 1er G. p 88-89 | Ingérer | 1er G. p 88-89 |
| Improviser | 1er G. p 88-89 | Ingurgiter | 1er G. p 88-89 |
| Imputer | 1er G. p 88-89 | Inhaler | 1er G. p 88-89 |
| Inaugurer | 1er G. p 88-89 | Inhumer | 1er G. p 88-89 |
| Incarcérer | 1er G. p 88-89 | Initier | 1er G. p 92-93 |
| Incarner | 1er G. p 88-89 | Injurier | 1er G. p 92-93 |
| Incendier | 1er G. p 92-93 | Innocenter | 1er G. p 88-89 |
| Incinérer | 1er G. p 88-89 | Innover | 1er G. p 88-89 |
| Inciser | 1er G. p 88-89 | Inoculer | 1er G. p 88-89 |
| Inciter | 1er G. p 88-89 | Inonder | 1er G. p 88-89 |
| Incliner | 1er G. p 88-89 | Inquiéter | 1er G. p 88-89 |
| Inclure | 3e G. p 184-185 | Inscrire | 3e G. p 172-173 |
| Incommoder | 1er G. p 88-89 | Insérer | 1er G. p 88-89 |
| Incriminer | 1er G. p 88-89 | Insinuer | 1er G. p 88-89 |
| Inculper | 1er G. p 88-89 | Insister | 1er G. p 88-89 |
| Indemniser | 1er G. p 88-89 | Inspecter | 1er G. p 88-89 |
| Indigner | 1er G. p 88-89 | Inspirer | 1er G. p 88-89 |
| Indiquer | 1er G. p 88-89 | Installer | 1er G. p 88-89 |
| Indisposer | 1er G. p 88-89 | Instaurer | 1er G. p 88-89 |
| Indexer | 1er G. p 88-89 | Instituer | 1er G. p 88-89 |
| Induire | 3e G. p 174-175 | Instruire | 3e G. p 174-175 |

| | | | |
|---|---|---|---|
| Insulter | 1ᵉʳ G. p 88-89 | Ironiser | 1ᵉʳ G. p 88-89 |
| Insurger (s') | 1ᵉʳ G. p 88-89 | Irradier | 1ᵉʳ G. p 92-93 |
| Intégrer | 1ᵉʳ G. p 88-89 | Irriguer | 1ᵉʳ G. p 88-89 |
| Intensifier | 1ᵉʳ G. p 92-93 | Irriter | 1ᵉʳ G. p 88-89 |
| Intercaler | 1ᵉʳ G. p 88-89 | Isoler | 1ᵉʳ G. p 88-89 |
| Interdire | 3ᵉ G. p 170-171 | | |
| Intéresser | 1ᵉʳ G. p 88-89 | | |
| Intérioriser | 1ᵉʳ G. p 88-89 | | |
| Interner | 1ᵉʳ G. p 88-89 | | |
| Interpeller | 1ᵉʳ G. p 88-89 | | |
| Interpréter | 1ᵉʳ G. p 88-89 | | |
| Interroger | 1ᵉʳ G. p 90-91 | | |
| Interrompre | 3ᵉ G. p 218-219 | | |
| Intervenir | 3ᵉ G. p 118-119 | | |
| Intervertir | 2ᵉ G. p 104-105 | | |
| Interviewer | 1ᵉʳ G. p 88-89 | | |
| Intimer | 1ᵉʳ G. p 88-89 | | |
| Intimider | 1ᵉʳ G. p 88-89 | | |
| Intoxiquer | 1ᵉʳ G. p 88-89 | | |

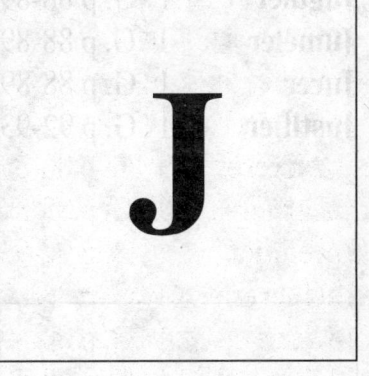

| | | | |
|---|---|---|---|
| Intriguer | 1ᵉʳ G. p 88-89 | Jacasser | 1ᵉʳ G. p 88-89 |
| Introduire | 3ᵉ G. p 174-175 | Jaillir | 2ᵉ G. p 104-105 |
| Introniser | 1ᵉʳ G. p 88-89 | Jalonner | 1ᵉʳ G. p 88-89 |
| Invalider | 1ᵉʳ G. p 88-89 | Jalouser | 1ᵉʳ G. p 88-89 |
| Inventer | 1ᵉʳ G. p 88-89 | Japper | 1ᵉʳ G. p 88-89 |
| Inverser | 1ᵉʳ G. p 88-89 | Jardiner | 1ᵉʳ G. p 88-89 |
| Investir | 2ᵉ G. p 104-105 | Jaser | 1ᵉʳ G. p 88-89 |
| Inviter | 1ᵉʳ G. p 88-89 | Jauger | 1ᵉʳ G. p 90-91 |
| Invoquer | 1ᵉʳ G. p 88-89 | Jaunir | 2ᵉ G. p 104-105 |
| Iriser | 1ᵉʳ G. p 88-89 | Jeter | 1ᵉʳ G. p 88-89 |

| | |
|---|---|
| **Jeûner** | 1er G. p 88-89 |
| **Joindre** | 3e G. p p 190-191 |
| **Joncher** | 1er G. p 88-89 |
| **Jongler** | 1er G. p 88-89 |
| **Jouer** | 1er G. p 88-89 |
| **Jouir** | 2e G. p 104-105 |
| **Jucher (se)** | 1er G. p 88-89 |
| **Juger** | 1er G. p 90-91 |
| **Juguler** | 1er G. p 88-89 |
| **Jumeler** | 1er G. p 88-89 |
| **Jurer** | 1er G. p 88-89 |
| **Justifier** | 1er G. p 92-93 |

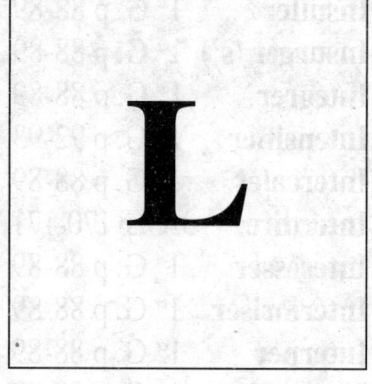

| | |
|---|---|
| **Labourer** | 1er G. p 88-89 |
| **Lacer** | 1er G. p 88-89 |
| **Lacérer** | 1er G. p 88-89 |
| **Lâcher** | 1er G. p 88-89 |
| **Laisser** | 1er G. p 88-89 |
| **Lamenter** | 1er G. p 88-89 |
| **Laminer** | 1er G. p 88-89 |
| **Lancer** | 1er G. p 88-89 |
| **Languir** | 2e G. p 104-105 |
| **Lanterner** | 1er G. p 88-89 |
| **Laper** | 1er G. p 88-89 |
| **Lapider** | 1er G. p 88-89 |
| **Larmoyer** | 1er G. p 96-97 |
| **Larguer** | 1er G. p 88-89 |
| **Lasser** | 1er G. p 88-89 |
| **Laver** | 1er G. p 88-89 |
| **Lécher** | 1er G. p 88-89 |

**K**

| | |
|---|---|
| **Kidnapper** | 1er G. p 88-89 |
| **Klaxonner** | 1er G. p 88-89 |

| | | | |
|---|---|---|---|
| **Légaliser** | 1<sup>er</sup> G. p 88-89 | **Lotir** | 2<sup>e</sup> G. p 104-105 |

| | |
|---|---|
| **Légaliser** | 1<sup>er</sup> G. p 88-89 |
| **Légender** | 1<sup>er</sup> G. p 88-89 |
| **Légiférer** | 1<sup>er</sup> G. p 88-89 |
| **Léguer** | 1<sup>er</sup> G. p 88-89 |
| **Léser** | 1<sup>er</sup> G. p 88-89 |
| **Lésiner** | 1<sup>er</sup> G. p 88-89 |
| **Lessiver** | 1<sup>er</sup> G. p 88-89 |
| **Lester** | 1<sup>er</sup> G. p 88-89 |
| **Leurrer** | 1<sup>er</sup> G. p 88-89 |
| **Lever** | 1<sup>er</sup> G. p 88-89 |
| **Lézarder** | 1<sup>er</sup> G. p 88-89 |
| **Libeller** | 1<sup>er</sup> G. p 88-89 |
| **Libérer** | 1<sup>er</sup> G. p 88-89 |
| **Licencier** | 1<sup>er</sup> G. p 92-93 |
| **Lier** | 1<sup>er</sup> G. p 92-93 |
| **Ligoter** | 1<sup>er</sup> G. p 88-89 |
| **Liguer** | 1<sup>er</sup> G. p 88-89 |
| **Limer** | 1<sup>er</sup> G. p 88-89 |
| **Limiter** | 1<sup>er</sup> G. p 88-89 |
| **Limoger** | 1<sup>er</sup> G. p 90-91 |
| **Liquéfier** | 1<sup>er</sup> G. p 92-93 |
| **Liquider** | 1<sup>er</sup> G. p 88-89 |
| **Lire** | 3<sup>e</sup> G. p 176-177 |
| **Lisser** | 1<sup>er</sup> G. p 88-89 |
| **Livrer** | 1<sup>er</sup> G. p 88-89 |
| **Localiser** | 1<sup>er</sup> G. p 88-89 |
| **Loger** | 1<sup>er</sup> G. p 90-91 |
| **Longer** | 1<sup>er</sup> G. p 90-91 |
| **Lorgner** | 1<sup>er</sup> G. p 88-89 |

| | |
|---|---|
| **Lotir** | 2<sup>e</sup> G. p 104-105 |
| **Louanger** | 1<sup>er</sup> G. p 90-91 |
| **Loucher** | 1<sup>er</sup> G. p 88-89 |
| **Louer** | 1<sup>er</sup> G. p 88-89 |
| **Louper** | 1<sup>er</sup> G. p 88-89 |
| **Louvoyer** | 1<sup>er</sup> G. p 96-97 |
| **Lover** | 1<sup>er</sup> G. p 88-89 |
| **Lubrifier** | 1<sup>er</sup> G. p 92-93 |
| **Luire** | 3<sup>e</sup> G. p 174-175 |
| **Lustrer** | 1<sup>er</sup> G. p 88-89 |
| **Lutiner** | 1<sup>er</sup> G. p 88-89 |
| **Lutter** | 1<sup>er</sup> G. p 88-89 |
| **Luxer** | 1<sup>er</sup> G. p 88-89 |
| **Lyncher** | 1<sup>er</sup> G. p 88-89 |

| | | |
|---|---|---|
| Macérer | 1ᵉʳ G. p 88-89 | |
| Mâcher | 1ᵉʳ G. p 88-89 | |
| Maçonner | 1ᵉʳ G. p 88-89 | |
| Maculer | 1ᵉʳ G. p 88-89 | |
| Magnétiser | 1ᵉʳ G. p 88-89 | |
| Magnifier | 1ᵉʳ G. p 92-93 | |
| Maigrir | 2ᵉ G. p 104-105 | |
| Maintenir | 3ᵉ G. p 118-119 | |
| Maîtriser | 1ᵉʳ G. p 88-89 | |
| Majorer | 1ᵉʳ G. p 88-89 | |
| Malaxer | 1ᵉʳ G. p 88-89 | |
| Malmener | 1ᵉʳ G. p 88-89 | |
| Maltraiter | 1ᵉʳ G. p 88-89 | |
| Mandater | 1ᵉʳ G. p 88-89 | |
| Mander | 1ᵉʳ G. p 88-89 | |
| Manger | 1ᵉʳ G. p 90-91 | |
| Manier | 1ᵉʳ G. p 92-93 | |
| Manifester | 1ᵉʳ G. p 88-89 | |

| | | |
|---|---|---|
| Manigancer | 1ᵉʳ G. p 88-89 |
| Manipuler | 1ᵉʳ G. p 88-89 |
| Manœuvrer | 1ᵉʳ G. p 88-89 |
| Manquer | 1ᵉʳ G. p 88-89 |
| Manufacturer | 1ᵉʳ G. p 88-89 |
| Maquiller | 1ᵉʳ G. p 88-89 |
| Marauder | 1ᵉʳ G. p 88-89 |
| Marbrer | 1ᵉʳ G. p 88-89 |
| Marchander | 1ᵉʳ G. p 88-89 |
| Marcher | 1ᵉʳ G. p 88-89 |
| Marier | 1ᵉʳ G. p 92-93 |
| Marivauder | 1ᵉʳ G. p 88-89 |
| Marmonner | 1ᵉʳ G. p 88-89 |
| Marquer | 1ᵉʳ G. p 88-89 |
| Marteler | 1ᵉʳ G. p 88-89 |
| Martyriser | 1ᵉʳ G. p 88-89 |
| Masquer | 1ᵉʳ G. p 88-89 |
| Massacrer | 1ᵉʳ G. p 88-89 |
| Masser | 1ᵉʳ G. p 88-89 |
| Mastiquer | 1ᵉʳ G. p 88-89 |
| Matraquer | 1ᵉʳ G. p 88-89 |
| Maudire | 2ᵉ G. p 104-105 |
| Maugréer | 1ᵉʳ G. p 102-103 |
| Maximaliser | 1ᵉʳ G. p 88-89 |
| Méconnaître | 3ᵉ G. p 160-161 |
| Mécontenter | 1ᵉʳ G. p 88-89 |
| Médiatiser | 1ᵉʳ G. p 88-89 |
| Médicaliser | 1ᵉʳ G. p 88-89 |
| Médire | 3ᵉ G. p 170-171 |

| | | | |
|---|---|---|---|
| Méditer | 1er G. p 88-89 | Miniaturiser | 1er G. p 88-89 |
| Méduser | 1er G. p 88-89 | Minimiser | 1er G. p 88-89 |
| Méfier (se) | 1er G. p 92-93 | Minuter | 1er G. p 88-89 |
| Mélanger | 1er G. p 90-91 | Mirer | 1er G. p 88-89 |
| Mêler | 1er G. p 88-89 | Miroiter | 1er G. p 88-89 |
| Mémoriser | 1er G. p 88-89 | Miser | 1er G. p 88-89 |
| Menacer | 1er G. p 88-89 | Mitonner | 1er G. p 88-89 |
| Ménager | 1er G. p 90-91 | Mixer | 1er G. p 88-89 |
| Mendier | 1er G. p 92-93 | Mobiliser | 1er G. p 88-89 |
| Mener | 1er G. p 88-89 | Modeler | 1er G. p 88-89 |
| Mentionner | 1er G. p 88-89 | Modérer | 1er G. p 88-89 |
| Mentir | 3e G. p 114-115 | Moderniser | 1er G. p 88-89 |
| Méprendre (se) | 3e G. p 194-195 | Modifier | 1er G. p 92-93 |
| Mépriser | 1er G. p 88-89 | Moduler | 1er G. p 88-89 |
| Mériter | 1er G. p 88-89 | Moisir | 2e G. p 104-105 |
| Mésestimer | 1er G. p 88-89 | Moissonner | 1er G. p 88-89 |
| Mesurer | 1er G. p 88-89 | Molester | 1er G. p 88-89 |
| Métamorphoser | 1er G. p 88-89 | Mollir | 2e G. p 104-105 |
| Métisser | 1er G. p 88-89 | Mondialiser | 1er G. p 88-89 |
| Mettre | 3e G. p 208-209 | Monétiser | 1er G. p 88-89 |
| Meubler | 1er G. p 88-89 | Monnayer | 1er G. p 94-95 |
| Meurtrir | 2e G. p 104-105 | Monopoliser | 1er G. p 88-89 |
| Miauler | 1er G. p 88-89 | Monter | 1er G. p 88-89 |
| Migrer | 1er G. p 88-89 | Montrer | 1er G. p 88-89 |
| Mijoter | 1er G. p 88-89 | Moquer (se) | 1er G. p 88-89 |
| Militer | 1er G. p 88-89 | Moraliser | 1er G. p 88-89 |
| Mimer | 1er G. p 88-89 | Morceler | 1er G. p 88-89 |
| Mincir | 2e G. p 104-105 | Mordiller | 1er G. p 88-89 |
| Miner | 1er G. p 88-89 | Mordre | 3e G. p 200-201 |

Morfondre (se)   3ᵉ G. p 198-199
Morigéner   1ᵉʳ G. p 88-89
Mortifier   1ᵉʳ G. p 92-93
Motiver   1ᵉʳ G. p 88-89
Motoriser   1ᵉʳ G. p 88-89
Moucharder   1ᵉʳ G. p 88-89
Moucher   1ᵉʳ G. p 88-89
Moudre   3ᵉ G. p 206-207
Mouiller   1ᵉʳ G. p 88-89
Mouler   1ᵉʳ G. p 88-89
Mourir   3ᵉ G. p 122-123
Mousser   1ᵉʳ G. p 88-89
Mouvoir   3ᵉ G. p 142-143
Muer   1ᵉʳ G. p 88-89
Mugir   2ᵉ G. p 104-105
Multiplier   1ᵉʳ G. p 92-93
Munir   2ᵉ G. p 104-105
Murer   1ᵉʳ G. p 88-89
Mûrir   2ᵉ G. p 104-105
Murmurer   1ᵉʳ G. p 88-89
Musarder   1ᵉʳ G. p 88-89
Muscler   1ᵉʳ G. p 88-89
Museler   1ᵉʳ G. p 88-89
Muser   1ᵉʳ G. p 88-89
Muter   1ᵉʳ G. p 88-89
Mutiler   1ᵉʳ G. p 88-89
Mutiner (se)   1ᵉʳ G. p 88-89
Mystifier   1ᵉʳ G. p 92-93

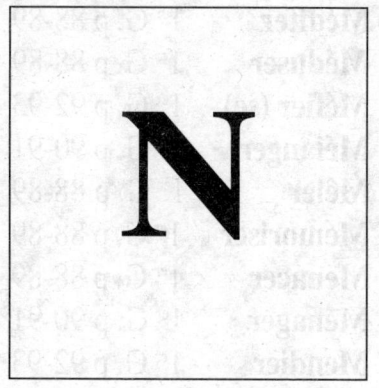

Nager   1ᵉʳ G. p 90-91
Naître   3ᵉ G. p 162-163
Napper   1ᵉʳ G. p 88-89
Narguer   1ᵉʳ G. p 88-89
Narrer   1ᵉʳ G. p 88-89
Natter   1ᵉʳ G. p 88-89
Nationaliser   1ᵉʳ G. p 88-89
Naturaliser   1ᵉʳ G. p 88-89
Naufrager   1ᵉʳ G. p 90-91
Naviguer   1ᵉʳ G. p 88-89
Navrer   1ᵉʳ G. p 88-89
Nécessiter   1ᵉʳ G. p 88-89
Négliger   1ᵉʳ G. p 90-91
Négocier   1ᵉʳ G. p 92-93
Neiger   1ᵉʳ G. p 90-91
Nettoyer   1ᵉʳ G. p 96-97
Neutraliser   1ᵉʳ G. p 88-89

| | |
|---|---|
| **Nicher** | 1<sup>er</sup> G. p 88-89 |
| **Nimber** | 1<sup>er</sup> G. p 88-89 |
| **Nier** | 1<sup>er</sup> G. p 92-93 |
| **Niveler** | 1<sup>er</sup> G. p 88-89 |
| **Noircir** | 2<sup>e</sup> G. p 104-105 |
| **Nommer** | 1<sup>er</sup> G. p 88-89 |
| **Normaliser** | 1<sup>er</sup> G. p 88-89 |
| **Noter** | 1<sup>er</sup> G. p 88-89 |
| **Notifier** | 1<sup>er</sup> G. p 92-93 |
| **Nouer** | 1<sup>er</sup> G. p 88-89 |
| **Nourrir** | 2<sup>e</sup> G. p 104-105 |
| **Noyauter** | 1<sup>er</sup> G. p 88-89 |
| **Noyer** | 1<sup>er</sup> G. p 96-97 |
| **Nuancer** | 1<sup>er</sup> G. p 88-89 |
| **Nuire** | 3<sup>e</sup> G. p 174-175 |
| **Numéroter** | 1<sup>er</sup> G. p 88-89 |

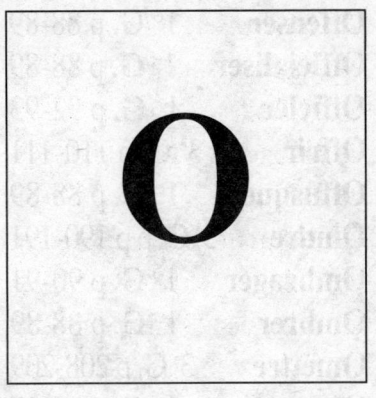

| | |
|---|---|
| **Obéir** | 2<sup>e</sup> G. p 104-105 |
| **Objecter** | 1<sup>er</sup> G. p 88-89 |
| **Obliger** | 1<sup>er</sup> G. p 90-91 |
| **Obliquer** | 1<sup>er</sup> G. p 88-89 |
| **Obnubiler** | 1<sup>er</sup> G. p 88-89 |
| **Obscurcir** | 2<sup>e</sup> G. p 104-105 |
| **Obséder** | 1<sup>er</sup> G. p 88-89 |
| **Observer** | 1<sup>er</sup> G. p 88-89 |
| **Obstiner (s')** | 1<sup>er</sup> G. p 88-89 |
| **Obstruer** | 1<sup>er</sup> G. p 88-89 |
| **Obtempérer** | 1<sup>er</sup> G. p 88-89 |
| **Obtenir** | 3<sup>e</sup> G. p 118-119 |
| **Occasionner** | 1<sup>er</sup> G. p 88-89 |
| **Occire** | 3<sup>e</sup> G. p 178-179 |
| **Occulter** | 1<sup>er</sup> G. p 88-89 |
| **Occuper** | 1<sup>er</sup> G. p 88-89 |
| **Octroyer** | 1<sup>er</sup> G. p 96-97 |
| **Œuvrer** | 1<sup>er</sup> G. p 88-89 |

| | | | |
|---|---|---|---|
| **Offenser** | 1er G. p 88-89 | **Outiller** | 1er G. p 88-89 |
| **Officialiser** | 1er G. p 88-89 | **Outrager** | 1er G. p 90-91 |
| **Officier** | 1er G. p 92-93 | **Outrepasser** | 1er G. p 90-91 |
| **Offrir** | 3e G. p 110-111 | **Ouvrager** | 1er G. p 90-91 |
| **Offusquer** | 1er G. p 88-89 | **Ouvrir** | 3e G. p 110-111 |
| **Oindre** | 3e G. p p 190-191 | | |
| **Ombrager** | 1er G. p 90-91 | | |
| **Ombrer** | 1er G. p 88-89 | | |
| **Omettre** | 3e G. p 208-209 | | |
| **Ondoyer** | 1er G. p 96-97 | | |
| **Onduler** | 1er G. p 88-89 | | |
| **Opérer** | 1er G. p 88-89 | | |
| **Opiner** | 1er G. p 88-89 | | |
| **Opposer** | 1er G. p 88-89 | | |
| **Oppresser** | 1er G. p 88-89 | | |
| **Opprimer** | 1er G. p 88-89 | | |
| **Opter** | 1er G. p 88-89 | | |
| **Optimiser** | 1er G. p 88-89 | | |
| **Ordonner** | 1er G. p 88-89 | | |
| **Organiser** | 1er G. p 88-89 | **Pacifier** | 1er G. p 92-93 |
| **Orienter** | 1er G. p 88-89 | **Pagayer** | 1er G. p 94-95 |
| **Orner** | 1er G. p 88-89 | **Paginer** | 1er G. p 88-89 |
| **Orthographier** | 1er G. p 92-93 | **Paître** | 3e G. p 162-163 |
| **Osciller** | 1er G. p 88-89 | **Palabrer** | 1er G. p 88-89 |
| **Oser** | 1er G. p 88-89 | **Pâlir** | 2e G. p 104-105 |
| **Ôter** | 1er G. p 88-89 | **Pallier** | 1er G. p 92-93 |
| **Oublier** | 1er G. p 92-93 | **Palper** | 1er G. p 88-89 |
| **Ouïr** | 3e G. p 153 | **Palpiter** | 1er G. p 88-89 |
| **Ourdir** | 2e G. p 104-105 | **Pâmer (se)** | 1er G. p 88-89 |

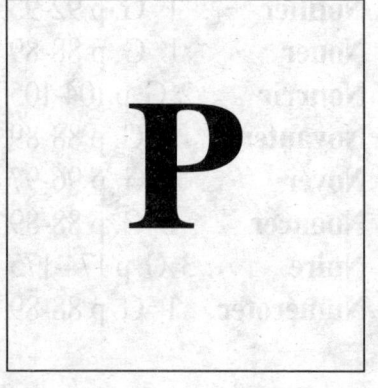

P

| | | | |
|---|---|---|---|
| Panacher | 1<sup>er</sup> G. p 88-89 | Patauger | 1<sup>er</sup> G. p 90-91 |

Panacher     1<sup>er</sup> G. p 88-89

| | | | |
|---|---|---|---|
| Panacher | 1er G. p 88-89 | Patauger | 1er G. p 90-91 |
| Paniquer | 1er G. p 88-89 | Patienter | 1er G. p 88-89 |
| Panser | 1er G. p 88-89 | Patiner | 1er G. p 88-89 |
| Papillonner | 1er G. p 88-89 | Pâtir | 2e G. p 104-105 |
| Papoter | 1er G. p 88-89 | Patronner | 1er G. p 88-89 |
| Parachever | 1er G. p 88-89 | Patrouiller | 1er G. p 88-89 |
| Parader | 1er G. p 88-89 | Pavaner (se) | 1er G. p 88-89 |
| Paraître | 3e G. p 160-161 | Payer | 1er G. p 94-95 |
| Paralyser | 1er G. p 88-89 | Pécher | 1er G. p 88-89 |
| Parasiter | 1er G. p 88-89 | Pêcher | 1er G. p 88-89 |
| Parcourir | 3e G. p 120-121 | Pédaler | 1er G. p 88-89 |
| Pardonner | 1er G. p 88-89 | Peigner | 1er G. p 88-89 |
| Parer | 1er G. p 88-89 | Peindre | 3e G. p 188-189 |
| Paresser | 1er G. p 88-89 | Peiner | 1er G. p 88-89 |
| Parfaire | 3e G. p 156-157 | Peler | 1er G. p 88-89 |
| Parfumer | 1er G. p 88-89 | Pelotonner (se) | 1er G. p 88-89 |
| Parier | 1er G. p 92-93 | Pénaliser | 1er G. p 88-89 |
| Parlementer | 1er G. p 88-89 | Pencher | 1er G. p 88-89 |
| Parler | 1er G. p 88-89 | Pendre | 3e G. p 192-193 |
| Parodier | 1er G. p 92-93 | Pénétrer | 1er G. p 88-89 |
| Parquer | 1er G. p 88-89 | Penser | 1er G. p 88-89 |
| Parsemer | 1er G. p 88-89 | Pépier | 1er G. p 92-93 |
| Partager | 1er G. p 90-91 | Percer | 1er G. p 88-89 |
| Participer | 1er G. p 88-89 | Percevoir | 2e G. p 138-139 |
| Partir | 3e G. p 114-115 | Percher | 1er G. p 88-89 |
| Parvenir | 3e G. p 118-119 | Percuter | 1er G. p 88-89 |
| Passer | 1er G. p 88-89 | Perdre | 2e G. p 114-115 |
| Passionner | 1er G. p 88-89 | Perfectionner | 1er G. p 88-89 |
| Pasticher | 1er G. p 88-89 | Perforer | 1er G. p 88-89 |

| | | | |
|---|---|---|---|
| **Péricliter** | 1er G. p 88-89 | **Piler** | 1er G. p 88-89 |
| **Périr** | 2e G. p 104-105 | **Piller** | 1er G. p 88-89 |
| **Permettre** | 3e G. p 208-209 | **Piloter** | 1er G. p 88-89 |
| **Permuter** | 1er G. p 88-89 | **Pinailler** | 1er G. p 88-89 |
| **Pérorer** | 1er G. p 88-89 | **Pincer** | 1er G. p 88-89 |
| **Perpétrer** | 1er G. p 88-89 | **Piocher** | 1er G. p 88-89 |
| **Perpétuer (se)** | 1er G. p 88-89 | **Piquer** | 1er G. p 88-89 |
| **Perquisitionner** | 1er G. p 88-89 | **Pirater** | 1er G. p 88-89 |
| **Persécuter** | 1er G. p 88-89 | **Pisser** | 1er G. p 88-89 |
| **Persévérer** | 1er G. p 88-89 | **Pister** | 1er G. p 88-89 |
| **Persifler** | 1er G. p 88-89 | **Pistonner** | 1er G. p 88-89 |
| **Persister** | 1er G. p 88-89 | **Pivoter** | 1er G. p 88-89 |
| **Persuader** | 1er G. p 88-89 | **Placarder** | 1er G. p 88-89 |
| **Perturber** | 1er G. p 88-89 | **Placer** | 1er G. p 88-89 |
| **Pervertir** | 2e G. p 104-105 | **Plagier** | 1er G. p 92-93 |
| **Peser** | 1er G. p 88-89 | **Plaider** | 1er G. p 88-89 |
| **Pester** | 1er G. p 88-89 | **Plaindre** | 3e G. p 186-187 |
| **Péter** | 1er G. p 88-89 | **Plaire** | 3e G. p 158-159 |
| **Pétiller** | 1er G. p 88-89 | **Plaisanter** | 1er G. p 88-89 |
| **Pétrifier** | 1er G. p 92-93 | **Planifier** | 1er G. p 92-93 |
| **Pétrir** | 2e G. p 104-105 | **Planter** | 1er G. p 88-89 |
| **Peupler** | 1er G. p 88-89 | **Plaquer** | 1er G. p 88-89 |
| **Philosopher** | 1er G. p 88-89 | **Plastronner** | 1er G. p 88-89 |
| **Photographier** | 1er G. p 92-93 | **Pleurer** | 1er G. p 88-89 |
| **Piaffer** | 1er G. p 88-89 | **Pleuvoir** | 3e G. p 152 |
| **Piailler** | 1er G. p 88-89 | **Plier** | 1er G. p 92-93 |
| **Picorer** | 1er G. p 88-89 | **Plisser** | 1er G. p 88-89 |
| **Piéger** | 1er G. p 90-91 | **Plomber** | 1er G. p 88-89 |
| **Piétiner** | 1er G. p 88-89 | **Plonger** | 1er G. p 90-91 |

| | | | | |
|---|---|---|---|---|
| Ployer | 1<sup>er</sup> G. p 96-97 | | Pourrir | 2<sup>e</sup> G. p 104-105 |

| | | |
|---|---|---|
| Ployer | 1<sup>er</sup> G. p 96-97 | |
| Plumer | 1<sup>er</sup> G. p 88-89 | |
| Pocher | 1<sup>er</sup> G. p 88-89 | |
| Poêler | 1<sup>er</sup> G. p 88-89 | |
| Poignarder | 1<sup>er</sup> G. p 88-89 | |
| Poindre | 3<sup>e</sup> G. p 190-191 | |
| Pointer | 1<sup>er</sup> G. p 88-89 | |
| Poisser | 1<sup>er</sup> G. p 88-89 | |
| Poivrer | 1<sup>er</sup> G. p 88-89 | |
| Polémiquer | 1<sup>er</sup> G. p 88-89 | |
| Polir | 2<sup>e</sup> G. p 104-105 | |
| Polluer | 1<sup>er</sup> G. p 88-89 | |
| Pomper | 1<sup>er</sup> G. p 88-89 | |
| Poncer | 1<sup>er</sup> G. p 88-89 | |
| Ponctionner | 1<sup>er</sup> G. p 88-89 | |
| Pondérer | 1<sup>er</sup> G. p 88-89 | |
| Pondre | 3<sup>e</sup> G. p 198-199 | |
| Porter | 1<sup>er</sup> G. p 88-89 | |
| Portraiturer | 1<sup>er</sup> G. p 88-89 | |
| Poser | 1<sup>er</sup> G. p 88-89 | |
| Positionner | 1<sup>er</sup> G. p 88-89 | |
| Posséder | 1<sup>er</sup> G. p 88-89 | |
| Poster | 1<sup>er</sup> G. p 88-89 | |
| Postillonner | 1<sup>er</sup> G. p 88-89 | |
| Postuler | 1<sup>er</sup> G. p 88-89 | |
| Poudrer | 1<sup>er</sup> G. p 88-89 | |
| Pouffer | 1<sup>er</sup> G. p 88-89 | |
| Pourchasser | 1<sup>er</sup> G. p 88-89 | |
| Pourfendre | 3<sup>e</sup> G. p 192-193 | |

| | | |
|---|---|---|
| Pourrir | 2<sup>e</sup> G. p 104-105 | |
| Poursuivre | 3<sup>e</sup> G. p 214-215 | |
| Pourvoir | 3<sup>e</sup> G. p 140-141 | |
| Pousser | 1<sup>er</sup> G. p 88-89 | |
| Pouvoir | 3<sup>e</sup> G. p 144-145 | |
| Pratiquer | 1<sup>er</sup> G. p 88-89 | |
| Précéder | 1<sup>er</sup> G. p 88-89 | |
| Prêcher | 1<sup>er</sup> G. p 88-89 | |
| Précipiter | 1<sup>er</sup> G. p 88-89 | |
| Préciser | 1<sup>er</sup> G. p 88-89 | |
| Préconiser | 1<sup>er</sup> G. p 88-89 | |
| Prédestiner | 1<sup>er</sup> G. p 88-89 | |
| Prédire | 3<sup>e</sup> G. p 170-171 | |
| Prédominer | 1<sup>er</sup> G. p 88-89 | |
| Préfacer | 1<sup>er</sup> G. p 88-89 | |
| Préférer | 1<sup>er</sup> G. p 88-89 | |
| Préjuger | 1<sup>er</sup> G. p 90-91 | |
| Préfigurer | 1<sup>er</sup> G. p 88-89 | |
| Prélasser (se) | 1<sup>er</sup> G. p 88-89 | |
| Prélever | 1<sup>er</sup> G. p 88-89 | |
| Préluder à | 1<sup>er</sup> G. p 88-89 | |
| Préméditer | 1<sup>er</sup> G. p 88-89 | |
| Prémunir | 2<sup>e</sup> G. p 104-105 | |
| Prendre | 3<sup>e</sup> G. p 194-195 | |
| Prénommer | 1<sup>er</sup> G. p 88-89 | |
| Préoccuper | 1<sup>er</sup> G. p 88-89 | |
| Préparer | 1<sup>er</sup> G. p 88-89 | |
| Présager | 1<sup>er</sup> G. p 90-91 | |
| Prescrire | 3<sup>e</sup> G. p 172-173 | |

| | | | |
|---|---|---|---|
| Présenter | 1er G. p 88-89 | Programmer | 1er G. p 88-89 |
| Préserver | 1er G. p 88-89 | Progresser | 1er G. p 88-89 |
| Présider | 1er G. p 88-89 | Prohiber | 1er G. p 88-89 |
| Pressentir | 3e G. p 114-115 | Projeter | 1er G. p 88-89 |
| Presser | 1er G. p 88-89 | Proliférer | 1er G. p 88-89 |
| Pressurer | 1er G. p 88-89 | Prolonger | 1er G. p 90-91 |
| Présumer | 1er G. p 88-89 | Promener | 1er G. p 88-89 |
| Prétendre | 3e G. p 192-193 | Promettre | 3e G. p 208-209 |
| Prêter | 1er G. p 88-89 | Promouvoir | 3e G. p 142-143 |
| Prétexter | 1er G. p 88-89 | Promulguer | 1er G. p 88-89 |
| Prévaloir | 3e G. p 148-149 | Prôner | 1er G. p 88-89 |
| Prévenir | 3e G. p 118-119 | Prononcer | 1er G. p 88-89 |
| Prévoir | 3e G. p 140-141 | Pronostiquer | 1er G. p 88-89 |
| Prier | 1er G. p 92-93 | Propager | 1er G. p 90-91 |
| Primer | 1er G. p 88-89 | Prophétiser | 1er G. p 88-89 |
| Priser | 1er G. p 88-89 | Proportionner | 1er G. p 88-89 |
| Privatiser | 1er G. p 88-89 | Proposer | 1er G. p 88-89 |
| Priver | 1er G. p 88-89 | Proscrire | 3e G. p 172-173 |
| Privilégier | 1er G. p 92-93 | Prospérer | 1er G. p 88-89 |
| Procéder | 1er G. p 88-89 | Prosterner (se) | 1er G. p 88-89 |
| Proclamer | 1er G. p 88-89 | Prostituer | 1er G. p 88-89 |
| Procréer | 1er G. p 102-103 | Protéger | 1er G. p 90-91 |
| Procurer | 1er G. p 88-89 | Protester | 1er G. p 88-89 |
| Prodiguer | 1er G. p 88-89 | Prouver | 1er G. p 88-89 |
| Produire | 3e G. p 174-175 | Provenir | 3e G. p 118-119 |
| Profaner | 1er G. p 88-89 | Provoquer | 1er G. p 88-89 |
| Proférer | 1er G. p 88-89 | Psalmodier | 1er G. p 92-93 |
| Professer | 1er G. p 88-89 | Publier | 1er G. p 92-93 |
| Profiter | 1er G. p 88-89 | Puer | 1er G. p 88-89 |

| | |
|---|---|
| Puiser | 1er G. p 88-89 |
| Pulluler | 1er G. p 88-89 |
| Pulvériser | 1er G. p 88-89 |
| Punir | 2e G. p 104-105 |
| Purger | 1er G. p 90-91 |
| Purifier | 1er G. p 92-93 |
| Putréfier | 1er G. p 92-93 |

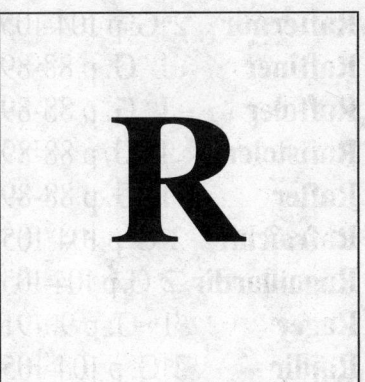

**Q**

| | |
|---|---|
| Quadriller | 1er G. p 88-89 |
| Qualifier | 1er G. p 92-93 |
| Quantifier | 1er G. p 92-93 |
| Quémander | 1er G. p 88-89 |
| Quereller | 1er G. p 88-89 |
| Quérir | 3e G. p 132-133 |
| Questionner | 1er G. p 88-89 |
| Quêter | 1er G. p 88-89 |
| Quitter | 1er G. p 88-89 |

| | |
|---|---|
| Rabâcher | 1er G. p 88-89 |
| Rabaisser | 1er G. p 88-89 |
| Rabattre | 3e G. p 210-211 |
| Raboter | 1er G. p 88-89 |
| Rabrouer | 1er G. p 88-89 |
| Raccommoder | 1er G. p 88-89 |
| Raccorder | 1er G. p 88-89 |
| Raccourcir | 2e G. p 104-105 |
| Racheter | 1er G. p 88-89 |
| Racketter | 1er G. p 88-89 |
| Racler | 1er G. p 88-89 |
| Racoler | 1er G. p 88-89 |
| Raconter | 1er G. p 88-89 |
| Racornir | 2e G. p 104-105 |
| Radicaliser | 1er G. p 88-89 |
| Radier | 1er G. p 92-93 |
| Radoter | 1er G. p 88-89 |
| Radoucir | 2e G. p 104-105 |

| | | | |
|---|---|---|---|
| Raffermir | 2ᵉ G. p 104-105 | Rapiécer | 1ᵉʳ G. p 88-89 |
| Raffiner | 1ᵉʳ G. p 88-89 | Rappeler | 1ᵉʳ G. p 88-89 |
| Raffoler | 1ᵉʳ G. p 88-89 | Rappliquer | 1ᵉʳ G. p 88-89 |
| Rafistoler | 1ᵉʳ G. p 88-89 | Rapporter | 1ᵉʳ G. p 88-89 |
| Rafler | 1ᵉʳ G. p 88-89 | Rapprocher | 1ᵉʳ G. p 88-89 |
| Rafraîchir | 2ᵉ G. p 104-105 | Raréfier (se) | 1ᵉʳ G. p 92-93 |
| Ragaillardir | 2ᵉ G. p 104-105 | Raser | 1ᵉʳ G. p 88-89 |
| Rager | 1ᵉʳ G. p 90-91 | Rassasier | 1ᵉʳ G. p 92-93 |
| Raidir | 2ᵉ G. p 104-105 | Rassembler | 1ᵉʳ G. p 88-89 |
| Railler | 1ᵉʳ G. p 88-89 | Rasseoir | 3ᵉ G. p 150-151 |
| Raisonner | 1ᵉʳ G. p 88-89 | Rasséréner | 1ᵉʳ G. p 88-89 |
| Rajeunir | 2ᵉ G. p 104-105 | Rassurer | 1ᵉʳ G. p 88-89 |
| Rajouter | 1ᵉʳ G. p 88-89 | Ratatiner | 1ᵉʳ G. p 88-89 |
| Rajuster | 1ᵉʳ G. p 88-89 | Rater | 1ᵉʳ G. p 88-89 |
| Ralentir | 2ᵉ G. p 104-105 | Ratifier | 1ᵉʳ G. p 92-93 |
| Râler | 1ᵉʳ G. p 88-89 | Rationner | 1ᵉʳ G. p 88-89 |
| Rallier | 1ᵉʳ G. p 92-93 | Ratisser | 1ᵉʳ G. p 88-89 |
| Rallonger | 1ᵉʳ G. p 90-91 | Rattacher | 1ᵉʳ G. p 88-89 |
| Ramasser | 1ᵉʳ G. p 88-89 | Rattraper | 1ᵉʳ G. p 88-89 |
| Ramener | 1ᵉʳ G. p 88-89 | Raturer | 1ᵉʳ G. p 88-89 |
| Ramer | 1ᵉʳ G. p 88-89 | Ravager | 1ᵉʳ G. p 90-91 |
| Rameuter | 1ᵉʳ G. p 88-89 | Ravaler | 1ᵉʳ G. p 88-89 |
| Ramifier (se) | 1ᵉʳ G. p 92-93 | Ravauder | 1ᵉʳ G. p 88-89 |
| Ramollir | 2ᵉ G. p 104-105 | Ravir | 2ᵉ G. p 104-105 |
| Ramper | 1ᵉʳ G. p 88-89 | Ravitailler | 1ᵉʳ G. p 88-89 |
| Ranger | 1ᵉʳ G. p 90-91 | Raviver | 1ᵉʳ G. p 88-89 |
| Ranimer | 1ᵉʳ G. p 88-89 | Rayer | 1ᵉʳ G. p 94-95 |
| Râper | 1ᵉʳ G. p 88-89 | Rayonner | 1ᵉʳ G. p 88-89 |
| Rapetisser | 1ᵉʳ G. p 88-89 | Réagir | 2ᵉ G. p 104-105 |

| | | | | |
|---|---|---|---|---|
| Réaliser | 1$^{er}$ G. p 88-89 | | Reconsidérer | 1$^{er}$ G. p 88-89 |
| Réanimer | 1$^{er}$ G. p 88-89 | | Reconstituer | 1$^{er}$ G. p 88-89 |
| Réapparaître | 3$^{e}$ G. p 160-161 | | Reconstruire | 3$^{e}$ G. p 174-175 |
| Rebattre | 3$^{e}$ G. p 210-211 | | Recoudre | 3$^{e}$ G. p 204-205 |
| Rebeller (se) | 1$^{er}$ G. p 88-89 | | Recouper | 1$^{er}$ G. p 88-89 |
| Rebondir | 2$^{e}$ G. p 104-105 | | Recouvrer | 1$^{er}$ G. p 88-89 |
| Rebrousser | 1$^{er}$ G. p 88-89 | | Recouvrir | 3$^{e}$ G. p 110-111 |
| Rebuter | 1$^{er}$ G. p 88-89 | | Récrier (se) | 1$^{er}$ G. p 92-93 |
| Recaler | 1$^{er}$ G. p 88-89 | | Récriminer | 1$^{er}$ G. p 88-89 |
| Récapituler | 1$^{er}$ G. p 88-89 | | Récrire | 3$^{e}$ G. p 172-173 |
| Receler | 1$^{er}$ G. p 88-89 | | Recroqueviller | 1$^{er}$ G. p 88-89 |
| Recenser | 1$^{er}$ G. p 88-89 | | Recruter | 1$^{er}$ G. p 88-89 |
| Réceptionner | 1$^{er}$ G. p 88-89 | | Rectifier | 1$^{er}$ G. p 92-93 |
| Recevoir | 3$^{e}$ G. p 138-139 | | Recueillir | 3$^{e}$ G. p 126-127 |
| Recharger | 1$^{er}$ G. p 90-91 | | Reculer | 1$^{er}$ G. p 88-89 |
| Réchauffer | 1$^{er}$ G. p 88-89 | | Récupérer | 1$^{er}$ G. p 88-89 |
| Rechercher | 1$^{er}$ G. p 88-89 | | Récurer | 1$^{er}$ G. p 88-89 |
| Rechigner | 1$^{er}$ G. p 88-89 | | Récuser | 1$^{er}$ G. p 88-89 |
| Rechuter | 1$^{er}$ G. p 88-89 | | Rédiger | 1$^{er}$ G. p 90-91 |
| Récidiver | 1$^{er}$ G. p 88-89 | | Redire | 3$^{e}$ G. p 170-171 |
| Réciter | 1$^{er}$ G. p 88-89 | | Redoubler | 1$^{er}$ G. p 88-89 |
| Réclamer | 1$^{er}$ G. p 88-89 | | Redouter | 1$^{er}$ G. p 88-89 |
| Récolter | 1$^{er}$ G. p 88-89 | | Redresser | 1$^{er}$ G. p 88-89 |
| Recommander | 1$^{er}$ G. p 88-89 | | Réduire | 3$^{e}$ G. p 174-175 |
| Recommencer | 1$^{er}$ G. p 88-89 | | Refaire | 3$^{e}$ G. p 156-157 |
| Récompenser | 1$^{er}$ G. p 88-89 | | Référer (se) | 1$^{er}$ G. p 88-89 |
| Réconcilier | 1$^{er}$ G. p 92-93 | | Refermer | 1$^{er}$ G. p 88-89 |
| Réconforter | 1$^{er}$ G. p 88-89 | | Réfléchir | 2$^{e}$ G. p 104-105 |
| Reconnaître | 3$^{e}$ G. p 160-161 | | Refléter | 1$^{er}$ G. p 88-89 |

| | | | |
|---|---|---|---|
| **Refluer** | 1er G. p 88-89 | **Relaxer** | 1er G. p 88-89 |
| **Réformer** | 1er G. p 88-89 | **Reléguer** | 1er G. p 88-89 |
| **Refouler** | 1er G. p 88-89 | **Relever** | 1er G. p 88-89 |
| **Refréner** | 1er G. p 88-89 | **Relier** | 1er G. p 92-93 |
| **Réfrigérer** | 1er G. p 88-89 | **Relire** | 3e G. p 176-177 |
| **Refroidir** | 2e G. p 104-105 | **Reluire** | 3e G. p 174-175 |
| **Réfugier (se)** | 1er G. p 92-93 | **Remâcher** | 1er G. p 88-89 |
| **Refuser** | 1er G. p 88-89 | **Remanier** | 1er G. p 92-93 |
| **Réfuter** | 1er G. p 88-89 | **Remarquer** | 1er G. p 88-89 |
| **Régaler** | 1er G. p 88-89 | **Rembourrer** | 1er G. p 88-89 |
| **Regarder** | 1er G. p 88-89 | **Rembourser** | 1er G. p 88-89 |
| **Régénérer** | 1er G. p 88-89 | **Rembrunir (se)** | 2e G. p 104-105 |
| **Régenter** | 1er G. p 88-89 | **Remédier** | 1er G. p 92-93 |
| **Regimber** | 1er G. p 88-89 | **Remémorer** | 1er G. p 88-89 |
| **Régir** | 2e G. p 104-105 | **Remercier** | 1er G. p 92-93 |
| **Réglementer** | 1er G. p 88-89 | **Remettre** | 3e G. p 208-209 |
| **Régler** | 1er G. p 88-89 | **Remiser** | 1er G. p 88-89 |
| **Régner** | 1er G. p 88-89 | **Remonter** | 1er G. p 88-89 |
| **Régresser** | 1er G. p 88-89 | **Remplacer** | 1er G. p 88-89 |
| **Regretter** | 1er G. p 88-89 | **Remplir** | 2e G. p 104-105 |
| **Régulariser** | 1er G. p 88-89 | **Remporter** | 1er G. p 88-89 |
| **Réitérer** | 1er G. p 88-89 | **Remuer** | 1er G. p 88-89 |
| **Rejaillir** | 2e G. p 104-105 | **Rémunérer** | 1er G. p 88-89 |
| **Rejeter** | 1er G. p 88-89 | **Renaître** | 3e G. p 162-163 |
| **Rejoindre** | 3e G. p 190-191 | **Renchérir** | 2e G. p 104-105 |
| **Réjouir** | 2e G. p 104-105 | **Rencontrer** | 1er G. p 88-89 |
| **Relâcher** | 1er G. p 88-89 | **Rendre** | 3e G. p 192-193 |
| **Relancer** | 1er G. p 88-89 | **Renfermer** | 1er G. p 88-89 |
| **Relater** | 1er G. p 88-89 | **Renforcer** | 1er G. p 88-89 |

| | | | | |
|---|---|---|---|---|
| Renier | 1<sup>er</sup> G. p 92-93 | | Réprouver | 1<sup>er</sup> G. p 88-89 |

Renier 1<sup>er</sup> G. p 92-93

Renoncer 1<sup>er</sup> G. p 88-89

Renouveler 1<sup>er</sup> G. p 88-89

Renseigner 1<sup>er</sup> G. p 88-89

Renverser 1<sup>er</sup> G. p 88-89

Renvoyer 1<sup>er</sup> G. p 98-99

Répandre 3<sup>e</sup> G. p 196-197

Réparer 1<sup>er</sup> G. p 88-89

Repartir 3<sup>e</sup> G. p 114-115

Répartir 2<sup>e</sup> G. p 104-105

Repasser 1<sup>er</sup> G. p 88-89

Repentir (se) 3<sup>e</sup> G. p 114-115

Répercuter 1<sup>er</sup> G. p 88-89

Répertorier 1<sup>er</sup> G. p 92-93

Repérer 1<sup>er</sup> G. p 88-89

Répéter 1<sup>er</sup> G. p 88-89

Replier 1<sup>er</sup> G. p 92-93

Répliquer 1<sup>er</sup> G. p 88-89

Répondre 3<sup>e</sup> G. p 198-199

Reporter 1<sup>er</sup> G. p 88-89

Reposer 1<sup>er</sup> G. p 88-89

Repousser 1<sup>er</sup> G. p 88-89

Reprendre 3<sup>e</sup> G. p 194-195

Représenter 1<sup>er</sup> G. p 88-89

Réprimander 1<sup>er</sup> G. p 88-89

Réprimer 1<sup>er</sup> G. p 88-89

Repriser 1<sup>er</sup> G. p 88-89

Reprocher 1<sup>er</sup> G. p 88-89

Reproduire 3<sup>e</sup> G. p 174-175

Réprouver 1<sup>er</sup> G. p 88-89

Répudier 1<sup>er</sup> G. p 92-93

Répugner 1<sup>er</sup> G. p 88-89

Requérir 3<sup>e</sup> G. p 132-133

Requinquer 1<sup>er</sup> G. p 88-89

Réquisitionner 1<sup>er</sup> G. p 88-89

Réserver 1<sup>er</sup> G. p 88-89

Résider 1<sup>er</sup> G. p 88-89

Résigner (se) 1<sup>er</sup> G. p 88-89

Résilier 1<sup>er</sup> G. p 92-93

Résister 1<sup>er</sup> G. p 88-89

Résonner 1<sup>er</sup> G. p 88-89

Résorber 1<sup>er</sup> G. p 88-89

Résoudre 3<sup>e</sup> G. p 202-203

Respecter 1<sup>er</sup> G. p 88-89

Respirer 1<sup>er</sup> G. p 88-89

Resplendir 2<sup>e</sup> G. p 104-105

Responsabiliser 1<sup>er</sup> G. p 88-89

Ressembler 1<sup>er</sup> G. p 88-89

Ressentir 3<sup>e</sup> G. p 114-115

Resserrer 1<sup>er</sup> G. p 88-89

Resservir 3<sup>e</sup> G. p 134-135

Ressortir 2<sup>e</sup> G. p 104-105

Ressourcer (se) 1<sup>er</sup> G. p 88-89

Ressusciter 1<sup>er</sup> G. p 88-89

Rester 1<sup>er</sup> G. p 88-89

Restituer 1<sup>er</sup> G. p 88-89

Restreindre 3<sup>e</sup> G. p 188-189

Résulter 1<sup>er</sup> G. p 88-89

| | | | |
|---|---|---|---|
| **Résumer** | 1ᵉʳ G. p 88-89 | **Révulser** | 1ᵉʳ G. p 88-89 |
| **Rétablir** | 2ᵉ G. p 104-105 | **Rider** | 1ᵉʳ G. p 88-89 |
| **Retarder** | 1ᵉʳ G. p 88-89 | **Ridiculiser** | 1ᵉʳ G. p 88-89 |
| **Retenir** | 3ᵉ G. p 118-119 | **Rigidifier** | 1ᵉʳ G. p 92-93 |
| **Retentir** | 2ᵉ G. p 104-105 | **Rincer** | 1ᵉʳ G. p 88-89 |
| **Retirer** | 1ᵉʳ G. p 88-89 | **Ripailler** | 1ᵉʳ G. p 88-89 |
| **Rétorquer** | 1ᵉʳ G. p 88-89 | **Riposter** | 1ᵉʳ G. p 88-89 |
| **Retourner** | 1ᵉʳ G. p 88-89 | **Rire** | 3ᵉ G. p 178-179 |
| **Retracer** | 1ᵉʳ G. p 88-89 | **Risquer** | 1ᵉʳ G. p 88-89 |
| **Rétracter (se)** | 1ᵉʳ G. p 88-89 | **Ristourner** | 1ᵉʳ G. p 88-89 |
| **Retrancher** | 1ᵉʳ G. p 88-89 | **Rivaliser** | 1ᵉʳ G. p 88-89 |
| **Rétrécir** | 2ᵉ G. p 104-105 | **Roder** | 1ᵉʳ G. p 88-89 |
| **Rétribuer** | 1ᵉʳ G. p 88-89 | **Rôder** | 1ᵉʳ G. p 88-89 |
| **Retrouver** | 1ᵉʳ G. p 88-89 | **Romancer** | 1ᵉʳ G. p 88-89 |
| **Réunifier** | 1ᵉʳ G. p 92-93 | **Rompre** | 3ᵉ G. p 218-219 |
| **Réunir** | 2ᵉ G. p 104-105 | **Ronfler** | 1ᵉʳ G. p 88-89 |
| **Réussir** | 2ᵉ G. p 104-105 | **Ronger** | 1ᵉʳ G. p 90-91 |
| **Revaloriser** | 1ᵉʳ G. p 88-89 | **Rosir** | 2ᵉ G. p 104-105 |
| **Réveiller** | 1ᵉʳ G. p 88-89 | **Rôtir** | 2ᵉ G. p 104-105 |
| **Revendiquer** | 1ᵉʳ G. p 88-89 | **Roucouler** | 1ᵉʳ G. p 88-89 |
| **Revenir** | 3ᵉ G. p 118-119 | **Rouer** | 1ᵉʳ G. p 88-89 |
| **Rêver** | 1ᵉʳ G. p 88-89 | **Rougir** | 2ᵉ G. p 104-105 |
| **Révérer** | 1ᵉʳ G. p 88-89 | **Rouiller** | 1ᵉʳ G. p 88-89 |
| **Reverser** | 1ᵉʳ G. p 88-89 | **Rouler** | 1ᵉʳ G. p 88-89 |
| **Revigorer** | 1ᵉʳ G. p 88-89 | **Rouspéter** | 1ᵉʳ G. p 88-89 |
| **Revivre** | 3ᵉ G. p 216-217 | **Roussir** | 2ᵉ G. p 104-105 |
| **Revoir** | 3ᵉ G. p 140-141 | **Router** | 1ᵉʳ G. p 88-89 |
| **Révolter** | 1ᵉʳ G. p 88-89 | **Rudoyer** | 1ᵉʳ G. p 96-97 |
| **Révoquer** | 1ᵉʳ G. p 88-89 | **Ruer** | 1ᵉʳ G. p 88-89 |

| | | | |
|---|---|---|---|
| Rugir | 2ᵉ G. p 104-105 | Saler | 1ᵉʳ G. p 88-89 |
| Ruiner | 1ᵉʳ G. p 88-89 | Salir | 2ᵉ G. p 104-105 |
| Ruminer | 1ᵉʳ G. p 88-89 | Saliver | 1ᵉʳ G. p 88-89 |
| Ruser | 1ᵉʳ G. p 88-89 | Saluer | 1ᵉʳ G. p 88-89 |
| Rythmer | 1ᵉʳ G. p 88-89 | Sanctionner | 1ᵉʳ G. p 88-89 |
| | | Sangler | 1ᵉʳ G. p 88-89 |
| | | Sangloter | 1ᵉʳ G. p 88-89 |
| | | Saouler | 1ᵉʳ G. p 88-89 |
| | | Sasser | 1ᵉʳ G. p 88-89 |
| | | Satisfaire | 3ᵉ G. p 156-157 |
| | | Saturer | 1ᵉʳ G. p 88-89 |
| | | Saucer | 1ᵉʳ G. p 88-89 |
| | | Saupoudrer | 1ᵉʳ G. p 88-89 |
| | | Sauter | 1ᵉʳ G. p 88-89 |
| | | Sautiller | 1ᵉʳ G. p 88-89 |
| | | Savoir | 3ᵉ G. p 220-221 |
| | | Savourer | 1ᵉʳ G. p 88-89 |
| | | Scandaliser | 1ᵉʳ G. p 88-89 |
| | | Scander | 1ᵉʳ G. p 88-89 |
| | | Sceller | 1ᵉʳ G. p 88-89 |
| | | Schématiser | 1ᵉʳ G. p 88-89 |
| Sabler | 1ᵉʳ G. p 88-89 | Scier | 1ᵉʳ G. p 92-93 |
| Saboter | 1ᵉʳ G. p 88-89 | Scintiller | 1ᵉʳ G. p 88-89 |
| Saborder | 1ᵉʳ G. p 88-89 | Scléroser (se) | 1ᵉʳ G. p 88-89 |
| Saccager | 1ᵉʳ G. p 90-91 | Sécher | 1ᵉʳ G. p 88-89 |
| Sacrer | 1ᵉʳ G. p 88-89 | Seconder | 1ᵉʳ G. p 88-89 |
| Sacrifier | 1ᵉʳ G. p 92-93 | Secouer | 1ᵉʳ G. p 88-89 |
| Saigner | 1ᵉʳ G. p 88-89 | Secourir | 3ᵉ G. p 120-121 |
| Saillir | 3ᵉ G. p 124-125 | Sécréter | 1ᵉʳ G. p 88-89 |
| Saisir | 2ᵉ G. p 104-105 | | |

**S**

| | | | |
|---|---|---|---|
| **Sectionner** | 1er G. p 88-89 | **Situer** | 1er G. p 88-89 |
| **Sédentariser** | 1er G. p 88-89 | **Skier** | 1er G. p 92-93 |
| **Séduire** | 3e G. p 174-175 | **Snober** | 1er G. p 88-89 |
| **Séjourner** | 1er G. p 88-89 | **Sodomiser** | 1er G. p 88-89 |
| **Sélectionner** | 1er G. p 88-89 | **Soigner** | 1er G. p 88-89 |
| **Sembler** | 1er G. p 88-89 | **Solder** | 1er G. p 88-89 |
| **Semer** | 1er G. p 88-89 | **Solidifier** | 1er G. p 92-93 |
| **Sensibiliser** | 1er G. p 88-89 | **Soliloquer** | 1er G. p 88-89 |
| **Sentir** | 3e G. p 114-115 | **Solliciter** | 1er G. p 88-89 |
| **Séparer** | 1er G. p 88-89 | **Sombrer** | 1er G. p 88-89 |
| **Séquestrer** | 1er G. p 88-89 | **Sommeiller** | 1er G. p 88-89 |
| **Sermonner** | 1er G. p 88-89 | **Sommer** | 1er G. p 88-89 |
| **Serrer** | 1er G. p 88-89 | **Somnoler** | 1er G. p 88-89 |
| **Sertir** | 2e G. p 104-105 | **Sonder** | 1er G. p 88-89 |
| **Servir** | 3e G. p 134-135 | **Songer** | 1er G. p 90-91 |
| **Sévir** | 2e G. p 104-105 | **Sonner** | 1er G. p 88-89 |
| **Sevrer** | 1er G. p 88-89 | **Sonoriser** | 1er G. p 88-89 |
| **Sidérer** | 1er G. p 88-89 | **Sortir** | 3e G. p 114-115 |
| **Siéger** | 1er G. p 90-91 | **Soucier (se)** | 1er G. p 92-93 |
| **Siffler** | 1er G. p 88-89 | **Souder** | 1er G. p 88-89 |
| **Signaler** | 1er G. p 88-89 | **Soudoyer** | 1er G. p 96-97 |
| **Signer** | 1er G. p 88-89 | **Souffler** | 1er G. p 88-89 |
| **Signifier** | 1er G. p 92-93 | **Souffleter** | 1er G. p 88-89 |
| **Sillonner** | 1er G. p 88-89 | **Souffrir** | 3e G. p 110-111 |
| **Simplifier** | 1er G. p 92-93 | **Souhaiter** | 1er G. p 88-89 |
| **Simuler** | 1er G. p 88-89 | **Souiller** | 1er G. p 88-89 |
| **Singer** | 1er G. p 90-91 | **Soulager** | 1er G. p 90-91 |
| **Singulariser** | 1er G. p 88-89 | **Soûler** | 1er G. p 88-89 |
| **Siroter** | 1er G. p 88-89 | **Soulever** | 1er G. p 88-89 |

| | | | |
|---|---|---|---|
| Souligner | 1ᵉʳ G. p 88-89 | Structurer | 1ᵉʳ G. p 88-89 |
| Soumettre | 3ᵉ G. p 208-209 | Stupéfier | 1ᵉʳ G. p 92-93 |
| Soupçonner | 1ᵉʳ G. p 88-89 | Subir | 2ᵉ G. p 104-105 |
| Souper | 1ᵉʳ G. p 88-89 | Submerger | 1ᵉʳ G. p 90-91 |
| Soupirer | 1ᵉʳ G. p 88-89 | Subodorer | 1ᵉʳ G. p 88-89 |
| Sourdre | 3ᵉ G. p 222 | Subordonner | 1ᵉʳ G. p 88-89 |
| Sourire | 3ᵉ G. p 178-179 | Subsister | 1ᵉʳ G. p 88-89 |
| Souscrire | 3ᵉ G. p 172-173 | Substituer | 1ᵉʳ G. p 88-89 |
| Sous-entendre | 3ᵉ G. p 192-193 | Subtiliser | 1ᵉʳ G. p 88-89 |
| Sous-estimer | 1ᵉʳ G. p 88-89 | Subvenir | 3ᵉʳ G. p 118-119 |
| Soustraire | 3ᵉ G. p 154-155 | Succéder | 1ᵉʳ G. p 88-89 |
| Soutenir | 3ᵉ G. p 118-119 | Succomber | 1ᵉʳ G. p 88-89 |
| Souvenir (se) | 3ᵉ G. p 118-119 | Suçoter | 1ᵉʳ G. p 88-89 |
| Spécialiser | 1ᵉʳ G. p 88-89 | Sucrer | 1ᵉʳ G. p 88-89 |
| Spécifier | 1ᵉʳ G. p 92-93 | Suer | 1ᵉʳ G. p 88-89 |
| Spéculer | 1ᵉʳ G. p 88-89 | Suffire | 3ᵉ G. p 180-181 |
| Spolier | 1ᵉʳ G. p 92-93 | Suffoquer | 1ᵉʳ G. p 88-89 |
| Stabiliser | 1ᵉʳ G. p 88-89 | Suggérer | 1ᵉʳ G. p 88-89 |
| Stagner | 1ᵉʳ G. p 88-89 | Suicider (se) | 1ᵉʳ G. p 88-89 |
| Stationner | 1ᵉʳ G. p 88-89 | Suinter | 1ᵉʳ G. p 88-89 |
| Statuer | 1ᵉʳ G. p 88-89 | Suivre | 3ᵉ G. p 214,215 |
| Statufier | 1ᵉʳ G. p 92-93 | Supplanter | 1ᵉʳ G. p 88-89 |
| Stériliser | 1ᵉʳ G. p 88-89 | Suppléer | 1ᵉʳ G. p 102-103 |
| Stigmatiser | 1ᵉʳ G. p 88-89 | Supplicier | 1ᵉʳ G. p 92-93 |
| Stimuler | 1ᵉʳ G. p 88-89 | Supplier | 1ᵉʳ G. p 92-93 |
| Stipuler | 1ᵉʳ G. p 88-89 | Supporter | 1ᵉʳ G. p 88-89 |
| Stocker | 1ᵉʳ G. p 88-89 | Supposer | 1ᵉʳ G. p 88-89 |
| Stopper | 1ᵉʳ G. p 88-89 | Supprimer | 1ᵉʳ G. p 88-89 |
| Stresser | 1ᵉʳ G. p 88-89 | Suppurer | 1ᵉʳ G. p 88-89 |

Surgeler 1er G. p 88-89
Surir 2e G. p 104-105
Surmener 1er G. p 88-89
Surmonter 1er G. p 88-89
Surpasser 1er G. p 88-89
Surprendre 3e G. p 194-195
Sursauter 1er G. p 88-89
Surseoir 3e G. p 222-223
Surveiller 1er G. p 88-89
Survivre 3e G. p 216-217
Susciter 1er G. p 88-89
Suspecter 1er G. p 88-89
Suspendre 3e G. p 192-193
Symboliser 1er G. p 88-89
Sympathiser 1er G. p 88-89
Systématiser 1er G. p 88-89

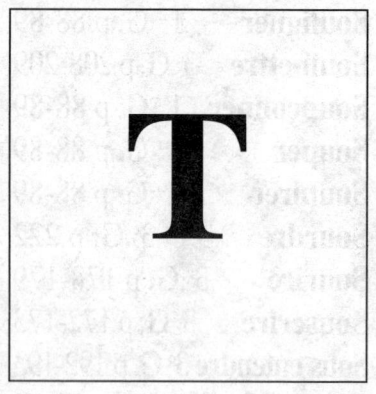

Tabler 1er G. p 88-89
Tacher 1er G. p 88-89
Tâcher 1er G. p 88-89
Taillader 1er G. p 88-89
Tailler 1er G. p 88-89
Taire 3e G. p 158-159
Talonner 1er G. p 88-89
Talquer 1er G. p 88-89
Tambouriner 1er G. p 88-89
Tamiser 1er G. p 88-89
Tancer 1er G. p 88-89
Tanguer 1er G. p 88-89
Taper 1er G. p 88-89
Tapir (se) 2e G. p 104-105
Tapisser 1er G. p 88-89
Tapoter 1er G. p 88-89
Taquiner 1er G. p 88-89
Tarabuster 1er G. p 88-89

| | | | |
|---|---|---|---|
| Tarauder | 1er G. p 88-89 | Terrifier | 1er G. p 92-93 |
| Tarder | 1er G. p 88-89 | Terroriser | 1er G. p 88-89 |
| Tarer | 1er G. p 88-89 | Tester | 1er G. p 88-89 |
| Targuer (se) | 1er G. p 88-89 | Tétaniser | 1er G. p 88-89 |
| Tarifer | 1er G. p 88-89 | Téter | 1er G. p 88-89 |
| Tarir | 2e G. p 104-105 | Théoriser | 1er G. p 88-89 |
| Tartiner | 1er G. p 88-89 | Thésauriser | 1er G. p 88-89 |
| Tasser | 1er G. p 88-89 | Tiédir | 2e G. p 104-105 |
| Tâter | 1er G. p 88-89 | Timbrer | 1er G. p 88-89 |
| Tâtonner | 1er G. p 88-89 | Tirailler | 1er G. p 88-89 |
| Tatouer | 1er G. p 88-89 | Tirer | 1er G. p 88-89 |
| Taxer | 1er G. p 88-89 | Tisser | 1er G. p 88-89 |
| Teindre | 3e G. p 188-189 | Titiller | 1er G. p 88-89 |
| Teinter | 1er G. p 88-89 | Titrer | 1er G. p 88-89 |
| Télécommander | 1er G. p 88-89 | Tituber | 1er G. p 88-89 |
| Téléviser | 1er G. p 88-89 | Titulariser | 1er G. p 88-89 |
| Témoigner | 1er G. p 88-89 | Toiletter | 1er G. p 88-89 |
| Tempérer | 1er G. p 88-89 | Toiser | 1er G. p 88-89 |
| Tempêter | 1er G. p 88-89 | Tolérer | 1er G. p 88-89 |
| Temporiser | 1er G. p 88-89 | Tomber | 1er G. p 88-89 |
| Tenailler | 1er G. p 88-89 | Tondre | 3e G. p 198-199 |
| Tendre | 3e G. p 192-193 | Tonifier | 1er G. p 92-93 |
| Tenir | 3e G. p 118-119 | Tonitruer | 1er G. p 88-89 |
| Tenter | 1er G. p 88-89 | Tonner | 1er G. p 88-89 |
| Tergiverser | 1er G. p 88-89 | Tonsurer | 1er G. p 88-89 |
| Terminer | 1er G. p 88-89 | Toquer | 1er G. p 88-89 |
| Ternir | 2e G. p 104-105 | Tordre | 3e G. p 200-201 |
| Terrasser | 1er G. p 88-89 | Torpiller | 1er G. p 88-89 |
| Terrer (se) | 1er G. p 88-89 | Torsader | 1er G. p 88-89 |

| | | | |
|---|---|---|---|
| Tortiller | 1er G. p 88-89 | Transparaître | 3e G. p 160-161 |
| Torturer | 1er G. p 88-89 | Transpercer | 1er G. p 88-89 |
| Totaliser | 1er G. p 88-89 | Transpirer | 1er G. p 88-89 |
| Toucher | 1er G. p 88-89 | Transplanter | 1er G. p 88-89 |
| Tourbillonner | 1er G. p 88-89 | Transporter | 1er G. p 88-89 |
| Tourmenter | 1er G. p 88-89 | Transposer | 1er G. p 88-89 |
| Tourner | 1er G. p 88-89 | Traquer | 1er G. p 88-89 |
| Tournoyer | 1er G. p 96-97 | Traumatiser | 1er G. p 88-89 |
| Tracasser | 1er G. p 88-89 | Travailler | 1er G. p 88-89 |
| Tracer | 1er G. p 88-89 | Traverser | 1er G. p 88-89 |
| Tracter | 1er G. p 88-89 | Travestir | 2e G. p 104-105 |
| Traduire | 3e G. p 174-175 | Trébucher | 1er G. p 88-89 |
| Trafiquer | 1er G. p 88-89 | Trembler | 1er G. p 88-89 |
| Trahir | 2e G. p 104-105 | Trémousser (se) | 1er G. p 88-89 |
| Traîner | 1er G. p 88-89 | Tremper | 1er G. p 88-89 |
| Traire | 3e G. p 154-155 | Trépasser | 1er G. p 88-89 |
| Traiter | 1er G. p 88-89 | Trépider | 1er G. p 88-89 |
| Tramer | 1er G. p 88-89 | Trépigner | 1er G. p 88-89 |
| Trancher | 1er G. p 88-89 | Tressaillir | 3e G. p 124-125 |
| Tranquilliser | 1er G. p 88-89 | Tressauter | 1er G. p 88-89 |
| Transborder | 1er G. p 88-89 | Tresser | 1er G. p 88-89 |
| Transcrire | 3e G. p 172-173 | Tricher | 1er G. p 88-89 |
| Transférer | 1er G. p 88-89 | Tricoter | 1er G. p 88-89 |
| Transfigurer | 1er G. p 88-89 | Trier | 1er G. p 92-93 |
| Transformer | 1er G. p 88-89 | Trimer | 1er G. p 88-89 |
| Transgresser | 1er G. p 88-89 | Trinquer | 1er G. p 88-89 |
| Transiger | 1er G. p 90-91 | Triompher | 1er G. p 88-89 |
| Transmettre | 3e G. p 208-209 | Triturer | 1er G. p 88-89 |
| Transmuer | 1er G. p 88-89 | Tromper | 1er G. p 88-89 |

| | |
|---|---|
| **Tronçonner** | 1ᵉʳ G. p 88-89 |
| **Trôner** | 1ᵉʳ G. p 88-89 |
| **Tronquer** | 1ᵉʳ G. p 88-89 |
| **Troquer** | 1ᵉʳ G. p 88-89 |
| **Troubler** | 1ᵉʳ G. p 88-89 |
| **Trouer** | 1ᵉʳ G. p 88-89 |
| **Trousser** | 1ᵉʳ G. p 88-89 |
| **Trouver** | 1ᵉʳ G. p 88-89 |
| **Truander** | 1ᵉʳ G. p 88-89 |
| **Truquer** | 1ᵉʳ G. p 88-89 |
| **Truster** | 1ᵉʳ G. p 88-89 |
| **Tuer** | 1ᵉʳ G. p 88-89 |
| **Tuméfier** | 1ᵉʳ G. p 92-93 |
| **Tutoyer** | 1ᵉʳ G. p 96-97 |
| **Tuyauter** | 1ᵉʳ G. p 88-89 |
| **Tyranniser** | 1ᵉʳ G. p 88-89 |

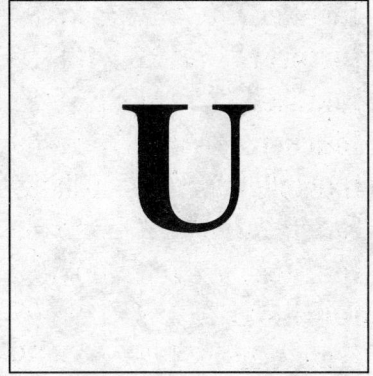

| | |
|---|---|
| **Ulcérer** | 1ᵉʳ G. p 88-89 |
| **Unifier** | 1ᵉʳ G. p 92-93 |
| **Uniformiser** | 1ᵉʳ G. p 88-89 |
| **Unir** | 2ᵉ G. p 104-105 |
| **Urbaniser** | 1ᵉʳ G. p 88-89 |
| **Urger** | 1ᵉʳ G. p 90-91 |
| **Uriner** | 1ᵉʳ G. p 88-89 |
| **User** | 1ᵉʳ G. p 88-89 |
| **Usiner** | 1ᵉʳ G. p 88-89 |
| **Usurper** | 1ᵉʳ G. p 88-89 |
| **Utiliser** | 1ᵉʳ G. p 88-89 |

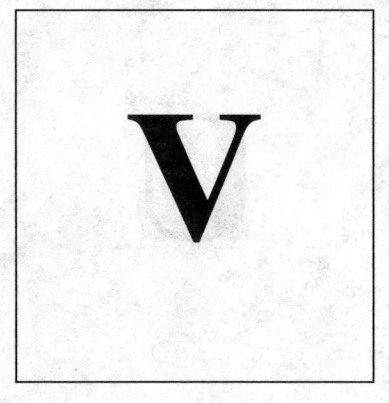

| | |
|---|---|
| Vacciner | 1er G. p 88-89 |
| Vaciller | 1er G. p 88-89 |
| Vagabonder | 1er G. p 88-89 |
| Vagir | 2e G. p 104-105 |
| Vaincre | 3e G. p 212-213 |
| Valider | 1er G. p 88-89 |
| Valoir | 3e G. p 148-149 |
| Valoriser | 1er G. p 88-89 |
| Vanter | 1er G. p 88-89 |
| Vaporiser | 1er G. p 88-89 |
| Varier | 1er G. p 92-93 |
| Vaticiner | 1er G. p 88-89 |
| Vautrer (se) | 1er G. p 88-89 |
| Végéter | 1er G. p 88-89 |
| Véhiculer | 1er G. p 88-89 |
| Veiller | 1er G. p 88-89 |
| Vendanger | 1er G. p 90-91 |

| | |
|---|---|
| Vendre | 3e G. p 192-193 |
| Vénérer | 1er G. p 88-89 |
| Venger | 1er G. p 90-91 |
| Venir | 3e G. p 118-119 |
| Ventiler | 1er G. p 88-89 |
| Verbaliser | 1er G. p 88-89 |
| Verdir | 2e G. p 104-105 |
| Vérifier | 1er G. p 92-93 |
| Vernir | 2e G. p 104-105 |
| Verrouiller | 1er G. p 88-89 |
| Verser | 1er G. p 88-89 |
| Versifier | 1er G. p 92-93 |
| Vêtir | 3e G. p 116-117 |
| Vexer | 1er G. p 88-89 |
| Vibrer | 1er G. p 88-89 |
| Vicier | 1er G. p 92-93 |
| Vidanger | 1er G. p 90-91 |
| Vider | 1er G. p 88-89 |
| Vieillir | 2e G. p 104-105 |
| Vilipender | 1er G. p 88-89 |
| Vinifier | 1er G. p 92-93 |
| Violenter | 1er G. p 88-89 |
| Violer | 1er G. p 88-89 |
| Virer | 1er G. p 88-89 |
| Virevolter | 1er G. p 88-89 |
| Viser | 1er G. p 88-89 |
| Visionner | 1er G. p 88-89 |
| Visiter | 1er G. p 88-89 |
| Visser | 1er G. p 88-89 |

| | |
|---|---|
| **Visualiser** | 1ᵉʳ G. p 88-89 |
| **Vitrer** | 1ᵉʳ G. p 88-89 |
| **Vitrifier** | 1ᵉʳ G. p 92-93 |
| **Vitupérer** | 1ᵉʳ G. p 88-89 |
| **Vivifier** | 1ᵉʳ G. p 92-93 |
| **Vivoter** | 1ᵉʳ G. p 88-89 |
| **Vivre** | 3ᵉ G. p 216-217 |
| **Vociférer** | 1ᵉʳ G. p 88-89 |
| **Voguer** | 1ᵉʳ G. p 88-89 |
| **Voiler** | 1ᵉʳ G. p 88-89 |
| **Voir** | 3ᵉ G. p 140-141 |
| **Volatiliser (se)** | 1ᵉʳ G. p 88-89 |
| **Voler** | 1ᵉʳ G. p 88-89 |
| **Vomir** | 2ᵉ G. p 104-105 |
| **Voter** | 1ᵉʳ G. p 88-89 |
| **Vouer** | 1ᵉʳ G. p 88-89 |
| **Vouloir** | 3ᵉ G. p 146-147 |
| **Voûter (se)** | 1ᵉʳ G. p 88-89 |
| **Vouvoyer** | 1ᵉʳ G. p 96-97 |
| **Voyager** | 1ᵉʳ G. p 90-91 |
| **Vriller** | 1ᵉʳ G. p 88-89 |
| **Vrombir** | 2ᵉ G. p 104-105 |
| **Vulgariser** | 1ᵉʳ G. p 88-89 |

# Z

| | |
|---|---|
| **Zébrer** | 1ᵉʳ G. p 88-89 |
| **Zézayer** | 1ᵉʳ G. p 94-95 |
| **Zozoter** | 1ᵉʳ G. p 88-89 |

# TABLEAUX
# DES
# CONJUGAISONS

# 84 - **AVOIR**

## INDICATIF

**PRÉSENT**

| J' | ai |
| Tu | as |
| Il | a |
| Nous | avons |
| Vous | avez |
| Ils | ont |

**PASSÉ COMPOSÉ**

| J' | ai eu |
| Tu | as eu |
| Il | a eu |
| Nous | avons eu |
| Vous | avez eu |
| Ils | ont eu |

**IMPARFAIT**

| J' | avais |
| Tu | avais |
| Il | avait |
| Nous | avions |
| Vous | aviez |
| Ils | avaient |

**PLUS-QUE-PARFAIT**

| J' | avais eu |
| Tu | avais eu |
| Il | avait eu |
| Nous | avions cu |
| Vous | aviez eu |
| Ils | avaient eu |

**PASSÉ SIMPLE**

| J' | eus |
| Tu | eus |
| Il | eut |
| Nous | eûmes |
| Vous | eûtes |
| Ils | eurent |

**PASSÉ ANTÉRIEUR**

| J' | eus eu |
| Tu | eus eu |
| Il | eut eu |
| Nous | eûmes eu |
| Vous | eûtes eu |
| Ils | eurent eu |

**FUTUR SIMPLE**

| J' | aurai |
| Tu | auras |
| Il | aura |
| Nous | aurons |
| Vous | aurez |
| Ils | auront |

**FUTUR ANTÉRIEUR**

| J' | aurai eu |
| Tu | auras eu |
| Il | aura eu |
| Nous | aurons eu |
| Vous | aurez eu |
| Ils | auront eu |

## INFINITIF

| **PRÉSENT** | **PASSÉ** |
|---|---|
| avoir | avoir eu |

## PARTICIPE

| **PRÉSENT** | **PASSÉ** |
|---|---|
| ayant | eu, eue |

## SUBJONCTIF

**PRÉSENT**

Que j'      **aie**
Que tu     **aies**
Qu'il       **ait**
Que nous **ayons**
Que vous **ayez**
Qu'ils      **aient**

**PASSÉ**

Que j'      **aie eu**
Que tu     **aies eu**
Qu'il       **ait eu**
Que nous **ayons eu**
Que vous **ayez eu**
Qu'ils      **aient eu**

**IMPARFAIT**

Que j'      **eusse**
Que tu     **eusses**
Qu'il       **eût**
Que nous **eussions**
Que vous **eussiez**
Qu'ils      **eussent**

**PLUS-QUE-PARFAIT**

Que j'      **eusse eu**
Que tu     **eusses eu**
Qu'il       **eût eu**
Que nous **eussions eu**
Que vous **eussiez eu**
Qu'ils      **eussent eu**

## CONDITIONNEL

**PRÉSENT**

J'      **aurais**
Tu     **aurais**
Il       **aurait**
Nous **aurions**
Vous **auriez**
Ils     **auraient**

**PASSÉ**

J'      **aurais eu**
Tu     **aurais eu**
Il       **aurait eu**
Nous **aurions eu**
Vous **auriez eu**
Ils     **auraient eu**

## IMPÉRATIF

**PRÉSENT**

**aie      ayons      ayez**

## *AVOIR*, VERBE AUXILIAIRE

# 86 - ÊTRE

**PRÉSENT**

| Je | suis |
|----|------|
| Tu | es |
| Il | est |
| Nous | sommes |
| Vous | êtes |
| Ils | sont |

**PASSÉ COMPOSÉ**

| J' | ai été |
|----|--------|
| Tu | as été |
| Il | a été |
| Nous | avons été |
| Vous | avez été |
| Ils | ont été |

**IMPARFAIT**

| J' | étais |
|----|-------|
| Tu | étais |
| Il | était |
| Nous | étions |
| Vous | étiez |
| Ils | étaient |

**PLUS-QUE-PARFAIT**

| J' | avais été |
|----|-----------|
| Tu | avais été |
| Il | avait été |
| Nous | avions été |
| Vous | aviez été |
| Ils | avaient été |

**PASSÉ SIMPLE**

| Je | fus |
|----|-----|
| Tu | fus |
| Il | fut |
| Nous | fûmes |
| Vous | fûtes |
| Ils | furent |

**PASSÉ ANTÉRIEUR**

| J' | eus été |
|----|---------|
| Tu | eus été |
| Il | eut été |
| Nous | eûmes été |
| Vous | eûtes été |
| Ils | eurent été |

**FUTUR SIMPLE**

| Je | serai |
|----|-------|
| Tu | seras |
| Il | sera |
| Nous | serons |
| Vous | serez |
| Ils | seront |

**FUTUR ANTÉRIEUR**

| J' | aurai été |
|----|-----------|
| Tu | auras été |
| Il | aura été |
| Nous | aurons été |
| Vous | aurez été |
| Ils | auront été |

## INFINITIF

| **PRÉSENT** | **PASSÉ** |
|-------------|-----------|
| être | avoir été |

## PARTICIPE

| **PRÉSENT** | **PASSÉ** |
|-------------|-----------|
| étant | été |

# ÊTRE - 87

## SUBJONCTIF

**PRÉSENT**

Que je **sois**
Que tu **sois**
Qu'il **soit**
Que nous **soyons**
Que vous **soyez**
Qu'ils **soient**

**PASSÉ**

Que j' **aie été**
Que tu **aies été**
Qu'il **ait été**
Que nous **ayons été**
Que vous **ayez été**
Qu'ils **aient été**

**IMPARFAIT**

Que je **fusse**
Que tu **fusses**
Qu'il **fût**
Que nous **fussions**
Que vous **fussiez**
Qu'ils **fussent**

**PLUS-QUE-PARFAIT**

Que j' **eusse été**
Que tu **eusses été**
Qu'il **eût été**
Que nous **eussions été**
Que vous **eussiez été**
Qu'ils **eussent été**

## CONDITIONNEL

**PRÉSENT**

Je **serais**
Tu **serais**
Il **serait**
Nous **serions**
Vous **seriez**
Ils **seraient**

**PASSÉ**

J' **aurais été**
Tu **aurais été**
Il **aurait été**
Nous **aurions été**
Vous **auriez été**
Ils **auraient été**

## IMPÉRATIF

**PRÉSENT**

sois   soyons   soyez

## *ÊTRE* VERBE AUXILIAIRE

# 88 - CITER - 1er GROUPE - (ER)

## INDICATIF

### PRÉSENT
| | |
|---|---|
| Je | **cite** |
| Tu | **cites** |
| Il | **cite** |
| Nous | **citons** |
| Vous | **citez** |
| Ils | **citent** |

### PASSÉ COMPOSÉ
| | |
|---|---|
| J' | **ai cité** |
| Tu | **as cité** |
| Il | **a cité** |
| Nous | **avons cité** |
| Vous | **avez cité** |
| Ils | **ont cité** |

### IMPARFAIT
| | |
|---|---|
| Je | **citais** |
| Tu | **citais** |
| Il | **citait** |
| Nous | **citions** |
| Vous | **citiez** |
| Ils | **citaient** |

### PLUS-QUE-PARFAIT
| | |
|---|---|
| J' | **avais cité** |
| Tu | **avais cité** |
| Il | **avait cité** |
| Nous | **avions cité** |
| Vous | **aviez cité** |
| Ils | **avaient cité** |

### PASSÉ SIMPLE
| | |
|---|---|
| Je | **citai** |
| Tu | **citas** |
| Il | **cita** |
| Nous | **citâmes** |
| Vous | **citâtes** |
| Ils | **citèrent** |

### PASSÉ ANTÉRIEUR
| | |
|---|---|
| J' | **eus cité** |
| Tu | **eus cité** |
| Il | **eut cité** |
| Nous | **eûmes cité** |
| Vous | **eûtes cité** |
| Ils | **eurent cité** |

### FUTUR SIMPLE
| | |
|---|---|
| Je | **citerai** |
| Tu | **citeras** |
| Il | **citera** |
| Nous | **citerons** |
| Vous | **citerez** |
| Ils | **citeront** |

### FUTUR ANTÉRIEUR
| | |
|---|---|
| J' | **aurai cité** |
| Tu | **auras cité** |
| Il | **aura cité** |
| Nous | **aurons cité** |
| Vous | **aurez cité** |
| Ils | **auront cité** |

## INFINITIF

| PRÉSENT | PASSÉ |
|---|---|
| citer | avoir cité |

## PARTICIPE

| PRÉSENT | PASSÉ |
|---|---|
| citant | cité, ée |

# CITER - 1ᵉʳ GROUPE - *(ER)* - 89

## SUBJONCTIF

### PRÉSENT

| | |
|---|---|
| Que je | **cite** |
| Que tu | **cites** |
| Qu'il | **cite** |
| Que nous | **citions** |
| Que vous | **citiez** |
| Qu'ils | **citent** |

### PASSÉ

| | |
|---|---|
| Que j' | **aie cité** |
| Que tu | **aies cité** |
| Qu'il | **ait cité** |
| Que nous | **ayons cité** |
| Que vous | **ayez cité** |
| Qu'ils | **aient cité** |

### IMPARFAIT

| | |
|---|---|
| Que je | **citasse** |
| Que tu | **citasses** |
| Qu'il | **citât** |
| Que nous | **citassions** |
| Que vous | **citassiez** |
| Qu'ils | **citassent** |

### PLUS-QUE-PARFAIT

| | |
|---|---|
| Que j' | **eusse cité** |
| Que tu | **eusses cité** |
| Qu'il | **eût cité** |
| Que nous | **eussions cité** |
| Que vous | **eussiez cité** |
| Qu'ils | **eussent cité** |

## CONDITIONNEL

### PRÉSENT

| | |
|---|---|
| Je | **citerais** |
| Tu | **citerais** |
| Il | **citerait** |
| Nous | **citerions** |
| Vous | **citeriez** |
| Ils | **citeraient** |

### PASSÉ

| | |
|---|---|
| J' | **aurais cité** |
| Tu | **aurais cité** |
| Il | **aurait cité** |
| Nous | **aurions cité** |
| Vous | **auriez cité** |
| Ils | **auraient cité** |

## IMPÉRATIF PRÉSENT

**cite    citons    citez**

## CITER 1ᵉʳ GROUPE
## TERMINAISON EN *ER*

Les verbes se terminant par **eler** ou **eter** doublent la consonne **l** ou **t** devant un **e muet** : je jette ; j'appelle. sauf *celer, ciseler, congeler, déceler, démanteler, écarteler, geler, marteler, modeler, peler, receler, surgeler* qui changent le **e muet** en **è** devant une syllabe muette : je gèle ; j'achète.

Les verbes se terminant par **e(-)er** ou **é(-)er** prennent un **è ouvert** devant une syllabe muette : je lève ; je cède.

# 90 - JUGER - 1er GROUPE - (GER)

## INDICATIF

**PRÉSENT**

| | |
|---|---|
| Je | juge |
| Tu | juges |
| Il | juge |
| Nous | jugeons |
| Vous | jugez |
| Ils | jugent |

**PASSÉ COMPOSÉ**

| | |
|---|---|
| J' | ai jugé |
| Tu | as jugé |
| Il | a jugé |
| Nous | avons jugé |
| Vous | avez jugé |
| Ils | ont jugé |

**IMPARFAIT**

| | |
|---|---|
| Je | jugeais |
| Tu | jugeais |
| Il | jugeait |
| Nous | jugions |
| Vous | jugiez |
| Ils | jugeaient |

**PLUS-QUE-PARFAIT**

| | |
|---|---|
| J' | avais jugé |
| Tu | avais jugé |
| Il | avait jugé |
| Nous | avions jugé |
| Vous | aviez jugé |
| Ils | avaient jugé |

**PASSÉ SIMPLE**

| | |
|---|---|
| Je | jugeai |
| Tu | jugeas |
| Il | jugea |
| Nous | jugeâmes |
| Vous | jugeâtes |
| Ils | jugèrent |

**PASSÉ ANTÉRIEUR**

| | |
|---|---|
| J' | eus jugé |
| Tu | eus jugé |
| Il | eut jugé |
| Nous | eûmes jugé |
| Vous | eûtes jugé |
| Ils | eurent jugé |

**FUTUR SIMPLE**

| | |
|---|---|
| Je | jugerai |
| Tu | jugeras |
| Il | jugera |
| Nous | jugerons |
| Vous | jugerez |
| Ils | jugeront |

**FUTUR ANTÉRIEUR**

| | |
|---|---|
| J' | aurai jugé |
| Tu | auras jugé |
| Il | aura jugé |
| Nous | aurons jugé |
| Vous | aurez jugé |
| Ils | auront jugé |

## INFINITIF

| **PRÉSENT** | **PASSÉ** |
|---|---|
| juger | avoir jugé |

## PARTICIPE

| **PRÉSENT** | **PASSÉ** |
|---|---|
| jugeant | jugé, ée |

# JUGER - 1er GROUPE - (GER) - 91

## SUBJONCTIF

**PRÉSENT**

| | |
|---|---|
| Que je | **juge** |
| Que tu | **juges** |
| Qu'il | **juge** |
| Que nous | **jugions** |
| Que vous | **jugiez** |
| Qu'ils | **jugent** |

**PASSÉ**

| | |
|---|---|
| Que j' | **aie jugé** |
| Que tu | **aies jugé** |
| Qu'il | **ait jugé** |
| Que nous | **ayons jugé** |
| Que vous | **ayez jugé** |
| Qu'ils | **aient jugé** |

**IMPARFAIT**

| | |
|---|---|
| Que je | **jugeasse** |
| Que tu | **jugeasses** |
| Qu'il | **jugeât** |
| Que nous | **jugeassions** |
| Que vous | **jugeassiez** |
| Qu'ils | **jugeassent** |

**PLUS-QUE-PARFAIT**

| | |
|---|---|
| Que j' | **eusse jugé** |
| Que tu | **eusses jugé** |
| Qu'il | **eût jugé** |
| Que nous | **eussions jugé** |
| Que vous | **eussiez jugé** |
| Qu'ils | **eussent jugé** |

## CONDITIONNEL

**PRÉSENT**

| | |
|---|---|
| Je | **jugerais** |
| Tu | **jugerais** |
| Il | **jugerait** |
| Nous | **jugerions** |
| Vous | **jugeriez** |
| Ils | **jugeraient** |

**PASSÉ**

| | |
|---|---|
| J' | **aurais jugé** |
| Tu | **aurais jugé** |
| Il | **aurait jugé** |
| Nous | **aurions jugé** |
| Vous | **auriez jugé** |
| Ils | **auraient jugé** |

## IMPÉRATIF

**PRÉSENT**

juge  jugeons  jugez

**JUGER
VERBE 1er GROUPE
TERMINAISON EN GER**

# 92 - PRIER - 1er GROUPE - (IER)

## INDICATIF

### PRÉSENT
| Je | prie |
| Tu | pries |
| Il | prie |
| Nous | prions |
| Vous | priez |
| Ils | prient |

### PASSÉ COMPOSÉ
| J' | ai prié |
| Tu | as prié |
| Il | a prié |
| Nous | avons prié |
| Vous | avez prié |
| Ils | ont prié |

### IMPARFAIT
| Je | priais |
| Tu | priais |
| Il | priait |
| Nous | priions |
| Vous | priiez |
| Ils | priaient |

### PLUS-QUE-PARFAIT
| J' | avais prié |
| Tu | avais prié |
| Il | avait prié |
| Nous | avions prié |
| Vous | aviez prié |
| Ils | avaient prié |

### PASSÉ SIMPLE
| Je | priai |
| Tu | prias |
| Il | pria |
| Nous | priâmes |
| Vous | priâtes |
| Ils | prièrent |

### PASSÉ ANTÉRIEUR
| J' | eus prié |
| Tu | eus prié |
| Il | eut prié |
| Nous | eûmes prié |
| Vous | eûtes prié |
| Ils | eurent prié |

### FUTUR SIMPLE
| Je | prierai |
| Tu | prieras |
| Il | priera |
| Nous | prierons |
| Vous | prierez |
| Ils | prieront |

### FUTUR ANTÉRIEUR
| J' | aurai prié |
| Tu | auras prié |
| Il | aura prié |
| Nous | aurons prié |
| Vous | aurez prié |
| Ils | auront prié |

## INFINITIF

### PRÉSENT
prier

### PASSÉ
avoir prié

## PARTICIPE

### PRÉSENT
priant

### PASSÉ
prié, ée

# PRIER - 1er GROUPE - (IER) - 93

## SUBJONCTIF

**PRÉSENT**

Que je **prie**
Que tu **pries**
Qu'il **prie**
Que nous **priions**
Que vous **priiez**
Qu'ils **prient**

**PASSÉ**

Que j' **aie prié**
Que tu **aies prié**
Qu'il **ait prié**
Que nous **ayons prié**
Que vous **ayez prié**
Qu'ils **aient prié**

**IMPARFAIT**

Que je **priasse**
Que tu **priasses**
Qu'il **priât**
Que nous **priassions**
Que vous **priassiez**
Qu'ils **priassent**

**PLUS-QUE-PARFAIT**

Que j' **eusse prié**
Que tu **eusses prié**
Qu'il **eût prié**
Que nous **eussions prié**
Que vous **eussiez prié**
Qu'ils **eussent prié**

## CONDITIONNEL

**PRÉSENT**

Je **prierais**
Tu **prierais**
Il **prierait**
Nous **prierions**
Vous **prieriez**
Ils **prieraient**

**PASSÉ**

J' **aurais prié**
Tu **aurais prié**
Il **aurait prié**
Nous **aurions prié**
Vous **auriez prié**
Ils **auraient prié**

## IMPÉRATIF

**PRÉSENT**

prie   prions   priez

*PRIER*
**VERBE 1er GROUPE**
**TERMINAISON EN** *IER*

# 94 - ESSAYER - 1er GROUPE - (AYER)

## INDICATIF

### PRÉSENT
J'      essaie (essaye)
Tu      essaies (essayes)
Il      essaie (essaye)
Nous    essayons (essayons)
Vous    essayez (essayez)
Ils     essaient (essayent)

### IMPARFAIT
J'      essayais
Tu      essayais
Il      essayait
Nous    essayions
Vous    essayiez
Ils     essayaient

### PASSÉ SIMPLE
J'      essayai
Tu      essayas
Il      essaya
Nous    essayâmes
Vous    essayâtes
Ils     essayèrent

### FUTUR SIMPLE
J'      essaierai (essayerai)
Tu      essaieras (essayeras)
Il      essaiera (essayera)
Nous    essaierons (essayerons)
Vous    essaierez (essayerez)
Ils     essaieront (essayeront)

### PASSÉ COMPOSÉ
J'      ai essayé
Tu      as essayé
Il      a essayé
Nous    avons essayé
Vous    avez essayé
Ils     ont essayé

### PLUS-QUE-PARFAIT
J'      avais essayé
Tu      avais essayé
Il      avait essayé
Nous    avions essayé
Vous    aviez essayé
Ils     avaient essayé

### PASSÉ ANTÉRIEUR
J'      eus essayé
Tu      eus essayé
Il      eut essayé
Nous    eûmes essayé
Vous    eûtes essayé
Ils     eurent essayé

### FUTUR ANTÉRIEUR
J'      aurai essayé
Tu      auras essayé
Il      aura essayé
Nous    aurons essayé
Vous    aurez essayé
Ils     auront essayé

## INFINITIF

### PRÉSENT
essayer

### PASSÉ
avoir essayé

## PARTICIPE

### PRÉSENT
essayant

### PASSÉ
essayé, ée

# ESSAYER - 1<sup>er</sup> GROUPE - (AYER) - 95

## SUBJONCTIF

**PRÉSENT**

Que j'    essaie (essaye)
Que tu    essaies (essayes)
Qu'il    essaie (essaye)
Que nous essayions
Que vous essayiez
Qu'ils    essaient (essayent)

**PASSÉ**

Que j'    aie essayé
Que tu    aies essayé
Qu'il    ait essayé
Que nous ayons essayé
Que vous ayez essayé
Qu'ils    aient essayé

**IMPARFAIT**

Que j'    essayasse
Que tu    essayasses
Qu'il    essayât
Que nous essayassions
Que vous essayassiez
Qu'ils    essayassent

**PLUS-QUE-PARFAIT**

Que j'    eusse essayé
Que tu    eusses essayé
Qu'il    eût essayé
Que nous eussions essayé
Que vous eussiez essayé
Qu'ils    eussent essayé

## CONDITIONNEL

**PRÉSENT**

J'    essaierais (essayerais)
Tu    essaierais (essayerais)
Il    essaierait (essayerait)
Nous essaierions (essayerions)
Vous essaieriez (essayeriez)
Ils    essaieraient (essayeraient)

**PASSÉ**

J'    aurais essayé
Tu    aurais essayé
Il    aurait essayé
Nous aurions essayé
Vous auriez essayé
Ils    auraient essayé

## IMPÉRATIF

**PRÉSENT**

essaie (essaye)
essayons
essayez

**ESSAYER
VERBE 1<sup>er</sup> GROUPE
TERMINAISON EN *AYER***
Le **Y** peut être remplacé
par le **I** devant un **e muet**.

# 96 – EMPLOYER - 1er GROUPE - (OYER)

## INDICATIF

### PRÉSENT
| J' | emploie |
| Tu | emploies |
| Il | emploie |
| Nous | employons |
| Vous | employez |
| Ils | emploient |

### PASSÉ COMPOSÉ
| J' | ai employé |
| Tu | as employé |
| Il | a employé |
| Nous | avons employé |
| Vous | avez employé |
| Ils | ont employé |

### IMPARFAIT
| J' | employais |
| Tu | employais |
| Il | employait |
| Nous | employions |
| Vous | employiez |
| Ils | employaient |

### PLUS-QUE-PARFAIT
| J' | avais employé |
| Tu | avais employé |
| Il | avait employé |
| Nous | avions employé |
| Vous | aviez employé |
| Ils | avaient employé |

### PASSÉ SIMPLE
| J' | employai |
| Tu | employas |
| Il | employa |
| Nous | employâmes |
| Vous | employâtes |
| Ils | employèrent |

### PASSÉ ANTÉRIEUR
| J' | eus employé |
| Tu | eus employé |
| Il | eut employé |
| Nous | eûmes employé |
| Vous | eûtes employé |
| Ils | eurent employé |

### FUTUR SIMPLE
| J' | emploierai |
| Tu | emploieras |
| Il | emploiera |
| Nous | emploierons |
| Vous | emploierez |
| Ils | emploieront |

### FUTUR ANTÉRIEUR
| J' | aurai employé |
| Tu | auras employé |
| Il | aura employé |
| Nous | aurons employé |
| Vous | aurez employé |
| Ils | auront employé |

## INFINITIF

| PRÉSENT | PASSÉ |
|---|---|
| employer | avoir employé |

## PARTICIPE

| PRÉSENT | PASSÉ |
|---|---|
| employant | employé, ée |

# EMPLOYER - 1ᵉʳ GROUPE - (OYER) - 97

## SUBJONCTIF

**PRÉSENT**

Que j'       emploie
Que tu       emploies
Qu'il        emploie
Que nous     employions
Que vous     employiez
Qu'ils       emploient

**PASSÉ**

Que j'       aie employé
Que tu       aies employé
Qu'il        ait employé
Que nous     ayons employé
Que vous     ayez employé
Qu'ils       aient employé

**IMPARFAIT**

Que j'       employasse
Que tu       employasses
Qu'il        employât
Que nous     employassions
Que vous     employassiez
Qu'ils       employassent

**PLUS-QUE-PARFAIT**

Que j'       eusse employé
Que tu       eusses employé
Qu'il        eût employé
Que nous     eussions employé
Que vous     eussiez employé
Qu'ils       eussent employé

## CONDITIONNEL

**PRÉSENT**

J'       emploierais
Tu       emploierais
Il       emploierait
Nous     emploierions
Vous     emploieriez
Ils      emploieraient

**PASSÉ**

J'       aurais employé
Tu       aurais employé
Il       aurait employé
Nous     aurions employé
Vous     auriez employé
Ils      auraient employé

## IMPÉRATIF

**PRÉSENT**

emploie
employons
employez

*EMPLOYER*
**VERBE 1ᵉʳ GROUPE**
*TERMINAISON EN OYER*
Le **Y** est remplacé par
le **I** devant un **e muet**.
Sauf **Envoyer**, pages 20-21

# 98 - ENVOYER - 1<sup>er</sup> GROUPE - *(OYER)*

## INDICATIF

### PRÉSENT
J' envoie
Tu envoies
Il envoie
Nous envoyons
Vous envoyez
Ils envoient

### IMPARFAIT
J' envoyais
Tu envoyais
Il envoyait
Nous envoyions
Vous envoyiez
Ils envoyaient

### PASSÉ SIMPLE
J' envoyai
Tu envoyas
Il envoya
Nous envoyâmes
Vous envoyâtes
Ils envoyèrent

### FUTUR SIMPLE
J' enverrai
Tu enverras
Il enverra
Nous enverrons
Vous enverrez
Ils enverront

### PASSÉ COMPOSÉ
J' ai envoyé
Tu as envoyé
Il a envoyé
Nous avons envoyé
Vous avez envoyé
Ils ont envoyé

### PLUS-QUE-PARFAIT
J' avais envoyé
Tu avais envoyé
Il avait envoyé
Nous avions envoyé
Vous aviez envoyé
Ils avaient envoyé

### PASSÉ ANTÉRIEUR
J' eus envoyé
Tu eus envoyé
Il eut envoyé
Nous eûmes envoyé
Vous eûtes envoyé
Ils eurent envoyé

### FUTUR ANTÉRIEUR
J' aurai envoyé
Tu auras envoyé
Il aura envoyé
Nous aurons envoyé
Vous aurez envoyé
Ils auront envoyé

## INFINITIF

**PRÉSENT**
envoyer

**PASSÉ**
avoir envoyé

## PARTICIPE

**PRÉSENT**
envoyant

**PASSÉ**
envoyé, ée

# ENVOYER - 1<sup>er</sup> GROUPE - (OYER) - 99

## SUBJONCTIF

**PRÉSENT**

| | |
|---|---|
| Que j' | **envoie** |
| Que tu | **envoies** |
| Qu'il | **envoie** |
| Que nous | **envoyions** |
| Que vous | **envoyiez** |
| Qu'ils | **envoient** |

**PASSÉ**

| | |
|---|---|
| Que j' | **aie envoyé** |
| Que tu | **aies envoyé** |
| Qu'il | **ait envoyé** |
| Que nous | **ayons envoyé** |
| Que vous | **ayez envoyé** |
| Qu'ils | **aient envoyé** |

**IMPARFAIT**

| | |
|---|---|
| Que j' | **envoyasse** |
| Que tu | **envoyasses** |
| Qu'il | **envoyât** |
| Que nous | **envoyassions** |
| Que vous | **envoyassiez** |
| Qu'ils | **envoyassent** |

**PLUS-QUE-PARFAIT**

| | |
|---|---|
| Que j' | **eusse envoyé** |
| Que tu | **eusses envoyé** |
| Qu'il | **eût envoyé** |
| Que nous | **eussions envoyé** |
| Que vous | **eussiez envoyé** |
| Qu'ils | **eussent envoyé** |

## CONDITIONNEL

**PRÉSENT**

| | |
|---|---|
| J' | **enverrais** |
| Tu | **enverrais** |
| Il | **enverrait** |
| Nous | **enverrions** |
| Vous | **enverriez** |
| Ils | **enverraient** |

**PASSÉ**

| | |
|---|---|
| J' | **aurais envoyé** |
| Tu | **aurais envoyé** |
| Il | **aurait envoyé** |
| Nous | **aurions envoyé** |
| Vous | **auriez envoyé** |
| Ils | **auraient envoyé** |

## IMPÉRATIF

**PRÉSENT**

envoie
envoyons
envoyez

*EMPLOYER*
**VERBE 1<sup>er</sup> GROUPE
TERMINAISON EN** *OYER*
Avec **Renvoyer**, verbe
irrégulier au **futur**
et au **conditionnel**

# 1OO – APPUYER - 1er GROUPE - (UYER)

## INDICATIF

| PRÉSENT | PASSÉ COMPOSÉ |
|---|---|
| J' **appuie** | J' **ai appuyé** |
| Tu **appuies** | Tu **as appuyé** |
| Il **appuie** | Il **a appuyé** |
| Nous **appuyons** | Nous **avons appuyé** |
| Vous **appuyez** | Vous **avez appuyé** |
| Ils **appuient** | Ils **ont appuyé** |

| IMPARFAIT | PLUS-QUE-PARFAIT |
|---|---|
| J' **appuyais** | J' **avais appuyé** |
| Tu **appuyais** | Tu **avais appuyé** |
| Il **appuyait** | Il **avait appuyé** |
| Nous **appuyions** | Nous **avions appuyé** |
| Vous **appuyiez** | Vous **aviez appuyé** |
| Ils **appuyaient** | Ils **avaient appuyé** |

| PASSÉ SIMPLE | PASSÉ ANTÉRIEUR |
|---|---|
| J' **appuyai** | J' **eus appuyé** |
| Tu **appuyas** | Tu **eus appuyé** |
| Il **appuya** | Il **eut appuyé** |
| Nous **appuyâmes** | Nous **eûmes appuyé** |
| Vous **appuyâtes** | Vous **eûtes appuyé** |
| Ils **appuyèrent** | Ils **eurent appuyé** |

| FUTUR SIMPLE | FUTUR ANTÉRIEUR |
|---|---|
| J' **appuierai** | J' **aurai appuyé** |
| Tu **appuieras** | Tu **auras appuyé** |
| Il **appuiera** | Il **aura appuyé** |
| Nous **appuierons** | Nous **aurons appuyé** |
| Vous **appuierez** | Vous **aurez appuyé** |
| Ils **appuieront** | Ils **auront appuyé** |

## INFINITIF

| PRÉSENT | PASSÉ |
|---|---|
| appuyer | avoir appuyé |

## PARTICIPE

| PRÉSENT | PASSÉ |
|---|---|
| appuyant | appuyé, ée |

# APPUYER - 1er GROUPE - (UYER) - 101

## SUBJONCTIF

**PRÉSENT**

| | |
|---|---|
| Que j' | **appuie** |
| Que tu | **appuies** |
| Qu'il | **appuie** |
| Que nous | **appuyions** |
| Que vous | **appuyiez** |
| Qu'ils | **appuient** |

**PASSÉ**

| | |
|---|---|
| Que j' | **aie appuyé** |
| Que tu | **aies appuyé** |
| Qu'il | **ait appuyé** |
| Que nous | **ayons appuyé** |
| Que vous | **ayez appuyé** |
| Qu'ils | **aient appuyé** |

**IMPARFAIT**

| | |
|---|---|
| Que j' | **appuyasse** |
| Que tu | **appuyasses** |
| Qu'il | **appuyât** |
| Que nous | **appuyassions** |
| Que vous | **appuyassiez** |
| Qu'ils | **appuyassent** |

**PLUS-QUE-PARFAIT**

| | |
|---|---|
| Que j' | **eusse appuyé** |
| Que tu | **eusses appuyé** |
| Qu'il | **eût appuyé** |
| Que nous | **eussions appuyé** |
| Que vous | **eussiez appuyé** |
| Qu'ils | **eussent appuyé** |

## CONDITIONNEL

**PRÉSENT**

| | |
|---|---|
| J' | **appuierais** |
| Tu | **appuierais** |
| Il | **appuierait** |
| Nous | **appuierions** |
| Vous | **appuieriez** |
| Ils | **appuieraient** |

**PASSÉ**

| | |
|---|---|
| J' | **aurais appuyé** |
| Tu | **aurais appuyé** |
| Il | **aurait appuyé** |
| Nous | **aurions appuyé** |
| Vous | **auriez appuyé** |
| Ils | **auraient appuyé** |

## IMPÉRATIF

**PRÉSENT**

appuie
appuyons
appuyez

*APPUYER*
**VERBE 1er GROUPE**
**TERMINAISON EN** *UYER*
Le **Y** est remplacé par
le **I** devant un **e muet**.

# 102 - MAUGRÉER - 1ᵉʳ GROUPE - (ÉER)

## INDICATIF

### PRÉSENT
| | |
|---|---|
| Je | maugrée |
| Tu | maugrées |
| Il | maugrée |
| Nous | maugréons |
| Vous | maugréez |
| Ils | maugréent |

### PASSÉ COMPOSÉ
| | |
|---|---|
| J' | ai maugréé |
| Tu | as maugréé |
| Il | a maugréé |
| Nous | avons maugréé |
| Vous | avez maugréé |
| Ils | ont maugréé |

### IMPARFAIT
| | |
|---|---|
| Je | maugréais |
| Tu | maugréais |
| Il | maugréait |
| Nous | maugréions |
| Vous | maugréiez |
| Ils | maugréaient |

### PLUS-QUE-PARFAIT
| | |
|---|---|
| J' | avais maugréé |
| Tu | avais maugréé |
| Il | avait maugréé |
| Nous | avions maugréé |
| Vous | aviez maugréé |
| Ils | avaient maugréé |

### PASSÉ SIMPLE
| | |
|---|---|
| Je | maugréai |
| Tu | maugréas |
| Il | maugréa |
| Nous | maugréâmes |
| Vous | maugréâtes |
| Ils | maugréèrent |

### PASSÉ ANTÉRIEUR
| | |
|---|---|
| J' | eus maugréé |
| Tu | eus maugréé |
| Il | eut maugréé |
| Nous | eûmes maugréé |
| Vous | eûtes maugréé |
| Ils | eurent maugréé |

### FUTUR SIMPLE
| | |
|---|---|
| Je | maugréerai |
| Tu | maugréeras |
| Il | maugréera |
| Nous | maugréerons |
| Vous | maugréerez |
| Ils | maugréeront |

### FUTUR ANTÉRIEUR
| | |
|---|---|
| J' | aurai maugréé |
| Tu | auras maugréé |
| Il | aura maugréé |
| Nous | aurons maugréé |
| Vous | aurez maugréé |
| Ils | auront maugréé |

## INFINITIF

### PRÉSENT
maugréer

### PASSÉ
avoir maugréé

## PARTICIPE

### PRÉSENT
maugréant

### PASSÉ
maugréé, maugréée

# MAUGRÉER - 1er GROUPE - (ÉER) - 103

## SUBJONCTIF

**PRÉSENT**

Que je **maugrée**
Que tu **maugrées**
Qu'il **maugrée**
Que nous **maugréions**
Que vous **maugréiez**
Qu'ils **maugréent**

**PASSÉ**

Que j' **aie maugréé**
Que tu **aies maugréé**
Qu'il **ait maugréé**
Que nous **ayons maugréé**
Que vous **ayez maugréé**
Qu'ils **aient maugréé**

**IMPARFAIT**

Que je **maugréasse**
Que tu **maugréasses**
Qu'il **maugréât**
Que nous **maugréassions**
Que vous **maugréassiez**
Qu'ils **maugréassent**

**PLUS-QUE-PARFAIT**

Que j' **eusse maugréé**
Que tu **eusses maugréé**
Qu'il **eût maugréé**
Que nous **eussions maugréé**
Que vous **eussiez maugréé**
Qu'ils **eussent maugréé**

## CONDITIONNEL

**PRÉSENT**

Je **maugréerais**
Tu **maugréerais**
Il **maugréerait**
Nous **maugréerions**
Vous **maugréeriez**
Ils **maugréeraient**

**PASSÉ**

J' **aurais maugréé**
Tu **aurais maugréé**
Il **aurait maugréé**
Nous **aurions maugréé**
Vous **auriez maugréé**
Ils **auraient maugréé**

## IMPÉRATIF

**PRÉSENT**

maugrée
maugréons    maugréez

*MAUGRÉER*
**VERBE 1er GROUPE**
**TERMINAISON EN** *ÉER*

# 104 - CHOISIR - 2ᵉ GROUPE - (IR-ISSANT)

## INDICATIF

### PRÉSENT
Je **choisis**
Tu **choisis**
Il **choisit**
Nous **choisissons**
Vous **choisissez**
Ils **choisissent**

### PASSÉ COMPOSÉ
J' **ai choisi**
Tu **as choisi**
Il **a choisi**
Nous **avons choisi**
Vous **avez choisi**
Ils **ont choisi**

### IMPARFAIT
Je **choisissais**
Tu **choisissais**
Il **choisissait**
Nous **choisissions**
Vous **choisissiez**
Ils **choisissaient**

### PLUS-QUE-PARFAIT
J' **avais choisi**
Tu **avais choisi**
Il **avait choisi**
Nous **avions choisi**
Vous **aviez choisi**
Ils **avaient choisi**

### PASSÉ SIMPLE
Je **choisis**
Tu **choisis**
Il **choisit**
Nous **choisîmes**
Vous **choisîtes**
Ils **choisirent**

### PASSÉ ANTÉRIEUR
J' **eus choisi**
Tu **eus choisi**
Il **eut choisi**
Nous **eûmes choisi**
Vous **eûtes choisi**
Ils **eurent choisi**

### FUTUR SIMPLE
Je **choisirai**
Tu **choisiras**
Il **choisira**
Nous **choisirons**
Vous **choisirez**
Ils **choisiront**

### FUTUR ANTÉRIEUR
J' **aurai choisi**
Tu **auras choisi**
Il **aura choisi**
Nous **aurons choisi**
Vous **aurez choisi**
Ils **auront choisi**

## INFINITIF

**PRÉSENT**
choisir

**PASSÉ**
avoir choisi

## PARTICIPE

**PRÉSENT**
choisissant

**PASSÉ**
choisi, ie

## SUBJONCTIF

**PRÉSENT**

| | |
|---|---|
| Que je | **choisisse** |
| Que tu | **choisisses** |
| Qu'il | **choisisse** |
| Que nous | **choisissions** |
| Que vous | **choisissiez** |
| Qu'ils | **choisissent** |

**PASSÉ**

| | |
|---|---|
| Que j' | **aie choisi** |
| Que tu | **aies choisi** |
| Qu'il | **ait choisi** |
| Que nous | **ayons choisi** |
| Que vous | **ayez choisi** |
| Qu'ils | **aient choisi** |

**IMPARFAIT**

| | |
|---|---|
| Que je | **choisisse** |
| Que tu | **choisisses** |
| Qu'il | **choisît** |
| Que nous | **choisissions** |
| Que vous | **choisissiez** |
| Qu'ils | **choisissent** |

**PLUS-QUE-PARFAIT**

| | |
|---|---|
| Que j' | **eusse choisi** |
| Que tu | **eusses choisi** |
| Qu'il | **eût choisi** |
| Que nous | **eussions choisi** |
| Que vous | **eussiez choisi** |
| Qu'ils | **eussent choisi** |

## CONDITIONNEL

**PRÉSENT**

| | |
|---|---|
| Je | **choisirais** |
| Tu | **choisirais** |
| Il | **choisirait** |
| Nous | **choisirions** |
| Vous | **choisiriez** |
| Ils | **choisiraient** |

**PASSÉ**

| | |
|---|---|
| J' | **aurais choisi** |
| Tu | **aurais choisi** |
| Il | **aurait choisi** |
| Nous | **aurions choisi** |
| Vous | **auriez choisi** |
| Ils | **auraient choisi** |

## IMPÉRATIF

**PRÉSENT**

choisis

choisissons        choisissez

*MAUDIRE*
se conjugue sur ce modèle, mais avec pour *participe passé* : **maudit, ite**.

*CHOISIR*
**VERBE 2<sup>e</sup> GROUPE**
(terminaison *infinitif* en **ir** ; terminaison du *participe présent* en **issant**)

# 106 - HAÏR - 2ᵉ GROUPE - (ÏR-ÏSSANT)

## INDICATIF

| PRÉSENT | | PASSÉ COMPOSÉ | |
|---|---|---|---|
| Je | hais | J' | ai haï |
| Tu | hais | Tu | as haï |
| Il | hait | Il | a haï |
| Nous | haïssons | Nous | avons haï |
| Vous | haïssez | Vous | avez haï |
| Ils | haïssent | Ils | ont haï |

| IMPARFAIT | | PLUS-QUE-PARFAIT | |
|---|---|---|---|
| Je | haïssais | J' | avais haï |
| Tu | haïssais | Tu | avais haï |
| Il | haïssait | Il | avait haï |
| Nous | haïssions | Nous | avions haï |
| Vous | haïssiez | Vous | aviez haï |
| Ils | haïssaient | Ils | avaient haï |

| PASSÉ SIMPLE | | PASSÉ ANTÉRIEUR | |
|---|---|---|---|
| Je | haïs | J' | eus haï |
| Tu | haïs | Tu | eus haï |
| Il | haït | Il | eut haï |
| Nous | haïmes | Nous | eûmes haï |
| Vous | haïtes | Vous | eûtes haï |
| Ils | haïrent | Ils | eurent haï |

| FUTUR SIMPLE | | FUTUR ANTÉRIEUR | |
|---|---|---|---|
| Je | haïrai | J' | aurai haï |
| Tu | haïras | Tu | auras haï |
| Il | haïra | Il | aura haï |
| Nous | haïrons | Nous | aurons haï |
| Vous | haïrez | Vous | aurez haï |
| Ils | haïront | Ils | auront haï |

## INFINITIF

| PRÉSENT | PASSÉ |
|---|---|
| haïr | avoir haï |

## PARTICIPE

| PRÉSENT | PASSÉ |
|---|---|
| haïssant | haï, ïe |

## SUBJONCTIF

### PRÉSENT

| | |
|---|---|
| Que je | **haïsse** |
| Que tu | **haïsses** |
| Qu'il | **haïsse** |
| Que nous | **haïssions** |
| Que vous | **haïssiez** |
| Qu'ils | **haïssent** |

### PASSÉ

| | |
|---|---|
| Que j' | **aie haï** |
| Que tu | **aies haï** |
| Qu'il | **ait haï** |
| Que nous | **ayons haï** |
| Que vous | **ayez haï** |
| Qu'ils | **aient haï** |

### IMPARFAIT

| | |
|---|---|
| Que je | **haïsse** |
| Que tu | **haïsses** |
| Qu'il | **haït** |
| Que nous | **haïssions** |
| Que vous | **haïssiez** |
| Qu'ils | **haïssent** |

### PLUS-QUE-PARFAIT

| | |
|---|---|
| Que j' | **eusse haï** |
| Que tu | **eusses haï** |
| Qu'il | **eût haï** |
| Que nous | **eussions haï** |
| Que vous | **eussiez haï** |
| Qu'ils | **eussent haï** |

## CONDITIONNEL

### PRÉSENT

| | |
|---|---|
| Je | **haïrais** |
| Tu | **haïrais** |
| Il | **haïrait** |
| Nous | **haïrions** |
| Vous | **haïriez** |
| Ils | **haïraient** |

### PASSÉ

| | |
|---|---|
| J' | **aurais haï** |
| Tu | **aurais haï** |
| Il | **aurait haï** |
| Nous | **aurions haï** |
| Vous | **auriez haï** |
| Ils | **auraient haï** |

## IMPÉRATIF

### PRÉSENT

**hais**
**haïssons**          **haïssez**

---

### *HAÏR*
### VERBE 2ᵉ GROUPE

Seul verbe de ce groupe à terminaison *infinitif* en **ïr**, terminaison *participe présent* en **ïssant**.
Le **tréma** remplace le **circonflexe** au passé simple et au subjonctif imparfait.

# 108 - ALLER - 3ᵉ GROUPE

## INDICATIF

### PRÉSENT
Je **vais**
Tu **vas**
Il **va**
Nous **allons**
Vous **allez**
Ils **vont**

### PASSÉ COMPOSÉ
Je **suis allé**
Tu **es allé**
Il **est allé**
Nous **sommes allés**
Vous **êtes allés**
Ils **sont allés**

### IMPARFAIT
J' **allais**
Tu **allais**
Il **allait**
Nous **allions**
Vous **alliez**
Ils **allaient**

### PLUS-QUE-PARFAIT
J' **étais allé**
Tu **étais allé**
Il **était allé**
Nous **étions allés**
Vous **étiez allés**
Ils **étaient allés**

### PASSÉ SIMPLE
J' **allai**
Tu **allas**
Il **alla**
Nous **allâmes**
Vous **allâtes**
Ils **allèrent**

### PASSÉ ANTÉRIEUR
Je **fus allé**
Tu **fus allé**
Il **fut allé**
Nous **fûmes allés**
Vous **fûtes allés**
Ils **furent allés**

### FUTUR SIMPLE
J' **irai**
Tu **iras**
Il **ira**
Nous **irons**
Vous **irez**
Ils **iront**

### FUTUR ANTÉRIEUR
Je **serai allé**
Tu **seras allé**
Il **sera allé**
Nous **serons allés**
Vous **serez allés**
Ils **seront allés**

## INFINITIF

### PRÉSENT
aller

### PASSÉ
être allé, ée

## PARTICIPE

### PRÉSENT
allant

### PASSÉ
allé, ée

# ALLER - 3ᵉ GROUPE - 109

## SUBJONCTIF

**PRÉSENT**

Que j'      aille
Que tu      ailles
Qu'il       aille
Que nous    allions
Que vous    alliez
Qu'ils      aillent

**PASSÉ**

Que je      sois allé
Que tu      sois allé
Qu'il       soit allé
Que nous    soyons allés
Que vous    soyez allés
Qu'ils      soient allés

**IMPARFAIT**

Que j'      allasse
Que tu      allasses
Qu'il       allât
Que nous    allassions
Que vous    allassiez
Qu'ils      allassent

**PLUS-QUE-PARFAIT**

Que je      fusse allé
Que tu      fusses allé
Qu'il       fût allé
Que nous    fussions allés
Que vous    fussiez allés
Qu'ils      fussent allés

## CONDITIONNEL

**PRÉSENT**

J'      irais
Tu      irais
Il      irait
Nous    irions
Vous    iriez
Ils     iraient

**PASSÉ**

Je      serais allé
Tu      serais allé
Il      serait allé
Nous    serions allés
Vous    seriez allés
Ils     seraient allés

## IMPÉRATIF

**PRÉSENT**

va    allons    allez

*ALLER*
**VERBE 3ᵉ GROUPE**
(le seul du 3ᵉ groupe
avec terminaison
*infinitif* en **er**)

# 110 - OUVRIR - 3ᵉ GROUPE - (FRIR-VRIR)

## INDICATIF

### PRÉSENT

| | |
|---|---|
| J' | ouvre |
| Tu | ouvres |
| Il | ouvre |
| Nous | ouvrons |
| Vous | ouvrez |
| Ils | ouvrent |

### PASSÉ COMPOSÉ

| | |
|---|---|
| J' | ai ouvert |
| Tu | as ouvert |
| Il | a ouvert |
| Nous | avons ouvert |
| Vous | avez ouvert |
| Ils | ont ouvert |

### IMPARFAIT

| | |
|---|---|
| J' | ouvrais |
| Tu | ouvrais |
| Il | ouvrait |
| Nous | ouvrions |
| Vous | ouvriez |
| Ils | ouvraient |

### PLUS-QUE-PARFAIT

| | |
|---|---|
| J' | avais ouvert |
| Tu | avais ouvert |
| Il | avait ouvert |
| Nous | avions ouvert |
| Vous | aviez ouvert |
| Ils | avaient ouvert |

### PASSÉ SIMPLE

| | |
|---|---|
| J' | ouvris |
| Tu | ouvris |
| Il | ouvrit |
| Nous | ouvrîmes |
| Vous | ouvrîtes |
| Ils | ouvrirent |

### PASSÉ ANTÉRIEUR

| | |
|---|---|
| J' | eus ouvert |
| Tu | eus ouvert |
| Il | eut ouvert |
| Nous | eûmes ouvert |
| Vous | eûtes ouvert |
| Ils | eurent ouvert |

### FUTUR SIMPLE

| | |
|---|---|
| J' | ouvrirai |
| Tu | ouvriras |
| Il | ouvrira |
| Nous | ouvrirons |
| Vous | ouvrirez |
| Ils | ouvriront |

### FUTUR ANTÉRIEUR

| | |
|---|---|
| J' | aurai ouvert |
| Tu | auras ouvert |
| Il | aura ouvert |
| Nous | aurons ouvert |
| Vous | aurez ouvert |
| Ils | auront ouvert |

## INFINITIF

| PRÉSENT | PASSÉ |
|---|---|
| ouvrir | avoir ouvert |

## PARTICIPE

| PRÉSENT | PASSÉ |
|---|---|
| ouvrant | ouvert, te |

## SUBJONCTIF

**PRÉSENT**

| Que j' | **ouvre** |
| Que tu | **ouvres** |
| Qu'il | **ouvre** |
| Que nous | **ouvrions** |
| Que vous | **ouvriez** |
| Qu'ils | **ouvrent** |

**PASSÉ**

| Que j' | **aie ouvert** |
| Que tu | **aies ouvert** |
| Qu'il | **ait ouvert** |
| Que nous | **ayons ouvert** |
| Que vous | **ayez ouvert** |
| Qu'ils | **aient ouvert** |

**IMPARFAIT**

| Que j' | **ouvrisse** |
| Que tu | **ouvrisses** |
| Qu'il | **ouvrît** |
| Que nous | **ouvrissions** |
| Que vous | **ouvrissiez** |
| Qu'ils | **ouvrissent** |

**PLUS-QUE-PARFAIT**

| Que j' | **eusse ouvert** |
| Que tu | **eusses ouvert** |
| Qu'il | **eût ouvert** |
| Que nous | **eussions ouvert** |
| Que vous | **eussiez ouvert** |
| Qu'ils | **eussent ouvert** |

## CONDITIONNEL

**PRÉSENT**

| J' | **ouvrirais** |
| Tu | **ouvrirais** |
| Il | **ouvrirait** |
| Nous | **ouvririons** |
| Vous | **ouvririez** |
| Ils | **ouvriraient** |

**PASSÉ**

| J' | **aurais ouvert** |
| Tu | **aurais ouvert** |
| Il | **aurait ouvert** |
| Nous | **aurions ouvert** |
| Vous | **auriez ouvert** |
| Ils | **auraient ouvert** |

## IMPÉRATIF

**PRÉSENT**

ouvre  ouvrons  ouvrez

*OUVRIR*
**VERBE 3ᵉ GROUPE**
Modèle de conjugaison pour les verbes du 3ᵉ groupe se terminant en **frir** ou en **vrir** : *découvrir, entrouvrir, offrir, recouvrir, souffrir…*

# 112 - DORMIR - 3ᵉ GROUPE - *(MIR)*

## INDICATIF

**PRÉSENT**
Je **dors**
Tu **dors**
Il **dort**
Nous **dormons**
Vous **dormez**
Ils **dorment**

**PASSÉ COMPOSÉ**
J' **ai dormi**
Tu **as dormi**
Il **a dormi**
Nous **avons dormi**
Vous **avez dormi**
Ils **ont dormi**

**IMPARFAIT**
Je **dormais**
Tu **dormais**
Il **dormait**
Nous **dormions**
Vous **dormiez**
Ils **dormaient**

**PLUS-QUE-PARFAIT**
J' **avais dormi**
Tu **avais dormi**
Il **avait dormi**
Nous **avions dormi**
Vous **aviez dormi**
Ils **avaient dormi**

**PASSÉ SIMPLE**
Je **dormis**
Tu **dormis**
Il **dormit**
Nous **dormîmes**
Vous **dormîtes**
Ils **dormirent**

**PASSÉ ANTÉRIEUR**
J' **eus dormi**
Tu **eus dormi**
Il **eut dormi**
Nous **eûmes dormi**
Vous **eûtes dormi**
Ils **eurent dormi**

**FUTUR SIMPLE**
Je **dormirai**
Tu **dormiras**
Il **dormira**
Nous **dormirons**
Vous **dormirez**
Ils **dormiront**

**FUTUR ANTÉRIEUR**
J' **aurai dormi**
Tu **auras dormi**
Il **aura dormi**
Nous **aurons dormi**
Vous **aurez dormi**
Ils **auront dormi**

## INFINITIF

**PRÉSENT**
dormir

**PASSÉ**
avoir dormi

## PARTICIPE

**PRÉSENT**
dormant

**PASSÉ**
dormi
endormi, ie

# DORMIR - 3ᵉ GROUPE - *(MIR)* - 113

## SUBJONCTIF

### PRÉSENT

| Que je | **dorme** |
| Que tu | **dormes** |
| Qu'il | **dorme** |
| Que nous | **dormions** |
| Que vous | **dormiez** |
| Qu'ils | **dorment** |

### PASSÉ

| Que j' | **aie dormi** |
| Que tu | **aies dormi** |
| Qu'il | **ait dormi** |
| Que nous | **ayons dormi** |
| Que vous | **ayez dormi** |
| Qu'ils | **aient dormi** |

### IMPARFAIT

| Que je | **dormisse** |
| Que tu | **dormisses** |
| Qu'il | **dormît** |
| Que nous | **dormissions** |
| Que vous | **dormissiez** |
| Qu'ils | **dormissent** |

### PLUS-QUE-PARFAIT

| Que j' | **eusse dormi** |
| Que tu | **eusses dormi** |
| Qu'il | **eût dormi** |
| Que nous | **eussions dormi** |
| Que vous | **eussiez dormi** |
| Qu'ils | **eussent dormi** |

## CONDITIONNEL

### PRÉSENT

| Je | **dormirais** |
| Tu | **dormirais** |
| Il | **dormirait** |
| Nous | **dormirions** |
| Vous | **dormiriez** |
| Ils | **dormiraient** |

### PASSÉ

| J' | **aurais dormi** |
| Tu | **aurais dormi** |
| Il | **aurait dormi** |
| Nous | **aurions dormi** |
| Vous | **auriez dormi** |
| Ils | **auraient dormi** |

## IMPÉRATIF

### PRÉSENT

**dors**

**dormons** **dormez**

---

*DORMIR*
**VERBE 3ᵉ GROUPE**
Modèle de conjugaison pour les verbes du 3ᵉ groupe se terminant en **mir** : *dormir, endormir…* Le participe passé *dormie* n'est pas usité.

# 114 - DÉMENTIR - 3ᵉ GROUPE - *(TIR)*

## INDICATIF

### PRÉSENT
| | |
|---|---|
| Je | **démens** |
| Tu | **démens** |
| Il | **dément** |
| Nous | **démentons** |
| Vous | **démentez** |
| Ils | **démentent** |

### IMPARFAIT
| | |
|---|---|
| Je | **démentais** |
| Tu | **démentais** |
| Il | **démentait** |
| Nous | **démentions** |
| Vous | **démentiez** |
| Ils | **démentaient** |

### PASSÉ SIMPLE
| | |
|---|---|
| Je | **démentis** |
| Tu | **démentis** |
| Il | **démentit** |
| Nous | **démentîmes** |
| Vous | **démentîtes** |
| Ils | **démentirent** |

### FUTUR SIMPLE
| | |
|---|---|
| Je | **démentirai** |
| Tu | **démentiras** |
| Il | **démentira** |
| Nous | **démentirons** |
| Vous | **démentirez** |
| Ils | **démentiront** |

### PASSÉ COMPOSÉ
| | |
|---|---|
| J' | **ai démenti** |
| Tu | **as démenti** |
| Il | **a démenti** |
| Nous | **avons démenti** |
| Vous | **avez démenti** |
| Ils | **ont démenti** |

### PLUS-QUE-PARFAIT
| | |
|---|---|
| J' | **avais démenti** |
| Tu | **avais démenti** |
| Il | **avait démenti** |
| Nous | **avions démenti** |
| Vous | **aviez démenti** |
| Ils | **avaient démenti** |

### PASSÉ ANTÉRIEUR
| | |
|---|---|
| J' | **eus démenti** |
| Tu | **eus démenti** |
| Il | **eut démenti** |
| Nous | **eûmes démenti** |
| Vous | **eûtes démenti** |
| Ils | **eurent démenti** |

### FUTUR ANTÉRIEUR
| | |
|---|---|
| J' | **aurai démenti** |
| Tu | **auras démenti** |
| Il | **aura démenti** |
| Nous | **aurons démenti** |
| Vous | **aurez démenti** |
| Ils | **auront démenti** |

## INFINITIF

**PRÉSENT**     **PASSÉ**
démentir    avoir démenti

## PARTICIPE

**PRÉSENT**     **PASSÉ**
démentant    démenti, ie

# DÉMENTIR - 3ᵉ GROUPE - *(TIR)* - 115

## SUBJONCTIF

**PRÉSENT**

Que je **démente**
Que tu **démentes**
Qu'il **démente**
Que nous **démentions**
Que vous **démentiez**
Qu'ils **démentent**

**PASSÉ**

Que j' **aie démenti**
Que tu **aies démenti**
Qu'il **ait démenti**
Que nous **ayons démenti**
Que vous **ayez démenti**
Qu'ils **aient démenti**

**IMPARFAIT**

Que je **démentisse**
Que tu **démentisses**
Qu'il **démentît**
Que nous **démentissions**
Que vous **démentissiez**
Qu'ils **démentissent**

**PLUS-QUE-PARFAIT**

Que j' **eusse démenti**
Que tu **eusses démenti**
Qu'il **eût démenti**
Que nous **eussions démenti**
Que vous **eussiez démenti**
Qu'ils **eussent démenti**

## CONDITIONNEL

**PRÉSENT**

Je **démentirais**
Tu **démentirais**
Il **démentirait**
Nous **démentirions**
Vous **démentiriez**
Ils **démentiraient**

**PASSÉ**

J' **aurais démenti**
Tu **aurais démenti**
Il **aurait démenti**
Nous **aurions démenti**
Vous **auriez démenti**
Ils **auraient démenti**

## IMPÉRATIF

**PRÉSENT**

démens
démentons démentez

*MENTIR : participe passé menti invariable.*
*PARTIR : a être pour auxiliaire.*

*DÉMENTIR*
**VERBE 3ᵉ GROUPE**
Modèle de conjugaison pour les verbes du 3ᵉ groupe se terminant en **tir** : *consentir, mentir, (se) repentir, partir, sentir, sortir…* (sauf **vêtir**, page suivante)

# 116 - VÊTIR - 3ᵉ GROUPE - *(ÊTIR)*

## INDICATIF

**PRÉSENT**

| | |
|---|---|
| Je | **vêts** |
| Tu | **vêts** |
| Il | **vêt** |
| Nous | **vêtons** |
| Vous | **vêtez** |
| Ils | **vêtent** |

**PASSÉ COMPOSÉ**

| | |
|---|---|
| J' | **ai vêtu** |
| Tu | **as vêtu** |
| Il | **a vêtu** |
| Nous | **avons vêtu** |
| Vous | **avez vêtu** |
| Ils | **ont vêtu** |

**IMPARFAIT**

| | |
|---|---|
| Je | **vêtais** |
| Tu | **vêtais** |
| Il | **vêtait** |
| Nous | **vêtions** |
| Vous | **vêtiez** |
| Ils | **vêtaient** |

**PLUS-QUE-PARFAIT**

| | |
|---|---|
| J' | **avais vêtu** |
| Tu | **avais vêtu** |
| Il | **avait vêtu** |
| Nous | **avions vêtu** |
| Vous | **aviez vêtu** |
| Ils | **avaient vêtu** |

**PASSÉ SIMPLE**

| | |
|---|---|
| Je | **vêtis** |
| Tu | **vêtis** |
| Il | **vêtit** |
| Nous | **vêtîmes** |
| Vous | **vêtîtes** |
| Ils | **vêtirent** |

**PASSÉ ANTÉRIEUR**

| | |
|---|---|
| J' | **eus vêtu** |
| Tu | **eus vêtu** |
| Il | **eut vêtu** |
| Nous | **eûmes vêtu** |
| Vous | **eûtes vêtu** |
| Ils | **eurent vêtu** |

**FUTUR SIMPLE**

| | |
|---|---|
| Je | **vêtirai** |
| Tu | **vêtiras** |
| Il | **vêtira** |
| Nous | **vêtirons** |
| Vous | **vêtirez** |
| Ils | **vêtiront** |

**FUTUR ANTÉRIEUR**

| | |
|---|---|
| J' | **aurai vêtu** |
| Tu | **auras vêtu** |
| Il | **aura vêtu** |
| Nous | **aurons vêtu** |
| Vous | **aurez vêtu** |
| Ils | **auront vêtu** |

## INFINITIF

| **PRÉSENT** | **PASSÉ** |
|---|---|
| vêtir | avoir vêtu |

## PARTICIPE

| **PRÉSENT** | **PASSÉ** |
|---|---|
| vêtant | vêtu, ue |

# VÊTIR - 3ᵉ GROUPE - *(ÊTIR)* - 117

## SUBJONCTIF

**PRÉSENT**

| | |
|---|---|
| Que je | **vête** |
| Que tu | **vêtes** |
| Qu'il | **vête** |
| Que nous | **vêtions** |
| Que vous | **vêtiez** |
| Qu'ils | **vêtent** |

**PASSÉ**

| | |
|---|---|
| Que j' | **aie vêtu** |
| Que tu | **aies vêtu** |
| Qu'il | **ait vêtu** |
| Que nous | **ayons vêtu** |
| Que vous | **ayez vêtu** |
| Qu'ils | aient **vêtu** |

**IMPARFAIT**

| | |
|---|---|
| Que je | **vêtisse** |
| Que tu | **vêtisses** |
| Qu'il | **vêtît** |
| Que nous | **vêtissions** |
| Que vous | **vêtissiez** |
| Qu'ils | **vêtissent** |

**PLUS-QUE-PARFAIT**

| | |
|---|---|
| Que j' | **eusse vêtu** |
| Que tu | **eusses vêtu** |
| Qu'il | **eût vêtu** |
| Que nous | **eussions vêtu** |
| Que vous | **eussiez vêtu** |
| Qu'ils | **eussent vêtu** |

## CONDITIONNEL

**PRÉSENT**

| | |
|---|---|
| Je | **vêtirais** |
| Tu | **vêtirais** |
| Il | **vêtirait** |
| Nous | **vêtirions** |
| Vous | **vêtiriez** |
| Ils | **vêtiraient** |

**PASSÉ**

| | |
|---|---|
| J' | **aurais eu** |
| Tu | **aurais eu** |
| Il | **aurait eu** |
| Nous | **aurions eu** |
| Vous | **auriez eu** |
| Ils | **auraient eu** |

## IMPÉRATIF

**PRÉSENT**

vêts   vêtons   vêtez

---

*VÊTIR*
**VERBE 3ᵉ GROUPE**
Modèle de conjugaison pour les verbes du 3ᵉ groupe en **êtir** :
*dévêtir, vêtir…*

# 118 - VENIR - 3ᵉ GROUPE - *(ENIR)*

## INDICATIF

| PRÉSENT | | PASSÉ COMPOSÉ | |
|---|---|---|---|
| Je | viens | Je | suis venu |
| Tu | viens | Tu | es venu |
| Il | vient | Il | est venu |
| Nous | venons | Nous | sommes venus |
| Vous | venez | Vous | êtes venus |
| Ils | viennent | Ils | sont venus |

| IMPARFAIT | | PLUS-QUE-PARFAIT | |
|---|---|---|---|
| Je | venais | J' | étais venu |
| Tu | venais | Tu | étais venu |
| Il | venait | Il | était venu |
| Nous | venions | Nous | étions venus |
| Vous | veniez | Vous | étiez venus |
| Ils | venaient | Ils | étaient venus |

| PASSÉ SIMPLE | | PASSÉ ANTÉRIEUR | |
|---|---|---|---|
| Je | vins | Je | fus venu |
| Tu | vins | Tu | fus venu |
| Il | vint | Il | fut venu |
| Nous | vînmes | Nous | fûmes venus |
| Vous | vîntes | Vous | fûtes venus |
| Ils | vinrent | Ils | furent venus |

| FUTUR SIMPLE | | FUTUR ANTÉRIEUR | |
|---|---|---|---|
| Je | viendrai | Je | serai venu |
| Tu | viendras | Tu | seras venu |
| Il | viendra | Il | sera venu |
| Nous | viendrons | Nous | serons venus |
| Vous | viendrez | Vous | serez venus |
| Ils | viendront | Ils | seront venus |

## INFINITIF

| PRÉSENT | PASSÉ |
|---|---|
| venir | être venu, ue |

## PARTICIPE

| PRÉSENT | PASSÉ |
|---|---|
| venant | venu, ue |

# VENIR - 3ᵉ GROUPE - *(ENIR)* - 119

## SUBJONCTIF

### PRÉSENT
| | |
|---|---|
| Que je | **vienne** |
| Que tu | **viennes** |
| Qu'il | **vienne** |
| Que nous | **venions** |
| Que vous | **veniez** |
| Qu'ils | **viennent** |

### PASSÉ
| | |
|---|---|
| Que je | **sois venu** |
| Que tu | **sois venu** |
| Qu'il | **soit venu** |
| Que nous | **soyons venus** |
| Que vous | **soyez venus** |
| Qu'ils | **soient venus** |

### IMPARFAIT
| | |
|---|---|
| Que je | **vinsse** |
| Que tu | **vinsses** |
| Qu'il | **vînt** |
| Que nous | **vinssions** |
| Que vous | **vinssiez** |
| Qu'ils | **vinssent** |

### PLUS-QUE-PARFAIT
| | |
|---|---|
| Que je | **fusse venu** |
| Que tu | **fusses venu** |
| Qu'il | **fût venu** |
| Que nous | **fussions venus** |
| Que vous | **fussiez venus** |
| Qu'ils | **fussent venus** |

## CONDITIONNEL

### PRÉSENT
| | |
|---|---|
| Je | **viendrais** |
| Tu | **viendrais** |
| Il | **viendrait** |
| Nous | **viendrions** |
| Vous | **viendriez** |
| Ils | **viendraient** |

### PASSÉ
| | |
|---|---|
| Je | **serais venu** |
| Tu | **serais venu** |
| Il | **serait venu** |
| Nous | **serions venus** |
| Vous | **seriez venus** |
| Ils | **seraient venus** |

## IMPÉRATIF

### PRÉSENT
**viens     venons     venez**

### *VENIR* 3ᵉ GROUPE
Modèle de conjugaison
pour les verbes en **enir** :
*Tenir* et ses dérivés.
*Venir* et ses dérivés.

---

*Tenir* et ses dérivés ont ***avoir*** pour auxiliaire.
*Venir* et ses dérivés ont ***être*** pour auxiliaire, sauf
*circonvenir, prévenir, subvenir.*

# 120 - COURIR - 3ᵉ GROUPE - (OURIR)

## INDICATIF

### PRÉSENT

| Je | cours |
|------|---------|
| Tu | cours |
| Il | court |
| Nous | courons |
| Vous | courez |
| Ils | courent |

### PASSÉ COMPOSÉ

| J' | ai couru |
|------|-----------|
| Tu | as couru |
| Il | a couru |
| Nous | avons couru |
| Vous | avez couru |
| Ils | ont couru |

### IMPARFAIT

| Je | courais |
|------|---------|
| Tu | courais |
| Il | courait |
| Nous | courions |
| Vous | couriez |
| Ils | couraient |

### PLUS-QUE-PARFAIT

| J' | avais couru |
|------|--------------|
| Tu | avais couru |
| Il | avait couru |
| Nous | avions couru |
| Vous | aviez couru |
| Ils | avaient couru |

### PASSÉ SIMPLE

| Je | courus |
|------|---------|
| Tu | courus |
| Il | courut |
| Nous | courûmes |
| Vous | courûtes |
| Ils | coururent |

### PASSÉ ANTÉRIEUR

| J' | eus couru |
|------|------------|
| Tu | eus couru |
| Il | eut couru |
| Nous | eûmes couru |
| Vous | eûtes couru |
| Ils | eurent couru |

### FUTUR SIMPLE

| Je | courrai |
|------|---------|
| Tu | courras |
| Il | courra |
| Nous | courrons |
| Vous | courrez |
| Ils | courront |

### FUTUR ANTÉRIEUR

| J' | aurai couru |
|------|--------------|
| Tu | auras couru |
| Il | aura couru |
| Nous | aurons couru |
| Vous | aurez couru |
| Ils | auront couru |

## INFINITIF

| PRÉSENT | PASSÉ |
|---------|-------|
| courir | avoir couru |

## PARTICIPE

| PRÉSENT | PASSÉ |
|---------|-------|
| courant | couru, ue |

# COURIR - 3ᵉ GROUPE - (OURIR) - 121

## SUBJONCTIF

### PRÉSENT

| | |
|---|---|
| Que je | **coure** |
| Que tu | **coures** |
| Qu'il | **coure** |
| Que nous | **courions** |
| Que vous | **couriez** |
| Qu'ils | **courent** |

### PASSÉ

| | |
|---|---|
| Que j' | **aie couru** |
| Que tu | **aies couru** |
| Qu'il | **ait couru** |
| Que nous | **ayons couru** |
| Que vous | **ayez couru** |
| Qu'ils | **aient couru** |

### IMPARFAIT

| | |
|---|---|
| Que je | **courusse** |
| Que tu | **courusses** |
| Qu'il | **courût** |
| Que nous | **courussions** |
| Que vous | **courussiez** |
| Qu'ils | **courussent** |

### PLUS-QUE-PARFAIT

| | |
|---|---|
| Que j' | **eusse couru** |
| Que tu | **eusses couru** |
| Qu'il | **eût couru** |
| Que nous | **eussions couru** |
| Que vous | **eussiez couru** |
| Qu'ils | **eussent couru** |

## CONDITIONNEL

### PRÉSENT

| | |
|---|---|
| Je | **courrais** |
| Tu | **courrais** |
| Il | **courrait** |
| Nous | **courrions** |
| Vous | **courriez** |
| Ils | **courraient** |

### PASSÉ

| | |
|---|---|
| J' | **aurais couru** |
| Tu | **aurais couru** |
| Il | **aurait couru** |
| Nous | **aurions couru** |
| Vous | **auriez couru** |
| Ils | **auraient couru** |

## IMPÉRATIF

### PRÉSENT

cours  courons  courez

*COURIR*
**VERBE 3ᵉ GROUPE**
Modèle de conjugaison pour les verbes du 3ᵉ groupe en **ourir** : *courir et ses dérivés, parcourir, secourir…* (**Mourir**, page suivante)

# 122 - MOURIR - 3ᵉ GROUPE - *(OURIR)*

## INDICATIF

### PRÉSENT
| | |
|---|---|
| Je | **meurs** |
| Tu | **meurs** |
| Il | **meurt** |
| Nous | **mourons** |
| Vous | **mourez** |
| Ils | **meurent** |

### PASSÉ COMPOSÉ
| | |
|---|---|
| Je | **suis mort** |
| Tu | **es mort** |
| Il | **est mort** |
| Nous | **sommes morts** |
| Vous | **êtes morts** |
| Ils | **sont morts** |

### IMPARFAIT
| | |
|---|---|
| Je | **mourais** |
| Tu | **mourais** |
| Il | **mourait** |
| Nous | **mourions** |
| Vous | **mouriez** |
| Ils | **mouraient** |

### PLUS-QUE-PARFAIT
| | |
|---|---|
| J' | **étais mort** |
| Tu | **étais mort** |
| Il | **était mort** |
| Nous | **étions morts** |
| Vous | **étiez morts** |
| Ils | **étaient morts** |

### PASSÉ SIMPLE
| | |
|---|---|
| Je | **mourus** |
| Tu | **mourus** |
| Il | **mourut** |
| Nous | **mourûmes** |
| Vous | **mourûtes** |
| Ils | **moururent** |

### PASSÉ ANTÉRIEUR
| | |
|---|---|
| Je | **fus mort** |
| Tu | **fus mort** |
| Il | **fut mort** |
| Nous | **fûmes morts** |
| Vous | **fûtes morts** |
| Ils | **furent morts** |

### FUTUR SIMPLE
| | |
|---|---|
| Je | **mourrai** |
| Tu | **mourras** |
| Il | **mourra** |
| Nous | **mourrons** |
| Vous | **mourrez** |
| Ils | **mourront** |

### FUTUR ANTÉRIEUR
| | |
|---|---|
| Je | **serai mort** |
| Tu | **seras mort** |
| Il | **sera mort** |
| Nous | **serons morts** |
| Vous | **serez morts** |
| Ils | **seront morts** |

## INFINITIF

### PRÉSENT
mourir

### PASSÉ
être mort, morte

## PARTICIPE

### PRÉSENT
mourant

### PASSÉ
mort, morte

# MOURIR - 3ᵉ GROUPE - (OURIR) - 123

## SUBJONCTIF

### PRÉSENT

| | |
|---|---|
| Que je | **meure** |
| Que tu | **meures** |
| Qu'il | **meure** |
| Que nous | **mourions** |
| Que vous | **mouriez** |
| Qu'ils | **meurent** |

### PASSÉ

| | |
|---|---|
| Que je | **sois mort** |
| Que tu | **sois mort** |
| Qu'il | **soit mort** |
| Que nous | **soyons morts** |
| Que vous | **soyez morts** |
| Qu'ils | **soient morts** |

### IMPARFAIT

| | |
|---|---|
| Que je | **mourusse** |
| Que tu | **mourusses** |
| Qu'il | **mourût** |
| Que nous | **mourussions** |
| Que vous | **mourussiez** |
| Qu'ils | **mourussent** |

### PLUS-QUE-PARFAIT

| | |
|---|---|
| Que je | **fusse mort** |
| Que tu | **fusses mort** |
| Qu'il | **fût mort** |
| Que nous | **fussions morts** |
| Que vous | **fussiez morts** |
| Qu'ils | **fussent morts** |

## CONDITIONNEL

### PRÉSENT

| | |
|---|---|
| Je | **mourrais** |
| Tu | **mourrais** |
| Il | **mourrait** |
| Nous | **mourrions** |
| Vous | **mourriez** |
| Ils | **mourraient** |

### PASSÉ

| | |
|---|---|
| Je | **serais mort** |
| Tu | **serais mort** |
| Il | **serait mort** |
| Nous | **serions morts** |
| Vous | **seriez morts** |
| Ils | **seraient morts** |

## IMPÉRATIF

### PRÉSENT

meurs mourons mourez

## *MOURIR* VERBE 3ᵉ GROUPE

# 124 - TRESSAILLIR - 3ᵉ GROUPE - (AILLIR)

## INDICATIF

### PRÉSENT
| | |
|---|---|
| Je | tressaille |
| Tu | tressailles |
| Il | tressaille |
| Nous | tressaillons |
| Vous | tressaillez |
| Ils | tressaillent |

### PASSÉ COMPOSÉ
| | |
|---|---|
| J' | ai tressailli |
| Tu | as tressailli |
| Il | a tressailli |
| Nous | avons tressailli |
| Vous | avez tressailli |
| Ils | ont tressailli |

### IMPARFAIT
| | |
|---|---|
| Je | tressaillais |
| Tu | tressaillais |
| Il | tressaillait |
| Nous | tressaillions |
| Vous | tressailliez |
| Ils | tressaillaient |

### PLUS-QUE-PARFAIT
| | |
|---|---|
| J' | avais tressailli |
| Tu | avais tressailli |
| Il | avait tressailli |
| Nous | avions tressailli |
| Vous | aviez tressailli |
| Ils | avaient tressailli |

### PASSÉ SIMPLE
| | |
|---|---|
| Je | tressaillis |
| Tu | tressaillis |
| Il | tressaillit |
| Nous | tressaillîmes |
| Vous | tressaillîtes |
| Ils | tressaillirent |

### PASSÉ ANTÉRIEUR
| | |
|---|---|
| J' | eus tressailli |
| Tu | eus tressailli |
| Il | eut tressailli |
| Nous | eûmes tressailli |
| Vous | eûtes tressailli |
| Ils | eurent tressailli |

### FUTUR SIMPLE
| | |
|---|---|
| Je | tressaillirai |
| Tu | tressailliras |
| Il | tressaillira |
| Nous | tressaillirons |
| Vous | tressaillirez |
| Ils | tressailliront |

### FUTUR ANTÉRIEUR
| | |
|---|---|
| J' | aurai tressailli |
| Tu | auras tressailli |
| Il | aura tressailli |
| Nous | aurons tressailli |
| Vous | aurez tressailli |
| Ils | auront tressailli |

## INFINITIF

### PRÉSENT
tressaillir

### PASSÉ
avoir tressailli

## PARTICIPE

### PRÉSENT
tressaillant

### PASSÉ
tressailli, ie

# TRESSAILLIR - 3e GROUPE - (AILLIR) - 125

## SUBJONCTIF

### PRÉSENT

| | |
|---|---|
| Que je | **tressaille** |
| Que tu | **tressailles** |
| Qu'il | **tressaille** |
| Que nous | **tressaillions** |
| Que vous | **tressailliez** |
| Qu'ils | **tressaillent** |

### PASSÉ

| | |
|---|---|
| Que j' | **aie tressailli** |
| Que tu | **aies tressailli** |
| Qu'il | **ait tressailli** |
| Que nous | **ayons tressailli** |
| Que vous | **ayez tressailli** |
| Qu'ils | **aient tressailli** |

### IMPARFAIT

| | |
|---|---|
| Que je | **tressaillisse** |
| Que tu | **tressaillisses** |
| Qu'il | **tressaillît** |
| Que nous | **tressaillissions** |
| Que vous | **tressaillissiez** |
| Qu'ils | **tressaillissent** |

### PLUS-QUE-PARFAIT

| | |
|---|---|
| Que j' | **eusse tressailli** |
| Que tu | **eusses tressailli** |
| Qu'il | **eût tressailli** |
| Que nous | **eussions tressailli** |
| Que vous | **eussiez tressailli** |
| Qu'ils | **eussent tressailli** |

## CONDITIONNEL

### PRÉSENT

| | |
|---|---|
| Je | **tressaillirais** |
| Tu | **tressaillirais** |
| Il | **tressaillirait** |
| Nous | **tressaillirions** |
| Vous | **tressailliriez** |
| Ils | **tressailliraient** |

### PASSÉ

| | |
|---|---|
| J' | **aurais tressailli** |
| Tu | **aurais tressailli** |
| Il | **aurait tressailli** |
| Nous | **aurions tressailli** |
| Vous | **auriez tressailli** |
| Ils | **auraient tressailli** |

## IMPÉRATIF

### PRÉSENT

**tressaille**
**tressaillons**     **tressaillez**

Les verbes *assaillir, défaillir, faillir, saillir, tressaillir…* archaïques, sont rarement conjugués à tous les temps.

## *TRESSAILLIR* VERBE 3e GROUPE

Modèle de conjugaison pour les verbes du 3e groupe en **aillir** : *assaillir, défaillir, saillir (il* saillera, ils saille-ront *au futur), et faillir (sur-tout utilisé au participe passé :* j'ai failli…)

# 126 - ACCUEILLIR - 3ᵉ GROUPE - *(UEILLIR)*

## INDICATIF

### PRÉSENT
J'      accueille
Tu      accueilles
Il      accueille
Nous    accueillons
Vous    accueillez
Ils     accueillent

### PASSÉ COMPOSÉ
J'      ai accueilli
Tu      as accueilli
Il      a accueilli
Nous    avons accueilli
Vous    avez accueilli
Ils     ont accueilli

### IMPARFAIT
J'      accueillais
Tu      accueillais
Il      accueillait
Nous    accueillions
Vous    accueilliez
Ils     accueillaient

### PLUS-QUE-PARFAIT
J'      avais accueilli
Tu      avais accueilli
Il      avait accueilli
Nous    avions accueilli
Vous    aviez accueilli
Ils     avaient accueilli

### PASSÉ SIMPLE
J'      accueillis
Tu      accueillis
Il      accueillit
Nous    accueillîmes
Vous    accueillîtes
Ils     accueillirent

### PASSÉ ANTÉRIEUR
J'      eus accueilli
Tu      eus accueilli
Il      eut accueilli
Nous    eûmes accueilli
Vous    eûtes accueilli
Ils     eurent accueilli

### FUTUR SIMPLE
J'      accueillerai
Tu      accueilleras
Il      accueillera
Nous    accueillerons
Vous    accueillerez
Ils     accueilleront

### FUTUR ANTÉRIEUR
J'      aurai accueilli
Tu      auras accueilli
Il      aura accueilli
Nous    aurons accueilli
Vous    aurez accueilli
Ils     auront accueilli

## INFINITIF

### PRÉSENT      PASSÉ
accueillir   avoir accueilli

## PARTICIPE

### PRÉSENT      PASSÉ
accueillant    accueilli, ie

## SUBJONCTIF

### PRÉSENT

Que j'      **accueille**
Que tu     **accueilles**
Qu'il      **accueille**
Que nous **accueillions**
Que vous **accueilliez**
Qu'ils     **accueillent**

### PASSÉ

Que j'      **aie accueilli**
Que tu     **aies accueilli**
Qu'il      **ait accueilli**
Que nous **ayons accueilli**
Que vous **ayez accueilli**
Qu'ils     **aient accueilli**

### IMPARFAIT

Que j'      **accueillisse**
Que tu     **accueillisses**
Qu'il      **accueillît**
Que nous **accueillissions**
Que vous **accueillissiez**
Qu'ils     **accueillissent**

### PLUS-QUE-PARFAIT

Que j'      **eusse accueilli**
Que tu     **eusses accueilli**
Qu'il      **eût accueilli**
Que nous **eussions accueilli**
Que vous **eussiez accueilli**
Qu'ils     **eussent accueilli**

## CONDITIONNEL

### PRÉSENT

J'      **accueillerais**
Tu     **accueillerais**
Il      **accueillerait**
Nous **accueillerions**
Vous **accueilleriez**
Ils     **accueilleraient**

### PASSÉ

J'      **aurais accueilli**
Tu     **aurais accueilli**
Il      **aurait accueilli**
Nous **aurions accueilli**
Vous **auriez accueilli**
Ils     **auraient accueilli**

## IMPÉRATIF

### PRÉSENT

accueille
accueillons
accueillez

---

*ACCUEILLIR*
**VERBE 3ᵉ GROUPE**
Modèle de conjugaison pour les verbes du 3ᵉ groupe en **ueillir** : *cueillir, recueillir…*

# 128 - BOUILLIR - 3ᵉ GROUPE - *(OUILLIR)*

## INDICATIF

### PRÉSENT
| | |
|---|---|
| Je | **bous** |
| Tu | **bous** |
| Il | **bout** |
| Nous | **bouillons** |
| Vous | **bouillez** |
| Ils | **bouillent** |

### IMPARFAIT
| | |
|---|---|
| Je | **bouillais** |
| Tu | **bouillais** |
| Il | **bouillait** |
| Nous | **bouillions** |
| Vous | **bouilliez** |
| Ils | **bouillaient** |

### PASSÉ SIMPLE
| | |
|---|---|
| Je | **bouillis** |
| Tu | **bouillis** |
| Il | **bouillit** |
| Nous | **bouillîmes** |
| Vous | **bouillîtes** |
| Ils | **bouillirent** |

### FUTUR SIMPLE
| | |
|---|---|
| Je | **bouillirai** |
| Tu | **bouilliras** |
| Il | **bouillira** |
| Nous | **bouillirons** |
| Vous | **bouillirez** |
| Ils | **bouilliront** |

### PASSÉ COMPOSÉ
| | |
|---|---|
| J' | **ai bouilli** |
| Tu | **as bouilli** |
| Il | **a bouilli** |
| Nous | **avons bouilli** |
| Vous | **avez bouilli** |
| Ils | **ont bouilli** |

### PLUS-QUE-PARFAIT
| | |
|---|---|
| J' | **avais bouilli** |
| Tu | **avais bouilli** |
| Il | **avait bouilli** |
| Nous | **avions bouilli** |
| Vous | **aviez bouilli** |
| Ils | **avaient bouilli** |

### PASSÉ ANTÉRIEUR
| | |
|---|---|
| J' | **eus bouilli** |
| Tu | **eus bouilli** |
| Il | **eut bouilli** |
| Nous | **eûmes bouilli** |
| Vous | **eûtes bouilli** |
| Ils | **eurent bouilli** |

### FUTUR ANTÉRIEUR
| | |
|---|---|
| J' | **aurai bouilli** |
| Tu | **auras bouilli** |
| Il | **aura bouilli** |
| Nous | **aurons bouilli** |
| Vous | **aurez bouilli** |
| Ils | **auront bouilli** |

## INFINITIF

| PRÉSENT | PASSÉ |
|---|---|
| **bouillir** | **avoir bouilli** |

## PARTICIPE

| PRÉSENT | PASSÉ |
|---|---|
| **bouillant** | **bouilli, ie** |

# BOUILLIR - 3ᵉ GROUPE - (OUILLIR) - 129

## SUBJONCTIF

**PRÉSENT**

| | |
|---|---|
| Que je | bouille |
| Que tu | bouilles |
| Qu'il | bouille |
| Que nous | bouillions |
| Que vous | bouilliez |
| Qu'ils | bouillent |

**PASSÉ**

| | |
|---|---|
| Que j' | aie bouilli |
| Que tu | aies bouilli |
| Qu'il | ait bouilli |
| Que nous | ayons bouilli |
| Que vous | ayez bouilli |
| Qu'ils | aient bouilli |

**IMPARFAIT**

| | |
|---|---|
| Que je | bouillisse |
| Que tu | bouillisses |
| Qu'il | bouillît |
| Que nous | bouillissions |
| Que vous | bouillissiez |
| Qu'ils | bouillissent |

**PLUS-QUE-PARFAIT**

| | |
|---|---|
| Que j' | eusse bouilli |
| Que tu | eusses bouilli |
| Qu'il | eût bouilli |
| Que nous | eussions bouilli |
| Que vous | eussiez bouilli |
| Qu'ils | eussent bouilli |

## CONDITIONNEL

**PRÉSENT**

| | |
|---|---|
| Je | bouillirais |
| Tu | bouillirais |
| Il | bouillirait |
| Nous | bouillirions |
| Vous | bouilliriez |
| Ils | bouilliraient |

**PASSÉ**

| | |
|---|---|
| J' | aurais bouilli |
| Tu | aurais bouilli |
| Il | aurait bouilli |
| Nous | aurions bouilli |
| Vous | auriez bouilli |
| Ils | auraient bouilli |

## IMPÉRATIF

**PRÉSENT**

bous

| | |
|---|---|
| bouillons | bouillez |

**BOUILLIR**
**VERBE 3ᵉ GROUPE**
C'est le seul verbe du
3ᵉ groupe en **ouillir**…

# 130 - FUIR - 3ᵉ GROUPE - *(UIR)*

## INDICATIF

| PRÉSENT | | PASSÉ COMPOSÉ | |
|---|---|---|---|
| Je | fuis | J' | ai fui |
| Tu | fuis | Tu | as fui |
| Il | fuit | Il | a fui |
| Nous | fuyons | Nous | avons fui |
| Vous | fuyez | Vous | avez fui |
| Ils | fuient | Ils | ont fui |

| IMPARFAIT | | PLUS-QUE-PARFAIT | |
|---|---|---|---|
| Je | fuyais | J' | avais fui |
| Tu | fuyais | Tu | avais fui |
| Il | fuyait | Il | avait fui |
| Nous | fuyions | Nous | avions fui |
| Vous | fuyiez | Vous | aviez fui |
| Ils | fuyaient | Ils | avaient fui |

| PASSÉ SIMPLE | | PASSÉ ANTÉRIEUR | |
|---|---|---|---|
| Je | fuis | J' | eus fui |
| Tu | fuis | Tu | eus fui |
| Il | fuit | Il | eut fui |
| Nous | fuîmes | Nous | eûmes fui |
| Vous | fuîtes | Vous | eûtes fui |
| Ils | fuirent | Ils | eurent fui |

| FUTUR SIMPLE | | FUTUR ANTÉRIEUR | |
|---|---|---|---|
| Je | fuirai | J' | aurai fui |
| Tu | fuiras | Tu | auras fui |
| Il | fuira | Il | aura fui |
| Nous | fuirons | Nous | aurons fui |
| Vous | fuirez | Vous | aurez fui |
| Ils | fuiront | Ils | auront fui |

## INFINITIF

| PRÉSENT | PASSÉ |
|---|---|
| fuir | avoir fui |

## PARTICIPE

| PRÉSENT | PASSÉ |
|---|---|
| fuyant | fui, ie |

# FUIR - 3ᵉ GROUPE - (UIR) - 131

## SUBJONCTIF

### PRÉSENT

Que je **fuie**
Que tu **fuies**
Qu'il **fuie**
Que nous **fuyions**
Que vous **fuyiez**
Qu'ils **fuient**

### PASSÉ

Que j' **aie fui**
Que tu **aies fui**
Qu'il **ait fui**
Que nous **ayons fui**
Que vous **ayez fui**
Qu'ils **aient fui**

### IMPARFAIT

Que je **fuisse**
Que tu **fuisses**
Qu'il **fuît**
Que nous **fuissions**
Que vous **fuissiez**
Qu'ils **fuissent**

### PLUS-QUE-PARFAIT

Que j' **eusse fui**
Que tu **eusses fui**
Qu'il **eût fui**
Que nous **eussions fui**
Que vous **eussiez fui**
Qu'ils **eussent fui**

## CONDITIONNEL

### PRÉSENT

Je **fuirais**
Tu **fuirais**
Il **fuirait**
Nous **fuirions**
Vous **fuiriez**
Ils **fuiraient**

### PASSÉ

J' **aurais fui**
Tu **aurais fui**
Il **aurait fui**
Nous **aurions fui**
Vous **auriez fui**
Ils **auraient fui**

## IMPÉRATIF

### PRÉSENT

fuis
fuyons fuyez

---

*FUIR*
**VERBE 3ᵉ GROUPE**
C'est le seul verbe du
3ᵉ groupe (avec son
dérivé *s'enfuir*) en **uir**.

# 132 - CONQUÉRIR - 3ᵉ GROUPE - (QUÉRIR)

## INDICATIF

### PRÉSENT
| | |
|---|---|
| Je | conquiers |
| Tu | conquiers |
| Il | conquiert |
| Nous | conquérons |
| Vous | conquérez |
| Ils | conquièrent |

### PASSÉ COMPOSÉ
| | |
|---|---|
| J' | ai conquis |
| Tu | as conquis |
| Il | a conquis |
| Nous | avons conquis |
| Vous | avez conquis |
| Ils | ont conquis |

### IMPARFAIT
| | |
|---|---|
| Je | conquérais |
| Tu | conquérais |
| Il | conquérait |
| Nous | conquérions |
| Vous | conquériez |
| Ils | conquéraient |

### PLUS-QUE-PARFAIT
| | |
|---|---|
| J' | avais conquis |
| Tu | avais conquis |
| Il | avait conquis |
| Nous | avions conquis |
| Vous | aviez conquis |
| Ils | avaient conquis |

### PASSÉ SIMPLE
| | |
|---|---|
| Je | conquis |
| Tu | conquis |
| Il | conquit |
| Nous | conquîmes |
| Vous | conquîtes |
| Ils | conquirent |

### PASSÉ ANTÉRIEUR
| | |
|---|---|
| J' | eus conquis |
| Tu | eus conquis |
| Il | eut conquis |
| Nous | eûmes conquis |
| Vous | eûtes conquis |
| Ils | eurent conquis |

### FUTUR SIMPLE
| | |
|---|---|
| Je | conquerrai |
| Tu | conquerras |
| Il | conquerra |
| Nous | conquerrons |
| Vous | conquerrez |
| Ils | conquerront |

### FUTUR ANTÉRIEUR
| | |
|---|---|
| J' | aurai conquis |
| Tu | auras conquis |
| Il | aura conquis |
| Nous | aurons conquis |
| Vous | aurez conquis |
| Ils | auront conquis |

## INFINITIF

| PRÉSENT | PASSÉ |
|---|---|
| conquérir | avoir conquis |

## PARTICIPE

| PRÉSENT | PASSÉ |
|---|---|
| conquérant | conquis, ise |

## SUBJONCTIF

**PRÉSENT**

| | |
|---|---|
| Que je | **conquière** |
| Que tu | **conquières** |
| Qu'il | **conquière** |
| Que nous | **conquérions** |
| Que vous | **conquériez** |
| Qu'ils | **conquièrent** |

**PASSÉ**

| | |
|---|---|
| Que j' | **aie conquis** |
| Que tu | **aies conquis** |
| Qu'il | **ait conquis** |
| Que nous | **ayons conquis** |
| Que vous | **ayez conquis** |
| Qu'ils | **aient eu** |

**IMPARFAIT**

| | |
|---|---|
| Que je | **conquisse** |
| Que tu | **conquisses** |
| Qu'il | **conquît** |
| Que nous | **conquissions** |
| Que vous | **conquissiez** |
| Qu'ils | **conquissent** |

**PLUS-QUE-PARFAIT**

| | |
|---|---|
| Que j' | **eusse conquis** |
| Que tu | **eusses conquis** |
| Qu'il | **eût conquis** |
| Que nous | **eussions conquis** |
| Que vous | **eussiez conquis** |
| Qu'ils | **eussent conquis** |

## CONDITIONNEL

**PRÉSENT**

| | |
|---|---|
| Je | **conquerrais** |
| Tu | **conquerrais** |
| Il | **conquerrait** |
| Nous | **conquerrions** |
| Vous | **conquerriez** |
| Ils | **conquerraient** |

**PASSÉ**

| | |
|---|---|
| J' | **aurais conquis** |
| Tu | **aurais conquis** |
| Il | **aurait conquis** |
| Nous | **aurions conquis** |
| Vous | **auriez conquis** |
| Ils | **auraient conquis** |

## IMPÉRATIF

**PRÉSENT**

**conquiers**
**conquérons**
**conquérez**

---

***CONQUÉRIR*
VERBE 3ᵉ GROUPE**
Modèle de conjugaison pour les verbes du 3ᵉ groupe en **quérir** : *acquérir, quérir, s'enquérir, reconquérir…*

# 134 - SERVIR - 3ᵉ GROUPE - *(VIR)*

## INDICATIF

### PRÉSENT
Je     sers
Tu     sers
Il     sert
Nous     servons
Vous     servez
Ils     servent

### PASSÉ COMPOSÉ
J'     ai servi
Tu     as servi
Il     a servi
Nous     avons servi
Vous     avez servi
Ils     ont servi

### IMPARFAIT
Je     servais
Tu     servais
Il     servait
Nous     servions
Vous     serviez
Ils     servaient

### PLUS-QUE-PARFAIT
J'     avais servi
Tu     avais servi
Il     avait servi
Nous     avions servi
Vous     aviez servi
Ils     avaient servi

### PASSÉ SIMPLE
Je     servis
Tu     servis
Il     servit
Nous     servîmes
Vous     servîtes
Ils     servirent

### PASSÉ ANTÉRIEUR
J'     eus servi
Tu     eus servi
Il     eut servi
Nous     eûmes servi
Vous     eûtes servi
Ils     eurent servi

### FUTUR SIMPLE
Je     servirai
Tu     serviras
Il     servira
Nous     servirons
Vous     servirez
Ils     serviront

### FUTUR ANTÉRIEUR
J'     aurai servi
Tu     auras servi
Il     aura servi
Nous     aurons servi
Vous     aurez servi
Ils     auront servi

## INFINITIF

### PRÉSENT
servir

### PASSÉ
avoir servi

## PARTICIPE

### PRÉSENT
servant

### PASSÉ
servi, ie

# SERVIR - 3ᵉ GROUPE - (VIR) - 135

## SUBJONCTIF

**PRÉSENT**

| | |
|---|---|
| Que je | **serve** |
| Que tu | **serves** |
| Qu'il | **serve** |
| Que nous | **servions** |
| Que vous | **serviez** |
| Qu'ils | **servent** |

**PASSÉ**

| | |
|---|---|
| Que j' | **aie servi** |
| Que tu | **aies servi** |
| Qu'il | **ait servi** |
| Que nous | **ayons servi** |
| Que vous | **ayez servi** |
| Qu'ils | **aient servi** |

**IMPARFAIT**

| | |
|---|---|
| Que je | **servisse** |
| Que tu | **servisses** |
| Qu'il | **servît** |
| Que nous | **servissions** |
| Que vous | **servissiez** |
| Qu'ils | **servissent** |

**PLUS-QUE-PARFAIT**

| | |
|---|---|
| Que j' | **eusse servi** |
| Que tu | **eusses servi** |
| Qu'il | **eût servi** |
| Que nous | **eussions servi** |
| Que vous | **eussiez servi** |
| Qu'ils | **eussent servi** |

## CONDITIONNEL

**PRÉSENT**

| | |
|---|---|
| Je | **servirais** |
| Tu | **servirais** |
| Il | **servirait** |
| Nous | **servirions** |
| Vous | **serviriez** |
| Ils | **serviraient** |

**PASSÉ**

| | |
|---|---|
| J' | **aurais servi** |
| Tu | **aurais servi** |
| Il | **aurait servi** |
| Nous | **aurions servi** |
| Vous | **auriez servi** |
| Ils | **auraient servi** |

## IMPÉRATIF

**PRÉSENT**

sers
servons
servez

**SERVIR
VERBE 3ᵉ GROUPE**
Modèle de conjugaison pour les verbes du 3ᵉ groupe en **vir** : *servir, desservir, resservir.*

# 136 - DEVOIR - 3ᵉ GROUPE

| **PRÉSENT** | | **PASSÉ COMPOSÉ** | |
|---|---|---|---|
| Je | **dois** | J' | **ai dû** |
| Tu | **dois** | Tu | **as dû** |
| Il | **doit** | Il | **a dû** |
| Nous | **devons** | Nous | **avons dû** |
| Vous | **devez** | Vous | **avez dû** |
| Ils | **doivent** | Ils | **ont dû** |

| **IMPARFAIT** | | **PLUS-QUE-PARFAIT** | |
|---|---|---|---|
| Je | **devais** | J' | **avais dû** |
| Tu | **devais** | Tu | **avais dû** |
| Il | **devait** | Il | **avait dû** |
| Nous | **devions** | Nous | **avions dû** |
| Vous | **deviez** | Vous | **aviez dû** |
| Ils | **devaient** | Ils | **avaient dû** |

| **PASSÉ SIMPLE** | | **PASSÉ ANTÉRIEUR** | |
|---|---|---|---|
| Je | **dus** | J' | **eus dû** |
| Tu | **dus** | Tu | **eus dû** |
| Il | **dut** | Il | **eut dû** |
| Nous | **dûmes** | Nous | **eûmes dû** |
| Vous | **dûtes** | Vous | **eûtes dû** |
| Ils | **durent** | Ils | **eurent dû** |

| **FUTUR SIMPLE** | | **FUTUR ANTÉRIEUR** | |
|---|---|---|---|
| Je | **devrai** | J' | **aurai dû** |
| Tu | **devras** | Tu | **auras dû** |
| Il | **devra** | Il | **aura dû** |
| Nous | **devrons** | Nous | **aurons dû** |
| Vous | **devrez** | Vous | **aurez dû** |
| Ils | **devront** | Ils | **auront dû** |

## INFINITIF

| **PRÉSENT** | **PASSÉ** |
|---|---|
| devoir | avoir dû |

## PARTICIPE

| **PRÉSENT** | **PASSÉ** |
|---|---|
| devant | dû, due |

# DEVOIR - 3ᵉ GROUPE - 137

## SUBJONCTIF

### PRÉSENT

Que je **doive**
Que tu **doives**
Qu'il **doive**
Que nous **devions**
Que vous **deviez**
Qu'ils **doivent**

### PASSÉ

Que j' **aie dû**
Que tu **aies dû**
Qu'il **ait dû**
Que nous **ayons dû**
Que vous **ayez dû**
Qu'ils **aient dû**

### IMPARFAIT

Que je **dusse**
Que tu **dusses**
Qu'il **dût**
Que nous **dussions**
Que vous **dussiez**
Qu'ils **dussent**

### PLUS-QUE-PARFAIT

Que j' **eusse dû**
Que tu **eusses dû**
Qu'il **eût dû**
Que nous **eussions dû**
Que vous **eussiez dû**
Qu'ils **eussent dû**

## CONDITIONNEL

### PRÉSENT

Je **devrais**
Tu **devrais**
Il **devrait**
Nous **devrions**
Vous **devriez**
Ils **devraient**

### PASSÉ

J' **aurais dû**
Tu **aurais dû**
Il **aurait dû**
Nous **aurions dû**
Vous **auriez dû**
Ils **auraient dû**

## IMPÉRATIF

### PRÉSENT

**dois** **devons** **devez**

## DEVOIR
## VERBE 3ᵉ GROUPE

# 138 - PERCEVOIR - 3ᵉ GROUPE - (CEVOIR)

# VOIR - 3ᵉ GROUPE - *(VOIR)* - 141

## SUBJONCTIF

**PRÉSENT**

| | |
|---|---|
| Que je | **voie** |
| Que tu | **voies** |
| Qu'il | **voie** |
| Que nous | **voyions** |
| Que vous | **voyiez** |
| Qu'ils | **voient** |

**PASSÉ**

| | |
|---|---|
| Que j' | **aie vu** |
| Que tu | **aies vu** |
| Qu'il | **ait vu** |
| Que nous | **ayons vu** |
| Que vous | **ayez vu** |
| Qu'ils | **aient vu** |

**IMPARFAIT**

| | |
|---|---|
| Que je | **visse** |
| Que tu | **visses** |
| Qu'il | **vît** |
| Que nous | **vissions** |
| Que vous | **vissiez** |
| Qu'ils | **vissent** |

**PLUS-QUE-PARFAIT**

| | |
|---|---|
| Que j' | **eusse vu** |
| Que tu | **eusses vu** |
| Qu'il | **eût vu** |
| Que nous | **eussions vu** |
| Que vous | **eussiez vu** |
| Qu'ils | **eussent vu** |

## CONDITIONNEL

**PRÉSENT**

| | |
|---|---|
| Je | **verrais** |
| Tu | **verrais** |
| Il | **verrait** |
| Nous | **verrions** |
| Vous | **verriez** |
| Ils | **verraient** |

**PASSÉ**

| | |
|---|---|
| J' | **aurais vu** |
| Tu | **aurais vu** |
| Il | **aurait vu** |
| Nous | **aurions vu** |
| Vous | **auriez vu** |
| Ils | **auraient vu** |

## IMPÉRATIF

**PRÉSENT**

**vois   voyons   voyez**

## *VOIR* 3ᵉ GROUPE

Modèle de conjugaison pour les verbes dérivés de *voir* : *entrevoir, prévoir, revoir.*

---

*POURVOIR se conjugue comme **voir**, sauf au futur* **je pourvoirai**, *au conditionnel* **je pourvoirais**, *au passé simple* **je pourvus**, *et au subjonctif imparfait* **que je pourvusse**.
*PRÉVOIR se conjugue comme **voir**, sauf au futur* **je prévoirai**, *au conditionnel* **je prévoirais**.

# 142 - ÉMOUVOIR - 3ᵉ GROUPE - (MOUVOIR)

## INDICATIF

**PRÉSENT**

| | |
|---|---|
| J' | émeus |
| Tu | émeus |
| Il | émeut |
| Nous | émouvons |
| Vous | émouvez |
| Ils | émeuvent |

**PASSÉ COMPOSÉ**

| | |
|---|---|
| J' | ai ému |
| Tu | as ému |
| Il | a ému |
| Nous | avons ému |
| Vous | avez ému |
| Ils | ont ému |

**IMPARFAIT**

| | |
|---|---|
| J' | émouvais |
| Tu | émouvais |
| Il | émouvait |
| Nous | émouvions |
| Vous | émouviez |
| Ils | émouvaient |

**PLUS-QUE-PARFAIT**

| | |
|---|---|
| J' | avais ému |
| Tu | avais ému |
| Il | avait ému |
| Nous | avions ému |
| Vous | aviez ému |
| Ils | avaient ému |

**PASSÉ SIMPLE**

| | |
|---|---|
| J' | émus |
| Tu | émus |
| Il | émut |
| Nous | émûmes |
| Vous | émûtes |
| Ils | émurent |

**PASSÉ ANTÉRIEUR**

| | |
|---|---|
| J' | eus ému |
| Tu | eus ému |
| Il | eut ému |
| Nous | eûmes ému |
| Vous | eûtes ému |
| Ils | eurent ému |

**FUTUR SIMPLE**

| | |
|---|---|
| J' | émouvrai |
| Tu | émouvras |
| Il | émouvra |
| Nous | émouvrons |
| Vous | émouvrez |
| Ils | émouvront |

**FUTUR ANTÉRIEUR**

| | |
|---|---|
| J' | aurai ému |
| Tu | auras ému |
| Il | aura ému |
| Nous | aurons ému |
| Vous | aurez ému |
| Ils | auront ému |

## INFINITIF

**PRÉSENT**
émouvoir

**PASSÉ**
avoir ému

## PARTICIPE

**PRÉSENT**
émouvant

**PASSÉ**
ému, ue

## SUBJONCTIF

**PRÉSENT**

| | |
|---|---|
| Que j' | **émeuve** |
| Que tu | **émeuves** |
| Qu'il | **émeuve** |
| Que nous | **émouvions** |
| Que vous | **émouviez** |
| Qu'ils | **émeuvent** |

**PASSÉ**

| | |
|---|---|
| Que j' | **aie ému** |
| Que tu | **aies ému** |
| Qu'il | **ait ému** |
| Que nous | **ayons ému** |
| Que vous | **ayez ému** |
| Qu'ils | **aient ému** |

**IMPARFAIT**

| | |
|---|---|
| Que j' | **émusse** |
| Que tu | **émusses** |
| Qu'il | **émût** |
| Que nous | **émussions** |
| Que vous | **émussiez** |
| Qu'ils | **émussent** |

**PLUS-QUE-PARFAIT**

| | |
|---|---|
| Que j' | **eusse ému** |
| Que tu | **eusses ému** |
| Qu'il | **eût ému** |
| Que nous | **eussions ému** |
| Que vous | **eussiez ému** |
| Qu'ils | **eussent ému** |

## CONDITIONNEL

**PRÉSENT**

| | |
|---|---|
| J' | **émouvrais** |
| Tu | **émouvrais** |
| Il | **émouvrait** |
| Nous | **émouvrions** |
| Vous | **émouvriez** |
| Ils | **émouvraient** |

**PASSÉ**

| | |
|---|---|
| J' | **aurais ému** |
| Tu | **aurais ému** |
| Il | **aurait ému** |
| Nous | **aurions ému** |
| Vous | **auriez ému** |
| Ils | **auraient ému** |

## IMPÉRATIF

**PRÉSENT**

émeus
émouvons
émouvez

*ÉMOUVOIR*
**VERBE 3ᵉ GROUPE**
Modèle de conjugaison
pour les verbes
du 3ᵉ groupe :
*mouvoir, promouvoir.*
Mouvoir, *participe
passé* **mû**. Promouvoir,
*participe passé* **promu**.

# 144 - POUVOIR - 3ᵉ GROUPE

## INDICATIF

| PRÉSENT | | PASSÉ COMPOSÉ | |
|---|---|---|---|
| Je | peux (puis) | J' | ai pu |
| Tu | peux | Tu | as pu |
| Il | peut | Il | a pu |
| Nous | pouvons | Nous | avons pu |
| Vous | pouvez | Vous | avez pu |
| Ils | peuvent | Ils | ont pu |

| IMPARFAIT | | PLUS-QUE-PARFAIT | |
|---|---|---|---|
| Je | pouvais | J' | avais pu |
| Tu | pouvais | Tu | avais pu |
| Il | pouvait | Il | avait pu |
| Nous | pouvions | Nous | avions pu |
| Vous | pouviez | Vous | aviez pu |
| Ils | pouvaient | Ils | avaient pu |

| PASSÉ SIMPLE | | PASSÉ ANTÉRIEUR | |
|---|---|---|---|
| Je | pus | J' | eus pu |
| Tu | pus | Tu | eus pu |
| Il | put | Il | eut pu |
| Nous | pûmes | Nous | eûmes pu |
| Vous | pûtes | Vous | eûtes pu |
| Ils | purent | Ils | eurent pu |

| FUTUR SIMPLE | | FUTUR ANTÉRIEUR | |
|---|---|---|---|
| Je | pourrai | J' | aurai pu |
| Tu | pourras | Tu | auras pu |
| Il | pourra | Il | aura pu |
| Nous | pourrons | Nous | aurons pu |
| Vous | pourrez | Vous | aurez pu |
| Ils | pourront | Ils | auront pu |

## INFINITIF

| PRÉSENT | PASSÉ |
|---|---|
| pouvoir | avoir pu |

## PARTICIPE

| PRÉSENT | PASSÉ |
|---|---|
| pouvant | pu |

# VOULOIR - 3ᵉ GROUPE - 147

## SUBJONCTIF

### PRÉSENT

| | |
|---|---|
| Que je | **veuille** |
| Que tu | **veuilles** |
| Qu'il | **veuille** |
| Que nous | **voulions** |
| Que vous | **vouliez** |
| Qu'ils | **veuillent** |

### PASSÉ

| | |
|---|---|
| Que j' | **aie voulu** |
| Que tu | **aies voulu** |
| Qu'il | **ait voulu** |
| Que nous | **ayons voulu** |
| Que vous | **ayez voulu** |
| Qu'ils | **aient voulu** |

### IMPARFAIT

| | |
|---|---|
| Que je | **voulusse** |
| Que tu | **voulusses** |
| Qu'il | **voulût** |
| Que nous | **voulussions** |
| Que vous | **voulussiez** |
| Qu'ils | **voulussent** |

### PLUS-QUE-PARFAIT

| | |
|---|---|
| Que j' | **eusse voulu** |
| Que tu | **eusses voulu** |
| Qu'il | **eût voulu** |
| Que nous | **eussions voulu** |
| Que vous | **eussiez voulu** |
| Qu'ils | **eussent voulu** |

## CONDITIONNEL

### PRÉSENT

| | |
|---|---|
| Je | **voudrais** |
| Tu | **voudrais** |
| Il | **voudrait** |
| Nous | **voudrions** |
| Vous | **voudriez** |
| Ils | **voudraient** |

### PASSÉ

| | |
|---|---|
| J' | **aurais voulu** |
| Tu | **aurais voulu** |
| Il | **aurait voulu** |
| Nous | **aurions voulu** |
| Vous | **auriez voulu** |
| Ils | **auraient voulu** |

## IMPÉRATIF

### PRÉSENT

veux
voulons
voulez (veuillez)

## *VOULOIR*
## VERBE 3ᵉ GROUPE

# 148 - VALOIR - 3ᵉ GROUPE

## INDICATIF

### PRÉSENT
| | |
|---|---|
| Je | **vaux** |
| Tu | **vaux** |
| Il | **vaut** |
| Nous | **valons** |
| Vous | **valez** |
| Ils | **valent** |

### PASSÉ COMPOSÉ
| | |
|---|---|
| J' | **ai valu** |
| Tu | **as valu** |
| Il | **a valu** |
| Nous | **avons valu** |
| Vous | **avez valu** |
| Ils | **ont valu** |

### IMPARFAIT
| | |
|---|---|
| Je | **valais** |
| Tu | **valais** |
| Il | **valait** |
| Nous | **valions** |
| Vous | **valiez** |
| Ils | **valaient** |

### PLUS-QUE-PARFAIT
| | |
|---|---|
| J' | **avais valu** |
| Tu | **avais valu** |
| Il | **avait valu** |
| Nous | **avions valu** |
| Vous | **aviez valu** |
| Ils | **avaient valu** |

### PASSÉ SIMPLE
| | |
|---|---|
| Je | **valus** |
| Tu | **valus** |
| Il | **valut** |
| Nous | **valûmes** |
| Vous | **valûtes** |
| Ils | **valurent** |

### PASSÉ ANTÉRIEUR
| | |
|---|---|
| J' | **eus valu** |
| Tu | **eus valu** |
| Il | **eut valu** |
| Nous | **eûmes valu** |
| Vous | **eûtes valu** |
| Ils | **eurent valu** |

### FUTUR SIMPLE
| | |
|---|---|
| Je | **vaudrai** |
| Tu | **vaudras** |
| Il | **vaudra** |
| Nous | **vaudrons** |
| Vous | **vaudrez** |
| Ils | **vaudront** |

### FUTUR ANTÉRIEUR
| | |
|---|---|
| J' | **aurai valu** |
| Tu | **auras valu** |
| Il | **aura valu** |
| Nous | **aurons valu** |
| Vous | **aurez valu** |
| Ils | **auront valu** |

## INFINITIF

| PRÉSENT | PASSÉ |
|---|---|
| valoir | avoir valu |

## PARTICIPE

| PRÉSENT | PASSÉ |
|---|---|
| valant | valu, ue |

# VALOIR - 3ᵉ GROUPE - 149

## SUBJONCTIF

| PRÉSENT | | PASSÉ | |
|---------|---------|---------|---------|
| Que je | **vaille** | Que j' | **aie valu** |
| Que tu | **vailles** | Que tu | **aies valu** |
| Qu'il | **vaille** | Qu'il | **ait valu** |
| Que nous | **valions** | Que nous | **ayons valu** |
| Que vous | **valiez** | Que vous | **ayez valu** |
| Qu'ils | **vaillent** | Qu'ils | **aient valu** |

| IMPARFAIT | | PLUS-QUE-PARFAIT | |
|---------|---------|---------|---------|
| Que je | **valusse** | Que j' | **eusse valu** |
| Que tu | **valusses** | Que tu | **eusses valu** |
| Qu'il | **valût** | Qu'il | **eût valu** |
| Que nous | **valussions** | Que nous | **eussions valu** |
| Que vous | **valussiez** | Que vous | **eussiez valu** |
| Qu'ils | **valussent** | Qu'ils | **eussent valu** |

## CONDITIONNEL

| PRÉSENT | | PASSÉ | |
|---------|---------|---------|---------|
| Je | **vaudrais** | J' | **aurais valu** |
| Tu | **vaudrais** | Tu | **aurais valu** |
| Il | **vaudrait** | Il | **aurait valu** |
| Nous | **vaudrions** | Nous | **aurions valu** |
| Vous | **vaudriez** | Vous | **auriez valu** |
| Ils | **vaudraient** | Ils | **auraient valu** |

## IMPÉRATIF

PRÉSENT

**vaux    valons    valez**

---

*VALOIR*
**VERBE 3ᵉ GROUPE**
Modèle de conjugaison
pour les verbes du 3ᵉ
groupe : *équivaloir*
(participe passé inva-
riable), *prévaloir*.
Prévaloir, *subjonctif présent :* que je prévale…

# 150 - ASSEOIR - 3ᵉ GROUPE

## INDICATIF

### PRÉSENT
| | |
|---|---|
| J' | assieds (assois) |
| Tu | assieds (assois) |
| Il | assied (assoit) |
| Nous | asseyons (assoyons) |
| Vous | asseyez (assoyez) |
| Ils | asseyent (assoient) |

### PASSÉ COMPOSÉ
| | |
|---|---|
| J' | ai assis |
| Tu | as assis |
| Il | a assis |
| Nous | avons assis |
| Vous | avez assis |
| Ils | ont assis |

### IMPARFAIT
| | |
|---|---|
| J' | asseyais (assoyais) |
| Tu | asseyais (assoyais) |
| Il | asseyait (assoyait) |
| Nous | asseyions (assoyions) |
| Vous | asseyiez (assoyiez) |
| Ils | asseyaient (assoyaient) |

### PLUS-QUE-PARFAIT
| | |
|---|---|
| J' | avais assis |
| Tu | avais assis |
| Il | avait assis |
| Nous | avions assis |
| Vous | aviez assis |
| Ils | avaient assis |

### PASSÉ SIMPLE
| | |
|---|---|
| J' | assis |
| Tu | assis |
| Il | assit |
| Nous | assîmes |
| Vous | assîtes |
| Ils | assirent |

### PASSÉ ANTÉRIEUR
| | |
|---|---|
| J' | eus assis |
| Tu | eus assis |
| Il | eut assis |
| Nous | eûmes assis |
| Vous | eûtes assis |
| Ils | eurent assis |

### FUTUR SIMPLE
| | |
|---|---|
| J' | assiérai (assoirai) |
| Tu | assiéras (assoiras) |
| Il | assiéra (assoira) |
| Nous | assiérons (assoirons) |
| Vous | assiérez (assoirez) |
| Ils | assiéront (assoiront) |

### FUTUR ANTÉRIEUR
| | |
|---|---|
| J' | aurai assis |
| Tu | auras assis |
| Il | aura assis |
| Nous | aurons assis |
| Vous | aurez assis |
| Ils | auront assis |

## INFINITIF

### PRÉSENT
asseoir

### PASSÉ
avoir assis

## PARTICIPE

### PRÉSENT
asseyant

### PASSÉ
assis, ise

# ASSEOIR - 3ᵉ GROUPE - 151

## SUBJONCTIF

### PRÉSENT
Que j'      asseye (assoie)
Que tu     asseyes (assoie)
Qu'il      asseye (assoie)
Que nous asseyions (assoyions)
Que vous asseyiez (assoyiez)
Qu'ils     asseyent (assoient)

### PASSÉ
Que j'      aie assis
Que tu     aies assis
Qu'il      ait assis
Que nous ayons assis
Que vous ayez assis
Qu'ils     aient assis

### IMPARFAIT
Que j'      assisse
Que tu     assisses
Qu'il      assît
Que nous assissions
Que vous assissiez
Qu'ils     assissent

### PLUS-QUE-PARFAIT
Que j'      eusse assis
Que tu     eusses assis
Qu'il      eût assis
Que nous eussions assis
Que vous eussiez assis
Qu'ils     eussent assis

## CONDITIONNEL

### PRÉSENT
J'      assiérais (assoirais)
Tu     assiérais (assoirais)
Il      assiérait (assoirait)
Nous assiérions (assoirions)
Vous assiériez (assoiriez)
Ils     assiéraient (assoiraient)

### PASSÉ
J'      aurais assis
Tu     aurais assis
Il      aurait assis
Nous aurions assis
Vous auriez assis
Ils     auraient assis

## IMPÉRATIF

### PRÉSENT
assieds
asseyons
asseyez

---

**ASSEOIR**
**VERBE 3ᵉ GROUPE**
se conjugue aussi sous sa forme pronominale : **s'asseoir**. Sur le même modèle, **rasseoir**.

---

**Seoir** (convenir) n'est plus employé à l'exception de son participe présent, *séant,* ou *seyant.* **Seoir** (être assis) n'est plus employé à l'exception de son participe passé *sis, sise.*

# 152 - FALLOIR / PLEUVOIR - 3ᵉ GROUPE

## INDICATIF

| PRÉSENT | | PASSÉ COMPOSÉ | |
|---|---|---|---|
| Il | faut | Il | a fallu |
| Il | pleut | Il | a plu |

| IMPARFAIT | | PLUS-QUE-PARFAIT | |
|---|---|---|---|
| Il | fallait | Il | avait fallu |
| Il | pleuvait | Il | avait plu |

| PASSÉ SIMPLE | | PASSÉ ANTÉRIEUR | |
|---|---|---|---|
| Il | fallut | Il | eut fallu |
| Il | plut | Il | eut plu |

| FUTUR SIMPLE | | FUTUR ANTÉRIEUR | |
|---|---|---|---|
| Il | faudra | Il | aura fallu |
| Il | pleuvra | Il | aura plu |

## SUBJONCTIF

| PRÉSENT | | PASSÉ | |
|---|---|---|---|
| Qu'il | faille | Qu'il | ait fallu |
| Qu'il | pleuve | Qu'il | ait plu |

## CONDITIONNEL

| PRÉSENT | | PASSÉ | |
|---|---|---|---|
| Il | faudrait | Il | aurait fallu |
| Il | pleuvrait | Il | aurait plu |

## INFINITIF

| PRÉSENT | PASSÉ |
|---|---|
| falloir | avoir fallu |
| pleuvoir | avoir plu |

## PARTICIPE

| PRÉSENT | PASSÉ |
|---|---|
| — | fallu |
| pleuvant | plu |

---

### FALLOIR
**VERBE 3ᵉ GROUPE IMPERSONNEL**
ne s'emploie qu'à la 3ᵉ personne du singulier.

## *CHOIR* (tomber) **VERBE 3<sup>e</sup> GROUPE**

Ce verbe ne s'emploie plus guère qu'à l'infinitif présent (**choir**; *se laisser* **choir**), et au participe passé avec ***être***, (**chu, chue**).

## *ÉCHOIR* (arriver par hasard) **VERBE 3<sup>e</sup> GROUPE**

Ce verbe ne se conjugue qu'aux 3<sup>e</sup> personnes (singulier et pluriel) et aux temps composés avec l'auxiliaire ***être***.

### INDICATIF

| PRÉSENT | PASSÉ SIMPLE | FUTUR SIMPLE |
|---|---|---|
| Il **échoit** | Il **échut** | Il **échoira** |
| Ils **échoient** | Ils **échurent** | Ils **échoiront** |

### SUBJONCTIF — CONDITIONNEL

| PRÉSENT | IMPARFAIT | PRÉSENT |
|---|---|---|
| Qu'il **échoit** | Qu'il **échût** | Il **échoirait** |
| Qu'ils **échoient** | Qu'ils **échussent** | Ils **échoiraient** |

### INFINITIF — PARTICIPE

| PRÉSENT | PASSÉ | PRÉSENT | PASSÉ |
|---|---|---|---|
| échoir | être échu | échéant | échu, ue |

## *DÉCHOIR* (tomber dans un état moindre) **VERBE 3<sup>e</sup> GROUPE**

Ce verbe ne s'emploie plus guère qu'à l'infinitif présent (*ce serait* **déchoir**), et au participe passé avec ***être***, (**déchu, ue**).

## *OUÏR* (entendre) **VERBE 3<sup>e</sup> GROUPE**

Ce verbe ne s'emploie plus guère qu'à l'infinitif présent **ouïr** et dans l'expression *par ouï-dire*.

# 154 - SOUSTRAIRE - 3ᵉ GROUPE - (AIRE)

## INDICATIF

### PRÉSENT
| | |
|---|---|
| Je | soustrais |
| Tu | soustrais |
| Il | soustrait |
| Nous | soustrayons |
| Vous | soustrayez |
| Ils | soustraient |

### PASSÉ COMPOSÉ
| | |
|---|---|
| J' | ai soustrait |
| Tu | as soustrait |
| Il | a soustrait |
| Nous | avons soustrait |
| Vous | avez soustrait |
| Ils | ont soustrait |

### IMPARFAIT
| | |
|---|---|
| Je | soustrayais |
| Tu | soustrayais |
| Il | soustrayait |
| Nous | soustrayions |
| Vous | soustrayiez |
| Ils | soustrayaient |

### PLUS-QUE-PARFAIT
| | |
|---|---|
| J' | avais soustrait |
| Tu | avais soustrait |
| Il | avait soustrait |
| Nous | avions soustrait |
| Vous | aviez soustrait |
| Ils | avaient soustrait |

### PASSÉ SIMPLE

*Pas de passé simple
pour ce groupe
de verbes*

### PASSÉ ANTÉRIEUR
| | |
|---|---|
| J' | eus soustrait |
| Tu | eus soustrait |
| Il | eut soustrait |
| Nous | eûmes soustrait |
| Vous | eûtes soustrait |
| Ils | eurent soustrait |

### FUTUR SIMPLE
| | |
|---|---|
| Je | soustrairai |
| Tu | soustrairas |
| Il | soustraira |
| Nous | soustrairons |
| Vous | soustrairez |
| Ils | soustrairont |

### FUTUR ANTÉRIEUR
| | |
|---|---|
| J' | aurai soustrait |
| Tu | auras soustrait |
| Il | aura soustrait |
| Nous | aurons soustrait |
| Vous | aurez soustrait |
| Ils | auront soustrait |

## INFINITIF

| PRÉSENT | PASSÉ |
|---|---|
| soustraire | avoir soustrait |

## PARTICIPE

| PRÉSENT | PASSÉ |
|---|---|
| soustrayant | soustrait, te |

# SOUSTRAIRE - 3e GROUPE - (AIRE) - 155

## SUBJONCTIF

**PRÉSENT**

| | |
|---|---|
| Que je | **soustraie** |
| Que tu | **soustraies** |
| Qu'il | **soustraie** |
| Que nous | **soustrayions** |
| Que vous | **soustrayiez** |
| Qu'ils | **soustraient** |

**IMPARFAIT**

*Pas d'imparfait
du subjonctif
pour ce groupe
de verbes*

**PASSÉ**

| | |
|---|---|
| Que j' | **aie soustrait** |
| Que tu | **aies soustrait** |
| Qu'il | **ait soustrait** |
| Que nous | **ayons soustrait** |
| Que vous | **ayez soustrait** |
| Qu'ils | **aient soustrait** |

**PLUS-QUE-PARFAIT**

| | |
|---|---|
| Que j' | **eusse soustrait** |
| Que tu | **eusses soustrait** |
| Qu'il | **eût soustrait** |
| Que nous | **eussions soustrait** |
| Que vous | **eussiez soustrait** |
| Qu'ils | **eussent soustrait** |

## CONDITIONNEL

**PRÉSENT**

| | |
|---|---|
| Je | **soustrairais** |
| Tu | **soustrairais** |
| Il | **soustrairait** |
| Nous | **soustrairions** |
| Vous | **soustrairiez** |
| Ils | **soustrairaient** |

**PASSÉ**

| | |
|---|---|
| J' | **aurais soustrait** |
| Tu | **aurais soustrait** |
| Il | **aurait soustrait** |
| Nous | **aurions soustrait** |
| Vous | **auriez soustrait** |
| Ils | **auraient soustrait** |

## IMPÉRATIF

**PRÉSENT**

soustrais
soustrayons
soustrayez

*SOUSTRAIRE*
**VERBE 3e GROUPE**
Modèle de conjugaison
pour les verbes :
*abstraire, braire, dis-
traire, extraire, traire.*

# 156 - FAIRE - 3ᵉ GROUPE - (AIRE)

## INDICATIF

| PRÉSENT | | PASSÉ COMPOSÉ | |
|---|---|---|---|
| Je | **fais** | J' | **ai fait** |
| Tu | **fais** | Tu | **as fait** |
| Il | **fait** | Il | **a fait** |
| Nous | **faisons** | Nous | **avons fait** |
| Vous | **faites** | Vous | **avez fait** |
| Ils | **font** | Ils | **ont fait** |

| IMPARFAIT | | PLUS-QUE-PARFAIT | |
|---|---|---|---|
| Je | **faisais** | J' | **avais fait** |
| Tu | **faisais** | Tu | **avais fait** |
| Il | **faisait** | Il | **avait fait** |
| Nous | **faisions** | Nous | **avions fait** |
| Vous | **faisiez** | Vous | **aviez fait** |
| Ils | **faisaient** | Ils | **avaient fait** |

| PASSÉ SIMPLE | | PASSÉ ANTÉRIEUR | |
|---|---|---|---|
| Je | **fis** | J' | **eus fait** |
| Tu | **fis** | Tu | **eus fait** |
| Il | **fit** | Il | **eut fait** |
| Nous | **fîmes** | Nous | **eûmes fait** |
| Vous | **fîtes** | Vous | **eûtes fait** |
| Ils | **firent** | Ils | **eurent fait** |

| FUTUR SIMPLE | | FUTUR ANTÉRIEUR | |
|---|---|---|---|
| Je | **ferai** | J' | **aurai fait** |
| Tu | **feras** | Tu | **auras fait** |
| Il | **fera** | Il | **aura fait** |
| Nous | **ferons** | Nous | **aurons fait** |
| Vous | **ferez** | Vous | **aurez fait** |
| Ils | **feront** | Ils | **auront fait** |

## INFINITIF

| PRÉSENT | PASSÉ |
|---|---|
| faire | avoir fait |

## PARTICIPE

| PRÉSENT | PASSÉ |
|---|---|
| faisant | fait, faite |

# FAIRE - 3e GROUPE - *(AIRE)* - 157

## SUBJONCTIF

**PRÉSENT**

| | |
|---|---|
| Que je | **fasse** |
| Que tu | **fasses** |
| Qu'il | **fasse** |
| Que nous | **fassions** |
| Que vous | **fassiez** |
| Qu'ils | **fassent** |

**PASSÉ**

| | |
|---|---|
| Que j' | **aie fait** |
| Que tu | **aies fait** |
| Qu'il | **ait fait** |
| Que nous | **ayons fait** |
| Que vous | **ayez fait** |
| Qu'ils | **aient fait** |

**IMPARFAIT**

| | |
|---|---|
| Que je | **fisse** |
| Que tu | **fisses** |
| Qu'il | **fît** |
| Que nous | **fissions** |
| Que vous | **fissiez** |
| Qu'ils | **fissent** |

**PLUS-QUE-PARFAIT**

| | |
|---|---|
| Que j' | **eusse fait** |
| Que tu | **eusses fait** |
| Qu'il | **eût fait** |
| Que nous | **eussions fait** |
| Que vous | **eussiez fait** |
| Qu'ils | **eussent fait** |

## CONDITIONNEL

**PRÉSENT**

| | |
|---|---|
| Je | **ferais** |
| Tu | **ferais** |
| Il | **ferait** |
| Nous | **ferions** |
| Vous | **feriez** |
| Ils | **feraient** |

**PASSÉ**

| | |
|---|---|
| J' | **aurais fait** |
| Tu | **aurais fait** |
| Il | **aurait fait** |
| Nous | **aurions fait** |
| Vous | **auriez fait** |
| Ils | **auraient fait** |

## IMPÉRATIF

**PRÉSENT**

| | | |
|---|---|---|
| **fais** | **faisons** | **faites** |

*FAIRE*
**VERBE 3e GROUPE**
Modèle de conjugaison
pour les verbes :
*contrefaire, défaire,
refaire, parfaire,
satisfaire.*

# 158 - TAIRE - 3ᵉ GROUPE - (AIRE)

## INDICATIF

### PRÉSENT
Je **tais**
Tu **tais**
Il **tait**
Nous **taisons**
Vous **taisez**
Ils **taisent**

### PASSÉ COMPOSÉ
J' **ai eu**
Tu **as tu**
Il **a tu**
Nous **avons tu**
Vous **avez tu**
Ils **ont tu**

### IMPARFAIT
Je **taisais**
Tu **taisais**
Il **taisait**
Nous **taisions**
Vous **taisiez**
Ils **taisaient**

### PLUS-QUE-PARFAIT
J' **avais tu**
Tu **avais tu**
Il **avait tu**
Nous **avions tu**
Vous **aviez tu**
Ils **avaient tu**

### PASSÉ SIMPLE
Je **tus**
Tu **tus**
Il **tut**
Nous **tûmes**
Vous **tûtes**
Ils **turent**

### PASSÉ ANTÉRIEUR
J' **eus tu**
Tu **eus tu**
Il **eut tu**
Nous **eûmes tu**
Vous **eûtes tu**
Ils **eurent tu**

### FUTUR SIMPLE
Je **tairai**
Tu **tairas**
Il **taira**
Nous **tairons**
Vous **tairez**
Ils **tairont**

### FUTUR ANTÉRIEUR
J' **aurai tu**
Tu **auras tu**
Il **aura tu**
Nous **aurons tu**
Vous **aurez tu**
Ils **auront tu**

## INFINITIF

**PRÉSENT**
taire

**PASSÉ**
avoir tu

## PARTICIPE

**PRÉSENT**
taisant

**PASSÉ**
tu, tue

# TAIRE - 3ᵉ GROUPE - *(AIRE)* - 159

## SUBJONCTIF

**PRÉSENT**

| | |
|---|---|
| Que je | taise |
| Que tu | taises |
| Qu'il | taise |
| Que nous | taisions |
| Que vous | taisiez |
| Qu'ils | taisent |

**PASSÉ**

| | |
|---|---|
| Que j' | aie tu |
| Que tu | aies tu |
| Qu'il | ait tu |
| Que nous | ayons tu |
| Que vous | ayez tu |
| Qu'ils | aient tu |

**IMPARFAIT**

| | |
|---|---|
| Que je | tusse |
| Que tu | tusses |
| Qu'il | tût |
| Que nous | tussions |
| Que vous | tussiez |
| Qu'ils | tussent |

**PLUS-QUE-PARFAIT**

| | |
|---|---|
| Que j' | eusse tu |
| Que tu | eusses tu |
| Qu'il | eût tu |
| Que nous | eussions tu |
| Que vous | eussiez tu |
| Qu'ils | eussent tu |

## CONDITIONNEL

**PRÉSENT**

| | |
|---|---|
| Je | tairais |
| Tu | tairais |
| Il | tairait |
| Nous | tairions |
| Vous | tairiez |
| Ils | tairaient |

**PASSÉ**

| | |
|---|---|
| J' | aurais tu |
| Tu | aurais tu |
| Il | aurait tu |
| Nous | aurions tu |
| Vous | auriez tu |
| Ils | auraient tu |

## IMPÉRATIF

**PRÉSENT**

tais   taisons   taisez

**TAIRE, 3ᵉ GROUPE**
Modèle de conjugaison pour les verbes : *complaire, déplaire, plaire, qui prennent un accent circonflexe à la 3ᵉ personne du présent de l'indicatif (**il plaît**) et ont un **participe passé invariable**.*

# 16O – PARAÎTRE - 3ᵉ GROUPE - (AÎTRE)

## INDICATIF

### PRÉSENT
| | |
|---|---|
| Je | parais |
| Tu | parais |
| Il | paraît |
| Nous | paraissons |
| Vous | paraissez |
| Ils | paraissent |

### PASSÉ COMPOSÉ
| | |
|---|---|
| J' | ai paru |
| Tu | as paru |
| Il | a paru |
| Nous | avons paru |
| Vous | avez paru |
| Ils | ont paru |

### IMPARFAIT
| | |
|---|---|
| Je | paraissais |
| Tu | paraissais |
| Il | paraissait |
| Nous | paraissions |
| Vous | paraissiez |
| Ils | paraissaient |

### PLUS-QUE-PARFAIT
| | |
|---|---|
| J' | avais paru |
| Tu | avais paru |
| Il | avait paru |
| Nous | avions paru |
| Vous | aviez paru |
| Ils | avaient paru |

### PASSÉ SIMPLE
| | |
|---|---|
| Je | parus |
| Tu | parus |
| Il | parut |
| Nous | parûmes |
| Vous | parûtes |
| Ils | parurent |

### PASSÉ ANTÉRIEUR
| | |
|---|---|
| J' | eus paru |
| Tu | eus paru |
| Il | eut paru |
| Nous | eûmes paru |
| Vous | eûtes paru |
| Ils | eurent paru |

### FUTUR SIMPLE
| | |
|---|---|
| Je | paraîtrai |
| Tu | paraîtras |
| Il | paraîtra |
| Nous | paraîtrons |
| Vous | paraîtrez |
| Ils | paraîtront |

### FUTUR ANTÉRIEUR
| | |
|---|---|
| J' | aurai paru |
| Tu | auras paru |
| Il | aura paru |
| Nous | aurons paru |
| Vous | aurez paru |
| Ils | auront paru |

## INFINITIF

| PRÉSENT | PASSÉ |
|---|---|
| paraître | avoir paru |

## PARTICIPE

| PRÉSENT | PASSÉ |
|---|---|
| paraissant | paru, ue |

# PARAÎTRE - 3ᵉ GROUPE - (AÎTRE) - 161

## SUBJONCTIF

**PRÉSENT**

| | |
|---|---|
| Que je | **paraisse** |
| Que tu | **paraisses** |
| Qu'il | **paraisse** |
| Que nous | **paraissions** |
| Que vous | **paraissiez** |
| Qu'ils | **paraissent** |

**PASSÉ**

| | |
|---|---|
| Que j' | **aie paru** |
| Que tu | **aies paru** |
| Qu'il | **ait paru** |
| Que nous | **ayons paru** |
| Que vous | **ayez paru** |
| Qu'ils | **aient paru** |

**IMPARFAIT**

| | |
|---|---|
| Que je | **parusse** |
| Que tu | **parusses** |
| Qu'il | **parût** |
| Que nous | **parussions** |
| Que vous | **parussiez** |
| Qu'ils | **parussent** |

**PLUS-QUE-PARFAIT**

| | |
|---|---|
| Que j' | **eusse paru** |
| Que tu | **eusses paru** |
| Qu'il | **eût paru** |
| Que nous | **eussions paru** |
| Que vous | **eussiez paru** |
| Qu'ils | **eussent paru** |

## CONDITIONNEL

**PRÉSENT**

| | |
|---|---|
| Je | **paraîtrais** |
| Tu | **paraîtrais** |
| Il | **paraîtrait** |
| Nous | **paraîtrions** |
| Vous | **paraîtriez** |
| Ils | **paraîtraient** |

**PASSÉ**

| | |
|---|---|
| J' | **aurais paru** |
| Tu | **aurais paru** |
| Il | **aurait paru** |
| Nous | **aurions paru** |
| Vous | **auriez paru** |
| Ils | **auraient paru** |

## IMPÉRATIF

**PRÉSENT**

**parais**
**paraissons** **paraissez**

Lorsque l'**i** est devant un **t**, il prend un *accent circonflexe* dans les verbes en **aître** et en **oître**.

## *PARAÎTRE* VERBE 3ᵉ GROUPE

Modèle de conjugaison pour les verbes : *apparaître, comparaître, connaître, disparaître, méconnaître, réapparaître, reconnaître, transparaître.*

# 162 - NAÎTRE - 3ᵉ GROUPE - (AÎTRE)

## INDICATIF

### PRÉSENT
| | |
|---|---|
| Je | **nais** |
| Tu | **nais** |
| Il | **naît** |
| Nous | **naissons** |
| Vous | **naissez** |
| Ils | **naissent** |

### PASSÉ COMPOSÉ
| | |
|---|---|
| Je | **suis né** |
| Tu | **es né** |
| Il | **est né** |
| Nous | **sommes nés** |
| Vous | **êtes nés** |
| Ils | **sont nés** |

### IMPARFAIT
| | |
|---|---|
| Je | **naissais** |
| Tu | **naissais** |
| Il | **naissait** |
| Nous | **naissions** |
| Vous | **naissiez** |
| Ils | **naissaient** |

### PLUS-QUE-PARFAIT
| | |
|---|---|
| J' | **étais né** |
| Tu | **étais né** |
| Il | **était né** |
| Nous | **étions nés** |
| Vous | **étiez nés** |
| Ils | **étaient nés** |

### PASSÉ SIMPLE
| | |
|---|---|
| Je | **naquis** |
| Tu | **naquis** |
| Il | **naquit** |
| Nous | **naquîmes** |
| Vous | **naquîtes** |
| Ils | **naquirent** |

### PASSÉ ANTÉRIEUR
| | |
|---|---|
| Je | **fus né** |
| Tu | **fus né** |
| Il | **fut né** |
| Nous | **fûmes nés** |
| Vous | **fûtes nés** |
| Ils | **furent nés** |

### FUTUR SIMPLE
| | |
|---|---|
| Je | **naîtrai** |
| Tu | **naîtras** |
| Il | **naîtra** |
| Nous | **naîtrons** |
| Vous | **naîtrez** |
| Ils | **naîtront** |

### FUTUR ANTÉRIEUR
| | |
|---|---|
| Je | **serai né** |
| Tu | **seras né** |
| Il | **sera né** |
| Nous | **serons nés** |
| Vous | **serez nés** |
| Ils | **seront nés** |

## INFINITIF

### PRÉSENT
naître

### PASSÉ
être né

## PARTICIPE

### PRÉSENT
naissant

### PASSÉ
né, née

# NAÎTRE - 3e GROUPE - (AÎTRE) - 163

## SUBJONCTIF

**PRÉSENT**

| | |
|---|---|
| Que je | **naisse** |
| Que tu | **naisses** |
| Qu'il | **naisse** |
| Que nous | **naissions** |
| Que vous | **naissiez** |
| Qu'ils | **naissent** |

**PASSÉ**

| | |
|---|---|
| Que je | **sois né** |
| Que tu | **sois né** |
| Qu'il | **soit né** |
| Que nous | **soyons nés** |
| Que vous | **soyez nés** |
| Qu'ils | **soient nés** |

**IMPARFAIT**

| | |
|---|---|
| Que je | **naquisse** |
| Que tu | **naquisses** |
| Qu'il | **naquît** |
| Que nous | **naquissions** |
| Que vous | **naquissiez** |
| Qu'ils | **naquissent** |

**PLUS-QUE-PARFAIT**

| | |
|---|---|
| Que je | **fusse né** |
| Que tu | **fusses né** |
| Qu'il | **fût né** |
| Que nous | **fussions nés** |
| Que vous | **fussiez nés** |
| Qu'ils | **fussent nés** |

## CONDITIONNEL

**PRÉSENT**

| | |
|---|---|
| Je | **naîtrais** |
| Tu | **naîtrais** |
| Il | **naîtrait** |
| Nous | **naîtrions** |
| Vous | **naîtriez** |
| Ils | **naîtraient** |

**PASSÉ**

| | |
|---|---|
| Je | **serais né** |
| Tu | **serais né** |
| Il | **serait né** |
| Nous | **serions nés** |
| Vous | **seriez nés** |
| Ils | **seraient nés** |

## IMPÉRATIF

**PRÉSENT**

nais   naissons   naissez

### NAÎTRE, 3e GROUPE
Modèle de conjugaison pour *renaître* (qui n'a pas de temps composés) et *paître*.

---

**Paître** n'est conjugué qu'au **présent** (*je pais*), **imparfait** (*je paissais*), **futur** (*je paîtrai*) de l'**indicatif**, et au **présent** du **subjonctif** (*que je paisse*) et du **conditionnel** (*je paîtrais*).
**Participe présent** : *paissant*. **Impératif** : *pais, paissons, paissez*.

# 164 - CROÎTRE - 3e GROUPE - (OÎTRE)

## INDICATIF

### PRÉSENT
| | |
|---|---|
| Je | **croîs** |
| Tu | **croîs** |
| Il | **croît** |
| Nous | **croissons** |
| Vous | **croissez** |
| Ils | **croissent** |

### PASSÉ COMPOSÉ
| | |
|---|---|
| J' | **ai crû** |
| Tu | **as crû** |
| Il | **a crû** |
| Nous | **avons crû** |
| Vous | **avez crû** |
| Ils | **ont crû** |

### IMPARFAIT
| | |
|---|---|
| Je | **croissais** |
| Tu | **croissais** |
| Il | **croissait** |
| Nous | **croissions** |
| Vous | **croissiez** |
| Ils | **croissaient** |

### PLUS-QUE-PARFAIT
| | |
|---|---|
| J' | **avais crû** |
| Tu | **avais crû** |
| Il | **avait crû** |
| Nous | **avions crû** |
| Vous | **aviez crû** |
| Ils | **avaient crû** |

### PASSÉ SIMPLE
| | |
|---|---|
| Je | **crûs** |
| Tu | **crûs** |
| Il | **crût** |
| Nous | **crûmes** |
| Vous | **crûtes** |
| Ils | **crûrent** |

### PASSÉ ANTÉRIEUR
| | |
|---|---|
| J' | **eus crû** |
| Tu | **eus crû** |
| Il | **eut crû** |
| Nous | **eûmes crû** |
| Vous | **eûtes crû** |
| Ils | **eurent crû** |

### FUTUR SIMPLE
| | |
|---|---|
| Je | **croîtrai** |
| Tu | **croîtras** |
| Il | **croîtra** |
| Nous | **croîtrons** |
| Vous | **croîtrez** |
| Ils | **croîtront** |

### FUTUR ANTÉRIEUR
| | |
|---|---|
| J' | **aurai crû** |
| Tu | **auras crû** |
| Il | **aura crû** |
| Nous | **aurons crû** |
| Vous | **aurez crû** |
| Ils | **auront crû** |

## INFINITIF

### PRÉSENT
croître

### PASSÉ
avoir crû

## PARTICIPE

### PRÉSENT
croissant

### PASSÉ
crû, ue

# CROÎTRE - 3ᵉ GROUPE - (OÎTRE) - 165

## SUBJONCTIF

**PRÉSENT**

| | |
|---|---|
| Que je | croisse |
| Que tu | croisses |
| Qu'il | croisse |
| Que nous | croissions |
| Que vous | croissiez |
| Qu'ils | croissent |

**PASSÉ**

| | |
|---|---|
| Que j' | aie crû |
| Que tu | aies crû |
| Qu'il | ait crû |
| Que nous | ayons crû |
| Que vous | ayez crû |
| Qu'ils | aient crû |

**IMPARFAIT**

| | |
|---|---|
| Que je | crûsse |
| Que tu | crûsses |
| Qu'il | crût |
| Que nous | crûssions |
| Que vous | crûssiez |
| Qu'ils | crûssent |

**PLUS-QUE-PARFAIT**

| | |
|---|---|
| Que j' | eusse crû |
| Que tu | eusses crû |
| Qu'il | eût crû |
| Que nous | eussions crû |
| Que vous | eussiez crû |
| Qu'ils | eussent crû |

## CONDITIONNEL

**PRÉSENT**

| | |
|---|---|
| Je | croîtrais |
| Tu | croîtrais |
| Il | croîtrait |
| Nous | croîtrions |
| Vous | croîtriez |
| Ils | croîtraient |

**PASSÉ**

| | |
|---|---|
| J' | aurais crû |
| Tu | aurais crû |
| Il | aurait crû |
| Nous | aurions crû |
| Vous | auriez crû |
| Ils | auraient crû |

## IMPÉRATIF

**PRÉSENT**

crois   croissons   croissez

## CROÎTRE 3ᵉ GROUPE

Modèle de conjugaison pour *accroître*.

---

Lorsque l'**i** est devant un **t**, il prend un *accent circonflexe* dans les verbes en **aître** et en **oître**. Pour ne pas être confondu avec le verbe *croire*, **croître** (mais pas **accroître**) prend en outre un *accent circonflexe* aux 1ᵉʳᵉ et 2ᵉ personnes du singulier au *présent et passé simple de l'indicatif*, et à *l'imparfait du subjonctif*.

# 166 - BOIRE - 3ᵉ GROUPE - *(OIRE)*

## INDICATIF

### PRÉSENT
| | |
|---|---|
| Je | **bois** |
| Tu | **bois** |
| Il | **boit** |
| Nous | **buvons** |
| Vous | **buvez** |
| Ils | **boivent** |

### PASSÉ COMPOSÉ
| | |
|---|---|
| J' | **ai bu** |
| Tu | **as bu** |
| Il | **a bu** |
| Nous | **avons bu** |
| Vous | **avez bu** |
| Ils | **ont bu** |

### IMPARFAIT
| | |
|---|---|
| Je | **buvais** |
| Tu | **buvais** |
| Il | **buvait** |
| Nous | **buvions** |
| Vous | **buviez** |
| Ils | **buvaient** |

### PLUS-QUE-PARFAIT
| | |
|---|---|
| J' | **avais bu** |
| Tu | **avais bu** |
| Il | **avait bu** |
| Nous | **avions bu** |
| Vous | **aviez bu** |
| Ils | **avaient bu** |

### PASSÉ SIMPLE
| | |
|---|---|
| Je | **bus** |
| Tu | **bus** |
| Il | **but** |
| Nous | **bûmes** |
| Vous | **bûtes** |
| Ils | **burent** |

### PASSÉ ANTÉRIEUR
| | |
|---|---|
| J' | **eus bu** |
| Tu | **eus bu** |
| Il | **eut bu** |
| Nous | **eûmes bu** |
| Vous | **eûtes bu** |
| Ils | **eurent bu** |

### FUTUR SIMPLE
| | |
|---|---|
| Je | **boirai** |
| Tu | **boiras** |
| Il | **boira** |
| Nous | **boirons** |
| Vous | **boirez** |
| Ils | **boiront** |

### FUTUR ANTÉRIEUR
| | |
|---|---|
| J' | **aurai bu** |
| Tu | **auras bu** |
| Il | **aura bu** |
| Nous | **aurons bu** |
| Vous | **aurez bu** |
| Ils | **auront bu** |

## INFINITIF

| PRÉSENT | PASSÉ |
|---|---|
| boire | avoir bu |

## PARTICIPE

| PRÉSENT | PASSÉ |
|---|---|
| buvant | bu, bue |

# BOIRE - 3ᵉ GROUPE - *(OIRE)* - 167

## SUBJONCTIF

**PRÉSENT**

| | |
|---|---|
| Que je | **boive** |
| Que tu | **boives** |
| Qu'il | **boive** |
| Que nous | **buvions** |
| Que vous | **buviez** |
| Qu'ils | **boivent** |

**PASSÉ**

| | |
|---|---|
| Que j' | **aie bu** |
| Que tu | **aies bu** |
| Qu'il | **ait bu** |
| Que nous | **ayons bu** |
| Que vous | **ayez bu** |
| Qu'ils | **aient bu** |

**IMPARFAIT**

| | |
|---|---|
| Que je | **busse** |
| Que tu | **busses** |
| Qu'il | **bût** |
| Que nous | **bussions** |
| Que vous | **bussiez** |
| Qu'ils | **bussent** |

**PLUS-QUE-PARFAIT**

| | |
|---|---|
| Que j' | **eusse bu** |
| Que tu | **eusses bu** |
| Qu'il | **eût bu** |
| Que nous | **eussions bu** |
| Que vous | **eussiez bu** |
| Qu'ils | **eussent bu** |

## CONDITIONNEL

**PRÉSENT**

| | |
|---|---|
| Je | **boirais** |
| Tu | **boirais** |
| Il | **boirait** |
| Nous | **boirions** |
| Vous | **boiriez** |
| Ils | **boiraient** |

**PASSÉ**

| | |
|---|---|
| J' | **aurais bu** |
| Tu | **aurais bu** |
| Il | **aurait bu** |
| Nous | **aurions bu** |
| Vous | **auriez bu** |
| Ils | **auraient bu** |

## IMPÉRATIF

**PRÉSENT**

bois   buvons   buvez

## BOIRE
## VERBE 3ᵉ GROUPE

# 168 - CROIRE - 3ᵉ GROUPE - *(OIRE)*

## INDICATIF

### PRÉSENT
| | |
|---|---|
| Je | crois |
| Tu | crois |
| Il | croit |
| Nous | croyons |
| Vous | croyez |
| Ils | croient |

### PASSÉ COMPOSÉ
| | |
|---|---|
| J' | ai cru |
| Tu | as cru |
| Il | a cru |
| Nous | avons cru |
| Vous | avez cru |
| Ils | ont cru |

### IMPARFAIT
| | |
|---|---|
| Je | croyais |
| Tu | croyais |
| Il | croyait |
| Nous | croyions |
| Vous | croyiez |
| Ils | croyaient |

### PLUS-QUE-PARFAIT
| | |
|---|---|
| J' | avais cru |
| Tu | avais cru |
| Il | avait cru |
| Nous | avions cru |
| Vous | aviez cru |
| Ils | avaient cru |

### PASSÉ SIMPLE
| | |
|---|---|
| Je | crus |
| Tu | crus |
| Il | crut |
| Nous | crûmes |
| Vous | crûtes |
| Ils | crurent |

### PASSÉ ANTÉRIEUR
| | |
|---|---|
| J' | eus cru |
| Tu | eus cru |
| Il | eut cru |
| Nous | eûmes cru |
| Vous | eûtes cru |
| Ils | eurent cru |

### FUTUR SIMPLE
| | |
|---|---|
| Je | croirai |
| Tu | croiras |
| Il | croira |
| Nous | croirons |
| Vous | croirez |
| Ils | croiront |

### FUTUR ANTÉRIEUR
| | |
|---|---|
| J' | aurai cru |
| Tu | auras cru |
| Il | aura cru |
| Nous | aurons cru |
| Vous | aurez cru |
| Ils | auront cru |

## INFINITIF

| PRÉSENT | PASSÉ |
|---|---|
| croire | avoir cru |

## PARTICIPE

| PRÉSENT | PASSÉ |
|---|---|
| croyant | cru, crue |

# CROIRE - 3ᵉ GROUPE - (OIRE) - 169

## SUBJONCTIF

**PRÉSENT**

| | |
|---|---|
| Que je | **croie** |
| Que tu | **croies** |
| Qu'il | **croie** |
| Que nous | **croyions** |
| Que vous | **croyiez** |
| Qu'ils | **croient** |

**PASSÉ**

| | |
|---|---|
| Que j' | **aie cru** |
| Que tu | **aies cru** |
| Qu'il | **ait cru** |
| Que nous | **ayons cru** |
| Que vous | **ayez cru** |
| Qu'ils | **aient cru** |

**IMPARFAIT**

| | |
|---|---|
| Que je | **crusse** |
| Que tu | **crusses** |
| Qu'il | **crût** |
| Que nous | **crussions** |
| Que vous | **crussiez** |
| Qu'ils | **crussent** |

**PLUS-QUE-PARFAIT**

| | |
|---|---|
| Que j' | **eusse cru** |
| Que tu | **eusses cru** |
| Qu'il | **eût cru** |
| Que nous | **eussions cru** |
| Que vous | **eussiez cru** |
| Qu'ils | **eussent cru** |

## CONDITIONNEL

**PRÉSENT**

| | |
|---|---|
| Je | **croirais** |
| Tu | **croirais** |
| Il | **croirait** |
| Nous | **croirions** |
| Vous | **croiriez** |
| Ils | **croiraient** |

**PASSÉ**

| | |
|---|---|
| J' | **aurais cru** |
| Tu | **aurais cru** |
| Il | **aurait cru** |
| Nous | **aurions cru** |
| Vous | **auriez cru** |
| Ils | **auraient cru** |

## IMPÉRATIF

**PRÉSENT**

crois    croyons    croyez

---

*CROIRE*
**VERBE 3ᵉ GROUPE**

# 170 - DIRE - 3ᵉ GROUPE - (IRE)

## INDICATIF

| PRÉSENT | | PASSÉ COMPOSÉ | |
|---|---|---|---|
| Je | dis | J' | ai dit |
| Tu | dis | Tu | as dit |
| Il | dit | Il | a dit |
| Nous | disons | Nous | avons dit |
| Vous | dites | Vous | avez dit |
| Ils | disent | Ils | ont dit |

| IMPARFAIT | | PLUS-QUE-PARFAIT | |
|---|---|---|---|
| Je | disais | J' | avais dit |
| Tu | disais | Tu | avais dit |
| Il | disait | Il | avait dit |
| Nous | disions | Nous | avions dit |
| Vous | disiez | Vous | aviez dit |
| Ils | disaient | Ils | avaient dit |

| PASSÉ SIMPLE | | PASSÉ ANTÉRIEUR | |
|---|---|---|---|
| Je | dis | J' | eus dit |
| Tu | dis | Tu | eus dit |
| Il | dit | Il | eut dit |
| Nous | dîmes | Nous | eûmes dit |
| Vous | dîtes | Vous | eûtes dit |
| Ils | dirent | Ils | eurent dit |

| FUTUR SIMPLE | | FUTUR ANTÉRIEUR | |
|---|---|---|---|
| Je | dirai | J' | aurai dit |
| Tu | diras | Tu | auras dit |
| Il | dira | Il | aura dit |
| Nous | dirons | Nous | aurons dit |
| Vous | direz | Vous | aurez dit |
| Ils | diront | Ils | auront dit |

## INFINITIF

| PRÉSENT | PASSÉ |
|---|---|
| dire | avoir dit |

## PARTICIPE

| PRÉSENT | PASSÉ |
|---|---|
| disant | dit, dite |

# DIRE - 3ᵉ GROUPE - *(IRE)* - 171

## SUBJONCTIF

**PRÉSENT**

| | |
|---|---|
| Que je | **dise** |
| Que tu | **dises** |
| Qu'il | **dise** |
| Que nous | **disions** |
| Que vous | **disiez** |
| Qu'ils | **disent** |

**PASSÉ**

| | |
|---|---|
| Que j' | **aie dit** |
| Que tu | **aies dit** |
| Qu'il | **ait dit** |
| Que nous | **ayons dit** |
| Que vous | **ayez dit** |
| Qu'ils | **aient dit** |

**IMPARFAIT**

| | |
|---|---|
| Que je | **disse** |
| Que tu | **disses** |
| Qu'il | **dît** |
| Que nous | **dissions** |
| Que vous | **dissiez** |
| Qu'ils | **dissent** |

**PLUS-QUE-PARFAIT**

| | |
|---|---|
| Que j' | **eusse dit** |
| Que tu | **eusses dit** |
| Qu'il | **eût dit** |
| Que nous | **eussions dit** |
| Que vous | **eussiez dit** |
| Qu'ils | **eussent dit** |

## CONDITIONNEL

**PRÉSENT**

| | |
|---|---|
| Je | **dirais** |
| Tu | **dirais** |
| Il | **dirait** |
| Nous | **dirions** |
| Vous | **diriez** |
| Ils | **diraient** |

**PASSÉ**

| | |
|---|---|
| J' | **aurais dit** |
| Tu | **aurais dit** |
| Il | **aurait dit** |
| Nous | **aurions dit** |
| Vous | **auriez dit** |
| Ils | **auraient dit** |

## IMPÉRATIF

**PRÉSENT**

| | | |
|---|---|---|
| **dis** | **disons** | **dites** |

### *DIRE* 3ᵉ GROUPE

Modèle de conjugaison pour les verbes : *contredire, dédire, interdire, médire, prédire, redire.*

Pour les verbes *contredire, dédire, interdire, médire, prédire*, à l'indicatif et à l'impératif, 2ᵉ personne du pluriel, **–disez** remplace **dites** (*vous médisez, vous interdisez…*)

# 172 - DÉCRIRE - 3ᵉ GROUPE - (IRE)

## INDICATIF

### PRÉSENT
| | |
|---|---|
| Je | décris |
| Tu | décris |
| Il | décrit |
| Nous | décrivons |
| Vous | décrivez |
| Ils | décrivent |

### PASSÉ COMPOSÉ
| | |
|---|---|
| J' | ai décrit |
| Tu | as décrit |
| Il | a décrit |
| Nous | avons décrit |
| Vous | avez décrit |
| Ils | ont décrit |

### IMPARFAIT
| | |
|---|---|
| Je | décrivais |
| Tu | décrivais |
| Il | décrivait |
| Nous | décrivions |
| Vous | décriviez |
| Ils | décrivaient |

### PLUS-QUE-PARFAIT
| | |
|---|---|
| J' | avais décrit |
| Tu | avais décrit |
| Il | avait décrit |
| Nous | avions décrit |
| Vous | aviez décrit |
| Ils | avaient décrit |

### PASSÉ SIMPLE
| | |
|---|---|
| Je | décrivis |
| Tu | décrivis |
| Il | décrivit |
| Nous | décrivîmes |
| Vous | décrivîtes |
| Ils | décrivirent |

### PASSÉ ANTÉRIEUR
| | |
|---|---|
| J' | eus décrit |
| Tu | eus décrit |
| Il | eut décrit |
| Nous | eûmes décrit |
| Vous | eûtes décrit |
| Ils | eurent décrit |

### FUTUR SIMPLE
| | |
|---|---|
| Je | décrirai |
| Tu | décriras |
| Il | décrira |
| Nous | décrirons |
| Vous | décrirez |
| Ils | décriront |

### FUTUR ANTÉRIEUR
| | |
|---|---|
| J' | aurai décrit |
| Tu | auras décrit |
| Il | aura décrit |
| Nous | aurons décrit |
| Vous | aurez décrit |
| Ils | auront décrit |

## INFINITIF

| PRÉSENT | PASSÉ |
|---|---|
| décrire | avoir décrit |

## PARTICIPE

| PRÉSENT | PASSÉ |
|---|---|
| décrivant | décrit, te |

# DÉCRIRE - 3ᵉ GROUPE - (IRE) - 173

## SUBJONCTIF

**PRÉSENT**

| | |
|---|---|
| Que je | **décrive** |
| Que tu | **décrives** |
| Qu'il | **décrive** |
| Que nous | **décrivions** |
| Que vous | **décriviez** |
| Qu'ils | **décrivent** |

**PASSÉ**

| | |
|---|---|
| Que j' | **aie décrit** |
| Que tu | **aies décrit** |
| Qu'il | **ait décrit** |
| Que nous | **ayons décrit** |
| Que vous | **ayez décrit** |
| Qu'ils | **aient décrit** |

**IMPARFAIT**

| | |
|---|---|
| Que je | **décrivisse** |
| Que tu | **décrivisses** |
| Qu'il | **décrivît** |
| Que nous | **décrivissions** |
| Que vous | **décrivissiez** |
| Qu'ils | **décrivissent** |

**PLUS-QUE-PARFAIT**

| | |
|---|---|
| Que j' | **eusse décrit** |
| Que tu | **eusses décrit** |
| Qu'il | **eût décrit** |
| Que nous | **eussions décrit** |
| Que vous | **eussiez décrit** |
| Qu'ils | **eussent décrit** |

## CONDITIONNEL

**PRÉSENT**

| | |
|---|---|
| Je | **décrirais** |
| Tu | **décrirais** |
| Il | **décrirait** |
| Nous | **décririons** |
| Vous | **décririez** |
| Ils | **décriraient** |

**PASSÉ**

| | |
|---|---|
| J' | **aurais décrit** |
| Tu | **aurais décrit** |
| Il | **aurait décrit** |
| Nous | **aurions décrit** |
| Vous | **auriez décrit** |
| Ils | **auraient décrit** |

## IMPÉRATIF

**PRÉSENT**

décris

décrivons          décrivez

## DÉCRIRE
### 3ᵉ GROUPE

Modèle de conjugaison pour les verbes : *circonscrire, écrire, inscrire, prescrire, proscrire, récrire, souscrire, transcrire.*

# 174 – SÉDUIRE - 3e GROUPE - (UIRE)

## INDICATIF

### PRÉSENT
| | |
|---|---|
| Je | séduis |
| Tu | séduis |
| Il | séduit |
| Nous | séduisons |
| Vous | séduisez |
| Ils | séduisent |

### PASSÉ COMPOSÉ
| | |
|---|---|
| J' | ai séduit |
| Tu | as séduit |
| Il | a séduit |
| Nous | avons séduit |
| Vous | avez séduit |
| Ils | ont séduit |

### IMPARFAIT
| | |
|---|---|
| Je | séduisais |
| Tu | séduisais |
| Il | séduisait |
| Nous | séduisions |
| Vous | séduisiez |
| Ils | séduisaient |

### PLUS-QUE-PARFAIT
| | |
|---|---|
| J' | avais séduit |
| Tu | avais séduit |
| Il | avait séduit |
| Nous | avions séduit |
| Vous | aviez séduit |
| Ils | avaient séduit |

### PASSÉ SIMPLE
| | |
|---|---|
| Je | séduisis |
| Tu | séduisis |
| Il | séduisit |
| Nous | séduisîmes |
| Vous | séduisîtes |
| Ils | séduisirent |

### PASSÉ ANTÉRIEUR
| | |
|---|---|
| J' | eus séduit |
| Tu | eus séduit |
| Il | eut séduit |
| Nous | eûmes séduit |
| Vous | eûtes séduit |
| Ils | eurent séduit |

### FUTUR SIMPLE
| | |
|---|---|
| Je | séduirai |
| Tu | séduiras |
| Il | séduira |
| Nous | séduirons |
| Vous | séduirez |
| Ils | séduiront |

### FUTUR ANTÉRIEUR
| | |
|---|---|
| J' | aurai séduit |
| Tu | auras séduit |
| Il | aura séduit |
| Nous | aurons séduit |
| Vous | aurez séduit |
| Ils | auront séduit |

## INFINITIF

| PRÉSENT | PASSÉ |
|---|---|
| séduire | avoir séduit |

## PARTICIPE

| PRÉSENT | PASSÉ |
|---|---|
| séduisant | séduit, te |

# SÉDUIRE - 3ᵉ GROUPE - *(UIRE)* - 175

## SUBJONCTIF

**PRÉSENT**

| | |
|---|---|
| Que je | **séduise** |
| Que tu | **séduises** |
| Qu'il | **séduise** |
| Que nous | **séduisions** |
| Que vous | **séduisiez** |
| Qu'ils | **séduisent** |

**PASSÉ**

| | |
|---|---|
| Que j' | **aie séduit** |
| Que tu | **aies séduit** |
| Qu'il | **ait séduit** |
| Que nous | **ayons séduit** |
| Que vous | **ayez séduit** |
| Qu'ils | **aient séduit** |

**IMPARFAIT**

| | |
|---|---|
| Que je | **séduisisse** |
| Que tu | **séduisisses** |
| Qu'il | **séduisît** |
| Que nous | **séduisissions** |
| Que vous | **séduisissiez** |
| Qu'ils | **séduisissent** |

**PLUS-QUE-PARFAIT**

| | |
|---|---|
| Que j' | **eusse séduit** |
| Que tu | **eusses séduit** |
| Qu'il | **eût séduit** |
| Que nous | **eussions séduit** |
| Que vous | **eussiez séduit** |
| Qu'ils | **eussent séduit** |

## CONDITIONNEL

**PRÉSENT**

| | |
|---|---|
| Je | **séduirais** |
| Tu | **séduirais** |
| Il | **séduirait** |
| Nous | **séduirions** |
| Vous | **séduiriez** |
| Ils | **séduiraient** |

**PASSÉ**

| | |
|---|---|
| J' | **aurais séduit** |
| Tu | **aurais séduit** |
| Il | **aurait séduit** |
| Nous | **aurions séduit** |
| Vous | **auriez séduit** |
| Ils | **auraient séduit** |

## IMPÉRATIF

**PRÉSENT**

séduis
séduisons        séduisez

---

*SÉDUIRE*
**VERBE 3ᵉ GROUPE**
Modèle de conjugaison pour les verbes du 3ᵉ groupe en **uire**.

# 176 - LIRE - 3e GROUPE - (IRE) -

## INDICATIF

### PRÉSENT
Je **lis**
Tu **lis**
Il **lit**
Nous **lisons**
Vous **lisez**
Ils **lisent**

### IMPARFAIT
Je **lisais**
Tu **lisais**
Il **lisait**
Nous **lisions**
Vous **lisiez**
Ils **lisaient**

### PASSÉ SIMPLE
Je **lus**
Tu **lus**
Il **lut**
Nous **lûmes**
Vous **lûtes**
Ils **lurent**

### FUTUR SIMPLE
Je **lirai**
Tu **liras**
Il **lira**
Nous **lirons**
Vous **lirez**
Ils **liront**

### PASSÉ COMPOSÉ
J' **ai lu**
Tu **as lu**
Il **a lu**
Nous **avons lu**
Vous **avez lu**
Ils **ont lu**

### PLUS-QUE-PARFAIT
J' **avais lu**
Tu **avais lu**
Il **avait lu**
Nous **avions lu**
Vous **aviez lu**
Ils **avaient eu**

### PASSÉ ANTÉRIEUR
J' **eus lu**
Tu **eus lu**
Il **eut lu**
Nous **eûmes lu**
Vous **eûtes lu**
Ils **eurent lu**

### FUTUR ANTÉRIEUR
J' **aurai lu**
Tu **auras lu**
Il **aura lu**
Nous **aurons lu**
Vous **aurez lu**
Ils **auront lu**

## INFINITIF

**PRÉSENT** **PASSÉ**
lire avoir lu

## PARTICIPE

**PRÉSENT** **PASSÉ**
lisant lu, lue

# LIRE - 3ᵉ GROUPE - (IRE) - 177

## SUBJONCTIF

**PRÉSENT**

| | |
|---|---|
| Que je | lise |
| Que tu | lises |
| Qu'il | lise |
| Que nous | lisions |
| Que vous | lisiez |
| Qu'ils | lisent |

**PASSÉ**

| | |
|---|---|
| Que j' | aie lu |
| Que tu | aies lu |
| Qu'il | ait lu |
| Que nous | ayons lu |
| Que vous | ayez lu |
| Qu'ils | aient lu |

**IMPARFAIT**

| | |
|---|---|
| Que je | lusse |
| Que tu | lusses |
| Qu'il | lût |
| Que nous | lussions |
| Que vous | lussiez |
| Qu'ils | lussent |

**PLUS-QUE-PARFAIT**

| | |
|---|---|
| Que j' | eusse lu |
| Que tu | eusses lu |
| Qu'il | eût lu |
| Que nous | eussions lu |
| Que vous | eussiez lu |
| Qu'ils | eussent lu |

## CONDITIONNEL

**PRÉSENT**

| | |
|---|---|
| Je | lirais |
| Tu | lirais |
| Il | lirait |
| Nous | lirions |
| Vous | liriez |
| Ils | liraient |

**PASSÉ**

| | |
|---|---|
| J' | aurais lu |
| Tu | aurais lu |
| Il | aurait lu |
| Nous | aurions lu |
| Vous | auriez lu |
| Ils | auraient lu |

## IMPÉRATIF

**PRÉSENT**

lis    lisons    lisez

*LIRE*
**VERBE 3ᵉ GROUPE**
Même conjugaison
pour les verbes du 3ᵉ
groupe *élire, relire…*

# 178 – RIRE – 3ᵉ GROUPE – *(IRE)*

## INDICATIF

### PRÉSENT
| | |
|---|---|
| Je | ris |
| Tu | ris |
| Il | rit |
| Nous | rions |
| Vous | riez |
| Ils | rient |

### PASSÉ COMPOSÉ
| | |
|---|---|
| J' | ai ri |
| Tu | as ri |
| Il | a ri |
| Nous | avons ri |
| Vous | avez ri |
| Ils | ont ri |

### IMPARFAIT
| | |
|---|---|
| Je | riais |
| Tu | riais |
| Il | riait |
| Nous | riions |
| Vous | riiez |
| Ils | rient |

### PLUS-QUE-PARFAIT
| | |
|---|---|
| J' | avais ri |
| Tu | avais ri |
| Il | avait ri |
| Nous | avions ri |
| Vous | aviez ri |
| Ils | avaient ri |

### PASSÉ SIMPLE
| | |
|---|---|
| Je | riais |
| Tu | riais |
| Il | riait |
| Nous | rîmes |
| Vous | rîtes |
| Ils | rirent |

### PASSÉ ANTÉRIEUR
| | |
|---|---|
| J' | eus ri |
| Tu | eus ri |
| Il | eut ri |
| Nous | eûmes ri |
| Vous | eûtes ri |
| Ils | eurent ri |

### FUTUR SIMPLE
| | |
|---|---|
| Je | rirai |
| Tu | riras |
| Il | rira |
| Nous | rirons |
| Vous | rirez |
| Ils | riront |

### FUTUR ANTÉRIEUR
| | |
|---|---|
| J' | aurai ri |
| Tu | auras ri |
| Il | aura ri |
| Nous | aurons ri |
| Vous | aurez ri |
| Ils | auront ri |

## INFINITIF

| PRÉSENT | PASSÉ |
|---|---|
| rire | avoir ri |

## PARTICIPE

| PRÉSENT | PASSÉ |
|---|---|
| riant | ri |

# RIRE - 3ᵉ GROUPE - (IRE) - 179

## SUBJONCTIF

**PRÉSENT**

Que je **rie**
Que tu **ries**
Qu'il **rie**
Que nous **riions**
Que vous **riiez**
Qu'ils **rient**

**PASSÉ**

Que j' **aie ri**
Que tu **aies ri**
Qu'il **ait ri**
Que nous **ayons ri**
Que vous **ayez ri**
Qu'ils **aient ri**

**IMPARFAIT**

Que je **risse**
Que tu **risses**
Qu'il **rît**
Que nous **rissions**
Que vous **rissiez**
Qu'ils **rissent**

**PLUS-QUE-PARFAIT**

Que j' **eusse ri**
Que tu **eusses ri**
Qu'il **eût ri**
Que nous **eussions ri**
Que vous **eussiez ri**
Qu'ils **eussent ri**

## CONDITIONNEL

**PRÉSENT**

Je **rirais**
Tu **rirais**
Il **rirait**
Nous **ririons**
Vous **ririez**
Ils **riraient**

**PASSÉ**

J' **aurais ri**
Tu **aurais ri**
Il **aurait ri**
Nous **aurions ri**
Vous **auriez ri**
Ils **auraient ri**

## IMPÉRATIF

**PRÉSENT**

ris    rions    riez

---

*RIRE*
**VERBE 3ᵉ GROUPE**
Même conjugaison
pour le verbe *sourire*.

---

*OCCIRE (tuer)* **VERBE 3ᵉ GROUPE**
Ne s'emploie qu'à l'infinitif et aux temps
composés ; *participe passé :* **occis, occise**.

# 180 – SUFFIRE - 3ᵉ GROUPE - *(IRE)*

## INDICATIF

### PRÉSENT
| | |
|---|---|
| Je | **suffis** |
| Tu | **suffis** |
| Il | **suffit** |
| Nous | **suffisons** |
| Vous | **suffisez** |
| Ils | **suffisent** |

### PASSÉ COMPOSÉ
| | |
|---|---|
| J' | **ai suffi** |
| Tu | **as suffi** |
| Il | **a suffi** |
| Nous | **avons suffi** |
| Vous | **avez suffi** |
| Ils | **ont suffi** |

### IMPARFAIT
| | |
|---|---|
| Je | **suffisais** |
| Tu | **suffisais** |
| Il | **suffisait** |
| Nous | **suffisions** |
| Vous | **suffisiez** |
| Ils | **suffisaient** |

### PLUS-QUE-PARFAIT
| | |
|---|---|
| J' | **avais suffi** |
| Tu | **avais suffi** |
| Il | **avait suffi** |
| Nous | **avions suffi** |
| Vous | **aviez suffi** |
| Ils | **avaient suffi** |

### PASSÉ SIMPLE
| | |
|---|---|
| Je | **suffis** |
| Tu | **suffis** |
| Il | **suffit** |
| Nous | **suffîmes** |
| Vous | **suffîtes** |
| Ils | **suffirent** |

### PASSÉ ANTÉRIEUR
| | |
|---|---|
| J' | **eus suffi** |
| Tu | **eus suffi** |
| Il | **eut suffi** |
| Nous | **eûmes suffi** |
| Vous | **eûtes suffi** |
| Ils | **eurent suffi** |

### FUTUR SIMPLE
| | |
|---|---|
| Je | **suffirai** |
| Tu | **suffiras** |
| Il | **suffira** |
| Nous | **suffirons** |
| Vous | **suffirez** |
| Ils | **suffiront** |

### FUTUR ANTÉRIEUR
| | |
|---|---|
| J' | **aurai suffi** |
| Tu | **auras suffi** |
| Il | **aura suffi** |
| Nous | **aurons suffi** |
| Vous | **aurez suffi** |
| Ils | **auront suffi** |

## INFINITIF

### PRÉSENT
suffire

### PASSÉ
avoir suffi

## PARTICIPE

### PRÉSENT
suffisant

### PASSÉ
suffi

# SUFFIRE - 3ᵉ GROUPE - *(IRE)* - 181

## SUBJONCTIF

**PRÉSENT**

| | |
|---|---|
| Que je | **suffise** |
| Que tu | **suffises** |
| Qu'il | **suffise** |
| Que nous | **suffisions** |
| Que vous | **suffisiez** |
| Qu'ils | **suffisent** |

**PASSÉ**

| | |
|---|---|
| Que j' | **aie suffi** |
| Que tu | **aies suffi** |
| Qu'il | **ait suffi** |
| Que nous | **ayons suffi** |
| Que vous | **ayez suffi** |
| Qu'ils | **aient suffi** |

**IMPARFAIT**

| | |
|---|---|
| Que je | **suffisse** |
| Que tu | **suffisses** |
| Qu'il | **suffît** |
| Que nous | **suffissions** |
| Que vous | **suffissiez** |
| Qu'ils | **suffissent** |

**PLUS-QUE-PARFAIT**

| | |
|---|---|
| Que j' | **eusse suffi** |
| Que tu | **eusses suffi** |
| Qu'il | **eût suffi** |
| Que nous | **eussions suffi** |
| Que vous | **eussiez suffi** |
| Qu'ils | **eussent suffi** |

## CONDITIONNEL

**PRÉSENT**

| | |
|---|---|
| Je | **suffirais** |
| Tu | **suffirais** |
| Il | **suffirait** |
| Nous | **suffirions** |
| Vous | **suffiriez** |
| Ils | **suffiraient** |

**PASSÉ**

| | |
|---|---|
| J' | **aurais suffi** |
| Tu | **aurais suffi** |
| Il | **aurait suffi** |
| Nous | **aurions suffi** |
| Vous | **auriez suffi** |
| Ils | **auraient suffi** |

## IMPÉRATIF

**PRÉSENT**

suffis
suffisons        suffisez

### *SUFFIRE* VERBE 3ᵉ GROUPE

Même conjugaison pour *circoncire (participe passé* circoncis, se*), confire, (participe passé* confit, te*), déconfire, frire (surtout utilisé au singulier et au présent).*

# 182 - CLORE - 3ᵉ GROUPE - (ORE)

## INDICATIF

### PRÉSENT

| | |
|---|---|
| Je | **clos** |
| Tu | **clos** |
| Il | **clôt** |
| Nous | **closons** |
| Vous | **closez** |
| Ils | **closent** |

### PASSÉ COMPOSÉ

| | |
|---|---|
| J' | **ai clos** |
| Tu | **as clos** |
| Il | **a clos** |
| Nous | **avons clos** |
| Vous | **avez clos** |
| Ils | **ont clos** |

### IMPARFAIT

| | |
|---|---|
| Je | **closais** |
| Tu | **closais** |
| Il | **closait** |
| Nous | **closions** |
| Vous | **closiez** |
| Ils | **closaient** |

### PLUS-QUE-PARFAIT

| | |
|---|---|
| J' | **avais clos** |
| Tu | **avais clos** |
| Il | **avait clos** |
| Nous | **avions clos** |
| Vous | **aviez clos** |
| Ils | **avaient clos** |

### PASSÉ SIMPLE

Pas de passé simple
pour ce verbe.

### PASSÉ ANTÉRIEUR

| | |
|---|---|
| J' | **eus clos** |
| Tu | **eus clos** |
| Il | **eut clos** |
| Nous | **eûmes clos** |
| Vous | **eûtes clos** |
| Ils | **eurent clos** |

### FUTUR SIMPLE

| | |
|---|---|
| Je | **clorai** |
| Tu | **cloras** |
| Il | **clora** |
| Nous | **clorons** |
| Vous | **clorez** |
| Ils | **cloront** |

### FUTUR ANTÉRIEUR

| | |
|---|---|
| J' | **aurai clos** |
| Tu | **auras clos** |
| Il | **aura clos** |
| Nous | **aurons clos** |
| Vous | **aurez clos** |
| Ils | **auront clos** |

## INFINITIF

| PRÉSENT | PASSÉ |
|---|---|
| clore | avoir clos |

## PARTICIPE

| PRÉSENT | PASSÉ |
|---|---|
| closant | clos, se |

# CLORE - 3ᵉ GROUPE - *(ORE)* - 183

## SUBJONCTIF

**PRÉSENT**

Que je **close**
Que tu **closes**
Qu'il **clôt**
Que nous **closions**
Que vous **closiez**
Qu'ils **closent**

**PASSÉ**

Que j' **aie clos**
Que tu **aies clos**
Qu'il **ait clos**
Que nous **ayons clos**
Que vous **ayez clos**
Qu'ils **aient clos**

**IMPARFAIT**

Pas d'imparfait
du subjonctif
pour ce verbe.

**PLUS-QUE-PARFAIT**

Que j' **eusse clos**
Que tu **eusses clos**
Qu'il **eût clos**
Que nous **eussions clos**
Que vous **eussiez clos**
Qu'ils **eussent clos**

## CONDITIONNEL

**PRÉSENT**

Je **clorais**
Tu **clorais**
Il **clorait**
Nous **clorions**
Vous **cloriez**
Ils **cloraient**

**PASSÉ**

J' **aurais clos**
Tu **aurais clos**
Il **aurait clos**
Nous **aurions clos**
Vous **auriez clos**
Ils **auraient clos**

---

**CLORE 3ᵉ GROUPE**
*L'imparfait de l'indicatif, ci-contre, n'est pratiquement plus utilisé.*

**ÉCLORE 3ᵉ GROUPE**
Même conjugaison pour *éclore*, verbe ancien utilisé surtout à la 3ᵉ personne.

# 184 – EXCLURE – 3ᵉ GROUPE – (URE)

## INDICATIF

### PRÉSENT
J'      exclus
Tu      exclus
Il      exclut
Nous    excluons
Vous    excluez
Ils     excluent

### PASSÉ COMPOSÉ
J'      ai exclu
Tu      as exclu
Il      a exclu
Nous    avons exclu
Vous    avez exclu
Ils     ont exclu

### IMPARFAIT
J'      excluais
Tu      excluais
Il      excluait
Nous    excluions
Vous    excluiez
Ils     excluaient

### PLUS-QUE-PARFAIT
J'      avais exclu
Tu      avais exclu
Il      avait exclu
Nous    avions exclu
Vous    aviez exclu
Ils     avaient exclu

### PASSÉ SIMPLE
J'      exclus
Tu      exclus
Il      exclut
Nous    exclûmes
Vous    exclûtes
Ils     exclurent

### PASSÉ ANTÉRIEUR
J'      eus exclu
Tu      eus exclu
Il      eut exclu
Nous    eûmes exclu
Vous    eûtes exclu
Ils     eurent exclu

### FUTUR SIMPLE
J'      exclurai
Tu      excluras
Il      exclura
Nous    exclurons
Vous    exclurez
Ils     excluront

### FUTUR ANTÉRIEUR
J'      aurai exclu
Tu      auras exclu
Il      aura exclu
Nous    aurons exclu
Vous    aurez exclu
Ils     auront exclu

## INFINITIF

### PRÉSENT
exclure

### PASSÉ
avoir exclu

## PARTICIPE

### PRÉSENT
excluant

### PASSÉ
exclu, ue

# EXCLURE - 3ᵉ GROUPE - *(URE)* - 185

## SUBJONCTIF

**PRÉSENT**

| | |
|---|---|
| Que j' | **exclue** |
| Que tu | **exclues** |
| Qu'il | **exclue** |
| Que nous | **excluions** |
| Que vous | **excluiez** |
| Qu'ils | **excluent** |

**PASSÉ**

| | |
|---|---|
| Que j' | **aie exclu** |
| Que tu | **aies exclu** |
| Qu'il | **ait exclu** |
| Que nous | **ayons exclu** |
| Que vous | **ayez exclu** |
| Qu'ils | **aient exclu** |

**IMPARFAIT**

| | |
|---|---|
| Que j' | **exclusse** |
| Que tu | **exclusses** |
| Qu'il | **exclût** |
| Que nous | **exclussions** |
| Que vous | **exclussiez** |
| Qu'ils | **exclussent** |

**PLUS-QUE-PARFAIT**

| | |
|---|---|
| Que j' | **eusse exclu** |
| Que tu | **eusses exclu** |
| Qu'il | **eût exclu** |
| Que nous | **eussions exclu** |
| Que vous | **eussiez exclu** |
| Qu'ils | **eussent exclu** |

## CONDITIONNEL

**PRÉSENT**

| | |
|---|---|
| J' | **exclurais** |
| Tu | **exclurais** |
| Il | **exclurait** |
| Nous | **exclurions** |
| Vous | **excluriez** |
| Ils | **excluraient** |

**PASSÉ**

| | |
|---|---|
| J' | **aurais exclu** |
| Tu | **aurais exclu** |
| Il | **aurait exclu** |
| Nous | **aurions exclu** |
| Vous | **auriez exclu** |
| Ils | **auraient exclu** |

## IMPÉRATIF

**PRÉSENT**

exclus
excluons          excluez

---

### *EXCLURE*
**VERBE 3ᵉ GROUPE**
Même conjugaison pour
*inclure (participe passé*
inclus, se), *conclure…*

# 186 - PLAINDRE - 3ᵉ GROUPE - (AINDRE)

## INDICATIF

**PRÉSENT**

| | |
|---|---|
| Je | plains |
| Tu | plains |
| Il | plaint |
| Nous | plaignons |
| Vous | plaignez |
| Ils | plaignent |

**PASSÉ COMPOSÉ**

| | |
|---|---|
| J' | ai plaint |
| Tu | as plaint |
| Il | a plaint |
| Nous | avons plaint |
| Vous | avez plaint |
| Ils | ont plaint |

**IMPARFAIT**

| | |
|---|---|
| Je | plaignais |
| Tu | plaignais |
| Il | plaignait |
| Nous | plaignions |
| Vous | plaigniez |
| Ils | plaignaient |

**PLUS-QUE-PARFAIT**

| | |
|---|---|
| J' | avais plaint |
| Tu | avais plaint |
| Il | avait plaint |
| Nous | avions plaint |
| Vous | aviez plaint |
| Ils | avaient plaint |

**PASSÉ SIMPLE**

| | |
|---|---|
| Je | plaignis |
| Tu | plaignis |
| Il | plaignit |
| Nous | plaignîmes |
| Vous | plaignîtes |
| Ils | plaignirent |

**PASSÉ ANTÉRIEUR**

| | |
|---|---|
| J' | eus plaint |
| Tu | eus plaint |
| Il | eut plaint |
| Nous | eûmes plaint |
| Vous | eûtes plaint |
| Ils | eurent eu |

**FUTUR SIMPLE**

| | |
|---|---|
| Je | plaindrai |
| Tu | plaindras |
| Il | plaindra |
| Nous | plaindrons |
| Vous | plaindrez |
| Ils | plaindront |

**FUTUR ANTÉRIEUR**

| | |
|---|---|
| J' | aurai plaint |
| Tu | auras plaint |
| Il | aura plaint |
| Nous | aurons plaint |
| Vous | aurez plaint |
| Ils | auront plaint |

## INFINITIF

| PRÉSENT | PASSÉ |
|---|---|
| plaindre | avoir plaint |

## PARTICIPE

| PRÉSENT | PASSÉ |
|---|---|
| plaignant | plaint, te |

# PLAINDRE - 3ᵉ GROUPE - (AINDRE) - 187

## SUBJONCTIF

**PRÉSENT**

| | |
|---|---|
| Que je | **plaigne** |
| Que tu | **plaignes** |
| Qu'il | **plaigne** |
| Que nous | **plaignions** |
| Que vous | **plaigniez** |
| Qu'ils | **plaignent** |

**PASSÉ**

| | |
|---|---|
| Que j' | **aie plaint** |
| Que tu | **aies plaint** |
| Qu'il | **ait plaint** |
| Que nous | **ayons plaint** |
| Que vous | **ayez plaint** |
| Qu'ils | **aient plaint** |

**IMPARFAIT**

| | |
|---|---|
| Que je | **plaignisse** |
| Que tu | **plaignisses** |
| Qu'il | **plaignît** |
| Que nous | **plaignissions** |
| Que vous | **plaignissiez** |
| Qu'ils | **plaignissent** |

**PLUS-QUE-PARFAIT**

| | |
|---|---|
| Que j' | **eusse plaint** |
| Que tu | **eusses plaint** |
| Qu'il | **eût plaint** |
| Que nous | **eussions plaint** |
| Que vous | **eussiez plaint** |
| Qu'ils | **eussent plaint** |

## CONDITIONNEL

**PRÉSENT**

| | |
|---|---|
| Je | **plaindrais** |
| Tu | **plaindrais** |
| Il | **plaindrait** |
| Nous | **plaindrions** |
| Vous | **plaindriez** |
| Ils | **plaindraient** |

**PASSÉ**

| | |
|---|---|
| J' | **aurais plaint** |
| Tu | **aurais plaint** |
| Il | **aurait plaint** |
| Nous | **aurions plaint** |
| Vous | **auriez plaint** |
| Ils | **auraient plaint** |

## IMPÉRATIF

**PRÉSENT**

**plains**
**plaignons**     **plaignez**

### PLAINDRE
### VERBE 3ᵉ GROUPE
Même conjugaison pour
*craindre, contraindre…*

# 188 - GEINDRE - 3ᵉ GROUPE - (EINDRE)

## INDICATIF

### PRÉSENT
| | |
|---|---|
| Je | geins |
| Tu | geins |
| Il | geint |
| Nous | geignons |
| Vous | geignez |
| Ils | geignent |

### PASSÉ COMPOSÉ
| | |
|---|---|
| J' | ai geint |
| Tu | as geint |
| Il | a geint |
| Nous | avons geint |
| Vous | avez geint |
| Ils | ont geint |

### IMPARFAIT
| | |
|---|---|
| Je | geignais |
| Tu | geignais |
| Il | geignait |
| Nous | geignions |
| Vous | geigniez |
| Ils | geignaient |

### PLUS-QUE-PARFAIT
| | |
|---|---|
| J' | avais geint |
| Tu | avais geint |
| Il | avait geint |
| Nous | avions geint |
| Vous | aviez geint |
| Ils | avaient geint |

### PASSÉ SIMPLE
| | |
|---|---|
| Je | geignis |
| Tu | geignis |
| Il | geignit |
| Nous | geignîmes |
| Vous | geignîtes |
| Ils | geignirent |

### PASSÉ ANTÉRIEUR
| | |
|---|---|
| J' | eus geint |
| Tu | eus geint |
| Il | eut geint |
| Nous | eûmes geint |
| Vous | eûtes geint |
| Ils | eurent geint |

### FUTUR SIMPLE
| | |
|---|---|
| Je | geindrai |
| Tu | geindras |
| Il | geindra |
| Nous | geindrons |
| Vous | geindrez |
| Ils | geindront |

### FUTUR ANTÉRIEUR
| | |
|---|---|
| J' | aurai geint |
| Tu | auras geint |
| Il | aura geint |
| Nous | aurons geint |
| Vous | aurez geint |
| Ils | auront geint |

## INFINITIF

| PRÉSENT | PASSÉ |
|---|---|
| geindre | avoir geint |

## PARTICIPE

| PRÉSENT | PASSÉ |
|---|---|
| geignant | geint |

## SUBJONCTIF

**PRÉSENT**

Que je **geigne**
Que tu **geignes**
Qu'il **geigne**
Que nous **geignions**
Que vous **geigniez**
Qu'ils **geignent**

**PASSÉ**

Que j' **aie geint**
Que tu **aies geint**
Qu'il **ait geint**
Que nous **ayons geint**
Que vous **ayez geint**
Qu'ils **aient geint**

**IMPARFAIT**

Que je **geignisse**
Que tu **geignisses**
Qu'il **geignît**
Que nous **geignissions**
Que vous **geignissiez**
Qu'ils **geignissent**

**PLUS-QUE-PARFAIT**

Que j' **eusse geint**
Que tu **eusses geint**
Qu'il **eût geint**
Que nous **eussions geint**
Que vous **eussiez geint**
Qu'ils **eussent geint**

## CONDITIONNEL

**PRÉSENT**

Je **geindrais**
Tu **geindrais**
Il **geindrait**
Nous **geindrions**
Vous **geindriez**
Ils **geindraient**

**PASSÉ**

J' **aurais geint**
Tu **aurais geint**
Il **aurait geint**
Nous **aurions geint**
Vous **auriez geint**
Ils **auraient geint**

## IMPÉRATIF

**PRÉSENT**

**geins geignons geignez**

---

### *GEINDRE* VERBE 3ᵉ GROUPE

Même conjugaison (avec un participe passé variable **eint, te**)
pour les verbes se terminant en *eindre, astreindre, atteindre,
ceindre, dépeindre, déteindre, enfreindre, éteindre,
étreindre, feindre, peindre, restreindre, teindre…*

# 190 – JOINDRE · 3ᵉ GROUPE · (OINDRE)

## INDICATIF

| PRÉSENT | | PASSÉ COMPOSÉ | |
|---|---|---|---|
| Je | joins | J' | ai joint |
| Tu | joins | Tu | as joint |
| Il | joint | Il | a joint |
| Nous | joignons | Nous | avons joint |
| Vous | joignez | Vous | avez joint |
| Ils | joignent | Ils | ont joint |

| IMPARFAIT | | PLUS-QUE-PARFAIT | |
|---|---|---|---|
| Je | joignais | J' | avais joint |
| Tu | joignais | Tu | avais joint |
| Il | joignait | Il | avait joint |
| Nous | joignions | Nous | avions joint |
| Vous | joigniez | Vous | aviez joint |
| Ils | joignaient | Ils | avaient joint |

| PASSÉ SIMPLE | | PASSÉ ANTÉRIEUR | |
|---|---|---|---|
| Je | joignis | J' | eus joint |
| Tu | joignis | Tu | eus joint |
| Il | joignit | Il | eut joint |
| Nous | joignîmes | Nous | eûmes joint |
| Vous | joignîtes | Vous | eûtes joint |
| Ils | joignirent | Ils | eurent joint |

| FUTUR SIMPLE | | FUTUR ANTÉRIEUR | |
|---|---|---|---|
| Je | joindrai | J' | aurai joint |
| Tu | joindras | Tu | auras joint |
| Il | joindra | Il | aura joint |
| Nous | joindrons | Nous | aurons joint |
| Vous | joindrez | Vous | aurez joint |
| Ils | joindront | Ils | auront joint |

## INFINITIF

| PRÉSENT | PASSÉ |
|---|---|
| joindre | avoir joint |

## PARTICIPE

| PRÉSENT | PASSÉ |
|---|---|
| joignant | joint, te |

## SUBJONCTIF

**PRÉSENT**

| | |
|---|---|
| Que je | **joigne** |
| Que tu | **joignes** |
| Qu'il | **joigne** |
| Que nous | **joignions** |
| Que vous | **joigniez** |
| Qu'ils | **joignent** |

**PASSÉ**

| | |
|---|---|
| Que j' | **aie joint** |
| Que tu | **aies joint** |
| Qu'il | **ait joint** |
| Que nous | **ayons joint** |
| Que vous | **ayez joint** |
| Qu'ils | **aient joint** |

**IMPARFAIT**

| | |
|---|---|
| Que je | **joignisse** |
| Que tu | **joignisses** |
| Qu'il | **joignît** |
| Que nous | **joignissions** |
| Que vous | **joignissiez** |
| Qu'ils | **joignissent** |

**PLUS-QUE-PARFAIT**

| | |
|---|---|
| Que j' | **eusse joint** |
| Que tu | **eusses joint** |
| Qu'il | **eût joint** |
| Que nous | **eussions joint** |
| Que vous | **eussiez joint** |
| Qu'ils | **eussent joint** |

## CONDITIONNEL

**PRÉSENT**

| | |
|---|---|
| Je | **joindrais** |
| Tu | **joindrais** |
| Il | **joindrait** |
| Nous | **joindrions** |
| Vous | **joindriez** |
| Ils | **joindraient** |

**PASSÉ**

| | |
|---|---|
| J' | **aurais joint** |
| Tu | **aurais joint** |
| Il | **aurait joint** |
| Nous | **aurions joint** |
| Vous | **auriez joint** |
| Ils | **auraient joint** |

## IMPÉRATIF

**PRÉSENT**

**joins    joignons    joignez**

### JOINDRE 3ᵉ GROUPE

Même conjugaison pour les composés de **joindre** :
***adjoindre, disjoindre, enjoindre, rejoindre…***

### OINDRE POINDRE

Ces verbes sont rarement employés.

**Poindre** a été remplacé par *pointer*.

**Oindre** (frotter d'huile) est encore utilisé à l'infinitif et au participe passé (*oint, ointe*).

# 192 - PENDRE - 3ᵉ GROUPE - (ENDRE)

## INDICATIF

### PRÉSENT
Je    pends
Tu    pends
Il     pend
Nous   pendons
Vous   pendez
Ils    pendent

### PASSÉ COMPOSÉ
J'     ai pendu
Tu    as pendu
Il     a pendu
Nous   avons pendu
Vous   avez pendu
Ils    ont pendu

### IMPARFAIT
Je    pendais
Tu    pendais
Il     pendait
Nous   pendions
Vous   pendiez
Ils    pendaient

### PLUS-QUE-PARFAIT
J'     avais pendu
Tu    avais pendu
Il     avait pendu
Nous   avions pendu
Vous   aviez pendu
Ils    avaient pendu

### PASSÉ SIMPLE
Je    pendis
Tu    pendis
Il     pendit
Nous   pendîmes
Vous   pendîtes
Ils    pendirent

### PASSÉ ANTÉRIEUR
J'     eus pendu
Tu    eus pendu
Il     eut pendu
Nous   eûmes pendu
Vous   eûtes pendu
Ils    eurent pendu

### FUTUR SIMPLE
Je    pendrai
Tu    pendras
Il     pendra
Nous   pendrons
Vous   pendrez
Ils    pendront

### FUTUR ANTÉRIEUR
J'     aurai pendu
Tu    auras pendu
Il     aura pendu
Nous   aurons pendu
Vous   aurez pendu
Ils    auront pendu

## INFINITIF

### PRÉSENT
pendre

### PASSÉ
avoir pendu

## PARTICIPE

### PRÉSENT
pendant

### PASSÉ
pendu, ue

# PENDRE - 3ᵉ GROUPE - *(ENDRE)* - 193

## SUBJONCTIF

### PRÉSENT
Que je **pende**
Que tu **pendes**
Qu'il **pende**
Que nous **pendions**
Que vous **pendiez**
Qu'ils **pendent**

### PASSÉ
Que j' **aie pendu**
Que tu **aies pendu**
Qu'il **ait pendu**
Que nous **ayons pendu**
Que vous **ayez pendu**
Qu'ils **aient pendu**

### IMPARFAIT
Que je **pendisse**
Que tu **pendisses**
Qu'il **pendît**
Que nous **pendissions**
Que vous **pendissiez**
Qu'ils **pendissent**

### PLUS-QUE-PARFAIT
Que j' **eusse pendu**
Que tu **eusses pendu**
Qu'il **eût pendu**
Que nous **eussions pendu**
Que vous **eussiez pendu**
Qu'ils **eussent pendu**

## CONDITIONNEL

### PRÉSENT
Je **pendrais**
Tu **pendrais**
Il **pendrait**
Nous **pendrions**
Vous **pendriez**
Ils **pendraient**

### PASSÉ
J' **aurais pendu**
Tu **aurais pendu**
Il **aurait pendu**
Nous **aurions pendu**
Vous **auriez pendu**
Ils **auraient pendu**

## IMPÉRATIF

### PRÉSENT
**pends**
**pendons**
**pendez**

### *PERDRE* 3ᵉ GROUPE
Même conjugaison que pour les verbes en *endre*

### *PENDRE* 3ᵉ GROUPE
Même conjugaison pour les verbes en *endre* (sauf *prendre* et ses composés, page suivante) : *attendre, condescendre, défendre, descendre, détendre, dépendre, entendre, étendre, fendre, rendre, suspendre, tendre, vendre…*

# 194 - PRENDRE - 3ᵉ GROUPE - (ENDRE)

## INDICATIF

### PRÉSENT
| | |
|---|---|
| Je | prends |
| Tu | prends |
| Il | prend |
| Nous | prenons |
| Vous | prenez |
| Ils | prennent |

### PASSÉ COMPOSÉ
| | |
|---|---|
| J' | ai pris |
| Tu | as pris |
| Il | a pris |
| Nous | avons pris |
| Vous | avez pris |
| Ils | ont pris |

### IMPARFAIT
| | |
|---|---|
| Je | prenais |
| Tu | prenais |
| Il | prenait |
| Nous | prenions |
| Vous | preniez |
| Ils | prenaient |

### PLUS-QUE-PARFAIT
| | |
|---|---|
| J' | avais pris |
| Tu | avais pris |
| Il | avait pris |
| Nous | avions pris |
| Vous | aviez pris |
| Ils | avaient pris |

### PASSÉ SIMPLE
| | |
|---|---|
| Je | pris |
| Tu | pris |
| Il | prit |
| Nous | prîmes |
| Vous | prîtes |
| Ils | prirent |

### PASSÉ ANTÉRIEUR
| | |
|---|---|
| J' | eus pris |
| Tu | eus pris |
| Il | eut pris |
| Nous | eûmes pris |
| Vous | eûtes pris |
| Ils | eurent pris |

### FUTUR SIMPLE
| | |
|---|---|
| Je | prendrai |
| Tu | prendras |
| Il | prendra |
| Nous | prendrons |
| Vous | prendrez |
| Ils | prendront |

### FUTUR ANTÉRIEUR
| | |
|---|---|
| J' | aurai pris |
| Tu | auras pris |
| Il | aura pris |
| Nous | aurons pris |
| Vous | aurez pris |
| Ils | auront pris |

## INFINITIF

| PRÉSENT | PASSÉ |
|---|---|
| prendre | avoir pris |

## PARTICIPE

| PRÉSENT | PASSÉ |
|---|---|
| prenant | pris, se |

# PRENDRE - 3ᵉ GROUPE - (ENDRE) - 195

## SUBJONCTIF

**PRÉSENT**

| | |
|---|---|
| Que je | **prenne** |
| Que tu | **prennes** |
| Qu'il | **prenne** |
| Que nous | **prenions** |
| Que vous | **preniez** |
| Qu'ils | **prennent** |

**PASSÉ**

| | |
|---|---|
| Que j' | **aie pris** |
| Que tu | **aies pris** |
| Qu'il | **ait pris** |
| Que nous | **ayons pris** |
| Que vous | **ayez pris** |
| Qu'ils | **aient pris** |

**IMPARFAIT**

| | |
|---|---|
| Que je | **prisse** |
| Que tu | **prisses** |
| Qu'il | **prît** |
| Que nous | **prissions** |
| Que vous | **prissiez** |
| Qu'ils | **prissent** |

**PLUS-QUE-PARFAIT**

| | |
|---|---|
| Que j' | **eusse pris** |
| Que tu | **eusses pris** |
| Qu'il | **eût pris** |
| Que nous | **eussions pris** |
| Que vous | **eussiez pris** |
| Qu'ils | **eussent pris** |

## CONDITIONNEL

**PRÉSENT**

| | |
|---|---|
| Je | **prendrais** |
| Tu | **prendrais** |
| Il | **prendrait** |
| Nous | **prendrions** |
| Vous | **prendriez** |
| Ils | **prendraient** |

**PASSÉ**

| | |
|---|---|
| J' | **aurais pris** |
| Tu | **aurais pris** |
| Il | **aurait pris** |
| Nous | **aurions pris** |
| Vous | **auriez pris** |
| Ils | **auraient pris** |

## IMPÉRATIF

**PRÉSENT**

**prends**

**prenons**     **prenez**

---

*PRENDRE*
**VERBE 3ᵉ GROUPE**
Même conjugaison pour les dérivés de *prendre* : *apprendre, comprendre, entreprendre, éprendre (s'), méprendre (se), reprendre, surprendre.*

# 196 – RÉPANDRE - 3ᵉ GROUPE - (ANDRE)

## INDICATIF

### PRÉSENT
Je     répands
Tu     répands
Il     répand
Nous    répandons
Vous    répandez
Ils     répandent

### PASSÉ COMPOSÉ
J'     ai répandu
Tu     as répandu
Il     a répandu
Nous    avons répandu
Vous    avez répandu
Ils     ont répandu

### IMPARFAIT
Je     répandais
Tu     répandais
Il     répandait
Nous    répandions
Vous    répandiez
Ils     répandaient

### PLUS-QUE-PARFAIT
J'     avais répandu
Tu     avais répandu
Il     avait répandu
Nous    avions répandu
Vous    aviez répandu
Ils     avaient répandu

### PASSÉ SIMPLE
Je     répandis
Tu     répandis
Il     répandit
Nous    répandîmes
Vous    répandîtes
Ils     répandirent

### PASSÉ ANTÉRIEUR
J'     eus répandu
Tu     eus répandu
Il     eut répandu
Nous    eûmes répandu
Vous    eûtes répandu
Ils     eurent répandu

### FUTUR SIMPLE
Je     répandrai
Tu     répandras
Il     répandra
Nous    répandrons
Vous    répandrez
Ils     répandront

### FUTUR ANTÉRIEUR
J'     aurai répandu
Tu     auras répandu
Il     aura répandu
Nous    aurons répandu
Vous    aurez répandu
Ils     auront répandu

## INFINITIF

**PRÉSENT**     **PASSÉ**
répandre     avoir répandu

## PARTICIPE

**PRÉSENT**     **PASSÉ**
répandant     répandu, ue

# RÉPANDRE - 3ᵉ GROUPE - (ANDRE) - 197

## SUBJONCTIF

**PRÉSENT**

| | |
|---|---|
| Que je | **répande** |
| Que tu | **répandes** |
| Qu'il | **répande** |
| Que nous | **répandions** |
| Que vous | **répandiez** |
| Qu'ils | **répandent** |

**PASSÉ**

| | |
|---|---|
| Que j' | **aie répandu** |
| Que tu | **aies répandu** |
| Qu'il | **ait répandu** |
| Que nous | **ayons répandu** |
| Que vous | **ayez répandu** |
| Qu'ils | **aient répandu** |

**IMPARFAIT**

| | |
|---|---|
| Que je | **répandisse** |
| Que tu | **répandisses** |
| Qu'il | **répandît** |
| Que nous | **répandissions** |
| Que vous | **répandissiez** |
| Qu'ils | **répandissent** |

**PLUS-QUE-PARFAIT**

| | |
|---|---|
| Que j' | **eusse répandu** |
| Que tu | **eusses répandu** |
| Qu'il | **eût répandu** |
| Que nous | **eussions répandu** |
| Que vous | **eussiez répandu** |
| Qu'ils | **eussent répandu** |

## CONDITIONNEL

**PRÉSENT**

| | |
|---|---|
| Je | **répandrais** |
| Tu | **répandrais** |
| Il | **répandrait** |
| Nous | **répandrions** |
| Vous | **répandriez** |
| Ils | **répandraient** |

**PASSÉ**

| | |
|---|---|
| J' | **aurais répandu** |
| Tu | **aurais répandu** |
| Il | **aurait répandu** |
| Nous | **aurions répandu** |
| Vous | **auriez répandu** |
| Ils | **auraient répandu** |

## IMPÉRATIF

**PRÉSENT**

**répands**
**répandons**     **répandez**

---

*RÉPANDRE*
**VERBE 3ᵉ GROUPE**
Même conjugaison pour
*épandre*.

# 198 - TONDRE - 3ᵉ GROUPE - (ONDRE)

## INDICATIF

### PRÉSENT
| | |
|---|---|
| Je | tonds |
| Tu | tonds |
| Il | tond |
| Nous | tondons |
| Vous | tondez |
| Ils | tondent |

### PASSÉ COMPOSÉ
| | |
|---|---|
| J' | ai tondu |
| Tu | as tondu |
| Il | a tondu |
| Nous | avons tondu |
| Vous | avez tondu |
| Ils | ont tondu |

### IMPARFAIT
| | |
|---|---|
| Je | tondais |
| Tu | tondais |
| Il | tondait |
| Nous | tondions |
| Vous | tondiez |
| Ils | tondaient |

### PLUS-QUE-PARFAIT
| | |
|---|---|
| J' | avais tondu |
| Tu | avais tondu |
| Il | avait tondu |
| Nous | avions tondu |
| Vous | aviez tondu |
| Ils | avaient tondu |

### PASSÉ SIMPLE
| | |
|---|---|
| Je | tondis |
| Tu | tondis |
| Il | tondit |
| Nous | tondîmes |
| Vous | tondîtes |
| Ils | tondirent |

### PASSÉ ANTÉRIEUR
| | |
|---|---|
| J' | eus tondu |
| Tu | eus tondu |
| Il | eut tondu |
| Nous | eûmes tondu |
| Vous | eûtes tondu |
| Ils | eurent tondu |

### FUTUR SIMPLE
| | |
|---|---|
| Je | tondrai |
| Tu | tondras |
| Il | tondra |
| Nous | tondrons |
| Vous | tondrez |
| Ils | tondront |

### FUTUR ANTÉRIEUR
| | |
|---|---|
| J' | aurai tondu |
| Tu | auras tondu |
| Il | aura tondu |
| Nous | aurons tondu |
| Vous | aurez tondu |
| Ils | auront tondu |

## INFINITIF

| PRÉSENT | PASSÉ |
|---|---|
| tondre | avoir tondu |

## PARTICIPE

| PRÉSENT | PASSÉ |
|---|---|
| tondant | tondu, ue |

# TONDRE - 3ᵉ GROUPE - (ONDRE) - 199

## SUBJONCTIF

**PRÉSENT**

Que je **tonde**
Que tu **tondes**
Qu'il **tonde**
Que nous **tondions**
Que vous **tondiez**
Qu'ils **tondent**

**PASSÉ**

Que j' **aie tondu**
Que tu **aies tondu**
Qu'il **ait tondu**
Que nous **ayons tondu**
Que vous **ayez tondu**
Qu'ils **aient tondu**

**IMPARFAIT**

Que je **tondisse**
Que tu **tondisses**
Qu'il **tondît**
Que nous **tondissions**
Que vous **tondissiez**
Qu'ils **tondissent**

**PLUS-QUE-PARFAIT**

Que j' **eusse tondu**
Que tu **eusses tondu**
Qu'il **eût tondu**
Que nous **eussions tondu**
Que vous **eussiez tondu**
Qu'ils **eussent tondu**

## CONDITIONNEL

**PRÉSENT**

Je **tondrais**
Tu **tondrais**
Il **tondrait**
Nous **tondrions**
Vous **tondriez**
Ils **tondraient**

**PASSÉ**

J' **aurais tondu**
Tu **aurais tondu**
Il **aurait tondu**
Nous **aurions tondu**
Vous **auriez tondu**
Ils **auraient tondu**

## IMPÉRATIF

**PRÉSENT**

tonds
tondons          tondez

### TONDRE
### VERBE 3ᵉ GROUPE

Même conjugaison pour les verbes en **ondre** :
*confondre, correspondre, fondre, morfondre (se), pondre, répondre…*

# 200 - MORDRE - 3ᵉ GROUPE - (ORDRE)

## INDICATIF

### PRÉSENT
| | |
|---|---|
| Je | mords |
| Tu | mords |
| Il | mord |
| Nous | mordons |
| Vous | mordez |
| Ils | mordent |

### PASSÉ COMPOSÉ
| | |
|---|---|
| J' | ai mordu |
| Tu | as mordu |
| Il | a mordu |
| Nous | avons mordu |
| Vous | avez mordu |
| Ils | ont mordu |

### IMPARFAIT
| | |
|---|---|
| Je | mordais |
| Tu | mordais |
| Il | mordait |
| Nous | mordions |
| Vous | mordiez |
| Ils | mordaient |

### PLUS-QUE-PARFAIT
| | |
|---|---|
| J' | avais mordu |
| Tu | avais mordu |
| Il | avait mordu |
| Nous | avions mordu |
| Vous | aviez mordu |
| Ils | avaient mordu |

### PASSÉ SIMPLE
| | |
|---|---|
| Je | mordis |
| Tu | mordis |
| Il | mordit |
| Nous | mordîmes |
| Vous | mordîtes |
| Ils | mordirent |

### PASSÉ ANTÉRIEUR
| | |
|---|---|
| J' | eus mordu |
| Tu | eus mordu |
| Il | eut mordu |
| Nous | eûmes mordu |
| Vous | eûtes mordu |
| Ils | eurent mordu |

### FUTUR SIMPLE
| | |
|---|---|
| Je | mordrai |
| Tu | mordras |
| Il | mordra |
| Nous | mordrons |
| Vous | mordrez |
| Ils | mordront |

### FUTUR ANTÉRIEUR
| | |
|---|---|
| J' | aurai mordu |
| Tu | auras mordu |
| Il | aura mordu |
| Nous | aurons mordu |
| Vous | aurez mordu |
| Ils | auront mordu |

## INFINITIF

| PRÉSENT | PASSÉ |
|---|---|
| mordre | avoir mordu |

## PARTICIPE

| PRÉSENT | PASSÉ |
|---|---|
| mordant | mordu, ue |

# MORDRE - 3ᵉ GROUPE - *(ORDRE)* - 201

## SUBJONCTIF

**PRÉSENT**

Que je **morde**
Que tu **mordes**
Qu'il **morde**
Que nous **mordions**
Que vous **mordiez**
Qu'ils **mordent**

**PASSÉ**

Que j' **aie mordu**
Que tu **aies mordu**
Qu'il **ait mordu**
Que nous **ayons mordu**
Que vous **ayez mordu**
Qu'ils **aient mordu**

**IMPARFAIT**

Que je **mordisse**
Que tu **mordisses**
Qu'il **mordît**
Que nous **mordissions**
Que vous **mordissiez**
Qu'ils **mordissent**

**PLUS-QUE-PARFAIT**

Que j' **eusse mordu**
Que tu **eusses mordu**
Qu'il **eût mordu**
Que nous **eussions mordu**
Que vous **eussiez mordu**
Qu'ils **eussent mordu**

## CONDITIONNEL

**PRÉSENT**

Je **mordrais**
Tu **mordrais**
Il **mordrait**
Nous **mordrions**
Vous **mordriez**
Ils **mordraient**

**PASSÉ**

J' **aurais mordu**
Tu **aurais mordu**
Il **aurait mordu**
Nous **aurions mordu**
Vous **auriez mordu**
Ils **auraient mordu**

## IMPÉRATIF

**PRÉSENT**

mords
mordons        mordez

### *MORDRE*
### VERBE 3ᵉ GROUPE

Même conjugaison pour
les verbes en **ordre** :
*démordre, tordre…*

# 202 - RÉSOUDRE - 3ᵉ GROUPE - (OUDRE)

## INDICATIF

### PRÉSENT
| | |
|---|---|
| Je | **résous** |
| Tu | **résous** |
| Il | **résout** |
| Nous | **résolvons** |
| Vous | **résolvez** |
| Ils | **résolvent** |

### PASSÉ COMPOSÉ
| | |
|---|---|
| J' | **ai résolu** |
| Tu | **as résolu** |
| Il | **a résolu** |
| Nous | **avons résolu** |
| Vous | **avez résolu** |
| Ils | **ont résolu** |

### IMPARFAIT
| | |
|---|---|
| Je | **résolvais** |
| Tu | **résolvais** |
| Il | **résolvait** |
| Nous | **résolvions** |
| Vous | **résolviez** |
| Ils | **résolvaient** |

### PLUS-QUE-PARFAIT
| | |
|---|---|
| J' | **avais résolu** |
| Tu | **avais résolu** |
| Il | **avait résolu** |
| Nous | **avions résolu** |
| Vous | **aviez résolu** |
| Ils | **avaient résolu** |

### PASSÉ SIMPLE
| | |
|---|---|
| Je | **résolus** |
| Tu | **résolus** |
| Il | **résolut** |
| Nous | **résolûmes** |
| Vous | **résolûtes** |
| Ils | **résolurent** |

### PASSÉ ANTÉRIEUR
| | |
|---|---|
| J' | **eus résolu** |
| Tu | **eus résolu** |
| Il | **eut résolu** |
| Nous | **eûmes résolu** |
| Vous | **eûtes résolu** |
| Ils | **eurent résolu** |

### FUTUR SIMPLE
| | |
|---|---|
| Je | **résoudrai** |
| Tu | **résoudras** |
| Il | **résoudra** |
| Nous | **résoudrons** |
| Vous | **résoudrez** |
| Ils | **résoudront** |

### FUTUR ANTÉRIEUR
| | |
|---|---|
| J' | **aurai résolu** |
| Tu | **auras résolu** |
| Il | **aura résolu** |
| Nous | **aurons résolu** |
| Vous | **aurez résolu** |
| Ils | **auront résolu** |

## INFINITIF

| PRÉSENT | PASSÉ |
|---|---|
| **résoudre** | **avoir résolu** |

## PARTICIPE

| PRÉSENT | PASSÉ |
|---|---|
| **résolvant** | **résolu, ue** |

# RÉSOUDRE - 3ᵉ GROUPE - (OUDRE) - 203

## SUBJONCTIF

**PRÉSENT**

Que je **résolve**
Que tu **résolves**
Qu'il **résolve**
Que nous **résolvions**
Que vous **résolviez**
Qu'ils **résolvent**

**PASSÉ**

Que j' **aie résolu**
Que tu **aies résolu**
Qu'il **ait résolu**
Que nous **ayons résolu**
Que vous **ayez résolu**
Qu'ils **aient résolu**

**IMPARFAIT**

Que je **résolusse**
Que tu **résolusses**
Qu'il **résolût**
Que nous **résolussions**
Que vous **résolussiez**
Qu'ils **résolussent**

**PLUS-QUE-PARFAIT**

Que j' **eusse résolu**
Que tu **eusses résolu**
Qu'il **eût résolu**
Que nous **eussions résolu**
Que vous **eussiez résolu**
Qu'ils **eussent résolu**

## CONDITIONNEL

**PRÉSENT**

Je **résoudrais**
Tu **résoudrais**
Il **résoudrait**
Nous **résoudrions**
Vous **résoudriez**
Ils **résoudraient**

**PASSÉ**

J' **aurais résolu**
Tu **aurais résolu**
Il **aurait résolu**
Nous **aurions résolu**
Vous **auriez résolu**
Ils **auraient résolu**

## IMPÉRATIF

**PRÉSENT**

**résous**
**résolvons** **résolvez**

---

### *RÉSOUDRE* VERBE 3ᵉ GROUPE

Même conjugaison pour les verbes dérivés : *absoudre*, *dissoudre*, qui n'ont pas de *passé simple*, ni *d'imparfait du subjonctif*.
Participes passés : *absout*, *absoute* et *dissous*, *dissoute*.

# 204 – COUDRE - 3ᵉ GROUPE - (OUDRE)

## INDICATIF

### PRÉSENT
Je **couds**
Tu **couds**
Il **coud**
Nous **cousons**
Vous **cousez**
Ils **cousent**

### PASSÉ COMPOSÉ
J' **ai cousu**
Tu **as cousu**
Il **a cousu**
Nous **avons cousu**
Vous **avez cousu**
Ils **ont cousu**

### IMPARFAIT
Je **cousais**
Tu **cousais**
Il **cousait**
Nous **cousions**
Vous **cousiez**
Ils **cousaient**

### PLUS-QUE-PARFAIT
J' **avais cousu**
Tu **avais cousu**
Il **avait cousu**
Nous **avions cousu**
Vous **aviez cousu**
Ils **avaient cousu**

### PASSÉ SIMPLE
Je **cousis**
Tu **cousis**
Il **cousit**
Nous **cousîmes**
Vous **cousîtes**
Ils **cousirent**

### PASSÉ ANTÉRIEUR
J' **eus cousu**
Tu **eus cousu**
Il **eut cousu**
Nous **eûmes cousu**
Vous **eûtes cousu**
Ils **eurent cousu**

### FUTUR SIMPLE
Je **coudrai**
Tu **coudras**
Il **coudra**
Nous **coudrons**
Vous **coudrez**
Ils **coudront**

### FUTUR ANTÉRIEUR
J' **aurai cousu**
Tu **auras cousu**
Il **aura cousu**
Nous **aurons cousu**
Vous **aurez cousu**
Ils **auront cousu**

## INFINITIF

| PRÉSENT | PASSÉ |
|---|---|
| coudre | avoir cousu |

## PARTICIPE

| PRÉSENT | PASSÉ |
|---|---|
| cousant | cousu, ue |

# COUDRE - 3ᵉ GROUPE - (OUDRE) - 205

## SUBJONCTIF

**PRÉSENT**

Que je **couse**
Que tu **couses**
Qu'il **couse**
Que nous **cousions**
Que vous **cousiez**
Qu'ils **cousent**

**PASSÉ**

Que j' **aie cousu**
Que tu **aies cousu**
Qu'il **ait cousu**
Que nous **ayons cousu**
Que vous **ayez cousu**
Qu'ils **aient cousu**

**IMPARFAIT**

Que je **cousisse**
Que tu **cousisses**
Qu'il **cousît**
Que nous **cousissions**
Que vous **cousissiez**
Qu'ils **cousissent**

**PLUS-QUE-PARFAIT**

Que j' **eusse cousu**
Que tu **eusses cousu**
Qu'il **eût cousu**
Que nous **eussions cousu**
Que vous **eussiez cousu**
Qu'ils **eussent cousu**

## CONDITIONNEL

**PRÉSENT**

Je **coudrais**
Tu **coudrais**
Il **coudrait**
Nous **coudrions**
Vous **coudriez**
Ils **coudraient**

**PASSÉ**

J' **aurais cousu**
Tu **aurais cousu**
Il **aurait cousu**
Nous **aurions cousu**
Vous **auriez cousu**
Ils **auraient cousu**

## IMPÉRATIF

**PRÉSENT**

couds
cousons          cousez

*COUDRE*
**VERBE 3ᵉ GROUPE**
Même conjugaison pour les
verbes dérivés :
*découdre, recoudre…*

# 206 - MOUDRE - 3ᵉ GROUPE - (OUDRE)

## INDICATIF

**PRÉSENT**
| | |
|---|---|
| Je | **mouds** |
| Tu | **mouds** |
| Il | **moud** |
| Nous | **moulons** |
| Vous | **moulez** |
| Ils | **moulent** |

**PASSÉ COMPOSÉ**
| | |
|---|---|
| J' | **ai moulu** |
| Tu | **as moulu** |
| Il | **a moulu** |
| Nous | **avons moulu** |
| Vous | **avez moulu** |
| Ils | **ont moulu** |

**IMPARFAIT**
| | |
|---|---|
| Je | **moulais** |
| Tu | **moulais** |
| Il | **moulait** |
| Nous | **moulions** |
| Vous | **mouliez** |
| Ils | **moulaient** |

**PLUS-QUE-PARFAIT**
| | |
|---|---|
| J' | **avais moulu** |
| Tu | **avais moulu** |
| Il | **avait moulu** |
| Nous | **avions moulu** |
| Vous | **aviez moulu** |
| Ils | **avaient moulu** |

**PASSÉ SIMPLE**
| | |
|---|---|
| Je | **moulus** |
| Tu | **moulus** |
| Il | **moulut** |
| Nous | **moulûmes** |
| Vous | **moulûtes** |
| Ils | **moulurent** |

**PASSÉ ANTÉRIEUR**
| | |
|---|---|
| J' | **eus moulu** |
| Tu | **eus moulu** |
| Il | **eut moulu** |
| Nous | **eûmes moulu** |
| Vous | **eûtes moulu** |
| Ils | **eurent moulu** |

**FUTUR SIMPLE**
| | |
|---|---|
| Je | **moudrai** |
| Tu | **moudras** |
| Il | **moudra** |
| Nous | **moudrons** |
| Vous | **moudrez** |
| Ils | **moudront** |

**FUTUR ANTÉRIEUR**
| | |
|---|---|
| J' | **aurai moulu** |
| Tu | **auras moulu** |
| Il | **aura moulu** |
| Nous | **aurons moulu** |
| Vous | **aurez moulu** |
| Ils | **auront moulu** |

## INFINITIF

| **PRÉSENT** | **PASSÉ** |
|---|---|
| moudre | avoir moulu |

## PARTICIPE

| **PRÉSENT** | **PASSÉ** |
|---|---|
| moulant | moulu, ue |

# MOUDRE - 3ᵉ GROUPE - *(OUDRE)* - 207

## SUBJONCTIF

**PRÉSENT**

| | |
|---|---|
| Que je | **moule** |
| Que tu | **moules** |
| Qu'il | **moule** |
| Que nous | **moulions** |
| Que vous | **mouliez** |
| Qu'ils | **moulent** |

**PASSÉ**

| | |
|---|---|
| Que j' | **aie moulu** |
| Que tu | **aies moulu** |
| Qu'il | **ait moulu** |
| Que nous | **ayons moulu** |
| Que vous | **ayez moulu** |
| Qu'ils | **aient moulu** |

**IMPARFAIT**

| | |
|---|---|
| Que je | **moulusse** |
| Que tu | **moulusses** |
| Qu'il | **moulût** |
| Que nous | **moulussions** |
| Que vous | **moulussiez** |
| Qu'ils | **moulussent** |

**PLUS-QUE-PARFAIT**

| | |
|---|---|
| Que j' | **eusse moulu** |
| Que tu | **eusses moulu** |
| Qu'il | **eût moulu** |
| Que nous | **eussions moulu** |
| Que vous | **eussiez moulu** |
| Qu'ils | **eussent moulu** |

## CONDITIONNEL

**PRÉSENT**

| | |
|---|---|
| Je | **moudrais** |
| Tu | **moudrais** |
| Il | **moudrait** |
| Nous | **moudrions** |
| Vous | **moudriez** |
| Ils | **moudraient** |

**PASSÉ**

| | |
|---|---|
| J' | **aurais moulu** |
| Tu | **aurais moulu** |
| Il | **aurait moulu** |
| Nous | **aurions moulu** |
| Vous | **auriez moulu** |
| Ils | **auraient moulu** |

## IMPÉRATIF

**PRÉSENT**

mouds

moulons      moulez

---

## *MOUDRE*
## VERBE 3ᵉ GROUPE

Même conjugaison pour les verbes dérivés (rares) : *émoudre, remoudre…*

# 208 - METTRE - 3ᵉ GROUPE - (ETTRE)

## INDICATIF

### PRÉSENT
| | |
|---|---|
| Je | mets |
| Tu | mets |
| Il | met |
| Nous | mettons |
| Vous | mettez |
| Ils | mettent |

### PASSÉ COMPOSÉ
| | |
|---|---|
| J' | ai mis |
| Tu | as mis |
| Il | a mis |
| Nous | avons mis |
| Vous | avez mis |
| Ils | ont mis |

### IMPARFAIT
| | |
|---|---|
| Je | mettais |
| Tu | mettais |
| Il | mettait |
| Nous | mettions |
| Vous | mettiez |
| Ils | mettaient |

### PLUS-QUE-PARFAIT
| | |
|---|---|
| J' | avais mis |
| Tu | avais mis |
| Il | avait mis |
| Nous | avions mis |
| Vous | aviez mis |
| Ils | avaient mis |

### PASSÉ SIMPLE
| | |
|---|---|
| Je | mis |
| Tu | mis |
| Il | mit |
| Nous | mîmes |
| Vous | mîtes |
| Ils | mirent |

### PASSÉ ANTÉRIEUR
| | |
|---|---|
| J' | eus mis |
| Tu | eus mis |
| Il | eut mis |
| Nous | eûmes mis |
| Vous | eûtes mis |
| Ils | eurent mis |

### FUTUR SIMPLE
| | |
|---|---|
| Je | mettrai |
| Tu | mettras |
| Il | mettra |
| Nous | mettrons |
| Vous | mettrez |
| Ils | mettront |

### FUTUR ANTÉRIEUR
| | |
|---|---|
| J' | aurai mis |
| Tu | auras mis |
| Il | aura mis |
| Nous | aurons mis |
| Vous | aurez mis |
| Ils | auront mis |

## INFINITIF

| PRÉSENT | PASSÉ |
|---|---|
| mettre | avoir mis |

## PARTICIPE

| PRÉSENT | PASSÉ |
|---|---|
| mettant | mis, mise |

# METTRE - 3e GROUPE - *(ETTRE)* - 209

## SUBJONCTIF

**PRÉSENT**

| | |
|---|---|
| Que je | **mette** |
| Que tu | **mettes** |
| Qu'il | **mette** |
| Que nous | **mettions** |
| Que vous | **mettiez** |
| Qu'ils | **mettent** |

**PASSÉ**

| | |
|---|---|
| Que j' | **aie mis** |
| Que tu | **aies mis** |
| Qu'il | **ait mis** |
| Que nous | **ayons mis** |
| Que vous | **ayez mis** |
| Qu'ils | **aient mis** |

**IMPARFAIT**

| | |
|---|---|
| Que je | **misse** |
| Que tu | **misses** |
| Qu'il | **mît** |
| Que nous | **missions** |
| Que vous | **missiez** |
| Qu'ils | **missent** |

**PLUS-QUE-PARFAIT**

| | |
|---|---|
| Que j' | **eusse mis** |
| Que tu | **eusses mis** |
| Qu'il | **eût mis** |
| Que nous | **eussions mis** |
| Que vous | **eussiez mis** |
| Qu'ils | **eussent mis** |

## CONDITIONNEL

**PRÉSENT**

| | |
|---|---|
| Je | **mettrais** |
| Tu | **mettrais** |
| Il | **mettrait** |
| Nous | **mettrions** |
| Vous | **mettriez** |
| Ils | **mettraient** |

**PASSÉ**

| | |
|---|---|
| J' | **aurais mis** |
| Tu | **aurais mis** |
| Il | **aurait mis** |
| Nous | **aurions mis** |
| Vous | **auriez mis** |
| Ils | **auraient mis** |

## IMPÉRATIF

**PRÉSENT**

mets

mettons       mettez

### *METTRE* VERBE 3e GROUPE

Même conjugaison pour les verbes dérivés : *admettre, commettre, compromettre, démettre, émettre, entremettre (s'), omettre, permettre, promettre, remettre, soumettre, transmettre…*

# 210 - BATTRE - 3ᵉ GROUPE - (ATTRE)

## INDICATIF

### PRÉSENT
| | |
|---|---|
| Je | **bats** |
| Tu | **bats** |
| Il | **bat** |
| Nous | **battons** |
| Vous | **battez** |
| Ils | **battent** |

### PASSÉ COMPOSÉ
| | |
|---|---|
| J' | **ai battu** |
| Tu | **as battu** |
| Il | **a battu** |
| Nous | **avons battu** |
| Vous | **avez battu** |
| Ils | **ont battu** |

### IMPARFAIT
| | |
|---|---|
| Je | **battais** |
| Tu | **battais** |
| Il | **battait** |
| Nous | **battions** |
| Vous | **battiez** |
| Ils | **battaient** |

### PLUS-QUE-PARFAIT
| | |
|---|---|
| J' | **avais battu** |
| Tu | **avais battu** |
| Il | **avait battu** |
| Nous | **avions battu** |
| Vous | **aviez battu** |
| Ils | **avaient battu** |

### PASSÉ SIMPLE
| | |
|---|---|
| Je | **battis** |
| Tu | **battis** |
| Il | **battit** |
| Nous | **battîmes** |
| Vous | **battîtes** |
| Ils | **battirent** |

### PASSÉ ANTÉRIEUR
| | |
|---|---|
| J' | **eus battu** |
| Tu | **eus battu** |
| Il | **eut battu** |
| Nous | **eûmes battu** |
| Vous | **eûtes battu** |
| Ils | **eurent battu** |

### FUTUR SIMPLE
| | |
|---|---|
| Je | **battrai** |
| Tu | **battras** |
| Il | **battra** |
| Nous | **battrons** |
| Vous | **battrez** |
| Ils | **battront** |

### FUTUR ANTÉRIEUR
| | |
|---|---|
| J' | **aurai battu** |
| Tu | **auras battu** |
| Il | **aura battu** |
| Nous | **aurons battu** |
| Vous | **aurez battu** |
| Ils | **auront battu** |

## INFINITIF

| PRÉSENT | PASSÉ |
|---|---|
| **battre** | **avoir battu** |

## PARTICIPE

| PRÉSENT | PASSÉ |
|---|---|
| **battant** | **battu, ue** |

## SUBJONCTIF

**PRÉSENT**

Que je **batte**
Que tu **battes**
Qu'il **batte**
Que nous **battions**
Que vous **battiez**
Qu'ils **battent**

**PASSÉ**

Que j' **aie battu**
Que tu **aies battu**
Qu'il **ait battu**
Que nous **ayons battu**
Que vous **ayez battu**
Qu'ils **aient battu**

**IMPARFAIT**

Que je **battisse**
Que tu **battisses**
Qu'il **battît**
Que nous **battissions**
Que vous **battissiez**
Qu'ils **battissent**

**PLUS-QUE-PARFAIT**

Que j' **eusse battu**
Que tu **eusses battu**
Qu'il **eût battu**
Que nous **eussions battu**
Que vous **eussiez battu**
Qu'ils **eussent battu**

## CONDITIONNEL

**PRÉSENT**

Je **battrais**
Tu **battrais**
Il **battrait**
Nous **battrions**
Vous **battriez**
Ils **battraient**

**PASSÉ**

J' **aurais battu**
Tu **aurais battu**
Il **aurait battu**
Nous **aurions battu**
Vous **auriez battu**
Ils **auraient battu**

## IMPÉRATIF

**PRÉSENT**

**bats**
**battons**          **battez**

### BATTRE
### VERBE 3ᵉ GROUPE

Même conjugaison pour les verbes dérivés : *abattre, combattre, débattre, ébattre (s'), rabattre, rebattre…*

# 212 - VAINCRE - 3ᵉ GROUPE - *(AINCRE)*

## INDICATIF

### PRÉSENT
| | |
|---|---|
| Je | **vaincs** |
| Tu | **vaincs** |
| Il | **vainc** |
| Nous | **vainquons** |
| Vous | **vainquez** |
| Ils | **vainquent** |

### PASSÉ COMPOSÉ
| | |
|---|---|
| J' | **ai vaincu** |
| Tu | **as vaincu** |
| Il | **a vaincu** |
| Nous | **avons vaincu** |
| Vous | **avez vaincu** |
| Ils | **ont vaincu** |

### IMPARFAIT
| | |
|---|---|
| Je | **vainquais** |
| Tu | **vainquais** |
| Il | **vainquait** |
| Nous | **vainquions** |
| Vous | **vainquiez** |
| Ils | **vainquaient** |

### PLUS-QUE-PARFAIT
| | |
|---|---|
| J' | **avais vaincu** |
| Tu | **avais vaincu** |
| Il | **avait vaincu** |
| Nous | **avions vaincu** |
| Vous | **aviez vaincu** |
| Ils | **avaient vaincu** |

### PASSÉ SIMPLE
| | |
|---|---|
| Je | **vainquis** |
| Tu | **vainquis** |
| Il | **vainquit** |
| Nous | **vainquîmes** |
| Vous | **vainquîtes** |
| Ils | **vainquirent** |

### PASSÉ ANTÉRIEUR
| | |
|---|---|
| J' | **eus vaincu** |
| Tu | **eus vaincu** |
| Il | **eut vaincu** |
| Nous | **eûmes vaincu** |
| Vous | **eûtes vaincu** |
| Ils | **eurent vaincu** |

### FUTUR SIMPLE
| | |
|---|---|
| Je | **vaincrai** |
| Tu | **vaincras** |
| Il | **vaincra** |
| Nous | **vaincrons** |
| Vous | **vaincrez** |
| Ils | **vaincront** |

### FUTUR ANTÉRIEUR
| | |
|---|---|
| J' | **aurai vaincu** |
| Tu | **auras vaincu** |
| Il | **aura vaincu** |
| Nous | **aurons vaincu** |
| Vous | **aurez vaincu** |
| Ils | **auront vaincu** |

## INFINITIF

| PRÉSENT | PASSÉ |
|---|---|
| **vaincre** | **avoir vaincu** |

## PARTICIPE

| PRÉSENT | PASSÉ |
|---|---|
| **vainquant** | **vaincu, ue** |

# VAINCRE - 3ᵉ GROUPE - *(AINCRE)* - 213

## SUBJONCTIF

**PRÉSENT**

| | |
|---|---|
| Que je | **vainque** |
| Que tu | **vainques** |
| Qu'il | **vainque** |
| Que nous | **vainquions** |
| Que vous | **vainquiez** |
| Qu'ils | **vainquent** |

**PASSÉ**

| | |
|---|---|
| Que j' | **aie vaincu** |
| Que tu | **aies vaincu** |
| Qu'il | **ait vaincu** |
| Que nous | **ayons vaincu** |
| Que vous | **ayez vaincu** |
| Qu'ils | **aient vaincu** |

**IMPARFAIT**

| | |
|---|---|
| Que je | **vainquisse** |
| Que tu | **vainquisses** |
| Qu'il | **vainquît** |
| Que nous | **vainquissions** |
| Que vous | **vainquissiez** |
| Qu'ils | **vainquissent** |

**PLUS-QUE-PARFAIT**

| | |
|---|---|
| Que j' | **eusse vaincu** |
| Que tu | **eusses vaincu** |
| Qu'il | **eût vaincu** |
| Que nous | **eussions vaincu** |
| Que vous | **eussiez vaincu** |
| Qu'ils | **eussent vaincu** |

## CONDITIONNEL

**PRÉSENT**

| | |
|---|---|
| Je | **vaincrais** |
| Tu | **vaincrais** |
| Il | **vaincrait** |
| Nous | **vaincrions** |
| Vous | **vaincriez** |
| Ils | **vaincraient** |

**PASSÉ**

| | |
|---|---|
| J' | **aurais vaincu** |
| Tu | **aurais vaincu** |
| Il | **aurait vaincu** |
| Nous | **aurions vaincu** |
| Vous | **auriez vaincu** |
| Ils | **auraient vaincu** |

## IMPÉRATIF

**PRÉSENT**

**vaincs**
**vainquons**     **vainquez**

---

*VAINCRE*
**VERBE 3ᵉ GROUPE**
Même conjugaison pour
le verbe *convaincre*.

# 214 - SUIVRE - 3ᵉ GROUPE - *(IVRE)*

## INDICATIF

### PRÉSENT
Je **suis**
Tu **suis**
Il **suit**
Nous **suivons**
Vous **suivez**
Ils **suivent**

### PASSÉ COMPOSÉ
J' **ai suivi**
Tu **as suivi**
Il **a suivi**
Nous **avons suivi**
Vous **avez suivi**
Ils **ont suivi**

### IMPARFAIT
Je **suivais**
Tu **suivais**
Il **suivait**
Nous **suivions**
Vous **suiviez**
Ils **suivaient**

### PLUS-QUE-PARFAIT
J' **avais suivi**
Tu **avais suivi**
Il **avait suivi**
Nous **avions suivi**
Vous **aviez suivi**
Ils **avaient suivi**

### PASSÉ SIMPLE
Je **suivis**
Tu **suivis**
Il **suivit**
Nous **suivîmes**
Vous **suivîtes**
Ils **suivirent**

### PASSÉ ANTÉRIEUR
J' **eus suivi**
Tu **eus suivi**
Il **eut suivi**
Nous **eûmes suivi**
Vous **eûtes suivi**
Ils **eurent suivi**

### FUTUR SIMPLE
Je **suivrai**
Tu **suivras**
Il **suivra**
Nous **suivrons**
Vous **suivrez**
Ils **suivront**

### FUTUR ANTÉRIEUR
J' **aurai suivi**
Tu **auras suivi**
Il **aura suivi**
Nous **aurons suivi**
Vous **aurez suivi**
Ils **auront suivi**

## INFINITIF

| PRÉSENT | PASSÉ |
|---------|-------|
| suivre | avoir suivi |

## PARTICIPE

| PRÉSENT | PASSÉ |
|---------|-------|
| suivant | suivi, ie |

## SUBJONCTIF

**PRÉSENT**

Que je **suive**
Que tu **suives**
Qu'il **suive**
Que nous **suivions**
Que vous **suiviez**
Qu'ils **suivent**

**PASSÉ**

Que j' **aie suivi**
Que tu **aies suivi**
Qu'il **ait suivi**
Que nous **ayons suivi**
Que vous **ayez suivi**
Qu'ils **aient suivi**

**IMPARFAIT**

Que je **suivisse**
Que tu **suivisses**
Qu'il **suivît**
Que nous **suivissions**
Que vous **suivissiez**
Qu'ils **suivissent**

**PLUS-QUE-PARFAIT**

Que j' **eusse suivi**
Que tu **eusses suivi**
Qu'il **eût suivi**
Que nous **eussions suivi**
Que vous **eussiez suivi**
Qu'ils **eussent suivi**

## CONDITIONNEL

**PRÉSENT**

Je **suivrais**
Tu **suivrais**
Il **suivrait**
Nous **suivrions**
Vous **suivriez**
Ils **suivraient**

**PASSÉ**

J' **aurais suivi**
Tu **aurais suivi**
Il **aurait suivi**
Nous **aurions suivi**
Vous **auriez suivi**
Ils **auraient suivi**

## IMPÉRATIF

**PRÉSENT**
suis
suivons        suivez

*SUIVRE*
**VERBE 3ᵉ GROUPE**
Même conjugaison pour
les dérivés *s'ensuivre*
(avec l'auxiliaire *être*),
*poursuivre…*

# 216 - VIVRE - 3ᵉ GROUPE - (IVRE)

## INDICATIF

### PRÉSENT
Je     vis
Tu     vis
Il     vit
Nous     vivons
Vous     vivez
Ils     vivent

### PASSÉ COMPOSÉ
J'     ai vécu
Tu     as vécu
Il     a vécu
Nous     avons vécu
Vous     avez vécu
Ils     ont vécu

### IMPARFAIT
Je     vivais
Tu     vivais
Il     vivait
Nous     vivions
Vous     viviez
Ils     vivaient

### PLUS-QUE-PARFAIT
J'     avais vécu
Tu     avais vécu
Il     avait vécu
Nous     avions vécu
Vous     aviez vécu
Ils     avaient vécu

### PASSÉ SIMPLE
Je     vécus
Tu     vécus
Il     vécut
Nous     vécûmes
Vous     vécûtes
Ils     vécurent

### PASSÉ ANTÉRIEUR
J'     eus vécu
Tu     eus vécu
Il     eut vécu
Nous     eûmes vécu
Vous     eûtes vécu
Ils     eurent vécu

### FUTUR SIMPLE
Je     vivrai
Tu     vivras
Il     vivra
Nous     vivrons
Vous     vivrez
Ils     vivront

### FUTUR ANTÉRIEUR
J'     aurai vécu
Tu     auras vécu
Il     aura vécu
Nous     aurons vécu
Vous     aurez vécu
Ils     auront vécu

## INFINITIF

### PRÉSENT
vivre

### PASSÉ
avoir vécu

## PARTICIPE

### PRÉSENT
vivant

### PASSÉ
vécu, ue

# VIVRE - 3ᵉ GROUPE - *(IVRE)* - 217

## SUBJONCTIF

**PRÉSENT**

| | |
|---|---|
| Que je | **vive** |
| Que tu | **vives** |
| Qu'il | **vive** |
| Que nous | **vivions** |
| Que vous | **viviez** |
| Qu'ils | **vivent** |

**PASSÉ**

| | |
|---|---|
| Que j' | **aie vécu** |
| Que tu | **aies vécu** |
| Qu'il | **ait vécu** |
| Que nous | **ayons vécu** |
| Que vous | **ayez vécu** |
| Qu'ils | **aient vécu** |

**IMPARFAIT**

| | |
|---|---|
| Que je | **vécusse** |
| Que tu | **vécusses** |
| Qu'il | **vécût** |
| Que nous | **vécussions** |
| Que vous | **vécussiez** |
| Qu'ils | **vécussent** |

**PLUS-QUE-PARFAIT**

| | |
|---|---|
| Que j' | **eusse vécu** |
| Que tu | **eusses vécu** |
| Qu'il | **eût vécu** |
| Que nous | **eussions vécu** |
| Que vous | **eussiez vécu** |
| Qu'ils | **eussent vécu** |

## CONDITIONNEL

**PRÉSENT**

| | |
|---|---|
| Je | **vivrais** |
| Tu | **vivrais** |
| Il | **vivrait** |
| Nous | **vivrions** |
| Vous | **vivriez** |
| Ils | **vivraient** |

**PASSÉ**

| | |
|---|---|
| J' | **aurais vécu** |
| Tu | **aurais vécu** |
| Il | **aurait vécu** |
| Nous | **aurions vécu** |
| Vous | **auriez vécu** |
| Ils | **auraient vécu** |

## IMPÉRATIF

**PRÉSENT**

vis

vivons          vivez

---

*VIVRE*
**VERBE 3ᵉ GROUPE**
Même conjugaison pour
les dérivés
*revivre*,
*survivre* (qui a un participe passé invariable).

# 218 - ROMPRE - 3ᵉ GROUPE - *(OMPRE)*

## INDICATIF

**PRÉSENT**

| | |
|---|---|
| Je | romps |
| Tu | romps |
| Il | rompt |
| Nous | rompons |
| Vous | rompez |
| Ils | rompent |

**PASSÉ COMPOSÉ**

| | |
|---|---|
| J' | ai rompu |
| Tu | as rompu |
| Il | a rompu |
| Nous | avons rompu |
| Vous | avez rompu |
| Ils | ont rompu |

**IMPARFAIT**

| | |
|---|---|
| Je | rompais |
| Tu | rompais |
| Il | rompait |
| Nous | rompions |
| Vous | rompiez |
| Ils | rompaient |

**PLUS-QUE-PARFAIT**

| | |
|---|---|
| J' | avais rompu |
| Tu | avais rompu |
| Il | avait rompu |
| Nous | avions rompu |
| Vous | aviez rompu |
| Ils | avaient rompu |

**PASSÉ SIMPLE**

| | |
|---|---|
| Je | rompis |
| Tu | rompis |
| Il | rompit |
| Nous | rompîmes |
| Vous | rompîtes |
| Ils | rompirent |

**PASSÉ ANTÉRIEUR**

| | |
|---|---|
| J' | eus rompu |
| Tu | eus rompu |
| Il | eut rompu |
| Nous | eûmes rompu |
| Vous | eûtes rompu |
| Ils | eurent rompu |

**FUTUR SIMPLE**

| | |
|---|---|
| Je | romprai |
| Tu | rompras |
| Il | rompra |
| Nous | romprons |
| Vous | romprez |
| Ils | rompront |

**FUTUR ANTÉRIEUR**

| | |
|---|---|
| J' | aurai rompu |
| Tu | auras rompu |
| Il | aura rompu |
| Nous | aurons rompu |
| Vous | aurez rompu |
| Ils | auront rompu |

## INFINITIF

| PRÉSENT | PASSÉ |
|---|---|
| rompre | avoir rompu |

## PARTICIPE

| PRÉSENT | PASSÉ |
|---|---|
| rompant | rompu, ue |

# ROMPRE - 3ᵉ GROUPE - (OMPRE) - 219

## SUBJONCTIF

**PRÉSENT**

| | |
|---|---|
| Que je | **rompe** |
| Que tu | **rompes** |
| Qu'il | **rompe** |
| Que nous | **rompions** |
| Que vous | **rompiez** |
| Qu'ils | **rompent** |

**PASSÉ**

| | |
|---|---|
| Que j' | **aie rompu** |
| Que tu | **aies rompu** |
| Qu'il | **ait rompu** |
| Que nous | **ayons rompu** |
| Que vous | **ayez rompu** |
| Qu'ils | **aient rompu** |

**IMPARFAIT**

| | |
|---|---|
| Que je | **rompisse** |
| Que tu | **rompisses** |
| Qu'il | **rompît** |
| Que nous | **rompissions** |
| Que vous | **rompissiez** |
| Qu'ils | **rompissent** |

**PLUS-QUE-PARFAIT**

| | |
|---|---|
| Que j' | **eusse rompu** |
| Que tu | **eusses rompu** |
| Qu'il | **eût rompu** |
| Que nous | **eussions rompu** |
| Que vous | **eussiez rompu** |
| Qu'ils | **eussent rompu** |

## CONDITIONNEL

**PRÉSENT**

| | |
|---|---|
| Je | **romprais** |
| Tu | **romprais** |
| Il | **romprait** |
| Nous | **romprions** |
| Vous | **rompriez** |
| Ils | **rompraient** |

**PASSÉ**

| | |
|---|---|
| J' | **aurais rompu** |
| Tu | **aurais rompu** |
| Il | **aurait rompu** |
| Nous | **aurions rompu** |
| Vous | **auriez rompu** |
| Ils | **auraient rompu** |

## IMPÉRATIF

**PRÉSENT**

romps

rompons          rompez

*ROMPRE*
**VERBE 3ᵉ GROUPE**
Même conjugaison pour les dérivés *corrompre, interrompre…*

# 220 - SAVOIR - 3ᵉ GROUPE

## INDICATIF

| PRÉSENT | | PASSÉ COMPOSÉ | |
|---------|---|---------------|---|
| Je | sais | J' | ai su |
| Tu | sais | Tu | as su |
| Il | sait | Il | a su |
| Nous | savons | Nous | avons su |
| Vous | savez | Vous | avez su |
| Ils | savent | Ils | ont su |

| IMPARFAIT | | PLUS-QUE-PARFAIT | |
|-----------|---|-----------------|---|
| Je | savais | J' | avais su |
| Tu | savais | Tu | avais su |
| Il | savait | Il | avait su |
| Nous | savions | Nous | avions su |
| Vous | saviez | Vous | aviez su |
| Ils | savaient | Ils | avaient su |

| PASSÉ SIMPLE | | PASSÉ ANTÉRIEUR | |
|--------------|---|----------------|---|
| Je | sus | J' | eus su |
| Tu | sus | Tu | eus su |
| Il | sut | Il | eut su |
| Nous | sûmes | Nous | eûmes su |
| Vous | sûtes | Vous | eûtes su |
| Ils | surent | Ils | eurent su |

| FUTUR SIMPLE | | FUTUR ANTÉRIEUR | |
|--------------|---|----------------|---|
| Je | saurai | J' | aurai su |
| Tu | sauras | Tu | auras su |
| Il | saura | Il | aura su |
| Nous | saurons | Nous | aurons su |
| Vous | saurez | Vous | aurez su |
| Ils | sauront | Ils | auront su |

## INFINITIF

| PRÉSENT | PASSÉ |
|---------|-------|
| savoir | avoir su |

## PARTICIPE

| PRÉSENT | PASSÉ |
|---------|-------|
| sachant | su, sue |

## SUBJONCTIF

**PRÉSENT**

| | |
|---|---|
| Que je | **sache** |
| Que tu | **saches** |
| Qu'il | **sache** |
| Que nous | **sachions** |
| Que vous | **sachiez** |
| Qu'ils | **sachent** |

**PASSÉ**

| | |
|---|---|
| Que j' | **aie su** |
| Que tu | **aies su** |
| Qu'il | **ait su** |
| Que nous | **ayons su** |
| Que vous | **ayez su** |
| Qu'ils | **aient su** |

**IMPARFAIT**

| | |
|---|---|
| Que je | **susse** |
| Que tu | **susses** |
| Qu'il | **sût** |
| Que nous | **sussions** |
| Que vous | **sussiez** |
| Qu'ils | **sussent** |

**PLUS-QUE-PARFAIT**

| | |
|---|---|
| Que j' | **eusse su** |
| Que tu | **eusses su** |
| Qu'il | **eût su** |
| Que nous | **eussions su** |
| Que vous | **eussiez su** |
| Qu'ils | **eussent su** |

## CONDITIONNEL

**PRÉSENT**

| | |
|---|---|
| Je | **saurais** |
| Tu | **saurais** |
| Il | **saurait** |
| Nous | **saurions** |
| Vous | **sauriez** |
| Ils | **sauraient** |

**PASSÉ**

| | |
|---|---|
| J' | **aurais su** |
| Tu | **aurais su** |
| Il | **aurait su** |
| Nous | **aurions su** |
| Vous | **auriez su** |
| Ils | **auraient su** |

## IMPÉRATIF

**PRÉSENT**

sache   sachons   sachez

**SAVOIR
VERBE 3ᵉ GROUPE**

# 222 - SURSEOIR - 3ᵉ GROUPE

## INDICATIF

### PRÉSENT
Je    sursois
Tu    sursois
Il    sursoit
Nous    sursoyons
Vous    sursoyez
Ils    sursoient

### PASSÉ COMPOSÉ
J'    ai sursis
Tu    as sursis
Il    a sursis
Nous    avons sursis
Vous    avez sursis
Ils    ont sursis

### IMPARFAIT
Je    sursoyais
Tu    sursoyais
Il    sursoyait
Nous    sursoyions
Vous    sursoyiez
Ils    sursoyaient

### PLUS-QUE-PARFAIT
J'    avais sursis
Tu    avais sursis
Il    avait sursis
Nous    avions sursis
Vous    aviez sursis
Ils    avaient sursis

### PASSÉ SIMPLE
Je    sursis
Tu    sursis
Il    sursit
Nous    sursîmes
Vous    sursîtes
Ils    sursirent

### PASSÉ ANTÉRIEUR
J'    eus sursis
Tu    eus sursis
Il    eut sursis
Nous    eûmes sursis
Vous    eûtes sursis
Ils    eurent sursis

### FUTUR SIMPLE
Je    surseoirai
Tu    surseoiras
Il    surseoira
Nous    surseoirons
Vous    surseoirez
Ils    surseoiront

### FUTUR ANTÉRIEUR
J'    aurai sursis
Tu    auras sursis
Il    aura sursis
Nous    aurons sursis
Vous    aurez sursis
Ils    auront sursis

## INFINITIF

**PRÉSENT**
surseoir

**PASSÉ**
avoir sursis

## PARTICIPE

**PRÉSENT**
sursoyant

**PASSÉ**
sursis, ise

## SUBJONCTIF

**PRÉSENT**

Que je   **sursoie**
Que tu   **sursoies**
Qu'il   **sursoie**
Que nous **sursoyions**
Que vous **sursoyiez**
Qu'ils   **sursoient**

**PASSÉ**

Que j'   **aie sursis**
Que tu   **aies sursis**
Qu'il   **ait sursis**
Que nous **ayons sursis**
Que vous **ayez sursis**
Qu'ils   **aient sursis**

**IMPARFAIT**

Que je   **sursisse**
Que tu   **sursisses**
Qu'il   **sursît**
Que nous **sursissions**
Que vous **sursissiez**
Qu'ils   **sursissent**

**PLUS-QUE-PARFAIT**

Que j'   **eusse sursis**
Que tu   **eusses sursis**
Qu'il   **eût sursis**
Que nous **eussions sursis**
Que vous **eussiez sursis**
Qu'ils   **eussent sursis**

## CONDITIONNEL

**PRÉSENT**

Je   **surseoirais**
Tu   **surseoirais**
Il   **surseoirait**
Nous **surseoirions**
Vous **surseoiriez**
Ils   **surseoiraient**

**PASSÉ**

J'   **aurais sursis**
Tu   **aurais sursis**
Il   **aurait sursis**
Nous **aurions sursis**
Vous **auriez sursis**
Ils   **auraient sursis**

## IMPÉRATIF

**PRÉSENT**
sursois
**sursoyons**    **sursoyez**

### SURSEOIR
**VERBE 3ᵉ GROUPE**
Autrefois usité dans le langage d'affaires.

### SOURDRE
*(sortir de terre, en parlant de l'eau).* Verbe en usage qu'à l'*infinitif* et qu'à la *3ᵉ personne du singulier du présent et de l'imparfait de l'indicatif* : l'eau **sourd**, **sourdait** d'un rocher...

Ouvrage réalisé d'après le
**NOUVEAU DICTIONNAIRE PORTATIF DE LA LANGUE FRANÇAISE**
de **C.M. Gattel**
*Professeur de Grammaire générale à l'École centrale du département de l'Isère,*
édité par
**Bruyset aîné et Compagnie, Imprimeurs-Libraires,**
74 rue Saint Dominique à Lyon, en l'an IX – 1803.

*61250 Lonrai*

Reproduit et achevé d'imprimer en juin 2001
N° d'édition 003/01 / N° d'impression 011388
Dépôt légal juin 2001
*Imprimé en France*